田中良之先生　1996年　九州大学六本松キャンパスにて骨学実習

Archaeology: Is it science?

考古学は科学か

[田中良之先生追悼論文集]

田中良之先生追悼論文集編集委員会 編

中国書店

序

　田中良之先生は平成27（2015）年3月4日，膵臓がんのためご逝去された。享年61歳。
　田中さんは考古学という学問の先端を一貫して走られたといえる。九州大学文学部学部生時代以来一貫して取り組まれた縄文時代研究，九州大学医学部解剖学第二講座助手に着任されたことを直接の契機として開始された，語の真の意味での骨考古学的研究，医学部での職務の一貫として携わられた遺跡出土人骨の発掘調査，記録，記載，分析，報告のサイクルを基盤として生み出され，発展・体系化された先史時代親族組織の復元とその歴史的変遷過程の研究・先史時代葬送儀礼の研究・弥生時代の開始と展開のプロセス・メカニズムの研究，また，弥生時代人骨の AMS 年代測定結果の精緻かつ批判的運用と厳密な考古学的資料批判を合体させた弥生時代絶対年代論，そして，それらすべての総合としての，縄文時代から古代初期にいたる日本列島史の考古学的歴史叙述。これらの詳細については，すでに岩永省三氏・舟橋京子氏により著作集が編まれており，そこにおいて，私たちは田中さんの学問世界のパノラマを見，その全貌をあらためて知り，学ぶこととなるであろう。この場所で記されるべきことは，田中さんは，上にのべた研究テーマ・領域のすべてにおいて，驚くべきことにそれぞれの研究の先端を大きく前進させ，その後の研究の方向性を規定する成果をあげたことである。これは，歴史叙述としての達成にとどまらず，いずれの領域においても当該分野の方法的・理論的アプローチの枠組みの刷新とともになしとげられた。言い換えれば，着手した研究領域すべてにおいて，田中さんは新しいパラダイム（≒「研究専門母型」）を打ち立てられたのだ。本序文のような叙述の場面においてしばしばおこなわれ，また容認されるべき誇張的表現のひとつとして「パラダイムの革新者」があるとすれば，ここで殊に強調されてしかるべきは，田中さんの場合これはまったくの事実である，という，驚くべき「事実」である。
　この，ある種空前の偉業の背後には，考古学という学問の科学性と，それを徹底することの社会的責任についての，田中さんの重い認識があった。その一端は，いわゆる旧石器ねつ造事件にともない引き起こされた「聖嶽洞窟」事件（cf. 日本考古学協会ホームページ「聖嶽遺跡問題」http://archaeology.jp/hijiridaki/index.htm 2015年7月13日アクセス）という悲劇を前にして，高倉洋彰氏とともに中心となって日本考古学協会聖嶽問題連絡小委員会を立ち上げ，徹底した資料批判（調査過程の再現的検討，資料記載・資料保存の実態の再現的再検討，それらをとりまく当時の学会状況・研究環境・社会環境の再現的検討，発掘調査資料・遺物の再実見・再検討）により，「絶対的に実証可能な事実，すなわち聖嶽遺跡調査と報告にねつ造が絶対に介在しなかったと断定する根拠はないが，ねつ造が介在したと断定する根拠は絶対的に存在しない」（パラフレーズは溝口による）という結論を導かれたことに，最もよくあらわれているといえる。
　そのような確信と，なによりも自ら学問の先端を実践・実現される「所作」に基づく院生の

教育・トレーニングは，とても厳しいものであった。しかし，それは田中さん独特のウイットとユーモアに包まれていた。院生に対して優しさを見せることに田中さんはシャイであり，あえていうならば不器用でもあったと，今にして筆者は思うのだが，院生たちには，田中さんの優しさを理解する能力が，研究者としての彼らの成長とともに，自然にはぐくまれていったように思われる。それは，彼らにとって，真に「ミメティック」な体験であったにちがいない。私たちは，学問に限らず，よく生きる術(すべ)を，厳密な意味で「習得」することはけっしてできない。だれかのふるまいに触発され，そのようにふるまうことを自然にもとめることをつうじてのみ，私たちは自らの手で自らを変容させるという学びの過程を十全に通過することができる。そのような意味で，そこには，ある種感動的な時間と空間の共有があったこと，このことも田中さんにまつわる事実として，ここにたしかに書き記しておかねばならない。

よきことを実現することを当然のこととして諸事を実行し，そして実際に実現する／してしまう〈田中さんの原則〉といったものが，厳然として存在したという感慨は，一度でも氏とともに仕事をしたことのある方ならば共感していただけると思う。このことが，田中さんが携わられるすべての仕事を激務にしたこともまた，思えば自然であり，また，田中さんの病の一因となったのではと，くやしく思われることでもある。比較社会文化研究院副研究院長をながく務められ，研究院長任期中には六本松キャンパスから伊都キャンパスへの移転もあった。21世紀COEプログラム人文系『東アジアと日本：交流と変容』サブリーダーとして，語られざる幾多の難局を乗り越えられた。日本考古学協会運営委員，理事在任中にも多くの案件があり，それらすべてに田中さんはよき結果をもたらした。また，日本考古学協会会長として東日本大震災への対応にあたられ，また，英文機関誌 'Japanese Journal of Archaeology' 創刊など，日本考古学の国際化の道筋を確立された。これらすべてに田中さんは確かな枠組みと基礎を与えられたのである。これも，上に述べたことと同じ，まったくの事実である。

ことがなってしまえば，それを享受するわれわれに，それらは「当然のこと」としてしか現前しない。それらがわれわれに新たなる「よき環境」として享受される性質のものであるならば，なおさらである。普通に「よかった」と思ってしまってよいもののように見えてしまうような普通さで，田中さんはそれらをことごとく実現してしまったが，よくよく考えれば，それらはだれにとっても決して「普通」のことではなかったし，田中さんの仕事を近くで知るものにとって，その背後にまったく普通ではない分析の努力と，事項をとりまく人間的事象にかかわる天才的観察・洞察と配慮，そして膨大な下準備の作業があることは自明のことであった。田中さん自身がそれらをあえて見せられることが少なかった分だけ，激務の「激務さ」を，わたしたちも本当に理解していたわけではなかったと，今にして思うのである。

ご自身の医学的知識によってご病気の重さを認識されてから，田中さんは九州大学の考古学研究・教育に携わるわれわれひとりひとりに，ご自身がおられなくなって後のことを冷静に語られた。著作集刊行，追悼論文集の刊行についても，そのなかに含まれていた。同時に，復帰にむけてのできるかぎりのことを，田中さんらしい冷静かつ体系的なアプローチでリサーチ

し，決定され，実践された。二度目の入院時に，急性期対応の病院であることからリハビリができないことをくやしがられ，最期を迎えられたホスピスでは，一度だけだけれども，介助を得て，一人で立ち上がられたと，後日ご家族からうかがった。

　追悼論文集のタイトルは，「考古学は科学か？」とすること，執筆者の方々には，この問いにたいするそれぞれの答えを書いていただくこと，これらが，病床の田中さんからいただいた指示である。執筆者のみなさまには，その通りをお願いした。過去を復原／元する。なにを，どのように復原するのか，そこに限定はない。しかし，「原／元」を復する＝再現前させる根拠，また，再現前せられた「原／元」どうしの間の相関の認定の根拠，相関をある種の因果性として認定することの根拠，これら根拠について，〈科学〉的言説の生産においては不確定性は可能な限り縮減されねばならない。

　執筆者それぞれに，このことを試みていただいた。それぞれの試みが，それぞれの田中さんとのさまざまなふれあいの記憶に媒介されていることが，本書を田中さんの想いにかなったものにしていることを，深く願うものである。

2016年3月
『田中良之先生追悼論文集』編集委員会
代表　溝口　孝司

考古学は科学か

上 巻 目 次

序 …………………………………………………………………溝口孝司

考古学研究者は科学者か ………………………………………高倉洋彰　3

人類学における科学と反科学 …………………………………佐藤廉也　21

考古学と人文地理学の間 ………………………………………堤　研二　35
　　―科学性の検討―

火山灰考古学の方法論的展望と課題 …………………………桒畑光博　51

民族誌的類推の運用と縄文社会復元 …………………………石川　健　69

なぜ紡錘車が出土しないのか …………………………………古澤義久　91
　　―民族誌・民俗事例からの想定―

現代ユンノリ遊具の考古学的分析 ……………………………小田裕樹　111
　　～盤上遊戯「樗蒲」の復元を目的として～

埋蔵文化財行政の科学性 ………………………………………板倉有大　131

「アートと考古学」ことはじめ …………………………………村野正景　151
　　―京都での取組の紹介を中心に―

前近代の死における社会的死の先行と臨終 …………………石井博司　167

後期旧石器時代における石器群の変容とその背景 …………山根謙二　185
　　―始良カルデラ噴火前後の九州における一考察―

更新世の日本列島における自然・資源環境の変動と
　人類行動の応答 ………………………………………………佐藤宏之　199

形態と配列から読み解く「おとし穴状遺構」による狩猟法 …杉本岳史　215

縄文遺跡の立地から見た往時の景観・人々の動態について …浦井直幸　235
　　～大分県中津市域を中心に～

御領式以降	島津義昭	249
西日本地域の縄文時代から弥生時代にいたる 　身体・四肢プロポーションの時代変化	高椋浩史	267
日本列島・朝鮮半島南部の稲作受容期における 　土器製作技術の変容過程解明への予察	三阪一徳	287
弥生時代成立期前後の集落の一類型	小澤佳憲	305
板付Ⅰ式成立前後の壺形土器 　―分類と編年の検討―	端野晋平	325
土器情報の社会的意味に関する試論 　―板付式土器様式の出現過程を中心に―	宮本一夫	351
弥生時代剥片石器石材の動向 2 　―蛍光X線分析による産地同定からみた剥片石器石材獲得の動向―	山崎頼人	365
科学としての弥生時代石器研究 　―生産・流通研究における scientific cycle の構築に向けて―	能登原孝道	385
弥生石器の層灰岩	梅﨑惠司・柚原雅樹	397
タタキ技法東へ、南へ	武末純一	415
広口壺からみた弥生時代中期後半の地域性 　―中東部瀬戸内地方を中心として―	西江幸子	427
瓜生堂2号墓の再検討	藤井　整	447
砥石の消費形態からみた鉄器化とその意義 　―弥生時代北部九州を対象として―	森　貴教	467
大量銅鐸の多段階埋納は証明できるのか	森岡秀人	487
列島の小銅鐸 　―青銅祭器としての使途と意義―	白井久美子	499
桜馬場式のゆくえ	渋谷　格	525
過去と記憶とその動員 　―北部九州弥生時代Ⅴ期を事例として―	溝口孝司	545
高精度胎土分析による地域社会構造の解明	石田智子	561
筋付着部の発達度からみる弥生時代の生業様式の地域的多様性	米元史織	579

下巻 目次

古墳時代前期における玉類副葬の論理	谷澤亜里	605
同型鏡群と倭製鏡 ―古墳時代中期後半における大型倭製鏡の製作とその意義―	辻田淳一郎	625
国越古墳の被葬者について	福田匡朗	647
古墳の埋葬施設の階層性と地域間関係 ―古墳時代中期の九州北部を例として―	重藤輝行	659
九州における古墳時代導水施設の展開	城門義廣	679
「吉備」地域における陶棺の採用過程とその論理	絹畠 歩	697
長野県東御市地獄沢古墳出土遺物の再評価 ―考古資料を保存していくために―	松尾昌彦	717
地下式横穴墓における女性と未成人への武器副葬	吉村和昭	727
出雲における再生阻止儀礼	坂本豊治	745
北部九州における横穴墓の埋葬姿勢	田村 悟	765
河内地域における横穴墓の出現・展開とその背景	岩橋由季	795
石城における線刻画及び線刻意匠のある横穴墓再考	大竹憲治	815
石製紡錘車未製品の出土傾向と製作工程	平尾和久	825
古墳時代親族構造論と古代史研究	岩永省三	843
九州北部の鉄生産	小嶋 篤	863
古代大宰府を取り巻く集落遺跡理解にむけて	中島恒次郎	885
国分寺造営の造瓦の様相に関する試論 ―豊前国分寺を例に―	早川和賀子	907
九州出土の高麗陶器	主税英徳	927
北九州市域における古代・中世 ―古代・中世墳墓にみる階層性と地域性―	宇野愼敏	945
悪石島における伝世華南三彩陶	木村幾多郎	957
マジョリカ陶器における文様の同時代性と模倣	松本啓子	975
近世初期九州陶磁器生産における技術変容プロセスのモデル化の試み ―薩摩焼と肥前陶磁器を事例として―	渡辺芳郎	997
赤色立体地図を用いての大和 ―高取城古写真の合成と撮影地の同定―	西藤清秀	1013
九州帝國大學附属醫院跡出土の病院食器に関する考古学的研究	田尻義了	1023

ハカス・ミヌシンスク盆地におけるルガフスク期の開始とモンゴリア	松本圭太	1037
台湾先史時代の穿孔下顎骨と首狩り行為	邱　鴻霖	1057
中国新石器時代から西周時代における窯構造の変遷と地域性	德留大輔	1077
燕山南部・遼寧地域における鉄器生産の展開 　―戦国・前漢代を中心として―	金　想民	1097
釜山加德島出土新石器時代人骨の埋葬パターンに関する分析	金　宰賢・金　珠姫	1115
台湾の旧石器時代の諸問題	陳　有貝	1127
順序配列法で模索した加耶土器の初現期	朴　廣春	1137
朝鮮時代灰槨墓に関する一考察	李ハヤン	1149
ルソン島北部における金属器時代の黒色土器の変化 　―特に無紋鉢形土器の変化について―	田中和彦	1163

編集後記 …… 1175

Archaeology: Is it science?

考古学は科学か

考古学研究者は科学者か

西南学院大学名誉教授　高 倉 洋 彰

要旨

　日本における考古学研究の現状をみると，たとえば土器の場合，型式の分類と編年，分布などは精緻な研究が実践されている。このような，実証性をもって客観的な法則性を明らかにする精緻な考古資料研究は，社会科学的な意味の強い「考古資料学」といえる。しかし，考古学は「人類の過去」を明らかにする使命をもつ学問である。考古資料学は考古学にとって必須の重要な分野であるが，往々にしてそこに人類の過去への言及はない。だが，考古学が最終的に明らかにすべきは，型式分類や編年，分布の意味内容の明示，すなわち人類の過去の具体像を語ることであろう。人類の過去を明らかにするのは人文科学としての「考古論理学」である。本来，考古学は考古資料学の成果に立脚した考古論理学であるべきだが，ほとんど実践されていない現状にある。したがって，考古学は科学だが，考古学研究者は科学としての考古学を必ずしも実践していないといえる。

キーワード：人類の過去，考古資料学，考古論理学

1　考古学は人文科学

　この論文集では「考古学は科学か」が問われている。それは，考古学が科学であるか否か，科学であるとすればそれが実践されているかが問われていることになる。
　そこでまず手元にある辞書で「考古学」は一般にどう考えられているかをみてみよう。
　歴史学研究者がよく用いる『国史大辞典』（斎藤1984）では，考古学を「過去の人類の残した物質的遺物，すなわち遺跡・遺物を資料とし，これらによって人類の過去を研究する学問である。」とする。一般に用いられる辞書類，たとえば『広辞苑』（新村2008）は「考古学」を「遺跡や遺物によって人類史を研究する学問。古く古物学ともいった。」，『大辞林』（松村・三省堂1988）は「遺跡・遺物を考察することにより過去の人類の文化を研究する学問」としている。他の辞書類も大同小異に説明している。
　肝心の考古学自身では，
　　考古学は過去人類の物質的遺物（に拠り人類の過去）を研究するの学なり

とする浜田耕作の定義がよく知られている（浜田1922）。これを横山浩一は

　　考古学とは過去の人類の物質的遺物を資料として人類の過去を研究する学問である。

と現代風に言いあらわしている（横山1978）。これをさらにわかりやすくしたのが先の『国史大辞典』ということになる。このように辞書類の説明や考古学自身の定義には人類史，過去の人類，人類の過去のように，「人類」というキーワードがあることに注意しなければならない。

　もう一方の「科学」をみると，『広辞苑』は，「①体系的であり，経験的に実証可能な知識。物理学・化学・生物学などの自然科学が科学の典型であるとされるが，経済学・法学などの社会科学，心理学・言語学などの人文科学もある。②狭義では自然科学と同義。」としている。次に『大辞林』では，「①学問。学。世界・事象に関する知的・合理的な探求の営み。②特定の対象領域に関する経験的実証的学問。自然科学・精神科学・社会科学・文化科学など。狭義には自然科学のこと。」とある。

　筆者が学んだころの大学には教養課程というのがあり，『広辞苑』の①にいう人文科学・社会科学・自然科学からそれぞれ12単位の修得が必要だった。史学は人文科学に分類されていたから，考古学もその延長にある。実際，九州大学大学院文学研究科は現在人文科学府と称している。

　そこで『広辞苑』で「人文科学」を引くと，「政治・経済・社会・歴史・文芸など，広く文科系の学問の総称。狭義には，自然科学・社会科学に対して，哲学・言語・文芸・歴史などに関する学問の称。文化科学。」とある。教養課程の分類は狭義のものになる。一方，『大辞林』は「広く人類の創造した文化を対象として研究する学問。哲学・文学・史学・語学などがある。文化科学。」としている。筆者が学生のころの九州大学文学部は語学を基礎に哲史文とよばれる哲学科・史学科・文学科の3学科からなっていた。これは『大辞林』の定義そのものになる。

　ところで中国考古学の拠点である考古研究所は中国社会科学院に属している。『広辞苑』で社会科学をみると，「社会現象を対象として研究する科学の総称。政治学・法律学・経済学・社会学・歴史学・文化人類学およびその他の関係諸科学を含む。」とあり，『大辞林』にも「社会現象を実証的方法によって分析し，その客観的法則を明らかにしようとする学問。研究対象により，経済学・政治学・法律学・社会学・歴史学などに分かれる。」とある。考古学は歴史学だから社会科学でもあるということになる。

　これらを参考に，浜田耕作の定義とそれを現代風に言い改めた横山浩一の定義，それをさらにわかりやすくした斎藤忠の定義を改めて検討すると，

　　考古学は過去人類の物質的遺物（に拠り人類の過去）を研究するの学なり（浜田）
　　考古学とは過去の人類の物質的遺物を資料として人類の過去を研究する学問である（横山）
　　考古学とは過去の人類の残した物質的遺物，すなわち遺跡・遺物を資料とし，これらに
　　よって人類の過去を研究する学問である。（斎藤）

と微妙な相違があることに注視する必要がある。浜田の定義は，考古学を「過去人類の物質的遺物を研究する」学問としている。カッコ内で「人類の過去」を研究する学問であると追記し

ているものの，主眼は過去の人類の物質的遺物の研究にある。それを横山は，①「過去の人類の物質的遺物」を資料として分析・研究する学問と，②「人類の過去を研究する」学問の，両立する２つから成り立っているとしているが，重心は②にある。斎藤は同じことをよりいっそうわかりやすく説いている。ここに『通論考古学』があらわされた1922年と，それから半世紀を経た1978年の横山浩一，1984年の斎藤忠の相違があり，考古学研究の発展があることに気付く。

2　考古資料学と考古論理学

　考古学研究者は，遺跡を発掘調査し，検出した遺構や遺物を分析する。その考古資料の実物がもっとも重要な研究素材になる。しかし，発掘調査を担当したわずかの当事者を除けば実物資料に接する機会は少なく，発掘調査の成果を網羅した調査報告書が考古学研究者の研究素材であり，原典となる。実物資料，発掘調査およびその成果をまとめた調査報告書を活用し，さらに展開させる調査・研究が，①の「過去の人類の物質的遺物を資料」「過去の人類の残した物質的遺物，すなわち遺跡・遺物を資料」として分析・研究する学問を意味する。日本史学における古文書学的分野と言えよう。つまり，考古資料学（Archaeography）とよびうる考古学の分野になる。具体例を後述するが，型式論や分布論に典型をみるように，過去の人類の残した「物質的資料」を実証的方法によって分析し，その客観的法則を明らかにしようとするものの，過去の人類が残した物質的遺物の追究が主目的になり，必ずしも人類の過去は追究されていない。したがって，考古資料学は社会科学的な分野になる。

　これに対し，②の「人類の過去を研究する」学問はそれのみでは考古学として存立できない。過去の人類が残した遺跡・遺構・遺物などを資料として，「人類の過去を研究する」学問として存立できる。つまり①の考古資料学の研究成果の延長上に②があり，①を②へと昇華させることによって考古学となる。つまり人類の過去を追究する②は考古論理学（Archaeo-logics）であり，人文科学の分野になる[1]。

　浜田と横山・斎藤の相違は，①の重視と②の強調という点にあるが，これまでの考古学研究は①の考古資料学の成果が多い。「考古学研究者は科学者か」という論題にからめれば，「社会科学者としての考古学研究者は多いが，本来の人文科学者は少ない」ことになる。しかしながら辞書類や考古学自身の定義は人類の過去の追究を求めている。実際，考古学の英訳Archaeology は Archaeo と logic から成り立っているのだから，考古学の定義の主題は②の考古論理学である。それは，社会科学者としての力量をもち，人文科学者として能力を発揮する考古学研究者が求められていると言い換えられる。

　わかりやすい事例で説明しておこう。

　図１に示した甕の口縁部の形態の変化を「１の段階では口縁端部の下位に貼り付けられていた凸帯が，２で上位に移動したことによって，３のように口縁端部を外に引き出して折り曲げて擬凸帯化させたという形態変化の流れが理解できる」（高倉2011）とするのは考古資料学的

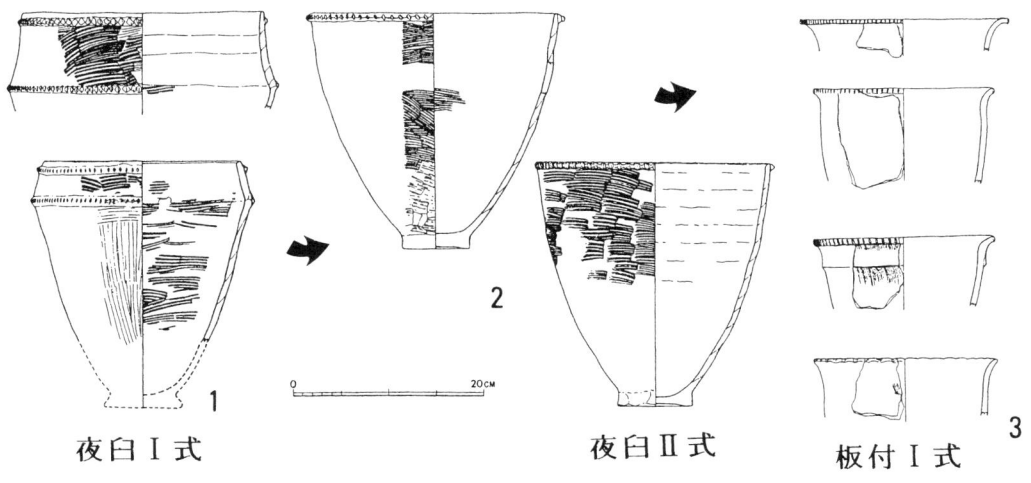

図1　夜臼Ⅰ式から板付Ⅰ式への甕の変化（高倉2011から）

である。これを「甕は煮沸に用いられた。水稲耕作を受容した段階では，1のように甕の上部を折り返し，口縁端部の下位に凸帯を貼り付けていた。しかし，上部の折り返しが炊飯時に水分の蒸発の邪魔になることに気付いた人びとは，折り返し部が無用であることを学んだ。そこで折り返し部を作るのを止め，口縁を大きく外に開いた2を創案し，凸帯を口縁端部に移して強化した。これを簡略化したのが3の口縁端部を外に引き出し折り曲げての擬凸帯化で，水分の蒸発を容易にするとともに，土器製作法をさらに簡略化させた。1から3への形態変化の流れは日頃の生活で多用する炊飯器の改良への人びとの賢い知恵であると理解できる」とすれば，考古論理学的になる。

したがって，考古学は科学かという問には，次のように答えられよう。自然科学を科学とするという辞書類の狭義の定義にしたがえば，考古学は科学ではない。科学を自然科学・社会科学・人文科学に分ける広義の定義によれば，考古資料学は社会科学であり，考古論理学は人文科学である。そして本来の考古学は，Archaeologyに示されているように，人文科学に属する考古論理学（Archaeo-logics）ということになる。考古学は本来科学であるべきだが，横山や斎藤のいう②の「人類の過去を研究する学問」の実践が不足している現状では，「考古学は科学であるが，考古学研究者はかならずしも科学者ではない」といえる。

3　未発達な考古論理学的思考

北部九州 vs 非北部九州　最近の体験を通して，考古資料学と考古論理学の相違を述べておこう。

近年，肥後考古学会と長崎県考古学会は，3回の合同学会を通じて共通する問題点を整理し，火（肥）的社会圏・文化圏の存在を明らかにされている[2]。それは玄界灘沿岸部との相違を鮮明にされるもので，筑紫（玄界灘沿岸部）に対する火（肥，有明海沿岸部）の個性を明らか

にしようとする試みである。佐賀県・長崎県は，現在の福岡県にほぼ相当する筑紫（筑前・筑後）を挟んで熊本県と分離している。しかし有明海を介すれば交通・交流は容易になる。実際，佐賀県・長崎県が肥前とよばれるのに対し熊本県は肥後であって，「火（肥）」で共通している。両学会の合同学会は，肥前である佐賀県の大部分が筑紫的であることを除けば，火（肥）としての連携がすでに弥生時代後期には確立していることを明らかにされた点で成果は大きい。この相違を田崎博之は「北部九州 vs 非北部九州」と表現している（田崎2015)[3]。

　2015年7月，今度は長崎県考古学会と九州考古学会とで「有明海とその周辺をめぐる弥生時代の交流」をテーマとする合同学会が開かれた。田崎博之の言う「非北部九州」の資料整備を果たした長崎県考古学会が，連携する肥後考古学会の後援を得て，「北部九州」の九州考古学会との合同学会に踏み切ったのであった。それまでの状況からみて，両地の異同発生の根源や，異同の意義を論じようとしたと推察できた。九州考古学会は韓国の嶺南考古学会と20年を超える合同学会の実績をもつアジア的学会であるが，同時に，九州と名乗りながら北部九州中心である残念な事実がある。したがって，考古資料学の基盤整備を果たした「非北部九州」が「北部九州」との異同の検討を通じて，非北部九州に暮らした当時の人びととの個性を明らかにする，すなわち考古論理学に昇華する画期的な合同学会であろうとする意欲を感じた。

　論議は，非北部九州に分布する炊飯具としての台付甕と，透かしをもつ肥前型器台に集中し，3回の合同学会で蓄積された長崎県考古学会と肥後考古学会の成果が披瀝された。驚くことに北部九州との対比は無く，台付甕と肥前型器台を用いた「人類の過去」に関する論説は皆無だった。これでは，2種の土器に関する合同学習会であっても，合同学会とは言えない。

　重視すべきは器形か機能か　非北部九州の台付甕には北部九州の平底（後には丸底）甕が対応する。炊飯に例をとれば，支脚を必要とする平底甕に対し，それのみで対応できる台付甕ということになる。支脚を用いる炊飯法は中国の新石器時代の支座（陳1996)[4]に淵源をたどれる。朝鮮無文土器社会や弥生時代前期の炊飯法はわかっていないが，支脚の出土する中期の状況や炊飯具としての甕の形態の基本が一致すること，中国大陸に系譜をもつ水稲耕作にともなう文化体系が朝鮮半島を経由して渡来している事実からみて，支脚を用いていたと考えられる。それにしても支脚がまったく出土しないから，沖縄や韓国の済州島で近年までみられた置き石を使用した可能性（図2）を考える必要があろう。

　これに対し台付甕を用いる方法は非北部九州の黒髪式段階で新たに開発されている。忘れてならないのは，それまでの炊飯法は，平底甕と支脚を用いる北部九州と同じ方法だったということである。支脚の実例を欠いているものの，これを否定すれば，非北部九州における甕の意義が問われるし，支脚使用平底甕も台付甕も用いない新たな炊飯法を考える必要がある。

　中国では，炊飯のたびに据える必要のある支座の面倒さの解消に，直接甕に支座を作り付ける方法を考案した。鼎である。やがて竈を開発し，中国の炊飯法から支座＋甕および鼎は姿を消す。非北部九州の台付甕の創造は鼎の創案に匹敵する画期的な炊飯法，都出比呂志のいう「地床炉」の開発であった（図3）[5]。都出には，東日本に多くみられる「床面の直上あるい

図2　沖縄県の石利用支脚

は浅い皿状のピットで火を燃やす」炉を「地床炉」，西日本に多い「深いピット内に灰をつめ，この媒介物の上で火が使用された」炉を「灰穴炉」とする，弥生時代の地域差に着目して炉を分類した先駆的論考がある（都出1989）。地床炉がなぜ北部九州ではなく非北部九州で開発さ

図3　静岡県登呂遺跡での台付甕による炊飯実験

れたのか，その意義を探る機会が今回の合同学会だった。弥生人の炊飯に対する思考の相違の存在，そしてなぜ思考の相違が地域を分断する状況で発生したのかを考えてこそ，考古資料学は考古論理学へと展開できる。しかし残念なことに，台付甕を形式としての土器としてではなく，器として，過去の人びとが用いた炊飯具として考える研究はなかった。

もう1つの論議の対象となった，透かしのある肥前型器台にも同じことがいえる。結論的に，肥前型器台は祭祀に用いられたということであった。そうであるなら，透かしのある器台を用いる祭祀は中期後半の北部九州にある。後期の北部九州ではその習俗は衰え，後期の代表的な祭祀は青銅製の武器形祭器を用いる祭祀に変化している。しかし非北部九州では青銅器祭祀は希薄である。つまり透かしのある肥前型器台を用いる非北部九州とかつては器台を用いていたが後期にはそれが衰退している北部九州，言い換えれば青銅器祭祀の非波及地域と普及地域がみえてくる。

透かしのある肥前型器台は丸形透かしから方形透かしへと変化している。方形透かしは中期後半の北部九州の筒形土器[6]にみられるが，時期差があるとしてその影響を否定された。そこで瀬戸内にみられる丸形透かし器台に着目され，肥前型丸形透かし器台の淵源を瀬戸内に求められる。この着眼は否定できない。問題は肥前型器台の方形透かしの淵源もまた瀬戸内に求められることにある。なぜなら，系譜の中間点ともいうべき東九州には方形透かし器台が分布しないからである[7]。

瀬戸内系の文物は，交流の成果として北部九州に伝わりそれが南下する機会と，直接東九州に伝わり有明海沿岸部まで西進する機会が考えられる。長崎県考古学会と肥後考古学会の合同学会は内向きの姿勢で火（肥）的社会圏と瀬戸内を結ぶ資料を蓄積されているが，それほど頻繁だったのか疑問がある。四国の西半が北部九州産の矛形祭器や戈形祭器を用いる青銅器祭祀の普及圏であることを評価できれば，瀬戸内→北部九州→有明海地域というルートの検討が必要であることに気付く。そのうえで東九州から北部九州を経由しない有明海沿岸部への直接的ルートがあるとすれば，それは意義のある成果となる。

北部九州と非北部九州（火・肥的社会圏）の差異を重視しながら，非北部九州そのものを一括している点も問題がある。よく知られているように，『古事記』では筑紫島（九州）は，「身一つにして面四つあり。面毎に名あり。故，筑紫国は白日別と謂ひ，豊国は豊日別と謂ひ，肥国は建日向豊久士比泥別と謂ひ，熊曾国は建日別と謂ふ。」（倉野1963）と大きく四つに分けられている。今回の合同学会では，『古事記』にいう筑紫国（筑前・筑後）と肥国（肥前・肥後）の相違がすでに弥生時代後期に発生していることを明らかにした成果を追認できた。しかし，非北部九州も，実は，肥国・豊国（豊前・豊後）・熊曾国（南九州）に分かれている。ところが非北部九州は一括され，豊的社会・文化圏である東九州，熊曾的社会・文化圏である南九州との差異は考慮されていなかった。弥生時代後期段階にはまだ差異が発生していないのであれば，そのことが重要になる。しかし集積された資料は相違の存在を明示していた。祭祀は人びとの行為だから，相違の要因を考える必要がある。

このように，炊飯具としての台付甕や祭器としての透かしをもつ肥前型器台の問題は考古資料学の検討にとどまっている。そこには，「人類の過去」を研究するという意識がみえてこない。炊飯法の相違や祭祀行為の相違といった限られた分野からでも構わない。いくつもの事例を積み重ね，考古資料学から「人類の過去を研究する」学問としての考古論理学へと研究を深化させることが，考古学には望まれている。

4　墓地祭祀から集落祭祀への展開

　弥生時代祭祀の一形態　3で述べたことをさらに具体化するが，論旨の都合上差しさわりがあることもあり，筆者自身の体験を主な事例として述べることにする。
　福岡市城南区に，分岐する丘陵の3つの尾根を削平してそれぞれに立地する住居群と，それらが共有したであろう湧水，共同して営む甕棺墓地からなる宝台遺跡があり，1969年に発掘調査された（高倉1970）。今では注目されることもないが，当時，弥生時代中期中ごろの集落構造と住居プランが円形であることを初めて実証した画期的な調査として注目された。
　甕棺墓地には，弥生時代中期中ごろの祭祀遺構がともなっていた。丹塗磨研された祭祀土器（広口壺2・脚付無頸壺1・甕1・高杯3）が人為的に割られ，土壙に一括して廃棄されていた（図4）。土器は須玖Ⅰ式とよばれる時期のものだった[8]。当時すでに，須玖式（須玖Ⅰ式）土器は弥生時代中期中ごろの標式とされていたが，各器種の一括出土例はなく，寄せ集めの型式設定であった。それを初めて一括して検出した興奮と，大学院修士課程1年在学中という力不足もあって，報告では宝台Ⅰ式の名称のもとに須玖式（須玖Ⅰ式）の具体的な内容を提示するにとどまった。つまり，祭祀遺構の評価を怠ってしまった。
　しかし，この祭祀遺構は筆者の脳裏から離れなかった。そこで考えをまとめたのが「弥生時代祭祀の一形態」（高倉1973）だが，これは筆者の構想する祭祀論の序章に過ぎなかった。本論の発表を準備していたが，福岡県古賀市鹿部山遺跡群の発掘調査の実施と報告書の作成，さらに九州歴史資料館への就職にともない大宰府史跡の発掘調査を担当するという環境の激変もあって，いまだに果たしていない。この間，先の論文の引用を含め，新たな祭祀遺構論が諸氏によって発表されているが，筆者の構想とは相違している。
　北部九州における土器の副葬や供献の事例を分析した「弥生時代祭祀の一形態」の論旨を再整理すれば，Ⅰ：土器副葬段階，Ⅱ：土器供献段階，Ⅲ：土器祭祀段階の3段階の祭祀行為の展開過程を設定している。Ⅰ～Ⅲは，Ⅰから順次Ⅱ・Ⅲへと展開するのではなく，Ⅰのみの段階から，Ⅰ・Ⅱ，そしてⅠ・Ⅱ・Ⅲが併存し多層化する段階へと展開する。
　土器祭祀の展開過程　Ⅰの土器副葬段階は，支石墓や木棺墓（土壙墓）にみられる。支石墓は朝鮮半島から縄文時代終末期に伝わってきた墓制で，長崎県南島原市原山遺跡・佐賀市丸山遺跡・福岡県糸島市新町遺跡などの支石墓に小壺などが副葬されている。木棺墓（土壙墓）では，たとえば弥生時代前期の福岡県春日市伯玄社遺跡23号木棺墓では棺底に小壺が置かれていた（図5－1）。小壺を副葬すると書いたが，実際には小壺の内部を満たしていたもの，液

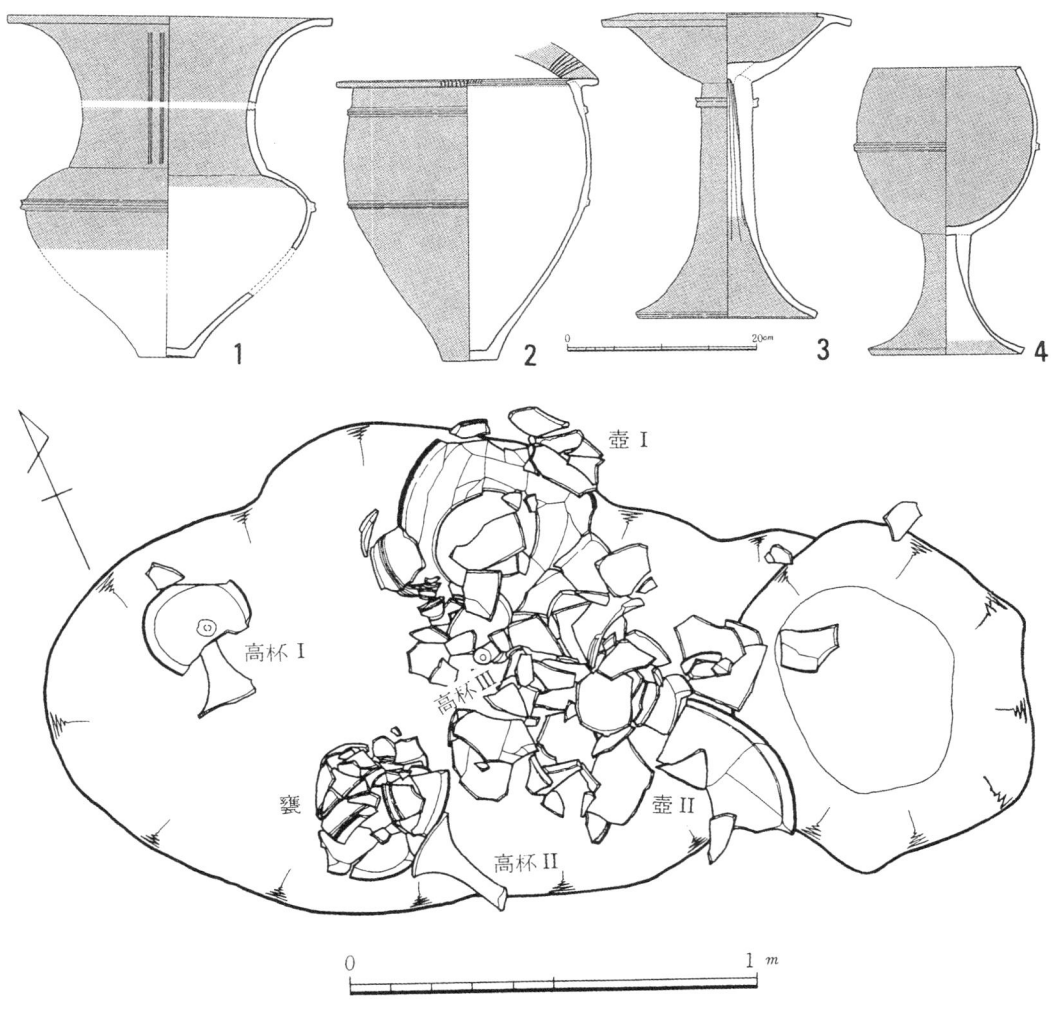

図4 福岡県宝台遺跡の祭祀土器と祭祀遺構（高倉1970から作製）
1：A地点祭祀遺構，2〜4：B地点祭祀遺構

体や食べ物などが副葬されていたのであって，小壺は残存した容器に過ぎない。

　Ⅱの土器供献の段階もⅠ段階と同時にみられるようになる。Ⅰ段階で墓に小壺が副葬されるとしたが，埋葬と同時に行われる墓壙内部への副葬は数少なく，先にあげた長崎県南島原市原山遺跡・佐賀市丸山遺跡・福岡県糸島市新町遺跡などほとんどの例で支石墓の墓壙を埋め戻した後に掌石と支石の間や掌石の上に小壺を置いている（図5－2）。副葬には相違ないが，墓壙埋め戻し直後ではあっても埋葬とは多少の時間差があり，供献への意識の芽生えを認めることができる。

　このように萌芽期を含めると，供献意識はⅠ段階の開始とほぼ同時に認められるが，弥生時代前期末から中期前半にかけて変化が顕在化する。たとえば中期前半の福岡市吉武高木3号木

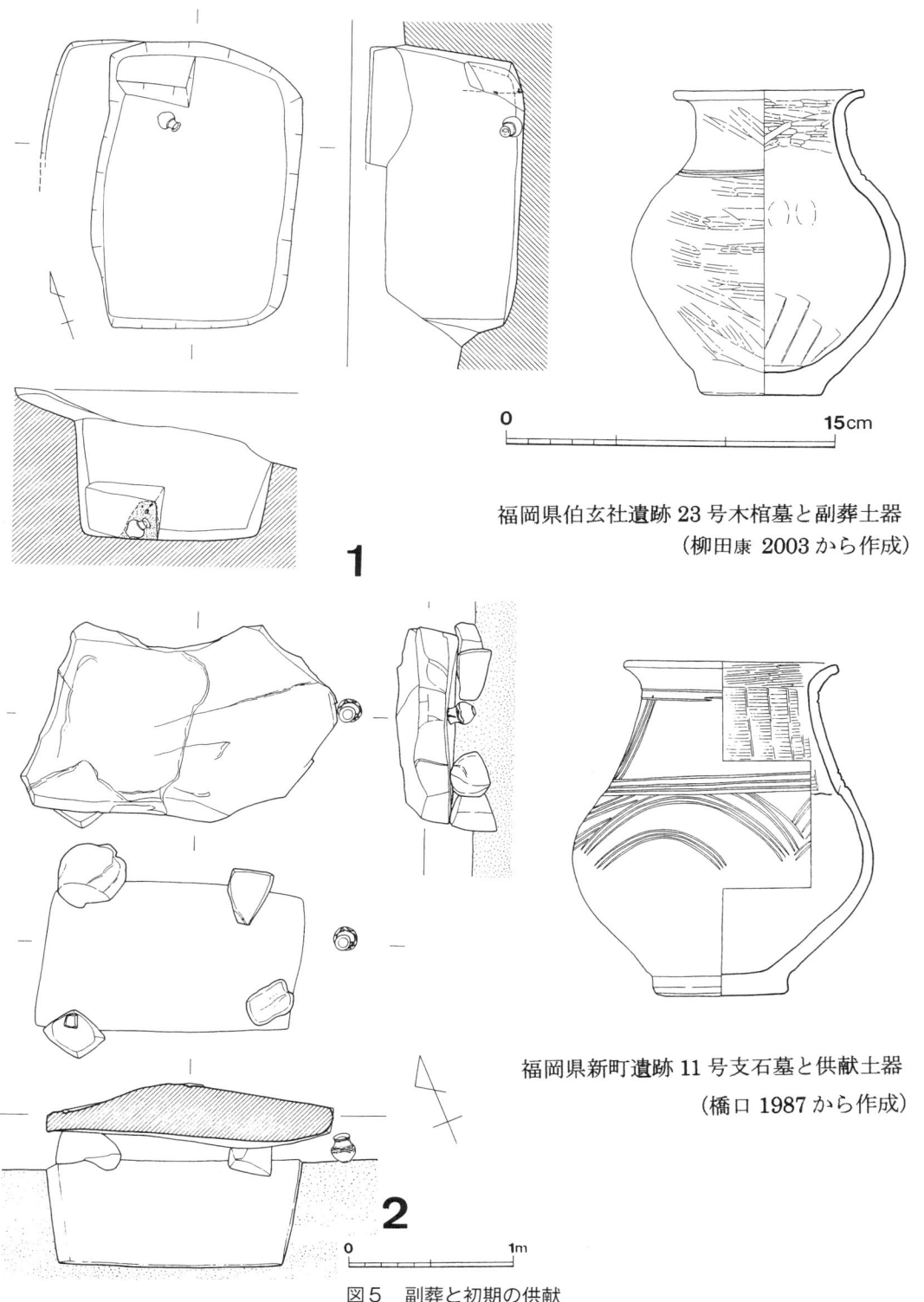

福岡県伯玄社遺跡 23 号木棺墓と副葬土器
（柳田康 2003 から作成）

福岡県新町遺跡 11 号支石墓と供献土器
（橘口 1987 から作成）

図5　副葬と初期の供献

棺墓には，棺内に納められた被葬者はヒスイ製勾玉や碧玉製管玉で装身し，多鈕細文鏡・細形銅矛・細形銅剣と細形銅剣・細形銅戈が両側に副葬されていた。小壺は頭部棺外に供献されていた。つまり，3号木棺墓には，わずかの時間差で装身具，副葬青銅器，供献小壺が埋められていた。以後，副葬小壺の例が激減することから，装身具は玉類および貝製品・青銅製品，副葬品は青銅器，供献具は土器という，葬儀や祭儀にともなう行為の相違によって使用される器物に機能分化が生じていると理解できる。

Ⅱ はⅢ段階出現の前提を整備した段階でもあった。Ⅲの土器祭祀の段階は埋葬にともなう供献というよりも，墓域における祭儀にともなっていて，祭儀終了後に丹塗磨研土器を打ち欠く特徴をもつ。好例は，調査範囲で検出された54基の甕棺墓に対して，祭祀遺構が8ヵ所認められた福岡県筑前町栗田遺跡B地区にある（馬田1986）。その配置をみると，他と離れた1号祭祀遺構を除くと，2〜8号祭祀遺構は甕棺墓群を大きく2群に分ける空閑地にある。それは7回の祭儀が繰り返された状況を示す。報告書にも，祭祀遺構の「周辺に埋葬された幾つもの甕棺墓壙内に埋められた破片と接合することから，この墓域における儀式用器物の共同的収納土壙であり」，特定の墓に対するものではないとしている。弥生時代中期後半になると，筒形土器（図6）とよばれる甕棺墓地祭祀特有の，特徴的な土器が創案される。弥生時代中期後半の糸島市三雲南小路1号墳丘墓の方形周溝西側部（祭祀溝）では，埋土が7層で形成されていたが，中期後半から後期中ごろまでの祭祀土器が堆積していて（柳田康1985），埋葬後長期にわたって追善供養的祭祀が行われている。

このように，Ⅰ・Ⅱ段階が特定の個人墓を対象にして副葬・供献していたのに対し，Ⅲ段階では不特定の墓域および墓地へと祭儀の対象が拡大しており，しかも祭儀に継続性が認められる。

同時に墓地以外での祭祀もみられるようになる。たとえば日本考古学協会調査の福岡市博多区板付遺跡1号井戸の底から，丹塗磨研された袋状口縁壺が約10個一括して検出されている（森・岡崎1961）。袋状の口縁から水汲み用の釣瓶と考えられないこともないが，板付遺跡のみならず井戸底から丹塗磨研された袋状口縁壺が検出される例は多いから，井戸神に対する祭祀の存在をうかがわせる。板付水田遺跡では，精製された彩文壺や大壺などが水田の水口から検出されていて，水田の水口での豊穣を祈る祭祀に関すると考えられる（山崎2008）。前期初頭から認められ，中期後半になると丹塗磨研された小壺が水口に大量に祭られている例がある。このように井戸や水田など墓地以外での祭祀も盛んになる。

述べてきたように，北部九州において，特有の筒形土器の創案に象徴される弥生時代中期後半に土器祭祀は盛期を迎える。後期に入ると，中期後半を引き継ぐ側面をもつとともに，新たな側面がでてくる。

長崎県壱岐市原ノ辻遺跡で1939年に大量の土器が採集されている（鵤田1944）。なかでも原ノ辻上層式の特徴をもつ第2層土器群は，集落の縁辺に大量に廃棄されていて，墓地での祭祀行為にともなうとは考え難かった。丹塗磨研土器を含むものの，日常の生活用土器が多くを占

図6 祭祀専用の筒形土器（高倉1973から作製）
方形透かしの無い例　1：朝倉市栗山遺跡，2：福岡県栗山遺跡
方形透かしの有る例　3：佐賀県本分貝塚，4：福岡県シメノグチ遺跡

めている。同様の丹塗磨研された土器を含む大量の土器廃棄は佐賀県吉野ヶ里町・神埼市の吉野ヶ里遺跡など他の遺跡でも認められているが，先に紹介した三雲南小路1号墳丘墓の祭祀溝で検出された祭祀土器も上層になると生活用土器がみられ，祭祀土器の占める比率が低くなる。福岡市城南区小笹遺跡では，他と離れている土壙墓に接して祭祀土壙にともなう土器群が検出された（柳田純1973）。個人を対象とする土器祭祀で，壺2・甕11・器台2からなる土器はいずれも生活用の土器が転用され，丹塗磨研土器も筒形土器も認められなかった。

　このように，弥生時代後期前半代の土器祭祀は直前の中期後半にくらべ，丹塗磨研土器や筒形土器のような祭祀専用土器を必要としなくなっている。さらに，墓地にともなわず，しかも

大量の土器群からなる原ノ辻遺跡などの例は，集落を対象とした祭祀の存在を考えさせる。

集落祭祀としての青銅器祭祀　後期の集落を対象とした共同祭祀として，武器形祭器を用いた青銅器祭祀がよく知られている。実は，「弥生時代祭祀の一形態」を執筆した動機はここにあった。つまり，同論文の末尾に，土器祭祀は「有力集団が集落のもつ属性の一つである共同祭祀を利用して一般共同体構成員との間に生じてきた矛盾を克服しようとして講じた矛盾解決の手段の一つとみなすことができよう。その結果，矛盾の深まりに応じて中期後半には祭器のみの用途をもつ筒形土器を出現させ，共同墓地の解体する後期には

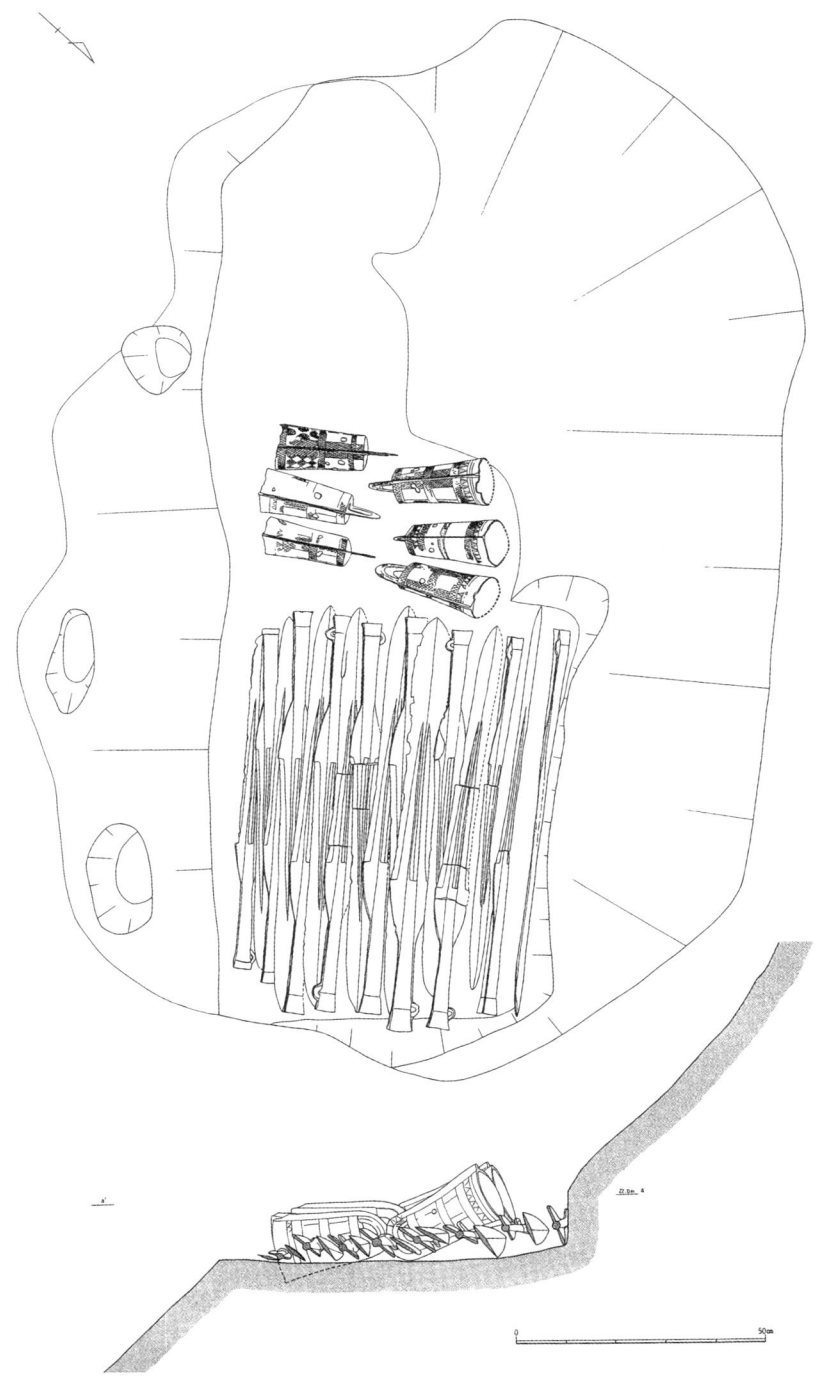

図7　鰭部と刃部を上下に埋納した島根県荒神谷遺跡の鐸形祭器と矛形祭器
（松本・足立1996）

共同祭祀の墓地からの分離，青銅利器の儀器化とその特殊な埋納など，祭祀の質・内容を変化させている。」と予告しておいた。青銅製祭器を用いた祭祀行為が何に淵源を発するのかを明らかにする目的があったからである。

　武器形および銅鐸形の青銅製祭器は集落の縁辺に埋納される。青銅製祭器には矛形祭器・剣形祭器・戈形祭器・鐸形祭器があるが，武器形祭器は刃部を上下に，鐸形祭器は鰭を上下に埋納される共通項がある（図7）。加えて集落の縁辺に埋納されるという共通項があるから，器形からくる独自性はあるだろうけれども，集落祭祀用祭器としての性格が基本にあると考えられる。その武器形あるいは鐸形の青銅製祭器を用いた祭祀がどういう過程を経て定着したのかは明らかでない。いかにも唐突な出現であるが，個人墓を対象とする土器祭祀（Ⅰ段階），個人墓を対象とする土器供献（Ⅱ段階），墓域や井戸・水田など集団を対象とした土器祭祀（Ⅲ段階）の階梯を経て，集落を対象とした青銅器祭祀がⅣ段階として出現してくる[9]。そのように構想していた。

　副葬品としての役割を小壺から奪った青銅製武器が，前車の轍を踏んで実用性に富む鉄製武器に副葬品としての性格を奪われ，土器がそうであったように祭祀行為の器物へと転身したということになろう。

5　考古資料学の活用と考古倫理学の実践

　北部九州が青銅製祭器を用いたⅣ期の集落祭祀の段階に展開しているにも関わらず，透かしをもつ肥前型器台の分析から，火（肥）的社会・文化圏は後期になっても依然としてⅢ段階の墓地祭祀にとどまっていることを指摘できる。中期まで北部九州とほぼ一体化して発展していた火（肥）的社会が，後期になると独自性をもつようになるという意識が肥後考古学会と長崎県考古学会には解釈の根底にあるようだが，それは違う。社会生活や文化の発展段階の地域間格差，火（肥）的社会・文化圏への情報伝播の遅れをそこに読みとる必要がある。

　『古事記』は筑紫島（九州）を筑紫国・肥国・豊国・熊曾国に分ける。熊曾国とよばれた南九州は，縄文時代から弥生時代中期まで，九州の他の地域社会と同じ歩調で発展段階を刻むが，火山噴出物に由来する水稲耕作への不適合から，稲作社会とは異なった生産体制を取らざるをえなくなる。そこで後期から次第に独自の文化圏を形成するようになる。古墳時代にはそれが異文化状態となり，人びとは熊襲とよばれ，異民族視されるようになる。同様の状況は弥生文化が普及しない東北・北海道にもみられ，人びとは蝦夷とよばれる。両地に共通するのは，稲作社会の周辺にある水稲耕作不適合地という立地と環境であり，水稲耕作による生産体制を築けなかったため，人びとは異民族視されていく。朝鮮半島でも無文土器時代まで同じように発展してきた済州島が，火山灰起源の土壌のため水稲耕作が発達せず，人びとは州胡，やがて耽羅として韓から異民族視されていくことにも共通している。

　先に紹介した都出比呂志による「地床炉」と「灰穴炉」の分類は，考古資料学としては有効な作業であったと評価できる。灰穴炉は竪穴住居内の土坑からみて弥生時代の早い段階から存

在したことがわかる。地床炉の開始は明らかでないが，地床炉に対応するのが台付甕であり，中期初頭の北部九州で城ノ越式土器に台付化の傾向が認められるが継続せず，中期中ごろの黒髪式土器以降に中九州・南九州および中部日本以北で普及する。つまり，地床炉は灰穴炉に遅れて中期中ごろの中九州および南九州，それに中期後半以降の中部日本以北で認められるようになるということになる。視点を変えると，灰穴炉は近年まで各家庭でみられた囲炉裏や火鉢の先駆的形態[10]であるが，地床炉は焚火を思わせる簡易的野営的炊飯法になる。さらにその分布圏をみると，稲作社会と熊襲や蝦夷とよばれた非稲作社会の緩衝地帯に認められる炊飯法にともなうのが地床炉であることを理解できよう。換言すれば，日常的な米食地帯，米の生産量の不足から日常的には米食できない中九州・東九州・中部以北などの米食希求地帯，米食を食の基盤としない熊襲や蝦夷などの非米食地帯がそこにみえてくる。つまり，都出の地床炉と灰穴炉の分類は，考古資料学的には東日本と西日本の地域差を示すようにみえるが，地床炉は稲作社会非稲作社会緩衝地帯（米食希求地帯）にみられるもので，地域差ではなく，米食文化の周圏論[11]的波及における時間差と波及内容の質的劣化を示すことが明らかになる。この見解が正しいかどうかはわからないが，こうした「人類の過去」への「仮説」を考え検討を深めていくのが考古論理学である。

合同学会に話を戻せば，非稲作社会の南九州（熊曾国）と水稲耕作先進地の北部九州（筑紫国）の間に位置するのが非北部九州（肥国・豊国）だから，台付甕および祭祀土器・祭祀行為を例として述べてきたように文化移動の周圏論的遅れであることは疑いない。弥生時代中期まで稲作文化圏として同じ速度で発展していた火（肥）的社会が，なぜ後期になると後進地帯となっていくのか。明らかにするべき点は歴然としているにもかかわらず，研究に反映していないのは考古論理学，すなわち考古学への認識不足がある。

考古資料を単に遺構・器物としていくら詳細に見つめても，考古学にはならない。考古資料の形態変化や分布の状態などの諸属性の検討・分析は，考古資料学の根幹となる考古学の基礎的作業として欠くことはできない。その基礎に立ち，そこに示された「過去の人類」の思考や行動を復元し「人類の過去」を明らかにすることによって，考古学は考古論理学としての学問になる。資料が少なく，「人類の過去」の復原に不足するため論文化できない場合であっても，常に「仮説」を考えておくことが大切である。もちろんそれが思い込みであってはいけないが。土器を土器としてだけではなく，器と考える，それだけで考古論理学は発展する。

考古学は科学だが，研究の対象とする「人類の過去」について考古学の現状は十分ではなく，考古学研究者は科学としての考古学を必ずしも実践していない。このような現状で考古学研究者は胸を張って科学者とはいえまい。

■註
1） 考古資料学・考古論理学の訳出は溝口孝司九州大学教授にお願いした。

2）肥後考古学会と長崎県考古学会は，2011年の「環有明海の交流　台付甕をめぐる諸問題」を皮切りに，2012年に「有明海をめぐる弥生時代集落と交流」，2014年には「肥前型器台について」をテーマに合同学会を開いている。
3）「北部九州 vs 非北部九州」の表現は，合同学会で配布された田崎博之の追加資料にある。
4）陳国慶は支座を「釜支子」と表現している。
5）台付甕での炊飯は安定性に欠けるように思われる。しかし，火熱を効率的に受けるために台を付けて甕の底部を高めたのであろうから，台部分を地中に埋めて安定させたのでは，支脚を用いる平底甕よりも熱効率は低下する。かつて，偶然，静岡市登呂遺跡で行われた炊飯実験を見学したことがある。図3のように，4つの台付甕で炊飯および煮物を作っていたが，意外なくらいに安定していた。これは現代人の炊飯実験だが，参考になろう。
6）筒形土器は，ふつう，筒形器台とよばれている。肥前型器台をはじめ，器台は壺を安置しやすいように口部を大きく開いている。したがって，器台は置き台としての性格をもっている。ところが筒形土器は，図6のように，大きく開いた口部に内傾する口縁部を取り付け，口径を小さくしている。これでは置き台としての役割は果たしにくく，たとえば神棚における榊立てのような，器台以外の用途を考えさせる。そこで筒形土器としておく。
7）肥前型の方形透かしの淵源を木製高杯の方形透かしに求める見解もあるが，資料の不足から木製高杯の製作地を明らかにできない現状では，方形透かし意匠の伝播の系譜を考える参考にはならない。
8）図4にはB地点祭祀遺構を示した。4mほど離れたA地点から丹塗磨研された甕と高杯の杯部が検出されているが，この高杯の脚部はB地点の祭祀土器群から出土しているので，同時性がある。例示した祭祀土器のうちの甕はA地点のものである。
9）青銅製祭器が集落を対象とした祭祀に用いられる祭器であることは広く知られている。これらの青銅製祭器と分布をまったく異にするが，漢代中国の西南部で用いられ，現在もまだ継続して使用されている青銅製祭器に銅鼓がある。銅鼓は銅矛・銅剣・銅戈・銅鐸と同様に集落から離れた場所に秘匿して保管され，現在も冠婚葬祭のたびに掘り出され使用されている。福岡県北九州市重留遺跡の住居内部に掘り込まれた土壙に納められていた矛形祭器は，同じ位置で少なくとも7回埋納土壙を繰り返し掘っては埋めた痕跡が確認されていて（谷口1999），銅鼓と同様の用途を類推させる。
10）「灰穴炉」では，平底甕あるいは丸底甕の火通しをよくするため，囲炉裏や火鉢で金属製の五徳を用いたように，土製あるいは石製の支脚が用いられたと考えられる。福岡市城南区宝台遺跡に土製支脚を用いた実例がある。
11）周圏論は方言周圏論としてヨーロッパではじまった学説で，柳田國男が1927年の「蝸牛考」ではじめて紹介した（柳田國1980）。柳田は，蝸牛（かたつむり）の方言名が，近畿地方のデデムシ，その外側の中部地方や中国地方ではマイマイ，さらにその外側の関東地方や四国地方ではカタツムリ，東北と九州ではツブリ，そして東北北部と九州西部でナメクジであることから，京都を中心として同心円状に分布すること，外側になるほど古い呼称であることを膨大な資料から明らかにした。ただ，同様の周圏を示す語彙が少なく，学説として確立した状態になかった。近年になって，この周圏論の詳しい検証が松本修（1996）によってなされている。松本は人を罵る言葉としてのアホやバカの分布の意味を周圏論で解釈している。近畿ではバカは能力の劣る人物への悪口で，「おまえはバカか」というと相手は怒る。しかし，アホは迂闊な様子を冷やかす言葉で「アホか」といわれても悪意に受け取られない。ところが福岡では迂闊な様をバカであらわし，バカといわれても怒ることはない。鹿児島では，もはやあまり使われないとうかがっているが，近畿のアホ，福岡のバカに相当する言葉はホンジナシ（ホンジは本地＝本性。本地無し，つまり本性を失っている状態で，迂闊なこと）という。福岡と同様のバカ表現は近畿を挟んで西日本と東日本，ホンジナシ系表現は南九州と東北（ホンズナス）にみられる。近畿ではじまったホ

ンジナシ表現が南九州・東北に波及した時点で，西日本・東日本はそれがバカ表現に変化しており，さらに中心点の近畿では新たなアホ表現になっていたということである。つまり，現在，アホ・バカ・ホンジナシは同心円状の分布圏をもつが，中心が新語，外側になるにしたがって古層になる。これが周圏論である。柳田國男や松本修の成果は，分布論を考えるうえで，考古学研究に応用できる。

■文献
倉野憲司校注，1963，古事記，岩波文庫，岩波書店，東京．
斎藤忠，1984，考古学，国史大辞典5，吉川弘文館，東京．
新村出編，2008，広辞苑第6版，岩波書店，東京．
田崎博之，2015，「台付甕」と「透かしをもつ器台」をめぐる東からの視点，有明海とその周辺をめぐる弥生時代の交流，pp.127－146，長崎県考古学会，長崎．
高倉洋彰編，1970，宝台遺跡，日本住宅公団，福岡．
高倉洋彰，1973，弥生時代祭祀の一形態，古代文化25－1，8－23．
高倉洋彰，2011，交差年代決定法による弥生時代中期・後期の実年代，AMS年代と考古学，pp.203－232，学生社，東京．
谷口俊治編，1999，重留遺跡第2地点，北九州市埋蔵文化財調査報告書230，福岡．
陳国慶，1996，従炊器看東部沿海地区的考古文化，国際文化論集11－1，pp.215－230，西南学院大学，福岡．
都出比呂志，1989，炉の構造の地域差と住居内の位置，日本農耕社会の成立過程，pp.128－134，岩波書店，東京．
鴇田忠正，1944，長崎県壱岐郡田河村原ノ辻遺跡の研究，日本文化史研究，pp.59－110，星野書店，京都．
橋口達也編，1987，新町遺跡，志摩町文化財調査報告書7，福岡．
浜田耕作，1922，通論考古学，p.11，大鐙社，東京．
馬田弘稔編，1986，栗田遺跡（B地区），三輪町文化財調査報告書5，福岡．
松村明・三省堂編集所編，1988，大辞林，三省堂，東京．
松本岩雄・足立克己編，1996，出雲神庭荒神谷遺跡，島根県教育委員会，島根．
松本修，1916，全国アホ・バカ分布考，新潮文庫，新潮社，東京．
森貞次郎・岡崎敬，1961，福岡県板付遺跡，杉原荘介編日本農耕文化の生成，pp.37－77，東京堂出版，東京．
柳田國男，1980，蝸牛考，岩波文庫，岩波書店，東京．
柳田純孝編，1973，福岡市小笹遺跡発掘調査報告書，福岡市埋蔵文化財発掘調査報告書25，福岡．
柳田康雄編，1985，三雲遺跡南小路地区編，福岡県文化財調査報告書69，福岡．
柳田康雄編，2003，伯玄社遺跡，春日市文化財調査報告書35，福岡．
山崎純男，2008，最古の農村 板付遺跡，シリーズ遺跡を学ぶ048，新泉社，東京．
横山浩一，1978，考古学とはどんな学問か，日本考古学を学ぶ（1），pp.2－10，有斐閣，東京．

人類学における科学と反科学

大阪大学　佐　藤　廉　也

要旨

　考古学が科学であるかを問うための手がかりとして，隣接分野である人類学における反科学の伝統をめぐる問題について検討する。具体的な題材として，1980年代に起こったポストモダン論争，ボアズ学派によって主張された文化決定論と超有機体論をめぐる問題，ヤノマミ・スキャンダル，小規模社会の環境保全をめぐる問題を順に取り上げ，その根底には反科学的なロマン主義の伝統があることを指摘した。同時に，この伝統は反人種差別や文化相対主義とも親和性が高いが，反人種差別と反科学の結合には自然主義的誤謬（事実命題と倫理的判断との関係にかかわる錯誤）の問題があることに注意しなければならない。そして，反科学の風潮はその主張とは裏腹に，小規模社会の窮状を改善する試みを妨げることにもつながり得る。19世紀に近代的な学問として成立した人文学・社会科学の諸分野は多かれ少なかれ以上のようなロマン主義の伝統を内包しているのではないかと推測される。我々はロマン主義や不可知論を排し，理論の明晰性と経験的事実を尊重する科学の立場にたつべきである。

キーワード：人類学，反科学，ロマン主義，自然主義的誤謬

1　社会科学における科学

　「考古学は科学か」という問いには，少なくとも2通りの含意が想定できる。1つは，考古学は科学である（あるいは，あるべきだ）という前提を共有した上で，今日の個別の考古学的研究ないしその方法論が実際に科学の要件を満たしているのかを問うものである。そしてもう1つは，考古学の学問体系には科学の範疇におさまらない領域が含まれていると認めた上で，そのような学問体系の是非を問うものである。

　問われているのが前者であれば，方法的に未熟な点を枚挙しつつ，方法論を洗練させることによって克服する手段を講じていくのが1つの論じ方になるだろう。例えば，土器に代表される考古遺物の編年に際して，推論の過程が曖昧なまま研究者の直観によって結論が与えられているのを目にすることが少なくない。実際に，研究者によって編年の結果が異なり，その優劣を客観的に判断しがたいというケースがみられることが，編年という作業が科学の方法論とし

て完成されたものではないことを示している。この問題の解決に当たっては，理論と方法論のいっそうの明晰化をはかり，経験的な事実との照合を積み重ねることで，より洗練された方法に近づけていくことが必要だろう。そのような試みの例に生物系統学の方法を援用したメイスらの研究 (Mace et al. 2005) があるが，経験的な事実との照合はまだほとんどおこなわれていない。こうした方法が広く検討され導入されるにはまだ時間がかかりそうである。

小論において考古学の未熟さを列挙する意図は筆者にはない（またその力量もない）。同型の問題は他の社会科学分野でいくらでもあげることができよう。例えば人類学の民族誌記述においては，しばしば調査者の主観的意思によって対象となる集団が再構成され，にもかかわらずあたかも客観的な民族の姿を描き出したかのように装ったものが少なくない。後述するように，かつて文化人類学の成果を代表するとみなされていた古典的な民族誌が，きわめて主観的で偏ったものであるという批判が1980年代になされた。人口人類学でおこなわれるような定量的なデータの収集や扱いですら，方法的にずさんなままなされているものが多く，科学的な方法論を洗練させることを指向する人類学者たちからは「トラスト・ミー・メソッド」と揶揄されている (Hill and Hurtado 1996)。

一方，もし冒頭に挙げた可能性の後者，すなわち考古学の学問体系に科学の範疇におさまらない部分があると考えるならば，話は異なるであろう。考古学を専攻しない者にとっては，二つの含意のいずれを問われているのかは正確に把握しがたい。ただ，少なくとも，筆者の知る地理学や人類学においては，科学を指向しない，あるいは科学的な研究に対して批判の目を向ける研究者たちがアカデミックな世界のなかに存在する。それが直接的に顕在化したのは1980年代のいわゆるポストモダンをめぐる一連の論争である。とりわけ文化人類学においては，民族誌記述の客観性に対する徹底的な批判がおこなわれるとともに，文化人類学が科学ではなく文学ないしは政治学であると主張する人びとが大きく注目され，その後の学界の方向性にも影響を与えた。つまり，人類学においては明確に「科学の範疇におさまらない」分野であると主張する研究者が存在する。

小論では，考古学者の隣人である人類学者の間でおこなわれてきた議論を対象とし，とりわけ科学と反科学の論争の歴史にかかわるいくつかのトピックを紹介し，その上で「考古学は科学か」という問いに対する何らかの答えをさぐる。社会科学や人間科学の分野の間には，学史上の共通点・類似点を見いだすことができる。例えば地理学においては1960年代に法則定立的な研究を指向する「計量革命」が起こり，英米の地理学者を中心に科学的な方法論を尊重する態度が定着したが，その後計量的なアプローチへのアンチテーゼとして，場所のイメージや主観的意味を扱う人文主義地理学や，社会的公正の実現を目指す政治性をおびたラディカル地理学が登場し，それらの一部は1980年代になると社会構築論を媒介としていわゆるポストモダン地理学に結びついていった。これに対し文化人類学では，1960年代後半にはニュー・エスノグラフィーなどの科学的な方法論の洗練を目指す様々な試みがなされ，構造主義人類学や認識人類学が登場し科学的思考とエミックな思考との対比が注目されたが，1980年代のポス

トモダン人類学による民族誌批判によって人類学の客観性は全面的な批判を浴びた。科学主義の台頭から科学主義批判への流れは，考古学においては例えばプロセス考古学とポストプロセス考古学にその共通性が垣間見えるように思われる。このような分野間の共鳴を念頭におけば，隣接分野の歴史をふりかえってみることも，考古学の認識論と方法論を考えるのに無駄ではないかもしれない。

小論で人類学をとりあげるもう一つの理由は，この分野がポストモダン思想の流行より半世紀以上も前に，科学的方法論にかかわる大きな岐路を経験したからである。それはすなわち，フリーマン（1995）が『マーガレット・ミードとサモア』において詳細に検討している（人類学の下位分野である）文化人類学と生物人類学（当時の人類遺伝学）との対立と離反の歴史である。文化人類学が生物学を自らの方法論から切り離し，「文化は文化によって記述・分析されなければならない」と宣言したことによって，文化人類学において生物学的研究が排除されただけでなく，隣接する社会科学・人間科学の人間観・社会観にきわめて大きな影響をおよぼすことになった。4節であつかう「ヤノマミ・スキャンダル」も，この文化人類学の歴史にその源を見いだすことができる。

小論では以下，まず次節において，科学と文化人類学との関係をねじれたものにする直接的原因となった「ライティング・カルチャー」をめぐる議論について振り返り，その後で20世紀前半の学史にさかのぼり，文化人類学と生物学との関係について述べる。続いて，20世紀末に発生した「ヤノマミ・スキャンダル」をめぐる問題や，それに関連した小規模社会をめぐる近年の問題を取り上げ，今日における人類学と科学との関係を確認した上で最後に冒頭の問いに戻る。

2　「ライティング・カルチャー・ショック」とポストモダン人類学

1986年にクリフォードとマーカスによって編まれた『文化を書く』は，当時の文化人類学界に大きなインパクトを与え，1990年代になると日本においても「ライティング・カルチャー・ショック」「人類学の危機」といったことばがしきりに登場することになった（クリフォード・マーカス 1996）。その内容は一言でいえば民族誌的リアリズムの批判である。クリフォードらは，エヴァンズ＝プリチャードやギアツをはじめとする，文化人類学における巨匠たちの民族誌を題材として，それらにみられるメタファーやレトリック，主観による恣意的な強調などを入念に分析し，あたかも実在する民族の姿を客観的に描き出したかにみえる民族誌が，実際には主観的である種の政治性を帯びたテクストであると主張した。

ライティング・カルチャーが出版されると，その主たる主張である民族誌リアリズム批判に共感する文化人類学者が数多く現れ，民族誌の客観性に対する疑念を共有することになった。それらの人びとのなかには，従来の民族誌記述が装う客観性の欺瞞を暴くために，著者の主観的世界を延々記述したり，逆にフィールドで耳にする声を全て取捨選択することなく記述したりするような，極端な実験的民族誌も登場した。

日本においては，そのような実験的民族誌の生産に没頭するような動きは目立たなかったものの，こうした英語圏における民族誌リアリズム批判に共鳴し，それを熱心に紹介する人びとは少なくなかった。なかには，マーカスやクリフォードらの民族誌批判の試みすら，それが表象すべき現実があると認めている点において「リアリズムとの曖昧な妥協」（杉島 1995）であるとの批判もあった。

　典型例として，杉島（1995）によるそのような主張を引用しておきたい。科学的知識と政治的言説・文学作品との境界は曖昧であると主張する杉島は，その根拠として「科学的研究においても，現実は全知の神だけに見えている，あらかじめ構造化され，人間に発見されるのをまっているような存在ではなく，何らかの概念図式─目的や関心，それに信念などから構成される知識の体系─との関連でたちあらわれてくるものにすぎない。（中略）したがって，科学的知識が「生の事実」と対応しているという主張は文字どおりの意味ではなりたたない。だが，このような「生の事実」との対応こそが科学を科学として成立させているものであった。（中略）だが，科学的知識が現実を正しく表象しているという信念がうしなわれると，科学的知識と政治的言説や文学作品との境界は曖昧にならざるをえない」（杉島 1995, p.204）。

　杉島はこの論考の締めくくりに，オリエンタリズム批判の台頭を取り上げ，「リアリズムが大きく退潮した現在，オリエンタリズム批判と拮抗しうる力はもはやどこにも存在しない」と述べ，「私たちはその目的や理由を自分のおかれている社会的状況との関連で問い，その回答を自らの思想として提示するほかない。このような思想の提示が政治的であったり，科学的な中立性にかけていたり，さらには趣味的に見えようとも，それを厭うべきではない。」と述べる（杉島 1995, p.208）。

　以上の引用部分から，杉島は構築主義の立場に立ってリアリズムを認識論的に批判し，科学の客観性を否定していることが明らかである。実在それ自体に対する認識的立場はこれほど極端なものはそう多くはないにせよ，構築主義は今日でも，文化人類学や社会学において広く認められた研究スタンスであり続けている。構築主義を標榜する人びとの全てが上記のような極端な科学観を持っているわけではないだろうが，このような考え方は公に否定されることもなくいまだに今日の社会科学のなかで一定の領域を占めていると言ってよいだろう。だが，リアリズムを否定し，「どのような思想的営為がそれ（筆者註：科学研究のプログラム）にふさわしいかを見通すこともできない」（杉島 1995, p.208）世界において，オリエンタリズム批判の妥当性や正当性をいったいどのような根拠によって肯定できるのだろうか。また，オリエンタリズム批判も文学作品のようなフィクションとの区別が曖昧な1つの言説に過ぎないというような議論に対して，どのように反論することができるのだろうか？

　杉島の論考が出版された翌年に，その論考を引用しつつ「『人類学の危機』と戦術的リアリズムの可能性」と題する論考を発表した松田（1996）は，杉島の反リアリズムをロマンティックな「サンキュロットたちの暴走」（松田1996, p.26-27）と揶揄しつつ，ポストモダンの構築主義とモダンな本質主義のジレンマを，「暫定的な本質論者」になることによって乗りこえ，

このような戦術的リアリズムによって人びとの日常的抵抗へと目を向けよと主張している（松田1996, p.38,42）。松田は同時に，（文化）人類学にはコントを祖とし，ファクトを追い求める科学的な啓蒙主義と，ルソーやゲーテを祖とし，フィクションを生成する反科学のロマン主義という，コインの表裏のような宿命的な二重性が存在し，科学指向の人類学とそれに対するポストモダン人類学による批判や，人類学の認識論における本質主義と構築主義の対立はその二重性と重なり合うものであるという。

　松田の論考は杉島に比べると穏当なものだが，「暫定的な本質論者」という言葉に表れているように，ロマン主義を批判する一方で，「素朴な本質論」を否定している点においては，杉島と共通性をも持っていると言える。また，戦術的リアリズムの必要性を弱者の抵抗の手段として主張する点でも，リアリズムを否定しつつもオリエンタリズム批判を肯定する杉島と相通ずるものがあるようにみえる。フェミニズムを例にとった松田は，「素朴な本質論」に対して，「構築論の立場からすれば，女性性というフィクティブな言説によって一人の人間を女性としてのアイデンティティーに縛りつけ，セクシズムから逃れられないようにするのが近代支配のやりくちだった」という（松田1995, p.36）。しかしこれでは抑圧された主体としての女性を解放することができないので，そのジレンマを乗りこえるために戦術的リアリズムをとるのだという。

　ここでは，構築論の立場をとるのも，それを乗りこえて戦術的リアリズムの立場をとるのも，ともに弱者の抵抗に寄り添うためだという松田の意図が垣間見えてくる。しかし筆者によく理解できないのは，なぜ本質論の立場が女性の解放の妨げになるのかということである。

　例えば，女性の抑圧の歴史がもし生物学的な性差に由来するものだということが明らかになったとすると，女性が抑圧から解放されることは不可能になってしまうのだろうか？もし上記のような主張がそうした認識に基づくものだとすると，それは「自然主義的誤謬」と言われる典型的な推論の誤りではないだろうか。そのような誤りに気付かないままにリアリズムを全面的に否定したり，構築論を認めた上で暫定的本質論などというややこしい理屈を考えたりといった努力をしなければならないとしたら，無駄な遠回りであろう。もちろん，現実に言論の世界において，科学的に明らかになった事実を無意識に（あるいはわざと）倫理判断と混同したりすることは珍しくないし，科学的研究の結果が悪用される怖れは常にどこにでも存在する。だからといって，リアリズムに基づく科学的研究を封印することは問題を改善することに何の役にも立たないのは明らかだし，一般の人びとにわかりづらい衒学的な理屈で装うことがその主張を受け入れてもらうために役立つこともないはずである。

　しかし，ことはそう単純ではないのかもしれない。文化人類学には，伝統的に反生物学のドグマがあって，文化人類学と自然（生物）人類学の間には認識論，方法論いずれにとっても大きな溝がある。ポストモダニズムの科学批判も，このような学界の構造に大きく影響されたものであった可能性がある。次節ではこの文化人類学ソサエティにおける反生物学の歴史的背景に触れておきたい。

3　文化人類学における反生物学

　進化心理学者のトゥービーとコスミデスは1992年に発表した論考において，20世紀の社会科学に支配的なドグマの存在を指摘し，それを「標準社会科学モデル（Standard Social Science Model, SSSM）」と名付け，そのドグマを乗りこえるための代替モデルとして「統合因果モデル」を提唱した。標準社会科学モデルの骨子は以下のようなものである（Tooby and Cosmides 1992, pp.25-28）。

1　乳幼児（infant）はどこでも同じように生まれ，同じ発達可能性を持っている。
2　乳幼児はどこでも同じであるが，逆に大人はどの場所においても行動的・心理的機構は著しく異なっている。
3　複雑に組織された大人の行動は，乳幼児には見られない。
4　生物学的な生得性は乳幼児に存在し，いっぽう複雑に組織された大人の社会性は社会環境によって与えられる。
5　個人を形成する文化的・社会的要因は個人の外部に存在する。
6　したがって，複雑に組織され，人間の生命を豊かに形づくるものは，文化である。
7　文化を形成するのは個人ではなく社会である。
8　文化はそれ自体が自律的で還元不可能な独自性を持っており，文化の説明は文化によってなされなければならない。
9　「人間の本性」とは，単に社会的要因によって埋められるべき容れ物に過ぎない。

　トゥービーらは上記の標準社会科学モデルの骨子を提示するにあたり，デュルケームのほか，クローバー，ローウィ，ギアツといった文化人類学の巨匠たちの言葉をふんだんに引用する。ここから，標準社会科学モデルは社会科学のなかでも，とりわけ文化人類学を支配するドグマとして提示されたものであると理解できる。8つめの「社会的文化的レベルはそれ自体が自律的である」という表現は1917年のクローバーやローウィの文献を引用しつつ述べられており，当時のクローバーらの文化の「超有機体（the super-organic）論」を明確に意識したものである。クローバーが超有機体という今振り返ると奇妙にみえる概念を持ち出した背景には，当時の遺伝学や優生学の隆盛がある。文化人類学の独自性を主張するために，文化的プロセスが超有機的であること，すなわち生物学から独立した領域であることを示す必要があった（フリーマン 1995）。

　ボアズの文化決定論への傾斜や，その弟子であるクローバーやローウィらが超有機体論によって生物学を文化人類学の領域から排除した経緯については，フリーマン（1995）が詳しく述べている。当時の極端な遺伝決定論や人種主義と結びついた優生学は今日の水準から見て誤謬に満ちたものであるばかりでなく，政治的に危険なものであった。そのような当時の生物

学から決別することはボアズらにとってやむを得ないことだったかもしれないが，当時の生物学が誤謬に満ちた不完全なものであったということと，文化人類学が将来にわたって人間の生物学的側面を研究対象とすべきではないということの間には，なんの論理的関係もない。この時期の文化決定論への傾斜が，後の文化人類学を科学的に洗練されたものにすることを妨げる副作用を持ったことは否定できない。

ボアズらが方向づけた文化人類学における文化相対主義と文化決定論は，ミードの2つの著作，『サモアの思春期』と『3つの未開社会における性と気質』によって隣接分野にもきわめて大きな影響を与えることになった（ミード 1976; Mead 1935）。前者は，今更述べるまでもないミードの代表作であり，後述するシャグノンの『ヤノマモ』以前に米国で最も売れ，最も読まれた民族誌であるとされている。この著作において，ミードはサモアの若者たちの思春期が，西欧に見られる思春期の葛藤や性の抑圧とは対照的に，自由な性を謳歌している様子を描写し，性にかかわる習慣は文化が異なればどのようにでも変わることを主張している。この著作は，ミードの死後フリーマンによって丹念に分析され，彼女がサモアの若者たちの彼女に対するからかいを十分に検証することなくサモアの現実として描いたこと，そしてその人類学者として無防備な態度の背景にはミードが文化決定論のイデオロギーを一般に広めたいという意図があったことが明らかにされている。

フリーマンの著書は日本でも翻訳出版され，話題になったものの，フリーマンの意図について根本的な検討がなされることはなく，その後も文化人類学だけでなく，社会学や教育学などの複数の教科書に，性にかかわる行動が文化的に決定される例として紹介されている。隣接分野では，もしかしたらフリーマンによるミード批判はあまり知られていないのかもしれない。

ミードによる後者の著作は，さらにわかりやすい形で「性差が文化によって大きく変わる」ことを，ニューギニアの3つの民族を例に描いている。この著書によれば，3つの民族は互いに150km以内に居住域を持つ近隣のグループでありながら，全く異なる性役割を持っているという。すなわち，アラペシュは男女双方が西欧では女性に期待するような穏健で親が子を注意深く見守るような行動をみせ，ムンドゥグモルは西欧では男性に対して期待されるような荒々しい態度をとり，一方チャンブリは男性がずるがしこくカールをして買い物に行き，女性は元気がよく飾り気がないという，西欧と性役割が逆転しているというのである。

ミードのこの著作については，進化心理学者のデイリー・ウイルソン（1999）が次のような批判をしている。まず，ミードはアラペシュ以外の2集団については具体的なデータを何ら提示しておらず，インフォーマントが誰であったか，具体的に何と語ったのかについても述べられていない。また，男女ともに穏健であると表象されるアラペシュの男性たちは実際には激しい闘争を日常的におこなっており，男性が成人になるためには人を殺さなければならないという考え方を持っているという。また男女ともに攻撃的であるというムンドゥグモルについては，男性が近隣集団から女性を略奪したり首狩りをおこなうのに対して，女性は（ミードによれば）性交においては攻撃的であるが，それ以外においては男性とは異なる攻撃的衝動の発散の仕方

（例えば釣りをしたり男性よりも良いものを食べたり）をするという。女性優位で「性役割の逆転」がみられるというチャンブリについては，具体的な根拠が挙げられていないばかりか，ミード自身が「なんといっても男性の方が力が強いし，男性は妻を殴ることができる。これを考慮すると，女性優位の問題全体が非常にこんがらがってくる」と述べている点を挙げる（デイリー・ウイルソン 1999, pp.244-250）。

デイリーらは，ミードの『3つの未開社会における性と気質』には，性差の問題とともに攻撃性の問題に関するドグマが潜んでいることを指摘し，その背景には社会科学者の間にみられる「生物学嫌い」があると述べる。その由来は上述のフリーマンの著作に述べられている通りである。「生物学嫌い」が生んだ近年の一件に，次節で扱ういわゆる「ヤノマミ・スキャンダル」がある。しかし，それらのドグマの表象が，科学的手続きを無視した民族誌記述によってなされたことには注意すべきであろう。先に述べたクリフォードによる『文化を書く』は，文化人類学の巨匠たちが客観性を装う民族誌において実際にはレトリックに満ちた恣意的な虚像をつくりあげていることを批判した。しかしクリフォードらの試みは，ミードを批判しつつ科学的な人類学のパラダイムを確立することを提案するフリーマンとは逆に，民族誌におけるリアリズム自体を批判するという正反対のやり方を選んだ。

ミードとフリーマンの論争を取り上げたクリフォード（1996, pp.190-193）は，ミードの作品が教育的で道徳的なアレゴリーであるとする一方で，フリーマンによる批判を「彼自身の企てをアレゴリーにしてしまう枠組が出現し始めている」とし，ミードとフリーマン双方を同次元のテクストの世界に閉じ込めてしまう。そして，「科学的民族誌は（中略）特権的なレジスター（語彙領域）を作り上げている。しかし理論と解釈を盛り込まれたテクストの中で意味を獲得するすべてのレヴェルがアレゴリーとなると一度認められるや，（中略）もはや一つのレヴェルだけを特権的だとは言えなくなる」と述べ，科学的な人類学を問題にするフリーマンの意図を無化してしまう。フリーマンの著書が一部の関心を引いた程度に終わったことに比べて，クリフォードらの『文化を書く』が日本の人類学界において大きな反響を呼び，「人類学の危機」として熱心に議論されたことをここでもう一度確認しておきたい。

4　ヤノマミ・スキャンダルとアメリカ人類学会内部の確執

一人のアメリカ人ジャーナリストが2000年に出版した『エルドラドの闇』（Tierney 2000）は，ボアズの時代から長く続いたアメリカの人類学周辺におけるイデオロギー対立を一般の人びとにもはっきりと見える形で顕在化させた。この本のなかで著者ティアニーは，ベネズエラとブラジルのヤノマミに関わる人類学者や生物学者の様々なエピソードを，「スキャンダル」であるかのように描いた。そこで主要なターゲットになったのが，人類学者シャグノンと彼の共同研究者であった遺伝学者のニールである。ティアニーはヤノマミや文化人類学者への取材に基づいて，シャグノンがヤノマミに渡した鉄器がヤノマミの戦いを激化させ，さらにシャグノンとニールがヤノマミの人びとに意識的にはしかを流行させ，結果的に数多くの死者を出し

たと主張し，彼らを倫理的な罪を犯しているとして告発した。

　シャグノンとニールに対するティアニーの告発は後の検証によってほとんどが根拠のない濡れ衣であることがわかったが，シャグノンに敵対する何人かの文化人類学者は，この本が出版される前に，シャグノンの「スキャンダル」をアメリカ人類学会に報告し，シャグノンを告発した。彼らは同時に，電子メールによってシャグノンを非難する内容の情報を多くの同僚やメディアに流し，シャグノンらが実際に犯罪的な行為をおこなったことを印象づけようとした（これらの内容を鵜呑みにした内容でシャグノンとニールを非難するメールは，当時日本でも流された）。ヤノマミを本格的に研究した初めての人類学者であるシャグノンは，ヤノマミを「獰猛な人びと」（『ヤノマモ』第2版までにつけられていたサブタイトル）として表象したこと，ウィルソンによって提唱された社会生物学の人間への適用を最も早い時期に着手したことが知られている（Chagnon 1988; 1997; Chagnon and Irons 1979）。

　「ヤノマミ・スキャンダル」の顛末とティアニーの告発に対する事実の検証過程，そして人類学者の倫理問題を含むアメリカ人類学会周辺の様々な立場からのコメントは，ボロフスキーによってまとめられている（Borofsky 2005）。ティアニーが現地の声として引用した情報のほとんどは，シャグノンが敵対するカトリック教会のメンバーであったり，シャグノンが敵対する文化人類学者と関係の深いヤノマミの人びとであった。アメリカ人類学会はティアニーを支持する文化人類学者の申し立てによって調査委員会を立ち上げ，シャグノンが倫理規定に違反する行動をとり，ヤノマミの人びとを傷つけたとする報告書を提出したが，調査委員のなかにシャグノンの敵対者が含まれていたことや，調査委員が取材したヤノマミがティアニーと親しい人物だったことなどが指摘され，2005年に人類学会はこの報告書を否決する決議を圧倒的多数で可決している。

　シャグノンやニールを告発する側の人びとは，シャグノンらの行為が倫理的な過ちを犯しており，現地の人びとの立場にたって，人類学者の非人道的な行為や人権侵害，倫理より科学を優先する態度を批判しているかのようにも見える。しかし，本当にそうだろうか？シャグノンらのような科学的な立場にたった研究者を批判する人びとが，より現地の人びとの生活向上に貢献しているとする根拠は，容易に見つけることができない。これに関連して，南米の先住民研究を30年にわたって続けてきた（そしてそのうち少なくとも10年以上を現地で過ごしてきた）生物人類学者のヒルらは，むしろ逆に，科学的研究を人権侵害として非難する空気が，現地の窮状を改善する試みを妨げていることを次のように指摘する。

　「近年の人類学における反科学の風潮は，南米全体の先住民の生活に破壊的な影響を与え続けている。その風潮は，人種差別的な政策や差別主義者の利権戦略や犯罪的な法制あるいは災害によって引き起こされる病気や死を正しく把握することを不可能にする敵対的な空気を作り上げた。この空気は，不正を働く役人の事実を暴くことを効果的に防ぎ，その代わりに，うらやましいほどの給料をもらい，先住民の現実の生活などほとんど知らないプロの「人権擁護者たち」によって生み出される終わりのないケチな政治談義に公衆の注意を集めている。この政

治ゲームのなかでは，先住民が経験する死やレイプや飢えや心理的虐待などは常に二次的な問題に過ぎないかのようだ。」(Hill and Hurtado 1996, p.478)

多くの文化人類学者は，ヒルらのいう「プロの人権擁護者たち」とは異なり，先住民の生活向上を真剣に望んでおり，先住民や他の弱者の側にたった研究を志しているのだろう。そうした人びとは，なぜシャグノンらを憎み，敵対するのだろうか。筆者はそれを正確に理解する具体的な手がかりを持たない。考えられるのは，一つには前節で扱ったボアズ以来の歴史的なイデオロギー対立が継続しているということであり，もう一つは，2節で述べた「自然主義的誤謬」である。

自然主義的誤謬は，哲学史においてはムーアの提起した問題であるが，ここではそれとは異なり「自然的であることから道徳的判断を導く誤り」を指す。例えば，「人間は生得的な攻撃性を持っている」という確信から，「人間の戦争は自然でものであるから，それを避けるべきではない」という主張を導くことは自然的誤謬である。農耕や牧畜を開始する以前の人類は平和であったと主張する研究者が，「もし人類がその原初的な時代においてすでに戦争を繰り返してきたとわかったら，人類は戦争を避けることができないのだと認めることになってしまう」と考え，それが狩猟採集社会における戦いの存在を認めないことの動機になっているとすれば，その誤りを改めるべきであろう。それが科学的な研究に対する反発に結びついているとすればなおさらである。

5　ロマン主義が引き起こした捏造

自然主義的誤謬の問題は，戦いと攻撃性に限らず様々な人類学上の問題に横たわっている。ここではもう一つの典型的なトピックとして，小規模社会の人びとと環境保全をめぐる問題をあげる。アマゾンの先住民たちのように狩猟採集や焼畑をして暮らす小規模社会の人びとは，彼らをとりまく環境をどのように認知し，どのように利用しているのだろうか？彼らは現代の産業社会に生き，深刻な環境問題に直面する我々とは異なり，自然の豊かさの限界を知り，それを取り尽くすことのないように利用する知恵を持っているのだろうか？人類学者のなかには，イエス，と答える人びとが少なくない。相対主義の立場にたてば，そのような結論は不思議ではない。

歴史生態学という方法論を標榜する人類学者のポージーは，ブラジル・アマゾンの先住民カイアポの調査をおこなった結果，彼らが意図的な植生管理によってサバンナ植生の中にアペテとよばれる「森の島」を作りだしていると報告した。ポージーの報告によれば，カイアポの人びとはミネラルを含んだアリ塚の土に緑肥を混ぜてサバンナにマウンドを作り，そこに様々な有用樹を植えて生物多様性に富んだ森の島を数多く作りだしているという (Posey 1985)。

ポージーの発表した数多くの論文は，小規模社会の人びとによる在来科学的な環境保全の事例として注目され，多くの研究で引用されたが，カイアポの再調査をおこなった地理学者のパーカーは，カイアポの人びとが意図的にアペテに有用樹を植えた事実は認められず，ポー

ジーの論文は事実に基づくものではないという報告をおこなった (Parker 1999)。ポージーとパーカーのやりとりはアメリカン・アンソロポロジスト誌上で数度にわたっておこなわれたが，ポージーは自らの報告が事実であることを説得的に述べることはできずに終わっている。ポージーは最終的に「意図的かどうかに関わらず，カイアポの人びとの営為が環境保全に結びついているのは事実だ」というふうに自らの主張を変えるとともに，「パーカーの主張は在来の人びとにとってきわめて危険な含意を持っている」と述べ，この論争に政治的な側面があることを指摘している (Posey 1998)。ここには，前節で述べた自然主義的誤謬の問題が表れている。仮にポージーの懸念が現実に存在するとしても，偽りの論文によって事態を好転させようという試みは支持されることはないであろう。

　ポージーが反論の過程で述べる「意図的かどうかに関わらず，結果として環境保全に結びついている」という主張は，小規模社会の環境利用をめぐるもう一つの問題，すなわち，「デザインされた環境保全」と「副産物としての持続的利用」との混同を含んでいる。ある集団の環境利用が結果的に環境を損なわずに持続的利用がおこなわれているという点においては，狩猟採集や焼畑をおこなうほとんどの小規模社会があてはまる。その要因は，小規模な人口や低技術水準にあるのであり，人びとが自らの意思によって獲物や収穫を抑制しているわけではない。それは，例えば狩猟採集社会に銃が導入され，獲物が都市の市場に運ばれることによってこれまでと異なる経済的価値が生まれると，しばしば対象動物の乱獲が生じ，枯渇の危機に陥るケースが珍しくないことからもわかる。要するに小規模社会の人びとも現代社会に生きる我々と同じように，遠い将来の利益よりも目の前の利益に敏感であるというだけのことである。

　これを科学的な枠組みを用いて検証したのが，ペルーアマゾンの先住民ピロに関するオールバードの論文である (Alvard 1995)。彼はピロの人びとの狩猟行動が最適化仮説（ハンターの利益の最大化に合致する行動をとる）に当てはまるか，それとも保全仮説（ハンターが目の前の利益よりも将来のために獲物を保全する行動をとる）に当てはまるか，二つの仮説を提示し，ピロの狩猟行動を正確に記録した。もし前者に従うならば，ピロの人びとはより大きな獲物（成獣）を逃さずに獲り，また性別にかかわりなく捕獲し，もっとも獲物を獲りやすい猟場を選び，そうした狩猟行動の結果，獲物が枯渇する場所もあるであろう。一方後者に従うならば，人びとは最も絶滅しにくい動物を優先的に獲り，一夫多妻の動物ならばオスを優先的に獲り，また幼獣や老齢個体を優先的に獲り，猟場は分散させ，結果として獲物は枯渇することなく保全されるだろう。

　オールバードは個々の動物の利益率（追跡・処理コストと獲得カロリーから算出される）や年齢構成と年齢別体重などを調べ，ピロの人びとの狩猟の記録と照合した。その結果，ピロの人びとの狩猟はほぼ最適化仮説に従っていることが明らかにされ，保全仮説は否定された。彼は狩猟採集社会における過去のデータを検討し，他の事例の多くも同様に最適化仮説で説明できるものであるとしている。

　オールバードの論文に付されたコメントの多くは，論文の結論が持ちうる政治的含意につい

て触れている。そこに共通するのは，この論文が小規模社会の人びとが今まで通り環境を利用する権利を奪う結果につながらないようにしなければならないという懸念である。オールバードはコメントへの返信においてそれらの懸念に同意しつつ，必要とされるのは人びとの環境利用行動の原理に対する深い理解であり，環境保全を共に目指すためにはそれが最も重要な出発点であることを強調している。そこには，必要とされるのは科学的に正しい認識であり，自然主義的誤謬は小規模社会の人びとの生活と環境保全とを好転させることには決して結びつかないという彼の考え方がはっきりと読み取れる。

　コメンテーターの一人であるヒルは，人類学者のなかには「生態学的に高貴な野蛮人」というロマンティックな神話にくみする者がいて，それらはかつて人類学においてハリスが主張した「タンパク質仮説」に見られる（今日否定されている）群選択のロジックに後退していると指摘している。群選択は，「個体が（自らの利益を犠牲にして）群れ全体の利益にかなう行動する」という利他的行動の説明モデルであり，ある集団における人びとの行動が全体の人口を調節するためにおこなわれるといった（ハリスのタンパク質仮説にみられる）説明で，今日では生物学においてのみならず，ハーディンやオストロムのコモンズ論や社会的ジレンマなど，経済学や社会科学においても成立の困難なモデルであるとされているが，一方でかつての超有機体説に見られるように，「標準社会科学モデル」においては親和性が高い考え方である。こうした二つの相反するモデルが小規模社会の環境保全をめぐる問題にも見られることは，これまで見てきた啓蒙主義とロマン主義，人類学と反生物学，そして科学と反科学という二つの極が今日でも明瞭に存在することを示している。

6　考古学は科学か

　考古学を専攻しない筆者は，「考古学は科学か」という問いの意味を正確に把握できない，と冒頭に述べた。小論で述べたような問題が考古学の世界に存在するのかも筆者にはわからないが，人類学における科学と反科学の問題が非常に根深く折り合いのつく見込みがなさそうなものであり，そしてそれが政治的なスタンスに深く根ざしたものであることをみた今，隣接分野である考古学にもこのような問題が少なくとも全く無縁なものではないのではないかと想像される。

　自らの関わる地理学や人類学が科学であるべきであると考える筆者は，考古学も同様に科学であるべきだと考える。科学とは，自然科学で用いられる理論をやみくもに適用したり，高度な分析装置を用いたりすることを意味するのではなく，科学的な態度で学問を前進させ真理に近づくことであり，それはすなわち理論の明晰性や妥当性，論理的な整合性，そして理論と経験的事実の整合性を尊重する態度であると筆者は考える。我々は自らの関わる分野が科学であるべきであることを表明することはできるが，当該分野における学問的営為が全て科学の要件を満たすことができるかどうかはまた別の問題である。しかし，アンチリアリズムやロマン主義の立場にたつのではなく，科学的であることを指向する限り，科学に近づくことはできるは

ずである。

　自然科学においても，その内部における営為が科学と認められるか否かについて同意が得られないこともある。それは生物学内部における社会生物学をめぐる論争に表れており，ウィルソンが提起した社会生物学は当時内外において激しい反発に遭い，同じ大学の同僚である生物学者から糾弾されすらしたのである（セーゲルストローレ 2005a）。社会生物学（行動生態学）が科学の理論として認められるまでに，長い年月を要した。そしてこの社会生物学論争にもまた，倫理に関する問題や政治的スタンスの問題が深く関わっているのである（セーゲルストローレ 2005b, pp.700-708）。

　筆者は人類学と地理学に片足ずつ入れてこれまで研究を続けてきた。しかし，学位の取得を含め，地理学のなかに本籍を置いてきた人間である。地理学には20世紀前半における環境決定論をめぐる論争という，同じ時期の人類学における遺伝と文化をめぐる論争と多くの共通点を見いだすべき歴史がある。地理学の問題をめぐっては，稿を改めて論じたい。

謝辞

　小論でとりあげた題材のいくつかは，筆者が九州大学に所属した14年の間に，基層構造講座に所属する考古学や自然人類学の学生たちと共に読み，討論してきたものであり，地理学ではなく人類学の問題を小論でとりあげた理由もここにある。異分野の学生たちとの議論のなかで，それまで発見できなかった多くの問題に気付くことができた。14年間，その場に参加してくれた学生たちに感謝するとともに，そのような環境を用意して下さった故・田中良之先生にあらためて謝意を申し上げる。

■引用文献

Alvard, M., 1995. Intraspecific prey choice by Amazonian hunters. *Current Anthropology* 36, 789-818.

Borofsky, R., 2005. *Yanomami: The Fierce Controversy and What We Can Learn from It*. University of California Press, Berkeley and Los Angeles.

Chagnon, N.A., 1988. Life histories, blood revenge, and warfare in a tribal population. *Science* 239, 985-992.

Chagnon, N.A., 1997. *Yanomamö*, 5th ed. Harcourt College Publishers, Fort Worth.

Chagnon, N.A. and Irons, W. eds., 1979. *Evolutionary Biology and Human Social Behavior*. Duxbury Press, North Scituate.

クリフォード, J.（橋本和也　訳），1996．民族誌におけるアレゴリーについて．文化を書く（クリフォード, J・マーカス, G. 編），pp.183-226．紀伊國屋書店，東京．

クリフォード, J・マーカス, G. 編（春日直樹ほか　訳），1996．文化を書く．紀伊國屋書店，東京．

デイリー, M・ウイルソン, M.（長谷川眞理子・長谷川寿一　訳），1999．人が人を殺すとき．新思索社，東京．

フリーマン，D.（木村洋二　訳），1995．マーガレット・ミードとサモア．みすず書房，東京．
Hill, K. and Hurtado, A.M., 1996. *Ache Life History*. Aldine de Gruyter, New York.
Mace, R., Holden, C.J. and Shennan, S., 2005. *The Evolution of Cultural Diversity: A Phylogenetic Approach*. UCL Press, London.
松田素二，1996．「人類学の危機」と戦術的リアリズムの可能性．社会人類学年報22, 23-48.
Mead, M., 1935. *Sex and Temperament in Three Primitive Societies*. William Morrow, New York.
ミード，M.（畑中幸子・山本真鳥　訳），1976．サモアの思春期．蒼樹書房，東京．
Parker, E., 1992. Forest islands and Kayapó resource management in Amazonia: A reappraisal of the apété. *American Anthropologist* 94, 406-428.
Posey, D.A., 1985. Indigenous management of tropical forest ecosystems: The case of the Kayapó Indians of the Brazilian Amazon. *Agroforestry Systems* 3, 139-158.
Posey, D.A., 1998. Diachronic Ecotones and Anthropogenic Landscapes. *Advances in Historical Ecology* (W. Balée, ed.), pp.104-118. Columbia University Press, New York.
セーゲルストローレ，U.（垂水雄二　訳），2005a．社会生物学論争史1．みすず書房，東京．
セーゲルストローレ，U.（垂水雄二　訳），2005b．社会生物学論争史2．みすず書房，東京．
杉島敬志，1995．人類学におけるリアリズムの終焉．民族誌の現在（合田濤・大塚和夫　編），pp.195-212．弘文堂，東京．
Tierney, P., 2000. *Darkness in El Dorado*. W.W.Norton & Company, New York.
Tooby, J. and Cosmides, L., 1992. The Psychological Foundations of Culture. *The Adapted Mind* (J.H. Barcow, L. Cosmides and J. Tooby, eds.), pp.19-136. Oxford University Press, New York.

考古学と人文地理学の間
―科学性の検討―

大阪大学文学研究科・人文地理学教室　堤　研二

要旨

　考古学の科学性を考えるとき，科学と考古学との各々の定義と，両者の関係性を検討することになる。したがって，様々に措定されうる定義と関係性との組合せ具合いからいえば，考古学は科学であるとも，科学ではないとも評価されうる。「考古学は科学なのか，科学ではないのか」という問いそのものを越えて，その問いとその背景とが持つプロブレマティークを問題対象とし，検討し続けていくことが，田中良之から私たちに与えられた課題であったと思われる。なお，ここでは第二次世界大戦後の人文地理学の流れをも参考にしつつ，考古学の科学性を吟味してみる。

キーワード：方法論，論理，技法，実証主義，計量分析

1　はじめに―問いに答えるための本稿の課題と視点―

　本稿は，田中良之によって我々に投げかけられた，彼の最期に際しての学問的問いかけである，「考古学は科学なのか，科学ではないのか」ということに関して，筆者なりの回答を記す試みである。

　この田中の問いに答えるための行論の手順としては，①科学・考古学の定義と両者の関係性を軸にしつつ，②具体的な考古学の流れを検証する，といったようなことが必要であろう。しかしながら，筆者は人文地理学徒であり，考古学の門外漢であるので，もっぱら①に関する検討をする能力しかない。ただし，門外漢であるがゆえに，考古学的思考や発想に囚われない立場から考古学に関する科学論を考えうることもできよう。

　田中の問いかけに関連して，人文地理学徒として想起されるのが，1950年代前半に生じた地理学の科学性に関する議論であり，人文地理学における，いわゆる「計量革命」（別名「概念革命」）をめぐる諸問題と，それ以降の人文地理学の歴史である。したがって，本稿では地理学に関わる事項を傍証的対象としながら，考古学の科学性を考える手がかりとする。

　以下，まずは科学の定義について考察をくわえ，具体的な学問分野としての人文地理学を考古学と対比させながら議論を行い，考古学の科学性の意義を検討することを通じて，田中の問

いかけに対する回答を提示する。

2 考古学と地理学の学問としての科学性

『広辞苑』(1998，第5版，p.457) によれば，科学とは「①体系的であり，経験的に実証可能な知識。物理学・化学・生物学などの自然科学が科学の典型であるとされるが，経済学・法学などの社会科学，心理学・言語学などの人間科学もある。②狭義では自然科学と同義」とある。一般に「科学」は"science"の和語とされるが，「サイエンス」と言えば，自然科学の印象があろう。しかし，広義の科学ということになれば，人文・社会・自然の三分野からなる大きな知的体系を思い描くこともできる。

科学の本質や類型を議論する主たる学問分野としては科学哲学が挙げられ，関連分野としては科学史が想起されよう。とくに近代以降の科学哲学的議論において，ヴィルヘルム・ヴィンデルバント Wilhelm Windelband による分類では，歴史学は「自然科学」とは異なる「事件科学」として位置づけられた（ヴィンデルバント1977a, pp.9-36）。当然ながら，考古学はこの類型に属する。彼はまた，「文化研究」と同義としての「歴史科学」は或る種の「価値的認識」を表しているとし，普遍的価値を重視する「自然科学」との差異を主張している（ヴィンデルバント1977b, pp.266-267）。

ヴィンデルバントらの科学哲学においては，自然科学が「法則定立」を重視するのに対し，考古学を含む歴史学は「記述」を主眼とする，とされる。この点では地理学も同じ位置づけをされていたが，歴史学・考古学が時間・事件に関わる記述の学問であり，地理学は空間・場所に関わる記述の学問であるという，近代の科学哲学に保証・裏打ちされた学問体系の中の「指定席」が設けられていたことになる。一般に，近代の欧米の大学においては，哲学部・神学部・文学部などの人文諸学関連の学部に歴史学の講座が設けられたりした。このような科学哲学における学問分野の位置づけは，近代の大学体制における講座制度の整備過程に影響・関連していくこととなった。少なくとも歴史学と地理学は，それぞれ時間と空間に関する個性記述の学という，「お墨付き」を受けとっていたことになる。とくに地理学の場合には，軍事・産業・教育の近代化に関して，帝国主義・植民地支配・世界分割の展開と国民国家の形成にとって重要な体制の学という一面も有していた。

第二次世界大戦後の大学教育についてみてみると，教養教育・一般教育ないし共通教育の分野におけるカテゴリーとして，前記の人文・社会・自然の三分野が設定されてきたが，その中では，人文地理学も考古学も，通常はともに人文科学に分類されていた。教職課程の中では「地理歴史」分野を構成する学科目として，地理学・歴史学関連科目が位置づけられている。大学の制度においては，こうした教育体系のみならず，研究分野を含む講座編成においても，考古学や人文地理学は近しい分野とされることが多かった。

以上のように，近代から現代までの状況を検討してみると，科学哲学や大学における学科目制度などにおいて，考古学を含む歴史学と地理学は，個性記述の学としての性格を重視され，

いわば，制度的・体制的な意味での「科学」としての地位を与えられていた，といえるであろう。

さて，これまでのところで歴史学や地理学が体制的に「科学」として認定された歴史的経緯について述べたが，これをもって，歴史学や地理学が「科学」であるということの直接的証左にはならない。一般に，ある学問分野が「科学的」であるという場合には，それにふさわしい枠組み・手順・構成が要件となろう。個別的な社会現象を「社会的事実」として取り扱ってきた歴史を有する社会学においては，とくに日本に限ってみれば，こうした議論が地理学や考古学よりも先に始まったように思われる。したがって，ここでひとまず，日本の社会学の場合を考察してみることにする。1920～1940年代までに既に高田保馬や鈴木榮太郎のような理論的指向が明瞭な研究者も顕れていたが（高田 1922；鈴木 1940），第二次世界大戦後にアメリカ社会学の影響をとりわけ急激に受けることを経験した後，1960年代後半あたりから社会学の理論構成や理論的方法論を意識した研究が為され始めた。アメリカ社会学におけるプラグマティックな指向性や計量・数理社会学の台頭は，日本の社会学者たちを，現代的科学としての社会学のあるべき姿を追究させることへと向かわせた。そこでは，理論や方法論のポリッシュ・アップによって社会学の科学的フレームワークを構築することについての議論が展開された。

社会学者の青井和夫は，「一般に〈方法論〉といわれる場合，それは①社会学の科学としての性格や総合的説明の原理を論ずる〈科学論〉，②理論を構築し，その正当性を確定するための＜論理学＞，③データを蒐集・整理・分析するための〈調査技術論〉の三側面をふくんでいた。戦前，科学論がドイツ社会学で，論理学がフランス社会学で，技術論がアメリカ社会学で，とくに関心がよせられていたことは周知のところである」としている（青井 1976, p.3）。一般に，一定の説得的な論理で論が構成され，実証的・実践的な技法・手法での調査・分析・研究をなしうる学問分野が，科学であると考えられるに至った，といえよう。したがって，こうしたことに考古学（や人文地理学）が当てはまるかどうかの検討が必要となる。

この吟味はひとまず後章に譲り，ここでは考古学の定義をしておくこととする。そのうえで，その科学性を，考古学の歴史をふまえて評価することになる。

前掲の『広辞苑』によれば，「考古学」の説明として「遺跡や遺物によって人類史を研究する学問。古く古物学ともいった」とあり（p.892），類語検索によって「先史考古学」と「歴史考古学」とに二大別されることが示されている。文献資料ではなく，遺物・遺跡などのモノや建造環境を対象とする考古学が，「科学」たるかどうかは，他の学問分野と同じ様に，その対象ではなく，その方法・方法論等に関わることである。したがって，考古学の科学性を検討するには，その方法・方法論等が「科学」にふさわしいものであるかどうかに依存していよう。このことを考察するために，参考になると思われるのが第二次世界大戦後の人文地理学の歴史である。個性記述の学から現代的科学への脱皮を求めていった人文地理学の歴史は，考古学の歴史と同じ傾向面を共有している部分があると考えられるからである。こうした観点から，次

章では，近代から第二次世界大戦後の人文地理学の歴史を概観してみる。

3　人文地理学の歴史における科学性の議論

　本稿読者の多くが考古学関係者であり，本稿筆者が人文地理学者であることから，本章以降では，まずは近代から第二次世界大戦後の人文地理学の方の歴史を簡単に振り返り，ついで人文地理学と考古学における科学性について検討することにしたい。

　概して，地理学は調査・分析・研究上の視点の違いから，系統地理学と地誌学とに分類される。一般に，前者は主題別の地理学で，数多くの接頭辞地理学（たとえば，経済地理学，歴史地理学，文化地理学，などの「○○地理学」という形式で表現される）などの分科から構成され，後者は特定の地域に関する地理的記述や分析から成る（世界地誌，アジア地誌，日本地誌，○○県の地誌など）。場合によって，この二つの区分のほかに，技術的学科目として地図学や地理情報システム（GIS：Geographical Information System）が独立して付随するとされることもある。

　近代以降に科学的地理学が指向され，欧米の諸大学における地理学教室の講座化が進んだ。「近代地理学の祖」といわれる，アレクサンダー・フォン・フンボルト Alexander von Humboldt は「近代博物学の祖」とも呼ばれたが，主として彼が活躍した19世紀およびそれ以降に系統地理学の整備と地誌学的調査・研究の進展が見られた。とくに後者においては前述のとおり，軍事や国民国家形成と密接に結びついて発展した経緯が見られた。フンボルトは，1799〜1804年の南米探検航海旅行において，苦難の中で種々の観察を行い，自然環境における法則性，例えば標高と植生との関係などを重視し，自然科学としての地理学の成立に寄与した。一方で，南米や小アジアなどの探検を通じた地誌的な研究を行ったことでも知られる。彼は，系統地理学と地誌学が不即不離であることをふまえながら，科学的地理学の構築の嚆矢を放った人物であった。しかし，帝国主義・植民地支配の進展過程において，近代の地誌学は個性記述の学としても，また，体制への奉仕の学としても，或る意味で盤石の基礎を築いていた，といえよう。こうした中で，地理学は一部に法則指向性は有していたものの，個性記述の学たる証文を主たる糧として近代を経由してきたのであった。

　ところが，地理学，とくに人文地理学においては，第二次世界大戦後にいくつかの節目を経験することとなった（堤 1995）。詳細を論ずる前にいえば，人文地理学は，個性記述の学からの脱皮と法則定立科学への指向・計量化，さらにはラディカル地理学・人文主義地理学の台頭を経て，ポストモダニティを取り扱ったり，ポストコロニアリズムやカルチュラル・スタディーズの影響を受け，クリティカル，オルタナティヴな視点を擁するに至り，現在では一層の多様化が見られるに至っている。計量的分析に関しては，地理情報システムを越えて，いっそう数理的指向性が強まったジオコンピュテーション GeoComputation の実践的世界も広がってきている。

　第二次世界大戦後，とくに北米とヨーロッパで人文地理学の計量化が一気に進み始めた。その過程で世界的に著名となった論文が，Schaefer (1953) である。そこでは，地理学の科学

化を進めるためには、「地域の個性」という「例外」を後生大事にする「例外主義」的な記述重視の地理学から脱皮し、自然科学的な法則追求・法則定立の学へと転換することの重要性が説かれており、地理学の「科学化」が自然科学と同じ方法、具体的には計量的な分析方法の、利用の促進が強調された。既に1940年代後半からアメリカではウォルター・アイザード Walter Isard が空間現象を計量的に分析する様々な実践的研究を展開し、地域科学 regional science の創始者となって人文地理学の計量化に多大な影響を与えた（Isard 1956；堤 2011b）。計量地理学的研究は、ワシントン大学やアイオワ大学などのほか（杉浦 1986）、ヨーロッパではケンブリッジ大学やルント大学で盛んとなり、これらの大学が計量地理学のメッカとなっていった。地域の類型化、地域階層性の分析、ネットワーク分析、ディフュージョン（伝播）分析、立地分析など様々な手法の展開もあり、アングロ・サクソン系の国を中心にして計量地理学の諸研究の花が開いた感があった。このことを、イアン・バートン Ian Burton は「計量革命」"quantitative revolution" と呼び（Burton 1963）、科学史家のトーマス・クーン Thomas Kuhn が提唱したパラダイム・シフトによって起こる「科学革命」（クーン 1971）の一種として位置づけた。東西冷戦、スプートニク・ショック、科学技術計算の重視、大型計算機の大学への導入などの背景もあり、人文地理学における計量化は急速に進んでいった。こうして台頭してきた計量地理学は、期待を込めて「新しい地理学」"New Geography" とも呼ばれた。計量地理学的分析が活発になり、自然科学的な方法論的手順として、①課題・問題の設定、②仮説の形成、③実験ないし計量的分析の実施、④観察・検討、⑤結論への到達、という分析過程を重視する研究がなされるようになっていった（堤 近刊）。

1960年代になると、ケンブリッジ大学関係の計量地理学者たちが中心となって、良質のテキストを刊行していった（Haggett 1965；Chorley and Haggett〔eds.〕1967；Harvey 1969；Haggett, Cliff, and Frey 1977a, 1977b）。これらのいくつかは十年以上経て日本で邦訳版・抄訳版が刊行されたりもした。1970年代の日本でも SPSS などの統計プログラム・パッケージが汎用大型〜中型計算機で使用可能になり、多変量解析による分析が一層容易になると、計量地理学的分析の実行可能性が高まった。日本においても奥野（1977）のような計量地理学の定番的テキスト類が出版されるようになった。計量地理学は、数学という客観的言語を使うことによって、一般的自然科学と同じく、法則定立的指向性を獲得していった。その点で、個性記述の学としての地理学に新たな側面を加えたのであった。

1960年代の後半になると、環境汚染、南北格差、ベトナム戦争などが問題として大きく取り上げられ、反対運動も出現してきた。こうした中で、計量地理学への批判も激しくなってきた。すなわち、数値を重視するあまりに、質的な情報やデータを軽視してしまうことや、国家や体制への迎合、公害企業の立地への貢献などがやり玉に挙がり、非人間的な「ブルジョア科学」というラベリングもされたりしたのであった。また、「計量革命」がパラダイム・シフトを伴わず、「科学革命」といえるものではなかったのではないかという、クリティークも為された。こういう、或る種の運動的流れの中で、別の新しい地理学も出現した。とくに、「人文

主義地理学」"humanistic geography"と「ラディカル地理学」"radical geography"がその代表・好例である。

人文主義地理学は，別名を「現象学的地理学」"phenomenological geography"ともいい，人間の主体 subject・主観性 subjectivity・間主観性（共同主観性）intersubjectivity を重視し，人間の感性・感覚や，嗜好・好み・性向と，環境・場所・空間・地域との関連性を対象とした。そこには，人間らしさや，自然と人類との共存などを重視する，この時代の思潮が色濃く反映していた。この新しい学問分野は，分析的説明だけでなく，とくに解釈や認識を重視する姿勢をとった。ラディカル地理学は，マルクス主義など反体制イデオロギーの立場からの地理学であり，資本主義の展開によって生じる空間的矛盾や格差の問題などを取り上げ，デヴィッド・ハーヴェイ David Harvey などによる理論的枠組み構築の試みも行われた（後述）。

計量地理学が急激な展開を見せた後で，反動か反動でないか，人文主義地理学やラディカル地理学が，オルタナティヴなアナザー・ウェイを示す新たな地理学として登場したのであった。

1980年代以降になると，アンソニー・ギデンズ Anthony Giddens の構造化理論 Theory of Structulation（Giddens 1993）やポストモダン論が展開し，資本主義体制や社会の変化に関する関心が高まった。それに続けて，ポスコロ（ポストコロニアリズム）・カルスタ（カルチュラル・スタディーズ）などの流行的な研究対象が俎上に上り，また，ネオリベラリズム批判なども始まって，地理学のみならず歴史学や社会学にとっての新たな関心事項があふれ出てきた。20世紀の終盤から新世紀に入って現在に至るまで，学問的問題状況はさらに多様化したのである。計量的分析の分野では，ジオコンピュテーションが多次元空間のシミュレーション分析を行うなど，分析対象も分析ツールも複雑化してきている。

1990年代以降には，単なるラディカルな地理学ではなく，欧米，とくにアングロ・サクソン系の地理学にこだわらないオルタナティヴな「批判地理学」"critical geography"も台頭してきた。一部では，アングロフォン諸国の大学のヘゲモニーへの対向を意識した動きもある。

第二次世界大戦後の計量革命の展開と，その後の様々な地理学の登場は，人文地理学の新たな分科・分野の創出だけでなく，学問としての人文地理学の方法論の多様化を意味したのであった（堤，1995）。

さて，これまで述べてきたように，とくに第二次世界大戦後の人文地理学は，「記述的 → 計量化 → 人文主義化・ラディカル化 → 多様化」という流れを歩んだ。この流れを，次章において考古学と比較するが，その前に，人文地理学の或るキー・フィギュア（重要人物）の研究史についてふれておきたい。人文地理学の流れと，考古学の歴史とを対比しやすくするためである。ここでは，世界的にも著名なデヴィッド・ハーヴェイに着目する。そして，次章において，考古学のキー・フィギュアである，イアン・ホッダー Ian Hodder と比較してみる。

ハーヴェイは1935年にイギリスのケント州に生まれた。ケンブリッジ大学で地理学を専攻し，ホップ産業の立地分析に関する研究で学位を取得した。Harvey（1969）は計量地理学者としての彼の仕事の成果で，最初の代表的な著作であった。ハーヴェイは同じケンブリッジ大

学出身で世界的な計量地理学者であるピーター・ハゲット Peter Haggett（ブリストル大学）に誘われてブリストル大学に就職するが，のちにアメリカにわたり，ジョンズ・ホプキンス大学教授となる。1960年代の後半，五月革命あたりからマルクス主義に傾倒し，Harvey（1973）を執筆する。この本は人文地理学の世界では現在でも版を重ねて愛読されており，記録的な数が購入されてきたことで知られる本となった。情熱的な30代のマルクス主義地理学者としてハーヴェイが執筆した同書は，都市空間で展開する資本主義の営力によって非人間的な生活環境に閉じ込められる都市住民に関する言及などがあることで知られている。マルクス主義からの資本主義と空間との関係性の究明に没頭したハーヴェイは，「空間編成理論」"Theory of Spatial Configuration"を打ち立てる。その基本的な研究書が，Harvey（1982）である。資本主義の本質が「時間による空間の絶滅」，「空間による時間の絶滅」を必然的に起こすことで，空間における様々な格差が出現することを明らかにした。のち，1980年代終わりになるとポストモダンの状況における人間疎外を浮き彫りにした。その後は，ネオリベラリズム批判などへとシフトしていく。計量地理学の最前線で計量地理学のメッカであったケンブリッジ大学に学んだ計量地理学者であったハーヴェイが，マルクス主義ラディカル地理学者となり，ポストモダン論者・ネオリベラリズムの批判者としての活動をしてきたという点で，彼は人文地理学の大きな動きの常に最前線で「休みなき分析者」"restless analyst"として活動してきた，と評されるのであった。彼は地理学者としてだけでなく，政治経済学者・人類学者としても評されるキー・フィギュアであり，2015年現在でもシティ・ユニバーシティ・オブ・ニューヨーク（CUNY）で研究・教育活動を続けており，80歳を目前にして中東やアジアでのフィールドワークも行っている。なお，1994年10月15日にハーヴェイ自身を招いて日本地理学会におけるシンポジウムが名古屋大学で開催された。「空間編成論と日本の社会・経済地理学：D．ハーヴェイの理論を中心に」と銘打ったそのシンポジウムでは，①論理実証主義・計量地理学，②マルクス経済学，③ポストモダン論批判，④地理思想，などの諸側面からハーヴェイの研究が検討され，ハーヴェイ自身による講演「空間と時間の社会的構成」が行われ，水岡不二雄（一橋大学）と本稿筆者が座長を務めた。多くの参加者が集い，活発な質疑応答が繰り広げられた。それは，ハーヴェイの多面的な活動と人々の彼への関心の高さが印象的なシンポジウムであった。

　さて，以上，人文地理学の歴史を回顧してみると，時代ごとに既存の人文地理学の方法論的クリティークが為され，あるいは時代ごとの問題状況を背景としてあるべき学問像との乖離が批判されながら，新しい流れが生じてきたことが読み取れるであろう。「科学」を広く「或る一定の方法論を有する学問分野」と定義するならば，方法論の変遷・改善・新展開とともに人文地理学は多様化し，ポリッシュ・アップされて科学的構造を獲得してきたことは否めまい。

4 科学性と考古学

　本章では，科学性の検討を再度行ったうえで，考古学の科学性について考えてみることとする。前述のヴィンデルバントの議論によれば，歴史学は自然科学とは異なり，記述の学，事件科学として位置づけられることになるが，考古学や人文地理学など，20世紀およびそれ以降になって多くの学問分野が多様化するという大きな展開を経験してきた。こうした中で，近代とは異なる科学性の検討，科学哲学的措定が必要となった。

　19世紀後半から20世紀半ばになると，構造主義，機能主義，マルクス主義，実証主義，論理実証主義，構築主義など人文・社会科学に影響を及ぼす思想の多様で複雑な潮流が形成された。こうした状況の中で，人文・社会科学の方法論や論理性もまた深化ないし多様化して，種々の科学性の装いが付け加わっていった。前章で述べた人文地理学の歴史がその一好例である。

　1960年代前半に著名となったクーンの科学革命論・パラダイム論は，どちらかというと彼の学問的出自もあって自然科学に重心を置いたものであった。これに対して，自然科学だけでなく，社会科学をも含むより広範で広義の科学の性質に関する議論を行ったのがカール・ポパー　Karl Popperであった。

　ポパーの考えでは，科学は反対・反駁・反証される可能性を有していなければならない。この点で，彼はマルクス主義やヒストリシズム（歴史主義）を非科学的なものとして批判した。あらゆる科学的命題は開かれた場において検討・批判にさらされなければならない，とした上で，自然科学にありがちなフレームワーク信仰を問題視した（ポパー 2013；ポパー 1998）。批判を受け入れることなく閉ざされたままの内向的なフレームワークに依拠した言説を排撃し，オープンな場での批判や検討によって議論の成果が外向・上向していくことの重大さを，弁証法に代わるものとして主張した。ただし，彼は硬直的で内向的なフレームワーク批判を行ったが，フレームワークそのものや弁証法そのものを批判しているのでは，必ずしもなかった。他からの批判を許さない固定的なものを排そうとしたのである。

　最晩年のポパーが刊行し，その出版を見届けえなかった『フレームワークの神話』（原著は1994年刊）では以下の「四項一組図式」が紹介されている。

$$P_1 \to TT \to CD \to P_2$$

　ここで，Pは問題 Problem，TTは暫定的理論 Tentative Theory，CDは批判的議論 Critical Discussionである。この手順に沿って科学的検討が行われるべきであるとする。そして，そうあるべきなのは，歴史学も自然科学も同じであって区別はないとする。この『プロセスは長い時系列でみれば，以下のようになろう。

$$P_1 \rightarrow TT_1 \rightarrow CD_1 \rightarrow P_2 \rightarrow TT_2 \rightarrow CD_2 \rightarrow \cdots \rightarrow P_n \rightarrow TT_n \rightarrow CD_n \rightarrow \cdots$$

ポパーはいわゆるグランド・セオリーではなくて，個別具体的に検討可能な命題や仮説を地道に純正に批判・検討しながら新たな知見へと到達する永遠運動として科学的発展を捉えていた。その点で，ボブ・マートン Robert Merton の「中範囲論」"Middle Range Theory" ともつながる面を有している。個別具体的な調査・分析の結果・結論が，批判・検討され，改善され，積み上げられてアウフヘーベンされていくことが，いつ到達するともしれない理論への道筋となる。「社会学は，中範囲（ミドル・レンジ）の理論の展開をもっぱら心がけているときは発達し，大仕掛けの理論に注意が集注しているときは欲求不満に陥るであろう」（マートン 1969, p.6）という表現にある通り，それは，必ずしも直接的にグランド・セオリーへ到達することを目指すのではない。

ここまでの議論を考古学に当てはめて考えると，考古学は十分に科学性の議論に耐えうる成果を蓄積してきたことは間違いない。また，完全な自然科学的理論を追究してきたというよりも，人文地理学とは若干のタイム・ラグがあったものの，人文地理学と同じように，計量的手法を援用し，文化事象やシンボルなどの人文現象・文化表象をも対象に巻き込み，人類社会の構造をいっそう意識しながらの展開を見てきた。その点では，人文地理学の第二次世界大戦後の歴史と合致する部分があるのである。

多様な科学的側面を花開かせながら展開してきた事例として，先にハーヴェイの業績を紹介した。それに匹敵する考古学のキー・フィギュアとして想起した場合，ポストプロセス考古学の旗手，イアン・ホッダーの名前を挙げない人はいないだろう。彼は考古学における空間分析，遺物・遺跡の解釈学，イデオロギーなど新たな考古学的視点からの展開を牽引した，考古学の革新的発展に関するキー・フィギュアである。ホッダーの学問的軌跡を跡付けてみると，それが第二次世界大戦後の人文地理学の流れと符合する部分が多々あることに気づかされるのである。ホッダーを世界的に著名にしたのは，計量考古学の本格的著作，Hodder and Orton (1976) の刊行であろう。ハゲットが著したテキストで取りあげられた，分布事象やネットワークや伝播のパターンなどを計量分析の対象とした点ではきわめて類似性があるが，考古学的事物をとりあげた先駆的なテキストとなったのは間違いない。ところが，ホッダーは，1980年代になると，人文現象・文化表象を対象とした研究書を刊行していく (Hodder 1982a, 1982b, 1986)。このころのホッダーの研究は interpretative で realist の立場から為されたものであった (Gibbon 1989, p.168 note 48)。そして，1990年代の彼は，包括的理論構築の試みへとステップ・フォワードしたのであった (Hodder 1992)。

このほか，ニュー・アケオロジー，プロセス考古学，ポストプロセス考古学，認知考古学などについての，第二次世界大戦以降の考古学史に関しては，本稿筆者は門外漢であるので詳細にふれえない。科学論も含めての考古学者の論評を参照されたい（安斎 1995など）。

さて，本章の最後に，日本における，日本においては早い時期に欧米の動向に反応して考古

学の方法論を考える活動を行ったグループの活動の一断面に言及しておきたい。そのグループとは，故・田中良之が主宰した「考古学方法論研究会」（通称「読書会」）である。その詳細については他稿を期すことにしたいが，ここでは，本稿で述べてきた欧米の動向にいち早く対応する形で分析や研究を行った同会のメンバーによる業績の一部について限定的に紹介する。

「考古学方法論研究会」のメンバーは，本稿筆者を除く全員が考古学者であった。それぞれに，縄文時代や弥生時代の研究を行い，数々の発掘・分析の現場を持っていた。彼らは，発掘・図面描き・測量・実測・遺物管理など，伝統的で基本的な業務に精通した上で，新しい方法論や技法を学ぼうと自主的に同会を結成していった。計量分析や文化表象に関する洋書で，邦訳されていない書籍を中心に精読しながら議論を交わす会であった。

本来は，縄文時代の研究者であった田中良之は，この研究会を通じて自らの方法論の深化を実践していったものと思われる。考古学において多変量解析を援用する意義を考察し，さらにそれを客観的な事実の積み上げから背景の地域構造・社会構造を浮き彫りにする作業へと繋げていった。文学部考古学教室出身でありながら，医学部解剖学教室の助手となった田中が，人骨の計量分析，さらにはそれを親族構造の解明へと連接させる研究展開を実現したのは，そうした活動における努力があったからに他ならない（田中・土肥 1989；田中 1995, 2008）。土井ケ浜や上ノ原などの遺跡との出会いも田中の構想力の展開に大きな影響を与えたことであろう。

同会のメンバーで2001年に42歳で急逝した松永幸男は，既に1987年10月11日の段階で，考古学に先んじて計量分析の進んでいた日本の地理学界で最大規模の学会である日本地理学会の学術大会において開催されたシンポジウム「考古学と地理学」に発表者として参加し，田中・土肥直美と連名で「広域土器分布圏における地域色」という報告を行っていた。また，多変量解析の利用を研究し（松永 1991），セリエーションの図なども用いながら，土器の類型・編年や空間的・時間的に土器が伝播していく過程と様相の分析を行っていった（松永 2001）。彼は日本でも先駆的な計量分析を行ったが，その研究の意義はそこにとどまるものではなかった。この点を田中と岩永省三は次のように評価している。「（このように，）松永君は，縄文土器を中心とした個別具体的な事例の検討から始めて，分析によって得られた事実を基礎として議論の抽象度を高め，複雑な現象を説明するモデルの析出を行い，より高次の理論化へと貢献するという『ミドル・レンジ』の研究を行ってきたということができよう。また，それと同時に伝統的な型式学・層位学だけでなく，属性分析やセリエーション，主成分分析や数量化Ⅱ・Ⅲ類といった多変量解析など，新たな方法の開発や適用に積極的に取り組んだ『メソドジスト』の側面ももっていた」（田中・岩永 2001, p.357）。ここでの評価で明らかなように，松永は，計量分析・中範囲理論・方法論の検討などの諸局面において，世界の先端の考古学的潮流の波に，既に乗っていたのである。

このほかのメンバーの業績のごく一部をみても，萌芽的・挑戦的・先駆的な研究を残してきていることがわかる。例えば，岩永省三と足立克己は出雲神庭荒神谷遺跡での発掘から分析までに関与し，種々の新たな研究の方法論や分析手法の展開に貢献したことで知られている（島

根県教育委員会・島根県古代文化センター　編 1996；足立 2011）。杉村幸一はかなり早い段階で石鏃の多変量解析による計量分類に成功していたし（杉村 1988），澤下孝信は多変量解析を用いて土器様式伝播の実態を明らかにした（澤下 1989）。本稿筆者の出雲神庭荒神谷遺跡出土銅剣の計量分類と金屋子神社・祠の計量分類もこれらの仕事に関係して公となったものであった（堤 1996, 2004）。

5　おわりに―日本の考古学の課題―

2016年8月に世界考古学会議・第8回・京都大会（The 8th World Archaeological Congress: WAC-8）が京都市で開催予定である。世界各国からの考古学者が一定程度多数参加するものと思われるが，受動的な考え方からすれば，そこは世界の考古学の潮流を垣間見る場になるであろう。そこで日本の考古学あるいは考古学者のアピールは如何ように為されるのであろうか？直接的であれ，間接的であれ，そこは日本の考古学の科学性を点検する場にもなり得るし，そもそも科学とは何か，考古学の科学性とは何か，日本の考古学はどういう位置づけなのか，考古学者一人一人の使命は何であるのか，ということについて考え，あるいは議論する絶好の機会である。考古学者にとっては，日本考古学とは何なのか，考古学者としての自分とは何なのか，ということを考えるべき契機になろう。

本稿筆者は，2015年9月19日に京都大学文学部で開催された，国際シンポジウム「世界考古学の現状と課題」に参加し，5人の発表者たちの講演に耳を傾けた。WAC-8のプレ・イベントに当たるシンポジウムであった。そこでは，本稿筆者が関知していなかった考古学の最近の流れやWACの国際政治に対する姿勢などを知り得た。しかし，その一方で，やはり考古学が人文地理学に似て，欧米のアングロフォン流の，あるいはOxbridge流のヘゲモニーの傘のもとにある印象を受けた。そこで，本稿筆者は，考古学が今後，オルタナティヴないしクリティカルな方向性も見出すのか，という質問をした。先述の通り，人文地理学ではアングロフォン優勢の流れに対してそうした動きが既にあったからである。フロアとの議論は設定されず，単に質問用紙に書かれた質問に答えるという形式で進行された。質問に対する回答は，質問者の意図を汲み取ったかどうかは不明のままで，可能性を示唆するのみにとどまった。考古学の現状では，この点は人文地理学とは違う状況にあるのであろう。世界規模での考古学的潮流を認知しようと欲する傾向がある一方で，世界各国ごとにヴァナキュラーな考古学が存在しているという背景もあるように思えた。とするならば，アングロフォン以外の地域の考古学の可能性を考えうる状況にあるともいえる。

さて，本稿の最後に，本稿の行論を振り返りつつ，田中の問いに対する答えをここで提示しなければならない。

考古学は歴史学の一分野として，「記述」の学としての指定席を与えられていた。また，人文科学の範疇に属するものとして取り扱われてきた。外面的には「科学」としての地位を与えられてきたといえよう。しかし，「記述」はしばしば主観的の虜となりうるために，その「科

学性」に問題があると感じられる場合がある。例えば，土器の編年などでは，編年提唱者の個人芸的な技で分類が施されてきたことはなかったか？こうしたところに，計量分析のツールが入ることによって，全面的ではないにせよ，より客観性の高い研究ができるようになったと考えられる。「オタク」の世界から考古学を救いだし，「社会化」させることが科学化の目的・帰結の一つであったかもしれない。

ヴィンデルバントやクーンやポパー等の科学論が展開してきた一方で，現実の考古学は人文地理学と同様に，多様化し，対象や方法や視点が広がってきた事実がある。考古学の科学化は進んだ，とはいえるであろう。

「考古学は科学か」と問われた場合の問いに対しては，「はい」とも「いいえ」とも答えられない，というのが本稿筆者の回答である。学問としての考古学は，形としては「科学」として取り扱われる場合がある。では，個々人の考古学者は，「科学」者であるかといえば，実態はそうともいえない。

しかし，考古学の世界では，多くの人が計量的手法や社会理論に関心を寄せて来たし，考古学の科学性は高まってきているといえる。こうした中で，田中の研究姿勢は一貫して，現場と実証を重視して，理論は視野に入れ，理論と実証を中範囲論的に連接させる，というものであったと思う。

松永幸男を追悼する言葉に，次のようなものがある。そこでは，地道で真摯に対象へ向き合う松永の姿が尊敬の念と共に語られている。「最近は，理論書や概説本・紹介本を数冊読んだだけで，いっぱしの『理論家』あるいは『○○主義の大家』のようにふるまう人，地道な実証的研究やケーススタディを蔑む人，平気で剽窃をする人が跡（ママ）を絶たないが，松永君はそうした『人のもの』を『自分のもの』に掏りかえる狡賢さなどとは無縁で，自分の仕入れた知識をチャラチャラとひけらかすこともなかった。われわれの議論を黙って聞き続け，深夜に及んで饒舌となる彼の行動パターンからすると，学んだ事がらをじっくり熟成させ，満を持して議論をしかけて来たであろうし，やがては論陣を張ったに違いない。その日がもう来ることがないと思うと，言いようもなく悲しい」（田中・岩永 p.360）。

田中は，つねづね「結局はね，実証しか残らないのだよ」，「発掘とか，図面描きとか，そういうことを軽視する奴には大したことはできない」，「10年，20年先へつながる大きな仕事の展望も一人一人が持っていないといけない」，「理論も借り物や，引用ばかりではだめだ」という言葉を発していた。

考古学は「科学」になりきってはいない，しかし，科学性を高める努力を，考古学者一人一人が怠らないことによって，考古学と科学の間の距離を無限小に縮めていかなければならない。そのことを自覚し，日々の精進を誓願するために，田中良之の問いかけ形式での鼓舞があったと思うことにしたい。

目の前にぶら下がったニンジンを食べられなくても，それを追い求めるうちに馬は進む。我々にとってのニンジンの名前は「真理」である。そして，それが明らかになっても次の明ら

かにすべき真理が常に出現する。「真理は時の娘」であるが，しかし，我々の手持ちの時間は限られている。その中で，田中の問いかけを反芻していくことになる。そして彼が道半ばで倒れてやれなかった志を継いでいく。次代にバトンを渡すことも前提とするうえでの話である。

付記

文中では論文執筆上の慣例により，人名の敬称を略しました。1980年代初頭以来，苦楽を共にした「考古学方法論研究会」の諸先輩たち（故・田中良之先生，故・松永幸男先生，岩永省三先生，澤下孝信先生，足立克己先生，杉村幸一先生）および溝口孝司さんとの多くの議論の時間は，私にとっての「学校」でした（堤 2011a, はしがき iii）。会を牽引して下さった田中先生を偲ぶとともに，田中先生からのこれまでの御指導・御厚誼に対して，心から感謝・御礼申し上げます。最後にお会いした折の，私が病室を後にする時に見せられた名残惜しそうなお顔が忘れられません。読書会の趣旨と伝統の法灯は私なりに引き継ぎます。有難うございました。合掌。

■文献

青井和夫，1974．序論．（福武直 監修・青井和夫 編）理論社会学（社会学講座 第1巻），pp.1-14，東京大学出版会，東京．
足立克己，2011．荒神谷遺跡：出雲に埋納された大量の青銅器（日本の遺跡44）．同成社，東京．
安斎正人，1995．現代考古学の認識論：理論考古学と歴史・哲学．東京大学文学部考古学研究室研究紀要 13, 1-32．
ヴィンデルバント，W.（篠田英雄 訳），1977a．歴史と自然科学・道徳の原理に就て・聖．岩波書店，東京（原著は各々1894，1883，1902刊）．
ヴィンデルバント，W.（清水清 訳），1977b．ヴィンデルバント哲学概論．玉川大学出版部，東京（原著は1919刊）．
奥野隆史，1977．計量地理学の基礎．大明堂，東京．
クーン，Th. S.（中山茂 訳），1971．科学革命の構造．みすず書房，東京（原著は1962刊）．
澤下孝信，1989．土器様式伝播の一類型：中部地方西部縄文時代中期後半の地域相．古文化談叢20下, 1-21．
島根県教育委員会・島根県古代文化センター 編，1996．出雲神庭荒神谷遺跡，島根県教育委員会，松江．
杉浦芳夫，1986．計量革命と統計学．パソコンによる数理地理学演習（野上道夫・杉浦芳夫 共著），pp.187-216, 古今書院，東京．
杉村幸一，1988．百花台遺跡採集の石器資料について．古文化談叢19, 1-26．
鈴木榮太郎，1940．日本農村社会学原理．時潮社，東京．
高田保馬，1922．社会学概論．岩波書店，東京．
田中良之，1995．古墳時代親族構造の研究．柏書房，東京．
田中良之，2008．骨が語る古代の家族：親族と社会組織．吉川弘文館，東京．
田中良之・土肥直美，1989．出土人骨から親族構造を推定する．新しい研究法は考古学になにをもたらしたか（「大学と科学」公開シンポジウム組織委員会 編），pp.169-185, クバプロ，東京．

田中良之・岩永省三，2001．解説と編集後記．松永幸男（松永幸男著作集刊行会　編），2001．縄文時代重層社会論：広域社会と地域社会．pp.353-362，松永幸男著作集刊行会，福岡．

堤研二，1995．戦後の人文地理学とデイヴィド・ハーヴェイ．島根地理学会誌31，11-30．

堤研二，1996．多変量解析による分類．出雲神庭荒神谷遺跡　第1冊　本文編．（島根県教育委員会・島根県古代文化センター　編），pp.97-105，島根県教育委員会，松江．

堤研二，2004．金屋子神信仰形態の分類．金屋子神信仰の基礎的研究．（鉄の道文化圏推進協議会　編），pp.245-257，岩田書院，東京．

堤研二，2011a．人口減少・高齢化と生活環境：山間地域とソーシャル・キャピタルの事例に学ぶ．九州大学出版会，福岡．（新装版：2015）．

堤研二，2011b．地域科学，新経済地理学と日本の経済地理学に関する試論的考察：ERSA50周年と日本の経済地理学．待兼山論叢（日本学篇）（大阪大学大学院文学研究科）45，1-25．

堤研二，近刊．計量的地域分析の体系とその教育上の課題．待兼山論叢（日本学篇）（大阪大学大学院文学研究科）49．

ポパー，K．（ポパー哲学研究会　訳），1998．フレームワークの神話：科学と合理性の擁護（ポイエーシス叢書39）．未來社，東京（原著は1994刊）．

ポパー，K．（岩坂彰　訳），2013．歴史主義の貧困（日経BPクラシックス13）．日経BP社，東京（原著は1957刊）．

松永幸男，1991．考古資料の分類作業における数量化II類の利用例．九州文化史研究所紀要36，1-29．

松永幸男（松永幸男著作集刊行会　編），2001．縄文時代重層社会論：広域社会と地域社会．松永幸男著作集刊行会，福岡．

マートン，R．K．（森東吾・森好夫・金沢実・中島竜太郎　共訳），1961．社会理論と社会構造．みすず書房，東京．

Burton, I., 1963. The quantitative revolution and theoretical geography. *The Canadian Geographer* 7-4, 151-162.

Chorley, R. J. and Haggett, P. (eds.), 1967. *Models in Geography*. Methuen, London.

Gibbon, G., 1989. *Explanation in Archaeology*. Basil Blackwell, Oxford and New York.

Giddens, A., 1993 (2nd ed.). *New Rules of Sociological Method*. Polity Press, Cambridge.

Haggett, P., 1965. *Locational Analysis in Human Geography*. Edward Arnold, London.

Haggett, P., Cliff, A. D. and Frey, A., 1977a. *Locational Analysis in Human Geography 1 : Locational Models*. Halsted Press, New York.

Haggett, P., Cliff, A. D. and Frey, A., 1977b. *Locational Analysis in Human Geography 2* : Locational Methods. Edward Arnold, London.

Harvey, D., 1969. *Explanation in Geography*. Edward Arnold, London.

Harvey, D., 1973. *Social Justice and the City*. Johns Hopkins University Press, Baltimore.

Harvey, D., 1982. *The Limits to Capital*. Basil Blackwell, Oxford.

Harvey, D., 1989. *The Condition of Post-modernity: An Enquiry into the Origins of Cultural Change*. Basil Blackwell, Oxford.

Hodder, I., 1982a. *Symbols in Action: Ethnoarchaeological Studies of Material Culture* (New Studies in Archaeology). Cambridge University Press, Cambridge.

Hodder, I., 1982b. *The Present Past: An Introduction to Anthropology for Archaelogists*. Batsford, London.

Hodder, I., 1986. *Reading the Past: Current Approaches to Interpretation in Archaeology*. Cambridge

University Press, Cambridge.

Hodder, I., 1992. *Theory and Practice in Archaeology*. Routledge, London.

Hodder, I. and Orton, C., 1976. *Spatial Analysis in Archaeology* (New Studies in Archaeology 1). Cambridge University Press, Cambridge.

Isard, W., 1956. *Location and Space-economy: A General Theory Relating to Industrial Location, Market Areas, Land Use, Trade, and Urban Structure*. The M.I.T. Press and Wiley, New York.

Schaefer, F.K., 1953. Exceptionalism in geography: A methodological examination. *The Annals of the Association of American Geographers* 43-3, 226-249.

火山灰考古学の方法論的展望と課題

都城市教育委員会 桒 畑 光 博

要旨

　火山灰考古学は，火山灰（テフラ）を考古学の調査研究に利用した分野であり，名称は1993年以降に使用されるようになった。この分野の研究領域を整理すると，①考古資料の年代指標とする編年的研究，②テフラの堆積によって埋没した考古資料の良好な情報を解析する同時性情報の研究，③火山噴火が人類に与えた影響に関して考古資料を用いて分析する火山災害史的研究，④限定されるテフラの地理的分布域を用いてテフラからなるあるいはテフラを含有する考古資料の産地同定に利用する研究の4つの項目にまとめられる。③の火山災害の考古学的研究方法は，火山噴火の規模と様式，加害因子となるテフラの種類を把握した上で遺構・遺物との層位関係を調べて，人類にどのような被害が及んだのかを検討するものである。このような遺跡の調査事例を積み重ねて，火山の爆発規模ごとや火山災害エリアごとの考古資料のあり方を類型化し，災害に対する人類の対応モデルを構築していくことが可能となる。

キーワード：火山灰考古学，火山灰（テフラ）層位法，火山災害，研究方法，日本

1　はじめに

　火山灰考古学という学問分野の名称が出版物のタイトルで初めて使用されたのは1993年のことだと思われる（新井　編，1993）。そのときから20年以上が経過した昨今，日本列島各地の火山活動が活発化している中で，我が国の災害史上類をみない被害がもたらされた2011年3月の東日本大震災を契機として，専門書だけでなく，一般の雑誌やテレビ番組等においても火山噴火や火山災害をテーマにした特集が頻繁に組まれるようになった。

　火山灰考古学とは，ここであらためていうまでもなく，火山灰を考古学の調査・研究に利用した研究分野のことである（長崎，2004）。近年の考古学的調査研究の進展によって，その領域はより多くの発掘調査現場で認識・応用されるようになり，個別地域や具体的事例の調査研究はますます深化して，より精密な分析も導入されるようになってきているものの，学問分野としての明確な体系づけがなされたという話は寡聞にして知らない。

　本稿では，まずこの研究分野の拠って立つ基礎的方法論を再確認した上で，火山灰考古学

の定義を近年の研究動向も踏まえて整理したい。さらに，火山災害の考古学的研究の領域にフォーカスをあてて今後の展望と課題について言及したい。

2　火山灰（テフラ）層位法と火山灰考古学の定義

（1）火山灰（テフラ）層位法

　考古学の研究方法の一つとして層位法・層位論がある。この方法は，自然現象を中心に観察し研究する地質学研究の基本原理を援用したものである。堆積年代の新旧を基準として地層を区分し対比する層位学は，地質学の古典的法則である「地層累重の法則」と「地層同定の法則」という二つの法則によって成り立っている（麻生，1985）。

　地層の上下関係を確認したり，異なる地点の地層を対比したりする際に，火山灰（テフラ）のように特徴的な地層は，地層対比の指標となる，いわゆる鍵層として有効である。

　「テフラ（tephra）」とはギリシャ語で灰の意味で，これに対応する日本語は火山砕屑物である。火山砕屑物とは，火山噴出物のうち，溶岩と火山ガスを除いた破片状の噴出物，すなわち，降下テフラ（軽石・スコリア・火山灰），火砕流堆積物，火砕サージ堆積物の総称である（町田・新井，2003）。このテフラを利用した学問体系として，「テフロクロノロジー（tephrochronorogy）」がある。テフロクロノロジーとは火山灰編年学と訳されるとおり，年代が明らかにされた指標テフラを利用して，地層や地形の編年を行う学問分野であり，地質学や地形学のみならず，考古学においても遺物や遺構の編年に盛んに利用されている。テフロクロノロジーに関する研究のおおまかな流れを以下に列記する。

　1919年：浜田耕作（1921）は鹿児島県指宿遺跡（橋牟礼川遺跡）において，火山灰層を挟んで上層に弥生土器の包含層，下層に縄文土器の包含層があることをつきとめ，テフラ上下の遺物の違いを論じ，両者の年代差を確認した。

　1949年：群馬県岩宿遺跡が発見され，南関東の丘陵・段丘面を覆う赤土である「関東ローム層」が注目され，段丘面に対比させて古い順に，多摩，下末吉，武蔵野，立川ローム層という位置付けが行われた（関東ローム研究グループ，1965）。

　1960年代後半：放射性炭素（14C）法，熱ルミネッセンス（TL）法，フィッショントラック（FT）法などを利用して，テフラの噴出年代の測定が進む。また，温度一定型屈折率測定などのテフラ同定法の確立がなされ，始良Tn火山灰（AT）や鬼界アカホヤ火山灰（K-Ah）などの日本列島全域を覆うようなスケールで分布するいわゆる広域テフラが確認できるようになり（町田，1977），日本列島とその周辺に分布する主な指標テフラの特徴や噴出年代のテフラ・カタログが作成され（町田・新井，1992），考古学的な調査にも盛んに応用されるようになった。

　テフロクロノロジーには，次に示すようなテフラの特性が活かされている（早田，1999）。

　a．テフラは短時間で広域に堆積する。
　b．テフラ層には層相や構成物質にさまざまな特徴があり，識別同定が容易である。
　c．テフラの噴出年代の推定には，多くの年代資料を利用することができる。

地質学的なスケールで見るとほとんど一瞬にして噴出したテフラは，過去の非常に広い地表面の指標となると同時に一般に色調が明瞭なテフラは地層に比較的簡便に時間的な目盛りを与えることができる。

　鍵層としてのテフラの同定と遺跡内での層序区分や遺跡間の対比による火山灰（テフラ）層位法は，遺跡における堆積物を研究対象とする考古学にとっても有効な研究手段となる。すなわち，テフロクロノロジー（火山灰編年学）を応用した火山灰（テフラ）層位法を用いながら考古資料を取り扱うことによって，テフラを考古学の調査研究に利用した火山灰考古学の領域へと発展させることができる。

　遺跡における層位は，自然層と文化層が複合しているのが常であり，地質学的視点に立ちながら地層の成因と構造を明らかにする必要がある。テフラを検出することのできる地域においては，単なる編年学にとどまるものではなく，テフラの堆積構造や堆積状態に注目しつつ，遺物・遺構を調査分析することにより，火山噴火活動と絡めながら人間行動の実態を把握することが可能となる。その際には，テフラの堆積状況と遺構・遺物の堆積環境を観察して詳細に検討する地考古学（Geoarcheorogy：佐藤，2009；佐藤・出穂，2009，松田ほか　訳，2012）の手法も必要となる。

（2）火山灰考古学の定義と研究現状

　テフラを考古学的調査研究に応用する際の目的について，下山覚（1999）は，第1領域は層位学に基づいて年代学的なアプローチを行うもの，第2領域はテフラの上下層の考古学的資料の差異に着目し，文化の異同を問うもの，第3領域は災害に伴う堆積物などによって埋没した集落などの共時における構造を理解しようとするもの，第4領域は災害がもたらす影響を復元し，抽象的な理論構築を行うもの，という4つのカテゴリーを提示している。筆者は上記を参考としながら，これまでも進められてきた岩石学的産地同定研究も含めて次の4項目に整理したい。

　①層位学的手法に基づいて，考古資料の年代指標とする編年的研究
　②テフラの堆積によって一瞬にして埋没した考古資料の良好な情報を解析する同時性情報の研究
　③火山噴火が人類に与えた影響に関して考古資料を用いて分析する火山災害史的研究
　④限定されるテフラの地理的分布域を用いて，テフラからなるあるいはテフラを含有する考古資料の産地同定に利用する研究

　①のテフラを考古資料の年代指標として用いた研究は，日本考古学の研究史上では古くさかのぼり，前項で紹介した鹿児島県橋牟礼川遺跡の調査（浜田，1921）のほか，群馬県八幡塚古墳・上芝古墳の調査（岩沢ほか，1932）など，20世紀前半にはすでに着手されていた。

　このような伝統に基づいて日本国内では，火山砕屑物の堆積が良好な地域において，火山灰（テフラ）研究者と考古学者との協力により，遺跡の埋没年代が明らかにされていると同時に，短時間に覆った火山砕屑物によって，遺構・遺物がそのままの状態で保存されたことによ

り，通常の遺跡と比べて格段に情報量の多い遺跡の発掘調査と分析が進められている。以下に紹介するように，上記①の研究だけでなく，②の同時性情報の研究や③の火山災害史的研究へと積極的な展開が図られたのである。以下に①～③の研究現状について管見ではあるが，日本列島の地域ごとに俯瞰的にみていきたい。

浅間山や榛名山からの噴出物に覆われた群馬県内の発掘調査は先駆的なものであり，黒井峯遺跡では榛名二ッ岳火山の噴出物（榛名二ッ岳軽石：Hr-FP）で完全に埋まった古墳時代の集落跡の全貌が明らかにされている（石井・梅沢，1994）。2012年には金井東裏遺跡の発掘調査によって，榛名二ッ岳火山灰（Hr-FA）の中から甲を装着した状態の古墳時代人骨が検出された（群馬県埋蔵文化財調査事業団，2013）。火山砕屑物に被覆された古墳時代から平安時代にかけての水田跡が調査され，火山災害を被った古墳時代の耕地の復旧方法が復原されている（能登，1989）。最近ではこの古墳時代の火山噴出物の堆積時間と季節についても詳細に検討されている（坂口，2013）。この他，天明3年（1783）の浅間山噴火の火砕流と岩屑なだれに伴って発生した泥流により埋没した幕藩体制下の農村や耕地の様相がとらえられ，罹災後の耕地における人々の対応も分析されている（関，2010）。

現在も活発に活動する桜島や霧島火山を抱える南九州では，複数のカルデラ火山の巨大噴火をはじめとする，多くの火山災害に見舞われたことが明らかにされている。1980年代以降は遺跡の発掘調査の進展に伴って，多くの研究会やシンポジウムで南九州における火山灰と考古学の問題がとりあげられるようになった。1987年開催の第22回埋蔵文化財研究集会の「火山灰と考古学をめぐる諸問題」（埋蔵文化財研究会・鹿児島集会実行委員会，1987）を皮切りに，1993年開催の文部省重点領域研究第8回公開シンポジウム「火山噴火と環境・文明」（町田・森脇　編，1994），1996年開催の名古屋大学年代測定資料研究センター主催シンポジウム「南九州の火山噴火と遺跡の年代をさぐる」（名古屋大学年代測定資料研究センター　編，1996），2001年開催の日本第四紀学会大会シンポジウム「南九州における縄文早期の環境変遷」（日本第四紀学会　編，2001），2014年開催の第29回日本植生史学会大会の公開シンポジウム「火山とともに生きる－南九州の火山活動と植生史・人類史－」（第29回日本植生史学会大会実行委員会　編，2014）などでテーマとされてきた。中でも日本列島における広域テフラの代表格である姶良丹沢（AT）テフラと鬼界アカホヤテフラ（K-Ah）は，日本列島における第四紀学上の重要な研究対象とされており，多くの研究の蓄積がある。

後期旧石器時代の最終氷期最寒冷期直前（ca.30,000 cal BP：Smith et al.,2013）に起きた姶良カルデラの巨大噴火（町田・新井，2003）は，入戸火砕流（A-Ito）という破格の規模の巨大火砕流堆積物によって南九州本土の大半を厚く埋積した。この火砕流堆積物はシラス台地と呼ばれる広大で不毛な大地を形成した（横山，2003）。同時に上空に立ちのぼった姶良 Tn 火山灰は，風に送られて日本列島の広域に降下堆積した。この噴火による森林植生をはじめとする生態系への影響が指摘され（辻，1985），人類活動への影響も議論されている（小田，1993）。入戸火砕流堆積物に覆われた範囲の人類はもちろん生態系も壊滅したと推定されるが，火砕流

が及ばなかった地域では，ナイフ形石器文化を携えた人類が噴火後も活動を続け，シラス地帯の植生の回復と動物の再進入に伴って進出してきたことが推定されている（Fujiki，2008）。

気候の温暖化に伴う縄文海進や照葉樹林の拡大など自然環境が大きく変化した縄文時代早期末（ca.7,300 cal BP）に起こった鬼界カルデラの巨大噴火（町田・新井，2003）によって，大規模な火砕流の直撃を受けた鹿児島県本土の約半分と大隅諸島では，当時の生態系が壊滅的な打撃を受けたことが推定されている。また，鬼界アカホヤ噴火の降下火山灰は九州だけにとどまらず，西南日本周辺から東北地方南部までの広い範囲で確認されており，植生変化や地形変化などについて議論されている（森脇ほか，1994；成尾，1999，成尾・小林，2002；松下，2002；杉山，2002）。九州の縄文文化に与えた影響の評価に関しては，土器文化への影響が議論されており（新東，1980；町田，1981；河口，1985；桒畑，2002，2013），近年は噴火後の罹災地域における狩猟採集社会の対応や再定住のプロセスに関する研究が進められている（桒畑，2002，2011）。

桜島火山による九州東南部地域における火山災害の状況については，縄文時代早期後葉の狩猟採集民の対応が復元されており（桒畑，2009），同火山の15世紀後半の噴火による耕地への影響と耕作者たちの対応も検討されている（桒畑，2014）。

鹿児島県指宿市における，開聞岳火山の噴火による罹災遺跡の調査も進んでおり，先述した日本国内の火山灰考古学史の端緒ともいうべき橋牟礼川遺跡をはじめとして，同遺跡周辺の古墳時代から平安時代にかけての集落跡や耕作地の罹災状況も明らかにされている（下山，2002；鎌田・渡部・中摩，2009；鷹野ほか，2010）。

山陰地方の島根県では，三瓶火山の3層のテフラと縄文時代の遺物包含層が交互に堆積していることが確認され，岩屑なだれ堆積物や火砕流堆積物などによって埋没した縄文時代後期の森林の調査も行われている（角田，2009）。

関東では富士山の東麓に位置する山梨県富士吉田市において縄文時代中期の富士山の噴火災害を明らかにしようとする試みがなされている（篠原，2011）。また，縄文時代後期から晩期の伊豆・箱根・富士山周辺地域の集落動態の消長を火山噴火による環境の変化と関連付けた研究もなされている（杉山・金子，2013）。

東北地方では，縄文時代前期の十和田中掫テフラの降灰が，それ以前の土器文化の衰退をもたらして，その後の円筒土器文化の成立・発展を促した可能性があるという見方も示されている（辻，2006）。さらに，同地方北部の10世紀前半に起きた十和田火山（十和田aテフラ）と白頭山（白頭山ー苫小牧テフラ）の噴火災害に対する人間社会の対応を竪穴住居跡の埋積状況や甕形土器の変化から読み取ろうとする研究も行われている（丸山，2015）。

以上，①・②・③の研究動向を俯瞰してきたが，④の考古資料の産地同定に関わる研究も以前から取り組まれてきた。

瀬戸内地方や近畿地方の古墳の石棺材として使用された溶結凝灰岩をAso-4火砕流堆積物である阿蘇溶結凝灰岩と同定した研究もテフラを利用した産地同定研究と位置づけられる（渡辺，

1989；高木・渡辺，1990)。同様の研究として，九州に分布が確認される薩摩塔の石材として利用された凝灰岩を化学組成分析によって，中国寧波産の梅園石であるとする研究（大木ほか，2011）も同様な領域に含まれる。このほか，土器の胎土に含まれるテフラの構成物質（火山ガラスなど）を抽出して顕微鏡観察に加え化学組成分析を併用することで土器の産地同定へと結びつける研究も進められており（Kanno et al., 2010；芝・関根，2015)，これらの領域は上記④の研究として，火山灰考古学の一角をなすものととらえてよいであろう。

3　火山噴火と災害現象の整理

(1) 火山噴火のタイプ・様式と規模

　火山噴火のタイプはさまざまでそれによって生じる災害も多様である。また，火山噴火の規模が大きければ大きいほど災害が広範囲に及ぶ。
人類の歴史を通じて自然現象である火山活動のレベルはあまり変化しなかったのではないかと考えられるが，今日では拡大した人類の活動空間と火山の活動空間との衝突が顕著となっている（荒牧，1997)。かつて寺田寅彦（1934）が述べたように，文明が進めば進むほど天然の暴威による災害がその激烈の度を増すという傾向は，火山災害についてもあてはまる。

　噴火とは，冒頭で述べたように火山の火口からマグマなどの噴出物を放出または流出する現象である。噴火の過程でのマグマの役割に関連して，マグマ物質を放出する噴火であるマグマ性噴火，高温のマグマが地表や地下にある水，あるいは海水と接触し多量の水蒸気ガスを発生させる爆発的噴火であるマグマ—水蒸気噴火，そして，新しいマグマに由来するものではなく地下水・地表水などが火山体下部などの熱源により発生する水蒸気爆発に区分されている（勝又編，1993)。

　一回の噴火におけるマグマの噴出量は噴火によって大きく異なる。また，火山の噴火の様式・タイプは，それに関連するマグマの化学組成によって大きく異なるとされ

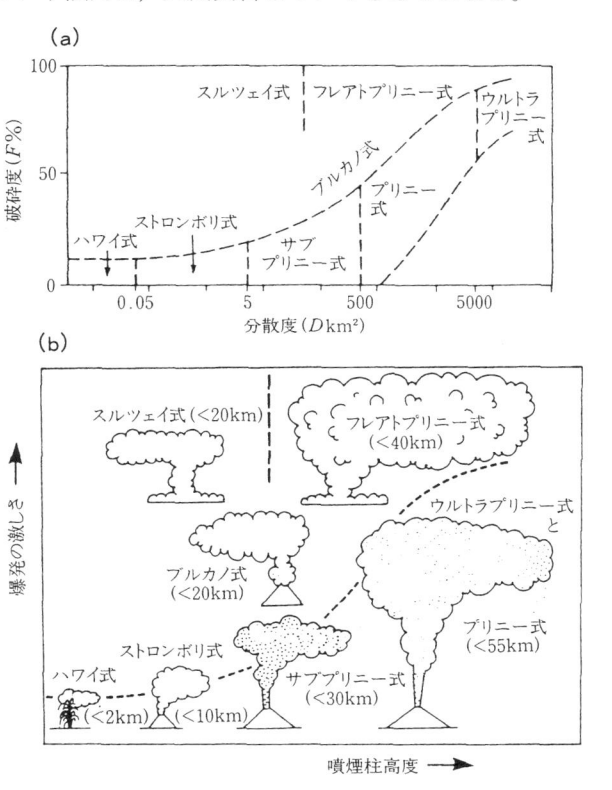

図1　噴火のタイプ
(Walker,1973にCas and Wright,1987が加筆した図を宇井，1997が加工)

る。ハワイの火山や三宅島のような玄武岩質火山では，割れ目噴火による溶岩噴出により溶岩流が生じる。これに対し，わが国にもっとも多い安山岩質火山の爆発的な噴火では，軽石・火山弾・火山岩塊などが噴出火口からかなりの距離まで放出され，上空に上がった火山灰は遠方にまで風によって運ばれる。このような火山の巨大噴火では，上記の経過をたどったのち，しばしば火砕流の発生をみる。また噴火の終息近くになり溶岩流出を伴うこともある。他方，有珠山のようなデーサイト質火山では，火山灰・軽石噴火の後に，相当規模の地形変動を伴いつつ地表にデーサイトマグマが顔を出して溶岩円頂丘を形成し，ときには大規模な火砕流を発生することもある（下鶴，1988）。

噴火タイプは火口から噴出したマグマの運動方向を分類基準として，大局的には溶岩流と火砕流，そして高温状態で破砕したマグマの破片である火砕物降下の3種類に分けられる（小屋口，2008）。

噴火様式の分類基準は，火山学者によって一般に様々な要因を総合的に判断した上での印象によって，ハワイ式，ストロンボリ式，ブルカノ式，プリニー式などのように，代表的な活火山で典型的に見られる噴火現象の特徴に基づいて火山の固有名またはそのタイプを記載した人名を用いた博物学的分類法である定性的分類（Macdonald，1972）が用いられてきた。しかしながら，実際には一つの火山をとりあげたとき，長い時間スケールでの火山の成長段階で噴火様式は変化するし，1回の噴火イベントの間でも，噴火様式が溶岩流の流出から爆発的なものまで変化する例は多い。したがってこの分類方法は何をもって典型的と考えるのかといった科学的な定義が困難であるという欠点がある。

これに対し，個々の個性的な噴火現象を支配する物理やそれに伴う堆積物の性質の関係を明らかにする方向に分類の仕方がシフトしつつある。例えば博物学的分類の基準の物理的意味をより明確にする目的で噴火現象や堆積物を定量的に記述するという，定量的分類（Walker，1973）が提示されるようになってきている。これは，堆積物を用いて噴火タイプや噴火のダ

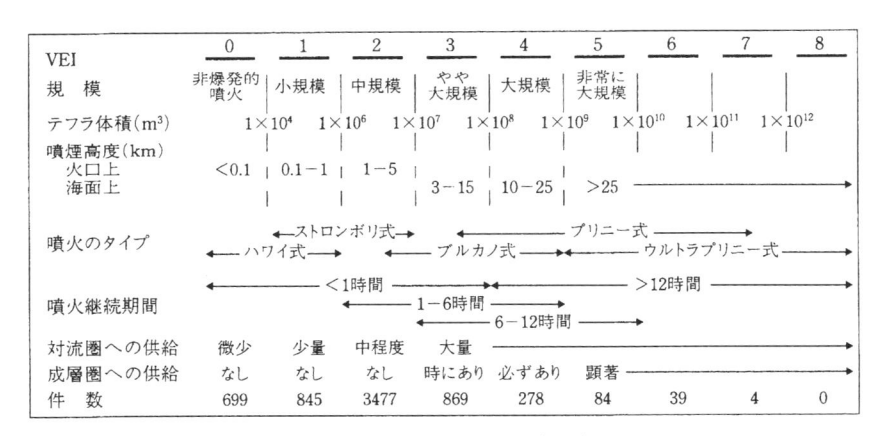

図2 火山爆発度指数（VEI）
(Simkin and Siebert, 1994をもとに荒牧，2005が改変)

イナミックスを推定するという発想に基づいて，降下物の分散性（dispersal index）と破砕の程度（fragmentation index）という２つの量を導入したダイヤグラムを用いて噴火タイプを分類するという方法である（図１）。

噴火の規模は，噴出物の総堆積量にもとづく火山爆発度指数（Volcanic Explosivity Index = VEI：Newhall and Self, 1982）で表されている（図２）。これは１回の噴火におけるマグマの噴出量に注目して噴火規模を推定するというものであり，０〜８までの９段階に区分される。この中でテフロクロノロジーに利用できるのは，VEI3以上の大噴火・巨大噴火・破局的噴火の堆積物である。

（２）火山災害現象の種類と規模

下鶴（2000）によれば，災害（disaster）の国際的な定義は，時間・空間的に集中して起こる現象で，それにより社会や集落が重大な危険に会い人命や財産の損失を受け，社会構造が壊滅し，その社会の重要な機能の回復を妨げるものとされる。また，火山災害とは，特定の地域に，ある期間に人命・財産に潜在的危険を与える複合的な火山現象の発生確率であるvolcanic hazards（過去の十分なデータが与えられれば，potential hazardとする）に起因して人命・財産に重大な損失を与える現象とされる（下鶴，2000）。

火山災害現象の種類と規模に関しては，これまでに噴火予知と防災・減災的な観点に立った火山学者らの整理・研究の蓄積がある。

勝井（1979）は，噴火災害の特徴と規模は，基本的には噴火の様式・規模・継続期間などに依存しているが，火山周辺の環境や開発の状況によっても著しく変化すると指摘し，火山活動の様式はきわめて変化に富み，これに対応して災害要因も多様だと述べた。また，噴火災害は多数の加害因子（災害要因）に分けて考えることができるとし，加害因子を直接的な火山現象によるもの（火山ガス，降下火砕物，火砕流，ベースサージ，火山泥流，溶岩流）と随伴現象（山体崩壊，津波，火山性地震，空振，地形変化，地殻変動，地熱変化）に分類した。

宇井（1997）は，噴火の多様性を反映して，噴火に伴う災害もまた多様だと述べ，火山災害の要因をその危険度から２つに分類した。火山災害をもたらす危険度の高い要因としては，火砕流，岩屑なだれ，火山泥流と洪水，津波，マグマ水蒸気爆発をあげ，危険度の低い要因としては，降灰，溶岩流をあげた。危険度の違いの根本的な原因は，それぞれの噴出物の運搬形態や速度そして温度に依存しているとし，高速高温で地形の影響を受けずに地表に沿って広がりやすい流れが災害を多くもたらすと指摘した。

下鶴（1988）は，火山災害には，噴火そのものによる噴火災害と過去数万年にわたる噴出物の堆積物に覆われている火山の特殊な地形と地質に原因がある広い意味での災害（例えば，桜島や焼岳などに見られる慢性的な土石流，地すべりなど）がとあるとした。また，噴火そのものによって被害を与える加害因子を次のように整理した。

ⅰ）降下火砕物：火山灰，スコリア，軽石，火山礫，火山弾，岩塊
ⅱ）流下火砕物：岩屑なだれ，火砕流，火砕サージ，爆風，溶岩流，土石流（一次ラハール），

泥流，洪水
  iii) その他：火山ガス，地震，地殻変動，津波

 また，上記のi）とii）の因子による火山災害を，降下物による災害（Tephra Hazards）と流下物による災害（Flowage Hazards）の2つに区分しており（下鶴，2000），前者は，火砕物（火山岩塊，火山礫，火山灰，軽石，スコリア）が構造物の屋根に堆積すると危険であり，舞い上がると厄介で人体の呼吸器系統と目に影響を及ぼすとした。後者のうち，高速混相流（火砕流・軽石流・火山灰流・岩屑なだれ・一次ラハール）は，岩塊と高温ガス，軽石とガスなど固体と気体の混合物や固体と火口湖の水との混合物が高速で流下するもので，火山災害の中で最も危険度の高い因子であると評価した（下鶴，1988）。また，降雨によって引き起こされる火山灰・火砕流堆積物の土石流（二次ラハール）や洪水，農地の被害による飢饉を二次的な災害であると述べた。さらに，災害の実態をイメージするために，時間的・空間的なものさしを利用して災害因子を整理し，①短時間に広範囲に環境を壊滅させる（例：津波），②短時間に環境の一部を壊滅させる（例：火砕流，火砕サージ，岩屑なだれ，一次ラハール，溶岩流，火山ガス），③徐々に広範囲に環境を破壊する（例：火山灰），④徐々に局地的に環境を破壊する（例：土石流，泥流）の4つに区分した（下鶴，2000）。

 井田（1998，2009）は，火山災害を要因や基本的な性質に基づいて，「噴出物の浮遊や降下」，「噴出物などの流れ」，「物理的な衝撃や変動」，「二次災害」の4つに大別した。
  i）噴出物の浮遊や降下による災害
   因子としては，噴石，降下火砕物，火山灰の浮遊，成層圏の微粒子があり，一般に被災の及ぶ範囲が広いが，直接的な効果で人命が失われる可能性はそれほど高くない。
  ii）噴出物などの流れによる災害
   因子としては，溶岩流，火砕流，泥流・土石流，岩屑なだれ，火山ガスがあり，襲われる

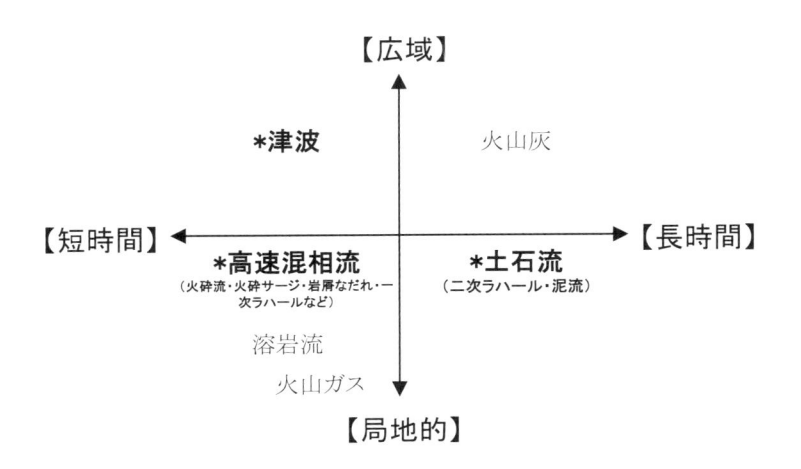

```
                    【広域】
                      ↑
           *津波         火山灰
                      │
【短時間】 ←──────────┼──────────→【長時間】
           *高速混相流    *土石流
          （火砕流・火砕サージ・   （二次ラハール・泥流）
           岩屑なだれ・一
           次ラハールなど）
              溶岩流
              火山ガス
                      ↓
                    【局地的】
```

             ＊はより危険度が高いもの

         図3　火山災害因子分類図

範囲が限定されるが，人命や建造物が壊滅的な被害を受けることが多い。

iii）物理的な衝動や変動による災害

因子としては，爆風，爆発音，地震，地殻変動があり，衝撃波を伴う爆風は強い破壊力をもつ。

iv）二次災害

因子としては，津波，洪水，疫病，飢饉があり，しばしば噴火自体が直接もたらす災害よりも大規模で深刻なものになる。

上記の各研究者による火山災害に関する分類を総合して概念的に示すと図3のようになろう。

なお，桜島火山の噴火史と火山災害の事例をまとめた小林・溜池（2002）は，歴史時代の大規模噴火の際に生じた火砕流（火砕サージ）による直接的被災状況のほか，降灰の厚さが30cm以上の地域においてはラハール（土石流）が多発し，下流域では広範囲に破壊的な被害を受けるという二次的な土砂災害の具体的な状況を報告しており，火山噴火後のテフラ堆積地域における後遺症としての土石流等の二次災害にも注意する必要がある。

4　火山災害の考古学的研究方法

（1）火山災害の歴史的研究方法

自然災害とその歴史的研究の方法と意義について田中琢（1988）は，自然災害はさまざまな異常な自然の外力と人間の社会活動とのかかわりで生じるとした上で，その研究には，その異常な外力からの側面からするものと，それに反応した人間活動の側面からその災害をとりあげるものとがあると述べた。さらに，外力の規模や範囲，あるいはその長期にわたる変化や周期性などを知ることはもちろん，それに触発されておこった人間活動，あるいは，それが人間社会に対して及ぼした影響などを解明することが災害の歴史的研究となり，その成果は過去の災害の教訓を現代に生かすうえで大きな意義をもつとした。

さて，火山災害に限定して考えたとき，火山噴火が発生した場合，活動がどのように進行・推移し，また，その影響がどのくらいの範囲におよぶのかについて過去の噴火の実態，すなわち，災害の範囲や規模を把握しておくことは，火山災害の防災・減災的な視点からみても重要であると考える。

災害史研究の注意点を指摘した田中（1988）によれば，災害史研究の対象資料としては，文字で書き残された史料，遺跡や遺物あるいは地形地物などからなる実物資料がある。考古学が研究対象とする後者の実物資料は客観性の高い資料といえるが，実物資料を扱う際の注意点として，その資料のあった地点における孤立した情報によってその災害の全体像を復元するのではなく，他の地点における資料のもたらす情報との総合的な比較研究を必要となる。また，そもそもその資料にあらわれている現象が自然災害の結果なのか，そうだとして，いかなる自然災害の結果なのか，それらの決定には慎重な判断が必要であり，1地点だけの資料からする推測は恣意的な結論に導くおそれがあると注意する。実物資料の場合，その資料のもつ特徴が災

害の結果がどうかについて解明するには，災害関係の自然科学者とその種の実物資料を主たる研究資料とする学問分野の研究者，例えば考古学者や地理学者，あるいは地質学者と共同研究を行う必要があると指摘した。

田中（1988）はさらに，災害史研究に必要なのは，過去の災害の範囲や規模，構造などに関して，近代科学の手法による観測や分析によるものにできうるかぎり近い種類の詳細なデータを対象となる資料によって復元することが重要であるとする。そのためには，近代科学による観測や分析の成果の蓄積されている時代の災害について，災害史研究で使用される資料と同種の資料を収集して，その観測分析データと対比研究を行い，その結果をモデルとして過去の災害の復元を試みる必要があるとする。

先に，テフロクロノロジー（火山灰編年学）を応用した火山灰（テフラ）層位法を用いながら考古資料を取り扱うことにより，火山の噴火による地域文化への影響や人類の適応を考察する火山災害史的研究へと展開させることが可能であると述べたように，火山災害の考古学的研究に関しては，日本国内において現在も活発な活動を続けている火山について歴史時代の噴火活動史の研究が進んでおり，それらの成果を参考としながら，考古学的に得られたデータを検討することも有用な方法である。

（２）火山災害の考古学的研究方法

テフラの噴出と降下による影響に関しては，火山災害が噴火の規模と様式，そして火山から

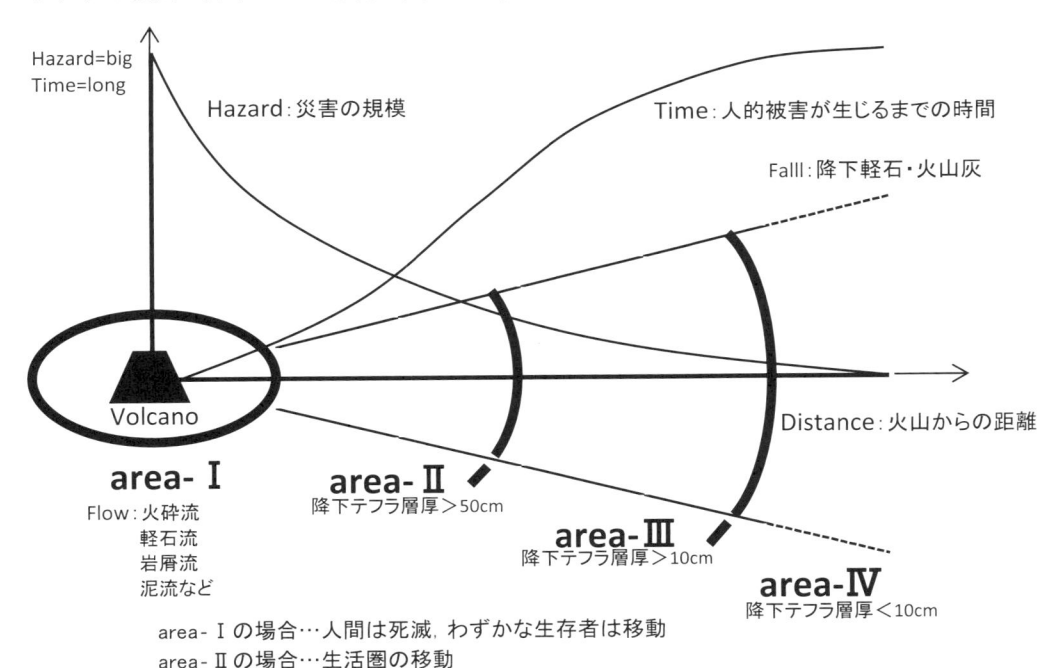

図4　火山災害分級図（徳井，1989をもとに作成）

の距離によってその程度が異なるという視点に立脚した，テフラの到達範囲とテフラ層厚を主な指標とする分析方法を用いて遺跡から得られた情報を解析するという方法が徳井由美や下山覚によって提示されている。この場合のテフラ層厚とは，安定した比較的平坦な地形面における現状の地層において観察できる一次堆積テフラの残存層厚のことである。

徳井（1989，1990）は，人文地理学的な立場から，北海道の17世紀から18世紀の火山災害と人文環境への影響を論じる中で，災害の程度を時間的・空間的に整理した火山災害分級図と称する概念図を提示して，エリアごとに人類の適応が異なることを指摘した（図4）。

下山（2002，2005）は，開聞岳火山による噴火災害事例に基づいて提示した「災害のグラデーションの概念」，つまり災害の程度に地域的な違いがあり，そのエリアごとに適応の実際が異なるという考え方に基づいて災害の程度・質に応じていくつかの地域，すなわち災害エリアを設定し，災害の実際の状況を復元，把握したうえで文化変化のモデルを想定した。
上記の方法は，火山災害の地域差という観点に立ったものであり，特別な理論としての呼称はないが，筆者は火山災害エリア（テフラハザード）区分論と呼んでいる（桒畑，2014）。ただし，ここで注意しなければならないことは，図4の各エリアの区分線が必ずしも起点となる火山の火口からの距離に対応しないことがあるということである。例えば，火砕流・火砕サージ，岩屑なだれ，ラハールの到達範囲が火山の火口を中心として，実際には同心円状にはならないことや降下軽石・火山灰が噴火時の風向等の気象条件によって火山火口近辺よりも火山から離れたある場所に厚く堆積する事例が知られていることなどを踏まえると，図4の横軸のラインは最大到達範囲を表す距離の目安ととらえた方がよいであろう。さらに，降下軽石・火山灰などの降下火砕物の層厚指標としては，便宜的な措置としてテフラの現存層厚を用いるのが現実的な対応であると考える。

火山災害の考古学的研究方法の作業過程について以下順を追ってみていく。

まず，遺跡において堆積物として認識できるテフラがどの火山からいつ噴出したものであるかというテフラの同定が必要となる。そして次にテフラの種類，例えばそれが火砕流などの高速混相流による堆積物か，降下火砕物なのかという加害因子を明確にする必要がある。その際にその堆積物が噴火による一次的なものかそれとも随伴現象によるものなのかなどにも注意すべきであろう。後者はその事象が噴火直後ではなく，噴火災害地域における事後の後遺症としてとらえられる可能性があるからである。遺跡で確認されたテフラが火山噴出物のどのような種類にあたるのか，また一次堆積物であるのか二次堆積物であるのかについて，採取された試料を室内に持ち帰って観察・分析するだけでは判断することはできない。現場での地層断面観察の際の考古学者とテフラ研究者との対話や議論にもとづくテフラ産状に関しての共通認識が重要となる。発掘調査現場においては，テフラ層と遺構や遺物との層位的関係を慎重に把握しながら，基本資料となる層位的出土事例を積み重ねていくことが重要であろう。テフラの室内における同定作業については，岩石レベル，鉱物レベル，さらに後者には火山ガラス・斑晶鉱物の屈折率や電子線マイクロアナライザ（EPMA）を使用した化学組成分析などがあるが，テ

フラ試料分析の前に考古学的な資料として扱う場合，いったいなにを目的としてなにが知りたいのかということを十分につめておくことが肝要である。

上記の手続きを踏まえた上で，発掘調査によって検出された遺構・遺物とテフラとの層位関係に注意しながら，それらの遺構・遺物が火山噴火の前か後かという時間的関係を確認する。さらに，もし検出された遺構・遺物が火山噴火の直前ということであれば，テフラの産状と遺構・遺物の検出状況を詳細に観察・記載して，当時の人々にどのような被害が及んだのか詳細に検討するべきであろう。このような個別の遺跡の調査事例を積み重ねて，先述した火山災害エリア（テフラハザード）区分論に照らして，火山噴火の規模と様式の各パターン，そしてそれらの火山災害エリアごとの考古資料のあり方から，例えば，あるエリアでは人類を含む生態系は壊滅して，当分の間生活の復旧は見込めなかったとか，またあるエリアでは，一時的に被害を被ったものの，間もなくして人類の活動が再開され生活の復旧がなされたなど，火山災害に対する人類の対応モデルを構築していくことが可能となる。

その際に注意すべきことは，火山災害を被る人類の対応はその時々の社会構造，政治体制，経済基盤，人々の価値観によって決定されるものであり，火山災害の質と量は時代や社会の変化に応じて違ってくるということである。今後の課題としては，日本列島各地における研究をさらに深化させつつ，地域どうしや時代ごとの比較を行った上で，全体を俯瞰的にみるための総合化も必要になってくるであろう。

5　おわりに

「考古学とは科学か」という故田中良之先生からの質問に対して，いかに返したらよいか本稿を書き進めながら悶々と考えてきた。

火山灰考古学における研究の進め方が，発掘調査現場でとらえられたテフラの産状，遺構・遺物の事象を積み重ねて，それらの事象の関係性を明らかにして，一つの仮説を提示し，次の段階でその仮説を検証していくということであれば，田中先生の指摘された仮説検証法という枠組み（田中，2012）の中にあり，それはサイエンティフィックサイクル，すなわち科学的方法論であると考える。

その上で，例えば，新井房夫（1993）は，火山灰考古学の方向性として，火山やテフラの研究と人類文化史の研究がさらに連携を深めることによって，火山噴火に対する将来の防災を含めた自然と人間との賢いつきあい方に指針を与えることであると謳った。また，町田洋（1993）も火山灰考古学とは単に火山灰研究と考古学のドッキングではなく，自然の猛威の所産である火山灰を通して自然史をみることであり，火山噴火と人間との相克と調和の歴史から何かを学びとることであると喚起する。さらに，能登健（1993）は，火山災害考古学の将来像は，過去の災害研究から導き出せる社会構造の分析をとおして，おこるべき災害に対応できうる地域社会の総合的な方向性を希求する科学として成長することを一つの目標にしていると宣言している。

基礎的な作業に四苦八苦している筆者ではあるが，哲学から独立した科学の中の一領域をなす火山灰考古学を通して，いかに対処すべきか，いかにあるべきかを考える哲学（岩崎，1966）へと止揚できれば考古学の現代的な意義も高まるのではないかと考える。

【田中良之先生へ】
　とても陳腐で苦し紛れな結論に、天国におられる田中先生がわざと鹿児島弁訛りで「ジャ」と失笑されている様子が目に浮かぶようです。九州東南部の片田舎に身を置いている筆者をお引き回しいただいた御恩は忘れません。2014年3月の学位取得の折に先生から記念にいただいたグラスに刻まれた「随処作主」という言葉を胸にこれからも研究に精進していく所存ですので、草葉の陰から叱咤激励してくださいますようお願い申し上げます。　　　　　　　　合掌

■引用・参考文献
麻生　優，1985．層位論．岩波講座日本考古学1　研究の方法，pp.79-113．岩波書店，東京．
新井房夫　編，1993．火山灰考古学．古今書院，東京．
新井房夫，1993．まえがき．火山灰考古学（新井房夫　編），pp.1-3．古今書院，東京．
荒牧重雄，1997．序論．火山噴火と災害（宇井忠英　編），pp.1-18．東京大学出版会，東京．
Cas,R.A.F.and Wright,J.V.,1987.Volcanic Successions,Modern and Ancient,Allen & Unwin,London.
第29回日本植生史学会大会実行委員会　編，2014．第29回日本植生史学会大会講演要旨集．
Fujiki,Satoshi.,2008. The great eruptions of Aira caldera and the palaeolithic people. *The 13th international symposium for the commemoration of the 25th anniversary of Suyanggae excavation* :Suyanggae and her neighboures in Kyushu. Lee.Y,Ambiru.S,Simada.K,eds.,pp.73-82.
群馬県埋蔵文化財調査事業団　編，2013．最新レポート金井東裏遺跡．埋文群馬No.57．
浜田耕作，1921．薩摩国揖宿郡指宿村土器包含層調査報告．京都帝国大学文学部考古学研究報告第6冊．pp.29-48．
井田喜明，1998．火山災害．岩波講座　地球惑星科学14　社会地球科学，pp.88-114．岩波書店，東京．
井田喜明，2009．火山災害の予測と軽減．火山爆発に迫る－噴火メカニズムの解明と火山災害の軽減（井田喜明・谷口宏充　編），pp.177-183．東京大学出版会，東京．
石井克己・梅田重昭，1994．日本の古代遺跡を掘る4，黒井峯遺跡－日本のポンペイ．読売新聞社，東京．
岩崎武雄，1966．哲学のすすめ．講談社，東京．
岩沢正作・福島武雄・相川龍雄，1932．群馬県史跡名勝天然記念物調査報告，第2集．
角田徳幸，2009．火山噴火と遺跡群①－島根県三瓶火山の噴出物によって埋没した遺跡群－．縄文時代の考古学3：大地と森の中で－縄文時代の古生態系－（小杉　康・谷口康浩・西田泰民・水ノ江和同・矢野健一　編），pp.47-55．同成社，東京．
鎌田洋昭・中摩浩太郎・渡部徹也，2009．日本の遺跡40，橋牟礼川遺跡－火山灰に埋もれた隼人の古代集落．同成社，東京．
Kanno,Toshiro.,Shimada,Yurina.,Fukuoka,Takaaki.and Fujine,Hisashi.,2010. Source of tephra in earthenware.- in case of the Chobeidairuin,Chiba Prefecture and the Hashimuregawa ruin, Kagoshima Pefecture-. International Field Conference and Workshop on

Tephrochronology, Volcanism and Human Activity Active Tephra in Kyushu, Kirishima, p.22.
関東ローム研究グループ，1965．関東ローム－その起源と性状．築地書館，東京．
勝井義雄，1979．噴火災害．岩波講座地球科学7　火山，pp.83-99．岩波書店，東京．
勝又　護　編，1993．地震・火山の事典．東京堂出版，東京．
河口貞徳，1985．塞ノ神式土器と轟式土器．鹿児島考古第19号，1-34．
小林哲夫・溜池俊彦，2002．桜島火山の噴火史と火山災害の歴史．第四紀研究41 (4)，269-278．
小屋口剛博，2008．火山現象のモデリング．東京大学出版会，東京．
桒畑光博，2002．考古資料からみた鬼界アカホヤ噴火の時期と影響．第四紀研究41 (4)，317-330．
桒畑光博，2009．考古資料からみた桜島11テフラの噴出時期と影響．南の縄文・地域文化論考：新東晃一代表還暦記念論文集上巻（南九州縄文研究会　編），pp.97-110．南九州縄文研究会・新東晃一代表還暦記念論文集刊行会，鹿児島．
桒畑光博，2011．火山災害と考古学－完新世最大の噴火，鬼界アカホヤ噴火の事例を中心として－．考古学と地球科学－融合研究の最前線－：九州考古学会・日本地質学会西日本支部合同大会資料集，pp.28-31．
桒畑光博，2013．鬼界アカホヤテフラ（K-Ah）の年代と九州縄文土器編年との対応関係．第四紀研究52 (4)，pp.111-125．
桒畑光博，2014．桜島火山噴火災害を受けた中世の水田と畑．Archaeology from the South II：新田栄治先生退職記念論文集，pp.301-310．
Macdonald, G.A., 1972. Volcanoes. Prentice-Hall Inc., Englewood Cliffs.
町田　洋，1977．火山灰は語る－火山と平野の自然史－．蒼樹書房，東京．
町田　洋，1981．縄文土器文化に与えた火山活動の影響．地理，26 (9)，pp.36-44．
町田　洋，1993．あとがき．火山灰考古学（新井房夫　編），pp262-263．古今書院，東京．
町田　洋・新井房夫，1992．火山灰アトラス－日本列島とその周辺．東京大学出版会，東京．
町田　洋・新井房夫，2003．新編火山灰アトラス－日本列島とその周辺．東京大学出版会，東京．
町田　洋・森脇　広　編，1994．火山噴火と環境・文明－文明と環境III－．思文閣出版，東京．
埋蔵文化財研究会・鹿児島集会実行委員会　編，1987．第22回埋蔵文化財研究集会火山灰と考古学をめぐる諸問題発表要旨・資料集．
松田順一郎・高倉　純・出穂雅実・別所秀高・中沢祐一　訳，2012．ジオアーケオロジー－地学にもとづく考古学－．朝倉書店，東京．
松下まり子，2002．大隅半島における鬼界アカホヤ噴火の植生への影響．第四紀研究41 (4)，301-310．
丸山浩治，2015．考古学的手法を用いた火山災害研究．考古学研究，62 (2)，43-55．
森脇　広・鈴木廣志・長岡信治，1994．鬼界アカホヤ噴火が南九州の自然に与えた打撃．火山噴火と環境・文明－文明と環境III－（町田　洋・森脇　広　編），pp.151-162．思文閣出版，京都．
名古屋大学年代測定資料研究センター　編，1996．名古屋大学加速器質量分析計業績報告書（VII）．
長崎潤一，2004．火山灰考古学．現代考古学事典（安斎正人　編），pp.49-52．同成社，東京．
成尾英仁，1999．アカホヤ噴火時の火山災害の諸相．南九州縄文通信No.13，67-73．
成尾英仁・小林哲夫，2002．鬼界カルデラ，6.5kaBP噴火に誘発された2度の巨大地震．第四紀研究41 (4)，287-299．
Newhall, C. G. and Self, S., 1982. The volcanic explosivity index (VEI): An estimate of explosive magnitude for historical volcanism. *Journal of Geophysical Research 87 (C2)*: 1231–1238.
日本第四紀学会　編，2001．日本第四紀学会講演要旨集，31．
能登　健，1989．古墳時代の火山災害－群馬県同道遺跡の発掘調査を中心にして－．第四紀研究27 (4)，283-296．

能登 健, 1993. 考古資料にみる上州の火山災害. 火山灰考古学（新井房夫 編), pp.54-82. 古今書院, 東京.

小田静夫, 1993. 旧石器時代と縄文時代の火山災害. 火山灰考古学（新井房夫 編), pp.207-224. 古今書院, 東京.

大木公彦・古澤 明・高津 孝・橋口 亘・内村公大, 2011. 薩摩塔石材と中国寧波産の梅園石との岩石学的分析による対比. 考古学と地球科学－融合研究の最前線－：九州考古学会・日本地質学会西日本支部合同大会資料集, pp.18-19.

坂口 一, 2013. 榛名ニッ岳渋川テフラ（Hr-FA)・榛名ニッ岳伊香保テフラ（H r -FP）およびそれらに起因する火山泥流の堆積時間と季節に関する考古学的検討. 第四紀研究52 (4), 97-109.

関 俊明, 2010. 浅間山大噴火の爪痕－天明三年浅間災害遺跡－：シリーズ遺跡を学ぶ75. 新泉社, 東京.

佐藤宏之, 2009. 地考古学が日本考古学に果たす役割. 第四紀研究48 (2), 77-83.

佐藤宏之・出穂雅実, 2009. 考古遺跡から何がわかるか？：Geoarchaeorogy. 第四紀研究48 (2), 75-76.

下山 覚, 2002. 火山災害の評価と戦略に関する考古学的アプローチ. 第四紀研究41 (4), 279-286.

下山 覚, 2005. 災害と復旧. 暮らしと生業 列島の古代史 ひと・もの・こと2（上原真人・吉川真司・白石太一郎・吉村武彦 編), pp.249-286. 岩波書店, 東京.

下鶴大輔, 1988. 火山災害. 自然災害科学事典（松澤 勲 監修), pp.60-61. 築地書館, 東京.

下鶴大輔, 2000. 火山のはなし－災害軽減に向けて－. 朝倉書店, 東京.

早田 勉, 1999. テフロクロノロジー－火山灰で過去の時間と空間を探る方法－. 考古学のための年代測定学入門（長友恒人 編), pp.113-132. 古今書院, 東京.

芝 正敏・関根達人, 2015. 津軽海峡域における晩期縄文土器の移動－胎土に含まれる火山ガラスに基づいて－. 一般社団法人日本考古学協会第81回総会研究発表要旨, pp.28-29.

篠原 武, 2011. 富士山の火山活動と遺跡の消長・分布について. 上暮地新屋敷遺跡：富士吉田市文化財調査報告書第8集（富士吉田市教育委員会 編), pp.154-156. 富士吉田市教育委員会, 富士吉田.

新東晃一, 1980. 火山灰から見た南九州縄文早・前期土器の様相. 鏡山猛先生古稀記念古文化論攷（鏡山先生古稀記念論文集刊行会 編), pp.11-23. 鏡山先生古稀記念論文集刊行会, 福岡.

Smith,V.,Staff,R.,Blockley,S.,Bronk Ramsey,C.,Nakagawa,T.,Takemura,K and Danhara,T., 2013. Identification and correlation of visible tephras in the Lake Suigetsu SG06 sedimentary archive, Japan :Chronostatigrahic markers for synchronisation of east Asian/west Pacific palaeoclimatic records across the last 150 ka. *Quaternary Science Reviews*, vol.67, 121-137.

杉山浩平・金子隆之, 2013. 縄文時代の伊豆・箱根・富士山の噴火活動と集落動態. 考古学研究60 (2), 34-54.

杉山真二, 2002. 鬼界アカホヤ噴火が南九州の植生に与えた影響－植物珪酸体分析による検討－. 第四紀研究41 (4), 311-316.

高木恭二・渡辺一徳, 1990. 石棺研究への一提言：阿蘇石の誤認とピンク石石棺の系譜, 古代文化, 42 (1), 21-32.

鷹野光行・新田栄治・中摩浩太郎・渡部徹也・岩永勇亮・河野裕次, 2010. 指宿市敷領遺跡の調査から. 火山で埋もれた都市とムラ－ヴェスヴィオ・浅間・ムラピ・開聞岳－（鷹野光行 編), pp.75-96. 同成社, 東京.

田中 琢, 1988. 災害史. 自然災害科学事典（松澤 勲 監修), pp.189-191. 築地書館, 東京.

田中良之, 2012. 佐々木憲一 日本考古学の方法論：北アメリカ考古学との比較からへのコメント. 考古学研究, 59 (3), 35-36.

寺田寅彦, 1934. 天災と国防. 経済往来第9巻第11号（寺田虎彦, 2011. 天災と国防. 天災と国防,

pp.9-24．講談社，東京．）

徳井由美，1989．北海道における17世紀以降の火山噴火と人文環境への影響．お茶の水地理第30号，27-33．

徳井由美，1990．火山噴火が人文環境に及ぼす影響－17世紀中葉の北海道日高西部地域を中心として－．日本第四紀学会講演要旨集No.20，160-161．

辻　誠一郎，1985．火山活動と古環境．岩波講座日本考古学2　人間と環境，pp.289-317．岩波書店，東京．

辻　誠一郎，2006．変転する大地が生み出す新しい文化．生命誌ジャーナル2006年冬号，JT生命誌研究館 (http://www.brh.co.jp/seimeishi)．

宇井忠英，1973．幸屋火砕流－極めて薄く拡がり堆積した火砕流の発見．火山18号，153-168．

宇井忠英，1997．噴火と災害．火山噴火と災害（宇井忠英　編），pp.48-78．東京大学出版会，東京．

Walker, G.P.L., 1973. Explosive Volcanic Eruptions - a new classification scheme, *Geologische Rundschau* 62(2), 431–446.

渡辺一徳，1989．石材としての阿蘇溶結凝灰岩．熊本地学会誌，91，6-12．

横山勝三，2003．シラス学．古今書院，東京．

民族誌的類推の運用と縄文社会復元

九州大学埋蔵文化財調査室　石　川　　健

要旨

　先史社会の復元に限らず，考古学的現象の解釈において民族誌的類推は重要な位置を占める。縄文時代社会の復元においても民族誌の知見は古くより参考とされてきた。近年はとくに縄文時代における社会の階層化をめぐる議論において，カナダ北西海岸地域の狩猟採集社会の複雑性が広く参照されている。当該地域の在来集団は貴族・平民・奴隷への階層分化および集団成員のランク・システムによる序列化という点で注目されてきた。本論ではこのような民族誌を考古学的に参照する際の問題点を整理するとともに，いかに民族誌的類推を運用することができるのか検討した。それに基づき考古学的モデルの整理を行い，縄文時代後期関東地方の墓地遺跡を対象に当該時期の社会の複雑性に関する検証を行った。

キーワード：民族誌的類推，縄文社会，一般墓地，特殊墓地，階層化社会

1　はじめに

　縄文時代は世界的にみても例が無いほど長期間継続した狩猟採集活動に主たる生業基盤を置く時代といえる。一方，隣接分野である狩猟採集民研究をみると，1980年代以降それまでの単純，小規模集団で遊動性の高い狩猟採集民像（Kelly 1995; Lee and DeVore 1968）から複雑化した狩猟採集社会への注目が高まるとともに（Price et al. 1985 etc.），狩猟採集社会の多様なあり方が明らかとなってきた（Binford 1980; Testart 1982; Watanabe 1983等）。と同時に，このような研究の動向の一面として階層化した狩猟採集社会に関する議論が出てくる（テスタール 1995）。このようななかで，縄文時代の社会についても社会の階層化が議論されてきた。その際，北米北西海岸地域の在来集団に関する民族誌や北太平洋沿岸部地域の民族誌などが参照され，縄文社会像が描かれてきた。

　以下本論では，このような民族誌的類推の運用方法の整理を行い，先史社会の復元を行う上で如何に民族誌的類推を運用するのかという点について検討する。その結果に基づき，関東地方の墓地遺跡を対象として，社会の複雑性に関するモデルの検証を行うことにする。このような作業を通じて，「考古学は科学か？」との問いに対する筆者の回答にかえたい。

2 民族誌的類推の考古学的運用と問題点

2-1 民族誌的類推の諸相

　考古資料の解釈において類推，中でも民族誌にもとづく民族誌的類推（ethnographic analogy）は重要な意味を持ってきた（Hodder 1982; Orme 1981 etc.）。石斧の機能についての解釈など以前よりとりあげられてきた例にこのことがよく示されている（Hodder 1982）。ただし，民族誌的類推は石斧などの個別の遺物の機能的な側面に限定されて運用されるものではない。前世紀の終わり頃から盛んに議論されてきた縄文時代における社会の階層化をめぐる問題においても以下でみるように民族誌的類推は重要な役割を担ってきた。

　まず，類推（analogy）の意味を確認してみると（Oxford University Press 2015），「類似の点をもとにして，他を推しはかること」，あるいは「二つの事物の間に本質的な類似点があることを根拠にして，一方の事物がある性質をもつ場合に他方の事物もそれと同じ性質をもつであろうと推理すること」という2つがおそらく以下の議論で関連するものであろう。

　以上のように2つの事象間の類似性をもって他の特徴における双方の類似についてなされる推論を「類推」と理解したうえで論を進める。先ほど例としてあげた石斧の問題は，形態的に類似した石製の道具の一方，すなわち民族調査等によりその用途が判明している「石斧」と同様の用途を先史時代の類似した形態の遺物の機能として推論するという過程を経ているものと整理できる。すなわち，道具の形態的類似性に基づき，機能的にも類同の用途を推論するという民族誌的類推が行われているということになる。

　次にこれまで考古学において整理されてきた類推のさまざまな運用法について一瞥しておく。詳細については，佐々木憲一氏による整理を参照されたい（佐々木 1990）。これまでの民族誌的類推をめぐる議論をみるとさまざまな用法が認められる。中でも直接歴史的研究法（direct historical approach 佐々木 1990）と比較類推法（comparative analogy）が代表的な用法であろう。直接歴史的研究法は類推対象となる過去の文化について，その文化伝統を継承する在来集団に関する民族誌的知見に基づき類推するアプローチといえるであろう。北米などではこのような直接歴史的研究法が定着した研究法で過去の社会・文化復元において重要なものとなっている。ただし，近年ではこのような直接歴史的研究法に基づく民族誌的類推の乱用に対する警鐘も認められる（Ames 1991; Lightfoot 1993等）。これに対し，もう一つの比較類推法は，歴史的な文化の連続性あるいは系統性の問題にとらわれず，技術体系あるいは生態系などの共通性に依拠して多様な伝統的社会間の比較類推を行うものといえる（Barnard 1983等）。

2-2 縄文階層化社会論と民族誌的類推

　上でみたように民族誌的類推は2つのアプローチに大きく区分できる。では，日本の先史時代，とくに縄文時代の社会復元に関する研究ではどのような形で民族誌的類推がこれまで運用されてきたのだろうか？

　民族誌的類推にもとづく縄文社会に関する議論をみると，古くは山内清男氏による，カリ

フォルニア在来集団の文化・社会的特徴を参考にして，縄文時代の社会を高等狩猟採集民とした論がある（山内 1964）。山内氏は双方の狩猟採集民がドングリなどの堅果類を重要な食糧資源としているという点に注目し，社会の様相における類似性に言及したものである。このほかにも，カナダ北西海岸地域の在来集団に関する民族誌を参照し，縄文時代の集落形態にみる差などから社会の階層分化（小林 1986）あるいは奴隷が存在する可能性（佐原 1985）に言及したものなども認められる。

　これらは，生業や生態系などの類似性によりカリフォルニアやカナダ北西海岸地域の在来文化・社会に関する民族誌をもとに，縄文社会の具体像について類推を行った事例といえる。

　一方，1970年代以降の研究にはこれらの二地域以外の民族誌を比較参照した議論が認められる。その一つが大林太良氏による研究である。氏は，広く北太平洋沿岸地域の民族集団を参照し，その上で縄文時代の社会組織に関する推論を行われている（大林 1971）。ここでとられている類推方法は，一部地域の文化伝統における近縁性にも配慮した上で広く生態学的条件の類似した民族集団の文化・社会的諸特徴の比較を行い共通する要素を導き出し，類似した生態環境下にある縄文時代の社会に関する類推を行うというものといえる。上で述べた比較類推法による民族誌的類推といえるであろう。このような比較類推法をより組織的体系的に行われたのが，渡辺仁氏による「縄文式階層化社会」論であろう（渡辺 1990）。氏は生業分化・高度の工芸・大型技術の発展・威信経済の発達など様々な側面から縄文社会について論じられている。生業分化にもとづく狩猟採集社会の階層分化モデルは，アイヌを含めた北太平洋沿岸地域の民族事例の比較検討によることから一般性は比較的高いと考えられる。しかし，考古学的現象と生業分化や階層分化をつなぐ際の論理をみると，縄文時代におけるクマ猟・カジキ漁，土器などの高度の発達あるいは環状列石や木柱列などの建造物が一般の狩猟採集社会ではみられず高度の知識・技術などを要することなどから，氏の構造モデルに照らして縄文時代の社会も階層分化した狩猟採集社会であるものとされている。つまり，氏の縄文式階層化社会論は構造モデルの一般性に基づき民族事例と類似の現象が縄文時代にも認められることをもって，縄文社会の階層化が論じられるという構造になっていることがわかる。

　渡辺氏の議論の後，とくに1990年代後半以降，縄文時代における社会の階層化をめぐる議論が活発になる。このような研究動向には，部族社会から首長制社会への移行過程についての問題を階層化の問題として取り上げモデル化を試みた B. ヘイデン氏の研究（Hayden 1995）の影響が一つにはある。詳細はすでに紹介されている（高橋 2001）ので省略するが，ヘイデン氏は主にカナダ北西海岸地域およびパプア・ニューギニアの民族事例にもとづき脱平等化社会についてモデル化を試みている。社会類型として3類型（デスポット共同体・レシプロケーター共同体・アントゥレプレヌアー共同体）を設定し，その中で先史時代の事例として縄文時代の社会についても言及されている。

　中村大氏は，このようなヘイデン氏のモデルを参照しつつ，社会的地位の世襲の問題を取り上げ，墓制における副葬品の多寡や子供への副葬のあり方を通時的に検討し，東北地方晩期に

おける社会の階層化を指摘している（中村1999）。ほかにも、北西海岸地域のポトラッチを参照し、饗宴の考古学的痕跡の可能性をとりあげたもの（高橋2001），集落内における住居規模の格差の存在と装身具の分布にみる偏り（松本2002）などにもとづき経済的格差や社会の階層化が論じられている。

　以上は1990年代後半から2000年代初頭を中心として提起された一連の縄文階層化社会論のうちの代表的な議論のごく一部分をみたものにすぎないが、民族誌的類推の運用方法に着目すると、カナダ北西海岸地域の民族誌と類似した現象の物的痕跡をもって、彼我の地における社会的複雑性における類似性を類推するという点において共通している。

2-3　民族誌的類推の内包する問題と民族誌運用に関する立場

　縄文社会論、なかでも近年の階層化社会論に関する議論では上でみたようにカナダ北西海岸地域の民族誌的知見が重要な意味を持っている。また、直接カナダ北西海岸地域の民族誌的情報を参照しない場合でも、ヘイデン氏（Hayden 1995）に代表されるような当該地域の民族誌を主たる論拠とした社会の複雑化に関するモデルが参照さており、カナダ北西海岸地域の民族誌が同様に重要な意味を持っている。以下では、このような民族誌的類推の運用上の問題について、参照する民族誌自体の内包する問題と、それを考古学的に参照・運用する際の問題に区分して簡単に整理しておく。

①在来集団の歴史過程に関する問題

　民族誌的類推に依拠した一部の縄文階層化社会論に共通する特徴の一つは、参照元のカナダ北西海岸地域の在来社会に関して西欧世界との接触以降の歴史的変容の問題をほとんど検討することなく、民族誌にみられる文化・社会的特徴を「伝統的」な文化・社会的特徴と前提し、歴史的に異なる背景を持つ列島先史時代の社会復元に援用している点である。詳細はすでに述べているので改めて述べないが（石川 2005, 2008, 2010）、おおよそ18世紀後葉前後から始まる西欧世界と当該地域の在来集団の接触から、本格的な民族学的調査が行われるようになるまでの間のおおよそ1世紀ほどの西欧世界との相互交渉の歴史が捨象されていることになる。西欧世界との接触後の歴史、とくに在来集団に与えた影響に関して評価は多様であるが、約1世紀間の社会・文化変容の様態を全く考慮せず、民族誌的情報を在来集団の伝統的な文化・社会的特徴と無批判に想定することには問題がある。A. スタール氏の指摘にみるように、時間的・空間的一般化あるいはステレオタイプ化された民族誌的情報については、その歴史性、西欧との接触後の変容の問題についての批判的復元作業が必要となる（Stahl 1993）。

②民族誌的類推の運用に関する問題：例証的類推の性格

　縄文階層化社会論における民族誌的類推の多くは、カナダ北西海岸地域の民族誌にみられるポトラッチ、集落内住居規模格差や子供への副葬行為など社会の階層分化と少なからず関連すると想定されている様々な文化的特徴を参照し、それらと類似の現象が縄文時代にも認められることによって、彼の地における社会的複雑性、階層分化という特徴も縄文時代の社会に共通して認められるであろうという論の展開になっていることをうえで述べた。

このようにカナダ北西海岸地域で階層分化の問題と少なからず関連していると考えられる文化的特徴の類似性をもって，そこから社会の階層化の問題が推論されるような形式の民族誌的類推については，先に整理した民族誌的類推のあり方とは別に例証的類推とされる特徴を持つ (cf., Stahl 1993)。

例証的類推は，具体的に民族誌にみられる特徴との類似性に基づき，他の文化・社会的特徴における類似性についての議論を行うことから，具体的で例示的でありわかりやすい側面がある。しかし，上記の様々な物的痕跡や文化現象は社会の階層分化と1対1の対応関係にあるわけではなく，いずれもほかの解釈の可能性を持つ。いわば，民族誌の参照によって他のありうる考古事象の可能性が考慮されにくいという点に問題がある。スタール氏も指摘するように，民族誌に偏った解釈がなされる点に例証的な民族誌的類推の一つの問題がある (Stahl 1993)。

③本論での民族誌的類推の運用に関する立場

以上のように近年の縄文時代社会論，とくに社会の階層化に関する議論には例証的類推にもとづく民族誌の参照が多くみられる。一方，北太平洋沿岸部の伝統的社会の比較による狩猟採集民の階層分化モデルに依拠し，縄文社会の階層分化を論じた渡辺氏の研究はこのような例証的な民族誌的類推とは異なる側面をもつ。階層化した狩猟採集社会にみられる生業分化や大規模建造物の構築などの様々な文化的特徴の共通性にもとづき，これら階層化した狩猟採集民と同様の文化的特徴が認められることをもって縄文社会も階層化した狩猟採集社会と評価されている。氏による比較類推法による縄文社会の評価の位置付けについては後述するが，上記の例証的類推にみられる問題についてはいかに対処することができるであろうか。本論での民族誌的類推に対する立場を明らかにするうえで，まずこの問題から簡単に考えておく必要がある。

例証的類推は民族誌的情報と考古学的現象の類似点に注目することから，考古学的現象の解釈が民族誌に大きく規定されやすいという側面がある。このようなまず民族誌ありきの解釈に陥ることをさけるには，民族誌による知見をあくまであり得る可能性の一つととらえる立場 (Ucko 1969)，いわば一つの仮説ととらえる立場が有効である (Binford 1968; Clark 1968 等)。

民族誌的知見を一つの仮説と考えるということは，それを何らかの方法で検証する必要があるということでもある。この一連の過程を冒頭の石斧の例に立ち戻って考えてみる。民族誌的情報に基づき，民族事例と同様の形態的特徴の遺物を「石斧」と類推するに止めず，その石器についての「石斧」という機能に関する仮説を検証するために使用痕など別の情報による検証を行う。このように民族誌的情報によって構築された仮説を他の情報によって検証する作業を想起するとわかりやすい。

さて，先に渡辺氏の縄文階層化社会論が，その後の民族誌の例証的類推にもとづく議論とは性格が異なる点を述べたが，渡辺氏による縄文社会の評価は，カナダ北西海岸地域を含む北太平洋沿岸部の階層分化したとされる狩猟採集社会にみられる文化的特徴と類同の諸特徴が縄文時代にも認められることにもとづくものといえる。つまり，狩猟採集社会の階層分化モデルの基礎となった民族誌的知見と共通する現象が縄文時代の考古学的現象から類推されているとい

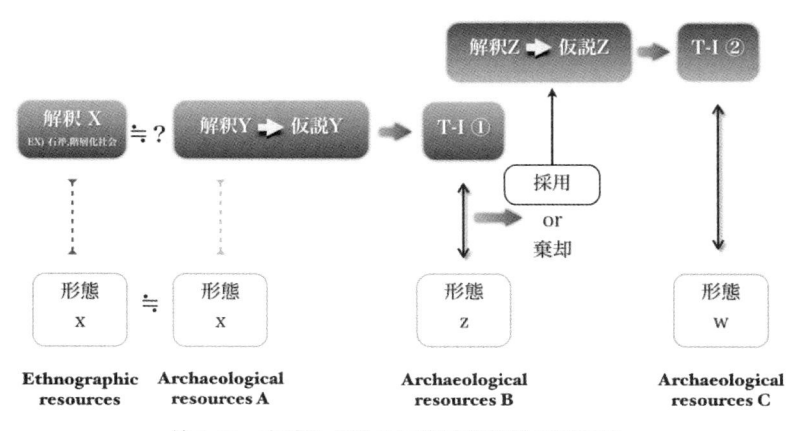

第1図　本論における民族誌的類推の運用法

うことである。民族誌的知見をあり得る可能性の一つとして取り扱い，それを検証するという先にみた民族誌の運用方法と関連づけて考えた場合，渡辺氏による縄文社会を階層化社会とする評価は，はたして猟採集社会の階層分化モデルの検証を縄文時代の考古学的現象で行ったものと考えることができるだろうか？

　科学的サイクルに関する見解（Thomas and Kelly 2006）や先ほどの石斧の例などを参考にして考えると，仮説構築に用いられた現象群とは別の情報による仮説の検証が望ましい（第1図）。この様に考えると，カナダ北西海岸地域などの階層化した狩猟採集社会の様々な文化的特徴と類似の現象が縄文時代の一部の地域あるいは時期にも認められることをもってその社会が階層化しているという議論は，社会が階層分化している可能性を提示したもの，いまだ検証を要する仮説の段階にあるものと理解すべきであろう。

　それでは，階層化した社会であるのかどうかをどのように検証することが可能であろうか？次にカナダ北西海岸地域在来集団の様相を混じえつつ社会の階層化の具体像をみた上で，考古学的に検証可能なテストインプリケーションを整理することにしよう。

3　カナダ北西海岸地域民族誌にみる狩猟採集民と列島先史の階層化社会

　カナダ北西海岸地域の民族誌における社会の階層化に関する概要は，社会集団が貴族・平民・奴隷に階層分化しているとされるものであろう。縄文時代における社会階層の問題を考える上で，カナダ北西海岸を中心とした複雑化した狩猟採集民の階層分化した社会の実態に関する知見が重要な意味を持っている。そのため，以下では当該地域における社会階層の問題を検討する必要がある。しかし，それに先立ち，まず階層社会の特徴について確認しておく。合わせて氏族や出自集団あるいはそれらの間の関係についても整理・検討しておく。

3-1　階層化社会の親族構造：円錐クランの特徴と氏族内／氏族間格差

　社会の階層化を考える場合，地域社会を構成する氏族集団内／間の格差の問題が重要となる。まず，この点を確認するため円錐クランの特徴について簡単にみておく必要がある。円錐クラン（conical clan）という概念は，もともとR. ファース氏（Firth 1957）がティコピア等の親族集団をさすのに用いたラメージ（Ramage）という概念に相当する。また，P. キルヒホフ氏

もクランについての検討を行い，その構成タイプの一つとして円錐クランについて述べている（Kirchhoff 1955）。その後，M. サーリンズ氏も用いる概念はラメージから円錐クランへと変わるものの，ポリネシア社会の複雑性を考える上で重要な概念となっている（Sahlins 1958, 1968）。

その特徴を概観すると，出自集団の分岐による分節化を伴う点，長子の系統を社会的に優越させることによって内部的な序列化が行われている点を特色とする（石川 2006）。サーリンズ氏による概念図からも分かる通り（第2図），始祖からの系譜的距離によるクラン内の成員の序列化が形成されている。

次に階層概念について簡単に整理しておく。一部の縄文時代社会論において階層化の問題が議論されていることは上でみたとおりであるが，階層概念自体は不明瞭な場合が多い。E. サーヴィス氏（1979）やM. フリード氏（Fried 1967）の社会諸類型がこれまでにも参考にされてきたが，双方の社会類型の性格や相互の関係が整理された上で，参照されているわけではない。

サーヴィス氏の首長制，フリード氏のランク社会などが階層社会を考えるうえで関係する。C. レンフリュー氏（Renfrew 1982）の指摘にもあるようにフリード氏のランク社会をサーヴィス氏の首長制社会あるいは階層社会と対応関係にあるとする概念的な混乱も一部でみられるが，実際はサーヴィス氏の部族と首長制にまたがる内容を含む"複雑な平等社会"といえる内容である。一方で，フリード氏は階層（stratification）を「経済的差異にもとづく地位の差」（Fried 1967, p. 52）と規定し，空気・水・食料あるいは土地などの資源利用の権利における格差が成人間で認められるシステム（Fried 1967, p. 52）。あるいは，「性別や年齢上の地位において等しい成員間で生存に必須の基本的資源の利用に不平等が認められる社会」（Fried 1967, p. 186）としている。フリード氏による階層概念は，生産手段の所有の問題などの観点からみるとほぼ階級概念といえるものであろう。

サーリンズ氏による階層概念についてみると，地位の条件として年齢，ジェンダーあるいは個人的特性といったより単純な社会において広くみられる基準ではなく，世襲などによって生得的に地位が規定されているものを階層とする（Sahlins 1958）。また，サーヴィス氏においては，首長制社会の特徴で述べられているように，諸個人の序列に加え明確な経済的区分を伴わない観念的なクラス区分，あるいは社会的，政治的な起源をもつ二つないしはそれ以上の総括的な社会カテゴリーとしての区分が認められることを指摘している（サーヴィス 1979, p. 138-141）。このように

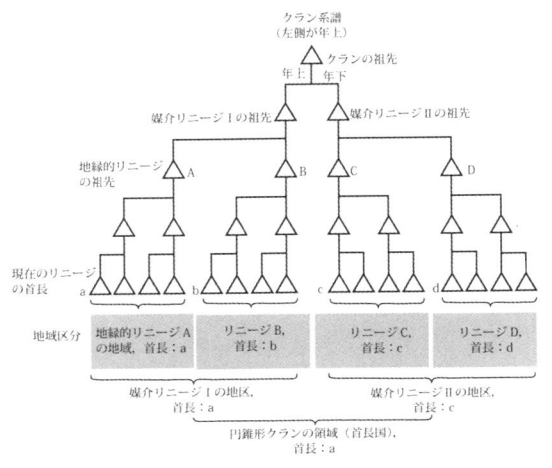

第2図　円錐クラン概念図
（Sahlins1968（1972）を再トレース）

階層概念には経済的側面による規定と社会的側面から規定するといった相違がみられるが、上記のようにフリード氏の階層概念は「階層社会」の内実からもわかるが階級に近い内容である。そのため、サーリンズやサーヴィス両氏の見解にもとづき、以下では階層を階級概念に比べよりゆるやかな社会的カテゴリーと考える（岩永 2002; Sahlins 1958; サーヴィス1979）見解に従う。

3-2 クワキュートル（Kwakiutl）におけるランク・システムと社会階層

次に、カナダ北西海岸地域の在来集団について関連する社会的特徴をかいつまんでみておく。カナダ北西海岸地域の民族誌において社会の階層分化とともによく言及されるのはランク・システムである。ポトラッチで著名なクワキュートルに関して以下のようなランク・システムの紹介がある（立川 1999）。氏族に相当するヌマイムを構成する複数の出自集団（リニージ）の構成と位階に関するものであるが、ランクの序列がヌマイム間でみられるのと同時に、各ヌマイム内でも序列化されているのがわかる（第3図）。氏族間・内で位階序列がみられる点において先に整理した円錐クランに類似している。ただし、ヌマイム間の系譜的関係、すなわち氏族間の序列化の原理については不明である。円錐クランの場合、先にみたように始祖からの系譜的距離によって氏族集団間の序列化がおこなわれているのが一般的である（Sahlins 1958, 1968）。よって、クワキュートルあるいは北西海岸の各集団の親族構造およびランク・システムが円錐クランに相当するものであるのかどうかは、このような始祖からの系譜距離が序列化原理であるかどうかについての検討を要する。

このようにクランを構成する出自集団内・間の序列・ランキングが認められるものの、特定の有力出自集団が突出した位置を占めているような状態であったかどうかについては明らかではないはない。というのも、コデアによって指摘されているように、高位ランク保持者がそれを移譲するにあたり自身は低位のランクへと移行するという点からもわかる（Codere 1957）が、クラン内の序列が必ずしも固定的なものではない。そのため、クラン内で位階による序列、ランキングは比較的緩やかな状態と考えることができる。この点については、西欧世界からもたらされた天然痘などの伝染病の猛威によって断続的に壊滅的な人口減少が生じた際、空位のランクを巡ってポトラッチを介したランク獲得が生じたとされる点（Codere 1950; Drucker 1939）なども参考になろう。

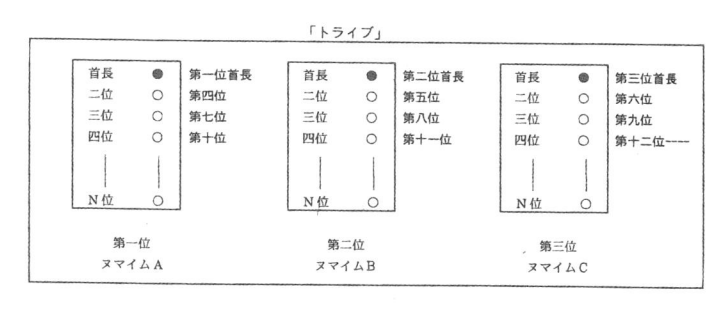

第3図 クワキュートルにおけるランク・システム（立川 1999）

参考のためにクワキュートルの北方の近隣集団の様相をみると、ヘイルツク（Heiltsuk）（Harkin 1988）やツィムシャン（Tsimshian）（Martindale 2003）で円錐クランと同様の原理が指摘されている。このうちツィムシャ

ンに関しては，上記のクワキュートルに比べ，部分的にではあるがより詳しく社会の具体像を知ることができる。A. マーティンデール氏によれば，18世紀後葉の西欧人との接触以前の段階で，氏族に相当する集団には共通の始祖からの系譜距離によるランク・システムが存在していたようである（Martindale 2003）。一方，地域集団（部族的集団に相当）内の氏族間のランキングは，共通始祖からの系譜距離によるのではなく，別の原理によって序列化がなされていたという（Martindale 2003）。

氏族レベルの序列化原理と地域集団（部族）レベルの序列化の原理の相違がどの程度北西海岸一帯で一般的な現象であるのか。また，クワキュートルで顕著となる19世紀中葉以降のポトラッチの激化（Codere 1950）が接触後の社会変容，特に階層化にどのような意義を持つのかなどが当地域の接触後の歴史過程を考える際の今後の課題となる。

クワキュートルやその周辺の集団では，このように一部円錐クランに似たランク・システムに基づくクラン内・間の序列が認められるが，社会の階層分化については，このような集団間格差とはまた別に考える必要がある。

上記のように北西海岸地域の伝統的社会では一般的に貴族層・平民・奴隷という３つの階層が存在していると言われている。しかし，その一方で，これらの階層間，とくに貴族層と平民の間で何らかの明確な境界が存在しているわけではない点がクワキュートルについて指摘されている（Boas 1920; Codere 1957等）。すなわち，クラン間・内の序列は認められるが，階層は明確に区分されるものではないという見解である。

当該地域が階層化した社会であるかどうかを考える際，このように個別の在来社会の内部構造の様相についての知見に加えて，階層化社会である首長制社会の特徴と当該社会の特徴を比較することも一定の見通しを得る上で助けになる。首長制社会は，物資の再分配をその中心的機能を帯びた首長が介在することで社会統合の規模が地域社会の枠を超えて形成される（サーヴィス1979）。

先ほどみたツィムシャンでは，西欧世界との接触後の18世紀末から19世紀前葉にかけてスキーナ（Skeena）川流域の複数の地域社会が統合され，短期的に首長性的社会の形成がみられるとの指摘がある（Garfield 1951; Martindale 2003）。このような首長制社会の内実についての詳細は省略するが（cf., 石川 2008, 2010），クワキュートルで先にみたようなランク・システムを持つ地域社会の統合範囲は必ずしもツィムシャンのように拡大しているとはいえない。というのも，ポトラッチ等の競合的響宴がフォート・ルパート（Fort Rupert）周辺に居住している複数の地域集団間で執り行われるようになり（Codere 1950），一見地域社会を超えた範囲の社会統合が形成されているようにみえるが，これらの地域集団のチーフ間で行われる会合ではもっぱら宗教的行事に関することが話し合われるという点が報告されており（Drucker and Heizer 1967），首長制社会のような統合体を形成しているわけではない。このようなマクロな社会組織からみると，クワキュートルにみられるランク社会は依然首長制社会の形成に至るほどのクラン間・クラン内格差に至っているわけではない可能性を想定することができる。

3-3　階層化過程と氏族内／氏族間格差と墓地の諸相

①ランク・システムと氏族内・間格差

　先にみた円錐クランをモデルとして考えた場合，氏族内および氏族間の格差とは，社会的上位層が次第に特定の出自集団へと絞り込まれてゆく過程と考えることができる。つまり，共通祖先からの系譜距離の最も近い系譜上の位置を占める親族集団から，上位階層を占めるということである（第4図）。個々の氏族内の格差は，当該氏族を構成する出自集団間の序列化と共に，特定の出自集団，言い換えると系譜的に最も共通祖先に近い位置にある出自集団がその他に比し突出した特権を占めるようになる（同図上）。氏族間の格差は，地域集団を構成する個々の氏族間の関係が序列化すると共に，やはり特定氏族が他に比し突出した状態になってゆく過程といえる（同図下）。

②モデル：氏族内・間格差と墓地の構成

　このように氏族内・氏族間の格差について円錐クランを参考にして考えた場合，このような特定出自集団あるいは特定氏族の突出してゆく過程，いいかえれば氏族内・間の格差の生成と拡大は，考古学的現象としてどのような現れ方をするであろうか？いわば仮説的モデルのテストインプリケーションにからむ問題とも言えるが，考古学的にどのような形でこのような社会の垂直的複雑化が認められるのかという点を考える場合，列島先史時代研究のうち，弥生時代における墓制についての研究が参考となる。これまでにも北部九州の縄文時代以降とくに弥生時代研究では，墓制の様相から社会構造や階層化過程の問題にアプローチした研究が蓄積されている。特に中期以降厚葬墓が一部でみられ，社会の階層化の問題が多くの研究者によって論じられてきた（溝口 1998；下條 1986；高倉 1973；田中 2000, 2008a, 2008b 等）。そのような研究を参考にしつつ概念図化したものが第5図である。まず，氏族内・間での格差が顕著ではなく，複数の氏族から職能などによって選抜された被葬者群が

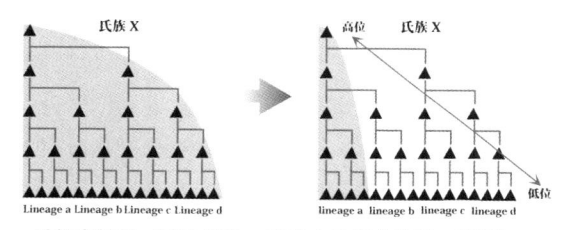

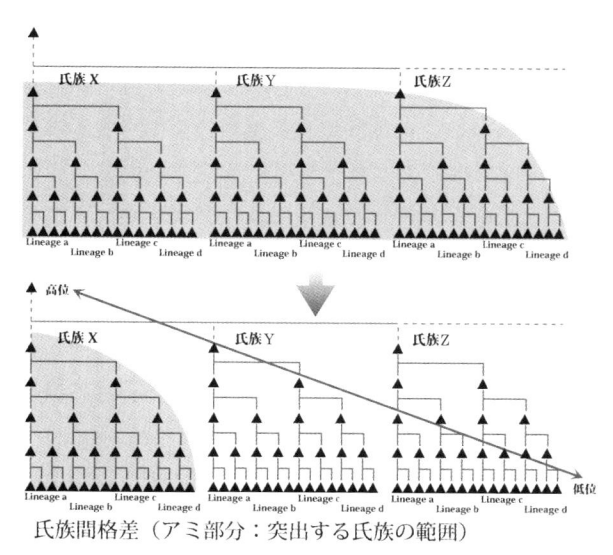

第4図　氏族内格差（上図）と氏族間格差（下図）

埋葬される特殊墓地（田中 2008a）とされるタイプ（第5図 A）。このように氏族内・間格差が顕著ではない状態から，同図B）氏族内出自集団間の格差拡大；特定出自集団が代々埋葬され

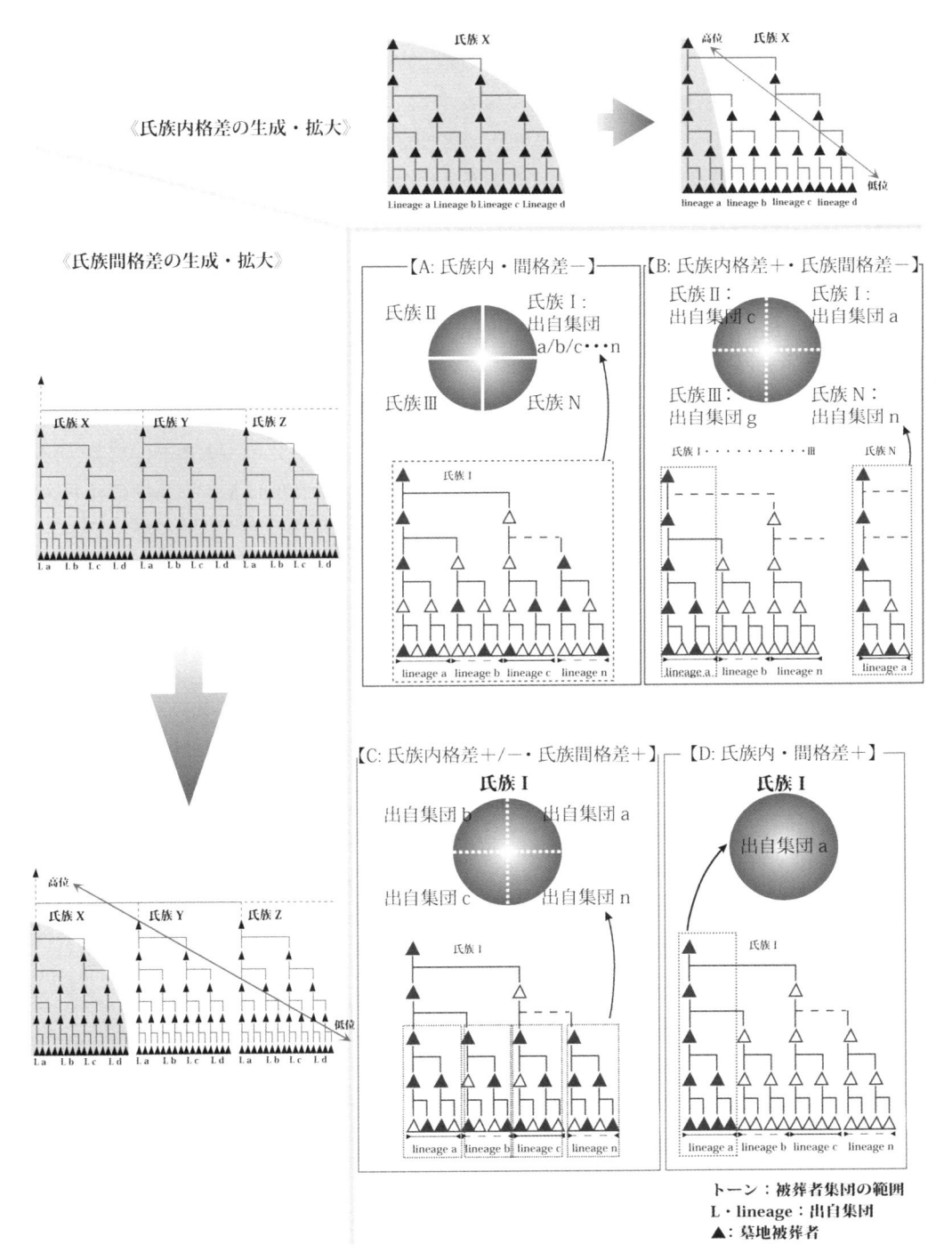

第5図　氏族内格差・氏族間格差と被葬者の構成パターン

る墓地形成，同図C）地域集団を構成する複数氏族間の格差拡大；特定氏族内の不特定あるいは特定出自集団が代々埋葬される墓地形成，同図D）氏族間・氏族内の格差進展：特定氏族内特定出自集団が代々埋葬される墓地形成，というように理念的にはモデル化できる。

　実際に氏族内格差と氏族間格差がどのような関係で形成，進展してゆくかについては様々なケースがあろう。が，先述のカナダ北西海岸地域の民族誌についていえば，共通の祖先からの系譜距離による序列化といった点では氏族内での序列化が先に形成され，その後氏族間や地域集団間の序列化がクワキュートルにおけるポトラッチなどの相互の競合あるいは，ツィムシャンでみられたような外部世界（西欧）との接触・交易による外部由来の財の入手・分配を媒介としつつ進展するといったプロセスを想定することができる。これを第5図の類型にあてはめると，B→D→複数地域集団でのD間の序列化といった具合になろうか。

　また，弥生時代の階層化過程の議論において立岩遺跡の評価にみられる見解の相違（cf., 下條 1986; 高倉 1973; 田中 2000）は，このモデルのBタイプのような墓地であるのかCタイプの墓地であるのかといった相違になる。これらの弁別には，形質人類学的な手法と合わせ，墓地の立地・規模・空間的構造，副葬品の質／量，埋葬方法，遺体の取り扱い（cf., Sahlins 1958），周辺集落との景観的関係（Mizoguchi 2014）など多様な情報に基づく墓地被葬者の性格の検討が必要となることはいうまでもない。

4　縄文時代の墓地構成の様相：下太田貝塚を中心に

　これまで検討してきたモデルを参考に，まず房総半島の縄文時代後期の墓地遺跡を取り上げ，被葬者構成からみた墓地の性格について検討する。続いて，その墓地の性格からみた，縄文時代後期社会の複雑性について考える。

4-1　房総半島下太田貝塚における墓地の性格
【遺跡概要】

　下太田貝塚は千葉県茂原市に所在する縄文時代の貝塚で，これまで縄文時代時代中期および後期の人骨が出土している（茂原市教育委員会2003）。昭和初期の遺跡発見以降人骨が発掘されてきたが，以下では平成7年から9年の確認調査を端緒とし平成11年まで行われた調査によって発掘された埋葬遺構および人骨を対象とする。また，以下の下太田貝塚の後期の墓地分析については概要のみを述べるに止める（Ishikawa 2014）。

【先行研究における墓地構成の問題と方法】

　本貝塚出土後期の墓域については，すでに出土人骨の分布によって複数の埋葬小群に区分されている（茂原市教育委員会 2003；西本他 2001）。しかし，報告にあるように，後期の人骨がまとまって出土した第1地点は中央部を除き東西に旧流路が検出されており，縄文時代後期の墓域もこの流路によって撹乱を受けている可能性が高い。そのため，既存の埋葬小群の再検討が必要である。また，出土人骨の歯冠計測値の結果も報告されており（加藤・村松 2003），各個体間のQモード相関係数およびその出現頻度を用い，被葬者の血縁関係についての推定がな

されている（加藤・村松 2003）。しかしすでに指摘されているように，墓地の経営期間や個体間の埋葬間隔が不明な場合，被葬者群のQモード相関係数の平均値を現代人他人群の値と比較検討する必要がある（Tanaka 2001；田中 2008a；田中・土肥 1987）。他人群と有意差が認められる場合は被葬者群に血縁関係にある者が多く含まれ，有意差が認められない場合は血縁的に遠い関係にある被葬者が多くを占める可能性が考えられる（田中 2008a, 2008b）。

以下では，墓地の空間構造の検討を行った上で，その結果に基づき，報告されている歯冠計測値を用い現代人他人群との有意差の検討を行う。このような作業によって当該貝塚の被葬者群の性格について考える。

【考古学的空間分析結果】

これまで出土人骨の空間的粗密に基づき，墓地内の埋葬小群が設定されてきたことはすでに述べた（茂原市教育委員会 2003）。しかし，上記のような遺跡形成過程の影響を考慮すると，調査によって出土した人骨の分布のみによって埋葬小群を区分するのは必ずしも妥当性の高い方法とはいえない。一方，当該期の墓地ではすでに指摘されているように（山田 1995），多遺体埋葬墓を中心に墓地あるいは墓域が構成されている例が認められる。下太田貝塚においても多遺体埋葬墓が合計3基（A－C土坑）検出されている。そのため，これらの多遺体埋葬墓を中心に据え，各単体埋葬人骨の頭位方向を検討した。その結果，多遺体埋葬墓を中心にした同心円上に単体埋葬の個体が比較的よく合致した（第6図）。

この結果に基づき，A土坑からC土坑までの各多遺体埋葬墓を中心とした墓群にそれぞれ区分し，さまざまな考古学的カテゴリーでのペア（第7図）のQモード相関係数の傾向を検討した（第8図）。各墓群に属する個体および中心の多遺体埋葬墓出土人骨間の歯冠計測値Qモード相関係数の結果を検討した。その結果，同一墓群内の個人間（第7図ペア2-2）と，異なる墓群間のペア（第7図ペア2-1）のQモード相関係数の分散を比較すると，重複部分はあるものの，同一墓群とした被葬者間の相関係数のほうが高い値に偏った分散をしていた（第8図）。このことをもって即座に同一墓群内の被葬者間に血縁関係にある人物が多く含まれるということはいえないが，少なくとも今回の頭位方向による埋葬群が一定の妥当性を持つことを示している

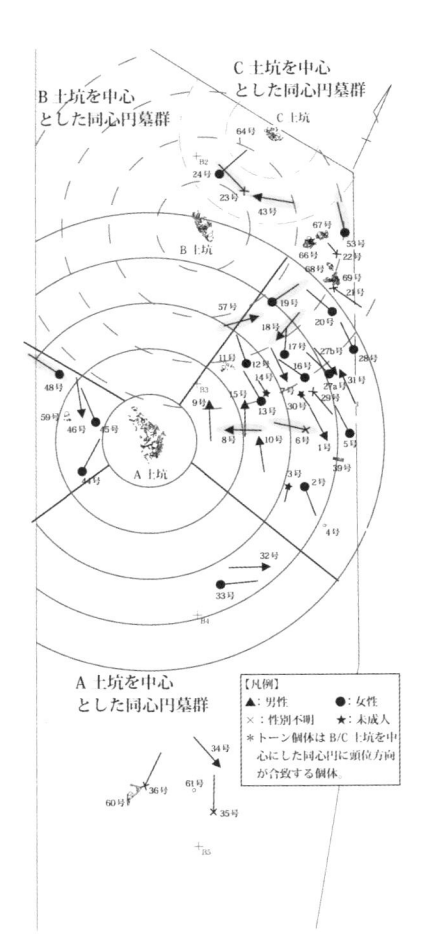

第6図　下太田貝塚第1地点における多遺体埋葬墓と頭位方向による墓域
（原図：茂原市教育委員会2003）

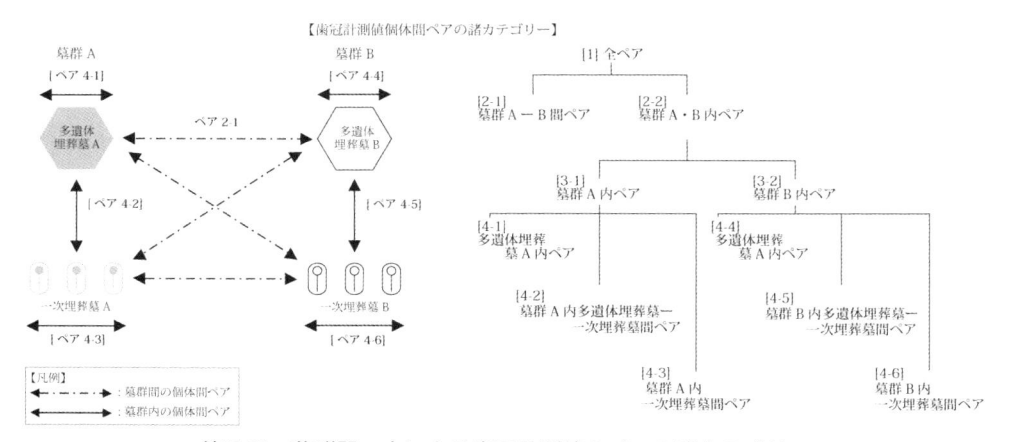

第7図　墓群間・内による歯冠計測値のペアの諸カテゴリー

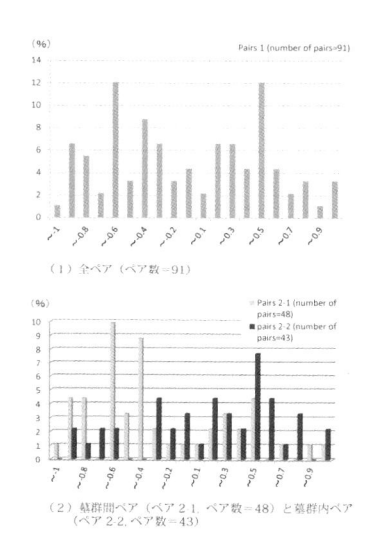

第8図　歯冠計測値のペア各カテゴリーによるQモード相関係数ヒストグラム

ものと判断することができる。

【歯冠計測値の結果】

　以上のような墓群の空間構造についての区分に基づき，各単元における歯冠計測値のQモード相関係数の平均値を求め，現代人他人群との比較を行った。なお，現代人他人群の値は田中氏のデータによる（田中1995）。対象個体全ペア，墓群間・墓群内，多遺体埋葬墓A土坑を中心とした同心円墓群（同心円墓群A）・多遺体埋葬墓B土坑を中心とした同心円墓群（同心円墓群B）など様々な組み合わせのカテゴリー別に他人群との有意検定を行った。その結果（第1表），ほとんどのカテゴリーのペア群で他人群と有意差が認められなかった。唯一カテゴリー4-6の同心円墓群B中の一次埋葬墓被葬者間で有意差が認められた。しかし，ペア数が3ペアで非常に少なく，かつ同心円墓群内のほかのカテゴリーの結果（カテゴリー4-4：多遺体埋葬墓B土坑出土人骨間，カテゴリー4-5：多遺体埋葬墓B土坑と同心円墓群B一次埋葬墓被葬者間）をみても同心円墓群B内の被葬者が血縁者を多く含むとは判断できない。

【墓地被葬者群からみた墓地の性格】

　上記のように，歯冠計測値を用いた分析を行った複数のグループで現代人他人群と有意差は認められなかった。しかし，このような結果は，本来血縁関係に基づき埋葬された個体群の世代深度が長期に及ぶため，平均値でみた場合他人群と有意差が明確に認められなかったという可能性がのこる。そのため，多遺体埋葬墓から出土した人骨群の出土状況の検討を行い，歯冠計測値によって血縁関係にあることが指摘されている中妻貝塚での人骨出土状況との対比を

第1表　カテゴリー別ペア群のQモード相関係数と比較対照群との有意検定

ペアのカテゴリー	ペア数	平均値	有意差
カテゴリー1：全ペア	91	-0.0564	
カテゴリー2-1：墓群間ペア	48	-0.2322	
カテゴリー2-2：墓群内ペア	43	0.1399	
カテゴリー3-1：同心円墓群Aペア	28	0.1089	
カテゴリー3-2：同心円墓群Bペア	15	0.1978	
カテゴリー4-1：多遺体埋葬墓A土坑人骨間ペア	21	0.0656	
カテゴリー4-2：A土坑出土人骨＊同心円墓群A一次埋葬墓	7	0.2390	
カテゴリー4-4：多遺体埋葬墓B土坑人骨間ペア	3	0.0007	
カテゴリー4-5：B土坑出土人骨＊同心円墓群B一次埋葬墓	9	0.1398	
カテゴリー4-6：同心円墓群B一次埋葬墓人骨間ペア	3	0.5689	＊
比較対照群：現代人他人群	200	0.019	

＊現代人他人群データ：田中・土肥 1987より引用
＊現代人他人群以外の平均値は加藤・松村 2003による。
＊有意差　$\alpha<0.05$；＊, $\alpha<0.01$；＊＊

行った。多遺体埋葬墓に埋葬された個体群は，多遺体埋葬墓に再埋葬される前に死後一定期間一次埋葬されていたと考えられる。死後一次埋葬されたのち，多遺体埋葬墓への再埋葬のため再発掘されるまでの間，遺体の軟部組織の腐朽が進む。そのため，再埋葬された際の関節状態によって一次埋葬後比較的短期間で再発掘されたのか，あるいは軟部組織がほぼ腐朽し白骨化した段階で再発掘・再埋葬されたのかというかたちで死後再埋葬までのおおよその経過時間の長短を知ることができる。ただし，遺体の軟部組織の腐朽には埋葬環境などによって遅速が生じることがこれまでにも法医人類学などの研究によって指摘されている（Duday 2009; Mann et al. 1990; Rodriguez 1997; Roksandic 2002等）。そのため，1年単位といった細かな精度で死後・一次埋葬から再発掘・埋葬の時間を推定することは難しい。しかし，これまで民俗事例などによって，軟部組織の腐朽，白骨化にはおおよそ10年ほどを見ておくと良いとの指摘がある（田中1995）。また，遺体の関節部位によっても腐朽の速度には遅速が認められる（Duday 2009; Ubelaker 1974等）。このような成果も考慮して，下太田貝塚で出土した多遺体埋葬墓の人骨出土状況を精査した。なお，B土坑が実測図および写真に基づき人骨の出土状況を細かに検討できたため，当該多遺体埋葬墓による検討を行った。その結果，椎骨や寛骨，上下顎の関節事例が認められ，また，一部には上下顎に歯牙が植立した状態を保持するものもみられた。このような結果を中妻貝塚の多遺体埋葬墓出土人骨の関節状態と比較した場合，必ずしも下太田貝塚B土坑のほうが一次埋葬から再埋葬までの期間が長期に及ぶ個体を多く含むとは考えにくい。そのため，仮に血縁者を多く再埋葬した多遺体埋葬墓であれば歯冠計測値の結果でも他人群と有意差が出るであろうと推測される。

よって，先に述べた歯冠計測値Qモード相関係数の平均値を用いた他人群との有意検定の結果は，ある程度被葬者集団の関係を反映したものと考えることができる。すなわち，一部に血縁者を含む可能性はあるが，他人群サンプルと有意差が出ないような被葬者集団，いいかえれば血縁的に比較的遠い関係にある集団が主に埋葬された墓地と考えることができる。

このような検討結果に基づくならば，下太田貝塚の後期の墓地の性格としては血縁性に基づき形成された一般墓地ではなく，血縁原理とは別の埋葬原理に基づく特殊墓地（田中2008a：2008b）と位置づけることができる。

4-2　縄文時代後期の社会の複雑性

　これまでみてきた下太田貝塚のように血縁原理に基づかない埋葬原理によって形成された墓地は，すでに特殊墓地として田中氏によって類型化されているものである（田中2008a）。東日本の類例は今後の調査研究によって増えるであろうが，西日本では福岡県の山鹿貝塚が特殊墓地であることが明らかにされている（田中2008a：2008b）。

　山鹿貝塚は墓域が頭位方向によって複数の埋葬小群に分かれるものと推定されており，血縁的に遠い被葬者，すなわち親族集団よりも広い範囲から選択的に埋葬された被葬者群がなんらかの分節単位に沿って埋葬されていることから，複数の集落に分散して居住しているであろう複数氏族から選抜された被葬者であろうと考えられている（田中 2008a; 2008b）。下太田貝塚についても，A土坑を中心とした墓群をみると多遺体埋葬墓を中心とした同心円構造の墓群内に一次埋葬墓が複数の頭位方向に分かれて埋葬されている可能性が高い。よって，山鹿貝塚同様に複数の氏族集団から選択された被葬者が氏族ごとに多遺体埋葬墓を取り囲んでそれぞれの分節空間に埋葬されているものと推定されるであろう。

　このように考えるならば，縄文時代後期の房総半島では，地域社会を構成する複数の氏族から生前の職能や特殊な能力などによって選択された被葬者が埋葬される，複数氏族共同の墓地が形成されていたということになろう。これは，本論の前半でモデル化した墓地類型のA類と対応する。以上より，社会の垂直的複雑性の程度については，氏族間・内の格差がいまだに顕著とはなっていない状態と考えることができるであろう。

5　結論

　本論冒頭でふれたように，民族誌を参照したアナロジーは考古学的推論において重要な手続きといえる（cf., Hodder 1982; Orme 1981）。その一方で，民族誌的類推には様々な運用方法があり，一部の運用方法には問題がないわけではない。とくに，民族誌的情報を重視するあまり，考古学的現象の理解に偏りがもたらされることは極力避ける必要がある。その意味でも，民族誌的情報を一つの考うる可能性（Ucko 1969）あるいは仮説と捉え（Binford 1968; Clark 1968），それを考古学的現象によって検証するという民族誌的類推の運用が有効となる。

　本論ではこのような認識のもと，カナダ北西海岸地域の民族誌的情報も交え，社会の垂直的複雑性の問題についてモデルと考古学的に検証可能なパターンを導き出し，墓地出土人骨を用いてその検証を試みた。その結果からは，社会の階層化を積極的に肯定することはできず，むしろ社会階層や氏族内・間の格差は顕在化していないものと考えられる。ただし，東日本でのこのような検討事例は限られるため今後の類例の調査研究が必要であることは言うまでもない。

　さて，最後に「考古学は科学であるか？」との問いについてであるが，周知のとおり，考古

学はここ半世紀ほどの間に考古学を科学として体系化するプロセス学派の擡頭と，その後のポストプロセス学派による科学に対する否定的立場の表明という大きな流れを経てきた。すなわち，科学としての考古学に対して否定的立場が存在するのも事実である。このような理論的立場を否定するつもりは無いし，考古学的研究にプロセス学派とは異なる広がりをもたらした点において積極的に評価すべき部分も少なくない。そして，このような問題は何も考古学に限られるわけではなく，隣接分野の歴史学においても久しく議論がなされてきた問題でもある（cf., エバンズ1999）。また，プロセス学派とポストプロセス学派に代表される理論的立場の相違は，同時代の社会環境の影響下において実証主義／相対主義の二極を振り子のようにゆれ動きつつルネッサンス期あるいは啓蒙主義以降現在に至っているとの指摘もある（Darvill 2015; Sherratt 1996）。このように考古学も含め人文・社会科学の諸分野の学問的潮流は同時代の社会環境と無関係で推移してきたわけではない（cf., Trigger 2006）。しかし，このようなマクロな動態があるとしても，また，「科学」をどのように定義するのかという問題もあろうが，考古学は近代科学としての考古学の成立以降の歴史科学あるいは社会科学の一分野として発展してきたのも事実である。このような歴史を鑑みても考古学的営みを科学から切り離して考えるのは現実的ではないように思う。

ともあれ，本論では民族誌的類推の先史社会復元における運用方法に仮説設定とその検証という枠組みが必要となることを中心に述べてきたつもりである。明示的な形をとるかどうかについては異論もあろうが，仮説構築と検証という科学的サイクルをとりつつ過去の復元を行ってゆく学問であると考える。

本論は，2011年9月に九州大学比較社会文化研究院に提出した博士論文の一部にその後の2012年のSEAAでの発表内容を加え改変したものです。本論中の分析及び議論に関しては，田中良之先生のご病気がわかる直前の2014年初夏に最後に助言を頂きながら修正を行ったものです。とくに下太田貝塚出土多遺体埋葬墓の被葬者群を如何に考えるのかという問題に対し，人骨出土状況と世代深度の関係の検討が重要な視点となる点についてご教示いただきました。また，この問題については分析結果の評価とは別に対象資料を事実としてどのように考えるのか，ともすれば分析結果に満足してしまう筆者に対し研究の基本的スタンスを改めて教えていただく機会となりました。これからも先生から多くのことを学ばせていただけるものと考えておりましたが，先生の急逝に未だ信じられない状態です。

田中良之先生のご冥福を心よりお祈り申し上げます。

■文献

Ames, K. M., 1991. The archaeology of the longue durée: temporal and spatial scale in the evolution of social complexity on the southern Northwest Coast. *Antiquity* 65, 935-945.

Barnard, A., 1983. Contemporary hunter-gatherers: current theoretical issues in ecology and social organization. *Annual Review of Anthropology* 12, 193-214.

Binford, L. R., 1968. Methodological considerations of the archaeological use of ethnographic data. *Man the Hunter* (R. B, Lee. and I, DeVore, eds.), pp.268-273. Aldine de Gruyter, New York.

Binford, L. R., 1980. Willow smoke and dog's tails: hunter-gatherer settlement systems and archaeological site formation. *American Antiquity* 45-1, 4-20.

Boas, F., 1920. The social organization of the Kwakiutl. *American Anthropologist* 22-2, 111-126.

Clark, J. D., 1968. Studies of hunter-gatherers as an aid to the interpretation of prehistoric societies. *Man the Hunter* (R. B, Lee. and I, DeVore, eds.), pp.276-280. Aldine de Gruyter, New York.

Codere, H., 1950. *Fighting with Property: A Study of Kwakiutl Potlatching and Warfare 1792-1930*. J.J.Augustin Publisher, New York.

Codere, H., 1957. Kwakiutl society: rank without class. *American Anthropologist* 59-3, 473-486.

Darvill, T., 2015. Scientia, society, and polydactyl knowledge: archaeology as a creative science. *Paradigm Found: Archaeological Theory Present, Past and Future* (K. Kristiansen, L. Šmejda and J, Turek eds.), pp.6-23.Oxbow Books, Oxford.

Drucker, P., 1939. Rank and wealth, and kinship in Northwest Coast society. *American Anthropologist* 41, 55-64.

Drucker, P. and Heizer, R. F., 1967. *To Make My Name Good: A Reexamination of the Southern Kwakiutl Potlatch*. University of California Press, Berkeley.

Duday, H., 2009. *The Archaeology of the Dead: Lectures in Archaeothanatology*. Oxbow Books, Oxford.

エヴァンズ・リチャード，1999．歴史学の擁護－ポストモダニズムとの対話．晃洋書房，東京．

Firth, R., 1957. *We, the Tikopia: Kinship in Primitive Polynesia* (Second Edition). Beacon Press, Boston.

Fried, M. H., 1967. *The Evolution of Political Society: An Essay in Political Anthropology*. McGraw-Hill, Inc., New York.

Garfield, V., 1951. The Tsimshian and their neighbors. *The Tsimshian Indians and Their Arts* (V. E, Garfield. and P. S, Wingert, eds.), pp.1-70. University of Washington Press, Seattle and London.

Harkin, M., 1988. History, narrative, and temporality: examples from the Northwest Coast. *Ethnohistory* 35-2, 99-130.

Hayden, B., 1995. Pathways to power: principles for creating socioeconomic inequalities. *Foundations of Social Inequality* (T. D. Price. and G. M. Feinman, eds.), pp.15-86. Plenum Press, New York.

Hodder, I., 1982. *The Present Past: An Introduction to Anthropology for Archaeologists*. B.T. Batsford LTD, London.

石川榮吉，2006．タヒチ首長国の構造．クック時代のポリネシア（SER）59，11-25．国立民族学博物館，吹田．

石川健，2005．カナダ北西海岸狩猟採集社会研究の現状：縄文時代社会論にむけて．東アジアと日本－交流と変容：九州大学21世紀COEプログラム紀要2，19-28．

石川健，2008．狩猟採集社会の階層化について－カナダ北西海岸民族誌モデルの再検討－．九州と東アジアの考古学：九州大学考古学研究室50周年記念論文集，pp.733-752．九州大学考古学研究室50周年記念論文集刊行会，福岡．

石川健，2010．縄文文化の相対化：縄文文化と北米北西海岸民文化．縄文時代の考古学1：縄文文化の輪

郭−比較文化論による相対化−（小杉康・谷口康浩・西田泰民・水ノ江和同・矢野健一 編），pp.226-240. 同成社，東京．

Ishikawa, T., 2014. Social complexity in the Late Jomon period: the constitution of the Shimo'ota shell mound cemetery of the Boso Peninsula, eastern Kanto, Japan. *Japanese Journal of Archaeology* 2, 3-33.

岩永省三，2002．階級・階層．日本考古学事典（田中琢・佐原真 編），pp.98-100．三省堂，東京．

加藤久雄・松村博文，2003．歯冠計測値からみた下太田貝塚出土縄文人の血縁関係の推定．千葉県茂原市下太田貝塚，pp.183-199．茂原市教育委員会，千葉．

Kelly, R., 1995. *The Foraging Spectrum: Diversity in Hunter-Gatherer Lifeways*. Smithsonian Institution Press, Washington and London.

Kirchhoff, P., 1955. The principles of clanship in human society. Reprinted in *Readings in Anthropology* (Second Edition) Volume 2 (M. Fried, ed.1968), pp.370-381. Thomas Y. Crowell Company, New York.

小林達雄，1986．原始集落．岩波講座 日本考古学4 集落と祭祀（近藤義郎・横山浩一・甘粕健・加藤晋平・佐原眞・田中琢・戸沢充則 編），pp.37-75．岩波書店，東京．

Lee, R. B. and DeVore, I. (eds.), 1968. *Man the Hunter*. Aldine de Gruyter, New York.

Lightfoot, K. G., 1993. Long-term developments in complex hunter-gatherer societies: recent perspectives from the Pacific Coast of North America. *Journal of Archaeological Research* 1-3, 167-201.

Mann, R., W. Bass, & L. Meadows., 1990. Time since death and decomposition of the human body: variables and observations in case and experimental field studies. *Journal of Forensic Science* 35-1, 103-11.

Martindale, A., 2003. A hunter-gatherer paramount chiefdom: Tsimshian developments through the contact period. *Emerging from the Mist: Studies in Northwest Coast Culture History* (R. G. Matson, G. Coupland. and M. Quentin, eds.), pp.12-50. UBC Press, Vancouver.

松本直子，2002．伝統と変革に揺れる社会−後・晩期の九州−．縄文社会論・下（安斎正人 編），pp.103-138．同成社，東京．

溝口孝司，1998．カメ棺墓地の移り変わり．弥生人のタイムカプセル．福岡市博物館，福岡．

Mizoguchi, K., 2014. The centre of their life-world: the archaeology of experience at the Middle Yayoi cemetery of Tateiwa-Hotta, Japan. *Antiquity* 88, 836-850.

茂原市教育委員会，2003．千葉県茂原市 下太田貝塚．茂原市教育委員会，千葉．

中村大，1999．墓制から読む縄文社会の階層化．最新縄文学の世界（小林達雄 編），pp.48-60．朝日新聞社，東京．

西本豊弘・篠田謙一・松村博文・菅谷通保，2001．DNA分析による縄文後期人の血縁関係．動物考古学 16，1-16．

大林太良，1971．縄文時代の社会組織．季刊 人類学 2-2，3-83．

Orme, B., 1981. *Anthropology for Archaeologists: An Introduction*. Cornell University Press, New York.

Oxford University Press., 2015. *Oxford Dictionaries* (http://www.oxforddictionaries.com/).

Price, D. and Brown, J. (eds.), 1985. *Prehistoric Hunter-Gatherers: The Emergence of Cultural Complexity*. Academic Press, San Diego.

Renfrew, C., 1982. Socio-economic change in ranked societies. *Ranking, Resource and exchange: Aspects of the Archaeology of Early European Society* (C. Renfrew and S. Shennan, eds.), pp.1-8.

Cambridge University Press, Cambridge.

Rodriguez, W. C., 1997. Decomposition of buried and submerged bodies. *Forensic Taphonomy: The Postmortem Fate of Human Remains* (W. D Haglund and M. H. Sorg, eds.), pp.459-81. CRC Press, Boca Raton, FL.

Roksandic, M., 2002. Position of skeletal remains as a key to understanding mortuary behavior. *Advanced in Forensic Taphonomy: Method, Theory, and Archaeological Perspectives* (W. D Haglund and M. H. Sorg, eds), 99-117. CRC Press, Boca Raton, FL.

佐原眞, 1985. 奴隷をもつ食糧採集民. 歴史公論, 11-5.

佐々木憲一, 1990. アメリカ考古学と日本考古学－その協調の可能性－. 考古学研究 37-3, 25-44.

Sahlins, M., 1958. *Social Stratification in Polynesia*. University of Washington Press, Seattle and London.

Sahlins, M., 1968. *Tribesmen*. Prentice-Hall, INC., New Jersey. (サーリンズ・マーシャル (青木保 訳), 1972. 部族民. 鹿島出版会, 東京.)

サーヴィス・エルマン, 1979. 未開の社会組織 進化論的考察 (松園万亀雄 訳). 弘文堂, 東京.

Sherratt, A., 1996. Settlement patterns or lancscape studies? *Archaeological Dialogues* 3-2, 140-159.

下條信行, 1986. 弥生時代の九州. 岩波講座日本考古学 5 (近藤義郎・横山浩一・甘粕健・加藤晋平・佐原眞・田中琢・戸沢充則 編), pp.125-156. 岩波書店, 東京.

Stahl, A. B., 1993. Concepts of time and approaches to analogical reasoning in historical perspective. *American Antiquity* 58-2, 235-260.

立川陽仁, 1999. クワクワカワクウ貴族層の衰退. 民族学研究 64-1, 1-22.

高橋龍三郎, 2001. 総論：村落と社会の考古学. 現代の考古学 6 村落と社会の考古学 (高橋龍三郎 編), pp.1-93. 朝倉書店, 東京.

高倉洋彰, 1973. 墳墓からみた弥生社会の発展過程. 考古学研究 40-2, 7-24.

田中良之, 1995. 古墳時代親族構造の研究. 柏書房, 東京.

田中良之, 2000. 墓地から見た親族・家族. 古代史の論点 2 女と男、家と村 (都出比呂志・佐原真編), pp.131-152. 小学館, 東京.

Tanaka, Y., 2001. Reconstructing final Jomon post-marital residential patterns in western Japan. *Indo-Pacific Prehistory Association Bulletin* 21, 43-48.

田中良之, 2008a. 山鹿貝塚墓地の再検討. 地域・文化の考古学 下條信行先生退任記念論文集 (愛媛大学法文学部考古学研究室編), pp.47-60. 下條信行先生退任記念事業会, 愛媛.

田中良之, 2008b. 骨が語る古代の家族：親族と社会. 吉川弘文館, 東京.

田中良之・土肥直美, 1987. 吉母浜中世墓の親族構造. 東アジアの考古と歴史 岡崎敬先生退官記念論文集, pp.629-650. 岡崎敬先生退官記念事業会, 福岡.

Testart, A., 1982. The significance of food storage among hunters and gatherers: residence patterns, population densities, and social inequalities. *Current Anthropology* 23-5, 523-537.

テスタール・アラン, 1995. 新不平等起源説 狩猟＝採集民の民族学 (山内昶 訳). 法政大学出版局, 東京.

Thomas, D. and Kelly, R. L., 2006. *Archaeology* (4th Edition). Thomson Wadsworth, California.

Trigger, B., 2006. *A History of Archaeological Thought* (Second Edition). Cambridge University Press, Cambridge.

Ubelaker, D., 1974. *Reconstruction of Demographic Profiles from Ossuary Skeletal Smaples: A Case Study from the Tidewater Potomac*. Smithsonian Institution Press, Washington, D. C.

Ucko, P. J., 1969. Ethnography and archaeological interpretation of funerary remains. *World*

Archaeology 1-2, 262-280.

Watanabe, H., 1983. Occupational differentiation and social stratification: the case of northern Pacific maritime food-gatherers. *Current Anthropology* 24-2, 217-219.

渡辺仁，1990．縄文式階層化社会．六興出版，東京．

山田康弘，1995．多数合葬例の意義．考古学研究 42-2，52-67．

山内清男，1964．日本先史時代概説．日本原始美術1 縄文式土器，pp.135-147．講談社，東京．

■図出典

第2図　Sahlins 1968（1972）Figure 2.2. を再トレース

第3図　立川1999 図1を転載

第6図　原図：茂原市教育委員会2003 第19図

なぜ紡錘車が出土しないのか
― 民族誌・民俗事例からの想定 ―

長崎県教育庁 古 澤 義 久

要旨

本稿では，紡錘車が出土しないという状況について，どのような場合が想定されるのか，民族誌・民俗事例の検討から考察した。その結果，2類型5大別14細別の状況が想定された。「紡錘車が出土しない」ということだけから，「紡錘が存在しない」，「撚糸を行っていない」などと断定することは非常に危険である。個々の考古学的に観察された現象への適用については充分慎重にしなければならないが，民族学・民俗学等他の学問の研究成果を適切に援用することで，考古学の科学性を高めることは充分に可能であるし，また，そのようにしなければならない。

キーワード：紡錘車，民族誌，民俗事例

I　緒言―紡錘車の偏在・不在―

　紡錘車に関する考古学的研究の進展により，紡錘車がある時期・ある地域に満遍なく出土するのではなく，出土状況に偏りがみられることが明らかになってきている。弥生時代後期の関東地方を例として挙げてみよう。神奈川県では朝光寺原式土器分布圏で土製紡錘車が確認されている。千葉県では北総地域の臼井南式を含む北関東系近似の土器分布圏で土製紡錘車が豊富に確認されている（柿沼1985；古内2005）。埼玉県では吉ヶ谷式が分布する県北に土製紡錘車が集中する（村松2002）。茨城県では十王台式に伴い土製紡錘車が確認されている（渡辺・川崎1972；古内2005）。群馬県でも土製紡錘車が確認されている（中沢・春山・関口1988；中沢1996a，b）。このような分布からは柿沼修平，村松篤，古内茂らが述べたように（柿沼1985；村松2002；古内2005），弥生時代後期遺跡が豊富に発見されているにもかかわらず大宮台地，武蔵野台地，南総，東京低地といった久ヶ原・弥生町式土器の分布圏には紡錘車の出土が僅少であるという現象が指摘される。このように紡錘車の出土には偏りがみられるということが確認される。

　そこで，本稿では紡錘車が偏在する原因は何か，わけても紡錘車が出土しない状況とは果たしてどのような状況であったのか民族誌や民俗事例を基に考えてみたいと思う。ただし，筆者の力量不足からアジアの一部の地域の民族誌・民俗事例が中心となっていることをあらかじめ

断っておく。紡錘は紡輪と紡茎で構成される。考古学でいう紡錘車とはこのうち紡輪を指す場合と，紡錘全体を指す場合があるが，本稿では紡錘車＝紡輪という意味で用いる[1]。紡錘はぶら下げて回転させて用いるほかに，糸車の部品として用いられることもあり，ぶら下げて回転させて用いる器具を特に区別する必要がある場合は垂直式紡錘とする。

Ⅱ 紡錘車不在状況解明のための研究指針

紡錘車不在状況解明に際しては，次の研究指針が考えられる。

第Ⅰ段階　紡錘車が出土しない状況について時期・地域を問わず，民族誌・民俗事例を集め，当面考えられるできるだけ多くの状況について想定する。

第Ⅱ段階　個々の考古学的な事象について，第Ⅰ段階で得られた選択肢を念頭に置いて，歴史的，民族・民俗的推移を充分に考慮した上で，原因を確定する。

このうち本稿では，第Ⅰ段階について取り組み，第Ⅱ段階の考察を円滑に行えるよう備える。

Ⅲ 紡錘車が出土しない状況

1 みかけの不在

紡錘車を用いているのであるが，それがさまざまな原因で出土遺物として確認することができない，あるいは確認が困難であるという状況がある。これを「みかけの不在」と分類する。

(1) 有機物を含む材質の紡錘車の使用

有機物を含む材質の紡錘車の場合，腐敗等により，検出が困難となり，結果的に紡錘車が出土しないという状況が考えられる。民族誌・民俗事例からは次の状況が確認された。

①木製紡錘車

【日本列島】

紡錘が民具として残っている地域としては自給衣料として麻を使用してきた山村と網糸や釣糸として麻を使用した漁村の二種類があるとされる（中村1972）。陸奥（角山1968；宮本1991），安房（大村1983a,b），相模（加賀1969；中村1972，1982，1985；田辺1977），伊豆・駿河（神野1985；山本1989），伊勢・志摩（津田1967；中村1982），美濃（脇田2015），越後（角山1968；森谷ほか1975；滝沢1987；多田1998），佐渡（中堀・高藤1975；佐藤1980；両津市郷土博物館1997），越中（高西1992），丹後（角山1985；井之本1987），出雲（角山1968；奥原ほか1981），壱岐（山口1978，1979；古澤2015）などで確認される（図1）。これらの紡錘の回転には大部分手押木・手押台が用いられる[2]。安房・相模・伊豆・駿河，伊勢・志摩，佐渡，丹後，出雲では麻を対象繊維とし，網糸や釣糸といった漁撈用具に用いられる糸を製作するのに紡錘が利用される。また，越中では麻を対象繊維として茣蓙糸が製作され，壱岐では麻を対象繊維として畳糸が製作される。佐渡では一部，麻を対象繊維として蚊帳糸が製作される。越後では，苧麻を対象繊維として越後縮の織糸が製作される。丹後でも一部，藤や大麻を対象繊維とし，布用の織糸が製作されたという。これらの民具として残っている紡錘は，丹後で少数の鉄製紡錘車がみられる

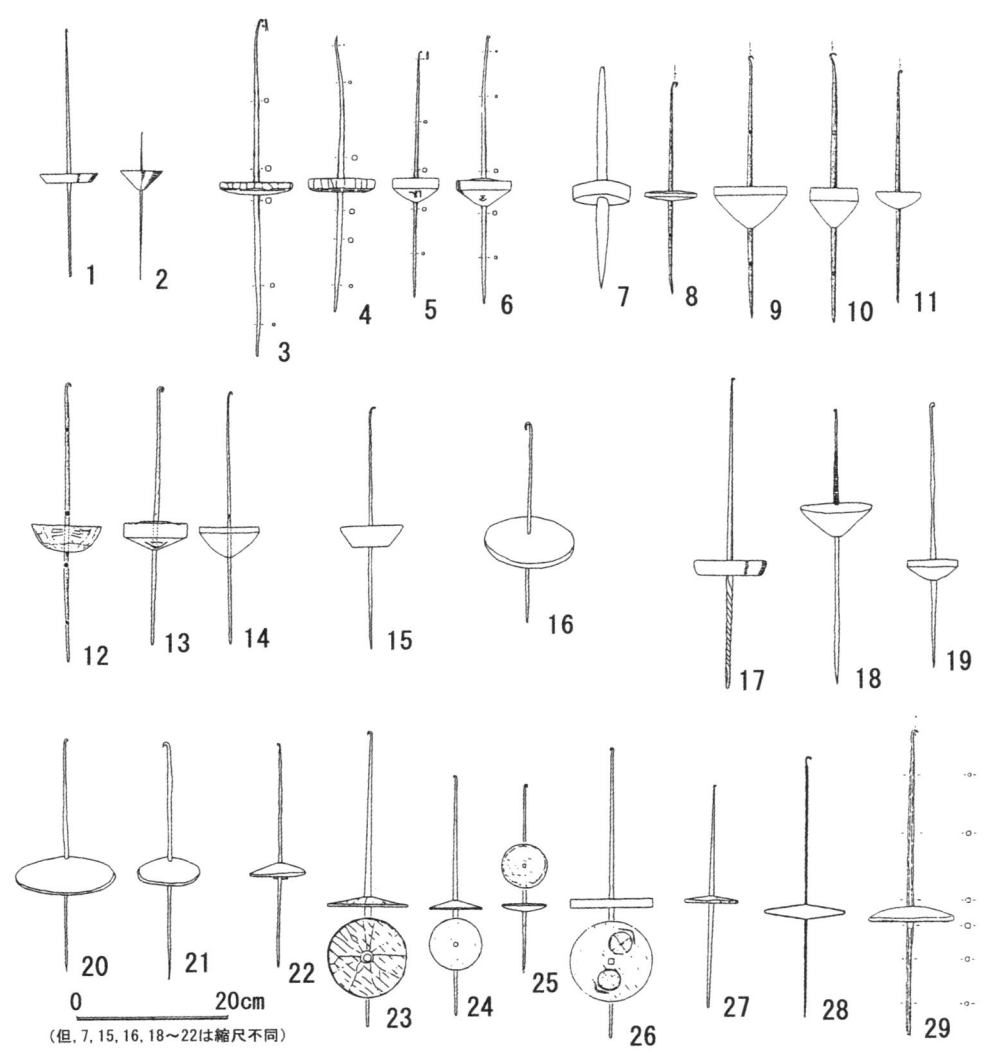

1陸奥，2陸奥（陸中），3～6安房，7～11相模，12～14伊豆・駿河，15伊勢・志摩
16美濃，17～19越後，20, 21佐渡，22越中，23～26丹後，27, 28出雲，29壱岐

図1　日本列島木製紡錘車

ほかは，ほとんど木製紡錘車が付属する。なお，紡茎は相模等で木製紡茎（図1-7）が少数みられるほかは，ほとんどが鉄製紡茎である。後述の台湾，雲南，インドネシア，極東，シベリアではさまざまな材質の紡錘車が併存して民具として残っている状況とは対称的に日本列島民具の材質は多様性が小さい。日本列島では夜臼式期から専用の紡錘車がみられるが[3]，その材質は土製，石製，骨製，木製など多岐に亘る。古墳時代より鉄製紡錘車が出現するが（東村 2011），これは古代以降でも認められ，丹後などに残る鉄製紡錘車はその系譜を引く可能性はある。時代を経るにつれ土製や石製などが淘汰される一方，弥生時代には既に出現していた木

製紡錘車が，その命脈を保ち，木挽の発展とともに，主流を占めていったものとみることができる。従って，遺跡から出土する木製紡錘車の数は多くはないが，実際は相当数利用されていたのではないかと推測され，後述する糸車普及以前の遺跡における紡錘車の未検出には特段の注意を払う必要がある。なお，日本列島民具木製紡錘車の形態は，日本海側（または西日本）では上端が膨らむ断面弓形が多く，太平洋側（または東日本）では，コマ形や截頭円錐形などが多いという顕著な地域差が認められる（古澤2015）。

【雲南・四川】

　雲南・四川の諸民族では土製，金属製（後述），木製，種子製（後述），角製（後述）の紡錘車と木製，竹製の紡茎の紡錘が使用されている。回転を加えるための手押木（加捻木条）が用いられることもあり，手押木で回す紡錘は手回しの紡錘より大きい（宋兆麟1986）。土製紡錘車には円盤形，算盤珠形がみられ，彝族，景頗族が用い，麻や木綿を撚るのに用いられる。

　木製紡錘車は独龍族，哈尼族，彝族，納西族，傈僳族，怒族，普米族など雲南の多くの諸民族が用いている（宋兆麟・黎家芳・杜耀西1983；厳汝嫻・陳久金1986；王暁1987；王恒杰1987）。形態は円盤形（図2-1～7）やプロペラ形（図2-8）がみられる。火草（Gerbera delavayi）を撚るのに適している（羅鈺鐘秋2000）。彝族では，撚りが粗い糸には直径6cmの大きな紡錘車を用い，撚りが細かい糸には直径2.5cmの小さな紡錘車を用いている（宋兆麟1965）。佤族でも木綿に撚りをかけるのに木製紡錘車が用いられている（田継周・羅之基1985；李仰松2015）。

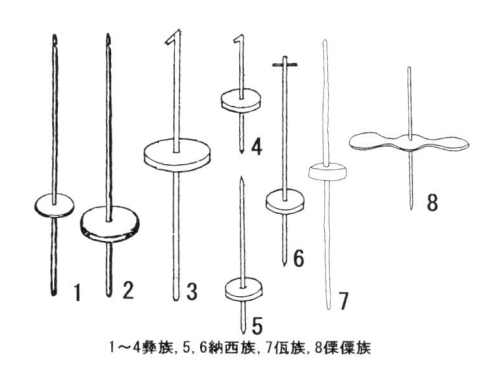

図2　雲南・四川木製紡錘車
1～4彝族，5,6納西族，7佤族，8傈僳族

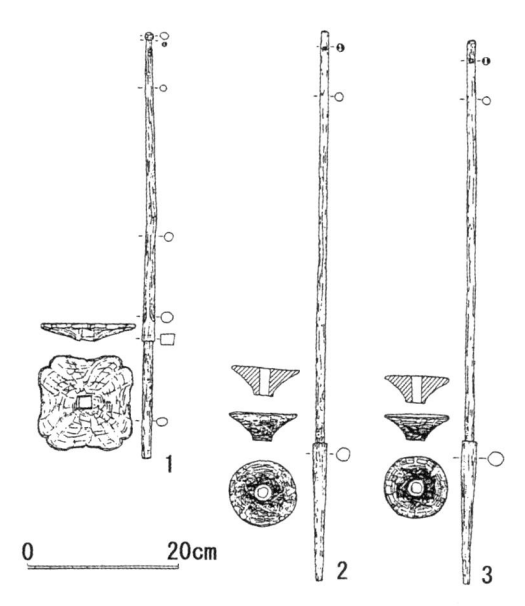

図3　サハリン（推定）木製紡錘車

【サハリン（推定）】

　岡村吉右衛門によると北海道アイヌでは紡錘車が使われていないが，サハリン・アイヌでは紡錘車の使用がみられたという（岡村1979）。これを受け，出利葉浩司は北海道開拓記念館に寄贈された3点の木製紡錘車・木製紡茎の紡錘（図3）についてサハリン・アイヌの所産であると推測している（出利葉1985）[4]。対象繊維はイラクサであると推定されている（岡村1979）。

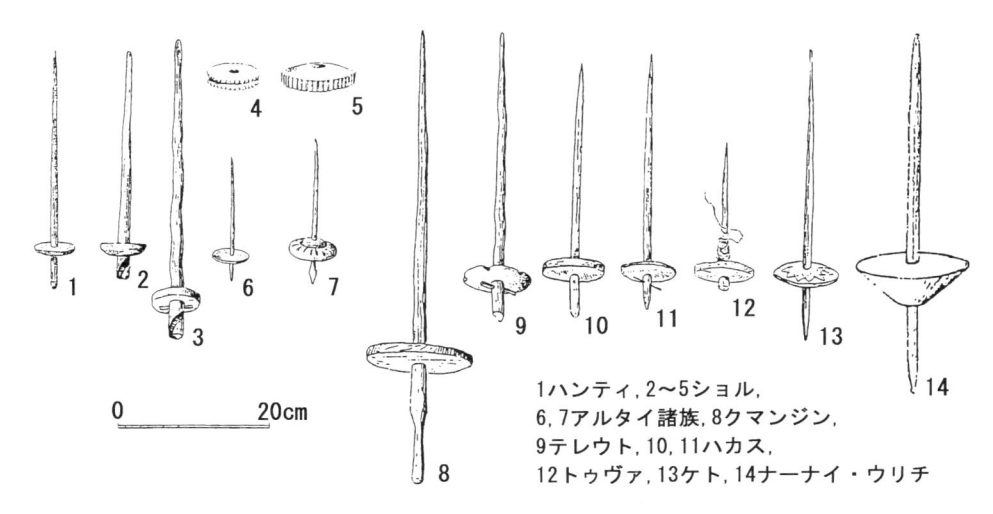

図4　シベリア・極東木製紡錘車

1ハンティ，2〜5ショル，
6，7アルタイ諸族，8クマンジン，
9テレウト，10，11ハカス，
12トゥヴァ，13ケト，14ナーナイ・ウリチ

【シベリア・極棟】
　シベリアの諸民族では黒い石製紡錘車，骨角製紡錘車（後述）以外に，木製紡錘車が使われていた。回転には手押台が用いられることもあるが，ハンティ，マンシ，ケトの手押台を除外すると，ロシア民族の影響がみられる。ハンティ，ショル，アルタイ諸族，クマンジン，テレウト，ハカス，トゥヴァ，ケトで木製紡錘車が使用されていたことが確認されている。また，極東のナーナイとウリチの女性は太い縄を製作するための細い縄をなうのに木製紡錘車のついた紡錘を用いた。（図4）（Попов1955）。

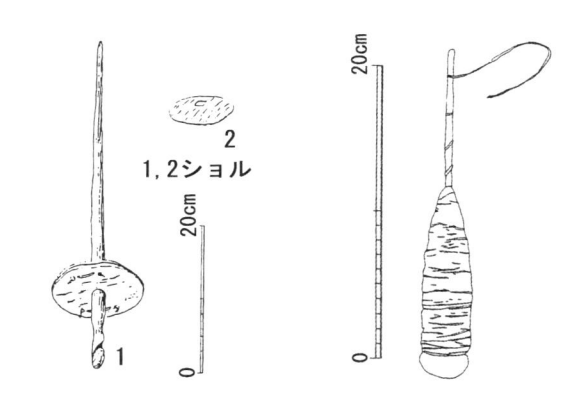

図5　シベリア樹皮製紡錘車　　図6　台湾種子製紡錘車

【カルムィク】
　粗い羊毛糸を撚るのに木製の紡錘車が利用されている（Шишлина1999）。

【インドネシア】
　インドネシアでは，木製紡錘車，天然の樹脂で固めた土製紡錘車などが用いられているが，石製紡錘車は用いられていない（吉本1977）。

②樹皮（白樺など）製紡錘車

【シベリア】
　ショルでは直径9cmの円形の2枚の白樺樹皮を重ねて縫い合わせた紡錘車が用いられていたことが確認されている（図5-1）。人類学・民族学博物館が所蔵する資料の中にも，ショル

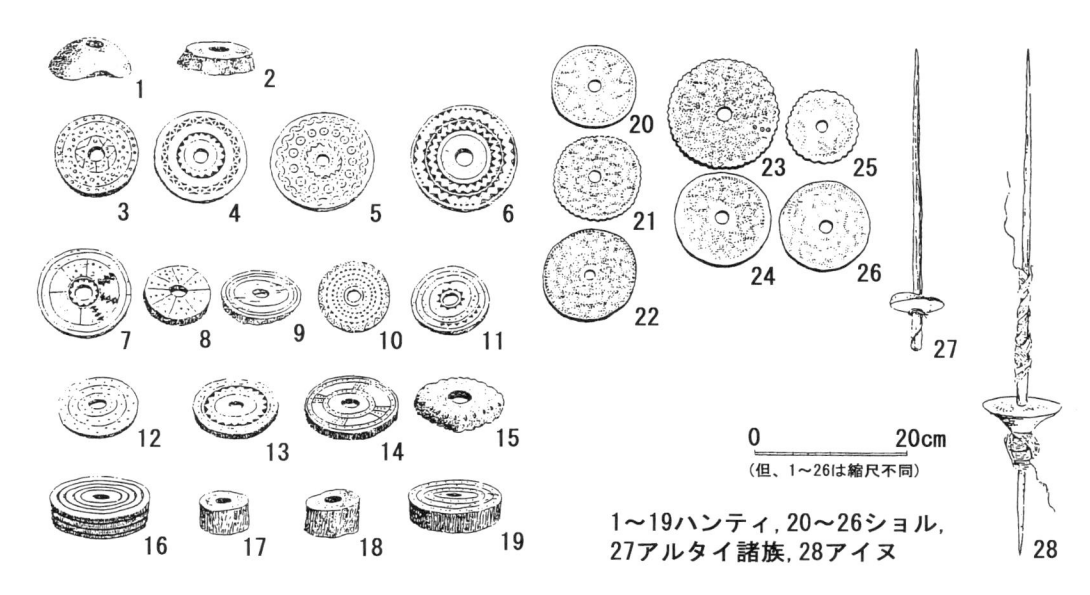

図7　シベリア・極東骨角製紡錘車

が用いた白樺樹皮製紡錘車がある（図5-2）。直径8.5cmの円形で，1枚の白樺樹皮からできている（Попов1955）。

③種子・果実（どんぐりなど）製紡錘車

【台湾】

魯凱族の苧麻を撚る紡錘の紡錘車はコニシガシのどんぐりで，竹を削った22cmほどの長さの棒を差し込んで使用する（図6）（住田1984）。

【雲南】

景頗族の居住地区では長さ80～100cm，幅14～15cmの大きな果莢があり，種子の直径5～6cm，厚さ1.5cmになるマメ科の植物が生えており，果皮は硬く，クリ色を呈している。これを景頗族は「ラーフ（辣合）」と呼び，景頗族の女性はラーフの中央に孔をあけ，紡茎を通し，木綿を撚るのに用いている（羅鈺鐘秋2000）。また，宋兆麟によれば，ヒョウタン製の紡錘車が雲南でみられるという（宋兆麟1986）。

④骨角製紡錘車

【雲南】

彝族では角製円盤形紡錘車と木製紡茎の組み合わせの紡錘が用いられている（宋兆麟1986）。

【シベリア・極東】

シベリア・極東の諸民族では先述の木製紡錘車，黒い石製紡錘車のほかに骨角製紡錘車も使用されていた。ハンティではトナカイまたはオオジカの脛骨の骨頭部で作られたものがみられる。ショルやアルタイ諸族でも骨角製紡錘車がみられる。また，アイヌでもトナカイの脛骨の骨頭部を切断して作られた紡錘車が確認されている（図7）（Попов1955）。

⑤紙製紡錘車
【日本列島】
　角山幸洋によるとボール紙に箸を突き刺したものも使用されていたという（角山1968）。
(2) 他の製品を転用した紡錘車
　専用の紡錘車を用いず，別の製品を紡錘車として転用した場合，それを考古学的に検出するのは非常に困難である。その製品の孔に紡茎が通った状態で出土すれば，紡錘として使用されたことがわかるかもしれないが，紡茎が有機質で遺存しなかった場合や紡茎からはずれて埋没した場合は，紡錘として使用されたことを証明することはほぼ不可能である。次の事例はその典型的な事例である。

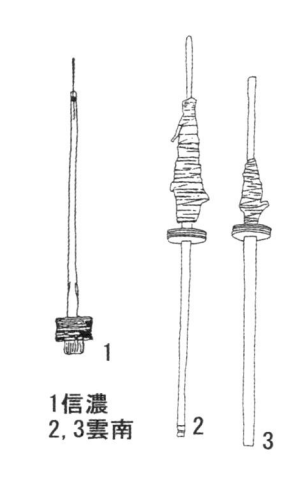

図8　銅銭を転用した紡錘車

①銅銭を転用
【日本列島】
　信濃では穴銭を利用した紡錘が認められる（図8-1）（角山1968）。相模でもフンドン，コマ，ゼニゴマと呼ばれる穴銭を利用した紡錘が認められるが，投網（アユ漁）用の絹糸を撚るのに用いられた（加賀1969; 中村1972, 1982）。

【雲南】
　羅鈺鐘秋によれば，彝族，佤族，景頗族，拉祜族では3～5枚の清朝銭を重ねて，紡茎を通し，紡錘としている（図8-2, 3）。径が小さいため撚るのには力を使う。木綿を撚るのに適している（羅鈺鐘秋2000）。また，宋兆麟によると景頗族は4枚の銅銭を用い，孔に竹製の紡茎を通して紡錘として使用するという（宋兆麟1986）。

2　真の不在

　考古学的資料として検出が難しいという理由によるみかけの不在ではなく，真に紡錘車が利用されない紡糸方法が存在する。これを真の不在とする。

(1) 人体で糸を撚る
①太腿と手を使って撚る
【シベリア・極東】
　ウシ・ウマ（シ

1テレウト，2ヌガナサン
図9　シベリアにおける人体による撚糸

ベリアの牧畜民の場合），トナカイ，オオジカ，アカシカ，イノシシ（ナーナイ，ウリチなど沿アムールの諸族）の背中と脚の腱の繊維を撚って糸を作るとき，マンシ，ハンティ，ネネツ，セリクープ，ケト，アルタイ諸族（図9-1），ハカス，ヤクート，ドルガン，エヴェンキ，エヴェン，沿アムールとサハリンの諸族では左手に唾をつけて湿らせた繊維を持ち，太腿の上で右手で撚る（Попов1955）。

【台湾】

阿美族では左手で麻繊維をとり，右手と太腿で撚る場合と土製紡錘車・竹製紡茎の紡錘が用いられる場合がある（凌曼立1962）。

②人差し指と親指で撚る

【シベリア】

動物の腱繊維から糸を撚る場合，ブリヤートでは右手の人差し指と親指で撚る。太い糸が欲しいときは唾で湿らせた指に灰をつける（Попов1955）。

【北海道】

アイヌはオヒョウの樹皮，シナの樹皮等から糸を製作するとき，繊維を湿らせてから細かく裂き，口にくわえて指で撚りをかける（神保1985；財団法人アイヌ文化振興・研究推進機構2000）。

③頬の上で指を使って撚る

【シベリア】

動物の腱繊維から糸を撚る場合，ヌガナサン（図9-2），エネツ，ドルガンでは頬の上で右手を使って撚る。その際，繊維の束の端を左手で持ち，湿らせるために唇の間を通す。腱繊維を撚るには湿らせなければならないので，頬で撚るのは合理的である（Попов1955）。

④両手のひらで撚る

【極東】

動物の腱繊維から糸を撚る場合，チュクチとコリャークでは両手の掌で撚る。また，コリャークはヤナギランやイラクサを糸に撚る場合も腱繊維と同様の方法で撚った（Попов1955）。

【越後】

越後のアンギン紡織ではヨコ糸にオロやイラクサを用い，タテ糸にヂソを用いる場合がある。このうちヨコ糸については保存しておいたオロをつなぎ，囲炉裏端で左右の指に挟んで根気よくコテ縄をなう要領でない，なった糸は両手で撚りをかけながら，水をふくませた木綿布で上下に3，4回ほど強くこすると撚りは戻らなくなるという。タテ糸，ヨコ糸ともに右撚りである（森谷ほか1975）。

(2) 紡錘車をつけず紡茎のみで撚る

①紡錘車なしで紡茎のみで撚る

【シベリア】

紡錘車をつけずに紡茎のみで撚る方法がシベリアの諸民族でみられる。ハンティの紡錘は

長さ27〜35cmの木製で，紡茎中央部が膨らんでいる（図10-1，2）。膨らんだ中央部には溝が彫られ，糸をかけるようになっている。上端は太く糸をかけるための斜位の溝があり，下端は尖っている。外バイカルのエヴェンキの紡錘は長さ18cmの木の棒を用いた（図10-3）（Попов1955）。

【ティモール島】

アトニ族をはじめとする諸族では紡錘車をつけずに，重い材質の木材で紡茎が製作され，さらに紡茎の下半分が膨らみを持っている紡錘が使用される（図10-4）（吉本1977，1987）。

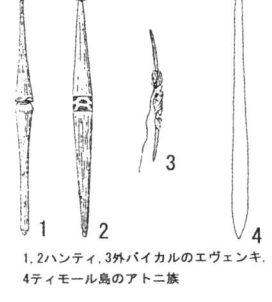

1, 2ハンティ, 3外バイカルのエヴェンキ, 4ティモール島のアトニ族

図10　紡茎のみの紡錘

②紡錘車状の錘部分がある一木造りの紡茎を使用

紡錘車をつけずに紡茎のみで撚る紡錘の中には，錘を一木造で加工し，紡錘車と同様の働きを持たせたものがある。木製紡錘車に分類してもよいかもしれないが，本稿では紡茎との一体性を重視し，紡茎のみで撚る方法に分類した。

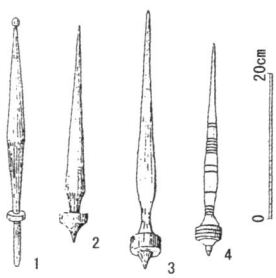

【シベリア】

ハンティでは一木造りの紡錘も認められる（図11-1）。ショルの紡錘の中には長さ30cmの木製で，紡錘の下部が短い円錐形をしたものがみられる（図11-2）。テレウトでは長さ35.5cmで上端は尖り，中央は膨らみ，下部は円錐形をした木製の紡錘がみられる（図11-3）。また長さ29cmの同様の紡錘も認められ，横位の沈線が刻まれている（図11-4）（Попов1955）。

1ハンティ, 2ショル, 3, 4テレウト

図11　錘部分がある一木造の紡錘

(3) 代替器具の使用

①手揺車（紝車）の使用

【雲南】

王禎『農書』〈皇慶2（1313）年〉所載の紝車と同様の器具が彝族，傈僳族，怒族，苗族等の雲南の諸族でもみられる（図12）。麻を撚るのに用いられる。平面形態は「平」字のようで，枠と軸から成る。枠は「中」字形で両側は回転し，中軸は長く，上部は突き出しており，下部は中空の管を通っている。どのような民族でも枠の長さは20〜25cm，幅は15〜18cmである。まず枠に麻の繊維を結びつけ，左手で繊維を持ち，右手で中空の管を持ち，回すと，枠が回転する。撚りがかかると，右手で回転を止め，撚りがかかった糸を枠に巻きつける。この動作を繰り返す。垂直式紡錘と比べると回転は速く，操作も簡単で，力が要らない。枠の幅が大きければ，より撚りの速度が速くなる。このような手揺車は垂直式紡錘から糸車に移行する過渡的な様相を示すとさ

図12　雲南手揺車

れる（羅鈺鐘秋2000）。
②糸車（紡車）の使用

　糸車は車を回転させると，調べ糸を伝って，先端部に取り付けられた紡錘が回転するという仕組みとなっている（図13）。紡錘を回転させるという点では，ぶら下げて回転させる垂直式紡錘と原理はほぼ同じである。糸車の使用光景については寺田寅彦の随筆（寺田1948）がわかりやすいので，参照されたい。日本列島の糸車の紡錘には，鉄製紡茎に調べ糸の回転を受ける立鼓（輪鼓）と呼ばれる主として木製の部品が付属することが多いが（図14-1，2）（井之本1987），笹の軸とムクロジの実を用いて調べ糸のずれを防いだものもある（図14-3，4）（坂本1996）。韓半島では鉄製紡茎とともに木製紡茎もみられ，調べ糸がずれないように膨らみや溝を持たせたものもある（図14-10～14）（유형식・정명섭・최은수1995）。紡錘の回転力は車の回転によるので，紡錘車による遠心力は必ずしも要しないため，糸車に装着される紡錘には紡錘車がつかない場合が大部分である。

　但し，一部の糸車の付属品の紡錘に紡錘車がつく場合がある。伊勢や近江では木綿を撚る糸車の紡錘に断面弓形の木製紡錘車が付属する（図14-5，6）（南・明珍1992；田畑ほか2008）。丹後では大麻を撚る糸車の紡錘に截頭円錐形の木製紡錘車が付属する（図14-7，8）（井之本1987）。筆者が壱岐で確認した麻を対象繊維とし釣糸を撚る糸車（1954年製）の紡錘には，上下面が平坦な算盤珠形の木製紡錘車が2個，短辺を向かい合わせについており，中間に3条の溝が入った篠竹がつく（図14-9）。調べ糸は中間の篠竹にかけられるが，紡錘は一般的に作業者側に低く傾斜をつけて設置されているので，作業者からみて奥の木製紡錘車に調べ糸がかかり，立鼓の役割を果たす（古澤2016）。このように糸車に取り付けられる紡錘に紡錘車が付属する場合があることは，糸車普及以降の遺跡から出土する紡錘車が，垂直式紡錘に取り付けられたものであるとは限らないということを示すため，注意が必要である。垂直式紡錘の紡錘車と糸車付属紡錘の紡錘車の形態的な差異については，現在さまざまな糸車を観察・検討しているが，直ちに弁別要素を挙げ得ない状況にあり，目下さらに研究中である[5]。それでも，紡錘車が付属しない糸車の紡錘が大部分であるので，ここでは，紡錘車が出土しない場合の一つとして糸車の利用を掲げたい。

　東アジアにおける糸車の出現と展開については諸説があり一定しない。中国大陸では，糸車が商代に出現したという見解があるが，その根拠は藁城台西（唐雲明1985）で出土した滑車状土製品（図15）が糸車の紡錘の部品である錠盤（立鼓）と類似するというものである（陳維稷主編1984）。また，更に時期が遡って草鞋山（南京博物院1980）出土葛織品と銭山漾（浙江省文物管理委員会1960）出土苧麻織品の経緯密度が1cm当たり20～30本で，細かいことから糸車で作成されたとする見解もある（陳炳応等1996）。戦国時代に出現したという見解もあるが，その根拠は長沙五里牌M406（夏鼐・陳公柔・王仲殊1957）で出土した麻布の経糸の密度が10cm当たり280本，緯糸の密度が10cm当たり240本で，このような細い糸は垂直式の紡錘では撚れず，糸車を用いたとするものである（上海市紡織科学研究院《紡

なぜ紡錘車が出土しないのか

図13　各地の糸車

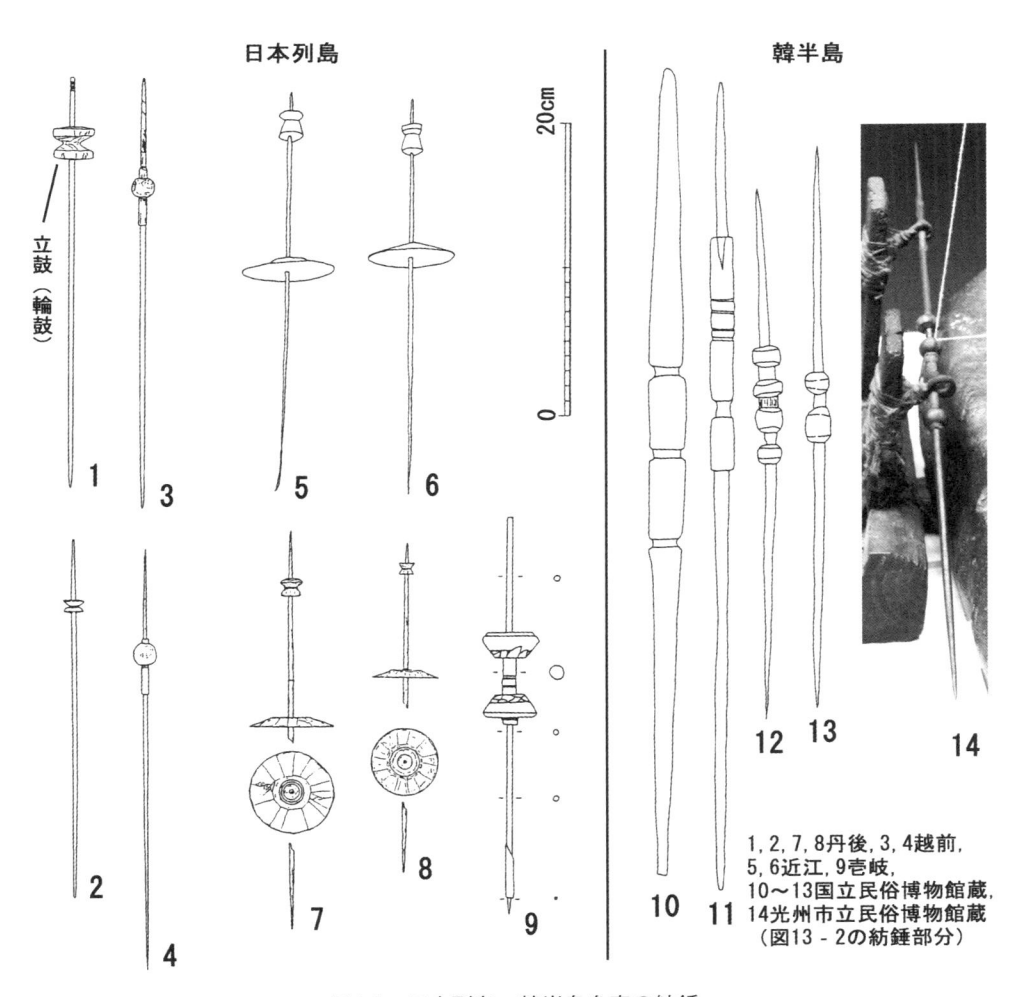

1丹後, 2光州市立民俗博物館蔵, 3傣族

図14　日本列島・韓半島糸車の紡錘

1, 2, 7, 8丹後, 3, 4越前,
5, 6近江, 9壱岐,
10〜13国立民俗博物館蔵,
14光州市立民俗博物館蔵
（図13-2の紡錘部分）

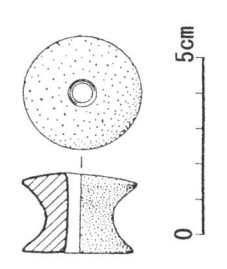

図15 台西出土有孔滑車状土製品

織史話》編写組1978; 趙翰生1997)。以上の論議は，糸車の実物資料や文献・絵画資料によって示されたものではないので，確実性には疑問が残る。洪楼M１（王徳慶1957; 段拭1962），宏道院，龍陽店，留城鎮（宋伯胤・黎忠義1962），青山泉（王黎琳・黎利華1980）などの画像石に描かれた糸車から遅くとも東漢代には糸車は普及していたということは確実である（図16）（上海市紡織科学研究院《紡織史話》編写組1978; 陳維稷主編1984; 陳炳応等1996; 趙翰生1997)。また，脚踏糸車も曹廟画像石（図16-2）（尤振堯1986）から既に東漢代に出現しているという見解（羅鈺鐘秋2000）もある。

　韓半島での糸車の使用についても諸説がある。黄基徳は青銅器時代末・鉄器時代初期に紡錘車の出土が急激に減少することに注目している。中世には5，6個の紡錘を同時に回転させる多錘式と１個の紡錘を回転させる単錘式の双方の形式の糸車が認められるとし，糸車の部品となる車についても紀元前１千年紀前半期には既に普及していることから，中世期の単錘式糸車の基本構成要素は古代初期には既に揃っており，中世期の糸車の原型は古代には既に存在していたとみている（黄基徳1984）。なお，韓半島では糸車はムルレ（물레）と呼ぶが，興味深い口承がある。高麗恭愍王代に文益漸が元から綿花の種を筆の筒に隠して高麗に持ち帰り，綿花栽培に成功したが，文益漸の孫である文萊（문래）が糸車を作ったため，その人名からムルレと呼ぶという伝承であり，白南雲は一種の民間伝説に過ぎないとするものの（白南雲1933），木綿と糸車の関係を示す可能性がある。韓半島でも次に述べる日本列島の状況と同様に木綿の普及とともに糸車の利用が普及・活発化されたものと考えられている。

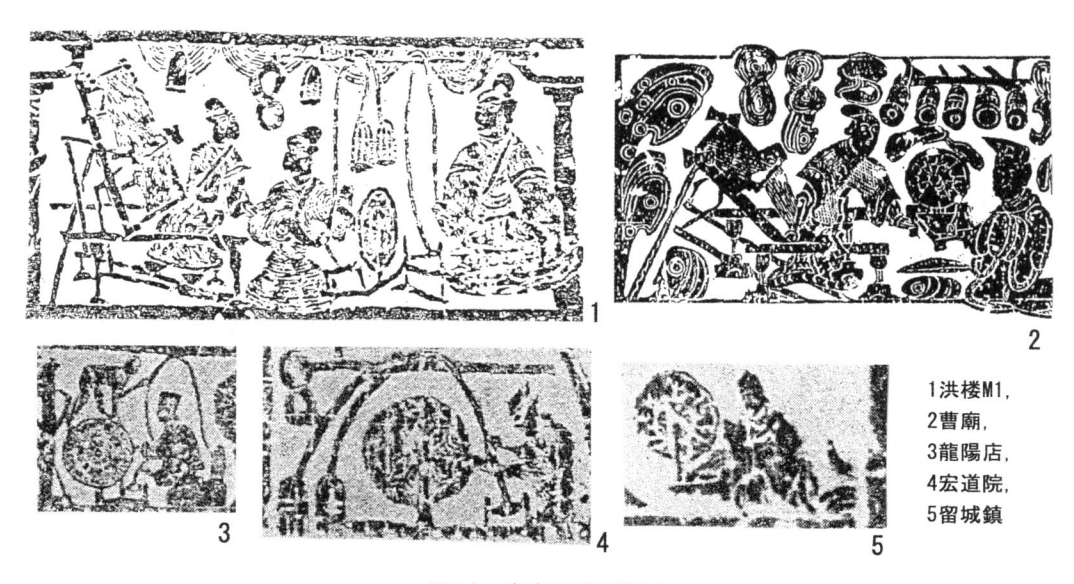

1 洪楼M1,
2 曹廟,
3 龍陽店,
4 宏道院,
5 留城鎮

図16　糸車関連画像石

日本列島での糸車の正確な普及時期は不明確であるが，『機織図屏風』〈17世紀前半〉，中村惕斎『訓蒙図彙』〈寛文6（1666）年〉，菱川師宣『和国百女』〈元禄8（1695）年〉に木綿糸車の図がみられ，近世における木綿の普及・本格化とともに糸車が普及していったものと考えられる（角山1968，1985；山脇2002）。

木綿の普及とともに糸車が普及したとするならば，木綿普及以前から使用されている繊維の紡糸方法が問題となる。そこで，日本列島と韓半島の木綿以前から使用された繊維の撚りかけの道具をここで確認する。

【日本列島】

木綿が本格的に普及する近世初期を前後する時期以前には苧麻や大麻をはじめとするさまざまな繊維が用いられていた（柳田1979；永原1990，2004）。これらの繊維を用いた紡織技術には，木綿の本格導入以前の技術を継承しているものが，多くみられるといわれている。そこで，木綿・絹以外の繊維利用について管見に触れた事例を次に列挙する。

秋田県由利本荘市（岩城町）のゼンマイ[6]織り（木綿や真綿と混紡）（竹内1995a），福島県昭和村のカラムシ織り（財団法人福島県文化振興事業団2008），福島県只見町の麻織り（佐々木2015），新潟県村上市（山北町）雷のシナ布（森谷ほか1975；竹内1995a），新潟県佐渡のヤマソ・アサ・シナ（佐藤1972，1975；森谷ほか1975；柳平1980；潮田1980），長野県木曽町（開田村）のアサ（竹内1995a），福井県福井市の麻織り（竹腰1996），滋賀県甲賀市（土山町）の藤織り（南・明珍1992）・麻織り（辻川2015），滋賀県高島市（朽木村）の麻織り及び藤織り（南・明珍1992），京都府宮津市の藤布（豊田1976；京都府立丹後郷土資料館1981；井之本1985b，1986，1987；芳井1986；竹内1995b），京都府丹後地方の麻織り（京都府立丹後郷土資料館1981；芳井1985，1986；井之本1985a，1987），島根県松江市（鹿島町）上講武の藤布（奥原ほか1981），徳島県剣山麓のタフ（コウゾとカジ）（森谷ほか1975；田原1985；竹内1995b），佐賀県唐津市佐志の葛布（野間1965；無記名1971；小林1974；後藤1987；原田2001，2002），長崎県松浦市鷹島のゼンマイ織（山口1978），長崎県対馬市の麻（長崎県教育委員会1965；阿比留1979），鹿児島県の麻・葛・苧麻布（川野2015），鹿児島県甑島の葛布（奥原ほか1981；小野1985a；竹内1995b），鹿児島県奄美の芭蕉布（奥原ほか1981；小野1985b），沖縄県大宜味村の芭蕉布（竹内1995b），沖縄県宮古島市（平良市）のヴー（カラムシ）（竹内1995b；上江洲2015）。

上で，列記したさまざまな草木布の織糸の撚りかけにあたっては全て，糸車が利用されている。このことは，もともと木綿の撚りかけに使用された糸車が在来繊維の撚りかけにも広範に利用されるようになったことを示すものと考えられる[7]。島根県松江市上講武の藤糸の撚りかけを行う糸車が，「木綿車」と呼ばれるのは，元来，糸車が木綿の撚りかけに用いられたことを示す証左の一つとなろう。先述のとおり，織糸の撚りかけに垂直式紡錘を利用するのは，東北地方，越後，丹後など極めて少数の事例に留まっていることから，木綿以前から利用された在来繊維についても比較的細い織糸の撚りかけに関しては，近世以後，大部分，糸車が席巻していった状況を読みとることができ，比較的太い糸を必要とする漁業用網糸や釣糸及び畳糸・

蒐産糸の類の撚りかけに垂直式紡錘がその命脈を保つこととなったものと推察される。その網糸・釣糸においても相模，丹後，壱岐では麻を対象として糸車が利用される事例があり（加賀1969；中村1972，1982；田辺1977；井ノ本1987；古澤2016），また，畳糸においても長野県長野市（鬼無里村）では大麻を対象として糸車が利用される（涌井1990）など，比較的太い糸についても糸車の利用が浸透してきている。麻などの長繊維の撚りかけには垂直式紡錘，木綿などの短繊維の撚りかけには糸車が適しているとされるが，このような一般的な原則を超えて，近世から近代にかけて糸車が普及・席巻していったものとみられる。

【韓半島】

韓半島では，木綿栽培が14世紀後半から始まり，16世紀に半島全域で活発化したが，それ以前はアサ，カラムシ等の繊維が広く利用されていた。朝鮮時代には咸鏡道の慶源，会寧，鐘城，穏城，慶興，富寧の六鎮で良質な麻布が生産され，「北布」として有名であった。慶尚道各地でも麻布が生産され，「嶺布」と呼ばれ，なかでも安東の生産品は「安東布」として高く評価された。江原道で生産された麻布は「江布」「常布」と呼ばれ，品質が優れていたわけではなかったが，農村でよく利用され特に喪服にも多く使用された（리순희1990；関丙河 外1995；関吉子1995）。アサを撚るにあたっては糸車が使用されている例が確認される（유형식・정명섭・최은수1995）。カラムシを利用した布は全羅道と忠清道で多く生産され，忠清道の韓山，舒山，鴻山，庇仁，林川，定山，藍浦等「紵布七邑」が産地として名高い。カラムシ栽培は済州道，全羅道，慶尚北道，忠清南道で行われているが，特に井邑・高敞地方と錦江流域で盛んである（리순희1990；関丙河 外1995；関吉子1995）。カラムシを撚るにあたっても糸車が使用されている例が確認される（関丙河 外1995）。

このように韓半島でも，アサやカラムシといった木綿の本格導入以前から利用されていた繊維の撚りかけにあたっては糸車を用いる例がみられる。管見の限り，垂直式紡錘を使用する民俗事例を韓半島ではほとんど確認できないことから，日本列島以上に，早い時期から徹底して垂直式紡錘から糸車への使用の切り替えがあったものと推測される。

木綿の普及とともに糸車が麻等の在来繊維の撚りかけについても席巻する勢いで展開した日本列島や韓半島の様相とは異なる糸車の展開もみられる。次に雲南の諸民族における糸車について概観する。

【雲南】

雲南では，傣族，彝族，瑶族，怒族，哈尼族，納西族などで糸車を用いる例が確認される（宋兆麟1965；羅鈺鐘秋2000）。一般に，垂直式紡錘から糸車へ進化的に発展したとみられているが，尹紹亭はこれとは異なる見解を示しており重要である。雲南では水稲農耕民が糸車を用い，焼畑農耕民は垂直式紡錘を用いるとする。焼畑では耕作地が村落から離れているので，その往復中に垂直式紡錘を歩きながら操作することで，効率的に時間を使うことができる。また，焼畑民族においては土地を求めて，あるいは季節的に移動することがあり，糸車のように重量のある器具を用いるのは不向きである（尹紹亭2000）。雲南では糸車が垂直式紡錘を駆逐する

表1　想定される紡錘車が出土しない状況

類型	大別	細別	民族誌・民俗事例
みかけの不在	有機物を含む材質の紡錘車	木製紡錘車	日本列島（陸奥，安房，相模，伊豆・駿河，伊勢・志摩，美濃，佐渡，越後，越中，丹後，出雲，壱岐），雲南・四川（独龍族，哈尼族，彝族，納西族，傈僳族，怒族，普米族，佤族等），極東（サハリン・アイヌ，ナーナイ，ウリチ），シベリア（ハンティ，ショル，アルタイ諸族，クマンジン，テレウト，ハカス，トゥヴァ，ケト），カルムイク，インドネシア
		樹皮（白樺など）製紡錘車	シベリア（ショル）
		種子（どんぐりなど）製紡錘車	台湾（魯凱族），雲南（景頗族）
		骨角製紡錘車	雲南（彝族），シベリア（ハンティ，ショル，アルタイ諸族），極東（サハリン・アイヌ）
		紙製紡錘車	日本列島
	他製品転用紡錘車	銅銭を紡錘車として転用	日本列島（信濃，相模），雲南（彝族，佤族，景頗族，拉祜族）
真の不在	人体で糸を撚る	太腿と手を使って撚る	シベリア（マンシ，ハンティ，ネネツ，セリクープ，ケト，アルタイ諸族，ハカス，ヤクート，ドルガン），極東（エヴェンキ，エヴェン，沿アムールとサハリンの諸民族），台湾（阿美族）
		人差し指と親指で撚る	シベリア（ブリャート），北海道（アイヌ）
		頬の上で手を使って撚る	シベリア（ヌガナサン，エネツ，ドルガン）
		両手のひらで撚る	極東（チュクチ，コリャーク），日本列島（越後）
	紡錘車をつけず紡茎のみで撚る	紡錘車なしで紡茎のみで撚る	シベリア（ハンティ，外バイカルのエヴェンキ），ティモール（アトニ族等）
		錘部分がある一木造りの紡茎	シベリア（ハンティ，ショル，テレウト）
	代替器具の使用	手揺車（紖車）の使用	雲南（彝族，傈僳族，怒族，苗族）
		糸車（紡車）の使用	日本列島，韓半島，雲南（水稲農耕民）

ことがなかったのは，生活様式に合わせて糸撚り器具が選択されたためであり，日本列島や韓半島とは全く異なる様相を示すのである。

IV　結語

　本稿では，紡錘車が出土しない状況について表1のとおり，2類型5大別14細別の状況を考えてみた[8]。このように，民族誌や民俗事例から，少なくとも「紡錘車が出土しない」ということだけから，「紡錘が存在しない」，「撚糸を行っていない」などと断定することは非常に危険であるということも読みとれる。今後は，更なる民族誌・民俗事例の検討により，表1を更に充実化させるとともに，IIで述べた第II段階の適用に向けた検討を行うことが課題となる。その際には，単純に適用するのではなく，民族誌・民俗事例の特性を踏まえた上で，慎重に適用しなければならない点に充分注意が必要となる。

　本稿は，遺物が出土しないことを真正面から捉え，その理由を何とか明らかにすることを試図したもので，実際に出土・検出した遺物・遺構を基に過去を明らかにする考古学の論文としては，珍しい部類の論文である。考古学にもさまざまな資料的制約がある中，「出土しない」ことを論じるのはさまざまな面で難しいといわれるが，「出土しない」ことを等閑視して，論を進めていたのでは，いつか非科学的な議論に陥るのではないかという懸念が筆者にはある。そこで，「出土しない」ということはどういうことなのか一度，真摯に向きあわなければならないという思いから，この主題に取り組んだところである。「考古学は科学か」という難しい

問いに対し，充分に回答する力量が筆者には未だない[9]。しかし，考古学における解釈上，科学的ではないという疑念が生じたときは，本稿が試図したように，考古学以外の研究成果を慎重かつ適切に援用することで，考古学の科学性を高めることは充分に可能であるし，また，そのようにしなければならないのだろうと思料する。

■註
1) このような用語の混乱は中国語にも認められる。中国語では，紡輪は「紡輪」「転輪」，紡茎は「杆」「捻杆」などとするが，紡錘全体を「紡墜」などと呼ぶほか「紡輪」と呼ぶ例も多いので，注意が必要である。また，単撚糸に用いるものを「紡輪」，合撚糸に用いるものを「紡専」とする場合もあり，「紡専」は歴史的には「紡塼」「紡甎」ともされた（王若愚1980）。中国語では糸車の部品の紡錘の場合は「錠子」などと呼ばれる。なお，彝族では紡茎を「沙烏」，紡輪を「沙烏加瑪」，紡錘全体を「沙烏」と呼び（宋兆麟1986），紡錘全体と紡茎を呼び分けていない。
2) 八幡一郎は手押木・手押台の使用は日本列島独特のものとしているものの（八幡1974），後述のとおり，形態は異なるが，雲南やシベリアでも認められる。
3) 縄文時代にみられる有孔土製円盤等を紡錘車と考える見解も少なくないが，弥生時代以降の確実な紡錘車例とは穿孔形態が異なるなど，差異も大きく，筆者としては夜臼式期から専用の紡錘車がみられるようになったものと理解している。
4) 後述のとおり，Ａ．Ａ．ポポフの論文（Попов1955）にアイヌの紡錘として，長さ69cm，紡錘車径10cm，紡茎上端部穿孔の骨製紡錘車・木製紡茎の紡錘が報告されており（図7-28），紡錘車の材質を除くと，紡錘車形態，紡茎長さ，紡茎上端の処理などが当該資料（図3-2, 3）に類似することから，サハリン・アイヌの所産とみる見解を筆者も支持したい。なお，日本列島などのものと比較してサハリン・アイヌの紡茎は長いのが特徴であるが，鉄製紡茎を用いる日本列島例と比較すると総重量は軽い部類に入る。サハリン・アイヌにおけるエゾイラクサを対象とした紡錘利用法については難波琢雄が詳述している（難波2002）。
5) 垂直式紡錘の紡茎の方が，糸車の紡茎よりも太い場合が多く，紡錘車の孔径で区別できる可能性があるが，当てはまらない例も散見される。
6) ただし，ゼンマイについては木綿の本格導入以降に用いられたとする見解がある（山口1978，竹内1995a）ので，参考として扱うこととする。
7) 糸車の車の大きさが大きいものは木綿用，小さなものは麻用ともいわれるが，現在ではこれを区別することはできないともいう（角山1985）。
8) このほかに性差や時季による社会的禁忌も想定される。例えば，台湾の魯凱族では男性の紡糸は禁忌であり（住田1984），ロシアでは金曜日の紡糸は禁忌であった（伊藤1992）。
9) 科学，наука, science, Wissenschaft，など，その意味するところは諸説あり，完全に一致するところではないので，「科学」の定義が執筆要領に示されていない以上，考古学は科学であるかどうか回答できないというのが，最も'科学的'な態度であるかもしれない。

■文献
〈日文〉
阿比留嘉博，1979．対馬の文化財概説（その3）．対馬の自然と文化6．
伊藤一郎，1992．何故「金曜日は糸巻きもせず」なのか？．交錯する言語，pp.35-55．名著普及会，東京．

井之本泰，1985a．衣料材料の調達と裂き織り分布．丹後の紡織Ⅰ，pp.1-6，京都府教育委員会，京都．
井之本泰，1985b．丹後の藤織り．日本民俗体系第十三巻 技術と民俗（上巻），pp.135-137，小学館，東京．
井之本泰，1986．山の織物のひろがり．丹後の紡織Ⅱ，pp.53-66，丹後郷土資料館友の会，宮津．
井之本泰，1987．丹後の紡織用具と製品．丹後郷土資料館収蔵資料目録第3集．京都府立丹後郷土資料館，宮津．
尹紹亭（白坂蕃訳），2000．雲南の焼畑 - 人類生態学的研究 -．農林統計協会，東京．
上江洲均，2015．沖縄の民具．国際常民文化研究叢書9，306-350．
潮田鉄雄，1980．相川町を中心とした佐渡の衣料．佐渡・相川町の織物，pp.50-63，相川町教育委員会，相川．
大村裕，1983a．房総半島南端における麻糸撚り用紡錘車とその使用方法について．民具マンスリー15(10)，12-19．
大村裕，1983b．房総半島南端における麻糸撚り用紡錘車とその使用方法について（二）．民具マンスリー15(11)，16-18．
岡村吉右衛門，1979．アイヌの衣文化．衣生活文化研究会，東京．
奥原国雄・石塚尊俊・近藤正・長谷川清・小野重朗・小林孝子・向山勝貞・松山光秀・小川学夫，1981．紡織習俗Ⅱ．無形の民俗資料記録第26集，文化庁文化財保護部，東京．
小野重朗，1985a．甑島の葛布．日本民俗体系第十三巻 技術と民俗（上巻），pp.142-143，小学館，東京．
小野重朗，1985b．奄美の芭蕉布．日本民俗体系第十三巻 技術と民俗（上巻），pp.144-145，小学館，東京．
加賀ひろ子，1969．漁村における麻糸撚りの技術．神奈川県立博物館研究報告1(2)，23-39．
柿沼修平，1985．北総における弥生時代土製紡錘車の評価．史館18，73-85．
神野善治，1985．漁村における糸撚り技術とその用具．沼津市歴史民俗資料館紀要9，31-75．
川野和昭，2015．南九州・鹿児島の民具．国際常民文化研究叢書9，230-304．
京都府立丹後郷土資料館，1981．藤織りの世界．特別展図録12．京都府立丹後郷土資料館，宮津．
後藤為義，1987．西日本織物の民俗誌．葦書房，福岡．
小林孝子，1972．南日本の衣料について（第1報）- 奄美の芭蕉布 -．鹿児島大学教育学部紀要 自然科学編23，69-77．
小林孝子，1974．日本在来織布の研究 - 葛布について -．鹿児島大学教育学部紀要 自然科学編25，75-81．
財団法人アイヌ文化振興・研究推進機構，2000．アイヌ生活文化再現マニュアル 織る－樹皮布－．アイヌ文化振興・研究推進機構，札幌．
財団法人福島県文化振興事業団，2008．福島県の民俗技術．福島県文化財調査報告書 第448集．福島県教育委員会，福島．
坂本育男，1996．福井県の糸車．福井県の手織機と紡織用具，福井県立博物館調査研究報告書，65-77．
佐々木長生，2015．会津・只見の民具．国際常民文化研究叢書9，18-74．
佐藤利夫，1972．佐渡のシナ織り．民具マンスリー5(7)，1-4．
佐藤利夫，1975．佐渡海府の木綿以前．日本民俗学99，25-41．
佐藤利夫，1980．海府の織り物．佐渡・相川の織物，13-22，相川町教育委員会，相川．
神保教子，1985．アイヌの厚司織．日本民俗体系第十三巻 技術と民俗（上巻），127-129，小学館，東京．
住田イサミ，1984．ルカイ族の織物 織物の技法と織物に関する禁忌．えとのす23，90-109．
高西力，1992．ツミ．富山県の民具，21，123-169，富山県教育委員会，富山．
滝沢修一，1987．図録 妻有の女衆と縮織り．十日町市博物館，十日町．
竹内淳子，1995a．ものと人間の文化史78-Ⅰ 草木布Ⅰ．法政大学出版局，東京．
竹内淳子，1995b．ものと人間の文化史78-Ⅱ 草木布Ⅱ．法政大学出版局，東京．

竹腰学，1996．麻の紡織とその用具．福井県の手織機と紡織用具，福井県立博物館調査研究報告書，78-79．
多田滋，1998．越後縮の生産をめぐる生活誌，十日町市郷土資料双書八，十日町市博物館，十日町．
田辺悟，1977．三浦半島の漁撈関係用具［Ⅰ］．横須賀市博物館研究報告（人文科学）20．
田畑美穂・藤原寛・吉川裕子・下村宣子・大屋道子・形神和子・角谷公朗・橋本英一，2008．紡織習俗Ⅲ．無形の民俗文化財記録第53集，文化庁文化財部，東京．
田原久，1985．剣山麓のタフ．日本民俗体系第十三巻 技術と民俗（上巻），pp.138-139，小学館，東京．
辻川智代，2015．近畿・滋賀の民具．国際常民文化研究叢書9，190-228．
津田豊彦，1967．漁撈具及び附属用具．熊野灘沿岸漁撈習俗調査報告書，三重県文化財調査報告書第8集．
角山幸洋，1968．改訂増補版 日本染織発達史．田畑書店，東京．
角山幸洋，1985．民具による紡織技術．丹後の紡織Ⅰ，pp.7-48，京都府教育委員会，京都．
寺田寅彦，1948．糸車，寺田寅彦随筆集，第5巻，岩波書店，東京．
出利葉浩司，1985．アイヌの紡錘車について．北海道開拓記念館研究年報13，137-147．
豊田幸子，1976．被服構成における素材に関する研究Ⅰ-藤布について-．名古屋女子大学紀要22，99-107．
長崎県教育委員会，1965．昭和39年度民俗資料調査報告書．長崎文化財調査報告書 第3集．長崎県教育委員会，長崎．
中沢悟，1996a．紡錘車の基礎研究（1）．群馬県考古資料普及会研究紀要13，81-126．
中沢悟，1996b．紡錘車の基礎研究（2）-群馬県内を中心として-．専修考古学6，67-95．
中沢悟・春山秀幸・関口功一，1988．古代布生産と在地社会-矢田遺跡出土紡錘車の分析を通して-．群馬の考古学，pp.356-394．群馬県考古学資料普及会，北橘．
永原慶二，1990．新・木綿以前のこと．中央公論社，東京．
永原慶二，2004．苧麻・絹・木綿の社会史．吉川弘文館，東京．
中堀均・高藤一郎平，1975．漁具・漁法・制度．南佐渡の漁撈習俗，24-25，新潟県佐渡郡小木町，小木．
中村ひろ子，1972．テスリツムについて．民具マンスリー 5-2，4-8．
中村ひろ子，1982．漁村の糸撚りの技術—テスリツム．関東地方の民具．明玄書房，東京．
中村ひろ子，1985．伊豆・相模のテスリツム．日本民俗体系第十三巻 技術と民俗（上巻），pp.568-570．小学館，東京．
難波琢雄，2002．植物繊維の製作と利用法．財団法人アイヌ文化振興・研究推進機構普及啓発セミナー報告，150-161．
野間吉夫，1965．佐志の葛布．
原田泱泰，2001．モジ織りについて モジ織りと私（1）．末盧國148，5-7．
原田泱泰，2002．モジ織りについて モジ織りと私（2）．末盧國149，10-11．
東村純子，2011．考古学からみた古代日本の紡織．六一書房，東京．
古内茂，2005．弥生時代土製紡錘車考-利根川下流域を中心として-．三澤正善君追悼記念論集-怒涛の考古学-，pp.183-197．三澤正善君追悼記念論集刊行会，青森．
古澤義久，2015．壱岐島の紡錘・ケーズミ—紡錘の地域差—．民具マンスリー 48 (9)，1-14．
古澤義久，2016．壱岐市勝本浦の釣糸製作用糸車について．島の科学53，1-15．
白南雲，1933．朝鮮社会経済史．改造社．
南ゆかり・明珍健二，1992．織りへのいざない—木綿・麻・藤の紡織技術—．栗東歴史民俗博物館企画展図録．
村松篤，2002．弥生時代の紡錘車．埼玉考古37，47-59．
森谷周野・本山幸一・高沢実・滝沢秀一・玉木シゲ・佐藤利夫・駒形甿・近藤忠造・後藤捷一，1975．紡織習俗Ⅰ．無形の民俗資料記録第20集，文化庁文化財保護部，東京．

柳田国男，1979．木綿以前のこと．岩波書店，東京．
柳平則子，1980．織物のできるまで．佐渡・相川の織物，pp.23-43，相川町教育委員会，相川．
山口麻太郎，1978．郷土生活の伝承性について．日本民俗学118，59-65．
山口麻太郎，1979．「郷土生活の伝承性」の訂正と追記．日本民俗学123，68-70．
山本恵一，1989．沼津周辺の漁撈用具（Ⅰ）．沼津市歴史民俗資料館資料集7．
山脇悌二郎，2002．事典 絹と木綿の江戸時代．吉川弘文館，東京．
八幡一郎，1974．紡錘車について．歴史と地理231．
芳井敬郎，1985．紡織技術の伝承．丹後の紡織Ⅰ，pp.49-58，京都府教育委員会，京都．
芳井敬郎，1986．各地区の機織りのしごと．丹後の紡織Ⅱ，pp.67-88，丹後郷土資料館友の会，宮津．
吉本忍，1977．インドネシア染織大系 上巻．紫紅社，京都．
吉本忍，1987．いとつむぎ．文化人類学事典，57-59，弘文堂，東京．
両津市郷土博物館1997．郷土を知る手引 佐渡一島の自然・くらし・文化―．両津市郷土博物館，両津．
脇田雅彦（神野善治），2015．中部・徳山の民具．国際常民文化研究叢書9，158-188．
涌井二夫，1990．畳糸．長野県の諸職，pp.129-131．長野県教育委員会，長野．
渡辺明・川崎純徳，1972．常総地方の所謂「紡錘車」について．常総台地6，28-32．
無記名，1971．今に残る原始布 佐志のもじ織り．末廬國38，4．

〈韓文〉
리순희，1990．李朝時期의 朝鮮옷에 関한 研究．考古民俗論文集12，134-191．
閔吉子，1995．韓国 伝統織物의 歴史와 種類．韓国 服飾 2千年．国立民俗博物館 特別展示図録，pp.184-205．図書出版신유．
閔内河・羅恪淳・姜秉樹・李錫茂・李在範，1995．서울民俗大観10．生業・交通・通信編．서울特別市．
유형식・정명섭・최은수，1995．韓国 服飾 2千年．国立民俗博物館 特別展示図録，図書出版신유．
黄基徳，1984．朝鮮 原始 및 古代 社会의 技術発展．科学，百科事典出版社．

〈中文〉
陳炳応・石奕龍・李筱文・徐康寧・黄承宗・梅華全・曽少立，1996．中国少数民族科学技術史叢書 紡織巻．広西科学技術出版社．
陳維稷主編，1984．中国紡織科学技術史（古代部分）．科学出版社．
段拭，1962．江蘇銅山洪楼東漢墓出土紡織画象石．文物1962（3），31-32．
李仰松，2015．20世紀50年代西盟佤族社会歴史調査．文物出版社．
凌曼立，1962．紡織．馬太安阿美族的物質文化，中央研究院民族学研究所専刊之二，209-226．
羅鈺鐘秋，2000．雲南物質文化 紡織巻．雲南教育出版社．
南京博物院，1980．江蘇呉県草鞋山遺址．文物資料叢刊3，1-24．
上海市紡織科学研究院《紡織史話》編写組，1978．紡織史話．上海科学技術出版社．
宋伯胤・黎忠義，1962．従漢画象石探索漢代織機構造．文物1962（3），25-30，44．
宋兆麟，1965．雲南西双版納傣族的紡織技術 - 兼談古代紡織的幾個問題．文物1965（4），6-13．
宋兆麟，1986．従民族学資料看遠古紡輪的形制．中国歴史博物館館刊8，3-9．
宋兆麟・黎家芳・杜耀西，1983．中国原始社会史．文物出版社．
唐雲明，1985．藁城台西商代遺址．文物出版社．
田継周・羅之基，1985．佤族．民族出版社．
王徳慶，1957．江蘇銅山東漢墓清理簡報．考古通訊1957（4），33-38．

王恒杰，1987．傈僳族．民族出版社．
王黎琳・武利華，1980．江蘇銅山県青山泉的紡織画像石．文物1980 (2)，93-94．
王若愚，1980．紡輪与紡専．文物1980 (3)，75-77．
王暁，1987．浅談我国原始社会紡織手工業的起源与発展．中原文物1987 (2)，96-101，106．
夏鼐・陳公柔・王仲殊，1957．長沙発掘報告．科学出版社．
厳汝嫻・陳久金，1986．普米族．民族出版社．
尤振尭，1986．江蘇泗洪曹廟東漢画像石．文物1986 (4)，40-47，82．
趙翰生，1997．中国古代紡織与印染．商務印書館．
浙江省文物管理委員会，1960．呉興銭山漾遺址第一，二次発掘報告．考古学報1960-2，73-91．

〈露文〉

Попов А. А.,1955. Плетение и ткачество у народов Сибири в XIX и первой четверти XX столетия. *Сборник Музея антропологии и этнографии*. Т. 16. стр. 41-146. Изд-во Академии наук СССР.

Шишлина Н.И.,1999. Текстиль эпохи бронзы Прикаспийских степей. *Текстиль эпохи бронзы Евразийских степей.(Труды Государственного Исторического музея. Выпуск 109).*стр.7-57.

■図版出典
図1 角山1968; 大村1983a; 田辺1977（写真トレース）; 加賀1969; 神野1985; 津田1967（写真トレース）; 脇田2015（写真トレース）; 滝沢1987（写真トレース）; 両津市郷土博物館1997（写真トレース）; 高西1992（写真トレース）; 角山1985; 奥原ほか1981; 古澤2015，図2 宋兆麟・黎家芳・杜耀西1983; 宋兆麟1986; 李仰松2015（写真トレース）; 羅鈺鐘秋2000（写真トレース），図3 出利葉1985，図4 Попов1955，図5 Попов1955，図6 住田1984，図7 Попов1955，図8 角山1968; 羅鈺鐘秋2000（写真トレース），図9 Попов1955，図10 Попов1955，図11 Попов1955，図12 羅鈺鐘秋2000，図13 芳井1986; 筆者撮影; 宋兆麟1965，図14 井之本1987; 坂本1996; 南・明珍1992（写真トレース）; 古澤2016; 유형식・정명섭・최은수1995（写真トレース）; 筆者撮影，図15 唐雲明1985，図16 段拭1962; 尤振尭1986; 宋伯胤・黎忠義1962

　本稿は第62回日本中国考古学会九州部会での発表を基にしたものです。大部分が民族学・民俗学の話であったため，果たして反応があるかどうか不安を感じておりましたが，先生方をはじめ特に九州大学院生諸氏から矢継ぎ早に質問の手が挙がり，田中良之先生をはじめとする九大の先生方が指導されている日頃の院生演習の雰囲気を感じとることができました。田中先生のことで印象的だったことは，「たくさん土器をみれば，拓本をみただけでも，土器の色や質感までわかるようになるものだよ。」というお言葉をいただいたことです。私が学部生時代から韓国各地で新石器時代土器の実測調査を行ったのは，そうなりたいと強く希求したからにほかなりません。そのことが現在の研究の血肉となっていることを思い起こしながら，田中先生のご冥福をお祈りするものです。

現代ユンノリ遊具の考古学的分析

～盤上遊戯「樗蒲(かりうち)」の復元を目的として～

奈良文化財研究所　小田 裕樹

要旨

　本稿では，盤上遊戯「樗蒲(かりうち)」の復元を目的として，朝鮮半島の伝統民俗遊戯である「ユンノリ」の遊具について考古学的分析をおこない，その特質の解明を試みる。現代韓国で市販されているユンノリ遊具を構成する盤面・棒・駒には，統一されている要素と自由度が高い要素が認められる。「計29点のマスによる盤面」と「木製の長細い形状の棒」は現代ユンノリの特徴であり，この統一された枠組みの中で新たなルールが考案され，遊ばれている。一方で，盤面の材質や駒の多様性は日本の「樗蒲(かりうち)」の特徴と通じること，紡錘形を呈する棒の形態は中国の「樗蒲」で用いられていた五木の形状を残す可能性を見出した。ユンノリは，東アジアの盤上遊戯の歴史を受け継ぎ，現代韓国社会の影響を受けつつ，さらに未来への変化を内包しながら今も韓国において遊ばれている遊戯，と位置づけられる。

キーワード：現代，ユンノリ，かりうち，樗蒲，考古学的分析

1　本研究の背景と目的

本研究の背景　筆者は平城京から出土した奈良時代の土師器に刻された円を6分割する列点記号について，朝鮮半島の民俗遊戯であるユンノリ（윷놀이）の盤面との共通性，『万葉集』の用字についての研究成果をふまえ，奈良時代の盤上遊戯「樗蒲(かりうち)」の盤面の可能性が高いと考えた（小田 2015a・b）（第1図）。そして，ユンノリが，「かりうち」の遊戯方法の復元や各種遊具の形状および遊戯自体の特質を考える上で，きわめて重要な情報を有しているとの見通しをもった。

　またユンノリは，高麗時代には「樗蒲」と表記されており（劉 2002），『隋書百済伝』（井上秀雄 1974）で「百済人が好む」とされた「樗蒲」と同じ遊戯であったと考えられている。そして古代日本の『倭名類聚抄』では「樗蒲」の字に「加利宇知(かりうち)」の訓みをあてるが，これはこの遊戯が朝鮮半島で「樗蒲」と呼ばれていたことに由来すると考えられている（安藤 1974〔初出は1935〕；垣見 2011）。

　「樗蒲」という遊戯自体は，中国漢代まで遡る遊戯であり，ユンノリに似た特徴をもつもの

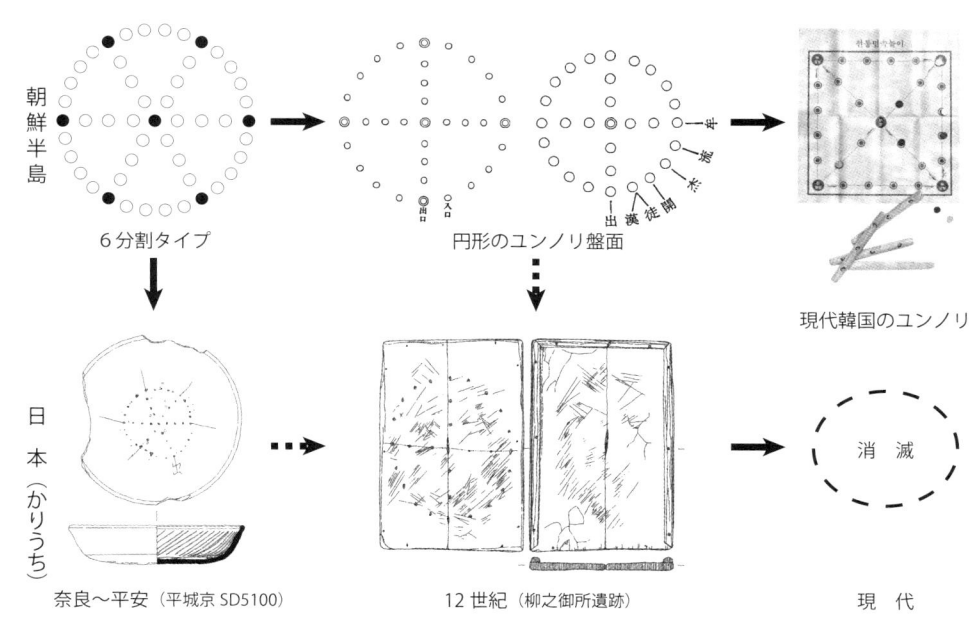

第1図　ユンノリ・かりうち盤面の展開（仮説）

の，具体的な遊戯方法については異なる点が多いとされている（大谷 1990，1991）。しかし，東アジアにおいて中国・朝鮮半島・日本のそれぞれに「樗蒲」と表記される遊戯が存在しており，それぞれ時期や分布の重なりを持つことは，「樗蒲」が全く同一の遊戯を指すものではなくとも，何らかの共通する属性を有していたものと考えられる[1]。

ユンノリが「かりうち」やその淵源となる「樗蒲」と何らかの関係をもつとすると，現代ユンノリ遊具には歴史的変遷を経た結果としての「樗蒲」や「かりうち」に用いられた遊具の特質を残している可能性があり，その特質を明らかにすることが，かつての「樗蒲」・「かりうち」の復元に繋がると考えられる。

「ユンノリ」・「かりうち」・「樗蒲」の三者がいかなる関係にあるかを明らかにすることは，東アジアにおける盤上遊戯の展開を明らかにする上で大きな意義をもつ。また，ユンノリが「樗蒲」や「かりうち」と共通するどのような属性を残しつつ，現代において遊ばれているのかについても，遊戯と社会との関わりを考える上で興味深い問題である。

本稿の目的　以上のような背景をふまえ，本稿では現代韓国のユンノリ遊具の考古学的分析を通して，ユンノリの歴史的意義について見通しを立てることを目指す。本稿では，韓国で市販されているユンノリ遊具の諸属性の抽出をおこない，どのような部分が古い要素を残し，現代的な要素とはどのようなものか，についての整理を試みる。これらの分析を通して，「かりうち」から想定される遊戯の特質が現代ユンノリとどの程度通じているのかを明らかにするとともに，現代ユンノリ遊具の特質についても言及したい。

また，管見の限り韓国において考古学的な視点に基づいてユンノリ遊具を扱った研究は知らない[2]。本稿での分析は，今後日本や朝鮮半島において「かりうち」やユンノリに関連する考

古資料の蓄積が進んだ際に比較検討が可能な，現代ユンノリ遊具の基礎的データの提示としても意味があると考える。

2 ユンノリについて

(1) ユンノリとは

ユンノリとは朝鮮半島において遊ばれている双六に似た盤上遊戯である。かつては「栖戯」「擲栖」と呼ばれ，さらに古くは「樗蒲」と呼

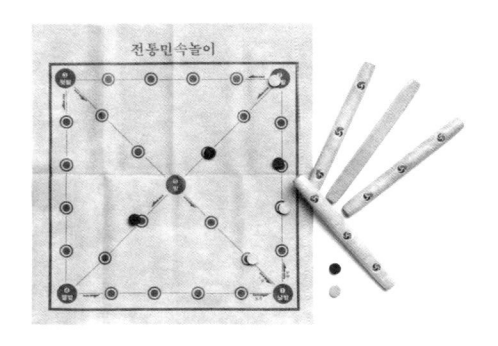

第2図 現代韓国のユンノリ遊具

ばれていた（劉 2002）。現代では韓国を代表する伝統民俗遊戯として，主に旧正月に親族が集まった際に遊ばれているという。

ユンノリは，一対一の2人もしくは複数名が2組に分かれて対戦する。2種類の駒を4個ずつ持ち，盤面のスタート地点となるマスから反時計回りの方向に駒を進め，より早く4つの駒をゴールに進めた組の勝ちとなる。駒が盤面の隅に止まると，中心方向の近道に入ることができ，ゴールへの経路を短縮することができる。また，相手の駒が止まっているマスに自分の駒が追いつくと相手の駒を出発点に戻すことができる，自分の駒が同じマスに止まると次からは同時に駒を進めることができるなどのルールがある。

ユンノリでは，日本の双六で用いるような六面体のサイコロではなく，4本の棒を使用し，駒が進む数を決める。この棒は円柱を縦半分に割ったような，かまぼこ形の断面形を呈し，平面をなす一面（平坦面）と，曲面からなる。これにより，1本の棒で曲面が下になり平坦面が上になる場合と，平坦面が下になる場合の2つの采の目ができる。そして，4本の棒を同時に投げるため，1本から4本の平坦面が上になる場合と4本全ての曲面が上になる場合の全部で5つの采の目ができ，それぞれ駒の進む数が決められている。韓国では，この5つの組み合わせをそれぞれ「ト（도）」「ケ（개）」「コル（걸）」「ユッ（윷）」「モ（모）」と呼び，順に豚，犬，羊，牛，馬を指すとされる。また，4本すべての平坦面が上になる「ユッ」と，全ての曲面が上になる「モ」がでた場合は，もう一度4本の棒を投げることができる特典が得られる。

(2) ユンノリ遊具の構成について

ユンノリ遊具は盤面（ユッパン〔윷판〕・マルパン〔말판〕・馬田）1枚，棒（ユッ〔윷〕）4本，駒（マル〔말〕）2組各4個から構成される（第2図）。この他，棒を投げる面となる布・蓆や棒を入れる筒なども用いられることがあるが，これらは遊戯において必要不可欠のものではなく，本稿では扱わない。

3 資料と方法

(1) 分析対象資料

本稿では市販品のユンノリ遊具を対象とする。収集した資料は計16点である（第11・12図，

第1表)。

　資料の収集方法については，インターネットで購入したもの（入手方法A）と，店頭購入したもの（入手方法B），韓国で購入されたものを筆者が譲り受けたものがある（資料5）。インターネット購入したものでは，日本国内で購入したもの（Aa）と，研究協力者である李さんに韓国での購入をお願いしたもの（Ab）がある。日本国内のものは，2015年6月から7月にかけて「ユンノリ　販売」の検索ワードで出てきた上位4点である。また，李さんには普通のもの，高級なもの，盤面が円形のものの3種類の購入を依頼した。

　店頭購入したものは筆者が2014年11月に大阪市生野区の御幸通商店街周辺で購入したもの(Ba)，2015年3月にソウル市内の仁寺洞において店頭購入したもの（Bb）がある。大阪市生野区の御幸通商店街周辺は大阪のコリアンタウンとして著名である。食料品，衣料品，韓流グッズは多数売られていたものの，ユンノリを店頭販売する店は限られており，計2点を購入できた。ソウルの仁寺洞は，観光客むけの伝統工芸品をはじめとする韓国土産を扱う店が多く集まっている。筆者は，この仁寺洞の中心通り（仁寺洞キル）沿いの店を対象に「ユンノリの道具」を求め，全点を購入した（重複分は除く）。ユンノリを購入できたのは全4店で（Bb 1～4），計6点である。

　これらの資料は，日本で購入したものもすべて販売元は韓国であり，元々は韓国で市販されるものを輸入・販売しているものと判断される。各資料の価格については店ごとに価格設定に差があり，またインターネット購入の場合や日本円の場合など，同列に語ることが難しい。しかし，韓国購入品（Ab，Bb）をみると15,000ウォン以上の高価格帯と1,100ウォン～6,000ウォンの低価格帯に明確に分かれることから，これを基準にそれぞれを位置づけた。

(2) 資料の特性について

　本稿では，以上のような入手経緯をもつユンノリ遊具を分析の対象とするが，市販品を対象としている点は，分析にあたって注意すべき点である。ユンノリの遊戯内容をみると，必ずしも専用の遊具は必要ではなく，市販品を購入して使用しなければならないというわけではない。実際，棒や駒は手ごろな材料を用いて遊ぶことが可能であり，盤面を地面に描き木片を投じて遊ぶ朝鮮時代の絵画資料も存在する（国立中央博物館 2002, pp.190）。

　本稿で対象とする「韓国で市販されているユンノリ遊具」という資料的特性は，純粋にユンノリで遊ぶための遊具という点に加え，現代韓国における伝統民俗遊戯として商品化され販売されている「典型的なユンノリ遊具」と解することができる。本稿では，これらの「市販されているユンノリ遊具」というバイアスにも注意して分析・考察をおこなう。今後，実際に遊ばれている民俗資料と対比することにより，市販品としてのユンノリ遊具の特性がさらに明確になるものと予想される。

(3) 分析の方法

　ユンノリ遊具を構成する盤面，棒，駒の3者について，材質・形態などの定性的属性と計測値による定量的属性について以下のように分類する。

1) 盤面の属性

材　質　盤面が記された素材である。紙製・布製・ビニール製・磁石製がある。

形　態　ユンノリの盤面は外周のマスと中心のマス，それらのマスを結ぶ放射状のマスにより全体を分割する形態を呈する。円形のものと四角形のものがある。四角形を呈するものはさらに正方形と長方形に細分できる。

サイズ　円形のものは直径を，四角形のものは右下にスタート地点を置いた際の縦・横の計測値を示し，これらに囲まれる面積も求めた。

スタート地点　盤面をみるとスタート地点とゴール地点が一致するものと，ゴールより1マス進んだ点をスタート地点とするものがある。前者を一致タイプ，後者を不一致タイプとする。

マスの表現　列点による表現と，文字や絵柄による表現がある。

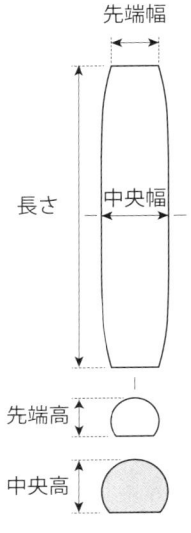

2) 棒の属性

材　質　分析対象資料は全て木製である。これらは広葉樹散孔材，広葉樹環孔材，針葉樹に大別できる。樹種鑑定にあたっては大河内隆之氏，星野安治氏にX線CTによる断面観察に基づく御教示を得た。

形　態　いずれも長細い形状である。これらは中央幅と先端幅が変わらない長方形タイプと両端に向かって細くなる紡錘形タイプに細分できる。

サイズ　長さ，幅，高さを計測した。第3図に計測点を示した。幅については，中央幅と先端の幅を計測した。高さは平坦面を下に置いたときの高さを計測した。これも中央と先端において計測した。

装飾方法　いずれも曲面側に何らかの装飾が施されている。装飾方法には，焼印を押すもの，塗装によるもの，プレスにより印をつけた後に彩色するもの，陽刻するものがある。

ティットの有無　ティット（뒷도）とは，4本の棒のうち，1本の棒の平坦面に印をつけ，この棒の平坦面のみが上に出る（ト となる）場合に，駒を1マス後退させるルールである。これは最近になって採用されるようになった変則的なルールとされる（国立国語院〔編〕2006）。このティットを意味する印が有るものと無いものとに分けられる。

第3図　棒の計測点

3) 駒の属性

材　質　木製・石製・紙製・プラスチック製・磁石製がある。

形　態　平面形態をみると円形の他，四角形や八角形を呈するものがある。また断面形態をみると中央が厚く縁辺に向かって薄くなる円盤状を呈するものと，厚みが変わらない扁平な円柱状を呈するもの，突起を有するものがある。

サイズ　円形のものは直径，八角形のものは最大長，長方形のものは縦と横の長さを計測した。厚さ（高さ）は最大値をとった。

色の組み合わせ　駒の色には赤・青・白・黒・黄・緑があり，無色（木地）のものがある。ま

た，文様が施されたものもある。これらの中で2種類が選択されており，その組み合わせを示した。

4　分析結果（第1表，第5図）

（1）盤面について

材　質　紙製が10例（62.5%）を占め，布製4例（25%）がそれに次ぐ。ビニール製と磁石製が各1例ある。価格は布製ものが高く，紙製のものは安価である傾向がみられる。

形　態　盤面は全て4分割タイプで，マスの数は全て計29点である。これは統一されているといえる。奈良時代の「かりうち」にみられるような6分割タイプ（小田 2015a・b）は無い。形態は四角形14例（87.5%），円形2例（12.5%）で圧倒的に四角形が多い。この円形の2例はインターネットで検索し見つけたものであり，店頭でみることはできなかった。四角形盤面はさらに正方形と長方形に細分できるが，これらの違いが意味するところは不明である。

サイズ　最小が資料4の縦14.1cm，横13.9cmで面積は約196㎠，最大が資料14の縦32.5cm，横32.2cmで面積は約1,047㎠である。

マスの表現　列点が14例（87.5%）を占める。絵柄で表現するものとハングルで表示するものが各1例あるが，これらも絵柄やハングルを円で囲んでおり，広い意味では列点といえる。資料3は，4本の棒の組み合わせのト・ケ・コル・ユッ・モを意味する5種類の動物（豚・犬・羊・牛・馬）の絵柄である。

スタート地点　一致するものが10例（62.5%），一致しないものが6例（37.5%）である。同一のものの方が多い。

（2）棒について

材　質　全て木製である。樹種をみると針葉樹，広葉樹散孔材，広葉樹環孔材がある。針葉樹ではマツ科，広葉樹環孔材ではクリ属が同定できた。広葉樹散孔材では樹種までは同定できなかったが，A～Eの5種類に分類できる。価格との相関をみると，広葉樹散孔材D・Eが価格的には高価である。なお，資料7と資料8は同一の店で購入したものであり，盤面・駒ともに全く同一のものであるが，価格は資料7が高い[3]。購入時に，店主に価格が異なる理由を尋ねたところ，「棒の材質が違う」，との回答を得た。資料7はクリ属，資料8はマツ科であり，樹種の違いが，ユンノリ遊具の質の違いに関わっており，それが価格と相関すること，針葉樹よりも広葉樹の方が棒に高級感を感じさせる材として認識・選択されていることを示唆する。

形　態　平面形態をみると，いずれも長細い形状を呈する点で共通する。長方形タイプが4例（25%）と，紡錘形タイプが12例

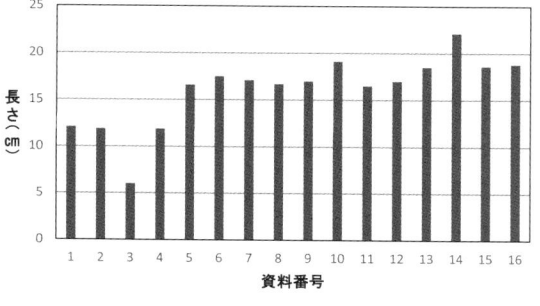

第4図　棒の長さ

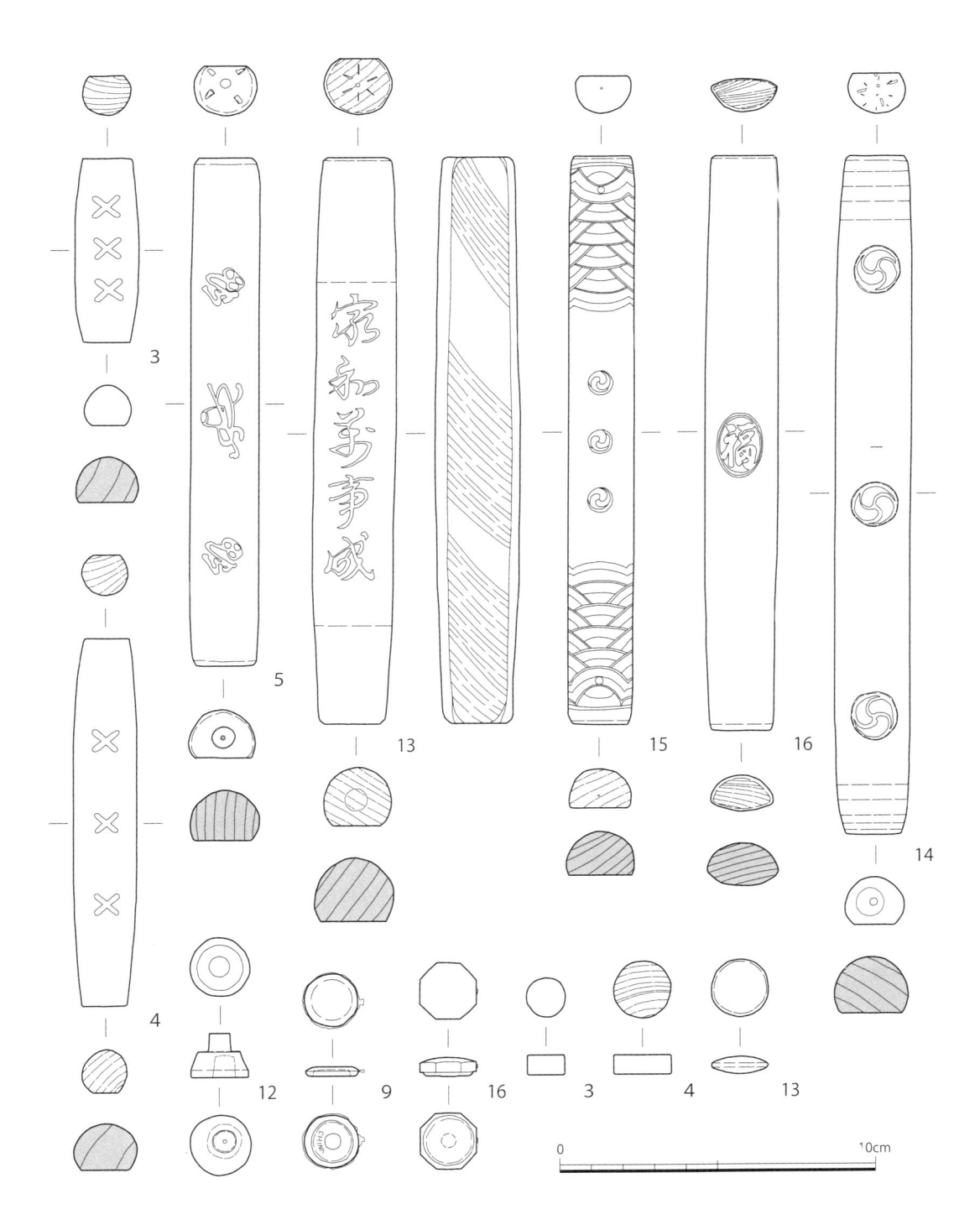

第5図　ユンノリ遊具（棒・駒）実測図　1：2
（数字は資料番号と対応する。）

(75%) であるが，この違いは棒の製作工程と関連する。

　棒の製作工程について，製作時の痕跡をよく残す資料13をみると，①両木口を切断して長さ18.5cmの原型を作る，②ロクロに固定して直径2.5cmの円柱を削り出す，③両端3～4cmを先端に向けて削り，直径2.2cmほどに細らせる，④丸ノコで縦に切断し，平坦面を作る，⑤曲面側に施文するという過程を復元できる。同様の痕跡は資料14でも認められ[4]，ロクロ爪痕の残る資料5～15は全て①～⑤の製作工程を基本とする。これをみると，棒の形態は紡錘形が基本であり，長方形タイプとは③の過程を省略したもの，とみることができる。

　なお，資料1～4の短いタイプではロクロの爪痕はみられない。木口を研磨したか，製作工程が異なっていた可能性がある。また，資料16は径のより大きな円柱を原型として作り出した結果，ロクロの痕跡が見えないものと考える。資料16は④の工程の後に，さらに平坦面を曲面に削る作業をおこなっており，他の資料よりも複雑な製作工程を経ている。

　断面形態をみると，円の1／3～1／5の位置で切断する例が14例（87.5%）で，ほぼ中心に近い位置を横断して切断する，半円形の断面を呈するものは1例のみ（資料15）である。

サイズ　長さをみると，最短は6cm（資料3），最長は22.1cm（資料14）である。第4図のグラフをみると，12cm以下の短いもの（資料1～4）と16cm以上の長いものに大別でき，16～19cmが標準のサイズとみえる。幅については中央幅が2～2.5cmで平均2.2cm，中央高は1.4～2.1cmで平均は1.7cmである。

装飾方法　全ての棒には曲面に記号や絵柄など何らかの装飾が施されている。焼印を押すものが12例（75%），塗装するもの1例（資料15），文様をプレスした後に塗装・彩色するもの2例（資料13・14），塗装した後に陽刻するもの1例（資料16）がある。焼印の文様をみると，資料1・2の一群と資料5・8・10・11の一群がそれぞれ同じモチーフであり，資料3・4・9は複数の×印という点で共通する。価格との関係をみると，焼印を押すものは低価格帯で，それ以外の方法によるものが高価格帯に属しており，装飾方法と価格は相関する。

ティットの有無　焼印・刻印・シールなどで表現するものが4例（25%）で，無いものが12例（75%）である。

（3）駒について

材　質　木製が7例（44%），プラスチック製が5例（31%），石製3例（19%），紙製（1例）と多様な材質が使用されている点が特徴である。資料9をはじめとするプラスチック製の駒は，4個一組に繋がった状態で製作されており，購入者が切断して使う。資料9の内面には「CHINA」の印があり，中国で製作されたことを示す。紙製の駒（資料5）も赤・青8枚分の絵柄が1枚の厚紙にプリントされ，ミシン目が入っている。これを切り取って使用する。

形　態　円形の平面形態を基本として，円盤形が7例（43.8%）と扁平な円柱形が6例（37.5%）ある。これは石製・プラスチック製が円盤形，木製が扁平な円柱形というように材質と相関する。資料12のように突起をもつものや，資料16のように八角形を呈するものなど多様である（第5図）。資料12は，基部の内側に穿孔が施されており，ここに突起部を挿入し，複数を重ね

ることができる。
サイズ　直径1.7〜2.2cmで平均は1.8cmである。厚さは，木製・石製のものは0.6〜0.8cmにまとまり，プラスチック製のものは0.3cmである。
色の組み合わせ　いずれも2組に分かれる。黒と白が5例（33%），赤と青が4例（25%）と多いが，規則性を見出すことはできない。また，石製で黒・白のもの（資料6・13）は，囲碁に使用する碁石と同じである。

（4）小　結
以上の分析結果から，次のような現代韓国のユンノリ遊具の特徴が抽出できる。
① 盤面は全て4分割タイプで列点の数は計29点である。
② 四角形盤面が大多数で，円形盤面はごく少数である。盤面を記す対象は布・紙が主流であるが，バリエーションがある。
③ 棒は全て木製で，長細い形状を呈する。いずれも曲面に記号や絵柄・彩色などの装飾を施す。
④ 棒の樹種は様々であるが，価格と相関して，樹種が選択されていた可能性が高い。
⑤ 棒は両端に向かって細くなる紡錘形を呈する形態を基本とする。
⑥ 駒は，盤面や棒に比べて材質・色・形態に規則性がなく，バリエーションが豊富である。

5　考　察
以下では現代ユンノリ遊具の特質とその背景について考察する。
（1）「かりうち」・「樗蒲」と現代ユンノリの関係について
1）「かりうち」の特質
筆者は日本古代の「かりうち」について，盤面の分析と『万葉集』の研究成果を基に検討した。筆者は「かりうち」の特質とは「転用」と「変形と省略」の2点にあると考えている[5]。まず，「かりうち」の盤面が土師器・須恵器・塼・木皿・折敷というように器物本来の用途を転用して記されている点に特徴がある。また，棒についても『万葉集』に「切木四」・「折木四」と表記されるように，木を切る・折るなどして製作していると考えられることから（喜多村節信；木村1913；安藤1974），これも同様に転用して使用していたものとみられる。筆者は「転用」が「かりうち」の遊具全体を貫く特質と考えている。これに加えて，盤面の列点記号を刻す・描く対象と施文具・施文方法に規則性がなく多様な点が特徴である。

このように「かりうち」は身近なものを調達・転用することにより遊戯をおこなっていた点が特質といえ，正倉院宝物に伝世するような華麗な装飾を施した専用の盤（局）や駒（碁子・双六子）を用いる，同じく奈良時代の盤上遊戯である囲碁や雙六とは異なる。

次に，変形と省略という点も特質として挙げられる。盤面の列点記号をみると，放射状列点の数の増減や省略がみられ，記号の大きさ（直径）も不統一である。これらの特徴から，遊戯をおこなう際に「記号の基本配列」が重視され，これに省略や変形をおこなうことによってゲーム性・戦略性を加減しうるものであったことがわかる。盤面やサイズを変化させることに

より，場の状況に応じて参加者や駒の大きさに対応した盤面を作り出すことができたと考えられる。

２）「かりうち」と現代ユンノリ遊具との関係について

以上の古代日本の「かりうち」にみられる特質をふまえて現代ユンノリ遊具と比較する。まず，本稿で対象とした資料は「市販されている商品」であり，ユンノリのために製作・販売されている専用品を扱っている。しかし，黒・白の石製の駒は碁石に非常によく似ており，これは碁石でも転用が可能であるという特徴を備えていると考えられる。駒は材質・色・形態ともに自由度が高い点が特徴で，２組に分けるという本義を達成すれば自由に選択できたものといえる。この点は「かりうち」の転用の特質に通じると評価する。また，ユンノリの盤面が記される材質がバリエーションをもつ点も，「かりうち」の列点記号を刻す・描く対象が多様という特徴と共通する。

次に，ユンノリの盤面はマスの数が計29点に統一されており，「かりうち」にみられるような盤面の変形や省略は全くみられない。

しかし，スタート地点の一致・不一致およびティットの有無は「かりうち」盤面の変形・省略と同じく，遊戯をより面白くするための工夫であると考えられる。これらは増川宏一により，遊戯に共通する法則としてまとめられた中の，「遊戯の変化性」（増川 1995，2006）と関連すると考える。すなわち，遊戯とはより興味深い内容へと常に変化するものであり，ユンノリについても計29点のマスという統一された枠組みの中で，よりゲームを楽しめるように遊び手によって改良され，変化しつつあることを意味していると考える。これらの新たなルールが定着し，またさらに進化するか否かは，遊戯の魅力向上にいかに貢献するか，楽しまれるかによるものと考えられ，今後の推移が注目される。

３）紡錘形の棒と「樗蒲」との関係について

現代ユンノリの棒は長細い形状を呈しており，中央部が最も幅広く，両端にむけて削ることによってすぼまる紡錘形を基本とする。駒が進む数を決めることを目的とするユンノリの棒は，平坦面と曲面の区別がついていることに意味があり，平面形態が紡錘形を呈する必要はない。筆者はこの棒が紡錘形を呈する点について，中国の「樗蒲」で用いられた五木の形状と関連す

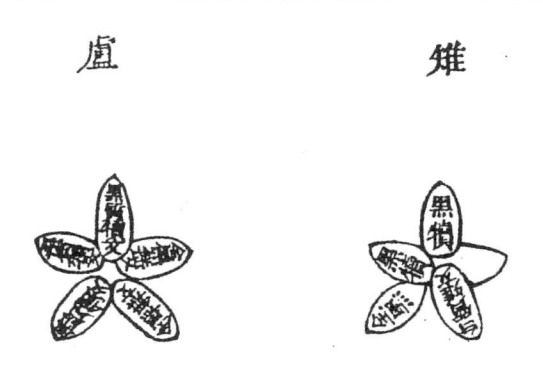

第６図 『演繁露』が引用する『樗蒲経』旧図 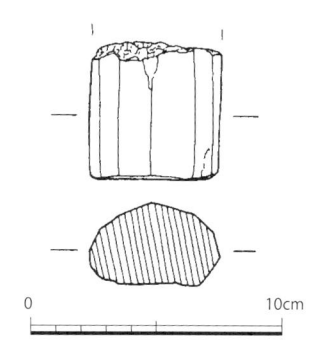　　　第７図 柳之御所遺跡出土木製品

るのではないか，と考える。

　「樗蒲」の遊戯内容に関する研究は多いが，基本的には「樗蒲」とは5本の木（五木）を用い，その木を投げて出た組み合わせによって点数を決めていた遊戯といえる。以下，大谷通順の考証（大谷1990，1991）に拠りながら，「樗蒲」に使われた五木の形状について整理する。

　『五木経』や『東国史補』によると，五木とは，片面が白色，片面が黒色で，5本中2本には白い面に「雉」，黒い面に「犢」の字が刻まれていたとする。また，形状については唐の李翱の選とする『演繁露』に「五子之形，兩頭尖鋭，中間平廣，狀似今之杏仁。」とあり，両端が尖り中間が平たく広い杏仁形を呈していたとされる。

　大谷によると，『演繁露』の「樗蒲」の遊戯内容についての記述の信頼度は低いとするが，『演繁露』が引用する『樗蒲経』原載図の采の形状については「一つの体系としてそれなりの整合性を有している」（大谷1990，pp.65）と評価する[6]。その大谷が掲載した『樗蒲経』原載図をみると，紡錘形の枠線が描かれている点が注意される（大谷1990，pp.67，第6図）。

　筆者はこの紡錘形の枠線が，「樗蒲」に使用された五木そのものの形状を描いたものと解し，ユンノリの長細く紡錘形を呈する棒は，この形状に由来する可能性を指摘したい。現代ユンノリの棒が完全な紡錘形ではなく両端が平らになるのは，材をロクロに固定する部分にあたっており，これ以上削ることができないためであろう。「樗蒲」に使用された遊具については実物がなく，詳細は不明と言わざるを得ないが，現代ユンノリの棒が紡錘形を呈する理由は，「樗蒲」の五木に由来する可能性を考えておく。

　なお，ユンノリの棒と「かりうち」の棒との関係については，現段階では奈良時代の該当資料が得られていないので，比較できない。しかし，12世紀の岩手県柳之御所遺跡出土の木製品（第7図）がその可能性をもつと考えている。これは，断面円形の棒状材の一面を平坦に削り，それ以外は細かい面取りにより曲面を作ったのち，切り込みを入れて折り取り，木口を平らに調整して製作したものとみられる。この資料が「かりうち」の棒にあたるものとすれば，先端を尖らせる形状とは異なるものである。

（2）現代ユンノリ遊具の歴史的意義
　1）20世紀前半のユンノリ遊具との比較
　本稿の分析により，現代ユンノリ遊具では盤面の計29点というマス数と，木製で細長い形状の棒に統一されている点を見出した。

　これと比較するために，20世紀前半のユンノリについての記述をみることにする。参考とするのは朝鮮総督府によりおこなわれた朝鮮半島の民俗調査報告である『朝鮮の年中行事』（朝鮮総督府1931），『朝鮮の郷土娯楽』（朝鮮総督府1941），『増補朝鮮風俗集』（今村1913）および鮎貝房之進『雑攷』（1972〔初出は1931〕）と酒井欣『日本遊戯史』（1933）である。

　これらの記述を見ると，20世紀前半の朝鮮半島にみられるユンノリ遊具には，現代ユンノリ遊具とは異なる点が見出せる。

　まず盤面が全体を4分割する点は現代と共通するが，マスの数をみると計29点のもの（第

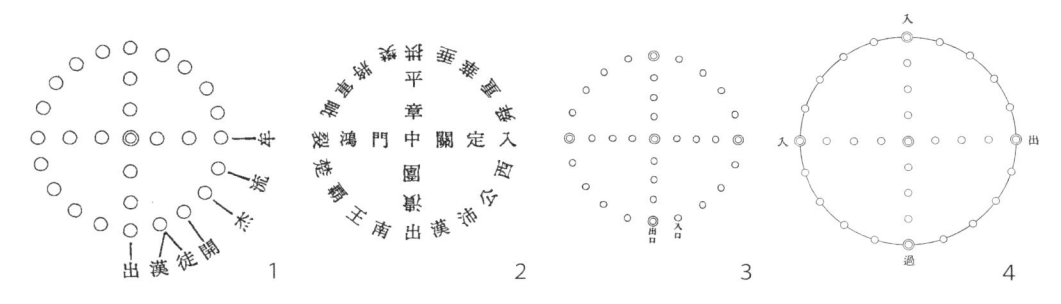

第8図　ユンノリ盤面のバリエーション
（1・2：葛城1974（初出は1925），3：鮎貝1972（初出は1931），4：酒井1933）

8図1・2）の他に，放射状のマスが3点ずつある計33点の盤面が存在する（同3・4）。また，マスの表現が列点ではなく，漢文で記したものがある[7]（同2）。盤面形態は基本的には円形であるが，『朝鮮の郷土娯楽』書中，江原道麟蹄地方に四角形ものがある（朝鮮総督府 1941，pp.250）。ただし，これが実際に四角形の盤面を実見して採録したものか，書物として挿図が組まれる際に四角形に編集されたものかについては判断できない。

次に，棒をみると長細い形状以外の種類が存在することがわかる。これは『朝鮮の年中行事』に詳しい記述があるので引用する。

　　栖（筆者註：棒のこと）は主として，檀木又は萩その他堅木を以て製作するが，斫栖（朝鮮語で장작윳－Chang chak yoot－又は채윳－Chai yoot－と云ふ）と栗栖（밤윳－Bam yoot－）の二種がある。即ち斫栖とは長さ四寸・径七八分位の圓い二本の棒を縦に割つて四本とし，その両端を稍や細く削つたものであり，栗栖とは長さ六分・径四分位のものであって，斫栖に比べて頗る小さいが，縦に割つて四個一組とすることは彼是同様である。然るにこの栗栖は，多くは賭博用として農夫間に行はれ，正月の遊戯用として一般的には行はれてゐない。（朝鮮総督府 1931，16頁）

このチャンチャクユッ（장작윳）とパムユッ（밤윳）の長短2種類の棒（第9図）については，『増補朝鮮風俗集』や『雑攷』にも記述があり，1895年のS.Culinの記述にも表れる（S.Culin 1991〔初出は1895〕）。また，劉卿美によると，これらの2種類のユッの他に，さらに豆ユッというものが存在するという。豆ユッは朝鮮半島北部に分布するとされる（劉 2005）。

これらのユッの使い分けについては，地域ごとの違いとする説（劉 2005）がある。また，投げ方の違いと関連して，チャンチャクユッは井の字状に持って投げ，パムユッは筒に入れて投げるとし，偶然性の高いパムユッが賭博用に使われたとする記述もある（S.Culin 1991）。

第9図　温陽民俗博物館の展示にみる2種のユッ
（左：チャンチャクユッ，右：パムユッ）

このように，朝鮮半島において少なくとも3種類のユッが存在しており，現代韓国では，このうちのチャンチャクユッに統一されていることがわかる[8]。

現代ユンノリ遊具の盤面のマス数と棒の形態の統一という点は，20世紀前半まで遡る特徴ではなく，それ以降に現れた変化とみることができる。

2）現代ユンノリ遊具の特質

以上のような現代ユンノリ遊具にみられた変化の背景を考える上で，劉卿美の研究成果（劉2005）が参考になる。劉はユンノリの棒の形状が①棒状，②片面が平らで，もう一面が山状，③長さ15〜20cm前後，という条件を備えることでほぼ固定化していることを指摘した。そして，韓国の初等学校の教科書の記述に注目し，ユンノリが1987年の第五次教育課程から教科内容に取り入れられるようになったこと，これが1980年代の民俗文化の復興運動や，1985年に旧正月を「民俗の日」と定め，植民地時代に禁止された旧暦を復活させることと連動すると指摘した。そして，全国統一の教科書に登場するユンノリには常にチャンチャクユッが取り上げられており，それによって現在の韓国ではチャンチャクユッに統一されることになったと考えた。

劉が指摘した棒の形状の固定化という点は，本稿の分析結果からも追認できる。そして盤面の計29点のマスへの統一も棒形状の固定化と連動していた可能性が考えられる。劉の見解を参考にすると，現代ユンノリ遊具にみられる変化とは，韓国における民俗文化の復興運動を背景として，ユンノリが韓国を代表する民俗遊戯であるとする評価が確立することと関連する可能性が考えられる[9]。

これらはさらに多くの分析・論証が必要であり，筆者の力の及ぶ範囲を超えるが，市販の「典型的なユンノリ遊具」に共通要素である「盤面の計29点のマス」と「木製の長い棒」という組み合わせは，20世紀前半から現代にかけてのユンノリを取り巻く韓国の文化・社会の変化の中で，ユンノリを象徴する要素として意識され，それを反映している可能性が推測される[10]。

その一方で，盤面の材質や棒の樹種，駒の多様性などは「典型的なユンノリ遊具」の規範意識の範囲外で，選択されていると考えられる。これらの各要素は製作・販売のためのコストなどと関連すると考えられるが，「かりうち」の特質とも共通する点は興味深い。

また，スタート地点の一致・不一致[11]やティットルールなどは，さらにゲームを面白くするための工夫として採り入れられつつある要素である。これは，計29点のマスに統一された盤面という枠組みの中で，遊戯としてさらに興味深い内容へと変化しつつあることを示すと考える。それと同時に，ユンノリの魅力をさらに高めるための改良が遊び手によって続けられていることをも意味し，今もユンノリが韓国社会の中で楽しまれ，遊び継がれていることを示している。

3）現代ユンノリ遊具の歴史的意義

現代ユンノリ遊具には，「かりうち」と共通する点も多く，棒の形態からは「樗蒲」の五木

```
「樗蒲」・「かりうち」と関連する              現代韓国における民俗遊戯
    遊戯の歴史的変遷                              としての社会的要請
              ↘                                ↙
                      現代ユンノリ遊具
```

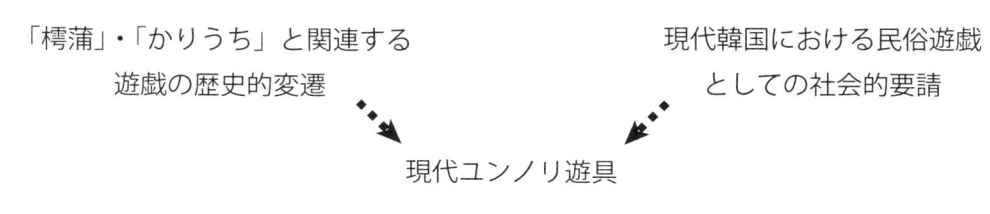

第10図　現代ユンノリ遊具の概念図

の形状を留める可能性も指摘できる。これらはユンノリが歴史的変遷を経ながら，「樗蒲」「かりうち」の特質を受け継いだ要素といえる。一方で，現代的意味も見出すことができる。盤面・棒形状の固定化は，ユンノリが韓国を代表する民俗遊戯として固有の意味を付与されたことと関連する可能性が見いだせる。

現代韓国のユンノリとは，中国で「樗蒲」，古代日本で「かりうち」と呼ばれた盤上遊戯と関連し，それが歴史的変遷を経て今に伝わるものであり，ユンノリ遊具はこれらの遊戯で用いられた遊具の記憶を留めているといえる。同時に，現代韓国における社会的要請を反映し，盤面のマス数・棒形状の固定化という変化がみられたと考えられる。この固定化の中でティットルールなどの新たなルールが考案され，遊戯の魅力をさらに向上させるべく新たな変化が起こりつつあるとみることができる。

現代のユンノリは，東アジアの盤上遊戯の歴史を受け継ぎ，現代韓国社会の影響を受けつつ，さらに未来への変化を内包しながら今も韓国において遊ばれている遊戯，と位置づけられる（第10図）。

6　まとめ

本稿では現代韓国で市販されているユンノリ遊具を対象に考古学的分析をおこなった。その結果，以下の点を明らかにした。

①現代ユンノリ遊具の盤面・棒・駒には，統一されている要素と自由度が高くバリエーション豊かな要素が認められる。
②盤面の材質や駒の多様性などは奈良時代の「かりうち」の特質に通じる特徴とみられる。
③紡錘形で長細い棒の形状は中国の「樗蒲」で用いられた五木の形状を残す可能性がある。
④「計29点のマスによる盤面」と「木製の長細い形状の棒」への固定化は現代ユンノリ遊具の特徴である。
⑤現代のユンノリは，東アジアの盤上遊戯の歴史を受け継ぎ，現代韓国社会の影響を受けつつ，さらに未来への変化を内包しながら今も韓国において遊ばれている遊戯である。

これらの成果は，筆者が収集できた資料に基づくものであり，さらに網羅的な資料の検討のもとに検証されるべきである。また，市販されている「典型的なユンノリ遊具」とは異なる，実際に韓国各地でおこなわれているユンノリの遊戯方法やその際に使用される遊具などの実態

を把握する作業も今後の課題として挙げられる。

　そして，今後資料の蓄積が期待される，古代日本および朝鮮半島・中国における盤面・棒・駒に関する考古資料との比較をおこなうことにより，現代ユンノリ遊具のもつ歴史的意義がより鮮明になるものと考えられる。

　繰り返しになるが，ユンノリは古代日本における娯楽・遊戯の実態解明，そして古代東アジアにおける「樗蒲」・「かりうち」などの盤上遊戯を復元するうえで，きわめて重要な情報を留めた遊戯である。諸賢の注意を喚起し，諸々の課題解明に向けた学際的研究がおこなわれることを期待する。

謝辞

　本稿をなすにあたり，以下の方々・機関より諸々の助言と援助を得た。特に朴享彬・李姸宰ご夫妻には，韓国におけるユンノリ遊具の購入・文献収集・資料調査に際して，多大な御援助を賜った。記して感謝申し上げます。

　青木敬　浦蓉子　大河内隆之　芝康次郎　中村玲　星野安治　渡邊誠

　奈良文化財研究所

　また，本研究の成果の一部は，平成27年度公益財団法人高梨学術奨励基金「古代の盤上遊戯「樗蒲（かりうち）」の復元に関する考古学的研究」に拠っている。

「考古学は科学か」への回答

　私は考古学とは，人間とはなにか，社会とはなにか，という問いかけにアプローチする多様な諸科学の中の一分野であると考える。研究対象を物質文化とし，これらを分析する型式学や層位学という実証的な方法論をもつ点が科学としての考古学の特性であり，その方法論を駆使して人間の営みの一側面を復元し，その背後を取り巻く社会がもつ特質の解明を試みるのが考古学者であると考える。

　考古学は発掘調査に基づく遺構，遺跡や遺物など「過去」の物質文化が対象であると捉えられることが多いが，私は，研究対象は過去に限定されるものではなく，現代の物質文化もその対象になると考える。現代は過去と切り離されるものではなく，脈々と流れる歴史的変遷の結果であり，さらに現代社会の文脈の中で影響を受けると同時に未来への変化を内包するものである。物質文化という側面から現代の人間・社会の特質について明らかにしようとするとき，考古学が蓄積し，洗練してきた科学的方法論が果たす役割は少なくないと考える。

　このような問題意識のもと，本稿では，現代韓国のユンノリ遊具を対象として，考古学的分析を試み，歴史的変遷や現代的意味について，私自身の一応の結論にたどり着いた。本稿でおこなった私の研究も科学である以上，方法論や解釈の妥当性について厳しく検証されるべきものである。諸賢の叱正を仰ぐとともに，いつか再び向こうの研究室で本稿に対する田中良之先生の厳しくも温かい御指導を賜わりたいと考えます。先生のご冥福をお祈り申し上げます。

第1表　現代ユンノリ遊具集成表

資料番号	入手方法	価格帯	材質	類型	盤面 形態	盤面 細分	盤面 縦	盤面 横	盤面 面積(cm²)	スタート地点	列点／絵柄	樹種	樹種細目
1	Aa	低	紙	4分割	円形		17.4	17.4	237.7	一致	列点	広葉樹散孔材	A
2	Ab	低	紙	4分割	円形		16.3	16.3	208.6	一致	列点	広葉樹散孔材	A
3	Ab	低	布	4分割	方形	正方形	23.4	23.4	547.6	一致	絵柄	広葉樹散孔材	B
4	Ba	低	紙	4分割	方形	正方形	14.1	13.9	196	一致	列点	広葉樹散孔材	A
5		低	紙	4分割	方形	長方形	21.6	12.7	274.3	不一致	列点	広葉樹環孔材	クリ属
6	Aa	低	紙	4分割	方形	長方形	19.6	15.6	305.8	一致	列点	広葉樹環孔材	クリ属
7	Bb1	低	紙	4分割	方形	長方形	19.4	14.9	289.1	不一致	列点	広葉樹環孔材	クリ属
8	Bb1	低	紙	4分割	方形	長方形	19.4	14.9	289.1	不一致	列点	針葉樹	マツ科
9	Aa	低	ビニール	4分割	方形	正方形	22.5	22.9	515.3	一致	列点	広葉樹散孔材	C
10	Aa	低	布	4分割	方形	正方形	27.8	27.5	764.5	一致	列点	広葉樹散孔材	不明
11	Ab	低	紙	4分割	方形	正方形	21.1	21.5	453.7	不一致	列点	針葉樹	マツ科
12	Bb2	低	紙	4分割	方形	正方形	21	21.5	451.5	不一致	列点	広葉樹環孔材	クリ属
13	Bb2	高	布	4分割	方形	正方形	26.2	26	681.2	一致	列点	広葉樹散孔材	D
14	Bb3	高	布	4分割	方形	正方形	32.5	32.2	1046.5	一致	列点	広葉樹散孔材	D
15	Ab	高	紙	4分割	方形	正方形	22.5	22.5	506.3	不一致	列点	広葉樹散孔材	E
16	Bb4	高	磁石	4分割	方形	正方形	13.1	13.3	174.2	一致	文字	広葉樹散孔材	D

■註
1）以降の記述では，中国の「樗蒲」を「樗蒲」，奈良時代の盤上遊戯「樗蒲」を「かりうち」と表記する。
2）韓国におけるユンノリ研究は主に民俗学の研究者により進められている。これらの研究史については割愛する。
3）資料7が6,000ウォン，資料8が4,000ウォンである。
4）資料14は2種類のロクロ爪痕が観察できる。これが棒の製作に関わるものか否かは判断できなかった。
5）「かりうち」に関する研究成果は現在論文を投稿中である。
6）この大谷の評価は，五木の「雉」と「犢」の字が刻まれた木の文様配置についての検討に関連した記述である（大谷1990，pp.65-67）。采の平面形態の記述に対する信頼性ついては触れられていない。
7）これと同じ盤面は，収集した現代ユンノリ遊具では見出すことができなかったが，絵柄やハングルによるマスの表現と通じるところがある。
8）第9図にみるようにパムユッはチャンチャクユッに比べて短く小さい点と先端を尖らせない点が特徴である。第7図の柳之御所遺跡出土木製品は，形態からみるとパムユッに近いといえる。
9）各資料の盤面をみると，マスの他にキャプションや説明書きがある。これには，ハングルや英語でユン

※各数値の単位はcm。

棒(ユッ)									駒					
長さ	最大幅	先端幅	中央高	先端高	紡錘／長方形	ロクロ爪痕	曲面装飾方法	ティット	材質	形態	サイズ	厚さ	色の組み合わせ	
12.1	2	1.6	1.6	1.4	紡錘	無し	焼印	無し	木	円柱	2.1	0.7	赤	青
11.9	2	1.6	1.7	1.5	紡錘	無し	焼印	有り	木	円柱	2	0.6	赤	青
6	2	1.5	1.5	1.3	紡錘	無し	焼印	無し	木	円柱	1.2	0.6	青	黄
11.9	2	1.4	1.5	1.4	紡錘	無し	焼印	有り	木	円柱	1.8	0.6	無地	黒
16.6	2.2	2.1	1.6	1.6	長方形	有り	焼印	無し	紙	長方形	1.7×2.1	0.06	赤	青
17.5	2.2	1.8	1.8	1.6	紡錘	有り	焼印	無し	石	円盤	1.8	0.8	黒	白
17.1	2.4	2	1.9	1.7	紡錘	有り	焼印	無し	プラスチック	円盤	1.7	0.3	黒	白
16.7	2.2	1.9	1.9	1.7	紡錘	有り	焼印	無し	プラスチック	円盤	1.7	0.3	黒	白
17	2.1	1.9	1.9	1.7	紡錘	有り	焼印	無し	プラスチック	円盤	1.7	0.3	黒	白
19.1	2.4	2.1	1.9	1.8	紡錘	有り	焼印	無し	石	円盤	2	0.8	青	緑
16.5	2.3	2.2	1.8	1.7	長方形	有り	焼印	無し	木	円柱	2	0.6	赤	黒
17	2.2	2.1	1.8	1.8	長方形	有り	焼印	無し	木	突起円盤	1.8	1.4	赤	黒
18.5	2.5	2.2	2.1	1.9	紡錘	有り	プレス後塗装	無し	石	円盤	1.8	0.6	黒	白
22.1	2.4	1.8	1.8	1.5	紡錘	有り	プレス後彩色	無し	木	円柱	1.7	0.6	無地	緑
18.6	2	1.9	1.4	1.3	長方形	有り	塗装	有り	プラスチック	円盤	2.2	0.3	蓮華文	巴文
18.8	2.2	2.1	1.4	1.1	紡錘	無し	塗装後陽刻	有り	プラスチック・磁石	八角形盤	1.8	0.6	赤	青

ノリが韓国の伝統的な民俗遊戯であることを明示・強調するものもある(資料2・3・7・8・11・12・13・14・15・16)。これらの表示も韓国を代表する民俗遊戯としてのユンノリの立場の確立と関連する可能性がある。

10) 必ずしも統一されているわけではないが,四角形の盤面も同様の可能性があると考える。計29点のマス・四角形盤面・木製の長い棒というセットが韓国においていつ頃から販売され始めたのかについて,調べる必要がある。筆者は十分に検討できていないが,これらは販売元にインタビューするなどの調査をおこなうことにより,この仮説が妥当か否か検証されるものであろう。筆者自身今後の課題とし,韓国の研究者らによる検証がおこなわれることを期待する。

11) なお,スタート地点を1マスずらす不一致タイプの例は20世紀前半の盤面(第8図3)にもみられ,この頃から既に存在していたようである。

■文献

安藤正次,1974.栖戯考説.安藤正次著作集 第4巻記・紀・万葉集論考,pp.338〜345.雄山閣出版,東

京.（初出は1935.）
安藤正次，1974．続柶戯考説．安藤正次著作集　第4巻記・紀・万葉集論考，pp.346〜356．雄山閣出版，東京.（初出は1936.）
鮎貝房之進，1972．柶．雑攷　俗字攷・俗文攷・借字攷，pp.51〜59．国書刊行会，東京.（初出は1931.）
朝鮮総督府，1931．朝鮮の年中行事．民俗苑，ソウル.
朝鮮総督府，1941．朝鮮の郷土娯楽．民俗苑，ソウル.
池田宜弘，2004．ユンノリのルールの比較研究．大阪商業大学アミューズメント産業研究所紀要6，81〜92.
今村鞆，1913．増補朝鮮風俗集．ウツボヤ書店，ソウル.
井上秀雄，1974．東アジア民族史1．平凡社，東京.
岩手県教育委員会，2003．柳之御所遺跡－第56次発掘調査概報，岩手県教育委員会，盛岡.
垣見修司，2011．『万葉集』と古代の遊戯－双六・打毬・かりうち．唐物と東アジア，pp.66〜80．勉誠出版，東京.
葛城末治，1925．萬葉集に出でたる三伏一向及び一伏三起の意義に就いて．国語と国文学　2(9)，85〜97.
葛城末治，1974．柶戯より観たる上代の日鮮関係．東アジアの古代文化 1974秋，210〜217.
木村正辭，1913．折木四また三伏一向の考．萬葉集美夫君志別記 附録，pp.803〜808．勉誠社，東京.
喜多村節信（信節）．万葉折木四哭考.
国立中央博物館，2002．朝鮮時代風俗畫．韓国博物館会，ソウル.
国立国語院，2001．カラー日本語版韓国伝統文化事典．教育出版株式会社，東京.
増川宏一，1978．盤上遊戯．法政大学出版局，東京.
増川宏一，1995．すごろくⅠ．法政大学出版局，東京.
増川宏一，2006．遊戯－その歴史と研究の歩み．法政大学出版局，東京.
増川宏一，2010．盤上遊戯の世界史．平凡社，東京.
小田裕樹，2015a．奈良時代の盤上遊戯に関する新知見．日本考古学協会第81回総会研究要旨，pp.208〜209．東京.
小田裕樹，2015b．列点を刻した土器．奈良文化財研究所研究紀要2015，pp.50〜51．奈良文化財研究所，奈良.
大谷通順，1990．五木の形状と樗蒲の遊戯法について－『五木経』の合理的解釈（上）．北星学園大学学園論集 67，35〜90.
大谷通順，1991．五木の形状と樗蒲の遊戯法について－『五木経』の合理的解釈（下）．北星学園大学学園論集 68，45〜68.
酒井欣，1933．日本遊戯史．建設社，東京.
Stewart Culin, 1991. KOREAN GAMES; With Notes on the Corresponding Games of China and Japan The Brooklyn Museum in association with Dover Publications, Inc., New York.
劉卿美，2002．ユンノリの由来をめぐって．月刊韓国文化 266，28〜31.
劉卿美，2005．ユンノリのさいころについて．遊戯史研究 17，30〜41.

■挿図出典
第1図：葛城1974，鮎貝1972，小田2015b，岩手県教育委員会2003より転載。
第2図：奈良文化財研究所提供。第3・4・5・10・11・12図：筆者作成。
第6図：大谷1990。第7図：岩手県教育委員会2003。
第8図：1・2；葛城1974（初出は1925），3；鮎貝1972（初出は1931），4；酒井1933。
第9図：筆者撮影。

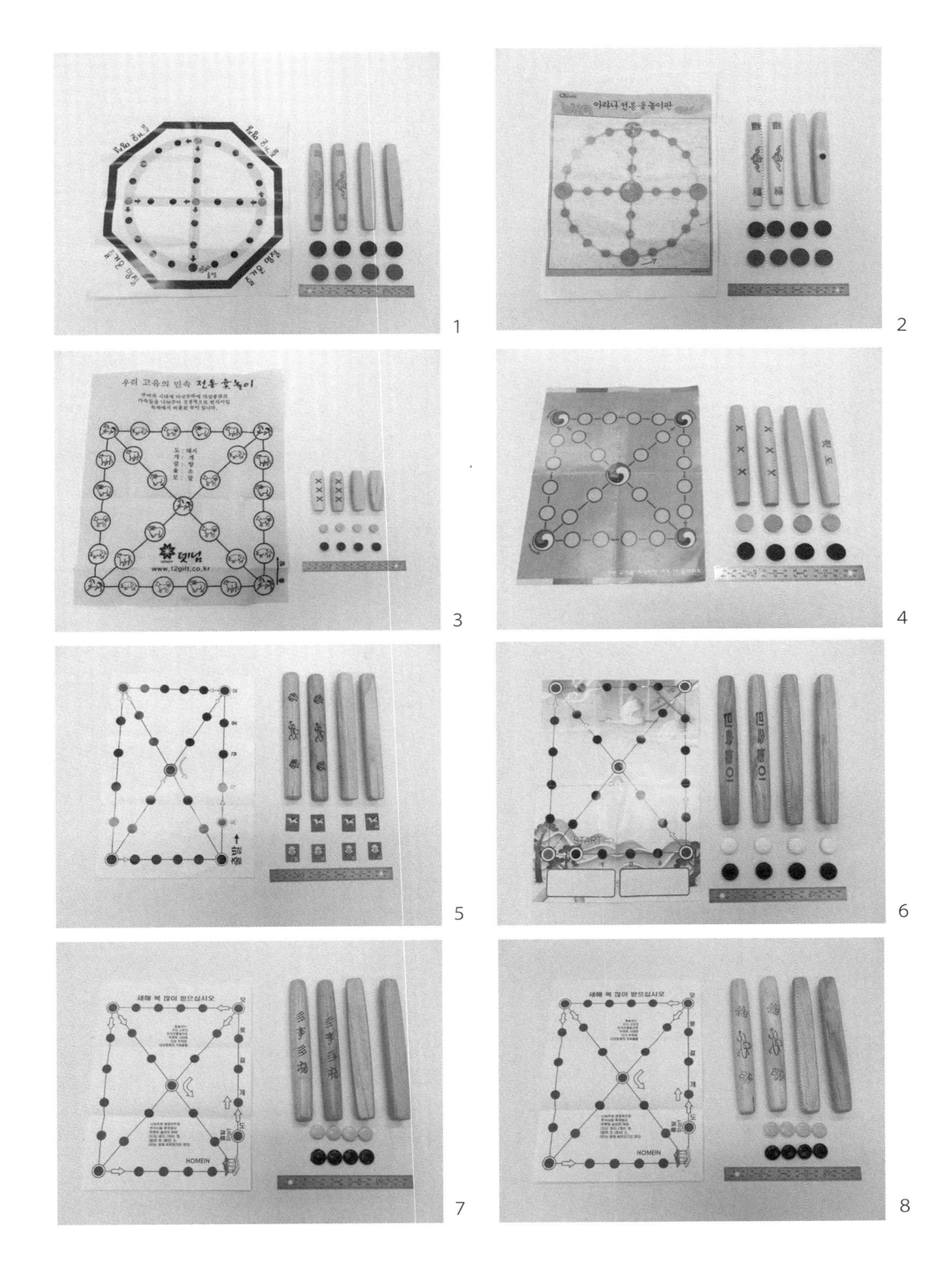

図11　対象資料（1）（数字は資料番号と対応する。）

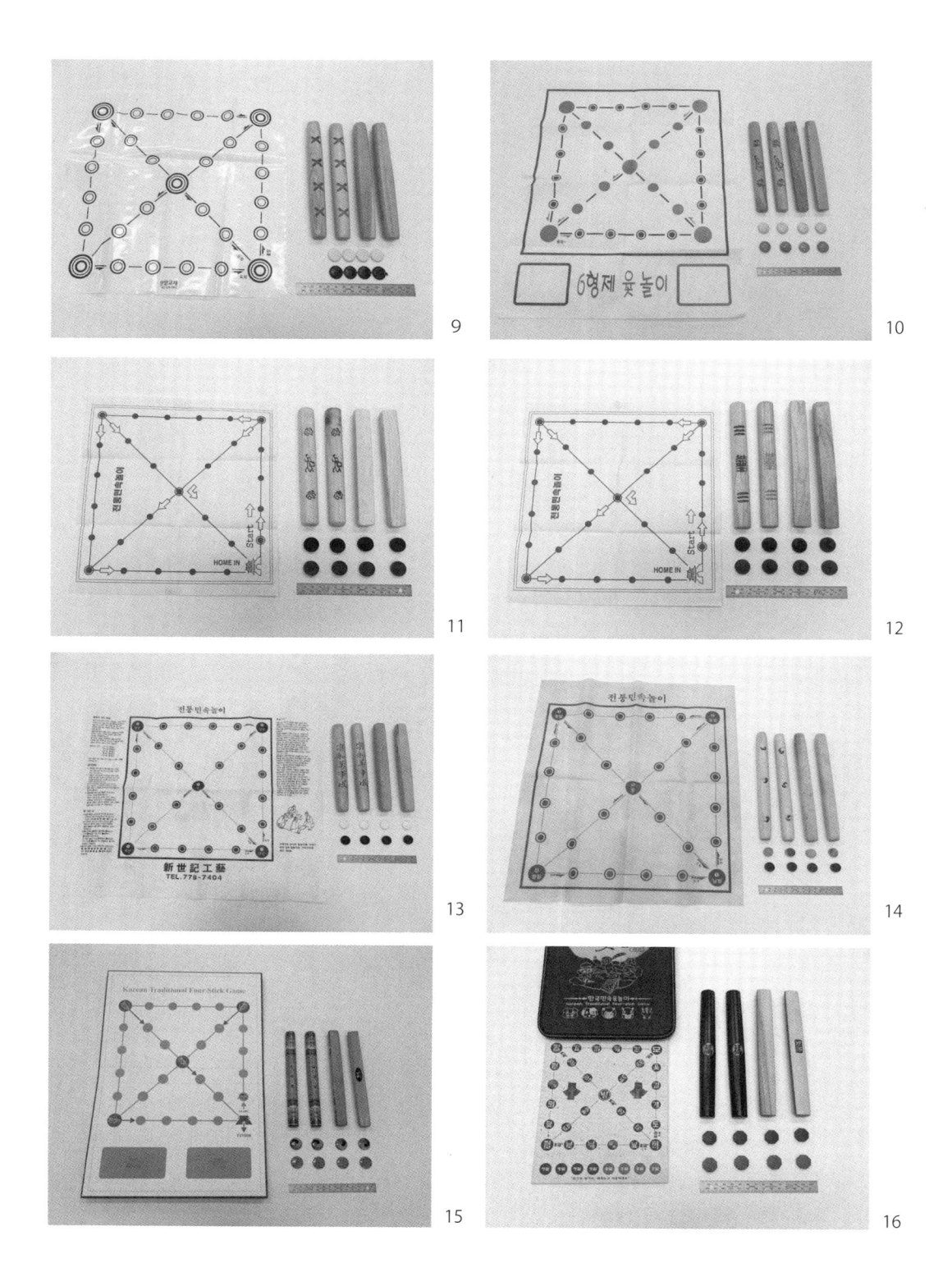

図12　対象資料（2）

埋蔵文化財行政の科学性

福岡市経済観光文化局文化財部　板　倉　有　大

要旨

　地方公共団体による文化財保護法の執行業務（埋蔵文化財包蔵地の設定，開発事前調整，記録保存調査，保存資料の管理，埋蔵文化財情報の活用）は，考古学知識に基づいた様々な予測を，より客観的・合理的な複数の方法で検討し，その確実性を可能な限り高めるという行為の繰り返しであり，科学的手法をもって遂行できる。埋蔵文化財行政における科学性は，国民的財産の保護を請け負う地方公共団体業務の信頼性を保証し，日本考古学の資料的・人的基盤としてその学術的意義を下支えする。埋蔵文化財行政と考古学の科学性を考える上での課題は，社会的関わりの中で生じる妥協や適応の問題，考古学的な見解や判断に対する専門職間の評価機能の問題，などが挙げられる。そのような問題に向き合いながら，確実性の高い学術的成果を得た上で，社会の多様な現象や価値観に対して特有の角度から言及することが，科学としての考古学の役割と考える。

キーワード：埋蔵文化財包蔵地，記録保存調査，文化財活用，国民的財産，科学的手法

はじめに

　考古学は，遺跡を研究して人類知識の増大を担う学問であり，科学的手法をもって研究できる。しかし，過去の現象は観察や実験によって直接再現できないため，厳密な論証や証明を主張することが難しい分野でもある。一方，発掘調査でデータを獲得する技術や，遺跡情報を整理記述する技術は，諸科学分野の発達を取り込みながら精緻さを増している。「考古学は科学か」と問われた際に，考古学の知識・説明体系の厳密性を議論するのか，記録・記述の客観性を評価するのか，で論点が異なる。また，論理や方法といった技術的側面に加えて，その学問特有の目的や社会貢献を科学性と捉えることもできる。この課題について，科学哲学的に論述することや諸研究を広く批評することは筆者の力量を超えるため，ここでは筆者がこれまで考古学に関わった経験・行動が「科学であったか」を問うことで，考古学の科学性について考えてみたい[1]。筆者は地方公共団体の文化財専門職として文化財行政の執行を職務としている。このうち，考古学知識に基づいた埋蔵文化財（遺跡）の保護業務[2]についてその科学性を論じ

る。

I　埋蔵文化財の保存

　文化財保護法（昭和25年5月30日法律第214号）では，地方公共団体が行政区内における埋蔵文化財包蔵地について資料の整備と周知の徹底を図ること（第95条第1項），開発事業者が周知の埋蔵文化財包蔵地内で土木工事等を行う場合は，地方公共団体（教育委員会）に対して事前に届出・通知を提出し，埋蔵文化財の保護について協議すること（第93・94条），前記以外の過程で開発事業者が遺跡を発見した場合は，現状を変更することなく地方公共団体（教育委員会）に届出・通知を提出し，埋蔵文化財の保護について協議すること（第96・97条），地方公共団体は必要に応じて発掘調査を施行できること（第99条第1項），を定め，国民的財産[3]の一つである埋蔵文化財の適切な保護を図ろうとしている。この地方公共団体が行う，埋蔵文化財包蔵地の設定，土木工事等の開発事業に対する埋蔵文化財保護のための協議（開発事前調整），その結果としての工事立会や発掘調査（記録保存調査）は，考古学の体系的な知識と方法を必要とする業務であり，その応用の場である。

1　遺跡はどこにあるのか：包蔵地設定と開発事前調整

　埋蔵文化財が地中のどこにどの程度存在するかは地上からの目視では確定できない。しかし，開発事業者と地方公共団体が埋蔵文化財保護を協議するにあたって「目安」は必要であるため，地方公共団体はその範囲を「予測」し，開発事業者に周知している。埋蔵文化財包蔵地は，遺跡分布調査と地形学・地質学・土地利用史・歴史資料情報等に基づいて当初（1960～1990年代）設定され，その後の開発事前調整（現地踏査・試掘調査・確認調査・ボーリング調査）や保存対応（発掘調査・工事立会）を通じて得られた遺跡情報をもって改訂されている。この過程は，予測と検討，そして新たな情報の追加を繰り返して，より確かな結論に近づこうとする点で，科学的手法に基づいていると言える（第1図）。また，包蔵地設定は，開発事業への制約および埋蔵文化財保護に直接的に関わることから，埋蔵文化財行政の最も重要な業務である。

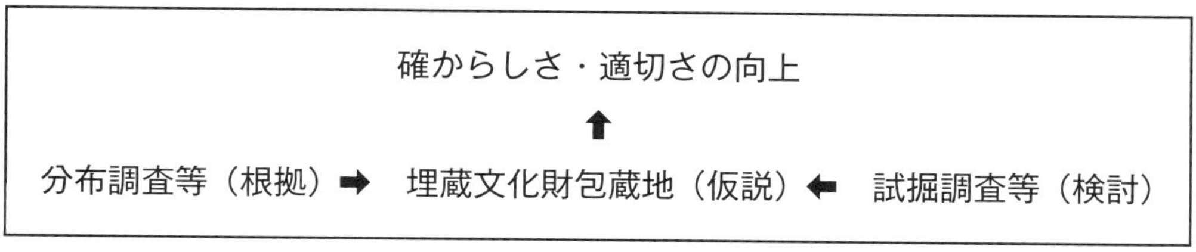

```
            確からしさ・適切さの向上
                    ↑
分布調査等（根拠） ➡ 埋蔵文化財包蔵地（仮説） ← 試掘調査等（検討）
```

第1図　埋蔵文化財包蔵地設定および開発事前調整の科学性

（1）埋蔵文化財包蔵地の改訂

　開発事前調整では，その土木工事等の内容（掘削深度・範囲）と近辺の試掘・発掘調査等の成果を照合して旧地形，遺跡の有無・深さ，近年の造成度合いなどを予測し，必要に応じて対象地での試掘調査等を実施して新たな情報を得た後に，発掘調査・工事立会・慎重工事等の対

応を決定する。このパターン自体は関連諸知識の運用に不備がなければ適切な対応と言える。しかし，この業務を遂行するにあたって自戒すべきことは，個別開発事業に対する調整に終始してしまい，それに係る包蔵地範囲の確からしさの検討を後回しにしてしまうことである。開発事業への対応としては，埋蔵文化財の取り扱いに関する指示通知をもって区切りが付くため，そのまま次の調整へと連続しがちであるが，個々の調整過程で得られた新たな情報や見解を常に包蔵地範囲の検討にフィードバックしなければ，開発事業に制約を課している事前調整業務はその適切さを向上させているとは言えない。また，包蔵地改訂を睨んだ関係遺跡の多角的な検討を心がけることは，担当者の知識不足や思い込み，勘違いの事前修正を促すし，効果があまり見込めない安易な試掘・確認調査や工事立会等の実施を減らすことにもつながる。

(2) 専門職[4]間の評価機能

　埋蔵文化財包蔵地の設定や開発事前調整の判断は，地方公務員が行う他の事務決裁と同様に組織内での承認をとる（市町村であれば都道府県との協議を行う）ものであり，担当者の判断過程とその結果について，他の専門職がその妥当性を確認する（専門職間の評価機能）。担当者の知識・経験・検討の不足による情報の見落としや誤解を他者がチェックすることは，判断の確からしさを向上させるとともに，判断の信頼性に対する関係者間の安心にもつながる。ただし，この評価機能は，どの程度厳密にするかは個人の裁量に任されている部分もあり，本来の趣旨が形骸化していると感じる場面もある。また，地方公共団体によっては専門職員数が少なく，評価機能が働かずに結論が出てしまうこともあるだろう。このように評価機能が十分でないと，客観的な情報の整理や判断過程の明確化が不徹底となり，判断の科学性・信頼性の低下を招く。このことは，後述する専門的判断を伴う業務全般での問題である。

　近年では，地方分権改革に伴い，国・都道府県から市町村への文化財行政上の権限移譲が進められているが，専門的な判断については，国・都道府県と市町村の間での評価機能を維持しなければならない。また，地方文化財保護審議会委員の協力も効果的だが，通常業務の行政判断を一々諮問できない。まずは組織内の評価機能を正常に保つため，日々の業務や各種研修を通じて，「専門職間の評価機能」の趣旨の共有と徹底に努める必要がある。専門職員数の少ない市町村では，大学も含めた地域連携（杉井2009, p.18）も期待される。

(3) 埋蔵文化財行政のスリム化

　上記の問題は，専門職員数を増やして個々人の業務量を減らし，専門的判断について十分な検討時間を確保すると同時に，専門職間の評価機能を担保するということで改善できる。しかし，現実には地方公共団体財政の緊縮化が図られる中，社会福祉・安全危機管理・産業振興などの要素が相対的に小さい文化財行政の職員定数および予算はむしろ縮小の傾向にある。地方公共団体の行財政改革は，各所管業務の能率化（優先順位やコスト集中の検討）を要求し，文化財担当部局は行政区内文化財の「価値付け」を求められている。すなわち，「重要でない」文化財の保存より，「重要な」文化財の保存を優先させるべきという考え方である。

　埋蔵文化財保護については，遺構や遺物の量・密度・内容・性格と，それに影響を与える工

事内容について一定の基準を運用し，埋蔵文化財への影響が最小限であると地方公共団体が判断した工事について，より負担の小さい対応（例えば発掘調査ではなく工事立会）をとる方法がある。これは地方公共団体としての判断であり，そのような基準を設けることあるいは基準自体の妥当性について議論することは，法制的にも科学的にも不当なことではない。ここで重要なことは，そのような基準を，埋蔵文化財の存在・内容と土木工事等による影響の程度を十分に確認しないままに安易に適用しないことである。行政事務的な能率化を急ぐあまり，科学的検討を経ずに開発事業に係る埋蔵文化財の有無や価値を判断したり，そのような対応を規定したりすることがないよう注意しなければならない。

（4）GIS の導入

以上の反省を受けて，限られた時間・予算の中であらゆる可能性を考慮した科学的な埋蔵文化財包蔵地設定と開発事前調整の判断を下すためにはどうすればよいのか。その手法の一つとして埋蔵文化財分布に関する地理情報システム（GIS：Geographic Information Systems）の整備が挙げられる。GIS 上で埋蔵文化財の関連情報を一括管理し，検索・検討時間を大幅に短縮するとともに，今まで個々人の脳内でイメージしてきた「遺跡の広がり」や「近現代の造成の範囲」について，関連情報を座標・標高・履歴として表現し，数量的・視覚的に共有できる。また，個々のデータから古地形および遺跡範囲の確率統計的予測を行い（津村2006），それを試掘・確認調査で検討するという合理的かつ客観的な業務遂行も期待できる。事前調整業務に限らず，文化財の分布論的な研究や説明・展示のツールなど運用の幅も広い。

ここで想定する GIS 整備とは，専門的判断や見解の客観性を増すための技術導入であり，ウェブ上での埋蔵文化財情報の公開機能等は，あくまでもその結果と位置付けるものである。文化財行政に本格的に GIS を導入する上で，最も高い壁はその費用対効果をどのような論理でどのように見積もるかという点であろう。行政区内の文化財情報を収集・整備・管理し，情報科学・考古学・地理学等の専門知識・技能をもって成果をアウトプットするには，GIS の専門職配置が必要となる。そのための人員や予算の要求においては，開発事前調整業務を軸に，文化財全般の管理・活用に関わる業務も担当させた上で，それが現行体制に比べて効果的であることを地方公共団体内で説明・主張しなければならない。GIS と文化財行政との関係を十分に理解した上で，国内外の先行事例や，専門家からの情報収集，業務委託や嘱託職員雇用の可能性，正規職員雇用であれば行政職としてのキャリアデザインなどを調査研究しなければならず，文化財行政における GIS 専門職の配置は，大きな挑戦の一つと言える。

（5）物理探査の導入

地中の電気・振動・磁気・電磁波などを測定して，埋蔵文化財の情報を得る物理探査は，埋蔵文化財の確認調査に利用できる（西村1995）。地下資源としては比較的表層に存在する埋蔵文化財については，広範囲を迅速に分解能高く調査できる地中レーダ探査（GPR：Ground Penetrating Rader）が効果的である（岸田・酒井2011；佐藤2012）。開発事前調整業務で運用するならば，土地所有者の許可を得て地方公共団体が実施する現地踏査や試掘調査と同じ「埋蔵

文化財予備調査」に位置付けられ，対象地内の埋蔵文化財情報を「非破壊」で得ることができる。埋蔵文化財の現状保存の原則，埋蔵文化財包蔵地設定および開発事前調整の客観性増大の観点から，その導入は必然と考えられる（文化庁文化財部記念物課編2010a, p.90-92・2013）。

　しかし実際にはその運用があまり進んでいないのは，上述GIS導入の問題と類似して，その費用対効果が，現行の予備調査法のそれを上回るという認識にないためであろう。GIS運用とは異なって，毎日使用する技術ではないため，現実的にはこれまでの試掘用の機械借上（バックホウ・オペレーター・回送車両）に加えて予備調査時あるいは発掘作業時に業務を委託する形となる。機器の性能およびデータ解析法は科学技術としてまさに日進月歩で向上しており（西村2012），どの精度の技術をどの程度の費用で導入するかは実践の中で判断するほかない。その結果としての物理探査が，バックホウだけによる試掘・確認調査に比べて，事前調整上の成果が同等以上であり，かつ費用が同等以下である必要がある。仮にそうでない場合は，調査法の研究や実践としての意義（将来性），非破壊調査の重要性等を説明することになるが，非埋蔵文化財行政的な論理に対してその正当性を主張するのは相当な困難であろう。しかし，開発事業者や土地所有者にとって，土地を荒らされることなく埋蔵文化財情報を把握できれば，より合理的に土地利用の計画を立てることができる。

（６）専門職の役割

　開発事前調整担当者のモラルや努力の問題としては，組織の評価機能に必ずしも依存することなく，集めたデータを誠実に提示すること，それに基づく判断過程を明確にすること，考えられるリスクを曖昧にしないこと，と考える。同僚上司としてそれを承認する場合も，真摯な態度で，担当者が思い至らないような可能性を考慮し，必要な判断を下せるようにしたい。また，その結果については，組織として責任を持つものであり，問題があれば，決定のプロセスを見直し，組織的・個人的な問題を抽出して，以後に活かさなければならない。経験的にはこのような細かいことは，一部の職員間では問題視されるものの，その場で組織的な対応（フィードバック）を図ることなく，うやむやなまま終わらせがちである。業務上得られた経験を，個人行動の中だけでなく，組織行動の中にも反映できるよう，マニュアルや標準に細目を追記する努力が必要と感じる。科学は失敗経験も貴重なデータとするが，同じ失敗が必要以上に繰り返されないよう合理化することもまた科学の要件である。

2　遺跡を記録する：発掘作業と整理報告

　埋蔵文化財は国民的財産として適切に取り扱われなければならないが，現代社会生活において開発（土木工事等）もまた必要なものである。その調整の過程で実施されるのが，工事で埋蔵文化財を破壊する代わりに，それらを記録し公開する記録保存調査である。地方公共団体が行う記録保存調査は緊急発掘調査とも呼ばれ，学術目的や保存目的の発掘調査とは目的と方法が異なる。地下に保存されている（緩やかに劣化している）埋蔵文化財は，掘り起こされた瞬間から劣化が急速化し，破壊され，失われていく。学術・保存目的の発掘調査でさえ，その目的・成果が地下保存状態を乱すリスクを上回っていると確信するのは難しい。「社会全体の知

識増大を目指す」という科学の目的においては，研究資料の破壊・消滅を伴う発掘調査は，計画段階から効果的と評価でき，かつ相応の成果を伴うべきという態度が必要である（第2図）。言い換えれば，埋蔵文化財は科学的見地からはできる限り地下保存されるべきであり，開発の影響によってそれが叶わない，あるいは学術的な発掘調査の必要性が高いのであれば，科学的な手法をもって記録されなければならない。

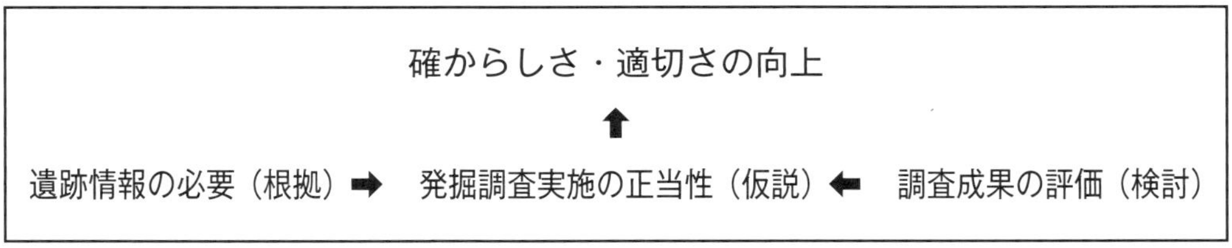

```
         確からしさ・適切さの向上
                  ↑
遺跡情報の必要（根拠）→ 発掘調査実施の正当性（仮説）← 調査成果の評価（検討）
```

第2図　発掘調査実施の科学性

(1) 記録保存調査実施の科学性

　埋蔵文化財包蔵地内での土木工事等が申請許可制でない点や，記録保存調査の費用負担根拠が法令的に曖昧である点などに基づく限り，地方公共団体がすべての工事に対して，埋蔵文化財保存のための設計変更や発掘調査を指示することは現実的には不可能である。埋蔵文化財保護は開発事業者（国民）の文化財保護意識（協力）のもとに成り立っているものであり，だからこそ地方公共団体が下す専門的判断は，多様な情報・知識・論理に基づいた体系的・説明的・科学的なものでなければならない。例えば，土木工事等が埋蔵文化財に影響を与えるにも関わらず地方公共団体が保存対応をしないことは，文化財保護法違反かつ非科学である。一方で，埋蔵文化財への影響がないにも関わらず工事の設計変更を求めたり，記録保存（破壊）したりすることは非科学である上に，開発事業者や国民の財産権を侵害するリスクがある。開発事業者に対して埋蔵文化財の保存対応を指示する際に常に自問しなければならないことは，自分（地方公共団体）の説明が，狭い知見に基づく直観的な判断や考古学的な興味に基づくものではないか，ということである。もしそうであれば，相応のコストを払って埋蔵文化財保護を図っている国民と，それを担う埋蔵文化財行政との間に信頼関係を築くことはできない。

(2) 発掘調査のモラル

　発掘調査における科学性については，考古学が磨き上げてきた最大の特性であり，その客観性と再現性を担保する技術が駆使され，結果について調査主体内外からの確認を受ける状況にある。ただし，これは建前の話であり，2000年に発覚した前・中期旧石器時代遺跡捏造事件以降も，発掘調査の方法およびその結果責任の多くは，担当者個人に委ねられ続けている。自分が担当した発掘調査は，自分でその内容を評価することは難しく，その報告によって他者がどの程度遺跡情報を追認できているのか不明である。発掘調査の品質検査（杉本2008, p.4）は必要と考えられるが，効果的な仕組みは整っていない[5]。地方公共団体が実施する発掘調査は，日本考古学の実質的なデータソースであり，その客観性・科学性が曖昧な状況は，まさに「考古学は科学か」と問わなければならないことであろう。

自らが担当者としてどうあれば科学的な発掘調査が可能であろうか。それは専門職として①モラルを守ること，②技術を磨くこと，③情報を公開すること，と考える。

　専門職としてのモラルを守るとは何も捏造行為をしないということだけでなく，発掘調査の各過程で生じるミスや省略をごまかさずに報告する努力が必要と反省する。バックホウによる表土除去時の遺構面の掘削，遺構の切り合い関係の把握間違いとそれに基づく出土遺物の混在，遺構埋土の掘り過ぎによる層位情報の消失，管理不足による出土遺物の混在・紛失，遺構の検出し損ない，遺構埋土の掘り残し，遺構・遺物の実測・写真撮影忘れなど，現場では様々な記録の取りこぼしが生じる。また，担当者が近世・近代以降の撹乱や自然流路，自然堆積と判断して調査の対象外とする場合も，隣接発掘調査の成果によってそれが覆る（本来は調査対象であった）こともあり得る。地方公共団体が実施する記録保存調査は，限られた期間・予算の中で行う「緊急発掘調査」であり，多様で複雑な作業を多量に行う発掘調査現場では失敗がない方が不合理である。しかし，そのミスや省略自体の是非は別として，その旨の最低限の記録があれば後に必要な再構成が可能だが，担当者が報告しなければその情報は存在しなかったものとなり，後の調査・研究の支障となる。特に担当者の経験が浅いうちは，ミスや安易な省略による遺跡の破壊と引き換えに身をもって適切な調査方法を学ぶ形となるが，その教訓をデータ化し，全体にいかに還元できるかが，専門職に必要な科学的態度と考える。

（3）発掘調査技術の洗練

　これは集積した知識を経験によって裏付けていくものであるが，日々漫然とこなしているのが実情である。経験が浅いうちは安易な判断によって必ず失敗するのだが，記録の取りこぼしに注意した基本的な作業をしていれば，報告段階で目的に沿ったデータの応用が可能という経験もある。ここで注意しなければならないのは「発掘調査の基本」と自分が認識しているものが，経験的に洗練された技術というよりは単なる慣習ではないかという問題である。発掘調査各作業にはそれぞれ「目的」があり，それに至る方法は様々であって，その効率性や客観性，安全性などはその都度，新しい視点で議論できるものであり，慣習に依存しても囚われてもいけない。ただし，そうは言っても前述のような緊急発掘調査に不可避の失敗を最小限とするのは，経験から生み出される細かな属人的テクニックであり，現行業務の端々に見られる口伝の経験知や暗黙知をマニュアル化し，世代を超えて広く共有していく作業が必要である。

　能率的作業を求められる緊急発掘調査の現場では，担当者および組織の判断・決断の遅れ，作業の重複などが，情報の劣化・消失を招き，局所的なこだわりが，網羅的な情報収集の妨げとなることを痛感する。例えば，遺物包含層，遺物を含む自然堆積層（河成堆積層，風倒木痕，生痕など），近世・近代遺物を含む遺構，をどのように調査・報告するかという問題がある。これら資料への対応の遅さが，後の情報量の多い作業[6]に影響を与える可能性が想定されるのであれば，掘削・記録の精度を下げる（粗く掘る）という選択もしなければならない。粗く掘る，あるいはサンプリング調査などは，部分的情報に全体を代表させるという統計学的な目的とリスクを認識した上で実施する限りは，必ずしも不当な調査法ではない。

整理報告作業は，調査の総括であり，国民への成果報告であり，かつ後の調査研究に向けた提言となるべきものである。調査内容や成果をいかに報告するかを考えて記録をとることが，発掘作業の工程一つ一つを客観化する意識にもつながる。担当者・組織以外の他者にとって，発掘調査報告が記録保存された遺跡の最大の情報源であるため，その内容をもって発掘調査の精度や信頼性を評価することになる。そのように考えると，発掘調査報告は，誤字脱字も含めてより慎重に作成しなければならないと反省する。未報告発掘調査については，担当者の事情で報告が遅れることがないよう，組織的に対応できる仕組みを整える必要がある。

　報告する個別データについては，その「正確さ」が問題であるが，人間の認知下で行う作業である以上，厳密な精度や客観性はそう簡単には確保できない。遺構については，実測・写真撮影・測量・三次元計測など複数の方法を重ねることで，その信頼性の担保とする。これに対して，遺物は現存しており，必要に応じてデータの確認・取り直しができるため，時間的制約の中でいかに全体を報告するか，が肝要となる。つまり，他者が出土遺物の概要を把握し，必要に応じて実物を確認できることが最も大切ということである。出土遺物に対して，時間をかけて精度の高い実測図を作成したり，できるだけ多くの実測図を作成したりすることは，作成者の経験・知識になり，その後の業務やその他作成者の指示・指導等に役立つ。しかし，それも程度の問題であり，有限の時間の中で，技能的な作業を増やしすぎると，全体的な情報の管理や整理が不十分になってしまうことも意識しなければならない。そもそも，遺構実測図は実物の代替として科学的研究に用いるために高い精度と客観性が必要とされるが，遺物は実物の活用が研究・教育双方において第一義であり，報告段階では遺物実測図や写真はあくまでも補助資料と捉えることもできる。劣化や不慮の消失に備えた「遺物の記録保存」（高精度の記録）は，資料の内容や性質に応じて実施すべきであろう。

　発掘調査担当者が知識・経験として「分からない」ことは，判断が曖昧になり，決断が遅れ，全体業務の進捗・精度に影響するため，「分からないこと」をできるだけ少なくする日々の学習が必要である。この際，担当者にとっての不明情報を報告しないという安易な発想は危険と自省する。「分からないこと」が生じる原因は，十分な業務（調査研究）時間が確保されていない，組織的に対応できていない等，必ずしも担当者に帰さない面もあるが，いずれにしても「分からないこと」であればこそ報告して他者の判断を仰ぐのが科学的な態度と言える。担当者の知識という点では，様々な考古学上の仮説や最新の調査・報告方法を，検討・実践するという意識も必要である。例えば，地質学的な土層認識（別所・松田2007；文化庁文化財部記念物課編2010a，p.110），三次元計測（村上2015）など，各種専門家と連携した理化学的調査は，発掘調査の客観性を高め，かつ新たな情報を引き出すために有効な方法である。

　このように対象に応じて多様かつ柔軟に方法を選択する判断は，担当者・組織が，個々の情報に対して多角的に検討し，その時点での明確な判断根拠を持って決定しなければならない。途中でその判断根拠が間違っていると気づけば，できる限り軌道修正しなければならないし，後に問題が指摘されれば，当時の判断を反省し，以後に活かすしかない。ここで重要なことは，

他者からの検討に備えて情報を明確に報告することと，記録保存対象となる情報それぞれに細かい配慮を尽くし，個人的・組織的な興味関心を判断根拠としないことである。

(4) 発掘調査情報の公開

これは上述の発掘調査の過程・結果を，随時他者に確認させることで，自己の調査の相対的な位置付けを図り，より科学的な調査となるよう軌道修正するものである。埋蔵文化財行政においては会議・研修などの機会に専門職間で自己の態度や業務について共有し，意見交換をする場が設けられている。しかし，実際には，隣接調査や同じ調査班内でも担当者間の情報共有ができず，結果として遺跡情報の消失を招いていると反省する。このことは個人の調整能力の問題も大きいが，縦割り業務体質の見直し，調整役の配置，職員の意識改善等の組織対応も必要である。また，文化財行政をとりまく環境は学際性・国際性を増しているため，文化財情報を積極的に開放することで，多方面から有益な助言を集めることも意識しなければならない。ただし，開発事業に伴う発掘調査は，委託元として開発事業者が存在するのであり，その事業情報，個人情報等の保護という側面も十分に考慮しなければならない。

発掘調査情報の一般公開は，重要な発見の場合は特に必要である。通常は専門的見解を整理した上で成果の速報という形でマスコミに公開し，速報をもとにした活用をしつつ，本報告を行う。これらのプロセスをいかに迅速に行うかが専門職・組織の能力（知識・経験・意識の高さや専門家ネットワークの幅や質）を問われる部分でもある。この際，調査成果の科学性の確認は重要で，その成果が考古学上の仮説提示の情報なのか，仮説検証の情報なのか，は調査主体としての見解を整理しておかなければならない。新しい考古学情報が，そのまま新しい歴史的事実を示すような都合のよいことはほとんどないにも関わらず，成果を主張しすぎると正確でない情報を国民・世界に広げるリスクがある。遺跡の新聞報道における考古学的見解の「論理的合理性」「信頼性」の問題は山口昌美の指摘するとおりである（山口2004）。

発掘調査における不正行為を防ぐ仕組みは，モラル・技術の問題と併せて前・中期旧石器時代遺跡捏造事件以来の課題である。各業務の正当性を常にチェックできるのは，科学的精神を持った専門職が複数で作業を実施している場合であるが，実際にはそのような恵まれた環境はほとんどない。作業現場のビデオ録画も安全管理上の必要も併せて導入可能かもしれないが，どこでもできることではない。現実的には作業工程のスナップ写真撮影，作業ノート（日誌）の作成，作業進捗の組織への報告，をまめに実施して担当者の業務の正当性を保障するとともに，リアルタイムの組織的判断や，事後の検討を可能とすることが有効と考えられる。

3　小結：埋蔵文化財保存における科学性

埋蔵文化財の保存業務は，予測と検討の繰り返し行為であり，説明の論理的整合性を様々なデータから裏付ける，その過程を他者が客観的に把握できるようにする，帰納的プロセスに加えて演繹的手法も導入する，などの科学的要件を満たしながら遂行できる。ただし，このような科学的な業務を行うためには，十分な検討時間が必要であり，行政に「スピード感」が求められる中，科学性を欠いた安易な判断は遺跡情報の消失を招き，国民の利益につながらないこ

とを主張・証明していかなければならない。また，考古学の体系的な知識や論理を適用すべきこれらの業務において，関係者の希望や期待，利害，思想などの私的事情が入り込めば，その業務は科学性を失うと同時に国民の信頼も失う。

このような論理・方法のもと保存された遺跡や出土遺物が，国民的財産として有効に活用されていくことが，文化財保護理念の貫徹となる。

II 埋蔵文化財の活用

文化財保護法では，文部科学大臣（文化審議会）が文化財のうち重要なものを重要文化財や史跡に指定し，管理・公開上の責任を持てることを規定している（第27～56・109～131条ほか）。また，地方公共団体が文化財保護に係る条例を制定し，補助事業や文化財指定を行うことを認めている（第182条）。埋蔵文化財は，土木工事等にともなって発掘調査されるもののうち，行政的に「必要」ではあるが，「重要」と判断されない遺跡・遺構の大半は記録保存という形で消滅し，「重要」と判断されるものは，国や地方公共団体が史跡指定をして現状変更行為を規制する，あるいは開発事業者の協力（事業計画・設計の変更）によって地下保存される。出土遺物は，地方公共団体が所有・管理あるいは監理し，「重要」と判断されるものは，有形文化財（考古資料）として現状変更行為を規制できる。ここでは指定文化財に限らず，保存対象となった遺跡や出土遺物の活用について，科学性という観点から考察する。

1 保存資料の活用：遺跡情報は役に立っているか

国民的財産として保存対象となった遺跡・出土遺物は，地方公共団体が責任を持って監理し，研究・教育・観光の資源として有効に活用されることが期待されている。これらは，特別な保存上や管理上の理由がなければ，誰でも来訪・観察可能な状態にしておく必要がある。ただし，物質は様々な作用を受けて劣化するため，地方公共団体は保存資料の劣化防止のための理化学的処置（文化財保存科学）を適切に実施できる体制を整えなければならない。また，災害に対する資料保全の対策も講じなければならない（埋蔵文化財保護対策委員会2008, pp.120-122）。

このような資料の保存は，それが国民の文化的向上に資する，人間社会の研究資料として役立つという論理のもとに実施されており，実際の効果が測定される必要がある（第3図）。地方公共団体は，保存資料の活用状況を把握した上で，保存活用計画を策定しなければならない。

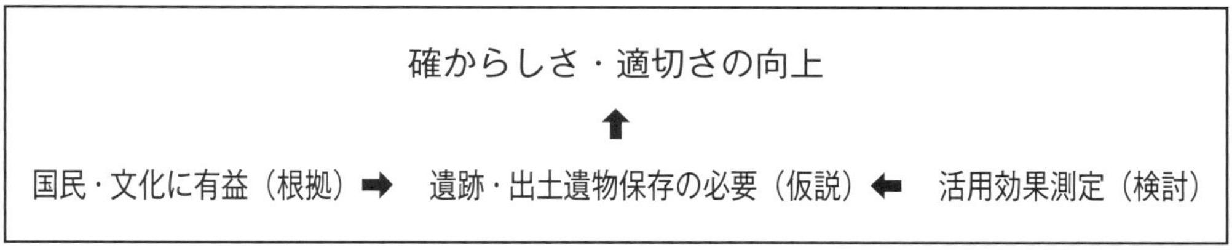

```
            確からしさ・適切さの向上
                    ↑
国民・文化に有益（根拠） ➡ 遺跡・出土遺物保存の必要（仮説） ← 活用効果測定（検討）
```

第3図　遺跡・出土遺物保存の科学性

（1）保存管理のコスト

保存資料を適切に管理するにはコストがかかる。遺跡であれば土地の除草や防犯・防災対策

が必要であるし，出土遺物については保管場所の問題がある。1遺跡でコンテナケース数百におよぶ資料をもたらす発掘調査によって，地方公共団体の資料保管施設は飽和状態である。発掘調査から保存管理にかけて高いコストがかけられた資料も，発掘調査後ほとんど人の目に触れていないものもある。公有財としての保存遺跡・出土遺物の活用が十分でないという認識は，文化財保護理念の根本に対して，「効果的な活用方法を見出さなければならない」という力と，「そもそも保存する必要のない資料なのではないか」という力の両方がフィードバックされる。

1点の土器片でも，型式論・製作技術論・圧痕分析・胎土分析・年代測定など，現時点でも様々な分析の対象となることから，考古学研究者としては資料が使用できなくなることは是とできない。保管資料の量が施設の許容量を超える場合，資料の体積を圧縮できない以上は，活用頻度の高い資料は公開しやすい施設で保管し，そうでない資料は公開しにくい施設で将来の活用に備えて保管するという方法が現実的である。保存遺跡については，公有地化や史跡整備に十年単位の時間がかかるため，その間の土地利用については，遺跡保全を図った上で国民や地域の要望に応じて柔軟に対応する必要がある。いずれにしても，各資料の保存管理に掛けられているコストと，その活用頻度や内容，効果について，漠然とした印象ではなく，客観的な測定データが必要である。それがないと，保存資料の活用の実態を評価することができないし，その評価に基づいた具体的対策も立てられない。

(2) 研究活用

遺跡情報の活用で最も基本的なものは研究資料としての活用である。ここで大切なことは，発掘調査の内容を広く研究者間で共有させ，研究の材料を提供することであり，とにかく未報告発掘調査を減らすことと，前章で述べたように発掘調査報告の内容を充実させることである。

また，上述したように，どのような資料がどのような研究の材料になっているかを把握することは，資料保管の問題にも関わってくるし，発掘調査の視点にも関わってくる。国民に対して「出土資料は研究に活用されている」と説明する際にも，数量化された情報を添えた方がより説得的であろう。このようなデータを把握することで，研究者の関心と国民の認識とのギャップも明確になり，そこに新たな活用の道を見出せる可能性がある。

さらに，受動的な活用だけでなく，能動的な地方公共団体による研究（研究機関・調査会社等との共同研究）も，学術的成果だけでなく文化財行政上の効果も期待できる。しかし，今日の地方行財政スリム化の中では，保存業務を差し置いて研究を業務化するのは困難かもしれない。残念ながらこの点はこれまで同様に専門職個人の能力や努力に頼らざるを得ない。

(3) 教育活用

保存資料活用の教育の側面としては，文化財の一般公開という観点であり，発掘調査中の現場説明会，職場体験，講演会，展示，ワークショップ，出前授業，史跡の公園化，公開事業などがある。ここで考古学の科学性を考えさせられるのは，考古学的知識を一般教養の範疇で理解してもらう難しさである。考古学に限らず各学術分野がアウトリーチ活動の中で苦慮しているように，専門家の間で共有される用語や価値観は一般にはそのままでは通用しないものも

ある。その結果，お互い分かり合えない感覚で終わる経験も多い。そこでつい陥りがちなのが，分かりやすいように用語や考え方を変換していった結果，間違った情報や意図を伝えてしまう失敗である。考古学の科学性に裏付けられた情報を，そのリアルさや魅力を失わせずに専門外の人に伝えるには，経験を伴った高度な知識と技能（一般化して伝える力）が必要と感じる。史跡整備など，遺跡の実体化を試みる業務では，史跡価値を一般化できない情報の不十分さと，安易に一般化・固定化しすぎる怖さに悩まされる。復元図の作成などは，専門職とイラストレーターの真摯で根気強い対話が不可欠であり（早川2006），容易な作業ではない。

　そもそも文化財を通じて人は何を学ぶのであろうか。それは歴史であり，文化であり，人間であり，生き方でもある。そのように様々な性質をもった文化財の「何を伝えたいか」というコンセプトと，「何を知りたいか」というニーズを，その場面ごとにある程度明確にする必要を感じる。「何を伝えたいか」は，考古学が社会的立場を得る上でも重要な問いであり，調査研究の最前線にいる考古学者だけが語ることのできる世界が魅力的なはずである。そこには分からないこと，検証が不十分なものが多く存在し，どうすればそれが分かるようになるのか，という学問としてのおもしろさを伝えることもできる。「何を知りたいか」は多様であるが，人間の目が輝くのは知らないことに直面した時の，純粋な驚きや感動であろう。考古学者だけが知っている「おもしろい話」は魅力的であるし，それが「役に立つ話」であればなおよい。

　しかし，非専門家のニーズとして，確からしい成果や役に立つ知識を求めていない場合もある。それは，古代に対する憧憬やロマンチシズム，ノスタルジー，ドラマチックな夢や期待，トリビア的，マニア的，フェチシズム的関心であることも多い。そのような個人の「感性」を満たす対象として考古学を捉える態度は，科学研究を志す者にとっては内心おもしろくないと感じることもあるが，それを十分に否定できるほどの情報がない場合もある。過去に関する情報は，その生成過程を研究者が実際に観察できないため，厳密な科学的研究が困難な対象であり，必然的に現象の説明や解釈の自由度が高くなってしまう。この性質は，社会の様々な利害に都合よく利用される危うさを持っており，「過去の確からしさ」に近い立場にある研究者はその利用の悪質なものについては監視して是正する義務がある。考古学が内包するこのような科学性と感性の対峙は，科学としては弱点と言えるが，社会的にはその魅力の源泉でもあり，分離不能である以上は戦略的に活かしていくほかない。例えば，芸術家・岡本太郎の対極主義の理念（大谷2009）を借りれば，考古学における科学性と感性を迎合させることなく，お互いがその道を付き詰めて「引き裂かれる」中に，新たな文化が生まれるのかもしれない。

　英国における考古学と現代社会，市民との関わりにおいて「考古学の開放」を目指す様々な取り組みは，「過去は誰のものでもない（考古学者だけのものではない）」という考古学者からのメッセージであり，日本の埋蔵文化財行政においては新しい可能性を感じさせる（松田・岡村2005）。岡村勝行は，日本の文化財の保存と活用が「「同質的」な認識を前提とし，「地域」・「歴史」を重視する」のに対し，パブリック考古学の世界的な動きは，「多様な人々による多様

な認識・解釈を前提として，それらの間の「対話」を重視する」としている（岡村2006, p.103）。遺跡に専門的な価値付けを与えて提示するという従来型の活用に対して，一般市民や考古学以外の専門家が遺跡にどのような価値を与えるか，という視点が価値の創造としての活用を生み出すとする（岡村・松田2008）。近年では，震災復興における地域文化の再形成に文化財行政が果たす役割にもこのような側面が読み取れる。

　このように教育の面での埋蔵文化財活用は，考古学の科学性を問われる重要な側面であることが分かる。また，家庭教育・学校教育・社会教育のどの場面に立ち会うのか，その各場面での教育理論・教育哲学・教育政策とはいかなるものなのか，その効果とリスクはどのように予測されるか，教育内容や教育方法をどのように設定し，教育効果をどのように測定するのか。教育学・教育行政・教育現場との対話も必要とされる。

（4）観光活用

　最後に観光の側面について述べたい。遺跡や文化財所在地は観光地としての性格も有しており，旅先で史跡公園や伝統的建造物，博物館・資料館を訪れることも多い。文化財の知識やおもしろさを伝えるという点では教育の側面と重複するが，観光の特性として地域外から一時的に滞在する人を呼び込み，地域が経済効果を得ようとする面がある。教育が総合的情報の積み重ね・反復であれば，観光は個別的情報のインパクト・特異性と言える。文化財保護という観点では，文化財の価値を共有し，後世へ守り伝えるという考え方・取り組みのきっかけを与える場として文化財の観光利用に期待する。一方で，地域経済という観点では，観光客を呼び込むための魅力の一つとして「文化財」を磨きたいという期待がある。

　前述の教育活用と同様に，考古学側が提示する遺跡の価値や意義と，国民が享受する遺跡情報にはギャップが生じるのが通常であり，一方向的に教化するような態度は問題と反省する。伝統文化は過去に形成されたものではあるが，その価値付けをするのは現代であり，それが現代における文化の真正性とも言われる（権2014）。考古学は持ち得た情報を国民（ここでは地域や観光客）に提供し，新たな文化・知識の展開に寄与すべきであろう。ただし，観光側からのインパクトや特異性の要求が，考古学情報の一面的な部分や不確かな部分を過度に増長させて，結果的に誤解を広めないよう，科学的な見地からの批評も忘れてはいけない。

　教育活用でもそうであるが，文化財の観光活用のより説得的な業務遂行には，社会学・経済学の理論・方法が必要であり，学問領域としての考古学を超えているという認識は重要である。埋蔵文化財行政の適切なあり方に立ち返ってみると，これまで述べてきたようにその保存業務が第一であり，それだけでも奥が深く，数年のキャリアで十分な仕事ができるようなものではない（例えば『発掘調査のてびき』〔文化庁文化財部記念物課編2010a・b・2013〕にみるその内容の豊富さ・複雑さ）。学生を含めた経験の浅い段階では，まずは考古学における科学的手法および埋蔵文化財の適切な取り扱いについて十分な教育が必要である。その上で，文化財活用という社会的ニーズに対して，考古学・文化財の専門職はどのように振る舞えばよいのか。学際的共同業務とするのか，民間企業へ業務委託するのか，自ら専門技能を身につけるのか，情報提

供に徹するのか，全体の総括責任者となるのか。専門職の育成過程でも，業務の中でも，個人の選択が多様化する時代になっている。地方公共団体は，そのような状況を見据えた上で，国民にとって地域にとって適正な文化財行政の体制を構築しなければならない。

2　小結：埋蔵文化財活用の科学性

埋蔵文化財行政が，国民の文化的向上に資するために遺跡や出土遺物を活用することがますます求められている。遺跡情報を利用する側のニーズも多様であり，活用の現場では，必ずしも考古学の論理やノウハウが絶対的で最も有効というわけではなく，教育学・社会学・経済学的な知識と方法も必要と感じられる。埋蔵文化財情報の多様な性質をどのように活用するかが，地方公共団体の課題となっている。埋蔵文化財行政がすべきことは，埋蔵文化財の保存と学術的位置付けについて明確な立場を持つことと，その情報について広く公開し，活用を促し，その妥当性や効果について測定し，必要な助言を行うということである。

Ⅲ　埋蔵文化財行政からみた科学としての考古学

1　埋蔵文化財行政の科学性

宇宙物理学者で科学技術史を整理している池内了によると，19世紀から20世紀にかけて成立した大学におけるアカデミック科学は，近年，「社会との連結」が強まり，「大学の自治」や「研究の自主性の確保」が変貌しつつある（ポストアカデミック科学）。その中で「政治的配慮や玉虫色の表現など，アカデミック科学では想定していない妥協も必要となる。真実一路というわけにはいかないのだ。科学の多様化が生み出すポストアカデミック科学は合理的判断のみでは進まないのである」と述べている（池内2014, p.143）。また，科学と技術の関係について，「技術は科学と社会を結びつけるインターフェイスのようなものだから，科学につながる側面と社会や人間につながる側面の両面があり，技術のみを単独で取りだして論じることはできない」と前置きした上で，「科学と比較して技術だけが持つ特質」として，（1）科学は単純系，技術は複雑系，（2）科学者は無契約者，技術者は三重の契約者（仕事を命ずる者，顧客，一般公衆との契約），（3）科学は風土（環境）から独立しているが，技術は風土（環境）の影響が強い，（4）科学は妥協せず，技術は現実との妥協が必要，（5）科学は社会と独立，技術は壮大な社会的実験を行っていること，を挙げている（池内前掲，pp.354-358）。

考古学の科学性を考える上での課題の一つも，社会との結びつきの中で生じている「妥協」の問題であり，埋蔵文化財行政の場でもたびたび直面する問題である。科学と社会の接点にある埋蔵文化財行政の科学性，社会性とはどのようなものなのだろうか。

文化財保護法は，日本国憲法で保障される国民の財産権・所有権に配慮をした上で，文化財のうち「必要なもの」「重要なもの」について保護の対象としている。文化財保護法が必ずしもすべての文化財を規制的に保護対象としていないことは，科学と社会の接点にあって「緩衝」として機能しており，重要な性質である。そして，この「必要」「重要」の判断は，地方公共団体と国にその権限が与えられており，それに関わる専門職，埋蔵文化財であれば考古

学者が専門的判断の責任を負う。ただし、この責任は個人に課せられるものではなく、その組織的判断における「説明」に課せられるものであり（説明責任）、専門職に求められるものは、専門的な知識・論理・判断・予測・検討の各過程を他者に明確化できる技能（科学的手法）である。この科学的手法に基づく考古学的判断が法で認められ、国民に協力要請できたことが、今日までの数々の考古学的成果を生み出したのであり、我が国の文化的水準の向上に寄与しているという自負は、今後も検討を重ねてその確からしさを高めていくべきである（第4図）。

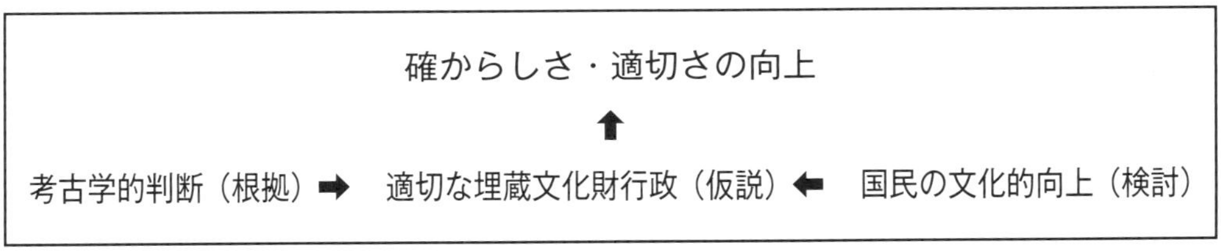

```
                    確からしさ・適切さの向上
                              ↑
考古学的判断（根拠）➡  適切な埋蔵文化財行政（仮説）  ⬅ 国民の文化的向上（検討）
```

第4図　埋蔵文化財行政の科学性

　国民への説明責任や客観性など、公共性と科学性には共通する部分が多く、行政は本来的には科学性を求められる業務でもある。ただし、行政業務の中でも専門的権限が強く、地方公共団体内の他の行政職員や開発事業者等が容易に批評できない特殊業務を遂行している埋蔵文化財行政は、議論や判断が閉鎖的になりやすい。また、関係資料をできるだけ多く集めて、その結果をそれぞれが考えるという日本考古学で一般的な帰納的推論のスタイルは、複数仮説の並存に寛容なため、結論が定まりにくい。さらに、曖昧さを許容しがちな行政関係者の態度や意見は、科学的な議論を妨げる傾向にある。行政は、明確な存在としての国家・法と、多様な存在としての国民・社会との間に存在し、様々な利害や感情に基づく複数の論理の調整を図らなければならない。このような環境では、公平な調整役としての行政は結論を急ぐことをリスクと認識し、常に安全な立ち位置を確保しながら、時に日和見的態度をとることが適応的である。科学は、関係者それぞれの結論にいたる過程の「正しさ」を議論し合う行為でもあるため、その議論すべき態度や意見に曖昧さが許されると話が前に進みにくくなる。

　このように現行の埋蔵文化財行政の環境は、必ずしも科学的手法に基づいた専門的見解の形成を貫徹しやすい状況にはない。社会的かつ科学的に埋蔵文化財行政を執行するためには、意識的に専門職としての科学性と、行政職としての社会性（妥協あるいは適応）を分けて考える必要もある。専門職としてまずは科学的な議論を尽くした明確な結論を抱くべきである。その上で、他の論理からの否定的な意見がある場合は、考古学論理の具体的にどの部分をどの程度変更できるのかを行政的あるいは政治的に判断する。そしてその判断は後に検討可能なものとしておくことが、関係する専門職の最低限の科学性を保障する、というものである。なお、科学的議論の段階で行政的・政治的判断を介入させては、専門職としての科学性だけでなく、議論そのものが破綻してしまうので注意が必要である。また、地方公務員は法令に反しない限り上司の職務上の命令に従う義務があるが（地方公務員法第32条）、専門職に課せられた社会的義

務としては，科学性という観点から上司の命令を考査する必要もある。

2　埋蔵文化財行政における個人依存

　文化庁が設置する「埋蔵文化財発掘調査体制等の整備充実に関する調査研究委員会」による『埋蔵文化財保護行政における資格のあり方について（中間まとめ）』（平成21年3月31日）では，発掘調査が担当者個人の能力に委ねられている部分が少なくないと再三にわたって述べられている。『適正な埋蔵文化財行政を担う体制等の構築について（報告）』（平成26年10月31日）では，埋蔵文化財行政には，「考古学に関する高度な専門知識と技術」および「豊富な経験」を有する専門職員が必要であり，専門職員には（ⅰ）発掘調査の監理，（ⅱ）発掘調査報告書の執筆，（ⅲ）開発事業との調整，（ⅳ）埋蔵文化財の保存活用，を行う能力が求められるとしている。また，民間調査組織の主体調査については，「必要な作業行程の省略等不適切な調査」「発掘調査の質の劣化」などが行われないよう，地方公共団体の専門職員が点検する必要があるとする。これら報告の趣旨は，埋蔵文化財行政の適切な執行において，各地方公共団体および民間調査組織でその業務に携わる職員の考古学の知識・技術・経験が不十分な面があるという問題の指摘と，その改善提言（大学教育，専門職の配置，研修の充実）であって，今後の地方公共団体主体の埋蔵文化財行政に指針を与える上で重要である[7]。しかし，これまで述べてきたように，科学性という観点では，個人の能力に業務の結果責任を課し続けるのはリスクも高く，また，発掘調査の精度等の検査が必要とはいえ，行政が民間の専門性を一方向的に評価できるという前提には確たる根拠はないように思える。埋蔵文化財行政は，担当者個人の専門性や心性への依存傾向が強く，組織的な制御機能の議論が低調であるのは，一つの特徴と感じる[8]。

　池内了は「知識の創出においては，好奇心によって問題に気づき，想像力によって仮説を抱き，論理性によって筋道を鍛え上げるというプロセスをとっており，その各々の能力が科学研究者の要件となる」と述べている（池内2014, pp.124-125）。また，「科学者共同体の一般原則は，その成員が科学的事実に関し，「合理性」と「客観性」という判断基準を共有していることである」とする（池内前掲, p.127）。「専門性」「自治権」「特別なモラル（倫理基準）」を専門職の要件，「真実の習慣」「他への献身」「社会的地位」を専門職が社会と暗黙のうちに結んでいる倫理協定として挙げ，専門職としての科学者が持つべき自己規律として，（1）知的に誠実であること，（2）専門家としての想像力を発揮すること，（3）事実を公開すること，（4）専門家も一市民であること，を挙げている（池内前掲, pp.150-152）。また，科学史・科学哲学を広く分析する塚原東吾は，科学の規範（ノルム）や科学の民主化の現状を整理する中で，科学者共同体や市場よりもさらに拡大された「関連するすべての人々」による科学の評価というアプローチ（Post-normal Science）を紹介している（塚原2012）。これらは専門職および専門組織のあり方を考える上で，埋蔵文化財行政の現場にも適用できる一般性の高い見解である。

　個々人の知識・技術・経験・立場に関わらず，その意識・モラル・判断・行動は，様々な状況に左右されて適切さを逸脱しがちであまり当てにならないことは，本論のように自己反省せ

ずとも，科学や行政における失敗や不正行為の歴史がそれを証明している。埋蔵文化財行政における判断や決定は，担当専門職まかせにはできず，広く専門職どうしが相互懐疑的に意見し合い，合理的・客観的・生産的に行うことが必須である。自分の行動を他者に律せられるのは様々な感情のもつれを生じさせるが，考古学の科学性を守るとともに，自らの判断や行動の妥当性を確認し，組織としての最大限の判断に貢献して職務責任を果たすためにも，個々人が組織を信じて情報を共有していく努力が必要と強く自戒する。これが公的な仕事に対する個人の責任の負い方とも言えるであろう。現行の埋蔵文化財行政の世界にとっては，このような本質的な部分での専門職どうしの強い関わり合いは，苦しい圧力となるかもしれない。ただし，「遺跡はどの程度必要なのか」という社会的圧力がますます増大する中で，十分にその必要性や有効性を主張できるためにも，客観的かつ社会的な存在の科学として，考古学および埋蔵文化財行政は自らをもっと強く鍛えなければならないのではないだろうか。

3 科学としての考古学

科学の制度化・職業化の中では，基礎科学であろうと応用科学であろうと，掛けられた費用に対する効果を説明する義務があり，費用を拠出する側はその効果を回収できるようその成果報告を適正に審査する目が必要である。その即効的な成果を評価するのもよいが，それが厳密な科学的手法に裏付けられた「確実性の高い」成果であることを期待したい。「考古学は役に立つ」という言説に対しては，「考古学は役に立たない」という帰無仮説を用意できるが，結果に信頼が置ける科学的研究は次の研究の基礎となるという点で無益なものは一つもなく，「科学としての考古学は役に立つ」と言える。経験的には目の前の埋蔵文化財に対して専門的技能を尽くし，相応の成果を得ることができた仕事は，担当者としてもある程度の自信をもって他の専門職や開発事業者，市民に伝えることができるし，開発事業者や市民も説明に納得し，信頼して協力してくれる。考古学という科学に対する国民の信頼をできるだけ多く勝ち得て，その成果を国内外社会の文化的向上に着実に寄与させていきたいものである。

考古学が社会に提示する仮説は帰納的なものが多く，資料が増えると説明が変わる可能性がある。演繹的に仮説を検討して鍛え，大きく揺るがないであろう学説をもとに，社会の諸現象や価値観に対して考古学特有の角度から言及していくことが期待される。世間的要求・人間関係の大きな影響下にある自己をできる限り客観視した上で，科学的思考・態度・方法を追求し，信頼性の高い成果を社会に還元する。この困難だが意義深い道程が，「考古学は科学か」という問いに対する答えになる（第5図）。

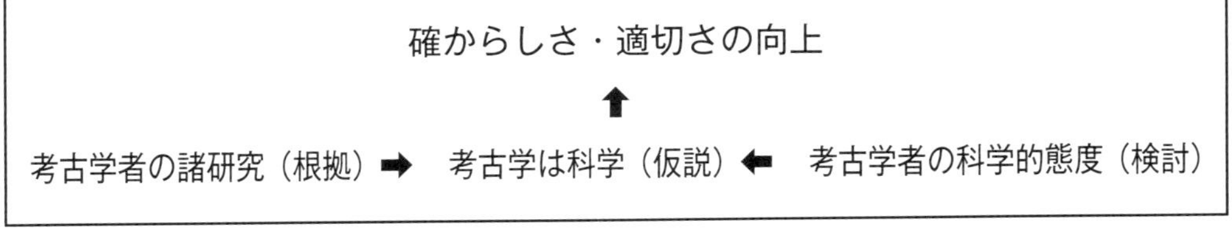

確からしさ・適切さの向上
↑
考古学者の諸研究（根拠）➡ 考古学は科学（仮説）⬅ 考古学者の科学的態度（検討）

第5図　考古学の科学性

おわりに

　田中良之先生にはじめて会ったのは，九州大学の学部教養科目を受講した時である。学校で教えられる歴史や文化がすべてでないことをおぼろげに感じつつあった筆者にとっては，先生の日本人起源論，社会進化論，国家形成論などの講義は，まさに大学に求めていた最前線の「知」の成果であり，そして研究者，考古学者とはこういうものかという鮮明な印象であった。その後，大学院で直接指導を仰ぐようになってからは，研究の一般性を意識する視点とそれに基づく問題の設定および論証方法の模索という技術的な指導はさることながら，事象に向き合う態度・思考・表現の「明確さ・厳密さ」について常に厳しい指導を受けた。当時の田中先生は，文部科学省21世紀COEプログラムの採択を受けて学際的・国際的な研究環境を整備し，前・中期旧石器時代遺跡捏造問題，弥生時代開始年代問題，女系天皇問題などを直視して，自身の立場を社会に表明しておられた。今，田中先生から「考古学は科学か」と問われ，着実かつ独創的な研究を通じて人類知の増大に貢献され，その経験・立場から社会に提言を行う「科学者」として先生が行動されていたことに改めて気づかされる。今後も先生の姿を追いながら考古学者として社会の一翼を担えるよう努力したい。

謝辞

　本稿作成にあたっては，田中良之先生をはじめとした九州大学大学院時代の先生方・先輩後輩諸氏との科学的で過酷な議論，福岡市就職後の同僚・関係諸氏との現実的で多様な議論が元になっている。また，辻田淳一郎先生，德留大輔氏，林潤也氏，水ノ江和同氏，宮地聡一郎氏（五十音順）には本草稿の一読を願ってお手を煩わし，有益なご助言を頂いた。昔も今も筆者の独善的な言動を軌道修正してくださる皆様に末筆ながら記して感謝したい。

■註

1) ここでは「科学」を，「人類普遍の知識を創出する営為」と定義し，「人類普遍の知識」を，「諸現象に対する客観的・合理的な説明」とする。「客観的・合理的な説明」は，確かな根拠に基づく仮説の構築と，その妥当性に対する自他による多角的・懐疑的な検討の繰り返しによって確からしさを増すものであり，このような研究方法を「科学的手法」とする。
2) 我が国の埋蔵文化財行政の歴史については坂井秀弥（2013）に詳しい。本稿は，福岡市における筆者の業務に基づく経験論であり，全国的な実態との乖離も予想される。ただし一方では，文化財保護法および平成7年度以降文化庁通知・報告，『発掘調査のてびき』（文化庁文化財部記念物課編2010a・b・2013），埋蔵文化財保護対策等九州地区協議会報告・標準に準拠した業務でもあり，一般論の部分もあると筆者は認識している。
3) 以下，文化財行政の対象として「国民」を措定するが，その具体的内容は常に考慮する必要がある。文化財保護法第1条には「この法律は，文化財を保存し，且つ，その活用を図り，もつて国民の文化的向上に資するとともに，世界文化の進歩に貢献することを目的とする。」とあり，後方の「世界文化の進歩」

は科学一般の目的と合致する。一方，前方の「国民の文化的向上」を狭く解釈していくと，都道府県民・市町村民・地域住民・開発事業者・専門職（研究者）・愛好家・非愛好家・その他となり，誰にとっての「文化的向上」なのか，文化財保護はどの国民にとっても平等に必要なのかという議論になる。その答えはまさに文化財行政の成果で測られるものであり，考古学を含めた関連科学の社会的貢献度合いによるものである。

4）本稿で言う「専門職」は特に断らない限り，考古学を専攻し，埋蔵文化財の取り扱いについて専門的判断を下せる者を指す。ただし，地方行政では各種文化財のいずれかを専門とする「専門職」が，文化財全般を扱うことも普通である。各文化財の関連学問領域を横断して業務を遂行する上でも，共通言語としての「科学性」を身に付けることは重要である。

5）発掘調査の品質評価については，発掘調査資格制度の問題がある。発掘調査を実施するにあたって，担当者の「資質」を客観化したいという制度であるが，「科学性」という文脈においては，発掘調査という行為の評価は，担当者の立場（資格の有無，公務員か会社員か，学歴，年齢，性別，人間性）では測れない。発掘調査の科学性，ひいては埋蔵文化財行政の科学性を評価する仕組みは資格制度以外に整える必要がある。

6）広い面積を短期間で調査しなければならない際に，最終的な遺構面の掘り下げ・下面確認が時間切れで不十分となり，必要な情報を得られたのかどうか確証がないという経験もある。下面の有無は試掘・確認調査や先行トレンチ，遺構掘削などで事前に把握するのだが，沖積層など遺構検出が難しい地山では，下面自体はなくても遺構検出面を切り下げることによって上面で検出できなかった遺構を確認できるため，駄目押しの調査が必要である。

7）地方分権の推進を図るための関係法律の整備等に関する法律（通称：地方分権一括法。平成11年7月16日法律第87号）施行後は，「遺跡をどの程度必要とするのか」という根本姿勢が各地方公共団体に問われている。埋蔵文化財行政に適切な公的資金を投じた上で，市場原理を適用し，経済と文化の双方にプラスの関係を築くことが理想である。そのような理想なしに，安易に埋蔵文化財行政業務の切り離し的な「民営化」を実施し，担当職員を減少させて公務が滞る上に，埋蔵文化財保護の協力者・委託元である開発事業者の負担が増大するという事態は避けたい。まずは各地方が，科学としての考古学を応用した上で，地域にとって最良の埋蔵文化財行政の体制を選択することであり，その各種業務を誰が実施するかは別の議論と考える。

8）埋蔵文化財行政における「個人依存」に関わるものとして「遺跡愛」や「職人魂」という観念がある。「遺跡愛」は，その想いを共有できない他者にとっては，仮にその存在は否定しないとしても，それに同調する義務はない。「職人魂」についても，本当の職人は仕事（成果品）の社会的評価に基づいて受注量が増減するが，公務員は仕事の出来に関わらず仕事を与えられている。一般化できないこのような個人的感情や自己評価に基づいた業務は，それが失敗したとして，違法でない限り公務で個人が責任を取ることはほとんどないのであるから，結局それは当事者の公的な自己満足行為になってしまう。遺跡愛や職人魂は埋蔵文化財行政職員にとって必要なメンタリティであり，行為の発端や原動力として不可欠であることは，埋蔵文化財保護の歴史を振り返れば明らかである。ただし，先達が築き上げた埋蔵文化財保護体制を現代社会に位置づけ続けていくためには，適切な評価機能を有した科学的な専門組織や体制が，愛や魂に満ちた個人よりも常に前面に出ている必要がある。

■参考文献

別所秀高・松田順一郎，2007．発掘現場の地球科学（2）：遺跡マトリクスの現場処置．考古学研究54-2，94-97．

文化庁文化財部記念物課編，2010a．発掘調査のてびき：集落遺跡発掘編．文化庁，東京．

文化庁文化財部記念物課編，2010b．発掘調査のてびき：整理・報告編．文化庁，東京．
文化庁文化財部記念物課編，2013．発掘調査のてびき：各種遺跡調査編．文化庁，東京．
早川和子，2006．考古復原イラストレーション．考古学研究53-3，100-101．
池内　了，2014．科学・技術と現代社会（上）．みすず書房，東京．
権　赫麟，2014．文化的真正性の構築における現代観光の機能に関する研究．立教観光学研究紀要16，41-52．
岸田徹・酒井英男，2011．大規模遺構を復元する：電磁気探査の利用．考古学を科学する（中條利一郎・石田肇・酒井英男編），pp.48-65．臨川書店，東京．
埋蔵文化財保護対策委員会，2008．埋蔵文化財保護をめぐる諸問題．日本考古学26，109-130．
松田陽・岡村勝行，2005．パブリック考古学最前線（1）：パブリック考古学の成立と英国における発展．考古学研究52-1，100-103．
村上浩明，2015．デジタル技術を用いた遺構・遺物の記録保存と活用．考古学ジャーナル672，20-23．
西村　康，1995．遺跡の探査法．全面改訂：新しい研究法は考古学になにをもたらしたか（田中琢・佐原真編），pp.86-96．クバプロ．東京．
西村　康，2012．探査の歴史と海外の動向．考古学ジャーナル629，21-25．
岡村勝行，2006．パブリック考古学最前線（4）：「文化財の保護と活用」とパブリック考古学．考古学研究52-4，102-105．
岡村勝行・松田陽，2008．変革期の考古学者（2）：何が語れるか，何を語るべきか．考古学研究55-2，97-100．
大谷省吾，2009．岡本太郎の"対極主義"の成立をめぐって．東京国立近代美術館研究紀要13，18-36．
坂井秀弥，2013．遺跡調査と保護の60年：変遷と特質．考古学研究60-2，5-18．
佐藤源之，2012．最先端の地中レーダー（GPR）による遺跡探査技術．考古学ジャーナル629，26-30．
杉井　健，2009．発掘担当者に必要とされること．考古学研究55-4，14-18．
杉本　宏，2008．なぜ発掘資格へと至るのか．考古学研究55-3，1-5．
塚原東吾，2012．ポスト・ノーマル時代の科学の公共性．科学82-3，334-342
津村宏臣，2006．遺跡立地の定量的解析と遺跡存在予測モデル：遺跡存在はどこまで予測可能か．実践考古学GIS（宇野隆夫編），pp.248-268．NTT出版．東京．
山口昌美，2004．考古学の新聞報道のコメントのあり方．考古学研究51-1，9-13．

「アートと考古学」ことはじめ
− 京都での取組の紹介を中心に −

京都府京都文化博物館　村 野 正 景

要旨

　本稿は，「アートと考古学」の先行事例と今後の展望を紹介する。まず先行事例は，「アートと考古学」に対する関心事から3つのタイプに分類できるとし，それぞれA. 調査・探求タイプ，B. 発見・提示タイプ，C. 創作・活用タイプとした。そして近年では、この分類に収まりきらない、新たな動きがあることに言及した。それは、これまでの考古学，アートそれぞれの営みを見直し，また新たな行動を生む可能性のある動きである（D. 見直し・開拓タイプ）。これに関して、筆者は、考古遺産への敬意にもとづくものであるべきことを指摘し，そのような前提をふまえ，パブリック考古学的観点から考古学の開放につながるものとして，「アートと考古学」という分野を今後さらに発展させることの意義は高いことを主張した。

キーワード：アートと考古学，価値づけ，考古遺産への敬意，パブリック考古学，考古学の開放

1　はじめに―本稿の目的―

　近年，日本各地でアートと考古学の共演が盛んにみられるようになった。例えば，縄文遺跡の世界遺産登録に向けた取組の一環として青森県などが「三内丸山遺跡縄文アートフェスティバル Feel The Roots」を実施し，その参加者や規模は年々拡大していると聞く。また2015年には，長野県茅野市で市民館10周年記念事業として「縄文アートプロジェクト」が実施され，岡山県新見市では全国から縄文作家が結集して「Arts of Jomon in 新見〜現代縄文アートの世界展〜」が開催された。縄文遺跡ばかりではなく，高槻今城塚古墳では高槻市や同教育委員会などの後援のもと「アートと古代の異色複合イベント in 高槻　come come* はにコット」の取組があり，人気の差はあるようであるものの，様々な時代や文化が扱われていることがわかる。

　このように考古学とアート，とりわけ現代アートとのコラボレーションは，もはや枚挙にいとまがないほどの状況である。過去のアートにインスピレーションを受け，新たな創作活動をおこなう芸術家が増え，また過去の歴史や文化に親しみ，楽しもうとする人々が考古学者以外

から生まれる状況は，考古学界にとっても朗報であろう。こうした人々は，考古学関係者の営み，すなわち考古遺産の価値を文字通り発掘し，それを普及・伝達し，保護や継承に結びつけようとする行為の良き理解者，力強い推進者になってくれると思われるからである。

しかしながら，上記の例示からもうかがわれるように，現在実施されているアートと考古学の取組の多くはイベントや展覧会事業，いわば実践が主となっており，それらの知識や経験を集積し，総合的に議論し，他地域の参照モデルや方法論をつくりあげたり，アートと考古学という現象を理論的に把握・理解したりするような研究の土台は不足している。こうした作業は，アートと考古学の共演が一過性のイベントにおわらず，考古学の開放や市民参加の活性化に着実に結びつき，それが持続的なものとなるために必要となろう。欧州では，欧州委員会が出資し，13カ国15組織が参加する国際協働プロジェクト「コミュニティ考古学のための新しいシナリオ（New Scenarios for a Community-involved Archaeology. 以下，NEARCH)」で，アートと考古学が主要研究テーマの一つとして取り上げられているし，他にも「アートと考古学」に関する研究論文・書籍が多数刊行されてきた（例えばRenfrew2003; Renfrew et al.2004; Russell 2014)。こうした動向や成果を参照しつつ，日本でも独自の土台作りが必要と考える。

そこで，筆者らはアーティストと考古学者が対話・討議をおこなう場（Art & Archaeology Forum）を設け，両者の考え方や手法，目的，進行中の実践などについて相互理解を深め，よりよい「アートと考古学」のあり方を検討，模索する作業を開始した（art-archaeology-kyoto.com)。この作業の一環として本稿では，日本でこれまでみられたアートと考古学のかかわりを概観し，それらをふまえつつ，新たに筆者らが実施しようとしている取組や考え方を紹介したい。それによって，「アートと考古学」がどんな潜在力を持ち，またアートとかかわることによって考古学がどう変わっていくことができるのか，その可能性を考えてみたい。そして最後に，「アートと考古学」に関連づけつつ，本論文集の課題である「考古学は科学か」について筆者の考えを述べていきたい。

2　これまでの「アートと考古学」の概観―関心事による3つのタイプ―

さて，「アートと考古学」とはどのような分野であろうか。このことを考えるのにあたり，これまでアートと考古学は相互にどのような関係にあり，またどのような人々がどんな関心をもって関与してきたのかを把握することは，この分野を理解するための糸口となるだろう。

試みに，過去の文献や実践例をもとに分類してみると，関心事によって概して三つのタイプが見出せる。それはA．調査・探求タイプ，B．発見・提示タイプ，C．創作・活用タイプである。それぞれの関心の違いがわかりやすいように，各特徴を端的にあらわす言葉に置き換えてみれば，A．過去の芸術を解明したい，B．過去にはすばらしい芸術があることを現代的に示したい，C．自分の芸術活動に活かしたい，となるだろう。

A 調査・探求タイプ

　ここに分類したのは，主に考古学者や美学・美術史家による美や芸術の歴史への関心である。考古学と美学・美術史のつながりは古く，かつて両者は未分化に結びついていた。その例として，坪井正五郎らが結成した東京人類学会では「原始工芸」が研究項目の一つであったことや，日本考古学の父とも呼ばれる濱田耕作は考古学のみならず，美術史を講義し，死後まとめられた論文集には『日本美術史研究』や『東洋美術史研究』があったことなどが挙げられよう。また考古学が制度的，学問的に美学・美術史と分離した後も，例えば佐原真が原始絵画を理解するために児童画の表現方法と比較したり（佐原2005），過去の創作物の技術を金工職人や陶芸家などと共同した実験考古学で明らかにしようとしたりする研究が多数おこなわれてきた。こうした研究に通底するのは，「過去の芸術を解明したい」という目的・関心であり，「アートと考古学」という分野が古くから扱ってきたトピックスの一つと言える。

B 発見・提示タイプ

　次の関心は，主にアーティストによる，現代とは異なる過去の美への関心を表したものである。過去の芸術を，歴史という時系列的秩序の中に位置づけることには相対的に重きをおいていない点で，Aとはやや異なる。むしろこのタイプの人々は，過去の造形物に宿る芸術性を，過ぎ去った芸術としてではなく，現代でも芸術的力をもつものとしてとらえる，あるいは過去の造形物に現代的な価値や芸術性を発見し，現代芸術の中に持ち込み，現代（的）に提示しようとする。

　過去の造形物の芸術性が新たに見出された例として，最も典型的例は縄文土器や土偶であろう。かつて，岡倉天心は日本美術の始まりを推古朝からと述べ，それ以前に美術とよべるものは稀にあるけれども語るに値しないとし（岡倉2001, p.16），また濱田耕作ですら「上古の美術を研究して感ずることは，其技術がすこぶる幼稚で未発展の状態にあった」と述べている（濱田1940, p.21）。彼らは，縄文や弥生時代を日本美術史の検討対象に含めなかったのである。岡倉が縄文時代を対象にしなかったのは，それが日本人の歴史ではないという当時の学説が影響していたようだ（木下1999）。しかしその後，考古学上の発見が相次ぎ，単純な人種交代説が成り立たなくなったこと，実用的なものの美しさ，いわゆる「用の美」が積極的に評価されるようになったこと，土器の文様研究が進展したこと，「原始美術」という概念が成立したことなどが複合的に作用して，その評価を次第に変えていった（同上書）。中でも「原始美術」概念の普及については芸術家の岡本太郎が大きな役割を果たした。1950年代に岡本が先鞭をつけて以降，原始美術の展覧会が試みられ，日本美術全集の第1巻を土器や土偶が飾るようになった。そして，例えば，1970年に出版された『原色日本の美術』で，縄文土器や土偶は「世界の先史人類の土器文化のなかでも類例のまれなほど，芸術性の豊かなものであった」と美術学者に評価されるにいたったのである（吉田1970, p.208）。以上からは，芸術の認識は変わりうるし，また芸術性は発見されるという特徴がよくわかる。このことはまた，縄文土器に限ら

ず，芸術として新たに見出される考古資料は今後も増えていくことを予感させる。

そしてこの予感をさらに敷衍すれば，「アートと考古学」の扱うトピックスの一つとして，考古資料の芸術的視点からの新たな価値づけや解釈をめぐる課題が浮かび上がってくる。この課題は，考古遺産の保護や活用にかかわり，現代社会にも一定の影響を与えうる点が重要である。例えば，はじめに例示した縄文文化を用いたアートイベントを個人の趣味レベルではなく，自治体や教育委員会といった公的レベルで実施することなどは，縄文文化に対する芸術的評価の変化無しには存在しなかったであろう。

C　創作・活用タイプ

3つ目のタイプは，主にアーティストによる創作的関心を示している。すなわち，過去の造形物から見出される芸術性や技術を自らの芸術活動の資源として活用し，新たな創作に結びつけようという関心である。AやBが過去の造形物を主眼とすることとは異なり，アーティスト自らの作品創作に力点がおかれていることが特徴と言える。

この事例としては，岡本太郎がすぐに思い浮かぶであろう。岡本太郎は，「縄文式文化の超現代日本的凄み」に打たれ，「あの原始的逞しさ，純粋さ，つまり人間に於ける根源的情熱を今日我々のものとして取り上げ」たいと述べており（岡本1952, p.4），その後，「太陽の塔」などのように，縄文土器や土偶に影響されたとみられる作品を次々と作り上げたことはよく知られている。もちろん彼の登場以前にも，考古資料に注目した芸術家がいた。近代陶芸の巨匠で，陶芸家として初の文化勲章を受賞した板谷波山は縄文土器の模様や器形などの造形に関心を寄せ，坪井正五郎のもとで画工として働いた図案家の大野雲外は工芸品への応用を目的とする考古資料の模様集を刊行していた（鈴木2011）。

現代でも同様の関心からの活動は多く見られる。例えば，中世の備前焼から技術や考え方を学び，現代陶芸に活かすため，当時の窯を復元しようという陶芸家の取組がある（平川2015）。この取組は，考古学者ひいては，地元の伝統産業の振興を模索する備前市も巻き込んだ活動に広がっており，さらには土の味わいや焼き締めに関心を示す北米の陶芸家に影響をあたえるまでになっている。また筆者も中米の先スペイン時代の文様装飾技法を再生し，現地のアーティストの新作づくりに協力する取組をおこなっている（村野2014, 2015）。この取組は，現地の新たな観光資源あるいは教育資源づくりとも連動しており，地元の人々や教員などにも知られるところとなっている。

このように，芸術活動の資源として考古資料や考古学を用いる取組は，「アートと考古学」のトピックスの中でも盛んな実践であることがわかるだろう。また目に見えやすい創作という行為を伴う点で，アーティスト以外の人々の関心を引きやすく，外への広がりをもちやすいことは特徴と言えるだろう。

さて，ここまで言及してきた諸タイプは，一つの取組の中で複合的に存在することもあるし，

他にもまだまだ筆者の気づいていないタイプがあるかもしれない。「アートと考古学」にかかわる人々を体系的に整理し，把握することは今後の課題として残されている。手始めに，ここではとくに考古学と美学・美術史，アーティストとのかかわりを瞥見したにすぎないが，それでも「アートと考古学」は過去の芸術に関する研究から芸術創作などの実践にまたがる幅広い分野であることは少なくとも言えるだろう。

ところで近年では，A・B・Cの各タイプを踏まえ，あるいは発展させつつ，さらなる新たな動きがみられる。この動きを理解することによって，より創造的，魅力的な「アートと考古学」の共演を生み出すだろう。これについて，以下，NEARCHや筆者らの取組を挙げつつ，どのような点が従来と異なり，新しい可能性があるのか論じてみたい。

3　近年の新たな動き―Art & Archaeology Forumの議論や実践を中心に―

（1）より生産的な対話に向けて

今世紀に入ってから，考古学者やアーティストがお互いへ提案したり，一方の行為に変化を求めたりなどといった，両者の垣根を越えるような意欲的な交流がよく見られるようになった。例えばNEARCHが目指すのは，「単に，現代芸術家が考古学からつくりだすものを提示することではなく，考古学者とアーティストが生産的な対話を創造すること」とする（nearch.eu/imagining/）。NEARCHは2018年までのプロジェクトであるから成果が出るのはまだ先の話であるが，この目指すところの一端は，「アートと考古学」の分野で積極的な発言をおこなってきた，考古学者のコリン・レンフリューの語りからうかがうことができる。

彼は，アーティストと考古学のコラボレーションといったときに陥りやすい罠は，単に，考古遺産のロマンティックな部分に感応して，古代の装飾品などをつくり出すといった行為であり，これはいわば皮相的なものであると言う。そして彼は，もちろん奇麗な飾りそれ自体は好きだし，売っていればきっと買うだろう，しかし「アートと考古学」という領域で取り上げたいのは，考古学を体験したり，発掘調査のプロセスに携わったり，思考のプロセスに関わったりするアーティストであり，その作品であると語る（Renfrew 2014）。この語りは，考古学体験はもとより，発掘調査や思考にまでアーティストの積極的参加を促す指摘とも言え，その意味でアーティスト側に新たな行動や変化を求めたものとなっている。

これに関連して，すでにアーティストから考古学者へ向けた具体的な声があり，対話ないし議論の口火は切られている。筆者らが実施しているArt & Archaeology Forumでは，アーティスト側から積極的な意見が出されているが，中でも，復元画家の安芸早穂子は鋭い意見を投げかけている。彼女は，考古学者が専門家にしかわからない言語で議論をおこない，また学術的でないとして推測や想像を極度に避ける今日，考古学者以外のあらゆる人々に考古学の魅力や成果がインパクトをもって伝えられなくなっており，アーティストが絵にしたいと思うような素材が考古学の成果中に見つけにくくなっていると言う。そして，むしろ解釈の幅やゆらぎに考古学の可能性や面白さがあり，ゆらぎまで表現し，一般の人々との対話をうながすため

にアートというメディアを活用することを提案する（安芸 2015）。安芸の提案は，考古学の解釈や提示の仕方にまで踏み込んでいる点でまさに垣根を越え，また考古学者の行為や思考の変化をうながすものとなっていることがわかるだろう。

このような上記の語りや提案からは，生産的な対話とは，双方への提案にもおよぶより深い交流や連携によって成り立つのであり，関係づくりの鍵の一つは，考古物そのものだけよりも考古学者の研究・解釈あるいは思考への着目，いわば物から人に視野を広げることにあることに気づかされる。このことはまた，過去の造形物への関心を示したり，考古物からの影響を受けたりといった，従来ともすれば一方向的になりがちであった関係から，新たに，思考と思考さらには人と人との双方向的な関係へのシフトを志向していることが見えてくる。

だからといって，お互いへの変化を促すだけであってはならないだろう。当然，拒否反応もおこりうるからである。例えば，安芸の提案を全面的に受け入れることは，考古学者にとってなお難しいことかもしれない。考古資料の断片性やデータの不十分さなどから考古学的研究には制限があるため，解釈や説明が困難な領域があると反論することは可能だろう。また，もし考古学者がそれを逸脱すれば，空想・妄想の誹りを免れないし，科学的な説明ではないと批判をあびるだろう。これらの見解には，筆者も同意する。しかしこれでは対話が続かない。

実は，考古学者の中には，アート作品や芸術活動，コンセプトなどに表現されている，アーティストによる過去や現在の世界の読み解き方，そしてその内容に注意を払う者がおり，それらから過去の解釈モデル構築につながるインスピレーションをうけることがあったり，考古学者以外の人々と過去の解釈や想像を共有することが新たな着想につながったりしているという指摘がある（Bailey 2014）。これは，安芸の提案に対する直接の回答ではないけれども，アートの解釈を認めている点で安芸の提案を支持し，またアートと考古学それぞれの言い分の接点を示してくれる。無論，賛意を示しただけでは十分な対話ではない。しかし，単に一方の提案を否定するだけではなく，むしろ提案に対して批判的でありつつも，その中にポジティブな要素をどれだけ見いだすことができるのか，それが生産的な対話を生む，一つの鍵となることは明らかだろう。

（2）具体的実践の模索

さて生産的な対話は成立したとして，次に目指すべきは，「アートと考古学」による具体的な実践である。その実践の第一歩は，対話の中でうまれた魅力的な意見やポジティブな見解を具体的な行動に結びつけることだろう。この点について，上述の安芸の提案に対するアート側の回答を垣間みることのできる取組がある。

それは，アートディレクターの松尾恵が主催した「茶会型パフォーマンス 超縄文」（松尾 2015）である。そこでは，縄文時代のコミュニケーションというゆらぎの大きいテーマに切り込み，ダンスをはじめとするモダンアート，考古物・考古学者，そして参加者の三者が互いに向き合い，対話することを通じて，考古学的研究ではゆらぎの中にある古代人の姿勢・動作

図1　パフォーマーと参加者の動き（撮影者：森川諒一）筆者により一部改変

図2　土器拝見の様子（撮影者：森川諒一）筆者により一部改変

や感情表現について，参加者の想像を誘うよう試みた。このアートイベントの事前準備として，縄文研究者の中村大や，資料管理者の筆者と，松尾をはじめ，陶芸家，パフォーマー，菓子職人などが，縄文土偶や土器に見られる表現や当時の祭礼などについて検討を重ねた。そのうえで，考古学では表現しきれない（表現を避けざるを得ない）ことがらまでアートとして表現することにしたのである。イベント中には，パフォーマーの動作に参加者がシンクロしたり（図1），独自の動きが展開されたりした。このことは動作について参加者が想像や解釈を始めたことを示している。もちろん，それらの動きがそのまま当時の人々の動きであるとはとても言えないものの，アートの力によって，考古学のゆらぎの領域にまで，一般の人々を誘うことができたことは評価されてよいだろう。

このアートイベントの優れた点は，他にも考古資料の見せ方・伝え方にもある。一般に，考古学者が考古資料の情報を記録し，表現する方法は論文や報告書，講義などである。それに対して，このアートイベントでは，客の手元に縄文土器片を配り，触れてもらった。茶会形式をとったため，客は茶席での茶器の拝見と同様に，土器片に両手を添え，全体や細部を伏し拝むように詳細な観察をおこない（図2），参加者自らの言葉で感想を表現し，質問をおこなっていた。一般の人々が，発掘調査の現地説明会や博物館の体験講座で考古資料を触れる機会をえることはあるものの，このアートイベントの参加者ほどに全員が熱心に土器片を丁寧に眺めている光景を筆者は見たことがない。考古資料の情報や魅力の伝え方は，環境やコンセプトを変えることで大きな成果があがることを示した好例と言える。

もちろん，こうした芸術の取組と考古学研究では方法や目的が異なり，学術的コミュニケーションの手段である論文を簡単に他の手段に置き換えることは困難という反論はある（Mithen 2004）。もちろん，これは正論であり，その通りであると考える。しかし，専門家間の中で流通させる情報ならばともかく，専門家以外の人々にまで情報を伝えようとするならば，論文や図面といった伝統的方法のみでは限界があることも事実である。その意味で，上述のような工夫や，もっとビジュアルな表現や音楽，詩などを用いるのはどうかという提案（例えばWatson 2004）は興味深い。他にもどのような取組が生まれるのか，さらなる発展が期待で

（3）互いの営みの見直し，新たな行動の開拓へ

さて，生産的な対話を創造し，具体的な実践を試みることで，次に何が期待できるだろうか。それは上述のように，互いの営みの見直し，新たな行動を開拓することである。この点を論ずるにあたりまず，新たな領域のアートが生み出されようとしていることに注目してみよう。これまでアーティストが芸術の源とした考古資料は，主に遺物であった。しかしそれだけではなく，遺構や遺跡，さらには考古学者の営み自体をアートとして捉えようという動きがある。遺構が陶芸品の型に（図3），発掘調査がアースワーク（佐藤2004）に，実測図や遺跡写真がモダンアートに，型式学や中位理論が作品コンセプトになると言う。アート側が，考古学から見出す芸術性のありかは，もはや物にとどまらない

図3　遺構から器の型取り

のである。そして，より重要なことは，この幅広い視点は，新たなアートを考古学から生み出す一方で，考古学者の新たな行動の可能性を示してくれることである。

ここでは，Art & Archaeology Forum で議論の的になったことを取り上げてみよう。考古学の発掘調査は，近代考古学の導入以降，技術的な水準や問題意識の向上などによって驚くほど精緻化し，土器や石器の破片ばかりではなく，動植物依存体あるいは土壌サンプルなど，遺跡から取り上げる資料やその情報は多岐にわたるようになった。そしてそれは日本の進んだ考古学研究を支える貴重な学術資源として大切に扱われている。資料の中には，国宝や重要文化財に指定される品もあるほどである。このような状況は，遺跡から得られる資源は，発掘条件などに影響をうけることはあるものの，あたかも考古学者によってかなりの部分を見出され，獲得されているかのようである。

しかし，その一方で，遺跡で相対的に大事にされてこなかったものが存在する。それは土だ。発掘時にふるいにかけられ，土器や石器は破片まで拾われる一方で，土は積み上げられ，排土となる。それは埋め戻しに利用されるか，業者に引き取ってもらい廃棄されることが一般的である。

ところがアーティスト側からみれば，土は，陶器の素地や釉薬にすることが可能で，絵画の顔料にもなりうる。例えば京都の発掘現場では，近代以前の土取坑を目にするが，ここで採取

された土は建物の壁土や陶器の素地などに当時用いられたと考えられ，中には聚落土というブランド名をもち高い価値が与えられる土が現在でも見つかることもある。実際，考古学者の木立雅朗は京都市内の発掘で，五条坂，鳴滝，聚楽第跡などで陶芸に適した土を確認している（木立2015；川瀬2015）。遺跡の土は，アートに間違いなく利用できるのである。このことは，遺跡にはまだまだ資源が残されていることを考古学者に教えてくれる。

　こうした議論を伝統産業と考古学という観点から先行的におこなってきた木立は，「公共機関が行う工事やそれに伴う発掘調査の現場で，「土」をはじめとする「埋蔵資源」を提供し，伝統工芸の資源として活用できる協力体制を作れないか。作り手と発掘現場・工事現場を結びつけ，それが作り手の求めるもの，使い手の求めるものは何かを考えるきっかけを与えるのではないか。」と提起し，考古学者に変革を求めている（木立2015）。もちろん，発掘現場の土の採取・利用については，原因者の許可が必要なことや，排土を想定した発掘予算や行程となっていることなど，現行の発掘体制・制度では壁がある。この壁を乗り越えるには、発掘の目的や考え方を含めた変更が必要かもしれない。しかしこうした壁を乗り越えるための現実的な解決策を見出すことはできそうであるし，その努力をする価値はある。なぜなら，遺跡がもつ資源としての学術資源以外に，芸術資源が見出されることは，新たなアートを生み出すだけではなく，考古遺産の価値をさらに高め，その保護や継承にも一役買うと考えられるからである。

　多様な価値の発見は，考古遺産と多様な人々との結びつきに気づかせ，また結びつきを生み出すだろう。芸術的価値以外にも，これはあてはまる。かつて田中良之先生は山泰幸との対話の中で「巨大古墳の現状は植物の生い茂る森林であり，またバードウォッチングの対象となる野鳥の生息地でもある。したがって，自然保護の文脈からの陵墓の保存の可能性もある」と語っているが（山2002，p.257），これも多様な価値づけが新たな文化遺産保護の論理を形作ることを示した一例であろう。

　ところで考古学者が新たな行動の開拓に向かう一方で，「アートと考古学」は，アーティスト側にも良い影響を与えるようだ。陶芸家の松井利夫は，「アートと考古学」はアーティストの営みも見直してくれ，同時に新たな境地を拓いてくれると言う。松井によれば，日本画や西洋画のデッサンともまた異なる独特の考古学的実測図は，モノを捉える視点と技が新鮮で，芸術の大学でも教える意義がある。また他にも遺跡の土の扱いは，調整済みの陶土を買うことが常識となった現代のアーティストや学生たちに，土の潜在力を発揮する難しさと面白さを教えてくれる。常に土に向き合う考古学者に，今後，陶芸を学ぶ者達は教えを請うことになるかもしれないとまで語って

図4　遺跡の土から制作した茶器（撮影者：森川諒一）筆者により一部改変

いる。筆者らはこうした議論を経て，発掘担当者の協力をえながら，遺跡の土や遺構の型をつかった芸術制作（図4）や，それを公開する展覧会，ワークショップにとりかかっている。この成果や評価はまた別途おこないたい。

以上，フォーラムでの議論やそれを受けた実践をごく簡単にまとめてみた。筆者らの試みは，ほんの一例に過ぎず，新たな行動の開拓の可能性は他にも様々ありうるだろう。それは上述のように，現在の考古学やアートが通常行なっている営みを変えていくことまで視野に入れることになると考えているが，そうした変化によるデメリットよりもメリットが大きいと感じてもらえるような魅力的，創造的な行動を生むことが今後の課題となるであろう。

4 「アートと考古学」の今後について

そこで振り返っておきたいことがある。筆者がここで主張してきたのは，「アートと考古学」による新たな行動の開拓や，考古学ないし考古遺産の価値をさらに広げていくことの可能性であるが，筆者は「アートと考古学」の名の下に，ただ無秩序にラディカルな変化を主張しているわけではない。行動や価値の開拓と言ったとき，何を念頭においておくべきだろうか。それは多様な考え方がありうるが，筆者は考古学が導入された近代以前の日本人の考え方を取り上げたい。

筆者が注目したいのは，かつての日本人は自由で敏感な感性をもって，地中からの出土品や古物，いわば考古遺産に対して，ユニークな意味を見いだしていたことである。土中から現れた銅鐘を瑞祥として寺の造営をおこなったり（石山寺縁起参照），捨てられた靴や琵琶などに精霊がやどると考えたり（百鬼夜行絵巻参照。図5），古びた須恵器にわびの精神を感じとったり（田辺1981，p.3）。「アートと考古学」による価値の開拓は，こうした流れの発展として位置づけるべきだろう。その意味で筆者が強調したいのは，かつての人々がいわば新たな価値を次々と創造すると同時に，考古遺産への敬意を忘れずに表していたことである。

価値の創造，そして敬意の表現は「アートと考古学」の基盤となり，また深みを与えると筆者は考える。考古学者は発掘によってこれまでも多くの価値を土中から見出してきた。しかし一面で発掘は「破壊」でもある。それならば，人知れず失われる資源はできるだけ小さくとどめたい。遺跡に敬意を払い，同時に多様な価値を楽しみ，活用し，さらに新たな未来への遺産を創造にはどうすればよいだろうか。その答えの一つは，考古学研究の学術資源以外の資源も大切にすることであり，そこに「アートと考古学」の大きな可能性があると考える。

図5　百鬼夜行絵巻（部分）京都府立総合資料館蔵・京都文化博物館管理

そもそも芸術とは，本来より良く生きる術のことだと言う（松井・上村2010）。その意味で、芸術の資源は現代社会に役立つはずだし，芸術によい刺激が与えられれば，より良く生きることにつながるだろう。松井が言及したように，「アートと考古学」は考古学のみならず，アートにも良い影響を与えるのではなかろうか。岡倉天心は美術史の役割を未来の美術をつくり出すことと表明した。「アートと考古学」という分野も未来志向でありたい。松尾惠は，「アートと考古学」とは，芸術・考古学それぞれの知識や理論や経験値や想像力によって，互いに「思考を切り開く」試みであるととらえた。その切り開かれた柔軟な思考が「アートと考古学」というこれまでにない新領域を生み出すだろう。その出発点は，何よりもまずはアートと考古学の共通点をお互いに知ることにある。そのためにも，両者の対話の機会を作り続けることを，ひとまず今後の目標としておきたい。

5　考古学は科学か？

　さて，「アートと考古学」について論じてきたが，ここで紹介した取組や考え方を含みこむ考古学とは，科学なのだろうか？という問いについて，最後に筆者なりの考えを提示しておきたい。

　まず本稿で語ってきたことは，そもそも考古学の範疇なのだろうか。結論を先取りして言えば，筆者は考古学の一部だと考えている。

　かつて田中良之先生は，九州大学の『平成22年度新入生歓迎談話会』における筆者の発表「文化遺産をどう護るか-エルサルバドル共和国の事情-」を評される中で，「文化遺産をどう護るかという課題には，考古学者の責任で考古学者が回答すべき課題が含まれる以上，それは考古学的研究の範疇であり，考古学者の仕事の一つ」という主旨のお話をされたことがある。

　このときの筆者の発表は，筆者の研究フィールドであるエルサルバドルにおける考古遺産保護の問題と，その要因の分析，解決策の提示と実践の結果を論じたものであった（村野2010, 2014, 2015）。やや具体的に述べるなら，現地住民の考古遺産の価値づけにはやや偏りが生じており，それが考古遺産の軽視につながっているため，この課題を解決するには，多様な考古遺産に様々な価値を見出す必要があり，その方策の一つとして考古学者と考古学者以外の人々とがコミュニケーションを深め，身近な考古遺産にも注意を払うようにしてもらうことを挙げ，具体的実践としてアーティストとのコラボレーションによる古代の土器装飾技術の現代的再生プロジェクトを例示した。そして，これによって考古資料の歴史的価値に加えて，観光資源や教育資源としての価値づけを目指したことを紹介したのである。

　この発表内容の水準はさておき，筆者の発表を一言で言えば，考古遺産の社会的価値づけをめぐる研究である。同様の研究は，国内外で盛んにおこなわれており，また上記の「アートと考古学」で見られた関心や近年の試みもこの分野へ部分的に含まれよう。これらを念頭におきつつ，今一度，考古遺産の価値づけをめぐる研究を考古学の範疇であるのか考えてみよう。

　まず「どの遺跡や資料にどのような考古学的価値があるか」という問いはどうだろう。これ

は考古学の問いであり，また考古学が回答できる問いであるから，通常の考古学の範疇におさまるだろう。編年研究や分布論などの成果を根拠として，時代や地域的特徴などの学術的価値を語ることは可能だからである。しかし「その考古学的価値の中でどれが最も重要で，どの遺跡や資料をより重点的に保護するべきか」という問いは考古学に向けられた問いでありながら，考古学だけでは回答できない領域の問いである。どの資料のどの考古学的特徴が特筆すべきもので，その他のものと比べて何が大事なのかという判断は研究者によって異なるだろうし，その時代の要請や社会的価値観，経済的要因も判断を左右する。そのため考古学だけではなく，考古学者以外の様々な人々の判断を総合的に吟味する必要が生じてくる。

　それでは，この一見すると「超考古学」的問いを，考古学の範疇から外れると簡単に言い切れるだろうか。さらに言えば，考古学ではないとして，考古学者が判断に参加しないということはありうるだろうか。筆者の答えは「否」である。このことを言い換えるならば，もはや現代の考古学は，「超考古学」的領域をも含み込んだ学問となっている。田中先生の評もこうした見解を支持されたものと筆者は受け取っている。何よりこうした課題は，埋蔵文化財行政，文化財保護の名の下で，日本の考古学者が従来から取り組んできたものであり，その意味でも筆者は考古遺産の価値をめぐる研究，ひいては「アートと考古学」も考古学であると考える。

　では，このような特徴をもった考古学は科学と異なるのだろうか。この問いに答えるために，以下では科学技術コミュニケーションの議論（小林2002, 2007）を参照してみたい。

　一般に科学は，非常に専門性が高く，確実な知識を生み出してくれるものと認識されてきた。またその知識が社会に持ち込まれた場合でも，例えば核兵器の基礎となる物理理論つまり科学は中立であり，その社会的，政治的な利用がどうなされるかは政治の問題であるから，科学の問題ではないと考えられてきた。この意味では，上記の考古学は明らかに科学とは異なっている。

　しかしながら，1972年にアルヴィン・ワインバーグは，このような発想は当時すでに非現実的になっており，純粋な科学の領域と純粋な政治の領域が区分できず交錯している領域が出現していることを指摘している。そして，それを「トランス・サイエンス」の領域と表現し，「科学によって問うことはできるが，科学によって答えることのできない問題群からなる領域」と説明した（小林2007）。例えば，「運転中の原子力発電所の安全装置がすべて，同時に故障する率はどのくらいか，それは安全か」という問いには，故障の発生率という数値的見積もりは科学者の中でほぼ一致するデータが出せても，それを安全とみるか危険とみるかの判断は，専門家の間で意見の一致をみないだろう。それでも，このような通常の科学を超えた領域も，科学者が向き合う必要があることは明らかである。

　こうした領域の存在を理解し，科学者がどう対応すべきかについて，ジェローム・ラヴェッツは1990年代ごろから「ポスト・ノーマル・サイエンス」という概念をもちいて説明を試みている（Funtowicz and Ravetz1993）。彼は，課題に対して回答を見つけ，また課題解決のた

めの意思決定をおこなうとき，そこで動員され，必要とされる知識や人員には位相差があることを指摘する。それは，科学的原理がかなり明確に把握され，それを適用して問題解決が図れる領域（応用科学），外科医が手術の際に事前検査による診断と異なる状況に出会っても，訓練や経験，知識などによって臨機応変に最良の判断を下すように専門家の判断に任せることが適切な領域（専門家への委任），そして原子力発電や地球環境問題などのように科学原理や専門家の判断のみで問題解決のはかれない領域（ポスト・ノーマル・サイエンス）である。最後の領域はトランス・サイエンスと完全に重なっている。そしてこうした領域の課題に関しては，コンセンサス会議や市民陪審などの解決策を挙げ，科学者と一般市民を含めた討議や交流の機会を設け，多様な情報や価値観を動員することを求めている。

　以上から明らかなように，現在の科学の取組や研究は，考古学における通常の考古学の範疇を超え，社会的判断の検討も含み込んだ研究や実践と同じである。これらの点を強調するならば，考古学が社会や政治にかかわる領域も扱い，またそこでは多様な判断や解釈がなされることがあるということをもって，考古学は科学ではないという意見に反対することができるだろう。

　ところで，ラヴェッツによる現代科学の見取り図は，考古学にもおおよそ当てはまると筆者は考えている（村野 2015）。従来の通常の考古学は応用科学や専門家への委任に相当し，ポスト・ノーマル・サイエンスはパブリック考古学（松田・岡村2012）にあたると考えるのである。もちろん，ラヴェッツのいう三領域のうち，応用科学の領域は，自然科学に比べて考古学のそれは狭いであろう。イアン・ホダーは，考古学者は地面を掘る段階から解釈や判断を始めており，収集されるデータは完全に客観的というよりもむしろ主観的なものであることを指摘しているし（Hodder1984, 1999），また田中良之先生もある一つの事象の捉え方や説明の仕方は，研究者が依拠する理論によって異なることを述べられている（田中2000）。このように主観や判断が入り込む程度に，科学とは相対的な差があることは注意しておきたい。

　さてここでの問いは「考古学は科学か」であるため，あまり詳細には述べないが，上記のように科学と比較したとき，考古学が今後意識すべき点も見えてくる。科学では，トランス・サイエンスないしポスト・ノーマル・サイエンスの領域が拡大し，複雑化している今日，それを専門的に扱う研究の深化や人材の育成が必要とされている（小林2007）。考古学においても，従来の埋蔵文化財行政や文化遺産保護の課題を超えた課題が多く現れている。「アートと考古学」はその一つであろう。これらの領域は上述のようにパブリック考古学が扱う領域となる。その意味で，考古学も今後は科学と同様に，パブリック考古学者の育成が必要となるだろう。そしてそれに伴い，科学がすでに取り組み始めているように，考古学も従来の専門領域を超えて，専門領域を再構築していくことが必要ではなかろうか。そこに現在，考古学界で漂う閉塞感を突破する鍵があるように思う。

本稿は,『考古学研究』第62号第2巻に岡村勝行氏と共著で掲載した「「アートと考古学」ってなに？」に加筆,修正したものです。岡村氏からはとくに欧米の「アートと考古学」についてご教示いただきました。また,フォーラム関係者の皆様,とりわけ松井利夫氏,安芸早穂子氏,中村大氏には日頃から多くのご意見やアイデアを頂戴しています。アートイベントを主催された松尾惠氏には,筆者に貴重な機会を与えていただきました。記して感謝の意を表します。

　田中良之先生には,私の指導教官として,九州大学在籍中そして卒業後も,多くのご教示をいただいて参りました。またご教示のみならず,私がそれまでの専門分野とは異なる地域に,青年海外協力隊として派遣されるにあたっては,「その図々しさでなんとかなるだろ」と田中先生独特の励ましのお言葉を頂戴いたしました。この言葉は私にとっては非常に大切な言葉で,未知の領域に踏み出そうとする私を勇気づけていただきました。またこのたび,追悼論文を執筆するにあたり,先生のお考えやご意見を意識的に引用させていただきましたが,私自身の考え方を構築する節目節目に先生の影響を受けていたことを改めて感じております。先生への感謝の気持ちとともに,先生のご冥福をお祈りいたします。

■参考文献

安芸早穂子, 2015. 復元イメージの揺らぎとリアリティ. 考古学研究 62(3), 23-32
Bailey, D., 2014. Art//Archaeology//Art: Letting-Go Beyond. *Art and Archaeology: Collaborations, Conversations, Criticisms* (I. A. Russell and A. Cochrane, ed.), pp.231-250. Springer, New York.
Funtowicz, S. and Ravetz, J., 1993. Science for the Post-Normal Age. *Futures* 25(7), 739-755.
濱田耕作, 1940. 日本美術史研究. 座右宝刊会, 東京
平川忠, 2015. 土窯プロジェクト. www.tsuchigama.com
Hodder, I., 1984. Archaeology in 1984. *Antiquity* 58, 25-32.
Hodder, I., 1999. *The Archaeological Process: An Introduction*. Blackwell, Oxford.
川瀬慎一郎, 2015. 京焼：京の土で活力　地元産推進へ情報共有　木立・立命大教授, 京都市内各地に陶芸向き. 毎日新聞　2015年6月4日地方版.
木立雅朗, 2015. 京都の土と窯. 伝える力3　京都の土と石-伝統工芸を支える資源-発表資料.
木下直之, 1999. 日本美術の始まり. 語る現在, 語られる過去—日本の美術史学100年（東京国立文化財研究所　編）, pp.292-303. 平凡社, 東京
小林傳司, 2002. 科学技術の公共性の回復に向けて. 21世紀公共哲学の地平（佐々木毅・金泰昌　編）, pp.271-298. 東京大学出版会, 東京
小林傳司, 2007. トランス・サイエンスの時代. NTT出版, 東京
松田陽・岡村勝行, 2012. 入門　パブリック・アーケオロジー. 同成社, 東京
松井利夫・上村博, 2010. 芸術環境を育てるために. 角川学芸出版, 東京
松尾惠, 2015. 明倫茶会「茶会型パフォーマンス　超縄文」. www.ameet.jp/events/events_20150617-2/
Mithen, S., 2004. Contemporary Western art and archaeology. *Substance, Memory, Display. Archaeology and Art* (C. Renfrew, C. Gosden and E. DeMarrais, ed.), pp.153-168. McDonald Institute for Archaeological Research, Cambridge.

村野正景, 2010. エルサルバドル共和国における遺跡保護に関する一考察-文化遺産国際協力の向上のために-. 遺跡学研究 7, 221-232.

村野正景, 2014. 先スペイン時代の「ものづくり」に挑戦する-いわゆるウスルタン様式土器の復元と現代的再生プロジェクト-. チャスキ アンデス文明研究会会報 49, 6-9.

村野正景, 2015. 文化遺産の継承そして創造へ-参加型考古学を試みる-. 過去を伝える,今を遺す—歴史資料,文化遺産,情報資源は誰のものか. pp.84-114. 山川出版社, 東京.

村野正景・岡村勝行, 2015. 「アートと考古学」ってなに？. 考古学研究62(2), 12-16.

岡倉天心, 2001. 日本美術史. 平凡社, 東京.

岡本太郎, 1952. 四次元との対話 縄文土器論. みづゑ 558, 3-18.

Renfrew, C., 2003. *Figuring it out. What are we? Where do we come from? The parallel visions of artists and archaeologists.* Thames and Hudson, London.

Renfrew, C., 2014. Colin Renfrew: A Conversation. *Art and Archaeology: Collaborations, Conversations, Criticisms* (I. A. Russell and A. Cochrane, ed.), pp.9-19. Springer, New York.

Renfrew, C., Gosden, C. and DeMarrais. E., 2004. Substance, Memory, *Display. Archaeology and Art*. McDonald Institute for Archaeological Research, Cambridge.

Russell, I. A. and Cochrane, A., 2014. *Art and Archaeology: Collaborations, Conversations, Criticisms*. Springer, New York.

佐原真, 2005. 美術の考古学（金関恕・春成秀爾編）. 岩波書店, 東京.

佐藤啓介, 2004. 作品としての発掘現場-アースワークから考える. www.k5.dion.ne.jp/~res/

鈴木希帆, 2011. 近代日本における縄文土器観-大野雲外による図案化を中心に. 美術史 171, 120-136.

田辺昭三, 1981. 須恵器大成. 角川書店, 東京.

田中良之, 2000. 祭祀. 用語解説現代考古学の方法と理論III（安斎正人 編）, pp.106-110. 同成社, 東京.

山泰幸, 2002. 古墳と陵墓. 文化遺産の社会学 ルーブル美術館から原爆ドームまで（荻野昌弘 編）, pp.241-259. 新曜社, 東京.

吉川逸治, 1970. 原始日本の美術. 原色日本の美術 第1巻 原始美術, pp.208-232. 小学館, 東京

Watson, A., 2004. Making space for monuments: notes on the representation of experience. *Substance, Memory, Display. Archaeology and Art* (C. Renfrew, C. Gosden and E. DeMarrais, ed.), pp. 79-96. McDonald Institute for Archaeological Research, Cambridge.

前近代の死における社会的死の先行と臨終

石井呼吸器内科医院　石　井　博　司

要旨

　現代社会において死は「臨床的死」「生物学的死」「社会的死」と重層的に捉えうるが，平安から室町期の日本について，死の様相を主に葬送儀礼開始前の諸儀礼に着目して検討した。①現代の「臨床的死」に類似する触穢の開始としての不可逆な瞬間に対する認識は当時から存在した（本稿では絶命と定義）。②絶命の判定は現代西欧医学の未確立な当時において困難であり，類似概念としての臨終は時間的に幅を持ち，また「蘇生」する例が存在し得た。③社会的死は理念的には臨終よりも遡って開始されうる。臨終前になされる諸儀礼は，絶命後の葬送儀礼と参加者が重なり，かつ歴史的には臨終の前後を容易に遷りうる。臨終前の過程中にあって各儀礼の性格も，臨終前後の過程を逆行させようとするものと，進めようとする儀礼との間で両義的に移行しうる。③が発生する原因として，上記②のため死が可逆的になりえてしまうことの他に，一連の社会的死に関する参加者・観察者の感情が多様に変動することが挙げられる。
キーワード：社会的死，臨床的死，臨終，治療儀礼，蘇生

前言

　Sudnow（原著1967）は死の定義として，「臨床的死」「生物学的死」「社会的死」をそれぞれ区別して概念を明確化したことでしられる（サドナウ1992）。1960年代前半の病院におけるフィールドワークでは，「社会的死」が，診察による死の徴候の確認という意味での「臨床的死」とは異なる，過渡的な一組の実践行為として医療スタッフ及び家族によって遂行されることが示され，その中で前者が後者より先行する例が多く示された。「社会的死」にあたるものの先行は *Glaser* と *Strauss*（原著1965）によっても例示されたところである（グレイザー・ストラウス1988）が，このような視点が医療スタッフや病院という場，「臨床的死」に先行するタイミングに限定されがちであるとして *Mulkay* と *Ernst*（1991）は「社会的死」を「人びとの生においてアクティヴなエージェントであることをやめること」「われわれの社会的存在の終焉」と定義づけて，「臨床的死」の後にも応用しうる概念へと拡張した。
　Mulkay，およびその後の研究でしばしば言及される特徴的論点が，「前近代的な，伝統的

社会においては，社会的死は生物学的死に後続する傾向にあったが，近代社会においては，社会的死は生物学的死に先行する傾向にある」というもので，澤井敦（2005）はこれを「先行・後続説」と呼んだ。「臨床的死」に先行しうる「死」の存在の指摘は，社会学・文化人類学双方においてもともとかなり古くからみられるが（デュルケム1942；レヴィ・ブリュル1953），それらはあくまで例外的存在として扱われてきた感がある。*van Gennep*（原著1909）は『通過儀礼』で第8章を葬式にあて，「分離儀礼は数も少なく単純で，かえって過渡期の儀礼の方が持続期間も長く，複雑化しており，それだけを独立したものと認めてもよい位のものもある。」と述べ，例として「死体を外に運び出す際の様々の手続き。死者の道具，家屋，宝石，財産などを焼いてしまうこと。妻，奴隷，気に入りの動物などを殉死させること。沐浴，香油の塗布，および清めの儀礼一般，およびあらゆる種類のタブー」を挙げた（ファン・ヘネップ1995）が，その視点はあくまで臨終（後述）以降から始まる。*Metcalf* と *Huntington*（原著1991）も，視点の広さで通過儀礼としての葬送行事のとらえ方が異なることを改めて指摘したが，マダガスカルのバラ族についての分析は埋葬以降が専らで，それ以前に遡る場合は一気に，「人生全体がひとつの過渡状態であり，出産まで含めた広い視野に」立ってしまう（メトカーフ・ハンティントン1996）。社会学における「先行・後続説」の形成はこのような人類学の状況をうけてのものとも評価しうる。それに対し澤井（2005）は，「一元的な臨床的死・法的死の定義が導入される」までは，「前近代社会において，社会的死は，生物学的死に後続していたというよりは，むしろ生物学的死をも包含する長期的なプロセスとしてあった」とし，前近代社会においても社会的死の遡及しうる可能性を指摘した。なおこの結論の中では，前近代における臨床的死の有無は議論され得ないことに注意しておきたい。

　現代日本の場合，通過儀礼として葬式など葬送儀礼を見た場合であっても，分離儀礼（儀礼への編成がどの程度進んでいるかは措くとして）は臨終／「臨床的死」そのものより前のタイミングにも無視できない部分がありうるため，病名の告知など死に至る過程の認知・周知から，臨終後にいわゆる死者の個性がなんらかの形で昇華されるまでの極めて長い期間として儀礼全体を把握した方がより実態に近いのではないかと，筆者は基層構造講座在籍当時漠然と考えていた。臨終の前（以下，過程Aとする）と臨終の後（同じく，過程Bとする）とのつながりは双方を分析する上で重視すべき課題であるとの考えは，その後臨床医として肺癌などの患者の看取りを行っていく過程で日々強化され，現在の在宅患者の看取りへの対応に結びつけようと現在に至っている。過程AとBが分かちがたく結びつくのは一連の事象に参加する主体（患者／死者本人と親族，関係者）の心理が悲嘆の中で揺れ動くことに原因があると考えるが[1]，両者の間には当然大きな懸隔も存在する。即ち，①臨終をはさみ，過程Aが本質的には可逆的であるのに対して過程Bは不可逆である。②過程Aの主体はあくまで患者本人であるのに対し，過程Bの少なくとも行為主体は死者本人の親族・関係者である[2]。このうち①はA／Bを分けるべきものとして絶対的な指標となる特性であるが，前近代の場合，両者を分かつ臨終／絶命の確定，すなわち「臨床的死」の判定が容易ではないことは儀礼の開始時点をいつにするかと

いう点で重要であり，現実的にA／Bが分かちがたくなるもう一つの要因である。この意味で，現代では「臨床的死」と同義語といってもよい臨終は，前近代においては概念について一定の再検討を要する。本稿では「死」にまつわる特殊な状況である突然死と蘇生に着目し，臨床的死の前近代社会におけるあり方も含め，境界点としての「死」の不明瞭さの内実を捉えようと試みる。なお本稿で用いる用語であるが，まずは「病者が生命の維持ができなくなった時点」全般を臨終と定義し（テクスト中に表れる語彙「臨終」と区別する），その中でも特に不可逆な状態が開始された瞬間が意識される場合を絶命として，分けて表現することとしたい[3]。

1　一条天皇の「臨終」前後

　諸学における葬送儀礼の分析を集めると，当然であるが故人の臨終時から分析が始まることが多い。それは古代／中世の天皇についても同様であり，新谷尚紀（1992）でも天武から村上まで歴代天皇の葬送記事は一例を除いて「崩」以降のものとしている。

　そのような中で，寛弘 8 年（1011）一条天皇の臨終前後については『御堂関白記』『権記』などの史料があって，これまでも臨終から葬送に至る過程の読み取りに一定の学史的蓄積がある（新谷1992；勝田2003）中で，史料の性格からか新谷（1992）は臨終前に一定度踏み出した経過表を作成した。ここでは先行研究を参照しつつ，一条天皇の臨終前後について再検討を試みたい。

寛弘 8 年（1011）
① 　5 月23日　天皇発病
　　「主上，日来，尋常に御座さず。今，頗る重く悩み給ふ。」　　　　『御堂関白記』
　　なんらかの先行する症状があった旨記載されているが，天皇本人の自覚がいつからかは詳らかではない。重篤化して藤原道長らに明示的になったのがこの日ということである。
② 　　27日　仁王経・不断経の読経開始（29日結願）
　　「御悩消除の為」　　　　　　　　　　　　　　　　　　　　　『権記』
　　不断経は同時代の例から見て経名ではなく，おそらくは「法華経」他の不断御読経のことを指すと思われる[4]。『権記』には上記の通り読経の目的が明確に記載されており，同時期の類例からみても疾病からの改善を目的としたことが明白である。
　　なお，遅くとも同日には，居貞親王への譲位について決意したことがみてとれる。
③ 　　28日　大赦
　　「此の日，御悩みに依りて大赦あり。」　　　　　　　　　　　　『権記』
　　平安中期に於いては円融帝（『日本紀略』），三条帝（『御堂関白記』），藤原頼通（『扶桑略記』）など生前に為されることも多い大赦・非常赦であるが，醍醐帝（『扶桑略記』），藤原忠平（『日本紀略』），冷泉帝（『御堂関白記』）などは死後になされており，必ずしも生前とは限らない（服部2006）。

④　6月02日　居貞親王に譲位を伝達。
⑤　6月09日　五大尊造立
「御悩を消除せんが為」　　　　　　　　　　　　　　　　　　『権記』
密教における五大尊への信仰は当時疾病への対策として様々に実行される。信仰篤かった道長・頼通父子を含め，生前になされることが主体である。
⑥　　13日　天皇譲位，三条天皇即位
⑦　　14日　上皇，出家についての意思表示
⑧　　19日　出家
「御出家の後，御悩，頗る宜し。是れ奇しく見奉る。」　　　　『御堂関白記』
慶円，院源，懐寿，実誓，尋光，隆円，尋円が参加。慶円は長和3年（1014）天台座主となる僧侶で当時僧正。寛仁4年（1020）やはり天台座主となる院源僧都など，臨終前後には天台僧が深く関与する（倉本2009）。
⑨　　22日　臨終
「二十二日，甲子。卯剋，院に参る。近く床下に候ず。御悩，危急に依りて，心中，竊かに弥陀仏，極楽に廻向し奉るを念じ奉る。上皇，時々，又，念仏す。権僧正並びに僧都深覚・明救・隆円・院源・尋光，律師尋円等，又，近く候じ，念仏す。僧正，魔障を追はんが為，只，加持を奉仕するなり。辰剋，臨終の御気あり。仍りて左大臣，右大臣以下に示し，皆，殿を下らしむ。『暫くして，蘇生せしめ給ふ』と云々。即ち諸卿等，参上す。午剋，上皇の気色，絶ゆ。」　　　　　　　　　　　　　　　　　　　　　　『権記』
「巳時，崩じ給ふ。候ずる人々に座を立たしむるを示す。候ずべき人々を相定めて侍らしむ。『候ずべし』と申す者，多しと雖も，行事有り。仍りて候ぜしめず。」『御堂関白記』

⑩　　25日　沐浴，入棺
慶円，隆円，尋光，尋円ら多数が参加。
⑪　7月08日　葬送，荼毘
⑫　8月02日　中殿にて七々日の法事
⑬　8月11日　院にて七々日の正日の法事
長和元年（1012）
⑭　5月27日　円教寺にて一周忌の法事
⑮　6月22日　院にて一周忌の法事

2　各儀礼の性格

　5月23日の①発病によって一条天皇には Parsons（原著1951）のいうところの病人役割 sick role が成立する（パーソンズ1974）。病人役割を獲得した一条天皇は日常から逸脱して公的役割から開放される代りに，治病行為を受けることとなる。上記諸項の内では，②③⑤と⑨臨終

前の加持がそれにあたる[5]。優先度が高いとされる治病の効果が不調な場合，様々な方法が試みられ，各方法間の整理が期待される立場（平安中期においては陰陽師／医師，現代日本においては医師）が成立するのは現代と同様であるが，一条天皇の場合「魔障を追」って苦痛を軽減することが目的とも思われる，治療儀礼としての加持が絶命直前までなされる。後述する水藤真（1991）の蘇生例5例がいずれも臨終前には加持がなされていることからも，摂関期前後は臨終前における最終的な治療儀礼として加持が，少なくとも理念として普遍化していたことに注目したい。なお記録上，①－⑨の期間中治療儀礼として湯薬についての記載はみられない。

「臨終」にあたり，その判定が何によって，また誰によって為されたかの記述は認められないが，触穢の開始が即ち諸卿の下殿の合図となる「臨終」即ち絶命以降に他ならず，過程Aと過程Bを分けるものとして不可逆であるべき瞬間が，「蘇生」によって幅が生じてしまっていることに注目しておきたい[6]。まさしく「以前の世界からの分離の儀礼」を分離儀礼 rites de separation と呼ぶならば（ファン・ヘネップ1995），同様の性格を持った行事が臨終以前に踏み出して明瞭に行われていることに注目しなければならない。即ち，⑥の譲位と，⑧の出家である。このうち⑥譲位は8世紀半ば以降の天皇祭祀の変容から導き出される，清浄な権威の器である地位「天皇」を触穢から守るためのステップと位置づけられ得る（田中1996；丸山2001）が，先のファン・ヘネップ（1995）の例で言えば「死者の,,,財産などを焼いてしまうこと」に対比しえよう。当時にあっては天皇が在位のまま往生を祈ることは禁忌とされる側面があり，譲位翌日に出家への意思表示を上皇が示したことからも，往生祈願を可能とするための譲位という側面は強いものと思われる[7]。⑧出家はもともとあった現世利益，延命・救命のための「依病出家」ではなく，往生信仰を背景として9世紀中葉以降天皇家を中心に実践された，後世善処，死後往生のための「臨終出家」であると考えられる。なお元（2005）は一条院の出家について『栄花物語』の記載からその目的を救命・延命とするが，むしろ同時代の記録において出家後の症状改善を「奇しく見奉」った道長の意識と，臨終直前まで念仏を唱えた上皇の行動からは，後者としての性格が間違いなく存在することを重視しておきたい。水藤（1991）は，このような臨終直前の出家・逆修には，着服の儀など葬送儀礼を簡略にする役割があったことを指摘している。なお三橋正（2000）によれば，院政期から「死後出家」がみられるようになる。

譲位／出家後，上皇は22日に「臨終」の時をむかえる。僧正の加持奉仕と共に行われるのは本人と諸僧による「念仏」である。源信は『往生要集』巻中，大文第六「別時念仏」中に「行事」と「臨終勧念」からなる「臨終行儀」を著し，「若人臨終時，十念弥陀仏（石井註：一心に南無阿弥陀仏と称念すること），決定往生彼安楽国」「正臨終時，応云，仏子知不，但今即是最後心也，臨終一念，勝百年業，（中略）当一心念仏決定往生西方極楽微妙浄土八功徳池中，七宝蓮台上」ことを唱えた（石田1970）。穢土を厭離して浄土を欣求する価値観において，病

者はむしろ確実に以前の世界からの分離を図られるべき存在となる。一条上皇の場合臨終以降,『御堂関白記』でみても諸儀礼の合間に寛弘8年8月2日, 9月12日, 11月24日, 寛弘9年1月15日, 2月24日, 3月30日と念仏が反復されるが, その開始時点は臨終前に遡る。譲位までは「御悩消除の為」に諸儀礼が施されたのに対し, 譲位以降,「魔障を追はんが為」の加持はなされるものの, 儀礼の性格に変化がみられる。上皇の生前から絶命後の諸儀礼に参加する天台僧について, 同一人物が執り行っていることが多いことも儀礼の性格を議論する上では見過ごせまい。浄土信仰下の平安期貴族社会は, 分離儀礼の生前への踏み出しが明瞭な好例といえよう。

明瞭な分離儀礼の開始時点は⑥と思われるが, 過程Aと過程Bの境界としての臨終／絶命がいつ訪れるか, 正確に推定するのは現代にあっても困難である。分離儀礼の開始後臨終までに間が生ずる場合, 本人の感情自体経過で変化すること, 看取りに関わる人間が多数である程その考えも多様である（上皇絶命の場において念仏の聞こえる中, 藤原行成は「竊かに〔ひそかに〕」極楽への廻向を念じているが, 治癒してほしい／往生してほしくないという通念を意識してのことであろう）ことが, その間の儀礼の性格を（儀礼化によって一定度整理されるにせよ）両義的で多様なものとする。臨終前に唱えられる念仏も, 治病儀礼と同様の意図からなされる例が, やや下って院政期堀河天皇の際にみられる（『讃岐典侍日記』：服部2006）。また『小右記』によれば藤原実資の娘は永祚2年（990）7月からの痢病で危篤となり, 6日に法名を授けられた後, 9日には日常用いた銀器他を仏界に捨てているが, それと同時に薬師仏奉造, 両壇修善, 金剛般若経転読, 招魂祭, 鬼気祭など救命のための治病儀礼を11日の臨終直前まで試みている（新村1985）。このうち招魂祭は神祇祭祀における鎮魂祭を陰陽師が祭法として取り込んだものとされ（新村1985）, 平安中期にあっては例外的に藤原嬉子で臨終翌日に「魂呼」がなされる以外, 藤原実資や道長, 源俊房など生前になされることが主体であるが, 近現代の民俗例にあっては魂呼びとして臨終後になされるものが主体となる（井之口1965）。

なお源信の「臨終行儀」では他にも生前になされる分離儀礼の例を挙げ得る。「行事」の最初は唐代道宣の『四分律行事鈔』「瞻病送終論」を典拠に, 病人を「無常院」へ移すことから始まる（丸山1992；松田2014）。病人の俗世への愛着を断つためとの説明がなされるが, 日本の場合9世紀－12世紀頃で僕隷（使用人）が病になるとすぐさま路辺へ追い出す事例多数（勝田2003）と時期的に重なり, 穢れを回避するための分離儀礼としての性格が垣間見える[8]。また, 看病の際「酒肉五辛」を禁じられるのは, 病人が正気を失って狂死し, 往生できないためと説明されるが, 分離儀礼を失敗することなく遂行するためのタブーとして解釈し得るであろう。

さて, 浄土信仰が隆盛を迎えつつある一条院の臨終について,（A）「臨終」という用語には, 触穢の開始を意味する境界線としての属性が含まれる場合がある（即ち, 本稿で定義づけた絶命

の意味が含まれる）こと，(B) 譲位・出家という明瞭な分離儀礼が「臨終」の前に遡ることを示した。また (C) これら臨終前になされる分離儀礼と前後してなされる儀礼は，治療儀礼とみなされたものであっても時代が変わればしばしば臨終後にもなされ得ること，(D) 臨終前になされる儀礼の性格が治病的か往生を願う方向であるかについても経時的に変動し，かつ (E) 治療儀礼と往生を願う儀礼は並行してなされ得ることをみてきた。葬送儀礼中の分離儀礼は本人の臨終を待って開始される場合だけではなく，より先行して「社会的な死」とみなされた後からはじまる場合があり，むしろ理念型としては積極的に先行して捉えるべきであることをここでは指摘しておきたい。

ここまで「治療儀礼」と「往生を願う儀礼」としてきたが，ここで臨終前後の患者・関係者の心理反応と行為／儀礼について，時系列に対するベクトルに注目した分類を試みたい。即ち，

#1　過程を逆行させようとする動き
　　患者／故人に旧来の属性を維持させようとする動き。対応する儀礼を過程Aでは治療儀礼，過程Bでは蘇生儀礼と分けて呼びたい。蘇生儀礼は van Gennep のいう「防御的儀礼」に対応する。患者本人／1人称の心理反応でいえば，後述する Kübler-Ross のモデルにおいて「取り引き」と「怒り」の一部が対応する。

#2　過程に関わろうとしない動き
　　対応する儀礼は，本稿では認められない。
　　#2-A，今おかれている状況を否定することで，sick role の獲得自体行わず旧来の属性の維持を意図する。Kübler-Ross の「否認」が対応する。
　　#2-B，sick role の獲得は否定しないが，死へ向けての進行について積極的に介入しない。
　　Kübler-Ross の「抑鬱」と「怒り」の一部が対応する。

#3　過程を先に進めようとする動き
　　上記往生を願う儀礼など，sick role から開放され，患者／故人に旧来の属性から新しい属性への変更を促す動き。
　　van Gennep では「分離儀礼」と「統合儀礼」がこれにあたる。本稿では分離儀礼が過程Aに踏み出すことを議論した。Kübler-Ross では「受容」が#3の前提たりえよう。

分離儀礼の開始点が臨終より遡りうることの強調は，現代の臨床現場においては儀礼に伴う参加者の心理反応の分析を行う上で有用と考えられる。過程Aにおける1人称たる患者本人の心理反応の諸様相は Kübler-Ross（原著1969）が『死ぬ瞬間』で考察した（キューブラー・ロス1998）。衝撃・否認・怒り・取り引き・抑鬱・受容・希望という死を迎える患者の感情についての7段階の変遷はその後の諸研究で根源的な水準にいたるまでに批判的検討がなされている（青柳2005）が，現在でも感情に多様な variation があり，かつ一定度の一般化が可能で

死に至るプロセスの中で折々に変化しうるという、モデルの外枠の有効性から、現在に至るまで死にまつわる臨床の現場ではしばしば参照される。一方2人称たる遺族の心情も、過程Bについてグリーフ・ワークの観点から研究が進められ、その中には死者本人が亡くなったことに対する否認や怒り、受容など、過程Aで *Kübler-Ross* が考察した心理反応と多分に共通する分析が含まれる（カプラン1968）。*Kübler-Ross* に対する批判を受け、上記#1から3までの心理反応は過程AにもBにも（その濃度には大きな違いがあるにせよ）存在しうることを前提とした上で、「1人称の死」における諸事象の開始と、「2人称の死」における諸事象の開始点は本質的には「同時」でありうるのであって、グリーフ・ワークを行う故人遺族（2人称）の心情も少なくとも当初は、病者／故人（1人称）の心情と、ナラティブとして同一線上で分析しうるという観点が、「死」や「喪」に対する諸学の横断的な理解にとって有用となる事をここでは指摘しておきたい。

3　突然死と治病儀礼

　前項までで死にまつわる儀礼について、社会的死の始まりと関連する致命的状況の認知から臨終前後までの、関係者の感情と儀礼について分析を試みた。死にまつわる儀礼の普遍化が困難であることの要因の一部は、開始時点における諸状況で、あまりに変異が大きいことにあるといえよう。死に至る原因自体一様ではなく、かつおかれた状況に対する参加者の reaction は成年儀礼や婚姻儀礼と比較し、少なくとも現代日本に於いてはかなりの多様性を許容されている。本項ではそのような *variation* の一貫として、突然死をとりあげる。病的な突然死の場合、事前の死の予知はされておらず、臨終前に死への受容も進んでいないことが前提となる。社会的な死の開始は臨終とほぼ同時であり、1人称は少なくとも主体的にはその場の儀礼に関わらない。臨終前後の儀礼は必然的に2人称による、#1過程から逆行させようとする動きが先行し、その後#3臨終確定のための動きへ移行することとなる。#1と#3の間は先鋭化せざるを得ず、死の判定がより厳格に要求されるためその時代における「臨床的死」に近い思考過程の抽出が期待される。やや時代は下るが文治4年（1188）、九条兼実の子息である、藤原良通の例を採り上げる。以下、兼実自身の筆になる『玉葉』巻53から前後のプロセスを抜粋引用する。

① 2月19日深更の良通急変
　「余（兼実）又就寝了、小時、内府方女房帥周章走来、告大臣殿絶入之由、余劇速而行向見之、身冷気絶、」
② 兼実自身による治病儀礼
　「余誦尊勝陀羅尼在傍、事已一定雖不能扶救、志之所之所々修誦経、宝物厩馬等献諸社、又如祭祓如雲霞修之、又奉始仏教体、」

③　大原の上人による治病儀礼

「即大原上人来，依在近辺所招也，然而依事急已不能秘計，只唱神咒在傍，」

④　翌20日智詮阿闍梨による治病儀礼

「及卯刻智詮来雖加持，更有何益哉，閉眼之後経二時所来也，凡為邪気絶入之人，依仏法之威厳蘇生，其例雖多，今之有様非絶入之儀，如法之閉眼也。於今者百千万総計不所及，」

蘇生しうる状態としての「絶入（せつじ）」と不可逆な状態としての「閉眼」を分けて表現している。「閉眼」は「二時」前から，すなわちおそらくは兼実覚知の前後からそうであったと表現している。内府方の女房は「絶入」しているといって兼実を呼びに来たが，そこで兼実がみた良通は「身は冷え気が絶」えた状態であった。

⑤　一時的な蘇生とその後の断念，死亡確認

「及辰刻聊鼻気令通云々，仍重以雖加持，即其気止了。猶数刻加持之，遍身皆冷了，仍巳刻披露事一定之由，」

呼吸の再開があったようで加持を再開したが再度止まり，なお数刻加持をしたものの，身が遍く冷えてしまったことを根拠に，臨終の確定について「披露」することとなった。

⑥　廿日夜出家。廿二日入棺。廿八日茶毘。

史料について，少なくとも④までは記録者である兼実自身が上記プロセスの主体的な観察者であり，かつ行為者であったものとみなして大過あるまい。ただし作成のタイミングについては同年5月以降になって自分で思い出したり人に聞くなどして作成したと記載しており，「定有謬事等歟」としている。

良通は2月8日から『病悩』しており智詮から加持を受けていたものの，18日には例に復して兼実を訪問，19日にも兼実等と遅くまで話し込んでいる。Retrospectiveにみるかぎり前段階で既にあった疾病は，19日の出来事に関与している可能性があるが，少なくとも兼実は良通の重大事について予測しえず，18日からは $sick\ role$ から外れた状況にあった。

なお，本例でも臨終にあたり湯薬の使用は明瞭に記載されていない。『小右記』の藤原実資とその娘を対象として分析を試みた新村拓（1985）によれば，平安朝の治病行為としては，効験の期待される陰陽師や僧による各修法・諸祭とならんで，薬療・灸治・蛭喰治・沐浴など医師の治療が重層的に用いられている。奈良時代写経生の分析では治療手段の大半は仏咒ではなく服薬であること，疾病が軽症の場合しばしば訶梨勒丸内服のみで済ませるなど実資自身の治病行為は服薬に重きがおかれていること，「医家云，於今非所医治之及，只可任御祈請」（『長秋記』，長承2年8月28日条）などの記載から，奈良・平安期において服薬と修法・諸祭の間には明瞭ではないにせよ一定のレベル差があり，服薬などの医療行為が先行／並行してなされた

ことが指摘されるが，それは臨終期にまでは及んでいない（もしくは *informant* の関心にのぼってこない）。

4　医師による治病儀礼としての「蘇生」術

　平安期の医師には，臨終の局面でとりうる手段は無かったのであろうか。実際には，当時の医書は突然死にあたり蘇生のために行うべき対応を，中国の医書から諸々挙げている。10世紀に国内で編纂された『医心方』で該当する部分は，巻14「卒死并傷寒」中の「治卒死方」である（槇1998）。同じ巻14中の「治尸厥法」においては「其ノ状，死セルガ如シ。猶微シ息有リテ，恒カラズ脈，尚動ク」者を「尸厥」と呼び，あくまで生存者の救命が目的であるのに対し，（現代医学の観点からすれば救命救急として同一の範疇に入りうるにせよ）「治卒死方」は目的をあくまで死者の蘇生においている。#1過程を逆行させる儀礼としての治病儀礼が医師によっても過程Aと過程B双方をまたいでなされ得たことが確認される。

　以下，儀礼の詳細について検討する。「治卒死方」では隋代巣元方の編纂した『諸病源候論』に基づいて病態を論じた後，『葛氏方』『集験方』『新録方』『僧深方』『枕中方』『龍門方』の6書から対応策計28項を挙げている。以下に『葛氏方』収載の9項を挙げる。

　「二ノ人ヲシテ衣ヲ以テ口ヲ壅ギ，其ノ両耳ヲ吹カシメヨ。」

　「葱ノ葉ヲ以テ其ノ耳ヲ刺ス。」

　「綿ヲ以テ好キ苦酒ノ中ニ漬シ，須臾ニ出シテ死セル人ノ鼻中ニ置キ，手ヲ以テ案エ，汁ヲシテ鼻中ニ入ラシメ，并セテ其ノ手足ヲ持テ。」

　「人ノ小便ヲ以テ，其ノ面ニ数灌ギ廻セヨ。（中略）此ハ扁鵲ノ法也。」

　「皁莢ヲ末ニシ，大豆如リヲ其ノ両ノ鼻孔中ニ吹ケ。」

　「女青ヲ擣キテ屑キ，重サ一銭以上ヲ以テ，口ヲ開キ，喉中ニ内レヨ。」

　「臍中ニ百壮ノ灸ヲセヨ。」

　「其ノ頤ノ下ノ宛々トクボメル中，承漿ト名ヅクルニ，十壮ノ灸ヲセヨ。」

　「心下ニ一寸ノ灸ヲセヨ。」

　他，『枕中方』（編纂年代不明；隋唐代の孫思邈によるとする説あり）で，悪鬼・魍魎のために突然死しそうになったときに「額ノ上ニ書クコト鬼字ヲ作セ。」の記載を見る以外は，28項中27項までが（1）灸をすえる，（2）刺激物などを口や鼻などから注入する，（3）耳を吹く，左記3件に整理することができる[9]。国内では後漢代の著作として近世以降古方派の医師により大々的に使用されることとなった『金匱要略』は，近年の史料批判で現在最も信頼のおけるテキストでも北宋代・林億編纂の高度な影響が免れないと思われる（牧角2007）が，巻下の内「雑療第二十三」で「救卒死方」が「救自縊死方」「救溺死方」と並んで取り上げられ，「還魂湯」（麻黄・杏仁・甘草）や別方（韭根・烏梅・呉茱萸）など，やや方剤の内服に重きをおいているものの，他は「薤搗汁灌鼻中」や「菖蒲屑。内鼻両孔中。吹之」「灸心下一寸。臍上三寸。臍下四寸各一百壮。差」など，主体は『医心方』と類似する。

各治療法中，刺激物としてニラやネギ，酒など源信の「臨終行儀」で禁じられる酒肉五辛がしばしば使用されることに注意したい。古代から中世にかけて，僧侶の中での臨終における医療の位置づけは，「一様ではなく，積極的に導入を考える立場の僧侶もあれば，その逆もみられた」という新村（1985）の整理に尽きると思われるが，往生を遂げる，即ち＃3過程を先に進める観点から，善導（？）『臨終正念訣』や良忠『看病用心鈔』のように医家・医師に対し肯定的ではない言説を展開する流れは確実に存在した[10]。一条院や藤原良通の臨終に際し医薬が現れない要因の一つに考えられよう。

　また，南宋代宋慈の著作である『洗冤集録』は現代でいう法医学の教科書兼マニュアルであるが，検死現場において需要があったものと思われ，巻之五の内，「篇五十二」として「救死方」が取り上げられる（徳田1999；A＋医学百科2015）。「又灸臍中百壮，鼻中吹皀角末，或研韭汁灌耳中。又用生菖蒲，研取汁一盞，灌之。」「又用皀角，細辛等分為末，如大豆許，吹両鼻孔。」など，死亡方法毎に救命方法を分けるなどの方針も含め，前代からの影響がかいまみられ，＃1過程を逆行させる儀礼が臨終の後まで及ぶ傍証となろう。なお，篇末には下記のような記載がある。
　「卒暴，堕，築倒及鬼魘死，若肉未冷，急以酒調蘇合香丸灌入口，若下喉去，可活」
　文中前半分を徳田隆（1999）は「暴死，墜落，衝突あるいは睡眠中の突然死」と訳している。救命の際に体温が低下しきっていなければ，蘇合香丸が検死の場面などでも勧められていたことがわかる。国内でも応永24年（1417）没の治仁王（後崇光院伏見宮貞成親王の兄）の場合，急変の場で加持に先行させて蘇合を内服させようとしている。突然死ではないが臨終時の蘇合服用については，前年になくなった父親の栄仁親王の際にも試みられている（『看聞日記』：横井1979）[11]。少なくとも室町期まで下ると臨終前後の＃1儀礼においても，加持など宗教性が高い儀礼に分離してその前に蘇生処置として湯薬を服用させる，治療儀礼としての前近代的な医学的対応が成立していたことが見て取れる。

　さて，隋・唐代の「蘇生」術について改めて整理すれば，全く荒唐無稽なもの以外では前述したように（1）灸をすえる，（2）刺激物などを口や鼻などから注入する，（3）耳を吹く，の3法に整理される（ちなみに蘇合香丸は構成生薬15種に麝香，安息香，木香，丁香など香薬を多数含み，上記（2）に該当するものとして扱って大過あるまい）。ここから当時の「蘇生」について，現代からみると以下のような推論が導き出される。

＃「蘇生」とは生存していることの確認が困難な症例を死者として認識し，刺激を与えて呼吸や意識など，急変前の状態に戻すための処置である。
　上記推論の前半分は，以下のように換言することができる。
＃絶命に至っていないものの当時においてその確認が困難な状況の一部を，既に過程Bの段階

にあるものとして認識・対応していた。

即ち，本稿で使用する概念としての絶命は，厳密には retrospective にしか確実なものとして認識し得ない。

前近代の日本において中国の影響は各方面に極めて大きく，上記推論は平安／室町期の日本においても該当するものと思われる。現代において脳死などの特殊な状況を除き，一般に死の判定は「死の三徴」即ち呼吸停止，心拍動停止，瞳孔散大を以て為されることが一般である（永野・若杉2011）。上記推論の検証のために，次に前近代の死の判定はいかなるものであったか，が課題となる。

5　前近代日本における臨終の判定

先行研究として長谷雄文彰（1991），勝田至（2003），大喜直彦（2011）が挙げられる。長谷雄（1991）は，諸宗における臨終行儀では念仏などの際臨死者の呼吸に合わせることが強調されることに着目し，「自律呼吸の有無に個体死の確定を行い，（中略）死の理解を段階的に行っていた」とした。更に大喜（2011）は臨終に関する文献中死にまつわる表現自体に注目した。『春記』他中世の文献5件などについて，「気息已絶了」「つゐに念仏の息たへをはりぬ」「いきかよひ給もみえず」などの用例を抽出。また『慕帰絵詞』他3件について「医師を招請するに，脈道も存の外にや」「(医者) 御脈モナク候間，ハヤ御往生」などに注目し，「(日本)中世社会の死亡判定が息絶えることと，脈の有無＝脈絶えることであるのは間違いなかろう」としている。「眠るが如く」に類する表現が頻出することにも注目し，「息・脈の有無と，眠るがごとく状態の死の判断では，実際死亡していないにもかかわらず，死亡と判断されたこともあったろう。」とし，『古今著聞集』巻10-369の秦頼峰の例を挙げる。

「死にたりけるを（中略）いき出でさせ給ひて候」

このような状況が多々あったことが蘇生譚成立の背景にあるものと考察し，「息が絶えることを『気絶』＝きぜつ，と表現する点からも，気絶＝きぜつと，息絶える「気絶」とは区別されなかったのであろう。」とした（大喜2011）。[12]

勝田（2003）は触穢がいつから始まるかに注目した。鎌倉末期『文保記』では呼吸が止まった時点で穢れが発生することから，「息が絶えたのをもって死と判断していた」（なお『兵範記』において藤原頼長が閉眼を以て穢れが発生するとしていることも紹介している）。堀河天皇の例について『中右記』『讃岐典侍日記』から，「僧正の判断で，これ以上加持を続けても効果が期待できない，と見極めることが行われていたようで，ある意味ではこれが死の宣告ということもできよう」と，判定を誰が行ったかについても推測を行っている。

3氏により呼吸と脈拍を中心として，閉眼や「眠るが如く」の状態が「死」，本稿でいう臨終の判定基準として取り上げられてきた。上記諸稿はいずれも無意識のうちに，「死」は瞬間的なものとして扱われうるという前提から出発していると考える。本稿においてそれら研究史上の成果に追加すべき重要な基準として，これまでの事例分析からも体温の変化は外せないよ

うに思われる。先の藤原良通のみならず，服部敏良（原著1975）が採り上げるように藤原超子や定子，道長，頼通など，臨終にあたって冷えてしまったかどうかに着目する例は多数みられる（服部2006）。呼吸や脈拍と比較し変化は緩徐であるが，現代でも法医学の現場で早期死体現象として死後経過時間の判定に利用されることがあり（永野・若杉2011），むしろ臨終概念が時間幅を持たざるを得なかった根拠として位置づけられよう。

6　前近代の蘇生例

　これまで一条院，藤原良通でみてきたように，古代・中世の人物中には臨終にあたり，一時的にではあっても実際に「蘇生」したと主張される例が，多くは無いながら確実に含まれる。これら蘇生例について史学の立場から藤原良通・三善清行・是忠親王・藤原安子・高階業遠の5例をまとめ考察を加えたのは管見の限り水藤（1991）が初めてと思われる[13) 14)]。氏は著作中，第五章「色々な墓」の中で「蘇生」をとりあげ，印象的な疑問文を掲げる。

　「本当に一旦死んだ人間が生き返るなどということがしばしばあったのであろうか？」

　氏は出典の性格から信頼性が弱く「作り事の感もなきにしもあらず」としながらも，「御修法」によって疾病から回復した後鳥羽院の事例や前述した突然死後の藤原良通への対応の事例から，「実際再生の事例があったか，そうでなくとも当時の人々はそれを期待していたことを示している」とした。臨終の判定が前記の如くである以上「蘇生」は十分あり得ることとなるが，本論では更にその先に進みたい。

ア，古代から近世まで国内において，少なくとも「蘇生」は生き返ることを指す用語として普遍的に使われていたと思われる。『日本霊異記』以降，古代から中世の説話集で蘇生譚の持つ位置は一定の比重があった（宮田1995）。1603年編纂の『日葡辞書』には「*Soxei* 蘇生」や「*Soquat* 蘇活」がそれぞれ「*Yomigayeru*」「*Yomigaeri*」の同義語として掲載されている（土井ほか1980）。貞享元年（1684）の奥書をもつ『地蔵菩薩霊験記』では153話中，39話までが蘇生譚として扱いうるに至る（好村1995）。個々人がどのように考えたかは措くとして，一般的な社会通念として人は「蘇生」しうるものという了解は当時成立していたものと考える。

イ，蘇生例としては水藤（1991）の挙げる例以外にも，同時代史料で一条天皇，藤原頼通（『小右記』長元2年9月15日条），称光天皇（『看聞日記』同年七月二七日条）など確認できる。このうち一条帝は，上記記載の内，日記記載者である権中納言含め諸卿が「床下」に侍していたことに留意したい。行成本人は前日には上皇に飲食も供している。視覚的に直接は上皇最後の場面を見たわけではないかもしれないが，かなりの至近距離にいて，直接の状況確認者から行成ら諸卿への伝達には仲介がほとんどないことが推察しうる。「蘇生」の発表は下殿後のことで

あるが，観察者自身かその近辺で，上皇の状況を「蘇生」と判断したことまでは確認できよう。少なくとも観察者近辺にとって「蘇生」は説話上の存在ではなく，実在する現象として認識されていたことになる。また，これら「蘇生」の実態について一定度史料批判に耐えうる例の大半は，蘇った後程なくして絶命を迎えているが，藤原頼通は長元2年（1029）の「蘇生」後承保元年（1074）までよく長寿を保った。このような例の知識的共有から宗教的・文学的な拡張を経たところに，上記蘇生についての社会通念の土台が形成されたものと考えたい。

7　結論

今日我々は無条件のうちに「死」を不可逆なものとして捉える[15]。

以上から，日本における中国伝統医学導入期から近代直前までの，死の時間的重層性と「死を可逆的なものとして扱うかどうか」について，見通しを描く。

1，死について，古代・中世の日本における社会通念上，現代医学における「臨床的死」と時間的に近い，触穢の開始としての不可逆な瞬間に対するアイデアが存在した（本稿では絶命と定義した）。

2，絶命の判定は医学的知識の未発達な当時において困難であり，このようなアイデアの表現としての臨終は実際には時間的に何らかの幅を持たざるを得ず，そのために既に臨終した1人称が蘇生する，ということが起こりえた。

3，社会的死は理念的には臨終よりも遡って開始されうる（過程Aの成立）。過程Aの諸儀礼は絶命後の葬送儀礼（過程B）と参加者が重なり，かつ歴史的にはA／B間を容易に遷りうる。過程Aの中にあって各儀礼の性格も＃1儀礼と＃3儀礼の間は両義的に移行しうる。

4，上記3が発生する原因として，上記2により死が可逆的になりえてしまうことと，過程A／Bの参加者・観察者の感情が多様に変動することが挙げられる。

■註

1）臨終前の患者自身によるナラティブは闘病記などの形で近代以降多数作成されてきた。動揺する感情についての表明は枚挙に暇無いが，本稿にとり示唆的である以下の例を挙げる。

「死んでゆくときにいくつかの段階があるように書かれたものがありますが，完全な移行がなされるみたいに書いてあります。（中略）みんなでたらめですね。たわごとです。怒りも，ショックも，死を信じられないことも，深い悲しみも，みんな毎日起こることです。特別な順序なんかなしに毎日起こるんです。最終的には受容にたどりつくなんて言えるかどうかわかりません。ぼくは受容なんてしないですよ！」

（直腸がんで10日後に他界したStuart氏の口述筆記録より：クラインマン1996）

2）Jankélévitch（原著1966）は「死」「死別」を人称態で分類する試みを行った（ジャンケレヴィッチ1978）。「1人称の死」「2人称の死」「3人称の死」は過程A，過程Bいずれにも存在するが，比重は両者で大きく異なるといえよう。

3）当時使用された語彙「臨終」に含意される時間幅が多様であるための対応である。後述『権記』の例

では触穢の開始する瞬間を指しているが，源信「臨終行儀」では無常院入所から絶命までと過程A全体を対象とする幅広い概念である（石田1970）。

4） 倉本（2012）は「仁王経の不断御読経」と解釈しているが，『御堂関白記』寛仁2年8月29日条では東宮（敦良親王）の病悩に対し，加持と法華経の不断御読経と仁王経御読経を行っており（7月25日からの断続的な発熱に対し，8月13日「御読経」，18日「法華経不断御読経」，24日仁王経を「不断に修」して，29日に至っている），経典名の確定は控えたい。なお後代「不断経」は故人の冥福のために過程Bでなされるようになるが，摂関期においては過程Aでの施行が中心である。

5） 服薬などの医療行為が先行／並行してなされた可能性は意識しておきたい。その他，今回採り上げたテクストには認められないが，この時代しばしば実施される治療儀礼として，密教の「御修法（みしほ）」が挙げられる。

6） なお，絶命する瞬間がある，という認識の存在が明瞭に読みとれる表現を，時代が下るが13世紀の良忠『看病用心鈔』から引用する（玉山1986）。
「人の命のおはる事は，刹那のあひだの事なり，ゆめゆめ御目をはなつまじく候，」

7） 西口順子（1988）は堀河天皇崩御の事例や往生伝の分析を踏まえ，以下のように考察した。
「天皇の死にとっていちばん大切なことは，譲位が可能な状態であれば生存中に譲位のことを行い，不可能であれば，死後ただちに，いかに譲位らしくことを運ぶか，である。死後のことは，そのことが終わらないうちは進行しないのである。（中略）新しい天皇が践祚して，天皇でなくなって始めて，天皇の後生は祈られる。」

8） 時代は下るが鎌倉時代にも，治療儀礼を行う側面が強く強調された「延寿堂」，往生へ向けての側面がより強い「重病閣」「無常院」「涅槃堂」の存在が確認される（新村1985）。新村（1985）はまた，『鹿苑日録』『細川家記』から，中世末には延寿堂が葬礼や火葬の場に用いられるようになった例を挙げている。

9） 『葛氏方』以外の医書で使用されるものとしては，「牛馬矢汁」「竈中墨」「梁上塵」（以上『集験方』），「韮根搗取汁」「桃白皮」（『新録方』），雷氏千金丸」（『僧深方』），「糞汁」「葱黄心」「韮汁」「桂屑」（『龍門方』）など挙げられる。

10） 『臨終正念訣』（中国，9世紀初め頃成立：三宅1998）より
「問，求医服薬応不用耶，答此但論用心矣，其薬医療不妨求，然薬唯能医病豈能医命耶，命若尽薬豈奈何」
『看病用心鈔』（良忠，13世紀：玉山1986）より「療治・灸治の事は，これ命をのぶる事ならず，ただ病苦をのぞくばかりなり，されば苦痛をやめて念仏せしむためには，おのづからもちふべしといへども，これもあながちに尋ねもとむべきにあらず，其故は，（中略）往生のさわりには，生をむさぼり，死をおそるるを見なもととす，」

11） 生薬＜蘇合＞の文献上の初出は『三国志』とされるが，散佚書から班固の書状中に「蘇合香」が挙げられており，既に紀元前後から西域を経て渡来していたことが推察される。基源について，現代中国ではトルコ南西部原産のマンサク科 *Liquidambar formosana Miller* の樹幹から採取されたバルサムとなるが（同属に華南・台湾原産の楓香脂がある：難波1993），産地が諸書で異なり（「大秦国」『三国志』『後漢書』，「中天竺国」『梁書』，「蘇合国」『広志』，「大食国」『香録』，「安南」「三仏斉」『本草綱目』），山田（1982）は複数の樹種の樹脂を含む概念としている。薬効について，初出文献となる『名医別録』では上品に収載され，「味甘，温，無毒。悪を辟け，鬼物を殺す。温瘧，蠱毒，癇痙を主治し，三虫を去り，邪を除き，人をして夢魘なからしめる。久しく服すれば神明に通じ，身を軽くし，年を長ずる。」とある。陶弘景の『集注本草』も同一テキスト由来であるが，その後現代漢方でいうところの「順気」「理気」的な効果が関心を持たれたらしく，明代『本草綱目』での，気が竄して能く諸竅，臓腑に通じ，一切の不正の気を辟ける旨の記載にいきつく（難波1993）。

12) なお大喜直樹（2011）は同様の見解について，更なる先行研究に中村禎里（1990）を挙げている（筆者未見）．
13) 一例を挙げれば三善清行について，出典となった『扶桑略記』は没後，世代をまたいだ寛治8年（1094）以降の編纂とされる．実在の人物がとりあげられてはいるものの，内容は念仏を唱えた舌が火葬後も焼け残ったこと，次男とされる日蔵も蘇生譚があることなど，浄土信仰による往生説話の色彩が強い．是忠親王・高階業遠も史料的にほぼ同様の傾向を持つ．また良通と安子以外の3例について，臨終判定の根拠となった着眼点の記載がない．なお，『大鏡』が出典に挙げられる藤原安子は『村上天皇御記』にさらに遡る（服部2006）が，藤原兼通からの伝聞では臨終判定の根拠として呼吸と体温が挙げられている．
14) 説話集で記載される蘇生譚について，文学史や宗教学的な観点から考察を加えた研究は一定の蓄積を持つ（好村1995; 宮田1995; 小林2009）．また，柳田国男が採集した蘇生譚を整理した上で，赤坂憲雄（1998）は民俗的な関心から「すくなくとも生／死の識閾は決定的なものではなく，生から死へと踏み越えた人々がしばしば，生のがわへと帰還することがあった．（中略）それは疑いもなく，たしかな生きられた現実であった．」と述べた．本論考においてこれら諸学からの成果を参照している部分は大きい．
15) 同様の見解はもちろん歴史的にも明瞭に遡りうる．「自然死によって死んだものや，予定された時に自然が殺したものを甦らせる力は人間にはない．それができるのはただ神だけであり，（中略）またたとえ死が偶発時や病気による場合でも，蘇生させることはもはや不可能である．それゆえ運命と予定された終焉に対してはこれを防ぐ手段はない．」（パラケルスス1984）

■参考文献

青栁路子，2005．E. キューブラー＝ロスの思想とその批判（上）．死生学研究6，277-205．
赤坂憲雄，1994．遠野／物語考．宝島社，東京．
カプラン・ジェラルド，1968．地域精神衛生の理論と実際．医学書院，東京．
大喜直彦，2011．中世びとの信仰社会史．法蔵館，京都．
土井忠生ほか 編訳，1980．邦訳日葡辞書．岩波書店，東京．
グレイザー・バーニー・G／ストラウス・アンセルム・L，1988．「死のアウェアネス理論」と看護．医学書院，東京．
元永常，2005．往生伝における臨終出家．印度學佛教學研究 53(2)，239-241．
長谷雄文彰，1991．臨終行儀における身体処置法．印度學佛教學研究 39(2)，301-303．
服部敏良，2006．王朝貴族の病状診断．吉川弘文館，東京．
井之口章次，1965．日本の葬式．早川書房，東京．
石田瑞麿 校注，1970．日本思想体系 六．岩波書店，東京．
ジャンケレヴィッチ・ウラジーミル，1977．死（仲澤紀雄 訳）．みすず書房，東京．
勝田至，2003．死者たちの中世．吉川弘文館，東京．
クラインマン・アーサー，1996．病の語り．誠信書房，東京．
小林真由美，2009．中有と冥界．成城國文學論集 32，33-52．
キューブラー・ロス・エリザベス，1998．死ぬ瞬間（鈴木晶 訳）．読売新聞社，東京．
倉本一宏，2009．藤原道長「御堂関白記」（中）（下）．講談社，東京．
倉本一宏，2012．藤原行成「権記」（下）．講談社，東京．
レヴィ・ブリュル・リュシアン，1953．未開社会の思惟（下）．岩波書店，東京．
槇佐知子 編訳，1998．医心方 巻十四 蘇生・傷寒篇．筑摩書房，東京．
牧角和宏，2007．各論2．宋以前傷寒論考（森立之研究会 編），pp. 225-438．東洋学術出版社，市川．
丸山博正，1992．臨終と来迎．仏教文化学会紀要1，93-108．

丸山裕美子，2001．天皇祭祀の変容．古代天皇制を考える（大津透ほか），pp. 179-230．講談社，東京．
松田史，2014．死生文化としての臨終儀礼．現代の死と葬りを考える（近藤剛　編）．ミネルヴァ書房，京都．
メトカーフ・ピーター／ハンティントン・リチャード，1996．死の儀礼．未来社，東京．
三橋正，2000．平安時代の信仰と宗教儀礼．続群書類従完成会，東京．
三宅徹誠，1998．『念仏鏡』について．印度學佛教學研究 47(1)，76-78．
宮田尚，1995．現報譚から蘇生譚へ．日本文学研究 30，77-87．
Mulkay, M. and Ernst, J., 1991. The Changing Profile of Social Death. Archives europeennes de sociologie 32, 172-196.
永野耐造／若杉長英　編，2011．現代の法医学　改訂第３版増補．金原出版，東京．
中村禎里，1990．日本人の死生観．図書 490．
難波恒雄，1993．和漢薬百科図鑑Ⅱ．保育社，東京．
西口順子，1988．「天皇の往生」おぼえがき．史窓 45，33-45．
パラケルスス・テオフラストゥス，1984．自然の光（J. ヤコビ 編 大橋博司　訳）．人文書院，京都．
パーソンズ・タルコット，1974．社会体系論．青木書店，東京．
サドナウ・デヴィッド，1992．病院でつくられる死．せりか書房，東京．
澤井敦，2005．死と死別の社会学．青弓社，東京．
新村拓，1985．日本医療社会史の研究．法政大学出版局，東京．
新谷尚紀，1992．日本人の葬儀．紀伊國屋書店，東京．
水藤真，1991．中世の葬送・墓制．吉川弘文館，東京．
玉山成元，1986．良忠上人著『看病用心鈔』について．良忠上人研究（良忠上人研究会　編），pp. 339-355．
田中徳定，1996．『栄花物語』にみえる天皇崩御の記事をめぐって．駒澤國文 33，63-80．
徳田隆　訳，1999．中国人の死体観察学．雄山閣，東京．
ファン・ヘネップ・アルノルト，1995．通過儀礼（綾部恒雄・綾部裕子　訳）．弘文堂，東京．
山田憲太郎，1982．南海香薬譜．法政大学出版局，東京．
横井清，1979．室町時代の一皇族の生涯．そしえて，東京．
好村友江，1995．地蔵説話の＜蘇生譚＞が意図するもの．日本文学研究 30，89-100．

■主要史料典拠

『権記』『御堂関白記』『小右記』
　国際日本文化研究センター，2015．摂関期古記録データベース．
　　http://db.nichibun.ac.jp/ja/category/heian-diaries.html
『玉葉』名著刊行会，1971．
『金匱要略』燎原書店，1988．
『洗冤集録』
　A+ 医学百科，2015．中医電子書大全
　http://www.a-hospital.com/w/%E4%B8%AD%E5%8C%BB%E7%94%B5%E5%AD%90%E4%B9%A6

Acknowledgement

　小論にこのような文をつけることをお赦しいただきたい。なによりもまず，講座在籍当時の

研究内容から全く離れた内容であることに対し，慚愧の念に堪えない。私にとってまさしく家族同様であった学叢から離れ，諸々の責任から逃避することになり今日まで時間が経った事の罪業と破廉恥はこれからも深く負っていかねばならない。申し訳御座いませんでした。

　科学は，科学的であろうとする態度の中にこそ本質があるものと考える。考古学を科学たらしめようとする営為を不断に続けることにこそ，考古学が科学であることの確固たる根拠がおかれる。基層構造講座はかって紛う方無くそのような講座であったし，考古学全体がそうであることが先生や考古学を志した学徒全ての命題であるのかもしれない。

　講座在籍当時ご指導いただいた田中良之先生，中橋孝博先生，小林茂先生，溝口孝司先生，金宰賢先生には衷心よりお詫びとお礼を申しあげたい。また，服部英雄，広瀬雄一，石川健，石川啄道，故 金関毅，松藤暢邦，村上久和，関戸康友，故 吉留秀俊の諸氏にこれまで限りなくご助力いただき，それにも関わらず連絡ひとつまともにとれなかったことをお詫びしたい。

　これまで，誠にありがとうございました。

後期旧石器時代における石器群の変容とその背景
― 姶良カルデラ噴火前後の九州における一考察 ―

美祢市教育委員会　山 根 謙 二

要旨

　本稿では後期旧石器時代の石器の特性を検討し，後期旧石器時代に九州で起こった姶良カルデラの噴火前後の石器群の比較を行い，その背景の考察を行った。これまで，後期旧石器時代の石器の空間的分布をもって遊動領域の指標とするなど集団の動態と結び付ける研究があった。しかし，土器の研究と比較して，石器には集団の系統にかかわらない「他人の空似」によるものが否定できないため，まずはその石器の機能を考察し，その背景を考えるべきとした。そして，姶良カルデラ噴火後に刺突に特化した石器が出現し，狩猟具のサイズバリエーションが大きくなる現象を把握した。また，同時期の現象として植物質食料資源の開拓と関連する礫群の盛行をあげ，それらの現象には狩猟行動の変容や植物質資料の開拓など最終氷期最寒冷期に向かう環境への適応行動が反映されているとした。

キーワード：石器の機能，他人の空似，刺突具，礫群，最終氷期最寒冷期

1　はじめに

　九州の後期旧石器時代における大きなイベントのひとつに，29,000～26,000年前に起こった姶良カルデラの噴火があげられる。その噴出物である入戸火砕流は南九州でシラス台地となり，姶良Tn火山灰は韓半島や東北地方北部で検出されるほど広域に降灰するなど，きわめて大規模な噴火であったといえる。では，この火山災害により後期旧石器時代の人類集団はどのような影響を受け，そして，火山災害後の環境にどのように適応していたのだろうか。本稿では，当時の人類が残した石器群の変容を把握し，その石器群の変容の背景を考察したい。しかし，その考察の前に，まず，旧石器時代の石器群の特性と問題を整理したい。

2　日本の旧石器時代考古資料の特性と問題 ― 考古学は科学か ―

　さて，筆者は「考古学は科学的方法をとらなければならず，科学であるべき」と考える。「考古学」とは過去の人類が残した遺構や遺物といった物質文化である考古資料の分析を通して，人類集団の生活や社会，そしてその変化のプロセスを考察する学問であるということは，

考古学研究に携わる者ならば共通認識としてあるだろう。そして，ここでの「科学的方法」とは，観察・調査などによる実証的な証拠から，適切な推論過程を用いて，ある知見を提示する方法であり，考古学においては，その具体的な方法・手順はThomas（1989）の提示しているサイクルを取るべきだと考える。

そのサイクルとは，まず，ある考古資料の観察や分析をもとに人類の行動や社会の具体像またはその変化のプロセスなどを考察して，仮説を構築する。そして，その仮説を「もしその仮説が真ならば，時期や地域などが同条件の別の考古資料では〇〇のようなパターンとなる」というように，別の資料によるその仮説の検証条件を引き出す。そして，その別の資料の観察・分析を通して，当初の仮説を検証して確からしいものとしていく，というサイクルで，このように論証を進めていくことが望ましいと考える。このサイクルを取ることによって，自身の仮説の検証ができ，また，他者の仮説が実証的に批判できる。このサイクルの繰り返しにより，より確からしい人類の行動や社会の具体像が考察できると考える。

しかし，この視点では日本の後期旧石器時代の資料条件はきわめて不利なものとなる。酸性土壌である日本列島では，石器以外に存在していたと思われる木器や骨角器，そして人骨そのものが残りにくい。出土する石器も日常的な使用と思われるものばかりで，祭祀的遺物の出土がきわめて少ない。さらに遺構も少なく，住居跡はもちろん土坑ですら検出されにくい。ゆえに，後期旧石器時代の中でも姶良カルデラ噴火前といった特に石器の種類が少ない時期では，ある考古資料の分析によって構築される仮説を別の考古資料で検証することがきわめて難しい。この点は縄文時代以降とは大きく違う。なお，古環境復元の研究成果など，他分野の研究成果は検証材料となると考えられる。だが，やはり実際の人類の行動によって遺された考古資料のほうがよりふさわしいだろう。

この視点を踏まえ，本稿の対象である後期旧石器時代の石器群から人類の行動や社会の具体像を考察した研究を整理し，日本の旧石器時代の考古資料の特性と問題について考えたい。

これまでの発掘調査例の増加により，姶良カルデラ噴火後の特に九州地方は石器の種類が増えるという現象が明らかになっている。そのため，上記のような検討が比較的容易になると考えられるかもしれない。実際にこれまで行われてきた研究はどうかというと，前述したような仮説を提示してその仮説を検証するというサイクルで明示してはいないが，多種の石器の検討，つまり多くの「別の資料」の分析から，集団に関する見解が提示されている。例えば，原の辻型台形石器，狸谷型ナイフ形石器，枝去木型台形石器，今峠型ナイフ形石器，小牧3A型尖頭器が相次いで現れ，これらは地域の石材と結びついた独自の石器製作システムを形成しており，それらは地域集団のアイデンティティーを象徴し，その特徴的な形式の分布域は地域集団（バンド）の行動領域である可能性があるとされている研究（萩原・木﨑2010）がある。

また，別の地域であるが，このような石器の形態や石器製作技術の地理的分布をもとに，人類集団の動態を検討した研究もある。森先一貴（2010）は，瀬戸内技法によって製作される国府型ナイフ形石器が山形県越中山遺跡K地点のように瀬戸内だけでなく全国的に分布する現

象に着目し，このような広域拡散現象の背景に瀬戸内出自の人間が関与していたと考察し，その論拠は「動作連鎖」の概念としている。すなわち，瀬戸内技法は瀬戸内地方固有の石材環境が重要であるが，瀬戸内地方の社会集団において歴史的に培われており，当該地域の社会集団に身体化された技術とみなせる。このような身体化された技術は言葉（知識）のみで伝達・獲得は難しいため，瀬戸内地方とは異なる歴史的経路を辿ってきた地域でこのような技術が認められるのであれば，それは瀬戸内出自の人間が関与したと解釈できるとしている。

だが，上述したように資料が限られている日本の旧石器時代では，このような石器の技術や形態の空間的分布が人類集団の遊動領域や出自，アイデンティティーとなるという仮説の検証は難しく，実証的批判ができにくい。なお，筆者は旧石器時代の石器というものの持つ考古資料としての特性から考えると，これらの意見には積極的に賛同しにくいと考える。では，次から筆者が考える旧石器時代の石器の特性について述べたい。

赤澤威（1976）は石器の形態や組成は，「原石の性質，形，両」，「製作者の経験，技術，形などに対する個人的好み」，「製作者の属す集団の石器の技術的伝統」，「環境が影響する使用者の目的，需要」といった要素によって決まるとしている。筆者もこの点には賛同する。問題は石器の形態等が決まる背景を考察するにあたり，これらのどの要因が重要となるかである。この点から見ると上記の森先の解釈は，瀬戸内技法はサヌカイトという特殊な「原石の性質」とナイフ形石器を作るという「使用者の目的」を効率よく達成するために運用された技法であったが，歴史的に身体化された技術となり，瀬戸内技法は「製作者の経験，技術」といった要因により残されていき，その技術を持った製作者が他の場所でナイフ形石器を製作するにあたり，瀬戸内技法を使用して国府型ナイフ形石器を作った，ということになろう。

では，旧石器時代の石器は他の考古資料とどう違うのであろうか。例えば，田中良之（1982）は土器分布圏を土器の製作にかかわる情報と観念が及び，かつ受容されることが保証されたコミュニケーション・システムの範囲としている。この分析に用いられた主属性は文様である。文様はその土器の果たす機能や用途に大きな影響を与えない。この文様が施文される背景には，前述した「製作者の経験，技術，形などに対する個人的好み」や「製作者の属す集団の技術的伝統」といった要因が主となる。すなわち，「原石（土器の場合は粘土であろう）の性質，形，両」，文様が変わってもその土器が果たす機能は大きくは変わらないと考えられるため，「環境が影響する使用者の目的，需要」といった要因は，皆無とは言いきれないまでも，文様の選択には影響を及ぼさないだろう。つまり，このような要因に左右されない属性であれば，その空間的分布の背景にそれを製作した個人や集団の動態を考察しやすいと考えられる。

さて，松本茂（2003）は石器の形態形成に関する二つのモデル（「自律的形態形成モデル」・「他律的形態形成モデル」）を設定した。それによると，自律的形態形成モデルによる石器の形態形成は範型の実現をもって行為の完了とみなされ，集団など高次のレベルの表象が付与される。一方，他律的形態形成モデルは，石器の形態に固執せず，他の諸活動との関係のなかでその都度行なわれる調整の結果，最終的に決定されるという。さらに，二側縁加工ナイフ形石器

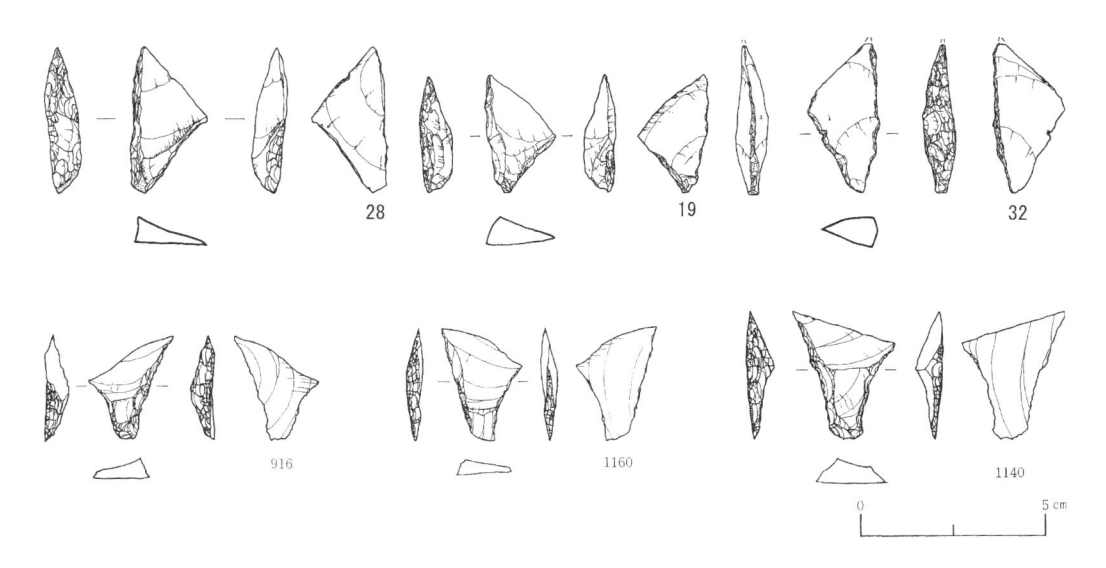

第1図　狸谷型ナイフ形石器（長薗原遺跡・上段）と狸崎Ｂ遺跡出土切出形石器（下段）
（時任・山田編2002，菅原・安田編1993より改変）

の時空間的特徴，すなわち，関東地方でⅤ層〜Ⅳ層下部は希薄だがその前後は盛行している点，また，国府型ナイフ形石器の分布圏をはさみ関東及び九州地方という地理的不連続のある分布をしている点をあげ，石材環境や狩猟対象獣に著しい格差がない場合，製作されるナイフ形石器はいくつかの形態に収斂する蓋然性が高いといえ，二側縁加工ナイフ形石器はある特定の集団や時代を表象するものではないとしている。極端に言えば自律的形態形成モデルは祭祀用具のようなものが含まれ，他律的形態形成モデルは明確な形態を持たない二次加工剥片といったものが含まれ，二側縁加工ナイフ形石器は他律的形態形成モデルに近いということであろう。

　また，二側縁加工ナイフ形石器と同様に時空間を異にして形態が類似する石器がある。姶良カルデラ噴火後の九州に分布する狸谷型ナイフ形石器と，後期旧石器時代前半期末葉ごろとされる時期に東北地方に分布する狸崎Ｂ遺跡出土の切出形石器である（第１図）。佐藤宏之（2007）は時空間を異にしてこのような類似する石器が分布するのは収斂進化によるものとしている。また，森先（2010）は機能的側面から考察するほうが重要であろうとしている。

　さらに，長沼正樹（2015）は，エミランと呼ばれる約50,000年前の石器様式がユーラシア大陸や日本列島という広い範囲に分布するという現象を提示し，その背景が同じ人類集団（学習方式や世代間の文化継承方式を共有する共同体）を含意する，単一の石器伝統に帰属させることが妥当なのか疑わしく，また，全く無関係な「他人の空似」と決めつける根拠もないとしている。

　このように，石器の形態が時空間を越えて類似するという現象があり，また，同一の石器が非常に広域に分布するという現象がある。そして，それらの背景には集団の系統性を表わさない「他人の空似」の可能性が否定できない，というわけである。また，特定の集団の遊動領

域・系統のような集団レベルの特性を表象するものでなく，機能的側面から検討すべきだという見解もある。

よって，これらの研究を踏まえて土器と石器の特性についての筆者の考えをまとめると，土器の文様のようなその考古資料の機能に直接的な影響が少ない属性などの空間的分布の背景を解釈するには，個人や集団の動態の議論が有効と言える。しかしながら，旧石器時代の石器の形態などの場合，空間的分布の背景に個人や集団の動態を議論するにはまだ根拠が乏しい。そのため，まずはその形態の背景にある環境下で果たされる機能・用途があり，その機能等を考慮したうえで，個人や集団の動態の議論をしたほうがよいと思えるのである。

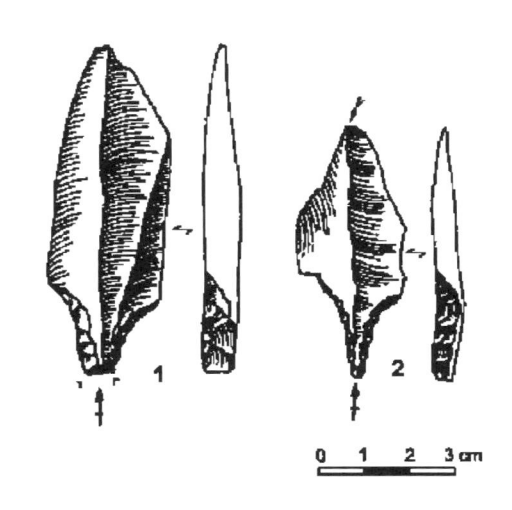

第2図　ヨーロッパの有形尖頭器
（Otte・Noiret 2007より改変）

とすると問題は，既に発見されている後期旧石器時代の石器の中で，集団や個人の表象になるものがあるのかということである。例えば九州地方の姶良カルデラ噴火後に特徴的な石器である剥片尖頭器は，朝鮮半島からの人類の流入の証拠とされている。しかし，第2図（Otte・Noiret 2007）のように，ヨーロッパの上部旧石器時代には有茎尖頭器（tanged point）が出土する。これらの石器も空間的にかなり離れているので「他人の空似」としていいかもしれない。よって，剥片尖頭器ですら集団レベルの表象としての解釈は慎重に行うべきであろう。

他の特徴的な石器について考えると，例えば，国府型ナイフ形石器の形態と技法は「原石の性質」という要因によるもので，サヌカイトのような特徴的な石材をナイフ形石器として利用する際に編み出されたものであると解釈できる。そして，日本の後期旧石器時代は原石から剥片を剥離し，その剥片を用いて利器を作るということは全体的に共通している。さらに，旧石器時代人の遊動領域や生活様式は石器石材の原産地のみに規定されず，他の資源（狩猟対象獣や採集植物など）の様相も踏まえて決定されていると考えられる。したがって，いささか乱暴かもしれないが，どのような集団でもサヌカイトのような石材を用いてナイフ形石器のような利器を作るとすると国府型ナイフ形石器に帰結してしまう，すなわち，集団の系統や集団関係にかかわらず，特定の原石を媒介としてある機能を果たす石器を作ろうとすると「他人の空似」が生まれる可能性もありうるのではないだろうか。

もちろん，剥片尖頭器や国府型ナイフ形石器のような他の石器と比べ特徴的な形態で空間分布が限られるという現象の背景には，特定の集団の遊動や情報の伝達によるものがあることを完全否定するわけではない。実際は多分に含まれていると考えられる。例えば，姶良カルデラ噴火後に韓半島から剥片尖頭器を持った集団が流入したということを否定したいわけではない。

問題は，ある石器の分布範囲が，その石器をもつ集団の遊動領域なのか，その石器を利用するという情報を集団間で共有しているコミュニケーション・システムの範囲なのか，さらに，全くその石器の情報を知らないがある機能を果たすためにその石器を作ったという「他人の空似」が含まれているのか判別が難しいということである。

このことは空間軸上だけでなく，時間軸上でも同様であろう。形態・技術が類似した石器が長い期間利用されたという現象がある場合，それが実際にある集団の系統をひく集団によって残されたか，また，その集団の系統をひかない「他人の空似」であるかどうかは判別が難しい。

よって，旧石器時代の石器には「他人の空似」が起こりうる，という前提を考慮する必要がある。とすると，石器の分布が限られるといった現象の背景を解釈するには，まず，その石器がある環境下において果たす機能・用途などを考慮して，その形態・技法が選択された背景を考える。そして，もし，それらが特定の集団の遊動領域や集団関係，出自といった要因で解釈できそうなのであればさらに詳細な分析と客観的根拠が必要で，上記したような「別の資料」があればその検証を行うべきであると考える。

よって本稿ではこのことを踏まえ，当初の問題である姶良カルデラ噴火が人類集団に与える影響を考えるため，まず石器に求められていた機能を推定し，その機能が求められる背景を考察したい。そして，姶良カルデラ噴火前後で変化があれば，その変化が姶良カルデラ噴火を契機としたものかさらに考察を行いたい。

3　現象の把握

九州における姶良カルデラ噴火前後の石器群の編年は，高速道路等の建設に伴う発掘調査例の増加により多くの研究者によって提示がなされている。細分については異論はあろうが，おおむね第3図のようになろう。すなわち，姶良カルデラ噴火前は二側縁加工ナイフ形石器が主体的で，石刃技法と結びついている。そして，姶良カルデラ噴火後になると，基部に抉りのある剥片尖頭器，全体に調整を施して断面が正三角形に近い三稜尖頭器や，台形に近い角錐状石器，そして前述の狸谷型ナイフ形石器といった石器が出現する。

先述したようにこの姶良カルデラ噴火後の石器群の編年の細分について研究者間で異論がある。例えば，AT直上から検出される遺跡で尖頭器類を伴わない段階の存在と，剥片尖頭器と角錐状石器など尖頭器類の共存時期についてなどである。だが，本稿ではその詳細な検討は行わず，姶良カルデラ噴火後の現象はおおまかに第3図の状況であるとしたい。もちろん詳細な編年が完成したらさらに研究の進展が見込まれる。しかし，ムステリアン論争にあるように，石器の組成差が時期差だけでなく遺跡の機能差を表す場合もあるため，その詳細な編年構築も一筋縄ではいかないだろう。

さて，第3図のように把握される現象であるが，実際の石器のサイズについての現象を把握したい。一部の遺跡であるが，第4図は姶良カルデラ噴火前の遺跡（宮崎県宮崎市高岡町高野原遺跡第5地点第Ⅲ文化層・宮崎県児湯郡新富町東畦原第3遺跡第Ⅱ文化層）出土のナイフ形石器の

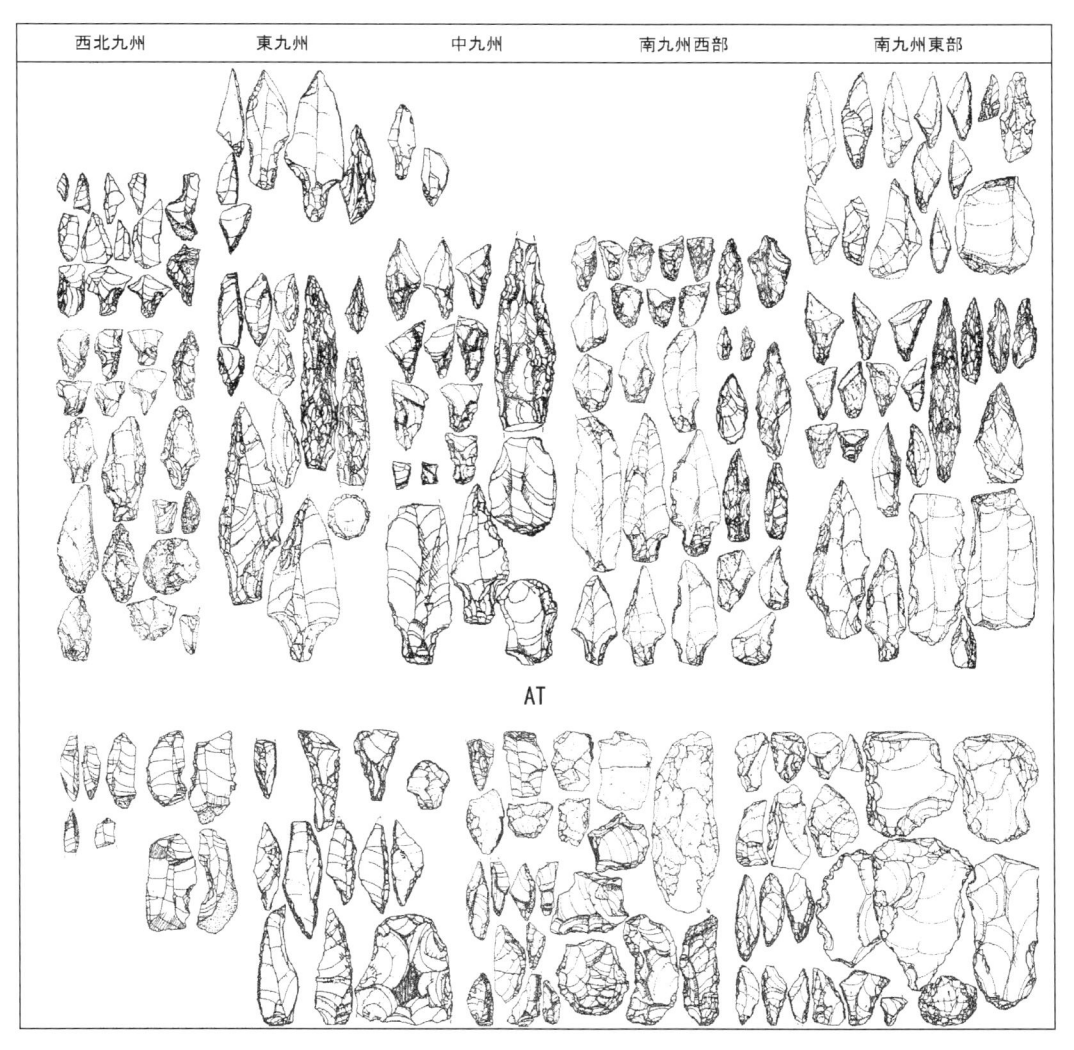

第3図　姶良火山噴火前後の石器群（上段が姶良火山噴火後，下段が噴火前）
（萩原・木﨑2010より改変）

サイズ（最大長・最大幅・最大厚）と，姶良カルデラ噴火後の遺跡（宮崎県宮崎市佐土原町下屋敷遺跡）出土のナイフ形石器・尖頭器類のサイズ（最大長・最大幅・最大厚）の分布である。計測データは各報告書により，その数値は第1表である。これらの遺跡はいずれも宮崎市近郊に位置するため，石材環境はあまり変わらないだろう。

　その結果，姶良カルデラ噴火前のナイフ形石器は，最大長は18mmから45mm，最大幅は8mmから19mm，最大厚は4mmから9mmにまとまる。一方，姶良カルデラ噴火後では，ナイフ形石器の最大長は29mmから109mm，最大幅は12mmから41mm，最大厚は5mmから22mmとなる。剥片尖頭器は，最大長は56mmから85mm，最大幅は27mmから40mm，最大厚は8mm前後から18mmとなる。三稜尖頭器は，最大長は24mmから90mm，最大幅

は12mmから38mm,最大厚は6mmから20mmの範囲となる。

まとめると，姶良カルデラ噴火前は姶良カルデラ噴火後と比べ小ぶりな二側縁加工ナイフ形石器が出土する。そして姶良カルデラ噴火後は降灰前と比べると，狸谷ナイフ形石器といった新しい器種に加え，剥片尖頭器や三稜尖頭器など刺突的様相を示す石器が出現する。また，ナイフ形石器のサイズバリエーションが大きくなり，剥片尖頭器のサイズバリエーションは比較的まとまっているものの，三稜尖頭器のサイズバリエーションはナイフ形石器とほぼ同一といえる。

4 考察

本章では前章の現象の把握から，なぜ石器にそのような変容が起こったのかという問題に対して，機能論的視点で考察を行う。まず，姶良カルデラ噴火前の二側縁加工ナイフ形石器は姶良カルデラ噴火後に比べ小型かつ薄手で，素材剥片の縁辺部を残す。この縁辺部は鋭い刃部としての機能を果たしうる。この石器の機能は着柄の有無や程度によって変わると思うが，刺突・切截といった機

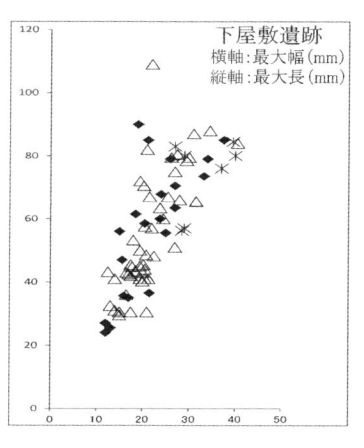

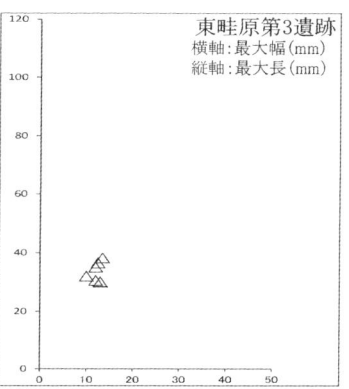

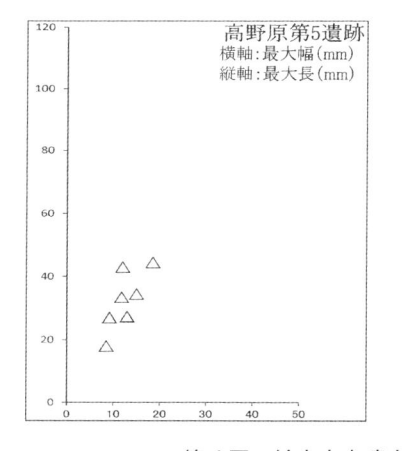

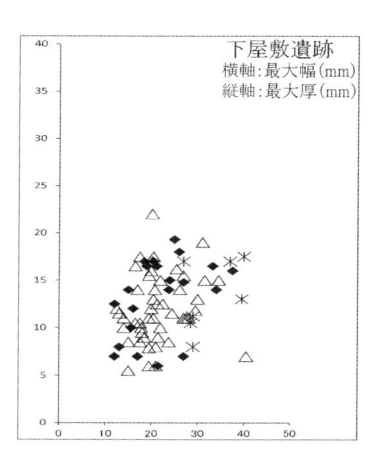

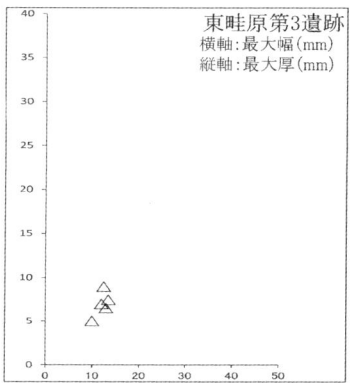

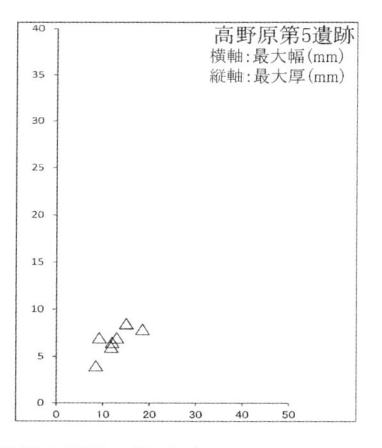

第4図　姶良火山噴火前後の石器のサイズ
（△：ナイフ形石器　◆：三稜尖頭器　＊：剥片尖頭器）

能は果たせるものである。だが，そのどちらに比重があるかというのは想定が難しい。同様に，姶良カルデラ噴火後の狸谷型のようなナイフ形石器も着柄次第でどうとでもなり，こちらも刺突・切截といった機能が果たせるものと考える。よって，ナイフ形石器はあくまで万能なナイフのような用途として考えたい。ただ，薄手であるため刺突具としては適さない可能性もある。

一方，姶良カルデラ噴火後の三稜尖頭器・角錐状石器は厚手の素材剥片のほぼ全周を加工し，縁辺部に鋭い刃部を持たない。そのため，比較的刺突に特化した形態であると考えられる。剥片尖頭器についても刺突・切截の機能は果たせると思われるが，もとより着柄を意図したと思われる基部加工であることから，その機能はナイフ形石器よりは刺突によっているものであるとしたい。

下屋敷遺跡では姶良カルデラ噴火後ではナイフ形石器と三稜尖頭器のサイズバリエーション

第1表 計測値一覧（各発掘調査報告書より）

遺跡名	器種	番号	長さ(mm)	幅(mm)	厚さ(mm)	遺跡名	器種	番号	長さ(mm)	幅(mm)	厚さ(mm)
高野原第5遺跡	ナイフ形石器	37	18.1	8.5	4.0	下屋敷遺跡	ナイフ形石器	329	65.5	31.5	15.0
高野原第5遺跡	ナイフ形石器	38	27.0	9.2	7.0	下屋敷遺跡	ナイフ形石器	330	51.0	27.0	11.0
高野原第5遺跡	ナイフ形石器	39	27.3	13.0	7.0	下屋敷遺跡	ナイフ形石器	331	36.0	16.5	10.5
高野原第5遺跡	ナイフ形石器	40	33.5	11.8	6.0	下屋敷遺跡	ナイフ形石器	332	32.5	13.0	11.5
高野原第5遺跡	ナイフ形石器	41	34.5	15.0	8.5	下屋敷遺跡	ナイフ形石器	333	31.0	14.0	10.0
高野原第5遺跡	ナイフ形石器	42	43.0	12.0	6.5	下屋敷遺跡	ナイフ形石器	334	30.5	15.0	5.5
高野原第5遺跡	ナイフ形石器	43	44.5	18.5	7.9	下屋敷遺跡	ナイフ形石器	335	30.5	17.5	8.5
東畦原第3遺跡	ナイフ形石器	18	32.0	10.0	5.0	下屋敷遺跡	ナイフ形石器	336	40.3	20.0	16.0
東畦原第3遺跡	ナイフ形石器	19	30.5	12.0	7.0	下屋敷遺跡	ナイフ形石器	337	30.5	21.0	8.0
東畦原第3遺跡	ナイフ形石器	20	30.0	13.0	6.5	下屋敷遺跡	ナイフ形石器	338	29.5	15.0	8.5
東畦原第3遺跡	ナイフ形石器	21	35.0	12.0	7.0	下屋敷遺跡	ナイフ形石器	339	41.0	14.0	11.0
東畦原第3遺跡	ナイフ形石器	22	38.2	13.5	7.5	下屋敷遺跡	ナイフ形石器	340	43.2	12.5	12.0
東畦原第3遺跡	ナイフ形石器	23	36.5	12.5	9.0	下屋敷遺跡	ナイフ形石器	341	53.2	18.0	9.5
下屋敷遺跡	ナイフ形石器	293	43.0	16.5	16.5	下屋敷遺跡	ナイフ形石器	342	45.5	20.2	22.0
下屋敷遺跡	ナイフ形石器	294	41.0	19.5	11.0	下屋敷遺跡	ナイフ形石器	345	66.0	28.0	11.0
下屋敷遺跡	ナイフ形石器	295	44.0	20.5	11.0	下屋敷遺跡	ナイフ形石器	346	45.0	19.5	7.9
下屋敷遺跡	ナイフ形石器	296	43.0	20.0	12.0	下屋敷遺跡	剥片尖頭器	352	57.0	29.0	11.2
下屋敷遺跡	ナイフ形石器	297	60.0	24.5	11.5	下屋敷遺跡	剥片尖頭器	353	56.2	28.5	10.5
下屋敷遺跡	ナイフ形石器	298	79.5	30.0	13.0	下屋敷遺跡	剥片尖頭器	354	83.0	27.0	17.0
下屋敷遺跡	ナイフ形石器	299	78.5	29.5	11.8	下屋敷遺跡	剥片尖頭器	355	80.0	29.0	8.0
下屋敷遺跡	ナイフ形石器	300	67.0	25.5	16.2	下屋敷遺跡	剥片尖頭器	356	80.0	40.0	17.5
下屋敷遺跡	ナイフ形石器	301	75.0	27.0	15.5	下屋敷遺跡	剥片尖頭器	357	76.0	37.0	17.0
下屋敷遺跡	ナイフ形石器	303	84.0	40.5	7.0	下屋敷遺跡	剥片尖頭器	358	84.5	39.5	13.0
下屋敷遺跡	ナイフ形石器	304	67.0	21.5	9.0	下屋敷遺跡	三稜尖頭器	360	35.6	16.0	12.0
下屋敷遺跡	ナイフ形石器	305	42.0	17.5	10.5	下屋敷遺跡	三稜尖頭器	361	63.5	27.0	7.0
下屋敷遺跡	ナイフ形石器	306	48.5	20.8	14.0	下屋敷遺跡	三稜尖頭器	362	70.5	27.0	14.8
下屋敷遺跡	ナイフ形石器	307	44.8	17.8	10.0	下屋敷遺跡	三稜尖頭器	363	90.0	19.0	16.5
下屋敷遺跡	ナイフ形石器	308	45.5	17.5	17.5	下屋敷遺跡	三稜尖頭器	364	85.0	21.2	16.5
下屋敷遺跡	ナイフ形石器	309	57.5	20.5	13.0	下屋敷遺跡	三稜尖頭器	365	56.0	15.0	14.0
下屋敷遺跡	ナイフ形石器	310	87.0	31.0	19.0	下屋敷遺跡	三稜尖頭器	366	61.5	18.5	17.0
下屋敷遺跡	ナイフ形石器	311	72.0	19.5	15.5	下屋敷遺跡	三稜尖頭器	367	67.8	24.0	15.0
下屋敷遺跡	ナイフ形石器	312	79.5	26.2	14.0	下屋敷遺跡	三稜尖頭器	368	79.0	26.0	18.0
下屋敷遺跡	ナイフ形石器	313	109.0	22.0	15.0	下屋敷遺跡	三稜尖頭器	369	58.5	20.5	17.0
下屋敷遺跡	ナイフ形石器	314	82.0	21.0	6.0	下屋敷遺跡	三稜尖頭器	370	47.0	15.6	10.0
下屋敷遺跡	ナイフ形石器	315	80.5	27.5	11.0	下屋敷遺跡	三稜尖頭器	371	35.0	17.0	7.0
下屋敷遺跡	ナイフ形石器	316	70.5	20.3	7.0	下屋敷遺跡	三稜尖頭器	372	85.0	37.5	16.0
下屋敷遺跡	ナイフ形石器	317	50.0	19.5	6.0	下屋敷遺跡	三稜尖頭器	373	79.0	34.0	14.0
下屋敷遺跡	ナイフ形石器	318	63.5	23.8	8.5	下屋敷遺跡	三稜尖頭器	374	55.5	25.0	19.3
下屋敷遺跡	ナイフ形石器	320	57.0	22.0	10.0	下屋敷遺跡	三稜尖頭器	375	60.0	23.8	14.0
下屋敷遺跡	ナイフ形石器	321	41.0	21.3	12.5	下屋敷遺跡	三稜尖頭器	376	73.5	33.2	16.5
下屋敷遺跡	ナイフ形石器	322	48.2	22.5	12.5	下屋敷遺跡	三稜尖頭器	378	27.0	12.0	12.5
下屋敷遺跡	ナイフ形石器	323	42.5	17.0	14.0	下屋敷遺跡	三稜尖頭器	379	25.5	13.0	8.0
下屋敷遺跡	ナイフ形石器	324	41.0	20.5	17.5	下屋敷遺跡	三稜尖頭器	380	24.0	12.0	7.0
下屋敷遺跡	ナイフ形石器	326	43.5	18.5	9.0	下屋敷遺跡	三稜尖頭器	381	36.5	21.5	6.0
下屋敷遺跡	ナイフ形石器	328	88.0	34.5	15.0						

がほぼ同一となる。この背景にはナイフ形石器の中に刺突に特化されるものが含まれるということも考えられる。なお，本稿で利用した分類基準は報告書の記載によるものである。ちなみに土器を分類して整理するときは，横山浩一（1985）を参考とすると，まず機能・用途差を示す形式を分類する。例えば浅鉢，深鉢，甕，壺などで，さらに小型甕，広口壺など小形式もある。また，その形式内で地域や時代により形態や材質など様々な違いがあり，同じ形式に属する物を形質的特徴によって細分したのが型式で，例えば加曾利E式や，須玖式などである。すなわち，土器ではまず機能・用途があり，そして形質的特徴によって細分するという階層的な分類を行っている。一方，姶良カルデラ噴火後のナイフ形石器や三稜尖頭器は，調整の頻度といった技術的特徴と，断面形態といった形態的特徴により分類され，その差が機能・用途の差を表していない可能性があるといえる。このような石器分類方法の是非について本稿では触れないが，上記したように筆者はまずは機能・用途を検討すべきであると考える。

　いずれにせよ姶良カルデラ噴火前は，鋭い刃部を残した二側縁加工ナイフ形石器を主に製作している。用いられる技法は主に石刃技法で，石刃技法はその素材剥片を効率的・量産的に製作可能である。そして，姶良カルデラ噴火直後は三稜尖頭器や角錐状石器，剥片尖頭器のような刺突よりの形態の石器が製作される。すなわち石器に求められる機能が，刺突・切截といった万能なナイフとしての機能から，刺突に特化した機能も求められるようになったといえる。

　では，なぜ石器にこのような機能を求めるという変化が起こったのだろうか。この点に関して，Oswalt（1983）が木製品→骨製品→石といった順番で加工しにくくなるとしていることを踏まえ，なぜ加工しにくい石を用いて刺突に特化した道具を製作したのかという点を考えたい。よって，まずは木材利用・骨角利用について考える。木器・骨角器の出土例は日本列島においても野尻湖の立が鼻遺跡で骨製スクレーパー・骨製クリーヴァー・ヤリ状木器が発見されている（小野2001）くらいで非常に例が少ない。だが，有機質の道具の残存が比較的良好なヨーロッパの上部旧石器時代（オーリニャック文化など）では，木器・骨角器を利用している（Gamble1999）。したがって，日本に木器・骨角器が存在しないということは断定できない。

　そのため，木製品・骨角製品が存在したが，土壌により残存しなかったと仮定して考えるのが自然だと思われる。すると，姶良カルデラ噴火前は万能な道具としてのナイフ形石器が，狩猟や採集に用いる道具としてだけでなく，木製品や骨角製品の加工にも使用されていたと考えられる。そして，姶良カルデラ噴火後は刺突に特化した道具，すなわち狩猟に特化した道具を石で製作するようになったと言える。では，この変化を引き起こす要因は何が考えられるだろうか。

　まず，石を利用することの有効点として強度・耐久性が増加することがある。石製の刺突具は，最大幅・最大厚を大きくとると正面からの衝撃に対して非常に強くなる。よって，狩猟対象獣に対して衝撃が大きくなり致命傷を与えやすいだけでなく，木製品・骨製品の刺突具と違って先端が破損しづらい。また，木製や骨製の柄に取り付ける必要があり着柄部の強度は弱くなるが，多量のストックの先端部と少量の柄のみを持ち歩いて狩猟すると効率がよい。すな

わち，1つの先端部が破損する頻度が小さいだけでなく，破損時にはその多量のストックから取り替えることができ，一度の狩猟に対する見返り・信頼性が増すこととなる。

　よって，以上の点から考えると，刺突具の石器が出現する要因として，石の強度・耐久性といった信頼性を求め，姶良カルデラ噴火後に狩猟活動の変化，すなわち，環境への適応戦略が変化したと考えたい。

　なお，この時期の刺突具の大型化は狩猟対象獣の変化と対応していると考えられ，「マンモスハンター」の渡来によるとする説がある（木崎1996）。しかし，現象として狩猟具の大型化だけでなく小さい尖頭器も見受けられることから，狩猟具のサイズバリエーションが広くなっているといえる。したがって，姶良カルデラ噴火後は姶良カルデラ噴火前と比べ強度・耐久性の高いという信頼性の高い石製の狩猟具を使用し，狩猟対象としていた動物の幅を広げていたと考えたい。

　このように適応戦略を変化させると「別の資料」にも同様の変化が現れると思われる。そして，その資料というのは生業にかかわるものであればなおよい。ここでは礫群を別の資料としてあげる。礫群は被熱痕跡のある礫が集合した遺構で，保坂康夫（2012）は旧石器時代の全国の礫群を集成して，礫群は30,000年前から出現し，その用途は石蒸し焼き調理用，もしくは焼石包み込み調理法としている。また，野嶋洋子（2005）は焼石調理を行う民族誌を調査し，長時間にわたって加熱することができる礫群を用いた調理（特に石蒸焼）と根茎類植物が強い相関があることが示し，礫群の意義は植物質食料資源の開拓にあったとしている。

　すなわち，もし環境適応のため狩猟対象とした動物の幅を広げていたならば，同様に植物質食料も開拓し，礫群は増加するだろう。また，逆に植物質食料が少なかったので，代わりに狩猟対象を広げていたとも考えられ，もしそうならば，礫群の数は減少することとなる。実際，保坂（2012）の集成によると，姶良カルデラ噴火後は1遺跡における礫群の数が爆発的に増加し，例えば，鹿児島県桐木耳取遺跡では約100基，宮崎県上ノ原遺跡・下屋敷遺跡ではそれぞれ30〜40基の礫群が検出されるなど，多くの遺跡で見られるようになる。

　よって，姶良カルデラ噴火後は姶良カルデラ噴火前に比べて狩猟対象獣・植物質食料といった利用資源の範囲を広げ，その資源を有効に利用するために大型の狩猟具の製作や礫群の頻繁な利用があったといえる。問題はこの適応戦略が姶良カルデラ噴火との関係があるかどうかである。

　姶良カルデラ噴火後は地球規模で寒冷化が進み，最終氷期再寒冷期へ向かう時期である。姶良カルデラ噴火によって九州は壊滅的なダメージを負ったのは間違いない。しかし，上記のような適応戦略を図った時期が，ダメージから完全に回復して植物相が極相の環境にあたるのか，もしくはダメージから回復し，植物群が極相へ向かう途中の環境にあたるのか判別ができない。さらに，地域ごとに回復の差異もあるだろう。したがって，本稿では石器群の変容の背景を考察するにあたり，姶良カルデラ噴火による影響と結びつけて語るのは今後の課題とし，あくまで最終氷期最寒冷期へ向かう環境下への適応戦略の変容によるものと結論づけたい。

5 おわりに

　本稿では土器との比較などにより後期旧石器時代の石器の特性を考え，その時空間分布が個人や集団の動態を表するとする前に，機能的な検討が必要であるとした。そして，姶良カルデラ噴火前後で石器群の変容の現象を把握し，その背景には狩猟行動の変容や植物質資料の開拓など最終氷期最寒冷期に向かう環境への適応行動が反映されていると考えた。そして，それは姶良カルデラ噴火そのものの影響とは結びつけなかった。また，この考察の際にはこれまで注意を払われていなかった木器・骨角器についてもふれた。

　この分析及び考察はあくまで概括的なものである。そのため，旧石器時代の個人や集団の実態，例えば，姶良カルデラ噴火後の九州に最初に住み始めた人類集団の出自はどこか，というようなより高次の具体的検討は今後の課題である。ここでは一部しか触れなかったが，そのような人類集団の動態を解釈する論考は多い。しかし，旧石器時代は石器しか残らないという資料的障壁がある。だが，冒頭で提示した方法により，できるだけ「別の資料」を用いた検証を行なっていくべきで，「別の資料」の検証がなくとも，小野昭のコメント（2014）にもあるように，その仮説の検証条件や反証条件を可能ならば提示すべきであると考える。

　また，当時はバンド社会である。田中良之（2005）は，日本の旧石器時代は新進化主義が描いたバンド社会とよく類似した社会であり，小集団でありながら季節によって離合集散することもあり，また，集団の組織化も可能で領域を持っていたとしても閉鎖的ではなく，さらに，地域社会が未形成で台地単位のような地域的連帯があるように見えても個々の集団の行動範囲はさらに広い範囲だっただろうとしている。すなわち，きわめて単純な社会であり，そして石器と言った考古資料として残るのはその集団の動態のごく一部であると考えられる。よって，このような状況の中で，具体的な集団の動態を指し示しうる現象を把握するのはきわめて困難である。しかし，この困難を乗り越え，日本における旧石器時代像，バンド社会像を語らなければならないのである。

　本稿は平成17年度に九州大学大学院比較社会文化学府に提出した修士論文の一部を，提出後に発表された論考を踏まえ大幅に再構成したもので，主任指導教官であった田中良之先生をはじめ，宮本一夫先生，溝口孝司先生，佐藤廉也先生，中橋孝博先生，岩永省三先生，辻田淳一郎先生，石川健先生に，講義・演習などを通じ御指導いただいたことをまず感謝申しあげます。また，日常的に指導してくださった九州大学大学院比較社会文化学府基層構造講座，および九州大学考古学研究室の諸先輩方，同輩，後輩諸氏にも感謝いたします。

　修士論文を提出してからのこの10年間は，研究だけでなく私自身の進路もうまくいかず田中先生には御心配をおかけしたものと存じます。最近になってようやく進路や生活が落ち着いたことを先生に御報告できて間もなく，この報せでありました。ただ驚き，悲しむばかりです。この10年間の研究面での成長を示せなかったことが悔やまれますが，小文を捧げることをお

許しください。

■参考文献

福松東一・横田通久・金丸琴路編，2004．宮崎県埋蔵文化財センター発掘調査報告書　第87集　東畦原第3遺跡　東九州自動車道（都農〜西都間）建設に伴う埋蔵文化財報告書　4．宮崎県埋蔵文化財センター，宮崎．

Gamble, C., 1999. The Paleolithic Societies of Europe. Cambridge University Press, Cambridge.（ギャンブル，C．田村隆（訳），2001．ヨーロッパの旧石器社会．同成社，東京．）

萩原博文・木﨑康弘，2010．第2章　旧石器文化の編年と地域性　九　九州地方．講座　日本の考古学（稲田孝司・佐藤宏之　編），pp.576-621．青木書店，東京．

日髙広人・竹井眞知子・栁田裕三編，2004．宮崎県埋蔵文化財センター発掘調査報告書　第89集　高野原遺跡　第5地点　国営大淀川左岸農業水利事業高浜ファームポンド工事に伴う埋蔵文化財発掘調査報告書．宮崎県埋蔵文化財センター，宮崎．

保坂康夫，2012．日本旧石器時代の礫群をめぐる総合的研究．礫群研究出版会，甲府．

木﨑康弘，1996．槍の出現と気候寒冷化―地域文化としての九州石槍文化の提唱―．旧石器考古学　53，43-56．

松本　茂，2003．石器のかたちはどのように決まるか　―石器製作行為をめぐる人間の認知―．認知考古学とは何か（松本直子・中園聡・時津裕子編），pp.54-70．青木書店，東京．

森先一貴，2010．旧石器社会の構造的変化と地域適応．六一書房，東京．

長沼正樹，2015．交代劇とユーラシア大陸東部の考古遺跡情報．交代劇　考古資料に基づく旧人・新人の学習的行動の研究　A01班2014年度研究報告書　5，55-71．

小野　昭，2001．打製骨器論．東京大学出版会，東京．

小野　昭，2014．コメント　石材獲得と地域差．中・四国旧石器文化談話会30周年記念シンポジウム　石器石材と旧石器社会　記録集，pp.39-40．中・四国旧石器文化談話会，鳥取．

Oswalt, W. H., 1976. An Anthropological Analysis of Food-Getting Technology. John Wiley & Sons, Hoboken.（オズワルト，W．H．加藤晋平・禿仁志（訳），1983．食糧獲得の技術誌（りぶらりあ選書）．法政大学出版局，東京．）

Otte, M. ・Noiret, P., 2007. Le Gravettien du nord-ouest de l'Europe. PALEO 19, 243-256.

佐藤宏之，2007．第一部　道具　第一章　分類と型式．ゼミナール旧石器考古学（佐藤宏之編），pp.15-31．同成社，東京．

菅原俊行・安田忠市編，1993．秋田市　秋田新都市開発整備事業関係埋蔵文化財発掘調査報告書．秋田市教育委員会，秋田．

Thomas, D. H., 1989. Archaeology 2nd Edition. Holt and Winston, New York.

田中良之，1982．磨消縄文土器伝播のプロセス．古文化論集　上巻（森貞次郎博士古稀記念論文集刊行会編），pp.59-96．同論文集刊行会，福岡．

田中良之，2005．旧石器時代はどのような時代か．太宰府市史　通史編Ⅰ，pp.231-237．太宰府市，太宰府．

時任和守・山田洋一郎編，2002．宮崎県埋蔵文化財センター発掘調査報告書　第57集　長薗原遺跡　東九州自動車道（西都〜清武間）建設に伴う埋蔵文化財発掘調査報告書　ⅩⅢ．宮崎県埋蔵文化財センター，宮崎．

横山浩一，1985．3　型式論．岩波講座日本考古学　1　研究の方法，pp.43-78．岩波書店，東京．
横山勝三，2003．シラス学　九州南部の巨大火砕流堆積物．古今書院，東京．
吉牟田浩一・山田洋一郎編，2002．宮崎県埋蔵文化財センター発掘調査報告書　第56集　下屋敷遺跡　東九州自動車道（西都〜清武間）建設に伴う埋蔵文化財発掘調査報告書　ⅩⅡ．宮崎県埋蔵文化財センター，宮崎．

更新世の日本列島における自然・資源環境の変動と人類行動の応答

東京大学 佐藤宏之

要旨

　更新世の日本列島は，寒暖が激しく短周期変動する不安定な氷期の寒冷気候のもと，海水準の低下により古北海道半島と古本州島および陸域の拡大した古琉球諸島という3つの地理的環境に分かれていた。そのため自然・資源環境の変動も著しく，特に前二者の地域では，地域毎に異なる人類集団の応答プロセスが認められる。人類文化の動態は，実際には動植物相からなる資源構造に大きく規定されており，動植物相の変化は，全球的な気候変動を基調としながらも，よりダイナミックに変遷する。この変動は気候変動と一致する場合も一致しない場合もあるので，文化変動の起因を単純に気候変動にのみ帰着させるのは，旧石器時代といえども難しい。気候変動は生態系や自然環境の構造を規定するのは確かであるが，自然資源の利用を主要な適応行動の手段としていた旧石器人の生活と社会を叙述するためには，自然と人両者が形成した個別具体の関係態がもつ歴史的意味を丁寧に読み解く必要があろう。

キーワード：更新世，自然・資源環境変動，人類行動，陸橋，適応

はじめに

　日本列島に人類が居住を開始するのは，後期更新世の氷期である。当時の気候環境は，現在とは対照的に異なり，寒冷を基調としながらも，激しく温暖・寒冷を繰り返す不安定な短周期変動（ダンスガード・オシュガー・サイクル）下にあった。列島の基本的な地理的環境は，氷期を通して多量の水分が陸上に氷として固定されていたため海面低下が著しく，大陸・サハリン・千島列島南部が一体となった古北海道半島と本州・四国・九州が合一した古本州島という二つの陸塊，および陸域は拡大していたが依然として島嶼であった琉球諸島の三者から構成されていた。

　陸域の拡大に伴い古日本海には大洋流の本格的な流入が途絶え，古黄河や古アムール川のもたらした淡水の流入にも影響されて，古日本海の上層には淡水傾向の強い海況域が形成され，冬期を中心に今日のオホーツク海に類似した海氷域が形成されていた。そのため今日冬期の季節風がもたらす多雪現象は認められず，太平洋側でも黒潮・親潮等の大洋流は沖合を流れてい

たと推定されることから，列島は大陸性の寒冷・乾燥気候が支配しており，それが動植物相に代表される自然環境を規定していた（佐藤2005a; 高橋2015; 高原2015）。

　旧石器時代の人類は，今日とは対照的に異なる不安定で厳しい気候環境下で，寒冷・乾燥気候に適応した動植物相を基盤とした資源環境に対処しながら列島に出現し，生活・文化・社会環境を形成していた。本論では，まず更新世における人類の出現プロセスについて，自然環境変動に対する人間の応答関係という立場から照射する。次にいくつかのトピックスに関して検討を加えた上で，自然環境変動とそれに伴う資源構造変動が旧石器時代人類の生業・行動・社会・文化・生活に与えた影響について議論する。

1　最初の列島人の出現と環境変動

（1）最初の列島人

　2000年に発覚した旧石器捏造事件以来，列島における後期旧石器時代（38〜16ka）以前の人類痕跡の存在を肯定する研究者はきわめて少なくなった。しかしながら，捏造に関与しない当該期の遺跡の報告例は，事件以前はもちろん，事件後も着実に増加している。筆者は，これまで広くユーラシアおよび東・東南アジアにおける前期・中期旧石器時代研究の現状を点検し，さらに国内における類例の検討を通じて，少数ながら後期旧石器時代を遡る人類活動の痕跡が，列島の各所に残されていると考えている（Anzai and Sato 1990; 佐藤2003, 2004a, 2006, 2008, 2010a; Sato in press）。

　初期人類および現生人類のアフリカ起源が確実となった現状では，最初の人類は列島外から渡来したことは間違いない。そのルートとしてこれまで指摘されてきたのは，サハリン経由の北方ルート，朝鮮半島ルート，琉球諸島を経由する南方ルートの三者である。すでに繰り返し指摘したので詳細は略すが，最初の人類の拡散ルートとしてもっとも有力なのは，朝鮮半島ルートである（佐藤2003, 2005a, 2013）。北方ルートは，ロシア極東および古北海道半島のLGM期（24〜18ka）以前には，北方起源を示す確実な証拠がほとんどない。南方ルートは，列島型後期旧石器時代石器群の南限が北琉球までであり，現在更新世人骨が大量に検出されつつある中・南琉球では，生活構造が根本的に異なっている可能性が高く，生態系の異なる北方への拡散を根拠づける物質証拠に乏しい。一方朝鮮半島およびその背後の大陸には，豊富な前期・中期旧石器時代の遺跡が控えている。

　現在列島で報告されている後期旧石器時代以前の可能性がある遺跡を，表1に掲出する(Sato in press)。調査が古く年代比定の根拠が曖昧な愛知県加生沢遺跡（紅村編1968）を留保すると，中期旧石器時代（120〜50ka）および中期／後期旧石器時代移行期（50〜38ka）から構成されていることがわかる。最も古い中期旧石器時代遺跡と報告されている島根県砂原遺跡第1文化層の年代は120kaと報告されている（松藤編2013）ので，この年代が正しいとすれば，少なくとも120kaには朝鮮半島経由で列島に人類が拡散したことになる。このことについて，少し検討したい。

表1 日本列島における前期・中期旧石器時代暫定編年一覧 (Sato in press を改変)

時代	遺跡名	都道府県	調査法	推定年代(ka)	年代推定の根拠
前期旧石器時代	加生沢	愛知	採集	200ka?	段丘対比、堆積層
中期旧石器時代前半	砂原1文	島根	発掘	120	古土壌(MIS5e)
	砂原2文	島根	発掘	110	SK*(110ka); (MIS5d)
	入口4層	長崎	発掘	100	103±23ka (IRSL)
	入口3b層	長崎	発掘	100-85	90±11ka (IRSL); L.3: Aso-4*(85-90ka)
	金取4文	岩手	発掘	90-50	Aso-4; 56±21ka (TL)
	柏山館4a層	岩手	発掘	90-40	Aso-4
	後牟田5文	宮崎	発掘	90-60	Aso-4; A-IW (60ka); 35.5±4 (TL)
	早水台	大分	発掘	110-80(50)	Kj-P1(50ka); K-Tz(95ka); Kj-Sm(110ka)
中期旧石器時代後半	不二山	群馬	採集	55->50	DKP (55ka)〜Ag-UP (unknown)
	桐原	群馬	採集	55-50	Ag-UP〜Hr-HP (50ka)
	権現山第1地点	群馬	採集	55-50	Ag-UP〜Hr-HP
	金取3文	岩手	発掘	50-(40)	46,480±710 Cyr BP (AMS); 31±6ka, 50±
	柏山館2c層下部	岩手	発掘	50-33	involution
	大野最下文	熊本	発掘	70-55	69.3±13.9 (OSL)
中期/後期旧石器時代移行期	星野探検館地点	栃木	採集	>45	Ag-KP (45ka)以前
	権現山第2地点	群馬	採集	50-45	Hr-HP〜Ag-KP
	後牟田4文	宮崎	発掘	45-40	Kr-Iw (40ka)直前
	ヌタブラ1文	静岡	発掘	50-40	技術型式学、AT(30ka)以前
	竹佐中原A-C地点	長野	発掘	50-40	技術型式学、AT(30ka)以前
	上下田2文	大分	発掘	50-40	技術型式学
中期旧石器時代	ルベの沢	北海道	発掘	?	技術型式学、地質堆積

(2) 陸橋の形成時期

　前述したように，更新世の古本州島はひとつの島だったので，古本州島への人類の拡散は，一時的に出現した陸橋を介するか海洋渡航するかのどちらかの方法によったと考えざるをえない。初期現生人類の海洋渡航技術の存在は，サフル大陸に少なくとも47kaには現生人類が出現していることから確実であり（佐藤2011），列島においても後期旧石器時代初頭（38ka〜）における神津島産黒曜石の安定利用の証拠から考えて，列島における現生人類型行動の発現のひとつとして理解できる。しかしながら，現生人類の拡散に関する現在の研究成果からみて，120kaに現生人類が朝鮮半島に到達していたと考えられる証拠はないので，当時朝鮮半島に居住した人類集団は，現生人類以前のホモ属の一種と考えるのが妥当であろう。従って，現在までの知見によれば，現生人類以前のホモ属が確実な海洋渡航技術を有していた証拠は得られていないので，現生人類以前の人類が列島に拡散するためには，陸橋の存在がその前提条件となる。

　古本州島と朝鮮半島との間に存在した陸橋の研究は，現在主として古生物学に基づく生物地理学的研究から行われている。樽野（2010）は，「河村（1998）以来，大陸のものと関連の深い種の初出層準か，そのすぐ下の層準の示す年代を陸橋形成期と考え，その時期に比較的短い期間，陸橋が形成されたという考え」が定説であるとし，その考えに従って，古本州島と朝鮮半島・中国大陸との間の南方海峡[1]に陸橋が形成された年代は，1.2Ma，630ka，430kaの3回と見做した。わずかな年代の異同はあるが，ナウマンゾウ等の大型動物を対象とした河村の

最近の議論もこれを追認している（河村1998, 2011, 2014）。

　一方高橋（2007）は，最後の陸橋形成年代を130kaと推定し，この時期以降大陸との種の交流がなくなった列島では，列島動物相の独自化が進行したとみなした。この議論は，小型哺乳類であるハタネズミ科現生種の出現を根拠として130kaないし200kaの陸橋成立を示唆した亀井等の議論と通底している（亀井他1988；松井他1998）[2]。

　そもそも南方海峡における陸橋形成期の推定はかなり難しく，議論が分かれている。海底地形や海水準変動量の推定，周辺地形における隆起・沈降量と削剥・浸食のプロセス，古日本海への流入水の化学分析，魚類・植物等の生物相の形成過程の検討等が試みられているが，決定的な議論となっていない。その理由は，1.7Ma以降南方海峡は基本的に海峡として成立しており，氷河性海水準変動の影響で低海水準期にのみ短期間陸橋が形成されていたと考えられるからである（北村・木元2004；高橋2007）。従って，哺乳動物相の大幅な変更期以外にも陸橋は形成された蓋然性が高く，生物地理学による分解能では，それが捉え切れない可能性が高い。

　低海水準期は，基本的に寒冷イベントにおいて出現するが，氷期陸上のダンスガード・オシュガー・サイクルでは，数多くの寒冷イベント（ハインリッヒ・イベント）が認められ，それらのうちいつ陸橋が形成されたかについては，正確に推定できないのが現状であろう。完新世に匹敵する温暖期であったと推定されている最終間氷期 MIS 5[3]（128〜74ka）直前の寒冷期 MIS 6（185〜128ka）末期（130ka）は寒冷の程度が相対的に強かったと推定されているので，この時期に陸橋が成立し，朝鮮半島から列島最初の人類が拡散した可能性は十分考えられる（Sato in press）。MIS 6末期は，MIS 2の最終氷期極相期 LGM[4]（24〜18ka）に匹敵する寒冷期と考えられており，LGMの寒冷を避けて古北海道半島に北方シベリア系細石刃集団が南下した現象（25〜20ka）と同様の現象も想定可能である。ただし，LGMに南下するマンモス動物群を追って古北海道半島に南下した細石刃集団は，マンモス動物群中の中・大型動物狩猟に特化した広域移動型居住＝行動戦略を完備した現生人類集団であった（佐藤他2011）のとは対照的に，130ka頃に南下したと推定される人類集団は現生人類以前のホモ属であり，礫器等の大型石器と各種削器・石錐等の小型剥片石器から構成されるアセンブリッジからなる規格性の低い装備品からは，効率的かつ計画的な狩猟＝行動適応を果たしていたとは見做しにくい。同時期ないしそれ以前に列島に拡散したナウマンゾウ動物群の狩猟に特化していたための必然的な南下とは一概に解釈できないが，少なくとも寒冷を避けて南下したことが列島最初の人類の出現の契機となった可能性は残されている。

（3）中期旧石器時代の適応行動

　現在東アジアの旧石器時代の時代区分は，地質年代で言う中期／後期更新世の境界である120kaを境として，それより前を前期旧石器時代，それより後を中期旧石器時代（〜40ka）と暫定的に区分しているが，最近ハンドアックス石器群等の石器アセンブリッジや製作技術の特徴が連続するのでこの区分は有効ではなく，40kaを境として，前期／後期旧石器時代に二分して理解するほうが妥当であるという議論も有力になりつつある（Gao and Norton 2002；

Norton et al. 2009；裴1997；Bae 2010）。しかしながら，筆者は，東アジアにおいても前期／中期／後期旧石器時代という3区分を維持すべきと考える（佐藤2003, 2009）。ユーラシアにおける東西世界の成立は前期旧石器時代後半の始まり（350〜450ka）にあり，それ以降インド・中央アジア・アルタイ・モンゴル以西／以東間のモヴィウス・ラインを境とした対照的な東西世界という図式（佐藤2004b）は維持され続ける。前期旧石器時代後半においては，モヴィウス・ライン以西の後期アシュールに対して，後期アシュールが分布しない以東では東アジア型ハンドアックス石器群が対峙し，中期旧石器時代においては，ルヴァロワ方式を有する以西のムステリアンに対して，非ルヴァロワの以東の東アジア型中期旧石器時代石器群が引き続き対峙するからである（佐藤2009）。そのように考えた場合，120kaという中期旧石器時代開始期に初めて列島に人類が出現するのは，一定の歴史的意義があると考える。

　MIS 6末期の寒冷期に列島に拡散した最初の人類は，やがてMIS 5e（120ka）の完新世に匹敵する温暖期を迎え，MIS 5を通じた相対的な温暖期の環境に適応したことになる。続くMIS 4（74〜59ka）になると寒冷期となり，さらに温暖期のMIS 3（59〜30ka）の中間にあたる38kaになってようやく現生人類が出現する後期旧石器時代を迎える（図1）。

　しかしながら，その具体像は，列島における自然・資源環境データや考古資料等がきわめて零細な現状からはほとんど推測することができない。後期旧石器時代以前を通じて，礫器等の大型石器と各種の小型剥片石器がアセンブリッジの基盤を構成し，基本的に顕著な構造変動を見せないで継続する[5]（佐藤1992）。中期旧石器時代前半期（120〜70ka）は大型石器がやや多く，同後半期（70〜50ka）になると規格化が進行して剥片石器の比率が少し増える傾向を見せる。中期／後期旧石器時代移行期になると，斜軸尖頭器が安定的に組成する。中期旧石器時代前半期はおおむねMIS 5の温暖期に相当するが，同後半期は寒冷期のMIS 4と温暖期のMIS 3前半の二つの気候期に該当する（図1）。移行期はMIS 3前半中になる。従って，中期旧石器時代の前半期と後半期の境界は気候変動とおおむね一致する傾向を示すが，道具組成にそのことが顕著に反映することはない。移行期等における斜軸尖頭器等の規格化が，寒冷化に対応した狩猟具（剥片石器）の発達と言えなくもないが，単純な議論は難しい。こうした道具における技術進化の停滞は，現生人類以前の人類が保持していた認知能力の限界と，130kaを最後に南方海峡において陸橋が形成されず，半島から新たな技術情報がもたらされなかったという歴史的経過を反映している可能性が高い。

　現在列島には，14,500箇所の旧石器時代遺跡が存在するが，後期旧石器時代以前と推定される遺跡は極めて少なく，その大部分は後期旧石器時代に属する（日本旧石器学会2010）。中期旧石器時代および中期／後期旧石器時代移行期の遺跡は，山地緩斜面や丘陵地を選んで立地するのに対して，後期旧石器時代になると，台地等の平坦地への進出が著しい。これは，後期以前の人類集団が，石材産地およびその近隣に活動の拠点を設けたのに対して，後期旧石器時代の現生人類集団は，石材の節約的消費によってその消費期間を引き延ばすことが可能な石刃技法等の規格的石器製作技術を獲得していたことに拠る。道具製作の主要な材料であった石材

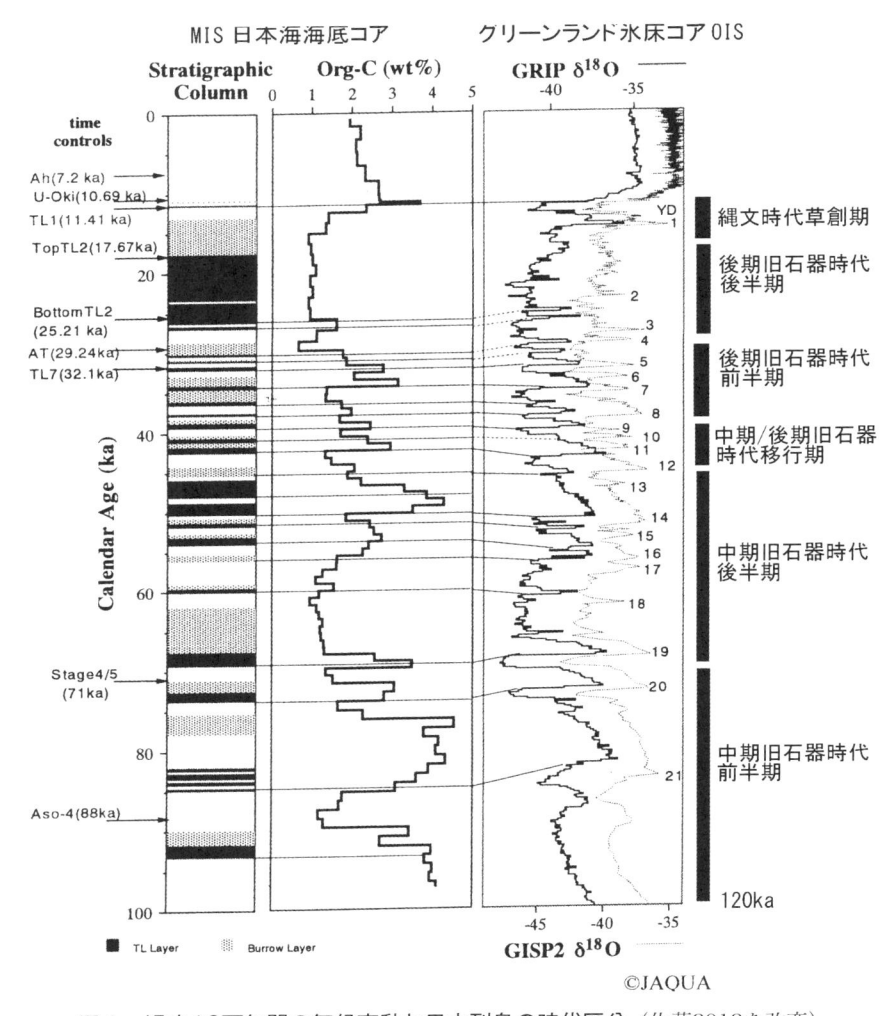

図1　過去10万年間の気候変動と日本列島の時代区分（佐藤2012を改変）

受給の制約にその行動を大きく規制されていた後期以前の人類に対して，現生人類は，狩猟域等の生活行動を展開しやすい生業域に生活圏の主体を移動できたこと（国武2007）を端的に示している（佐藤2006）。そこには，現生人類のもつ未来予測能力に基づく資源利用の計画的開発行動戦略の存在を看取することができる。

2　現生人類と古気候・自然環境

（1）現生人類の出現

38kaになると，古本州島全域で多数の遺跡が突然出現し，現生人類による後期旧石器時代が始まった。同時に，黒曜石の利用，本格的な海洋渡航技術，環状集落・局部磨製石斧・陥し穴猟といった列島独自の現生人類型行動（Kaifu et al. 2015）がほぼ同時に出現した（佐藤

2013)。列島人類文化に見られる最初の大規模な構造変動であるが、気候変動の画期とはほとんど一致していない (Takahara and Hayashi 2015)。38kaは、MIS 3の後半に相当し、寒冷（ハインリッヒ・イベント）・温暖（ダンスガード・イベント）が激しく振幅する時期の最中にある（図1）。このことは、現生人類の列島への拡散が、気候変動に直接起因したわけではなく、現生人類の高度の環境適応能力の産物であることを強く示唆する。アジア南回りルートによる現生人類の大陸からの拡散という、主として歴史的経過を反映した事象であった。

(2) 後期旧石器時代の区分

古北海道半島

列島の後期旧石器時代の文化変遷は、当時列島を構成していた二つの陸塊ごとに異なっている。古北海道半島の後期旧石器時代前半期は、台形様石器群や、それに後行する基部加工尖頭形石刃石器群等の本州系石器文化が出現して最初の石器群を形成し、ナウマンゾウ動物群が動物資源となっていた35kaに始まり、南下するマンモス動物群へと動物資源が入れ替わり、同時に大陸系の細石刃石器群が登場する24kaまでとなる。同後半期になると、石器群は細石刃石器群に完全に置換し、黒曜石や頁岩といった石材資源をきわめて効率的に利用した広域移動戦略に特化した各種の細石刃集団が、10kaの完新世まで継続した。

古北海道半島では、MIS 3の開始にやや遅れた50ka頃に、北方からマンモス動物群が北海道に南下するが、人類文化の存在は認められない。北海道最古の人類文化である本州系の台形様石器群が出現するのは、古本州島からナウマンゾウ動物群が北上してマンモス動物群と置換するタイミングとほぼ一致する（40～35ka）。しかしながら、このナウマンゾウ動物群は短期間に終わり、MIS 2の開始に相当する30ka頃になると、再び北方からマンモス動物群が南下した。これにやや遅れて、北方系の細石刃石器群が出現する。このように、最後の動物群の置換はMIS 3から2への変化と同期するが、それ以前の置換は大規模な気候変動とは一致しない。40～30kaの短期間北海道に出現したナウマンゾウ動物群は、おなじ古北海道半島のサハリンやアムール流域・沿海州には分布しておらず、これらの地域では一貫してマンモス動物群が生息していた。こうした動物群に見られる分布のめまぐるしい変動は、MIS 3中の小規模な温暖／寒冷傾向と関連していた可能性が高い。古北海道半島南端の北海道では、南北系統の動物群の移行帯に相当していたと考えられる。

ちなみに環日本海北部地域では、植物相の移行は気候変動とよく対応するが、動物相の移行は、気候変動に遅れる傾向がある（表2）。狩猟を主要な生業の柱としていた北方では、人類文化は動物相の変化に基本的に対応しながらも、植物相と動物相の間の環境適応の時間差に起因して、複雑な応答関係を生じさせたものと考えられる（佐藤2012）。

古本州島・琉球

一方古本州島では、38kaになると全域で多数の遺跡が形成され、後期旧石器時代前半期が開始される。列島型の現生人類型行動の多くは、古本州島で活発に見られ、台形様石器系と基部加工尖頭形石刃石器系からなる石器製作技術・運用システムとしての二極構造が成立する

表2　環日本海北部地域の気候・動物相・植物相・景観・文化の関係（佐藤編2011）

年代(KaBP)	気候(MIS)	景観	植物相 北海道	植物相 サハリン	植物相 アムール	植物相 沿海州	動物相 北海道	動物相 サハリン	動物相 アムール	動物相 沿海州	文化 北海道	文化 サハリン	文化 アムール	文化 沿海州
6	1	サハリン島の形成千島列島の形成北海道の形成	汎針広混交林(冷温帯広葉樹林と高山林)	トドマツ・コメツガ属を混じえるエゾマツ林	広葉樹を伴う暗い針葉樹林	汎針広混交林(チョウセンゴヨウ)		ヒグマ・トナカイを伴う動物群		ヒグマ・トナカイ・アムールタイガーを伴う動物群	縄文前期	前期新石器中葉	前期・中期新石器(両面調整器・石刃を伴う)	中期新石器(両面調整器・石刃を伴う)
7														?
8										ヒグマ・アムールタイガーを伴う動物群		前期新石器		
9														
10				グイマツ シラカバ							?		立川ポイントを伴う細石刃石器群	
11							ヒグマを伴う動物群							細石刃・石刃石器群
12								ヒグマ・ウマヒョウ・ウシを伴う動物群			多様な細石刃石器群		北海道と類似する細石刃石器群(広郷・峠下・札滑)	
13-15														
16	2	古サハリン-北海道-千島半島	グイマツ・ハイマツ疎林と草原(道東で草原優勢、LGM後、エゾマツ/アカエゾマツが徐々に優勢)	グイマツ/ハイマツ林とエゾマツ林の繰返し	グイマツ・ハイマツ・カバノキ属疎林と草原	グイマツ・ハイマツ・カバノキ属疎林と草原						?	礫器・石刃を伴う細石刃石器群	
17-20												石刃石器群(プリズム型磨製石器スクレイパー、石斧を伴う)細石刃技術の出現		
21-23								マンモスゾウを伴う動物群	マンモスゾウを伴う動物群	マンモスゾウを伴う動物群	細石刃石器群石刃石器群剥片石器群			?
24														
25-26								マンモスゾウを伴う動物群						
27-29	3		稠密なエゾマツ/アカエゾマツ林	エゾマツ/グイマツ/ハイマツ	タイガ(トウヒ属・モミ属・グイマツ)	タイガ(トウヒ属・モミ属・グイマツ)		ナウマンゾウを伴う動物群			小形剥片石器群	?		
30-33														剥片石器群

（佐藤1992）。二極構造は，東日本を中心に典型的に見られるが，西日本では伝統的な技術系統の台形様石器群が最初に活性化するのに対して，新出の基部加工ないし側縁加工尖頭形石刃石器は，前半期後半からようやく盛んに利用されるようになる。しかしながら，前半期を通じて石器群構造は，古本州島規模でおおむね等質的であったが，28kaになるとこの等質構造が崩れ，地域毎に異なる石器群が分立するようになる。従って28ka以降を後期旧石器時代後半期と見做している。古本州島の後半期は，最古の土器が出現し，縄文時代草創期が始まる16kaまで継続する。

　琉球諸島における後期旧石器時代の文化変遷は不明瞭である。鹿児島県域の北琉球では，台形様石器や局部磨製石斧等が検出され，最古の陥し穴も認められるので，古本州島の前半期文化の範囲内にあることは確実であるが，中・南琉球では，最近相次いで更新世人骨の検出が見られるにもかかわらず，明確な考古遺物の出土例に乏しい。貝器や貝製装飾品等注目すべき資料の報告もあるが，肝心の石器類の検出例がきわめて少なく，生活の実態は不明である（山崎他2015）。おそらく古本州島以北に見られるような，狩猟を主体とした生業行動とは異なる，小動物・水産資源と植物資源に重点を置いた南方系の生活文化圏に属するものと予想される（佐藤2005）。古本州島系の後半期の資料は琉球諸島を通じてほとんどなく，わずかに北琉球で後半期末の細石刃石器群と，それに後続する縄文時代草創期の関連資料が出土している程度である[6]（佐藤2013）。

　このように，後期旧石器時代の文化変遷は，琉球諸島を除く古北海道半島と古本州島で，それぞれ前半期と後半期に区分できるが，その基準は大きく異なっている。古北海道半島では，

後半期になっても地域性はほとんど形成されず，石材環境と特異的に結びついた遊動型集団による各種の細石刃石器群が全域に同時存在し，そのため定着性を基礎とした縄文時代草創期は認められない。一方古本州島では，対照的に後半期になると，東北，関東・中部南半，中部日本海側，東海，近畿，瀬戸内，九州といった顕著な地域性が発現し，地域を単位とした生業領域と地域社会が形成された。こうした歴史的経過の差異は，狩猟を主体とする旧石器型遊動集団の生業行動戦略の異なりに起因しており，その背景には狩猟対象となった動物資源の構造的差異と基本植生・景観の違いも影響したと考えられる。

（3）食糧資源・自然環境の変化と行動戦略

氷期の列島を覆っていた植生は，東半部を針葉樹を主とする植生帯（寒温帯針葉樹林）が，西半部を針広混交林が主体を成していたため，主要食糧としての植物資源に乏しかった[7]（公文他2009; 公文2015; 高原2015）。植物資源が豊富な落葉広葉樹と照葉樹からなる植生帯は，わずかに古本州島の南岸域に張り付くように帯状に分布していたにすぎない（図2）。加えて，ダンスガード・サイクルと言われる短周期で変動する不安定な気候は，資源構造の動揺と資源獲得の予測可能性の著しい低下を招来した。そのため後期旧石器時代人は，移動によって自然環境の変動に適応可能な中大型動物を食糧資源の主体にすえ，狩猟を生業の柱とした。このことは，後期旧石器時代の石器が狩猟具を主体としていたこととよく整合する（佐藤他2011; 佐藤2015a）。

古北海道半島に生活した後半期人類集団の生業の主体はマンモス動物群の狩猟であったが，このうちゾウ・ウシ・大型のシカといった大型動物は，LGM末期の20kaころまでに絶滅した（高橋2007; Iwase et al. 2012）。従って，初期の細石刃石器群集団は，生息域が広大な草食性大型哺乳類狩猟に適応した広域移動型行動戦略を採用していたが，大型動物が絶滅し始めると，広域移動に適応していた札滑（前期後葉細石刃石器群〔19～16ka〕）・白滝型細石刃石器群（後期細石刃石器群期初頭）が次第に姿を消し，縮小した活動領域内で兵站的生業活動を行う後期細石刃石器群期（16～10ka）に移行した。しかしながら，同様の資源環境の変化を

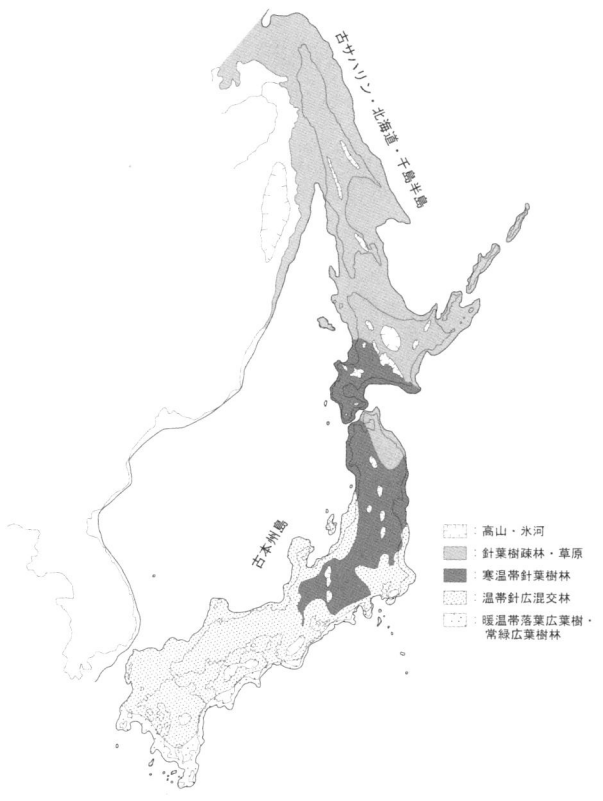

図2　後期更新世の地理的環境とLGM期の植生
（佐藤2012）

経験した古本州島とは異なり，生業領域が縮小したといえども，紅葉山・広郷・忍路子・小型船底形石器等の各石器群集団は，基本的に全道規模で重複した地域を利用する伝統的な行動戦略を維持し続けた。これは，北海道における縄文時代初頭が不明瞭な現象に表象されるように，定着的な居住行動を選択できない気候・資源環境にあったためと考えられる。完新世の森林植生が拡大するまで北海道はオープンランドの景観が卓越していたことが，伝統的な遊動戦略の維持を支えていた。北海道における縄文（＝定着）化は，完新世の自然環境が南から北に向けて次第に北上したのに合わせて，早期前半（道南）から中葉（道東）にかけて行われた（佐藤2015b）。従って，古本州島の草創期に相当する遺物や遺跡が一時的に見られるが，文化としての草創期は展開できなかった（佐藤編2008a, b, 2011）。

　一方古本州島では，古北海道半島よりも早く，LGM開始期（25ka）までには大型動物が絶滅した（Iwase et al. 2012; 高橋2015）。後期旧石器時代前半期の古本州島では，前半期前葉に開始された石刃製狩猟具（基部加工尖頭形石刃石器）が時期を下るに従い徐々に大型化する傾向を見せるが，大型動物が絶滅するLGMを迎えると，この傾向は消失する。古本州島各地で異なる形態の中型狩猟具を中心とした石器群が分立し地域化が明瞭となるが，狩猟具に見られる小型化と地域化の傾向は，狩猟の主対象が大型獣から中小型獣に移行したことをよく反映していると見做せよう。大型草食獣に比べて生息域が相対的に縮小する中小型草食獣の効率的・計画的狩猟行動戦略の採用が，石器群の地域化と規格化をもたらしたと考えられる。古北海道半島に比べて相対的に発達していた森林植生からなる景観が，この行動戦略の採用（＝地域性の発達）を支えていた。

　さらに，古本州島後期旧石器時代後半期の地域石器群は，主体となるアセンブリッジが比較的短期間に著しい変遷を示すという特徴をもつ。例えば，東北地方では，一貫して基部加工尖頭形石刃石器を狩猟具に選択する傾向を維持し続けるが，大型狩猟具を主体とする乱馬堂型石器群は山形県・秋田県等の良質な頁岩を豊富に供給可能な地域で発達しているのに対して，新潟県〜長野県北部では，中小型狩猟具主体の杉久保型石器群が対立的に分布する。東北地方北部では，八戸市田向冷水遺跡等に代表される中小型の有肩尖頭器の発達が見られる一方，東北南部では関東地方に類似した中型側縁加工尖頭形石刃石器が広がる。関東〜中部南部では，LGMの砂川期を中心に基部・側縁加工尖頭形石刃石器群が発達するが，前後の時期では異なる形態の剥片製狩猟具からなる石器群が展開しており，両面調整体による尖頭器石器群へと徐々に移行する。一方西日本では，相対的に石刃石器群の発達が弱く，AT火山噴火（30ka）という南九州を中心とした深刻な自然災害後に，まず朝鮮半島系の剥片尖頭器が，続いて同じく朝鮮半島から招来された角錐状尖頭器が狩猟具によく利用されるが，これは瀬戸内に特異に発達した瀬戸内系の国府型石器群の影響が大きい。これ以降も九州では，各地で目紛しく主体となる狩猟具が地域毎に異なりを見せながら変遷する（安斎・佐藤編2006, Morisaki et al. 2015）。

　以上のように，後期旧石器時代後半期の古本州島において地域石器群が目紛しく変遷する理

由は，MIS 2の寒冷気候下で行われた中小型獣狩猟への著しい傾斜という生業戦略のもつ根本的な不安定性に起因しているのであろう。主体的な狩猟具の変化は，狩猟法と狩猟行動システムの変化を示相しており，旧石器時代人は，厳寒期の気候の短周期変動による動物資源構造の変動に振り回されていたと思われる。

3　晩氷期変動と人類の適応

更新世（氷期）末の15kaになると，晩氷期 Late Glacial, LG（15～11.7ka）と呼ばれる全球規模の気候激変期を迎える。晩氷期の時期区分は，当初北欧の堆積物中に認められた5つの花粉帯によって設定され，ヨーロッパでは3つの寒冷期（Oldest/Older/Younger Dryas）と2つの温暖期（Bølling/Allerød）が短期間に交互に繰り返されたことがわかっている[8]が，南方に位置し時間的な分解能に劣る列島では，前半の温暖期（Bølling/Allerød）と後半の寒冷期（Younger Dryas）に二分して理解するのが整合的である（工藤2012）。

古本州島においては，LGM終了後も寒冷で不安定な気候変動は継続するが，LG開始までは全体として向暖化傾向を示す。しかしながら，後期旧石器時代後半期末（後期旧石器時代末期）の18kaになると，先行して出現していた細石刃石器群（稜柱系ないし削片系）が列島を覆い尽くすかのように分布を広げ，16kaには青森県大平山元1遺跡を嚆矢とした最古の土器群が，LGの開始に先立って出現した。本州島ではこれ以降土器文化が途切れることなく継続するため，縄文時代草創期（16～11.7ka）が開始される。従来の考古学的常識では，土器の出現は定住新石器文化出現のメルクマールとされてきたが，東アジア・北東アジアでは各地で更新世に遡る土器の出現例が最近数多く報告されるようになった結果，土器は定住性の出現を意味する指標とは見做せなくなっている[9]。

しかしながら，土器出土量の零細な草創期初頭の遡源期は晩氷期直前の寒冷期（16～15ka）に相当し，晩氷期前半の温暖期になると，隆起線文・爪形文土器群（15～13ka）が隆盛するのも確かである。晩氷期後半の寒冷期YDに相当すると考えられる押圧縄文・多縄文土器期の遺跡数は減少するので，土器の盛衰は気候変動とおおむね対応する傾向がある。1遺跡あたりの土器出土量，陥し穴・炉穴といった遺構の構築，集落の出現等の考古学的現象の推移も，気候変動との対応関係で理解することができる（佐藤編2015）。草創期に見られる地域性は，基本的に後期旧石器時代のそれを母胎としていた。

一方古北海道半島では，前述したように，後期旧石器時代後半期を通じて一貫して細石刃石器群が継続した。後半期後葉になると小型船底形石器群・有舌尖頭器石器群・尖頭器石器群等の出現を見るが，これらはいずれも細石刃石器群を共伴することが多く，単独で石器群を構成する例は少ない。何よりも地域的な石器群が存在せず，各種石器群が北海道のほぼ全域を分布範囲として重複的に同時併存していたことが最大の特徴である。帯広市大正3遺跡等の草創期土器を出土する遺跡もあるが極少数に留まり，土器文化としての継続性も看取できないことから，定着的な地域性を指標とする草創期の存在を認定することはできない。古本州島との文化

的交渉は色濃く認められるが個別例に留まるため，後期旧石器時代以来の遊動的な生活行動が継続された可能性が高い（佐藤2013, 2015a）。

　晩氷期の存続期間は地球規模でほぼ同時なため，晩氷期の終了とともに世界規模で気候の温暖化と安定化が興起し，列島を含め世界の先史文化は，歴史上最大の画期を迎えることになった。しかしながら，その適応形態は世界各地で極めて多様であり，列島においても該当することは確実である。古本州島と古北海道半島というふたつの文化動態圏の対立は，列島が今日の自然環境に移行した完新世初頭まで，基本的に解消されることはなかった。

4　おわりに：考古学は科学か

　人類文化の動態は，実際には動植物相からなる資源構造に大きく規定されており，動植物相の変化は，全球的な気候変動を基調としながらも，よりダイナミックに変遷する。この変動は気候変動と一致する場合も一致しない場合もあるので，文化変動の起因を単純に気候変動にのみ帰着させるのは，旧石器時代といえども難しい。気候変動は生態系や自然環境の構造を規定するのは確かであるが，自然資源の利用を主要な適応行動の手段としていた旧石器人の生活と社会を叙述するためには，自然と人両者が形成した個別具体の関係態がもつ歴史的意味を丁寧に読み解く必要があろう。

　最後に，本論集に寄稿するにあたり，故田中良之教授から全ての寄稿者に課された課題である「考古学は科学か」についてお答えしたい。いまさら多言を要しないが，少なくとも旧石器考古学は，近代考古学誕生以前から，自然科学の範疇の中でその学問性を育まれてきた歴史をもつ（佐藤2010b）。このことは現在も不変であり，むしろその傾向は近年より強くなっている。科学の歴史の中で築き上げられてきた各々の学問分野がもつ固有の理論の体系に基礎づけられた，証拠に基づく追認可能な論理性を有する限り，考古学は科学であると言えよう。

　故田中良之先生と交誼を得たのは，日本考古学協会理事会の席上であった。短期間ではあったが，共に理事として当時協会が直面していたいくつかの難事の解決に努めさせていただいた。その後高倉洋彰・現協会会長から末期の田中さんの容体をお聞きした時には，驚愕の一語であった。失礼ながら，「戦友」を失った思いである。謹んで本稿を故田中良之先生の霊前に献呈したい。

■註
1）更新世の朝鮮半島は，黄海・東シナ海が陸化していたため，大陸の東海岸域を形成していた。従って，生物地理学的には大陸と古本州等の間を南方海峡と呼び，そこに出現した陸橋を問題としており，人類もこれに含まれることになる。
2）かつて大嶋（1977）は，海洋地質学の立場から列島周囲の海峡形成史を検討する中で，朝鮮海峡にお

ける最後の陸橋形成を <150ka と推定した。
3）現在旧石器時代の世界的な年代比較の単位には，酸素同位体ステージが国際的に使用されている。酸素同位体ステージには，グリーンランド・南極等の大陸氷床，アンデス山脈等の山岳氷床等のボーリング・コアや湖沼堆積物・鍾乳洞の鍾乳石等の年縞堆積物の解析データから復元された OIS と，サンゴ化石や海洋底堆積物から復元された海洋酸素同位体ステージ MIS の二者がある。OIS は一部を除いて年縞堆積物を基本とするため分解能は極めて高いが，周囲の地域環境を反映しやすく，しかもデータを獲得できる地点が地球上で限られる。一方 MIS は OIS に比べて分解能が劣るが，より広範囲の環境データを反映している可能性が高く，基本的に世界中の海洋底からデータを入手可能なため，汎用性が高い。そのため現在では，MIS を用いて議論することが多い。
4）最終氷期極相期 LGM の存続期間は，世界各地で研究者によりかなり相違する。これは氷床量・花粉帯・気候変動曲線等，最寒冷期のメルクマールに何を選択するかに起因しており，最近では MIS 2（28～11.7ka）の全期間を LGM と見做す議論も盛んである。しかしながら，本論では，考古学的現象の理解と説明を優先するため，この期間を LGM と考える。
5）中期旧石器時代の石器製作技術に見られる顕著な停滞性は，旧大陸を通して通有の現象であり，ヨーロッパを中心に，ネアンデルタール人の認知能力の限界性に結びつけて議論されてきた。墓制もないスカベンジャーとする極論も見られたが，最近ではネアンデルタールにも一定の革新能力があるとする議論が盛んになりつつある（佐藤2014）。
6）宮崎県後牟田遺跡等に代表される礫石器主体の石器群（橘他編2002）が，後期旧石器時代前半期の南九州に分布する。これらの石器群は，植物質食糧重視型の生業戦略の産物と考えられるが，台湾や南中国・東南アジアに広く見られる同種の礫器・剥片石器群（ホアビニアン系）とは，アセンブリッジの内容を大きく異にする。
7）寒温帯針葉樹林は，寒冷・乾燥気候に適応した今日のアムール下流域の植生環境に類似する。筆者の民族考古学的調査によれば，この地域の植物食糧資源は零細で，メジャー・フードになり得るような植物資源は見当たらない（佐藤2004c; 大貫・佐藤編2005）。一般に現生狩猟採集民は，南方ほど植物採集に，北方ほど狩猟に生業の重点がある（佐藤2005b, 2007）。
8）Oldest Dryas（寒冷）→ Bølling（温暖）→ Older Dryas（寒冷）→ Allerød（温暖）→ Younger Dryas（寒冷）の順となる。
9）第19回国際第四紀学連合名古屋大会（2015年7月26日～8月2日）において筆者等が企画したセッション "Emergence of the world's oldest pottery: for better understanding diverse human responses to environmental fluctuation of the Pleistocene-Holocene transition in Northeast Asia" で，下記の口頭発表を行った。セッションでは，ロシア・中国・ヨーロッパ・韓国等の最新の研究成果を報告してもらったが，それらの成果に基づいている。
Hiroyuki Sato, Human behavioral responses to environmental condition and the emergence of the world's oldest pottery in Northeast Asia.

■引用参考文献
安斎正人・佐藤宏之編，2006．旧石器時代の地域編年的研究．同成社，東京．
大嶋和雄，1977．海峡形成史（Ⅵ）－海峡形成史からみた日本列島の成立－．地質ニュース 280, 36-44.
大貫静夫・佐藤宏之編，2005．ロシア極東の民族考古学－温帯猟漁採集民の居住と生業．六一書房，東京．
亀井節夫・樽野博幸・河村善也，1988．日本列島の第四紀地史への哺乳動物相のもつ意義．第四紀研究 26, 293-303.
河村善也，1998．第四紀における日本列島への哺乳類の移動．第四紀研究 37, 251-257.

河村善也，2011．更新世の日本への哺乳類の渡来－陸橋・氷橋の形成と渡来，そして絶滅－．旧石器考古学　75, 3-9．
河村善也，2014．日本とその周辺の東アジアにおける第四紀哺乳動物相の研究－これまでの研究を振り返って－．第四紀研究　53, 119-142．
北村晃寿・木元克典，2004．3.9Maから1.0Maの日本海の南方海峡の変遷史．第四紀研究　43, 417-434．
国武貞克，2007．石材と行動．ゼミナール旧石器考古学（佐藤宏之編），pp. 129-144．同成社，東京．
工藤雄一郎，2012．旧石器・縄文時代の環境文化史．新泉社，東京．
公文富士夫・河合小百合・井内美郎，2009．野尻湖堆積物に基づく中部日本の過去7.2万年間の詳細な古気候復元．旧石器研究　5, 3-10．
公文富士夫，2015．更新世から完新世への自然環境変動．季刊考古学　132, 18-22．
紅村　弘編，1968．愛知県加生沢旧石器時代遺跡．言文社，東京．
佐藤宏之，1992．日本旧石器文化の構造と進化．柏書房，東京．
佐藤宏之，2003．中期旧石器時代研究の地平．博望　4, 9-22．
佐藤宏之，2004a．日本列島最古の旧石器時代石器群：中期旧石器時代の可能性を探る．The 9th International Symposium "Suyanggae and her Neighbours" 予稿集，pp.183-192．明治大学博物館・明治大学考古学研究室・笠懸町教育委員会・韓国国立忠北大学校博物館，東京．
佐藤宏之，2004b．ハラム・モヴィウスと東洋的停滞．法政史学　61, 17-31．
佐藤宏之，2004c．サマギールの生業活動－コンドン村の植物利用を中心として－．アイヌ文化の成立（宇田川洋先生華甲記念論文集刊行会編），pp.613-627．北海道出版企画センター，札幌．
佐藤宏之，2005a．日本列島の自然史と人間．日本の地誌　第1巻　日本総論Ⅰ（自然編）（中村和郎・新井正・岩田修二・米倉伸之編），pp.80-94．朝倉書店，東京．
佐藤宏之，2005b．総論－食糧獲得社会の考古学．食糧獲得社会の考古学（佐藤宏之編），pp.1-32．朝倉書店，東京．
佐藤宏之，2006．遺跡立地から見た日本列島の中期／後期旧石器時代の生業の変化．生業の考古学（藤本強編），pp.16-26．同成社，東京．
佐藤宏之，2007．持続的資源利用の人類史．地球史が語る近未来の環境（日本第四紀学会編），pp.145-163．東京大学出版会，東京．
佐藤宏之，2008．東アジアにおける後期旧石器時代の形成．異貌　26, 2-15．
佐藤宏之，2009．東アジアにおける前期旧石器時代から後期旧石器時代開始期までの研究の現状と展望－東アジア世界の成立と展開－．九州旧石器　13, 1-7．
佐藤宏之，2010a．日本列島における中期／後期旧石器時代移行期の石器群と竹佐中原遺跡．長野県竹佐中原遺跡における旧石器時代の石器文化Ⅱ．pp.366-372．国土交通省中部地方整備局・長野県埋蔵文化財センター，長野．
佐藤宏之，2010b．旧石器時代研究の歴史．講座日本の考古学　第1巻　旧石器時代（上）（稲田孝司・佐藤宏之編），pp.40-73．青木書店，東京．
佐藤宏之，2011．オーストラリア大陸への人類の移住．旧石器考古学　75, 101-108．
佐藤宏之，2012．環日本海北部地域における後期旧石器時代の環境変動と先史狩猟採集民の生業適応．第26回北方民族文化シンポジウム報告書，pp.45-54．北海道立北方民族博物館，網走．
佐藤宏之，2013．日本列島の成立と狩猟採集の社会．日本歴史　第1巻　原始・古代（大津透編），pp.29-62．岩波書店，東京．
佐藤宏之，2014．考古学から見た死と儀礼．死者との対話（秋山聡・野崎歓編），pp.93-107．東京大学出版会，東京．

佐藤宏之，2015a．総論：旧石器から縄文へ．季刊考古学 132, 18-22．
佐藤宏之，2015b．北海道の石刃鏃石器群と石刃鏃文化．日本列島北辺域における新石器縄文化のプロセスに関する考古学的研究：湧別市川遺跡の研究（福田正宏編），pp.102-110．東京大学大学院新領域創成科学研究科社会文化環境学専攻・大学院人文社会系研究科附属北海文化研究常呂実習施設，千葉県柏市．
佐藤宏之編，2008a．環日本海北部地域の後期更新世における人類生態系の構造変動（国際シンポジウム予稿集）．総合地球環境学研究所，京都．
佐藤宏之編，2008b．縄文化の構造変動．六一書房，東京．
佐藤宏之編，2011．環日本海北部地域における後期更新世の環境変動と人間の相互作用に関する総合的研究．東京大学大学院人文社会系研究科附属北海文化研究常呂実習施設・総合地球環境学研究所，北見・京都．
佐藤宏之編，2015．旧石器〜縄文移行期を考える．季刊考古学 132, 雄山閣出版，東京．
佐藤宏之・出穂雅実・山田哲，2011．旧石器時代の狩猟と動物資源．野と原の環境史（佐藤宏之・飯沼賢司編），pp.51-71．文一総合出版，東京．
高橋啓一，2007．日本列島の鮮新・更新世における陸生哺乳動物相の形成過程．旧石器研究 3, 5-14．
高橋啓一，2015．旧石器時代から縄文時代にかけての動物相の変化．季刊考古学 132, 23-27．
高原 光，2015．旧石器時代から縄文時代にかけての植生の変化．季刊考古学 132, 29-33．
橘 昌信・佐藤宏之・山田 哲編，2002．後牟田遺跡－宮崎県川南町後牟田遺跡における旧石器時代の研究．後牟田遺跡調査団・川南町教育委員会，宮崎県川南町．
樽野博幸，2010．哺乳類化石の変遷から見た日本列島と大陸間の陸橋の形成時期．第四紀研究 49, 309-314．
日本旧石器学会編，2010．日本列島の旧石器時代遺跡－日本旧石器（先土器・岩宿）時代遺跡のデータベース－．日本旧石器学会，東京．
裴基同，1997．韓国旧石器考古学の現状．旧石器考古学 55, 19-24．
松井裕之・多田隆治・大場忠道，1998．最終氷期の海水準変動に対する日本海の応答－塩分収支モデルによる陸橋成立の可能性－．第四紀研究 37, 221-233．
松藤和人編，2013．砂原旧石器遺跡の研究．砂原遺跡学術調査団，京都．
山崎真治・黒住耐二・佐野勝宏・片桐千亜紀・藤田裕樹，2015．旧石器時代の貝製ビーズ－沖縄県南城市サキタリ洞遺跡からの報告－．旧石器研究 11, 97-105．

Anzai, M. and Sato, H., 1990. Transition from Middle to Upper Palaeolithic in Japan. *Proceedings of the International Symposium 'Chronostratigraphy of Paleolithic of North, Central, East Asia and America (Paleoecological Aspects)*, pp. 97-105. Soviet Scientific Academy Siberian Branch, Novosibirsk.

Bae, K., 2010. Origin and patterns of the Upper Paleolithic industries in the Korean Peninsula and movement of modern humans in East Asia. *Quaternary International* 211, 130-112.

Gao, X. and Norton, C.J., 2002 A critique of the Chinese 'Middle Palaeolithic'. *Antiquity* 76, 397-412.

Kaifu, Y., Izuho, M., Geobel, T., Sato, H., and Ono, A., (eds.), 2015. *Emergence and Diversity of Modern Human Behavior*. Texas A&M University Press, College Station.

Iwase, A., Hashizume, J., Izuho, M., Takahashi, K., and Sato, H., 2012. The timing of megafauna extinction in the late Late Pleistocene on the Japanese Archipelago. *Quaternary International* 255, 114-124.

Morisaki, K., Izuho, M., Terry, K., and Sato, H., 2015. Lithics and climate: technological responses to landscape change in Upper Palaeolithic northern Japan. *Antiquity* 89, 554-572.

Norton, C.J., Gao, X., and Feng, X., 2009. The East Asian Middle Palaeolithic reexamined. *Sourcebook of Paleolithic Transition* (M. Camps and P.R.Chauhan, eds.), pp.245-254. Springer, New York.

Sato, H., in press. Recent research on the Early and Middle Palaeolithic in Japan: an overview. *Bulletin of the Society for East Asian Archaeology* 2.

Takahara, H. and Hayashi, R., 2015. Palaeovegetation during MIS 3 in the East Asia. *Emergence and Diversity of Modern Human Behavior* (Y. Kaifu, M. Izuho, T. Goebel, H. Sato and A. Ono, eds.), pp. 314-324. Texas A&M University Press, College Station.

形態と配列から読み解く「おとし穴状遺構」による狩猟法

小郡市教育委員会　杉　本　岳　史

要旨

　おとし穴状遺構を利用した罠猟及び追い込み猟の存在の可能性を検証するため，まず1遺跡では九州最多の検出数である小郡市三沢北中尾遺跡のおとし穴状遺構566基を詳細に分類した。そして，典型的なタイプ，特殊性が認められるタイプを抽出し，その配列を検討することにより，遺構の同時性及び狩猟法の検討を行った。そこから導き出された仮定を，周辺地域の遺跡の内容と比較・検証し，①おとし穴状遺構の分布は，丘陵上では地形に大きく影響されるが，低台地上では微地形にほぼ影響されないこと，②各遺跡で高い割合を占める床面中央にピットを1基設けるおとし穴状遺構は列を構成するものが多く，罠猟に用いられた可能性が考えられること，③床面の主軸上に2または3基のピットを設けるおとし穴状遺構は丘陵上では偏った分布状況を呈し，柵列などを利用した追い込み猟に用いられた可能性があることなどを抽出した。

キーワード：罠猟，追い込み猟，柵列，遺構の同時性

1　はじめに

　これまでに九州で確認されたおとし穴状遺構（以下，「おとし穴」という。）は数千基に及ぶ。時期的には，テフラ分析により旧石器時代に遡ると考えられるものから，出土遺物から中世へと下ると考えられるものまで様々だが，遺物をほとんど出土しないというその性格から，明確な時期，つまり遺構の同時性が把握できないものがほとんどである。このような状況の中，これまでのおとし穴研究は形態分類や配置分類などによって，罠猟か追い込み猟か，また遺構に同時性があるかなどが検討されてきた。今回は基本的にはその方針に則り，さらに詳細な分析と検証によって，形態によるおとし穴の同時性，罠猟及び追い込み猟の存在の有無について検討してみたい。なお方法としては，1遺跡として九州最多のおとし穴を検出した小郡市三沢北中尾遺跡の分析により特徴を抽出し，それが周辺地域でも普遍的なものとして適用可能か検証して，北部九州のおとし穴の特質を探る。

2　研究史

　おとし穴が最初に調査されたのは長野県城之平遺跡で，床面にピットを有する土坑23基が確認された。その後多摩ニュータウンなどでの類例の調査を経て，神奈川県霧ヶ丘遺跡の調査報告において，形態分類を始めとする様々な考察が行われ，この種の遺構が「おとし穴」として認識された。

　九州においては，福岡県内のおとし穴検出数が突出している。これには，調査件数の多さや遺構の認知が進んでいたという状況が大きく影響している。1980～1990年代にかけて佐々木隆彦氏，武田光正氏，小田和利氏，平島文博氏などによって，県内の資料集成や形態分類などの検討が進められた。1989年には富永直樹氏により九州のおとし穴を総括的に扱った論考が発表され，その立地や形態の特徴が明らかにされた。

　2004年，第14回九州縄文研究会鹿児島国分大会「九州における縄文時代のおとし穴状遺構」が開催され，初めて九州のおとし穴の全容が確認された。この段階で福岡県では157遺跡1736基のおとし穴が確認されており，林潤也氏により「甘木・小郡市，朝倉・三井郡に高密度に分布する」こと，「低台地・低丘陵（標高10～20m台）の分布割合」が高いこと，形態や床面施設の特徴，さらには「配置されたおとし穴状遺構の事例は本来かなり多い」ことなどが指摘されている（林2004）。

3　三沢北中尾遺跡におけるおとし穴の検討

　現在までに九州で検出されたおとし穴は2000基を優に上回るが，中でも小郡市域は有数の密集地帯で，遺跡の立地や遺構の配置などもバラエティに富む。ここでは小郡市内の遺跡のうち，最多のおとし穴が確認された三沢北中尾遺跡の内容を分析し，時期や形態，さらには配列の可能性などその様相を明らかにしたい。

（1）遺跡の概要

　遺跡が位置する三国丘陵は，背振山系から東へ延びる標高20～90mのなだらかな低丘陵地帯で，浅い谷が複雑に入り込み，小さな丘が連続する。三沢北中尾遺跡は，谷地形により大きく四つの小丘陵に分かれ，その各々が尾根筋により繋がっている。遺跡の中心は弥生時代前期から中期の集落で，環濠とともに数多くの住居跡や貯蔵穴などが調査された。

（2）おとし穴状遺構の概要

　おとし穴は計566基確認され，その分布は第1図のとおりである。なお，1・4地点の尾根上は，旧福岡県種畜場建設に伴う造成により大きく削平を受けており，高密度の弥生時代の遺構に壊されたものを含め，さらに多くのおとし穴が存在していた可能性が高い。

①時期

　おとし穴が分析対象とされることが稀なのは，時期決定が非常に難しく，各遺構の同時性を示す根拠がほとんどないことが要因である。例え遺構内から土器が出土しても，遺構の性格上，

第1図　三沢北中尾遺跡おとし穴分布図（S=1/3000，図の右側が北）

それはあくまで年代の上限を示すに過ぎない。当遺跡からは明確な縄文土器の出土はない。一方，周辺の北松尾口遺跡Ⅰ地点や後述する干潟向畦ヶ浦遺跡では，遺構内から押型文土器などの多くの縄文土器が出土しており，「縄文時代のおとし穴」として位置付けられている。当遺跡のおとし穴は，これらと形態的な類似性は高いものの，積極的に「縄文時代のおとし穴」と言えるものではないことをまず明記しておきたい。

　なお，当遺跡のおとし穴の出土遺物の中で注目されるものに，縄文時代晩期から弥生時代前期前半の甕が挙げられる。当遺跡及び周辺の弥生時代集落は前期中頃以降に営まれたものであり，これらの土器はおとし穴に伴うものである可能性がある。ただし，埋土の下層から弥生時代前期後半の土器が出土した例もあり，長い期間に渡って営まれたおとし穴群であることは明らかである。なお，地域内における狩猟の重要性に関しては，弥生時代前期から中期の石器組成を検討し，農耕と狩猟の網羅的生業体制を明らかにしたこれまでの研究成果（柏原1990）もあり，総合的な検討が必要である。

　なお，4地点で調査したおとし穴のうち13基のテフラ分析を行った結果，2基が姶良Ｔｎ火山灰（ＡＴ，約2万4千～2万5千年前）以後で鬼界アカホヤ火山灰（K-Ａh，約6,300年前）以前，残りの11基が鬼界アカホヤ火山灰以後となった。つまり，周辺の遺跡と同じく縄文時代に遡るおとし穴が存在する可能性は十分考えられる。

②立地と分布

　当遺跡の中で，比較的後世の地形改変の影響が少ないのは近世以降墓地として利用されてきた5地点の丘陵であり，全体の60％以上のおとし穴がここで確認された。丘陵頂部から西及び南西側にかけては，なだらかな斜面が広がる。この斜面中には数多くのおとし穴が見られるが，丘陵南端部を除き，比較的均等に分布している。一方，丘陵頂部からは東側に向けて舌状台地が延びる。この台地上では，頂部から緩斜面中におとし穴が密集し，南北の急斜面中はやや密度が薄くなる。なお，おとし穴群は丘陵や舌状台地の頂部にも見られ，様々な意図の下に設置されたことが看取できる。

③形態

　当遺跡の566基のおとし穴は，形態的特徴から表1のように分類した（第2図参照）。まず大分類として，A類は平面がやや大型で比較的浅いもの（全体の89.9％），B類は平面が小型の楕円形で深いもの（全体の10.1％）である。前者はイノシシ等の中型動物を，後者は小型動物を捕えるための施設と考えられる。ⅠからⅤの小分類は，床面施設に拠る。なお，Ⅱ1類とⅤ1類は床面の中央部付近に1基のピットが掘削されているタイプで，その内部に細い杭痕が確認できないものをⅡ1類，確認されたものをⅤ1類とした。発掘調査時の精度や杭痕の残存状況の問題もあり，この両者を正確に分類するのは不可能であることに言及しておく。

　様々な形態のおとし穴のうち全体で最も占める割合が高いのは，A－Ⅱ1類である。小型で深いB類を加えると計168基となり，全体の29.7％を占める。これに次いで多いのは床面に杭を設置しないA－Ⅰ類で109基を数えるが，このタイプはB類も30基と数が多く，合わせて全体の24.6％を占める。

　これら以外のタイプは，いずれも占める割合が10％以下である。しかし，形態的に特徴を持ち，基数が少ないことにより分布に特徴が見出せるタイプがあり，同時性の可能性を考える場合に，有効な検討材料となる。例えば，小型の杭を多数床面に直接打ち込むA－Ⅳ3類はわずか35基に過ぎず，割合は6.2％である。さらに分布を見てみると，丘陵上にはほとんど存在せず，5地点から東に延びる舌状台地上，及びその南北の谷筋に多く分布していることが分かる。それぞれが一定の距離を置いて分布していることも大きな特徴である。詳細は次項で述べる。

（3）配列の検討

　566基のおとし穴の分布状況を形態別に見ていくと，次のような傾向を読み取ることができる。なお，配列の検討の際には，分布状況を基に各遺構の主軸方位を指針とした。また，対象動物つまりシカの「必ず鹿であれば鹿のウジがあって，他所から逃れて来た鹿でも同じウジを通る。そうして，追われると高い方に逃げ，それから谷に下り，山の尾に立止って地勢を見定め，耳をすます。」（千葉1975）という習性や，イノシシの「あまり険阻な山岳を行動することは得手ではない。ほぼ人間と同じ程度の山腹斜面行動力をもつにすぎないし，山地の高いところよりも，渓谷内で湿地の爬虫類・両棲類などを捕って食い，地下茎植物を掘るなどによって

表1　三沢北中尾遺跡おとし穴形態分類表（数字は左が基数，（　）が％）

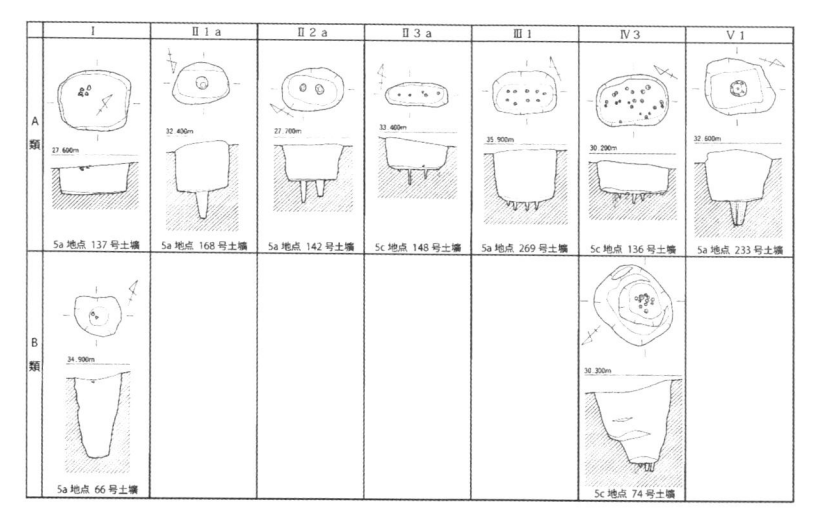

			床面施設	A類 長方形系 方形系 楕円形	B類 円形 楕円形 小型で深い	計
Ⅰ			ピットなし	109 (19.2)	30 (5.3)	139 (24.5)
Ⅱ（中央列）	1	a	中央に1つ	131 (23.1)	5 (0.9)	136 (24.0)
		b	中央に1つ+ピット群	31 (5.5)	1 (0.2)	32 (5.7)
	2	a	中央に2つ	29 (5.1)		29 (5.1)
		b	中央に2つ+ピット群	13 (2.3)		13 (2.3)
	3	a	中央に3つ以上	10 (1.8)	1 (0.2)	11 (2.0)
		b	中央に3つ以上+ピット群	7 (1.2)		7 (1.2)
Ⅲ（2・3列）	1		2列	8 (1.4)		8 (1.4)
	2		3列	4 (0.7)		4 (0.7)
	3		四隅	1 (0.2)		1 (0.2)
Ⅳ（列なし）	1		ピット1・2	42 (7.4)	6 (1.0)	48 (8.4)
	2		ピット3～5	32 (5.7)	4 (0.7)	36 (6.4)
	3		ピット6以上	35 (6.2)	10 (1.8)	45 (7.9)
Ⅴ（掘+杭）	1	a	［ピット+杭］	45 (7.9)		45 (7.9)
		b	［ピット+杭］+ピット群	11 (2.0)		11 (2.0)
	2		［ピット+杭］複数	1 (0.2)		1 (0.2)
			合　計	509 (89.9)	57 (10.1)	566 (100.0)

第2図　三沢北中尾遺跡おとし穴形態分類図（S=1/160）

年間の食物の大半を得ているのである。」（千葉1975）という習性等も念頭に検討した。
①A-Ⅱ1類（第3図）
　131基存在し，4地点南半から5地点にかけて高密度で分布している。等高線に沿って水平に，または等高線にゆるやかな角度で丘陵斜面に列状に分布している例が目立ち，意図的な配列を想起させる。中でも4～5地点西側の丘陵上から斜面に到る変換点ライン及び，4・5地点の間を東から入る谷の最奥部低位では，10m程度の間隔で連続している状況が確認できる。

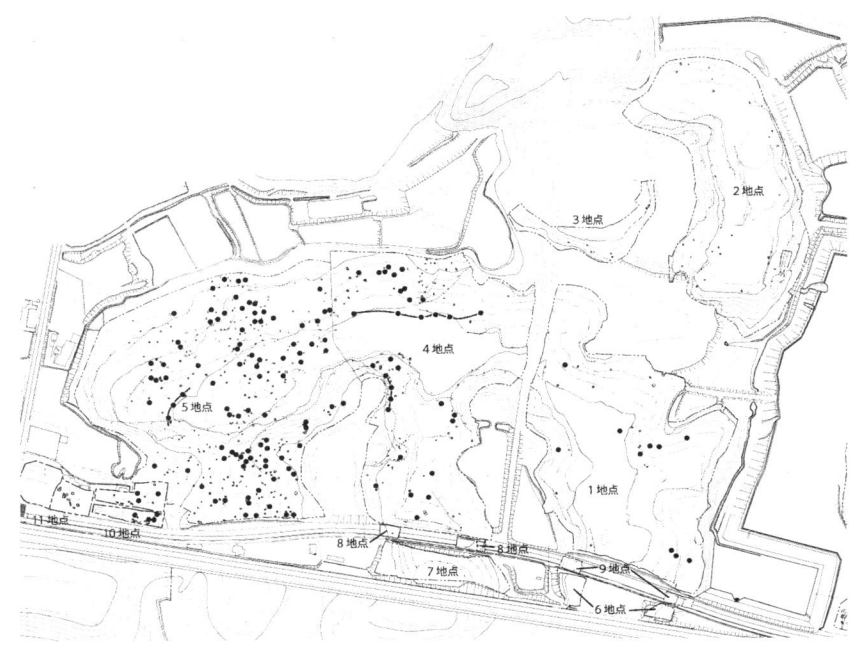

第3図　三沢北中尾遺跡 A-Ⅱ1類分布図（S=1/5000）

②A-Ⅱ2・3類（第4図）

　　4地点ではわずか4基で、49基確認された5地点でも比較的分布に偏りが見られる。全体的に谷筋や地形変換点付近に分布するものが目立ち、追い込み猟の可能性が考えられる。

③A-Ⅳ3類（第5図）

　　4地点に2基存在するものの、それ以外の33基は全て5地点に存在している。分布は何か所かにまとまりが見られるが、各おとし穴間はいずれも比較的広く、等高線に沿うラインは確認できない。等高線にゆるやかな角度でラインが見られ、けもの道を利用した罠猟に利用された可能性が考えられる。

　以上の中から、最も特徴的な分布状況を呈するA-Ⅱ2・3類を題材に、追い込み猟の可能性を検討してみたい。

　5地点の北側谷部では、おとし穴群の周辺で小ピット及び杭痕とも考えられる小穴が多数確認され、現地調査時に追い込み猟に伴う施設の可能性が指摘されている。このタイプのピット群の明確な検出は、これまで周辺では唯一である。想定される柵列は計3ヵ所の列をなし、北側から仮に柵列A・B・Cとする（第6図）。柵列Aは標高29.3m付近に配置され、10数基の小穴が等高線に平行に、南側に膨らむ円弧を描くように検出された。長さは約5.0mである。柵列Bは柵列Aの南側に位置し、標高30.0m付近である。小穴群は等高線に直行して約10基が検出された。長さは約4.4mである。柵列Cは柵列Bからさらに南に位置し、標高31.0m前後である。7基の小穴が等高線に直交して検出された。長さは約1.8mである。これらはいずれも直径10cm程度の木杭を打ち込むのみの単純な構造と想定される。

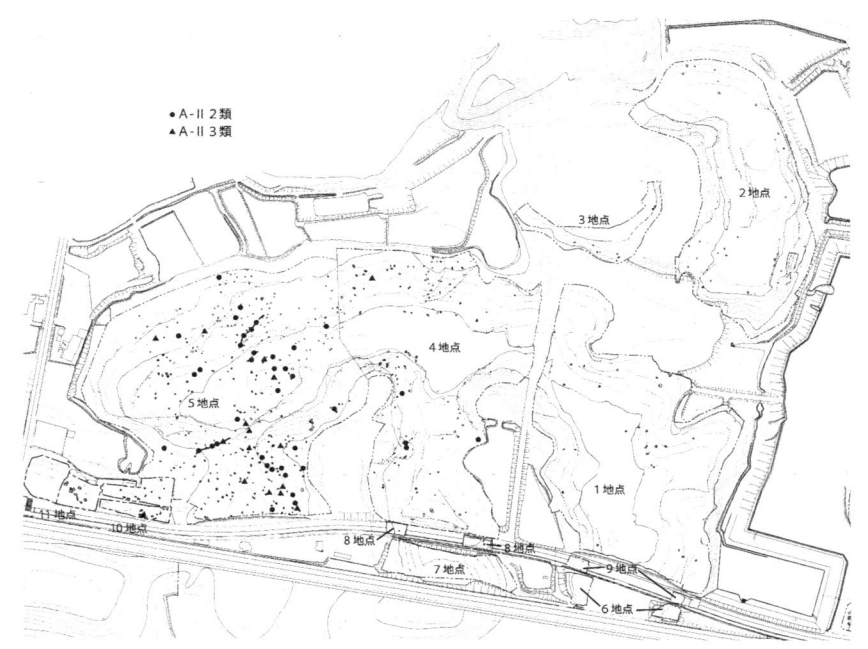

第4図　三沢北中尾遺跡 A-Ⅱ2・3類分布図（S=1/5000）

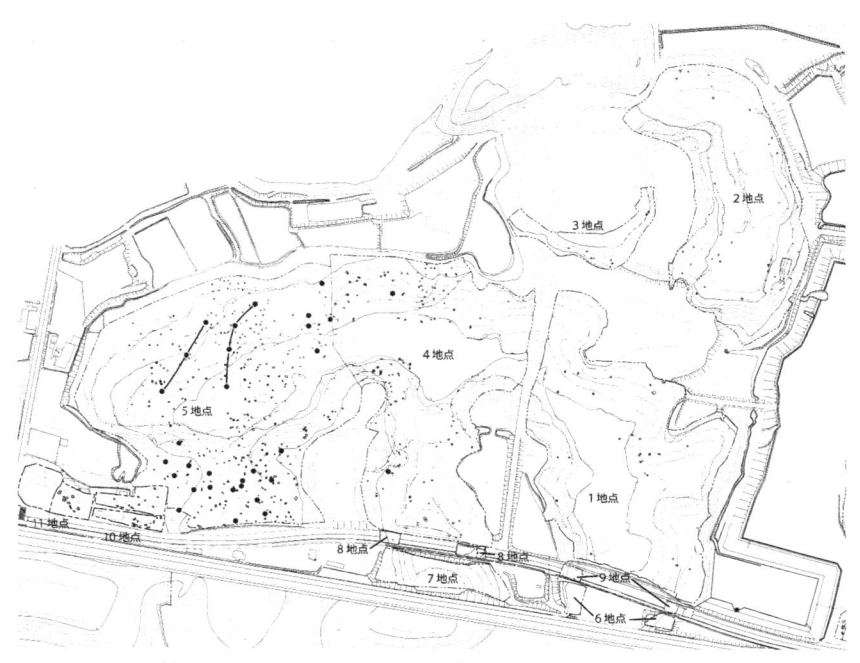

第5図　三沢北中尾遺跡 A-Ⅳ3類分布図（S=1/5000）

これらの柵列の周辺には多くのおとし穴が存在しているが、ここで注目するのはその偏った分布から同時性も考慮されるA-Ⅱ2類及びA-Ⅱ3類のおとし穴である。これらには意図的な配置が想定され、ここではその立地が3基の柵列と密接に関係しているように見える。以下に特徴を挙げる。

谷部の南側丘陵上から谷部へと下る地形変換点ラインに、A-Ⅱ2類及びA-Ⅱ3類のおとし穴が5基並んで位置している。主軸方位は地形に合わせて徐々に北から西へと変化しており、意図的に配置されている可能性

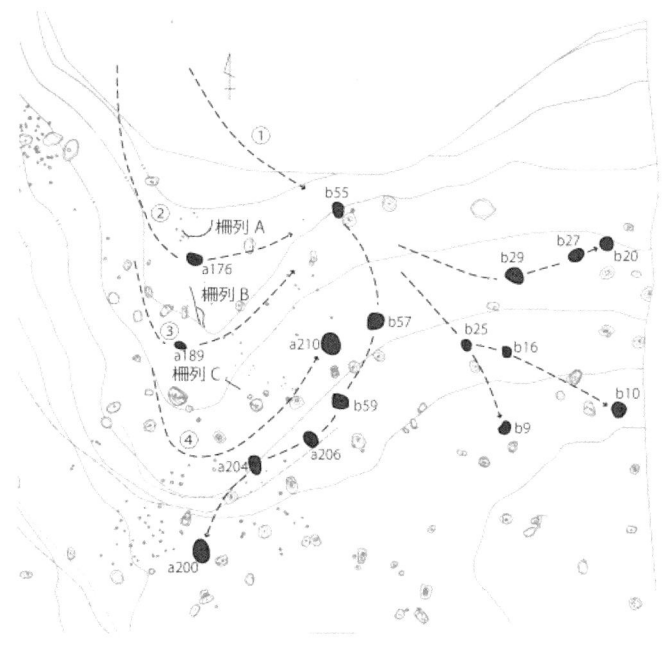

第6図　狩猟方法想定図（S=1/800）

が高い。なお、その変換点を辿り、北側の谷部に下ったところにも同じくA-Ⅱ2類のおとし穴（5b地点55号土壙）が配置されている。一方、谷内部に目をやると、前述の柵列A～Cが見られる。そしてそのそれぞれの中間に5a地点176号土壙・189号土壙が位置する。ここではこれらが有機的に結びついている可能性が高いものと考え、柵列A～Cは上記のおとし穴群と同時代性があるものと想定した。また、谷部の東側丘陵斜面にも、A-Ⅱ2類及びA-Ⅱ3類のおとし穴が数列に渡って列状に配置されている。以上の地形と遺構配置をもとに、追い込み猟の存在を想定したのが第6図である。

まず、谷部の中型動物を北及び北東から追い込むことにより猟はスタートする。北側から追われた動物は、図の①から④のルートで逃げることが想定される。①は直接東側の丘陵上（変換点）を目指すルート。②は柵列Aと柵列Bの間のルートである。なお、ここにはおとし穴が設けられている。③は柵列Bと柵列Cの間のルートで、ここにもおとし穴が見られる。④は柵列Cの南側のルートだが、ここを抜けた先にもおとし穴が見られる。低地を抜けることができた動物は丘陵斜面へと進むが、ここに設けられているのが段落ちの肩部に作られた前述の5基のおとし穴群となる。さらに、これらの後背にも5b地点29～27～20号土壙、25～16～10号土壙、25～9号土壙の各おとし穴ラインが設置されている。

以上はあくまで想定案であるが、ここで対象としたA-Ⅱ2・3類を含む特徴的な分布状況を示すおとし穴が同時性を持つ可能性を、まずは周辺の市内の遺跡で検証する。

4　小郡市内のその他の遺跡との比較

A　干潟向畦ヶ浦遺跡
（1）遺跡の概要
　干潟向畦ヶ浦遺跡は宝満川の左岸，花立山の西斜面から低位段丘面へ移行する変換点である標高24〜26m付近に位置している。古代の竪穴建物2棟や土壙墓15基，火葬墓2基などが確認された。検出されたおとし穴は179基で，他にも縄文時代の貯蔵穴1基，土坑2基，集石遺構6基も確認され，市内有数の縄文時代の遺跡となっている。

（2）おとし穴の概要
①時期

　179基検出したおとし穴のうち，59基から縄文土器及び石器が出土している。通例にもれず埋土中出土のものが多いが，中には遺構の床面付近でまとまって土器が出土した例もあり，遺構の時期が判別できる例も存在する。出土した縄文土器は，押型文土器がほとんどだが，続円孔文土器，阿高系土器に加え，晩の黒色磨研土器も存在する。これらのおとし穴群が長期に渡って営まれた証左となろう。なお，おとし穴のうち2基をサンプルにテフラ分析を実施している。その結果，遺構の設営は鬼界アカホヤ火山灰（K-Ah）が降灰する直前に近い時期に推定されている。なお，本遺跡では，この2基と同様に褐色から暗褐色土の埋土を持つおとし穴が主体となっており，同時期に設営されたものが多い可能性がある。

②立地と分布

　おとし穴は，なだらかに南西に下る斜面を中心に分布している。調査区内ではとくに偏在することはなく，全体的に密に分布する。ただし，平坦面よりもやや斜面中に多い傾向がある。

③形態（表2）

　形態分類可能な178基のおとし穴のうち，93基（53.4％）がA-Ⅱ1類で，48基（26.9％）がA-Ⅴ1類である。当遺跡のA-Ⅴ1類の特徴として，床面に大型のピットを設け，その中に列状に杭を設置するものが見られることが挙げられる。A-Ⅱ2類は14基（7.9％），A-Ⅱ3類は5基（2.8％），A-Ⅳ3類は4基（2.2％）と非常に少ない。

（3）配列の検討（第7図）
　数多く存在するA-Ⅱ1類及びA-Ⅴ1類は，等高線に直行または並行するかたちで列状に分布している状況が見える。一方，わずか14基のA-Ⅱ2類のうち，半数の7基が狭い範囲に分布している。地形的には，丘陵の西側突出部やや南の傾斜がなだらかな部分に当たり，いくつかは等高線に直行するように列状に分布することから，けもの道を意識した罠猟，またはより積極的な追い込み猟に伴う配列である可能性が考えられる。

表2 干潟向畦ヶ浦遺跡おとし穴形態分類表（数字は左が基数,（ ）が%）

			床面施設	A類 長方形系 方形系 楕円形	B類 円形 楕円形 小型で深い	計
I			ピットなし	2 (1.1)	4 (2.2)	6 (3.3)
II (中央列)	1	a	中央に1つ	92 (51.7)	2 (1.1)	94 (52.8)
		b	中央に1つ+ピット群	1 (0.6)		1 (0.6)
	2	a	中央に2つ	14 (7.9)		14 (7.9)
		b	中央に2つ+ピット群			
	3	a	中央に3つ以上	4 (2.2)		4 (2.2)
		b	中央に3つ以上+ピット群	1 (0.6)		1 (0.6)
III (2・3列)	1		2列	1 (0.6)		1 (0.6)
	2		3列			
	3		四隅			
IV (列なし)	1		ピット1・2			
	2		ピット3〜5	1 (0.6)	2 (1.1)	3 (1.7)
	3		ピット6以上	4 (2.2)	1 (0.6)	5 (2.8)
V (掘+杭)	1	a	[ピット+杭]	44 (24.7)		44 (24.7)
		b	[ピット+杭]+ピット群	4 (2.2)		4 (2.2)
	2		[ピット+杭]複数	1 (0.6)		1 (0.6)
	合計			169 (95.0)	9 (5.0)	178 (100.0)

第7図 干潟向畦ヶ浦遺跡 A-II2類分布図

B　上岩田遺跡

(1) 遺跡の概要

上岩田遺跡は，宝満川東岸の台地上に位置する。7世紀段階の首長居宅域と評衙域が確認され，それぞれの変遷とその関係が明らかになった重要な遺跡である。他にも弥生時代の集落に伴う多くの竪穴建物や周溝状遺構などが調査され，さらに164基のおとし穴を検出した。

(2) おとし穴の概要

①時期

164基のおとし穴のうち，4基のみ遺構に伴う可能性が高い遺物が出土した。早期の押型文土器片や後期の阿高系土器片の出土が見られ，時期に幅があることが考えられる。

②立地と分布

検出したおとし穴は，ほぼ全てが列状に分布している。列は方向によって，北から西に傾くもの，北から東に傾くもの，東西方向のものの大きく3タイプが認められる。もちろん調査区内には微地形があるものの，調査区中央部と東部に南側から浅い谷が入り込む以外は，南北で比高差1～1.5m程度と全体的に平坦である。列のうち長いものは，調査区内で340m以上を測り，各おとし穴の間隔も非常に密である。

③形態（表3）

164基のおとし穴のうち80基（49.7%）が床面の中央に1か所のピットを設けるA-Ⅱ1類である。A-Ⅱ2類及びA-Ⅱ3類は合計わずか5基（3.0%）に過ぎない。

(3) 配列の検討（第8図）

A-Ⅱ2類及びA-Ⅱ3類のおとし穴は，単独で存在するものもあるが，前述の列を構成するものが目立つ。A-Ⅱ1類と一定間隔で並ぶものも存在し，当遺跡ではこの類型の特殊性を見出すことはできない。

表3　上岩田遺跡おとし穴形態分類表（数字は左が基数，（　）が%）

			床面施設	A類 長方形系 方形系 楕円形	B類 円形 楕円形 小型で深い	計
Ⅰ			ピットなし	26 (16.2)		26 (16.2)
Ⅱ（中央列）	1	a	中央に1つ	80 (49.7)		80 (49.7)
		b	中央に1つ+ピット群	6 (3.7)		6 (3.7)
	2	a	中央に2つ	2 (1.2)		2 (1.2)
		b	中央に2つ+ピット群	1 (0.6)		1 (0.6)
	3	a	中央に3つ以上	2 (1.2)		2 (1.2)
		b	中央に3つ以上+ピット群			
Ⅲ（2・3列）	1		2列			
	2		3列			
	3		四隅			
Ⅳ（列なし）	1		ピット1・2	2 (1.2)		2 (1.2)
	2		ピット3～5			
	3		ピット6以上	8 (5.0)		8 (5.0)
Ⅴ（掘+杭）	1	a	［ピット+杭］	31 (19.3)		31 (19.3)
		b	［ピット+杭］+ピット群			
	2		［ピット+杭］複数	3 (1.9)		3 (1.9)
			合計	161 (100.0)		161 (100.0)

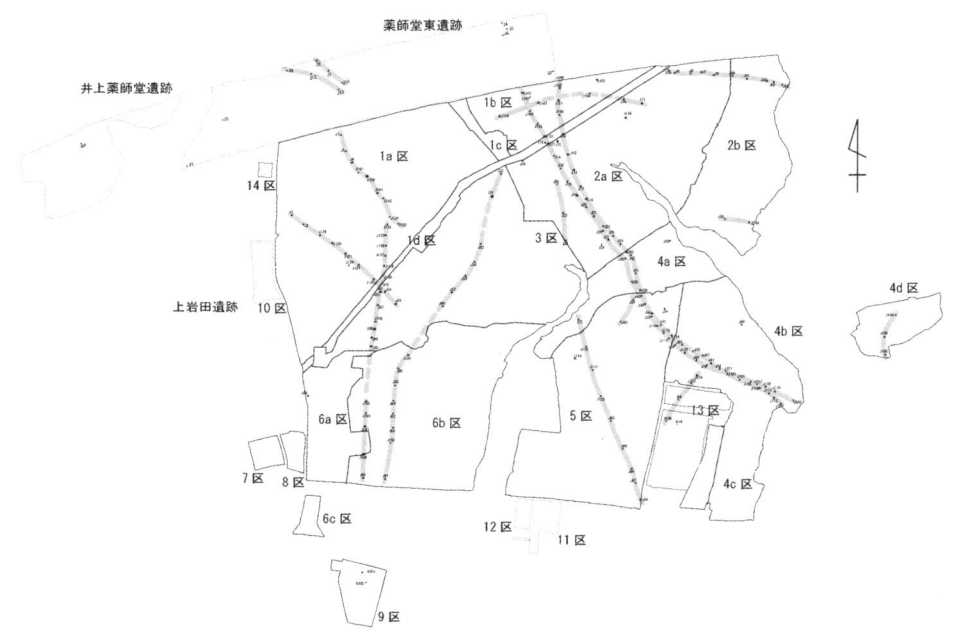

第8図　上岩田遺跡おとし穴分布図（S=1/6000）

C　大保横枕遺跡2

（1）遺跡の概要

　大保横枕遺跡2は宝満川中流域の沖積地に位置し，標高は13～15m程度で低い場所にある。遺跡の中心は，弥生時代前期初頭から末の集落と中期初頭から前半の墓地，そして11世紀から14世紀を中心とする中世集落である。中でも弥生時代前期前半から後半にかけては二重環濠を伴う集落の全体像が把握され，特筆される調査となった。時期不明の遺構として，おとし穴35基がある。

（2）おとし穴の概要

①時期

　35基のおとし穴からの出土遺物は，一部弥生土器の混入が見られるものの，ほぼ皆無であった。周辺に存在する石組炉などからは押型文土器や塞ノ神式土器などの縄文土器が出土しており，縄文時代に属する可能性も考えられる。また，うち1基のおとし穴埋土のテフラ分析では，鬼界アカホヤ火山灰（K-Ah）を検出している。

②立地と分布

　遺跡が立地する地形は，微妙な高低差はあるものの，ほぼ平坦に近い。そして，おとし穴はその微地形に影響されず列状に配置されている。中でも東西列は，遺跡の東端から西端まで延び，さらに西側に続く。長さは230m以上を測る。

表4 大保横枕遺跡2おとし穴形態分類表（数字は左が基数,（ ）が%）

			床面施設	A類 長方形系 方形系 楕円形	B類 円形 楕円形 小型で深い	計
Ⅰ			ピットなし	11 (31.4)		11 (31.4)
Ⅱ（中央列）	1	a	中央に1つ	22 (62.8)		22 (62.8)
		b	中央に1つ+ピット群			
	2	a	中央に2つ			
		b	中央に2つ+ピット群			
	3	a	中央に3つ以上			
		b	中央に3つ以上+ピット群			
Ⅲ（2・3列）	1		2列			
	2		3列			
	3		四隅			
Ⅳ（列なし）	1		ピット1・2			
	2		ピット3〜5	1 (2.9)		1 (2.9)
	3		ピット6以上			
Ⅴ（掘+杭）	1	a	［ピット+杭］	1 (2.9)		1 (2.9)
		b	［ピット+杭］+ピット群			
	2		［ピット+杭］複数			
			合計	35 (100.0)		35 (100.0)

③形態（表4）

おとし穴の形態は，床面にピットを設けないA-Ⅰ類と床面中央部にピットを1基のみ設けるA-Ⅱ1類がほとんどである。中でもA-Ⅱ1類は22基を数え，全体の62.8％と高い割合を占める。

（3）配列の検討（第9図）

おとし穴は約10m間隔で確認できる東西列を中心とするが，列を構成する23基のうち20基がA-Ⅱ1類である。

以上の3遺跡の状況を三沢北中尾遺跡の状況と比較，検討してみると，小郡市内のおとし穴群から以下の特徴を導き出すことができる。

①丘陵地では等高線に沿うなど地形に大きく

第9図 大保横枕遺跡2おとし穴分布図 （S=1/2500）

影響された分布状況を示し，低台地上では微地形に影響されない直線的な分布状況を示す。
②丘陵地においては，A-Ⅱ1類の中に等高線に沿って，または等高線となだらかな角度で列状に分布する一群が存在する。シカやイノシシの習性を考慮すると，罠猟に用いられた可能性が考えられる。
③丘陵地においては，A-Ⅱ2類及びA-Ⅱ3類は偏った分布状況を示す。丘陵尾根の突出部分や谷部への地形変換点の付近に配置される例が多く，さらには周辺で柵列の確認例もあり，追い込み猟の可能性が指摘される。一方，低台地上ではA-Ⅱ2・3類は非常に占める割合が低い。また，単独ではなくA-Ⅰ類やA-Ⅱ1類とともに一つの列を形成している。
④A-Ⅳ3類は全体的に割合が低いが，低台地上にはほとんど見られない。比較的広い間隔を持って分布し，等高線に沿うような列状配置は確認できない。等高線になだらかな角度で列が見られる例があり，罠猟に利用された可能性が考えられる。
⑤低台地上においては，数100mに及ぶ長大な列を形成することがあり，その列はA-Ⅰ類，A-Ⅱ1類を中心に構成されている。

5　他地域の遺跡を用いた検証

　前項では，小郡市域の数多くのおとし穴群について，その形態・配列をもとにいくつかの類型の同時性を検討した。ここでは，それが周辺の遺跡群においても適用可能か，つまりおとし穴という遺構に普遍化できるかどうか検証してみたい。以下に挙げる3遺跡は，いずれも福岡県のみならず九州を代表する数のおとし穴が調査された遺跡である。なお，配列の検討には，おとし穴の主軸方位の統一性を重視している

A．矢野竹遺跡

（1）遺跡の概要

　朝倉市北部に位置し，古処山・馬見山地の支群である籾岳・十石山から派生した丘陵上に立地している。標高は165m付近で，丘陵上の比較的平坦な部分を占地している。遺跡からは，古代の竪穴建物1軒とともに，おとし穴291基が検出された。

（2）おとし穴の概要（表5）

　291基のおとし穴のうち，最多の基数を占めるのはA-Ⅱ1類で，70基（24.4%）を数える。これに次いでA-Ⅰ類が58基（20.3%）あり，先述の三沢北中尾遺跡と同様の傾向を示すが，A-Ⅱ2類が40基（14.0%）占めることは大きな特徴である。その他では，A-Ⅳ3類も40基（14.0%）確認され一定の割合を占めるが，床面にピットを2列または3列設けるA-Ⅲ類は皆無であった。

（3）配列の検討

　遺跡の立地は，周辺と比較すると平坦と言えるが，それでも北東から南西方向にかけて14〜16m程度につき約1m下っている。ここでは三沢北中尾遺跡で検討に有効と考えられたA-Ⅱ1類，A-Ⅱ2・3類，A-Ⅳ3類について配列を検討してみたい。

表5　矢野竹遺跡おとし穴形態分類表（数字は左が基数,（　）が%）

			床面施設	A類 長方形系 方形系 楕円形	B類 円形 楕円形 小型で深い	計
I			ピットなし	58 (20.3)	15 (5.2)	73 (25.5)
II（中央列）	1	a	中央に1つ	67 (23.4)	4 (1.4)	71 (24.8)
		b	中央に1つ+ピット群	3 (1.0)		3 (1.0)
	2	a	中央に2つ	34 (11.9)		34 (11.9)
		b	中央に2つ+ピット群	6 (2.1)		6 (2.1)
	3	a	中央に3つ以上	8 (2.8)		8 (2.8)
		b	中央に3つ以上+ピット群	4 (1.4)		4 (1.4)
III（2・3列）	1		2列			
	2		3列			
	3		四隅			
IV（列なし）	1		ピット1・2	5 (1.8)		5 (1.8)
	2		ピット3〜5	17 (6.0)	5 (1.8)	22 (7.8)
	3		ピット6以上	31 (10.8)	9 (3.1)	40 (13.9)
V（掘+杭）	1	a	［ピット+杭］	18 (6.3)		18 (6.3)
		b	［ピット+杭］+ピット群	2 (0.7)		2 (0.7)
	2		［ピット+杭］複数			
			合　計	253 (88.5)	33 (11.5)	286 (100.0)

①A-II 1類（第10図）

　70基確認されたA-II 1類は，等高線に沿うグループと等高線にややなだらかな角度で斜面を横断するグループが見られる。比較的長く連なるグループでは，各おとし穴が一定の間隔を持って分布しており，同一時期に罠猟として利用されたものが含まれる可能性が考えられる。

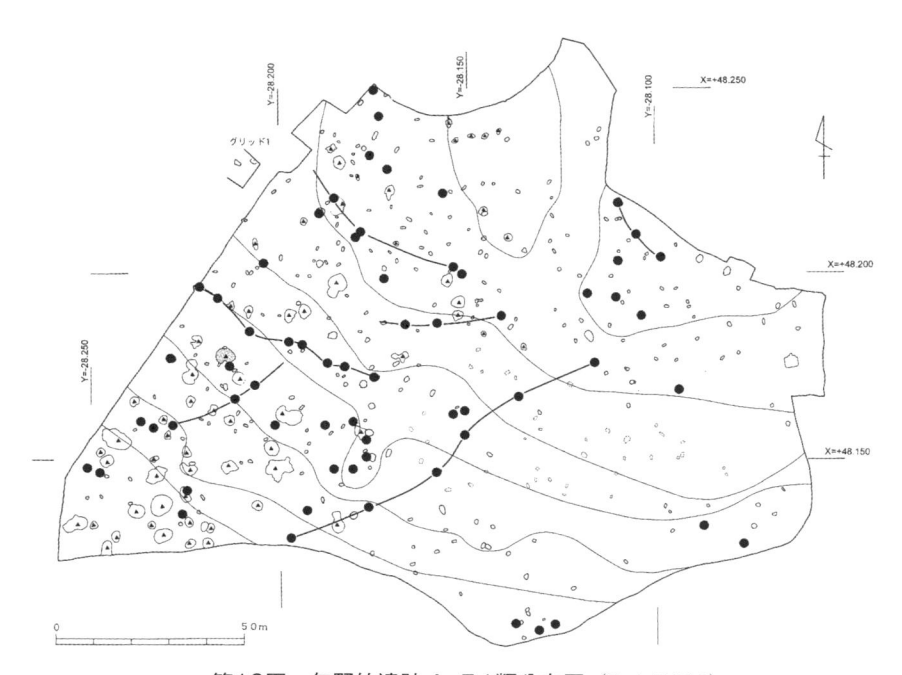

第10図　矢野竹遺跡 A-II 1類分布図（S=1/2000）

②A-Ⅱ2・3類（第11図）

　三沢北中尾遺跡で追い込み猟の可能性が指摘されたA-Ⅱ2・3類のおとし穴は，遺跡の北西部に比較的集中して分布している。ここは地形的にやや尾根状になった部分，つまり地形変換点である。おとし穴は尾根の斜面に短い間隔で連続して作られており，具体的な方法は見出せないが，ここをけもの道として利用する動物を追い込み猟で狙った可能性が考えられる。

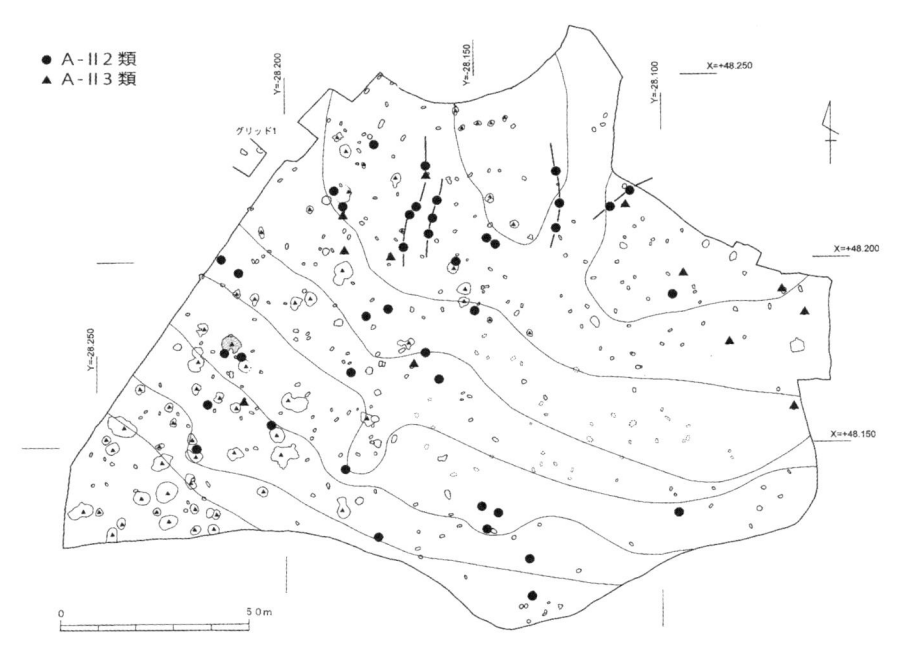

第11図　矢野竹遺跡A-Ⅱ2・3類分布図（S=1/2000）

③A-Ⅳ3類（第12図）

　A-Ⅳ3類は，三沢北中尾遺跡の例と同様に密集することはない。等高線とは斜めに長く緩やかな列を形成するものが多く，同時性を持って罠猟として利用されたものが含まれる可能性が高い。

B　真奈板遺跡
（1）遺跡の概要
　朝倉市北部に位置し，矢野竹遺跡から約1,000m東南東の丘陵頂部に位置する。標高は160m程度で，ほぼ平坦な丘陵上で掘立柱建物跡26棟，古代から近世の土坑64基など，そしておとし穴93基が検出された。おとし穴の中には，非常に大型で古代及び中世の遺物を多く出土するものがあり，新しい時代のおとし穴として注目される。今回はそれらを除き，小型で弥生時代以前に遡ると考えられるおとし穴76基を分析の対象とした。

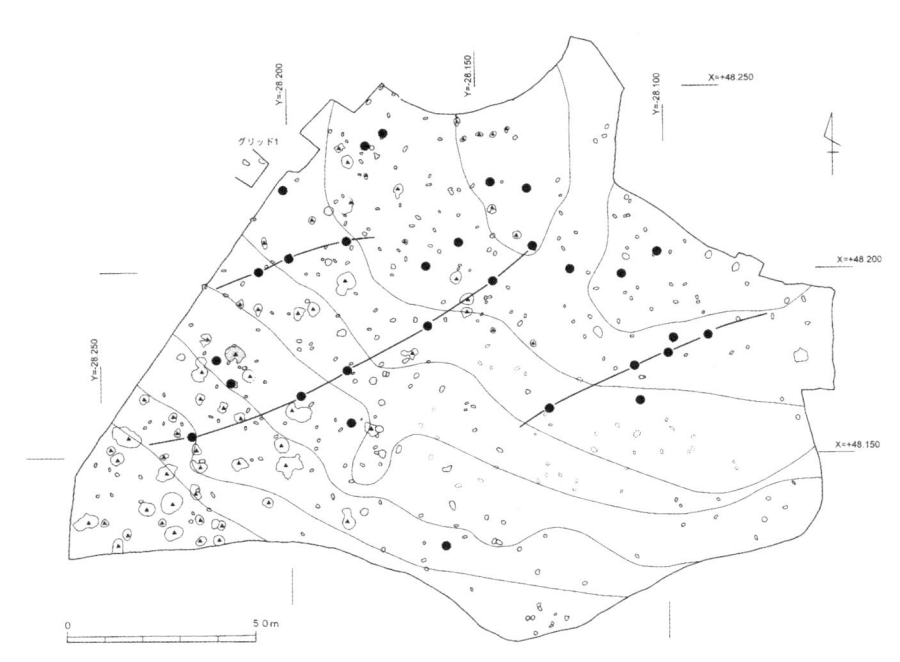

第12図　矢野竹遺跡 A-Ⅳ3類分布図（S=1/2000）

(2) おとし穴の概要（表6）

　76基のおとし穴のうち，最も多いのはA-Ⅱ1類で17基（22.4％）を占める。A-Ⅱ2・3類は合計10基（13.1％）と少数で，矢野竹遺跡の状況とは異なる。また，A-Ⅳ3類はわずか5基（6.6％）のみである。

(3) 配列の検討

　遺跡は，南端部がやや北から南への傾斜が大きいものの，全体的に平坦である。ここでも三沢北中尾遺跡で検討に有効と考えられたA-Ⅱ1類，A-Ⅱ2・3類，A-Ⅳ3類について配列を検討してみたい。

①A-Ⅱ1類

　三沢北中尾遺跡や矢野竹遺跡では，等高線に沿うグループとなだらかな角度で斜面を横断するグループが見られたが，当遺跡でも比較的この傾向に近い。調査区中央部では東西方向に分布しており，調査区南端部では南北方向に分布している。ただし，遺構長軸方位は必ずしも一致しておらず，基数の少なさからも，配列の検討は難しい。

②A-Ⅱ2・3類

　先述の2遺跡では追い込み猟の可能性が指摘されたこのタイプだが，総数10基に過ぎず分析は難しい。

③A-Ⅳ3類

　このタイプは総数5基のみである。調査区に広く分布しており，配列の検討は難しい。

表6　真奈板遺跡おとし穴形態分類表（数字は左が基数，（　）が％）

			床面施設	A類 長方形系 方形系 楕円形	B類 円形 楕円形 小型で深い	計
I			ピットなし	14 (18.5)	7 (9.3)	21 (27.8)
II (中央列)	1	a	中央に1つ	16 (21.1)	2 (2.6)	18 (23.7)
		b	中央に1つ+ピット群	1 (1.3)		1 (1.3)
	2	a	中央に2つ	6 (7.9)		6 (7.9)
		b	中央に2つ+ピット群	1 (1.3)		1 (1.3)
	3	a	中央に3つ以上	1 (1.3)		1 (1.3)
		b	中央に3つ以上+ピット群	2 (2.6)		2 (2.6)
III (2・3列)	1		2列			
	2		3列			
	3		四隅			
IV (列なし)	1		ピット1・2	10 (13.2)	1 (1.3)	11 (14.5)
	2		ピット3〜5	1 (1.3)	2 (2.6)	3 (3.9)
	3		ピット6以上	5 (6.6)	3 (3.9)	8 (10.5)
V (掘+杭)	1	a	[ピット+杭]	3 (3.9)	1 (1.3)	4 (5.2)
		b	[ピット+杭]+ピット群			
	2		[ピット+杭]複数			
			合　計	60 (79.0)	16 (21.0)	76 (100.0)

C　安武地区遺跡群

（1）遺跡の概要

　久留米市中央やや南西部の筑後川南岸に位置し，低台地上に立地している。標高は10m程度で，庄屋野遺跡・穴口遺跡・古牟田遺跡の3遺跡で掘立柱建物跡などとともに，53基のおとし穴が検出された。

（2）おとし穴の概要（表7）

　3遺跡は北東から南西方向に連続する遺跡であり，ここではまとめて扱う。

　この遺跡群で検出された53基のおとし穴は，全て大型のA類である。また，中でも床面にピットを設けないA-I類が36基（67.9％），床面の中央にピットを1基設けるA-II1類が10

表7　安武地区遺跡群おとし穴形態分類表（数字は左が基数，（　）が％）

			床面施設	A類 長方形系 方形系 楕円形	B類 円形 楕円形 小型で深い	計
I			ピットなし	36 (67.9)		36 (67.9)
II (中央列)	1	a	中央に1つ	10 (18.9)		10 (18.9)
		b	中央に1つ+ピット群			
	2	a	中央に2つ			
		b	中央に2つ+ピット群			
	3	a	中央に3つ以上			
		b	中央に3つ以上+ピット群			
III (2・3列)	1		2列			
	2		3列			
	3		四隅			
IV (列なし)	1		ピット1・2	4 (7.5)		4 (7.5)
	2		ピット3〜5	2 (3.8)		2 (3.8)
	3		ピット6以上	1 (1.9)		1 (1.9)
V (掘+杭)	1	a	[ピット+杭]			
		b	[ピット+杭]+ピット群			
	2		[ピット+杭]複数			
			合　計	53 (100.0)		53 (100.0)

基（18.9％）とそのほとんどを占める。他遺跡で追い込み猟の可能性が指摘されたA-Ⅱ2・3類は皆無であった。

（3）配列の検討

低台地上に位置する当遺跡群では，先述の上岩田遺跡・大保横枕遺跡2の例のように，列状に分布する状況が看取できる。特に庄屋野遺跡ではそれが顕著で，A-Ⅰ類とA-Ⅱ1類がきれいな2列を構成している。

6　まとめ

前項では，小郡市域で抽出したおとし穴の配列状況の特徴が，周辺の朝倉・久留米地域へも適用できるかを検証した。その結果，ほぼ同様の状況が確認でき，おとし穴の形態と分布・配列の関係性について一定の方向性が見えてきた。以下に再度まとめる。

①丘陵上では地形に大きく影響されるおとし穴の分布だが，低台地上においては微地形にはほぼ影響されず列状に分布している。

②床面中央にピットを1基設けるA-Ⅱ1類は，丘陵上では等高線に沿って分布するグループと等高線となだらかな角度で斜面上に分布するグループがあり，罠猟に用いられた可能性が考えられる。

③床面の主軸上に2つまたは3つのピットを設けるA-Ⅱ2・3類は，丘陵上では偏った分布状況を呈し，丘陵尾根の突出部分周辺や谷部への地形変換点付近に配置される例が多い。周辺での柵列の確認例もあり，追い込み猟に用いられた可能性が指摘される。一方，低台地上では非常に占める割合が低く，他類型のおとし穴とともに一つの列を形成している。

④床面に細い杭を多量に打ち込むA-Ⅳ3類は，低台地上ではほとんど見られない。丘陵上では一定の間隔をおいて広く分布し，罠猟のために設置した同時性の可能性が指摘される。

⑤おとし穴は，低台地上においては，数100mに及ぶ長大な列を形成することがあり，その列はA-Ⅰ類，A-Ⅱ1類を中心に様々な形態のおとし穴で構成されている。

以上のように，今回の検討によりおとし穴の解釈に一定の方向性を導き出すことができた。ただし，恐らく長期に渡って営まれたおとし穴を一括で分析対象としたこと，限定された地域を対象としたことなど，課題は多く残されている。今後は様々な遺跡で検証を進め，九州におけるおとし穴を利用した狩猟法の解明を目指したい。

謝辞

田中先生には学生時代からご指導いただきましたが，先生との思い出と言われてすぐ頭に浮かぶのは，小郡市横隈狐塚遺跡7地点における灼熱の太陽の下での出土人骨の取り上げです。200基以上の甕棺墓から50体以上の人骨の出土があり，何日も何日も現場に足を運んでいただきました。先生は段取りの悪い私に嫌な顔一つせず，出土人骨の見方・考え方について様々な

ご教示をいただいたことを昨日のように思い出します。中でも断体儀礼の見られる人骨や銅剣切先が嵌入した人骨などに関する現地での見解はもちろん，その後は出土人骨の一部をストロンチウム同位体比分析の対象に取り上げていただき，常に物事を広く深く捉えるよう行動で示されていたように思います。本来であれば，それに関連する内容を献呈できれば良かったのですが，私にはまだまだ大きな課題ですので，今後時間をかけて取り組んで行きたいと思っています。これまで長きに渡ってご指導本当にありがとうございました。そして，心よりご冥福をお祈りいたします。

■主要参考文献（各報告書は省略）

今村啓爾, 1983. 陥穴. 縄文文化の研究2（加藤晋平・小林達雄・藤本強 編）, pp.148-160. 雄山閣，東京．

小田和利, 1986. おわりに. 小郡正尻遺跡：九州横断自動車道関係埋蔵文化財調査報告第7集（小池史哲 編）, pp.174-176. 福岡県教育委員会，福岡．

小田和利, 1991. 落し穴状遺構再考. 広末・安永遺跡：椎田バイパス関係埋蔵文化財調査報告書第5集（小田和利 編）, pp.115-122. 福岡県教育委員会，福岡．

柏原孝俊, 1990. 石器について. 北松尾口遺跡II地点（速水信也・柏原孝俊 編）, pp.78-105. 小郡市教育委員会，福岡．

佐藤宏之, 2001. 縄紋時代の落し穴. 月刊考古学ジャーナル468号, 13-16.

佐藤宏之, 2004. 日本列島の陥し穴猟. 九州における縄文時代のおとし穴遺構（九州縄文研究会・南九州縄文研究会 編）, pp.2-5. 九州縄文研究会・南九州縄文研究会，鹿児島．

高橋信武, 2004. 九州の陥し穴. 九州における縄文時代のおとし穴状遺構（九州縄文研究会・南九州縄文研究会 編）, pp.6-8. 九州縄文研究会・南九州縄文研究会，鹿児島．

千葉徳爾, 1975. 狩猟伝承：ものと人間の文化史14. 法政大学出版局，東京．

富永直樹, 1989. 九州のおとし穴状遺構について. 安武地区遺跡群II（萩原裕房 富永直樹 編）, pp.109-122. 久留米市教育委員会，福岡．

林潤也, 2004. 福岡県内のおとし穴状遺構. 九州における縄文時代のおとし穴遺構（九州縄文研究会・南九州縄文研究会 編）, pp.9-14. 九州縄文研究会・南九州縄文研究会，鹿児島．

平嶋文博, 1988. 落し穴状遺構. 薬師堂東遺跡：九州横断自動車道関係埋蔵文化財調査報告第13集（中間研志・小田和利 編）, pp.401-404. 福岡県教育委員会，福岡．

縄文遺跡の立地から見た往時の景観・人々の動態について
～大分県中津市域を中心に～

大分県中津市教育委員会　浦 井 直 幸

要旨

　筆者は中津市教育委員会に在籍し，平成23・24年度中津市大字加来に所在する法垣遺跡（旧名称大坪遺跡）にて発掘調査を行う機会を得た。遺跡からは縄文時代・古墳時代・古代・中世の遺構を検出した。中でも縄文時代の掘立柱建物の検出，竪穴住居の調査は特筆される。当地域の縄文遺跡と分布状況については，すでに賀川光夫が触れているが，近年になり，当該期遺跡の発掘件数も増加したことから，それら新資料も加えて往時の景観や人々の動態についてさらに考察を加えてみたい。以下，中津市の地理的環境，遺跡の紹介，まとめの順に記述する。

キーワード：縄文時代，縄文海退，貝塚，集落

中津市の地理的環境

　中津市を含めた周辺地域は鮮新世から続いた数回・数種の溶岩の噴出・堆積，それによる川（山国川）の流路変更，隆起・浸食などにより現在われわれが見ることのできる地形が形成されてきた[1]。具体的な地質について論じる力量はないため，現在の地理的環境をまとめる。

　現在の中津市は，旧下毛郡の山間部と旧中津市域の平野部に大別される。旧中津市域は洪積台地と沖積平野等からなる。洪積台地は，洪積世（更新世）時代に形成されたもので，豊前海を望む沿岸にはこうした洪積台地が9つ断続して存在する。そして，洪積台地の間を流れる河川によって小沖積平野が形成されている。その大なるものが山国川であり，小なるものは下毛原と長峰原の間を流れる犬丸川である。山国川は山国町大字槻木の英彦山南斜面から流れ出で，流程56km，流域面積540k㎡に及ぶ。19の支流が合流し，旧三光村付近で福岡県との県境となり周防灘に注ぐ。犬丸川は，中津市三光上深水の櫛峠から発し，八面山の北東部を北西方向に流れ，中津市大字加来付近で急に流路を北東に変える。広大な平野を形成する市中心部の「沖代平野」はその名のとおり「沖に代わってできた平野」であり，ある時期ここが海底や浜などであったことを示す。平野内の地形はわずかに起伏しており，発掘調査を行うと山国川のかつての流路跡と見られる谷地形や氾濫による礫の堆積を一部にみることができる。自然堤防は特に平野の西側，山国川に沿うように所々で南北に発達し，現在，畑地や集落として利用されて

いる。

これまでの研究

　当該期の中津市域の研究については，賀川光夫により行われている。賀川は東木竜七の論を引き，「縄文早期から中期頃まで山国川流域を拠点として生活を営んでいた人達が，下流の沖積平野で活躍を始めたのは縄文後期の時代と考えられる。（中略）低丘陵は，数箇所の浅い谷の刻入があり，小川が南北に走る。こうした小谷は，縄文時代に海水が浸入して旧海岸線の一部が深く湾入していたことを示す」とした（賀川 1980）。岩陰遺跡（枌洞穴）・貝塚遺跡（植野貝塚・入垣貝塚など）・集落遺跡（高畑遺跡・ボウガキ遺跡）など，当時の最新調査成果を取り入れたもので，この時点での当該期の中津市域の縄文時代のおおまかな景観，人々の動態が素描されている。現在まで発掘調査事例が増加したため，新資料も加えて往時の景観や人々の動態について考察を加えてみたい。

縄文遺跡の分布状況

　現在中津市における縄文時代の遺跡は36箇所周知され，この内，発掘調査により遺構や遺物が確認されている遺跡は18箇所である。以下，山国川下流域（旧中津市），中流域（本耶馬渓町・旧三光村），上流域（山国町）の順に遺跡を取り上げ，その分布，傾向を考える。

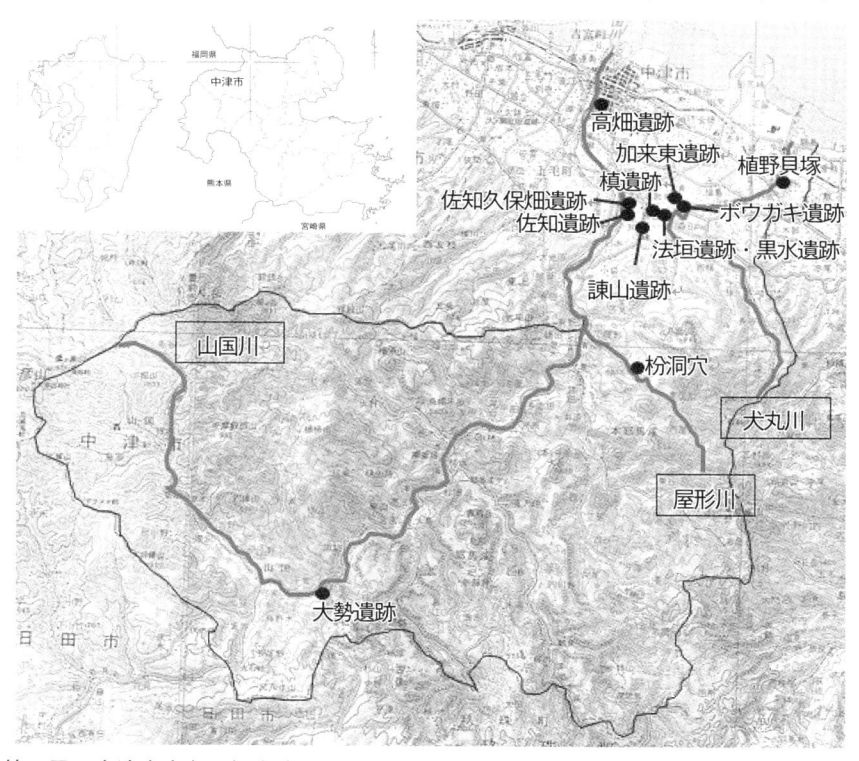

第1図　中津市内主要縄文遺跡分布図（国土地理院「中津」1:200,000に加筆・改編）

山国川下流域の遺跡

法垣遺跡（中津市大字加来）

【立地】遺跡は中津市中心市街地から南東に7km，周辺地形よりやや高い標高24～27mの地点に所在する。遺跡の旧名称は大坪遺跡であったが，平成23・24年度の調査を経て法垣遺跡へ名称を変更した。

【遺構・遺物】遺跡は昭和60年にバイパス建設に伴う発掘調査により発見され，旧石器時代の石器，古墳時代の住居跡，中世の土壙墓などが検出されている。平成23・24年度は，その南続きとなる地点で道の駅建設に伴う発掘調査を実施した。

　目下整理作業中であるが，縄文時代後期の住居跡7棟，掘立柱建物跡6棟，古墳時代後期の竪穴住居跡，11世紀中頃の大規模溝状遺構，中世の溝状遺構を検出した。このうち鐘崎Ⅲ式土器が出土する縄文時代後期の住居跡1基から人骨が出土している。九州大学大学院の調査所見では，埋葬姿勢は側臥屈葬で頭位は東，顔は南か南東に向ける。上肢は胸上に上げ，膝を南に傾けきつい屈葬姿勢をとる。住居跡は廃絶後一時緩やかな窪地地形を呈していた様子で，そこに多量の土器を含む黒褐色土が堆積していた。墓壙はその層位を掘削して形成されたものと考える。また，黒色土の掘り下げ中，胴部下半が打ち欠かれた深鉢が正位の状態で出土している。住居廃絶時の儀礼行為に由来する遺物の可能性がある。この黒色土からは玦状耳飾も1点出土したが，墓壙から1m南東で出土したため人骨の副葬品ではない。他の住居から北久根山第二型式（石町式），太郎迫式などがそれぞれ主体となって出土している。晩期の遺物は検出されていない。

　人骨出土住居から南，東で掘立柱建物を計6棟検出した。多くが1間×2間の構造を呈する。このうち14号掘立柱建物の柱穴は直径約1.2mを測る巨大なもので，どの柱穴にも柱痕跡を確認した。掘方埋土からは鐘崎Ⅲ式土器を含む遺物が一定量出土しており，他時期の遺物は全く含まれていない。また，古墳時代後期の遺構と埋土や構造が異なること，太郎迫式土器の出土する住居に切られていることなどから縄文時代後期の掘立柱建物群と判断している。掘立柱建物の用途については現時点では不明である。

ボウガキ遺跡（中津市大字福島）

【立地】標高約27m，犬丸川を望む洪積台地の南端に所在する。法垣遺跡からの距離は約1.5kmと近距離にある。

【遺構・遺物】縄文時代後期（鐘崎Ⅲ式）住居1基，竪穴2基（内1基は住居か？），住居内土壙墓4基，ピット，弥生時代前期末貯蔵穴などが発見されている。1号住居は，南北最大長6.8m，深さ0.25mを測る。隅丸方形プランで，中央に法面に人頭大川原石8個並べた直径60cmの石囲炉が設けられている。鐘崎式土器（Ⅲ式）を主体とし，北久根山式の縄文土器片などが500点，石鏃，扁平打製石斧，石錘などが出土している。特筆されるものは，住居内に構築さ

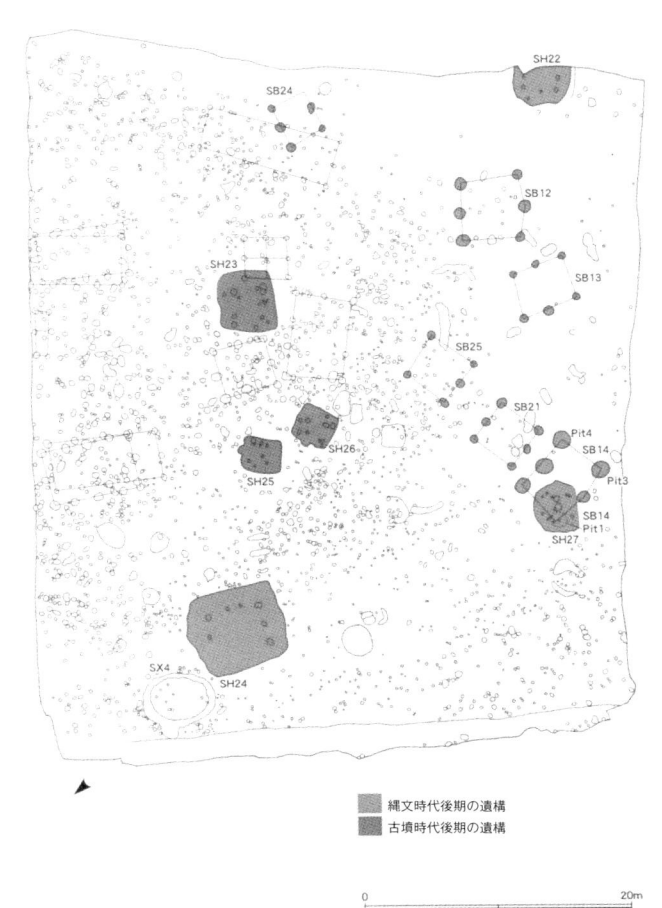

写真1　SH24出土遺物
（中津市教委(2013)より転載）

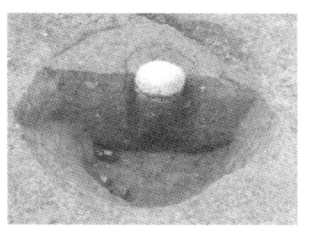

写真2　SB14PIT3柱穴断面
（中津市教委（2013）より転載）

第2図　法垣遺跡第5調査区遺構配置図（中津市教委(2013)より転載）

写真3　ボウガキ遺跡 SH1貝層堆積状況
（中津市教委(2005)より転載）

第3図　昭和57年度調査ボウガキ遺跡遺構配置図
（三保の文化財を守る会・中津市教委(1992)より転載）

れた土壙墓4基の存在である。いずれの土壙も長楕円形で伸展葬状態の人骨が出土した。土壙墓群は住居廃絶以後から竪穴内が完全に埋まるまでの間の構築とされ，廃絶された竪穴住居内に土壙墓が造られた九州での初例として注目されている。遺跡の西側には貝類が散布する入垣貝塚が形成されている。ボウガキ遺跡などの集落で消費された貝類・獣類の廃棄場所であったのであろう。平成15年度にボウガキ遺跡で行った調査では，住居と考えられる土坑から貝層が検出されている。貝類の自然科学分析では，ハマグリなどの内湾砂泥性の貝，潮間帯やその岩礁に棲息するツメタガイ・スガイなどが多く確認されている。このため，周辺は当時，浅海砂泥底の岩礁をもつ入江であったことが想定されている。

植野貝塚（中津市大字植野）

【立地】標高約27m，洪積台地西端に位置する。西方200mを北流する犬丸川により形成された河岸段丘を眼下に望む。付近一帯は通称貝殻坂と呼称される。

【遺構・遺物】昭和55年に中津市教委が別府大学へ調査を依頼し，同大学の賀川光夫が発掘調査を行った。交差する2本のトレンチが設定され，混土貝層・貝層より，マダイ・クロダイ・ハマグリ・シジミなどの貝類が多く検出され，イノシシ・シカなどの獣類の骨は少量検出された。また貝輪などの装飾品が8点，伸展葬状態の人骨の一部も発見されている。土器は，縄文時代後期初頭の福田K1式とされるものが出土している。報告書類掲載の土器数が少数のため判然としないものの，鐘崎式土器より先行する土器がやや多く，併行する土器も一定量含まれている感をもつ。再整理・再報告が必要と思われるが，本論では当貝塚の時期を後期初頭に位置付けておく。

市内には他に先述の入垣貝塚や詳細不明の長久寺貝塚，和間貝塚，定留貝塚など入江状の低地を望む台地上に貝塚が形成されている。

槙遺跡（中津市大字加来）

【立地】標高約35mの洪積台地上に位置する。遺跡の周囲は浅い谷が見られるなど山国川などの旧流路跡と目される痕跡もみることができる。佐知遺跡との比高差は10m程度である。

【遺構・遺物】縄文時代後期の住居跡が1棟検出されている。最大幅4.35mを測る歪な円形プランで，中央に地床炉をもつ。遺物は鐘崎式土器を少量含むものの，北久根山第二型式→太郎迫式土器の順で多くなる。特筆すべきものとして2本沈線内に円形の刺突孔を設ける分銅型土偶が1点出土している。遺構は他に陥し穴が3基検出されているが，報告では時期不明として取り扱われている。

黒水遺跡（中津市大字加来）

【立地】標高約34m，洪積台地の南西端，法垣遺跡より7～8m高い地点に所在する。

【遺構・遺物】縄文時代早期，中世，近世の複合遺跡である。縄文時代早期の遺構として土坑

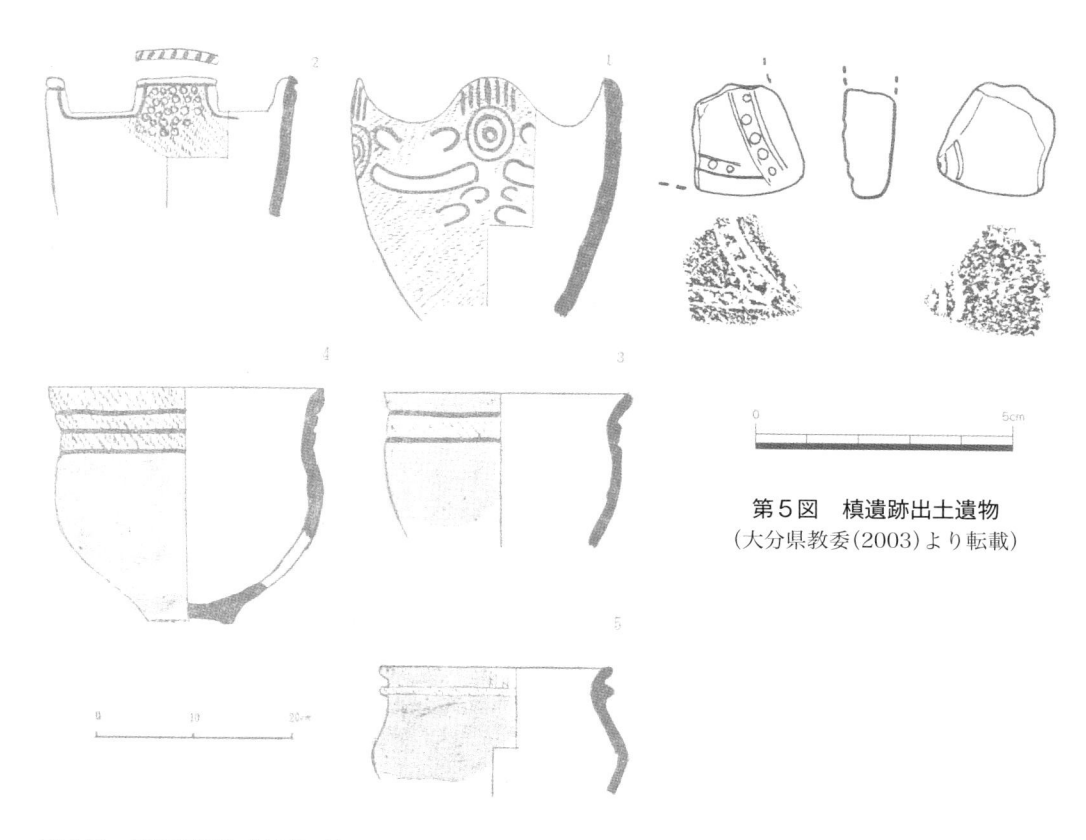

第4図　植野貝塚出土遺物（賀川光夫(1965)より転載）

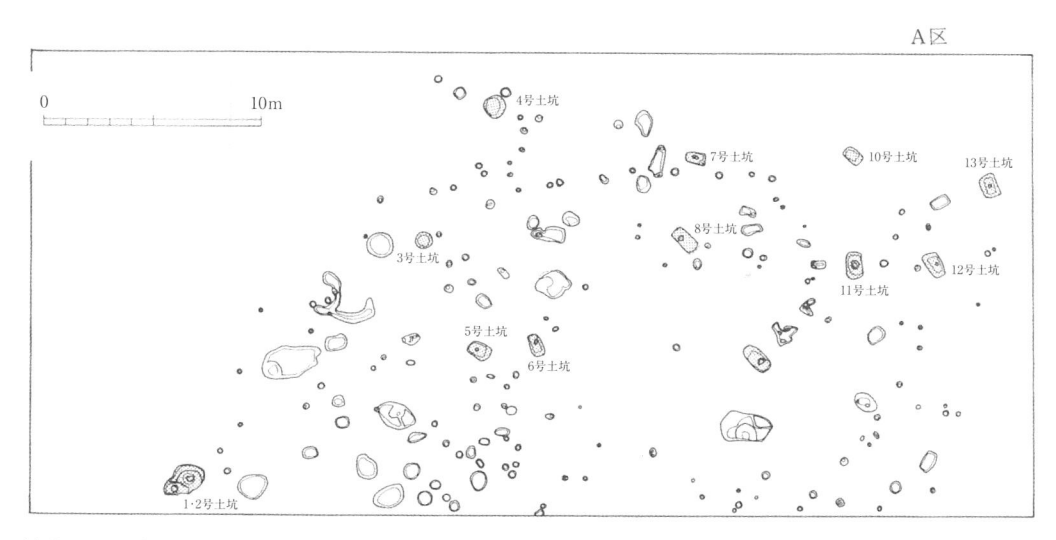

第5図　槙遺跡出土遺物
（大分県教委(2003)より転載）

第6図　黒水遺跡遺構配置図，網掛け部が陥し穴遺構（大分県教委(1988)より転載）

（陥し穴）24基が報告されている。ただし，遺物の出土を見た土坑は1基のみであり，今後の研究により構築年代が再検討されることも考えられる。陥し穴は，楕円形・円形などの形状を呈し，大きく4分類されている。縄文期の住居跡などは検出されていない。近年，黒水遺跡から約1km南西の諫山遺跡にて，約40基の陥し穴遺構が検出されている。この数は県下で確認された一遺跡内での陥し穴遺構としては最多という。遺物は未出土ながら縄文期の遺構として調査された。諫山遺跡でも黒水遺跡同様，当該期の住居跡は確認されていないため，狩場としての周辺の土地利用が想定されている。

佐知遺跡（中津市三光佐知）

【立地】標高約25mの自然堤防上に位置する。遺跡の西側は山国川が北流する。東側は沖積平野，比高差15m程度の台地急崖へとつながる。

【遺構・遺物】縄文時代後期・晩期，弥生時代前期・中期・後期，古墳時代前期・後期，古代，中世の複合遺跡である。

　縄文時代後期の住居跡2棟，性格不明遺構1基が検出されている。4号遺構は，4m×3.4mの円形を呈する。床面中央に直径0.5mの掘り窪められた焼土が詰待った炉跡が検出された。多量の北久根山第二型式（石町式）土器，石鏃・扁平打製石斧・石錘・掻器などの石器が出土している。他の遺構は後世の掘り込みによりプランが不明確ながら，小池原上層式土器を主体とするもの，鐘崎式・北久根山式土器・太郎迫式土器を主体とするものが調査されている。他に落し穴遺構6基も報告されている。

佐知久保畑遺跡（中津市三光佐知）

【立地】標高約25mに位置する。遺跡の西側は山国川が北流する。本遺跡の南に位置する佐知遺跡と立地・出土遺構から同じ性格の遺跡と考えられる。

【遺構・遺物】縄文時代後期・晩期，弥生時代前期・中期・後期，古墳時代の複合遺跡である。

　縄文時代後期の遺構は，住居跡1棟，土坑2基が検出されている。この内，24号住居跡は方形プランで，床面中央に径0.7mの石囲炉をもつ。川石を組み，下部に敷石がある。また，炉の東側60cmの位置に地山に川石を半分ほど埋め，長軸を炉に向けた立石遺構がある。福岡県上毛町上唐原遺跡で検出・命名された上唐原型住居の一例である。出土する土器は鐘崎式土器が主であり，石器類も検出されている。土坑は，鐘崎式土器を主体とするもの，太郎迫式土器を主体するものがそれぞれ確認されている。

加来東遺跡（中津市大字加来）

【立地】標高20〜21mの谷底平野に位置する。遺跡周辺は方形区画の水田地帯であり，時期は不明確ながら条里制が施行されていたとの見方もある。遺跡はその水田と西側高台との境目付近に所在する。法垣遺跡より3〜4m低い地点にある。

4号遺構

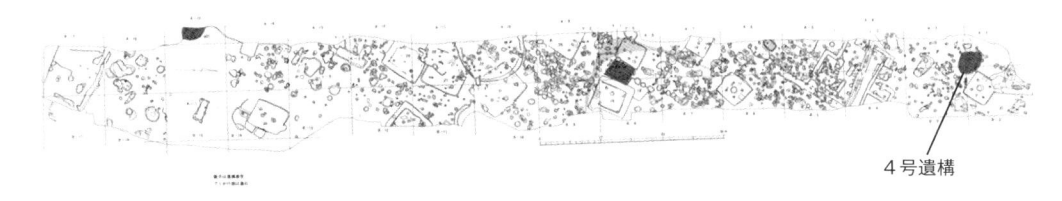

第7図　佐知遺跡遺構配置図，黒塗り部分が縄文遺構
（大分県教委(1988)より転載・加筆）

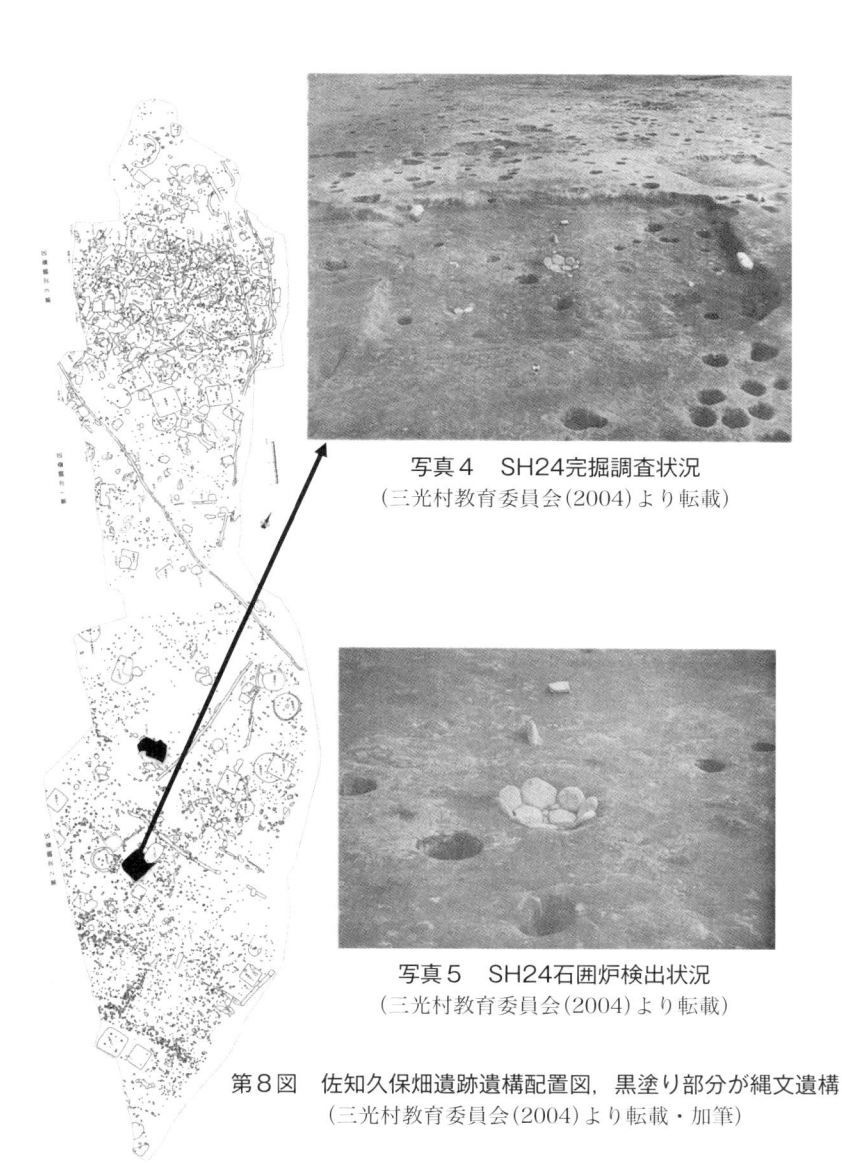

写真4　SH24完掘調査状況
（三光村教育委員会(2004)より転載）

写真5　SH24石囲炉検出状況
（三光村教育委員会(2004)より転載）

第8図　佐知久保畑遺跡遺構配置図，黒塗り部分が縄文遺構
（三光村教育委員会(2004)より転載・加筆）

【遺構・遺物】縄文時代晩期，古墳時代後期の遺構が検出されている。縄文晩期の遺構は自然流路状のものであり，遺物は黒川式土器が一定量出土している。東九州の編年に当てると上菅生B式と同時期であろうか。特筆すべき遺物として，2点の漆塗り土器の出土が挙げられる。両資料とも浅鉢で，ベンガラが混入された赤色塗膜層を2層塗布するものと，ベンガラ入り赤色塗膜2層＋混ぜ物のない塗膜層を塗布した3層塗りであることが自然科学分析により判明している。当時の精神文化を知ることのできる好資料である。出土した土器は水摩の痕跡が認められないことから，人為的に廃棄されたものとみる。また，同遺構よりイチイガシの種実，コフキサルノコシカケが出土しており周辺の自然環境を推測させる。なお，加来東遺跡の南に隣接する樋多田遺跡からも縄文晩期土器が少量出土している。縄文後期の鐘崎式土器は別の自然流路跡から1点出土した。客体的な出土であるため流れ込みの可能性が高く，遺跡周辺の低地は縄文晩期の集落が展開しているものと考える。

高畑遺跡（中津市大字下宮永）
【立地】山国川河口やや上流，標高約5mに位置する。
【遺構・遺物】過去の調査等では明確な遺構は検出されていないが，一定量の遺物が検出されている。土器の主体は晩期の黒川式土器に属しており，なかでも2点の土偶の出土は特筆すべきものである。昭和24年，砂場整備の際に縄文土器と共に発見された遺物で，豊満な乳房をもち，顔・手足などが欠損している。腰部の括れが丁寧に表現される点で，後述する大勢遺跡出土土偶より繊細な造形意識をくみ取ることができる。晩期土器は，晩期初頭から晩期末までの所産と報告されており，晩期の一定期間，遺跡周辺で集落が営まれていたことを知る。

山国川中流域の遺跡

枌洞穴（中津市本耶馬渓町大字今行）
【立地】本耶馬渓町は中津市中心部から車で約20分の山林主体の町である。青の洞門に代表される奇岩・奇勝で知られ多くの観光客でにぎわう。山国川はその洞門の西面を流れ，多くの支流が合流する。支流沿いの河岸段丘上に集落が形成されている。その支流のひとつ屋形川を望む岩陰に洞穴はある。
【遺構・遺物】別府大学により昭和49年～54年まで5次にわたる学術調査が行われた。入口幅11m，高さ6m，奥行9mの凝灰岩質の洞内に厚く土砂が堆積しており，そこから縄文時代早期・前期・後期，中世の痕跡が発見されている。縄文人骨が多数発見されたことなどで知られ，縄文早期・前期・後期の人骨が68体分検出されている。縄文早期の層位からは合計11体の埋葬遺体が検出され，石組の石炉，押型文土器，貝刃器などが出土した。続く縄文前期は洞穴が埋葬のみに使用された可能性が高いとされる。遺骸付近からアワビ貝の副葬や，カワシンジ貝・獣骨製の装身具などが発見され，当時の葬送を知ることができる。また，縄文前期後半の轟式土器や貯蔵穴なども検出されている。縄文後期の層から中国地方の中津福田KⅡ式土

写真6　加来東遺跡出土漆塗り土器
（中津市教委(2013)より転載）

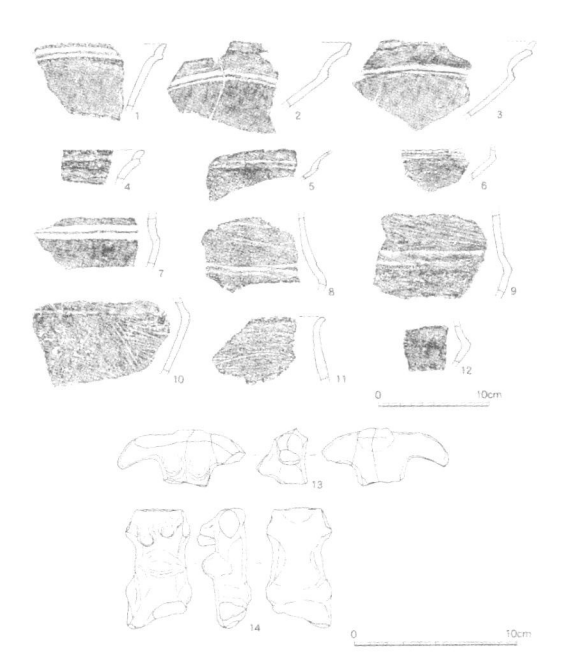

写真7　枌洞穴人骨出土状況再現
（耶馬渓風物館常設展示より）

第9図　高畑遺跡昭和24年出土遺物
（大分県教育委員会(2010)より転載）

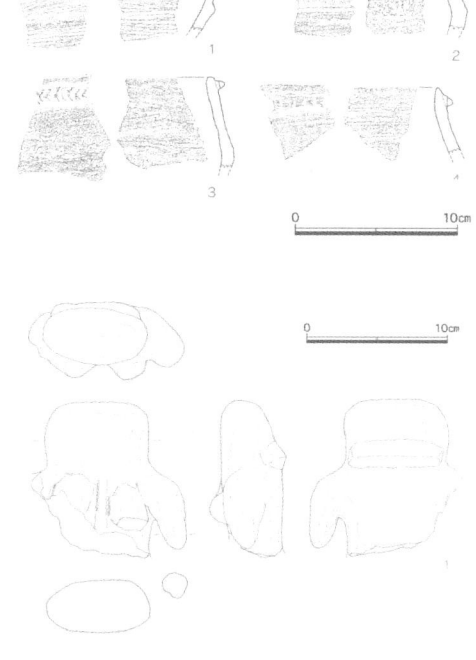

第10図　大勢遺跡出土遺物
（中津市教育委員会(2010)より転載）

器や小池原上層式土器や石器，貝刃器，獣類・鳥類の骨，貝類などが見つかっている。石器は石鏃が多く，産地は佐賀県腰岳産とされる。後期の層から発見された3体の男性成人人骨の胸郭内部から石鏃が発見されている。報告では狩猟具のみではなく石鏃の武器としての使用も想定されている。

山国川上流域の遺跡

大勢遺跡（中津市山国町大字宇曽）

【立地】中津市の最南部に位置する山国町は大部分が山林で占められる。英彦山南東部を源流とし，町内を横断する山国川流域に河岸平野が形成されている。遺跡は山国川右岸，標高約180mの河岸段丘上で発見された。なお，現在河岸段丘上は集落・畑地として利用されている。
【遺構・遺物】特に明確な遺構は検出されていない。性格不明の13号遺構から刻目突帯をもつ縄文時代晩期の遺物が数点出土している。調査区の西側（河川氾濫域）とされる範囲では一定量の遺物が出土する。打製石斧，縄文時代後期の三万田式，晩期の黒川式土器がそれで，特に縦横約10cm大の土偶の出土は特筆される。土偶は完形ではなく，下腹部より下を欠損する。上半部は乳房の表現があるが，顔に目や鼻などの表現はない。報告者が指摘するように微高地である調査区北側に縄文集落が展開しており，遺物はそこから流れ込んだものであろう。

まとめ

ここまで縄文遺跡の分布・概要を中心にみてきた。各遺跡を出土する遺物から主とする時代に振り分けると，縄文早期の遺跡は，枌洞穴・黒水遺跡があり，縄文後期の遺跡は，枌洞穴・佐知遺跡・佐知久保畑遺跡・槙遺跡・法垣遺跡・ボウガキ遺跡・植野貝塚があり，縄文晩期の遺跡は，大勢遺跡・加来東遺跡・高畑遺跡がある。

（遺跡の立地と地理的環境について）

第11図は，土地分類基本調査図に縄文遺跡の分布を落としたものである。早期の遺跡は，台地上などに所在し，後期の遺跡は台地や自然堤防上など現在の河川や谷底平野を望む位置にあることがわかる。一方，晩期の遺跡は谷底平野や扇状地などに存在する。この谷底平野を望む台地の縁辺部には，入垣貝塚など多くの貝塚も存在し，ボウガキ遺跡からは潮間帯の貝類が多く出土している。また，犬丸川に掛かる尾崎橋付近の河川改修工事中にハマグリなどの貝類が多く採取されている。

これらのことから，縄文後期頃の海岸線は現在とは全く異なり，現在の谷底平野や河川沿いはある範囲まで海水が内陸まで入り込み，リアス式海岸状の地形を呈していたものと考える。法垣遺跡付近の谷底平野や河川沿いまで海水が入り込んでいた可能性が高く，早期・後期の人々は高台や浮島状の土地を選び集落を営んだ。早期の黒水遺跡などでは陥し穴遺構が見つかっており，台地上はある時期そこがイノシシ・シカなどの獣類の狩場であったことも教えて

第11図　中津市地形分類図及び縄文遺跡等分布図
(国土交通省「5万分の1都道府県土地分類基本調査（中津）」参照・中津市教委（2013）より転載・修正)

くれる。加来東遺跡からはイチイガシなどの種実が出土しているため，かつてそこにそれらで構成される森が広がり，狩猟が行われていたのであろう。早期・後期の遺跡が所在する箇所が早い段階から集落を形成しやすい状況であったのに対し，谷底平野や扇状地は集落に不向きな状態であった。谷底平野はかつて貝類を産出する豊かな浜が形成されていたと推測する。

　晩期になると，海退が進み，海岸線は後退していく。現在の海岸線まで後退することはなかったであろうが，沖代平野付近は沖に代わって平野が出現した。山国川下流域の高畑遺跡や加来東遺跡の人々はより水を得やすい場所，すなわち安定した陸地と化した川に近い谷底平野や扇状地へ台地から移動したグループが存在したと推測する。山国川上流域では大勢遺跡周辺で後期・晩期の集落の展開が予想される。このことは，山国川上流域の縄文人は下流部へ移動・集住した訳ではなく，後期から晩期への時代変遷，環境変化の中でも人々が継続的に同一地域に居住した様子を示している。山国川上流域における環境変化は，下流域に比べさほど大きなものではなかったと考える。

（遺物について）
　ここでは，遺跡から出土した土器の概要をまとめおく。枌洞穴で前期の轟式土器が見つかっており，中期の阿高系の土器も出土している。後期になると，中国地方の中津式・福田KⅡ式

土器などが岼洞穴から一定量出土しており，その頃の西日本や九州他地域との交流が窺える。後期中頃から後半になると法垣遺跡・佐知遺跡などで鐘崎式土器に代表される北部九州の土器が多く発見され，一部に太郎迫（西平）式土器を主体とする住居跡も出現する。晩期は，高畑遺跡・加来東遺跡で黒川式土器，大勢遺跡で刻目突帯文土器が検出されており汎九州的な様相を見せる。

（遺構について）

　それでは，後期の台地上で展開していた集落はどのような規模・形態であったのであろうか。佐知遺跡，佐知久保畑遺跡，槙遺跡などをみると同時期に存在した住居数は概して多くない。整理作業中の法垣遺跡では，縄文竪穴住居を7棟ほど確認しているが，出土遺物から全て同時期ではなく，2棟程度が併存していた様相である。当該地区の縄文後期の遺跡数は縄文時代の他時期より多い傾向にあるものの，彼らが一所に集住し，数十棟で構成される大規模集落を展開する状況には至らなかったと現時点ではいえる。住環境に適した土地を選地し，小規模な集落をそれぞれのグループが営んだのであろう。しかし，出土する土器や検出される遺構は他地域と共通する特徴をもつ。佐知久保畑遺跡などでの上唐原型住居の存在，法垣遺跡24号住居と築上町山崎・石町遺跡7号住居との類似点などがそれである。小規模集落は他遺跡と隔絶した存在ではなく，緩やかな紐帯を有し，汎東九州的ともいえる枠組みの中に収まっていたといえる。ただし，全ての遺跡が同質であったわけではなく，法垣遺跡の掘立柱建物群等の存在は明らかに特異であり，後期の遺跡の中に質的な差異が存在したことは確かであろう。

（精神性について）

　当地方の縄文人の精神性はどのようなものであったのであろうか。空腹がもたらす生理的欲求などが狩猟などの行動を促したものと思われるが，決してそれのみに終始したわけではなかった。高畑遺跡や大勢遺跡で発見された土偶は，安産など人々の願いを象徴したものであり，物質文化の他に精神文化が存在したことを示す。また，加来東遺跡の漆塗りで仕上げた浅鉢は，縄文人が物を盛るだけの存在として土器を製作・認識していただけではなく，それに鑑賞の要素も具備させている点で彼らの美意識をも窺う好資料といえる。

　法垣遺跡やボウガキ遺跡の住居内より人骨が出土している。人が居住しなくなった住居に墓壙を構築したもので，当時の廃絶住居に対する縄文人の意識を垣間見ることができる。また，法垣遺跡24号住居については，住居埋没中に土器を大量に廃棄しているが，その途中，土器の上半部を安置する祭祀行為を行っていることは，当時の精神文化を考える上で重要である。

　以上，まとまりのない内容になったが現時点で推測できる中津市域の縄文期における景観や人々の動態について述べた。筆者の浅学により不備が多い内容になったと思う。大方のご批判を仰ぎたい。

法垣遺跡は現在遺跡公園として整備されている。法垣遺跡の発掘調査中，田中良之先生はご多忙の中2日間にわたって縄文住居より発見された人骨の取り上げ作業を行って下さった。その際，住居の埋没時に祭祀行為が行われていること，縄文期の掘立柱建物は西日本で極めて希少であることなどをご指摘いただいた。重要エリアの保存措置が執られたことは先生のご指摘・ご発言がなければなかったことであり，その後の整備指導者会でも会長として会議をリードしていただいた。先生のお考えに沿った公園整備になったか心もとないが，ここにあらためて御礼を申し上げる次第である。

　考古学は科学かとの先生の問いに対しては，科学が実験と観察による実証，論理的推論による体系的整合を目的とするものであるならば，考古学はまさしく科学と考える。

　本稿をまとめるにあたって，竹村恵二先生，立石義孝先生に地質についてご教示いただきました。末筆ながらご芳名を記し謝意を申し上げます。

■註
1）竹村恵二先生（京都大学大学院教授）ご教示。山国川流域の地質については，立石義孝・竹村恵二，2015．最新の地質学体系に基づいた大分県北部地域の地質〜山国川流域を中心とした層序学〜，一般社団法人日本応用地質学会九州支部・九州応用地質学会会報№36に詳しい。

■参考文献
賀川光夫，1965．上古の中津市概観．中津市史（中津市史刊行会 編），大分
賀川光夫，1980．古代中津の概要．中津の歴史（中津市刊行会 編），pp1〜2，大分
賀川光夫・橘昌信・内藤芳篤，1987．原史．本耶馬渓町史（本耶馬渓町史刊行会編），大分
三光村教育委員会，2004．三光村の遺跡－佐知久保畑遺跡－，三光村教育委員会文化財調査報告書5集，大分
中津市教育委員会，2005．ボウガキ遺跡．中津市文化財調査報告第36集，大分
中津市教育委員会，2010．大勢遺跡．中津市文化財調査報告第49集，大分
中津市教育委員会，2013．加来東遺跡．中津市文化財調査報告第62集，大分
中津市教育委員会，2013．法垣遺跡．中津市文化財調査報告第64集，大分
大分県教育委員会，1988．黒水遺跡．中津バイパス埋蔵文化財発掘調査報告書（Ⅰ），大分
大分県教育委員会，1989．佐知遺跡．大分県文化財調査報告書第81輯，大分
大分県教育委員会，2003．槙遺跡．大分県文化財調査報告書第153輯，大分
大分県教育委員会，2010．高畑遺跡．大分県教育庁埋蔵文化財センター51集，大分
三保の文化財を守る会・中津教育委員会，1992．ボウガキ遺跡．大分県中津市所在縄文集落調査報告書，大分

御領式以降

肥後考古学会　島　津　義　昭

要旨

　九州の縄文土器のひとつに御領式がある。学史上著名な型式である。中九州地方での発掘調査の進展により，それに続く型式が把握されるようになった。天城式，古閑式が相当する。しかし，御領式以降のこの2型式については，細別の問題が未着手であったが，いくつかの案が提出されている。さらに，御領式の大別についても諸説があり，後続の型式についても同様である。この問題に対する試案として，御領式から古閑式にいたる形式の変化を，明らかにしてみたい。併せて北九州を代表的する広田遺跡や中九州の上南部(かみなべ)遺跡の成果を参考にして，細別と大別について言及する。

キーワード：縄文後晩期，御領式，天城式，古閑式，縄文土器の細別と大別

はじめに

　西日本の縄文式の土器型式のひとつに御領式がある。縄文土器編年のなかでは後期あるいは晩期とされ，爾後の諸型式の大きな源流となったとみられる土器群である。

　ここでは御領式の変容と，御領式以降の土器型式の「大別」を考えてみたい。御領式前後の過程については，素描を提示したことがある（山崎・島津1984　島津1989）。また当該期については諸氏の優れた論攷もある（坪井1981　富田1996　清田1998　石川2000　松本2000　宮地2008　水ノ江2012）それらを参考にして論じてみたい。本稿では，旧説の所見と基本的変更はないが，御領式以降の土器の型式設定の前提になった事柄や形式の変化，変容をやや詳しく論じてみたい。

1　御領式土器の認識

　まず御領式について研究史を概観する。熊本市南区城南町御領貝塚が標式遺跡である。御領式の型式名は，1935年に小林久雄が使用した。これに先立ち，150mの近距離の貝塚である阿高貝塚出土土器を御領貝塚と比較した研究がある（第1表）。この土器の性質論をつうじて前者（阿高土器）が古く，後者（御領土器）が新しいことを論じたが，この時点では，まだ「御

第1表　阿高土器・御領土器比較

(性質)	阿　高　土　器	御　領　土　器
色　彩	赤褐色　黒褐色	湿黒色　帯黄褐色
色　沢	粗　光沢なし	滑沢　緻密光沢あり
厚　さ	厚　同一破片に差多し	薄　同一破片にては差少し
硬　度	低	高
吸湿性	大	小
混　砂	砂粒大にして多し	砂粒小にして少し
紋　様	太形凹紋	帯状平行直線紋
(形　態)		
口縁部	単純縁のみ（波状縁）	形式甚だ多し
胴　部	狭角にして脹らみ少なし	広角にして脹み大
頸　部	なし	有するもの多し
肩　部	なし	有するもの多し
底　部	平底にて大，裾広がりの物多し	二種にして小，中凹の物あり
形　態	単純	複雑

(小林1931)

領式土器」とは使われていない。

　小林は熊本県の下益城郡，宇土郡，八代郡などに点在する貝塚の出土土器を基にして編年案を示した。それぞれの貝塚出土土器の施紋法を9種に分類し，平行横直線文（帯状直線文）を御領式とよんだ（第2表）。

　縄文式土器の編年研究は，19世紀の研究を踏まえ1930年代前後に山内清男により新機軸が打ち出された。「編年学派」と呼ばれた若い研究者が関東・東北地方の縄文土器研究を進めた。小林久雄もそのような学会の研究動向を踏まえ，九州地方の編年研究を行った。

　列島全体の「縄紋土器型式の大別と細別」を試みた山内清男の論文（山内1937）は，縄文土器研究の一大集成であり，編年研究に大きな影響を与えた。九州の型式名は小林命名のものを取り上げている。その4年前の論文（山内1932）とともに，後の縄文土器研究の基礎となるものである。

2　縄文土器の大別と細別

　山内清男の縄文土器研究の方法は「地域差，年代差を示す年代学的の単位―我々が型式と言って居る―を制定し，これを地方的年代的に編成して，縄紋土器の形式網を作ろう」というものであるが，これは「単に土器自身の調査に関わるばかりではない。縄紋土器の時代に於ける土器以外にも幾多の変遷消長があった」として，型式の目的が土器自体の研究と，型式網を通じての土器以外の文化（遺物）の研究にある事を明言している（山内1932）。

　さらにこの方針は徹底され「縄紋土器文化の最短期間の状態は最も短時である程，一挙一動を明らかにし得るであろう，型式は益々細分され，究極まで押し進むべきである」とした（山内1937）。縄文土器の細別は，この時点で20から30型式に及んでいた。そしてそれらは前・

第2表　縄文土器の文様と型式

文様（型式）	
太形凹文（阿高式）	────
細帯隆起文（轟式）	───────
連点文爪形文	────────
細形刻文（曾畑式）	────────
絡縄曲線文（後期阿高式）	──────
貝　　文	────
絡縄直線文（西平式）	─────
平行横直線文（御領式）	────
楕円捺型文	────

（小林1935）

中・後に3期に「大別」された。山内清男は，その前後に，早と晩を加え5期に「大別」し，後に細別の増加に鑑み早期を二分し，先行する草創期を加え現行の6期となった。

「大別」については，細分された型式が余りに多くなるので「一般の記述に多くの便宜をはかる」としている（山内1937）。その基準は，「早期」が尖底を有する本格的に古い土器群，「前期」は広義の諸磯式とその平行型式，「後期」は所謂薄手式の範囲，「晩期」は亀ケ岡式及びその平行型式とした（山内1937）。最初に示された著名な編年表では，御領式は晩期とされた（第3表）。

第3表　縄文土器型式の大別と細別

	渡島	陸奥	陸前	関東	信濃	東海	畿内	吉備	九州
早期	住吉	（+）	槻木 1 〃 2	三戸・田戸下 子母口・田戸上 茅山	曾根？× （+）	ひじ山 粕畑		黒島×	戦場ケ谷×
前期	石川野× （+）	円筒土器 下層式 （4型式以上）	室浜 大木 1 〃 2a, b 〃 3-5 〃 6	蓮田式｛花積下 関山 黒浜｝ 諸磯 a, b 十三坊台	（+） （+） （+） 踊場	鉾ノ木×	国府北白川 1 大歳山	磯ノ森 里木 1	轟？
中期	（+） （+）	円筒上 a 〃 b （+） （+）	大木 7a 〃 7b 〃 8a, b 〃 9, 10	五領台 阿玉台・勝坂 加曾利E （新）	（+） （+） （+） （+）			里木 2	曾畑 阿高 出水 ｝？
後期	青柳町× （+） （+）	（+） （+） （+） （+）	（+） （+） （+） （+）	堀之内 加曾利B 〃 安行 1, 2	西尾× （+） （+） （+）		北白川 2 ×	津雲上層	御手洗 西平
晩期	（+）	亀ケ岡式｛（+） （+） （+） （+）｝	大洞B 〃 B-C 〃 C1, 2 〃 A, A′	安行 2-3 〃 3	（+） （+） （+） 佐野×	吉胡× 〃 × 保美×	宮滝× 日下×竹ノ内× 宮滝×	津雲下層	御領

註記　1. この表は仮製のものであって，後日訂正増補する筈です。
　　　2. （+）印は相当する式があるが型式の名が付いて居ないもの。
　　　3. （×）印は型式名でなく，他地方の特定の型式と関聯する土器を出した遺跡名。

（山内1937）

3 御領貝塚の調査

　御領貝塚の調査は，1930年に鳥居龍蔵が小林久雄をはじめ熊本の同学の士と発掘を実施し，出土人骨を記録したのが最初である。近年，その地点が明らかになった（髙木2014）。しかし貝塚の層位と出土遺物の詳細を把握したのは1951年の金関丈夫，小林久雄を団長とする「日本考古学協会縄文土器編年研究特別委員会」の調査である。調査成果は貝塚の所在する城南町の町史（坪井1965）や学会紙に発表され（坪井1967），小林久雄追悼号に再録された（小林久2010）。

　発掘調査の内容を紹介しよう。御領貝塚は全体の貝層の広がりが楕円形をなし，木原山麓に近い南側には，纏まった貝層が小高く残り，その部分に若宮神社が鎮座している（第1図）。

　遺跡の規模は東西170m，南北220mに及ぶと推定される（第I図）。膨大な貝層がかつては存在したが，大正時代に消石灰の原材として貝殻が採集され貝層の70％が失われ，残っているのは一部という（乙益1973）。この貝塚を形成した縄文人の集落は，貝層の南側から西に続く，台地の西部にあると考えられる（隈1991）。鳥居龍蔵の調査地点は北側の台地の端であった。日本考古学協会特別委員会の地点は若宮神社を挟んだ南地点（Aトレンチ）と北地点（B

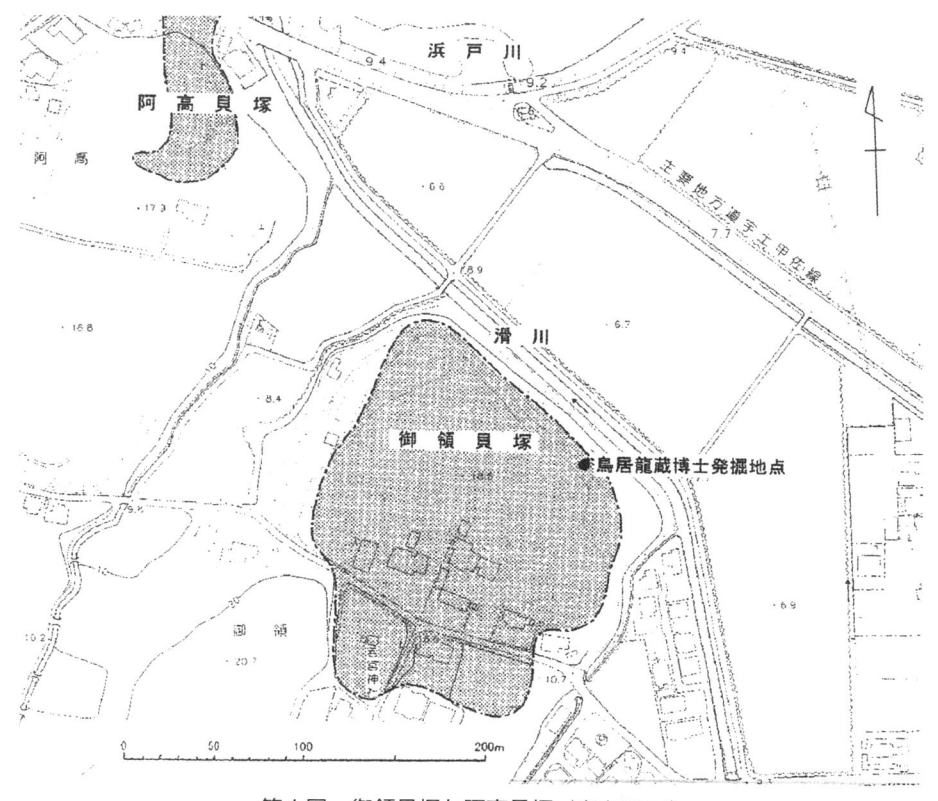

第1図　御領貝塚と阿高貝塚（髙木2014）

トレンチ）と人骨が発見され埋め戻されたX地点の3ヵ所であった。B地点付近からは，かつて小林久雄が小児甕棺を発見しており貝塚の中心地と考えられた為である。Aトレンチの貝層の下の黒褐色混土貝層からは西平式片が出土し，上の貝層から出土する御領式との間に層位的差異のある事実が確認された。貝塚から出土した土器は総数519個で，93.5％は黒色研磨された所謂御領式であった。

御領式以後を論じるに当たり，関連する重要な調査遺跡があるので，まずそれを紹介する。

4 天城遺跡と古閑遺跡の調査

天城遺跡は熊本県菊池市赤星天城にあった縄文期の遺跡である。圃場整備事業に先立ち1974年発掘調査が実施された。東南に延びる幅150mの台地上の先端部に遺跡は位置した。調査面積約3700㎡の全域に，拳から人頭大の自然礫を並べており，その中に大きい礫で四角に囲んだ配石遺構2ヵ所，竪穴住居2ヵ所，埋甕7基を検出した。大量の土器・石器が出土したが，石器6307点以上，土器は底部だけで1217点を数えた（島津・清田1980）

古閑遺跡は熊本県上益城郡益城町古閑に所在した。九州自動車道建設の為1973年に発掘調査が実施された。阿蘇外輪山の裾部から西に延びる台地の南斜面に遺跡は存在した。角礫の集石遺構があり多量の土器と石器が出土した（賀川・加藤ほか 1980）。

5 上南部遺跡の調査

御領貝塚のある熊本平野には，南から浜戸川，緑川，白川の大きな河川が流れ，それらの流域の河岸段丘面には縄文早期から晩期にかけての重要遺跡が点在する。

御領貝塚は熊本平野の南，浜戸川に面して位置する。平野の北，白川の段丘面にも各時期の縄文遺跡がある。熊本市東区上南部遺跡は白川左岸にある大遺跡である。御領貝塚から北東15kmの距離にある。水田改良工事に先立つ1978年，1979年に2次の発掘調査がおこなわれた。調査地区8338㎡から大量の土器が出土し，調査者の富田紘一の計測では，総重量4370kgに及ぶという。遺構は円形住居跡と住居跡と推定される遺構（富田氏は擬住居跡とよぶ）および埋甕が検出された（富田1981）。土器の出土量と遺構の分布を重ねると，中央部に空間（広場）をもつ弧状のムラが想定され（坪井1981 金田2014），前述した御領貝塚の貝層のありかたと近似するのは興味深い。廃棄土器が貝と同じように蓄積している。

6 各遺跡の出土土器の分類

上記の4遺跡からは，縄文後・晩期以外の時期の縄文土器も出土しているが，その割合は極めて低い。とくに御領貝塚では押型文土器の出土は古くから知られており（山内1935），九州での押型土器の使用時期が九州以外の地域に比べ遅くまで残る例とされた。発掘調査での知見から，御領式に伴うものでない事が明らかになった。御領貝塚では先行する西平式，三万田式や後出の杉上式[1]も出土したが数量としては5％未満であった。御領式土器での器種の構成は

浅鉢形土器22.7％，深鉢形土器70.7％であった。この概ね３対７の比率は他地域でも通有のものと推定された。

天城遺跡では，磨消縄文土器と押型文土器が一片，また型式上古閑式に比定できる深鉢形土器も少量出土している。古閑遺跡では押型文土器，阿高式，摩消縄文土器片が数点である。上南部遺跡からも轟式，阿高式などの先行する土器，後出の黒川式，山の寺式が少量出土した。これら諸遺跡の遺物は後期から晩期が主であるとみることができる。

御領貝塚の調査資料の土器形式は浅鉢形４種（Ａ・Ｂ・Ｃ・Ｄ）と深鉢形４種（Ｅ・Ｆ・Ｇ・Ｈ）で，この組み合わせを御領式土器とした（第３〜５図）。なお小林コレクションに同期の注口土器，高坏形土器があることにも留意している（坪井1967）。

浅鉢形Ａは小形の鉢，Ｂはく字形口縁の口縁帯があるもので，そこに２乃至３条の押線を持つ，口唇部は外反し，体部は喇叭状をなす。この類は先行する型式（三万田式）に近いとみられた。Ｃは皿形の体部から強く外反するもの，口縁部が平縁と山形をなすものとがある。Ｄは頸部が短く内傾やわずかに外反するもの山形突起をもつ。

深鉢形には口縁部に凹線を巡らしたものと素文がある。Ｅは口縁部に１から３条の凹線をもち，口縁部に楕円形凹線文がみられるものもある。Ｆは口縁部が無文のもので，Ｇはく字形の口縁帯をもつもの。口径が30㎝以上のものが多く，小児葬棺に使用されたのもこの類である。Ｈは鉢形の粗製品である。

天城遺跡の出土土器は全体をⅠ式からⅢ式に分類した（島津・清田1980）。Ⅰは鳥井原式である，Ⅱは御領式，Ⅲを天城式とした。後述するが天城式も御領式と同様の形式の組成をもつ。浅鉢形４種，深鉢形６種である。

浅鉢形は口縁部に文様を持つＡと持たないＢに別れる。また鉢形もあるがＢに含めた。Ａには山形突起をもつものともたないものがある。後者の口縁部は直立，あるいは外反する。口縁帯に二条から多条の沈線をもつ。この類ではさらに頸部が短くなり外反するものがある。Ｂは口唇部内面に条線をもつものがある。

深鉢形は口縁帯の文様の有無でＡ，Ｂにわけ，さらに口縁帯を持たないＣがある。それぞれは，頸部と胴部の形態差でＡが１種，Ｂが２種，Ｃが３種に別れる。

古閑遺跡では形態，手法の特徴から粗製深鉢形土器と精製深鉢形土器にわかれる。深鉢形は口縁が立ち上がるＡ，Ｂと直立するものＣからＦの６種に分けた（賀川・加藤ほか1980）。

上南部遺跡では浅鉢形土器をⅠからⅣまでの４類に，深鉢形土器をⅠからⅢまでの３類，鉢形土器をⅠからⅣまで４類に，碗形をⅠ，Ⅱに分けた。このほか注口土器，捏鉢形土器がある（富田1981）。その年代について５期にわけ上南部Ⅰ期を鳥井原式，Ⅱ期を御領式，Ⅲ期を晩期初頭期，Ⅳ期をそれに続く時期，Ⅴ期を黒川式期とした（富田1986）。

地域は異なるが，玄海灘沿いの広田遺跡の後期から晩期にかけての土器の分析（小池1980）は，北九州地域での土器の特徴がみられ，中九州との共通性と差異が知れるであろう。遺跡は福岡県糸島市二丈吉井広田に所在する。国道建設の先立ち二次の調査が行われ大溝，竪穴，埋

甕などが検出された。出土土器の形式分類は深鉢5類，浅鉢4類，碗2類で計60種に分類し，大溝中の土層の新旧と併せⅠ期からⅣ期とした。既知の型式と比較するとⅠ期は御領式平行期，Ⅱ・Ⅲ期を晩期初頭，Ⅳ期を黒川式に先行する時期とみて，Ⅱ・Ⅲ期を広田式とした。深鉢形土器（A類からE類）のうち中九州と共通する形式はA類のみで，他はみられない。また深鉢形土器に九州以外の地域の紋様をもつものがある。広田遺跡の地域性であろう。

7　御領式・天城式・古閑式の設定

御領式は，最初にその型式名が提唱されてから35年後に，発掘調査が実施され型式の構成がわかった。浅鉢形，深鉢形，鉢形土器，注口土器，高坏形土器からなる規範性の強い土器群である（杉村1994）。これは先行型式である鳥井原式をそっくり継続している。

天城遺跡，古閑遺跡の整理作業を通して，それらが御領式に続く型式であると予想し，九州地方での広域的な縄文土器晩期土器編年の上で中九州（筑後，肥前南部，肥後，豊後，日向の北半）に分布する土器群とした（山崎・島津1984　木﨑1994）。また，阿蘇山の東西地区，島原半島地区に小区分できるとした。

九州晩期の枠組みは刻目突帯文土器の出現を画期として，晩期前半および晩期後半として，さらに晩期前半は前葉，中葉，後葉とした。この時点で九州の縄文晩期の型式は，最終末の夜臼式を含め6型式と予想した。

8　御領式・天城式・古閑式の細別

御領貝塚出土土器には，前述の先行する時期の土器のほか，後出する天城式があることが後に確認された（清田1989）。御領式以降の細別について清田純一は，天城式をⅠからⅢにわけ，古閑式も同様に3区分した。最後の古閑式Ⅲは無刻突帯文の間隙を埋める型式とした（清田1998）。われわれも古閑式と刻目突帯文土器の間の空白を埋める型式があることは予想していたが，天城式，古閑式の細分は未着手であった。

型式には，それが成立する最初の段階，流通し変容していく最後の段階があることは予想される。したがってひとつの型式は，2から3の子型式に細分できるであろう。林謙作は土器型式を「大別（親）」「細別（子）」「細々別（孫）」としてとらえ，「細々別」を「段階」とすることについては，やはり「段階」の「土器の空間の中の広がり」をも示すべきである，と指摘している。賛同できる意見である（林2004）。

清田純一は，天城式をⅠからⅢ式，古閑式をⅠからⅢ式（ただしⅢ式は不明確とする）とした。宮地聡一郎は天城式の古段階と新段階を想定した（宮地2008）。天城式，古閑式が調査で把握された主な遺跡としては以下がある。

熊本市北区五丁中原遺跡（清田1981）で天城式の住居跡を検出した。人吉市中堂遺跡（和田1993）で古閑式を細分できる住居跡を検出した。同じ球磨郡あさぎり町沖松遺跡では，22基の埋設土器を検出し，そこには天城式，古閑式が含まれている。包含層出土の土器も同様で

ある（古城 1996）。熊本市東区乾原・迎八反田遺跡では、天城式の住居跡を調査（大城・網田1989）菊池市ワクド石遺跡では、天城式に比定できる住居跡を検出した（古森1994）。熊本市北区鶴羽田遺跡では、住居跡14基のうち、9期が御領式期、5基が天城式期であった。遺物は古閑式、黒川式、山の寺式も出土している（坂田1998）熊本市北区山海道遺跡では、5基の住居跡と埋甕21基を検出し、第1号住居跡から天城式を出土した（木村・髙野2001）。熊本市東区石の本遺跡群では76基の縄文期の住居跡が検出され、時期の判明する53基を、御領式期をⅠ期、天城式をⅡ期、古閑式をⅢ期とした場合、Ⅱ期に属するもの多いのを、人口増加であるとみてⅠ期からⅡ期にかけての土器の大形化と粗雑化については、Ⅰ期の土器製作技法が適応していないとの興味深い見解を示した（中村幸2002）。宇城市豊野町古閑原遺跡では34基の埋設土器を発見したが、型式の判明するものは28基で、御領式1基、天城式23基、古閑式4基であった（高橋ほか2000）遺跡玉名市上小田宮の前遺跡では、自然流路跡から完形の天城式土器を検出した（廣田2010）。玉名市北の崎遺跡の1号住居跡では天城式の良好な組み合わせ資料が出土した（馬場2011）。

　石の本遺跡から近い上南部遺跡の集落の分析では、金田一精は清田の編年を再構成して、天城古式（清田天城Ⅰ式）と天城新式（清田天城Ⅱ・Ⅲ式）とした。また古閑式も新古とし、集落構成の変遷を試みて、やはり天城期に集落数が最大になることを明らかにした（金田2014）。細分の確定には、更に資料を積み重ねることが期待される。調査遺跡でその時間性（型式変遷）を確実に把握すること必要である。

9　御領式・天城式・古閑式の「大別」

　御領式は、山内清男により晩期と位置づけられた。その後、坪井清足はこれを後期とした。その根拠は、御領式に先行する型式とみられる三万田式は、中国地方の福田KⅡ式や畿内の元住吉山式と関連する文様をもっているので、それから生まれた御領式を、後期末の宮滝式と平行するとみたのである（坪井1959）。

　御領式を晩期であるとする説もある[3]（磯崎1964　乙益1965　小池1996）。また、晩期の型式をⅠ期からⅢ期にわけて、Ⅰ期を御領式から繋がる大石式を、Ⅱ期を黒川式、礫石原式、Ⅲ期はそれ以降を置く説もある（賀川1969）。それを基に、大野川流域の調査を総合した編年も発表されている（坂本1984）。

　縄文土器の編年の「大別」の指標は、晩期の提唱者、山内清男の規定が生かされるべきである。亀ヶ岡式は九州島にはみられないので、近畿地方に分布の中心をもつ滋賀里式と亀ヶ岡式の間接的な関係を通じて類推するほかはない[2]。坪井清足の弥生前期の木葉紋は縄文晩期の橿原式を継続する（坪井1962）という「直接的系譜論」の当否を、詳しく検討した大塚達朗は、滋賀里Ⅱ式の弧線紋に注目し、北九州市貫川遺跡出土の土器は搬入されたものとして、滋賀里Ⅱ式の一部は後期に属するから、九州の後期末、晩期初頭の区分は相当に再考すべきだとした（大塚2000）。

また松本直子は認知考古学の事例研究の一端として，天城式や古閑式を含む「黒色研磨土器様式」（泉1989　小林達2008）の属性（色調や土器の器壁の厚さ）の分析をおこない，九州島での各期の土器の属性分布に，地理的クライン（連続変異現象）があることを指摘した。とくに北九州の広田遺跡の土器の色調が，中九州の土器群と異なり明るく朝鮮半島南部との類似性が高いことが，明色にたいする「選択的嗜好性」があったとみる興味深い指摘を行った（松本1996　2000）。

　御領式については，施文技法の扇状貝圧文や押線文など，先行する時期の技法が多くみられることから，後期に位置付けられよう。天城式については，御領式に続く後期末とみる説（水ノ江1997　水ノ江2012　藤尾2007　宮地2015），その一部を後期とみる説（清田1998　金田2014）もある。なお，藤尾慎一郎は，炭素14年代分析の結果（上小田宮の前遺跡 PLD-5057. BP3150）もその根拠のひとつとしている（学術創成プロジェクト2007）。

　天城式晩期説は山内清男の「亀ヶ岡式およびその平行型式」を晩期と規定した点を重視する見解である。確かに，古閑式には滋賀里Ⅱ式にみる弧線沈線文（家根1984）をもつ土器が共伴しており，滋賀里式との平行関係から類推して，古閑式は晩期と判断される（坪井1981）。

　天城式と滋賀里式の関係は，現時点では両者の繋がりを直接示す資料はない。この事は古く山内が指摘していたことでもあった（山内1936）。西日本後晩期土器の関連性の問題は，中間地帯の論証が不明（中沢1997）であり，関係ないと断言するためには，なお今後の調査の進捗に留意しておく必要があろう。

　Ⅱ地域（中九州）の御領式に続く型式については，富田紘一が熊本市域の調査を通じ，御領式から黒川式（河口1960），までの間に3型式の存在を予測していたところであった（富田1975）。富田氏の方法は，中九州地域の縄文後期土器の編年研究の積み上げにおいて，御領式に続く晩期初頭の土器を抽出していたものである（富田1981）。

　御領式から天城式，古閑式への変容は漸進的であるが，個々の資料を観察すると，土器製作技術や土器自体の形態等に差異がみえる。いくつかの変化点について述べる。遺跡毎になされた形式分類では，その消長や変容が解りにくいので，御領貝塚での形式分類を基準として各期の資料をみてみよう（第2・3・4図）。この動きはこれらの遺跡群の所在する中九州地域での変化であり，北部九州の晩期の土器の動きは北九州（小南2008）とは異なる状況である。

　御領式から天城式，古閑式への変容の過程を述べてみたい。なお，使用した資料は全て，御領貝塚，天城遺跡，古閑遺跡からの出土土器である。

(1) 浅鉢形土器の多様化と大形化（第2図　第3図1～21）　御領式には4形式（A・B・C・D）があった。A類は天城，古閑遺跡を通じて多くはない。御領貝塚にみられた小型品は少ない。とくに体部が内側に反る喇叭状のB類は，天城式を経て古閑式にはみられない。消滅する形式であろう。C類には，口縁帯が狭まり，口縁端が極端に外反するものが出現する。御領式の浅鉢形土器には煤の付着はない。口径はA・Bが15cmから18cmが多く，最大径は35cmであるのに対し，天城式で40cm，古閑式では49.5cmのものがある。御領式より大

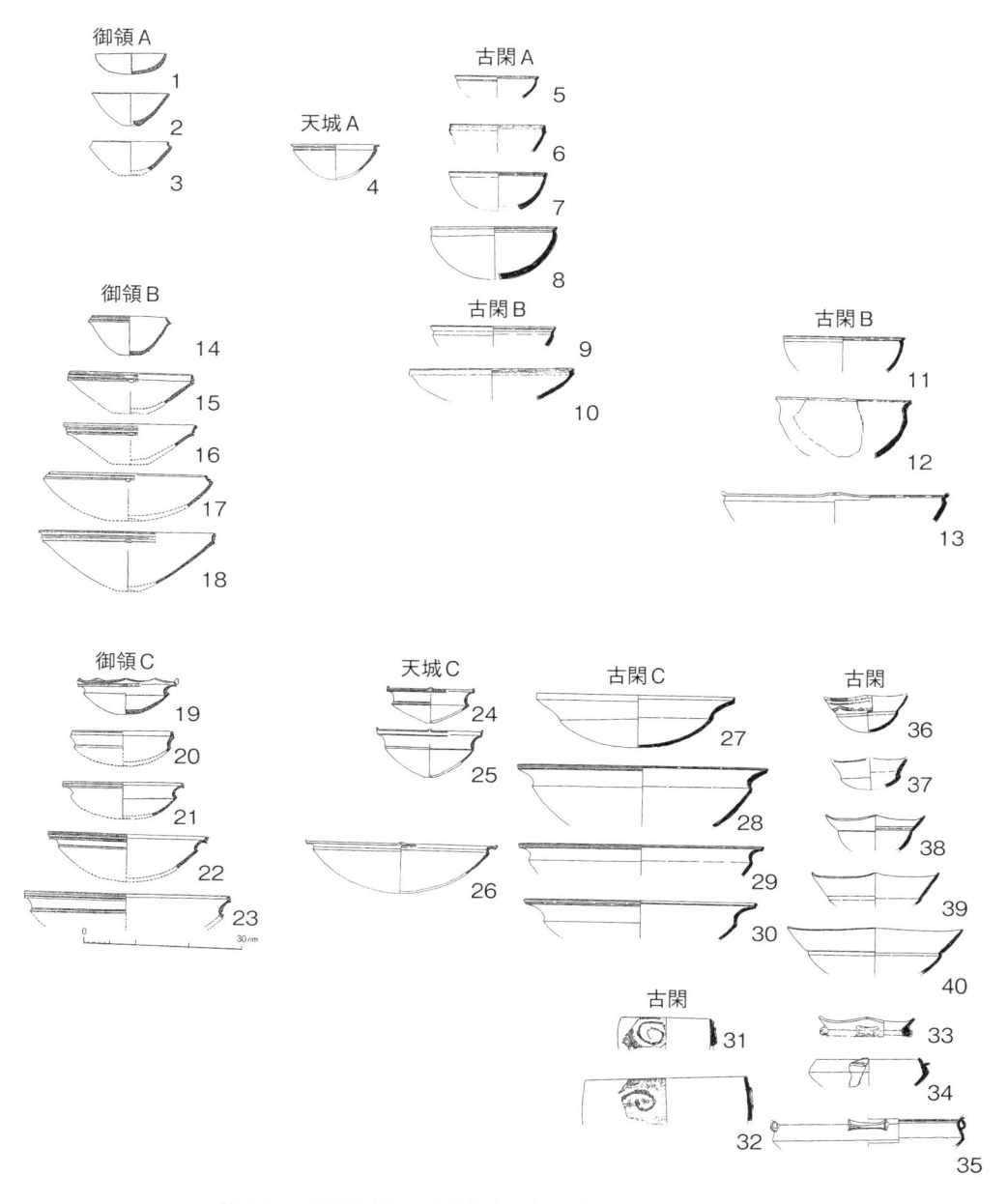

第2図　御領貝塚　天城遺跡　古閑遺跡　土器比較図（1）

きくなっているが注目される。古閑遺跡では40cmを超える浅鉢形に煤が付着したものがある。煮沸用もあることである。御領式の標準大の浅鉢と，古閑遺跡の最大口径の浅鉢の容積を，単純に比較すると前者を基準にした場合，後者は30倍弱にもなる。使用法の差異があったと考えられる

　また，古閑遺跡では系譜を中九州にもたない浅鉢形土器（第2図36～40）がみられる。同

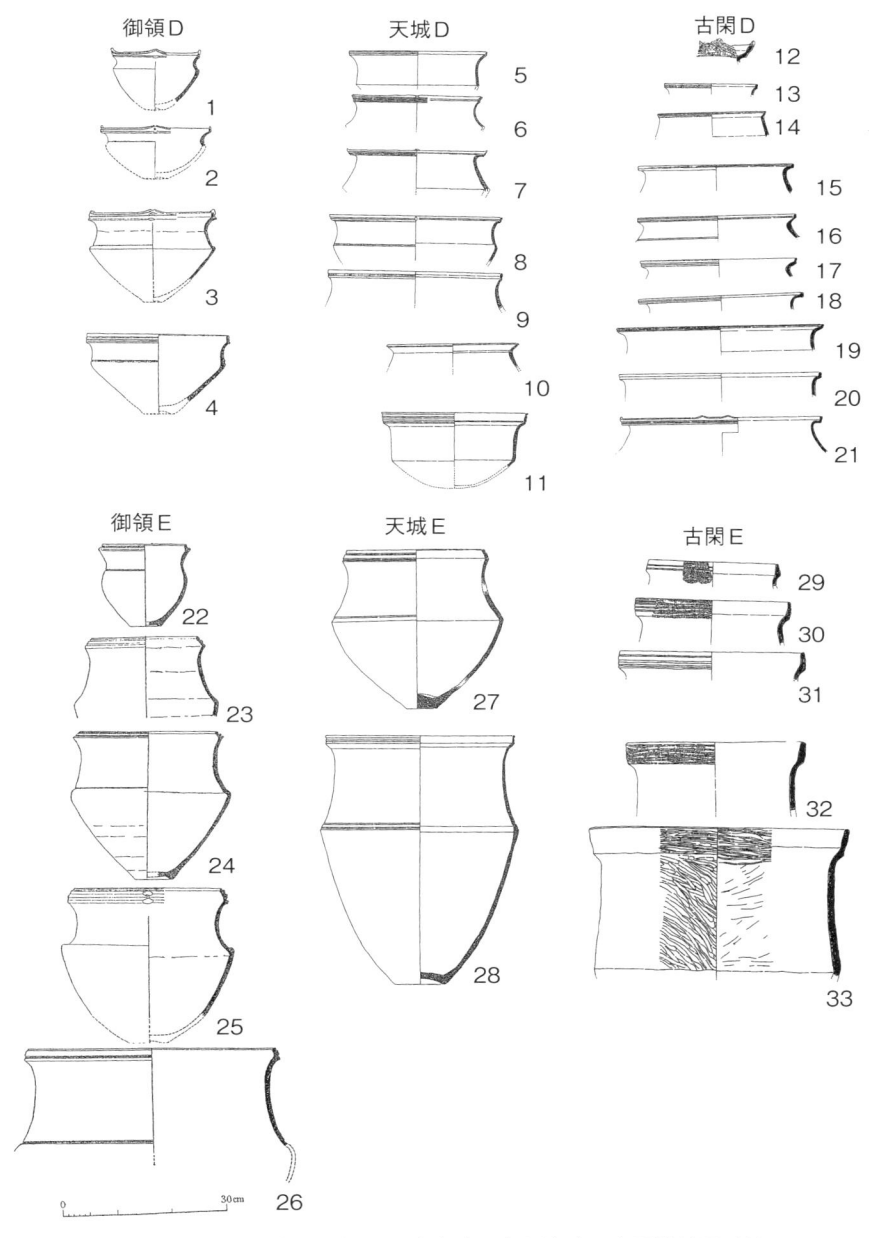

第3図　御領貝塚　天城遺跡　古閑遺跡　土器比較図（2）

様にリボン状の突帯（第2図33～35）や渦巻き形の隆帯をもつもの（第2図31・32）も出現する。時期的には後出のもので，古閑式に続く型式名未定式である。D類では口縁帯の突起がなくなる。古閑遺跡で山形突起の名残をみるが，数少ない。この類にも大型が出現する。
(2) 深鉢形土器の紋様変化（第3図22～33）　深鉢形Eは，口縁部の紋様が帯幅広の押圧文から沈線文へ変わっていく。御領式は最初に平行横直線文（帯状直線文）として，その特徴と

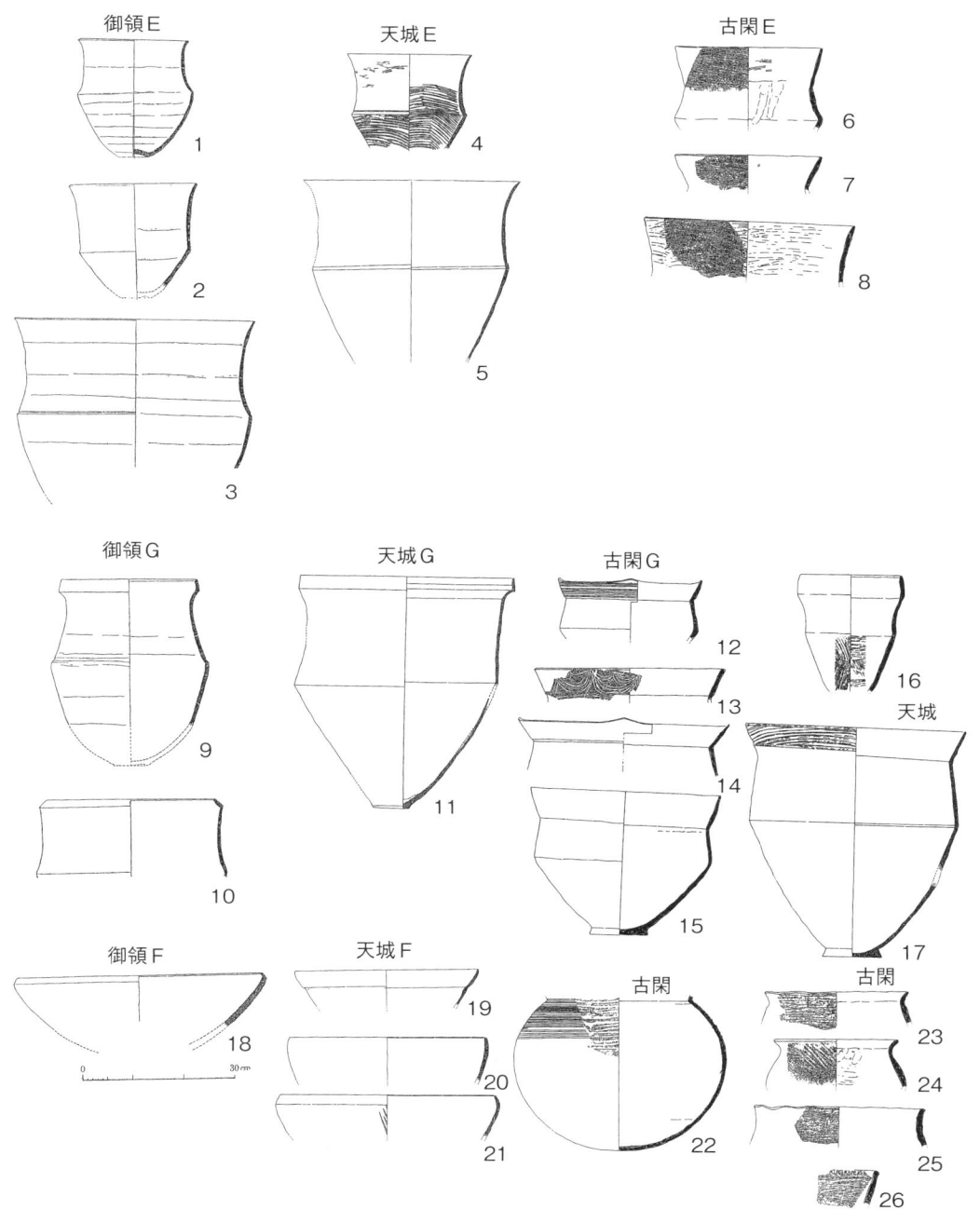

第4図　御領貝塚　天城遺跡　古閑遺跡　土器比較図（3）

して認識されたように，深鉢形の口縁帯には3本の沈線が施されている。沈線というより凹線であり，断面形は幅広いU字状をなす（第3図22～26）。天城遺跡ではその数が増加し4から5本となる。御領式の幅広い押線から，通有の沈線になり，しかも直線が直線でなく緩

やかに波状になるものさえもある。E類は、御領式を受け継いでいるが、底部の造りが御領式にみる小さな上げ底のもの（第3図28）から平底が出現する（第3図27）。胴部の膨らみが減じ、全体形が長く伸びるものが出現する（第3図28）。さらに古閑遺跡では、沈線の残っているが、粗雑化し幅広の条痕に変わる（第3図33）。

　精製土器と粗製土器の分化は、御領貝塚出土の御領式では、基本的には全てが丁重に作られている精製土器であり、成形され調整のあと磨き（研磨）が加えられている。色調こそ、漆黒から赤褐色、褐色と個体差があるが、全体として浅鉢形・深鉢形・鉢形などの順に丁寧さは減少するし、形式毎の差異は少ない。天城式もほぼ同様であるが、しかし丁重さの度合がしだいに低くなり、調整を加えないものが出現する（第4図4）。古閑式に到り、はっきり精製と粗製の分化がみられる。古閑遺跡では、九州に直接の出自をもたない深鉢形（第2図36〜40）、突帯や突起もつ類（第2図31〜35）、壺形（第4図22）もみられる。この類が中九州にどのように展開しているかを知ることが課題の一つであろう。

(3) 器面調整の変化　(2) と関連するが、御領式の深鉢形の表面は丁寧にヘラ調整されている。主にヨコ方向の研磨がみられる。天城式では斜めや縦の調整なされるものが出現し、古閑式ではほとんどなされなく、成形面がそのまま表面となって条痕がそのままのものもある（第3図33）。

　このようにみていくと、天城式、古閑式では御領式の「範型」（小林達2008）が強く継続され、しだいに変わっていったことがわかる。しかも集落のあり方は天城式を境に変化するようにみえる（富田1998）。天城式期に最大となり以後小さくなっていく。

　九州の縄文後期後半以降土器の属性分析を詳細に行った、石川健の研究によれば、後期から晩期にかけての土器の粗製化には、器種構成レベルの粗製化（レベルA）と細別器種内での粗製化（レベルB）で、北九州にレベルA、中九州にレベルBの現象がみられるという（石川1990）。本稿で示したように、御領式の形式分類を基準にした分析でもその傾向が確認された。

おわりに

　御領式以降の天城式、古閑式については検討すべき課題も少なくない。天城式、古閑式の細別は清田純一案が最も細別化を進め、肯首できる点も多いが、万人にわかるように、更に解り易い記述を行う必要がある。上南部遺跡の膨大な資料の分類を軸に、近の大規模な集落跡であった運動公園遺跡の住居跡資料や近年の集落跡からの出土品を分析する必要があろう。

　天城式の「大別」は、今少し時間をかけてみてみる必要があろう。筆者としては、当面天城式以降を晩期とする旧説を墨守してみたい。

　小論の作成にあたり諸氏から、資料の借用や御教示等を賜った。御芳名を記し感謝の意を表したい。

金田一精　木下尚子　清田純一　小池史哲　椎名　浩　髙木正文　富田紘一　花岡興史　山崎純男

　当該問題の先行研究や文献の遺漏については，御海容を願いたい。再述の機会を得たいと思っている。

■註
1）杉上式は現在では流通していない型式名であるが，現在の天城式である。御領貝塚に近接する宮地台地や吉野地区の台地部（旧杉上地区）には，縄文後晩期の遺跡が点在する。その出土品は小林コレクションにみられる（清田1985）。
2）九州まで到達する亀ヶ岡式土器は大洞A1式の特異な装飾土器で（藤沼・関根2008），それ以前の形式は未発見であった。近年日本列島の弥生文化の広がりを論じた所論で，亀ヶ岡式が「板付文化が成立する弥生時代前期初期に限って，突然九州を中心に西日本に拡散し，奄美大島まで及ぶ」との注目される見解が示されている（小林青2013）。
3）磯崎正彦は「紋様帯の狭少化がついに平行沈線に変化する」（磯崎1964）ことに注目した。乙益重隆の晩期説は，伝統的な学史的言説の継承であったろう。小池哲史は「九州地方の後期土器に特徴的な磨消縄文手法は御領式にはみられない。北部九州の粗製深鉢を除いて，土器の形態的な変化に矛盾はないので，むしろ御領式を晩期に含めるのが妥当であろう」（小池1996）とする，傾聴すべき意見である。なお西健一郎も「従来通り後期末に編年すべきか疑問がある」（西1996）としている。

■文献
小林青樹，2013．縄文と弥生　日本列島を縦断する移動と交流．人類の移動誌（印東道子編）pp155-169　臨川書店　京都
石川　健，1999．九州における縄文後・晩期土器の様式構造変化と地域性．古文化談叢第43集．1-31．九州古文化研究会
大塚達朗，2000．縄紋土器研究の進展開，同成社．東京．
大城康雄・網田龍生，1980．乾原・迎八反田遺跡群Ⅰ－開発工事に伴う埋蔵文化財発掘調査報告書－　熊本市教育委員会，熊本．
磯崎正彦，1964．晩期の土器．日本原始美術1縄文式土器（山内清男編），pp170-174．講談社．東京．
泉　拓良，1989．西日本研磨土器様式　縄文土器大観4（小林達雄編），pp311-313．小学館．東京．
乙益重隆，1965．縄文文化の発展と地域性（九州北西部）日本の考古学Ⅱ縄文時代（鎌木義昌編）pp250-267．河出書房．東京．
乙益重隆，1973．御領貝塚　日本古代遺跡便覧（末永雅雄監修）
pp329．社会思想社．東京．
賀川光夫，1965．縄文文化の発展と地域性（九州東南部）日本の考古学Ⅱ縄文時代（鎌木義昌編）pp268-284．河出書房．東京．
賀川光夫・加藤良彦 他，1980．古閑遺跡－熊本県菊池郡大字赤星字天城出土の縄文土器の報告．古保山・古閑・天城（隈昭志編）pp29-141．熊本県文化財調査報告第47集，熊本．
学術創成プロジェクト，2007．年代測定データー一覧表．縄文時代から弥生時代へ（西本豊弘編）新弥生時代のはじまり pp147 -193．雄山閣
金田一精，2014．上南部遺跡の再検討－大集落の変遷　肥後考古19号61-80．

河口貞徳，1960．kurokawa Site Kagosima1-4　日本考古学協会西北九州総合調査特別委員会資料．
木﨑康弘，1994．天城式．縄文時代研究事典　pp199　東京堂，東京．
木﨑康弘，1994．古閑式．縄文時代研究事典　pp200　東京堂，東京．
木村元浩・高野信子，2001．万楽寺出口遺跡・山海堂遺跡．熊本県文化財調査報告書　第185集
清田純一，1981．五丁中原遺跡出土の縄文時代住居址についいて　熊本短期大学連合学会論集36号
清田純一，1987．小林コレクションⅠ．熊本県城南町歴史民俗資料館収蔵品目録第1集．城南町．
清田純一，1989．小林コレクションⅡ－城南町西南部（藤山・東阿高・阿高地区）－　城南町歴史民俗資料館収蔵品目録第2集．城南町．
清田純一1998，縄文後期・晩期土器考－中九州の縄文後・晩期土器の平行型式について－　肥後考古11号．35-66
隈昭志　1990　御領貝塚　図説日本の史跡1（原始1）（文化庁文化財保護部史跡研究会監修）pp222　同朋舎　京都
小林達雄，2008．縄文土器の様式と型式と形式．総覧　縄文土器（小林達雄編）pp2-12　『縄文土器』刊行委員会．アム・プロモーション，東京．
小林久雄，2010．阿高貝塚及御領貝塚の土器について（小林久雄先生『九州縄文土器の研究』再販刊行会代表坪井清足編）．雄山閣，東京．
小池史哲，1985．福岡県広田遺跡　縄文の遺跡・西日本編（潮見浩編）．pp345-351．有斐閣，東京．
小池史哲，1980．広田遺跡0区の調査　二丈・浜玉道路関係埋蔵文化財調査報告．福岡県教育委員会．
小池史哲，1982．福岡県二丈町広田遺跡の縄文土器―晩期初頭広田式の設定．森貞次郎博士古稀記念古文化論集上巻．pp127-146，福岡
小池史哲，1996．御領式土器．日本土器辞典　pp89　雄山閣，東京．
小南裕一，2008．北部九州地域後期末～晩期前葉土器の研究　古文化談叢第59号集．1-21　九州古文化研究会．
坂田和弘，1998．鶴羽田遺跡－（仮称）梶尾ニュータウン造成工事に伴う埋蔵文化財調査　熊本県文化財調査報告書第168号　熊本県教育委員会
坂本嘉弘，1982．東九州における縄文後・晩期遺跡の動態－大分県を中心として－　賀川光夫先生還暦記念論集．pp31-53．大分
坂本嘉弘，1984．大野川中流域における縄文後・晩期土器の分布　大野原の先史遺跡（坂本嘉弘編）pp133-141．大分県文化財調査報告　第65輯．大分県教育委員会．大分
島津義昭・清田純一，1980．天城遺跡―熊本県菊池郡大字赤星字天城出土の縄文土器の報告．古保山・古閑・天城（隈昭志編）pp145-207熊本県文化財調査報告第47集．熊本
島津義昭，1984．小林久雄論　縄文文化の研究10（加藤晋平　小林達雄　藤本強　編）pp121-128，雄山閣，東京．
島津義昭，1989．黒色研磨土器様式．縄文土器大観4（小林達雄編），pp315-317．小学館，東京．
杉村彰一，1994．御領式．縄文時代研究事典 pp282-283．東京堂，東京
髙木正文，2014．鳥居龍蔵博士の御領貝塚発掘調査－肥後考古学会はここから始まった－　肥後考古第19号．23-31　肥後考古学会．熊本．
高橋靖拡，2000．縄文時代．古閑原遺跡（九州環境整備研究所編）pp20-99．豊野町文化財調査報告書第2号　豊野町教育委員会
坪井清足，1962．縄文文化論．原始及び古代1（日本歴史1）pp111-138．岩波書店，東京．
坪井清足，1959，じょうもんどき　図解考古学辞典（水野清一編）pp477-479，創元社．東京．
坪井清足，1982．縄文時代雑感．森貞次郎博士古稀記念古文化論集上巻．pp147-151．福岡．

坪井清足，1981．西日本．縄文土器大成4（鈴木公雄・林謙作編集）pp155-158．講談社，東京．

坪井清足，1967．熊本県御領貝塚　石器時代8　1-28

坪井清足，1975．縄文土器編年表．陶磁全集1（縄文）pp66　中央公論社，東京．

富田紘一，1975．黒く磨かれた土器．熊本の縄文時代．pp18-22．熊本博物館，熊本．

富田紘一，1981．上南部遺跡発掘調査報告．熊本市教育委員会．熊本市．

富田紘一，1986．千原台遺跡出土縄文土器の位置ずけ．戸坂遺跡発掘調査報告書．pp131-153．熊本市教育委員会．

富田紘一，1996．縄文時代．pp31-328．新熊本市史．史料編，第1巻　考古資料　熊本市．

富田紘一，1998．縄文時代．（新熊本市史編纂委員会編）pp353-502　新熊本市史．通史編．第1巻．熊本市．

中沢道彦，1997．土器型式編年論．晩期．縄文時代8．縄文時代研究会．142-149

中村幸弘，2002．総括．石の本遺跡群Ⅴ．第52回国民体育大会秋季主会場整備事業に伴う埋蔵文化財発掘調査報告書．pp279-299　熊本県文化財調査報告　第205集．熊本県教育委員会．

中村　豊，2008．西日本研磨土器（滋賀里1～3式）．総覧縄文土器（小林達雄編）pp782-789．総覧縄文土器刊行委員会，東京．

西健一郎，1996．九州地方の縄文土器．日本土器事典．PP8-9　雄山閣，東京．

馬場正弘，2011．北の崎遺跡・剣抜遺跡．熊本県文化財調査報告書　第264集

林謙作，2004．縄紋土器の型式．縄紋時代史Ⅰ．pp77-124．雄山閣，東京．

廣田静学，2015．上小田宮の前・養寺遺跡．熊本県文化財調査報告書　第255集

藤尾慎一郎，2007．弥生時代の開始年代．縄文時代から弥生時代へ（西本豊弘編）新弥生時代のはじまり　pp7-29．雄山閣

藤沼邦彦　関根達人，2008．亀ヶ岡式土器（亀ヶ岡式系土器群）総覧縄文土器（小林達雄編）pp682-693．総覧縄文土器刊行委員会，東京

古城史雄，1996．沖松遺跡―熊本県球磨郡須恵村字沖松所在の遺跡―　熊本県教育委員会．

古森政次，1994．ワクド石遺跡　熊本県菊池台地における縄文時代後期集落の調査．県営畑地帯総合土地改良事業に伴う文化財調査　熊本県文化財調査報告書第144号．熊本県教育委員会．

前田義人，1995．晩期出土遺物について．貫川遺跡10（前田義人編）pp178-196　北九州市埋蔵文化財報告書170集．北九州．

松本直子，1996．認知考古学的視点からみた土器様式の意図的変異　考古学研究42-43

松本直子，2000　属性による空間的変異の位相差とコミュニケーション―後期後葉―晩期前半―　認知考古学の理論と実践的研究．pp83-112．九州大学出版社，福岡．

松本直子，2002．伝統と変革に揺れる社会―後晩期の九州　縄文社会論（上）（安斉正人編）pp103-138　同成社

水ノ江和同，1997．北部九州の縄紋後・晩期土器―三万田式から刻目突帯文土器の直前まで　縄文時代8．73-110　縄紋時代研究会．東京．

水ノ江和同，2012　九州縄文文化の諸問題　九州縄文文化の研究雄山閣．東京．

宮地聡一郎，2015．土器から見た九州晩期農耕論の課題　九州縄文晩期の農耕問題を考える　pp18-23　九州縄文研究会発表要旨・資料集　福岡

宮地聡一郎，2008．黒色研磨土器．総覧縄文土器（小林達雄編）pp790-797　総覧縄文土器刊行委員会．東京．

山崎純男　島津義昭，1984．晩期の土器．九州地方の土器　縄文文化の研究4（加藤晋平　小林達雄　藤本強　編）pp249-261　雄山閣，東京．

家根祥多，1984．晩期の土器．近畿地方の土器　縄文文化の研究4（加藤晋平　小林達雄　藤本強　編）

pp238-248 雄山閣，東京
山内清男，1933．日本遠古之文化．ドルメン2-2．pp49-53
山内清男，1935．古式縄紋土器研究の最近の動向．ドルメン44巻1号
山内清男，1936．日本考古学の秩序．ミネルバ1巻4号．pp137-146
山内清男，1937．縄紋土器型式の細別と大別，先史考古学．1巻第1号．pp29-32
和田好史，1993．中堂遺跡．人吉市教育委員会．
石川 健，2000．九州縄文後・晩期における埋設土器の性格．古文化談叢第46集．1-25．九州古文化研究会．
横山浩一 1985 型式論 日本考古学1研究の方法 編集委員会横山浩一・近藤義郎 pp43-78 岩波書店 東京
東和幸 2009干河原段階の土器 南九州縄文通信No20 南の縄文・地域文化論考 新東晃一代表還暦記念論集 上巻 南九州縄文研究会新東晃一代表還暦記念論文集刊行会 鹿児島
佐藤達夫 1974 学史上における山内清男の業績 日本考古学選集21 山内清男 pp2-14 築地書館 東京
島津義昭，1991．火山灰と有文土器—九州のあけぼの 新版古代の日本 九州・沖縄．角川書店，東京．
賀川光夫 1977 縄文晩期農耕論についての覚書 別府大学紀要第18号 pp15-28 別府
松本直子，1995．土器の地域性にかんする認知考古学的研究—縄文時代後晩期の地理的勾配を通じて—鹿児島考古第29号．pp20-29 鹿児島県考古学会
三島 格 1965 縄文文化 熊本県史 総説編 pp57-92
森貞次郎，1983．縄文晩期および弥生初期の遺跡の概況．北九州の古代文化 pp18-20 六興出版，東京
森貞次郎，1983．縄文晩期および弥生初期の諸問題．pp2-20 九州の古代文化．六興出版，東京

西日本地域の縄文時代から弥生時代にいたる
身体・四肢プロポーションの時代変化

土井ヶ浜遺跡・人類学ミュージアム　高椋浩史

要旨

　本研究では気候への適応との関連性が指摘されている身体プロポーションや四肢プロポーションについて，西日本地域の縄文時代から弥生時代にいたる時代変化を検討した。分析の結果，四肢プロポーションについては縄文集団と弥生集団で時代変化が認められ，弥生集団は縄文集団よりも四肢の末端（前腕・下腿）が相対的に短く，先行研究と同様の傾向が認められた。一方，最大骨盤幅から推定した身体プロポーションについては両集団間に統計的な有意差は認められなかった。この結果は，身体プロポーションを把握するための指標の一つされている大腿骨の骨頭径を用いた先行研究の結果と一致する。ただし，女性については縄文集団の最大骨盤幅は比較集団の中で最大で，相対的にやや幅の広い身体プロポーションであったことが確認された。この結果は，統計的な有意差を示さなかったものの男性と女性でやや異なる時代変化を遂げてきた可能性を示唆している。

キーワード：身体プロポーション，四肢プロポーション，縄文時代，弥生時代，時代変化

1　はじめに

　形質人類学において，身体プロポーションや四肢プロポーションは気候への適応との関連性が指摘されている。例えば，身体プロポーションと気候との関連性については Bergman の法則（Bergman, 1847），四肢骨のプロポーションについては Allen の法則（Allen, 1877）を通じて理解されている（Schreider, 1950, 1957, 1975; Trinkaus, 1981; Ruff, 1991, 1994, 2002; Katzmarzyk and Leonard, 1998; Auerbach and Ruff, 2004 ; Ruff et al., 2012）。Bergman の法則とは，寒冷地の集団はより体格が大きくなるというもので，体格が大きいことで，体重あたりの表面積が小さくなり，体熱の放散を防ぐための適応と考えられている。ヒトにおいては，身長に対する体の幅を大きくすることで，相対的に体熱の放散を少なくしていることが知られている。先行研究において，人骨から身体幅を把握するための指標として最大骨盤幅（Biiliac breadth）と大腿骨の骨頭径（Femoral head diameter）が有効であることが指摘され，寒冷な地域の集団の身体幅は温暖な地域の集団よりも大きいことが示されている（Ruff, 1991,

1994, 2002; Auerbach and Ruff, 2004；Ruff et al., 2012）。また，四肢骨のプロポーションについては Allen の法則（Allen, 1877）が知られており，それは寒冷地の集団ほど突出の程度が少ないというもので，ヒトの四肢骨については四肢骨の末端の骨（前腕と下腿）の長さを短くし，体の表面積を少なくすることで，体熱の放散を少なくすることが知られている（Trinkaus , 1981）。

　このような身体プロポーションや四肢プロポーションの変化は，日本人の形成史の議論において重要な指標であることが指摘されている。例えば，北部九州や響灘沿岸地域から出土した弥生時代人骨の四肢骨は，先住民である縄文集団の四肢骨よりも末端の骨（前腕と下腿）が短いことが指摘されており（Yamaguchi, 1989; 中橋・永井，1989；Temple et al., 2008），その弥生集団の特徴は現代人とも類似している。縄文集団と弥生集団のこのような四肢骨プロポーションの違いは，弥生時代に大陸からの渡来人の遺伝的影響を受けたとする，いわゆる「渡来・混血説」を補強するものとして知られてきた。しかし，近年の研究の進展により新たな知見がもたらされている。身体プロポーションを把握するための指標の一つされている大腿骨の骨頭径を用いた研究（Temple et al., 2008）では，縄文集団の身体幅は温暖な地域の集団よりも寒冷な地域の集団に類似し，それとは逆に四肢骨のプロポーションは温暖な地域の集団と類似する結果が示されている。このような身体プロポーションと四肢プロポーションとで異なる傾向が明らかになったことにより，縄文集団の起源をめぐる議論において彼らの形成過程がかなり複雑なものであったことが改めて示された。縄文集団の起源やその形成過程について，歯の形態分析に基づく研究では，縄文集団の歯の形態はオーストラリアやメラネシア，東南アジアの集団と類似することが指摘されており，縄文集団の起源が大陸南方にある可能性を指摘している（Turner, 1992; Hanihara, 1991; Matsumura and Hudson, 2005; Matsumura, 2007）。その一方で，頭蓋形態の研究やミトコンドリア DNA を用いた研究では，縄文集団の形成には北東アジアからの影響も指摘され（Adachi et al., 2009; Hanihara and Ishida , 2009），大腿骨の骨頭径を用いた身体プロポーションの結果も踏まえると，大陸北方からの影響も想定される。しかし，縄文集団の身体プロポーションについては検討すべき問題が残っている。前述した様に，人骨から身体幅を把握するための指標として大腿骨の骨頭径と最大骨盤幅が有効であること，さらに両者のうち最大骨盤幅がより体幹幅との相関が高いことが指摘されている（Ruff, 1991, 2002; Auerbach and Ruff, 2004）。

　そこで，本研究では最大骨盤幅に着目して，縄文時代から弥生時代の身体プロポーションの変化を検討する。弥生集団の四肢骨のプロポーションや大腿骨の骨頭径を用いた身体プロポーションの研究でも弥生集団は寒冷地の集団と類似することが指摘されている（Temple et al., 2008）。縄文集団と弥生集団の先行研究の結果を踏まえると，最大骨盤幅を用いた身体プロポーションについても縄文集団と弥生集団に差はないことが予測される。

　さらに，本研究では身体プロポーションと四肢プロポーションの関連性についても検討する。身体プロポーションと四肢プロポーションについては，両者とも気候との関連性が指摘され

ており（Schreider, 1950, 1957, 1975; Trinkaus, 1981; Ruff, 1991, 1994, 2002; Katzmarzyk and Leonard, 1998; Auerbach and Ruff, 2004; Ruff et al., 2005），その指摘が正しいとすると両者の相関性は高いはずである。しかし，縄文集団では身体プロポーションと四肢プロポーションとで異なる傾向が認められており，両者の関連性について縄文集団以外の集団でも改めて検討する必要がある。この問題を検討するために，本研究では縄文集団と弥生集団に加えて，近代から現代にかけての資料も加えて分析をおこなう。

2 分析資料と分析方法

〔分析資料〕

分析に用いた古人骨資料は縄文時代と弥生時代の成人人骨である。縄文時代人骨は愛知県の吉胡貝塚から出土した資料と岡山県の津雲貝塚から出土した資料である。弥生時代人骨は西日本，特に九州，山口地域を中心とした地域の前期末から中期を中心とした人骨資料である。

比較資料として西日本地域の近現代人骨資料を用いた。分析資料の内訳を第1表に，資料が出土した遺跡の分布を第1図に示している。

〔人骨の性判定と年齢推定〕

人骨の性別に関して，保存状態が良い個体は骨盤のみで性別を判定した。骨盤の保存状態が悪く，骨盤のみでは正確な性別の判定に問題があると判断した場合は，頭蓋形態の観察結果と合わせて性別を判定した。頭蓋は眼窩上隆起・乳様突起・外後頭隆起に注目し，Buikstra and Ubelaker（1994）の基準に拠った。骨盤は大坐骨切痕角・恥骨下角・恥骨坐骨長比に注目し，Phenice（1969），Buikstra and Ubelaker（1994），Bruzek（2002）の方法に従った。また，分析に用いた資料は若年個体と老年個体を除外しており，年齢の判定は寛骨耳状面，恥骨結合面の観察に基づいて行った。寛骨耳状面については Lovejoy（1985）の方法，恥骨結合については Sakaue（2006）に従った。

〔人骨の計測方法〕

人骨の計測は四肢骨と骨盤を対象に実施し，分析に用いた計測項目は上腕骨最大長，橈骨最大長，最大骨盤幅，大腿骨最大長，脛骨最大長である（第2図）。計測データのうち四肢骨のデータの一部に関しては文献から収集しているが，骨盤については筆者がすべておこない，計測は主に Martin-Saller（1957）と馬場（1991）に従った。

〔四肢プロポーション・身体プロポーションの比率〕

四肢骨のプロポーションを把握するために上腕骨，橈骨，大腿骨，脛骨の最大長を計測し，上肢については橈骨最大長と上腕骨最大長との比率（橈骨・上腕骨長比），下肢については脛骨最大長と大腿骨最大長との比率（脛骨・大腿骨長比）を算出した。身体プロポーションについては，最大骨盤幅と四肢骨のなかで最も身長と相関の高い大腿骨最大長との比率（最大骨盤幅・大腿骨長比）を算出した。

第1表　分析資料の内訳

	♂	♀	出土遺跡	所蔵機関
縄文	37	29	津雲貝塚, 吉胡貝塚	京都大学理学部
弥生	94	73	古浦遺跡, 土井ヶ浜遺跡, 中の浜遺跡, 吉母浜遺跡, 金隈遺跡, 永岡遺跡, 隈・西小田遺跡, 三津永田遺跡	九州大学総合研究博物館 土井ヶ浜遺跡・人類学ミュージアム 筑紫野市教育委員会
近現代	36	6	西日本	九州大学総合研究博物館

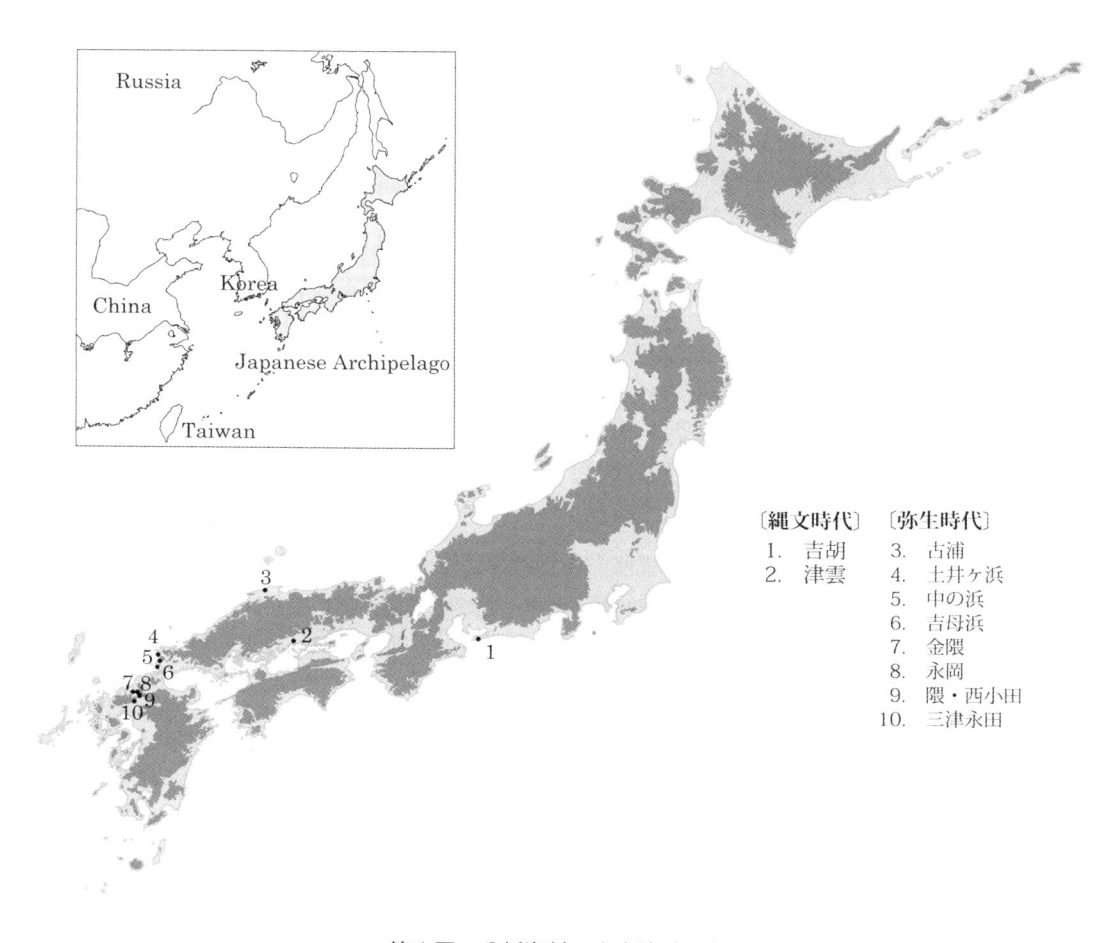

〔縄文時代〕
1. 吉胡
2. 津雲

〔弥生時代〕
3. 古浦
4. 土井ヶ浜
5. 中の浜
6. 吉母浜
7. 金隈
8. 永岡
9. 隈・西小田
10. 三津永田

第1図　分析資料の出土遺跡分布

〔統計処理〕

　計測データの統計処理について，各時代集団間の平均値の有意差検定には Steel-Dwass の方法を用いた。多変量による解析は，計測5項目（上腕骨最大長，橈骨最大長，最大骨盤幅，大腿骨最大長，脛骨最大長）を用いて主成分分析をおこなった。主成分分析は男女それぞれでおこない，分析には各個体の計測値を幾何平均値で標準化した値を使用した。

　また，橈骨・上腕骨長比，脛骨・大腿骨長比，最大骨盤幅・大腿骨長比の相関を検討する

〔計測項目〕
① 上腕骨最大長：骨頭の最高点から滑車の最下点までの直線距離
② 橈骨最大長　：骨頭の最高点から茎状突起の最下点までの直線距離
③ 最大骨盤幅　：左右の腸骨稜の最外側突出点の間の直線距離
④ 大腿骨最大長：骨頭の最高点から下端の最下点までの直線距離
⑤ 脛骨最大長　：顆間隆起の最高点から内果の先端までの直線距離

〔示数〕
橈骨・上腕骨示数＝（橈骨最大長／上腕骨最大長）×100
脛骨・大腿骨示数＝（脛骨最大長／大腿骨最大長）×100
最大骨盤幅・大腿骨示数＝（最大骨盤幅／大腿骨最大長）×100

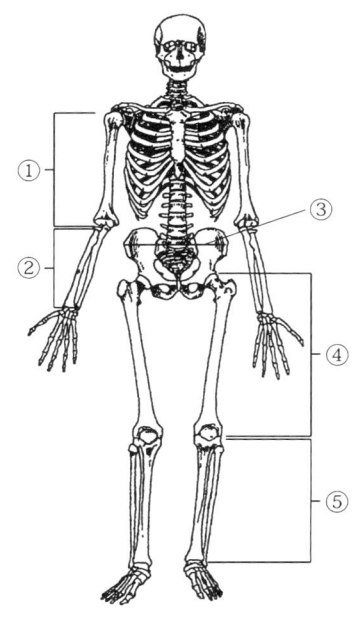

第2図　分析に用いた計測項目

第2表　分析に用いた各計測項目の基本統計量

♂	縄文			弥生			近現代		
	N	M	S.D.	N	M	S.D.	N	M	S.D.
上腕骨最大長	37	283.0	12.68	57	306.9	11.72	20	294.0	12.78
橈骨最大長	37	229.1	9.70	57	237.9	11.22	20	219.5	11.96
最大骨盤幅	14	253.5	15.08	10	263.6	13.30	36	246.3	12.25
大腿骨最大長	23	411.0	16.11	94	436.4	18.22	36	404.9	15.34
脛骨最大長	23	345.0	14.00	94	355.0	16.49	36	327.0	17.39
橈骨・上腕骨長比	37	81.0	2.91	57	77.6	3.05	20	74.7	3.19
脛骨・大腿骨長比	23	84.0	2.42	94	81.3	2.06	36	80.7	2.55
最大骨盤幅・大腿骨長比	14	62.0	3.64	10	61.5	2.35	36	60.9	3.05

♀	縄文			弥生			近現代		
	N	M	S.D.	N	M	S.D.	N	M	S.D.
上腕骨最大長	29	265.5	9.00	43	285.8	13.96	6	265.3	17.63
橈骨最大長	29	206.9	6.69	43	219.0	10.97	6	196.2	5.15
最大骨盤幅	12	253.3	6.31	17	257.4	15.34	6	235.7	14.35
大腿骨最大長	21	386.5	17.65	73	407.2	19.01	6	369.8	12.85
脛骨最大長	21	324.0	14.95	73	330.0	15.98	6	300.7	10.35
橈骨・上腕骨長比	29	78.0	2.92	43	76.7	2.87	6	74.1	3.35
脛骨・大腿骨長比	21	83.9	1.88	73	81.1	2.14	6	81.3	1.65
最大骨盤幅・大腿骨長比	12	66.6	2.52	17	64.2	2.83	6	63.7	3.51

ためにSpearmanの順位相関係数を算出した。本研究における統計的仮説検定は全て有意水準を0.05として行った。すべての統計解析はMicorsoft社のOffice Excel 2010とIBM社のSPSS Statistic Base 20を用いて行った。

3 分析結果

〔単変量解析による集団間比較〕

分析対象集団の各計測項目（上腕骨最大長，橈骨最大長，最大骨盤幅，大腿骨最大長，脛骨最大長），各示数（橈骨・上腕骨長比，脛骨・大腿骨長比，最大骨盤幅・大腿骨長比）の基本統計量を第2表，第3図に示している。

各四肢骨の最大長に注目すると，男女ともに弥生集団が最大の値を示していることがわかる。縄文集団と弥生集団では，男女ともに上腕骨最大長，橈骨最大長，大腿骨最大長に有意差が認められ，男性の脛骨最大長にも有意差が認められる。縄文集団と近現代集団では，男性の上腕骨最大長，女性の大腿骨最大長，男女の橈骨最大長と脛骨最大長に有意差が認められる。弥生集団と近現代集団では，男女ともに上腕骨最大長，橈骨最大長，大腿骨最大長，脛骨最大長に有意差が認められる。

上肢のプロポーションを示す橈骨・上腕骨長比に注目すると，縄文集団の値が他の二集団と比べて高い，つまり相対的に前腕が長い傾向にある。男性では縄文集団と弥生集団との間に，さらに縄文集団と近現代集団，弥生集団と近現代集団との間に有意差が認められる。女性では，縄文集団と近現代集団との間に有意差が認められる。

下肢のプロポーションを示す脛骨・大腿骨長比をみても，上肢の結果と同様に縄文集団の値が他の二集団と比べて高い，つまり相対的に下腿が長い傾向にある。有意差検定の結果に注目すると，男女ともに縄文集団と他の二集団との間に有意差が認められるが，弥生集団と近現代集団との間に有意差は無い。

次に，最大骨盤幅に注目すると，男性では縄文集団が高い値を示しているが，三集団間で有意差は認められない。女性では縄文集団と弥生集団が近現代集団よりも高い値を示しており，縄文と弥生の二集団と近現代集団との間に有意差が認められる。身体プロポーションを示す最大骨盤幅・大腿骨長比をみると，男女ともに三集団間で統計的な有意差は認められなかった。ただし，男女間でやや異なる傾向があり，男性では三集団間にほとんど違いが認められないが，女性については縄文集団が他の二集団より高い値を示し，相対的に幅の広い身体プロポーションを呈していたことがわかる。

以上の単変量解析の結果をまとめると，各四肢骨の最大長は分析対象集団の中で男女ともに弥生集団が最大であった。上肢と下肢のプロポーションについては，縄文集団が他の二集団よりも前腕と下腿つまり四肢骨の末端が相対的に長い傾向にある。身体プロポーションについては男女間でやや傾向が異なるものの，男女とも三集団に違いは認められなかった。

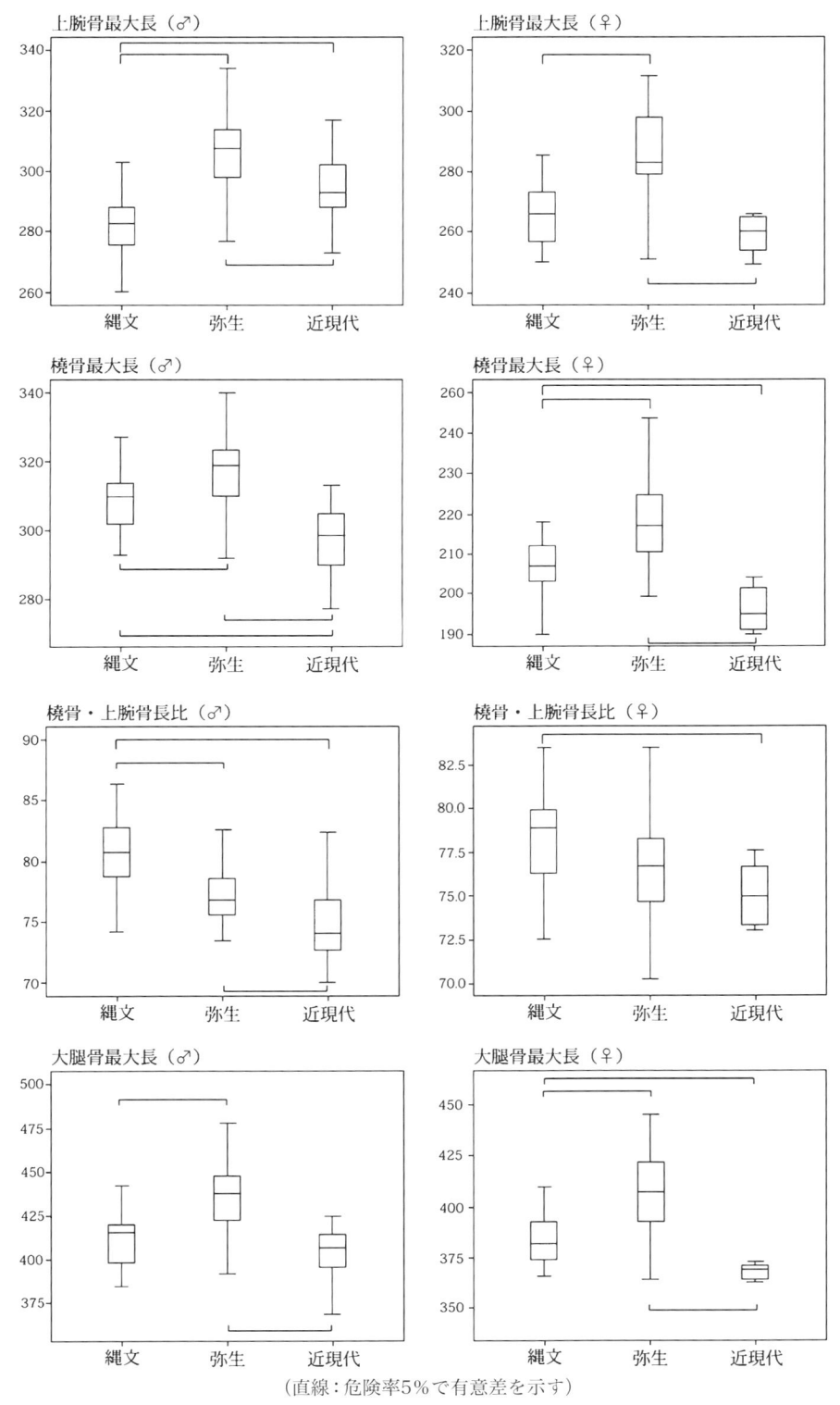

(直線：危険率5％で有意差を示す)
第3図　分析に用いた各計測項目の箱ひげ図

第3図　続き

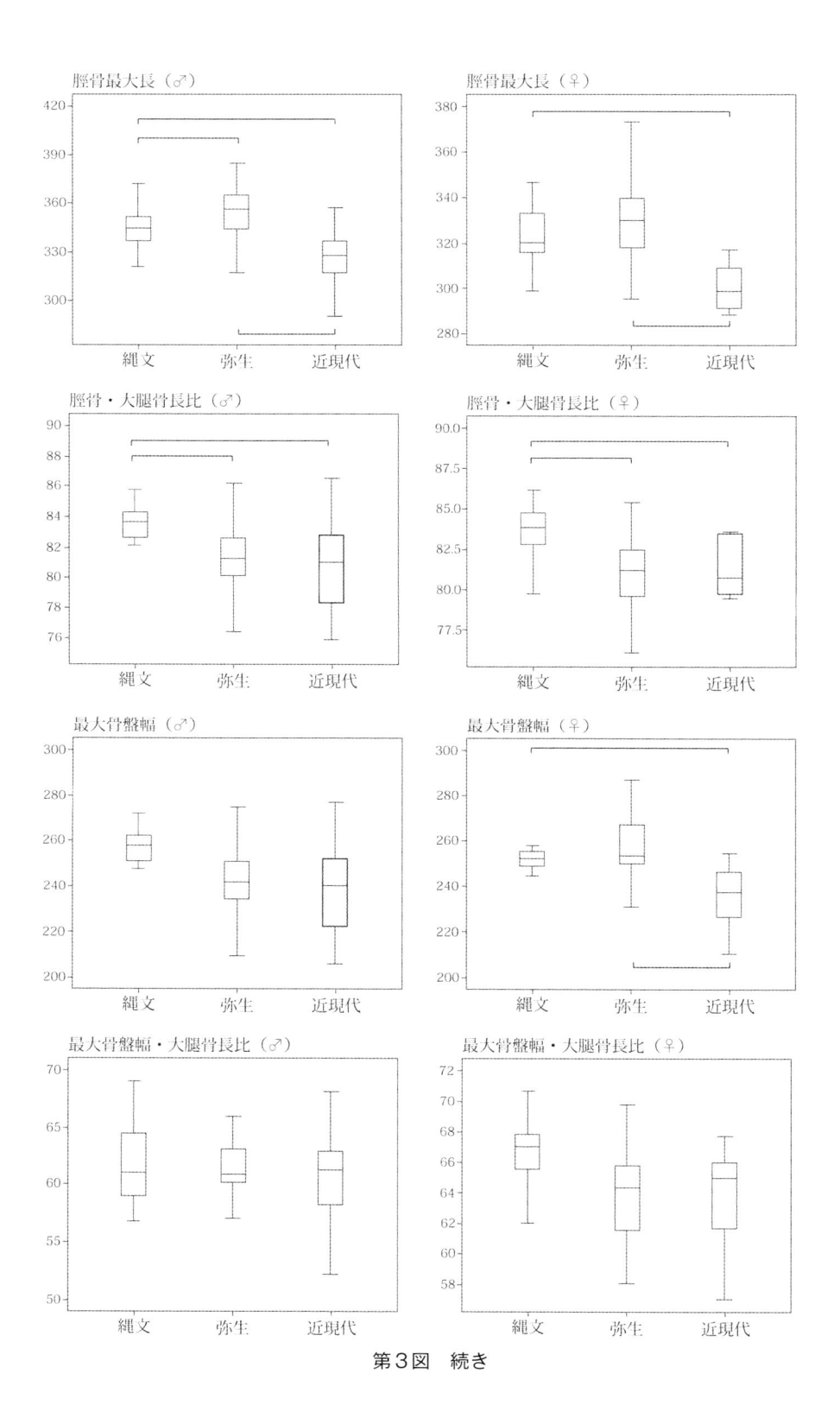

第3表　計測5項目を用いた主成分分析で得られた主成分負荷量

	♂		♀	
	第1主成分	第2主成分	第1主成分	第2主成分
上腕骨最大長	-0.384	0.195	0.303	-0.573
橈骨最大長	0.394	-0.026	0.020	0.233
最大骨盤幅	-0.093	-0.517	-0.646	-0.319
大腿骨最大長	-0.171	0.476	0.254	-0.015
脛骨最大長	0.338	0.221	0.046	0.429
固有値	2.21	1.73	1.88	1.63
寄与率	44.2	34.6	37.6	32.7

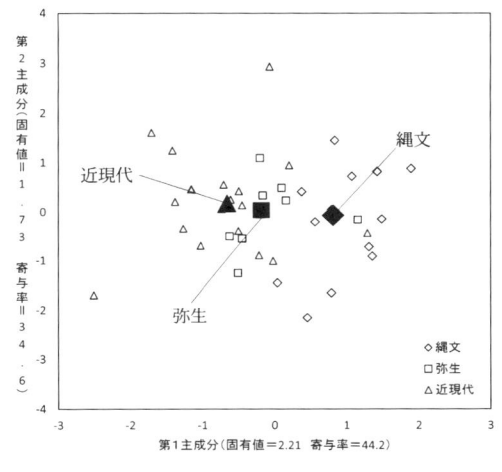

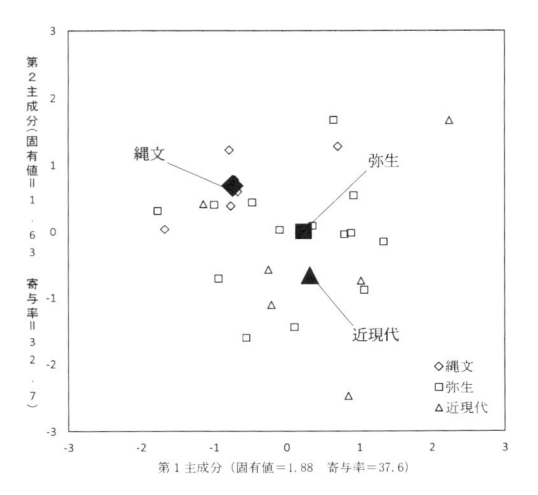

第4図　計測5項目を用いた主成分分析で得られた各集団の主成分得点の二次元展開図
（左：男性，右：女性，黒塗り記号：各集団の主成分得点の中央値）

〔多変量解析による集団間比較〕

　上記の単変量解析の結果をさらに検討するために，分析に用いた計測5項目（上腕骨最大長，橈骨最大長，最大骨盤幅，大腿骨最大長，脛骨最大長）を用いて主成分分析をおこなった。解析の結果を第3表に示している。

　男性の結果をみると，固有値が1以上を示したのは第1主成分と第2主成分であった。第1成分（固有値＝2.21，寄与率＝44.2）は，上腕骨最大長と大腿骨最大長で高い負の値を示し，橈骨最大長と脛骨最大長で高い正の値を示していることから，四肢骨のプロポーションを示す因子であり，第1主成分得点が高いほど前腕と下腿が相対的に長いことを示す。第2主成分（固有値＝1.73，寄与率＝34.6）は，大腿骨最大長で高い正の値を示し，最大骨盤幅で高い負の値を示していることから，身体プロポーションを示す因子であり，第2主成分得点が高いほど身長に比して身体幅が狭いことを示す。

　男性の第1主成分得点と第2主成分得点を二次元上に展開した第4図の各集団の主成分得点

第4表　各示数間のSpearmanの順位相関係数

		♂				♀		
		N	Spearman	有意確率		N	Spearman	有意確率
縄文	橈骨・上腕骨長比 － 脛骨・大腿骨長比	23	0.346	0.106	n.s.	18	0.381	0.119 n.s.
	脛骨・大腿骨長比 － 最大骨盤幅・大腿骨長比	14	−0.216	0.459	n.s.	19	0.073	0.767 n.s.
	脛骨・大腿骨長比 － 最大骨盤幅・大腿骨長比	14	0.377	0.184	n.s.	34	0.048	0.790 n.s.
弥生	橈骨・上腕骨長比 － 脛骨・大腿骨長比	42	0.165	0.296	n.s.	21	0.340	0.131 n.s.
	脛骨・大腿骨長比 － 最大骨盤幅・大腿骨長比	8	−0.238	0.570	n.s.	12	0.301	0.342 n.s.
	脛骨・大腿骨長比 － 最大骨盤幅・大腿骨長比	8	−0.119	0.779	n.s.	9	−0.083	0.831 n.s.
近現代	橈骨・上腕骨長比 － 脛骨・大腿骨長比	18	0.381	0.119	n.s.	6	0.886	0.019 ＊
	脛骨・大腿骨長比 － 最大骨盤幅・大腿骨長比	19	0.073	0.767	n.s.	6	0.029	0.957 n.s.
	脛骨・大腿骨長比 － 最大骨盤幅・大腿骨長比	34	0.048	0.790	n.s.	6	0.371	0.468 n.s.

（＊：危険率５％で有意、n.s.：有意なし）

の中央値をみると，縄文集団は他の時代集団と比べて第１主成分得点が高いことがわかる。つまり，縄文集団は弥生集団や近現代集団と比べて前腕や下腿が相対的に短く，単変量解析で示された結果と同様の傾向が確認できる。その一方で，各集団の第２主成分得点の中央値に注目すると，三集団間の中央値に違いは無いことから，単変量解析でも示されたように身体プロポーションには違いがないことがわかる。

次に，女性の結果をみると，固有値が１以上を示したのは第１主成分と第２主成分であった。第１主成分（固有値＝1.88，寄与率＝37.6）は，上腕骨最大長と大腿骨最大長で高い正の値を示し，最大骨盤幅で高い負の値を示していることから身体プロポーションを示す因子であり，第１主成分得点が高いほど身長に比して身体幅が狭いことを示す。第２主成分（固有値＝1.63，寄与率＝32.7）は，上腕骨最大長で高い負の値を示し，脛骨最大長で高い正の値を示していることから，四肢骨のプロポーションを示す因子であり，第２主成分得点が高いほど上腕が短く，脛骨が長いことを示す。

女性の主成分得点を二次元上に展開した第４図の各集団の中央値に注目すると，縄文集団は他の時代集団と比べて第１主成分得点が低く，弥生集団と近現代集団の値は高いことから，縄文集団は他の二集団と比べて身長に比して身体幅が広いことを示している。また，第２主成分得点をみると，縄文集団は高い値を示していることから，縄文集団は弥生集団や近現代集団と比べて前腕や下腿が相対的に長く，単変量解析で示された結果と同様の傾向が確認できる。

〔身体プロポーションと四肢プロポーションとの相関〕

身体プロポーションと四肢プロポーションとの相関を検討するために，各時代集団の示数の散布図を第５図から第７図に示し，Spearmanの順位相関係数を算出した（第４表）。

まず，各示数の相関をみると，四肢骨プロポーションを示す橈骨・上腕骨示数と脛骨・大腿骨示数との相関がやや高いことがわかる。両示数の相関係数に注目すると，近現代集団の女性

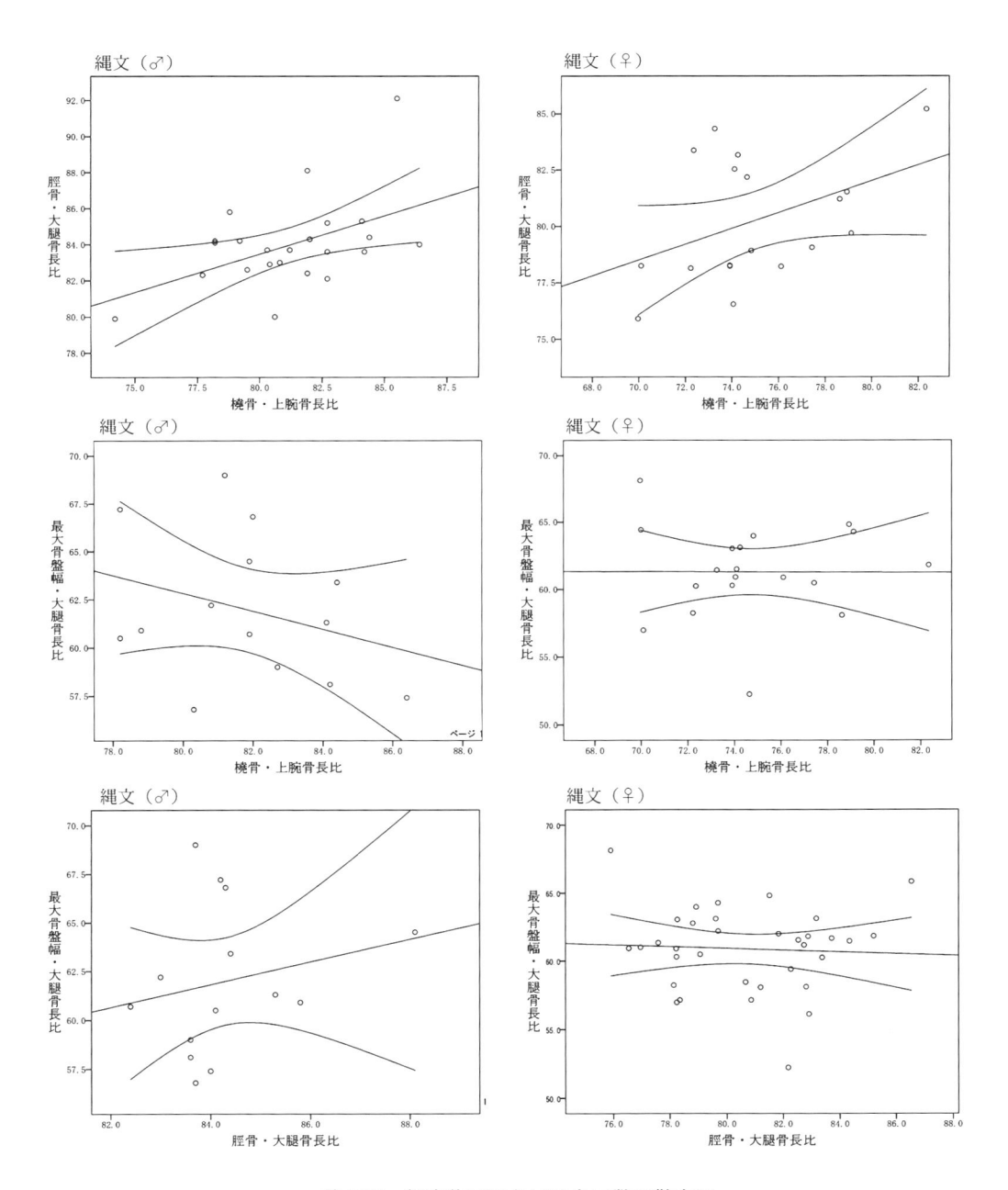

第5図 縄文集団における各示数の散布図

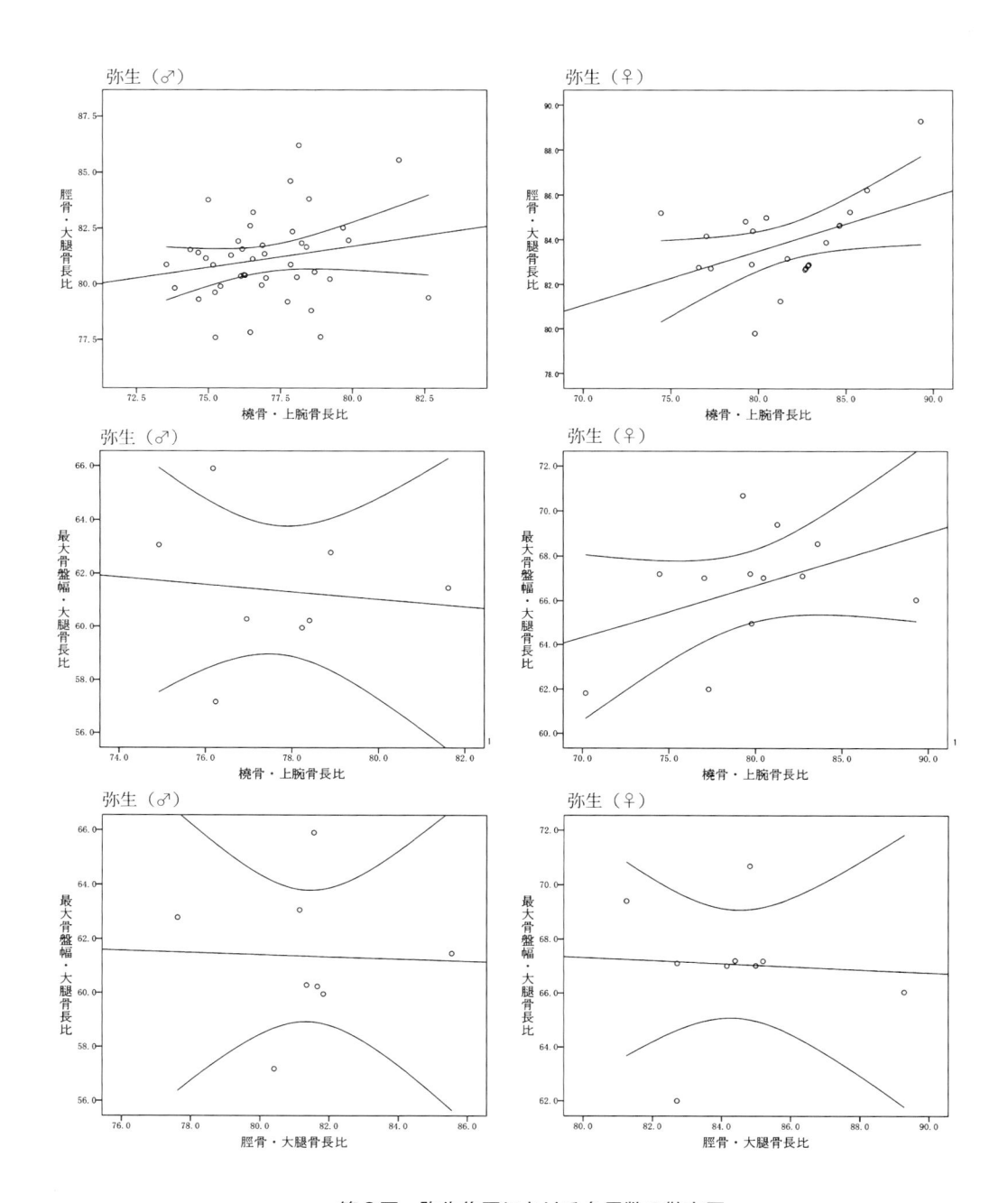

第6図　弥生集団における各示数の散布図

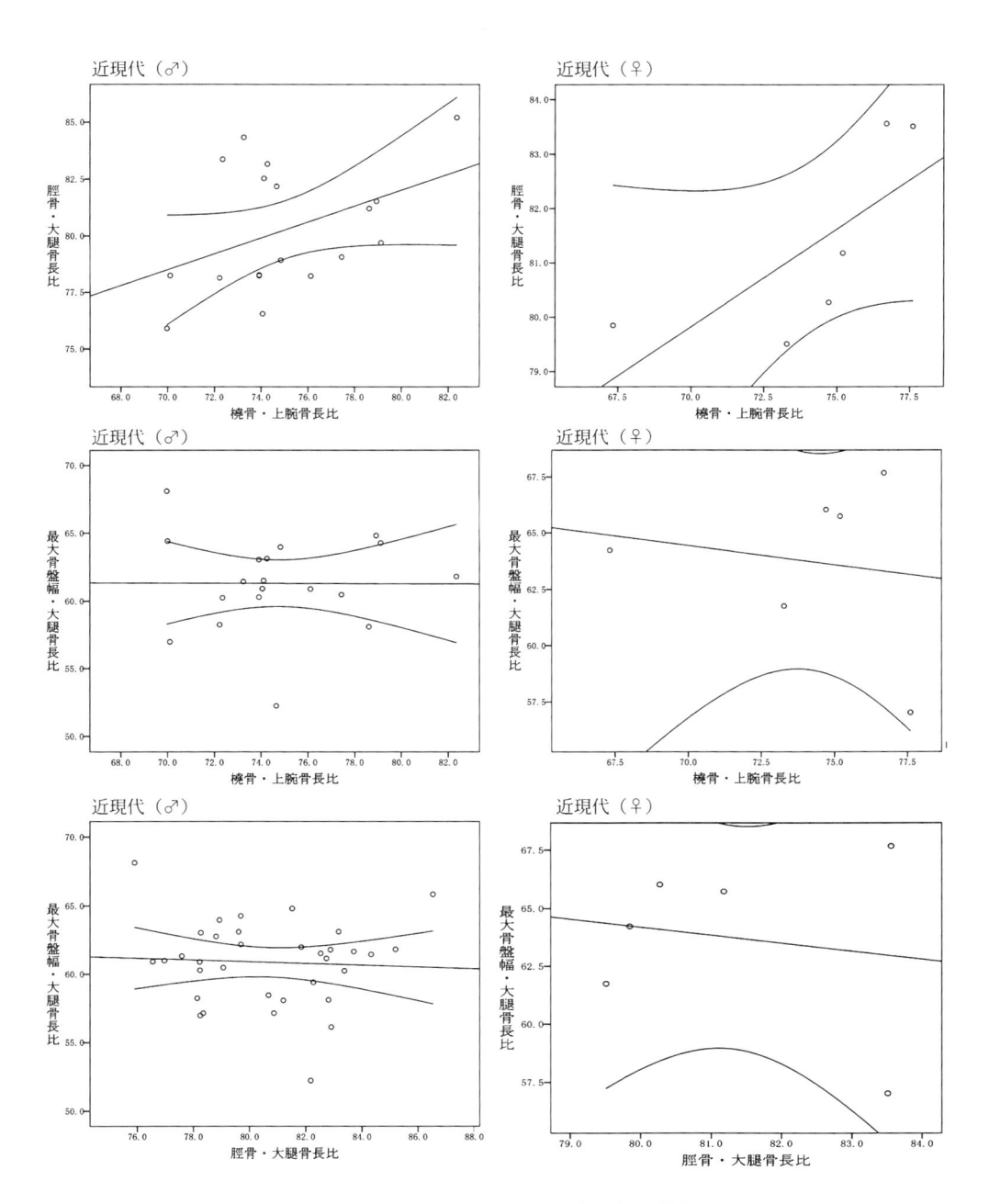

第7図　近現代集団における各示数の散布図

に有意な相関が認められるが，他の時代集団や近現代の男性集団に有意な相関は認められない。

近現代集団の女性については分析に用いた資料数が少ないため，その結果については注意が必要であろう。一方，四肢プロポーションの示数（橈骨・上腕骨長比と脛骨・大腿骨長比）と身体プロポーションの示数（最大骨盤幅・大腿骨長比）との相関をみると，すべての時代集団において相関係数は低く，有意な相関は確認できない。

4　考察

上記の分析結果を踏まえ，縄文集団，弥生集団，近現代集団の四肢プロポーションと身体プロポーションについて考察を加える。

四肢プロポーションについては，男女ともに縄文集団の前腕と下腿が他の時代集団よりも相対的に長く，先行研究と同様の結果が改めて示された。その一方で，身体プロポーションを示す最大骨盤幅・大腿骨長比については，男女ともに分析対象集団間で違いは認められなかった。本研究で分析に用いた最大骨盤幅とともに身体プロポーションの指標とされている大腿骨の骨頭径を用いた研究でも，縄文集団と弥生集団との間で顕著な違いが無いことが指摘されており（Temple et al., 2008），本研究の結果と一致する。前述した様に，身体プロポーションについては気候要因との関連性が指摘されており，寒冷な地域の集団の身体幅は温暖な地域の集団よりも大きいことが示されている（Ruff, 1991, 1994, 2002; Auerbach and Ruff, 2004; Ruff et al., 2005）。大腿骨の骨頭径を用いて身体プロポーションを復元した研究（Temple et al., 2008）において縄文集団の身体プロポーションは温暖な地域の集団よりも寒冷な地域の集団に類似していたという結果が示されており，その研究と同様の傾向が確認された本研究の成果を踏まえると，縄文集団の身体プロポーションは寒冷地域の集団と類似する可能性が高い。このことは縄文集団の集団形成史を考える上で示唆深い結果と言える。

縄文集団の起源やその形成過程については様々な見解が提示されている。歯の形態分析に基づく研究では，縄文集団の歯の形態はオーストラリアやメラネシア，東南アジアの集団と類似することが指摘されており，縄文集団の起源が大陸南方にある可能性を指摘している（Turner, 1992; Hanihara, 1991; Matsumura, 2007; Matsumura and Hudson, 2005）。また，本研究でも示されたように縄文集団の前腕や下腿が相対的に長いことから，Allenの法則（Allen, 1877）と関連付けて，縄文集団の起源が大陸南方の温暖な地域を起源とする見解も提出されてきた。

その一方で，近年の頭蓋形態の研究やミトコンドリアDNAを用いた研究では，縄文集団の形成には北東アジアからの流入も指摘されている（Adachi et al., 2009; Hanihara and Ishida, 2009）。これらの先行研究の成果を踏まえると，縄文集団の形質的特徴の形成プロセスはかなり複雑なものであったと言える。本研究で明らかとなった縄文集団の身体プロポーションの特徴についても，彼らの形成史を考える上で重要な情報と言えるが，この形質的特徴のみでそれを解明することは困難であろう。本研究では様々な気候集団の身体プロポーションとの比較をしておらず，さらに縄文時代と並行する時代の大陸の資料との比較も今後の課題である。

また，先行研究において指摘されていた縄文集団の四肢プロポーションと身体プロポーションの不一致が，本研究においても認められた。本研究では，四肢プロポーションと身体プロポーションの相関を検討した結果，四肢プロポーションの示数（橈骨・上腕骨長比と脛骨・大腿骨長比）と身体プロポーションの示数（最大骨盤幅・大腿骨長比）について，すべての時代集団において相関性は低く，有意な相関は確認できなかった。また，四肢のプロポーションについても上肢のプロポーション（橈骨・上腕骨長比）と下肢のプロポーション（脛骨・大腿骨長比）との間に，有意な相関が確認できる集団は少なかった。この結果は，四肢プロポーションと身体プロポーションが必ずしも気候要因のみで説明できない可能性を示唆している。特に，本研究のように限定された地域での時代変化の要因を検討する際には，気候要因以外の要因も影響することが考えられる。例えば，四肢骨の最大長の成長に関しては上肢と下肢では異なることが指摘されており，大腿骨と脛骨は成長阻害の影響が比較的現れやすいことが報告されている (Hummert and Gerven, 1983；Jantz and Owsley, 1984a, 1984b；Lovejoy et al., 1990)。そのため，本研究で示された四肢プロポーションと身体プロポーションとの相関の低さは，栄養状態や衛生環境などの成長環境が影響した可能性があり，今後は縄文時代や弥生時代以外の時代の同様の研究を通じて，改めて両者の関連性を検討する必要がある。

　次に，縄文時代から弥生時代への変化に注目すると，四肢プロポーションに違いが認められたものの，身体プロポーションについては違いがなかった。縄文集団と弥生集団については頭蓋や歯牙，四肢骨形態について大きな違いが指摘されており，このような形態変化の要因として，大陸からの渡来人による遺伝的影響に起因することが指摘されている（金関ほか，1960；Brace and Nagai, 1982；池田，1981, 1998；Hanihara, 1984, 1991；Mizoguchi, 1988；百々・石田，1988；Nakahashi, 1993；Matsumura, 1995；松下，2000）。弥生集団の形質的特徴，特に顔面部については寒冷地に適応した集団と類似し (Dodo and Ishida, 1990; Hanihara, 1991, 1993; Nakahashi, 1993; Pietrusewsky, 1999)，四肢骨のプロポーションや大腿骨の骨頭径を用いた身体プロポーションの研究でも弥生集団は寒冷地の集団と類似することが指摘されている (Temple et al., 2008)。様々な気候集団の身体プロポーションとの比較が今後の検討課題ではあるが，弥生集団の身体プロポーションが寒冷地の集団と類似する可能性が高い。さらに，縄文集団の結果も含めると，身体プロポーションについては縄文，弥生，近現代の三集団に違いはないことから，日本人の身体プロポーションは縄文時代以降に大きく変化しなかった可能性がある。ただし，身体プロポーションと四肢プロポーションについて男女間で変化の傾向を比べてみると，両者にやや違いが認められる。身体プロポーションの示数（最大骨盤幅・大腿骨長比），四肢プロポーションの示数（橈骨・上腕骨長比と脛骨・大腿骨長比），そして主成分分析の結果に注目すると，男性では四肢プロポーションについて分析対象集団間で違いが認められ，身体プロポーションではほとんど違いが認められなかった。一方，女性については四肢プロポーションに加えて，統計的有意差は認められなかったものの，縄文集団の女性の身体プロポーションは他の二集団の女性に比べて相対的に体幹幅が広いことがわかった。身体プロポー

ションの指標である最大骨盤幅と大腿骨最大長に注目すると，縄文集団の女性の大腿骨最大長は近現代集団よりやや長いものの，弥生集団より短い。しかし，最大骨盤幅は比較集団の中で最大であるため，縄文集団の女性は相対的に幅の広い身体プロポーションを呈している。縄文集団の女性の骨盤については，胎児の通過管である小骨盤（骨産道）も，他の時代集団より大きいことが報告されており（高椋，2011），その要因として縄文集団の女性の骨盤全体の大きさ，あるいは身体プロポーションが関係していることがわかる。女性の骨盤形態の形成には，妊娠・出産の影響から男性とは異なる淘汰圧が作用する可能性が指摘されていることから（Tague, 2000；Kurki, 2007），それが女性の身体プロポーションにも影響を与えることを考慮する必要があろう。今後は性差の視点も加えながら，弥生時代から近現代までの身体プロポーションの時代変化を検討していく。

5　おわりに

　本論では気候への適応との関連性が指摘されている身体プロポーションや四肢プロポーションについて，西日本地域の縄文時代から弥生時代にいたる時代変化を検討した。分析の結果，四肢プロポーションについては縄文集団と弥生集団で時代変化が認められ，弥生集団は縄文集団よりも四肢の末端（前腕・下腿）が相対的に短く，先行研究と同様の傾向が認められた。一方，最大骨盤幅から推定した身体プロポーションについては両集団間に統計的な有意差は認められなかった。ただし，女性については縄文集団の最大骨盤幅は比較集団の中で最大で，相対的にやや幅の広い身体プロポーションを呈していることがわかった。

　最後に，「考古学は科学か」という問いに対して筆者の意見を述べたい。筆者は学部時代に考古学を学び，その後は形質人類学を専門としながらも，関連分野である考古学の論文や発表に注意を払ってきた。考古学は実験による検証は難しい分野であり，かつ保存状態により分析対象が限定的にならざるを得ないという問題を抱えている。しかしながら，例えば別の遺物や遺構の研究からの，あるいは自然科学的手法による検証作業は可能であり，考古学は科学であり，個々の学問の独自性を過剰に意識するあまり，本来必要な分析プロセスや論理的思考が不十分にならないよう気を配ることが，すべての学問において例外なく求められる姿勢であると考えている。

謝辞

　田中良之先生には，筆者の大学院時代や学位取得後も多くのご教示をいただき，それが自身の研究の礎となりました。また，古人骨の発掘現場でご指導いただいた経験は古人骨の研究者としての大きな財産となっています。その学恩に深く感謝を申し上げます。

　本研究をおこなうにあたり九州大学の中橋孝博名誉教授，九州大学大学院比較社会文化研究院の瀬口典子准教授，九州大学総合研究博物館の米元史織助教に多くの有益なご指摘とご教示をいただきました。また，本研究に用いた貴重な標本の使用をお許しいただき，調査に際して

多くの便宜をはかっていただいた九州大学総合研究博物館の岩永省三教授，舟橋京子助教，京都大学大学院理学研究科自然人類学教室の中務真人教授，筑紫野市教育委員会の草場啓一氏，筑紫野市歴史博物館の奥村俊久氏に深く感謝いたします。

■参考文献

Adachi, N., Shinoda, K., Umetsu, K. and Matsumura, H., 2009. Mitochondrial DNA analysis of Jomon skeletons from the Funadomari site, Hokkaido, and its implication for the origins of Native American. American Journal of Physical Anthropology 138, 255-265.

Allen, J.A., 1877. The influence of physical conditions on the genesis of species. Radical Rev. 1, 108-140.

Auerbach, B.M. and Ruff, C.B., 2004. Human Body mass estimation: a comparison "morphometric" and "mechanical" methods. American Journal of Physical Anthropology 125, 331-342.

馬場悠男，1991．人体計測法　II人骨計測法．人類学講座別巻1．雄山閣出版，東京．

Brace C.L. and Nagai M., 1982. Japanese tooth size: past and present. American Journal of Physical anthropology 59: 467-484.

Buikstra, J.E. and Ubelaker, D.H., 1994. Standards for data collection from human skeletal remains. Arkansas Archeological Survey. Fayetteville, AR.

Bergmann, C., 1847. Uber die verhaltniesse der warmeokonomie der thiere zu ihrer grosse. Gottingen Studien 1, 595-708.

Bruzek J., 2002. A method for visual determination of sex using the human hip bone. American Journal of Physical Anthropology 117, 157-168.

百々幸雄・石田肇，1988．頭骨の形態小変異の出現型からみた土井ヶ浜弥生人．日本民族・文化の生成－永井昌文教授退官記念論文集－（永井昌文教授退官記念論文集刊行会　編），127-142．六興出版，東京．

Hanihara K. 1984. Origins and affinities of Japanese viewed from cranial measurements. Acta Anthropogenet : 149-158.

Hanihara, K., 1991. Dual structure model for the population history of the Japanese. Japan Rev. 2, 1-33.

Hanihara, T. and Ishida, H., 2009. Regional differences in craniofacial diversity and the population history of Jomon Japan. American Journal of Physical Anthropology 139, 311-22.

Hummert J.R. and Van Gerven D.P., 1983. Skeletal growth in a medieval population from Sudanese Nubia. American Journal of Physical Anthropology 60, 471-478.

池田次郎 1981．異説「弥生人考」．季刊人類学．12：3-63．

池田次郎 1998．日本人のきた道．104-264，朝日新聞社（朝日選書），東京．

Jantz R.L. and Owaley L.M., 1984a. Long bone growth variation among Arikara skeletal populations. American Jouranl of Physical Anthropology 63, 13-20.

Jantz R.L. and Owaley L.M., 1984b. Temporal changes in limb proportionality among skeletal samples of Arikara Indians. Annals of Human Biology 11, 157-163.

金関丈夫・永井昌文・佐野一，1960．山口県豊浦郡豊北町土井ヶ浜遺跡出土弥生時代人頭骨について．人類学研究第7巻（附録），1-36．

Katzmarzyk, P.T. and Leonard, W.R., 1998. Climatic influences on human body size proportions:

ecological adaptations and secular trends. American Journal of Physical Anthropology 106, 483-503.

Kurki H.K. 2007 Protection of obsteric dimensions in a small-bodied human sample. American Journal of Physical anthropology, 133: 1152-1165.

Lovejoy C.O., R.S.Meindl., Mensforth R. and Barton T.J., 1985. Multifactorial Determination of Skeletal age at Death. American journal of Physical Anthropology 68, 1-14.

Lovejoy C.O., Russell K.F. and Harrison M.L., 1990. Long bone growth velocity in the Libben population. American Journal of Human Biology 2, 533-541.

M-Saller., 1957. Lehrbuch der Anthropologie.Bd.I.Gustav Fischer Verlag.Stuttgart.

Matsumura H., 1995. A microevolutional history of the Japanese people as viewed from dental morphology, National Science Museum Monographs No.9; 1-130, National Science Museum.

Matsumura, H., 2007. Non-metric dental trait variation among local sites and regional groups of the Neolithic Jomon period, Japan. Anthropological Science 115, 25-33.

Matsumura, H. and Hudson, M.J., 2005. Dental Perspectives on the population history of Southeast Asia. American Journal of Physical Anthropology127, 182-209.

松下孝幸編著，2000．渡来系弥生人のルーツを大陸にさぐる．土井ヶ浜遺跡人類学ミュージアム・山東省文物考古研究所，198-332，山口．

Mizoguchi Y., 1988. Affinities of the protphistoric Kofun people of Japan with pre- and proto-historic Asian populations. Journal of the Anthropological Society of Nippon 96, 71-109.

中橋孝博・永井昌文 1989 弥生人－1．形質．弥生文化の研究1（永井昌文・那須孝悌・金関恕・佐原眞編），23-51，雄山閣．

Nakahashi T., 1993. Temporal craniometric changes from the Jomon to the Modern period in western Japan. American Journal of Physical Anthropology 90, 409-425.

Omoto K. and Saitou N., 1997. Genetic origins of the Japanese: a partial support for the dual structure hypothesis. American Journal of Physical Anthropology 102, 437-446.

Phenice T.W., 1969. A newly developed visual method of sexing the os pubis. American Journal of Physical Anthropology 30, 297–301.

Pietrusewsky, M., 1999. Multivariate craniometric investigations of Japanese, Asians, and Pacific prehistoric Japan. American Journal of Physical Anthropology137, 164-174.

Ruff, C.B., 1991. Climate and body shape in hominid evolution. Journal of Human Evolution 21, 81–105.

Ruff, C.B., 1994. Morphological adaptation to climate in modern and fossil hominids. Yearbook of Physical Anthropology 37, 65-107.

Ruff, C.B., 2002. Variation in human body size and shape. A. Rev. Anthropology 31, 211-232.

Ruff, C.B., Holt, B.M., Niskanen, M., Sladék, V., Berner, M., Garofalo, E., Garvin, H.M., Horai,M., Maijanen, H., Niinimäki, S., Salo, K., Schuplerová, E. and Tompkins, D., 2012. Stature and body mass estimation from skeletal remains in the European Holocene. American Journal of Physical Anthropology 148, 601-17.

Sakaue K., 2006. Application of the Suchey–Brooks system of pubic age estimation to recent Japanese skeletal material. Anthropological Science 114(1), 59-64.

Schreider, E., 1950. Geographical distribution of the body-weight/body surface ratio. Nature 165, 286.

Schreider, E., 1957. Ecological rules and body-heat regulation in man. Nature 179, 915-916.

Schreider, E., 1975. Morphological variations and climatic differences. Journal of Human Evolution 4, 529-539.

Tague R.G. 2000 Do Big Females Have Big Pelvis? American Journal of Physical Anthropology 112:377-393.

高椋浩史，2011．骨産道形態の時代変化－頭型の時代変化との関連性の検討－．Anthropological Science (Japanese Series) 119(2)，75-89．

Temple, D.H., Auerbach, B.M., Nakatsukasa, M., Sciulli, P.W. and Larsen, C.S. 2008. Variation in limb proportions between Jomon foragers and Yayoi agriculturalists from prehistoric Japan. American Journal of Physical Anthropology 137, 164-74.

Trinkaus E. 1981. Neanderthal limb proportions and cold adaptation. In: Stringer C, (Ed.),

Aspects of human evolution. Taylor and Francis, London, 187-224.

Turner, C.G., 1992. Sundadonty and sinodonty in Japan: the dental basis for a dual origin hypothesis for the peopling of the Japanese Islands. In: Hanihara, K., (Ed.), Japanese as a Member of the Asian-Pacific populations. Kyoto: International Center for Japanese Studies. 97-111, Kyoto.

Yamaguchi, B., 1989. Limb segment proportions in human skeletal remains of the Jomon period. Bulletin of the National Science Museum. Series D 15, 41-48.

日本列島・朝鮮半島南部の稲作受容期における土器製作技術の変容過程解明への予察

徳島大学埋蔵文化財調査室　三阪　一徳

要旨

　日本列島北部九州の弥生時代開始期および朝鮮半島南部の青銅器時代開始期は稲作受容期にあたり，両地域の土器の製作技術には一定の共通性をもつ変化がみられる。その要因について検討するため，土器製作との関わりが想定される，農耕に関連した諸要素の変化について，先行研究の成果をもとに整理した。その結果，北部九州では夜臼Ⅰ式期に，朝鮮半島南部から灌漑施設をはじめ農耕に関連した文化要素がもたらされ，これに伴って土器製作技術も変化している。そのなかで，土器製作における覆い型野焼きはイネの栽培で生じた稲藁の利用が想定され，木製板工具の利用は板材加工技術の変化と連動していた可能性を提示した。朝鮮半島南部では，北部九州と同様の土器製作技術の変化が，先行して青銅器時代早期に生じているのに対し，現状の資料では，早期にはイネの種実と石製農工具の一部が出現するのみで，灌漑施設をもつ水田やそのほかの木製・石製農工具がそろうのは前期から後期にかけてであった。この点から，土器における覆い型野焼きおよび木製板工具の利用は，北部九州と同様の要因で開始された可能性もあるが，異なる要因で生じた点も考慮しなくてはならない点を指摘した。

キーワード：北部九州弥生時代開始期，朝鮮半島南部青銅器時代開始期，土器製作技術，稲作，木材加工技術

はじめに

　稲作受容期における日本列島と朝鮮半島南部の文化変化の共通性と差異を明らかにすることを目的として，これまで土器に注目しその変容過程を検討した。その結果，両地域の稲作受容期における土器製作技術の変化には一定の共通性が存在することを指摘した。

　本稿では，イネやアワ・キビの栽培を伴った農耕の採用という生業の変化が土器製作に与えた影響を検討する。そこで，まず当該期の両地域の土器製作技術について時期的な変化を整理する。つぎに，その変化の要因を検討するため，土器の焼成方法や木製板工具による器面調整方法に関連すると予測される，植物と木材加工に関する諸要素の変化を整理する。これをもとに，土器製作技術の要因について検討する。

1　土器製作技術の変化

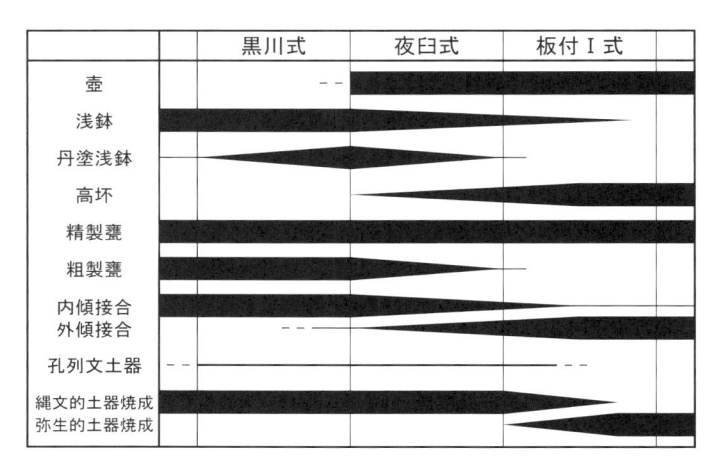

第1図　縄文－弥生移行期における土器諸要素の盛衰
（田中1986を引用・改変）

日本列島では縄文時代のおわりごろ，遅くとも紀元前一千年紀中頃には，イネやアワ・キビの栽培および関連する複数の文化要素が朝鮮半島南部からの移住者によってもたらされ，これらが在地の文化要素と融合しながら変容をとげ，ついには弥生時代に移行したことが明らかにされてきた。

一方，朝鮮半島南部ではすでに新石器時代からアワ・キビの栽培は開始されていたが，青銅器時代になると，遼東半島から朝鮮半島西北部より，イネの栽培とこれに伴う文化要素がもたらされる。これらの農耕に伴う文化要素が朝鮮半島南部で在地化し，後にこれらが日本列島へともたらされることとなる。

田中良之は，日本列島の弥生時代から縄文時代への文化変化を説明するうえで，土器の諸要素の変化が重要であることを示した（田中1986，1991，2014など，第1図）。筆者も田中の視点を基礎に分析を行った結果，日本列島北部九州の弥生時代開始期（三阪2010，2014）と朝鮮半島南部の青銅器時代開始期（三阪2012，2015b)[1]において，一定の共通性をもつ土器製作技術の変化が生じていたことを指摘した。具体的には，日本列島の縄文時代晩期と朝鮮半島南部の新石器時代晩期では，幅狭粘土帯による積み上げ，木製板工具による器面調整の不在，開放型野焼きであるのに対し，稲作を含む農耕が受容される日本列島の弥生時代と朝鮮半島南部の青銅器時代には，前段階にみられた土器製作技術と併存しながらも，新たに幅広粘土帯による積み上げ，木製板工具調整，覆い型野焼きが加わり，時間の経過とともにこれらの比率が増していく（第2・4図）。

両地域の土器製作技術の変化に一定の共通性がみられる背景には，当然ながら，日本列島の農耕とそれに伴う文化要素が朝鮮半島南部からもたらさたことに由来する。しかしながら，在地の土器製作技術が存在しながらも，なぜそれらが農耕に伴う新来の技術に置き換わる必要があったのであろうか。以下に，土器製作のうち稲藁を用いた可能性が高い覆い型野焼きや木製板工具による器面調整に関連すると予測される，農耕に関わる諸要素，具体的には，栽培植物，耕作遺構，石製農工具，木製農工具，木材加工技術について，先行研究を整理した。これをふまえ土器製作が変化した要因について検討する。

2　土器製作に関わる農耕関連要素の変化

（1）北部九州
a　栽培植物

　中沢道彦（2009）は縄文農耕論の検証を目的とし，2009年5月時点での日本列島における各種栽培植物の出現年代が整理している。これによると，最も古いイネは島根県飯石郡板屋III遺跡の刻目突帯文土器から検出された圧痕で，瀬戸内では縄文時代晩期後半の前池式，北部九州では福岡県糟屋郡江辻遺跡第4地点SX1に併行するとされる。イネが朝鮮半島南部から伝播した経路を考えた場合，同時期の北部九州にもイネは存在した可能性が高いという[2]。

　縄文時代から弥生時代のそのほかの栽培植物について以下に概要をまとめる。オオムギは弥生時代前期に確認されるが，コムギは今のところ発見されていない。アワは縄文時代晩期にその可能性のある種実があり，キビは縄文時代晩期末の長原式土器底部内面に残った炭化物塊から確認され，その年代測定値もえられている。栽培種のヒエの出現時期は不明である。ダイズは縄文時代中期・後期に認められるが，中期の段階で本格的に栽培されていたとは考えにくく，列島外からもたらされた可能性と列島内で馴化・栽培された可能性が指摘される（中沢2009）。

　以上より，イネ・オオムギ・アワ・キビは現状で刻目突帯文期を遡る確実な資料はないとされる。中山誠二ら（2014）の調査でも，イネ・アワ・キビが確実に認められるのは刻目突帯文期・弥生時代前期以降であることが指摘されている。

b　耕作遺構

　耕作遺構については，山崎純男（1987），田崎博之（2000b，2002a，2002b），吉留秀敏（2004），山崎頼人（2005），朝岡俊也（2013）による研究成果がある。まず，水田についてみる。田崎によると，日本列島の縄文時代晩期終末から弥生時代の水田は，水路などの水利施設を伴うI型と，これをもたないII型に大別される（田崎2000b）。「II型水田は，水利施設を伴わず，用水を湧水や天水に頼る自然環境の水条件を最大限に利用する天水田」と定義されている[3]。また，II型水田はI型水田に比べ水田域が狭く，水条件は不安定であり，イネを栽培できる条件を充たす場所に可能なだけ水田を造っていると解釈されている。さらに，II型は開田地の微細地形の条件をそのまま用いて区画し造田されるIIa型と，細い帯状の水田区画を有するIIb型に細分される（田崎2002a）。

　なお，最も古く位置づけられる水田は，北部九州の夜臼式土器単純期に併行する時期のもので，福岡県福岡市板付遺跡G-7a・b調査区（Ib型），同野多目遺跡（Ia型），宮崎県都城市坂元A遺跡（IIa型）の水田がそれにあたる。

　畑の検出事例は今のところ，ごくわずかである。中村豊（2009）によると，弥生時代前期に位置づけられる可能性がある畑遺構としては，福岡県小郡市三沢蓬ヶ浦遺跡，三重県松坂市筋違遺跡，徳島県徳島市庄・蔵本遺跡があげられる。とくに，庄・蔵本遺跡では，検出された

種実の同定，年代測定，プラントオパールの分析などにより検証作業が進められている（中村2009，2010）。アワ・キビの種実圧痕存在を考慮すれば，今後北部九州でも弥生時代開始期の畠が発見される可能性があろう。

c 石製農工具

いわゆる大陸系磨製石器のうち，農具は石庖丁，木材加工具は太型蛤刃石斧，扁平片刃石斧，柱状片刃石斧などがあげられ，これらは弥生時代開始期に朝鮮半島南部からもたらされたことが明らかにされている。ただし，太型蛤刃石斧は初期段階でほとんど普及せず，縄文時代晩期以来の伐採石斧が用いられ，以降弥生時代前期を通じて日本列島で独自に「厚斧化」され，機能を強化させていったと解釈されている（下條1986，2014）。

石庖丁は夜臼Ⅰ式期に一定の比率を占めるようになる（下條1986，1988，2014；端野2008など）。これを遡るものは，黒川式期の福岡県北九州市貫川遺跡でのみ確認されている（前田・武末1994）。

d 木製農工具

北部九州の弥生時代開始期には，縄文時代晩期には認められなかった農工具をはじめとする木製品が出現し，これらは朝鮮半島南部からもたらされたことが指摘されている（山口1991，2000）。

近年までに蓄積された木製農工具を整理した田崎（2014）によると，北部九州の縄文時代晩期中頃（黒川式期）には，今のところこれらは確認されていない。つぎの夜臼Ⅰ式期〜板付Ⅰ式期になると，福岡県福岡市雀居遺跡第4・5次調査，同橋本一丁田遺跡第2次調査で，狭鍬，諸手鍬，平鍬，手鋤，朳（エブリ），竪杵，縦斧直柄（頭部瓢形，頭部撥形）が確認されるようになる。さらに板付Ⅱ式期には，狭鍬，諸手鍬，平鍬，鋤，横鍬，朳，竪杵，縦斧直柄（頭部撥形のみ）に，又鍬と膝柄斧柄が加わるとともに，前段階にみられた手鋤にかわり，身幅の広い鋤が出現する。

このうち，朝鮮半島南部に由来する器種は，楕円形の諸手鍬，竪杵，反柄斧柄・膝柄斧柄，朳である。これらには，みかん割り材が用いられることが多いとされる。橋本一丁田遺跡第2次調査出土の楕円形の諸手鍬は，朝鮮半島南部青銅器時代後期の大邱市梅川洞遺跡などの資料と類似性が高く，搬入品である可能性が指摘されている。一方，縄文時代晩期以来の器種として，手鋤（狭い匙状の身をもつ）[4)]，鍬（楕円形で身の前面が窪む），縦斧直柄（頭部瓢形）があげられている。これらは丸木の分割材や樹皮近くの辺材が利用される場合が多いようである（田崎2014）。

e 木材加工技術

町田章（1985）により，弥生時代の木材加工技術の特徴が整理されている。それによると，

木材加工の工程は，伐採→分割→削平に区分される。伐採には強靭なカシなどの割材の直柄を装着した縦斧（蛤刃石斧），分割は木製の楔（箭）と薄い縦斧の使用が想定されている。後者の工程では，丸木を樹心から放射状に割り，2分の1，4分の1，8分の1と分割して素材をとる「みかん割り」が行われる。また，心持ちの柾目板はないことから，心去り材が基本とされる。広葉樹の場合は基本的にみかん割りが用いられる。削平は，股木を利用し膝柄を装着した横斧（柱状片刃石斧と扁平片刃石斧）が用いられる。そして，みかん割りを行った場合，1つの樹木から効率的に素材がえられることが指摘されている。

　飯塚武司（2001，2007a，2007b，2009）によると，縄文時代にはみかん割り材は確認できず，伐採した木をそれぞれ製作する個体の大きさに合わせて材を分断した「分断材」を用い，板材を作る場合は，分断材の小口に箭を打ち込み板目材をえるという。これらは河川や湧水，流水を利用した「貯木場」に保管される。一方，弥生時代になると，大径材のみかん割り材の使用が開始され，これらは新たに出現する「水漬け遺構」に保管される。

　弥生時代の木材加工は，縄文時代のそれに比べ無駄が少ないと評価される。その一方で，弥生時代の木材加工には，朝鮮半島に由来する技術がみられるだけではなく，分断材のとり方などに縄文時代後・晩期の技術も継承されていると指摘されている（飯塚2007b）。

　みかん割りの系譜については，田崎（2014）により検討されている。これによると，夜臼Ⅰ式期～板付Ⅰ式期において，狭鍬，諸手鍬，平鍬に大径材のみかん割り材が用いられていると報告される。そして，朝鮮半島南部では，みかん割り材はすでに青銅器時代前期に存在する点から，こういった技術もそこから北部九州にもたらされた蓋然性が高いと判断される。

（2）朝鮮半島南部

a　栽培植物

　朝鮮半島の栽培植物については，安承模（1998）や後藤直（2006，2011；後藤編2004）により基礎的集成がなされた。庄田慎矢（2009b）はこれらの研究成果を整理し，時期認定などの誤りが少なからず含まれている点を指摘した。これをふまえ，本稿では時期認定の確実性が高いレプリカ法によってえられた成果を参照することとする。

　中山ら（中山編2014）は，朝鮮半島南部の新石器時代から青銅器時代を通じた栽培植物の存否について調査を行っている。中山（2014）の調査成果の総括によると，新石器時代前期はマメ科のみでアワ・キビは認められない。釜山市東三洞貝塚・昌寧郡飛鳳里遺跡の新石器時代早期末～前期の土器においてキビとアワの圧痕が検出されたという小畑弘己（2011，2013）の報告については，アワ・キビの栽培が早・前期に地域的に限定し存在した可能性は認めつつも，朝鮮半島南部の海岸部から内陸部の広範囲に普及・定着するのは中期以降であるとする。

　また，イネの最も古い事例として青銅器時代早期の河南市渼沙里遺跡の土器への種実圧痕が報告され（孫晙鎬ほか2010），中山ら（中山編2014）の調査でも，青銅器時代早・前期以降にイネの種実圧痕が確認され，アワ・キビも継続して存在したと報告される。

b 耕作遺構

　田崎（2002a, 2008）や金炳燮（2003, 2014），大庭重信（2003, 2005）により，耕作遺構が集成され現状が整理されている。

　まず，畠についてみる。現在のところ，畠の確実な出現時期は青銅器時代後期であり，一部前期後半～末に遡る可能性が指摘されている（金炳燮2014）。代表的な事例として大邱市東湖洞遺跡，咸安郡道項里463遺跡があげられる。ただし，土器の編年的な問題を考慮した場合，現状で確実に畠が認められる時期は後期以降とされる（田崎2008）。なお，新石器時代中期以降はアワ・キビの種実あるいはその圧痕が検出されるが，畠や焼畑の痕跡は現状では検出されていない。高城郡文岩里遺跡で検出された畝をもつ畠は，新石器時代中期に位置づけられ，もっとも古い事例とされる見方もあるが，土器の出土状況や出土した石鏃の形態を検証する必要があり，時間的位置づけには慎重な見解も提示されている（金炳燮2014）。

　つぎに水田についてみる。蔚山市也音洞遺跡の水田は青銅器時代前期後半～末とされ，最も古く位置づけられる場合もある（金炳燮2014）。ただし，田崎（2008）が指摘するように，蔚山地域では孔列文が青銅器時代後期の松菊里式併行期まで残存するため，後期以前の所産である確実性は高いが，前期まで遡るかは検証が必要であろう。また，密陽市琴川里遺跡の水田は，青銅器時代前期住居址と同じ層から検出されているが，水田に伴う用水路は初期鉄器時代の粘土帯土器が伴出する後背湿地とつながる可能性が高く，初期鉄器時代の所産である可能性も残される（田崎2008；金炳燮2014）。

　以上から，現状で最も古い畠と水田は青銅器時代後期のものであり，遡っても前期後葉である。問題となるのは，水田が確実に存在する青銅器時代後期に遡り，早期や前期前葉の段階でイネの種実圧痕が土器に確認されている点である（孫晙鎬ほか2010；中山編2014）。ここで注目されるのは，水利施設を伴わず，開田地の微細地形の条件をそのまま用いて区画し造田されるⅡa型水田（田崎2002a）である。田崎（2002a）はⅡa型に共通する水田が，中国江蘇省草鞋山遺跡で発見された新石器時代晩期（馬家浜文化期，6000B.P.）から検出されている事例をあげ，朝鮮半島南部ではⅡa型水田が未発見であるものの，Ⅰ型やⅡb型より時間的に先行する可能性を想定する。つまり，青銅器時代早・前期のこういった水田によってイネが栽培された可能性も考えておかなければならない。

c 石製農工具

　裵眞晟（2007）によると，いわゆる大陸系磨製石器の出現は青銅器時代早期に位置づけられる。農具は半月形石庖丁，木材加工具は伐採石斧と片刃石斧が確認されている。伐採石斧は，断面円形もしくは楕円形で重量がある「厚斧」は一般的ではなく，これが量的に安定して認められるのは前期以降とされる。ただし，早期の伐採石斧は厚斧ではないものの，形態的には新石器時代晩期のものよりも，朝鮮半島西北地域や東北地域のものに近いようである。片刃石斧は，早期には扁平片刃石斧のみしか認められず，柱状片刃石斧の出現は前期以降とされる。

d 木製農工具

　朝鮮半島南部では，木製品の出土事例は非常に限られているものの，田崎（2014）により青銅器時代の木製農工具が集成・整理されている。現状の資料からみた場合，木製農工具は青銅器時代前期中頃には出現しており，以降後期まで確認される。前期中頃〜後期にみられる器種は，諸手鍬（楕円形で身の中央に隆起部をもつ），朳，竪杵，縦斧直柄（頭部長方形／方形／台形），膝柄斧柄，反柄斧柄である。時期を細別してみた場合，前期中頃〜後半は諸手鍬（楕円形）・朳・膝柄斧柄，前期後半〜後期前半は諸手鍬（楕円形）・竪杵・縦斧直柄，後期は諸手鍬（楕円形で身の中央に隆起部をもつ），朳，縦斧直柄，反柄斧柄が認められる。

　遅くとも新石器時代中期以降，アワ・キビの種実は存在し，青銅器時代早・前期にはこれにイネが加わる。このとき，耕起具（土堀り具）は打製石斧から木製の諸手鍬（楕円形）に転換し，加工・製粉具である石棒・碾石は脱穀・製粉具としての木製竪杵に転換したと解釈される（田崎2014）。

e 木材加工技術

　田崎（2014）によると，青銅器時代前期には，みかん割り材やそれを利用した木製品が確認されるという。一方，新石器時代の木製品は未だ資料がほとんどなく，木材加工技術もわかっていない。

　ただし，木材加工用の石器からみた場合，青銅器時代早期に薄斧ではあるものの新石器時代晩期とは形態が異なる伐採石斧と扁平片刃石斧が出現し，前期には厚斧の伐採斧，扁平片刃石斧，柱状片刃石斧が加わることから，早期から前期のある段階で木材加工技術にも変化が生じ，これに伴ってみかん割りが出現した可能性がある。

（3）小結

　以上，北部九州および朝鮮半島南部における，土器製作に関わる可能性がある農耕関連要素の変化について先行研究の成果を整理し，その模式図を第3・5図に示した。これをふまえ，土器製作技術の諸要素が変化した要因について検討する。

3　土器製作技術変化の要因

（1）北部九州

a 焼成方法

　土器の焼成方法は，縄文時代晩期に開放型野焼きであったものが，弥生時代開始期にイネ科草燃料（稲藁が想定される）の覆いを被せて焼く覆い型野焼きが取り入れられ，これが朝鮮半島南部に由来する技術であることが明らかにされている（岡安1999；小林ほか2000；小林編2006；三阪2014など）。

　東南アジア・南アジアの稲作農耕民が土器の野焼きを行う場合は，覆い型野焼きが採用され

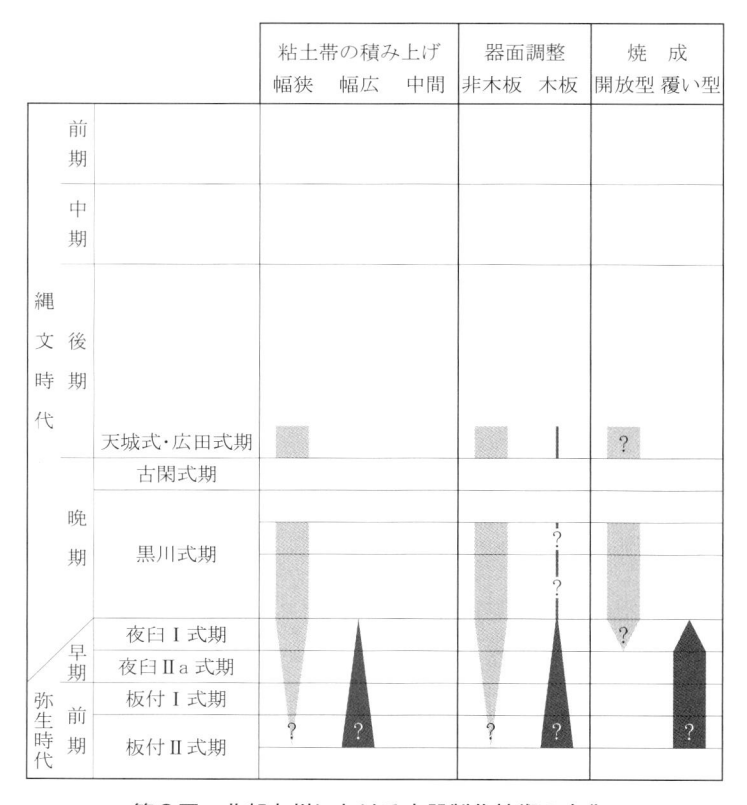

	粘土帯の積み上げ 幅狭 幅広 中間	器面調整 非木板 木板	焼成 開放型 覆い型
縄文時代 前期			
縄文時代 中期			
縄文時代 後期			
縄文時代 後期 天城式・広田式期	▨	▨ ┃	?
縄文時代 晩期 古閑式期			
縄文時代 晩期 黒川式期	▼	▼ ? ?	
弥生時代 早期 夜臼Ⅰ式期			? ▲
弥生時代 早期 夜臼Ⅱa式期			
弥生時代 前期 板付Ⅰ式期			
弥生時代 前期 板付Ⅱ式期	? ?	? ?	?

第2図 北部九州における土器製作技術の変化

ている場合が多い（小林2004，2006a，2007）。しかし，出土土器が覆い型野焼きであることは認定できるが，稲藁が覆いや燃料として用いられたかは断定できない。ただし，北部九州では，水田，イネの種実，木製・石製の農具などイネ栽培にかかわる物質文化と覆い型野焼きの出現は，いずれも夜臼Ⅰ式期であり，イネの栽培により生じた稲藁が焼成にも利用された可能が高いといえる。一方，イネ科であるアワ・キビも同時期に出現した可能性があるが，これらの藁が覆い型野焼きに利用可能であるかは検討の余地がある。

b 木製板工具の利用

横山浩一（1978）は考古資料と実験を通じ，土器の器面にみられる刷毛目（調整）が木製の板工具により生じた擦痕であることを明らかにした。ここでは，これを木製板工具調整とよぶが，その出現は夜臼Ⅰ式期である（家根1993；三阪2014など）。また，縄文時代にも器面の一部に木製板工具調整が認められる場合があるが，器面全体にこれが施されるのは夜臼Ⅰ式期以降である。

横山（1993）は，福岡県福岡市比恵遺跡第25次調査の弥生時代前期土器を伴う包含層から出土した，板状の木製品（吉留編1991）について，「刷毛目板」の可能性が高いと指摘する。

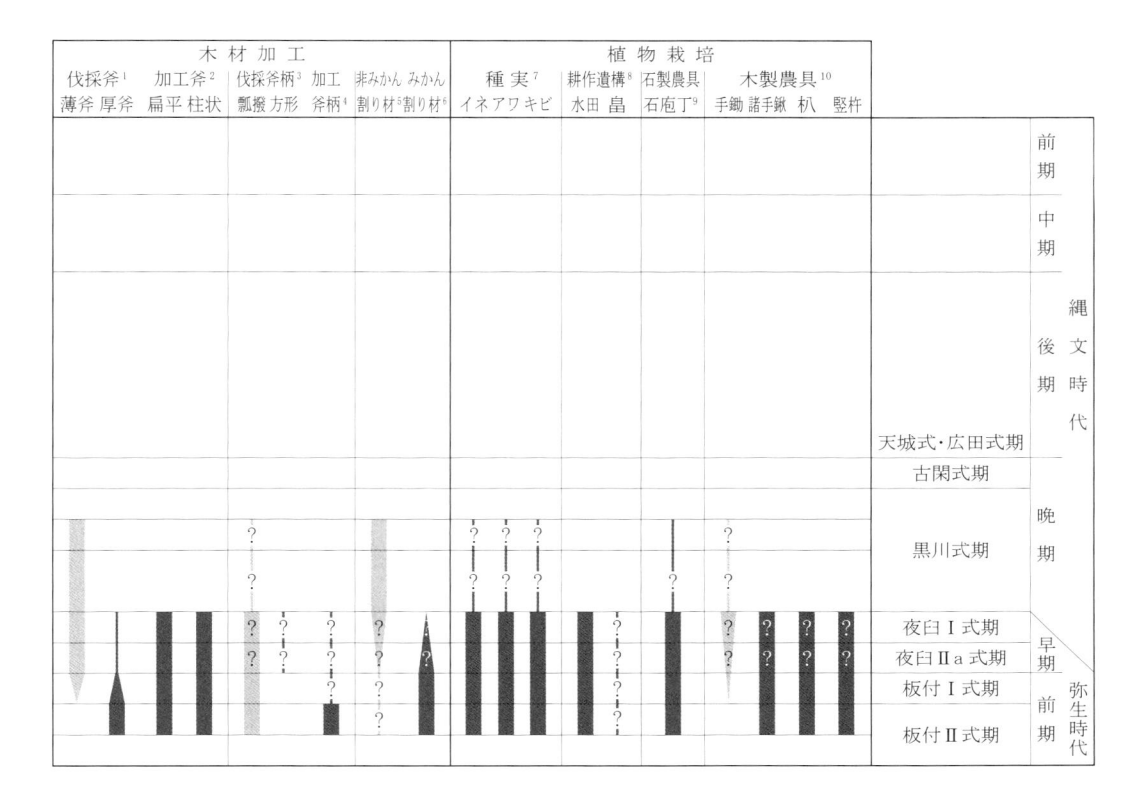

第3図　北部九州における植物栽培と木材加工技術の変化
1・2 下條1986　3・4・10 山口1991, 2000；田崎2014　5・6 飯塚2007b；田崎2014　7 中沢2009；中山2014
8 田崎2000a, 2002b；中村2009, 2010　9 下條1986；前田・武末1994；端野2008

　この刷毛目板は針葉樹の柾目板であり，繊維方向に長い長方形を呈する。割り板をそのまま利用したわけではなく，平面を削り整えた刃物の痕跡が残るとされる。
　土器に利用された木製板工具製作との関連が想定されるのは，木材加工技術のなかでも板材加工技術である。弥生時代開始期に，石製の伐採斧と加工斧やそれらに伴う木製の柄，農工具をはじめとする新たな木製品，みかん割り材が出現する点は注目される（飯塚2007b；田崎2014など）。みかん割りを行った場合，柾目板がえられる点から「刷毛目板」との関連性がうかがわれる[5]。
　以上にみたように，北部九州では，土器への木製板工具使用開始時期は，石製・木製の木材加工具，農具をはじめとする木製品，みかん割り材の出現とほぼ重なり，板材加工技術の変化との関連が示唆される。

c　粘土帯の積み上げ方法
　縄文時代晩期までは幅狭粘土帯による積み上げ方法が用いられていたが，夜臼Ⅰ式期以降はこれに加え，朝鮮半島南部からもたらされた幅広粘土帯による積み上げ方法が加わり共存する

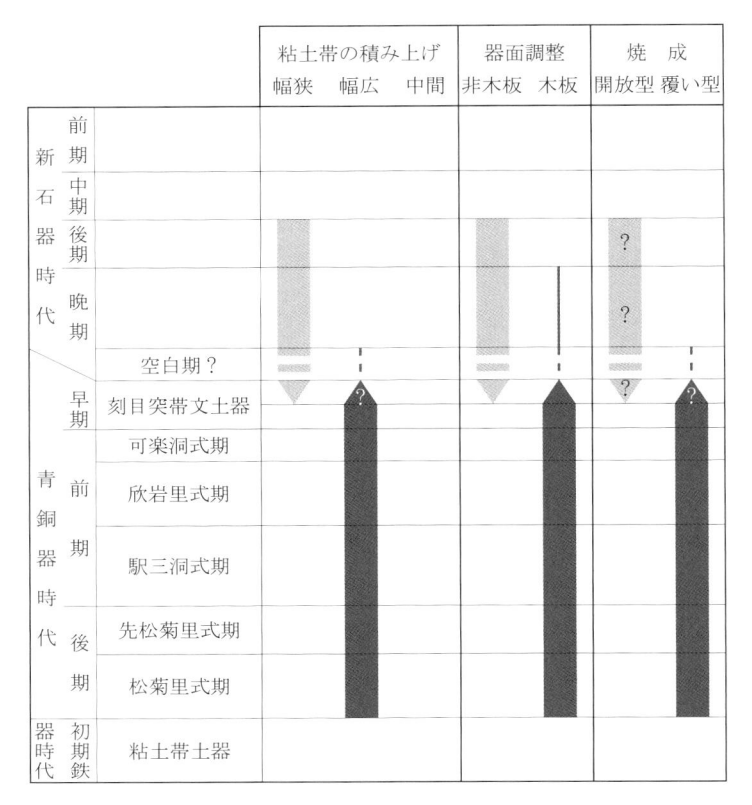

		粘土帯の積み上げ			器面調整		焼　成	
		幅狭	幅広	中間	非木板	木板	開放型	覆い型
新石器時代	前期							
	中期							
	後期						?	
	晩期						?	
		空白期？						
青銅器時代	早期	刻目突帯文土器	?				?	?
	前期	可楽洞式期						
		欣岩里式期						
	後期	駅三洞式期						
		先松菊里式期						
		松菊里式期						
初期鉄器時代		粘土帯土器						

第4図　朝鮮半島南部における土器製作技術の変化

ようになる。それ以降は弥生時代前期を通じ，後者の比率が高くなる。

　田畑直彦（2012）は，弥生時代の「外傾接合」（本稿の幅広粘土帯－外傾接合）の生成要因について実験を通じ検討を行った。その結果，太い粘土紐あるいは粘土板が用いられた可能性が高く，これを積み上げていく際に，①上端部を上方に引き伸ばし内側に折り曲げることによって外傾の接合面をつくり，その上に粘土紐をのせ，②接合面を外側に折り返しながら内面は上へ，外面は下に伸ばしてならし，接合を行うことで器壁が外側に広がらず，接合面の断面形が出土土器に非常に近い状態になることを明らかにし，これを「接合面折り曲げによる外傾接合」とよんだ。

　観察しえた弥生時代開始期の土器のなかに，幅広粘土帯（幅3〜6cm）が幅狭粘土帯（1cm前後）数本で形成されたと考えられるものはなく，幅広粘土帯を積み上げ時の1単位と捉えるのが妥当である。幅広粘土帯は，幅狭粘土帯よりも積み上げ回数が少ないといえる。また，西日本の弥生時代前期の遠賀川式土器は，器種によらず画一的かつ体系的な成形方法であると指摘されている（深澤1985・1991；田崎2000a）。こういった点もふまえると，幅広粘土帯を使用した積み上げ方法は，幅狭粘土帯によるものと比べ，土器の成形時間を短縮させた可能性がある。これと農耕との直接的な関わりは不明であるが，土器製作にかける時間を短縮し，農耕に

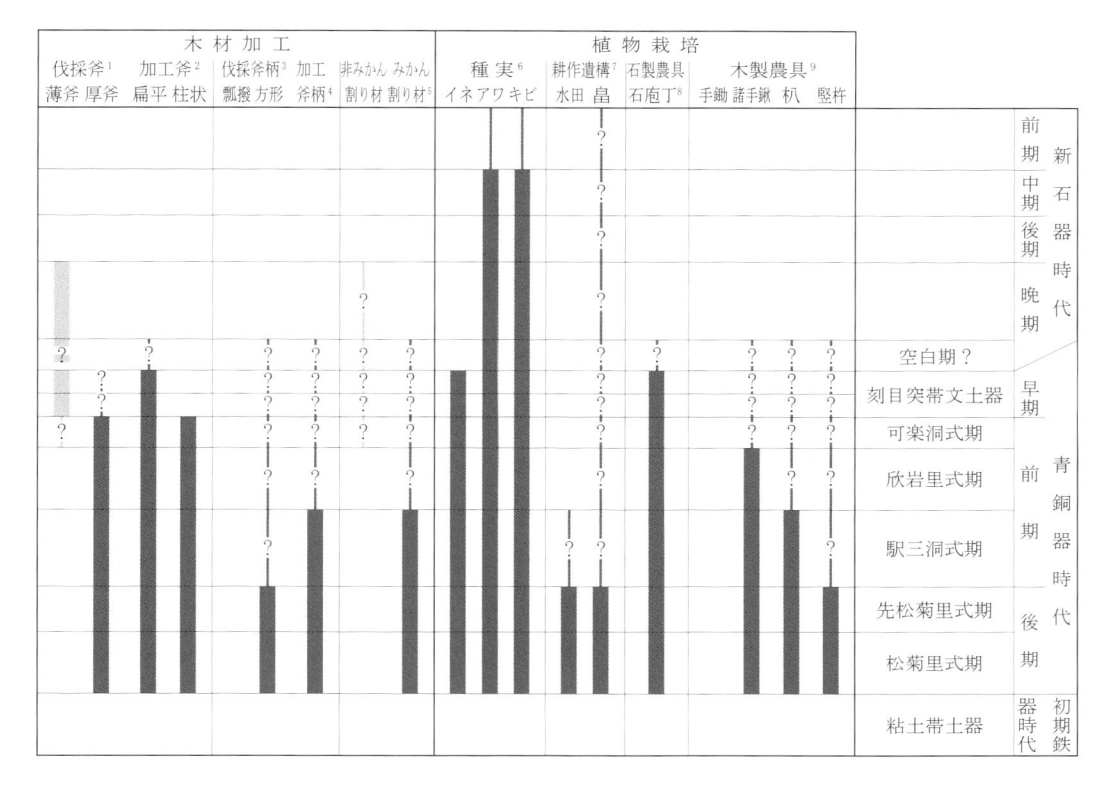

第5図 朝鮮半島南部における植物栽培と木材加工技術の変化
1・2・8 裵眞晟2007 3~5・9 田崎2014 6 小畑2013；中山2014 7 田崎2002a, 2008；金炳燮2014

関わるほかの作業への時間を増加させたのであろうか。

(2) 朝鮮半島南部
a 焼成方法

　朝鮮半島南部において，覆い型野焼きは青銅器時代後期には確実に認められ（小林2006b，2007；庄田2006），水原市華城泉川里遺跡の事例から前期後葉に遡ることが指摘されていた（韓志仙2006；庄田2009a）。さらに拙稿では，それが早期に遡る可能性を指摘した（三阪2012，2015b）。

　イネについてみると，種実自体は青銅器時代早期の土器に圧痕として認められる（孫晙鎬ほか2010；中山2014）。一方，現状で最も古い水田は，青銅器時代後期前半のものであり，遡るとしても前期後葉（田崎2008；金炳燮2014など）である。それ以前のイネについては，田崎（2002a）が指摘するように，水利施設を伴わず開田地の微細地形の条件をそのまま用いて区画し造田されるⅡa型水田により栽培された可能性がある。ただし，水稲ではない可能性や，この段階ではイネの栽培は行われず種実が搬入された可能性も残される。また，農具の出現も，現在確認されている水田の出現を遡り，石庖丁は早期，木製農具は前期中葉頃には存在してい

る。
　これらを整理すると，覆い型野焼きの出現は青銅器時代早期で，イネの種実と石庖丁の出現時期と一致する。しかし，現在発見されている水田や木製農具はそれよりも数段階後の時期にしか確認できない。これは，北部九州で水田による灌漑農耕とそれに伴うイネ，農具が同時期に出現している様相とは異なり，複雑な様相を呈する。当該期の覆い型野焼きについて，稲藁だけではなく，イネ科であるアワ・キビの藁やそのほかのイネ科植物の利用も含め今後検討していく必要がろう。

　b　木製板工具の利用
　新石器時代晩期においても土器器面の一部に木製板工具調整が認められる個体が存在するが，器面全体に木製板工具調整が認められるようになるのは青銅器時代早期以降である。
　木材加工具については，朝鮮半島西北地域や東北地域の伐採斧に類似する形態の伐採石斧と扁平片刃石斧が青銅器時代早期に出現するが，木製品自体が未発見であるため，その加工技術も不明である。みかん割り材は，今のところ前期中葉以降に認められる。これが早期まで遡る場合は，北部九州と同様，板材加工技術の変化と土器製作への木製板工具の利用の関連性が想定される。しかし，北部九州とは異なる要因で，土器の木製板工具調整が出現した可能性もある。

　c　粘土帯の積み上げ方法
　朝鮮半島南部では，新石器時代後・晩期は幅狭粘土帯による積み上げ方法であるが，つぎの青銅器時代早期にはこれに，幅広粘土帯による積み上げ方法が加わり，遅くとも前期前葉には後者しか確認されなくなる。北部九州の縄文時代から弥生時代への移行期と同様の現象といるが，農耕との関連は不明である。

（3）小結
　北部九州では，夜臼Ⅰ式期に朝鮮半島南部から，灌漑施設をもつ水田はじめ農耕に伴う複数の文化要素が斉一的にもたらされ受容される。このとき，土器においても朝鮮半島南部に由来する覆い型野焼き，木製板工具調整，幅広粘土帯による積み上げ方法がセットで出現する。以上から，覆い型野焼きは水田でのイネの栽培で生じた稲藁の利用が想定された。土器製作への木製板工具の利用は，みかん割りをはじめとする板材加工技術の変化と連動していた可能性を提示した。
　朝鮮半島南部では灌漑施設をもつ水田が確認されるのは青銅器時代後期である一方，これに先行する早期に，すでに北部九州と同様の土器製作技術の変化がみられた。また，早期の時点で，イネの種実と一部の石製農具・木材加工具が出現していることが確認された。覆い型野焼きも早期に出現している可能性が高いものの，稲藁の利用と結びつくかはさらなる検討を要す

る。土器製作への木製板工具の利用も早期に開始され，同時に新たな伐採石斧と扁平片刃石斧が出現することからその関連性が示唆された。ただし，早期の木製品の出土事例は今のところなく，みかん割り材が出現するのは前期中葉以降である。これらが早期まで遡る場合は，北部九州と同じく，土器製作への木製板工具の利用は，板材加工技術の変化と関連した可能性が想定される。しかし，日本列島とは異なる要因で，土器製作への木製板工具の利用が開始された可能性も残る。

　田中良之先生の「考古学は科学か」という問いへの答えを以下に述べる。考古学が科学であるためには，明確な方法を提示し，その方法に基づいた分析結果を検証可能なかたちで示さなければならないと考える。また，田中先生がそうなされたように，既存の方法自体が妥当なものであるかを検証し，それに問題がある場合は新たな方法を開発したうえで実証研究を積み重ねることが，科学としての考古学には不可欠である。筆者はこれまで，土器製作技術の分析方法を再検討し，これに基づいた実証研究を行ってきた。小稿では，これまでの分析結果および学史を整理し，土器製作が変化した要因について，農耕を伴う生業との関係のなかで説明するための基礎的な作業を行った。

　私が九州大学大学院人文科学府の修士課程に入学して以降，田中良之先生から数多くのご指導を賜ってきました。「三阪の研究はacculturationの研究だ」，「曲り田の資料はみたか」という田中先生からのご助言は，当時の私の研究全体の核心をついていただけではなく，現在の研究の方向性を決めるものとなっています。また，下條信行先生を研究代表とする「日本列島における初期農耕文化の荷担者の研究」（古代学協会）の共同研究者であった田中先生から，同研究への参加をお声掛けいただいたことは，非常に光栄であったとともに自信を与えていただきました。
　この小文を田中良之先生のご霊前に捧げ，ご冥福をお祈り申し上げます。

謝辞
　本論の作成にあたり，下記の諸先生・諸氏にご助言を頂きました。ここに記して，厚く御礼申し上げます。
　近藤玲，辻田淳一郎，中村豊，端野晋平，宮本一夫，脇山佳奈（五十音順・敬称略）
　本研究はMEXT科研費15H03266の助成を受けたものである。

■註
1）朝鮮半島南部の新石器時代から青銅器時代への土器の変容過程については別稿を準備している。
2）黒川式期に位置づけられる長行遺跡で，イネの種実圧痕がついたとされる土器が2点報告されていること

とについて，端野晋平氏にご教授いただいた．これらは，九州大学農学部・大村武により「短粒の籾圧痕の可能性が極めて高い」との所見が報告されている（宇野編1983, p.29）．ただし，山崎純男（2007）が指摘するように，レプリカ法によってこれらを検証する必要がある．
3）田崎の見解に対し，安藤広道（2009）は弥生時代の水田稲作技術を「自然微高地傾斜利用の灌漑型小区画水田」としたうえで，水路と堰を用いずに耕地の水の管理を行う方法（田崎のⅡ型水田）を含めて「灌漑」とよんでいる．
4）田崎（1999, 2014）は，手鋤について掘り棒から発達した土堀具（耕起具）と解釈する．一方，村上由美子（2009）は，木器の形態や使用痕，民族誌，木器のライフヒストリーを通じた検討により，田崎（1999）が手鋤としたものの多くは，畠作物の播種前の雑草の処理，草本作物の収穫，穂積み後のイネの残稈処理などの草本植物を刈り払う道具としての「刈払具」あるいはそれが欠損後に土堀具として再利用したものであると指摘する．
5）その一方で，弥生時代には分断材から板目板を獲得する縄文時代後・晩期の技術も継承されていると指摘されている（飯塚2007b）．弥生時代開始期の北部九州では，朝鮮半島南部の青銅器時代に普遍的にみられる条間が粗い刷毛目調整はあまり多くなく，条間が密な板ナデ調整が多い点は注目される．

　横山（1978）は，弥生土器にみられる刷毛目（木製板工具調整）は針葉樹によるものが多いが，広葉樹によるものも含まれると指摘する．広葉樹の擦痕が針葉樹のそれに比べ，一般的に平面的で多数の微細な隆起がならんだものとなる．また，木取りによっても，一般的に細密な刷毛目は本柾目板により，粗大な刷毛目は追柾目板や板目板によるとされる．今後，土器にみられる木製板工具の痕跡と木製品の板材加工技術との関係を詳しく捉えていく必要があろう．

■参考文献
安藤広道，2009．弥生農耕の特質．食料の獲得と生産，弥生時代の考古学5，pp.23-38．同成社，東京．
安承模，1998．동아시아 선사시대의 농경과 생업．學研文化社，서울．
朝岡俊也，2013．福岡平野における堰灌漑の展開：弥生時代〜古墳時代前期を中心に．九州考古学88, 21-48．
深澤芳樹，1985．土器のかたち：畿内第Ⅰ様式古・中段階について．財団法人東大阪市文化財協会紀要Ⅰ，41-62．
深澤芳樹，1991．弥生土器の基部成形手法．唐古，藤田三郎さん・中岡紅さん結婚記念，pp.6-12．田原本唐古整理室OB会，奈良．
後藤直，2006．朝鮮半島初期農耕文化社会の研究．同成社，東京．
後藤直，2011．栽培植物種子からみた弥生時代農耕．弥生時代 下，日本の考古学（甲元眞之・寺沢薫編），pp.107-155．青木書店，東京．
後藤直編，2004．東アジア先史時代における生業の地域間比較研究，2000年度〜2003年度科学研究費補助金基盤研究（B)(2)研究成果報告書．東京大学大学院人文社会系研究科考古学研究室，東京．
한지선，2006．무문토기에 보이는 소성흔・조리흔 검토．華城 泉川里 青銅器時代 聚落，pp.169-178．한신대학교박물관，경기도．
端野晋平，2008．計測的・非計測的属性と型式を通じた石庖丁の検討：韓半島南部と北部九州を素材として．日本考古学26, 41-67．
飯塚武司，2001．農耕社会成立期の木工技術の伝播と変容．古代学研究155, 20-32．
飯塚武司，2007a．縄文時代後・晩期の木工技術の発展と製作者について．古代学研究177, 20-34．
飯塚武司，2007b．農耕社会移行期の木工における技術継承と革新．古代文化59 (3), 21-37．
飯塚武司，2009．農耕社会成立期の斧．木・ひと・文化，出土木器研究会論集（出土木器研究会編），

pp.120-134．岡山．

金炳燮，2003．韓國의 古代 밭遺構에 대한 檢討．古文化62，3-28．

金炳燮（庄田慎矢訳），2014．朝鮮半島新石器・青銅器時代の農耕関連遺跡．日韓における穀物農耕の起源，山梨県立博物館調査・研究報告9，pp.365-383．山梨．

小林正史，2004．稲作農耕民の伝統的土器作りにおける覆い型野焼きの特徴．北陸学院短期大学紀要36，203-228．

小林正史，2006a．民族誌事例の比較分析に基づく覆い型野焼きの特徴とバリエーション．黒斑からみた縄文・弥生土器・土師器の野焼き方法，平成16・17年度科学研究費補助金（基盤研究〔C〕）研究成果報告書（小林正史編），pp.13-44．石川．

小林正史，2006b．大坪里遺跡の中期無文土器の野焼き方法．黒斑からみた縄文・弥生土器・土師器の野焼き方法，平成16・17年度科学研究費補助金（基盤研究〔C〕）研究成果報告書（小林正史編），pp.112-131．石川．

小林正史，2007．弥生早期（夜臼式）土器の野焼き方法．土器研究の新視点：縄文から弥生時代を中心とした土器生産・焼成と食・調理（大手前大学史学研究所編），pp.203-228．六一書房，東京．

小林正史編，2006．黒斑からみた縄文・弥生土器・土師器の野焼き方法，平成16・17年度科学研究費補助金（基盤研究〔C〕）研究成果報告書．石川．

小林正史・北野博司・久世健二・小嶋俊彰，2000．北部九州における縄文・弥生土器の野焼き方法の変化．青丘学術論集17，5-140．

前田義人・武末純一，1994．北九州市貫川遺跡の縄文晩期の石庖丁．九州文化史研究所紀要39，65-90．

町田章，1985．木器の生産．道具と技術Ⅰ，弥生文化の研究5（金関恕・佐原眞編），pp.27-35．雄山閣，東京．

三阪一徳，2010．日本列島出土孔列土器の製作技術：北部九州地域を中心に．考古学は何を語れるか，同志社大学考古学シリーズⅩ（松藤和人編），pp.175-194．京都．

三阪一徳，2012．土器製作技術からみた韓半島南部新石器・青銅器時代移行期：縄文・弥生移行期との比較．生産と流通の考古学，第10回九州考古学会・嶺南考古学会合同考古学大会，pp.219-248．慶尚南道．

三阪一徳，2014．土器からみた弥生時代開始過程．列島初期稲作の担い手は誰か（下條信行監修，古代学協会編），pp.125-174．すいれん舎，東京．

三阪一徳，2015a．土器からみた北部九州弥生時代開始期の地域差．森浩一先生に学ぶ，森浩一先生追悼論文集，同志社大学考古学シリーズⅪ（松藤和人編），pp.245-260．京都．

三阪一徳，2015b．遼東半島先史時代の土器製作技術：上馬石貝塚を中心として．遼東半島上馬石貝塚の研究（宮本一夫編），pp.179-202．九州大学出版会，福岡．

宮本一夫，2009．農耕の起源を探る：イネの来た道，歴史文化ライブラリー271．吉川弘文館，東京．

村上由美子，2009．木製刈払具の検討：木器の「使い下し」に関する一考察．木・ひと・文化，出土木器研究会論集（出土木器研究会編），pp.147-162．岡山．

中村豊，2009．西病棟建設に伴う埋蔵文化財発掘調査の成果．国立大学法人徳島大学埋蔵文化財調査室年報1，11-28．

中村豊，2010．まとめ．国立大学法人徳島大学埋蔵文化財調査室年報2，69-71．

中山誠二，2014．日韓における栽培植物の起源と農耕の展開．日韓における穀物農耕の起源，山梨県立博物館調査・研究報告9，pp.391-402．山梨．

中山誠二編，2014．日韓における穀物農耕の起源，山梨県立博物館調査・研究報告9．山梨．

中沢道彦，2009．縄文農耕論をめぐって：栽培種植物種子の検証を中心に．食料の獲得と生産，弥生時代の考古学5，pp.228-246．同成社，東京．

小畑弘己，2011．東北アジア古民族植物学と縄文農耕．同成社，東京．
小畑弘己，2013．동삼동패총・비봉리유적 출토 기장・조 압흔의 동정과 그 기준．韓國新石器研究 25，105-155．
大庭重信，2003．韓国無文土器時代の畠作技術：大坪里遺跡を中心に．大阪歴史博物館研究紀要 2，89-102．
大庭重信，2005．無文土器時代の畠作農耕．待兼山考古学論集，都出比呂志先生退任記念，pp.87-98．大阪大学考古学研究室，大阪．
岡安雅彦，1999．弥生の技術革新 野焼きから覆い焼きへ：東日本を駆け抜けた土器焼成技術．安城市歴史博物館，愛知．
裵眞晟，2007．無文土器文化의 成立과 階層社會．서경문화사，서울．
下條信行，1986．日本稲作受容期の大陸系磨製石器の展開：宇木汲田貝塚1984年度調査出土石器の報告を兼ねて．九州文化史研究所紀要31，103-140．
下條信行，1988．日本石庖丁の源流：弧背弧刃系石庖丁の展開．日本民族・文化の形成 1，永井昌文教授退官記念論文集，pp.453-474．永井昌文教授退官記念論文集刊行会，福岡．
下條信行，2000．遼東形伐採石斧の展開．東夷世界の考古学（村上恭通編），pp.29-54．青木書店，東京．
下條信行，2002．北東アジアにおける伐採石斧の展開：中国東北・朝鮮半島・日本列島を繋ぐ文化回路を巡って．韓半島考古学論叢（西谷正編），pp.125-156．すずさわ書店，東京．
下條信行，2014．生産具（磨製石器）からみた初期稲作の担い手．列島初期稲作の担い手は誰か（下條信行監修，古代学協会編），pp.175-228．すいれん舎，東京．
孫晙鎬・中村大介・百原新，2010．복제（replica）법을 이용한 청동기시대 토기 압흔 분석．야외고고학 8，5-34．
庄田慎矢，2006．渼沙里遺跡前期無文土器の焼成方法．黒斑からみた縄文・弥生土器・土師器の野焼き方法，平成16・17年度科学研究費補助金（基盤研究〔C〕）研究成果報告書（小林正史編），pp.107-111．石川．
쇼다신야，2009a．청동기시대의 생산활동과 사회．학연문화사，서울．
庄田慎矢，2009b．東北アジアの先史農耕と弥生農耕：朝鮮半島を中心として．食料の獲得と生産，弥生時代の考古学 5，pp.39-54．同成社，東京．
田畑直彦，2012．外傾接合と弥生土器．山口大学考古学論集，中村友博先生退任記念論文集（山口大学人文学部考古学研究室編），pp.77-102．中村友博先生退任記念事業会，山口．
田中良之，1986．縄文土器と弥生土器：西日本．弥生土器 I，弥生文化の研究 3（金関恕・佐原眞編），pp.115-125．雄山閣，東京．
田中良之，1991．いわゆる渡来説の再検討．日本における初期弥生文化の成立，横山浩一先生退官記念論文集 II，pp.482-505．横山浩一先生退官記念事業会，福岡．
田中良之，2014．いわゆる渡来説の成立過程と渡来の実像．列島初期稲作の担い手は誰か（下條信行監修，古代学協会編），pp.3-48．すいれん舎，東京．
田崎博之，1999．夜臼式・板付式土器と農耕文化．論争吉備，考古学研究会岡山例会シンポジウム記録 1，pp.145-163．考古学研究会岡山例会委員会，岡山．
田崎博之，2000a．壺形土器の伝播と受容．突帯文と遠賀川（田崎博之編），pp.737-789．土器持寄会論文集刊行会，愛媛．
田崎博之，2000b．水田稲作農耕社会への移行：日本列島の土器・水田・農具の検討．韓国古代文化의 變遷과 交渉（李弘鐘編），pp.517-586．서경문화사，서울．
田崎博之，2002a．朝鮮半島の初期水田稲作：初期水田遺構と農具の検討．韓半島考古学論叢（西谷正編），

pp.51-87．すずさわ書店，東京．
田崎博之，2002b．日本列島の水田稲作：紀元前1千年紀の水田遺構からの検討．生業，東アジアと日本の考古学Ⅳ，pp.73-117．同成社，東京．
田崎博之，2008．朝鮮半島における青銅器時代の環境変遷と土地利用．日本水稲農耕の起源地に関する総合的研究，平成16～19年度日本学術振興会科学研究費基盤研究A（宮本一夫編），pp.105-124．九州大学大学院人文科学研究院考古学研究室，福岡．
田崎博之，2014．韓国青銅器時代における木製農耕具の特性：日本列島西南部地域の縄文時代晩期から弥生時代前期との比較を通じて．東アジア古文化論攷1（高倉洋彰編），pp.300-317．中国書店，福岡．
宇野慎敏編，1983．長行遺跡：北九州市小倉南区大字長行所在．北九州市埋蔵文化財調査報告書第20集．財団法人北九州市教育文化事業団埋蔵文化財調査室，福岡．
山口譲治，1991．弥生文化成立期の木器．日本における初期弥生文化の成立，横山浩一先生退官記念論文集Ⅱ，pp.418-441．横山浩一先生退官記念事業会，福岡．
山口譲治，2000．弥生時代の木製農具：韓国光州市新昌洞遺跡出土農具から．韓国古代文化의 変遷과 交渉（李弘鐘 編），pp.587-622．서경문화사，서울．
山崎純男，1987．北部九州における初期水田：開田地の選択と水田構造の検討．九州文化史研究所紀要32，127-186．
山崎純男，2007．弥生文化の開始：北部九州を中心に．歴博フォーラム 弥生時代はどう変わるか：炭素14年代と新しい古代像を求めて（国立歴史民俗博物館・広瀬和雄編），pp.97-110．学生社，東京．
山崎頼人，2005．初期灌漑技術の発展過程Ⅰ：水田稲作開始期における井堰構築技術とその集団．九州考古学80，1-26．
家根祥多，1993．遠賀川式土器の成立をめぐって：西日本における農耕社会の成立．論苑考古学（坪井清足さんの古稀を祝う会編），pp.267-329．天山舎，東京．
横山浩一，1978．刷毛目調整工具に関する基礎的実験．九州文化史研究所紀要23，1-24．
横山浩一，1993．刷毛目板の形状について．論苑考古学（坪井清足さんの古稀を祝う会編），pp.437-442，天山舎，東京．
吉留秀敏，2004．水稲農耕導入期の灌漑技術：初期水田経営をめぐって．福岡大学考古学論集，小田富士雄先生退職記念，pp.157-174．小田富士雄先生退職記念事業会，福岡．
吉留秀敏編，1991．比恵遺跡群10，福岡市埋蔵文化財報告書第255集．福岡市教育委員会，福岡．

弥生時代成立期前後の集落の一類型

九州歴史資料館　小 澤 佳 憲

要旨

　弥生文化成立期における集落において，竪穴住居・掘立柱建物のそれぞれに特徴的な構造を持つものがあることを指摘し，それぞれに形式名称を付した。また，それらが粕屋町江辻遺跡においてセット関係で存在することから，このセット関係を構成する遺構群からなる集落を「江辻型集落」とし，それらの西日本における拡散の在り方について整理した。

　その結果，江辻型集落はその構成要素群を基本的にセット関係として保持したまま，弥生時代前期前葉に北部九州や西日本各地に拡散していることを指摘し，あわせてそれがこの時期の集落における（おそらくは渡来的色彩の最も強い）類型の一つのパターンであって，ほかに（おそらくより在地色の強い）いくつかの類型が併存すること，またそれらはやはり類型としての集落構成要素のセット関係を維持したまま西日本に拡散する可能性が高いことを指摘し，弥生文化の展開において集落単位での分裂・拡散が基本的な形態であった可能性を示唆した。

キーワード：江辻型集落，松菊里型住居，江辻型建物，江辻型大型建物

1　はじめに

　水稲農耕を生業の軸とする一連の文化体系が朝鮮半島から日本列島にもたらされ，それまで列島にあった狩猟・採集を主たる生業とする縄文文化と融合することにより，弥生社会は成立した。このことについては，これまで多くの先学がさまざまな側面より明らかにしてきたところである。

　半島からもたらされたものは，有形・無形を問わず，生活のさまざまな場面にまたがっていた。しかし考古学においては，その研究の手法上における制限から，主に物質文化に残された痕跡の一部（土中で腐朽せずに遺存するもの）が主な研究対象とされた。具体的には，土器・石器・金属器といった一部の道具類のほか，墓制や集落，耕地などといった遺跡，あるいはそれらを構成する個別の遺構などがあげられよう。

　土器や石器の研究は早くより積極的に進められ，貴重な研究成果がもたらされてきた。特に注目されるのは，弥生文化の成立にあたっては，縄文人が主導的に取捨選択を行いつつ渡来文

化を受け入れたという主張である（cf. 広瀬1997）。それまで弥生文化の成立については，縄文人と弥生人の人骨形質が大きく違うことなどから，それを持ち込んだ渡来人が主役となった―すなわち大量の渡来により集団自体が入れ替わるような大きな変化があった―と考えられてきた。しかし，主に1980年代前後よりすすめられた土器・石器などの研究成果により，弥生文化の成立にあたっては，これに先立って列島に広がっていた縄文文化に同じ機能を果たすものがある場合は，渡来文化の要素が導入されにくかったことが指摘され，縄文人が主導的に渡来文化を取捨選択しながら導入することで弥生文化が成立したという主張が脚光を浴びたのである。たとえば土器については，刻目突帯文土器にみられる壺型土器が朝鮮半島から出土するものとそっくりであり，弥生時代前期の壺の祖型となって，弥生土器の器種組成のなかで主要な位置づけを担っていく一方で，甕については縄文時代晩期の甕形土器からの変化の系譜がたどりうるとされ，縄文時代後・晩期に器種組成のなかで壺が主要な位置づけを占めていなかったこと（壺の欠如）がその原因とされた。また石器についても，いわゆる大陸系磨製石器のなかで縄文時代にも同じ機能を持つものが存在した器種―石鏃など―は一度流入するものの早々に消失する一方で，伐採斧としてあるいは加工具としてぬきんでた機能を持つ太型蛤刃石斧や柱状・偏平片刃石斧，同じ機能を持つものが存在しなかった石包丁などは弥生文化の石器組成のなかで受容・定着したことが明らかにされた。古く弥生文化成立期に渡来人が主導的な役割を果たしたと考えられた根拠の一つである人骨の形質についても，渡来人の数が少数であっても，生業が違うことに起因する集団ごとの人口増加率の差によって，渡来的な形質が広がりうることが示され（田中・小沢2001），渡来人が従来想定されたよりも少数であった可能性が高く，多量の渡来人が縄文人を駆逐したわけではないと理解されるようになった。このようなことから，弥生文化成立の主人公は縄文人たちであり，彼らが水稲農耕を軸とする新しい生活様式を導入するにあたっては，渡来人によりもたらされた情報のうち，彼らが持っていなかったものを補うように取捨選択する形で，弥生文化が成立したと考えられるようになったわけである。

　こうした理解が注目される一方で，弥生文化成立期には集落を構成する集団ごとに文化変容における対応の在り方―情報の取り込み方―が異なる可能性が藤尾慎一郎氏により提起されており，注目される。氏によれば，もっとも初期に弥生文化が成立したとされる博多湾沿岸地域（広義の福岡平野）においては，弥生時代早期の個々の集落の間で甕形土器の細分形式の組成に差異が見られ，それは弥生人（農耕民）の成立における個別の集団の対応の差異（渡来人や文化を受け入れる際の対応，特に積極的に融合したか否か）に起因するものだという（藤尾1999）。総体としての文化成立期の在り方における大きな傾向とは別に，実態としての渡来文化受容の姿を描き出そうとする貴重な研究成果であり，弥生文化成立期においては，集団ごとにもたらされた情報の取捨選択について細かな対応の差異が認められるという主張は傾聴に値しよう。

　本稿では，このような複雑な様相を示す弥生文化成立期の様相について，集落を検討材料としてアプローチを試みたい。集落とその構成要素に対する弥生文化成立時の様相についてはこれまでに，「松菊里型」と呼ばれる特徴的な竪穴住居跡に対する研究が多くなされており，渡

来文化の中で弥生文化に取り入れられた集落構成要素の代表例とみなされてきた。しかし，そのほかの構成要素，例えば掘立柱建物や貯蔵穴，溝などについては，弥生文化成立時の状況が体系的に検討されてきたとは言い難い。

　筆者は以前，韓国において弥生時代並行期の集落を検討する機会があり，その成果について小文をまとめたことがある（小澤2006a）。このときには特に，特徴的な遺構群がセット関係をもつ弥生時代早〜前期における集落の事例について焦点を絞って述べた。しかし紙幅の都合がありさまざまな問題点について十分に検討することがかなわなかった。またその後，埋蔵文化財研究集会において弥生時代成立期の集落について集成を行う機会があり，弥生時代早〜前期の集落を構成する遺構群について簡単なまとめを行った（小澤2006b）が，地域の様相という発表の性格上，博多湾沿岸地域以外の資料について触れることはかなわなかった。その後，中尾祐太氏が特に細長い平面プランを持つ掘立柱建物について若干の検討を行っている（中尾2014）が，これらの特徴的な遺構群について総合的に検討が行われた研究は見当たらない。

　本稿では，弥生時代早〜前期の特徴的な集落構成要素について再論し，そのセット関係の成立と変容について検討した上で，それが西日本の各地にどのように拡散するのか事例を挙げて検討し，その様相から，成立期弥生文化の西日本一帯への拡散と受容のあり方について一つの形を示したい。

2　江辻遺跡の様相

　福岡県糟屋郡粕屋町にある江辻遺跡は，弥生時代早期の代表的な集落としてよく知られる。これまでの調査で，墓域を伴う弥生時代早期の集落跡がほぼ全体像が分かる形で見つかっている（新宅1994，1996）。居住域を概観しよう（第1図）。

　環濠とみられる溝が集落の北〜北西部をめぐり，数回にわたって掘りなおされる。内側には10数棟の竪穴住居跡群が大きく円を描くように配置される。さらにその内側には細長い平面プランの掘立柱建物（おそらく高床式倉庫とみられる）が複数あり，一番中心部には大型の建物がある。南側には特徴的な構造を持つ木棺墓や土壙墓が二つの群をなして墓域を形成する。集落，特に居住域の全体が環状の構造を持つさまは縄文文化の影響があらわれたものであるという指摘は多くの研究者によりなされているところである[1]。

　遺構を種類別に詳しく見よう（第2図）。竪穴住居跡は円形プランのものと方形プランのものがある。方形プランのものは1棟のみで他は円形プランである。いずれも，竪穴部の中央に浅い炉を，またその横に2つの対となるピットを持つもので，いわゆる松菊里型住居である。明確な主柱穴は確認されていない[2]。

　倉庫と目される掘立柱建物は6棟あり，1間×2〜5間の平面プランを持つ。桁行1間長が梁行1間幅と等しいか長く，梁桁1間の大きさが規格的で，桁行を2間から5間以上にまで自由に変化させることにより建物の大きさを変える，非常に特徴的な構造を持つ建物群である。本稿では，これらを江辻型掘立柱建物と仮称したい。

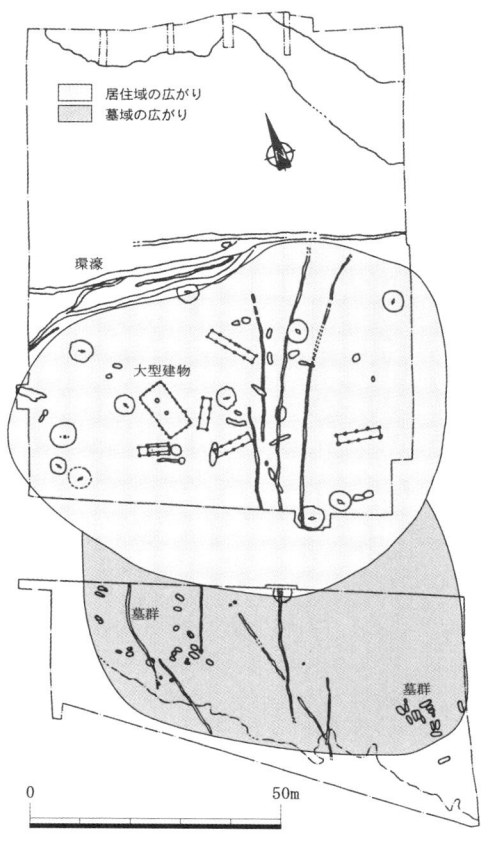

環濠と竪穴住居跡，倉庫建物によって三重に取り囲まれた集落の中央部に，大型の掘立柱建物がある。柱穴間距離が一定ではなく，柱穴自体も貧弱で，コーナー部には複数の柱を束ねたような痕跡もみられることなどから，壁立の建物であった可能性があり，少なくとも高床式建物とは考えにくい。桁行は一定ではないが8～9間，梁行は4間ほどを数え，規模は8.3m×4.3mほどの規模をはかる。桁行方向の建物の中心線に沿って，片方の梁行中央間に1基，建物の内部に2基のピットが検出されているが，この三基の柱穴だけが大きくしっかりとした掘方をもつことから，屋内棟持柱の可能性がある。とすれば，北部九州で弥生時代中期以降にみられる「超大型掘立柱建物」と共通した構造的特徴を有することとなり，これらの祖型となった建物である可能性が高いことは大いに注目されるべきであろう（秦1999；小澤2006）。これを本稿では，江辻型大型建物と呼んでおく。

3 江辻遺跡の集落構成要素とその祖型

以上，江辻遺跡の集落について，個別の構成要素ごとに概観してきた。これらの構成要素のうち，集落の環状構造以外の各要素は，その祖型を前代の列島縄文文化に求めることは難しいと考えられる。これまでの研究史から，半島からの渡来要素であるということが明らかになっているのは松菊里型住居のみであるが，それ以外の遺構（2種の掘立柱建物）についても半島からの渡来文化にその祖型を求める必要があるものと思われる。

以下，上に詳述した3種類の遺

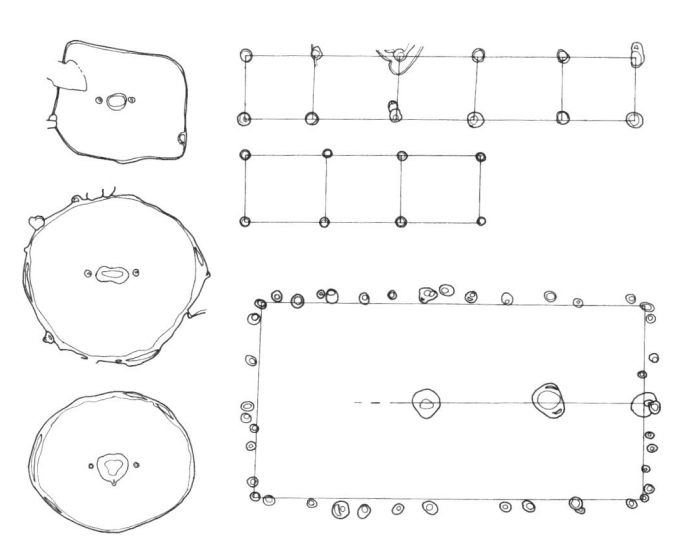

第1図　江辻遺跡の弥生時代早期集落
（粕屋町教委2002を再トレース，加筆）

第2図　江辻遺跡の遺構群（新宅1994・1996）[3]

構について，その祖型を探ってみよう。

① 江辻型住居

　江辻遺跡の竪穴住居跡は，中央炉の左右に1対の深い柱穴を持つ，いわゆる松菊里型住居である。その中でも，炉の左右にある2基の柱穴以外には明確な主柱穴を持たないタイプであり，このうち円形プランのものを旧稿で江辻型住居と呼んだ。本稿でも踏襲する。方形プランのものが1基あり，これを本稿では江辻型住居2類とする。

　江辻型住居は中央炉と左右の2柱穴を持つが他に主柱穴を持たない（無主柱の）タイプであり，現在までのところ縄文時代後・晩期の列島では近似例を探すのが困難である一方，半島無文土器文化中期の「松菊里型」住居が同じ特徴を持つことから，これが半島より渡来したものであることは明らかであろう。

　端野晋平氏らによれば，半島で松菊里式あるいはそれに関連づけられるとされる住居類型は大別25類型に分類できるという（端野ほか2006）。この中には中央炉跡や左右の2柱穴を持たない住居跡も含まれるため，列島における松菊里型住居の祖型となりうる類型としては大別11類型ということになる（第3図）。氏らによれば，江辻型住居と同形式の松菊里型住居は，半島では錦江上流域のほか南江流域・大邱地域・金海地域といった半島南側の中〜東部に多くみられるとされる。江辻遺跡ではほかに方形プランの松菊里型住居も1棟みられるが，この類例は上記の地域の中では南江流域や大邱地域にみられ，こういった地域からの伝播が想定されている（端野ほか2006；端野2008）。

② 江辻型建物

　江辻遺跡でみられる倉庫建物とみられる掘立柱建物をこう呼ぶこととする。桁行1間の長さが梁行1間の長さよりも長く，さらに桁行を2間〜6間程度までの間で伸縮させることにより建物自体の規模を変化させるという特徴を持つ。桁行が2間以上の建物で桁行1間の長さが梁行1間の長さよりも長いという構造を持つ建物は在地の縄文文化・渡来元の半島の無文土器文化の双方で一般的ではなく，この建物そのものを江辻集落以前の半島・列島のいずれに求めることもできない。しかし，この建物を理解する上での手掛かりと考えられるものが半島の無文土器文化期にみられる。

　第4図は，慶州南道泗川市梨琴洞遺跡で出土した韓国無文土器時代中期の掘立柱建物跡である（慶南考古研2003）。16号建物跡は1間×8間，19号建物跡は1間×6間の規模を持つもので，ほかに1間×5間・1間×10間の規模を持つものも報告されている。桁行1間の長さが梁行1間の長さよりも短い点，また梁行1間の長さが規則的でなく，柱筋もやや出入りが大き

松菊里ピット	二柱穴（内）						二柱穴（外）				
平面形態	方形			円形			方形		円形		
その他の柱穴	四柱	壁際	無柱	四柱	壁際	無柱	四柱	壁際	無柱	壁際	無柱
模式図	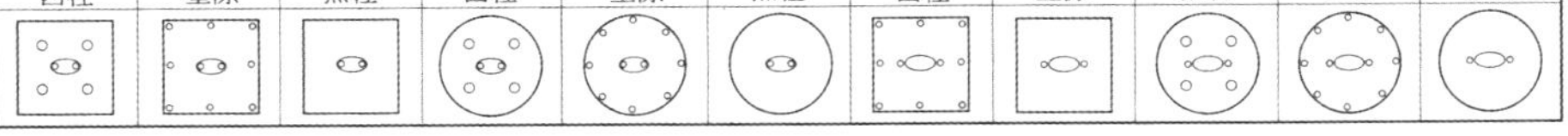										

第3図　朝鮮半島南部における松菊里型住居の諸類型（端野2008より一部抽出）

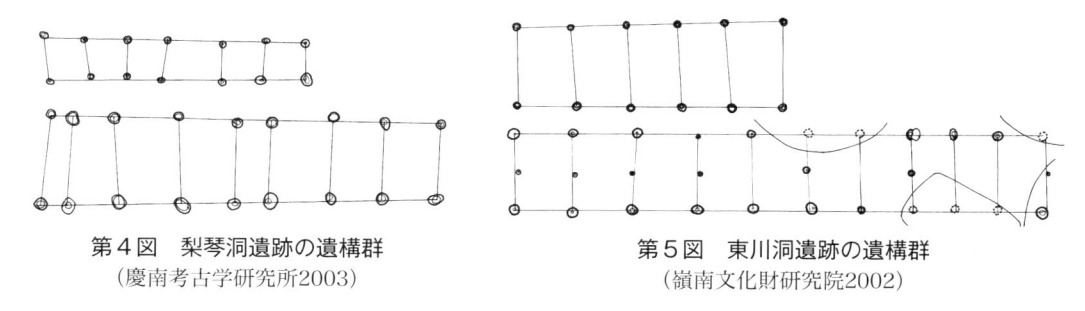

第4図　梨琴洞遺跡の遺構群
（慶南考古学研究所2003）

第5図　東川洞遺跡の遺構群
（嶺南文化財研究院2002）

いといった点では江辻型建物とはやや異なる点もあるが，梁行が1間のまま桁行方向を伸縮させることで建物規模を変化させる発想は共通しており，この建物類型の祖型となる可能性は十分にあろう。

　近似例として大邱広域市東川洞遺跡出土例を挙げる（第5図）。同じく無文土器時代中期の掘立柱建物跡である（嶺南文化財研2002）。梁行が2間ある点はやや異なるが，桁行方向を3間〜10間程度に変化させることで建物規模を変化させるという特徴は共通する[4]。

　これらの例は，すでに述べたように梁行1間の長さが桁行1間の長さより長いこと，桁行柱間の間隔が不規則で建物自体もやや規格性に乏しいこと，束持ち柱を有する例があることなど，江辻型建物とは異なる点も多い。しかし，同時期の北部九州には江辻型建物の祖型としうる例は見当たらず，やや差異はあるものの半島無文土器文化期のこれらの例を江辻型建物の祖型の有力な候補として考えたい。

③　江辻型大型建物跡

　江辻遺跡の集落中央に1棟のみ存在する大型の6号掘立柱建物は，数本の柱を束ねるようにするなどして大略4間×8間の側柱と，建物内に2本の棟持ち柱を有する特徴的な構造を持つ。規模は8.3×4.3m，床面積は約36㎡と，この時期の遺構の中では特に大型である。この特徴的な建物について，旧稿では今のところ半島無文土器文化にも列島縄文文化にも求められないとした。しかし，本稿では半島無文土器文化からの渡来要素として評価したい。第6図は先にも挙げた慶州南道泗川市梨琴洞遺跡から出土した大型建物（60号建物跡）である[5]。

　梨琴洞遺跡60号建物跡は，桁行約29m，梁行約5.6mをはかる非常に大型の建物である。側柱の柱穴は大半が直径20〜25cm程度と小型で，柱間が一定ではないため，明確に間数をカウントすることができない。またコーナー部など一部では複数の柱を束ねるようにして配置している。梁間の中央には桁行方向に大きく間隔をあけながら7本以上の柱を並べており，棟持柱になるとみられる。規模こそ違えども，以上のような特徴はいずれも江辻遺跡の大型建物と共通する点である。本稿では，こうした点を考慮して，この遺構を江辻遺跡の大型建物の祖型の一つとして挙げておきたい。

　以上，江辻遺跡の特徴的な3つの遺構群についてその祖型を探ってきた。その結果，いずれも半島無文土器文化期に祖型となりうる類例が存在するという結論に達した。中には本稿で祖型としたものからやや形状や特徴が離れるものもあるが，江辻遺跡の集落を構成する個々の遺

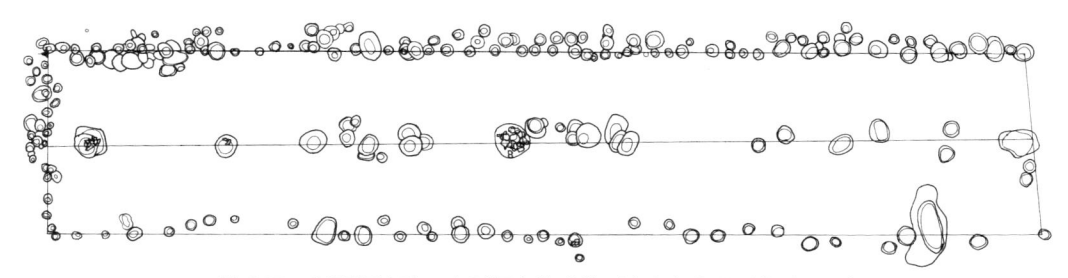

第6図　梨琴洞遺跡の大型掘立柱建物（慶南考古学研究所2003）

構群のうち主なものは半島から渡来した文化要素であると評価できよう。こうした遺構群のセットからなる集落をここでは「江辻型集落」と呼ぶこととしたい。

4　江辻型集落の展開と変容

　江辻型集落，あるいはその構成要素を断片的に持つ集落は，弥生時代早期から前期（場合によっては中期）にかけて，西日本の各地で点的に確認されている。ここでは，地域ごとにそれらを見ていきたい。

　もちろん，集落全域が調査された例は多くなく，江辻型集落を構成するとした3種の遺構がすべて見つかる例は少ない。また，3種の遺構のうちいずれかが欠落したり，形状に何らかの変容が起きたりしている例も多い。ここでは，筆者が江辻型集落あるいはそれを構成する遺構とつながりがあると考えるものについて紹介し，その位置づけを検討したい。ただし，江辻型住居については，これと関連が深くやはり渡来的要素とみられる4本主柱を持つ松菊里型住居（旧稿〔小澤2006〕で「海老ノ峯型」とした）が，いまのところほかの江辻型集落の構成要素と共伴しない。このため，本稿では海老ノ峯型住居がほかの江辻型集落の構成要素と共伴せず単独でみられる集落については検討対象から除外し，一方で他の江辻型集落の構成要素が出土する集落については多主柱を含む松菊里型住居の有無について注意を払いながら検討を進めることとしたい。

① 　北部九州

　博多湾沿岸地域では江辻型集落とその関連資料が多く出土している。西から順にみていこう。

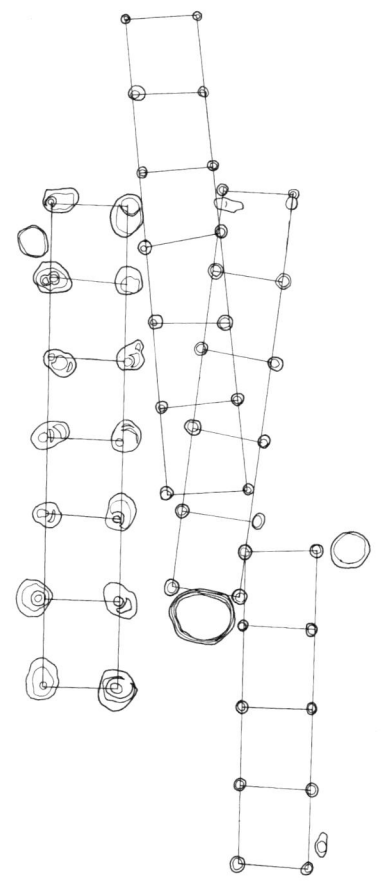

第7図　上深江小西遺跡の遺構群
（二丈町教委1998）

上深江・小西遺跡　糸島平野では，糸島市上深江・小西遺跡で早期に属する江辻型集落の構成要素が調査されている（二丈町教委1998）。限られた調査区の中から5棟の建物跡が見つかっているが，少なくともこのうちの4棟は梁行1間×桁行4～6間で桁行1間が梁行1間よりやや長いという構造上の特徴を持ち，江辻型建物と考えられる（第7図）。なお，上深江・小西遺跡で検出した4棟には，桁方向の端部に当たる柱間のわずかに外側に小ピットを伴っており，調査者はこれを高床式倉庫への昇降施設（梯子等）の痕跡ではないかとしている。江辻型建物が高床式建物であることを示す有力な手がかりであろう。

竹戸東縄手遺跡　糸島市竹戸東縄手遺跡は糸島平野の西部に位置する弥生・古墳・平安時代の複合遺跡である。弥生時代前期中～後葉の遺構として，断面がV字状を呈する溝のほか，2棟の掘立柱建物跡（第8図）を検出した（二丈町教委2007）。2棟ともに調査区外に伸びる可能性があるが，調査区内で検出された規模は1間×3間・1間×4間を持ち，桁行を伸縮させて規模を変化させているるといえる。また桁行1間が梁行1間よりも短いかあるいは同じ程度の長さで，江辻型建物の特徴を持つ。なお，これに後続する中期初頭の円形住居跡が1棟検出されているが，多主柱で中央炉横の2柱穴を持たない「道場山型」住居跡である。

東入部遺跡群　福岡市東入部遺跡群は，早良平野の南部に位置する弥生時代・古代・中世の複合遺跡である。7次調査で検出された弥生時代の集落は前期末～中期前半のもので，円形竪穴住居跡8棟，掘立柱建物跡17棟などが検出された（福岡市教委1998）。弥生時代に属するとされる掘立柱建物跡17棟のうち，梁行が狭くて桁行が梁行より長く江辻型建物の特徴を持つものは4棟（第9図）で，1間×2間～1間×4間の規模を持つ。ほかに，梁行がやや広く桁行と同じ程度の長さになる建物，梁行が広く桁行より長くなる建物が同じ時期の遺構とされるが，これらは江辻型建物が変化して一般によく見られる弥生時代の1間×2間の掘立柱建物が成立する過程を示す可能性があり注意される（後述）。また，3間×4間の側柱建物も同時期の所産とされ，これは江辻型大型建物が変容して成立した可能性も考えられる。しかし，棟持柱がない点で江辻型建物とは異なり，またほかに同程度の規模を持つ建物が数棟あってやや判断に迷う。

第8図　竹戸東縄手遺跡の遺構群
（二丈町教委2007）

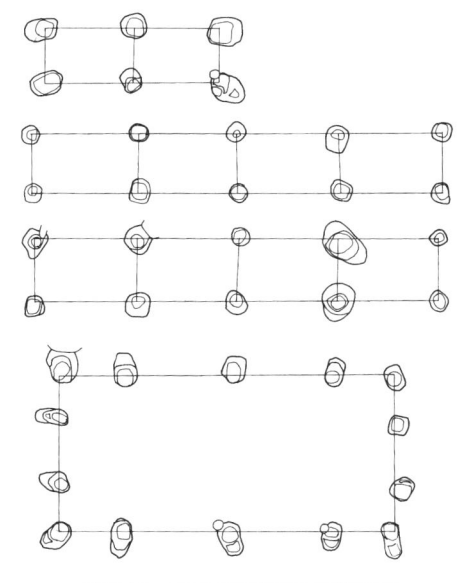

第9図　東入部遺跡群の遺構群
（福岡市教委1998）

なお，円形住居跡は中央炉横の2柱穴を持たない4本主柱の合ノ原型や多主柱の道場山型である。

下月隈C遺跡　福岡市下月隈C遺跡は福岡平野北部，席田丘陵の南側裾部に広がる低地帯中の微高地上に営まれた集落遺跡である。第8次調査で3棟の弥生時代早期の建物跡が見つかっている（福岡市教委2007）。1間×3～5間の平面プランを持ちいずれも桁行1間が梁行1間より長い江辻型建物である（第10図）。なお，ほかに同時期の遺構は見つかっておらず集落の全体像は不明である。

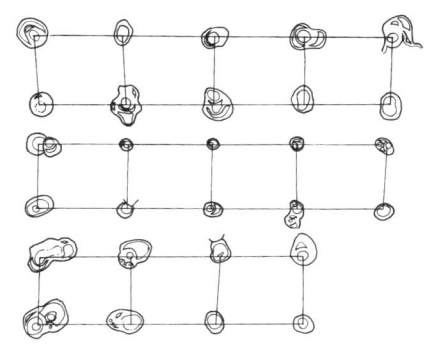

第10図　下月隈C遺跡の遺構群
（福岡市教委2007）

このほかに，前期前半の環濠集落として著名な福岡市板付遺跡において，環濠集落の北側に営まれた弥生時代早期の集落からやはり江辻型建物が3棟ほど見つかっているようである（福岡市教委2001）が詳細は不明である。

以上，北部九州における事例を見てきた。博多湾沿岸の3平野で弥生時代早期から中期前半にかけて，江辻型集落の構成要素を断片的に持つ集落が点在することが分かった。続けて，他地域の様相を見ていきたい。

② その他の地域

南溝手遺跡　瀬戸内海沿岸では，岡山県総社市南溝手遺跡で関連資料が見つかっている（岡山県教委1995）。南溝手遺跡は児島湾に北西から流れ込む足守川の流域に広がる小平野に立地する弥生時代～中・近世の複合遺跡である。岡山県立大学建設に先立つ発掘調査で弥生時代前期前～中葉の集落が検出されたが，その中に江辻型集落と関係のありそうな遺構がみられる（第11図）。

建物1は桁行5間，梁行2間の側柱建物である。柱の並びにはやや出入りがあり，柱穴の径は細くて柱間隔も不規則である。規模は6.5～6.8m×3.7mをはかり，江辻遺跡例よりやや小さい。西側の桁行柱間の柱穴外側に，これに接するようにもう一つのピットがあり，外接棟持柱と考えられる。東側の桁行柱間には間柱がなく，西側の外接棟持柱と同じようにやや外に飛び出した位置に柱穴があって，やはり外接棟持柱であろう。柱穴の遺存深さがきわめて浅く，大きく削平されているとみられ，東側の桁行間柱は失われたものと考えられる。

側柱建物で柱が小さく，柱間が不安定であること，棟持柱を持つこと，弥生時代前期にしては大型の建物であることなど，本建物の特徴には江辻遺跡の大型掘立柱建物と共通する点がいくつかあり，ここでは江辻型大型建物が変容したもの

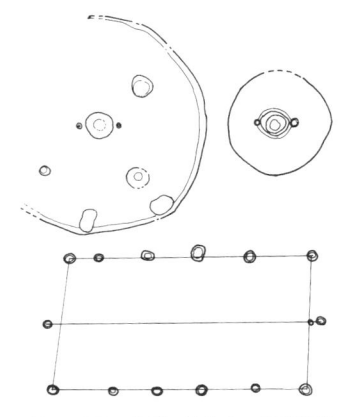

第11図　南溝手遺跡の遺構群
（岡山県教委1996）

と見たい。棟持柱が内側タイプから外接タイプに変容しているが、縄文時代後・晩期の建物の中に、「六角形建物」とも呼ばれる、外接棟持柱を持つと考えられる建物が知られることから、江辻型建物が縄文文化の影響を受けて変容したものと位置づけたい。

また、同じ調査区からやはり弥生時代前期前～中葉に属する松菊里型住居が2棟確認されている。削平が著しいため明瞭ではないが、おそらく1棟は無主柱の江辻型、もう1棟は4本主柱の海老ノ峯型とみられる。

田村遺跡　四国の南部、高知県高知市でも関連資料が見つかっている。高知市田村遺跡は北から土佐湾に流れ込む物部川の西岸に立地する複合遺跡で、四国南部では貴重な弥生時代前期集落の調査事例として著名である。高知空港の第Ⅰ期拡張に先立つ発掘調査で、関連資料が見つかっている（第12図、高知県教委1986）。

Loc.17調査区では江辻型建物とみられる遺構が2棟見つかっている。いずれも1間×3間で桁行1間が梁行1間よりも長いという構造を持つ。同じくLoc.17調査区では江辻型大型建物類似遺構も見つかっている。SB3は4間×6間の東西に長い側柱建物で、東側梁行の中間柱の内側に1基の小柱穴があり、内接棟持柱の可能性がある。ただし、西側ではこれに対応する柱穴は見つかっていない。柱穴の残りが極めて浅く、すでに失われた可能性もあろう。規模は4.56m×8.74m、床面積は約40㎡をはかり、江辻遺跡の大型建物よりもわずかに大きい。ただし、このほかにLoc.17調査区の南・南西に隣接するLoc.16調査区・Loc.25調査区から3～4間×5～6間、20～35㎡の規模を持つ掘立柱建物跡が6棟程度見つかっている。Loc.17調査区のSB3と構造的には類似することから、Loc.16調査区のSB3を含むこれらの建物群が、江辻型大型建物の系譜をひく可能性があるが、そうであったとしても、東入部遺跡例のように集落内における役割は変容している可能性が高い。

田村遺跡では松菊里型住居も見つかっている。Loc16調査区・Loc25調査区から円形住居跡4棟が見つかっていて、うち2棟は旧稿で剣塚型とした多主柱の松菊里型住居である。また、方形住居跡4棟も見つかっており、うち1棟は江辻型住居2類である。

以上にみてきたように、江辻型集落やその構成要素は、江辻遺跡のある北部九州、とくに博多湾沿岸地域に多く見られる一方で、西日本の各所にも点的に認められることがわかる。これらがどのよう

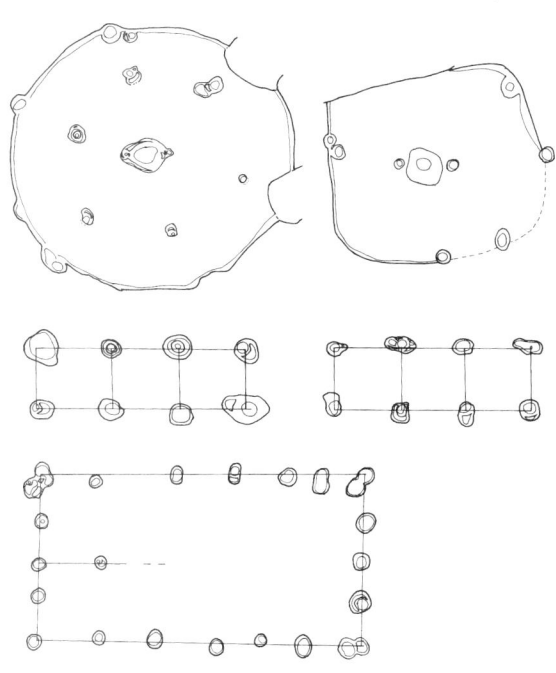

第12図　田村遺跡群の遺構群（高知県教委1986）

にして展開したのかを次に考えてみたい。

5　江辻型集落の展開と変容

　渡来要素としての江辻型集落とその構成要素は，それぞれがさまざまな形で変容しつつ，博多湾沿岸で，あるいは西日本各地に，点的に拡散する。以下では，個々の要素についてそれぞれ受容と変容の在り方を整理したい。

①　江辻型住居

　江辻型住居の列島内での変容については，それがほぼ列島内での松菊里型住居の変容と同義であり，過去に多くの研究史があること，また筆者の力量や紙幅に限りがあることから，本稿では積極的には取り扱わないこととしたい[6]。ただし，その列島内での広がりについては本論と深く関係することから，本稿での立場を述べたい。

　まず，かつて中間研志氏が「発展松菊里型」と称した，列島でみられる多主柱の松菊里型住居（旧稿の「剣塚型」）についてである。中間氏の研究が発表されたときには，半島の松菊里型住居にはまだ多主柱のものが見つかっておらず，このため列島に多く見られる多主柱の松菊里型住居については半島の無主柱・4本主柱の松菊里型住居（旧稿の「江辻型」・「海老ノ峯型」）を祖型として列島内で成立したものと理解された。しかしその後，半島でも多主柱の松菊里型住居の類例が知られるようになり，列島のいわゆる松菊里型住居の系譜についての問題は複雑化している。列島の多主柱の松菊里型住居（「発展松菊里型」あるいは「剣塚型」）の系譜については，半島における多主柱の松菊里型住居の出現期やその形態などの，より詳しい検討を踏まえた再整理が必要なことは明らかであるが，本稿では半島の多主柱とされる事例が列島のそれとはやや異なり（柱穴配置の規則性に乏しく，中央炉の近くによるなどの特徴を持つ）祖型とは位置付けられないとする端野氏の見解（端野2008, p.56）に従い，列島内で無主柱の「江辻型」や4本主柱の「海老ノ峯型」より派生したものととらえておきたい。

　もう一つ，北部九州で弥生時代中期前後に盛行する円形プランの非松菊里系住居（炉の左右に二柱穴を持たない住居）の系譜についての問題がある。

　列島においては，遅くとも弥生時代前期前半〜中葉には，中央炉の左右の二柱穴を持たない円形住居跡が出現している。日本の研究者は半島の松菊里類型について，炉の左右に二本主柱を持つ竪穴住居跡ばかりに注目してきたが，半島の研究者は古くからこれを持たない無主柱〜多主柱の円形住居の類型があることを指摘していた。平面形状から見れば，これは列島で弥生時代前期後葉以降に一般化する松菊里系以外の円形住居跡と共通し，これらが半島に祖型を持つものである可能性が想定されうる。

　最近，端野氏ら（2006）は，この二柱穴を持たない円形住居（無主柱から4本主柱，多主柱まで含む）が無文土器時代中期の半島南部の竪穴住居類型の中ではマイナーな存在であり，特に端野氏（2008）により列島への松菊里型住居の伝播元と推定された南江流域〜金海地域においてはごく少数派であると指摘した。

これを踏まえると，弥生時代前期以降北部九州で主流となる住居類型（旧稿では「合ノ原型」〔4本主柱〕・「道場山型」〔多主柱〕とした）と，半島松菊里型住居と分類されるもののうち炉の横の二主柱を持たないものとの間に，直接的なつながりを見出すのは，現状ではやや難を伴う。本稿でも，列島の円形4～多主柱住居で炉横の二主柱を持たないものについては従来どおりもたらされた松菊里型住居が列島内で変容したものと理解しておきたい。

　さて，江辻型住居（・同2類）の列島内での様相であるが，博多湾沿岸地域ではほかに例がなく，海老ノ峯型が早期に1例，前期前半に3例ほど，海老ノ峯型から剣塚型への派生途中とみられる5本主柱（主柱穴配置は不規則）のものが前期前半に2例ほどみられる（小澤2006b；端野2008）。前期前半にはすでに江辻型は採用されなくなっており，かなり早い段階で派生形式が成立し，江辻型住居を駆逐しつつある状況がうかがえよう。

　一方西日本地域では，南溝手遺跡で江辻型住居が1例，また田村遺跡では方形プランの江辻型住居2類が1例以上認められる。興味深いのは，これらが江辻遺跡に近い博多湾沿岸地域ではなく，遠隔地に点的に認められる点である。同時に，南溝手遺跡でも田村遺跡でも，多主柱化した剣塚型住居を伴う点も注目される。双方ともおおよそ弥生時代前期中ごろの資料で二つの住居類型に大きな時間差はないとされることから，江辻型（・同2類）と剣塚型がほぼ同時に拡散した可能性が高い。この点は西日本に拡散する時点における江辻型集落の構成を考えるうえで重要であろう。上記のように北部九州では前期前半に剣塚型住居の成立の萌芽が認められ，おそらくこのころのいまだ住居形式が多様で不安定な段階に，西日本各地に江辻型集落が拡散した可能性が高いといえよう[7]。

② 江辻型建物

　江辻型建物の変容については，その平面形態，特に桁行1間と梁行1間の長さの比率，また桁行の間数を手掛かりとして，やや詳しい分析を試みよう。

　江辻型建物の桁行1間・梁行1間の長幅比を散布図にしたものが第13図である。江辻型建物の特徴の一つとして，桁行1間が梁行1間よりも長いという点がある。これが，細長いというこの建物の平面プランの特徴の一つの要因である。散布図を見ると，早期に属する江辻遺跡例，上深江・小西遺跡例，下月隈C遺跡例は非常に散布図上のまとまりがいいのに対し，前期前葉以降に位置付けられる竹戸東繩手遺跡例，田村遺跡群例，東入部遺跡群例はこのまとまりからやや外れるように分布する。かつ，田村遺跡群例は長幅比が1：1に近い方向に，逆に東入部遺跡群例はさらに細長くなるように外れていることが読み取れる。これらは典型例からの変容的要素と評価できよう。

　次に，桁行間数を見てみよう。第1表をみると，早期に位置付けられる資料では桁行間数が5間あるいは6間といった長大な構造を持つ建物が多いのに対し，前期以降では2～4間程度とやや小型化している傾向が見えよう。これも変容要素である。

　以上より，江辻型建物は時期が下るにつれ①桁行間数が減って長さが短くなる，②西日本（田村遺跡群例）では桁行1間が短くなる，という二つの傾向がみられることがわかる。これ

第1表　江辻型建物一覧

遺跡名・調査次数	調査区等	遺構名	時期	桁行間数	桁行長(m)	桁行1間長(m)	梁行幅(m)
江辻遺跡1次		2号建物跡	早期	5	10.36	2.07	1.68
江辻遺跡1次		4号建物跡	早期	3	6.24	2.08	1.76
上深江・小西遺跡	―	1号建物跡	早期	6	13.31	2.22	2.02
上深江・小西遺跡	―	2号建物跡	早期	6	13.21	2.20	2.07
上深江・小西遺跡	―	3号建物跡	早期	5	11.14	2.23	1.86
上深江・小西遺跡	―	4号建物跡	早期	4	8.62	2.16	1.91
下月隈C遺跡8次	第Ⅲ面	SB1259	早期	3	7.07	2.36	1.86
下月隈C遺跡8次	第Ⅲ面	SB1260	早期	4	9.51	2.38	1.80
下月隈C遺跡8次	第Ⅲ面	SB1410	早期か	4	9.15	2.29	1.76
竹戸東縄手遺跡		1号建物跡	前期中～後か	3 (+)	6.76	2.25	2.08
竹戸東縄手遺跡		2号建物跡	前期中～後か	4 (+)	9.76	2.44	1.88
田村遺跡群1次	Loc.17	SB1	前期前～中	3	5.20	1.73	1.60
田村遺跡群1次	Loc.17	SB2	前期前～中	3	5.60	1.87	1.60
東入部遺跡7次	48区	3205建物	中期初頭	2	4.60	2.30	1.45
東入部遺跡7次	48区	3208建物	前期後～中期初	4	10.70	2.68	1.68
東入部遺跡7次	48区	3211建物	前期後～中期初	4	10.75	2.69	1.60
東入部遺跡7次	48区	3213建物	前期後～中期初	2	7.45	3.73	1.70

第2表　東入部遺跡群の梁行1間建物一覧

遺跡名・調査次数	調査区等	遺構名	時期	桁行間数	桁行長(m)	桁行1間長(m)	梁行幅(m)
東入部遺跡7次	48区	3205建物	中期初頭	2	4.60	2.30	1.45
東入部遺跡7次	48区	3208建物	前期後～中期初	4	10.70	2.68	1.68
東入部遺跡7次	48区	3211建物	前期後～中期初	4	10.75	2.69	1.60
東入部遺跡7次	48区	3213建物	前期後～中期初	2	7.45	3.73	1.70
東入部遺跡7次	47区	2016建物	前期後～中期初	2 (+)	5.90	2.95	2.50
東入部遺跡7次	48区	3201建物	前期後～中期初	2	4.75	2.38	2.60
東入部遺跡7次	48区	3206建物	前期後～中期初	2	3.63	1.81	2.40
東入部遺跡7次	48区	3207建物	前期後～中期初	2	3.20	1.60	2.45
東入部遺跡7次	48区	3209建物	前期後～中期初	2	5.30	2.65	2.50
東入部遺跡7次	48区	3210建物	前期末～中期初	3	7.75	2.58	2.30
東入部遺跡7次	48区	3212建物	前期後～中期初	2	5.55	2.78	2.35

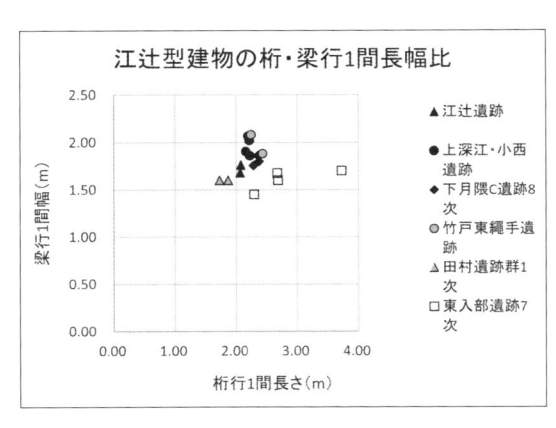

第13図　列島出土の江辻型建物の桁行1間長幅比

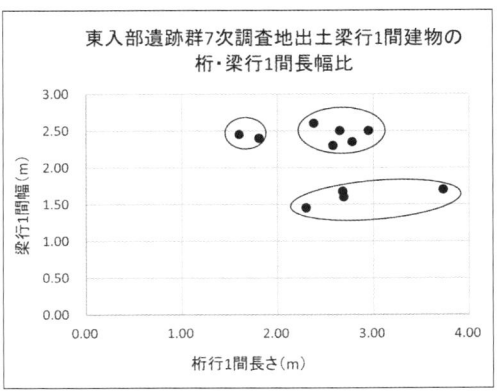

第14図　東入部遺跡出土梁行1間建物の桁梁1間長幅比からみたグルーピング

は，いずれも弥生時代中期以降に一般的な貯蔵施設となると考えられている1間×2間の掘立柱建物（高床式倉庫）の平面プランに近づく変化の方向性であり，十分な検証はできていないが，列島縄文文化の影響を受けつつ，1間×2間の定型的な掘立柱高床建物が成立する過程を示している可能性が高いと考えられる。

こうした中で，北部九州で掘立柱建物が一般化し始める弥生時代中期初頭〜前半の直前に位置付けられる東入部遺跡群では，興味深い動きがみられる（小澤2006b）。東入部遺跡群出土の弥生時代前期後半〜中期前半に属するとされる掘立柱建物群のうち，梁行1間のもの（第2表）について，梁・桁行1間の長幅比を散布図にしたものが第14図である。ドットは大きく3群に分かれる。一つは桁行1間が長いもので，江辻型建物である。もう一つは長幅比が1：1に近いもので，5棟がこれに属し，すべて1間×2間の構造を持つ。散布図の左上には2つのドットが固まるが，これは梁行1間が長いもので，これらも1間×2間の構造を持つが，これがその後弥生時代中〜後期にかけて通有となる，1間×2間の倉庫建物の基本的な構造となる。出土土器が乏しく建物群の個々の所属時期が不明瞭なため，遺跡内における時期的な変遷が検討できないのは残念ではあるが，これら3種の建物群は，形態的には江辻型建物から中期以降の一般的な倉庫建物へと，高床式倉庫の形態が変化していく状況を示すものではないだろうか。

③　江辻型大型建物

江辻型大型建物については，ほかの2者のようには類例が多くないため，その位置づけについては明確にすることは困難である。ここではいくつか気づいた点を記し，見通しを述べておきたい。

まず棟持柱についてである。棟持柱を持つ大型建物としては，北部九州では中期以降に超大型建物と呼ばれる床面積が100㎡に達するような例が知られる。床面積から見れば江辻遺跡の大型建物とは隔絶しているが，江辻遺跡の大型建物の祖型が前述のように梨琴洞遺跡のような半島の大型建物の事例に求められるとすれば，3者に接点を見出すことは十分に可能だろう。梨琴洞遺跡や吉竹高木遺跡，柚比本村遺跡などは墓域との関連性が指摘され，江辻遺跡を介して両者をつなぐことはそれほど難しくないように思える。

一方，西日本地域では池上曽根遺跡の例がよく知られるように弥生時代中期に屋外棟持柱を持つ大型建物の例が知られる。池上曽根例は集落の中心部付近にあって墓域との相関性が見出しにくい点で江辻遺跡例と共通点を持つ。また，江辻型大型建物の祖型があるとして挙げた梨琴洞遺跡では，前掲60号建物の近くに61号建物という同規模の建物があるが，梁行が1間でさらに池上曽根例に似る。屋外棟持柱を持つ池上曽根例の祖型が，外接棟持柱を持つ南溝手遺跡例を介して屋内棟持柱の江辻遺跡例に，そして梨琴洞遺跡例に求められるならば，弥生時代中期における列島東西の大型建物を結びつけて考えることもできることとなろう。今後の資料の増加を待ちたい。

一方で，東入部遺跡や田村遺跡では，棟持柱を持たず，やや規模が小さいが，平面プランは江辻型大型建物に似る建物群が多くみられることから，この類型を単純に超大型建物だけと結

びつけることはできまい。平地式の住居や工房などの可能性も視野に入れつつ，今後も検討を行っていく必要があろう。一方では大型建物の機能を維持しつつ他からさらに隔絶した存在へと変化し，また一方では本来の機能を失い小型化するという，二つの変化の方向性を可能性として考えておきたい。

④ 江辻型集落

本稿で特に注目したいのは，江辻型集落を構成する3要素が，上記のような変容を伴いつつ，基本的にはセット関係をもって採用されていることである。特に南溝手遺跡・田村遺跡群の2例は注目される。この集落類型が成立したと考えられる北部九州から遠く離れた東部瀬戸内や四国の太平洋側で，このセット関係がみられるということは，これが一つの集落類型として確立され，それが維持されたまま大きく変容することなく西日本の各地に広がったことを示すものとみられる。しかし，それは当該期の一般的な集落の姿を典型的に示すわけではないこともまた注意しておく必要があろう。

北部九州，特に博多湾沿岸地域における弥生時代早～前期の集落構成要素については以前まとめたことがある（小澤2006b）。簡単に

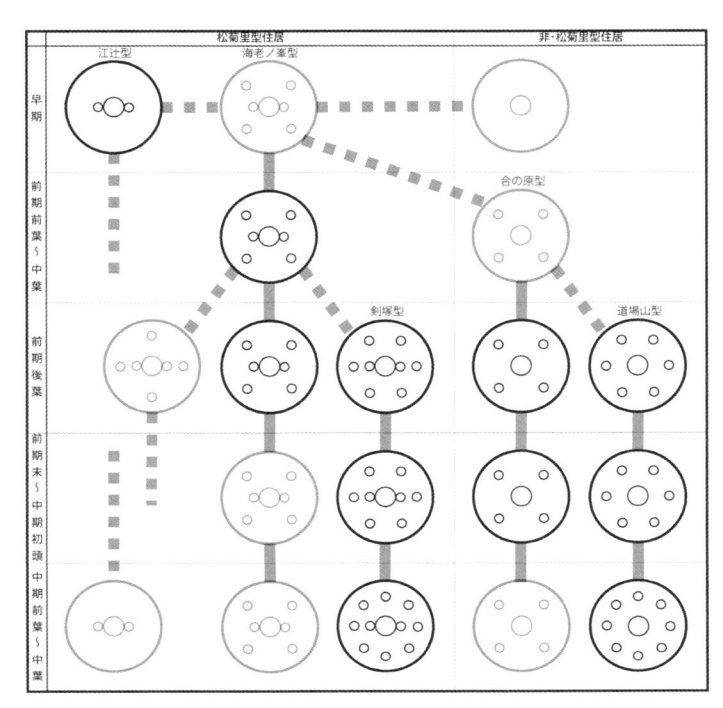

第15図　円形住居の諸類型（小澤2006b より改変）

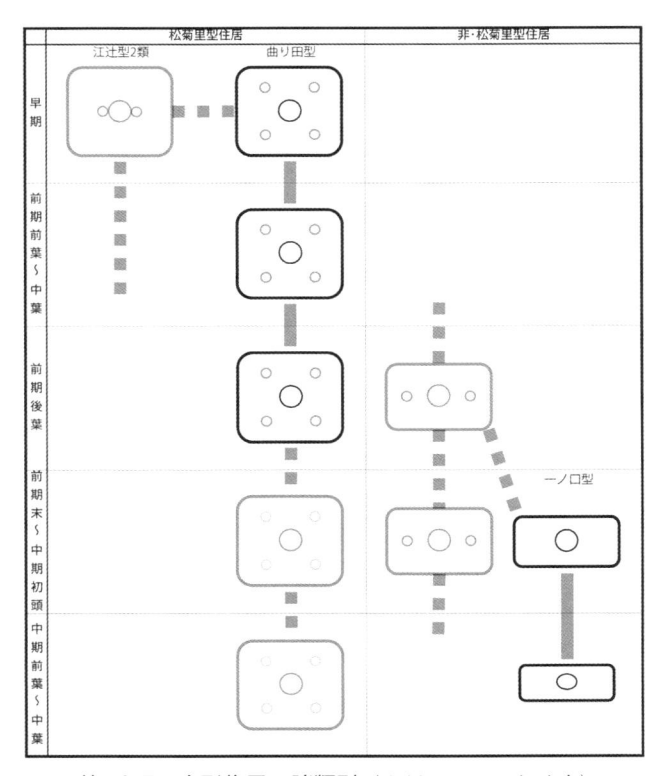

第16図　方形住居の諸類型（小澤2006b より改変）

振り返っておく。

まず竪穴住居を見ると，前期段階には円形と方形の2者があり，さらに円形には松菊里型とそれ以外のものが，方形にも長方形プランの正方形にやや近いプランの曲り田型，やや細長い一ノ口型，また前田型と呼んだ特殊なものが併存する複雑な状況があり，中期以降円形多主柱の非松菊里型が卓越していく（第15・16図）。貯蔵施設においては，高床式倉庫と考えられる江辻型建物という少数派を除き地下に穴を掘る貯蔵穴が主流で，前期段階には平面プランが円形のいわゆる袋状貯蔵穴が卓越するものの平面プランには多様性がみられ，前期末以降平面プランが円形に統一されていく。掘立柱建物は中期前半以降主たる集落構成要素となるものの，それまでは大半の集落でみられない施設である。このように見ると，集落構成要素は大局的に見れば早～前期段階の多様さが前期末～中期にかけて収束していく方向性にあるといえる。江辻型集落も，こうした早～前期段階の多様性の中における一つの類型として位置付けられるといえよう。

やや乱暴なまとめ方になるが，半島からの渡来要素である江辻型住居を含む松菊里型住居に対する，おそらくは縄文時代以来の在地要素である方形・長方形系住居，あるいは同じく渡来要素である江辻型建物に対する在地系の袋状貯蔵穴といった集落構成要素の採用の仕方を見ると，江辻型集落はその中の渡来系要素を変容の少ない形態のセットで採用することにより成立した。しかし一方では，例えば渡来系要素の松菊里型住居に縄文系とみられる袋状貯蔵穴を伴う集落があり，円形松菊里型住居が変化して成立した円形の非松菊里型住居に袋状貯蔵穴を伴う集落もある。方形系の住居に貯蔵穴という，縄文系とみられる要素がセットとなる集落もある。北部九州における集落構成要素の採用の仕方には様々なパターンがあり，様々な集落構成要素のセットが成立している。それは藤尾氏も指摘するように弥生文化成立期に北部九州に住んだ人々（渡来系・縄文系含む）の，在来の伝統と新来の文化要素に対する多様な対応の在り方を示すものであろう。

そして，一度成立したセットは，容易に崩れることなく西日本に広く拡散した。このことは，拡散の担い手となる集団が同じ集落構成要素（，またそれを作る技術）を共有する集団であった，すなわちおそらくは同じ集落に住むもの同士から構成されていた可能性が極めて高いことを示す。江辻型集落の拡散はその典型であるが，西日本各地の弥生前期集落にはもちろん江辻型集落以外の集落も多くあることを考慮すれば，同じような集団単位での移動が江辻型集落以外の集落類型を携えた集団によってもなされたであろうことは明らかである。弥生時代前期前～中葉における西日本への弥生文化の拡散においては，北部九州を起点として，確立された集落類型を携え，居住集団—少なくとも同じ集落類型を共有する人々—を単位とした人々の移動があったものと考えられるのである。

最後に，拡散したのちの江辻型集落はどうなっていくのだろうか。現在のところ，江辻型集落の構成要素のうち，江辻型住居以外が前期後葉以降に継続している状況はみられない。江辻型住居が，松菊里型住居の中の一つの類型（もっとも小型の住居類型）として役割を果たしてい

くほかは，貯蔵穴などの縄文文化以来の要素にとってかわられていくものとみられる。集落類型としての江辻型集落は，西日本に拡散して早々に，類型としての役割を終えて（おそらくは在地に根付く縄文文化からの伝統，あるいは同時期に北部九州より拡散してきたほかの渡来・弥生文化と混ざり合って）変容しているとみられる。江辻型集落を携えて西日本全域に点的に入っていった集団は，急速にその地に併存する他の集団と同化し，文化の様相を統合・均質化させていくのだろう。

一方，博多湾沿岸においては中期に至るまでこの集落類型が継続している点も注目に値する。東入部遺跡群においては，竪穴住居は中央炉横の二柱穴を伴わず松菊里型から脱しているものの，江辻型建物は若干の変容を受けつつ，また江辻型大型建物が大きな変容を受けつつも，セット関係としては継続して採用される。北部九州におけるこのような集落類型の継続性は特筆されるべきである。おそらく，他地域に先駆けて集落類型を成立さたこの地域では，個々の集団がそれぞれ採用した集落類型を簡単に放棄することなく継続したものとみられる。集落類型を保持するような集団とその範囲が早い段階で確立し，自立的に継続したからこそ，集落類型が維持されたと考えられ，またそのような状況で養われた集団の持続意識の深まりが，集団の世代深度の深まりとなってあらわれ，中期以降の本地域での祖霊祭祀を媒介とした集団関係再構築（小澤2009）の前提条件となるのであろう。

6　おわりに

本稿では，弥生時代早〜前期の集落を材料として，弥生文化成立期における渡来系要素の受容の在り方の多様性を示し，またその西日本への弥生文化拡散における人々の移動の在り方について一つの解釈を提示した。

田中良之先生には，人間集団をどう考古資料からとらえるのかという問題について常にご指導いただいてきた。本稿はその問題に答えるにははなはだ不完全である。これからも，人間集団とその関係について考古学からどのようにとらえていくのか，あるいは考古学から社会をどのように復元していくのかという問題に取り組み，先生の学恩に少しでも報いていきたい。長期の時間幅を扱うことができるという考古学の長所を生かして社会変化の過程にアプローチすることで，社会人類学に対しての貢献を行うことが，社会科学としての考古学に課せられた一つの使命であろう。

本稿のテーマは，平成14年度に福岡県教育委員会から釜山広域市に学術交流事業（日韓交流史理解促進事業）の中で派遣された際に研究課題として取り組んだものである。またその後，平成18年度の埋蔵文化財研究集会において玄界灘沿岸地域の弥生時代早〜前期集落について検討する機会にも恵まれた。さらに，国立歴史民俗資料館の主導により行われた「縄文・弥生集落の集成的研究」における一連の研究活動により示唆されたところも大きい。それぞれの機会を提供していただいた方々や，研究や発表を行う中で様々な形で指導・助言をいただいた方々も多い。紙幅の都合により個人名を挙げることは差し控えるが，皆様にこの場を借りて御

礼申し上げます。

また，九州大学大学院比較社会文化研究科に在学中より，田中先生とともに指導教官としてご指導いただいた溝口孝司先生に，御礼申し上げます。

■註
1）同様に環状の構造を持つ早〜前期の集落として太宰府市前田遺跡が知られる（太宰府市教委1998, 2000, 2002, 小澤2006b）が，広く定着はしない。
2）以下，松菊里型住居の主柱穴の本数については，中央炉の左右にある２本の小柱穴以外のものを指すので留意されたい。
3）以下，個別遺構図はすべて掲示した文献より再トレースし，1/300の大きさで提示している。なおその際，当該遺構に伴うものではない可能性が高いピットなど，遺構の構造を理解するためには不要と筆者が判断した部分を削除するなどの改変を行っているので，注意されたい。
4）梁行も２間あるとはいうものの，中央の柱が小さく，おそらく束持ち柱と考えられ，屋根を支える構造としてはおそらく梨琴洞遺跡の例と同様であったと考えられる。
5）報告ではこの建物は「増築」がなされているとされている。この図では原図より「増築」前の遺構を除去して示している。本稿ではこの建物を60号建物として述べるが，厳密には60号（新）建物となると考えられるので注意されたい。また，この遺跡からはもう一つ大型建物が出土している（61号建物跡）。こちらも基本的な構造は共通するが，細部には違いがみられる。本稿では江辻遺跡例により形状が近い60号建物のみの紹介にとどめたい。
6）本稿で「江辻型」とした無柱のもの，旧稿で「海老ノ峯型」とした４柱のもの，同じく「剣塚型」とした６柱以上のものはいずれも従来の「松菊里型」の細分形式として位置付けたい。
7）なお，その後前期末〜中期後葉にかけて山口県赤妻遺跡・下右田遺跡，広島県岡ノ段C遺跡・大原１号遺跡・池ノ内遺跡，岡山県津寺遺跡・津島遺跡，愛媛県文教遺跡，徳島県黒谷川郡頭遺跡，高知県具同中山遺跡群，大阪府長原遺跡・瓜破遺跡，和歌山県堅田遺跡などで江辻型住居が，広島県西本６号遺跡などで江辻型住居２類が確認されているが，これらの遺跡ではしばしば海老ノ峯型や剣塚型をともない，前者が小型，後者が大型の住居構造として採用されていることから，江辻型住居はいくつかあるうちの一つの住居類型として細々と継続的に採用されたものとみられる。ただし中央炉横の二柱穴は地域が離れるにつれ，また時代が下るにつれ浅くなる傾向にあり，省略化の方向に進んでいるものとみられる。

■参考文献
岡山県教育委員会，1996．南溝手遺跡１（岡山県埋蔵文化財発掘調査報告100）．岡山．
小澤佳憲，2006a．刻目突帯文期の集落構成要素．日韓交流史理解促進事業調査研究報告書．pp.18-21．日韓交流史理解促進事業実行委員会，唐津．
小澤佳憲，2006b．玄界灘沿岸地域の弥生時代前半期集落の様相―住居形態の変遷を中心に―．弥生集落の成立と展開（発表要旨集），pp.1-26．第55回埋蔵文化財研究集会実行委員会，福岡．
小澤佳憲，2009．北部九州の弥生時代集落と社会．国立歴史民俗博物館研究報告149，165-195．
（社）慶南考古学研究所，2003．泗川梨琴洞遺蹟．韓国．
粕屋町教育委員会，2002．江辻遺跡第５地点（粕屋町文化財調査報告書第19集）．粕屋．
高知県教育委員会，1986．田村遺跡群．高知．
秦憲二，1999．弥生時代の大型掘立柱建物について．貝元遺跡Ⅱ．pp.341-342．福岡県教育委員会，福岡．

新宅信久，1994．江辻遺跡の調査．九州考古学会・嶺南考古学会第1回合同考古学会資料集．九州考古学会・嶺南考古学会合同考古学会実行委員会，福岡．

新宅信久，1996．パズルの一片―弥生時代早期の集落の様相―．福岡考古 17，9-20．

中尾祐太，2014．弥生時代の掘立柱建物―福岡平野を中心として―．東アジア古文化論攷（高倉洋彰 編）．中国書店，福岡．

太宰府市教育委員会，1998．太宰府・佐野地区遺跡群Ⅷ（太宰府市の文化財第39集）．太宰府．

太宰府市教育委員会，2000．太宰府・佐野地区遺跡群Ⅹ（太宰府市の文化財第50集）．太宰府．

太宰府市教育委員会，2002．太宰府・佐野地区遺跡群14（太宰府市の文化財第63集）．太宰府．

田中良之・小澤佳憲，2001．渡来人をめぐる諸問題．弥生時代における九州・韓半島交流史の研究，pp.3-27．九州大学大学院比較社会文化研究院基層構造講座，福岡．

二丈町教育委員会，1998．上深江・小西遺跡（二丈町文化財調査報告書第19集）．二丈．

二丈町教育委員会，2007．竹戸東縄手遺跡（二丈町文化財調査報告書第38集）．二丈．

端野晋平，2008．松菊里型住居の伝播とその背景九州大学考古学研究室50周年記念論文集：九州と東アジアの考古学，pp.45-72．同編集委員会，福岡．

端野晋平・石田智子・渡部芳久・奥野正人，2006．韓半島南部の松菊里型住居址・掘立柱建物と集落構造．弥生集落の成立と展開（発表要旨集），pp.1-26．第55回埋蔵文化財研究集会実行委員会，福岡．

広瀬和雄，1997．縄紋から弥生への新歴史像．角川書店，東京．

福岡市教育委員会，1998．入部Ⅶ（福岡市埋蔵文化財調査報告書第577集）．福岡．

福岡市教育委員会，2001．板付周辺遺跡調査報告書第22集（福岡市埋蔵文化財調査報告書第680集）．福岡．

福岡市教育委員会，2007．下月隈C遺跡Ⅶ（福岡市埋蔵文化財調査報告書第932集）．福岡．

藤尾慎一郎，1999．福岡平野における弥生文化の成立過程―狩猟採集民と農耕民の集団関係―．国立歴史民俗博物館研究報告77，51-83．

（財）嶺南文化財研究院，2002．大邱 東川洞聚落遺蹟（嶺南文化財研究院学術調査報告第43冊）．韓国．

板付I式成立前後の壺形土器

－分類と編年の検討－

徳島大学　端野晋平

要旨

　本稿の目的は，北部九州の縄文時代晩期後葉～弥生時代前期末葉の壺形土器の分類と型式設定，あわせて福岡平野の土器編年を検討することである。これまでの研究では，結果として設定された型式・時期自体の分析単位としての妥当性を問うたものは意外なほど少ない。そこで筆者は，田中良之が考案した「2属性相関法」を用いて，壺形土器の分類と型式の設定を行い，「一括資料の非直列的配列」によって編年を行った。その結果，当該期の壺形土器は7型式が設定され，土器編年は7期に区分された。突帯文単純期については，近年3期に細分する案が主流になりつつあるが，一括資料群間に見出せた境界からみて，2期に細分した。また，突帯文土器が従来の板付IIa式期まで残存することを認めた。さらに，こうした分析をふまえ，朝鮮半島・日本列島間の土器編年の併行関係，日本列島の壺形土器の系譜と起源地について議論した。

キーワード：壺形土器，分類，型式，編年，2属性相関法

はじめに

　日本列島（以下，列島と略する）においては，朝鮮半島（以下，半島と略する）から水稲農耕の開始とともに，壺形土器（以下，壺と略する）が導入される。様式構造における壺という外来の精製器種の導入と，生業システムや文化構造の変化は連動しており（田中良之1986），この導入に大きな画期を認め，背後に半島からの渡来人の一定の関与を想定する見解も提出されている。その一方で，壺は導入当初，器形こそ半島のそれに類似している例もあるものの，ほとんどが在来の製作技術による産物と考えられ，この時期の外来文化受容の実態を物語る好材料ともされてきた。

　本稿の目的は，北部九州の板付I式成立前後の壺の分類と型式設定，合わせて土器編年を検討し，編年自体の妥当性の点検と，壺の系譜問題を議論することである。また，これらの作業は，壺の受容，板付I式の成立，さらに列島西部における遠賀川系土器の広がりについての議論のための基礎づくりも兼ねている。なお，本稿では，文化構造の変化完了を象徴する指標を

板付Ⅰ式壺とみて，この出現をもって弥生時代の開始とみたい[1]。

Ⅰ　問題の所在

　まず，本稿の目的に関わる先行研究を概観し，その問題点を明らかにしたい。以下，弥生時代開始前後の土器編年をめぐる議論，壺の系譜・受容をめぐる議論に分けて論述する。

　弥生時代開始前後の土器編年をめぐる議論　北部九州における刻目突帯文土器の時期（以下，突帯文期と呼ぶ）から弥生前期までの土器の編年研究を，紙幅の都合上，1980年代以降からごく簡単に述べる。すでに1980年代までの学史は田中良之（1986）や藤尾慎一郎（1990），2000年代までの学史は宮地聡一郎（2008）の優れた整理があるので，詳細はそちらを参照されたい。

　1980年代には，福岡県板付遺跡，佐賀県菜畑遺跡，福岡県石崎曲り田遺跡の調査成果にもとづいて，山崎純男（1980），中島直幸（1982），橋口達也（1985）によって編年案が提示された。これらは，突帯文単純期を2期に分け，その後に板付Ⅰ式・突帯文（夜臼式）共伴期が続くという序列を示した点で共通している。こうした研究と併行して，福岡県今川遺跡Ⅴ字溝出土土器にもとづいて，伊崎俊秋は板付Ⅰ式・突帯文共伴期の後に，「夜臼式を含まぬ板付Ⅰ式」の時期を設定した（伊崎1981）。

　1990年代になると，1980年代に提示された編年序列をおおむねトレースするかたちで，その細分や器種ごとの型式組列の体系的な整理を目指して行われてきた（藤尾1990；田崎1994；吉留1994）。また，今川遺跡Ⅴ字溝出土土器を指標とする時期を，「板付Ⅱa式（古）」（菅波2000a），「板付Ⅰb式」（田畑2000）というように呼び名の違いはあるが，福岡平野の資料（雀居遺跡5次調査SK188など）で設定する研究も現れた。

　2000年代以降は，北部九州・瀬戸内・近畿間における突帯文土器の併行関係の議論に関連して，山の寺式・夜臼Ⅰ式よりもさかのぼる突帯文期が編年に組み込まれるようになり（宮地2004a，2004b，2008；小南2005），板付遺跡の未発表資料の整理結果にもとづいて，編年の再検討も試みられている（宮本2011）。また，「板付Ⅰb式」甕の編年的位置と成立地について，瀬戸内海沿岸の資料をも含めた検討も行われている（松尾2012）。

　壺の系譜・受容をめぐる議論　1960年代，突帯文期の壺は，それよりさかのぼる時期の縄文土器（黒川式）に系譜が求められていた（森1966）。1970年代になり，半島南部の丹塗磨研土器との関係がしばしば問題にされてはいたが（杉原1977；橋口1979；後藤1980），最初にそれとの系譜関係を明確に示したのは沈奉謹（1979）である[2]。その後，器厚と胎土からみて，北部九州には，半島南部からの搬入品と断定し得る資料はないという見解が示された（小田1986）。1990年代以降は，頸部に施されたミガキの方向を題材に，九州での壺の製作者の技術系譜を論じる論考（中園1994），半島からの渡来人が北部九州の集落で占める比率を論じる論考（家根1997）が提出された。半島の丹塗磨研壺によくみられる丸底は，技術的な問題から，九州北部では受容されなかったという見解（中村2003）も出された。こうした研究状

況を顧みて，筆者は半島南部の丹塗磨研壺を主たる対象として，編年，地域性，ミガキの方向を検討し，その結果をふまえ，列島の壺の起源地について議論してきた（端野2003, 2006；Hashino2011）。最近では，壺が導入された当初であっても，在来の製作技術で作られたものが優勢であることを分析的に示した論考もある（三阪2014）。

　以上，当該期の土器編年および壺の系譜・受容に関する学史を概観した。これをふまえ，ここでは先行研究に内在する問題の所在を明らかにしたい。まず，土器編年に関わる論点については，すでに小南（2005）が簡潔に整理している。すなわち，①山ノ寺式と夜臼式の編年的位置づけ，②吉留編年「3式」の時間的独立性，③板付Ⅰ式単純期の在否をめぐる問題といった三つの論点である。本稿ではこのうち，②・③について議論したい。こうした学史上の論点は，編年を行うための方法論上の問題とも無関係ではあるまい。これまでに提出された編年研究は多いが，その基礎をなす型式の，分類単位としての妥当性はほとんど問われていないのが現状である。また，結果として設定された一時期が，果たして考古学的な分析単位として妥当であるのか，設定にいたるまでの作業過程を十分に明示した論考は多くない。そこで，本稿ではこれらの点を考慮しつつ，分析結果の妥当性を読者にも検証しやすいよう，作業過程を極力，明らかにしながら編年を試みたい。

　次に，壺の系譜については筆者自身，これまでもたびたび論じてきたが，それは半島南部の資料を中心とした分析によるものであり，列島の資料については，論拠となる事実や概略の提示にとどまっていた。そこで，本稿では，北部九州における壺の型式設定と編年を行い，その結果にもとづいて，壺形土器の系譜の問題に対して，再びアプローチを試みたい。

Ⅱ　資料と方法

　壺の分類と型式設定に用いた資料は，北部九州の縄文晩期後葉〜弥生前期末に属する31遺跡から得られた222例である。遺跡名と文献は次の通りである。佐賀県唐津市菜畑（唐津市教委1982），佐賀県呼子町大友（九大考古研2001），福岡県糸島市石崎矢風（二丈町教委1997），同大坪（二丈町教委1995），同新町（志摩町教委1987），同石崎曲り田（福岡県教委1984），同三雲・井原（福岡県教委1981），福岡県大野城市御陵前ノ椽（大野城市教委1997），同中・寺尾（大野町教委1971；大野城市教委1977），福岡県春日市伯玄社（春日市教委2003），同平若A（春日市教委2011），福岡県志免町松ヶ上（志免町教委1996），福岡県福岡市有田七田前（福岡市教委1983），同石丸・古川（住宅・都市整備公団1982），同田村（福岡市教委1989），同東入部（福岡市教委1999），同藤崎（福岡市教委1982），同鶴町（福岡市教委1976a），同橋本一丁田（福岡市教委1998），同板付（福岡市教委1979, 1981, 1995；山崎1980），同雀居（福岡市教委2000），同雑餉隈（福岡市教委2005b），同下月隈天神森（福岡市教委1996b），同那珂（福岡市教委1992a, 1994），同比恵（福岡市教委1991, 1992, 1993），同野多目（福岡市教委1987），福岡県福津市今川（津屋崎町教委1981），福岡県宗像市久原（宗像市教委1999），同田久松ヶ浦（宗像市教委1999），同大井三倉（宗像市教委1987），同東郷登り立（宗像市教委2001）。編年には，福岡平野

に所在する遺跡から得られた一括資料を用いた。これは対象とする時期幅において，この地域で得られた一括資料が最も充実していることによる。一括資料名と文献は次の通りである。板付E5・6区8・9層（山崎1980；福岡市教委1981），板付G7a・b区下層（山崎1980），板付市営住宅1区SK106・SK32（福岡市教委1976b），雀居10次SK002・SK018・SK124（福岡市教委2003a），同12次SK024（福岡市教委2003b），雀居5次SD003下層・SK159・SK188（福岡市教委1995a），雀居9次169号土坑（福岡市教委2000），下月隈C SD507・SK460・SK488・SK500（福岡市教委2005a），那珂21次SK47（福岡市教委1992a），同37次SD02（福岡市教委1994），比恵25次7-2層，比恵28次SK03（福岡市教委1991），比恵30次SU006・SU010・SU016下層・SU022（福岡市教委1992b），比恵37次SU039（福岡市教委1993），諸岡F区黒色粘質土層（福岡市教委1976c）。

　最初に，対象とする資料を，器形の違いによって器種分類を行う。特に壺については，サイズの差によって器種の細分を行う。壺の型式設定にあたっては，田中良之が考案した「2属性相関法」（田中良之1982；田中・松永1984）を用いる[3]。この方法を要約すると，次の通りである。まず，対象とする土器を構成する属性のうち，分類に有意と思われる属性を取り上げ，その変異を抽出する。そして，各属性において，型式学的なグルーピングや変化の方向性の想定を行う。次に，縦軸と横軸にそれぞれ異なる1属性をおいた相関行列表を作成し，そこに示された同一個体内における2属性の共伴例から，属性間の相関状況を検討する。この作業を異なる2属性の組み合わせで行うことによって，先に想定した複数の属性における変化の方向性を検証すると同時に，有意な型式を構成する各属性の変異幅を見出す。その他の器種については，先行研究（藤尾1990；家根1993；吉留1994；宮地2004a，2004b，2008；小南2005）に学びつつ，それぞれの特徴的な属性によって分類する。これらは厳密には，型式としての分類単位の妥当性が検証されたものではないが，編年の検討に際して，有効な指標となるよう時間性を備えたものとする。

　編年にあたっては，まず同一の遺構・層から出土し，一括資料として捉えられる土器群を，型式学的に古新の傾向に沿って配列する。そして，配列された一括資料の間に，型式変化，器種の生成・消滅が同時に起こる画期を探し出す。この結果にもとづいて，一群にまとめられた一括資料群からなる「期」を設定する。これは，溝口孝司（1987，1988）がD. L. クラークが概念化した文化の通時的変化とその構成諸要素との関係の概念図（Clarke1978, p.235）に示唆を受け提示したという「様式」設定の方法に由来する。この方法は，岩永省三（1989）のいう「一括資料の非直列的排列」にあたり，もともとは武末純一（1977a，1977b，1978）に見出された方法であり，一時期に一器種において複数型式の併存を認めることを最大の特徴とする[4]。

Ⅲ　分析結果

A　器種分類

　ここでは型式分類に先立ち，器種分類を行う。本稿で編年の基準として用いる器種は，壺・

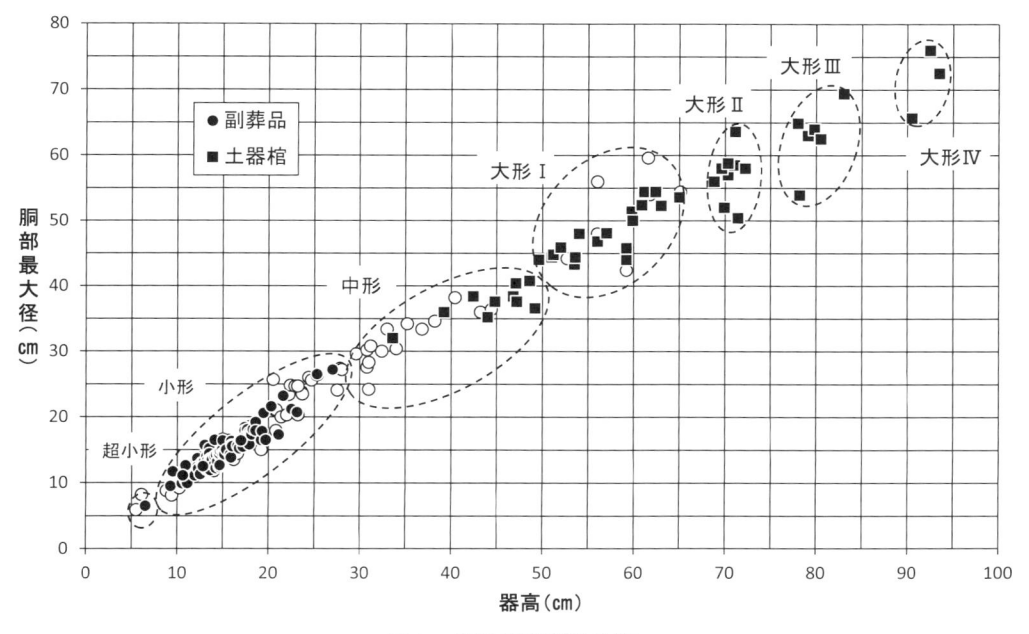

図1 壺の細別器種分類

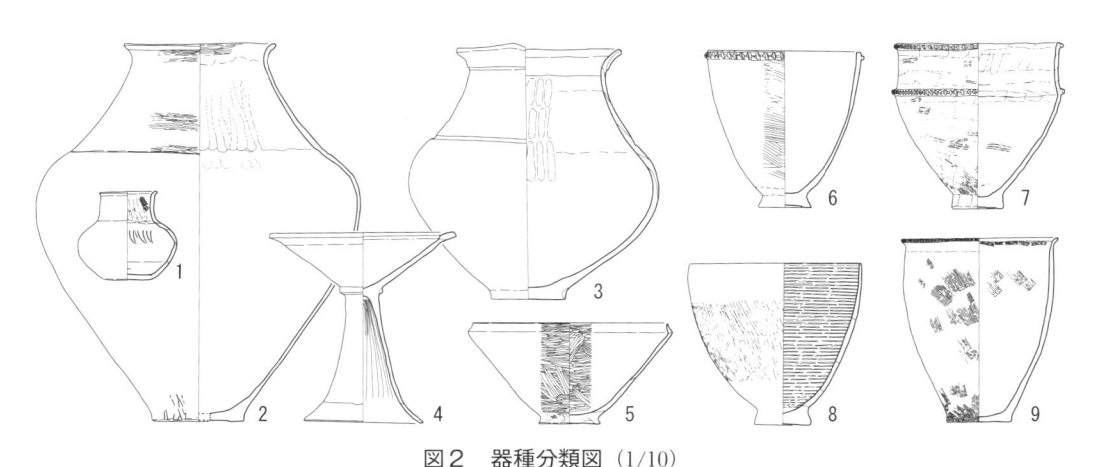

図2 器種分類図 （1/10）
1. 小形壺 2. 大形壺 3. 中形壺 4. 高坏 5. 浅鉢 6・7. 突帯文系深鉢／甕 8・9. 如意形口縁系深鉢／甕

深鉢／甕・浅鉢／高坏の三者である。このうち，壺と深鉢／甕はそれぞれ，サイズと口縁部の形態によって細分できる。図1は，対象資料とした壺の中から，器高と胴部最大径とを把握し得た例を抽出し，両者の関係を示した散布図である。この図で示された個々のサンプルの疎密にもとづいて，小さい方から順に，「超小形」「小形」「中形」「大形Ⅰ」「大形Ⅱ」「大形Ⅲ」「大形Ⅳ」という7群の設定が可能である。個々のサンプルの出土状況をみると，超小形・小形には副葬品，中形・大形Ⅰ～Ⅳには土器棺として利用されたものが含まれており，サイズによる明確な使い分けが存在したことがわかる。次節では，このうちの小形を対象として，分類

と型式設定を行う。深鉢／甕は，口縁部の外面に突帯をもつ「突帯文系」と，突帯をもたず，内湾ないし直立していた口縁部が外反していく「如意形口縁系」の2系統に分けられる（図2）。

B 型式分類
（1）壺

まず，口頸部形態・底部形態・胴部文様・胴部形態の4属性の変異を抽出し，属性ごとの変化の方向性を想定する（図3〜6，表1）。

口頸部形態 半島の無文土器文化の丹塗磨研壺にみられるA1・A2・A3類のうち，A1・A2を祖型として口縁部外面に段をもつB1類が発生し，そこから分岐して段をもつ系列（B2類→B3類），段をもたない系列（C1類→C2類→C3類）という2系列を想定すれば，型式学的に理解しやすい。そして，B2類とC2類，B3類とC3類の間には，頸部・胴部境界のあり方の共通性にもとづけば，型式学的親縁関係を想定できる。また，C2類を祖型とする，C3類への変化とは異なる変化として，より口縁部の外反，頸部・胴部境界の内面の稜が強まったC4類，さらに頸部・胴部境界の外面に貼付突帯を付したC5類という変化を想定できる。以上の変化の方向性を模式化すると，以下のようになる。

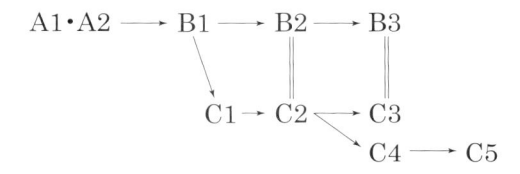

```
A1・A2 ─→ B1 ─→ B2 ─→ B3
           ↓      ‖      ‖
           C1 ─→ C2 ─→ C3
                  ↘
                   C4 ─→ C5
```

底部形態 無文土器文化の丹塗磨研壺にみられるか，それに近いA1・A2・A3・A4類を祖型として，底面が平坦な系列（B1類→B2類→B3類→B4・B5類）と上げ底状の系列（C1類→C2類→C3・C4類）という2系列への分岐を想定することができる。B1類とC1類，B3類とC2類は，外面の底面から胴部にかけての立ち上がり方の共通性にもとづけば，型式学的親縁関係を想定できる。また，B4・B5・C3・C4類についても，高台部の高さや形態の類似性にもとづけば，親縁関係を想定できる。以上の変化の方向性を模式化すると，以下のようになる。

```
              ┌─ B1 ─→ B2 ─→ B3 ─→ B4・B5
A1・A2・A3・A4 ┤   ‖            ‖      ‖
              └─ C1 ─→ (+) ─→ C2 ─→ C3・C4
```

なお，縄文時代晩期の深鉢の底部に系統が求められるJ1・J2類は，以上の系統関係には組み込み得ない。

胴部文様 ここでは，沈線文，彩文の別を問わず，胴部に施された文様を対象とするが，大きくみて，最も単純な横走直線文に始まり，山形文の発生と退化，そして有軸羽状文の発生と退化という変化の方向性（1類→2類→3類→4類→5類→6類→7類→8類→9類）を想定する

図3　口頸部形態の変異

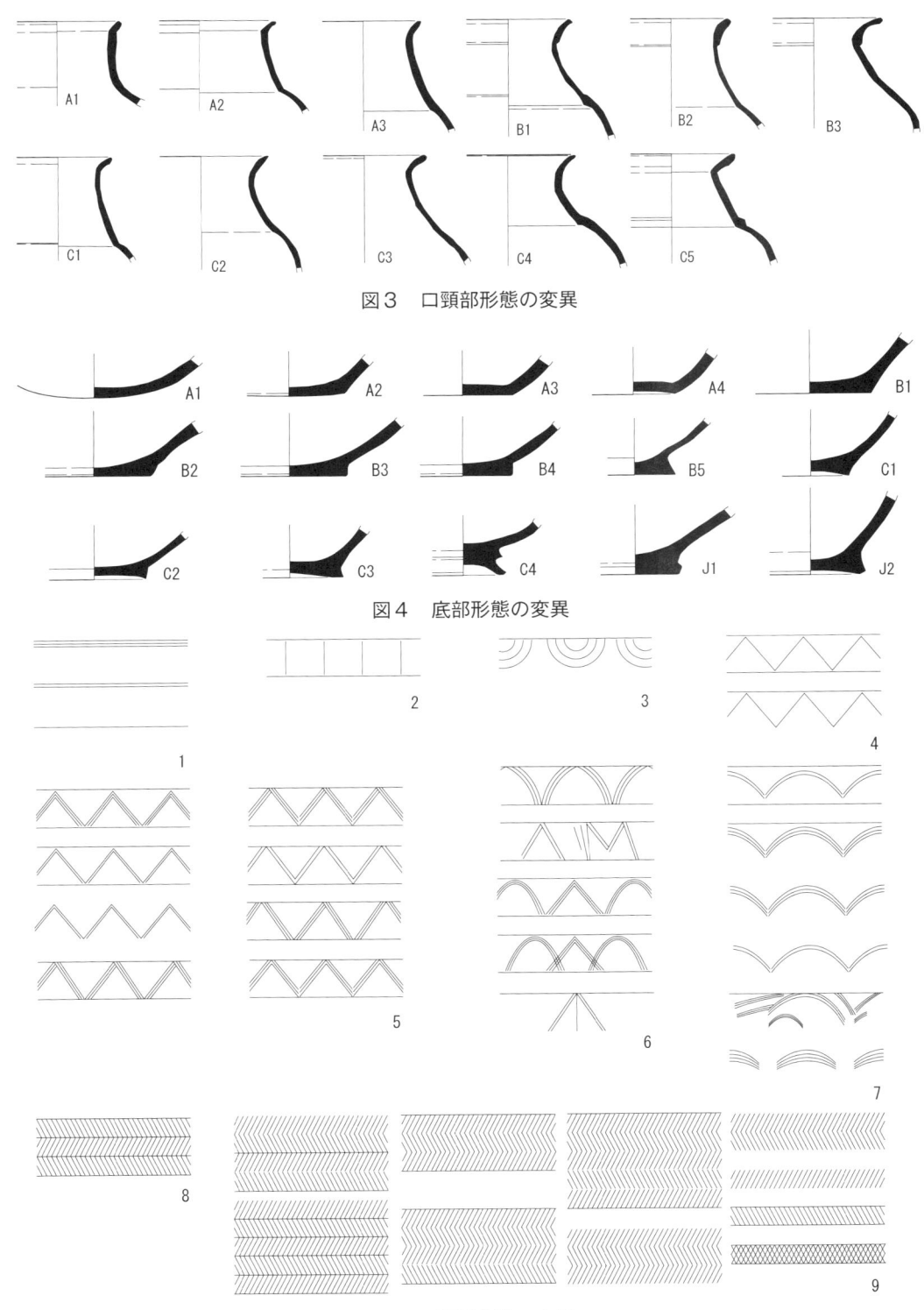

図4　底部形態の変異

図5　胴部文様の変異

図6　胴部形態の変異

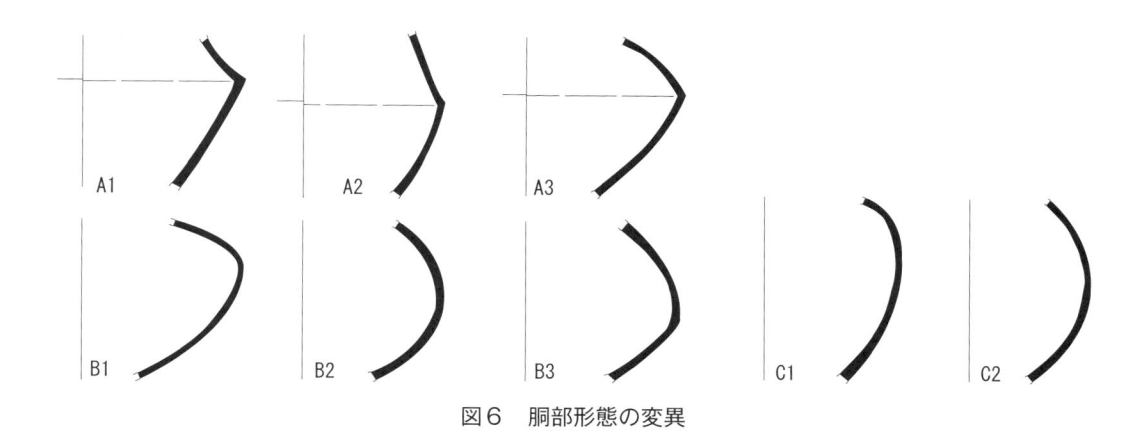

表1　属性変異一覧表

口頸部形態
A1：頸部が直立し、頸部・胴部境界に明瞭な稜をもつもの。
A2：頸部が内傾し、頸部・胴部境界に明瞭な稜をもつもの。
A3：頸部が内傾し、頸部と胴部とが滑らかにつながるもの。
B1：頸部が内傾し、口縁部外面に段、頸部・胴部境界の内外面に段をもつもの。
B2：頸部が内傾し、口縁部外面に段、頸部と胴部の境界の内面に稜をもつもの。
B3：頸部が内傾し、口縁部外面に段をもち、頸部と胴部とが滑らかにつながるもの。
C1：頸部が内傾し、口縁部外面に段をもたず、頸部・胴部境界の内外面に稜をもつもの。
C2：頸部が内傾し、口縁部外面に段をもたず、頸部・胴部境界の内面に稜をもつもの。
C3：頸部が内傾し、口縁部外面に段をもたず、頸部・胴部境界の内面に強い稜をもつもの。
C4：頸部が内傾し、口縁部外面に段をもたず、頸部と胴部とが滑らかにつながるもの。A3類よりも口縁部が強く外反する。
C5：頸部が内傾し、口縁部外面に段をもたず、頸部・胴部の外面に貼付突帯、内面に稜をもつもの。

底部形態
A1：丸底。
A2：不安定な平底。底面はやや丸みを帯びる。
A3：平底。外面は底面からやや丸みを帯びつつ立ち上がる。
A4：やや上げ底状の平底。外面は底面からやや丸みを帯びつつ立ち上がる。
B1：平底。外面は底面からカーブしながら立ち上がる。
B2：平底。外面は底面からカーブしながら立ち上がり、稜をもつ。
B3：高台をもつ底部。高台部の外面は直立し、底面は平坦。
B4：高台をもつ底部。高台部の外面は直立し、底面は平坦。B3類より高台部が高いもの。
B5：高台をもつ底部。高台部の外面は外開きで、底面は平坦。

C1：上げ底状の底部。外面は底面からカーブしながら立ち上がる。
C2：高台をもつ底部。高台部の外面は直立し、底面が上げ底状のもの。
C3：高台をもつ底部。高台部の外面は外開きで、底面が上げ底状のもの。
C4：高台をもつ底部。高台部が上げ底で、ハの字状に開き、胴部との境界に突帯をもつ。
J1：平底。外側への張り出し部をもつ。
J2：上げ底状の平底。接地面は平坦ではない。外面は外開きで、胴部との境界に稜をもつ。

胴部文様
1：1～3条の横走直線文。
2：2条の横走直線文の間に縦線を配したもの。
3：1条の横走直線文の下に複線半円文を配したもの。
4：単線山形文。
5：複線山形文。
6：退化山形文。
7：重弧文。
8：有軸羽状文。
9：有軸・無軸羽状文、無軸羽状文、単斜線文、斜格子文といった有軸羽状文の退化形態。

胴部形態
A1：屈曲部を上位にもち、上半は外側にカーブしつつ内傾するもの。
A2：屈曲部を中位にもち、上半は直線的に内傾するもの。
A3：屈曲部を中位にもち、上半は丸みを帯びつつ内傾するもの。
B1：扁球形で胴部最大径の位置を上位にもつもの。
B2：扁球形で胴部最大径の位置を中位にもつもの。
B3：扁球形で胴部最大径の位置を下位にもつもの。
C1：球形で胴部最大径の位置を上位にもつもの。
C2：球形で胴部最大径の位置を中位にもつもの。

ことができる[5]。

胴部形態　肩に屈曲をもつ系列（A系列），扁球形の系列（B系列），球形の系列（C系列）の3系列に整理できる。A系列は縄文晩期の浅鉢の胴部と類似するA1類を起点としてA2類からA3類，B系列は縄文晩期の浅鉢のように肩の張ったB1類を起点としてB2類からB3類，C系列も浅鉢のように肩の張ったC1類からC2類という変化の方向性を想定できる。さらに，

A1類とB1類とC1類, A2類とB2類とC2類のそれぞれの間には, 胴部最大径の位置の共通性にもとづけば, 型式学的親縁関係を想定できる。以上の変化の方向性を模式化すると, 以下のようになる。

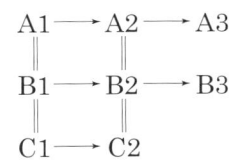

A1 ─→ A2 ─→ A3
‖   ‖
B1 ─→ B2 ─→ B3
‖   ‖
C1 ─→ C2

次に, これまで見てきた属性ごとの変化の方向性を, 同一個体内共伴例から属性間の相関状況を求めることによって検証し, 同時に安定した分類単位を見出すことによって, 型式の設定を行う。対象とした4属性における2属性間の組み合わせには12通りがある。ここではそのうち, 有益な結果が得られた口頸部形態×底部形態, 口頸部形態×胴部文様, 口頸部形態×胴部形態, それぞれについての検討結果を示す。

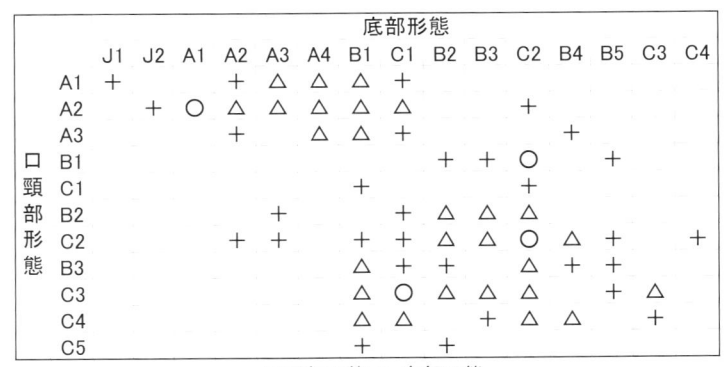

a 口頸部形態×底部形態

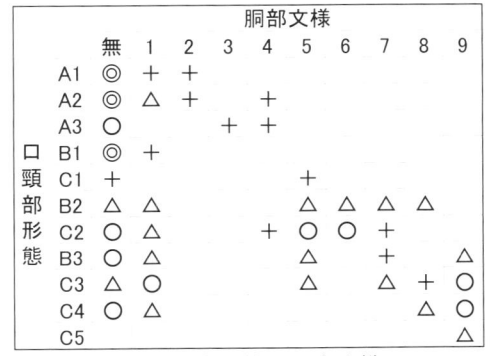

底部形態

	J1	J2	A1	A2	A3	A4	B1	C1	B2	B3	C2	B4	B5	C3	C4
A1	+			+	△	△	△	+							
A2		+	○	△	△	△	△				+				
A3				+	△		+	+			+				
B1							+	+	○		+				
C1								+							
B2					+		△		+	△	△	△	△		+
C2				+			+	+	+	△	○	△		+	+
B3									△	△	+	+			
C3							△	○		△	△	△		+	
C4								+		△	△			+	
C5							+		+						

b 口頸部形態×胴部文様

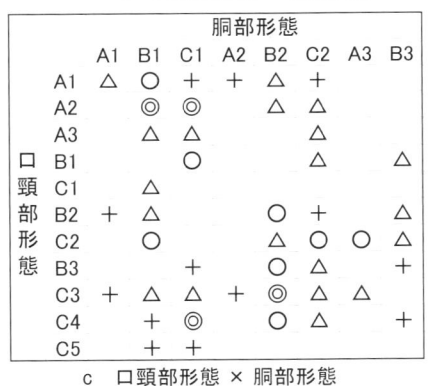

胴部文様

	無	1	2	3	4	5	6	7	8	9
A1	◎	+	+							
A2	◎	△			+					
A3	○	+	+							
B1	◎	+								
C1						+				
B2	△	△			△	△		△		
C2					+	○	○	+		
B3	○	△						+		△
C3	△	○				△		+	○	
C4	○	△							△	○
C5										△

c 口頸部形態×胴部形態

胴部形態

	A1	B1	C1	A2	B2	C2	A3	B3
A1	△	○	+	△	+			
A2		◎	◎	△	△			
A3		△	△		△			
B1		○				△		△
C1		△						
B2	+	△			○	+		△
C2		○			△	○	△	
B3		+			+		+	
C3	+	△	+	△		△		
C4		+	◎		○	△	+	
C5		+	+					

凡例
◎: 10例以上
○: 5～9例
△: 2～4例
+: 1例

図7 属性間の相関図

口頸部形態×底部形態（図7-a) 口頸部形態A1～3類は底部形態A1～4・B1・C1類を, 口頸部形態B1～3・C1～5類は底部形態B1～5・C1～4類を中心に相関していることがわかる。すなわち, 口頸部形態A類とB・C類の間で, 強く相関する底部形態を異にしている。これは先に想定した口頸部形態A1～3類→B1～3類・C1～5類, および底部形態A1～4類→B1～5類・C1～4類という変化の方向性を検証するものである。同時に, 口頸部形態A類, B・C類のそれぞれを指標とする2群を有意な分類単位として認めることができる。ところで, 直立す

図8　壺形土器の型式（1/5）

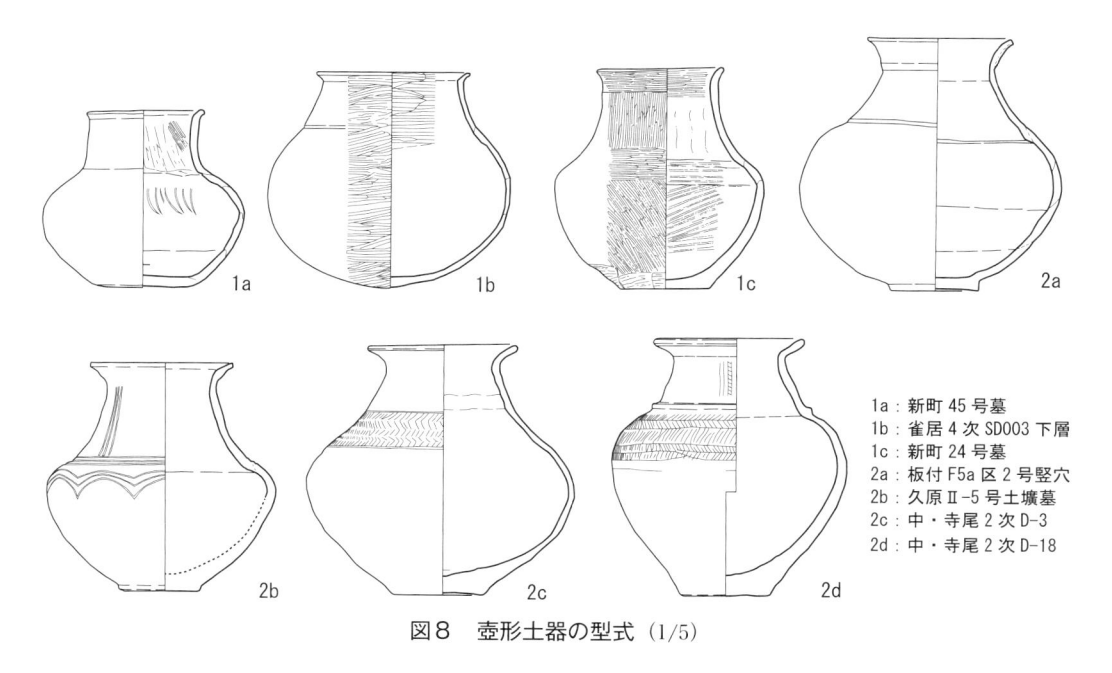

1a：新町 45 号墓
1b：雀居 4 次 SD003 下層
1c：新町 24 号墓
2a：板付 F5a 区 2 号竪穴
2b：久原Ⅱ-5 号土壙墓
2c：中・寺尾 2 次 D-3
2d：中・寺尾 2 次 D-18

る口頸部から内傾する口頸部，丸底から平底という変化の想定（中園1994ほか）もあるが，これには賛同できない。というのも，この想定が正しければ，直立口頸部（A1類）と丸底（A1類）の間，内傾口頸部（A2類）と平底（A2・A3・A4類）の間で，強い相関が認められるはずであるが，実際はそうではないからである。後で明らかにするように，口頸部の直立と内傾，丸底と平底は時期差ではなく，系統差である。

口頸部形態×胴部文様（図7-b）　口頸部形態 A1～3類は胴部文様「無」・1～4類と相関する。口頸部形態 B1類は胴部文様「無」・1類と相関する。口頸部形態 C1・B2・C2類は胴部文様「無」・4～8類と相関する。口頸部形態 B3・C3・C4類は胴部文様「無」・5・7・8・9類と相関する。口頸部形態 C5類は胴部文様9類だけと相関する。これらの事実は先に想定した口頸部形態と胴部文様それぞれの変化の方向性を検証するものである。同時に，口頸部形態 A1～3類，B1類，C1・B2・C2類，B3・C3・C4類，C5類のそれぞれを指標とする5群を有意な分類単位として認めることができる。

口頸部形態×胴部形態（図7-c）　両者の間に微弱ではあるが相関が認められる。すなわち，胴部形態 A1・B1・C1類は，口頸部形態 A類と B・C類の双方ともに同程度相関する。胴部形態 A2・B2・C2類は，口頸部形態 A類と B・C類の双方ともに相関するが，やや後者との間の相関が強い。胴部形態 A3・B3類は，口頸部形態 B・C類だけと相関する。これらの事実は先に想定した口頸部形態 A類→B・C類，および胴部形態の変化の方向性を検証するものである。同時に，口頸部形態 A類，B・C類のそれぞれを指標とする2群を有意な分類単位として認めることができる。

最後に，以上の検討結果にもとづいて，型式の設定を行う（図8）。まず，三つの相関図す

べてにおいて，口頸部形態A類，B・C類のそれぞれを指標とする2群を有意な分類単位として認めることができた。これによって，A類を指標とする「1型式」，B・C類を指標とする「2型式」を設定する。さらに，口頸部形態×胴部文様の相関図から判明した事実によって，「2型式」は細分可能である。すなわち，口頸部形態B1類，C1・B2・C2類，B3・C3・C4類，C5類のそれぞれを指標とする4群を有意な分類単位として見出せた。これによって，B1類を指標とする「2a型式」，C1・B2・C2類を指標とする「2b型式」，B3・C3・C4類を指標とする「2c型式」，C5類を指標とする「2d型式」を設定する。このうち2a型式は，山崎純男が示した板付Ⅰ式の壺（菅波2000b, p.33）におおむね相当する。これは頸部・胴部境界の内外面に段をもち，そのほとんどが高台付き（円盤貼付状）の底部であり，文様をもたない。ここでの分析を通じて，その分類単位としての妥当性を検証することができた。

　また，「1型式」についても，次の事実にもとづいて細分が可能である。口頸部形態×底部形態の相関図において，口頸部形態A2類はA1・3類とは異なり，底部形態A1類と相関する。口頸部形態×胴部文様の相関図において，口頸部形態A3類はA1・2類とは異なり，胴部文様1・2類とは相関しない。口頸部形態×胴部形態の相関図において，口頸部形態A1類はA2・3類とは異なり，胴部形態A1・2類と相関する。こうした事実によって，口頸部形態A1類を指標とする「1a型式」，A2類を指標とする「1b型式」，A3類を指標とする「1c型式」を設定する。以上の型式は，1a・1b・1c型式→2a型式→2b型式→2c型式→2d型式という序列を想定できる。なお，本稿で設定した型式数と，中園（1994）が「属性分析」によって設定した型式のうち，おおむね同時間幅に属するものとを抽出して比べると，本稿の方が少なくなっている。これは，対象資料の範囲，属性変異の抽出の仕方などの違いが影響したものと考えられる。

(2) 突帯文系深鉢／甕
1類：胴部に屈曲をもち，口縁部だけに1条の刻目突帯をもつもの。
2類：胴部に屈曲をもたず，口縁部だけに1条の刻目突帯をもつもの。
3類：口縁部と胴部上位に刻目突帯をもつもの。胴部に屈曲をもつものともたないものがあり，屈曲の程度も強弱があるが，ここでは問わない。
4類：口縁部と胴部上位に突帯をもち，口縁部突帯が胴部上位突帯にくらべ大きいもの。胴部に屈曲はもたない。突帯上に刻目をもつa類ともたないb類に細分できる。
5類：口縁部に断面三角形の突帯をもつもの。突帯に刻目はない。
　以上の分類は，1類→2・3類→4・5類という序列を想定できる。

(3) 如意形口縁系深鉢／甕
1類：口縁部が内湾するもの。
2類：口縁部が直立するもの。口縁端部に刻目をもつa類ともたないb類に細分できる。
3類：口縁部がやや外反し，その端部に刻目を施すもの。学史上の「板付祖型甕」に相当する。
4類：口縁部が外反するもの。口縁端部上に，刻目をもつa類ともたないb類に細分できる。

5類：口縁部が外反し，胴部上位に段をもつもの。口縁端部には刻目を施す。胴部上位の段上に，刻目をもつa類ともたないb類に細分できる。

6類：口縁部が外反し，胴部上位に沈線をもつもの。口縁端部には刻目を施す。

7類：口縁部が外反し，胴部上位に突帯をもつもの。口縁端部，胴部上位の突帯上に，刻目をもつa類ともたないb類に細分できる。

　以上の分類は，1・2類→3類→4類→5類→6類→7類という序列を想定できる。

(4) 浅鉢／高坏

1類：平面形が方形で，口縁部が波状をなすもの。
2類：口縁部が逆くの字形をなすもの。
3類：口縁部が直立するもの。
4類：口縁部が外反するもの。
5類：口縁部が4類より外反し，内面に段をもつもの。

　以上の分類は，1→2類→3類→4類→5類という序列を想定できる。

C　編年

　ここでは，先に行った諸器種の型式あるいは分類からなる一括資料を用いて，編年を行う。もとより，編年に用いる一括資料は，時間差を鋭敏に反映する器種を豊富に含み，かつそれら

期	基準一括資料	小形壺							突帯文系深鉢／甕					如意形口縁系深鉢／甕							浅鉢／高坏				
		1a	1b	1c	2a	2b	2c	2d	1	2	3	4	5	1	2	3	4	5	6	7	1	2	3	4	5
I期	雀居5次SD003下層		○						○	○	○			○	b	+	+					○	○	○	
	板付G7a・b区下層		○							○	○					+						○			
	板付E5・6区9層									○	○			○	b										
	板付E5・6区8層	○	○							○	○			○	b						○	○	○		
	諸岡F区黒色粘質土層	○	○						○	○	○			○	b										
II期	那珂37次SD02	○	○							○	○				○		+					○			
	雀居5次SK159									○	○			○	○							○			
	雀居10次SK124			○						○	○				○							○			
	雀居12次SK024		○							○	○	+			○	a						○			
III期	雀居9次169号土坑				←○→					○					○	a						○			○
	雀居10次SK002								○	○						a							○			
	下月隈C SK500				←○→					○						a							○			
	下月隈C SK488				←○→					○						a							○	○		○
	下月隈C SD507									○	○					a										○
IV期	雀居10次SK018				○	○			○					○	ab	a									
	雀居5次SK188					○	○								a	b									○
	下月隈C SK460					○				○					a	b									○
V期	板付市営1区SK106		+		○				←○→						a										○
	那珂21次SK47		+				○		●	○					a	a	○					+	○		
	比恵28次SK03				←○→				○	○					a										
VI期	比恵30次SU010					○	○								ab	b		b							
	比恵30次SU016下層					○	○								ab	b	○	a				○			
	比恵30次SU022													○	ab	a									
VII期	板付市営1区SK32										a				a			a							
	比恵30次SU006			+	←○→					a	○				a		○	ab							
	比恵37次SU039					○				a					ab		○	a							
	比恵25次7-2層			+	○	○	○			ab	○				b	b		a							

a：刻目あり　b：刻目なし　●：不確実　＋：混入

図9　編年のための資料

刻目の施文法				
a	b	c	d	e
指頭によってO字形あるいは横長の楕円形をなすもの。断面はU字形で、刻目内に爪の痕跡を残すものもある。	棒状工具によって縦長の楕円形をなすもの。断面はU字形で、刻目内に線状痕を残すものもある。	木口あるいはヘラ状工具によってD字形あるいは逆D字形をなすもの。断面は非対称のV字形をなす。	ヘラ状工具によって縦長の菱形をなすもの。断面はほぼ対称のV字形をなす。	く字形あるいは逆く字形をなすものなど、二枚貝による刻目を一括する。

口縁部突帯の位置			器　形		
a	b	c	a	b	c
口縁端部から突帯一つ分ほど下がった位置に貼り付けたもの。	口縁端部からわずかに下がった位置に貼り付けたもの。	口縁端部に接して貼り付けたもの。	強く屈曲するもの。	わずかに屈曲するもの。	屈曲せずに底部にむかってそのまますぼまるもの。

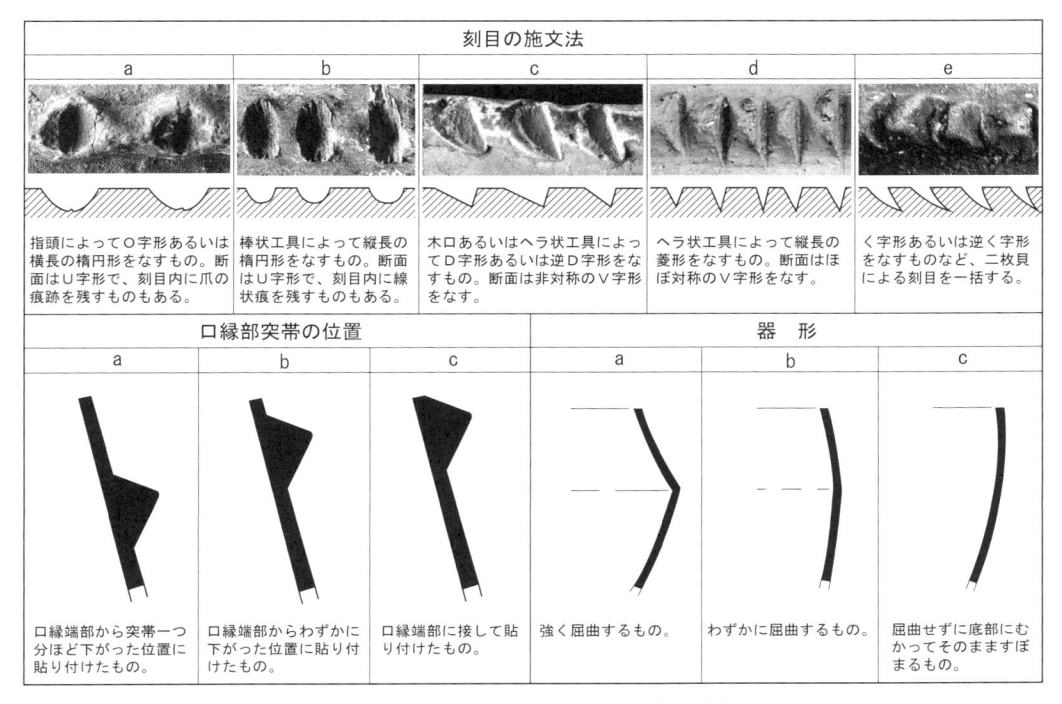

図10　突帯文系深鉢／甕の3属性の分類

が短期間に埋没したと判断されるものが望ましい。ところが，本稿で対象とした時期の一括資料には，良好とは言えないものも含んでいる。一括資料を古新の傾向に沿って配列しようとすると，一資料中に全器種を通して看取される傾向性から逸脱した型式の存在に気づく。こうした型式については混入品とみなし，一括資料の配列に際しての判断材料とはしなかった。なお，一括資料の選定にあたっては，先行研究（吉留1994；小南2005；所2005；宮地2008）を参考としたが，器種が十分にそろっているか，資料の一括性は十分に確保できているかによって，筆者自身が取捨選択を行った。

　さて，以上の経緯を経て，一括資料の配列作業を行った結果，7つの分類単位を認めることができた（図9）。すなわち，第1・第2の単位間の境界は，突帯文系深鉢／甕1類の消滅，如意形口縁系深鉢／甕3・4類の出現，浅鉢／高坏1類の消滅に見出せる。第2・第3の単位間の境界は，小形壺1a・1b型式の消滅，2a型式（2b型式あるいは2c型式）の出現，如意形口縁系深鉢・甕1類の消滅，浅鉢／高杯2類の消滅，同5類の出現に見出せる。第3・第4の単位間の境界は，突帯文系深鉢／甕2・3類の急激な減少，如意形口縁系深鉢／甕5類の出現に見出せる。第4・第5の単位間の境界は，小形壺2a型式の消滅，如意形口縁系深鉢／甕6類の出現に見出せる。第5・第6の単位間の境界は，突帯文系深鉢／甕2・3類の消滅，如意形口縁系深鉢／甕7類の出現に見出せる。第6・第7の単位間の境界は，小形壺2d型式の出現に見出せる。

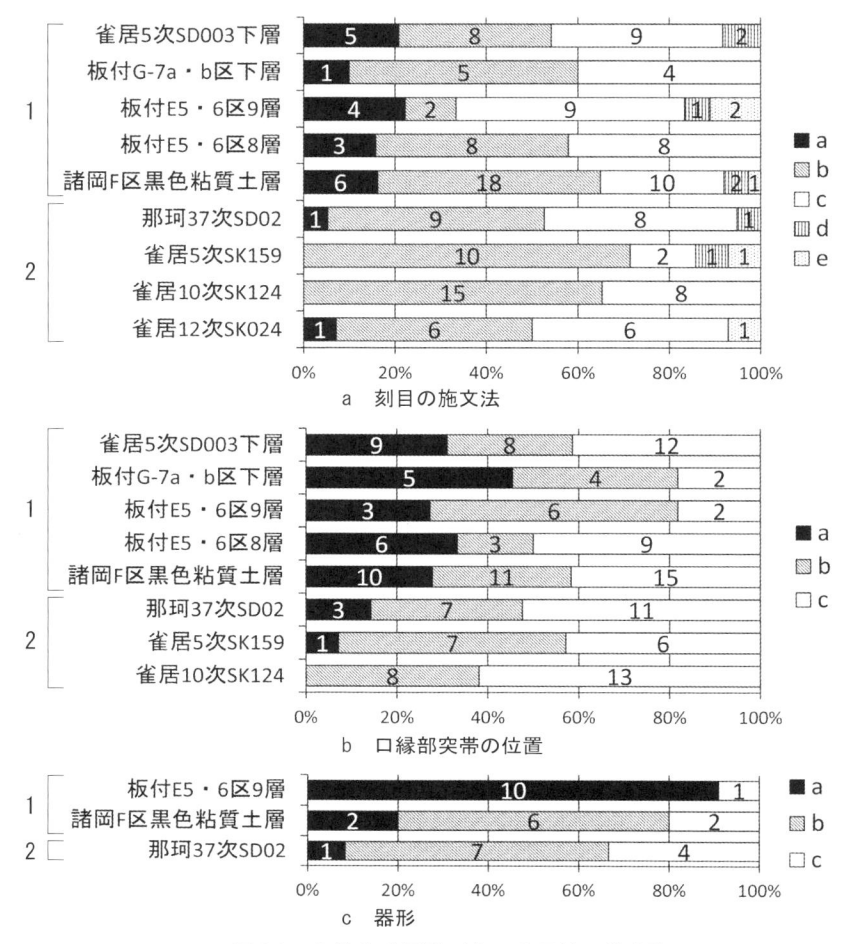

図11 突帯文系深鉢／甕の3属性の構成比

　以上の単位間の境界のうち，第1・第2のそれについては，突帯文系深鉢／甕の属性ごとの傾向を検討することによって，妥当性をさらに高めたい。ここでの検討は，刻目の施文法，口縁部突帯の位置，器形の3属性を対象とする（図10）。なお，3属性のうち，後2者の分類は藤尾（1990）に依拠し，各属性の構成比の検討は，10個体以上の資料数を確保し得た一括資料だけを取り上げる（図11）。刻目の施文法の構成比は，第1の単位ではa類（指頭による刻目）が一定量含まれるのに対し，第2の単位ではそれがないか，微量にとどまる。口縁部突帯の位置の構成比は，第1の単位ではa類（突帯一つ分ほど下がった位置）が一定量含まれるのに対し，第2の単位ではそれが少量しか存在せず，代わりにc類（口縁端部に接する位置）が多くを占める。器形の構成比は，第1の単位ではa類（強く屈曲）が多量あるいは一定量含まれるのに対し，第2の単位ではそれが微量にとどまり，代わりにb類（わずかに屈曲）・c類（屈曲なし）が多くを占める。ここで3属性において看取された傾向性は，一括資料の時期差を表しているとみなしてよく，第1・第2の単位の間に境界を設けることの妥当性を示している。

ところで、第3の単位に属する一括資料における小形壺2a型式の不在について、言及しておく必要があろう。現状の第3の単位に相当する一括資料群からは一見、先行する第2の単位に存在する1a・1b型式から、一～二つの型式とばして、2bあるいは2c型式へと変化するようにみえる。しかし、第4の単位には2b・2c型式とともに、2a型式が存在するわけであるから、先に想定した型式変化からみて当然、第3の単位にも2a型式の存在が予測される。下月隈天神森遺跡（福岡市教委1996）の墓群から、2a型式の壺がまとまって出土しており、これらの墓には第3の単位に属するものも含まれているものと考える。したがって本稿では、第2・第3の単位間の境界を認めるための要素として、2a型式の出現をあげた次第である。今後の調査によって、第3の単位に属する、小形壺2a型式を含む良好な一括資料が発見されれば、この問題は解消されよう。

以上の分析結果にもとづいて、「期」を設定しよう。すなわち、第1～7の単位をそれぞれ、Ⅰ～Ⅶ期と呼ぶこととする。既存の編年案との対比は次章にゆだねるが、読者の理解の助けとなるよう、北部九州の一般的な土器編年観でいえば、Ⅰ期は山ノ寺・夜臼Ⅰ式期、Ⅱ期は夜臼Ⅱ式期、Ⅲ期は板付Ⅰa式期（板付Ⅰ式古段階）、Ⅳ期は板付Ⅰb式期（板付Ⅰ式新段階）、Ⅴ期は板付Ⅱa式期、Ⅵ期は板付Ⅱb式期、Ⅶ期は板付Ⅱc式期におおむね相当しよう（図12・13）。

Ⅳ 考 察

A 既存の編年案との対比

以上の分析で導かれた編年案と、既存の編年案とを対比しよう。ここで特に問題としたいのは、第Ⅰ章で述べたように、吉留編年「3式」の時間的独立性、板付Ⅰ式単純期の存否をめぐる問題の二つである。

まず、吉留編年「3式」の時間的独立性について議論する。福岡平野の当該期の土器編年を検討した吉留秀敏は、突帯文単純期の最終段階として、板付Ⅰ式の甕が出現する段階を設定した（吉留1994）。これは突帯文単純期を3期に細分する案であり、異論もあるが、近年は支持する見解（小南2005；宮地2008；宮本2011）も多い。

これに対して、本稿では板付Ⅰ式甕が壺に先行して出現する点は認めつつも、突帯文単純期をⅠ・Ⅱ期の二つに分けるにとどめている。これは、これまで突帯文単純期に属するとされてきた一括資料群を配列した結果、そこに、一つしか境界を見出すことができなかったことによる。

突帯文単純期の3期細分案において、鍵となるのが野多目遺跡SD02下層資料である。この資料は、これまでの研究で那珂遺跡37次SD02資料より一つ前の段階に置かれることも多いが、筆者はこれを基準一括資料に用いなかった。というのも、この資料中には新旧の遺物が混在しており、埋没にかかった期間が比較的長かったとみられるからである。筆者の実見によると、突帯文系深鉢／甕には古相を示す刻目の施文法a類が4.0％、口縁部突帯の位置a類が33.3％みられる一方で、如意形口縁系深鉢／甕3類、浅鉢3・4類といった新出の要素も含まれてい

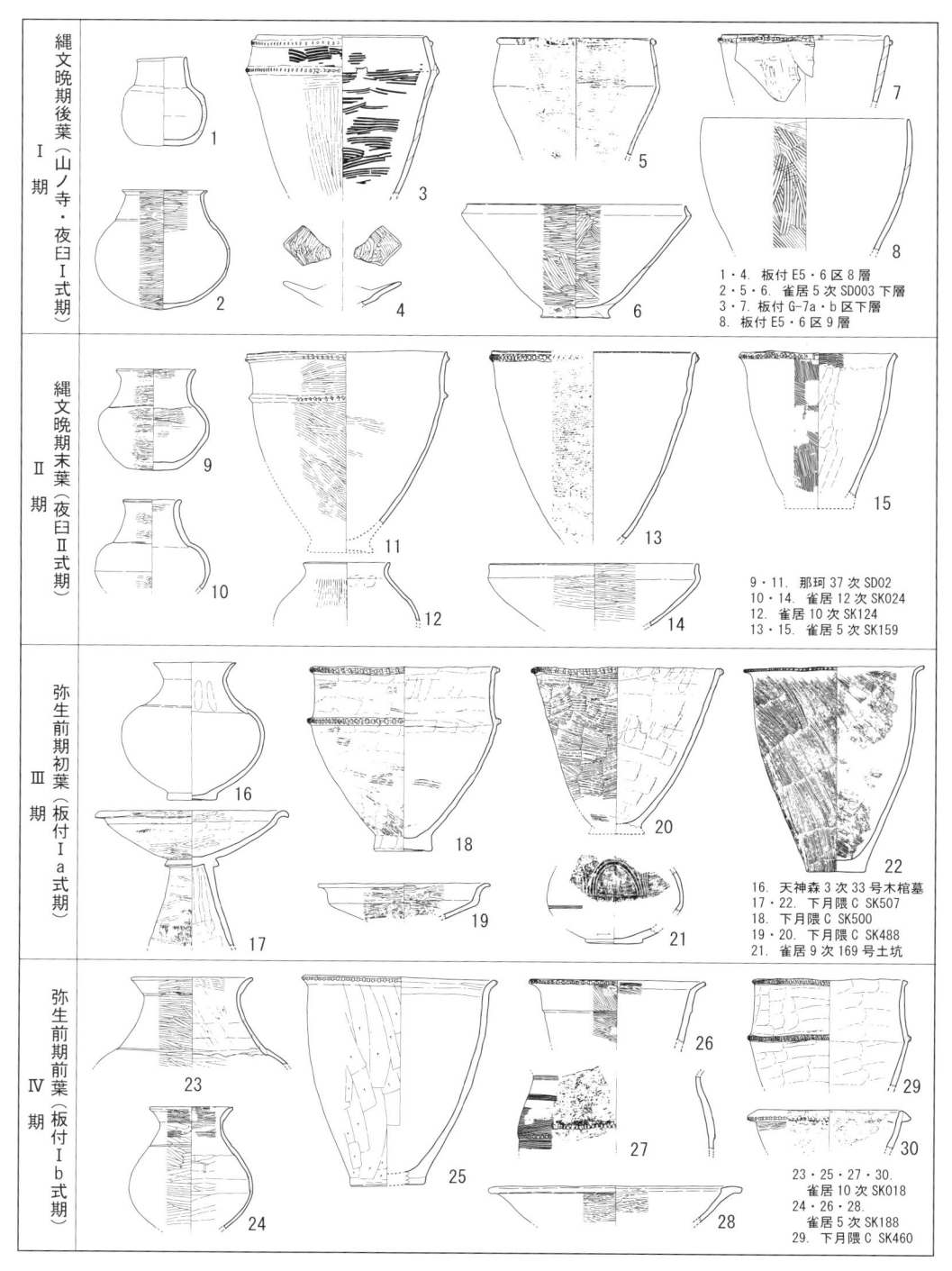

縄文晩期後葉（山ノ寺・夜臼Ⅰ式期）Ⅰ期		1・4. 板付 E5・6区 8層 2・5・6. 雀居 5次 SD003 下層 3・7. 板付 G-7a・b区 下層 8. 板付 E5・6区 9層
縄文晩期末葉（夜臼Ⅱ式期）Ⅱ期		9・11. 那珂 37次 SD02 10・14. 雀居 12次 SK024 12. 雀居 10次 SK124 13・15. 雀居 5次 SK159
弥生前期初葉（板付Ⅰa式期）Ⅲ期		16. 天神森 3次 33号木棺墓 17・22. 下月隈 C SK507 18. 下月隈 C SK500 19・20. 下月隈 C SK488 21. 雀居 9次 169号土坑
弥生前期前葉（板付Ⅰb式期）Ⅳ期		23・25・27・30. 　雀居 10次 SK018 24・26・28. 　雀居 5次 SK188 29. 下月隈 C SK460

図12　編年図1（1/8）
各期の特徴的なものだけを抽出して表示。図13も同じ。

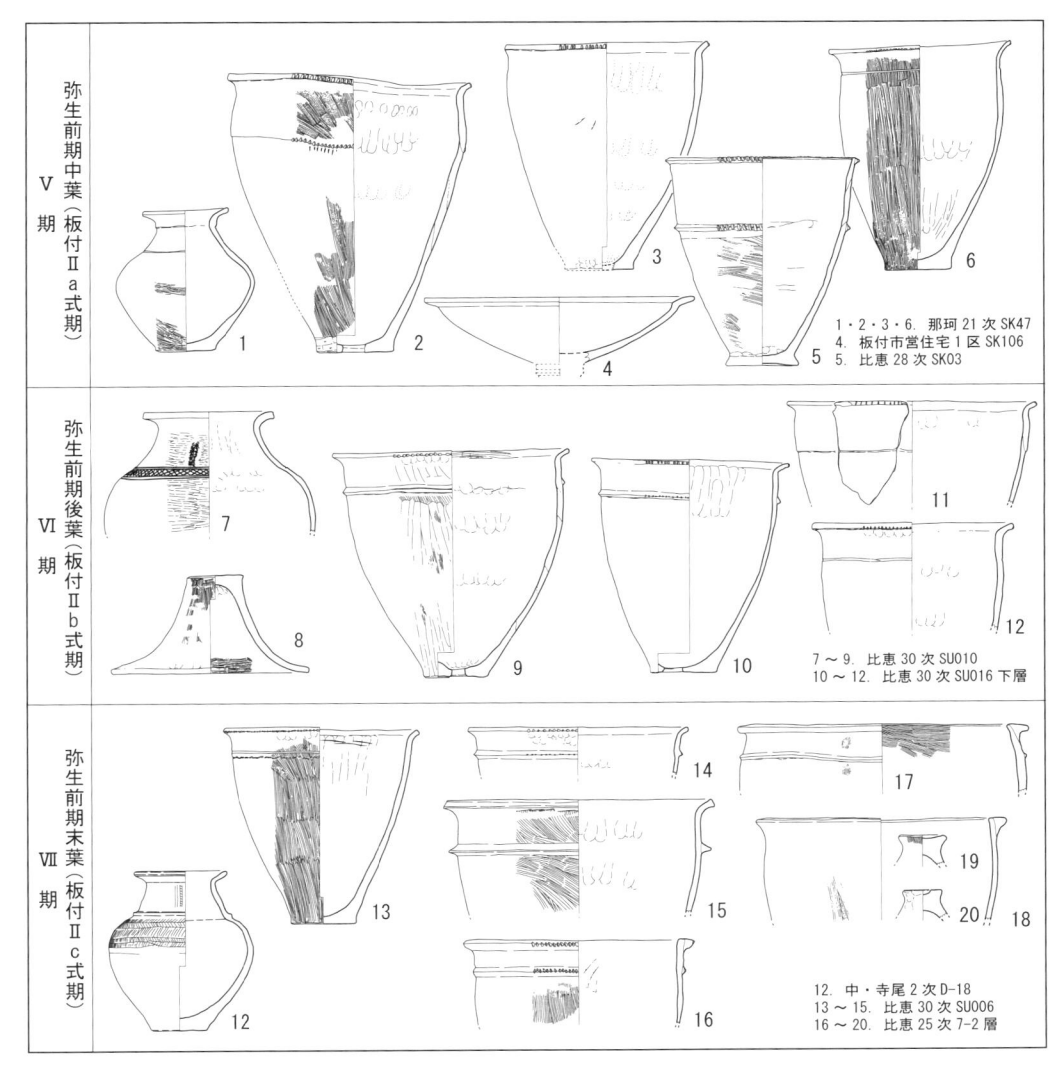

図13 編年図2 (1/8)

ることが分かった。口縁部突帯の位置a類の比率は，本稿のⅠ期の基準一括資料のそれと同程度である。こうした事実は，研究者がどの器種（のどの属性）に注目するかによって，この資料の時間軸上の位置づけが異なってしまうことを示している。実際，この資料の位置づけは，研究者間でズレが生じており，山崎（1980）の編年でいえば，「夜臼Ⅰ式」とみる見解（家根1993；菅波1996；小南2005）と，「夜臼Ⅱa式」とみる見解（吉留1994；宮地2008）とに分かれている。

野多目遺跡SD02上層・SD01資料を除外したのも，これと同様の理由からである。すなわち，この資料は，突帯文系深鉢／甕に古相を示す刻目の施文法a類が11.1％，口縁部突帯の位置a類が15.0％みられる一方で，小形壺2b・2c型式や如意形口縁系深鉢／甕3・4類といった

新出の要素もみられる。

　なお，山崎（1980）の基準資料であり，先行研究でもよく使用されてきた板付遺跡 G-7a・b 中層・上層資料なども，本稿では基準一括資料として採用しなかった。これは，現在の資料状況を見渡すと，これらがそれほど良好な一括資料とはみなせないからである。

　続いて，板付Ⅰb式期をめぐる問題についても，言及しておこう。その問題とは，福岡平野において，突帯文土器を払拭した板付Ⅰ式単純期が存在するのか否かの問題である。今川遺跡Ｖ字溝資料により，板付Ⅰ式単純期が設定され（伊﨑1981），その後，福岡平野の編年において，雀居遺跡SK188資料が，これと同時期の資料として位置づけられている（菅波2000a；田畑2000；小南2005）。これに対し，この段階にも突帯文土器の存在を認める見解（田﨑2000；所2005）があり，このうち田﨑（2000）は，板付Ⅱa式段階までごく例外的に残存するとみている。

　筆者は，板付Ⅰb式期にあたるⅣ期での突帯文土器の存在を認め，それに続くⅤ期（板付Ⅱa式期）まで残存すると考えている。突帯文土器が完全に払拭されるのは，Ⅵ期を待たねばならない。板付Ⅰb式期を突帯文土器が払拭された時期とし，この時期をもって弥生時代の開始とみる見解（泉1990；家根1993；小南2005）もあるが，突帯文土器の消滅は，時代区分の指標とするには明快さを欠いている。これに対して，筆者は冒頭でも述べたように，板付Ⅰ式壺（2a型式）の出現をもって弥生時代の開始とみなす。

B　壺の系譜

　最後に，列島の縄文晩期後葉に出現する壺の系譜について，議論しよう。まず，本稿の分析結果にもとづいて，列島で出現した当初の壺の有り様について確認する。壺の型式組列において，最古相に位置づけられるのは，1a・1b・1c の 3 型式である。これらの型式のうち，1a・1b 型式の二つは，本稿編年で最も古いⅠ期から存在し，Ⅱ期まで存続することが，基準一括資料を通じて確認できる。1c 型式はⅡ期に存在が確認できるが[6]，前章で検討したように，型式学的には 1a・1b 型式とは別系統とみなせ，壺の出現期であるⅠ期までさかのぼるものと予想される。このⅠ期より確実にさかのぼる壺の存在は，今のところ九州北部では知られていない[7]。

　それでは，壺の出現期とみなせるⅠ期は，その起源地である半島南部の土器編年のどの時期に併行するのであろうか。以前に筆者は，慶尚南道網谷里遺跡環濠出土の突帯文系土器を含む資料（慶南発展研究院歴史文化센터2009）と，列島の突帯文単純期資料との間で，交差年代法を適用することによって，半島の無文土器中期（休岩里式期〜松菊里式期）と列島の縄文晩期後葉と間に，時期的に併行する一点を見出した（端野2010）。今一度，Ⅰ期の基準一括資料と網谷里遺跡環濠資料の間で，交差年代法を適用してみよう。すると，Ⅰ期の基準一括資料中には網谷里遺跡例に類似する内湾甕（如意形口縁系Ⅰ類），丸底壺（小形壺1b型式の一部と底部が共通）が含まれ，一方の網谷里遺跡資料にはⅠ期資料の突帯文土器（突帯文系 3 類）に類似する土器

が含まれるという関係が成り立つ。網谷里遺跡資料は，半島南部の土器編年（後藤2006）でいえば，先述の内湾甕を含み，かつ口縁部が外反する甕あるいは大型壺は全く含まないことから，無文土器中期前半に位置づけられる。したがって，Ⅰ期と無文土器中期前半とが一時的に併行していたことは間違いない。

　こうした土器編年の併行関係にもとづくと，Ⅰ期に存在する小形壺1a・1b型式，あるいは型式学的にはその時期までさかのぼる可能性をもつ1c型式の祖型は，半島南部の無文土器中期前半の丹塗磨研壺の中に求めることができる。筆者の丹塗磨研壺の分類（端野2003，2006；Hashino2011）でいえば，1a型式は小形AⅡ類，1b型式は小形AⅢ類，1c型式は小形B類[8]にそれぞれ系譜が求められる。これは，筆者がかつて半島南部の丹塗磨研壺を検討した際に提出した見解（端野2006；Hashino2011）を，列島資料の型式学的な手続きをふまえて，とらえ直したものである。

　さて，以上の祖型に対する理解をふまえ，つづいて列島の壺の起源地を議論しよう。旧稿（端野2006；Hashino2011）では，型式・底部形態・出土遺構の組成を検討し，南江流域を起源地とみた。これは，南江流域には，列島の1a・1b・1c型式などの壺の祖形とみなせる型式のすべてがバランスよくそろっているとみたからであった。しかし，型式組成に注目するあまり，南江流域だけを強調しすぎていた。近年の増加した資料では，列島の1b型式に類似する半島の小形AⅢ類（咸安式）の分布は，洛東江下流域とその東辺に広がることが示されており（裵眞成2008），筆者も洛東江下流域は南江流域に次いで，型式組成の点で類似している地域であることは把握していた。現在はこの地域も含めて起源地と考えている（端野2014）。

　なお，半島の小形AⅢ類（咸安式）を無文土器中期後半（松菊里式期）の新段階〜後期前半（水石里式期）に位置づけ，この時期が列島の突帯文期に併行するとみる見解（裵眞成2008）もあるが，これには賛同できない。この時期に位置づける主な根拠は，円形松菊里型住居跡を切った墓から，この型式の土器が出土していることである。しかし，遺構の切り合い関係は，遺構の先後関係は表すが，考古学的時期区分の新旧を直接表すものではない。ましてやそれで時期区分を設定することはできない。同時期の遺構間で切り合い関係が発生する場合も当然，あり得るのである。この型式は現状で，無文土器後期前半まで下がる積極的な証拠もない。

おわりに

　以上，北部九州の板付Ⅰ式成立前後の壺の分類と型式設定，そして当該期の土器編年を検討した。本稿では，紙幅の都合上，基礎的な作業の結果を示すにとどまり，北部九州における壺の受容，板付Ⅰ式の成立についての議論などは全く行えなかった。また，半島・列島間の編年の併行関係や壺の起源地についても，検討すべき課題を多く残している。これらについては，稿を改めて論じたい。

謝辞

　本稿は，平成24年度九州史学会考古学部会で発表した内容を骨子として，さらに分析を加え，議論を展開させたものである。席上で，岩永省三・宮本一夫・溝口孝司の諸先生から有益なご教示を賜った。また，同僚の三阪一徳氏には日常的に，私の要領を得ない議論に辛抱強くおつき合いいただいた。下記の諸氏・諸機関にも，資料調査や本稿の作成にあたってお世話になった。記して感謝の意を表したい。

　阿部泰之・糸島市教育委員会・井上義也・大野城市教育委員会・岡部裕俊・春日市教育委員会・粕屋町教育委員会・唐津市教育委員会・九州大学考古学研究室・新宅信久・田子森千子・福岡県教育委員会・福岡市教育委員会・福津市教育委員会・裵眞成・星野恵美・宗像市教育委員会・山口譲治・山崎純男・山田広幸（敬称略・五十音順）

　なお，本稿はJSPS科研費09J04282，韓昌祐・哲文化財団，稲森財団の助成を受けたものである。

　最後に，「考古学は科学か」という問いに私なりに答えておきたい。田中先生ご本人はもちろん「考古学なんて科学じゃない」ではなく，「考古学は科学である」，いや「考古学は科学でなければならない」とお考えであったにちがいない。すると，残された私たちが目指すところはおのずと明らかとなる。すなわち，考古学を科学たらしめるにはどうすればよいのか，それを常に問いかけ続けることを忘れず，それぞれが自身の力で学問の道を切り開いていくこと，これが先生の一番おっしゃりたかったことではないかと勝手ながら思うのである。この命題に対して，本稿が果たして十分に答えられているのかはいささか心もとなく，多大な学恩を賜ったにもかかわらずたいへん申し訳なく思うが，これを捧げたい。

　先生，本当にありがとうございました。

■註
1）これを指標とする理由は別稿で詳細に論じたい。
2）この論文は沈奉謹が九州大学留学中に仕上げたレポートがもとになっており，当時，この内容を周りの研究者に話したが，ごく一部を除き，ほとんど誰も賛同しなかったらしい。多くの人がこうした態度をとった背景には，板付Ⅰ式を渡来人の土器，山ノ寺式・夜臼式をそれに影響を受けた在来人の土器とみる見解（春成1973）があったからだという（田中良之先生からのご教示）。なお，春成の見解は，その後，板付遺跡をはじめとする調査で，突帯文単純期の存在が確実となったことで成立し得なくなった。
3）この方法は，これまで「田中の方法」（溝口1987），あるいは「狭義の属性分析」（中園1996）と呼ばれてきた。今日まで多くの実践例が提出されてきた汎用性の高い分析手法の一つであるが，残念なことに，これに対する誤解や無理解も多いようである。生前，田中良之先生は「「属性分析」と呼ぶから色々と誤解が生まれるのだ。いっそのこと「2属性相関法」とでも呼んでしまえばどうか」と筆者にしばしば語っておられた。本稿では方法開発者の意見を尊重し，この名称を用いたい。なお，この方法の系統を引く方

法を用いた1991年までの実践例とその類型については，中村直子（1991）が詳しい．
4）なお，本稿で「期」を用いるのは，以上の作業を通じて得られた一括資料群が表わす単位が，厳密には「様式」とは言えないことによる．弥生土器研究における「様式」とは，小林行雄（1933）によって提出された概念で，各形式（器種）を横断し，形式を構成する型式を，形態・文様・製作技術などの類似する特徴を手がかりに組み合わせたものであり，一定の時間的・空間的位置を占める（田中琢1978）．また，これには同一技術体系の所産で，かつ相互補完的に生活の要求を満たしていた有機的な複合体という意味合いが込められている（横山1985）．本稿の方法で得られる単位は，純粋な一つの「様式」によって構成される場合だけでなく，その前後の時期の「様式」に属する土器型式が，器種によっては含まれる場合も予想される（岩永1989）．また，「様式」を設定するには，諸器種における型式の時間的な位置づけだけでなく，空間的な広がりまで検討する必要がある．本稿ではこうした課題を解決する余力はないため，「様式」ではなく，「期」を採用する次第である．

　　ところで岩永省三は，武末純一（1977a，1977b，1978）の方法に対し，その有効性を評価する一方で，「弱点もあり，土器編年の主眼をあくまでより細かいタイムスケールの作成に置」いた立場からみれば，「この方法は「役立たず」になってしまうかも知れない」とする（岩永1989，p.52）．しかし，これはあたかも「より細かいタイムスケール」を作成可能な方法が存在するかのような誤解を招く記述であろう．ここでの「より細かいタイムスケール」を求める立場とは，岩永のいう「基準器種を設け，その型式分類・編年を主軸する」方法（岩永1989，p.49）を採用する立場に相当すると思われる．岩永はこの方法に対して未検証仮説を前提とするとして批判しているのだから，この方法によって「より細かいタイムスケール」を導き出せるという認識自体がそもそも成立し得ない．もとより，有意ではない「細かいタイムスケール」を追い求めることより，正しい方法によって有意な時間尺度を得ることこそが考古学研究には必要なのである．

5）沈線重弧文の祖型を，雀居遺跡10次調査SK124例（福岡市教委2003aのFig.234-38）にみられる「隆線重弧文」とみて，板付Ⅰ式土器の成立に東日本系土器の関与を想定する見解（設楽・小林2007；設楽2009）がある．本稿では，東日本系の疑いがかけられた，こうした資料を分析対象から除いている．この見解の是非を論じるには，紙幅を多く費やさなければならないので，別稿にゆずりたい．
6）Ⅱ期の基準一括資料である雀居遺跡10次調査SK124に含まれる1c型式の例（図12-12）は，筆者の実見によると，器厚の薄さと金雲母を多量に含む微細な胎土からみて，半島南部からの搬入品の可能性が高い．本来は在地製作品によって，この型式の編年的位置づけを行うべきだが，共伴遺物による位置づけが可能な例を対象資料中に見出せなかった．今後，好資料が得られ次第，再検討したい．
7）南九州では近年，黒川式期の壺が報告されており（東2002，2006），この系譜についても議論を深める必要があろう．
8）旧稿（端野2003，2006；Hashino2011）では，A系列（頸部と胴部との間に明瞭な境界をもつもの），B系列（口縁部から胴部にいたるまでスムーズに連続するもの），C系列（頸部と胴部との間に不明瞭な稜をもつもの）の三つに器種分類した．しかし，B系列とC系列のいずれか判別が困難な例もあるため，本稿では，この両者を統合して新たにB系列を設定する．

■文献
（日本語文）
伊崎俊秋，1981．弥生土器について．酒井仁夫（編），今川遺跡．津屋崎町教育委員会，津屋崎，pp.81-85.
泉拓良，1990．西日本凸帯文土器の編年．文化財学報 8，55-79．
岩永省三，1989．土器から見た弥生時代社会の動態．横山浩一先生退官記念事業会（編），生産と流通の考

古学（横山浩一先生退官記念論集Ⅰ）．横山浩一先生退官記念事業会，福岡，pp.43-105．
大野城市教育委員会，1977．中・寺尾遺跡．
大野城市教育委員会，1997．御陵前ノ椽遺跡．
大野町教育委員会，1971．中・寺尾遺跡．
小田富士雄，1986．北部九州における弥生文化の出現序説．九州文化史研究所紀要 31，141-197．
春日市教育委員会，2003．伯玄社遺跡．
春日市教育委員会，2011．平若A遺跡．
唐津市教育委員会，1982．菜畑遺跡．
九州大学大学院人文科学研究院考古学研究室，2001．佐賀県大友遺跡．
小林行雄，1933．先史考古学に於ける様式問題．考古学，4-8．
小南裕一，2005．北部九州地域における弥生文化成立期前後の土器編年．古文化談叢 52，13-44．
後藤直，1980．朝鮮南部の丹塗磨研土器．鏡山猛先生古稀記念論文集刊行会（編），古文化論攷（鏡山猛先生古稀記念）．鏡山猛先生古稀記念論文集刊行会，太宰府，pp.269-306．
後藤直，2006．南部地域の前期・中期無文土器．後藤直（編），朝鮮半島初期農耕社会の研究．同成社，東京，pp.51-72．
設楽博己，2009．東日本系土器の西方への影響．設楽博己・藤尾慎一郎・松木武彦（編），弥生文化誕生．同成社，東京，pp.188-203．
設楽博己・小林青樹，2007．板付Ⅰ式土器成立における亀ヶ岡系土器の関与．西元豊弘（編），縄文時代から弥生時代へ．雄山閣，東京，pp.66-107．
志摩町教育委員会，1987．新町遺跡Ⅰ．
志免町教育委員会，1996．松ヶ上遺跡．
住宅・都市整備公団，1982．十郎川（二）福岡市早良平野石丸・古川遺跡．
菅波正人，1996．玄界灘沿岸地域の弥生前期土器について．山口考古学談話会百回記念大会実行委員会（編），西部瀬戸内の弥生文化．山口考古学談話会百回記念大会実行委員会，山口，pp.19-42．
菅波正人，2000a．北部九州における弥生文化の成立．埋蔵文化財研究集会（編），第47回埋蔵文化財研究集会弥生文化の成立－各地域における弥生文化成立期の具体像－．埋蔵文化財研究集会，高知，pp.167-186．
菅波正人，2000b．夜臼式土器と板付式土器．田崎博之（編），突帯文と遠賀川．土器持寄会論文集刊行会，松山，pp.24-35．
杉原荘介，1977．日本農耕社会の形成．吉川弘文館，東京．
武末純一，1977a．遺物の検討（1）弥生土器．福岡県教育委員会（編），九州縦貫自動車道関係埋蔵文化財調査報告ⅩⅨ．福岡県教育委員会，福岡，pp.194-215．
武末純一，1977b．遺物の検討（2）土師器．福岡県教育委員会（編），九州縦貫自動車道関係埋蔵文化財調査報告ⅩⅨ．福岡県教育委員会，福岡，pp.215-227．
武末純一，1978．福岡県・早良平野の古式土師器．古文化談叢 5，37-62．
田崎博之，1994．夜臼式土器から板付式土器へ．牟田裕二君追悼論集刊行会（編），牟田裕二君追悼論集．牟田裕二君追悼論集刊行会，太宰府，pp.35-74．
田崎博之，2000．壺形土器の伝播と受容．田崎博之（編），突帯文と遠賀川．土器持寄会論文集刊行会，松山，pp.737-789．
田中琢，1978．型式学の問題．大塚初重・戸沢充則・佐原眞（編），日本考古学を学ぶ（1）．有斐閣，東京，pp.14-26．
田中良之，1982．磨消縄文土器伝播のプロセス．森貞次郎博士古稀記念論文集刊行会（編），古文化論集：

森貞次郎博士古稀記念．森貞次郎博士古稀記念論文集刊行会，福岡，pp.59-96．
田中良之，1986．縄文土器と弥生土器1．西日本．金関恕・佐原眞（編），弥生文化の研究3．雄山閣出版，東京，pp.115-125．
田中良之・松永幸男，1984．広域土器分布圏の諸相．古文化談叢 14, 81-117．
田畑直彦，2000．西日本における初期遠賀川式土器の展開．土器持寄会論文集刊行会（編），突帯文と遠賀川．土器持寄会論文集刊行会，松山，pp.913-956．
津屋崎町教育委員会，1981．今川遺跡．
所一男，2005．下月隈C遺跡第6次調査出土刻目突帯文土器の位置付けについて．福岡市教育委員会（編），下月隈C遺跡．福岡市教育委員会，福岡，pp.247-254．
中島直幸，1982．初期稲作期の凸帯文土器．森貞次郎博士古稀記念論文集刊行会（編），古文化論集（森貞次郎博士古稀記念）．森貞次郎博士古稀記念論文集刊行会，福岡，pp.297-354．
中園聡，1994．弥生時代開始期の壺形土器－土器作りのモーターハビットと認知構造．日本考古学 1, 87-101．
中園聡，1996．属性分析と多変量解析を用いた土器の型式分類－その意義と実践－．情報考古学 2 (1), 1-27．
中村大介，2003．弥生文化早期における壺形土器の受容と展開．立命館大学考古学論集刊行会（編），立命館大学考古学論集Ⅲ．立命館大学考古学論集刊行会，京都，pp.415-432．
中村直子，1991．古式土師器甕形土器の型式学的検討．古文化談叢 25, 93-111．
二丈町教育委員会，1995．大坪遺跡Ⅰ．
二丈町教育委員会，1997．矢風遺跡Ⅱ．
橋口達也，1979．九州の弥生土器．座右宝刊行会（編），世界陶磁全集1 日本原始．小学館，東京，pp.212-238．
橋口達也，1985．日本における稲作の開始と発展．橋口達也（編），石崎曲り田遺跡．福岡県教育委員会，福岡，pp.5-103．
端野晋平，2003．韓半島南部丹塗磨研壺の再検討－編年・研磨方向を中心として－．九州考古学 78, 1-21．
端野晋平，2006．朝鮮半島南部丹塗磨研壺の編年と地域性－嶺南地方を中心として－．有限責任中間法人日本考古学協会（編），有限責任中間法人日本考古学協会第72回総会研究発表要旨．有限責任中間法人日本考古学協会，東京，pp.238-251．
端野晋平，2010．近年の無文土器研究からみた弥生早期．季刊考古学 113, 31-34．
端野晋平，2014．渡来文化の形成とその背景．公益財団法人古代学協会（編），列島の初期稲作の担い手は誰か．すいれん舎，東京，pp.79-124．
春成秀爾，1973．弥生時代はいかにしてはじまったか - 弥生式土器の南朝鮮起源をめぐって．考古学研究 20 (1), 5-24．
東和幸，2002．縄文時代晩期土器について．鹿児島県立埋蔵文化財センター（編），計志加里遺跡．鹿児島県立埋蔵文化財センター，鹿児島，pp.155-157．
東和幸，2006．鹿児島における縄文時代の課題．南九州縄文通信 17, 65-73．
福岡県教育委員会，1981．三雲遺跡Ⅱ．
福岡県教育委員会，1984．石崎曲り田遺跡Ⅱ．
福岡市教育委員会，2003．雀居遺跡8．
福岡市教育委員会，1976a．鶴町遺跡．
福岡市教育委員会，1976b．板付－市営住宅建設にともなう発掘調査報告書－．
福岡市教育委員会，1976．板付周辺遺跡調査報告書 (3)．

福岡市教育委員会，1979．板付遺跡調査概報．
福岡市教育委員会，1981．板付 板付会館建設に伴う発掘調査報告書．
福岡市教育委員会，1982．藤崎遺跡．
福岡市教育委員会，1983．福岡市有田七田前遺跡．
福岡市教育委員会，1987．野多目遺跡群．
福岡市教育委員会，1989．田村遺跡Ⅵ．
福岡市教育委員会，1991．比恵遺跡群10．
福岡市教育委員会，1992a．那珂５．
福岡市教育委員会，1992b．比恵遺跡群（11）．
福岡市教育委員会，1993．比恵遺跡群（12）．
福岡市教育委員会，1994．那珂11．
福岡市教育委員会，1995a．雀居遺跡３．
福岡市教育委員会，1995b．板付遺跡 環境整備遺構確認調査．
福岡市教育委員会，1996．下月隈天神森遺跡Ⅲ．
福岡市教育委員会，1998．福岡外環状道路関係埋蔵文化財調査報告５ 福岡市西区橋本一丁目遺跡第２次調査・橋本遺跡第１次調査．
福岡市教育委員会，1999．入部Ⅸ．
福岡市教育委員会，2000．雀居遺跡５．
福岡市教育委員会，2003．雀居遺跡７．
福岡市教育委員会，2005a．下月隈Ｃ遺跡Ｖ．
福岡市教育委員会，2005b．雑餉隈遺跡５．
藤尾慎一郎，1990．西部九州の刻目凸帯文土器．国立歴史民俗博物館研究報告 26, 1-73.
松尾奈緒子，2012．板付Ⅰｂ式期－如意形甕の胴部文様から－．九州考古学 87, 23-45.
三阪一徳，2014．土器からみた弥生時代開始過程．公益財団法人古代学協会（編），列島初期稲作の担い手は誰か．すいれん舎，東京，pp.125-174.
溝口孝司，1987．土器における地域色－弥生時代中期の中部瀬戸内・近畿を素材として－．古文化談叢 17, 137-158.
溝口孝司，1988．古墳出現前後の土器相－筑前地方を素材として－．考古学研究 35 (2), 90-117.
宮地聡一郎，2004a．刻目突帯文土器圏の成立（上）．考古学雑誌 88 (1), 1-32.
宮地聡一郎，2004b．刻目突帯文土器圏の成立（下）．考古学雑誌 88 (2), 37-52.
宮地聡一郎，2008．凸帯文系土器（九州地方）．小林達雄（編），総覧縄文土器．アム・プロモーション，東京，pp.806-813.
宮本一夫，2011a．板付遺跡・有田遺跡からみた弥生の始まり．福岡市史編集委員会（編），新修福岡市史 資料編考古３ 遺物からみた福岡の歴史．福岡市，福岡，pp.595-621.
宗像市教育委員会，1987．宗像大井三倉遺跡．
宗像市教育委員会，1999．田久松ヶ浦－福岡県宗像市田久所在遺跡の発掘調査報告－．
宗像市教育委員会，2001．東郷登り立．
森貞次郎，1966．弥生文化の発展と地域性－九州．和島誠一（編），日本の考古学Ⅲ．河出書房，東京，pp.32-80.
家根祥多，1993．遠賀川式土器の成立をめぐって－西日本における農耕社会の成立－．坪井清足さんの古稀を祝う会（編），論苑考古学．天山舎，京都，pp.267-329.
家根祥多，1997．朝鮮無文土器から弥生土器へ．立命館大学考古学論集刊行会（編），立命館大学考古学論

集Ⅰ．立命館大学考古学論集刊行会，京都，pp.39-64.
山崎純男，1980．弥生文化成立期における土器の編年的研究．鏡山猛先生古稀記念論文集刊行会（編），古文化論攷（鏡山猛先生古稀記念）．鏡山猛先生古稀記念論文集刊行会，太宰府，pp.117-192.
横山浩一，1985．型式論．近藤義郎ほか（編），岩波講座 日本考古学１．岩波書店，東京，pp.43-78.
吉留秀敏，1994．板付式土器成立期の土器編年．古文化談叢 32，29-44.
（韓国語文）
慶南発展研究院歴史文化센터，2009．마산 진북 망곡리유적Ⅰ，咸安.
裵眞成，2008．咸安式赤色磨研壺의 分析．韓國民族文化 32，265-288.
沈奉謹，1979．日本 彌生文化 形成過程 研究：韓國文化와 關聯해서．東亞論叢 16，153-324.
（英語文）
Clarke, D.L, 1978. Analytical Archaeology (2nd edn). Columbia U.P, Columbia.
Hashino, S., 2011. The diffusion process of red burnished jars and rice paddy field agriculture from the southern part of the Korean peninsula to the Japanese Archipelago. Matsumoto, N., Bessho, H., Tomii, M. (Ed.), Coexistence and Cultural Transmission in East Asia (One World Archeology). Left Coast Press, Walnut Creek, pp.203-221.

土器情報の社会的意味に関する試論

― 板付式土器様式の出現過程を中心に ―

九州大学人文科学研究院　宮 本 一 夫

要旨

　縄文から弥生への移行には，朝鮮半島南部の無文土器文化の影響が考えられており，土器様式の転換期と見なされている。しかしその移行期である北部九州の夜臼式には，大陸系の壺と縄文系の突帯文土器深鉢が共存している。突帯文土器深鉢が板付式甕に転換するとともに，無文土器文化の土器製作技術が受容された板付式土器が福岡平野を中心に成立する。この段階こそが弥生文化の成立期であり，板付式土器様式として西日本に拡散していく。近年，欧米の言語学者を中心に古日本語が朝鮮半島から日本列島に伝播したのが弥生時代とする説が主張されている。縄文語から古日本語への転換期を夜臼式期と見なし，古日本語への完全な置換を板付式土器と見なしたい。板付式土器様式の西日本への拡散は，古日本語の拡散に対比されるのである。これまで土器様式の実態をコミュニケーション圏と考えられてきたが，さらに具体的な言語圏として考える試論を示した。

キーワード：板付式土器，遠賀川式土器，弥生文化，無文土器文化，古日本語

1　はじめに

　北部九州では西日本の他地域に先行する形で，無文土器の影響を受けながら土器の様式構造が変化していく（田中1986）。すなわち無文土器の影響にある壺形土器とともに，縄文土器の系譜を引く突帯文土器深鉢と浅鉢である。一方で，同じ煮沸具であり無文土器系統であるごく少数の板付祖形甕がその組成を担っている。こうした，無文土器系統の土器と縄文土器系統の土器が混在する段階が弥生早期とされる段階であり，そして壺形土器とともに，板付祖形甕から変化した板付式甕から土器組成をなす板付式土器様式へと変遷している（宮本2011）。この板付式土器様式が確立した段階が弥生前期であり，瀬戸内から近畿あるいは山陰，四国南岸など西日本へと拡散する段階であり，これまで遠賀川式の拡散として知られていた段階である。

　さて，縄文から弥生への移行期である弥生早期は，土器様式構造としても煮沸具としての縄文土器深鉢から板付式甕への置換現象として見なされる時期である。特にその置換現象は土器の器形上の系譜関係ばかりでなく，土器の製作技術の系譜関係の差異が議論されてきた。特に

板付式土器が韓国無文土器の製作技術の系譜にあることを最初に論じたのは家根祥多であった（家根1984）。それは，土器の粘土帯幅，土器の粘土帯の積み上げ方，器面調整の差異などである。また，土器焼成時の黒斑の形態から，縄文土器と無文土器の差異を示し，無文土器と弥生土器の黒斑形態が類似することから，縄文土器は開放型野焼きであるのに対し，無文土器と弥生土器は覆い型野焼きであるとする考え方が，実験考古学による論証過程を踏まえて提示されている（小林ほか2000）。さらに近年では，こうした四つの技術的な属性について，北部九州の小地域単位でかつ弥生早期から前期という縄文から弥生の移行過程における土器製作技術の詳細な転換過程を論じた三阪一徳の論考がある（三阪2014）。三阪によれば，土器焼成法を除くと無文土器的な技術転換は，弥生早期初頭の夜臼Ⅰ式には殆どみられず，漸移的にその要素は夜臼Ⅱ式に向けて増えているものの，無文土器的な技術へ置換するのは弥生前期の板付Ⅰ式段階になってからであると主張されている。

　こうした異なった系統の土器が組成化して様式構造をなした夜臼式すなわち弥生早期から，板付式土器様式という縄文とは別の系統の土器様式構造への置換が起きているのである。その置換過程では，折衷的な土器型式が成立するというよりは，土器の製作技術的には縄文から弥生あるいは縄文から無文土器へと置換していく現象として理解できる。こうした過程を社会現象としてどのように理解すべきであろうか。渡来人と縄文人の交配過程と理解する場合に，このような土器様式構造の置換が認められるであろうか。古人骨の形質に関しては，弥生早期の少数の渡来人によっても，弥生中期には渡来系弥生人へと形質的に置換することが主張されている（中橋・飯塚1998）。しかし，土器の場合はより速いスピードで様式構造の置換を果たしており，渡来人と縄文人の交配結果としてとらえることには問題があると思われる。

2　問題の所在

　土器様式あるいは土器型式の地域的な置換現象を一定の人口移動とみる見解は多い。九州の後期における阿高系土器様式から近畿・瀬戸内系の磨消縄文土器への置換現象も，田中良之によってヒトの移動が想定されている（田中1982）。ここで，田中の一連の縄文後期の土器様式構造の論文を振り返ってみたい。それらは分析の方法としては属性分析を基とするものであった。中九州を中心として磨消縄文土器の伝播過程を述べた論考では，土器組成におけるハイレベルとローレベルの様式構造が存在することを示した。そして，縄文後期前葉には外来系土器はローレベルのみで作られるのが，次第に逆転して最終的には外来系土器である磨消縄文系土器がハイレベルを独占し，阿高系土器はレベルダウンするという様式構造の転換を示す。しかし，こうした様式構造の転換が社会のどの部分を表出しているかに関しては言及がなされていない。その後，田中・松永の連名で出された西日本の縄文後期縁帯文土器の論文（田中・松永1984）でも，土器様式を類似したコミュニケーション・システムを基にするものとし，情報伝達系は必ずしも通婚（女性の移動）による必要はないとする。これは，近畿地方の弥生時代の小土器様式単位を，土器製作者である女性の移動による通婚圏とする都出比呂志

の主張（都出1982）を批判するものであった。さらに，田中・松永は縁帯文土器の属性の地域的なセリエーショングラフから，土器文様の位相差を示し，各属性変異の選択にあたって，広域情報と在地情報との選択が行われていたとする（田中・松永1992）。こうした情報の選択を行っていたとするコミュニケーション・システムの背景には，一定の社会システムが存在することが考えられ，「部族」や「語族」などの社会単位が想起されるものの，Clerke を引きながら（Clerke1968），各レベルの土器様式との対比は困難であるとする（田中・松永1984）。一方で，土器の文様要素の出現率などから，それがその土器を持つ集団のリニージ（血縁的基礎単位）など親族関係に基づくものであり，土器の文様要素が親族関係を母体とする集団単位を表出する可能性を示す意見もある（Longacre1964）。

　一方，田中が批判した都出比呂志は，近畿の弥生時代における小地域が，土器製作技法の接触・伝播が日常的に行われた通婚圏の主要な範囲であり，土器製作者が女性であるところから女性の通婚圏を示すというもの（都出1982）である。これは「部族」や「リニージ」など血縁的社会単位を超えたものであり，別の意味でのコミュニケーション・システムということも言えるかもしれない。田中が批判したのは，都出の考え方の前提に近畿弥生時代社会の婚姻形態が外婚制であり，夫型居住婚あるいは選択型居住婚という前提の可否が証明されていないことにあろう（田中1995）。また，岩永省三氏はこのような通婚圏による小様式をコミュニケーションの体系としてとらえることを魅力的であるとしている（岩永1989）。

　今，問題にしている弥生早期にみられる縄文から弥生への置換現象は，田中（田中1982・1986）によればハイレベルの様式構造の転換ということになるであろう。岩永はこれを土器相と呼び，様式より上位概念とするものにあたるとする（岩永1989）。阿高土器様式から磨消縄文土器様式と同じように，ヒトの移動が想定される段階である。また，佐原真は，土器作りの体制に直接的に規定される調整法・施文法のレベルと，直接規定されない調整法・施文法のレベルがあるとする。そして前者の方が上位レベルにあると論じている（佐原1964）。

　縄文から弥生の置換現象でいえば，既に述べた土器製作技術上の四つの属性の大きな転換が認められ，それは縄文土器から無文土器への技術転換であった。それ故，少数の渡来者による置換現象という捉え方（田中2014）に対して，より多くの渡来人による文化変動を考えようとするのが家根祥多であった（家根1993）。

　さて，ヒトの移動による土器の転換や土器技術の転換は，土器がヒト集団とりわけ遺伝的関係を示す親族関係によって生産や技術移転をしている可能性を示すものである。土器の家内生産段階であるカリンガ族の民族考古学的研究から，土器の流通が親族関係に基づくことを述べる研究（Longacre & Stark 1991）があるが，これが正しければ，縄文土器から弥生土器の転換に当たって，渡来人との交配による血縁的な拡大家族の中に，弥生土器の拡散が存在する可能性がある。事実，縄文人と渡来人との交配の中，形質変化がおこり弥生系渡来人が出現する（中橋2005）。しかも，少数の渡来人との交配によって，弥生前期末・中期初頭の段階にはヘテロとしての渡来系弥生人が出現することが，計算式によって示されている（中橋・飯塚1998）。

しかしながら，佐原によって批判されたように（佐原1982），西北系弥生人と呼ばれる縄文的な形質を持った集団においても，板付式土器が生産・流通している点から，土器伝播における親族関係の起因に否定的な見方も強いであろう。

ところで，このようなヒトの移動時における物質文化の変化に関して，言語の変化が伴うものとしてみる見方がある。有名なのはレンフリューによるインドヨーロッパ語族の拡散であり（Renfrew1987），東アジアにあってはオーストロネシア語族を含めた様々な語族の拡散と農耕伝播を結びつける見解がある（Bellwood2005）。このような見解に呼応するように，弥生時代の変化と縄文語から古日本語への転換が存在することを主張する見解がある（ハドソン1999）。縄文語から日本語へ言語置換に関するという言語学的な検討は後に論ずるとして，渡来人が使っていた言語と縄文人の言語が異なっていた可能性は高く，文化融合における言語置換の可能性は高い。すなわち，朝鮮半島南部と九州とりわけ北部九州との土器伝統あるいは土器の系譜は，土器の移動現象があっても，朝鮮半島新石器時代と九州縄文社会において一貫して異なっている（宮本2004）。それが，弥生時代において前者から後者への影響関係が存在し，しかもヒトの介在の存在が有力であることから見れば，そこに言語の融合も存在すると帰結できるであろう。土器の小様式が何らかのコミュニケーション圏を示しているとすれば，それはこの場合は言語の小様式圏を反映していると考えることができるのではないだろうか。とりわけ土器製作の技術的な転換は，言語を介在したソフトウエアーの変化と考えざるを得ないし，見よう見まねの技術的な変化というよりは言語による指導の介在の中での技術的かつ様式的な転換を果たしたと考えることができるのではないだろうか。だからこそ，西北九州人と呼ばれる大陸系の形質を持たない，あるいは大陸系の人々との交配を含めた親族関係を持たないあるいはリネージを共有しない人々においても，同一の板付式土器様式の生産と使用が可能になるのである。

こうしたモデルが，縄文から弥生への置換の中に適応できるかを，まずは考古学的に検討してみたい。

3　板付土器出現期における土器製作技術の転換

北部九州の夜臼式から板付式の成立過程は，既に学史で述べてきたように，まずは縄文土器の系譜に繋がる土器組成と韓半島無文土器の系譜からなる土器組成が複合しているところに特徴がある。それは，福岡平野における該期の土器編年（宮本2011）に示される様に（図1），縄文系である深鉢・浅鉢と無文土器系統である壺・板付祖形甕がある。このほか，縄文系の浅鉢が変容する形で高坏が生まれている。夜臼式は夜臼Ⅰ式→夜臼Ⅱa式→夜臼Ⅱb式と変化することが明らかとなっている（宮本2011）が，貯蔵具である壺は無文土器系，供膳具である浅鉢は縄文系であり，高坏も台付きの浅鉢と考えるならば縄文系の変容型とすることができるであろう。煮沸具の主体は縄文系の刻目突帯文深鉢であり，ごく少数の無文土器系の板付祖形甕が存在する。これらを単純化するならば，無文土器系は貯蔵具の壺であり，縄文系は煮沸具の

刻目突帯文土器と供膳具の浅鉢ということになる。こうした土器組成が無文土器系の壺・甕，縄文系と無文土器系の折衷系として高坏・鉢に転換するのが板付式土器様式である。この中でも煮沸具である甕は，夜臼Ⅰ式時期に少数であった板付祖形甕が，夜臼Ⅱ式段階に福岡平野を中心として板付式甕に転化したと考えられる（宮本2011）。

さてこうした縄文から弥生への移行期における様式構造の転換にあたって，土器の製作技術の転換は，どのような過程を踏むことになるのであろうか。縄文土器と弥生土器の土器製作技術の転換は，土器粘土帯の幅，土器の粘土帯の接合法，土器の器面調整，土器の焼成技法にある。土器組成の中で，縄文系と無文土器系の転換を最もドラスティックに表しているのが，縄文系の刻目突帯文土器から無文土器系の板付式甕への転換である。こうした転換にあたって，土器製作技術の転換がどのようであるかが問題となろう。この過程において土器製作技術の観察を行った三阪一徳の分析によれば（三阪2014），以下のような結果が得られている（図2）。夜臼Ⅰ式，夜臼Ⅱa式，板付Ⅰ式へ変化するに従い，幅広粘土帯で外傾接合が増え，板付Ⅰ式段階でも2割に満たない。一方，ハケメ調整の場合は，型式変化ごとに漸移的に増え，板付Ⅰ式に至って5割を超えた程度である。焼成技法に関しては，覆い型野焼きの特徴が把握し易い

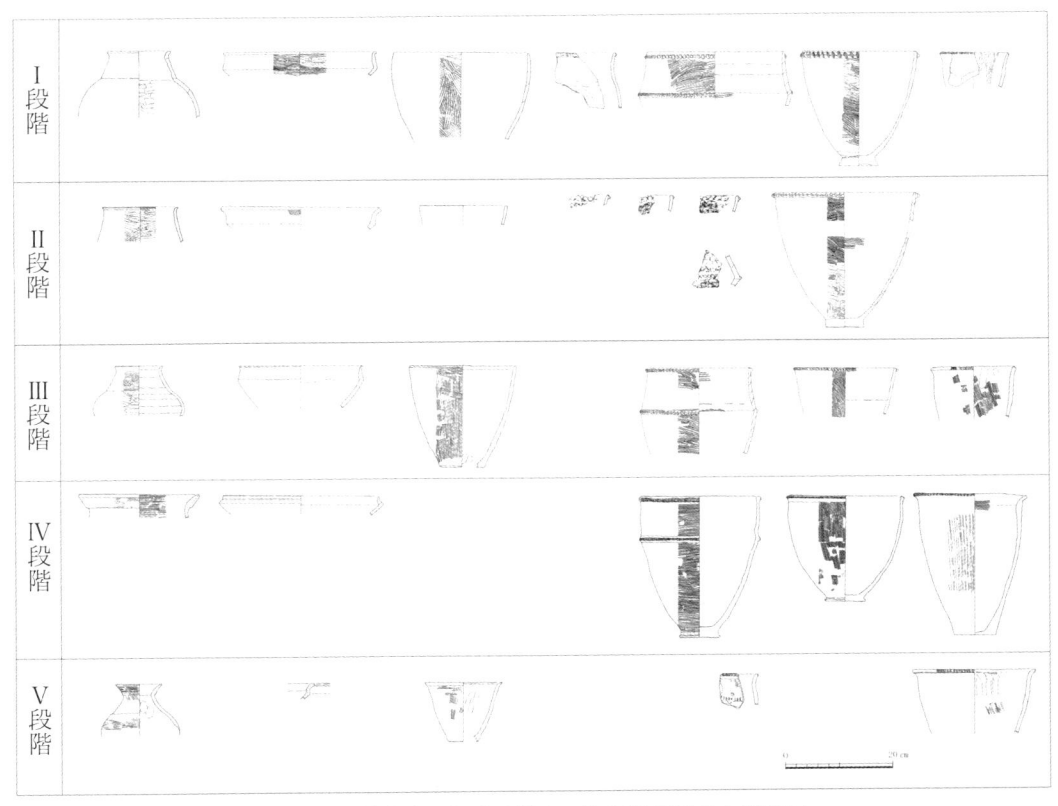

図1　板付遺跡における縄文・弥生移行期の土器編年
（Ⅰ段階：夜臼Ⅰ式，Ⅱ段階：夜臼Ⅱa式，Ⅲ段階：夜臼Ⅱb式，Ⅳ段階：夜臼Ⅱb式＋板付Ⅰ式，Ⅴ段階：板付Ⅰ式）

のか，夜臼Ⅰ式段階で8割，そして夜臼Ⅱa式・板付Ⅰ式段階ではすべてが覆い型野焼きであった。技術的には，壺が出現する夜臼Ⅰ式段階でも無文土器文化的な技術にはあまり転換しておらず，夜臼Ⅱa式段階で漸移的に増えながらも，板付Ⅰ式段階で器面調整が5割を超える程度に転換している。

このような無文土器の影響関係を，板付遺跡第1次調査における主要な煮沸具である夜臼Ⅰ式・Ⅱ式の刻目突帯文土器（宮本2011）で見てみよう。夜臼Ⅰ式から夜臼Ⅱa・Ⅱb式への変化の中，刻目突帯文土器深鉢の調整技術は，基本的には縄文土器の伝統的な貝殻による条痕調整（図3-1）である。一方で，板目工具によるハケメ調整（図3-2）も若干認められ，ハケメ調整は韓半島無文土器文化の系譜による可能性が指摘されているが（横山2003），新たな技術的な創出という側面から見れば，他の幅広粘土帯やその外傾接合とともに無文土器文化の接触の中に生まれたものと考えてよいであろう（三阪2014）。表1のように，刻目突帯文土器という縄文系の土器器種において，器面調整の無文土器文化からの影響関係をみれば決して多くなく，夜臼Ⅰ式から夜臼Ⅱa・Ⅱb式にかけて微増するものの6％に満たない影響関係でしかない。板付Ⅰ式が成立した段階の縄文系である夜臼Ⅱb式突帯文土器深鉢に至って13.3％に達する[1]。一貫して縄文的な技法がとり続けられているのである。いわば，夜臼Ⅰ・Ⅱ

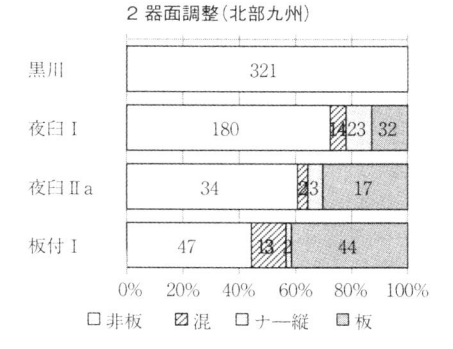

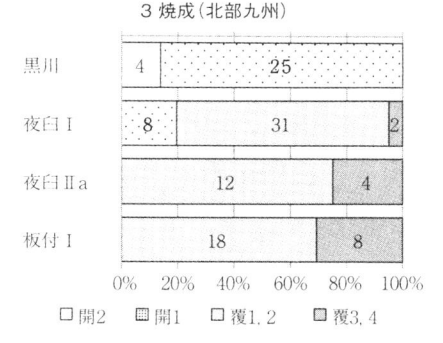

図2　北部九州における縄文・弥生移行期の土器製作技法の変化（三阪2014から）

式の段階には，壺などの様式変化はあったにもかかわらず，土器製作技術的な縄文から弥生への置換は土器焼成技術を除いて非常に緩慢なものであり，板付Ⅰ式という甕が加わった新たな土器様式の転換期にあたって，土器製作技術的にはその半ば以上の置換が為されたことを示していよう（図2）。さらに板付Ⅱa式段階には，こうした無文土器的な製作技術の転換がほぼ完成することになるのである。

また，板付Ⅰ式の成立に関しては，甕の成立を中心に福岡平野を中心として成立する考え方（山崎1980）と九州東北部など玄界灘東岸を中心とする考え方（田畑2000，小南2012）が対立しているが，夜臼Ⅱ式段階の板付祖形甕から板付式甕が成立することをもとに福岡平野を中心に板付式土器が成立すると考える（宮本2011）。また，板付Ⅰb式ないし板付Ⅱa式段階に，

1　条痕　　　　　　　　　　2　ハケメ
図3　条痕調整とハケメ調整

表1　縄文系突帯文土器深鉢の調整技法の変化

時期	合計				比率		
	条痕	ナデ	ハケメ	合計	条痕	ナデ	ハケメ
夜臼Ⅰ	14	20	1	35	40.0%	57.1%	2.9%
夜臼Ⅱa・Ⅱb	41	42	5	88	46.6%	47.7%	5.7%
夜臼Ⅱb＋板付Ⅰ	21	31	8	60	35.0%	51.7%	13.3%

山陰・瀬戸内・四国南岸から近畿あるいは糸島から唐津，佐賀平野から熊本平野へと板付式土器様式が広がるが，この過程には強い斉一制が知られている。板付Ⅰ式の中で刻目突帯文土器を払拭して弥生土器の単純組成として広がる板付Ⅰb式を代表としている遠賀川式土器様式と呼ばれている（家根1993，田畑2000，小南2012）。その場合，九州東北部から山陰・瀬戸内・四国南岸さらに近畿へと広がる遠賀川式と糸島から唐津へ広がる板付式土器様式とは，同じ板付式土器様式の拡散でありながら，板付式甕における地域性が存在する可能性がある。例えば，遠賀川式の板付式甕が頸部の平行沈線文ないし多条沈線文を示すのに対し，糸島から唐津では頸部に平行沈線文を持たない板付式甕が主体を為す（宮本2015c）など，福岡平野を核にして板付土器様式が拡散する過程で微細な地域性も存在している。したがって，福岡平野を中心に成立した板付Ⅰ式が瀬戸内から近畿に拡散していく斉一的な土器様式を特に遠賀川式土器として型式設定する必要はないというのが，私の主張である。基本的には板付式土器様式の拡散というべきであり，そこに多少の地域性が認められるに過ぎないのである。

こういう段階の板付式土器様式の拡散において土器の製作技法はどうであろうか。土器様式の核心地域であった福岡平野などの玄界灘東岸の板付式土器には，縄文土器的な技術が残存している（三阪2014）。しかし，瀬戸内や近畿に拡散した板付式土器は，例えば壺においてはそれまでの突帯文土器にみられた地域的な多様性に対して器形状の斉一性が明確に存在している（田崎2000）。しかも壺の規格性においても厳密な斉一性が認められる（佐藤2000）。さらに壺の製作において突帯文土器段階は縄文的な粘土紐を用いていたのが，粘土帯での製作に瀬戸内・近畿の板付式土器段階には完全に転換している（田崎2000）。しかもそれが突帯文土器段階が内傾接合であったのが，外傾接合に転化しているのである。それは端に壺だけではなく，

甕においても粘土帯の外傾接合に板付式土器段階からは瀬戸内（田崎2000），岡山平野（渡邉2000），近畿（深澤1985）では完全に転換しているのである。板付式土器が伝播した岡山平野などでは，板付式土器甕の製作技法はほぼ無文土器的な弥生土器様式に転換している。さらに，近畿の大阪府讃良郡条里遺跡などの事例では，弥生前期の場合ほとんどが幅広粘土帯の外傾接合である（中尾・山根2007，中尾2009）。また壺の調整技法に関しても，瀬戸内・近畿では板付式土器段階からすべてが研き調整で為されている。甕におけるハケメ調整の比率に関しては瀬戸内・近畿では数値化は為されていないが，その大半がハケメ調整ないしナデ調整であろう。そして西日本では板付式土器段階から覆い型野焼きに完全に転換することが知られている（小林2003）。まさに板付式土器様式が成立する地域では縄文から弥生への置換が漸移的であったものが，ここから伝播していった地域の土器様式ならびに土器製作技術は，弥生土器へ完全に置換したものが拡散していることになるのである。こうした現象を単なる人の移動として解釈してよいであろうか。この土器様式の伝播は，視覚的部分のみならず非視覚的な土器製作技術的部分が完全に韓半島無文土器的な製作技術に置換していることを意味している。この置換は，見よう見まねでの学習効果によるものでは斉一的な変化につながるはずはなく，完成された思考体系としての情報伝達であり，言語という思考体系を伴った情報伝達によって生まれた現象と考えられる。まさに同一言語による土器製作行為の習得によるものと考えることができるのではないだろうか。けっして田崎が言うような体系的な土器製作単位の成立（田崎2000）を意味するものではないだろう。

しかもこうした非視覚的な土器製作技術はすべてが無文土器に認められる製作技術である（家根1984，三阪2012）。すなわち幅広粘土帯が用いられ，粘土帯による外傾接合，そして甕のハケメ調整，覆い型野焼きによる焼成といった四つの要素が，すべて無文土器製作技術に基づくものである。すでに議論してきたように，こうした技術が北部九州で置換するのは板付Ⅰ式段階であるとともに，その段階は必ずしも100パーセントの置換ではなかった。ところが板付Ⅰb式〜板付Ⅱa式の瀬戸内から近畿はむしろ100パーセントに近い状態で斉一的に技術置換している。これは，北部九州とりわけ福岡平野を中心として板付式土器成立にあって，縄文言語から無文土器の文化様式を背景とした古日本語に置換するに当たって，北部九州では必ずしも完全な言語置換を物語っていないと考えられる。ところが福岡平野を中心として成立した板付式土器が拡散する（田中1991・2014，宮本2011）にあたって，古日本語を習得した人々が移動しながら板付式土器を作るとともにそうした行為を伴いつつ言語の拡散がなされていったのである。あるいはこのようにして，古日本語が板付式土器様式の拡散に伴って，次第に縄文語から置換していったのである。したがって実際に婚姻を伴う交配による遺伝的な伝播，すなわち婚姻を伴った集団の移動を伴うことなくとも，板付式土器様式は拡散したのである。かつて佐原眞が問題にした西北九州人といった遺伝的な交配を示さない地域にも弥生文化が伝播する現象（佐原1982）において，決して遺伝形質の変化を伴うヒトの移動を伴うことなくとも文化伝播が可能であったのである。すなわち言語の転換に基づいた文化様式の伝播が可能であった

ということができるであろう。

4　言語置換としての古日本語の成立

　近年欧米の研究者を中心に，弥生時代に日本語が水稲農耕の伝播とともに朝鮮半島から日本列島に伝播したとする仮説が提起されている。すなわち弥生文化の成立とともに古日本語が朝鮮半島の無文土器文化から流入したものとする仮説である。

　古日本語が朝鮮半島から日本列島へと流入したとする説は古くから見られる（木田2015）が，その流入時期については明確なものが知られなかった。例えば Lee と Hasegawa は，日本語の始まりを統計学的に遡るとほぼ2180年前に相当するとする仮説（Lee & Hasegawa2011）を提起し，弥生時代の農耕渡来民が言語においても起源であることを述べている。この原日本語の成立年代が正しければ，その出現は弥生時代ということになる。また，Whitman は『三国史記』にみられる高句麗の地名が表音的に転写されたものであり，そこに古日本語の音が残っていることから，古日本語がもともと朝鮮半島で話されていたと主張する（Whitman2011）。言語学的な系統樹からするとアルタイ語系統から古日本語が生まれ，さらに古韓国語が生まれたと考えられている（Unger2009）。ウィリアム・ジョージ・アストンや藤岡勝二以来，日本語が韓国語と関係がありアルタイ語系であるとする説は，19世紀末から20世紀初頭以来古くから見られる（木田2015）。近年では，ボビンが日本語系統論の中で最も可能性の高いものをアルタイ語仮説として，その中でも動詞や名詞あるいは基礎語彙から，日本語祖語と韓国語祖語や満・ツングース祖語には共通の要素が少なくないことを述べている（ボビン2003，Vovin2009）。これについては，近年の日本の言語学者からは必ずしも指示されているわけではなく，日本語と韓国語には音韻対応を持った言語がないことから，日本語は孤立した言語であるという見解が強くなっている（木田2015）。あるいは，日本語と韓国語はともに環日本海諸語として系統的孤立言語と捉えられている（松本2015）。しかし，仮に古日本語と古韓国語が系統関係の言語でないとしても，Whitman のような古日本語がもともと韓半島に存在し，その後，日本列島に流入したという考え（Whitman）を否定することにはならない。

　以上の近年の欧米の日本語起源に関する諸説からは，古日本語がもともと朝鮮半島に存在した可能性が高いとすることができよう。そして，この古日本語が朝鮮半島から日本に拡散したとすれば，人間の交配を含めた拡散期である弥生の成立期と考えることが日本古代史の日韓関係を考えたとき最もふさわしいように思える。さらに日本語の成立期を統計学的に弥生時代と提起した Lee と Hasegawa の仮説からも，縄文から弥生の移行期が最も可能性が高く，さらには朝鮮半島南部から水稲農耕文化が伝播した北部九州こそが，古日本語の成立地域としても最も可能性が高いものとなる。このような論拠からすると，現象的に朝鮮半島無文土器文化の影響あるいは半島南部の少数の移民と縄文人との接触によって，ハドソンや Whitman が主張するように，北部九州における弥生文化の成立と古日本語の成立とは関係ある（ハドソン1991，Whitman2011）ことになる。このように，少数の無文土器時代人によって古日本語が日本列

島に持ち込まれた可能性があるのである。しかし，少数の無文土器時代人によって持ち込まれた古日本語が縄文語と置換するには，夜臼Ⅰ・Ⅱ式といった縄文から弥生への移行期のように，時間が必要であったと想定される。その間，断続的に少数の渡来人はやって来ていたのである（宮本2012）。

5 まとめ

　縄文から弥生への移行の中で特に土器型式の置換に関しては，少数の渡来民との交配を含みながら，渡来者によってもたらされた無文土器文化の情報を，在来の伝統と規制の中に選択的な受容と模倣があったことによって，在来の様式構造が変容し，結果的には無文土器とは似て非なる土器としての弥生土器を生み出したとする，田中良之による明快な説明（田中1986）がある。様式構造の変容は、夜臼Ⅰ式・夜臼Ⅱ式を経て，板付Ⅰ式によって完全な置換を示す。すなわち，夜臼Ⅰ式では壺が受容され，在地的な浅鉢との融合の中に高坏が生まれながら，夜臼Ⅱb式の板付祖型甕が変化することによって板付Ⅰ式段階に板付式甕が福岡平野を中心に成立すること（宮本2011）から，様式構造の変容が完成する。この間，私の実年代観に依ればおおよそ300年を経たことになる（宮本2012）。ここで何よりも重要なことは，様式構造が変容した段階に，非可視的な要素である土器の製作技術が基本的に無文土器と同じ技術に置換している。例えば幅広粘土帯，粘土帯の外傾接合，覆い型野焼き焼成技法，さらに甕にみられる刷毛目調整である。これら四つの技法的な特徴はすべてが韓半島南部の無文土器文化に由来するものであり，在来の縄文文化には存在しない（三阪2012・2014）。そしてこの技法的な縄文から弥生への置換は，夜臼Ⅰ・Ⅱ式段階ではそれほど進んでおらず，むしろ板付Ⅰ式段階に飛躍的な変化を示す。まさに突如の技法的な置換である。この技法的な置換の段階こそ，人の形質的変化あるいは交配による遺伝形質による変化とは解釈することができないであろう。それは土器製作という思考・概念の変化であり，情報を選択・統括する言語を介在した脳領域のシステム変化と考えざるを得ない。すなわち縄文語から古日本語への変化であったのである。したがって無文土器文化を母体とする古日本語の思考方法が，縄文から弥生への移行期において言語置換した現象が，土器の製作技術の変化として現れたと解釈することができる。

　さらに福岡平野を中心に生まれた板付式土器様式の拡散は，人の移動を示してはいるが，むしろ古日本語を使用する人々ないし古日本語の伝播であったということができる。それ故，弥生的な製作技術への変化はその故地である福岡平野に比べ完全なものであり，先に示した弥生土器製作技術を瀬戸内から近畿においては100パーセントに近い状態で技術置換していた。まさに100パーセントの言語置換した人々ないし言語の拡散であったのである。このような言語の置換によって，弥生土器の可視的部分である様式構造の変化以外に非可視的な部分である土器製作技術の置換を果たすことができたのである。こうして生まれた板付式土器様式が西日本全体に広がっていったと言えよう。それは古日本語の広がる様相と相関していたと想像される。大陸系弥生人とは遺伝形質を異にする縄文系の西北九州人は，基本的には渡来人との交配のよ

うな接触を持たなかった人々である。例えば唐津市大友遺跡（宮本編2001・2003）などがそれにあたるが，こうした地域の人々もいち早くに同じ板付式土器様式や弥生的な墓葬様式例えば木棺墓や甕棺墓を受容している。古日本語の拡散の中にこのような文化受容があったと考えられるのである。必ずしも人の交配のような遺伝的な集団的接触は必要なかったのである。こうした解釈こそが，なぜに接触がなかった人々が同じ物質文化を創りうるのかという佐原眞の単純な疑義（佐原1982）に答えることができるであろう。

　このような同じ言語圏を形成していった人も，弥生中期には例えば近畿における粘土板の外傾接合から内傾接合へと縄文的な土器製作技術へと先祖返りしていく（松本2000，中尾2009）。それは，タタキ技術の導入などによる，人々の意識的な選択的な技術の先祖帰りであったといわざるを得ない。

■注
1）ここで夜臼Ⅰ式，夜臼Ⅱa・Ⅱb式，夜臼Ⅱb式＋板付Ⅰ式としたものは，基本的に突帯文の断面形と口縁端部の貼り付け位置に基づいた分類であり，それぞれ突帯a類，突帯b類，突帯c類に（宮本2011）相当している。

■参考文献
Bellwood, Peter. 2005. *FIRST FARMERS The Origins of Agricultural Societies*. Malden: Blackwell.
Clarke, David L., 1968. *ANALYTICAL ARCHAEOLOGY*, Methuen & Co Ltd, London.
岩永省三，1989．土器から見た弥生時代社会の動態―北部地方の後期を中心として―，横山浩一先生退官記念論文集Ⅰ，pp.43-105．
ハドソン・マーク，1999．言語学からみた日本列島の先史時代，はじめて出会う日本考古学（安田喜憲編）pp.191-211，有斐閣，東京．
深澤芳樹，1985．土器のかたち―畿内第Ⅰ様式古・中段階について―，財団法人東大阪市文化財協会紀要Ⅰ，41-62．
木田章義，2015，日本語起源論の整理，日本語の起源と古代日本語，pp.3-92，臨川書店，京都．
小林正，2003．弥生早期（夜臼式）土器の野焼き方法，土器研究の新視点〜縄文から弥生時代を中心とした土器生産・焼成と食・調理〜（大手前大学史学研究所編），pp.203-228，六一書房，東京．
小林正史・北野博司・久世健二・小嶋俊彰，2000．北部九州における縄文・弥生土器の野焼き方法の変化，青丘学術論集17，5-140．
小南裕一，2012．環瀬戸内における縄文・弥生移行期の土器研究，山口大学考古学論集　中村友博先生退任記念論文集，45-76．
Lee, Sean and Hasegawa, Toshikazu 2011 Bayesian phylogenetic analysis supports an agricultural origin of Japonic languages. *Proceedings of the Royal Society B*, 278: 3662-3669.
Longacre, William A. 1964 Archaeology as: Anthropology: A Case study. *Science* 144, pp.1-57.
Longacre, William A. & Stark, Miriam T. 1992 Ceramics, kinship, and space: A Kalinga example. *Journal of Anthropological Archaeology*, 11 (2), 125-136.
三阪一徳，2012．土器製作技術からみた韓半島南部新石器・青銅器時代移行期―縄文・弥生移行期との比

較一，九州考古学・嶺南考古学会第10回合同考古学大会　生産と流通，pp.219-233，九州考古学会，福岡．

三阪一徳，2014．土器からみた弥生時代開始過程．列島初期稲作の担い手は誰か，pp.125-174，すいれん舎，東京．

三阪一徳，2015．遼東半島先史時代の土器製作技術―上馬石貝塚を中心として―，遼東半島上馬石貝塚の研究，pp.179-202，九州大学出版会，福岡．

宮本一夫，2004．北部九州と朝鮮半島南海岸地域の先史時代交流再考，福岡大学考古学論集―小田富士雄先生退職記念―，pp.53-68，小田富士雄先生退職記念事業会，福岡．

宮本一夫，2011．板付遺跡・有田遺跡からみた弥生の始まり，新修　福岡市史　資料編考古③　遺物からみた福岡の歴史，pp.595-621，福岡市，福岡．

宮本一夫，2012．弥生移行期における墓制から見た北部九州の文化受容と地域間関係，古文化談叢67，147-177．

宮本一夫，2015a．遼東半島土器編年と上馬石貝塚出土土器の位置づけ，遼東半島上馬石貝塚の研究，pp.124-178，九州大学出版会，福岡．

宮本一夫，2015b．上馬石貝塚からみた遼東半島先史時代，遼東半島上馬石貝塚の研究，pp.259-287，九州大学出版会，福岡．

宮本一夫，2015c．長浜貝塚出土遺物の検討，市史研究ふくおか10，80（7）-70（17）．

宮本一夫編，2001．佐賀県大友遺跡―弥生墓地の発掘調査―（考古学資料集16），九州大学人文科学研究院，福岡．

宮本一夫編，2003．佐賀県大友遺跡Ⅱ―弥生墓地の発掘調査―（考古学資料集30），九州大学大学院人文科学研究院，福岡．

松本洋明，2000．弥生前期土器の製作技法―平等坊・岩室遺跡の資料を素材として―，突帯文と遠賀川（田崎博之　編），pp.1063-1085，土器持寄会論文集刊行会，松山．

松本克己，2015．私の日本語系統論―言語累計値理論から遺伝子系統地理論へ―，日本語の起源と古代日本語，pp.95-141，臨川書店，京都．

中橋孝博，2005．日本人の起源（講談社選書メチエ318），講談社，東京．

中橋孝博・飯塚勝，1998．北部九州の縄文―弥生移行期に関する人類学的考察，人類学雑誌106（2），131-143．

中尾智行，2009．弥生前期前半土器における接合部剥離資料，讃良郡条里遺跡Ⅷ，pp.397-409，大阪府文化財センター，堺市．

中尾智行・山根　航，2007，近畿最古の弥生土器―讃良郡条里遺跡の出土資料紹介―，大阪文化財研究31，5-17．

Renfrew, Colin, 1987. *Archaeology and Language*. Jonathan Cape, London.

佐原　真，1964．弥生式土器の製作技術，紫雲出　香川県三豊郡詫間町紫雲出山弥生式遺跡の研究，pp21-30，詫間町文化財保護委員会，詫間町．

佐原　真，1982．考古学からみた日本人の地域性，日本人の地域性に関する研究方策の検討．昭和62年度文部省科学研究費補助金（総合研究B　尾本恵市代表）研究成果報告書．

佐藤由紀男，2000．甕・深鉢形土器の容量変化からみた縄文／弥生，突帯文と遠賀川（田崎博之　編），pp.1027-1061，土器持寄会論文集刊行会，松山．

田畑直彦，2000．西日本における初期遠賀川式土器の展開，突帯文と遠賀川（田崎博之　編），pp.913-956，土器持寄会論文集刊行会，松山．

田中良之，1982．磨消縄文土器伝播のプロセス―中九州を中心として―，森貞次郎博士古稀記念古文化論集　上巻，pp.59-96．

田中良之，1986．縄文土器と弥生土器：西日本，弥生土器Ⅰ　弥生文化の研究3（金関恕・佐原眞編），pp.115-125，雄山閣，東京．

田中良之，1995．古墳時代親族構造の研究，柏書房，東京．

田中良之，2014．いわゆる渡来説の成立過程と渡来の実像，列島初期稲作の担い手は誰か，pp3-48，すいれん舎，東京．

田中良之・松永幸男，1984．広域土器分布圏の諸相―縄文時代後期西日本における類似様式の並立―，古文化談叢14，81-117．

田中良之・松永幸男，1992．土器文様の伝播と位相差，Museum Kyushu39，33-42．

田崎博之，2000．壺形土器の伝播と受容，突帯文と遠賀川（田崎博之　編），pp.737-789頁，土器持寄会論文集刊行会，松山．

都出比呂志，1982．原始土器と女性，日本女性史1，pp.1-42，東大出版会，東京．

Unger, J. Marshall. 2009. *The Role of Contact in the Origins of the Japanese and Korean Languages*. University of Hawaii Press, Honolulu.

ボビン・アレクサンダー，2003．日本語系討論の現在：これからどこへ，日本語系討論の現在　日文研叢書31（ボビン・アレクサンダー・長田俊樹　編），pp.15-39，国際日本文化研究センター，京都．

Vovin, Alexander. 2009 *Koreo-Japonica A re-evaluation of a common genetic origin*. University of Hawaii Press, Honolulu.

渡邉恵理子，2000．岡山県南部地域における遠賀川系土器の様相，突帯文と遠賀川，pp.535-557，土器持寄会論文集刊行会，松山．

Whitman Johon. 2011. Northeast Asian Linguistic Ecology and the Advent of Rice Agriculture in Korea and Japan. *Rice*（4）：149-158．

山崎純男，2000．弥生文化成立期における土器の編年的研究鏡山猛先生古稀記念古文化論攷，pp.117-192，鏡山猛先生古稀記念論文集刊行会，福岡．

家根祥多，1984．縄文土器から弥生土器へ，縄文から弥生へ，pp.49-78，帝塚山考古学研究所，奈良．

家根祥多，1993．遠賀川式土器の成立をめぐって：西日本における農耕社会の成立，論苑考古学，pp.267-329，天山舎，東京．

弥生時代剥片石器石材の動向 2
— 蛍光X線分析による産地同定からみた剥片石器石材獲得の動向 —

小郡市教育委員会　山 崎 頼 人

要旨

　北部九州の剥片石器石材は，腰岳産黒曜石，多久地域産安山岩（サヌカイト），姫島産黒曜石が主要産地として知られる。三国丘陵地域の弥生時代「集落群」出土剥片石器を対象に蛍光X線分析を行い，肉眼観察による考古学的仮説（山崎2012・2013）を検証した。分析では少数石材産地が明らかとなり，多様な石材利用が窺え，剥片石器技術と石材利用について再検討した。少数石材産地からの石材獲得は，主要産地からの流通網に伴う可能性が窺える。

　弥生時代は剥片石器技術の終焉期にあたるが，剥片剥離技術の衰退とともに，素材獲得，流通にも変化がみられる。三国丘陵地域の弥生時代中期における腰岳産黒曜石の第1石材への変化は，玄界灘沿岸地域からの余剰品の流入が大きく，当地域においても製品化はさほど進まず，余剰している状況が窺えた。

　周辺地域においても，蛍光X線分析による剥片石器の産地同定が進めば，より細かい地域間交流や地域間関係が明らかにできる見通しを持った。

Keyword：弥生時代，剥片剥離技術の終焉，蛍光X線分析，原産地，流通

はじめに

　弥生時代の石器研究は，当初から大陸系磨製石器に重きが置かれた。弥生文化の成立や大陸・韓半島との交流に大きく関わるからである。縄文時代以来の剥片石器類は，主要利器が金属器に変化するまで長く使用され，弥生時代は剥片剥離技術の終焉期となるが，その研究は少ない。

　筆者はこれまで，発掘調査の整理段階から，剥片石器石材の流通動態を明らかにしようと考え，剥片石器とそのフレーク・チップ等を含めた全点の数量データ化を行い，報告書に掲載するように努めた（山崎2003，2004，2005，2007a・bなど）。その後，筆者は三国丘陵遺跡群の剥片石器石材利用の動向と集落動態を併せて検討した（山崎2012・2013）。しかし，これらは筆者らの肉眼観察による産地推定であり，大まかな動向を示したに過ぎず，自然科学分析による産地同定を課題としていた。

今回，蛍光X線分析による産地同定結果を踏まえ，考古学的成果との突合せを行いたい。

I 問題の所在

（1）これまでの研究

北部九州には，多くの剥片石器石材産出地があり，旧石器時代から（一部は縄文時代からの利用）弥生時代まで，大分県東国東郡姫島と佐賀県伊万里市腰岳の黒曜石，多久市鬼ノ鼻山の安山岩（サヌカイト）が良質な石材産出地として古くから知られている（図1）。これ以外にも長崎県星鹿半島や佐世保市針尾産の黒曜石が存在するが，北部九州への供給は，縄文時代早～前期を経て急激に減少する（吉留1993）。

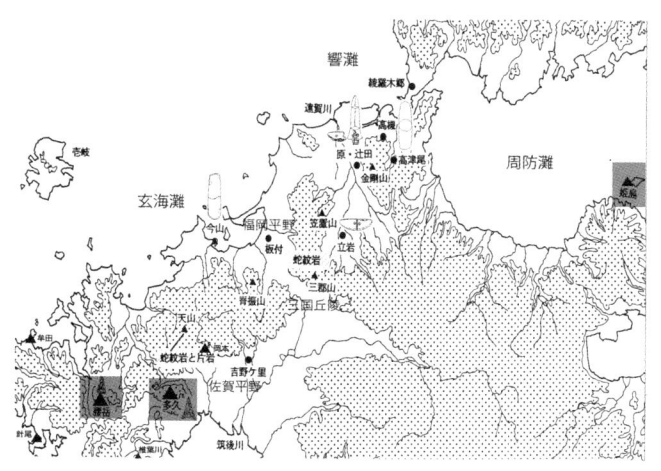

図1　北部九州の弥生時代主要石材産出地（梅崎2005を改変）

縄文時代の黒曜石利用については，腰岳産黒曜石による剥片剥離技術「鈴桶型刃器技法」の提唱とその検討を始め，古くから蓄積があるが（隈1960，杉原ほか1965），弥生時代の剥片石器や石材流通に関する研究は少ない。近年，研究が深化している弥生時代磨製石器の石材供給論に比べて後進的である（能登原ほか2007，渡部ほか2011等）。

弥生時代を中心とした剥片石器石材の利用のあり方については，これまで坂本嘉弘，吉留秀敏，児玉洋志らの研究からその概要が示されてきた（坂本1997，吉留2002b，児玉2005）。特に，近年の吉留秀敏の一連の研究（吉留1993，2002a・b，2004a・b，2012ほか）は，縄文時代から弥生時代までを対象とした剥片石器類の技術的側面や原材料入手に始まる供給システムの動向を探るものとして評価されよう。

（2）北部九州における剥片石器石材研究の動向

これまでの研究から示された北部九州地域における剥片石器石材の動向を確認する。

玄界灘沿岸では，縄文時代後期以降，腰岳産黒曜石が第1石材として用いられ，弥生時代に至ると，腰岳産黒曜石利用に傾倒を強め，第2石材である多久地域産サヌカイトは数％しかない（図2）[1]。海路を通じた西北九州からの石材供給システムが予測され，この供給システムは原産地集団による直接的な交易ではなく，海浜部集団が原産地周辺集団と交渉により石材を確保し，各地域の集団へ二次的に供給すると位置づけられている（吉留1998）。

響灘沿岸では，縄文時代後期にかけて姫島産黒曜石の利用が顕在化するが，晩期には衰退し，腰岳産黒曜石が第1石材となる（図2）。弥生時代に至っては，腰岳産黒曜石が急減し，サヌカイトが第1石材となり，次いで姫島産黒曜石の利用が増えるというように多様な石材利用が

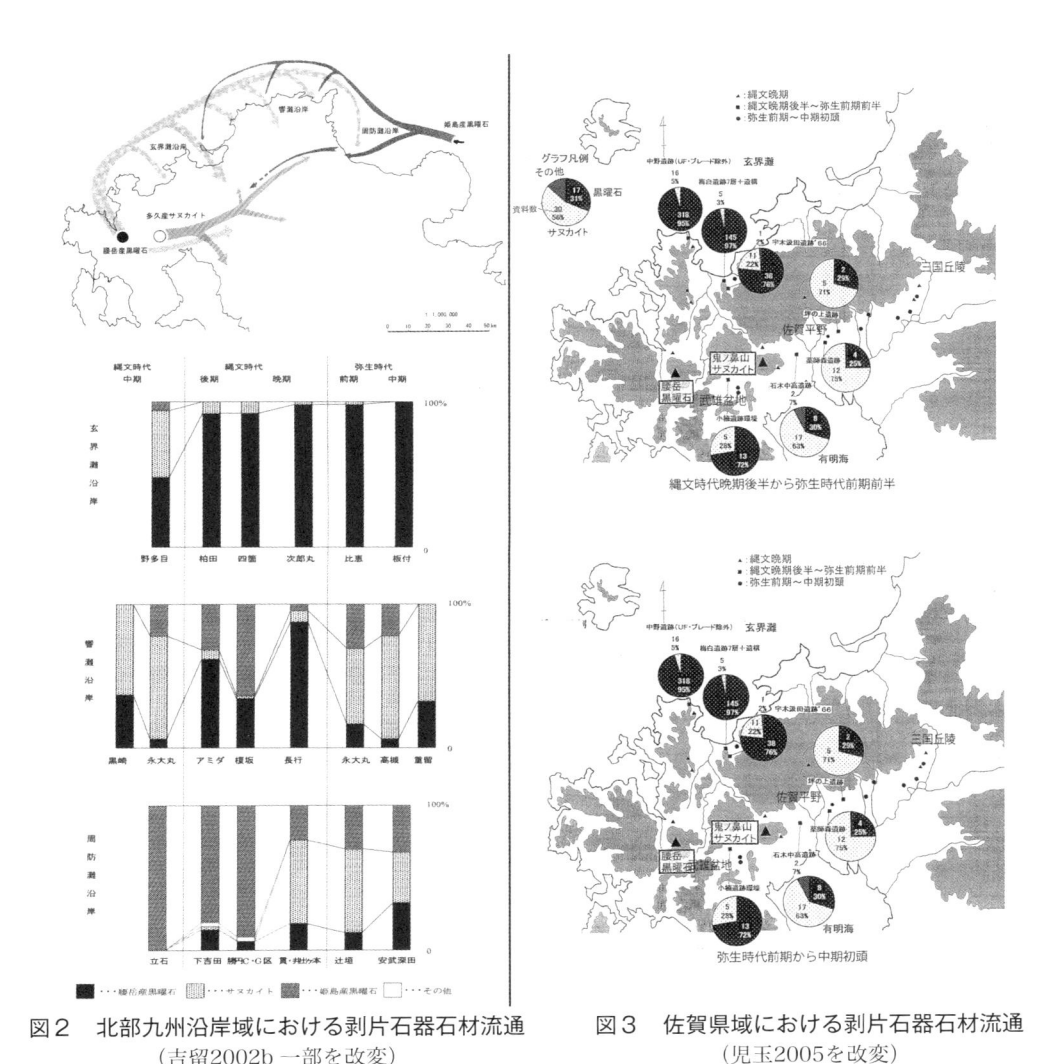

図2　北部九州沿岸域における剥片石器石材流通
（吉留2002b 一部を改変）

図3　佐賀県域における剥片石器石材流通
（児玉2005を改変）

窺える地域である（吉留2002b）。

　周防灘沿岸から伊予灘沿岸は，姫島原産地に近く，縄文時代後期に姫島産黒曜石が8～9割を占め，主体となっている（図2）。晩期以降，周防灘沿岸南部から伊予灘沿岸は，姫島産黒曜石が第1石材となっているが，周防灘沿岸北部では，サヌカイトが第1石材で6割程度を占め，腰岳産黒曜石の利用も2割程度見られる。国東半島では，姫島産黒曜石が3／4以上を占めているが，原産地から離れるにしたがって，姫島産黒曜石の割合が減少する。弥生時代になると，サヌカイトの割合が増加し，姫島産黒曜石の割合が減じている。中期になると姫島産黒曜石の利用が再び増加する（吉留2002b，志賀2013）。響灘沿岸・周防灘沿岸域・伊予灘沿岸地域での縄文時代晩期以降のサヌカイトの流入は，金山産サヌカイトの割合が高いものと思われる。

佐賀平野では，平野西部にサヌカイトの原産地を有する（図3）。原産地に近い遺跡では，多久地域産サヌカイトが第1石材で3／4以上を占める例もあるが，第2石材である腰岳産黒曜石の利用も時期を通して積極的に行われ，1／4前後を占める特徴がある。一方で，唐津地域では，腰岳産黒曜石が第1石材である。縄文時代晩期後半から弥生時代前期前半にかけて，腰岳産黒曜石の占める割合が特に高くなり，第2石材である多久地域産サヌカイトは数％となる。武雄盆地では，縄文時代晩期後半から弥生時代前期にかけて，黒曜石が第1石材で7・8割を占め，第2石材が多久地域産サヌカイトとなっている（児玉2005）。黒曜石には，嬉野（椎葉川）産が含まれている可能性がある。

　多久地域産サヌカイト系石材については，佐賀平野を東進するルートが主要なものであり，腰岳産黒曜石については，伊万里湾からの海上ルートや松浦川を北上するルートが想定される（吉留2003・2004，児玉2005）。また，武雄盆地や佐賀平野での一定量の腰岳産黒曜石の出土から，佐賀平野を東に抜ける腰岳産黒曜石のルートも存在するようだ（児玉2005）。

　三国丘陵地域においては，地理的条件や流通勾配から佐賀平野東部で確認される石材構成（第1石材＝多久地域産サヌカイト3／4前後，第2石材＝西北九州産黒曜石1／4前後）が弥生時代前期の基本構成値（点数で見た場合）と想定できる。加えて，姫島産黒曜石の剥片・砕片類もわずかに存在する。中期には腰岳産黒曜石が第1石材に変化するなど，佐賀平野，福岡平野の動向を受けて時期ごとに石材量や産地が変動する（山崎2012・2013）。

　筑後南部地域（八女地域）では，第1石材が多久地域産サヌカイト，第2石材が腰岳産黒曜石で，これ以外にチャート類と姫島産黒曜石が少量含まれる。サヌカイトが前期〜中期中頃を通じて8割前後，腰岳産黒曜石が2割以下を推移する。中期中頃から剥片石器石材量が減少し，中期後半にはサヌカイトが7割に減少し，黒曜石が3割に増加する（吉留2012）。

　そして，北部九州において，弥生時代剥片石器類は中期中葉には急激に減少し，中期後葉には若干の地域差を持ちつつ消滅する（吉留2002a）。

（3）問題の所在

　以上のように，近年，北部九州の剥片石器石材の動向が明らかになりつつある。しかし，これまでの発掘調査報告書では，こうした剥片石器類，特に石器製作過程で生じた砕片類までを扱ったものは少なく，数量などの客観的なデータを基にした検討を困難にしている。さらには，これらは基本的に報告者の肉眼観察による石材推定をもとにした，いわば考古学的仮説であり，自然科学分析による検証・裏付けが必要である。

　近年，自然科学分析による産地同定も進歩しており，分析精度が高くなっている。これまでは多くの場合，エネルギー分散型蛍光X線分析装置（EDS）を用いたものであったが，近年，波長分散型蛍光X線分析装置（WDS）を用いた分析が開発されている。WDSの特徴は，エネルギー（波長）分解能が高いこと，微量濃度の元素が検出できるなどの特長があり，岩石に含まれる微量元素（Nb，Zr，Sr，Rb，Fe など）から精度の高い産地同定が進められている。

九州島の黒曜石やサヌカイトの産地同定を進めている角縁進によれば，微量元素 Nb，Zr，Sr，Rb 及び Fe により九州内の黒曜石（産地）は区分できる。サヌカイトの場合，産地が多岐にわたり同定が難しいが，Nb，Zr，Sr，Rb などの微量元素成分の違いで大まかな同定は可能で，主成分元素組成（SiO_2 など）に大きな違いが認められることが多く，今後は，微量元素組成に主成分元素組成も含めた多元的な同定を行う必要があるという（角縁2011）。

　精度の高い産地同定と考古学的事象と照らし合わすことで，対象とする時期の人間活動の一端が明らかになり，地域間交流や地域間関係について議論を深化させることができる。

II　分析方法と対象資料

（1）対象地域と資料（図1・2）

　対象地域の三国丘陵付近は，福岡平野から二日市地狭帯を通じて，筑後川流域や佐賀平野・有明海沿岸地域に連なり，地勢的に交通や物流の要所にあたる（図1）。三郡山地と背振山地に挟まれた二日市地狭帯付近は結節点として物財・人・情報の集積が進行しやすい地域特性を有している（溝口2008）。三国丘陵は，筑後川にそそぐ宝満川西岸の標高30～50mの低丘陵地帯で，開析により独立丘陵が発達している。その独立丘陵に立地する弥生集落群出土剥片石器が本検討の対象である。剥片石器の出土は，各集落単位で一定量の剥片・チップの出土も見られ，剥片石器石材の集中的管理・剥片石器生産専業化の様相は今のところ見いだせない。先の検討（山崎2012）では，「母村一分村」関係を軸とした一つの「集落群」（図4：山崎2010）を構成する力武遺跡群，三沢北中尾遺跡各地点，三沢南崎遺跡の剥片・砕片類の数量データを含む黒曜石2,946点，サヌカイト2,413点，重量にして黒曜石8,563.4g，サヌカイト15,778.2g（弥生時代分に限る）を分析対象資料とした。

　今回行った自然科学的分析では，今後の考古学的分析と自然科学的分析の指標とするべく，石核類を主な産地同定分析対象とした（表1）[2]。時期ごとにみられる主な石材と少数石材を産地同定資料とした。石核（原石）類は，原材の供給システムを考える上で重要な資料であり，石材の特長が捉えやすく，今後の肉眼観察による産地推定の標本資料としても有効である。しかし，これらの石材が実際の石器完成品で，どの程度みられるかはまた別の問題である。

（2）分析方法

　筆者が行った考古学的分析による仮説（山崎2012・2013）を，自然科学的分析結果を踏まえて検証・再検討する。

　考古学的分析では，石材の判別は筆者の肉眼観察によった。なお，主要石材産地の腰岳産黒曜石と多久地域産サヌカイトとは異なる特徴を持つ姫島産黒曜石や多久地域以外のサヌカイトなど少数石材については，計測は行ったが，産地不明のため，集計から除外した。遺構出土剥片石器類を共伴土器から所属時期を推定し，時期毎の石材割合の変化を数・量ともに検討した。

　蛍光X線分析は，佐賀大学の波長分散型蛍光X線分析装置（リガク ZSX-Primus II）を用

い，元素分析を行なった（角縁2014）。測定はサンプルスピン off，測定資料はφ10mm の Y 型マスクでサンプルホルダーに固定し，X線ビーム径を10mmに絞り，なるべく資料の平坦面を選び真空中で行った。資料が10mm以下のものについてはφ5mmのY型マスクを使用し，ビーム径を1mmで測定した。管球はRh管球を用い，管電圧－管電流は測定元素に応じて50kV-60mAから30kV-100mAの範囲で行った。

X線強度から元素組成の計算には，ファンダメンタルパラメーター法（FP法）を用いた。FP法は蛍光X線発生の原理に基づき，測定条件とファンダメンタルパラメーター（物理定数）を用いて蛍光X線強度を理論的に計算し，この理論強度を利用して測定強度から組成を求める方法である。FP法による定量分析では，分析精度を高めるために，標準試料を用いて元素感度係数を求めてから未知試料の定量分析を行うことが必要であり，腰岳の黒曜石と多久地域のサヌカイトをFP法計算のマッチングライブラリーに登録して計算を行った。

Ⅲ　分析

（1）考古学的仮説（山崎2012・2013）

考古学的分析では，当該期の黒曜石原産地は，佐賀県伊万里市腰岳産黒曜石，姫島産黒曜石にほぼ絞られ，肉眼観察でも比較的判別が容易であるという前提条件があった。安山岩（サヌカイト）系石材は，佐賀県多久市鬼の鼻山山麓や老松山等の背振山南麓一帯に産出し，北部九州を中心に広域供給されている。それらを多久地域産安山岩（サヌカイト）として一括して取り扱い，様相を提示した。

縄文時代晩期（図5）

三国丘陵周辺および筑後川上流域は，縄文時代晩期前半まで腰岳産黒曜石が第1石材となっており，鈴桶型技法の隆盛による腰岳産黒曜石の供給量の拡大が窺える[3]。晩期中頃以降突帯文期にかけては，鈴桶型技法の衰退や剥片剥離技術の後退等，目的的剥片の生産量低下がみられ，不要な砕片や残核類の増加がみられる。それとあいまって，多久地域産サヌカイトが第1石材へと推移していく。姫島産黒曜石は，縄文時代晩期を通じて，各遺跡で数点の出土が確認される程度である。

弥生時代前期から中期（図6・7）

黒曜石と安山岩（サヌカイト）は素材の特性上，黒曜石が石鏃などの小型品が多く，サヌカイトは石鏃からスクレイパーなどの中型品まで用いられている。器種による石材選択は縄文時代晩期でも同様の傾向がある。剥片についても，黒曜石よりもサヌカイトのものが大きく，重量がある。点数と量のグラフから，1点当たりの重量が黒曜石よりもサヌカイトが重いことを示している。

まず，時期ごとに全体の剥片石器量が変動する状況が窺える。これは，未発見集落も考慮すべきではあるが，対象とする「集落群」の動態と密接に関連している（図4）。板付Ⅰ式期に段丘裾に集落が出現し，その後中央部域に集落群が移動，板付Ⅱa式期新段階で盛行期を迎え

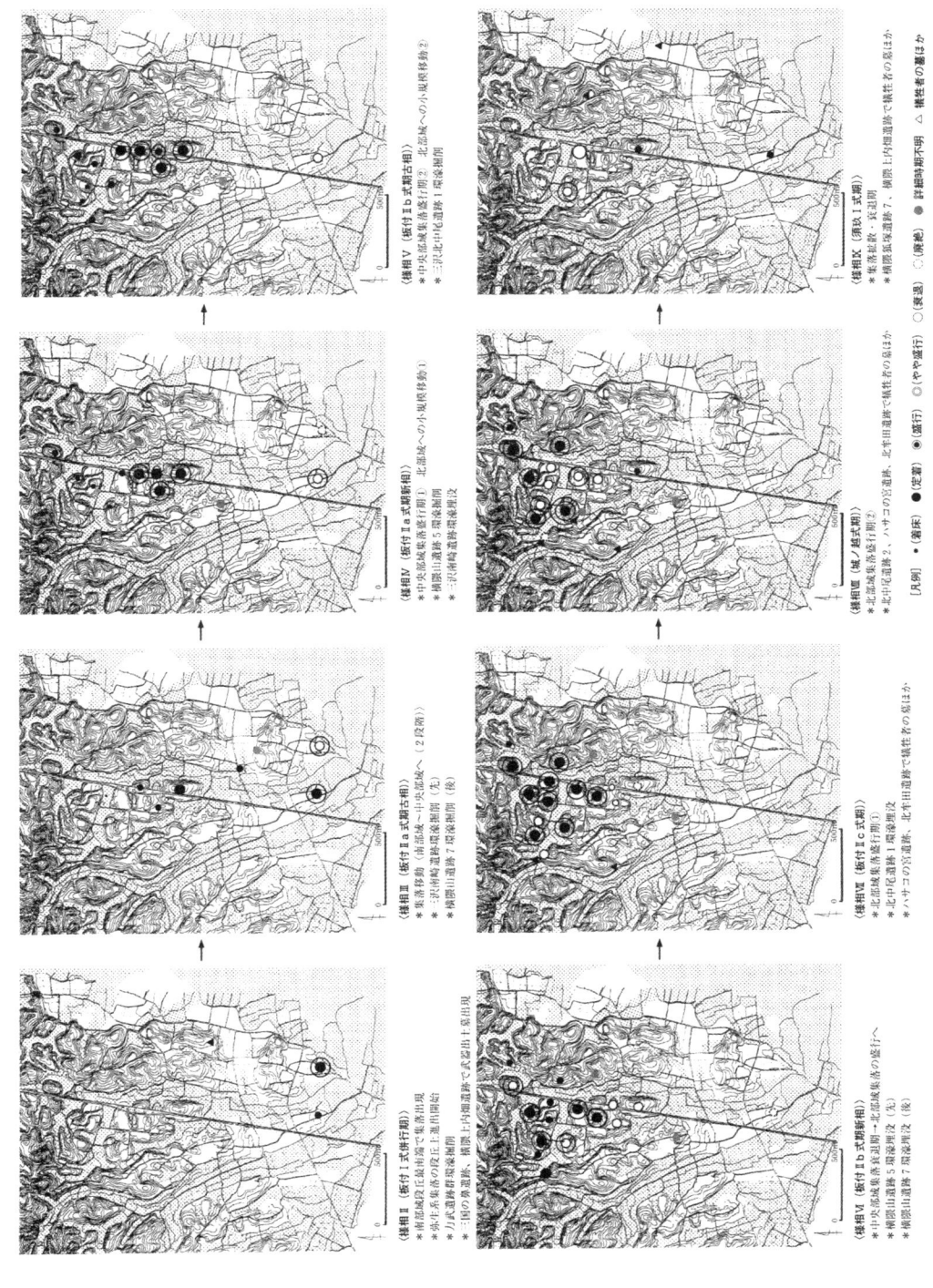

〈様相Ⅱ（板付Ⅰ式跡行相）〉
＊南部域段丘北側端で集落出現
＊弥生系集落のⅠ定住と通州開始
＊ⅠⅠ式遺物群現象継続

〈様相Ⅲ（板付Ⅰa式期古相）〉
＊集落移動：南部域→中央部域へ（2段階）
＊沢洲崎遺跡5環濠掘削（先）
＊桐隈山遺跡7環濠掘削（後）

〈様相Ⅳ（板付Ⅰa式期新相）〉
＊中央部域集落盛行期1：環濠掘削
＊桐隈山遺跡5環濠掘削
＊沢洲崎遺跡環濠埋没

〈様相Ⅴ（板付Ⅰb式期古相）〉
＊中央部域集落盛行期2：北部域への小規模移動2
＊沢洲崎・中尾遺跡1環濠掘削

〈様相Ⅵ（板付Ⅰb式期新相）〉
＊中央部域集落衰退期→北部域集落の盛行へ
＊桐隈山遺跡5環濠埋没（先）
＊桐隈山遺跡7環濠埋没（後）

〈様相Ⅶ（板付Ⅰc式期）〉
＊北部域集落盛行期1
＊北牛田遺跡2、ハイナコの宮遺跡
＊中尾遺跡1環濠埋没

〈様相Ⅷ（城ノ越式期）〉
＊北部域集落盛行期2
＊北牛田遺跡2、ハイナコの宮遺跡、北中尾遺跡7で祭祀性の高いもほか

〈様相Ⅸ（須玖Ⅰ式期）〉
＊集落拡散・衰退期
＊南際弧塚遺跡7、横渦上内畑遺跡で祭祀性の高いもほか

[凡例] ●（濃密）◎（定着）◎（やや盛行）○（盛行）○（表退）○（廃地）● 詳細時期不明 △ 犠牲者の墓ほか

図4　三国丘陵（東南部域）の集落変遷（山崎2010）

る。板付Ⅱｂ式期新段階には，その中央部域集落群がやや衰退し北部域に移動，板付Ⅱｃ式～城ノ越式期にかけて，その北部域集落群が盛行し，須玖Ⅰ式期以降には，集落が拡散・衰退する。石材量のピークが２回認められるが，板付Ⅱａ式期新段階からⅡｂ式期古段階のピークは，中央部域集落の盛行期に相当し，板付Ⅱｃ式～城ノ越式期のピークは北部域集落の盛行期に相当する。それぞれの土器編年の１時期の年代幅を考慮する必要があるが，それを見積もっても，須玖Ⅰ式期以降は剥片石器自体の減少が著しく，当地域では須玖Ⅱ式期前半までで，剥片石器は姿を消すようである。

次に，時期別の石材種の動態であるが，板付Ⅰ式期では，腰岳産黒曜石31点（55.4％）・139.8ｇ（36.1％），多久地域産サヌカイト25点（44.6％）・247.3ｇ（63.9％）となる。後続する時期に比べて腰岳産黒曜石の割合が高く，点数では黒曜石がサヌカイトを上回る[4]。板付Ⅱａ式期古段階では，腰岳産黒曜石12点（52.2％）・25.6ｇ（6％），多久地域産サヌカイト11点（47.8％）・383.4ｇ（94％）となる。

板付Ⅰ式～Ⅱａ式期にかけては，定型石器類は腰岳産黒曜石製石鏃，多久地域産サヌカイト製石鏃・石鏃未成品・スクレイパーが数点見られるが，不定形剥片・砕片，小石核が多くを占めている。石器製作は窺えるものの，資料数が少なく，具体的様相が不明である。

板付Ⅱａ式期新段階では，腰岳産黒曜石92点（23.6％）・327.4ｇ（9％），多久地域産サヌカイト298点（76.4％）・3,155.1ｇ（91％）となる。サヌカイトの石材量は３kgを超え，全体に占める割合も点数で３／４以上，重量で９割を超え，豊富な流通が看取できる。黒曜石製石鏃７点・石匙１点，多久地域産サヌカイト製石鏃39点，石匙１点，石錐１点，スクレイパー33点等がみられるが，ほとんどが不定形剥片・砕片類である。

少数石材では姫島産黒曜石製石鏃や剥片がわずかにみられ，この時期以降，ハリ質安山岩製石錐や石鏃・剥片類が顕著に確認できるようになる。

板付Ⅱｂ式期古段階では，腰岳産黒曜石63点（8％）・178.9ｇ（6％），多久地域産サヌカイト717点（92％）・3,017.3ｇ（94％）となる。この時期，多久地域産サヌカイトが点数・重量とも９割を超え，流通量・利用割合が高くなっている。腰岳産黒曜石製石鏃４点，多久地域産サヌカイト製石鏃15点・石匙２点・石錐２点・スクレイパー21点等がみられるが，ほとんどが不定形剥片・砕片類である。姫島産黒曜石製石鏃が１点確認できる。

板付Ⅱｂ式期新段階では，腰岳産黒曜石83点（40％）・227.1ｇ（21％），多久地域産サヌカイト127点（60％）・853.5ｇ（79％）となる。この時期には，多久地域産サヌカイト量の減少が，剥片石器石材全体量の減少を引き起こし，乗じて腰岳産黒曜石の割合が高くなっている。腰岳産黒曜石製石鏃４点，多久地域産サヌカイト製石鏃11点・石匙２点・石錐４点・スクレイパー４点等がみられるが，ほとんどが不定形剥片・砕片類である。腰岳産黒曜石は石鏃生産に専ら用いられる傾向があるが，わずかな量である。

板付Ⅱｃ式期では，腰岳産黒曜石481点（38.5％）・1,104.3ｇ（23％），多久地域産サヌカイト767点（61.5％）・3,762.7ｇ（77％）となる。この時期に，全体の流通量がピークを迎え

る。前時期との割合変化はほとんどない。腰岳産黒曜石製石鏃12点・石錐2点，多久地域産サヌカイト製石鏃23点・石匙5点・石錐5点・スクレイパー37点等がみられるが，ほとんどが不定形剥片・砕片類や小石核である。姫島産黒曜石製石鏃2点・砕片少数がみられる。

城ノ越式期古段階では，腰岳産黒曜石230点（63％）・477.3g（25％），多久地域産サヌカイト133点（37％）・1,404.1g（75％）となる。多久地域産サヌカイト石鏃5点，石匙2点，石錐2点，スクレイパー15点等がみられるが，ほとんどは不定形剥片，砕片類や小石核である。特に腰岳産黒曜石は，剥片・砕片，小石核のみの確認であった。城ノ越式期新段階では，腰岳産黒曜石438点（85％）・1,329.1g（72％），多久地域産サヌカイト80点（15％）・521.8g（28％）となる。腰岳産黒曜石製石鏃5点・石錐1点，多久地域産サヌカイト製石鏃5点・石匙1点・スクレイパー1点等がみられるが，ほとんどが不定形剥片・砕片類や小石核である。城ノ越式期を細分した場合，城ノ越式期の新段階において，腰岳産黒曜石が点数・重量ともに第1石材となる[5]。

須玖Ⅰ式期では，腰岳産黒曜石112点（73％）・216.9g（44％），多久地域産サヌカイト41点（27％）・276.8g（56％）で全体量の減少が著しい。この減少傾向は集落群の衰退期とも関連する。腰岳産黒曜石製石鏃1・石錐

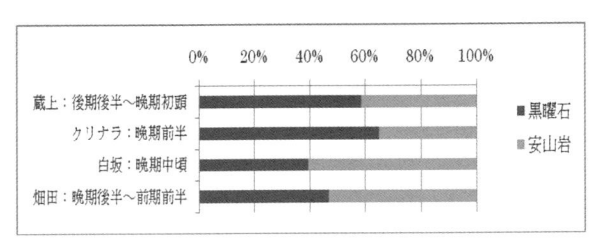

図5　縄文晩期の剥片石器石材の変化

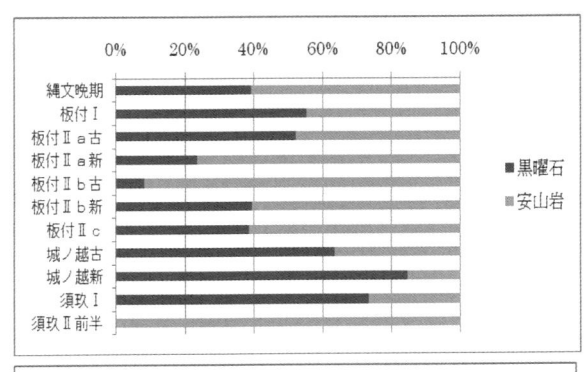

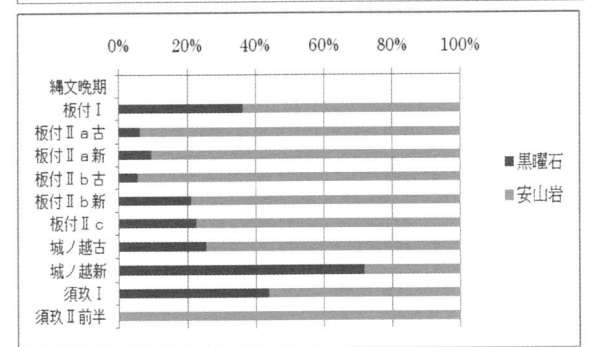

図6　三国丘陵の剥片石器石材の変化（上：点数　下：重量）

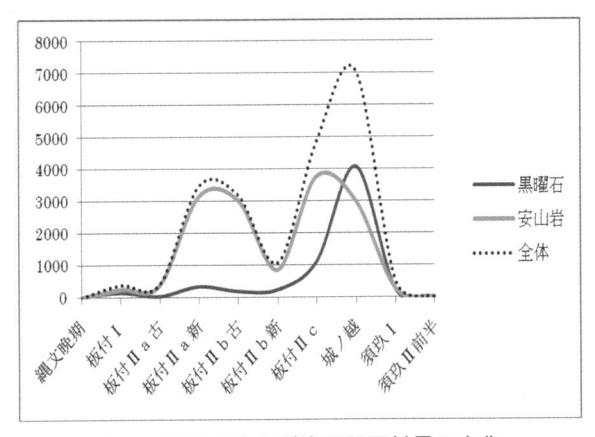

図7　三国丘陵の剥片石器石材量の変化

1，多久地域産サヌカイト製石鏃2・スクレイパー1などが少数みられる程度となり，ほとんどは石核・剥片類である。

須玖Ⅱ式古段階（前半）で，多久地域産サヌカイト1点（100%）・4ｇ（100%）のみとなる。砕片のみの出土であり，定型石器は確認できていない。

全時期を通して，いずれの石材であっても不定形剥片や砕片類・小石核などが多数を占めており，定型石器類は1割程度である。

（2）自然科学的分析結果

表2に黒曜石の分析結果を示す。黒曜石の SiO_2% は71.3〜77.1%で，主成分元素では，番号17が CaO=1.36% と他に比べて特に高い値を有し，番号7も CaO=1.00% とその次に高い値である。逆に番号18は CaO=0.46% と低い値を示す。これら3資料は微量元素組成でも異なった特徴を有し，番号7は Sr=140ppm，Zr=117ppm と非常に高い値を示し，番号17と18では Rb に乏しく Zr に富む値を有する。Rb-Sr-Zr の含有量で百分率を取り，三角図にプロットした（図8）。同図には近隣の産地黒曜石の化学組成領域を同時にプロットしてある。この図からわかるように，番号7は熊本県小国産黒曜石の組成に近く小国産であると推定される。また番号17は大分県姫島産黒曜石，番号18は佐賀県嬉野産（椎葉川）黒曜石である。その他の黒曜石は1資料（番号28）がやや Rb が高い傾向があるが，すべて佐賀県腰岳産黒曜石であることが化学組成から同定できる。

安山岩の蛍光Ｘ線分析値を表3に示す。今回測定した安山岩の SiO_2% は65.7〜72.3%であり，デイサイトから流紋岩の間の幅広い化学組成である。主成分元素組成では，番号31や34の CaO 含有量が高く，それぞれ CaO=4.49%，CaO=4.24% である。また番号32は MgO に乏しい（0.38%）。微量元素組成では，番号31が Rb=63ppm と Rb の含有量が低く，Zr=9ppm と Zr 含有量が極端に低い。Rb-Sr-Zr の含有量で百分率を取り，三角図にプロットすると（図9），佐賀県多久（鬼ノ鼻山）の領域にプロットされるのが番号16，19，37，45，46の5資料であり，佐賀県岡本（老松山）の領域にプロットされるのが，番号3，9，11，12，20，29，31，35，36，38，40，41，43，44の14資料である。番号31は阿蘇山の溶結凝灰岩である。その他の安山岩はこれまで報告のあるサヌカイトの化学組成とはいずれも一致せず化学組成から産地同定を行うことが出来なかった。

以上のように，三国丘陵地域では黒曜石に腰岳産，大分県姫島産，熊本県小国産，佐賀県嬉野産（椎葉川），安山岩（サヌカイト）に佐賀県多久産（鬼ノ鼻山），佐賀県岡本産（老松山）がみられる。また，阿蘇山の溶結凝灰岩も含まれていた。

（3）考古学的分析の検証・課題

肉眼観察で推定した腰岳産黒曜石と多久地域産サヌカイトについては，自然科学分析結果と齟齬はほとんどない。腰岳産黒曜石は漆黒色で見分けがつきやすいため，肉眼観察でも比較的

表1 蛍光Ｘ線分析資料

番号	遺跡名	出土遺構	種別	器種	長さ	幅	厚さ	重さ	遺構時期	備考
1	三沢	旧表土	黒曜石	剥片(小)	2.40	3.80	0.80	6.10	中期初頭か	一部自然面
2	三沢	旧表土	黒曜石	剥片(小)	2.30	2.10	0.70	3.30	中期初頭か	一部自然面
3	三沢北中尾1	1号溝 2〜3区間ベルト下層	安山岩(サヌカイト)	石核(剥片)	3.50	4.25	1.70	22.70	前期後半	一部自然面
4	三沢北中尾1	1号溝 C区 上層	安山岩(サヌカイト)	石核(剥片)	5.24	4.36	1.70	44.90	前期末〜中期初頭	一部自然面 風化
5	三沢北中尾1	1号溝 D区 上層	黒曜石	石核(礫)	4.90	3.17	2.61	50.00	前期末中心	一部自然面
6	三沢北中尾1	1号溝 D区 上層	ハリ質安山岩	石核(剥片)	5.18	3.59	1.25	25.10	前期末中心	
7	三沢北中尾1	1号溝 D区 上層	黒曜石	石核(礫)	3.89	2.82	1.25	13.30	前期末中心	一部自然面
8	三沢北中尾1	1号溝 D区 上層	黒曜石	石核(礫)	3.50	2.47	2.55	18.70	前期末中心	一部自然面
9	三沢北中尾1	1号溝 D区 上層	安山岩(サヌカイト)	石核(剥片)	5.06	3.94	2.84	50.00	前期末中心	一部自然面
10	三沢北中尾1	1号溝 F区 上層	黒曜石	石核(礫)	4.63	3.87	2.57	62.20	中期前半中心	一部自然面
11	三沢北中尾1	1号溝 F区 上層	安山岩(サヌカイト)	石核(素材剥片)	6.70	9.40	2.80	169.90	中期前半中心	風化
12	三沢北中尾1	1号溝 F区 下層	安山岩(サヌカイト)	石核(剥片)	5.37	4.11	2.88	61.70	前期後半	一部自然面
13	三沢北中尾2b	1号溝 B区	黒曜石	石核(礫)	7.61	4.84	2.87	80.10	中期初頭〜前半	
14	三沢北中尾2b	1号溝 B区	黒曜石	石核(礫)	5.82	4.77	4.12	67.40	中期初頭〜前半	
15	三沢北中尾2b	119号土坑	黒曜石	石核(礫)	7.56	4.79	3.15	108.30	前期末〜中期初頭	一部自然面
16	三沢北中尾2b	203号土坑	安山岩(サヌカイト)	石核(素材剥片)	7.00	4.70	4.60	180.00	前期後半	一部自然面
17	三沢北中尾2b	323号土坑	黒曜石(姫島産)	打製石鏃凹基式	2.60	1.50	0.40	1.00	縄文	
18	三沢北中尾4e	10号土坑	黒曜石	石核(礫)	6.80	3.80	4.60	81.70	前期中頃	一部自然面
19	三沢北中尾4e	63号土坑	ハリ質安山岩	石核(礫)	5.70	4.10	2.80	75.90	前期後半	一部自然面
20	三沢北中尾4e	131号土坑	安山岩(サヌカイト)	石核(剥片)	8.79	6.22	1.99	98.90	前期中頃	風化
21	三沢北中尾7	20号貯蔵穴 下層	安山岩(サヌカイト)	石核(素材剥片)	9.82	4.35	2.28	125.20	前期中頃	
22	三沢蓬ヶ浦3c	33号貯蔵穴	黒曜石	石核(礫)	4.11	2.70	2.50	25.90	中期初頭	一部自然面
23	三沢蓬ヶ浦3c	24号貯蔵穴	黒曜石	石核(礫)	4.32	3.10	2.43	39.00	前期末	一部自然面
24	三沢蓬ヶ浦3c	11号貯蔵穴	黒曜石	石核(礫)	4.08	2.18	1.88	19.40	前期末	一部自然面
25	一ノ口Ⅰ	D83	安山岩(サヌカイト)	石核(素材剥片)	7.06	5.85	3.84	192.80	前期中頃	一部自然面
26	一ノ口Ⅰ	D143覆土	黒曜石	原石(小礫)	5.83	3.59	1.90	50.30	中期初頭	
27	一ノ口Ⅰ	D143覆土	黒曜石	原石(小礫)	5.93	4.10	3.53	48.40	中期初頭	
28	一ノ口Ⅰ	D143覆土	黒曜石	石核(礫)	5.86	4.21	2.45	57.40	中期初頭	
29	一ノ口Ⅰ	D340	安山岩(サヌカイト)	石核(素材剥片)	8.32	5.57	2.81	97.20	前期末	一部自然面
30	一ノ口Ⅰ	D340	黒曜石	石核(礫)	3.82	2.98	2.18	17.50	前期末	一部自然面
31	一ノ口Ⅰ	D364	安山岩(サヌカイト)	石核(素材剥片)	9.37	5.84	4.37	221.30	前期後半	一部自然面
32	一ノ口Ⅰ	D433	安山岩(サヌカイト)	石核(礫)	5.74	4.06	3.27	69.80	〜中期初頭	一部自然面
33	力武内畑7	1号住居 上層	安山岩(サヌカイト)	石核(礫)	4.96	4.59	2.76	50.90	前期前半	一部自然面
34	力武内畑7	1号住居 南半下層	安山岩(サヌカイト)	石核(剥片)	6.43	3.39	1.71	34.70	前期前半	一部自然面
35	力武内畑7	1号住居内 104号土坑	安山岩(サヌカイト)	石核(剥片)	6.73	4.45	2.78	102.30	前期前半	一部自然面 風化
36	力武内畑7	1号住居内 104号土坑	安山岩(サヌカイト)	石核(剥片)	4.30	4.20	1.89	43.10	前期前半	
37	大保横枕2A-1	1号住居 上層セクションベルト内	安山岩(サヌカイト)	石核(礫状)	5.06	4.22	4.35	103.10	前期中頃	一部自然面
38	大保横枕2A-1	1号住居 下層南東部	安山岩(サヌカイト)	石核(素材剥片)	7.37	6.73	2.36	119.40	前期中頃	
39	大保横枕2A-3	3号溝 C区中層	安山岩(サヌカイト)	石核(礫)	4.20	5.20	3.16	63.10	前期後半	
40	大保横枕2A-3	3号溝 C区中層	安山岩(サヌカイト)	石核(礫)	3.90	4.30	3.50	54.90	前期後半	
41	大保横枕2A-3	3号溝 D-Eベルト上層	安山岩(サヌカイト)	石核(剥片)	5.70	5.50	2.60	70.30	前期中頃	
42	大保横枕2A-3	3号溝 E-Fベルト上層	チャート	石核(剥片)	4.90	6.70	2.18	85.80	前期後半	
43	大保横枕2A-4	3号溝 A区最下層	安山岩(サヌカイト)	石核(剥片)	4.40	4.90	3.31	86.60	前期中頃	
44	大保横枕2A-4	1号住居 貼床内	安山岩(サヌカイト)	石核(素材剥片)	10.50	8.20	3.07	170.00	前期末	
45	大保横枕2A-4	2号住居	安山岩(サヌカイト)	石核(素材剥片)	10.13	8.36	2.45	228.90	前期前半	
46	大保横枕2B	1号住居 上層	安山岩(サヌカイト)	石核(礫)	5.80	4.40	3.90	90.50	前期前半	一部自然面
47	小板井屋敷5B	1号祭祀土坑	黒曜石	石核(礫)	7.86	4.40	3.38	137.10	中期前半	

[凡例] 板付Ⅰ式:弥生時代前期初頭 板付Ⅱa式:前期前半 板付Ⅱb式:前期後半 板付Ⅱc式:前期末 城ノ越式:中期初頭 須玖Ⅰ式:中期前半 須玖Ⅱ式:中期後半

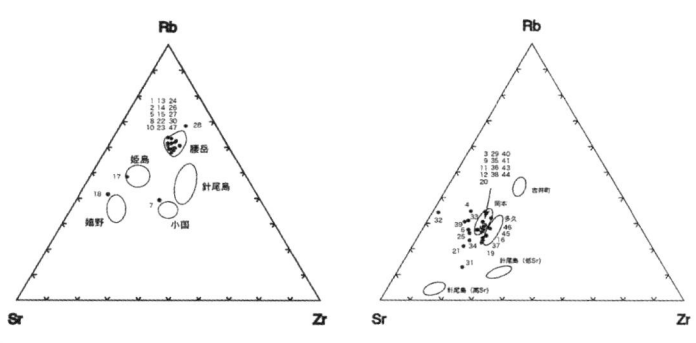

図8　黒曜石の Rb-Sr-Zr 図（角縁2014）　　図9　安山岩の Rb-Sr-Zr 図（角縁2014）

表2　遺跡出土黒曜石資料の蛍光X線分析

番号	1	2	5	7	8	10	13	14	15	17
遺跡名	三沢	三沢	三沢北中尾1	三沢北中尾1	三沢北中尾1	三沢北中尾1	三沢北中尾2b	三沢北中尾2b	三沢北中尾2b	三沢北中尾2b
	黒曜石	黒曜石	黒曜石	黒曜石	黒曜石	黒曜石	黒曜石	黒曜石	黒曜石	黒曜石
SiO_2 (wt.%)	75.7	76.8	77.1	72.8	76.3	71.6	71.3	76.6	76.2	74.3
TiO_2	0.04	0.03	0.01	0.13	0.05	0.26	0.26	0.03	0.04	0.06
Al_2O_3	13.6	13.2	12.9	15.6	13.4	17.3	17.7	12.9	13.0	14.6
Fe_2O_3	1.40	1.12	1.19	1.67	1.15	2.36	2.27	1.11	1.24	1.33
MnO	0.06	0.04	0.04	0.13	0.13	0.08	0.06	0.05	0.05	0.11
MgO	0.05	0.05	0.03	0.14	0.03	0.23	0.41	0.02	0.03	0.17
CaO	0.65	0.61	0.60	1.00	0.59	0.63	0.62	0.61	0.64	1.36
Na_2O	3.38	3.44	3.55	3.27	3.44	2.42	2.40	3.65	3.75	3.79
K_2O	4.75	4.45	4.35	4.47	4.56	4.63	4.63	4.79	4.75	3.80
P_2O_5	0.02	0.02	0.01	0.07	0.02	0.06	0.07	0.02	0.01	0.10
Total	99.65	99.76	99.78	99.27	99.67	99.57	99.72	99.78	99.72	99.61
Ba (ppm)	379	201	220	437	149	418	244	218	277	634
Rb	282	173	181	166	169	247	229	179	204	89
Sr	92	59	56	140	59	78	60	58	61	72
Zr	98	58	64	113	63	93	86	56	65	22
Zn	57	46	31	43	46	104	66	45	50	66
Ga	21	22	16	-	18	32	25	20	16	31
Nb	18	12	15	14	14	26	19	13	15	16
Pb	-	-	-	22	23	23	37	26	26	-
V	-	-	-	-	-	74	-	-	-	-
Ni	-	-	-	-	-	72	-	-	-	-
Rb%	59.7	59.6	60.1	39.6	58.0	59.1	61.1	61.0	61.8	48.6
Sr%	19.5	20.4	18.5	33.4	20.3	18.8	16.1	19.7	18.5	39.4
Zr%	20.8	20.0	21.4	27.0	21.6	22.2	22.8	19.2	19.7	12.0
推定産地	腰岳	腰岳	腰岳	小国	腰岳	腰岳	腰岳	腰岳	腰岳	姫島

−：検出されず

番号	18	22	23	24	26	27	28	30	47
遺跡名	三沢北中尾4e	三沢蓬ヶ浦3c	三沢蓬ヶ浦3c	三沢蓬ヶ浦3c	一ノ口I	一ノ口I	一ノ口I	一ノ口I	小板井屋敷5B
	黒曜石	黒曜石	黒曜石	黒曜石	黒曜石	黒曜石	黒曜石	黒曜石	黒曜石
SiO_2 (wt.%)	76.1	76.8	74.9	76.5	76.7	77.1	75.0	74.3	77.0
TiO_2	0.01	0.02	0.07	0.04	0.04	0.03	0.04	0.05	0.03
Al_2O_3	14.2	13.0	14.9	13.2	13.0	13.1	14.9	13.4	12.8
Fe_2O_3	1.20	1.17	1.19	1.11	1.16	1.10	1.20	1.18	1.15
MnO	0.11	0.05	0.05	0.04	0.05	0.04	0.06	0.05	0.05
MgO	0.05	0.02	0.13	0.03	0.02	0.02	0.14	0.07	0.02
CaO	0.46	0.59	0.61	0.61	0.60	0.57	0.55	0.61	0.58
Na_2O	3.90	3.46	3.21	3.71	3.64	3.36	3.80	1.22	3.78
K_2O	3.69	4.76	4.54	4.52	4.65	4.46	4.16	8.65	4.41
P_2O_5	0.08	0.01	0.06	0.02	0.01	0.01	0.00	0.03	0.01
Total	99.79	99.89	99.66	99.79	99.86	99.80	99.84	99.56	99.84
Ba (ppm)	567	238	297	227	244	161	287	257	237
Rb	70	184	192	183	189	177	187	227	178
Sr	83	49	61	48	60	48	28	66	54
Zr	15	62	60	61	56	53	57	62	65
Zn	42	39	43	39	47	45	61	39	40
Ga	14	16	16	-	18	24	-	-	19
Nb	10	15	13	17	18	18	-	19	18
Pb	-	-	24	15	25	20	-	24	-
V	-	-	-	-	-	-	121	-	-
Ni	-	-	-	-	-	-	-	-	49
Rb%	41.8	62.2	61.4	62.5	61.8	63.4	68.7	64.0	60.0
Sr%	49.3	16.7	19.5	16.5	19.7	17.4	10.3	18.5	18.1
Zr%	8.9	21.0	19.0	20.9	18.5	19.2	21.0	17.5	21.9
推定産地	嬉野	腰岳	腰岳	腰岳	腰岳	腰岳	腰岳	腰岳	腰岳

−：検出されず

表3 遺跡出土安山岩資料の蛍光X線分析値

番号	3	4	6	9	11	12	16	19	20	21
遺跡名	三沢北中尾1	三沢北中尾1	三沢北中尾1	三沢北中尾1	三沢北中尾1	三沢北中尾1	三沢北中尾2b	三沢北中尾4e	三沢北中尾4e	三沢北中尾7
	安山岩	安山岩	ハリ質安山岩	安山岩	安山岩	安山岩	安山岩	ハリ質安山岩	安山岩	安山岩
SiO2 (wt.%)	69.9	70.1	71.4	67.0	69.0	68.3	66.5	72.3	69.4	68.5
TiO2	0.80	1.50	0.45	0.96	0.62	1.04	0.78	0.34	0.65	0.81
Al2O3	14.8	13.2	14.4	16.3	14.6	14.8	14.4	13.8	14.2	14.5
Fe2O3	4.53	6.09	3.38	5.29	4.53	5.49	5.64	3.82	4.58	4.75
MnO	0.06	0.08	0.09	0.07	0.08	0.07	0.09	0.07	0.08	0.06
MgO	0.43	0.60	0.57	0.42	0.92	0.70	1.45	0.51	0.77	0.97
CaO	2.58	1.82	2.70	2.38	3.38	2.18	3.75	2.52	3.25	3.26
Na2O	2.43	2.03	3.28	2.44	3.22	1.78	3.51	3.04	3.24	3.44
K2O	4.00	4.04	3.53	4.19	3.41	5.08	3.48	3.40	3.51	3.52
P2O5	0.11	0.11	0.11	0.11	0.10	0.12	0.16	0.00	0.11	0.18
Total	99.64	99.57	99.90	99.15	99.85	99.56	99.76	99.81	99.78	99.99
Ba (ppm)	426	571	457	500	378	426	457	418	410	-
Rb	144	205	130	137	129	153	135	117	129	116
Sr	263	310	268	272	238	300	300	290	236	334
Zr	94	69	68	100	84	100	118	112	87	89
Zn	78	125	67	86	75	95	96	88	72	124
Ga	24	42	15	18	19	36	17	-	22	-
Nb	33	50	9	33	25	31	36	-	32	-
Pb	23	-	-	21	-	-	-	-	26	-
V	53	-	-	59	-	55	-	-	82	-
Ni	58	-	-	72	61	-	64	-	58	-
Rb%	28.7	35.1	27.9	26.8	28.7	27.6	24.4	22.5	28.5	21.6
Sr%	52.5	53.1	57.5	53.4	52.8	54.2	54.2	55.8	52.3	62.0
Zr%	18.8	11.8	14.6	19.7	18.6	18.2	21.4	21.6	19.3	16.5
推定産地	岡本	?	?	岡本	岡本	岡本	岡本	多久	多久	?

-:検出されず

番号	25	29	31	32	33	34	35	36	37	38
遺跡名	一ノ口Ⅰ	一ノ口Ⅰ	一ノ口Ⅰ	一ノ口Ⅰ	力武内畑7	力武内畑7	力武内畑7	力武内畑7	大保横枕2A-1	大保横枕2A-1
	安山岩	安山岩	安山岩	安山岩	安山岩	安山岩	安山岩	安山岩	安山岩	安山岩
SiO2 (wt.%)	67.6	68.9	65.7	68.1	67.8	65.8	69.1	69.3	68.0	69.6
TiO2	0.68	0.64	0.75	0.97	0.76	0.79	0.62	0.86	0.71	0.60
Al2O3	14.4	13.9	14.5	14.7	15.2	14.4	14.1	13.3	14.7	14.1
Fe2O3	4.87	4.86	6.15	5.61	5.00	5.72	4.72	5.01	4.53	4.36
MnO	0.08	0.08	0.11	0.05	0.08	0.09	0.08	0.07	0.07	0.07
MgO	1.48	1.05	1.82	0.38	1.04	1.99	0.94	0.79	0.93	1.01
CaO	3.95	3.38	4.49	2.23	2.81	4.24	3.23	2.82	3.28	3.16
Na2O	3.26	3.40	3.25	2.98	2.43	3.38	3.42	2.99	3.82	3.29
K2O	3.36	3.45	2.98	4.12	3.89	3.22	3.50	4.07	3.57	3.53
P2O5	0.10	0.10	0.15	0.11	0.22	0.15	0.11	0.10	0.14	0.12
Total	99.79	99.75	99.90	99.24	99.23	99.78	99.82	99.31	99.75	99.84
Ba (ppm)	402	389	-	556	670	320	469	611	318	372
Rb	123	117	63	192	147	114	131	155	123	123
Sr	271	227	315	351	262	286	245	267	286	214
Zr	75	85	96	9	62	83	92	100	112	81
Zn	71	55	161	116	71	79	58	79	70	66
Ga	19	-	-	-	22	25	28	25	19	23
Nb	28	25	38	41	31	24	33	34	33	28
Pb	-	20	-	-	-	-	-	17	204	17
V	36	-	-	-	10	59	85	70	73	39
Ni	77	-	-	-	101	75	64	46	-	41
Rb%	26.3	27.3	13.3	34.7	31.2	23.7	28.1	29.7	23.7	29.5
Sr%	57.7	52.9	66.5	63.7	55.6	59.1	52.3	51.1	54.8	51.1
Zr%	16.1	19.8	20.2	1.6	13.2	17.2	19.6	19.2	21.5	19.3
推定産地	?	岡本	?	?	岡本	岡本	岡本	岡本	多久	岡本

-:検出されず

番号	39	40	41	43	44	45	46
遺跡名	大保横枕2A-3	大保横枕2A-3	大保横枕2A-3	大保横枕2A-4	大保横枕2A-4	大保横枕2A-4	大保横枕2B
	安山岩	安山岩	安山岩	安山岩	安山岩	安山岩	安山岩
SiO2 (wt.%)	68.3	67.4	68.5	67.0	68.8	68.4	68.9
TiO2	0.64	0.63	0.67	0.69	0.66	0.68	0.60
Al2O3	15.8	14.3	14.1	16.0	13.9	14.5	14.1
Fe2O3	3.64	4.72	4.73	4.38	4.59	4.50	4.70
MnO	0.06	0.08	0.08	0.07	0.11	0.07	0.08
MgO	0.82	1.63	0.99	0.99	1.07	0.96	1.10
CaO	2.71	3.66	3.40	3.14	3.58	3.16	3.31
Na2O	3.48	3.62	3.57	3.18	3.64	3.73	3.46
K2O	3.87	3.42	3.55	3.85	3.54	3.59	3.47
P2O5	0.13	0.11	0.10	0.16	0.00	0.14	0.11
Total	99.45	99.57	99.68	99.46	99.89	99.72	99.83
Ba (ppm)	544	402	422	634	-	433	449
Rb	153	132	153	151	144	137	128
Sr	282	262	251	266	213	281	229
Zr	61	86	89	98	90	118	100
Zn	90	61	66	74	-	75	63
Ga	22	18	22	23	-	22	18
Nb	38	29	30	34	-	35	30
Pb	16	-	-	-	-	24	-
V	-	114	72	47	571	55	60
Ni	44	67	73	41	-	59	67
Rb%	30.7	27.5	30.9	29.3	32.2	25.5	28.0
Sr%	56.9	54.6	50.9	51.7	47.6	52.4	50.1
Zr%	12.3	17.8	18.1	19.0	20.2	22.1	21.8
推定産地	?	岡本	岡本	岡本	岡本	多久	多久

-:検出されず

容易に判断できる。腰岳産とは異なる黒曜石の少数石材は小国産，嬉野産と同定された。小国産黒曜石は漆黒色であるが，白色の球顆を多く含む。フィッシャーの入り方が腰岳産黒曜石とは異なる特徴がある。嬉野産黒曜石（椎葉川）は半透明色で乳白色～灰白色，縞状を呈している。三国丘陵で確認されたものは礫面がかなりローリングを受けている。その他にも，今回の分析では確認されなかったが，肉眼観察では腰岳産と似た特徴を持つ長崎県星鹿半島牟田産黒曜石や青灰色～暗灰色を呈する長崎県佐世保市針尾産黒曜石にも注意が必要である。これらの少数石材の石器（未成品・完成品）は，にわかには抽出できないものの，わずかながら製品化された可能性はあると思われ，今後，注意して探索しなければならない。

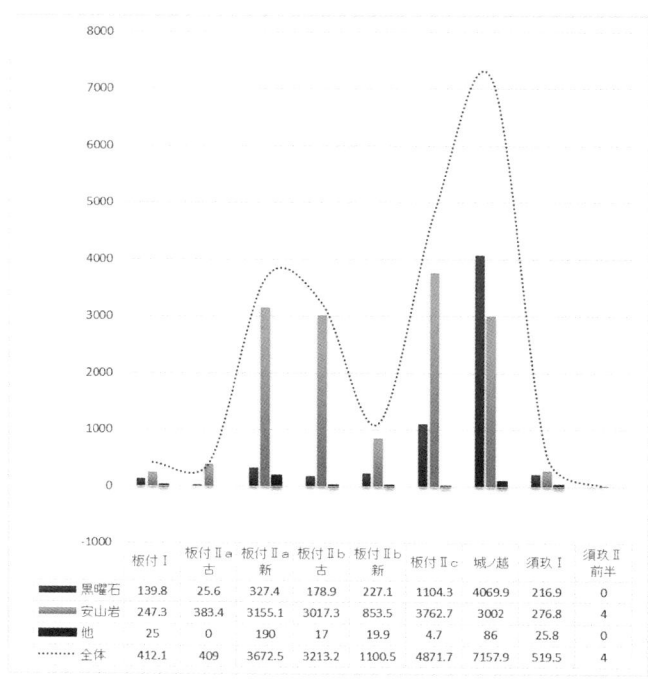

図10　三国丘陵の剥片石器石材（少数石材）の推移

	板付Ⅰ	板付Ⅱa 古	板付Ⅱa 新	板付Ⅱb 古	板付Ⅱb 新	板付Ⅱc	城ノ越	須玖Ⅰ	須玖Ⅱ 前半
黒曜石	139.8	25.6	327.4	178.9	227.1	1104.3	4069.9	216.9	0
安山岩	247.3	383.4	3155.1	3017.3	853.5	3762.7	3002	276.8	4
他	25	0	190	17	19.9	4.7	86	25.8	0
全体	412.1	409	3672.5	3213.2	1100.5	4871.7	7157.9	519.5	4

安山岩（サヌカイト）は，蛍光X線分析でも現在は同定されていないものも存在する。また，肉眼観察では多久地域産サヌカイトと異なるハリ質の安山岩についても，分析では多久地域産と同定された。多久地域においても，複数地点の産出地がうかがえよう。さらに現在の蛍光X線分析では，多久地域産サヌカイトは多久と岡本の近隣産出地間での区別が出来る。将来的には，そのなかでもさらに細かい石材利用の復原が可能となろう。考古学側でも背振山系南麓一帯には旧石器時代の岡本遺跡・老松山遺跡（小城市三日月町），茶園原遺跡・三年山遺跡・長尾開拓遺跡（多久市）などが，これらの安山岩を用いた石器製作・原産地遺跡として知られている。原産地周辺の弥生時代集落の石材獲得・利用についてはまだ研究が進んでいないが，細かい産地推定が可能となりつつあり，少数石材も含めた分析を考古学側でも準備しておく必要がある。

以上のように，特に安山岩（サヌカイト）については，今後も自然科学と考古学の共同研究，原産地の探索・研究が進められるべきである。肉眼観察においては，しばらくは厳密な意味での区別を避け，多久と岡本を含めた名称：「多久地域」といった呼称が望ましい。

さて，先の考古学的分析・仮説では少数石材には触れるのみであったので，今回，少数石材にあらためて着目しグラフを作成した（図10）。

第1・第2石材は，腰岳産黒曜石と多久地域産サヌカイトがある。少数石材は姫島産黒曜石，

ハリ質安山岩が主要なもので，これに小国産黒曜石や嬉野産黒曜石がわずかながら確認される。ハリ質安山岩は多久地域産という同定結果があるが，肉眼観察で区分が出来るため，将来的な展望を含めて，少数石材として検討する。グラフでは第3・4石材を含めて他石材としている。

第3・4石材は時期を通じてわずかながら認められ，微増する時期にはハリ質安山岩の割合が増加している傾向が窺える。

微増する時期は板付Ⅱa式新段階と城ノ越式期以降で，板付Ⅱa式新段階では少数石材のほとんどがハリ質安山岩であり，姫島産黒曜石製石鏃1（0.6g），砕片1（0.3g）がわずかに存在する。ハリ質安山岩は石鏃・スクレイパーなどで確認できる（図11）。この時期は多久地域からのサヌカイト流入量がかなり増加する時期であり，ハリ質安山岩は多久地域の異なる産出地から，その流通網に従い入ってきた可能性も考えられる。城ノ越式期でも，第3石材がハリ質安山岩で，第4石材が姫島産黒曜石であることに変わりはない。姫島産黒曜石製石鏃未成品1・石鏃数点4，ハリ質安山岩製石錐・石鏃・スクレイパーなどが確認できる（図12）。

また，全体の剥片石器石材流通量が落ち込み，集落移動期には第3石材も同様に減少していることから，これらの石材が主要石材の補完的石材として用いられたことを必ずしも示していない。全体の流通量と同様の推移を示す。

今後も，ハリ質安山岩の同定例を増やす必要があるが，仮に多久地域における複数産出地の開発が行われていたとすると，産出地付近集落や消費地集落における動向など，より細かい人間活動の一端や社会変化を知ることができる可能性を多く持っている。

Ⅳ 考察

（1）自然科学的分析結果からみた三国丘陵の剥片石器石材の動向

三国丘陵付近の剥片石器石材は地勢的特徴からも窺えるように，腰岳産黒曜石，多久地域産サヌカイト，嬉野産黒曜石，姫島産黒曜石，小国産黒曜石の石材など多様な様相を示している。安山岩（サヌカイト）は，現在知られる産出地では同定できないものもあるので，さらに多様な利用石材種が存在すると思われる。三国丘陵周辺での縄文時代晩期前半までの腰岳産黒曜石利用の主体性は，鈴桶型技法の成立とともに高まった腰岳産黒曜石石材利用に起因するものであり，晩期後半以降の多久地域産サヌカイト系石材の割合増加は，技法の低下やそれに起因した腰岳産黒曜石石材の流通量低下による（図5）。弥生時代が始まる段階では，腰岳産黒曜石の割合が若干増加するが，これは，周辺や後続の状況から福岡平野側からの働きかけによるものと考えられる（図6・7）。本地域における弥生文化の到来の具体像にも関連しよう。その後，多久地域産サヌカイトが第1石材で推移し，板付Ⅱb式期古段階では数量ともに9割を超えるようになるものの，板付Ⅱb式期新段階では，多久地域産サヌカイト量のみが急減し，剥片石器石材量の全体量の低下がおきる（図6）。この変化については，「集落群」の一時的な衰退期にもあたり（図4：山崎2010），この時期の佐賀平野との関係性にも注意が必要である。その後，板付Ⅱc式期には回復し基本構成値に近くなるが，城ノ越式期においては第1石材が腰岳産黒

曜石に移る大きな変化がみられる。城ノ越式期における腰岳産黒曜石量の増加は，福岡平野からの影響が大きく，福岡平野では中期以降，剥片石器の利用が急速に落ちるので，腰岳産黒曜石の供給システム・経路は保持された状態での流通余剰品の発生があり，二日市地狭帯付近，三国丘陵地域に集積される姿が考えられる。

（2）弥生時代中期における剥片石器の終焉〜余剰品としての黒曜石石材の流通と技術的背景〜

　北部九州では，縄文時代後期中葉以降，鈴桶型技法の成立とともに，腰岳産黒曜石の需要・供給が高まり，規格性の高い剥片剥離技術が発達し，剥片鏃や縦長剥片を利用した石器類やつまみ形石器が増加する。後期後半には，技術の後退とともに流通量の減少や流通範囲の縮小がみられ，晩期に至っては，技法の衰退，新たな不定形剥片を生産する剥離技術に推移する（吉留1993，神川2008）。当地域周辺でも，鈴桶型技法とそれと関連する腰岳産黒曜石の流通の影響の推移が窺える。

　三国丘陵の弥生時代前期〜中期の「集落群」では多久地域産サヌカイトの板状素材や剥離初段階の石核が出土している。板状素材は1辺が10cm前後，平面形が方形から多角形で，厚さが3〜5cm前後である。なお，サヌカイト製石器で最も大き

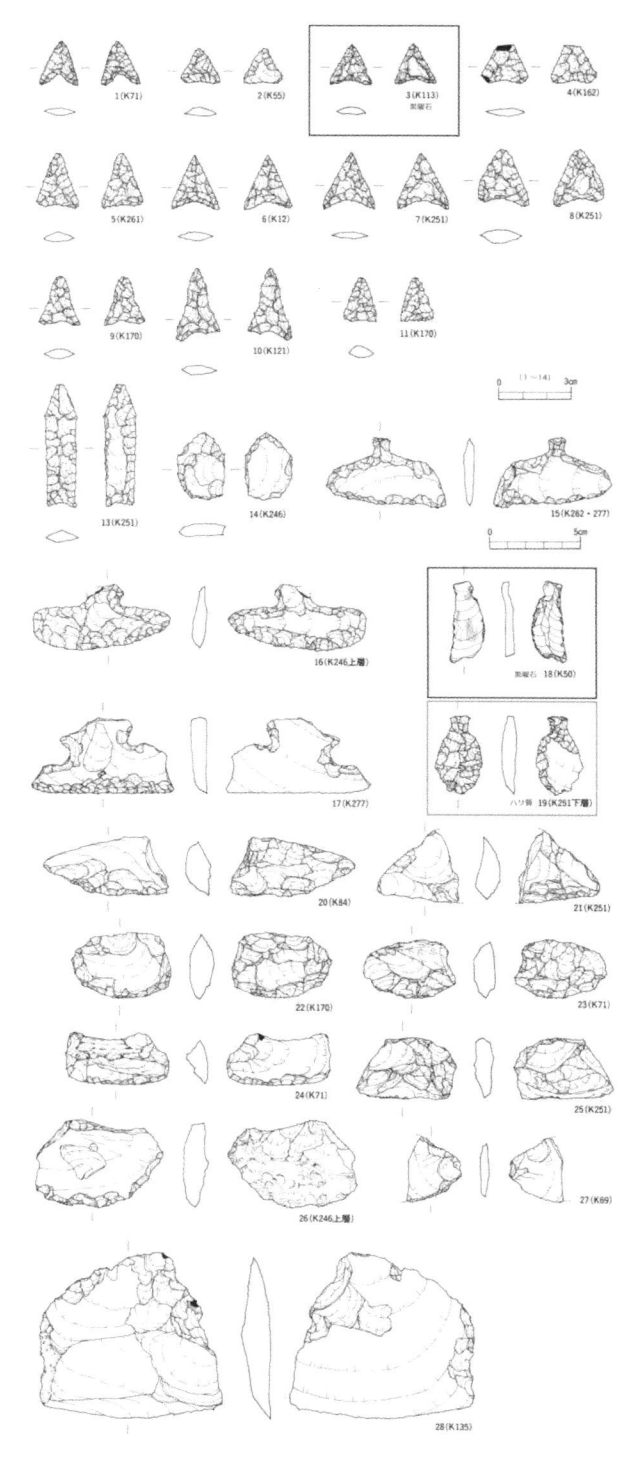

図11　三国丘陵の剥片石器1
（板付Ⅱa式期(新)〜Ⅱb式期(古)）

い掻器・削器は1辺8cm前後の方形から多角形で，厚さ3cm以下の板状をなしている。中・小型剥片を目的とする剥片も同様の大きさであり，こうした板状素材を中心として原材を入手していた可能性がうかがえる。

黒曜石は石核や自然面の形態からみて，1辺4～7cmの角礫状の原石が用いられている。縄文時代晩期前半までは，同じ腰岳産黒曜石でも一辺6～7cm以上の大きい

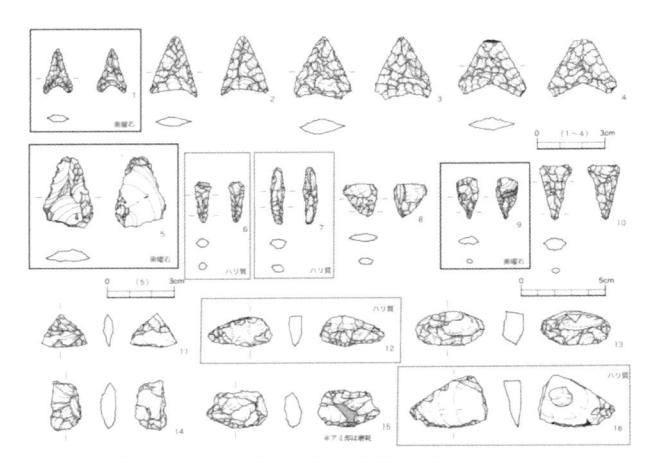

図12　三国丘陵の剥片石器2（城ノ越式）

原石が用いられ，晩期後半以降，小形の原石に変化している（吉留2002）。弥生時代における石材利用はこうした延長にあたる。

弥生時代の剥片剥離技術は，黒曜石とサヌカイトでそれぞれ異なるが，連続的な定形剥片を獲得する剥離技術は認められない。黒曜石は多面体石核や分割礫から打面調整を伴わず，不定形剥片を連続して剥離する。サヌカイトは板状素材を直接，もしくは石核を不定形切削器に利用するものがあり，厚いものが多い。大きめの剥片を素材とし，縁辺から石理を利用し横長の剥片を創出するものがみられる。

なお，前期を通じて剥片石器とその生産に関わる石核・破片・砕片の比率に変動は少ないが，中期に至って黒曜石素材流入量が増加するものの，製品の量は大きくは変わらない。

三國丘陵地域には，石材流入量のピークが大きく2回窺えた。最初のピーク板付Ⅱa式期新段階では多久地域産安山岩の流入が増加することによるピークである。第2のピークは玄界灘沿岸から流入した黒曜石石材の増加によるピークである。福岡平野では先に剥片剥離技術の衰退・剥片石器自体の減少が起こっており（吉留2008），その余剰品が二日市地峡帯をこえて，当地域にもたらされたと考えられる。

図面で示したのは，前半の板付Ⅱa式期新段階からⅡb式期古段階における貯蔵穴出土資料である。腰岳産黒曜石は石鏃・石匙で確認でき，同器種群中小型の類に属している。これは獲得できる原石，剥片など石材の特徴にも規定されるものである。また，ハリ質安山岩製石匙も確認できる。そのほか，多久地域産石材の安定した利用が確認できる。

次に城ノ越式期の定形剥片石器をみてみよう。腰岳産黒曜石は石鏃・石鏃未成品・石錐であり，いずれもサヌカイト製の同器種よりも小型となっている。サヌカイトではハリ質安山岩の利用も確認できる。掻・削器では小型化が進んでいる。原材となる大型の剥片自体が少なくなっていることが窺える。黒曜石石材流通量は増えているにも関わらず，実質の製品量はそこまで増加傾向を伴っていないことから，黒曜石石材は福岡平野での余剰品が二日市地峡帯を超

えて多く流入することになったが，当地域においても技術的衰退とも相まって余剰している状況がうかがえるのである。城ノ越式期以降，特に須玖式においても，黒曜石石材は見られるが，その製品は確認されない。剥片石器の終焉は剥片剥離技術の衰退であり，原材は最後まで残るが，製品化が行われない状況が想定できる。

おわりに～自然科学的分析と融合した剥片石器石材研究の必要性とその可能性～

これまでに，北部九州における弥生時代剥片石器石材の利用についての検討が少なからず蓄積され，考古学的観察のみでも大枠の動向は捉えることが可能である。しかし，当時のより具体的な人間活動を復元するためには，肉眼観察で進められた石材産地の推定を出来るだけ多くの地域で蛍光X線分析による科学的裏付けを行い，少数石材の動向にも着目したに剥片石器石材流通の復元が必要である。

将来的展望としては，特に弥生時代だけに限ったことではないが，原産地および周辺の集落遺跡と消費地遺跡の様相をそれぞれ明らかにした上で，剥片石器石材供給体制論が成り立つと考える。現在，石器原産地研究会が自然科学と考古学を併せた活動を行ない，対象とする時代を超えた剥片石器研究が進みつつある。弥生時代は剥片石器技術の終焉期にあたり，利器が石器から鉄器へ大きく変わる時代であるという位置づけの上で，剥片剥離技術総体の研究が望まれる。

このように対象とする時代を越えた研究が必要とされるだけでなく，考古学のみならず，関連諸分野との連携も必要であることはこの剥片石器に関する研究にとどまらないことである。いずれにせよ，これまでに描いた枠組みを常に見直し，検証していくことが学史の継承でもあり，検証可能な調査研究・再検討が出来る調査研究が行われることが，「考古学が科学である」ことにつながっていくことと思われる。

【謝辞】

拙い内容ではありますが，小稿を日頃よりご指導を頂いた田中良之先生の追悼にかえることをお許し頂くとともに，こころよりご冥福をお祈りいたします。

考古学における自然科学分析の成果は非常に大きく，その重要性は増していく一方であるが，考古学側にその分析に対する理解不足があることは否めない。田中先生は考古学と自然科学の融合を実践・体現された数少ない研究者である。我々自治体の緊急発掘調査・整理においても自然科学分析を行うものの，その成果を考古学的成果に十分還元できていないのも実情である。また，発掘調査そのものが十分に科学としてこたえられるのか。そのためには，遺跡やひとつひとつの事象に真摯に向き合う姿勢が肝要であると教えられた。

小稿の作成には，角縁進，重藤輝行，吉留秀敏，志賀智史，渡部芳久，柏原孝俊，坂井貴志，各氏のご援助があった。記して感謝申し上げます。

■註
1）組成中で最も多い石材を「第1石材」，二番目に多い石材を「第2石材」と呼称する。
2）先の検討遺跡に加えて三沢遺跡，一ノ口遺跡，大保横枕遺跡2，小板井屋敷遺跡5の出土資料を追加・補完した。
3）佐賀県鳥栖市蔵上遺跡の縄文時代後期後半～晩期初頭の資料（565点），福岡県朝倉市杷木町クリナラ遺跡の縄文時代晩期前半資料（177点），佐賀県基山町白坂遺跡の縄文時代晩期中頃資料（51点），福岡県朝倉市杷木町畑田遺跡縄文時代晩期後半～弥生時代前期前半資料（122点）から剥片石器石材構成を分析した。報告書からのデータ抽出であるので，必ずしも全点データではない。白坂遺跡は広義の三国丘陵に立地，蔵上遺跡は三国丘陵周辺の扇状地立地，クリナラ遺跡，畑田遺跡は筑後川上・中流域の丘陵立地である。
4）黒曜石とサヌカイトは，石材の持つ特徴から対象石器への明確な使い分けがみられ，製作工程で生じる残砕においても，その大きさにおのずと違いが生じる。重量比と点数比を分析する場合，その点に留意する必要がある。
5）城ノ越式期は2時期に細分が可能であるが，細分できない資料が，黒曜石2,273.5g，サヌカイト1,076.1gに上る。図7・10の石材量の変動グラフについては，傾向を示すために細分せずに示した。

■参考・引用文献
梅崎恵司2005「田手二本黒木地区Ⅱ区SD0001環濠出土の石材」『吉野ヶ里遺跡―田手二本黒木地区弥生時代前期環壕出土の土器と石器―』佐賀県教育委員会　pp.102−107
角縁進2011「蛍光X線分析による石器石材の原産地同定と問題点」『考古学と地球科学―融合研究の最前線』九州考古学会・日本地質学会西日本支部合同大会　pp.25
角縁進2014「三沢遺跡および周辺遺跡出土石器石材の蛍光X線分析による産地同定分析」『三沢遺跡』小郡市教育委員会　pp.16−21
神川恵2008「九州の縄文時代後晩期における石刃流通―鈴桶型石刃技法について―」『熊本大学社会文化研究』6　151−167
隈昭志1960「石器材料の石質からみた需要圏―本州西端及び北九州の場合」『考古学研究』第7巻第1号　考古学研究会　37−44
児玉洋志2005「稲作導入期における打製石器の石材の選択―佐賀県内について―」『弥生石器研究会佐賀大会発表資料集』弥生石器研究会　pp.28−42
小南裕一1999「縄文後・晩期石器研究ノート」『研究紀要』第13号 財団法人北九州市教育文化事業団埋蔵文化財調査室　1−18
坂本嘉弘1997「東北九州における石器組成の変遷―縄文時代後期から古墳時代にかけて―」『おおいた考古』第8集　1−18
志賀智史2013「弥生時代における姫島産黒曜石の流通」『考古学ジャーナル』638　15−19
杉原荘介・戸沢充則・横田義章1965「九州における特殊な刃器技法―佐賀県伊万里市鈴桶遺跡の石器群―」『考古学雑誌』，51巻3号，147−170
橘正信1987「縄文時代晩期および弥生時代の剥片石器」『東アジアの考古と歴史』中岡崎敬先生退官記念事業会
溝口孝司2008「弥生社会の組織とカテゴリー」『集落からよむ弥生社会』弥生時代の考古学8 同成社　pp.74−95
森貴教2011「弥生時代北部九州における両刃石斧の消費形態―今山系石斧を中心として―」『考古学研究』第57巻4号　50−70

山崎頼人2010「環濠と集団－筑紫平野北部三国丘陵からみた弥生時代前期環濠の諸問題－」『古文化談叢』第65号　1－37
山崎頼人・井上愛子2004「小郡市域における板付Ⅰ式併行期前後の様相」『板付Ⅰ式期の再検討　埋蔵文化財研究会福岡大会発表要旨集』埋蔵文化財研究会　pp.78－97
山崎頼人・杉本岳史・井上愛子2005「筑後北部三国丘陵における弥生文化の受容と展開－三国丘陵南東部遺跡群をケーススタディとして－」『古文化談叢』第54号　1－33
山崎頼人2003「三国丘陵弥生時代遺跡群における石器の様相（1）－三沢北中尾遺跡1地点－」『三沢北中尾遺跡1地点　環濠編』小郡市教育委員会　pp.110－115
山崎頼人2004「三国丘陵弥生時代遺跡群における石器の様相（2）－三沢蓬ヶ浦遺跡－」『三沢蓬ヶ浦遺跡3』小郡市教育委員会　pp.178－185
山崎頼人2005「三国丘陵弥生時代遺跡群における石器の様相（3）－三沢北中尾遺跡5地点－」『三沢北中尾遺跡5地点』小郡市教育委員会　pp.256－265
山崎頼人2007a「三国丘陵弥生時代遺跡群における石器の様相（4）－三沢北中尾遺跡2地点－」『三沢北中尾遺跡4地点』小郡市教育委員会　pp.186－191
山崎頼人2007b「三国丘陵弥生時代遺跡群における石器の様相（5）－三沢北中尾遺跡4地点－」『三沢北中尾遺跡4地点』小郡市教育委員会　pp.191－198
山崎頼人2012「弥生時代剥片石器石材の動向～北部九州を中心として～」『莵原Ⅱ　森岡秀人さん還暦記念論文集』莵原Ⅱ刊行会　pp.179－190
山崎頼人2013「弥生時代北部九州の剥片石器石材の流通」『考古学ジャーナル』638　10－14
吉留秀敏1993「縄文時代後期から晩期の石器技術総体の変化とその評価－早良平野を中心に－」『古文化談叢』第30集（上）　137－164
吉留秀敏2002a「北部九州弥生時代中期の剥片石器」『究班』Ⅱ 埋蔵文化財研究会 pp.117－124
吉留秀敏2002b「北部九州の剥片石器石材の流通（縄文時代後期～弥生時代）」『Stone Sources』1　石器原産地研究会　63－65
吉留秀敏2004a「弥生時代剥片石器研究ノート2－三沢北中尾遺跡における弥生時代剥片石器の相－」『石器原産地研究会会誌（Stone Sources）』4 石器原産地研究会　53－60
吉留秀敏2004b「縄文時代後・晩期の剥片石器生産について－石器・石材供給システムの様相－」『考古論集』河瀬正利先生退官記念事業会　pp.221－244
吉留秀敏2009「北部九州の打製石器の石材利用－石器石材の供給システム－」『環瀬戸内地域の打製石器石材利用　研究発表資料集』中四国縄文研究会　pp.265－278
吉留秀敏2012「筑後南部地域における弥生時代剥片石器の研究－八女地域における弥生時代剥片石器の様相」『九州考古学』第87号　47－65
渡部芳久，能登原孝道，米村和紘，足立達朗，小山内康人2011「北部九州における弥生時代後期の石庖丁生産と流通－玄武岩質安山岩製石庖丁を中心に－」『平成23年度九州史学会考古学部会発表要旨』九州史学会

＊報告書類については，紙幅の関係上省略させて頂いた。ご寛容願いたい。

科学としての弥生時代石器研究
－生産・流通研究における scientific cycle の構築に向けて－

熊本県教育委員会　**能登原孝道**

要旨

　科学的研究とは，「実証性」，「論理性」，「客観性」，「再現性（反証可能性）」という4つの性質を備えた科学的方法のサイクル（= scientific cycle）に基づき行われるものである。つまり，考古学の研究において，それがいかなる時代・遺構・遺物を対象とする研究であれ，scientific cycle に基づき研究が行われれば，それは科学であるということができ，そうでない方法により研究が行われれば，それは科学ではないといえる。本稿では，この scientific cycle の過程を4段階に整理し，弥生時代石器の生産・流通研究において，どのような研究過程をたどれば，それが科学的研究となり得るのかについての整理を行った。

キーワード：科学，科学的研究，scientific cycle，弥生時代石器の生産・流通

1　はじめに

　日本における近代的な考古学は，明治10（1877）年にモースによって行われた大森貝塚の発掘調査から始まったとされる。モースは，この時の発掘調査，そしてその2年後に刊行された調査報告書『Shell Mounds of Omori』等を通じて，考古学の研究方法を日本において初めて実践するとともに，文献史料だけでなく，地中に埋もれているモノからも歴史を復元することが可能であるということを示した（E.S. モース〔近藤・佐原編訳〕1983；横山1985）。モースによるこれら一連の調査・研究は，日本における最初の科学的発掘調査であり，また，この時をもって日本の科学的考古学が発足したと位置付けられている（横山1988）。このように日本においては大森貝塚の調査・研究から始まったとされる科学的考古学とは，どのような考古学のことを指すのであろうか。また，考古学と科学はいかなる関係性をもつものであろうか。このことについて考えることが，今回，課題として与えられた「考古学は科学か」という問いへの答えにつながると考える。

　そこで本稿では，この「考古学は科学か」という問いに対する答えとともに，筆者がこれまで行ってきた弥生時代石器の生産・流通研究において，どのような考え方と方法で研究を行えば，それが科学的考古学となり得るのかということについて，私見を述べたいと考える。

2　考古学は科学か

　「考古学は科学か」という問いについて考えるにあたって，まず科学とは何かということを整理してみることとする。科学という概念には様々な捉え方や考え方があろうが，科学とは一般的に，自然現象あるいは社会的現象の中に一定の規則性を見出し，その原因を探り出し，法則としてまとめることであるといわれる（濱田2007）。この法則を抽出，あるいはまとめ上げるときには，実際に観察（実験）した結果に基づき（「実証性」），誰もが認める論証を積み重ねること（「論理性」）が必要であるとされる。さらに，その過程においては，「客観性」を保つとともに，誰もがその過程を再現することができる「再現性」が必要とされる（濱田2007）。そのため，どのような学問分野の研究であれ，その研究の過程において，「実証性」，「論理性」，「客観性」，そして「再現性」（＝「反証可能性」）を備えた研究が科学であるといえるであろう（以下，この４つの性質を「科学的研究における条件性」とよぶ）。つまり，考古学が科学となり得るためには，その研究の過程において科学的研究における条件性が必ず備わっていないといけないということになる。

　それでは，科学的研究における条件性を備えつつ，具体的にどのような研究過程をたどれば，それは科学的な研究となるのであろうか。それには，研究の方法として，事実から仮説を構築し，その仮説を検証して新たな事実を提示する一連の過程－仮説検証型の研究方法－をとることが必要であるといえよう。このような一連の過程は，一般的に科学的方法（scientific method）と呼ばれるが，この科学的方法は，一つの円環で完結するものではなく，仮説の構築とその検証という作業を延々と繰り返していく過程をとる（第１図）。つまり，科学的な研究とは，科学的研究における条件性を備えながら，仮説・検証作業を繰り返す科学的方法のサイクルに基づく研究のことであるといえるだろう。

　そこで，今回の「考古学は科学か」という問いに対する答えを先に述べるとするならば，考古学の研究において，それがいかなる時代・遺構・遺物を対象とする研究であれ，科学的研究における条件性を備えながら仮説検証を繰り返す科学的方法のサイクルにより研究が行われれば，それは科学であるし，そうでない方法（例えば，仮説のみの提示に終わり検証ができていない，あるいは，そもそも検証が不可能等）により考古学の研究が行われた場合は，それは科学ではないといえるであろう。

　なお，このような科学的方法のサイクルについて，これまでの考古学研究においては，トーマスが「scientific cycle」と呼称し（Thomas1989），横山浩一が「考古学研究の諸段階」として整理しているが（横山1985），

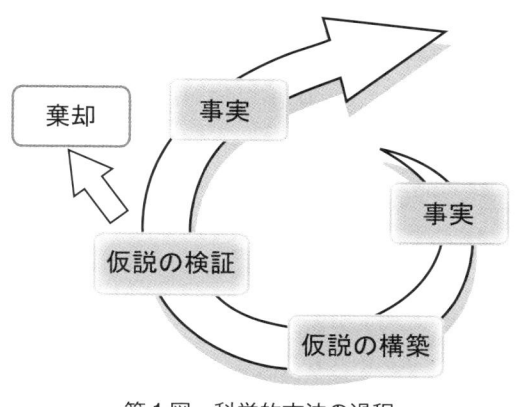

第１図　科学的方法の過程

本稿ではトーマスにならい,「scientific cycle」という用語を用いることとする。

それでは,具体的にscientific cycleに基づく研究を行うためにはどのようにしたらよいのだろうか。これについて,筆者がこれまで行ってきた弥生時代北部九州における石器の生産・流通研究を例としながら示していきたい。

3 石器の生産・流通研究におけるscientific cycle

scientific cycleがどのような研究の過程をとるのかについては,トーマスが示しているとおりである(第2図)。つまり,既知の事実(Facts)から帰納(Induction)して仮説(Hypotheses)を構築し,検証のための条件("if...then"statements)を設定して(Bridging Argumentation),結果(Consequences)を導き,それを検証(Verification)して,新たな事実(Facts)に至るというものである(Thomas1989)。また,横山は4段階にわたる考古学研究の諸段階を設定している(第3図)。この考古学研究の諸段階は,直線的に低次から高次の段階に進むのではなく,各段階の研究はある程度併行して着手され,高次の段階での成果が低次の段階にフィード・バックされて,再度,低次の段階から研究をやり直すことが起きるということが示されている(横山1985)。

トーマスと横山により設定されたそれぞれの研究の過程を比べるならば,トーマスのscientific cycleにおける事実から帰納して仮説を構築する過程が,横山による研究の第1～4段階にあたるといえる。そして,トーマスのscientific cycleにおける仮説を検証する過程は,横山の第4段階から再度第3段階に戻り,別の方法を用いて資料の予備的な加工を行う過程にあたるといえよう。

そこで,ここでは両者による研究過程の整理に導かれながら,石器の生産・流通研究におけるscientific cycleについて具体的に見ていくことにする。

(1) Stage1:問題の設定

問題の設定は,先行研究を整理・検討し,

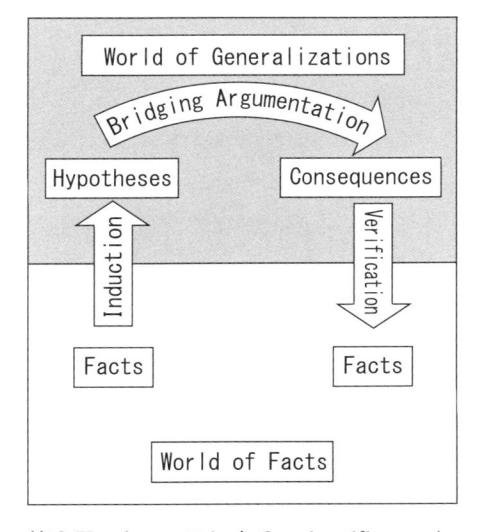

第2図 トーマスによるscientific cycle

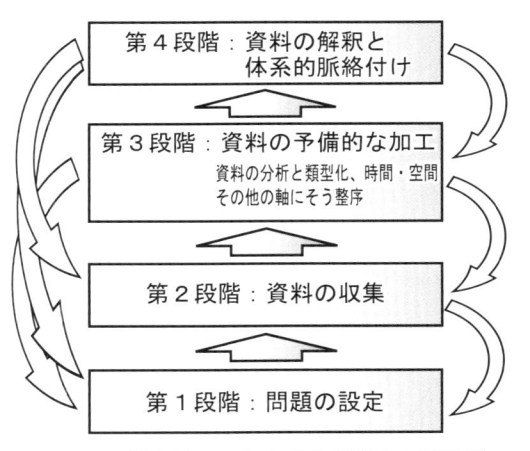

第3図 横山浩一による考古学研究の諸段階

その問題点・課題等を適切に捉えていく中で初めて可能となる。先行研究の整理・検討にあたっては，問題に関連する先行研究がどのような問題意識と研究背景のもとに，どのように論の積み重ねを行い，そして，その構造が論理的な整合性を持っているのか等を検討する必要がある。そのような整理・検討を行った上で初めて適切な問題の設定ができるのであり，この先行研究の整理・検討が抜けてしまうと科学的な研究を行うことは難しいといえる。なお，次のStage2（資料の収集）における様々なインスピレーションを得て問題の設定に至ることもあるため，Stage1（問題の設定）とStage2（資料の収集）は交互に反復しながら展開するものといえよう。

弥生時代石器の生産・流通研究においては，自身が考古学的関心と問題意識をもつ問題に関連する考古学的な先行研究を整理・検討するとともに，石器石材等に関連する地球科学的な研究の他，民族学的，経済学的研究等，関連する分野の先行研究についても同様に整理・検討する必要がある。

（2）Stage2：資料の収集

考古学における資料の収集とは，第一義的には，前段階において問題設定を行った問題を明らかにするための明確な目的意識を持って行う発掘調査等によって収集されるといえよう。しかし，行政による記録保存調査が大半を占める近年の調査状況においては，まず発掘調査の成果についてまとめられた発掘調査報告書（以下，「報告書」とする）から，遺構や遺物等についての情報を集めることが主になっているといえる。しかし，報告書に記載されている遺構や遺物の情報は，それ自身が資料となり得るものもあるが，中には取捨選択すべき情報の域を超えない場合も多くある。したがって，Stage2に位置づけられる資料の収集とは，報告書で得た情報をもとに，発掘された遺物について明確な問題意識のもとに実際に実見・観察し，問題解決の目的に沿う資料を集める行為のことを指す[1]。この行為こそが，科学的研究における条件性のうちの「実証性」につながるものといえる。

①報告書による石器情報の収集

弥生時代石器の生産・流通研究に用いる資料収集の第一歩は，報告書から様々な石器に関する情報を得ることである。石器の生産・流通研究を行うための情報を得る際に，まず重視すべき石器の属性は，その石材であるといえるだろう。石器以外の遺物，例えば土器，青銅器，鉄器，木器等は，それらのモノが，どの地域で得た原材料をもとに，どの場所で製作されたかについて，原材料から明らかにするのは困難が伴う場合が多い。しかし，石器の場合は，石器に用いられている石材を同定できれば，その石材を産出する原産地や石器を製作した生産遺跡を明らかにすることが可能であるという，他の遺物を対象とした生産・流通研究とは異なる優位な特性を持つ。そのことから，報告書による石器情報の収集段階において，まず石材の情報について収集することは重要な作業であるといえよう。他，石器石材の情報以外にも，石器の形状・サイズ，石器の製品・未製品の区別，石器製作の際に生じた剥片類，石器製作の道具，石器が出土した遺構や関連する遺構の状況，石器に共伴した遺物等，様々な情報を収集する必要

がある。資料の収集を行う際は，自らが設定する問題に関連する地域・時代の報告書をすべて確認し，Stage1（問題の設定）で設定した課題を解決するために必要な情報を収集しなければならない。このようにして集成された情報は，遺物の実見・観察による資料収集の第一歩となる。

②遺物の実見・観察による資料の収集

報告書による情報収集が，資料の収集における最初のステップとなるが，報告書はすべての事柄について，客観性を持って正確に記載されているとは限らない。また，自らが設定した問題を解決するのに必要な事柄について記載されていない場合もある。特に，石器に関していえば，石器石材の記載については，その石材名称が適切でない場合が多く見られるとともに，同じ石材でありながらも報告書によって石材名称が異なるといった場合も多数あるため，混乱をきたしている状況がある。また，石器の形状等のその他の情報についても，報告書だけの情報では不十分な場合もある。

そのような現状を踏まえ，資料の収集にあたっては，報告書による情報収集を踏まえた上で，実際の遺物を実見・観察する必要が出てくる。この実見して観察するという行為は，Stage3（仮説の構築）における資料批判につながる行為でもあり，最初の基礎的な資料批判にあたるといえる。

以上のように，Stage2は，Stage1において問題設定した課題を解決するためにどのような資料を用いればよいかについてまず報告書から情報を収集し，そこで得た情報をもとに実際の遺物を実見・観察しながら，資料を収集する段階といえる。

（3）Stage3：仮説の構築

この段階は，収集した資料をもとにそこから仮説を組み上げていく段階である。トーマスのscientific cycle では，事実から帰納して仮説を構築する段階のことを指す（Thomas1989）。横山による考古学研究の諸段階では，資料の予備的な加工となる資料の分析と類型化，時間・空間その他の軸にそう整序がなされ（横山の第3段階），その後，資料の解釈と体系的脈絡付けが行われる段階（横山の第4段階）とされる（横山1985）。つまり，横山の整理では，まずそれぞれ用いる資料について，型式論的・編年論的・分布論的研究方法等によって資料批判が行われ，これらの資料批判がなされた資料について，次の段階において，その解釈と体系的脈絡付けがなされるという整理であるが，両段階は併行して進む場合も多いため，本稿ではそれらを一つの段階として扱う。

この段階では，最初に設定した問題（Stage1）を解決するために収集した資料（Stage2）をもとに，そこから仮説を構築していくのであるが，まず最初に仮説の構築のために収集した資料には必ずバイアスがあるということを念頭に置く必要がある。そのバイアスがある資料について，それを歴史の史料として用いることができるようにする作業－資料批判－（＝横山のいう「資料の予備的な加工」）がここでは重要となる[2]。

資料批判は，その遺物自体がどのような属性を持っているかを明らかにすることから始まる。

石器においては，石材，型式，サイズ，遺存状況等がそれにあたるといえる。特に石器の生産・流通研究においては，先述のとおり，石器に用いられている石材が何であるかを明らかにすることがまず研究の重要な基礎となる。それは，石器の生産・流通研究を進めるにあたって，異なる石材を同じ石材として認識してしまい論を展開するならば，その研究は根底から覆される可能性が高いためである。そのため，石器石材の同定は，資料批判の重要な第一歩となる。しかし，例えば，黒曜石やサヌカイト等，その色調・質感等が特徴的であり，風化がほとんど見られない，あるいは風化があっても風化の特徴が認識・共有されやすい石材に関しては，報告書において正しくその石材名称が記載される傾向にあるが，それ以外の石材については，調査及び整理担当者のそれまでの知識や経験に基づく主観により様々な名称がつけられ報告書に記載される場合が多い。報告書によっては，地質学の専門家等による石材同定を経てその名称を記載する場合もあるが，風化した石材表面の肉眼観察等による観察だけでは正確な石材同定は難しいこともあり，適切な石材名称がつけられていないこともある。また，石材同定の手がかりとなるべき報告書における石器の写真図版はモノクロのものが多く，石材の色調や表面の風化の状況等がわからない場合も多い[3]。

　以上のような課題がある中，出土石器から作成した薄片プレパラートを用いての偏光顕微鏡による観察や，蛍光X線分析等の地球科学的分析を行い，石材名の正確な同定を試みる報告書もあり，報告書をまとめる中で石材についての資料批判が行われている状況もみられる（佐賀県教育委員会2003；小値賀町教育委員会2003など）。しかし，遺跡から多量に出土する石器について，そのすべてに石器の破壊を伴う地球科学的な分析を行うことは，遺物保存の面からも，効率性の面等からも望ましくなく，現状ではまず肉眼観察による石材同定をある程度進め，その上で地球科学的方法により石材を同定する作業が必要となろう。

　それでは，資料批判の第一歩となるこの石材同定をどのような方法で行うのが望ましいだろうか。それにはまず，自らが設定した問題を解決するための資料となり得る石器を注意深く実見・観察する必要がある。石器は長期間土中に埋蔵されていたため，その表面は程度の差はあるものの一様に風化している。さらに，土中環境の違いによってその風化度合いが大きく異なることがあり，一見して同じ石材と判断できない場合も多い。例えば，弥生時代初頭から中期後半の北部九州において，石庖丁や石鎌，石剣等の石材として使用され，広く流通した「菫青石ホルンフェルス」という石材は，風化の度合いによって見た目が大きく変化する石材の一例といえる（能登原ほか2007）。この菫青石ホルンフェルスは，風化がほとんど進んでいない状態だと漆黒色で金属を思わせるような光沢をもつが，風化が進んだ状態では，表面が真っ白な粉状になり脆くなるなど，風化によって表面の色調も質感もかなり変化する石材である。そのような風化の特徴のため，報告書では，この菫青石ホルンフェルスについて，頁岩質砂岩，粘板岩ホルンフェルス，頁岩，砂岩，粘板岩といった様々な石材名で記載されており，報告書で情報を収集するだけでは，全く異なる石材として扱ってしまう可能性がある。しかし，実際の資料を実見・観察すれば，風化がある一定の法則のもとに進んでいることが確認でき（第4図），

それによって，肉眼による石材の同定が可能となる。そのような作業を通して，ある一定の石材のグルーピングが可能になれば，偏光顕微鏡や蛍光Ｘ線等による分析を通して，正確な石材名の同定も可能になってくるといえる。

このように，石器の生産・流通研究においては，石材同定という資料批判が最初の手続きとなってくるが，この石材同定にあたっては，報告書からの情報のみに頼るのではなく，自ら石器を実見・観察した上で，その石材の様々な特徴を把握・検討し，最終的には地球科学的分析を行いながら，正確な石材同定を行う必要があるといえる。

石器の生産・流通研究においては，以上のような石材同定と

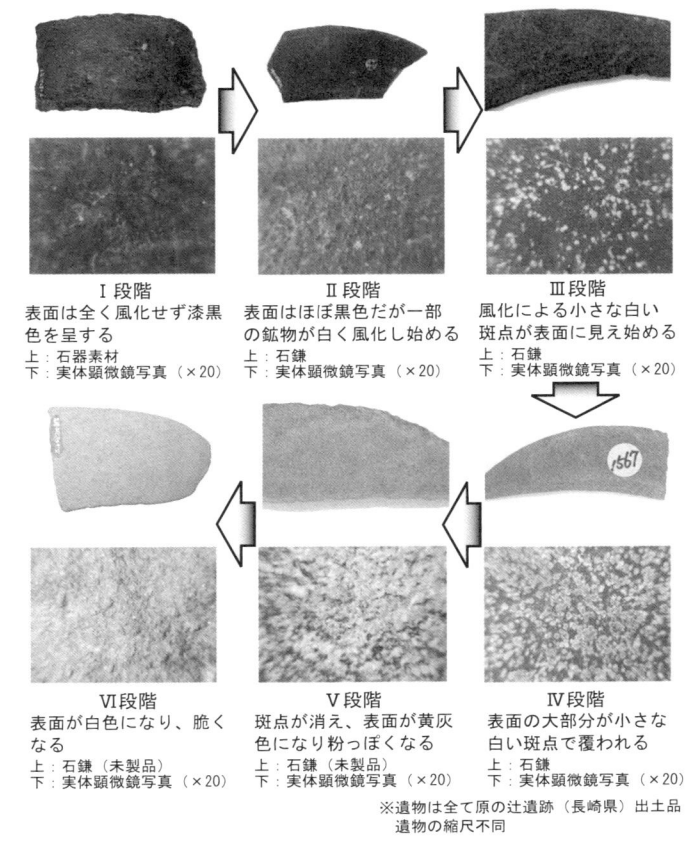

Ⅰ段階
表面は全く風化せず漆黒色を呈する
上：石器素材
下：実体顕微鏡写真（×20）

Ⅱ段階
表面はほぼ黒色だが一部の鉱物が白く風化し始める
上：石鏃
下：実体顕微鏡写真（×20）

Ⅲ段階
風化による小さな白い斑点が表面に見え始める
上：石鏃
下：実体顕微鏡写真（×20）

Ⅵ段階
表面が白色になり、脆くなる
上：石鏃（未製品）
下：実体顕微鏡写真（×20）

Ⅴ段階
斑点が消え、表面が黄灰色になり粉っぽくなる
上：石鏃（未製品）
下：実体顕微鏡写真（×20）

Ⅳ段階
表面の大部分が小さな白い斑点で覆われる
上：石鏃
下：実体顕微鏡写真（×20）

※遺物は全て原の辻遺跡（長崎県）出土品
遺物の縮尺不同

第４図　菫青石ホルンフェルスの風化過程

いう基礎的な資料批判を行った上で，さらに型式論的・層位論的・分布論的・機能論的方法等に基づく資料批判を行い，仮説の構築に至る。仮説の構築にあたっては，これら様々な資料批判の方法の中から，Stage1で設定した問題を解決するのに最も適切であると考えられる方法を取捨選択しながら用いることとなる。

ここでは，仮説の構築に至る具体例として，筆者らがそれまで頁岩質砂岩等と呼ばれていた石材（石材同定の結果，菫青石ホルンフェルスが正しい石材名称であることが明らかとなったため，適宜その名称を用いる）の原産地が不明であるため，それを明らかにする目的で行った方法（能登原ほか2007）のうち，特にStage1（問題の設定）からStage3（仮説の構築）に至る過程について述べることとする。

①仮説構築に至る一つの作業例

筆者らは，北部九州における弥生時代の石器の生産・流通に考古学的関心を持つ中で，石庖丁や石鏃，石剣等の石材として多量に使用されるものの，その石材原産地や石器製作地等が全く不明である石材に関心を持った。この石材は，それまで頁岩質砂岩等と呼ばれており（森・岡崎1961など），その生産と流通に関する研究も行われていたが（下條1975など），その実体は

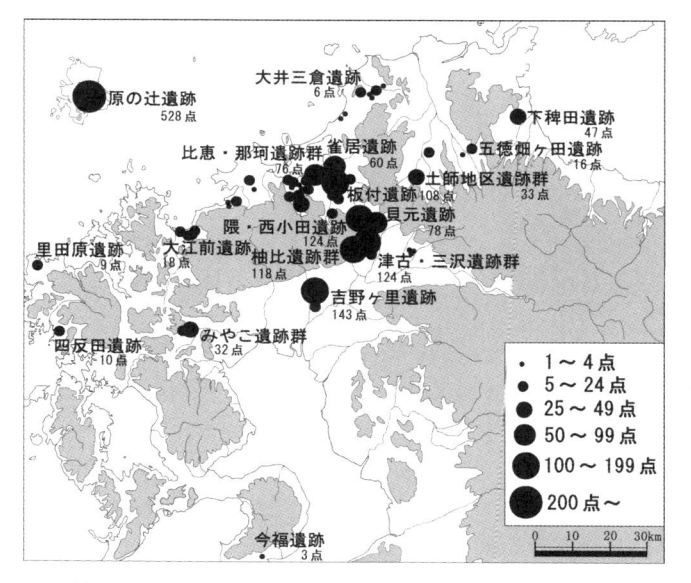

第5図　弥生時代初頭～中期後半における頁岩質砂岩
（菫青石ホルンフェルス）製石器の出土分布図

不明な点が多かった。これまで，弥生時代の北部九州における石器の生産・流通研究は，石材原産地や製作地がある程度明らかで，北部九州各地の遺跡から数多く出土する今山系石斧と呼ばれる玄武岩製太形蛤刃石斧（中山1924など）や，立岩系石庖丁と呼ばれる輝緑凝灰岩製石庖丁（中山1934など）が広く知られ，長く研究の対象となってきた。しかし，同じように北部九州各地の遺跡から数多く出土する頁岩質砂岩（菫青石ホルンフェルス）製の石器については，その正確な石材名，石材原産地や石器製作地等が不明であり，これらについて明らかにすることは，北部九州の弥生時代石器の生産・流通研究から当時の社会を復元する上で重要であると考えた（Stage1：問題の設定）。

そこで，報告書における弥生時代の石器出土の情報をもとに，各地の遺跡から出土した弥生時代の石器を実見・観察し，肉眼観察によって頁岩質砂岩（菫青石ホルンフェルス）製石器の集成を行った（Stage2：資料の収集）。

そして，この収集した資料をもとに，石材原産地を明らかにするという目的に最も適切であると考えた分布論的方法を用いて仮説の構築に至った。つまり，この頁岩質砂岩（菫青石ホルンフェルス）製石器の出土遺跡とその出土数を地図上にプロットし（第5図），原産地から距離が離れるにつれ，遺物の出土数が減少するというレンフリューによる fall-off pattern（Renfrew1975）を援用し，頁岩質砂岩（菫青石ホルンフェルス）製石器の出土数が集中する地域である壱岐・福岡平野・二日市地峡帯・佐賀平野東部のいずれかの地域に石材原産地があることを想定した。さらに，石材原産地と弥生時代の磨製石器製作遺跡は比較的近距離に位置する傾向が強いことから，石器製作遺跡の存在を示す未製品の分布状況を明らかにした結果，製品の出土数が集中する地域の中でも，壱岐・福岡平野及びその周辺域に頁岩質砂岩（菫青石ホルンフェルス）の原産地があるという仮説を構築した（Stage3：仮説の構築）。

以上は，あくまで仮説の構築に至る一つの作業例であり，仮説の構築に至る方法には様々な方法があることは先述のとおりである。しかし，ここで注意すべきことは，構築した仮説はあくまでも仮説に過ぎず，事実ではないということを十分に認識しておくことである。構築した仮説を新たな事実までひきあげるためには，仮説の検証作業が欠かせない。それが次のStage4での手続きとなる。

(4) Stage4：仮説の検証

　仮説は検証という作業を行い，その結果，その仮説に矛盾がなければそれは事実となり，矛盾が生じれば棄却されることになる。いずれにせよ，仮説は検証という作業を経なければ，その仮説が正しいのかどうかの判断はできないのである。つまり，科学的な研究を行う場合には，仮説を構築した後，その仮説の提示のみに終わるのではなく，その仮説の検証を行うことが必須となる。また，検証を行う際に，仮説構築と同じ方法を用いようとすると，それは循環論法に陥ってしまい，科学ではなくなってしまう。一般的に，考古学における仮説の検証方法としてよく知られているのは，遺物の型式論的方法によって編み出された型式組列（＝仮説）を地層累重の法則に基づく層位論的方法により検証する方法である。つまり，型式論的に古いと仮定した遺物が遺跡の下層から出土し，新しいと仮定した遺物が遺跡の上層から出土する場合，その型式論的方法から構築された遺物の先後関係についての仮説が検証されるという検証方法であるが，このように，仮説の検証を行う際には，仮説構築の時とは別の方法を用いなければならない。

　ここでは，仮説検証の作業例として，Stage3（仮説の構築）において筆者が例として示した頁岩質砂岩（菫青石ホルンフェルス）の原産地同定の例（能登原ほか2007）を引き合いに，仮説検証の方法について述べてみることとする。

　筆者らの研究におけるStage3（仮説の構築）では，分布論的方法を用いて壱岐，福岡平野及びその周辺域に頁岩質砂岩（菫青石ホルンフェルス）の原産地があるという仮説を提示したが，この仮説を検証するために分布論的方法を離れ，地球科学的な方法で検証を行った。つまり，まず偏光顕微鏡による岩石薄片プレパラートの観察を行い，これまで頁岩質砂岩と呼ばれてきた岩石は，菫青石ホルンフェルスという接触変成岩であることを明らかにした。そして，表層地質図による検討から，北部九州及びその周辺地域において菫青石ホルンフェルスを産出するのは，①対州層群下部層ホルンフェルス帯（長崎県対馬市），②長崎帯相の島層・江の島層（長崎県南松浦郡新上五島町），③須佐層群菫青帯（山口県萩市）の3つの地層に絞られることが明らかとなった。ここで，この3つの地層の位置関係と分布論的方法から導き出した仮説を照合すると，①の対州層群下部層ホルンフェルス帯が弥生時代の石器に使用された菫青石ホルンフェルスの原産地である可能性が高いと考えられた。そこで，石器に使用された菫青石ホルンフェルスの原産地が対州層群下部層ホルンフェルス帯であるということを検証するため，対州層群下部層ホルンフェルス帯内で，遺跡出土の菫青石ホルンフェルス製石器と類似する岩石を採集し，その岩石薄片プレパラートを作成して偏光顕微鏡による観察を行ったところ，遺跡出土石器の菫青石ホルンフェルスとほぼ似た岩石組織をもつ菫青石ホルンフェルスであることが明らかとなった。さらに検証を進めるため，EPMA（Electron Probe Micro Analyzer：電子プローブ・マイクロアナライザー）を用いて，遺跡出土の石器に使用された菫青石ホルンフェルスと対州層群下部層ホルンフェルス帯の菫青石ホルンフェルスに含まれる鉱物の化学組成について分析するとともに，SEM（走査型電子顕微鏡）を用いて鉱物組成の観察を行った。その結果，

遺跡出土の石器に使用されたた菫青石ホルンフェルスの原産地が対州層群下部層ホルンフェルス帯の可能性が極めて高いことが明らかとなり，頁岩質砂岩（菫青石ホルンフェルス）の原産地が，壱岐・福岡平野及びその周辺域にあるという分布論的方法から構築した仮説が検証されるという結果となった。この検証の作業において重要な点は，仮説を構築し（ここでは考古学的〔分布論的〕方法による），それを別の方法（ここでは地球科学的方法による）によって検証するというように，仮説の構築とは別の方法で検証を行うということにある。

また，検証の作業までの過程において，どのような資料をもとに，どのようなデータを得て仮説を構築し，さらに検証を行ったかということをきちんと明示することも重要である。今回，例として挙げた筆者らの研究では，資料批判を経て得た菫青石ホルンフェルス製石器及び未製品の出土数をもとにした分布図，そして，検証に用いた石器及び岩石の出土地や，偏光顕微鏡写真及びEPMAによる化学組成分析値等をデータとして提示している。このように，仮説構築，検証に用いた資料・分析値等を明示することは，科学的研究における条件性のうち，「再現性（反証可能性）」を保つ上で重要であるといえ，それは，自らが構築した仮説，そして，そこから導き出された事実を第3者が再度検証を行う上でも，必ず持たなくてはならない科学的研究における条件性であるといえる。

以上，scientific cycleの過程についてStage 1〜4の4段階に整理してきた。科学的研究においては，これらscientific cycleの諸段階を経て，事実から新たな事実へと至るのであるが，仮説が検証の段階で棄却されること，あるいは検証等の結果，高段階から低段階へと再度段階が戻ることはよくあることであり，scientific cycleは決して直線的な道筋だけではないということを改めてここで述べておきたい。いずれにせよ，様々な思考的・方法論的な試行錯誤を繰り返しながらもscientific cycleに基づく研究であることが，考古学が科学であり得る必要条件になるといえよう。

4　おわりに

今回与えられた課題は，「考古学は科学か」という問いであった。この問いについての答えとして，考古学は科学であると単純にいえるのではなく，その考古学の研究が，科学的研究における条件性を備えたscientific cycleに基づいて行われた時にだけ，考古学は科学であるといえるということをこれまで述べてきた。また合わせて，弥生時代石器の生産・流通研究において，どのような研究過程をたどれば，scientific cycleが構築され得るのかについて示した。

モースによる大森貝塚の発掘調査から始まった日本における科学的考古学の長い研究史を振り返ってみると，すべての研究が，科学としての考古学研究であったとはいえないであろう。考古学は，文献史学・文化人類学・民俗学等の人文科学系学問分野のみならず，自然人類学，地質学，化学等の自然科学系学問分野との関係性が深く，また，他の学問分野との学際研究により新たな事実に至る傾向が強い学問分野であるともいえる。そのような中にあって，考古学が科学でなければ，他分野の研究者からの考古学への理解が難しくなり，他の学問分野との学

際研究も成り立たない可能性が高い。また，そもそも考古学の学問としての存立基盤が危ぶまれる事態ともなりかねない。考古学が今後も学問としてあり続けるためには，考古学は科学としての研究方法＝scientific cycle に基づくものでなければならないといえよう。

あとがき

　故田中良之先生からの「考古学は科学か」という問いに対して，本来は，新たな研究の実践において，考古学は科学であるということを示したかったが，それを果たせない結果となってしまった。今回，研究方法の例として示した筆者らの研究は，筆者が故田中先生に指導を受けた大学院生時代に，scientific cycle に基づく研究を行うためには，どのような資料を用い，どのような方法で論を組み立てたらよいかを一番に考えながらまとめたものであり，今回それを引用しながら本稿をまとめさせていただいた。先生の薫陶を受けた大学院生時代は，それまで勝手に分かったような顔をしていた考古学という学問を根本から考え直させられる毎日であった。それは同時に，考古学という学問の本当の楽しさを教えていただいた毎日でもあった。これまで故田中先生には公私にわたり言葉に尽くせぬほどお世話になり，先生なくして今の自分はなかったといえる。先生から頂いた数々のご恩に感謝し，心から先生のご冥福をお祈りしたい。

■註

1) 遺構については，発掘調査後も実見・観察が可能な遺物とは異なり，再度発掘調査を行って遺構を確認するという作業が難しい場合が多いため，報告書における記録・成果等を「資料」として扱うのが今のところ適当と考えられる。
2) ここでは，収集した資料について「資料」という語を用い，その後の資料批判によって，歴史を復元するための資料となったものについて「史料」という語を用いる。これは横山の概念（横山1985）に従うものである。
3) 近年は石材の色調等を示すことを目的として，石器の写真をカラーで載せる報告書も出てきている（佐賀県教育委員会2005など）。

■参考文献

E.S. モース（近藤義郎・佐原　真編訳），1983．大森貝塚－付 関連史料．岩波書店，東京．
藤本　強，考古学の方法　調査と分析．東京大学出版会，東京．
濱田嘉昭，2007．科学的な見方・考え方．放送大学教育振興会，東京．
H.J. エガース（田中　琢・佐原　真訳），1981．考古学研究入門．岩波書店，東京．
森　貞次郎・岡崎　敬，1961．福岡県板付遺跡．日本農耕文化の生成（日本考古学協会　編），pp.37-77．東京堂，東京．
中山平次郎，1924．筑前糸島郡今山に於ける石斧製造所址．考古学雑誌　14-14，39-52．
中山平次郎，1934．飯塚市立岩字焼ノ正の石庖丁製造所址．史蹟名勝天然記念物調査報告書（史蹟の部）9，57-69．

能登原孝道・中野伸彦・小山内康人，2007．いわゆる「頁岩質砂岩」の原産地について．九州考古学 82，1-19．

能登原孝道，2014．北部九州における石庖丁の生産と流通．東アジア古文化論攷2，pp83-102．中国書店，福岡．

小値賀町教育委員会，2003．野首遺跡－野崎多目的ダム建設に伴う発掘調査－ 長崎県五島列島小値賀町文化財調査報告書17．小値賀町教育委員会，長崎．

Renfrew, C., 1975. Trades as Action at a Distance：Questions of Integration and Communication. *Ancient Civilization and Trade* (Sabloff, J.A.and C.C.Lamberg-Karlovsky, ed), pp.3-59. University of New Mexico Press, Albuquerque.

佐賀県教育委員会，2003．柚比遺跡群（4）分析編 佐賀県文化財調査報告書158．佐賀県教育委員会，佐賀．

佐賀県教育委員会，2005．吉野ヶ里遺跡－田手二本黒木地区弥生時代前期環濠出土の土器と石器－ 佐賀県文化財調査報告書163．佐賀県教育委員会，佐賀．

下條信行，1975．未製石器よりみた弥生時代前期の生産体制．九州考古学の諸問題（福岡考古学研究会編），pp.179-210．東出版，東京．

勅使河原 彰，2013．考古学研究法 遺跡・遺構・遺物の見方から歴史叙述まで．新泉社，東京．

Thomas, D.H., 1989. *Archaeology* (*2nd edition*). Holt, Rinehart and Winston, Fort Worth.

横山浩一，1985．総論－日本考古学の特質－．岩波講座日本考古学1：研究の方法（近藤義郎・横山浩一・甘粕 健・加藤晋平・佐原 眞・田中 琢・戸沢充則 編），pp.2-15．岩波書店，東京．

横山浩一，1988．考古学とはどんな学問か．日本考古学を学ぶ（1）〈新版〉（大塚初重・戸沢充則・佐原 眞 編），pp.2-11．有斐閣，東京．

■図版出典
第1図：筆者作成 第2図：Thomas, D.H, 1989より転載・一部改変 第3図：筆者作成 第4・5図：能登原ほか，2007より転載・一部改変

弥生石器の層灰岩

北九州市芸術文化振興財団埋蔵文化財調査室　梅﨑　惠司
福岡大学理学部　柚原　雅樹

要旨

　著者の一人，梅﨑は，これまでに北部九州の遺跡出土弥生石器素材について1999年に基礎作業を行った（梅﨑　1999）。それは岩石学上の肉眼鑑定を基本とし，非破壊原則の考古資料に呼応した方法であった。その後，北九州市の高槻型石斧の偏光顕微鏡観察を行うことができた。しかし全体を推し量るのは，やはり考古学者の観察力であった。ところがこの状況を科学的に明るい方向へ進めたのは，2010年の九州考古学会総会で紹介されたハイテク考古学であった。そこで，我々も同様な分析を，北九州を中心に分布する弥生石器の層灰岩について試みた。その結果，層灰岩は凝灰質泥岩と砂岩あるいは泥岩の互層であり，全体的には安山岩質であることが明らかとなった。

キーワード：弥生石器石材，層灰岩，化学分析，韓日の磨製石剣

1　はじめに

　九州の弥生考古学の石器研究は，中山（1934）による福岡市西区の今山遺跡と飯塚市の立岩遺跡の研究から始まった。それは「各自に石斧を製造して自給自足をやって居たのではなく……一程度分業が発達し，謂わば石斧製造業者ともいふべき専業者があって……」と結論づけた。森（1966）は，「普遍的なのは大陸系の磨製石器で……凝灰岩質の頁岩をもちいた磨製片刃石斧・抉入石斧……がある。」と述べた。この凝灰岩質の頁岩中に今回対象とする層灰岩が含まれている。その後，集中的に生産された今山遺跡産の伐採石斧と立岩遺跡産の石庖丁の分布を根拠に北部九州の弥生時代社会が想定された（下條　1989）。弥生石器の石材は，肉眼鑑定によると，30種余りと種類が多いが器種別に使用が限定される傾向がある（梅﨑　1999）。近年，化学的な分析手法を用いてより正確に原産地を求めようとしている。このような傾向は，流通と生産や集落（工房）と石材産地の関わりから，より具体的な弥生時代社会構造のイメージアップをはかるのに大いに役立っている。以下，最近の動向を外観する。

2 主な石材

　北部九州の大陸系磨製石器の二大ブランドは，灰色玄武岩製の今山石斧，紫色泥岩製の立岩石庖丁である（下條 1989）。前者の灰色は風化色で，外面は白い粉をふいたような状態であるが，芯部は黒色を呈する。石材は新第三紀鮮新世の玄武岩で，石取り場は福岡市西区大字今宿字横浜所在標高85mの今山（国指定史跡）である。石斧の分布は長崎，佐賀，福岡，熊本，大分，山口の6県にまたがる。これに対して，北九州市の伐採石斧は高槻型と呼ばれ，白亜系関門層群下関亜層群中の安山岩質凝灰岩が用いられている（梅﨑 1999）。梅﨑（1999）は，顕微鏡観察による北九州の石材の岩石同定をした初めての論文である。表面は緑黄灰色を呈し，風化が著しくぼろぼろ観があり，吸湿性に富む。カビ状の白い円形の斑文が見られる例もある。芯部は黒色か黒灰色で，斑文は薄く白い輪郭状に見える。しかしハンマーなどで割ろうとすると，はね飛ばされるほどの弾力と堅さを持つ。同質の岩石からなる礫は，北九州市八幡東区高見の高見遺跡でも出土している（梅﨑 2004）。高見遺跡は，板櫃川中流域の扇状地にあり，石材は扇状地堆積物中や現河床に分布している。この高槻型石斧の分布は佐賀，福岡，山口の3県におよぶが，出土量は今山石斧の半分である（梅﨑 2000）。

　立岩の石庖丁の石材である紫色の泥岩は，関門層群脇野亜層群中に含まれ，風化面も芯部も同様の紫色を呈する。紫色泥岩は，福岡県宮若市宮田の千石峡周辺にも露出しており，これらを使用したと考えられている（岡崎 1977）。立岩遺跡出土の石庖丁は紫色を呈するものが多いが，灰緑色を呈するものもかなり含まれる。これに対して，北九州市の紫色石庖丁は北九州市小倉南区高野1丁目の高野遺跡周辺で出土している（山手 2009）。高野遺跡は，紫川の中流域に位置する。石材は関門層群脇野亜層群中に含まれる紫色砂岩である。すなわち，材質は立岩遺跡産が泥岩なのに対して，高野遺跡産は縞模様の発達した頁岩で砂岩も含まれる。したがって，前者は研磨しやすく，後者は研磨しにくい。つまり立岩遺跡産は加工しやすいが，消耗も早いといえる。行橋市の下稗田遺跡から出土した紫色石庖丁は立岩産と推定されている（長嶺 1985）が，小型のものが多い点について，「消費地であるため丁寧に使った」こともあろうが「消耗が早かった」と考えられる。

　近年では，能登原（2005）が今山遺跡の石斧石材について，硬度，色調，光沢のほか，初めて岩石学的考察を行い，それらが外観から青灰色（X）玄武岩と灰白色（Y）玄武岩に二分されることを示した。本玄武岩はいずれも斑状組織を呈し，斑晶であるカンラン石の周りを細粒な斜長石，単斜輝石，磁鉄鉱などが埋める単斜輝石カンラン石玄武岩であるとした。しかし，十分な岩石記載がなされたとはいいがたい。さらに，鏡山，芥屋大門，今山，毘沙門山の採集礫と，佐賀県吉野ヶ里遺跡（X玄武岩製），同鳥栖市前田遺跡（Y玄武岩製）の玄武岩製石斧の蛍光X線分析装置による全岩化学分析を行った。その結果，毘沙門山と今山の玄武岩はほぼ同一の化学組成を示すが，鏡山と芥屋大門の玄武岩はこれらとは異なる化学組成を示すことが明らかとなり，北部九州の玄武岩製石斧は今山か毘沙門山産であると結論づけた。しかし，風化

によるX玄武岩とY玄武岩の差の原因は不明のままであった。

　又，能登原ほか（2007）は，弥生時代前期の頁岩質砂岩製石庖丁Ⅰ型（下條　1980）について考古学的観察と岩石学的観察ならびに化学分析を行った。頁岩質砂岩製石庖丁Ⅰ型は，剥離性の発達した頁岩を石材として使用していることから，剥片そのものを使用している。そのため，薄く，断面は平行かつ直線状で，刃部断面は両刃である（下條　1980）。その結果，石庖丁Ⅰ型の分布は壱岐，福岡平野，二日市，佐賀平野東部にわたるが，85％を占めるのは壱岐と福岡平野であること，又，石材は菫青石ホルンフェルスで，対馬市南部の美津島町から厳原町に分布する対州層群下部層のホルンフェルス帯に含まれる可能性が高いことを示した。

　さらに吉野ヶ里遺跡および原の辻遺跡の石庖丁と比較した結果，ほぼ類似した岩石組織を持つことを明らかにした。しかし，吉野ヶ里遺跡産石庖丁中の黒雲母のTi含有量が対州層群ホルンフェルス中の黒雲母の組成範囲とは異なり，イルメナイトも多く含まれることから，石材は対州層群分布域南西部にある神田川および権現川産であるとした。このような能登原（2005），能登原ほか（2007）が示した方向性の影響は大きかったといえる。

　田尻ほか（2011）は，福岡県八女市矢部川中流域の柳島における弥生時代の青銅器鋳型石材がカリ長石石英斑岩と石英斑岩に二分され，それらが矢部川中流域に分布する周防変成岩中に認められることを明らかにした。その後，転礫と八女市北山今小路遺跡出土資料が岩石学的，岩石化学的に一致することを示し，唐木田ほか（2010）の指摘を確実にした。その結果，北山今小路遺跡の集落内で荒割りし，福岡平野の青銅器製作地に一度運び込まれた後に，再分配されたと結論づけた（田尻ほか　2012）。

　田尻ほか（2013）は，今山石斧（吉野ヶ里遺跡）と今山，毘沙門山産の岩石の岩相，全岩化学組成，鉱物化学組成の比較を行い，今山だけが原産地ではないこと，今山と毘沙門山の岩石は区分可能であること，吉野ヶ里遺跡の石斧は今山産であること，能登原（2005）の黒（X）玄武岩と白（Y）玄武岩は岩石学的に区分できないことを示した。

　足立（2014）は，今山石斧が単斜輝石カンラン石玄武岩からなり，それらは全岩化学組成から均質なアルカリ玄武岩であることを示した。さらに九州大学筑紫地区遺跡群の6点，吉野ヶ里遺跡の10点，唐津市周辺遺跡の4点を分析し，唐津市堂の前遺跡出土の1点が石英カンラン石玄武岩でアルカリ玄武岩ではないことを明らかにした。

　庄田ほか（2013）は，韓国磨製石鏃の黒色泥岩を用いて，岩石学的手法も取り入れ，瑞山新松里遺跡における磨製石器製作工程の復元を試みた。その結果，磨製石鏃の製作工程は原石を集落内に持ち込み，竪穴住居利用の工房でおこなったことを明らかにした。さらに，剥片素材の両極打法を確認し，同石材剥片利用の棒状の敲打具と研磨具を兼ねた工具も抽出した。この工具から，敲打と研磨工程が必ずしも前後の関係になく，同時進行の可能性も示された。

　森（2013）は，片刃石斧を検討し層灰岩製片刃石斧が完成品として広域流通したのは，木材加工斧が基本的に在来文化になかった文化であったことに起因し，外的影響を背景とすると考えた。この論文は，「層灰岩」を主題にした初めての論文である。

一方，梅﨑ほか（2013）は，縄文系石器から弥生石器への変遷過程の把握を試みた。その比率は福岡市や北九州市では大陸系が圧倒するが，他地域では逆傾向である。例えば，吉野ヶ里遺跡では黒曜石（佐賀県伊万里市腰岳産，大分県東国東郡姫島産）やサヌカイト（佐賀県多久市鬼ノ鼻山産）などの伝統的石材を利用した剥片石器が数は圧倒している（細川・梅﨑　2005）。

　禰宜田（2013）は石器から鉄器への研究の再検討を行い，考古資料は相対的に石器が少なくなり鉄器が増えるという移り変わりを示しているが，鉄器資料が少ないのは，弥生時代の鉄器製作が小規模で短期間製作であったためであると想定した。

　以上，大まかに石器や石材研究の流れについて述べた。今後，岩石学的観察や岩石・鉱物の化学分析の応用が進む中，玄武岩のような火成岩は岩石中の組成が比較的均質であるため，鍵となる成分が検出できれば，比較検討が行いやすい。これに対し，堆積岩は岩相や組成が不均質であるため，肉眼観察と鏡面下の観察が有効となるが，鍵となる鉱物や化学成分を見出すことができれば詳細分析の有効性が生まれる。本論を先駆けに，今後の資料蓄積が期待される。尚，緑色岩，瑪瑙，水晶，翡翠，琥珀などの装飾品もとても興味深い資料であり，それらの分析・検討は今後の課題である。

3　層灰岩利用の磨製石器と敲打具

　脇野亜層群中の灰緑色を呈する層灰岩は，北部九州の大陸系磨製石器の柱状片刃石斧（第1図1）や扁平片刃石斧（第1図2），磨製石剣（第1図3，4）に使用されているほか，高槻型伐採石斧の敲打具である球状敲打具（第1図5）に多用されている。

　第1図1は，吉野ヶ里遺跡志波屋三の坪（乙）地区包含層出土の抉入柱状片刃石斧（渋谷ほか　2015）である。大型の完形品で，全長20.0cm，幅5.4cm，厚み3.0cmで，重さが628.8gある。

　第1図2は，同吉野ヶ里遺跡の田手二本黒木地区Ⅲ区29区付近表採の扁平片刃石斧（渋谷ほか　2015）である。全長7.8cm，幅5.45cm，厚み0.65cmで，重さは164.4gである。北部九州の柱状および扁平片刃石斧は，吉野ヶ里遺跡や下稗田遺跡などからまとまって出土している。石材は層灰岩の他，泥岩ホルンフェルス，凝灰質細粒砂岩なども利用されている。層灰岩は緻密で珪質なため白く風化し，鉄分を含むため黄白色の例が多い。鋭利な研ぎ上げが可能であるが，堅いため折れた例が多い。他方，黒色でざらつき感がある泥岩質層は柔らかくもろいため，層理面に沿って剥がれた例が多い。

　第1図3は，福岡市博多区親和町2丁目の雑餉隈遺跡15号木棺墓の有柄式磨製石剣（堀苑　2005）である。本石剣は，夜臼式の壺1点，柳葉形の有茎式磨製石鏃5点と共に出土した完形品である。全長41cm，幅5cm，厚み1cmで，重さは260gある。なお，本石剣は層灰岩製であるが，ともに出土した柳葉形石鏃は砂質粘板岩製である。

　第1図4は，韓国忠清南道論山市錬武邑麻田里の住居区，墓域，水田区を伴う集落遺跡である麻田里遺跡石棺墓KM-007出土の磨製石剣である（李　2004）。全長48.2cm，幅6.1cm，厚み

1.2cmで，左右対称の層理が認められる。麻田里遺跡の磨製石剣には，層灰岩製と細粒砂岩製がある。本石剣は，孫晙鎬の一段柄式で，鍔と柄部の連結部がほぼ直角の形態で，韓国青銅器時代後期にあたる（李ほか 2004；孫 2012）。

　第1図5は，城野遺跡7-1-1区の1号土坑の球状敲打具（梅﨑 2015）である。全長4.45cm，幅5.3cm，厚み3.6cmで，重さは128.4gである。この石器は高槻型石斧の主要工房である高槻遺跡から大量に出土している（梅﨑 1996）。拳大の円礫が利用され，敲打作業に使用され消耗し径5cm前後になると敲打に耐えきれず割れてしまう。最終的に球状になっているので球状敲打具と呼び，これに対して棒状の細長い敲打具は棒状敲打具と呼ぶ（梅﨑 1996）。

4　城野遺跡の層灰岩礫と脇野亜層群の層灰岩の比較

　ここでいう層灰岩は，中生代白亜紀の関門層群脇野亜層群下部に多い。凝灰質泥岩および頁岩が弱い熱変成をうけたホルンフェルスである。脇野亜層群は，飯塚市立岩遺跡が立地する福岡県宮若市八木山川上流から綾羅木郷遺跡のある山口県西部にわたり広く分布している非海成層である。脇野亜層群はさらに対馬海峡を挟んで，韓国の慶尚層群下部の洛東層群に対比されている（唐木田ほか 1992など）。

　層灰岩の考古資料の外面は全体として白く風化し，風化帯は1mm以下で，表面は白色か黄白色を呈し，灰緑色の幅3〜4mmの縞が入る場合や，全体として黄色あるいは橙色で，幅1mm〜数mmの節理が認められる場合がある。芯部は緑色，黄色，紫色，白色，灰色，黒色の層が交互に繰り返した縞模様を示す。この縞を左右対称に生かしたのが，第1図3，4に示した磨製石剣である。

　前述のように，この層灰岩を利用した石器や礫片が城野遺跡からまとまって出土している。これには，柱状片刃石斧2点，球状敲打具11点，礫ないし礫片が45点含まれる。その重量は1kgを超えるものも2点あるが，多くは数10〜数100gである。他の弥生遺跡からも10数点程度は出土することが多い。城野遺跡の地理的状況から，これらの礫は紫川河床から持ち込まれた可能性がある。そこで，本遺跡中の礫とその供給源と考えられる脇野亜層群の岩石を比較するため，城野遺跡中の礫2試料，紫川上流域の脇野亜層群中の層灰岩1試料，その南西延長にあたる遠賀川支流黒川上流の層灰岩1試料，さらに弥生遺跡である貴船神社で採取した球状敲打具1試料の鏡下観察を行った。

礫1：北九州小倉南区城野1丁目の城野遺跡5区GQ72から出土した角礫（重量1069.3g）。
礫2：城野遺跡5区A-1から出土した亜角礫（重量647.7g）。
礫3：北九州小倉南区長行西2丁目の貴船神社で採取した球状敲打具（重量1048.3g）。
礫4：北九州八幡西区大字畑の千本桜展望駐車場付近（尺岳登山口）で採取。
礫5：北九州小倉南区蒲生5丁目の森川産業採石場で採取。

層灰岩試料の岩石記載

　各試料の鏡下観察結果を以下に述べる。構成粒子の粒径が極めて小さいため，全構成鉱物を同定するにはいたっていない。

　礫1は，最大層厚3mmの灰緑色凝灰質泥岩と最大層厚2mmの緑色凝灰質泥岩の互層である（第2図，第3図1）。灰緑色泥岩（第3図3），緑色泥岩（第3図2）ともに，微細な石英と粘土鉱物（緑泥石など）からなる基質中に，石英片，斜長石片，単斜輝石，不透明鉱物が含まれる。

　礫2は，最大層厚6mmの灰緑色凝灰質泥岩と最大層厚6mmの白色泥岩，および最大層厚1mmの濃緑色凝灰質泥岩の互層である（第2図，第4図1）。さらに，最大層厚2mmの黒色泥岩が挟まれる。灰緑色泥岩（第4図3）は微細な石英，粘土鉱物（緑泥石など），斜長石，単斜輝石，不透明鉱物からなる。白色泥岩（第4図2）は主に微細な石英，粘土鉱物，不透明鉱物からなる。濃緑色泥岩（第4図）は，主に微細な粘土鉱物からなる。

　礫3は，最大層厚9mmの黒色泥岩と最大層厚5mmの灰緑色凝灰質極細粒砂岩，および最大層厚4mmの緑灰色凝灰質極細粒〜細粒砂岩の互層である（第2図，第5図）。黒色泥岩（第6図1）は微細な石英と粘土鉱物（緑泥石など）からなる基質中に，石英片，斜長石片，緑泥石，不透明鉱物が含まれる。灰緑色極細粒砂岩（第6図2）は細粒な石英と粘土鉱物からなる基質中に，石英片，斜長石片，単斜輝石，不透明鉱物が含まれる。緑灰色極細粒〜細粒砂岩（第6図3）は細粒な石英と粘土鉱物からなる基質中に，斜長石片，単斜輝石，不透明鉱物が含まれる。

　礫4は，最大層厚1.8cmの淡緑色凝灰質泥岩と最大層厚0.5cmの灰緑色凝灰質泥岩の互層である（第7図，第8図1）。淡緑色泥岩（第8図2），灰緑色泥岩（第8図3）ともに，微細な斜長石，石英，緑泥石，単斜輝石，不透明鉱物からなる。

　礫5は，最大層厚10mmの緑色凝灰質極細粒〜細粒砂岩と最大層厚5mmの灰緑色凝灰質泥岩，および最大層厚0.5mmの濃緑色凝灰質泥岩の互層である（第7図，第9図）。緑色砂岩（第9図2）は，細粒な石英と粘土鉱物（緑泥石など）からなる基質中に，斜長石片，石英片，緑泥石，不透明鉱物が含まれる。灰緑色泥岩は微細な石英と粘土鉱物（緑泥石など）からなる基質中に，石英片，斜長石片，緑泥石，不透明鉱物が含まれる。濃緑色泥岩は微細な石英と粘土鉱物，緑泥石，不透明鉱物からなる。本岩には，方解石脈も認められる。

　スラブによる観察ならびに鏡下観察から，これらの礫は基本的に数mm〜数cmオーダーの凝灰質泥岩ならびに砂岩の互層であることがわかった。しかし，それらの岩相変化が著しく，同一の岩相を示すものはない。この岩相変化は，火山灰と砕屑物の供給量や供給過程の変化といった堆積過程の変化だけでなく，礫として運搬される過程での風化も影響していると考えられる。したがって，層灰岩の岩相変化のバリエーションを把握し，遺跡内の礫と比較検討することが必要となる。

層灰岩試料の化学組成

　礫に含まれる主成分ならびに微量成分元素を，福岡大学理学部に設置の理学電機工業社製蛍

光X線分析装置ZSX100eにより測定した。試料調整および測定方法は，柚原・田口（2003a，2003b，2006），柚原ほか（2004），高本ほか（2005）に従った。測定結果を表1に示す。今回得られた化学分析値は，各層を細かく分離していないため，凝灰質泥岩ならびに砂岩の互層の平均的な値ととらえることができる。したがって，両者の混合比も変化に富むと考えられる。にもかかわらず，まだデータ数は少ないものの，SiO_2含有量は54.7～56.9wt.%と狭い範囲にある。この値は，化学組成的には安山岩質であるが，一般的な安山岩に比べCaO含有量がかなり高い。層灰岩は火山灰と砕屑粒子が互層した堆積岩であるため，火山岩のように均一な化学組成を示すことはないと考えられる。このため，微量成分元素を含めた，より詳細な化学的検討のためには，より多くの試料の化学分析が必要である。

5　おわりに

弥生時代石器の岩石研究の傾向と層灰岩利用石器を紹介し，初めての化学的な分析値を得ることができた。今後，分析試料を追加し，できれば韓国側の試料分析を行い比較検討したいと考えている。特に磨製石剣や片刃石斧の流通や意義付けの解明に必須である。又，層灰岩に限らず石材は入手できる場合が多い。よって，レプリカ作りには原石を選択して行いたいものである。特に層灰岩の芯部の色である緑灰，青灰，紫，白，黒などの縞状の模様が入った石剣は美しい。白色化した考古資料と比較して当時の様子をより一層具体的にするものである。

末尾にて執筆にあたり御指導を頂いた藤井厚志，渡部芳久，森　貴教と資料調査で御協力を頂いた森本幹彦の各氏にお礼を申し上げる。

■引用文献

足立達朗，2014．今山系石斧の地球科学的精密分析で見えてきた新事実．九州大学アジア埋蔵文化財研究センター　ニュースレター　2, 1-2.
堀苑孝志，2005．有柄式磨製石剣と弥生早期の雑餉隈遺跡．雑餉隈遺跡5，福岡市埋蔵文化財調査報告書868, 146-147.
細川金也・梅﨑惠司，2005．吉野ヶ里遺跡．佐賀県文化財調査報告書第163集，108-109.
唐木田芳文・早坂祥三・長谷義隆，1992．日本の地質9「九州地方」．共立出版，東京．
唐木田芳文・首藤次生・藤瀬禎博，2010．北部九州における「青銅器鋳型」の石材について．FUSUS　2, 62-69.
森　貞次郎，1966．日本考古学Ⅲ　弥生時代（和島誠一　編），pp.32-80．河出書房新社，東京．
森　貴教，2013．弥生時代北部九州における片刃石斧の生産・流通とその背景．古文化談叢　69, 95-116.
長嶺正秀，1985．石器の諸問題，下稗田遺跡．行橋市教育委員会，561-565.
中山平次郎，1934．飯塚市立岩字焼ノ正の石庖丁製造址．史蹟名勝天然記念物調査報告書第九輯，1.
禰宜田佳男，2013．弥生時代の近畿における鉄器製作遺跡－「石器から鉄器へ」の再検討の前提として－．日本考古学　36, 85-94.
能登原孝道，2005．今山系太形蛤刃石斧についての岩石学的考察．石器原産地研究会第7回研究集会レジメ，

1-8.

能登原孝道・中野伸彦・小山内康人，2007．いわゆる「頁岩質砂岩」の原産地．九州考古学　82，1-19.

岡崎　敬，1977．周辺の地質，立岩遺跡．飯塚市教育委員会内立岩遺跡調査委員会，pp.14-15．河出書房新社，東京．

李　弘鍾・朴　性姫・李　僖珍，2004．麻田里遺跡　C地点．高麗大学校埋蔵文化財研究所研究叢書　18，29-41.

庄田慎矢・梅﨑惠司・池㟉周・長井謙治・柚原雅樹，2013．瑞山新松里遺跡における磨製石器製作工程の復元．韓国上古史学会学報　79，145-162.

下條信行，1980．東アジアにおける外湾刃石庖丁の展開－中国・朝鮮・日本．鏡山猛先生古稀記念　古文化論考（鏡山猛先生古稀記念論文刊行会　編），pp.193-213．昿報社，山口．

下條信行，1989．村と工房，弥生農村の誕生．pp.113-124．講談社，東京．

渋谷　格・渡部芳久・堤　秀明・岡村太亮，2015．吉野ヶ里遺跡．佐賀県文化財報告書　207①，3分冊165，②，1分冊327.

孫　晙鎬（庄田慎矢訳），2012．朝鮮半島の銅剣模倣石剣．季刊古代文化　64-1，82-91.

田尻義了，2011．弥生時代青銅器鋳型の加工場－八女市北山今小路遺跡出土資料の紹介－．九州考古学　86，97-109.

田尻義了・足立達朗・中野伸彦・米村和紘・小山内康人・田中良之，2011．北部九州に産する青銅器鋳型石材の岩石学的分析．九州考古学会大会・日本地質学会西日本支部合同大会資料，15-17.

田尻義了・足立達朗・中野伸彦・米村和紘・小山内康人・田中良之，2012，弥生時代北部九州における鋳型石材の原産地同定と鋳型素材の加工と流通．日本考古学，33，95-112.

田尻義了・足立達朗・渡部芳久・石田智子・中野伸彦・小山内康人・田中良之，2013．地球科学的高精度分析に基づくいわゆる今山系石斧と今山玄武岩の対比．九州大学アジア埋蔵文化財研究センター　リサーチレポート　1，1.

高本のぞみ・柚原雅樹・古川直道，2005．福岡県東部，今川・祓川流域の元素濃度分布．福岡大学理学集報　35(2)，41-66.

梅﨑惠司，1999．福岡県北九州市の弥生時代の素材．公財北九州芸術文化振興財団埋蔵文化財調査室　研究紀要　13，23-25.

梅﨑惠司，2000．弥生時代北部九州の今山型と高槻型伐採石斧の生産と流通．大塚初重先生頌寿記念考古学論集（戸沢允則　編），pp.673-684．東京堂出版，東京．

梅﨑惠司，2004．高槻型石斧の石材散布．高見遺跡北九州市埋蔵文化財調査報告書　326，13-15.

梅﨑惠司・森　貴教・山崎頼人・志賀智史・藤木聡・山崎真治・杉原敏之，2013．弥生石器研究の現在－九州－弥生石器の石材研究－九州を中心に－．考古学ジャーナル　638，3-29.

梅﨑惠司，2015．城野遺跡11．北九州市埋蔵文化財調査報告書　522，131.

山手誠治，2009．高見遺跡．北九州市埋蔵文化財調査報告書　326，57-58.

柚原雅樹・古川直道・田口幸洋，2004．粉末ペレット法による珪酸塩・炭酸塩岩石の微量元素の蛍光X線分析．福岡大学理学集報　34(1)，43-49.

柚原雅樹・田口幸洋，2003a．蛍光X線分析装置ZSX100eによる珪酸塩岩石の主成分および微量元素の定量分析．福岡大学理学集報　33(1)，25-34.

柚原雅樹・田口幸洋，2003b．ガラスビード法による珪酸塩岩石のCoおよびSの蛍光X線分析．福岡大学理学集報　33(2)，77-81.

柚原雅樹・田口幸洋，2006．ガラスビード法による炭酸塩岩石の主成分および微量元素の蛍光X線分析．福岡大学理学集報　36(2)，29-35.

弥生石器の層灰岩

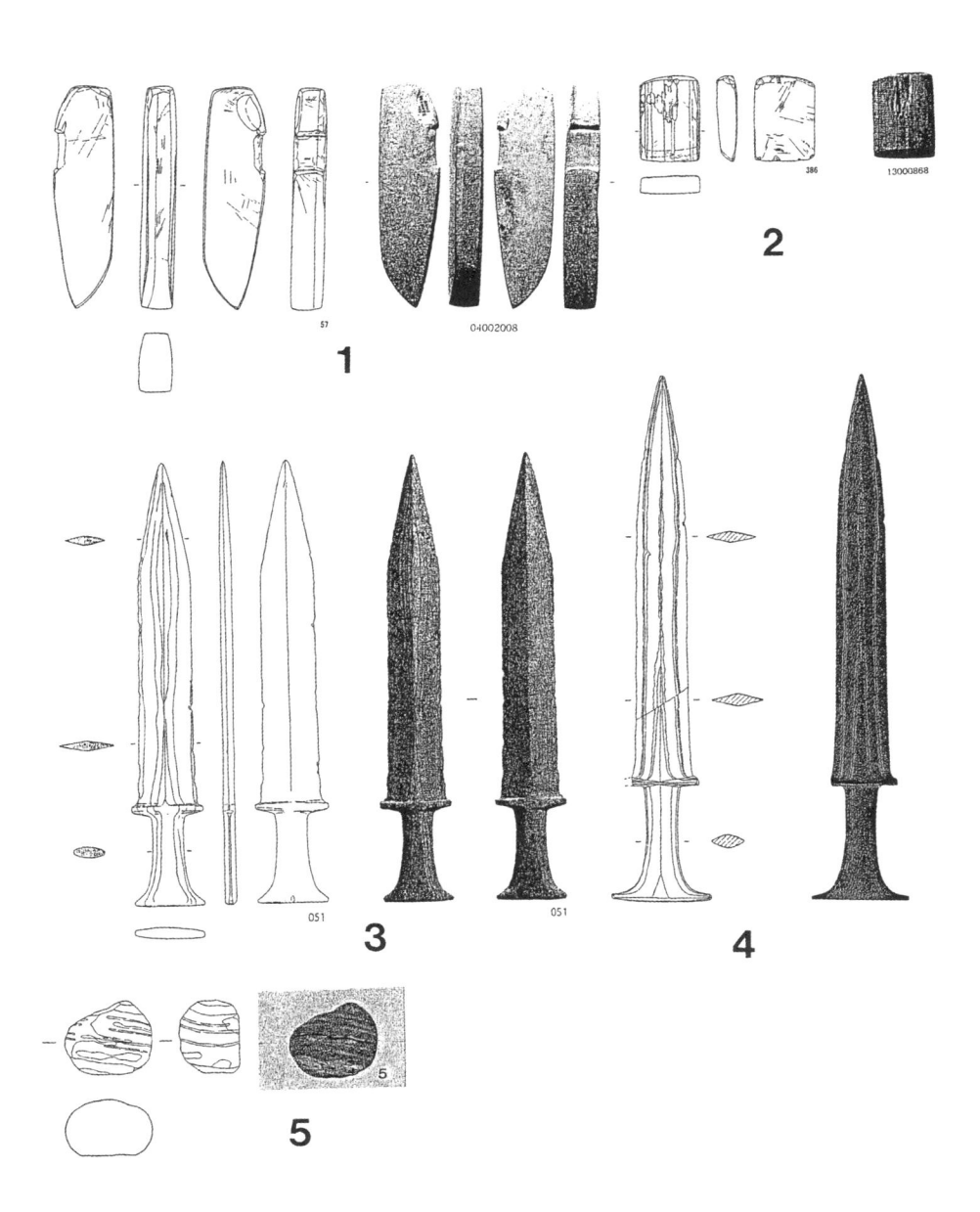

第1図　層灰岩製弥生石器
1・2 吉野ヶ里遺跡　3 雑餉隈遺跡　4 麻田里遺跡　5 城野遺跡
5のみ1/4, 他1/6

礫1 — 灰緑色泥岩／緑色泥岩

礫2 — 濃緑色泥岩／白色泥岩／灰緑色泥岩

礫3 — 黒色泥岩／灰緑色砂岩／緑灰色砂岩

2 cm

第2図　層灰岩試料のスラブ写真

弥生石器の層灰岩

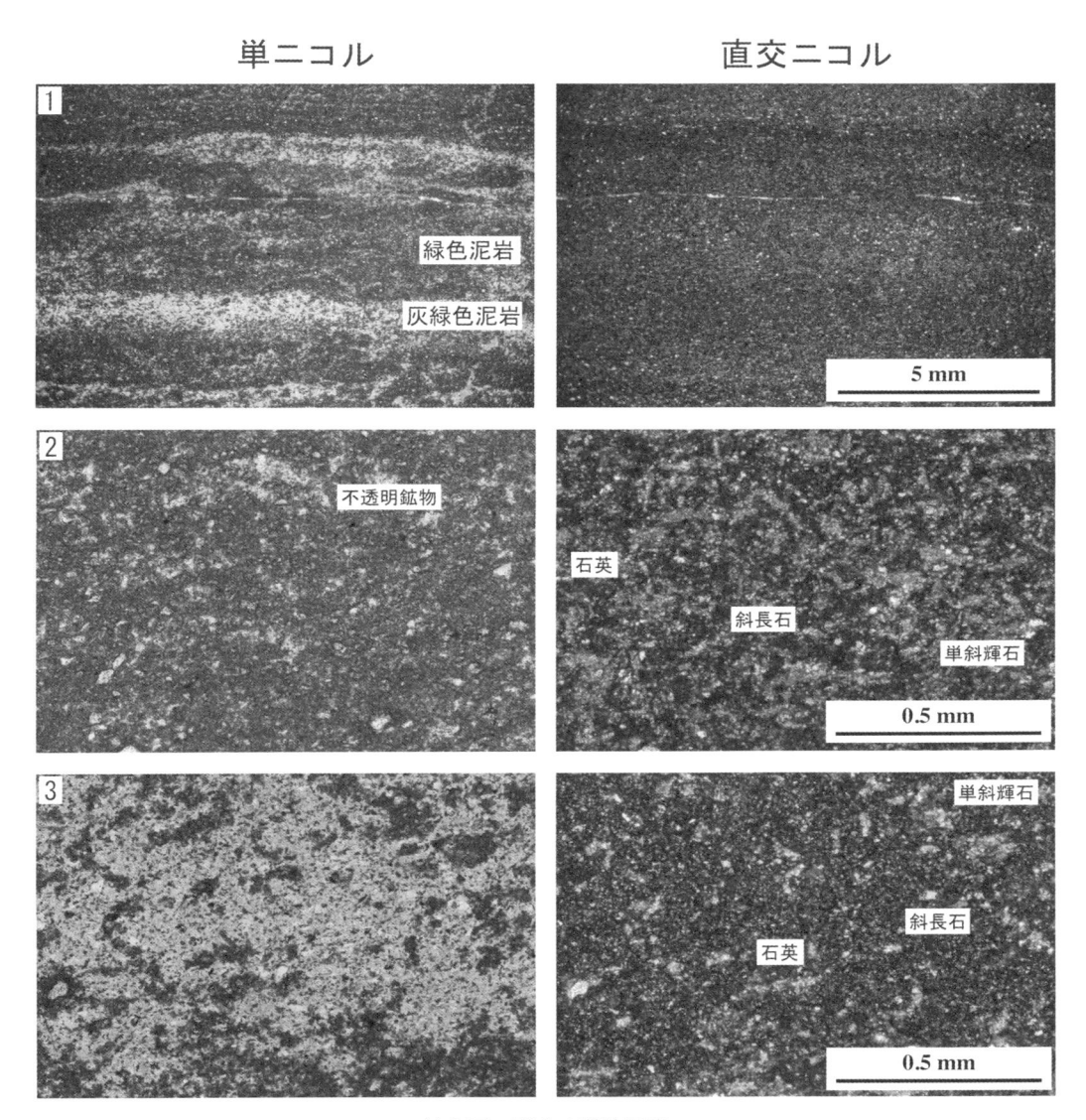

単ニコル　　　　　　　　　直交ニコル

1　緑色泥岩／灰緑色泥岩

5 mm

2　不透明鉱物／石英／斜長石／単斜輝石

0.5 mm

3　単斜輝石／石英／斜長石

0.5 mm

第3図　礫1の薄片写真

単ニコル　　　　　　　　　　直交ニコル

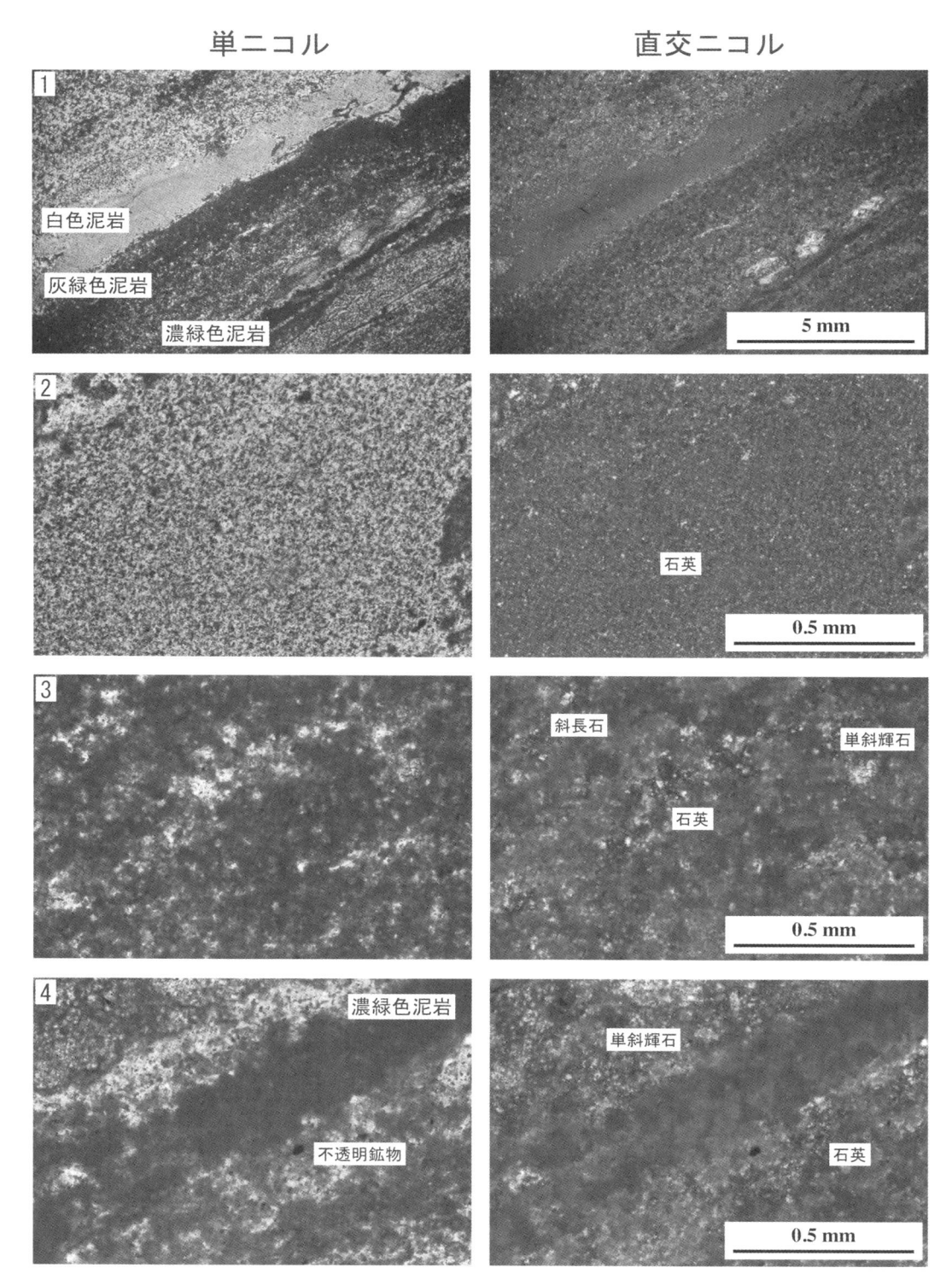

1　白色泥岩／灰緑色泥岩／濃緑色泥岩　　　5 mm

2　石英　　0.5 mm

3　斜長石／単斜輝石／石英　　0.5 mm

4　濃緑色泥岩／不透明鉱物　　単斜輝石／石英　　0.5 mm

第4図　礫2の薄片写真

単ニコル　　　　　　　　　直交ニコル

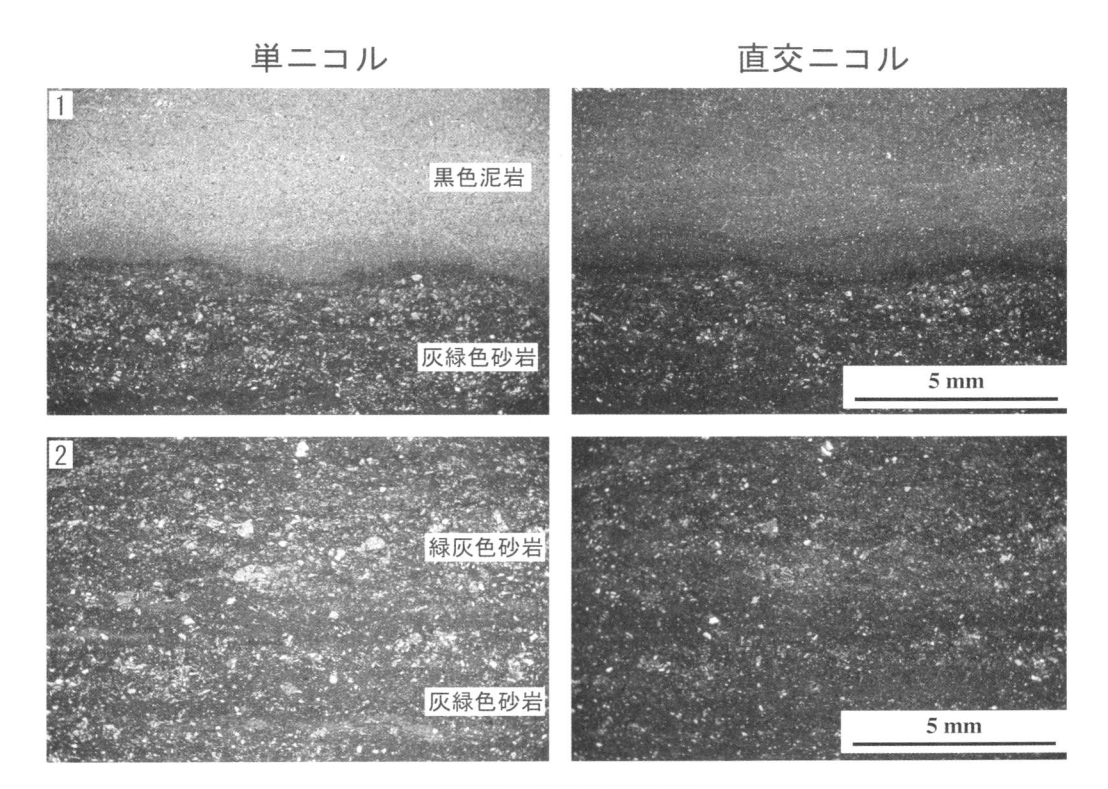

1　黒色泥岩／灰緑色砂岩

2　緑灰色砂岩／灰緑色砂岩

5 mm

第5図　礫3の薄片写真

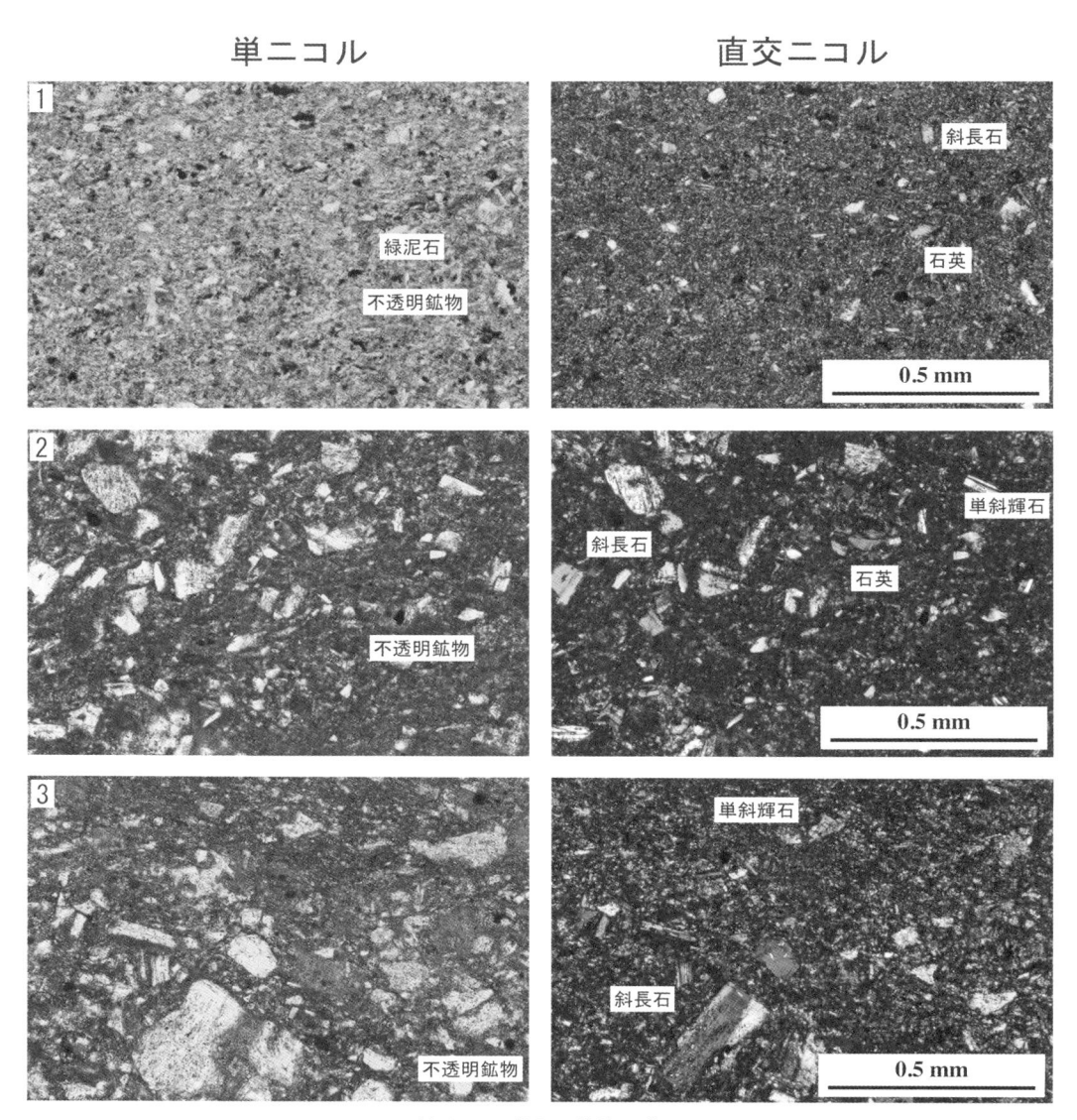

単ニコル　　　　　　　　　直交ニコル

第6図　礫3の薄片写真

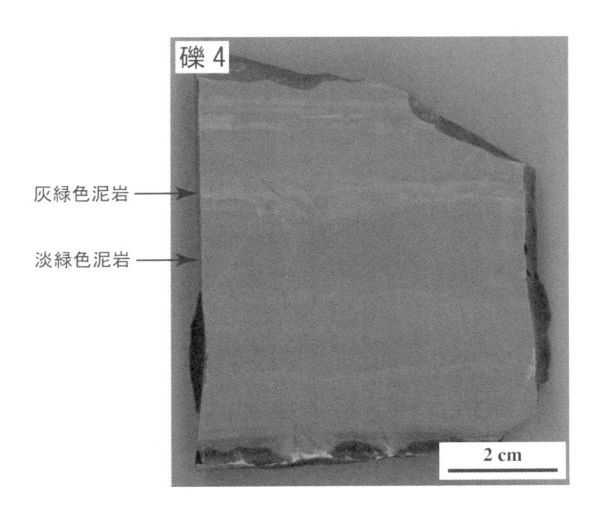

第7図 層灰岩試料のスラブ写真

単ニコル　　　　　　　　　直交ニコル

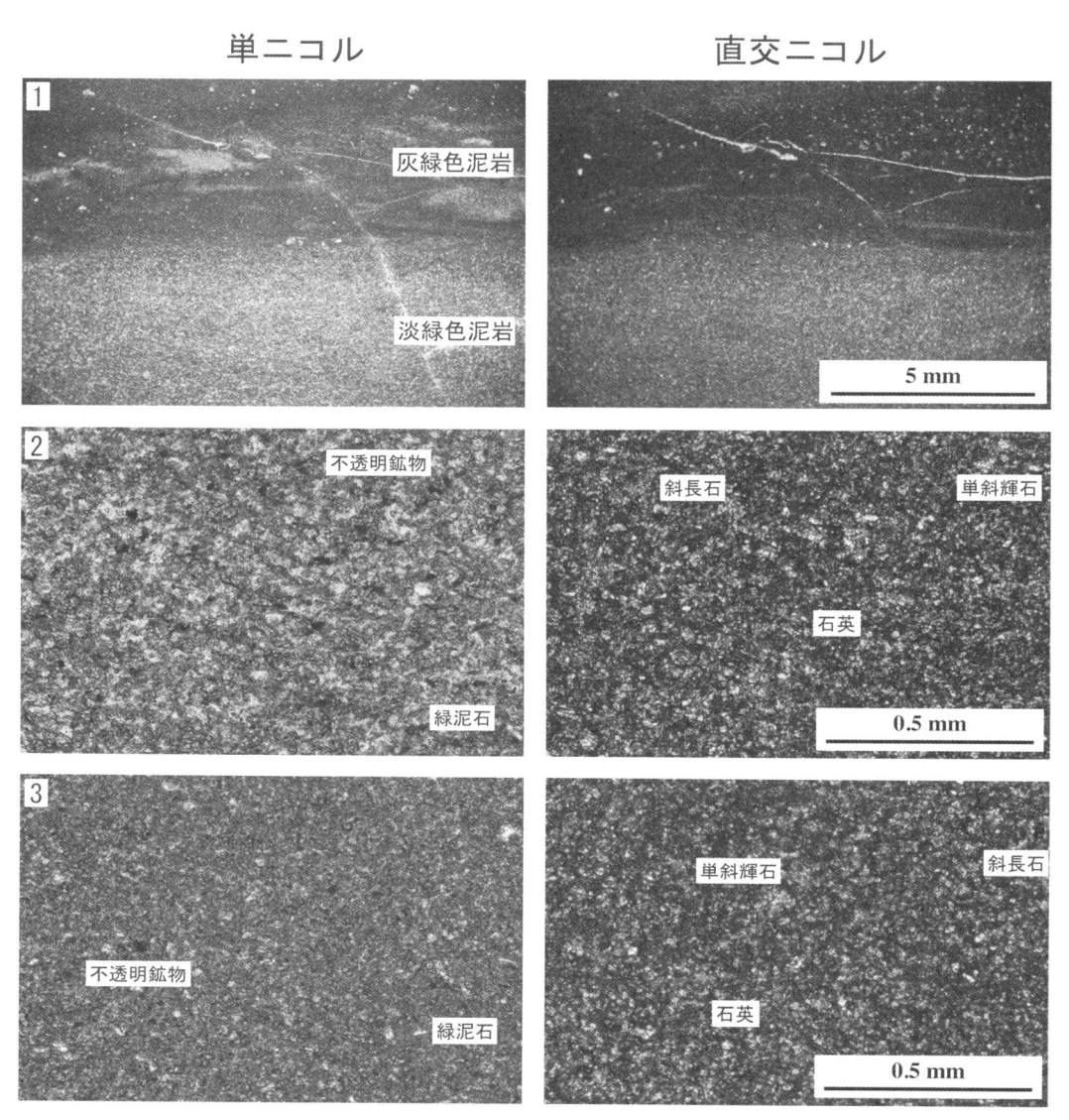

1　灰緑色泥岩／淡緑色泥岩　　5 mm

2　不透明鉱物／緑泥石　　斜長石／単斜輝石／石英　0.5 mm

3　不透明鉱物／緑泥石　　単斜輝石／斜長石／石英　0.5 mm

第8図　礫4の薄片写真

弥生石器の層灰岩

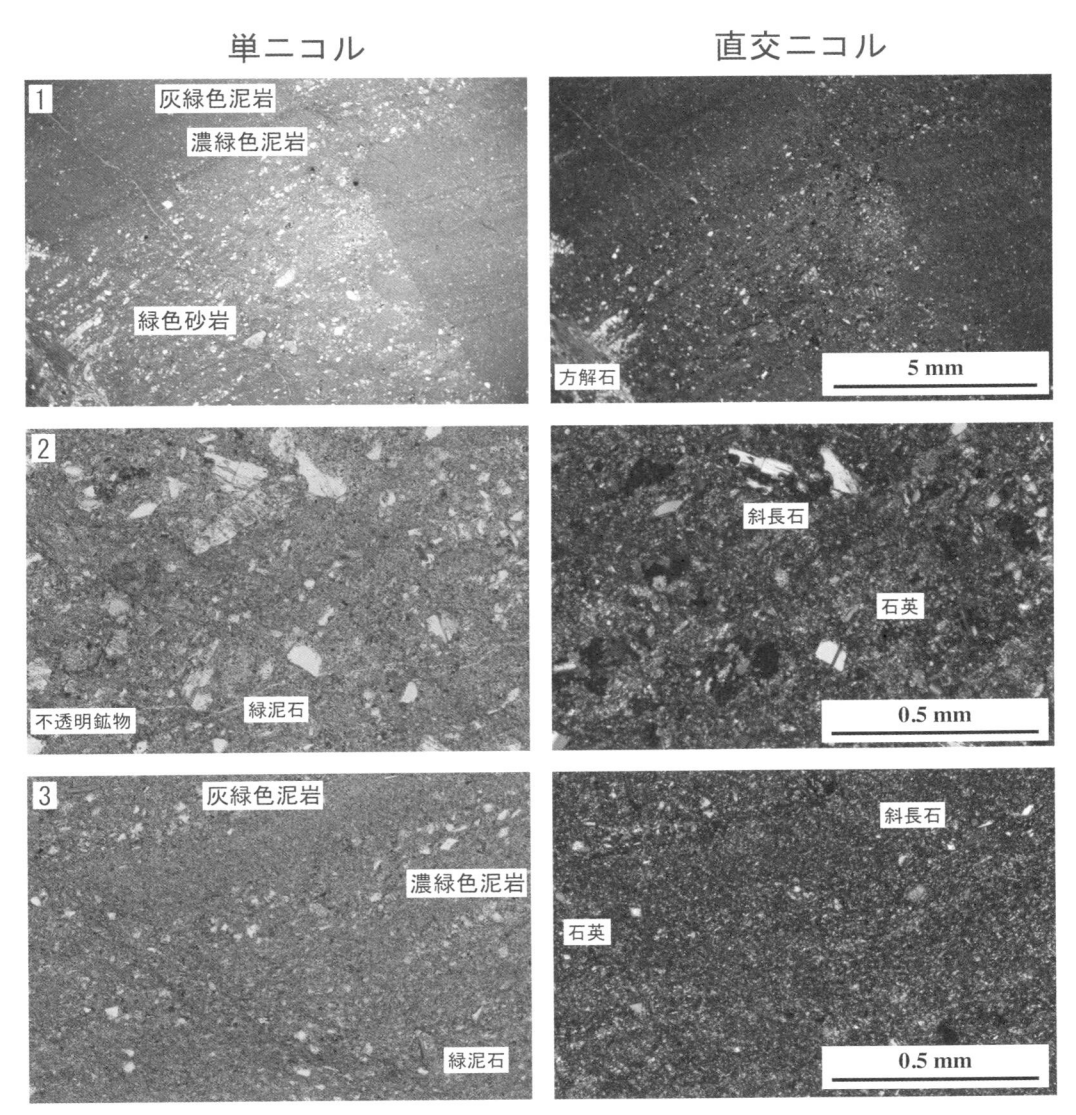

単ニコル	直交ニコル
①　灰緑色泥岩／濃緑色泥岩／緑色砂岩	方解石　5 mm
②　不透明鉱物／緑泥石	斜長石／石英　0.5 mm
③　灰緑色泥岩／濃緑色泥岩／緑泥石	斜長石／石英　0.5 mm

第9図　礫5の薄片写真

第1表　層灰岩試料の全岩化学組成

Sample No.	礫1	礫2	礫3a	礫4a	礫4b	礫4c
SiO_2 (wt.%)	54.86	56.73	56.92	54.65	55.22	56.16
TiO_2	0.66	0.72	0.60	0.70	0.69	0.70
Al_2O_3	14.70	15.98	14.75	15.36	14.96	15.08
Fe_2O_3*	7.46	5.32	5.32	6.46	6.60	6.00
MnO	0.15	0.18	0.09	0.13	0.13	0.11
MgO	2.43	2.32	3.06	2.60	2.56	2.54
CaO	13.62	12.05	13.35	14.38	13.88	12.95
Na_2O	1.34	1.32	2.22	1.62	1.52	1.50
K_2O	3.57	3.81	2.21	2.76	3.09	3.87
P_2O_5	0.19	0.16	0.23	0.20	0.20	0.20
Total	98.98	98.59	98.75	98.86	98.85	99.11
As (ppm)	7	47	4	24	22	37
Ba	612	955	410	450	466	537
Cr	69	75	44	75	75	75
Cu	<4	n.d.	13	<4	<4	<4
Ga	17	19	18	18	17	17
Nb	10	11	12	13	13	13
Ni	40	43	25	31	30	33
Pb	14	15	8	12	13	17
Rb	84	79	84	102	117	149
S	13	30	16	30	13	15
Sr	513	579	688	597	589	553
Th	9	11	10	11	11	11
V	136	154	125	98	92	101
Y	27	29	25	31	32	30
Zn	120	70	81	104	92	73
Zr	131	140	105	149	152	148

*: total iron treated as Fe_2O_3, n.d.: not detected.

タタキ技法東へ、南へ

福岡大学　武末純一

1　はじめに

　筆者はかつて，福岡市板付遺跡，雀居遺跡や福岡県糸島市曲り田遺跡の弥生時代早期～前期初頭の甕に，すでにタタキ技法が用いられたことを，甕の外面にみられるタタキ面と内面の当具痕跡から推定し，タタキ技法の認定はタタキ目ではなくタタキ面の確認によるべきであると提唱した（武末2013）。

　本稿では北部九州で成立した弥生文化の拡散に伴って，各地の初期の弥生土器甕にやはりタタキ技法が認められるのかを，東の下関市や南の熊本県，鹿児島県の資料を用いて検討した。

2　資料の提示

　今回タタキ面を確認した資料は以下の通りである。まず，東への流れを見た後で，南への流れをみる。

（1）延行条里遺跡出土甕

　山口県下関市では，延行条里遺跡3Pトレンチ223～224ブロックⅩa'層から出た第1図の1（図版1－2，下関市1990図面32のY－870026）と2（図版1－1，下関市1990図面32のY－870018）はともに「板付Ⅰb～板付Ⅱa－1式」に位置付けられている（田畑2013）。

　第1図1は口縁端部いっぱいに刻目が施され，その直下の外面にタタキ面，内面に当具の円形くぼみがあり，外面は斜めハケ後にナデ消されているが，胴部の横平行と口縁部付近のやや右上がりのタタキ目が観察される。第1図2は口縁端下半に刻目が施され，タテハケで消されているが，斜めの光線をあてると，タタキ面ともにやや右上がりのタタキ目が口縁部まで観察され，内面にも当具の円形くぼみがある。

　また，図版1－3は延行条里遺跡伊倉地区のH（1）地区出土で（下関市2010図面20のY－0006180），田畑氏の「板付Ⅱa－1式」に入る。外面は全面タテハケだがタタキ面が残り，やや右上がりのタタキ目も観察される。

（2）綾羅木Ⅰ式の甕

　こうしたタタキ技法の痕跡は，後続する下関市綾羅木郷遺跡の綾羅木Ⅰ式（板付Ⅱa式併行）の甕にも見られる。第2図1（図版2－1，下関市1981の第41図176）は綾羅木郷遺跡EⅠ地

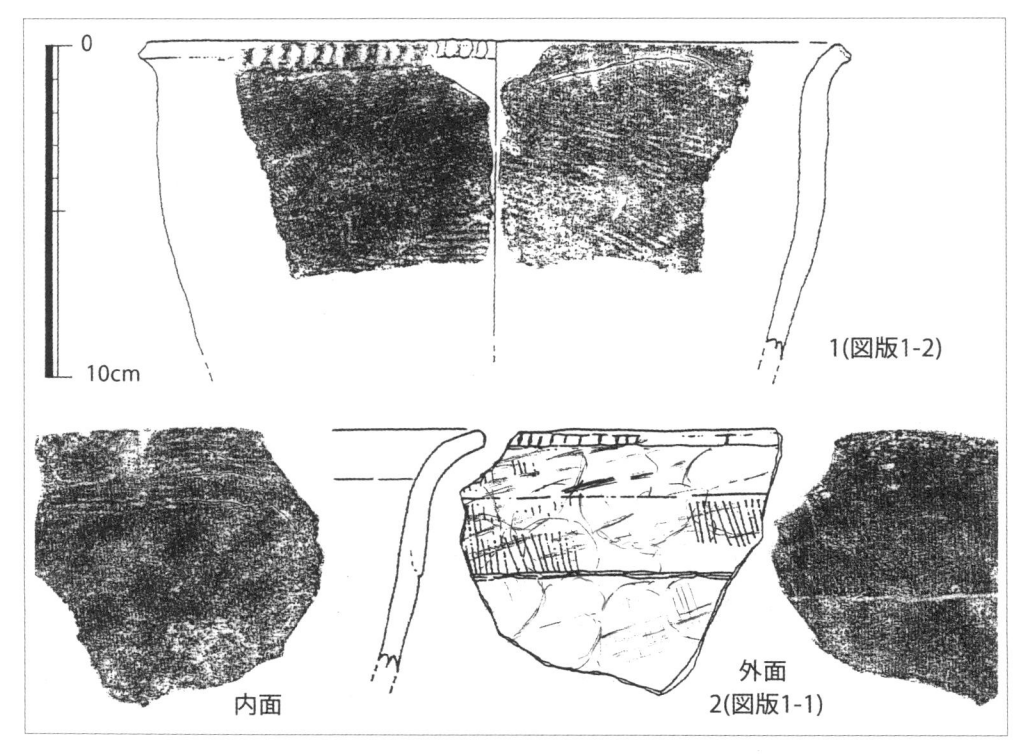

第1図　延行条理遺跡の弥生前期の甕

区L.N.4827出土で，外面にタタキ面とタテハケの下の右上がりタタキ目，内面ナナメハケの下に当具の円形くぼみが確認できる。第2図2（図版2－2，下関市1981の第50図253）は綾羅木郷遺跡FⅢ地区L.N.4116出土で，同様に外面にタタキ面とタテハケの下の右上がりタタキ目，内面ナナメハケの下に当具の円形くぼみが確認できる。図・写真とも省略したが，下関市1981の第50図253（FⅢ地区L.N.4117）の甕でも同様な外面のタタキ面と右下がりのタタキ目，内面の円形くぼみを観察できた。

（3）熊本市江津湖遺跡群の甕と熊本県菊池市岡田遺跡の甕

南への流れの中間点資料として，江津湖遺跡群の甕（第3図1）と岡田遺跡の甕（第4図1・2）を取り上げる。いずれも弥生早期の夜臼式系統の甕で2条突帯をもつが，近年の検討では板付Ⅰ式併行とされた（藤島志考2013）。

第3図1（図版2－3，熊本市2005第11図8）は江津湖遺跡群4号甕棺墓のふさぎに使われ，外面はタテハケをナデ消すが，2条突帯の間にタタキ面と右上がりのタタキ目が確認でき，内面に対応する円形のくぼみがある。

第4図1・2（図版3－1・2，熊本県1993第65図3・4）は，ともに岡田遺跡3号甕棺墓の上甕である。1は外面にヨコやタテの粗い条痕ないしハケメを施して更にケズリで消すが，胴部下半を中心にタタキ面を観察でき，一部では水平かやや右下がりのタタキ目が残る。内面に

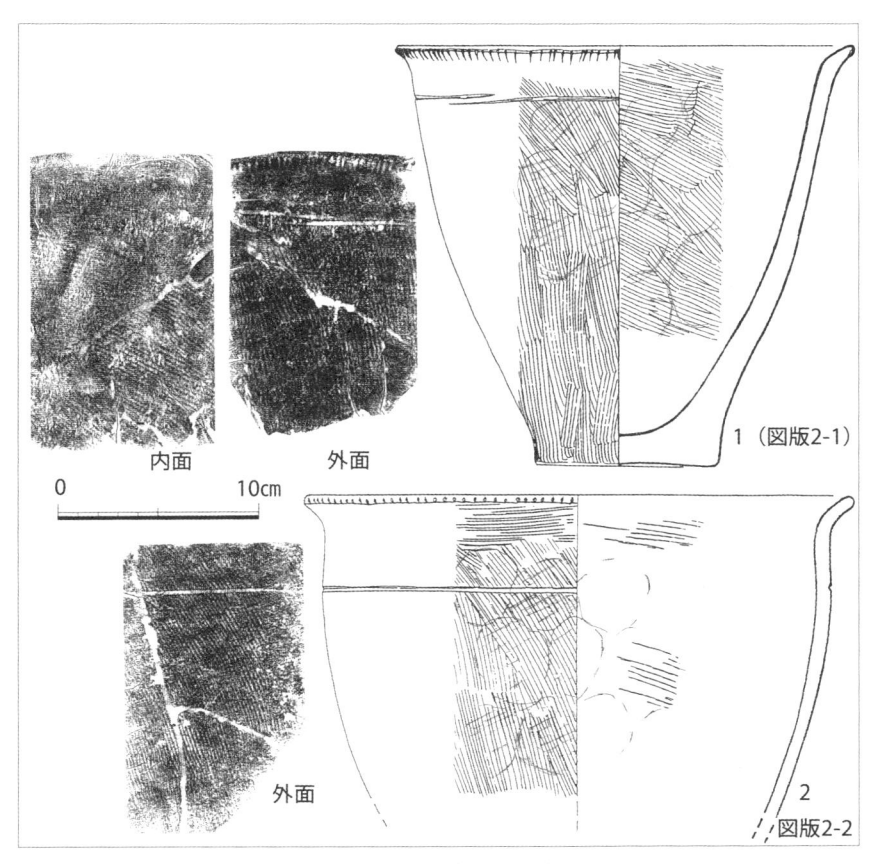

第2図　綾羅木Ⅰ式の甕

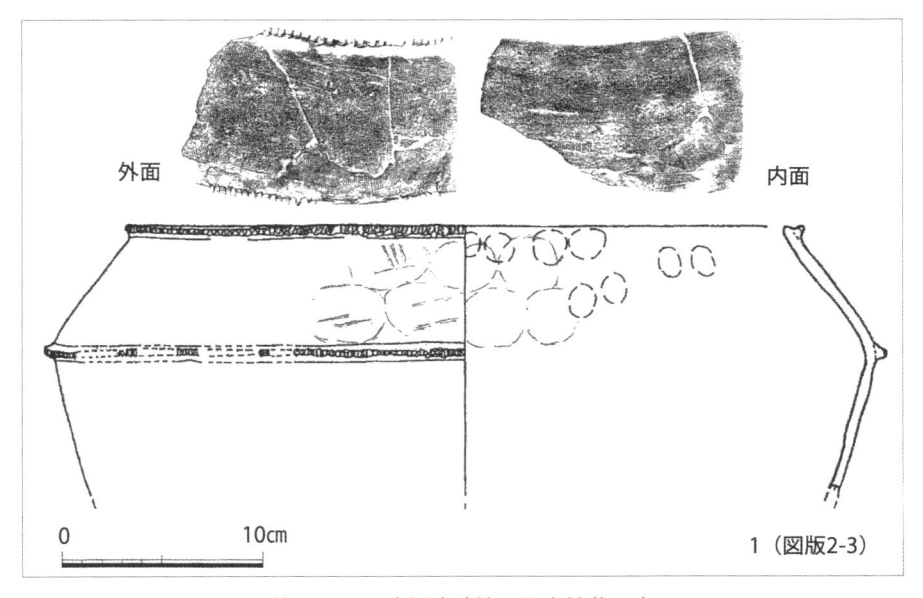

第3図　江津胡遺跡第4号甕棺墓の甕

外面

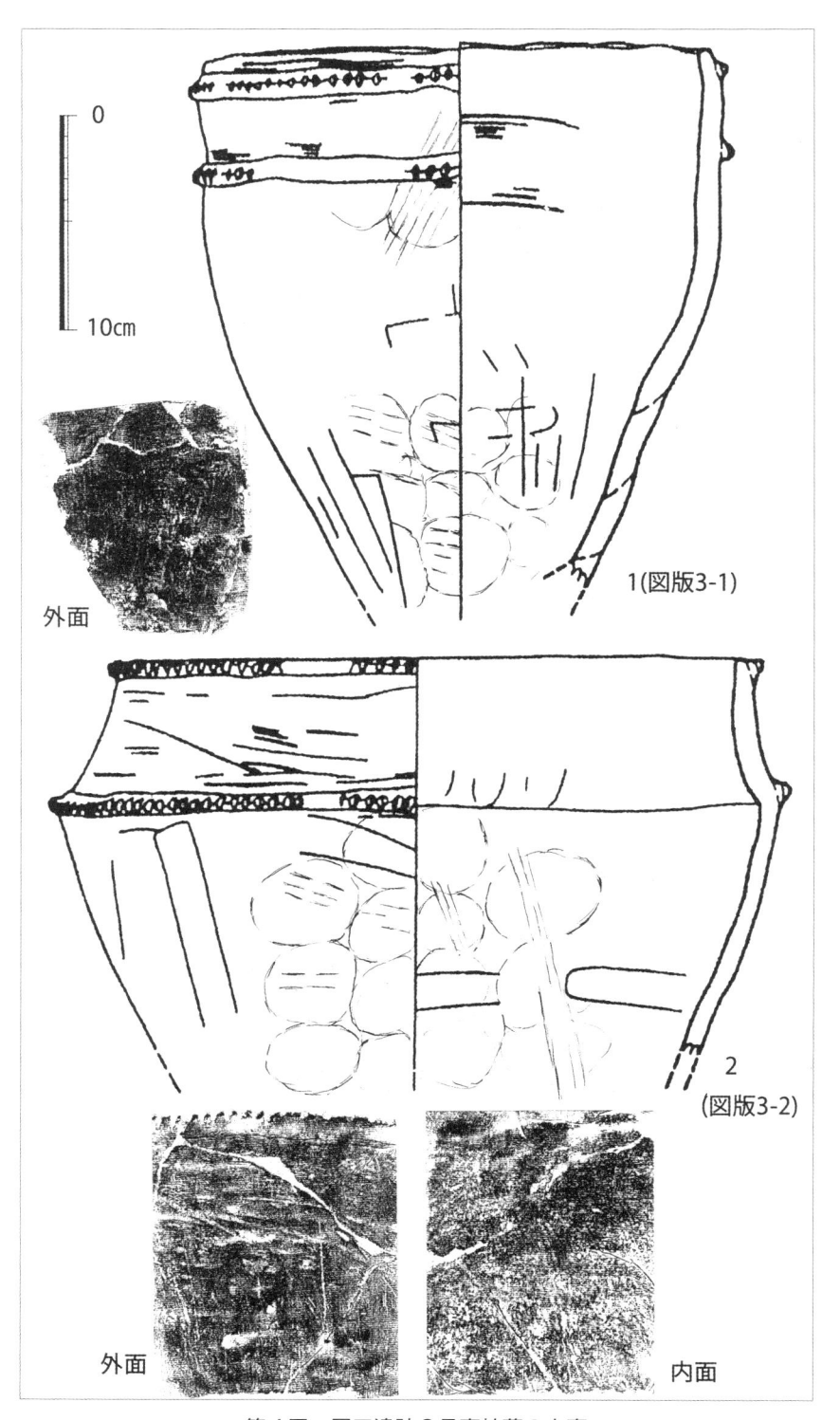

1(図版3-1)

2(図版3-2)

外面　　　　　　　　　内面

第4図　岡田遺跡3号甕棺墓の上甕

タタキ技法東へ、南へ

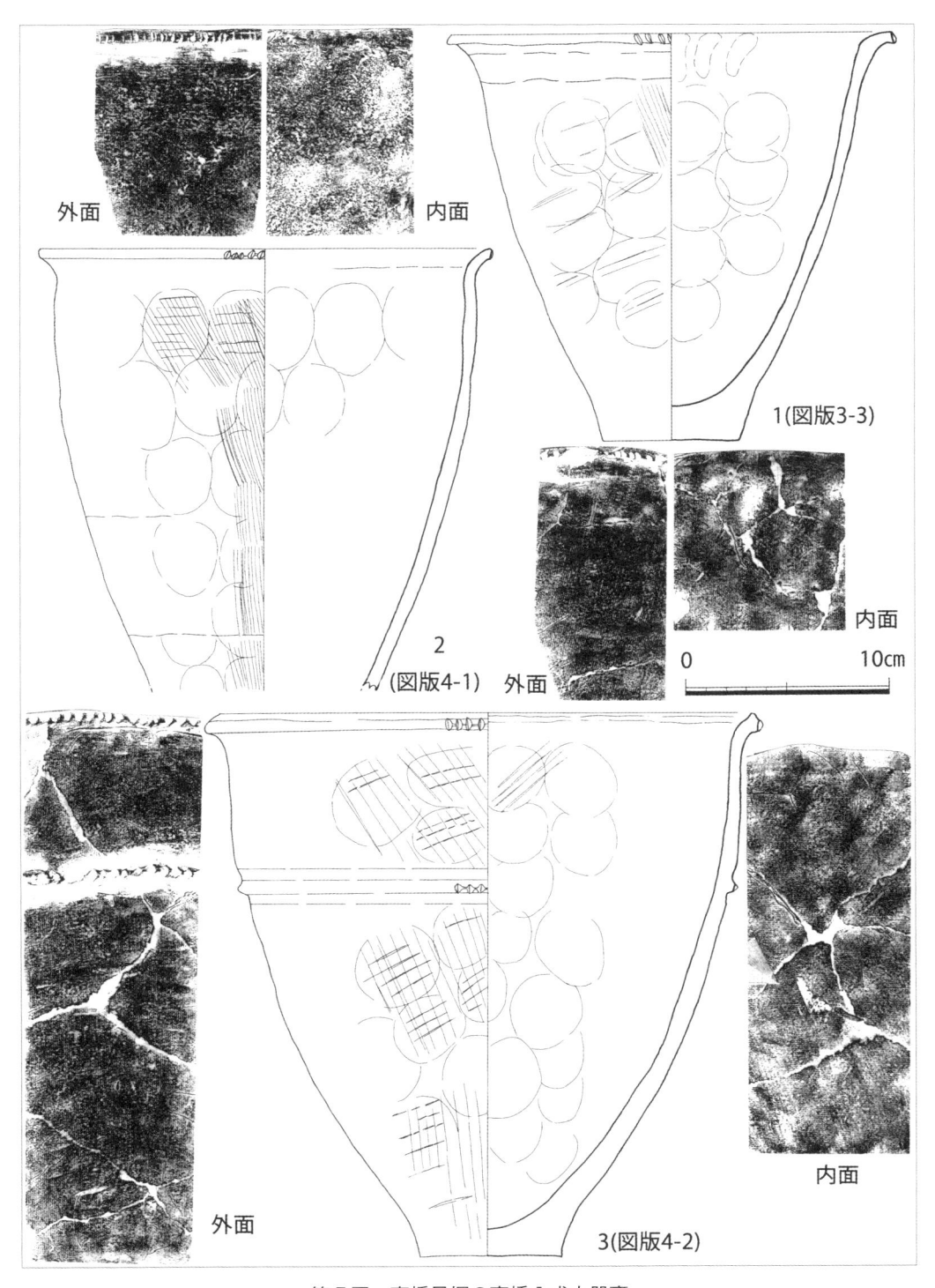

第5図　高橋貝塚の高橋Ⅰ式土器甕

は対応する円形のくぼみがある。2も胴部外面でタタキ面を観察でき，2条突帯の間ではヨコ条痕ないしハケメとタタキ目の区別が難しいが，屈曲部より下では水平かやや右下がりのタタキ目を確認できる。内面には対応する円形のくぼみがやはりある。

(4) 鹿児島県南さつま市高橋貝塚の高橋I式甕

高橋貝塚で出土した高橋I式土器が板付I式土器に対比できることは，既に報告者が指摘（河口1965）して以来，定説となっている。今回は高橋I式の甕の中から，第5図1～3の3点で確認したタタキ技法の痕跡を述べる。

第5図1（図版3－3，河口1965第8図18）は如意形口縁の端部いっぱいに刻目を施し，胴部があまり膨らまずに口縁へと開く典型的な板付I式の甕である。外面は細かい右下がりタテハケをナデ消すが，全面でタタキ面を観察でき，一部は右上がりのタタキ目も確認できる。内面には対応する円形のくぼみがある。

第5図2（図版4－1，河口1965第9図30）も板付I式の甕である。外面の右下がりタテハケをナデ消すが，全面でタタキ面を観察でき，口縁直下では水平なタタキ目も確認できる。内面には対応する円形のくぼみがある。

第5図3（図版4－2，河口1965第8図28）は夜臼式と板付I式の折衷的な甕である。外面は右下がりの粗いタテハケを施すが，全面にタタキ面を観察でき，右上がりのタタキ目も確認できる。やはり内面には対応する円形のくぼみがある。

3　まとめ

以上述べたように，北部九州の玄界灘沿岸地域より東の下関市では，延行条里遺跡や綾羅木郷遺跡で，板付I式から板付IIa式の如意形口縁甕に，タタキ技法の痕跡が見られた。第1・2図は，調査資料の中でタタキ目が明瞭に確認できた例を選抜したもので，タタキ面はこのほかの多くの資料で確認できるし，タタキ目がわずかに観察できる例も少なくない。

南の高橋貝塚の高橋I式＝板付I式の甕でも同様で，如意形口縁甕を中心に，タタキ技法の痕跡が見られた。第4図もやはり，調査資料の中でタタキ目が明瞭に確認できた例を選抜しており，タタキ面はこのほかの多くの資料で確認でき，タタキ目も一部で観察できる。中間地点にあたる熊本県内の江津湖遺跡群や岡田遺跡の同時期の甕にもタタキ技法の痕跡があり，これらに先行する北部九州の弥生早期の板付祖型甕や無文土器系甕にタタキ技法の痕跡がみられるから[1]，遅くとも板付I式期には北部九州からタタキ技法が東や南に拡散していたとみられる。

ただし，本論では二つ問題が残る。

第1は，口縁付近で右上がりのタタキ目が多いから，甕を置いて叩くならば，左利きが多いことになる（深澤1998）。しかし，第1図1のタタキ目は，口縁部付近はやや右上がりだが胴部では横平行だから，右利きの可能性が高い。弥生初期の甕では，作業での肘の位置や，はたして正立して置いた状態で叩くのかなどの検討が，今後必要になろう。

第2は，今回の熊本県の事例が夜臼式系統の突帯文甕で，板付I式系の甕ではない点である。

北部九州の弥生早期の夜臼式甕ではタタキ技法は未確認のため，弥生早期の夜臼式甕でもタタキ技法が用いられたと即断しかねないが，今回の事例は板付Ⅰ式併行期だから，板付Ⅰ式甕のタタキ技法が夜臼系統の突帯文甕にも用いられたと解釈しておきたい。

4　考古学は科学か

　最後に，田中良之氏からの課題「考古学は科学か」に対して，筆者の考えを簡単に述べる。まず，「現実の個々の考古学研究に非科学的な例があるから考古学は科学ではない」とはならない点を確認しておく[2]。考古学が科学か否かは，よって立つ原理原則と方法が科学的か否かで判断されるべきだからである。

　筆者は，「考古学は科学である」と考える。その理由は，考古学が拠って立つ資料は物質的資料であり，いかなる研究成果も，その根拠となる物質的資料が残されてさえいれば，検証が可能だからである。また，物質資料による限界が存在する点も，科学である証左と言える。科学は魔法ではないから，必ず限界があると共に，限界は不動ではない。限界を打ち破ろうとする活動こそが科学活動である。

　筆者が今回提示したタタキ技法の痕跡も，根拠となる資料はだれでも観察可能だから，筆者の論の当否はいつでも検証できる。ささやかではあるが，考古学が科学である一つの証と考える。諸賢の検証を待つ。

　本稿を成すにあたっては下記の方々から多大なご協力・ご教示を得た。記して感謝申し上げます（順不同・敬称略）。

　澤下孝信，中原周一，馬場正弘，岡本真也，藤島志考，池畑耕一，中村直子，寒川朋枝，堂込秀人，前迫亮一，八木澤一郎，中村和美，湯場﨑辰巳，関明恵，原田真祐子，太田智

■註
1）筆者は前稿で，弥生早期の土器でのタタキ技法の痕跡例に，福岡市板付遺跡，雀居遺跡，福岡県糸島市曲り田遺跡の例を挙げた。これらは，いずれも板付祖型甕（武末2013第4図2・4・5）ないし無文土器系甕（武末2013第5図1～3）である。
2）ただし，考古学研究の実践例が世間一般に及ぼす影響は大きい。旧石器捏造事件の記憶はなお残り，田中良之氏は，高校教師がいまも「考古学のようないい加減なものには行くな」と言っていることを憂慮していた。「現在の大学受験生に旧石器捏造事件の記憶はないから，考古学専攻生の減少は同事件と関係ない」という分析は，皮相的に過ぎよう。

■引用参考文献
河口貞徳1965「鹿児島県高橋貝塚」『考古学集刊』第3巻第2号 73-109（のちに河口貞徳先生古稀記念著作集刊行会1981『河口貞徳先生古稀記念著作集』上巻 pp.297-336に収録）
熊本県教育委員会1993『岡田―県営菊池うてな台地地区畑地帯総合改善事業に伴う埋蔵文化財発掘調査―』

熊本県文化財調査報告第135集
熊本市教育委員会2005『江津湖遺跡群Ⅰ―第9次調査区発掘調査報告書』
下関市教育委員会1981『綾羅木郷遺跡発掘調査報告（本文）第1集』
下関市教育委員会1990『綾羅木川下流域の地域開発史　山口県下関市大字綾羅木・延行・有富地内延行条里遺跡ほか発掘調査報告書』
下関市教育委員会2010『延行条里遺跡（伊倉地区）発掘調査報告書1』下関市文化財調査報告書27
武末純一2013「タタキ技法はいつまでさかのぼるか―弥生早・前期の甕を中心に―」みずほ別冊『弥生研究の群像』pp.497-508
田畑直彦2013「延行条里遺跡出土の初期遠賀川式土器について」『山口考古』第33号 13-20
深澤芳樹1998「東海洋上の初期タタキ技法」『一色青海遺跡　自然科学・考察篇』愛知県埋蔵文化財センター調査報告書第79集 pp.115-130
藤島志考2013「中九州における弥生前期土器の様相―熊本平野を中心として―」『福岡大学考古学論集2―考古学研究室開設25周年記念―』pp.1-10

■図版・図面出典
　図版写真はすべて武末撮影。第1図：下関市1990の図を改変，第2図：下関市1981の図を改変，第3図：熊本市2005の図を改変，第4図：熊本県1993の図を改変，第5図：武末実測。なお、第1～5図の拓本はすべて武末手拓。

タタキ技法東へ、南へ

外面拡大　　　　1（第1図2）　　　　　　　　　外面

　　　　　　　　　　　　　　　　　　　　　　　外面

　　　　　2（第1図1）

　　　　　　　　　　　　　　　　　　　　　　　内面

　　　　　　　　　　　3

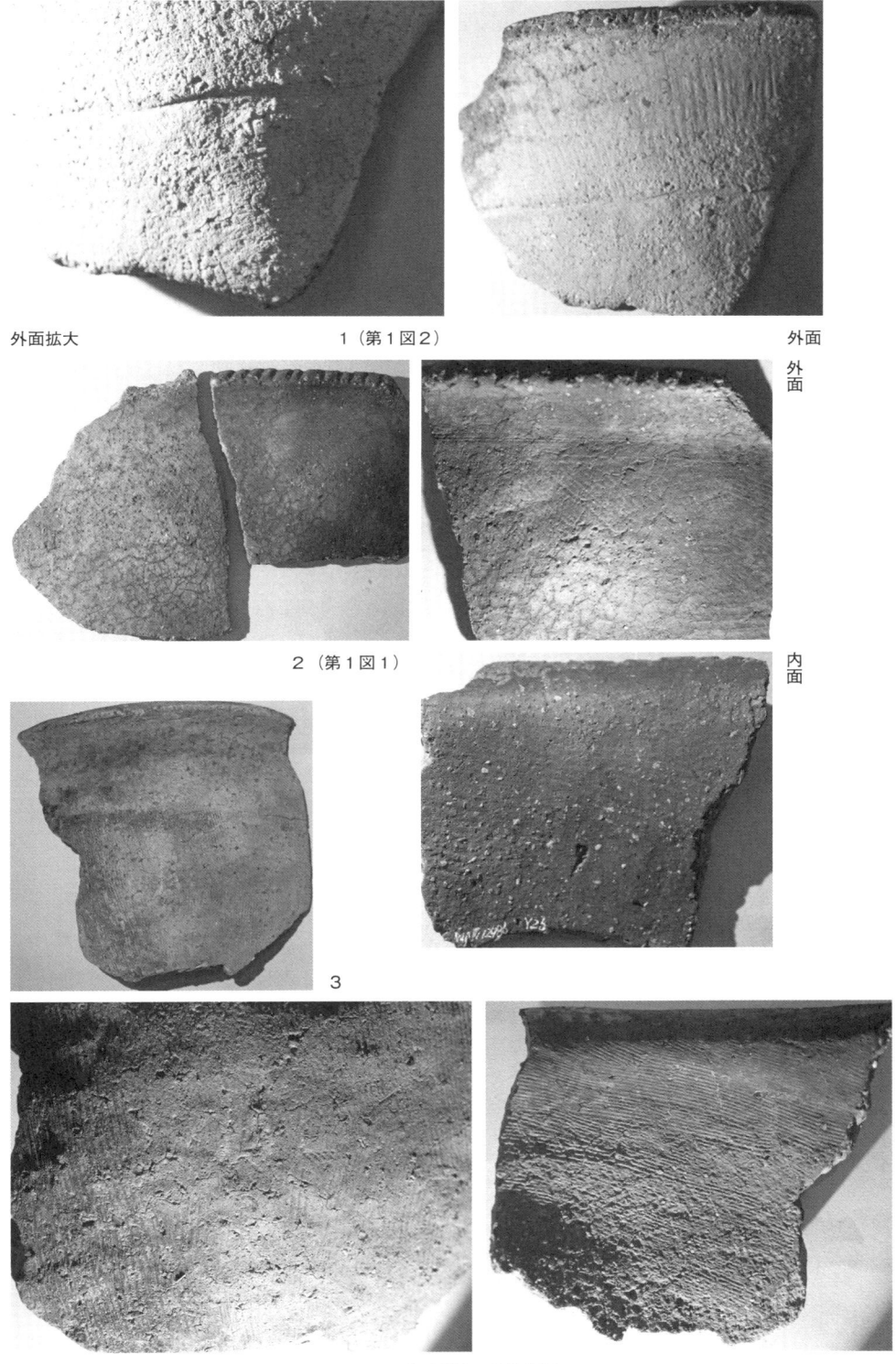

　　　　　　3の外面　　3の内面

図版1　延行条里遺跡の甕

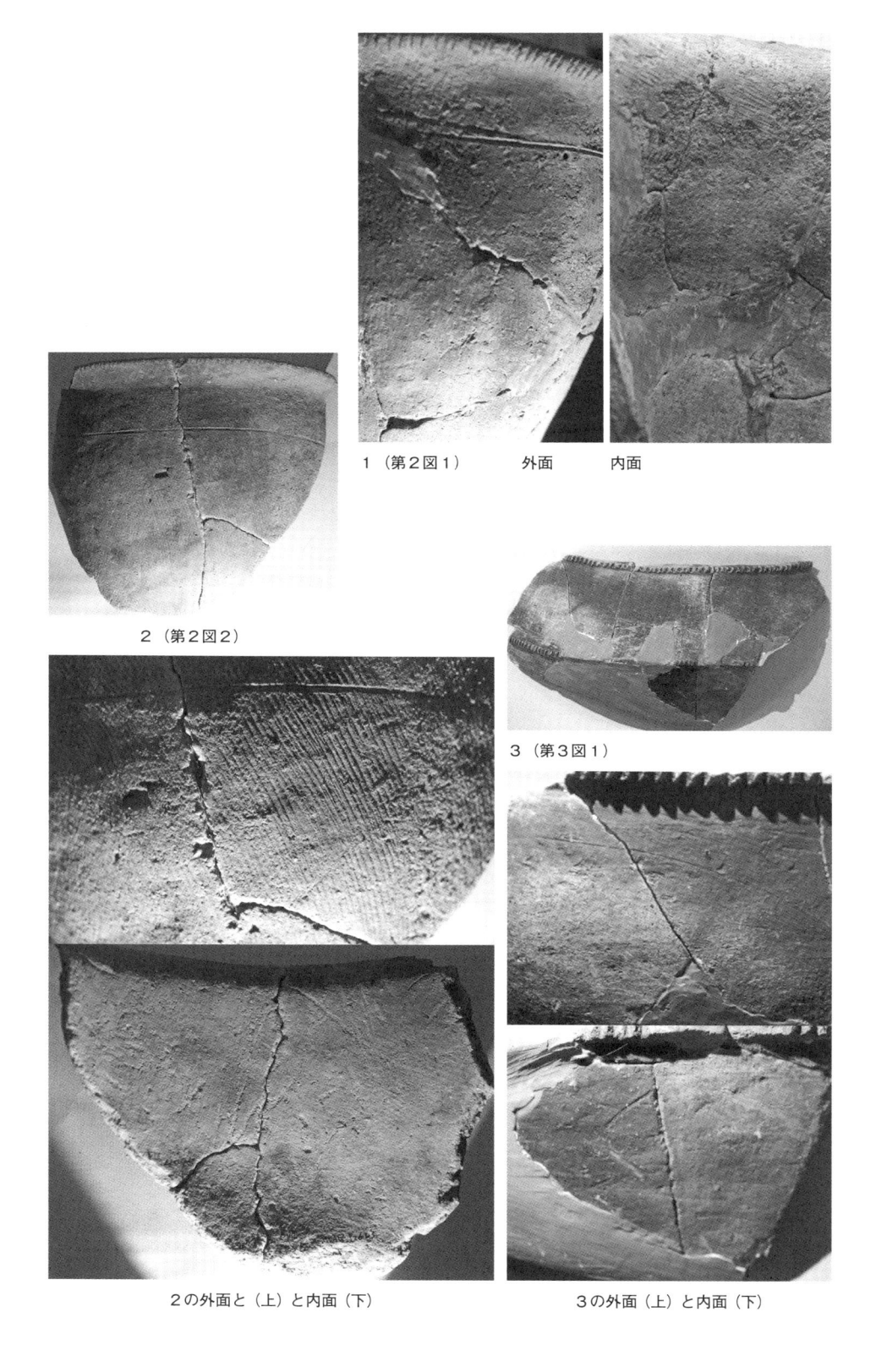

図版2　綾羅木郷遺跡の甕（1・2）と江津湖遺跡群の甕（3）

1（第2図1）　外面　内面

2（第2図2）

3（第3図1）

2の外面（上）と内面（下）

3の外面（上）と内面（下）

タタキ技法東へ、南へ

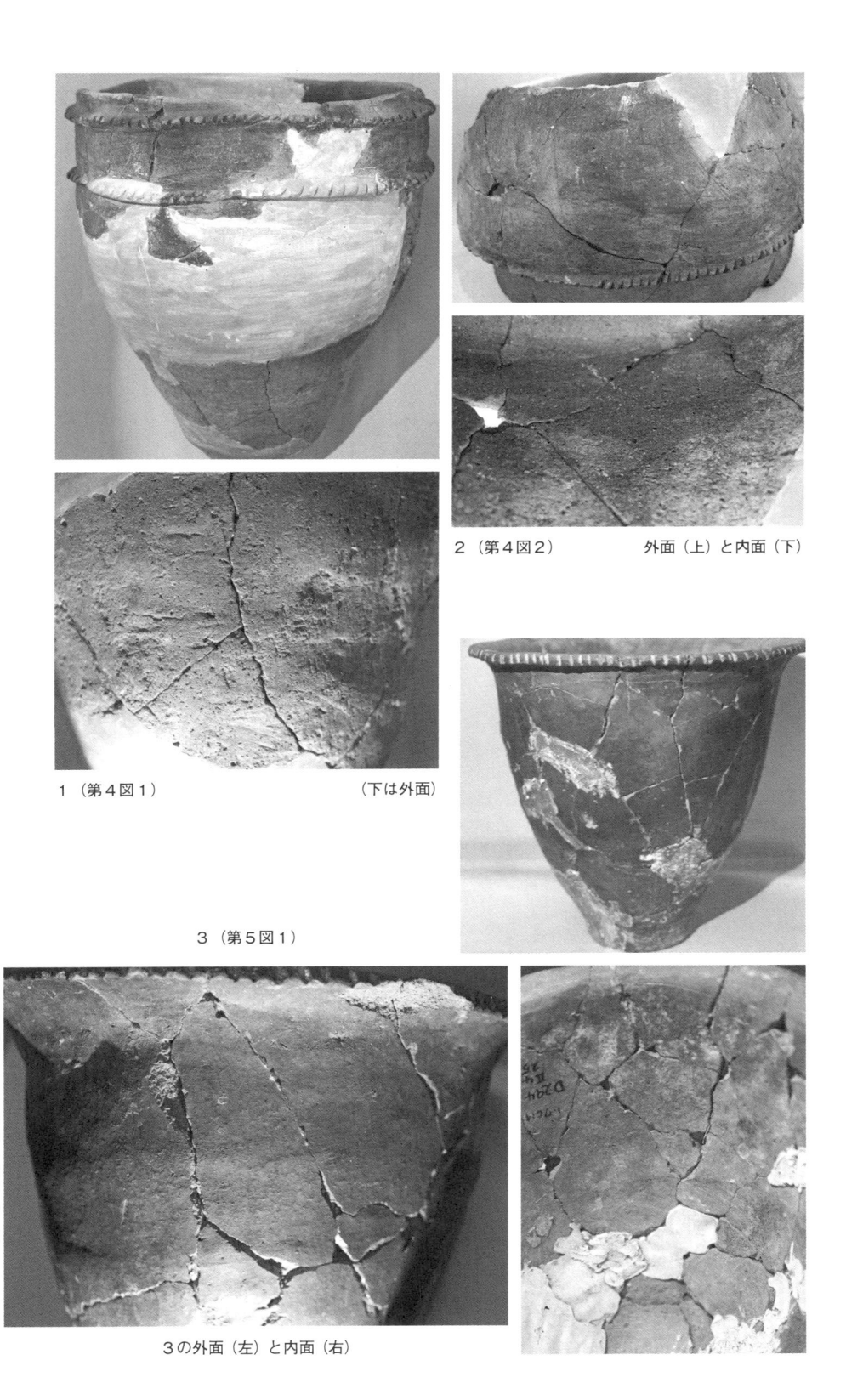

図版3　岡田遺跡の甕（1・2）と高橋貝塚の甕（3）

1（第4図1）　（下は外面）

2（第4図2）　外面（上）と内面（下）

3（第5図1）

3の外面（左）と内面（右）

425

図版4 高橋貝塚の甕

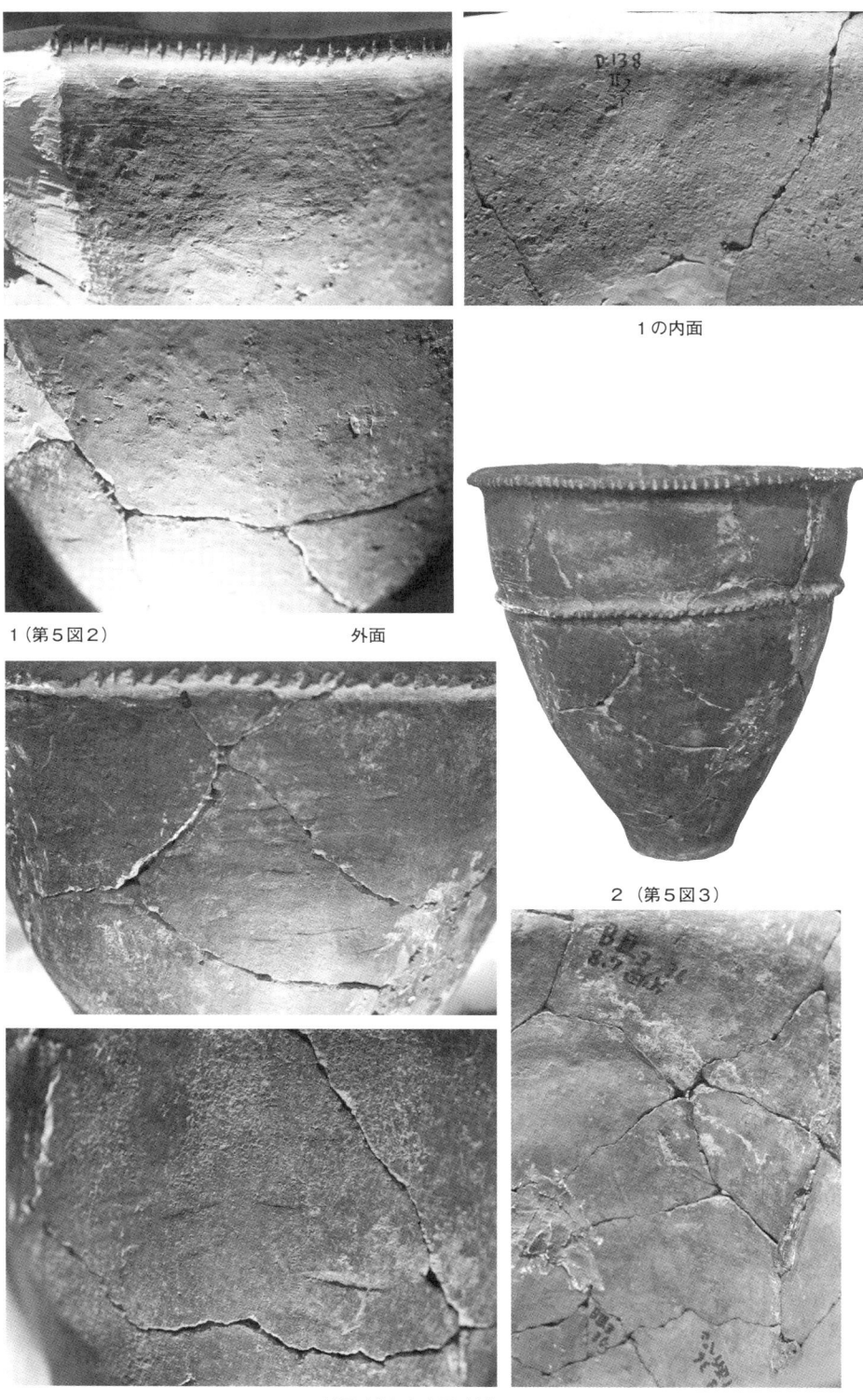

1の内面

1（第5図2）　外面

2（第5図3）

2の外面（左）と内面（右）

広口壺からみた弥生時代中期後半の地域性
— 中東部瀬戸内地方を中心として —

小郡市教育委員会　西 江 幸 子

要旨

　瀬戸内海は，古来より海の回廊としての役割を果たしてきたが，当時の人々の情報伝達・物質交流における情報選択において地域にどのような影響を与えたのだろうか。本稿では，弥生時代中期後半において地域性が顕著に抽出できる櫛描文や凹線文を中心に文様を多様に施文する広口壺を対象に，形態と施文文様の各属性の比率を基に，当時の地域性について検討を行った。その結果，対象地域全域において共通する属性を選択する事象がある反面，本州の吉井川流域以西と本州の大阪湾南岸以東を中心とした地域を核に，双方の地域で選択性の高い属性が存在し，現在の兵庫県の範囲内において属性の量比差の境が入り乱れ，四国は吉井川流域以西の属性を選択する傾向が強いことがわかった。特に，吉井川流域以西のグルーピング化は，弥生時代後期で顕在化する小地域差の萌芽とも考えられよう。こうした現象の背景には，集団における各属性に対する受容性とシンボル的な価値観の差があるのではないだろうか。

キーワード：地域性，凹線文，櫛描文，広口壺，中東部瀬戸内地方

1　はじめに

　瀬戸内海は，本州，四国，九州に挟まれた比較的穏やかな内海であり，古来より海の回廊としての役割を果たしてきた。特に，弥生時代中期になると，早くから多量の大陸系遺物の出土や青銅器生産がみられる先進性・特殊性が窺える九州地方と近畿地方に挟まれた瀬戸内地方でも大陸系遺物の出土が目立つようになり，中国や朝鮮との交流の活発化（田崎1995）が指摘されている。この時期の瀬戸内地方は，昔は，土器製作の面において回転台という斬新な道具を用いて精緻な櫛描文様を描く近畿地方の文化と類似点が多々あることから，近畿地方の政治圏に含まれる地域として捉えられてきた。そして，弥生時代中期後半に東は東海地方から西は瀬戸内地方にかけて盛行する凹線文は，回転台を使用して描かれるという視点から櫛描文が弥生時代中期の早い段階から盛行する近畿地方が発祥地であると捉えられてきた（佐原1964；田辺・佐原1966）。

　しかし，1970年代以降の発掘調査・研究成果の蓄積により，凹線文の出現が瀬戸内地方に

あることが指摘（井藤1982；藤田1983；溝口1987a，1987b）されて以降，櫛描文から凹線文への一律の変化が否定され，近畿地方の先進性・特殊性が崩れ，瀬戸内地方という地域区分が明確化されていく。こうした近畿地方と瀬戸内地方との差異性は，多種多様な遺物の検討を通し顕著に認められていく。以後，編年や地域性の再考が，近畿地方や瀬戸内地方といった地域区分でなされると共に，当時の社会像に関する再検討がなされていく。そして，研究で抽出される地域単位も資料数の増加に伴い河川や平野など自然地形を地域単位としたよりミクロな視点に変化していった（深澤1994；長友2003）。

こうした中，弥生時代中期における瀬戸内地方の独自性を示した根拠の1つである土器の地域性の研究が，近畿地方を中心に数多く積み重ねられてきている。研究当初は，量的な視点から特徴的な指標をもってその地域的枠組みを示すものと捉えてきた（小林1932；佐原1968；都出1983，1989）。しかし，研究が進展するに従い，土器1つ1つの構成要素を属性として抽出し，属性毎の広がりから情報の取捨選択性をアイデンティティの反映の度合い差として捉え，当時の社会状況を検討する動きへと進展する（田中1982；田中・松永1984；溝口1987）。

では，瀬戸内海という海の回廊は，情報伝達・物質交流が活発化する弥生時代中期後半において，どのような役割を果たすことで，地域に情報選択差という影響を与えたのだろうか。この地方の当該期の編年の時間軸の指標とされる櫛描文と凹線文の属性毎の広がり，そして，これらの文様が描かれる土器の形態情報がどのように取捨選択されたのかといった土器の地域性の動態を近畿地方の一部を含む環中東部瀬戸内地方という範囲から，再考することが本稿の目的である。

2　問題の所在

本稿対象地域における土器の地域性の研究は，小林行雄氏にはじまる。小林氏は，櫛描文の分布差に地域的差異を抽出できることを指摘（小林1932）するとともに，描文様の種類の出現差に時間的差異を抽出できることを指摘（小林1943）し，櫛描文が近畿地方・瀬戸内地方において地域性を検討する際，1つの指標となることを示し，以後の研究において大きな影響を与えた。戦後，佐原真氏は，土器製作における形態・調整の技術的差異を抽出することで，「大和型」，「河内型」，「和泉型」など旧国単位程度のまとまりに区分が可能であること（佐原1968），そして，櫛描文の選択においても「畿内」と呼ばれる地域の中に差異が見られること（佐原1959・1970a・1970b）を指摘した。そして，回転台使用が想定される凹線文は精緻な櫛描文が描かれる近畿地方が初源となって中国・四国地方を含めた範囲で一律に変化したと指摘した（佐原1964；佐原・田辺1966）。

その後は，量的な視点から特徴的な指標を持ってその地域的枠組みを示す弥生土器の地域性の研究が進展していくが，この中で地域差に属性ごとのレベル差を抽出した都出比呂志氏の論は，1つの転換期といえる。都出氏は，「土器の「地域色」の認識論」（都出1983）を検討することを通し，「畿内地方の弥生時代社会の個性に近づく」（都出1989）ことを試みた。特に，櫛

描文に着目し、7種類全ての櫛描文を施文する近畿地方という単位を土器製作技法の接触・伝播が「あり得た」範囲、櫛描文の7種の種類差から抽出した旧国単位程度の小地域を日常的に接触・伝播が繰り返され漸移的な変化が認められる通婚圏と捉えた（都出1989）。左記の都出氏による土器の属性におけるレベル差から弥生土器の地域性を検討する研究と同時期に、縄文土器研究から土器の地域性に関する1つの指針が田中良之氏・松永幸男氏により提示された。田中氏は、土器を構成する属性には、別様式からの情報がほとんど導入されないハイレベルの様式間関係と類似する他様式からの情報を比較的寛容に取り入れるローレベルの様式間関係が存在し、このレベル差が土器以外の物質文化においても対応する形で存在することを指摘した（田中1982）。そして、松永氏との共著において、属性により異なる漸移変化を示すことを指摘し、土器製作に関する情報の伝達は、様々な伝達手段を包括したコミュニケーション・システムにより行われたと捉えた（田中・松永1984）。この田中氏・松永氏の土器様式構造論を弥生土器に応用したのが溝口孝司氏の論である。溝口氏は、1つの器種でも部位により地域差の発現の仕方が異なることを指摘した論（深澤1986）を受け、土器を形態と文様とに区分した。そして、諸属性が示す地域的広がりの差異をIan Hodderが示した地理的分布状況（Hodder1982）を参照することで2つの類型にまとめ、この類型差を製作・使用時の価値観の違いの表れ、情報の広がりにおける取捨選択の差と指摘した（溝口1987）。

　以上の1980年代に活発になされた重層的な地域差の存在は、以後の研究者に受け継がれるが、属性の漸移性についての捉え方に苦慮が見られる。若林邦彦氏は、特定の属性のみに着目して分析を行うことに問題意識を持ち、形態と文様とを相関させ型式として地域差を捉えた。そして、型式の組み合わせパターンの差が土器地域色を発生させるとした（若林1992）。しかし、型式の組み合わせパターンこそが、土器属性毎の情報における取捨選択の差異で生じた境であり、その境を形成するまでの、様々な属性の広がりを重層的に検討した方がより複雑な社会構造が抽出できるのではないだろうか。また、長友朋子氏は、土器の製作技術において属性により3つのレベル差が存在し、互いに通時的に拡大・縮小すること（長友2001）、土器の文様施文技術における差異が山間部と沿岸部における集団意識の強さの濃淡を示すこと（長友2003）を指摘した。しかし、土器の文様施文技術における差異は、少なくとも2つの属性から論じていることから、集団意識の強さだけでなく、アイデンティティの投影差という面も検討した方がより社会構造を復元できるのではないだろうか。

　一連の土器地域性の先行研究から、現在、土器の重層的な土器地域性が存在することが現象として把握・検討され（若林1992、1997；長友2001、2003）、重層的な土器地域性とは情報の取捨選択の差異として存在すること（溝口1987）が指摘されている段階にあると言える。しかし、1990年代以降の瀬戸内地方と近畿地方の土器地域性の研究動向をみるに、土器地域性の重層性を面としてとらえる傾向がいまだ強い。地域性発現における重層性を認識していても、諸属性をパターンとしてまとめる（若林1992、1997）と1つ1つの属性が示す情報選択の差異が見えにくくなり、1属性での検討では重層的な土器地域性の一断面の検討になる。横山浩

一氏が指摘されるように,「どの器種,どの属性に折衷・競合現象が起こっているかを見定め,その意味を考える」ことが,今後土器様式構造を用いて現象を把握する上で重要である(横山1985)。

したがって,本稿では,より小地域単位での地域相の再考が求められる中東部瀬戸内地域の弥生時代中期後半の地域相を明らかにするために,地域差をより反映すると指摘されている櫛描文や凹線文などの文様属性の重層的な広がりと形態の差異とを比較検討することとする。対象地域に広く分布し,型式分化が顕著であり,文様施文も盛んである広口壺を対象に,諸属性の広がりを再検討することとするが,本来,重層的な土器地域性を検討する場合,対象時期すべての器種を体系的に扱うことが望ましい。他器種の検討は今後の課題としたい。

3　時間軸の設定

1) 資料と方法

本稿の対象地域は,中東部瀬戸内海沿岸地域である。より小地域差を抽出できるよう,自然地形の諸条件,拠点集落との立地関係,酒井龍一氏が指摘された地域システムの理念モデル(酒井1984)をもとに,遺跡が集中する河川ごとに直径5km程度の範囲を小地域として捉えることとする。この作業から,対象地域を吉野川下流域,与田川流域,讃岐平野,弘田川流域,足守川上流域,足守川中下流域,旭川流域,百間川流域,吉井川流域,千種川流域,揖保川流域,夢前川流域,市川流域,加古川流域.明石川流域,猪名川流域,鬼虎川流域,河内湖南岸地域,河内湖東岸地域,大阪湾南岸地域の20地域に区分した(図1)。

対象資料は,日常的な情報選択の取捨を捉えるために,集落出土の広口壺を扱う。対象資料は,以下3つの基準で遺構を評価し,対象資料を抽出し,使用した(表1)。

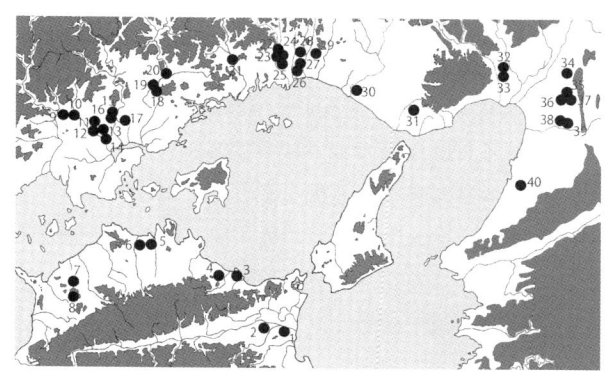

1: 名東 2: 矢野 3: 池の奥 4: 成重 5: 日暮松林 6: 多肥松林 7: 彼ノ宗 8: 矢ノ塚 9: 南溝手 10: 窪木 11: 高塚 12: 津寺 13: 加茂政所 14: 川入 15: 津島 16: 南方 17: 百間川 18: 塩納成 19: 土井 20: 才地 21: 東有年・沖田 22: 小神辻の堂 23: 前地 24: 北山 25: 清水 26: 川島 27: 寄井 28: 亀田 29: 市之郷 30: 美乃利 31: 玉津田中 32: 口酒井 33: 田能 34: 西ノ辻 35: 瓜生堂 36: 巨摩 37: 若江北 38: 亀井 39: 城山 40: 池上

第1図　対象遺跡分布図

A:層位的に一括であることが分かり,器種の組成関係が分かるもの
B:出土量の多いもの
C:出土量は少ないが,編年の対象資料として扱われているもの

以上のA・B・Cの3つの基準は,A>B>Cの純で共時性を抽出する資料としてレベルが

表1 使用資料所在遺構

地域		地域		地域	
吉野川下流域	B 名東遺跡SB2004	百間川流域	B 百間川今谷遺跡1土壙49	猪名川流域	B 田能遺跡第4調査区鋳型Pit
	B 名東遺跡市3ⅢSA01		B 百間川今谷遺跡1井戸8		B 田能遺跡第4調査区土壙2
	B 名東遺跡市3ⅢSA02		B 百間川今谷遺跡1井戸1		B 田能遺跡第5調査区第3溝
	B 名東遺跡市3ⅢSK06		B 百間川今谷遺跡1土壙3		B 田能遺跡第4調査区第5溝
	B 名東遺跡市ⅢP2		C 百間川兼基遺跡1土壙44		B 田能遺跡第4調査区第6溝
	B 名東遺跡市9SK02		B 百間川兼基遺跡1土壙104		B 田能遺跡第4調査区第7溝
	C 矢野遺跡ⅢSB2022		B 百間川兼基遺跡4竪穴住居3		B 口酒井遺跡第11次溝5
	A 矢野遺跡ⅢSB2023		B 百間川兼基遺跡4土壙44		B 口酒井遺跡第11次落ち込み1
	C 矢野遺跡ⅢSB2037		B 百間川兼基遺跡4溝5	鬼虎川流域	B 西ノ辻・鬼虎川遺跡SK52内
	C 矢野遺跡ⅢSK2024		B 百間川兼基遺跡4土器溜まり2		B 西ノ辻遺跡20次自然河川弥生包含層
与田川流域	B 成重遺跡ⅡⅤ区SH01		C 塩納成遺跡竪穴住居6・7		B 西ノ辻遺跡22次SR22-A
	B 成重遺跡ⅡⅤ区集石18		C 土井遺跡段状遺構1		B 西ノ辻遺跡23次A地区第7層
	B 池の奥遺跡SD12		C 土井遺跡段状遺構7		B 西ノ辻遺跡23次C地区第7層
	B 池の奥遺跡SD16	吉井川流域	C 才地遺跡Ⅱb区竪穴住居21	河内湖東岸	B 巨摩瓜生堂遺跡土壙9
	B 池の奥遺跡SR02		C 才地遺跡Ⅱc区竪穴住居35		B 巨摩瓜生堂遺跡沼状遺構下層
	B 池の奥遺跡SH10		A 才地遺跡Ⅱc区竪穴住居36		B 瓜生堂遺跡3SP64・65
	A 池の奥遺跡SK12		C 才地遺跡Ⅱc区竪穴住居52		B 瓜生堂遺跡第46次土器だまり3
讃岐平野	B 多肥松林遺跡SR01		C 才地遺跡Ⅲb区竪穴住居53		C 若江北SD556
	B 日暮・松林遺跡C地区SB04		C 才地遺跡Ⅲb区竪穴住居57		C 若江北SD560
弘田川流域	C 彼ノ宗遺跡SK-1		C 才地遺跡Ⅲb区土壙30		C 亀井SK3060
	B 矢ノ塚遺跡SD85010		A 才地遺跡Ⅲb区土壙36		C 亀井SK3144
	B 矢ノ塚遺跡SD85037		C 才地遺跡Ⅲc区竪穴住居65		C 亀井SD3012
	B 矢ノ塚遺跡SD85101		A 才地遺跡Ⅲc区竪穴住居66		B 亀井2SD2401
	B 矢ノ塚遺跡SD85120		A 才地遺跡Ⅲc区土壙38		B 亀井2SD2402
	C 矢ノ塚遺跡SD85127	千種川流域	B 東有年・沖田遺跡91－A-3土壙3		B 亀井2SE2201
	B 矢ノ塚遺跡SX85005		B 東有年・沖田遺跡91－A-3土壙5		B 亀井S57SD3013
	C 矢ノ塚遺跡SB85014		B 東有年・沖田遺跡95年第1調査区	河内湖南岸	B 亀井S57SD3031
足守川上流域	A 窪木遺跡2土壙165		B 小神辻の堂遺跡溝21		C 亀井城山SD3004
	B 窪木遺跡2溝165	揖保川流域	C 北山遺跡土壙15		C 亀井城山SD3014
	B 窪木遺跡2008土壙40		B 北山遺跡土壙28		C 亀井城山SD3020
	B 窪木遺跡2008土壙60		B 北山遺跡溝13		C 亀井城山SD3023
	B 窪木遺跡2008土器溜り4		B 前地遺跡494土器群		C 亀井城山SD3028
	B 南溝手遺跡2竪穴住居26		A 清水遺跡A地区SK16		C 亀井城山SK3040
	B 加茂政所遺跡竪穴住居6	夢前川流域	B 亀田遺跡1地区SH20		C 亀井城山SE3010
	B 加茂政所遺跡袋状土壙⑩		B 寄井遺跡6号住居址	大阪湾南岸	B 史跡池上曽根遺跡(松ノ浜曽根線に伴う)SD01
	B 加茂政所遺跡土壙17		B 寄井遺跡大溝1		
足守川中下流域	B 加茂政所遺跡土壙96		B 川島遺跡落久保A地区土壙10		C 史跡池上曽根遺跡(松ノ浜曽根線に伴う)SD08
	B 加茂政所遺跡土壙130		B 川島遺跡落久保B地区土壙20		
	B 川入遺跡法万寺地区H-6		B 川島遺跡落久保A地区溝22		B 池上遺跡SF074
	B 津寺遺跡2中屋調査区溝3C地点	市川流域	B 市之郷遺跡SD43		B 池上遺跡SF077
	C 津寺遺跡5竪穴住居199		B 市之郷遺跡SD46		B 池上遺跡2001府拠点集落北方大土壙5-1
	C 津寺遺跡5竪穴住居200	加古川流域	B 美乃利遺跡Ⅰ区第2面SH01		
	B 津寺遺跡5袋状土壙123		B 美乃利遺跡Ⅰ区第2面土器溜1		B 池上遺跡2004和泉99S9531041
	B 高塚遺跡フロヤ調査区土壙59		B 美乃利遺跡ⅠSD08		B 池上遺跡2004和泉99S9521500
旭川流域	A 津島遺跡6土壙7		B 美乃利遺跡Ⅱ区第2面SD46		B 池上遺跡2004和泉99S9610803
	B 南方遺跡PKO土壙7		B 玉津田中遺跡第5分冊SR46002		
	B 南方遺跡PKO土壙16	明石川流域	C 玉津田中遺跡第5分冊Sk46019		
	A 南方遺跡PKO土壙19		C 玉津田中遺跡第5分冊Sk46189		
百間川流域	C 百間川今谷遺跡1土壙54		A 玉津田中遺跡第1分冊SB40002		
	B 百間川今谷遺跡1建物16		C 玉津田中遺跡第1分冊SK40004		
	C 百間川今谷遺跡1土壙12				

下がると想定している。

　これらの対象資料を用いて，形態と文様との諸属性の広がりを抽出する。そして，分析結果より諸属性が示す地域性を検討し，土器地域性が示す地域相に関する動態の意味を検討する。

2）時間軸の設定

　本稿対象地域の土器編年は，各都道府県で蓄積されてきた成果を用いることとする。それぞれ時間軸の指標に差異があることから，各編年案をクロスデーティングさせ，本稿の時間軸の作成を行う必要がある。クロスデーティングを行う際は，搬入土器と共伴する在地土器の編年観の時間的関係を明らかにし，かつ，小地域を超えて類似した器種の変化を捉える方法によって併行関係を確認することでそれぞれの編年における時間的位置づけを整理し，検討を行うこととする。

まず，搬入土器と共伴する在地土器の編年観の時間的関係を明らかにする。矢野遺跡SX2017出土の水差し形土器は，生駒西麓産の胎土で製作されており，近藤氏の「Ⅳ－2」（近藤2004），長友氏の「Ⅳ－2・3」（長友2004）に相当する。

次に，小地域を超えて類似した器種の変化を整理する。まず，口縁部から頸部にかけて断面三角形突帯を数条飾る広口壺が，多肥松林遺跡SR01（Ⅹ区）から信里氏の「Ⅱ－1」の時期に，加茂政所遺跡土壙30から正岡氏の「Ⅲ－1」の時期（高畑1992）に存在しており，同時性が高い。本稿対象時期前段階である弥生時代中期前葉において盛行した直口壺が多肥松林遺跡SR01（Ⅰ区）から信里氏の「Ⅱ－1」の時期（信里2004），加茂政所遺跡土壙173から正岡氏の「Ⅲ－1」の時期（正岡1992）と高畑氏の「Ⅲ－1」の時期（高畑1992），田能遺跡第4調査区土壙2から森田氏の「Ⅲ－1」の時期に存在しており，同時性が高い。櫛描文の文様構成は異なるものの，施文する形態の類似した無頸壺が，多肥松林遺跡SR01（Ⅲ区）から信里氏の「Ⅱ－2」の時期（信里2004），加茂政所遺跡土壙51から高畑氏の「Ⅲ－2・3」の時期（高畑1992），玉津田中遺跡SR46002から篠宮氏の「Ⅲ－2」の時期に存在しており，同時性が高い。池上遺跡SF074から樋口氏の「Ⅲ－4」の時期（樋口1990）に対応する頸部が垂直に立ち上がり口縁部を直角気味に形成する広口壺が，亀井・城山SK3040から濱田氏の「Ⅲ中・Ⅲ新・Ⅳ古」の時期（濱田1993）で出土しているため，両地域は同時性が高いと言える。矢野遺跡SX2017から近藤氏の「Ⅳ－3」の時期（近藤2004），玉津田中遺跡SK46165から篠宮氏の「Ⅳ－3」の時期（篠宮2004），田能遺跡第4調査区第5溝から森田氏の「Ⅳ－4」の時期において類似性の高い水平口縁高杯が，各編年案の次の段階では消失していることから，この時期の各編年案の変化点は同時といえる。

また，近年，旧国播磨地域と他地域との時間軸を検討する中で，本州の猪名川流域以東の地域では，凹線文の導入が本州の明石川流域以西の瀬戸内地方と比べ1段階遅くなることが指摘されている（長友・田中2007）。そして，旧国播磨地域の編年として本稿で用いている篠宮氏の「Ⅳ－1」（篠宮2004）が長友氏・田中氏により凹線文と刻み目が施される「Ⅳ－1」と口縁部が凹線文のみの文様構成を持つ広口壺が比重をます「Ⅳ－2」に細分され，「Ⅳ－2」に本州の猪名川流域以東の地域での凹線文導入が併行すると捉えている（長友・田中2007）。しかし，本州の猪名川流域で見られる凹線文施文土器は，頸部に凹線文を施文しているが，類例が旧国播磨の「Ⅳ－2」（長友・田中2007）に併行する凹線文施文土器になく，頸部への凹線文導入は「Ⅳ－3」（長友・田中2007）からである。このことから，本州の猪名川流域以東の地域は，本稿で旧国播磨地域の編年として用いている篠宮氏の「Ⅳ－2」（篠宮2004）から凹線文の施文が開始すると捉える。

以上の搬入土器や小地域を超えて類似した器種の変化を第2図のように整理することで，表2のような時間軸を設定する。対象地域の時間軸の大きな変化点として，（ア）対象地域全域における凹線文施文土器の出現と，（イ）広域な範囲で同時性の高い傾向を示す水平口縁高杯が，次の時期には一斉に消失することがあがる。これら2つを大きな境として設定し，（ア）以前

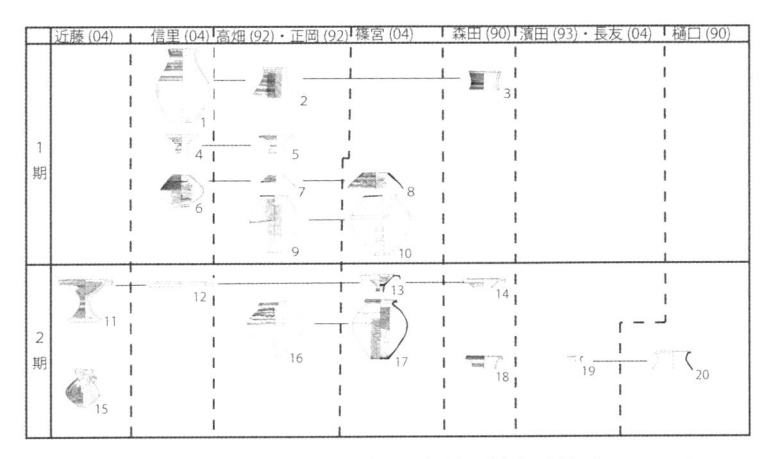

第2図　クロスデーティング使用資料の対応関係（S＝1/32）

表2　対象地域の時間軸

	与田川流域、讃岐平野、弘田川流域	吉野川下流域	足守川上流域、足守川中下流域	旭川流域、百間川流域、吉井川流域	千種川流域、揖保川流域、夢前川流域、市川流域、加古川流域、明石川流域、淡路島		猪名川流域	鬼虎川流域、河内湖南岸、平野川・長瀬川中流域	大阪湾南岸
	信里(04)	近藤(04)	高畑(92)	正岡(92)	篠宮(04)	篠宮(07)	森田(90)	長友(04)　濱田(93)	樋口(90)
1期	中期Ⅱ-1	Ⅲ	Ⅲ-1	Ⅲ-1	Ⅲ-1　Ⅲ-2	Ⅲ-1　Ⅲ-2　Ⅳ-1　Ⅳ-2	Ⅲ 2	Ⅲ-1　Ⅲ-古	Ⅲ-1
	中期Ⅱ-2	Ⅳ-1	Ⅲ-2・3	Ⅲ-2	Ⅳ-1				Ⅲ-2
2期	中期Ⅲ-1	Ⅳ-2	Ⅳ-1	Ⅳ-1	Ⅳ-2	Ⅳ-3	Ⅲ 1　Ⅳ 2	Ⅲ-2　Ⅲ-中　Ⅳ-2　Ⅲ-新	Ⅲ-3
	中期Ⅲ-2	Ⅳ-3	Ⅳ-2　Ⅳ-3	Ⅳ-2			Ⅳ 3	Ⅳ-3　Ⅳ-古	Ⅲ-4
	中期Ⅲ-3		Ⅳ-4		Ⅳ-3	Ⅳ-4	Ⅳ 4	Ⅳ-4　Ⅳ-新	Ⅳ

の時期を1期，（ア）から（イ）までの時期を2期，（イ）以降の時期を3期と捉えることとする。それぞれの時期は，およそ，1期が弥生時代中期中葉，2期が弥生時代中期後葉，3期が弥生時代後期前半に相当する。

4　分析

　本稿で対象とする弥生時代中期後半の広口壺は，櫛描文や凹線文等様々な文様によって装飾される。特に，櫛描文は，7種類の描き方があり，地域により描く方法や範囲が異なることが指摘されており，土器の形態差による要因も検討課題として考えられる。よって，本稿では，櫛描文や凹線文等，この地域の地域差として抽出されてきた文様属性を広く抽出し，検討するとともに，形態の型式差にも着目して検討を行うこととする。

　また，本稿対象地域は，瀬戸内海を囲んでおり，情報伝達には様々な経路が想定される。先行研究においては，瀬戸内海における東西の地域間関係だけでなく，南北の地域間関係も指摘されている。本稿では，便宜的に近畿地方から山陽地方という本州経路と近畿地方から四国地方という四国経路に区分して，検討を行うこととする。

1）形態からみた分布の通時的変化

　まず，対象資料の分類を行い，型式を抽出することとする。本稿対象地域においては，同じ用途の広口壺であっても地域により口縁部や頸部，胴部に差異が見られる。特に，胴部最大径の位置に差異が見られることで生じている胴部の形態差が，他の属性よりも優位性をもって顕著に分類をすることができる。よって，次の3型式に分類を行った（図3）。

　広口壺A：胴部最大径の位置が中央にあるもの
　広口壺B：胴部最大径の位置が頸部よりにあるもの
　広口壺C：胴部最大径の位置が底部よりにあるもの

　各型式の各時期における分布状況と各地域における比率をみると次のようになる（図4）。

　1期では，広口壺Aは全域に広く分布し，広口壺Bと広口壺Cが限定的な地域でのみ分布するとともに，互いに分布範囲が重なっていない。広口壺Bは，旭川流域で29％，百間川流域

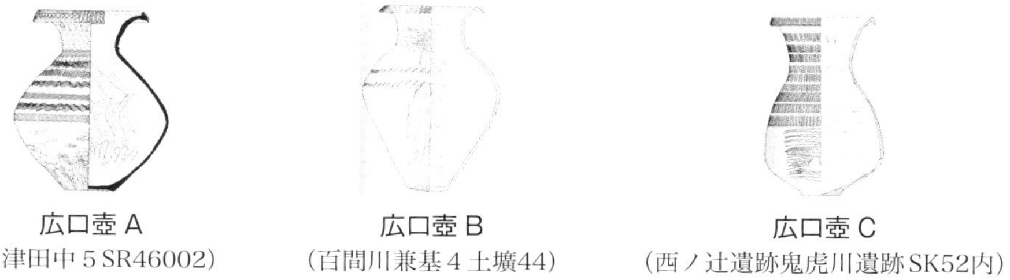

広口壺A	広口壺B	広口壺C
（玉津田中5 SR46002）	（百間川兼基4 土壙44）	（西ノ辻遺跡鬼虎川遺跡SK52内）

第3図　広口壺の分類（S=1/32）

で27％みられる。一方，広口壺Cは，40％の比率で分布している鬼虎川流域を中心に河内湖南岸で21％，大阪湾南岸で10％と次第に減少しながらも，これら3地域のみで分布する。

　2期でも，1期と同様に広口壺Aは全域に広く分布し，広口壺Bと広口壺Cが限定的な地域で分布する。しかし，1期と異なる点として，広口壺Bの分布範囲が1期より拡大していることと，各地域内において広口壺Bと広口壺Cの比率が1期より増大していることがある。広口壺Aは，広口壺Bが主体的に分布する地域では，足守川上流域で57％を占めるものの，足守川中下流域で8％，百間川流域で5％と極端に低くなる。また，広口壺Cが主体的に分布する地域では，鬼虎川流域で35％，河内湖東岸で58％，河内湖南岸で53％，大阪湾南岸で39％と1期に比べ減少する。一方で，限定的な型式については，次のような傾向を示している。広口壺Bは，1期に分布していた百間川流域で100％，足守川中下流域で92％を占める。また，2期より分布がみられる足守川上流域では43％と広口壺Bが分布する範囲としてはやや低めの比率ではあるが，吉井川流域では95％を占め，極端に高い割合で分布していると言える。広口壺Cは，広口壺Bほど高い割合で分布してはいないが，1期と比べると比率は増加する。鬼虎川流域で65％と最も高く，河内湖東岸で42％，河内湖南岸で53％，大阪湾南岸で61％を占める。

　以上の傾向より形態における地域相は，1期では，限定的な分布を示す広口壺Cが分布する

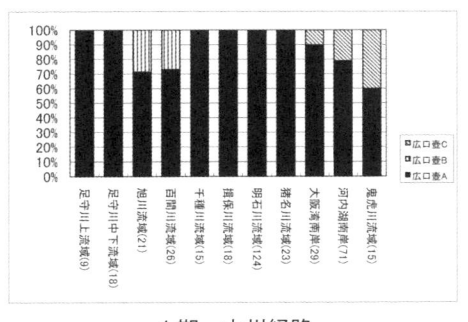

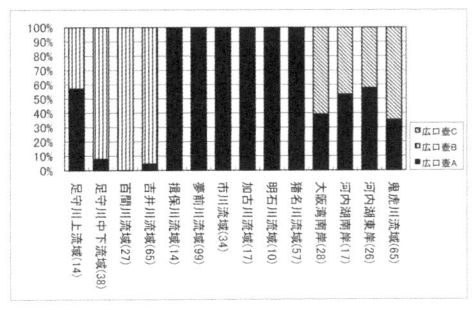

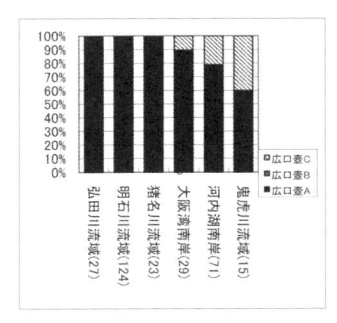

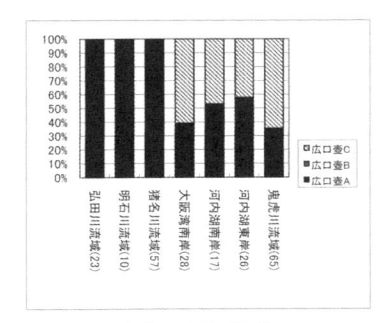

第4図　地域内における各型式比率の通時的変化

範囲が地域的なまとまりとして区別することができるものの，広口壺Cの分布比率が低いことから全体的に同様の形態を選択していると言える。しかし，2期になると，限定的な分布を示す広口壺Bと広口壺Cの比率が増大することで，顕著な地域的なまとまりが出現する。特に，広口壺Bが分布する範囲においては，その分布率から見ても，広口壺Cが分布する範囲以上に地域的な選択差の表れが強くなったと言える。

2）文様から見た分布の通時的変化

文様施文技術の差異として，文様の受容率に関する比較検討を行う。特に，櫛描文，凹線文，そして，凹線文の発展前段階として捉えられている断面三角形突帯との関連性にも着目する。

また，従来より文様施文技術の導入に関して，部位により時期差が存在することが指摘されている。胴部は欠損しているものが多く，資料的に制約があることから，口縁部と頸部に着目して検討することとする。

① 口縁部施文文様

口縁部施文文様では，櫛描文と凹線文に着目して，各地域における比率から検討を行う。

1期では，櫛描文は，鬼虎川流域の65％が最も高い比率を示し，この地域から西の方角に行くにしたがって減少する（図5-1，図5-2，表3）。特に，本州の揖保川流域から足守川中下流域と四国では，弘田川流域の14％が最も高く，その他の地域では10％を切るなど極端に低

い。こうした状況の中，足守川上流域では27％とやや高い割合を示している。7種の櫛描文の選択について検討すると，櫛描文の比率が高い地域と低い地域とで選択する文様に差異があることがわかった。櫛描文の比率の高い鬼虎川流域，河内湖南岸，大阪湾南岸においては，波状文・簾状文を選択している。一方で，櫛描文の比率の低い本州の足守川中下流域以西と四国では格子文を選択している。そして，櫛描文の比率が高い地域と低い地域の双方に隣接する明石川流域と猪名川流域においては，波状文と格子文が選択されている。このことから，櫛描文の比率が高い地域では簾状文や波状文が，櫛描文の比率の低い地域では格子文が選択される傾向があることがわかった。一方，凹線文は，本州の明石川流域以西と四国でのみ分布している。特に，本州の百間川流域では59％と最も高い比率を示し，この地域以外でも旭川流域で45％，足守川中下流域で45％，足守川上流域で36％，弘田川流域で39％，与田川流域で38％を示す。これらの地域の東側に位置する千種川流域では25％，揖保川流域では15％を示し，隣接する百間川流域の地域と比較すると極端に低くなっている。こうした中，明石川流域では34％を示しており，検討を要する。

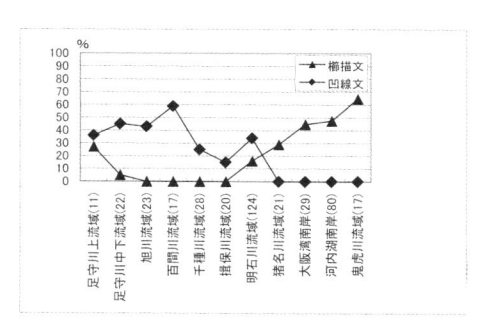

2期においても，1期同様に，櫛描文と凹線文に着目する（図6-1，図6-2，表4）。
櫛描文は，鬼虎川流域で70％と最も高く，河内湖南岸，河内湖東岸，大阪湾南岸，猪名川流域，加古川流域，揖保川流域で30～45％を示し，その他の地域では10％を切る。このことから，加古川流域以東の地域とそれ以外の地域の間において，櫛描文施文比率の差異を指標とする断絶が見られる。こうした中で，隣接地域と比較して，揖保川流域では櫛描文の施文率が高く，明石川流域で櫛描文の施文率が低く，検討を要する。7種の櫛描文の選択について検討すると，1期同様に，櫛描文の比率が高い地域では，簾状文や波状文が選択される傾向は変わらない。簾状文を施文する地域が加古川流域まで広がったが，この地域は櫛描文施文率が高い地域の西端に位置していることから，簾状文と櫛描文施文率との相関関係がうかがえる。一方，櫛描文の比率の低い地域では，選択する櫛描文の文様の種類が格子文から波状文へと変化する。特に，櫛描文施文比率の高い地域に隣接する市川流域，夢前川流域，揖保川流域，吉野川下流

第5-1図　口縁部文様の施文率（1期本州経路）

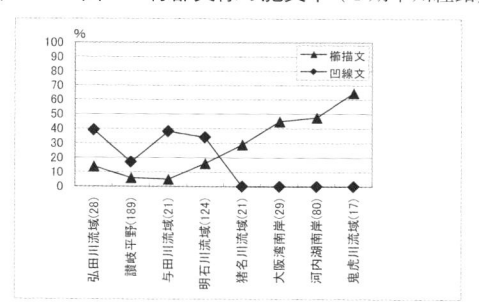

第5-2図　口縁部文様の施文率（1期四国経路）

表3　口縁部施文の櫛描文様種類別個数（1期）

	弘田川流域	讃岐平野	与田川流域	足守川上流域	足守川中下流域	旭川流域	百間川流域	千種川流域	揖保川流域	明石川流域	猪名川流域	鬼虎川流域	河内湖南岸	大阪湾南岸
直線文	0	0	0	0	0	0	0	0	0	0	0	0	2	0
波状文	0	0	0	1	0	0	0	0	0	15	5	5	19	7
流水文	0	0	0	0	0	0	0	0	0	0	0	0	0	0
簾状文	0	0	0	0	0	0	0	0	0	0	0	6	17	6
扇形文	0	0	0	0	0	0	0	0	0	0	0	0	0	0
円弧文	0	0	0	0	0	0	0	0	0	0	0	0	0	0
格子文	4	11	1	2	1	0	0	0	0	5	1	0	0	0

域，与田川流域では，波状文を選択する方向へと変化した。一方，凹線文は，吉井川流域以西を中心に，足守川上流域と百間川流域で100％，足守川中下流域で94％，吉井川流域で90％と高い割合を示している。これらの地域に隣接する夢前川流域では68％，四国の弘田川流域で76％，与田川流域で60％，吉野川流域で67％を示している。そして，これらより以東の地域では，猪名川流域と河内湖東岸で31％を示すものの，30％以下の比率で分布している。このことから，四国と夢前川流域以西の地域とそれ以外の地域の間において，凹線文施文比率の差異を指標とする断絶が見られる。こうした中で，櫛描文の比率が高い揖保川流域で35％，櫛描文の低い明石川流域で90％を示している点が検討を要する。

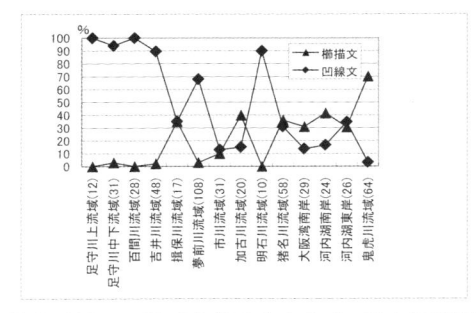

第6-1図　口縁部文様の施文率（2期本州経路）

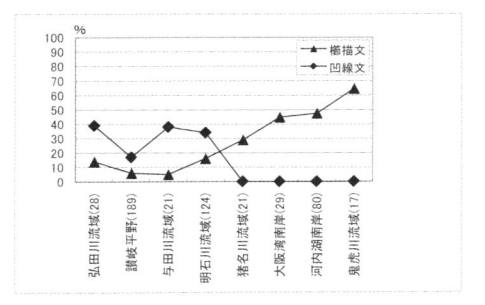

第6-2図　口縁部文様の施文率（2期四国経路）

表4　口縁部施文の櫛描文様種類別個数（2期）

	吉野川下流域	与田川流域	弘田川流域	足守川上流域	足守川中下流域	百間川流域	揖保川流域	夢前川流域	市川流域	加古川流域	明石川流域	猪名川流域	大阪湾南岸	河内湖東岸	鬼虎川流域
直線文	0	0	0	0	0	0	0	0	0	0	0	0	0	1	0
波状文	4	2	0	0	0	0	6	3	1	7	0	20	0	5	10
流水文	0	0	0	0	0	0	0	0	0	0	0	0	0	0	0
簾状文	0	0	0	0	0	0	0	0	0	1	0	9	10	2	35
扇形文	0	0	0	0	0	0	0	0	0	0	0	0	0	0	0
円弧文	0	0	0	0	0	0	0	0	0	2	0	1	0	0	0
格子文	0	1	0	0	0	1	0	0	0	0	0	0	0	0	0

② 頸部施文文様

頸部施文文様では，櫛描文と凹線文に加え，断面三角形突帯や指頭圧痕文にも着目して各地域における比率から検討を行う。なぜならば，先行研究において，凹線文の初源が断面三角形突帯ではないかという指摘（正岡1997；長友2004）があり，凹線文を施文する地域的なまとまりの変遷を抽出するためには，欠かすことのできない要素だからだ。

1期では，櫛描文は，明石川流域以東でのみ分布する。特に，鬼虎川流域で71％と最も高く，この地域から西へとなだらかに減少している（図7，表4）。櫛描文の種類をみると，直線文・波状文・簾状文が選択されている。凹線文は，明石川流域で1％，百間川流域で32％，旭川流域で4％みられるのみである。しかし，この時期にみられる凹線文は，従来，断面三角形突帯からの変化過程と想定されてきたもの（正岡1997；長友2004）であり，凹凸部分がやや角ばっている。断面三角形突帯と指頭圧痕文は，猪名川流域以西と四国を中心に分布し，与田川流域を除き，断面三角形突帯の方が高い割合で分布している。特に，断面三角形突帯は，猪名川流域以西と四国では，百間川流域において38％と最も低い割合を示すものの，その他の地域においては40％以上の割合で分布している。なかでも，足守川上流域で78％，足守川中下流域で93％，弘田川流域で67％，讃岐平野で68％を示しており，断面三角形突帯を施文す

表5 頸部施文の櫛描文様種類別個数（1期）

	与田川流域	讃岐平野	弘田川流域	足守川中下流域	足守川上流域	旭川流域	百間川流域	千種川流域	揖保川流域	明石川流域	猪名川流域	大阪湾南岸	河内湖南岸	鬼虎川流域
直線文	0	0	0	0	0	0	0	0	0	17	4	9	35	4
波状文	0	0	0	0	0	0	0	0	0	3	0	0	2	1
流水文	0	0	0	0	0	0	0	0	0	0	0	0	0	0
簾状文	0	0	0	0	0	0	0	0	0	0	0	3	5	5
扇形文	0	0	0	0	0	0	0	0	0	0	0	0	0	0
円弧文	0	0	0	0	0	0	0	0	0	0	0	0	0	0
格子文	0	0	0	0	0	0	0	0	0	0	0	0	0	0
直線文＋簾状文	0	0	0	0	0	0	0	0	0	0	0	0	6	2
直線文＋波状文	0	0	0	0	0	0	0	0	0	1	0	0	0	0

る中心的な地域といえる。一方，猪名川流域以西以外の地域では，大阪湾沿岸と河内湖南岸で3％，鬼虎川流域では分布しないと極端に低く，断面三角形突帯の施文量差として断絶を想定できる。

2期になると，櫛描文の施文状況はほとんど変化しないものの，凹線文を施文する比率が増し，断面三角形突帯や指頭圧痕文を施文する比率が低くなる点で1期と異なる（図8，表6）。

櫛描文は，1期よりは広い地域で分布するものの，加古川流域以東を中心に高い比率で分布している。鬼虎川流域で70％と最も高い比率を示し，この地域から西側へ行くにしたがって徐々に減少し，加古川流域においては30％となる。これらの地域以外では，吉野川下流域で19％を示すほかは，10％を切っており，極点に低い。このことから，加古川流域と市川流域の間に断絶があったと想定できる。こうした中，櫛描文施文率が高い地域に隣接する明石川流域において，周辺地域とは異なり櫛描文施文率が10％と低い傾向を示しており，検討を要する。また，四国では，吉野川流域において19％と櫛描文施文率の低い地域の中では高く，四国においては東から西側へ行くにしたがってやや急激な勾配になるが減少傾向を示していることから，本州の位置川流域以西の地域と比べ，頸部への櫛描文施文を地理勾配に従い受け入れたと想定できる。このような傾向を櫛描文の種類から検

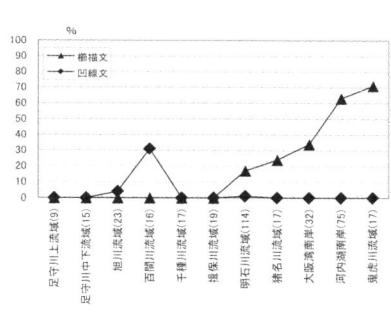

1期本州経路（櫛描文と凹線文） 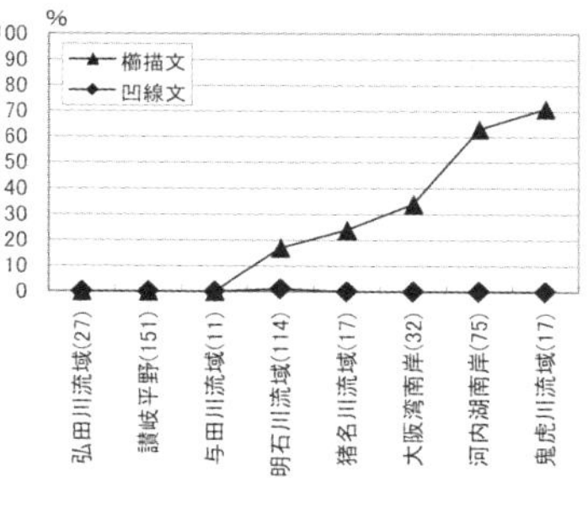　　　1期四国経路（櫛描文と凹線文）

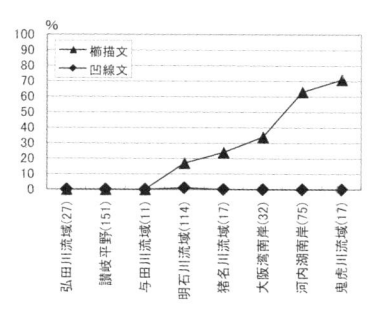

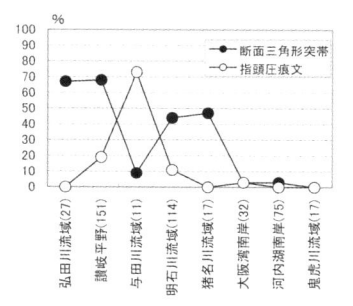

1期本州経路（断面三角突帯と指頭圧痕文）　1期四国経路（断面三角突帯と指頭圧痕文）

第7図　頸部文様の施文率

討を行うと，1期と同様に直線文・波状文・簾状文を施文している。直線文・波状文は，櫛描文を施文する地域において広く分布している。簾状文は，1期において簾状文を施文していた鬼虎川流域，河内湖南岸，大阪湾沿岸地域に加え，猪名川流域と吉野川下流域に広がっている。特に，櫛描文施文率の低い地域に入る吉野川下流域において簾状文が選択されたことは，やや急激な勾配を示しながらも，本州の明石川流域から四国方面へと櫛描文の受容が比較的受け入れられたことを示しているといえる。凹線文は，分布範囲が全域に広がるものの，本州の夢前川流域以西の地域と市川流域以東と四国のそれぞれ3地域において傾向が異なる。夢前川流域以西では，揖保川流域で47％と最も低いものの，百間川流域の79％を中心に，吉井川流域以西では60％以上の割合で施文されている。一方で，市川流域以東では，明石川流域で60％と高いもののそのほかの地域では，市川流域の11％が高く，10％をきっている。2期の明石川流域の資料は，2期の中でも前半に位置する資料であるため，1地域だけ施文率の高い結果になった可能性もある。四国では，与田川流域で33％，吉野川下流域で23％，弘田川流域で9％と，市川流域以東の地域よりは分布比率は高いものの，夢前川流域以西の地域と比べると低い。以上の傾向より，夢前川流域と市川流域の間には，分布量の差異として断絶があるといえる。また，与田川流域を中心に東西に減少する傾向を示しており，特に，与田川流域から猪名川流域以東にかけては，比較的なだらかな減少を示している。断面三角形突帯と指頭圧痕文は，1期に比べると総じて減少している。市川流域で断面三角形突帯が26％，指頭圧痕文が37％と最も高い比率を示しているほかは，20％をきっており，概してほとんど用いられなくなっている。

③小結

以上の，口縁部施文文様と頸部施文文様の検討から，次のような時期的な傾向が指摘できる。

1期では，口縁部と頸部の双方において，東に行くほど櫛描文施文率が高く，西に行くほど凹線文や突帯の施文率が高い。こうした中，凹線文施文の最東端地であり頸部への櫛描文施文の最西端地である明石川流域から頸部への断面三角形突帯施文の最東端地である猪名川流域にかけては，諸属性を満遍なく選択する中間地帯といえる。

2期では，1期同様に，口縁部と頸部の双方において，東に行くほど櫛描文施文率が高く，西に行くほど凹線文施文率が高い。特に，凹線文に関しては，吉井川流域以西において施文率が高く，夢前川流域と市川流域の間で明瞭な施文率の差異を抽出することができる。こうした中で，凹線文施文率が低い地域に囲まれた明石川流域において，高い比率で施文されている点が注目できる。明石

表6 頸部施文の櫛描文様種類別個数（2期）

	吉野川下流域	与田川流域	弘田川流域	足守川上流域	百間川流域	吉井川中下流域	揖保川流域	夢前川流域	市川流域	加古川流域	明石川流域	猪名川流域	大阪湾岸	河内湖南岸	河内湖東岸	鬼虎川流域
直線文	2	2	0	0	0	0	0	0	1	0	2	1	17	0	4	5	11
波状文	3	0	0	0	0	5	0	1	0	1	0	1	0	0	1	2
流水文	0	0	0	0	0	0	0	0	0	0	0	0	0	0	0	0
簾状文	0	0	0	0	0	0	0	0	0	0	0	2	13	3	5	29
扇形文	0	0	0	0	0	0	0	0	0	0	0	0	0	0	0	0
円弧文	0	0	0	0	0	0	0	0	0	0	0	0	0	0	0	0
格子文	0	0	0	0	0	0	0	0	0	0	0	0	0	0	0	0
直線文＋簾状文	1	0	0	0	0	0	0	0	0	0	0	0	2	0	0	0
直線文＋波状文	3	0	0	0	0	5	0	1	0	0	4	0	0	0	1	1

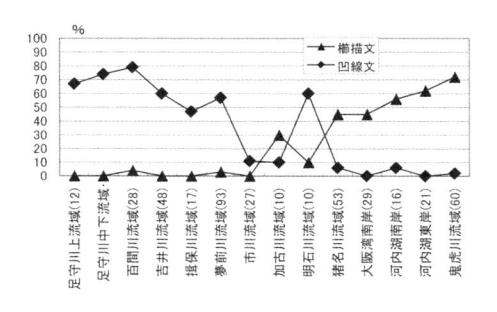

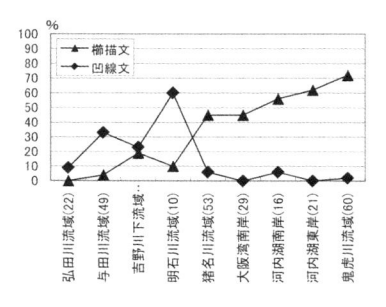

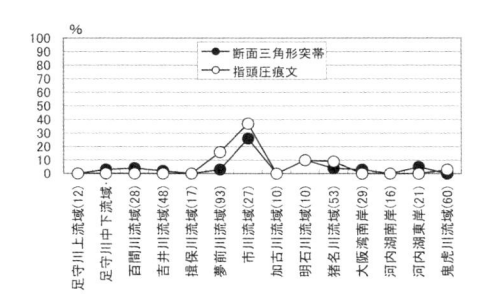

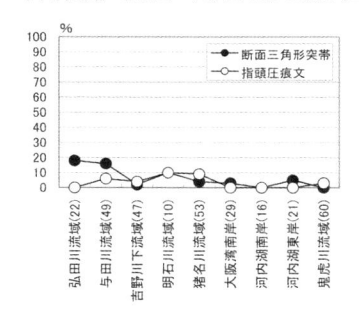

第8図　頸部文様の施文率

川流域の資料が、2期の中でも前半期に該当するものであるからかもしれないが、地理的な条件からもこのような結果を示す要因についての検討が必要である。一方で、櫛描文は、頸部施文にみられるように、施文分布範囲を広げるが、施文率の差異でみられる断絶が、1期との施文率の差異で見られる断絶と同じ地域に生じている。一方で、四国に関しては、頸部施文において簾状文が施文されていることも関係してか、櫛描文施文率の高い鬼虎川流域から猪名川流域を通って四国の方向へ向かってなだらかに減少している。このことから、四国では、凹線文を受容しつつ、2期にいたって櫛描文の受容も夢前川流域以西の地域と比べると比較的寛容に受け取ったのではないかといえる。

3）小結

以上の検討から広口壺は、形態と文様の各属性の比率差のレイヤーが何重にも重なり合い、どの属性の境界も現在の兵庫県内で生じており、共通性が認められる。

形態は、1期・2期ともに広口壺Aが広く分布し、広口壺Bを主体とする吉井川流域以西の地域と広口壺Cを主体とする鬼虎川流域以東を中心とした地域を抽出できる。これら2地域が、時間的変遷の中で、2期になるとそれぞれ各地域でその規模が顕在化していることが示された。

一方、文様では、凹線文の導入期である1期において選択の断絶が認められるものの、それ以外の文様属性に関しては、選択量の差はあるものの対象地域において広く受容されている。施文比率の差を見出すことで、1期・2期ともに凹線文の選択率が高い吉井川流域以西の地域

と櫛描文の選択率や種類数も多い鬼虎川流域以東を中心とした地域を抽出できる。

したがって，本稿の対象地域では，形態・文様伴に共通性を持つ中で，吉井川流域以西の地域と鬼虎川流域以東の地域で文様施文の選択と特徴的な器形を製作することで，凹線文と櫛描文が双方の地域における象徴として選択的に施されたと考えられる。また，四国は，1期・2期伴に兵庫県内と同様に広口壺Aのみを選択するが，文様の選択においては，1期からの櫛描文の選択を東から西側に向かって漸移的に残るが，吉井川流域以西の凹線文の影響をより強く受ける。つまり，文様は形態よりも流動的に選択されたと想定できる。

5　考察―土器の地域性における意味―

では，形態と文様との双方で見出せる鬼虎川流域以東を中心とする地域と吉井川流域以西を中心とする地域は，何を意味するのだろうか。まず，先行研究で指摘された地域性を整理する。

先行研究により，本稿対象地域における地域の境界は，播磨型壺の分析より1期に加古川流域以東と以西の地域に（森岡1985），甕の調整技法の分析より1期に明石川流域以東と以西の地域に（長友2001），広口壺の頸部施文文様の分析より1期に摂津地域と河内地域に（佐原1970），1期・2期伴に器種の出現と分布の分析より千種川流域と吉井川流域との間に（溝口1987）あることが指摘されてきた。本稿においても，1期・2期伴に属性により異なるものの先行研究で指摘されてきた兵庫県内で，1期の凹線文施文の有無による断絶の地域差を除き，施文率比での地域差を抽出している。つまり，地域差が何本も引かれる兵庫県内という範囲は，鬼虎川流域以東からと吉井川流域以西からとの双方の情報を受容し，選択する流動的な地域と考えられる。その中でも明石川流域が位置する立地は，明石海峡に面した潮の流れの速い場所であり，海を介した交流の結節点として想定可能である。2期は，従来より瀬戸内海を介した活発な交流が示唆されてきた。そして，凹線文は，1期に兵庫県南部や岡山県南部を中心に出現し（溝口1987；長友2004），2期において東海から山口県まで広く分布することが指摘されている。このことから，瀬戸内海で出現した凹線文は，瀬戸内海を介した交流の中で広がった1つのシンボルとしての意味があったのではないだろう。そして，明石川流域は，瀬戸内海を介した活発な交流において，海路の結節点としての機能を有していたのではないかと想定できる。

本稿で抽出した現象を田中氏・松永氏の土器様式構造論を用いて整理すると，櫛描文や凹線文，広口壺Aの共有という意味で，これらの要素を持たない地域と，本稿の対象地域はハイレベルの様式間関係にある。そして，この1つのまとまりの中で各文様属性がローレベルの様式間関係によって複雑に重なり合う。この複雑な重なり合いは，Ian Hodder氏が示した2つの類型の地理的分布状況（Hodder1982）が交錯したものであり，溝口氏が指摘されたように類型差は製作・使用時の価値観の違いの表れ，情報の広がりにおける取捨選択の差が投影されたもの（溝口1987）と考えられる。かつて，都出氏は，櫛描文の種類は通婚圏の主要な範囲を示し，櫛描文と文様を施文する範囲は，土器製作技法の接触であり伝播があり得た範囲を示すと

指摘した（都出983，1989）。しかし，櫛描文の種類は，簾状文が生駒山地西麓を中心に分布する所謂生駒西麓型土器という特殊な形の土器に多用されるが，その他の櫛描文の種類は，単独ではその選択される範囲が千差万別で，中には対象地域全域で選択されるものもある。つまり，櫛描文の種類の選択性は，文様の共通性を持つという意味で土器製作技法の接触・伝播がありえた範囲であるが，櫛描文の種類がすべて通婚圏を示していたとは限らないと考える。むしろ，形態と文様との双方で見出せる鬼虎川流域以東を中心とする地域と吉井川流域以西を中心とする地域は，様々な属性を受容しながらも，その選択性において集団のシンボル的な価値観を与えているのではないだろうか。それが，鬼虎川流域以東では，従来指摘されてきた生駒西麓型土器であり，吉井川流域以西では凹線文が多用される広口壺Bであるのだろう。こうした属性の重なりの重複で見えてきた地域的な枠組みが，弥生時代後期で顕在化する「吉備」といった小地域差の萌芽となるのではないだろうか。当該期の社会構造は，部族社会から首長制社会への転換期であり，首長を示す集団のシンボルとして，凹線文や櫛描文の簾状文が選択し，その選択性は隣接地域の文様属性を寛容に受け入れる地域であったと考えられる。

6　おわりに

今回の検討では，当該期の広口壺の形態と文様属性における地域差の抽出までしか検討が行えなかった。本来であれば，これらの地域差の背景から見えてくる土器以外の物質文化の地域差との比較検討を行い，当時の社会構造へと踏み込むことが必要である。これらについては，今後の課題としたい。

　九州大学大学院比較社会文化学府修士課程を修了して6年が過ぎ，なかなか修士論文を論文という形にすることができず，かなり迷走していました。しかし，この度，田中良之先生追悼論文集のお話を頂き，在学中も就職してからも様々な折にご相談にのっていただいた田中良之先生に感謝の意を論文という形で表したいと思い，論文をまとめる決心ができました。
　「考古学は科学か」という問いは，九州大学大学院比較社会文化学府基層構造講座に在学中，常に田中良之先生が提起されていたのを今でも思い出します。考古学は，出土資料等物質文化を基に社会構造を復元する学問であるからこそ，科学であると考えます。だからこそ，論文を執筆する際には，研究史の中で問題提起した事象を解決するために使用した資料を明確に提示し，検証できるようにすることが必要と考えます。本稿で，それが実践できていたら幸いです。
　最後に，田中良之先生のご冥福を心からお祈りいたします。

謝辞
　小稿は，平成21年1月に九州大学大学院比較社会文化学府に提出した修士論文の一部を加筆修正したものです。修士論文を作成するにあたり，指導教官である九州大学大学院比較社会文化研究院の溝口孝司先生，田中良之先生，岩永省三先生に懇切丁寧なご指導を頂きました。

心より厚く御礼申し上げます。また，九州大学大学院比較社会文化研究院の宮本一夫先生，辻田淳一郎先生，田尻義了先生，中橋孝博先生，佐藤廉也先生からも日頃より助言等，様々な面でお世話になりました。心より厚く御礼申し上げます。また，在学中には九州大学大学院比較社会文化学府基層構造講座・人文科学府考古学研究室の諸先輩，同輩，後輩の皆様には，様々な面でお世話になりました。併せて心より謝意を表します。また，この内容の一部は平成21年度九州史学会考古部会において小稿と同題目で発表したものです。発表後にご指導いただきました諸氏におかれましても厚く御礼申し上げます。そして，以下の機関および，諸氏には資料収集にあたり，便宜を図っていただき，さまざまなご助言を頂きました。末筆ながら，記して深甚の謝意を表します。

　財団法人徳島県埋蔵文化財センター，香川県教育委員会，高松市教育委員会，高松市歴史資料館，岡山県古代吉備文化財センター，岡山大学埋蔵文化財センター，和気町教育委員会，総社市教育委員会，兵庫県立考古学博物館，たつの市教育委員会，赤穂市教育委員会，神戸市教育委員会，伊丹市教育委員会，尼崎市立田能資料館，財団法人大阪府文化財センター，大阪府教育委員会，東大阪市埋蔵文化財センター，堺市教育委員会，大阪府立弥生博物館，和泉市いずみの国歴史館，三木弘幸，北山健一郎，渡邊誠，弘田和司，河合忍，渡邉恵理子，岩崎志保，平井典子，藤田等，村上賢治，篠宮正，岸本道昭，荒木幸治，安田滋，小手川裕，福井英治，村上年生，三宅正浩，勝田邦夫，岡本智子（順不同，敬称略）

■文献

浅岡俊夫編，2000．口酒井遺跡—1〜10次，12〜26次発掘調査報告書—，伊丹市教育委員会・財団法人古代学協会

團奈歩編，2005．津島遺跡6，岡山県埋蔵文化財調査報告190，岡山県教育委員会

江見正己，1982．百間川兼基遺跡Ⅰ・百間川今谷遺跡Ⅰ，岡山県埋蔵文化財発掘調査報告51，建設省岡山河川工事事務所・岡山県教育委員会

江見正己，2000．高塚遺跡・三手遺跡2，岡山県埋蔵文化財発掘調査報告150，日本道路公団中国支社津山工事事務所・岡山県教育委員会

江見正己・松尾佳子編，2008．南溝手遺跡・窪木遺跡，岡山県埋蔵文化財発掘調査報告214，国土交通省岡山国道事務所・岡山県教育委員会

藤田忠彦編，1997．兵庫県赤穂市東有年・沖田遺跡発掘調査報告書，赤穂市文化財調査報告書45，赤穂市教育委員会

藤田三郎，1983．銅鐸鋳造年代について，古代学研究100，19—28．

藤沢真依編，1990．史跡池上曽根遺跡発掘調査概要，大阪府教育委員会

深澤芳樹，1986．弥生時代の近畿，岩波講座日本考古学5分かと地域性，pp.157-186，岩波書店，東京．

深澤芳樹，1994．尾張における凹線文出現の経緯—朝日遺跡出土土器の検討から—，朝日遺跡Ⅴ（土器編・総論編），愛知県埋蔵文化財調査センター調査報告第34集，pp.273-288，愛知県埋蔵文化財調査センター，愛知．

福井英治，1982．田能遺跡発掘調査報告書，尼崎市文化財調査報告第15集，尼崎市教育委員会

福永信雄編，1995．西ノ辻遺跡第22次発掘調査報告，東大阪市教育委員会・財団法人東大阪市文化財協会
福永信雄編，2002．瓜生堂遺跡第46，47－1・2次発掘調査報告書，東大阪市教育委員会
濱田延充，2004．定点としての弥生時代後期初頭，第53回埋蔵文化財研究集会弥生中期土器の併行関係発表要旨集，379－382
樋口吉文，1990．6 和泉地域，弥生土器の様式と編年―近畿編2―，pp.3－76，木耳社，東京．
平井泰男編，1996．南溝手遺跡2，岡山県埋蔵文化財調査報告107，岡山県教育委員会
平井泰男編，1998．窪木遺跡2，岡山県埋蔵文化財調査報告124，岡山県教育委員会
平井泰男,1999．加茂政所遺跡・高松原古才遺跡・立田遺跡,岡山県埋蔵文化財調査報告138,日本道路公団中国支社津山工事事務所・岡山県教育委員会
兵庫県教育委員会埋蔵文化財調査事務所編，2000．亀田遺跡，兵庫県文化財調査報告第209冊，兵庫県教育委員会
池田征弘編，1999．龍野市清水遺跡，兵庫県文化財調査報告第183冊，兵庫県教育委員会
芋本隆裕編，1992．西ノ辻遺跡第23次発掘調査報告，東大阪市教育委員会・財団法人東大阪市文化財協会
井藤暁子・藤田雅子・上西美佐子・清原弘美，1979．池上遺跡第2分冊土器編，財団法人大阪文化財センター
井藤暁子，1981．弥生土器―近畿1―，考古学ジャーナル195，8－14．
井藤暁子，1981．弥生土器―近畿2―，考古学ジャーナル202，15－21．
井藤暁子，1981．弥生土器―近畿3―，考古学ジャーナル205，15－19．
井藤暁子，1981．弥生土器―近畿4―，考古学ジャーナル207，10－14．
香川県埋蔵文化財調査センター編，1999．多肥松林，財団法人香川県埋蔵文化財調査センター
甲斐昭光，1996．玉津田中遺跡―第5分冊―，兵庫県文化財調査報告第135－5冊，兵庫県教育委員会
勝浦康守，1993．Ⅰ．名東遺跡発掘調査概要，徳島市埋蔵文化財発掘調査概要3，徳島市教育委員会
勝浦康守，1999．Ⅱ名東遺跡（住宅開発工事），徳島市埋蔵文化財発掘調査概要9，徳島市教育委員会
岸本道昭編，1995．養久山・前地遺跡，龍野市文化財調査報告15，龍野市教育委員会
岸本道昭編，1998．小神辻の堂遺跡，龍野市文化財調査報告20，龍野市教育委員会
岸野奈津子，2006．加古川市美乃利遺跡Ⅱ，兵庫県文化財発掘調査報告代296冊，兵庫県教育委員会
小林行雄，1932．弥生式土器に於ける櫛目式文様の研究，考古学第3巻第1号，10－21．
小林行雄，1943．第4章土器類，大和弥生式遺跡の研究，京都帝国大学考古学研究報告第16，pp.41－94，京都
小林行雄，1943．第5章弥生式土器細論，大和弥生式遺跡の研究，京都帝国大学考古学研究報告第16，pp.95－143，京都
近藤玲，2004．阿波の弥生中期中葉～後期初頭の土器，第53回埋蔵文化財研究集会弥生中期土器の併行関係発表用紙集，301－315．
近藤玲・谷川真基編，2006．矢野遺跡（Ⅲ）（弥生・古代編）＜第1分冊＞，徳島県埋蔵文化財センター調査報告書第63集，徳島県教育委員会・財団法人徳島県埋蔵文化財センター・国土交通省四国地方整備局
真鍋晶宏・横田周子編，1987．矢ノ塚遺跡，四国横断自動車道建設に伴う埋蔵文化財発掘調査報告第3冊，香川県教育委員会
正岡睦夫，1992．1備前地域，弥生土器の様式と編年山陽・山陰編，pp.3－78，木耳社，東京．
正岡睦夫，1997．3．凹線文・擬凹線文，弥生文化の研究3弥生土器Ⅰ，pp.79－82，雄山閣，東京．
溝口孝司，1987a．土器における地域色―弥生時代中期の中部瀬戸内・近畿を素材として―，古文化談叢17，137－158
溝口孝司，1987b．土器における属性伝播の研究，岡崎敬先生退官記念論文集，359－384

森格也・長井博志編，2005．成重遺跡Ⅱ，四国横断自動車道建設に伴う埋蔵文化財発掘調査報告第54冊，香川県教育委員会・日本道路公団

森本貴子，1997．美乃利遺跡，兵庫県文化財調査報告第165冊，兵庫県教育委員会

森岡秀人，1985．突帯文土器地域色に関する若干の検討―とくに摂津・播磨・紀伊の第Ⅲ様式優勢壺にみられる器形・文様交流について―，末永先生米寿記念献呈論文集，81－114

森田克行，1990．摂津地域，弥生土器の様式と編年近畿編Ⅱ，pp.77－191，木耳社，東京．

村瀬圭一編，1971．川島・立岡遺跡，太子町教育委員会

長友朋子，2001．弥生時代の土器地域色とその性格，古代学研究153号，

長友朋子，2003．文様の地域色―弥生時代中期における凹線文を素材として―，古文化談叢49，1－16

長友朋子，2004a．河内地域と他地域との併行関係，第53回埋蔵文化財研究集会弥生中期土器の併行関係発表要旨集，161－180

長友朋子・田中元浩，2007．Ⅲ．播磨地域における土器編年3．西播磨地域の編年，弥生土器酒精と編年―播磨編―，pp.69－526，六一書房，東京．

中井貞夫・尾上実編，1983．若江北，大阪府教育委員会・財団法人大阪文化財センター

中溝康則，1994．龍野市寄井遺跡，龍野市文化財調査報告13，龍野市教育委員会

中西靖人・宮崎康史・西村尋文編，1982．亀井遺跡,，財団法人大阪文化財センター

中田宗伯編，2003．東有年・沖田遺跡，赤穂市文化財調査報告書56，赤穂市教育委員会

西川寿勝編，2001．池上曽根遺跡Ⅲ，大阪府埋蔵文化財調査報告2000－3，大阪府教育委員会

西岡達哉編，2003．池の奥遺跡・金比羅山遺跡Ⅱ，横断自動車道建設に伴う埋蔵文化財発掘調査報告第46冊，財団法人香川県埋蔵文化財センター

信里芳紀，2004．讃岐地方における弥生中期の土器編年―凹線文期を中心にして―，第53回埋蔵文化財研究集会弥生中期土器の併行関係発表要旨集，273－299

大橋雅也，1995．津寺遺跡2，岡山県埋蔵文化財発掘調査報告98 日本道路公団広島建設局岡山工事事務所・岡山県教育委員会

大阪府教育委員会・財団法人大阪文化財センター，1986．亀井2，大阪府教育委員会・大阪府文化財センター

佐原眞，1959．弥生式土器製作技術に関する二三の考察―櫛描文と回転台をめぐって―，私たちの考古学5-4，2－11

佐原眞，1964．弥生土器の製作技術．紫雲出，pp.21－30，宅間町文化財保護委員会，香川．

佐原眞，1964．弥生式土器の分類．紫雲出，pp.30－48，宅間町文化財保護委員会，香川．

佐原眞，1968．畿内地方，弥生式土器集成本編，東京堂出版，東京．

佐原眞，1970a．第三節弥生式時代，伊丹市史第1巻，pp.83－136，伊丹市，大阪．

佐原眞，1970b．大和川と淀川，古代の日本5近畿，pp.24－43．角川書店，東京．

佐原眞・田辺昭三，1966．3近畿．日本の考古学Ⅲ弥生時代，pp.108－140，河出書房新社，東京．

酒井龍一，1984．弥生時代中期・畿内社会の構造とセトルメントシステム，文化財学報3集，37－51

笹川龍一編，1985．彼ノ宗遺跡，弘田川河川改修工事に伴う埋蔵文化財発掘調査報告，善通寺市教育委員会

澤山孝之，2006．南方遺跡，岡山県埋蔵文化財発掘調査報告196，岡山県教育委員会

下澤公明，2004．八ヶ奥遺跡・八ヶ奥製鉄遺跡・岡遺跡・小坂古墳群・才地古墳群・才地遺跡，岡山県埋蔵文化財発掘調査報告178，岡山県教育委員会

篠宮正編，1994．玉津田中遺跡―第1分冊―，兵庫県文化財調査報告第135－1冊，兵庫県教育委員会

篠宮正，2004．播磨地域における弥生時代中期の土器編年と搬入土器，第53回埋蔵文化財研究集会弥生中

期土器の併行関係発表要旨集，139－159
菅原章太編，1988．西ノ辻・鬼虎川遺跡―西ノ辻第6・7・8次発掘調査・鬼虎川第18次発掘調査概要報告書―，東大阪市教育委員会・財団法人東大阪市文化財協会
杉山一雄編，2005．塩納成遺跡，岡山県埋蔵文化財発掘調査報告187，岡山県教育委員会
高畑知功，1992．2備中地域，弥生土器の様式と編年山陽・山陰編，pp.79－153，木耳社，東京．
高畑知功，1998．津寺遺跡5，岡山県埋蔵文化財発掘調査報告127，日本道路公団中国支社津山工事事務所・岡山県教育委員会
高島徹・広瀬雅信・畑暢子編，1983．亀井，大阪府教育委員会・財団法人大阪文化財センター
高田恭一郎，2007．百間川兼基遺跡4・百間川沢田遺跡5，岡山県埋蔵文化財発掘調査報告208，岡山県文化財保護協会
玉井功・小野久隆・井藤暁子編，1982．巨摩・瓜生堂遺跡，財団法人大阪文化財センター
田中良之，1982．磨消縄文土器伝播のプロセス―中九州を中心として―，森貞次郎博士古稀記念古文化論集，pp.59－96，福岡
田中良之・松永幸男，1984．広域土器分布圏の諸相―縄文時代後期西日本における類似様式の並立―，古文化談叢14，81－117
田崎博之，1995．瀬戸内における弥生時代社会と交流 - 土器と鏡を中心として -．古代王権と交流6瀬戸内海地域における交流の展開，pp.29－59，名著出版，東京．
田代克己・井藤徹編，1981．瓜生堂遺跡3，瓜生堂遺跡調査会
龍野市教育委員会編，2001．北山遺跡，龍野市文化財調査報告23，龍野市教育委員会
寺川史郎・尾谷雅彦編，1980．亀井・城山，財団法人大阪文化財センター
都出比呂志，1983．弥生土器における地域色の性格，信濃第35巻4号，245－257
都出比呂志，1989．日本農耕社会の成立過程．岩波書店，東京．
氏家敏之編，1995．名東遺跡，徳島県埋蔵文化財センター調査報告書第14集，徳島県埋蔵文化財研究会
若林邦彦，1992a．弥生土器地域色に関する一考察―畿内第Ⅲ～第Ⅳ様式を中心に―，考古学と生活文化，同志社大学考古学シリーズⅤ，同志社大学考古学シリーズ刊行会，京都．
若林邦彦，1992b．弥生土器櫛描文様に関する覚書―その成立をどのように考えれば良いのか―，大阪文化財研究20周年記念増刊号，23－36
若林邦彦，1997．中河内弥生中期土器にみる諸相―「生駒西麓型土器」のもつ意味―，考古学研究第43巻第4号，58－75
山田清朝編，2005．姫路市市之郷遺跡，兵庫県文化財調査報告第286冊，兵庫県教育委員会
山磨康平編，2005．土井遺跡・谷の前遺跡・慶運寺跡，岡山県埋蔵文化財発掘調査報告191，岡山県教育委員会
山本英之・中西克也編，1996．日暮・松林遺跡，高松市埋蔵文化財調査報告第34集，高松市教育委員会
柳瀬昭彦編，1977．川入・上東，岡山県埋蔵文化財発掘調査報告16，岡山県教育委員会
横山浩一，1985．3．型式論，岩波講座日本考古学1研究の方法，pp.43－78，岩波書店，東京．
財団法人東大阪市文化財協会編，1995．鬼虎川遺跡26次・西ノ辻遺跡18～20次調査概要報告，大阪府教育委員会・財団法人東大阪市文化財協会
財団法人大阪府文化財センター，2004．史跡池上曽根99，史跡池上曽根遺跡整備委員会

瓜生堂2号墓の再検討

京都府教育委員会 藤 井 整

要旨

　近畿地方の方形周溝墓におけるこれまでの被葬者研究は，埋葬施設の並置関係を根拠として，夫婦もしくは世帯との評価が与えられてきた。小文では，埋葬施設の意図的な切り合わせ関係や，それらに対する破砕散布儀礼の痕跡などからその順位を明らかにする手法を採用した。その結果，瓜生堂2号墓においては，系譜関係を有するリネージのような2つの出自集団が，1つの方形周溝墓を造営したとの評価を与えた。また，この被葬者たちは，供献遺物の型式や埋没状況などから，時間的には1ないし2世代の範囲に収まること，人骨からは夫婦関係ではなくキョウダイもしくは親子関係の可能性が高いと考えられることを明らかにした。この2つの出自集団は，破砕散布儀礼の執行状況から無関係な集団ではなく，リネージのような出自集団よりも大きな，同一のクランに属するような集団であった可能性が高いと考えられる。近畿地方の優位性の説明を見なおす議論が必要である。

キーワード：方形周溝墓，被葬者像，出自集団，破砕散布儀礼，階層性

1　はじめに

　瓜生堂遺跡は，東大阪市瓜生堂〜若江西新町に拡がる弥生時代から平安時代にかけての複合遺跡である。1965（昭和40）年に萩田昭次氏によって遺跡であることが確認され，翌年には，楠根川の改修工事中に土手の壁面から木棺が露出しているのが確認された。残念ながら河川工事が強行されたため，半分破壊された状態でブロック壁下に埋没したが，周辺に大規模な弥生時代の遺跡が存在する可能性が指摘されることとなった。

　1971（昭和46）年に中央南幹線下水道管渠築造に伴なう第6次調査[1]が実施され，方形周溝墓5基と土壙墓27基が確認された（田代ほか1971）。この調査において，瓜生堂2号墓の北半3分の1が確認され，墳丘上から1号木棺と1〜4号甕棺が検出された。

　1973（昭和48）年の規模確認を経て，1978（昭和53）年に小阪ポンプ場増設工事に伴う第8次調査が実施され，残り3分の2の状況も明らかとなった（今村ほか1981）。最終的に瓜生堂2号墓は，南北14.8m×東西9.7m，高さ1.2mの墳丘規模をもつ中期中葉の墓であること

が確認され，その墳丘上では木棺墓，土壙墓，土器棺墓それぞれ6基の，合計18基の埋葬施設が検出された（第1図）。1つの方形周溝墓から多数の被葬者が検出された瓜生堂2号墓の調査は，人骨そのものの遺存率が低い近畿地方において，単位集団や居住集団と埋葬集団の対比が可能な初の事例となるものと期待され，これを契機に本格的な集団論が展開されるようになった。

田代克己氏は，その報告書の中で，1号土壙墓から小児の歯牙が出土したことを根拠に，木棺墓，土壙墓，土器棺墓の差がそれぞれ成人，小児，乳児といった年齢区分に対応するものと評価し，これらが小児や乳児を含む3世代の家族であるとの理解を示した（田代1981）。これに対し，都出比呂志氏は，瓜生堂2号墓の北西に無区画の土壙墓群が存在することを重視し，方形周溝墓の被葬者が「家長とその世帯」，土壙墓群の被葬者が「家長世帯以外の世帯員」と考えられるとし，このひときわ大きな墳丘をもつ瓜生堂2号墓の被葬者を階層的上位に位置する集団と評価した（都出1984, 1986）。さらに木棺の型式差を婚入者表示と考えた福永伸哉氏の考え（福永1985）を引用し，主軸の両側に対称に並列される5号木棺と6号木棺が夫婦である可能性を認め，搬入土器の存在もこれを裏付けるものと位置づけた。

春成秀爾氏は，供献土器の時間幅を考慮すれば，都出氏が主張する家長とその世帯という理解は難しいとして批判し，単世代の3組の夫婦案を提示した（春成1985）。また，埋葬の位置や木棺型式から男性が優位であったことがうかがえるとし，畿内において父系化が進行していた証左であると主張した。

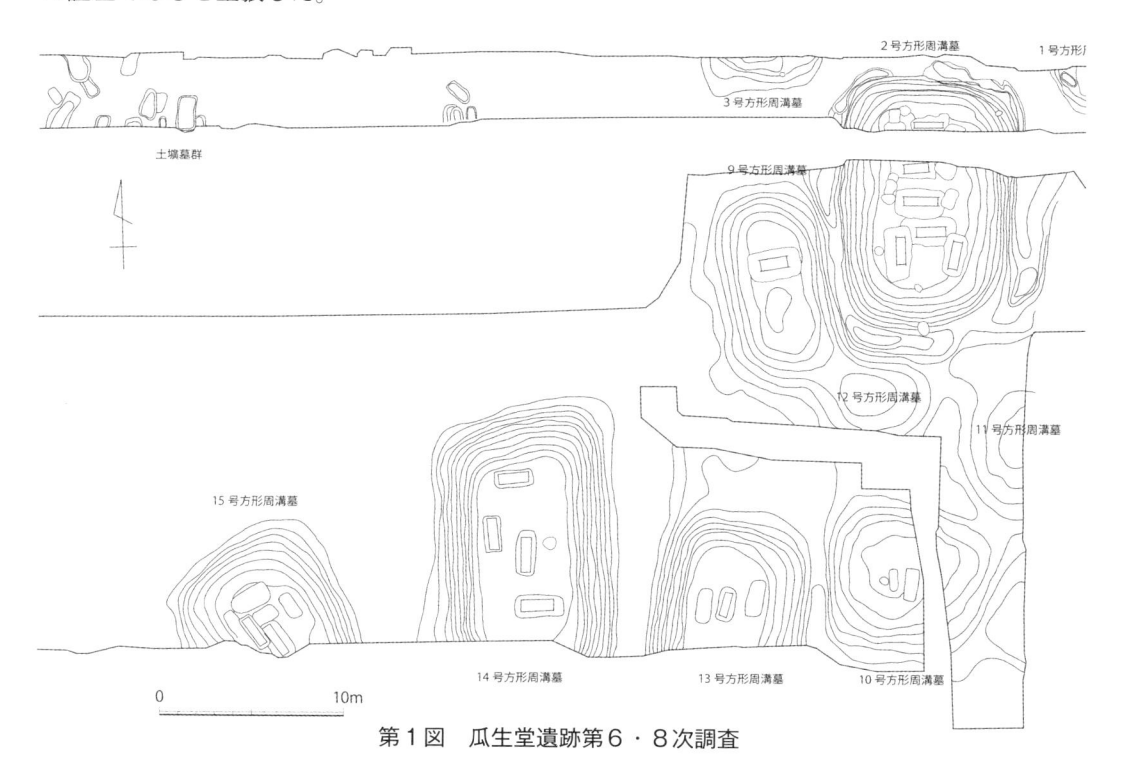

第1図　瓜生堂遺跡第6・8次調査

田中良之氏は，世帯の相対的な独立と，経営単位としての家族の存在を想定する都出氏の考えに対し，夫婦埋葬となる基本モデルⅢの成立は6世紀前半の議論だとして批判し，考古学の成果が文献史学の成果とも整合的でない点を課題と指摘した。また，春成氏が主張する父系についても，基本モデルⅡが成立する5世紀後半を待たねばならず，弥生時代においては成立しえないことを主張し，近畿地方における集団論についての全面的な見直しを迫った（田中・土肥1988，田中1995）。

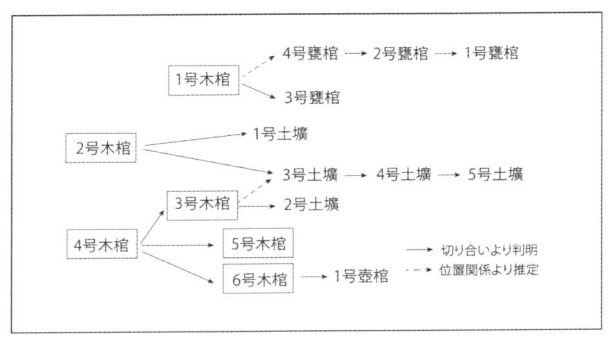

第2図　瓜生堂2号墓の埋葬順位（大庭2005）

　大庭重信氏は，瓜生堂2号墓の被葬者集団について，埋葬施設の切り合いを根拠にその順位を復元した（大庭2005）（第2図）。先後関係が確認できる未成人乳幼児埋葬は，いずれも成人より後から埋葬されること，その配置から少なくとも1，3号木棺に後出することを根拠に，田代氏の想定に従うと3世代目以降に9体もの追葬が生じることになるという不自然さが生じることに疑問を呈し，1世代説を支持した。また，こうした埋葬順位のあり方からは，系譜意識の深いリネージが存在する社会組織を復元できないこと，世帯や家族よりは大きな単位，例えばクランやサブクランといった親族集団から順次埋葬された人々であることなどを主張した（大庭2007）。

　瓜生堂2号墓の供献土器と土器棺墓の時期について検証した濱田延充氏は，土器供献行為を成人埋葬に伴うものとするならば，成人埋葬の木棺墓に確実に先行する土器棺墓は認められないことを支持しつつも，供献土器の時間幅の存在から，一世代程度の短い時間幅の中で埋葬行為が行われているという意見には否定的な見解を示した（濱田2010）。

　瓜生堂2号墓の被葬者像についてのこれまでの研究をまとめれば，被葬者間の関係性としては，夫婦を基軸とした家族と考える田代氏や春成氏，上位階層の家長とその世帯とみる都出氏，さらにキョウダイ関係であるとする田中氏，世帯よりも大きく系譜関係の明確でないクランかサブクランを想定する大庭氏に分かれている。また，その継続幅は，3世代とする田代氏に対し，一世代よりも長い時間幅を想定する濱田氏，単一世代とする立場の都出氏，春成氏，大庭氏に分かれている。田中氏は，瓜生堂2号墓については直接言及していないが，その論旨から1ないし2世代の可能性を考える立場[2]ということになろう。

　筆者はこれらの論考に対し，都出氏が格差の根拠とした方形周溝墓と土壙墓群の関係については，その後の大規模調査では確認できていないことから，これらを階層差と理解することはできず，それに立脚する家長世帯とそれ以外の世帯という格差を認めることもできないと主張し（藤井2007），また，春成氏が夫婦関係と評価した点についても，性別の判断に問題が残る可能性のあること，少なくとも二体同時埋葬の事例においては夫婦埋葬の事例が認められない

ことなどを指摘したが（藤井2009），被葬者像についての対案提示が課題であった。

　大庭氏による墓における分析から集団像を分析する手法は，これまでで最も着実な被葬者の議論と考えられるが，切り合い関係だけでは埋葬順位を明確にできていない部分があるため，この点についての改良が必要であろう。時期決定のために供献遺物を用いることは，これまでの研究でも行われてきたが，瓜生堂2号墓の議論に限れば，時期決定の側面が重視されすぎたばかりに分析対象となる供献遺物が完形のものに限定され，破片に対する注意が十分に払われてこなかった。

　大庭氏は，蛍ヶ池北遺跡の方形周溝墓から，50個体分を上回る破片が周溝の中層から出土しており，これらの器種組成が甕に大きく偏ったものであったことから，歌舞飲食のような儀礼が執行された後に廃棄されたものと評価し（大庭1995），さらに長原遺跡では周溝から出土した大型壺の胴部下半の破片が，墓域近くの土坑から出土した胴部上半の破片と接合し，こうした破片が墓域外で執行された儀礼に伴うものである可能性があることも明らかにした（大庭2007b）。

　筆者も，加茂遺跡151次調査において，周溝底に接して出土する破片が墓に伴うものである可能性を指摘し（藤井ほか1996），下植野南遺跡の調査では，周溝内から出土する破片が，離れた地点ものと接合する事例があることを明らかにした（藤井2004）。これらの事例については，亀岡市時塚遺跡13次調査において，破砕された土器が，方形周溝墓の埋葬施設の上とその周溝，さらに隣接する周溝を共有しない方形周溝墓から出土した破片と接合する事例を確認したことにより，葬送儀礼に伴って破砕され，散布されたものであったことが明らかになった（藤井・塚原2007）。

　瓜生堂2号墓の報告書は，こうした研究成果が発表される以前のものであり，特に破片の評価については，墳丘上に据え置かれた供献土器が複数回にわたる埋葬の間に，踏まれるなどして割れて散乱した分析不能な遺物とされ，報告書中においても供献遺物としては扱われていないなど，再検討すべき点が多く見受けられる。

　また，先行研究では，供献遺物にみられる穿孔を，歌舞飲食などの儀礼行為の後に，土器を使用できない状況にして遺棄したとの評価（田代1986）や，これを発展させ，供献遺物の目的や性格が一つではないことが指摘されてきた（辻本1987）。筆者や川部浩司氏も供献，遺棄，投棄といった目的や段階の異なる儀礼行為の痕跡が重層的に遺されているという評価を与えるなど，儀礼の目的や性格によって執行の時期やタイミングが異なることを明らかにした（藤井2004，川部2004）。

　筆者は，方形周溝墓への継続的な儀礼行為が行われていないことなどを根拠として，供献遺物は基本的に墓に伴うものであると考えてきた（藤井2006）。しかし，巨摩若江北遺跡において，葬送時に伴わない供献遺物の存在の可能性について論じており（三好1996），大庭氏も追善供養のような行為が行われた可能性があることを明らかにしており，全ての供献土器が葬送時に伴うとものではないと評価する（大庭2001）。これら埋葬終了後一定の時間が経過したの

ちの，いわば「埋葬に伴わない供献遺物」ともいうべき遺物の評価が重要となっている。破片と「埋葬に伴わない供献遺物」の評価は，主に儀礼行為の復元という視点から議論されてきたが，埋葬順位の復元や被葬者の関係性の推定においても重要な役割を果たす可能性がある。

瓜生堂2号墓における埋葬の時間幅についての議論が，同じ資料を分析しているにもかかわらず大庭氏と濱田氏の間に見解の相違が生じる背景には，この「墓に伴わない供献遺物」の存在をどのように評価するかという点にあるものと考えられる。

2 資料と方法

瓜生堂2号墓に埋葬された集団がいかなる人物たちであったのか，この問いに答えるための形質人類学的データを欠いており，またその地質的特徴から今後も多くは望めないことから，被葬者集団像を復元するための方法論についての議論が必要とされている。ここでは，これらの議論を踏まえつつ，大庭氏による埋葬順位復元の手法を継承し，供献遺物の実態を明らかにしながら，被葬者間の関係性を明らかにする作業を行いたい。

分析にあたっては，大庭氏がその順位を明らかにするために用いた切り合い関係に別の視点を加えよう。これまでの研究では，夫婦を基軸とした家族や世帯を念頭においたものであったため，成人埋葬と土器棺墓の切り合い関係が，双方の関係の近しさを示したものであると評価されることはあったが，基本的には男女の並置関係を析出することが優先されてきた。しかし一方で，切り合い関係は，偶発的に重なったものではなく，埋葬の本体である木棺は壊さぬよう注意深く墓壙のみを「切り合わせ」ていることが，多くの論者によって指摘されてきた。つまり，この意図的な「切り合わせ」は，何らかの関係性の表示が意図されていたものと評価できよう。

また，方形周溝墓から出土する破片資料の中には，破砕されて墳丘上や周溝内，隣接する方形周溝墓などに破片が散布された事例をが存在することを亀岡市時塚遺跡で確認した（第3図，藤井・塚原2007）。この儀礼行為が持つ意味に迫ることは非常に難しいが，田中氏が分析を行った中津市上ノ原横穴では，破砕された土器が複数の横穴の墓道に散布されており，その接合関係が認められる被葬者間には，歯冠計測によりリネージ程度の関係性が認められたという（田中1991）。時期も地域も異なる事例ではあるが，弥生時代における破砕散布儀礼が，ある集団や紐帯の関係性を反映している可能性については考慮しておく必要があろう。

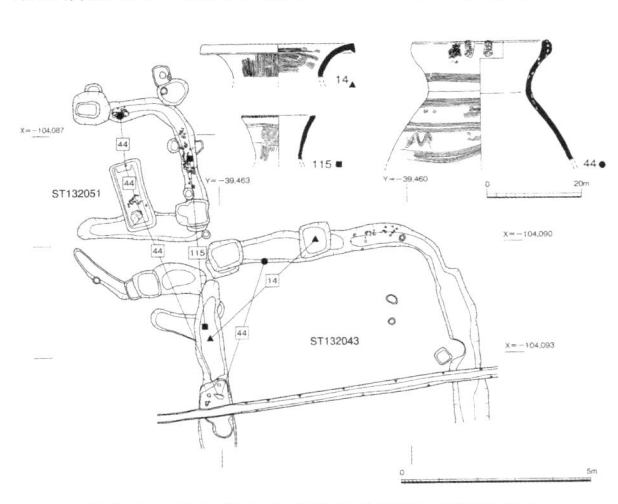

第3図　破砕散布土器の接合関係（時塚13次）

ここでは，大庭が問題としたｉ）切り合い（時間的重複）関係，ⅱ）墓壙掘削深度，ⅲ）盛土（垂直方向への拡張行動）の有無に加え，ⅳ）切り合わせ（配置）関係，ⅴ）破砕散布儀礼の分析を加え，瓜生堂２号墓における埋葬順位の復元を行いたい。分析にあたっては，埋葬原理や埋葬順位だけでなく，葬送を執行した人物／集団の意図（意志）も論理的に復元する議論とすることを目標としたい。

３　瓜生堂２号墓における葬送行為

（１）埋葬施設の検討（第４図）

　木棺墓は，６基検出されている（第１表）。全てから人骨と木棺材と考えられる木質が出土しており，木棺や墓壙の形状などから５号木棺をのぞいて，Ⅱ型木棺と考えられる[3]。樹種が判明しているものは，全てコウヤマキを使用しており，３，４号木棺についてその厚さが10cm程度であることが確認されている。人骨は墓壙が東西方向のものは東頭位，南北方向のものは北頭位である。３組の夫婦という仮説が提示されているが，被葬者の判定を確認すると，３，４，６号木棺の被葬者が筋骨たくましい壮年男性とされており問題ないものの，２号は女性の可能性が高いというもので，また，５号木棺については骨や歯の発達状況から成人，筋力の発達が弱いことから女性と推定されたのみで，いずれも女性ではない余地が残されている。

　特に，最も大きな問題となるのは，女性と位置づけられてきた１号木棺の被葬者である。第６次調査では，大阪市立大学寺門隆助教授によって「おそらく成人男子」と分析されたと報告され，第８次調査の報告書（Tab. 9）においても壮年男性となっていたが，正誤表で「成人女性ないしは少年」と訂正されたもので，男性的な特徴が強かった可能性があることには注意が必要である。いずれにせよ，男女３組の被葬者という仮説については，再検証が必要であることは間違いない。

　１号土壙墓からは，土壙墓の中で唯一，８～12歳の小児の歯牙が検出されている。田代氏は，このことを根拠に全ての土壙墓を小児の墓と位置づける考えを示し，都出氏も上位階層墓に限

第１表　瓜生堂２号墓の木棺一覧

	墓壙長	墓壙幅	墓壙底レベル	型式	材質	遺存部位	年齢
１号木棺	2.5m	(1)m		Ⅱ型		頭蓋骨、大腿骨、臼歯１	女性成人ないし少年
２号木棺	2.4m	(0.8m)	fig.9:OP185（棺底）	Ⅱ型	コウヤマキ	歯（前歯～大臼歯）、脚骨	成人女性の可能性が高い
３号木棺	2.6m	1.7m	fig5:O.P.175 fig6:O.P.170	Ⅱ型	コウヤマキ （厚10cm）	頭蓋骨、歯（門歯～大臼歯）、上腕骨、大腿骨、下肢骨、骨盤	筋骨たくましい壮年男性
４号木棺	3.1m	1.9m	fig6：O.P.175	Ⅱ型	コウヤマキ （厚10cm）	頭蓋骨、歯、上腕骨、撑骨、大腿骨、下腿骨	筋骨たくましい壮年男性
５号木棺	2.2m	1.2m	fig5:O.P.185	Ⅰ型	コウヤマキ	頭蓋骨、歯、下腕骨、大腿骨、下肢骨	骨、歯の発育状況は成人、筋力の発達が弱いことから女性と推定
６号木棺	2.9m	1.4m	fig5:O.P.185	Ⅱ型		頭蓋骨、歯、上腕、尺骨、大腿骨、脛骨	筋骨たくましい壮年男性の特色

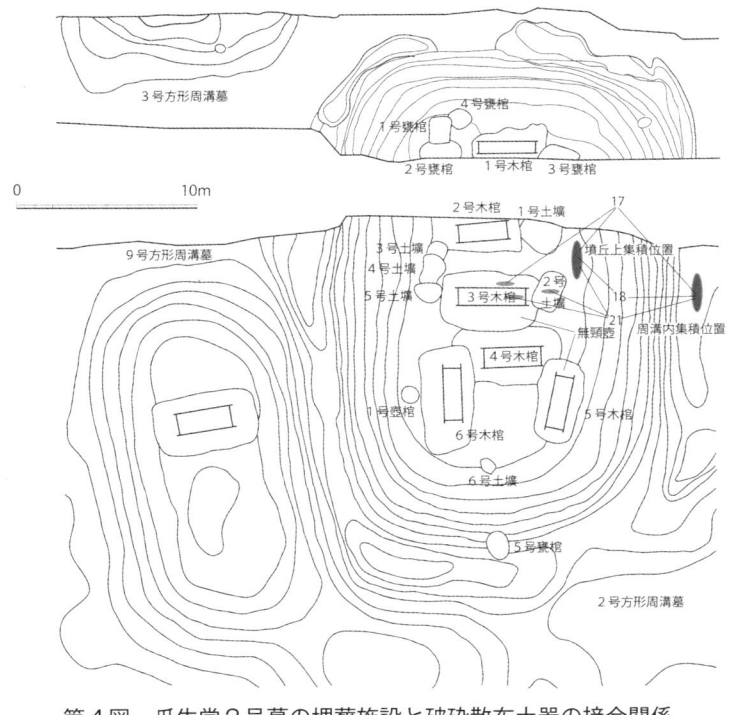

第4図　瓜生堂2号墓の埋葬施設と破砕散布土器の接合関係

られる特徴である可能性を指摘しながらこれを支持している。これ以外の2～5号土壙墓については、いずれも墓壙長が115cm未満と短い。小児が埋葬された木棺墓の内法と比較しても、瓜生堂2号墓の土壙墓の被葬者がいずれも12歳以下の小児であった可能性が高いと考えられる（藤井2001b）。ただし、これはあくまでも土壙墓の規模による判断であって、土壙墓が小児の埋葬施設との考えを支持したものではないことを断っておきたい[4)]。

大庭氏は、この1号土壙墓について、2号木棺との切り合い関係から、前者が後出であるとの評価を下している。しかし、報告書に示された断面図（Fig. 3）では、1号土壙墓が先行しており、この点は修正が必要であろう[5)]。大庭氏は、成人埋葬である木棺墓が、土壙墓や土器棺墓といった未成人埋葬に先行することを根拠に単一世代説の立場をとっているため、この前後関係の相違は非常に重要な意味を持つと考えられる。

土壙墓とされる6基の埋葬施設のうち、6号土壙墓については掘削深度が20cmと、その他の土壙墓と比べ3分の1の深さしかなく、墓壙長も40cmと極端に短いことから、これについては埋葬遺構ではないと評価しておきたい。

土器棺墓とされる遺構は6基ある。このうち、5号甕棺のみが単体で出土しており、かつ墳丘裾での検出である。瓜生堂2号墓では、東辺と西辺の北寄りの位置からも単体で立て据えられた土器が出土しており、これに類するものである可能性が高い。同様の事例は、田原本町矢部南遺跡（豆谷2000）や阪手東遺跡（清水・豆谷2002）などでも報告されている。豆谷和之氏は、これらの立て据えられた土器のうち、蓋を持つものについては土器棺墓である可能性を指摘しているが、5号甕棺については、蓋が存在していないことから、ここでは土器棺墓の可能性は低いものと評価しておきたい。

墳丘上の5基のうち4基については甕を棺身とし、蓋として鉢を使用しており、のこる1基は壺を棺身とし、高杯を蓋として使用する。時期的には、Ⅲ様式中段階から新段階に位置づけ

られる2号甕棺から，Ⅳ様式古段階に位置づけられる1号壺棺までの幅がある。土器棺墓の被葬者については，すでに分析したとおり，3歳以下の乳児もしくは胎児であると評価する（藤井2001a）。

上記のように考えてよければ，瓜生堂2号墓の墳丘上では，6名の成人男女が木棺墓に，1名の小児と4名のおそらく小児が土壙墓に，5名の乳児が土器棺墓に埋葬されていると評価出来る。

以上のことから，切り合い関係は，①1号木棺→3号甕棺，②4号甕棺→1号甕棺→2号甕棺，③1号土壙墓→2号木棺→3号土壙墓→4号土壙墓→5号土壙墓，④4号木棺→3号木棺→2号土壙墓，⑤4号木棺→5号木棺，⑥4号木棺→6号木棺と整理できる。これらは，1号土壙墓の認識以外は，大庭氏と同じである。さらに，6号木棺墓の検出レベルを考慮すると，埋葬時には1号壺棺と切り合っていた可能性が高いと考えられるため，⑦6号木棺→1号壺棺を加えたい。

（2）供献遺物の出土状況
①東溝出土の遺物（第5図）

瓜生堂2号墓では，墳丘上と四方の周溝内から多くの供献遺物が出土したが，ここでは，最も出土量が多く，重層的に出土した東溝の遺物を中心に検討することにしたい。

東溝から出土した遺物のうち，最も深い位置から出土したのは，完形に近い蛸壺形土器（6）と摂津型水差（7）で，いずれも搬入品である。報告者は「6，7は17の破片下からまとまって出土，溝底に接していた破片もある」としており，この2点が東溝から出土した遺物としては最も古く，埋葬開始当初の供献遺物の可能性があることがわかる。

破片として出土した高杯（17）は，この当初の供献遺物の上に重なるように出土しているが，「土器の大半は北よりの地点の青灰色砂層上面から破片の状態で出土」し，「(17，21)のごときは相当距離のへだてた所から出土した破片が後に接合」したとされる。出土状況図は示されていないが，整理すると，①東溝中央付近の溝底から出土した完形の土器がほぼ埋まった段階で，多量の破片が細片の状況でまとまって出土し，②広口壺（17），高杯（21）など一部の破片は離れた場所から出土していることがわかる[6]。そして，この破片よりも上層から，口縁部に凹線文をもつ水差（12）と高杯（20）が出土している。この遺物については，今回は詳述しないが，三好氏や大庭氏が注目する「墓に伴わない供献遺物」である可能性がある。

②埋葬施設から出土した遺物

本文中と表（Tab.2：p49）から，一定量の破片が出土した様子が読み取れる（第4表）。しかし，これらを報告者は，墳丘上に置かれた供献土器が埋葬の進行に伴い，踏まれるなどして破片化し，最終的に埋葬施設に混入したものと評価していたため遺物は図示されていないが，重要な位置を占めるためここで詳述しておきたい。

木棺落込み蓋上から出土した遺物は，1号木棺から7個体，4号木棺から11個体と有孔円

瓜生堂2号墓の再検討

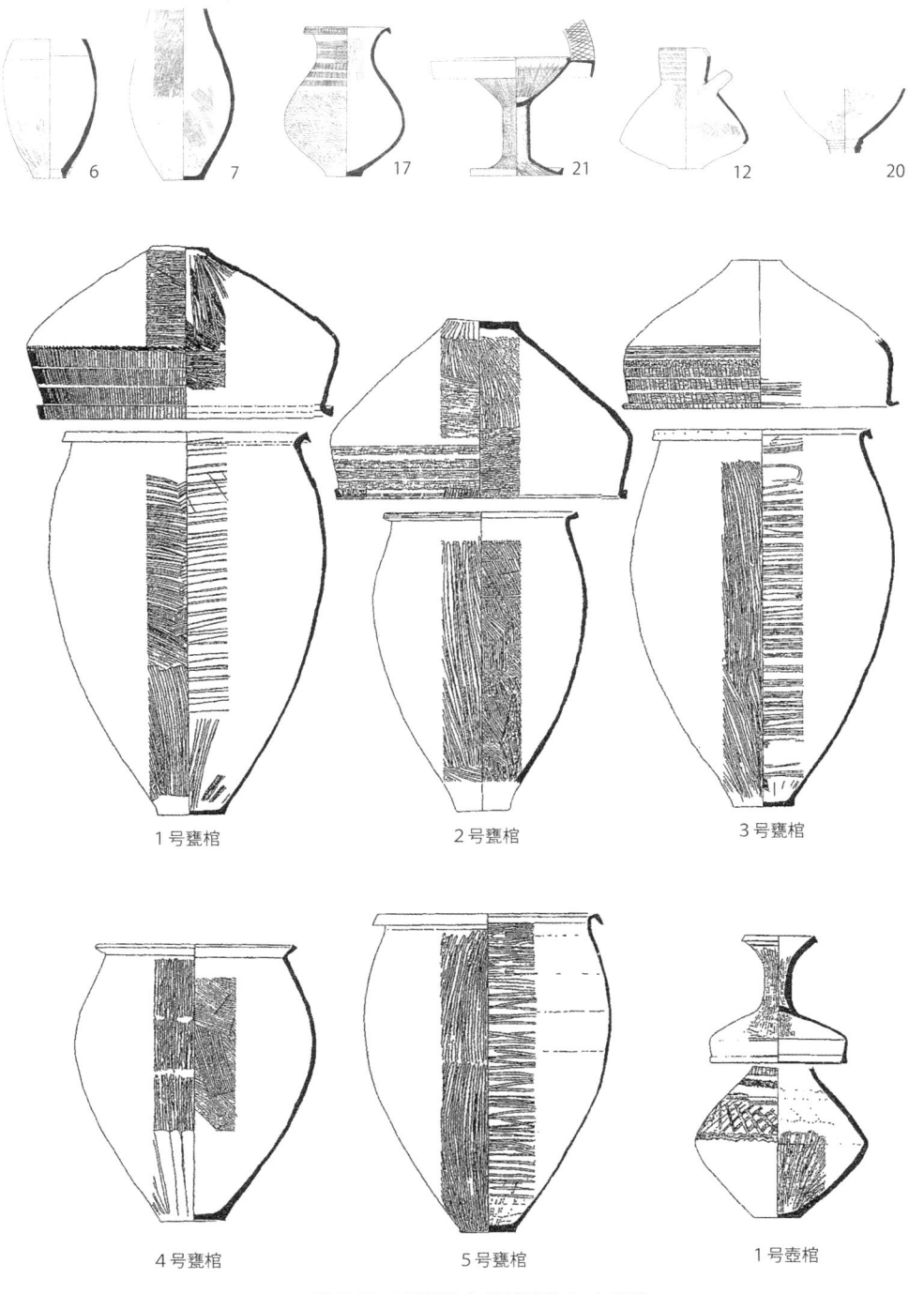

1号甕棺   2号甕棺   3号甕棺

4号甕棺   5号甕棺   1号壺棺

第5図　東溝出土供献遺物と土器棺

板土製品（T01）が報告されている。また，表には示されていないが，3号木棺の落ち込み土からも高杯（21）が出土していることが，Fig.3で確認することができる[7]。木棺内からは，2号木棺から2個体以上，3号木棺からは3個体の遺物が出土している。棺内からの遺物が出土しているのは，墳丘中央に近い3基の木棺である。

　掘方埋土から遺物が出土したのは，3～6号木棺である。3号木棺の堀方からは，広口壺（17）と無頸壺を含む14個体が，4号木棺堀方からは，サヌカイト片（S51）と4個体，5号木棺堀方からは，無頸壺を含む8個体が出土し，このうち無頸壺は3号木棺堀方から出土したものと同一個体である。6号木棺堀方からも5個体の破片が出土している。いずれも，墳丘の南側に位置する木棺墓から多く出土する傾向が認められる。

　3号木棺と5号木棺の堀方から出土した遺物が多いが，これは4号木棺上面に散布された遺物を掘り込んだことに起因するものと考えられる。このことは，3号木棺堀方と5号木棺から出土した無頸壺が接合することからも裏付けられる。

　注目したいのは，広口壺（17）は3号木棺の掘方内から出土した破片と接合し，高杯（21）は3号木棺の棺内埋土から出土した破片と2号土壙の埋土内から出土した破片と接合している点である。このことは，3号木棺の棺内から出土した高杯（21）が，3号木棺の被葬者を埋葬する際に墳丘東端で破砕されて3号木棺の上面と東溝に散布され，この3号木棺を切って配置された2号土壙墓の掘削時にその埋土内に混入したことを意味している。これに対し，3号木棺の堀方内から出土した広口壺（17）は，4号木棺の上に散布されていたものが，3号木棺の掘削時に混入したものと考えられる。

③墳丘上から出土した遺物

　報告書のFig.2では，墳丘東端に広口壺（17）と無頸壺（18），高杯（21）の破片が集積されていることが示されている（第4図）。広口壺（17）に関する記載によると，この土器の破片は，2号・3号木棺の東側から盛土を除去作業中表面の約10cm下から5点が出土したとされている[8]。先述したように，広口壺（17）は3号木棺の堀方内から，高杯（21）は3号木棺の棺内埋土から出土しており，さらに，東溝内からも出土している（第4図）。このことから，墳丘東端で土器が破砕され，それを埋葬施設や東溝内に散布する儀礼が，少なくとも4号木棺と3号木棺の埋葬時の2度にわたり，同じ場所で執り行われたことが明らかになる。

　方形周溝墓の埋葬施設や周溝内に破砕した土器を散布する事例は，亀岡市時塚遺跡で検出されている。ここでは，埋葬施設上と周溝内，さらに周溝を共有せずに隣接する方形周溝墓の周溝内に遺物が散布されていた（第3図）。また，埋葬施設上では確認できなかったが，離れた地点での接合関係を確認した事例が大山崎町下植野南遺跡で確認されている。ひとつの方形周溝墓の溝間で接合した事例だけでなく，周溝を共有しない方形周溝墓間の接合事例（STJ19とSTJ99から出土した甕）があり，STJ48とSTJ02から出土して接合した広口壺については直線距離で40mも離れた場所から出土した破片が接合している。瓜生堂遺跡でも，9号墓の周溝内に立て据えられた壺（51）の胴部を打ち欠いた破片が2号墓の墳丘上から出土しており，隣

第2表　埋葬施設出土遺物の一覧

	木棺内	木棺落込み蓋上	木棺掘方内
1号木棺		鉢1・胴部6（うちタタキ1）	
2号木棺	胴部2		
3号木棺	甕1・胴部2	高杯1(21)	壺1(17)・無頸壺1・小型壺1・大形甕1・胴部9・底部1
4号木棺		脚裾1・胴部9・底部1・有孔円板(T01)1	サヌカイト(S51)1・胴部3・底部1
5号木棺			無頸壺1・甕1・胴部6
6号木棺			胴部5

※3号と5号出土の無頸壺は同一個体

接する墓への破片散布という点でも時塚遺跡や下植野南遺跡の事例と酷似しており，中期中葉から後葉にかけ広範囲でこうした儀礼行為が執行されていることが指摘できる。

4　瓜生堂2号墓における埋葬順位の復元

　切り合い関係の認識については先述した①〜⑦のとおりである。これに破砕散布儀礼によって把握される順位を加え，埋葬順位の復元を進めたい。

　すでに見てきたように破砕土器は，4号，3号木棺の埋葬に伴い墳丘東端で破砕され，東溝内にも集積されていたことはすでに確認した。つまり，3号木棺の堀方から出土した広口壺(17)は，先行する4号木棺の埋葬に伴う儀礼の痕跡であると考えられる。この広口壺(17)はⅢ様式中段階と考えられることから，同じくⅢ様式中段階から新段階と考えられる2号甕棺と並行するものと位置づけられる。

　また，3号木棺の棺内に落ち込むような状態で出土した高杯(21)は，3号木棺の埋葬時に散布されたものと考えられる。この時期はⅢ様式新段階で，同じ時期と考えられる1号甕棺と並行するものと位置づけられよう。

　破砕散布土器は，これらの埋葬に伴って散布されるだけでなく，隣接する方形周溝墓からも持ち込まれ，散布されていたことがわかっている。9号墓の西周溝に立て据えられた壺51は，その胴部が打ち欠かれ，その破片が2号墓の墳丘上に散布されていた。先述したとおり，3〜6号木棺の堀方には，多くの破片が含まれており，これらの埋葬施設が掘削された時点では，2号墓の墳丘上には多くの破片が散乱しているような状態であったことが判る。

　これに対し，1号，2号木棺墓の堀方からは，破片の出土が報告されていない。このことから，1号，2号木棺の埋葬が，破砕散布土器が散乱していない時期，つまりは3〜6号木棺の埋葬に先行する可能性が指摘できる。ただし，1号木棺については，その位置が墳丘縁辺に存在すること，木棺の中ではこの埋葬施設だけが6次調査の中で報告されていることなどから，単純に前後関係を論じることには抵抗がある。ここでは，2号木棺が4，3号木棺に先行する可能性が高いということを確認し，1号木棺の位置づけについては，改めて別の角度から分析することとしたい。

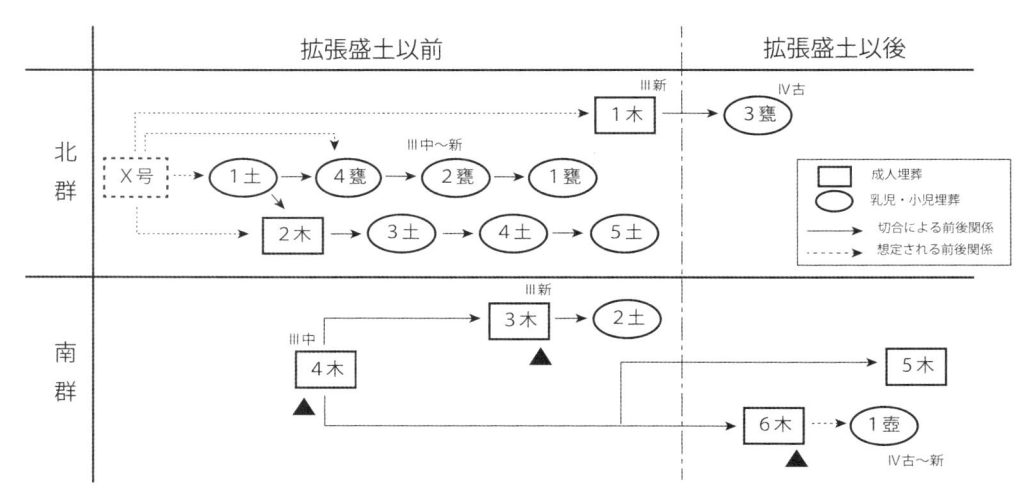

```
拡張盛土以前                              |  拡張盛土以後

北群:
X号 ⇢ 1土 → 4甕 → 2甕 → 1甕
X号 ⇢ 2木 → 3土 → 4土 → 5土
          → 1木(Ⅲ新) → 3甕(Ⅳ古)

成人埋葬 □
乳児・小児埋葬 ○
切合による前後関係 →
想定される前後関係 ⇢

南群:
          Ⅲ中                Ⅲ新
          4木 → 3木 → 2土
                     → 5木
                     → 6木 → 1壺 (Ⅳ古〜新)
```

第6図　瓜生堂2号墓における埋葬順位の復元案

　さて，破砕土器の墳丘上における集積位置は，墳丘の東端にあり，これらは，東西方向の木棺に葬られた被葬者の頭位側にあたる（第4図）。ここで注意しておきたいのは，集積位置は，破砕散布行為の目標であった4，3号木棺を見据えるのではなく，全ての埋葬施設を見渡せる場所にあるという点である。

　おそらくは，この位置で土器が破砕される儀礼が執行され，参列者の一部は墳丘上の執行者の脇に，大半の人々は墓の外側に立っていたものと考えられる。破砕土器は埋葬施設上に散布され，それと同時に東溝内にも投棄されたものと考えられる。その位置関係から，4号木棺の被葬者が埋葬される段階には，すでに2号木棺が存在し，その両者を見渡すような形で儀礼が執行された可能性が高いと考えられる。このことは，先に検討した，堀方内の遺物の出土状況から2号木棺が先行すると想定したこととも整合する。

　切り合い関係がないために，その前後関係が明らかでない5，6号木棺については，墓壙の深さが参考になる。Fig. 5，Fig. 6では，5，6号木棺の標高はO.P. ＋185で，4，3号木棺の墓壙底がO.P. ＋175であることと比べると10cmほど浅い[9]。もちろん，木棺のサイズ等によっても墓壙の深さは異なるため，一概には言えないと考えるが，先にも触れたように瓜生堂2号墓においては，4，3号木棺の埋葬時に破砕散布されたと考えられる集積地点が，墳丘を10cmほど下げた段階で出土していることから，4，3号の埋葬後に墳丘上に垂直方向の拡張が行われたと考える根拠となる。この盛土の厚さと，木棺底面レベルの差が共に10cm程度であることから，盛土の垂直方向への拡張が，5，6号木棺の配置前に行われた可能性は高い。また，これとは逆に全ての土壙墓の深さは，60cm程度で揃っていることから，これらはいずれも盛土拡張前に全ての土壙墓の埋葬が終わっていた事を示唆している。

　以上のことから，先に確認した切り合い関係①から⑦に加え，⑧4号木棺と2号甕棺は並行する，⑨3号木棺と1号甕棺は並行する，⑩2号木棺は，4号木棺に先行する，⑪5，6号木

棺は3号木棺よりも後出である，⑫全ての土壙墓は5，6号木棺に先行する，という12点の条件を認めたい。

そして最後に，未調査区に木棺墓が存在する可能性について論じておこう。注意しなければならないのは，切り合い関係が把握できる小児埋葬は，いずれも成人埋葬である木棺墓と切り合うか，それに連なる形で配置されている点である。2号木棺には3，4，5号土壙墓が，3号木棺には2号土壙が，1号木棺には3号甕棺が切り合っており，先述したように，1号甕棺も6号木棺と切り合っていた可能性が高い。特に，2号木棺に連なる土壙墓のうち4，5号は，3号木棺を慎重に避けており，切り合わせるかどうかについての判断が存在していることを伺わせる。このことは，瓜生堂2号墓においては，小児埋葬はそれぞれ特定の成人との関係性を明示される存在であった可能性があることを意味している。

唯一の例外が，2号木棺に先行する1号土壙墓の存在である。また，その周辺に存在する4，2，1号甕棺も列状に連なるが，どの成人埋葬にも切り合っていないという点も異なる。さらに，南側の埋葬の基点となっている4号木棺と比べると，2号木棺は西に，1号木棺は東に寄っており，このことも未調査区に未知の木棺墓が存在していた可能性を示唆するものと評価し，⑬未調査区にX号木棺が存在する，として復元案に加えることにしたい。

これまでに検討した①から⑬の条件から復元される，瓜生堂2号墓の埋葬順位復元案が第6図である。瓜生堂2号墓の埋葬施設は，X号木棺を埋葬の基点とする北群と，4号木棺を埋葬の基点とする南群の，南北2つの群に分かれて配置されている。

はじめに埋葬されたのはX号木棺で，次いでこれに切り合い関係を持たせて1号土壙墓に小児が埋葬されたものと考えられる。2号木棺の掘削時には，1号土壙墓の堀方が不明瞭だったためか，先行する小児埋葬への配慮のなさのためか切り合ってしまったが，この2号木棺はX号木棺との切り合いを意図して配置されたものと考えておきたい。

以下，X号木棺に対して4号甕棺が配置される頃に，南群の4号木棺の埋葬が行われ，その際に先行するX号木棺や2号木棺を見渡すことができる墳丘東端で破砕行為が行われ，その破片が4号木棺上に散布されたものと考えられる。さらに，同じことが3号木棺の埋葬時にも繰り返されている。3号木棺の埋葬時には，北群では2号木棺に切り合う土壙墓や，X号木棺に切り合う甕棺墓の埋葬が一定進んでいたものと考えられる。

切り合い関係や破砕散布儀礼では順位づけができないのが1号木棺である。これについては，切り合い関係をもつ成人埋葬と小児（乳児）埋葬の時間差を参考に位置づけを行いたい。つまり，2号木棺と3号土壙墓，4号木棺と3号木棺，あるいは3号木棺と2号土壙墓が，いずれも木棺埋葬からあまり時期をおかずに埋葬されていることから推測すると，1号木棺の埋葬時期も，3号甕棺のそれに近かった可能性が指摘できるのではないか。このことは，1号木棺の棺内落込み蓋上から出土した無紋の土器片5のうち1つがタタキをもつ破片とされることとも整合するだろう。このことを根拠に，1号木棺は3号木棺の埋葬と並行するか，それよりもやや遅れる時期に位置づけられるものと評価しておきたい。また，これと同じ理由で，他の埋葬

施設に切られることのない5号木棺は，この方形周溝墓における最後の埋葬施設であると位置づけておこう。

これらの埋葬施設配置の特徴は，以下のようにまとめることができる。ア）成人埋葬は，埋葬の基点となった成人埋葬（X号，4号木棺）との切り合い関係を持つ，イ）小児埋葬は，それぞれ特定の成人埋葬，もしくはそれと切り合う小児埋葬に連なる形で配置される。

5　瓜生堂2号墓の被葬者像

では，今回提示した埋葬順位案から導かれる被葬者集団とは，どのような集団なのか，田中氏の提示した基本モデルⅠ～Ⅲを用いて検証しよう。

これまでの研究においては，5号，6号木棺の型式差から，少数派のⅠ型木棺を使用する5号木棺の被葬者が婚入者と評価され，並置されることがペアの根拠とされ（都出1984），これを拡張して2号木棺と4号木棺，1号木棺と3号木棺の夫婦関係が想定されてきた（春成1985）。これらの主張は，切り合い関係よりも並置関係を重視し，被葬者群を家族もしくは世帯といった紐帯で理解することが可能な集団であると評価してきたものであり，これらはいずれも田中氏の基本モデルⅢの範疇にある。

今回の分析では，これまで議論されてきた6名の成人埋葬に加え，X号の存在を想定した。瓜生堂2号墓での埋葬終了までに配偶者が亡くならなかった者がいると考えれば，成人の被葬者が奇数であっても夫婦仮説は成り立ちうるし，傍系親族を含む世帯とみる都出氏の説明も可能であろう。ただし，切り合い関係から小児がそれぞれの夫婦の子供とは考えられないという点については，すでに大庭氏の指摘があり，さらに，形質人類学的な分析結果から，これらが男女各三名のペアとなる可能性は極めて低いことについては今回指摘した。いずれにせよ，並置して計画的に配置される成人埋葬と，無計画に配置される小児埋葬の関係性についての説明が整合的ではない点にも問題があるといえる。このことから，現状では，田中氏の基本モデルⅢに該当する説については，瓜生堂2号墓では成立しえないと評価できる。

これに対し，大庭氏から提示された代替案は，クランのような直接的系譜意識の希薄な集団から選択された人物が順次埋葬されるというものであるが，田中氏の提示した基本モデルⅠがキョウダイ関係に基づく埋葬と定義されていることとは，厳密には内容が異なる。今回の分析では，成人埋葬が先行するという大庭氏の想定とは異なり，2名の成人埋葬を基点とする2つのグループが順次埋葬を行い，それぞれの成人埋葬の後に小児埋葬が切り合いを持たせながら順次行われているものと評価した。この場合でも，成人と小児の間に親子関係があるとは考えられない点で同じであるが，これらの小児埋葬が基本的には1人の成人のみと切り合い関係を持ち，複数の成人との切り合いを慎重に避けていることから，切り合う成人と小児の間には，ある関係性が表示されているものと評価できる。

埋葬基点者から派生する成人と，さらにそこから派生する小児埋葬という構造は，X号木棺の存在を想定することが許されるならば，南北両群に共通する特徴である。そして，両群は中

央に空閑地を挟んで切り合わずに独立することから，墳丘上にある切り合わない南北の2群は，それぞれ系譜を異にする2つの集団であったと評価できる。

では，この系譜が父とその子供，つまり基本モデルⅡと考えることは可能だろうか。年齢や性別が明らかなのは，南群の3，4，6号木棺で，これらはいずれも壮年男性（40～60歳）である。どの程度の時間幅を見積もるかは議論のあるところだが，破砕土器の墳丘上の集積地点において，4号木棺に伴うⅢ様式中葉の広口壺（17）と3号木棺に伴うⅢ様式後葉の高杯（21）が同じ地点から出土していること，また，東溝内についても初葬に伴うと考えられるⅢ様式中葉の蛸壺型土器（6）と摂津型水差（7）から3，4号に伴う広口壺（17）と高杯（21）までの間に堆積が進んでいないことから，そう長い期間を見積もることはできないと判断する。そのように考えて良ければ，少なくとも4号と3号木棺に埋葬された2人の壮年男性の関係性は親子ほどに離れたものではなかったと評価出来よう。これに対し，4号木棺と5，6号木棺の間については，その間に横たわる時間をはかる術がない。このため，4号と5，6号木棺については，親子またはキョウダイの両方の可能性が残ることを指摘しておきたい。このことから，父とその子供という，基本モデルⅡの可能性も棄却されるものと考えられる。成人埋葬の後に乳児埋葬と考えられる土器棺墓が連なることから，両者の間に直接的な親子関係は認めがたいこととも整合する。

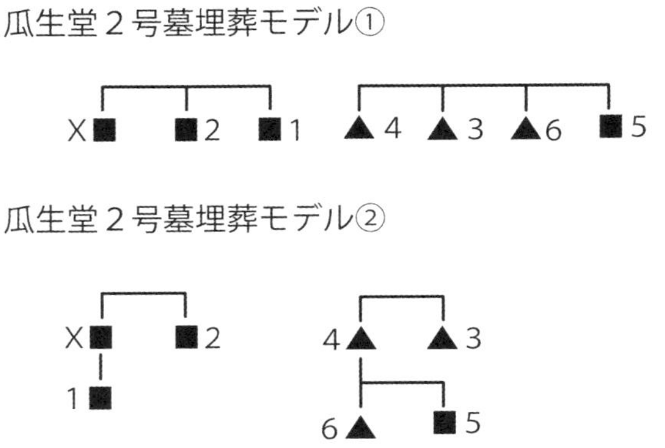

これを整理すると，ア）4，3，6号木棺は，いずれも壮年男性（40～60歳）であるため，4号と3号の間に親子関係や夫婦関係を認めることはできない，イ）一方で，4号と5，6号木棺，そしてX号と1号木棺の関係については親子になる可能性を残す，ウ）小児と乳児はそれぞれが成人との系譜関係を表示している，エ）いずれの場合も成人と小児の間には親子関係を認めることはできない，ということになる。

瓜生堂2号墓の被葬者群のうち，成人埋葬の関係性だけをモデル化すると，第7図のようになる。モデル1は同一世代の成人3～4人のグループが2系譜認められるもの，モデル2は2世代の成人3～4人のグループが2系譜認められるものである。

田中氏は弥生時代末までの被葬者の関係性が，兄弟，姉妹，兄妹，姉弟といった複数のパターンを含み込んだキョウダイ関係（基本モデルⅠ）であり，これらが複数世代にわたる場合があることを指摘している（田中1995）。今回提示した瓜生堂2号墓モデル1，2のいずれの場合であっても，1ないし2世代のキョウダイ関係，すなわち田中氏の基本モデルⅠに合致する可能性が高い。

第7図　瓜生堂2号墓の埋葬モデル

様相が異なるのは，これらに小児埋葬が切り合うという点である。瓜生堂2号墓においては，小児が主体的な埋葬として扱われておらず，特定の成人埋葬との関係性を明示する形で配置されており，それらは親子関係とは考えられないものであった。埋葬基点者との関係性を表示した成人と，それぞれの成人に連なる小児という構造が，時間的には間隔をおきながら順次配置されるという構造は，ひとつの埋葬基点者から派生する埋葬施設群が，直接的な系譜によってたどることができる関係性，つまりは系譜関係を理解するリネージのような出自集団であったと考えられる。Ⅲ様式中段階からⅣ様式古段階までの時間差をどのように見積もるかという問題はあるが，供献土器の埋没状況から，被葬者たちの世代深度は，長くても1ないしは2世代の範囲内に収まるものと評価できる。

　そして，このことから，親子関係にはないが，系譜的（血縁的）な関係性を有する小児が選択されて埋葬されたと位置づけられよう。南北2つの群は，それぞれに複雑な切り合い関係を持ちながらも，群としてのまとまりの維持には十分に注意が払われているという点で，それぞれが明確な系譜意識をもったリネージのような出自集団であったと考えられる。しかし一方で，瓜生堂2号墓という墳丘を共有するだけでなく，先行して埋葬を行った北群は，その後に南群が埋葬を開始することを理解していたことがわかる。それだけでなく，南群に対して実施された破砕散布儀礼の際には，その両群を見渡すことが可能な位置で実施されていることから，両者は決して無関係な集団ではなく，リネージのような出自集団よりも大きな集団，すなわちクランに属するような集団であった可能性が高いことが指摘できる。

6　まとめ

　瓜生堂2号墓における埋葬集団像を明らかにするため，田中良之氏の提示した基本モデルと瓜生堂2号墓の埋葬モデルの比較を，大庭重信氏の手法を基礎に埋葬順位の復元を行った。

　これまでの研究は，男女ペアの並列配置構造を重視した結果，成人埋葬と小児埋葬の関係性や，埋葬施設の切り合い関係がいかなる関係性の表示なのかといった課題が未解決となっていた。小文では，意図的な埋葬施設の「切り合わせ」関係が表示する被葬者間の関係性と，土器を破砕して散布する儀礼行為が表示する関係性に着目し，瓜生堂2号墓の埋葬順位を復元した。

　先行研究でも指摘されてきたように，成人埋葬と小児埋葬の間に親子関係を認めることは難しく，性別に関する判断にもいくつかの疑問点があることが明らかとなった。これにより，先行研究が想定してきた夫婦埋葬や，それを含む世帯埋葬，つまり田中氏の基本モデルⅢが成立する可能性は低く，また，基本モデルⅡについても3号と4号木棺のように，親子関係とみることができない埋葬が含まれることなどから成立しないものと評価した。

　瓜生堂2号墓においては，埋葬の基点となる人物が2名おり，それぞれとの関係性を明示する形で成人埋葬が行われ，さらにその成人埋葬に小児埋葬がその関係性を示すように連続的に埋葬されるという構造があることを明らかにした。埋葬施設の切り合わせ（配置）関係は，特定の成人埋葬との切り合いを持つよう丁寧に他の埋葬施設を避けて配置されているととから，

切り合わせる，切り合わせないという選択が，系譜関係の表示方法であったと評価した。

　それぞれの埋葬基点者から派生した２つの埋葬群は，切り合わせないことでその系譜が異なることを明示する一方で，先行して埋葬が開始される北群は後に埋葬される南群のための埋葬空間を確保し，またその逆に，南群における破砕散布儀礼の際には北群をも見渡せる位置で儀礼を執行するなど，両者の関係は直接的な系譜関係にはないものの，一定の関係性の中にあったものと考えた。

　このことから，各埋葬基点者から派生する埋葬施設群（北群，南群）は，それぞれ系譜関係をもつリネージのような出自集団が，そして，瓜生堂２号墓を共有する両者は，直接的系譜関係にはないが同じグループ，例えばクランに属する集団であった可能性が高い。

　今回は瓜生堂２号墓に限った議論を行ったが，方形周溝墓の区画内における埋葬施設の配置は，極めて多様であり，瓜生堂２号墓での分析結果は今後異なる事例で検証したい。

■註
1) 次数については，濱田延充，1997．瓜生堂遺跡の調査成果．大阪の弥生遺跡Ⅰ．大阪の弥生遺跡検討会．の表１に従った。
2) 田中氏は，基本モデルⅠについて被葬者はキョウダイ関係にあると考えるが，複数世代にわたる場合があることも指摘している。
3) ここでの表記は福永分類（1985）による。報告では，型式の呼称設定が逆になっている。
4) 成人の埋葬された土壙墓が方形周溝墓の墳丘上から鬼虎川遺跡などで確認されており，土壙墓が小児に限定されるとする根拠は薄い（才原金弘，1996．鬼虎川遺跡第33次発掘調査報告，（財）東大阪市文化財協会）。
5) Fig.2では木棺墓１と記載されているが，土壙墓１の誤り。
6) 出土位置が図示されたFig.2は，よく引用されるが，東溝の中央あたり（ポンプ場調査に限れば報告書の表現通り東溝の北より）に「２，３，16，17，21，28」との記載は，「６，７，17，18，21」の誤りと考えられる。
7) 本文中では２号木棺出土となっているが，Fig.6では，３号木棺の57層から出土したことが図示されている。
8) この出土状況は，瓜生堂２号墓において墳丘盛土の垂直方向への拡張が，３，４号木棺の配置以降に実施された可能性を示唆している。５，６号木棺の掘削深度が３，４号木棺と比べ約10cm浅いのはこれに起因するものと考えられる。
9) Tab.9（正誤表）では，３，４号木棺の検出面からの墓壙深は1.0mであるのに対し，５，６号墓はそれぞれ0.7～0.6mと表示されているが，Fig.5, Fig.6で断面図を確認すると，いずれもo.p.175～185の間におさまっている。Tab.9（正誤表）の５，６号墓の数値は木棺底面レベルの誤記だと考えられる。

■参考文献
今村道雄ほか，1981．瓜生堂遺跡Ⅲ（本文編），瓜生堂遺跡調査会，東大阪．
大庭重信，1995．弥生時代中期の方形周溝墓にみられる大量土器廃棄について－蛍池北遺跡の事例から－．蛍池北遺跡（宮の前遺跡）第12次発掘調査報告．蛍池北遺跡調査団・豊中市教育委員会，豊中．

大庭重信，2001．加美遺跡方形周溝墓の葬送過程の復元．大阪市文化財協会研究紀要 4，27-38．
大庭重信，2005．方形周溝墓制の埋葬原理．考古学ジャーナル 534，5-8．
大庭重信，2007a．方形周溝墓制の埋葬原理とその変遷－河内地域を中心に－．墓制から弥生社会を考える，（近畿弥生の会編），pp.53-70．六一書房，東京．
大庭重信，2007b．長原遺跡弥生時代中期の葬祭場の復元－NG95-36次調査から－．大阪歴史博物館研究紀要 6，63-78．
川部浩司，2004．大和地域の弥生時代墳墓－土橋遺跡の弥生時代中期・方形周溝墓群の検討－．地域と古文化，pp.1-11．地域と古文化刊行会，京都．
清水琢哉・豆谷和之，2002．阪手東遺跡第2次調査．田原本町埋蔵文化財調査年報 2001，田原本町教育委員会，田原本．
角南聡一郎，2003．境界の住人としての「子供」隔離型土器棺墓群と子墓の比較研究．続文化財学論集 第二分冊，pp.659-668．文化財学論集刊行会，奈良．
田代克己ほか，1971．瓜生堂遺跡中央南幹線下水管渠築造に伴う遺跡調査概報，中央南幹線内西岩田瓜生堂遺跡調査会，東大阪．
田代克己，1981．まとめ．瓜生堂遺跡Ⅲ（本文編），瓜生堂遺跡調査会，東大阪．
田代克己，1985．いわゆる方形周溝墓の供献土器について．鳥越憲三郎先生古稀記念論文集・村構造と他界観，雄山閣出版，東京．
田中良之・土肥直美，1988．二列埋葬墓の婚後居住規定．日本民族・文化の生成 1，pp.397-417．六興出版，東京．
田中良之，1991．上ノ原横穴墓群被葬者の親族関係．上ノ原遺跡群Ⅱ，pp.488-508．大分県教育委員会，大分．
田中良之，1995．古墳時代親族構造の研究，柏書房，東京．
辻本宗久，1987．弥生時代の墳墓祭祀について－大阪湾沿岸地域の資料を中心として－．花園史学 8，89-101．
都出比呂志，1984．農耕社会の形成．講座日本歴史 原始・古代 1，pp.117-158．東京大学出版，東京．
都出比呂志，1986．墳墓．岩波講座日本考古学 4，pp.218-267．岩波書店，東京．
濱田延充，2010．中河内地域における弥生時代方形周溝墓の変遷．日本古代の王権と社会，pp.17-32．塙書房，東京．
春成秀爾，1985．弥生時代畿内の親族構成．国立歴史民俗博物館研究報告 5，1-47．
福永伸哉，1985．弥生時代の木棺墓と社会．考古学研究 32（1），81-106．
藤井整ほか，1996．加茂遺跡第151次調査．平成7年度川西市発掘調査概要報告書，川西市教育委員会，川西．
藤井整，2001a．近畿地方の弥生土器棺墓．古代文化 53（2），13-25．
藤井整2001b．方形周溝墓の被葬者－下植野南遺跡の調査から－．京都府埋蔵文化財情報 79，9-14．
藤井整，2004．弥生時代中期の下植野南遺跡．下植野南遺跡Ⅱ京都府遺跡調査報告書第35冊，（財）京都府埋蔵文化財調査研究センター，京都．
藤井整，2006．墓制からみた畿内弥生社会．畿内弥生社会像の再検討，pp.85-104．考古学研究会，岡山．
藤井整，2007．近畿地方における方形周溝墓の基本的性格．墓制から弥生社会を考える，（近畿弥生の会編），pp.3-23．六一書房，東京．
藤井整，2009．近畿地方弥生時代の親族集団と社会構造，考古学研究 56（3），40-54．
藤井整・塚原秀之，2007．時塚遺跡第13次調査．京都府埋蔵文化財調査報告書（平成18年度），京都府教育委員会，京都．

豆谷和之，2000．矢部南遺跡第2次発掘調査の成果．矢部南遺跡発掘調査報告－第1・2次調査－　田原本町文化財調査報告書2，田原本町教育委員会，田原本．

豆谷和之，2008．方形周溝墓の完形土器－奈良県矢部南遺跡における出土状況の検討－．王権と武器と信仰（菅谷文則編），pp.860-869．同成社，東京．

三好孝一，1996．巨摩遺跡中期方形周溝墓出土土器覚書－11号墓出土供献土器をめぐって－．大阪文化財研究 10，29-31．

砥石の消費形態からみた鉄器化とその意義
― 弥生時代北部九州を対象として ―

九州大学埋蔵文化財調査室　森　貴教

要旨

　本稿は，弥生時代後半期における農工具の材質変化（鉄器化）について，加工具である砥石の消費形態の時期的変遷に関する分析によって明らかにするものである。

　先行研究により砥石を用いて鉄器化の過程を復元する方法は確立化しているが，一遺跡や小地域が対象とされ，北部九州を包括的に捉えた研究はない。また，砥石自体の流通については検討されておらず，鉄器化が砥石に与えた影響については明らかになっていない。

　そこで砥石のもつ諸属性（砥石目・使用石材・使用痕・法量）について通時的に分析した。結果，以下のことが明らかになった。①弥生時代中期後半に砥石目が細粒化しており，鉄器の研磨と関連する使用痕のみられる砥石が存在すること。②弥生時代後期前半には極細粒の仕上げ用の定形砥石が増加すること。③こうした定形砥石の石材には青灰色泥岩が特徴的に含まれており，北部九州において広域的に分布していること。

　これらのことは弥生時代中期後半における鉄器研磨の頻度の高まり，後期前半以降の生産・消費システムの変化を示していると考えられる。

キーワード：弥生時代，鉄器化，砥石，生産・消費，北部九州

はじめに

　先史時代から現在に至るまで，人類にとって刃物の研磨作業に砥石は欠かせない。天然砥石は構成される鉱物粒子の大きさにより粗砥・中砥・仕上砥の3種類に区分され，研磨する対象物によって砥石の材質を見極めその種類が選択される。弥生時代に金属器，とりわけ鉄器が導入されると砥石の種類が明確になり，より目的に適した石材を選択する必要性が増した。砥石の長い歴史において，弥生時代は研磨対象物の材質変化との関連性から最大の画期といえる。

　本稿では弥生時代における農工具の刃先の鉄器化，すなわち石器から鉄器への変化について砥石の消費形態に着目して検討する。そして，弥生時代後半期における社会変化の一側面について考察したい。

I 研究の現状と課題

1 研究史
1) 弥生時代における鉄器化と社会変化

　農工具，特に斧類をはじめとする工具の鉄器化が，日本列島では弥生時代に生じたことは疑いない。弥生時代の研究の中で鉄器化，あるいは鉄器の普及の問題はこれまで非常に強い関心がもたれてきた。鉄器は，強靭さという点で石器より物理的機能に長けていることから，その導入の過程が社会変化を説明する一つの根拠とされている。また鉄器化は，マルクス主義的視点から生産力の増大を促したと解釈される傾向にあり，水田稲作の導入・展開とともに社会の複雑化の要因や歴史的な契機として非常に高く評価されてきたといえる。

　また，生産・消費の側面においても石器と鉄器では大きな懸隔がある。この点に関して都出比呂志は，石器消滅後の必需物資である鉄素材を列島の「外部」に依存した日本列島の経済的特質に着目した。そして鉄素材の長距離交易の重要性を高く評価し，列島の統合と前方後円墳の築造に表象される広域的な社会秩序を引き起こしたと説明する（都出1989）。この見解を受け，松木武彦は互恵的な自給自足型の経済システムから，一定の富の集約を要する外部資源依存型の経済システムへの転換が，鉄の普及によって生じたと解釈した（松木1996）。

　しかし，こうした経済システムに着目した理論的な枠組みが提示される一方，石器や土器と比較して残存状況が悪い鉄器の普及を実証的に論じた研究は必ずしも十分な状況ではなかった。分析の側面においては，石器の出土量の変遷や器種組成の変化に依拠した，いわゆる「みえざる鉄器」論が中心となってきたといえるだろう。

　ただし一方で，弥生時代における出土鉄器に関する分析も着実に進展している。川越哲志は，弥生時代の鉄器の悉皆的な集成を基に，鉄器普及の地域差，器種ごとの出土傾向の差異について論じた。そして「日本における鉄器の使用に関しては，北九州および周辺地域とそれ以外の地域では段階が異なる」と指摘している（川越1975，1993）。これは，古墳出現の前提としての鉄器普及と生産力を支えた農具の鉄器化，近畿の優位性という仮説に対するアンチ・テーゼとして評価されている（村上2000）。また，松井和幸は，弥生時代の集落遺跡における石器と鉄器の共伴事例を集成し，鉄器化について検討した。そして「大陸系磨製石器の消滅の背景に，遅くとも北部九州では後期初頭高三潴期，近畿地方では後期（畿内第Ⅴ様式）頃にある程度独自な鉄生産が開始」されていたことを示唆した（松井1982）。この論考は川越哲志（1984，1993）の理解と概ね対応している。村上恭通は，玄界灘沿岸を中心とする北部九州地域と中九州地域における鉄器の器種組成，導入の在り方を，石器との関係性を念頭に分析した。北部九州地域では先行して発展していた石器の生産・流通システムのなかで鉄器が徐々に普及していったのに対し，石器のそれが相対的に未発達であった中九州地域においては，新たにもたらされた鉄器の生産・流通が急速に展開したという理解を示した（村上1992）。

２）砥石に関する研究史―鉄器化との関連―

　弥生時代の砥石に関しては，主に鉄器化，鉄器普及の過程について解明しようとする視点から検討が加えられてきた経緯がある。

　安田博幸は大阪府東山遺跡（弥生時代中期～後期）の発掘調査報告書中において，砥石に着目して鉄器化について考察している。この遺跡では泥岩製の砥石が多数出土している一方，磨製石器が数点のみの出土であることから，鉄器の大量使用が想定されている。また，砥石の表面に残存する使用痕にも着目している（安田1979）。禰宜田佳男は石器組成から近畿地方における鉄器の普及度を検討し，弥生時代中期後半に砥石の量が増加すること，砥石には「目の細かいものが多数を占めている」ことを指摘した。そして「砥石の増加は磨製石器用の砥石に鉄器用の砥石が加わったため」と捉えた（禰宜田1998, pp.73-74）。しかしこの評価に対して，鉄器生産の観点から異なる見解も提示されている（村上1998）。砥石を対象とした分析において，石器組成に占める砥石の割合の増加や，目の細かい砥石の増加を鉄器化に結び付ける捉え方は，一般的な前提となっている。しかしながら，先行研究や報告文中に認められる粗砥，中砥，仕上砥といった砥石目の区分や使用痕などについては主観的・経験的に述べられる傾向が強く，具体的な分類基準が示されることは皆無であった。

　こうした研究状況のなか2002年に村田裕一は，形態，使用痕といった砥石の諸属性を整理し各属性の分類基準を提示した上で，弥生時代における砥石使用形態の時期的変遷について検討した。特に，サンドペーパー（研磨紙）を指標として砥石目（砥粒の大きさ，砥石粒度）を客観的に提示する方法を確立した点は非常に重要である（村田2002）。また村田は，福岡県行橋市下稗田遺跡における砥石目組成の時期的変遷について分析し，弥生時代後期（後期中頃から古墳初頭を含む）には，砥石目♯800相当以上の細粒の砥石の割合が全体の過半を大きく超え，画期であることを指摘した。そして，弥生時代後期には主要な道具の鉄器化が完了していたことを示唆している。砥石の検討から鉄器化についてアプローチするという先行研究の視点を継承しつつ，方法的に砥石研究の新たな方向性を示した点で非常に画期的な研究成果と評価できるだろう。

　近年は，村田により提示された分析方法をふまえて一遺跡や小地域を対象とした砥石の詳細な分析が進んでいる。渡辺尭志は，福岡市比恵・那珂遺跡群における砥石の変遷を検討した。砥石目，形態と重量，使用痕の属性について時期的変遷を示すとともに，鉄器化の進行との関連性や砥石自体の流通について総合的に評価している。砥石の細粒化を鉄器化のみと関連付けて捉える研究が多い中，砥石自体の流通への着目は特に重要であると考える。渡辺が分析した比恵・那珂遺跡群における砥石目は，弥生時代前期から中期前葉において♯320と♯800への集中，中期中葉～後期前葉では♯800と♯2000への集中，後期中葉～弥生終末期（古墳初頭）では♯2000への一極化という変遷過程が示されている（渡辺2007）。土屋みづほは，東北部九州（遠賀川以東地域）における砥石の分析から石器生産と鉄器化について考察している。砥石目の時期的変遷の分析から，石器から鉄器へという材質転換の過程が，ある時期をもって鉄器

が石器を凌駕するという段階的な変化ではなく，比較的緩やかな変化であったと評価した（土屋2010, p.408）。また，鉄器化の進行度合の安定，石器生産と流通の在り方の変化，石器製作への鉄器使用，といった諸現象がすべて弥生時代後期に生じていることから，後期を画期として規格性の高い定形砥石の流通が一般化した可能性を指摘した（土屋 ibid., p.417）。

また筆者は長崎県壱岐市カラカミ遺跡出土の砥石を対象として，弥生時代における道具の鉄器化について検討した。その結果，カラカミ遺跡では弥生時代中期後半には砥石目が細粒化しており，鉄器を研磨した際に生じたと考えられる痕跡（溝状痕）が認められた（森2013）。ただしカラカミ遺跡は，壱岐島に所在する交易拠点と目されるやや性格の特異な集落であり，北部九州を代表させることが可能なのかは課題として残されている。

2 本稿の課題

先行研究により，砥石を用いて鉄器化の過程を復元する方法が確立化している。具体的には，弥生時代後期における砥石目の細粒化，定形砥石の増加が指摘されている。ただし，一遺跡や小地域が対象とされ，北部九州を包括的に捉えた研究はないことから，各遺跡あるいは小地域の特性が大きく影響している可能性がある。また，砥石自体の流通についてはこれまで検討されておらず，鉄器化が砥石に与えた影響については明らかになっていない。

そこで本稿では，北部九州を対象として弥生時代中期後半から古墳時代初頭にかけて，砥石の消費形態がどのように変化したのかについて検討し，鉄器化とその意義について考察する。

II 資料と方法

1 対象資料

対象とするのは北部九州地域17遺跡出土の砥石231点である[1]（第1図）。対象時期は弥生時代中期後半から古墳時代初頭であり，弥生時代中期後半（須玖II式），後期前半（高三潴式），後期後半（下大隈式），弥生時代終末期〜古墳時代初頭（西新式）の4期に区分した[2]。なお砥石の所属時期に幅があり限定できない場合は「弥生後期不明」，「弥生後期以降」とし，3期以上に渡るものは「時期不明」として変遷に関する分析の資料から除外した。

2 分析方法

砥石のもつ属性には形態・重量・使用痕などがあるが，本稿では砥石目を主な分析対象として検討する。先行研究でも取り上げられてきたように，鉄器化という要因が砥石に影響を与えるならば，切削・研磨機能に関わる属性である砥石目に最も直接的に反映されると想定できるためである。

砥石目は村田裕一の方法（村田2002, p.199）にならい，サンドペーパーとの比較によって分類する。分類の指標として用いたサンドペーパーは，JIS規格♯40（番目，以下省略），♯60，♯80，♯100，♯120，♯150，♯180，♯240，♯320，♯400，♯600，♯800，♯1000，♯1500，♯2000の15種類（三共理化学株式会社製）で，♯40が最も粗く♯2000が最も細かい[3]。また，肉眼観察による砥石目の同定を行うために，手持ちルーペおよびコンパクト顕微鏡（コ

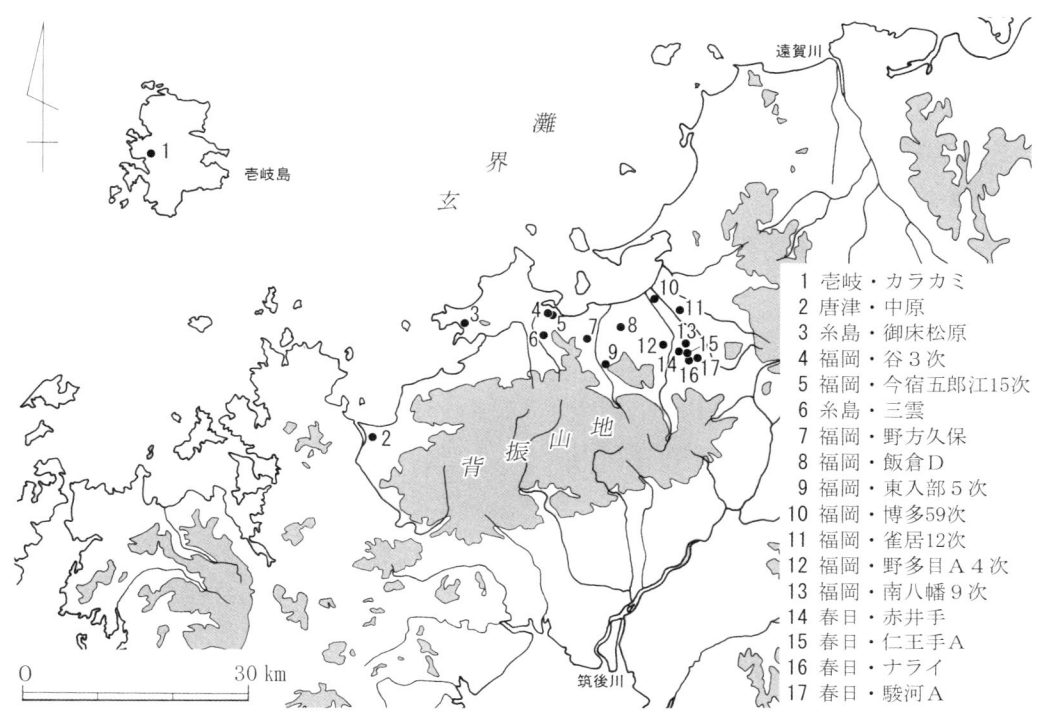

第1図 対象遺跡 (S＝1/1,000,000)

1 壱岐・カラカミ
2 唐津・中原
3 糸島・御床松原
4 福岡・谷3次
5 福岡・今宿五郎江15次
6 糸島・三雲
7 福岡・野方久保
8 福岡・飯倉D
9 福岡・東入部5次
10 福岡・博多59次
11 福岡・雀居12次
12 福岡・野多目A4次
13 福岡・南八幡9次
14 春日・赤井手
15 春日・仁王手A
16 春日・ナライ
17 春日・駿河A

ンテック製HE-18）により20倍～60倍の範囲で相互に粒径を比較した。また，ワイヤレスデジタル顕微鏡（スリー・アールシステム株式会社製Anyty3R-WM401PC）による写真撮影を併行することで客観性を保持した。便宜上，♯120までを粗砥，♯150から♯400までを中砥，♯600以上を仕上砥として区分した。砥石目によって研磨対象物に形成される凹凸の深さに差異があり，おおむね

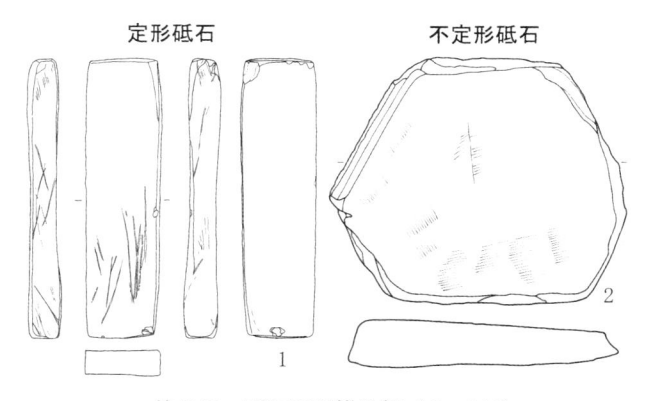

第2図 砥石の形態分類 (S＝1/4)
1・2ともにカラカミ遺跡出土

粗砥・中砥・仕上砥の区分に対応するとされる（村松1973, pp.194-195）。

またその他の属性として，形態（定形・不定形）・重量・使用痕（溝状痕，錆状付着物，タール状付着物）[4]について観察した。定形砥石は「平坦面が互いに稜をなして接しているもの，または加工痕がみとめられるもの」（土屋2010, p.410）と定義し，それ以外のものを不定形砥石とする（第2図）。ただし平坦面が互いに稜をなして接する砥石のうち，すべての面に自然面（礫面）が認められるものは不定形砥石に含めた（2点）。

砥石の時期的変遷の分析と現象の解釈にあたっては，以下の諸点を前提として論を進める。①砥石は石器にも鉄器にも使用される加工具であること，②鉄器の相対的な量が増加するほど，目の細かい砥石が増加すると推定できること，③溝状痕の存在は，その砥石が金属器を研いだことを示すものであっても，金属器のみを研いだことを示すものではないこと，④砥石自体が流通したのであれば，形態，砥石目といった属性にある程度の規格性が生じること，である（土屋2010, p.404）。

Ⅲ 分析

1 砥石の時期的変遷

1）砥石目と形態

ここでは北部九州の集落遺跡出土砥石計123点の各時期の砥石目を比較することで，弥生時代後半期（弥生時代中期後半～古墳時代初頭）における砥石使用形態の変遷について検討する（第3図）。

弥生時代中期後半は砥石目♯400より目の細かい砥石で構成され，各砥石目に同数程度の砥石がみられる。すなわち粗砥，中砥がほとんど含まれず，仕上砥が全体の90％を超える状況である。また不定形砥石が26点中17点（65.4％）を占めており，形態的に多様といえる。後期前半になると定形砥石が増加し，20点中13点（65.0％）を占める。砥石目の細かいものほど定形砥石の数量が多い点が注目でき，砥石目♯2000にその度数のピークが認められる。後期後半では砥石目♯800と♯2000に二極化し，砥石目♯2000の定形砥石が継続的に多くみられる（27.8％）。不定形砥石は砥石目♯600に度数のピークが認められる。弥生時代終末期から古墳時代初頭

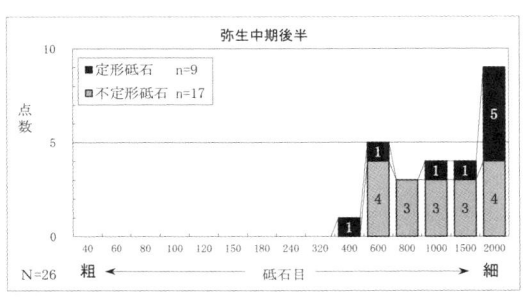

1．弥生時代中期後半

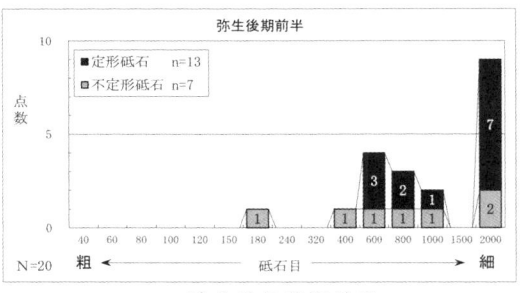

2．弥生時代後期前半

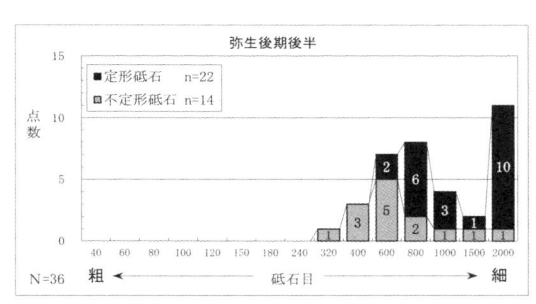

3．弥生時代後期後半

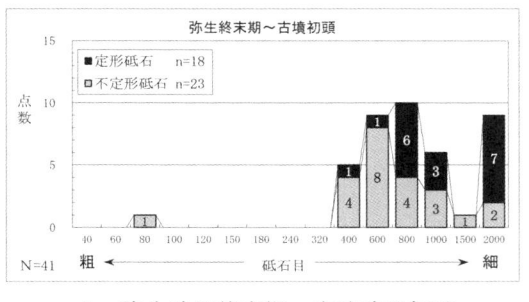

4．弥生時代終末期～古墳時代初頭

第3図　砥石目と形態の関係

は，弥生時代後期後半から一転して不定形砥石が多くなる（56.1％）。また定形砥石は♯800と♯2000が同数程度認められる。

このように弥生時代中期後半にすでに砥石目が細粒化しており，後期前半になると定形砥石が増加したこと，後期後半はその傾向がさらに強くなったことがわかる。

ここで砥石目の細粒化を評価するために，時期を大きく遡って縄文時代後期中葉（鐘崎式）に属する長崎県対馬市佐賀貝塚の砥石11点の砥石目と比較してみよう（第4図）。佐賀貝塚では310点の磨製石斧・石斧未成品が出土していることから，砥石はこれらの石斧の研磨に用いられたと考えられる。

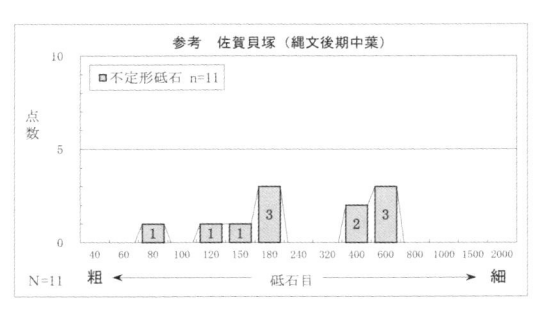

第4図　佐賀貝塚出土砥石の砥石目度数分布

佐賀貝塚で出土した砥石はすべて砂岩製の不定形砥石で，砥石目♯80～600のもので構成されている。石器の粗研磨には砥石目♯180以下の砥石が用いられ，仕上げのために砥石目♯400・600のものが用いられたといえる。砥石の使用面（砥面）の横断面形は緩やかに内湾するものが多く，磨製石斧など円筒状の石器の器面を研磨するのに適している。

このことから弥生時代後半期における砥石目♯600より細かい砥石の増加は，鉄器の研磨との関連性が考えられよう。また弥生時代後半期は定形・不定形を問わず，砥面の横断面形が内湾するものは少なく平坦なものが一般的である。

2) 使用石材

次に砥石目と使用石材の関係をみる（第5図）。砥石の使用石材は時期を通じて堆積岩系石材（泥岩，砂岩，頁岩など）が主体を占めている（85.3％）。これは砥石が石英などの鉱物粒子の均質性と組成が，切削・研磨機能に決定的な影響を与える道具であるためである（村松1973；柴田書店編1999；大工道具研究会編2011）。したがって構成鉱物が大きく，そのサイズにばらつきがある火成岩系石材（玄武岩，凝灰岩など）は砥石の石材に適合せず，砥石目が粗い傾向にある。ただし，石英斑岩・流紋岩は火成岩系石材のなかでは砥石目が比較的細かい。

また堆積岩系石材のうち♯600・800には砂岩，♯1500・2000には泥岩が用いられている[5]。砥石に構成される鉱物粒子の分級程度により，砥石目にこのような差異が生じるものと思われる。

さて，砥石に用いられている石材のうち本稿で注目したいのは，青灰色あるいは漆黒色の色調を呈する泥岩である（以下，青灰色泥岩と呼称）。この石材は弥生時代中期前半以前の石器には用いられておらず，中期後半以降の砥石にのみ用いられている。また，Ⅲ-2で検討するように筆者の肉眼観察によれば，弥生時代中期後半以降の唐津平野，糸島地域，早良平野，福岡平野，須玖丘陵に所在する遺跡において認められる。

弥生時代中期後半から青灰色泥岩製砥石が少量認められ，堆積岩系石材が26点中23点（88.5％）を占める。後期前半になると青灰色泥岩製砥石がやや増加し20点中6点（30.0％）を占め，砥石目♯2000に多い。後期後半は砥石目♯1500・2000の青灰色泥岩製砥石が多く

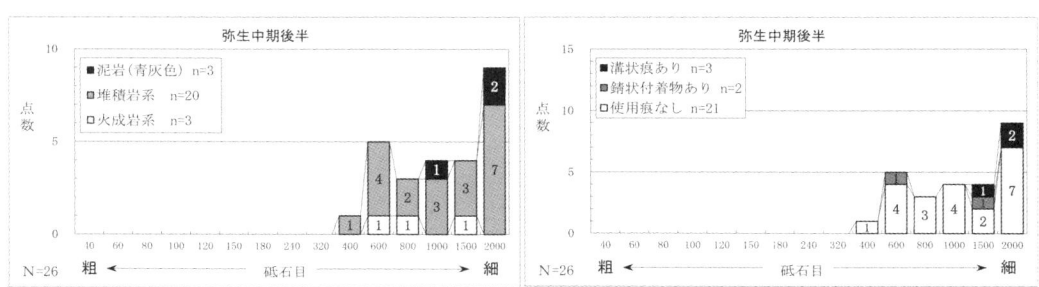

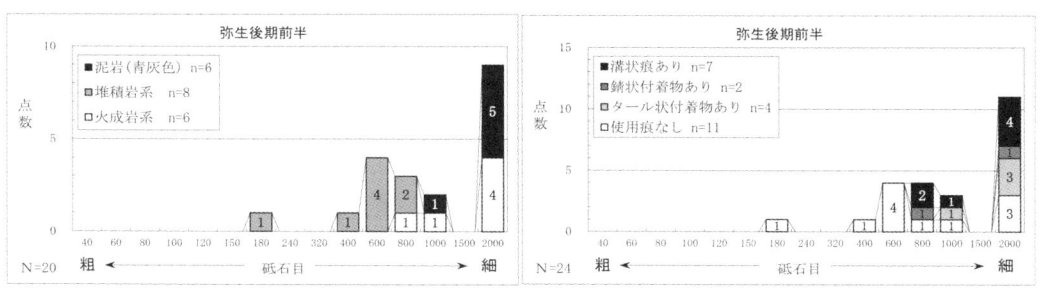

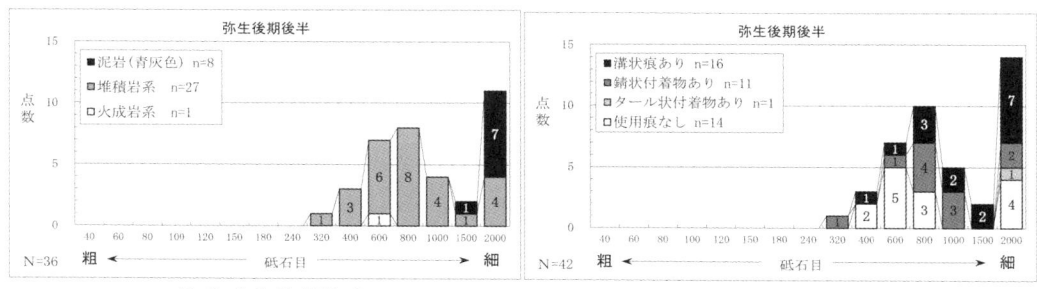

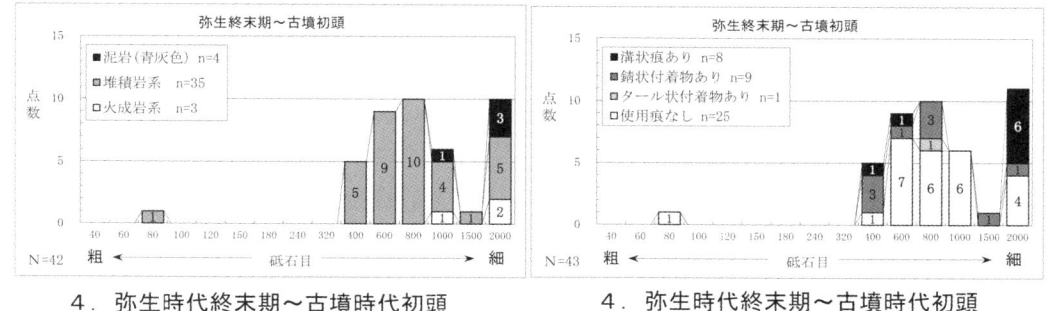

第5図　砥石目と使用石材の関係

第6図　砥石目と使用痕の関係
使用痕ごとに重複集計

認められる。その他の堆積岩系石材は砥石目♯800に度数のピークが認められる。

3）使用痕

砥石表面の使用痕（溝状痕，錆状付着物，タール状付着物）の有無を確認する（第6図）。

まず溝状痕について検討する。溝状痕とは砥面に認められる，幅2mm以下で横断面形がV字状あるいはレ字状を呈する痕跡である（第7図）[6]。検証はされていないが鉄器を仕上げる際，刃先が接触することにより生じた痕跡と考えられている（村上1994；村田2002）。なお，溝状痕は先述した佐賀貝塚出土砥石には認められない。

砥石目が細かいものほど溝状痕が多く確認できる。弥生時代中期後半から数は少ないものの溝状痕が認められ，後期以降は増加傾向にある。

次に錆状付着物をみる。これは砥石の表面にみられる赤錆状の物質である（第8図）。錆状付着物は報告書の記載で言及されることはあっても，これまで具体的に観察・分析されたことはほとんどなかった。筆者による実体顕微鏡を用いた詳細観察の結果，この付着物は石材を構成する鉱物に挟まれるように付着あるいは嵌入しており，表面には顕著な擦痕が認められるものも含まれることが分かった。また先述した溝状痕の溝内面や周辺に認められる場合もあることから，この付着物は埋没した土壌中の鉄分ではなく，鉄器を研磨する際に付着したといえる。鉄器表面に生じたバリや鉄分が砥石を構成する鉱物に絡め取られ，水や酸素と反応することで錆状に銹化したものと考える。最も多く確認できる弥生時代後期後半をみると，錆状付着物がみられる砥石は砥石目♯800に度数のピークがある。

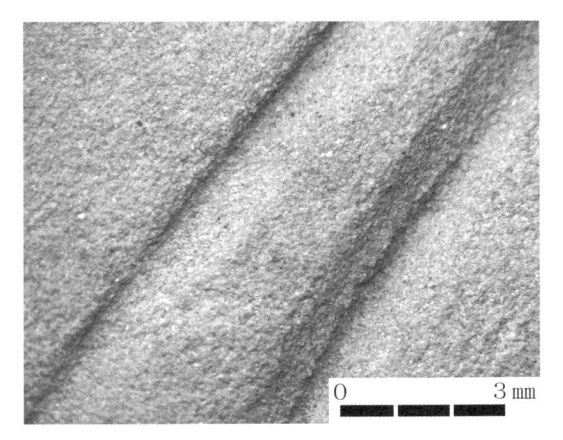

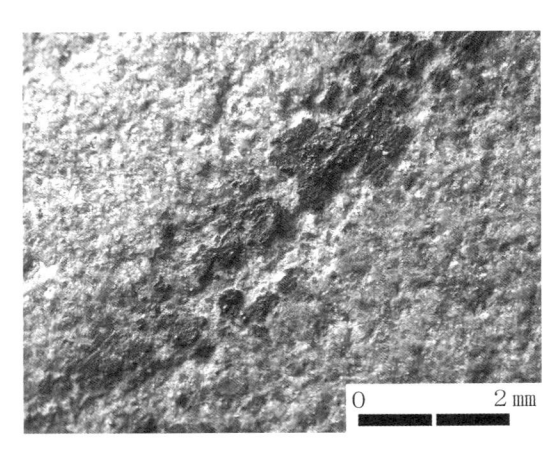

第7図　溝状痕（×7.0）

第8図　錆状付着物（×10.0）

最後にタール状付着物をみる。これは砥石の表面に面的に付着した黒色で粘着質の物質であり，砥石は被熱を受けているものが多い。タール状付着物がみられる砥石は長崎県壱岐市カラカミ遺跡，唐津市中原遺跡，福岡市野方久保遺跡など，鍛冶関係遺構が検出されている遺跡で主に確認されることから，鍛冶作業との関係が示唆される。これについては対象資料数が現状では少ないため，類例の増加を待って検討したい。

4）法量

次に砥石の法量（重量，長さ，幅）について検討する。砥石は基本的に破損しており，完形品が少ないため厳密に法量の区分をすることは困難だが，破片によってもおおよその傾向を把握することが可能であると考える。大きく破損している資料はここでは除外した。

まず砥石の重量についてみる。弥生時代中期後半は重量の度数分布に偏りがみられず，小型品（手持砥・提砥）と大型品（置砥）といった砥石の法量に基づく区分は緩やかだったといえる。中期後半は不定形砥石が多いことから，採取した砥石の素材の大きさに起因して法量にバリエーションがあるのだろう。

後期前半になると200g以下の定形砥石が増加する。後期後半以降もこの傾向が継続するが，中・大型品も一定量含まれる。

次に最大幅と最大長の関係をみる。青灰色泥岩製砥石は幅7cm未満におさまり，基本的に定形砥石である。また他の堆積岩系石材製の砥石に比べ小型で，形態的にバリエーションが小さいといえる。全体の傾向として不定形砥石が定形砥石に比べ大型であることがわかる。弥生時代後期後半以降，定形砥石はやや大型化する。

2 青灰色泥岩製定形砥石の分布

さて，Ⅲ-1-2でみた砥石に用いられている青灰色泥岩の石材採取地は現状では不明な点が多いものの，表層地質からみて玄武岩などの火成岩類が分布発達する玄界灘沿岸部（唐津平野・糸島地域・福岡平野）や壱岐島などは考えにくい（日本の地質『九州地方』編集委員会編1992）。また，川田壽文が網羅的に集成した日本の砥石産地の一覧表にも玄界灘沿岸部には中砥・仕上砥の産地はみられない（川田2004）。非常に緻密な堆積岩類が分布する最も可能性が高い候補

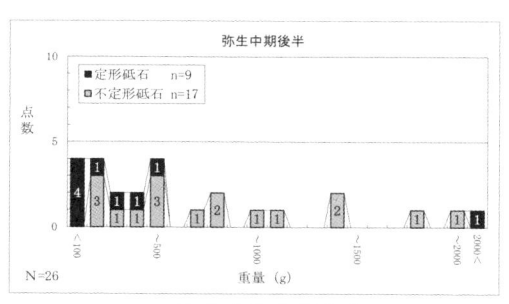

1．弥生時代中期後半

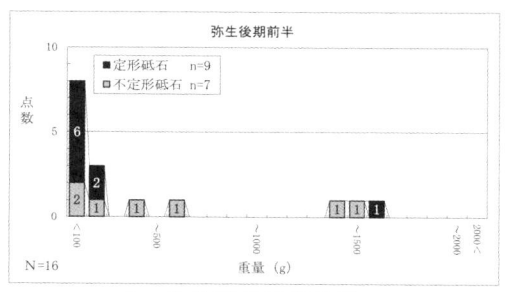

2．弥生時代後期前半

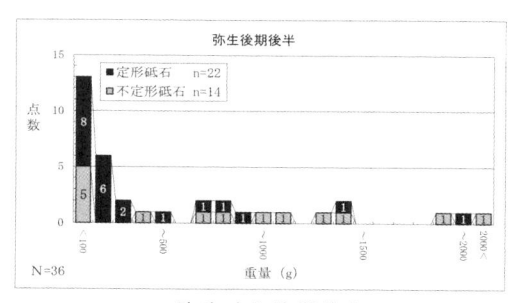

3．弥生時代後期後半

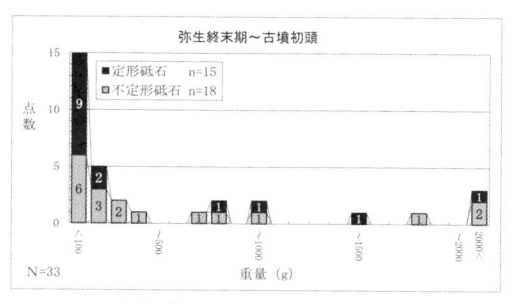

4．弥生時代終末期～古墳時代初頭

第9図　砥石重量の度数分布

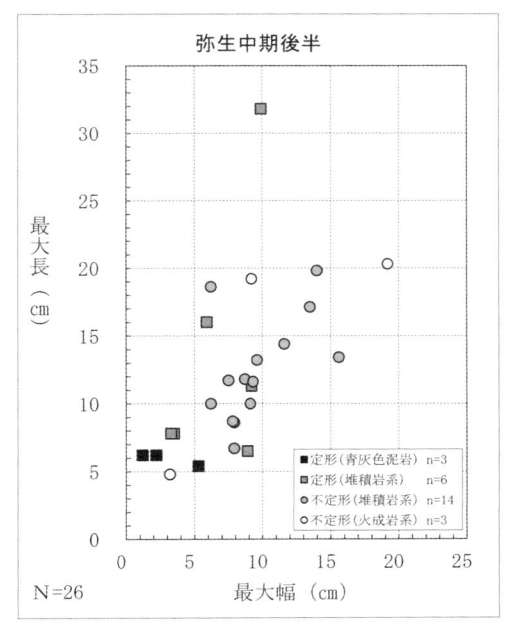

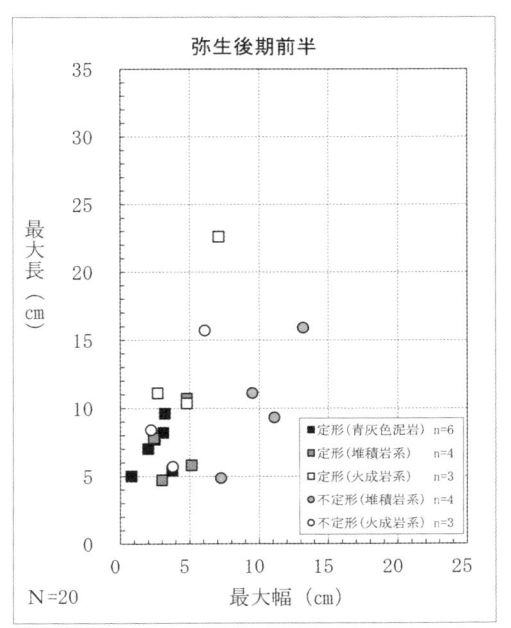

砥石の消費形態からみた鉄器化とその意義

1．弥生時代中期後半

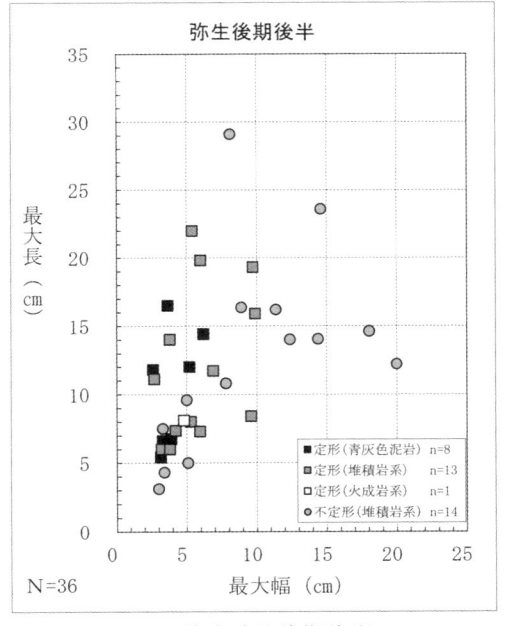

2．弥生時代後期前半

3．弥生時代後期後半

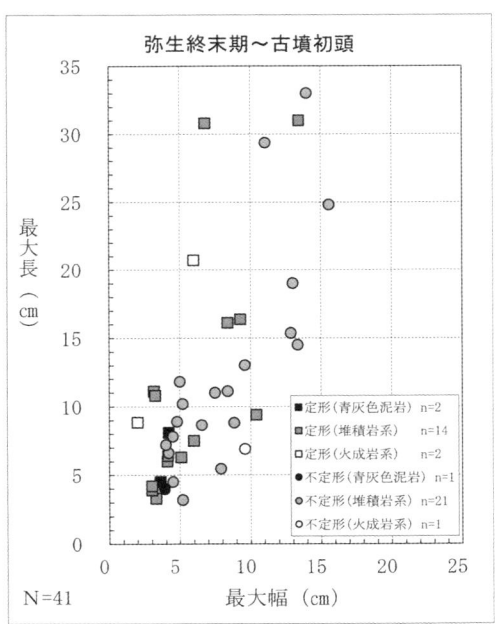

4．弥生時代終末期〜古墳時代初頭

第10図　砥石法量の散布図

地として，対馬島の浅茅湾周辺が考えられる。

対馬産の砥石は，近世の産物誌や地誌類に多く登場する。正保2（1645）年に刊行された松江重頼編『毛吹草』では日本各地9ヵ国10種類の砥石が記載されており，そのなかに対馬砥石もみられることから，近世前期にはすでに全国的に知られていたことがわかる。天保年間（1830～1844年）に刊行された『本草綱目訳義』には「又漆塗リノフシヲシガキヲトス磨石アリ，コレハ対州（対馬のこと）ヨリ出，ムシクイド　ツシマド　トギイシドト云，薄青黒ニシテ肌細ナリ，コレニハ小キ穴多シ，故ニムシクイドト云，コレ釈名ノ羊肝石ト云ナリ，一名鶏肝石ト云，輟耕録ニ出」〔括弧内は筆者補足〕とある。

このように対馬産の砥石は，薄青黒色の色調を呈し，肌目の細かい質感や丸みをもって表面が不規則的に剝離する特徴[7]を有することから，後漢の書物「釈名」にみえる「羊肝石」に類似することが記載されているのである。これは本稿で対象としている弥生時代後半期の青灰色泥岩製砥石の特徴とも合致する内容である。

さらに，表面に径約1cmの凹部が認められる砥石が特徴的に含まれており（第13図-1矢印部分），文献史料にみられる「ムシクイド（虫喰い砥）」という記述はこのような砥石を示していると考えられる。この凹部は本来海水面に接していた部分で，穿孔性貝類によるものとみられる（佐々木2010）。穿孔部分の断面形状や穿孔径から，イシマテ（*Lithophaga curta*，韓国語名 돌맛조개 トルマッツォゲ）などのイガイ科の二枚貝が考えられる[8]。イシマテは陸奥湾から九州・朝鮮半島南海岸にかけての潮間帯から水深20mに生息する貝で，泥質や石灰質の基質に穿孔する習性をもつ（權伍吉ほか1993；黒住2002）。実際に長崎県対馬市豊玉町金木地区（いわゆる金礒砥）で採石された砥石石材の表面にも同様の凹部が認められる（第11図矢印部分）[9]。こうした特徴も，砥石に用いられた泥岩が対馬島などの海岸部で採取された可能性が高いことを裏付けている。

ここで青灰色泥岩製砥石の分布について検討する。前述したように，この石材製の砥石は基本的に定形砥石である。II-2で述べた前提をふまえるならば砥石自体が流通した可能性が想定できる。自家消費として砥石を利用する場合，形態の規格性は相対的に低いものと考えられるからである。また，砥石に加工痕（整形痕）が認められるも

第11図　対馬産砥石の石材（S=1/2）

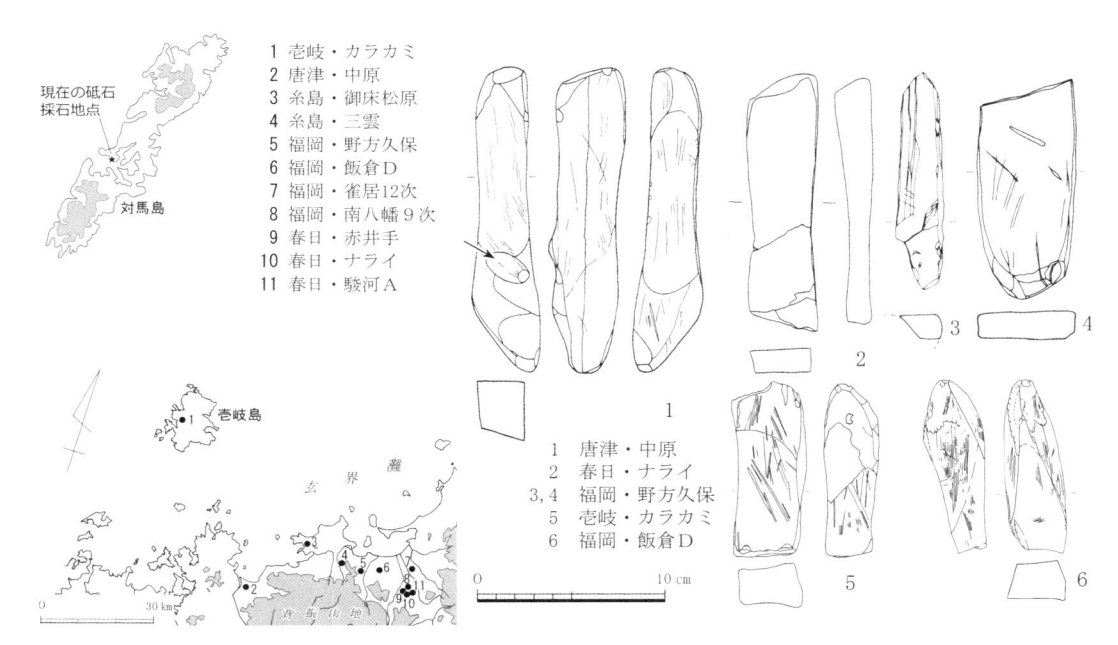

第12図　青灰色泥岩製砥石の出土遺跡
（S＝1/2,000,000）

第13図　青灰色泥岩製定形砥石の類例（S＝1/4）

のもある。土屋みづほや櫻井拓馬が指摘するように，加工痕のみられる砥石の存在は製品としての流通を示している（土屋2010；櫻井2013）。現状では壱岐市カラカミ遺跡，唐津市中原遺跡，糸島市御床松原遺跡，福岡市野方久保遺跡，飯倉D遺跡，春日市ナライ遺跡，駿河A遺跡などで出土している（第12図）。それぞれの遺跡で砥石全体の1～2割程度であり，占有率はさほど高くない。また，これまで北部九州の弥生時代の遺跡において未成品や砥石の製作痕跡が確認されていないことから，製品（完成品）として遺跡に搬入された可能性が高い。

Ⅳ　考察

1　弥生時代における鉄器化の評価

　砥石の時期的変遷から，弥生時代中期後半にはすでに砥石目が細粒化していたことが明らかになった。また中期後半から溝状痕がみられる砥石も確認された。佐賀貝塚出土砥石の検討で明らかにしたように石器の研磨には砥石目♯600より粗い砥石が用いられることから，これより目の細かい砥石の増加，すなわち仕上砥の増加は鉄器の研磨の頻度が相対的に高まったことを示している。

　筆者は木製斧柄の形態の変遷から，弥生時代中期後半以降，斧（伐採斧・加工斧）のほぼ全てが鉄斧になったことを明らかにしている（森2016）。工具の鉄器化の画期は弥生時代中期後半といえ，本稿の砥石に関する分析結果と整合的である。

　ただし工具以外に目を転じてみると，弥生時代中期後半は立岩系石庖丁の生産・消費の最盛

期であり（能登原2014），器種によっては鉄器への転換が漸移的だったといえる。農耕具（収穫具・耕起具）の鉄器化は工具に比べ遅れることが先行研究でも指摘されており（松井1982），石庖丁などの石器は後期以降も継続して使用されている。このように，鉄器化を評価する上では器種を分けて考える必要性があるものの，全体的な傾向としては弥生時代中期後半が画期といえよう。

次に問題となるのは生産・消費システムと鉄器化との関係である。弥生時代前期末から中期前半の石器の場合，工具（伐採斧・加工斧）・収穫具といった器種ごとに石材原産地が分散して存在しており，それぞれ固有の付加価値と道具としての体系性を有していた。またそれらは製品，あるいは製品に近い未成品の状態で北部九州の各地域に広範囲に流通し消費された。石器の有する価値は，各地域で一定ではなく，遺跡を取り巻く石材環境，石材原産地からの距離や製作技術の難易，抱える人口規模などに応じて多様な在り方を示す。

一方，鉄という共通の素材を用いて様々な器種を生産することは，こうした既往の道具の体系性に大きな変更を生じさせることになった。

筆者は弥生時代中期後半〜中期末における鍛冶技術の導入を契機として，既往の石器生産・消費システムが断絶し，後期以降は新たなシステムが成立したと考える。中期後半は，農工具の材質が石から鉄へと「置き換わる」，といった単純な現象ではなく，農工具の生産・消費の「システム」が変化した画期的な時期として位置付けられよう。

弥生時代後期における極めて細粒の定形砥石の増加は，こうした生産・消費システムの変化と関連するものと考える。

2　鍛冶技術の導入と交易ネットワークの変化

青灰色泥岩製の定形砥石が出土した遺跡の大多数において鍛冶関係遺構が検出されている。このことは弥生時代中期後半から後期にかけての生産・消費システムの変化に，鍛冶技術の導入過程が密接に関係していることを示唆している。

福岡市比恵遺跡群第70次調査の竪穴住居跡SC03では，鉄素材の可能性の高い棒状鉄製品と青灰色泥岩製砥石（おそらく定形砥石）が出土している（井上編2001）（第14図）[10]。砥石の表面には穿孔性貝類による凹部が認められ，対馬産の可能性が高い。竪穴住居跡の所属時期は弥生時代後期後半から終末期である。

この事例は，鉄素材と対馬産と考えられる定形砥石（青灰色泥岩製砥石）がセットとして搬入されたことを示唆し，弥生時代後半期の交易ネットワークを考察するうえで非常に重要な資料である。もちろん，この砥石は仕上砥であるため鉄器の刃先の仕上げや手入れとして日常的に使用する加工具であり，鍛冶の際に用いるものではない。そのため鉄素材と定形砥石が

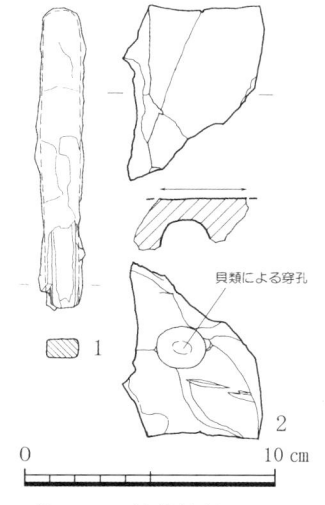

第14図　棒状鉄製品と砥石
（S＝1/4）

セットとして入手されたことが，直接的に朝鮮半島南部からの鍛冶技術の導入と示すとまでは
いえないが，少なくとも「鉄器の研磨に特化」した砥石の必要性が増大し，弥生時代中期後半
以降，新たに石材産地が開発されたと考えられよう[11]。そしてその産地は，朝鮮半島南部から
北部九州の交易ネットワークの中継地点に存在していた可能性が高いのである。

　弥生時代中期後半から後期にかけての生産・消費システムの変化は，朝鮮半島南部から北部
九州地域における長距離交易ネットワークの拡大，鍛冶技術の導入過程が影響を与えたとみら
れる。このようなネットワークの拡大には対馬島・壱岐島などの島々を往来する海人集団（倭
の水人）が重要な役割を担ったと想定される（武末2009）。また，交易品のなかに米・海産物
や鉄素材のほか鉄器を仕上げるための定形砥石が含まれていた可能性も十分考えられ，『魏志』
倭人伝の対馬国についての記事にある，「南北市糴(なんぼくしてき)」の内容の一側面を示しているといえよう。

　ところで，楽浪郡から北部九州を結ぶ交易ルート上の拠点としての役割を担っていた朝鮮半
島南部，泗川・勒島(ヌクト)遺跡が衰退するのはこうした交易ネットワークの変化と無関係ではないと
考える。井上主税によると，勒島遺跡が衰退するのは後1世紀で，弥生時代中期から後期の過
渡期にあたる。後1世紀後半代には弁辰狗邪国である金海勢力が台頭するが，鉄素材を媒介と
した国際交易を基盤にして勢力を伸ばしたことが要因として考えられている（井上2012, p.91）。

　弥生時代中期後半以降，鍛冶技術の導入を画期として工具，農具，武器の多くが鉄器化を果
たしていった。鉄器生産で最も重要となる鉄素材は朝鮮半島南部から輸入されるが，弥生時
代中期前半以前の集落間関係では入手は不可能で，長距離交易ネットワークの整備・発達（広
域化）がその前提となった。対外交渉では集団の代表者として首長層が介在したと考えられる。
久住猛雄は弥生時代終末期（久住編年ⅠA期前後）において「加耶と北部九州中枢（伊都国・
奴国）の首長層の間には，葬送用鉄鏃形式の共通性や威信財・儀器の相互贈答（水晶玉・銅矛
←→板状鉄斧などの鉄製品）が存在」したと指摘する（久住2007, p.27）。朝鮮半島南部，金海・
大成洞(テソンドン)45号墓出土の板状鉄斧（鉄素材）は春日市赤井手遺跡6号土坑（須玖遺跡群）の一括廃
棄例と同型式である。また，金海・良洞里(ヤンドンニ)200号木槨墓にも同型式の板状鉄斧がみられ，この
墓には「奴国」で生産された可能性の高い広形銅矛が副葬されている（後藤2009）[12]。以上の
内容は，首長間の交渉を背景として朝鮮半島南部の鉄素材が北部九州へ輸入されていたという
見解を支持している。

　一方，野島永によれば農工具などの鍛造鉄器そのものは首長層による独占的な貴重財ではな
く，一般構成員の手に渡る日常的な消費財であったとされる（野島2010）。各集落群で個別的
に鉄器の生産がなされ，製品の広域的な流通はそれほど頻繁なものではなかったといえそうだ。
こうした鉄器にみられる生産・消費の単位の縮小は石器のそれにも認められ，弥生時代後期以
降，鉄器の消費を前提とするような生産・消費システムへと変化したと考えられる。

おわりに

　本稿では，砥石の消費形態の時期的変遷について検討し，以下の点を指摘した。

①弥生時代中期後半に砥石目が細粒化しており，溝状痕など鉄器の研磨と関連する使用痕がみられる砥石が存在する。②弥生時代後期前半には極めて細粒で仕上げ用の定形砥石が増加する。③こうした定形砥石の石材には青灰色泥岩が特徴的に含まれており，対馬島などの海岸部が石材採取地であったことが示唆される。

　このように砥石の消費形態は弥生時代中期後半における鉄器研磨の頻度の高まり，後期前半以降の生産・消費システムの変化を間接的に示していると考えられる。朝鮮半島南部から北部九州地域における長距離交易ネットワークの拡大，鍛冶技術の導入過程が影響を与えたとみられる。

　最後に本論文集の課題「考古学は科学か」という問いに対し，筆者の見解を述べたい。

　考古資料は様々な側面において断片的（痕跡的）であるため，（人類の）過去に関する仮説を厳密な意味で検証すること（正しさを立証すること）には論理的に多くの困難がともなう。既知の限られた事例から（無限に広がる）未知な事例への一般化は，どのような原理においても正当化できないという，帰納的飛躍があるためである（保城2015）。しかし資料の限界性を認識し資料批判を加えたうえで，現状の資料・把握し得る情報を総動員して可能性（仮説）を絞り込んでいく，あるいはいくつかの可能性を排除（棄却）していくことが経験科学として考古学の採るべき方法だと筆者は考える。また仮説演繹法とは別に，アブダクションとよばれる推論の方法も考古学では非常に有効であろう。これはある事実やデータが観察された場合，それはなぜかと問い，何らかの作業仮説をつくって説明・検証する方法のことである。

　資料と分析方法が明示され，仮説構築・検証の論理が適切に取り扱われてはじめて合理性が担保され，考古学は「科学」であるといえる。

　本稿ではこうした科学論文としての論理構造を意識し，農工具の鉄器化について砥石の消費形態に着目して検討した。砥石の形態的特徴といった考古学的分析を基本として，砥石に関する文献史料や表層地質，砥石表面に残る穿孔性貝類による痕跡などの多角的な情報から，弥生時代後期以降に増加する青灰色泥岩製定形砥石が対馬産である可能性が極めて高いことなどを論じた。今後，分析対象を増やすとともに，いくつかの未検証仮説については検証方法を模索していきたい。

謝辞

　本稿を執筆するにあたり，宮本一夫先生をはじめとする九州大学大学院の諸先生に日頃より懇切に御指導を頂きました。また，以下に記す方々・諸機関には本研究の内容についての御教示を頂くとともに，資料調査・文献探索において便宜を図って頂きました。末筆ではありますが，御世話になりました皆様に深く感謝申し上げます。阿比留啓次，阿比留伴次，井上義也，河合　修，木下博文，小松　譲，櫻井拓馬，島津屋幸子，菅　榮太郎，野島　永，服部瑞輝，桃﨑祐輔，森平雅彦，吉田佳広，糸島市立志摩歴史資料館，春日市教育委員会，佐賀県教育委員会唐津中原文化財調査事務所，対馬市峰町歴史民俗資料館，福岡市埋蔵文化財センター

（五十音順・敬称略）。

　なお本稿は平成25年度公益財団法人髙梨学術奨励基金の研究助成を受けたものである。

　田中良之先生から頂いた学恩に報いるには甚だ心許ない内容ですが，今後も研鑽を積むことを誓い，本稿を謹んでご霊前に捧げます。

■註
1) 福岡県糸島市御床松原遺跡，春日市駿河A遺跡出土砥石については一部の資料のみを観察しているため，砥石目に関する分析には加えていない。
2) 土器編年には，柳田（1987，1991）の日常土器編年を用いる。
3) 砥石目はJIS規格により25.4mm（1インチ）四方の枠を分割したふるいの目で表される。表記は「♯」を用い，例えば♯100は1インチ四方の枠を100分割したふるいの目を通過できる大きさの砥粒であることを示す。なお，砥石目♯800より細かいものについてはサンドペーパーとの対比が困難であるため，表面粗さ測定機（株式会社ミツトヨ製SJ-210）を用いて細分した。表面粗さは砥石目とは原理的に異なる指数であるが，相関するものと仮定する。サンドペーパーの表面粗さ（算術平均粗さRa，単位μm）をあらかじめ測定し，これを基準として分類する。サンドペーパーの表面粗さの平均値$\overline{Ra}$と標準偏差σ（測定数20）は以下のとおりである。砥石目♯800：$\overline{Ra}$=4.370・σ=0.226，♯1000：$\overline{Ra}$=3.523・σ=0.165，♯1500：$\overline{Ra}$=2.276・σ=0.080，♯2000：$\overline{Ra}$=2.120・σ=0.065。
4) これらの使用痕についてはⅢ-1-3で詳述する。
5) 砂岩は粒径が2mm以下，泥岩は0.06mm以下で層状組織（葉理）が不明瞭な堆積岩である（五十嵐2006）。したがって粒径を基準とした石材の差異は砥石目に直接影響する。
6) 村田（2002）は研磨時の手の動きを推定し使用痕を細分しているが，ここでは一括して溝状痕とする。
7) 浅茅湾の貝鮒で現在まで，砥石の採石・加工をされている阿比留啓次氏（明治期の阿比留久太郎氏から数えて3代目当主）によれば，こうした不規則に剥離・風化し砥石として用いることができない石材は「コロビ」と呼称されている。
8) 福岡大学人文学部の桃﨑祐輔先生に御教示頂いた。
9) 阿比留啓次氏に提供して頂いた。
10) 福岡市教育委員会の長屋伸氏による肉眼観察によれば，鋳造品を脱炭処理した鉄素材と想定されている（井上編2001，p.36）。
11) ただし比恵遺跡群ではこれまで鉄素材は出土しているが鍛冶遺構は検出されていない。最も可能性の高い近隣の鍛冶工房の候補地として，春日市須玖遺跡群が相当しよう。
12) 中広形・広形銅矛は倭とその首長層にとって最高位の儀器であり，鉄の入手など韓との関係・交渉を円滑にするために贈与したと考えられる（後藤2009）。ただし田尻義了は，銅矛を用いた祭祀執行者が社会の垂直的区分で階層上位者であるかは不明と評価している（田尻2012，p.276）。

■参考文献
大工道具研究会編，2011．大工道具・砥石と研ぎの技法．誠文堂新光社，東京．
後藤　直，2009．弥生時代の倭・韓交渉　倭製青銅器の韓への移出．国立歴史民俗博物館研究報告151，307-341．

保城広至，2015．歴史から理論を創造する方法　社会科学と歴史学を統合する．勁草書房，東京．
五十嵐俊雄，2006．考古資料の岩石学．パリノ・サーヴェイ株式会社，東京．
井上主税，2012．勒島遺跡衰退の歴史的背景―朝鮮半島南部における後1世紀代の交易体系について―．古代文化64（2），80-97．
井上繭子編，2001．比恵遺跡群第70次発掘調査報告．比恵30－比恵遺跡群第69・70・71次発掘調査報告―　福岡市埋蔵文化財調査報告書第671集．福岡市教育委員会，福岡．
川越哲志，1975．金属器の製作と技術．稲作の始まり　古代史発掘4（金関　恕・佐原　真　編），pp.104-116．講談社，東京．
川越哲志，1993．弥生時代の鉄器文化．雄山閣，東京．
川田壽文，2004．砥礪考―附　日本産砥石地名一覧表―．白門考古論叢　稲生典太郎先生追悼考古学論集（稲生典太郎先生追悼考古学論集刊行会　編），pp.367-406．中央考古会・中央大学考古学研究会，横浜．
黒住耐二，2002．イガイ科．日本近海産貝類図鑑（奥谷喬司　編），pp.863-877．東海大学出版会，秦野．
久住猛雄，2007．「博多湾貿易」の成立と解体―古墳時代初頭前後の対外交易機構―．考古学研究53（4），20-36．
權伍吉・朴甲萬・李俊相，1993．原色韓国貝類図鑑．アカデミー書籍，ソウル．
松木武彦，1996．日本列島の国家形成．国家の形成　人類学・考古学からのアプローチ（植木　武　編），pp.233-276．三一書房，東京．
松木武彦，2011．石器から鉄器へ．古墳時代への胎動　弥生時代の考古学4（設楽博己・藤尾慎一郎・松木武彦　編），pp.155-170．同成社，東京．
松井和幸，1982．大陸系磨製石器の消滅とその鉄器化をめぐって．考古学雑誌68（2），1-42．
森　貴教，2013．カラカミ遺跡出土砥石の検討．壱岐カラカミ遺跡IV（宮本一夫　編），pp.169-182．九州大学大学院人文科学研究院考古学研究室，福岡．
森　貴教，2014．弥生時代における砥石使用形態の変化―石器から鉄器へ―．季刊考古学127，45-48．
森　貴教，2016．弥生時代における斧柄の変遷と工具鉄器化―北部九州を対象として―．シンポジウム記録10（考古学研究会例会委員　編），考古学研究会，岡山．
村上恭通，1992．中九州における弥生時代鉄器の地域性．考古学雑誌77（3），63-88．
村上恭通，1998．倭人と鉄の考古学　シリーズ　日本史のなかの考古学．青木書店，東京．
村上恭通，2000．鉄と社会変革をめぐる諸問題―弥生時代から古墳時代への移行に関連して―．古墳時代像を見なおす―成立過程と社会変革―，pp.49-74．青木書店，東京．
村松貞次郎，1973．大工道具の歴史．岩波書店，東京．
村田裕一，2002．工具―砥石．考古資料大観9　弥生・古墳時代　石器・石製品・骨角器（北條芳隆・禰宜田佳男　編），pp.197-200．小学館，東京．
禰宜田佳男，1998．石器から鉄器へ．古代国家はこうして生まれた（都出比呂志　編），pp.51-102．角川書店，東京．
日本の地質『九州地方』編集委員会編，1992．日本の地質9　九州地方．共立出版，東京．
野島　永，2010．弥生時代における鉄器保有の一様相―九州・中国地方の集落遺跡を中心として―．京都府埋蔵文化財論集第6集，41-54．
能登原孝道，2014．北部九州における石庖丁の生産と流通．東アジア古文化論攷2（髙倉洋彰　編），pp.83-102．中国書店，福岡．
佐伯弘次，2014．対馬の砥石．中世の対馬　ヒト・モノ・文化の描き出す日朝交流史（佐伯弘次　編），pp.189-201．勉誠出版，東京．
櫻井拓馬，2013．鉄器加工痕を有する砥石〜弥生時代後期以降の砥石の変化に関する予察〜．三重県埋蔵

文化財センター研究紀要22，1-8．
佐々木猛智，2010．貝類学．東京大学出版会，東京．
柴田書店編，1999．包丁と砥石．柴田ブックス，東京．
田尻義了，2012．弥生時代の青銅器生産体制．九州大学出版会，福岡．
武末純一，2009．三韓と倭の交流—海村の視点から—．国立歴史民俗博物館研究報告151，285-306．
土屋みづほ，2010．砥石からみた弥生時代の社会変化．遠古登攀　遠山昭登君追悼考古学論集（『遠古登攀』刊行会　編），pp.401-423．『遠古登攀』刊行会，西宮．
都出比呂志，1989．日本農耕社会の成立過程．岩波書店，東京．
渡辺尭志，2007．砥石から見た弥生時代鉄器化への諸段階—比恵・那珂遺跡群出土資料より—．九州考古学82，77-88．
柳田康雄，1987．高三潴式と西新町式土器．弥生土器Ⅱ　弥生文化の研究4（金関　恕・佐原　真　編），pp.34-44．雄山閣，東京．
柳田康雄，1991．土師器の編年—九州—．土師器と須恵器　古墳時代の研究6（石野博信・岩崎卓也・河上邦彦・白石太一郎　編），pp.34-47．雄山閣，東京．
安田博幸，1979．砥石と鉄器の関係．東山遺跡　大阪府文化財調査報告書（菅原正明　編），pp.62-64．大阪府教育委員会，大阪．

大量銅鐸の多段階埋納は証明できるのか

古代學協会客員研究員 　森 岡 秀 人

要旨

　銅鐸は単独埋納以外に多数の埋納が行われることがしばしばあった。その確認のたびに必然性が論議されてきたが，現在は弥生時代中期末〜後期初頭と終末期の２段階埋納論が定着し，違いの説明に力点が置かれ，さまざまな解釈が試みられている。このたび，兵庫県淡路島から７口の銅鐸が一括埋納の想定が可能な環境で不測に発見され，かつ銅舌７本や実用的な吊り紐や鈕の提げ紐などの痕跡も検出されたので，段階埋納の意味を再考する機会を促している。

　本稿では，その一群の銅鐸を最も早い時期に行われた大量埋納と見なし，複数埋納の契機が弥生社会に本来数回あることを論証する前提として，学史上の所論の変化を俯瞰しつつ，二，三の検討を行った。銅鐸は弥生時代を代表する大形青銅器の花形であるが，弥生土器などを伴うことが依然として乏しく，他の考古資料を拠り所とする相対年代を考えることも難しい側面を持つ。しかし，小刻みな弥生社会の変化を詳細に追求する上に，多段階埋納の視点から銅鐸群の動きや役割を見直すことは必要な時期を迎えており，仮説の一部を提示してみたい。

キーワード：銅鐸，段階埋納，遠隔地埋納，弥生社会の変化，松帆銅鐸群

はしがき

　兵庫県の旧国の一つでもある淡路島が「銅鐸の島」と呼ばれるようになっておよそ１年近くの歳月が経った。その原因は言うまでもなく，南あわじ市松帆銅鐸群が突如確認されたからである。その数は全国で４番目の多さを数え，私などは「大量埋納」という言い方で一括りにしているが，個々の実態や属性はそれぞれ異なっており，デポ，フンドやホードの概念で一律に説明づけることも難しい。しかし，銅鐸群としての構成は，不測の発見状況とはいえ，過去の銅鐸多数埋納の型式学的な新古に基づく推移に逆らったものではなかった。菱環鈕２式鐸１口，外縁付鈕１式鐸６口，合計７口の銅鐸組成は実に自然なものであり，諸条件からみて，これまでの銅鐸大量埋納例に対して先行することを考えさせるものであった。銅鐸の埋納については，40年以上前から関心事の一つであり，常々一過言持ってきただけに，松帆銅鐸群の出現は久方振りに私の銅鐸論のベースの部分に火を点けることになった。しかし，まだ調査や検討が進

められている途上，最中のことでもあり，この銅鐸の個々を具体的に俎上に乗せることはできない。むしろ，派生する埋納の時間的な問題に筆を及ぼし，併せ考古学は科学なのかと真剣に向き合いたい。

覚書としてしたためた小稿では，銅鐸多数埋納の歴史的評価に関する論の展開，学史を粗削りに振り返りつつ，現在において孤立無援化しつつある「銅鐸多段階埋納」論の一端を述べ，最終段階として設定している第5段階目の多数埋納までの推移が社会の変化，変質とどう対応し合ったかについて推論を加え，向後の議論の足掛かりを少しでも見い出したい。

1　銅鐸の型式変化と機能の変質

考古学にとって重要な器物の型式分類と編年は，日々進化を遂げている。銅鐸は大別4型式，細別11型式，最先端を行く難波洋三分類では20型式前後の詳細なる変化が明らかとなっている。近畿の弥生土器様式編年の小様式単位に対応する勢いで，その細分の型式学的研究は進んでいる（難波2011a，2011b）。菱環鈕式鐸にいたっては，実に5段階の変遷も説かれている（難波2006）。しかし，複数出土銅鐸の共伴関係は，詳細を極める編年を常に参照せずとも，細別11型式の手前の8型式の弁別でも効力を発揮する。よく知られていることであるが，銅鐸の複数埋納は一括出土数の偏差がみられるものの，基本は隣接型式の親しい関係のもの同士や同一型式が埋納されており，存否や共伴の一種のセリエーションが貫徹されている。型式間に大きな格差を有する一括埋納例は皆無に近く，古い方から番号（Ⅰ～Ⅳの大別，1・2・3……の細分）に置き換え，順次たどってみても，最も古いⅠ-1式から最も新しいⅣ-5式まで右下がりの型式の組成変化をみごとにみせており，今後も極端なイレギュラーは起こらないように思われる。常に出土状態の細部が問われる銅鐸ではあるが，土器などに試行される層位学的研究の検証などと遭遇する機会は先ずないものの，器物としての新古が論ぜられることは少なくなかった。鋳出された文様やその大小，装飾性を見るだけでも製作の流派や時間差を容易に感得できたのである。

銅鐸の機能変化に関する所説は，佐原真による鈕の形態的変化に基づく銅鐸の型式編年（佐原1960）と田中琢による「聞く銅鐸」から「見る銅鐸」への変化の分かりよい捉え方（田中1970）を基盤として飛躍的に進化した。この機能の転換は，Ⅳ-1とⅣ-2の間で促進されたことが判明しており，その時期がおよそ弥生時代中期末～後期初頭に想定されている。また，先の田中論では，「銅鐸のまつりにはとくに最盛期といった時期がなかった」とする。なお，難波洋三の最近の見解では，厳密を期すと，聴覚から視覚に訴える「見る銅鐸」は，近畿式銅鐸や三遠式銅鐸が誕生するⅣ-2式後半段階以降となる（難波2013）。そして，この甚大なる変動は石器から鉄器へという道具類の材質刷新の動きなど社会の変化ともよく対応するため，銅鐸の編年体系や機能的変化は広く受け入れられるようになったのである。

2 銅鐸埋納における「2段階説」提唱と前後の埋納階梯をめぐる諸学説

(1) 銅鐸埋納に関する小林行雄の説明

　銅鐸が埋められることに対する研究は，多くの蓄積があるが，その契機と埋納回数を問題とすれば，画期をなす説がはっきり認められる。私は，それを最も読みやすい岩波新書で知ることになり（小林1959），興味を抱く。鋳型の発見例がまだない時期のことであり，生産の問題はあまり研究が進んでいないけれど，その書では金属原料調達の問題や運搬に関与した人々，共同体祭器としての役割などにページが割かれ，邪馬台国所在地論に及び，銅鐸の埋納行為に言及した部分に辿り着く。小林行雄はそれを次のように鮮やかに説明した。

　「首長は共同体の代表者として，共同体をその存在の場としはしたが，同時に，共同体の成長に乗じて，自己の権威を飛躍的に増大させようとする行動にもでた。すなわち，一人の首長の権威のおよぶ範囲を，1個の銅鐸を保持する村のわくをこえた，村々の連合体，あるいは国の広さにひろげる動きが，弥生式時代のうちにあって，それが1個の銅鐸を守ろうとする共同体のあり方を，過去の世界へおしやったとみる」とし，大量埋納例として当時知られていた滋賀県小篠原の大岩山銅鐸群に対する解釈として，単独埋納例と対置させ，「おそらくこれは，もとはそれぞれちがった村に所属した銅鐸を，それらの村々の統合によって，一ヶ所にあつめて共同の祭祀に使用したか，あるいは，あたらしい国の発足を記念して埋蔵したものであろうと思われる。もしそうであるならば，ここに，あたらしい強大な一人の首長の地位も誕生したことであろう」と結ぶ。古墳の発生の論理的説明がこの後続くわけだが，銅鐸の埋納，とくに多数の一括埋納はその前段として「村から国への成長の過程」で記述され，弥生時代社会の終焉という劇的変化の物的材料として最終段階に焦点を当てた形で力説されている。それはおそらく当時の歴史教科書にも反映していたはずである。

　小林はその後，1964年の神戸市桜ヶ丘遺跡の銅鐸14口，銅戈7本の大量出土の発見に立ち会うが，神戸市投上銅鐸出土地までの空白域を意味あるものとみなし，この間の地域集団が個々の銅鐸を弥生時代の終わりに集積して埋めた場所が桜ヶ丘であると説明した（小林1967）。発見からかなり早い時期にそのように考えが及んだようである（辰馬悦蔵宛ての小林行雄私信，辰馬考古資料館平成26年度秋季展示資料にて実見）。

　弥生時代最後の青銅器祭祀の1回限りのイベントに目を向けたわけであるが，これを「銅鐸弥生社会最終段階1回埋納説」と呼んでおきたい。高校時代の私の銅鐸観は，当時の日本史教科書の叙述とともにこうして焼き付けられた。古墳からは全く出土例のない銅鐸の歴史的な扱いとしては，大変説得力のある考えであり，銅鐸の記述が『魏書』東夷伝倭人条に見当たらないことだけが妙に印象に残った。

(2) 関連する田辺昭三らの銅鐸祭祀終息論

　佐原や田中と並んで，小林の所説を基底に据える田辺昭三は，「銅鐸の終焉」を議論する中，

卑弥呼が王位についた3世紀の初めに銅鐸の祭りが行われていたかどうかは,「微妙な問題」であるとし,その生産については,「中期末まで確実に鋳造されていた」と考えた。その後の存続期間は推定としつつも,古墳時代までは下らず,「銅鐸の祭りと卑弥呼のシャーマニズムとが,何らかの形でふれあわないはずはない」と記しており,卑弥呼の生きた時代を弥生時代と考え,その過程で宗教儀礼の主座をずり墜ちたとみる(田辺1968)。その多数埋納に関する特別な言及があるわけではないが,小林説同様,弥生時代の最後に銅鐸の多くが埋められ,役割を終えたことを示唆する。

弥生中期末が2世紀後半,同後期が3世紀と考えられていた年代観が支配的であった頃の論であり,銅鐸の多数埋納の一部が紀元前後や紀元前の世界では考えられていない点が注意を引く。また,近江地域を狗奴国とみている節があり,邪馬台国畿内説が次の考古学世代に受け継がれていったようすが見て取れる。

田辺や佐原の考えは,埋納の段階差に及ばず,銅鐸を使用しない新しいまつりが交代して登場してきた結果,近畿地方中心部には後期に作られた大きな見るための銅鐸は数が少ないといった論調である(田辺・佐原1966)。田中琢にいたっては,「銅鐸が使用されなくなったのははるかあとのことであってもよい」と睨み,「この国で銅鐸のまつりが始まったのが弥生時代中期のはじめであり,このまつりが国じゅうに普及するには後期の終わり近くまでかかったことをしめしている」との解釈を生む(田中1970)。銅鐸の生産時期の違いに着目しつつ,その埋納を積極的に取り上げて終わり方に関しての議論を大きく切り拓くことはなかった。弥生社会の終わりを考えた小林説は,常に了解事項となっていたようである。また,極端な遠方地への埋納を端から考慮しない,つまり埋納地こそ日常祭祀の場とみなす見解を下地とした分布論が横行していたことも事実であろう。

(3) 森岡初提唱による銅鐸2段階埋納説

これらの先行所論に対して,私は1975年に銅鐸の多数埋納は弥生時代中期末と後期末の2回にわたって行われたとする考えを唱えた。それは,弥生時代の中期と後期の低地性集落や高地性集落の消長,遺跡群としての動向,銅鐸の祭祀圏を離れた遠隔地埋納のための特殊な移動など,摂津西部地域における考古学上の諸現象を重ね合わせることによって導き出したものであるが(森岡1975),埋納論学説の整理を精密に企てた難波洋三による近年の高い評価(難波2011a, 2013)にもかかわらず,全国的な研究動向としては,当時学界において定着をみなかった。その後,自説の集落論モデル化を試みる中,農業共同体構造の新旧の変化や再編過程での埋納目的を補強し(森岡1978),銅鐸が遠い地域に動く原理を沖積地産土器の高所移動論からも立証しようとしたが(森岡1980),わが2段階埋納説は等閑に付されて学界で長く埋もれることとなった。

（4）銅鐸2段階埋納論のその後の定着

　多数の研究者が銅鐸の大量埋納は弥生時代に2度の契機があると考えるようになったのは，その後のことである。春成秀爾・酒井龍一・難波洋三・寺沢薫・福永伸哉・進藤武などの研究者を思い付くまま記したが，他にも大勢おられる。その2段階埋納の時期については，弥生時代中期末〜後期初頭までにIV-1型式鐸までの「聞く銅鐸」が第1段階として先ず埋められる。そして，後期末頃を迎えて，IV-2以降の「見る銅鐸」が埋納され，この2つの大きなピークとして捉えられることを主張した（春成1982）や（寺沢1991）の論を受け，「聞く銅鐸」と「見る銅鐸」の埋納時期に大きな隔たりがあるとみる立場に賛意を示したことで（福永1998），古墳時代への不連続もより一層拍車をかけたように思われる。福永伸哉は，「『聞く銅鐸』が埋められたあと，一時的に地上にほとんど銅鐸の存在しない時期が訪れたとみる」ほど，ステージを全く異にする埋納論を諸説の統合を考慮しつつ展開する。そして，長期使用を内面突帯の磨滅の進行を観察することによって，使用痕跡はI・II・IIIの順に擦り減りなどが減少し，兵庫県桜ヶ丘の場合，III-2式以降に帰属する銅鐸の8口の内面突帯には，肉眼観察との断りがみられるものの，明らかな磨滅が見いだされなかったとされる（福永1998）。旧い銅鐸程，内面突帯の擦り減り方に著しい傾向が認められることは，筆者の観察でも今回の松帆銅鐸群や長野県中野市の柳沢銅鐸群（5口）にも確認でき，妥当な観察結果だろう。福永は長期使用を耐えた銅鐸を想定するとともに，未使用状態の銅鐸が埋納時期に近接すれば，実在すると考えているようである。

　こうして1980年代から1990年代に，銅鐸が大きくは2度埋納する社会的契機があったとする学説は多くの根拠をもって有力視されるようになった。自説の信頼度を自らも高めたが，私自体は埋納姿勢を伝承する目的の1口単独埋納の存在を別途考えるようになった（森岡2004）。しかし，どこまでそんなことが科学的に言えるかは現実味のない話である。

3　淡路・松帆銅鐸群の不時発見と銅鐸の多段階埋納

（1）最初期段階の多数埋納とみなしたい淡路島の新出銅鐸群

　兵庫県南あわじ市松帆地区に埋まっていたと推定される銅鐸群は，上記した2段階埋納論に抵触するものとしての評価を公表の当初から行い，その先行要素を徹底的に取り上げ，銅鐸が数多く埋納されるケースは2度にとどまらず，数度あったとする見解を述べた（森岡2015b）。松帆銅鐸群の出現を受け，考えざるを得なくなったことであり，これを「複数銅鐸多段階埋納説」と呼ぶ。学史的に最初期の多数銅鐸2段階埋納説を唱えた1975年の私説をも頭から否定した新説である。公表資料（奈良文化財研究所・兵庫県教育委員会・南あわじ市教育委員会2015）と推量に基づき，現状においてその根拠を整理すると，次のようになろう。
○銅鐸の組成そのものが古いこと（I-2鐸1口，II-1鐸6口）。○すべてに実用的な銅舌を伴い，組紐などで吊り下げた使用状態を保つこと。○鈕にも撚り紐などで銅鐸を提げ振るリアルな痕跡を残すこと。○埋納姿勢が鰭を上下にしたものではなく，身の両面が表と裏の関係に

なる平置き姿勢で（複数の入れ子銅鐸の舌の確認位置から），かつ入れ子の原則を採用したこと。〇近畿中心部ではなく，縁辺に当たる淡路島西海岸で出土したこと。〇山の斜面や丘陵地ではなく，初期水田稲作の受容地，三原平野を控えた浜堤で出土したこと。〇Ⅰ-2段階のものは，中川原銅鐸（Ⅰ-1段階後半）の工人技術を系譜的に引き継ぐ様相をみせること（型持ち孔・厚さ・身の正面・側面の反り）。つまり，淡路で菱環鈕1式→菱環鈕2式の生産に関する在地的継承性が看取されること。〇消極的ながら，他の青銅器との伴出関係がなさそうなこと。仮に古津路銅剣群（14本）との近隣関係を考えても，古式同士の近接埋納段階が想定し得ること。〇見かけの銅・錫分や色調，保存度。錫成分が15％にもなるような錫の濃度分の高さが予測されること。合金状態の朝鮮製青銅利器類を改鋳し，再利用に供した可能性も考えるべきなのか。

アトランダムに掲げた以上の諸要素を瞥見して，いずれも既出の多数埋納例よりイレギュラーな点が目立つ。最初期の埋納であることをその不安定性，一過性などが教えているように思える。その後の埋納作法に持続しないことがより先行するものと考えられるのである。この銅鐸の群れの出土を受け，淡路島で確実に確認できた銅鐸の個数は21となった。兵庫県は総数68の出土数を数えることになり，銅鐸日本一の都道府県を誇示する。なお，淡路三原平野周辺での集中的埋納現象は，近接地埋納としても大きな特徴を有するが，時期を大幅に異にする浜名湖周辺の静岡県西部地域の14遺跡16口の例や表六甲周辺の8遺跡21口，大岩山の24口にも匹敵し，限られた特定エリアが意識された埋納であることが明瞭である。私は，この銅鐸の一部が紀元前3世紀初頭に生産され始めたと推定し，一括埋納の年代を紀元前2世紀中頃と考えているが，科学年代を採用すれば，生産の時期が紀元前4世紀初めや同5世紀初めに遡上することになるだろう。

紀元前後〜紀元1世紀前半の弥生中期末〜後期初頭埋納説を採る研究者が多くを占める中での私の年代観は，文字通り，銅鐸の最初期埋納を肯定した見方である。紐や植物質資料，炭化物，銅錆などから，AMS法炭素年代などが測定されるため，科学年代からも検証の俎上に乗るリスクの高い仮説となるが，私は未踏の想定時期に近い年代値が出ることも密かに期待している。今はその便法をも鶴首するのみである。

(2) 多段階埋納論から見た場合の諸画期について

松帆銅鐸群の埋納第1段階を最古例として，銅鐸の複数埋納は以後，弥生社会の画期に対応して続く。第1段階埋納は凹線文出現期と考えており，近畿中心部では中期前半までの集落などの統廃合も一因となって，肥大タイプの環濠集落が登場し，その後安定化する。近畿北部などでは，滋賀県守山市下之郷遺跡の環濠掘削が始まる時期に相当し，近畿弥生社会の一つの画期である（森岡2011）。製作後，Ⅱ・Ⅲ様式間使用されてきた銅鐸が先ずこの段階（第Ⅳ様式第1小様式期前後）に複数集められて埋納されたと考える。その場所の一つとして，近畿の玄関口とも言うべき所に集積埋納されたのが南あわじ市の松帆銅鐸群であり，淡路で作られた銅鐸と近畿中枢部で生産・使用された銅鐸も合わせた埋納組成と考えている。海を隔てるような遠

隔地への埋納行為は早くから始まっていたと推定する。Ⅰ-2式鐸1口，Ⅱ-1式鐸1口から成る福井県井向例やⅡ-1式鐸2口（同笵）の兵庫県中山例なども多数埋納ではないものの，この段階と考えてよい銅鐸組成である。Ⅰ式鐸が広範囲で生産され始めた点と近畿中心部におけるⅠ式鐸の不在現象は表裏の関係にあり，青銅器工人が瀬戸内ルート以外に，日本海ルートや太平洋ルートで長距離移動を敢行した蓋然性は大きい。

埋納の第2段階は，通例の中期末～後期初頭の所産とみる。多数2段階埋納説では初段階目の埋納になる。弥生土器の凹線文解体期であり，近畿肥大環濠集落の終息期の埋納行為とみる。代表例は兵庫県桜ヶ丘（銅鐸14口・銅戈7本），島根県神庭荒神谷（銅鐸6口・銅矛16本），島根県加茂岩倉（銅鐸39口），長野県柳沢（銅鐸5口・銅戈8本）などの複数埋納例がある。神庭荒神谷はⅠ-1式の銅鐸を含むが，九州系の銅矛と共存するため，この段階に下げて考える。ただし，加茂岩倉に幾分先行することを考えてみる余地はあるだろう。消極的ではあるものの，この段階までに属する複数埋納例をあげてみよう。Ⅱ-1式鐸2口，Ⅱ-2式鐸2口の京都府梅ヶ畑，Ⅱ-2式鐸4口の兵庫県気比，Ⅱ-1式鐸1口，Ⅲ-古式鐸2口の奈良県秋篠，Ⅱ-2式鐸1口，Ⅲ-古式鐸1口の島根県志谷奥，Ⅲ-古式鐸2口と推定されている岡山県百枝月・大阪府流木・島根県上府。Ⅱ-2式鐸1口，Ⅲ-新式鐸1口の兵庫県野々間，Ⅲ-古式鐸1口，Ⅲ-新式鐸1口の組み合わせで埋められた和歌山県石井谷・大阪府四条畷・滋賀県山面・岐阜県上呂，Ⅲ-古式鐸2口・Ⅲ-新式鐸2口の徳島県安都真，Ⅲ-新式鐸2口の徳島県曲り・同県長者ヶ原，Ⅲ-新式鐸3口の和歌山県亀山・大阪府大和田，Ⅲ-新式鐸6口以上と言われる徳島県星河内など。これらについては，時期差を有して個別に埋納されている可能性があり，大量埋納と同一視して捉えるに問題はあるが，画期として把握する場合は，この段階が整合的と判断される。

埋納の第3段階は，後期前半の内に行われたとみる。第2段階と近接し，従来は第2段階埋納の一部に含められてきたものである。近畿式及び三遠式鐸の成立段階の銅鐸生産集団の統合に伴い不必要になった銅鐸が生じ，この段階にも一斉の廃棄環境が整いつつあったとみられる。この段階は，北部九州において中広形銅矛から広形銅矛への変化と重なり（難波2011a），西日本全体の弥生大形青銅器の生産体制が大きく変化する。同時に金属原料が画一化し，いわゆる華北産の特定鉱山産出の鉛を含むインゴット材がまとまりよく列島招来を果たす。複数埋納数自体は激減するが，扁平鈕式古段階以前の銅鐸を伴出，確実に突線鈕1式と組合う島根県中野仮屋例（Ⅲ-新の1口，Ⅳ-1の1口）や徳島県源田例（Ⅲ-新の2口，Ⅳ-1 の1口）などが認められる。弥生土器の凹線文衰微期と言える。「聞く銅鐸」群の最後の埋納であり，「見る銅鐸」の量産を契機としてその埋納が促進されたと考えられる。

埋納の第4段階については，近畿式鐸に先駆けて生産をストップさせる三遠式の埋納段階と考える。三遠式の型式変遷は，難波洋三の型式分類に基づく1式→2式→3式→3末式→4式を採用すれば，突線鈕2～3式に併行し，編年的位置はⅣ-2・3式鐸である。埋納も近畿式より早く，弥生時代後期後半で，早ければⅣ-3式段階末，遅くともⅣ-4式段階には地上から姿を消していたと推測する。つまり弥生時代が終わるまでに埋納が完了していたことになる。

滋賀県大岩山例も型式が判明するものは，合算値でⅣ-1式鐸3口，Ⅳ-2式鐸3口，Ⅳ-3Ⅰa式鐸5口，Ⅳ-3Ⅰb式鐸5口を数え，Ⅳ-3Ⅱa・3Ⅱb・4・5Ⅰ式鐸の連続する型式を全く欠き，Ⅳ-5Ⅱ式鐸が特徴的に1口存在する組成なので，突線鈕式期前半製作鐸によって大きく比重を占める点はあらためて注目してよい。画期をなす複数埋納例をみると，Ⅳ-3Ⅰb式鐸ないしはⅣ-3Ⅱa式鐸，Ⅳ-3Ⅱb式鐸を最新鐸とする2口埋納例がこの段階に収まる余地があり（高知・和歌山・京都丹後・三重に各1例），丹後の下安久例などは，三遠式最末期の4式段階のもの1口を共伴する。

以上が第5段階を除く，主唱している多段階埋納の概略と分期である。

4　銅鐸埋納の終焉と銅鐸祭祀との決別

（1）第5段階の埋納と銅鐸の最終埋納

銅鐸が弥生社会から完全に消滅するのが多段階埋納を考えるうちの第5段階の埋納である。しかし，埋納に際しての基本的取扱いは大きくは変わらない。この埋納を超えての銅鐸生産は考え難いので，最新型式鐸を含む埋納であり，Ⅴ-5Ⅱ式鐸の埋納時期が注視されている。弥生時代の終焉と関わって埋納された銅鐸群と言え，旧来説では，小林行雄説のムラの統合，クニの起こりの記念としての1回限りの埋納とも深く関係する。土器を伴っての埋納例が少数認められ，Ⅴ-5Ⅱ式鐸の徳島県矢野例などによって，その埋納が庄内式併行期の真正部分に下ることはないと考えられる。代表例としてⅤ-5Ⅱ式1口を含む滋賀県大岩山例の第1グループが取り上げることを常とするが，Ⅴ-5Ⅰ式鐸1口・Ⅴ-5Ⅱ式鐸1口から成る愛知県椛例やⅤ-5Ⅱ式鐸2口が出土した静岡県白須賀も製作後間を置かないこの段階の埋納を想定するのが妥当と思われる。

銅鐸祭祀の転換を促した近畿式銅鐸を埋納の対象とし，再興した銅鐸を完全に捨て去るのがこの5段階目の埋納の特徴であり，その地点は広域性を示すタタキ甕や受口甕の分布域とも関係が深い。近畿式鐸の埋納ルートは伊賀南部→伊勢中部→三河東部→遠江と東日本東海方面に伸びており，紀伊南部へのルートもある。伊勢湾横断や紀伊水道南下の海路が新段階銅鐸の遠隔埋納の手段として活用されたとみて大過ないようだ。その一方，淡路島はⅣ-2式後半以降に出現する「見る銅鐸」を一切見ない地域であり，21もの「聞く銅鐸」が確認されることとは対照的なその後の動向を示す。続く前期古墳もほぼないに等しいし，搬入庄内式土器もいたって少ない。少なくとも第4・5段階の弥生後期銅鐸多数埋納が近畿周辺では最も起こり難い地域の一つであることを予知させる。

銅鐸埋納が撤退する動きは，吉備や出雲で早くから注目されており，春成秀爾が統括的に述べているのが分かりやすい（春成2002）。前者の特殊壺・特殊器台の誕生と発達，後者の四隅突出型墳丘墓の成立と盛行などが銅鐸を規範とする農耕祭祀にとって代わったというものだが，広域かつその後に影響を及ぼすものが墓制の面で強調される点が共通する。淡路南部にはその時期に代替できるものが見当たらない。弥生後期に銅鐸祭祀が途絶する合理的な説明が積極的

にはできないが，淡路型の土器様式の個性ある存在が当該地の後期段階の閉鎖性を如実に物語っているやに見える。

(2) 銅鐸祭祀の終息はいったいいつなのか

　銅鐸は弥生時代の墓制と触れ合う例がきわめて少ないが，記すまでもなく，前期古墳埋葬施設からの出土も一切なく，銅鏡が弥生・古墳両時代通じて社会の中で機能を果たしていることとは裏腹な扱いとなっている。その終息時期については，根拠をいくつかあげねばならないが，完形鐸の埋納年代が掌握可能な伴出土器で庄内式併行期に確実に下るものはない。厳密に言えば，第Ⅴ様式5・6段階までの土器片を伴うものであり，庄内式併行期に下っても旧来の後期形（フォーム）の土器様式が比較的温存する場合に限り，埋納年代が一部下降することがあり得よう。

　他方において，その利用が積極的に終わったことを示す事例として見逃せないのが破片と化した銅鐸の存在であり，庄内式期に至って急増する現象として注目される。難波洋三の集成（難波2005）を通覧して明らかなように，近畿式鐸が40例程，近畿式鐸以前のものが9例，三遠式鐸1例（伝）を数え，完形品を破砕する状況が構成破片数から知れる難波B類型がⅣ-5Ⅰ・Ⅱ式期に偏在する点は重要である。新しい銅鐸にはその行為の全体が類推でき，Ⅳ-3～5式鐸の破片資料の由来を考える手立てになるからである。難波A類型についてその部位比定を検討すると，身10例，鰭7例，双頭渦文飾耳12例，重弧文飾耳3例，不明1例となり，特定部位が選択されて残った状況ではないものの，全体として鐸身は少なく，衝撃に弱い縁辺部の破片が多数を占める。東日本ではこれらの破片から銅鐸の全形を想像できた弥生人がどれほどいたことかと思う。ここ数年でも10例近い資料が増加しているので，庄内式期を中心とする限られた時期における断片化について，破鏡の増加などとも併せ，その意味を考える必要があろう。

　絵画の存在や内面突帯の使用痕跡など「聞く銅鐸」の要素をいくつか引き継ぐ三遠式銅鐸（進藤2002）の破片が皆無に近いことは，①銅鐸を壊す対象は，原則として近畿式鐸を選択していたか，②銅鐸破壊の風が巻き起こった時期には，既に三遠式銅鐸の多くが土中に埋納され，地上に姿をとどめなかったと臆測することができ，難波説では①，森岡説では②を採用しているが，その背景など真相は不分明な点が多い。地理的分布では，島根県1例，鳥取県4例，兵庫県3例，岡山県2例，大阪府5例，奈良県5例，滋賀県1例，福井県3例，三重県4例，愛知県5例，静岡県7例の状況を示し，東海領域にも16例が及ぶ中，近畿式鐸に限られる点がやはり重要な意味を持つ。三遠式鐸の埋納が先行して行われた後，近畿式鐸の埋納が後期末を中心に行われ，その後に地上に残っている近畿式鐸の破片化が進行したという変遷が緩やかながらあったとみたい。

　壊された時期や銅鐸片の廃棄ないしはスクラップ利用が出土地点にみられることが即銅鐸の実在を物語る保障はないものの，破片となってから遠隔地に運ばれるケースは蓋然性が低く，

高知県や和歌山県，また淡路島での実例がみられないことは，南海道地域に共通することとして意味があるかもしれない。淡路を除くこれらの地域が銅鐸の埋納に最後まで拘り続けた保守の姿を表現していると考えてよいだろう。前期古墳がみられない点を含め，古い祭祀形態，新段階銅鐸の埋納の持続の貫徹が銅鐸の破片化という次のステップを少なからず抑制していることが想定できよう。こうした地域が自律的に「見る銅鐸」を受容したか，近畿北部などで集中生産された銅鐸が他律的に運び込まれたかについては，俄かに判断できないことであるが，水田農耕基盤の脆弱性を重視すれば，祭祀圏の付加としての充足は考えにくく，おそらく後者の意思が強く働いた結果とみるのが無難と思われる。

　以上の概観から，庄内式期と言う時期は，新相の銅鐸祭祀自体は停止しており，埋納の一部が残りつつ，割った銅鐸を数多く生成せしめた時代であると言える。その用途は多彩であり，個々の観察と分析がいま一度必要であるが，鉛同位体比に基づく諸研究を信頼すれば，銅鏡生産体制への振り向けをあえて考慮する必要はないと思われる。スクラップ利用の背景は，弥生系の小形青銅器の生産増とみられてよい。

　Ⅳ-2式以降の新段階銅鐸には，スノッブ効果とヴェブレン効果の両者が備わっている点をかつて強調した（森岡2010）。前者は二度と同じ製品を生産しない動きであり，全体として同笵鐸の存在を否定する方向に向かう。後者はより大きいもの，より背丈の高いものを目指して製作し続け，後戻り，そのグレードダウンを敬遠する観念であり，鐸高の上方志向が急激に始まるⅣ-2式以降の銅鐸に高さの大きなピークが求めにくい現象に通底する。庄内式の時代に入ると，この二つの作用は人為的に停止したようだ。しかし，文献史料を信頼する限り，134.7cmという現存銅鐸の最高値を超す未発見の銅鐸が実在することを予見でき，それが庄内式併行期に生産されていたと考える余地は残っている。

おわりに

　紙幅の余裕なく，まとめは行わないが，銅鐸の埋納を再検討するに際し，淡路島の新発見鐸がもたらした現段階の出土情報は，大変有意義であった。弥生社会の変動に関する分析は，土器や集落の研究からより緻密化の方向を模索しており，銅鐸の２段階埋納論をいつまでも温存させるわけにはいかない。近畿の青銅器生産体制も段階的変遷を遂げており（森岡2014），一方で，銅鐸には不文律としてのいくつもの埋納作法があり，実年代にしておよそ500年間続いている。それを採用した地域も東西500kmの広い地域に散っており，たった２度の多数埋納ではその原則を十分受け継ぐことはできない相談である。私は，５口以上を一応大量埋納と規定し，複数埋納例も含めて，最近は５段階埋納説を唱えており，それを素描した。また，同時に埋納法を継承するための単独埋納が地域単位に実修されたと考えていることはこれまでにも言及したことがある。２口以上の埋納は，基層的な部分で偶数埋納が目指され，入れ子状態もそれと関連するのではなかろうか。今回の松帆銅鐸群もおそらく最低８口で構成されていたと考えている。50例を越す複数埋納例中，約80％が偶数埋納を意識したものと考えられる。

銅鐸は生産の初期から近畿周辺に広がっており，近畿縁辺部で個別に始まっている可能性が高い。弥生時代中期初頭前後の動きであり，淡路島三原平野もその生産開始を予測できる地域である。庄内式期直前と捉えた最終埋納も近畿縁辺部や東海の東部西部境が意識されており，時期別の動態を超えた銅鐸祭祀の広範囲地域での盤踞性や継続性を窺わせる。古墳の出現はその枠組みの速やかなる解体と同時に，枠組みを生かした内部的刷新を伴っていた。共同体のシンボルとして始発した青銅祭器も崇める集団の規模や領域の拡張に伴い性格を大幅に変え，本格的な倭国の生誕をもって，その意義を喪失せしめたのである。

　以上を要するに，これまでの銅鐸論に批判を示し，出土地点即祭祀圏との関わりを考える従来説が科学的論拠を保持しない主張を行ったが，40年も前から対案を明示してきた拙論もまた非科学的であるとの誹りを免れ得ないのは瞭然である。複数銅鐸例の中から，5口以上の出土例を特殊視する私見も本来問題であり，かつての議論では，集団の統合を媒介に考えられた数は3口以上との条件が出されてもいた（田中1970）。

　いずれにせよ，考古学の根幹としての資料に基づく分布論には，現有が対象とされていることとは別に未出土品の持つ不可視性が常に纏わりつく。遺跡での検出が予測し難い銅鐸はその典型例とみなして差し支えないが，考古学を科学と論断できない例として書き進めたわけではけっしてない。銅鐸埋納の契機を推考した研究史を辿れば，その仮説のぶつかり合いこそがより確かな論拠を求めての見解の積み重ねであり，一歩でも真相に近づく双方的な営みこそがそれらを科学たらしめるものと考える次第である。

■引用・参考文献
小林行雄，1959．古墳の話．岩波書店，東京．
小林行雄，1967．女王国の出現．文英堂，東京．
佐原真，1960．銅鐸の鋳造．世界考古学大系2日本Ⅱ弥生時代（小林行雄・杉原壮介　編），pp.92-102．平凡社，東京．
佐原真，1974．銅鐸の祭り．古代史発掘5（金関恕・佐原真　編），pp.96-104．講談社，東京．
進藤武，2002．近畿式銅鐸と三遠式銅鐸．銅鐸から描く弥生時代（金関恕・佐原真　編），pp.115-129．学生社，東京．
田中琢，1970．「まつり」から「まつりごと」へ．古代の日本5（岸俊男・坪井清足　編），pp.44-59．角川書店，東京．
田辺昭三，1968．謎の女王卑弥呼　邪馬台国とその時代．徳間書店，東京．
田辺昭三・佐原真，1966，弥生文化の発展と地域性―近畿．日本の考古学Ⅲ弥生時代（和島誠一　編），pp.108-139．河出書房，東京．
寺沢薫，1991．弥生時代の青銅器とそのマツリ．考古学：その見方と解釈（森浩一　編）上．筑摩書房，東京．
寺沢薫，2000．王権誕生．講談社，東京．
寺沢薫，2002．マツリの変貌―銅鐸から特殊器台へ―．銅鐸から描く弥生時代（金関恕・佐原真　編），pp.150-163．学生社，東京．

寺沢薫，2010．弥生時代政治史研究　青銅器のマツリと政治社会．吉川弘文館，東京．
奈良文化財研究所・兵庫県教育委員会・南あわじ市教育委員会，2015．速報展示会配付資料．
難波洋三，2005．銅鐸の埋納と破壊．西側遺跡（1），pp.116-141．豊橋市教育委員会，豊橋．
難波洋三，2006．朝日遺跡出土の銅鐸鋳型と菱環紐式銅鐸．朝日遺跡（第13・14・15次），名古屋市文化財調査報告69，埋蔵文化財調査報告書54，pp.189-206．名古屋市教育委員会，名古屋．
難波洋三，2011a．扁平鈕式以後の銅鐸．大岩山銅鐸から見えてくるもの（滋賀県立安土考古博物館　編），pp.71-89．滋賀県立安土城考古博物館，滋賀．
難波洋三，2011b．銅鐸群の変遷．豊穣をもたらす響き銅鐸（大阪府立弥生文化博物館　編），pp.80-109．大阪府立弥生文化博物館，大阪．
難波洋三，2012．銅鐸を使う国々．卑弥呼がいた時代（兵庫県立考古博物館　編），pp.30-46．兵庫県考古博物館，兵庫．
難波洋三，2013．山の鐸，里の鐸―銅鐸埋納と摂津の青銅器文化―．摂津の弥生時代（大手前大学史学研究所　編），pp.127．大手前大学史学研究所　平成25年度公開講座，兵庫．
春成秀爾，1982．銅鐸の時代．国立歴史民俗博物館研究報告1，①-48．
春成秀爾，1992．銅鐸の製作工人．考古学研究39-2．
春成秀爾，2002．銅鐸と社会．弥生　稲・金属・戦争（佐原真　編），pp.209-246．吉川弘文館，東京．
福永伸哉，1998．銅鐸から銅鏡へ　東アジアの歴史のなかで変容する青銅器祭祀．古代国家はこうして生まれた（都出比呂志　編），pp.217-275．角川書店，東京．
森岡秀人，1975．銅鐸と高地性集落．芦の芽27，17-30．
森岡秀人，1978．西摂弥生社会の地域的展開―初期農業共同体の形成とその再編をめぐって―（中）．武陽史学16，1-28．
森岡秀人，1980．土器からみた高地性集落会下山の生活様式．藤井祐介君追悼記念　考古学論叢（刊行会編），pp.197-207．藤井祐介君を偲ぶ会，兵庫．
森岡秀人，2004．銅鐸の埋納行為と弥生人．季刊考古学86，63-66．
森岡秀人，2011．近畿地域．講座日本の考古学5，pp.267-330．青木書店，東京．
森岡秀人，2014．弥生小形仿製鏡はなぜ生まれたか．季刊考古学127，pp.74-77．雄山閣，東京．
森岡秀人，2015a．倭国成立過程における「原倭国」の形成―近江の果たした役割とヤマトへの収斂―．纒向学研究3，37-55．
森岡秀人，2015b．淡路・松帆銅鐸群発見の意義．朝日新聞平成27年7月2日夕刊文化欄記事．

列島の小銅鐸
―青銅祭器としての使途と意義―

千葉県立房総のむら 資料館　白井久美子

要旨

　本稿では，小銅鐸の型式と出土状況の関係に改めて注目し，遺跡内での位置と伴出遺物の差異を取り上げた。墓・集落（住居）・水辺の出土例のうち，墓と集落出土例を中心に小銅鐸の伴出遺物を検討している。分析にあたっては，列島内で最も小銅鐸の分布密度が高く，遺構からの出土例が多い東海地方以東の例を中心に取り上げた。

　東海地方以東の小銅鐸分布圏は，弥生時代中期後半から急速に「弥生化」が進んだ地域であり，弥生時代後期から古墳時代前期にかけて集落が爆発的に拡大するとともに，青銅製品をはじめ，鉄製品，ガラス玉・石製玉類などの新たな威儀具が入っている。それらは祭器として，あるいは有力者の副葬品として新たな価値観を伝えたものであろう。この地域は，古墳時代以降も列島各地から流入する文化の坩堝としてあらゆる要素が集積され，その本質が凝縮されることがある。小銅鐸とは何か，どのように扱われたのか，当地域の具体例を取り上げてその使途と意義を考える糸口としたい。

キーワード：小銅鐸分布圏，同工品，首長と司祭者，埋納と埋置

はじめに

　小銅鐸は，銅鐸の起源に関わる青銅の鳴り物として，また銅鐸分布圏を超えて列島に広く分布する青銅祭器として分析されてきた。中国大陸から半島を経由して九州に伝わった小型の銅鈴が，日本列島で加飾・大型化して独特の祭器に発展する経緯は，倭様化の根源ともいうべきであろう。また，家畜の鈴(れい)としての本来的な用途が，人びとの祭り用の鐘(かね)に終始した背景には，牧畜を伴わない農耕が伝わった弥生時代の本質に関わる命題が内在している。

　特殊化した銅鐸とは対照的に，単純な形と携帯できる大きさを保った小銅鐸は，様々な点で銅鐸と対比されている。佐原真は，「銅鐸はいくつもの村がまとまった公の祭りに用いるのに対し，普通の弥生人が村の中で一家に１つ，あるいは２，３の家族で１つ私的な祭りに使った」と捉えた。また，銅鐸鋳造技術者以外の素人の弥生人の作品であることを想定した。しかし，約540例といわれる銅鐸に比べて，小銅鐸の出土例は，伝来品１例を含めて現在58例[1]で，銅

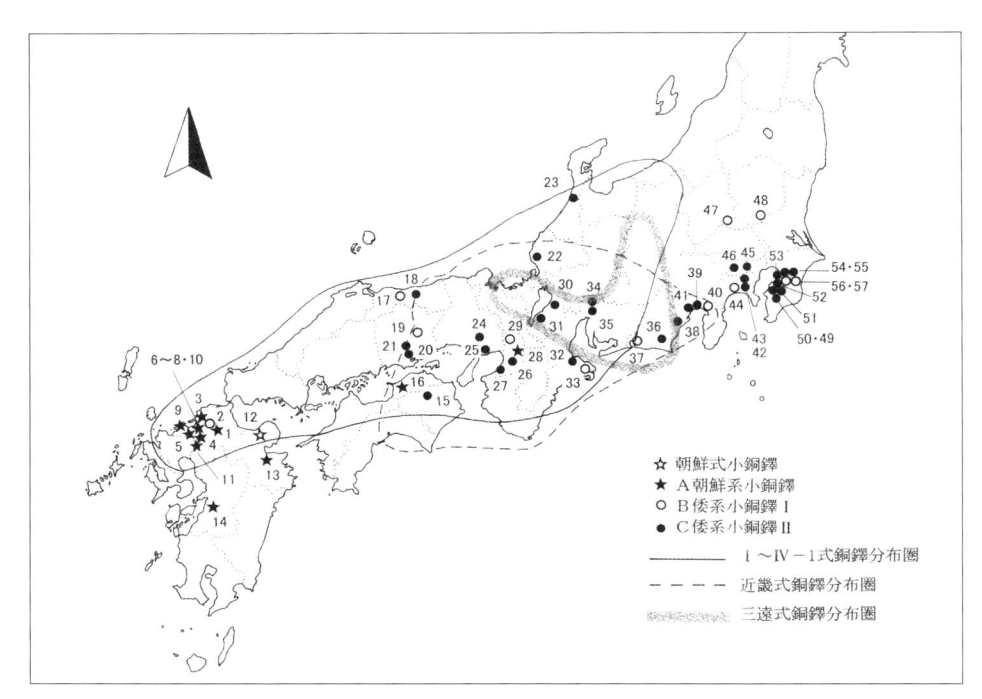

第1図　小銅鐸分布図

鐸の1/10ほどにすぎない。この25年間でおよそ倍増しており，今後も調査例は増えていくと思われるが，どの集落でも出土する状況ではないため，どのようなムラでどのように扱われてるのか，検証していく必要がある。

また，墓を除く出土例は明瞭に遺構内から出土したものが少なく，時期を特定できる伴出遺物も決して多くない。小銅鐸の使用時期を知る手がかりは依然として限られている。銅釧・鉄釧などの弥生時代に消長する装身具や威儀具とどのように使い分けられているのか，集落内での位置づけ，他の遺構との関連について，報告例を検証してみることにする。

一方，小銅鐸には地域による纏まりや差異が認められ，極めて類似した製品が複数見受けられる。これらのなかには同じ工房で作られたか，同じ原型を基に作られたものが存在すると考えられる。前稿（白井 2015）では，主として銅鐸を模した特徴的な例を取り上げ，小銅鐸の製作地を模索するため，同工品の可能性がある例を抽出した。これらは後期の銅鐸製作工人の動向と無縁ではないと思われ，三遠式銅鐸の製作終焉とこれらの製作時期の関連が注目される。

1　分布域と系譜

小銅鐸の出土例は，北部九州から静岡県の駿河湾沿岸にわたる銅鐸分布圏を超えた東側の関東地方および，半島系譜の弥生時代青銅製品のうち，腕輪・指輪などの装身具に次いで広範に分布する。出土地点は，弥生時代中・後期の環濠集落の分布域にほぼ重なっており，環濠集落の波及とともに伝播したことがうかがえる。

表1　型式別分布

	福岡	佐賀	大分	熊本	徳島	香川	鳥取	岡山	福井	石川	兵庫	大阪	滋賀	三重	愛知	静岡	神奈川	東京	群馬	栃木	千葉	計
朝鮮式			1																			1
朝鮮系A-a	9	1	1	1																		12
朝鮮系A-b	1							1			1											3
倭系B																						
菱環鈕式系	1										1											2
外縁付鈕式系						1																1
扁平鈕式系													1									1
突線鈕・近畿式系							1															1
突線鈕・三遠式系																2	1		1	1	2	7
倭系C					1		1	2	1	1		4	1	2	2	4	2	2			7	30
	11	1	2	1	1	1	2	3	1	1	2	4	2	2	2	6	3	2	1	1	9	58

*福岡：A-a石製鋳型2，型式不明石製鋳型1，土製中子2　　熊本：A-a石製鋳型1　　兵庫：B土製鋳型1

　分布の北側は北陸の石川県金沢市，東側は東京湾東岸の千葉県市原市に及ぶ。一方，九州では1990年以降に佐賀県・熊本県の出土例が加わるが，福岡県に分布が集中している。また，関東地方では9点の出土例があり，群馬県・栃木県・東京都にわたる。銅鐸分布圏外の関東地方の総数は16点に及んで全体の3割近くを占めており，受容のあり方が注目される。

　小銅鐸の呼称については，中国の青銅製カネのうち，鈕と舌をもつ「鈴(れい)」に起源をもつ朝鮮製銅鈴の系譜にあるものとして「銅鈴」の名を用いる説（春成秀爾・進藤進），朝鮮製銅鈴を模したものに限って「銅鈴」とする考え方（神尾恵一ほか）がある。一方，銅鐸祭祀の視点から，銅鐸形土製品に対する銅鐸形青銅製品と呼び，銅鐸と銅鐸形模倣品による「ふたつの祭り」が存在したと捉える見方も示されている（佐原ほか）。

　ここでは，倭製の銅鈴として別の展開を示す小銅鐸を区別した従来の用例に従うことにする。小銅鐸の祖となる半島の銅鈴を「朝鮮式小銅鐸」と呼称し，以下のように分類した。なお，前稿では，銅鐸の各形式をモデルに作られたBを銅鐸型銅製品，Cを汎用型としたが，用語の混乱を招くためB・Cを倭系小銅鐸と称して分類した。

A：朝鮮系小銅鐸は，搬入された朝鮮式小銅鐸を模した例で，鈕幅が舞幅に等しいaと舞幅より狭いbがある。aは，朝鮮式小銅鐸搬入直後に国内で作られた製品とみられ，石製・土製の鋳型も含めて，分布は九州に限定される。型持孔を鐸身中央部に配したり，型持孔を持たない例があり，棒状の銅舌が伴う例もある。出土例は総高10cm以下の小型品で占められているが，熊本県八ノ坪や福岡県勝浦高原出土の石製鋳型によって大型品も存在することがわかる。福岡県原田鐸は，裾部の斜格子文帯に銅鐸の影響が見られるが，鐸身中央の型持孔と銅舌の存在からA-aに含める。

　bは，円環状の鈕と円筒形の鐸身をもつ，総高10cm以上の大型品である。今宿五郎江鐸（表2-4）を代表とし，別府鐸とは異なる半島の例をモデルにしたものと思われる。鐸身上部に型持孔を配したのは銅鐸の影響であろう。型持孔を鐸身中央部に配した柏原本郷鐸も

考古学は科学か　上巻

朝鮮式小銅鐸

別府

A　朝鮮系小銅鐸

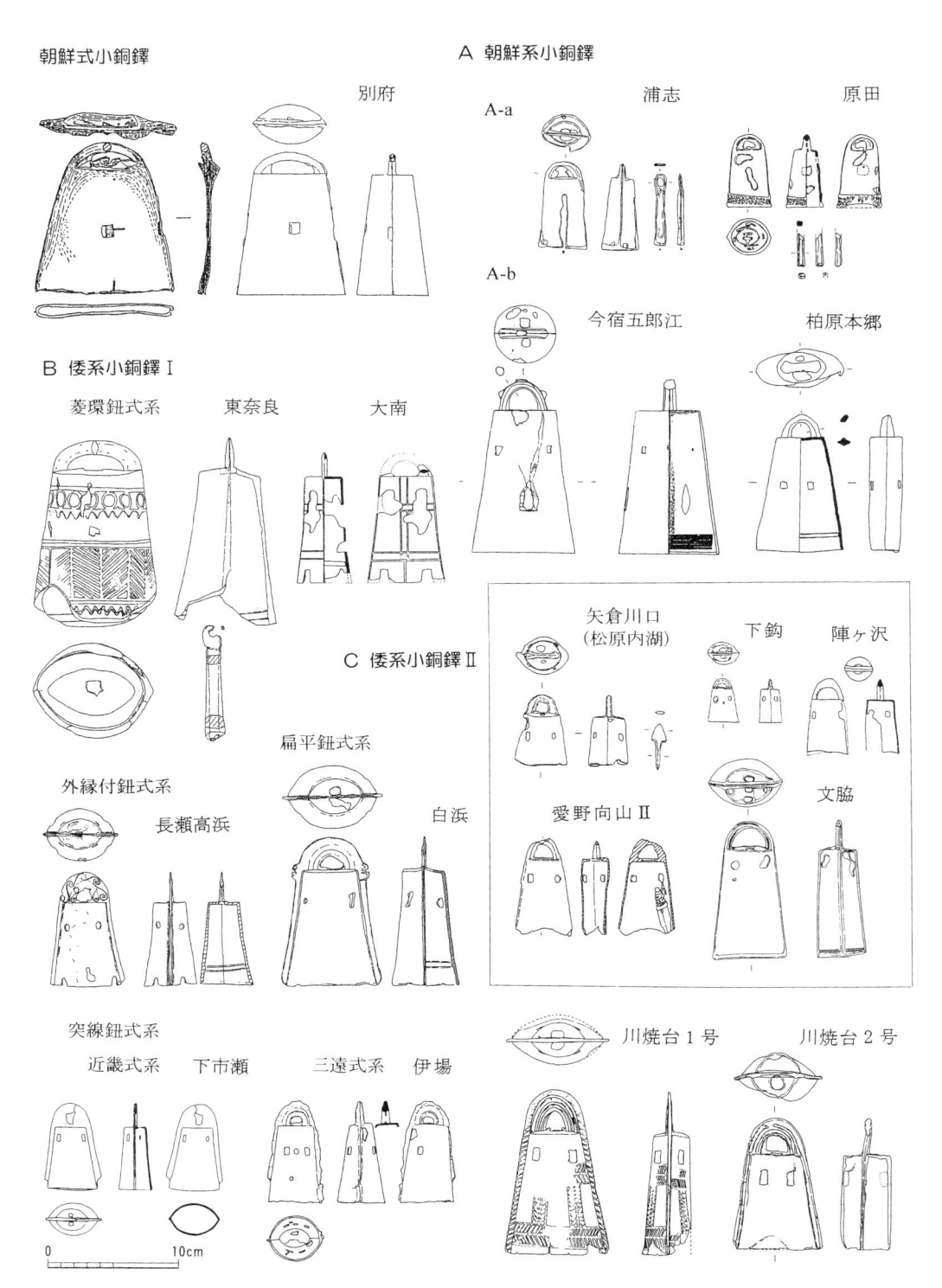

A-a　浦志　原田

A-b　今宿五郎江　柏原本郷

B　倭系小銅鐸Ⅰ

菱環鈕式系　東奈良　大南

外縁付鈕式系　長瀬高浜

扁平鈕式系　白浜

C　倭系小銅鐸Ⅱ

矢倉川口（松原内湖）　下鈎　陣ヶ沢

愛野向山Ⅱ　文脇

突線鈕式系

近畿式系　下市瀬　三遠式系　伊場

川焼台1号　川焼台2号

0　10cm

第2図　小銅鐸分類図

表2　小銅鐸出土地名表

No.	遺跡名	所在地	出土状況	高さ(cm)	鈕	鰭	内面突帯	分類	廃棄時期	備考
1	原田	福岡県嘉麻市嘉穂町	木棺墓棺外	5.5	○			A-a	弥生中期前半	有文有舌、碧玉管玉
2	大南	福岡県春日市大字小倉	V字溝	10.1	○		○	B	弥生後期	菱環鈕、有文
3	板付	福岡県福岡市博多区	ピット	7.6	○			A-a	弥生後期	有舌
4	今宿五郎江	福岡県福岡市西区	溝(谷部包含層)	13.5	○			A-b	弥生後期前半	鐸身円筒状
5	浦志	福岡県前原市浦志	溝	6.5	○			A-a	弥生後期～古墳前期	有舌
6	井尻B	福岡県福岡市南区	住居跡	5.3	○			A-a	弥生後期後半	銅戈鋳型・銅滓・坩堝出土
7	元岡・桑原遺跡群	福岡県福岡市西区元岡	川	6.5	○			A-a	弥生後期後半	銅鋤先・貨泉・銅鏃出土
8	元岡・桑原遺跡群	〃	〃	7.0	○			A-a	弥生後期後半	(九州大学統合移転地内)
9	立明寺遺跡B地点	福岡県築紫野市立明寺	方形周溝墓	4.5+	○			A-a	弥生後期後半	下部欠失
10	比恵	福岡県福岡市博多区	井戸	5.5+	○			A-a	弥生後期	
11	本行	佐賀県鳥栖市江島町	住居跡	5.0+				A-a	弥生後期中頃	鈕欠失
12	別府	大分県宇佐市大字別府	住居跡	11.8			朝鮮式		弥生後期	故意に押し潰される
13	多武尾	大分県大分市横尾	溝	4.7+				A-a	弥生後期後半～末	片面欠失
14	上日置女夫木	熊本県八代市方保田	包含層	5.3	○		○	A-a	弥生中期	有舌
15	江原	徳島県美馬市脇町	(伝来)	6.3	○			C	－	鐸身円筒状
16	弘田川西岸	香川県善通寺市仙遊町	包含層	3.7+	－			(A-b)	弥生後期前半	舞～鐸身上部の破片
17	長瀬高浜	鳥取県東伯郡羽合町	住居跡上層	8.7	○	○	○	B	古墳前期	外縁付鈕、有文
18	東郷北福	鳥取県東伯郡東郷町	丘陵上採集	9.4	○			C	－	鐸身円筒状、扁平鈕
19	下市瀬	岡山県真庭市落合町	井戸跡付近	6.6	○	○		B	弥生後期後半	突線鈕近畿式系、舌状石製品
20	矢部南向	岡山県倉敷市矢部南向	住居跡小穴	6.4	○			C	弥生後期	扁平鈕、鐸身円筒状
21	横寺	岡山県総社市新本	住居跡	5.5	○			C	弥生	扁平鈕
22	瓜生助	福井県越前市瓜生町	住居跡	7.0+				C	弥生後期	下部欠失
23	藤江B	石川県金沢市藤江	自然河道	7.3+				C	弥生後期～古代	下部欠失
24	高篠	兵庫県三木市細川町	溝(平安末)	6.0			○	C	弥生後期～古墳前期	
25	月若第96地点	兵庫県芦屋市月若町	ピット	6.9				C	古墳初頭～前期	下部欠失
26	寛弘寺	大阪府南河内郡南河内町	住居跡	6.1				C	弥生後期中葉～後期	鐸身円筒状、鈕欠失
27	上フジ	大阪府岸和田市三田町	住居跡	4.5+				C	弥生後期初頭	下部欠失
28	柏原本郷	大阪府柏原市本郷	溝状遺構	10.5			○	A-b	弥生後期	円環鈕
29	東奈良	大阪府茨木市東奈良	溝(弥生中期)	14.2	○			B	弥生中期中頃	菱環鈕、綾杉文有り、銅製舌付
30	矢倉川口	滋賀県彦根市松原町	包含層	5.5	○		○	C	弥生後期	銅鏃の舌
31	下鈎	滋賀県栗東市下鈎	環濠内の溝	3.4				C	弥生中期末	「導水施設」出土か
32	草山	三重県松坂市久保町	溝(奈良)	5.4				C	弥生後期	銅鏃の舌
33	白浜貝塚	三重県鳥羽市浦村町	貝塚	12.0	○	○		B	弥生後期	扁平鈕、耳付
34	余野神明下	愛知県丹羽郡大口町	表面採集	5.6	○		○	C	弥生後期	
35	朝日	愛知県清州市	包含層	6.8±				(C)	弥生後期	草刈H区鐸系の失敗作か
36	愛野向山II	静岡県袋井市愛野	木棺墓付近	7.5+				C	弥生後期後半	銅鏃の舌、大井戸八木型
37	伊場	静岡県浜松市東伊場	採集品	7.8	○			B	弥生後期	突線鈕三遠式系
38	有東第1	静岡県静岡市駿河区	表面採集	6.4				C	－	
39	閑峯	静岡県沼津市東井出	表面採集	7.8				C	－	裾部に型持孔
40	青木原	静岡県三島市南二日町	御殿川旧河道	12.6				B	弥生後期後半	突線鈕、川焼台1号型
41	陣ケ沢	静岡県富士市船津	(横穴式石室)	4.2				C	－	
42	海老名本郷	神奈川県海老名市本郷	住居跡	7.6+			○	C	古墳前期	大井戸八木型
43	河原口坊中	神奈川県海老名市河原口	ピット	7.9				C	弥生後期	大井戸八木型
44	内沢	神奈川県平塚市広川公所	溝	10.0				B	弥生末	突線鈕、川焼台2号型
45	高田馬場3丁目	東京都新宿区高田馬場	住居跡床面	5.8			○	C	弥生後期	内突帯
46	中郷	東京都八王子市長房町	住居跡	3.5+				C	弥生末	下部欠失
47	中溝II	群馬県太田市新田	住居跡	4.3+				C	古墳出現期?	突線鈕、川焼台2号型
48	田間	栃木県小山市田間	採集品	10.3				B	弥生後期	突線鈕、川焼台2号型
49	大井戸八木	千葉県君津市大井戸	土坑墓	9.5			○	C	弥生後期後半	銅釧・管玉・勾玉
50	中越	千葉県木更津市大久保		6.4				C	古墳前期前半	有孔石製品付(舌か)
51	文脇	千葉県袖ケ浦市野里	木棺墓	10.8			○	C	弥生後期後半	内突帯、管玉・小玉
52	水神下	千葉県袖ヶ浦市奈良輪	旧河道	6.3				C	古墳出現期新段階	銅鏡・石製垂飾品伴出
53	天神台	千葉県市原市村上	住居跡	6.8				C	古墳前期	下部欠失再加工か
54	川焼台1号	千葉県市原市草刈	住居跡	12.3				B	古墳出現期～前期初	突線鈕、袈裟襷文
55	川焼台2号	千葉県市原市草刈	住居跡	9.8				B	古墳出現期～前期初	突線鈕
56	草刈I区	千葉県市原市草刈	住居跡	5.0+			○	C	弥生後期後半	内突帯
57	草刈H区	千葉県市原市草刈	方墳周溝内土壙	5.9				C	古墳前期前半	朱壺伴出
58	高三潴	福岡県久留米市	溝	6.6	○			(A-a)	弥生後期	

類例として加える。

B：倭様化した銅鐸をモデルに作られた小銅鐸を分類した。本来，無文で鰭のない小銅鐸に銅鐸の各形式の特徴が取り入れられている。菱環鈕式系は東奈良鐸と大南鐸に限られる。外縁付鈕式系・扁平鈕式系も出土例は各１点である。最も多く，多様な展開を示すのが突線鈕式系である。鰭が鐸身の下端より高い位置にある下市瀬鐸は，近畿式を模したものであろう。その他の例は，三遠式の特徴を備えており，７例が確認できる。

C：最も類例の多いものを一括する。半円形の鈕をもつ無鰭・無文の小銅鐸で，鐸身上部に一対の型持孔をもつ。鈕の断面形は菱形・円形・楕円形と多様である。朝鮮系小銅鐸A-aが九州から各地へ伝播したものと考えられ，地域ごとの特徴が加わる。銅鐸の影響を受けて，扁平鈕を模した鈕をもつ例が鳥取県・岡山県に偏在しているのは，その一例である。銅鐸の影響を受けつつも無文・無鰭・小型の形式を保つ点で，朝鮮系小銅鐸の系譜を引き，小銅鐸本来の用途である実用的な鳴り物として広く用いられた。

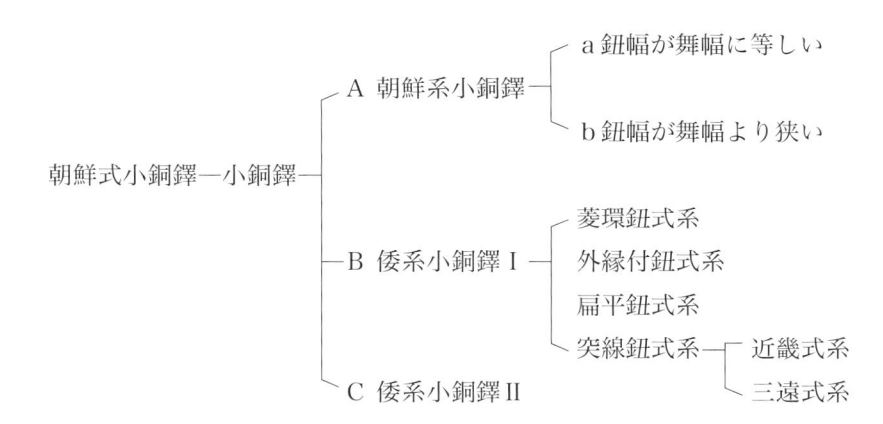

```
                                       ┌ a 鈕幅が舞幅に等しい
                        A 朝鮮系小銅鐸 ┤
                                       └ b 鈕幅が舞幅より狭い
                                       ┌ 菱環鈕式系
朝鮮式小銅鐸―小銅鐸 ┤                 │ 外縁付鈕式系
                        B 倭系小銅鐸Ⅰ ┤ 扁平鈕式系
                                       │                  ┌ 近畿式系
                                       └ 突線鈕式系 ──┤
                                                          └ 三遠式系
                        C 倭系小銅鐸Ⅱ
```

型式別の縦横比を見ると，朝鮮系A-aが最もまとまった領域を示し，類似した原型を使って特定の地域内で作られたことを表している（表３）。朝鮮系A-bが大型の領域にあるのは，同規模の朝鮮式小銅鐸を直接模したためであろう。B倭系小銅鐸Ⅰ（以下倭系B）は下市瀬の高さ6.6cmから東奈良の高さ14.2cmまで幅が大きく，高さ10cm以上の大型品が過半数を占める。銅鐸を模した必然であろう。C倭系小銅鐸Ⅱ（以下倭系C）は最小の下鈎3.4cmから文脇10.8cmまで高さの差があり，裾幅も下鈎2.2cmから天神台6.0cmと差が大きい。

２　同工品の可能性をもつ小銅鐸

倭系Bの突線鈕式系および倭系Cのなかに，類似した出土例があることは，既に指摘されてきたところである。しかし，これらの単純な形態の製品について，銅鐸と同様に同じ工房で作られたか，あるいは同じ原型を基に作られた同工品を抽出する意義については，あまり注目されていなかったといえる。ここでは，倭系Bの例について同工品抽出の可能性を示し，それら

を受容した背景を分析する手がかりとしたい。

表3　小銅鐸の型式別縦横比

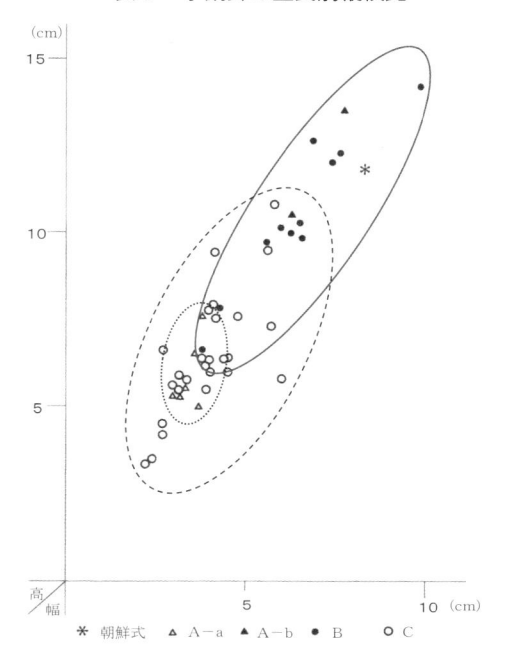

（1）川焼台1号鐸と青木原鐸

　突線鈕式袈裟襷文銅鐸を模した倭系Bである。下記のように，2例の各部位の大きさ（単位mm）は，鋳型のズレや収縮，川焼1号鐸の裾部が欠失後研磨されている点などを考慮するとほぼ同規格の製品と考えて良い値を示しているが，鐸身裾部の内突帯の有無が異なる。

　千葉県市原市川焼台1号鐸は，鈕に3条の突線，鐸身に横帯2条・縦帯2条から成る袈裟襷文をもつ。鰭に斜行する櫛歯文，鐸身の帯状文に綾杉状の浮彫り文が鋳出されている。静岡県三島市青木原鐸は，鈕に5条の突線，鐸身の下部に綾杉状の横帯文が1条あり，横帯文から上方に向けた突起が2か所に見られ，1.2～1.5cm上方に伸びる縦帯の痕跡がある。川焼台1号鐸を重ねると，突起はそれぞれ縦帯文2条の外郭線・綾杉文の中心線に当たることから，同様の袈裟襷文を基にしていることがわかる。横帯文の下に1条の突線を廻らせ，鰭の文様を省略するなど，文様に変容は見られるが，川焼台1号鐸に極めて近い図柄のひな形を用いたと考えられる。これらは，突線鈕三遠式銅鐸を模した倭系Bのうち，川焼台1号鐸に代表される型式といえる。小銅鐸の内突帯の有無は必ずしも新古を示さないことから，伴出した土器等によって両者の新古を判断することになる。青木原鐸は旧河道出土の弥生時代後期～古墳時代前期前半の土器包含層から出土したため，時期を特定するのは困難であるが，使用の下限は古墳前期前半ということになる。川焼台1号鐸は使用を終えて，小銅鐸と共に廃絶された住居跡の土器が弥生時代後期後半の新段階にあり，これを下限資料と見ることができる。より忠実に文様を鋳出した川焼台1号鐸の製作が先行した可能性が高く，内突帯の有無は内型が異なったことを示していると考えられよう。

川焼台1号鐸：総高123.3　鈕高32.5　裾幅76.0　裾奥行36.0　鰭厚2.3　舞幅37.9　舞奥行26.3
　青木原鐸　　：総高126.0　鈕高28.0　裾幅69.0　裾奥行39.0　鰭厚2.5　舞幅34.0　舞奥行25.0

（2）川焼台2号鐸と田間出土鐸，中溝Ⅱ鐸，内沢鐸

　突線鈕式銅鐸を模した無文の例である。特に川焼台2号鐸と田間出土鐸は全体を比較することが可能で，各部位の計測値はかなり近似してことがわかる。鐸身高は両者とも72mmで，左右の鰭の幅も等しい。田間出土鐸には既報告（野口 1967）以外に接合可能な破片があり，それを加えた計測値を示した。2点とも鈕の突線は2条，舞の型持孔は片側に1孔のみで，鐸身

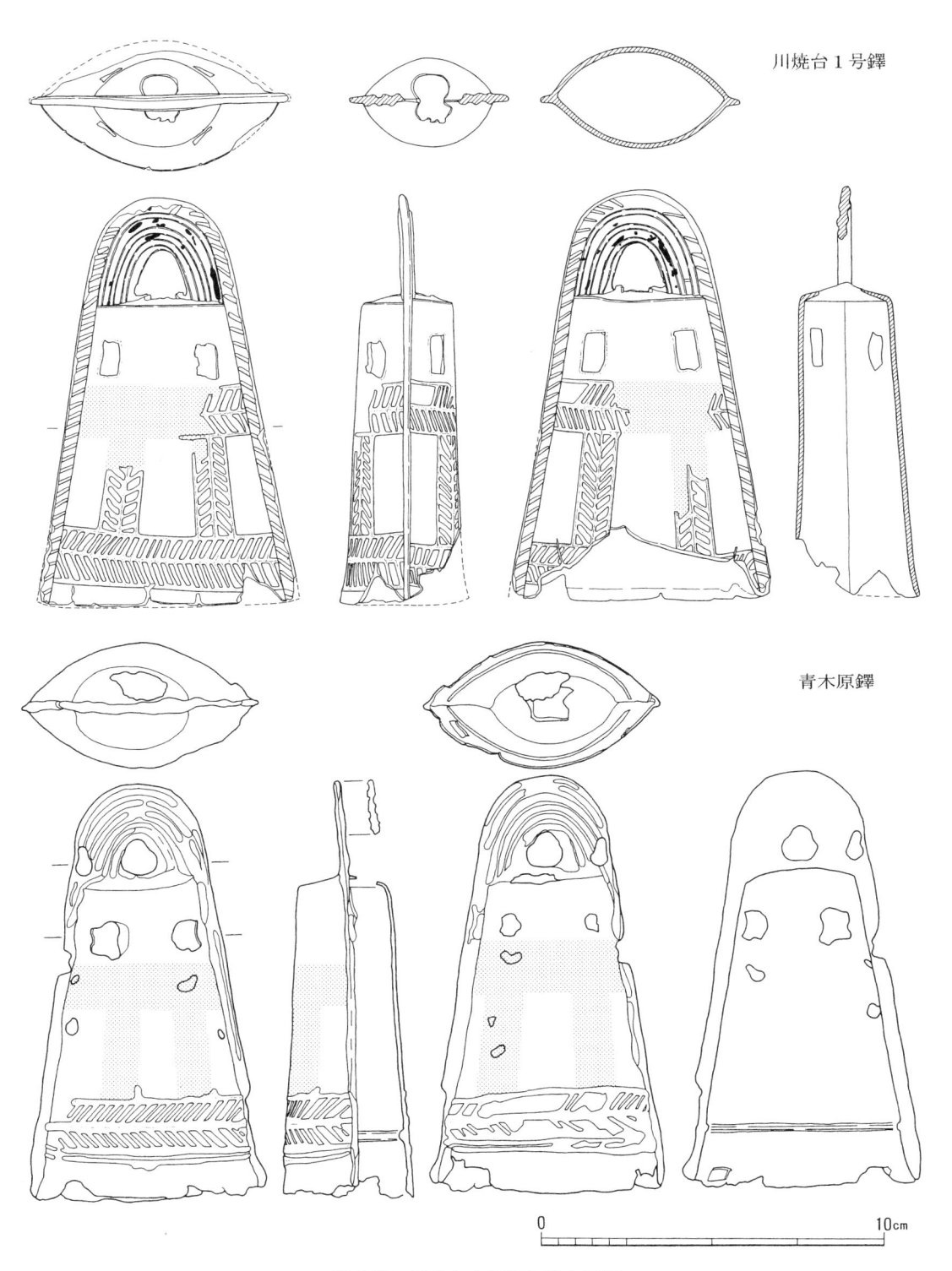

第3図　川焼台1号鐸と青木原鐸

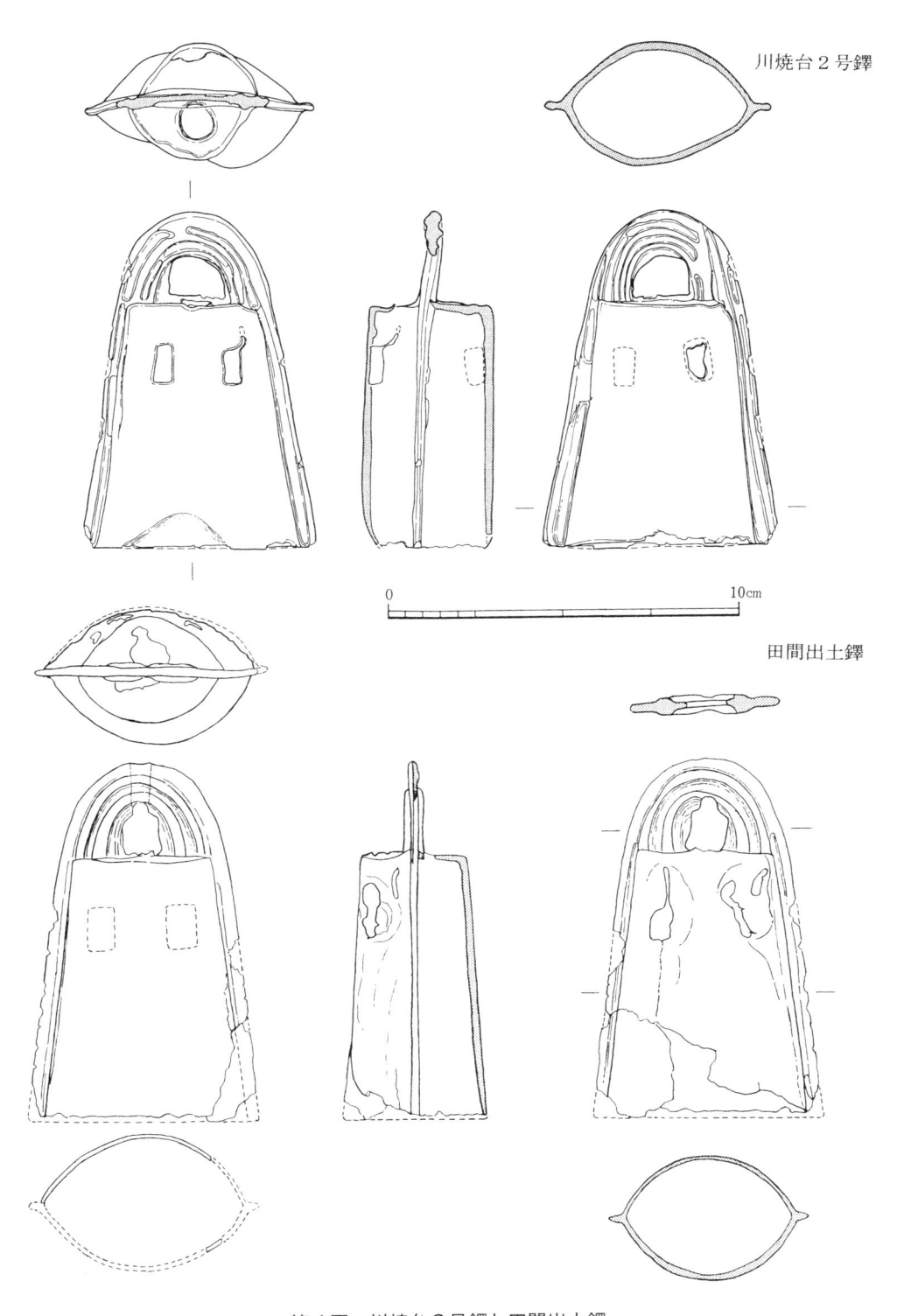

第4図　川焼台2号鐸と田間出土鐸

の型持孔の位置もほぼ一致する。両者とも舞孔側の鐸身型持孔がふさがっており、同規格の鋳型を使用した製品と考えて良いであろう。

　川焼台2号鐸は、鐸身厚1.7〜2.5mm・重量138gであるのに対し、同1号鐸は鐸身厚1.7mm前後・重量150.6gで、2号鐸は大きさの割に重量感がある。田間出土鐸は湯廻りが悪いため、厚みが一定せず、図の右面では鐸身厚が1mmに満たない部分もあるがほぼ1.8mm前後で、左面では2〜3mmの厚みをもつ。この点も川焼台2号鐸と近似する。

　内沢鐸（第5図44）は、川焼台2号鐸・田間出土鐸と同じひな形を用いた可能性のある製品である。立面形は、形態・大きさ共に川焼台2号鐸に極めて近い。舞部の形態が異なるのは、つぶれて歪んでいることにも起因するが、型合わせが異なるためであろう。なお、内沢鐸の総高は、実測時点で分離していた右鐸身の破片（舞から裾まで遺存）から求めた。左鐸身の裾部は約4mm摩滅していると見られる。鐸身の型持孔は2例より5mmほど上に位置しているが、大きさはほぼ等しい。湯廻りが悪くふさがった型持孔は内面に明瞭な凹みを遺しており、川焼台2号鐸・田間出土鐸の未開口の型持孔も同様であろう。

　中溝II鐸（第5図47）は、舞部と鐸身上部を除いて欠失するが、鰭をもち、摩滅した鈕の痕跡がある。川焼台2号鐸・内沢鐸の立面図を84％に縮小すると、中溝II鐸にほぼ重なる。型持孔は2例より低い位置にあり、川焼台2号鐸よりさらに5mm下方にある。舞部は奥行きの狭い内沢鐸に近似するため、側面観もよく似ている。川焼台2号・田間・内沢鐸の縮小版と考えられ、これらの4例は、川焼台2号鐸に代表される型式として捉えられる。

川焼台2号鐸：総高 99.9 鈕高28.0 裾幅66.1 裾奥行37.7 鰭厚2.6 舞幅37.0 舞奥行34.2
田間出土鐸　：総高103.0 鈕高27.0 裾幅(65) 裾奥行(41) 鰭厚3.0 舞幅39.5 舞奥行31.0
内沢鐸　　　：総高 99.2 鈕高24.5 裾幅62.5+ 裾奥行(34) 鰭厚1.5 舞幅(34) 舞奥行(21)+
中溝II鐸　　：総高 43.2+ 鈕高 − 裾幅 − 裾奥行 − 鰭厚2.3 舞幅27.3 舞奥行18.5

　このように、単純な形態の小銅鐸にも一定の規格があり、ひな形を用いて製作したことがうかがえる。おそらく、鋳造技術をもつ工人がひな形を管理し、特定の工房で製作したものと思われる。東海東部〜関東地方の倭系Bは、銅鐸の製作に関わった工人の手によるものであろう。川焼台1号鐸の文様には銅鐸との関連を示す以下のような特徴がある。

1）横帯文が縦帯文に優先する。正統袈裟襷文を踏襲し、特殊な縦帯2状は突線鈕4式縦帯2条（近畿式）6区袈裟襷文の変形かとみられる。
2）身の縦帯と横帯上に三遠式の特徴である軸突線に類似する稜線がある。
3）文様帯の綾杉文は、銅鐸I式〜IV式を通じて鈕に用いられている。綾杉文帯は、倭系B古式（菱環鈕式系）の東奈良小銅鐸から用いられたモチーフである。

　このような点で、東海東部〜関東地方の倭系Bの製作地と製作者を推定すると、後期の銅鐸製作工人の動向と無縁ではないと思われ、三遠式銅鐸の製作終焉との関連が注目される。突線鈕4式以後三遠式銅鐸は、突線鈕5式の近畿式銅鐸に統合される。三遠式銅鐸の製作終焉後に統廃合された工房から、これらの小銅鐸を製作する工房が分派した可能性を追尾できるのでは

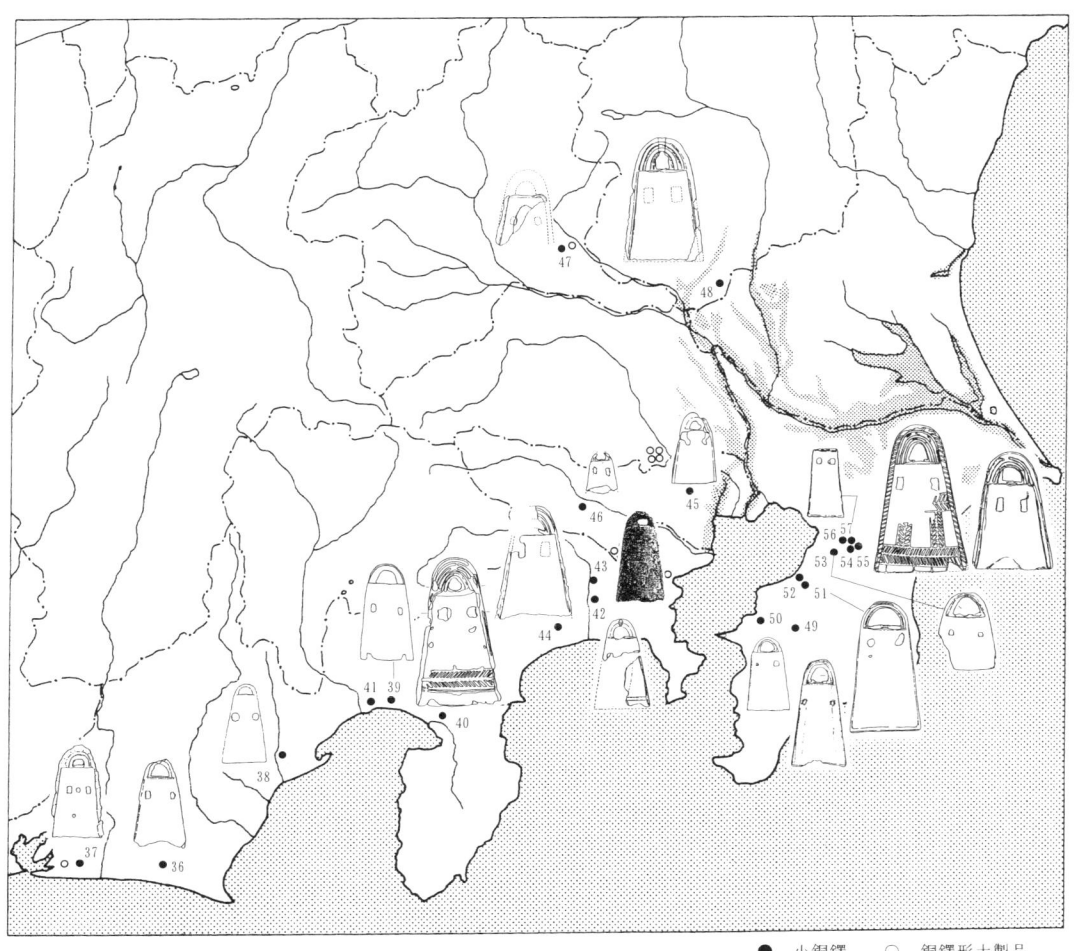

第5図 東海地方東部から関東地方の小銅鐸分布図

ないかと考えている。

　倭系Cについても，半円環状の鈕と鐸身から成る単純な構造であるが，鈕と鐸身の形態・型持孔の位置と形状によっていくつかの類型を抽出できる可能性がある。関東地方には，大井戸八木鐸のように鈕と舞部が比較的小さく，幅の割に鐸身の高いグループがある。全容のわかる大井戸八木鐸でその特徴を数値化すると，舞部の鐸身幅が裾幅の61％，鐸身高が総高の79％の割合となる。また，鐸身の断面形は裾幅が奥行きの約1.5倍の銀杏形である。内突帯をもち，鐸身の型持孔がほぼ方形である点も共通する。海老名本郷鐸（復元総高77㎜），河原口坊中鐸（総高79㎜）がこの特徴をもつ例にあげられる。愛野向山Ⅱ鐸（復元総高77㎜）は内突帯をもたない点を除いて，これらの特徴を備えた類例に加えることができる。この3例は，いずれも大井戸八木鐸よりひとまわり小さく作られているが，大井戸八木鐸型のをひな形を用いたグループといえよう。

3　倭系小銅鐸展開の背景

　菱環鈕式・外縁付鈕式・扁平鈕式銅鐸を模した倭系Bは，九州～近畿地方に分布し，数も限られている（表2）。突線鈕式の段階になると，分布域が一挙に拡がり，類例が急増する。岡山県真庭市出土の下市瀬鐸は，鰭が身の裾より高い位置にあり，無文ながら突線鈕近畿式を模した唯一の例で，ほかは三遠式を模した例である。

　突線鈕三遠式系の倭系Bは7例あり，すべて静岡県以東で出土しており，うち5例は関東地方に集中する。前掲の6例について検討し，文様をもつ川焼台1号型（川焼台1号・青木原），無文の川焼台2号型（川焼台2号・田間・内沢・中溝）の2型式を確認した。浜松市の伊場出土例は，鈕・鐸身の形状，型持孔の位置が他と異なる。伊場例は突線鈕三遠式銅鐸の中心的な分布域の例であり，稿を改めて再検討の対象としたい。

　破砕銅鐸を除く銅鐸出土例の東限は，掛川市小出ヶ谷遺跡の突線鈕三遠式銅鐸で，遠州灘に注ぐ菊川より西側にあたる。青木原鐸の出土した三島市は，銅鐸分布圏の周縁部に位置し，周辺では突線鈕近畿式銅鐸の双頭渦文飾耳片が沼津市藤井原遺跡・伊豆の国市段遺跡で出土している。一方，銅鐸分布圏外の関東地方の5例は，東京湾岸と湾奥を遡る河川（江戸川・利根川）沿いに点々と分布し，小銅鐸を用いる弥生文化がいち早くこのルートでつながることを示している。

　また，最終段階の銅鐸を模した倭系Bが関東地方に集中し，一定の型式を保って倭系Cと併存することは，極めて東国的な弥生文化受容のあり方として興味深い。倭系Cが半島から搬入された農耕祭祀の祭器としての機能を保って波及するとともに，銅鐸祭祀の意義も弥生時代後期に至って関東地方に波及したことを示しているからである。突線鈕式系の倭系Bが墓から出土した例はなく，住居跡・旧河道・溝の出土に限られている。特に，川焼台1号鐸は，特殊な住居跡に埋められていたと見られ，単に銅鐸の形を模しただけではなく，ムラの祭場で特別な祭に用いるという，銅鐸の性格を兼ね備えていたのではないかと思われる。以下に，それぞれ

表4　地域別出土状況

	福岡	佐賀	大分	熊本	徳島	香川	鳥取	岡山	福井	石川	兵庫	大阪	滋賀	三重	愛知	静岡	神奈川	東京	群馬	栃木	千葉	計	
住居跡	1	1	1			1	2	1			2				1	2	1				5	18	20
ピット	1								1													2	
木棺墓・土坑墓	1													1	1				2			5	7
方形周溝墓	1																		1			2	
溝（環濠跡含）	4		1								1	2	1				1					11	18
井戸・井戸付近	1					1																2	
自然河道・旧河道	2							1							1				1			5	
包含層		1			1						1	1										5	
表面採集						1								1	3			1				6	13
伝来					1										1							2	
小計	11	1	2	1	1	1	2	3	1	1	2	4	2	2	2	6	3	2	1	1	9	58	
地域別計		15				9				8			10				16						

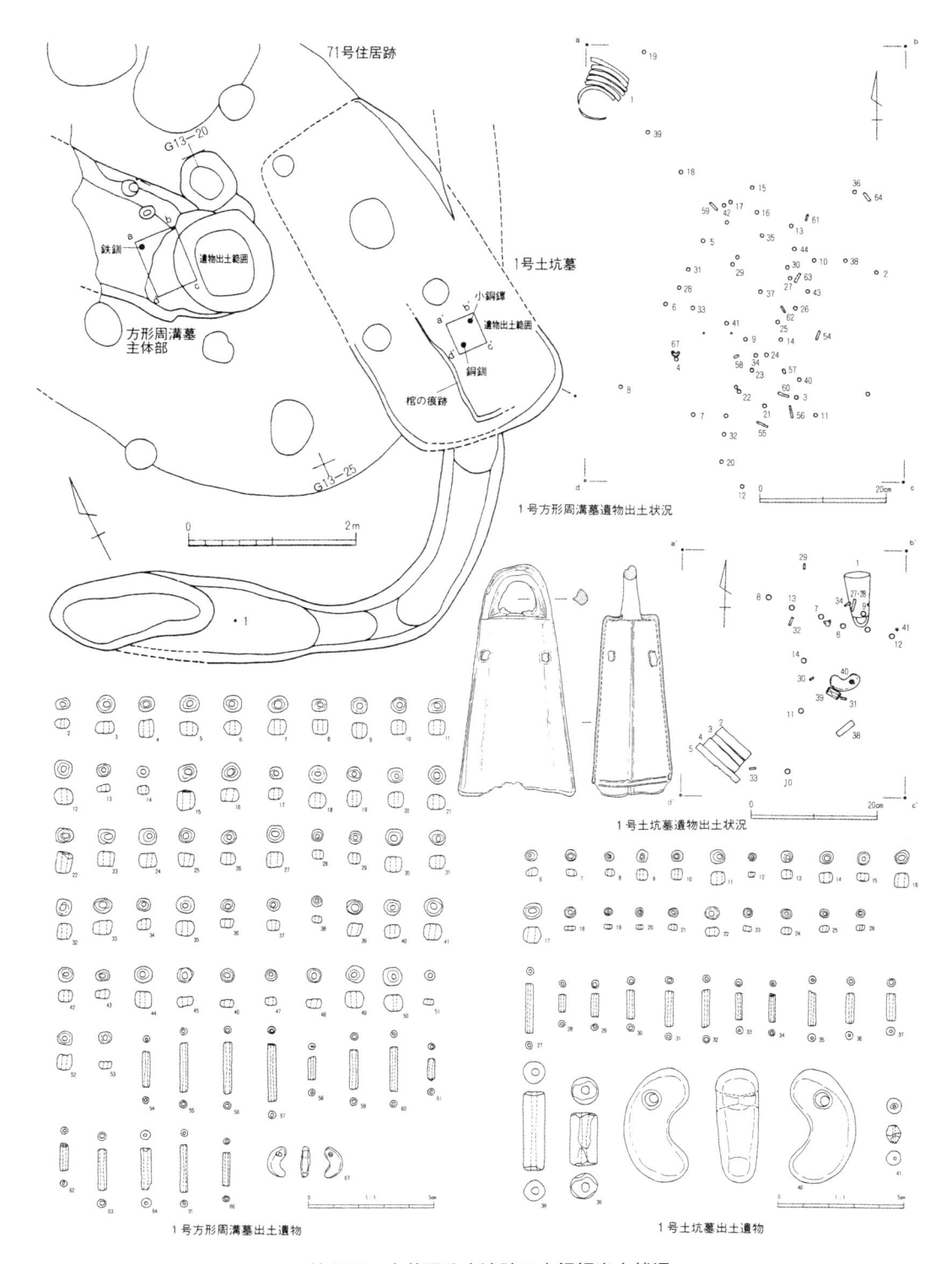

第6図　大井戸八木遺跡の小銅鐸出土状況

の出土状況を見てみる。

4　出土状況と使途

　地域別に出土状況を整理すると，九州（15例）と関東（16例）で拮抗し，全体の半数以上を占めている。九州では溝・井戸・河道などの水辺で出土した例が最も多く，15例中8例を占め，他の地域と比べても際だっている。また，住居跡・集落出土例は関東地方が圧倒的に多く9例，東海地方を除く他の地域がほぼ均等に分布する。木棺墓・土坑墓などの個人墓から出土した例は，意外に少なく58例中6例である。

（1）墓出土例

　副葬品や埋葬に伴って出土した例は，北部九州に2例（原田，立明寺），東海東部に1例（愛野向山Ⅱ），南関東に3例（大井戸八木，文脇，草刈H区）の計6例で，出土数の1割程度である。原田・愛野向山の2例は，木棺墓付近の棺外で出土し，いずれも青銅製の舌と管玉を含む玉類を伴う。管玉は原田例が碧玉製，愛野向山例は赤色凝灰岩である。木棺墓・土坑墓内に副葬されていたのは，大井戸八木・文脇・草刈H区の3例で，東京湾東岸（千葉県）の例に限られる。立明寺例は，方形周溝墓西コーナーの溝内で出土しており，溝の廃絶に伴って埋置したものと報告されているが，下記の草刈H区例のように周溝内の埋葬に伴う可能性もある。

　墓から出土する小銅鐸の型式は，九州の例が朝鮮系A-a，他は倭系Cで，銅鐸の諸型式を模した倭系Bは見られない。また，副葬時期（本章では時代表記を省略する）を見ると，原田が弥生中期前半，立明寺は弥生後期後半で，九州の例は他地域の小銅鐸の消長とは別であろうか。一方，東海東部と南関東の例はいずれも弥生後期以降で，小銅鐸がその役割を終えて所持者個人に対して副葬されたことがうかがえる。次に，伴出した副葬品の明らかな例を見てみよう。なお，木棺痕が明瞭なものを木棺墓，木棺使用の可能性があるものを土坑墓，土坑直葬と見られるものを土壙とした。

大井戸八木遺跡1号土坑墓

　大井戸八木鐸は倭系Cである。鈕と舞部が比較的小さく，幅の割に鐸身が高い特徴をもつ。また，鐸身の断面形は銀杏形で，内突帯をもち，鐸身の型持孔はほぼ方形である。

　大井戸八木遺跡は，弥生後期〜古墳前期の集落と古墳後期〜終末期の古墳群から成る。およそ10,000㎡の調査区で弥生後期〜古墳前期の竪穴住居が78棟，方形周溝墓1基，土坑墓1基が検出された。文脇遺跡・草刈遺跡に比べると，竪穴住居の切り合いが少なく，東京湾東岸域では小規模な集落といえる。

　1号土坑墓は6世紀後葉の円墳墳丘下に遺存し，弥生後期の住居跡を切って作られた1号方形周溝墓の溝を掘削して築かれている。土坑内には，木棺痕跡の一部が検出された。1号方形周溝墓の埋葬施設とは約40度主軸を異にするが，副葬された釧の位置と玉類の配置を見ると，いずれも左腕に釧を装着して南東〜南に頭位を置く。1号土坑墓の小銅鐸は，右腰付近に位置

列島の小銅鐸

小銅鐸出土土壙（14号）

弥生後期後半の方形周溝墓

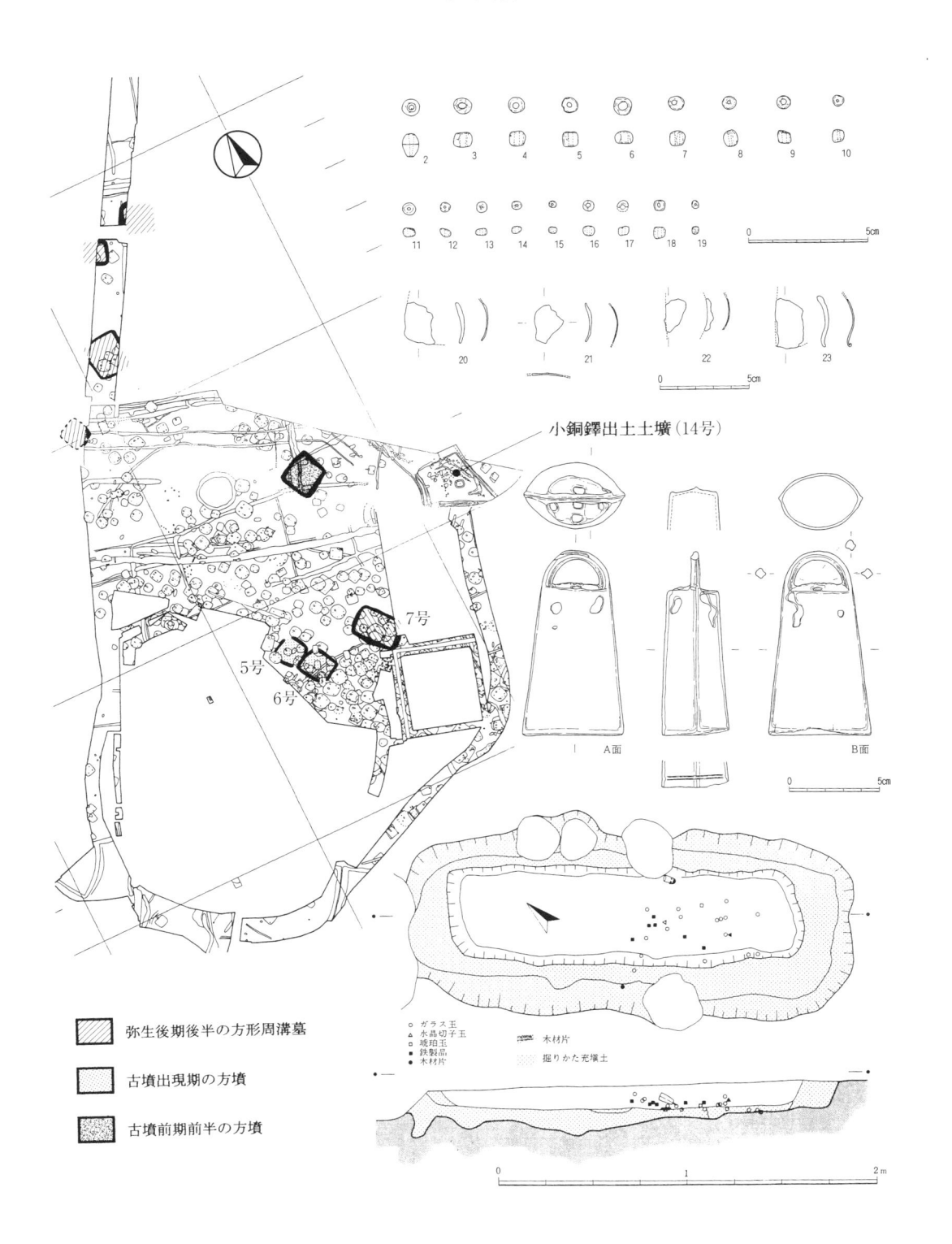

古墳出現期の方墳

古墳前期前半の方墳

○ ガラス玉
△ 水晶切子玉
□ 琥珀玉
■ 鉄製品
● 木材片

木材片

掘りかた充填土

A面　　　B面

第7図　文脇遺跡の小銅鐸出土状況

すると見られ，釧や玉類と同様に遺骸に装着して副葬されたものであろう。両遺構の時間的な差はわずかであると考える。下層の住居の遺物詳細が不明なため，1号方形周溝墓の上限は周溝内から出土した壺口縁の破片に拠らざるを得ないが，折り返し状口縁に縄文を配して下端に刻み文をもつ形式で，口縁部のみでは後期前半から中頃まで幅がある。

　副葬品を比較すると，1号方形周溝墓は，螺旋状6連鉄釧1・翡翠勾玉1・碧玉管玉10・鉄石英管玉3・ガラス玉54（濃紺48・青緑4，2点が行方不明），1号土坑墓は小銅鐸1・翡翠勾玉1・水晶玉1・碧玉管玉4・鉄石英管玉9・ガラス玉21（すべて濃紺）である。相違点には，翡翠勾玉の大小，水晶玉の有無，太形管玉の有無，鉄石英管玉の多寡，ガラス玉の色があり，それぞれ4種，5種の他に例を見ない多様な玉組成が時期を物語る要素となろう。

文脇遺跡木棺墓

　文脇鐸は，倭系Cの中では最も大型で，高さ10.8cm・裾幅5.8cm・重量124.3gである。鐸身に厚みがあり，高さ9.5cmの大井戸八木鐸が77.5gであるのと比べるとかなり重い。鈕と舞部の幅は広く，裾幅のおよそ7割で寸胴な形状である。鐸身の断面形は丸味のある銀杏形で，明瞭な内突帯をもつ。鈕の中央部には吊り下げ時の紐状圧痕があり，舞孔間にも舌を懸垂したと見られる紐状圧痕がわずかに残っている。。

　木棺墓は，弥生後期前半～古墳前期を中心とする集落の周縁部に位置し，方形周溝墓・方墳からなる墓域の一角にある。該期の集落は調査区の東側へ続いているが，中心部の約半分が調査されたと見られ，約16,000㎡の調査区内で弥生後期の住居跡326棟，古墳前期の住居跡33棟が発掘された。東京湾東岸の典型的な該期主要集落の例といえる。

　弥生後期の方形周溝墓は，集落からやや離れた北東の外縁部に作られるが，最大のもの（7号）は集落中心部に築かれ，古墳出現期の方墳2基（5号・6号）へ続く。7号墓では，墳丘下層の弥生後期中頃の住居に混入した環状の銅釧と濃紺のガラス玉各1点が7号墓の埋葬施設に伴う遺物と判断されており，ガラス玉が南側，銅釧が北側にあることから頭位を南に置いたことが想定できる。7号墓の周溝ではまとまった土器群と壺棺が出土しており，後期後半の新段階に位置づけられる。5号墳に木棺直葬の埋葬施設が遺存しており，棺内から濃紺のガラス玉が1点出土している。5号墳は，明らかに銅釧を伴う弥生後期後半の住居を切って築かれており，7号墓との時期差は出土した土器群と整合している。

　小銅鐸出土木棺墓（14号）は，これらの3基とは距離を置いた集落周縁部にあり，単独で築かれている。玉類の出土範囲から頭位は東南と推定され，小銅鐸は右脇に位置する。小銅鐸は，東側壁に沿うように鈕を頭位に向け，裾部が下に傾いて出土しており，被葬者に装着されていた可能性もある。左脇を中心に出土した薄板状の鉄製品断片は，鉤状の端部をもつ鉄釧と見られ，左腕に付けていたものと思われる。玉類は水晶玉1・琥珀玉1・ガラス小玉17で構成され，ガラス玉は径・高さ5mmの丸玉（8点）と3～5mmの小玉（9点）がほぼ半数ずつあり，丸玉はすべて濃紺～紺，小玉は濃紺・紺のほか淡緑青4点を含む。環状の釧と玉類の組成から，木棺墓は7号墓と同様に出現期の方墳に先行すると考えられる。被葬者は7号墓とほぼ同時期の

列島の小銅鐸

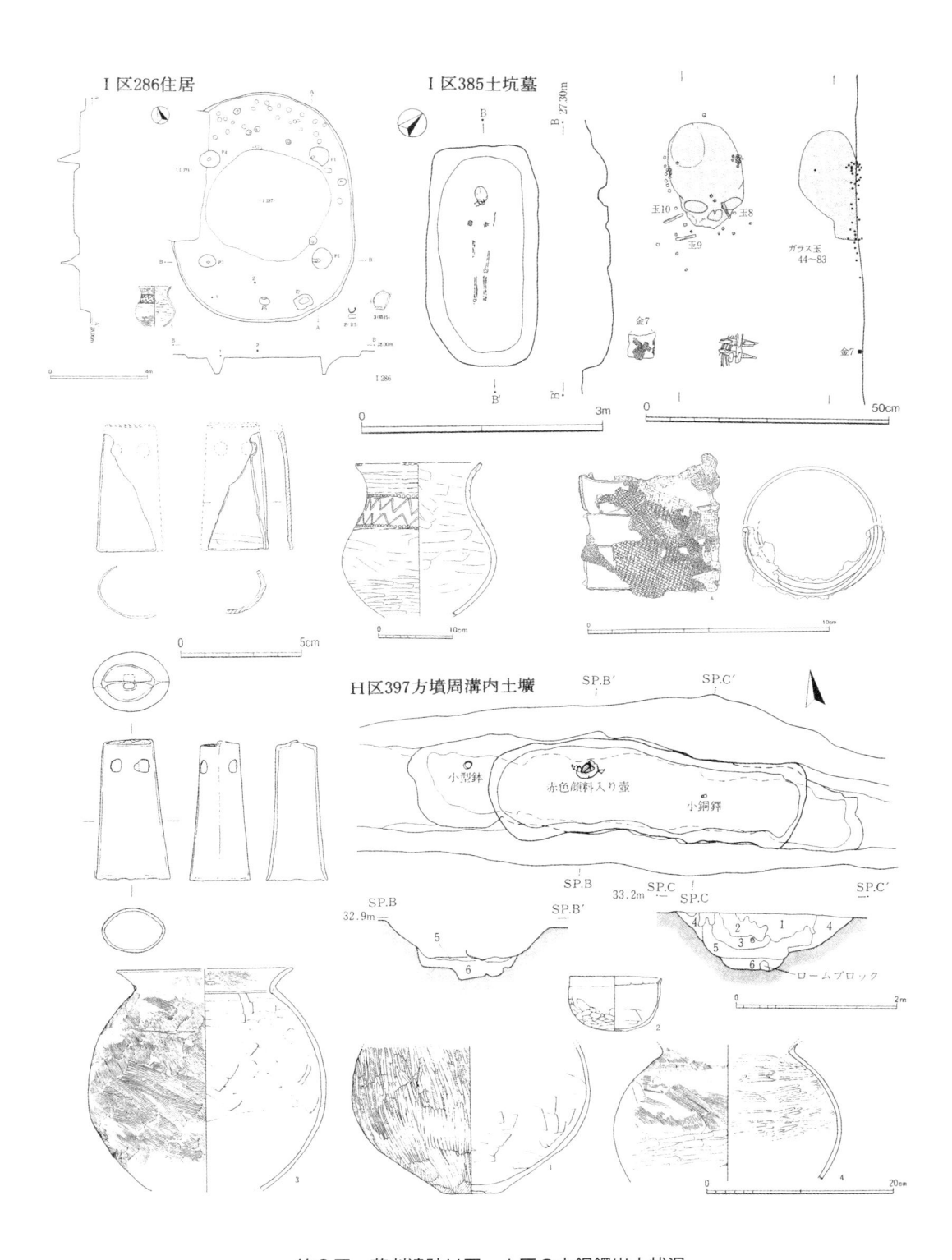

第8図　草刈遺跡H区・I区の小銅鐸出土状況

表5　小銅鐸出土墓の副葬品と関連遺構出土遺物

遺跡と遺物	釧	ガラス玉	管玉		翡翠勾玉	琥珀玉	水晶玉
			碧玉	鉄石英			
原田A群　木棺墓棺外			○				
立明寺28-S方形周溝墓西角							
愛野向山SK4棺外		○水色	赤色凝灰岩				
大井戸八木1号方形周溝墓	鉄釧（螺旋状）	○紺・青緑	○	○			
大井戸八木1号土坑墓	銅釧（環状）	○紺・青	○	○	○	○	
文脇14号木棺墓	鉄釧（環状）	○紺・淡緑青			○		○
文脇7号方形周溝墓	銅釧（環状）	○紺				○	○
草刈H区397号墳周溝内壙							
草刈I区385号土坑墓	鉄釧（環状）	○紺・青	○				

人物と推定され，集落内最大の墓を築いた7号墓の被葬者とは，集落を統率する首長と祭を司る司祭者のような関係にあったことが想定される。

草刈H区397方墳周溝内土壙

　草刈遺跡は，約87万㎡に及ぶ「ちはら台遺跡群」の中心となる遺跡で，約30万㎡の広大な面積が調査された。弥生中期後半から環濠集落が形成され，弥生後期から古墳前期にかけて拡大・発展した東京湾東岸を代表する遺跡のひとつである。弥生の遺構は住居跡を中心に約1,300基，古墳前期の遺構は約1,250基にのぼる。

　ちはら台遺跡群では，草刈遺跡と川焼台遺跡で2点ずつ計4点の小銅鐸が出土しており，列島内で最も小銅鐸が集中する地点である。遺跡内では，銅釧23点以上，鉄釧2点，青銅製指輪22点以上，銅鏃17点以上が出土しており，弥生後期〜古墳出現期にかけて青銅製品の一大消費地であったといえる。H区は草刈遺跡のほぼ中央に位置し，弥生後期の住居跡46棟・木棺墓4基が検出されている。木棺墓からは濃紺のガラス小玉を伴う環状の銅釧2例，濃紺のガラス玉を伴なう鹿角装柄付の鉄製短剣1振が出土した。草刈遺跡では，古墳出現期から前期にわたる古墳が数多く営まれ，台地中央部には前方後方墳1基，小型の方墳40基ほどが集中している。小銅鐸が出土したのはこの一画，H区のほぼ中央に位置する方墳の周溝内である。

　小銅鐸は，北側周溝中央で底面から約30㎝上で，鐸身を水平にして出土した。墓坑の東寄りに位置し，舞部は西側を向く。この周溝内施設の平面プランは不整形で，木棺使用の可能性は低い。おそらく被葬者は麻布などに包まれて直接墓坑の中に埋置されたものと思われる。また，この埋葬施設から赤色顔料の入った壺下半部と小型の鉢が出土し，小銅鐸の帰属時期を知るうえで数少ない土器資料となった。さらに，周溝北東コーナーからは内外面の一部と破断面に赤色顔料が付着した甕が集中して出土しており，破砕後に赤色顔料が塗抹された埋葬儀礼として注目される。以上の状況によって，周溝に墓坑を掘りこみ，被葬者と土器を埋置して埋め戻した後に小銅鐸を納め，葬送の儀礼を行ったことが推定できる。小銅鐸はX線調査等によっても，鈕を鋳出した痕が見られず，極めて単純な形態で，内突帯をもたない。舞孔が1孔開いているが，器壁が薄いため，舞孔を利用して吊したり，舌を懸垂したことは考え難い。手に持って，舌状の器具を使って鳴らしたのであろうか。出土した土器は，古墳前期前半の新段階

列島の小銅鐸

川焼台遺跡全体図（S＝1/4,500）

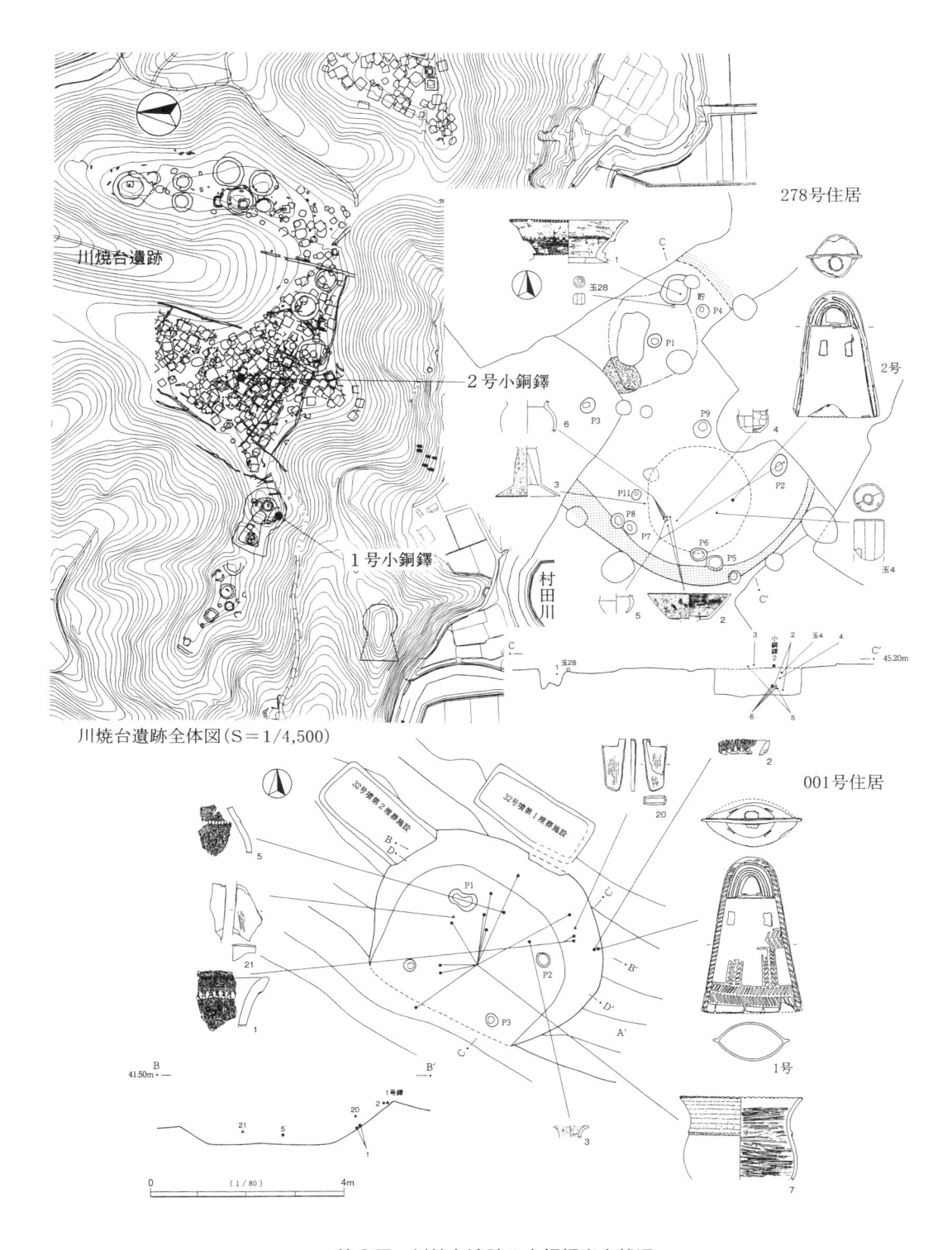

278号住居

2号小銅鐸

1号小銅鐸

村田川

001号住居

第9図　川焼台遺跡の小銅鐸出土状況

517

に位置づけられ，小銅鐸祭祀の下限時期を示す稀少な資料と考えられる。

　このH区鐸に極めてよく似た小銅鐸が遺跡内のI区286号住居の覆土上面から出土している。鐸身の約半分が遺存し，舞部を欠くため鈕の有無はわからないが，鐸身の形状からH区鐸と同様に復元している。鐸身はH区鐸より厚みがあって重量感があり，裾の内面には突帯がめぐる。一見してH区鐸よりしっかりした作りである。I区286号住居に重複する古墳前期の住居に帰属すると報告されているが，住居の埋め戻し後に廃棄・埋置する例が多いことから，弥生後期後半の本住居に伴うものと思われる。25mほど西には，右腕に環状の鉄釧を装着し，碧玉管玉（3）・ガラス玉（40）を付けた人物が埋葬された385号土坑墓があり，大井戸八木遺跡・文脇遺跡の例のように，役割の異なる有力者が同時期に複数存在した可能性が高い。本住居から出土した土器は，甕と壺の境界が曖昧な房総北部域の土器で，環濠集落の北限に近い地域との交流もうかがえる。

　これらの墓出土の小銅鐸は，すべて単独の埋葬施設や周溝内から出土し，溝や墳丘などの区画をもつ墓の中心施設からは出土しないのが最大の特徴である。また，副葬品の釧と玉の組成に注目して弥生時代例の埋葬時期を整理すると，螺旋状鉄釧・ガラス玉・碧玉主体の管玉・小型の翡翠勾玉をもつ大井戸八木1号方形周溝墓（弥生後期中頃〜後半古段階）→環状鉄釧・ガラス玉・碧玉管玉をもつ草刈I区385土坑墓およびI区小銅鐸（弥生後期後半古段階）→環状銅釧・ガラス玉・鉄石英主体の管玉・大型の翡翠勾玉・水晶玉をもつ大井戸八木1号土坑墓小銅鐸（弥生後期後半新段階）→環状鉄釧・ガラス玉・水晶玉をもち，管玉をもたない文脇14号木棺墓小銅鐸（弥生後期後半新段階）の変遷が見られる。環状の鉄釧・銅釧は玉類との組み合せで新古を捉えることができ，管玉の有無と材質が指標のひとつになろう。

（2）住居跡出土例

川焼台遺跡1号鐸

　1号鐸が出土した001号住居は，古墳後期の前方後円墳（32号墳）の墳丘下で検出され，壁際肩部で小銅鐸が出土した。小銅鐸は，欠損のない鐸身面を上にし，鈕を北側に向けて出土したことが記録されている。この地点は，竪穴住居59棟が調査された集落本体から離れた尾根上で，本住居を含めて8棟の竪穴住居が散在する。そのうち1棟は，長軸9.9mに及ぶ本遺跡の弥生最大の竪穴住居で，ほとんど遺物が残されていないなど，特殊な建物であったことがうかがえる。

　また，本住居跡の覆土は，ローム・ロームブロックが斑状に入る明らかな埋め戻し土と見られる。床面に貼り床はなく，炉がない。遺物もわずかで，生活痕のない特殊な竪穴であるといえる。柱穴には重複が見られ，建て替えの期間にわたって使用されたようである。

　本鐸は，前掲のように突線鈕式袈裟襷文銅鐸の影響が強い倭系Bの例である。裾部は片面が大きく割れて欠損し，一方の裾にも割れや亀裂が見られるが，割れ面も含めて研磨されており，欠損後も丁寧に扱われていたことがうかがえる。また，鈕の凹部には赤色顔料が付着し，赤色

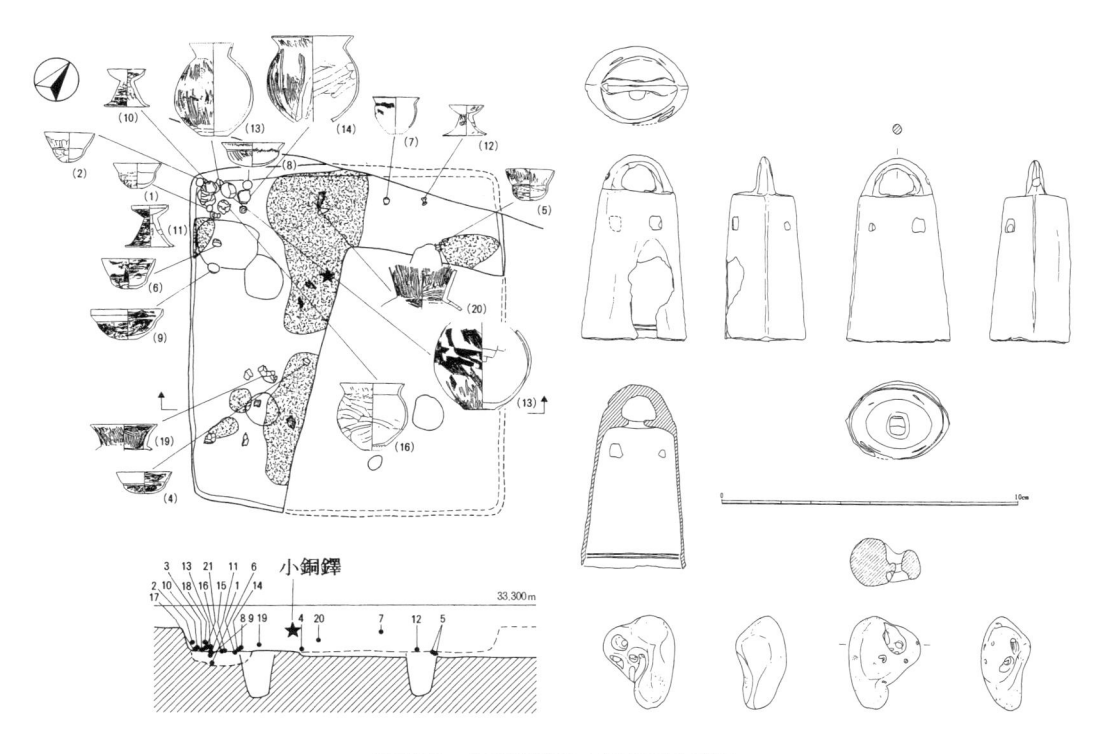

第10図　中越遺跡の小銅鐸出土状況

顔料を用いて埋納された可能性を示している。

　上記のように覆土は人為的に埋め戻されていると見られるため，本竪穴で小銅鐸を使用した後，廃絶に伴う埋め戻しを行い，最後に小銅鐸を廃棄・埋置した可能性が高い。土器はいずれも弥生後期のものであるが，最も遺存の良い甕（7）と壺（3）は後期後半の新段階に位置づけられ，小銅鐸の廃棄あるいは埋置時期を示しているといえよう。ムラの中央部から離れた特殊な竪穴遺構001号は，ムラの祭場であった可能性が高く，この小銅鐸が単に司祭者個人の持ち物ではなく，ムラで共有する祭器であったことを物語る。

川焼台2号鐸

　本鐸は突線鈕式銅鐸を模した倭系Bの無文例である。2号鐸が出土した278号住居は，台地中央部にあって最も遺構の密集する一角に位置する。周囲を後世の住居に切られ，さらに掘立柱建物が絡んで，全体に削平を受けている状況である。調査直後の所見では「床面は軟弱で，住居跡中央部から壁に向かって緩やかに立ち上がる」「炉跡は242号遺構・272号遺構によって切られている」と記され，床や炉の使用状況は明らかではなく，少なくとも検出時に床の硬化面を認めることはできなかったことがわかる。

　2号鐸は鐸身面を上にし，鈕を北側に向けて，やや左鰭が下に傾いた状態で出土している。遺構検出中のことであった。この付近で高坏の脚部（3）が出土し，さらに周囲を掘り下げると折損した緑色凝灰岩製の管玉（玉4）や土器類（2・4・5・6）が出土し，いずれも縄文中

期の264号小竪穴の覆土中にあった。覆土下層で出土した土器には小型壺の破片（5・6）のほか高坏坏部があり，264号の陥没に伴って落下したものか，後世の攪乱によって入ったものか明らかではない。

　一方，方形の貯蔵穴からは，有段口縁の装飾壺口頚部（1）と青色のガラス小玉（玉28）が出土している。この壺と小銅鐸付近で出土した土器群を比較すると，明らかに装飾壺が古く，出現期新段階〜前期初頭に位置づけられる。これに対し小銅鐸周辺の小竪穴出土土器群は，近畿地方の布留式古段階の影響を受けた前期後半の土器群であり，大きく時期を異にしている。小銅鐸，および本住居に伴う土器は貯蔵穴出土の装飾壺と考えるのが妥当で，小銅鐸周辺で出土した土器群は後世の遺物が混入した可能性が高い。緑色凝灰岩製の太形管玉については，大井戸八木遺跡1号土坑墓でも小銅鐸に伴う碧玉製の太形管玉が出土しているので，2号鐸に伴う可能性がある。遺構の遺存状況が著しく悪いため，小銅鐸の帰属は必ずしも定かではないが，装飾壺口頚部・玉類と共に役割を終えた小銅鐸を廃棄・埋置したものと考える。時代はすでに古墳前期初頭にかかる頃で，小銅鐸使用の弥生的な祭は終焉を迎えていたといえよう。

中越遺跡の小銅鐸

　中越遺跡の例は，集落における小銅鐸使用の下限を示す資料と考えられる。小銅鐸は住居の覆土上層から出土し，SI19住居の廃絶に伴うものとされる。覆土からは，有段口縁の鉢・小型器台・小型壺が含まれる古墳前期前半の新段階の土器群が出土し，廃絶の時期を示している。小銅鐸は倭系Cで，裾の内面に突帯をもつ。鐸身内部に貫通孔のある礫（海食孔をもつ磯石か）が納めてあり，舌としての使用が考えられ，鐸身の破損はそれに拠るのかも知れない。一方では，下記の水神下遺跡例のように，垂飾として別々に懸垂して用いられた可能性もある。

（3）水辺の出土例

　水辺の祭祀に関わると推定される出土例には，溝・井戸および井戸付近・自然河道および旧河道から出土した例が挙げられる。17例の報告があり，およそ半数の8例が九州に見られる。ムラごとに水に関する祭祀を行う必要があり，水域を共有する集団が共同で行った可能性もある。ここでは，袖ケ浦市水神下出土例を呈示して，分析の端緒としたい。

　水神下遺跡は，東京湾東岸の海岸平野に形成された砂堆上に立地し，旧海岸線まで1kmほどの距離にある。弥生中期からデルタの自然堤防上に集落形成が始まり，後期に入って台地上

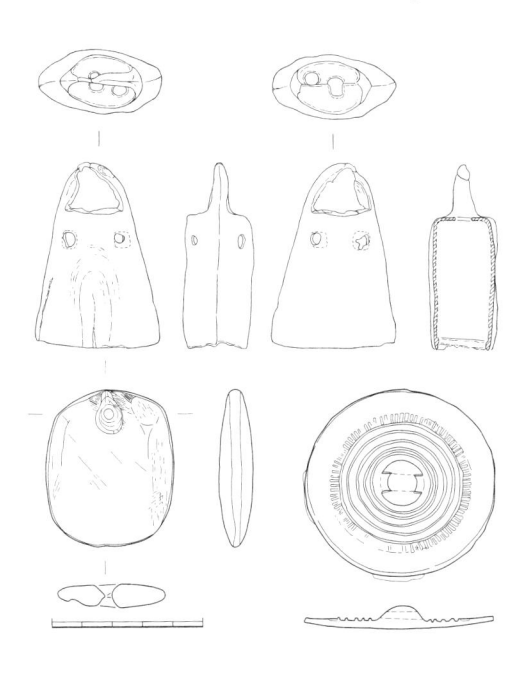

第11図　水神下遺跡の小銅鐸・鏡・垂飾

の集落が急速に拡大すると，砂堆列や自然堤防上の土地利用が活発になる。一方，沖積地には弥生～古墳の水田遺構が発見されている。水神下遺跡では，弥生後期の生活痕跡は確認されていないが，古墳前期になると砂堆列での生活が営まれ，多量の土器が出土している。砂堆の両側に自然流路が検出され，北側裾の2号流路内に形成された溝の底面で小銅鐸・重圏文鏡・石製垂飾が出土した。溝の形成は古墳後期と判断されており，下層の遺構に伴うものと思われる。ここで注目したいのは，3点の出土状況とその大きさである。

　小銅鐸と重圏文鏡は主軸をそろえて東向きに出土し，小銅鐸の高さ（62.6mm）と銅鏡の面径（63～64mm）がほぼ等しい。また，やや離れて出土した石製垂飾も孔を小銅鐸の鈕と同じ方向に向けている。長軸の長さは53.6mmでやや小さいが，短軸は43.1mmあり，小銅鐸の裾幅（40.9mm）に近い。また，3点の周りには溝覆土とは異なる赤褐色の砂がおよそ30cm四方の範囲に堆積している。金属成分による影響と捉えられたが，3点を置いた土坑の覆土とも考えられよう。自然の流路に一括廃棄されたとするには整然としており，報告書に示された「後世の溝掘削時に偶然発見され，溝の底面に移動・配置された可能性」は考えにくいのではないだろうか。

　溝や旧河道の小銅鐸出土例は，流路の改変等によって出土状況がつかめないため，溝に廃棄されたと考えざるを得ない事例が多いが，本例は水辺に埋置した可能性を示す希有な調査例であろう。小銅鐸の入手時期を示す資料は，旧流路から出土している古墳出現期新段階の土器群であろう。一方，埋置時期は重圏文鏡の使用を終える時期となる。小銅鐸に次いで集落祭祀に用いられる小型青銅鏡の出土例は，前期前半の中頃に集中しており，前期前半のうちにその役割を終えているようである。水神下の3点はその頃まで，水辺の祭器として使われていたのであろう。小銅鐸のか細く磨り減った鈕がそれを物語っている。

おわりに

　小銅鐸は，銅鐸とは異なる祭器として，弥生時代に用いられた。最も本質的な差異は，その出土状況にある。すなわち，「埋納する」かしないかという点にその性格の大きな差が表れているといえよう。銅鐸は，土中に鰭を立てて整然と並べられており，土中に納めて保管されていたと考えられている。また，古代中国の青銅器文化が東南アジアから中国南部に分派して広まったドンソン文化には，現代まで祭りのたびに土中から掘り出して使われる銅鼓が存在し，銅鐸の使用法を伝える同根の青銅器として注目されている。一方，小銅鐸が埋められるのはその使用が終わる時である。

　本稿では，墓・住居（集落）・水辺での具体的な出土状況を中心に，小銅鐸の使途を考えてみたが，いずれの場合も破砕等で断片化して出土した例はなく，埋置されたといえよう。また，岡山県矢部南向遺跡の住居内小土坑で，側縁を上下に置いた銅鐸埋納と同様の配置例があるが，それを例外として鰭部（側縁）を立てて埋置する例はなく，置き方は区別されたといえる。住居出土例の中には，鈕を上にしてほぼ垂直に立って出土したものが2例（滋賀県下鈎・千葉県天神台）あるが，その他は鐸身面を水平に置くのが通有である。また，小銅鐸が複数まとまっ

て出土した例はなく，銅鐸のように入れ子状に出土することもない。

　単独の墓の出土例によって，司祭者が携帯し，日常の祭に用いたことは想像に難くない。一方では，特別な威儀具や装身具もつ複数の有力者によって集落が運営されたことがうかがえる。小銅鐸所持者の上位にある首長が墳丘内に埋葬されるのに対し，彼らは周溝内土壙やムラはずれの土坑墓に葬られていたといえるであろう。また，棺を用いない周溝内土壙の被葬者は，墳丘内の被葬者に対する従属性の強さを物語る。

　最終的な使用時期，埋置時期を見ると，墓出土例が弥生時代後期のうちにほぼ終息するのに対し，住居（集落）の資料には古墳時代前期前半の土器を伴う例が認められ，特に関東地方の例は古墳時代出現期〜前期前半の古段階に集中している。また，突線鈕式系の倭系Bが墓から出土した例はなく，住居跡・旧河道・溝の出土に限られている。川焼台1号鐸を契機として，最終段階の銅鐸を模した倭系Bが関東地方に入ると，ムラの祭場で特別なマツリに用いるという銅鐸祭祀の意義も関東地方に波及し，以降は祭器として埋置あるいは廃棄するようになったのではないだろうか。また，川焼台2号鐸と草刈H区鐸は，ムラの祭場で用いる倭系Bと司祭者が携帯する倭系Cが併存した可能性も示している。

　墓への副葬がほぼ終息する頃には，各地に特徴的な墳形の大型古墳が現れており，弥生時代的な祭祀が大きく変質したことを表している。一方，関東地方を中心とする集落の小銅鐸祭祀は継続し，長野県弘法山古墳・静岡県高尾山古墳などの墳丘長60mを超える大型前方後方墳が築かれ，大和に墳丘長80mを超える前方後円墳・ホケノ山古墳が築かれた頃に最後の事例が見られる。しかし，それらの小銅鐸も箸墓古墳が出現する頃には，すべて役割を終えて姿を消している。

　小銅鐸に替わって，集落の青銅祭器の主役となったのは小型の銅鏡である。関東地方を中心とする静岡県以東へ供給されたそれらの青銅製品は，小銅鐸に引き続き三遠式銅鐸の製作終焉後に統廃合された工房から供給されていると考えられる。その有力候補地は，草刈H区鐸の鋳損じ品と見られる筒状銅製品が出土し，土製鋳型片や被熱粘土塊などの鋳造関連遺物が出土している愛知県朝日遺跡であろう。銅鐸片の出土範囲は，三遠式・近畿式銅鐸の集中する浜名湖・天竜川周辺から伊豆半島北部に及んでおり，さらに東方に製作地が存在する可能性もある。弥生時代後期以降の小銅鐸製作を契機とする青銅器生産の東方展開は，集落の拡大に応じた需要を背景に古墳時代前期後半まで継続すると考えられる。

■註
1）本稿作成後，福岡市西区今宿五郎江遺跡で２例目の小銅鐸が出土していたことを確認した。鈕下部から鐸身上半部の１／３ほどが遺存し，現状の高さ6.8cm・幅3.7cm・奥行き3.0cmである。鐸身の横断面は銀杏形で，鰭はなく，側縁に径１cm前後の円孔が見えるが，型持孔がずれたものか明らかではない。舞部には，現状の幅2.0cm・奥行き1.4cmの長方形の孔が開いている。鈕の断面は菱形で，基部内側にバリが残る。朝鮮系小銅鐸 A-a の例とみられる。出土地点は，弥生中期後半～後期の環濠が掘削された谷部が埋没する段階に後期後半の多量の土器が投棄された場所で，この谷部では複数の小型銅鏡・銅鏃・鋳造鉄斧などの金属器とともに木製の短甲・盾・鏃・彫刻のある飾り板などが出土している。
（杉山富雄2014『今宿五郎江16－今宿五郎江遺跡第11次調査報告 (2) －』）福岡市教育委員会）

■引用・参考文献
相京邦彦，1989．千葉県市原市川焼台遺跡出土の小型銅鐸．考古学雑誌 75-2, 85-94.
井上洋一，1993．銅鐸起源論と小銅鐸．東京国立博物館紀要 28, 1-95.
池田治ほか，2010．神奈川県内出土の弥生時代金属器 (2)，かながわの考古学，pp.21-34.
今泉潔ほか，2002．東関東自動車道埋蔵文化財調査報告書11－木更津市中越遺跡－．（財）千葉県文化財センター，千葉
岩名建太郎ほか，2011．青木原遺跡Ⅱ．（財）静岡県埋蔵文化財調査研究所，静岡
小田冨士雄，1991．金属器をめぐる日韓交渉－銅鐸の出現．日韓交渉の考古学（小田冨士雄・韓炳三編），pp.131-137 ㈱六興出版，東京
小高春雄ほか，2011．千原台ニュータウンⅩⅩⅥ－市原市草刈遺跡Ⅰ区－．（財）千葉県教育振興財団，千葉
神尾恵一，2013．銅鐸形土製品祭祀の研究．古文化談叢 67, 177-221.
神尾恵一，2013．銅鐸形銅製品祭祀の研究－いわゆる小銅鐸祭祀について－．古文化談叢 69, 131-175.
山本哲也，1992．文脇遺跡．（財）君津郡市文化財センター，千葉
榊原弘二・山口典子，1984．市原市川焼き台遺跡出土の小型銅鐸について．研究連絡誌 7・8, 1-6
西原崇浩ほか，2015．水神下遺跡発掘調査報告書．袖ケ浦市教育委員会，千葉
佐原真，2002．銅鐸の考古学．東京大学出版会，東京
白井久美子，2002．小銅鐸圏の東縁：古墳から見た列島東縁世界の形成．千葉大学考古学研究室，千葉
白井久美子・蜂屋孝之，2009．千原台ニュータウンⅩⅩⅠ－市原市川焼台遺跡（上層）－．（財）千葉県教育振興財団，千葉
白井久美子，2015．小銅鐸同工品の検討．型式論の実践的研究Ⅲ，89-98.
進藤武，2009．銅鈴と銅鐸の成立．花園大学考古学研究論叢Ⅱ（花園大学考古学研究室30周年記念論集刊行会編），pp.36-48．真陽社，京都．
高倉洋彰，1973．銅鐸製作開始年代論の問題点．九州考古学 48, 2-13.
當眞紀子，2010．君津市大井戸八木遺跡　大井戸八木古墳群Ⅱ．君津市教育委員会，千葉
野口義麿，1967．栃木県小山市田間発見の銅鐸について．考古学雑誌 52-4, 27-34.
春成秀爾，2008．銅鐸の系譜．東アジア青銅器の系譜（春成秀爾・西本豊弘編），pp.55-75．雄山閣，東京．
比毛井克仁，2001．関東における「小銅鐸」祭祀について．考古学雑誌 86-2, 40-68.
古内茂ほか，1989．千葉県袖ヶ浦市文脇遺跡出土の小銅鐸．考古学雑誌 75-2, 95-101.
吉田広，2000．朝日遺跡の青銅器生産．朝日遺跡Ⅳ，pp.597-609．愛知県埋蔵文化財センター，愛知．

桜馬場式のゆくえ

佐賀県教育庁 渋 谷 格

要旨

　北部九州の甕棺編年の中で，桜馬場式の標識とされてきた桜馬場遺跡宝器内蔵甕棺が平成19年に再発見されたことから，それまで標識となる甕棺が不明のまま設定されてきた型式としての桜馬場式について再検討する必要が生じている。そのため，研究史を振り返り，代表的な編年案での桜馬場式について確認すると，おおよその共通するイメージはあるものの，詳しくみていくと編年案ごとに相違点があることを指摘した。そして，再発見された宝器内蔵甕棺は，ほとんどの編年案では1段階新しい型式に位置づけられるため，従来の桜馬場式をそのままの呼称で使用することは適切ではないと主張した。さらに，型式として同一レベルでの安定性の視点から，現状では後期前半代の甕棺を1型式とするべきであると結論づけた。また，弥生土器の様式の中で甕棺の変化をみると，日常用の甕の変化と類似することを指摘した。

キーワード：甕棺，型式，編年，桜馬場式，三津式

1　はじめに

　北部九州の甕棺の研究において一つの懸案事項であった佐賀県桜馬場遺跡の「宝器内蔵甕棺」が，平成19年度の唐津市教育委員会の発掘調査により再発見された。周知のとおり，この甕棺は昭和19年工事中に偶然発見されたもので，副葬品である方格規矩鏡や巴形銅器，有鉤銅釧などは保管されたものの，甕棺自体は再び埋め戻されていた。その後の研究において，森貞次郎氏によって桜馬場式の標識とされたが（森1968），その甕棺は不明のままであった。

　当初開発に伴う発掘調査であった唐津市教育委員会による「宝器内蔵甕棺」再発見の発掘調査成果は2008年に概報，2011年に本報告としてまとめられ，蒲原宏行氏による詳細な検討（蒲原2009）を含め，出土した棺体Aが「宝器内蔵甕棺」の下甕，棺体Bが上甕であることが確認され，墓坑もわずかではあるが残存していることが明らかとなった。

　「宝器内蔵甕棺」そのものの再発見は，これまで推測でしかなかった方格規矩鏡などの豊富な副葬品をもつ甕棺の型式が明確になったという大きな成果であり，弥生時代の実年代や国産青銅器の時期を知る上で重要なものとなった。当然ながら，その甕棺について編年的位置づけ

を明らかにしていくのは必要な研究である。

　しかしながらそれと同時に，桜馬場式の標識となっていた甕棺の再発見であるのだが，おそらく多くの人がイメージとして描いていた桜馬場式とは異なるものであったと思われる。そこで，本稿では甕棺の「型式」としての桜馬場式について，研究史を振り返りながら検討してみたい。また，型式としての安定性を考えるため，その前後の型式，特に筆者が宝器内蔵甕棺の属する型式と考えている三津式についても合せて検討することにする。

　なお，甕棺の名称については，唐津市教育委員会の報告書でも宝器内蔵甕棺としているので，本稿でもその名称を使用することにする。また，地権者のご理解の元，桜馬場遺跡の宝器内蔵甕棺出土地点は現地保存が決まり，既に史跡に指定されていた葉山尻支石墓群に大友遺跡，森田支石墓群とともに追加される形で平成26年10月6日に唐津松浦墳墓群として史跡指定された。

2　代表的な甕棺編年における桜馬場式・三津式

　桜馬場式を中心とした甕棺編年について研究史を振り返る前に，まず桜馬場遺跡の発見や調査の経緯を簡単にまとめておく。また，甕棺の編年には戦前からの長い学史があるが，ここでは具体的に型式・様式としての桜馬場式・三津式が論じられるようになって以降を取り扱う。

　1944（昭和19）年11月，防空壕掘削の際に方格規矩鏡2面を始めとする豊富な副葬品をもつ甕棺墓が発見された。甕棺などは埋め戻されたものの，重要遺物は地権者の元に留められた。当時の状況は松浦史談会副会長の龍渓顕亮氏によって記録され，甕棺の出土状況などが分かる貴重な資料となっている。龍渓氏は塚本善隆氏を通じて梅原末治氏に伝え，梅原氏は1946（昭和21）年に岡崎敬氏に調査を依頼している。1948（昭和23）年には，奈良国立博物館で開催された「日本考古展」に桜馬場遺跡出土品等が展示された。

　この遺跡の報告は，吉村茂三郎・松尾禎作両氏が1949（昭和24）年に行っている（吉村・松尾1949）が，梅原氏は「近年での最も注意すべき關係遺物として永く記憶されることになるであらう」（梅原1950, p.1）発見品であり，「なほ重要な資料の記録として不充分な點があるので，既往の調査に基いて」（p.1）報告を行っている（梅原1950）。

　この甕棺の時期については，森貞次郎氏がかなり早い段階で示している（森1955）。森氏は，形態が変化しにくい煮沸用の甕が著しく変化する時期を画期ととらえ，甕の変化を基準に北九州の弥生土器の編年を行い，前・中・後期と3時期に大別，それぞれの時期を更に3時期に細分して，第1式から第9式までの「九型式を設定」（p.33）した。この編年は，北部九州の弥生土器編年における基盤となっていくが[1]，この中で明示されてはいないものの，第1図（p.34）の中期第6式の関連遺跡に「佐賀唐津」，関連遺物（金属器）に「方格規矩鏡」とあることから，桜馬場遺跡宝器内蔵甕棺を中期末に位置づけていることは間違いないことと思われる。

　1955（昭和30）年には，日本考古協会・東亜考古学会によって桜馬場遺跡宝器内蔵甕棺出

桜馬場Ⅲ式　　　　　　　　　森編年

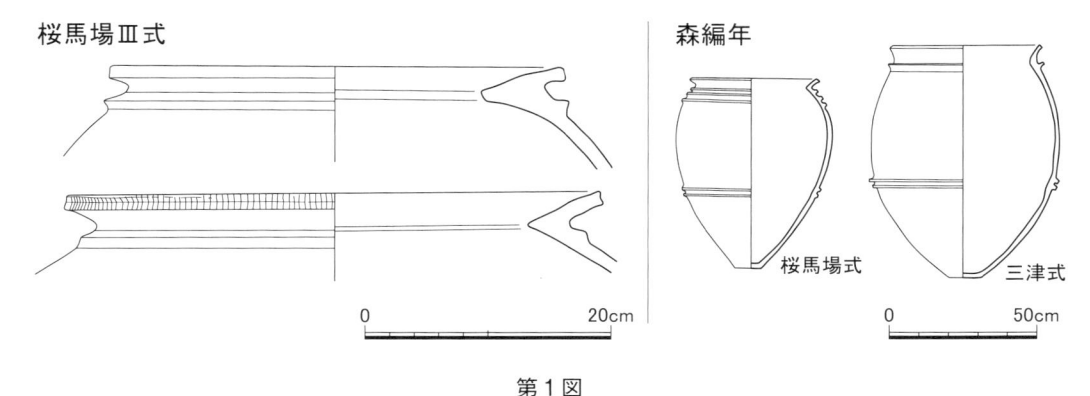

第1図
桜馬場Ⅲ式（1/6），森編年 桜馬場式・三津式（1/25）（杉原・原口1961，森1968から再トレース）

土地点周辺の調査が行われ，宝器内蔵甕棺を発見することはできなかったものの，甕棺墓2基と多数の甕棺破片を発見した。この調査の報告（杉原・原口1961）の中で，調査の代表者であった杉原荘介氏は出土した甕棺を桜馬場Ⅰ～Ⅲ式に型式分類し，宝器内蔵甕棺は龍渓・岡崎両氏の復元図から桜馬場Ⅲ式土器に該当するものとした。桜馬場Ⅲ式土器の特徴は，「胴部の肩からは鋭い角をもった屈曲によって外方に口辺部がひらく。口辺内面は器内部へ向って傾斜する。口縁部は普通面を有するが，これにⅠ式土器に見られたものに類似する装飾を施すものがまれにある。胴部最大幅はつねに中位より上にある。しかも，胴部最大幅より口辺部はその径が著しく小さい。したがって，胴部は非常に肩の顕著な形となる。また，胴部には整形のための刷毛目痕が非常にはっきりと残されるのが一般的である。口辺部直下に一条，胴部に二条，断面三角形の隆起帯がめぐらされるのが普通である。底部は普通の平底を呈する」（p.138）とされ（第1図左），桜馬場Ⅲ式は伊佐座式に相応するものとして後期に位置づけられた。

　この調査により，宝器内蔵甕棺そのものは発見できなかったが，出土甕棺から具体的に桜馬場式甕棺が検討できる資料が得られたことは重要である。また，編年的な位置づけは踏襲されていくことになる。ただし，筆者は図示された甕棺で判断する限り，口縁部径から中型棺が図示されており，桜馬場Ⅲ式は立岩式新段階に位置づけた方がよいと考えている。

　ここからは，主要な甕棺編年案で桜馬場式・三津式がどのように説明されているかを確認したい。なお，1953（昭和28）年に佐賀県東脊振村三津永田遺跡（金関ほか1961），1963（昭和38）年に福岡県飯塚市立岩遺跡（立岩遺蹟調査委員会編1977）が調査され，中国鏡が副葬された甕棺の実態が明らかになっていったことを付記しておきたい。

森貞次郎氏による編年

　現在の甕棺編年の直接的な基礎となっているのが，森貞次郎氏（森1968）による編年（以下，「森編年」と略称）である。このなかで，「甕棺の編年は，弥生式土器の編年にもとづくものであるが，特に甕棺のために標識的な遺跡名をとって本文の様式名とする」と述べ，伯玄式（前

期後半）→金海式（前期末）→城ノ越式（中期初頭）→汲田式（中期前半）→須玖式（中期中頃）→立岩式（中期後半）→桜馬場式（後期初頭）→三津式（後期中頃）→日佐原式（後期末）という編年を示した。この森編年は，その後の編年案でも大筋において妥当性が認められており，資料が増加した今日においても甕棺編年の基本と言ってよい。

　しかし，この論文の主な目的が細形銅剣を対象としたものであったためと考えられるが，伯玄式から立岩式については詳しく特徴を説明しているのに対して，後期については実は簡単な記述しかなされていない。全体を引用すると，次の通りである。

　「後期はこれを三期に大別できるが，器形における共通点は，1）頸部がくびれ，2）口縁部が短かく外開きになる。3）底部付近が細くくびれることなく平底につづくが，平底は次第に丸底への変化の過程をたどる。4）凸帯はコ字形断面であるが，幅が広く，下さがりに垂れる傾向がある。後期様式には細形銅剣など青銅製武器の副葬されたものはないが，連関があるので，一応様式名と関係遺物をあげる。

（7）後期初頭（桜馬場式）佐賀県唐津市桜馬場を標識的遺跡とする。漢中期の鏡・巴形銅器・貝釧形銅釧・鉄刀などがみられる。

（8）後期中頃（三津式）佐賀県神崎郡東脊振村三津を標識的遺跡とし，後漢初頭の鏡・素環刀を伴っている。

（9）後期末（日佐原式）福岡市日佐の石蓋土壙墓群中で，後漢式鏡を出した石蓋土壙と共存していた甕棺であって，幅広く低い大きな斜十字形刻め文をもつ丸底に近い甕である。」(p.136)

　また，図1（p.132）には桜馬場式は上三潴，三津式は三津永田遺跡104号下甕を図示している（第1図右）。

　ここで後期初頭の標識的遺跡とされた桜馬場遺跡は，副葬品の記述から宝器内蔵甕棺を指しているものと思われるが，様式としての詳細は不明である。図示された上三潴の甕棺は確認したわけではないが，サイズや形態的にみていわゆる中型棺であり，また調査例が増加した今日でも一般的な形態とは言い難い。また，桜馬場III式と比較すると，口縁部の屈曲度がやや大きくなっているようにみえる。

　このほか，後期中頃の三津式について，「図1の4の立岩式甕棺は都合により立岩例をあげ得なかったが，その底部は6の三津式に近い。」(p.133)という記述から，三津式の底部が平底であると森氏が考えていたことがうかがえることは，三津式の特徴を知る上で重要であろう。

　以上のように，三津式については三津永田遺跡104号下甕が標識となっているが，桜馬場式については詳細に説明されておらず，例示された実測図からも具体的にイメージするのが難しいというのが実態であると思われる。なお，1955年には中期末としていた桜馬場式を後期初頭としたのは，杉原荘介氏の編年的位置づけを認めたことと同時に，前述の立岩遺跡の調査成果により，立岩式に副葬される舶載鏡の年代が明らかとなったことが背景にあると，論文中に鏡の年代を記していることから筆者は推測している。

高島忠平氏による編年

　立岩遺跡の報告書での高島忠平氏（高島1977）による編年（以下，「高島編年」と略称）である。編年の前提として「甕棺の独立した編年もやむをえないと思われる」(p.158)としながらも，「とくに北部九州の場合，弥生土器の編年および年代の比定が甕棺とその副葬品とを中心に検討されてきたという経緯からしても，甕棺の編年は基本的には一般の弥生土器の編年の体系の中で行なわれねばならないのは当然である。」(p.158)と述べている。

　そして，戦前からの研究を踏まえ，小林行雄様式論の立場から「前・中・後期といった時期区分は弥生時代の文化の推移・発展の認識を目的としたものであって，弥生土器の様式・編年を目的としたものではないということである。またこの3時期区分は，あくまで土器様式が基準となっていることである。したがって，弥生研究における前・中・後期の枠組は，土器様式によってなされる筋合いのものである。」(p.160)と指摘している。

　このように，弥生土器編年の中で甕棺を取り扱うという視点は，他の編年案にはあまりみられない立場であり，注目すべきであろう。編年においては，主に形態的変化と製作技法から前期・中期・後期様式を設定し，前期をⅠ～Ⅲ式，中期をⅣ～Ⅶ式，後期をⅧ～Ⅹ式に細分した。そして，細分は可能としながらも，「森編年は，甕棺の型式変化の画期をとらえており，大筋としてはこれを支持することができると思う」(p.161)と述べ，森編年の伯玄式に先行するⅠ式を新たに設けた上で，それぞれの様式について説明している。また，「極端な細分化は編年の一般的理解を困難にする。」(pp.161-162)と指摘している。

　さて，高島氏の編年の中では桜馬場式は後期様式のⅧ式とされ，「口縁部は鋤形をなし，外反する器体上端部の内側に粘土帯を貼りつけて基部の厚い口縁を形成し，口縁の上面は面をなす。器体部は胴の張りが強く，上方がすぼまり，卵形をしている。凸帯は，器体胴部は断面コ字形であるが，先端がやや垂れ下がる。口縁部下は断面三角形で，器体部と口縁部の屈折部に近づいた位置にめぐっている。底部は器体部下半の曲線のままとりつく形で突出しない。やや不安定な平底である。器面は刷毛目の上を磨研して調整するが，刷毛目のままのものが多くなってくる。」(p.166)と述べ，代表例として桜馬場Ⅲ式土器，福岡県丸尾台の日光鏡を副葬した甕棺，二塚山遺跡46号甕棺を挙げ，編年図には一の谷遺跡19号甕棺を図示している。

　また，三津式が後続してⅨ式とされ，「口縁部は大きく外反し，断面が「く字形」をなす。この部分の粘土による補強は見られない。器体部は完全な卵形をなしている。器体胴部の凸帯は断面が台形をなし，先端が下方に垂れ下がる。口縁下の凸帯は，器体と口縁の屈折部にあり，口縁部の外への広がりにより割れを防止する役割をもつようになる。器面は刷毛目のままで，磨研されることはあまりない。底部は器体下半の一部のように目立たず，不安定な器体に比べて小さな平底になる。」(pp.166-167)と述べ，代表例として三津永田遺跡104号甕棺を編年図に図示し，三津永田遺跡周辺の舶載鏡を副葬した甕棺，二塚山遺跡76号下甕を挙げている。

　このように，桜馬場式・三津式の甕棺を具体的に提示したのは初めてであり，その成果は重要である。ただし，桜馬場式として例示した二塚山46号下甕・一の谷19号下甕の口縁部が，

桜馬場式の説明に合致しているかはやや疑問である。なお，二塚山遺跡の報告書における七田忠昭氏の編年（七田1979）は，基本的に高島編年に沿った内容となっている。

高倉洋彰氏による編年

高倉洋彰氏（高倉1978）の編年（以下，「高倉編年」と略称）では，「編年である以上そこには当然時間の概念が必要である」（p.73）という観点から，福岡市金隈遺跡や唐津市宇木汲田遺跡で城ノ越式甕棺がほとんど確認されなかったこと[2]などによって，金隈遺跡の報告書（福岡市教委1971）で示された折尾学氏の編年を妥当として，金隈式→汲田式→須玖式→立岩式→桜馬場式という編年を提示して，甕棺の各型式を説明している。

後期についても同様の観点で，甕棺墓が後期に激減することから，「良好な資料の遺跡例を欠き，編年に困難さをもたらす。」（p.70）と述べ，森編年の桜馬場式・三津式について「この両型式に形態的な差異を認めることはできるが，副葬遺物の組成に変化が認められないほど，それほど明確に時期的内容的に区別しうるものではない。」（p.71）とし，後期前半として両型式を合せて桜馬場（一の谷式）を設定した。そして，この型式の標識として須玖岡本遺跡8号甕棺・一の谷遺跡27号甕棺を挙げている（第2図）。

しかし，副葬遺物の組成はあまり変わらないとしても，桜馬場遺跡宝器内蔵甕棺と三津永田遺跡104号甕棺の副葬鏡には時代差があり，時期的には区分しうる可能性があった。また，明示されていないものの，一の谷遺跡27号甕棺が森編年の桜馬場式，須玖岡本遺跡8号甕棺が三津式と認識していた可能性があるが，一の谷遺跡27号甕棺は立岩式新段階とするほうがよいと思われる。ただ，桜馬場III式には近いとみられ，桜馬場式に対する当時の認識を知る上では注目すべきであろう。

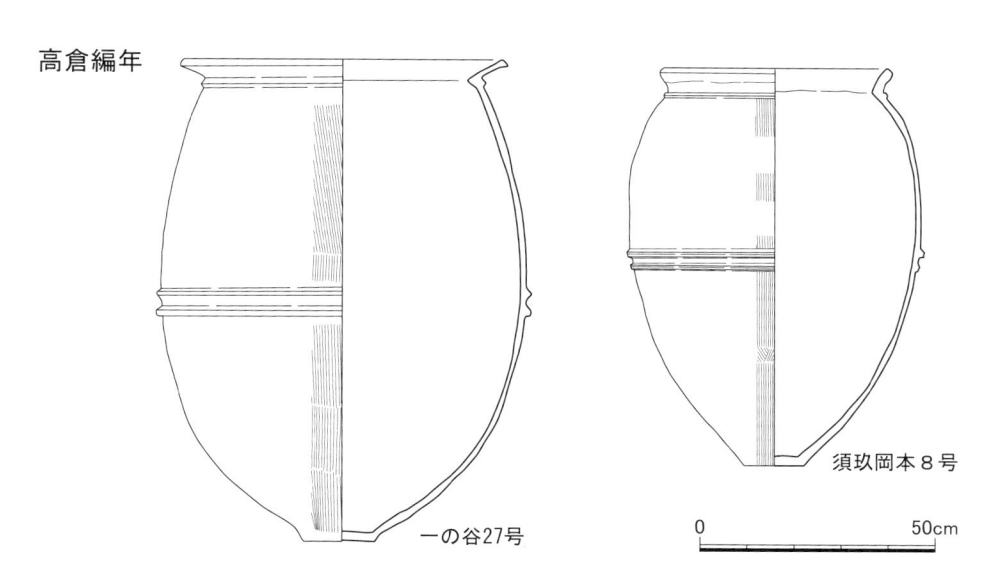

第2図　高倉編年 桜馬場式（1/16：高倉1978から再トレース）

このように，資料が増加した現在からみると，編年には問題点を含んでいると考えられるが，「この時期区分によってこれまで調査された多くの甕棺墓地のそれぞれの変遷を考察することができる。一定程度細分化された土器型式は時として統合する必要に迫られてくる」(p.73)という指摘は重要である。

橋口達也氏による編年

甕棺編年のうち，現在多くの研究者の賛同を得て，もっとも広く使われているのが橋口達也氏（橋口1979）による編年（以下，「橋口編年」と略称）である。型式分類の手続きが明示的ではないという中園聡氏（中園2004, p.179）や，抽象化された型式の措定はなされていないという蒲原宏行氏（蒲原2009, p.30）の指摘[3]などはあるものの，結論としての橋口編年は，発表されてから今日に至るまで使われ続けていることは，有効性が評価されていることの証であろう。

筆者も編年の内容について，概略としては妥当性がある編年と考えている。しかし，型式の大別において「中期を口縁下に凸帯のない時期と，口縁下凸帯出現以後の時期に二分し」(p.138)と述べ，一つの属性の有無で区分している点は問題と考えている。速水信也氏が指摘するように（速水1985, p.78），口縁下に突帯をもたないＫⅢa式（森編年の須玖式）は地域的，特に筑後・佐賀地区には普遍的にあり，北部九州全体の甕棺を編年する上で，大別の有効な属性とはいえないからである。

また，型式名については，混乱を招きかねない問題をはらんでいると考えている。橋口氏は，橋口編年のＫⅢa式を森編年の須玖式に，ＫⅢb・c式を立岩式に対応させているが，橋口氏自身がＫⅢc式について「外見上の基本形はＫⅢb式とそうたいして変わらない。」(p.155)と述べているように，ＫⅢa式とＫⅢb・Ⅲc式は同一レベルの型式分類とはいえないのに，同じアルファベット小文字で型式が表現されていることは混乱の元になる可能性がある。

さて，森・高島編年の桜馬場式は「明瞭な稜を有するく字口縁の出現から基本的に甕棺が終焉するまでの時期（後期前半）」(p.138)とされるＫⅣ期のうち，ＫⅣa式に対応するものとされた。また，桜馬場遺跡宝器内蔵甕棺について「報告書に掲載された龍渓・岡崎両氏によるとされた復原図は，実際にはあり得ない形態のものであるが，ＫⅣa式の諸特徴は示している。」(p.187)と言及して，ＫⅣa式に位置づけている。

そのＫⅣa式の特徴については，次のように説明されている。

「ＫⅣa式の甕棺は，全体として丸みを帯び，器形は卵形を呈し，頸部はしまる。口縁は外反し，く字状を呈し，口縁内部は稜をつくる。口縁下凸帯は頸部もしくは頸部近くに貼付するものが多く，胴部凸帯はまだシャープなコ字形をなすものがあるが，全体としてはだれており，又は三角形に近いもの，刻目等を施すものがあり，凸帯１条のものがかなり多くなる。器面調整はハケ目ののちナデてハケ目を消す手法は，これまでと同様である。」(p.160)

橋口編年 KⅣa式

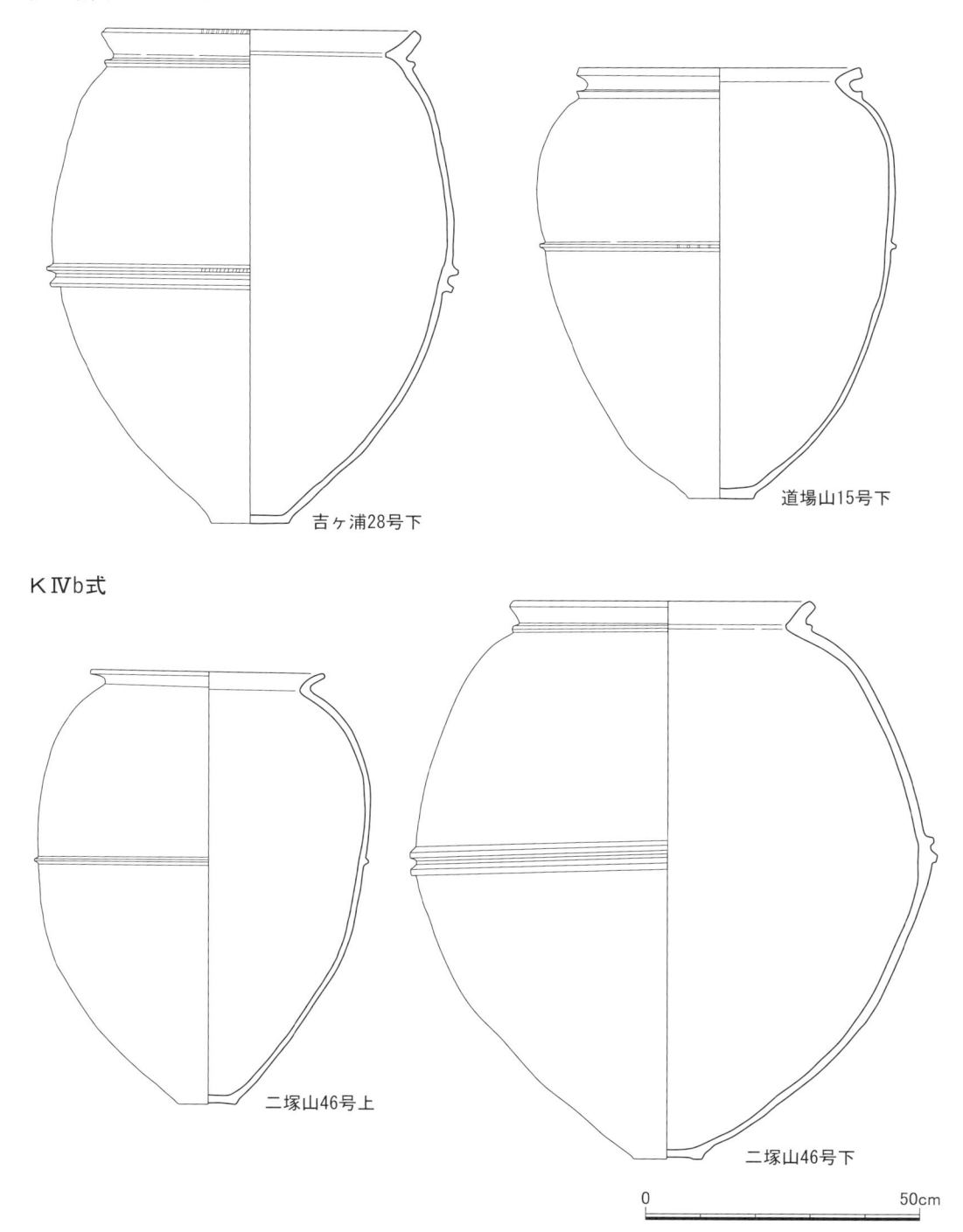

吉ヶ浦28号下

道場山15号下

KⅣb式

二塚山46号上

二塚山46号下

0　　　　　50cm

第3図　橋口編年 KⅣa・KⅣb式（1/12：橋口1979から再トレース，ハケメ省略）

そして，吉ヶ浦遺跡28号下甕，道場山遺跡15・53・73・96号下甕を図示している（第3図）。
　また，森編年の三津式をKⅣc式に対応させて，KⅣa式との間にKⅣb式を設定し，その特徴を次のように説明している。
　「KⅣb式の甕棺の口縁は，やや丸味をもちながらく字を呈し，傾斜がきつくなり，長大化する傾向にあり，器形も丸味が強くなる。口縁下凸帯はKⅣa式同様頸部にあるかまたは頸部に近いところに位置する。胴部凸帯も前者同様である。」(p.160)
　そして，道場山遺跡46号下甕，二塚山遺跡46号甕棺・76号下甕を図示し（第3図），二塚山46号がやや古い要素をもち，道場山46号下甕，二塚山76号下甕が後出的としている。
　KⅣc式の特徴については，「口縁はやや丸味をもって外反し，傾斜はきつい。口縁下の凸帯は上向きのコ字形を呈し，胴部にはやや下位に下向きのコ字形を呈する2条の凸帯が貼付されている。底部はやや上げ底を呈するが，ややしまりなく，KⅤ期へと連なる要素が認められる。」(pp.160-161) として，三津永田遺跡104号下甕を図示している。
　このように，KⅣ期の甕棺について具体的に説明されており，桜馬場式＝KⅣa式（＝宝器内蔵甕棺）としてより明確な認識が共有されるようになった[4]。橋口編年は前述のように広く使われ，継承されており，例えば後期を中心とした編年案としては横隈狐塚遺跡における速水信也氏の編年案（速水1985）などが挙げられる。
　ただし，KⅣb式とKⅣc式の差異については，蒲原宏行氏（蒲原2009, p.30）が指摘するように，分類する属性が明瞭ではない。また，KⅣa式とKⅣb式においても，図示された道場山15・96号下甕と二塚山46号上甕とは差異が見出しにくい。このように，KⅣ期を三つの時期に細分した根拠には曖昧さがある。この橋口氏の論考の後半部分は，甕棺墓の副葬品から弥生時代の実年代を推定することが一つの主眼となっており，明示されていないものの，宝器内蔵甕棺と三津永田遺跡104号甕棺（あるいは二塚山遺跡76号甕棺も含め）に副葬された舶載鏡の年代差を考慮したものかもしれない[5]。また，筆者はKⅣa式と桜馬場Ⅲ式を比較すると，口縁部の屈曲度や形状が異なっており，両者にやや乖離がみられると考えている。

中園聡氏による編年

　属性分析や多変量解析を用いた中園聡氏（中園2004）による編年（以下，「中園編年」と略称）で，北部九州の甕棺全体を対象としたものとしては，型式分類の過程を明示した研究として唯一であるといってよい。結論としては，橋口編年のKⅢb式とKⅢc式が明確には分離するのが難しいことなどの修正は必要であるが，大筋において橋口編年の有効性を追従しており，型式名も橋口編年に沿ったものとなっている。
　後期については，橋口編年との対応からみて*4a*型式（7群）と*4b*型式（8群）となるが，橋口編年のKⅣc式に対応する型式は設定されていない。これについては，KⅣc式が分析の対象となっていないのではないかという蒲原宏行氏（蒲原2009, p.31）の指摘があるが，分析の対象が「甕棺が確実に定型化したとされる「金海式」からを材料とする。下限は急激な減少

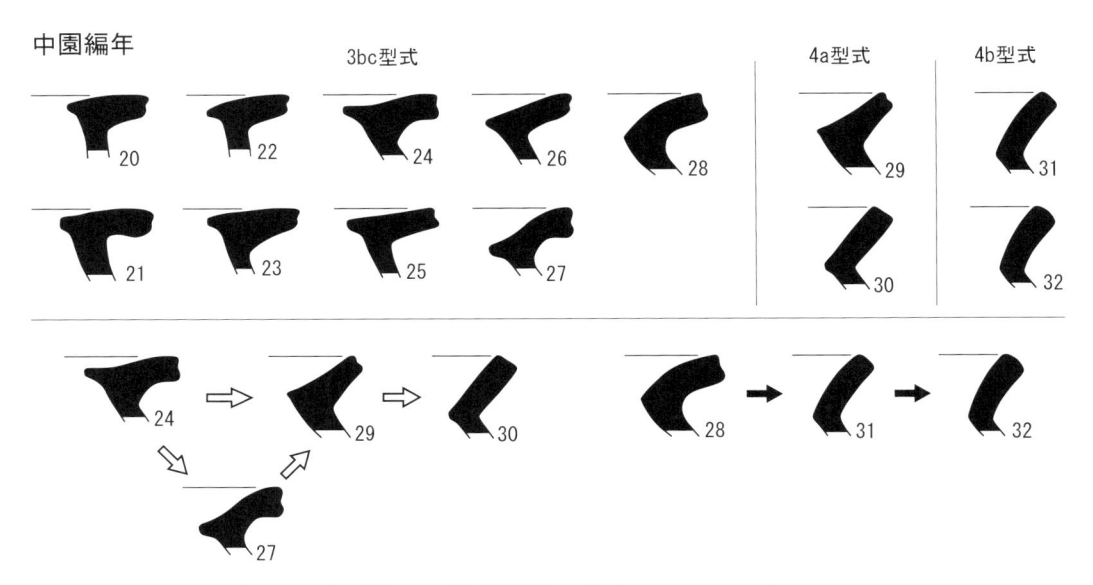

第4図　中園編年 口縁部形態20～32（中園2004から再トレース）

がみられる後期のいわゆる「桜馬場式」や「三津式」である。こうした甕棺の基本的な存続時期までを扱うことにする。」（p.179）と明示されていることから，KⅣc式が分離できなかったとみるほうが妥当であると筆者は考えている[6]。

　詳細にみると，4a型式とする口縁部形態29については，橋口編年KⅣa式として図示されている甕棺（吉ヶ浦例）にみることができるが，「以上の検討から抽出した各型式のイメージする助けとして」（p.202）中園編年で提示されている甕棺の属性である4a型式の口縁部形態30については，橋口編年KⅣa式にあたるのかは評価が分かれるところだと思われる。したがって，橋口編年KⅣa式＝中園編年4a型式となるかは検討の余地があろう。また，桜馬場Ⅲ式に対応するのは口縁部形態26と思われ，一般的には後期の甕棺に含めることが多いと思われる口縁部形態28（あるいは27もか）が3bc型式に含まれていることは注意すべきであろう（第4図）。

　このほか，計測的属性を用いた主成分分析では4a型式と4b型式が第4主成分で分離されているが，クラスター分析では分離できていない。「両者を分かつには底部形態が有効であったが，ここでの計測ではそれを表すような有効な計測点の設定ができなかったことが原因であろう。このことは逆に，底部付近の形態を除く器形が7・8両群で，ある程度類似していることも示している。」（pp.199-200）と中園氏自身が述べていることは注目しておきたい。

　さらに付け加えるならば，口縁部形態では26→29→30と28→31→32を別の変化過程と捉えることができ，4a型式と4b型式が単純に時期差を示していない可能性があると思われる。

　ここまで，宝器内蔵甕棺再発見以前に，桜馬場式・三津式がどのような内容であったかを代

表的な編年案で確認してきた。桜馬場式（KⅣa式）は森編年で後期初頭と位置づけられて以降，弥生時代後期の最初の型式という点では一致している。型式の内容としては，「く」字状口縁であるが，後続する三津式や橋口編年KⅣb式に比べ口縁部の傾斜が緩やかで，口縁部長が短く，底部は平底というおおよそのイメージも，中園編年ではやや異なる可能性があるものの，ほぼ一致しているものと思われる。また，ここで取り上げた多くの編年案で宝器内蔵甕棺は桜馬場式に位置づけられている。

ただし，宝器内蔵甕棺そのものが不明な中で，最初に設定された桜馬場Ⅲ式からみると，編年案が新しくなるほど，桜馬場Ⅲ式からの乖離が大きくなる傾向があると思われる。この点については，宝器内蔵甕棺再発見を待たずに，1980年以降の資料が大幅に増加した段階で整理・検討すべき問題であったように感じる。

三津式については，ほとんどの編年案で三津永田遺跡104号下甕が標識とされており，研究者間でのおおよその共通認識は得られているものと思われる。ただ，橋口編年においてはKⅣa式（桜馬場式）とKⅣc式（三津式）の間にKⅣb式を設定しており，三津式の細分ともとれるが，その基準は明確ではない。

このように，弥生時代後期前半代の甕棺は2〜3型式に区分でき，また言及はしてこなかったが，北部九州で一般的に展開した甕棺は三津式（高倉編年では桜馬場式）までで終焉するというコンセンサスは得られていると思われる。しかし，個々の甕棺の位置づけをみると，高島編年では桜馬場式（Ⅷ式）とされた二塚山遺跡46号甕棺，三津式（Ⅸ式）とされた二塚山遺跡76号下甕が，橋口編年ではいずれもKⅣb式に位置づけられるなど，異なる点が認められる。このことに象徴されるように，詳しくみていくと，内容に相違点があることが分かる。そして，多くの編年案で桜馬場式と三津式に相当する型式の差が意外に大きくないという点は重要であろう。

また，もう1点指摘しておきたいのが，副葬品，特に舶載鏡と甕棺編年の関係である。橋口氏がKⅣ期を3時期に区分した理由として副葬鏡の年代があるのではないかという推測を述べた。また，森貞次郎氏においても1955年段階と1968年段階で桜馬場遺跡の位置づけが変化したことに，甕棺編年と舶載鏡との関係がより明確になったことの影響があるかもしれないことを前述した。学史的に甕棺編年と副葬品とは密接に関係し，弥生時代の年代を解明する上で重要な役割を果たしている。しかしながら，一般論として副葬品の時期によって甕棺を細分するのは方法が間違っており，その危険性をはらんでいることは気を付けなければならないことである。

さて，宝器内蔵甕棺再発見後に，型式としての桜馬場式・三津式について本格的に論じたものはみられない。蒲原宏行氏（蒲原2009）は宝器内蔵甕棺の編年的位置づけについて論じているが，型式を明示しているわけではない。

以上のようなことから，宝器内蔵甕棺について正式な調査報告書が刊行された今日において，型式としての桜馬場式をどう定義するのかは整理されなければならない課題である。

3 宝器内蔵甕棺の編年的位置づけ

　まず，宝器内蔵甕棺下甕（棺体A：第5図）について既存の編年案での位置づけについてみてみる。なお，上甕（棺体B）については，打ち欠きにより胴部下半から底部しか残存していないものであるため，ここでは対象としない。

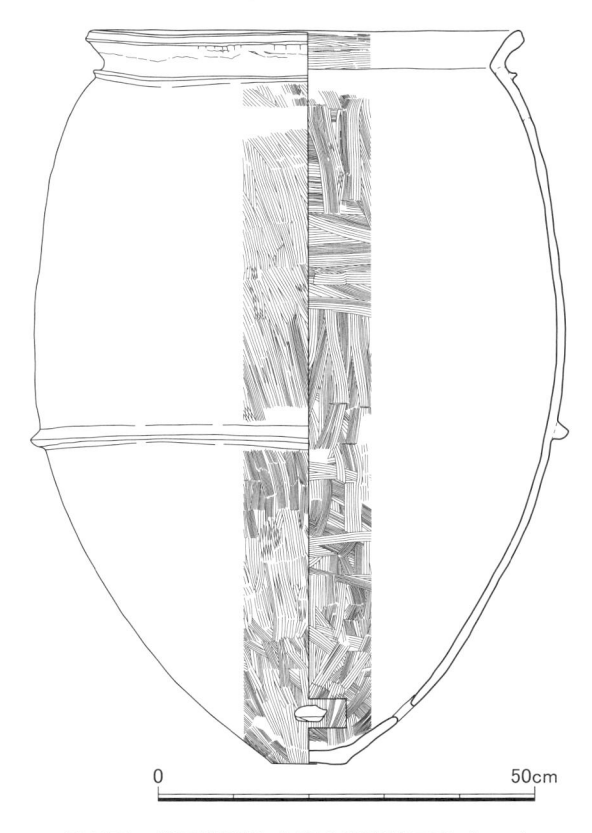

　下甕の特徴としては，やや丸みを帯びながら外反する傾斜の強い断面「く」字状口縁で，頸部はあまりしまらず，最大径が中央よりわずかに上位にあるいわゆる樽形の胴部であり，底部はやや上げ底状の平底で，胴部への移行部にはわずかにくびれがみられる。器面調整は内外面ハケメである。

　この特徴を橋口編年で図示された甕棺と比較すると（第6図），口縁部形態では道場山遺跡46号下甕，胴部形態では頸部があまり締まらないため三津永田遺跡104号下甕に近い。胴部突帯は他が2条であるのに対して宝器内蔵甕棺のみ1条で，底部形態は道場山遺跡46号下甕，二塚山遺跡76号下甕に比べ立ち上がりのくびれがあまりないが，三津永田遺跡104号下甕のようにまったくないわけではない。このように4点の甕棺には差異はみられるものの，型式として分離できるほどの大きな差異ではないと筆者は考える[7]。

第5図　桜馬場遺跡 宝器内蔵甕棺下甕（1/10）
（唐津市教委2011から再トレース）

　このようなことから，宝器内蔵甕棺下甕は高島編年の三津式（二塚山遺跡76号下甕に類似），中園編年の*4b*型式（口縁部形態31又は32などの属性）に位置づけられる。橋口編年では先に指摘したように，KⅣc式の分離には属性で明確な分類基準がなく，甕棺の型式分類自体ではない副葬鏡など他の観点からのバイアスがかかっている可能性があるため，KⅣb～c式に対応するとしておく。この点は蒲原宏行氏とほぼ同じ位置づけとなる（蒲原2009）。

　以上のように，桜馬場式の標識であったはずの宝器内蔵甕棺下甕については，桜馬場式と三津式を統合した高倉編年以外の既存の編年案で桜馬場式やKⅣa式には位置づけられないことは明らかである。また，桜馬場Ⅲ式とも明らかに異なる型式である。

桜馬場式のゆくえ

道場山
46号下甕

桜馬場
宝器内蔵甕棺

二塚山
76号下甕

三津永田
104号下甕

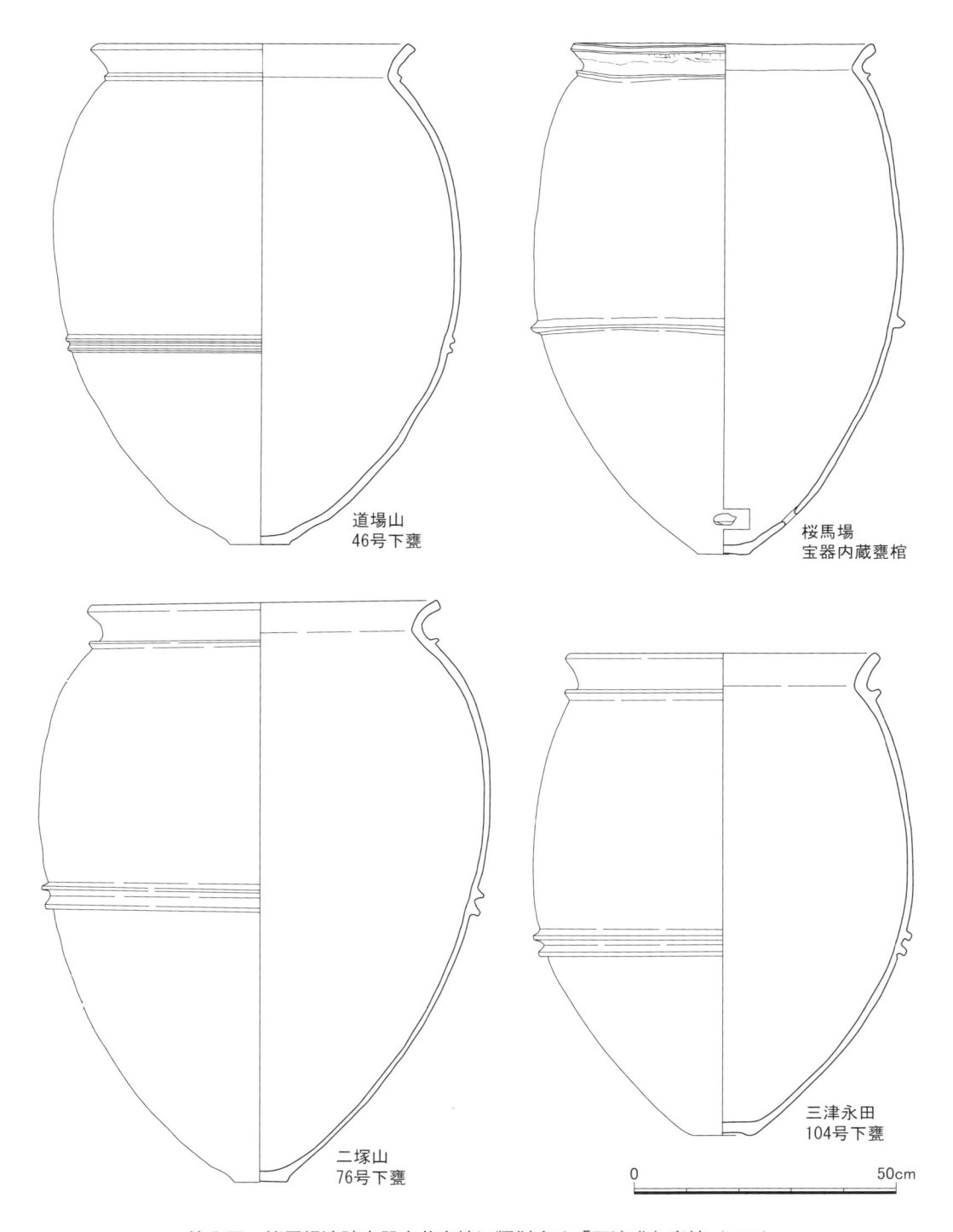

第6図　桜馬場遺跡宝器内蔵甕棺に類似する「三津式」甕棺（1/12）
（道場山・三津永田は橋口1979，桜馬場・二塚山は各報告書から再トレース，調整等省略）

4 後半期の甕棺編年の整理

　桜馬場式の標識であった宝器内蔵甕棺が，既存の編年案では桜馬場式（KⅣa式）にはあてはまらないことから，桜馬場式を今後どのように扱えばよいかについて，考察することにする。そのため，須玖式まで含めて概観したい。また前述のように，第6図に示した4点の甕棺は，口縁部の形状・屈曲度や底部形態などに差異があるものの，汲田式・須玖式・立岩式と同一レベルの型式分類においては，同じ型式と認められると筆者は考えるため，以下この型式を仮に「三津式」と呼ぶことにする。既存の編年案では，森編年・高島編年の三津式，橋口編年のKⅣb〜c式，中園編年の4b型式に対応する。

　森編年・高島編年では，桜馬場式は宝器内蔵甕棺やその型式とされた桜馬場Ⅲ式が標識となっており，宝器内蔵甕棺が次の型式である三津式と認められることから，従来の「桜馬場式」という名称をそのまま使用するのは適切ではない。もし，従来の「桜馬場式」が型式として存在するならば，別の型式名を与えるべきであろう。

　高倉編年での桜馬場式は森編年の三津式と統合した型式名であり，そのまま使用できる。ただし，高倉編年が広く使われていない現状では，従来の「桜馬場式」のイメージを脱却して，認知されるには時間が必要だと思われる。

　橋口編年やその型式名を使用する中園編年では，桜馬場式という名称を直接的に使っていないため，宝器内蔵甕棺の位置づけをKⅣa式（4a型式）から変更するだけなので，大きな問題はなさそうである。しかしながら，前述のように橋口編年KⅣ式の細分の基準が明確ではなく，KⅣa式と中園編年4a型式が同じ内容を指すのか不明であり，また中園編年ではKⅣc式に相当する型式は分離できていない。また，筆者の分析を経ない感覚に過ぎないが，KⅣa式が一定の時間幅をもち，安定して広く分布しているかどうかは，疑問が残る。いずれにせよ，KⅣ式については再検討の必要があると考えている。

　そのため少し視野を広げて，須玖式から「三津式」に至る変化を概観してみたい（第7図）。
　須玖式（橋口編年KⅢa式，中園編年3a型式）の特徴は，口縁断面T字形で，口縁上面は外傾し，胴部は砲弾形で，胴部突帯は断面三角形突帯が2条めぐり，立ち上がりのくびれが明確な平底である。器面調整は内外面ナデが基本である。須玖式については斉一性の高い型式で，北部九州の甕棺分布圏で普遍的にみられるという点では異論は少ないであろう。ただし，口縁下突帯の有無では地域性がみられ，この有無を大きな基準とする橋口編年は問題であることはすでに述べた。

　立岩式（橋口編年KⅢb・Ⅲc式，中園編年3bc型式）の特徴は，口縁断面逆L字形で，口縁上面は水平からやや内傾し，口縁下に突帯が1条めぐり，胴部は丸味をもつようになり，胴部突帯は断面「コ」字状突帯が2条めぐるものがほとんどで，立ち上がりのくびれが明確な平底である。器面調整は外面ハケメのものが徐々に増加するが，地域的に特徴があることが指摘されている（速水1985，p.78）。橋口編年では2型式に分けているものの，橋口氏自身あまり差がな

```
    須玖式              立岩式            「三津式」
```

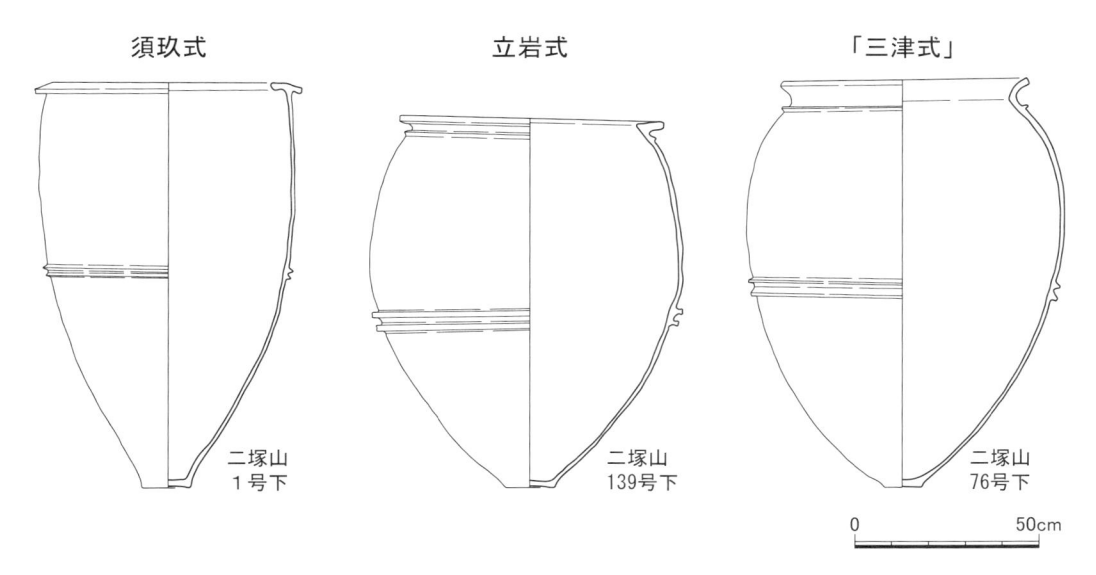

　　二塚山　　　　　　二塚山　　　　　　二塚山
　　1号下　　　　　　139号下　　　　　　76号下

0　　　50cm

第7図　須玖式・立岩式・「三津式」（1/20：七田1979から再トレース，調整等省略）

いことを認めており，中園氏の分析では別の基準で細分できる可能性を示しながらも，一括していることから，現状では明確に型式として分離できないと考えられ，立岩式の名称を使った方が分かりやすいであろう。なお，筆者は先に述べたように杉原荘介氏が設定した桜馬場Ⅲ式は，中園氏の分析の中で口縁部形態26にあたることなどから，立岩式新段階に位置づけられるものと考えている。

　「三津式」の特徴は，断面「く」字状口縁で，口縁下に突帯が1条めぐり，胴部は丸味を帯び，胴部突帯は断面台形又は「コ」字状突帯が多いが，形状や条数はバリエーションが多く，平底ではあるが，立ち上がりにくびれがわずかにあるか，あるいはまったくないものもある。器面調整は外面ハケメで，内面にもハケメを残すものがみられる。

　このようにみてくると，須玖式・立岩式・「三津式」は各属性で差異が明確であり，安定した型式と認めることができる。須玖式と立岩式の間に，これらと同レベルで安定した型式を分離しようとする研究は皆無であると思われるので，立岩式と「三津式」の間に同レベルでの安定した型式が抽出できるかどうかが問題となってくる。

　確かに口縁部の傾きや長さなどが主な基準となり，型式を抽出することが可能かもしれない。ただし，胴部形態・胴部突帯・底部形態・器面調整などの属性が口縁部形態の基準に連動して明確に前後の型式と区別できる型式を設定するのは難しいのではないかと筆者は考えている。したがって，現状では立岩式と「三津式」に区分して，その中の新古として時期などを考察していくのが現実的であろう。なお，中園編年では4a型式・4b型式が設定されているが，別系統の変化の可能性があることは前述の通りである。

　したがって結論としては，須玖式→立岩式→「三津式」という編年が現状では同一レベルで分離できる一番安定したものであると考える。この編年案は，桜馬場式と三津式を統合した高

倉編年と基本的に同じとなった。したがって，桜馬場式という名称を使用してもよいのであるが，先に述べたように桜馬場式＝KⅣa式というイメージが強いと思われること，また「三津式」甕棺は佐賀平野での出土例が多く，唐津地域ではほとんどみられないことから，「三津式」とした方がイメージをとらえやすいと考えている。筆者としては「一定程度細分化された土器型式は時として統合する必要に迫られてくる」という高倉氏の言葉のとおり，宝器内蔵甕棺の再発見により，統合する「時」がきたと感じている。

5　様式の中の甕棺

　ここでは，高島忠平氏の「甕棺の編年は基本的には一般の弥生土器の編年の体系の中で」（高島1977，p.158）行うべきであるという視点から，特に日常用の甕と甕棺の比較をしてみたい。なお，筆者は丹塗精製器種群の基本的な消滅を弥生時代中期と後期の境としている。これは，中園聡氏の指摘の通り（中園2004，p.213），様式論的に妥当だと考えるからである。

　北部九州で須玖Ⅱ式から高三潴式への日常用の甕の変化については，須玖Ⅱ式古段階の甕は鋤形口縁で，口縁端部は下垂ぎみのもの，須玖Ⅱ式新段階は屈折口縁，高三潴式は「く」字状口縁と変化する。胴部は新しくなるにつれ丸味を帯びるようになり，底部は平底が基本であるが，高三潴式になると徐々につくりが粗雑になる傾向がある。なお，第8図には佐賀県吉野ヶ里遺跡の例を図示した。

　この変化は，甕棺の須玖式→立岩式→三津式という編年とかなり類似しているといえよう。須玖式以前については，このような変化の類似性はみられないと思われるが，中期後半から後期前半については類似した変化の方向性があるとみられる。このことは，甕棺と日常土器との並行関係を考える上で，一つの視点として活用できるのではないかと思われる。また，甕棺は壺が大型化することによって成立したが，この時期には当時の人々が甕棺と日常用の甕を同じカテゴリーとして認識していた可能性があり，興味深い。

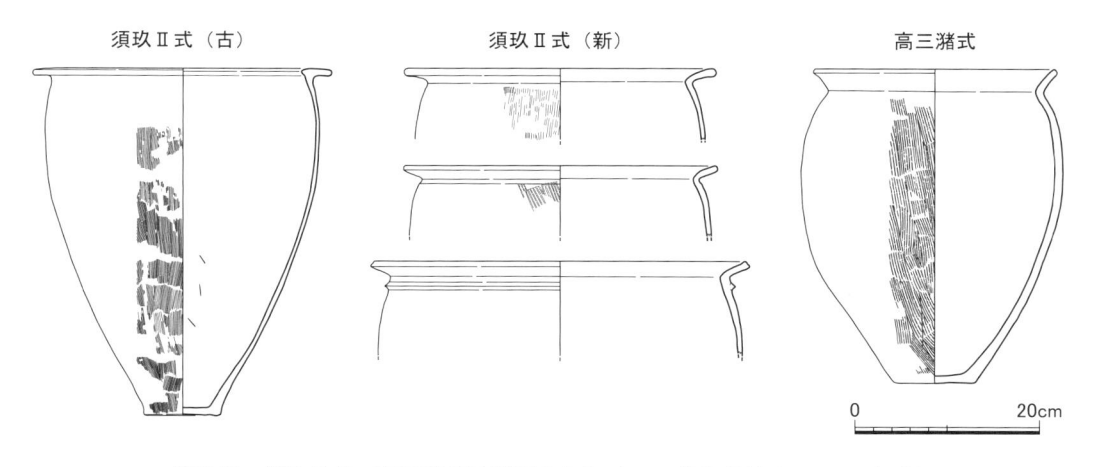

第8図　須玖Ⅱ式～高三潴式日常甕の変化（1/8：佐賀県教委2015から転載）

甕棺と日常用の甕という別器種で，同じような変化の方向性がみられることは，様式とは何かを考察する上で，一つの材料になるのではないかということで，ここで取り上げてみた。さて，日常土器では高三潴式に後続する下大隈式になると，すべての器種で平底から丸底への変化が現れ始め，凸レンズ状の底部となるものが出てくる。図示していないが，甕棺でも不安定な平底や凸レンズ状の底部のものが出現している。ところが，例えば蒲原宏行氏が図示しているKⅣc式の図（蒲原2009，p.41）に平底のものと凸レンズ状底のものが混在していることに象徴されるように，これまではそのような底部のものも漠然と三津式に含めていたと思われる。しかし，前述のような様式論的観点からすると，少なくとも凸レンズ状底のものは三津式とは分離して型式を設定すべきだと考えられる。

6　おわりに

以上のように，型式として再整理した場合，現状では桜馬場式という由緒ある型式名にいったん退場していただき，立岩式を含め後半期の甕棺の編年について再検討しなければならない状況にあると筆者は認識している[8]。また，特に後期の甕棺の研究については，筆者を含め，分布の中心となっている佐賀平野に関係のある研究者に課せられた大きな課題だと感じている。

実は，筆者は中園編年が発表されて以降，「典型的な桜馬場式」というものが分からなくなってしまい，特に鳥栖市柚比梅坂遺跡の報告書をまとめるときに相当悩まされた経験がある。そのため，最初に再発見された宝器内蔵甕棺の実測図を見たとき，「これでもう桜馬場式で悩まされることがなくなった」と感じたのが本稿を書くきっかけであった。なお，どうでもよいことではあるが，この駄文を書くために，ふと思い立っておそらく20数年ぶりに訪れた飯塚市歴史資料館でしげしげと見た立岩遺跡10号甕棺は美しかったという印象が非常に強いので，ここに記しておきたい。

考古学は科学か

科学という言葉の定義は難しいが，一般的な辞書にある体系的知識，学問的知識というのならば，考古学は科学であろう。ただ，田中先生が問うている科学とは別の意味を指すのであろうと推察しています。

私は，考古学は科学たり得ると考えます。そのためには，恣意的にならないように資料を分析し，検証可能な形で研究を進めることを研究者が常に自覚している必要があります。また，最近では小保方氏のSTAP細胞騒動，考古学でも前期旧石器の捏造は，科学としての根幹を揺るがすことであるとの認識を持つのは当然のことです。研究者が「科学とは何か」を念頭に置き，科学的に適切な方法をとり続ければ，考古学は科学であると胸を張って主張できると考えます。

なお，この駄文について「では，これは科学か？」と田中先生からおそらく笑いながら突っ込まれているのは，十二分に自覚しているところです。

田中先生には，文学部九州文化史研究施設に着任される以前から，英書の購読会などでお世話になり，着任後は指導教官として周囲に比べできの悪い学生であった私に対して親切に御指導いただき，無事修士を修了することができました。現在の職場である佐賀県教育庁に就職する際，やや躊躇があった私の背中を押してくれたのも田中先生でした。佐賀に就職後もできの悪さそのままで，論文も書かず，ぼーとしている私を先生はあたたかく見守ってくれていたと感じています。御逝去の一報が届いたのは，退職されていましたが，尊敬する元上司，といっても田中先生と同年代の方の御葬儀の夜で，その方を偲びながら呑んでいるときでした。更に大きなショックを受けた突然の訃報に，先生のご恩に報いることができなかった，というその時の感情は今でも鮮明に覚えているのです。

　改めまして，先生のご冥福をお祈りいたします。

■註
1)「型式」とは記述されているが，高島忠平氏からは「この編年は様式論（小林行雄様式論）に根ざした優れたものである」と常々御教示いただいている。
2) 筆者は伯玄式から城ノ越式の時期の甕棺は，日常用の壺から埋葬専用の甕棺が成立していくという変化は共通しているものの，北部九州各地でさまざまな系統の甕棺が存在する複雑な様相であると考えている。沈線文をほとんど用いない城ノ越式系統の甕棺は，鳥栖・小郡地区を中心に分布し，福岡・唐津平野にはほとんどみられないため，このような結論になったものと推察する。
3) ただし，中園氏は型式分類の過程が明示的でないのが一般的であり，発展継承していく編年としては希少であり，価値が高いものと評価しており，蒲原氏も橋口編年を元にその後の論を展開している。
4) 柳田康雄氏（1986）と高橋徹氏（1994）は，副葬品の分析を主な根拠として宝器内蔵甕棺を後期前半から中頃に下ることを指摘しているが，型式としての桜馬場式を検討した本論とは直接的には関連しないため，論及しなかった。
5) 筆者の個人的な感想にしか過ぎないが，橋口氏は，佐賀平野のものは玄界灘沿岸に比べ，1段階必ず遅れるという固定観念を持っていたのではないかと思っている。
6) ただ，中園氏の底部分類において，三津永田104号下甕と同様の底部は挙げられていない。
7) あえてこの4点の先後関係をつけるとすれば，口縁の傾きが一番鋭いことから二塚山76号が一番古く，次いで頸部のしまりが強いことから道場山46号，底部がわずかとはいえくびれる桜馬場，もっとも新しいのが三津永田104号としたい。
8) 桜馬場式については，標識となる甕棺自体が不明であり，時間的に立岩遺跡の舶載鏡群と三津永田遺跡の鏡の間に桜馬場遺跡の鏡群が位置づけられるため，研究者が「無意識のうちに」立岩式と三津式の間に型式を設定する必要があると感じていたことが背景にあるのでは思うこともある。

■引用・参照文献
福岡市教育委員会，1971．福岡市金隈遺跡第2次調査概報．福岡市埋蔵文化財調査報告第17集．
橋口達也，1979．甕棺の編年的研究．九州縦貫自動車道関係埋蔵文化財調査報告ⅩⅩⅩⅠ（中巻），pp.133-203．福岡県教育委員会，福岡．
速水信也，1985．横隈狐塚Ⅱ区出土甕棺の変遷．横隈狐塚遺跡Ⅱ，pp.59-84．小郡市教育委員会，福岡．

蒲原宏行，2009．桜馬場「宝器内蔵甕棺」の相対年代．地域の考古学－佐田茂先生佐賀大学退任記念論文集－（佐田茂先生退任記念論文集刊行会　編），pp.23-48．
金関丈夫・坪井清足・金関恕，1961．佐賀県三津永田遺跡．日本農耕文化の生成（杉原荘介　編）．pp157-171．東京堂出版，東京．
唐津市教育委員会，2008．桜馬場遺跡，唐津市文化財調査報告書第147集．
唐津市教育委員会，2011．桜馬場遺跡（2），唐津市文化財調査報告書第157集．
唐津市教育委員会，2014．末盧国遺跡群－総括報告書－，唐津市文化財調査報告書第168集．
森貞次郎，1955．各地域の弥生土器－北九州－．日本考古学講座 4，pp.32-40．河出書房，東京．
森貞次郎，1968．弥生時代における細形銅剣の流入について．日本民族と南方文化（金関丈夫博士古稀記念委員会　編），pp.127-161．平凡社，東京．
中園聡，2004．九州弥生文化の特質．九州大学出版会，福岡．
佐賀県教育委員会，2015．吉野ヶ里遺跡－弥生時代の集落跡－，佐賀県文化財調査報告書第207集．
七田忠昭，1979．二塚山出土甕棺とその編年．二塚山，pp.181-199．佐賀県教育委員会，佐賀．
杉原荘介・原口正三，1961．佐賀県桜馬場遺跡．日本農耕文化の生成（杉原荘介　編），pp.133-156．東京堂出版，東京．
高橋徹，1994．桜馬場遺跡および井原鑓溝遺跡の研究－国産青銅器，出土中国鏡の型式学的検討をふまえて－．古文化論叢 32，53-99．
高倉洋彰，1978．大形甕棺の編年について－ことに型式設定の手続きの問題に関して－．九州歴史資料館研究論集 4，69-74
高島忠平，1977．甕棺の編年．立岩遺蹟（立岩遺蹟調査委員会　編），pp.158-170．河出書房新社，東京．
立岩遺蹟調査委員会（編），1977．立岩遺蹟．河出書房新社，東京．
梅原末治，1950．肥前唐津市發見の甕棺遺物．考古学雑誌 36-1，1-13．
柳田康雄，1986．青銅器の創作と終焉．九州考古学 60，21-40．
吉村茂三郎・松尾禎作，1949．唐津櫻馬場遺跡．佐賀縣史蹟名勝天然紀念物調査報告第八輯，pp.21-29．

過去と記憶とその動員

― 北部九州弥生時代V期を事例として ―

九州大学比較社会文化研究院　溝口孝司

要旨

　小論は，北部九州地方の弥生時代V期に，その時点からみた過去の一時点におけるある人々の事績とその記憶が目的的・戦略的に想起・動員されたことを実証することを目的とする。その過程を通じて，過去の事績とその記憶の動員の目的，それがおこなわれた要因，ならびにそれらの背景をなした社会の様相と実態への接近をも試みる。具体的には，甕棺墓地において，弥生Ⅲ期に形成が開始された上位層埋葬単位としての区画墓に，その墓域としての利用停止（Ⅳ期初頭）から二世代ないしそれ以上の時間を経て後，少数の甕棺墓が意図的に営まれる例を収集・検討し，それらが弥生V期前半の後半段階（土器様式における高三潴式新相段階，甕棺編年におけるKⅣb/c式〔橋口達也編年〕段階）に集中することを確認した。そして，関連諸情報を総合してそれらの意図性・戦略性を確認した。このような実証成果に基づき，このような埋葬行為が，弥生Ⅲ期に形成され，V期前半に揺らぎをきたした社会構造・システムの回復を志向して遂行されたこと，また，ある種の混乱状況のなかで，上位層がそのような行為を通じて自らの社会的地位の正統性を確認強化しようとしたことを推測した。

キーワード：過去，記憶，戦略，甕棺墓，弥生時代，北部九州地方

Ⅰ　はじめに

　小論は，北部九州地方の弥生時代V期に，その時点からみた過去の一時点におけるある人々の事績とその記憶が目的的に想起・動員されたことを実証することを目的とする。その過程を通じて，過去の事績とその記憶の動員の目的，それがおこなわれた要因，ならびにそれらの背景をなした社会の様相と実態への接近をも試みる[1]。

　過去とは「現在以前」のことであるが，小論で問題とする〈過去〉は，一定の時間の経過によって現在と隔てられた「時点」のことである。そのような時点は，ある「事件」的事態の生起によって画される「短い期間」（e.g.「即位礼」）の場合もあれば，一定の思考・行為とその効果／帰結の反復・持続により画される「（比較的）長い期間」（e.g.「黄金時代」）の場合もある。そのような〈過去〉は「想起」によって「現前」する。〈過去〉の現前は，〈過去〉に関する知

識の存在を前提とする。それは，多くの場合，なんらかのメカニズムで保存・継承された「知識＝記憶」である。そのような知識＝記憶は広い意味での「必要」にうながされて「創造」される場合もあることに注意をはらう必要がある。同時に，記憶の創造に，過去に実際に起こったことがなんらかの形で介在し影響をあたえることもまた常態である。また，記憶も，時間の経過とともに想起と現前，その表出の反復を通じて変容する。そのような意味・含意のもとで，記憶を「保存・変容された事実の知識」として把握することは自明であり，また，考古学を含む社会科学一般の〈記憶研究〉も，記憶の変容・創造に介在するさまざまなメカニズムとその文化・社会的諸背景との相関性の検討に焦点をあててきた（e.g. Connerton 1989; van Dyke and Alcock 2003）。そのような認識に基づき，以下の小論では「過去に生起した，ないしは生起したとされる事実により構成／構築された知識」として〈記憶〉を把握することにする。

　このような〈記憶〉の保存・継承・創造は，x）その想起・現前・表出行為の反復に媒介される場合，y）〈過去〉における思考と行為とその効果／帰結の物的痕跡に媒介される場合，また，z）これら両者の複合に媒介される場合がある。口承伝承はxの例であり（e.g. Vansina 1985），考古学的分析研究の対象となるのはyである（e.g. Mizoguchi 1993）。考古学的分析の結果，口承伝承による記憶の媒介が推測される場合もありえよう（Whiteley 2002）。また，当然のことながら，これらの媒介関係は相互的である。例えば，〈過去〉の物的痕跡の存在に「助けられて」記憶が保存される場合もあれば，〈過去〉の物的痕跡の存在にインスパイアされて，実際に生起した事態とは関連のうすい，もしくはまったく無関係な事態が想像・創造される場合もある（Whitley 2001, pp.150-156）。

　このような，保存・継承された記憶の想起，また，想像・創造された過去の想起が，ある目的性・戦略性を帯びる場合，小論ではこれを〈過去〉の〈動員（mobilisation）〉と呼ぶことにする。このような〈動員〉は，個々人の生涯程度の時間幅のなかでの〈過去〉の想起としておこなわれる場合も当然ある。例えば葬送の際に想起される故人の事績はこれにあたる（cf. 溝口1995, 1998b, 2008a, p.163, Mizoguchi 2005）。しかし小論では，そのような〈動員〉をおこなう個々人が，想起する過去を彼ら彼女ら自身経験していない場合，すなわち，〈動員〉される〈過去〉が複数世代をこえて保存・継承された記憶＝知識であると想定される場合，もしくは，〈動員〉される過去が想像・創造された仮構であると想定される場合に，分析の対象を限定する。

II　方法と資料

　考古資料において，小論の定義のような〈過去〉の〈動員〉が生起したことは，具体的には：

1）過去における特定一時点の思考・行動とその帰結／効果の物的痕跡について，
2）それらの存在を明確に参照して思量・決定・遂行された行為とその帰結／効果の物的痕跡

が存在し，
3）2）の背後に一定の目的性が特定可能であり，
4）1）と2）の間に二世代以上の時間が経過している場合，

確認される。

　このような条件は，原理的にはすべての考古資料において充足可能だが，1）・2）とそれら相互の時空間的関係性が空間的に明瞭に分節・固定された「不動産的」考古資料＝遺跡において最も典型的に充足される。なかでも，思考・行為がそれらの〈物象化〉そのものを目指しておこなわれる種類の行為の「遺跡」としての遺存において，〈過去〉の〈動員〉の生起は最もたしからしく確認されるだろう。そのような遺跡として，小論では墓地遺跡を分析対象として選択する。墓地遺跡では，誰が，どこに，どのように埋葬されるべきかが，社会的規範，生活の記憶，先行しておこなわれた埋葬行為の物的痕跡とそれにまつわる記憶・伝承などを参照することにより決定され，そのような決定に基づき執行された行為の痕跡がそこに遺されるからである（cf. 溝口2008a, pp.162-164）。

　そのような観点から，筆者が研究対象とする北部九州地域の弥生時代墓地遺跡を通覧すると，弥生Ⅴ期〜Ⅵ期の墓地において，1）〜4）が確認される例を一定数摘出することができる。

　次章においては，これらのなかでもⅤ期の典型的な例につき基礎的分析・記述をおこなうとともに，それらの含意の予備的議論をおこなう。

Ⅲ　分析結果と予備的議論

　前章の1）〜4）が確認できる弥生Ⅴ期〜Ⅵ期の墓地遺跡には下記がある。A：福岡県甘木市栗山遺跡D群墓域（甘木市教育委員会1994；溝口1997），B：佐賀県鳥栖市柚比本村遺跡（佐賀県教育委員会2003），C：佐賀県佐賀市池ノ上三本松遺跡（大和町教育委員会2000），D：福岡県須玖岡本遺跡第2次調査地点（春日市教育委員会1995）。他にも，佐賀県鳥栖市儀徳遺跡2区にもおそらくⅤ期末〜Ⅵ期にかけての1）〜4）の痕跡が存在する[2]。事例は他にも多く存在すると思われ，探索を継続すべきであるが，以下，1）〜4）の存否につき総合的に検討することが可能な程度の広面積の調査と詳細な報告がおこなわれており，資料実見もおこなうことができたA・Bにつき，基礎的記述と含意に関する予備的議論をおこなう。

A　栗山遺跡D群墓域

　福岡県甘木市栗山遺跡は，中期の初頭（弥生Ⅱ期）に墓地としての使用が始まり，今日まで確認される限りにおいて，後期（Ⅴ期）初頭にその使用がほぼ終息した（甘木市教育委員会1982，1994，1996）。墓地は筆者分類の列墓b（栗山遺跡A群：甘木市教育委員会1982；溝口1998, pp.58-59, 2001, p.139, pp.141-142），系列墓（栗山遺跡B群：甘木市教育委員会1982；溝口2001, p.139, pp.146-150），区画墓Ⅰ（栗山遺跡D群：甘木市教育委員会1994；溝口2001,

p.139, pp.142-145), 区画墓 II（栗山遺跡 C 群：甘木市教育委員会 1982；溝口 2001, pp.146-150）より構成される。A 群の存続幅は弥生 II 期から III 期, 橋口達也氏甕棺型式編年では K II a 式から K III a 式を主体とし, D 群は弥生 III 期（K II c 式～K III a 式）, B 群・C 群はともに弥生 IV 期（K III b・K III c 式）から V 期初頭（K IV a 式）を主体とする。

小論の検討と関連するのは, D 群墓域 6 号甕棺（K6）である（甘木市 1994；溝口 1997）[3]。D 群墓域は筆者の区画墓 I の一例であり, その形成過程は, K II c 式（永岡式）でも古相を呈する 5 号甕棺の埋置にはじまり, やはり K II c 式古相の 8 号甕棺が, 5 号甕棺を意識しつつ埋置され, 以後, K II c 式新相に属する 1, 2, 3, 10, 12 号が 5 号を取り巻き, かつ 5 号方向に挿入される形で埋置され, K III a 式期には, 4, 7, 9, 18 号がやはり 5 号方向へと挿入される形で埋置される（図 1）（溝口 1998b, pp.66-68, 図 4・5）。このような形成過程は, 吉野ヶ里遺跡吉野ヶ里丘陵地区 5 区墳丘墓（吉野ヶ里遺跡北墳丘墓）の形成過程と酷似する（Mizoguchi 2013, pp.150-154, Figure 6.17）。筆者はこれら区画墓 II の形成過程の次のような特徴, すなわち A）中央部の墓域形成開始埋葬を取り巻き,

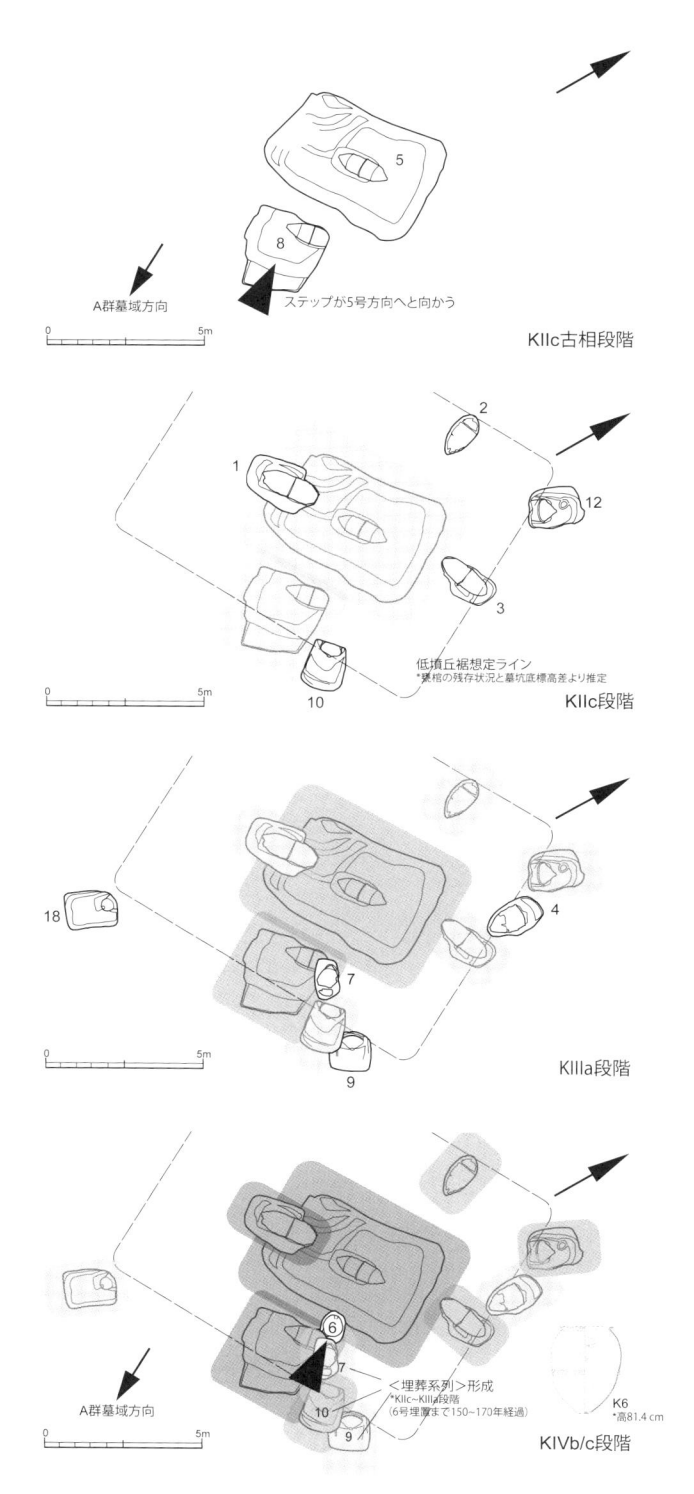

図 1　栗山遺跡 D 群の形成過程と K6（6 号甕棺）の時・空間的位置

かつ当該埋葬方向に挿入する形で埋葬が継続すること，B）一世代一人の埋葬ではなく，甕棺型式を限界まで細分した時間幅のなかにおいても，すくなくとも三人ないしはそれ以上の死者が埋葬されること，C）これらの位置関係を観察すると，いくつかのグループの存在が浮かび上がること（例えば栗山D群における3，4号のグループ，7，9，10号のグループ），以上三点に着目し，関連諸情報と対比しつつ，区画墓Ｉの被葬者の性格につき，以下のようなモデル化をおこなった（溝口1995, 1998a・b, 2001, pp.142-145, 2008a, pp.172-174, 2008b, pp.77-79）。すなわち，X）区画墓Ｉの被葬者は，弥生Ⅱ期からⅢ期にかけて生成した，ゆるやかな地域統合体（トライブ（部族）的集団〔tribal groupings〕）を構成する複数のソダリティー（sodalities）的出自集団（クラン〔clan〕的ソダリティー）それぞれから選抜されたリーダー的人物たちである，Y）その多くを男性が占めるその人物たちは，一世代に複数存在し得るような存在であり，その地位は，継承的なもの（ascribed status）ではなく，個々の能力と実績にもとづく達成的なもの（achieved status）であった可能性が高い（ibid.）[4]。（以下の小論全体の議論に重要な含意をもつ点につき，下線を付した。）

　さて，このように，弥生Ⅲ期に墓域としての機能を終息させた区画墓Ｉの典型例としてのＤ群に，弥生Ⅴ期前葉後半段階に，6号甕棺（橋口氏のKⅣb/c式）が突然ぽつりと埋葬される（図1）。しかも，6号甕棺は，本墓域の設定の端緒であり中央埋葬である5号甕棺の長方形墓坑の長辺（南辺）のほぼ中央部に，5号甕棺の埋置位置を知っていたかのように，5号甕棺の方向に向けて挿入される形で埋置されたのである。

　このことの含意は多岐にわたるので，一つ一つ確認してゆこう。

　まず，長方形の墓坑長辺の中央に埋置された甕棺（5号甕棺）に向けて挿入されるようにこの甕棺（6号甕棺）が埋置されたことは，5号甕棺の墓坑を被覆し，墓坑よりも若干大きい長方形の小マウンドが存在していたことを推測させる。Ｄ群墓域そのものが長方形を呈しており，その各辺をなぞるように，5号甕棺方向へと挿入するような形で甕棺が配置されていることは，Ｄ群墓域そのものにマウンドが存在していた可能性も無視できないことを示すが（図1），その場合でも，5号甕棺墓墓坑を忠実に覆うように設けられた長方形の小マウンドが存在していたことは確かである。

　また，6号甕棺の〈埋葬正面〉（そちら側に会葬者が立って甕棺中への以外の安置等，主要な葬送行為を見守る墓坑周辺のエリア）は，8号甕棺のそれと共通する。すなわち，8号甕棺は，5号甕棺と主軸を平行させ，二次墓坑中に東北東から西南西方向へと挿入される（5号甕棺も同様）が，墓坑北西長辺から5号甕棺方向へと一次墓坑底に下るステップがしつらえられており，6号甕棺と同じく北西側が〈埋葬正面〉であることが判明する（図1 –KⅡc古相段階参照）。注目すべきことに，この方向には列墓bであるＡ群墓域の西端が位置しており（図1 –KⅡc古相段階参照），区画墓ＩとしてのＤ群墓域全体の〈埋葬正面〉が，その南東辺であったことを強く示唆する。

　加えて，6号甕棺には，隣接し，やはり5号甕棺への挿入を意図する埋置がおこなわれた可

能性のたかい7号甕棺（KⅢa式の「丸みを帯びた甕棺」：丸みを帯びた甕棺については：橋口1981参照）が存在するが，これはKⅡc式（新相を呈する）の10号甕棺に続き，9号甕棺とともに10号甕棺への隣接挿入埋置の対象となり，10号⇒7・9号という埋葬系列（概念規定と認定方法の詳細については：溝口1995, pp.73-81, 2008a, pp.162-169, 第3図を参照）を形成する（図1-KⅡc, KⅢa段階参照）。区画墓Ⅰの一角に，区画墓Ⅱ（溝口2001, pp.146-150）の規定属性の一つである〈埋葬系列〉（cf. 溝口1995, 2008a, pp.162-164）が形成されるという，葬送コミュニケーションのモードの過渡期を如実にしめす現象であるが，区画墓ⅠとしてのD群墓域のなかでも，その経営時期の終末期に唯一発達した埋葬系列をあたかも「踏襲」するかのように，6号甕棺墓が設置されていることは重要である（図1－KⅣb/c段階参照）。

すなわち，以上をまとめるならば，5号甕棺とその埋置にともなう葬送行為，また，10号⇒7・9号甕棺埋葬系列の形成にともなう諸行為（そこには当然，それらの被葬者の生前の「事績」が投影されていたであろう）を明瞭に参照しつつ，目的的に6号甕棺の埋置・関連葬送行為がおこなわれたことが，ほぼ確実である（図1－

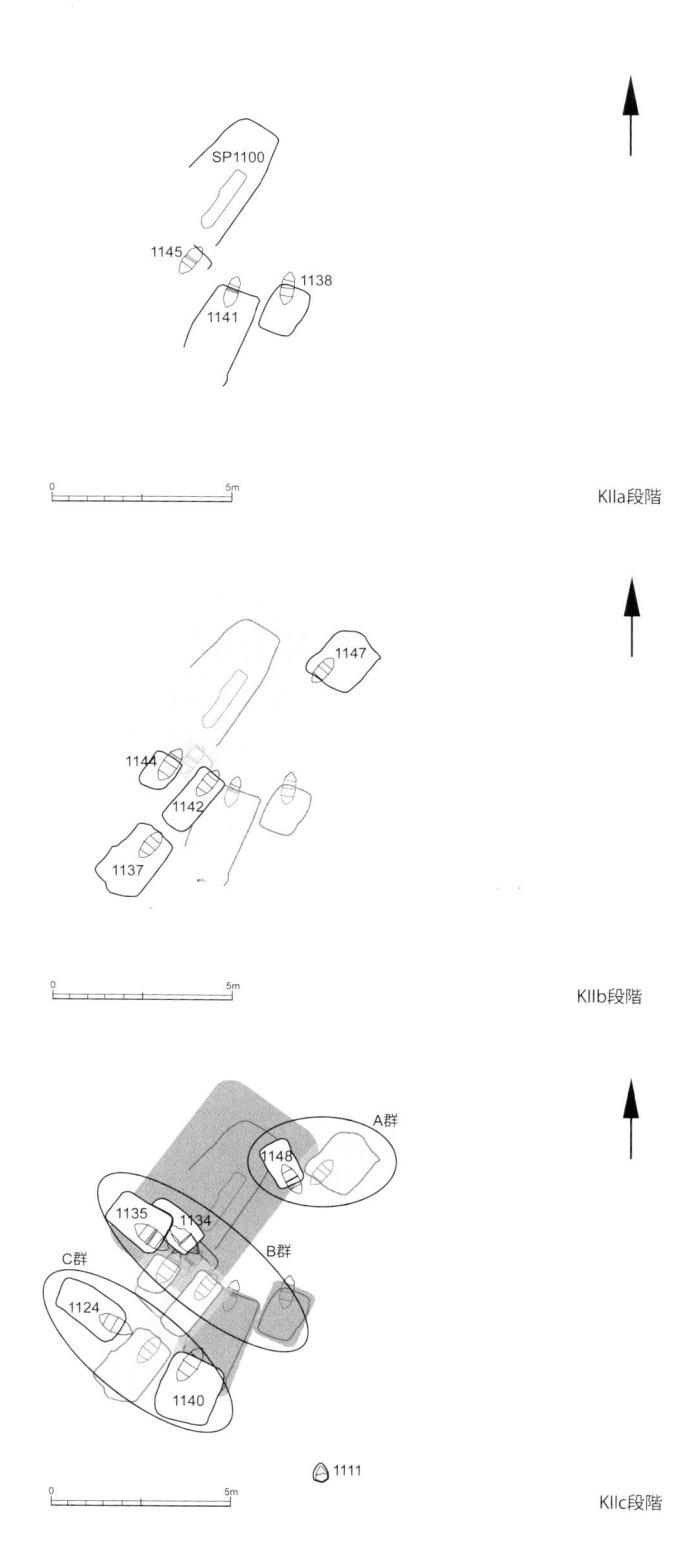

図2－A　柚比本村遺跡の形成過程（1）

KIVb/c 段階参照)。

　KIIIa式甕棺の存続次期幅の下限は，これに後続するKIIIb，KIIIc式のうちの後者に紀元前1世紀第二／第三四半期を上限とする前漢鏡が副葬されることからすれば，紀元前100年前後が想定される。この年代はまた，D群墓域の使用の終息時期ともなる。これに対して，KIVc式に近いb式という位置づけの可能な6号甕棺の年代を，日常土器における高三潴式新相段階に併行するものとして紀元後50年から100年という幅を与えるならば，6号甕棺が「参照」・「踏襲」した埋葬系列（10，7，9号甕棺）の形成終息とのあいだに，150年から175年の年月がながれたことが想定される。これを，仮に一世代＝30年として計算すると，6号甕棺埋置と関連葬送行為執行時に，約五世代前の〈過去〉＝五世代前の上位層の「事績」が目的的に〈動員〉されたという推論が導かれる。

B　佐賀県鳥栖市柚比本村遺跡

　佐賀県鳥栖市柚比本村遺跡は，中期の初頭（弥生II期）に墓地としての使用が始まり，今日まで確認される限りにおいて，中期後葉（IV期）末にその使用がほぼ終息した（佐賀県教育委員会2003，pp.7-14，pp.122-180）。橋口氏甕棺編年を参照すれば，その主要な

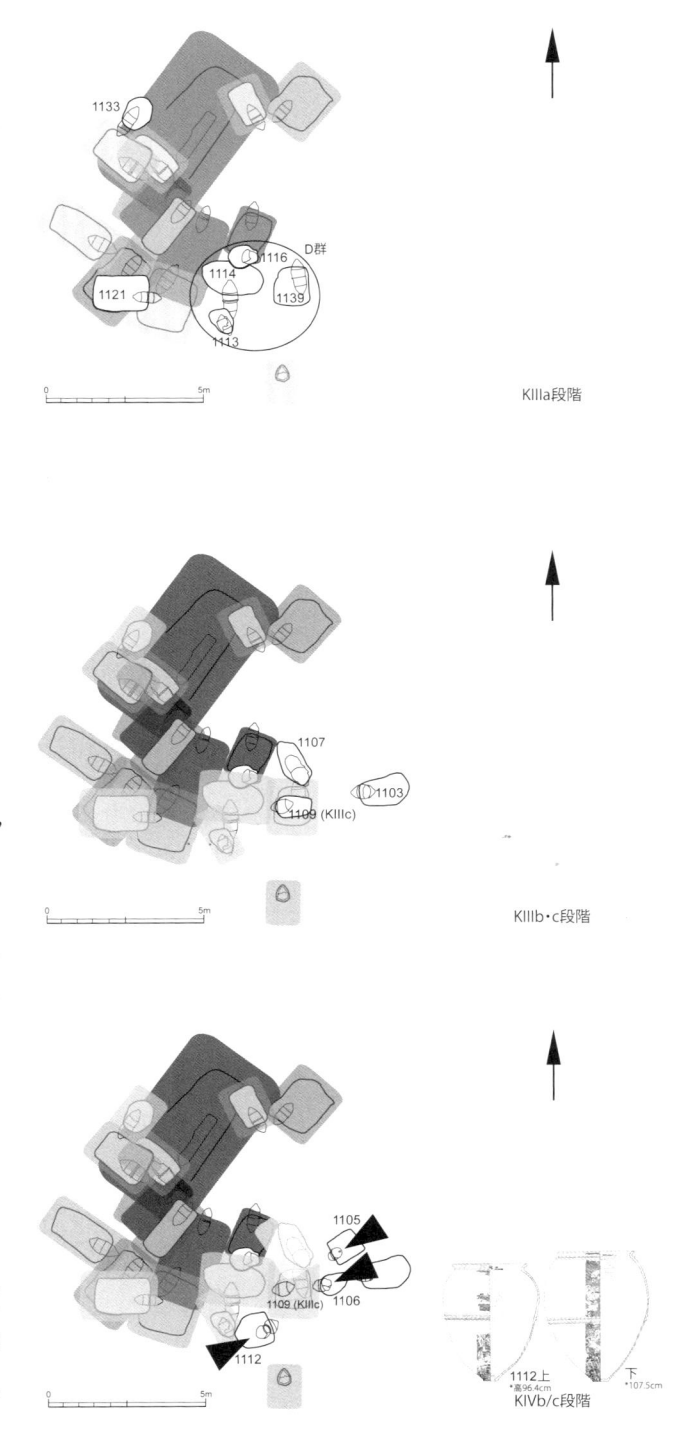

図2－B　柚比本村遺跡の形成過程（2）：1105，1106，1112号の位置

存続時期幅はKⅡa式（1126号，1141号，1145号甕棺）からKⅢb式（1109号甕棺）ということになる。

小論の検討と関連するのは，1105号，1106号，そして1112号甕棺墓である（図2－KⅣb/c段階参照）。これらはいずれも橋口氏のKⅣb/c式に相当し，栗山遺跡D群墓域6号甕棺と多くの特徴を共有する。さて，本墓域は，一見，栗山遺跡D群とはずいぶん異なる複雑な空間構造をとるかに見えるが，その形成過程を復元すると，類似したパターンが浮かび上がる。具体的に見てみよう（図2）。

まず，非常に大規模な一次墓坑を持つ特殊構造の木棺墓（SP1100）が設けられる。これには把頭飾付き細形銅剣一口が副葬された。これに挿入される形で1145号甕棺が，それと挿入方向（と主軸方向）を同じくして1141号甕棺と1138号甕棺が埋置される（図2－KⅡa段階）。これらはいずれも橋口氏のKⅡa式であることから，1100号木棺墓もこれらとほぼ同時期，すなわち弥生Ⅱ期（＝城ノ越式期）の所産であると推測される。

つづくKⅡb式期には，1145号に隣接して木棺墓に挿入される形で1144号甕棺墓が，1141号に隣接してこれと同一挿入方向で1142号甕棺墓がそれぞれ埋置される（図2－KⅡb段階参照）。後者には須玖Ⅰ式の小型広口壺が副葬されていた。1142号の南南西方向には，1142号方向へと挿入される形で1137号甕棺が埋置された。これには「赤漆玉鈿装鞘」細形銅剣一口が副葬された。また，木棺墓をはさんで墓域北端に，空閑地をはさんで上記の甕棺たちの方向へと挿入される形で1147号甕棺が埋置される。この段階に，木棺墓を一辺として，「コ」字を描くように，北側に1147号，南側に1138，1141，1145号（以上KⅡa式），1142号，1144号（以上KⅡb式）の一群，さらにその南に1137号，以上三つのグループの形成が継続ないしは開始される（図2－KⅡb段階参照）。

つづくKⅡc式期には，既存の1147号と交差する方向へと挿入される形で1148号甕棺墓が埋置される。また，既存の1144号，1145号へと挿入される形で1134号，1135号甕棺が埋置される。後者には，中細形銅剣一口が副葬された。また，1137号へと挿入される形で1124号甕棺が，また，1137号と平行する形で1140号甕棺がそれぞれ埋置された。1124号棺外には把頭飾付き中細形銅剣（破損）一口があり，1140号には把頭飾付き中細形銅剣一口が副葬された。この段階には，前段階に存在した三つのグループの形成が継続する。すなわち，

　A）1147（KⅡb）⇒1148（KⅡc）
　B）1138・1141・1145（KⅡa）⇒1142・1144（KⅡb）⇒1134・1135（KⅡc）
　C）1137（KⅡb）⇒1124・1140（KⅡc）

である。注目されるべきは，これら三群のいずれにも銅剣の副葬がみとめられることであるが，なかでもC群（仮称）にこれが集中する。

つづくKⅢa期には（図2－KⅢa段階参照），既存の1135号へと直行挿入される形で1133号が埋置される。後者の埋置をもってB群の形成は終息する。また，既存の1140号へと直行挿入される形で1121号が埋置される。後者をもってC群の形成は終息する。そして，1113号，

1114号, 1116号, 1139号が, C群東方に配置され, あらたな群を形成する (D群〔仮称〕)。D群の出現は, A～C群形成の終息と時を同じくしての新たな群の形成なのか, 隣接するC群の, 位置をずらせての形成継続なのか, 重要な問題であるが, 1121号甕棺が1140号を越えてD群方向を見る形で挿入埋置されることに着目し, ここにC群被葬者とD群被葬者との意図的近縁性の表示の可能性を読み取るならば, D群はC群の形成継続の結果と位置づけることもできる可能性がある。

つづくKⅢb期には (図2－KⅢb・c段階参照), D群に1103号, 1107号が埋置される。後者は既存の1139号への挿入埋置である。そして, KⅢc期, 1109号の, 同じく1139号への挿入埋置をもって, 本墓域の開設当初からの連続使用は基本的に終息する。

さて, B群からその形成過程を開始し, A群・C群を加え, C群の形成の継続としてのD群形成とともにA・B群の形成は終息へと向かい, そして, KⅢb式期のD群形成終息をもってその連続的使用を終息させた本墓域であるが, KⅣb/c式期をむかえて, 三基の甕棺墓, すなわち1105号・1106号・1112号甕棺墓が営まれる (図2－KⅣb/c段階参照)。これら三基の甕棺墓はいずれも, 本墓域の主要使用期間の最後の埋葬である1109号甕棺へと挿入埋置される。1109号甕棺, すなわちKⅢb式新相甕棺の存続次期幅の下限は, 後続するKⅢc式に紀元前1世紀第二／第三四半期を上限とする前漢鏡が副葬されることからすれば, 紀元前50年前後が想定される。これに対して, KⅣc式に近いb式という位置づけの可能な1105, 1106, 1112号甕棺の年代を, 日常土器における高三潴式新相段階に併行するものとして紀元後50年から100年という幅を与えるならば, 本墓域の主要使用期間の終息と, その使用の「できごと的」な一時的再使用, すなわち上記三基の甕棺埋葬とのあいだに, 100年から150年の年月がながれたことが想定される。これを, 仮に一世代＝30年として計算すると, 1109号甕棺の存在を意図的に参照した1105, 1106, 1112号甕棺関連葬送行為の執行時に, 約三～五世代前の〈過去〉(1109号被葬者の事績) が目的的に〈動員〉されたという推論が導かれる。注目すべきことに, 1109号甕棺が営まれたD群の先行群としてのC群は, KⅢa式期において三基の銅剣副葬甕棺を持ち, 本墓域の連続的形成の最終段階における「最有力群」であった。このことと考え合わせるならば, 1105, 1106, 1112号甕棺の埋置によってその〈動員〉が意図された〈過去〉とは, 弥生時代中期を通じて発達した, ある種の社会成層の上位層の「事績」に関わるもののあったという推測がなりたつのである。

Ⅳ　議論

以上, 弥生時代北部九州地方の墓地にみられる〈過去〉の目的的〈動員〉の痕跡につき検討してきた。以上の含意を, そのような事態がおこった社会の様相と実態の推論へと接続・展開する上で, 下記の事実は殊に重要である。すなわち, 目的的〈過去〉の〈動員〉が, いずれも, A) 弥生時代中期を通じて生成・発達した中心地的大型集落に付属して営まれた上位層墓地としての区画墓において行われたということ,

B）弥生Ⅴ期前葉後半（高三潴式期新相段階）を中心とする時期に行われたということ，
C）目的的〈動員〉の対象となった〈過去〉が，橋口氏甕棺型式のKⅡc式からKⅢb式の時間幅にほぼ限定されること，
以上である。

　以上の情報のなかに，このような〈過去〉の〈動員〉の目的性の具体像に接近する糸口は含まれているだろうか？

　1）まず，柚比本村遺跡分析末尾で指摘したように，〈動員〉の対象となった〈過去〉は，弥生時代中期を通じて析出・発達した社会成層の上位層に関わる情報から構成されたものであることが確からしい。

　2）次に，弥生時代中期を通じての社会成層の析出・発達は，集落ネットワークの形成と，それによる集落間中心性差異の創発，後者を誘因として出現した中心地的大型集落と衛星的小規模との差異の創発に起因する（溝口2008）。

　3）また，〈動員〉対象となる〈過去〉＝弥生Ⅲ／Ⅳ期と，実際の〈動員〉が行われた弥生Ⅴ期前半の後半段階の「あいだ」，すなわち弥生Ⅴ期前半の前半期（高三潴式期古相段階）には，弥生時代中期に創発・発達した，上記のような中心地的大型集落 ― 衛星的小型集落により構成されるネットワークが，後者の消滅ないしは移動により一時的に動揺した時期であることは，その内実の理解に一定の幅を含みつつもひろく認められている（小澤2000；久住2010）。

　4）また，このような〈過去〉の目的的〈動員〉の痕跡が認められる弥生Ⅴ期前半後葉をこえた同Ⅴ期後半には，クラン的出自集団の分節間に生じた階層関係に基づく，生得的階層差（ascribed status differences）が安定的に出現した（溝口2001，pp. 153-155）。

　以上を総合すると，〈過去〉の〈動員〉の目的性の具体像につき，下記のようなモデルを提示することができる。すなわち：

　　弥生時代中期に一定の発達をみた成層的社会関係は，集落ネットワーク形成を誘因とする中心地的大型集落 ― 衛星的小型集落構造を基盤とするものであった。このような構造を環境として創発した原初的社会成層は，社会関係の調整諸機構の維持・調整を機能的要件として析出された出自集団内／間関係の成層化をその実態とした。そのような，出自集団を単位とする社会成層は，葬送行為を含むさまざまな儀礼的機会に集約的に表出され，確認された。殊に，中心地的大型集落付属の墓地において行われる上位層死者の葬送行為は，出自集団秩序を基盤とする広域社会関係の集約的表出・確認の機会であった（cf. 溝口2008b, pp.88-90）。そのような秩序がある要因[5]によってゆらぎ，再形成へのさまざまな模索がなされるとき，「回復」をめざされる「秩序」の根拠として，かつて存在した成層秩序と，そのモニュメンタルな物象化としての上位層墓域＝〈区画墓〉が選好された。そして，それらの場所に，出自系譜的連続性を表出・物象化を意図する埋葬を行うことによって，成層秩序の再形成と，その中での上位層としての地位の獲得が象徴的・戦略的に祈願，ないしは正当化さ

れた。

　先に筆者は，弥生Ⅳ期北部九州において，リネージ程度，ないしはそれより小規模な出自集団分節を単位とする系譜的連続性の確認が，葬送行為の一つの主題となったことを論証した（e.g. 1995, 2001, pp.146-150, 2008a, pp.169-172, 2008b, pp.77-79）。具体的には，既存の甕棺墓に，新たな甕棺を挿入する形で付加することによって，葬送機会参列者の視線を既存甕棺墓（を被覆する土饅頭：溝口2008a, pp.162-164）へと集約し，死者どうしの系譜的関係性，加えて葬送行為主導者との関係の連続性を喚起・物象化することが常態化した。ここでも過去は〈動員〉の対象となっているわけだが，この場合の過去は，「先代」として先行埋葬被葬者の生前を知っている人物も葬送機会参会者に含まれる程度の過去であり，そこに介在するのは，参照対象となる「先代」死者の生前の記憶＝「事績」を含むものであった可能性が高い。

　これに対して，小論で検討してきた〈過去〉は，その参照においてそれを直接記憶している人物が存在する可能性が存在しない「遠い過去」であり，その「保存」には特定のメカニズムが介在したと想定せざるを得ない。弥生社会を含む小規模社会におけるそのようなメカニズムとして「口承伝承」が想定される（e.g. Vansina 1985, esp. p.116）。また，その場合，口承伝承される「歴史」が多く出自集団にかかわるそれであることも，人類学的研究をつうじて指摘されている（ibid., p.116）。いずれにせよ，〈動員〉対象の〈過去〉が現在のところ弥生Ⅲ期に集約されること，〈動員〉の目的が社会成層の存在を前提とする一定の社会秩序の参照，それを通じた地位の確認・正当化であることの二点を考え合わせるならば，そのような「口承伝承」のなかで，弥生Ⅲ／Ⅳ期は，そのような社会秩序が起源した時期として語り継がれていた可能性を強く示唆する。

　このこととの関連で，栗山遺跡D群6号甕棺墓事例は殊に興味深い。栗山遺跡墓域には，KⅢa式新相段階甕棺を墓域形成の端緒とし，KⅣa式段階まで存続する区画墓Ⅱ，C群墓域が存在する（溝口1995, 2001, p.146）が，D群6号に相当するような〈過去〉の〈動員〉の痕跡はない。またD群とC群は約20メートルしか離れていない。加えて，上で明らかにした6号埋置においてはらわれた諸配慮を合わせ考えるならば，以下のような推測が一定上の確からしさをもって可能となるであろう。すなわち：

　　D群6号被葬者をその場所に埋葬した人々と，その決定を主導した人物（たち）にとって，弥生Ⅳ期までの上位層墓域であるC群とそこに葬られた被葬者達に関する知識／記憶≒伝承よりも，時間的により遡り，かつ，その回復が祈願される社会秩序の確立期＝弥生Ⅲに事績を遺した（と伝えられる／とおぼしき）D群被葬者達に関わる知識／記憶≒伝承の方が，動員にふさわしいものであった。

　このことは，特定知識／記憶≒伝承の選択に，明確な戦略性が介在したこと，また伝承の内

555

容が，回復の祈願の対象を明らかにする程度には詳細なものであったことを示唆する。すなわち，「社会秩序の起源」とそれに関与した（おそらくは「英雄的人物たち」として伝承された）人々の事績に関わる知識／記憶≒伝承の動員が，直近の過去の上位層の人々の事績に関わるそれよりも選好されたのである。すでに指摘したように，弥生Ⅲ／Ⅳ期は，出自集団分節を単位とする社会関係の成層化の生成の前提としての【中心地的大型集落—衛星的小型集落関係】を基盤とするネットワークの発展期である（溝口2001, pp.141-150, 2008b, pp.86-90, Mizoguchi 2013, pp.125-135）。循環論的指摘となるが，この事実は，以上の諸想定と高度に適合的である。

さらに，弥生Ⅴ期前半の後半段階（高三潴式新相段階）は，いわゆる瀬戸内系の高坏が北部九州の土器様式内に浸透を開始する（定着は下大隈式古相段階），土器様式構造の変容の一大画期であり（e.g. 川上2011, pp.106-108），西日本一円に，同一形態の高坏の存在に媒介される種類のコミュニケーション領野が共有されるにいたる相互交渉ネットワーク変革過程の開始段階にあたる。加えて，本段階は，クラン的出自集団の特定分節≒リネージ程度の集団の上位層としての明瞭な分出をものがたる〈区画墓Ⅲ〉（cf. 溝口1998a, p.60, 2001, pp.138-139, pp.153-155）の出現期にもあたる。これらの歴史的条件が複合して，クラン的出自集団の分節≒リネージ的集団を単位とする上位層の析出，それをめぐる競争的事態，それらに促された上位層ステイタスの正統化の必要性が創発・生起し，上記のような〈過去〉の〈動員〉という戦略の案出と実行につながったと推測する。

Ⅴ　結論

今後も，ここで分析してきたような事例の確認とさらなる検討をすすめてゆく必要がある。現在までのところ，上記二例の他，佐賀県佐賀市（旧大和町）池上三本松遺跡（大和町教育委員会2000），福岡県春日市須玖岡本遺跡第2次調査地点（春日市教育委員会1995, pp.10-16）において，弥生Ⅲ期をその存続幅の中心とする墓域に，弥生Ⅴ期前半後葉ないしは後葉初頭の甕棺（＝KⅣb/c式）が単独で埋葬される事例が確認できる。前者はKⅢa式新相ないしはKⅢb式古相に位置づけられる甕棺（SJ27: ibid., pp.11-14, p.45）を中心埋葬とする区画墓へのKⅣc式甕棺（SJ24: ibid., p.11, p.12, p.14, p.44）の埋葬例であるが，出土甕棺の精査が必要であり今日まで果たせていない。また後者は調査区の狭隘さから墓域の全容を把握することができず，当該甕棺（20号甕棺＝KⅣa/b式：春日市教育委員会1995, p.14-16）をめぐる葬送機会参列者の動きと〈配視〉の具体を復元するに十分な情報を得ることができない。今後，さらなる情報獲得の機会をもてればと思う。

以上，論証してきた北部九州弥生Ⅴ期前半の後半段階に遂行された〈過去〉の〈動員〉は，線状的（linear）な時間観念に依拠するものであった。その意味において，このような事態は現在と未来を構築するための過去の運用＝歴史の運用と言い換えることも可能である。筆者はこれまでそのような歴史の運用の端緒が北部九州地域においては弥生Ⅳ期にあることを論証し

(溝口2013)，また，古墳時代開始期のそれが円環状（cyclic）な時間観念（「世界表象」としての古墳築造による世界秩序構築の反復）と線状的時間観念（古墳系列に物象化される）両者の象徴的運用であることを推測したが（Mizoguchi 2013, pp.236-240），今後も具体的ケース・スタディを積み重ねることにより，社会の複雑性の増大と時間観念の変容，過去とその記憶の動員戦略の変容との相関性について解明してゆきたい[6]。

■註
1) 本小論を含む筆者の弥生時代社会構造・システムに関する検討は基本的に以下の手続きによっている：
　　1) 分析対象時期の社会の複雑性・構造的特質と対比しつつ経験的に最も確からしい推論モデルとして参照可能な民族誌群を選択し（この際，広義の新進化主義的社会システム類型が群選択の単位となる），
　　2) それの示す要素間の構造的関係性・因果連関と考古資料の示唆するそれとの体系的照合を行い，
　　3) 析出された考古資料単元間の因果的関係性を，
　　4) メタ理論的議論に基づき選択された一般理論（具体的には構造化理論〔cf. Giddens 1984〕と社会システム理論〔cf. ルーマン2009〕）を参照しつつ説明する，そして，
　　5) 「状況証拠」の枚挙的収集に継続してつとめ，検証作業とする。
　　このうち，弥生社会については，1) についてはいわゆる部族社会ないしは首長制社会段階にあたることを確認し（溝口2006, pp.29-39），2) ～5) についてはそれぞれの論考で反証可能性の確保に考慮した手続き的説明と叙述につとめてきた。
2) 弥生II期～III期を中心に営まれた列墓b（溝口1998a, pp.58-59, 2001, p.139, pp.141-142）に，列秩序をなぞる形でV期末～VI期に位置づけられると考えられる石棺墓群が営まれている。列墓bの使用の終息から石棺墓群の設置までに，少なくとも200年あまりの時間の経過がみこまれるが，それにもかかわらず列秩序の参照がおこなわれている点が殊に注意される。また，この事実は，列墓bを構成する甕棺墓墓坑を被覆する（軸方向の視認が可能な）矩形の土饅頭が存在したことの傍証ともなるだろう。同遺跡の見学においては鳥栖市教育委員会大庭敏男氏にお世話になった。記して感謝の意を表する。
3) 以下の分析については筆者が案出した甕棺墓地空間構造と形成過程の検討方法を用いる（e.g. 溝口1995, pp.73-74, 2008a, pp.162-169）。
4) 田中良之氏は1996年，すでに溝口の区画墓被葬者の性格に関するモデルについて以下のような評価をくだしていた（石井ら1996, pp.49-50）：

　　「……一方，集塊状の墓群の被葬者間の関係には血縁関係を示唆するものとその可能性が低いものの二者があるという点も重要な示唆を含んでいる。というのも，溝口（1995）は集塊状墓群の中にいくつかの系列を認め，それぞれの系列が世帯共同体よりおおきな社会単位としているが（傍点溝口），その場合には異なる系列間の被葬者たちは血縁関係に在る場合ももちろん考えられるものの，墓地全体を構成する集団のサイズを考えると，血縁的に遠い社会単位をふくんでいてもむしろ当然だからである。もちろん，このような問題に結論を下すには今回の分析結果では不十分であり，今後の資料の充実と分析例の増加をまたねばならないだろう」。

　　（溝口1995）の公表当時，「墓地は死者の村落であり，個々の埋葬小群は規模の大小はあれ，ある種の家族的集団一つに対応する」という研究母型的認識は根強く，一つの区画墓に複数の出自集団から選

択された死者が埋葬されている，という拙論については「突飛な分析である」といった口頭コメントが多く寄せられる状況であった。そのような中，田中氏は上に引用するように拙論のモデルとしての価値を認められ，即座に人骨情報による検証を試みられた。その結果はモデルとは矛盾しないがその正当性を完全に検証するにはいたらないというものであった（ibid.）。しかし筆者はモデルの成立の可能性を示すその結果に強く勇気づけられ，弥生時代北部九州地方墓制の研究を一つの軸とする社会考古学的研究を今日まですすめてくることができた。その後，田中氏に本格的に区画墓Ⅰ・Ⅱ人骨の検討をおこなっていただく機会のなかったことはとても残念である。確立された田中氏の親族関係検討方法の運用に熟達した骨考古学者たちと協同して，このモデルの検証をおこなってゆきたい。

5）このことの要因に関しては複数の要因が想定される。最近の傾向としてある種の環境劣化を措定する言及が増えているが，筆者の見解は下記を参照されたい（溝口2008b，pp.86-91，esp. p.90）。

6）小論の謝辞は註1）・4）と完全に重複する。註1に略述した筆者の手続きは，田中良之氏の目には「モデル形成」にとどまるもの・検証不足として映じていたに違いない。しかし日常的ディスカッションやご鞭撻・ご教示・アドバイスを最後までいただいた。田中氏からいただいたすべてのものは，とても言葉に尽くせない／できない。十分に感謝することも，できない。

■参照文献

甘木市教育委員会（編）．1982．甘木市文化財調査報告書第12集：栗山遺跡．甘木市教育委員会，甘木．
甘木市教育委員会（編）．1994．甘木市文化財調査報告書第28集：栗山遺跡Ⅱ．甘木市教育委員会，甘木．
甘木市教育委員会（編）．1996．甘木市文化財調査報告書第37集：甘木市内遺跡群栗山遺跡Ⅲ・平塚垣添遺跡．甘木市教育委員会，甘木．
Connerton, P. 1989. How Society Remember. Cambridge University Press, Cambridge.
Giddens, A. 1984. The Constitution of Society: Outline of the Theory of Structuration. Polity Press, Cambridge.
石井博司・金宰賢・中橋孝博・田中良之．1996．福岡県甘木市栗山遺跡第3次調査出土の弥生人骨．甘木市文化財調査報告書第37集：甘木市内遺跡群栗山遺跡Ⅲ・平塚垣添遺跡（甘木市教育委員会編），pp.45-62．甘木市教育委員会，甘木．
川上洋一．2011．弥生後期土器の展開．弥生時代の考古学4：古墳時代への胎動（設楽博巳・藤尾慎一郎・松木武彦編），pp.105-120．同成社，東京．
春日市教育委員会（編）．1995．春日市文化財調査報告書第23集：須玖岡本遺跡．春日市教育委員会，春日．
久住猛雄．2010．弥生時代後期の福岡平野周辺における集落動態（1）：近年の研究動向の批判的検討から．市史研究ふくおか　第5号，17-32．
ルーマン，N．2009［1997］．社会の社会（1）・（2）．法政大学出版局，東京．
溝口孝司．1995．福岡県甘木市栗山遺跡C群墓域の研究：北部九州弥生時代中期後半墓地の一例の社会考古学的検討．日本考古学　第2号，69-94．
溝口孝司．1997．福岡県甘木市栗山遺跡D群墓域第6号甕棺墓：社会考古学的観点からの若干の検討．比較社会文化，第3巻，53-62．
溝口孝司．1998a．カメ棺墓地の移り変わり．平成10年度福岡市博物館特別企画展：弥生人のタイムカプセル（福岡市博物館編），pp.58-61．福岡市博物館，福岡．
溝口孝司．1998b．墓前のまつり．奈良国立文化財研究所学報第57冊：日本の信仰遺跡（金子裕之編），pp.53-74．奈良国立文化財研究所，奈良．
溝口孝司．2001．弥生時代の社会．現代の考古学：村落と社会の考古学（高橋龍三郎編），pp.135-160．朝倉書店，東京．

溝口孝司．2006．西からの視点．シンポジウム記録5：畿内弥生社会像の再検討・「雄略朝」期と吉備地域・古代山陰道をめぐる諸問題（考古学研究会例会委員会編），pp.29-58．考古学研究会，岡山．

溝口孝司．2008a．弥生時代中期北部九州地域の区画墓の性格：浦江遺跡第5次調査区区画墓の意義を中心に．九州と東アジアの考古学：九州大学考古学研究室50周年論文集（上巻）（九州大学考古学研究室50周年記念論文集刊行会編），pp.157-178．九州大学考古学研究室50周年記念論文集刊行会，福岡．

溝口孝司．2008b．弥生社会の組織とカテゴリー．弥生時代の考古学8：集落からよむ弥生社会（松木武彦・藤尾慎一郎・設楽博己　編），pp.74-95．同成社，東京．

溝口孝司．2013．〈歴史意識〉のはじまりと弥生時代．みずほ別冊　弥生時代の群像：七田忠昭・森岡秀人・松本岩雄・深澤芳樹さん還暦記念（池田保信編），pp.509-520．大和弥生文化の会，天理．

Mizoguchi, K. 1993. Time in the reproduction of mortuary practices. World Archaeology 25 (2), 223-235.

Mizoguchi, K. 2005. Genealogy in the ground: observations of jar burials of the Yayoi period, northern Kyushu, Japan. Antiquity 79 (304), 316-326.

Mizoguchi, K. 2013. *The archaeology of Japan: from the earliest rice farming villages to the rise of the state*. Cambridge University Press, Cambridge.

小澤佳憲．2000．弥生集落の動態と画期：福岡県春日丘陵域を対象として．古文化談叢 第44集，1-37．

佐賀県教育委員会（編）．2003．佐賀県文化財調査報告書第155集・鳥栖北部丘陵新都市関係文化財調査報告書4：柚比遺跡群3（第3分冊　柚比本村遺跡〔1・2区〕）．佐賀県教育委員会，佐賀．

Vansina, J. 1985. Oral Tradition as History. James Currey, Oxford.

van Dyke, R. and Alcock, S.E. eds. 2003. Archaeolgies of Memory. Balckwell, Oxford.

Whiteley, P. 2002. Archaeology and Oral Tradition: The Scientific Importance of Dialogue. American Antiquity 67 (3), 405-415.

Whitley, J. 2001. The Archaeology of Ancient Greece. Cambridge University Press, Cambridge.

大和町教育委員会（編）．2000．大和町文化財調査報告書第54集：池上三本松遺跡．大和町教育委員会，大和．

高精度胎土分析による地域社会構造の解明

鹿児島大学 石 田 智 子

要旨

　土器の生産と移動にかかわる研究の現状と課題を整理することで，先史時代における共時的な社会関係や物資移動現象，地域社会構造を解明する方法としての高精度胎土分析の必要性と意義を提起する。膨大に蓄積された考古資料を基に，土器の時空間動態の現象把握が進められてきたが，土器諸属性や分布様態に時空間差異が生じる要因の解明は考古学的分析手法だけでは困難である。考古資料データや先行研究の蓄積，民族調査や実験に基づくモデルなどの諸論点から構築された仮説を検証する上で，土器の物的側面から直接情報を引き出すことができる胎土分析は有効な方法であるが，検証プロセスや分析方法の再検討，考古学的研究成果との統合の点で課題が残る。土器研究を超えて社会構造の研究へと展開するためには，個別の具体事例に即した実証研究の推進に加えて，多様な位相の集団関係を解析可能な高精度胎土分析方法を開発し，考古学と地球科学の融合研究を実践することが，先史社会解明に寄与する。

キーワード：地域社会，弥生土器，胎土分析，生産，移動

I　はじめに

　多様な物資を外部から得て成立する先史時代集落においては，集団や地域間の日常関係が物資移動の基盤となる。社会関係や地域間関係などの非物質的な「関係」を，時空間に遍在する土器は分布様態として可視化する。従来の土器研究では，形態的特徴・製作技法・文様などの諸属性の類似度や分布パターンを把握して時空間の基準軸を設定し，地域や集団関係に関するモデルを提起してきた。代表的なモデルとして，女性が土器を作る民族事例に基づく母方居住モデル（Longacre-Deetz-Hill 仮説）や通婚圏モデル（都出1983），一般性の高いコミュニケーション・システム（田中・松永1984）があげられる。近年は，多様な機能をもつ道具として土器を理解する研究が活発に進められている。特に，民族考古学的調査や実験考古学の成果などの，外部参照枠で得られた事象からモデルを設定し，考古資料の解釈に適用する研究が多い。演繹的研究手法の有効性を支持すると同時に，個別の具体事例に即した実態解明およびモデル検証を行なう帰納的研究がより一層深化することを望む。なぜなら，各地域における現象把握

は進んでいるものの，地域性や空間的まとまりが形成・維持されるプロセスやメカニズム，そのような現象が表出する要因は検討されず，モデルにあてはめた類型的理解にとどまるからである。資料に即した実証研究を推進する必要性を，改めて指摘したい。

　北部九州地域における弥生時代中期の須玖式土器は，規格化した形態や洗練した製作技法から，専業生産を行う工人集団の存在が想定されてきた（森1970；小田1983；柳田1996）。墓域における葬送行為での使用頻度の高い赤彩土器も，規格性の高い形態的特徴から専門工人集団による製作が指摘される（馬田1982）。特に，大型専用甕棺は，製作技術の高さから，専門工人による生産や遠距離の甕棺の移動を評価する見解が提示されてきた（高島1975；井上1978, 1985；橋口1982，1993）。ただし，土器の形態的規格性と生産体制の関連性は十分な根拠をもって論じられてきたわけではない。

　形態的特徴とは異なる側面から土器の生産体制や移動現象を検討できる方法が胎土分析である。胎土分析とは，土器を形づくる物質を分析することで，土器生産地や製作技法，古環境復元などの諸問題にアプローチする方法である。特に，文様の少ない簡素なかたちが特徴である九州の弥生土器の場合，形態的特徴に加えて，土器構成属性の一つである胎土から情報を引き出す意義は大きい。土器のスタイル研究でも，形態属性や文様だけでなく，胎土の調整方法を含む技術的側面を検討する必要性が指摘されている（Lemonnier 1986；Carr 1995；後藤1997）。物的存在としての土器を構成する原材料は，地球由来物質に還元される。言い換えると，地球構成物質を対象とする地球科学的分析手法を考古資料に適用することが可能である。

　胎土分析の研究手法は時代とともに変化し，現在は多様な分析手法や観察視点が提示されている（石田2015）。胎土分析の実践にあたっては，目的や研究環境に応じて，分析方法や試料調整方法，解析精度を意識的かつ柔軟に選択することが重要である。しかしながら，胎土分析の実践に着手してから，胎土分析結果が考古学の研究成果に十分に活用されていない現状を認識するとともに，「分析すれば答えが出る」という誤解が多いことに気付いた。実際には，分析データが出てからの解析には考古学の知識や技術が不可欠であり，考古学と地球科学の融合研究であるからこそ分析手順の明示が必要である。なによりも，研究の目的が明確でなければ，過去の社会の復元に胎土分析データを活用することができない。

　本論は，北部九州地域の弥生時代を中心に，土器の生産と移動にかかわる研究の現状と課題の整理を通して，先史時代における共時的な社会関係や物資移動現象，地域社会構造を解明する方法としての高精度胎土分析の必要性と意義を提起することを目的とする。

Ⅱ　土器の生産体制

1　考古資料からみた土器生産体制の評価

　土器生産に関係する直接的な遺物・遺構には，土器製作道具や土器焼成失敗品，土器焼成遺構や土器製作場所がある。以下，項目ごとに述べる。

［土器製作道具］

　土器製作道具は，比恵遺跡や吉野ヶ里遺跡でハケメ工具が確認されているものの，出土事例は少ない。そのため，土器表面に残された痕跡から，土器製作道具の形態や素材を推測する研究が行われている。先駆的業績として，横山浩一による刷毛目調整痕（横山1978，1979）の研究がある。横山は，土器表面に残された調整痕の観察を踏まえて製作実験を実施し，調整に使用した道具の形状や木材の種類を明らかにした。

　近年では，三次元レーザースキャナを用いた土器製作者個人同定法の開発（中園・池平2010）や，圧痕レプリカ法を適用した土器製作具の復元（真邉2013）など，新たな技術を用いた土器製作道具の研究が進められている。高精度の道具痕跡情報を得ることで，製作技術だけでなく，道具の素材や身体技法の復元が可能となるだろう。

［土器焼成失敗品］

　田崎博之は，土器の生産供給体制を明らかにするために，土器焼成失敗品（焼成破裂痕土器・焼成剥離土器片・焼成時破損土器）および土器焼成施設残滓（焼成粘土塊）を分析素材として，土器生産の分業システムの規模・性格・組織化の原理と，分業を基礎として成り立つ社会集団間の交流・交易システムの性格や原理を検討する一連の研究を進めている（田崎1995a，2000，2002，2004，2007）。

　田崎は，発掘調査で検出された土器焼成遺構や土器焼成関連遺物の可能性があるものの特徴を抽出し，民族事例に基づく土器焼成実験の成果と比較検討することで，土器焼成に特徴的な痕跡あるいは残滓の特徴を把握し，土器焼成関連資料を限定する方針で類型化した（田崎2000：p.5）。その結果，焼成破裂土器片，黒変するなどして焼き上がりが異なる破片がモザイク状に接合する焼成時破損土器，焼成時破裂痕が深く器体に孔があいた焼成破損品，層状焼成破裂痕を，確実に土器焼成に伴う一次資料として重視する（田崎2004：p.11）。

　さらに，集落遺跡や遺跡群の動態と合わせて検討することで，弥生時代前期には住居群単位での生産を想定し，弥生時代中期後葉～後期初頭に生じた画期として，1）大規模集落内部に土器製作専門工房域が設定されること，2）約2km圏に展開する遺跡群を単位とする土器が生産されること，3）特定の器種が集中生産される器種別分業が成立することを指摘した（田崎2004：p.65）。中期後葉～後期には，隣接地域を飛び越えて搬入土器・模倣土器が出土し，各地の拠点的で大規模な集落遺跡に集中する現象を指摘する。これは，単に地域間の交流を示す資料というだけでなく，土器生産の専業度の高まりに支えられた土器の大量生産および土器製作工人の移動・情報交換が進展し，土器生産の分業体制が遺跡群を越えた広域地域間における交流・交易と連動するシステムの一部に組み込まれた結果である（田崎2004：pp.53-54）。ただし，土器生産の集中生産が進む一方で，後期以降になっても小規模な住居群を単位とする土器の生産単位が存続していたことも指摘しており（田崎2000：pp.23-24），地域差や時期差を考慮すると必ずしも一般化することはできない。

［土器焼成遺構］

　弥生土器は覆い型野焼きで焼成されるため，窯のような明確な焼成遺構が残存することが少ない。北部九州地域では，安武遺跡群野畑遺跡D地点（福岡県久留米市）で弥生時代前期中頃，西島遺跡・小郡若山遺跡（福岡県小郡市）で中期前半，大久保遺跡（佐賀県鳥栖市）で中期後半の土器焼成遺構が確認されている（宮田1996）。土器焼成遺構の形状は一辺長1.5～3.5m，深さ0.2～0.3mの浅い方形竪穴で，埋土中に焼土・炭化物を含み，床面が被熱して硬化するなど火をうけた痕跡が明瞭で，集落の縁辺部に位置することが多い。大久保遺跡SX6356では，甕棺に用いられる大型甕の口縁部から肩部が，口を底に伏せて押し潰されたような状態で出土したほか，周辺には甕・壺・鉢・高坏・手捏ね小型鉢など多器種の土器が遺存していた（吉本ほか編2001）。また，西島遺跡では，土器焼成遺構とともに，焼成粘土塊や焼成時変形土器が出土した（宮田編1996）。

［土器製作場所］

　集落域における土器原材料の貯蔵場所や未焼成粘土塊の出土は土器製作場所の検討資料となるが，検出事例は少ない。

　柏原孝俊は，一ノ口遺跡（福岡県小郡市）で弥生時代前期中葉～末の土坑等から焼土塊や生粘土が出土した事例から，集落内における土器生産単位について検討した（柏原1997）。集落内の焼土塊や生粘土の分布状況を検討した結果，竪穴式住居跡1～2軒あたり袋状竪穴数基～10基前後が組み合わさる各住居群の袋状竪穴，土坑，ピット等から生粘土がそれぞれ出土することから，土器の成形から乾燥にいたる工程が集落内の各住居群を単位として行われたことを指摘した。また，南北2.5km，東西2km程の範囲内に同時期の集落遺跡が集中するにもかかわらず，他遺跡では焼土塊や生粘土が出土しないことから，弥生時代前期段階には，小地域の限られた拠点的な「ムラ」で土器を製作し，約1.5kmの範囲内に供給した可能性が提示された。この見解は，弥生時代前期における甕形土器の型式変化過程を，遺跡内の住居遺構群中で比較することで，地域色の様態との関係や小地域内における集団間の相互関係を検討した田崎博之の研究成果を基礎とするものである（田崎1988，1989，1990）。

　近畿の岩倉忠在地遺跡（京都府京都市）では，弥生時代終末～古墳時代初頭にあたる未焼成粘土塊が，竪穴式住居跡や周辺土坑から出土した。集落内の特定ゾーンに集中して出土することから，集落遺跡内で土器生産や粘土備蓄行為が特定集団に偏る傾向が指摘された（小森・若林2006）。竪穴式住居跡内からは各遺構あたり3点以内の30～40cm大程度の粘土塊が出土すること，2cm大程度の粘土砕片が住居床面で出土することから，作業量に合わせて1～2個程度分に切り分けた粘土を用いた行為が住居内で行われたことを想定している。胎土分析で粘土塊と土器の関係を検討した結果，粒径組成がやや異なるものの，含有鉱物の種類や構成がほぼ同様であることから，土器の材料の一部として使われたことが確認されている（矢作2006）。また，鬼塚遺跡（大阪府東大阪市）でも，弥生時代後期の焼失住居から，土器の素材と考えられる直径30cm程度の焼粘土塊6個体が，植物を編んだ袋状のものにくるまれた状態で出土し

た（芋本編1979）。

　土器を住居内で製作した痕跡は，縄文時代の遺跡でも確認されている。多摩ニュータウンNo.245遺跡（東京都）の51号住居跡では，生粘土や器台，未焼成土器，台石が床面上から出土した（及川・山本2001）。また，前付遺跡（山梨県笛吹市）の29号住居跡の奥壁空間からは，焼成粘土塊や台石だけでなく，遺跡から約2.5km離れた笛吹川で採取した河川砂を貯蔵した土器が出土した（櫛原2014）。これらの事例は，粘土の貯蔵・管理から土器製作に至る一連の過程が，住居を単位として，各住居内で行われたことを示す。

　なお，土器圧痕調査の成果として，土器製作時に入り込んだと考えられるコクゾウムシやダニ，ヤスデ，クモなどの家屋害虫および家屋に住み着いた昆虫や小動物の検出事例が増加している（小畑2013）。これは，土器製作の場や周辺環境，季節性を示す重要なデータであり（丑野・田川1991），土器を住居内で製作した証拠である。

2　胎土分析による土器生産体制の評価

　北部九州地域での弥生土器の胎土分析は，大型専用甕棺の製作工人集団や，朝鮮系無文土器の流入現象の解明を目的として着手された。そのため，大型専用甕棺に関わる胎土分析が多数を占め（沢田・秋山1978；三辻・中園1995；中園・三辻1996，1997，1999；パリノ・サーヴェイ株式会社2002，2004），朝鮮系／擬朝鮮系無文土器と弥生土器を識別するための胎土分析事例も提示されている（清水1978；三辻1988，1993）。

　三辻利一による実践研究を基礎として，本格的に北部九州地域の弥生土器の胎土分析研究を開始したのは中園聡である。全国的に実践例が不足していた弥生土器に対して，産地同定以外の考古学的諸問題の解決のために胎土分析を適用した点が評価できる。重要な成果として，大型専用甕棺の工人集団論に対して，三辻の分析手法を踏襲して蛍光X線分析による胎土分析を実施することで，新たな見解を示した点があげられる（三辻・中園1995；中園・三辻1996，1997，1999；中園2004）。特に，産地推定の場合は，土器の観察を十分に行って地域の絞り込みをした上で胎土分析を実施しなければ，効果があがらず，誤判別も生じるとして，考古学的検討の重要性を述べた（中園2004：p.369）。日常土器の胎土分析を行った結果，南北10km圏内の近隣集落間で胎土に微差が生じるとともに遺跡ごとに固有のまとまりを有することから，時期差や器種差ではなく地質構造が胎土の化学組成に反映しており，弥生時代前・中期には各集落もしくは集落群程度で比較的完結した土器生産と消費が行われ，広域での専門工人集団からの供給あるいは大規模交易は考えにくいとの見解を示した（中園2004：pp.362-365）。ただし，集落間分業については肯定も否定もできないのが現状であり，集落内分業の可能性についても土器製作者個人の同定作業を通して検討する必要があるとして，現在は胎土分析・民族調査・三次元レーザースキャナなどを用いた個人同定研究を精力的に進めている（中園2014ほか）。

　鐘ヶ江賢二は，土器材料採取方法や土器組織構造，発色技術に関わる環境的・社会的要因や，集落における土器生産と分配および消費システムについて，より詳しく論じた（鐘ヶ江2007）。

三辻の分析手法を用いた蛍光X線分析による元素分析と，薄片プレパラートの偏光顕微鏡観察による岩石学的分析を併用する。主に，組織構造や元素組成からみた弥生時代前期～古墳時代前期の集落出土土器胎土の通時的変遷を分析し，土器生産と消費のシステムについて検討した。鐘ヶ江は，各集落で日常土器を製作・使用したこと，大規模集落（比恵・那珂遺跡，吉野ヶ里遺跡，原の辻遺跡など）においても特定集団が土器を集中的に製作・分配したわけではなく，各集団単位で比較的分散した生産と消費を行った可能性があること，分散した小規模な土器生産が主体であっても，規格性は保持しうるような集団間のネットワークが形成されていたことを提起した。また，原材料採取などの周辺環境の資源利用，胎土の調整技術の変化からみた意図的胎土発色コントロールの存在と様式的意義についても指摘した。

3　民族考古学・文化人類学の成果による土器生産体制モデルの構築

　最近の土器研究で注目されるのが，民族事例や実験データに基づく土器生産体制や流通の研究である。特に，製作行為と生産体制を直接調査できる民族調査成果の援用が有効である。実際の土器つくりの現場では，粘土の調達，土器製作具の入手，焼成場所や燃料確保のような物質的事象だけでなく，技法の継承，身体技法の習得のような言語化できない領域から，製作する土器の形や用途に対する需要，土器の販売経路，値段，所得全体に対する土器製作の占める割合などの様々な状況が取り巻いており，社会的生産物として土器が生成される現場を認識することが可能である（黒沢・後藤2008：p.275）。

　民族考古学調査の対象地域は，日本列島と同じ稲作農耕圏である中国大陸や東南アジアが参照されることが多い。観察項目は，粘土採取から成形および焼成に至る製作プロセス，道具，人数・世代・性別・製作者関係などの生産組織，生産目的に応じた生産量や専業度などである。特に小林正史は，東南アジアを中心とする民族調査で得た知見を踏まえて，土器焼成や使用法に関する実験を行うことで，考古資料に残る痕跡を解釈する一連の研究成果を蓄積している（小林2006，2011）。また，現代に残る日本伝来の陶芸技術を参照する民俗事例の蓄積も進められている（横山1982；田畑2013）。土器の場合は，社会的背景や歴史的経緯の違いに考慮する必要はあるものの，現在も技術が生きているので，同時代での観察成果が考古資料の観察・解釈に有益な視点をもたらす。ただし，民族誌の扱い方については，参照される社会の歴史的経緯や地域による多様性などがあまり考慮されず，民族誌にみられる文化・社会的特徴の最大公約数がモデルとされてきたとの指摘（石川2008）に注意を要する。

　文化人類学においても，身体技法や文化伝達に着目した技術的実践への関心が高まっている（後藤2012；森田2012；大西2014）。金子守恵は，エチオピアのアリを対象に，土器つくりを通して技術が伝達・変容・継承されるプロセスや，婚姻を含む人間の移動や市場での流通によって土器つくりに変化が生じる因果関係について，参与観察を元に検討した（金子2011）。特に，地域内で入手できる素材を用いて「もの」が製作され，それが地域内の市場で流通していることを特徴とし，地域にくらす人々の生活と密接なかかわりをもった「地縁技術（community-based technology)」（金子2011：p.234）として土器つくりを捉え，各土器製作者の人生や社会に埋め込まれた技術とその歴史的な変遷を捉える方法である「テクノ・ライフヒストリー（土器つくりの生活史）」によるアプローチ（金子2011：p.178）を行うことで，社会的産物として土器が生成される過程を具体的に提示している。非常に精緻な観察に基づく金子の研究成果は先史土器研究に大きく寄与するが，一方で，「地域」が示す範囲や地域間の差異が不明瞭であるため全体像がつかみにくいとの指摘（長友2011）もある。

　ヒトとモノの共時的関係を直接観察できることに加え，インタビューなどを通して土器製作者自身が認識する視点から行為の意図を聞くことができる点で，民族調査から得られる知見は多い。しかし，ある特定の土器の分布範囲が形成されるプロセスについては，当事者も認知しておらず，説明はできない。商業的・経済的論理で流通していない先史土器の場合は，その要因はさらに複雑であろう。民族調査や実験におけるデータの取得方法が精緻化する一方で，一般論の提示あるいは個別事例の調査報告にとどまるものも多い。また，土器の生産－消費の実態を実際に観察できる民族考古学においても，複数の視点や立場からの専業度の設定が存在しうることが指摘されている（若林1994）。これは，実験考古学も同様である。利用可能な原材料を用いて焼成すれば，土器つくりの追体験は可能であるが，当時の人々が粘土をはじめとする原材料を選択・利用した理由については不明なままである。

　また，土器の生産や移動などの現象が，必ずしも合理的な人間行為に起因するとは限らない点は留意する必要がある。民族事例に基づく先行研究でも，土器の製作技術の伝達，原材料採取地の選択，生産と流通などの多様な側面が，居住集団や血縁集団などの集団を基盤として決定されるだけでなく，アイデンティティや情報の伝達，土器を媒介とする新たな社会関係の形成など，集団間の社会関係の構築や維持に結びつくことが指摘されている（Nicklin 1979；Rice 1987；Stark 1992；鐘ヶ江2007）。特に，技術変化に関するモデルは，より合理的で効果的な方向に技術が発展するという進化論的パラダイムで説明されることが多い。例えば，弥生時代後期以降，煮沸効率の向上を求めて甕の小形軽量化が汎日本的に進行するという一連の議論があげられる（中村1987ほか）。しかしながら，地域の文化要素においてのみ合理的な論理（local logic）（Loney 2000），すなわち，普遍性や一般性はないものの，経験的知識や伝統の反復によって形成された内的に一貫した論理による判断が実際には多いと考えられる。

　観察可能なレベルの事象については，複数の民族事例から法則性を導き出し，それを考古資料の分析に活用する手続きを踏む民族考古学的アプローチ（長友2015）の適用が有効である。ただし，共時的な空間の広がりや変異，通時的な変化が生じる要因解明といった考古学における問題関心との接合は単純ではない。土器製作にかかわる材料的側面，使用や廃棄に関する社会的役割，自然環境的側面からの制約など，対象の文化背景や歴史的経緯を踏まえた多角的側面からの検討が必要となる。

Ⅲ　土器の移動と人間活動の関係

1　土器移動現象の類型化

　土器の地域性を生み出す小地域間の日常的な接触交流を具体的に知るためには，土器の移動現象とその背後にある人間の移動や接触の関係の実証的解明が重要である。製品移動や技術伝達はともに人間を媒介として行われるが，石器や木器とは異なり土器は未成品の形態で動かないことから，製作技術とは切り離された論理で移動する（小宮1986）。ただし，肉眼で産地を区別できる土器は非常に少なく，土器の生産や移動・流通関係を検討することは困難であった。

　そのような状況において，近畿地方の河内地域における生駒山西麓産土器に関する諸研究が，弥生土器の移動現象のモデルを構築する基礎資料となった。生駒西麓産土器は，角閃石などの有色鉱物を多量に含む茶褐色胎土で，形態や文様との相関性が強い，非常に特徴的な土器である。佐原眞は，生駒西麓産土器が各地に移動している現象を指摘し，壺などの貯蔵形態が移動する場合と，壺・甕・高坏・鉢のように全器種が移動する場合の二種に土器移動形態を区分した（佐原1970）。都出比呂志は，器種や出土量を基準として，土器移動の四類型を提示した（都出1989）。移動A類型は，貯蔵形態の土器（壺・鉢など）が動く場合である。搬入比率1～3％の少量で相互的な移動であり，相互の交換行為や，土器の内容物が交換された可能性が考えられる。移動B類型は，多器種が動く中，煮沸用の甕や土製紡錘車のような生活道具を含む場合である。搬入比率が5～10％に達する例も存在し，彼地で生活を営む目的の人間集団の移動とされる。移動A類型およびB類型は，佐原の区分と対応する。また，移動C類型は，庄内式甕の移動が想定されており，煮沸効率のよい甕の一方向的な広域移動であることから，土器自体が商品化されている可能性が高い。移動D類型は，他地域産土器が墳墓への供献や土器棺に使用される場合であり，被葬者の出自や縁者との関連を推測できる可能性がある。都出の提示した土器移動類型は，具体的な判別基準と考古学的に把握可能な事象を提示し，その背後にある人間活動を関連付けたものであり，その後の類型研究の基礎となった。森岡秀人は，佐原，都出の見解を踏まえた上で，さらに細分化した（森岡1993）。移動距離，移動形態，移動量，移動目的，移動方式，移動時間，歴史事象との関係の基準に基づいて区分することで，土器の移動現象の社会的意味を検討する多様なパターンを提示した。

　以上の土器移動現象の整理を踏まえて，以後は各対象地域における個別事例分析に基づく類型的研究が進められている。長友朋子は，生駒西麓産土器の移動形態と範囲から，土器が多量に移動する場合の2パターンを設定した（長友2013）。距離に比例して量が減少していく近隣地域への土器移動（Aパターン）と，距離と土器量が比例せず，生産地と消費地が点と点で結ばれるように遠隔地へ土器が持ち運ばれる場合（Bパターン）である。Bパターンについては特に庄内式甕を想定しており，都出の土器移動C類型と対応する。さらに，弥生時代中期の土器移動は近隣地域に面的に搬出されるAパターンが多いのに対して，弥生時代終末期～古墳時代初頭になると長距離を点で結ぶように拠点地域の主要遺跡に多く搬出されるBパターンの土

器移動が多くなるという通時的変化を指摘した（長友2013：pp.127-128）。深澤芳樹は，土器の形態・文様・調整法の各属性の分布域が重複する地域に出自を求め，そのうち出土地点に近い地域を搬出地の有力候補地と推定する方法で，方形周溝墓に供献された土器の移動現象を検討した（深澤1996a，1996b，2011）。その結果，方形周溝墓の供献土器には，地元の土器が多数を占める以外に，土器の地域性を越えて80km以上離れた遠隔地域から運ばれた土器も含まれており，結節点となる遺跡ではさらに複合的な状況であることが確認された。このような分布現象の要因について，地域一帯を覆う葬送儀礼に伴う重層的なネットワークが機能して土器が集積したと深澤は指摘する。これは，具体的な考古資料の検討を通して，都出が提示した移動D類型の理解を深化させたものであり，葬送ネットワークの実態を解明する方法として評価できる。

なお，遠隔地域間の土器移動現象は個別資料の型式学的特徴から把握されてきたが，特定地域の小範囲内における各集落の土器移動比率を算出することは，肉眼で識別可能な特徴的な胎土や製作技法をもつ土器以外では困難である。その点，生駒西麓産土器を素材として，近隣遺跡間の搬出／搬入状況を踏まえた集落間の土器移動比率を提示した研究（若林1997；秋山・朝田・中川・池谷2003；秋山・瀬川・中川2003；川上2003；矢野2006；長友2013；大木・櫻田2011）は，他地域の現象を検討する際の比較資料として重要である。結果として，生駒西麓産土器はごく一般的な土器であり，特に生駒西麓の土器に限って搬出されることはなく，生駒西麓以外の土器も同じく各地に搬出される（菅原1979）が，方形周溝墓の供献土器として集中的に利用される傾向が指摘されている（若林1997）。また，生駒西麓産土器の分布中心地（鬼虎川遺跡・西ノ辻遺跡）と，隣接する河内湖東岸部遺跡群（鬼塚遺跡・水走遺跡・植附遺跡・神並遺跡）における搬入土器比率を算出した秋山浩三らは，弥生時代を通じて固定的な比率は示さないものの，前期と後期はほぼ1割前後の割合であるが，中期では2～3割と高い搬入率であること，器種別で大差がないことから特定器種に限って土器が移動しているわけではないことを，具体的な集計データに基づいて指摘した（秋山・朝田・中川・池谷2003）。

地域内部や集団間における土器移動現象を明らかにするためには，精緻なレベルで土器諸属性の差異を析出できることが前提にある。しかしながら，型式学的方法による地域性析出レベルでは，地域内における集団関係を検討することができない。近畿地方で土器移動研究が進展してきた理由は，生駒西麓産土器という肉眼で在地土器と搬入土器を識別できる特徴的な土器群の存在が大きく，土器移動モデルを提示したものの，その他の地域や分析対象に適用できる方法が確立されたわけではない。特に，肉眼での識別が難しい「普通」の土器を対象とする場合，近隣地域間やその内部における土器移動現象を検討することは困難である。

また，これまでの土器移動現象へのアプローチ方法は，分布からパターンを見出し特定の人間活動を想定するものであるが，それらの相関関係の実証方法の点で問題が残る。分布パターンは人間活動の結果に過ぎず，例えば途中の経由地や移動ルートなど，最終的な土器出土地点に至るまでの履歴は表現されていない。つまり，土器の時空間動態の分析だけから移動の実態

を捉える方法には無理がある（安藤2008：p.62）。加えて，類型整理的研究については，考古資料の分析結果をある類型やモデルと結びつけることが目的化すると解釈の可能性・妥当性の検証が阻害される危険性があるが，議論を洗練化することで妥当性の高い解釈を付与する指針となり，新たな分析対象や分析方法の検討・探索につながることが指摘されている（安藤2008：p.64）。それぞれの対象地域や資料状況に即した研究の実践を重ねることが必要である。

2　大型専用甕棺の生産・移動と社会関係

　北部九州地域の弥生時代墓制を特徴づける甕棺墓は，棺体自体で精緻な編年を組むことが可能である点，中国大陸・朝鮮半島からもたらされた青銅器・鏡・玉類などの多様な副葬品を持ち，特に漢鏡を介した上限年代の検討が可能である点，人骨の遺存状態が非常に良好である点，墓地構造や形成過程の検討から背後にある社会や集団を検討できる点，葬送儀礼に関わる観念的側面を検討できる点など，北部九州地域の弥生社会を解明する上で多大なる成果をもたらす資料である。

　甕棺墓に用いられる埋葬専用の超大型の甕形土器（以下，大型専用甕棺と呼称）は，地域集団関係や社会変化を検討する素材として重要である。編年研究が中心であるが，製作技術についても検討され，高度な製作技術の存在から専門工人の存在が想定されている（高島1975；井上1978，1985，2008）。特に，門田遺跡辻田地区（福岡県春日市）を中心とする周辺遺跡の甕棺を対象に，胎土・色調・器面内外調整手法などの製作技術を基準に分類したタイプと，蛍光X線分析および偏光顕微鏡観察による胎土分析結果の関連を検討した研究（井上1978，2008；沢田・秋山1978）は，考古資料の観察結果に対する胎土分析による検証という厳密な手続きに基づく実践例としては北部九州地域で最初の例であり，非常に重要である。井上は，形態・胎土・成形技法・器面調整・色調などの詳細な観察に基づいて大型専用甕棺の製作技術を検討し，甕棺生産体制の解明に取り組んだ（井上1978，1985，2000，2008，2011）。その結果，中期後半期の立岩式甕棺における形態・製作技術からみた地域差として，①一の谷型（御笠川流域），②原型（福岡・春日地域），③道場山型（二日市地域），④栗山型（甘木・朝倉地域），⑤立岩型（嘉穂地域），⑥藤崎型（早良地域），⑦中原型（唐津地域），⑧横隈狐塚型（小郡・鳥栖地域），⑨二塚山・金の原型（神埼地域）の9タイプを析出し，各タイプの差異が専門工人あるいは専門工人集団の存在と関係することを指摘した（井上1978，2000）。また，中期後半期に，国ごとに甕棺工人集団の統合・再編化が進み，生産体制の縮小化が起こっていた可能性も提起した（井上2000）。

　特に，立岩10号甕棺墓や三雲南小路2号墓などの地域の首長墓で遠隔地の工人集団が製作した甕棺が採用されているとの指摘（井上2000）は，北部九州弥生社会における地域社会構造や集団関係を検討する上で非常に重要である。春成秀爾は，遠隔地から搬入された甕棺が首長墓に用いられる事象に着目し，首長層間の婚姻ネットワークの存在を想定した（春成1984）。春成の提示した未検証仮説に対して，田中良之は，個別墓地を対象とした親族関係研究を踏ま

えて，人骨歯牙エナメル質のストロンチウム同位体比分析による婚姻にともなう移動や通婚圏などの地域社会の実相にアプローチする研究（田中・小山内・中野・李2010，2011a，2011b）を進めており，集団間および集団内の階層化などの社会関係や構造の解明につながる成果を提示した。また，溝口孝司は，大型専用甕棺胴部の形態的特徴に基づく地域的特徴と各遺跡間ネットワークとの関係について検討している（溝口2013）。分析の結果，立岩堀田遺跡のような甕棺分布域外分布集中遺跡においては，＜外部＞との交渉ネットワーク独占の表徴として，甕棺を象徴的アイテムとして意図的に使用した可能性を示唆した（溝口2013：p.41）。弥生時代中期の豊富な人骨資料を有する北部九州地域は，先史社会におけるモノ・ヒト・情報の統合的な移動・交流・変容モデルを構築し，重層的な地域社会構造の解明にアプローチしうる稀少な地域であり，その特質を活かした体系的研究を進める意義がある。

　中園聡は，大型専用甕棺や日常土器転用甕棺の胎土，甕棺の上下棺のセット関係，甕棺の生産と分配の関係を分析し，形態的特徴や製作技法と胎土分析データの整合性について検討した（中園2004）。これは，弥生土器の胎土分析が，土器の生産－分配システムや分業体制，集落や構成メンバーの階層的格差，葬送行為などの解明に実証的な貢献をすることができる見通しを提起するものであり，胎土分析成果を考古学的に評価して弥生社会論へと展開する道筋を示した意義は大きい。中園は，大型専用甕棺とそれ以外の土器の間で化学特性に差異はなく，特に甕棺の上甕と下甕の間では形態・製作技法・色調だけでなく胎土も比較的類似することから，大量生産ではなく，一基分ずつセットで同時に製作した可能性を指摘し，大型専用鉢も同様にセットで製作したと考えている。また，大型専用甕棺とその他土器の胎土の変化が連動することから，各時期で同質の素材を使用している点を指摘する。なお，口縁部を打ち欠くなどして上下甕のサイズを調節している甕棺は上下甕の胎土が一致しないことから，「間に合わせ」的な使用方法が想定される。甕棺墓地間・墓群間での上甕・下甕胎土の一致・不一致，ひいては土器の生産－分配システムの違いについては，中園は集落間あるいは集落内の集団の格差に対応するとの見解を示した。

Ⅳ　問題の所在

　北部九州地域における弥生土器の生産と移動について，出土資料に基づく考古学的見解に胎土分析成果を加えることで，多くのことが明らかになるとともに，見解の齟齬があることが分かる。まず，土器製作残滓に着目する田崎の見解と，胎土分析に基づく中園・鐘ヶ江の見解では，土器生産の専業化や分業化の進展程度の評価が異なる。また，大型専用甕棺についても，型式学的検討の結果中期後半段階で専門工人集団の存在を指摘する井上の見解と，胎土分析の結果日常土器と同様に各集落での生産を指摘する中園の見解で，やはり評価が異なる。土器製作残滓や大型専用甕棺の様相からは，弥生時代中期後半期を画期として，土器製作の地域内分業あるいは集約化が進行した可能性が指摘されている。胎土分析の結果からは，大規模集落は複数集団による土器製作が指摘される（鐘ヶ江2007）が，基本的には各集落で土器を製作した

と考えられている。

　土器生産に関連する遺構や遺物，土器焼成の場に残された製作残滓は出土事例が少ないため，地域内の集落動態を踏まえた網羅的な現象把握が難しい。田崎や鐘ヶ江が指摘するように，集落の性格や規模により傾向が異なる可能性がある。たとえば，近畿地方の生駒西麓産土器は，個別集落・集団が小規模に自給的に土器を生産していたとは考えられないことが指摘されている（若林1997，2007）。また，器種・型式に変異が認められる一方で複数の集落を越えて強い規格性を保持することから，短期間に土器製作専業集団を編成し，農閑期などに集中生産した可能性（森岡2002：p.188）も提示されている。

　土器製作の通時的変化や画期を，考古資料の分析を通して析出するためには，最も基礎となる日常土器の生産体制を把握する必要がある。大型専用甕棺のような土器型式や外見的特徴から容易に識別可能な土器群に対する研究は進められてきたものの，その対照データとなる日常土器の生産体制は，具体的資料に基づいて十分に検討されてきたとはいえない。

　弥生時代の土器生産は，女性が土器を自家生産する「ドメスティックな土器」のイメージで語られてきた（都出1982，1989）。具体的な土器生産体制については，民族調査の成果が考古学者に豊富なイメージをもたらした。しかしながら，漠然とした類型的イメージの適用で解決するほど，実態は単純ではない。土器製作を直接示す遺構・遺物の出土事例の少なさを考慮すると，地域網羅的に様相を把握できる基礎資料は，土器そのものである。その意味でも，土器から直接情報を引き出すことのできる胎土分析の果たす役割は大きい。ただし，これまでの胎土分析事例は個別遺跡のトピック研究にとどまることが多いため，地域全体を網羅的に検討できるデータが提示されておらず，体系的研究として統合できない状況にある。まずは，時期差や地域差，集落の性格の違いを考慮した上で，胎土分析を実施する基盤を整備することが重要である。研究の前提を不問にして、データの蓄積だけ進めても、有益な結果は得られない。

　土器の移動現象は，高精度の胎土分析を用いて，背後の人間活動や多様な位相の関係を検討することで，地域社会や広域社会を構成する基盤へのアプローチが可能となる。その際には，土器の型式学的検討や分布様態の把握だけでなく，集落動態や集落構造の研究成果との統合が重要である。特に，大型専用甕棺の生産の専業化と遠隔地域間移動現象は，有力地域をつなぐ首長層間婚姻ネットワークの証拠として評価されることがあり，より慎重な現象把握に基づく議論が求められる。土器研究から社会研究への展開について，次節で展望を述べたい。

V　地域社会構造の解明にむけて

　弥生時代の社会構造の研究は，主に墳墓構造や副葬品組成，集落動態，土器の地域性の把握を通して，社会の複雑化過程が検討されてきた。これらは，遺跡・遺構・遺物の可視的な空間配置に基づくものである。特に2000年代以降に各地域で現象把握やモデル化が急速に進展した弥生集落研究は，当初は集落の規模や階層性，集落構造および構成単位による大まかな地域構造の把握が中心であったが，次第に集落を構成する居住集団を基盤とする集団論が論点の中

心になりつつある（溝口2008；小澤2008；若林2008）。その結果，血縁的結合を基盤にもつ集団が地域を横断して結びつく社会構造，出自集団の異なる人々の結集体からなる集落の存在を考慮した，より複雑な物質文化動態を把握する方法の開発が必要となってきた。集落同士の関係性の理解を深めるためには，集落遺跡内外の生産・消費関係のパターン化など，遺物や遺構の細かな分析を多視点的に行うことが不可欠であり，先行研究で指摘されてきた社会モデルに対して，考古資料の実態に基づいて「社会関係」の結合原理を具体的に証明する方法の提示が今後の課題として指摘されている（安藤2008；若林2008，2012）。

　そこで，集落と墓域の両方の場を媒介する物質文化として出現頻度の高い土器に着目することが，多様な位相の共時的な社会関係や物資移動現象を把握する上で有効な手段となることを提起する。このような地域社会内部を対象とする分析は，密度の高い発掘調査による多量の土器資料の蓄積をもち，土器編年や地域性に関する精緻な検討が実施されてきた日本列島がフィールドとして適している。

　前述したように，北部九州の弥生時代中期では，地域集団関係や社会変化を検討する素材として大型専用甕棺が認識されてきた。土器の型式学的検討からは，大型専用甕棺や赤彩土器は専門工人集団による製作が想定されている。一方で，胎土分析の成果からは，大型専用甕棺と赤彩土器のいずれも日常土器と同様に各集落で製作された可能性が指摘されており（中園・三辻1996；鐘ヶ江2007），ここでも評価が分かれる。

　近畿地方では，約100km 近く離れた遠隔地の土器を墳墓に供献する事例が指摘される（深澤1996a，1996b，2011）など，葬送行為にともなう土器動態は日常土器以上に複雑な様態が想定できる。若林邦彦は，基礎集団の空間分布から把握できる小地域社会構造を基礎に，儀礼・習俗圏や物資流通圏を媒介として，広域弥生社会が複数位相の領域形成の連鎖の総体として成り立つ状況を論じた（若林2015）。田崎博之は，物流や通婚を含めた恒常的に交流する緊密な社会関係が隣接地域社会間で取り結ばれており，それを基盤として広域交流のネットワークが形成された可能性を指摘する（田崎1995b）。このような，集落群や地域を越えて共有される集団の紐帯原理や秩序（溝口2008；田崎2008），多様な位相の関係性が，特に弥生中期後半期に明確化する地域の成層化を背景とする集団関係の変化を促進する。集落および墓域で出土する土器動態だけでなく，石器や金属器をはじめとする他物質文化動態と統合することで，地域間関係や集団関係，地域社会を横断する重層的な物流ネットワークなどの動的な社会関係を検討することが可能になる。

　土器の型式学的特徴や分布様態から提示された仮説を検証する手段として胎土分析は有効であり，多くの分析結果が提示されてきた。しかしながら，これまで提示されてきた胎土分析方法は，地域社会内部の精緻な分析を可能とする精度を備えていない。たとえば，汎日本的に共通して地域差を示す指紋元素を選択し，分析精度を高めるよりも分析数量を増やすことを重視して研究を進めてきた三辻利一の方法の場合（三辻1986），解析可能な空間精度はおおよそ河川流域・平野レベル（約30〜50km 圏）である。しかし，考古学ではむしろ，小地域内におけ

る土器の移動現象の解明のために，より小範囲レベルにおける差異を析出することが求められる（都出1986）。ミクロな集団関係を解析可能な高精度胎土分析方法の開発が必要である。大規模集落内に複数の土器生産・消費単位が併存することを指摘した研究（鐘ヶ江2007）もあるが，多様な時期や器種の土器を一括して扱い，型式学的検討が不可能な土器破片も分析対象とする場合，得られる結果は非常に複雑な様相を示し，考古学的評価が難しい。したがって，胎土分析結果を社会復元の基礎資料として活用するためには，考古学的検討が可能な資料を選択し，対象地域を網羅する基盤データベースを整備する手順を最初に踏む。その際には，地質構成物質（粘土・岩石）と人間行為（混和材添加，複数粘土混和など）が融合した文化的所産として土器を認識し，資料特性や考古学的背景を踏まえた新たな胎土分析手法の開発が望まれる。

VI おわりに

人文科学・社会科学・自然科学を横断する総合科学としての考古学であるためには，考古資料データの蓄積によるパターン抽出，考古学的研究手法による先行研究の成果，民族調査や実験に基づくモデルなどの諸論点を統合して構築した仮説を，検証・修正・再構築して体系をつくる科学的手続きを経る必要がある。大事なことは，検証の結果や整合性だけを評価するのではなく，検証のプロセスや，検証方法自体を常に再検討する姿勢である。複数分野の分業成果の寄せ集めで終わるのではなく，多分野間で議論を重ねて新たな世界観を醸成する融合研究が，今後さらに重要度を増す。

考古学は観察が基本である。肉眼では見えなくても，科学の眼なら見えることがある。視界に入っていても見えなかったことが，問題意識が生じて初めて認識できることもある。胎土分析の実践においても，分析方法の洗練化と併行して，さらなる土器研究の深化，ひいては先史社会の解明に至る道筋を明示する必要がある。胎土分析は，仮説を検証する手段として有効であるものの，現在は分析結果の評価のみが先行しており，検証プロセスの検討が不足している。本論は，scientific cycle（Thomas1989）の前提の整理にすぎない。このような基礎作業を継続し，長期的展望のもとで実践研究とのフィードバックを常に行なうことで，弥生土器に適合する胎土分析の方法論の確立，土器研究から社会研究への展開，人類の歴史復元への寄与を目指す。

本論は，2014年度に九州大学に提出した博士論文の一部を再構成し，加筆したものです。田中先生に博士学位審査をしていただけた最後の学生であることを誇りに思います。ぐずぐず悩んでばかりの私に，先生はたくさんのお言葉をくださいました。「泥臭い現場の考古学から始まって分析で終わるのではなく，社会文化的考察までやること。」，「考古学の研究は，一人でできることと，組織でしかできないことがある。おまえが今取り組んでいるのは，どっちだ？」，「他人に遠慮する必要はない。自由にやれ。」。先生の教えを受けて，私は初めて「思考する」ことの苦しさと楽しさを知りました。研究者としての生き方は，先生が体現しておられ

ました。先生が構築された基盤に種を蒔き，さらに多くの種が実るよう次世代につなぐことを誓います。これまでの御指導に深く感謝申し上げます。

■参考文献

秋山浩三・朝田公年・中川二美・池谷梓，2003．弥生土器の移動比率．立命館大学考古学論集Ⅲ－1，523-536．

秋山浩三・瀬川貴文・中川二美，2003．生駒山西麓域における在地産・搬入弥生土器の推移．大阪文化財研究23，3-22．

安藤広道，2008．「移住」・「移動」と社会の変化．弥生時代の考古学8 集落からよむ弥生社会（設楽博己・藤尾慎一郎・松木武彦編），pp.58-73，同成社，東京．

Carr, Christopher, 1995. A Unified Middle-Range Theory of Artifact Design. *Style, Society, and Person* (Chriatpher Carr and Jill E. Neitzel ed.), pp.171-258, Plenum Press, New York.

深澤芳樹，1996a．墓に土器を供えるという行為について（上）．京都府埋蔵文化財情報61，1-16．

深澤芳樹，1996b．墓に土器を供えるという行為について（下）．京都府埋蔵文化財情報62，1-7．

深澤芳樹，2011．弥生土器の製作技術と地域間交流．講座日本の考古学5 弥生時代（上）（甲元眞之・寺沢薫編），pp.589-617，青木書店，東京．

後藤明，1997．実践的問題解決過程としての技術．国立民族学博物館研究報告22（1），125-187．

後藤明，2012．技術人類学の画期としての1993年．文化人類学77（1），41-59．

春成秀爾，1984．弥生時代九州の居住規定．国立歴史民俗博物館研究報告3，1-40．

橋口達也，1982．甕棺のタタキ痕．森貞次郎先生古稀記念古文化論集上巻，pp.471-479，森貞次郎博士古稀記念論文集刊行会，福岡．

橋口達也，1993．甕棺．考古学研究40（3），10-29．

芋本隆裕編，1979．鬼塚遺跡Ⅱ・若江遺跡発掘調査報告，東大阪市埋蔵文化財包蔵地調査概報19．東大阪市遺跡保護調査会，大阪．

井上裕弘，1978．甕棺製作技術と工人集団把握への試論．山陽新幹線関係埋蔵文化財調査報告第9集（井上裕弘編），pp.173-189，福岡県教育委員会，福岡．

井上裕弘，1985．甕棺製作技術と工人集団．論集日本原史，pp.507-533，吉川弘文館，東京．

井上裕弘，2000．北部九州の首長墓と甕棺．大塚初重先生頌寿記念考古学論集，pp.685-712，東京堂出版，東京．

井上裕弘，2008．北部九州弥生・古墳社会の展開．梓書院，福岡．

井上裕弘，2011．弥生・古墳文化の研究．梓書院，福岡．

石田智子，2015．南九州弥生土器の胎土分析の現状と展望．鹿児島考古45，3-13．

石川健，2008．狩猟採集社会の階層化について．九州と東アジアの考古学下巻，pp.733-752，九州大学考古学研究室50周年記念論文集刊行会，福岡．

鐘ヶ江賢二，2007．胎土分析からみた九州弥生土器文化の研究．九州大学出版会，福岡．

金子守恵，2011．土器つくりの民族誌．昭和堂，京都．

柏原孝俊，1997．弥生時代前期の土器づくり．みずほ23，42-51．

川上洋一，2003．生駒山地を越える交渉．初期古墳と大和の考古学（石野博信編），pp.74-83，学生社，東京．

小林正史，2006．黒斑からみた縄文・弥生土器・土師器の野焼き方法．平成16・17年度科学研究費補助金

（基盤研究〔C〕）研究成果報告書．

小林正史，2011．土器使用痕研究．平成19・20年度科学研究費補助金（基盤研究〔B〕）研究成果報告書．

小宮恒雄，1986．須恵器以前の土器の生産と流通．岩波講座日本考古学3，pp.167-196，岩波書店，東京．

小森牧人・若林邦彦，2006．弥生・古墳時代集落出土の未焼成粘土塊をめぐって．岩倉忠在地遺跡，同志社歴史資料館調査研究報告第6集（若林邦彦編），pp.81-85，同志社大学歴史資料館，京都．

黒沢浩・後藤明，2008．農耕社会の民族考古学．日本考古学協会2008年度愛知大会研究発表資料集，275-277．

櫛原功一，2014．前付遺跡発見の砂貯蔵土器．混和を伴う縄文時代の土器作り資料集，pp.81-91，「土器胎土からみた混和を伴う縄文土器製作システムの研究」研究班，山梨．

Lemonier, P., 1986. The study of material culture today: Toward an anthropology of technical systems. *Journal of Anthropological Archaeology* 5, 147-186.

Loney, H. L., 2000. Society and Technological Control: a critical review of models of technological change in ceramic studies. *American Antiquity* 65-4, 646-668.

馬田弘稔，1982．弥生時代の土器祭祀について．森貞次郎博士古稀記念古文化論集上巻，pp.481-510，森貞次郎博士古稀記念論文集刊行会，福岡．

眞邉彩，2013．レプリカ法による土器製作具の復元．地域政策科学研究10，141-170．

宮田浩之，1996．弥生土器の焼成遺構について．三国地区遺跡群6，小郡市文化財調査報告書第109集（宮田浩之編），pp.175-182，小郡市教育委員会，福岡．

宮田浩之編，1996．三国地区遺跡群6，小郡市文化財調査報告書第109集．小郡市教育委員会，福岡．

三辻利一，1986．土器の化学分析．保存科学研究集会―埋蔵文化財の材質・構造・保存環境に関する研究―，pp.47-68，奈良国立文化財研究所，奈良．

三辻利一，1988．無文土器と弥生土器の胎土分析．三国の鼻遺跡III下巻，小郡市文化財調査報告書第43集（片岡宏二編），pp.745-746，小郡市教育委員会，福岡．

三辻利一，1993．福泉洞萊城遺跡出土弥生系土器の蛍光X線分析．釜山市立博物館研究論集2，239-242．

三辻利一・中園聡，1995．福岡県大刀洗町甲条神社遺跡出土甕棺の蛍光X線分析．甲条神社遺跡，大刀洗町文化財調査報告書第7集（赤川正秀編），pp.93-99，大刀洗町教育委員会，福岡．

溝口孝司，2008．弥生社会の組織とカテゴリー．弥生時代の考古学8集落からよむ弥生社会（設楽博己・藤尾慎一郎・松木武彦編），pp.74-95，同成社，東京．

溝口孝司，2013．甕棺の地域性の発現様態の基本構造とネットワーク．日本考古学協会第79回総会研究発表要旨，40-41．

森岡秀人，1993．土器の移動の諸類型とその意味．転機4，29-45．

森岡秀人，2002．分業と流通．古代を考える稲・金属・戦争（佐原真編），pp.167-208，吉川弘文館，東京．

森田敦郎，2012．野生のエンジニアリング．世界思想社，京都．

森貞次郎，1970．弥生文化の源流と展開．古代の日本3，pp.13-26，角川書店，東京．

長友朋子，2011．書評金子守恵著『土器つくりの民族誌―エチオピア女性職人の地縁関係―』．考古学研究58（3），94-96．

長友朋子，2013．弥生時代土器生産の展開．六一書房，東京．

長友朋子，2015．民族学的研究と弥生土器研究．考古調査ハンドブック12弥生土器（佐藤由紀男編），pp.53-54，ニューサイエンス社，東京．

中村倉司，1987．弥生時代における甕形土器の煮沸方法と熱効率．考古学雑誌73（2），54-70．

中園聡，2004．九州弥生文化の特質．九州大学出版会，福岡．

中園聡，2014．「交替劇」後のホモ・サピエンスと土器．ホモ・サピエンスと旧人2，pp.104-119，六一書

房，東京．

中園聡・池平壮峻，2010．土器製作者個人の高確度同定法の開発．国際文化学部論集10（4），131-153．

中園聡・三辻利一，1996．胎土分析の応用による弥生時代大型甕棺の研究．日本考古学協会第62回総会研究発表要旨，30-33．

中園聡・三辻利一，1997．福岡県大刀洗町高樋塚添遺跡出土甕棺の蛍光X線分析．高樋塚添遺跡I，大刀洗町文化財調査報告書第12集（赤川正秀編），pp.43-52，大刀洗町教育委員会，福岡．

中園聡・三辻利一，1999．福岡県志摩町久米遺跡および周辺遺跡出土甕棺の胎土分析．久米遺跡，志摩町文化財調査報告書第21集（河合修編），pp.54-67，志摩町教育委員会，福岡．

Nicklin, K., 1979. The location of pottery manufacture. *Man* 14, 436-458.

小畑弘己，2013．土器圧痕・生体化石資料の比較検討による縄文集落における植物性食料の貯蔵形態と家屋害虫の実証的研究．特別史跡三内丸山遺跡年報16，40-50．

小田富士雄，1983．九州．弥生土器I，pp.25-88，ニューサイエンス社，東京．

大木要・櫻田小百合，2011．生駒西麓産土器の搬入状況について．紀伊考古学研究14，25-44．

大西秀之，2014．技術と身体の民族誌．昭和堂，京都．

及川良彦・山本孝司，2001．土器作りのムラと粘土採掘場．日本考古学11，1-26．

小澤佳憲，2008．集落と集団1―九州―．弥生時代の考古学8 集落からよむ弥生社会（設楽博己・藤尾慎一郎・松木武彦編），pp.17-35，同成社，東京．

パリノ・サーヴェイ株式会社，2002．増田遺跡の自然科学分析．増田遺跡群VI第2分冊，佐賀市文化財調査報告書第130集（古賀章彦編），pp.294-305，佐賀市教育委員会，佐賀．

パリノ・サーヴェイ株式会社，2004．棺体に用いられた胎土分析．天神ノ元遺跡（3），唐津市文化財調査報告書第114集（仁田坂聡編），pp.75-86，唐津市教育委員会，佐賀．

Rice, P. M., 1987. *Pottery Analysis: A Sourcebook*. University of Chicago Press, Chicago.

佐原眞，1970．大和川と淀川．古代の日本5，pp.24-43，角川書店，東京．

沢田正昭・秋山隆保，1978．北九州地方における甕棺の胎土分析．山陽新幹線関係埋蔵文化財調査報告第9集（井上裕弘編），pp.151-155，福岡県教育委員会，福岡．

清水芳裕，1978．諸岡遺跡出土朝鮮系無文土器の胎土分析．福岡市立歴史資料館研究報告2，1-22．

Stark, M. T., 1992. Pottery exchange and the regional system, *Kalinga Ethnoarchaeology* (William A. Longacre and James M. Skibo ed.), pp.169-197, Smithsonian Institution Press, Washington and London.

菅原正明，1979．生駒西麓の土器．東山遺跡本文編（菅原正明編），pp.26-29，大阪府教育委員会，大阪．

田畑直彦，2013．九州・沖縄における壺・甕の成形技術．日本考古学協会第79回総会研究発表要旨，78-79．

高島忠平，1975．土器の製作と技術．古代史発掘4，pp.128-137，講談社，東京．

田中良之・松永幸男，1984．広域分布圏の諸相．古文化談叢14，81-117．

田中良之・小山内康人・中野伸彦・李ハヤン，2010．LA-ICP-MS分析装置を用いた弥生時代人骨に対する分析（予察）．日韓考古学の新展開，第9回九州考古学会・嶺南考古学会合同考古学大会発表資料集，pp.13-14，九州考古学会・嶺南考古学会，福岡．

田中良之・小山内康人・中野伸彦・李ハヤン，2011a．人骨歯牙Sr同位体比分析による弥生時代通婚の研究．日本考古学協会第77回総会発表要旨，48-49．

田中良之・小山内康人・中野伸彦・李ハヤン，2011b．ストロンチウム分析と先史社会研究．考古学と地球科学，九州考古学会・日本地質学会西日本支部合同大会発表資料集，pp.13-14，九州考古学会・日本地質学会西日本支部，福岡．

田崎博之，1988．土器と集団（一）．九州文化史研究所紀要33，141-166．

田崎博之，1989．土器と集団（二）．九州文化史研究所紀要34，23-50．
田崎博之，1990．土器と集団（三）．九州文化史研究所紀要35，245-283．
田崎博之，1995a．弥生時代の土器づくりノート．みずほ15，255-261．
田崎博之，1995b．瀬戸内における弥生時代社会と交流．古代王権と交流6（松原弘宣編），pp.29-59，名著出版，東京．
田崎博之，2000．遺跡出土の焼成粘土塊・焼成剥離土器片からみた弥生土器の生産・供給形態，平成9〜11年度科学研究費補助金（基盤研究〔C〕(2)）研究成果報告書．
田崎博之，2002．焼成失敗品からみた弥生土器の生産と供給．環瀬戸内の考古学，pp.411-437，古代吉備研究会，岡山．
田崎博之，2004．土器焼成・石器製作残滓からみた弥生時代の分業と集団間交流システムの実証的研究，平成13〜15年度科学研究費補助金（基盤研究〔C〕(2)）研究成果報告書．
田崎博之，2007．土器焼成失敗品からみた焼成方法と生産体制．土器研究の新視点，pp.181-202，六一書房，東京．
田崎博之，2008．弥生集落の集団関係と階層性．考古学研究55（3），60-75．
Thomas, D. H., 1989. What is science? *Archaeology (2nd edition)*, pp. 68-99, Holt, Rinehart and Winston : Fort Worth.
都出比呂志，1982．原始土器と女性．日本女性史1，pp.1-42，東京大学出版会，東京．
都出比呂志，1983．弥生土器における地域色の性格．信濃35（4），245-257．
都出比呂志，1986．土器の化学分析について．保存科学研究集会―埋蔵文化財の材質・構造・保存環境に関する研究―，pp.69-72，奈良国立文化財研究所，奈良．
都出比呂志，1989．日本農耕社会の成立過程．岩波書店，東京．
丑野毅・田川裕美，1991．レプリカ法による土器圧痕の観察．考古学と自然科学24，pp.13-36．
若林邦彦，1994．「専業」をめぐる断想．みずほ13，42-45．
若林邦彦，1997．中河内弥生中期土器にみる諸相．考古学研究43（4），58-76．
若林邦彦，2007．集落分布パターンの地域性と弥生社会．同志社考古学シリーズⅨ 考古学に学ぶ（Ⅲ），pp.153-177，同志社考古学シリーズ刊行会，京都．
若林邦彦，2008．社会・社会集団．日本考古学協会2008年度愛知大会研究発表資料集，428-429．
若林邦彦，2012．弥生集落論と唯物史観・人類学／社会学・モデル論．弥生時代集落の実像と動態を探る，pp.13-18，近畿弥生の会，奈良．
若林邦彦，2015．弥生時代地域社会構造の理論的枠組み．同志社考古学シリーズⅪ 森浩一先生に学ぶ，pp.171-184，同志社考古学シリーズ刊行会，京都．
矢作健二，2006．岩倉忠在地遺跡出土土器の胎土分析．岩倉忠在地遺跡，同志社歴史資料館調査研究報告第6集（若林邦彦編），pp.86-106，同志社大学歴史資料館，京都．
柳田康雄，1996．九州地方の土器．日本土器事典（大川清・鈴木公雄・工楽善通編），pp.370-371，雄山閣出版，東京．
矢野健一，2006．縄文〜古墳時代における土器の特徴的胎土の分布に関する定量分析的研究，平成15・16年度科学研究費補助金（基盤研究〔C〕(1)）研究成果報告書．
横山浩一，1978．刷毛目調整工具に関する基礎的実験．九州文化史研究所紀要23，1-24．
横山浩一，1979．刷毛目技法の源流に関する予備的検討．九州文化史研究所紀要24，223-245．
横山浩一，1982．佐賀県横枕における大甕の成形技術．九州文化史研究所紀要27，53-91．
吉本健一・徳永貞紹・鹿田昌宏・田中大介編，2001．柚比遺跡群1，鳥栖北部丘陵新都市関係埋蔵文化財調査報告書2・佐賀県文化財調査報告書第148集．佐賀県教育委員会，佐賀．

筋付着部の発達度からみる弥生時代の生業様式の地域的多様性

九州大学総合研究博物館　米 元 史 織

要旨

　灌漑を伴う水稲農耕は弥生時代北部九州域で確立し，日本列島に拡散した。特に北部九州・山口地域は頭蓋形質をはじめとし形質的にも大きな変化のあった地域である。一方で，土器の製作技術や，石器組成などの考古学的研究からは，縄文時代的伝統の強い継続性が明らかにされ，水稲農耕への生業転換は漸次的におきたと考えられている。しかし，当該地域の集団の生業活動に関しては，水稲農耕に従事した渡来系集団という先入観が強く，体系的な検討がなされているとは言い難い。また，性別に基づく活動差などは考古学的には検討し難い項目である。そのため，活動主体であるヒトから身体活動を実証的に復元する1つの方法である筋骨格ストレスマーカー（MSMs）を評価し，北部九州域出土弥生時代人骨の各地域間・男女間のMSMsの差を分析した。その結果，地域ごとに人々が従事した生業活動はやや異なり，活動の類似性は女性の方が男性よりも極端に強くなることを明らかにした。

キーワード：筋骨格ストレスマーカー，生業活動，性分業，北部九州・山口地域，弥生時代

はじめに

　弥生時代の北部九州・山口地域は，日本列島において最初に水稲農耕が確立した地域である。農耕社会の確立は，結果として階層化社会をもたらし，その後の古代国家へと展開する基盤となるものであった（田中 2014）。

　この時期を経て水稲農耕へと「転換」した生業に関しては，地域・遺跡ごとの研究は多い（柏原 2002; 片岡 2003等）にもかかわらず，生業活動の中身やその地域的多様性，活動の性差に関する体系的な議論はこれまであまりなされてこなかった。これは，生業活動や活動の性差を考えるにあたって，活動の主体者であるヒトと，考古学的に検討可能である用いられた道具との間に隔たりが存在しているということも1つの要因である。しかし，身体活動の男女差は生業活動を考える際にきわめて重要である。なぜなら生業活動を構成する諸活動は，どの集団においても常に厳格な制度として存在するものではないが，性別によって関わり方が異なり，それは構造化されているということが指摘されているためである（煎本 1977; 池口・佐藤

2014)。また，左右の発達のアシンメトリーも，活動を考えるにあたっては重要な項目の1つである。例えば網漁は，槍を用いた狩猟や漁撈（spear fishing）よりも左右の筋発達の対照性が強い活動であり，一方，overhand throwing はヤスを投げるよりも左右の非対照性が強くなる可能性が指摘されている（Hawkey and Merbs 1995; Peterson 1998；Chatter 2014）。このように左右差が集団ごとにどのように異なるかは，身体の使い方の違いを示すと考えられる。

　上記の項目を明らかにするために，ヒトそのもののから活動を読み取ることが肝要となってくる。中でも，筋骨格ストレスマーカー（Musculoskeletal stress markers，以下 MSMs）は，筋や靭帯付着部の発達度を分析することで断面示数や関節炎などの従来の方法よりも詳細に身体活動を読み取ることができると期待されている[1]。

　これまでに MSMs を用いて，当該時代・地域の人骨を対象とした身体活動の研究は瀧川（2015）によってなされている。しかし，狩猟や漁撈，採集活動など極めて多様な活動を内包する類型の具体的な内容は未検討であり，水稲農耕に関してもその行い方の地域差や水稲農耕以外の活動に関してはほとんど言及されておらず，各地域や遺跡のコンテクストに対してほとんど考慮されていない。MSMs がどのレベルまで身体活動をあらわしうるのか，ということと，漁撈や農耕のように同一に類型化される生業においても使用された道具や活動の行い方が地域・時代・対象とすることのできる動植物ごとに極めて多様である，ということを考慮することは，全く別の問題である。

　そこで，本稿では，まず，各集団がどのような活動を行っていた可能性があるかを，考古学的証拠から想定する。そのうえで，活動主体者であるヒトから身体活動を読みとる1つの方法である MSMs を用いて，弥生時代の北部九州・山口地域の人々の身体活動の地域差・性差を検討する。

資料と方法

対象資料

　本稿で対象とした弥生時代諸遺跡は，北部九州域（そのうちの福岡平野と三国丘陵域）と山口県響灘沿岸，及び種子島に位置する（図1）。北部九州と山口地方に分布する弥生時代人は高顔・高身長という，形質的に縄文時代人骨と大きく異なる特徴を有し同時期の列島内でやや特異な集団であったことが知られている（金関 1966; 中橋・永井 1989; 中橋 2005; 田中 2014等）。そのため，本稿での検討をもって日本列島の弥生時代全体を代表させる意図はない。しかし，水稲農耕が確立していた地域における生業活動の多様性を明らかにするためには，最も適した資料群であるといえる。

　本稿で対象とした各地域の人骨出土遺跡の所属時期及び遺物の集成対象遺跡については以下に述べる。表1に人骨出土遺跡を，表2に遺物の集成対象とした遺跡を示した。

① 土井ヶ浜地区　② 北部九州地区（福岡平野と三国丘陵）③ 広田地区

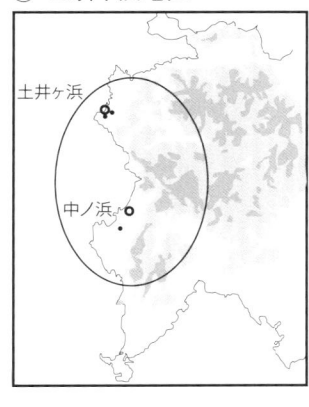

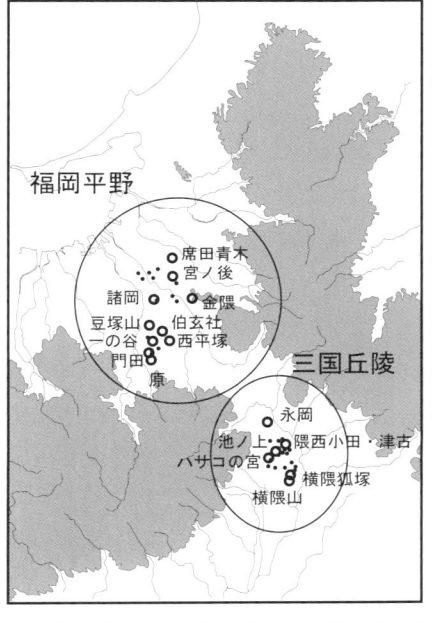

○ 人骨出土遺跡
● 遺物集成対象遺跡

図1　対象資料一覧（人骨出土遺跡のみ遺跡名を表記）

表1　出土遺跡ごとの対象人骨の内訳

図1との対応	地域	遺跡名	男性	女性	時期
①	土井ヶ浜地区	土井ヶ浜	28	19	前〜中期
		中ノ浜	12	6	前〜中期
②	福岡平野域	金隈	24	18	中期〜後期前半
		席田青木	2	−	中期
		門田	5	1	中期前半
		豆塚山	1	−	中期
		西平塚	1	1	中期前半
		伯玄社	3	−	中期前半
		原	1	3	中期前半
		一の谷	5	3	中期後半
	三国丘陵域	隈西小田	52	19	中期〜後期前半
		横隈狐塚	5	5	中期
		永岡	9	9	中期
		ハサコの宮	6	1	中期
		池ノ上	3	3	中期
		横隈山	1	−	中期
③	広田	広田	21	18	後期
		鳥の峯	11	6	後期

表2　遺物集成の対象遺跡

図1との対応	地域	遺跡	時期
①	土井ヶ浜地域	吉永	前期
		片瀬	前期〜中期初頭
		竜王南	中期
		土井ヶ浜南	前期末
②	福岡平野域	板付	前期末〜中期
		高畑	中期
		比恵	前期末〜中期
		雀居	中期前半
		那珂	中期
		下月隈C	中期
		辻田	中期
		赤井手	中期中頃
②	三国丘陵域	津古内畑	中期初頭
		津古牟田	中期初頭〜後期初頭
		津古東宮原	中期初頭〜後期
		津古大林	中期前半
		津古東台	中期初頭
		合の原	中期初頭〜前葉
		隈西小田	前期末〜中期
		北牟田	前期末〜中期初頭
		天神	前期末〜中期末
		橋詰	前期末〜中期末
		三沢北中尾	中期
		平原	中期初頭〜前葉
		一ノ口	前期後半〜中期前半

土井ヶ浜地域（図1の①）

時期：弥生時代前期〜中期

特性：土井ヶ浜遺跡は丘陵や小谷によって分断された空間に居住・生産域を構えた人々が，その中心の砂丘に生成した集団墓地であったと指摘されている（小林・沖田 2007）。

　　遺物の集成対象とした遺跡（表2）のうち，片瀬・土井ヶ浜南・竜王南遺跡が土井ヶ浜墓地を形成した人々の生活址であり，吉永遺跡が中ノ浜墓地を形成した人々の生活址と考えられている（小林 2011）。竜王遺跡は，遺物の帰属時期の特定が困難であったため集成対象に含めず，竜王南遺跡の弥生中期に属する遺物を集成対象とした。

三国丘陵域（図1の②）

時期：弥生時代中期〜後期前半

特性：三国丘陵域の集落は，前期末から中期初頭に沖積地から丘陵上に進出して形成されたと考えられる（小澤 2000a,b）。丘陵上の山際の微高地を小さく区画して谷水田を形成した地域である（橋口 1985）。

　　集成の対象とした遺物は，対象遺跡（表2）のうち，前期末から後期初頭に属する住居址・貯蔵穴・溝状遺構・袋状竪穴・土坑などの遺構から出土した遺物である。

福岡平野域（図1の②）

時期：弥生時代中期〜後期前半

特性：福岡平野は，縄文時代後晩期から農耕適地である後背湿地にのぞむ低台地に集落遺跡が立地し（橋口 1985），耕作可能な広い平野を有した地域である。

　　集成の対象とした遺物は，対象遺跡（表2）のうち，前期末から中期に属する竪穴住居址・貯蔵穴・井戸址・溝・土坑などの遺構から出土した遺物である。

広田地域（図1の③）

時期：弥生時代後期・終末期が主体

特性：広田地域に関しては周辺に対応する時期の遺跡が確認できなかったため，遺物の集成はおこなっていない。

　　この地域の特徴として，板付Ⅰ・Ⅱ式土器やガラス小玉など北部九州との相応の交流が確認されてもいるが貝輪習俗や覆石墓を形成するなど文化的独自性も指摘されている（甲元 2003）。また，北部九州・山口地域の人々とは形質的に大きく異なっており，縄文時代人にむしろ類似することが指摘されている（中橋 2003, 2005）。

　　広田遺跡の立地する広田海岸は，縄文海進の際に内海となりリアス式海岸となったといわれ，サンゴ礁の発達が良好であったとされる（目崎 2003）。

方法

① 遺物組成に基づく生業諸活動の推定

まず，各地域の集団が総じて行っていた諸活動の推定を行うために，人骨が出土した遺跡の周辺の集落遺跡（表2）から報告されている道具群の集成を行う（表3）。

集成を行った遺物は，人骨が帰属する時期と同一時期と考えられる遺構や層から出土した土製・石製の諸遺物である。木製品は残存率が地域によって大幅に異なるため集成対象としてはいない。日常生活において一般的に用いられた道具の集成を行うため，集成対象を生活址から出土した遺物に限定している。未成品は器種同定が可能であった場合に含め，転用品は転用後の使用方法でカウントした。道具の分類は国立歴史民俗博物館（1996）および柏原（2002）を参考として行った（表3）。

表3　弥生時代遺物分類表

狩猟具	打製石鏃 尖頭器 磨製石鏃 石弾 土製投弾 環状石斧 槍先	土堀具・石鍬	鍬 扁平打製石斧
		伐採	太形蛤刃石斧 磨製石斧 石斧
		加工斧	抉入柱状片刃 扁平片刃 柱状片刃 石ノミ
加工具	削器 小刀 掻器 石匙 石錐 ドリル ブレイド スクレイパー	収穫具	石鎌 石庖丁
		礫角製加工具	石杵 石皿 磨石 凹石 敲石
漁具	土錘 石錘 沈子	紡績具	紡錘車 石製紡錘車

遺物は，その性質によって継続して使用できる時間幅や残存率に大きな差がある。例えば石鏃1個と石斧1個は，使用可能な時間幅に大きな違いがあると想定される。そのため，大量に遺存する道具を用いた活動の頻度が少量しか遺存していない道具を用いた活動の頻度よりも高いことを必ずしも意味するわけではない。しかし，地域間での構成の違いを比較することで，行われた活動とその違いをある程度把握することは可能であると考える。また，各地域の生業活動の具体像を考える際には，木製品や動植物遺存体の結果など，生業活動と関連すると考えられる様々な諸研究の成果もふまえて検討を行う。さらに，遺物を用いて行われた活動が，男女のどちらによって担われたと考えられるのかを，Murdock（1937）の研究をもとにして検討を行う。

② 生体計測データを用いた発達部位の推定

次に，活動によってどのような筋発達をしえるかを推定する。このような場合，ある集団が行う活動が1つであることなどありえないので，このような推測を個々の活動に対して厳密におこなうことは極めて困難である。しかし，生体計測のデータ，その内特に四肢周径値の差は，四肢の筋発達の程度を反映すると考えることができ，諸活動の総体としてどのような筋発達をするかを考える際に有効である。すなわち，水稲農耕民の四肢の生体計測のデータを用いることで，弥生時代北部九州・山口地域の人々の生業の基盤となった活動によって発達しえる筋を大枠として推定することは可能であると考える。生体計測のそれぞれの計測項目とそれが表し

表4　生体計測項目と値の読み取り方

計測項目	計測部位	影響を与えうる筋
胸囲	正立位で前方は乳頭の中心、後方は肩甲骨下角直下を通る周径	大胸筋・大円筋・広背筋・僧帽筋
骨盤幅	左右の腸骨稜の最外側方突出点間の直線距離	
右上腕周径	上腕二頭筋の膨隆の最も強いところを計測	上腕二頭筋・上腕三頭筋・上腕筋
右前腕周径最大	肘関節の少し下の膨隆部を測る	円回内筋・腕橈骨筋・回外筋・指の屈伸に作用する筋
右大腿周径	太腿が内側に最も強く膨隆するところを計測	粗線筋群
右下腿周径最大	下腿の前方（後方）からみて最も幅の広いところを計測	下腿三頭筋（特にヒラメ筋）

表5　生体計測対象集団一覧

属性	図中での名称	職種	男性	詳細	引用
三井鉱山株式会社三池鉱業所の炭鉱労働者	I	勤続5年未満	179	採炭工。堀進工。仕操工。	（洲上 1957）
	II	勤続5年以上10年未満	287		
	III	勤続10年以上15年未満	208		
	IV	勤続15年以上20年未満	198		
	V	勤続20年以上	136		
台湾南部福老系	農民	年2回の米，果樹なども	180	高雄市郊外の林徳官及び内惟の部落民	（顔 1959）
	漁民	遠海漁業民	184	高雄市内浜海在住及び小琉球嶼	
台湾澎湖群島	主漁従農	主漁従農	513	水田は全くなく，耕作物は高粱・甘藷・落花生。	（邱 1956）

ていると考えられる身体的特徴および計測値に影響を与えうる筋を表4にまとめる。

対象として，四肢周径値が提示され，かつ弥生時代の水稲農耕と対比させることのできる台湾の水稲農耕民と漁撈民（邱1956; 顔1959）を用いた（表5）。台湾の水稲農耕は日本列島と同じように，夏あるいは雨季に作物が育ち，除草に多くの時間を割くものである。漁撈民は，台湾の福老系漢族の集団と福建省からの移民集団を用いた。さらに，三井鉱山株式会社の炭鉱労働者のデータ（洲上 1957）を用いた。この研究は，勤務年数と体格の変化の関連を調べたものである。本稿では退職などの要因で加齢に伴い活動負荷が著しく減少することのない重労働者の筋発達の経年変化を追うために用いる。

これらのデータを用いて各集団の生体的特徴を把握し，四肢の諸筋の内どのような筋が発達していたかを明らかにする。

③　MSMsを用いた各集団の諸活動の検討方法

年齢推定・性別判定

年齢の表記に関しては，九州大学医学部解剖学第二講座編集の『日本民族・文化の生成2』（九州大学医学部解剖学第二講座編 1988）記載の区分に従い，成年20－40歳，熟年40－60歳，老年60歳以上とした。

年齢の推定は，主に恥骨結合面と耳状面を基準に推定を行った。恥骨結合面による年齢推定には Brooks and Suchey (1990), Sakaue (2006) を，耳状面は Lovejoy et al. (1985) の方法を用い，上記3区分に分類した。

性判定は，Buikstra and Ubelaker (1994), Phenice (1969) に基づいて骨盤と頭蓋の諸項目を用いて行った。

MSMs の対象部位・評価方法

　本稿で対象とした部位は，上肢・下肢16部位の筋付着部のMSMsである（図2）。左右差の分析以外は，右側のMSMsスコアの値のみを用いている。

　MSMsの評価は，Hawkey and Merbs（1995）に基づいて行った。各部位の評価基準や観察位置に関しては米元（2012）に詳述している。なお，ここで対象にした筋付着部の変化の様相は部位によって特徴があり，部位間にみられるスコアの値の高低が必ずしも筋の発達度の強弱を示すわけではないことを注記しておく[2]。

　MSMsは部位ごとにスコアを平均値化し，折れ線グラフにすることで，部位間の発達度の関係を検討する。この折れ線グラフを本稿ではMSMsパターンと呼ぶ。基本的にはMSMsパターンを示す際には，折れ線グラフのみではなく，各MSMsスコアの個体の頻度を示す100％積上げ縦棒グラフをともに併記する。

　MSMsパターンの類似や差異とその要因を明らかにするために集団ごとの各部位の平均値を用いて，カテゴリカル主成分分析を行い，MSMsの地域差及び男女差を検討する。

　左右差の検討を行う際には，両側の残っている部位のみ用いる。右側のMSMsスコアから左側のMSMsスコアを引き，引いた値を絶対値化した値を，部位ごとに平均値化する。

　統計解析は，IBM社の統計パッケージPASW Statistics18及びPASW Categories18を用いた。

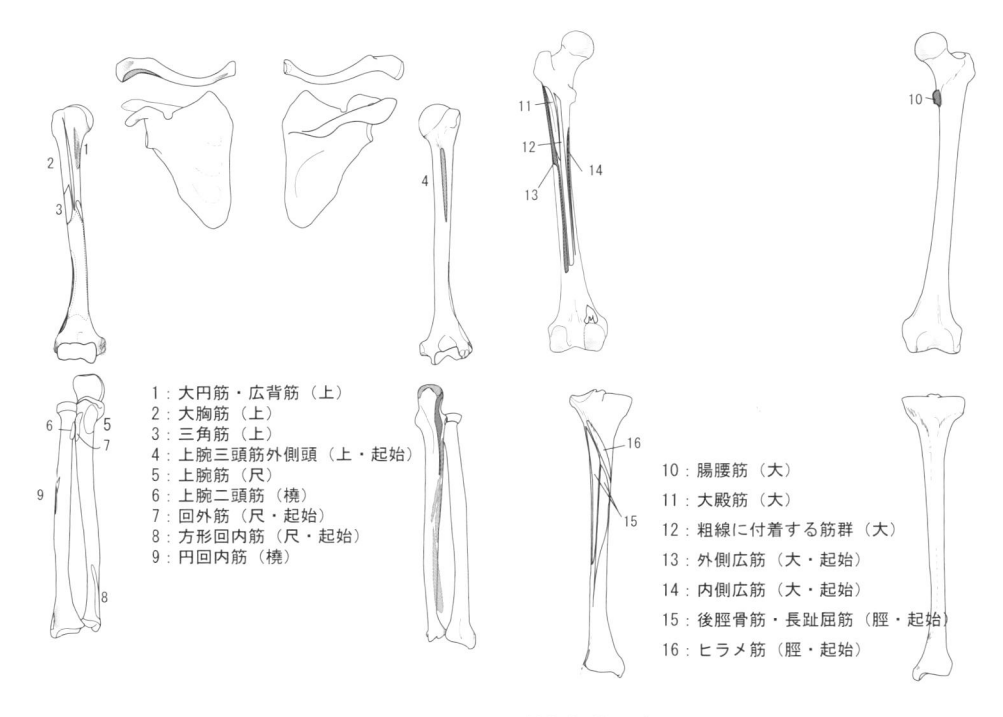

1：大円筋・広背筋（上）
2：大胸筋（上）
3：三角筋（上）
4：上腕三頭筋外側頭（上・起始）
5：上腕筋（尺）
6：上腕二頭筋（橈）
7：回外筋（尺・起始）
8：方形回内筋（尺・起始）
9：円回内筋（橈）
10：腸腰筋（大）
11：大殿筋（大）
12：粗線に付着する筋群（大）
13：外側広筋（大・起始）
14：内側広筋（大・起始）
15：後脛骨筋・長趾屈筋（脛・起始）
16：ヒラメ筋（脛・起始）

図2　MSMsの対象部位一覧

結果

1-1 遺物組成に基づく生業諸活動の推定

まず，地域間で行っていた諸活動にどのような違いがみられるかを推定するために弥生時代の各地域の遺物組成の検討を行う。人骨出土遺跡周辺集落から出土した遺物の構成は図3の通りである。

三国丘陵・福岡平野・土井ヶ浜に関しては，いずれも水稲農耕とともに伝来した収穫具及び木材加工具（伐採具・加工斧）が一定の割合をしめている。伐採斧・加工斧・収穫具の割合が最も多いのは福岡平野であり，中でも収穫具（石庖丁）が多い。

さらに，本稿では残存状況に地域的な偏りがあると考えられ検討対象としていないが，木製品や有機物の中で弥生時代に出現した極めて重要な道具が2つ存在する。1つが，木製の杵や臼である（村上 2008）。この革新は，穀物の脱穀の仕方に大きな変化をもたらしたと考えられる。2つ目が，織物である。弥生時代は，腰と足首の前後の動きで経を調節する輪状型原始機を用いた織布であると考えられている（東村 2011）。

A）土井ヶ浜地区

土井ヶ浜地区では，狩猟具の他，漁撈具の出土もみられる（図3）。土井ヶ浜地区で出土する漁具は管状土錘a・e（下條 1984）という極めて軽量で小型の土錘であり，内湾や内水面で小規模な網漁がおこなわれていた可能性が考えられる。魚骨もスズキ科・ハタ科・タイ科・イシダイ科・ベラ科・ミシマオコゼ科・フグ類など海水魚が少数であるが出土している（沖田 2014）。

さらに，小林（2011）によると，土井ヶ浜遺跡で墓を形成した人々は，前期に片瀬遺跡を形成し，水稲農耕を試みたが，中期にはこれらの集落を放棄し，より内陸へ移動，水稲農耕を再開したとされる。水稲農耕の定着度がこの地域では福岡平野よりもはるかに低く，「中国地方の縄文時代集落と状況的には大差はみられない」（p.84）とも述べている。水稲農耕の定着度の低さと整合するように，片瀬遺跡の弥生時代前期の柱穴からイチイガシの炭化子葉の産出が確認され（小林・沖田 2007），土堀具・石鍬も確認されている。このことから，畑作や採集活動も縄文時代と同様に行われたと考えら

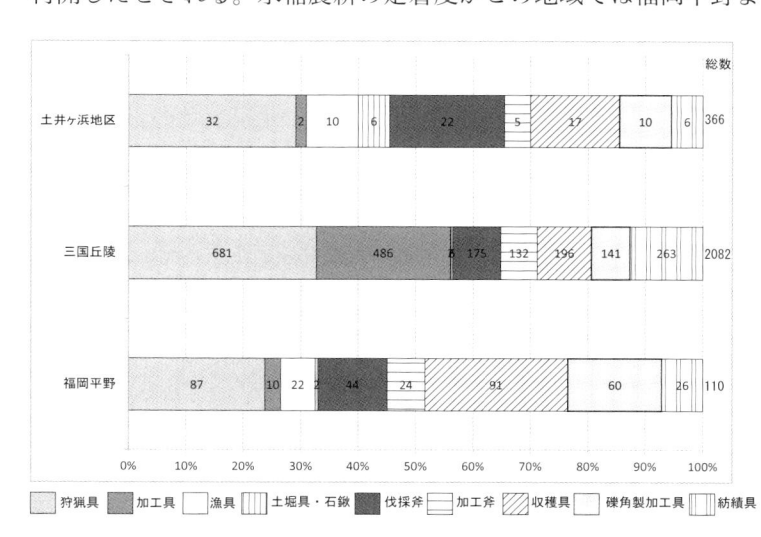

図3　各地域の遺物組成の比較

れる。

　食性分析の結果から，土井ヶ浜遺跡から出土した弥生時代の人々は窒素同位体比が高く海産物あるいは淡水資源を高率で摂取しており，その食性はC3植物と海産物の両方であったと指摘されている（米田 2014）。

B）三国丘陵域

　三国丘陵域では狩猟具及び加工具が圧倒的多数を占める。大多数を占める遺物は，打製石鏃・投弾・スクレイパーや石錐である。集落遺跡の貯蔵穴からドングリや豆類（横隈山遺跡・津古内畑遺跡・津古大林遺跡）の出土も確認されており（片岡 1996），採集活動も行われていたと考えられる。片岡（1996）や中園（1996）が指摘するように，農閑期に北部の丘陵地帯で狩猟や採集が活発に行われたことが示唆される。

　灌漑水稲農耕に関しては，三国丘陵域は小区画の谷水田による農耕を基盤とする（片岡 2003）。この地域は，集落遺跡の急増による低台地の飽和の後に進出が行われた地であり，土地の開拓（橋口 1985；西谷 1996；田中・小澤 2001）や環濠の形成のための掘削（山崎 2010），開墾のための伐採や井堰の設置・改修など灌漑のための木工活動が，この地域に進出した当初極めて重要であったと考えられる。これについては，今山系石斧の流通研究からも裏付けられ（下條1975; 武末2001; 森2011），図3における伐採斧の実数の多さにもあらわれている。

C）福岡平野域

　狩猟具は，石鏃と土製投弾が卓越する（図3）。一方，漁具のほとんどは土錘と石錘であり（図3），下條（1984,1989）および和田など（1989）を参考に位置づけを行うと，打欠石錘・管状土錘（小型）・小形九州型A1で，博多湾や那珂川などの周辺河川での小規模な網漁・釣り漁を行っていた可能性がある。また，福岡平野の高畑遺跡からはタモ網の枠が，辻田遺跡からは筌といった罠猟に関する遺物の出土も確認されている（和田 1997）。

　灌漑水稲農耕に関しては，板付でみられるように大規模な水路・井堰が形成され，畦は木製の矢板で補強され600平方メートルにおよぶ（田中 1986）。特に早期から高度な灌漑技術を持つ水田が確認されているこの低位段丘面は，後背湿地に恵まれ（橋口 1985,1987），土地の開発のための伐採の必要性は三国丘陵よりも低く，木材加工は，配水の管理に必要な灌漑施設を維持するために行われたのだろう（橋口 1999）。図3から石庖丁の出土率が他の地域と比較して最も多いことがわかる。また，福岡平野の比恵や板付遺跡からは，鍬（平鍬・三又鍬・二又鍬・諸手鍬）・エブリ・杷・鋤・網枠・弓・編み籠など，木製の農耕具等が大量に出土している。

D）広田地域

　遺物組成の検討は行えていないが，水稲農耕とともに伝来した収穫具及び木工用斧類は種子島全域で確認されていない（甲元 2003）。対して土堀具・石鍬として用いられたと考えられる打製の有肩石斧が一定量存在し，畑作を行っていた可能性が考えられる（橋口 1990）。広田遺跡の副葬品として磨製石鏃や鉄製釣針の出土がみられることから，狩猟や釣漁は行っていたと考えられる。広田遺跡の動物骨・魚骨の分析（樋泉 2007）によると，アオブダイ属が4割弱

を占め岩礁・サンゴ礁性の魚種に集中し，種子島周辺に回遊するカツオ類・アジ類・サバ類・イワシ類・トビウオ類は全く確認されていない。サンゴ礁の発達のために，魚介類をはじめとした食糧資源を徒歩で採取可能であったことが指摘されている（目崎 2003）。

このことから，後背湿地を利用した小規模な水田経営や丘陵上での畑作栽培を営みていた可能性はあるが，生業の中心は漁撈活動であったと考えられている（甲元 2003）。

食性分析の結果から，海産物あるいは淡水魚を主要なたんぱく質源としていたことが指摘されている（米田 2007）。C3植物と海水魚類を中心として，海生貝類あるいはC4植物が加わった食生活が想定されている。

1-2 性別による活動差の推定

これまで各地域の活動の特徴をまとめてきた。次に，各活動を男性と女性どちらが担った可能性が高いかを検討していく。Murdock（1937）のうち弥生時代と関連する活動を抜粋した（図4）。諸活動の性差に関しては，都出（1990）や小笠原（1990），菱田（2000）の議論もふまえたうえで，各活動が男女のどちらを主体として行われていたかを検討する。

まず，福岡平野・土井ヶ浜・三国丘陵域でその組成に違いがある道具は，狩猟・漁撈・加工具である。狩猟や小動物の捕獲，漁撈活動は基本的には男性の労働である場合が多く（図4），中でも弓による狩猟が少なくとも弥生時代以降は男性の労働であることが，佐原（1968）や都出（1990）によって述べられている。図4より，水稲農耕のうち，耕作や開墾，木材の切り出しは男性を主体とする場合が多く，伐採活動や木材加工具による農具の作製などは，すべて男性優位労働と考えることができよう。すなわち，図3のうち地域差がある道具を用いて行われるほとんどの活動が男性を主体とするものであるといえる。

水稲農耕のうち，女性が中心となるのは穀物の手入れと収穫である。小笠原（1990）によって，弥生時代後期に鉄器が普及するまで稲の植え付けや収穫は，直播と石包丁を用いた穂首刈りによって行われたこと，女性労働を主体とした可能性が高く，縄文時代の採集活動の延長上であった可能性が指摘されている。杵・臼を用いた脱穀も収穫の延長として女性によって行われたと考えられている（佐原 1968；都出 1990；小笠原 1990）。さらに，輪状型原始機を用いた織布も弥生時代の女性の仕事であった可能性が高く，このような活

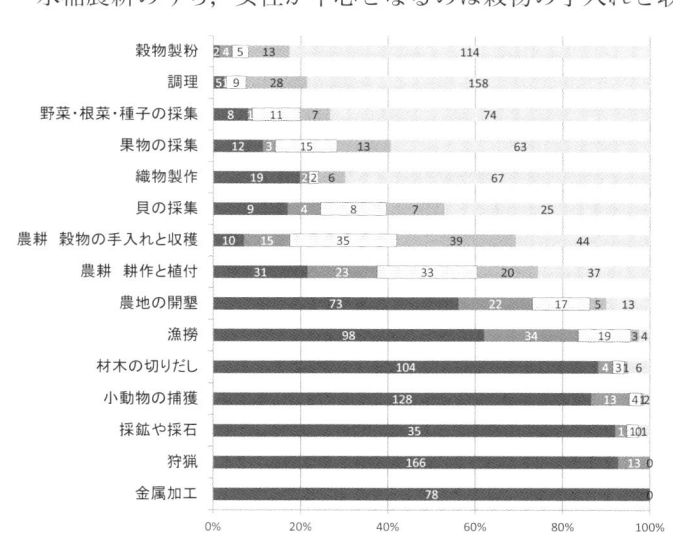

図4 Murdock（1937）を基にした活動ごとの性差の比重

動は弥生時代の男女の活動の大きな差であるとともに，縄文時代の女性と弥生時代の女性の活動差の1つでもあると考えられる。

広田遺跡では農耕関連遺物が全く確認されていないことや，生業活動の中心が畑作と漁撈であり，漁法としては釣漁・およびサンゴ礁での採取が考えられることから，他の3集団とは男性の主な活動が大きく異なっていただろう。また，石庖丁などの農耕関連遺物の存在が確認されていない点で広田遺跡の女性も，他の3集団の女性とは活動が大きく異なる可能性がある。

2 現代人の生体計測結果を用いた生業と筋発達部位の関係の検討

次に，水稲農耕を行っていた集団と，水稲農耕を行っていなかった集団の四肢の筋発達の仕方にどのような違いがあるのかを検討し，水稲農耕を行っている集団の場合，どのような筋発達をしえるのかを明らかにする。個々の集団の計測値については表6に示す。

集団間の発達部位の違いを検討するために主成分分析を行った結果が，表7であり，第1主成分得点を横軸に，第2主成分得点を縦軸にとって二次元展開した図が図5である。

第1主成分は，固有値3.57，寄与率が59.47％，第2主成分は，固有値は1.55，寄与率が25.83％である。第1主成分は，四肢骨の諸周径と正の相関が高い。そのため，第1主成分得点は，四肢骨の周径の値が全体的に大きいと正の値が大きくなる（表7）。第2主成分は，右下腿周径最大値と負の相関がみられ，胸囲・前腕周径最大・骨盤幅と正の相関が高い。縦軸に示した第2主成分得点は，下腿の周径値が大きいと小さくなり，前腕や胸囲の値が大きいと得点は大きくなる（表7）。

表6　生体計測対象資料　個々の平均値

計測項目／集団	福老系漁民	福老系農民	澎湖島漁撈民	炭鉱労働者I	炭鉱労働者II	炭鉱労働者III	炭鉱労働者IV	炭鉱労働者V
胸囲	87.24	84.55	88.45	83.37	82.9	83.1	85.46	84.97
骨盤幅	27.5	27.34	27.39	27.16	27.39	27.44	27.12	27.21
右上腕周径	27.04	24.53	26.77	27.15	27.2	27.05	27.08	27.29
右前腕周径最大	26.09	24.51	25.96	25.58	25.49	25.29	25.95	25.85
右前腕周径最小	16.79	15.58	16.87	16.81	16.85	16.73	17.16	17.2
右大腿周径	48.3	44.13	48.03	48.54	48.61	48.39	48.95	48.97
右下腿周径最大	33.47	32.86	33.76	34.25	33.95	34.07	34.31	34.03
右下腿周径最小	21.19	20.72	21.29	20.97	20.93	20.77	21.41	21.32

炭鉱労働者I：勤続年数5年未満，II：勤続年数5年以上10年未満，III：勤続年数10年以上15年未満，IV：勤続年数15年20年未満，V：勤続年数20年以上

図5をみると，比較資料として用いた三井鉱山の勤続年数によってわけられた各集団（I・II・III・IV・V）は，継続勤務年数の長さに比例して縦軸の値が大きくなっていく。

台湾の漢族の漁民と農が発達，下肢では下腿よりも大腿の周径が発達する傾向にある（図5）。一方，農民は，胸囲よりも骨盤の幅が広く，四肢周径値の中では下腿の周径の値が大きい傾向にあるといえる。この結果から，四肢周径の中では相対的に下腿の発達がやや強いといえる。

表7　生体計測主成分分析主成分負荷量

	主成分負荷量	
	1	2
胸囲	0.01	0.58
右上腕周径	0.27	0.03
右前腕周径最大	0.24	0.32
右大腿周径	0.28	0.02
右下腿周径最大	0.26	-0.23
骨盤幅	-0.09	0.38
固有値	3.57	1.55
寄与率％	59.47	25.83

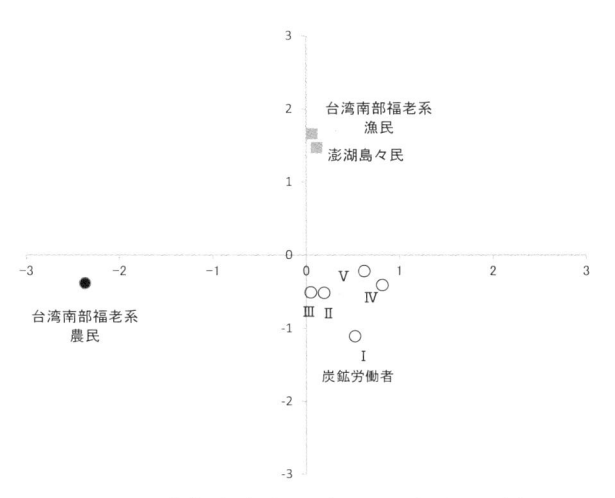

図5　生体計測データを用いた主成分分析

小結

　土井ヶ浜地区・福岡平野・三国丘陵域・広田地区では，男女ともに，生業活動では広田の集団が大きく異なる傾向を示す。その差は水稲農耕によるものであるため，土井ヶ浜地区・福岡平野・三国丘陵域の集団では下腿（特にヒラメ筋）のMSMsスコアの発達が予想される。

　土井ヶ浜地区・福岡平野・三国丘陵域では，水稲農耕の定着度が最も高いのは福岡平野であろう。この集団のMSMsが最も水稲農耕的であると考えられ，3集団の中でも特に下腿（特にヒラメ筋）のMSMsスコアの相対的な発達が予想される。この3地域の集団間の差は男性を主体とする活動に主にみられ，土井ヶ浜地区と三国丘陵域の男性は副次的な活動の割合が相対的に大きいという点で，縄文時代各集団のMSMsパターンと相対的に類似する可能性が高い[3]。広田の男女のMSMsパターンは，他の地域のそれとは大きく異なると予想される。

3　弥生時代各集団のMSMsパターンの比較

　基礎統計量は付表1に示した。図6（男性）・図7（女性）に弥生時代の各集団のMSMsパターンを示す。下肢のMSMsパターンは男女共に基本的に土井ヶ浜と三国丘陵，福岡平野は類似し，男性では腸腰筋，粗線に付着する筋群，ヒラメ筋にピークを示す。女性では粗線に付着する筋群とヒラメ筋にピークを示す。男女共にヒラメ筋のほうが後脛骨筋と長趾屈筋よりもスコアが高い。一方，広田は，男女共に上記3集団とは異なるMSMsパターンを形成する。

　特に下肢のMSMsパターンにおいて他の集団と共通性が見られない（図6，7）。しかし，上肢のMSMsパターンはこの3集団でも差がみられる。特に肘関節の屈伸や手首の回内外に作用する筋のMSMsパターンに違いがみられる。

　MSMs16部位の平均値を変数として，カテゴリカル主成分分析を行った。

　表8に主成分負荷量を示した。第1主成分は，固有値が9.22，寄与率が57.66％，第2主成分は固有値が2.48，寄与率が15.53％である。第1主成分は，ほぼすべての部位と正の相関が高く，いわゆるサイズファクターである。第2主成分は，手首の回内外に作用する諸筋（回外筋・方形回内筋・円回内筋）と回外位における最大の屈筋である上腕二頭筋と正の相関が高く，ヒラメ筋はほぼ軸上に位置し，粗線に付着する筋群などの大腿骨に付着する諸筋と負の相関が高い。発達する諸筋の質的な違いを示す軸であるといえる。第1主成分得点を横軸に，第2主成分得点を縦軸に二次元展開した図が図8である。

広田は男女共に弥生時代の他の3集団とは離れた位置にプロットされる。土井ヶ浜，三国丘陵，福岡平野の女性は縦軸で負の値を示し，その差は横軸の値の差であり，発達する部位の質的な違いは小さいと言える。男性は，土井ヶ浜と三国丘陵が類似した位置にプロットされ，福岡平野の男性はむしろ女性に近い。弥生時代の中で比べると，福岡平野の男性と広田以外の女性は上肢よりも下肢，特に粗線筋群の発達が強い。

　この傾向は，縄文時代の各地域集団と比較しても同様である。表9に主成分負荷量を示し，第1主成分得点を横軸に，第2主成分得点を縦軸に二次元展開した図が図9である。第1主成分は，固有値が8.45，寄与率が52.78％，第2主成分は固有値が3.03，寄与率が18.94％である。第1主成分は，すべての部位と正の相関を示す，いわゆるサイズファクターである。第2主成分は，手首の回内外に作用する諸筋（回外筋・方形回内筋・円回内筋）と回外位における最大の屈筋である上腕二頭筋など上肢に付着する諸筋と負の相関が高く，肘関節の伸展に作用する上腕三頭筋及びヒラメ筋・腸腰筋をはじめとする下肢の諸筋と負の相関が高い。

図6　弥生時代各集団男性のMSMsパターン

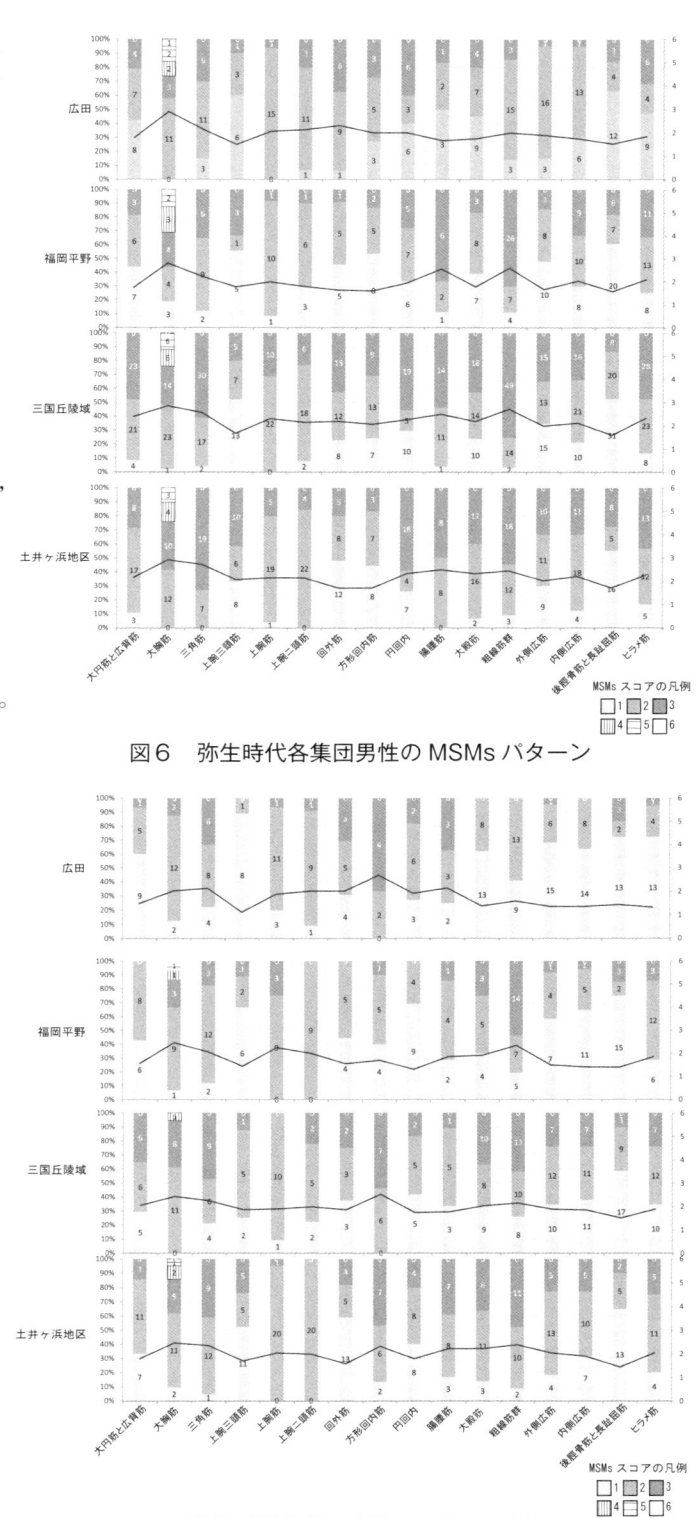

図7　弥生時代各集団女性のMSMsパターン

表8　弥生時代各集団のMSMsの地域差の検討のための
　　　カテゴリカル主成分分析　主成分負荷量

	主成分負荷量				
	1	2	3	4	5
大円筋と広背筋	0.82	0.23	-0.24	-0.42	0.23
大胸筋	0.69	0.51	0.37	0.17	-0.32
三角筋	0.94	-0.15	-0.12	-0.29	-0.01
上腕三頭筋	0.88	-0.25	-0.19	-0.29	-0.19
上腕筋	0.56	0.05	0.79	0.02	0.21
上腕二頭筋	0.49	0.72	0.37	-0.15	0.30
回外筋	0.22	0.68	-0.68	0.09	-0.13
方形回内筋	-0.66	0.27	-0.44	-0.32	0.44
円回内	0.69	0.63	0.17	0.31	0.01
腸腰筋	0.49	-0.32	-0.31	0.74	0.11
大殿筋	0.84	-0.43	0.11	-0.28	0.07
粗線筋群	0.78	-0.49	0.04	0.27	0.28
外側広筋	0.88	-0.23	0.02	-0.35	-0.20
内側広筋	0.98	-0.09	-0.16	0.07	0.04
後脛骨筋と長趾屈筋	0.91	0.24	-0.29	0.00	-0.15
ヒラメ筋	0.89	0.01	-0.25	0.31	0.23
固有値	9.22	2.48	1.98	1.53	0.75
累積寄与率 (%)	57.66	15.53	12.35	9.55	4.68

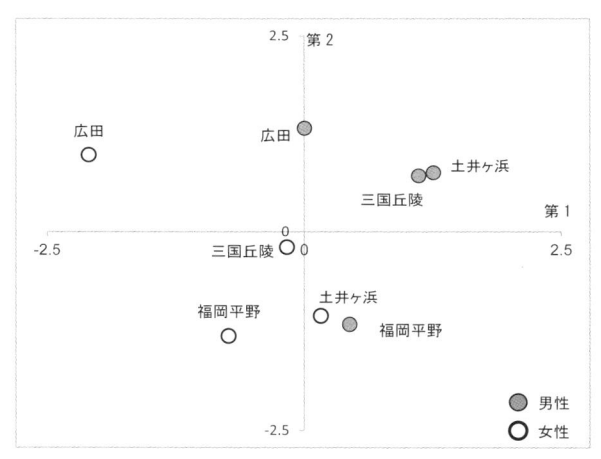

図8　弥生時代各集団のMSMsの地域差の検討の
　　　ためのカテゴリカル主成分分析の結果

弥生時代の各地域集団の相対的な類似関係としては図8で得られた結果と大きな違いはない。広田は男女共に弥生時代と、さらに縄文時代の各集団とも大きく異なる。広田以外の弥生時代の3集団の女性は同じ象限に位置し、男性よりも女性のMSMsの地域差は小さい。男性は、福岡平野の男性が他の2地域とは大きく離れ、むしろ女性に類似する。さらに、この結果から、縄文時代と比べると、広田以外の弥生時代の男女のヒラメ筋や腸腰筋など下肢の諸筋の相対的な発達は地域をこえて共通する特徴として指摘することができる。

次にMSMsの左右差を検討する。活動の仕方をより反映するように、上肢と下肢にわけ、カテゴリカル主成分分析を行った。

上肢の主成分負荷量を表10、下肢を表11に示した。どちらも第一主成分はいわゆるサイズファクターであり、第2主成分が質的な違いを示す。第1主成分得点を横軸に、第2主成分得点を縦軸に二次元展開した図が図10である。左図が上肢の左右差、右図が下肢の左右差を示している。図10の結果も図8、9の結果と同じであり、左右差においても広田以外の女性の地域差は小さく、男性は大きいことがわかる。

図11に各部位の左右差の平均値を上腕（大円筋と広背筋・大胸筋・三角筋）・前腕（上腕三頭筋外側頭・上腕筋・上腕二頭筋）・手首（回外筋・回内筋・円回内筋）・大腿（腸腰筋・大殿筋・粗線筋群・外側広筋・内側広筋）・下腿（後脛骨筋と長趾屈筋・ヒラメ筋）にわけて合算し平均値化したものを示した。この結果から、三国丘陵域の男性が最も左右差が大きく、土井ヶ浜の男性の左右差が小さいことがわかる。女性に関しては、三国丘陵域の女性がやや大腿の左右差が大きいが、3集団間にあまり大きな違いはない。

表9 弥生時代と縄文時代の各集団のMSMsを用いたカテゴリカル主成分分析 主成分負荷量

	主成分負荷量 1	主成分負荷量 2
大円筋と広背筋	0.91	-0.18
大胸筋	0.85	-0.07
三角筋	0.94	-0.12
上腕三頭筋	0.86	0.34
上腕筋	0.84	-0.01
上腕二頭筋	0.60	-0.53
回外筋	0.60	-0.68
方形回内筋	-0.03	-0.85
円回内	0.72	-0.31
腸腰筋	0.24	0.65
大臀筋	0.81	-0.18
粗線筋群	0.88	0.16
外側広筋	0.64	0.37
内側広筋	0.83	0.34
後脛骨筋と長趾屈筋	0.80	0.12
ヒラメ筋	0.28	0.74
固有値	8.45	3.03
累積寄与率 (%)	52.78	18.94

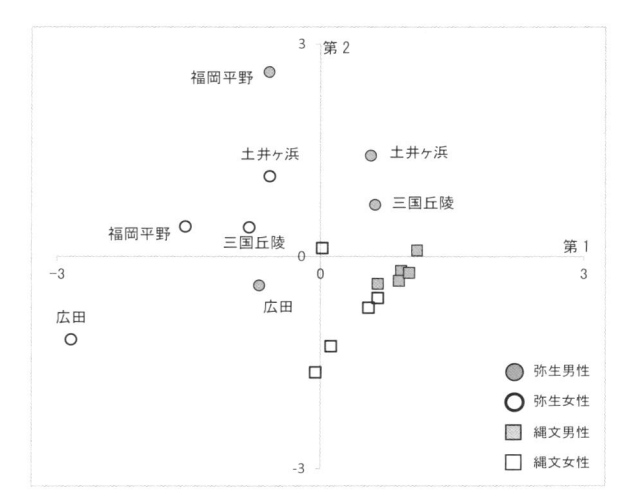

図9 弥生時代と縄文時代の各集団のMSMsを用いたカテゴリカル主成分分析結果

小結

MSMsの分析の結果は以下の通りである。

* 広田以外の弥生時代の男女はヒラメ筋の発達を共通する特徴として示す。
* 広田は男女共に他の3集団とは明確に異なるMSMsパターンを示す。
* 土井ヶ浜・三国丘陵・福岡平野の3集団では，男性よりも女性の地域差の方が小さい。
* 土井ヶ浜・三国丘陵の男性と福岡平野の男性とではややMSMsパターンが異なり，福岡平野の男性はむしろ女性のパターンと類似する。
* 福岡平野の男性は，男性よりも女性のMSMsパターンと類似する。
* 左右差の地域間の差も男性よりも女性の方が小さい。
* 左右差が最も大きいのは三国丘陵の男性であり，最も小さいのは土井ヶ浜の男性である。

考察

弥生時代の広田以外の集団に共通する主な活動は当然水稲農耕である。生体計測の結果から，農耕活動を主体とする集団は，胸部の筋の発達が相対的に低く，下腿の筋（ヒラメ筋）が発達することを指摘した。

表10 上肢の左右差 カテゴリカル主成分分析 主成分負荷量

	主成分負荷量 1	主成分負荷量 2
大円筋と広背筋	0.88	-0.36
大胸筋	0.99	-0.14
三角筋	0.82	0.33
上腕三頭筋	0.82	0.13
上腕筋	0.81	-0.42
上腕二頭筋	0.67	0.69
回外筋	-0.02	0.81
方形回内筋	-0.73	0.64
円回内	0.53	0.84
固有値	5.01	2.69
寄与率 (%)	55.72	29.93

表11 下肢の左右差 カテゴリカル主成分分析 主成分負荷量

	主成分負荷量 1	主成分負荷量 2
腸腰筋	0.62	0.69
大殿筋	0.86	-0.28
粗線	0.91	0.12
外側広筋	0.83	-0.36
内側広筋	0.88	0.27
後脛骨筋・長趾屈筋	0.67	0.27
ヒラメ筋	0.83	-0.50
固有値	4.57	1.09
寄与率 (%)	65.34	15.52

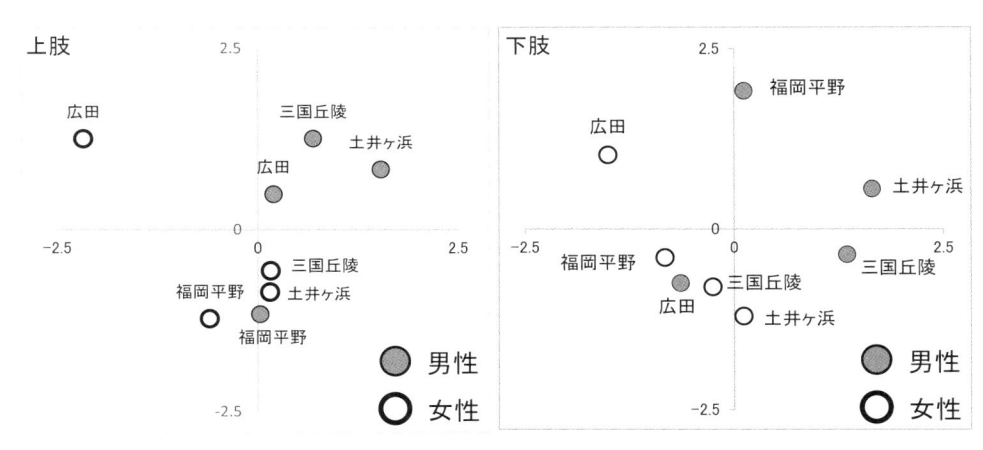

図10 左右差の地域差の検討：左図上肢／右図下肢

縄文時代の集団とのMSMsの比較によって（図9），弥生時代の土井ヶ浜・三国丘陵・福岡平野の3つの地域の人々は男女共に下肢の中でも特にヒラメ筋が発達する傾向がみられた。さらに，男女のMSMsパターンを見ると（図6，7），この3集団は下肢の大部分

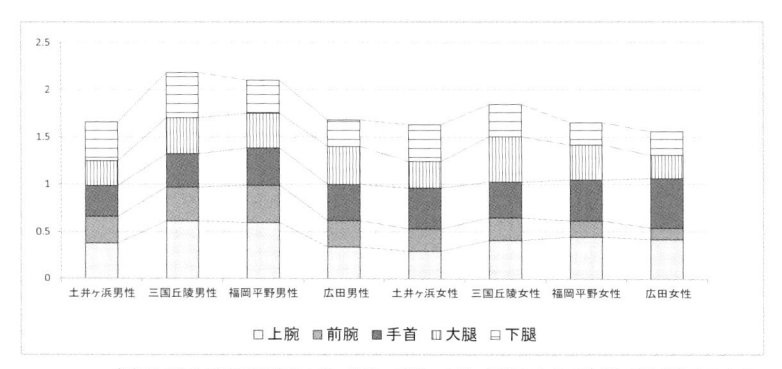

各部位の左右差の平均値を上腕・前腕・手首・大腿・下腿にわけて合算し平均値化したもの

図11 左右差の地域差の部位ごとの合算値による検討

においてスコアの頻度分布及びMSMsパターンが類似する。一方，広田地区の男女のMSMsパターンは，上肢・下肢ともに他の集団とは大きく異なる。この結果から，広田以外の弥生時代各集団の下肢のMSMsパターンは水稲農耕の影響を強く受けて形成されたものであるといえる。

男女間のMSMsパターンの違いも認められる。女性と異なり男性の場合は，腸腰筋のMSMsスコアも高い。腸腰筋は，股関節の屈曲筋であり，遊脚期前半及び移行の段階で上体の保持に強く作用する姿勢筋である（坂井・松村 2011）。この筋の委縮を一因として脚の引き上げ能力が低下すると考えられている（久野 2000）。さらに，農業従事者の大腰筋（大腰筋と腸骨筋をあわせて腸腰筋とよばれ，これらは停止部を共有する）は，座業的職業従事者に比べて70歳以上の老年個体でも筋横断面積が大きい筋である（久野 2000）。

農作業に必要な工程は，耕転・整地・施肥・播種・移植・間引き・中耕除草・灌漑・防除・収穫・運搬・乾燥・脱穀である（黒崎 1997）。Murdock（1937）の性別に基づく労働から考えると，農作業の一連の過程では，農地の開墾は男性が主体となる場合が多く，耕作や苗の植え

付けは男女共に行っており，穀物の手入れ（除草）と収穫（弥生時代は穂首刈りであると考えられている〔甲元 1997〕）は女性が主体となる場合が多い。男性が主体となったと考えられる労働は，開墾及び耕転と整地・代掻きであり，これは広鍬や一本鋤を用いて行われた。このような作業分担が，ぬかるんだ水田での足の引き上げにかかる負荷の男女差を生じさせた可能性が考えられる。さらに弥生時代の女性側にも腸腰筋が発達しない要因がある。東村（2011）によって明らかにされた弥生時代の紡績の仕方は，布送具を腰当で固定し，経送具を足で突っ張って固定し，布送具と経送具の間に経を輪状にかけ，その張力を腰と足で調節しながら布を織りあげる方式である。骨盤の後傾姿勢の際に作用する筋は股関節の伸展筋群や腹筋群であり（貞清など2012），股関節の屈曲に作用する腸腰筋への要求は少ない。弥生時代の場合，労働の区分の厳密性に疑問は残るが，このような諸作業における男女の役割分担の差の結果として，腸腰筋のMSMsの男女差が生じた可能性がある。

　一方，上肢のMSMsパターンにおいてはあまり共通性がない（図6，7）。カテゴリカル主成分分析の結果（図8，9，10）から，土井ヶ浜地区・福岡平野・三国丘陵域では，福岡平野が他2集団とやや異なる傾向を示すといえる。図8から，弥生時代の各集団の中では福岡平野の男性と3集団の女性のヒラメ筋のMSMsスコアが相対的に発達していることがわかる。この結果は，福岡平野の男性が本稿対象地域の中では最も水稲農耕の定着度が高かったという遺物組成の検討を支持するものである。

　土井ヶ浜や三国丘陵域の男性では，それぞれ漁撈活動，狩猟・伐採活動等が相対的に他の地域よりも活発であった可能性が遺物組成の検討や先行研究（下條1975; 武末2001; 森2011等）から指摘されている。図8，9から，この2集団の男性のMSMsパターンは相対的に類似し，縄文時代の各集団ともやや近いといえる。このような傾向は，縄文時代の各集団のMSMsパターンが相対的に類似することと要因を同じくすると考えられる。この2集団は，生業の基盤を水稲農耕におきつつも，それぞれのニッチにあわせた最適な様々な活動を組み合わせて行っていたために，平均値化したMSMsパターンは相対的に類似し，また季節的に様々な活動を組み合わせて行っていた縄文時代の諸集団と類似したと考えられる。しかし，この2集団のMSMsパターンには差も見られる。

　土井ヶ浜地域の男性は，三角筋や上腕三頭筋外側頭のスコアが高い個体が多く（図6），前腕の屈伸に作用する諸筋（上腕三頭筋・上腕筋・上腕二頭筋）のスコアは拮抗している（図6）。また左右差が小さい（図11）。弓矢や槍の使用は左右のアシンメトリーが強くなる傾向がBridges（1989）やChatter（2014）によって指摘され，さらに，片側の内旋筋群に負荷がより強くかかるエリートテニス選手では利き腕側のほうが15～30%筋力が高いことも指摘されており（Ellenbecker et al. 2012），動作の左右差が強い活動では，両側のアシンメトリーが強くなると考えられる。この点から考えても，土井ヶ浜集団では，狩猟よりも網漁のような片側の優位性が高くない活動の比重の方が高かったと考えられよう。また，上腕の後方挙上に作用する三角筋や上腕三頭筋，肘関節の屈伸に作用する諸筋がやや発達しており，これは網を手繰

るような活動によって発達しうる筋と考えて大過ない。そのため，網漁を中心とした漁撈活動の比重の高さが，上肢の MSMs パターンに反映されていると考えられる。

三国丘陵域では回外筋，方形回内筋，円回内筋のスコアが高い個体の頻度が，土井ヶ浜や福岡平野よりも高い（図6）。このことから手首の回内外にかかる負荷が高かったと考えられる。さらに，大円筋と広背筋も三国丘陵域でスコアの高い個体の頻度がやや多いといえる。三国丘陵域では左右差が弥生時代の中でも大きく（図11），特に上腕，下腿の左右差が大きい（図11）。このような肩関節の内旋筋群・前腕の回内外筋の発達は，三国丘陵域でその必要性が高かったといわれている木を切るような動作や弓矢や投弾を用いた狩猟活動，木材加工作業（武末 2001; 森 2011）において必要な動作によって発達しうる筋である。上腕と下腿の MSMs の左右差が大きいことも，片側の肩を後方に引き弓を射る動作や伐採の際に重心を支える脚が片側に偏ることによって説明しえるものである。

上肢においてやや異なる MSMs パターンを示す男性に対して，この3集団の女性の MSMs パターン（図7）は類似する。これは，生業の基盤である水稲農耕以外の諸活動は狩猟や漁撈など概ね男性によって行われる可能性が高い（図4）活動であった為ではないかと考える。地域的な多様性に応じて異なる副次的な活動や土地の開拓や開墾，灌漑設備の維持を主に担った男性と比べて，女性は採集対象や用いる道具が均質になり始め，縄文時代の女性や弥生時代の男性と比べると，活動の類似性が増したと考えることができよう。これは，縄文時代の女性の MSMs の地域的多様性が，男性よりも大きいことからも支持される（図9）。また，最も水稲農耕の定着度の高い福岡平野の男女の差が，三国丘陵域や土井ヶ浜地域よりも小さいこともきわめて興味深い結果である。福岡平野の男性は弥生時代の女性に近いことから（図9, 10），水稲農耕の定着度が高まり，水田稲作による他生業の内部化が進行する（安室 1992, 2001）と男女間の活動差が減少する可能性を指摘することができよう。このことから，水稲農耕の定着以降，その定着度の増加とともに女性の活動の地域的な多様性が減少していくことが示唆される。

一方，これらの3集団とはまったく異なる広田地域の MSMs パターンの特徴としては，全体的にスコアが低く（図6, 7），縄文時代の各集団や弥生時代の各集団のような負荷の強い労働を必要としていなかった可能性を指摘することができる。生業の中心は漁撈であり，その漁法として主に考えられているのはサンゴ礁での採取であり，外洋への進出があまり一般的でなかったとされる当該地域では，負荷の強い労働が必要であったと考えることは難しく，その結果が MSMs に表れていると考えて大きな矛盾はない。MSMs の性差に関してみると，男女間の差は質的というより量的なものであり（図8, 9），男女の活動の仕方に大きな違いはなかったといえる。このことからも，男性や女性の活動区分を必要とするような負荷の強い労働を必要としていなかったことが支持されよう。

水稲農耕の確立によって，女性の活動の地域間の類似性が増す一方で，男性の活動の地域性は相対的に強く析出され，水稲農耕の定着度が高くなるほど男女の活動差が減少する可能性

を指摘することができる。これは，女性の生業への参加度が上昇したため（Eshed et al. 2004）というよりむしろ，福岡平野の男性の活動の多様性が減ったためであり，この時期に環境に応じて展開された副次的な活動の多くが男性によって担われたことを示すものである。男性，特に北部九州域内の福岡平野と三国丘陵の男性におけるMSMsパターンの差からも，三国丘陵の開発や狩猟を主に担ったのが男性であるといえる。この結果は，隈西小田遺跡などの大規模墓地において被葬者に男性優位の傾向がみられ，これは男性労働に高い価値を生んだ結果であるという田中（2000）の指摘を支持するものである。MSMsの結果から，男女間の活動差の地域差のあらわれ方が，縄文時代と弥生時代とでは大きく変化することが，水稲農耕という新しい生業諸活動の導入がもたらした変革の1つであったといえるだろう。

おわりに

本稿では，考古遺物の組成の地域的な違いから，各地域の生業活動にどのような違いがみられるかを推測，生体計測から水稲農耕によって発達しうる筋の想定を行った。そのうえで，弥生時代のMSMsの地域的多様性について検討し，遺物組成の地域差から想定される活動差を検証し，身体活動の地域差や男女差を明らかにした。また，男性の身体活動の地域差の方が女性のそれよりも大きいこと，水稲農耕の定着度の高い福岡平野の男女間の身体活動の差が最も小さいことを明らかにした。この弥生時代の身体活動の地域差は，遺物組成や環境的な多様性と相関するため，適応した環境に基づく違いであると考えられる。しかし，同じように適応した環境に応じて生業活動に差がみられる縄文時代と異なり，水稲農耕という軸となる諸活動が存在していたために，採集活動を主に担っていた女性のMSMsの地域差は男性よりも顕著に小さく，また狩猟や漁労，伐採などの活動を担った男性のMSMsの地域差は，女性よりも，さらには縄文時代の男性の地域差よりも大きくなった可能性が示唆される。

最後に，考古学は科学か，というこの遺稿集のテーマに対する私見を述べる。しかし，考古学一般を代表させ何かを述べるような立場ではないため，自らの研究をどのように考えるか，という視点で述べたい。個人的には，研究は現行の社会に対する責務を負うものであると考えており，それゆえに筆者は，科学的な営みであることを志して研究を行っている。本稿で用いた方法は，蓋然性を高めることはできるが，痕跡としてまったく残らないような活動を考えることのできるような方法ではなく，今回指摘した可能性以外のすべての可能性を棄却できるものでもない。この点において，MSMs以外の様々な方法から今後の検討を必要とする。しかし，科学的な営みとは，方法の不断の検証と自他による様々な方法を用いた結果の検証を必要とするものであり，1つの研究をもって完結しえるようなものではない。今後もこの点において自覚的に研究を行っていくことで，自らの研究の科学的な実践を行っていき，生涯の研究成果を通してこの問いへの返答と変えていきたい。

謝辞

　この論文は，2015年10月九州大学に提出した博士論文の一部を基にしている。

　田中良之教授は，研究に向かう姿勢やその楽しさなど多くのことを折に触れて教えてくださいました。発掘現場に出ること，出土資料を資料化するために尽力することは研究者が当たり前に負った責務であり，その楽しさと重要性を教えて頂けたこと，本当に感謝しております。何より，方法や対象資料に基づいて学問の境界を定めるのではなく，研究の目的である明らかにしたいことを明らかにするために，すべきことは全て行うことを教えてくださいました。先生が築き上げた基層構造講座で培った全てのものが私の研究の指針です。先生から頂いた学恩に感謝し，心からご冥福をお祈りいたします。

　中橋孝博名誉教授，溝口孝司教授，岩永省三教授，瀬口典子准教授，佐藤廉也教授（現・大阪大学），宮本一夫教授，辻田淳一郎准教授，舟橋京子助教，田尻義了准教授，石川健氏には多くのご指導を賜りました。記して心よりお礼を申し上げます。また，隈西小田遺跡出土人骨の資料閲覧の際に多くの便宜をはかっていただいた筑紫野市教育委員会の草場啓一氏（所属は当時のもの）に記して感謝の意を表します。

■註
1) MSMs が身体活動をあらわしうるかどうか，に関しては疑問を呈する論文も多く存在するが，その一定の有効性は米元（2012）によって支持されると考える。
2) MSMs スコアの基準は表面形状の複雑性，稜線の有無とその本数であり，筋の付着部域の面積を指標としていない。筋繊維がつくことのできる絶対量や稜線の形成しやすさには少なからず遺伝的な影響があるだろう。しかし，そこに形成される稜線の有無や量を評価することによって，その個体が生まれもったキャパシティの中でどの程度 MSMs のスコアを発達させたかを評価し，スコアの値自体の高低ではなくパターンとして比較することで相対的な体の使い方の違いを検討するものである。
3) 本州の縄文時代の貝塚出土人骨の MSMs に関しては，縄文時代内で比較すると地域差が存在し，それはニッチの違いに基づくものと考えられるが，他の時代の MSMs の地域差や集団差と比べるとその差は極めて小さいものであるという結果が得られている。縄文時代の地域差に関しては米元 2016 で論じている。

■参考文献

Bridges PS, 1989. Changes in Activities with the Shift to Agriculture in the Southeastern United States. Current Anthropology 30, 385-394.

Brooks S and Suchey JM, 1990. Skeletal age determination based on the os pubis: a comparison of the Acsadi-Nemeskeri Suchey-Brooks methods. Human Evolution 5, 227-238.

Buikstra J.E. and Ubelaker D.H, 1994 Standards for Data Collection from Human Skeletal Remains. Arkansas Archeological Survey Research Series, No.44. Fayetteville, Arkansas.

Chatter JC, 2014. Occupational stress markers and Patterns of Injury. Kennewick man. The scientific investigation of an Ancient american skeleton. (Owsley D.W. and Jantz R.L. eds), pp.290-309. Texas A & M University Press, Texas.

洲上直孝, 1957. 炭砿坑内夫の生体人類学的研究. 人類学研究 4, 220-236.

Ellenbecker S.T., Pluim B., Vivier S. and Sniteman C, 2012．テニス選手に多く発生する傷害：筋のアンバランスを改善し傷害リスクを低減するエクササイズ．National Strength and Conditioning Association Japan 19, 34-42.

Eshed V, Gopher A, Galili E and Hershkovitz I, 2004. Musculoskeletal stress markers（MSM）in Natufian hunter-gatherers and Neolithic farmers in the Levant: the upper limb. American Journal of Physical Anthropology 123, 303-315.

顔蒼淮, 1959．福老系台湾漢族農民と漁民との体質の比較研究．人類学研究 6, 547-756.

橋口尚武, 1990．種子島の考古学的研究－その基礎資料（1）－．乙益重隆先生古稀記念 九州上代文化論集（乙益重隆先生古稀記念論文集刊行会編）pp. 139-168．乙益重隆先生古希記念論文集刊行会, 熊本．

橋口達也, 1985．日本における稲作の開始と発展．石崎曲り田遺跡Ⅲ, 今宿バイパス関係埋蔵文化財調査報告第11集（橋口達也編）, pp.5-104．福岡市教育委員会, 福岡．

橋口達也, 1987．集落立地の変遷と土地開発．東アジアの考古と歴史（中）岡崎敬先生退官記念論集（岡崎敬先生退官記念事業会編）, pp.704-754．同朋舎出版, 京都．

橋口達也, 1999．弥生文化論－稲作の開始と首長権の展開－．雄山閣, 東京．

Hawkey DE and Merbs CF, 1995. Activity-induced musculoskeletal stress markers（MSM）and subsistence strategy changes among ancient Hudson Bay Eskimos. International Journal of Osteoarchaeology 5, 324-338.

東村純子, 2011．考古学から見た古代日本の紡織．六一書房, 東京．

菱田（藤村）淳子, 2000．男女の分業の起源．古代史の論点2 女と男, 家と村（都出比呂志・佐原真編）, pp.78-98．小学館, 東京．

池口明子・佐藤廉也, 2014．序章 人類の生存環境と文化生態．ネイチャーアンドソサエティ研究 第3巻 身体と生存の文化生態．（池口明子・佐藤廉也編）, pp.13-61．海青社, 大津市．

煎本孝, 1977．房総海士・海女の潜水採集活動．人類学講座第12巻 生態．（渡辺仁編）pp.297-312．雄山閣, 東京．

柏原孝俊, 2002．北部九州における弥生時代磨製石器の一様相－集落遺跡出土の「今山系石斧」とその供給形態－．環瀬戸内海の考古学－平井勝氏追悼論文集－上巻 （古代吉備研究会編）, pp.521-537．古代吉備研究会, 岡山市．

金関丈夫, 1966．弥生時代人．日本の考古学3（和嶋誠一編）, pp.460-471．河出書房, 東京．

片岡宏二, 1996 第3章第1節1．弥生時代の自然環境と集落立地．小郡市史 第1巻 通史編 地理・原始・古代（小郡市史編纂委員会編）, pp.268-278．小郡市史編纂委員会, 小郡市．

片岡宏二, 2003 水田稲作農耕の定着と展開－三国丘陵における弥生時代前期社会の諸問題－．三沢北中尾遺跡1地点環濠編 県種畜場区画整理事業関係埋蔵文化財調査報告書2, 小郡市文化財調査報告書第181集（片岡宏二・杉本岳史・山崎頼人編）, pp.117-176．小郡市教育委員会, 小郡市．

小林善也・沖田絵麻, 2007．千焼田遺跡 片瀬遺跡発掘調査報告書 国営農地再編整備事業に伴う田代地区・岡林地区埋蔵文化財発掘調査報告．下関市文化財調査報告書 第24集（土井ヶ浜遺跡・人類学ミュージアム編）．下関市教育委員会 土井ヶ浜遺跡・人類学ミュージアム, 下関市．

小林善也, 2011．響灘の墓と集落～土井ヶ浜遺跡とその周辺～．弥生文化のはじまり－土井ヶ浜遺跡と響灘周辺－（木野戸直・塚本浩司編）, pp.78-93．大阪府立弥生文化博物館, 大阪府．

国立歴史民俗博物館, 1996．農耕開始期の石器組成2 九州．国立歴史民俗博物館資料調査報告書7.

甲元眞之, 1997. 5．播種と収穫．弥生文化の研究 第2巻生業（金関恕・佐原真編）, pp.62-68．雄山閣, 東京．

甲元眞之, 2003．考古学的環境．種子島広田遺跡（広田遺跡学術調査研究会編）, pp.11-15．鹿児島県立歴

史資料センター黎明館，鹿児島．

久野譜也，2000．大腰筋の筋横断面積と疾走能力及び歩行能力との関係．バイオメカニズム学会誌，24，148-152．

黒崎直，1997．4．耕作．弥生文化の研究　第2巻生業（金関恕・佐原真編），pp.53-62．雄山閣，東京．

邱豊雄，1956．台湾澎湖島々民の生体学的研究．人類学研究 3，368-395．

九州大学医学部解剖学第二講座編，1988．日本民族・文化の生成2．九州大学医学部解剖学第二講座所蔵古人骨資料集成．六興出版，東京．

Lovejoy,C.Owen,R.S.Meindl,R.Mensforth,andT.J.Barton, 1985. Multifactorial Determination of Skeletal age at Death. American Journal of Physical Anthropology 68, 15-28.

目崎茂和，2003．1．地理学的環境．種子島広田遺跡（広田遺跡学術調査研究会編），pp.1-1．鹿児島県立歴史資料センター黎明館，鹿児島．

森貴教，2011．弥生時代北部九州における両刃石斧の消費形態．考古学研究 57-4，50-70．

村上由美子，2008．杵・臼．季刊考古学　特集　弥生・古墳時代の木製農具 104，72-76．

Murdock, George P, 1937. Comparative Data on the Division of Labor by Sex. Social Forces 15, 551-553.

中橋孝博，2003．鹿児島県種子島広田遺跡出土人骨の形質人類学的所見．種子島広田遺跡（広田遺跡学術調査研究会編），pp.281-294．鹿児島県立歴史資料センター黎明館，鹿児島．

中橋孝博，2005．日本人の起源．講談社，東京．

中橋孝博・永井昌文，1989．形質．弥生文化の研究 1，（金関恕・佐原真・永井昌文・那須孝悌編），pp.23-51．雄山閣，東京．

中園聡，1996．第3章第1節　4．弥生時代の生業と食生活．小郡市史　第1巻通史編　地理・原始・古代（小郡市史編纂委員会），pp.320-343．小郡市教育委員会，小郡市．

西谷正，1996．第3節　小国の形成と東アジア．小郡市史　第1巻通史編　地理・原始・古代（小郡市史編纂委員会編），pp.508-511．小郡市教育委員会，小郡市．

小笠原好彦，1990．国家形成期の女性．日本女性生活史　第1巻　原始・古代（女性史総合研究会編），pp.35-67．東京大学出版，東京．

沖田絵麻，2014．土井ヶ浜遺跡出土動物遺存体の分析－第1～12次発掘調査出土資料について－．土井ヶ浜遺跡　第1次～第12次発掘調査報告書（土井ヶ浜遺跡・人類学ミュージアム編），pp.215-233．土井ヶ浜遺跡・人類学ミュージアム，下関市．

小澤佳憲，2000a．弥生集落の動態と画期．古文化談叢44，1-38．

小澤佳憲，2000b．集落動態からみた弥生時代前半期の社会－玄界灘沿岸域を対象として－．古文化談叢45，1-42．

Peterson J, 1998. The Natufian hunting conundrum: spears, atlatls, or bows? Musculoskeletal and armature evidence. International Journal of Osteoarchaeology 8, 378-389.

Phenice J.W.　1969　A newly developed method of sexing the pelvis. American Journal of Physical Anthropology, 30: 297-301.

貞清秀成・石坂正大・下井俊典・丸山仁司　2012　姿勢別の骨盤の前傾運動が体幹筋に及ぼす影響の筋電図学的検討．第48回日本理学療法学術大会発表要旨，O-A基礎154．

坂井建雄・松村讓兒 監訳，2011．プロメテウス解剖学アトラス．解剖学総論/運動器系．第2版．医学書院．

Sakaue K, 2006. Application of the Suchey-Brooks system of pubic age estimation to recent Japanese skeletal material. Anthropological Science 114, 59-64.

佐原真，1968．銅鐸の美．日本芸術工芸，363，19-28．

下條信行，1975．北九州における弥生時代の石器生産．考古学研究 22, 7-21.

下條信行，1984．弥生・古墳時代の九州型石錘について－玄界灘海人の動向－．九州文化史研究所紀要 29, 71-104.

下條信行，1986．日本稲作受容期の大陸系磨製石器の展開－宇木汲田貝塚1984年度調査出土石器の報告を兼ねて－．九州文化史研究所紀要31, 103-140.

下條信行，1989．弥生時代の玄海灘海人の動向－漁村の出現と役割－．横山浩一先生退官記念論文集1 生産と流通の考古学，（横山浩一先生退官記念事業会編），pp. 107-124. 横山浩一先生退官記念事業会，福岡．

武末純一，2001．石器の生産と流通－石庖丁と蛤刃石斧を中心に－．筑紫野市史資料編（上）考古資料（筑紫野市史編纂委員会編），pp.528-55. 筑紫野市．

瀧川渉，2015．縄文・弥生時代人における筋骨格ストレスマーカーの地域的多様性．Anthropological Science (Japanese Series) 123-1, 15-29.

田中義昭，1986．弥生時代以降の食糧生産．岩波講座　日本考古学3．生産と流通．（近藤義郎・横山浩一・甘粕健・加藤晋平・佐原眞・田中琢・戸沢充則編），pp.57-119. 岩波書店，東京．

田中良之・小澤佳憲，2001．II．渡来人をめぐる諸問題．弥生時代における九州・韓半島交流史の研究－平成12年度　韓国国際交流財団助成事業共同研究プロジェクト報告書（田中良之編），pp.3-27. 九州大学大学院比較社会文化研究院基層構造講座．

田中良之，2000．墓地から見た親族・家族．古代史の論点2　女と男，家と村．（都出比呂志・佐原真編），pp.131-152. 小学館，東京．

田中良之，2014．いわゆる渡来説の成立過程と渡来の実像．列島初期稲作の担い手は誰か．（下條信行編），pp.3-48. すいれん舎，東京．

都出比呂志，1990．原始土器と女性－弥生時代の性別分業と婚姻居住規定．日本女性史　第1巻原始・古代（女性史総合研究会編），pp.1-42. 東京大学出版，東京．

樋泉岳二，2007．広田遺跡から採集された脊椎動物遺体．廣田遺跡－平成16年度～平成18年度　町内遺跡等発掘調査事業－（鹿児島県南種子島町教育委員会編），pp.218-229. 鹿児島．

山崎頼人，2010．環濠と集団－筑紫平野北部三国丘陵からみた弥生時代前期環濠の諸問題－．古文化談叢発刊35周年・小田富士雄先生喜寿記念号（2）65, 1-38.

安室知，1992．存在感なき生業研究のこれから．日本民俗 190, 38-55.

安室知，2001．「水田漁撈」の提唱．国立歴史民俗博物館研究報告 87, 107-139.

米田穣，2007．広田遺跡から出土した人骨の同位体分析．廣田遺跡－平成16年度～平成18年度　町内遺跡等発掘調査事業－，（鹿児島県南種子島町教育委員会編），pp.192-195. 鹿児島．

米田穣，2014．土井ヶ浜遺跡から出土した弥生時代人骨の炭素・窒素同位体分析．土井ヶ浜遺跡　第1次～第12次発掘調査報告書（土井ヶ浜遺跡・人類学ミュージアム編），pp.207-214. 土井ヶ浜遺跡・人類学ミュージアム，下関市．

米元史織，2012．生活様式の復元における筋骨格ストレスマーカーの有効性．Anthropological Science (Japanese Series), 120-1, 15-46.

米元史織，2016．筋付着部の発達度からみる縄文時代の生業様式の地域的多様性．九州大学総合研究博物館研究報告14（掲載確定済み）．

和田晴吾・中西靖人・吉岡幹幸・渡辺一雄，1989．7漁猟具．弥生文化の研究5　道具と技術（金関恕・佐原真編），pp.137-164. 雄山閣，東京．

和田晴吾，1997．漁撈．弥生文化の研究2　生業（金関恕・佐原真編），pp.153-161. 雄山閣，東京．

付表1　MSMsの基礎統計量

	土井ヶ浜			三国丘陵			福岡平野			広田			土井ヶ浜			三国丘陵			福岡平野			広田		
	右側												右側											
	男性												女性											
	N	M	S.D	N	M	S.D	N	M	S.D	N	M	S.D	N	M	S.D	N	M	S.D	N	M	S.D	N	M	S.D
大円筋と広背筋(上)	28	2.18	0.61	48	2.40	0.64	16	1.75	0.77	19	1.79	0.79	21	1.90	0.83	17	2.06	0.83	13	1.54	0.52	15	1.47	0.64
大胸筋(上)	29	2.93	1.00	50	2.86	1.07	16	2.81	1.33	19	2.89	1.29	21	2.38	0.92	18	2.44	0.62	13	2.46	1.05	16	2.00	0.52
三角筋(上)	26	2.73	0.45	49	2.57	0.58	17	2.24	0.66	20	2.15	0.67	22	2.41	0.59	19	2.26	0.81	15	2.13	0.52	18	2.11	0.76
上腕三頭筋外側頭(上・起)	24	2.08	0.88	25	1.68	0.80	9	1.78	0.97	10	1.50	0.71	21	1.71	0.85	8	1.88	0.64	9	1.44	0.73	9	1.11	0.33
上腕筋(尺)	25	2.16	0.47	32	2.31	0.47	12	2.00	0.43	14	2.06	0.25	21	2.05	0.22	11	1.91	0.30	11	2.27	0.47	15	1.87	0.52
上腕二頭筋(橈)	26	2.15	0.37	26	2.15	0.54	10	1.80	0.63	15	2.13	0.52	20	2.00	0.00	9	2.00	0.71	9	2.00	0.00	11	2.00	0.45
回外筋(尺・起)	25	1.72	0.79	35	2.20	0.80	11	1.64	0.67	16	2.31	0.60	22	1.59	0.80	8	1.88	0.83	9	1.56	0.53	13	2.00	0.82
方形回内筋(尺・起)	18	1.72	0.75	29	2.07	0.75	15	1.60	0.74	11	2.00	0.77	15	2.33	0.72	13	2.54	0.52	8	1.75	0.71	6	2.67	0.52
円回内筋(橈)	27	2.33	0.88	34	2.26	0.90	11	1.94	0.80	14	2.00	0.93	20	1.80	0.77	12	1.75	0.75	11	1.27	0.47	11	1.91	0.70
腸腰筋(大)	16	2.50	0.52	26	2.50	0.58	9	2.56	0.73	6	1.67	0.82	18	2.22	0.73	9	1.78	0.67	7	1.86	0.69	8	2.13	0.83
大殿筋(大)	30	2.33	0.61	42	2.19	0.80	18	1.78	0.73	20	1.75	0.79	22	2.23	0.69	27	2.04	0.85	11	1.91	0.83	21	1.38	0.50
粗線(大)	33	2.45	0.67	65	2.72	0.52	37	2.59	0.69	21	2.00	0.55	23	2.39	0.66	31	2.16	0.82	23	2.35	0.83	22	1.59	0.50
外側広筋(大・起)	30	2.03	0.81	43	2.00	0.85	21	1.67	0.73	20	1.90	0.45	22	2.05	0.65	29	1.90	0.77	11	1.55	0.69	22	1.36	0.58
内側広筋(大・起)	33	2.21	0.65	47	2.13	0.74	27	2.04	0.81	22	1.75	0.55	22	1.91	0.75	29	1.86	0.79	16	1.44	0.63	22	1.36	0.49
後脛骨筋と長趾屈筋(脛・起)	29	1.72	0.88	57	1.72	0.72	33	1.58	0.79	19	1.53	0.77	20	1.45	0.69	29	1.52	0.69	18	1.44	0.78	18	1.44	0.78
ヒラメ筋(脛・起)	30	2.27	0.74	59	2.34	0.71	32	2.09	0.78	21	1.84	0.90	20	1.45	0.69	29	1.90	0.77	18	1.83	0.71	18	1.33	0.59

	土井ヶ浜			三国丘陵			福岡平野			広田			土井ヶ浜			三国丘陵			福岡平野			広田		
	左右差の平均値												左右差の平均値											
	男性												女性											
	N	M	S.D	N	M	S.D	N	M	S.D	N	M	S.D	N	M	S.D	N	M	S.D	N	M	S.D	N	M	S.D
大円筋と広背筋(上)	23	0.35	0.57	37	0.41	0.50	14	0.36	0.50	15	0.13	0.35	21	0.19	0.40	13	0.38	0.65	6	0.17	0.41	9	0.44	0.53
大胸筋(上)	24	0.63	0.65	37	1.00	0.88	13	1.00	1.22	15	0.67	0.90	21	0.38	0.67	13	0.54	0.52	8	0.83	0.41	9	0.44	0.53
三角筋(上)	23	0.17	0.39	39	0.44	0.50	14	0.43	0.65	18	0.22	0.43	22	0.32	0.57	13	0.31	0.48	6	0.33	0.52	11	0.36	0.50
上腕三頭筋外側頭(上・起)	19	0.37	0.68	18	0.39	0.50	8	0.63	0.74	8	0.50	0.53	21	0.38	0.59	8	0.38	0.52	5	0.40	0.55	6	0.00	0.00
上腕筋(尺)	20	0.30	0.47	20	0.40	0.47	11	0.18	0.40	14	0.21	0.43	20	0.25	0.44	5	0.00	0.00	9	0.11	0.33	11	0.36	0.67
上腕二頭筋(橈)	18	0.17	0.38	21	0.38	0.50	8	0.38	0.52	9	0.11	0.33	14	0.07	0.27	6	0.33	0.52	5	0.00	0.00	8	0.00	0.00
回外筋(尺・起)	18	0.33	0.59	22	0.27	0.46	10	0.40	0.52	14	0.29	0.47	20	0.55	0.60	4	0.25	0.50	7	0.57	0.53	10	0.60	0.70
方形回内筋(尺・起)	14	0.50	0.65	16	0.50	0.52	14	0.50	0.65	9	0.44	0.73	12	0.33	0.49	9	0.22	0.44	5	0.60	0.55	3	0.67	0.58
円回内筋(橈)	21	0.14	0.36	21	0.29	0.56	14	0.29	0.47	12	0.42	0.51	17	0.41	0.51	9	0.67	0.50	8	0.13	0.35	10	0.30	0.48
腸腰筋(大)	11	0.36	0.50	14	0.57	0.65	6	0.17	0.41	5	1.00	0.71	13	0.15	0.38	6	0.50	0.55	5	0.60	0.55	5	0.00	0.00
大殿筋(大)	27	0.30	0.54	28	0.32	0.55	16	0.38	0.62	17	0.35	0.49	18	0.17	0.38	17	0.41	0.51	8	0.38	0.52	17	0.24	0.44
粗線(大)	30	0.17	0.38	60	0.22	0.42	36	0.28	0.51	19	0.26	0.45	20	0.30	0.47	26	0.31	0.55	20	0.20	0.41	21	0.33	0.48
外側広筋(大・起)	27	0.22	0.51	31	0.26	0.51	17	0.53	0.72	18	0.22	0.43	18	0.22	0.43	18	0.56	0.70	7	0.29	0.49	18	0.50	0.62
内側広筋(大・起)	30	0.27	0.45	37	0.54	0.51	25	0.48	0.59	18	0.17	0.38	18	0.56	0.62	18	0.61	0.70	13	0.38	0.51	18	0.17	0.38
後脛骨筋と長趾屈筋(脛・起)	28	0.43	0.57	51	0.63	0.66	30	0.37	0.49	16	0.19	0.40	18	0.44	0.62	27	0.33	0.48	17	0.12	0.33	14	0.21	0.58
ヒラメ筋(脛・起)	28	0.39	0.63	52	0.33	0.47	30	0.33	0.48	16	0.38	0.50	18	0.33	0.49	26	0.35	0.49	17	0.35	0.61	14	0.29	0.47

N　個体数／M　平均値／S.D　標準偏差

考古学は科学か　上
田中良之先生追悼論文集

2016年5月12日　発行

編　　　者	田中良之先生追悼論文集編集委員会 〒819-0395　福岡市西区元岡744番地 九州大学大学院比較社会文化研究院基層構造講座 電話　092(802)5665
発　行　所	中国書店 〒812-0035　福岡市博多区中呉服町5番23号 電話　092(271)3767　FAX　092(272)2946
編 集 協 力	図書出版　花乱社
装　　　丁	design POOL
印刷・製本	有限会社九州コンピュータ印刷

ISBN978-4-903316-51-2

田中良之先生　2012年　群馬県金井東裏遺跡

Archaeology: Is it science?

考古学は科学か
［田中良之先生追悼論文集］

下

田中良之先生追悼論文集編集委員会 編

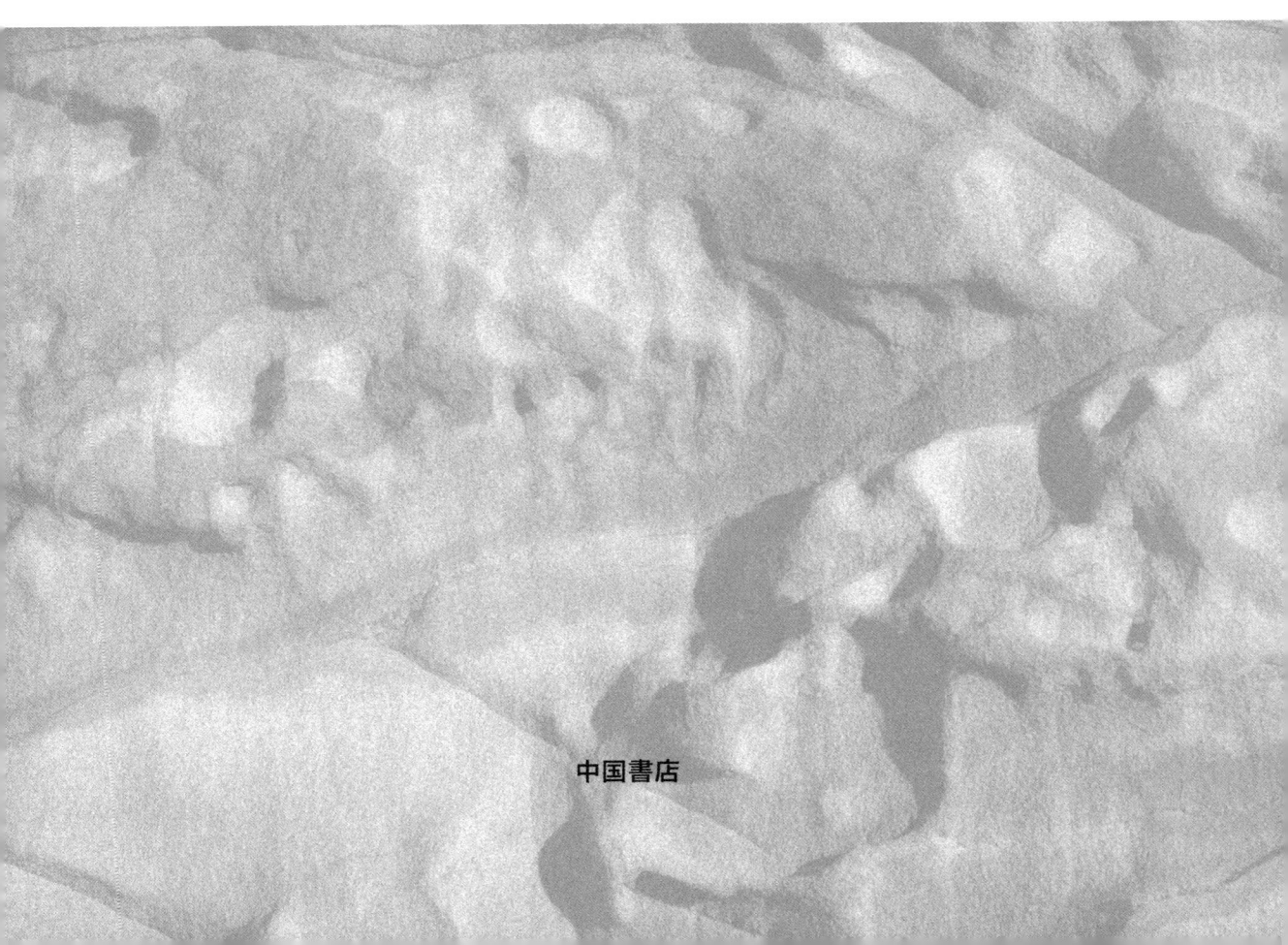

中国書店

考古学は科学か

下 巻 目 次

古墳時代前期における玉類副葬の論理……………………………谷澤亜里　605

同型鏡群と倭製鏡………………………………………………………辻田淳一郎　625
　　―古墳時代中期後半における大型倭製鏡の製作とその意義―

国越古墳の被葬者について……………………………………………福田匡朗　647

古墳の埋葬施設の階層性と地域間関係………………………………重藤輝行　659
　　―古墳時代中期の九州北部を例として―

九州における古墳時代導水施設の展開………………………………城門義廣　679

「吉備」地域における陶棺の採用過程とその論理……………………絹畠　歩　697

長野県東御市地獄沢古墳出土遺物の再評価…………………………松尾昌彦　717
　　―考古資料を保存していくために―

地下式横穴墓における女性と未成人への武器副葬…………………吉村和昭　727

出雲における再生阻止儀礼……………………………………………坂本豊治　745

北部九州における横穴墓の埋葬姿勢…………………………………田村　悟　765

河内地域における横穴墓の出現・展開とその背景…………………岩橋由季　795

石城における線刻画及び線刻意匠のある横穴墓再考………………大竹憲治　815

石製紡錘車未製品の出土傾向と製作工程……………………………平尾和久　825

古墳時代親族構造論と古代史研究……………………………………岩永省三　843

九州北部の鉄生産………………………………………………………小嶋　篤　863

古代大宰府を取り巻く集落遺跡理解にむけて………………………中島恒次郎　885

国分寺造営の造瓦の様相に関する試論………………………………早川和賀子　907
　　―豊前国分寺を例に―

九州出土の高麗陶器………………………………………………	主税英徳	927
北九州市域における古代・中世………………………………	宇野愼敏	945
―古代・中世墳墓にみる階層性と地域性―		
悪石島における伝世華南三彩陶………………………………	木村幾多郎	957
マジョリカ陶器における文様の同時代性と模倣………………	松本啓子	975
近世初期九州陶磁器生産における技術変容プロセスの		
モデル化の試み　―薩摩焼と肥前陶磁器を事例として― ………	渡辺芳郎	997
赤色立体地図を用いての大和……………………………………	西藤清秀	1013
―高取城古写真の合成と撮影地の同定―		
九州帝國大學附属醫院跡出土の病院食器に関する考古学的研究……	田尻義了	1023
ハカス・ミヌシンスク盆地におけるルガフスク期の開始と		
モンゴリア…………………………………………………………	松本圭太	1037
台湾先史時代の穿孔下顎骨と首狩り行為………………………	邱　鴻霖	1057
中国新石器時代から西周時代における窯構造の変遷と地域性………	德留大輔	1077
燕山南部・遼寧地域における鉄器生産の展開…………………	金　想民	1097
―戦国・前漢代を中心として―		
釜山加徳島出土新石器時代人骨の埋葬パターンに関する分析		
……………………………………………………	金　宰賢・金　珠姫	1115
台湾の旧石器時代の諸問題………………………………………	陳　有貝	1127
順序配列法で模索した加耶土器の初現期………………………	朴　廣春	1137
朝鮮時代灰槨墓に関する一考察…………………………………	李ハヤン	1149
ルソン島北部における金属器時代の黒色土器の変化…………	田中和彦	1163
―特に無紋鉢形土器の変化について―		
編集後記………………………………………………………………………………		1177

上巻　目次

序 …………………………………………………………………………………………… 溝口孝司

考古学研究者は科学者か ……………………………………………………………… 高倉洋彰　3
人類学における科学と反科学 ………………………………………………………… 佐藤廉也　21
考古学と人文地理学の間 ……………………………………………………………… 堤　研二　35
　　─科学性の検討─
火山灰考古学の方法論的展望と課題 ………………………………………………… 桒畑光博　51
民族誌的類推の運用と縄文社会復元 ………………………………………………… 石川　健　69
なぜ紡錘車が出土しないのか ………………………………………………………… 古澤義久　91
　　─民族誌・民俗事例からの想定─
現代ユンノリ遊具の考古学的分析 …………………………………………………… 小田裕樹　111
　　〜盤上遊戯「樗蒲」の復元を目的として〜
埋蔵文化財行政の科学性 ……………………………………………………………… 板倉有大　131
「アートと考古学」ことはじめ ……………………………………………………… 村野正景　151
　　─京都での取組の紹介を中心に─
前近代の死における社会的死の先行と臨終 ………………………………………… 石井博司　167
後期旧石器時代における石器群の変容とその背景 ………………………………… 山根謙二　185
　　─姶良カルデラ噴火前後の九州における一考察─
更新世の日本列島における自然・資源環境の変動と人類行動の応答 …………… 佐藤宏之　199
形態と配列から読み解く「おとし穴状遺構」による狩猟法 ……………………… 杉本岳史　215
縄文遺跡の立地から見た往時の景観・人々の動態について ……………………… 浦井直幸　235
　　〜大分県中津市域を中心に〜
御領式以降 ……………………………………………………………………………… 島津義昭　249
西日本地域の縄文時代から弥生時代にいたる身体・四肢プロポーションの時代変化 …高椋浩史　267
日本列島・朝鮮半島南部の稲作受容期における
　　土器製作技術の変容過程解明への予察 ………………………………………… 三阪一徳　287
弥生時代成立期前後の集落の一類型 ………………………………………………… 小澤佳憲　305
板付Ⅰ式成立前後の壺形土器 ………………………………………………………… 端野晋平　325
　　─分類と編年の検討─
土器情報の社会的意味に関する試論 ………………………………………………… 宮本一夫　351
　　─板付式土器様式の出現過程を中心に─
弥生時代剥片石器石材の動向　2 …………………………………………………… 山崎頼人　365
　　─蛍光X線分析による産地同定からみた剥片石器石材獲得の動向─

科学としての弥生時代石器研究	能登原孝道	385
―生産・流通研究における scientific cycle の構築に向けて―		
弥生石器の層灰岩	梅﨑惠司・柚原雅樹	397
タタキ技法東へ、南へ	武末純一	415
広口壺からみた弥生時代中期後半の地域性	西江幸子	427
―中東部瀬戸内地方を中心として―		
瓜生堂2号墓の再検討	藤井 整	447
砥石の消費形態からみた鉄器化とその意義	森 貴教	467
―弥生時代北部九州を対象として―		
大量銅鐸の多段階埋納は証明できるのか	森岡秀人	487
列島の小銅鐸	白井久美子	499
―青銅祭器としての使途と意義―		
桜馬場式のゆくえ	渋谷 格	525
過去と記憶とその動員	溝口孝司	545
―北部九州弥生時代Ⅴ期を事例として―		
高精度胎土分析による地域社会構造の解明	石田智子	561
筋付着部の発達度からみる弥生時代の生業様式の地域的多様性	米元史織	579

Archaeology: Is it science?

考古学は科学か

下

古墳時代前期における玉類副葬の論理

九州大学附属図書館付設教材開発センター　谷　澤　亜　里

要旨

　本稿は，古墳時代前期における玉類のヴァリエーションを整理し，副葬の場における取り扱われ方の異同を明らかにすることで，当該時期にみられる玉類の多様性がどのような体系をなしていたかを検討するものである。分析結果からは，翡翠製勾玉と半島系管玉を主体とするセットがその他の玉類を主体に構成されるセットとは区別され，被葬者の上半身に着装される傾向があることが明らかとなった。このことは，この時期に翡翠製勾玉と半島系管玉のセットが一定の重みで価値づけされたうえで，セットの状態で流通していたことを示唆しており，これらの玉類が近畿中枢から配布されたとする理解を支持するものである。また，前期後半に，被葬者身体の胴部以下への玉類の配置と，山陰系勾玉や太型規格の管玉を主体に構成されるセットが連動して出現することを明らかにした。このことから，山陰系勾玉や太型規格の管玉の生産開始や流通過程について，地方の自律的な要因だけで説明するのは困難で，近畿中枢の関与も想定すべきであることを指摘した。

キーワード：玉類，副葬，勾玉，古墳時代前期

1　問題の所在

　この近年で，弥生・古墳時代の玉類の流通に関する研究は著しく進展した。材質調査事例の蓄積や，消費地資料を効果的に法量分析する手法の提案，石製管玉の穿孔具の判別をはじめとする重要な属性変異の認識などにより，消費地資料のヴァリエーションを，生産地の異同と関連付けて体系的に理解することが可能になってきたためである（e.g. 大賀2002, 2013）。このような検討が進むにつれて，玉類の流通動態が，当該時期の社会動態とも密接に関わっている可能性が指摘されることとなった。なかでも，古墳時代前期社会の理解に関連して注目されるのが，翡翠製丁字頭勾玉と，大賀（2010a）が「半島系」とする管玉に関する指摘である。大賀は，古墳時代前期において，この2種類の玉の出土が「畿内」に集中し，かつ，分布パターンが三角縁神獣鏡の分布パターンに類似することを指摘した（大賀2010a, 2011, 2012）。そして，これらの玉類が「分配型威信財」に準ずるアイテムとして畿内から各地へ配布された

評価している（大賀2010a, 2011, 2012）。小林行雄の一連の研究（1955, 1956, 1957）以来，古墳時代前期には，銅鏡や石製品をはじめとする器物が近畿中枢から配布され，そのような器物の授受は当該期における広域的な中心－周辺関係の創出／再生産に重要な役割を果たしたと考えられているが，同時期の玉類も，同様な器物として理解できる可能性が指摘されたのである。

　さて，翡翠製勾玉と半島系管玉が近畿中枢から配布されたという理解は，この2種類の玉が三角縁神獣鏡と類似した分布パターンを示すという事実をもとに提示されたものである（大賀2010a, 2011）。一方で，銅鏡や石製品の研究においては，数量的な分布のみから，近畿中枢によるこれらの器物の配布が議論されているわけではない。これらの器物自体のヴァリエーションが配布主体による重みづけと関連しており，そのような価値体系が流通の背後に存在したと考えられているのである。例えば，銅鏡においては，面径の大小による序列の存在が指摘されているし（和田1986；車崎1993；下垣2003；辻田2007など），腕輪形石製品においても，鍬形石＞車輪石＞石釧の序列の存在が知られている（北條1990）。以上のような議論をふまえると，古墳時代前期における玉類の少なくとも一部を威信財に準ずるものとして理解するには，特定の種類の数量的な分布パターンから議論を行うだけでは不十分であり，この時期に存在する玉類のヴァリエーションが当時の社会においてどのように秩序付けられていたかという視点からの検討が重要となってくるといえよう。

　以上のような問題意識から，本稿では，古墳時代前期における玉類のヴァリエーションのなかで，翡翠製丁字頭勾玉と半島系管玉がどのような位置を占めるかについて検討を行う。なかでも，副葬時の取り扱い方の違いが反映されると考えられる，副葬位置に着目して検討を行いたい。

　古墳における玉類の副葬形態については，先行研究でも検討が行われている。まず，副葬品配置の研究において，前期古墳では玉類は基本的に棺内に副葬されることが指摘されている（用田1980；今尾1984）。玉類の副葬位置の検討を行った玉城（1994），廣瀬（1996），小寺（2006）の結果からは，弥生時代後期から終末期にみられた棺外での「祭祀」的な玉類の使用が古墳時代前期にはいったん低調化し，古墳時代中期以降に再度活発化することがわかる。ただし，用田（1980）や廣瀬（1996）が注意するように，棺内ではあるが被葬者に着装されたとは考え難い位置から出土する玉類も存在する。林（2003）はこのような副葬形態が前期後半から出現すること，用いられるのが滑石製玉類に限定されないことに注意している。しかし，副葬形態のヴァリエーションが，副葬される玉類の内容とどのような関係にあるかという点はこれ以上に踏み込んだ検討は行われていない。

　そこで本稿では，古墳前期の玉類副葬において，どのような玉類がどのように副葬される傾向にあるかを検討し，これを通じて，当該時期にみられる玉類のヴァリエーションがどのように体系づけられていたかについて考察を行いたい。

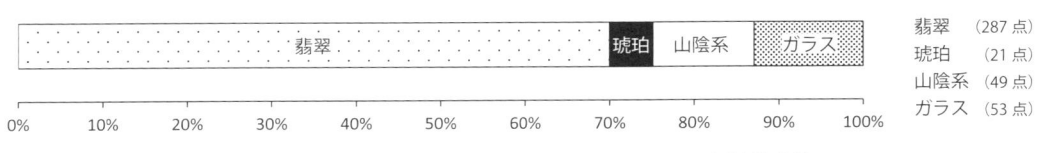

第1図　古墳時代前期の西日本における勾玉の素材構成比

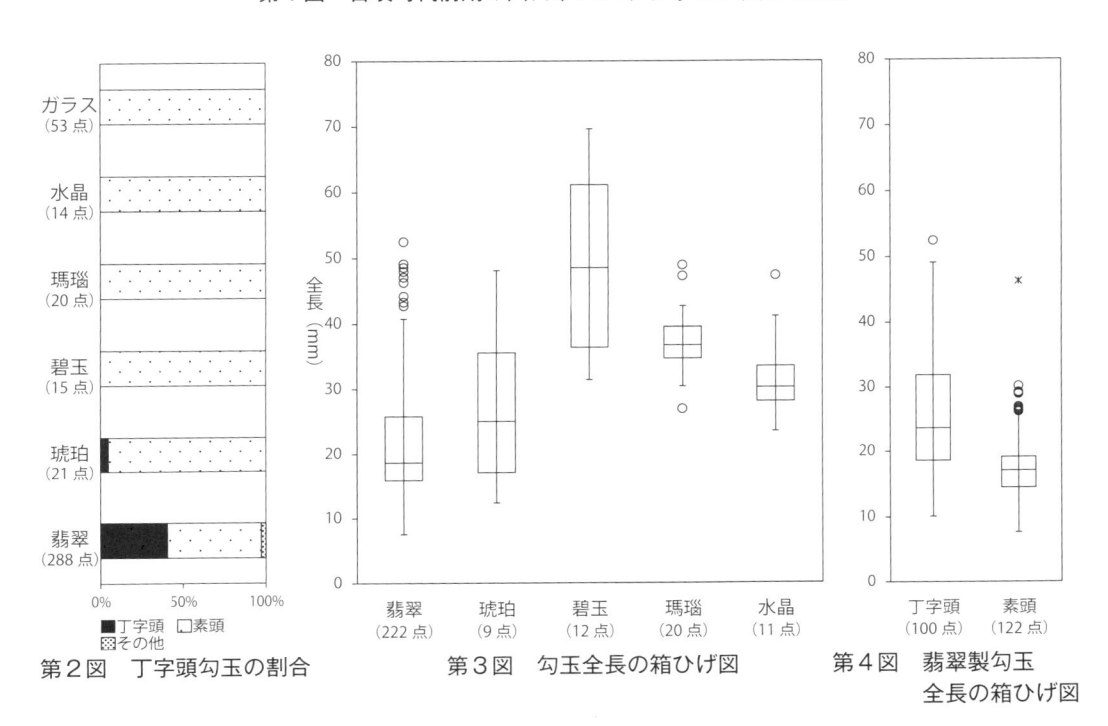

翡翠　（287点）
琥珀　（21点）
山陰系（49点）
ガラス（53点）

第2図　丁字頭勾玉の割合

第3図　勾玉全長の箱ひげ図

第4図　翡翠製勾玉全長の箱ひげ図

2　資料と方法

　分析は，以下の①，②の手順で行う。まず，①古墳時代前期にみられる玉類のヴァリエーションを整理し，そのなかで翡翠製丁字頭勾玉，半島系管玉の特徴を明確にする。続いて，②古墳における玉類の出土状況を検討し，これらの玉類が埋葬の場において，どのように取り扱われているかについて分析を行う。

　分析対象資料は，古墳時代前期の西日本で副葬品として出土する玉類である。東日本の資料を除外するのは，筆者が現状で内容を十分に把握できている事例が少ないという理由もあるが，西日本とは玉類の種類構成がやや異なるためでもある[1]。

　分析①での検討対象は，この時期の主要な器種である勾玉，管玉，ガラス小玉を取り上げ，滑石製玉類[2]と出現頻度の低い器種は除外した。資料操作に用いた点数等については，分析時に随時触れる。分析②での主な対象資料は，古墳時代前期の玉類副葬事例のうち，出土状況とセット構成の内容が一定程度判明している17例を抽出した。これらの例は，複数の位置に玉類が副葬されたと考えられる事例を優先的に取り上げている。内容の詳細は，第1表に示す。

3　分析①：玉類のヴァリエーション

　以下では，古墳時代前期の基本的な器種である，勾玉，管玉，ガラス小玉の3者について，それぞれどのようなヴァリエーションがみられるかを整理する。

(1) 勾玉

　本稿で注目する翡翠製勾玉は，糸魚川産翡翠が素材として使用されるが，古墳時代前期においては，勾玉としての生産地は不明確である。古墳時代前期の勾玉には，翡翠製のほかにも，いくつかの種類が存在する。琥珀製勾玉は前期前半にはすでに出現しているが，生産地に関しては不明確である（大賀2013など）。碧玉製・瑪瑙製・水晶製の勾玉は「山陰系」と評価されており，古墳時代前期後半に出現する（河村1992；大賀2009）。ガラス製勾玉は前期を通じてみられるが，多くはその特徴や分布状況から弥生時代に製作されたものの伝世品と考えられ，残余も安定的な生産は考え難い（大賀2010b）。第1図に古墳時代前期の西日本における以上の勾玉の出土比率を示した。翡翠製勾玉が7割程度と主体を占めており，ガラス製勾玉のほうがむしろ多い弥生時代後期〜終末期の状況（谷澤2014）から大きく変化していることがわかる。

　続いて，これらの種類が，それぞれどのような特徴をもっているかを検討したい。第2図には，それぞれの種類で丁字頭となるものの比率を示した。丁字頭の個体が出現するのは翡翠製，琥珀製のみで，その他の種類は素頭のもののみで占められる。また，第3図にはそれぞれの種類における全長の分布を箱ひげ図で示した。翡翠製勾玉では全長のヴァリエーションが大きいながら，資料の75%程度は全長約25mm以内に収まるのに対し，山陰系勾玉では全長25mm以下の小型品が殆どみられない。また，山陰系勾玉では，全長が碧玉製＞瑪瑙製＞水晶製となる傾向がよみとれる。なお，第4図に示すように，翡翠製勾玉では，大型品は丁字頭のもので占められる傾向がある。

　以上からは，山陰系勾玉は，翡翠製勾玉に比べて大型の丁字頭のもの以上に大型の傾向がありながら，丁字頭となるものがない，ということがわかる。このことは，翡翠製勾玉と山陰系勾玉とでは，目指された形状が異なっていたことを示唆している。少なくとも，山陰系勾玉が単純に翡翠製勾玉の代用品として製作されていたとは考え難い[3]。

(2) 管玉

　舶載品と考えられる半島系管玉のほかに，緑色凝灰岩を素材とし北陸西部で生産されたと考えられる北陸西部系，花仙山産碧玉を素材とし山陰で生産されたと考えられる山陰系が認識されている（大賀2009，2010a，p.317-322，2013など）。

　各種類の法量分布傾向を第5図-1〜3に示した。北陸西部系，山陰系は，前期前半には弥生時代後期〜終末期のものと法量的傾向は変わらないが，前期後半には，より大型を指向する規格が新出することが指摘されており，第5図からも追認できる。具体的には，北陸西部系は

大賀 (2010a など) が「領域 F」とする規格, 山陰系は大賀 (2009) が「領域 JFb」とする規格が前期後半に新出するもので, 本稿ではこれらの規格をあわせて太型規格[4]とよびたい。

　半島系管玉も, 前期後半にやや大型化する傾向が指摘されており (大賀2010a), 第5図からも追認できるが, 北陸西部系や山陰系ほど顕著ではなく, 規格としてより小型のものと分離することは難しい。

　なお, 前期末以降は, 花仙山産碧玉, 緑色凝灰岩とも「長型」(大賀2002),「細長型」(河村2004),「領域 L／JL」(大賀2009, 2013) などとよばれる, 細長い規格が出現し, 近畿中枢

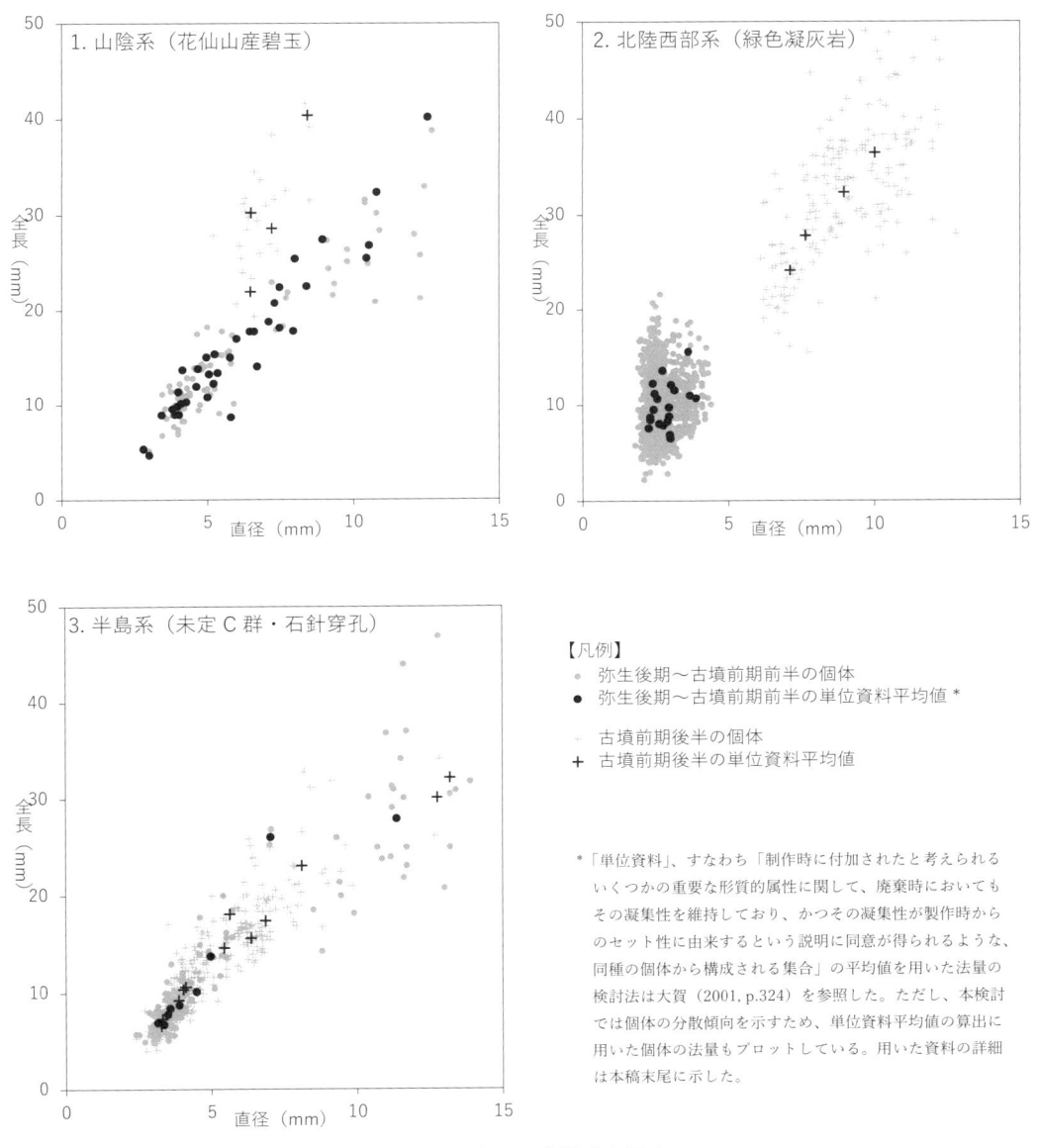

第5図　管玉の法量分布傾向

での生産が想定されている（大賀2002，2013など）。分析②で取り上げた事例のなかでは出現頻度が未だ低いこともあり，第5図には示していない。

(3) ガラス小玉

舶載品のIndo-Pacific Beads（以下IPB）（Francis1990）でも，銅着色で淡青色を呈するものが主体を占め（大賀2003），それ以外の種類の出現頻度は低い。また，銅着色のIPBでも，カリガラスのものと高Alソーダ石灰ガラスのものが存在し，後者は前期後半に出現する（大賀2003, 2008b）。両者は目視から判別することも可能だが，淡青色を呈する点は共通し，混在して出土する場合もあることから，区別されて取り扱われたとは考え難い。

（権現山51号墳）

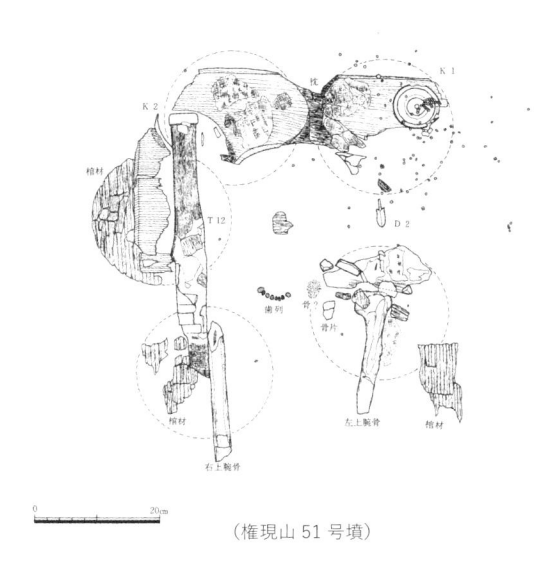

第6図　前期古墳における玉類副葬状況：頭部周辺への配置例

以上の検討から，本稿で着目する翡翠製丁子頭勾玉，半島系管玉の特徴として，以下の点が指摘できる。まず，翡翠製勾玉と山陰系勾玉では変異のありかたが異なっており，両者が異なるカテゴリーとして認識されていた可能性が示唆される。また，翡翠製勾玉でも丁字頭のものは，大型の傾向にあることが注意される。半島系管玉は，目視ではそのほかの種類の管玉と大きく変わった特徴をもつわけではないが，北陸西部系，山陰系の太形規格が出現した後には，相対的にやや小型の管玉であったといえる。

4　分析②：玉類の副葬様態

続いて，古墳時代前期における玉類の副葬様態を分析し，分析①で確認した玉類のヴァリエーションが，使用の場における取り扱われ方とどのような関係にあるかを検討したい。以下では，まず古墳時代前期にどのような玉類の副葬形態がみられるかを概観し，続いて，副葬形態の異同が玉群の内容の異同と対応するかを検討する。なお，玉類の流通量や種類にも変化があることをふまえ，古墳時代前期前半の事例と後半の事例は区別して検討する。

(1) 前期古墳における玉類の副葬形態

古墳時代前期前半においては，すでに指摘されているように玉類を副葬する古墳自体があまり多くない（廣瀬2002；伊藤2008）。そのため，出土状況の検討が可能な事例も限定される。

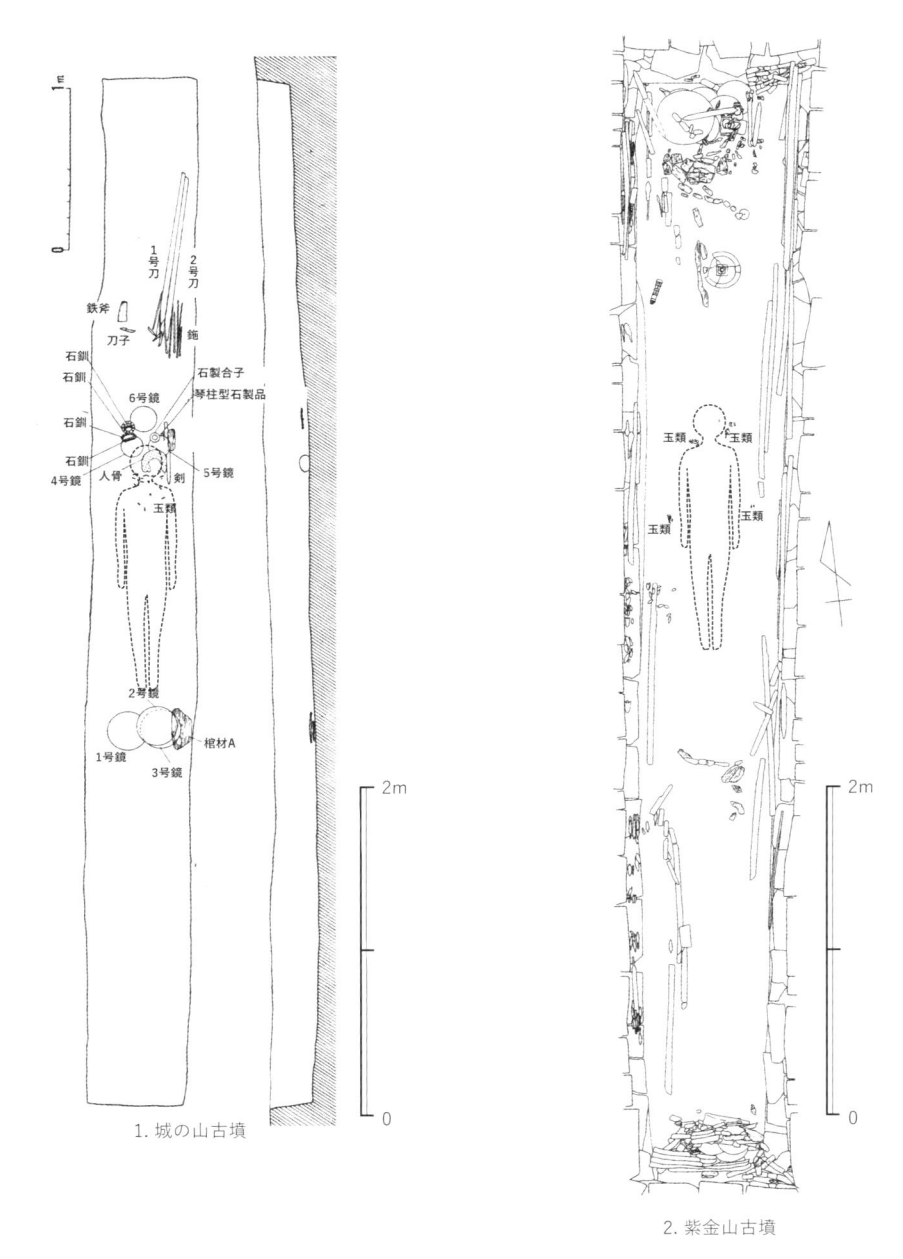

第7図　前期古墳における玉類副葬状況：着装が想定される例

　まず，被葬者身体への着装と考えられるものとしては，頸飾であることがほぼ確実な城の山古墳（櫃本編1972）（第7図-1）があげられる。また，塩田北山東古墳（中村編2008）では，頸と両手首への着装がみられる。石鎚山1号墳第1主体（高倉編1981）では，連綴した状態での着装とは言いがたいが，左上腕付近に玉類が配置されている。このほか，着装部位がやや不明確なため第1表には挙げていないが，津古生掛古墳（宮田編1988）なども上半身への着装が想

定されている事例である。

　着装以外の副葬形態としてこの時期に注目されるのが、頭周辺への配置である（第6図）。権現山51号墳（近藤編1991），安満宮山古墳（鐘ヶ江編2000）では，三角縁神獣鏡とともに配置されている点が特に注意される。

　この時期には，多量の玉類を副葬する事例があまり多くないこともあり，棺内で玉類を散布する明確な事例は認めることができない。棺外への副葬事例は弥生時代後期〜終末期に比べると少ないが，赤尾・熊ヶ谷2号墳第1主体（橋本編2008）の木棺上への玉類の配置や，野田院古墳（笹川編2003）の竪穴式石室外の粘土への練り込みなどの例をあげることができる。

　前期後半には，玉類の副葬事例や副葬される玉類の数量が増え，出土状況を検討可能な事例も増加する。被葬者身体への着装は引き続き確認され，頸，耳，手首などで認めることができる。例えば，紫金山古墳（阪口編2005）では両耳と両手首（第7図-2），一貴山銚子塚古墳（小林ほか1952）では両手首，免ヶ平古墳第2主体（高橋・綿貫編2011）では頸への着装が想定される。

　これに加え，この時期には，これまで認められなかった玉類の副葬形態が確認されるようになる。被葬者の胴部から下半身にかけて面的に，あるいは足下に面的に玉類が副葬されるものである[5]。例えば，免ヶ平古墳第1主体（大分県立宇佐風土記の丘歴史民俗資料館編1986）で腰部にみられる玉類，白水瓢塚古墳（安田編2008）（第8図-1）や向野田古墳（富樫ほか編1978）で体幹両側に相当すると考えられる位置で出土する玉類，園部垣内古墳（森編1990）（第8図-2）で足下に配置される玉類，和泉黄金塚古墳中央槨で下半身両側や足下に配置されたとみられる玉類などが例として挙げられる。玉類の面的な散布は，弥生時代後期から終末期においても棺内外でみられるが，頭側が指向されることが多く（cf. 小寺2006），頸よりも下の身体に意図的に玉類を配置する副葬形態は，この時期に顕在化するといえる。なお，前期後半のこのような事例においても，被葬者の上半身には着装されたと考えられる別の玉群が確認されることが基本であり（第8図-1・2），胴部以下への玉類の配置は，付加的なものと推察される。

　以上の検討から，古墳時代前期における副葬形態としては，上半身への配置あるいは頭周辺への配置を基本としており，前期後半の段階で，胴部以下への面的な配置という副葬形態が加わるとまとめることができる。前期後半に新たな副葬形態が出現するという点は，山陰系勾玉や太型規格の管玉の出現とも連動しており，注目される。この点をふまえ，これらの玉群を構成する玉類の内容の検討に移りたい。

（2）副葬形態と玉群の構成

　古墳時代前期前半においては，上半身へ着装，又は頭周辺へ配置される副葬形態が基本であった。頭周辺への配置の代表的な事例として挙げた安満宮山古墳，権現山51号墳の玉群は，いずれも銅着色カリガラスのIPBのみで構成される。ただし，銅着色カリガラスのIPBのみで構成される玉群は，桂見1号墳第1主体，津古生掛古墳などの事例では上半身に着装された

1. 白水瓢塚古墳

2. 園部垣内古墳

第8図　前期古墳における玉類副葬状況：着装＋下半身以下へ配置する例

とみられるし，塩田北山東古墳では両手首に着装されている。また，城の山古墳の頸部や，石鎚山1号墳第1主体の左上腕付近に副葬される玉類は，翡翠製勾玉と半島系管玉を主体とする構成である。このように，前期前半における玉類副葬事例において，頭周辺〜上半身のなかでの細かな副葬位置の異同と玉群の内容に明確な対応関係を指摘することはできない。

前期後半には，前節で確認したように，頸よりも下の身体周辺への玉類の配置が確認される

ようになる。この点をふまえ，このような新たな副葬形態と，それ以前にもみられた上半身への着装や頭周辺への配置とを対比しながら検討を進めたい。第9図は本分析で主に取り扱った玉類副葬を模式化したもので，このうち9～13が，胴部以下への玉類の配置がみられる事例である。着装位置や玉類の構成は個々の例で異なるが，全体としては共通する傾向が見出せる。すなわち，被葬者の頸や耳に着装されるセットは，翡翠製勾玉と半島系管玉を主体に構成されるのに対し，胴部以下に配置される玉類では，ガラス小玉や，太型規格の管玉を主体とし，組み合う勾玉は翡翠製勾玉の場合もあるが，山陰系勾玉もみられる。また，第1表からわかるように，前者のセットにみられる翡翠製勾玉は丁字頭のものが多く，翡翠製棗玉を伴う傾向がある。

ただし，このようなパターンからは外れる例もいくつか挙げることができる。翡翠製勾玉と半島系管玉のセットに太型規格の管玉とガラス小玉が組み合わされて頭部に配置されたと考えられる和泉黄金塚古墳東槨（末永ほか編1954）（第9図-14）や，翡翠製勾玉と半島系管玉の組み合わせが頭部の上下に，北陸西部系太型規格のセットが頭部左右に配置されたと考えられるヌク谷北塚古墳（藤ほか1964）（第9図-16）などである。また，翡翠製勾玉と半島系管玉のセットを両手首に着装しつつ，滑石製勾玉と北陸西部系の太型規格の管玉のセットを頭部周辺に配置する和泉黄金塚古墳西槨（第9図-15），山陰系主体で構成されるセットを胸部とその横に配置したとみられる上野1号墳（林・原田編2001）（第9図-17）なども存在する[6]。

以上のようなヴァリエーションは指摘できるものの，しかし，現状では，翡翠製勾玉－半島系管玉のセットと，その他の玉類が主体となるセットの両者を副葬する場合に，両者の副葬位置の関係が，先に挙げたパターンと完全に逆転する事例は挙げることができない。すなわち，山陰系勾玉－山陰系／北陸系管玉の太形規格を主体とするセットを上半身に着装したうえで翡翠製勾玉－半島系管玉からなるセットを胴部以下に配置するような例は，みられないのである。

翡翠製勾玉－半島系管玉を主体とするセット構成は，城の山古墳や石鎚山1号墳第1主体のように，前期前半から顕在化しており，頸飾りをはじめとして上半身に着装される傾向も連続的に捉えうる。紫金山古墳や一貴山銚子塚古墳（第9図-7），免ヶ平古墳第2主体（第9図-8）のような事例は，このようなセットを上半身に着装するのみの事例として挙げられよう。

一方，胴部以下に配置されるセットを構成する玉類は，ガラス小玉を除いて，山陰系勾玉や太型規格の管玉など，この時期に新出する種類である。このことは，胴部以下への配置という新たな副葬形態と新たな器種の出現が，密接に関連していることを示唆している。

このように，古墳時代前期，特に前期後半以降における玉類の副葬時のセット構成からは，以下の2点が指摘できる。すなわち，1）翡翠製丁字頭勾玉は半島系管玉と組合い，被葬者の上半身に着装される傾向がある。これに対し，2）その他の玉類，特に前期後半に新出する種類を主体として構成されるセットは胴部以下に配置される傾向がある。

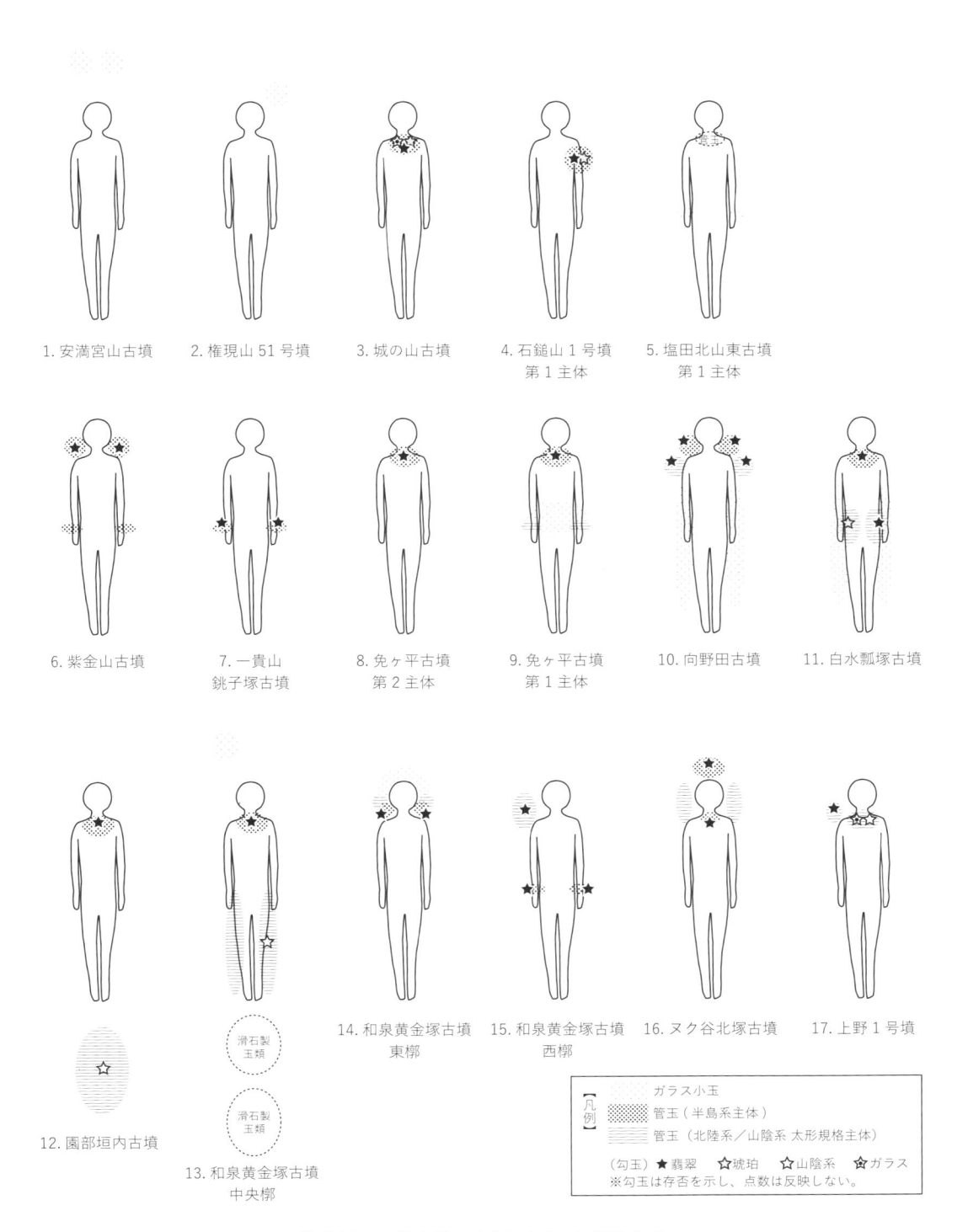

古墳時代前期における玉類副葬の論理

1. 安満宮山古墳
2. 権現山51号墳
3. 城の山古墳
4. 石鎚山1号墳 第1主体
5. 塩田北山東古墳 第1主体
6. 紫金山古墳
7. 一貴山銚子塚古墳
8. 免ヶ平古墳 第2主体
9. 免ヶ平古墳 第1主体
10. 向野田古墳
11. 白水瓢塚古墳
12. 園部垣内古墳
13. 和泉黄金塚古墳 中央槨
14. 和泉黄金塚古墳 東槨
15. 和泉黄金塚古墳 西槨
16. ヌク谷北塚古墳
17. 上野1号墳

凡例
▒ ガラス小玉
▦ 管玉（半島系主体）
≡ 管玉（北陸系／山陰系 太形規格主体）

（勾玉）★ 翡翠　☆ 琥珀　☆ 山陰系　☆ ガラス
※勾玉は存否を示し、点数は反映しない。

第9図　前期古墳における玉類副葬模式図

第1表　分析②に使用した資料の詳細

番号	遺構	都道府県	墳形規模	頭～耳～頸～手首に配置／着装		
1	安満宮山古墳	大阪	長方形 21m	右	【小玉】IPB（カリ・銅）737	
				左	【小玉】IPB（カリ・銅）836	
2	権現山51号墳	兵庫	前方後円43m		【小玉】IPB（カリ・銅）220	
3	城の山古墳	兵庫	円 36m	頸	【勾玉】翡翠6（丁字頭1）、琥珀3（丁字頭1）、ガラス38	
					【管玉】半島系71、北陸西部系小型9、他5	
4	石鎚山1号墳 第1主体	広島	円 20m	左上腕	【勾玉】翡翠3（鞘型1）、琥珀2	
					【管玉】半島系35、北陸西部系小型3、山陰系小型1	
5	塩田北山東古墳	兵庫	前方後円 35m	頸	【管玉】半島系2、北陸西部系小型4、山陰系小型1、他1	
				右手	【小玉】IPB（カリ・銅）46	
				左手	【小玉】IPB（カリ・銅）11	
6	紫金山古墳	大阪	前方後円 110m	右耳	【勾玉】翡翠2（丁字頭1）　【管玉】半島系4　【他】翡翠製棗玉2	
				左耳	【勾玉】翡翠2（丁字頭2）　【管玉】半島系3　【他】翡翠製棗玉2	
				右手	【管玉】半島系8	
				左手	【管玉】半島系2	
7	一貴山銚子塚古墳	福岡	前方後円 103m	右手	【勾玉】翡翠1（丁字頭1）　【管玉】半島系13	
				左手	【勾玉】翡翠1（鞘型1）　【管玉】半島系16	
8	免ヶ平古墳（2）	大分	前方後円 51m	頸	【勾玉】翡翠2（丁字頭2）　【管玉】半島系17、山陰系2、北陸系1	
9	免ヶ平古墳（1）	大分		頸	【勾玉】翡翠8（丁字頭2、鞘型1）　【管玉】半島系33、北陸西部系/山陰系小型6、滑石製1	
				左右手	【勾玉】翡翠1　【管玉】半島系1、北陸西部系太型3	
10	向野田古墳	熊本	前方後円 86m	右耳	【勾玉】翡翠1　【管玉】半島系20	
				左耳	【勾玉】翡翠1　【管玉】半島系11、他1	
				右肩	【管玉】山陰系主体？22	
				左肩	【勾玉】翡翠1（丁字頭1）　【管玉】半島系1、山陰系主体？25	
11	白水瓢塚古墳	兵庫	前方後円墳 56m	頸	【勾玉】翡翠4（丁字頭3）　【管玉】半島系28、山陰系1	
12	園部垣内古墳	京都	前方後円82m	頸	【勾玉】翡翠2（丁子頭2）　【管玉】半島系17、北陸西部系/山陰系5	
13	和泉黄金塚古墳 中央槨	大阪		頭上	【小玉】　【管玉】　【滑石製勾玉】	
				頸	【勾玉】翡翠9（丁字頭7）　【管玉】78（半島系主体か）　【他】翡翠製棗玉5	
14	和泉黄金塚古墳 東槨	大阪	前方後円墳 85m	頭下	【小玉】972（IPB・コバルト主体。加熱貫入・銅着色を5%程度含む）	
				頭右側	【勾玉】翡翠製1（丁字頭1）　【管玉】半島系28、北陸系太型40	
				頭左側	【勾玉】翡翠製3（丁字頭2）　【管玉】	
					【他】翡翠製棗玉2	
15	和泉黄金塚古墳 西槨	大阪		頸右	【勾玉】滑石製1（丁字頭1）　【管玉】40（北陸西部系太型主体か）	
				右手	【勾玉】翡翠製1（丁字頭1）　【管玉】22（半島系主体か）　【他】翡翠製棗玉1	
				左手	【勾玉】翡翠製1（丁字頭1）　【管玉】24（半島系主体か）　【他】翡翠製棗玉2	
16	ヌク谷北塚古墳	大阪	―	頭上	【勾玉】翡翠製5（丁字頭3）　【管玉】51（半島系主体）	
				頭右	【管玉】北陸西部系太型14	
				頭左	【管玉】北陸西部系太型13、小型1	
				頸？	【勾玉】翡翠製1　【管玉】20（半島系主体）	
17	上野1号墳	島根	円 39m	頸右	【勾玉】翡翠製1　【管玉】11（小型主体、山陰系>北陸西部系）	
				頸？	【勾玉】瑪瑙製1、ガラス製1　【管玉】29（太型主体、山陰系>北陸西部系）	

※翡翠製勾玉は丁字頭または特殊な個体の数を（　）内に示す。

古墳時代前期における玉類副葬の論理

頭より下に配置		備考
		セット構成は報文記載内容から判断
		セット構成は報文記載内容から判断
		セット構成は大賀（2008a）を参照
		セット構成は大賀（2008a）を参照
		手玉から離れて北陸西部系小型4点出土 セット構成は報文記載内容から判断
腰部	【小玉】IPB（カリ・銅）1592、他10	
下半身	【小玉】IPB（カリ・銅）94+	
腰部右側	【勾玉】琥珀1 【管玉】北陸西部系太型1	セット構成は大賀（2008a）を参照
下半身右側	【小玉】BDⅢ型 多数	
腰部左側	【勾玉】翡翠1(丁字頭1) 【管玉】北陸西部系太型9、山陰系太型4	
下半身左側	【小玉】IPB（ソーダ・銅） 多数	
足下	【勾玉】碧玉2 【管玉】北陸西部系太型103	
下半身(玉3群)	【勾玉】碧玉3 【管玉】北陸西部系太型40±、山陰系太型12±、他7 【他】1	
足下(玉4群)	【滑石製玉類】	
足下(玉5群)	【滑石製玉類】	
		セット構成は報文記載内容と北條・禰宜田編（2002）掲載写真から判断
		セット構成は大賀（2010a）を参照
		セット構成は報文記載内容から判断

5　考察

　ここまでの分析結果をふまえ，古墳時代前期に玉類のヴァリエーションがどのように体系づけられていたかを考察し，当該期における玉類の流通状況の実態についても議論を行いたい。

　まず，本稿が着目する翡翠製勾玉と半島系管玉が，使用の場においても互いに組み合う傾向があること，また，特に前期後半に顕著となるが，他の玉類が主体となるセットとは区別され，副葬形態として上半身への着装，あるいは頭周辺への配置が指向されることが明らかとなった。翡翠製勾玉－半島系管玉のセットについて，他のセットとは区別されるものという認識が，このような副葬形態が採用される範囲で共有されていたことが推察される。これに加え，翡翠製勾玉と半島系管玉は想定される生産地が異なるにもかかわらず，セットを構成する事例が広く確認されるという点は，両者がどこかで組み合わされ，セットの状態で列島内を流通することが多かったことを示唆している。以上の検討結果は，翡翠製勾玉と半島系管玉が近畿中枢からある程度の価値づけをされて配布されたという可能性を，より確からしいものとして支持するものである。また，翡翠製勾玉と半島系管玉のセットが上半身に着装されて副葬される傾向から，配布時において，翡翠製勾玉と半島系管玉は，装身具の形態をとっていた可能性が高いと考えられよう。

　このような玉類ヴァリエーション体系の存在を明確にみてとれるようになるのは前期後半以降からであるが，翡翠製勾玉と半島系管玉を主体とするセットの上半身への着装は，前期前半でも新しく位置づけられる石鎚山1号墳第1主体や城の山古墳で確認することができる。問題は，このような翡翠製勾玉と半島系管玉を主体とするセットが重視されるようになる時期をいつまで遡らせることができるか，という点である。副葬時の配置が明確ではないものの，現在確認されている玉類の種類からは，桜井茶臼山古墳でも，このようなセットの成立が想定される。それよりも前の最初期の古墳では，翡翠製勾玉と半島系管玉を主体とするセットの存在は明確ではない。例えば，本稿で取り上げた安満宮山古墳，権現山51号墳では，カリガラス銅着色のIPBのまとまったセットを頭周辺に副葬している。副葬品の内容の不明なこの時期の古墳に，翡翠製勾玉と半島系管玉を主体とするセットの副葬をどの程度見込んでよいかという点が問題ではあるが，古墳時代の最初期の段階では，翡翠製勾玉と半島系管玉を主体とするセットが配布されることは少なかった可能性は想定できる。弥生時代後期から終末期の段階においては，地域によって勾玉の種類構成が異なっており，広域で翡翠製勾玉を重視するような状況は認められない（谷澤2014）。半島系管玉に関しても，弥生時代後期後半の段階では，各地で個別に入手されていた可能性が指摘されている（大賀2010c）。以上をふまえれば，現状では，古墳時代前期前半の時間幅のなかで，翡翠製勾玉と半島系管玉のセットを重く価値づけ，配布することが開始されたといえる。

　また，分析結果からは，上半身に着装される翡翠製勾玉と半島系管玉のセットと対比されるものとして，胴部以下に配置される，山陰系勾玉，北陸西部系・山陰系の太型規格の管玉，ガ

ラス小玉を主体とするセットの存在を指摘することができた。このようなセット，特に，前期後半に新出する種類である山陰系勾玉と北陸西部系・山陰系の太型規格の管玉[6]で構成されるセットについては，いくつか議論すべき点が存在する。

　まず，前期後半における山陰系勾玉や山陰系／北陸西部系の太形規格の管玉の出現について，先行研究では，「第一義的には在地の需要に応えるもの」（大賀2013，p.158）と位置付けられ，近畿中枢というよりも，地方が主導して生じた現象として理解されている。しかし，分析結果から明らかになったように，これらの種類は胴部以下への配置という新たな副葬形態の出現と連動してほぼ同時に出現している。分析①で明確となった山陰系勾玉のサイズの大きさは，太型規格の管玉との組み合わせが意識されたものであるという理解も可能である。また，これらが主体となるセットは，近畿中枢やその周辺の主要な古墳で，翡翠製勾玉と半島系管玉の副葬に付加されるかたちで副葬されている。このことを重視すれば，むしろ，これらの種類の出現や流通過程への近畿中枢の関与の可能性も十分想定する必要があると考えられる。ただし，本稿で詳細なデータを示すことはできないが，山陰系勾玉や北陸西部系・山陰系の太型規格管玉の出現頻度は，確かに山陰や近畿北部で高いようであり，これらの玉類の流通関係の実態については，さらなる検討と議論を要する。

　次に，玉類以外の物財の検討に目を向けると，前期後半に新たに出現する種類の生産・流通に関与した主体を佐紀古墳群を築造した勢力，前期前半から生産・流通の継続する種類の生産・流通に関与した主体を大和古墳群を築造した勢力と考え，両勢力の競合的な関係を想定する見解がある（福永1998；都出1999；林2002など）。ここで，前期後半おける山陰系勾玉や北陸西部系・山陰系の太型規格の管玉の出現を，このような文脈で理解しうるかどうかが問題となろう。本稿での分析では，翡翠製勾玉と半島系管玉を主体とするセットと，前期後半に新出する種類を主体とするセットが共伴する事例の存在，そして，前者は上半身に着装され，後者は胴部以下に配置されるという使い分けの傾向が確認された。以上からは，前期後半に出現する種類については，胴部以下への配置という新たな使用方法と連動して出現したという理解が可能である。この場合，山陰系勾玉や太型規格の勾玉の出現の背景に，殊更に佐紀古墳群を築造した勢力の活動を想定する必要はない。むしろ，翡翠製勾玉と半島系管玉を主体とするセットと前期後半に新出する種類からなるセットの副葬位置の関係が逆転した事例が認められない点は，二勢力からの競合的な配布を想定した場合には説明が困難であるといえよう。

6　おわりに

　本稿は，古墳時代前期における玉類のヴァリエーションの整理と，その副葬状況の検討から，翡翠製勾玉と半島系管玉を主体とするセットがその他の玉類を主体に構成されるセットとは区別されて扱われていることを明らかにした。このことは，翡翠製勾玉と半島系管玉が，近畿中枢から配布されたものとする理解を，その空間的分布傾向とは別の側面から裏付けるものである。また，翡翠製勾玉と半島系管玉を主体とするセットに対比される，前期後半に新出する種

類で構成されるセットの副葬状況からは，生産の開始や流通過程に近畿中枢が関与している可能性を想定しつつも，前者の配布主体を大和古墳群の勢力，後者の配布主体を佐紀古墳群の勢力に想定するような理解は難しいことを指摘した。

ただし，本稿では，論点を古墳時代前期の翡翠製勾玉と半島系管玉の位置付けに絞ったため，前期後半に新出する種類についての詳細な検討や，弥生時代後期，古墳時代中期の状況との対比を十分に行うことができなかった。このような問題については稿を改めて議論を行いたい。

謝辞

科学としての考古学を教えて下さった田中良之先生に，感謝と哀悼の意を表します。先生からは，個々の玉類はパーツにすぎないということをずっとご指導頂いていました。ご指導を受け止めるのが遅れ，先生には，本稿の内容をごく初期の段階でしか聞いていただけなかったことを悔いています。

本稿の執筆にあたり，溝口孝司先生，岩永省三先生，宮本一夫先生，辻田淳一郎先生，田尻義了先生，舟橋京子先生をはじめとする九州大学の考古・人類学系の先生方からは懇切なご指導を，学生諸氏からは多くのご助力を頂きました。また，資料の調査では，多くの機関にご配慮を頂いています。特に分析②で主に取り上げた資料の実見にあたっては，下記の諸機関にお世話になりました。記してお礼申し上げます。

朝来市教育委員会，宇土市教育委員会，大分県立歴史博物館，南丹市文化博物館，広島県立歴史博物館

■註

1）例えば，東日本においては，瑪瑙製勾玉，水晶製勾玉に山陰系とは考え難いものが含まれることや（大賀2009），滑石製玉類の出現頻度が高いこと（大賀2008a）が指摘されている。本稿では，このような事象に関して十分議論を行うことができないため，捨象することとした。今後の検討課題としたい。
2）本稿の考察は，滑石製玉類の生産開始の契機や，流通様態の理解に関わる論点を含んでいる。しかし，「滑石製玉類」は複数系統から構成されており（大賀2008a），これについて十分な整理を行うことのできない本稿では，捨象することとした。
3）同時に，琥珀製勾玉が全体的な傾向としては山陰系勾玉とあまり近縁な種類でないことも示唆される。琥珀製勾玉に，わずかではあるが丁子頭となる個体が存在する点は，前期前半から既に出現している点とあわせて，むしろ翡翠製勾玉と共通している。
4）厳密には，山陰系の花仙山産碧玉製管玉は，弥生時代後期後半から古墳時代前期前半の太味のものより，プロポーションとしてはやや細長くなっている。
5）林（2003）のいう「非着装」と，内容はおおむね重複する。ただし，林（2003）では，被葬者身体の下半身に配置するものや，頭部周辺でも着装が想定されない事例の位置付けが明記されていないため完全に一致するかは不明である。
6）山陰系勾玉，太型規格の管玉，ガラス小玉を主体に構成されるセットのみが頭～頸やその周辺に配置さ

れたとみられる例は，上野１号墳のほかにも多数存在する。本稿は，このような構成のセットが翡翠製勾玉と半島系管玉主体で構成されるセットとどのような関係にあるかという議論を主眼としたため，このような事例は積極的に取り上げなかった。また，このような事例が，翡翠製勾玉や半島系管玉の分布の希薄な山陰や近畿北部で多くみられる点は注意すべきと考える。

7) 筆者は，これらの種類の生産開始と，関東における滑石製玉類の生産開始が「同型的」に把握できるという点は大賀（2008a, p.503）に同意する。しかし，本文中で述べるように，これらの現象を全て地方における自律的な要因で説明できるとは考えておらず，滑石製玉類の生産開始に関しても同様である。

■挿図出展

第１～５図：筆者作成，第６図：近藤編1991，第７図：櫃本編1972・阪口編2005に被葬者位置・玉類副葬位等を筆者で追記して作成，第８図：安田編2008・森編1990に被葬者位置・玉類副葬位等を筆者で追記して作成，第９図：筆者作成

第５図使用資料　1. 山陰系 ＜弥生後期～古墳前期前半＞：穴ヶ葉山32号墓（１単位，１点），桶田山10号箱式石棺墓（１単位，１点），汐井掛10号石棺墓（１単位，１点），汐井掛115号木棺墓（１単位，２点），汐井掛224号木棺墓（１単位，６点），徳永川ノ上８号墓（１単位，１点），徳永川ノ上13号墓（１単位，７点），徳永川ノ上20号墓（１単位，１点），高津尾16区南１号墓（１単位，１点），高津尾16区南24号墓（１単位，２点），長島７号石棺墓（１単位，２点），西ノ土居墳墓＊（１単位，１点），平塚川添３号甕棺墓（１単位，１点），平塚川添６号甕棺墓（１単位，１点），藤崎１号方形周溝墓第１主体（１単位，１点），三雲八龍１・２号土壙（２単位，６点），宮の前２号石棺墓（１単位，１点），良積２号石棺墓（１単位，１点），良積14号甕棺墓（１単位，１点），和田Ｂ区１号土壙墓＊（１単位，１点），中原SK12086土壙墓（１単位，１点），中原SP13230木棺墓（１単位，４点），里田原１号土壙墓（２単位，10点），中野ノ辻９号石棺墓（１単位，１点），桂見１号土壙墓（１単位，２点），宮内３号墓SX05（１単位，１点），湯坂１号墳丘墓SX4（１単位，２点），中出勝負峠８号墳第１主体＊（１単位，１点），鋳物師谷１号墓Ａ主体（１単位，10点），楯築墳丘墓（１単位，18点），辻山田10号土壙墓（２単位，２点），七つぐろ１号墳第１主体＊（１単位，１点），坂野丘墓第２主体②（２単位，12点）。＜**古墳前期後半**＞：六部山46号墳（２単位，５点），吉谷中馬場山12号墳（１単位，６点），金蔵山古墳南石室（１単位，14点）。2. 北陸西部系 ＜弥生後期～古墳前期前半＞：穴ヶ葉山23号墓（１単位，12点），椛島山箱式石棺墓（１単位，31点），蒲生32号墓（１単位，40点），蒲生37号墓（１単位，14点），狐塚南３号箱式石棺墓（１単位，33点），徳永川ノ上４号墓４号棺（１単位，29点），中原SP13232木棺墓（１単位，７点），里田原１号土壙墓（１単位，17点），湯坂１号墳丘墓SX4（１単位，25点），宮内第１遺跡３号墳丘墓SX05（１単位，25点），立坂墳丘墓（１単位，４点），大山周辺11主体（１単位，13点），大風呂南１号墓第１主体（２単位，267点），大風呂南１号墓第３主体（１単位，31点），大風呂南１号墓第４主体（１単位，54点），坂野丘墓第２主体（２単位，285点），芝ヶ原12号墓（２単位，156点）。＜**古墳前期後半**＞：金蔵山古墳南石室（１単位，19点），白水瓢塚古墳（１単位，20点），園部垣内古墳（１単位，103点），新沢500号墳（１単位，38点）。3. **半島系** ＜弥生後期～古墳前期前半＞：中原ST13415墳丘墓主体部（１単位，17点），中原SP13231木棺墓（２単位，10点），石鎚山１号墳（１単位，35点），鋳物師谷１号墓Ａ主体（１単位，21点），楯築墳丘墓（１単位，28点），園部黒田古墳（１単位，３点），赤尾熊ヶ谷２号墳第１主体（１単位，17点），芝ヶ原12号墓（１単位，30点）。＜**古墳前期後半**＞：鋤崎古墳第１主体（１単位，63点），向野田古墳（１単位，32点），免ヶ平古墳第１主体（１単位，29点），免ヶ平古墳第２主体（１単位，17点），老司古墳３号石室（１単位，47点），白水瓢塚古墳（１単位，28点），園部垣内古墳（１単位，17点），東大寺山古墳（３単位，37点），メスリ山古墳（２単位，54点）。

報告書掲載の計測値を用いたものと筆者計測のものが混在する。また，＊を付した資料は大賀（2005）掲

載の計測値を用いている。

■文献

Francis, P., 1990. Glass beads in Asia Part2. Indo-Pacific beads. Asian Perspectives, 29-1, 1-23.
福永伸哉, 1998. 古墳時代政治史の考古学的研究：国際的契機に着目して, 平成7-9年度科学研究費補助金（基盤研究C）研究成果報告書. 大阪大学文学部, 豊中.
藤直幹・井上薫・北野耕平, 1964. 河内における古墳の調査, 大阪, 大阪大学文学部国史研究室
橋本輝彦（編）, 2008. 赤尾熊ヶ谷古墳群, 桜井：財団法人桜井市文化財協会.
林正憲, 2002. 古墳時代前期倭製鏡における2つの鏡群. 考古学研究 49-2, 88-107.
林正憲, 2003. 滑石製玉類の出現とその意義. 史跡昼飯大塚古墳（大垣市教育委員会　編）, pp. 421-428. 大垣市教育委員会, 大垣.
林健亮・原田敏照,（編）2001. 上野遺跡・竹ノ崎遺跡：日本道路公団中国支社・島根県教育委員会.
廣瀬時習, 2002. 芝ヶ原12号墳と古墳成立期の玉副葬. 同志社大学歴史資料館館報, 第5号, 35-42.
廣瀬時習, 1996. 弥生・古墳期の玉の使用形態と意義―玉副葬の歴史的展開. 文化史学 52, 1-23.
櫃本誠一（編）, 1972. 城の山・池田古墳, 和田山：和田山町・和田山町教育委員会.
北條芳隆, 1990. 腕輪形石製品の成立. 待兼山論叢 24, 73-96.
伊藤雅文, 1989. 玉・石製品. 季刊考古学 28, 48-52.
伊藤雅文, 1991. 古墳出土玉類に関する一試考. 盾塚 鞍塚 珠金塚古墳（末永雅雄　編）, pp.335-371. 由良大和古代文化研究協会, 橿原.
伊藤雅文, 2008. 初期倭王権と玉. 王権と武器と信仰（菅谷文則　編）. pp. 52-65. 同成社, 東京.
今尾文昭, 1984. 古墳祭祀の画一性と非画一性. 橿原考古学研究所論集（橿原考古学研究所　編）, pp.111-166. 吉川弘文館, 東京.
鐘ヶ江一朗（編）, 2000. 安満宮山古墳, 高槻：高槻市埋蔵文化財調査センター.
河村好光, 1992. 攻玉技術の革新と出雲玉つくり. 島根考古学会誌 9, 15-30.
河村好光, 2004. 初期倭政権と玉つくり集団. 考古学研究 50-4, 55-75.
小林行雄, 1955. 古墳発生の歴史的意義. 史林 38-1.（小林行雄, 1961. 古墳時代の研究. pp.135-159. 青木書店, 東京. 所収）
小林行雄, 1956. 前期古墳の副葬品にあらわれた文化の二相. 京都大学文学部五十周年記念論集.（小林行雄, 1961. 古墳時代の研究. pp.161-190. 青木書店, 東京. 所収）
小林行雄, 1957. 小林 行雄 1957. 初期大和政権の勢力圏. 史林 40-4.（小林行雄, 1961. 古墳時代の研究. pp.191-223. 青木書店, 東京. 所収）
小林行雄・有光教一・森貞次郎, 1952. 福岡懸史蹟名勝天然記念物調査報告書, 福岡, 福岡県教育委員会.
小寺智津子, 2006. 弥生時代の副葬に見られる玉類の呪的使用とその背景. 死生学研究 2006秋, 453-486.
近藤義郎（編）, 1991. 権現山51号墳.『権現山51号墳』刊行会.
車崎正彦, 1993. 鼉龍鏡考. 翔古論聚：久保哲三先生追悼論文集（久保哲三先生追悼論文集刊行会　編）, pp. 130-163. 久保哲三先生追悼論文集刊行会, 保谷.
宮田浩之（編）, 1988. 津古生掛遺跡, 小郡：小郡市教育委員会.
森浩一（編）, 1990. 園部垣内古墳, 京都：同志社大学文学部文化学科.
中村大介（編）, 2008. 塩田北山東古墳発掘調査報告書, 神戸：神戸市教育委員会.
大賀克彦, 2001. 弥生時代における管玉の流通. 考古学雑誌 86-4, 321-362.
大賀克彦, 2002. 弥生・古墳時代の玉. 考古資料大観（北條芳隆・禰宜田佳男　編）, pp. 313-320. 小学館, 東京.

大賀克彦, 2003. 紀元3世紀のシナリオ. 風巻神山古墳群（古川登　編）, pp. 72-90. 清水町教育委員会, 清水.

大賀克彦, 2005. 弥生時代における山陰系玉類の流通. 玉文化2, 37-52.

大賀克彦, 2008a. 成塚向山1号墳出土の玉類. 成塚向山古墳群（深澤敦仁　編）, pp. 499-516. （財）群馬県埋蔵文化財調査事業団, 渋川.

大賀克彦, 2008b. 白水瓢塚古墳出土の玉類. 白水瓢塚古墳発掘調査報告書（安田滋　編）, pp. 199-210. 神戸市教育委員会, 神戸.

大賀克彦, 2009. 山陰系玉類の基礎的研究. 出雲玉作の特質に関する研究（深田浩　編）, pp. 9-62. 島根県古代文化センター・島根県埋蔵文化財調査センター, 松江.

大賀克彦, 2010a. 東大寺山古墳出土玉類の考古学的評価―半島系管玉の出土を中心に―. 東大寺山古墳の研究（金関恕・小木田治太郎・藤原郁代　編）, pp. 315-337. 東大寺山古墳研究会・天理大学・天理大学付属天理参考館, 天理.

大賀克彦, 2010b. 日本列島におけるガラスおよびガラス玉生産の成立と展開. 月刊文化財566, 27-35.

大賀克彦, 2010c. ルリを纏った貴人―連鎖なき遠距離交易と「首長」の誕生―. 小羽山墳墓群の研究（古川登　編）, pp. 231-254. 福井市郷土歴史博物館・小羽山墳墓群研究会, 福井.

大賀克彦, 2011. 玉（玉素材）の流通とその背景. 第60回埋蔵文化財研究集会　石材の流通とその背景―弥生～古墳時代を中心に―発表要旨集（第60回埋蔵文化財研究集会事務局　編）, pp.101-110. 第60回埋蔵文化財研究集会事務局, 高槻.

大賀克彦, 2012. 古墳時代前期における翡翠製丁字頭勾玉の出現とその歴史的意義. 古墳時代におけるヒスイ勾玉の生産と流通過程に関する研究, 平成21～23年度科学研究費補助金若手研究（B）研究成果報告書（研究代表者　高橋浩二）, pp.49-60. 冨山大学人文学部, 富山.

大賀克彦, 2013. 玉類. 副葬品の型式と編年（一瀬 和夫・福永 伸哉・北條 芳隆　編）, pp.147-159. 同成社, 東京.

大分県立宇佐風土記の丘歴史民俗資料館（編）, 1986. 免ヶ平古墳発掘報告書, 宇佐：大分県立宇佐風土記の丘歴史民俗資料館.

阪口英毅（編）, 2005. 紫金山古墳の研究―墳丘・副葬品の調査―, 平成14～16年度科学研究費補助金（基盤研究(B)(2)）研究成果報告書（研究代表者　上原真人）, 京都：京都大学大学院文学研究科.

笹川龍一（編）, 2003. 史跡有岡古墳群（野田院古墳）保存整備事業報告, 善通寺：善通寺市教育委員会.

下垣仁志, 2003. 古墳時代前期倭製鏡の流通. 古文化談叢50, 7-35.

末永雅雄・島田暁・森浩一（編）, 1954. 和泉黄金塚古墳, 東京：日本考古學協會.

高倉浩一（編）, 1981. 石鎚山古墳群, 広島：広島県教育委員会・（財）広島県埋蔵文化財センター.

玉城一枝, 1994. 古墳構築と玉使用の祭祀. 博古研究, 第8号, 12-34.

谷澤亜里, 2014. 弥生時代後期・終末期の勾玉からみた地域間関係とその変容. 考古学研究61(2), 65-84.

富樫卯三郎・平山修一・髙木恭二（編）, 1978. 向野田古墳, 宇土：宇土市教育委員会.

都出比呂志, 1999. 首長系譜変動パターン論序説. 古墳時代首長系譜変動パターンの比較研究, 平成8年度～平成10年度科学研究費補助金（基盤B・一般2）研究成果報告書（研究代表者　都出比呂志）. 大阪大学文学部, 豊中.

辻田淳一郎 2007. 鏡と初期ヤマト政権, すいれん舎.

和田晴吾, 1986. 金属器の生産と流通. 岩波講座日本考古学 pp. 263-303. 岩波書店, 東京.

安田滋（編）, 2008. 白水瓢塚古墳発掘調査報告書, 神戸：神戸市教育委員会.

用田政晴, 1980. 前期古墳の副葬品配置. 考古学研究 27(3), 37-54.

同型鏡群と倭製鏡
― 古墳時代中期後半における大型倭製鏡の製作とその意義 ―

九州大学人文科学研究院　辻田淳一郎

要旨

　本稿は，神奈川県日吉矢上古墳出土鏡群の検討を基礎として，古墳時代中期後半以降における倭製鏡生産と同型鏡群との関係について検討したものである。その結果，5世紀中葉〜後葉において同型鏡群の舶載を契機として前期的な鏡秩序の再興が目指され，その中で大型鏡生産や同一文様鏡の複製生産などが初期の試行錯誤の所産として行われたこと，「大型・中型の中国鏡としての同型鏡群」と「中・小型鏡を主体とする倭製鏡」の両者を差異化するという戦略が採用された結果，そうした大型鏡生産や同一文様鏡の製作技術が一過性のものとして定着しなかったこと，そして次に大型倭製鏡生産が試みられるのが6世紀初頭を前後する時期の隅田八幡神社人物画像鏡や交互式神獣鏡系などであったことなどについて論じた。

キーワード：古墳時代中期，同型鏡群，倭製鏡，大型鏡，製作技術

1　はじめに

　古墳時代の倭製鏡生産は，3・4世紀の前期を1つのピークとし，中期前半に系列の種類・生産面数が減少した後，中期後半に再度生産が活発化することがこれまで指摘されてきた（森下1991・2002）。その背景として，いわゆる倭の五王による対南朝遣使に伴い同型鏡群が舶載されたことを契機として，新たな系列が生み出されたことが想定されてきた（森下前掲）。
　前期において小型から超大型といった多様な大きさの鏡が生み出されたのに対し，中期以降の倭製鏡は中型・小型鏡を主体とする。特に中期後半以降は，大型鏡を主体とする同型鏡群に対して中・小型鏡主体の倭製鏡といった形での序列化が志向されたものと想定される（上野2004；辻田2012d）[1]。
　そうした中期以降に生産された倭製鏡の中には，いくつか面径19cmを超すような大型鏡の存在が知られている。例えば「火竟」銘を有する鏡群（森下1993，以下「火竟」銘鏡群と呼称する）[2]や交互式神獣鏡系（画文帯仏獣鏡系：森下1991・2002）の一部などが大型鏡に該当する。それらの大型倭製鏡の中で，特に本稿で注目したいのが，神奈川県日吉矢上古墳出土鏡群である（柴田・保坂1943：図1・2）。後述するように，この2面は，面径が20.6cmある大型鏡で

あり，古墳時代中期以降の倭製鏡としては最も大きな一群に属する。

本鏡群については，それとともにもう1つ，同大・同文という特徴があり，これまでも報告書などにおいて同一の「原型」によって製作された可能性もあるとして注目されてきた（柴田・保坂前掲）。魏晋鏡や南朝の同型鏡群をはじめとして，大陸では同型技法などによる同一文様鏡の大量生産が行われたと想定される一方で，列島の倭製鏡生産では「一鏡一鋳型」の製作が基本であり（e.g. 森下2002；徳田2005），中期以降の倭製鏡生産においてもこうした同一文様鏡の存在は極めて異例である。

また本鏡については，従来鼉龍鏡や倭製神獣鏡といった名称で呼ばれてきたが，乳を繞る5体の獣像がどのような鏡の文様に由来し，何を表現したものであるのか，それがどのような意義を持つのかといった点については不明な点が多い。

本稿では，以上のような問題意識の元，①日吉矢上鏡群の製作技術（同笵技法なのか同型技法なのか），②日吉矢上鏡群の文様の系譜，③中期以降の倭製鏡生産における本鏡群の意義（同型鏡群との関係や大型の同文倭製鏡製作の目的）などについて検討し，関連鏡群との比較を通して，古墳時代中期以降における大型鏡生産の意義について考えてみたい。

なお本稿では倭製鏡の変遷について，古墳時代前期・中期前半・中期後半以降の3段階として捉える森下章司氏の年代観（1991・2002）に基づき，「前期倭製鏡」「中期後半以降の倭製鏡」といった呼称を用いる。この場合の「前期」「中期後半」はいずれも古墳時代の前期・中期・後期を指し，中期と後期の境は須恵器編年のTK47型式とMT15型式の間に位置づける立場を採っている。具体的な実年代観については後述する。

2　古墳時代中期以降の倭製鏡生産に関する研究動向と本稿の課題

中期以降の鏡研究全般の研究動向については別途整理したことがあるためそちらを御参照いただきたいが（辻田2012c・2013など），ここでは特に倭製鏡生産と同型鏡群との関係に焦点を当てて検討を行う。

中期以降の倭製鏡については，隅田八幡神社人物画象鏡についての研究が早くから活発に行われてきたが，それ以外の多種多様な系列の分類と編年を体系的に整理したものとして，森下章司氏の一連の研究が挙げられる（森下1991・1993・2002）。氏の研究においては内区文様にもとづく系列の抽出と外区文様の型式学的変遷の相互の観点から分類・編年が行われ，中期前半に斜縁四獣鏡B系を主体とする一群の生産が行われた後，中期後半以降に旋回式獣像鏡系・乳脚文鏡系・内行花文髭文系・交互式神獣鏡系といった系列の生産が活発に行われるようになることが示されている（森下1991・2002）。特に旋回式獣像鏡系についてはモデルとして同型鏡群の画文帯対置式神獣鏡を，また交互式神獣鏡系について画文帯仏獣鏡などを想定するなど，中期後半以降の倭製鏡生産の活発化が同型鏡群の舶載を背景とすることを論じている。他方で乳脚文鏡系の祖型については前期の捩文鏡系の一部を想定している（森下1991・2002）。また「火竟」銘を有する一群の倭製鏡が氏のいう「変形鋸波鋸文」の外区を有することから，出

土古墳の時期と合わせて5世紀後半を中心とする時期に製作されたものであることを明らかにした（森下1993）。さらに本稿で検討する日吉矢上古墳出土鏡群については，後述するように「同向式神獣鏡B系」として位置づけている（森下2002）。

　上述の隅田八幡神社人物画象鏡については，従来前期の倭製鏡生産からの継承という観点から「癸未年」を443年と捉える見解が多かったが（e.g. 小林1962；田中1979），中期後半以降の同型鏡群（神人歌舞画象鏡）を主なモデルとしている点と，現在は交互式神獣鏡系との類似性などから503年説が有力視されている（車崎1993；森下1993；川西2004）。

　旋回式獣像鏡系は中期後半以降の中心的な系列の1つであることから，近年活発な検討が進められている。上野祥史氏は，旋回式獣像鏡系を特徴付けるS字形の体部で前肢と後肢に円環状の突起を表現する獣像の祖型について，画文帯対置式神獣鏡を挙げるとともに，獣像配置などの相違点から，旋回式獣像鏡系に先行する時期の斜縁四獣鏡B系などとの関係を想定し，中国鏡の要素を組み合わせて改変を加えることで生み出された可能性を指摘している（上野2012）。加藤一郎氏は，内区図像の細分と断面形態などから大きく4段階に編年した上で，その製作がTK23〜47型式期を中心とし，上限をTK208型式，下限をMT15型式として行われたことを論じている（加藤2014）。また加藤氏は，中期後半以降に製作されたと想定される静岡県宇洞ヶ谷横穴墓出土の交互式神獣鏡系倭製鏡について検討し，そこに三角縁神獣鏡に特有の傘松文様がみられることから，中期後半以降に三角縁神獣鏡がモデルとして参照された可能性があること，そしてそれらの前期の鏡が「王権」の下で長期保有されたこと，また前期の倭製鏡なども含めて中・後期の倭製鏡の製作にあたってそれらが参照された可能性があることを指摘している（加藤2015b）。前期の鏡の中央政権下での長期保有と中期以降におけるそれらの配布の可能性については，各地の古墳での副葬年代という観点からこれまでも想定されてきたが（e.g. 田中1993・2009；辻田2012b・2014b），加藤氏の指摘は倭製鏡の文様自体からそれを説明している点で注目される。

　以上のような研究動向の中で，中期後半の倭製鏡生産の活発化において同型鏡群の舶載をその契機とする点についてはほぼ共通理解となっている。他方で，そうした同型鏡群の列島への舶載時期の上限および中期後半の倭製鏡各系列の出現時期といった点については，5世紀中葉前後の大型古墳の発掘調査事例の少なさといった制約もあり，不明な点が多い（cf. 辻田2015a）。倭製鏡の生産に関する具体的な課題としては，交互式神獣鏡系や隅田八幡神社人物画象鏡など以外の系列について，どのような種類の同型鏡がどのように参照されたか，その選択がどのように行われたのかといった点が挙げられる。なお同型鏡群については従来列島産の可能性も議論されているが，筆者自身はこれまで同型鏡群の鈕孔製作技術および文様の系譜に関する検討を進めた結果として，同型鏡群が南朝産の中国鏡であるとする立場を採っている（cf. 川西2000；車崎編2002；岡村2011；森下2011；上野2013；辻田2013・2015b）。そうした観点でみた場合，以下で検討する日吉矢上古墳出土鏡は，森下氏により「同向式神獣鏡B系」として位置づけられている点，そして同一文様鏡が存在し，かつ大型鏡であるという点で，そ

れらが同型鏡群とどのような関係にあり，またどのような製作技術（e.g. 同范技法や同型技法）によって製作されているのかといった点を考える上でも重要な資料である。以下，具体的に検討を行い，その上で同時代資料の中での位置づけを通じて古墳時代中期後半における大型倭製鏡の生産とその背景について考えてみたい。

3　日吉矢上鏡群の分析

(1) 日吉矢上古墳の概要と出土鏡についての先行研究の見解

　日吉矢上古墳は神奈川県横浜市に所在する。慶應義塾大学日吉キャンパスの造成に伴い1936（昭和11）年に発見された径約25mの円墳であり，発掘調査が行われた結果，内部主体の粘土槨（床）から多数の玉類・竪櫛・玉類を巻いた鉄剣などとともに2面の銅鏡が出土した。1940（昭和15）年に国宝に指定，その後1953（昭和28）年に重要文化財に指定変更され，現在に至る。古墳の年代については後述するが，概ね5世紀中葉前後の年代が想定されてきている。

　出土した2面の鏡は文様が同一の鏡である点が注目され，内区主像から「倣製鏡」の可能性が想定されるとともに，「この二面の鏡は形状銅質並に文様の全く一致するのみならず，文様の細部に於ける條線・数量・長短・屈曲等に至るまで同様なるは，全く同一の原型に依って製作さるるにあらざれば到底求め難きものとて，同一の原型に依って製作されし者と認めらる」と報告されている（柴田・保坂1943：p.24）。また製作後にこの2面が同じ古墳に副葬されたことについて，「傳持の状態を察する上に興味少なからず」と注意を喚起している（柴田・保坂前掲）。保坂氏は後に，この報告時の記述が柴田氏の文章・添削を基礎としていること，また上記「同一の原型」については香取秀眞氏の教示によるもので，「一つの鋳型から二つ作ることができたかもしれない」という香取氏の認識とともに，「猶考えられることは，一つの雌型を起こして一つの完成品を作り，それを原型として，所要なだけ雌型を作り，その数だけの製品を得ることの方が考えられるとの教示であった」と記し，「上記原型とはこれら全般の意義をここにこめているのであって，決して今日言う同范の意味に限定するものではなかったと思う」と記している（保坂1986：p.64）。このように本鏡群については三角縁神獣鏡の同范・同型技法が今日的な意味で問題となる以前に同型技法の可能性も含めて議論されていた点で注目される。

　この2面についてはこうした同一文様鏡といった特徴が注意される一方で，倭製鏡生産においていわゆる「同范鏡」の事例が顕著でないことから，文様も含めて具体的な検討を行った研究は多くない。小林三郎氏は本鏡群を「倣製獣形文鏡類」の「五獣鏡」として分類している（小林1982）。池上悟氏は，鼉龍鏡の分類・編年を行う中でその変遷の最終段階V期・13段階に位置づけている。森下章司氏は，上述のように本鏡群について同向式神獣鏡B系の具体例として掲げ，交互式神獣鏡系などとともに「同型鏡群を模倣したことがはっきりわかるもの」として位置づけている（森下2002）。類例として，栃木県牛塚古墳出土鏡や三重県保子里1号墳

出土鏡などが挙げられており，内区主像の乳を繞る獣像5体，外区の鋸歯文といった共通性がみられる。また下垣仁志氏（2011）は本鏡群について「中期型神獣鏡」と位置づけている。

このように，本鏡群については前期倭製鏡以来の変遷やそれとの関係についても想定しつつ，同型鏡群を模倣・参照したものとする視点において検討が進められてきた。こうした先行研究を踏まえ，以下では，本鏡群について観察し，両鏡の製作技術と文様の系譜および年代観について検討する。

（2）日吉矢上鏡群の概要

本鏡群は，いずれも面径20.6cmの大型鏡である。1面は文様が鮮明で鋳上がりが良く，もう1面はやや文様が不鮮明で鏡背の一部に白色の粒子（粘土床の一部などか）が付着している。前者をA鏡，後者をB鏡とする（図1・2）。文様構成は共通しており，以下具体的に説明する。

内区は大きく5つの乳とそれを繞る5体の獣像により構成される。鈕区は，一段高くなった鈕座に先端が尖った葉文を15個配する。内区は全体を乳で5分割し，その間に小型の乳を5個配する。大型・小型の乳の配置はいずれも正確な5分割・10分割ではなく，間隔は不均等である。鈕孔はA鏡・B鏡のいずれも8mm×5mmの長方形で明瞭な角を持つ（B鏡の右側の鈕孔のみ上辺の角がやや丸くなる）。鈕孔方向をほぼ左右（時計の針で45分－15分）として全体を配置した場合，乳配置の五角形がほぼ正位置となり，また内区下部に魚状文様が配される形となる。本稿では仮にこの向きを本鏡の正位置として設定する。五角形の頂点にあたる獣像を起点とし，時計回りに獣像Aから獣像E，獣像Aの向かって左側に近接する乳文を小乳Aとし，以下時計回りに小乳Bから小乳Eと呼称する。獣像A〜Eはいずれも頭部が右向きで胴部表現を乳の周囲に反時計回りで続らせており，最後に端部が短く折り返す形である。頭部・胴部のいずれも1体ずつ異なっており，頭部は目が突線により2つ表現されるA・C・Eと横向きで目が珠点1個により表現されるB・Dという大きく2つに分けられる。胴部は二重突線で何区画かに区切られ，その間を胴部の向きに沿うように突線で充填する。小乳は特にA・B・Eでは3〜4方向に伸びる巴状表現を伴っている。小乳C付近は文様が不鮮明であるが，外側に直線的な枝状表現が配されている。小乳Dはやや左側にずれた位置に配され，その下部に魚状の表現が配される。

内区外周には内側斜面に外向鋸歯文を施した三角突起帯がめぐる。その外側に，1条の擬銘帯，そして3条の突線による複線波文帯が配される。内区と外区の間で明瞭な段差がみられず，複線波文帯の外側には2条の鋸歯文が施され，内側の鋸歯文が一回り小さい。最外周に匙面で素文の縁部がめぐる。A鏡については本体にみられる亀裂の関係から鏡面まで含めた断面図の作成を行っておらず，B鏡のみ全体の断面実測を行っている。外縁端部の厚さは概ね6mmで一部最大で7mmとなる。

図1　日吉矢上古墳出土五獣鏡（A鏡）

傷a　　　　　　　　　　　　　　　　　　　　傷b

同型鏡群と倭製鏡

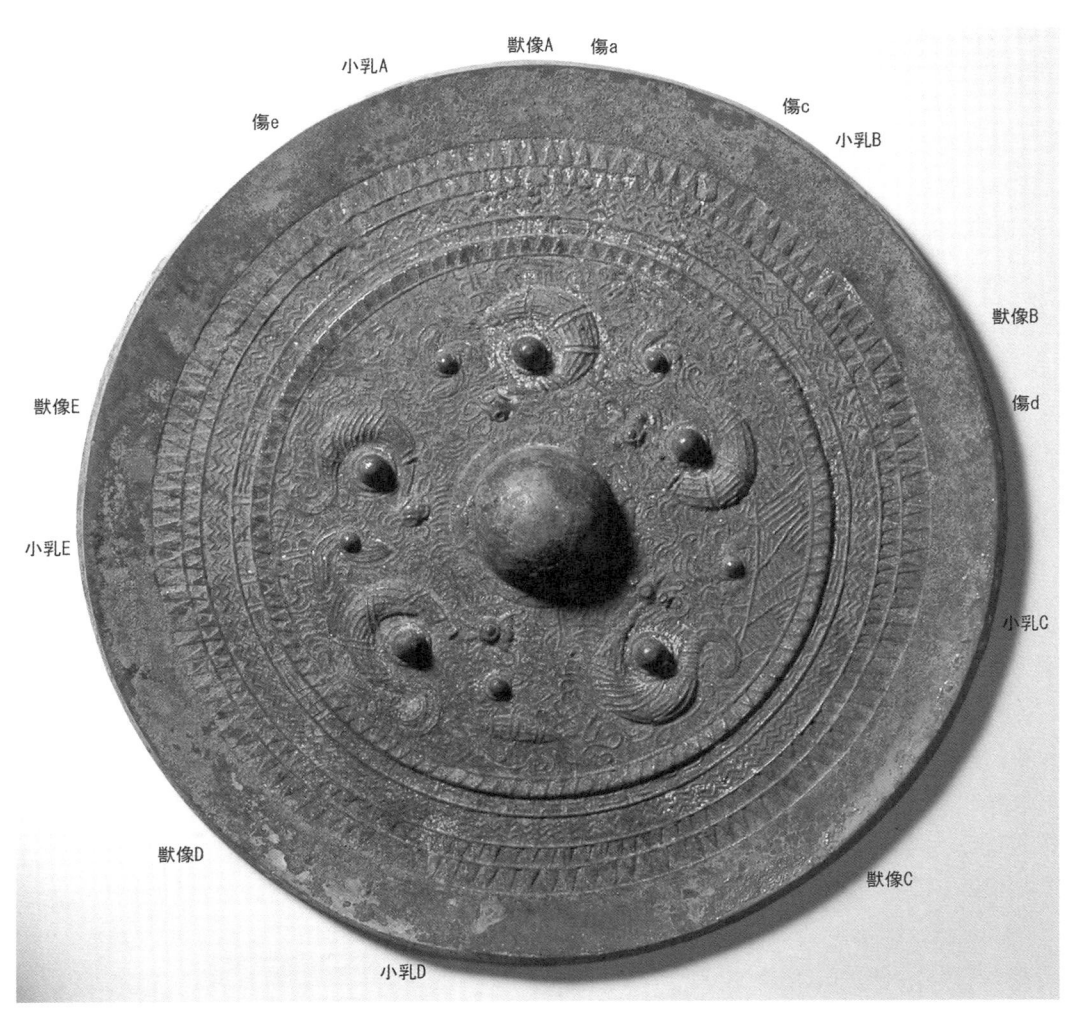

図2　日吉矢上古墳出土五獣鏡（B鏡）

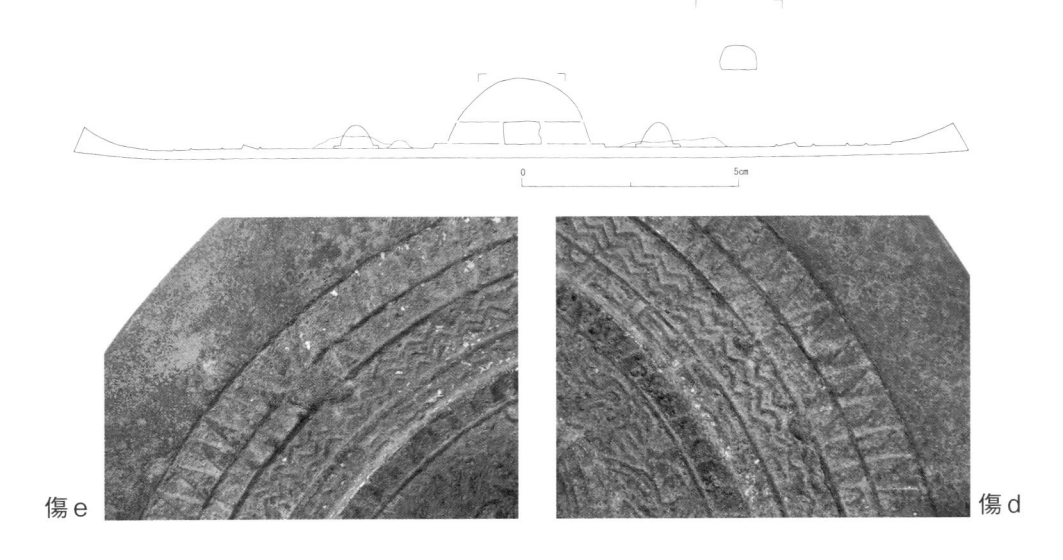

傷e

傷d

(3) 日吉矢上鏡群の製作技術

以上の観察を踏まえ，以下では日吉矢上鏡群の製作技術と文様の系譜について検討を行う。まず製作技術については，同一文様鏡という点において，大きく同笵技法と同型技法の可能性が想定される。この問題を考えるにあたり，面径・断面形態・鈕孔方向について検討する。

面径は，上述のようにいずれも20.6cmであり，概ねほぼ同大とみることができる。断面形態については，断面図を重ねたところ，内区・外区等の位置はほぼ一致するが，鈕の高さが1mmほど異なっている（図3）。また平面写真を重ねて検討したところ，文様の細部までほぼ一致し，その上で鈕孔方向もほぼ一致することを確認した。なお鈕孔付近の鈕座の葉文が維持されており，鈕座面を彫り込まずに中子を設置したか，設置した後に葉文を再度彫り込んだかのいずれかの可能性が考えられる。

以上のように，面径・断面形態・鈕孔方向の3点のいずれも概ね一致することが判明した。この点を元に考えれば，この2面の製作技法について以下のような可能性が想定できる。

・仮説1：同笵技法　2面の鏡を同じ鋳型で製作
・仮説2：同型技法　2面の鏡を同型技法により製作
　このうち仮説2については，大きく次の2つに区分できる
・仮説2-1：A・Bどちらかが原鏡であり，どちらかを踏み返した上でもう一方の鋳型を製作し，鋳造した
・仮説2-2：A・B以外に原鏡が存在しており，その原鏡をもとにA・Bの鋳型を製作し，鋳造した

これらの仮説のうち，断面形態がほぼ一致し，面径の収縮がみられないという点から，仮説2-1の可能性は低いとみられる。以上から，仮説1と仮説2-2の2つについて絞り込みが可能かどうか，川西宏幸氏（2004）の同型鏡群観察の方法を参照しつつ，鏡背の傷の観察を行った。その結果は次の通りである。

	【A鏡】	【B鏡】
・傷a：獣像Aの胴部上にみられる珠点状の傷	○	○
・傷b：獣像Bの胴部上にみられる珠点状の傷	○	×
・傷c：中心と小乳Bを結んだ延長上のやや上側よりの外区外側鋸歯文の剥落	×	○
・傷d：中心と獣像Bの乳を結んだ延長上の複線波文帯外側付近の剥落	×	○
・傷e：中心と小乳Aを結んだ延長上の外区内側鋸歯文付近の剥落	×	○

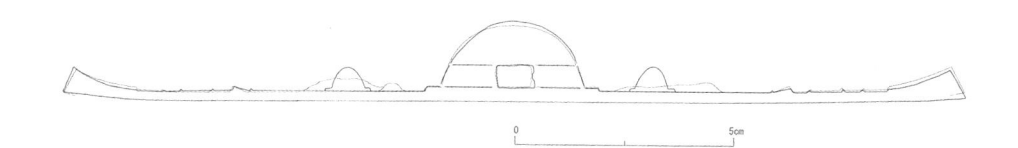

図3　日吉矢上古墳出土鏡群の断面比較

傷aはA鏡・B鏡の双方でみられるのに対し，それ以外にA鏡のみに看取される傷が1つ，B鏡にのみ看取される傷が3つ確認された。川西氏は同型鏡群にみられる傷について，停滞性の傷と一過性の傷を区別し，それぞれの識別を元に製作の順序や原鏡についての分析を行っている。この点からいえば，傷aは停滞性の傷であるとみることができる。それ以外については，現状でこの2面しか資料が存在しないため停滞性か一過性の傷かの判断は難しい。いずれにしても，この結果から想定されるのは，傷aをもつ原鏡を元にA・Bの2つの鋳型が製作され，それぞれに別の傷を有しているというものであり，上記の仮説2-2の可能性が考えられる。ただし現状でこの2面しか存在せず，A鏡のみに見出される傷が現状で少ない点から，厳密に同型技法と絞り込むことについては慎重にならざるを得ない。ここでは同型技法の可能性があることを指摘するにとどめておきたい。結論的には，報告において示されていた同型技法の想定（柴田・保坂1943：p.24）を支持するものとなった。

　倭製鏡は上述のように「一鏡一鋳型」が基本原則であるが，前期の倭製鏡で奈良県衛門戸丸塚古墳出土内行花文鏡6面が面径がほぼ同じで同型技法によって製作された可能性が指摘されている（徳田2005）。これについても倭製鏡の製作技法としては定着しなかったという点で，中期の日吉矢上鏡群との関係を想定することは困難であるが，同型技法自体は技術的には前期以来可能であったことを示している。これら以外にも前期・中期の倭製鏡において同一文様鏡の存在が指摘されているが（加藤2014・2015a），いずれも単発的なもので，ある特定の系列の大量生産を目的として行われたとみることは難しい。また日吉矢上鏡群は鈕孔形態が「火鏡」銘鏡群をはじめとした中期の倭製鏡全般で一般的にみられる大きめの長方形であり，同型鏡群の楕円形中子・半円形鈕孔（辻田2013）とは大きく異なることから，少なくとも鈕孔製作技術という点で，日吉矢上鏡群と同型鏡群は別の製作系統に属するものと考えられる。

　以上から，日吉矢上鏡群については，いわゆる同型技法によって製作された可能性があることを確認し，本鏡群の製作に際し同一文様鏡を複製する製作技術が採用されたことの意義については後にあらためて検討したい。

（4）日吉矢上鏡群の文様の系譜

　次に，日吉矢上鏡群にみられる各単位文様の系譜について検討する。

【内区主像の配置】

　五獣鏡という5分割の主像配置は，画文帯同向式神獣鏡をはじめとした中国鏡では殆どみられないものであり，倭製鏡独自のものといえる。前期倭製鏡では4・8分割もしくは6分割が主流であり，5分割の獣像鏡は少数派に属するが，中期後半の特に旋回式獣像鏡系では五獣鏡配置が卓越しており，日吉矢上鏡群も旋回式獣像鏡系をはじめとした同時期の倭製鏡との関連において位置づけられる。すなわち，この5分割の獣像配置という点は，中期後半以降における倭製鏡の特徴の1つとして理解することができる。

【鈕座】

　鈕座に配された15個の葉状文は，中国鏡・倭製鏡ともに殆ど類例がみられないものである。倭製鏡では，鋸歯文状の文様を配したものとして石川県雨の宮1号墳出土神獣鏡が挙げられるが，本例の葉状文とは大きく異なっている。同型鏡群の中に類似した事例を見出すとすれば，画文帯同向式神獣鏡などではなく，神人歌舞画象鏡の鈕座にみられる浮彫の半円文が挙げられる。この「小円弧の連なり」については，天の中心を示す蓮の花の表現とする説がある（林1989）。日吉矢上鏡群の場合は先端が尖った葉状文であるという点に違いがあり，直接の模倣対象であるかは確定できない。現状では可能性の1つとして挙げるにとどめておきたい。

【内区主像の胴部】

　乳を繞る胴部表現という点では，同型鏡群の画文帯同向式神獣鏡B・C（図4-1）や画文帯仏獣鏡A・B（図4-2）など[3]，樋口隆康氏（1979）の分類でいう「画文帯同向式神獣鏡B型」の配置を採る一群や，前期の鼉龍鏡系倭製鏡などにほぼ限定される。日吉矢上鏡群では突線による分割線とその間の連結という特徴がある。爪を持った四肢などが省略されており，こうした点は前期の鼉龍鏡系などに顕著であるが，珠文による鱗状表現の欠落と突線による分割・連結という点で，鼉龍鏡系以外では伝大阪・河内の獣像鏡などが類似する（図4-3）。モデルを限定するには至らないが，同型鏡群の獣像表現を参照した場合も含め，前期以来の伝統的な表現形態の範疇で理解できよう。

【主像の頭部】

　先にも述べたように，日吉矢上鏡群の獣像頭部は，目が突線により2つ表現されるA・C・Eと横向きで目が珠点1個により表現されるB・Dという大きく2つに分けることができる。例えば画文帯同向式神獣鏡Cなどでも，正面・横向き・斜め上からなどそれぞれの獣頭の向きが別の形で表現されており，これらが直接参照された可能性は高い。他方で，他にも獣像Dの頭部のように，珠点1つで横向きの目を大きく表現したものとして，前期の画象鏡系倭製鏡などに系譜が求められる可能性もある（例：滋賀県新開古墳出土鏡：図4-4）。

【主像間小乳の巴状文】

　小乳の周囲に巴状文を配する事例として，大阪府狐塚古墳出土獣像鏡や鼉龍鏡系・捩文鏡（獣毛文鏡系）の房状表現などが挙げられる。また元来こうした文様が乳座の四葉文などに由来するとすれば，画象鏡を模倣した上記の新開古墳出土鏡にみえるものが非常に近い（図4-4）。新開古墳出土鏡は獣像の頭部表現を考える上でも重要な事例である。

【主像間単位文様】

　①小乳Cの右側の枝状表現：「枝状」の表現という点では，例えば奈良県佐味田宝塚古墳出土のいわゆる家屋文鏡の樹状表現が挙げられる。あるいは内区の空間を交差状に組み合わせた直線で充填した結果として，複合鋸歯文状に描かれたものとみることも可能である。本事例と全く同じというわけではないが，不規則な突線表現によって主像の隙間を充填するのは先に挙げた「火竟」銘鏡群などに顕著に認められる特徴であり（図5-1），上記のいずれの可能性も

想定される。

②小乳D下の横長の魚状表現：「魚状」と表現したが，これは左端に2方向，右端で4方向に突線が刻まれており，左側を口，右側を尾と見立てた場合であり，祖型が魚文であるとは限らない。「横長の」という点では，画文帯同向式神獣鏡Cの正面下部の黄帝の下に玄武が表現されているが，この亀状表現を引き写して魚状に描出したという可能性も想定される。また，左端の2本の突線を嘴とみれば鳥文なども候補に挙がり，上記の家屋文鏡の建物上に描かれた鳥文なども近似した例といえようか。

【擬銘帯】

縦長の2本の突線の繰り返しを基調とするという点では，前期後半以降に広くみられる倭製鏡の擬銘帯を直接の模倣対象とした可能性が高い（例：滋賀県天王山古墳出土画象鏡系）。

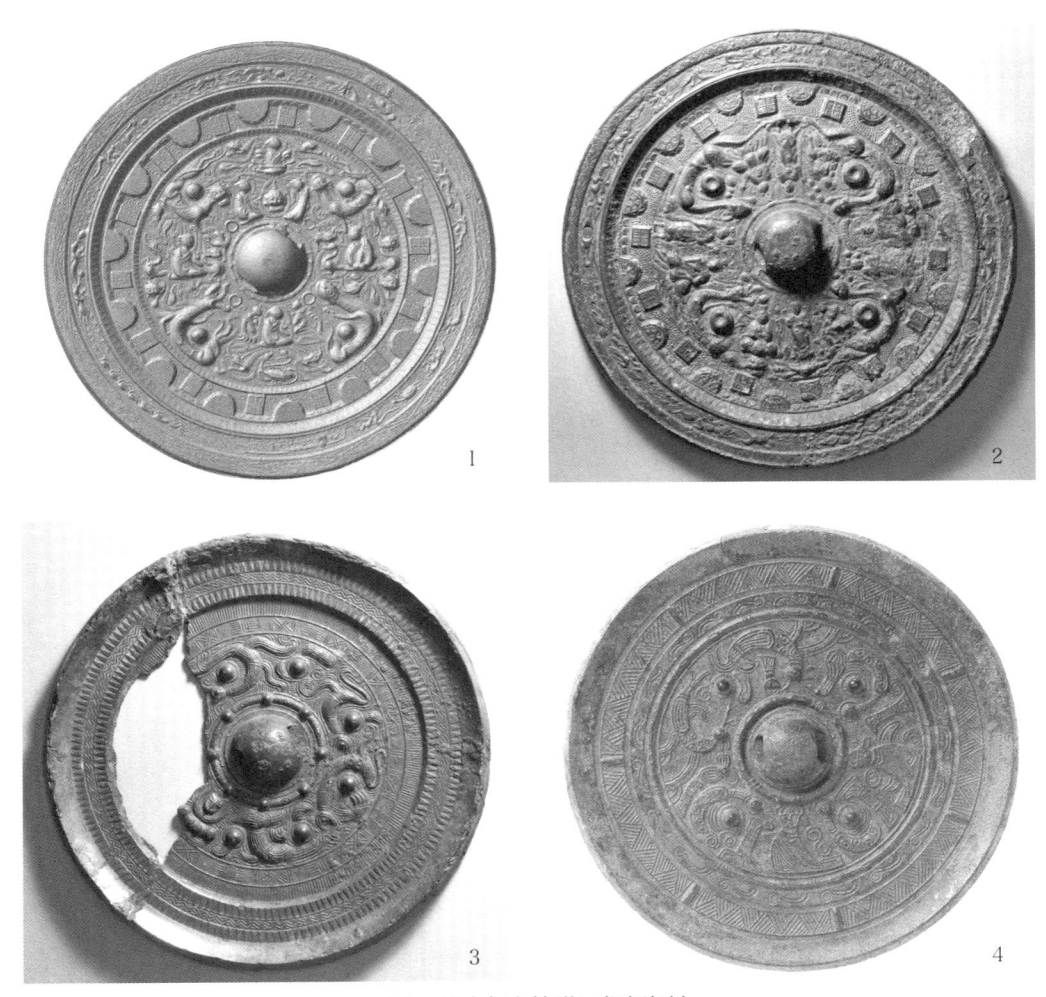

図4　日吉矢上鏡群の参考資料

1：画文帯同向式神獣鏡C（奈良県新沢109古墳出土，20.9cm），2：画文帯仏獣鏡A（千葉県鶴巻塚古墳出土，22.0cm）
3：獣像鏡（伝大阪府河内出土，五島美術館M209，16.5cm），4：画像鏡系（滋賀県新開古墳出土，19.5cm）

【外区】
　内側から擬銘帯・3重の突線による複線波文帯，小ぶりの鋸歯文，大型の鋸歯文が配される。この配置は森下氏の外区文様分類でいう「鋸鋸波文」であり，氏は「火竟」銘鏡群などにみられる「変形鋸波鋸文」からの型式変化の結果生み出されたものとして，「変形鋸波鋸文」→「鋸鋸波文」とする変遷観を示している（森下1991・1993）。幅広の3重突線という点では，鋸鋸波文の中でもやや古相を示すとみられる。

　以上の検討結果を要約するならば，全体として5分割配置を採りながら，乳を繞る獣像を配置した鏡であるが，同型鏡群に由来する可能性がある主像表現や鈕座など以外に，主像間単位文様（小乳の巴状文）や擬銘帯など，前期倭製鏡に系譜を辿ることができる要素なども多く見受けられた。暫定的な結論として，基本的には主像の頭部表現や全体の配置などから同型鏡群の画文帯同向式神獣鏡B・Cや画文帯仏獣鏡A・Bなど，樋口隆康氏分類（1979）でいう画文帯同向式神獣鏡B型の配置を採る一群や鼉龍鏡系などの前期倭製鏡の獣像表現が参照された可能性を想定するとともに，それ以外の単位文様の一部において併せて前期倭製鏡などが参照され，それらが複合された可能性を考えておきたい。

（5）日吉矢上鏡群の製作年代と系譜

　以上の検討結果に基づき，日吉矢上鏡群の製作年代について検討する。特に外区文様について，先の森下氏の変遷観に従うならば，変形鋸波鋸文を採用した「火竟」銘鏡群や熊本県鞍掛塚古墳出土鏡（図5-3）などにやや後出し，鋸鋸波文が旋回式獣像鏡系の初期段階の製品で多くみられることから（森下1991），旋回式獣像鏡系が出現した当初にほぼ併行する時期に製作年代を想定することができよう。森下氏は「火竟」銘鏡群の年代について5世紀後半の年代を想定し（森下1993），加藤氏は旋回式獣像鏡系の出現について，TK23型式以降を主体と捉えつつ，上限としてTK208～23型式の時期を想定している（加藤2014）。日吉矢上古墳についてはこれまで5世紀中葉前後の年代が想定されてきたが，副葬された碧玉製管玉の中に，TK23型式以降に顕著にみられるようになるいわゆる花仙山産の片面穿孔による大型管玉（大賀2005）が含まれないといった点から，それらが普及する以前の玉類のセットである可能性が想定され[4]，2面の鏡の推定製作年代とも概ね一致する。以上から，日吉矢上鏡群はTK208～TK23型式期前後に製作され，それほど時間をおかずに副葬されたものと想定することができよう。以下，ここまでの検討を踏まえ若干の考察を行う。

4　考察

（1）古墳時代中期後半における大型倭製鏡と日吉矢上鏡群

　以上にみた日吉矢上鏡群とその位置づけを考える上で，中期後半にみられる19cm以上の大型倭製鏡を挙げれば次のようなものがある（ただし後述する交互式神獣鏡系は除く）。

1)「火竟」銘鏡群　　　　　　　　　　19.7～20.2cm
2）郡川西塚古墳出土獣像鏡　　　　　　20.6cm
3）鞍掛塚古墳出土鏡　　　　　　　　　20.5cm　　　変形鋸波鋸文　↑
4）日吉矢上鏡群　　　　　　　　　　　20.6cm　　　鋸鋸波文　　　↓
5）旋回式獣像鏡の鈴鏡（伝群馬大泉町小泉）　19.5cm

　1）～3）までは変形鋸波鋸文を持つ点が共通しており，日吉矢上鏡群や旋回式獣像鏡系では鋸歯文が1条追加され鋸鋸波文となることから，概ねここで挙げた【1）～3）】→【4）・5）】といった変遷を辿ったものと想定される。

　現状では中期以降の倭製鏡においては25cm以上の超大型鏡が知られておらず，21cm前後の鏡が最大である。これらの大型倭製鏡は数も少ないため，中期後半の倭製鏡全体としては異例の存在ということになる。郡川西塚鏡（図5-2）や「火竟」銘鏡群（図5-1）では大型の乳により区画した上で大型の獣像を配する。獣像の表現からは同型鏡群の画文帯対置式神獣鏡や倭製鏡の斜縁四獣鏡B系などが参照された可能性が高い。郡川西塚鏡では，中期後半以降の倭製鏡では珍しく，前期倭製鏡に広くみられる，鼉龍鏡系に由来する頭部表現を描いている点で特徴的である。鞍掛塚古墳出土鏡（図5-3）では8区画の乳配置と突線による充填がなされている。大型の4乳配置とその間に単位文様（ここでは小乳を2つずつ）を配置するあり方は，構図からみれば画文帯同向式神獣鏡Cや画文帯仏獣鏡Bなどと共通したものであり，その上で神像・獣像などを省略して乳文・突線文により表現したといった可能性もある。

　これに対して先にみた日吉矢上鏡群では最外周にさらに鋸歯文が1条追加され鋸鋸波文となり，全体として5体の乳を繞る獣像を主体として「火竟」銘鏡群などとは異なる五獣鏡として製作されている。日吉矢上鏡群では例えば画文帯同向式神獣鏡Cの主像などについてのみ参照し，全体を五獣鏡として創出したといった可能性も想定される。5）の伝群馬県大泉町鏡（図5-4）は大型鏡に十鈴が付された稀少な資料であるが，獣像に明瞭な頭部が表現され，小像を伴うもので，旋回式獣像鏡系の中でも比較的古相に位置づけられる資料である。現状で19cm以上の鈴鏡は本鏡などの事例に限定され，基本的に中型・小型鏡として製作されている。

　なおこれらの中期後半の初期のものでは乳による区画が行われるが，配置が不均等で前期の幾何学的な文様配置が継承された形跡は認めがたい。これ以降，特に旋回式獣像鏡系などにおいては乳配置自体が積極的には用いられなくなる。

　このように，日吉矢上鏡群は，変形鋸波鋸文から鋸鋸波文へという変遷（森下1991）において，鋸鋸波文の初期に位置づけられるものである。それと同時に重要であるのは，これらの大型倭製鏡の製作時期が，中期後半の倭製鏡生産の初期に位置づけられるという点である。これ以後に大量生産された旋回式獣像鏡系や乳脚文鏡系はそれぞれ中・小型，小型鏡を主体としている。これらの系列では，先の十鈴を付した旋回式獣像鏡系などを除けば大型鏡は殆ど製作されていない。また珠文鏡も小型鏡の系列として一貫して製作されている（岩本2012・2014）。

中期後半以降の大型倭製鏡としては，これら以外に503年製作の可能性が高い隅田八幡神社人物画像鏡（19.9cm），そして奈良県平林古墳出土鏡（21.5cm：図5-5）や福岡県寿命王塚古墳出土鏡（21.1cm）などをはじめとする交互式神獣鏡系の一部が挙げられ，その年代的位置づけが重要な問題となる。交互式神獣鏡系は，大型鏡以外に中・小型鏡も製作されており，同一系列において複数のサイズ・カテゴリーが生み出されている点が他の系列と大きく異なる特徴として挙げられる。これらは従来，「火竟」銘鏡群や旋回式獣像鏡系などより製作年代が一段階新しいことが想定されており（森下1991），先述のように森下氏は「火竟」銘鏡群を5世紀後半のTK23型式前後と捉え，隅田八幡神社人物画象鏡の503年との間に時期差を想定している（森下1993）。川西宏幸氏も，同型鏡群の一部が5世紀末〜6世紀初頭まで中央政権下で保管された後，これらの倭製鏡製作にあたってモデルとして利用された可能性を指摘している（川西2004）。隅田八幡神社人物画象鏡とこれらの交互式神獣鏡系との間には文様における共通性が高いことが指摘されており（車崎1993；福永2005），福永伸哉氏は出土古墳の年代から6世紀初頭以降の製作と想定している。一方，加藤一郎氏は，京都府トヅカ古墳出土鏡（旋回式獣像鏡系の主文に交互式神獣鏡系と共通の外区を採用したもの：図5-6）や文様の共通性がみられる資料が，氏の旋回式獣像鏡系編年の第Ⅱ〜第Ⅲ段階（TK23併行）に位置づけられることから，それらと共通する単位文様を持つ隅田八幡神社人物画象鏡の紀年銘にもとづき「TK23型式段階≒癸未年≒503年」と捉え，旋回式獣像鏡系と交互式神獣鏡系の出現時期にあまり大きな隔たりがない可能性を指摘している（加藤2014）。

交互式神獣鏡系の出現年代および位置づけについては稿を改めて論じたいが，トヅカ古墳出土鏡については，主像表現が他の旋回式獣像鏡系の古相よりも一回り大きくやや誇張して彫り込まれている点および外区文様の違い（交互式神獣鏡との共通性）という点からみて，例えば旋回式獣像鏡系の古相の鏡をモデルとして，新しい時期に製作された倣古の鏡である可能性も想定される。筆者は，大阪府高井田山古墳の横穴式石室の系譜と須恵器（TK23型式新相〜47型式古相）にもとづき，TK23型式を470〜490年頃，TK47型式を490〜510年頃とする安村俊史氏（1996）の年代観を参考としつつ，TK216〜TK208型式を5世紀中葉，TK23〜47型式を5世紀後葉〜末，MT15〜TK10型式を6世紀前葉〜中葉とする年代観を採っている。この年代観は，埼玉県稲荷山古墳礫槨出土鉄剣銘の辛亥年（471年）からTK47型式の年代を5世紀代の中に求める白石太一郎氏の年代観（1997）とも概ね重なっている。その上で筆者は，旋回式獣像鏡系の成立をTK208〜TK23型式段階とみた場合に，旋回式獣像鏡系成立年代と503年時点とは実年代において一定の時間差が存在するという観点から，旋回式獣像鏡系の古相（および先に検討した大型鏡の一群）と交互式神獣鏡系・隅田八幡神社人物画象鏡の製作年代との間には少なくとも四半世紀程度の時期差が存在する可能性を想定する。この場合，中期後半以降においては大型倭製鏡生産の画期が2回存在したと理解することができ，日吉矢上鏡群をはじめとする上記の大型鏡群は最初の画期，すなわち中期後半以降における倭製鏡生産の開始期において生み出されたものと考えられる。

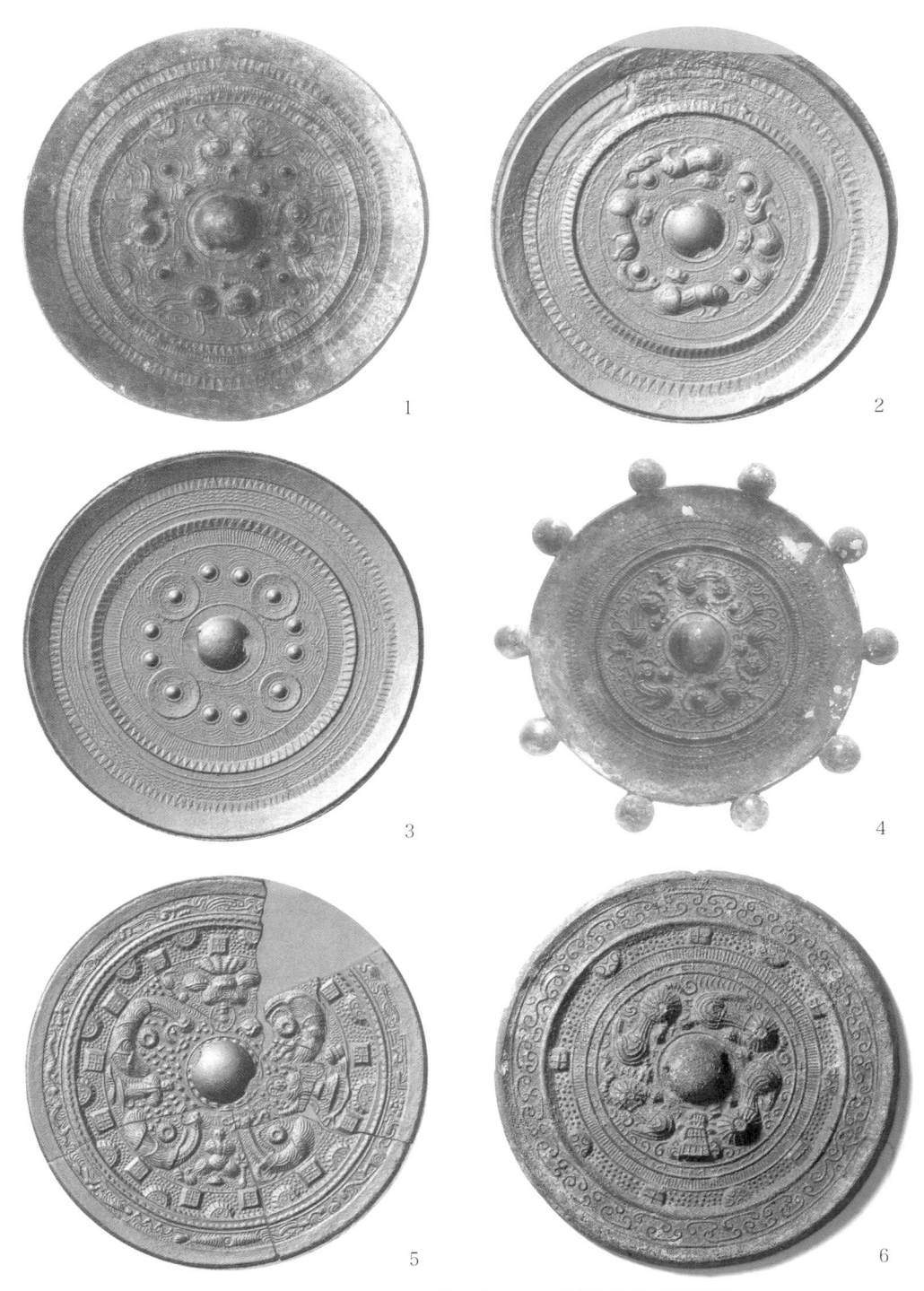

図5　古墳時代中期後半以降における大型倭製鏡と関連資料
1：「夫火竟」銘鏡（京都府幡枝1号墳出土，20.2cm），2：獣像鏡（大阪府郡川西塚古墳出土，20.6cm）
3：乳文鏡（熊本県鞍掛塚古墳出土，20.5cm），4：旋回式獣像鏡系（伝群馬県大泉町出土，19.5cm）
5：交互式神獣鏡系（奈良県平林古墳出土，21.6cm），6：旋回式獣像鏡系（京都府トヅカ古墳出土，16.2cm）

（2）古墳時代中期後半における同型鏡群と倭製鏡との関係

　その上であらためて日吉矢上鏡群の同一文様鏡という特徴について考えてみたい。すなわち何故倭製鏡生産でイレギュラーな同一文様鏡の複製が行われたのか，そして何故そうした複製がこれ以降継続的に行われなかったのかという点である。これについては，同型鏡群と同じように同一文様鏡を同型技法などによって大量生産することも技術的には可能であったとみられるが，同型技法は一時的な採用にとどまり，以後そうした選択肢を基本的には採用せずに「一鏡一鋳型」による生産にこだわったところが倭製鏡生産の特徴といえる。この点において，日吉矢上鏡群における同一文様鏡の生産は，5世紀中葉〜後葉に倭製鏡生産が再び活発化する時期において，いわば初現期の試行錯誤段階の所産とみることができるのではないかと考える。いわゆる「火鏡」銘倭製鏡についても，年代的にほぼ併行もしくは若干先行する大型鏡であり，この試行錯誤段階の所産とみることができることから，鏡における初期の文字使用についてもそうした脈絡で理解できる可能性があろう。そしてそれらと千葉県稲荷台1号墳出土の「王賜」銘鉄剣の成立がいずれもTK208〜23型式前後の所産として共通する点で，この時期は重要な画期とみられる。

　もう1つの問題は，大型鏡の大量生産が行われなかったという点である。ここで挙げた変形鋸波鋸文や鋸鋸波文鏡の初期の一群にみられる大型鏡が大量生産されず，中・小型鏡主体の生産となったのも，基本的には上述の試行錯誤といった観点で説明ができるが，あわせて問題となるのは，何故この段階では「大型鏡」の製作が試みられたか，という点である。大型鏡の製作が試みられた理由としてまず考えられるのは，大型鏡を主体とする同型鏡群の舶載に伴い，速やかにそれに比肩するような大型の鏡を倭製鏡という形で創出し，同型鏡群と組み合わせて各地の上位層に贈与する戦略が構想されたといった可能性である。それはまさに当初は前期的な鏡秩序（辻田2007・2012d）の再興を目指したものであった可能性は高い。さらにいえば，同型鏡群の舶載自体が前期的鏡秩序の再興を目指して行われたものである可能性が高い。日吉矢上鏡群などにおいて，前期以来の倭製鏡の単位文様を参照した形跡が認められる点，また前期倭製鏡と同様に，複数の鏡種や単位文様の複合・置換により全体として「中国鏡には存在しない文様構成を創作」しようとする姿勢（辻田2007）が看取できる点は，前期以来の倭製鏡生産の伝統とその再興をつよく意識したものであるとも考えられる。前期以来の鏡の一部が中央政権下で保管・継承されていたとする見解（cf. 加藤2015b；辻田2014）は，こうしたあり方とも整合的である。ただし先に述べたように，中期後半以降の倭製鏡において，前期以来の鼉龍鏡系に由来する獣頭表現が稀である点からすれば，前期の鏡とも異なる新しい鏡種を生み出すという気風の中で製作されたものであり，この意味で日吉矢上鏡群を鼉龍鏡系の延長上で捉えることは妥当ではなく，中期後半に新たに創出された製品である点に本鏡群の意義が見出されよう。

　その一方で，その後の展開で前期と異なっているのは，前期後半になると大型・超大型倭製鏡が序列の最上位に位置づけられるようになっていったのに対し，中期後半においては一貫し

て大型の同型鏡群が上位に位置づけられ続けていたという点である（辻田2007・2012d）。この点にもとづくならば，初期の試行錯誤段階として大型倭製鏡の製作が試みられたが，「大型鏡」については南朝から舶載された同型鏡群に限定することによってその価値の高さを維持し，中小型の倭製鏡との差異化を図るという戦略が採用された結果，倭製鏡の生産としては非常に短期間で大型鏡の製作が終了し，中・小型鏡の生産へと特化することになったものと考えることができる。同型鏡群では例えば画文帯同向式神獣鏡Cが約21cmであり，これを超す大きさのものが倭製鏡としては製作されていない可能性もある。別稿でも触れたように，この画文帯同向式神獣鏡Cは同型鏡が28面知られている最多の一群であり，同型鏡群全体の中で同種・同大という点で前期の三角縁神獣鏡のような意味を付与されたものである可能性がある（辻田2013）。そうした点においては，倭製鏡生産の復興にあたって同型鏡群が与えた影響は，一部の鏡種やそれらの単位文様が新たな倭製鏡創出に当たってのモデルとして参照されたという点のみならず，【大型主体の中国鏡】⇔【中・小型主体の倭製鏡】といった新たな秩序（上野2004；辻田2012a・2012d）を生み出す基礎となったという点であろう[5]。

　筆者は，同型鏡群の列島での拡散について，大きく3段階の変遷として捉えている（辻田2014a・2015）。すなわち，1段階：5世紀中葉（ON46～TK208），2段階：5世紀後葉～末（TK23～47），3段階：6世紀前葉～中葉（MT15～TK10）である。上記の倭製鏡の変遷については，それと併せて考えるならば，上記の大型鏡の製作が1段階～2段階の初期にかけて（TK208～TK23型式前後），旋回式獣像鏡系や乳脚文鏡系などの中・小型鏡生産が2段階を主体としつつ，交互式神獣鏡系の製作が503年を前後する時期という点で概ね2段階末～3段階に併行する時期の所産として位置づけることができよう。

　大型鏡が製作されたもう1つの系列としての交互式神獣鏡系について，ここでは上述の観点から予察として述べておきたい。上述のように，同型鏡群では面径21cmよりも大きなものの中で最大のものが画文帯仏獣鏡B（23.6cm）であり，外区を拡大した極大鏡の存在（例：千葉県祇園大塚山古墳出土鏡：30.4cm）からも同型鏡群の中で最上位に格付けされていたとみられる。その点からすれば，上記の1～2段階においては画文帯仏獣鏡の位置づけに匹敵するものは倭製鏡としては作られなかった可能性が高い。ところがその後，5世紀末～6世紀初頭前後に，同型鏡群のストックが少なくなった段階で，それ故に他ならぬ最上位鏡であった画文帯仏獣鏡Bを主なモデルとした大型倭製鏡を製作し，5世紀後半代の画文帯仏獣鏡Bを最上位とする鏡秩序の継承と再度の活性化を図ったものと考えることができる。先にも述べたように，交互式神獣鏡系は大型鏡のみならず，中・小型鏡も製作されている点で他の系列とは性格が異なっており，その製作年代と意義・背景の詳細については稿を改めて論じたい。

　以上の検討の結果として，古墳時代中期後半以降における大型倭製鏡生産の画期は2回存在することが指摘でき，1つは「火竟」銘鏡群や日吉矢上鏡群にみられるような，TK208～TK23型式前後の前期的鏡秩序復興期の試行錯誤段階，そしてもう1つが交互式神獣鏡系の創出でおそらく6世紀初頭を前後する段階の所産として位置づけておきたい。

5　結語

　以上，日吉矢上鏡群の検討を基礎として，古墳時代中期後半以降における倭製鏡生産と同型鏡群との関係について論じてきた。その結果，5世紀中葉〜後葉において同型鏡群の舶載を契機として前期的な鏡秩序の再興が目指され，その中で大型鏡生産や同一文様鏡の複製生産などが初期の試行錯誤の所産として行われたが，「大型・中型の中国鏡としての同型鏡群」と「中・小型鏡を主体とする倭製鏡」の両者を差異化するという戦略が採用された結果，そうした大型鏡生産や同一文様鏡の製作技術が一過性のものとして定着しなかったこと，そして次に大型倭製鏡生産が試みられるのが6世紀初頭を前後する時期の隅田八幡神社人物画像鏡や交互式神獣鏡系などであったことを述べてきた。こうした古墳時代中期後半以降における倭製鏡の生産・流通とその変遷は，5世紀後半から6世紀前半の東アジアの国際情勢や，いわゆる「雄略朝」から「継体朝」へといった政治的変動とも密接に関係しており，そうした歴史的背景も含めて今後の課題としておきたい。

　「考古学は科学か」という田中良之先生からの問いに私なりに真摯に向き合い考え続けた結果の1つが本稿である。田中先生から学ばせていただいた多くのことの中で，特に「科学」という点で私自身が常に指針としたいと思っていることの1つが，科学的な意味で「事実」とは何かを「実証的」に明らかにする，という点である。考古学において，「事実」を確定することは何よりも難しいと思っている。そしてこの「実証的」という点が考古学の科学としての根幹に関わるものとあらためて考える。まだ御病気が発覚する前の2014年の夏，ある会議のため田中先生の研究室を訪ねた際，会議終了後すぐに白衣に着替えられ，出土人骨の整理室でお一人で群馬県金井東裏遺跡出土男性人骨の頭蓋骨の接合に向けた作業を始められる場面に遭遇し，嬉しそうに調査成果の一端を語られていたのを昨日のことのように思い出す。田中先生が私たちに「サイエンティフィックな考古学」と仰る際，理論的なものの見方や様々な方法論の運用方法も当然のこととしながら，何よりも一次資料に直接向き合い，地に足をつけて地道な作業を行うことを常に大事にしていらっしゃったこと，またそれを常に御自身のフィールド調査・研究の中で実践していらっしゃったことが深く心に刻み込まれている。

　田中先生が遺跡での調査に際して，また出土した人骨・遺物そのものについて重ねてこられた観察の緻密さとそれを基礎として描き出された歴史叙述の深さには遠く及びませんが，こうした点をあらためて自分自身の課題として肝に銘じつつ，本稿を献呈させていただければと思います。

　本稿をなすにあたり，九州大学の諸先生・諸氏には多くの御教示をいただき，また資料調査に際して以下の方々に大変お世話になりました。記して深く感謝申し上げます。

　安藤広道，市村慎太郎，砂澤祐子，今尾文昭，上野祥史，加藤一郎，耕三寺孝三，谷澤亜里，坂靖，東憲章，廣瀬時習，藤木聡，古谷毅，宮川禎一，森下章司，森本徹，吉田守，吉村和昭，京都国立博物館，慶應義塾大学考古学研究室，耕三寺博物館，五島美術館，東京国立博物館，奈良県立橿原考古学研究所附属博物館，宮崎県立西都原考古博物館（五十音順・敬称略）

■註
1）鏡の面径区分については，概ね研究者間で共通理解がみられる。ここでは前期の倭製鏡の面径分布を元に，小型：14.0cm以下，中型：14.1〜19.0cm，大型：19.1cm〜25.0cm，超大型：25.1cm以上とす

2）具体例として，宮崎県持田25号墳出土鏡（「火竟」銘，20.0cm），京都府幡枝1号墳出土鏡（「夫火竟」銘，20.2cm），明治大学博物館所蔵鏡（「夫火竟」銘，19.7cm）の3面がある（森下1993・2002）。
3）以下の記述で同型鏡群の個別の鏡種の説明を行う際，鏡式の後にアルファベットを付して述べる場合があるが，これは川西宏幸氏（2004）および森下章司氏（2011）の分類名に準拠したものである。
4）玉類の位置づけについては九州大学の谷澤亜里氏に御教示いただいた。
5）これらの試行錯誤段階の大型倭製鏡は，現状で中・小規模墳からの出土が主体で必ずしも地域の代表者たる大型古墳の被葬者や府官制の秩序に関わる被葬者層などに伴うものというようなイメージでは理解できない。そうした被葬者層には同型鏡群が副葬されている可能性もあることから，大型倭製鏡はそれに準ずる扱いを受けたものと想定される。

■参考文献

池上悟　1992「竈龍鏡の変遷」『立正考古』31，23-37．
岩本崇　2012「中村1号墳出土珠文鏡と出雲地域の銅鏡出土後期古墳」『中村1号墳』本文篇，pp.183-196．出雲市教育委員会，出雲．
岩本崇　2014「銅鏡副葬と山陰の後・終末期古墳」『文堂古墳』本文篇，大手前大学史学研究所研究報告第13号，pp.135-161．大手前大学史学研究所・香美町教育委員会，西宮．
上野祥史　2004「韓半島南部出土鏡について」『国立歴史民俗博物館研究報告』110，403-433．
上野祥史　2012「金鈴塚古墳出土鏡と古墳時代後期の東国社会」『金鈴塚古墳研究』創刊号，5-28．
上野祥史　2013「祇園大塚山古墳の画文帯仏獣鏡―同型鏡群と古墳時代中期―」『祇園大塚山古墳と5世紀という時代』，pp.107-133．六一書房，東京．
上野祥史編　2013『祇園大塚山古墳と5世紀という時代』，六一書房，東京．
上野祥史　2015「中期古墳と鏡」『中期古墳とその時代』，pp.89-98．雄山閣，東京．
大賀克彦　2005「稲童古墳群の玉類について―古墳時代中期後半における玉の伝世―」『稲童古墳群』，行橋市文化財調査報告書第32集，pp.286-297．行橋市教育委員会，行橋．
岡村秀典　2011「東アジア情勢と古墳文化」『講座 日本の考古学 古墳時代（上）』，pp.521-551．青木書店，東京．
加藤一郎　2014「後期倭鏡研究序説―旋回式獣像鏡系を中心に―」『古代文化』66（2），165-184．
加藤一郎　2015a「前期倭鏡における同一紋様鏡の一例」『宮崎県立西都原考古博物館研究紀要』11，15-30．
加藤一郎　2015b「後期倭鏡と三角縁神獣鏡」『日本考古学』40，53-68．
川西宏幸　2000「同型鏡考―モノからコトへ―」『筑波大学先史学・考古学研究』11，25-61．
川西宏幸　2004『同型鏡とワカタケル』，同成社．
車崎正彦　1993「倭鏡の作者」『季刊考古学』43，68-72．
車崎正彦編　2002『考古資料大観5 弥生・古墳時代 鏡』，小学館．
車崎正彦編　2003「稲荷山古墳出土の環状乳神獣鏡を考える」『ワカタケル大王とその時代』，pp.69-97．山川出版社，東京．
小林三郎　1982「古墳時代倣製鏡の鏡式について」『明治大学人文科学研究所紀要』21，89-168．
小林行雄　1962「古墳文化の形成」（『古墳文化論考』〔1976，平凡社〕pp.3-40に所収）．
小林行雄　1966「倭の五王の時代」（『古墳文化論考』〔1976，平凡社〕pp.93-126に所収）．
柴田常恵・保坂三郎　1943『日吉矢上古墳』，三田史学会．
下垣仁志　2011『倭製鏡一覧』，立命館大学考古学論集刊行会．
清水康二　1993「倭の五王の鏡」『季刊考古学』43，56-58．
清水康二　1995「藤ノ木古墳副葬鏡の問題」『斑鳩藤ノ木古墳 第二・三次調査報告書』，pp.240-253．奈良

県立橿原考古学研究所，橿原．
白石太一郎　1997「有銘刀剣の考古学的検討」『新しい史料学を求めて』，pp.189-240．吉川弘文館，東京．
田中晋作　1993「百舌鳥・古市古墳群成立の要件―キャスティングボートを握った古墳被葬者たち―」『関西大学考古学研究室開設四拾周年記念考古学論集』，pp.187-213．関西大学，吹田．
田中晋作　2009『筒形銅器と政権交替』，学生社．
田中琢　1979『日本の原始美術8 古鏡』，講談社．
辻田淳一郎　2007『鏡と初期ヤマト政権』，すいれん舎．
辻田淳一郎　2012a「九州出土の中国鏡と対外交渉―同型鏡群を中心に―」『沖ノ島祭祀と九州諸勢力の対外交渉』第15回九州前方後円墳研究会 北九州大会発表要旨・資料集，pp.75-88．九州前方後円墳研究会北九州大会実行委員会，北九州．
辻田淳一郎　2012b「雄略朝から磐井の乱に至る諸変動」『一般社団法人日本考古学協会2012年度福岡大会研究発表資料集』，pp.489-498．日本考古学協会2012年度福岡大会実行委員会，福岡．
辻田淳一郎　2012c「生産と流通 鏡」『古墳時代研究の現状と課題（下）』，pp.151-174．同成社，東京．
辻田淳一郎　2012d「倭製鏡と中国鏡―モデルとその選択―」『考古学ジャーナル』635，15-19．
辻田淳一郎　2013「古墳時代中期における同型鏡群の系譜と製作技術」『史淵』150，55-93．
辻田淳一郎　2014a「建武五年銘画文帯神獣鏡の文様と製作技術」高倉洋彰編『東アジア古文化論攷1』，pp.177-196．中国書店，福岡．
辻田淳一郎　2014b「鏡からみた古墳時代の地域間関係とその変遷―九州出土資料を中心として―」『古墳時代の地域間交流2』第17回九州前方後円墳研究会 大分大会発表要旨・資料集，pp.1-26．
辻田淳一郎　2015a「古墳時代中・後期における同型鏡群の授受とその意義」『山の神古墳の研究―「雄略朝」期前後における地域社会と人制に関する考古学的研究：北部九州を中心に―』，pp.248-262．九州大学大学院人文科学研究院考古学研究室，福岡．
辻田淳一郎　2015b「同型鏡群の鈕孔製作技術―画文帯環状乳神獣鏡Aを中心に―」『史淵』152，31-50．
徳田誠志　2005「新山古墳（大塚陵墓参考地）出土鏡群の検討」『三次元デジタル・アーカイブを活用した古鏡の総合的研究』，pp437-473．奈良県立橿原考古学研究所，橿原．
奈良県立橿原考古学研究所編　2005『三次元デジタル・アーカイブを活用した古鏡の総合的研究』，奈良県立橿原考古学研究所，橿原．
樋口隆康　1979『古鏡』，新潮社，東京．
福永伸哉　2005「いわゆる継体期における威信財変化とその意義」『井ノ内稲荷塚古墳の研究』，pp.515-524．大阪大学大学院文学研究科，豊中．
保坂三郎　1986『古代鏡文化の研究2．日本原史・奈良』，雄山閣，東京．
前之園亮一　2013『「王賜」銘鉄剣と五世紀の日本』，岩田書院，東京．
水野敏典編　2010『考古資料における三次元デジタルアーカイブの活用と展開』，奈良県立橿原考古学研究所，橿原．
水野敏典　2012「三次元計測を応用した銅鏡研究」『考古学ジャーナル』635，25-28．
森下章司　1991「古墳時代仿製鏡の変遷とその特質」『史林』74 (6)，pp.1-43．
森下章司　1993「火鏡銘仿製鏡の年代と初期の文字資料」『京都考古』73，1-9．
森下章司　2002「古墳時代倭鏡」『考古資料大観5 弥生・古墳時代 鏡』，pp.305-316．小学館，東京．
森下章司　2011「伝仁徳陵古墳出土鏡と東アジア」『徹底分析・仁徳天皇陵―巨大前方後円墳の実像を探る―』，pp.42-49．堺市，堺．
安村俊史　1996「須恵器」『高井田山古墳』本文編，pp.173-176．柏原市教育委員会，柏原．

■挿図出典
図1・2・3：筆者撮影・実測（慶應義塾大学考古学研究室所蔵）．図4‐1：奈良県立橿原考古学研究所編2005，2・3：筆者撮影（五島美術館所蔵），4：車崎編2002（280-4），図5‐1：車崎編2002（291-2），2：奈良県立橿原考古学研究所編2005，3：水野編2010，4：車崎編2002（299-1），5：奈良県立橿原考古学研究所編2005，6：筆者撮影（京都国立博物館所蔵）．

国越古墳の被葬者について

熊本県立装飾古墳館 　福 田 匡 朗

要旨

　熊本県宇城市に所在する熊本県指定史跡，国越古墳は，調査後，50年経過した現在も以下の二点から注目に値するといえる。第一には直弧文や連続三角文などを有する線刻壁画（線刻・彩色）の装飾古墳であること，第二に埋葬施設からは豊富な出土遺物がみられることである。

　国越古墳の出土遺物，鏡3面，鹿角製装具，捩り環，銅鋺，家形埴輪は，6世紀代の地域間交流及び国越古墳の被葬者を考える上で，いずれも注目すべき品々である。被葬者たちは継体天皇を積極的に擁立した勢力に含まれると考えられ，また，百済・伽耶地域における対外交渉を担った勢力の一つと評価する。

キーワード：直弧文，連続三角文，捩り環，地域間交流，古墳時代

1　はじめに

　熊本県宇城市に所在する熊本県指定史跡，国越古墳は，昭和38年に当時の宇土高校教諭富樫卯三郎氏らによって発見された宇土半島の南岸に立地する6世紀前半ごろの前方後円墳である。これまで昭和38年度（第一次）には測量調査，昭和40年度（第二次）の羨門部の堀開実測，昭和41年度（第三次）に横穴式石室内部の石屋形，東西屍床を中心とした発掘調査が実施された（熊本県教育委員会1967，1984）。

　調査後，約50年経過した現在も以下の二点から注目に値するといえる。第一には直弧文や連続三角文などを有する線刻壁画（線刻・彩色）の装飾古墳であること，第二に埋葬施設からは豊富な出土遺物がみられることである。本稿では，熊本県を中心とした直弧文と連続三角文の系譜の検討，出土遺物の検討を通じて，6世紀代の地域間交流及び国越古墳の被葬者について検討することとしたい。

2 国越古墳の装飾文様について

1）直弧文の系譜

　装飾古墳の文様の一種である直弧文は，古墳の石室や石棺だけでなく，埴輪，鏡，刀装具にもみられる。直線と円弧を組み合わせた文様であり，日本独自の文様ともいえる。濱田耕作氏は，上益城郡嘉島町に所在する国指定史跡，井寺古墳に代表される直弧文について，埴輪や鹿角製刀装具にもみられることを言及された（濱田・梅原1917）。

　なお，井寺古墳以前の時期，大阪府柏原市にある安福寺所在の割竹形石棺蓋，福井市足羽山古墳の舟形石棺身に直弧文が使用されている。4世紀ごろ，近畿地方周辺では鏡や器材にみられた直弧文は，石棺にも用いられるようになったと理解できる（小田1978）。

　熊本県内の装飾古墳では，上天草市に所在する長砂連古墳（熊本県1984；甲元・杉井2007），宇城市に所在する鴨籠古墳（熊本県教育委員会 ibid.），国越古墳，井寺古墳が直弧文を有する（第1図）。いずれも5世紀から6世紀ごろの所産と考えられ，古墳の立地からは熊本県の県央に分布の集中がある。

　装飾文様以外には，例えば岡山市造山古墳，千足古墳（造山第5古墳）出土の直弧文が描かれた靫形埴輪などがある。この直弧文を有する靫形埴輪は，奈良県御所市室宮山古墳（墳長238m），大阪府堺市百舌鳥陵山古墳（墳長365m）など近畿地方の巨大古墳に採用されている点が注目される。

　なお，上天草市長砂連古墳の仕切り石には天草砂岩が使用されていたが，千足古墳にも用いられている（髙木恭・芥川2014）。千足古墳は，第1石室では石障・仕切り石・玄門立柱石に天草砂岩が使用され，仕切り石には直弧文が描かれていることが注目される（岡山市教育委員会編2015）。肥後と吉備地域における石材のみならず装飾文様の交流が窺えるのである。

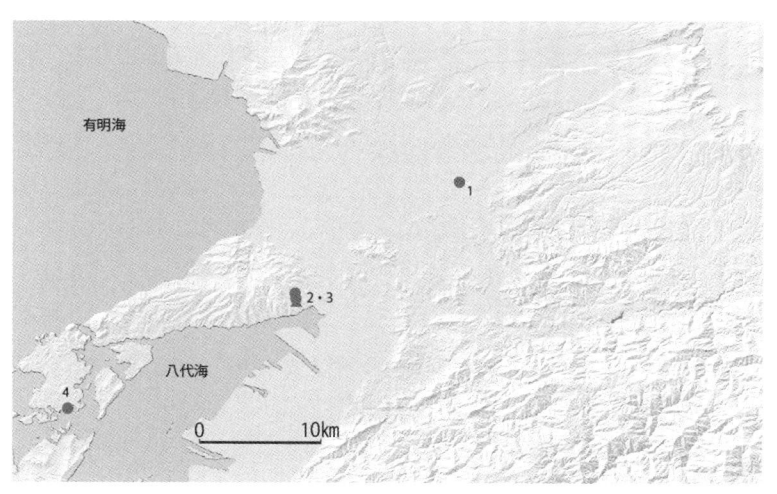

第1図　熊本県内における直弧文を有する装飾古墳
1　井寺古墳　2　鴨籠古墳　3　国越古墳　4　長砂連古墳

2）連続三角文の系譜

　装飾古墳の文様の一種である連続三角文は，古墳の石室や石棺，横穴墓だけでなく，埴輪，山梨県笛吹市出土陶棺，大阪府和泉市向代１号陶棺など陶棺にもみられる。

　熊本県内では，彩色壁画，線刻壁画（線刻・彩色），線刻壁画（浮彫，線刻・彩色），線刻壁画の各装飾古墳にみられる。装飾古墳にみられる連続三角文の派生については，直弧文系の文様の展開と大きく関係するものと理解できる（髙木正1999）。つまり，熊本市千金甲１号墳のＸ形文（対角線文）と同心円文の反復する文様は，直弧文から弧線を除外し交互に２段に並べたものであり，直弧文の系列に属するものである（ibid. p.115）。

　また，山鹿市チブサン・玉名郡和水町塚坊主古墳の三角文は，Ｘ形文を連続して施すことにより，斜格子文は生じる。そして，この斜格子文に横線を加えることにより，三角形に分割した図柄に変化する（ibid.pp125-126）。

　装飾文様としての線刻壁画（彩色・線刻）の連続三角文は熊本県北部で卓越し，熊本県内のみならず九州地方，さらには遠く東日本の日本海沿岸の装飾古墳の展開にも影響するといえる。

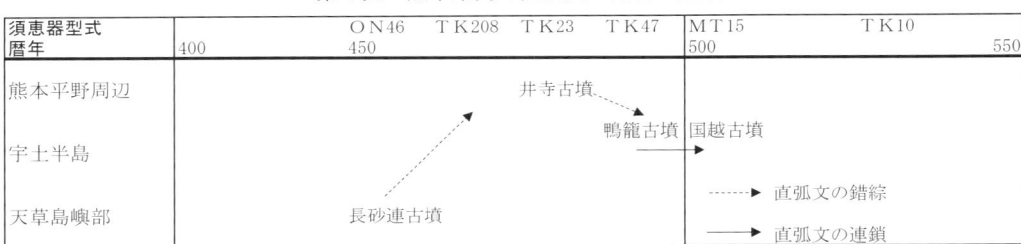

第１表　熊本県内の直弧文の錯綜と連鎖

須恵器型式		ON46	TK208	TK23	TK47	MT15	TK10	
暦年	400		450				500		550
熊本平野周辺					井寺古墳				
宇土半島						鴨籠古墳	国越古墳		
天草島嶼部			長砂連古墳					------- 直弧文の錯綜 ——— 直弧文の連鎖	

3）首長墓系譜からみた装飾文様

　装飾文様としての直弧文は横穴墓にみられず，円墳もしくは前方後円墳にみられるといえる。直弧文を有する古墳群は，新旧関係では線刻壁画の上天草市長砂連古墳，線刻壁画（石棺蓋，身外側には赤・黒色顔料）の宇城市鴨籠古墳，線刻壁画（線刻・彩色）の宇城市国越古墳と井寺古墳に区分できる。熊本県内の直弧文の錯綜，連鎖を示す（第１表）。

　髙木正文氏（髙木正1999）は，熊本県内の装飾古墳を平野及び流域単位で整理する中，直弧文を有する古墳は権威の象徴，肥後地域の大豪族火の君の墳墓であると評された。

　熊本県内ではこれまでも流域単位を基盤とした首長墓系譜の検討がなされており，杉井健氏（杉井2010）による研究史の整理がなされている。前述した直弧文を有する装飾古墳について，先行研究の首長墓系譜の中で整理すれば，天草島嶼部の５世紀中ごろの長砂連古墳，５世紀後半ごろの熊本平野周辺の井寺古墳，６世紀前半ごろの宇土半島の国越古墳となる。

　基本的には，５世紀末ごろの宇土半島の鴨籠古墳から国越古墳への連鎖を除き，現状では近隣の古墳群で直弧文が連鎖することは認められない。また，鴨籠古墳は円墳の墳丘形態と規模等から首長墓と単純にみなすことは難しい。国越古墳への飛躍が際立つが，この地域における

首長層の存在が重要になったと理解できる。

　連続三角文については，菊池川流域の6世紀初頭ごろの玉名郡和水町塚坊主古墳，6世紀前半ごろの玉名市大坊古墳，6世紀後半ごろの玉名市永安寺東古墳，6世紀後半ごろの菊池川中流域の山鹿市オブサン古墳，6世紀末ごろの山鹿市弁慶ヶ穴古墳にみられる。首長墓系譜で連続する古墳もみられるし，中・小規模墳や横穴墓にも展開する様相がみられる。つまり，墓制の階層性の点からは，連続三角文は上位層から中・下層へ浸透していく装飾文様であるといえる。

3　出土遺物の概要と検討

　昭和41年度（第三次）の発掘調査では，横穴式石室内部の石屋形，東西屍床等から副葬品となる出土遺物が確認された（熊本県教育委員会1967，1984）。盗掘を受けた痕跡が随所に報告されているが，盗掘を免れた貴重な出土遺物が注目される。平成26年度，宮代栄一氏による国越古墳出土馬具の資料調査，熊本県立装飾古墳館春の企画展に係る資料調査により，筆者は出土遺物について検討する機会を得た。横穴式石室内部の石屋形，東西屍床からの主な出土遺物は以下のとおりである。

石屋形　鏡（画文帯環状神獣鏡A），鹿角製刀装具付き鉄鉾，鉄鏃，飾り金具，ガラス勾玉，ガラス小玉，ガラス棗玉，人骨2体分

東屍床　鏡（四獣鏡），金環，銀環，鉄鏃，鉄刀，鉸具，飾金具，鉤金具

西屍床　鏡（浮彫式獣帯鏡A），鉄鉾，金環，硬玉製勾玉，碧玉製管玉，ガラス小玉，ガラス丸玉，銀製空玉，人骨2体以上

別　床　銅鋺，鉄刀片，捩り環，鉄鉾，鉄製ミニチュア農工具，辻金具，杏葉

　既報告（熊本県教育委員会1967，1984）では，別床から馬具，辻金具2，帯金具2，杏葉が出土したとされている。ところが，今回，遺物，遺物注記カードやラベルを確認した際，新たな知見として，東屍床からは，鉸具1，半円形飾金具4，鉤金具1を確認できた。通例，半円形飾金具は馬の繫に取り付けられたものと想定される（宮代ほか2014）。

　また，石室内の別床（東西屍床と中央通路の北側，石屋形手前の小区割）からは銅鋺，捩り環が出土していた。なお，宮代氏の資料調査において，従来，馬具と登録されていた鉄製品が捩り環であることが判明した。企画展に係る資料調査により，墳裾及び墳丘の中腹から人物，大刀，家などの器財埴輪，円筒や朝顔形埴輪が出土していることを確認した。注目すべき出土遺物は以下の五点である。第一は鏡3面，第二は鹿角製装具，第三は捩り環，第四は銅鋺，第五

は家形埴輪である。

まず，鏡3面だが，初葬に近い被葬者が保持したと思われる石屋形の画文帯環状神獣鏡Aは，熊本県内では同型鏡が和水町江田船山古墳，阿蘇市迎平6号墳にある。福岡県飯塚市山の神古墳，香川県綾川町津川西古墳，岡山県瀬戸内市西郷免古墳，奈良県奈良市吉備塚古墳，栃木県野木町野木神社周辺古墳，韓国国立博物館蔵鏡も同型鏡である（清水2013）。浮彫式獣帯鏡Aの同型鏡は伝宮崎県高鍋町持田1号墳がある（辻田2014）。四獣鏡については舶載鏡，中国六朝鏡の可能性が指摘される（車崎2002）。つまり，石屋形，左右屍床の被葬者は累代に渡り，日本列島内の古墳被葬者と共通する同型鏡ないしは舶載鏡を入手していたといえる。

鹿角製装具（第2図）は精微な直弧文を施していることが驚かされる。現段階では，九州内で鉄鉾への装着事例は確認できていない。近年，群馬県渋川市金井東裏遺跡は，甲冑を着た人骨が出土したことで注目される。人骨の周辺からは国越古墳出土例に酷似した鹿角製装具付き鉄鉾が出土した（公益財団法人群馬県埋蔵文化財調査事業団2014，2015）。

やはり直弧文を有する金井東裏遺跡出土例は人骨の主の持物であったと考えられ，本来は地域の首長墓に副葬されるはずだったのかもしれない。類例が他に確認できない為，比較・検討が難しい。

捩り環頭大刀は古墳時代にみられる日本独自の大刀の一種であり，柄頭に捩り環を取りつけることが大きな特徴である（第3図）。

そして，6世紀前半ごろ，捩り環頭大刀が出土する古墳は，継体天皇との強い政治的結びつきが想定され，捩り環頭大刀と広帯二山式冠はヤマト政権から配布された威信財と評価できる（高松2010）。特に，5世紀末から6世紀末ごろまで含めた捩り環頭大刀の分布範囲は，東日本では福島県から西日本は熊本県まで分布をみせる（第4図）。

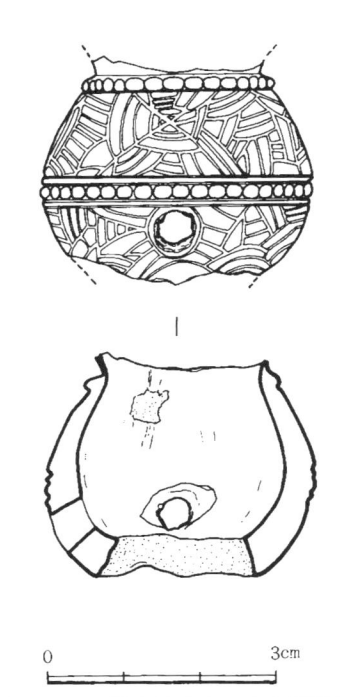

第2図　国越古墳出土の鹿角製装具
（熊本県編1984を引用）

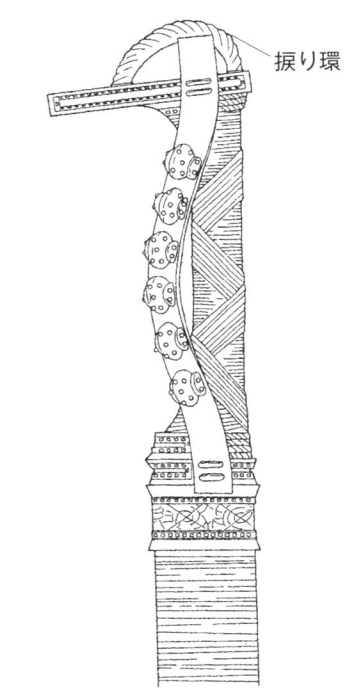

第3図　捩り環頭大刀
（高松2010を引用・改編）

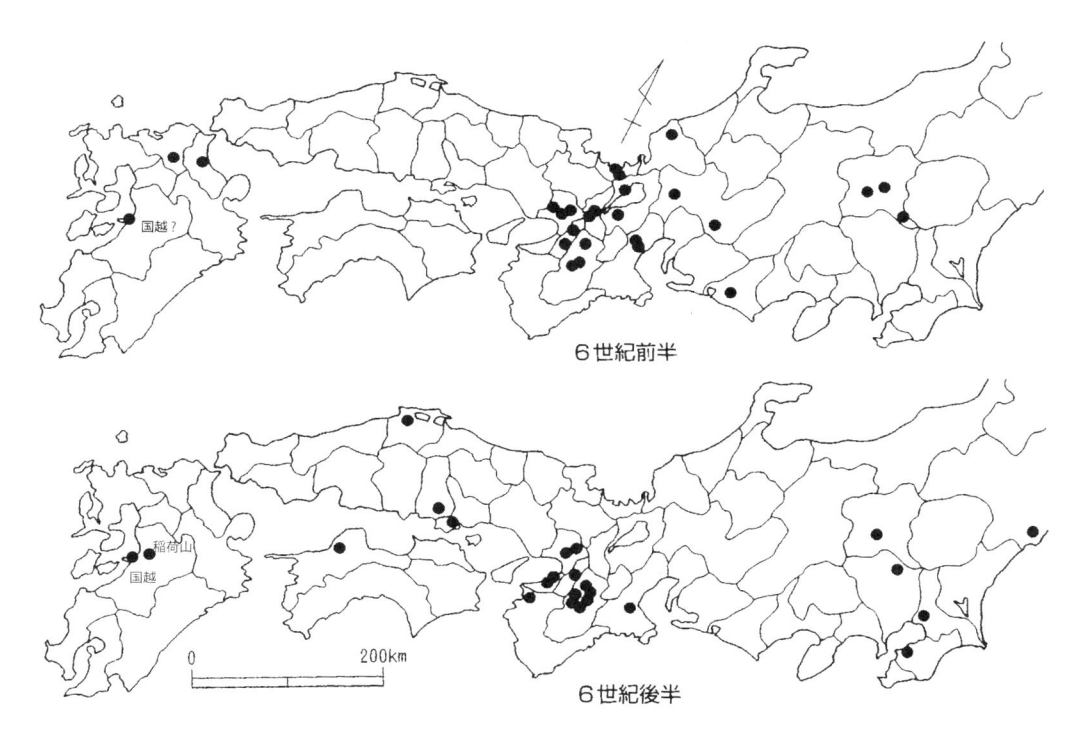

第4図　捩り環頭大刀の分布範囲（高松2010を引用・改編）

　国越古墳の別床からは捩り環が2点出土（第5図1・2）しており，元来は，2振の捩り環頭大刀であったと考えられる。深谷淳氏（深谷2008）の捩り環の分類では，1は鉄捩りⅠB型（第5図1）及び2は鉄捩り銀張りⅠC型（第5図2）に相当するといえる。前者はTK10型式併行期からTK43型式併行期ごろまでみられ，後者はTK43型式併行期ごろに多くみられるものと考えられる。前者については，九州内の古墳の事例からTK10型式併行期に帰属する可能性を残す。

　福岡県桂川町王塚古墳，福岡県みやこ町䕃田丸山古墳，また，追葬段階のTK10型式併行期と考えられる福岡県飯塚市山の神古墳（辻田2015）での捩り環頭大刀が出土している。なお，最近，従来は䕃田丸山古墳から3振出土とされてきた捩り環頭大刀の1振は，山の神古墳出土品であることが明らかとなった。

　銅鋺（第6図）は，朝鮮半島の百済・武寧王陵（金1979）で多数，出土しているが，日本の後期古墳からの出土事例は多くはない。特に，九州では6世紀前半ごろでは国越古墳，佐賀県唐津市島田塚古墳出土例が知られる（小田1975）。島田塚古墳は広帯二山式冠も出土しているが，捩り環頭大刀と同様，ヤマト政権との政治的なつながりを示す威信財と評される。

　家形埴輪は床部の破片資料（第7図）だが，円柱が床を支えていた高床式建物をモデルにしたものと判断され，この種の高床式建物は神殿とも評されるものである。真の継体天皇陵とも目される大阪府高槻市今城塚古墳の家形埴輪に類似する。九州では，6世紀中ごろ，MT85型

第5図　国越古墳出土の捩り環

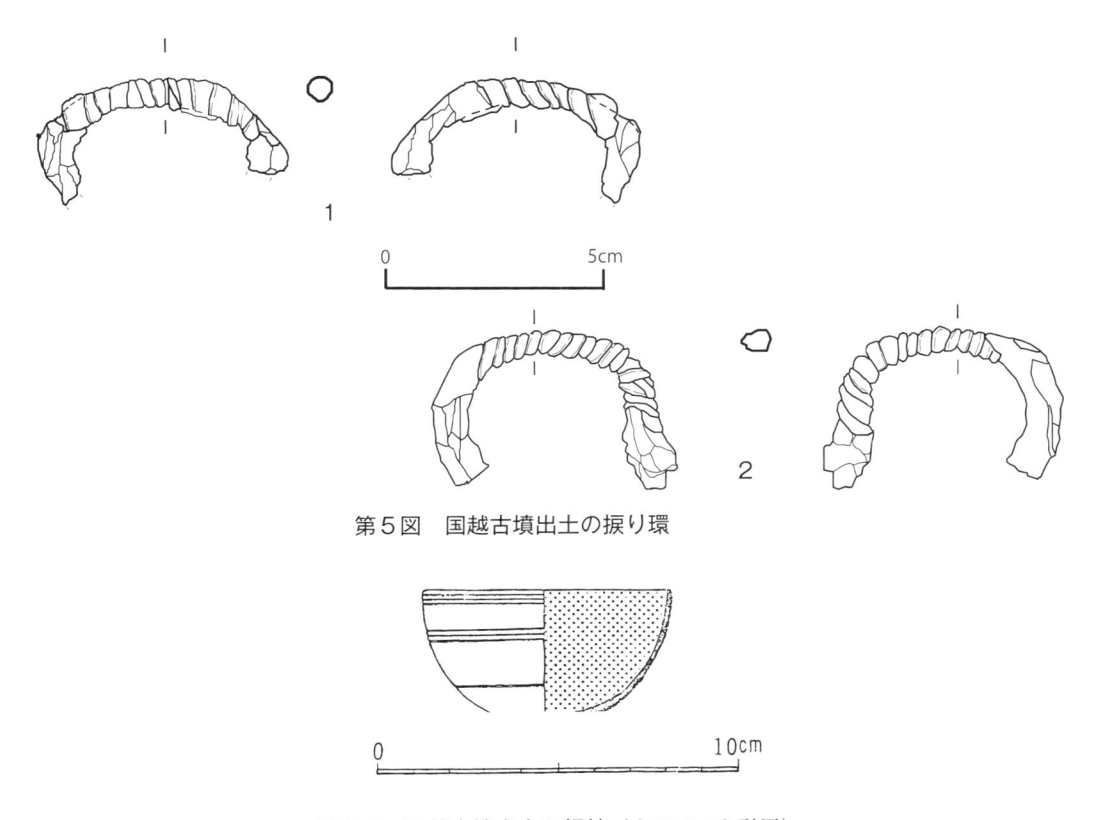

第6図　国越古墳出土の銅鋺（小田1975を引用）

式併行期前後とされる宮崎県新富町新田原55号墳（百足塚古墳）出土例がある（第8図・新富町教育委員会2015）。やはり今城塚古墳，継体天皇との関係が想定できる。

第7図　国越古墳出土の家形埴輪の破片（宇土市教育委員会所蔵　筆者撮影）

第8図　新田原58号墳出土家形埴輪（新富町教育委員会2015を引用・改編）

4　6世紀代の地域間交流

　6世紀代の地域間交流を考える上で，大阪府高槻市今城塚古墳，筑紫君磐井の墓とされる福岡県八女市岩戸山古墳の関係は看過できない。6世紀前半ごろ，捩り環頭大刀と広帯二山式冠はヤマト政権から配布された威信財とされるが（高松2010），岩戸山古墳出土の石製装飾には，捩り環頭大刀と広帯二山式冠を特別に大きく造形したものがある（柳澤2014）。

　柳澤一男氏によれば，6世紀前半ごろ，九州外でわずかに石屋形を有する古墳は越前地域を含むという。越前地域は継体天皇の故地でもある。また，越前地域の福井県あわら市に所在する神奈備備山古墳は，捩り環頭大刀を出土している。横穴式石室内部にみられる石屋形は肥後で成立し，6世紀前半以降は北部九州にもみられる。磐井の乱前夜の政情を考慮すれば，石屋形，捩り環頭大刀と広帯二山式冠を有する古墳の被葬者たちは，継体天皇を積極的に擁立した勢力であるともいえる。

　また，福岡県桂川町王塚古墳は，6世紀前半ごろの遠賀川流域の首長墓系譜に連なる。横穴式石室は，伝統的な北部九州の石室構造，肥後中・南部地域の石材構想や羨道及び天井構造，石屋形，紀伊地域の石棚を加味したものであり，王塚の被葬者と他地域の首長層の交流が示唆される（柳澤2004）。

　赤・黒・緑・黄・緑・灰色は，装飾古墳の顔料の6種類である（朽津ほか2000）。これらの顔料すべてを利用した装飾古墳は，現状では王塚古墳のみである。そして，王塚古墳の装飾文様，熊本県北部に分布の中枢があると考えられる連続三角文，双脚輪状文が顕著である。特に，

6世紀前半ごろの双脚輪状文は，筑肥地域においては，王塚・釜尾古墳，蕨手文の王塚・日岡古墳，王塚・日岡・釜尾の天井画の連鎖は，壁画作者を含む造墓集団，集団を総括する首長層のつながりを想定させる（柳澤　ibid.）。

　続いて，527年の「磐井の乱」後の状況について，先述した捩り環頭大刀，石製装飾の分布状況を検討したい。捩り環頭大刀の分布は6世紀後半ごろには近畿地方周辺に集中する（高松2010）。熊本県内では，この時期，熊本市打越稲荷山古墳から捩り環が1点出土している（宮代ほか2014）。直径30mの円墳，線刻壁画（線刻・彩色）の装飾古墳であり，石屋形に円文や連続三角文を有する。継体天皇との結びつきを示す捩り環頭大刀がみられ，乱後もヤマト政権は，肥後地域を要所としたことを示唆する。

　また，近年の石製装飾の研究成果では，乱後も石製装飾の使用は急速に衰退しない。柳澤一男氏（柳澤2014）によれば，むしろ，乱後は岩戸山古墳に先行する時期を上回る14例が知られるという。磐井の寿陵である岩戸山古墳より後出する福岡県八女市の乗場古墳は，6世紀中から後半ごろの前方後円墳であり，磐井の子，葛子が埋葬された可能性を指摘される。乗場古墳は，前・後室からなる副室構造の横穴式石室を有し，玄室奥壁には彩色系の同心円文や連続三角文が描かれる。肥後北部の菊池川流域の勢力との結びつきも強く想定できる装飾古墳である。

　ところで，宇城市国越古墳の石屋形に描かれた直弧文は，肥後では上天草市長砂連古墳での使用が最古であるが，国越古墳以後，基本的には姿を消す。直弧文は，千金甲1号墳のX形文（対角線文）と同心円文の反復する文様，X形文を連続して施すことにより，斜格子文の派生，斜格子文に横線を加えることにより，三角形に分割した図柄に変化する様相が想定できる（髙木1999）。

　国越古墳の被葬者が生きた6世紀前半ごろは，継体天皇の治世の時期でもある。国内では，527年の「磐井の乱」が勃発している。国外では朝鮮半島における百済，伽耶地域との対外交渉がみられる。朝鮮半島南西部の栄山川流域は，以前から前方後円墳が集中して築造された地域として注目されるが，九州系の横穴式石室の採用が指摘される。また，慶南地方の南江下流域の九州系横穴式石室をもつ円墳は注目される。景山里一号墳は九州系の横穴式石室を用いて，石屋形を設置している（柳澤ibid.）。

　このような歴史的背景の下，国越古墳はMT15型式併行期築造と位置付けられるが（今田2012），初葬段階の人物は石屋形の被葬者であろう。複数回の追葬が行われたのか，別床出土の捩り環2点は副葬された時期が異なると考えられる。鉄製ミニチュア農工具の存在は埋葬に伴い祭祀が行われた可能性を想定する。

　深谷淳氏（深谷2008）の分類によれば，鉄捩りIB型に相当する1点は九州内での事例では，TK10型式併行期の帰属時期に該当する。鉄捩り銀張りIC型に相当するもう1点は，TK43型式併行期前後の帰属時期に該当する。現状では他の出土遺物の帰属時期の比較検討が不十分であり，今後の検討課題といえる。

また，朝鮮半島では百済・武寧王陵の出土はあるものの，新羅あるいは伽耶地域に分布が偏る銅鋺，栃木県から韓国まで出土例がある画文帯環状神獣鏡A，今城塚古墳，新田原55号墳（百足塚古墳）などと共通する円柱を有する高床式建物を模した家形埴輪の存在は興味深い。

5　おわりに

本稿では，直弧文と連続三角文の熊本県を中心とした系譜の検討，副葬品の検討を通じて，6世紀代の地域間交流及び国越古墳被葬者像について検討してきた。

直弧文については，装飾古墳の文様の一種である直弧文は，直線と円弧を組み合わせた文様であり，日本独自の文様ともいえる。熊本県内の装飾古墳では，いずれも5世紀から6世紀ごろにみられ，肥後地域における首長権の継承を表現するものと想定する。連続三角文の派生については，直弧文系の文様の展開と大きく関係し，熊本市千金甲1号墳のX形文（対角線文）と同心円文の反復する文様は，直弧文から弧線を除外し交互に2段に並べたものである。また，山鹿市チブサン・玉名郡和水町塚坊主古墳の三角文は，X形文を連続して施すことにより，斜格子文は生じる。そして，この斜格子文に横線を加えることにより，三角形に分割した図柄に変化する（髙木正1999）。

直弧文の連鎖について，鴨籠古墳から国越古墳の飛躍が際立つが，この地域における首長層の強大化があったと理解できる。連続三角文は，首長墓系譜で連続する古墳もあり，中・小規模墳や横穴墓にも展開する様相がみられる。つまり，墓制の階層性の点からは，上位層から中・下層へ浸透していく装飾文様であるといえる。

国越古墳の副葬品，鏡3面，鹿角製装具，捩り環，銅鋺，家形埴輪は，6世紀代の地域間交流及び国越古墳の被葬者を考える上で，いずれも注目すべき品々である。被葬者たちは継体天皇を積極的に擁立した勢力に含まれると考えられ，また，百済・伽耶地域における対外交渉を担った勢力の一つと評価する。

国越古墳はMT15型式併行期の築造と位置付けられるが（今田2012），別床出土の捩り環2点は副葬された時期が異なると考えられる。現状では，複数回の追葬の可能性を指摘するに留めるが，鉄製ミニチュア農工具の存在は，祭祀が行われた可能性を想定する。その他の豊富な出土遺物については，これらの長期に渡る埋葬行為によるものと考える。

本稿をまとめるに際し，以下の方々・諸機関の方々のご教示とご協力を賜った。末筆ながら感謝申し上げます。

特に，国越古墳出土の馬具と捩り環については宮代栄一氏，家形埴輪については杉井健氏のご指摘に拠る所が非常に大きい。記して感謝いたします。

伊藤幸子，菊川知美，木﨑康弘，岸本圭，木村龍生，小嶋篤，後藤克博，坂口圭太郎，杉井健，杉村彰一，杉山秀宏，髙木恭二，髙木正文，藤本貴仁，水上公誠，美濃口紀子，宮代栄一，柳澤一男，宇土市教育委員会，熊本県立装飾古墳館，熊本市立熊本博物館，熊本県文化財資料

室，熊本大学文学部考古学研究室，公益財団法人群馬県埋蔵文化財調査事業団（敬称略・五十音順）

田中先生へ

　最後にお会いしたのは，もう2年前，でしょうか。私の担当する発掘現場にお越しいただきましたね。竪穴建物から出土したばかりの縄文土器について，少年のように目を輝かせて実見されたこと，とても微笑ましく記憶しています。移動の車中も今後の文化財行政の在り方について，多大なるご教示をいただきました。学生時代に不勉強だった私は，恥かしながら先生とこんなに考古学や文化財のお話をしたことは初めてだったかもしれません。

　その1年後，私は博物館に異動となり，先生にとって最期の仕事の一つとなった群馬県金井東裏遺跡について，展示活動を通じて知る由となりました。訃報に際したのは会期中であり，先生にご覧いただけなかったことが残念でなりません。

　「考古学とは科学か」，考古学とは時間と空間を対象とし，様々な差異を見出すことにより，古からの人類の歴史を体系的に考える学問ではないでしょうか。考古学は，体系化された知識や経験を網羅する点において，科学であると考えます。膨大な発掘調査成果はともすれば過大評価に陥ることもあり，他方では，現地を実際に見学していなければ味わえない醍醐味もあると思う所です。かって，私は不肖な学生でしたが，先生の生まれ育った熊本の地で，学恩を地道に日々の業務で活かしていきたいと思います。

■参考文献

深谷淳，2008．金銀装倭系大刀の変遷　日本考古学26，69-99，日本考古学協会，東京．
濱田耕作・梅原末治，1917．肥後に於ける装飾或る古墳及横穴　京都帝国大学文学部考古学研究報告第一冊　京都帝国大学，京都．
今田治代，2012．第Ⅶ章　総括　大野窟古墳発掘調査報告書　氷川町文化財調査報告書第2集　氷川町教育委員会，pp.143-160．
金元龍，1979．武寧王陵　韓国美術シリーズ1　近藤出版社，東京．
公益財団法人群馬県埋蔵文化財調査事業団，2014．平成26年度調査遺跡発表会　金井東裏遺跡と渋川市の古墳時代，群馬．
　　2015．飾られた鉄矛（てつほこ）と鉄鏃（てつぞく）古墳人だより15号，群馬．
甲元眞之・杉井健，2007．上天草市史大矢野町編1　上天草いにしえの暮らしと古墳　上天草市史編纂委員会，熊本．
熊本県教育委員会，1967．国越古墳　昭和41年度埋蔵文化財緊急調査概報，熊本．
　　1984．熊本県装飾古墳総合調査報告書　熊本県文化財調査報告書第68集，熊本．
車崎正彦，2002．考古資料大観5　弥生・古墳時代　鏡（車崎正彦編），pp201-209．小学館，東京．
朽津信明・川野邊渉，2000．九州装飾古墳の緑と「青」について　保存科学39　24-31，東京文化財研究所，東京．

宮代栄一・林田和人・美濃口紀子，2014．熊本市稲荷山古墳出土遺物の研究　古文化談叢71，135-202．

小田富士雄，1975．日本の古墳出土銅鋺について－武寧王陵副葬遺物に寄せて－　百済研究第6輯，199-220．忠南大学校百済研究所，大田．

岡山市教育委員会，2015．千足古墳－第1～4次発掘調査報告書－，岡山．

清水康二，2013．古墳時代中後期に見られる同型鏡群製作の一様相－大韓民国国立中央博物館所蔵の画文帯環状神獣鏡の観察から－　アジア鋳造技術史学会　研究発表資料集7，1-14，奈良．

新富町教育委員会，2015．百足塚古墳（新田原58号墳）新田原62・63・209号墳　新富町文化財調査報告書第70集，宮崎．

杉井健，2010．肥後地域における首長墓系譜変動の画期と古墳時代　第13回九州前方後円墳研究会鹿児島大会，127-180　九州前方後円墳研究会，鹿児島．

髙木恭二・芥川博士，2014．古墳時代における天草砂岩の利用　長目塚古墳の研究：有明海・八代海沿岸地域における古墳時代首長墓の展開と在地墓制の相関関係の研究（杉井健編）pp.99-112，熊本．

髙木正文，1999．肥後における装飾古墳の展開　国立歴史民俗博物館研究報告第80集，97-150．国立歴史民俗博物館，千葉．

高松雅文，2010．継体天皇の時代を読み解く　継体天皇の時代　百舌鳥・古市古墳群の終焉と新時代の幕開け，118-124　大阪府立飛鳥博物館，大阪．

辻田淳一郎，2014．鏡からみた古墳時代の地機関交流とその変遷－九州出土資料を中心として－　第17回九州前方後円墳研究会大分大会，1-26　九州前方後円墳研究会，大分．

　　2015．第2章山の神古墳出土遺物の調査第3節小結山の神古墳の研究　「雄略朝」期前後における地域社会と人制に関する考古学的研究　北部九州を中心に，pp.155-156　九州大学大学院人文科学研究院考古学研究室，福岡．

柳澤一男，2004．描かれた黄泉の世界　王塚古墳　シリーズ「遺跡を学ぶ」010　新泉社，東京．

　　2014．筑紫君磐井と「磐井の乱」岩戸山古墳　シリーズ「遺跡を学ぶ」094　新泉社，東京．

第1図はJAXA提供「AW3D TM（全世界デジタル3D地形データ）」をカシミール3Dで加工，第5図は筆者実測・トレース。第7図以外は引用及び改編。第1表は筆者作成。

古墳の埋葬施設の階層性と地域間関係
－古墳時代中期の九州北部を例として－

佐賀大学　重　藤　輝　行

要旨

　古墳時代の北部九州では，古墳に多様な埋葬施設が採用されており，その多様性は時間的な変化とともに，階層差および地域間の関係と対応している。古墳時代中期を中心に，首長墓レベル，中小規模の古墳から構成される古墳群レベルの埋葬施設を分析することにより，各階層の古墳が様々な地域と多元的な関係を結ぶ複雑な動向を知ることができる。

　首長のような上位の階層ほど遠隔地との関係を形成し，その範囲は朝鮮半島にまで及んでいる。一方，中小規模の古墳でも地域内の首長層や隣接する地域との関係によって新たな埋葬施設，さらには葬送儀礼を取り入れる。ただ，このような関係は固定的なものではなく，世代ごと，あるいは人間関係の形成ごとに変更されるような不安定な側面も見られる。これらから古墳時代地域社会の階層的，多元的な社会構成を想定でき，ウヂなどの社会組織の様相とも対応すると考えられる。

キーワード：古墳埋葬施設，階層性，地域間関係，社会構成

I　はじめに

　古墳時代は弥生時代から連続性をもちながらも，飛躍的に社会の複雑化，階層化が進んだ時代である。それと連動し，地域間の交通，広域的な物資の流通，人の移動も活性化したと考えられ，それは朝鮮半島，中国にまで及んだ。時期による変動，強弱もあるが，地域間関係，交流，対外交渉が大きく進展した時代である。これを物語る資料は集落，古墳，生産遺跡など様々な遺跡に存在し，地域内の階層差も多段階で，動的なものとなる。これらの要素は古墳時代の歴史像の重要な部分となっている。

　九州北部の古墳時代は他地域の古墳の埋葬施設を導入するとともに，他地域へと各種の埋葬施設を発信する活発な地域間関係を見せる。また，同時期，同一地域において複数種の埋葬施設が存在し，それが副葬品の質量，墳丘規模の階層差と対応する。九州北部の古墳埋葬施設は地域間関係，階層差の双方が顕著にあらわれた資料と言える。そのような地域間関係，階層差は古墳埋葬施設がもつ葬送儀礼の中での象徴的意義と，古墳を築造を担った人々の移動や活動，

その背後にある社会構成の所産と考えられる。

　本稿では九州北部の古墳時代中期を中心とした埋葬施設を地域間関係，階層性を二つの軸として検討を行う。そして，地域間関係，階層性を結びつける人々の動きや当時の社会構成の一端について論ずることにしたい。

Ⅱ　古墳時代の階層性と地域間関係に関する研究と本稿の課題

　古墳時代の地域間関係については三角縁神獣鏡同笵鏡などの副葬品の配布，流通からの研究が先導してきた（小林1961他）。例えば鏡，甲冑類，装飾大刀，馬具など物資の流通に関しては，対外交渉の観点も交え，膨大な研究の蓄積がある。地域間関係のみならず，中国，朝鮮半島から舶載された器物については，日本列島にとどまらない東アジアを領域とした議論も可能である。しかし，副葬品などの物資については製作地，三角縁神獣鏡同笵鏡論のような配布および流通主体の問題，地域での再分配の有無，伝世の有無，伝世したとすればその場所などの様々な変数への配慮が必要となるので，問題は複雑である。

　副葬品の中で威勢品，威信財は古墳時代の中心地域である畿内の有力古墳や地域の首長墓等の上位階層の古墳から出土することが多い。それにより，政権と地域の有力者との間の政治，権力的関係，地域における有力者層の抽出が可能となるが，その反面，中小規模の古墳からの出土例は限定される。上位階層を析出する目的には威信財的な副葬品は有効であるが，奥行きのある階層的関係を検討する場合には，対象から除外される古墳も多いため不都合が生じる。

　一方，墳丘形態に関しては，前方後円墳の汎列島的な普及の背景にカバネ秩序（西嶋1961）や擬制的同祖同族関係（近藤1983他）の想定を介在させ，広域に及ぶ政治性が評価されてきた。より具体的には前方後円墳の詳細な築造企画の有無とその共有や，埴輪の広がりなどからも地域間関係が議論されている。埴輪は地域間での形態の共有，技術的交流にとどまらず，大量に生産されるために工人編成における地域間関係の議論が可能な研究段階に至っている。しかし，威信財と同様に，前方後円墳や埴輪からのアプローチも大型古墳に限られるという難点がある。

　副葬品に比べ，埋葬施設の構築は，寿陵の問題はあるが被葬者の死と大きな時間差を想定しなくても良い。石棺や横穴式石室の型式設定などのように埋葬施設自体の細かい変化，埋葬施設そのもの編年的な位置づけが解明できる場合もある。また，例えば石棺の輸送など地域と地域の間の１対１の関係，横穴式石室の技術の系譜のように地域間関係が具体的に議論できる（初期の研究として樋口1955，白石1965他）。どのような階層の古墳であれ埋葬施設を伴うので，墳丘規模，副葬品等を参照することによって，埋葬施設間の階層的関係，その変化の議論が容易な資料である。さらに，埋葬施設は死者の葬送という墓としての古墳の核心的な部分を代表する構成要素とも言える。このような埋葬施設の特性をもとに，石棺の移動等から政治過程，地域的な政治体の構造が議論されてきた（間壁・間壁1975，和田1998他）。また，九州では舟形石棺など地域的な刳抜式石棺の盛行が顕著で，有明海沿岸地域の首長間関係などの地域的な結集と地域間交流が議論されている。

古墳の階層性については，古墳時代後期に増加する群集墳が注目されてきたが，近藤義郎氏は後期群集墳に限定せず，古式群集墳や，中小規模の古墳から古墳時代を通じた階層差の存在を明確にした（近藤1983）。また，都出比呂志氏（都出1989・2005他）は弥生時代，古墳時代の展開を階層性を基礎に捉え，古墳時代においては前方後円墳の列島主要部への広がりとともに，古墳の墳丘規模・墳丘形態からなる階層構成を基礎とした前方後円墳体制の時代，社会として描いた。これらを受けて，菊地芳朗氏は中小規模の古墳からなる古墳群が古墳時代当初から存在し，その動向を地域の社会と倭政権との関係の双方から分析すべきことを示した（菊地2005）。また，林正憲氏は，相互承認関係に基づく前方後円墳体制が重層的な階層構造を生み出し，次第に階層構造が固定化されていく，といった動態的なモデルを提示している（林2010）。特に埋葬施設は，諸階層の古墳を総合的に対象としつつ，地域を限っての時間的変化を追うことができ（吉留1990，重藤2007，宇野2011他），動態的な検討に有効な資料となる。

　以上のように，古墳時代研究では論ずる課題に応じて，古墳の構成要素別の性質を考慮して，検討する必要があるが，本稿では地域間関係と階層性を古墳を読み解く二つの軸に据え，埋葬施設を資料として取り上げることとする。九州北部を中心に，首長墓に見られる地域間関係を検討を行い，あわせて中小規模の古墳からなる古墳群を事例に階層性とその変化を見て，地域間関係，階層性を形成した当時の社会構成を議論することにしたい。

Ⅲ　九州北部における埋葬施設の分類と編年

　筆者は，九州北部の古墳時代前期～中期の埋葬施設の種類，時期，階層性について検討したことがある（重藤2007・2011，重藤・西1995）。ここで前方後円墳集成編年（近藤編1992）を基準に，当該期の埋葬施設の種類と，それぞれの時期を整理しておく（第1図）。

　一方，中小規模の古墳では，副葬品，埴輪による時期決定ができないため，土器，特に須恵器の出土量が少ない前方後円墳編年7期以前は，土師器による時期決定が重要となる。本稿では別稿での土師器編年（重藤2010）による[1]。なお，各種埋葬施設の事例，時期決定の詳細については，前稿（重藤2007・2011，重藤・西1995）を参照していただきたい。

割竹形木棺　割竹形木棺を直葬するものの他に，粘土槨もあるが九州北部では少ない。1～2期には首長墓級の大型古墳では竪穴式石室に納められるものもあるが，前方後円墳編年4期以降，中小規模の古墳に限定されるようになり，6期以降には消滅する。なお，横断面形が円形でないもの，小口部にむけて底面が若干あがるものを舟形木棺と呼ぶ場合もある。

組合式木棺　箱形の木棺で，その消長は割竹形木棺とほぼ同様である。規模による細分も可能であり，4～5期の長大で礫敷の例は日本海沿岸との関連が指摘されるが，ここでは区分しない。

竪穴式石室　割竹形木棺，組合式木棺，舟形石棺等を内部に納めるもので，厳密には竪穴式石槨とするべきとも指摘されている。九州北部では古墳時代前期に多く，古墳時代中期初頭，4期には減少する。なお，福岡県うきは市月岡古墳のように長持形石棺を納める例もある。

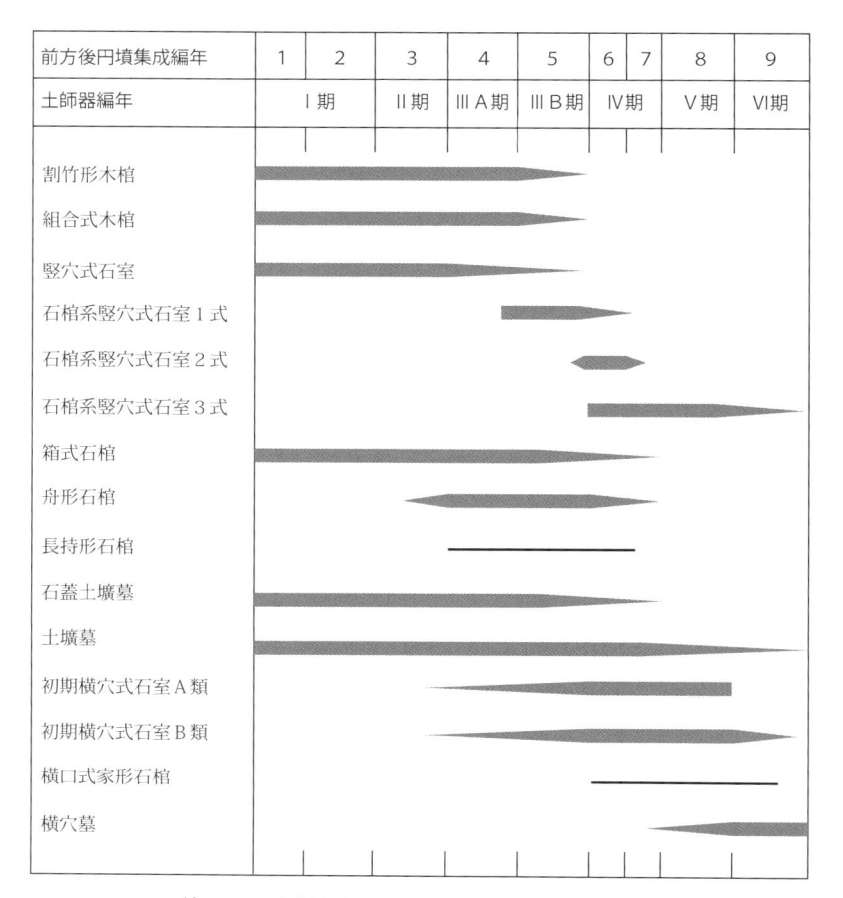

前方後円墳集成編年	1	2	3	4	5	6	7	8	9
土師器編年	Ⅰ期		Ⅱ期	ⅢA期	ⅢB期	Ⅳ期		Ⅴ期	Ⅵ期
割竹形木棺									
組合式木棺									
竪穴式石室									
石棺系竪穴式石室1式									
石棺系竪穴式石室2式									
石棺系竪穴式石室3式									
箱式石棺									
舟形石棺									
長持形石棺									
石蓋土壙墓									
土壙墓									
初期横穴式石室A類									
初期横穴式石室B類									
横口式家形石棺									
横穴墓									

第1図 九州北部における各種埋葬施設の消長

石棺系竪穴式石室

木棺を使用せず，箱式石棺と同様に直葬する竪穴式石室で，4期以降に多い[2]。1〜3式に分類可能で，1式は基底部から割石を小口積みするものである。2式は短壁の基底部に板石をたてるが長壁は基底部から割り石を小口積みするものである。前者が先行するが，いずれも6期以前にほぼ限定される。これに対して3式は4壁の基底部に腰石状に板石を立てるもので，7〜8期に盛行し，一部の地域では9期以降も古墳周辺の埋葬として残存する。

箱式石棺 弥生時代以来，継続する埋葬施設であるが，古墳時代の九州北部では5期前後までは一般的で，7期頃にはほぼ消滅する。石棺系竪穴式石室3式に転換したと考えられる。

舟形石棺 3期後半に出現し，4〜5期を中心に盛行する。阿蘇溶結凝灰岩を利用したものが主であるが，唐津湾周辺では松浦砂岩を用いたものもある。

長持形石棺 九州では例が少ないが，4期の佐賀県唐津市谷口古墳，6期の福岡県月岡古墳にその典型的な例を見ることができる。

石蓋土壙墓 箱式石棺同様，弥生時代以来の埋葬施設であるが，5期までは比較的，一般的な埋葬施設であり，その後，減少に転ずる。

土壙墓 石蓋土壙墓と区分が難しいが，木蓋のものをこれにあてる。9期以降も少数，残存する。

土器棺 小児用に用いられる土器棺。主に前方後円墳編年5期までに多い。それ以降に残存するものもあるが，それらは渡来人的墓制である可能性も高いとされる（中西2014，215）。

北部九州型初期横穴式石室A類 長方形の玄室で基本的に羨道を設置せず，奥壁幅1.6m以上

の大型の初期横穴式石室である。4期に出現し，6期以降，九州北部の各地に普及する。肥後には玄室平面が方形で石障を床面に設置する肥後型初期横穴式石室，肥前〜筑後の有明海沿岸地域には北部九州型と肥後型の特徴をあわせ持つ筑肥型初期横穴式石室が存在する。なお，北部九州型初期横穴式石室は9期以降に玄室高を増し，単室無羨道横穴式石室へと変化する。

初期横穴式石室B類　奥壁幅1.4m以下の小形で狭長な玄室の初期横穴式石室である。初期横穴式石室A類と同様に4期には出現し，6期以降に普及が進む。9期以降も筑前北部など一部の地域には小形の古墳の埋葬施設として残存する。

横口式家形石棺　舟形石棺と同様に阿蘇溶結凝灰岩を使用し，板材で側石を構成し，小口に横口を設け，天井に家形の石を架構するもの。

横穴墓　九州北部では7期に出現し，8期までは事例が少ないが，9期以降に急増する。

Ⅳ　首長墓級古墳の埋葬施設の地域間関係

（1）古墳時代中期の首長墓級古墳の埋葬施設にみる地域間関係

　首長墓の埋葬施設は事例が少ない長持形石棺，横口式家形石棺等が含まれる一方で，地域を大きく越えて関係が結ばれるなどの複雑な動態をたどる。それらについては舟形石棺（高木2011，林田1995，若杉1997，石橋2013他），柳沢一男氏の横口式家形石棺及び筑肥型初期横穴式石室の検討（柳沢1987，柳沢1993），高木恭二氏らの肥後型初期横穴式石室（高木1994，高木1999，古城2010）の研究により，地域間関係と編年的位置づけの検討が進んでいる。また，近年では，朝鮮半島南海岸部の九州系横穴式石室の研究（洪潽植2009，柳沢2013他）も，九州北部の埋葬施設をめぐる地域間交流の広域性，複雑性の解明につながっている。

　そのような研究成果に，各地で解明が進む首長墓編年を考慮して，中期を挟む，古墳時代前期末〜後期初頭，前方後円墳集成編年では3〜9期前半の石棺の輸送，各地における舟形石棺等地域的な石棺型式の成立，横穴式石室の出現と普及等の地域間関係を示したのが，第2図である。また，埋葬施設の動向と関連の深い装飾古墳，阿蘇溶結凝灰岩製の石製表飾も含めた。

　古墳時代前期末，3期には讃岐の技術を導入し，肥後を中心に舟形石棺の製作が開始される。また，石棺製作開始直後から，肥後南部から山城の八幡茶臼山古墳や肥前の熊本山古墳に石棺が輸送される。九州と他地域との埋葬施設の地域間関係の活性化を示す画期的現象である。

　4期には玄界灘沿岸地域で，谷口古墳，老司古墳，鋤崎古墳で横穴式石室が出現する。これら3例の石室は形態にかなりの差があるが，近接する地域にあることから，相互に交渉するとともに競って新たな埋葬施設を構築した状況が想定される。4期には肥後型横穴式石室も出現し，別当塚古墳，大鼠蔵尾張宮古墳等が当該期と考えられる。5期は首長墓級古墳の調査例が少なく，埋葬施設の地域間交流は顕著ではないが，北肥後の石棺が筑後南部の石神山古墳や肥前の久保泉丸山古墳に輸送される。筑後南部〜肥後は舟形石棺の集中地域であるが，その時期は5期を中心に4〜7期と想定され[31]，筑肥型初期横穴式石室の成立も5期に求められる。

　6〜7期には初期横穴式石室が初めて筑前東部，豊前等に広がり，大きな画期となる。御所

考古学は科学か 下巻

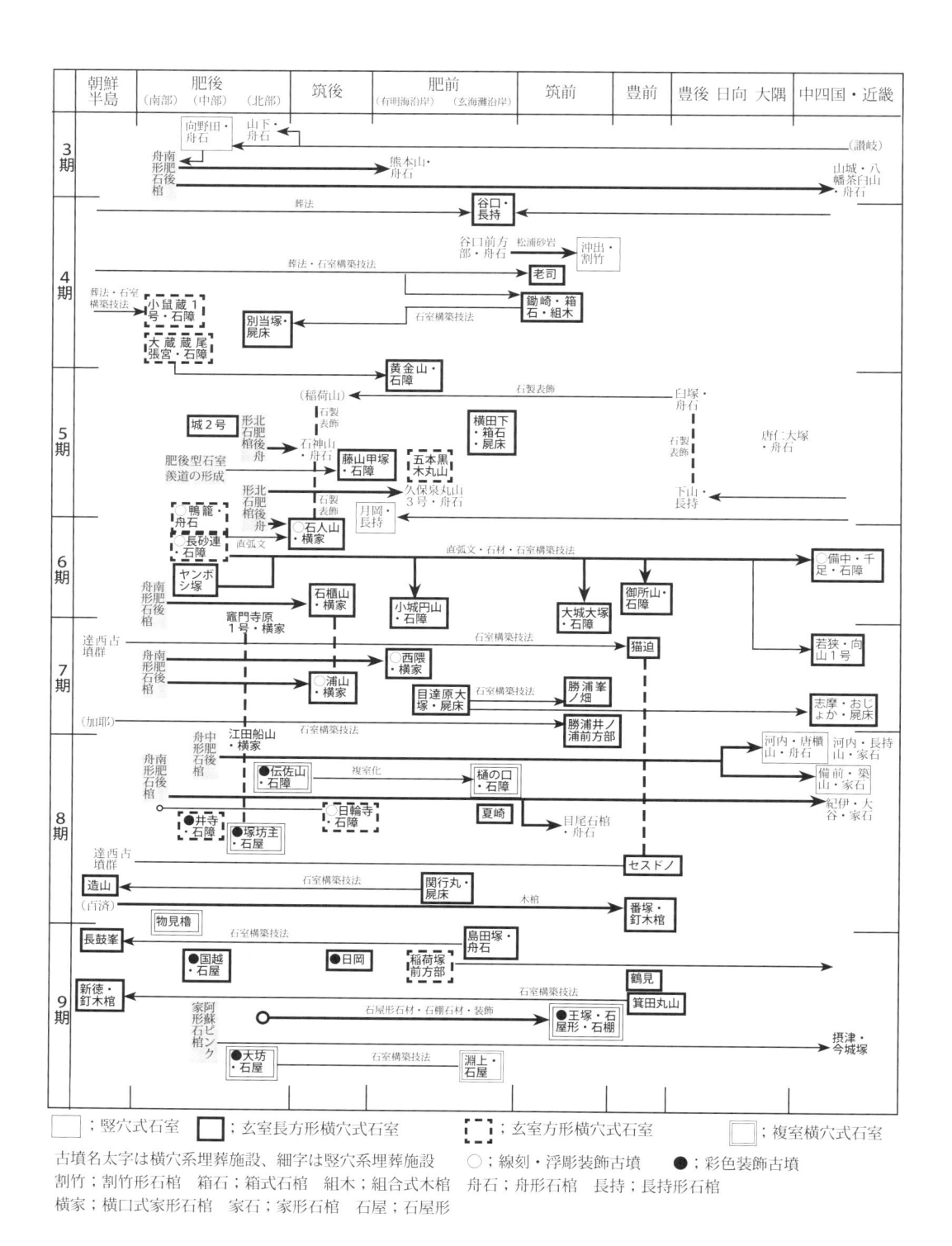

第2図 九州北部の首長墓級古墳の埋葬施設に見られる地域間関係（重藤2015を改変）

山古墳は石障を石室下部に立てるので，筑肥型と言える。一方，加耶の竪穴系横口式石室の影響が見られる勝浦井ノ浦古墳前方部石室や猫迫古墳もある。また，勝浦峯ノ畑古墳の石室については，片袖傾向で腰石の構築技法において，目達原大塚古墳との関係が指摘されている（森下1987，22）。このような点から，各地での横穴式石室の導入においては他地域からの技術の移入が必要であったと考えられる。この時期には，備中千足古墳，若狭向山1号墳，志摩おじょか古墳など，初期横穴式石室が九州外にも拡散するが，柳沢一男氏はそのような九州以外の地域への九州系の初期横穴式石室のひろがりの実態として技術者の派遣等の往来を想定している（柳沢1982，1103）。九州内での横穴式石室を巡る地域間関係においても同様の状況が考えられる。一方，有明海沿岸地域における横口式家形石棺の共有，石製表飾の導入と拡散も6期の石人山古墳の出現が転換点に位置づけられる。

　8期には中肥後製，馬門石製石棺の輸送が本格化し，その傾向は後期へとつながる。ただし，横口式家形石棺を除けば，この時期には九州北部の古墳での石棺の使用自体は減少したと想定される。したがって，この時期以降の瀬戸内以西への輸送は，輸送先，すなわち発注者側の要望に基づく可能性が高く，それ以前の段階とは質的に差があるのではないかと考えられる[4]。また，九州系の横穴式石室が朝鮮半島西南部に導入されるのも8～9期である。

（2）埋葬施設にみられる古墳時代の首長間関係

　上述のように，古墳時代中期を通じて，九州北部は石棺の輸送，横穴式石室構築技術の移転等の遠隔地との交流がある。特に肥後の石棺が中四国，近畿に輸送されたり，肥後から肥前にかけて展開した筑肥型初期横穴式石室が豊前やさらには備中等東方に伝わり，遠距離にある首長間の交流を物語る。輸送方法，交通手段，ルートの問題も関わるが，遠距離の移動が活発な時代であったと言える。朝鮮半島からの渡来人の移動や，須恵器，各種の副葬品など様々な物資の遠隔地間の輸送もこれに関連すると考えられる。また，九州北部は多様な埋葬施設が存在するため，当該期の地域間関係が特に顕著に見られるが，他地域でも同様の関係が成立していたと想定すべきであろう。

　一方，比較的，近接する地域の間での関係も存在する。3期の肥前熊本山古墳，5期の肥前久保泉丸山ST003への舟形石棺の輸送や，6～7期の横口式家形石棺の筑後への輸送がその例である。横口式家形石棺，石製表飾を指標とするような有明海沿岸地域の首長間同盟（吉田1975，47-8，柳沢2014，63-4）も，近接する地域間の密接なネットワークを基盤としたものと考えられる。筑肥型初期横穴式石室もその基盤の上に成立したと言えよう。

　このように首長間の交流関係は遠距離の事例が目を引くが，遠距離から近距離にいたるまで重層的なものであったと理解できる。上位階層ほど広域な関係を結ぶ可能性が高いが，比較的親密な近接する地域間では頻度の高い埋葬施設の関係が推測でき，古墳群等の集団との関係が問題となる。また，6～7期の横穴式石室の拡散においては，技術者の派遣が想定されている。当然ながら，石棺の輸送においても，製作地の集団が輸送の任務を担ったと考えられる一方

で，石室構築技術の修得の機会を得るための逆方向の動きも想定できる。首長層自体の移動に加えて，首長あるいは共同体の意志によるそのような技術者，集団成員の移動が，地域間交流，ネットワークの実態の一部を構成していたと理解すべきであろう。

したがって，このような重層的な交流関係，人，集団の関わりは地域首長等に限定されないと考えられる。その解明のためには，首長墓級の大型古墳に加え，中小規模の古墳の検討も必要となる。

V 九州北部の古墳群にみる埋葬施設の階層的関係

（1）検討の視点

古墳時代中期の九州北部では同一地域，同一時期に複数の種類の埋葬施設があり，それは同一古墳群でも同様である。古墳群においては埋葬施設の差は単純な時期差，地域差，集団差とはいえず，階層差と関連する部分が大きいと予想される。ここではその実態を捉えるために，複数の埋葬施設が見られ，時間的変化をたどることのできる古墳時代中期の古墳群の事例を検討してみる。また，古墳群中でも墳丘規模から，群の展開の中で各時期の盟主的な階層にある盟主墳とそれに従属するかのような小古墳，あるいは墳丘をもたない箱式石棺，土壙墓等の埋葬施設の間の階層差が見られ，副葬品等もこれに対応することが多い。そこで，墳丘規模等から古墳群内でも各時期の盟主的な古墳を抽出し，その他の古墳との埋葬施設の差を検討する。なお，事例とした古墳群を構成する中小規模の古墳は副葬品，埴輪が少ないため，土師器・須恵器を時期決定の基準とした。

（2）事例の検討

第1表　福岡県春日市原古墳群における埋葬施設の変遷と階層差

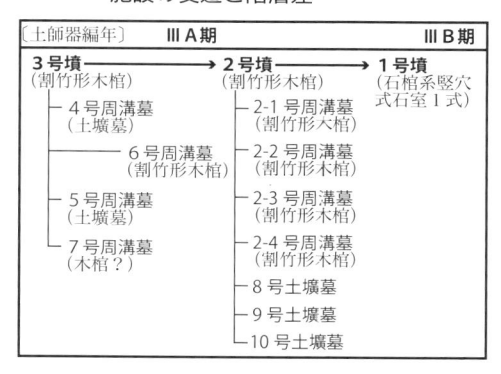

［土師器編年］	ⅢA期	ⅢB期
3号墳 （割竹形木棺）	→2号墳 （割竹形木棺）	→1号墳 （石棺系竪穴式石室1式）
├4号周溝墓 （土壙墓）	├2-1号周溝墓 （割竹形木棺）	
├6号周溝墓 （割竹形木棺）	├2-2号周溝墓 （割竹形木棺）	
├5号周溝墓 （土壙墓）	├2-3号周溝墓 （割竹形木棺）	
└7号周溝墓 （木棺？）	├2-4号周溝墓	
	├8号土壙墓	
	├9号土壙墓	
	└10号土壙墓	

福岡県春日市原古墳群（第3図，第1表）　福岡平野を流れる那珂川の右岸，丘陵上に立地する（井上他編1976）。古墳群は盟主的な立場を占めるやや大形の円墳1〜3号墳と，2・3号墳の周辺の周溝墓とされる小形の古墳，周溝の確認されない土壙墓からなり，2・3号墳とその周辺の古墳との間には明確な階層差が看取できる。

土器により時期決定が可能なものは，土師器ⅢA期の2号墳と土師器ⅢA期〜ⅢB期の1号墳に限られ少ないが，割竹形木棺を埋葬施設とする2号墳につづいて石棺系竪穴式石室1式の1号墳が築造されたと考えられる。土器は伴わないが割竹形木棺の3号墳は2号墳に先行する可能性が高い。したがって，盟主墳では割竹形木棺から石棺系竪穴式石室1式に埋葬施設が変化したことになる。一方，9・10号土壙墓は時期が不明であるが，墓壙主軸方向から1号墳あるいは2号墳に伴う可能性が想定される。この墓群

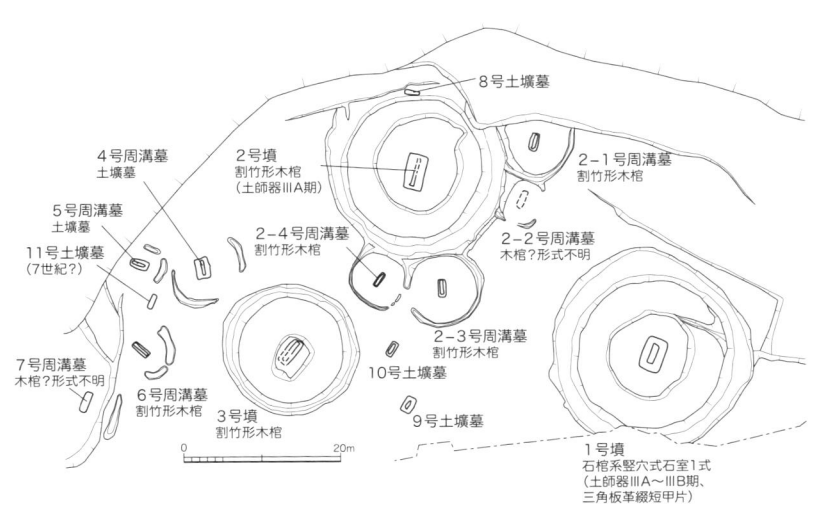

第3図 福岡県春日市原古墳群 (1/800)

第2表 福岡県那珂川町カクチガ浦古墳群における埋葬施設の変遷と階層差

[土師器編年]	Ⅱ期	ⅢA期	ⅢB期	Ⅳ期			Ⅴ期
[須恵器編年]			TK73	TK216	TK208		TK23
	18号墳 (箱式石棺)→17号墳 (割竹形木棺)→16号墳 (土壙墓)→14号墳 (割竹形木棺)→6号墳 (初期横穴式石室A類)→3号墳 (初期横穴式石室A類)						
	└21号墳 (石蓋土壙墓)	└20号墳 (割竹形木棺) └19号墳 (箱式石棺)	└15号墳 (箱式石棺)	└13号墳 └12号墳	└5号墳 (石棺系石室3式)		└4号墳 (石棺系石室3式)
	エゲ古墳 (割竹形木棺)				10号墳 (初期横穴式石室A類)→9号墳 (初期横穴式石室A類)		
階層差	┌1号方形周溝墓 (割竹形木棺?) └2号方形周溝墓 (割竹形木棺)				┌7号墳 (初期横穴式石室B類) └5号石蓋 土壙墓		└8号墳 (初期横穴式石室A類)

の中では，階層的に低い埋葬施設として土壙墓が用いられたことを示唆する。また，2号墳と3号墳の前後関係が確実とすれば，その間の土師器ⅢA期頃に，小規模な古墳にまで割竹形木棺が普及したと想定できる。

福岡県那珂川町カクチガ浦古墳群（第4図，第2表） 福岡平野の南部，那珂川の右岸の丘陵上に立地し，数次の調査により古墳群のほぼ全体が調査されている（宮原編1990，宮原1992，茂2005，茂他2008）。古墳は丘陵の主尾根線上に分布する古墳群と，丘陵北裾のエゲ古墳周辺の古墳群，丘陵東部の尾根線上の古墳群に分かれる。

丘陵尾根線上の古墳群では，尾根北西裾の14～21号墳の群が土師器Ⅱ期～ⅢB期を主体とする。この中では，墳丘規模から14・16～18号墳が盟主墳と想定され，それぞれに小規模な古墳が付随する。盟主墳の埋葬施設では，最も先行する可能性の高い18号墳が箱式石棺であるのを除けば，他は割竹形木棺である。一方，盟主墳周辺の小古墳では，20号墳が割竹形木棺を埋葬施設とするが，15・19号墳は箱式石棺，21号墳は小児用の石蓋土壙墓である。した

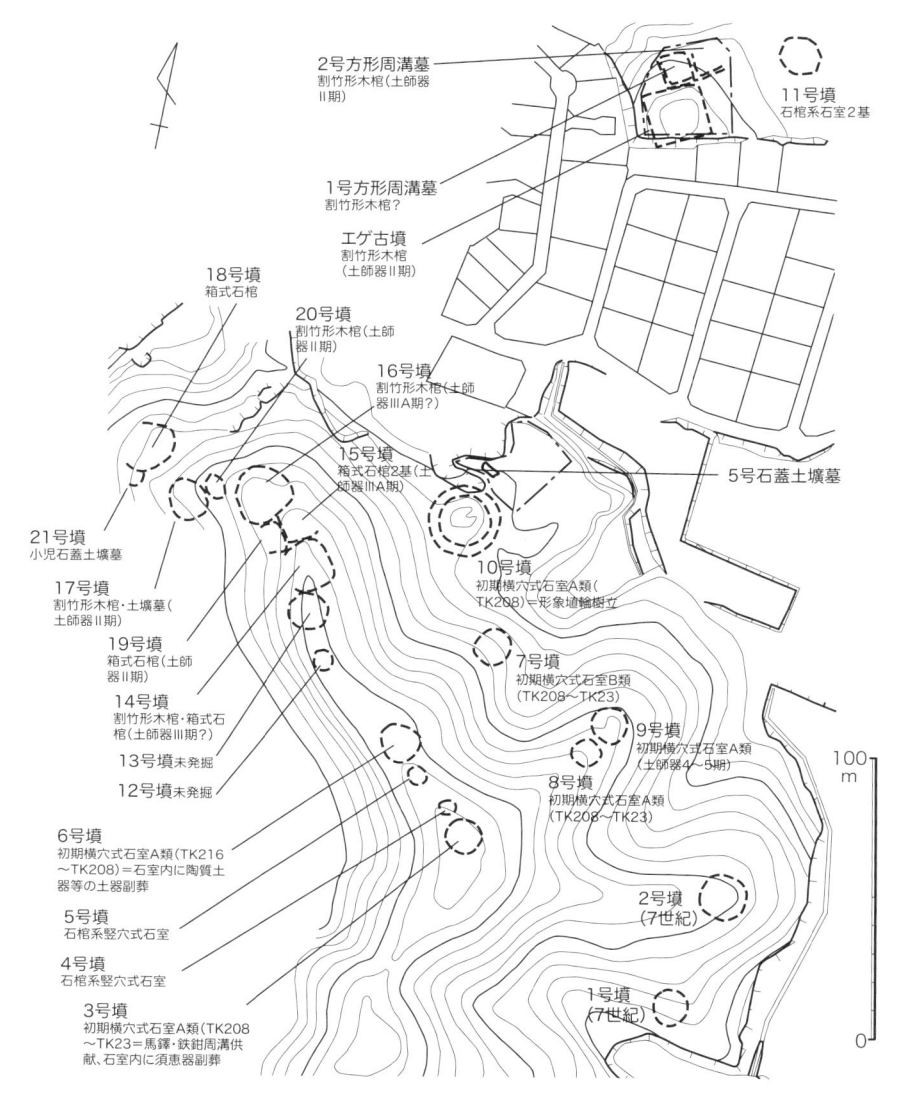

第4図 福岡県那珂川町カクチガ浦古墳群 (1/2500)

がって，土師器Ⅱ期〜ⅢB期，前期〜中期前半には割竹形木棺を上位とし，箱式石棺，石蓋土壙墓墓はそれよりも下の階層と位置づけられる。丘陵裾に立地するエゲ古墳とその周辺の古墳群でも，土師器Ⅱ期の盟主墳である割竹形木棺のエゲ古墳を中心に古墳が分布する。

中期後半になると，主尾根線の頂部付近とそこから東に派生する尾根線に古墳群が移動し，3〜10号墳が築かれる。丘陵主尾根線上の古墳群では3・6号墳が，丘陵東部の古墳群では9・10号墳が盟主墳であり，その埋葬施設はいずれも北部九州型初期横穴式石室A類である。一方，3・6号墳に伴うと考えられる4・5号墳はいずれも石棺系竪穴式石室3式を埋葬施設にもつ。10号墳に伴う7号墳は初期横穴式石室B類である。また，10号墳の北には墳丘が確認できない5号石蓋土壙墓が存在する。したがって，中期後半には初期横穴式石室A類，初期

第3表　福岡県朝倉市原の東古墳群における埋葬施設の変遷と階層差

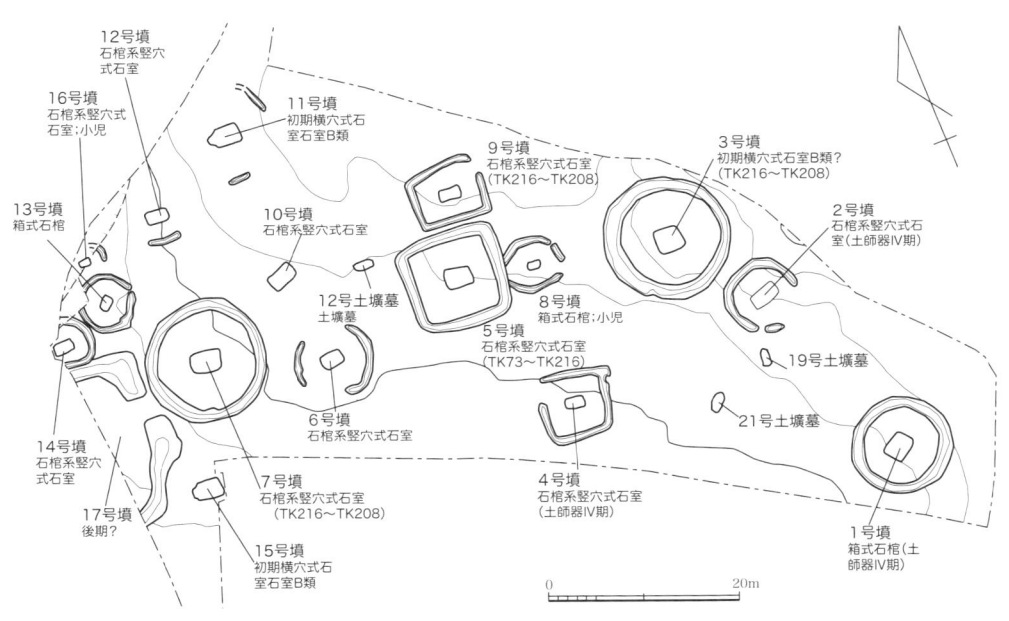

〔須恵器編年〕			
TK73	TK216	TK208	TK23
1号墳→(箱式石棺)	5号墳→(石棺系石室)	7号墳→(石棺系石室)	3号墳(初期横穴式石室B類?)
8号墳(箱式石棺)	─9号墳(石棺系石室)	─6号墳(石棺系石室)	─2号墳(石棺系石室)	11号墳(初期横穴式石室B類)
	─4号墳(石棺系石室)	─12号墳(石棺系石室)	─19号土壙墓	15号墳(初期横穴式石室B類)
	─12号土壙墓	─14号墳(石棺系石室)	─21号土壙墓	
		─13号墳(箱式石棺)		
		─16号墳(小児石棺系石室)		

第5図　福岡県朝倉市原の東古墳群（1/800）

横穴式石室B類，石棺系竪穴式石室3式，石蓋土壙墓の順の階層差が復元できる。9号墳に伴うと考えられる8号墳は初期横穴式石室A類を採用しているが，中期後半の短期間に，盟主的な古墳における初期横穴式石室A類の採用を契機として，小規模な古墳にまで初期横穴式石室B類，それについで大型の初期横穴式石室A類が普及したことが分かる。

福岡県朝倉市原の東古墳群（第5図，第3表）　筑後川右岸の段丘上に立地し，九州横断自動車道の建設に伴い調査された（佐々木編1999）。墳丘規模から群中の盟主墳として考えられるのが円墳の1・3・7号墳と方墳の5号墳で，出土土器は石棺系竪穴式石室を埋葬施設とする5号墳が古い。しかし，Ⅳ期の土師器の出土にとどまるため微細な時期決定は不可能であるものの，箱式石棺を持つ1号墳は5号墳に先行すると考えられる。したがって，盟主的な古墳では短期間に箱式石棺，石棺系竪穴式石室，初期横穴式石室B類の順に変化したと考えられる[5]。

5号墳には12号土壙墓，7号墳には箱式石棺の13号墳が伴い，石棺系竪穴式石室に対して箱式石棺，土壙墓が階層的に下位の埋葬施設となる。土壙墓は初期横穴式石室B類が出現する3号墳の時期においても，最下層の埋葬施設として存続している可能性がある。また，3号墳の築造を契機に，古墳群では横穴式石室が築造されるようになったが，同時期の階層の低い2号墳には石棺系竪穴式石室が残存し，広く普及するのはその次の段階と考えられる。

福岡県八女市立山山古墳群（第6図，第4表）　岩戸山古墳等の首長墓群である八女古墳群が立地する矢部川北岸の八女丘陵上の古墳時代中期の古墳群である（佐田他1983）。

　6世紀前半の8号墳付近を境に古墳群は2つの尾根線上に分布する南北の2群に分かれる。南群では，墳丘の規模から21号墳，24号墳，26号墳，27号墳が盟主墳と判断できる。盟主墳ではTK73型式前後と考えられる24号墳が箱式石棺をもつが，TK216型式頃の21号墳で初期横穴式石室B類が導入される。また，25号墳に見るように，遅くともTK47型式頃には小形の円墳にまで初期横穴式石室B類が普及したと理解される。

　北群は小規模な古墳が多く，墳丘規模での階層差を設定することが難しいが，やや規模の大きい土師器ⅢA期の11号墳，土師器ⅢB期の29号墳が盟主墳と想定できる。そうであるならば，北群の盟主墳では埋葬施設が箱式石棺から石棺系竪穴式石室1式に変遷したことになる。29号墳に付随する階層的に下位の古墳としては石棺系竪穴式石室1式の28号墳，箱式石棺の32・33号墳，1号木棺墓，1号石蓋土壙墓が挙げられる。一方，11号墳と29号墳との間には箱式石棺を埋葬施設とする小円墳，周溝の無い箱式石棺・土壙墓・石蓋土壙墓が分布する。出土遺物は少ないが，これらは11号墳と29号墳に前後する土師器ⅢA～ⅢB期を中心とするものと推測される。上述した原古墳群，カクチガ浦古墳群の土師器ⅢA～ⅢB期とほぼ同様の階層差が推測できる。また，29号墳の北の31・32号墳，北郡の西端のTK73～TK216型式の12号墳があり，いずれも石棺系竪穴式石室2式である。石棺系竪穴式石室1式に後続するものであり，29号墳を契機に石棺系竪穴式石室が採用され，周辺の小古墳にも拡散したと考えられる。

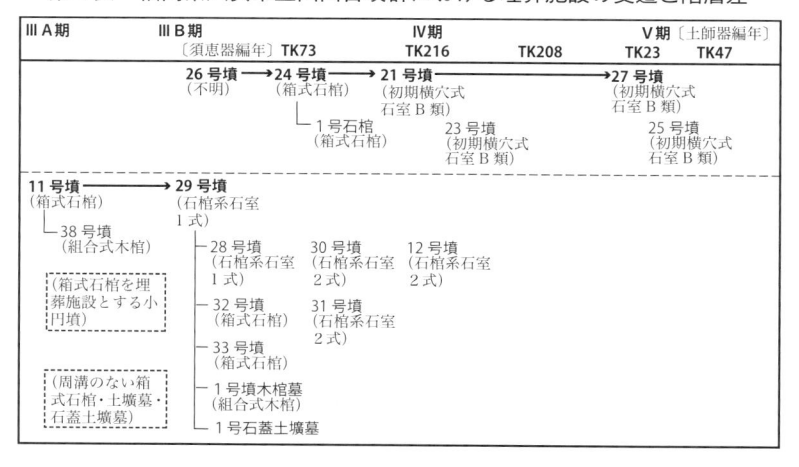

第4表　福岡県八女市立山山古墳群における埋葬施設の変遷と階層差

ⅢA期	ⅢB期 〔須恵器編年〕TK73	Ⅳ期 TK216　TK208		Ⅴ期〔土師器編年〕TK23　TK47
	26号墳→24号墳→21号墳 (不明)　(箱式石棺)　(初期横穴式石室B類)			→27号墳 (初期横穴式石室B類)
	└1号石棺 (箱式石棺)	23号墳 (初期横穴式石室B類)		25号墳 (初期横穴式石室B類)
11号墳 (箱式石棺)	→29号墳 (石棺系石室1式)			
└38号墳 (組合式木棺)	├28号墳 (石棺系石室1式)	30号墳 (石棺系石室2式)	12号墳 (石棺系石室2式)	
(箱式石棺を埋葬施設とする小円墳)	├32号墳 (箱式石棺)	31号墳 (石棺系石室2式)		
(周溝のない箱式石棺・土壙墓・石蓋土壙墓)	├33号墳 (箱式石棺)			
	├1号墳木棺墓 (組合式木棺)			
	└1号石蓋土壙墓			

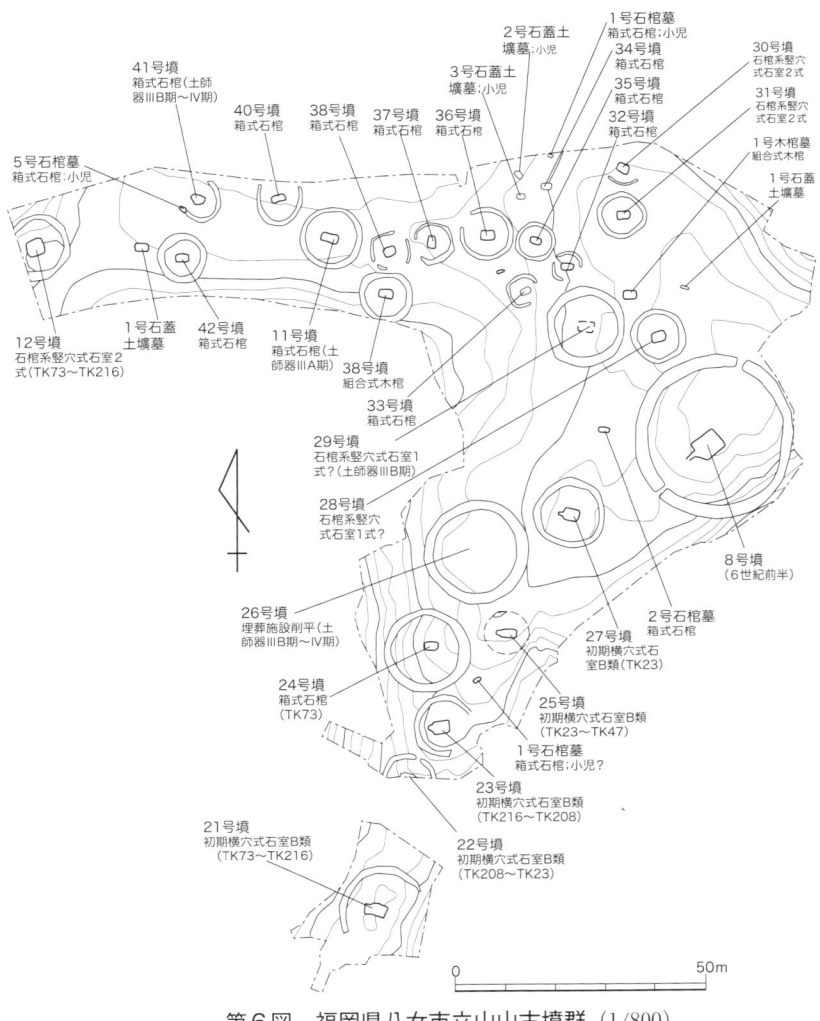

第6図　福岡県八女市立山山古墳群 (1/800)

一方，12号墳の時期には南群で初期横穴式石室が導入されているので，群を形成した集団ごとに新しい埋葬施設を導入する契機を異にした可能性が高い。

(3) 古墳群中の埋葬施設の変化と階層性

　九州北部の古墳時代中期は，古墳群中でも盟主墳とそれに付随する小古墳，さらには墳丘さえ形成しない埋葬という階層性が見られる。また，1古墳群中でも複数種類の埋葬施設が共存し，階層差と対応するが，盟主墳，小古墳という同一階層であっても埋葬施設の種類が時期によって変化する。全国的にも階層差とその変動の顕著な古墳時代中期の特徴と合致しているが，埋葬施設をめぐる古墳群を築造した集団内の社会関係，古墳群の築造集団とそのさらには上位の集団あるいは首長層との関係を示唆するものと考えられる。

　例えば，カクチガ浦古墳群，原の東古墳群では盟主墳での横穴式石室の導入を契機として，

群内に横穴式石室が拡散する。立山山古墳群での石棺系竪穴式石室の拡散，原古墳群の割竹形木棺の普及も同様の過程であろう。古墳群中での初期横穴式石室などの新たな埋葬施設は，盟主墳での採用を契機，起点として古墳群内へと普及，拡散したと言える。前述した首長墓における埋葬施設の地域間関係を考慮すると，埋葬施設に関する技術，情報は首長墓を頂点とし，古墳群中の小古墳，墳丘の無い埋葬に至る階層的系列に沿って，広がると推測できる。

ただし，古墳群の様相から見れば，このような階層的系列は世代を超えて固定化するものではない。盟主墳の埋葬施設の変化は世代ごとに首長，上位集団との関係を結んだことによると推測される。九州の前期古墳の竪穴式石室において世代ごとに新たな石室が取り入れられるとする辻田淳一郎氏の指摘（辻田2011，28）に符合する。また，原古墳群2号墳周辺の周溝墓のあり方も2号墳の被葬者を中心とした世代ごとの階層関係の存在を示唆すると思われる。

なお，九州北部の古墳時代後期では，装飾古墳，複室構造の横穴式石室は階層的に上位の古墳に限られる。古墳時代中期よりは埋葬施設の階層差の固定化が進んだと推測しておきたい。

Ⅵ　埋葬施設の階層性・地域間関係と古墳時代社会

（1）埋葬施設の階層性と地域間関係

古墳時代の九州北部は石棺の地域間輸送，横穴式石室の導入と普及に代表されるように，埋葬施設において活発な地域間関係が見られる。首長間関係を基軸とし，その範囲は海を越えて朝鮮半島にまで及ぶ。また，有明海沿岸域の首長連合のような関係をそこに認めれば，和田晴吾氏の説く石棺を共有する古墳時代中期の地域首長連合のあり方とも符合する（和田1998）。

ただし，首長墓級古墳に限らず中小規模の古墳においても埋葬施設の活発な変化があり，階層性も顕著である。広瀬和雄氏は首長層のネットワークの重層性を指摘しているが（広瀬1994，147），このような埋葬施設の関係は階層的には地域首長のみならず，古墳群の被葬者レベルにまで及ぶものと言える。空間的にも遠距離から近距離にいたるまで重層的なもので，地域首長，古墳群中の盟主墳被葬者層のような上位階層ほど広域な関係を結ぶ可能性が高いと考えられる。また，埋葬施設の交流の背景には，構築技術者あるいは輸送を担う集団の派遣が推測され，逆に先取的地域への技術や新しい儀礼修得の機会を得るための移動も想定された。これらは，古墳時代中期のみならず，前期，後期においても同様であろう。

太田宏明氏は畿内中枢部で新しく開発された畿内型横穴式石室の構築技術が畿内各地の群集墳中の石室に正確かつ円滑に伝達されたのに対し，九州北部の横穴式石室の構築技術は複数の集団間で情報の発信と受信が繰り返される連鎖型の伝播で，互恵的な人間関係を媒体としたとする（太田2003・2011）。九州北部の場合，個々の古墳構築に際して，首長層のネットワーク，階層的系列をたどりながら，首長本人，古墳群中の盟主墳の被葬者層に加えて，技術者，集団成員が移動することにより，連鎖的に新たな埋葬施設の情報が拡散したと推測される。

ところで，古墳を構成する物質資料には統一性と地域性，辻田淳一郎氏の言葉を借りれば多元性と一元性（辻田2012，47-48）が存在する。統一性，一元性は先祖祭祀の共通化（近藤

1983)，墳墓要素を政策的に普及させることにより首長層の系列化や差別化を図る政治的意図を反映した中央政権の儀礼管理（福永2005，279）などから説明されることがある。これに対して，地域性，多元性は地域の政権のある程度の政治的自立性（広瀬2007，244-5他）から説明されることが多い。また，古墳を構成する要素の中で，中央政権によって一元的な管理が発動可能であったと想定されるのは，威信財流通という点での副葬品の構成と，墳丘構築や外表施設に関わる技術的側面であり，そのため威信財の副葬品，軍事的物資は地域差が少ないが，これに対して埋葬施設は地域差が大きいと辻田氏は指摘する（辻田2012，47-8）。広瀬和雄氏は埋葬施設は構築と埋葬に直接関わった限られた人々にしか見えないので，中央政権の関与が小さいとする（広瀬2013，157）。このような考え方に立って，九州北部の埋葬施設の地域性の一端は説明が可能であろう。しかし，地域性の強い埋葬施設において，広域の交流が行われたことについては，さらに踏み込んだ解釈が必要となる。そこでは，埋葬施設のもつ古墳葬送儀礼の中での象徴性も含めた意義に加えて，先に見た埋葬施設をめぐる地域間交流の重層性が鍵になると考えられる。

（2）古墳時代社会の交流の重層性

　古墳時代から古代にかけてウヂ（氏）が社会関係として存在するが，北康宏氏はその成立過程を3期に分けて整理する（北2014）。その第Ⅰ期はトモの段階で，名を付すことで支配を及ぼし，名を負うことで集団に帰属するという直接的な人格関係である。複数の名を負って複数の集団に帰属したり，別基準の名を並列的に負うこともあり，必ずしも王権に集約されない重層性と多属性を有する名に媒介された社会関係とする。また，名を与える側の意味のみならず，与えられる側の選択意志にも依存して，名を変える，すなわち帰属する対象を変更したり，新たな関係に自己を位置づけることもあった。稲荷山古墳鉄剣銘の「仕奉」，「奉事根源」という王民意識も，名を負う側の現実的利害に基づく選択結果とする。第Ⅱ期は名が設定者の手を離れて実体化し，名を負うことが権益の継承と観念される段階である。永続団体へと転ずるとともに重層的な奉仕関係を自己の中に吸収する段階で，狭義のウヂの成立をそこに求めている。稲荷山鉄剣銘ではヲワケと時間を共有した祖父・父以来のヲワケの一族が，杖刀人首の地位継承の歴史や同祖のウヂとのネットワークを負っている事実を説明しており，名を権益として特定の親族が負うようになる過渡期をリアルに示すとする。第Ⅲ期は名の権益否定と律令官人制への移行を期し，公認した氏上を核に擬制的な出自集団が設定される段階である。

　以上のような第Ⅱ期以前のトモ，ウヂは名として現れるとされるが，実態としては奉仕や貢納，逆に言えば物資の再分配や，威信財の配布と連動したと考えられる。一方，観念的にはその名を擬制的に王名に遡及させたり，祖霊を王権神話と結合させる，逆に言えば始祖が王権神話，上位集団の伝承に吸収される状況が想定される。

　貢納と奉仕は律令制下では調，庸に相当するが，石上英一氏は（石上1996，177-8），調の前身としてのツキには首長の地域的階級支配機関への展開，および共同体間の重層的支配服属関

係の形成により，服属集団の服属儀礼の一環として上位の支配共同体への供給制度の段階があったとする。庸の前身としてのチカラシロには共同体成員による共同体首長への服属の証としての労働奉仕，共同体間の支配服属関係の形成による被支配共同体の支配共同体への服属儀礼における労働奉仕や労働力貢上制度の成立の段階があったとする。このような貢納と奉仕にみる集団間の重層的な関係は，上述したウヂの第Ⅰ・Ⅱ段階と構造的に同質であったと考えられる[6]。

　トモ，ウヂから考えられる多属性，重層性は貢納，奉仕の関係として現れるし，それは埋葬施設の階層性，地域間関係とも符合する部分が多い。貢納，奉仕はまさに埋葬施設をめぐる技術者，集団の派遣，石棺等の輸送の原理にほぼ等しいものといえる。それは遠隔地にある首長間だけでなく，地域首長の支配領域，農業共同体，集落など重層性的な地域単位内でも起こり得たと考えられる。埋葬施設の地域間関係の背景をこのように想定し，第7図のようにその重層性，多属性と変化をモデル化しておきたい。

（3）古墳の葬送儀礼と社会集団

　古墳は，政治・心性面における象徴物として，前方後円墳のみならず，中小形の円墳・方墳，墳丘を持たない土壙墓等にいたるまで，墳墓体系を構成している（土生田2003，226）。古墳時代初頭における前方後円墳の成立には先祖祭祀の共通化（近藤1983，寺沢2000他）が起こり，擬制的同祖同族関係にもとづいて，各地に広がったとされる。階層的であるし，階層間，地域間の交流と密接に結びついた墳墓体系ということができる。

　本稿では埋葬施設の地域間交流，階層的関係に基づいた地域内での初期横穴式石室の普及などの現象の背景に，重層的，多属的な貢納，奉仕等に類するような人の移動，交流を想定した。葬送儀礼に奉仕の一部として技術者や集団を派遣し合う関係，貢納の一部として石棺等を輸送する関係が，古墳に現れた階層的な地域間交流の実態と考えられる。本稿で取り上げた九州の埋葬施設はもちろんであるが，埴輪製作，古墳墳丘築造のための労働力編成もその観点から理解できよう[7]。例えば，首長の葬送儀礼には，技術者，築造の労働のために集まった下位集団の成員，各地の首長さらにはヤマト政権からの使者，共同体を構成する各集団の長などの様々な階層の参加が想定できる。そのような人の動きにより，墳丘や埋葬施設の構築技法，儀礼の内容が導入されたり，埋葬施設の構築技術，情報が拡散したと考えられる。

　ところで，北康宏氏はウヂ成立過程の第Ⅰ期から第Ⅱ期に名を付与される側にも選択意志が存在するにもかかわらず，結果的には王権への依存性，求心性が強い国制が成立したとする。その要因として，北氏はウヂの他律制，すなわちウヂがより強力な名を追い求めるような強固な王権依存性に求めている。王権への依存を，首長等の階層的上位者，上位共同体への依存と言い換えれば，埋葬施設に見られる階層性と地域間関係，さらには古墳文化の一元性あるいは儀礼管理はこの求心的な動きの累積として理解できる。埋葬施設の階層間，地域間の交流は，貢納，奉仕の原型となるような重層的，多属的な人の移動の産物であり，その分析から当時の

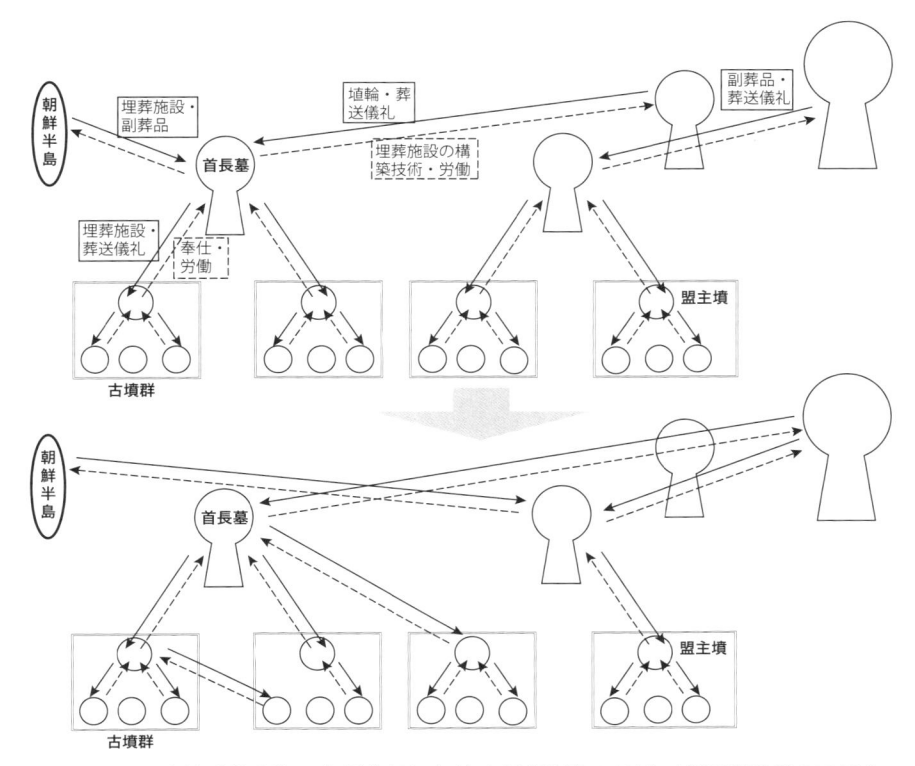

第7図 古墳時代中期の九州北部における埋葬施設の地域・階層間関係のモデル

交流の具体的な内容，歴史的特徴が解明できると思われる。

　田中良之氏は古墳出土人骨の歯冠計測値の近縁性をもとに，古墳時代の親族構造の変化を解明した（田中1995）。ここで論じたような地域間関係，階層性は，親族関係にも規定されたものと考えられる。ここでの検討結果と対照するならば，古墳時代中期に埋葬施設の階層性が顕著になるが，古墳時代中期後半に横穴式石室に統一されていくのは，親族構造の父系への傾斜に伴い，多属性の幅が減少していったことと連動するかもしれない。また，古墳時代中期後半の畿内への石棺輸送は，多属的なネットワークの中から，大王権への地域首長の奉仕，貢納へと確立していく過程ともとれる。このような変質に親族構造の変化が関係していた可能性が高いのではないかと予測される。

Ⅶ　おわりに

　古墳は階層的であるとともに，当時の活発な地域間関係を反映した墓制である。古墳の科学的研究では時間的展開の中で，地域差，階層差を軸として，現象を確実に言語化，数値化，図式化し，それにもとづいて仮説化，解釈を加えることと考えられる。古墳時代中期前後の首長墓級古墳の埋葬施設の地域間関係と，古墳群中での階層差について時間的展開の検討は，現象を図式化する試みの一つである。

一方，古墳は死者の生前の関係性，死者同志の関係性を表示，象徴する装置としての側面の強い墓制である。検討によって，古墳時代の様々な社会経済的交通の活発化と社会の階層化が古墳埋葬施設にも反映されている様相を明らかにすることができ，埋葬施設の象徴性の一端もかいま見ることができた。

　さらに，本稿では九州の古墳埋葬施設と地域間関係を階層性を検討し，社会の重層性，多属性に基づいたネットワークに沿った首長層，各級の集団の長，さらには構築技術者，奉仕のための集団成員の移動による埋葬施設構築技術，葬送儀礼の拡散，地域間関係を推測し，解釈の一つとしてモデル化した。このようなモデル化については，古墳埋葬施設とは異なる副葬品等の古墳の構成要素，古墳とは異なる集落遺跡，生産遺跡などの資料から検証，修正，補強する必要があると考えられる。

　引用文献では煩雑さをさけるため個々の古墳の報告書等は省略した。また，本稿を作成するにあたり，次の方々に御教示をいただいた。
　　小松譲氏，辻田淳一郎氏，桃崎祐輔氏，柳澤一男氏，金武重氏

■注
1）須恵器編年との関係は，前方後円墳編年6期＝TK73形式，同7期＝TK216・TK208形式，同8期＝TK23・TK47型式と考えていて，土師器編年とも矛盾しない。また，朝倉系初期須恵器は池の上Ⅰ～Ⅲ式がTK73～TK216型式平行と考えている。
2）筆者の分類と先行研究については，前稿を参照していただきたいが，その後，山中英彦氏も細部については異なるが，ほぼ同様の分類を行っている（山中2013）。なお，山中氏は百合ケ丘古墳群16号墳を石室幅から石棺系竪穴式石室には属さない竪穴式石室としているが，同例については時期，規模から考えて初期横穴式石室の可能性も考慮すべきではないかと思われる。
3）柳沢一男氏（柳沢1987）は舟形石棺の終焉を5世紀第4四半期に求めている。
4）ここでは紀伊大谷古墳石棺を高木恭二氏（高木2011）の見解により南肥後型舟形石棺としているが，同例を豊後で製作された石棺とする意見もある（柳沢1987，202）。いずれにしても九州において舟形石棺の製作が終息に向かう時期のものであり，輸送用に製作された特殊品の可能性を想定しておきたい。
5）3号墳は報告書では石棺系竪穴式石室と報告されているが，石室幅が広いため，短壁の上部に横口を設置した初期横穴式石室B類の可能性が高いと判断し，第5図および第3表に示している。
6）系譜において自己が双方的親族関係によって，複数の集団に帰属し，それが集団相互の有機的結合を支えたとする義江彰子氏の両属性に関する論も参考にすれば（義江1986，4），祖霊の仮構的系列化・階層化も流動的，組み換え可能で，多属的なものであったと考えられる。また，部民制に関する鎌田元一氏の解釈も同様のものとして理解できる（鎌田2001）。
7）犬木努氏は宮崎県西都市女狭穂塚，男狭穂塚の築造に際して，畿内中枢からの埴輪工人の派遣を指摘するとともに，在地工人が王権への奉仕を通じて畿内的埴輪の製作に習熟した可能性を論じている（犬木2015）。また，廣瀬覚氏は，各地地域への直接伝播による埴輪生産の拡散では，王権周辺での埴輪生産の経験を有する少数の工人が関与していたが，王権中枢部から派遣された集団かあるいは地域から王権中枢部に赴きそこで技術伝習を受けた集団であるかは区別が困難とし，双方の可能性を想定している（廣瀬

2015)。

■引用文献

石上英一1996『律令国家と社会構造』名著刊行会
石橋宏2013『古墳時代石棺秩序の復元』六一書房
犬木努2015「西都原古墳群の埴輪-「平成調査」から「大正調査」へ-」宮崎県立西都原考古博物館編『西都原古墳群総括報告書 平成24～26年度西都原古墳群基礎調査報告』宮崎県教育委員会、93-114頁
井上裕弘・木下修編1976『山陽新幹線関係埋蔵文化財調査報告』第2集 福岡県教育委員会
宇野愼敏2011「九州古墳時代の埋葬施設にみる階層秩序と地域性」『九州島における古墳埋葬施設の多様性』第14回九州前方後円墳研究会資料集 1-72頁
太田宏明2003「畿内型石室の変遷と伝播」『日本考古学』第15号 35-56頁
太田宏明2011「考古資料にみられる分布境界領域の様相-横穴式石室を資料として-」『考古学研究』第57巻第4号 71-89頁
鎌田元一2001『律令公民制の研究』塙書房
菊地芳朗2005「群小墳の成立・展開とその意義」大阪大学考古学研究室編『待兼山考古学論集』都出比呂志先生退任記念 大阪大学考古学友の会 557-582頁
北康宏2014「大王とウヂ」『岩波講座日本歴史』第2巻古代2 岩波書店 37-74頁
小林行雄1961『古墳時代の研究』青木書店
近藤義郎1983『前方後円墳の時代』岩波書店
近藤義郎編1992『前方後円墳集成』九州編 山川出版社
佐々木隆彦編1999『九州横断自動車道関係埋蔵文化財調査報告』(53) 福岡県教育委員会
佐田茂・伊崎俊秋編1983『立山山古墳群』八女市文化財調査報告書第10集
茂和敏2005『カクチガ浦遺跡群』Ⅳ 那珂川町文化財調査報告書第64集
茂和敏・廣木誠2008『カクチガ浦遺跡群』Ⅴ 那珂川町文化財調査報告書第71集
重藤輝行・西健一郎1995「埋葬施設にみる古墳時代北部九州の地域性と階層性-東部の前期・中期古墳を例として-」『日本考古学』第2号 95-117
重藤輝行2007「埋葬施設-その変化と階層性・地域性-」『九州島における中期古墳の再検討』第10回九州前方後円墳研究会資料集 107-133頁
重藤輝行2010「北部九州における古墳時代中期の土器編年」『古文化談叢』第63集 119-160頁
重藤輝行2011「肥前東部地域における古墳時代前期・中期の埋葬施設」『佐賀大学地域学歴史文化研究センター紀要』(5) 1-16頁
重藤輝行2015「古墳時代中期の日本列島 九州」『中期古墳とその時代 5世紀の倭王権を考える』季刊考古学別冊22 雄山閣 20-29頁
白石太一郎1965「日本における横穴式石室の系譜-横穴式石室の受容に関する一考察」『先史学研究』第5号(『日本考古学論集』6 墳墓と経塚 吉川弘文館 311-350頁所収)
髙木恭二1994「石障系横穴式石室の成立と変遷」『宮嶋クリエイト』第6号 宮嶋利治学術財団 110-132頁
髙木恭二2011「舟形石棺・家形石棺の一様相-矩形穿孔と環状縄掛突起-」『坪井清足先生卒寿記念論文集 埋文行政と研究のはざまで』下巻 坪井清足先生の卒寿をお祝いする会, 845-855頁
髙木恭二・渡辺一徳1990「二上山ピンク石製石棺への疑問-九州系舟形石棺から畿内系家形石棺への推移-」『乙益重隆先生古稀記念論文集 九州上代文化論集』乙益重隆先生古稀記念論文集刊行会 239-270頁
髙木正文1999「肥後における装飾古墳の展開」『国立歴史民俗博物館研究報告』第80号 97-150頁
田中良之1995『古墳時代親族構造の研究』柏書房

辻田淳一郎2011「初期横穴式石室における連接石棺とその意義」『史淵』第148輯　1-36頁
辻田淳一郎2012「古墳文化の多元性と一元性」一瀬和夫・福永伸哉・北條芳隆編『古墳時代の考古学』7　内外の交流と時代の潮流　44-56頁
都出比呂志1989『日本農耕社会の成立過程』岩波書店
都出比呂志2005『前方後円墳と社会』塙書房
寺沢薫2000『日本の歴史』第2巻　王権誕生　講談社
中西常雄2014「近畿地方土器棺の基礎的研究−5〜8世紀−」『古文化談叢』第72集　63-129頁
西嶋定生1961「古墳と大和政権」『岡山史学』第10号　154-207頁
土生田純之2003「古墳の定義についての研究略史」『関西大学考古学研究室開設五十周年記念　考古学論叢』関西大学考古学研究室　211-228頁
林田和人1995「東九州の舟形石棺」『宮崎考古』第14号　33-52頁
林正憲2010「古墳時代における階層構造−その複雑性と等質性−」『考古学研究』第57巻第3号　22-36頁
樋口隆康1955「九州古墳墓の性格」『史林』第38巻第3号　1-23頁
広瀬和雄1994「考古学から見た古代の村落」『岩波講座　日本通史』第3巻　古代2　岩波書店
広瀬和雄2007『古墳時代政治構造の研究』塙書房
広瀬和雄2013「古墳時代の首長」『国立歴史民俗博物館研究報告』第175集　129-162頁
廣瀬覚2015『古代王権の形成と埴輪生産』同成社
福永伸哉2005『三角縁神獣鏡の研究』大阪大学出版会
古城史雄2010「肥後における初期横穴式石室出現の背景」『先史学・考古学論究』Ⅴ（甲元眞之先生退任記念）龍田考古会　579-596頁
洪潽植2009「韓半島南部地域の九州系横穴式石室」　杉井健編『九州系横穴式石室の伝播と拡散』日本考古学協会2007年度熊本大会分科会Ⅰ記録集 中国書店　197-217頁
間壁忠彦・間壁葭子1975「石棺研究ノート（三）長持形石棺」倉敷考古館研究集報第11号　1-41頁
宮原千佳子編1990『カクチガ浦遺跡群』那珂川町文化財調査報告書第23集
宮原千佳子1992『カクチガ浦遺跡群』Ⅱ　那珂川町文化財調査報告書第29集
森下浩行1987「九州型横穴式石室考−畿内型出現前・横穴式石室の様相−」『古代学研究』115号　14-36頁
柳沢一男1982「竪穴系横口式石室再考−初期横穴式石室の系譜−」『森貞次郎博士古稀記念古文化論集』下巻　森貞次郎博士古稀記念論文集刊行会　1051-1109頁
柳沢一男1987「石製表飾考」『岡崎敬先生退官記念論集 東アジアの考古と歴史』下巻　同朋舎　169-222頁
柳沢一男1993「横穴式石室の導入と系譜」『季刊考古学』第45号　28-32頁
柳沢一男2013「前二子古墳横穴式石室のルーツを探る−九州と韓国の横穴式石室」『古代東国文化シンポジウム 東アジアから見た前二子古墳』群馬県・群馬県歴史文化遺産発掘・活用・発信実行委員会　29-36頁
柳沢一男2014『筑紫君磐井と「磐井の乱」岩戸山古墳』シリーズ「遺跡を学ぶ」094　新泉社
山中英彦2013「百合ケ丘古墳群の石棺系竪穴式石室について」『百合ケ丘古墳群』苅田町文化財調査報告書第45集　171-184頁
義江明子1986『日本古代氏の構造』吉川弘文館
吉田晶1975「古代国家の形成」『岩波講座日本歴史』2　古代2　39-87頁
吉留秀敏1990「北部九州の前期古墳と埋葬主体」『考古学研究』第36巻第4号　53-69頁
若杉竜太1997「九州石棺考」『先史学・考古学論究』Ⅱ　龍田考古会　71-131頁
和田晴吾1998「古墳時代は国家段階か」都出比呂志・田中琢編『古代史の論点』4　権力と国家と戦争　小学館　142-166頁

九州における古墳時代導水施設の展開

福岡県教育庁　城門義廣

要旨

　古墳時代の導水施設は，これまで畿内を中心として見つかっており，埴輪に表現されて古墳上に配置されることなどから，首長が関わる祭祀や葬送と関連づけられてきた。近年九州地域でも一定程度の出土が見られることから，資料を紹介するとともに，九州での展開の様相を，全体の様相の中で位置づけた。その結果，古墳時代前期の導水施設成立初期段階から導水施設自体の定形的な構造は，畿内並びに九州において確立していた可能性が高いことがわかった。導水施設の機能に関しては，考古学的状況からは①木槽をもち，清浄な水を得る意識がある，②遮蔽性が認められることのみが指摘できる。しかし，祭祀行為全体の動きなどの中から，現段階では，導水施設の機能の一つとして古墳時代前期に，畿内との繋がりの中で首長の権力を示す政治的機能を持つものとして出現したこと，葬送儀礼のどの場面で用いたのかは不明ながらも，「水を取る象徴的な行為」を行う場を含む機能を有していたものであろうと推測した。
キーワード：導水施設，木樋，北部九州，祭祀，葬送儀礼

1　はじめに

　導水施設は，槽部と木樋部をもつ「導水施設木樋」を中心として，上流の溜池部や木樋に至る導水部などからなる遺構である。規模の大きさや，囲形埴輪などにより古墳上で表現されることがあることから，主たる機能は首長による祭祀に関連するものとされる。

　筆者が発掘調査を行った福岡県行橋市の「延永ヤヨミ園遺跡」において「導水施設木樋」が出土し，古墳時代前期に属する可能性が高いことがわかり，報告書も刊行したため（城門編2015），資料紹介も兼ねて九州の導水施設について言及する。

　なお，以下特に断りのない限り木樋と記述した場合には「導水施設木樋」を示し，導水施設と記述した場合には他の構造物も含めた「導水施設」全体のことを示すものとする。

第1表　導水施設関連資料一覧表

遺跡	所在地	時期	形態	備考
纒向遺跡	奈良県桜井市	3世紀後半～4世紀初頭	木樋 井泉	組合式
延永ヤヨミ園遺跡	福岡県行橋市	3世紀中頃～4世紀中頃	木樋	2槽
服部遺跡	滋賀県守山市	4世紀	木樋	
浅後谷南遺跡	京都府京丹後市	4世紀前半	木樋	
畝田遺跡	石川県金沢市	4世紀前半	木樋	
千代・能美遺跡	石川県小松市	4世紀前半	木樋	
磯野北遺跡	奈良県大和高田市	4世紀前半	木樋	
瓦谷遺跡	京都府木津川市	4世紀前半～中葉	木樋	2点
南郷大東遺跡	奈良県御所市	5世紀前半～中頃	木樋	
大柳生宮ノ前遺跡	奈良県奈良市	5世紀中頃～6世紀中頃	木樋	
神並・西ノ辻遺跡	大阪府東大阪市	5世紀後半	木樋	2点
水銜遺跡	三重県伊賀市	6世紀	木樋	
赤井手遺跡	福岡県春日市	不明	木樋	
上清水遺跡	福岡県北九州市	3世紀代？	木樋	
三ッ寺Ⅰ遺跡	群馬県高崎市	5世紀後半～6世紀初頭	導水	石敷
池上曽根遺跡	大阪府和泉市・泉大津市	弥生時代中期末	井戸	
下鈎遺跡	滋賀県栗東市	弥生時代中期末	井泉	
藤江別所遺跡	兵庫県明石市	弥生時代後期以降	井泉	
八王子遺跡	愛知県一宮市	3世紀？	井泉	
古轡通りB遺跡	三重県松阪市	4世紀	井戸	
本位田遺跡	兵庫県佐用郡佐用町	4世紀	井泉	石組
中溝深町遺跡	群馬県太田市	4世紀～5世紀前半	井泉	石組
天白磐座遺跡	静岡県浜松市	4世紀後半～5世紀	井泉	
城の越遺跡	三重県伊賀市	4世紀後葉～5世紀中頃	井泉	石組含む
清水内遺跡	福島県郡山市	5世紀	井泉	
屋代遺跡	長野県千曲市	5世紀	井泉	
駒沢新町遺跡	長野県長野市	5世紀	井泉	
砂行遺跡	岐阜県関市	5世紀	井泉	
南紀寺遺跡	奈良県奈良市	5世紀	井泉	
八尾南遺跡	大阪府八尾市	5世紀？	井泉	
阪原阪戸遺跡	奈良県奈良市	5世紀～	井泉	石組
京ヶ辻遺跡	福岡県京都郡みやこ町	5世紀	井泉	
六大A遺跡	三重県津市	5世紀後半～6世紀	井泉	
熊野堂遺跡	群馬県高崎市	5世紀後半～6世紀？	井泉	
三室間ノ谷遺跡	群馬県伊勢崎市	6世紀	井泉	
上之宮遺跡	奈良県桜井市	6世紀後半～7世紀初頭	井泉	
古宮遺跡	奈良県橿原市・明日香村	飛鳥時代	井泉	
三田谷Ⅰ遺跡	島根県出雲市	古代	井泉	
山添遺跡	奈良県山辺郡山添村	奈良時代後半	井泉	
大園遺跡	大阪府高石市ほか	4世紀末～5世紀初頭	埴輪	
野毛大塚古墳	東京都世田谷区	5世紀前半	石製	2槽
宝塚古墳	三重県松阪市	5世紀前半	埴輪	
芝ヶ原古墳群	京都府城陽市	5世紀前半	埴輪	
五条猫塚古墳	奈良県五條市	5世紀前半	埴輪	
ナガレ山古墳	奈良県北葛城郡河合町	5世紀前半	埴輪	
心合寺山古墳	大阪府八尾市	5世紀前半	埴輪	
野中宮山古墳	大阪府藤井寺市	5世紀前半	埴輪	2槽
行者塚古墳	兵庫県加古川市	5世紀前半	埴輪	2槽
月の輪古墳	岡山県久米郡美咲町	5世紀前半	埴輪	2槽
御塔山古墳	大分県杵築市	5世紀前半	埴輪	2槽
狼塚古墳	大阪府藤井寺市	5世紀中頃	埴輪	

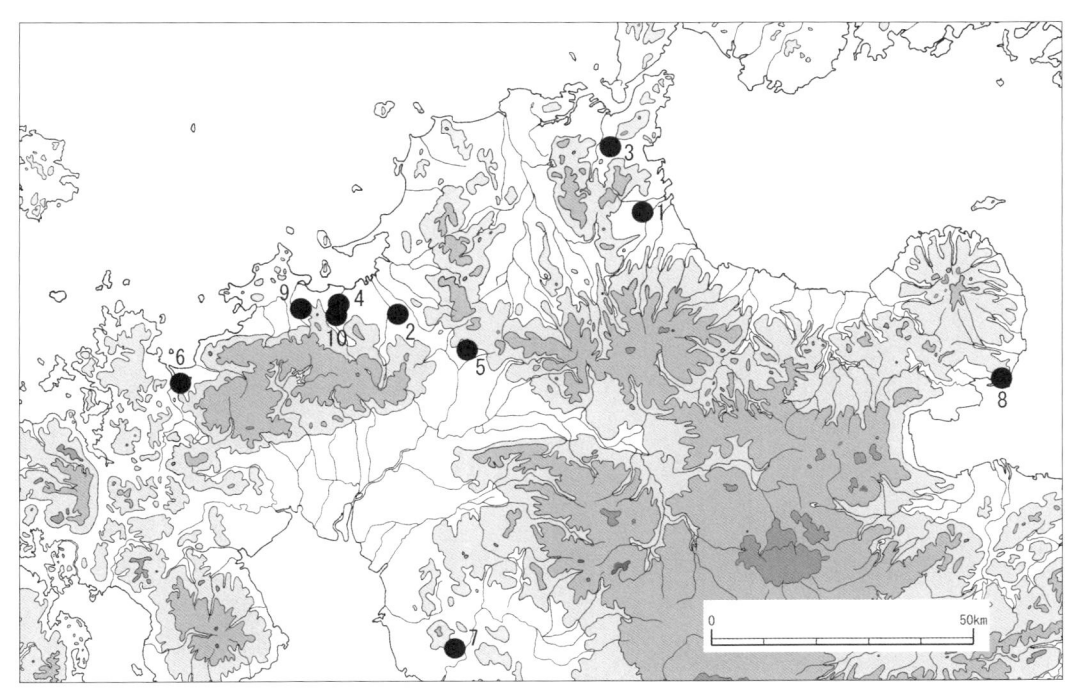

第1図　九州出土導水施設関連資料位置図

2　研究略史

導水施設は滋賀県服部遺跡や大阪府西ノ辻遺跡で検出されたことを端緒とし、1990年代には奈良県南郷大東遺跡，大阪府狼塚古墳の調査を通して，導水施設と古墳から出土する囲形埴輪で示されるモチーフとの同一性が指摘され，古代における王権祭祀やカミマツリ，聖なる水に関わる祭

第2表　九州出土導水施設関連資料一覧表

	遺跡名	所在地	資料
1	延永ヤヨミ園遺跡	福岡県行橋市	導水施設木樋
2	赤井手遺跡	福岡県春日市	導水施設木樋
3	上清水遺跡	福岡県北九州市	導水施設木樋？
4	鶴町遺跡	福岡県福岡市	木樋
5	惣利遺跡	福岡県筑前町	木樋
6	中原遺跡	佐賀県唐津市	木樋
7	玉名条里跡	熊本県玉名市	木樋
8	御塔山古墳	大分県杵築市	導水施設埴輪 家形・囲形埴輪
9	鋤崎古墳	福岡県福岡市	囲形埴輪
10	拝塚古墳	福岡県福岡市	囲形埴輪

祀として評価されてきた。古墳時代における水辺の祭祀の中でも木樋を用いた「導水施設」と井泉遺構などを水源とする「湧水点祭祀」は特に近年研究が進化してきたといえる。

概ね，水辺の祭祀の中で導水施設（木樋）を用いたものと，井泉などの湧水点を含むものとの2型式に分かれることは指摘されており，機能が異なるであろうことは研究者間で共通している。その差異を水の祭祀の中での系統差に帰するものと，明確に機能が異なるとする説に分かれる。

前者は南郷大東遺跡（第2図）を調査した青柳泰介氏に代表される。青柳氏は貯水池から木樋によって導水する「導水施設A類」と湧水点から導水する「導水施設B類」とに分類し，首長権力の基盤を支える重要な儀礼として，特に埴輪に示される頻度が多い「A類」が重要視さ

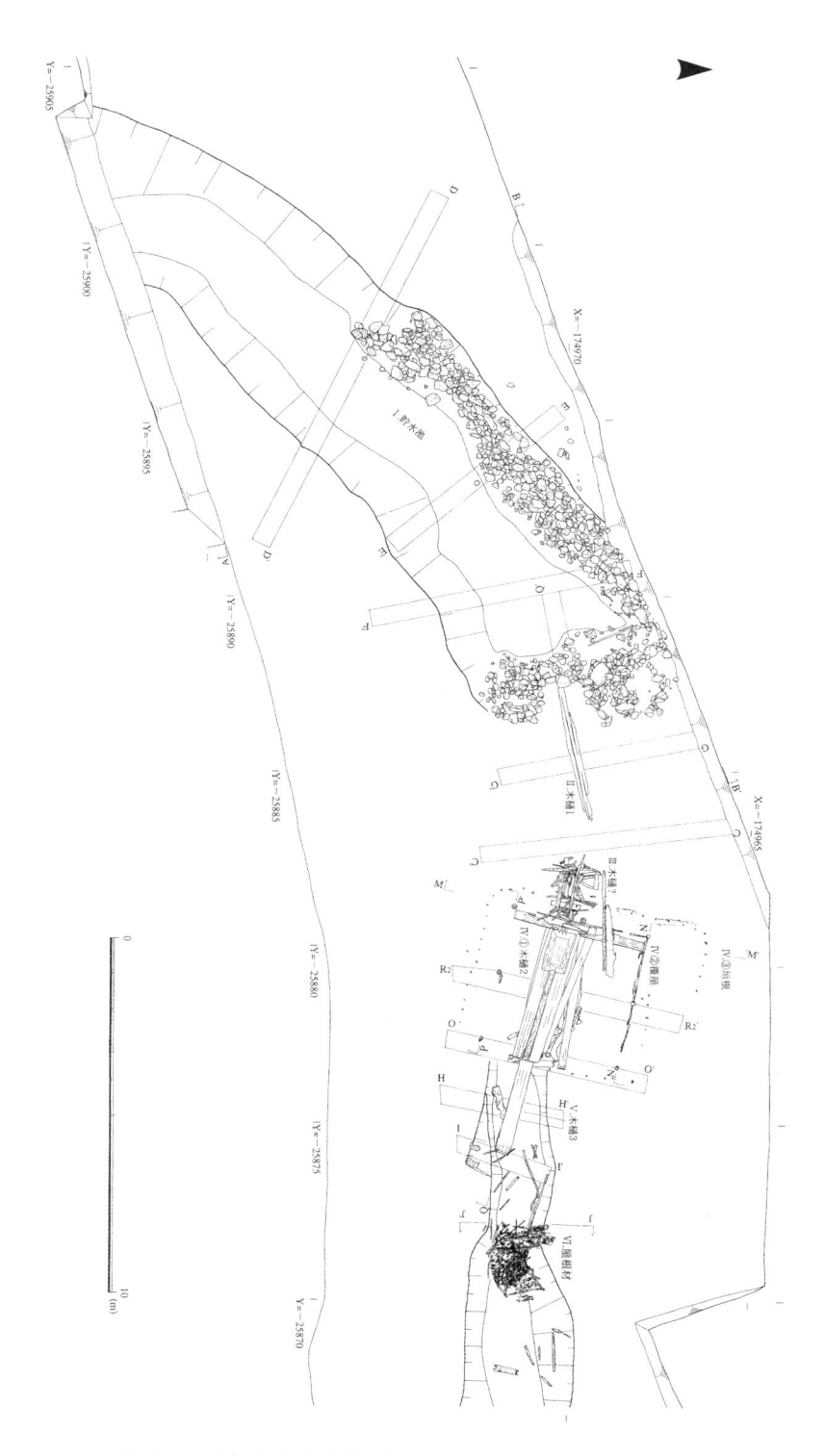

第2図　南郷大東遺跡導水施設（1/200，青柳編2003より転載）

れたとした。A類は古墳時代中期に貯水池の構造や埴輪などから画期が想定され，B類については弥生時代以来の伝統的な儀礼で，古墳時代中期に特に重要視されるようになった儀礼と捉えた。また，朝鮮半島系の文物が多く出土することから半島系渡来人の存在を背景に想定した（青柳1999, 2003, 2005など）。また，渚斎氏は囲形埴輪の分類から，実際の導水施設との比較を行い，それらを「浄水祭祀遺構」と捉え，変遷を示した（第3図）。また，実際の遺構が検出されていない地域からも埴輪が出土していることを指摘し，当初の水利システムの構築といった紐帯を促す儀式から首長権への確立へと発展していくと述べた（渚2001, 2005）。坂靖氏は導水施設の系譜を，上記の系統ごとに示し，最終的に古代遺構の園池遺構に続くものと指摘し（第4図），南郷遺跡群の祭祀に関して，治水の英知を象徴したもので，工人たちの「生産」への祈念が託されたものとした（坂1996）。

一方，穂積裕昌氏は湧水点祭祀を古墳時代首長による最上位の祭祀と位置づけ，祭祀の階層性を示している（第5図）。各地で大型建物が伴うことが多いことや祭祀空間の存在を指摘し，

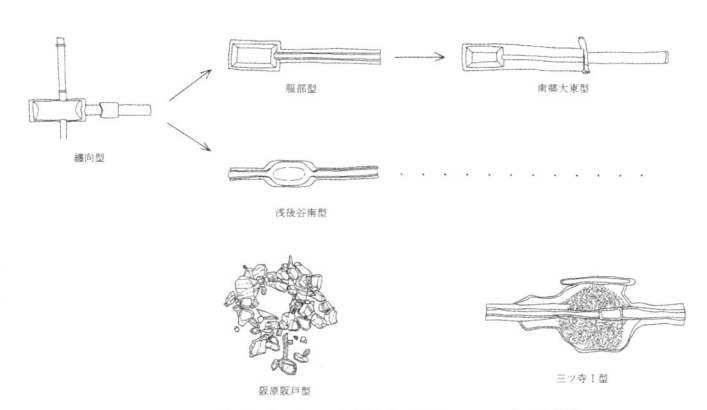

第3図 浄水施設の変遷図（渚2005より転載）

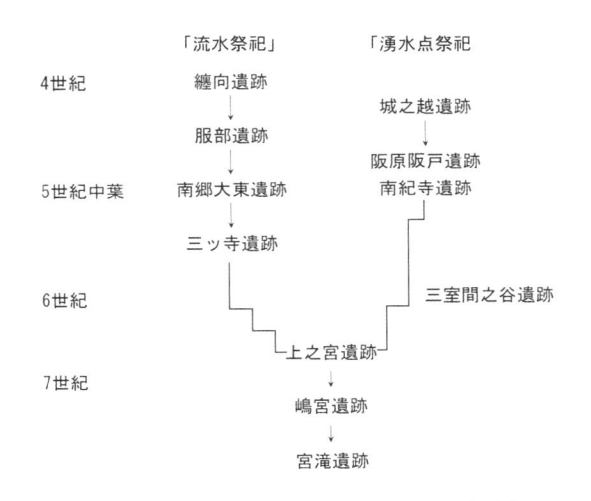

第4図 導水施設の系譜（坂1996より転載）

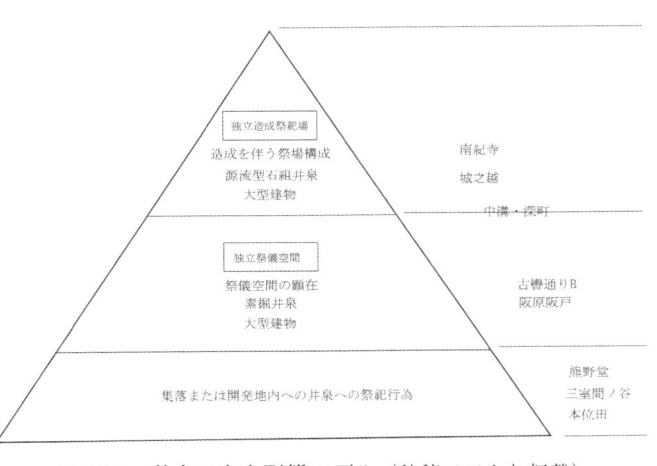

第5図 井泉の存在形態モデル（穂積2012より転載）

建物は「斎殿」的機能が想定され，地域を越えた共通の祭式が存在した可能性を指摘した。一方，導水施設については，湧水点祭祀が開放的なのに対して，遮蔽施設を伴うなど閉鎖的であるため異なる機能であることを指摘し，古墳上で埴輪として表現されることなどから「殯所」説を提起した（穂積1994，2001，2002，2004，2005，2006，2012など，他に寺前2011，米田2012など）。このほかにも，導水施設の機能に関しては多くの言及がなされており，黒崎直氏は木樋の下流から寄生虫卵が発見されていることから「カワヤ」とし，その周辺の覆屋等の遺構群を「ウブヤ」として解釈し（黒崎1999），宮本繁雄氏は古墳での葬送儀礼の後，「穢れ」を落とすための「禊」を行った施設とした（宮本2009）。また，首長による聖水供献儀礼（辰巳2005）や祭祀の背景に治水の思想が関連したとする説（今尾2005），境界の邪霊払除説（寺沢2004），祖へと供える飲食物の準備に使う特別な水とする説（笹生2016）などが指摘されている。

　また，弥生時代の導水遺構の分析から，治水に関わる水利灌漑システム構築の必要性が導水祭祀の成立を促したとする見解（高野2010，2014），導水施設祭祀や湧水点祭祀は古代の庭園遺構に繋がるとする見解（高瀬編2006，金子2005など）など古墳時代前後に系統の連続性が指摘されている。また，正常な水を得ることに祭祀的な意味を見出し，現代の「お水取り」などの神事と同じ構造があることも指摘されている（今尾2005）。

　以上のように，これまで導水施設に関しては，祭祀性を持つと捉えることは共通するものの，具体的な祭祀の内容については多様な見解が挙げられている。九州では御塔山古墳出土埴輪のみしか認められていなかったために，畿内を中心とした祭祀性を持つ施設と捉えられてきており，九州に対する言及はほとんどなかった。

　以下に，九州島で出土した導水施設関連資料について紹介を行い，導水施設全体に関して再検討を行う。

3　九州における導水施設関連資料（第1図，第2表）

　九州において現在確認されている導水施設関連資料は以下のとおりである。

（1）導水施設木樋

第6図　延永ヤヨミ園遺跡出土導水施設木樋
（城門2015編より転載）

・福岡県行橋市延永ヤヨミ園遺跡（第6〜8図）

　行橋市街地の西側，東に開いた馬蹄形をなす丘陵上に位置し，古墳時代前期の方形周溝が検出され，古代の文献に見られる「草野津（かやののつ）」と考えられる遺跡である。

　導水施設木樋が馬蹄形丘陵の中央部，東に開口した谷部分で見つかった。谷は最深部で標高3.5m，幅25m，深さ0.5mほどの浅広い谷である。

出土した木樋は谷の落ち際に槽部が位置し，下端はわずかに谷の中央に向かって据えられていた。ただし，下流部は調査区外に延びるため未調査で詳細は不明である。木樋の両脇が杭で固定されていたことから，現位置を保っていることは間違いなく，集落の縁辺部に敷設されていたことがわかる。

　木樋の構造は全長4.2m，幅槽部70cm・下端部35cm，厚さ最大10.4cm・最小4cm，槽は2槽式で法量は上部が35×30cm，下部60×35cmである。樹種はツブラジイで木樋の周囲にL字状に並ぶ杭（杭間：170～180cm）が認められ，木樋を覆う建物があったと想定される。また，北側に島状に突出した「島状遺構」と考えられる部分があり，祭祀を行っていた場の可能性がある。谷地形で丘陵斜面の水が集まる場所に当たること，調査中も水が至る所から湧いてくる状態であったことから，当時も恒常的に湧水していたものと考えられる。

　木樋の時期については14Cウイグルマッチング法での年代測定を行い，2σ暦年代範囲で55～278cal AD（61.7％），318～346cal AD（33.7％），つまり3世紀中頃～後半，4世紀前半～中頃（古墳時代前期）という年代が得られている。

・福岡県春日市赤井手遺跡（第9図）

　脊振山地から福岡平野に伸びた春日丘陵上に位置している。丘陵上には弥生時代の遺跡が密集しており，弥生時代中期の鍛冶遺構等が検出されている。木樋は丘陵に挟まれた谷の中央部で検出された。報文中ではトレンチ調査で，「丘陵より流れ込んだと思われる弥生時代中期から古墳時代に及ぶ土器片が出土したが，量的には僅少で各時期の遺物が混在していた」とされ，時期不明とされている。

　木樋は1槽式で，全長2.5m，槽部0.7×0.35m，樋部が0.27cm×1.8mである。樋部分は10cmの凹みがある凹状を呈し，槽と樋部分で5cmの段差が認められる。上流端部と下流端部では

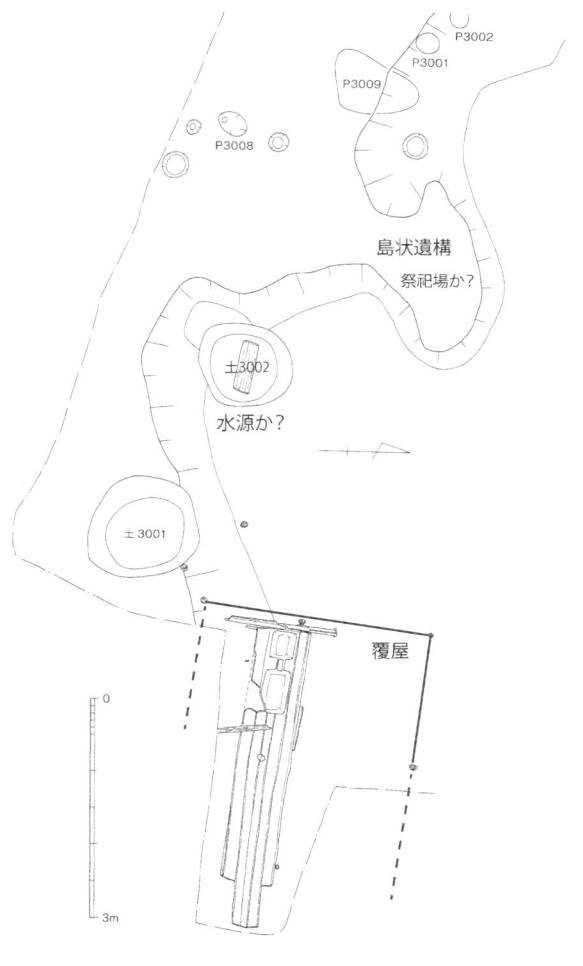

第7図　延永ヤヨミ園遺跡出土導水施設実測図
（1/80，城門2015編より転載）

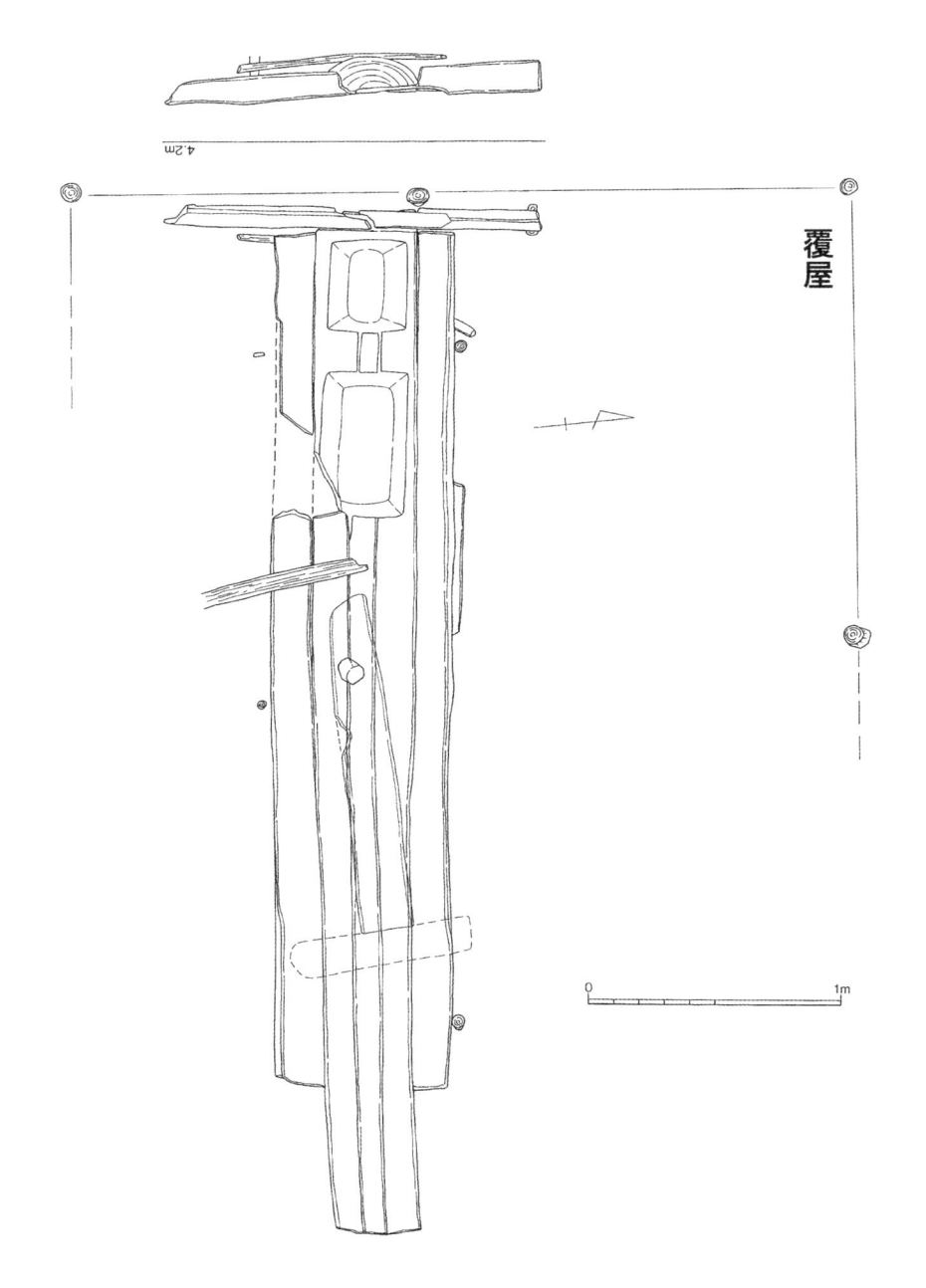

第8図　延永ヤヨミ園遺跡出土導水施設木樋実測図（1/30，城門2015編より転載）

約8cmの傾斜が認められ，下に横木が据えられていることから，当時の原位置を保っているものと考えられる。土層から確認する限りでは，谷部堆積土の上から据えられたものであろう。上流側には横板が認められ，先端部からやや狭い範囲で杭が認められることから，周囲に覆屋があった可能性は高い。時期は不明確とされているが，全体的な属性の一致から考えると，古

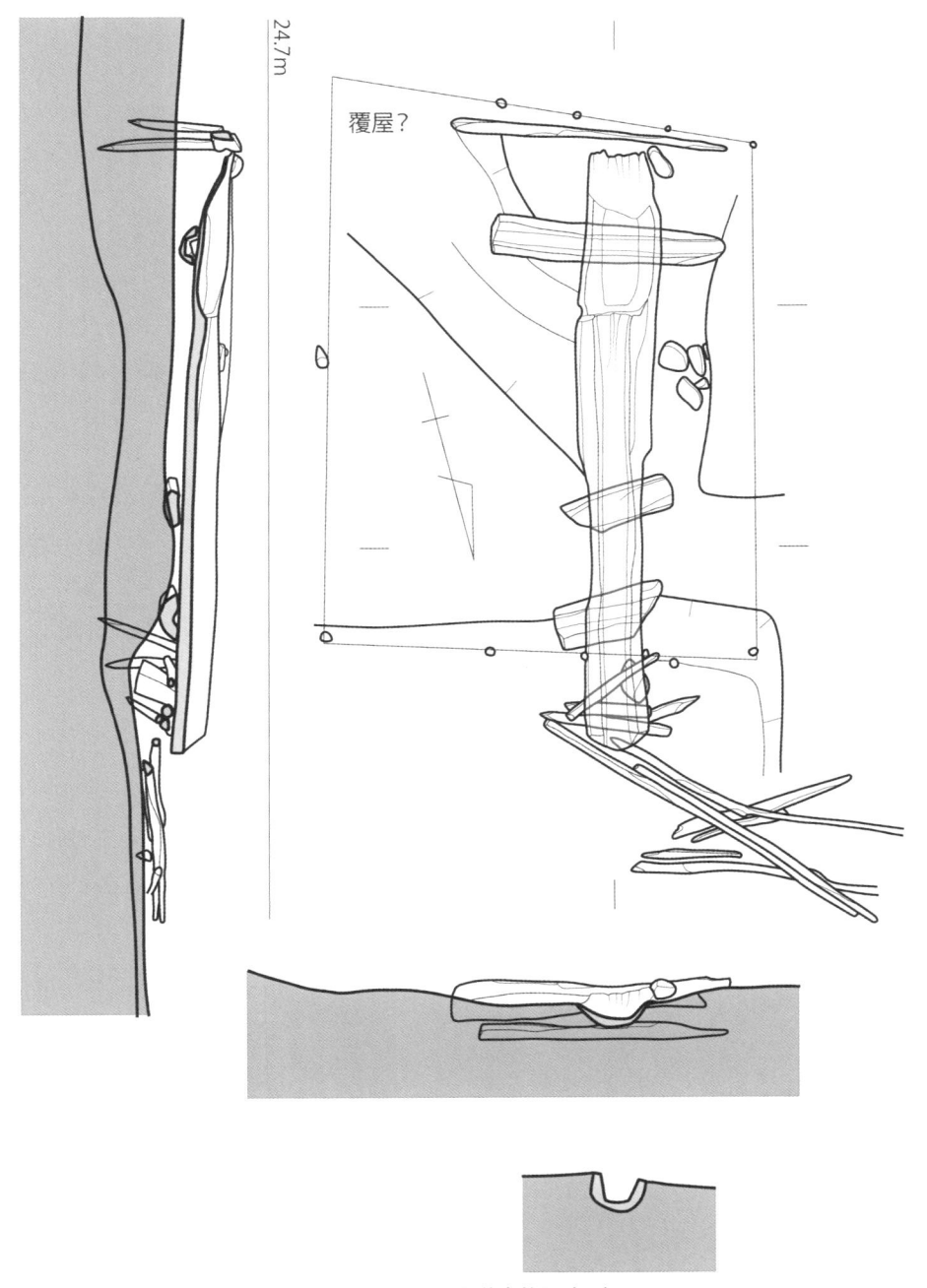

第9図　赤井手遺跡出土導水施設実測図（1/30）

墳時代の導水施設として差し支えないものと考えられる。周辺の土器からは時期は決められず，遺跡自体は弥生時代終末～古墳時代後期まで5世紀初頭を除く時期の集落が確認されている。また，近隣に位置する赤井手古墳，竹ヶ本古墳はともに6世紀前半の所産とされている。

・福岡県北九州市上清水遺跡（第10図）
　北九州市小倉南区の平尾台山系から北東方向に伸びた丘陵上に位置する。遺跡の包含層中より槽とされる木製品が出土している。残存長62.0cm，幅17.5cmでコナラ材を刳り貫かれて造られている。包含層の時期は弥生時代末〜古墳時代初頭とされる。この例は包含層出土であるため，導水施設としての構造は不明であるが，形態・規模的には施設を構成する木樋の可能性がある。

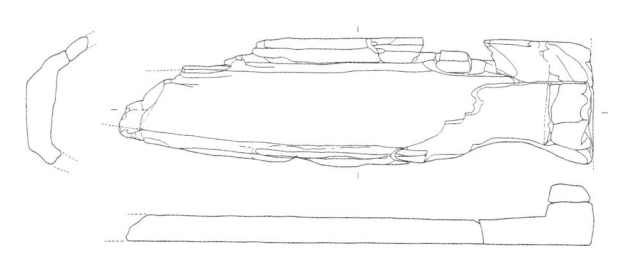

第10図　上清水遺跡出土導水施設木樋実測図
（1/10，佐藤編2015より転載）

・その他の木樋
　この他に，調査時には古墳時代に属すると想定された熊本市玉名平野条里跡出土例があるが，報文中の炭素年代測定では縄文時代の年代が得られている。また，福岡市鶴町遺跡（クリ材），福岡県筑前町惣利遺跡，佐賀県唐津市中原遺跡では丸太材を掘りぬいた木樋が出土している（鶴町遺跡は古墳時代例，中原遺跡は弥生時代後期例，惣利遺跡は詳細不明）。ただし，いずれも形態的にも槽をもたないことから，ここで論じる「清浄な水を得ることを目的とした」古墳時代の導水施設と同一視することはできない。

（2）埴輪
　先に述べたように，導水施設と古墳から出土する囲形埴輪で示されるモチーフの同一性が指摘されており，実際に導水施設を模したと考えられる埴輪が出土している。
・大分県杵築市御塔山古墳（第11図）
　大分県の東側，瀬戸内海に面する杵築市に位置する。古墳は墳長80mの造出付円墳で古墳

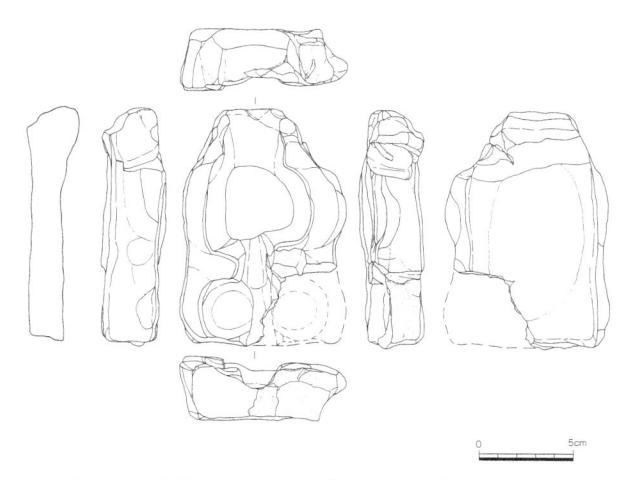

第11図　御塔山古墳出土導水施設形埴輪実測図（1/4）・写真（吉田編2014より転載）

時代中期初頭〜前半期に属すると考えられている。埴輪は墳丘北側に設定したトレンチより出土しており，12.7cm×8.6cmで，手づくねで整形される。2箇所くぼみを作ることで槽部分が表現されており，上流側には取水口も表現されている。

この他に，導水施設型埴輪ではないものの導水施設と関係すると研究史上で指摘されている囲形埴輪についてもいくつか出土している。

・大分県杵築市御塔山古墳

先の導水施設木樋形埴輪のほか，囲形埴輪の壁部分並びに，入口上の突起部分が出土している。他に家形埴輪の屋根部分が出土していることもあり，木樋形埴輪と共に三重県松阪市宝塚1号墳のようにセットで，造出しや島状遺構などに据えられていた可能性が指摘されている。

・福岡県福岡市鋤崎古墳

福岡県福岡市西区今宿平野の東端に位置する墳長62mの前方後円墳である。4世紀末に位置づけられ，初期の横穴式石室をもつ。後円部墳頂付近から囲形埴輪と考えられる破片が1点出土している。家形埴輪は墳丘上から9個体以上が出土している。

・福岡県福岡市拝塚古墳

福岡県福岡市早良区に位置する墳長75mの前方後円墳である。5世紀初頭〜中ごろに位置づけられる。後円部の周溝から1点の囲形埴輪が出土している。

以上が，九州内で確認されている，導水施設関連資料である。これまで畿内を中心に見つかっていた古墳時代の導水施設であるが，福岡県を中心としていくつかの実物資料が発見されている。大分県では木樋形埴輪が見つかっており，祭祀の概念自体は伝わっていたと考えられていたものが，実物資料が見つかったことから，概念のみでなく，実際に施設を用いた祭祀自体が行われていたと言える。

4　導水施設の意義

（1）九州で出土する意味

九州地域の導水施設関連資料について，全国的な動向の中で位置づけを行いたい。

導水施設は全国的な傾向として，3世紀後半頃に出現し，5世紀代には埴輪で表現されるなど古墳上の祭祀としても取り入れられるなど最盛期を迎える。しかしながら，6世紀代にはほとんど残存せず，埴輪も認められない。初期の木樋は，纏向遺跡などのように組合せ式が認められることから，弥生時代以来の井戸や井泉を源流とした祭祀が元となった可能性が指摘されている。[1] ただし，服部遺跡や浅後谷南遺跡のように1木型の導水施設木樋も4世紀前半段階にはすでに認められる。木樋の形態は2槽式の木樋は延永ヤヨミ園遺跡例のみで，他は1つの槽をもつ。埴輪には御塔山古墳例を含め，2槽式のものが5例が認められる。地域的には木樋は畿内を中心として出土しているものの，4世紀に入るころには石川県・福岡県で見られる。埴輪は畿内中心であることは変わらないものの，やや分布範囲が広く関東・中国地方・九州で出土している。

九州内を見ると，導入初期の段階からすでに延永ヤヨミ園遺跡出土例のように一木式の木樋が認められ，さらに覆屋をもつなど，導水施設として5世紀代に続くような定形的な形態が認められている。このことから古墳時代前期の導水施設成立初期段階から導水施設自体の定形的な構造は畿内並びに九州において確立していたと考えられる。埴輪は，5世紀前半に九州を含め全国的に出土しており，少なくともこの段階には1種の祭祀形態として確立していたものが埴輪として波及したと言えるだろう。

　系譜は，九州にも古いものがあることから，畿内からほぼ間をおかずに九州にも伝来した可能性，九州の祭祀が畿内に取り入れられた可能性があるが，現在のところ九州内での導水施設並びに埴輪の少数さから考えると，前者の可能性が高いと考えられる。もちろん九州内での実物を用いた祭祀が畿内に取り入れられ，それが大和政権の祭祀として確立した5世紀段階に再度埴輪に取り入れられて普及した可能性はある。しかし，両地域における初期の導水施設に伴う土器がどの地域の系譜をひくのか祭祀関連遺物がセットで導入されるのかなどを検討していく必要がある。導水施設はそれ自体が遺構として検出される特徴があることから機能時に伴う遺物の認定が難しい面もあり，さらなる類例の蓄積も必要だろう。ちなみに，朝鮮半島では貯水池や樋を用いた水を導く施設は東川洞水利施設遺跡（4～5世紀代）で検出されているものの，槽を伴い祭祀性を強く示すような導水施設は今のところ類例がない。[2]

（2）導水施設の機能

　先に述べたように，これまで導水施設に関しては，王権が関わる祭祀性を持つ遺構と捉えることは共通するものの，具体的な祭祀の内容については多様な見解が挙げられている。

　九州で検出された木樋については，原位置で検出されているものが2例しかないものの，2例共に覆屋と考えられる柱列が認められており，畿内の導水施設と同じく遮蔽性が認められることは指摘できる。しかし，実際に祭祀行為に使用したと考えられる遺物についてはともに明確でなく，考古学的状況からは①木槽をもち，清浄な水を得る意識がある，②遮蔽性が認められることのみが指摘できるに留まる。

　以上のように，実物資料の検討のみでは，現在までの研究史上のように個別の事情が異なる可能性もあり，現段階では類例も少ないことから，社会的な状況や祭祀行為・葬送行為を概観し，その中で導水施設が持つ意義を考えることで，社会的機能について考察していきたい。

　古墳時代前期に関しては，畿内を中心とした，いわゆる「ヤマト政権」の成立した時期で，各地には前方後円墳が作られ，畿内形土器が普及する。特に前期から中期にかけて青銅鏡や鉄製武具類などが，近畿地方での一元的な生産の下に威信財として配布され，須恵器の生産技術も同じく，中央政権に管理されていたものとされる（辻田2012など）。

　葬送儀礼に関しては，墳丘形態は，前期に前方後円墳が波及したのち，中期以降ほとんどの地域で前方後円墳が優位性を示すようになる（重藤2012など）。墳墓上で行われる祭祀については，前期後半の画期以後に，定形化された家形埴輪や器材埴輪が出現し，前期末に造出しや

出島状遺構で形象埴輪のまとまった出土が見られるようになり（高橋2011），古墳上での祭祀行為が大きく変化したとみられる。葬送儀礼以外の祭祀行為についても，4世紀後半以降，福岡県宗像市沖ノ島では，国家的な祭祀が見られるようになり，中期になると石製模造品が普及してくる。

　導水施設が出現した，古墳時代前期の段階に関しては，「浄水を得る」という観念はあったにしても，大規模な土木工事を伴うことから，これらの祭祀を行った首長の威儀を示す行為の一つであったことは間違いないことであろう。また，それが初期の前方後円墳が存在する纏向遺跡で発見されていることも示唆的である。それが前期を通じて畿内を中心として広がり，一部九州など少ない地域で限定的ながらも認められる。延永ヤヨミ園遺跡の所在する豊前地方は3世紀末〜4世紀初頭に建造されたと考えられる苅田町石塚山古墳が存在し，副葬品や墳丘，石室などから畿内ヤマト政権と密接な関係を持ち，北部九州にヤマト王権の勢力を築く上で重要な役割を果たしたとされる地域であることも無関係とは考えられない。瀬戸内海から畿内に通じる玄関口として重要視されていた可能性が考えられる。

　中期になると，形象埴輪の出現によって導水施設も埴輪での墳墓上祭祀に取り入れられ，導水施設そのものよりも広い範囲に認められるようになる。しかし，畿内がその中心であったことは変わりなく，同一地域に複数点出土しないなど，一定程度の中央政権の意図があったものと推測される。導水施設自体の検出例は多くはないものの，南郷大東遺跡のように貯水池から水を引く大規模な導水施設が造られ，導水施設祭祀は最盛期を迎える。5世紀中頃以降になると人物埴輪で葬送の場面を表現したり（和田2011・高橋2011），後期になると横穴式石室が導入され，古墳自体並びに墳丘上での祭祀のあり方に変化が現れることなどから，畿内の一部を除いて導水施設は姿を消していくこととなる。一部，飛鳥時代以降の酒船石などとの連続性が指摘されているものの，それらは遮蔽性がないことなど，井泉遺構と共通する点もあり，それも含めた上で検討が必要だろう。

　機能は，中期に古墳上で埴輪によって表現されることから，葬送儀礼に関連するものである可能性は高い。研究史上で言及されているような「殯所」であるならば，記紀の記述から，古墳時代中期後半以降にも導水施設に変わる殯所の施設が存在する必要があるし，記紀の記述例に比して，実際の遺構が少なすぎるきらいもある[3]。

　現段階では，導水施設の機能の一つとして古墳時代前期に，畿内との繋がりの中で首長の権力を示す政治的機能を持つものとして出現したこと，埴輪で表現されることから，葬送儀礼のどの場面で用いたのかは不明ながらも，「水を取る象徴的な行為」を行う場等の多様な機能を有していたことを指摘するに留めておきたい。覆屋など遮蔽性を持つことは，東大寺の「お水取り」で閼伽井屋の中にある井戸に当役のもののみが入り水を取る神事と共通し，時代が異なるもののこのような祭祀形態が古墳時代から存在していた可能性は高いのではないだろうか。

5 おわりに

　今回は,「考古学は科学か」という問いに対する答えが求められている。本稿では「屋上屋を架す」かのような推測の域を出ないことから,最後に導水施設についてこれまでの試論や他の「仮説」についてどのようなことが明らかになれば検証できるのかということを考えたい。ただし,祭祀という直接的な実証が難しい,過去の人間の「行為」であることから,現状の課題を主として記述していく。

　まず,記紀など文献の記述から検討していく方法は,穂積氏などを中心として行われており,その中で先に述べた様な説が提起されている。筆者自身も魅力的な案と考えるが,例えばどうすればその説が検証できるのかについては,現状では明確な答えを持ち合わせていない。仮に導水施設が殯所であった場合,その形態が衰退するに際して,もっと退化した形態(例えば組合せ式に戻ったり,槽のみが付設される例があるなど)の存在の検討や前後の系統の問題,実際の殯事例が確認された(田中2004)事例との関係性を検討していく必要があろう。他の機能に関しても水の祭祀の実態をつかむことは難しく,出土遺物の同時期性や祭祀に使用した遺物の認定を細かく行う必要がある。

　導水施設については,地面に付設されてそれ自体が遺構として検出されて初めて,認識できるという特徴もあり,実際に木樋などが機能していた時期に明確に伴う遺物・実際に祭祀に使用した遺物の判別が難しい。当然,遺構であることから,遺跡で掘削し,持ち帰ってしまうとそれ以上の情報を「遺構」としての側面からは得られなくなってしまう。埋蔵文化財行政に携わるものとして,その意識の上でなるべく後日に検証可能なように発掘調査も進めていくことで「考古学は科学たり得る」ものとなると信じている。

　田中良之先生には同郷で,同じプロ野球チームを好きということもあり大変お世話になりました。考古学が科学であるためには他分野を含め違うアプローチでの検証,つまり「仮説→検証」を行うことが必要であると学生時代から多くの示唆をいただきました。考古学研究の基礎である「資料」を最も早く目の当たりにできる人間の責任として,これからも日々精進していきたいと思います。最後になりましたが,田中先生のご冥福をお祈りいたします。

　論文執筆に当たり,以下の機関・方々にお世話になりました。記して感謝いたします。
　春日市教育委員会・九州歴史資料館・大韓民国国立文化財研究所・宮城県山元町教育委員会・大庭孝夫・小田裕樹・北山峰生・久住猛雄・佐々木隆弘・下原幸裕・中野咲・原田昌浩・穂積裕昌・山崎孝盛・山崎悠郁子・吉田和彦・渡部芳久(五十音順)

■註
1）遮蔽性の有無から，どちらかといえば穂積氏のいう開放型の「井泉タイプ」に系譜がつながるものであろう．
2）大韓民国国立文化財研究所，高知県立埋蔵文化財センター山崎孝盛氏の御教示による．
3）簡易な小屋状のもので行っていた場合，検出されても殯所と判別できない可能性はある．

■参考文献
青柳佳奈，2003．古墳時代の導水施設－囲形遺構の性格と変遷－．古事（天理大学考古学研究室紀要第7冊），1-20．
青柳泰介，1999．囲形埴輪小考．同志社大学考古学シリーズⅦ，pp.447-466．同志社大学考古学シリーズ刊行会，京都．
青柳泰介，2003．導水施設考－奈良県御所市・南郷大東遺跡の導水施設の評価をめぐって－．古代学研究160，15-35．
青柳泰介編，2003．南郷遺跡群Ⅲ，奈良県立橿原考古学研究所調査報告第75冊，奈良県立橿原考古学研究所，奈良．
青柳泰介，2005．導水施設の意義について－南郷大東遺跡の調査を中心に－．水と祭祀の考古学（奈良県立橿原考古学研究所附属博物館編），pp.16-47．学生社，東京．
青柳泰介，2005．南郷大東遺跡．情報祭祀考古26・27，41-44．
青柳泰介，2005．大和に於ける水辺の祭祀．情報祭祀考古26・27，49-56．
青柳泰介，2012．豪族居館．古墳時代研究の現状と課題　下，pp.241-268．同成社，京都．
有井宏子編，2006．水にうつる願い，大阪府立狭山池博物館，大阪．
坂靖，1996．古墳時代の導水施設と祭祀－南郷大東遺跡の流水祭祀－．考古学ジャーナル398，16-20．
坂靖，2012．畿内．古墳時代研究の現状と課題　上，pp.99-134．同成社，京都．
福田哲也，2005．宝塚1号墳と囲型埴輪．水と祭祀の考古学（奈良県立橿原考古学研究所附属博物館編），pp.48-64．学生社，東京．
福岡市教育委員会編，1990．入部Ⅰ，福岡市埋蔵文化財調査報告書第235集，福岡．
船越重信編，1997．水衛遺跡発掘調査報告（三重県埋蔵文化財調査報告148），三重県埋蔵文化財センター，三重．
ハントシクほか編，2014．大邱東川洞水利施設遺跡，財団法人嶺南文化財研究院，大韓民国．
林大智編，2012．小松市千代・能美遺跡，石川県教育委員会・財団法人石川県埋蔵文化財センター，石川．
林部均編，2001．奈良県遺跡調査概報2000年度，奈良県立橿原考古学研究所，奈良．
日高慎，2012．葬送儀礼．古墳時代研究の現状と課題　上，pp.363-384．同成社，京都．
穂積裕昌編，1992．城之越遺跡（三重県埋蔵文化財調査報告99-3），三重県埋蔵文化財センター，三重．
穂積裕昌，1994．古墳時代の湧水点祭祀について．同志社大学考古学シリーズⅥ，pp.185-200．同志社大学考古学シリーズ刊行会，京都．
穂積裕昌，2001．井泉と大形建物～八王子遺跡にみる井泉祭祀～．八王子遺跡（愛知県埋蔵文化財センター調査報告書第92集），財団法人愛知県教育サービスセンター・愛知県埋蔵文化財センター，愛知．
穂積裕昌編，2002．六大A遺跡発掘調査報告（三重県埋蔵文化財調査報告115-16），三重県埋蔵文化財センター，三重．
穂積裕昌，2004．いわゆる導水施設の性格について－殯所としての可能性の提起－．古代学研究166，1-20．
穂積裕昌，2004．水にかかわる祭儀－井泉と導水施設－．考古資料大観10（寺沢薫編），pp.155-168．小

学館，東京．
穂積裕昌，2005．もうひとつの水のまつり－湧水点祭祀の世界－．水と祭祀の考古学（奈良県立橿原考古学研究所付属博物館編），pp.163-187．学生社，東京．
穂積裕昌，2006．古墳時代祭儀空間の成立－古墳時代庭状遺構の評価を巡って－．研究紀要第15-1号，pp.1-14．三重県埋蔵文化財センター，三重．
穂積裕昌，2011．神まつり．古墳時代の考古学6，pp.212-221．同成社，京都．
穂積裕昌，2012．古墳時代の喪葬と祭祀．雄山閣出版，東京．
伊賀高弘編，1991．京都府遺跡調査概報第46冊，財団法人京都府埋蔵文化時調査研究センター，京都．
今尾文昭，2003．カミよる水のまつり．奈良県立橿原考古学研究所付属博物館，奈良．
今尾文昭，2005．「導水」の埴輪と王の治水．水と祭祀の考古学（奈良県立橿原考古学研究所付属博物館編），pp.5-14．学生社，東京．
石崎善久編，2000．京都府遺跡調査概報第93冊，財団法人京都府埋蔵文化財調査研究センター，京都．
石野博信，1991．総論．古墳時代の研究3，pp.3-26．雄山閣出版，東京．
石野博信，1999．纏向遺跡の研究（奈良県立橿原考古学研究所付属博物館編），社団法人橿原考古学協会，奈良．
伊藤雅文編，1991．畝田遺跡，石川県立埋蔵文化財センター，石川．
金子裕之編，1998．日本の信仰遺跡（奈良国立文化財研究所学報第五十七冊），奈良国立文化財研究所，奈良．
金子裕之，2005．令制化の水とまつり．水と祭祀の考古学（奈良県立橿原考古学研究所付属博物館編），pp.135-162．学生社，東京．
春日市史編さん委員会編，1995．春日市史　上，春日市，福岡．
河上邦彦，2005．飛鳥京の水まつり．水と祭祀の考古学（奈良県立橿原考古学研究所付属博物館編），pp.261-274．学生社，東京．
城門義廣編，2015．延永ヤヨミ園遺跡Ⅲ区2　第1分冊，一般国道201号関連関係埋蔵文化財調査報告第5集，九州歴史資料館，福岡．
木下亘編，1993．奈良県遺跡調査概報　1992年度，奈良県立橿原考古学研究所，奈良．
木下亘，2005．坂原坂戸遺跡．情報祭祀考古26・27，1-14．
木下亘，2005．奈良市大柳生宮ノ前遺跡．情報祭祀考古26・27，15-22．
小松譲編，2013．中原遺跡Ⅶ（第一分冊），佐賀県文化財調査報告書199集，佐賀県教育委員会，佐賀．
小松譲ほか編，2015．中原遺跡Ⅸ，佐賀県文化財調査報告書第208集，佐賀県教育委員会，佐賀．
黒崎直，1999．古墳時代のカワヤとウブヤ－木槽樋の遺構をめぐって－．考古学研究45-4，53-69．
黒坪一樹，1998．浅後谷南遺跡出土の導水施設について．京都府埋蔵文化財情報第68号，17-20．
黒坪一樹，2011．木樋について（浅後谷南遺跡）．京都府埋蔵文化財情報第115号，38．
松田順一郎ほか編，2002．神並遺跡第4次，西ノ辻遺跡第10・16次発掘調査報告書（遺構編），財団法人東大阪市文化財協会，大阪．
丸山康晴編，1980．赤井手遺跡，春日市文化財調査報告書第6集，春日市教育委員会，福岡．
洞斎，2001．「水の祭祀場を示した埴輪」についての覚書．史跡心合寺山古墳発掘調査概要報告書（八尾市文化財調査報告45・史跡整備事業調査報告2），pp.94-110．八尾市教育委員会，大阪．
洞斎，2005．水の祭祀場を表した埴輪と導水施設．水と祭祀の考古学（奈良県立橿原考古学研究所付属博物館編），pp.87-103．学生社，東京．
御山亮済・青柳泰介，2014．南郷大東遺跡出土導水施設の垣根について．考古學論攷37，25-32．
宮本繁雄，2009．葺石から見る導水施設と導水施設埴輪．古代学研究184，58-65．

三好玄，2012．大園遺跡出土埴輪の概要．大阪府教育委員会文化財調査事務所年報16，32-37．
三好玄，2013．大園遺跡出土埴輪の再検討．百舌鳥・古市古墳群出現前夜，pp.145-159．大阪府立近つ飛鳥博物館，大阪．
水野敏典，2005．東紀寺遺跡－水辺の祭祀の一様相－．情報祭祀考古26・27，23-27．
長嶺正秀編，1988．石塚山古墳発掘調査概報（苅田町文化財調査報告書第9集），苅田町教育委員会，福岡．
名倉聡，2005．巣山古墳の発掘成果．情報祭祀考古26・27，35-40．
大橋信弥・大道和人編，2010．導水施設と埴輪群像から見えてくるもの，滋賀県立安土城考古博物館，滋賀．
大平茂，2012．祭祀遺跡．古墳時代研究の現状と課題　下，同成社，京都．
大阪府立近つ飛鳥博物館編，2012．王と首長の神まつり（大阪府立近つ飛鳥博物館図録57），大阪．
力武卓治編，1976．鶴町遺跡，福岡市埋蔵文化財調査報告書第37集，福岡市教育委員会，福岡．
坂本和信，2007．古墳時代の土器と社会構造，雄山閣出版，東京．
笹生衛，2016．神と死者の考古学，吉川弘文館，東京．
佐藤浩司編，1995．上清水遺跡Ⅲ区，北九州市埋蔵文化財調査報告書第160集，財団法人北九州児教育文化事業団，福岡．
下城正編，1988．三ッ寺Ⅰ遺跡，群馬県教育委員会・財団法人群馬県埋蔵文化財調査事業団・東日本旅客鉄道株式会社，群馬．
下原幸裕，2012．北部九州．古墳時代研究の現状と課題　上，pp.17-36．同成社，京都．
重藤輝行，2012．九州北部．古墳時代の考古学2．pp.118-128．同成社，東京．
篠原祐一，2005．全国的にみた水辺の祭祀．情報祭祀考古26・27，41-44．
杉山富雄編，2002．鋤崎古墳，福岡市埋蔵文化財調査報告書第730集，福岡市教育委員会，福岡．
高橋克壽，2011．形象埴輪と葬送祭祀．古墳時代の考古学3，pp.216-226．同成社，京都．
高松俊雄，2005．福島県郡山市清水内遺跡－東北地方南部の例．情報祭祀考古26・27，45-48．
高野陽子，2010．導水施設の原形　近江南部にみる弥生時代の導水遺構．遠古登攀，pp.389-399．『遠古登攀』刊行会，兵庫．
高野陽子，2014．古墳時代前期の導水祭祀－京丹後市浅後谷南遺跡の再評価－．古墳出現期土器研究2，123-137．
高瀬要一編，2006．古代庭園研究Ⅰ（奈良文化財研究所学報第74冊），独立行政法人文化財研究所奈良文化財研究所，奈良．
田中良之，2004．殯再考．福岡大学考古学論集－小田富士雄先生退職記念－，pp.661-678．小田富士雄先生退職記念事業会，福岡．
辰巳和弘，2005．常世・女・井－神話の土壌－．水と祭祀の考古学（奈良県立橿原考古学研究所付属博物館編），pp.106-134．学生社，東京．
辰巳和弘，2006．新古代学の視点，小学館，東京．
寺前直人，2011．モガリと考古資料．古墳時代の考古学3，pp.193-207．同成社，京都．
寺沢知子，2004．王権の祭祀とマツリ．考古資料大観10（寺沢薫編），pp.140-154．小学館，東京．
辻田淳一郎，2012．古墳文化の多元性と一元制．古墳時代の考古学7，pp.44-56．同成社，東京．
上田睦，2005．狼塚古墳と導水施設形埴輪．水と祭祀の考古学（奈良県立橿原考古学研究所付属博物館編），pp.65-86．学生社，東京．
梅本綾，1999．水辺の祭祀の諸相とその意義．古事（天理大学考古学研究室紀要第3冊），10-28．
宇野愼敏，2010．豊前首長系譜にみる画期と歴史的意義．九州における首長墓系譜の再検討，pp.83-104．九州前方後円墳研究会，福岡．
和田一之輔，2011．形象埴輪の編年と画期．古墳時代の考古学1，pp.201-212．同成社，東京．

若狭徹，2007．古墳時代の水利社会研究，学生社，東京．

山崎孝盛，2012．古墳時代の祭祀．平成24年度第3回考古学講座資料，公益財団法人高知県文化財団埋蔵文化財センター，高知．

山下義満編，2014．玉名平野条里跡3・両迫間日渡遺跡2・玉名の平城跡，熊本県文化財調査報告第299集，熊本県教育委員会，熊本．

夜須町教育委員会編，1997．惣利遺跡Ⅰ，夜須町文化財調査報告書第38集，福岡．

米田敏幸，2012．古墳時代のおくりびとたち．菟原Ⅱ－森岡秀人さん還暦記念論文集－，pp.401-436．菟原刊行会，兵庫．

米川仁一，2005．水・川辺の祭祀－奈良県川西町下永東城遺跡の実例から－．情報祭祀考古26・27，28-34．

吉田和彦編，2013．御塔山古墳発掘調査報告書（杵築市埋蔵文化財発掘調査報告書第15集），杵築市教育委員会，大分．

「吉備」地域における陶棺の採用過程とその論理

奈良県立橿原考古学研究所 絹畠 歩

要旨

　本稿では，陶棺が各地域に採用される背景，及び陶棺の被葬者像，ひいては律令体制前段階における地域社会像を明らかにするために，古墳時代後期から終末期における陶棺の採用過程についての検討を行った。陶棺が最も多く採用される「吉備」地域を対象として，陶棺採用古墳と不採用古墳の階層的関係，及び陶棺の採用段階の検討を，小地域別・時期別に行った。その結果，これまで先行研究で指摘されてきた氏族・職掌の棺とされる陶棺の被葬者像を再考し，緩やかな階層的関係を持ちながらも，各地域の関係の中で採用される棺という，これまでよりも幅広い被葬者像を提示した。

キーワード：古墳時代，「吉備」地域，陶棺，採用過程，階層性

はじめに

　陶棺は6世紀中葉に突如として完成した形態をもって出現した，きわめて特殊な棺である。筆者は以前，陶棺の分類・編年を整理し，系統を明らかにしたうえで，陶棺製作集団のネットワークによる陶棺の伝播および地域間交流について考察した（絹畠2013）。本稿では陶棺が最も多く分布する「吉備」地域を対象として陶棺の採用の在り方を検討することによって，陶棺という棺がその地域・古墳群・古墳内で採用されるに至った背景を明らかにするとともに，陶棺の被葬者像，ひいては律令体制前段階における「吉備」の地域社会像を評価していきたい。

1　研究史と問題の所在

1）古墳時代後期以降の「吉備」地域社会の展開

　「吉備」地域では，5世紀中葉から後葉にかけて，造山古墳（360m），作山古墳（286m），両宮山古墳（206m）という巨大な前方後円墳が築造された。しかしその後は，6世紀後半のこうもり塚古墳まで大型の古墳はみられなくなる。この事実に関しては，これまで『日本書紀』にみられる「吉備の反乱」伝承と関連付けて考えられてきた（亀田2008など）。また6世紀後半総社平野に突如として出現する全長100mの前方後円墳であるこうもり塚古墳は，畿内

型の横穴式石室を採用しており近畿地域との関係性が窺える一方で，地元産の浪形石製家形石棺を採用していることから，「吉備」地域の独自性を示しているとされる（新納2001・2002など）。こうもり塚古墳の次代の首長墳として江崎古墳が築造されるが，規模は半減し，その後は総社平野で前方後円墳は築造されなくなる。

また「吉備」地域では近藤義郎氏による『佐良山古墳群の研究』（近藤編1952）に代表されるように，6世紀中葉頃から群集墳が多く築造されるようになる。内部施設には横穴式石室が採用され，その横穴式石室は導入とともに地域性が確立することが指摘される（笹栗2010）。一方で，7世紀以降の「吉備」地域は依然として群集墳が築造されるが，7世紀中葉から後半にかけて築造が終焉していくものが多い。

文献史学においても当該期に成立・展開したとされる国造制・ミヤケ制・部民制などの諸制度との関わりから指摘がなされる。国造に関しては，単一の吉備国造が存在し，後の上道臣・下道臣氏などの一族の人物が交代でその職に就いたとする説（井上1951など）と，吉備国造は存在せず，『先代旧辞本紀』の「国造本紀」に見える上道国造や下道国造などが実在したとする説（吉田1995・西川1975など）の二説が主に存在する。これらの説に対して篠川賢氏は単一の吉備国造が先行して存在しており，「国造本紀」の国造はもともと屯倉を管理する稲置であり，孝徳朝期の国造制再編のときに稲置から国造へ昇任したとみる（篠川1996）[1]。すなわち，これらを時期差として，前者から後者へと移行したとみている。ただしいずれの説をとるにせよ，後に国造に昇任するような有力氏族が「吉備」各地域に所在していたことは指摘できよう。

「吉備」地域におけるミヤケに関しては，『日本書紀』に白猪屯倉・児島屯倉設置記事があり，これまで両屯倉の位置・性格など多く議論されている。文献史学における両屯倉の議論については湊哲夫氏が詳細にまとめる（湊2009）。その中で白猪屯倉の所在地に関するものを挙げれば，美作地域（岡山県域北部）に位置したというかつて有力であった説が批判され，それらを包含し「吉備」地域全体に存在したという総合説（狩野2001・2005）と，「吉備の中枢」であった総社平野に位置したという説（湊2009）の二説にまとめられつつある[2]。二説のいずれにせよ，総社平野が白猪屯倉と関わりのある地域であったとされるのは注目される。考古学的にもこの両屯倉が鉄・鉄器生産，塩生産，須恵器生産に関わっていた可能性が指摘される（亀田2008）。

以上のような考古学・文献史学双方の研究から古墳時代後期社会以降の「吉備」地域について多くのことが明らかとなっており，陶棺もこれらの諸成果の事実と大きく関わって採用がなされていくと考えられる。

2）陶棺の採用について

これまでの陶棺研究は分類・編年研究が中心であり，近年では製作技術的属性の抽出から製作集団を明らかにしようとする研究がなされてきた。そのような中で陶棺の採用については，これまで主に陶棺の被葬者像の観点から，陶棺という極めて限定的な棺を採用する意味を明ら

かにするために，様々な考察がなされてきた。

陶棺の被葬者について丸山竜平氏が深く追究し，現在の陶棺研究においても影響を与え続けている（丸山1971）。丸山氏は近畿地域における陶棺分布の偏在性に着目した。そして陶棺の被葬者を，製作にあたった土師部あるいは土師氏と関連付け，土師質陶棺分布地域は土師氏の居住地と推定した。そしてそのうち大和の秋篠・菅原，河内の道明寺土師里・玉手については直木孝次郎氏の研究成果からも裏付けられ（直木1964），「土師四腹」のうち3氏の居住地であるとした。

土師質陶棺を「土師氏（部）の棺」とする丸山氏の指摘は，その後近畿地域の研究者には基本的に受け入れられる一方で（藤田1994・白石1995など），「吉備」地域では適用できないとの批判がなされている（間壁1983・村上1984）。特に間壁氏は畿内における土師質亀甲形陶棺の初現のものに対して有効性を認めるものの，「吉備」地域などの陶棺には適用できないとする。その立場を明確にした上で間壁氏はまず「吉備」地域に最初出現した陶棺の採用を，大王家を中心に確立してきた新たな隷属関係に対する特定な権利とし，中央の直接的人身支配により陶棺を採用することが許可されるようになったと見る。さらに1段階遅れて新たに出現する切妻式家形陶棺に関して，「本来当地方で，中央への直結の度合を強めていた層の中から，新たな業務にたずさわる事で，官人的身分を得た人物達」が陶棺を採用したとみて，6世紀中葉に成立した白猪屯倉・児島屯倉と関連付ける（間壁 ibid.）[3]。また杉山尚人氏は陶棺出土古墳に当初から鉄滓が副葬される例が多いことから，陶棺被葬者に鉄生産関係者を想定し，その後陶棺が爆発的に増加する6世紀末以降では，「有力経営主体に通有な棺形態」に変質したとする（杉山1987・1992）。杉山氏の論については，陶棺と鉄滓副葬が完全に一致するわけではないという指摘（豊島2013など）があり，また鉄滓副葬自体に関しても被葬者が鉄生産者とは一致しない習俗であった可能性も指摘される（宇垣1995）。

須恵質陶棺の被葬者に関しては，中村展子氏が陶棺生産から検討を行い，陶棺が出土する窯には大きく2つの性格があり，須恵器生産の一大中心地で陶棺を多く生産したものと，単発的に生産が行われたものがあることを示した。そして，前者はそこで生産した陶棺をその周辺で大量に消費しているという状況から，陶棺の被葬者として須恵器生産者を想定している。また後者は陶棺が多く出土する地域から離れた地域が多い上に，窯自体が生産を拡大するという重要な時期，もしくは各種手工業生産の中心で後に国府などを営む要となるような地域にあることから，須恵器生産者の中でも，政治と結びついた，より上位の生産関係者を想定している（中村2004）。さらに菱田哲郎氏はミワ（神）部の職掌の一つとして須恵器生産を想定し，その中で中村氏の論を援用して，墓制の共通性から，陶棺を「ミワ部の棺」としての意識があったのではないかと述べている（菱田2005・2007）。以上に加えて副葬品に渡来系遺物を含む古墳に陶棺が採用されていることから，渡来人との関わりも指摘される（宮岡2012）。

3）問題の所在

これまでの陶棺採用に関する研究はその被葬者についての考察が中心であった。陶棺の被葬者の研究では，土師質陶棺，須恵質陶棺それぞれにおいて，「土師氏（部）の棺」，「ミワ部の棺」という解釈がなされ主流を占めてきた。つまり陶棺は氏族，あるいは職掌を表徴とする棺として扱われてきた。それらの論拠を見ると，「土師氏（部）の棺」は陶棺の分布と土師氏四腹の分布との一致，「ミワ部の棺」に関しては，陶棺生産窯の近くに陶棺採用古墳があることを根拠としている。これらは主に分布論から立論されたものであるが，被葬者を明らかにするためにはまた他の考古学的アプローチも必要と考えられる[4]。

その中で必要なアプローチは，陶棺の階層性の検討，及び採用段階の検討である。棺には「棺制」とも呼称される階層的関係があったとされ，当該期の「吉備」地域には，陶棺以外にも石棺，木棺など多様な棺が存在する。したがって，それらと比較して，階層性の有無を検討することが必要であると考える[5]。また採用段階に関しても，棺被葬者が築造契機となった人物かどうかを明らかにできる可能性が有る。したがって，分布論の検討により明らかにされた事実に，これらの検討を踏まえることによって，はじめて陶棺被葬者像が明らかとなると考える。また，陶棺は「吉備」地域で多く採用されることから，同地域の採用していない古墳との比較によって，古墳時代後期・終末期の「吉備」地域社会像の一端が明らかになるものと考えられる。

2　資料と方法

1）対象地域と資料

本稿で対象とするのは陶棺が最も多く分布する地域である「吉備」地域である。「吉備」地域は旧国名「備前」「備中」「備後」「美作」で構成される。「吉備」地域を陶棺の分布状況により小地域設定を行う（図1）。「備後」地域では陶棺がほとんど認められないが，他地域との比較のために三次・庄原盆地地域と福山平野地域を設定し，検討を行う。

対象とする資料は陶棺を採用した古墳である。また陶棺採用古墳との比較のために，同時期の陶棺不採用古墳も集成し，比較検討を行う。陶棺採用古墳及び不採用古墳については，発掘調査報告書及び『改訂岡山県遺跡地図』（岡山県教育委員会編2003）などから集成した。

2）分析方法

分析については，問題の所在で述べたように古墳の階層性の検討と，陶棺採用過程の検討を行う。これらの時間的変化を見るため，第1段階から第4段階の4段階を設定し，検討を行う。これらの段階の詳細については前稿を参照していただきたいが（絹畠2013），陶棺系列の消長を画期としており，時期は概ね第1段階が6世紀中葉から後半，第2段階が6世紀末葉〜7世紀前半，第3段階が7世紀中葉から8世紀初頭，第4段階が8世紀前半である。ただし，第4段階は陶棺が火葬に伴う蔵骨器に変容した段階であるので，今回は検討対象としない。

図1　「吉備」地域における小地域の設定

　古墳の階層性の検討に関しては，墳丘形態，墳丘規模，石室規模，副葬品構成の諸項目を検討する。規模について，基本的には同時期の小地域内において，規模の大きさに階層性はある程度反映されていることを前提とする。また，副葬品構成の階層性の検討においては，新納泉氏と大森円氏の分類を参考にする（新納1983，大森1997）。具体的には大森氏の，A；装飾付大刀，B1；馬具（騎乗用）・刀・鉄鏃（多数→数本），B2；馬具（引手用）・刀・鉄鏃（多数→数本），C1；刀・鉄鏃（多数→数本），C2；刀，D1；鉄鏃（多数），D2；鉄鏃（数本），E；なし，の分類を採用し，これらはAからEに行くにしたがって，階層的に上位から下位になるものと想定する[6]。ただし，陶棺が主に採用される横穴式石室は，ほとんどが後世に攪乱・盗掘を受けており，当時の状況そのままの古墳は限りなく少ないため，ここでは階層はそれぞれの古墳における下限を示すものとして考えることにする。また棺そのものの階層性の検討と陶棺型式間の階層差の検討もあわせて行う。

　古墳における階層性の検討を踏まえ，古墳群内および古墳内における陶棺採用過程の検討を行う。これは具体的に，発掘調査がなされ，石室内の保存状態が良好な古墳群を対象資料から抽出し，古墳群の時間的変遷のどの段階で陶棺が採用されたかを検討し，またそのとき陶棺は古墳内において初葬棺，あるいは追葬棺かを検討する。また同時に古墳群における陶棺採用古墳の階層性や特徴を挙げて検討を行う[7]。必要であれば陶棺型式（絹畠2013）も挙げる。

表1　第1段階における陶棺の採用と階層性

地域名		墳丘形態				墳丘規模(m) 大← →小									石室規模(m) 大← →小							副葬品						
		前方後円墳	円墳	方墳	横穴墓	31〜	〜30	〜25	〜20	〜15	〜10	〜5			〜18	〜16	〜14	〜12	〜10	〜8	〜6	〜4	〜2	A	B1	B2	C1	C2	D1	D2	E
備中川上流域	○																														
	×		1																												
津山盆地	○						1		1																				1		
	×	2		1																1				2	2		2			5	9
砂川上流・吉井川中流	○		21						1	11	10								1		3		1	2	2		2	1			
	×	3	5		2		2	4	2	1										1	1		2	2			2			3	6
総社平野	○	1(こうもり塚古墳)	16			1	2	1	5		6								1	2	1		1	1	2	1	2				
	×	2	18			1	2	3	4	5	6					1	2	3	5	3	3		2	2	2		1		1	8	6
福山平野	○																														
	×		3							2	1								1	1	1				2		1				3
三次・庄原盆地	○																														
	×		9		2	1			1		2	6							3	4	4	2		1	1		1			4	6

表2　第2段階における陶棺の採用と階層性

地域名		墳丘形態				墳丘規模(m) 大← →小									石室規模(m) 大← →小							副葬品						
		前方後円墳	円墳	方墳	横穴墓	31〜	〜30	〜25	〜20	〜15	〜10	〜5			〜18	〜16	〜14	〜12	〜10	〜8	〜6	〜4	〜2	A	B1	B2	C1	C2	D1	D2	E
備中川上流域	○		1																												
	×																														
津山盆地	○		19	2			1	1	2	8	8							2	4	4	2	3		1	2		3	1	1	4	6
	×		16	1						4	12							1	1	8	7								1	4	12
砂川上流・吉井川中流	○		1								1										2					1					1
	×		3							1												1		1		2					
総社平野	○	1	32	2		1			2	13	17					1		2	11	15	7	3		2	4	1	1		6		27
	×																														
福山平野	○	1(二子塚古墳)	6					1	1	2	2							1	1	4							1				4
	×				1																										
三次・庄原盆地	○		12		1				2	5	5						1		1	5	4						3			2	6

表3　第3段階における陶棺の採用と階層性

地域名		墳丘形態				墳丘規模(m) 大← →小									石室規模(m) 大← →小							副葬品						
		円墳	方墳	横穴墓		31〜	〜30	〜25	〜20	〜15	〜10	〜5			〜18	〜16	〜14	〜12	〜10	〜8	〜6	〜4	〜2	A	B1	B2	C1	C2	D1	D2	E
備中川上流域	○	3																						1							1
	×	1									2																				1
津山盆地	○	3							1	1	1							2			1				2						13
	×	10	1							9	2									1	10										2
砂川上流・吉井川中流	○																				1											2
	×	1																														1
総社平野	○	9	6					2	11	2									3	5	8						2			1	11
	×																					1									
福山平野	○																					1										
	×																													1	2
三次・庄原盆地	○																															
	×	2		1							2								2	1	3					2				1	4

3　古墳の階層性と陶棺の採用

1）第1段階（6世紀中葉〜後半：表1・4）

　墳丘形態は，主に前方後円墳と円墳が見られる。前方後円墳が見られるのは津山盆地，砂川上流・吉井川中流域，総社平野，三次・庄原盆地であり，そのうち陶棺が採用されているのは津山盆地，砂川上流・吉井川中流域，総社平野である。

　墳丘規模は，最大で100mまでの古墳が見られる。津山盆地では15m以上の古墳では陶棺が採用され，それ以下の古墳では陶棺が採用されていないという明確な階層構造が認められる。

　砂川上流・吉井川中流域においても15m以上の古墳で陶棺が採用されている一方で，20m以上25m未満の古墳では陶棺が採用されていないものがある。しかし傾向としては津山盆地と同様の傾向が窺える。総社平野ではこうもり塚古墳（100m）の1基のみに陶棺が採用されており，規模で上位に位置している。

　石室規模は，津山盆地では陶棺採用古墳で明らかなものが少なく，差異は見出せない。一方で，砂川上流・吉井川中流域では6m以上の古墳に陶棺が採用されており，比率的に見て陶棺不採用古墳よりも規模が大きいことがわかる。総社平野は墳丘規模と同様の傾向である。

　副葬品構成は，砂川上流・吉井川中流域，津山盆地，総社平野において階層的に上位となるが，墳丘規模，石室規模ほど不採用古墳との差異は認められない。

　棺の採用を見ると，津山盆地，砂川上流・吉井川上流域において釘付式木棺採用古墳よりも陶棺採用古墳が規模も大きく，副葬品も階層的に上位にある（表4）。ただし砂川上流・吉井川中流域においては陶棺が採用されている古墳は規模が小さい，あるいは副葬品構成が下位のものにも採用されている。総社平野では家形石棺が上位で，釘付式木棺と陶棺は同程度である。さらにそれより下位で木棺と箱式石棺が存在する。三次・庄原盆地では釘付式木棺と箱式石棺で，釘付式木棺が階層的に上位の棺である。

2）第2段階（6世紀末〜7世紀前半：表2・5）

　墳丘形態は，津山盆地では陶棺採用古墳と不採用古墳の割合がほぼ半々となり，陶棺採用の増加が窺える。福山平野の前方後円墳（二子塚古墳）では陶棺を採用しない。

　墳丘規模は，第1段階よりも全体的に小さくなり，総社平野と福山平野の各1基を除いては全て25m以下となる。津山盆地では15m以上の古墳で陶棺が採用され，前段階と同様の傾向を示す一方で，5m以上15m未満の古墳にも陶棺が採用されている。不採用古墳は15m未満のものしか存在しない。第1段階において墳丘規模の大きな古墳に陶棺が採用されていた砂川上流・吉井川中流域では15m未満となり，陶棺採用古墳も5m以上10m未満の1基のみとなる。総社平野では陶棺の採用が認められない。

　石室規模は，墳丘規模と同様の傾向にある。津山盆地は10m以上12m以下に1基，不採用古墳が有るものの，割合的には陶棺採用古墳がより大きいことがわかる。ただし6m未満で

表4　第1段階における棺の採用と階層性

表5　第2段階における棺の採用と階層性

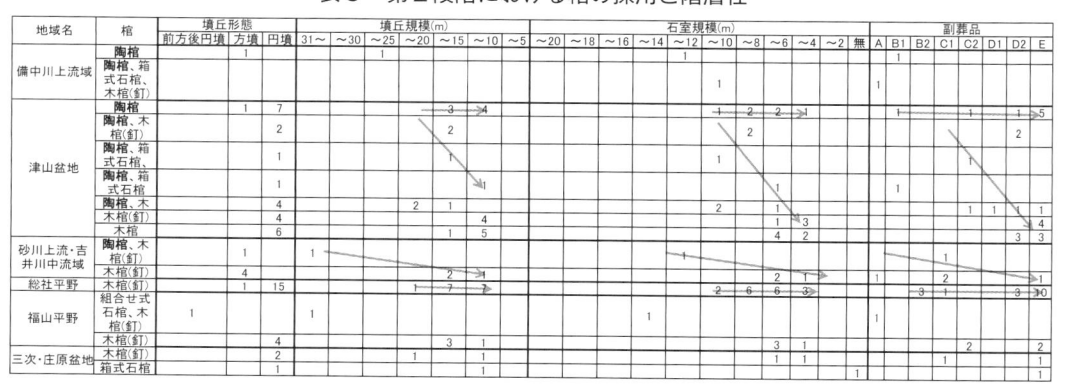

表6　第3段階における棺の採用と階層性

採用古墳も見られる。備中川上流域で8m以上の石室に陶棺が採用されており，津山盆地と同様の傾向を見せる。

　副葬品構成においても，その傾向は顕著であり，津山盆地においては陶棺採用古墳と不採用古墳が上位の副葬品構成から下位の副葬品構成まで並列的に存在している。ただしこの段階で，備中川上流域の陶棺採用古墳においてAの装飾付大刀を副葬する古墳（土井2号墳）が1基存在することは注目に値する。

　棺の採用は，津山盆地において陶棺採用古墳に規模，副葬品で上位のものが見られる一方で，副葬品で下位にあるものも存在している（表5）。木棺のみが採用されている古墳は釘の有無

にかかわらず，下位にあるようである。総社平野では第1段階では家形石棺や陶棺が存在したものの，第2段階では釘付式木棺のみとなる。福山平野では竜山石製組合式石棺が上位の古墳に採用されている（二子塚古墳）。三次・庄原盆地では第1段階と同様である。

3）第3段階（7世紀中葉～後半：表3・6）

墳丘形態は，古墳の築造数が全体的に少なくなる中で，備中川上流域において3基方墳に陶棺が採用されている。総社平野では1基円墳に陶棺が採用されている。

墳丘規模は，第2段階よりもさらに小さくなり，15m以下になる。備中川上流域では5m以上15m未満の古墳で陶棺が採用される。津山盆地では10m以上15m未満の古墳に陶棺が採用される一方で，5m以下の古墳にも陶棺が採用される。総社平野では前段階陶棺の採用は見られなかったが，この時期に10m以上15m未満の古墳に陶棺が採用される。

石室規模は，備中川上流域において10m以上の石室が存在し，他地域と一線を画している。また規模は小さくなっているが，津山盆地において陶棺採用古墳で不採用古墳よりも石室規模が大きいものが存在している。

副葬品構成でも，備中川上流域が他地域とは異なっている。他地域が前段階まで上位の副葬品とされていたものを副葬しなくなる一方で，備中川上流域では陶棺採用古墳がAからC1までの上位の副葬品構成を示す。他地域が「薄葬化」を指向しているのに対して備中川上流域でのこの傾向は注目できる。

棺の採用を見ると，全体的に規模が小さくなり，副葬品も馬具，武器ともにほとんど副葬されなくなる（表6）。その中で備中川上流域では他と比較して規模の大きな方墳が上位の副葬品とともに築造されており（定古墳群），そこで陶棺が採用されている。

6）小結

以上の分析によれば，第1段階から第3段階にかけて，基本的には陶棺は階層的に上位の古墳に採用されていることが明らかとなった。また，棺の採用を見ると，基本的に階層的上位の古墳に採用されることは変わらないが，第1段階の砂川上流・吉井川中流域，第2段階の津山盆地のように，陶棺が多く採用される地域には，比較的階層的下位の古墳にも採用が浸透していることが明らかである。次節でさらに小地域ごとの細かな採用過程を検討していく。

4　陶棺採用過程の諸相

1）総社平野（表7）

総社平野では他地域に比較して陶棺の採用は少ない。この地域で着目すべきは第1段階こうもり塚古墳への陶棺の採用である。こうもり塚古墳は第1章でみたように，全長100mの前方後円墳である（藤田2003）。横穴式石室内に浪形石製家形石棺，陶棺（亀甲形A1型式），釘付式木棺が採用されており，家形石棺が主体で，陶棺は追葬棺であったと考えられる。次代の首長

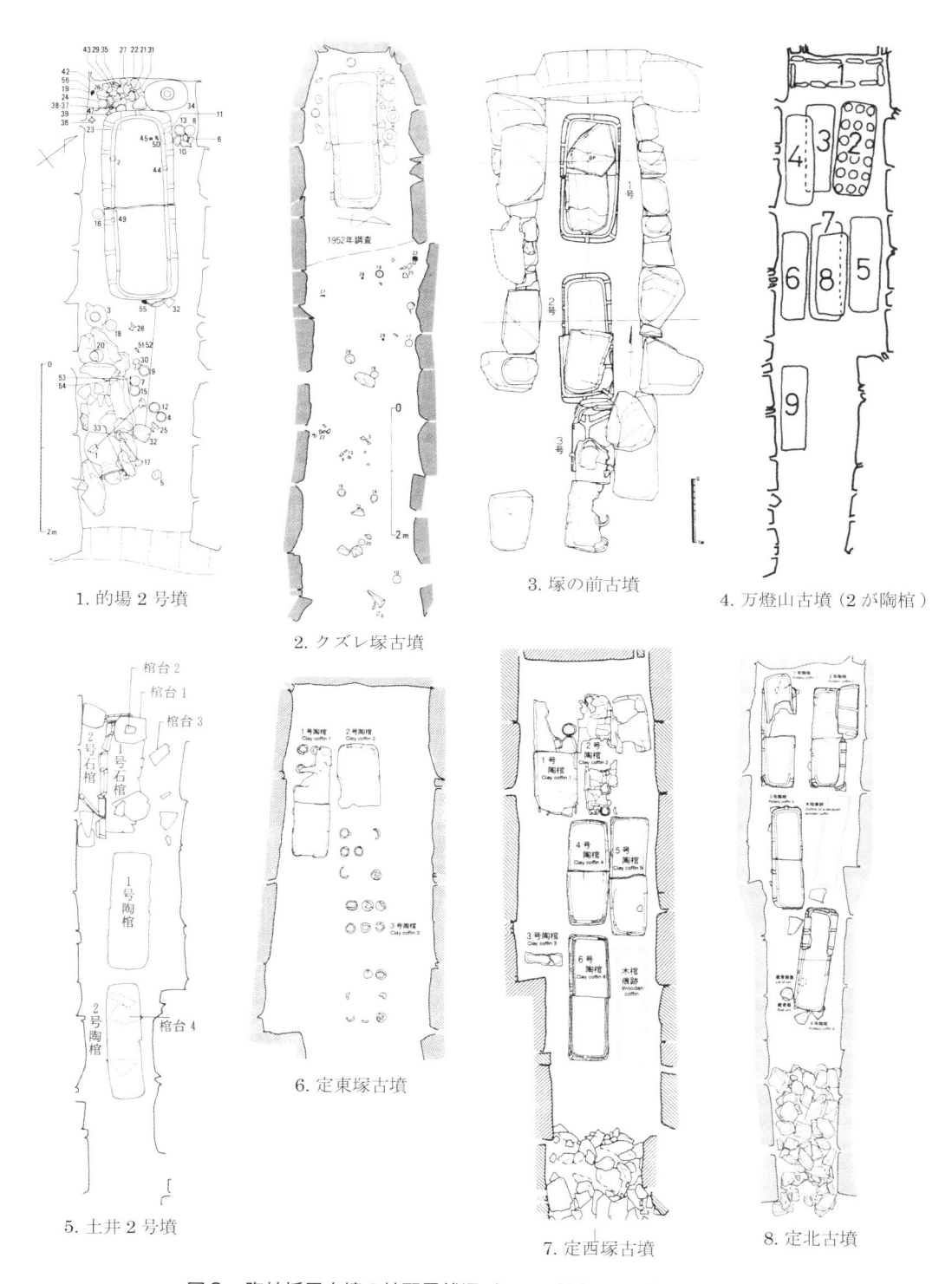

1. 的場 2 号墳
2. クズレ塚古墳
3. 塚の前古墳
4. 万燈山古墳 (2 が陶棺)
5. 土井 2 号墳
6. 定東塚古墳
7. 定西塚古墳
8. 定北古墳

図2　陶棺採用古墳の棺配置状況 (4・5任意, その他 S＝1/100)

表7 総社平野における分析対象古墳

古墳名	墳形	墳丘規模(m)	埋葬施設	石室長(m)	副葬品	初葬	棺	時期
こうもり塚古墳	前方後円墳	100	横穴式石室	19.4	A	家形石棺	家形石棺→陶棺・木棺	TK43
江崎古墳	前方後円墳	45	横穴式石室	13.8	B1	家形石棺	家形石棺	TK43〜TK209
赤井南3号墳	円墳	17	横穴式石室	9.4	B2	?	陶棺	TK43〜飛鳥Ⅰ
王墓山古墳	?	25	横穴式石室	?	A	家形石棺	家形石棺	TK10新〜飛鳥Ⅰ
松井古墳	円墳	12.5	横穴式石室	7	E	?	陶棺・木棺(順不明)	7C中葉?

表8 砂川上流・吉井川中流域における分析対象古墳

古墳名	墳形	墳丘規模(m)	埋葬施設	石室長(m)	副葬品	初葬	棺	時期
可真丸山古墳	前方後円墳	33	横穴式石室	?	?	?	陶棺?	6世紀後半?
弥上古墳	前方後円墳	30	横穴式石室	9	B1	陶棺	陶棺→木棺→木棺	TK43
鳥取上高塚古墳	前方後円墳	67〜75	横穴式石室	15	?	陶棺	陶棺3基	6世紀後半?
畑古墳	円墳?	?	横穴式石室	9.3	?	陶棺?	陶棺3基	6世紀後半〜7世紀前半

表9 津山盆地における分析対象古墳（群集墳）

古墳名	支群	墳形	墳丘規模(m)	埋葬施設	石室長(m)	副葬品	初葬	埋葬	時期(築造)
畑ノ平1号墳	C	円	12	横穴式石室	6.2	C1	?	(6回)	TK43
畑ノ平2号墳	C	円	10.5×14	横穴式石室	7〜	E	?	(数回・陶棺含)	TK209
畑ノ平3号墳	C	円	8×7	横穴式石室	4.9	D2	木棺	?	飛鳥Ⅰ
畑ノ平4号墳	C	方	7.5×6.5	横穴式石室	3.3	E	?	?	飛鳥Ⅱ
畑ノ平5号墳	B	円	11	横穴式石室	5.7	B1	木棺?	(3回)	TK43
畑ノ平6号墳	C	円	5〜6	横穴式石室	3.6	E	木棺?	(3回)	TK209
畑ノ平7号墳	B	方	10	横穴式石室	7	D1	陶棺	(1回)	TK209
畑ノ平8号墳	B	方	7×4	横穴式石室	3.3	E	?	?	飛鳥Ⅱ
畑ノ平9号墳	B	円	9	横穴式石室	5.5	E	木棺	(3〜4回)	TK209
畑ノ平10号墳	B	円	9.5×8.5	横穴式石室	5.7	D2	?	(4回)	TK43
的場1号墳	-	円墳	13	横穴式石室	8.5	B2	?	木棺?(2回)	TK209古
的場2号墳	-	円墳	10	横穴式石室	5.6	B1	陶棺	陶→箱式石棺	TK209新〜飛鳥Ⅰ
的場3号墳	-	円墳	10	竪穴式石槨	1.5	C1	?	(1回)	TK209古
コウデン2号墳	コウデン	円	15	横穴式石室	8.2	E	陶棺	陶×3→木×3	TK209〜飛鳥Ⅰ
コウデン4号墳	コウデン	円	15	横穴式石室	7〜7.5	D2	陶棺	陶→陶→陶・木	TK209〜飛鳥Ⅰ
荒神西古墳	荒神	円	11	横穴式石室	7.8	D2(銅鏡)	陶棺	陶棺2基	飛鳥Ⅱ〜Ⅳ
荒神古墳	荒神	不明	不明	横穴式石室	2〜	E	木棺	木棺	飛鳥Ⅳ
荒神1号火葬墓	荒神	-	-	火葬墓	-	-	-	-	8世紀
荒神2号火葬墓	荒神	-	-	火葬墓	-	-	-	-	8世紀

表10 津山盆地における分析対象古墳（単独墳）

古墳名	墳形	墳丘規模(m)	埋葬施設	石室長(m)	副葬品	初葬	棺	時期
塚の前古墳	円墳	13	横穴式石室	7	D1	陶棺	陶棺→陶棺→陶棺	TK209〜飛鳥Ⅰ
寺田古墳	円墳	10	横穴式石室	6	C2	木棺?	木棺?→陶棺→木棺×2	TK43〜TK209
クズレ塚古墳	円墳	13.5	横穴式石室	9	D2	陶棺	陶棺→木棺	TK43〜TK209
一貫西1号墳	円墳	7	横穴式石室	4.5〜	E	不明	陶棺(順不明)	TK209
万燈山古墳	円墳	24	横穴式石室	12	B1	箱式石棺	箱→陶→木×6	TK43〜

表11 備中川上流域における分析対象古墳

古墳名	墳形	墳丘規模(m)	埋葬施設	石室長(m)	副葬品	初葬	棺	時期
土井2号墳	不明	不明	横穴式石室	9.77	A	箱式石棺	箱箱木木木(木木)陶木陶	TK209〜飛鳥Ⅰ
定東塚古墳	方墳	25	横穴式石室	11.6	B1	陶棺	陶棺×4	飛鳥Ⅰ〜飛鳥Ⅱ
定西塚古墳	方墳	16	横穴式石室	10.7	B1	陶棺	陶棺×6→木棺	飛鳥Ⅱ〜飛鳥Ⅳ
定北古墳	方墳	14.85	横穴式石室	10.2	C1	陶棺	陶陶木陶陶火	飛鳥Ⅱ〜飛鳥Ⅳ
大谷1号墳	方墳	13	横穴式石室	6	A	?	陶棺・木棺(順不明)	飛鳥Ⅲ〜飛鳥Ⅳ
定5号墳	方墳	10.4	横穴式石室	4.3	E	木棺?	木棺?	飛鳥Ⅳ
定4号墳	方墳	6×5.4	横穴式石室	1.3	E		火葬か?	7世紀末以降

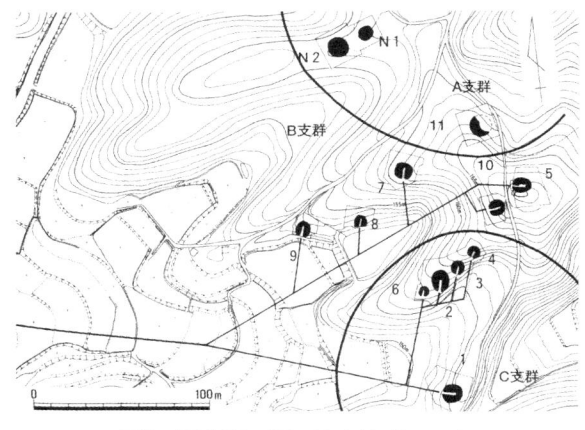

図3　西大沢・畑ノ平古墳群の分布
（弘田・植月・氏平編1996）

図4　的場古墳群の分布
（安川編2001）

墳と考えられる江崎古墳は全長45mの前方後円墳であるが，浪形石製家形石棺を採用するのみで，陶棺は採用されない（藤田ibid.）。そのほかに王墓山古墳群でも陶棺の採用が見られる（間壁ほか編1974）。いくつかの支群に分けることができ，陶棺が採用されていたのは，そのうち赤井南支群の赤井南3号墳である。赤井南3号墳は盗掘によって大きく攪乱されており，陶棺の採用段階は不明である。周囲の古墳で陶棺片は認められないが，赤井南支群に近接する赤井西支群の赤井西1号墳（王墓山古墳）において，浪形石製組合式家形石棺が採用されていることは注目できる。

　第2段階では現状で採用過程を検討できる古墳はみられない。第3段階では松井古墳において陶棺採用がなされる。

2）砂川上流・吉井川中流域（表8）

　第1段階に前方後円墳として可真丸山古墳，弥上古墳，鳥取上高塚古墳などに陶棺が採用される。可真丸山古墳，鳥取上高塚古墳は採用過程が不明であるが，弥上古墳は陶棺が初葬で，釘付式木棺2基が追葬と考えられる（山磨1987）。

　前方後円墳のほかに畑古墳などの単独墳，八ツ塚古墳群などの群集墳でも採用が見られる。円墳の畑古墳では陶棺が3基採用されており，亀甲形A2型式からA3型式，A4型式の変遷を追うことができる。以上の陶棺は1段階のものが中心であり，2段階以降陶棺採用は減少する。

3）津山盆地

　全段階を通じて陶棺が最も多く採用される地域である。第1段階後半から陶棺採用がなされるが，「爆発的に」陶棺が採用されるのは第2段階である。群集墳で採用される場合と単独に立地する古墳で採用される場合がある。個々の古墳の事例を見ていく。

　西大沢・畑ノ平古墳群は勝田郡勝央町植月中に位置する。AからCの3つの支群に分かれ

る（弘田・植月・氏平編1996：図3）。TK43型式以前にA支群は形成されており，分析対象としない。TK43型式段階ではB支群に10号墳と5号墳，C支群に1号墳が形成される（表9）。TK209型式から飛鳥Ⅰ型式段階では，B支群に7号墳，9号墳，C支群に2号墳，3号墳，6号墳が形成される。このうち陶棺が採用されるのは7号墳，2号墳であり，B支群，C支群それぞれにおいて同時期の古墳と比較して墳丘規模，石室規模ともに大きいことが注目できる[8]。2号墳は状況が分からないが，7号墳の陶棺は初葬棺であった。飛鳥Ⅱ型式段階になると，B支群に8号墳，C支群に4号墳が築造されるが，いずれも木棺が採用されており，陶棺は採用されていない。

　的場古墳群は津山市金屋に位置する。8基が確認されており，そのうち1～3号墳が発掘調査された（安川編2001）。分布からみて1～3号墳が，一墓域を構成していると考えられる（図4）。2号墳から陶棺が1基出土している。当古墳群では須恵器からみて新古関係は不明であるが，まずTK209型式期に1号墳と3号墳が築造される（表9）。3号墳は箱式石棺による単葬，1号墳は横穴式石室で棺台の位置からみて追葬を伴うが初葬とほぼ同時期である。やや遅れて2号墳の横穴式石室初葬棺として陶棺が採用される。最後に飛鳥Ⅰ型式段階となって2号墳の追葬棺として箱式石棺が採用される。2号墳では副葬品のほとんどが初葬棺である陶棺に伴っており，初葬棺が階層的にも上位であったことが窺える。

　群集墳の例としては他に，稼山古墳群（津山市）や佐良山古墳群（津山市）などがある。稼山古墳群は部分的に調査されているのみで全容がつかみ難いが，第2段階に属するコウデン支群ではコウデン2号墳と4号墳が調査されている（村上編1980）。コウデン4号墳が先行し，初葬が陶棺で，追葬で陶棺2基と釘付式木棺の採用がなされる。コウデン2号墳では初葬から陶棺3基を採用したのち，木棺3基を採用する。また，荒神西支群は第3段階から第4段階（8世紀以降）に属する支群であるが，荒神西古墳では初葬に陶棺を採用し，追葬に陶棺と釘付式木棺が採用されたと想定される。初葬の陶棺には銅鋺が帰属する。次に築造される荒神古墳では木棺が採用されたと想定され，その後，火葬墓が築造されていく。このように稼山古墳群では，分析した2支群どちらも陶棺が採用されるのは初葬段階であることがわかる。

　単独墳としては表10の例がある。クズレ塚古墳や塚の前古墳のように初葬に陶棺を採用する古墳もある一方で，万燈山古墳や寺田古墳のように初葬で木棺や箱式石棺を採用し，陶棺を追葬棺として採用する例も存在する。

4）備中川上流域（表11・図5）

　備中川上流域では第1段階の陶棺採用は見られないが，第2段階後半に土井2号墳において陶棺採用がなされる。土井2号墳は真庭市上中津井に位置する円墳である。横穴式石室内に周辺に1号・3号墳が所在し古墳群を形成するが，調査が行われていないため，時間的関係等は不明である。報告書によれば，初葬に箱式石棺が採用され，その後追葬棺として木棺・箱式石棺の採用がなされる（平井編1979）。さらに1号陶棺（亀甲形A4型式）が採用され，木棺の採

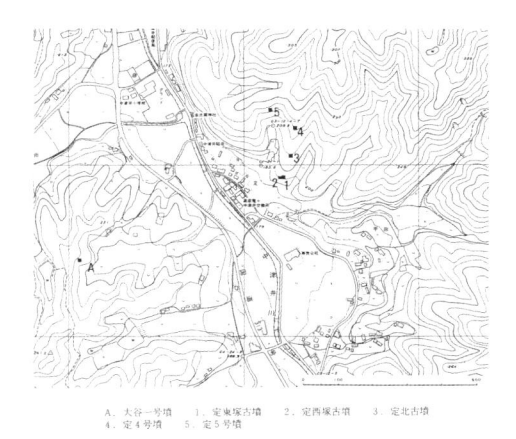

図5　定古墳群・大谷1号墳の分布
（近藤・河本編1998）

用を挟んで，さらにもう1基2号陶棺（亀甲形C型式）が採用される。ここでは陶棺が追葬棺として採用されるが，初葬より1世代程度遅れた追葬であることと，1号陶棺内に副葬品として頭椎大刀が納められていたことが注目される。

第3段階では，定古墳群及び中津井川を挟んで対岸にある大谷1号墳において陶棺の連続採用がなされる。全て方墳であり，定東塚古墳で4基，定西塚古墳で6基，次いで定北古墳で4基もの陶棺が連続採用される。石室内における陶棺の採用過程を見る。古墳群内で最初に造墓される定東塚古墳[9]では，初葬から陶棺が採用され（亀甲形D型式），追葬の3基も陶棺（亀甲形2基，切妻式1基）である。次いで，定西塚古墳も初葬が陶棺であり（切妻式B1型式），追葬として陶棺5基（亀甲形A5型式，亀甲形C型式、切妻式A2型式2基，切妻式B1型式2基），木棺1基が納められる（新納・光本編2001）。さらに定北古墳も初葬が陶棺（亀甲形A5型式）で，追葬が陶棺3基（亀甲形A5型式，切妻式A2型式2基），木棺1基である（新納・尾上編1995）。その次の段階の定5号墳では陶棺採用がなされず，川を挟んで対岸の大谷1号墳において陶棺が採用される（寄棟式B1型式）。石室内には陶棺と木棺が納められており，どちらが初葬であるかは不明である（近藤・河本編1998）。さらに最終的には定4号墳が築造されるが，ここへも陶棺は採用されない（池上・坂田・新谷編2007）。

このように方墳において連続的に陶棺が大量採用され，しかも亀甲形，切妻式，寄棟式の多様な型式が同一石室内で採用されるのは，この古墳群，あるいはこの地域の特徴と言えよう。この地域が第3段階において陶棺採用の核となっていると考えられる。

5）その他の地域

その他に陶棺が採用される地域としては，吉井川下流域東岸（現瀬戸内市周辺）地域が挙げられる。当地域に所在する邑久窯跡群では陶棺を含む多くの須恵器製品が生産されている。その周辺の古墳群では第2段階後半以降，須恵系陶棺が多く採用されているが，発掘調査での出土例が少なく，具体的様相は検討できない。ただし当地域が第2段階以降の須恵系陶棺採用の核となる地域であるということは言えよう。

一方で「吉備」地域内とされる地域で古墳が多く築造されるにもかかわらず，陶棺を採用しない地域もある。後の「備後」とされる地域では，沿岸部の福山平野，山間部の三次・庄原盆地においていずれも陶棺をほとんど採用しない[10]。

6）小結

　以上，小地域ごとに陶棺採用の検討を行った。その結果，段階ごとに陶棺採用の核となる地域が存在することが明らかとなった。すなわち，第1段階の総社平野，砂川上流・吉井川中流域，第2段階の津山盆地，第3段階の備中川上流域，吉井川下流東岸地域である。さらに陶棺採用の核でない地域では，陶棺は単発的に採用され，さらに初葬の棺としている例が多い。またそれぞれの段階の陶棺採用の核となる地域では，古墳群内及び石室内において連続的に陶棺を採用する。その場合も陶棺はまず初葬棺として採用された後に，追葬棺あるいは次に築造された古墳へ採用される傾向が認められる[11]。一方で第2段階の津山盆地の単独墳では，追葬棺として採用される場合もある。

5　考察

1）「吉備」地域における古墳の階層性と陶棺の採用

　以上，陶棺採用古墳の検討を行ってきた。以下，段階ごとにまとめて考察していきたい。

　第1段階においては，総社平野と砂川上流・吉井川中流域の前方後円墳で陶棺が採用されている。総社平野のこうもり塚古墳で追葬棺として陶棺が採用されるが，次の首長墳である江崎古墳では陶棺を採用しない。こうもり塚古墳の初葬棺は浪形石製家形石棺であり，江崎古墳も同様である。浪形石製家形石棺は「吉備」南部地域において階層的に最上位の棺であり，次世代の首長である江崎古墳でもその棺の持つ階層性によって家形石棺が採用されたものと考えられる。一方で陶棺は，最初にこうもり塚古墳の追葬棺として採用されたが，江崎古墳では採用されなかった。これは陶棺がその後に総社平野における棺の階層性に組み込まれなかった結果といえるだろう。

　一方，砂川上流・吉井川中流域では可真丸山古墳で初葬か追葬かは不明であるが陶棺が採用され，次の首長墳である弥上古墳では初葬棺として陶棺を採用する。これはこの地域の首長層が被葬者となって陶棺を採用したことによる。さらに周辺の古墳で陶棺採用が多く確認されており，この段階において当地域に陶棺採用が広まったものと言える。時期はおそらく先にその地域の首長の古墳と考えられる可真丸山古墳と弥上古墳に最初に陶棺が採用されたものと考えられる。よってその古墳の初葬の人物の棺として採用されたことによって，周辺の古墳被葬者も陶棺を採用したものと考える。このように見れば，当地域の陶棺採用は，氏族・職掌に基づく採用というよりも，より地域的な関係に基づく採用と考えられよう。

　第2段階においては津山盆地に陶棺分布の中心が移り，陶棺採用が「爆発的に」増加する。津山盆地における状況としては，前方後円墳にも採用されていることからみて，第1段階における砂川上流・吉井川中流域の陶棺採用過程と同様の過程と考えられる。津山盆地と砂川上流・吉井川中流域は，吉井川によってつながり，他の考古資料によってもその交流関係が確認できる。前段階の2地域の対比的な状況が，津山盆地の陶棺採用に影響を与えたと考えられる。

　そのような中で，今回採用過程を検討した的場古墳群や畑ノ平古墳群では，陶棺採用と古墳

造墓開始とのタイミングが異なることが指摘できる。これらの古墳群は，陶棺の採用が新興首長層の中で普及したのではなく，新興首長層が勃興してから1から数世代後の子孫たちによって行われたことを示す。全体像が不明のため本稿では分析できなかったが，陶棺採用が多く認められる佐良山古墳群においても，中宮1号墳のように6世紀中葉からの造墓が認められる（近藤編1952）。第2段階末の備中川上流域土井2号墳においては，1世代ほどの時期差をもって装飾付大刀を納めた陶棺を追葬棺として採用していた。墓として被葬者が分節していないが，これらも同一の現象であると考えられよう。

　第3段階では，備中川上流域での採用が中心となる。特に，定古墳群・大谷1号墳での顕著な採用が際立つ。定古墳群では初葬から陶棺を採用するとともに，同石室内に多様な型式の陶棺を採用することにも特徴がある。副葬品も同時期の他地域の古墳より卓越しており，階層的関係と陶棺の採用が一致している。

２）「吉備」地域における陶棺の被葬者像

　研究史でみたように，これまで陶棺は土師氏（部）・ミワ部，あるいは鉄生産者などの氏族・職掌を表徴する棺と捉えられてきた。「吉備」地域では分析でみたように，陶棺が多く分布する所では階層的上位の古墳から下位の古墳まで陶棺を採用する。中にはこうもり塚古墳や弥上古墳のように地域の首長墓のような古墳にまで採用される。さらに個々の古墳内を見ても，基本的には初葬棺であり，追葬棺であっても，土井2号墳のように陶棺内に装飾付大刀を副葬するような例が見受けられた。したがって，陶棺は個々の地域における家形石棺に次ぐ階層的関係において選択・決定されたものと考えられる。一方「吉備」地域では家形石棺を最上位の棺としながらも，その次の階層には陶棺が木棺とともに，かなり広い幅を持つ採用を示す。これには「棺制」というような規制が認められるものではない。よって階層的関係が存在するとしても，比較的緩やかな階層性の中で棺の採用が決定されたものと考えられる。

　個々の事例を検討していくと，陶棺を初期段階に採用したと考えられるこうもり塚古墳の陶棺被葬者は追葬であった。陶棺型式がA1型式であり，近畿地域で採用される陶棺型式と共通していることから，近畿地域の陶棺採用勢力と近い関係にあった人物が想定されるだろう。次に，砂川上流・吉井川中流域での陶棺採用について，当地域はこの段階以降に，陶棺を含む埴輪生産を土井遺跡で，鉄・鉄器生産を猿喰池製鉄遺跡で行っていたことがわかっている。陶棺の採用は，これらを主導した新興首長層によって行われたと考えられる。またその中には，実際生産に携わっていた者も含まれているかもしれない[12]。

　第2段階に陶棺採用中心地域となる津山盆地の採用のあり方は，前段階の砂川上流・吉井川中流域に類似する。両地域は吉井川によって結ばれており，第1段階後半に吉井川を介して津山盆地へ陶棺が伝播したものと想定される。津山盆地における初期の陶棺被葬者は砂川上流・吉井川中流域の勢力と関係を持っていた人物であろう。その後，第2段階においての「爆発的な」陶棺採用は，先に挙げた階層的関係の中で，地域内で普及した結果であるといえるだろう。

最後に第3段階の備中川上流域における陶棺採用についてであるが，特に定古墳群・大谷1号墳被葬者についてこれまで言及がなされてきた。例えば，新納泉氏は「伝統的な吉備勢力が畿内の権力の手によって解体・再編される過程で，キャスティング・ボートを握った勢力のもの」（新納・尾上編1995）と位置付ける。また大谷1号墳については，天武8（679）年に「吉備」で亡くなったとされる「吉備大宰」である「石川王」が被葬者であるとの説（近藤・河本編1998）もある。陶棺に関してみれば，定古墳群は同石室内に多様な型式の陶棺を採用することに特徴がある。各型式の陶棺は，例えば定東塚古墳1号陶棺と同型式陶棺（亀甲形D型式）は総社平野にも分布し，定西塚古墳5号陶棺と定北古墳2号・4号陶棺と同型式（亀甲形A5型式）は津山盆地にも分布する（絹畠2013）。また，定西塚古墳1号陶棺（切妻式B1型式）や大谷1号墳出土陶棺（寄棟式B1型式）は吉井川下流東岸の邑久窯跡群で生産された陶棺と同型式である（絹畠ibid.）。よって当地域では「吉備」各地域と同型式の陶棺が多様に採用されており，その意味では各地域と交流を持つ被葬者が陶棺を採用したものと考えられる。

　以上をまとめると，「吉備」地域の陶棺被葬者は一貫した関係を見出すことはできない。被葬者の中には先行研究で提示されてきたような鉄滓や渡来系遺物の副葬される例から，鉄生産関係者や渡来人などもいたのであろう。またその時期新たに造営を始めるような群集墳での陶棺採用では，被葬者にミヤケ関係者なども含まれるのであろう。陶棺はこれら全てを包含するような，緩やかな階層性の中で棺として選択・決定され，その段階・地域における陶棺の受容状況によって広まる，より地域性を有する棺であったと考えられる。

おわりに　～考古学は科学か？　への回答とともに～

　筆者は，考古学は科学（サイエンス）であると考える。そうであるならば，考古学の論文は科学論文としての構造を採るべきである。Thomasが『Archaeology』において紹介している'scientific cycle'（Thomas,D.H.1979）に基づいて本稿を見てみよう。本稿では，これまでの先行研究において提示されてきた仮説である，「陶棺は土師氏（部）・ミワ部，鉄生産関係者など氏族・職掌を表徴する棺である」について，検討を行ってきた。本稿では，「もし陶棺が氏族・職掌を表徴する棺であるならば，ある一定程度の階層の中で水平的に採用されているだろう」との検証条件を付けることができる。分析の結果，「吉備」地域においては検証条件のような事実はなく，その仮説は棄却された。そして陶棺は，「緩やかな階層性の中で棺として選択・決定され，その段階・地域における陶棺の受容状況によって広まる，より地域性を有する棺」であると結論付けた。ただし，これはあくまで今回の分析によって得られた仮説であり，検証には，家形石棺や釘付式木棺の採用との関係など，新たな分析を必要とすることは言うまでもない。

　本稿では触れなかったもう一つの陶棺集中分布域である近畿地域に関しても，近年奈良市赤田横穴墓群など着実に発掘調査事例が増加しており，採用過程の在り方を研究することにより，陶棺導入の意義，被葬者像について明らかにできると考えている。

謝辞

　本稿は平成24年1月，九州大学大学院人文科学府に提出した修士論文の一部を再構成・加筆したものである。また本稿の内容は，同年12月の九州史学会考古学部会2012年度大会において口頭発表を行った。指導していただいた九州大学の先生方をはじめとしまして，関係者各位に深く感謝申し上げます。

■註

1) 篠川氏は，稲置はもともと「後期ミヤケ」の在地管掌者であって，7世紀中葉（孝徳朝期）の西日本における斉一的国造制施行以後，国造の下の地方官としてその職を担ったとみる（篠川1996）。
2) 一方で森公章氏のように，白猪屯倉を鉄生産の掌握を目的とし，その位置を美作国大庭郡とする研究も存在する（森2010・2014）。
3) 間壁氏は児島屯倉所在地を現在の邑久郡周辺とする（間壁1983）。
4) このことは松尾充晶氏によって，装飾付大刀の研究においても指摘されている（松尾2005）。そしてその問題意識のもと松尾氏らの共同研究において，各地域の具体的な検討を通して改めて評価がなされている（同報告書内他論文）。
5) そこで清家章氏の指摘する棺選択の際に働く原理が参考となる。清家氏は棺の選択に際して，階層差や年齢差という要素（垂直原理）と，婚入や職掌，あるいは政治的関係のような要素（水平原理）の2者が働くと指摘した（清家2010）。これまでの陶棺研究は水平原理のみに基づいて言及がなされてきた。ただし清家氏は丸山氏の論文を参照して，陶棺を水平原理に基づく棺であるとする（清家2010）。
6) 馬具を騎乗用と引手用で分けるのは，大森氏が指摘するように，引手用の馬具（轡など）のみが副葬されている場合，その被葬者が騎乗していない階層の者である可能性が想定されるためである（大森1997）。
7) この視点は，北部九州地域の前期古墳における竪穴式石槨及び連接石棺の選択・採用過程を検討した辻田淳一郎氏の一連の論考を参考にしている（辻田2009・2010・2011）。
8) この点は報告者によっても指摘される（弘田・植月・氏平編1996）。
9) 横穴式石室の編年から定西塚古墳築造を古くする見解もある（広瀬2014）。
10) 福山平野では第3段階に沢田遺跡において陶棺が出土しているが（恵谷編1991），今後も類例があまり増加しないと考えられる。
11) 群集墳のなかで追葬棺として採用される例として，赤磐市岩田8号墳の例がある（神原編1976）。しかしながら，岩田8号墳の場合，陶棺は無脚の特殊な形態をしており，また先行して築造された1号墳にも，初葬か追葬かは不明であるが陶棺が採用されている。よって，岩田8号墳の追葬での採用は，1号墳での陶棺採用の後，他の陶棺採用の論理とは異なるコンテクストで採用に至った可能性が高い。
12) この段階における当地域の陶棺採用について，宮岡氏は同様のことを指摘しているが，これをヤマト王権による直接的掌握の結果とみる（宮岡2012）。筆者は当地域への伝播を埴輪製作集団のネットワークによるものと捉えており（絹畠2013），解釈を異にする。

■参考文献

恵谷泰典編，1991．山陽自動車道建設に伴う埋蔵文化財発掘調査報告（Ⅶ）：広島県埋蔵文化財調査センター調査報告書第92集．財団法人広島県埋蔵文化財調査センター，広島．
藤田憲司，2003．こうもり塚と江崎古墳：吉備考古ライブラリィ9．吉備人出版，岡山．

藤田忠彦，1994．土師質陶棺の粗考．文化財学論集，pp.673-682，文化財学論集刊行会，奈良．
平井勝編，1979．土井2号墳：岡山県埋蔵文化財発掘調査報告29．岡山県教育委員会，岡山．
平井勝編，1981．塚の前古墳：岡山県埋蔵文化財発掘調査報告44．岡山県教育委員会，岡山．
菱田哲郎，2005．須恵器の生産者．列島の古代史4：人と物の移動（上原真人・白石太一郎・吉川真司・吉村武彦　編），pp.203-240，岩波書店，東京．
菱田哲郎，2007．古代日本国家形成の考古学．京都大学学術出版会，京都．
広瀬和雄，2014．7世紀「吉備」に関する基礎的考察．古代吉備26，35-59．
弘田和司・植月康雅・氏平昭則編，1996．西大沢古墳群 畑ノ平古墳群 虫尾遺跡 黒土中世墓 茂平古墓 茂平城：岡山県埋蔵文化財発掘調査報告111．岡山県教育委員会，岡山．
池上博・坂田崇・新谷俊典編，2007．定4・5号墳確認調査報告：真庭市埋蔵文化財調査報告1，真庭市教育委員会，真庭．
井上光貞，1951．国造制の成立．史学雑誌60（11），1-42．
亀田修一，2008．吉備と大和．古墳時代の実像（土生田純之　編），pp.19-71，吉川弘文館，東京．
亀山行雄，1999．岡山県内の横穴式石室．論争吉備：シンポジウム記録1，pp.3-18，考古学研究会，岡山．
神原英朗編，1976．岩田古墳群：岡山県営山陽新住宅市街地開発事業用地内埋蔵発掘調査概報（6）．岡山県山陽町教育委員会，赤磐．
狩野久，2001．白猪屯倉の設置事情．京都橘女子大学研究紀要27，37-52．
狩野久，2005．白猪屯倉と蘇我氏．古代を考える　吉備（門脇禎二・狩野久・葛原克人　編），pp.185-207，吉川弘文館，東京．
絹畠歩，2013．古墳時代後期から終末期における陶棺の分類・編年と系統．古代学研究198，1-24．
近藤義郎編，1952．佐良山古墳群の研究：第1冊．津山市教育委員会，津山．
近藤義郎・河本清編，1998．大谷1号墳：北房町埋蔵文化財発掘調査報告7．北房町教育委員会，真庭．
間壁忠彦・間壁葭子・藤田憲司・山本雅靖編，1974．王墓山古墳群．倉敷市教育委員会，倉敷．
間壁葭子，1983．岡山の陶棺．岡山の歴史と文化（藤井駿先生喜寿記念会　編），pp.41-72，福武書店，岡山．
松尾充晶，2005．装飾付大刀の表徴機能・氏族関係に関する研究史．装飾付大刀と後期古墳：出雲・上野・東海地域の比較研究，pp.7-10，島根県教育庁古代文化センター・島根県教育庁埋蔵文化財調査センター，松江．
丸山竜平，1971．土師氏の基礎的研究．日本史論叢2，44-71．
湊哲夫，2009．白猪屯倉論の現状と課題．吉備地方文化研究19，29-44．
宮岡昌宣，2012．陶棺からみる吉備と畿内．考古学研究59（1），60-80．
森公章，2010．吉備白猪・児島屯倉と屯倉制．古代国家と天皇（武光誠　編），pp.27-60，同成社，東京．
森公章，2014．国造制と屯倉制．岩波講座日本歴史：第2巻古代2，pp.75-106，岩波書店，東京．
村上幸雄編，1980．糘山遺跡群Ⅱ：久米開発事業に伴う埋蔵文化財調査報告（2）．久米開発事業に伴う文化財調査委員会，津山．
村上幸雄，1984．白い棺と赤い棺．えとのす25，74-99．
中村展子，2004．生産からみた陶棺の変容とその背景．洛北史学6，75-101．
直木孝次郎，1964．日本古代の氏族と天皇．塙書房，東京．（初出1960．土師氏の研究．人文研究11（9），890-913．）
西川宏，1975．吉備の国：古代の国々5，学生社，東京．
新納泉，1983．装飾付大刀と古墳時代の兵制．考古学研究30（3），50-70．
新納泉，2001．空間分析からみた古墳時代の地域構造．考古学研究48（3），56-74．

新納泉, 2002. 古墳時代の社会統合. 日本の時代史：２倭国と東アジア（鈴木靖民　編），pp.136-167, 吉川弘文館, 東京.
新納泉・光本順編, 2001. 定東塚・西塚古墳. 岡山大学考古学研究室. 岡山.
新納泉・尾上元規編, 1995. 定北古墳. 岡山大学考古学研究室. 岡山.
岡山県教育委員会編, 2003. 改訂岡山県遺跡地図：第１～９分冊. 岡山.
小郷利幸編, 1990. 崩レ塚古墳群 クズレ塚古墳：津山市埋蔵文化財発掘調査報告第34集. 津山市教育委員会, 津山.
大森円, 1997. 豊前における群集墳造墓単位の分節過程. 古文化談叢25, 153-199.
笹栗拓, 2010. 横穴式石室の展開過程と地域社会の構造. 古代学研究188, 39-58.
清家章, 2010. 古墳における棺と棺材の選択. 日本考古学協会2010年度兵庫大会研究発表資料集, pp.359-364, 日本考古学協会2010年度兵庫大会実行委員会, 播磨.
篠川賢, 1996. 日本古代国造制の研究. 吉川弘文館, 東京.
白石耕治, 1995. 畿内における陶棺研究序説. 西谷眞治先生古稀記念論文集, pp.387-425, 勉誠社, 東京.
杉山尚人, 1987. 陶棺の研究. 考古学研究33（4）, 49-71.
杉山尚人, 1992. 陶棺. 吉備の考古学的研究：下（近藤義郎　編），pp.287-304, 山陽新聞社, 岡山.
Thomas, D.H., 1979. Archaeology. Holt, Rinehart and Winston, Fort Worth.
豊島雪絵, 2013. 美作の陶棺. 土の棺に眠る～美作の陶棺～, pp.47-59, 津山郷土博物館, 津山.
辻田淳一郎, 2009. 北部九州における竪穴式石槨の出現. 史淵146, 25-56.
辻田淳一郎, 2010. 北部九州の前期古墳における竪穴式石槨と葬送儀礼. 史淵147, 29-57.
辻田淳一郎, 2011. 初期横穴式石室における連接石棺とその意義. 史淵148, 1-36.
宇垣匡雅, 1995. 川戸１号墳のしめる位置. 川戸古墳群発掘調査報告書, pp.93-99, 大原町教育委員会, 美作.
渡辺健治・今井尭編, 1974. 万燈山古墳. 加茂町文化財保護委員会, 津山.
山磨康平, 1986. 弥上古墳. 岡山県史：考古資料, pp.256-257, 山陽新聞社, 岡山.
安川豊史編, 2001. 的場古墳群：津山市埋蔵文化財発掘調査報告第70集, 津山市教育委員会, 津山.
吉田晶, 1995. 吉備古代史の展開. 塙書房, 東京.

図２　1：安川編2001, 2：小郷編1990, 3：平井編1981, 4：渡辺・今井編1974, 5：平井編1979, 6・7：新納・光本編2001, 8：新納・尾上編1995

長野県東御市地獄沢古墳出土遺物の再評価
―考古資料を保存していくために―

聖徳大学　松　尾　昌　彦

要旨

　本稿は30年前に調査を行った長野県東御市所在の地獄沢古墳出土遺物の検討である。個人蔵資料で保存処理が施されていない鉄製品には，経年変化による劣化の進行が著しい事例も少なくない。このような資料を検討するに当たっては，その経年変化の度合いを知るため旧状との比較・検討を行うことが重要であることから，昭和61年に行った観察記録を発表することにした。これは，同一の資料を様々な研究者が図化・観察し，その資料的価値を世に問うていくことが，保管・収蔵に対する理解を高めることにつながるとも考えるためである。さらに，「考古学が科学である」ためには，その理論が再検証可能である事が基本であり，ここで求められるのも資料の保全と絶え間のない再検討と考える。

キーワード：長野県，古墳時代，馬具，資料保存

はじめに

　今から35年近く前の昭和56年から8年間ほどにわたって，古墳出土遺物の調査に明け暮れた時期を過ごした。最初の5年間は長野県史編纂事業の調査，残りの3年間は東京国立博物館収蔵品図版目録作成のための基礎調査である。とりわけ，長野県史編纂事業のそれは，長野県内に分散する主要な古墳出土遺物の資料化を目指したため，1～2週間の調査期間で日毎に異なる所蔵先を訪ねるという強行軍の繰り返しであったが，今思えば，資料調査に没頭できた幸せな時間であった。

　この長野県史編纂事業に係わる調査成果は『長野県史考古資料編』（岩崎・松尾1988）に収録したが，県民のための自治体史という性格上，個別遺物について専門的な記述をすることは適当でないと判断し，別に幾つかの報告を行った（松尾1983・1985・1987a・1987b）。しかしながら，これらの報告では特定のテーマで纏め得るものを中心に取り上げたため，公表に至っていない調査記録も少なくない。資料調査が多くの所蔵者のご協力の賜物であることを思えば申し訳なさで一杯であるが，近年の長野県における有望な若手研究者の研究に触れるにつけ，4半世紀以上も前の知見は個人的なものに止めておこうとの思いも強くなってきた。

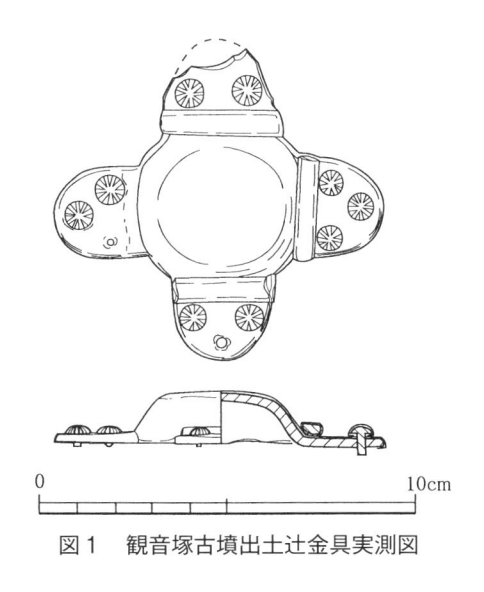

ところがその後，このような考えを改める必要があると感じた出来事があった。以前の論稿を纏め直す作業を行った7年ほど前，長野県長野市の観音塚古墳について調べた時のことである。この観音塚古墳は明治8年に発掘調査された積石塚古墳で，六鈴鏡・瑪瑙製勾玉・水晶製切子玉・ガラス製小玉・耳環・辻金具・杏葉・鉄鏃などの豊富な副葬品が出土したことで知られる（米山1978）。我々も昭和58年に長野県史刊行会のご仲介により，個人蔵のこれらの出土遺物の実測調査を行った。その後，観音塚古墳出土遺物は長野市誌編さん委員会の手によって再実測され，長野市内のその他の古墳出土遺物と共に実測図が公表された（長野市誌編さん委員会2003）。

図1　観音塚古墳出土辻金具実測図

その労苦には頭が下がる思いであり，図化されたものは基礎資料として今後の研究に資することは疑いがない。

　ただし，この『長野市誌』で掲載されている観音塚古墳出土遺物の内，辻金具については以前我々が観察したものと形状が異なっていることを指摘しなければならない。図1に示したものが昭和58年に実測した観音塚古墳出土辻金具で，鉄地金銅張りの鉢に丸形脚を有し，各脚は銀被せした鋲頭に刻み目を入れた鉄鋲3と銀被せの責金具で革紐に固定したと判断される。一方，長野市誌編さん委員会で作成されたそれは，脚や鋲数の表現などから同一の辻金具と思われるが，責金具が全く欠落している。『長野市誌』に記載されている他の出土遺物の表現や観察から見て，見落しとは考えられず，昭和58年からの経年変化による欠損と見なすべきであろう。しかしながら，雲珠・辻金具は鋲と責金具を併用する装着方法から鋲のみで装着する方法に変化することが知られており（宮代1993），責金具の有無は資料の時期的な位置づけに係わる問題である。このような資料本来の形状を把握するために，過去の観察記録を振り返ることは重要な作業と考える。

　このような経緯から，以前の観察記録を公表しないままにしておくことは，今後の研究を阻害することにもなるとの思いを強くした。以下で取り上げる長野県東御市地獄沢古墳出土遺物もこのような未報告のものの一つであり，東信地方では稀な鉄地銀張杏葉が出土した古墳である。なお，この資料は個人蔵のもので，調査は昭和61年12月14日に岩崎卓也氏と共に行った。

1　地獄沢古墳の概要

　本古墳は長野県東御市東部町海善寺に所在し，横穴式石室から青銅鏡・轡・杏葉・鉄鏃・刀子・鉄鈴などが出土している。なお，この古墳は『和村誌』（五十嵐1959）で「西原古墳の西方通称地獄沢」とのみ記されているものであるが，『長野県史考古資料編』（岩崎1988）や塩入

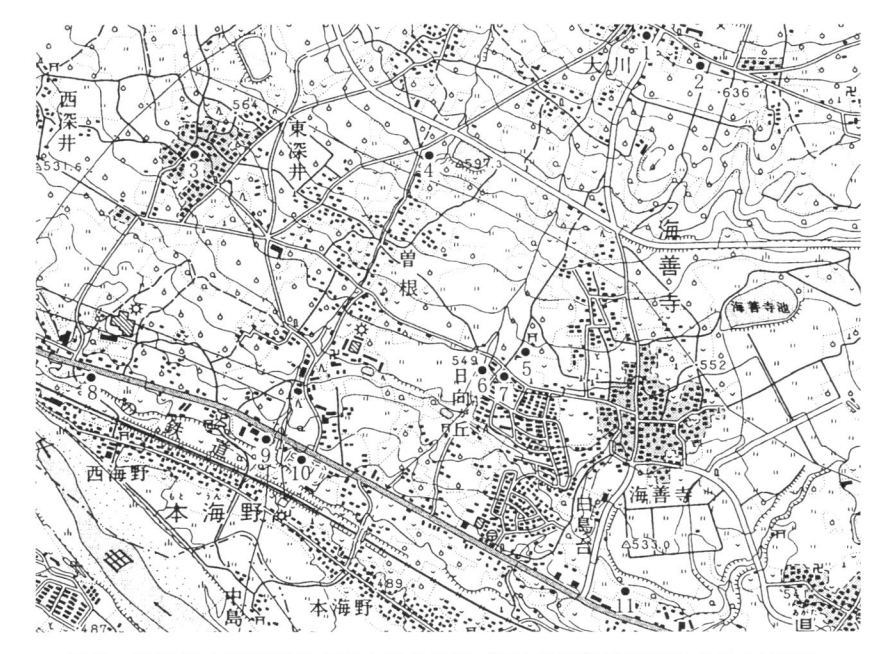

図2　地獄沢古墳周辺の主要古墳分布図（国土地理院発行2万5千分の1地図「上田」に一部加筆）
1. 上権田古墳　2. 蛇川原古墳　3. 大塚古墳　4. 耳塚古墳　5. 八幡社前古墳　6. 地獄沢古墳　7. 西原古墳　8. 中曾根親王塚古墳　9. 右近塚古墳　10. かぶと塚古墳　11. 二子塚古墳

秀敏の研究（塩入1994）などで「地獄沢古墳」と呼称しているため，それに従った。

　立地する千曲川左岸の旧和村に属する緩斜面には横穴式石室を持つ数多くの古墳が分布し（図2），古く発掘調査されたものも多い。標高630m程の大川区には頭椎大刀・須恵器・土師器が出土した上権田古墳（松尾1987b），鉄製有窓鐔・刀子が確認された蛇川原古墳があり，標高600m前後の深井区では耳塚古墳から銀環・馬具・直刀・刀子が出土している。国道18号線沿いの曽根区には横穴式石室から耳環・轡・鉄鏃などが出土した右近塚古墳（吉田・市川1950，八幡1956）などがある。

　本古墳が位置するのは標高550m程の緩斜面中位の海野区で，付近には人骨と共に勾玉・切子玉・小玉・銀環・馬具・直刀・鉄鏃などが出土した横穴式石室を有する八幡社前古墳（大附1950，箱山1950）がある。この八幡社前古墳の南方100mの位置に西原古墳が存在し，地獄沢古墳はさらにその西方に位置していた。五十嵐幹雄の記述によれば，「海善寺区の西原古墳の西方通称地獄沢の東側で海野区の不動様から登りつめたところに海野区の土取り場があり，昭和33年の秋，耕作中に畑の大きな石を動かしたところ，その下から，刀子，鉄鏃，杏葉，轡，小鏡，鉄鈴などが出土した」（五十嵐1959：57頁）という。また，五十嵐は出土状況の聞き取りから，「横穴式石室の古墳があってその上部は既に崩され，石室の一部が残っていた。そこが掘り起こされた」とも推測している。

2 地獄沢古墳の出土遺物

　確認し得たのは，青銅鏡1，銀環3，轡1，辻金具2，杏葉4，鐙鞘1，鉄鏃30～40，刀子2であるが，杏葉については2点，鉄鏃については4点のみの実測に止めた。

　青銅鏡（図3-1）　重圏文鏡で，平縁の内側に櫛歯文帯と無文帯を巡らし，円座鈕に至る。面径は3.8cmで，鋳上がりは悪い。

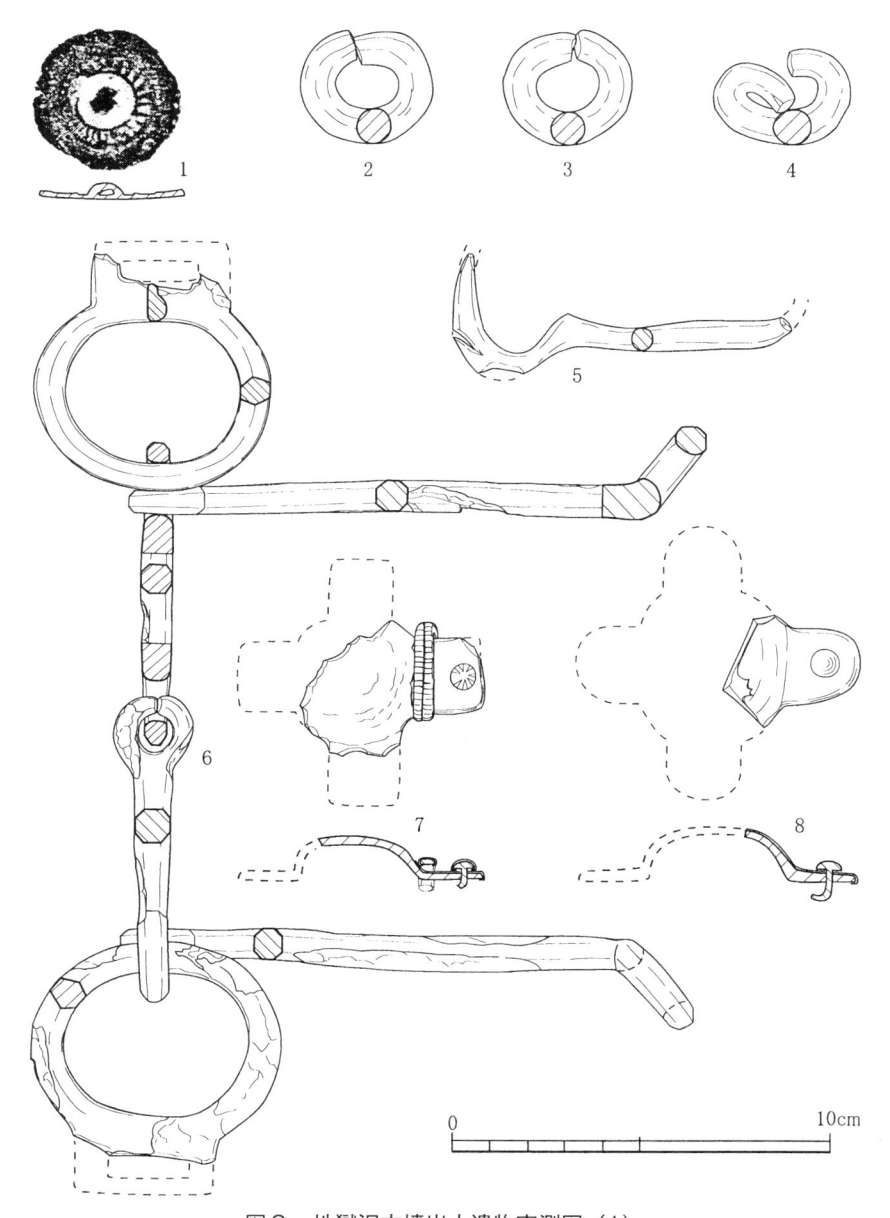

図3　地獄沢古墳出土遺物実測図（1）

耳環（図3－2～4） すべて銅地銀環で，4は著しく変形している。2は長径3.7cm，短径3.0cm，厚さ0.85cm，3は長径3.7cm，短径3.1cm，厚さ0.9cm，4は長径3.7cm，短径2.6cm，厚さ0.9cm。

馬具類（図3－5～8，図4－1～3） 図3の5は鉸具の破片と思われるもので，刺金は確認できない。鉄製で，現存長9.0cm。6は鉄製の轡で，長径6.2cmの環部に幅3.6cmの回字形立聞を鍛接する環状鏡板を有する。銜端環は鏡板と引手先環に連接し，引手端環はくの字状に外

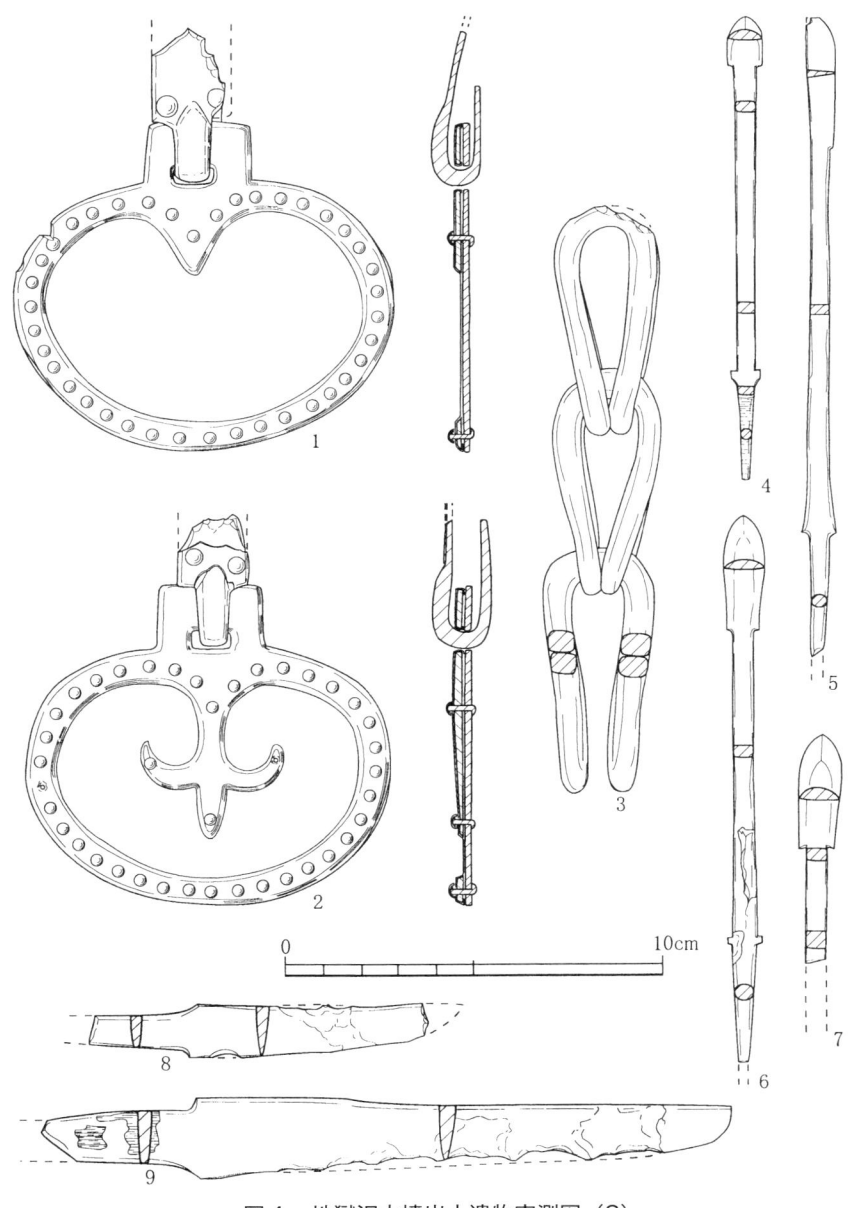

図4　地獄沢古墳出土遺物実測図（2）

反する。全体として極めて保存状態が良く，鏡板・銜・引手の断面は六角形を呈する。銜長（口に噛ませる部分）は10.5cm，引手長は15.0cm。7・8は共に鉄地銀張の辻金具で，1脚と鉢部片を残す。7は方形脚を有し，刻み目を入れた中央に1条線を施す銀被せの貴金具と刻み目を入れた鋲頭に銀被せを施す鉄鋲1で革紐に固定する。8は丸形脚に鉄鋲1を打つが，錆化のため鋲頭は不明。図4の1・2は鉄地銀張の心葉形杏葉で，共に縁金の上から銀張を施した後，鋲頭を銀被せした鉄鋲で留める。1・2共に釣金具が残存し，2の釣金具は鉄地銀張であることが確認できた。2は三葉文心葉形杏葉で，同大で同一型式のものが他に2点現存する。杏葉本体の大きさは，1が幅10.1cm，高さ9.0cm，2は幅9.6cm，高さ8.2cmと異なるため，三葉文心葉形杏葉3点で一つのセットと見なしうる。図4の3は鉄製鐙粗で，三連の兵庫鎖が残存する。現存長16.0cm。

　武器類（図4-4～7）　鉄鏃で，4・6・7は片丸造鑿箭式，5は平造片関片刃箭式である。4の箆代には樺巻の痕跡を残す。箆被については，5が錆のため判然としないが，4・6は明瞭な棘箆被である。現存長は，4が12.8cm，5が17.6cm，6が14.8cm，7は6.2cm。なお，鉄鏃は破片も含めて40点近く残存するが，確認し得た型式は片丸造鑿箭式と平造片関片刃箭式のみであった。

　工具類（図4-8・9）　刀子で，鉄製。共に背関があり，9の茎には木質の付着が認められる。また，9の刃部には研ぎ減りも観察できる。現存長は，8が9.0cm，9が18.2cm。

3　出土遺物の検討

　先にも述べたように，本古墳からは東信地方で稀な鉄地銀張杏葉が出土しており，馬具の時期的な位置づけがまず問題となろう。

　地獄沢古墳の馬具の中で時期が比較的限定されるのは辻金具である。特に，図3-7は中央を巡る1条線と全体に施された刻み目を特徴とする太めの貴金具を有しており，これは2本1組で使われた刻み目を入れた貴金具を模したものと考えられる（宮代1993）。宮代栄一によれば，この種の貴金具はMT85型式期～TK43型式期という限られた期間に用いられ，1鋲を打つ方形脚はMT15型式期～TK217型式期に認められるという。

　また，環状鏡板付轡は，回字形立聞を鍛接する鏡板に引手・銜を共連し，引手端環がくの字に外反するという特徴を有する。これは，岡安光彦による編年（岡安1984）の第Ⅲ・Ⅳ段階に属するもので，TK43型式期～TK209型式期に相当する。

　三葉文の鉄地銀張心葉形杏葉は，縁金の上から銀張りを施し，銀被せの鉄鋲を密に打つもので，岡安編年（岡安1988）のⅢ期（MT85型式期～TK43型式期），内山編年（内山1996）の後期2段階に該当する。

　すなわち，馬具は全体としてMT85型式期～TK43型式期の特徴を示すもので，セットをなす轡・杏葉・辻金具の組み合わせと見なしうる。また，棘箆被を有する片丸造鑿箭式・片関片刃箭式の鉄鏃も同様の時期と見なして大過ない。

このように馬具・武器からは本古墳の年代を6世紀後葉に確定し得るかに見えるが，副葬品に含まれる重圏文鏡はこの年代観と齟齬する。重圏文鏡が出土した古墳には大分県亀の甲古墳，福岡県鬼の首古墳，福岡県老司古墳，大阪府御旅山古墳，三重県向山古墳，茨城県勅使塚古墳などがあり，4世紀末から5世紀のものが多いことが小林三郎によって明らかにされている（小林1979）。また，長野県内において本古墳と同様に重圏文鏡に馬具が伴出した古墳に長野市飯綱社古墳があるが，馬具には木芯鉄板装輪鐙が含まれ（桐原・松尾1984），伴出している鉄鏃はTK73型式期～TK208型式期に属するとの評価が与えられている（風間2003）。これらの出土事例からは，重圏文鏡の指し示す年代を5世紀中葉～後葉と見なすのが妥当である。

　もちろん，本古墳は正式な発掘調査を経たものではないため，このような年代の異なる資料は他の古墳出土品が混入した結果とすることも可能である。しかしながら，前述のごとく昭和33年の発掘時に小鏡が出土したと伝えられており，五十嵐幹雄の聞き書きと現存資料の内容は一致することから，出土後の資料に大きな混乱があったとは考えがたい。とりあえず，ここでは本古墳の年代を組み合わせの良好な馬具が示す6世紀後葉とし，重圏文鏡については古墳時代における伝世と見なしておく。本古墳の重圏文鏡が際だって小型で鋳上がりの悪い点も，その盛期を過ぎた特徴と見なしうるとの理解からである。

おわりに

　本稿では，長野県東御市地獄沢古墳出土遺物の紹介と検討を行い，これらが6世紀後葉の所産との結論を得た。このことによって，旧和村に分布する横穴式石室を有する古墳に年代的な定点を定めることができ，馬具が出土した耳塚古墳・右近塚古墳・八幡社前古墳，頭椎大刀が出土した上権田古墳などの横穴式石室を有する古墳も本古墳に相前後する時期と判断し得る。

　すなわち，今回取り上げた地獄沢古墳出土遺物は，当地域の横穴式石室を検討する上で重要な資料と考えるが，最初に記したように，本稿を執筆した理由はその資料的価値のみではない。鉄製品のように経年変化によって劣化が進む出土遺物については，旧状の観察記録との比較検討が必要であり，このような作業によって得られる情報は少なくないからである。さらに，同一の資料を様々な研究者が図化することは，多様な観察・検討が加えられることでもあり，研究上きわめて意義深いと考える。

　このことに関連して，田中琢が記した梅原末治の逸話が想起される。梅原は10年以上の間隔をおいて作成した青銅器の実測図を並べ，「この3枚をみろ。ようやくわたしもここまで分かるようになった。むかしはよく分かっていなかったから，こんな図しか書けなかったのだ」（田中1988，85頁）と述懐したという。その厳格経験主義と遺物中心の研究戦略については，晩年の行き詰まりの遠因となったとの評価が与えられているが（穴沢1994），実測図が資料に対する観察と解釈を記録したものとの考えに立てば，梅原の逸話が示唆する内容は深い。とりわけ，出土遺物の廃棄が現実問題となる今日（日本考古学協会埋蔵文化財保護対策委員会2010），既出土の遺物に常に新たな検討を加え，その資料的価値を世に問うていくことが，保管・収蔵

の必要性を示すことにつながるからである。

　また，「考古学が科学である」ためには，その理論が再検証可能であるかがまず問われなければならない。そのために求められるのは第一に資料の保全であり，資料に対する絶え間のない再検討と考える。本稿の意図するところの一端はここにある。

　田中良之先生には，平成24年5月～平成26年5月まで一般社団法人日本考古学協会の理事会を通じてご交誼を賜った。もちろん，それ以前からご高名は存じ上げており，とりわけ，ご高著『古墳時代親族構造の研究』（田中1995）で私の研究を取り上げて頂いたことは，強く印象に残っている。その先生の追悼論文集にこのような拙い論考を寄稿する事にはためらいもあるが，日本考古学協会会長として日本考古学界の行く末を案じられていた田中先生にこの小文を捧げることをお許し頂きたい。

■参考文献
穴沢咊光，1994，梅原末治論，考古学京都学派（角田文衛　編），pp.75-81，雄山閣，東京．
五十嵐幹雄，1959，古墳文化時代の和村，和村誌歴史編（和村誌編纂委員会　編），pp.37-62，長野．
岩崎卓也，1988，青銅鏡，長野県史考古資料編全1巻（4）（長野県史刊行会　編），pp.529-534，長野．
岩崎卓也・松尾昌彦，1988，古墳時代の道具，長野県史考古資料編全1巻（4）（長野県史刊行会　編），pp.518-572，長野．
内山敏行，1996，古墳時代の轡と杏葉の変遷，'96特別展　黄金に魅せられた倭人たち（島根県立八雲立つ風土記の丘資料館　編），pp.42-47．
大附勝敏，1950，長野縣海善寺古墳出土人骨の歯牙，人類學輯報4，9-14．
岡安光彦，1984，いわゆる「素環の轡」について－環状鏡板付轡の型式学的分析と編年，日本古代文化研究創刊号，95-120．
岡安光彦，1988，心葉形鏡板付轡・杏葉の編年，考古学研究35（3），53-68．
桐原健・松尾昌彦，1984，長野市飯綱社古墳の出土遺物，信濃36（4），63-69．
小林三郎，1979，古墳時代初期倣製鏡の一側面－重圏文鏡と珠文鏡－，駿台史學46，78-96．
塩入秀敏，1994，長野県の馬具副葬古墳について－科野古代馬匹文化研究のための一作業－，長野県考古学会誌74，1-22．
田中琢，1988，梅原末治論，弥生文化の研究10（金関恕・佐原真　編），pp.83-93，雄山閣，東京．
田中良之，1995，古墳時代親族構造の研究－人骨が語る古代社会－，柏書房，東京．
長野市誌編さん委員会，2003，長野市誌第12巻資料編（原始・古代・中世），長野市，長野．
日本考古学協会埋蔵文化財保護対策委員会，2010，埋蔵文化財の保護は誰の責任でなされるか－出土遺物の取り扱いと保管・収蔵をめぐる問題－，一般社団法人日本考古学協会第76回総会研究発表要旨，162-163．
箱山貴太郎，1950，長野縣小縣郡和村八幡社前の古墳，信濃2（10），49-55．
松尾昌彦，1983，下伊那地方における馬具の一様相－鉄地金銅張・銀張の鏡板・杏葉を中心として－，長野県考古学会誌45，26-49．
松尾昌彦，1985，信濃の馬具，東日本における古墳時代遺跡・遺物の基礎的研究（岩崎卓也　編），pp.2-

24, 茨城.
松尾昌彦, 1987a, 長野県における古墳編年基礎資料 (1) －中期古墳資料－, 信濃39 (3), 55-60.
松尾昌彦, 1987b, 長野県における古墳編年基礎資料 (2) －頭椎大刀関係資料－, 信濃39 (12), 78-87.
宮代栄一, 1993, 中央に鉢を持つ雲珠・辻金具について, 埼玉考古30, 253-289.
八幡一郎, 1956, 長野縣小縣郡和村右近塚の發掘, 信濃2 (7), 1-6.
吉田章一郎・市川健二郎, 1950, 長野縣小縣郡和村右近塚發掘概報, 考古學雜誌36 (5), 41-46.
米山一政, 1978, 更埴地方の古墳, 更級埴科地方誌第2巻 （更級埴科地方誌刊行会　編), pp.342-440, 長野.

地下式横穴墓における女性と未成人への武器副葬

奈良県立橿原考古学研究所　吉　村　和　昭

要旨

　古墳に副葬される武器類には性差が認められる。女性への甲冑，鏃副葬の欠如，刀剣副葬における男性首長との格差から，古墳時代，女性首長の軍事権への関与は低く，女性兵士の戦闘への参加はなかったとされる。一方，南九州の地下式横穴墓において，女性への鏃，刀剣類の副葬が認められる。

　本稿では，地下式横穴墓における女性と未成人への鏃，刀剣類の副葬例の検討をおこなった。その結果，女性被葬者の武装，戦闘への参加があり，戦闘指揮といった軍事権への一定程度の関与もあったと論じた。一方，未成人への武器副葬において，刀剣をともなう被葬者は，墓の代表者，もしくは将来の代表者と認定されたものであり，被葬者が若年の場合，武装の側面もあるものの，代表者のシンボルとしての側面がより大きいと推定した。

　女性が一定程度，軍事に関与したとみられることは，双系の親族関係にとどまっていた地下式横穴墓築造社会のあり方と関わるものであろう。

キーワード：地下式横穴墓，女性，武器，軍事，双系の親族関係

I　はじめに

　古墳被葬者の性別と副葬品の差異に相関を見出そうとする，あるいは副葬品の差異から，被葬者の性別を読みとろうとする研究において，武器類の中に，明瞭な性差をみせるもののあることが指摘されている。古墳時代を通じて，日本列島のほとんどの地域で，鏃，槍，矛は，女性に副葬されることが少なく，また甲冑は男性に帰属することなどがあきらかにされている（川西・辻村1991；清家1996，2010）。

　このような中で，南九州では，その地域的な墓制である地下式横穴墓において，女性被葬者に鏃などの武器がともなう事例が認められる。その解釈については，これをもって女性の武装，軍事への関与を認める立場（北郷1994，2006；吉村2012）と，それを否定する立場（清家2004；橋本2014）が存在する。

　本稿では，このように解釈が分かれる地下式横穴墓における女性への武器副葬について，副

葬例の詳細な検討，女性への武器副葬を論じる際，しばしば問題とされる未成人（乳児・幼児・小児・若年）[1]への武器副葬の検討も踏まえて，その特質をあきらかにしていきたい。

II 研究史と問題の所在

1 研究史

　古墳被葬者の性別によって生じる副葬品の差異が，武器類において認められるもののあることが指摘されている。近藤義郎は岡山県月の輪古墳の発掘調査報告において，二つの棺にみられる副葬品の差異を検討した。そこには性別を反映するものがあると指摘し，甲などの武具が男性に帰属することを示している（近藤1960）。また，松尾昌彦は前期古墳の墳頂上多数埋葬を論じる中で，副葬品における武器・武具類の占める割合を検討し，銅鏃が男性に帰属する遺物であることを示唆している。川西宏幸・辻村純代は，性別があきらかな人骨遺存例を集成し，検討をおこなっている（川西・辻村1991）。そのなかで，鏃が女性被葬者に副葬されることが少ないことを指摘し，甲冑と矛についても女性人骨にともなわない可能性を示している。一方，武器でも刀剣類については副葬に大きな性差があらわれないとしている。清家章は，さらに多くの人骨出土古墳を検討し，鏃・甲冑が鍬形石とともに男性に属する可能性が高い副葬品であることを指摘している（清家1996）。刀剣副葬における男女の差異について，古墳時代前期においては，女性被葬者の場合，棺外副葬は認められても棺内副葬は少なく，認められる場合も20cmに満たない短いもの1本に限られる点で男性被葬者とは異なるとしている。中期においては，女性においても，刀剣がすべて棺内に置かれるように変化し，男性被葬者と同様となるが，複数の刀剣が副葬されることが多い男性と比較して，刀剣5本以上を副葬する事例が地域首長墓のみである点，小首長レベルでは1本の副葬に限られる点が異なるとしている。さらに，基本的に男性に帰属する甲冑の副葬が，各地の中小古墳へと拡大するのと相俟って，中期において，各階層の女性首長と男性首長との軍事的格差は広がると論じている。清家はこのような一連の検討を通じて，古墳時代，女性首長の軍事権への関与は低く，また，女性兵士が戦闘に参加することはなかったと結論づけている（清家1998，2004，2010）。

　ところで，上述の川西・辻村の研究では，鏃については男性に偏るとしつつも，九州においては，女性被葬者にともなう事例が認められるとして，福岡県甘木市（現朝倉市）池の上4号墳（橋口1979），熊本県阿蘇郡一の宮町（現阿蘇市）長目塚古墳（坂本1962），宮崎県東諸県郡綾町内屋敷56-1号地下式横穴墓（面高1981）[2]の3例を挙げている。さらに複数埋葬において女性人骨に鉄鏃がともなう例として，宮崎県内の4例を挙げる。宮崎県西臼杵郡高千穂町春姫登横穴墓1号人骨（北郷・田尻1989），西都市金倉上地下式横穴墓（＝常心原1号地下式横穴墓）1・2号人骨（日高1985），東諸県郡国富町市の瀬5号地下式横穴墓2号人骨，同10号地下式横穴墓3号人骨（菅付編1986）である。池の上4号墳は，2体の女性が葬られ，片付けられた初葬人骨に鉄鏃25と鹿角装剣がともなう。副葬品に陶質土器や陶製紡錘車など渡来系要素が色濃くみられることから，朝鮮半島南部との関連から説明できるとし，慶尚南道礼安里古墳群

で女性被葬者に鉄鏃がともなう事例が散見されること（釜山大学校博物館編1985）をその根拠として挙げている。一方、長目塚古墳例については、古い鑑定による性別判定の信頼性に疑問符をつけている。池の上4号墳、長目塚古墳例を除くと、女性への鉄鏃副葬例は、いずれも南九州、宮崎県の事例であり、県北の春姫登横穴墓例以外はすべて地下式横穴墓からとなる。

地下式横穴墓における女性への武器副葬について、はじめて本格的な検討をおこなったのは北郷泰道である（北郷1994，2006）。北郷は地下式横穴墓における女性への武器副葬事例を集成、検討した上で、これら被葬者の女性が武装し、実戦力として期待されていた可能性を指摘している。これに対して、清家は南九州において女性への鉄鏃副葬がみられることについて、地下式横穴墓という特有の墓制を用いることから、この地域特有の習俗であるとして、女性被葬者を軍事との関わりでとらえることを否定している（清家2004）。

筆者は地下式横穴墓における女性への鉄鏃副葬について、川西・辻村の指摘以外にさらにいくつかの事例を挙げ、そこには多様な実態（複数埋葬における初葬者、主要武器が帰属する墓の代表者、代表者以外の被葬者、女性単独埋葬など）があることを記した上で、清家の解釈について、女性の副葬品に鏃や甲冑が欠如しているという南九州以外の状況を踏まえたものであり、これにあてはまらない南九州、地下式横穴墓における状況を単に習俗とすることには検討の余地があり、同地を除く列島各地の様相から得た結論からだけで、北郷の主張を否定しきることはできないと疑問を呈した（吉村2012）。

一方、北郷・吉村に対しては、橋本達也からの批判がある（橋本2014）。古墳時代、女性首長が戦闘指揮などの軍事権をもたず、女性兵士も存在しなかったという清家の研究成果を前提として、地下式横穴墓を築造する社会における女性の武装、軍事への関与があったとする北郷・吉村の解釈に疑問を投げかける。古墳時代、宮崎内陸盆地においてのみ女性も動員されるような頻繁な戦闘があったとは考えられないとし、鏃の女性への副葬が、武装受容の際の経緯を反映したものであり、鏃が武器としての機能より威儀具や葬送にともなう儀仗として重視された可能性があるとする。武装の社会的意義は定着せず、戦闘に関わる文化が未発達な状態で、男性を象徴するものとして分化しなかったものと推論している。

2　問題の所在

古墳時代、日本列島のほとんどの地域で、刀剣副葬における男性・女性首長間の格差、女性への鏃副葬の欠如がみられるなかで、南九州の地下式横穴墓においてのみ、それとは異なる状況が認められる。問題は、それが女性の軍事権への関与、また女性の武装の証左となるか否かである。

女性の軍事権への関与と女性兵士を否定する見解は、南九州以外の日本列島各地の状況により得られた結論が、地下式横穴墓とそれを築造する社会にも適用できるとの立場に基づいている。しかしながら、そのような議論は、背景にある社会構造の違いをまずは踏まえる必要がある。5世紀後半以降、西日本においてひろく親族関係が父系化していく（田中1995、2008など）のに対して、地下式横穴墓を築造する社会においてはその動きが認められず、双系の親族

第1表 女性と未成人への武器副葬 一覧

代表者欄：●＝墓の代表者。▲＝代表者の可能性あり。

地域	墓名(別称)	時期	体数	代表者	人骨番号	埋葬順位	性別	年齢	鉄鏃(骨=骨鏃)	刀剣類(括弧内は刃部長cm)	その他の副装品	備考
I	常心原1号(金倉上)	VI	3	▲	1	1	女	成年			耳環	帰属不明：方頭鏃2(1・2号人骨間)、須恵器平瓶
					2	2か3		若年17～18歳	3以上(長頸鏃)		刀子	
					3	3か2	-	小児				
	常心原5号	VII	2	●	1	1	女	熟年		刀(29.2)	刀子1、ガラス玉、須恵器(TK209)	
					2	2	男	成年	1		刀子、須恵器(TK209)	
	本庄28号(宋仙寺11号)	IV	2	●	1	1	-	若年12～13歳	8(片刃長頸6、柳葉1、平根1)	剣(33.4)		
					2	2	男	成年			刀子	
	前の原4号	V・VI	2	●	1	1	女	熟年	4	刀(約50)	ガラス玉100以上、刀子3、鉄斧、勾玉、管玉、水晶玉、砥石	竪坑：須恵器(TK10)、土師器(6世紀後半)
					2	2	不明	成人				
	市の瀬5号	V	2	●	1	1	女	熟年	4(平根)	刀(8.8)	蕨手文鏡、鉄斧、刀子3	
					2	2	男	成年	32(長頸鏃)	剣2(65.6/約48)	蕨手文鏡、鉄斧、鹿角製鞘尻装具、U字型鋤先、銅鏃、イモガイ製貝輪3	帰属不明：骨製品、弓金具、朱玉出土
	市の瀬9号	VI	4		1	2	女	熟年				帰属不明：鉄鏃2、土師器(玄室右前隅)
					2	3	女	成年				
				●	3	4	-	小児8歳(腸挾柳葉)	3(腸挾柳葉)	剣(28.5)	刀子2	耳環1対(2号か3号)
					4	1	-	小児9歳			切子玉8、小玉295	
	市の瀬10号	VI	5		1	1	男	成年	4(主頭3、腸柳葉1)	鹿角装刀2(55/14.5)	刀子、鉇、鑷子、針	帰属不明：鉄鏃6、弓金具、骨角器(玄室左壁前寄り)
					2	2	女	不明				
					3	3	女	成年	4(腸挾柳葉1、長頸3)			
					4	4	女	成年		鹿角装剣1		
					5	5	男	成年			鹿角装刀子1、	
	中迫1号	V	1	単独	1	1	女	成年	2(主頭鏃)	鹿角装剣(80以上)	平玉361、玉(ペンダントトップ状)、鉄斧、U字型鋤先、イモガイ製貝輪1	玉類は腰部から。竪坑中に土師器高杯片
II	大萩30号(F-6)	VI	2		1	1か2	女	成年	どちらかに1			人骨番号照合不能
					2	1か2	男	成年			刀子	
	大萩37号	IVかV	5		1	5	男	若年				2号か3号に帰属か：2群(主頭鏃2、刀子)、3群(主頭鏃2、長頸鏃1)、4群(剣1、主頭鏃2)
				▲	2	4	女	若年17～18歳				
				▲	3	3	男	熟年				
				●	4	2	男	熟年	2(主頭鏃1)	鹿角装剣(50.5)	U字型鋤先	
					5	1	男	成年				
	日守8号(55-1)	II	3		1	3	男	熟年	2(主頭鏃1)			人骨番号は人骨報告に従う。
					2	2	-	幼児				
				●	3	1	女	成年		短剣(18.0)	オオツタノハ製貝輪4	
	日守9号(55-2)	II	2		1	1	男	成年	4(柳葉)	短剣2(17以上/25)	鉇、鏃先	帰属不明：主頭鏃5、刀子2、鏃先1(右壁棚上および落下)
				●	2	2	女	成年	2(柳葉、主頭)	剣(41)、短剣(21.1)	オオツタノハ製貝輪16	
	立切4号	IIIかIV	3	●	1	1	女	熟年	3(主頭鏃)、鉄鏃?1	剣1、短剣(槍先)(17.4)	刀子3(2は鹿角製)	
					2	3	男	成年				
					3	2	女	成年	3(主頭鏃)	鹿角装剣	鹿角装刀子3、鉇	
	立切6号	IIIかIV	3	▲	1	1	女	熟年		鹿角装剣(44.4以上)		右棚上2号人骨直上：鹿角装剣1、主頭鏃3 前壁棚上右：刀子1
					2	2	男	成年				
					3	3	女	成年	3(主頭鏃)		刀子2	
	立切35号	III	4	●	1	1	-	若年13歳		刀(74.4)、鹿角装剣2(35.5/19.8)	蕨手鏡1、刀子2	帰属不明：圭頭鏃2(左棚上2～4号足許)
					2	2	女	成年				帰属不明：圭頭鏃1(左棚落下床面2号人骨足許)
					3	3	女	熟年			イモガイ製貝輪6、臼玉100以上	
					4	4	女	熟年			鉄斧1	
	立切38号	III	5		1	1?	女	成年				帰属不明：圭頭鏃5、刀子2(右棚上前側)
				▲	2	2?	女	熟年		剣(32.6)		
					3	3?	女	成年				帰属不明：鹿角装刀子1(左棚上1cmほど左角天井部)
					4	4?	女	成年		刀(75.4)		
					5	5?	不明	成年				
	立切40号	IV	3		1	1	女	成年			刀子2	
					2	2	女	熟年	9(長頸鏃)			
					3	3	男	熟年			刀子2	
	立切63号	IIかIII	5		1	1	女	成年	6(主頭鏃)	剣(14以上)、鹿角装剣(30.2)	刀子2	右棚上2号人骨直上：刀子1
					2	2	-	幼児5歳			鉄釧1	右棚上2号・3号人骨直上：剣1、圭頭鏃2
					3	3	男	成年				右棚上前半：剣1、刀子2
					4	4	女	熟年				
					5	5	女	成年				
	立切64号	III	5		1	1	女	老年		剣(28以上)		帰属不明：刀子4(右棚上、4か5号人骨上)
					2	2	-	小児10歳			刀子1、オオツタノハ製貝輪2	
					3	3	女	熟年				
					4	4	女	成年				
					5	5	-	幼児3歳	1(主頭鏃)			
	旭台12号	IIか	5		1	1	女	成年	2(主頭鏃1)		刀子2	帰属不明：鉄鏃1
					2	2	女	成年～熟年				
					3	3	男	成年半ば				
					4	4	男	成年前半				
					5	5	男	熟年後半				
	須木上ノ8号	?		●	1	1	-	若年16歳前後	2(主頭鏃)			報告に鉄鏃実測図・写真なし
	須木上ノ9号	IIIかIV	3		1	3	男	成年		剣(49)		人骨番号は人骨報告に従う。右壁面：刀子
					2	2	男	熟年				
				●	3	1	女	成年	3(主頭鏃)	鹿角装剣(42)、剣(45)	臼玉、竪櫛	
	東二原8号	VかVI	3	▲	1	1	女	熟年	2(主頭1、柳葉1)		刀子1、イモガイ製貝輪4	帰属不明：刀1(右棚上2号直上、1号か2号)
				▲	2	2	男	熟年				帰属不明：長頸鏃、骨鏃20(3号頭骨裏、2号人骨手前)
					3	3	男	成年			刀子1	
III	灰塚7号	?	1	単独						剣(15.7以上)		
	島内16号	IVかV	2		1	1	女	熟～老年	3(主頭鏃)			
				▲	2	2	男	熟年	5(長頸鏃)			

地下式横穴墓における女性と未成人への武器副葬

代表者欄：●＝墓の代表者，▲＝代表者の可能性あり．

地域	墓名(別称)	時期	体数	代表者	人骨番号	埋葬順位	性別	年齢	鉄鏃(骨＝骨鏃)	刀剣類(括弧内は刃部長cm)	その他の副装品	備考
III	島内20号	VかVI	5		1	2	不明	不明				
					2	3	不明	成年前半			刀子	
					3	4	-	若年				
					4	5	男	若年	2(主頭鏃)、骨19	鹿角装剣(65以上)	刀子	
				●	5	1	女	成年	11			
	島内21号	IV	3	●	1	1	女	成年	16(長頸鏃)	横矧板鋲留短甲、横矧板鋲留衝角付冑、蛇行剣	鉄斧、刀子、鉇	帰属不明：蛇行剣1(1号か3号)、主頭鏃2(1号か3号)
					2	3	女	成年		蛇行剣	刀子	
					3	2	不明	成年				
	島内28号	?	2	●	1	1	女	熟年		剣(29)	刀子2	
					2	2	男	成年				遺物紛失
	島内30号	?	1	単独	1	1	女	成年	1		刀子	
	島内35号	II	4	●	1	1	女	熟年	4(柳葉1、腸抉三角3)		イモガイ製貝輪8	帰属不明：短剣1(右壁沿い．2号か3号)
				▲	2	2	不明	成年				帰属不明：柳葉鏃3(右壁沿い前寄り、3号か4号)
				▲	3	3	-	幼児5歳前後				
					4	4	男?	成年				
	島内36号	II	4	●	1	1	-	若年15〜17歳	2(主頭鏃)	剣(24.4)		
					2	2	不明	成年〜熟年				
					3	3	不明	成年	2(主頭1、柳葉1)			
					4	4	不明	成年				
	島内39号	II〜IV	3	●	1	1	女	成年	6(無茎1、柳葉1、主頭3、長頸1)、骨4〜8			
					2	2	男	成年			刀子	
					3	3	-	小児6〜7歳				
	島内46号	VI	3	●	1	1?	-	若年16〜18歳	4(三角形1、方頭2)	鹿角装刀(26以上)		
					2	3?	不明	成人			刀子	
					3	2?	不明	成年			刀子	
	島内50号	V	6		1	1〜4	不明	不明	2(腸抉三角1、長頸1)			蛇行剣、鉇：3号か4号に帰属
					2	2〜5	不明	成年	4(柳葉2、長頸2)			
				▲	3	3〜6	女	熟年				
					4	3〜6	不明	熟年				
				▲	5	2〜5	-	小児9〜10歳	1(主頭鏃)	短剣(26)	刀子	
					6	1〜4	不明	成年				
	島内52号	?	3		1	1	女	成年				
				▲	2	2	女	若年16〜17歳	いずれかに骨3			
				▲	3	3	女	成年				
	島内58号	II	2		1	1	女	若年18〜20歳	5(主頭鏃2、柳葉1、腸抉柳葉1)			
				●	2	2	男	熟年		鉄鉾		
	島内63号	IVかV	7		1	1	女	成年				3・4号と6・7号には関係性無し。3号か4号に：刀(3・4号間)、骨27(4号足許)、刀子(3・4号頭間) 帰属不明：長頸鏃13〜15、鉇(右壁沿い1・2号間)
					2	2	男	成年	2(主頭鏃)			
				▲	3	5?	女	成年				
				▲	4	6?	女	熟年				
					5	7	-	小児?				
					6	4?	女	成年	1(長頸鏃)			
				▲	7	3?	女	若年		剣(51)		
	島内77号	IV	4	●	1	1か2	男	成年	16以上(長頸15以上、主頭1)	刀	胡籙、刀子	
					2	2か3	女	成年				
					3	3〜4	女	成年	2(長頸鏃1)			
					4	1〜4	女	熟年	1(腸抉三角)	剣(35.5)		
	島内85号	IIかIII	3		1	1	女	成年				
					2	2	男?	成年				
				●?	3	3	-	幼児	4(主頭鏃2、重科三角2)	剣(58)		
	島内87号	VI	2	●	1	1?	男	熟年	12(三角形鏃)		刀子	1号人骨骨盤に骨鏃刺さる。長頸鏃鋒関。
					2	2?	-	小児5〜6歳	4(長頸鏃)		鹿角装刀子	
	島内97号	IIIかIV	3	▲	1	1	不明	成年				1号か2号：主頭鏃2(1・2号頭部間)
				▲	2	2	男	成年				
				▲	3	3	女	成年	2(主頭鏃)			
	島内110号	V	4	●	1	1	-	小児9〜10歳	2(主頭1)	短剣(20)	刀子	
					2	2	男	若年18〜20歳				
					3	3	女	成年	2(主頭1、柳葉1)			
					4	4	男	熟年	4(三角3、長頸1)	刀		
	島内113号	VかVI	5		1	1	男	成年	1(長頸鏃)	刀(61.1以上)	刀子、鎺子	
					2	2か3	-	小児7歳	2(長頸鏃)			
					3	3か4	女	老年	15(長頸鏃)、骨2			
					4	4か5	-	幼児3〜4歳			刀子	
					5	1〜5	男	幼児2〜3歳	1(長頸鏃)、骨1			
	島内115号	V	5	▲	1	1か2	男	成年			イモガイ製貝輪2	帰属不明：馬具(轡、辻金具)、衝角付冑(右奥)。1〜3号間。刀1(2・3号間)
					2	2か3	-	小児6歳			刀子2	
				▲	3	3か4	男	熟年	7(主頭鏃6、長頸1)	鹿角装短刀1		
					4	4か5	-	若年15〜16歳	1(長頸鏃)		錫製耳環1対	
					5	1〜5	女	熟年		刀(24.5以上)	刀子1	
	島内119号	VIか	4	●	1	1か2	男	成年	13(腸抉柳葉)	刀(49.5)	鎺子	帰属不明：鉄鏃2(玄室奥中央)
					2	2か3	-	小児8〜9歳	4(腸抉柳葉・三角)			
					3a	1か2	-	小児8〜9歳				
					3b		-	幼児2〜3歳			刀子	
	島内123号	VかVI	4	●	1	1〜3	男	熟年		刀(33.6)		3号人骨は4号人骨の一部である可能性あり。
					2	2〜4	女	熟年			耳環	
					3	2〜4	-	未成年	3、骨15〜19			
					4	1〜3	-	小児6〜12歳	1		刀子	
IV	築池2001-3	II	1	単独	1	1	女	成年	3(主頭鏃2、短茎1)、骨6	剣(61)	獣骨製鞘留	
	築池2009-SX01	II	1	単独	1	1	女	成年	5(主頭3、方頭2)	刀(34.3以上)	鑷轡、勾玉、管玉、ガラス小玉、刀子	
V	立小野堀148号	IV	1	単独	1	1	女	成年20代	20以上(長頸鏃含)	剣	鈴5	

【地域区分】I：平野部、宮崎平野部 II：内陸部、西諸県地域 III：内陸部、えびの・大口盆地 IV：内陸部、都城盆地・北諸県地域 V：平野部、大隈半島志布志湾沿岸

関係（基本モデルⅠ）にとどまり，それが古墳時代末まで継続している可能性がある（田中ほか2012；吉村2011b，2012b）。女性と軍事の関わりも，同時期の他地域とは社会のあり方が異なる点を踏まえて再検討する必要があろう。

Ⅲ 資料と方法

地下式横穴墓を築造する社会における，女性の軍事への関わり，女性の武装を検討するため，女性への鏃（鉄鏃と骨鏃）副葬事例の分析が第一であるのはもちろんだが，戦闘指揮などの軍事権の検討には，家長あるいは墓の代表者のシンボルとして副葬された可能性の高い刀剣（田中1995）の分析も不可欠である。そこで，まずは鏃（鉄鏃・骨鏃），刀剣類などの武器副葬が認められる事例を集成した。また，女性への武器副葬を論じる際，しばしば問題とされる未成人骨にともなう武器についても検討対象とするため，それらについても併せて集成をおこなった。そのうえで，これらについて，墓室内における埋葬状態，副葬品配置を検討し，複数埋葬墓においては，副葬品の帰属関係を検証した[3]（第1表。表中，薄い網掛けが女性，濃い網掛けが未成人への武器副葬を示す）。地下式横穴墓における埋葬原理が古墳時代を通じて基本モデルⅠにとどまる可能性が高いことは先に述べたところだが，そこでは，父系化した基本モデルⅡ（田中1995，2008など）とは異なり，造墓の契機となる初葬の被葬者が成人男性とは限らず，かつ，刀剣などの主要武器をともなう墓の代表者が初葬の被葬者，また男性に限定されない状況を示す（吉村2011b，2012a，2012b）。そのため，武器をともなう女性被葬者，また未成人被葬者が，その墓の代表者であるか否かについての検討もおこなった（第1表，●＝墓の代表者，▲＝代表者の可能性があるもの）。

なお，第1表に記した時期区分の基準はおよそ以下の通りである。

Ⅰ期：短頸鏃出現以前，大形平根系鉄鏃が盛行する以前の段階。前期末・中期初頭（5世紀初めまで）

Ⅱ期：短頸鏃・大形の平根系鉄鏃の出現，髙木分類の大形のB1（圭頭広根斧箭式）の出現段階。須恵器TK73・216型式。中期前半期（5世紀前半）

Ⅲ期：鉄鏃頸部が伸長，一部で長頸鏃（川畑分類の長頸A1・B1）が出現。須恵器TK216・208型式。中期中頃（5世紀中頃）

Ⅳ期：長頸鏃の定型化（川畑分類の長頸A2・B2）。須恵器TK23・47型式。中期後葉・末（5世紀後葉・末）

Ⅴ期：MT15・TK10型式。後期前半（6世紀前半）

Ⅵ期：TK43型式。鉄鏃で棘箆被の出現。後期後半（6世紀後半）

Ⅶ期：TK209・217型式。後期末以降（6世紀末～7世紀前半）

2号人骨（女性成年）

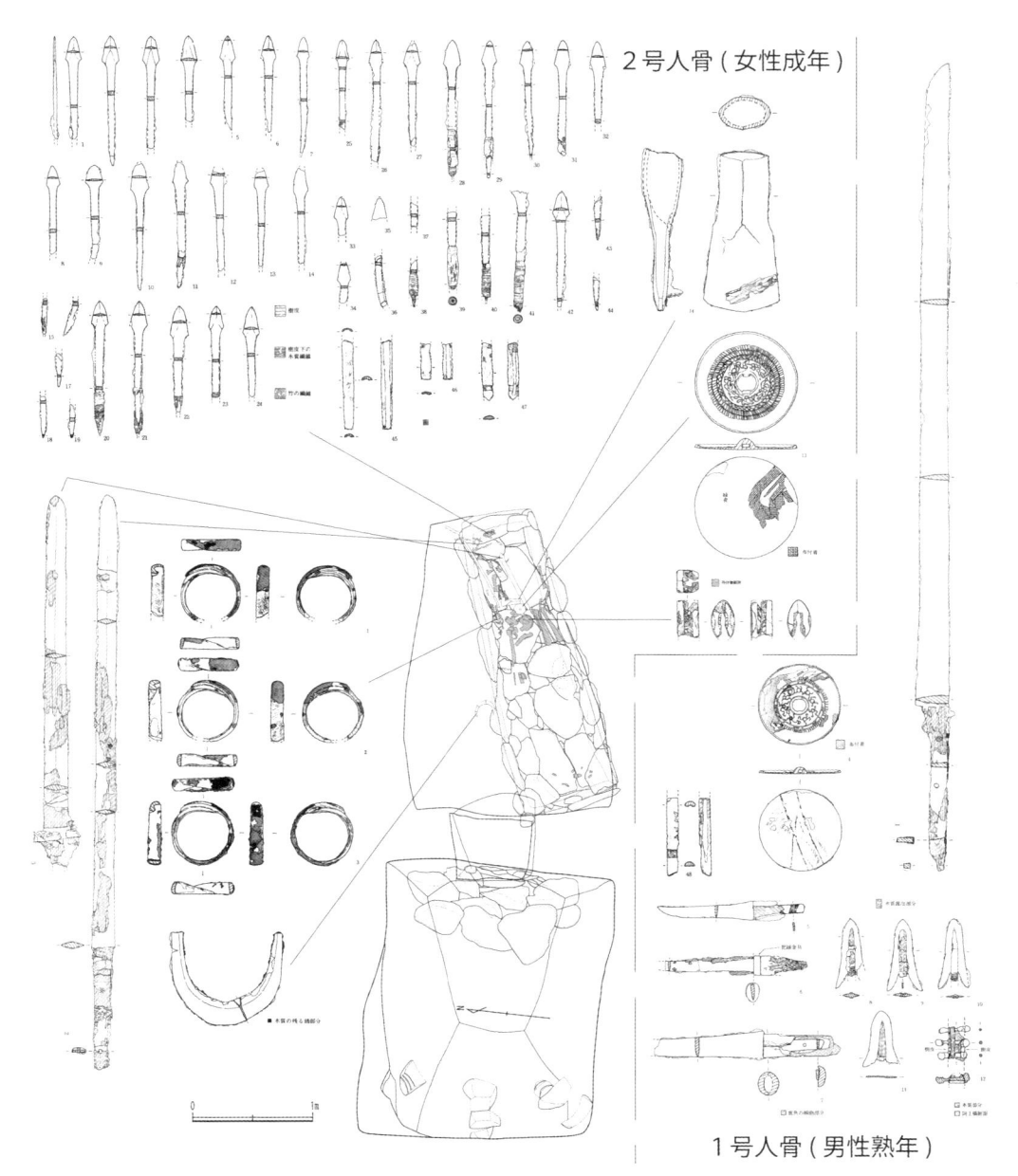

1号人骨（男性熟年）

第1図　市の瀬5号地下式横穴墓 副葬品帰属（菅付1986を改変）

Ⅳ　分析

1　女性への武器副葬

　女性への鏃（鉄鏃・骨鏃），刀剣類などの武器副葬は，地下式横穴墓が築造されるすべての地域で認められる。以下，地域別に様相をみていく。

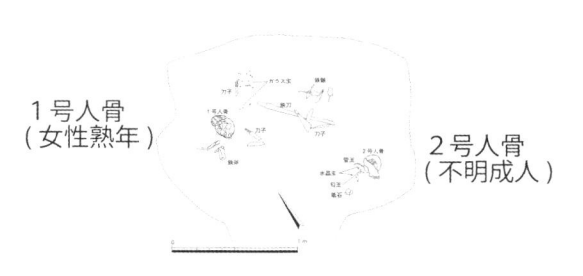

(1) 宮崎平野部（第Ⅰ地域）

宮崎平野部では6基[4]が挙げられる。ここでは古墳時代中期，5世紀代のものは認められず，いずれも後期，6世紀以降のものであり，6世紀末（TK209型式古段階）に位置づけられる西都市常心原5号墓[5]例（津曲編2003）が最も新しい。鉄鏃のみがともなう事例は，常心原1号墓，国富町市の瀬10号墓の2例で，あとは鉄鏃とともに刀剣類をともなっている。綾町中迫1号墓（長友・北郷1995）が単独埋葬である以外は，すべて複数埋葬である。複数埋葬墓で，武器をともなう女性被葬者は，代表者とみなされる事例3例，常心原1号墓[6]・同5号墓・国富町前の原4号墓（大西・竹中2003）（第2図）と，代表者ではない事例1例（市の瀬10号墓）が認められる。なお，市の瀬5号墓（第1図）は，2体埋葬で初葬とみられる1号人骨（熟年男性）に銅鏡，直刀，弓，鉄鏃4などがともなうが，2番目の2号人骨（成年女性）にも銅鏡，貝輪，鉄剣2，鉄鏃34が副葬されている。初葬であること，刀が刃部長88cmと2号人骨にともなう剣より長大な点を評価すれば，1号の男性をこの墓の代表者とみなすこともできるが，副葬品の質量は拮抗しており，明確な代表者は判然としない。

副葬される武器類の数量をみると，6例中5例において，鉄鏃は1～4本まで，刀剣を副葬する場合も1振にとどまっている。しかし，上記のように，市の瀬5号墓においては，2号人骨（成年女性）に鉄鏃34本と剣2振がともなうことが注目される。

ところで，女性被葬者への刀剣副葬は，地域首長において5世紀後葉まで，小首長層においても6世紀中葉までに終焉するとの指摘がある（清家1998）。小首長層より下位の家長層に位置づけられようが，常心原5号墓例は6世紀末まで降るものであり，特筆される。

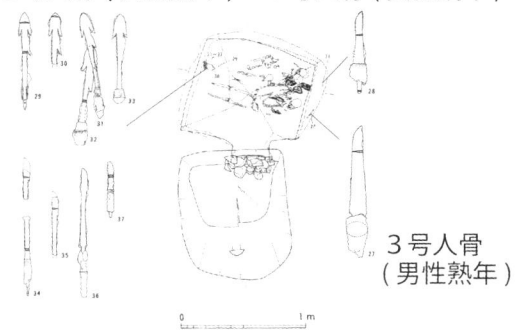

(2) 西諸県地域（第Ⅱ地域）

小林盆地とその周辺にあたる西諸県地域で，女性被葬者への武器副葬は12例が認められる。いずれも複数埋葬である。6世紀代のものは小林市大萩30号墓（岩永編1974）と同市東二原8号墓（長友1993）の2例で，あとは5世紀代に属する。鉄鏃のみを副葬する事例は5例，刀剣のみが2例，鉄鏃・刀剣両方を副葬する事例が5例である。東二原8号墓では初葬の1号人骨（熟年女性）に明確にともなう武器は鉄鏃2本であるが，右壁棚状施設上の刀が1号，2

第2図　前の原4号地下式横穴墓　副葬品帰属
（大西・竹中2003を改変）

第3図　立切40号地下式横穴墓　副葬品帰属
（面高・長津・近藤・谷口・吉本1991を改変）

号人骨（熟年男性）のいずれに帰属するかが不明である。

　副葬品の帰属関係が明白な事例に限れば，武器をともなう女性被葬者が代表者とみなされるのは9例で，鉄鏃のみをともなう5例中の4例（大萩30号墓，立切40号墓（面高ほか1991）（第3図），旭台12号墓（石川ほか1977），東二原8号墓），刀剣のみをともなうすべて（日守8号墓（岩永・北郷1981），立切38号墓），両者をともなう5例中の4例（大萩37号墓（茂山1985），立切4号墓，同63号墓，須木上ノ原9号墓（岩永1981））である。鉄鏃・刀剣の両者をともなう日守9号墓では，2号人骨（熟年女性）と1号人骨（成年男性）の副葬内容が拮抗しており，代表者を明確にしがたい。一方，代表者ではない女性への武器副葬事例には立切6号墓（鉄鏃のみ）がある。

　副葬数量をみると，鉄鏃を副葬する10例中，7例が4本以下である。一方，二桁には届かないものの，比較的多くの鉄鏃をともなう事例も3例（日守9号墓・立切63号墓＝6本，立切40号墓＝9本）ある。刀剣については，1振のみの事例が3例である一方，鉄鏃・刀剣両者をともなう5例中の4例，日守9号墓・立切4号墓（剣と短剣。短剣は鋒方向から，槍先の可能性あり）・同63号墓・須木上ノ原9号墓では2振が副葬される。

（3）加久藤盆地（第Ⅲ地域）

　加久藤盆地（えびの盆地）では，女性被葬者への武器副葬例が18基20例認められる。灰塚7号墓（田中ほか1973）以外は，すべて島内地下式横穴墓群（中野編2001，2009，2010，2012）であり，灰塚7号墓・島内30号墓以外は複数埋葬である。時期は5世紀前半代～6世紀後半代までである。鉄鏃のみを副葬する事例は12例（ただし，島内50号墓では，3号人骨（熟年女性）に蛇行剣がともなう可能性が残る），刀剣のみの事例は5例（島内21号墓では蛇行剣），両者を副葬する事例は3例である。

　複数埋葬墓において武器をともなう女性被葬者18例中，あきらかに代表者とみなされるのは6例である。鏃（鉄鏃・骨鏃）のみをともなう11例中の1例（島内52号墓），刀剣のみをともなう4例中の1例（島内28号墓），両者をともなう3例中の2例（島内20号墓・同119号墓）である。上述の第Ⅰ・Ⅱ地域と比較して，墓の代表者ではない女性被葬者への武器副葬が顕著である。

　副葬数量では，刀剣を複数ともなう事例は認められない。鏃（鉄鏃・骨鏃）は4本以下

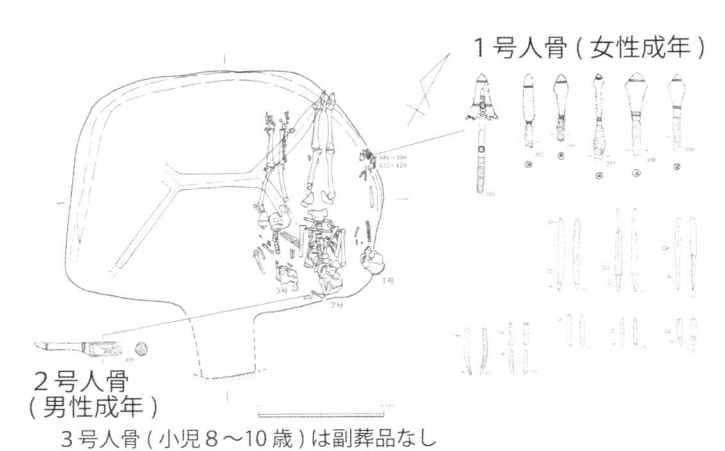

第4図　島内39号地下式横穴墓　副葬品帰属
（中野（編）2001を改変）

3号人骨（小児8～10歳）は副葬品なし

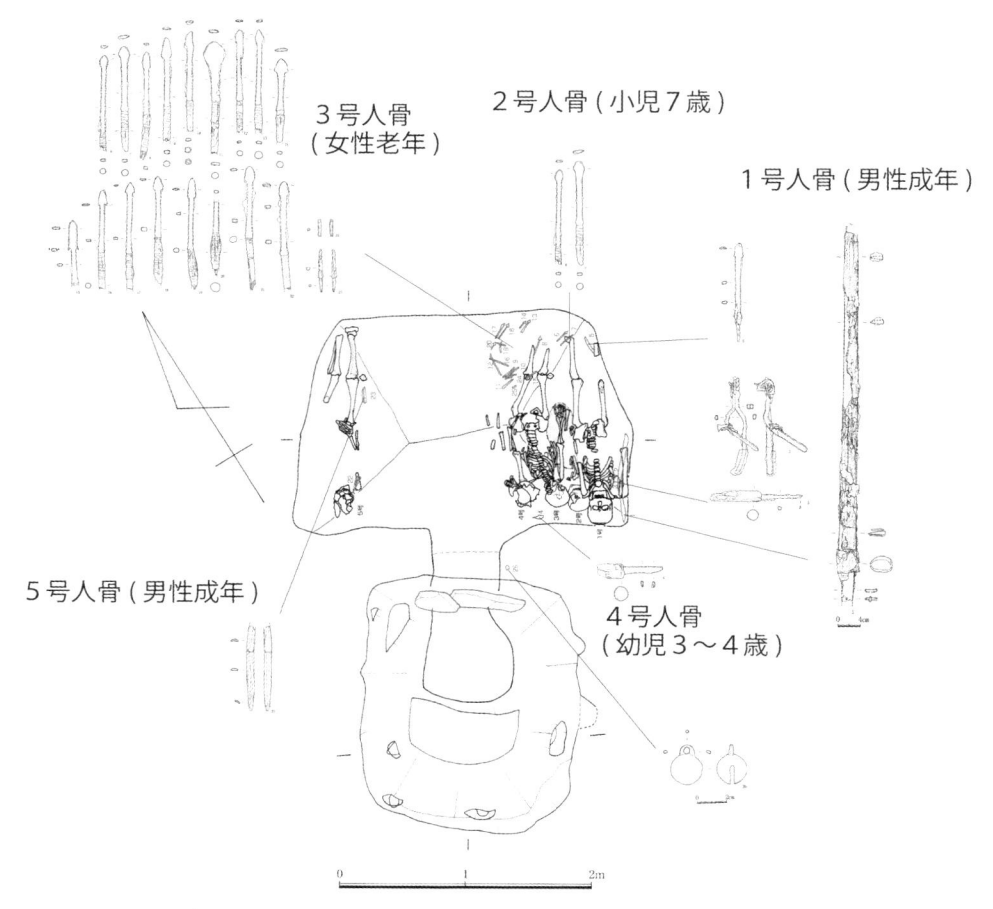

第5図　島内113号地下式横穴墓　副葬品帰属（中野2010を改変）

の副葬が10例である一方，多数副葬も顕著であることが特筆される。5本副葬が1例（島内58号墓），二桁以上の副葬例が4例，島内20号墓5号人骨（成年女性）：11本（鉄鏃）・同39号墓1号人骨（成年女性）：10〜14本（鉄鏃6・骨鏃4〜8）（第4図）・同113号墓3号人骨（老年女性）：17本（鉄鏃15・骨鏃2）（第5図），同119号墓1号人骨（成年女性）：13本（鉄鏃）であり，5，6世紀ともに認められる。

（4）都城盆地（第Ⅳ地域）

都城盆地の2例はいずれも都城市築池地下式横穴墓群中の単独埋葬墓である。いずれも5世紀前半代と考えられる。2001-3号墓（矢部編2004），2009-SX01墓（山下2010）ともに，鉄鏃と刀剣（1振）を副葬する。鏃の副葬数は比較的多く，前者が9本（鉄鏃3・骨鏃6），後者が5本（鉄鏃）である。

（5）大隅半島志布志湾沿岸（第Ⅴ地域）

この地域では良好な人骨出土事例が少ない。女性への武器副葬事例は，管見では，近年調査された鹿児島県鹿屋市立小野堀148号墓の1例のみである。20代の女性被葬者1体の単独埋葬

で，剣1，長頸鏃を含む20以上の鉄鏃，鈴5がともなう。時期は5世紀後半とみられる[7]。

(6) 小結

以上のように，地下式横穴墓における女性への鏃（鉄鏃・骨鏃），刀剣類の武器副葬事例は，地下式横穴墓築造域，全地域に認められる。事例の少ない都城盆地，志布志湾沿岸地域を除き，5，6世紀を通じて存在している。単独埋葬例のみの都城盆地，志布志湾沿岸地域以外では，武器が代表者の女性にともなう場合と，それ以外の被葬者にともなう場合の両者が認められる。

鏃においては，数本（1～4本）の副葬例がもっとも多いが，5本以上，さらには二桁を超える多数副葬例も散見される。

刀剣に関しては，宮崎平野部において，6世紀末の副葬事例（常心原5号墓）が認められる。また，宮崎平野部，西諸県地域において，複数の刀剣を副葬する事例が認められた。これは，女性被葬者への刀剣副葬が，地域首長において5世紀後葉まで，小首長層においても6世紀中葉までに終焉するとの指摘（清家1998），また，中期における女性への刀剣副葬では，5本以上を副葬する事例が地域首長墓のみであり，小首長レベルでは1本の副葬に限られるとの指摘（清家1998）と合致せず，特筆される。

2 未成人への武器副葬

未成人被葬者への武器副葬事例は，宮崎平野部，西諸県地域，加久藤盆地に認められる。

(1) 宮崎平野部（第Ⅰ地域）

国富町本庄28号墓（5世紀後葉・末）（茂山・面高1981）（第6図），市の瀬9号墓（6世紀後半）の2例である。本庄28号墓は2体埋葬で，玄室中央の屍床に葬られた1号人骨（若年12～13歳）に剣1，鉄鏃8がともなう。追葬と推定される2号人骨（成年男性）は刀子のみをともなうことから，1号人骨はあきらかにこの墓の代表者とみなされる。

市の瀬9号墓は4体埋葬で，4番目埋葬の3号人骨（小児8歳）には剣，鉄鏃3がともなう。また耳環1対が伴う可能性がある。帰属不明の鉄鏃を考慮しても，剣をともなう3号人骨は代表者とみなされる。

(2) 西諸県地域（第Ⅱ地域）

立切35号墓，同64号墓，須木上ノ原8号墓の3例がある（5世紀代）。立切35号墓は4体埋葬で，初葬の1号人骨（若年13

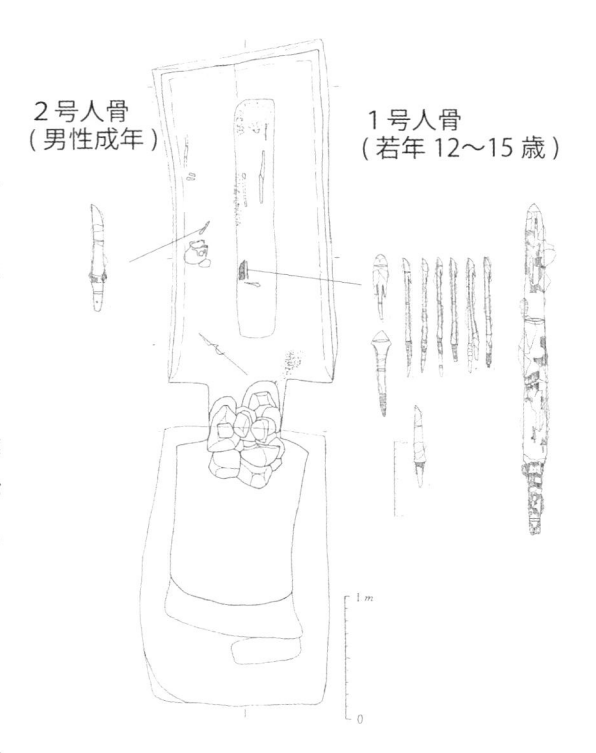

第6図　本庄28号地下式横穴墓　副葬品帰属
（茂山・面高1981を改変）

歳）のみ刀，鹿角装剣2をともない，代表者とみなされる。第1表中，帰属不明とする棚状施設上の鉄鏃も初葬被葬者にともなう可能性がある。

立切64号墓は5体埋葬であり，最終埋葬の5号人骨（幼児3歳）に鉄鏃1がともなう。この墓の代表者は初葬の1号人骨（老年男性）である。

須木上ノ原8号墓は若年16歳前後の被葬者の単独埋葬である。

（3）加久藤盆地（第Ⅲ地域）

いずれも島内地下式横穴墓群で，36号墓，46号墓，50号墓，85号墓，87号墓，110号墓，113号墓，115号墓，119号墓，123号墓（3号人骨・4号人骨）の10基11例である。その時期は，5世紀前半代〜6世紀後半代までである。

鏃（鉄鏃・骨鏃）のみの副葬は5基6例，87号墓2号人骨（小児5〜6歳），113号墓2号人骨（小児7歳），115号墓4号人骨（若年15〜16歳），119号墓2号人骨（小児8〜9歳），123号墓3号人骨（未成年），同墓4号人骨（小児6〜12歳）である。刀剣のみの事例はなく，両者をともなう事例は5基5例，36号墓1号人骨（若年15〜17歳），46号墓1号人骨（若年16〜18歳），50号墓5号人骨（小児9〜10歳），85号墓3号人骨（幼児），110号墓1号人骨（小児5〜6歳）である。

鏃のみ副葬する6例はいずれも墓の代表者ではない。一方，鏃・刀剣の両者を副葬する5例中4例は代表者とみなされる。残りの50号墓5号人骨も代表者の可能性がある（帰属不明の蛇行剣が3号人骨（熟年女性）に帰属しない場合）。

副葬数量については，刀剣が複数ともなう事例はない。鏃は，4本未満が11例中10例を占めるが，1例（123号墓3号人骨）のみ18〜22本（鉄鏃3，骨鏃15〜19）と多量副葬である。

（4）小結

以上のように，未成人骨に武器がともなう事例は，5，6世紀を通じて認められる。武器をともなう年齢層は，幼児から若年までである。

若年は，単独埋葬の須木上ノ原8号墓と島内115号墓4号人骨を除き，いずれも刀剣をともない，島内115号墓4号人骨以外はその墓の代表者と認められる。また，刀剣をともなう事例は若年に限らず幼児・小児の場合も，副葬品の優位性から，その墓の代表者とみなしうる。

ところで，副葬数量について，刀剣は，立切35号墓1号人骨に3振（刀1・鹿角装剣2）をともなうほかは，1振の副葬である。一方，鉄鏃は大半が4本までの副葬であるが，本庄28号墓では8本，さらに島内123号墓3号人骨には18〜22本（鉄鏃3，骨鏃15〜19）と20本前後の大量副葬が認められる。このような鉄鏃の大量副葬例は，未成人への鉄鏃副葬について，数本以下に限られ，10本を超えるものがなく，大量副葬は成人に限られた現象であるとの指摘（清家1996）と異なるものである。

Ⅴ　考察

前章での検討を踏まえて，地下式横穴墓における女性への武器副葬が，女性の武装，そして

軍事権への関与の証左となるかを論じていきたい。武装，女性兵士の存在と，戦闘指揮に関わる軍事権の問題は分けて考えねばならない。まず，前者の検討をおこなう。

　古墳時代，女性の武装，戦闘への参加がなかったとの結論は，甲冑，鏃が女性にともなわないことが最大の根拠であろう。しかしながら，地下式横穴墓においては，その全分布域において，鏃の副葬事例が認められる。事例の少ない都城盆地，大隅半島志布志湾沿岸地域を除き，それは中・後期を通じて存在する。副葬数量は，鏃においては，数本（1〜4本）の副葬例がもっとも多いが，5本以上という比較的多数の副葬，さらには二桁を超える副葬例も6例認められる。先述のように，清家は地下式横穴墓における鏃の副葬について，地下式横穴墓という特有の墓制を用いることから，この地域特有の習俗であるとして，軍事との関わりでとらえることを否定している（清家2004）。しかしながら，これらの事例を習俗の一言で説明することには疑問がある。数本までの副葬であれば，たとえば僻邪などといった解釈も可能かもしれない。しかし，それでは二桁に及ぶ鏃の大量副葬への説明がつかない。束にまとめられた多量の鏃は，ひとつの武装単位と見なしうるものである。女性への鏃副葬の事実，さらに大量副葬例の存在は，地下式横穴墓の女性被葬者の武装，戦闘への関与を示す根拠となるものと言えよう。武器副葬における男女の質量差，さらには男女の体格差を考慮するとき，その存在は圧倒的なものではない。しかし，一定程度，期待された存在であったと考えられよう。

　つぎに，戦闘指揮に関わる軍事権の問題をみていきたい。清家は，刀剣副葬の格差，鏃・甲冑の欠如にみられるように，女性首長への武器副葬の質量が男性首長より劣ること，中期以降その格差が拡がることからも，女性首長が軍事権を掌握しておらず，軍事への関与という点では男性より劣位であったと論じている（清家1998，2004，2010）。具体的な根拠として，地域首長において5世紀後葉まで，小首長層においても6世紀中葉までに刀剣副葬が終焉する，中期において小首長の女性への副葬が1本にとどまる状況を挙げている（清家1998）。しかしながら，前章で指摘したように，地下式横穴墓においてはこれに反する事例が存在する。6世紀末の副葬事例があり，また中期以降における複数刀剣の副葬事例も宮崎平野部と内陸部の西諸県地域で5例存在する。このことから，地下式横穴墓を築造する社会において，女性が戦闘指揮にかかわる軍事権に一定程度関与した可能性を認めうると考える。

　筆者は，古墳時代における女性兵士の不存在，女性首長の軍事権非掌握を論じた清家の一連の研究成果を否定するものではない。ただし，これらは南九州，地下式横穴墓築造域以外の日本列島各地にあてはまるものであり，地下式横穴墓築造域にそのまま適用できるものではないと考える。

　橋本達也は，清家の研究成果を前提として，地下式横穴墓を築造する社会における女性の武装，軍事への関与があったとする解釈を批判する。しかしながら，上述のように，清家の結論は，南九州以外の事実に基づく結論であり，地下式横穴墓を築造する社会にはそのまま適応できない。橋本はまた，古墳時代，宮崎内陸盆地においてのみ女性も動員されるような頻繁な戦闘があったとは考えられないとする。しかし，橋本が前提とした清家の研究成果では，古墳時

代，畿内政権主導の軍事編成が進むなか，首長の職責の軍事色が強くなり，中期以降，軍事と相容れない性格の女性首長の減少が進むとする（清家1998）。その立場に立つならば，この潮流に乗らない地下式横穴墓築造域は，軍事色が強まる状況にはなかったとも解釈できよう。また，地下式横穴墓に限らず，古墳における顕著な武器副葬は被葬者が軍事に関与するという性格を示す，またそれを象徴するものであって，何も，武器副葬＝頻繁な戦闘の存在とはならない。

地下式横穴墓築造域における女性の軍事への関与を考える上で，『続日本紀』文武4年（700）6月庚申条を引いておきたい。「六月庚辰，薩末比売・久売・波豆，衣評督衣君県，助督衣君弖自美，また，肝衝難波，肥人等を従へて，兵を持ちて覓国使刑部真木らを剽劫す。是に竺志惣領に勅して，犯に准へて決罰せしめたまふ」（青木ほか校注1989）。この記事は，文武2年（698）に中央より律令国家の支配領域確定のため南島へ派遣された調査団，覓国使が薩摩・大隅の首長たちにより剽劫された事件の処理に関するものである。なお，覓国使は派遣時に武器を渡されている。指揮したもののうち，薩末比売・久売・波豆は，女性首長＝巫女的首長，女酋とされる（井上1974；中村1977，2001）。この記事は，紛争程度とは言え，武力行使にあたり女性首長が指揮を執っていたことを示す点で重要である。本稿で扱う時代より，約1世紀後のことであり，襲撃場所も地下式横穴墓分布域より西の川内川下流域とされるが，地下式横穴墓築造域の社会構造を推定する上でも示唆的である。

最後に未成人への武器副葬についてみていきたい。前章での検討から，若年の被葬者の大半は刀剣をともない，その墓の代表者と認められること，また，刀剣をともなう事例は若年に限らず幼児・小児の場合も，副葬品の優位性から，その墓の代表者とみなしうることを述べた。若年の被葬者は，10代という年齢から，すでに家長となっていた可能性が想定されよう。副葬品の帰属から代表者とみなされる幼児・小児については，将来家長となることが認定されていたものと推定する。代表者，また将来の代表者への武器副葬は，若年の場合，武装の側面も含まれると考えるが，墓の代表者のシンボルとしての側面がより大きいものと思われる。一方，立切35号墓1号人骨（代表者。若年13歳）への鉄鏃の大量副葬は，被葬者の年齢からみて，武装を意味するものである可能性は十分にある。鉄鏃のみをともなう代表者ではない未成人骨は，島内115号墓4号人骨を除き，幼児と小児である。これら幼児・小児にともなう鉄鏃から，武装，戦闘への参加を解釈することは難しい。この場合，彼らは，その出自などから将来を期待された存在であったとの解釈も可能ではなかろうか，若年ではあるが，長頸鏃1本を副葬する島内115号墓4号人骨が錫製の耳環を身につけていることは，そのような解釈を補強するものと思われる。

Ⅵ　おわりに

ここまで地下式横穴墓における女性への鏃，刀剣類などの武器副葬を検討し，女性の武装，戦闘への参加，また戦闘指揮といった軍事権への関与があったと主張してきた。これは古墳時

代，女性の戦闘参加，また女性首長の軍事権掌握がなかったとする見解と相反するものである。

　古墳時代における女性兵士の不存在，女性首長の軍事権非掌握という「仮説」は，（南九州以外での）女性への鏃副葬の欠如，男性首長と比較した刀剣副葬における格差といった「事実」から産み出され，その積み重ねから「結論」となったものである。しかしながら，南九州において，その逆の事実が認められる以上，そこから導き出される結論は異なるものとなるはずである。まずは女性の軍事への関与の可能性を想定すべきであろう。このような事実が存在するにもかかわらず，女性の戦闘への参加，また軍事権への関与を否定する主張には，初めに結論ありきと言わざるを得ない。

　地下式横穴墓築造域において，女性が一定程度，軍事へ関与していたとみられることは，父系へと転換せず，双系的な親族関係にとどまっていたという社会のあり方と大きく関わるものであると言えよう。

　2014年秋に調査された島内139号墓では，2体（初葬は性別不明，追葬は女性）が葬られ，仿製盤龍鏡，銀装円頭大刀，横矧板鋲留短甲，横矧板鋲留衝角付冑，250本以上の鏃と弓5本，2組の轡，五鈴杏葉など多種多量の副葬品がともなっていた。「矢の束～馬具は崩れた礫の上に供献されているので若干の埋葬時期のズレを考慮する必要がある。」（中野2015）とのことであり，矢の束の中には追葬の女性に帰属するものがあると読み取れるが，未報告のため，その評価は保留しておきたい。

付記

　本稿は，大阪府立近つ飛鳥博物館の特別展『南九州とヤマト王権－日向・大隅の古墳－』の図録に寄稿した論考（吉村2012b）の後半部分を発展させたものです。図録論考執筆時，田中良之先生から多くのご教示をいただくとともに，今回の論文へとつながる多くの示唆も賜りました。

　先生のご逝去から半年が過ぎても，その事実を未だ受け入れ切れないでいます。学恩に少しでも報いることができるよう，研究に精進するとともに，先生の許で進め，中断している調査分析を一日も早く完成させたいと考えております。

　本稿執筆にあたり，田中良之，溝口孝司，岩永省三，宮本一夫，辻田淳一郎先生をはじめとする九州大学の先生方からは懇切なるご指導を賜りました。大西智和，桒畑光博，小林謙一，白石太一郎，高椋浩史，永山修一，中村耕治，西本昌弘，東影　悠，藤島伸一郎，北郷泰道，森本　徹，山下大輔の各氏（五十音順）からは様々なご教示，ご助言を賜りました。さらに九州大学大学院比較社会文化学府基層構造講座の大学院生諸氏からも多くのご教示を賜りました。記して感謝申し上げます。

　挿図版の作成にあたり，垣内喜久子氏の援助をいただきました。あわせて感謝申し上げます。

■註

1) ここでの年齢区分は，乳児（0〜1歳），幼児（1〜6歳），小児（6〜12歳），若年（12〜19歳），成年（20〜39歳），熟年（40〜59歳），老年（60歳以上）である（九州大学医学部解剖学第二講座編1998）．
2) 報告書（面高1981）では被葬者は熟年男性と記述されている．
3) 複数埋葬の地下式横穴墓において，隣接する被葬者間，側壁の棚状施設などに置かれた副葬品には，どの被葬者に帰属するのかの判定が困難な場合がある．本稿では，そのような事例の帰属決定を保留している（第1表，備考参照）．
4) 国富町六野原30号地下式横穴墓（長津・茂山1982）では，屍床内に埋葬される2体のうち，初葬で玄門頭位の1号人骨（熟年女性）に圭頭鏃1が，追葬で奥壁頭位の2号人骨（熟年男性）に刀子1がともなうとされる．しかし，被葬者の性別・年齢は詳細な報告を通しての情報ではなく，その評価を保留せざるを得ない（吉村2015）．したがって，出土例には含めず，第1表にも掲載していない．
5) 以下，記述の煩雑を避けるため，いちいち地下式横穴墓と標記せず，単に墓と略する．
6) 1・2号人骨間の鉄鏃の帰属が不明だが，いずれに帰属するにせよ，女性が代表者となる．
7) 調査担当者，藤島伸一郎・中村耕治氏からのご教示による．

■文献

青木和夫・稲岡耕二・笹山晴生・白藤禮幸（校注），1989．続日本紀（1）．新日本古典文学大系（12）．岩波書店，東京．
橋口達也（編），1979．池の上墳墓群．甘木市文化財調査報告（5），甘木市教育委員会，甘木．
橋本達也，2014．九州南部における古墳時代鉄器の基礎的研究．鹿児島大学総合研究博物館，鹿児島．
日高正晴，1985．金倉上地下式墳．西都市埋蔵文化財発掘調査報告書（1）（緒方吉信　編），pp.13-32．西都市教育委員会，西都．
北郷泰道（編），1984．大萩地下式横穴墓群－遺構編－．宮崎県文化財調査報告書（27）．pp.1-51．宮崎県教育委員会，宮崎．
北郷泰道，1994．武装した女性たち－古墳時代の軍事編成についての覚書－．考古学研究40（4），133-141．
北郷泰道，2006．再論・南境の民の墓制．宮崎県立西都原考古博物館研究紀要（2），宮崎県立西都原考古博物館，pp.1-12．
北郷泰道・田尻隆介，1989．春姫登横穴墓，高千穂町文化財調査報告書（8），pp105-124．高千穂町教育委員会，高千穂．
井上辰雄，1974．隼人と大和政権．学生社，東京．
石川恒太郎・日高正晴・岩永哲夫，1977．Ⅰ．旭台地下式古墳群発掘調査，宮崎県文化財調査報告書（19）．pp.1-43．宮崎県教育委員会，宮崎．
岩永哲夫（編），1974．瀬戸ノ口地区特殊農地保全整備事業に伴なう埋蔵文化財発掘調査報告　－大萩遺跡（1）－．宮崎県教育委員会，宮崎．
岩永哲夫，1981．上ノ原地下式古墳群発掘調査，宮崎県文化財調査報告書（23）．pp.79-152．宮崎県教育委員会，宮崎．
岩永哲夫・北郷泰道，1981．日守地下式古墳群発掘調査（55-1〜4号），宮崎県文化財調査報告書（23）．pp.153-194．宮崎県教育委員会，宮崎．
川西宏幸，2008．ツクシの基層．倭の比較考古学，pp.295-342．同成社，東京．
川西宏幸・辻村純代，1991．古墳時代の巫女．博古研究（2），1-26．
近藤義郎，1960．第3部　考古学的検討　第5章　副葬品．月の輪古墳（近藤義郎　編），pp.300-303．月の

輪古墳刊行会，棚原．

九州大学医学部解剖学第二講座（編），1998．例言．日本民族・文化の生成 (2) 九州大学医学部解剖学第二講座所蔵古人骨資料集成．P.2．六興出版，東京．

松尾昌彦，1983．前期古墳における墳頂部多葬の一考察．古墳文化の新視角（古墳文化研究会 編），pp.25-52．雄山閣，東京．

松下孝幸，1990．南九州地域における古墳時代人骨の人類学的研究．長崎医学会雑誌 (65) 4, 781-804．

松下孝幸・佐伯和信・折原義行・小山田常一，1991．宮崎県西諸県郡高原町立切地下式横穴墓出土の古墳時代人骨．立切地下式横穴墓群，高原町文化財調査報告 (1)．高原町教育委員会，高原．

松下孝幸・分部哲秋，1981．上ノ原地下式古墳群発掘調査（人骨篇），宮崎県文化財調査報告 (24)．pp.111-140．宮崎県教育委員会，宮崎．

松下孝幸・分部哲秋，1982．宮崎県国富町本庄28号地下式古墳出土の人骨．宮崎考古 (8)，16-20．

松下孝幸・分部哲秋，1984．大萩地下式横穴墓群－人骨編－，宮崎県文化財調査報告書 (27)．pp.51-131．宮崎県教育委員会，宮崎．

松下孝幸・分部哲秋，1989．宮崎県高千穂町春姫登横穴墓出土の古墳時代人骨，高千穂町文化財調査報告書 (8)．pp127-149．高千穂町教育委員会，高千穂．

松下孝幸・分部哲秋・野田耕一，1983．II．旭台地下式横穴群発掘調査報告（人骨編），宮崎県文化財調査報告 (26)．pp.75-128．宮崎県教育委員会，宮崎．

長友郁子，1993．東二原地下式横穴墓群，小林市文化財調査報告書 (6)．pp.1-70．小林市教育委員会，小林．

長友郁子・北郷泰道，1995．中迫地下式横穴墓群．綾町教育委員会，綾．

長津宗重・茂山護，1982．六野原地下式横穴30号・31号調査報告，国富町文化財調査資料 (2)．pp.45-66．国富町教育委員会，国富．

中村明蔵，1977．隼人の研究．学生社，東京．

中村明蔵，2001．隼人の古代史．平凡社新書 (119)．平凡社，東京．

中野和浩（編），2001．島内地下式横穴墓群．えびの市埋蔵文化財調査報告書 (29)．えびの市教育委員会，えびの．

中野和浩（編），2009．島内地下式横穴墓群III・岡元遺跡．えびの市埋蔵文化財調査報告書 (50)．えびの市教育委員会，えびの．

中野和浩（編），2010．島内地下式横穴墓群II．えびの市埋蔵文化財調査報告書 (49)．えびの市教育委員会，えびの．

中野和浩（編），2012．島内地下式横穴墓群IV．えびの市埋蔵文化財調査報告書 (53)．えびの市教育委員会，えびの．

中野和浩，2015．宮崎県えびの市 島内139号地下式横穴墓．古代文化67 (1)，152-153．

大西智和・竹中正巳，2003．南九州の葬制に関する研究－宮崎県国富町前の原地下式横穴墓群第1次発掘調査報告（遺構編）－．南九州地域科学研究所所報 (19)，31-51．

面高哲郎，1981．内屋敷地下式横穴発掘調査，宮崎県文化財調査報告書 (24)，pp.1-16．宮崎県教育委員会，宮崎．

面高哲郎・長津宗重・近藤協・谷口武範・吉本正典，1991．立切地下式横穴墓群．高原町文化財調査報告 (1)．高原町教育委員会，高原．

釜山大学校博物館（編），1985．金海禮安里古墳群 (1)．釜山大学校博物館遺蹟調査報告 (8)．釜山大学校博物館，釜山．

坂本経堯，1962．阿蘇長目塚　附小嵐山古墳．熊本県文化財調査報告（3），pp.1-40．熊本県教育委員会，熊本．
清家　章，1996．副葬品と被葬者の性別．雪野山古墳の研究　考察篇（福永伸哉・杉井健　編），pp.175-200．雪野山古墳発掘調査団，豊中．
清家　章，1998．女性首長と軍事権．待兼山論叢（32）史学篇，25-47．
清家　章，2004．弥生・古墳時代の女性と戦争．女性史学（14），1-12．
清家　章，2010．古墳時代の埋葬原理と親族関係．大阪大学出版会，吹田．
茂山　護，1985．西諸県郡野尻町大萩地下式横穴37号墓調査報告．宮崎県文化財調査報告書（28），pp.5-20．宮崎県教育委員会，宮崎．
茂山　護・面高哲郎，1981．本庄28号地下式横穴．宮崎考古（7），31-40．
菅付和樹（編），1986．Ⅲ．市の瀬地下式横穴墓群．国富町文化財調査資料（4），pp.29-110．国富町教育委員会，国富．
髙木恭二，1981．圭頭斧箭式鉄鏃について．城二号墳発掘調査団編，城2号墳．宇土市埋蔵文化財調査報告書（3），pp.44-52．宇土市教育委員会，宇土．
田中　茂・石川恒太郎・野間重孝・安楽　勉，1973．灰塚遺跡．九州縦貫自動車道埋蔵文化財調査報告（2）．宮崎県教育委員会，宮崎．
田中良之，1991．上ノ原横穴墓群被葬者の親族関係．上ノ原横穴墓群Ⅱ，pp.488-527．大分県教育委員会，大分．
田中良之，1993．古墳被葬者とその変化．九州文化史研究所紀要（38），pp.61-124．
田中良之，1995．古墳時代親族構造の研究－人骨が語る古代社会－．柏書房，東京．
田中良之，2008．骨が語る古代の家族－親族と社会－．吉川弘文館，東京．
田中良之，2012．佐々木憲一「日本考古学の方法論：北アメリカ考古学との比較から」へのコメント．考古学研究59（3），35-36．
田中良之・舟橋京子・吉村和昭，2012．宮崎県内陸部地下式横穴墓被葬者の親族関係．九州大学総合研究博物館研究報告（10），127-143．
Thomas,D.H., 1979. Archaeology. Holt, Rinehart and Winston, Fort Worth.
津曲大祐（編），2003．外原遺跡群．西都市埋蔵文化財発掘調査報告書（34），西都市教育委員会，西都．
矢部多喜夫（編），2004．築池遺跡（第1～4次発掘調査）．都城市文化財調査報告書（67），pp.1-126．
山下大輔，2010．第2章　5．県指定志和地村4号墳．都城市内遺跡3，都城市文化財調査報告書（101），pp.17-34．都城市教育委員会，都城．
吉村和昭，2011a．宮崎県西諸県地域における地下式横穴墓の墓群形成と埋葬原理－立切・旭台両地下式横穴墓群を中心に－．地下式横穴墓研究の新展開（平成23年度宮崎考古学会研究会資料），pp.52-69．宮崎考古学会県南例会実行委員会，都城．
吉村和昭，2011b．宮崎県西諸県地域における地下式横穴墓の墓群形成と埋葬原理－立切地下式横穴墓群を対象として－．九州考古学（86），41-64．
吉村和昭，2012a．被葬者像の検討．シンポジウム　島内地下式横穴墓群の出土品の評価と被葬者像（予稿集），pp.21-26．えびの市教育委員会，えびの．
吉村和昭，2012b．地下式横穴における埋葬原理と女性への武器副葬．南九州とヤマト政権－日向・大隅の古墳－（大阪府立近つ飛鳥博物館平成24年度秋季特別展図録），pp.147-155．大阪府立近つ飛鳥博物館，河南．
吉村和昭，2015．宮崎県平野部における地下式横穴墓群の群構造と埋葬原理－六野原古墳群・地下式横穴墓群を対象として－．九州考古学（90），61-88．

出雲における再生阻止儀礼

出雲弥生の森博物館　坂　本　豊　治

要旨

　縄文時代から古墳時代にかけて，再生阻止と再生希求という矛盾する観念が存在することが分かっているが，考古学では再生希求の観念が強かったと評価されることが多い。しかし，人類学の研究により断体儀礼の存在が明らかにされ，再生阻止という観念もあったことは間違いない。そこで，人類学―人骨―と考古学―副葬品・遺構―の検討から出雲における弥生時代から古墳時代の再生阻止儀礼を紹介した。この儀礼の具体的な行為は「密封」と「毀損」であった。弥生時代から古墳時代前半期には，埋葬時に遺体を密封する行為があり，それに加え，玉類の毀損が行なわれていた。古墳時代後半期では，埋葬後一定期間してからの毀損事例を紹介した。毀損は人骨だけではなく，副葬品や棺に及ぶ例があり，それは出雲だけではなく広域に行なわれていた。再生阻止儀礼は，これまで個別事象の研究でとどまることが多かったが，総合的に検討することで儀礼の内容をより鮮明にすることができる。

キーワード：出雲，再生阻止，密封，毀損

1　はじめに

　人は平等に死を迎える運命にある。しかし，死後の扱われ方は，時代・地域によって様々で，すべての人が地中に埋葬されるわけではないし，地位などによって埋葬法も異なる。これは，死をどのように捉えるかという考えが一つではなく多様だからである。

　本稿では死の捉え方の一つである再生阻止儀礼について弥生から古墳時代の事例を紹介し整理していきたい。整理する地域を，私がフィールドにしている出雲[1]とする。それは，地域によって儀礼の状況が異なることと，最近二つの重要な遺跡の報告書が刊行されたことにより，この儀礼の検討が可能になってきたからである。それは島根県出雲市の西谷3号墓と国富中村古墳[2]である。

　そこで，過去の研究成果と新たに報告された事例を紹介し，弥生時代から古墳時代の再生阻止儀礼を整理したい。

2 研究の現状と課題

　出雲において再生阻止儀礼の研究はほとんどなされていなかったが，2012年の国富中村古墳の報告から始まっている[3]。そこで，日本における再生阻止儀礼の研究の現状をまずまとめることとする。

　過去に再生阻止という考えを明らかにしてきたのは，人骨を対象とした研究が中心であった。1975年に再生阻止儀礼を指摘したのは，金関丈夫である。金関は山口県土井ヶ浜遺跡の124号人骨が16本の矢を射込まれ，また，頭蓋骨を粉砕されていたことを示して，死者が再帰することを忌避した意図的な行為と指摘した（金関1975）。

　その後，人骨研究から遺体が毀損されている例を報告してきたのが田中良之である。田中と村上久和は，弥生時代中期の土井ヶ浜遺跡1004号人骨を紹介した。この人骨は熟年女性で，左右の足首と中足骨が切断され，そして，女性の両膝の間には，胎齢8か月の胎児か新生児が置かれていた。田中らはこの女性が妊娠・出産のトラブルによって死亡したと判断し，異常死した女性に取り付いた悪霊が再生しないために，死者の歩行機能を停止させたと解釈している。これは，死の直後に遺体毀損—断体儀礼—が行なわれた事例である。また，5世紀後半の大分県上ノ原横穴墓群や弊旗邸1号墳の例をあげ，埋葬後一定期間してから，人骨が移動されていること，これに瓜状やヒョウタン状植物が伴うことを紹介した。田中らは，この状況を死の認定に関わる儀礼とし，死者が最終的に「祖霊」として昇華するための儀礼と考えた（大分県教育委員会1991，田中・村上1994）。

　その後，田中は海外，九州，関東においても遺体毀損が行なわれていることを次々と報告している。そして，2008年に「断体儀礼考」を発表した。縄文時代から古墳時代前半期の断体儀礼は，死の直後に死者の諸機能を停止させその再生を阻止するために行われたのに対し，古墳時代後半期のそれは死後10年前後を経たのち，死者の社会的死の認定のために行なわれたと指摘した。そして，これらの遺体そのものを用いた即物的儀礼行為はいまだ未開の儀礼であり，古墳時代もその域を出ていないとまとめている（田中2008）。田中は，人骨の検討から縄文時代から古墳時代に再生阻止儀礼が行なわれていたことを示した。

　人骨研究の他に，葬送行為から再生阻止を読み取る研究がある。鏡山猛は，北部九州にある甕棺の特性のひとつに封禁性をあげた。鏡山は，甕棺を初めて創出された遺体の容器と認識し，それを使うことで屍体を永久に封禁する感が強化され，土葬よりも遺体に対する恐怖・不安感を和らげる方便となったと考えた（鏡山1972）。縄文時代にも土器棺はあるが，蓋で密閉する構造ではない。その点からも鏡山の再生阻止の指摘は重要と考える。

　小山田宏一は，西日本の弥生時代から古墳時代前期の副葬品と遺構の状況から，当時の死生観について検討している。鏡や玉の破壊，副葬品が遺骸の周辺に配置されること，棺の目張り粘土や粘土被覆，棺内の朱や棺の排水溝の設置は，「遺体の保護」を目的に行われ，その背景には，屍の腐敗を防ぎ，死者の「再生と復活」があるとした。そして，この行為には中国思想

の影響があったとする（小山田1992）。小山田は再生阻止よりも再生希求[4]を重視する。

　弥生時代の玉類の副葬状態については、小寺智津子も詳細に検討している。小寺は、玉類の副葬が時期・地域によって異なることを指摘し、そして弥生中期後葉以降に玉類の呪的な副葬がみられることを明らかにした。頭部に集中している玉類には、西漢の葬玉の思想が反映されていて、頭部保護の観念—再生希求—があったとする。一方、玉類の破壊や散在を「玉の緒を切る」儀礼とし死霊への恐れが表れると指摘した（小寺2006）。小寺は、再生阻止と再生希求という相反する思考があったとする。

　禰宜田佳男は北部九州の甕棺葬における①棺の穿孔、②棺の口への粘土充填、③棺への線刻、④棺外副葬、を検討した。甕棺にみられる目張り粘土・鈎記号・副葬品からは辟邪の意図を、絵画は死者の再生が祈念されたとし、これらを遺骸保護の思想と考えた（禰宜田2005）。さらに棺密封を示す②棺の口への粘土充填と④棺外副葬に注目して、棺密封の系譜と展開を検討した。その結果、目張り粘土による甕棺の密封が弥生時代前期に北部九州で始まることを指摘した。そして、中期後葉に北部九州で顕在化した目張り粘土と棺外副葬（銅鏡副葬）は、弥生時代後期以降、前者が日本海ルート、後者が瀬戸内ルートで広がり、それらが弥生終末期に近畿に伝わったとする（禰宜田2013）。禰宜田は遺体保護の思想の中に、再生阻止と再生希求があったとする。

　森本徹は、近畿中央部の古墳の葬送儀礼を検討した。密閉された棺や棺外副葬、石室の塊石や土砂などによる厳重な密封などから、古墳時代前期から終末期にかけて被葬者の遺骸を厳重に保護する儀礼が一貫して遵守されていると指摘した。そして、この儀礼には死者の肉体が埋葬後においても生前と同じように保たれるという観念的な意識があると考え、葬送儀礼において被葬者の肉体こそが最も重要とされる存在であったと指摘する（森本2013）。森本は、死者の再生希求を重視する。

　以上の研究史を踏まえると、弥生から古墳時代の死生観には、死者への恐れ—再生阻止—と遺体保護—再生希求—という矛盾する考えが共存していることがわかる。そして、弥生時代後半期から古墳時代では、中国思想の影響を受け、再生阻止よりは再生希求が重視されている。しかし、田中が人骨研究で指摘しているとおり縄文時代から古墳時代にかけて再生阻止儀礼が行なわれている。従来の研究状況は、人骨・副葬品・遺構の個別資料の検討にとどまっており、体系的な検討が行なわれていない。よって、再生希求のみが重視されていると考える。そこで、本稿では出雲の弥生時代から古墳時代の再生阻止儀礼を総合的に検討する。そして、この儀礼の内容を、遺体と副葬品の「毀損」と遺体の「密封」と捉え、論を進めていく。遺体の密封—遺骸保護—は、再生希求を意図するとも考えられるが、私は禰宜田の指摘する密封（目張り粘土・鈎記号）が、弥生時代前期の九州に系譜を求められ、そして、それらが古墳時代に続くことを重視し、再生阻止の意図もあったと考えている。

3 弥生時代から古墳時代前半期の再生阻止儀礼

(1) 弥生時代前半期

　出雲では弥生時代の遺体毀損事例は現在まで確認されていない。一方，遺体の密封は弥生前期から確認できる。まず，遺体が蓋のある容器に収納された事例を紹介する。

　松江市堀部第1遺跡，古浦遺跡，友田遺跡，出雲市原山遺跡で配石墓が確認されており，堀部第1遺跡（弥生前期中葉から後葉）では木棺[5]が残存し（第1図），遺体の密封が始まったことがわかる。また，壺棺墓と推測される資料も出土しており，口縁部には石で蓋がされていた（鹿島町教育委員会2005）。ただし，いずれも目張り粘土での丁寧な密封は施されていない。

　より具体的に再生阻止儀礼が表れるのは，松江市友田遺跡A区SK08（弥生時代中期頃[6]）である（松江市教育委員会1983）。この土壙墓には，土壙を囲むように石が置かれていて，木棺は残存しない。注目されるのは，土壙内の南半分を中心に玉類が出土したことである。完形品約200点，破片を加えると400点以上の緑色凝灰岩製の管玉と，翡翠系の勾玉が11点出土した。管玉の孔の方向は一定ではなく，また，床面から高さ7cmまでの範囲に散らばって出土している（第2図）ことから，木棺の蓋をする前後に毀損してばらまいたことが推測される。つまり，小

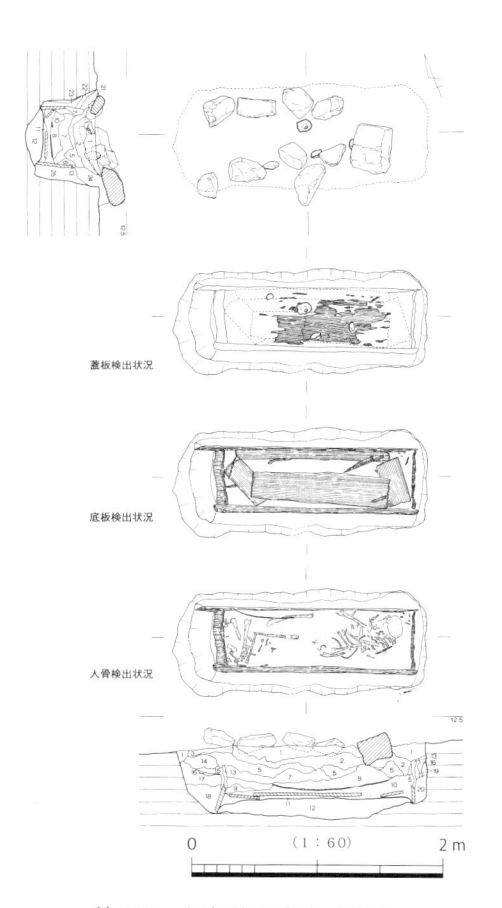

第1図　堀部第1遺跡16号墓 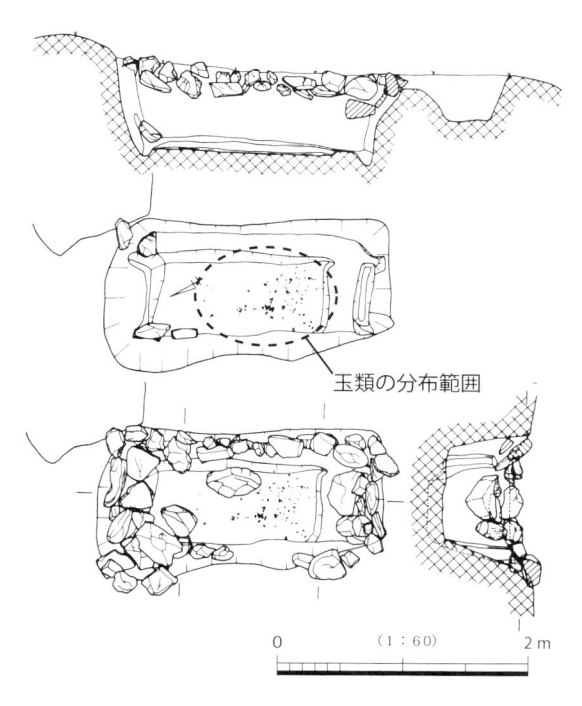　　　　第2図　友田A区SK08

寺が指摘した死者への恐れからくる「玉の緒を切る」儀礼が行なわれたと考える。また，管玉の毀損も行なわれていることも重要で，密封と毀損という徹底的な再生阻止儀礼が行なわれた事例であろう。

また，古浦遺跡（弥生時代前期後半）でも28号人骨（1歳児）の周囲から2396個の貝小玉が散在した状態で出土しており（古浦遺跡調査研究会・鹿島町教育委員会2005），呪的な意味があったと推定する。

（2）弥生時代後半期

目張り粘土を使った木棺の密閉が確認されるのは後期後葉で，出雲市西谷3号墓が代表例である。西谷3号墓は，超大型の四隅突出型墳丘墓で，突出部をのぞく墳丘規模が東西約40m，南北約30m，墳丘高約4.3mである。墳頂部には8つの主体部が確認されていて（第3図），第1表は墓壙のデータをまとめたものである。平面規模から大型（第1・第4），中型（第2・第6），小型（第3・第8）の3ランクに分けられている。大型は槨構造と「石主」[7]をもつ。大型と中型は葬祭土器が伴うが，小型にはない。土壙の深さ[8]は，第4主体主槨が最も深く約

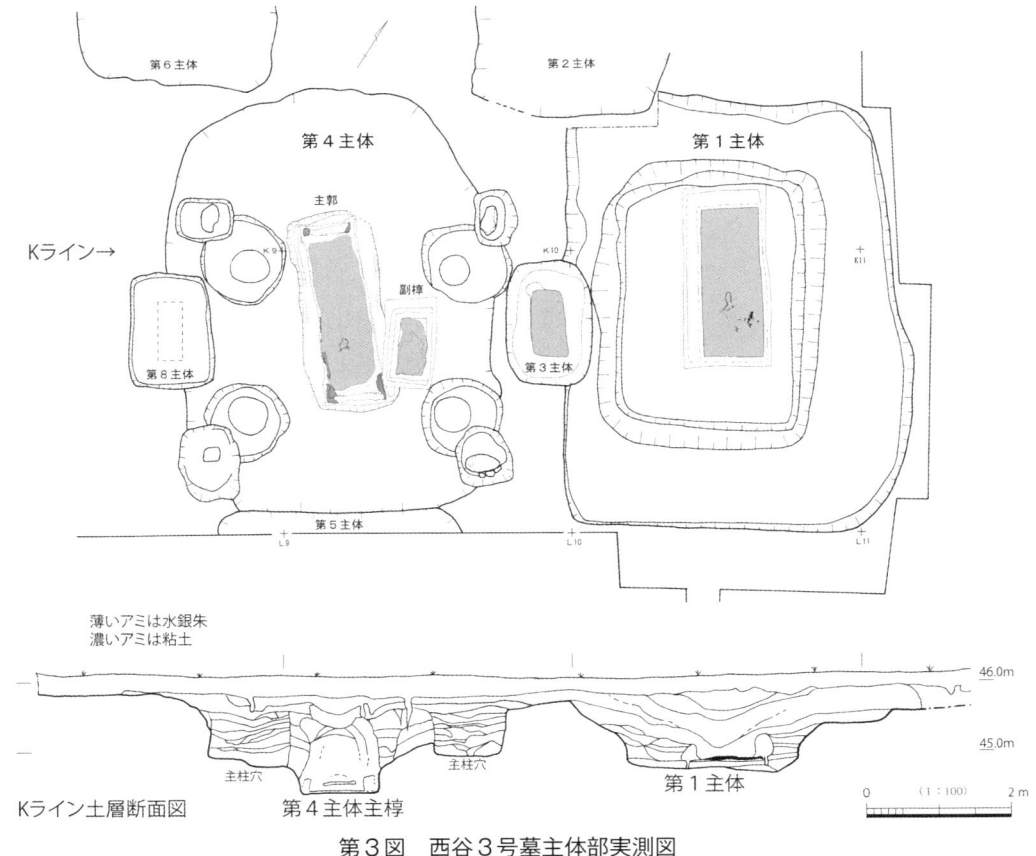

第3図　西谷3号墓主体部実測図

第1表　西谷3号墓の主体部の特徴

	第1主体	第2主体	第3主体	第4主体主槨	第4主体副槨	第5主体	第6主体	第7主体	第8主体
土壙平面規模（m）	6.1×4.5	3.4×2.5	1.8×1.4	6.3×4.5	―	?×3.4	2.7×2.7	2.6×?	1.6×1.1
土壙排土量（㎥）	12		1	16.5	―				0.7
壙底の標高（m）	44.73		45.06	44.40	45.25				45.40
棺上円礫	640g	無	無	1.24kg	2.21kg				無
玉砂利	無	無	無	有					無
立柱	無		無	有					無
葬祭土器	110以上	有	無	223以上					無
槨の規模（m）	2.6×1.2		無	2.6×1.2	1.26×0.68				
棺の規模（m）	2.2×0.9		0.93×0.45	2.3×0.8	0.96×0.53				0.86×0.37
棺内の朱	有		有	有	有				無

（数値は概数や平均値を含む。空欄は不明を示す。）

1.4mである。第1主体は約1m，第3主体は約0.65m，第8主体は約0.38m。基本的に大きい土壙ほど深くまで掘り込まれている（渡邊2015）。

　葬祭土器は，第4主体から223個体以上が確認されていて，第1主体の倍以上もある。また，土器の型式的特徴や土壙の重複から第4主体が一番最初に掘削され埋葬されたと考える（坂本2015）。以上のことから，第4主体主槨は，他の主体部と比べて丁寧な埋葬が行われており，その被葬者は西谷3号墓の築造の契機となった人物と考える。

　この第4主体主槨の木棺にのみ，目張り粘土が検出された（第4図）。棺の小口と棺上で粘土が確認され[9]，この状況から，木棺の蓋は約7枚の材からなり，小口と蓋の隙間が粘土で目張りされたことが推察される。木棺という密閉容器をさらに密封する意図があったと考える。

　また，第4主体の墓壙が最も深く掘り込まれていることは，死者が最も深い位置に安置されたことを示す[10]。これは，死者を地中深くに封じ込める―密封―意図があったと考える。

　さらに，木棺を粘土で被覆した例が安来市宮山Ⅳ号墓である（島根県古代文化センター2003）。宮山Ⅳ号墓（弥生時代終末期）は，四隅突出型墳丘墓で突出部をのぞく墳丘規模が長辺約30m，短辺約23mである。墳頂部に埋葬施設が1基あり，木棺による埋葬が行なわれていた。木棺は，側板と小口板を設置後，外側に粘土を貼り付け，天井板の設置後も厚さ10cm以上の粘土を貼り付け，さらに砂で覆われていた（第5図）。つまり，木棺の側部と上部が粘土で，さらに砂で覆われているのである。

　西谷3号墓よりも，徹底的な密封が行なわれている。

（3）古墳時代前半期

　古墳時代前半期は，埋葬施設への目張り粘土や粘土被覆（粘土槨）が確認されている。

　古墳時代前期前半では，松江市寺床1号墳第1主体部の木棺の両端木口に目張り粘土が施されている（東出雲町教育委員会1981）。また，安来市塩津山1号墳第1主体では，竪穴式石槨の

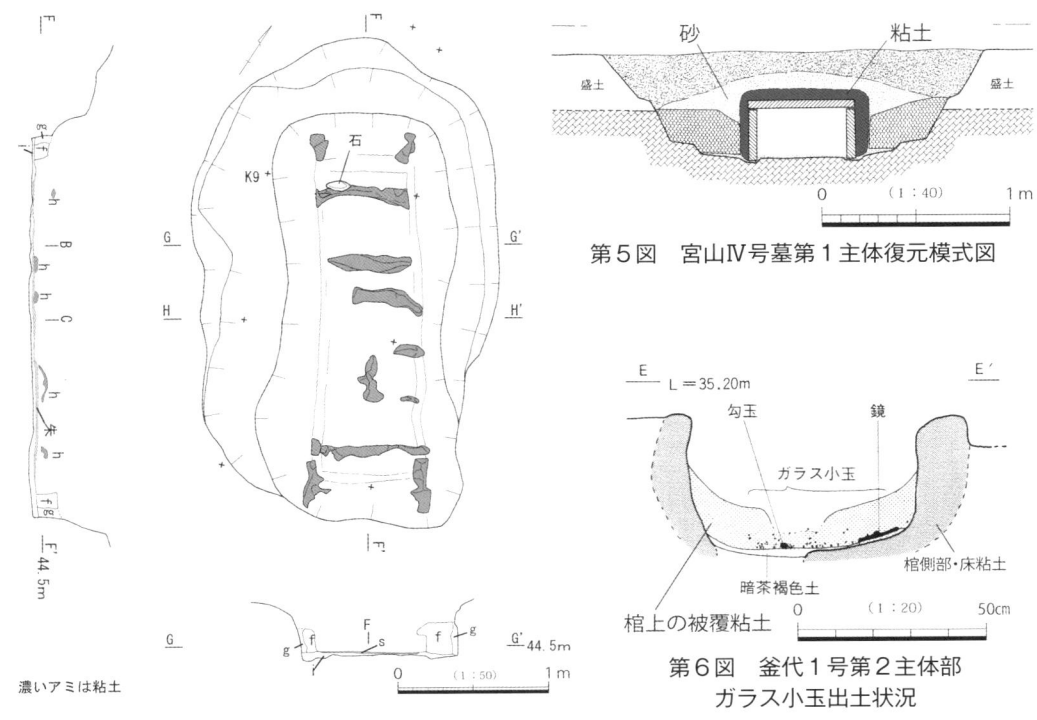

第4図　西谷3号墓第4主体木棺の目張り粘土

第5図　宮山Ⅳ号墓第1主体復元模式図

第6図　釜代1号墳第2主体部ガラス小玉出土状況

蓋石を目張り粘土で密封し，さらにその上を砂で覆っていた。これは，弥生終末期の宮山Ⅳ号墓の密封方法と同じである。

古墳時代前期後半になると木棺が粘土で被覆される。雲南市松本1号墳第1・第2主体，斐伊中山2号墳，松江市布志名大谷1号墳第1主体，上野1号墳第1主体部，釜代1号墳第1・第2主体，刈捨古墳第1主体などがある。

また，安来市造山1号墳の竪穴式石槨は塩津山1号墳と同じ粘土と砂で密封され，安来市五反田1号墳第1主体では，竪穴式石槨の天井石の隙間に小石を詰めたあとに目張り粘土が確認されている。布志名大谷1号墳第3主体（前期後半）では石棺を覆う割り石があり，それに目張り粘土が施されていた。

木棺への粘土被覆は前期前半に確認できないので，前期後半になって畿内の影響を受け採用されたと考えられる。しかし，これらの粘土の使用は様々で，木棺上の被覆が非常に薄く厚さが1～5cm程度のもの（釜代1号墳第2主体）や木棺上部に粘土がないもの（布志名大谷1号墓第1主体や上野1号墳第1主体部など）もある。このことから，木棺全体を覆うのではなく，合わせ部分を塞ぐ意識が強いことがわかる。この状況は，古墳時代前期の畿内的な多量の粘土で密封する粘土槨とは異なる。

以上のことから，出雲における古墳時代前期の埋葬施設への粘土使用は，畿内の影響も受けつつ，それを採用した素地は弥生時代の西谷3号墓などの目張り粘土や宮山Ⅳ号墓の粘土被覆

にあった。したがって，古墳時代の埋葬施設への粘土による密封―再生阻止―は弥生時代に系譜を求めることができると考える。

副葬品では，釜代１号墳第２主体に注目する（松江市教育委員会1994）。粘土槨の中央やや東側で銅鏡１枚，勾玉１個，ガラス小玉67個が出土している。銅鏡と勾玉は，棺床から出土しているのに対し，ガラス小玉は，棺床および木棺蓋を覆った粘土中やその上からも出土している（第６図）。これは，棺を開けた状態でガラス玉をばらまき，蓋を閉めた後にもばらまいた痕跡で，弥生時代から続く「玉の緒を切る」儀礼と考える。

（４）小結

本項では弥生時代から古墳時代前半期の出雲における再生阻止儀礼をとりあげた。弥生時代前期から木棺による密閉が始まり，さらに，友田遺跡や古浦遺跡での玉類による死者の密封・毀損の状況を紹介した。

弥生時代後半期になると，西谷３号墓などで木棺への目張り粘土が採用され，さらに密封の意識が高まっていることを示した。これらは，小型から大型の四隅突出型墳丘墓で採用されている。弥生時代終末期には，宮山Ⅳ号墓で木棺を囲む粘土被覆が行なわれ，続く，古墳時代前半期にも竪穴式石槨や木棺の目張り粘土，粘土被覆（粘土槨）が確認されており，密封の意識が高くなる。また，釜代１号墳のガラス小玉の出土状況からも，弥生時代と同じ再生阻止の意図があったことを示した。

この時代の出雲の再生阻止儀礼は，埋葬時に行なわれたものである。この儀礼の実施と墓を造ることから，当時，死後の世界が明確に意識されていたことがわかる。ただし，埋葬が終わった後の儀礼や再葬をするような事例がないことから，埋葬すれば死の処理は終わるという意識が読み取れる。

４　古墳時代後半期の事例

（１）国富中村古墳の事例

本項では，国富中村古墳の再生阻止儀礼の内容をまず紹介する。そして，出雲地域では類例が少ないので範囲を広げ，当該期の再生阻止儀礼を整理する。

古墳の概要

国富中村古墳は，島根県の東部，出雲市国富町に所在する。直径約30ｍの円墳で，埋葬施設は横穴式石室である[11]（第７図）。石室は，自然石積みの閉塞と前庭部の埋め戻し土で厳重に封鎖されており，全国的にも珍しい未盗掘古墳であった。玄室には，組合せ式家形石棺が，前室には蓋石も奥石もない組合せの箱形石棺がある。

副葬品の出土状況からみた葬送過程の復元

石室内からは副葬品として，珠文鏡１面，金環１点，銀環１点，ガラス製勾玉１点，ガラス製丸玉１点，ガラス製小玉２点，金銅製鈴４点，装飾大刀３振，刀子３点，鉄鏃３組，馬具３

組，須恵器61点が出土した。石室外の閉塞部からも破片となった須恵器の出雲型子持壺や甕などが出土した。出土品の総点数は，およそ250点にのぼる。これらの副葬品から国富中村古墳の時期は6世紀末〜7世紀初頭である。

副葬品のうち，大刀2振が立てかけられており，装身具や馬具は毀損され石室内に散在していた（第8・9・11図）。また，家形石棺の蓋石は現状で大きく3片に破損し，石棺内に落ち込んでいる。両端の2片は表裏が反転した状況であること，蓋石表面の2か所に打撃痕が確認できることから，この状況は人為的な毀損行為の結果と考える（第12図）。

この古墳が未盗掘古墳であること，そして，流入土砂との関係から，その状況は当初からのものではなく，埋葬終了後に再配置された結果と考える。埋葬終了後の石室進入は2回あり，それらは埋葬を伴わない。1回目を「石室進入1」，2回目を「石室進入2」と呼ぶ（第10図）。

「石室進入1」では，家形石棺からガラス製の勾玉や小玉および珠文鏡や大刀など（人骨もか）を取り出し，また，玄室の石棺外にあった鉄鏃や馬具も毀損し再配置した。そして，この行為に伴って持ち込まれた壺P43と横瓶P44（第8図）が，左袖石付近に据え置かれた。同時に前室の箱形石棺の人骨もリンの分布状況から棺内で集骨されたと推察する。また，前室では，箱形石棺内にあった大刀などは棺外へ動かされ，そして棺外にあった鉄鏃や馬具は毀損され，ばらまかれた。

その後，「石室進入2」では，玄室で家形石棺蓋の毀損・反転が行われ，大刀S1の立てか

第7図　国富中村古墳の横穴式石室測量図

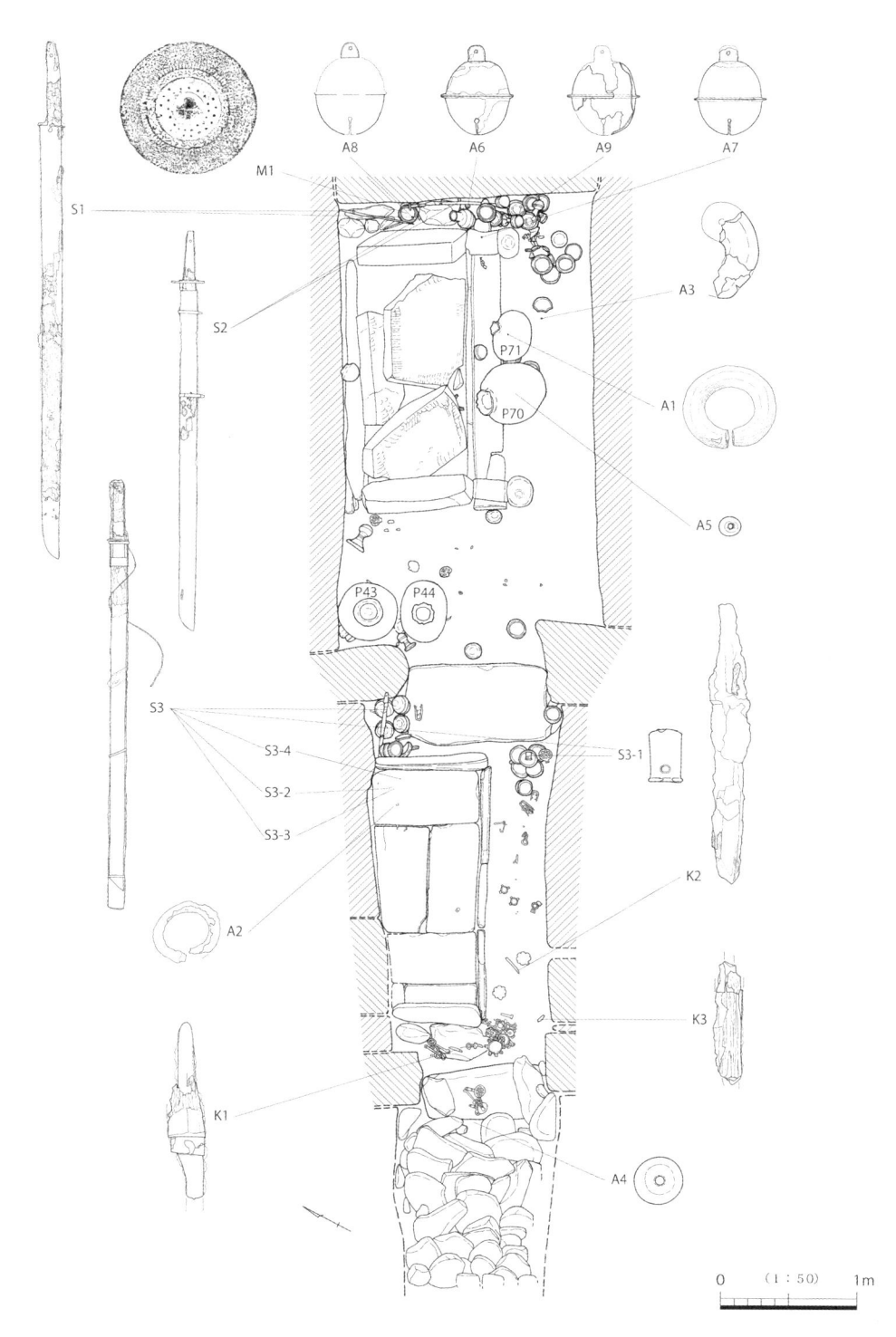

第8図　国富中村古墳の副葬品出土状況（鏡・装身具・武器・須恵器）

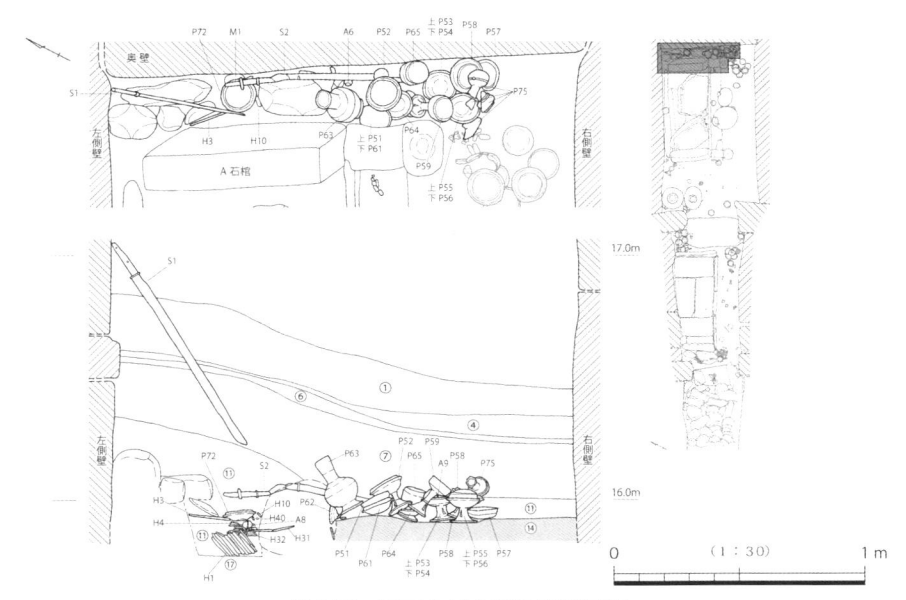

第9図　国富中村古墳の葬送過程

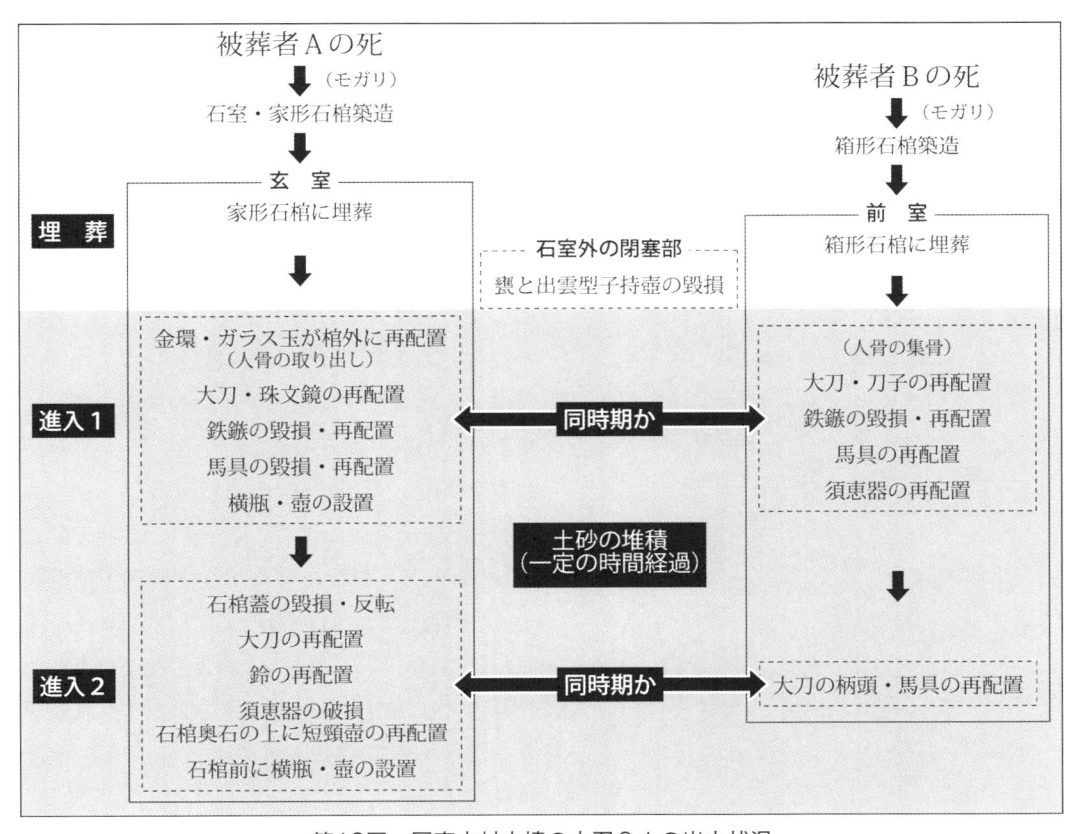

第10図　国富中村古墳の大刀S1の出土状況

け（第9図）と鈴（第8図）および須恵器の再配置が行われた。この行為に伴って壺P70と横瓶P71（第8図）が石棺前に持ち込まれ置かれた。前室でも，大刀S3の柄頭と馬具が再配置された。

以上の内容をまとめると，「密封」と「毀損」そして，毀損に伴う「飲食物供献」からなる。

密封

西日本において最も長い約6mの自然石による閉塞が，羨道から前庭部にかけて確認された。横穴式石室は，羨道部内を自然石で閉塞する方法が一般的であるが，出雲地域では，羨道部から前庭部までを閉塞する例が，松江市薄井原古墳2号石室や岡田山1号墳などにあり，地域的特徴と言える（坂本2012）。この厳重な閉塞は，弥生時代から続く密封と同じ意図があったと考える。つまり，再生阻止の意図があったのである。

毀損

副葬品の毀損と再配置は，埋葬当初に死者のために置かれた副葬品を移動させることにより，死者と副葬品の関係を破壊した行為と考えられる。大刀の立てかけもその脈絡で説明ができよう。集骨は，再生阻止を直接示した行為である。そして，遺体と副葬品だけにとどまらず，死者の容器である家形石棺も毀損している。つまり，毀損は，死者と彼に関係する物の機能を停止させる目的があったと考える。

飲食物供献

「石室進入1」に伴って壺P43と横瓶P44が，「石室進入2」に伴って壺P70と横瓶P71が持ち込まれた。これらの容器には飲食物が入っていたと推察し，毀損に伴う飲食儀礼が行なわれたと考える。つまり，田中良之と村上久和が指摘した墓室内飲食物供献に当たる（田中・村上1994）。

埋葬後一定期間してからの2回の進入は，副

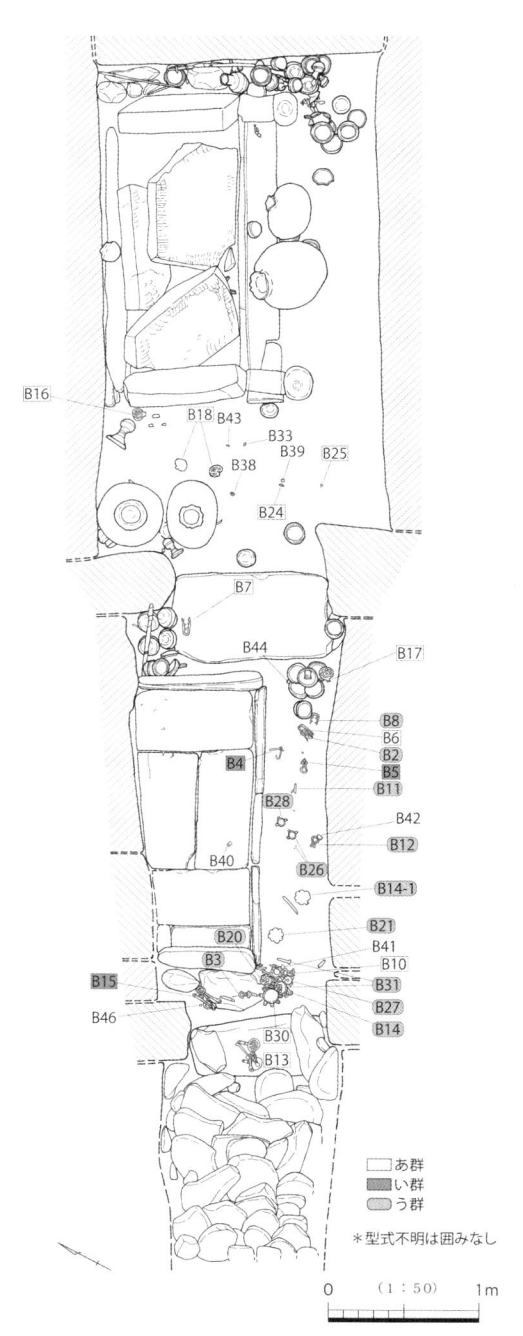

第11図　国富中村古墳の馬具の出土状況

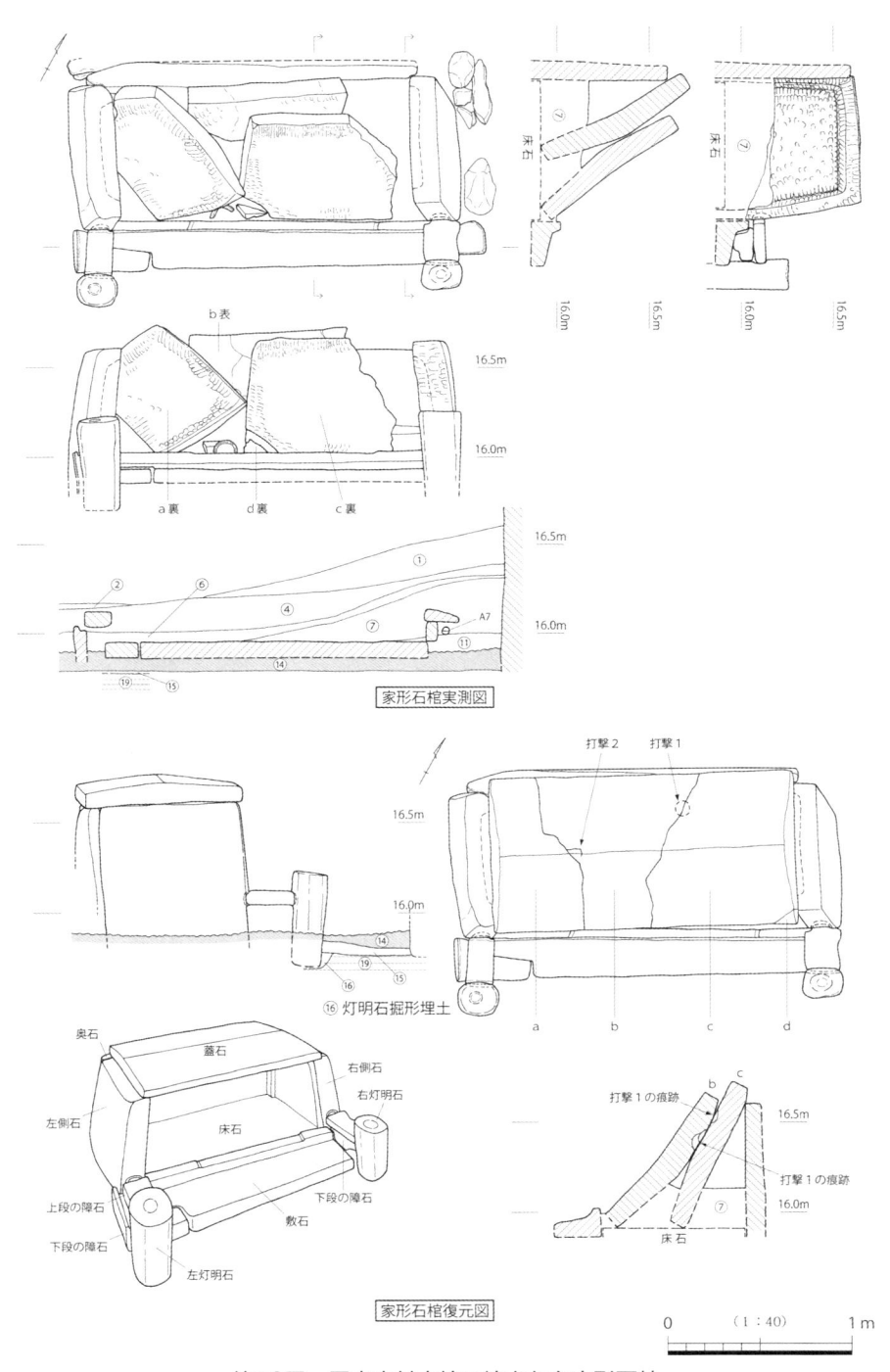

第12図　国富中村古墳の壊された家形石棺

葬品と人骨および石棺の毀損とそれらの再配置―再生阻止―が目的であったと考える。

（2）類例

国富中村古墳における再生阻止儀礼は特殊な儀礼ではない。密封は丁寧な造りの埋葬施設，閉塞，盛土など，どの古墳でも意図的に行われていたと考える。ここでは，遺体，副葬品および棺の毀損や再配置がどの程度の地域に広がっているか紹介したい。

出雲における遺体毀損は，仁多郡奥出雲町殿ヶ迫1－2号横穴墓で確認されている（仁多町教育委員会2001）。ここでは，被葬者の大腿骨が後面を上にして交差されており，それに連なる下腿骨も後面を上にした状態であり，また，両足が顎距関節から外され頸骨・腓骨骨体の外側に再配置されている（第13図）。これは，遺体の軟部組織が腐朽してから行なわれた断体儀

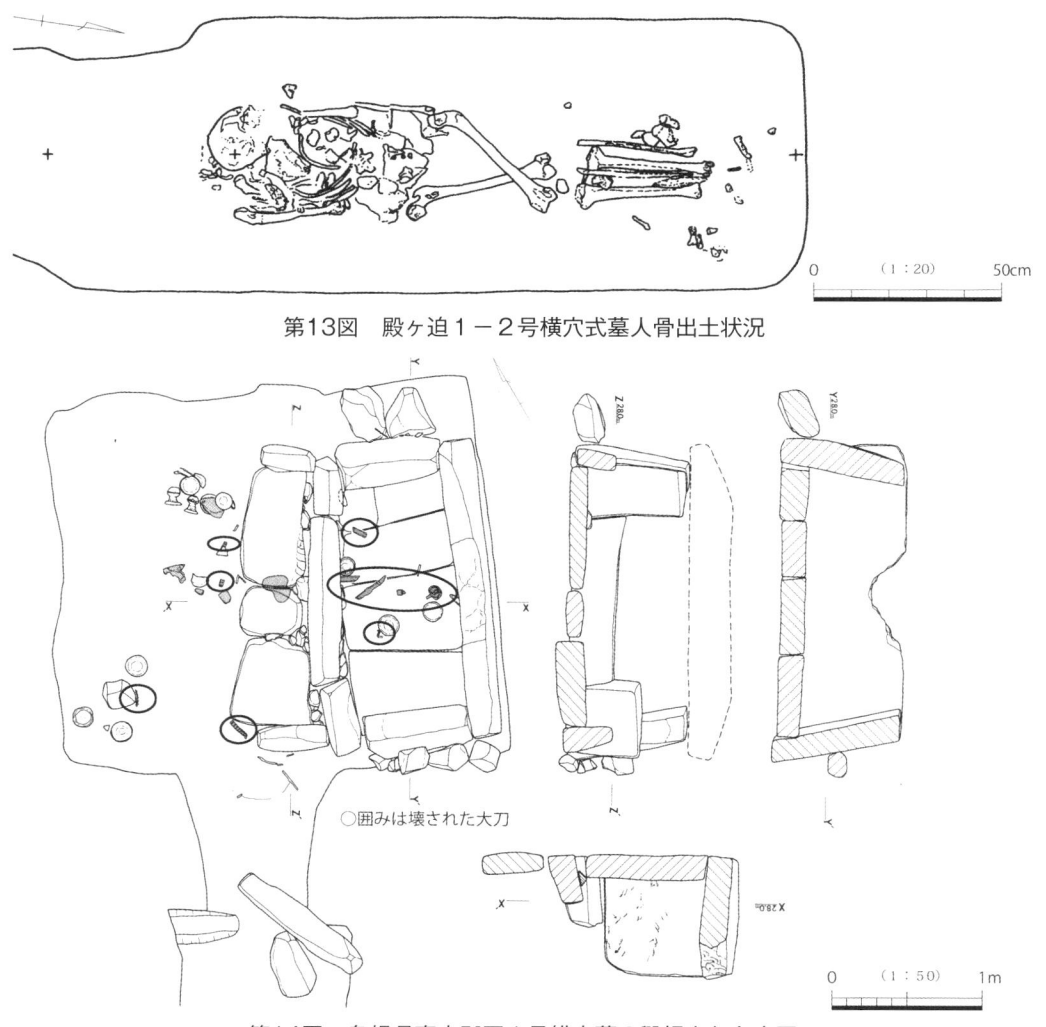

第13図　殿ヶ迫1－2号横穴式墓人骨出土状況

第14図　島根県高広Ⅳ区1号横穴墓の毀損された大刀

礼である（田中2012）。このような断体儀礼例は，九州から関東で確認されている（田中2008）。

副葬品と棺の毀損は，類例が少ないので他地域の事例を紹介したい。

九州地方では，福岡県福岡市元岡Ｇ６号墳で，大刀の柄頭が粉々に壊されていることが確認されている[12]。

中国地方では，島根県安来市高広Ⅳ区１号横穴墓で環頭大刀が壊され散在している（第14図）。刀身は10片以上に毀損され，石棺および玄室内に分散していた（島根県教育委員会1984）。

四国地方では愛媛県松山市葉佐池古墳２号石室で装身具や馬具が毀損され散らばった状態で出土している。埋葬行為の流れがいくつか想定されているが，いずれにしろ毀損と再配置が行われていることは間違いない（松山市教育委員会2003・2010，栗田2013）。

関東地方の神奈川県横浜市市ヵ尾Ａ－18号横穴墓では，２振の大刀が立てかけられていた。そのうちの１振は２片に折れた状態で立てかけられている。完形の状態で立てかけられ，自然に折れた後も立った状態を保つとは考えにくい。これも国富中村古墳と同じように死者と副葬品の関係を毀損―再配置―した事例と考える（横浜市1982）。

神奈川県川崎市久地西前田３号横穴墓では，鉄鏃が玄室内に散乱しており，再配置が行なわれと推測する（久地西前田横穴墓群発掘調査団1998）。

国富中村古墳のように棺までが毀損・再配置された事例もある。石棺では，神奈川県川崎市久地西前田３号横穴墓，川崎市久本７号横穴墓が，木棺では，愛媛県葉佐池古墳２号石室と島根県黒木山５号横穴墓をあげることができる。

久地西前田３号横穴墓は，玄室の主軸に直交して，奥壁沿いに造付刳抜式石棺がある。蓋石は５枚に分かれ，２枚は石棺の前方から，３枚は石棺内に斜めに立てかけられた状態で検出されている（第15図）。報告書では５枚の蓋石は石棺の身にきっちりとはまることが記載されている。筆者が報告書の実測図から蓋をかけた状態を復元したところ，５枚で蓋をすると，中央の２枚が細片のため，棺内に落ち込むことがわかり，本来は１～３枚で構成された蓋石であったと考える。そうすると，棺の蓋が毀損された可能性があり，毀損した後に再配置されたと推測する。

久本７号墳は，玄室奥に造付刳抜式石棺がある。蓋は毀損され，玄室中央右側側壁と石棺左側に接するように散乱する（久本横穴墓群発掘調査団1996）。

葉佐池２号石室の木棺は，鉄釘で組まれた構造である。その木棺は細かい破片となり，人骨や副葬品と合わせて攪乱状態で検出された。鉄釘も散乱した状態であった。これは，人為的に木棺を毀損し，再配置が行なわれた結果と判断する。

黒木山５号横穴墓は，玄室から玄門にかけて鉄釘が散乱して出土している。これは，木棺が壊されていることを意味する（西ノ島町教育委員会2010）。

以上のように，副葬品や棺および遺体の毀損は，九州地方から関東地方で確認されている。今後，このような事例があることを意識して調査を進めると類例はさらに多くなっていくであろう。

（3）小結

　古墳時代後半期の再生阻止儀礼の遺体毀損は，田中良之によれば埋葬後しばらくして軟部組織が腐朽した後に行われている。5世紀後半頃は遺体の脚部に行われていたが次第にエスカレートして全身に及び，6世紀後半から7世紀代には全国的に珍しくない習俗となるとする（田中2008）。副葬品の石室内での毀損は6世紀後半から7世紀に確認されており，副葬品のみならずエスカレートして棺まで破壊されたと考える。

　埋葬後に一定期間おいて再生阻止儀礼が行なわれることは，死後の世界が弥生時代よりも明確に意識され，死の認定が長期化したからである。そして，被葬者が生きている一族に影響を与える時間も長期化したと考える。この死の認定の長期化について，田中と村上は人骨からわかる親族関係を基礎に考察している。田中らは，古墳時代後半期は「父系的かつ直系的な継承システムが成立する時期で，血統の整備と継承の安定を指向する。・・・後継者とその血縁集団は，みずからの血統およびそれに基づく地位の正当性と安定性を確認し続けるため，『先代』やさらに遡った『祖霊』を祭り，儀礼を繰り返し行なう必要があった」と指摘する（田中・村上1994，p106）。

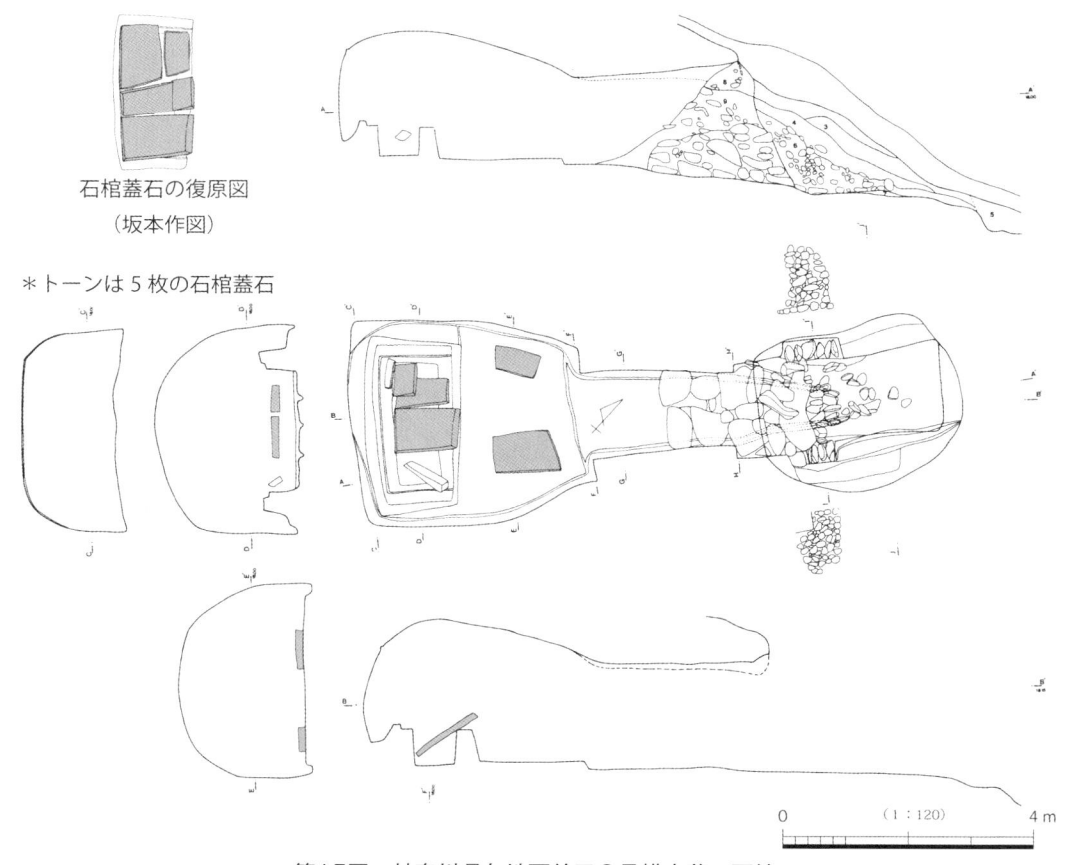

石棺蓋石の復原図
（坂本作図）

＊トーンは5枚の石棺蓋石

第15図　神奈川県久地西前田3号横穴墓の石棺

つまり，古墳時代後半期に行なわれた再生阻止儀礼は，後継者の正当性と安定を保ち，かつ死者が最終的に祖霊として昇華する目的で行なわれたと考える。その儀礼に，遺体だけではなく，副葬品や棺も使われたのである。
　ここで，毀損および再配置について，2点注目しておきたい。1点目は，追葬時の片付けとの関係である。古墳時代後半期には，再生阻止儀礼が埋葬後一定期間を置いて行われていることを人骨の研究や国富中村古墳で明らかにしてきた。これを証明するために重視したのは，埋葬に伴わない進入であった。なぜなら，追葬に伴う片付けと評価されてしまい，再生阻止を目的としていたことが理解されないからである。しかしながら，当該期は社会的な死の認定が長期化し，死後の世界が身近に長くあったと考える。そうすると，追葬時には亡くなった『先代』への意識が十分あった可能性が高い。したがって，追葬に伴う片付け行為にも，再生阻止の意図があったと考える。
　2点目は，石室内の須恵器の毀損についてである。国富中村古墳の石室内からは，61点の須恵器が出土した。壺と横瓶の口縁部の一部が欠ける[13]程度でほぼ完形を保ち，馬具や棺と同様な毀損行為は施されていない。一方，葉佐池古墳2号石室では，装飾付須恵器や高杯・杯などの多くが壊れた状態で出土し，完形に復元できないものもあった。亀澤一平は，列島の装飾須恵器を検討し，子器の取り外しや打ち欠きが行なわれ，その毀損の方法が地域で異なることなどを指摘している（亀澤2013）。問題は，この毀損が葬送過程のどの段階で何を目的に行なわれたかである。葉佐池古墳の場合，壊れた破片が石室内からはみつかっていない。毀損が石室外で行なわれた可能性も考えられる[14]。このように，石室内の壊された須恵器は，棺や馬具・大刀などとは異なる段階で毀損された可能性があることに注意を払っておきたい。

4　おわりに

　以上，本稿では出雲における弥生時代から古墳時代の埋葬主体部で行なわれた再生阻止儀礼について検討した。再生阻止儀礼の具体的な行為を，「密封」と「毀損」に分けて体系的に整理し事例を紹介した。弥生時代から古墳時代前半期には，埋葬時に遺体を密封する行為が行なわれ，それに加え，玉類の毀損が行なわれていた。古墳時代後半期では，埋葬後一定期間してからの毀損の事例を紹介した。人骨だけではなく，副葬品や棺に及ぶ例があり，それは，出雲だけではなく，広域に行なわれていることを示した。この儀礼はすべての人に行なわれたわけではないが，多くの人の心に再生阻止という意識があったに違いない。また，再生阻止の目的や内容は時期によって異なることを示した。地域によっても，儀礼の内容が異なることもあり，それについては別稿を用意したい。
　本稿は，再生阻止儀礼について人類学と考古学—人骨・副葬品・遺構—の成果を総合的に検討したことに一定の成果があったと考えるが，各事例の研究を，より精度を高めて行く必要も強く感じている。
　再生阻止儀礼が確認できる一方，弥生時代の出雲では，埋葬施設に朱がまかれたり，排水溝

が付属するものもあり，遺骸の保護—再生希求—意識もあった。古墳時代も同じである。また，縄文時代も土器棺の採用により再生観念があったと考えられている（山田2015）こともふまえ，再生阻止と再生希求の観念がどのように発生し，展開したのかについて別途検討したい。

あとがき

　最後に，もう1つの課題である「考古学は科学か」について私見を述べる。発掘調査でわかってきた事実を詳細に観察し，それを積み上げ体系的に整理していけば考古学は科学であるといえよう。しかし，遺物は地中に埋もれ腐食し，遺構は自然に崩壊したり，故意に破壊されたりするので発掘調査をしても事実がわからないことが多い。未盗掘古墳の調査にしても，正確な事実の抽出は難しく，そこには人それぞれの経験や先入観に基づいた解釈がつきまとう。事実と解釈を整理し仮説をたて，それを再検証していくことが考古学が科学として評価されるための最善の道ではないかと思う。

　また，考古学が科学として評価される方法として，他の学問と連携することも重要であろう。私が調査員として発掘調査に関係した国富中村古墳では考古学的な手法に加え，前室の箱形石棺内で自然科学の調査も実施した。箱形石棺の床面埋土を10cmグリットで採取し，リン濃度分布図を作製した。その結果，人骨が残存していないのに，集骨された状況が推定できた。この自然科学分析により，国富中村古墳の再生阻止儀礼がより鮮明になったといえよう。

　田中良之先生との出会いは，約20年前，大学での集中講義を受講した時であった。考古学と人類学を交えた講義は，新鮮で興味深く拝聴した。特に松山市葉佐池古墳の人骨に付着したハエ囲蛹殻からのモガリの研究が生々しく，衝撃を受けたことを思い出す。その後，2011年2月28日に田中先生と国富中村古墳の調査で再会した。ちょうど，石室内の副葬品や石棺が壊れた状況をどう評価すればいいか困っていた時であった。田中先生は，石室内ですぐに石棺蓋の打撃痕を発見され，これは故意に毀損されたもので，再生阻止儀礼と指摘された。「とても興味深い」，「これで葉佐池古墳2号石室の木棺も理解できる」と語られた。その後，出雲や福岡で幾度もご指導をいただいた。特に2012年出雲弥生の森博物館特別展「よみがえるな！―国富中村古墳のお葬式―」では，狭い展示ケースの中で，体を縮めながら大分県上ノ原48号墓の人骨を出土した時と同じ状態で並べていただいた。また，シンポジウムで基調講演もしていただき，これらのことは忘れられない。

　国富中村古墳の調査成果—再生阻止儀礼—は，田中良之先生による人類学と考古学の研究成果によって導きだされ，まさにその成果は科学であると言えよう。

　本稿の内容が科学かと言われれば，まだまだ未熟であるが，これを機に科学と言われるように日々，方法を模索していきたい。

　最後に，再生阻止儀礼についてご指導いただいた田中良之先生に心から感謝の意と追悼を表したい。また，小稿は平成25年度瀬戸内海考古学研究会第3回公開大会の発表内容を改定して作成した。発表の機会を与えてくださった下條信行先生に感謝したい。そして，ご指導およ

び文献収集に協力を得た方々にも，記して感謝する。

　加島次郎　栗田茂敏　妹尾順子　仁木　聡　禰宜田佳男　野坂俊之　幡中光輔　花谷　浩
深田　浩　村上恭通　森本　徹　山根　航　渡邊貞幸

■補記
　脱稿後，会下和宏，2015．墓制の展開にみる弥生社会，同成社，東京．が刊行された。再生阻止に関する内容が考察されている。会下の報告を踏まえ，再度，私案を検証していきたい。

■註
1) 出雲の範囲は，奈良時代の出雲国とする。
2) 古墳の名称は，発掘調査報告書刊行まで「中村1号墳」。その後，国史跡指定された時に「国富中村古墳」と改称されている。
3) 報告書刊行後の2012年8月4日，シンポジウム「国富中村古墳のお葬式」が開催され，再生阻止儀礼について議論されている（出雲市文化環境部文化財課2014）。
4) 本稿では「再生阻止」に対して「再生希求」という熟語を使用する。
5) 出雲市の西隣に位置する大田市古屋敷遺跡（石見地方）では縄文晩期後半の木棺墓が検出されている。出雲地方でも，遺体の密封が縄文時代に遡る可能性がある。
6) 友田A区土壙墓群は，時期を決定できる土器の出土が乏しい。SK08も土器が出土していないため詳細な時期は不明であるが，一般的に配石墓が弥生前期後葉から中期前葉とされていることから，この時期に比定する意見もある（仁木2007）。
7) 「石主」とは，首長霊が憑依していると観念された石（渡邊2015）。
8) 掘り込み面（標高）は主体部ごとに違うため，ここでは各主体部の検出面からの深さを示している。
9) 出雲における弥生木棺の目張り粘土事例は，松江市沢下6号墓（終末期），安養寺1号墓第1主体（終末期）で確認されている。粘土で棺を封じた可能性がある事例として西谷2号墓（後期後葉）がある。禰宜田が指摘しているとおり，弥生時代において九州以外の棺の粘土による密封は出雲が最も多い。
10) 中心埋葬が深く掘り込まれる事例は，出雲では出雲市西谷6号墓（終末期），安来市仲仙寺9号（後期後葉），安養寺1号墓でも確認されている。このような事例は，古墳時代前半期にもある。
11) 横穴式石室は，玄室と前室，羨道からなり，石室全長9.3m以上で，玄門は両袖式である。出雲市域における石室墳の階層は，玄室と墳丘規模の両者に表れ，3段階に区分される。国富中村古墳はその中の2番目の階層となる。
12) 田中良之氏からご教示いただいた。
13) 欠けた破片は石室内からはみつかっていない。石室の外で毀損された可能性がある。
14) 島根県松江市増福寺20号墳（古墳時代後期・5世紀末）の墳丘裾部より出土した装飾付甕は，本来4個の子器をもつ構造であるが，3個が欠落してみつかった（八雲村教育委員会1982）。欠落した子器の一つが500m離れた前田遺跡第II調査区からみつかり，本体と接合する。この状況は，古墳と前田遺跡の2箇所あるいはどちらかで毀損が行われた重要な事例である。

■参考文献
出雲市教育委員会，2012．中村1号墳．出雲市教育委員会，出雲．
出雲市文化環境部文化財課，2014．国富中村古墳のお葬式記録集．出雲市文化環境部文化財課，出雲．

小山田宏一，1992．破砕鏡と鏡背重視の鏡．弥生文化博物館研究報告　第1集，47-63．
鏡山猛，1972．九州考古学論攷．吉川弘文館，東京．
鹿島町教育委員会，2005．堀部第1遺跡．鹿島町教育委員会，松江．
亀澤一平，2013．装飾付須恵器の変化とその特色―壺系装飾付須恵器を中心に―．平成25年度瀬戸内海考古学研究会第3回公開大会予稿集，41-50．
金関丈夫，1975．発掘から推理する．朝日選書40．朝日新聞社，東京．
久地西前田横穴墓群発掘調査団，1998．久地西前田横穴墓群－第1次調査－．所沢．
栗田茂敏，2013．松山市葉佐池古墳2号石室における葬送儀礼．平成25年度瀬戸内海考古学研究会第3回公開大会予稿集，31-40．
小寺智津子，2006．弥生時代の副葬に見られる玉類の呪的使用とその背景．死生学研究2006年秋号，163-196．
坂本豊治，2012．横穴式石室の閉塞からみた中村1号墳．中村1号墳（坂本豊治編），pp.277-288．出雲市教育委員会，出雲．
坂本豊治，2013．出雲市国富中村古墳の葬送儀礼とその特色．平成25年度瀬戸内海考古学研究会第3回公開大会予稿集，pp.21-30．
坂本豊治，2015．西谷3号墓の土器の特徴と時期．西谷3号墓発掘調査報告書（渡邊貞幸・坂本豊治編），pp.219-234．島根大学考古学研究室・出雲弥生の森博物館，出雲．
島根県古代文化センター，2003．宮山古墳群の研究．島根県教育委員会．松江．
田中良之，2008．断体儀礼考．九州と東アジアの考古学－九州大学考古学研究室50周年記念論文集－（九州大学考古学研究室50周年記念論文集刊行会編），pp.275-294．九州大学考古学研究室．福岡．
田中良之，2012．中村1号墳における葬送儀礼．中村1号墳：出雲市の文化財報告15（坂本豊治編），pp.207-216．出雲市教育委員会，出雲．
田中良之・村上久和，1994．墓室内飲食物供献と死の認定．九州文化史研究所紀要39，91-109．
仁木聡，2007．山陰の弥生墓と副葬された玉製品―頭飾を中心に―．四隅突出型墳丘墓と弥生墓制の研究（岩橋孝典編），pp.89-106．島根県古代文化センター・島根県埋蔵文化財調査センター，松江．
禰宜田佳男，2005．弥生時代北部九州における葬送儀礼とその思想的背景．待兼山考古学論集―都出比呂志先生退任記念―（大阪大学考古学研究室　編），pp.395-410．大阪大学考古学友の会．大阪．
禰宜田佳男，2005．北部九州における棺密封葬法の成立と展開（柳田康雄　編），pp.189-206．雄山閣．東京．
久本横穴墓群発掘調査団，1996．川崎市高津区久本横穴墓群発掘調査報告書．川崎．
松江市教育委員会，1994．釜代1号墳外発掘調査報告書Ⅰ．松江市教育委員会，松江．
松山市教育委員会，2003．葉佐池古墳．松山市教育委員会，松山．
松山市教育委員会，2010．葉佐池古墳―3・4・5次調査―．松山市教育委員会，松山．
森本徹，2012．儀礼からみた畿内横穴式石室の特質．ヒストリア第235号，1-25．
森本徹，2013．喪葬儀礼の変化からみた終末期古墳．歴史研究50，1-22．
山田康弘，2015．土器棺墓（土器埋設遺構）．季刊考古学第130号，56-60．
渡辺貞幸，2004．弥生首長墓の槨構造と祭儀－中国地方の事例について－．島根考古学会誌第20・21集合併号，273-290．
渡邊貞幸，2015．総括．西谷3号墓発掘調査報告書（渡邊貞幸・坂本豊治編）．pp.235-254．島根大学考古学研究室・出雲弥生の森博物館，出雲．
（紙数の関係で，参考文献として本稿で取り上げた遺跡の発掘調査報告書の一部を割愛させていただいた。ご容赦いただきたい。また。本稿の挿図は，各報告書から転載し，一部再トレースおよび改変した。）

北部九州における横穴墓の埋葬姿勢

直方市教育委員会 田 村 　 悟

要旨

　北部九州の5～7世紀代の横穴墓のうち，最終埋葬の状況を比較的よく残しているとみられる事例を集成し，埋葬姿勢についての検討を行った。豊前地域では5世紀代，単体埋葬の横穴墓が先行して現れるが，上ノ原では主軸に直交して葬られるのに対し，竹並にはこれに加え頭位を開口方向に向けた単体埋葬も存在する。5世紀後半，上ノ原では複数埋葬が行われはじめるが，主軸に直交するものと平行するものの両者があり，いずれにも対置埋葬がみられる。6世紀代になると，竹並などでは主軸に直交した並置埋葬が優位となるが，前田山には主軸に平行した埋葬もみられる。遠賀川流域では6世紀前半段階から主軸に直交した対置埋葬がみられ，後半段階に盛行することは埋葬人骨からだけでなく，玄室の両側に設けられた多数の造付枕からもうかがい知ることができる。6世紀後半には横穴墓数が増加するだけでなく，1基の横穴墓に埋葬される被葬者数が増加する。

　対置埋葬は，上ノ原などの初期横穴墓において先行する竪穴系埋葬施設から持ち込まれた可能性があり，何らかの儀礼に伴うものとみられよう。6世紀後半に遠賀川流域でこの姿勢が多くみられるのは増加する被葬者数に対応するためであったものと考えられる。最初の被葬者の頭位を開口方向に向ける埋葬姿勢は，北部九州では6世紀前半以降みられなくなるが，九州の東半部に点在するだけでなく，山陰や近畿などにもみられ横穴墓の伝播の経路を類推する材料となり得る。

キーワード：横穴墓，埋葬姿勢，北部九州，屍床，造付枕

1　はじめに

　昨今，少子高齢化社会が進み墓の形態にも大きな変化のきざしがみられる。祭祀の継続が困難となることを見越して「墓じまい」が行われ，先祖代々続いて来た墓を永代供養合葬墓などに移して，墓の敷地を寺や霊園に返還するというものである。考えてみれば明治維新や太平洋戦争敗戦といった大きな政治的社会変化の際にも，墓の形態は大きな変化を受けなかったにもかかわらず，人口減少という側面から墓制は大きく変わろうとしている。都市郊外の山地を

切り開いて造成された墓苑の年代も1970～2010年代と特定されるようになるだろう。そして，かつてステイタスだった屋外の墓苑に営まれた墓よりも，関東大震災をきっかけにつくられるようになったとされる納骨堂の方が今後命脈を保っていくように感じられるが，これを横穴式石室墳と横穴墓群になぞらえて考えてしまうのは筆者だけだろうか。

　さて，江戸時代前半期に成立した近世的墓制は基本的に土葬中心で個別1体埋葬に応じて1基の墓標を有し親族集団で一区画を占有するという形態をとるようになる。墓標は正面を区画中央を向けて配列され，近親者の墓が累代的に並ぶ。明治期になって公衆衛生の確保のため都市部を中心に火葬が普及すると，墓標の下部に納骨室を有するカロウト式の墓が増加する。近代的墓制への転換である。この墓では骨壺に収められた複数の骨壺を収納することから，「○○家之墓」と墓標には刻まれる。家長の死に際して営まれるケースが多いが，妻や子などの縁者の死に際して造営された場合は後に本人が入り子孫によって祭祀が行われる。こうした近世～現代墓のイメージが，かつての古墳時代後期の群集墳や横穴墓が墓道を介して親族集団が営んだという想定に投影されてきた側面があると思われる。田中良之（1995）は科学的分析を駆使してその想定が正しかったことを証明した。上記のように近世～現代の墓制変化の原因は，政治的要因でなく都市への人口の集中や少子高齢化などの社会的要因である。江戸時代にも享保の大飢饉など大きな人口減少期はあった。この際，子孫など祭祀集団が存続した場合は個別埋葬に対し墓標が建立されたが，そうでない場合は集団埋葬が行われ，多数の埋葬に対し供養塔が建立されたケースがある。しかし，こうした人口減少は一時的なもので再び人口が増加すると近世的埋葬形態は従前のように継承されていった。古墳時代の埋葬形態の変化にも，以上のような社会的側面を考慮する必要があるように思われる。もちろん古墳時代には，古墳そのものの造営に政治的な意味があり，他の時代と安易に比較すべきではないことは重々承知している。けれども，従来の古墳時代における埋葬形態の変化の背景についての考察は，政治的側面に大きな力点が置かれてきたきらいがある。本稿では，こうした視点を持ちながら北部九州の横穴墓における埋葬姿勢の変遷について考察を進めていきたい。

2　本稿の目的

　学史の中で，後期古墳の横穴系埋葬施設に特徴的な現象として，「追葬可能な空間」という視点が古くから指摘されてきた。前半期古墳は竪穴系の埋葬施設に被葬者の遺体を永久保存することを目的としており，原則的に一度埋葬したあとは二度と封印を解かないという埋葬形態がとられてきた。これに対し，横穴系の埋葬施設は開閉可能な開口部を有し原則的に追葬を前提としている。もっとも，中北部九州から瀬戸内，山陰，近畿地方の日本海側にかけての広い地域で箱式石棺や竪穴式石室などの竪穴系埋葬施設でも，古墳時代前・中期を中心に追葬が行われていることが明らかになっており，横穴系埋葬施設の導入にさきがけて追葬の存在が普遍的であったことが知られるようになってきた。ところで，近畿地方やその周辺では横穴式石室導入当初から釘付木棺などが多用され，釘の出土状況から木棺の位置が復元されるので，棺体

配置についての研究が進んでいる（森岡 1983）。しかし，北部九州の横穴式石室においては首長墓で「開かれた棺」（和田 1989）が採用されたり，あるいは横口式石棺が拡大した横穴式石室（大竹 1999）が採用され，石室や横穴墓内部に木棺を置くという葬法がごく一部の例外を除いて行われず，人骨が遺存しない場合はどのような姿勢で埋葬が行われていたが不明な場合が多く，横穴系埋葬施設における埋葬姿勢については顕著な個別研究が認められない。横穴墓では石室墳に比べて盗掘される場合が比較的少なく，未開口の場合流入土が少ないので良好な人骨遺存例がある程度みられる。近年では，人類学研究者が出土人骨の記録や取り上げにあたることが多くなり，人骨の関節状況などを観察し，追葬の順序や，人骨が動かされている場合は白骨化までのどの段階で動かされたものかなどが報告書に詳述されるようになっている。田中良之（田中 1995）による親族構造の分析はこうした観察をもとに，墓室内の副葬品や墓道の縦断面土層観察を組み合わせて追葬の間隔を推定し，歯冠計測値等を用いて血縁関係の有無を導き出すという方法によって画期的な成果をあげた。けれども，森岡秀人（1983）が行ったような追葬システムについての地域的な研究は九州においては進展しなかった。

　本稿では，旧国単位でいう筑前と豊前を対象として，横穴墓における良好な人骨遺存例を中心に，その埋葬姿勢について時期差，地域差などを考察し，追葬に関する何らかの法則性を導

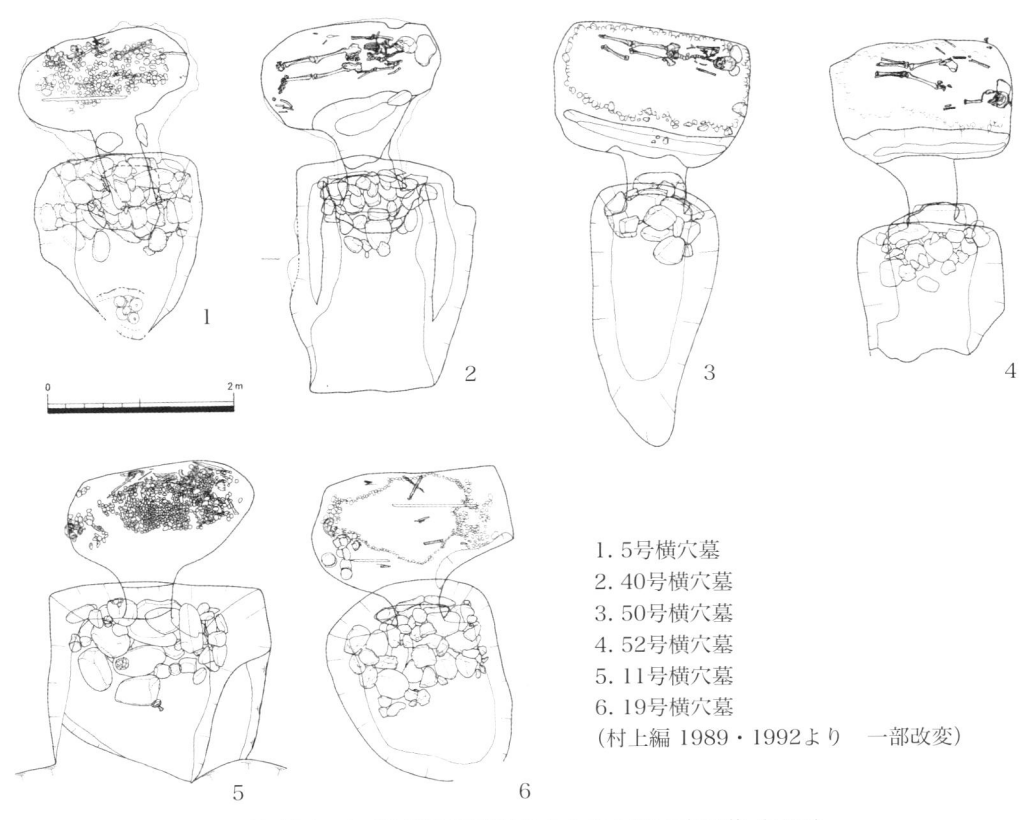

1. 5号横穴墓
2. 40号横穴墓
3. 50号横穴墓
4. 52号横穴墓
5. 11号横穴墓
6. 19号横穴墓
（村上編 1989・1992より　一部改変）

第1図　上ノ原横穴墓群にみられる主軸直交埋葬（1/80）

き出せればと考えている。なお，横穴墓では一旦骨化した人骨を改めてまとめて配置する再葬墓や，最終埋葬後，一定の時間を経たあとに横穴墓を開口させ，安置された遺骨を大きく乱す行為の存在も確認されている（田中 2008）。本稿ではこうした事例は除外し，最終埋葬形態をよく残している横穴墓を考察の対象とし，加えて造出屍床や造付枕などの遺構や遺物の出土状況から埋葬姿勢を類推できるものについても若干の考察を加えた。なお，横穴墓や横穴式石室の側壁や袖部は開口部から奥壁をみて右側か左側かを記している。

3　埋葬姿勢の事例

（1）大分県中津市上ノ原横穴墓群（村上編 1989，1992）

　上ノ原横穴墓群は山国川に面した台地の南側斜面に位置し，東西200mにわたって80基以上の横穴墓が造営されている。横穴墓は基本的に1本の墓道に1基が設けられ南向きに開口している。最も初期の5世紀中葉から後半ものは単体埋葬で，横長の平面形態をとる玄室に主軸に直交して遺体を伸展葬していた。人骨の遺存状況がよかった5・48・50・52号墓の4基では，5号横穴墓が西側に頭位を向けている以外は東頭位であった（第1図1～4）。5世紀後半～末には，すでに追葬を予定してつくられた比較的大きな玄室をもつものが出現する。平面形態は方形，横長，縦長などさまざまな形状となる。横長の64号墓には主軸に直交し東頭位で4体の埋葬が行われるが，方形や縦長の21・25・27・30・35号墓では主軸に平行方向に3～6体の埋葬が行われている（第2図1～5）。頭位は奥壁を向くものが多いが27号墓以外は開口部を向き対置埋葬となるものを含んでいる。30号墓は2組の対置埋葬で構成される。また，横長の平面形態を示す小型の11・19号墓では主軸に直交して複数埋葬が行われており，11号墓では対置埋葬が確認され19号墓でもその存在が想定されている（第1図5，6）。6世紀代の横穴墓では人骨遺存状況がよいものが乏しいが，6世紀前半と推定される63号墓では成人1体と小児2体の埋葬がみられ，いずれも頭位を開口方向に向けている（第2図6）。

　以上のように上ノ原横穴墓群では，群形成初期の5世紀中葉には主軸に直交した単体埋葬だったものが，すぐに多数埋葬となり主軸に平行するものと直交するものとが混在する。また，並置埋葬と対置埋葬も混在し，4体二組ともに対置埋葬なのは1例のみである。並置埋葬のみがみられるものは5世紀後半代のものに2例，6世紀中葉のものに1例認められる。

（2）福岡県行橋市竹並横穴墓群（竹並遺跡調査会編 1979）

　竹並横穴墓群は京都平野の西部に位置する全国最大規模の横穴墓群で，総数1000基以上で構成され墓域内には箱式石棺を主体部とする前半期古墳や横穴式石室を主体とする古墳も一部みられる。5世紀後半から8世紀前半にかけて連綿と営まれており，初期のものは下降する短い墓道を持ち，墳丘を有するものも散見される。6世紀後半代からは1本の墓道に複数の墓室を設けるものが主流となる。約950基の横穴墓が発掘調査されたが，人骨が遺存していた比率は上ノ原横穴墓群に比べるとかなり少なくなる。

上ノ原横穴墓群同様5世紀代には単体埋葬がみられる。H41号墓では縦長の玄室に主軸に平行に頭位を開口方向に向けた成人人骨1体が伸展葬されていた（第3図1）。A35号墓では横長の玄室の右側壁に頭骨が出土しており，主軸に直交した埋葬とみられる（第3図2）。竹並横穴墓群では5世紀代に複数埋葬が確認された事例はなく，6世紀代になると複数埋葬が出現し玄室規模も増大するようである。6世紀後半代のG32号墓では主軸に直交した並置埋葬で4

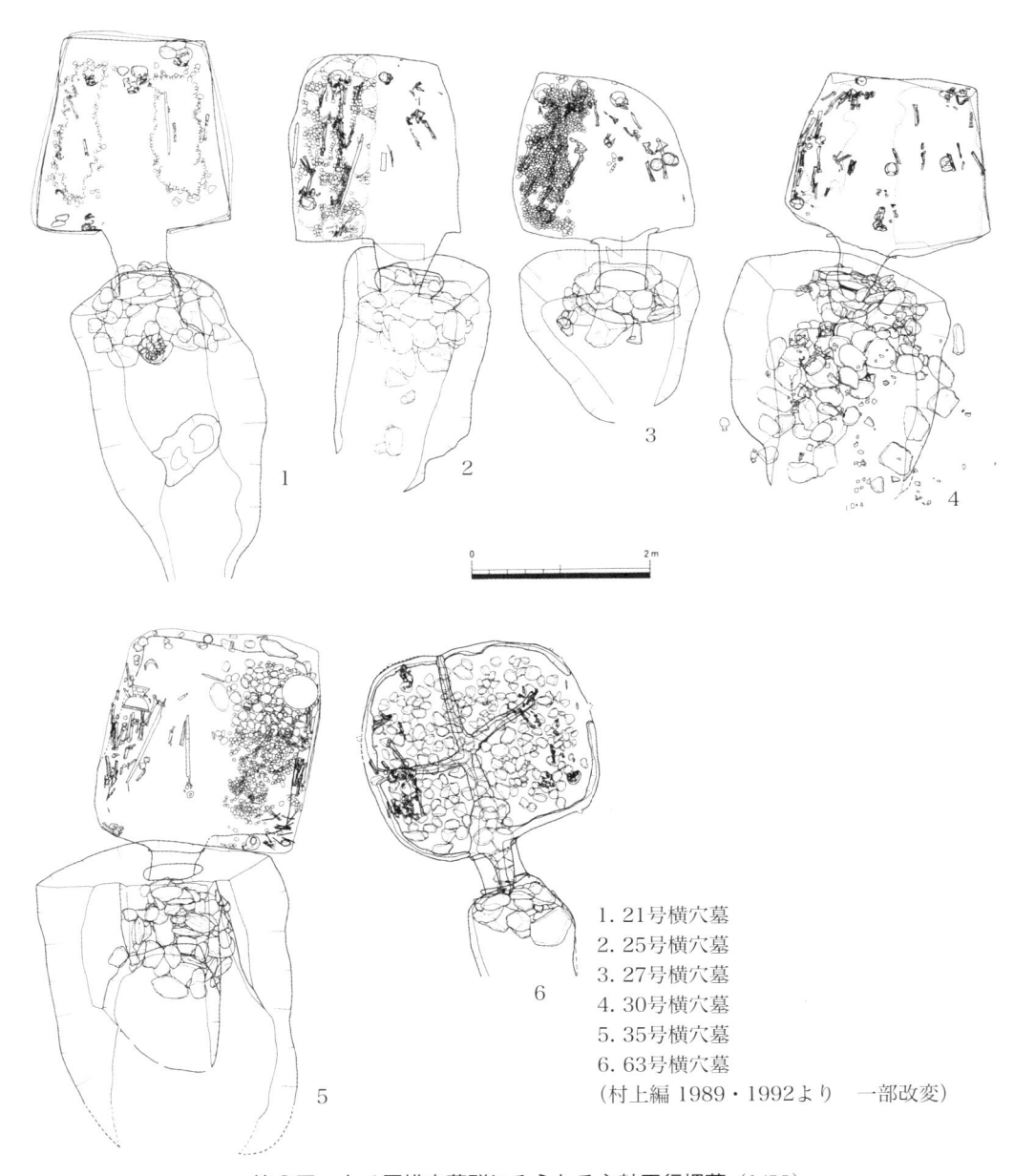

1. 21号横穴墓
2. 25号横穴墓
3. 27号横穴墓
4. 30号横穴墓
5. 35号横穴墓
6. 63号横穴墓
（村上編 1989・1992より　一部改変）

第2図　上ノ原横穴墓群にみられる主軸平行埋葬（1/80）

体が並べて埋葬されていた（第3図3）。同時期のG62-4号墓では5体の埋葬が認められるが，4体は主軸に直交した並置埋葬である（第3図4）。G98-1号墓は幼児2体を含む6体が主軸に直交して埋葬されている。うち5体は頭位を右側壁に向けた並置埋葬だが，もっとも羨道よりの幼児1体のみ頭位を左側壁に向け対置埋葬となっている（第3図5）。人骨出土状況実測

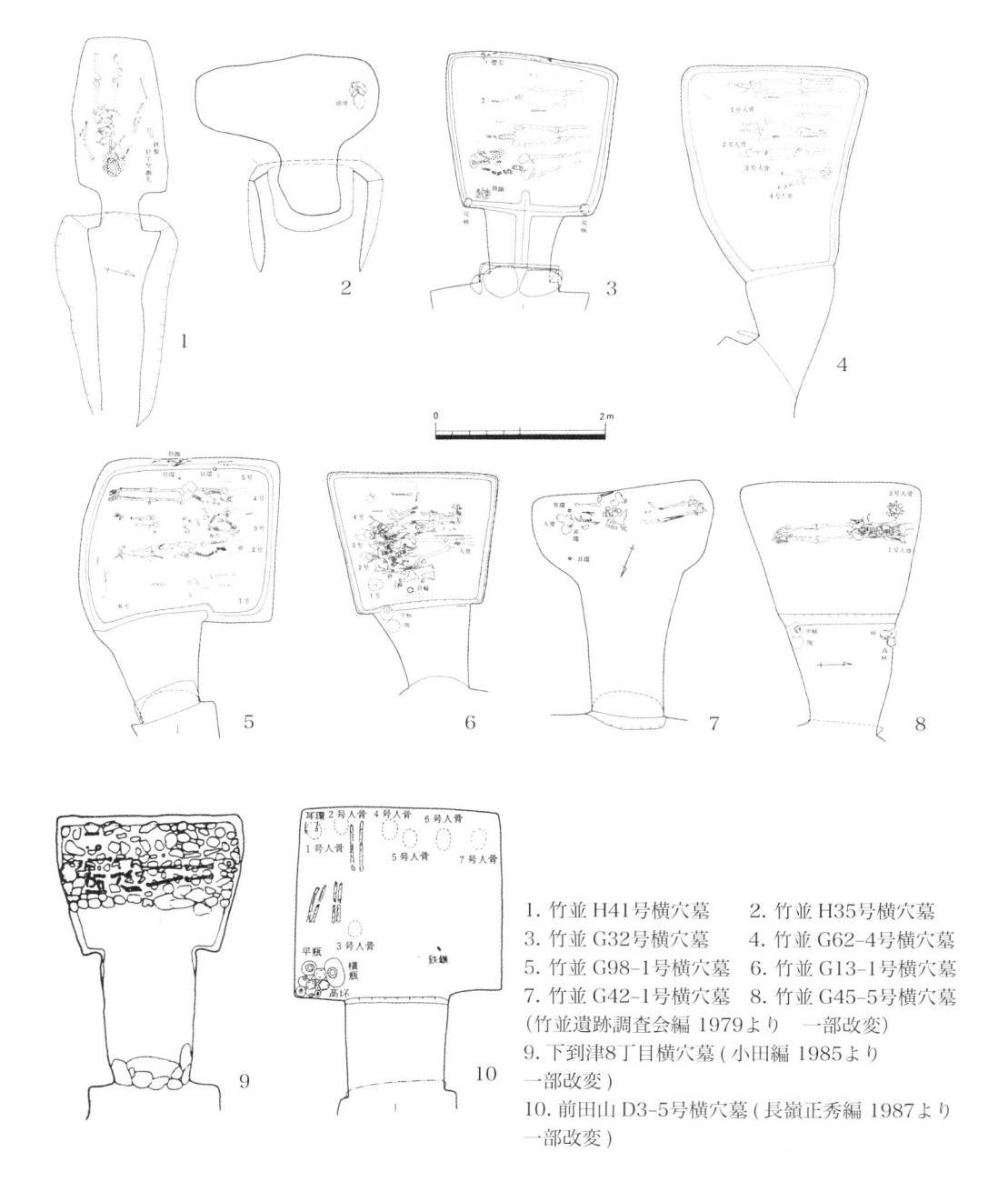

1. 竹並 H41号横穴墓　2. 竹並 H35号横穴墓
3. 竹並 G32号横穴墓　4. 竹並 G62-4号横穴墓
5. 竹並 G98-1号横穴墓　6. 竹並 G13-1号横穴墓
7. 竹並 G42-1号横穴墓　8. 竹並 G45-5号横穴墓
（竹並遺跡調査会編 1979より　一部改変）
9. 下到津8丁目横穴墓（小田編 1985より
一部改変）
10. 前田山 D3-5号横穴墓（長嶺正秀編 1987より
一部改変）

第3図　豊前北部の横穴墓群における埋姿勢葬（1/80）

第4図　竹並 G70-2号横穴墓人骨出土状況

　図は掲載されていないが G70-2号墓は成人と若年の2体が主軸に直交方向に埋葬されている。若年の1号人骨が手前の人骨とみられ，巻末の横穴墓出土人骨一覧に「乱れるが後世撹乱か？」とされているものであろう。報告書掲載写真ではこの人骨の頭骨の奥側に長骨数本が見え，2号人骨の脛骨や大腿骨と判断される（第4図）。この観察が正しければ，当横穴墓では対置埋葬が行われた可能性が高いといえよう。

　竹並横穴墓群では7世紀代に入ると再埋葬墓が出現する。7世紀前半のG13-1号墓は一部再埋葬された遺体がみられるが主軸に直交した並置埋葬で幼児1体を含む5体が埋葬されていた（第3図6）。7世紀代になると1基の横穴墓に埋葬される人数が減少する。7世紀中葉以降，再葬墓が増加するが，H42-1号墓，H45-5号墓のように主軸に直交した伸展葬も認められる（第3図7，8）。

　以上のように，竹並横穴墓群では全期間を通じて主軸に直交する埋葬が主流のようである。もっとも，5世紀代はH41号墓のように縦長の平面プランのものも多くみられ主軸に平行した伸展葬も多かったものとみられるが，玄室規模が大きくなった6世紀代以降で良好に人骨が遺存しているものでは，ほとんど主軸に直交して並置埋葬されており対置埋葬は1例，可能性が高いものが1例を数えるのみであった。

(3) 福岡県行橋市前田山 D3-5号横穴墓（長嶺編 1987）

　行橋市に所在する。約100基の横穴墓が発掘調査されていて，複数の横穴墓から人骨が確認されているが，出土状況が示されている1基について述べる。7世紀前半のものとみられる平面方形の玄室を持つ横穴墓から7体の成人人骨が確認されている。いずれも主軸に平行に整然と伸展葬され，6体は頭位を奥壁側に向けていたが，左側壁ら3番目の3号人骨のみ頭位を開口方向に向けて対置埋葬されていた（第3図10）。

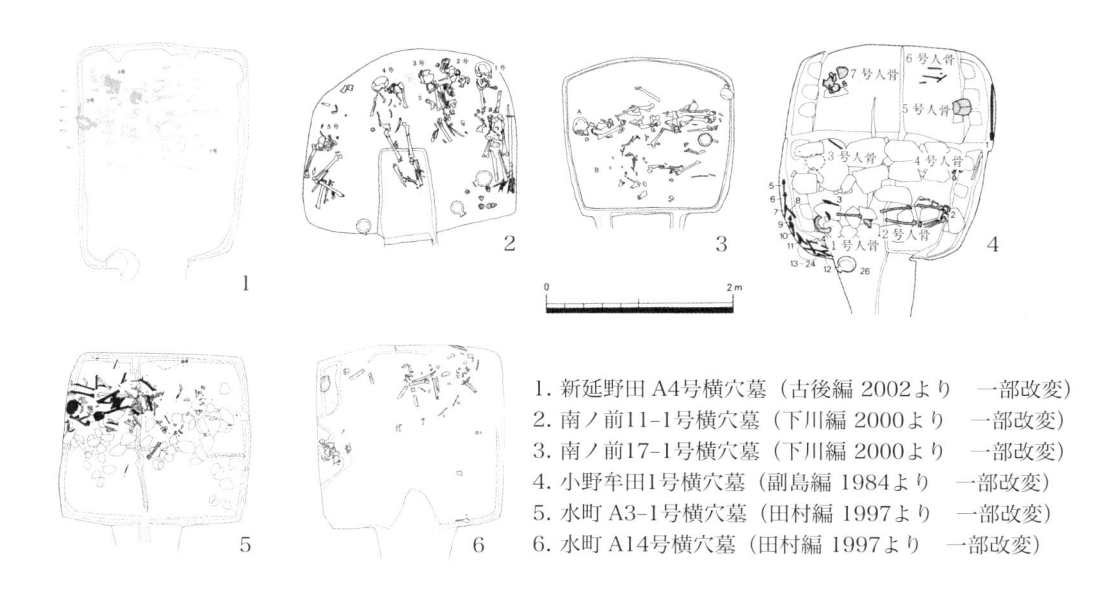

1. 新延野田A4号横穴墓（古後編2002より　一部改変）
2. 南ノ前11-1号横穴墓（下川編2000より　一部改変）
3. 南ノ前17-1号横穴墓（下川編2000より　一部改変）
4. 小野牟田1号横穴墓（副島編1984より　一部改変）
5. 水町A3-1号横穴墓（田村編1997より　一部改変）
6. 水町A14号横穴墓（田村編1997より　一部改変）

第5図　遠賀川流域の横穴墓群における埋姿勢葬（1/80）

（4）福岡県北九州市小倉北区下到津8丁目横穴墓（小田編1985）

板櫃川に面した丘陵斜面に位置する6世紀末から7世紀前半の横穴墓とみられる。礫敷屍床上に主軸に直交し左側壁に頭位を向ける2体が並置され伸展葬されていた（第3図9）。

（5）福岡県遠賀郡岡垣町南ノ前横穴墓群（下川編2000）

南ノ前横穴墓群は響灘に注ぐ矢矧川に面した丘陵斜面に存在する42基からなる横穴墓群で、丘陵頂部には同時期に築造された3基の横穴式石室墳が所在する。石室墳と横穴墓群の間には、出土遺物でみる限り階層差はないようである。数基の横穴墓で人骨が出土しているが、最終埋葬時の様相をよく残している2基についてとりあげる。6世紀後半の11-1号墓では、やや横長の平面プランをもつ玄室に幼児2体を含む6体を伸展葬している。いずれも主軸に平行の並置埋葬で頭位は奥壁を向いている（第5図2）。7世紀末に最終閉塞が行われた17-1号墓では4体の成人人骨が検出されている。報文に埋葬姿勢の詳しい言及がないため断定できないが、実測図から判断する限り最低2体は左側壁を頭位とした並置埋葬とみられる（第5図3）。

（6）福岡県鞍手郡鞍手町新延野田A4号墓（古後編2002）

新延野田横穴墓群は直方平野の西端に位置する丘陵上にあり、横穴墓19基、横穴式石室墳1基からなる墳墓群である。石室墳は横穴墓の中に混在する形で立地している。最終埋葬時の様相をよく残しているA4号墓では周溝部から小田氏編年Ⅱ～ⅢA型式期の蓋杯が複数出土しており、初葬は6世紀前半とみられる。玄室内部では初葬の3号人骨あるいは2番目の2号人骨に供献するような形で、ハマグリが入った杯蓋1点が置かれていた。杯蓋は小田氏編年

ⅢB形式期の新しい段階のものとみられ6世紀後半のものである。墓道先端部から同時期かやや古い時期の杯蓋が出土しており，層位から最終閉塞後の遺物とみられる。そうすると，玄室内部に杯蓋が入れられたのも最終閉塞時の可能性が高い。横穴墓玄室の奥半部に主軸に直交して3体の人骨が伸展葬されていた。奥に並べられた2体は左側壁に頭位を向けているのに対し，一番手前の1体は右側壁に頭位を向けていて並置埋葬と対置埋葬が混在している（第5図1）。

(7) 福岡県直方市小野牟田横穴墓群（副島編1984；田村編2012）

　直方平野の中央部に位置し遠賀川の支流尺岳川に面した丘陵の北側斜面に立地する。現在までのところ北側斜面で8基の横穴墓が確認されている。1号横穴墓は昭和57年に不時発見され発掘調査が行われた。横穴墓の時期は6世紀末〜7世紀前半代とみられ，玄室の平面形はやや縦長の隅丸方形で，両側壁沿いに各6箇所，計12箇所の造付枕が掘り込まれていた。埋葬はいずれも主軸に直交して行われていたようである。玄室中央部に段差が設けられ，前半の下段部に4体，後半の上段部に3体の埋葬がみとめられた。下段部では1号人骨は左側壁に頭位を向けており，その足下で2号人骨の下顎骨が検出されていることから，2号人骨は右側壁が頭位であったものとみられる。3号人骨は上腕骨とみられる細片が出土したのみだが，その位置から左側壁に頭位を向けていたものと考えられる。4号人骨は右側壁に頭位を向けていた。上段では5号人骨が頭位を右側壁に向けており，それに対し7号人骨が頭位を左側壁に向けていた。さらに7号人骨の足下で6号人骨の人歯が検出されている。以上のように下段部では二組の対置埋葬が認められ，上段でも3体が対置埋葬されていた（第5図4）。同横穴墓群では平成22年にも発掘調査が行われ7基の横穴墓のうち5基の玄室の発掘調査が実施された。うち4基で人骨が検出されたが，遺存状況が悪く十分な埋葬姿勢を確認することはできなかった。しかしながら，未盗掘の2・6号横穴墓では長骨の方向は玄室の主軸に直交しており，1号墓同様に主軸に直交した埋葬が行われたものとみられる。

(8) 福岡県直方市水町横穴墓群（田村編1997）

　水町遺跡群は直方平野の西端，福智山系から遠賀川に向かってのびる丘陵の先端部に位置し，現在のところ70基が確認されている。6世紀中葉から7世紀後半にかけて営まれており，比較的古いものでは1本の墓道の最奥部に1基の横穴墓を設けているが，6世紀末〜7世紀初頭頃より1本の墓道に複数の横穴墓を設ける形態へと移行していく。50基の発掘調査が実施されており，4基の横穴墓から人骨が出土している。いずれも残りはそれほどよくはないが，比較的残りのよかった6世紀後半〜7世紀前半代のA3-1号墓とA14号墓を取り上げる。残念なことにいずれの横穴墓にも盗掘が及んでいたが，遠賀川流域で良好な人骨遺存例が少ないため，あえてとりあげることとする。A3-1号墓では，玄室後半部で成人5体分，子ども2体分の計7体分の人骨が集中的に検出された。前半部には土砂が流入していたため，この位置に埋葬があったものの遺存しなかった可能性もあろう。頭骨は左側壁沿いに1体分，右側に3体分が確

認されていて，調査者は上腕骨が左側に少なくとも2組あることから，左側に頭位を向けた成人遺体があった可能性が高いとしている。また，子どもの下肢2体分は比較的奥の位置に偏って検出されている（中橋1997）。以上のように，A3-1号墓では，玄室奥半部だけで対置埋葬によって成人5体が埋葬されていた可能性が指摘できる（第5図5）。

A14号墓では玄室の左側壁に造りつけ枕を形成しており，その枕上に3体分の頭骨が検出されている。しかし，玄室右側の奥壁よりでは四肢骨にまじって頭骨片や上腕骨も検出されており，右側壁に頭位を向ける1体があったものと判断され，対置埋葬があったものとみられよう（第5図6）。

以上述べたことをまとめると，5世紀中葉～後半，豊前地域での横穴墓の初現期には単体埋葬が行われ，比較的小型の横長の玄室に主軸に直交して伸展葬される事例が多いものの，竹並横穴H41号墓では縦長の墓室に頭位を開口方向に向けて主軸に平行した埋葬が行われている。縦長の墓室は竹並横穴墓群の初期横穴墓では複数確認されており，初現期の段階で主軸に直交するものと平行するものが混在していることがわかる。

5世紀後半には，豊前南部の上ノ原横穴墓群で早くも4体以上の多数埋葬が企図された比較的大型の玄室が採用されるようになる。追葬は6世紀代まで行われ3～7体が埋葬された。埋葬姿勢は主軸に直交するもの，平行するものの双方があり，いずれの場合も並置埋葬と対置埋葬の両方がみられる。対置埋葬が6体のうち1体のみのケースがある。

6世紀前半～中葉は資料数が少なく，ここにとりあげたのは3例のみである。上ノ原横穴墓群では，主軸に平行するものが並置埋葬，直交するものが対置埋葬であった。遠賀川流域の新延野田A4号墓では，主軸に直交して3体が葬られ1体が対置埋葬であった。いずれも2～3体の埋葬であり上ノ原横穴墓群では被葬者数が前代より減少している印象を受ける。

6世紀後半代から7世紀代には，竹並横穴群をはじめ豊前北部の横穴墓で主軸に直交した並置埋葬が主流となる。7世紀前半の前田山D3-5号横穴墓では主軸に平行し奥壁に頭位を向けた埋葬が行われ1体のみ対置埋葬されていた。これに対し遠賀川中流域の小野牟田横穴墓群，水町横穴墓群ではいずれも主軸に直交した対置埋葬が行われている。また，響灘に面した遠賀郡の南ノ前11-1号横穴墓は，主軸に平行し頭位を奥壁に向ける並置埋葬であった。

上記のように人骨の良好な遺存例を中心にみるかぎり，初現期の上ノ原横穴墓群では埋葬頭位もさまざまで並置埋葬と対置埋葬の両方が採用されている。6世紀後半の豊前北部では主軸に直交した並置埋葬が普遍的になっていくのに対し，筑前の内陸地域では対置埋葬が主流とみられる（第1表）。

4 追葬のかたち

次に上記の事例の中で，追葬の順序が明らかにされているものについてみていくが，直交埋葬と平行埋葬で追葬形態が異なるようなので，個別に述べていきたい。まず直交埋葬について

みていくこととする。上ノ原横穴墓群では11号墓では4体のうち3体が右側壁に，1体が左側壁に頭位を向けていた。最奥の1号人骨が初葬とみられ奥側に片付けられている。1体のみ対置埋葬となる2号人骨および3号人骨にも片付けの痕跡が残り，一番手前の4号人骨は残りはよくないが片付けらていないため最終埋葬と判断されている。2・3号人骨の埋葬順位は不明だが，奥側から手前に順次追葬が行われたものとみられよう（第1図6）。64号墓は埋葬された4体がいずれも頭位を右側壁に向けるが，奥壁よりの遺体3体はいずれも片付けが行われており，追葬の際に先葬者の遺体を片付けながら手前に埋葬が行われていったものとみられる。19号墓では2体の埋葬が確認されており，直刀や鉄鏃の出土状況から2体の間に対置埋葬となるもう一体の存在が想定されている。埋葬順位は最奥のものが初葬で順次手前に埋葬され，1号人骨が最終埋葬であった。以上のように直交埋葬では奥壁側から順次手前に埋葬されたことが確認できる（第1図7）。

　竹並横穴墓群では上記のとおり6～7世紀代に主軸に直交した並置埋葬が主流である。報告書には詳細な人骨出土状況図が掲載されているが，報文中に詳しい出土状況の観察はあまり掲載されていない。しかしながら実測図をみる限り，6世紀後半で4体の埋葬が認められたG32号墓，同じく幼児2体を含む6体の埋葬があったG98-1号墓，同時期で5体の埋葬があったG62-4号墓では，残存している人骨に大きな乱れはなく，奥壁側から順次埋葬されている様相をうかがうことができる（第3図3～5）。G70-2号墓においても奥側が先葬者と判断される（第4図）。7世紀前半のG13-1号墓は実測図や写真では整然と並置埋葬が行われているようにみられる。報文に「再埋葬された状態で，成人4体分，小児1体分が発見された。」と記述されているが，巻末の永井昌文・木村幾多郎による横穴墓出土人骨一覧表には1号人骨が再埋葬とされているのに対し，2・3号人骨には伸展葬と記されている（竹並遺跡調査会編1979）。また，表には埋葬順序が記されており，一番奥壁よりの小児の5号人骨が初葬で順次手前に埋葬され，一番開口部側の再埋葬の1号人骨が最後に埋葬されている（第3図6）。この観察が正しければ，小児が初葬されたことになり，北部九州の横穴墓では希少な一例として注意が必要である。

　6世紀後半の下到津8丁目横穴墓では，2体が埋葬されていた。写真で判断すると礫床手前側，玄室のおおむね中央に左側壁に頭位を向けた人骨は非常に残りがよいが，奥壁沿いの1体は残りが悪いようである。こうした状況からも奥に埋葬された人骨が先葬者と判断される。

　6世紀前半の新延野田A4号横穴墓では，新延野田A4号墓では頭位を左側壁に向けた最も奥壁よりの3号人骨が最初に埋葬され，同じく頭位を左側壁に向けた2号人骨が次に埋葬される（中橋2002）。頭位を右側壁に向けた1号人骨が最終埋葬と判断され，やはり奥壁側から順に埋葬されている（第5図1）。6世紀後半の小野牟田1号横穴墓では埋葬された順序について報告書に触れられていないが，もっとも奥側から順次頭位を逆にする形で埋葬されたと考えるのが自然であろう。6世紀後半の水町A3-1号墓，同A14号墓については後世の撹乱が及んでいる可能性もあり，かろうじて対置埋葬の存在が推定されるに過ぎず，埋葬順序までは明ら

第1表 対象横穴墓一覧表

	地域	時期	玄室平面	被葬者数	頭位	並置埋葬	対置埋葬	備考
上ノ原5号	豊前(大分)	5世紀中葉	横長	1	直交			
上ノ原48号	豊前(大分)	5世紀後半	横長	1	直交			
上ノ原50号	豊前(大分)	5世紀	横長	1	直交			
上ノ原52号	豊前(大分)	5世紀	横長	1	直交			
上ノ原19号	豊前(大分)	5世紀後半	横長	3	直交		●	
上ノ原11号	豊前(大分)	5世紀末〜6世紀前半	横長	4	直交	○	●	
上ノ原64号	豊前(大分)	5世紀後半	横長	4	直交	●		
上ノ原25号	豊前(大分)	5世紀後半	縦長	3	平行	●	●	
上ノ原27号	豊前(大分)	5世紀後半	不整方形	3	平行	●		
上ノ原30号	豊前(大分)	5世紀後半	方形	4	平行	●		
上ノ原35号	豊前(大分)	5世紀後半	方形	6	平行	●	○	
上ノ原21号	豊前(大分)	6世紀前半〜後半	方形	4	平行	●	○	
上ノ原63号	豊前(大分)	6世紀前半	方形	3	平行	●		
上ノ原62号	豊前(大分)	6世紀中葉〜後半	横長	2	直交		●	
竹並H41号	豊前(福岡)	5世紀後半	縦長	1	平行			
竹並A35号	豊前(福岡)	5世紀後半	横長	1	直交			
竹並G32号	豊前(福岡)	6世紀後半	方形	4	直交	●		
竹並G13-1号	豊前(福岡)	7世紀前半	方形	4	直交	●		再埋葬
竹並G62-4号	豊前(福岡)	6世紀後半〜7世紀前半	縦長	5	直交			
竹並G98-1号	豊前(福岡)	6世紀後半	方形	6	直交	●	○	対置は幼児
竹並H42-1号	豊前(福岡)	7世紀中葉	横長	2	直交			
竹並H45-5号	豊前(福岡)	7世紀前半	方形	2	直交	●		
竹並H48-2号	豊前(福岡)	7世紀前半	方形	2	直交			
前田山C3-5号	豊前(福岡)	6世紀後半	方形	7	平行	○		
下到津8丁目	豊前(福岡)	7世紀前半	方形	2	直交			
南ノ前11-1号	筑前	6世紀後半	不整方形	5	平行			
南ノ前17-1号	筑前	7世紀	方形	4	直交	●?		
新延野田A4号	筑前	6世紀前半〜後半	縦長	3	直交		●	
小野牟田1号	筑前	6世紀後半	方形	7	直交	●		
水町A3-1号	筑前	6世紀後半	方形	7	直交		●	盗掘あり
水町A14号	筑前	6世紀後半	方形	4	直交	●	●	盗掘あり

●はより顕著にみられるもの

かになっていない（中橋1997）。

　以上のように，主軸に直交した埋葬が行われている横穴墓では，いずれの時期にあっても奥壁側から順次開口部側に埋葬されていったことがわかる。特に上ノ原11・64号墓などのように比較的規模の小さな横穴墓では最終埋葬者以外すべての人骨に片付けられた痕跡がみられるが，その場合でも基本的に奥壁側に遺体を動かし，当初に埋葬された姿勢を保とうとしているように見受けられる。

　次に主軸に平行して埋葬された事例をみていくことにしたい。まず，上ノ原横穴墓群のうち

5世紀後半のものについて検討する。25・27号横穴墓は隣接して構築されており，いずれも3体の埋葬があった。25号墓は玄室平面化形が縦長を呈する。両袖の玄室をもつが右袖に比して左袖がかなり大きく，左袖側に礫床を設置している。その礫床上，もっとも左側壁よりに開口方向に頭位を向けて埋葬された人骨が初葬で続いて同一の礫床上に差し違いで次の埋葬があり，最後に礫床からはずれた箇所に主軸に斜交する形で奥壁に頭位を向けて埋葬されている（第2図2）。同時期の27号墓は，平面形が不整形な両袖の横穴墓で，3体が埋葬されていた。25号墓と同様比較的大きな左袖部に設けられた礫床上に2体，礫床からはずれて主軸に斜交する形で1体が埋葬されていることと，埋葬の順序は25号墓と同じである。ただし，27号墓ではすべての人骨が頭位を奥壁側に向けて並置埋葬されており，初葬の1号人骨は2号人骨追葬の際に動かされ関節がはずれていた（第2図3）。30号墓は玄室平面が台形状を呈する両袖の玄室をもち，右袖部の方がやや大きい。両袖部に主軸平行の礫床をもつが，左袖部のものは不整形である。最初に埋葬されたのは左側壁沿いの1号人骨で，2号人骨追葬の際に動かされた形跡がある。続いて埋葬されたのは同一の礫床上に差し違いで頭位を奥壁に向けて埋葬された2号人骨である。続いて右壁沿いに奥壁側を頭位に3号人骨が埋葬され，最後に差し違いで3号人骨の中央よりに開口方向を向いた4号人骨が埋葬される（第2図4）。35号横穴墓は5世紀後半に構築された横穴墓としては最多の7体が埋葬されている。わずかに縦長の方形プランをとるやや大きめの両袖の墓室をもつ。礫床は右袖部のみに認められ，奥半部と前半部で用いられた石材の大きさ異なる。初葬は右側壁沿いに奥壁方向を頭位として埋葬された1号人骨で，追葬の際に右壁沿いに片付けられていた。2号人骨は1号人骨に並置で礫床上に埋葬されるが，直後とはかぎらず5号人骨までの間に埋葬されたものである。次に反対側の3号人骨が同様に頭位を奥壁に向けて埋葬される。3号人骨も左壁沿いに片付けられており，続いて小児の4号人骨かあるいは3号人骨に隣接する大腿骨をもつ人物が埋葬される。いずれも奥壁を頭位としている。そして玄室中央よりに5号人骨が奥壁に頭位を向けて埋葬され，最後に対置埋葬で開口部に頭位を向けて6号人骨が埋葬される。当横穴墓からは4本の直刀が出土しており，1・3・5号人骨には確実に直刀が伴い，6号人骨にも切っ先を奥壁に向けた1本がともなっていたとみられる（第2図5）。玄室内から出土した土器は5世紀後半と6世紀後半の二群があり，墓道から6世紀後半代の土器が出土している。このような状況から田中良之（1995）はこの横穴墓によって直刀を保持する家長とその血縁者を葬った4～5世代のモデルを復元した。

　次に6世紀代の事例について検討する。6世紀初頭の21号墓には4体の埋葬があり礫敷屍床が二箇所設けられている両袖の横穴墓である。まず右壁沿いの礫床上に自然石3個を石枕として頭位を奥壁に向け1号人骨が埋葬される。次に左側の礫床の中央よりに1号人骨同様，奥壁を頭位として3号人骨が埋葬される。続いて開口方向を頭位として3号人骨と差し違いに同一礫床上，左壁沿いに4号人骨が埋葬される。最後に自然石を石枕に奥壁側を頭位として2号人骨が埋葬されるが礫床上にはのっていない（第2図1）。横穴墓の形態から6世紀前半のものと推定される63号墓は比較的大きな玄室を有するが玄室のほぼ全面を覆う敷石の上から成

人男性1体と小児2体の計3体が検出されたのみである。いずれも頭位を開口部に向けていて，左側壁沿いに成人男性の1号人骨，右袖部に10歳前後の2号人骨が中央よりに，右壁沿いに8～9歳前後の3号人骨が埋葬されていた。小児2体はあいついで埋葬されたものとみられ，成人人骨との前後関係は不明であるが，小児の死亡を契機に横穴墓が築造される事例がないことから1号人骨が初葬と判断されている（第2図6）。

　以上のように，上ノ原横穴墓群における5世紀後半の横穴墓では，主軸に平行に埋葬されるものはさまざまな形態をとる。最初に埋葬される被葬者は，左袖部に埋葬される場合が6例中4例ある。頭位は開口方向に向けるものと奥壁を向くものが3例ずつとなる。1箇所のみ礫床をもつ場合，その屍床は最初の被葬者と次に埋葬される被葬者によって占有される場合が多いように思える。

　遠賀川流域で主軸平行埋葬が行われた横穴墓のうち，良好な人骨遺存状態を示すものは6世紀後半の南ノ前11-1号横穴墓を数えるのみである[1]。並置埋葬で頭位はいずれも奥壁を向いていた。報文には4号人骨が「入り口からすぐの場所に置かれ，最後に遺体を搬入されている可能性が高い。」と記されているほか埋葬順序についての記述がないので，出土状況実測図をもとにここで埋葬順序を考察してみる。1号人骨は右側壁沿いに埋葬された唯一の成人男性で直刀を伴い．足下には提瓶とギンタカハマ7点が置かれている。築造の契機となった初葬人骨であろう。下顎骨が上腕骨に完全にのっていること，大腿骨と脛骨の関節がはずれているように観察されることから追葬の際に壁際に動かされたものとみられる。2号人骨は2体分でいずれも3歳前後の幼児骨と判断されている。3号人骨は成人女性で頭骨に近接して大腿骨があり片付けられたものとみられる。左壁沿いの5号人骨（成人女性）も壁沿いに動かされた可能性が高く，4号人骨（成人女性）は動かされた形跡がなく報告者の言うように最終埋葬と判断される（第5図2）。2A・2B・3・5号人骨の埋葬順序は明らかにし得ない。女性の3・4号人骨にイモガイ横型の貝輪が伴うことも特筆される。

　以上のように，主軸平行埋葬の場合，左右どちらかの側壁沿いに最初の被葬者が埋葬される。次の埋葬は並べたり差し違いで配置されるケースと，反対側の側壁沿いに置かれるケースとが考えられるが最終埋葬は開口部に近い中央部付近となるケースが多い。

5　屍床・造付枕などから推定される埋葬姿勢

　前項では，比較的良好な人骨遺存例を中心に北部九州の横穴墓における被葬者の埋葬姿勢について述べた。しかしながら，実際に人骨が遺存していなった場合でも埋葬姿勢を推定する方法がある。ひとつは屍床や造付枕の形態であり，もうひとつは玉類や鏡，刀剣類の配置である。ここで注意せねばならないのは，刀剣類の配置から埋葬姿勢を推定する場合，それが追葬などの際に片付けられたものでないことを証明する必要がある。そのため，ここでは主に屍床や造付枕の形態を中心に当地域の埋葬姿勢について考えてみたいと思う。

　まず，豊前の周防灘沿岸部についてみてみると，造付の屍床や造付枕をもつ横穴墓はほとん

どみられない。筆者は，横穴墓の造付屍床を肥後地方の石障や屍床をもつ横穴式石室影響から，肥後地方で発生したものと推定している。横穴墓の造付屍床は肥後を中心に豊後，日向北部，筑豊地方などに分布するが，横穴墓発祥の地の有力候補である周防灘沿岸部には基本的に及ばなかったものとみている。豊前の数少ない例外は上ノ原17・23号墓で，玄室の中央を主軸方向に浅く掘りくぼめⅡ字形の屍床（岩橋2015）が設けられている。この横穴墓は5世紀末から6世紀初頭のものとみられ，かなり早い段階に造付屍床を採用している。後述する高千穂町春姫登横穴墓では逆に中央部をわずかに掘り残すⅡ字形の屍床があり，上ノ原例とともに礫敷屍床が変化するなど肥後地方とは異なった出自でこのような屍床を生み出した可能性がある。上ノ原62号墓は6世紀中頃に最終埋葬が行われたとみられる平面横長の玄室をもつ横穴墓で，自然石枕の存在により主軸直交方向に差し違いで2体の埋葬があったものと想定されている。なお，礫敷の屍床は上ノ原横穴墓群で初期段階からみられ，いずれ玄室全体を覆う敷石となるものであろう。それはさておき，上ノ原横穴墓群では礫床を採用している場合，例外なくその方向に埋葬人骨を横たえていた。対置埋葬の場合，この礫床の上で行われることが多く，前代の箱式石棺や竪穴式石槨の礫床を横穴墓の内部に再現した可能性も指摘できよう。

　上ノ原横穴墓群で礫床をもつ横穴墓をカウントすると30基認められる。このうち主軸直交（あるいは斜交）の礫床をもつものが19基，平行の礫床をもつものが11基で，主軸直交埋葬がやや優位とみられる。なお平行方向の礫床をもつもののうち両サイドに二箇所の礫床をもつものは4基見られた。なお，上ノ原横穴墓群では6世紀中頃に礫床からおおむね玄室の全面を覆う敷石に転換し，玄室形態も方形や隅丸方形におよそ固定化される。この形態であれば主軸直交・平行いずれの埋葬も可能となるが人骨が良好に遺存する例も少なくこの時期の傾向をつかむことはできなかった。

　続いて遠賀川流域についてみていきたい。流域の横穴墓について詳しく考察した長谷川清之によって，当地域に造出屍床をもつ横穴墓が分布していることは指摘されていた（長谷川1991）。最新の岩橋由季（2015）の研究によると，流域で調査が行われた644基のうちコの字形屍床をもつものが32基，Ⅱ字形屍床をもつものが2基，奥形屍床をもつものが51基，L字形屍床をもつものが9基，右あるいは左形屍床をもつものが2基存在する。Ⅱ字形屍床や右あるいは左形屍床では，主軸に平行した埋葬が，コの字形屍床とL字形屍床では直交埋葬と平行埋葬の混在が想定される。奥形屍床では，規模の小さなものでは直交埋葬であっただろうが，規模の大きなものでは，やはり直交埋葬と平行埋葬が混在する可能性がある。ただ奥形屍床としたものには，「三」字形屍床とでも呼ぶべき，玄室を三段構成にしたものもみられるので，こうしたものでは主軸直交埋葬が行われたものであろう。以上の造付屍床は，遠賀川流域で96例確認されており，そのうち76例が遠賀川中・下流域に分布している。また，コの字形屍床は32例中30例が遠賀川中・下流域に分布しており，その中心は鞍手町と中間市域にある。前項で現時点での比較的良好な出土人骨遺存例をみてきたが，並置埋葬と対置埋葬の混在は認められたものの，直交埋葬と平行埋葬の混在は認められなかった。しかし，以上のように遠賀

川中・下流域の鞍手町，中間市周辺を中心にコの字形屍床やL字形屍床の存在が知られており，その形状どおりに埋葬が行われたとすれば，直交埋葬と平行埋葬が混在することとなる。

　造付枕については杉本岳文（2002）が中間・鞍手地域の状況を中心に考察しているが，やはり岩橋（2015）の研究でも言及されている。岩橋の集成によると638基のうち27例が遠賀川中・下流域で確認されており，嘉穂盆地では1例あるのみで田川盆地では認められない。筆者はここでその形状について検討してみようと思う（第2表）。造付枕は6世紀後半から7世紀前半の横穴墓にみられる。この地域では奥壁や前壁に造付枕をもつものは皆無で側壁にのみ認められる。筆者が集めた全35例のうち片側のものが15例，両側のものが20例で両側のものは対置埋葬が想定されていたものであろう。造付枕に個人用の掘り込みをもつものは23例を数え，その内片側のものは13例で半数強である。個人用の掘り込みは片側1箇所のものから両側6箇所のものまで多様であるが，現在のところ両側に設けるものは3以下か，5あるいは6であり，5ないし6のものは同数の対になる枕を対面の側壁に設けている。5ないし6の造付枕を持つ横穴墓は5基認められるが形状が非常に近似しており，陣原8号横穴墓を除き遠賀川本流に近い右岸で確認されている[2]。また，35例中29例が屍床をもつ横穴墓に採用されている。大半が奥形屍床にともなうが，個人用の掘り込みが多数みられるものでは当然玄室前半部にも枕が設けられる。また，6例ではコの字形屍床の奥屍床に設けられている。コの字形屍床の奥屍床ではいずれも片側のみに造付枕を設け，個人用の掘り込みは1箇所に限られる。この状況から類推すると，この地域ではコの字形屍床ではひとつの屍床に複数埋葬を行うことを前提としていないように見受けられる。片側のみに造付枕をもつものには，垣生羅漢山ⅢB-2号横穴墓，同ⅣA-2号横穴墓，中間中学校5C号横穴墓のように7世紀代とみられるものがある。かなり小型のものもあるが，多くは墳丘を持つ古月9号横穴墓のように，玄室規模が大きく，群中でも比較的上位の横穴墓に用いられている。一方，片側の側壁に5ないし6の造付枕を持つ横穴墓では，対置埋葬によって10〜12体の成人埋葬が可能ということになる。また，このような造付枕を持たない横穴墓においても，水町A3-1号墓のように，多数が対置埋葬されていたとみられるものがある。ただ，個人用造付枕が1ないし2と少ないものでも，松ケ谷19号横穴墓，宮田山6・7号横穴墓のように奥形屍床の両側に設けられているものもあり注意が必要である。

　次に刀剣の埋葬によって埋葬姿勢が推定されるものについて述べてみたい。行橋市竹並A23号墓は5世紀末頃の横穴墓で玉類や鏡，鉄剣の出土状況から頭位を奥壁に向けた単体埋葬が復元される（第6図1）。同時期のA15号墓は切っ先を奥壁に向けた直刀が出土している（第6図2）ので，H41号墓同様頭位を開口方向に向けた埋葬の存在したものであろうが，追葬の存在も想定される。A29号墓は6世紀前半代のものとみられる比較的小型の横穴墓で，玄室の奥行き1.05m，幅2mを計る横長の平面形をとる（第6図3）。奥側に切っ先を左側壁に向ける剣が，手前に切っ先を右側壁に向ける直刀が出土している。刀剣が逆方向を向いており，人骨は遺存していなかったが主軸に直交する対置埋葬の存在が想定される。同A4号横穴墓でも，二本の直刀があり，いずれも切っ先を左側壁に向けていて，主軸に直交埋葬が行われていた

第2表　遠賀川流域における造付枕をもつ横穴墓一覧表

	地域	玄室前半	玄室奥半	左壁	左個別	右壁	右個別	時期	備考
陣原8	八幡西区	●	●	●	6	●	6	6世紀後半	
松ケ谷19	水巻町		●	●	1	●	1		奥形屍床
南ノ前12-1	岡垣町		●	●				6世紀末～7世紀後半	
宮田山6	中間市		●	●	1		1		奥形屍床
宮田山7	中間市		●	●	2		2		コの字形屍床
瀬戸1	中間市	●	●		5		5	6世紀後半～7世紀前半	奥形屍床
瀬戸13	中間市		●		6?	●	6		奥形屍床
瀬戸14	中間市		●		6		6		奥形屍床
垣内羅漢山IIIA-1	中間市	●	●			●	1		奥形屍床
垣内羅漢山IIIA-3	中間市	●	●	●	2				奥形屍床
垣内羅漢山IIIA-4	中間市		●			●	1		コの字形屍床
垣内羅漢山IIIA-6	中間市		●			●	1		コの字形屍床
垣内羅漢山IIIB-1	中間市	●	●	●					
垣内羅漢山IIIB-2	中間市		●	●	1				
垣内羅漢山IVA-2	中間市		●			●	1	7世紀前半	奥形屍床
中間中学校5C	中間市		●				1	7世紀前半～7世紀後半	コの字形屍床
古月2	鞍手町		●	●	2			6世紀末～7世紀後半	奥形屍床・L字形屍床
古月5	鞍手町		●	●	3			6せ後半～7世紀後半	奥形屍床
古月9	鞍手町		●	●	2			6世紀末～7世紀後半	奥形屍床
古月10	鞍手町		●	●				6世紀末～7世紀前半	コの字形屍床
古月11	鞍手町		●	●		●		6世紀末～7世紀前半	奥形屍床
古月16	鞍手町		●	●				6世紀末～7世紀後半	奥形屍床
古月17	鞍手町		●	●	2			7世紀前半～後半	奥形屍床
小牧西牟田A1	鞍手町		●	●	3		1	7世紀前半	奥形屍床
小牧西牟田A2	鞍手町		●					7世紀前半	奥形屍床
小牧西牟田B6イ	鞍手町		●					6世紀末～7世紀前半	奥形屍床　前半は右壁・奥半は左壁
小牧西牟田B10	鞍手町		●					7世紀前半	奥形屍床
小牧西牟田B11	鞍手町		●					7世紀前半	奥形屍床
新延野田B1-3	鞍手町		●				1	7世紀前半～8世紀初頭	コの字形屍床
新延野田B2	鞍手町		●					6世紀末～7世紀前半	奥形屍床
新延野田B4-2	鞍手町		●					7世紀前半～7世紀後半	
明神	直方市	●	●		2	●	2	6世紀中葉～後半	奥形屍床　前半は右壁・奥半は左壁
小野牟田1	直方市	●	●	●	6	●	6	6世紀後半	奥形屍床
水町A14	直方市		●	●				6世紀～7世紀前半	
西ノ浦上39	飯塚市		●	●	1			6世紀末～7世紀前半	奥形屍床

ことが想定されるが，玄室は長さ2mと大きく対置埋葬がなかったとは言えない（第6図4）。良好な人骨遺存例では，竹並横穴墓群では確実な対置埋葬は認められなかったが，6世紀前半代に対置埋葬が存在した可能性が指摘できる。対象地域には刀剣類が最終埋葬の状態で出土しているとみられる事例は他にも多々あるが．追葬時に片付けられていないことが確実な例は少なく，ここでは上記の類例をあげておくのみに留める。

　以上のように，人骨が遺存していない場合でも，埋葬姿勢の一端は推定可能である。竹並横穴墓群では5世紀代には主軸平行のものでは頭位を開口方向に向けるもののほか，奥壁を指向するものが存在する。6世紀後半段階に並置埋葬が主流となるが，6世紀前半段階に刀剣の配置から対置埋葬が存在した可能性がうかがえる。遠賀川流域の場合は，人骨遺存例では南ノ前11-1号横穴墓以外にはすべて対置埋葬が含まれていた。また造付枕をもつものの29例のうち

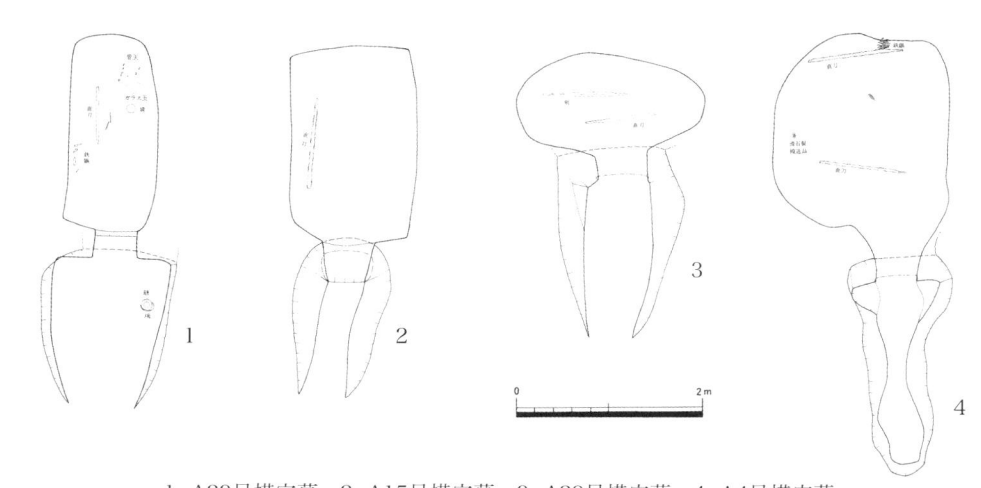

1. A23号横穴墓　2. A15号横穴墓　3. A29号横穴墓　4. A4号横穴墓
（竹並遺跡調査会編　1979より　一部改変）

第6図　竹並横穴墓群における刀剣配置から埋姿勢葬を推定できる事例（1/80）

15例が両側の側壁に設けており，対置埋葬が普遍的であったことがうかがえる。この中には小野牟田1号横穴墓のように，実際に両側の造付枕に頭骨が遺存し対置埋葬が行われていた事例もある（第5図4）。

　これまでみたように，北部九州の横穴墓では，人骨出土例で見る限り一つの墓室で主軸に直交する埋葬と平行する埋葬が混在する事例はなく，6世紀後半に遠賀川流域にコの字形やL字形の屍床が出現するまで認められないものとみられる。ただ，並置埋葬と対置埋葬は混在しており，6世紀代は豊前北部で並置埋葬が，遠賀川流域では中・下流域を中心に対置埋葬が一般的とみられよう。このことは残されていた人骨だけでなく造付枕の形状からも類推される。

6　対置埋葬と被葬者数の増加について

　対置埋葬は，九州から瀬戸内，山陰，近畿北部等に分布する4世紀後半～5世紀の石棺や竪穴式石槨への追葬あるいは同時埋葬の際にも採用されている。まず，吉備地方を対象にこのことを指摘した辻村純代（1983）は，男性の対置埋葬がないことなどを根拠に，並置埋葬を出自を同じくするもの，対置埋葬を異なる出自のものの合葬と考えた。この点については田中良之（1995）の反論がある。田中は大分県草場第2遺跡の竪穴式石槨や，上ノ原横穴墓群に男性の対置埋葬があることを示し，「辻村の論は，頭位に社会的意味（出自表示）をもたせることによって成立しながらも，その仮定に対する検証を欠き，いくつもの矛盾を抱え込んでしまっているといえよう。」と批判している。これに対し，竪穴系埋葬施設の追葬例を集成した岩松保（2010）は，辻村の説を紹介し，「頭位の並置・倒置は，辻村の言うように，先葬者と追葬者の出自の異同を表象しているのかも知れないが，筆者はその当否について具体的な考えを持

たない。」と判断を留保しているが，「しかし，頭位を順・逆に置くという行為には，辻村の言うところの出自の差という内容も含めて，葬送儀礼の竪穴系埋葬施設における追葬とその儀礼上で何らかの意味が付与されていたことは間違いなかろう。」と述べ，葬送儀礼上の意味があったものと考えている（岩松2010）。さらに岩松は，伸展葬のみの納棺事例のうち，並置のものが22例に対し対置のものが58例と多数を占め，熊本県から京都府まで広範囲に分布していることを明らかにした。そして，「頭位を逆に置くという不自然さを鑑みると，各地で別個に考案されたとも考えにくい。頭を順・逆に置くということに，象徴的・儀礼的な意味が付与されていたために，不自然な方法であっても広範囲に分布しているのであろう。」としている。

　筆者は田中の言うように，対置埋葬が出自をあらわしているいるとは考えない。出自表示には，その対象が必要である。竪穴系埋葬施設であれ，横穴墓であれ，並置埋葬や対置埋葬が他者の目に触れない以上，それは表示の意味を果たせない[3]。これに対し，弥生時代から古墳時代前期の墳墓の場合，宮若市汐井掛墳墓群のように地上に何らかの表示施設を設けることによって，列埋葬や頭位の表示を行うことが出来，実際それに沿った埋葬が行われている。筆者は竪穴系埋葬施設で従前に行われていた対置埋葬が，初期横穴墓に持ち込まれたと考えているが，その中には上ノ原21・25号墓などのように，並置埋葬が可能な空間を残しながらも対置埋葬が行われている事例があることから，岩松の言うように，初期の頃には葬送儀礼上の意味があったものであろう。しかしながら竹並横穴墓群では6世紀前半に対置埋葬を想定させる事例がありながら，後半期には並置埋葬を基本的な埋葬姿勢としている。すなわち葬送儀礼上の意味が失われているといえよう。これに対し，遠賀川中流域の直方市と鞍手町では6世紀前半から後半にかけて連綿と対置埋葬が行われている。特に新延野田A4号墓では，玄室前半部に広い空間を残しながらも埋葬された3体のうち1体が対置埋葬されていた。けれども，6世紀後半代の場合は状況が異なる。水町A3-1号墓では玄室奥半部だけで成人5体，子ども2体の埋葬がみられ，対置埋葬であったことが想定されている。玄室前半部には土砂が流入し，さらなる埋葬の存在が想定される。また小野牟田1号横穴墓では成人5体，若年1体，不明1体の7体が対置埋葬されていた。遠賀川流域でこの段階にみられる対置埋葬には岩松が想定したような葬送儀礼上の意味より，墓室空間を有効に利用することにより大きな意味があったものと思われる。

　また，このような6世紀後半代における被葬者数の増加は群集墳や横穴墓の築造数の増加や密集型群集墳の出現など社会情勢の変化に対応するものであろう。すなわち，同一の墓道を共有する副墓室や脇墓室（長谷川 1991）の出現によって傍系家族が従来なかった造墓権を獲得したり，従来墓室に埋葬されなかった成員も埋葬されるようになるものと想定される。遠賀川流域中・下流域では上記のように対置埋葬で最大成人12体の埋葬が可能な個別造付枕をもつ横穴墓が複数確認されているが，いずれも6世紀後半以降の築造と推定される。この時期になると対置埋葬は限られた空間をより有効に活用するために積極的に採用された可能性がある。古第三紀層地帯の遠賀川流域に規模の大きな横穴墓が少ないのは，肥後などの凝灰岩地帯に比

べて岩盤が比較的脆弱で大規模な玄室を掘り込むには限界があったように思われる。あるいは大谷晃二（2011）が指摘するように，横穴墓の被葬者が「ヤマト政権から格別の扱いを受け，地域を統括・代表する地位を与えられながらも，地域の民衆を私的な造墓活動に動員する力に乏しい人物」であったならば，狭い空間に多数の追葬を企図して墓室を掘削するにあたって，当初から対置埋葬を計画するのは自然なことのように思える。この時期，対置埋葬は横穴墓だけに採用されていたわけではない。竹並横穴墓群から南約5kmに位置する6世紀後半の北垣2号墳では，複室構造の横穴式石室の玄室に10体以上が対置埋葬され，前室からも人骨の出土をみている（第7図）。調査者は「6世紀の第Ⅳ四半期のみの短期間に，10人以上の人々が相次いで葬られたことに特徴がある。一家父長集団としては異常な事態であったに違いない。」としている（末永1995）が，上記のような社会情勢の大きな変化を勘案すればさして異常な事態であったとも思えない。ただし並置埋葬が主流であった竹並横穴墓群にほど近い石室墳で対置埋葬が見られる点は注意する必要があるだろう。

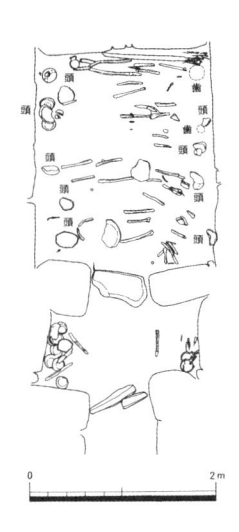

第7図　北垣2号墳における埋葬姿勢（1/80）
（末永編　1995より　一部改変）

　さきにみたように，田中良之（1995）は7体の埋葬が行われた5世紀後半に掘削された上ノ原35号墓で4～5世代のモデルを復元した。この横穴墓では，7体中6体が奥壁に頭位を向けており，1体が対置埋葬となって開口方向に頭位を向けていた。こうしたありかたは，7世紀前半の前田山D3-5号横穴墓とほぼ同じであり，同様に7体を埋葬した6世紀後半の南ノ前11-1号墓，小野牟田1号墓，水町A3-1号墓と見かけの上では状況が変わっていないようにみえる。しかし，詳しくみていくと大きな相違点を指摘できる。上ノ原35号墓では男性人骨に伴うとみられる4本の直刀が玄室内に副葬され，出土土器にも100年近い開きがある。これに対し，前田山D3-5号墓では直刀はなく，左袖部に集められていた10点の土器はいずれも7世紀前半から中葉におさまるものである。南ノ前11-1号墓では直刀は1号人骨に伴う1本のみであり，1・3・5号人骨にはそれぞれ1点の提瓶がともなうものとみられるが，これも1号人骨にともなうものが退化した鉤状把握を残しやや古い様相を残すものの6世紀の第Ⅳ四半期から7世紀第Ⅰ四半期におさまるものとみられ，墓道出土土器も同様である。小野牟田1号墓では墓道部は調査区外となり玄室内にも提瓶1点しか残されていなかったが，直刀は5・6・7号人骨のいずれかに伴うものとみられる1点のみであった。盗掘による撹乱が認められる水町A3-1号墓でも墓室の形状や出土土器から導かれる年代観は6世紀の第Ⅳ四半期か

ら7世紀第Ⅰ四半期におさまる。以上のように6世紀後半代に7体以上を埋葬した横穴墓では，5世紀代の上ノ原35号墓のように4世代以上の長期にわたって経営されていたとみられるものはみられず，2～3世代の間に多数の埋葬がおこなわれたものと考えられる。こうした埋葬のありかたにも6世紀後半におきた大きな社会変化をみることができよう。

上ノ原35号墓のように4世代以上にわたって家長が埋葬されるような事例は希少だが，5世紀後半における墓室の大型化はこうした埋葬を想定していたようにも思える。というのは上ノ原63号墓において広い墓室があるにもかかわらず，成人男性1体と8～10歳の小児2体の埋葬が行われているのみで，多くの埋葬空間を残していた。もし，小児が男性であり成長してその子の世代まで埋葬されることが想定されていたのだとしたら，こうした広い空間を用意したことも首肯されよう。上ノ原63号墓や新延野田A4号墓などのように，6世紀前半代の横穴墓に広い空間をもちながらも2～3体程度の埋葬しかみられない事例が多いのは，このような理由によるものと考えられよう。

7　開口方向に頭位を向ける埋葬について

今までみてきた中で，豊前地域には開口方向に頭位を向ける埋葬が認められた。比較的類例の少ない埋葬形態と思われるので，この形態について少しばかり検討してみたい。竹並横穴墓群では5世紀後半代とみられる単体埋葬のH41号墓でこの形態がとられていた。上ノ原横穴墓群では単体埋葬のものはすべて直交埋葬なのでこのような形態のものはみられないが，複数埋葬のうち5世紀後半の25・30号，6世紀前半の63号墓では最初に埋葬された被葬者が頭位を開口方向に向けており，63号墓では3体すべてが同じ方向を向いていた。また，上ノ原21・35号墓，前田山D3-5号横穴墓では追葬された被葬者が対置埋葬で頭位を開口方向に向けていた。しかしながら，頭位を開口方向に向ける埋葬姿勢は6世紀後半以降には豊前地方ではごく少数例にとどまっており，遠賀川流域では現在のところ皆無である。

他の地域の様相を簡単にみていくことにしたい。隣接する豊後の沿岸部では6世紀後半の大分市大曽15号横穴墓にⅡ字形屍床の片側に開口方向に向く造付枕が認められる。山間部では6世紀前半の竹田市山脇横穴墓では開口方向に頭位を向けた2体が埋葬されていた。また6世紀後半の竹田市稲荷山3号横穴墓ではⅡ字形屍床の片側に開口方向に向く個人用造付枕が1箇所も設けられている。さらに6世紀後半の日田市小迫第4区11号墓でも左袖部開口方向に向く造付枕がみられる。以上のように豊後の山間部では6世紀後半にいたっても頭位を開口方向に向ける埋葬がある程度分布している。

日向北部の五ヶ瀬川流域ではⅡ字型屍床をもつ横穴墓が濃密に分布しており5世紀末頃から7世紀代にかけての形態変遷を追うことができる（藤本2001）。5世紀末頃の高千穂町春姫登横穴墓では玄室中央部を掘り残す形でⅡ字形屍床を設けており，両側の屍床の被葬者は開口方向に頭位を向けていた。中央部にの被葬者は頭位を奥壁に向けていたが，最初に埋葬された人物は頭位を開口方向に向けていたものとみられる。6世紀後半代以降とみられる高千穂

町車ノ迫1号横穴墓と熊本県高森町高塚横穴墓群[4]は形状が酷似しており，Ⅱ字形屍床をもち開口方向にのみ個人用造付枕を配置している。車ノ迫1号では各1，高塚1号では各2，同1号では各1，同3号では片側のみに1とその数はまちまちである。高塚1・3号横穴墓では人骨が出土しており，2号墓では各屍床に1体ずつが開口方向に頭位を向けていた。1号墓では4体のうち1体を除いて開口方向に頭位を向けていた。この横穴墓では右壁側の屍床に3体が葬られており，うち1体が対置埋葬である。このように造付枕と実際の頭位があわない事例もあるけれども，この地域ではおおむね枕の方向に実際の埋葬が行われ，頭位を開口方向に向ける埋葬が優位であったものとみられる。6世紀後半代以降のものとみられる高千穂町吾平原北横穴墓群ではⅡ字屍床をもつ横穴墓が複数知られており，一本木横穴墓や吾平原北6号横穴墓では開口方向側に加えて奥壁側にも個人用造付枕を配置していて，対置埋葬が行われた可能性が高い。昭和43年調査の吾平原横穴墓ではコの字形屍床の変形タイプがあり，左袖部の屍床が最も大規模で奥壁際まで及んでいる。奥壁沿いの屍床は奥壁の2/3の長さしかなく，左袖部の屍床が最初の被葬者のものと推定される。また通常は通路部となる中央部にも屍床を設置している。なお，この横穴墓ではそれぞれの屍床に1ずつの個人用造付枕が配置されており，主軸に平行するものはいずれも開口方向を指向していて，頭位を開口方向へ向ける埋葬が優勢であったことを示している。同時期の同町押方南平横穴墓群ではⅡの字屍床の左右の屍床の両側に個人用造付枕を刻んでおり，左袖のものが開口方向に2，奥壁方向に1配置し，右袖のものは逆に開口方向に1，奥壁方向に2配置している。以上のように五ヶ瀬川流域では，初葬時に頭位を開口方向に向ける埋葬が普遍的であったものとみられ，6世紀後半代には同一屍床での対置埋葬も普及し，各横穴墓に埋葬される被葬者数も増加するものとみられよう。このことはすでに藤本貴仁（2001）が指摘しているが，遠賀川流域において主軸に直交した対置埋葬が普遍化するのに対し，当地域では主軸に平行した対置埋葬が増える。その背景には初葬の被葬者の頭位を開口方向に向けるという伝統を長らく保持していた可能性がある。

　続いて熊本県地方の様相をみていきたい。追葬時に頭位を開口方向に向けるものは，熊本県菊池川流域の横穴墓のコの字形屍床をもつ横穴墓に事例がある。山鹿市湯の口3-A号横穴墓ではの主軸平行屍床において出土人骨で確認されている。またコの字形屍床の主軸平行屍床において開口部側に個人用造付枕を配置する事例が城17号，原3号，長岩112号，八の峰4号，梅木谷5号，岩原Ⅰ群14号，同Ⅳ群3号に認められる。さらにⅡ字屍床をもつ複室構造の湯ノ口129号横穴墓では，前室・玄室ともに片側の屍床において開口部側に個人用造付枕を配置していた。時期は6世紀後半代である。この地域にはⅡ字屍床をもつものも少数例あり初葬時から開口方向に頭位を向ける埋葬が行われた可能性がある。肥後地方では南端の人吉盆地を中心とする球磨川流域ではⅡ字型屍床をもつものが散見され，人吉市大村15b号横穴墓は，昭和43年調査の高千穂町吾平原横穴墓と酷似する屍床配置がみられる。地理的には大きな距離があるが，五ヶ瀬川上流地域と何らかの交流があるのかもしれない。

　次に地下式横穴墓についてみていくこととする。日向灘沿岸の宮崎平野部や本庄台地等では，

5世紀中葉から後半に妻入り型地下式横穴墓と呼ばれる，玄室平面形態が縦長方形を呈する地下式横穴墓が出現し，一部は首長墓の埋葬施設として採用される。これらのうち国富町六野原2・30号地下式横穴墓，本庄10・12号地下式横穴墓，宗仙寺10号地下式横穴墓，綾町内屋敷地下式横穴墓等に，初葬時頭位を開口方向に向ける例がある。同様な形状の妻入り型地下式横穴墓は大隅半島にも分布する。鹿屋市天神原1号地下式横穴墓，岡崎1号地下式横穴墓などで頭位を開口方向に向ける事例が確認されている。内陸部の地下式横穴墓では，主軸に直交した並置埋葬が主流である。しかし，5世紀代から6世紀代まで連綿と続く，えびの市島内横穴地下式横穴墓群ではさまざまな頭位の埋葬が確認されている。主軸に直交して並置埋葬するものも多いが，主軸に平行し頭位を開口方向に向けて並置埋葬するものも相当数みられる。中には頭位を開口方向に向ける単体埋葬もある。また，直交埋葬と平行埋葬が混在するものもあり，これほどバラエティに富んだ埋葬姿勢を示す内陸部の地下式横穴墓群は，この一群しか知られていない。また，県境を越えて隣接する鹿児島県吉松町馬場3号地下式横穴墓にも頭位を開口方向に向ける類例がある。

　以上のように，被葬者の頭位を開口方向に向ける横穴墓および地下式横穴墓は，5世紀後半代には九州東沿岸部と，内陸部中央から東よりの盆地部に点在していることがわかる。また，こうした横穴墓は6世紀代には熊本県の菊池川流域や白川流域に及んでいた可能性があるが，筑前地域では現在のところ確認されていなし，豊前地域においても6世紀代にはあまりみられなくなる埋葬姿勢である。しかしながら，五ヶ瀬川上流域など6世紀代にもその伝統を守り続けたとみられる地域もあり，初現期の横穴墓においてはそれなりの影響力をもった埋葬形態のひとつであったものとみられる。本州に目を転じると山陰では島根県奥出雲町マタイ廻横穴墓，同小池奥1・7号横穴墓，同町天狗松5号横穴墓，同町殿ヶ迫1-2号横穴墓，東出雲町渋山池1・11・12・15号横穴墓．松江市袋尻1号横穴墓，同菅沢谷C5号横穴墓，松江市連行14号横穴墓，鹿島町御津貝塚1号横穴墓，安来市高広1-3号横穴墓などにみられる。時期は6世紀後半から7世紀にかけてあり，石棺や礫床上，土器枕上等さまざまなかたちで埋葬されている。同一の群中に頭位を奥壁に向けるものや，主軸に平行するものと混在するが，奥出雲町周辺では頭位を開口方向に向けるケースが多いようである。近畿では最近発掘調査された京都府松井横穴墓群SX0221などに類例がみられ，花田勝広（2001）や大谷晃二（2011）が想定するように，豊前地域の横穴墓が山陰や近畿に伝播したという説の傍証になるのかもしれない。

8　考古学は科学か

　田中良之は上ノ原横穴墓群の発掘調査における墓道の土層観察や遺物出土状況の観察と出土人骨の分析を通じ，歯冠計測値の類似が親族関係と深い相関関係を持つこと，前頭縫合や上矢状洞溝左傾，外耳道骨腫といった形質人類学上の特徴も親族関係の推定に有効であることを活用し，5世紀後半から6世紀にかけて経営された横穴墓において，配偶者は埋葬されず父親とその子どもたちが埋葬されることを解き明かした。田中は，これを基本モデルIIと呼んだ。

埋葬された女性には妊娠・出産痕が認められるものがあり、嫁ぎ先でなく父親の墓に埋葬されたのである。さらに隣接する横穴墓間でも家系が連続することを解き明かした。また、6世紀代の山口市朝田横穴墓群などの分析では、基本モデルIIに加え第一世代の配偶者が含まれるが、第二世代は基本モデルIIのままであるという形態（基本モデルIII）に移行していることを証明した（田中良之1995）。このほかにも愛媛県葉佐池古墳における研究（田中2004）など、考古学と人類学をはじめとする自然科学の見事な融合によって田中良之が古墳時代研究に与えた影響は計り知れない。

　科学はサイエンスの訳語である。それに対し人文学はヒューマニティズの訳語である。筆者自身は歴史学は人文学の一分野であり、考古学は歴史学を形成する大きな柱と理解している。田中良之が「考古学は科学か」と問われるとき、「考古学はサイエンスか」と問われているものと理解する。学問の分野の訳語は明治初期、西周による訳に遡る。西は学問を人文科学、社会科学、自然科学に大別した。ヒューマニティズを「科学」ととらえる向きもあるが、これは、「人文科の学」であり、多くのサイエンティストはヒューマニティズを「人文学」と呼び、「人文科学」と呼ぼうとしないのは「人文学はあくまでも科学とは別物である。」と考えているからだろうと私考する。

　田中良之は、上記のように様々な科学的な手法を駆使して古墳時代の様々な謎を解き明かした。しかし、それは須恵器編年などの考古学的仮説に支えられたものであり、万一、こうした仮説が新たな証拠によって覆されることがあれば、田中理論であっても変更を余儀なくされることも全くないとは言い切れない。その意味では、考古学は実験などによって何度も検証が可能なサイエンスとは異なり、過去に戻って検証することが不可能な「永遠の仮説」である。それは、歴史学上のあらゆる仮説に共通の宿命であり、その意味では「考古学はサイエンスではない。」と断言できる。ヒューマニティズは人間という不可思議な存在が生み出すあらゆる事象を対象としているものであり特定の法則で割り切れるものではない。自然人類学はサイエンスだと理解するが、文化人類学はヒューマニティズに近いと私考している。

　しかしながら、考古学の方法論はきわめて科学的である。層位学、型式学等を活用すれば地域・時代を隔てて同一の方法論で歴史的事象を復元する仮説の提出が可能である。そういう意味では「科学的存在」であると理解している。筆者自身も、中近世に限られるが発掘調査によって、文献と出土遺物の年代観が完全に一致した経験が複数回ある。これは、科学的実験の成功と感覚が似ているように思う。このことは、現在の日本において土器・陶磁器の編年研究が精緻をきわめていることを示していよう。しかし、考古学の目指すものは編年そのものではない。編年をはじめとするさまざまな手段を用いて、文献では解き明かすことのできない真実の歴史を描き出すことであると理解している。

　本稿の作成にあたって事例収集をしているときに、大分県玖珠町志津里遺跡B地区2号横穴墓において2体の埋葬がありうち1体が窮屈な姿勢で羨道に埋葬されていることを知った。さらに鹿児島県吉松町の馬場1号地下式横穴墓では追葬された人骨が足を玄室に差し入れている

ものの，上体を羨道に横たえ頭を閉塞石近くに置いている事例もあった。筆者は後者について開口方向に頭位を向ける埋葬姿勢と関係が深いのではないかと推察しているが，このような事例はデータ分析や統計学上ではノイズとして処理されてしまうだろう。また島根県松江市時仏山横穴墓では伏臥伸展葬での埋葬があった。こうした特殊な事例に対して民俗例などさまざまな考察を通じてアプローチするのが考古学の姿勢であろう。そこから導き出される仮説は検証不可能かもしれないが，さまざまな可能性の中からもっとも適切と思われる原因を探っていくことに大きな意味がある。

9 おわりに

今まで述べてきたように，北部九州の横穴墓における被葬者の埋葬姿勢を考察し，そこから派生する問題についていくつかの指摘を行った。遠賀川流域では6世紀後半に玄室内部を埋め尽くすような対置埋葬が一般的であったものとみられる。ただ，南ノ前11-1号横穴墓では奥壁に頭位を向けた並置埋葬が行われていた。この横穴墓は複数の玄門天井石と比較的規模の大きな玄室を有し，初葬の男性人骨は大振りの直刀を，追葬の女性人骨2体はイモガイ横形の貝輪を持つ群中でも有力な家族の奥津城と考えられる。人骨が残っていないため確実なことは言えないが，古月9号横穴墓など規模の大きな横穴墓では，屍床中の造付枕が片側しかなく，並置埋葬が行われていた可能性がある。横穴墓群の中でも武器の保有数などによってわずかながら階層差があったとみられ，こうした違いが埋葬姿勢にも反映している可能性があるだろう。

主軸に平行し開口方向に頭位を向ける埋葬姿勢は，豊前地域で5世紀後半代に多くみられるが，6世紀前半を最後にほとんどみられなくなってしまい，竹並横穴墓群では主軸に直交する並置埋葬が主流となるようである。当地域周辺の5世紀代の横穴式石室墳では田川市セスドノ古墳や行橋市稲童21号墳で玄室奥壁に頭位を向けた埋葬が行われ，稲童8号墳では遺物の出土状況から奥壁に頭位を向けた埋葬が復元される。また苅田町番塚古墳では少なくとも二棺のうち南側の木棺は刀剣類や玉類の出土状況から奥壁に頭位を向けたものとみられる。このように当地域では，奥壁に頭位を向けた主軸平行埋葬が主流だが，苅田町御所山古墳では石障と，奥壁に平行する2基の屍床をもつ。他地域の初期横穴式石室では，福岡市老司古墳の3号石室に頭位を開口方向に向けた事例があるけれども，遺物出土状況から初葬は奥壁に平行に埋葬されたものと推定されている。他にも福岡市鋤崎古墳，唐津市横田下古墳，芦屋町大城大塚古墳などL字形をもつ事例が多く，初葬は主軸に直交した埋葬を奥壁沿いに埋葬され被葬者は古墳を築造する契機となった有力者であったものとみられる。ちなみにもっとも時期が遡る唐津市谷口古墳では石室内の長持形石棺に造付枕があり，その頭位は奥壁を指向している。このような首長墳を中心とする横穴式石室の埋葬姿勢が影響し，豊前地域の横穴墓において開口方向に頭位を向ける埋葬姿勢が次第にみられなくなっていった可能性がある。逆に言うと横穴墓には頭位を開口方向に向けるという特殊な祭祀形態を一部にもっていたものが，優位な石室墳の影響を受け横穴墓側の祭祀形態が変質していったものとみられよう。しかしながら，日向五ヶ瀬

川上流域など山間部に開口方向に頭位を向ける埋葬姿勢を伝承していく地域もあり，Ⅱ字形屍床の造付枕が開口方向にのみ設置されるものが菊池川流域にみられるなど肥後地域にも及んでいたものとみられ，一定の影響力を残していたものであろう。地下式横穴墓については，十分な検討ができなかったが，本庄台地や宮崎平野など沿岸部で妻入り地下式横穴墓に採用されている点は注意が必要である。その背景として豊前地域の横穴墓と共通する祭祀形態をもっていた可能性がある。えびの盆地の島内地下式横穴墓に集中的に開口方向に頭位を向ける埋葬姿勢が多くみられる意義については，その時期や分布も含め十分考察することができなかったので，今後の課題としたい。北部九州の横穴墓では2000基に及ぶ発掘調査が行われ，資料が多数集積しているが，最終埋葬の状態をそのまま残すような良好な遺存状況の横穴墓は多くない。その数少ない事例から論じてきたので，今後の調査の進展によって修正すべき点も多いことと思う。

　冒頭に社会情勢の変化が，墓制の変質に影響を与えた可能性を述べた。4世紀末頃北部九州の前方後円墳に初期横穴式石室が導入される。これを前後する時期に西日本の広い地域の竪穴系埋葬施設に追葬が行われるようになる。5世紀前半には北部九州の群集墳に初期横穴式石室B類（重藤 1992）が導入され，南九州では定型化した地下式横穴墓が成立する。その時期にも竪穴系埋葬施設への追葬は広い地域で行われていて対置埋葬も盛んであり，追葬という文化を受け入れながらも伝統的な埋葬施設はそのまま採用している。この背景には竪穴系埋葬施設への祭祀形態を強く保持しようとした社会の存在が推定される。5世紀後半から6世紀初頭にかけて，竪穴系埋葬施設とおおむね入れ替わる形で横穴式石室や横穴墓，地下式横穴墓といった横穴系の墓制が九州全域に広がる。このとき，上ノ原横穴墓群などでは竪穴系埋葬施設から礫床を受け継いでいるだけでなく，対置埋葬などの埋葬姿勢も取り入れているように思える。その背景には渡来系の習俗を受け入れようとする社会情勢の変化を読み取ることができる。今まで詳述したような埋葬姿勢の選択や変化もその社会が重要と考える祭祀形態の影響下にあったものと思われる。今回は触れなかったが，群集墳や横穴墓の終末段階においても，骨化した人骨を小型の横穴墓や小石室に横から埋葬し，閉塞行為を行っている。後の火葬墓につながる二次埋葬という新たな埋葬形態を受け入れながらも，閉塞にともなう祭祀形態を強く保持していたものであろう。こうした祭祀形態が社会的意義を喪失したことが，古墳や横穴墓が消滅させた一因となったものと思われる。もちろん，6世紀第Ⅳ四半期における密集型群集墳の出現や，群集墳の終焉の背景にはヤマト王権の意思という多分に政治的な背景もの存在する。しかし，律令期を迎えてもその力のみでは埋葬形態を大きく変化させることはできず，むしろ，特定の地域で造営された終末期群集墳や横穴墓の被葬者集団を支配形態に取り込む形で古代社会が運営されたものであろう。

本稿をなすにあたって資料収集等で鞍手町歴史民俗博物館の古後憲浩氏，長谷川富恵氏，直方市教育委員会の無津呂健太郎氏に大変お世話になりました。記して謝意を表します。また，直方市において古墳人骨，近世人骨調査の際にさまざまなご教示をいただいた九州大学名誉教授の中橋孝博先生，１本の電話で本稿のテーマのひとつにヒントをいただいた京都府埋蔵文化財調査研究センターの中川和哉氏にも謝意を表します。

　筆者が直方市教育委員会に就職して６年目に，市内で最大規模の水町横穴墓群を発掘調査することになった。この遺跡で複数の埋葬人骨が出土したので，前年須崎町公園遺跡の発掘調査の際，近世人骨の調査でお世話になった中橋孝博先生に調査を依頼したところ，田中良之先生が溝口孝司先生を伴って来跡された。このとき業績を通じてお名前を存じ上げていた田中先生とはじめてお会いしお話をすることができた。先生は水町Ａ３号横穴墓群のように一本の墓道に多数の横穴墓が開口する横穴墓の時期について興味を持たれていた。同一の墓道に同時期のものが多数つくられる竹並横穴墓群での事例の類例を探しておられたのだろう。同じ年，当時九州大学大学院比較社会文化研究科のあった六本松校舎で田中先生が主催する第１回「先史学」研究会に参加した。文献史学の義江明子先生をはじめ様々な分野の先生方が発表され，学際的な研究会であったと記憶している。田中先生のお人柄を物語るものであろう。筆者のように群集墳や横穴系埋葬施設を研究対象としている者にとっては，田中先生の業績は避けて通れない。筆者がまだ20代の頃，太宰府市の山村信榮氏の主催する遺跡調査研究会が太宰府で開催され毎月のように通っていた。このとき，福岡市の吉留秀敏氏が，「上ノ原」で村上久和氏や田中先生と議論しながら調査を進めた思い出を語ってくれた。今や横穴系埋葬施設で墓道の縦断土層実測図を作成することがスタンダードとなったのも「上ノ原」の成果がもたらした方法論の進展と言える。その吉留氏に続いて田中先生も鬼籍に入られたとは信じられない思いである。小論を謹んで田中良之先生の墓前に献呈し先生のご冥福をお祈りいたします。

■註
1) 本文と巻末の松下孝幸による考察（松下2000）に人骨番号の齟齬があるが，ここでは本文の番号によった。
2) 現在，このタイプの造付枕をもつ横穴墓２基を擁する中間市瀬戸横穴墓群は遠賀川左岸に位置するが，江戸時代初期には遠賀川本流は瀬戸横穴墓群が所在する丘陵の西側を流れているため，ここでは右岸とした。
3) 対置埋葬や並置埋葬が，石室や横穴墓内部の壁画のように被葬者に向けて何らかのメッセージを示すものであれば，出自表示説を完全に否定することはできない。
4) 熊本県高森町の高塚横穴墓群は旧国では肥後に属するが，阿蘇外輪山の南側に位置する山中の盆地にあり，高千穂町に隣接する五ヶ瀬川の上流に位置するので，この地域に含めた。

■文献

藤本貴仁，2001．日向地方の横穴墓．第4回九州前方後円墳研究会大会九州の横穴墓と地下式横穴墓；第Ⅰ分冊．pp.585-606．九州前方後円墳研究会，宮崎．

花田勝広，2001．横穴墓の成立と展開．第4回九州前方後円墳研究会大会九州の横穴墓と地下式横穴墓；第Ⅰ分冊．pp.453-496．九州前方後円墳研究会，宮崎．

長谷川清之，1991．遠賀川流域における横穴墓の研究．児嶋隆人先生喜寿記念論集；古文化論叢（同刊行会編），pp.465-505．同刊行会，飯塚．

岩橋由季，2015．遠賀川流域における横穴墓の出現と展開．山の神古墳の研究（辻田淳一郎　編），pp.234-246．九州大学人文科学研究院考古学研究室，福岡．

岩松保，2010．竪穴系埋葬施設における追葬とその儀礼；横穴系埋葬施設を準備した時代．京都府文化財論集第6集，pp.137-152．京都府埋蔵文化財調査研究センター，京都．

松下孝幸，2000．福岡県岡垣町南ノ前墳墓群出土の古墳時代人骨．南ノ前古墳群（下川航也　編），pp.1-24．岡垣町教育委員会，岡垣．

森岡秀人，1983．追葬と棺体配置；後半期横穴式石室の空間利用原理をめぐる二，三の考察．関西大学考古学研究室開設参拾周年記念考古学論叢（関西大学考古学研究室　編），pp.595-673．関西大学考古学研究室，吹田．

村上久和　編，1989・1992．上ノ原横穴墓群Ⅰ・Ⅱ．大分県教育委員会，大分

永井昌文，1984．小野牟田横穴人骨．小野牟田横穴（副島邦弘　編），pp.18．直方市教育委員会，直方．

長嶺正秀　編，1987．前田山遺跡．行橋市教育委員会，行橋．

中橋孝博，1997．福岡県直方市，水町遺跡群横穴墓出土の古墳人骨．水町遺跡群（田村悟　編），pp.197-202．直方市教育委員会，直方．

中橋孝博，2002．福岡県鞍手町・新延野田遺跡群出土の古墳時代人骨．新延野田遺跡群（下）（古後憲浩　編），pp.10-16．鞍手町教育委員会，鞍手．

小田富士雄　編，1985．総論；先史・古代．北九州市史．北九州市，北九州．

大竹弘之，1999．九州型横口式家形石棺のゆくえ．考古学に学ぶ：同志社大学考古学シリーズⅦ（編），pp.335-344．同志社大学考古学シリーズ刊行会，京都．

大谷晃二，2011．横穴墓．古墳時代の考古学3；墳墓構造と葬送儀礼（一瀬和夫ほか　編），pp.149-159．同成社，東京．

重藤輝行，1992．北部九州の初期横穴式石室にみられる階層性とその背景，九州考古学 67, 39-62．

下川航也　編，2000．南ノ前古墳群．岡垣町教育委員会，岡垣．

副島邦弘　編，1984．小野牟田横穴．直方市教育委員会，直方．

末永弥義，1995．北垣古墳群．豊津町教育委員会，豊津．

杉本岳文，2002．遠賀川中下流域における新延野田遺跡群の位置付け．新延野田遺跡群（下）（古後憲浩　編），pp.78-81．鞍手町教育委員会，鞍手．

高椋浩文・中橋孝博，2012．小野牟田横穴墓出土の古墳時代人骨．直方市内遺跡群Ⅲ（田村悟　編），pp.77-79．直方市教育委員会，直方．

竹並遺跡調査会　編，1979．竹並遺跡．東出版寧楽社，東京．

田中良之，1995．古墳時代親族構造の研究；人骨が語る古代社会．柏書房株式会社，東京．

田中良之，2004．殯再考．福岡大学考古学論集；小田富士雄先生退職記念（同事業会　編），pp.661-678．小田富士雄先生退職記念事業会，福岡．

田中良之，2008．断体儀礼考．九州と東アジアの考古学：九州大学考古学研究室50周年記念論文集（同刊行会　編），pp.254-294．九州大学考古学研究室50周年記念論文集刊行会，福岡．

田村悟　編, 1997. 水町遺跡群. 直方市教育委員会, 直方.
田村悟　編, 2012. 直方市内遺跡群 III. 直方市教育委員会, 直方.
辻村純代, 1983. 東中国地方における箱式石棺の同棺複数埋葬, 季刊人類学14-2, 52-80
和田晴吾, 1989. 葬制の変遷. 古代史復元6；古墳時代の王と民衆（都出比呂志　編), pp.105-119. 講談社, 東京.

事例で詳しく取り上げた遺跡以外の報告書は割愛した。ご容赦いただきたい。

河内地域における横穴墓の出現・展開とその背景

古賀市教育委員会　岩橋由季

要旨

　本稿では，河内地域の横穴墓の出現・展開過程の分析とその背景の議論を行った。まず，その基礎となる横穴墓の形態変遷について，先行研究の課題であった組列の検証に用いる資料の明示と時期認定の厳密化によって，精粗の様々な玄室形態のものが初期から併存することを指摘した。また，葬送行為と密接に関連する棺床形態の分析により，河内の横穴墓が従来指摘された九州・豊前地域からの影響を受けたと考えられる玄室形態に，河内独自の棺を組み合わせたものとして出現していること，その後は基本的な要素を共有しつつ，その他のバリエーションも現れることを明らかにした。これらの結果を受けた考察では，他地域の横穴墓との形態の類似や，河内地域の集団編成，また，渡来人ないし渡来系集団の存在などを手掛かりに横穴墓出現や展開の背景について論じた。

キーワード：古墳時代後期，河内地域，横穴墓，渡来人・渡来系集団，集団編成

1　はじめに

　本稿で分析対象とする柏原市域は旧国区分でいう河内国に属し，それゆえ当地域に特徴的な形態の横穴墓は「河内型」（花田1990a）と認識されている。旧国の領域がそれに遡る時期の地域区分と対応するかという問題はあるが，このような学史上の認識があることをふまえ，ここで対象とする地域に「河内」の呼称を用いたい。

　河内地域は，近畿地方の横穴墓分布地域の一つであり，高井田横穴墓群，安福寺横穴墓群，玉手山東横穴墓群に加え，平尾山古墳群大平寺支群にも横穴墓が存在することが確認されている（第1図）。大平寺支群の横穴墓は7世紀が主体とされている（安村編1993）が，高井田横穴墓群，安福寺横穴墓群，玉手山東横穴墓群の大部分の

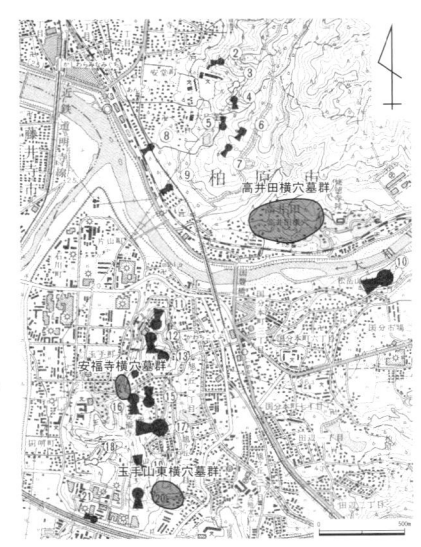

第1図　分析対象遺跡周辺の地図
（近藤編1992より引用・改編）

横穴墓が 6 世紀に位置付けられることから，当該地域における横穴墓の造営は 6 世紀代に一つのピークがあると理解できる。

　古墳時代から古代の河内地域をみると，渡来系氏族の分布（井上1943）や彼らによって造営された古代寺院の分布（上田1994）が濃密であり，天皇陵をはじめ巨大古墳の造営，大規模な土地開発，鉄や須恵器の生産などの諸活動のために渡来人ないし渡来系集団が移植されたことがうかがわれる。これらのことを考え合わせると，横穴墓の出現と展開の背景にこれらの渡来系氏族の存在や諸活動との関連が想定されよう。本稿では，以上をふまえて横穴墓の出現・展開の様相を分析し，当該地域におけるその背景を議論したい。また，その過程を通じ，「考古学は科学か」という問いに対する執筆者なりの答えを示したいと考える。

2　研究史と問題の所在

　横穴墓研究では，その被葬者像の解明のため様々なアプローチが行われてきた。その一つは，出土した副葬品や壁画等の要素を取り上げて被葬者の社会的位置付けや具体的な氏族との関連を論じたものである。また，各地の横穴墓の形態変遷の把握とその地域間比較を通じて横穴墓の伝播の様相を明らかにする試みは，他地域からの集団の流入の問題や，地域間関係の取り結ばれ方という観点から被葬者の性格を論じたものと理解できる。

　河内地域の横穴墓研究も例外ではなく，特に初期の段階には被葬者像についての議論が盛んに行われている。例えば，安福寺北群 9 号墓の線刻壁画の特徴や，高井田第 3 支群 5 号墓出土のミニチュア炊飯具，平尾古墳群大平寺支群の横穴墓出土の金銅製釵子からは「渡来系氏族」が被葬者であると指摘されており（水野1970），線刻壁画のモチーフの更なる検討からも，このことが追認されている（山田1985；吉岡1987）。具体的には，高井田横穴墓群の乗船する人物像の線刻からは，松岳山古墳の墓誌「船氏王後首」にある百済系の渡来豪族である船氏との関連が（山田前掲，p.644；吉岡前掲，p.604），同じく高井田横穴墓群や安福寺横穴墓群の騎馬民族の服装をした人物像からは，騎馬文化をもった渡来系の被葬者像が想定されている（山田前掲，p.650）。そして，以上のように渡来系氏族を被葬者として想定した場合，河内における横穴墓の出現は，経済的には在地豪族と同等だが，社会的・身分的には規制を受けて墳墓にも制限があった渡来系氏族による造墓によると理解されている（山田前掲，p.650）。

　一方で，高井田横穴墓群の線刻画にみられる鳥のモチーフからは，『新撰姓氏録』にみえる河内国の氏族鳥取連や，『和名類聚抄』にある河内国大県郡鳥取郷との関連が注目され，鳥取氏の配下にあった鳥取部・補鳥部の祖先が被葬者として想定されている（山田前掲，p.646；吉岡前掲，p.604）。他にも，壁画自体の存在からは，壁画集団とも考えられている多（太）氏との関連が，ベンガラ塗布の例などからは，『新撰姓氏録』『正倉院文書』などにみえる上村主と同祖とみられる河内画師であり，大県郡にいたとみられる赤染氏との関連が指摘される（吉岡前掲，pp.604-605）。これらのウヂとの関係を想定した場合は，墳丘をもたない横穴墓の被葬者は高塚古墳の被葬者より政治的・身分的に劣り，部民として編成されてその管掌者の名を

負った集団であったと理解されている。

　以上のように，河内の横穴墓については，具体的な氏族名を挙げながら特定の職掌に携わる部民集団あるいは渡来系集団といった被葬者像が想定され，横穴墓という墓制の出現をいかに理解するかという問題と関連させて議論されてきた。ただし，上記の諸研究では，線刻壁画のモチーフなど横穴墓の特定の要素に重点をおいてこの問題が議論される傾向にあった。そのような中，河内に加えて大和・南山城など近畿地方中部の横穴墓の全体的な様相を検討した松村隆文氏の研究（松村1988）は，それらの分布，形態，副葬品，築造時期，群の規模，高塚群集墳との関係などを明確にした点で重要である。この検討により松村氏は，近畿地方中部の横穴墓が，当時の王権の所在地たる大和とその隣接地のみに分布すること，ゆえにそれらの地域でのみ横穴墓の出現を必然化せしめた理由と政治的な意味があったと考えている（同上）。

　さらに80年代後半から90年代には，河内地域における横穴墓調査事例の増加に加え，全国各地の横穴墓の様相が明らかになってきたことも手伝って，河内の横穴墓研究はその形態変遷の把握や，形態的特徴からみた他地域との影響関係の議論へと移っていく。当地域における横穴墓の形態変遷の検討の先駆けは，安福寺横穴墓群の北・南群の報告に際しそれらの資料を対象に分析を行った論考である（久貝1973）。それによると，安福寺横穴墓群における横穴墓の形態変遷は，玄室平面形態，四壁と天井部との境界の切り込み段の有無を基準に把握でき，「家屋としての構造が次第に簡略され，消滅していった」（同上，p.20）と理解されている。

　その後，安福寺横穴墓群西群や高井田横穴墓群の調査・報告を通じて資料が蓄積され，それらの資料を含めた再検討の中で，上記の理解は更新されている（花田1988，1990a，b，1991）。花田勝広氏の研究は，久貝氏の提示した分類単位を発展させ，さらに河内地域で散見される未完成の横穴墓を形態変遷の議論から除くことで厳密化を図っている（花田1988）。その形態変遷の理解は，家形を模した天井形態の一群（Aタイプ），ドーム形天井の一群（Bタイプ），片袖で玄門を整美に整える一群（Cタイプ）が同時併存し，それぞれ平面形態，羨道長，玄門部の形態，羨門部の形態などが変化するというものである（花田1990a）。

　その上で，初現期（TK10型式期）の横穴墓の系譜を「北九州地方」に求めた点は注目される。花田氏は，河内の初現期の横穴墓形態である，家形天井・横長長方形[1]平面プラン（A1タイプ）やドーム天井・横長長方形平面プラン（A2タイプ）は畿内の横穴式石室の模倣として出現したのではないとし，福岡県行橋市の竹並遺跡の横穴墓との類似から当地域に系譜を求めた（同上）。そして，河内の横穴墓の出現は，豊前地域から海路で直接河内に伝播し，類似したものが高井田横穴墓群で築造されたことによるものと理解されている（花田1990a）。花田氏は河内の横穴墓の被葬者について，先の水野正好氏の指摘（水野1970）を受けて渡来系氏族とすることが妥当であると考えているため，豊前地域から河内へは情報の伝播を想定していると考えられる。

　さらに，MT85型式期は「河内型」の要素の定型化の時期と捉えられている。具体的には，方形の玄室平面プラン，玄室奥壁沿いの造付石棺，線刻画が特徴として挙げられ，これらが

河内地域である程度独自に萌芽した特徴であると考えられている（花田1990a, p.177）。また，造付石棺を有する横穴墓は，墓道の共有・開口方向の類似性と立地から把握される単位群の中核となるものであり，造付石棺の有無は被葬者の優劣を示すものと捉えられている（同上，p.191）。

このように花田氏の理解は，豊前からの一元的な系譜を想定したものであるといえるが，安村俊史氏はこの点に疑問を呈している（安村1992）。氏は，高井田横穴墓群の調査・報告を受け，2棺以上の場合の棺の配置について8基中7基がコの字形を呈することを指摘し，同様の棺床配置の事例がみられる肥後地域との関連を想定した。具体的には，「高井田横穴群の横穴は，豊前との交流がみられる肥後の一地域，あるいは肥後の影響を強く受けた豊前の一地域から伝播したもの」あるいは「横穴という埋葬形態を採用しつつ肥後型横穴式石室を理想として造られた」ものと考えている（同上，p.160）。また，その被葬者を中央政権のもとに組織化された何らかの生産活動に携わる集団とするならば，上記の形態的特徴より，九州から移住してきた石工集団が該当する可能性を指摘している（同上，p.169）。

以上のように，河内の横穴墓の出現については他地域との影響関係をふまえて議論が行われてきた。ただし，その前提となる形態変遷の検討には方法論的問題があると考えられる。花田氏が指摘した豊前地域からの伝播という説明が成立するには，河内地域における初現期の横穴墓形態が豊前の横穴墓と類似したものであることが前提となる。氏は，横穴墓を形態的属性によって分類し，それらの組み合わせから単位を設定してその時期的変遷を想定し，出土遺物からこれを検証するという方法をとっている（花田1988）が，玄室の天井形態と平面形態を重視した分類を採用して以降は，具体的な資料を挙げた時期的変遷の検証について触れられていないことに加え，形態変遷図に掲げられた資料の中に，遺物が出土していない横穴墓や，採集品のみの報告の横穴墓が含まれている（花田1990a, b, 1991）。また，その後，池上悟氏による基準長を用いた築造時期決定の方法を用いた検討も行われているが，基準長の時期的推移を検証した出土遺物については詳細に述べられていない（池上2008）。ゆえに，遺物の出土コンテクストを加味しつつ具体的な資料を提示して，先行研究が提示した時期的変遷の妥当性を検証する作業が必要であると考えられる。

この作業を通じ，河内地域における横穴墓の形態変遷を再検討した上で，豊前から河内への情報の伝播，あるいは肥後地方からの移住集団による造墓の可能性について議論するが，その際，棺床形態の詳細や時期的傾向を加味することも必要と考える。確かに玄室の平面形態・天井形態は，先行研究の指摘のように時期的変遷を把握する上で有効な属性であるが，横穴墓が墓である以上，遺体を埋置するための施設である棺床に対してどのような選択が成されているかは，横穴墓の出現を論じる上で重要である。

以上の問題点を解決することで，当地域における横穴墓の出現，河内地域の横穴墓の特徴やその成立の背景について，それらを採用した集団の位置付けをふまえつつ議論したい。なお，既出の花田氏と池上氏の研究では，陶邑TK10型式期を6世紀前葉，陶邑MT85型式期を6世

紀中葉，陶邑TK43型式期を6世紀後葉，陶邑TK209型式期を6世紀末－7世紀初頭と位置付けて議論されている。このうち，TK10型式期が6世紀前葉まで遡るかについては，意見が分かれるところであろう。本稿の指摘と先行研究のそれとの時期的併行関係の理解に混乱が生じることを防ぐため，時期については須恵器の型式名で記述をしておきたい。

3 資料と方法

分析対象資料は，大阪府柏原市に位置する高井田横穴墓群，玉手山東横穴墓群，安福寺横穴墓群の3遺跡の横穴墓である。平尾山古墳群中で横穴墓が少なくとも6基確認されている（柏原市教育委員会編1990）が，既述のように時期が先の三つの横穴墓群より降ることに加え遺構の遺存状態があまり良くないこともあり，今回は検討から除いている。

高井田横穴墓群では第1～第4支群で167基の横穴墓が確認されている。各横穴墓の報告は，柏原市教育委員会から刊行された報告書ないし花田勝広氏の論文において段階的に行われている（安村編1986，1987，1991，1992；花田1990b）。これらのうち，調査区外のため未調査の横穴墓90基，調査前に破壊された横穴墓4基を除いた分析可能資料数は73基である。安福寺横穴墓群における確認横穴墓数は40基である。各横穴墓の報告は，大阪府教育委員会と柏原市教育委員会によって段階的に行われている（水野編1973；柏原市教育委員会編1987；桑野編1987a，b；安村編1993，2001）。それらのうち，未調査の横穴墓17基を除いた23基から，さらに玄室未掘削[2]の横穴墓1基を除いた分析可能資料数は22基である。玉手山東横穴墓群にはA～C支群が存在し，36基の横穴墓が確認されている。各横穴墓の報告は大阪府教育委員会によって行われている（大阪府教育委員会編1969）。このうち，未調査の横穴墓14基を除いた22基から，さらに玄室未掘削の横穴墓1基を除いた分析可能資料数は21基である。

なお，調査では現状把握という目的のため，一部床面の堆積土の除去を行わずに遺構図が作成されている横穴墓がある。それらは，正確な平面形態や棺床形態などの床面の情報が不完全である場合があるが，検討可能な属性について取り上げるために今回の分析対象に含めた。

分析では，以上の116基の横穴墓を用いて，まず先行研究によって提示された河内の横穴墓の形態変遷を再度検討する。そのために，それらの諸研究で取り上げられた属性と変異をふまえて，横穴墓の形態を分類し変化の方向性を想定する。その後，出土遺物から築造時期が推定できる資料を用いてその検証を行う。なお，この検証に用いる資料については後述する。

次に，横穴墓の棺床形態の時期的変遷を検討する。棺床形態を，その種類と配置に注目して分類し，先に検討した形態変遷の結果もふまえつつ，どのような棺床形態がいつ出現しているのかを検討する。

最後に，以上の分析結果をふまえて，河内における横穴墓の出現・展開の背景について，先行研究が指摘してきた被葬者像，ないし他地域との関係と絡めながら考察する。

4 築造時期推定資料について

　問題の所在で述べたように，形態変遷の検証に用いる資料とその築造時期推定の根拠を明示しておく必要がある。本稿では築造時期を出土遺物から推定する方針をとるが，追葬や埋葬後の儀礼などによる遺物の片付けや新しい時期の遺物の副葬により，出土遺物がそのまま築造時期を示すとは限らないことは念頭においておくべきである。そのため，本稿では出土層位や追葬の可能性を出来る限り加味しつつ，築造時期の推定を行うこととする。

　対象資料の中で，確実にその横穴墓に伴う遺物が出土した資料から，時期の絞り込みが困難な器種や破片資料しか出土していないため，ないし遺物の実測図が報告されていないために築造時期推定が難しい資料を除くと，高井田横穴墓群で73基中20基，玉手山東横穴墓群で21基中12基，安福寺横穴墓群で40基中4基の合計36基となる。

　時期推定は次の基準で行った。遺物の出土位置・層位が判明している場合，床面直上から出土した遺物が示す時期を初葬すなわち横穴墓築造時期とした。床面直上から複数の時期にまたがる遺物が出土している場合は，基本的に最も古相の遺物の時期を築造時期としたが，遺物が前後する二つの型式のものでありかつ後出する型式のものが主体である場合は，先行する型式のものが後代に少数混ざって副葬された可能性が高いと考えられるため，後出する遺物の時期を築造時期とした。また，追葬時の墓道床面の遺物と，この上面の堆積土中の遺物とを比べた場合に前者が後者より新しい時期を示す場合があったが，後者の遺物の破片が羨道部床面の破片と接合することから初葬時に玄室に置かれた遺物が追葬時に玄室外に出された可能性があることが指摘されている（安村編1992）ことを加味し，墓道で追葬時床面より上層から古相の遺物が出土している場合は，これを築造時期と認定した。遺物の出土層位が明らかになっていない場合，これが初葬に伴うものか追葬に伴うものかは判断し難い。このような場合，少なくと

第1表　時期推定資料一覧

遺跡名称	遺構番号	時　期	遺跡名称	遺構番号	時　期
高井田	2-5（2号）	MT85-TK43以前	高井田	4-39(75号)	TK10以前
高井田	2-6（1号）	TK43-TK209以前	高井田	4-42（C号）	TK10
高井田	2-11（8号）	TK10	玉手山東	A-2	MT85orTK43以前
高井田	2-12（10号）	TK10	玉手山東	A-3	MT85orTK43以前
高井田	2-13（15号）	MT85	玉手山東	A-4	MT85orTK43以前
高井田	2-17（13号）	TK43	玉手山東	A-5	TK43orTK209以前
高井田	2-57（E号）	TK43	玉手山東	B-4	TK43以前
高井田	2-59	TK10	玉手山東	B-5	TK43以前
高井田	3-11（66号）	MT85	玉手山東	B-6	MT85orTK43以前
高井田	3-12（67号）	TK43以前	玉手山東	B-10	TK209
高井田	3-13（68号）	TK209以前	玉手山東	B-11	MT85〜TK209以前
高井田	3-26（A号墳）	TK43	玉手山東	B-15	MT85〜TK209以前
高井田	3-29	MT85以前	玉手山東	B-18	MT85〜TK209以前
高井田	3-30	TK43	玉手山東	B-19	TK43以前
高井田	4-1（112号）	TK43	安福寺	西-5	TK43
高井田	4-27（82号）	TK209	安福寺	南-4	MT85orTK43以前
高井田	4-28（81号）	TK43	安福寺	南-17	MT85
高井田	4-33（80号）	TK10	安福寺	南-18	TK209

※高井田横穴墓群の括弧内の番号は旧報告時のもの

も遺物のうち最も古相の一群が示す時期には横穴墓が築造されていたということは判断できるため，築造時期を最も古相の遺物が示す時期ないしそれ以前と推定した。以上の方針で，各資料について推定した築造時期は第1表に示している。

5　横穴墓の形態変遷の検討

研究史の項で述べたように，河内の横穴墓では玄室天井形態と玄室平面形態が時期的に変化する主要な属性と考えられている。そのため，この二つの主要属性を用いて横穴墓の形態分類を行う。各属性の変異は先行研究を参考にして，以下のように設定する。

玄室天井形態は，天井と側壁を切り込み段によって区画することで家形を模倣した形からの簡略化が想定された（久貝1973他）が，その後，家形模倣のものとドーム形のものが同時併存するとの理解が提示されている（花田1988他）。これをふまえて，天井形態を以下の四つに区分する（第2図）。

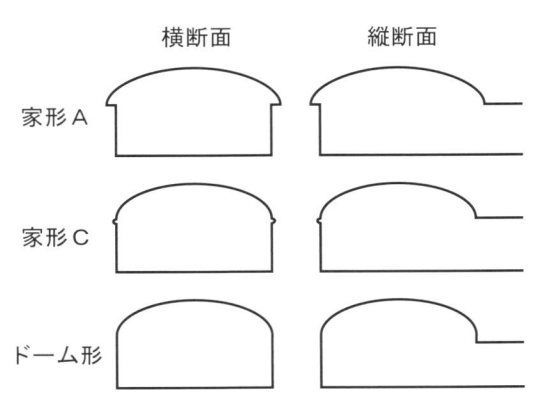

　家形A：天井と側壁を切り込み段によって区画して，上部はドーム状に造るもの
　家形B：天井と側壁の境の切り込み段が一部溝や線になり，上部はドーム状に造るもの
　家形C：溝や線によって天井と側壁を区画し，上部はドーム状に造るもの
　ドーム形：天井と側壁の境が不明瞭になり，単なるドーム状を呈するもの

玄室平面形態については，方形を意識して丁寧に仕上げた整正と，方形が意識されておらず工具痕が残る不整形のものとをまず区分する[3]。さらに前者については，横長長方形から正方形に近いもの，縦長長方形へと変化すること（花田1990a他），さらに隅丸台形，隅丸横長長方形のものが後出すること（久貝1973；花田1988）が指摘されている。これらを検討するため，整正のものについては以下のようにさらに三つに区分する。

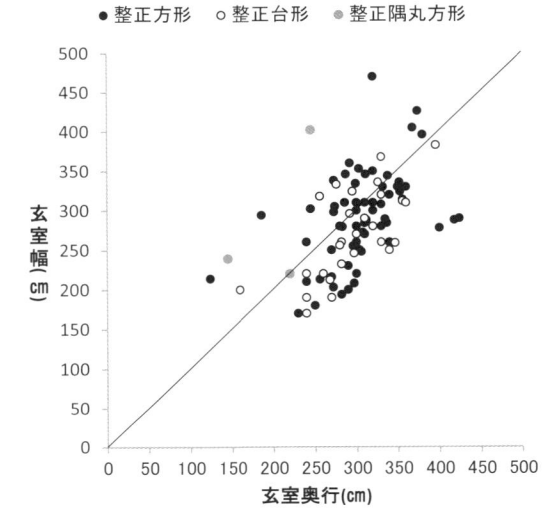

　整正方形：壁面が直線的で隅角を丁寧に削り出す正方形ないし長方形のもの
　整正台形：壁面が直線的で隅角を丁寧に削

第2図　玄室天井形態分類模式図

※家形Bは一部の壁がAと同じく切り込み段に、一部がCと同じく溝ないし線になる

第3図　玄室奥行と幅の値の散布図

第2表 玄室平面形態と天井形態の組み合わせ

	家形A	家形AorB	家形B	家形BorC	家形C	ドーム
整正方形	38	1	6		11	9
整正台形	11	1	2	1	7	4
整正隅丸方形						3
不整形				1		12

り出し、奥ないし手前が狭まる台形のもの

整正隅丸方形：壁面がやや丸みを帯び四隅を丸く削り出した正方形ないし長方形のもの

これらの整正平面形態のものが縦長か横長かについて検討するために、玄室奥行と玄室幅とをそれぞれ軸にとった散布図を、上記の区分ごとにドットの色を変えて作成した（第3図）。グラフ中の補助線は奥行と幅が1：1となる点を結んだものであり、この線より上に位置するものは横長、下に位置するものは縦長となる。この結果をみると、まず全体の傾向として、奥行・幅300cm付近と奥行250cm・幅200cm付近とを中心に多くの資料が集中するということが指摘できる。つまり、奥行と幅がほぼ同じになるような形を志向した一群と縦長を志向した一群とが認められるということである。またこの結果からは、後者が前者よりも玄室幅を減じた幅狭のものであるということがうかがわれる。さらに、ドットの色、すなわち平面の形に着目してグラフをみると、上記の傾向が整正方形・整正台形に共通して認められることがわかる。一方、整正隅丸方形については3基中2基が横長であることから、横長が志向された可能性が指摘でき、整正方形・整正台形とは傾向が異なるといえる。なお、整正方形、整正台形についてはここで用いた数値から細分することも試みたが、サイズやプロポーションに明確な不連続が認められなかったため、ここでは傾向を示すに留める。

次に、玄室平面形態と玄室天井形態の属性の組み合わせを検討したものが第2表である。天井部が一部崩壊していて家形のどれにあたるかを絞り込むことができなかった資料があり、それぞれ家形AorB、家形BorCとしている。

表をみると、整正方形・整正台形はどの天井形態とも組み合うことが指摘できる。また、どの場合も、整正方形と比べると整正台形の方が少ない。このことは、整正台形が整正方形とは区別したものとして造られていたというよりは、整正方形を志向しつつも何らかの理由で一辺が対向する辺と平行にならなかった可能性を示唆し、その間に時期差を想定する必要はないかもしれない。この点は、先の玄室平面形態と縦横比との関係の検討結果とも整合的である。

整正隅丸方形はドーム形と組み合う。数は少ないが、角や境界をあまり意識していない一群であると考えられる。また、整正方形・整正台形とは傾向が異なるという点は、やはり先の玄室平面形態の縦横比の検討結果と整合する。

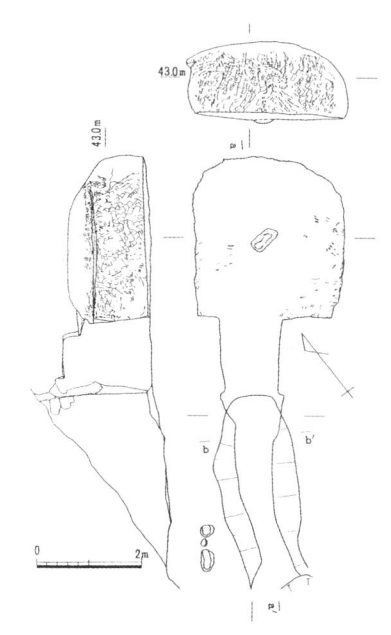

第4図 高井田2-13号墓（安村編1992より引用・改編．S=150分の1）

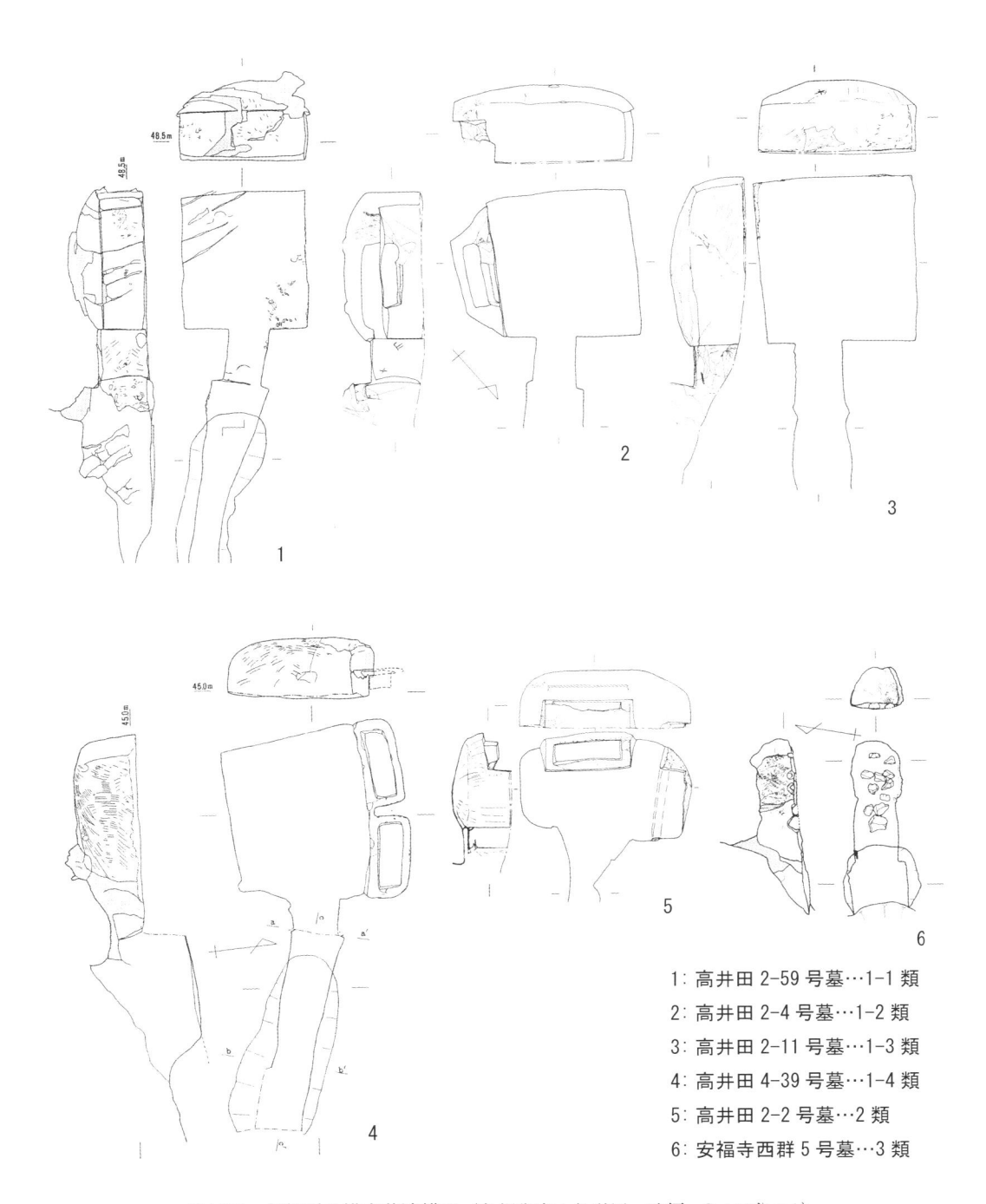

1: 高井田 2-59 号墓…1-1 類
2: 高井田 2-4 号墓…1-2 類
3: 高井田 2-11 号墓…1-3 類
4: 高井田 4-39 号墓…1-4 類
5: 高井田 2-2 号墓…2 類
6: 安福寺西群 5 号墓…3 類

第5図　各類型の横穴墓遺構図（各報告書より引用・改編．S=150分の1）

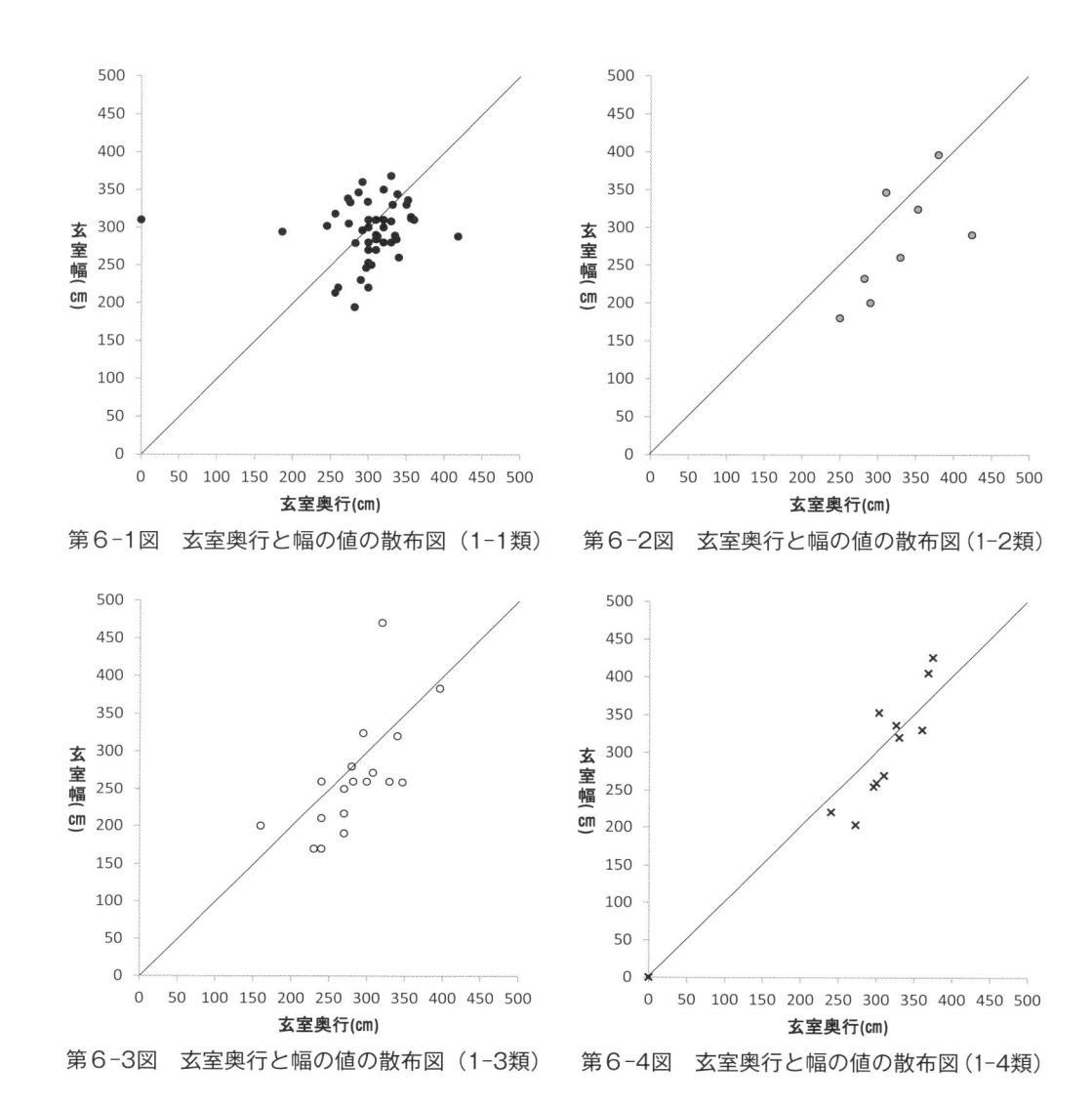

第6-1図　玄室奥行と幅の値の散布図（1-1類）　第6-2図　玄室奥行と幅の値の散布図（1-2類）

第6-3図　玄室奥行と幅の値の散布図（1-3類）　第6-4図　玄室奥行と幅の値の散布図（1-4類）

　不整形は，家形Ｂと組み合うものが１基あるが，基本的にはドーム形天井であるといえる。家形Ｂと組み合うものは高井田第２支群13号墓（第４図）であるが，左側壁にのみ壁面と天井部の境に切り込み段を掘り込んでおり，玄門側は隅角を取っているが奥壁側の成形が十分でない。これらのことより，本横穴墓では玄室奥部と右側壁の成形および全体の仕上げに至っていない状態で掘削を終えたものと理解される。何らかの理由で未完成のままになっているという点では，不整形・ドーム形天井の組み合わせのものと同様の範疇で捉えられる。
　以上の検討結果から，整正方形・整正台形は傾向を一にする一群であり，天井形態との組み合わせによって細分が可能であるということ，整正隅丸方形－ドーム形天井は角や境界をあまり意識していない横長傾向の一群であること，不整形のものは天井部をどこまで整形しているかに差はあるが，基本的には何らかの理由で整形をしていない一群であることが明らかになっ

た。このことをふまえ，玄室平面形態を主属性として，整正方形・整正台形の一群については玄室天井形態からこれを細分し，横穴墓を次のように分類する（第5図）。整正方形・整正台形の平面形の縦横比の傾向については，第6図を参照されたい。

　1-1類：玄室平面形態が整正方形ないし整正台形で，玄室天井形態が家形Aのもの。縦横比は奥行：幅＝1：1を基本とするが，縦長傾向のものもある。

　1-2類：玄室平面形態が整正方形ないし整正台形で，玄室天井形態が家形Bのもの。縦横比は奥行：幅＝1：1に近いものと縦長傾向のものが同程度ある。

　1-3類：玄室平面形態が整正方形ないし整正台形で，玄室天井形態が家形Cのもの。縦横比は縦長の傾向にあるものの方が多い。

　1-4類：玄室平面形態が整正方形ないし整正台形で，玄室天井形態がドーム形のもの。縦横比は奥行：幅＝1：1に近いものと縦長傾向のものが同程度ある。

　2類：玄室平面形態が整正隅丸方形で，玄室天井形態がドーム形のもの

　3類：玄室平面形態が不整形で，玄室天井形態がドーム形を基本とするもの

　そして，先行研究の指摘をふまえると，これらの類型は，家形天井については1-1類→1-2類→1-3類というように簡略化の方向に沿って時期的に配列され，ドーム形天井の1-4類はこれらと併存すると想定される。また2類については，先行研究で隅丸方形の平面形態が整正方形などに後出すると指摘されていることから，1類に後出すると想定される。また，3類については本稿で新たに設定した単位であるが，2類からさらに簡略化したものとしてこの後に位置する可能性が想定される。次に，この想定が正しいかどうかを，前項で築造時期を確定した資料を用いて検討したい。

　類型と築造時期との関係について模式的に示したものが第7図である。図中の数字は，その左に引かれた線の時期に属する資料数を示す。実線より前の時期に破線が引かれている場合は，

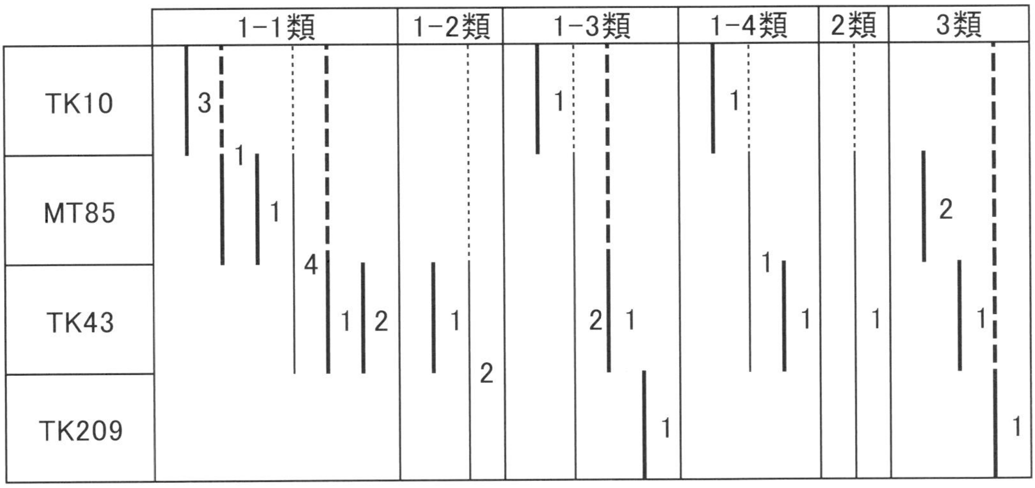

第7図　類型と時期の関係

その資料の時期が実線の部分よりも遡る可能性があることを示す。細い線は，時期を一型式期に絞り込むことが困難であった資料が位置付けられ得る時間幅を示す。

これをみると，確実にTK10型式期に遡るものに1-1類，1-3類，1-4類があることがわかる。また，1-2類，2類，3類がこの時期まで遡る可能性もある。少なくとも，この段階で四壁に切り込み段を設けない天井形態が出現しているということは指摘できよう。このことより，花田氏の指摘のように四壁に切り込み段を有する家形天井とドーム形天井とは同時期に出現・併存することがわかる。かつ，壁面と天井の境が線のみになるものは後出すると考えられていたが，これについても出現が遅れる訳ではないといえる。ただし数量をみると，TK10型式期には1-1類が多数である可能性が高い。

MT85型式期には3類の出現が確実となる。1-2類，2類もこの時期に出現する可能性がある。1-1類はこの時期にも継続し，1-3類，1-4類も継続する可能性が高い。この時期に位置付けられた資料数が少ないため数量的な傾向については言及し難いが，1-1類でTK85型式ないしTK43型式期に位置付けられる資料が4基あり，どちらかの時期に割り振られることを加味すると，MT85型式期においても1-1類が主体であった可能性が想定される。

TK43型式期には1-1類，1-2類，1-4類，3類が確認できる。また，1-3類，2類についてもこの時期に存在する可能性がある。このように，TK43型式期にはいずれの類型も存在していた可能性が高く，形態のバリエーションが最も多い時期であると考えられる。

TK209型式期に位置付けられるものは，1-3類，3類である。また，1-2類，2類についてもこの時期に降る可能性がある。1-1類や1-4類でこの時期に降る資料は，可能性のあるものも含めて確認できていないため，終焉の時期が早いと推定される。このようにTK209型式期は，一部の類型の築造が停止する時期と考えられる。

以上の検討結果からは，当初想定された1-1類→1-2類→1-3類，あるいは1類→2類という簡略化の方向での段階的な変化はおえないということが明らかになった。また，3類についても2類に後出するということはいえない。これらのことより，玄室平面形態と天井形態からみた場合の河内地域の横穴墓の変化は，次のように説明できる。TK10型式期には，横穴墓が，整正方形・整正台形の平面形かつ四壁に切り込み段を有する家形天井あるいはこれより簡易な線のみで四壁と天井を区画する家形天井，さらにはドーム形天井を有するものなどバリエーションをもって出現する。MT85型式期，TK43型式期にはこれに加えて，切り込み段を全ての壁には彫り込まない類型や，2類のような角を意識しない類型，3類のような何らかの理由で玄室が不整形の類型が存在し，様々な形態が併存する。そしてTK209型式期には比較的簡易な類型が継続し，横穴墓築造の終焉を迎える。また，これらのことは，玄室平面形態と天井形態の組み合わせによって築造時期を絞り込むのが難しいことを示すといえる。

6　棺床形態の検討

前項の結果をふまえて，次に遺体を埋置した棺床の形態について検討する。棺床は，築造時

に直接掘り込んでいるのかあるいは敷石を施すのか，棺を持ち込むのかなどその種類に加えて，一部それらの配置[4]を加味し以下のように区分する。なお今回は，築造時の棺床形態を検討するために，初葬より後に追加されたと考えられる棺床は除いて分類を行った。

造付石棺：横穴墓築造時に，床面に石棺の身を掘り込んだもの（第5図の2・4・5参照）。蓋石を伴うことがある。配置については奥壁沿い，左右[5]側壁沿いなど様々である。なお，1基のみ石棺の中を割り抜く前に築造を止めているものも便宜上ここに含めているが，その段の上に遺体を置いたのかは不明である。

造付石棺・造出屍床併用：横穴墓築造時に，造付石棺とこれよりも高さの低い台状の造出屍床を掘り込んだもの。配置は，造付石棺を奥壁平行に，造出屍床をその手前の左右にする。現状で確認できるのは1基のみである。

造出屍床：横穴墓築造時に低い台状の屍床を掘り込んだもの。配置は奥壁沿いである。なお，原位置を保っていない棺台石と鉄釘が屍床付近から出土していることより，屍床に直接遺体を埋置した可能性に加えて，棺台として使用された可能性もある。現状で確認できるのは1基のみである。

溝区画：横穴墓築造時に床面に溝を掘り込んで屍床を区画したと考えられるもの。奥壁沿いを区画する。現状で確認できるのは1基のみである。

木棺：鉄釘を使用した釘付け式の木棺である。多くの場合，棺台石あるいは小礫を敷いた上に乗せられたと推定される。配置は奥壁沿いに置かれたと考えられるものが1基と玄室中央に主軸平行方向に置かれたと考えられるものが1基ある他は，原位置を保っていないため不明である。

陶棺：土師質ないし須恵質の陶棺[6]がある。いずれも配置は不明である。土師質・須恵質それぞれ1基ずつ確認される[7]。

箱式石棺：板状の石材を組み合わせた箱式石棺である。現状2基確認され，うち1基は玄室右側壁沿いに設置されており横口部などの付かないものである。もう1基は散在した棺材が出土しているのみで詳細は不明である。

棺床なし：棺床が確認できないもの。遺体をそのまま床に置いたか，蓆などを敷いていた可能性が想定されるが，現状では判断できない。

以上の分類単位の資料数を示したものが第3表である。これをみると，河内地域の横穴墓で主体を成すのは棺床なしであり全体の6割前後，次いで造付石棺と木棺を用いるものがそれぞれ2割弱あることが特徴といえる。これ以外の棺床形態は1基ないし2基である。また，造付石棺を採用するものについてその配置の内訳を示したも

第3表　各棺床形態の数量

初葬の棺床形態	数量
造付石棺	20
造付石棺・造出屍床	1
造出屍床	1
溝区画	1
木棺	18
陶棺	2
箱式石棺	2
なし	60

第4表　造付石棺の配置ごとの数量

初葬の造付石棺の配置	数量
奥	10
右	5
コの字	2
L字	1
左	1
中央	1

第5表　棺床形態と時期との関係

築造時期	造付石棺	造付石棺・造出屍床	造出屍床	溝区画	木棺	陶棺	箱式石棺	なし
TK10以前	1							
TK10	1				3			1
MT85以前				1				
MT85					2			1
MT85-TK43以前	3				1			2
MT85-TK209以前					2			1
TK43以前	1				1		1	1
TK43	2				5			
TK43-TK209以前					1			1
TK209	1		1		1			
不明	10	1			2	2	1	53

のが第4表である。この結果から，河内地域の横穴墓の特徴の一つである造付石棺は，奥壁沿いに掘り込まれるものと右側壁沿いに掘り込まれるものが主体を成すことが分かる。

次に，棺床形態の時期的変遷について検討するために，築造時期との関係を第5表に示した。これをみると，TK10型式期からTK209型式期まで造付石棺ないし木棺を有する横穴墓が存在することが確認できる。また，棺床なしについても時期不明の資料が多いことを加味すると上記の時期を通じて存在した可能性が高いと考えられる。すなわち，これらの棺床形態が河内地域の横穴墓築造期を通じて採用されたと推定される。

その他の棺床形態については，奥壁沿いに造出屍床を造るものがTK209型式期に位置付けられる他は，溝区画についてはMT85型式期かこれ以前，箱式石棺についてはTK43型式期かこれ以前と，時期幅を含みつつ位置付け可能である。これらのことは，前項で検討した玄室平面形態と天井形態の組み合わせのバリエーションが増加する時期に，棺床形態のバリエーションも増えている可能性を示唆する。

また，造付石棺の配置の違いが時期差かを検討するために，配置と築造時期との関係を第6表に示した。これをみると，TK10型式期ないしこれ以前に位

第6表　造付石棺の配置と時期との関係

	奥	右	コの字	L字	左	中央
TK10以前		1				
TK10			1			
MT85-TK43以前		1		1	1	
TK43以前	1					
TK43		2				
TK209	1					
不明	8	1	1			1

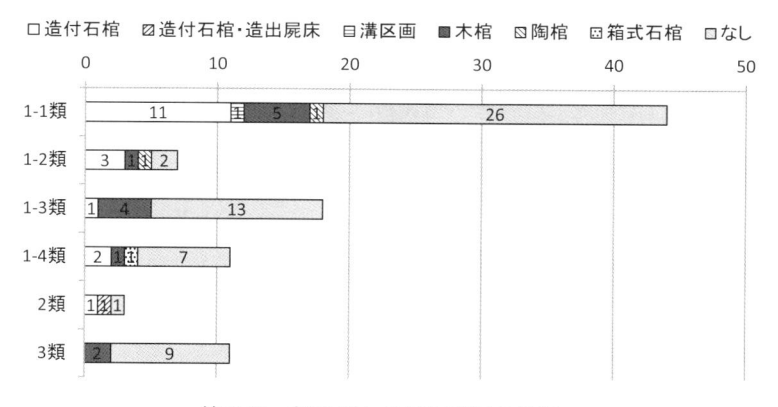

第8図　類型ごとの棺床形態の数量

置付けられる造付石棺は，奥壁沿いと手前の左右側壁沿いにコの字形に配したものと，右側壁沿いに配したものである。次いでMT85型式期からTK43型式期かこれ以前には，数量的に最も多い奥壁沿いに造付石棺を配したものが出現しており，奥壁と右側壁沿いに造付石棺をL字形に配したもの，左側壁沿いに造付石棺を配したものなどバリエーションも増加する。以上をふまえると，河内地域における造付石棺を採用した横穴墓は，TK10型式期にコの字形あるいは右側壁沿いの配置のものが出現し，TK85型式期・TK43型式期には奥壁沿い・右壁沿いを中心として定型化しつつ，他の配置のものも造られるようになるという変化をみせるようである。

　最後に，以上の棺床形態と前項で検討した類型との関係についてみておく。類型ごとの棺床形態の存在数を示した第8図をみると，河内地域で主体を成す造付石棺，木棺，棺床なしは特に1類についてどの類型とも組み合うといえる。ただしその数に着目すると，造付石棺採用例は1-1類で最も多い。このことから，造付石棺と整正方形・整正台形，家形天井Aとの相関が高いということであり，造付石棺を採用したものは玄室天井形態の整形にも手間を惜しんでいないという傾向が指摘できる。

7　河内地域における横穴墓の出現・展開の背景について

　以上の分析結果をふまえ，まずは河内地域における横穴墓の出現とその背景について考察したい。TK10型式期における当地域の横穴墓については，研究史の項で言及したように九州地

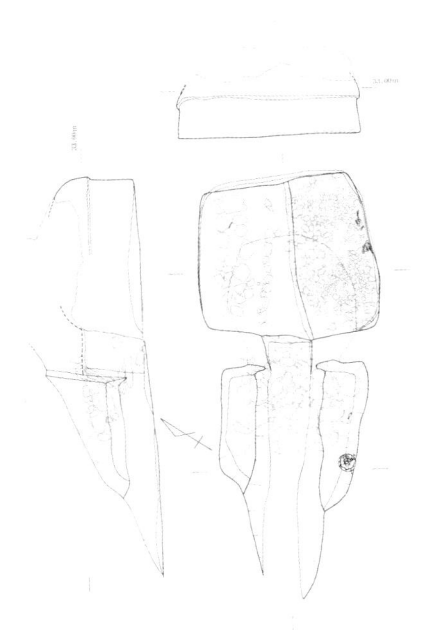

第9図　上ノ原横穴墓群44号墓
（村上・吉留編1991より引用・改編.
S=100分の1）

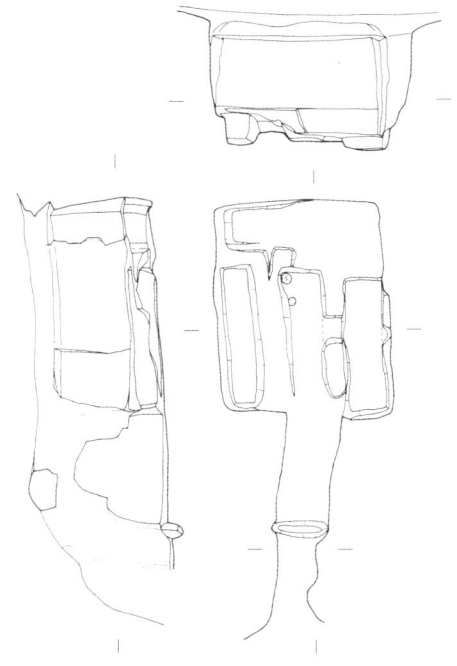

第10図　高井田第4支群42号横穴墓
（安村編1992より引用・改編. S=100分の1）

方豊前地域からの直接的伝播が想定されている（花田1988, 1990a, b, 1991）。その中で比較に用いられた竹並遺跡に加え，福岡県中津市の上ノ原横穴墓群においても，6世紀初頭前後に玄室平面形が隅丸方形を基本とし，ドーム形天井のものが主流を占めることが明らかになっており（村上1991a），その中には四壁と天井部との間に切り込み段を有するものも確認できる（第9図）。このように，玄室平面形態，天井形態からみた場合，河内地域の初現期の横穴墓は，6世紀に入った頃に定型化（村上1991b）する九州地方の横穴墓のうち，豊前地域の横穴墓の一部に系譜が求められることが追認できる。

一方，棺床形態についてはこれとは異なる傾向が指摘できる。前項で検討したように，河内地域の初現期の横穴墓の棺床形態は，棺床なしに加えて，造付石棺，木棺であった。一方，玄室平面形態・天井形態の系譜が求められる豊前地域の横穴墓は，棺床なしあるいは礫敷きのものが主体を占める（拙稿2011）。棺床なしが各地域に普遍的に認められるものであるためこれを差し引くと，棺床形態の系譜は豊前地域には求められないと考えられる。なお，九州地方全体をみても，有縁の造出屍床を有するものが地域によっては一定数認められるが，深さのある棺を掘り込むものは管見の限り認められない。また，釘などの出土から木棺の使用が想定される事例も確認できない。

また，既に述べたように，棺の配置がコの字形になる事例については中九州肥後地域からの集団の移住の可能性も指摘されており（安村1992），TK10型式期に位置付けた高井田第4支群42号墓（第10図）の造付石棺がコの字形配置をとることは，このことと関連して注目される。ただし，中九州の横穴墓の棺床形態の主流であるコの字形配置の造出屍床の祖形は，同地域の首長墳と考えられる古墳の石室に求められ（小田1975），特に菊池川流域のものは，奥屍床の前面に家形の浮彫を施すことによって石屋形を表現した装飾を伴う形で出現している（高木1999）。つまり，中九州の横穴墓のコの字形造出屍床は，同地域の横穴式石室の「開かれた棺」（和田2003）を祖形としたものであると理解される。一方で，河内地域の造付石棺は既述のように蓋石を伴う例があり，横口などは付かないため，密閉する棺であった可能性が高いものと判断される。高井田第4支群42号墓についても，一部破壊されてはいるが横口の付かない棺であったと推定される。以上のことから，河内地域の横穴墓初現期に認められるコの字形配置の造付石棺については，その配置という点では中九州からの影響を否定しきれるものではないが，遺体の埋置の仕方という点は畿内的な要素として捉えられ，その造営者が中九州からの移住集団であった可能性は低いと考えられる。以上より，河内地域における初現期の横穴墓は，九州地方からの影響が認められるものの，そこに畿内的な棺の使用を組み合わせたものとして出現したものと理解できる。

この時期，すなわちTK10型式期に当地域で造墓を始めた高井田横穴墓群の集団の性格について検討する際，先行研究でも指摘されてきた渡来人ないし渡来系集団との関連は無視できない。河内地域には，渡来系の集団から派生した氏（西文氏，武生氏，蔵氏，葛井氏，船氏，津氏）が居住していたことが指摘されており（井上1943），その背景は，巨大古墳の築造に際して必

要となった様々な先進的技術を持つ渡来系集団を古墳群の周辺に入植させた結果であると指摘される（白石2007）。そして，その結果当地域に定着した生産活動の一端を示す資料として，5世紀前葉から7世紀前葉の長期に渡って操業された大県遺跡・大県南遺跡の鍛冶専業集落が挙げられる（花田1989）。

　また，高井田横穴墓群が営まれた丘陵の頂部に位置する高井田山古墳は，副葬品の系譜，主体部である横穴式石室の形態やそこで行われた二棺並列埋葬，また上記の大県遺跡・大県南遺跡との関係などによる被葬者の検討（亀田1993；安村・桑野編1996；太田2001）をふまえると，渡来人ないし渡来系の遺物・葬送行為を享受できる環境にあった在地の人物（亀田1993, p.766）という被葬者像を想定することが妥当であろう。特に，石室形態や副葬品，埋葬形態の系譜が半島の中でも百済と共通すると考えられている点，古墳の時期が5世紀後葉に位置付けられる点からすると，その背景には半島における高句麗の南下と475年の漢城陥落，これに伴う列島への集団の流入との関連が想定される。そして，同一丘陵の頂部と斜面にそれぞれ造られた高井田山古墳と高井田横穴墓群が全く無関係とは考え難く，先の高井田山古墳の議論を加味すると，高井田横穴墓群の被葬者は造営開始期前後に半島おそらくは百済から移住してきた集団，あるいは既に定着していた渡来系集団が高井田山古墳の被葬者の下に編成された可能性が高いと考えられる。彼らの故地や生業について断定する材料は現在持ち合わせていないが，上記の諸点を加味すると，半島の先進技術を持ったあるいは入手できる立場にあった人々を取り込もうとするヤマト政権の意図がそのような集団編成の背後にあったと考えられる。

　そして，MT85型式期からTK43型式期には，高井田での造墓が継続しつつ，玉手山東横穴墓群・安福寺横穴墓群など玉手山丘陵の周辺にも横穴墓の造営が拡大する。紙幅の都合上，検討ができなかったが，玄室平面形態・天井形態の特徴や造付石棺・木棺などの棺床形態は墓群間で共有される。このことは，後続する玉手山丘陵の横穴墓群の被葬者集団が，高井田の被葬者集団と横穴墓という墓制かつその形態的特徴を共有するような関係にあったことを示す。その関係については現状では断定することが難しいが，上記の横穴墓群の被葬者集団が例えば部民などとして一つに編成されていた，あるいは玉手山丘陵の横穴墓群の被葬者集団が高井田の集団から派生したものであったがゆえに墓制が共有されたなどの可能性を想定しておきたい。

　加えて，当該期の横穴墓は属性の組み合わせによって多様な形態をみせており，特に棺床形態に新たなものが取り入れられる傾向が想定された。それは，造付石棺の配置の多様化のように，規範が緩くなったあるいはその時々の必要性に応じて変化したためと理解できるもののみではなく，組合式石棺や陶棺などそれまでにはみられなかった棺床の採用を反映したものである。特に，陶棺については，土師質／須恵質の別によって土師部（氏）の棺（丸山1971）ないしミワ部の棺（菱田2005）といった部民集団との関連が指摘されている。これらの指摘を吟味することは本稿の議論の範疇を越えているため差し控えるが，少なくともそれまでの棺床とは異なる脈絡のものが採用されたということはいえるだろう。このように理解できる棺床形態のバリエーションの増大は，横穴墓群が基本的に親族集団によって営まれているという理解（田

中1995）が当地域の場合にも適用可能であるとすれば、世代が降るにつれてその中に新たな集団として編成された者が現れたことによると理解できるのではないか。

　最後に、河内の横穴墓の出現・展開を以上のように理解したとき、初期に認められた九州地方豊前地域からの中間地域を介さない影響の背景はどのように理解できるのかについて予察的ではあるが述べておきたい。影響元と想定された豊前地域、特に竹並遺跡・上ノ原横穴墓群自体や周辺領域では長期的に半島の要素の分布が確認でき、渡来人あるいは渡来系集団の居住が想定される場合もあった（亀田2004）。上ノ原横穴墓群では、5世紀代に半島から入ってきて列島で定着する玄室内食物供献儀礼の事例が確認されており（村上・吉留編1991）、これが半島系の人物あるいは半島との関わりが強い人物が被葬者として想定される丘陵上の幣旗邸1号墳とも共通する。このことから、上ノ原横穴墓群の被葬者集団の中に渡来人ないし渡来系の人物が含まれた可能性が想定される。このように、影響関係が想定される豊前地域、河内地域が渡来人・渡来系集団というキーワードでつながることより、先の影響関係の背景は列島における渡来系集団の編成原理と関わる可能性が想定される。ただし、現状では検討が十分でないため、ここで仮説として提示し具体的な議論については別稿を用意したい。

8　おわりに

　「考古学は科学か」という問いに対する執筆者の回答は「科学でなければならない」である。そのために、仮説とそれが検証された形としての事実の峻別、かつ検証作業の際の資料と方法の明確化が必要性であることは、田中先生から常日頃教えていただいたことである。本稿では、このことを意識し、河内地域の横穴墓の出現と展開の背景を論じる基礎となる形態変遷の把握の方法論的手続きを意識しつつ分析を行ったつもりである。また、先生は検証されて事実として認定される学説の面白さは、どれだけ面白い仮説が立てられるかにかかっているということを折に触れておっしゃっていた。そのために必要な、先学が明らかにしてきた事実を理解し組み立てて提示するという作業の研究に占める重要性は大きい。本稿で提示した仮説にはその体すら成していないものも含まれ、再検討の後に検証作業を行うことが必要と考える。

　最後になりましたが、田中良之先生からこれまでにいただいた様々なご指導に深く感謝するとともに、その学恩に報いるべく今後更なる研鑽を積むことをここに誓います。

■註
1）ここで花田氏が横長としているものは、安福寺横穴墓群南群17号墓のような玄室幅が玄室長よりも若干大きいものであり、顕著な横長ではないと考えられる。
2）河内の横穴墓の中に未完成のものがあることは、横穴墓の掘削過程の復元を通じた花田勝広氏の研究で既に指摘されている（花田1988）。花田氏は、①玄室内に被葬者の埋葬が全く認められず、副葬品等の出土遺物がないこと、②その形態・平面形が不定形で壁面に工具痕を多数残し、凹凸が著しいこと、③未完成で廃棄されているため開口すること、を未完成横穴墓の特徴として挙げている。しかし、安福寺西群5

号墓のように，玄室壁面に工具痕が残りつつも被葬者の埋葬が行われている事例があることより，上記の②の条件は必ずしも当てはまらないと考えられる。また，開口した横穴墓では盗掘などによって副葬品が発見されないことは間々あり，人骨の出土がないことも多い。以上より，①・③の条件から未完成横穴墓を認定することは難しいと考え，本稿では不整形でも玄室を掘削しているものについては墓として使用されたものとして分析対象資料に含めることとする。

3）不整形の横穴墓の扱いについては註1を参照されたい。
4）敷石や木棺・陶棺などの持ち込まれた棺の場合，埋葬後の移動などで原位置が分からないものが多い。その場合，配置は加味しないものとする。
5）関西地方では，玄室の左右を表記する際，奥壁側から玄門側をみた想定で記載することが通有であるが，本稿では横穴墓の築造者に思いを馳せて玄門側から奥壁をみた想定で左右を記載する。
6）高井田横穴墓群第2支群4号墓出土の須恵質甕と報告されていた破片3点は，陶棺であることが明らかにされている（河内2015）。第2支群4号墓では，追刻の可能性が高い造付石棺が確認されていたが，陶棺の発見によりこれが初葬時の棺床である可能性が高いと考えられる。
7）なお，どの横穴墓に伴うものであるか不明のためここには反映されていないが，玉手山東横穴墓群でも採集品ではあるが土師質陶棺の破片が出土している。

■参考文献

花田勝広，1988．横穴墓の造墓技術―河内の横穴墓を中心に―．ヒストリア 第120号，1-16．
花田勝広，1989．倭政権と鍛治工房―畿内の鍛治専業集落を中心に―．考古学研究 第36巻第3号，67-97．
花田勝広，1990a．畿内横穴墓の特質．古文化談叢 第22集，163-195．
花田勝広，1990b．河内の横穴墓―高井田横穴群の基礎的調査―．考古学論集 第3集，283-348．
花田勝広，1991．近畿横穴墓の諸問題．おおいた考古 第4集，63-92．
久貝健，1973．安福寺横穴群をめぐる諸問題．水野正好（編），玉手山安福寺横穴群調査概要―柏原市玉手町所在―．大阪府教育委員会，大阪，pp.18-25．
菱田哲郎，2005．須恵器の生産者―五世紀から八世紀の社会と須恵器工人．上原真人・吉川真司・白石太一郎・吉村武彦（編），列島の古代史4 人と物の移動．岩波書店，東京，pp.203-240．
井上光貞，1943．王仁の後裔氏族とその仏教．史学雑誌 54-9，1-71．
岩橋由季，2011．九州北部の横穴墓における形態的類似とその背景．九州考古学 第86号，65-83．
亀田修一，1993．考古学から見た渡来人．古文化談叢 第30集（中），747-778．
亀田修一，2004．豊前西部の渡来人―田川地域を中心に―．福岡大学考古学論集―小田富士雄先生退職記念―．小田富士雄先生退職記念事業会，福岡，pp.547-564．
柏原市教育委員会（編），1987．柏原市埋蔵文化財発掘調査概報．柏原市教育委員会，柏原市．
柏原市教育委員会（編），1990．平尾山古墳群―大平寺山手線建設に伴う その3―1988年度．柏原市教育委員会，柏原市．
河内一浩，2015．高井田横穴群出土の陶棺―須恵系陶棺の製作年代と生産地―．柏原市立歴史資料館報 第27号，41-46．
近藤義郎（編），1992．前方後円墳集成 近畿編．山川出版社，東京．
桑野一幸（編），1987a．玉手山遺跡 1983，1984年度．柏原市教育委員会，柏原市．
桑野一幸（編），1987b．柏原市埋蔵文化財発掘調査概報 1986年度．柏原市教育委員会，柏原市．
丸山竜平，1971．土師氏の基礎的研究―土師質陶棺の被葬者をめぐって―．日本史論叢 第2輯，44-71．
松村隆文，1988．畿内の横穴墓．大阪府埋蔵文化財研究紀要Ⅰ，61-84．
水野正好，1970．群集墳と古墳の終焉．古代の日本5．角川書店，195-212．

水野正好（編），1973．玉手山安福寺横穴群調査概要―柏原市玉手町所在―．大阪府教育委員会．

村上久和・吉留秀敏（編），1991．上ノ原横穴墓群Ⅱ．大分県教育委員会，大分．

村上久和，1991a．横穴墓の時期と形態変遷．村上久和・吉留秀敏（編），上ノ原横穴墓群Ⅱ．大分県教育委員会，大分，pp.385-386．

村上久和，1991b．北九州周辺の横穴墓 ―発生期の横穴墓をめぐって―．おおいた考古 第4集，1-6．

小田富士雄，1975．横穴墓総覧 北九州地方．歴史読本 第20巻第8号，112-116．

大阪府教育委員会（編），1969．柏原市玉手山東横穴群発掘調査概報．大阪府教育委員会．

太田宏明，2001．畿内地域の後期古墳．東海考古学フォーラム三河大会実行委員会・三河古墳研究会（編），東海の後期古墳を考える．東海考古学フォーラム三河大会実行委員会・三河古墳研究会，123-144．

白石太一郎，2007．古墳の終末と寺院造営の始まり．大阪府立近つ飛鳥博物館（編），河内古代寺院巡礼．大阪府立近つ飛鳥博物館，大阪，pp.84-91．

高木正文，1999．肥後における装飾古墳の展開．国立歴史民俗博物館研究報告 第80集，97-150．

田中良之，1995．古墳時代親族構造の研究 ―人骨が語る古代社会―．：柏書房，東京．

上田睦，1994．渡来系氏族の造った河内の寺院．堅田直（編），渡来系氏族と古代寺院．帝塚山考古学研究所，奈良，pp.28-44．

和田晴吾，2003．棺と古墳祭祀（二）―『閉ざされた棺』と『開かれた棺』―．立命館大学考古学論集Ⅲ．立命館大学考古学論集刊行会，713-725．

山田良三，1985．河内横穴墓の線刻画について．末永先生米寿記念会（編），末永先生米寿記念献呈論文集（乾）．奈良明新社，奈良，pp.633-652．

安村俊史（編），1986．高井田横穴群Ⅰ―河川改修工事・市道建設工事に伴う―．柏原市教育委員会，柏原市．

安村俊史（編），1987．高井田横穴群Ⅱ―高井田土地区画整理事業に伴う―．柏原市教育委員会，柏原市．

安村俊史（編），1991．高井田横穴群Ⅲ．柏原市教育委員会，柏原市．

安村俊史（編），1992．高井田横穴群Ⅳ―史跡高井田横穴公園整備事業に伴う発掘調査報告―．柏原市教育委員会，柏原市．

安村俊史，1992．第6章高井田横穴群の検討．高井田横穴群Ⅳ―史跡高井田横穴公園整備事業に伴う発掘調査報告―．柏原市教育委員会，144-172．

安村俊史（編），1993．安福寺横穴群整備事業報告．柏原市教育委員会，柏原市．

安村俊史・桑野一幸（編），1996．高井田山古墳．柏原市教育委員会，大阪．

安村俊史（編），2001．安福寺横穴群他調査概報 2000年度．柏原市教育委員会，柏原市．

吉岡哲，1987．河内・高井田横穴群をめぐる二，三の問題．横田健一先生古稀記念会（編），横田健一先生古稀記念文化史論叢（上）．創元社，大阪，pp.577-612．

石城における線刻画及び線刻意匠のある横穴墓再考

いわき地方史研究会会長　大　竹　憲　治

要旨

　東北地方南部，福島・宮城両県の太平洋沿いには，古墳時代終末期の墓制形態の一つである横穴墓が多く分布する。その中には，双葉町清戸迫76号横穴墓や南相馬市原町区羽山横穴墓のように顔料（ベンガラ・漆喰）による壁画や渦文・円文を描いた装飾横穴墓が知られている。ところが，顔料を使用しない線刻画については，開口された状態で発見のケースも多いことから後世に描かれた可能性もあり，考古資料として活用できるか否か，たえず問題視されてきた。本稿では，考古資料として活用できる信憑性の高い線刻画・線刻意匠をキーワードに古墳時代終末期の葬送儀礼について考える。

Ⅰ　緒言

　福島県浜通り地方から宮城県南部域（亘理郡）は，律令時代初期，石（磐）城国として，養老2年（718）に陸奥国から一時独立し，数年後に再び陸奥国に合併された地域である。この地域は，古墳時代終末期の墓制形態である横穴墓が，特に多く分布し，その中には，清戸迫76号横穴墓にようにベンガラ（朱）による壁画や羽山横穴墓のようにベンガラ（朱）に加え，漆喰（白）も使用した壁画が知られており，両者とも国史跡に指定されている。また，開口されていた横穴墓であるものの，ベンガラ（朱）と漆喰（白）の円文がある南相馬市小高区浪岩12号横穴墓なども有名である。

　本稿では，これら顔料によって描かれた壁画や意匠ではなく，線刻技法による壁画や意匠にスポットを当てて検討したい。かかる線刻画や線刻意匠の横穴墓の使用期間は，6世紀中葉から8世紀前葉頃までであり，律令時代初期まで及ぶことから，石城というタイトルを冠した次第である。

Ⅱ　石城における線刻画及び線刻意匠のある横穴墓概観

（1）下川子田1号横穴墓の線刻画（第1図〔1〕）

　下川子田横穴墓群は，いわき市四倉町白岩字下川子田地内に占地する。本横穴墓群は，

1997年12月の道路工事の際に6基が発掘調査された。線刻画が見られるのは，1号横穴墓で奥壁の右端に人物が描かれている。本1号横穴墓の主軸はN-20°-E，玄門部幅0.7m，玄室最大幅2.6m，奥行2.3mを測り，隅丸方形を呈す。出土遺物は江戸時代の寛永通宝，文久通宝などもあり，2次的に再利用されていた。したがって，人物線刻画の製作時期についても疑念を持たれているのである。しかし，双葉町岩井迫4号横穴墓前壁の人物像（第5図〔1〕）に類似していることから，古墳時代の事例と認識している。なお，下子川田1号横穴墓の所産期は，7世紀前葉に比定される。（鈴木・猪狩1991）。

(2) 千代鶴3号横穴墓の線刻画（第1図〔2〕）

千代鶴横穴墓群は，いわき市常磐水野谷町千代鶴地内に占地する。当横穴墓群は，急傾斜地崩壊対策事業に伴い1992年6月に12基の横穴墓が調査された（樫村1993）。線刻画があるのは，3号横穴墓奥壁である。本3号横穴墓の平面プランは，方形を呈し，玄室天井部が崩落により消失している。奥壁の線刻画は，人物と動物さらに円文線刻意匠からなる。

第1図〔2〕-Aは，円文の線刻意匠である。第1図〔2〕-Bは，頭に角を持つ動物線刻意匠で鹿（全長24.5cm）と推定される。第1図〔2〕-Cの線刻画は人物（全長19cm）を表しており，その人物は，第1図〔2〕-Dに描かれている弓もしくは槍（全長13cm）を持っている。第1図〔2〕-E・Fの線刻画は，両手・両足を伸ばした人物である。Eの人物は全長45.5cm，Fの人物は全長55cmを測る。これら奥壁の線刻画とは別に半円形線刻意匠（直径14cm）がある。本3号横穴墓の年代は7世紀前葉に比定される。

(3) 舘山6号横穴墓の線刻画（第2図〔1〕）

舘山横穴墓群は，いわき市植田町舘山1番地内に占地する。1970年4月，宅地造成中に発見された横穴墓群で，9基を発掘調査した（渡邉・菅原1971）。線刻画が描かれていたのは，6号横穴墓奥壁で，現在は遺存していない。本6号横穴墓の奥壁は高さ1.4mあり，向って左側に裸馬，その右側下に時計回りの五重渦巻文が線刻されていた。また，本6号横穴墓には，床面から高さ1mの箇所に軒まわりを表現した幅5cmの溝が掘られている。出土した副葬品には，直刀の柄部がある。舘山6号横穴墓の所産期は，6世紀末から7世紀初頭に比定したい。

(4) 岸前1号横穴墓の線刻画（第2図〔2〕）

岸前横穴墓群は，いわき市四倉町上仁井田字岸前地内に占地する。本横穴墓群は，1878年に大須賀筠軒が編纂した『上仁井田村誌』に穴居跡として報告されており，近年では松本友之が水鳥の線刻画を報告している（松本1994）。正式に発掘調査されていないので，線刻画のある横穴墓を1号横穴墓と仮称する。

1号横穴墓には，後世の人々が刻んだ人名や戯画も多数描かれているが，この2羽の水鳥については，双葉町稲迫1号横穴墓や同町東西郷内1号横穴墓の水鳥の線刻画に酷似することから信憑性が高く取り上げた。1号横穴墓は家屋型を呈し，2号横穴墓と現在は連結しているが，本来は別々に造営された横穴墓である。かかる1号横穴墓の所産期を，7世紀前葉と推定する。

石城における線刻画及び線刻意匠のある横穴墓再考

〔1〕いわき市下川子田1号横穴墓奥壁線刻画（鈴木・猪狩1991）

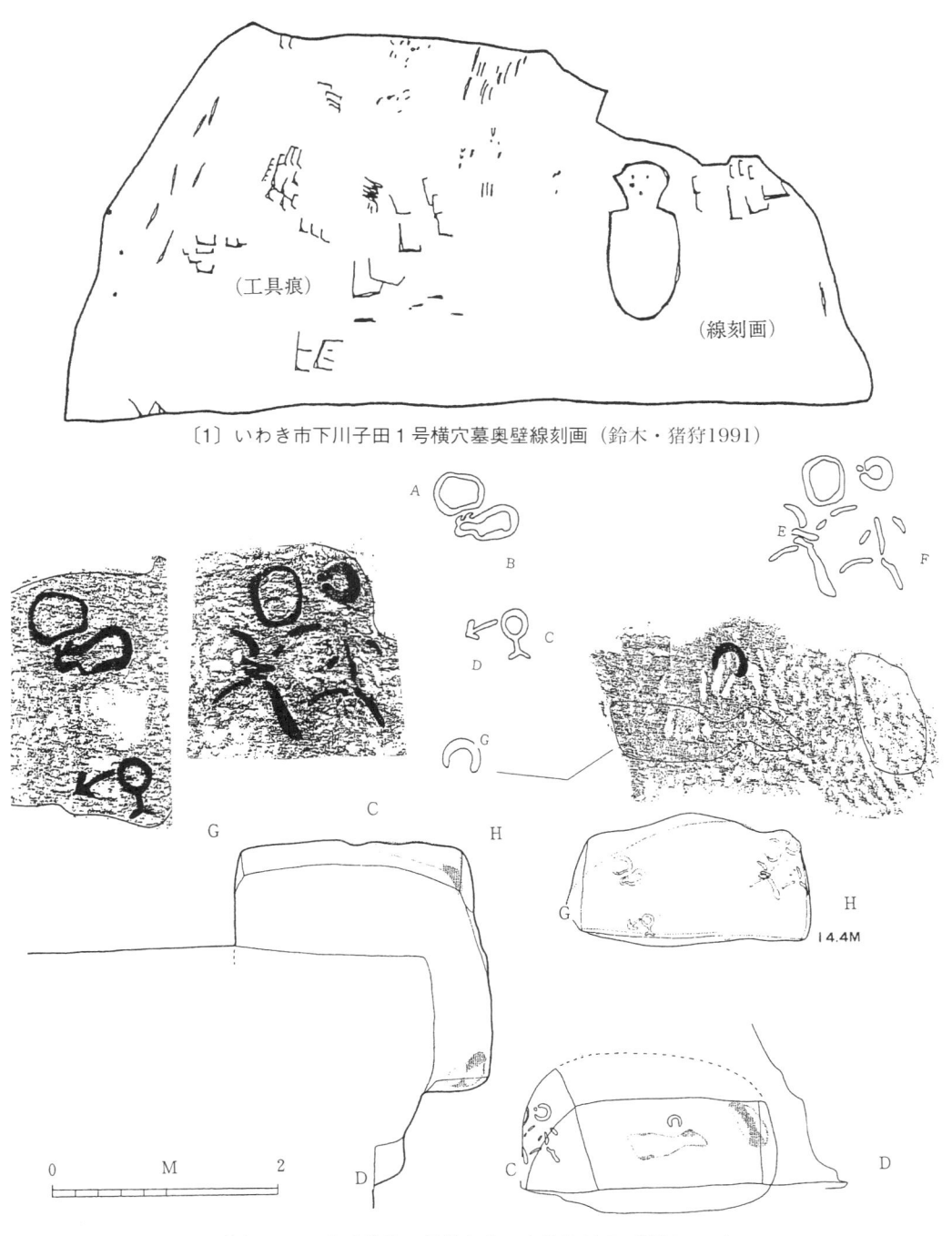

〔2〕いわき市千代鶴3号横穴墓の人物線刻画（樫村1993）

第1図　下川子田1号横穴墓・千代鶴3号横穴墓の線刻画

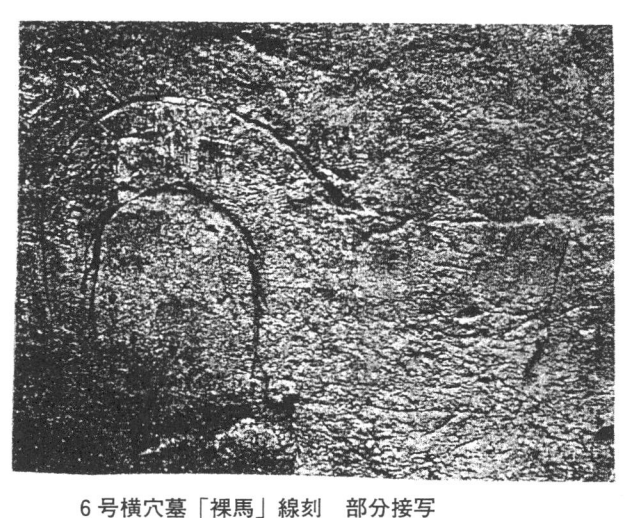

考古学は科学か 下巻

6号横穴墓「裸馬」線刻 部分接写

6号横穴墓「渦巻文」部分接写

〔1〕いわき市舘山6号横穴墓奥壁の線刻画（渡邉1971）

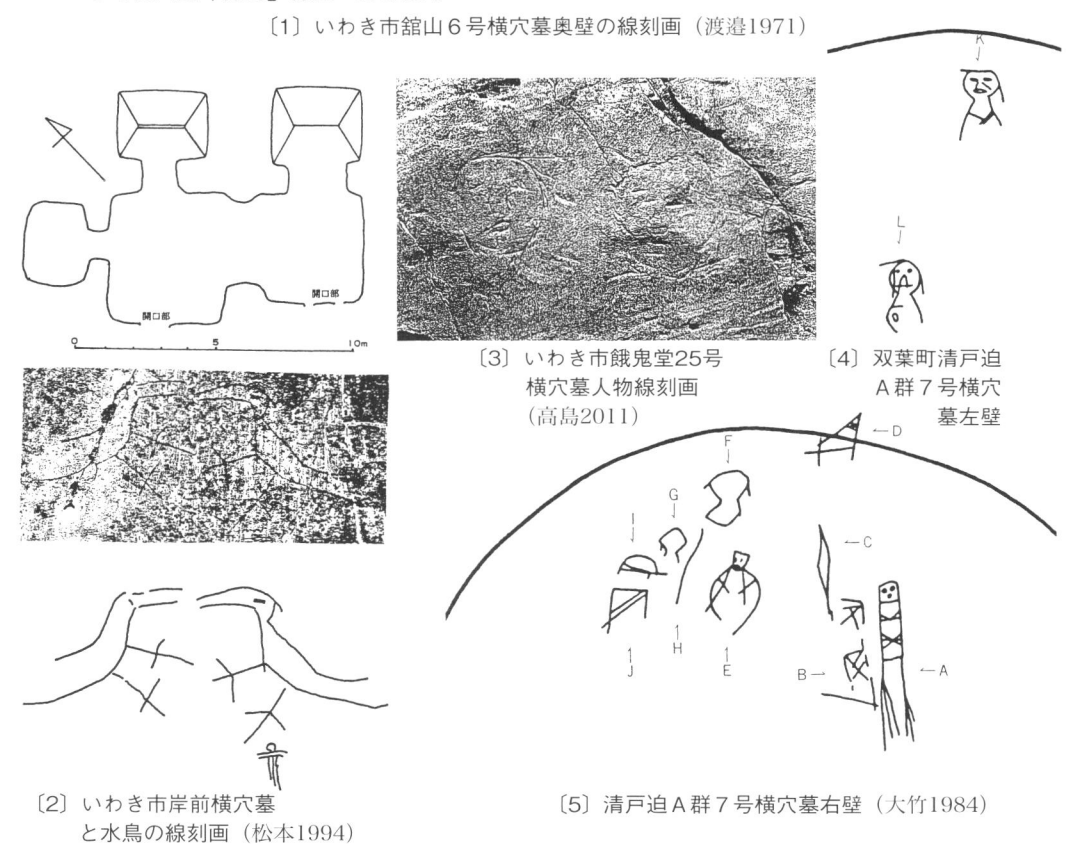

〔3〕いわき市餓鬼堂25号横穴墓人物線刻画（高島2011）

〔4〕双葉町清戸迫A群7号横穴墓左壁

〔2〕いわき市岸前横穴墓と水鳥の線刻画（松本1994）

〔5〕清戸迫A群7号横穴墓右壁（大竹1984）

第2図 いわき市舘山6号横穴墓・岸前横穴墓・双葉清戸迫A群7号横穴墓

（5）餓鬼堂25号横穴墓の線刻画（第2図〔3〕）

　餓鬼堂横穴墓群は，いわき市薄磯字餓鬼堂・北ノ前地内に占地する。25号横穴墓右壁（東壁）に4名の人面線刻画がある。また，奥壁中央にも人物線刻画が描かれていた。

（6）清戸迫A群7号横穴墓の線刻画（第2図〔4〕・〔5〕）

　清戸迫横穴墓群は，福島県双葉町大字新山字清戸迫地内に占地する。本横穴墓群は300基以上確認されており，ベンガラによって描かれた人物・動物・渦文などで著名な76号横穴墓（装飾横穴墓）や渾脱の舞にシャーマンが使用した法器と推定されている鋸歯状木製品（ヤマザクラ製）が出土した77号横穴墓などが含まれる。本清戸迫A群7号横穴墓は，7世紀前葉の造営で玄室左右壁及び奥壁に人物線刻画が描かれていたことにより有名になった。主軸はN-8°-E，奥行2.66m，最大幅2.77m，高さ1.9mを測る。玄室の平面プランはコ字状，天井部はドーム形を呈す。特に右壁（東壁）には，仏教荘厳具である幡の線刻画（第2図〔5〕-A）をはじめ，棒状法器を持つ人物（第2図〔5〕-H～J）が描かれている（大竹1996）。なお，奥壁の人面線刻画と左壁（西壁）の人物線刻画（第2図〔4〕-K・L）は，いわき市餓鬼堂25号横穴墓の人面線刻画に類似する。

（7）東西郷内1号横穴墓の線刻画（第3図）

　東西郷内横穴墓群は，双葉町大字山田字東西郷内地内に占地する。広義には，清戸迫横穴墓群の最南端とも理解することができる位置にある。線刻画が描かれているのは，1号横穴墓で主軸はN-15°-W，基本的には南面して開口している。玄室の平面プランは方形を呈し，天井部はドーム形である。玄室奥行2.5m，最大幅2.77m，最大高1.75mを測る。玄室の左壁に水鳥（第3図〔2〕），天井部にはヒゲのある人面（第3図〔1〕）が線刻されている。本1号横穴墓の所産期は，7世紀前葉と推定する。

（8）稲荷迫1号横穴墓の線刻画（第4図〔2〕）

　稲荷迫横穴墓群は，双葉町大字両竹字稲荷迫地内に占地する。1983年3月に町史編纂事業に伴う学術調査として1号横穴墓を発掘調査した。本1号横穴墓の所産期は7世紀初頭である。玄室は方形プランで規模が大きく，奥行3.7m，奥壁幅3.6m，羨道部0.9m，玄門部1.05mを測り，墓前域が広くて完掘できなかった。線刻画は，奥壁・左右壁の3箇所に亘って描かれている。

　右壁の線刻画は，人物が中心で角髪の人物や家屋と幟（のぼり）を連想させる図柄がある。左壁はヒゲを持つ人面や水鳥が描かれている。さらに奥壁には，人面や人物像5人を線刻している。

（9）合戦原遺跡A区38号横穴墓の線刻画（第4図〔1〕）

　合戦原遺跡は，宮城県亘理郡山元町高瀬字合戦原地内に占地する。本遺跡は，製鉄遺跡（製炭窯・製鉄炉）と横穴墓の複合遺跡として知られており，2015年7月現在も調査中である。このうち，A区38号横穴墓奥壁から人物・鳥・幡と推定の線刻画が発見されている（山田2015）。本横穴墓は，奥行3.0m，幅3.3m，高さ1.7mを測り，合戦原遺跡A区から54基発見の横穴墓中で最大のサイズを誇る。ちなみに，双葉町稲荷迫1号横穴墓は，この合戦原遺跡A区38号

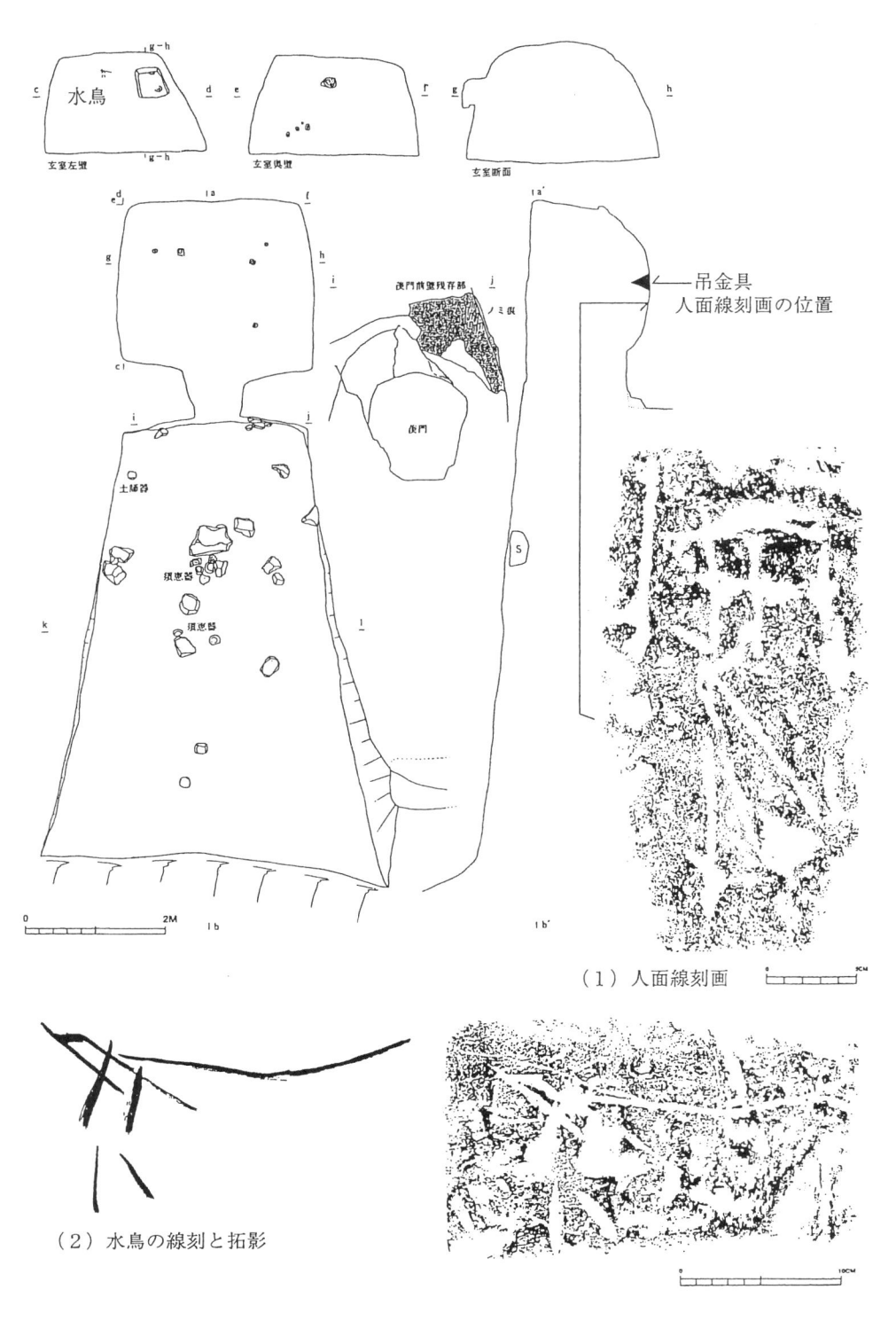

第3図　双葉町東西郷内1号横穴墓の線刻画（大竹2003）

（1）人面線刻画

（2）水鳥の線刻と拓影

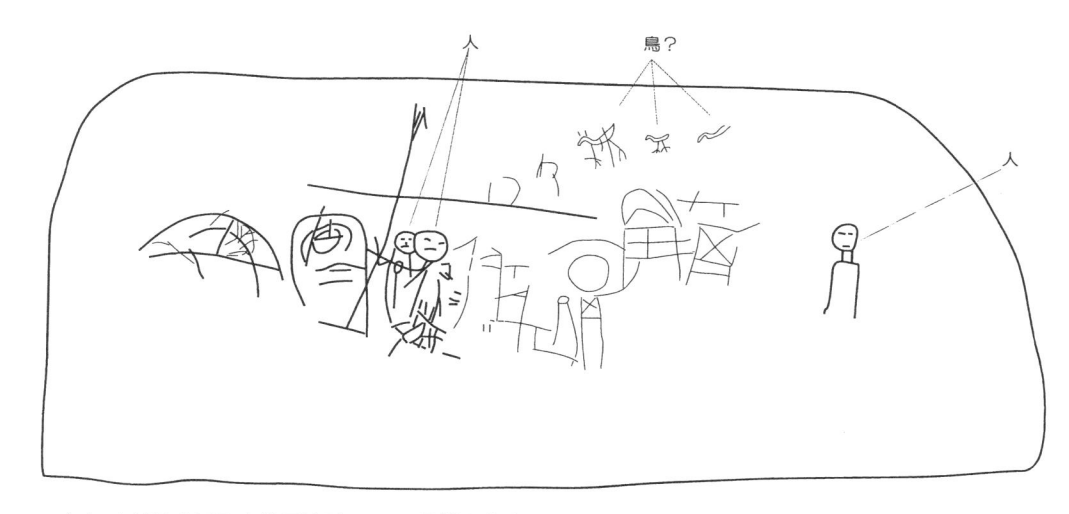

〔1〕宮城県山元町合戦原遺跡Ａ区38号横穴墓玄室奥壁線刻画　S＝1/20（山田2015）

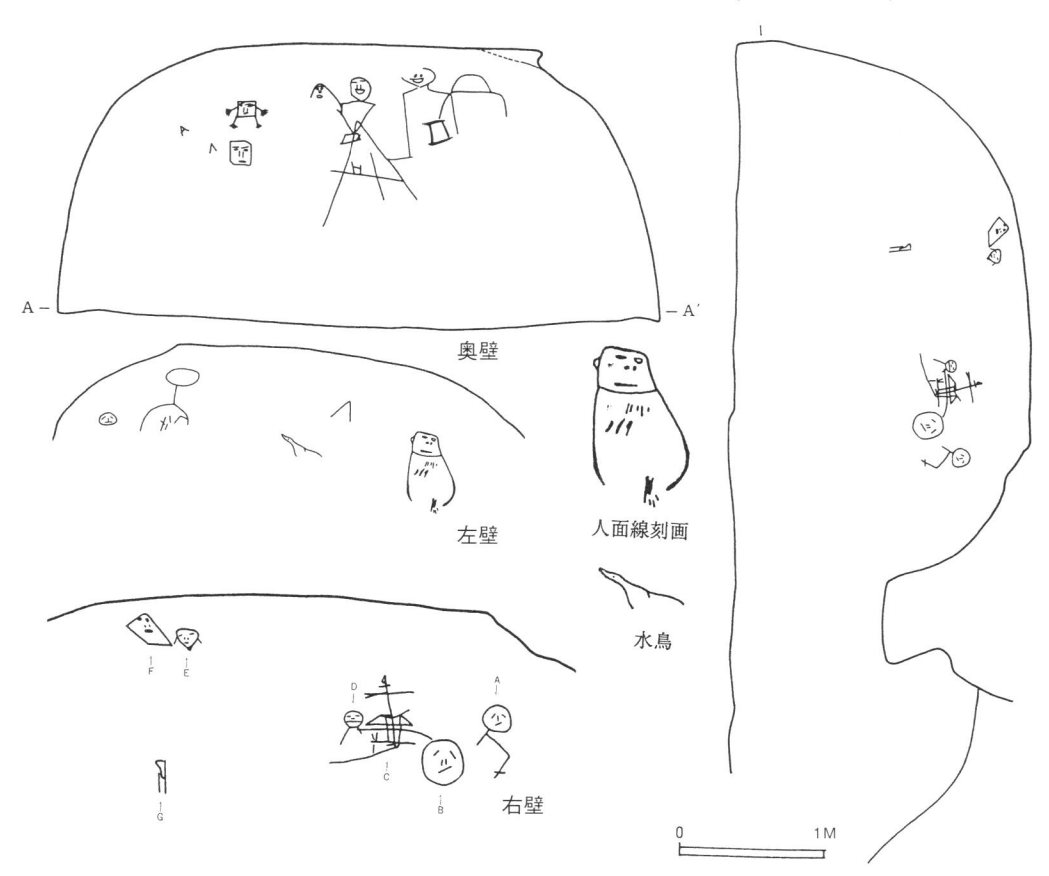

〔2〕福島県双葉町稲荷迫１号横穴墓（大竹1984）

第４図　合戦原Ａ区38号横穴墓・稲荷迫１号横穴墓線刻画

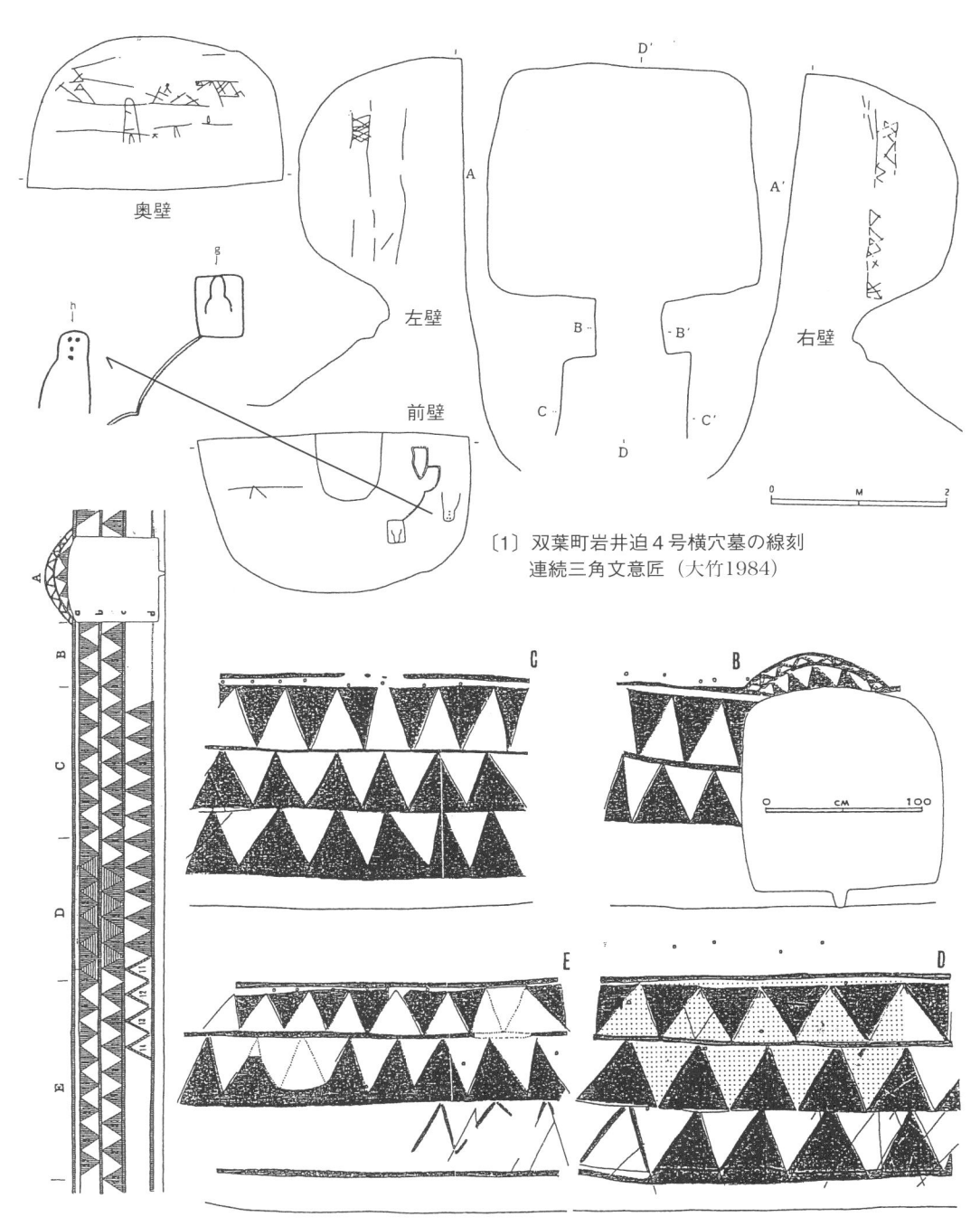

〔1〕双葉町岩井迫4号横穴墓の線刻
連続三角文意匠（大竹1984）

〔2〕いわき市中田装飾横穴墓のベンガラ（朱）・漆喰（白）と
線刻による連続三角文意匠（渡邉・馬目1971）

第5図　岩井迫4号横穴墓・中田1号横穴墓の三角文意匠

横穴墓よりもさらに大型であることを付記しておく。なお，A区38号横穴墓の所産期を7世紀初頭と推定する。

(10) 岩井迫4号横穴墓の線刻画（第5図〔1〕）

　岩井迫横穴墓群は，双葉町大字鴻草字岩井迫地内に占地する。線刻画と線刻による連続三角文があるのは4号横穴墓であり，1983年4月に学術調査を実施した。本4号横穴墓は，3段に配列される横穴墓群の中段中央部に位置しており，玄室の奥行2.56m，奥壁幅2.47m，前壁幅1.8m，高さ1.58mを測る。玄室の平面プランは方形で，天井部はドーム形を呈す。線刻による連続三角文は左右壁と奥壁に見られる。人物線刻画は，奥壁と前壁に描かれる。かかる4号横穴墓の所産期は，7世紀前葉に比定される。

(11) 中田装飾横穴墓の線刻意匠（第5図〔2〕）

　中田装飾横穴墓は，いわき市平下高久字中田地内に所在し，国史跡に指定されている。本横穴墓には，ベンガラ（朱）と漆喰（白）で描かれた連続三角文で知られるが，それらは線刻による三角意匠の中に充填されている。本横穴墓からは，馬具・武器・武具等が多数出土しており，その所産期は6世紀中葉から後葉に比定される（渡邉・馬目ほか1971）。

Ⅲ　線刻画・線刻意匠を持つ横穴墓の様式分類

　石城地方の線刻画・線刻意匠を持つ横穴墓については，すでに分類したことがある（大竹2000）。ここでもそれを踏襲する。

　第Ⅰ様式　線刻画＋線刻意匠を一括する。3型に細分できる。
　　A型　動物線刻画と線刻意匠で構成されるもの。裸馬と渦文（渦巻文）が奥壁を飾る舘山6号横穴墓（第2図〔1〕）が相当する。
　　B型　動物線刻画と人物線刻画に幡線刻画や線刻意匠を持つもの。鹿と人物と半円形意匠を持つ千代鶴3号横穴墓（第1図〔2〕），水鳥と人物のある東西郷内1号横穴墓（第3図），幡と人物のある清戸迫A群7号横穴墓（第2図〔4〕・〔5〕），人物と水鳥と幡の線刻画のある合戦原A区38号横穴墓（第4図〔1〕），稲荷迫1号横穴墓（第2図〔2〕）が相当する。
　　C型　線刻による連続三角文意匠と線刻人物画で構成されるもの。岩井迫4号横穴墓（第5図〔1〕）が相当する。
　第Ⅱ様式　線刻画のみのものを一括する。2型に細分される。
　　A型　動物のみが単独で描かれるもの。岸前1号横穴墓（第2図〔2〕）が相当する。
　　B型　人物のみを描いたもの。下川子田1号横穴墓（第1図〔1〕）が相当する。
　第Ⅲ様式　顔料を使用した連続三角文と線刻による連続三角文が結合したもの。中田装飾横穴墓（第5図〔2〕）が相当する。

Ⅳ　結語に代えて

　以上，石城における古墳時代終末期の墓制形態の一つである横穴墓に見られる線刻画及び線刻意匠を集成し，様式分類した。このうち，特に印象に残ったのが，第Ⅰ様式Ｂ型の人物と水鳥の見られる東西郷内１号横穴墓（第１図〔2〕）や水鳥＋幡＋人物の図柄を持つ合戦原Ａ区38号横穴墓（第４図〔1〕），稲荷迫１号横穴墓（第４図〔2〕）である。水鳥は魂を黄泉に運ぶ天船と同様に扱われる絵柄である。また，ヒゲのある人面は律令期の墨書人面土器の先駆的事例とも捉えられることから，かかる事例を除穢・除霊のための人物線刻画と認識したい。

　本稿を亡き田中良之先生の御霊前に献呈させて頂きます。擱筆に当り，「考古学は科学か」との命題に対しては，人文科学であると一言申し添えます。

■引用参考文献
大竹憲治，1984，標葉における横穴墓群の研究．双葉町教育委員会，いわき．
大竹憲治，1996，標葉・清戸迫Ａ群７号横穴墓に見る渾脱の舞．考古学の諸相，805-815，坂詰秀一先生還暦記念論文集，東京．
大竹憲治，2000，いわきにおける線刻画及び線刻装飾文のある横穴墓考，81-88，阿部正光君追悼集，阿部正光君追悼集刊行会，石巻．
大竹憲治，2015，石城地方北端域の線刻のある横穴墓．いわき地方史研究52，50-55，いわき．
大竹憲治・野坂知広，2003，標葉・東西郷内横穴墓群．双葉町教育委員会，いわき．
樫村友延，1993，千代鶴横穴群．いわき市教育委員会，いわき．
鈴木隆康・猪狩みち子，1991，下川子田横穴群．いわき市教育文化事業団年報９，いわき．
高島好一，2010，餓鬼堂横穴の発掘調査．文化財ニュース66，1-10，いわき．
松本友之，1994，いわき市四倉町岸前の巨大横穴墓踏査記．いわき地方史研究31，94-101，いわき．
山田隆博，2015，合戦原遺跡第２回発掘調査現地説明会資料．山元町教育委員会，山元．
渡邉一雄・馬目順一，1971，中田装飾横穴．いわき市史別巻，いわき．
渡邉一雄・菅原文也，1971，舘山横穴．いわき市教育委員会，いわき．

石製紡錘車未製品の出土傾向と製作工程

糸島市教育委員会　平　尾　和　久

論文要旨

　本論では，福岡県内の石製紡錘車未製品を集成し，製作工程を復原した。その結果，弥生時代前期～中期と後期～古墳時代前期では，製作工程が異なることを確認した。その原因のひとつとして，材料となる石材やその入手方法の差が想定される。また，前者では未製品が分散的に出土するものの，後者では三雲・井原遺跡に集中的することも確認された。古墳時代後半期には，より組織的な石材の移動が確認できた。

キーワード：石製紡錘車，未製品，三雲・井原遺跡，墳墓，石材採集

Ⅰ　はじめに

　北部九州における弥生時代の石器生産研究は中山平次郎氏による資料紹介に始まり（中山1916），今日まで連綿と継続している。当初は製作技法に着目した研究が多かったが，近年は分業論，流通論，鉄器普及と関連づける研究など多岐にわたる。しかし，研究の対象となる石器は石剣や石戈などの武器形類と，石斧・石包丁などの農工具類を中心としたものである。これらはいずれも弥生時代前期から中期にかけて盛行し，後期になると減少する傾向をもつ。
　一方，おなじ大陸系磨製石器の一種である石製紡錘車の製作技法に着目した研究はほとんどないと言っても過言ではない。この状況の要因として，紡錘車が石製だけでなく，土製，土器転用，木製等様々な素材を用いて製作されていることも一因と考えられる[1]。

Ⅱ　研究略史

1　弥生時代の石器生産に関する研究史

　弥生時代の石器生産に関する研究は，中山平次郎氏の研究を嚆矢とし，これまで多くの研究者が石器に関する研究成果を発表している。これら研究成果を辿るだけでも，かなりの紙幅を要するため，主要なものを概観するにとどめる。
　中山平次郎氏は石斧製作所として著名な福岡市今山遺跡を発見し，太形蛤刃石斧の製作工程として，①打裂工程，②荒割工程，③敲打工程，研磨工程という4段階の工程を設定した。ま

た，その分布から石斧が広域に流通していたことを想定した。石包丁に関しても，飯塚市字焼ノ正において，石包丁製作跡を確認し，太形蛤刃石斧と同様に広域流通を想定している（中山1934）。

1970年代以降，下條信行氏による継続的に研究が開始され，太形蛤刃石斧と石包丁をはじめ，扁平片刃石斧や柱状片刃石斧などの各種石斧類，石戈，石剣などの武器形類，石錘などの漁撈具まで，ほぼ網羅的に研究が進められている（下條1975ほか）。

武末純一氏も石包丁の各部計測値による時期的変遷の検討において，穿孔部の外径の差から穿孔具の違いを指摘し（武末1987），石斧の分布やその管理者に関する検討も行っている（武末2001）。近年では森貴教氏や能登原孝道氏が石斧や石包丁の流通の変遷を検討している（森2010, 2011；能登原2014）。

また，鉄器との関係で，砥石にも研究の視野が及び，村田裕一氏（村田2002），渡辺尭志氏（渡辺2007），森貴教氏（森2013）がサンドペーパーの目との比較により，客観的な検討を行っている。

2　紡錘車に関する研究史

紡錘車の研究史については，これまで何度かまとめているので（平尾2008），ここでは概略に留める。紡錘車の研究は，近年にいたるまで，地域別もしくは材質別に行われるのが大半であった。土製・石製紡錘車の場合，その量の多さから都道府県単位程度に地域を限定して集成・分析される傾向にあるが（中間1985；中山1998），鉄製紡錘車は相対的な数の少なさから，より広域の資料を対象に分析される傾向がある（滝沢1985；東村2005）

また，少数ながら材質を横断し，通史的に検討したものもあるが，（中沢1996a, 1996b；鈴木1999）これも資料の多さから地域が限定される傾向にある。筆者も一度通史的な検討を行ったが，やはり資料数が多く，地域を福岡県に限定したものとなっている（平尾2008）。その中では以下の

① 土製紡錘車の出現
② 石製紡錘車の出現
③ 陶製紡錘車の出現と紡錘車の副葬・供献
④ 鉄製紡錘車の出現・展開

の画期を設定し，第3の画期とした陶製紡錘車の出現とそれに伴う紡錘車の副葬・供献品化，つまり紡錘車の認識の変化を最大の画期とした。紡錘車の用途の変化は朝鮮半島との交流により発生したもので，今後，半島における紡錘車のあり方の検討や相互比較が必要となる（平尾2012, 2013；坂野2010）。

2006年には東村純子氏が全国55,143冊の報告書から，8,206件の紡錘車を伴う遺構を検出し，
① 各地における紡錘車そのものの導入
② 北端・南端を除く本州における滑石製紡錘車の盛行

③ 各地における鉄製紡錘車の普及

を画期として設定するなど，地域別・材質別という従来の研究の枠を超えた分析を行い，現在までのひとつの到達点といえる（東村2006）。

3　課題の抽出と本稿の目的

　弥生時代の石器生産と紡錘車の研究史は上記のように概観できる。弥生時代の石器生産に関しては，中山平次郎氏による石斧の一大生産地である今山遺跡の発見と広域流通に関する研究以来，今日まで連綿と研究が続けられ，研究史も膨大なものとなっているが，やはりが太形蛤刃石斧に代表される石斧類と石包丁が主要な研究素材であることに変わりなく，近年，砥石の研究や弥生時代の剝片石器の研究が注目され出した段階といえる。

　しかし，紡錘車については中間研志氏が「考古学者の取扱い得る遺物としての紡錘車については，当該期におけるその重要性は多々論ぜられてきたにも関らず，意外と，その詳細な検討が顧みられることは少なかったと感じざるを得ない」と指摘するように（中間1985），これまで石器研究の分野で取り上げられることはほとんどなかった。

　一方，紡錘車そのものの研究においても，時期的変遷の研究や機能としての紡織研究の中で検討されることが多い。古墳時代中期以降に出現・増加する滑石製紡錘車については，石製模造品との関係から検討されることか多く，製作工程・技法に関する検討もなくはないが，非常に少ない状況にある。しかし，紡錘車は，おなじ大陸系磨製石器である石斧や石包丁と比べ，著しく鉄器化が遅れる。今日までの研究で，紡錘車の鉄器化は6世紀前半に始まることが確認されており（東村2005），鉄器普及後の紡錘車のあり方や工具の鉄器化に伴う製作技法の変化の有無等は，確認すべき事項といえる。

　紡錘車の製作工程の研究が進まない原因のひとつは，紡錘車の素材の多様性にあると思われる。弥生時代段階でも石製のほかに土製・木製・骨製・土器片転用など様々な素材が認められ，素材に応じた製作技法が用いられたと想定される。また，紡錘車が扁平な円板の中央に円孔をもつのみという属性が少ない資料であることも，原因かもしれない。

　ただ，石製紡錘車はその属性の少なさゆえに研究の可能性を広げる側面もある。たとえば，紡錘車は紡輪の中央に紡茎を通して用いるので，まず中央の円孔がないと全く機能が果たせない。つまり，円孔がないもの＝未製品ということで，未製品の抽出が非常に容易である。もちろん，何らかの原因で穿孔途中に遺棄されるものも多く，これらも未製品に加えられる。

　また，紡錘車の場合，現在のところ，今山遺跡のような石材産出地や工房的な遺構が未確認であることも，研究が進まない原因といえる。しかし，今回，福岡県内の紡錘車未製品を集成した結果，特定の遺跡に集中する傾向が認められた。

　そこで，本稿では，未製品が多く認められる弥生時代〜古墳時代前期の事例を紹介し，それらを元に紡錘車の製作工程の復元を行う。また石材の入手方法を検討し，古墳時代中期以降の石材入手方法，製作工程との比較も行う。

Ⅲ　分析

1　用語について

　本稿で用いる用語については，先行研究によるところが多いが，各研究者によって捉え方が異なることがある。そこで，以下で用いる用語について，先行研究に従う場合は末尾に引用元を記す。

紡錘車；紡錘車は紡茎と紡輪からなる。紡茎は木もしくは鉄製である。紡輪は上述したように様々な素材が用いられる。遺跡から出土するのは紡輪が圧倒的に多い。本稿では紡輪を紡錘車として表記する。

未調整；人為的な加工がみられない石材を示す（上野・大屋2014）。筆者の分類では搬入用原石ではなく原石となる（平尾2006）。

穿孔；石製穿孔具もしくは鉄製穿孔具を用いる。その判別方法は武末純一氏の研究成果を参照する（武末1987）。

研磨；紡錘車の場合，研磨は上と下の平坦面と側面に施す。側面研磨は平坦面に垂直に施すものを縦研磨，平坦面に併行するものを横研磨とするが，斜めに施すものも多い。また，紡錘車には光沢があり，滑らかな触感をもつものがある。このような研磨を光沢研磨とする（上野・大屋2014）。

石材採集；露頭採取と河床礫採集がある（篠原2000）

未製品；未製品には途上品・破損品・終了品が含まれる（上野・大屋2014）。

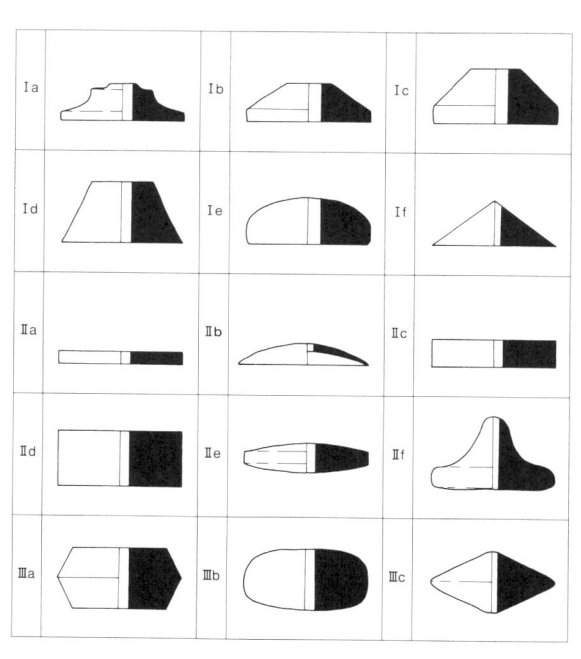

図1　紡錘車分類図

途上品；ある工程の途上で製作が中断されたもの。紡錘車の場合は穿孔途中や粗い研磨の途中で中断されたものがある。

破損品；製作の途中で破損したもの。紡錘車の場合は穿孔途中での破損が考えられる。

終了品；ある工程が終了した段階のもの。紡錘車の場合では，穿孔前の段階のものがある。

ただ，紡錘車の場合，少々加工が粗くとも，穿孔がきちんと施されたものは，製品として機能したといえる。

切削；刀子や鑿状の工具で，製品の形態に近づける工程で，工具痕を多く残す。フレイク状の剥片が多く出る工程である（篠原1990）。

2　紡錘車の形態と分類

　本稿では分類の指標として①紡錘車断面の形態，②穿孔部の断面形態を用いる。また，個別の紡錘車も直径・厚さ・孔径の３ヶ所を計測している。なお，断面の分類は國下多美樹氏の分類（國下1988）を元にし，一部改変，追加している。

　断面の形態は３類15種に分類する（第１図）。

Ⅰ類；截頭円錐形あるいは台形状を呈するもの。
　Ⅰa類；側面を数段に分けて大きく匙面取りするもの。
　Ⅰb類；全体的に扁平な截頭円錐形で厚さが16mm未満のもの。側面傾斜角50°未満のものが多い。
　Ⅰc類；全体的に厚手の截頭円錐形で厚さが16mm以上のもの。側面傾斜角50°以上のものが多い。
　Ⅰd類；全体が台形状を呈するもの。薄手のものと，厚手のものがある。
　Ⅰe類；全体が丸みを帯び半球形状を呈するもの。
　Ⅰf類；断面が三角形のもの。
Ⅱ類；長方形あるいは隅丸方形を呈するもの。
　Ⅱa類；扁平なもの。厚さが６mm未満。
　Ⅱb類；断面が弧を描き，レンズ状のもの。厚さが６mm未満。
　Ⅱc類；薄手のもの。厚さが６mm以上12mm未満。
　Ⅱd類；厚手のもの。厚さが12mm以上。
　Ⅱe類；穿孔部付近が肥厚し，円盤状を呈するもの。
　Ⅱf類；穿孔部分が突出し，断面が凸レンズ状のもの。
Ⅲ類；算盤玉状を呈するもの。
　Ⅲa類；側面の突出が明瞭で，上下面が平滑なもの。
　Ⅲb類；全体的に丸みをもつもの。
　Ⅲc類；断面が菱形を呈するもの。

おおよそ，紡錘車は上記の分類に収まるが，そうでないものは個別にあつかう。

　また，穿孔部断面の分類は

A類；両面穿孔で断面が鼓形を呈し，稜が入るもの。
B類；断面が円筒状になるもの。両面穿孔，片面穿孔いずれの場合も認められる。
C類；片面穿孔で穿孔部の断面が三角形もしくは台形のもの。

3　資料紹介

　紡錘車は遺跡からよく出土する遺物のひとつで，福岡県内の紡錘車の変遷を確認した2008年段階で約2,000点の紡錘車が確認された。その後，集成作業は実施していないが，今日ではより多くの紡錘車が出土していると想定される。一方未製品は，現段階までのもので，約100

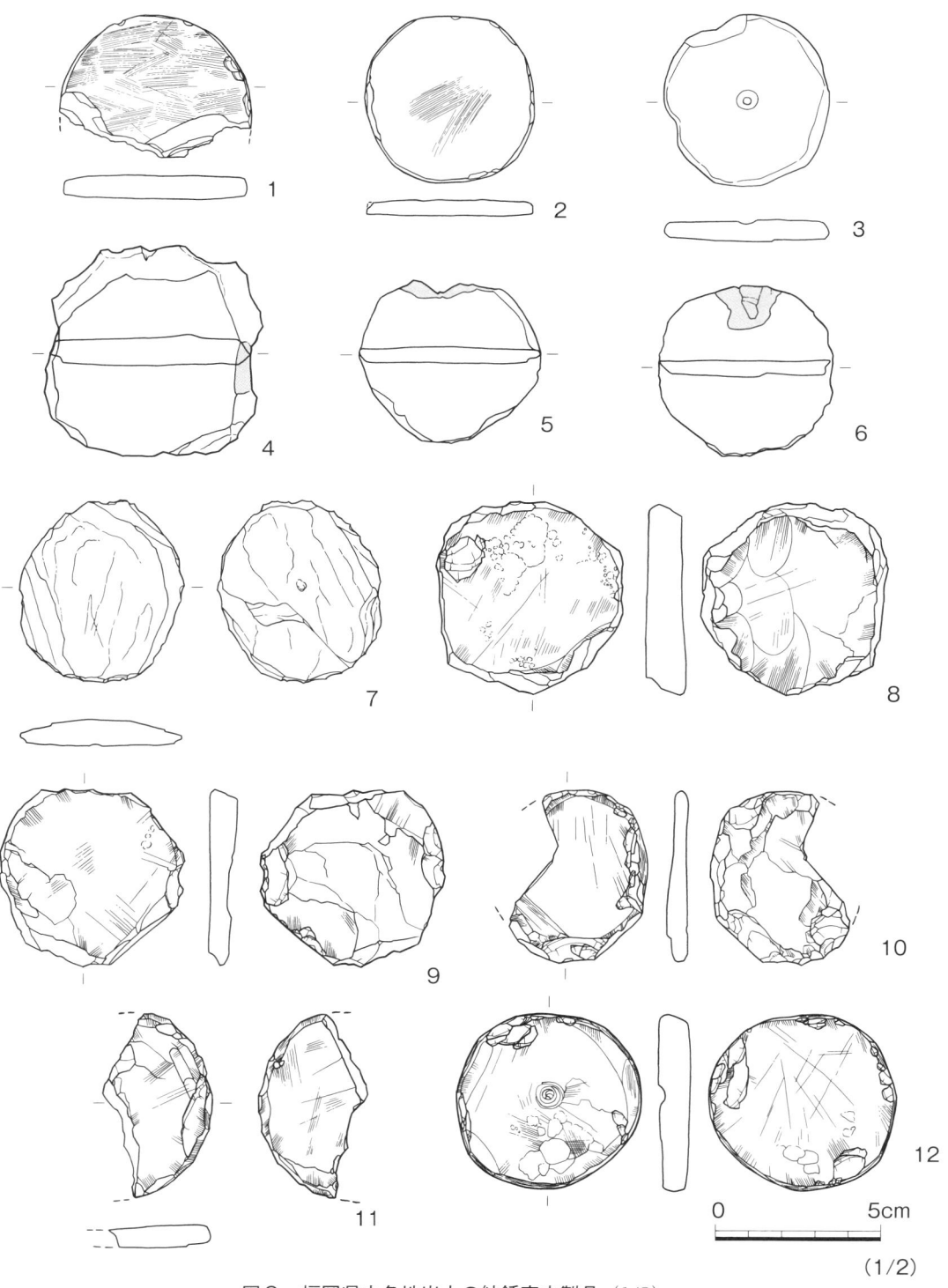

図2　福岡県内各地出土の紡錘車未製品（1/2）

点出土している。ただ，これらは弥生時代から古代までの広範囲のものを含み，時期が特定できないものも含んでいる。以下，それらの中から，特徴的な傾向を示す事例を紹介する（第2図）。

①雀居遺跡出土例（福岡市　第2図1・2）

　雀居遺跡は福岡市博多区に所在する遺跡で，福岡空港西側に大きく展開している。調査は1991年より開始され，これまで断続的に実施されている。その結果，縄文時代晩期〜中世にかけての遺構・遺物が数多く確認されており，低湿地の遺跡であることから木製品も多く出土している。これらの中には木製の紡錘車や土製紡錘車に木製紡茎が伴うものも確認されている。紡錘車の未製品は11次調査の第Ⅲ面遺構検出面から出土している（力武編2003）。1は約1/2の未製品である。上下平坦面は研磨を施し，その細かい痕跡をよく残す。側面は横研磨を施し，触ると稜があることが確認できる。2は薄く仕上げた未製品で，上下平坦面に丁寧な研磨を施す。側面は粗い斜研磨を施す。

②三国丘陵遺跡群出土例（小郡市　第2図3〜7）

　三国丘陵遺跡群は，これまでに大規模な発掘調査が行われ，その全容が明らかにされており，弥生時代前半期の集落の変遷等の研究も行われている。三沢蓬ヶ浦遺跡はこれまでに福岡県教育委員会と小郡市教育委員会で調査が実施され，貯蔵穴や住居跡から紡錘車の未製品が出土している。いずれも弥生時代前期末〜中期前半に収まる。

　3は緑色片岩製で穿孔途中の段階で廃棄されたものである。側面研磨が粗く，平面形態が不整円形を呈する。厚さは6.0〜6.5mmで，これから研磨を施し，薄くしていく段階と思われる（杉本編2004）。4〜6はいずれも粘板岩製の未製品である。4は調整剥離等で厚さを減じ，7.0〜8.0mmの厚さに整えているが，平坦面がややくぼむ。また左側がやや抉れているが，これは新しい切削によるもので，製作時とは無関係である。側面は未調整である。5も上下平坦面ともに剥離調整の状態で，未研磨である。ただ，厚さが4.1〜5.1mmと4より薄く仕上げ，目的とする厚さに近づけている。なお，側面は未調整で，その上面が抉れているが，新しい欠落である。6は上下平坦面ともに調整剥離の後に弱い研磨を施す。厚さは4.1〜5.1mmと5とほぼ同じである。実測図には示されていないが，平坦面には穿孔を始めようとした痕跡があり，かすかな窪みが確認された。側面は切削と弱い研磨で円形に近づけている。なお，4〜6に示したアミカケの部分は新しい欠けである（宮小路編1984）。

　7は三沢北中尾遺跡1地点168号土壙から出土した楕円形の未製品で，緑色片岩製である（杉本編2002）。断面をみると凸レンズ状で，突出側は自然面と判断される。研磨痕は全く見られないが，側面は左側の自然面側からの切削や調整剥離で，形を整えている。今後，上下面，側面共に研磨を施し，形を整えていくものと思われる。なお，報告書には穿孔目印的な打痕の存在が指摘されているが，その性格付けには類例の増加を待つ必要があろう。

③高津尾遺跡出土例（北九州市　第2図8〜12）

　九州縦貫道小倉南IC建設関連で調査された遺跡で，紫川中流域に該当し低丘陵上に立地す

る。2区はその中でも低地部分にあたり，標高は40m程度である。2区からは水溜遺構，溝，土坑が確認されている。また，遺物包含層からは石斧類・石包丁・石剣・石戈など数多く出土し，未製品・剝片・石屑も出土している。石器製作具である敲石や砥石，台石も多い。そのなかに紡錘車の未製品も含まれる。石材は凝灰岩・砂岩を用いる。8・9は上・下の平坦面に粗い研磨を施す。9の右側平坦面には研磨の後に調整剝離を施す。側面は研磨が認められない。10・11は割れた段階で廃棄された未製品である。10は9と同様に研磨の後に行った調整剝離の痕跡をのこす。10・11ともに側面に縦研磨を施し，8・9より円形に近づいている様子がうかがえる。12は上下面，ならびに側面研磨も終了したが，何らかの原因により穿孔途上で廃棄されたものである。これらは弥生時代前期末～中期前半に位置付けられており，石錐を用いる段階である。

なお，この遺跡は製品に対して未製品が多いこと，工具類が揃い，未製品・剝片・石屑等も出土していることから周辺に未知の石器製作工房の存在が想定されている（山口編1989.pp171）。

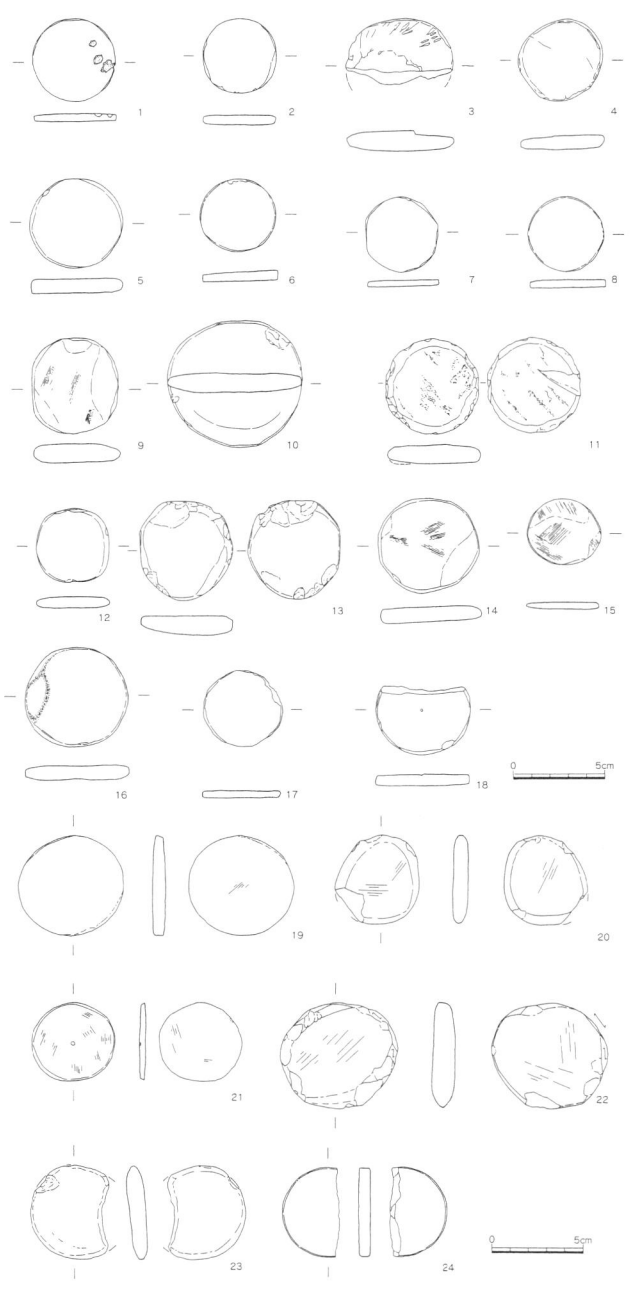

図3　三雲・井原遺跡出土紡錘車未製品（1/4）

以上，3遺跡の資料を概観したが，そのほかに弥生時代から古墳時代前半期の石製紡錘車未製品は久留米市山川南本村遺跡5次調査，東櫛原今寺遺跡6次調査でいずれも穿孔途中の未製品が出土し（大石編1998），北九州市光照寺遺跡（関川編1999），筑後市常用永田遺跡（永見編

NO	遺跡名	調査区	出土遺構	報告番号	時期	材質	法量	分類	段階	出典
1	三雲番上	Ⅱ-6	表採	147-67	弥生	白雲母片岩	4.6-0.5	Ⅱa		福岡県58
2	三雲番上	Ⅱ-6	1号住居	147-68	弥生後期後半	白雲母片岩	4.1-0.5	Ⅱa		福岡県58
3	三雲仲田	Ⅰ-16	9号住居	68-11	弥生後期	白雲母片岩	5.9-1.1	Ⅱcか		福岡県60
4	三雲仲田	Ⅰ-16	1号住居	68-12	弥生後期後半	白雲母片岩	4.6-0.8	Ⅱcか		福岡県60
5	三雲石橋	Ⅱ-11・12	6号石棺墓	191-4	古墳初頭以前	白雲母片岩	5.0-0.8	Ⅱcか	墓壙	福岡県60
6	三雲サキゾノ	Ⅰ-7・8	4号住居	42-7	弥生後期後半	白雲母片岩	4.2-0.5	Ⅱa	実際は5号住居に伴う	福岡県63
7	三雲番上	Ⅱ-5	土器溜り3層	143-21	弥生後後半～終末	白雲母片岩	4.2-0.3	Ⅱa		福岡県63
8	三雲番上	Ⅱ-5	土器溜り3層	143-22	弥生後後半～終末	白雲母片岩	4.2-0.4	Ⅱa		福岡県63
9	三雲番上	Ⅱ-5	土器溜り3層	143-23	弥生後後半～終末	砂岩質	5.4-1.0	Ⅱcか	未製品か？	福岡県63
10	三雲番上	Ⅱ-5	土器溜り3層	143-24	弥生後後半～終末	白雲母片岩	7.0-1.1	Ⅱcか	未製品か？	福岡県63
11	三雲五反間	Ⅲ-5	北トレンチ包含層	150-5	弥生後期～古墳前期	白雲母片岩	5.3-1.0	Ⅱc		福岡県63
12	三雲塚廻り	Ⅱ-6	1号土坑	173-3	古墳前期	白雲母片岩	4.2-0.6	Ⅱa		福岡県63
13	三雲下西	Ⅱ-10	周濠	228-4	古墳前期	白雲母片岩	5.6-1.1	Ⅱcか		福岡県63
14	井原上学	41	2号土坑	94-6	古墳前期前半	片岩	5.4-0.8	Ⅱcか		前原町25
15	井原上学	41	13号住居	94-7	弥生中期後半	流紋岩	3.8-0.4	Ⅱa		前原町25
16	三雲南小路	三雲南小路	1号溝	23-8	弥生後期前半～古墳初頭	滑石	5.7-0.8	Ⅱcか		前原市61
17	井原ヤリミゾ	井原ヤリミゾ	旧水路1区東	67-12	古墳か	滑石	4.3-0.4	Ⅱa		前原市86
18	三雲中川屋敷	三雲中川屋敷	1号溝	35-4	弥生終末～古墳初頭	砂岩質	5.1-0.6	Ⅱc		前原市92
19	三雲南小路	461番地	大溝トレンチ2	96-1	古墳前期後半	白雲母片岩	5.8-0.7	Ⅱc		糸島市13
20	三雲南小路	461番地	包含層	119-1	不明	白雲母片岩	5.1-0.8	不明	未加工品	糸島市13
21	三雲南小路	461番地	包含層	119-3	不明	白雲母片岩	4.5-0.4	Ⅱa		糸島市13
22	三雲南小路	461番地	包含層	119-2	不明	白雲母片岩	5.9-1.3	不明		糸島市13
23	三雲屋敷	467番地	大溝トレンチ2	125-2	古墳前期後半	白雲母片岩	5.2-0.9	不明	未加工品	糸島市13
24	三雲上覚	439番地	5号箱式石棺墓	22-3	古墳前期	片麻岩系	4.9-0.7	Ⅱc		糸島市13
25	三雲ヤリミゾ	436-1番地	7号土坑	73-22	弥生後期前半～中	結晶片岩	5.2-0.9	不明		糸島市13
26	三雲南小路	465番地	包含層	—	不明	—	5.5-7.5	不明	未加工品	整理中
27	三雲南小路	465番地	大溝Ⅰ検出時	—	不明	—	5.5-0.6	Ⅱaか		整理中
28	三雲南小路	465番地	大溝Ⅰトレンチ4検出時	—	不明	—	5.4-0.5	Ⅱa		整理中
29	三雲南小路	465番地	東側包含層	—	不明	—	7.1-1.6	不明	未加工品	整理中
30	三雲南小路	465番地	北側調査区包含層	—	不明	—	6.5-1.2	不明	未加工品	整理中
31	三雲南小路	465番地	北側トレンチ包含層	—	不明	—	5.5-1.3	不明		整理中

表1　三雲・井原遺跡出土紡錘車未製品一覧

2003），福岡市今宿五郎江遺跡（杉山編2006）などでも，穿孔途上品を中心に散見されるものの，いずれも1～数点の出土で，集中して認められる状況ではない。

しかし，近年，発掘調査が継続的に行われている三雲・井原遺跡で，紡錘車の未製品の集中が認められる。以下，概観していく。

④三雲・井原遺跡出土例（第3図）

三雲・井原遺跡は『魏志』倭人伝に記される伊都国の中心的集落で，弥生時代前期から古墳時代後期まで継続的に営まれている。集落は西を瑞梅寺川，東を川原川に挟まれており，規模は約40haを測り，その南側に墓域が展開する。遺跡の本格的な調査は1970年代の県営ほ場整備を契機とする。1994年以降は前原市（2010年の合併後は糸島市）が主体となって遺跡の内容を確認するための発掘調査を継続的に実施している。ただ，遺跡の保存を前提とした発掘調査であるため，遺構を完全に掘り上げることは少なく，平面プランの確認にとどめることも多い。

2013年には三雲・井原遺跡のこれまでの成果をまとめた報告書が刊行され，それによると紡錘車はこれまでに131点出土しており，石製が99点，土製が30点（不明2点）という構成となる。石材については白雲母片岩（雲母片岩）約7割（71点）を占め主体となり，土器転用紡錘車が多いことも指摘されている（江野2013）。

石製紡錘車の未製品は2013年段階では18点の出土であったが，2014年には25点（平尾2014），本稿執筆段階では整理中の資料を含め31点の未製品が出土している。第3図はその中の一部を示したものである。時期の特定ができない資料も含まれるが，おおよそ，弥生時代後期から古墳時代前期に位置づけられる。なお，挿図の番号と表の番号は対応している。

23は円礫で，一部を欠くものである。上下面，側面共に加工の痕跡はない。素材として搬入された石材である。現在整理中で，挿図に含めていないが，南小路地区465番地では，欠け

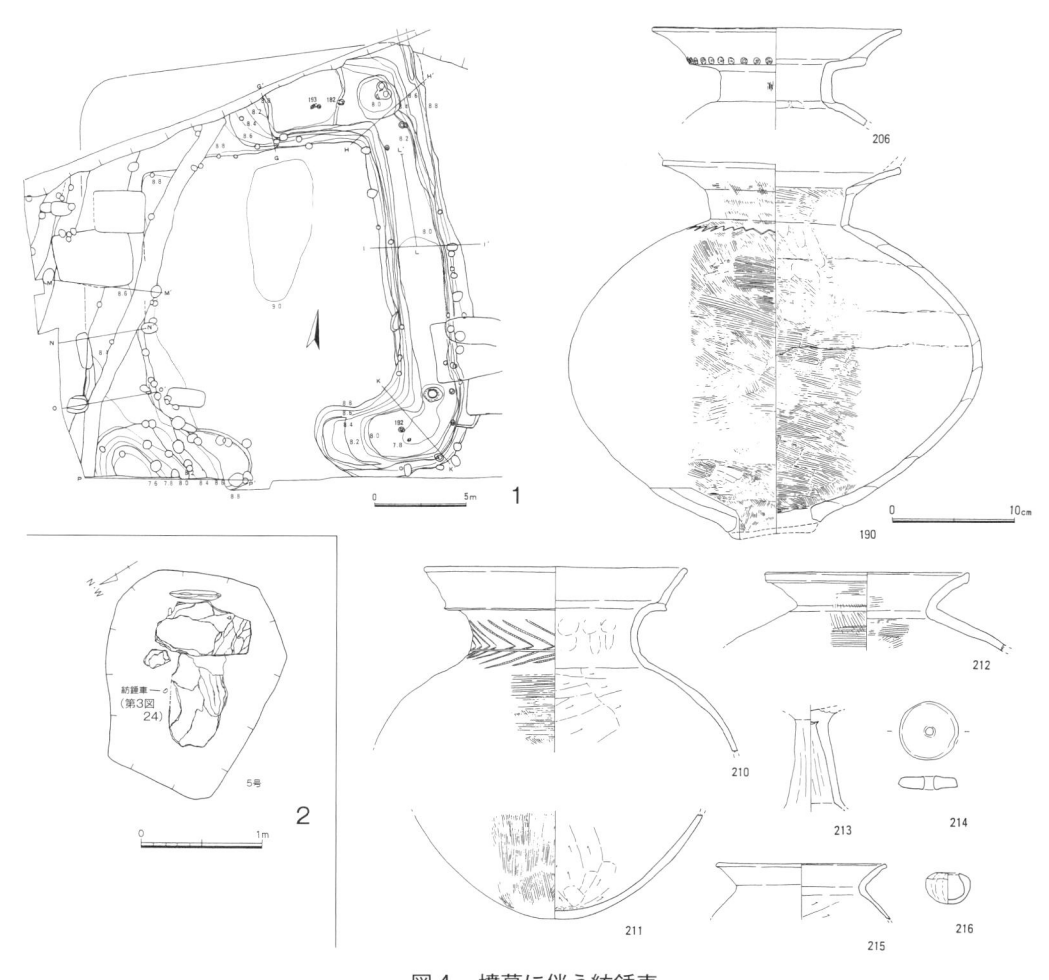

図4　墳墓に伴う紡錘車
（1；那珂遺跡63次 SX028，2；三雲・井原遺跡上覚439番地5号石棺墓）

のない未調整品が出土している。20は円礫の上下面に粗い研磨を施すもので，側面は未調整である。22も同様のものであるが，側面に切削痕を残す。20よりも丸くなっており，より紡錘車に近づいた段階といえる。5～8，17，19，21は上下面，側面共に研磨が終了し，穿孔の前の段階である。三雲・井原遺跡ではこの段階の未製品が多いことが特徴である。24は穿孔前の段階であるが，約1/2に割れて廃棄されている。本例は上覚439番地5号石棺墓出土品であるが（第4図2），完掘しておらず，紡錘車もやや浮いた状態で検出されたことから，本当に伴うものか怪しい部分もある。なお紡錘車の完形品は石橋地区Ⅱ-11・12の6号石棺墓墓壙からも出土している。

　以前，墳墓に伴う紡錘車の事例を集めた際に，佐賀県唐津市に所在する久里双水古墳後円部墳頂供献事例（蒲原2009）が突出して古いと指摘したが（平尾2010），前述した三雲・井原遺跡の例や福岡市那珂遺跡62次調査方形周溝墓SX28周溝出土例（第4図1　長家・榎本編1999）

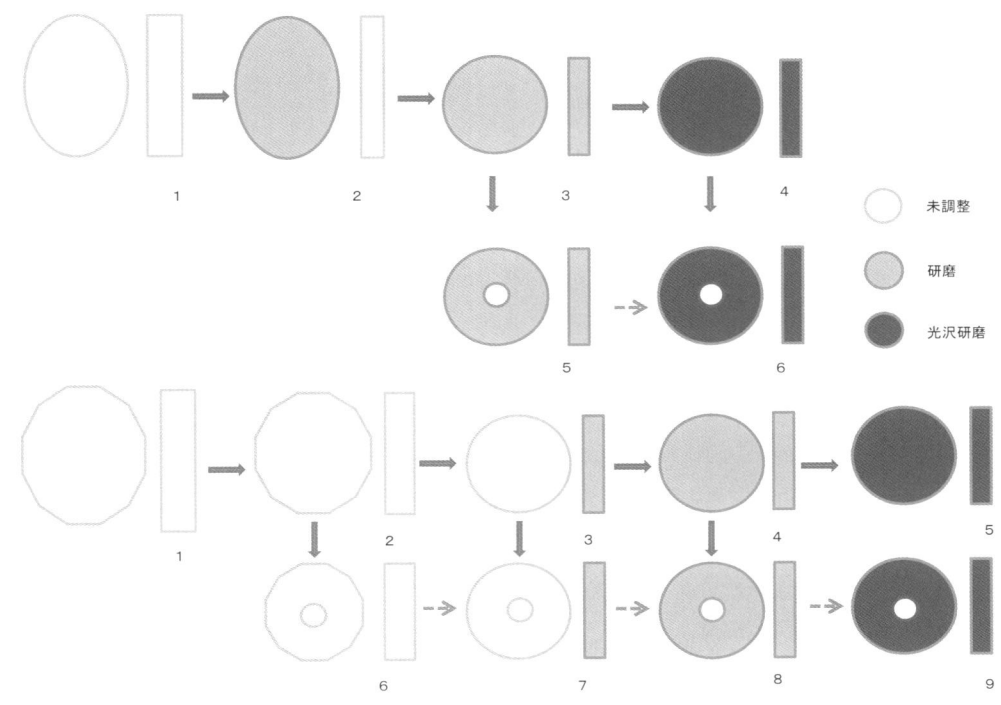

図5 石製紡錘車製作工程模式図（上；三雲・井原遺跡　下；三国丘陵遺跡群他）

の存在から，朝鮮半島南部の墳墓で一般的に行われていた紡錘車の副葬習俗の影響が，部分的に玄界灘沿岸諸地域へ及んだものと思われる。これは寺口地区Ⅱ-17の6号住居跡で確認された断面算盤玉形の瓦質紡錘車の存在からも窺われる。

18は三雲・井原遺跡では数少ない穿孔途中の未製品である。穿孔の状況や出土遺構の時期から鉄錐を用いたと考えられる。

なお，三雲・井原遺跡では，弥生時代前期～古墳時代初頭までの集落が継続する三雲番上地区からややまとまって出土しているが，遺跡の西に接する瑞梅寺川に近い南小路地区で集中する傾向が認められる。ここからは，未調整品も出土しており，瑞梅寺川から採取された河床円礫を用いた紡錘車生産が考えられる。

Ⅳ　考察

1　紡錘車の製作工程

福岡県内で出土した紡錘車未製品を概観したが，そこから，二種類の紡錘車の製作工程が復元される。

ひとつは三雲・井原遺跡出土品から復元される工程である（第5図上段）。

　第1段階　河床から紡錘車の素材となる円礫を採集。この段階の石材は未調整品である。
　第2段階　上下面に粗い研磨を施し，石材を薄くする。この段階はⅡaやⅡc類が多く，通

史的にみて薄めの紡錘車を志向する。

第3段階　側面を研磨し，平面形態を円形に仕上げる。

第4段階　上下面，側面に光沢研磨を施す。

第5段階　穿孔を施す。なお，穿孔が施されるのは，第3～4段階であり，第3段階で穿孔された場合は，そのあとに光沢研磨が施される可能性がある。

　もうひとつは，三国丘陵遺跡群や高津尾遺跡出土品から復元される工程である（第5図下段）。しかし，個々に差がみられ，以下に示す工程は大まかな流れとなる。

第1段階　露頭礫や転礫から紡錘車に適した大きさの石材を採取する。したがって，上下面，側面ともに剝離・打裂痕を残す。なお，高津尾遺跡の場合は石斧や石包丁製作時に排出される剝片を用いた可能性もある。

第2段階　側面を剝離や切削で，円形に近づける。

第3段階　側面を研磨し，平面形を円形にする。ただ，高津尾遺跡例のように，上下面に研磨を施したのちに，再び調整剝離で薄くする事例もある。このような場合は，上下面の研磨が紡錘車製作に伴う研磨か否かの判断が必要となる。

第4段階　上下面に研磨を施す。

第5段階　上下面，側面に光沢研磨を施す。

第6段階　穿孔を施す。この工程では第2～6段階終了後に穿孔を施す事例がある。

　なお，穿孔後により精緻な研磨を施す可能性があるが，資料での確認はできていない。穿孔に伴う剝離を研磨で消す事例の確認等が必要になる。穿孔途中で廃棄された紡錘車の大半は，片面穿孔であるが，筑後西部第2地区遺跡群ＳＫ2205出土例や元岡遺跡42次調査包含層出土例（常松編2015）は両面穿孔途中で廃棄されている。側面は未研磨であることから，第2段階終了後に穿孔を試みた事例である。

　以上，紡錘車の製作工程を2種類復元したが，前者は弥生時代後期～古墳時代前期に多くみられ，未製品が三雲・井原遺跡に集中することから，三雲・井原技法と名付けておく。

　後者は弥生時代前期から中期前半にみられるものである。現在のところ特別に集中する遺跡は認められないが，三国丘陵遺跡群の三沢地区にやや多くみられることから，本稿では仮に三沢技法と呼ぶことにする。今後，より集中する遺跡が確認された時には名称を改めてもよいだろう。

　なお，数は極端に少ないが，北九州市長野フンデ遺跡では石包丁の破片を転用して紡錘車に加工する事例が確認されている（山口編2006）。このような事例は唐古・鍵遺跡でも確認されており（櫻井・石川・西岡編2009），西日本各地で散見される可能性がある。また，雀居遺跡4号凹地では破損した紡錘車を研磨して別のものへと転用しようとした事例も確認されている（力武編2003）。このように，紡錘車は石材の流れや製作工程に目を向けると，やや複雑な面をもつことが確認できることから，今後，弥生時代の石器生産や流通を検討する際には，検討の俎上に挙げるべき資料といえる。

2 古墳時代後半期との比較

　福岡県内の紡錘車は弥生時代から古墳時代前期までは比較的薄手のものが主体を占めていたが，古墳時代中期以降肉厚のものへと変化する（平尾2008a）。その原因として，朝鮮半島で主流をしめる断面算盤玉形のⅢa類の影響が挙げられ，以後，列島でも断面肉厚長方形のⅡd類や厚手の截頭円錐形を呈するⅠc類，台形を呈するⅠd類が出現する。また，石材も滑石が主体となる。以前，北部九州の石製模造品の製作工程を検討した際に，石材産出地から主要生産工房に搬入用原石（長さ14〜17cm，幅10cm程度，厚さ3cm）が持ち込まれること。臼玉や有孔円盤などの薄手の模造品を作る遺跡には，工房から板状加工品が持ち込まれていることなどを指摘した

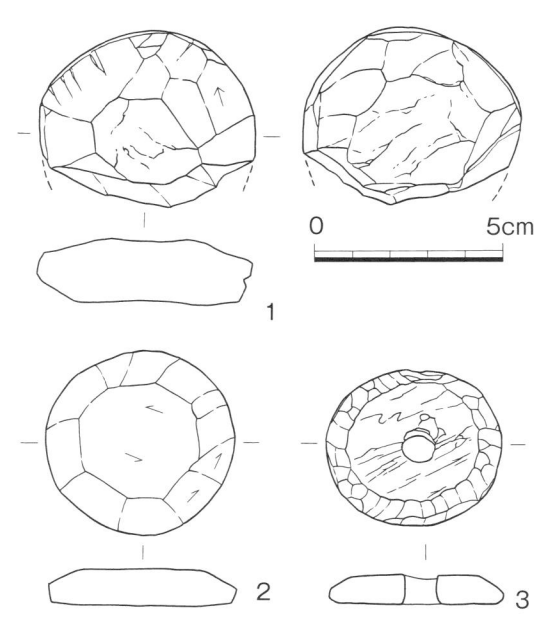

図6　立花寺Ｂ遺跡出土紡錘車未製品（1/2）

（平尾2006）。この段階の紡錘車は前述したように12mm以上の厚さをもつため，板状加工品を用いる製作遺構ではなく，搬入用原石が持ち込まれる工房で製作されたと判断される。古墳時代後期の紡錘車未製品が出土する遺跡はいくつか存在するが，搬入用原石から各種石材を伴うものに，福岡市立花寺Ｂ遺跡がある（田上編2002）。

　立花寺Ｂ遺跡出土品については，以前，搬入用原石を中心に検討したが（平尾2008b），紡錘車未製品を再調査した。紡錘車未製品を含む滑石製模造品の大半は14号溝出土品で，そこからは方形チップ（平尾2007），子持勾玉，紡錘車，紡錘車未製品，板状加工品，有孔円盤のほかに多量の搬入用原石，荒割石材等が出土している。紡錘車未製品は2点出土している。第7図1は約1/3を欠く未製品で，断面截頭円錐形のⅠc類を作ろうとしている。傾斜面と側面には粗い削りを施し，それぞれ工具痕を残す。上下面はおそらくより大きな石材をうち欠いた剥離面をそのまま活かしている。2は1よりより進んだ段階で上下面にも研磨を施す。この次に丁寧な研磨を施し，穿孔に至ると考えられる。3は完成品であるが側面に削痕を残す。

　そうすると，古墳時代中期以降の滑石を用いる紡錘車の製作工程は，

第1段階　搬入用原石の持ち込み。
第2段階　ある程度，調整剥離を施し，概形（おそらく不整円形〜隅丸方形）を作りだす。紡錘車の厚さはこの段階で求める厚さに近づけておく。
第3段階　切削を多用し，側面や傾斜面等を整えるが，加工痕を多く残す。
第4段階　上下面に研磨を施す。
第5段階　丁寧な研磨を施す。

第6段階 穿孔を施す。なお，第4段階のものに穿孔を施すこともあり，その後，丁寧な研磨を施す可能性もある。

の6段階に復元される。

　古墳時代後半期の製作工程の特徴としては，三郡山地と推定される滑石の産出地で持ち運びしやすいように，ある程度加工して，製作地へ搬出していることがあげられる。露頭礫や転礫を利用する弥生時代前期〜中期前半，河床円礫を利用する弥生時代後期〜古墳時代前期と比較して，より組織的，体系的に石材が動いていることが指摘できる。

V　おわりに

　以上，紡錘車に未製品からその製作工程を復元し，各時代における石材の入手方法の違いによって，製作工程も変化することを指摘した。

　なお，弥生時代前期から中期前半まで各地で作られていた紡錘車が，弥生時代後期になると三雲・井原遺跡で集中的に生産されるようになるが，それはある程度の紡錘車の規格化を目指した可能性がある。[2] そのほかの織機類が出土していない現段階では何とも言えないが，より想像を膨らませると，『魏志』倭人伝に記される班布などの生産にも関わっていた可能性も指摘できる。そのことが，福岡市・春日市を中心とする奴国域で青銅器や鉄器の大規模な生産が認められるのに対し，糸島市を中心とする伊都国域であまり認められないことの原因のひとつかもしれない。今後はそのあたりを意識した調査を行っていきたい。

　資料の実見に際しては，小池史哲氏，田上勇一郎氏，山崎頼人氏のお手を煩わせた。また，森貴教氏には，弥生時代の石器に関して著者の基本的な質問にも丁寧に答えてもらい，研究の状況等についてもご教示いただいた。記して感謝申し上げます。

■註
1）石包丁には実用品として木包丁が存在する（山崎2003）。
2）石製紡錘車は三雲・井原遺跡で集中して生産されるが，他地域では土器転用品や木製紡錘車が多用された可能性もある。ちなみに，福岡県内における木製紡錘車は古墳時代前期に多くみられ，その形態も多様である（平尾2008）。

■参考文献
坂野千登勢，2010．日韓紡錘車の基礎研究―紡錘車と紡織技術の変容過程―．東亜文化8，405-510．
江野道和，2013．Ⅵ．その他の遺物．三雲・井原遺跡Ⅷ－総集編－　糸島市文化財調査報告書第10集（平尾和久　編），pp.330-344．糸島市教育委員会，福岡．
東村純子，2005．律令国家形成期における鉄製紡錘車の導入と紡織体制．洛北史学7，98-123．
東村純子，2006．紡錘（つむ）の機能と使用方法についての諸問題．日本出土原始古代繊維製品の分析調査による発展的研究　科学研究費補助金・基盤研究（A）（2）（望月幹夫　編），pp72-89．東京国立博物

館，東京．

平尾和久，2006．滑石製臼玉の製作工程．古文化談叢55，129-144．

平尾和久，2008a．紡錘車の編年とその画期．伊都国歴史博物館紀要3，1-12．

平尾和久，2008b．古墳時代集落祭祀の一形態　立花寺B遺跡出土滑石石材の紹介をかねて．七隈史学9，15-32．

平尾和久，2010．墳墓に副葬・供献される紡錘車の基礎的考察－西日本の事例から－．還暦，還暦？，還暦！（福岡大学考古学研究室　編），pp103-124，福岡大学考古学研究室．福岡．

平尾和久，2012．韓国三国時代墳墓出土紡錘車について－慶尚北道高霊郡池山洞古墳群出土例を中心に－．古文化談叢68，199-223．

平尾和久，2013．韓国における紡錘車副葬墳墓の時期的変遷とその特徴．福岡大学考古学論集2（福岡大学考古学研究室），pp417-436．福岡大学考古学研究室，福岡．

平尾和久，2014．三雲・井原遺跡出土石製紡錘車未製品について．三雲・井原遺跡IX　糸島市文化財調査報告書第13集（平尾和久　編），pp.187-190．糸島氏教育委員会，福岡．

蒲原宏行，2009久里双水古墳出土古式土師器の位置付け．久里双水古墳　唐津市文化財調査報告書第95集（田島龍太　編），pp125-137．唐津市教育委員会，佐賀．

國下多美樹，1988．京都府下の紡錘車について．京都考古50，1-27．

宮小路賀宏（編），1984．三沢蓬ヶ浦遺跡　福岡県文化財調査報告書第66集．福岡県教育委員会，福岡．

森貴教，2010．弥生時代北部九州における石斧生産―今山系石斧の製作技法と規格性の検討―．九州考古学85，1-19．

森貴教，2011．北部九州における弥生時代の石器流通．石材の流通とその背景―弥生～古墳時代を中心に―（第60回埋蔵文化財研究会実行委員会），pp.23-44．大阪．

森貴教，2013．カラカミ遺跡出土砥石の検討．壱岐カラカミ遺跡IV（宮本一夫　編），pp.169-182．九州大学大学院人文科学研究院考古学研究室，福岡．

村田裕一，2002．工具―砥石．考古資料大観9　石器・石製品・骨角器（北條芳隆・禰宜田佳男　編），pp.197-200．小学館．東京．

永見秀徳（編），2003．筑後西部第2地区遺跡群（VI）筑後市文化財調査報告書第50集．筑後市教育委員会．福岡．

中間研志，1985．紡錘車の研究．石崎曲り田遺跡III　今宿バイパス関係埋蔵文化財調査報告書11（橋口達也　編），pp.105-160．福岡県教育委員会．福岡．

長家伸・榎本義嗣（編），1999那珂22　福岡市埋蔵文化財調査報告書第597集．福岡．

中山平次郎，1916．筑前國糸島郡今津の貝塚．考古学雑誌6（6），25-32．

中山平次郎，1925．筑前糸島郡今山に於る石斧製造所址（下）．考古学雑誌15（1），13-26．

中山平次郎，1934．飯塚市立岩字焼ノ正の石庖丁製造所址．史蹟名勝天然記念物調査報告9，pp57-70．福岡県教育委員会，福岡．

中山学，1998．広島県内出土の滑石製紡錘車について．文化財論究1，3-24．財団法人東広島市教育文化振興事業団文化財センター，広島．

中沢悟，1996a．紡錘車の基礎研究（1）－群馬県内を中心として－．研究紀要13，81-126．財団法人群馬県埋蔵文化財調査事業団．群馬．

中沢悟，1996b．紡錘車の基礎研究（2）．専修考古6，67-95

能登原孝道，2014．北部九州における石庖丁の生産と流通．東アジア古文化論攷2（高倉洋彰編），pp.83-102．福岡．

大石昇（編），1998．久留米市内遺跡群　久留米市文化財調査報告書第140集，久留米市教育委員会．福岡．

力武卓治（編），2003．雀居8　福岡市埋蔵文化財調査報告書第747集．福岡市教育委員会，福岡．

櫻井拓馬・石川ゆずは・西岡成晃（編），2009．唐古・鍵遺跡Ⅰ―範囲確認調査―　田原本町文化財調査報告書第5集，田原本町教育委員会．奈良．

関川尚（編），1999．光照寺遺跡Ⅰ　北九州市埋蔵文化財調査報告書第233集，財団法人北九州市教育文化事業団埋蔵文化財調査室．福岡．

下條信行，1975．北九州における弥生時代の石器生産．考古学研究22（1）7-14．

下條信行，1989．弥生時代の玄界灘海人の動向．横山浩一先生退官記念論文集Ⅰ　生産と流通の考古学（横山浩一先生退官記念事業会），pp.107-123．福岡．

下條信行，1996．扁平片刃石斧について．愛媛大学人文学会創立二十周年記念論集（愛媛大学人文学会），pp.141-164．愛媛．

下條信行，1997．柱状方刃石斧について．古文化論叢　伊達先生古稀記念古文化論集（伊達先生古稀記念論集編集委員会），pp.72-87．

篠原祐一．1990．石製模造品観察の一視点．古代89，118-128．

杉本岳史（編），2002．三沢中北尾遺跡1　小郡市文化財調査報告書第169集，小郡市教育委員会．福岡．

杉本岳史（編），2004三沢蓬ヶ浦遺跡第3地点　小郡市文化財調査報告書第194集，小郡市教育委員会．福岡．

杉山富雄（編），2006．今宿五郎江5　福岡市埋蔵文化財調査報告書第872集，福岡市教育委員会．福岡．

鈴木敏則，1999．遠江における原始・古代の紡錘車．浜松市博物館報12，23-54．

武末純一，1987．石包丁の計測値．東アジアの考古と歴史　中（岡崎敬先生退官記念事業会），pp.386-420．

武末純一，2001．石器の生産と流通―石包丁と蛤刃石斧を中心に―．筑紫野市史　資料編（上）考古資料（筑紫野市史編纂委員会），pp528-555．福岡．

滝沢亮，1985．古代東国における鉄製紡錘車の研究．物質文化44，21-41．

常松幹雄（編），2015．元岡・桑原遺跡群25　福岡市埋蔵文化財調査報告書第1276集，福岡市教育委員会．福岡．

上野真由美・大屋道則，2014．水晶製勾玉の製作とその工程．研究紀要28，73-92．公益財団法人埼玉県埋蔵文化財調査事業団．埼玉．

渡辺堯志，2007．砥石から見た弥生時代鉄器化への諸様相―比恵・那珂遺跡群出土資料より―．九州考古学82，77-88．

山口信義（編），1989．高津尾遺跡1（2区の調査）　北九州市埋蔵文化財調査報告書第80集．財団法人北九州市教育文化事業団埋蔵文化財調査室．福岡．

山口信義（編），2006．長野フンデ遺跡　北九州市埋蔵文化財調査報告書第384集．財団法人北九州市教育文化事業団埋蔵文化財調査室．福岡．

山崎頼人，2003．石庖丁と木庖丁．續文化財学論集　第一分冊（文化財学論集刊行会），pp.5-14．奈良．

　あと，本論文集の課題というか田中良之先生からの課題に「考古学は科学か」がある。
　私のようなものが述べることではないが，以下に思うところをまとめてみる。これまでも最近話題のSTAP細胞だけでなく，超伝導などの捏造問題が存在しているが，やはり科学性の担保は再現性の有無にある。
　ただ，考古学の場合は，開発に伴う調査の場合だけでなく保存を前提にした調査の場合でも，トレンチ等を入れた箇所の遺構は破壊されることから再現性が限りなく低く，科学性を保つためには調査担当者の責任や良心は重要な要素となる。しかし，担当者がいかに意を尽くしても，新しい研究方法の開発や視点の多角化によりこれまで注目されていないところに光が及ぶようになると，報告書になってしまった段階では対応できない点も出てくるが，それはやむを得ないと個人的には考えている。そのためにも後世に残すことがで

きるものは，遺跡だけでなく，図面，写真，メモ等一つでも多く残すべきと言えよう。

　考古学の論文では，遺跡や遺構を扱うもの，遺物を扱うもの，両者を複合したもの等がある。遺跡・遺構を取り扱う論文は先に述べた遺跡の場合と同様に考えているが，遺物を取り扱う場合には，資料の観察や実測等による情報の抽出，類例の収集等から論を組み立てていくのが通常である。しかし，見ることができないものがあるから，書くことができないというわけでもないだろう。

　また，詳細な資料観察や着実な論の展開から，突然，結論が飛躍する論文も多いが，この場合，前半は科学的，後半は非科学的ということになるのだろうか。この基準でいうと，本論の「Ⅵ．おわりに」は思いつき程度で，非科学的といえるだろう。

　しかし，丁寧な資料紹介だけでは少し物寂しいもの事実である。加えて，分析・考察の段階に突然，先行研究者が考えた分析法や法則的なものにあてはめたものも多いが，それだとある程度の科学性は担保されているかもしれないが，ブレイクスルーは全く期待できない。そのような状態が長く続くと，その先行研究者も残念に思われることだろう。やはりうけつぐべきは，学説ではなく，その考え方や精神なのだろう。

　そこで，結論となるが，私は「現段階の考古学は科学的な面もあるが，非科学的面も多い」と考える。自分自身の取り組みとして，思いつきやひらめきを大事にしつつも，科学的な割合を少しでも増やしていければと考えている。皆様方のご叱正を乞う次第である。

　田中良之先生は私が通っていた大学に九州大学から出講して1回生を対象にした考古学概説を担当してありました。ちょうどそのころ，現場に出る機会があって，現地調査の楽しさだけを感じていた私にはかなり難しい内容でしたが，何とか単位を頂いたことをよく覚えています。そういう意味でも（？）三人の恩師の一人と感じていました。その後も，お会いするたびに声をかけていただくなど，良くして頂きましたが，あまりにも早い旅立ちには大きな衝撃を受けました。先生に献じる本論がとても及第するとは思えませんが，酒の肴ぐらいになればと思います。ご冥福をお祈りします。合掌。

古墳時代親族構造論と古代史研究

九州大学総合研究博物館　岩 永 省 三

要旨

　田中良之氏の古墳時代親族構造論の意義を再検討すべく，田中説以前の古代史学界における親族構造研究の諸論点と，田中説が拓いた新たな展望を纏めた。田中説はその画期的成果にも拘らず，その後の文献史学界の先史・古代親族構造論にほとんど影響を及ぼさなかった。その原因を詮索すべく，田中説以後の文献史学界の古代家族・親族論，籍帳論の動向を探った。文献史学界で田中説が等閑視された事情は，関口裕子・吉田孝・明石一紀氏らの説およびそれを支持する諸説が圧倒的に優勢となり，強固な「パラダイム」として機能し研究の鎮静化をもたらしたことにある。しかし田中氏が古墳時代について，文献史学者が8世紀について捉えた事実関係がそれぞれに一定の蓋然性を有すと認められる場合，両者間の齟齬が生じた背景について追究する必要があり，文献史学での未検証仮説群の検証のために，今後考古学サイドでいかなる研究をすべきかの見通しを示した。

キーワード：古墳時代，7世紀，親族構造，古代家族，戸籍

　7世紀は，6世紀に確立した全国支配体制である国造制・部民制・ミヤケ制（その基礎にある秩序が王民制と在地首長層の内部秩序）の矛盾－王民の私民化，王民秩序の混乱，私有制の発展－が7世紀に入って激化したため，大化改新を経て7世紀後半をかけて，人民の族制的・身分制的把握（王民制）から地域的・包括的把握（公民制）への移行が遂行され（石母田1971），それを基礎として国家機構と全国的統治システムが構築されていった。そうした動向の社会的基盤における，親族組織の構造変動の実態とその意義の評価は，国家形成論上不可避の問題である。

　大分県上の原横穴墓群の調査を契機とした田中良之氏の古墳時代親族構造研究（田中1995）は，その時点で主流となりつつあった文献史学の古代家族・親族論，籍帳論，ウヂ論などの研究成果と鋭く対立する部分があった。しかし，7世紀以前の親族構造についての考古学的事実を明らかにしたものであるから，主として8世紀以降の文字史料からの遡上的類推・推定をせざるを得ない古代史研究者に再考を促し，彼らの体系に揺さぶりをかけるに違いないと筆者は予想し，田中説が開いた新たな展望を纏めたことがある（岩永2003）。ところが実際には，田

中氏の著書刊行後20年が過ぎた現在に至っても，遺憾ながら，ほとんど影響を及ぼしてはいないと言わざるをえない。泉下の客となった田中氏もさぞや苦笑いしていることであろう[1]。なぜ古代史学界で田中説が等閑視されたのかを考察するとともに，7世紀史を考古学的に研究する場合の課題を検討する。

A　親族構造研究の諸論点

あらためて田中説以前の古代史分野での研究状況をまとめておく。

1　日本古代の基層社会の出自原理

1970年代以降，父系説と母系説（高群1938）・双系説との間で厳しい対立があった。第二次大戦前から1970年代まで父系説（石母田，1939，藤間，1946，門脇1960，吉田晶1968，原島1968，鬼頭1979）が有力であった。古代の籍帳に表現された郷戸を共に暮らす実態家族と見て，奈良時代の家族に家父長制原理を認めた。また郷戸を法的擬制とみなす説（岸1973）でも郷戸実態説との差は家族の規模であり，父系と見る点では変わらない。

1970年代以降，社会人類学の成果を古代史に導入した双系・双方説（吉田孝1976・1983・1988，明石1990）が有力となり，父系説を厳しく批判し，今日定説的位置を占めている。弥生・古墳時代に父系社会は存在せず，古代には古来の双方＝非単系的な社会基盤の上に父系を発達させようとしたものの，父系制は一般的には確立していなかったとみる。

2　日本古代家族形態論

a　家族の概念

日本古代の家族形態については，家父長制家族の存在を認める論者と認めない論者が激しく対立し，F．エンゲルスの『家族・私有財産・国家の起源』（以下『起源』と略す）の家族成立論を大筋で認める前者に対して，後者が「家族」「家」「世帯共同体」や「家父長制」の概念を明確にして双系・双方説あるいは母系説の立場から反論する，というのが基本的構図である。

b　「世帯共同体」概念の有効性とその存否

「世帯共同体」という概念は，「家父長制」と並んで，古代家族論でもっとも議論が紛糾している部分である。小世帯が複数集まった集団を何と呼び，その実態をどのように捉えるのかが焦点となる。①．「世帯共同体」を概念として容認する立場（渡部1948，塩沢1958，吉田晶1968，鬼頭1976，関口1987）は，関口氏以外は父系説である。②．概念を否定し抹殺してしまう立場で，「世帯共同体」でなく小家族の集合体（吉田孝1983）か，「世帯複合体」（明石1991）と呼ぶ。遺跡における小住居址群の性格は，数家族が双方的関係で寄り集まった近親の居住集団結合であり，そのようなものは固定的な親族集団・単系親族集団とはみなせないという（明石1990）。

c　日本古代における家父長制の成立

『起源』では，家父長制家族は未開段階の対偶婚家族と単婚家族の中間に位置し，氏族制度＝共同体を打破する私有主体としての意義を持たされ，国家形成の前提をなしていた。日本の古代に家父長制家族が成立していたか否かは古代家族論の中でも最重要の問題である。

① 成立説。古代の籍張記載の「戸」を実態と考える説では（擬制を認めたうえで実態を反映するとする説も含む），郷戸に戸主の兄弟や父の世帯，また寄口や傍系親が包含されることを根拠に家父長制原理を主張する（石母田1939，藤間1946，塩沢1958，門脇1960，吉田晶1968，原島1968，鬼頭1979）。② 非成立説。母系説・双系説の論者は基本的にこの説である。支配者階級では10世紀以降家父長制家族が成立し経営・所有の単位となるが，父系直系家族の成立は院制期に下り，一般庶民では家父長制家族の成立は11世紀中葉まで下るので，日本全体における本格的家父長制家族の成立は院政期以降となる（関口1983・1984）。双系的で妻が夫の親族の中に溶け込んでおらず，妻と妾の区別がなく，女性の社会的地位が男性と大差ない（吉田孝1983）。家父長権を主人権・戸主権・父権に分けると，いずれも古代には未成立（明石1990）。6～8世紀の支配層に「族父権」は形成されるが，「族父権」が律令制の持つ家父長制原理と結合して，9・10世紀以降しだいに家父長制家族の形成へ向かう（義江，1986），などと主張される。

d　日本古代の家族形態－具体論

前項で述べた家父長制家族の存否に関する見解を基準に大きく二つに区分できる。

① 家父長制家族（父系合同家族）・家父長制世帯共同体説。古代家族復元の主要史料として戸籍・計帳を用い，籍張記載の郷戸を当時の家族の実態と考える（石母田1939・1941・1942，藤間1941・1946，塩沢1958，門脇1960，吉田晶1968，原島1968，鬼頭1979）。これらの説は，7世紀後半から8世紀にかけて氏族制社会から国家が成立するという認識と，共同体（氏族）とその所有を打破して，私有主体として最初に出現するのは，共同体内に形成される（大家族としての）家父長制家族であるという『起源』の図式とから導かれた説といえる。

② 家父長制家族未成立説。さらに母系的家族説（高群1952）と小家族説に分けられ，ともに籍帳実態説を強く批判する。小家族説では，関口裕子氏と他の論者とで若干の差がある。関口氏は，「たんなる小家族説」ではなく，8・9世紀には母系合同家族的家族集団ないし母系直系的家族集団を経た核家族的小家族，および当初からの核家族的小家族が併存し，両者はその所生子が成長するにつれ再び母系合同ないし直系的家族集団へと成長する一方で当初からの核家族的小家族も放出すると言うサイクルを繰り返したとみる（関口1982・1984）。それらは自立した経営単位を形成しておらず，不安定かつ流動的である（関口1980）。

近年の主流的見解は早川庄八・吉田孝・明石一紀・義江明子氏の小家族説である。

「アメーバのような家族」説（早川1974）は小家族説の先駆である。農民家族では父系家族の未成熟，父系・母系ないまぜになった血縁関係を前提として，付近一帯の住民が皆何らかの血縁上の繋がりを持つために，どこを切り取り，どこを加えても，何らかの血縁的纏まりがで

きることから，律令国家が戸の編成に際して人為的操作ができたと説く（早川1974）。

双系的小家族説では，同居して寝食を共にし単一家計を行なう消費単位としての「家族共同体」・「複合家族」は成立しておらず（明石1990），夫婦関係は対偶婚段階にあり非固定的であり（吉田孝1983，義江1985），夫婦と未婚の子供がもっとも基礎的な単位となる（吉田孝1983，明石1990），あるいは，核家族・夫婦家族とイコールではなく（義江1985），現実の家族形態としては「母子＋夫」を基本とする多様な結びつきがあり得て，「夫」には母の夫や娘の夫も含み，「子」も未婚の子に限定されない（義江1985）とされる。そしてそれら小家族は，生活の基礎的単位，日常的農耕単位ではあるが，より大きな集団の中に包摂されており，自律的経営単位ではなく不安定である（吉田孝1983），あるいは，固定的な親族集団・単系親族集団とはみなせない数家族が双方的関係で寄り集まった近親の居住集団結合しかない（明石1990）とされる。

e　籍帳の「戸」，郷戸・房戸の評価

籍張に記載された「戸」については鋭い評価の対立があり，田中説は籍張の資料価値判断上きわめて重要な位置をしめる。ここでは対立するさまざまな学説をやや細かく記述しておく。

①　郷戸実態説＝戸実態説＝「郷戸説」。郷戸を，数戸の世帯相互間で形成された「（家父長制的）世帯共同体」・父系合同家族で，農業経営の基本的単位＝実態家族であると捉える。大枠では『起源』の家父長制世帯共同体論の日本への適用を図ったものといえる（石母田1939・1941・1942，藤間1941・1942）。論者ごとの見解差やその推移は省略するが，石母田氏の，美濃・北九州・下総の戸籍にみえる戸の違いが，古代家族の発展過程を示すと考え，郷戸内での非血縁者＝寄口・奴婢の形成過程を同族集団の崩壊過程として追跡し，家内奴隷制が発展し同族集団が地縁化する過程を，下総型→北九州→美濃型の発展段階として論じた説が大きな影響力を有した（石母田，1942）。

②　郷戸実態説の修正説。石母田・藤間氏の郷戸実態説が，深甚な影響を及ぼした一方で，「戸」が徴税単位として人為的に設定されたための変容を蒙っているという批判も受けたことを受け，籍帳を通じて奴隷制的階級分化の日本的形態の解明を進めた（塩沢1958，門脇1960，原島1968，吉田晶1968，鬼頭1979）。塩沢氏が家父長的奴隷制の形成過程を追ったのに対し，門脇氏は，石母田・藤間説の親族共同体→家族共同体→「古代家族」（家父長制的大家族）という発展仮説は誤りで，下総・北九州・美濃の戸籍の戸はすべて家父長制的世帯共同体の家長権の強弱の差を示す類型であり，その形態変化は房戸の独立過程ではなく郷戸の変質過程であるとした。そして寄口を重視して8世紀の階級分化の方向性は家内奴隷制の実現にあったが十分に展開しきれないままに農奴制に向かったと考えた。原島氏・吉田晶氏も門脇説を継承し，寄口の評価から，農奴制への方向性を明らかにしようとした。他方，鬼頭氏は安良城編戸説（③参照）の批判的継承発展を目指したが，単純な擬制論ではなく，郷戸は未成熟な家父長制的世帯共同体を編成したものとし，編戸原理と編戸制施行の目的を明らかにしようとした。

③　法的擬制説Ａ＝「歪拡大説」。岸俊夫氏は，編戸制成立期の「家」（後の房戸の設定当初）

は実態で基本的経営単位をなしており，当初は戸と家を出来る限り一致させることが企図されたが，五十戸一里制の制約を受けて造籍を繰り返せば繰り返すほど，戸籍上の戸は傍系親族を抱え込んで，実態から遊離した大家族として記載され，戸籍上の戸と実際の家族との歪が拡大したと捉えた（岸，1950・1951・1952）。平田耿二氏は岸説を受け，実際の家族をほぼそのままの姿で登録した最初は庚寅年籍で，大宝二年籍も養老五年籍も元の家族形態とはかなり違っていると捉えた（平田1962）。

④　法的擬制説B＝編戸説[2]。安良城盛昭氏は，郷戸的構成自体が国家権力による人民支配のための「編戸」によって生まれたもので，徴税の便宜＝戸内課口数の維持のために，数個の「家」を結合させて国家権力によって強力に編成されたもので，編戸後は「戸」が再生産単位を形成したとみる。岸説が歪みの結果とした現象を，編戸の結果と見なす（安良城1969）。安良城説を継承したのが，浦田（義江）明子氏・中野栄夫氏の説である。浦田氏は，急務たる軍事力編成のために，分散化しつつある小家族を人為的に編成して兵士徴発単位としたものが「戸」で，兵士を出す世帯（戸主世帯）と経済的負担を負う他の各世帯を結合して構成し，相互扶助のための法的共同組織としたものとみた。房戸も実態家族ではなく，律令制負担体系の中での兵役負担の低下と世帯の自立化を背景として房戸制が実施されたと捉えた（浦田1972）。中野栄夫氏は，里制下では血縁関係重視で「戸」を編戸したが不均等となり行き詰まり，郷里制下には「家」を房戸として独立させ，地縁的に二・三合体して均等な「戸」を作成しようとしたが断念し，郷制下に再度血縁関係で「戸」を作成したとみる。「家」が律令制社会における基本的生産・再生産単位であり個別経営と認められ，房戸は徴税単位としての「戸」であり，実態的家族単位としての「家」ではないが，天平12年（740）以前には近かったという（中野1973）。

⑤　法的擬制説C＝公法上団体説。郷戸・房戸ともに自然の家族の制度化ではなく，貢納のために作った制度であり，自然家族とは関係ない単なる公法上の団体にすぎないとみる（瀧川，1926；岡本1950）。

⑥　籍帳から距離をとり，社会人類学の成果を導入した古代家族論からの「戸」編成原理論。吉田孝氏は，日本古代には村落共同体が存在せず，小家族が複数集まった緩やかな集合体が一般的であり，構成員が容易に変動し，小家族が財産を共有することもほとんどなかったので，それを政治的に再編成するのは難しくなかったとする。そして日本の編戸制は軍団的組織原理としての性格があり，郷里制で小家族（房戸）を支配の基礎的単位にしようと企図するも失敗し，郷制に移行したとする（吉田孝1976）。関口弘子氏は，籍帳の戸は，母系的紐帯により結ばれ妻方居住婚を一属性とする家族を，国家支配遂行のための民衆把握の組織として父系的に再編したもので，当時の家族の実態を何ら反映しないとする（関口1984）。そして戸の編成原理は，「妻の夫貫及び所生子の父貫を主要な柱とし，男系五等親内の人間を同一戸に編成する」とした（関口1978）。明石一紀氏は，戸は父系親族集団のように見えるが，構造的には父系出自に規定されておらず，父─男子，母─女子という帰属方式つまり並行出自を前提に父系的に

編成したとみる（明石1979）。杉本一樹氏は，関口氏・明石氏の編成原理論を批判し，「戸」の編成原理は双系であって，「家」を集めたのでなく，成年男子を中心に，イトコを越えない範囲の親族を戸口として登録したもので，身分関係は実態を反映しないとみた（杉本1984）。

B　田中説における先史・古代親族構造論

　1・2を総合して，田中説での主張を記す（田中1995，第6章）。①．弥生～古墳時代の親族構造の3モデルと変化の評価，②．籍帳の「戸」の評価に分けて要約・記述する。とくに2eで述べた籍帳の「戸」をめぐる長く激しい学説の対立の解決に向けて田中説がどのような展望を与えたのかが重大である。なお世帯共同体と家父長制の問題について，ここでは省略するので，筆者の旧稿（岩永2003）を参照されたい。

　①　弥生～古墳時代の親族構造の3モデルと変化の評価

　弥生時代中期の北部九州から山口にかけては，双系基調ながらも男性優位であり，古墳時代に入ると5世紀後半までは，弥生時代以来の双系的な親族組織（非単系出自集団）を基礎とし，その上で地位の継承がやや父系に傾いた基本モデルⅠが見られる。これは傍系親族および女子を排除しないキョウダイ関係で埋葬するもので，地位の継承は，男女いずれもが継承可能な点で双系的だが，基本モデルⅡとの連続性を考慮すると，父系に傾いた継承が主流となる傾向が看取できる。基本モデルⅠの双系的性格は，九州地方の地域性ではなく畿内でも同じ埋葬原理だった可能性が高い。

　5世紀後半以降，前代の基本構造を残しつつ，非単系出自集団の父系的再編が行なわれ，首長・家長層では父系直系継承（傍系継承無し。婿養子有り）が成立し，全体として比較的はっきりとした父系継承を行う基本モデルⅡ・Ⅲへ変化する。

　基本モデルⅡは5世紀後半から6世紀後半にみられ，キョウダイが埋葬される基本モデルⅠに見られる同一世代における血縁性の重視から，次世代家長にとっての傍系血族を排除し，家長とその子という直系の父子関係が強調されることによって出現する。ここでは父子関係が強調されるが，配偶者は葬られておらず，傍系親族を排除し直系血族のみで構成される。家長の継承は父系直系で次世代家長は新たな墓を構えるが，傍系親族は墓を築造できず独立した存在ではない。したがって推定できる家族集団は「直系親族の世帯に傍系親族の世帯が従属する世帯共同体」といえる。

　6世紀前半から中頃にかけて以降の基本モデルⅢは，基本モデルⅡに家長の妻が加わった形であり，他に大きな変化はない。父系直系継承だが，父子関係とともに夫婦関係・母子関係も認められる。

　基本モデルⅡ・Ⅲは，婿養子（上ノ原横穴墓群にある）の同族化がなされず，基本モデルⅡで配偶者が葬られず，基本モデルⅢでも非家長の配偶者が排除されていることから，強固・明瞭な父系制ではなく，父系の系譜の中に散発的に女性が入る点で「準父系」（清水1987）である。

変化の本質

基本モデルⅠ→Ⅱ→Ⅲの変化は，先代家長との血縁関係に基づくキョウダイの血縁原理から，父子直系の血縁原理へと変化し，家長夫妻とその子すなわち親子関係へ，という流れで説明できる。すなわち，双系あるいは父系に傾いた双系の状態（基本モデルⅠ）から，父系直系の継承（基本モデルⅡ・Ⅲ）が行なわれるようになる過程であり，同世代原理から通世代原理への変化と要約できる。

以上の田中説は，すでに弥生時代以来，近畿地方では父系になっているとする考古学界主流の説（甲元1975，都出1989）よりかは双系説との対立点が少ないものの，双系説とは重要な点で相違がある。すなわち，5世紀後半以降ウヂの形成が始まり，首長位の継承が父系的に行われるようになると見る点では同じだが，双系説ではこうした動向が支配者層のみのものであって，被支配者層では双系のままと見るのに対し，田中説は，古墳時代後半期には農民層においても家長が父系かつ直系的継承を行っていたと明らかにした点である。

二重構造

基本モデルⅡ・Ⅲにおいて，第一世代と第二世代とでは構成が異なっている。第一世代は基本モデルⅡでは家長一人，基本モデルⅢでは家長夫婦であるが，第二世代は家長の子供たちのキョウダイで基本モデルⅠと同じ構成である。基本モデルⅠは弥生時代以来の社会構造に規定され，古墳時代前半期までの社会構造と連関した親族構造であるが，基本モデルⅡ・Ⅲの段階でも第二世代（非家長の一般成員）では規定的構造となっている。したがって，埋葬にあたっての選択が婚後居住形態の反映であるとすれば，基本モデルⅠからⅡ・Ⅲへの変化は，第二世代を見る限り，婚後居住規定の根本的変化を示すものではなく親族組織でも同様だったと評価できる。

また，基本モデルⅢでは家長の妻が家長と同じ墓に入り家長の継承が父系直系的に行なわれている一方で，結婚し出産した娘が父の墓に入っており，家長と非家長では異なる原理が働いていたことになる。

つまり，基本モデルⅡ・Ⅲは基本モデルⅠの基本構造を第二世代に残したまま，その上に男性家長あるいは家長夫婦が第一世代としてかぶさった二重構造をなしている。基層に双系的特性をよく残しながら，家長層＝リーダーシップの場においてのみ父系的特質をもたせていったために，父系的に編成されたのは家長のみであり，非家長においては双系的性格が残されたままとなった。双系説が指摘してきた日本古代親族構造の特異性は，5世紀後半に至って，それまでの双系的親族構造に，家長の父系継承と直系親族への傍系親族の従属というシステムをかぶせることによって始まった，二重構造とそのズレが整合していく過渡期の様態として理解できる。そして，非家長の一般成員には非単系的＝双系的構造を残したまま古墳時代が終わり，この二重構造が奈良時代まで存続する。

② 籍帳の「戸」，郷戸・房戸の評価

この二重構造が古墳時代後半期の親族構造の特質であり，これが次の時代にどう継承され

かが，籍帳の戸の評価視点となる。結論的には，籍帳における家長（戸主）世帯，あるいは大家族中での個々の世帯の構成は実態を伝える可能性があり，それらと古墳時代後半期の親族構造とは比較可能である。岸俊男氏が実態に近いと評価した大宝2年や養老5年の戸籍などからは，奈良時代においても，家長（戸主）世帯については，基本モデルⅢと家族構成が類似しており，同様の構成原理が残存・連続する可能性が強いと言える。ただし非家長の成員については基本モデルⅢと異なり戸主以外にも妻の同籍が認められ，単婚家族化が進行していたことが伺える。

このように田中説は，制度・理念と実態の接点としての戸籍から推測された一定程度抽象化された実態の像の前に，籍帳成立前段階の古代家族像を置くことによって，籍帳の資料価値判断にも一石を投じるはずであった。

C 文献史学の古代家族・親族論，籍帳論

比較的近年の文献史学者の古代家族・親族・籍帳に関する代表的見解を掲げておこう。

南部昇氏は，当初は岸氏の歪拡大説を批判し郷戸実態説の強化を目指したが，途中から安良城氏・関口氏に近い説となった。戸籍上における同籍が同居の実態を示さず，戸主は成年男子が当てられ兄弟相続される（南部1970）。戸籍は人民を男系的に整理把握し，父子同貫主義で父姓の継承を確認する「身分の台帳」としての属性を強く有す（南部1987）。戸籍に列記された人々は，同居はしていなくても，戸主を中心として社会的に認められた何らかの集団を形成していたが，「その集団の内容を明らかにすることは未だ全くなされていない」（南部1992）。

杉本一樹氏は安良城盛昭氏の編戸説を継承した。安良城氏は，一定数の戸内家口数の維持をはかることを目的として，数個の家族を分解・合体して編戸を行うと考え，その際の編成原理を，家相互間に存在する「自然的な血縁関係」とした（安良城1969）。杉本氏は，この点を批判しつつ戸の編成原理を検討し，実態としての双系的親族関係の元では，人民の一元的帰属が不明確であったため，父系的記載原理を持つ籍帳を採用して籍帳上では父系優先の外見を呈しつつも，実際は双系的色彩が強いとした（杉本1984）。

戸は「家」をいくつか集めて編成したものではなく，核となる戸主（成年男子）から男系・女系双方の親族関係を辿って，ほぼイトコを越えない範囲の親族を組織し，時には，ある戸口からさらにその親族までというように親族関係の連鎖を利用しつつ，側展的に拡大したものである。戸が戸主との関係に基づいて編成され，戸主の設定と，戸主との親族関係の記載による戸口の登録によって，全人民を必ずどこかの戸に一元的に帰属させるもの。戸籍は身分登録の台帳であり収奪の台帳。編戸方式は，流動的な実態を流動的なままとらえ得る柔軟な構造だが，ある時点での戸口の帰属関係が必ずしも恒常的なものではないので，戸は何らかの意味を持つ実態＝集団ではない（杉本1984）。吉田孝氏が主張するイへの一般的未成立と関連し，戸として把握されたのは，家族そのものやその集合体ではないから，イへが籍帳上に明確な「家」の形をとって姿を現さない（杉本1984・1987）とみる。杉本氏は「戸籍の理念」としての男系主

義や父子同貫主義については南部氏と同意見だが，南部氏のように戸の同籍者を「戸主を中心として社会的に認められた何らかの集団」（南部1992）とは見ない点で異なる。

　吉村武彦氏は，田中氏の著書の説－5世紀後半に画期があり，親族構造における父系的・直系的継承への変化は民衆レベルまで及ぶ－に触れ，「こうした埋葬形態は日常生活とも密接な関係が想定される」としつつも，「事実の指摘にとどめたい」と述べるに留まり，田中氏が古墳時代後半期の父系－双系の二重構造が籍帳の戸の構成にまで残存連続すると述べた点には全く触れることがない（吉村1996）。吉村氏は，かつては，戸の編成時に立法者は「単位集団」（世帯共同体）を念頭とし，それは早川庄八氏が提唱する「アメーバ家族」のように「どこを切りとっても，どれを加えても，それなりのなんらかの血縁にもとづくまとまりができあがる」ようなものではないと述べていた（吉村1987）。しかし近年は，郷戸・房戸ともに法制的課税単位で，そのままでは家族の自然的実態を示すものではないと断じている（吉村2005）。

　渡辺晃宏氏は，編戸の意義については安良城盛昭・関口裕子氏に依拠している。律令国家は戸口の毎年の変動を歴名や戸口損益帳で把握することで，課役の台帳，人民支配の基本台帳としていたから，現実とその変化を把握はしていたが，歴名による変動の記録には机上の操作を含む。そもそも戸は国家により人為的に編成されたものであり，その変動は現実の変動のみならず，籍年間に生じた戸の不均衡を是正し戸を再編成した結果でもある（渡辺1992）。支配の便宜のため五十戸で一里に編成されたので，戸は多数の家族を含む一つの生活体になっており，徴税さえ円滑に行えれば，個々の戸の内実は問わない（渡辺2001）。

　坂上康俊氏は，安良城氏・杉本氏を引きつつ戸は人為的に編成されたものとしている（坂上2013）。戸籍上の戸は，一戸四正丁の戸をなるべく作ろうとする機械的操作で作られたもので，現実の生活単位である家族とズレが生じるが，戸籍を支配の根幹に据え，戸籍を基礎に毎年の調庸の徴収台帳である計帳を作る以上，戸籍の記載が全くの人工物ではないと述べた（坂上2011）。しかしその根拠として，大規模集落遺跡で20人前後のかたまりが基礎的単位として見出せる，という阿部義平氏の研究を引くのみで，なぜか田中氏の研究には触れていない。

　吉田晶氏は，早川庄八・吉田孝・明石一紀・関口裕子・義江明子氏らと対立してきた代表的論者である。古代において家長を中心にした複合的家族（家父長的世帯共同体）を経営主体とする個別経営を認める立場から，郷戸的結合を成り立たせている人間どうしの結合について述べた（吉田2009）。郷戸構成をそのまま実態家族とみることには慎重でなければならないが，両者は無縁ではなく，擬制を受けてはいても郷戸構成から家族・親族の実態を究明できるという説を堅持する。文献史学者としては珍しく田中氏の研究を引き，その3モデルの変化関係を「家父長的関係の展開」として評価可能とする。その一方で，郷戸は，「核」となる成年男子の家長＝戸主を中心に，男系・女系を問わずできるだけ身近な親族たちと二十人前後の規模で形成しようとする指向性を，社会的・公的に持っていたと述べ，杉本氏の理解と接近する。ただし，杉本氏が戸を何らかの意味を持つ実態＝集団ではないとするのに対し実態的に見ている。唐や統一新羅と異なり，一戸の戸口数が多いのは，不安定な農村社会の現実が，個別経営とし

ての労働力を確保すべく，戸主となった成年男子の親族関係を基礎に，戸内に遠縁の親族や非血縁の良民を労働力として含む20人前後の郷戸（家父長的世帯共同体）を出現させたからである。郷戸が単なる家族や親族的結合を表現するものではなく，親族・姻族とそのほかのメンバーからなる個別経営の人的構成を，国家の側で法的擬制を加えつつ編成したものとする。成員構成が不安定で，戸主親族・「寄口」ともに流動性を持つことは認めつつ，小家族的結合とそれを単位にした流動性を内包しながら，それぞれの時期に戸主親族を中心にして形成される相互扶助的要素を持つ個別経営主体であって，国家の側から一方的に編成された社会的実体と無関係な存在ではないとみる。ここでは「実態」を親族関係上よりも，経営体に関わるものとみている。

籍帳の実態説と非実態説との差異は，かつては戸が家族の実態を反映するかどうかであったが，何らかの擬制の存在と戸口の流動性を共通認識とする今日では，前者に近い吉田晶氏らと，後者に近い杉本氏らとの差異は，郷戸を，現実の生活においてまとまりとして機能している存在とみるか否か，ともに労働する経営単位とみるか否か，と纏められよう。

D　7世紀史の考古学的研究の課題

Cで検討した近年の文献史学における古代家族論・親族論・籍帳論と田中説とを再度対比させることによって，7世紀史の考古学的研究の課題を抽出することを試みる。

田中氏が主張する，古墳時代親族構造と古代家族に関する議論には以下の内容を含む。

①古墳時代後半期には，直系親族を核として傍系親族を含めた経営体としての家族集団が存在し，そのリーダーシップの継承は父系で直系的に行われており，その家族集団の父系かつ直系的継承は100年ほどの間安定していた。

②古墳時代後半期にみられる，墳墓における基本モデルⅡ・Ⅲの世代的連続から得られる家族集団は，集落遺跡における同様な単位のあり方からみて経営単位としても機能していた。

③基本モデルⅡ・Ⅲは二重構造であり，家長と非家長には異なる原理が働いており，家長は父系的に編成されたが，非家長には双系的性格が残った。

④この古墳時代後半期の二重構造が奈良時代にまで残存し，双系説が主張する日本古代社会の双系的性格は，この基層構造を捉えたものである。

⑤基本モデルⅢと，籍帳においてまだ実態と乖離していない段階の家族集団の構成は，家長（戸主）世帯に関する限り類似し，かつ連続する可能性が強い。奈良時代には基本モデルⅢの構成原理が残存しつつ，非家長成員の単婚家族化が進行していた。

⑥古墳に埋葬する選択基準と，籍帳記載の際の選択基準が類似しており，成員員に関する選択基準が同様であった。

以上は，墓地遺跡における考古学的情報から得られた仮説を形質人類学的方法で検証して得られた①②③に基づき，古墳時代後期に後続する7世紀後半から8世紀の親族構造の在り方について④⑤⑥の可能性を提示したものである。

一方，Cで述べた近年の近年の文献史学における古代家族論・籍帳論においては，家族集団は不安定・流動的で，編成された「戸」は実態としての家族親族的結合と一致せず，個別経営の単位でもないという認識が有力であり，実態説に近かった吉田晶氏さえも不安定性・流動性を承認するに至っており，田中氏の④⑤⑥との間に齟齬が生じている。もとより文献史学側の見解も仮説に留まり検証できていない点が多いので，田中説が却下されたわけでは全くないが，田中氏が古墳時代について，文献史学者が8世紀について捉えた事実関係がそれぞれに一定の蓋然性を有すと認める場合，両者間の齟齬が生じた背景について推定し，今後考古学サイドでいかなる研究をすべきか見通しを示しておきたい。

　田中氏がとらえた古墳時代後半期の様相と現存籍帳との間には，ほぼ7世紀に相当する約100年間の空隙が存在する。この間に唐の建国と対高句麗戦の開始，大化の改新，白村江の敗戦，壬申の乱など国内外の大変動があった。それらはすべて連動関係にあり，倭国では小稿の冒頭に記したように，6世紀に確立した全国支配体制の矛盾の激化を解決すべく，大化改新を経て7世紀後半をかけて，人民の族制的・身分制的把握から地域的・包括的把握への移行が遂行され，それを基礎として国家機構と全国的統治システムが，東アジアの激動に即応する戦時体制の形を取って構築されていった。

　この間，特に7世紀後半に入ると，古墳時代には各地の在地首長の支配下にあった農民層は，首長支配が継続するのに加えて，国家的徴税システムに順次組み込まれ剰余生産物を搾り取られるのに加え，緊迫する半島情勢に備える軍事行動に兵士として徴発され，農地の大規模開発や，中央の巨大宮都，評家など地方支配の拠点施設群，朝鮮式山城・神籠石などの国家的防衛施設群や道路網の建設のための徭役労働に駆り出され疲弊しきっていったと推定できる。

　律令制的五十戸一里編戸が全国的に施行されたのは，庚寅年籍からとみるのが通説であるが，和銅期（708〜715）に平城遷都に伴う徭役の賦課が急増し，浮浪・逃亡問題が顕在化し，編戸制が順調に機能しなくなったと言われている。戸口の把握に関する限り，庚寅（持統四）年（690）から大宝年間（701〜704）あたりを頂点として以後は乖離が進む傾向にあると推定されている（杉本1987）。戸籍の父系主義や父子同貫主義がからくも保たれていた時期は大宝2年戸籍後幾ばくもなく，時間の経過に伴う「理念」の遊離は必然で，現実とのズレの修正の方策として，和銅霊亀年間の浮浪逃亡対策や郷里制－房戸制（霊亀元年ないし霊亀3年施行）が施行されたりした（杉本2001）。現存で二番目に古い養老5年（721）の戸籍からも籍帳支配の硬直化が看取されるという（杉本1987）。また令制に基づく新しい武力として登場したばかりの衛士も，疲弊・逃亡の結果，和銅年間には弱体化していた（笹山1975）。和銅期が画期視されるのは，逃亡の激発が『続日本紀』に記載されること，かつては平城京が藤原京の3倍以上の面積があり，遷都に伴う造営の過酷化が当然視されたことによるのであろう。しかし現在では藤原京は平城京以上の規模と判明し，浮浪・逃亡が，藤原京造営開始の天武末年から，さらに遡り白村江での敗戦後の各種造営期などから始まっていた可能性を考えるべきであろう。庚午年籍・庚寅年籍作成時にも浮浪を断つことが目的として掲げられている。

このような情勢下では，古墳時代の基層的社会組織が無傷のまま保たれるとは考え難い。つまり現存戸籍で把握された8世紀初頭以降の「戸」の状況は，田中氏が把握した古墳時代後期の農民層の姿とは相当に変容していた可能性が大きいのである。もちろん古墳時代当初以来，農民層は古墳の造営などに駆り出されており，6世紀に入ってからは部民制・ミヤケ制に組み込まれ王権のための労働に従事させられる集団も増えたであろうが，労働の成果・生産物の行き先が変わったとしても，在地首長による配下農民の使役と言う点での変化はあまりなかったであろう。しかし7世紀中葉以降に入ってからの動員・徴発規模は，それらとはけた違いの過酷さであったと推定できる。後期の古墳や初期寺院の規模と難波長柄豊碕宮などの諸宮，大野城・水城などの諸山城，各種造営物の規模を比較するだけでも明らかである。

　田中氏は群集墳の増加を，土地開発を主因とする傍系親族の分節化・独立運動と捉え，独立できなかった傍系親族は直系親族に従属していったと捉えた（基本モデルⅡ・Ⅲにおける第二世代）。他方，7世紀代には土地開発の行き詰まりによって，傍系親族の分節化・独立が不可能となったか，墓地空間の余裕がなくなったため傍系親族を直系親族中に留め置き，成員の多くを埋葬するようになったと推定していた。そのような状況下で編戸制・班田制が施行されるようになった。社会の全階層を対象とし全国規模で作成された本格的戸籍は庚午年籍に始まり，班田制の全国的施行は浄御原令施行以後であるが（石母田1971・吉田孝1983），これらの政策によって，農民を個人単位で掌握し課役負担・貢租徴税の対象化した。国家のもくろみとしては従来独立できなかった傍系親族にも強制的に田を与え，再生産単位として安定化させることも含まれたであろうが，古墳時代後期の傍系親族の分節化・独立と同様に評価できるかは問題である。

　以上のような各種徭役労働や兵役，貢租徴税の負担増による疲弊の結果，家長の父系直系継承が途切れ「家長」が交代を余儀なくされる，あるいは，古墳時代後半期以来の家族集団が弱体化して経営単位として機能しにくくなり，不安定性・流動性が増す，などの事態が発生したことが推定できる。これらの可能性を7世紀代の一般集落遺跡，農民層の墳墓などの資料から裏付けていくことが考古学サイドの重要な課題となる。

　一方，文献史学界で田中説が等閑視されたについては，以下のような事情が推測できる。Cで示したように，坂上氏・渡辺氏は杉本氏・関口氏を引き，杉本氏は関口・吉田孝・明石氏の双系説に依拠する。結局，当該分野では関口・吉田・明石氏らの説およびそれを支持する諸説が現在でも圧倒的に優勢であって，強固な「パラダイム」として機能し，パラダイム内の研究者からすれば，戸籍の戸から家族の実態は伺えない，戸は徴税や支配のための基礎資料以上のものではないと言っておけば十分であり，戸に編成された人間同士の関係の詮索を籍帳からおこなっても，家族の実態やその関係の実態には迫れず大して意味がないということになる。杉本氏が言う研究の「沈静化」（杉本2001）の原因はこれであろう。

　他方で，家族の実態そのものの解明は，学問的意味は認めるにせよ，文献史学の方法の限界を超えるので，社会人類学・家族社会学の成果を取り込んだ吉田・関口・明石氏らの研究に依

拠しておけば十分で，自ら乗り出す必要はなく，ブラックボックスに入れておいて宜しい，という構えになるのではなかろうか。ましてや田中氏の見解は戸籍については実態説に近く，編戸説を是とする立場からすれば顧慮の必要なしと言う扱いになるのであろう。

しかし杉本氏が言うように，家族の実態の解明を社会人類学・家族社会学などの異分野の方法に期待したとしても，これも社会人類学・家族社会学が本来対象とする諸社会でなく古代史的課題については，状況証拠からの類推に留まり検証が必要となる。とくに文字史料が乏しくなる7世紀以前の家族・親族関係については，田中氏が実践したような骨考古学的方法，考古学的方法を駆使して実態を究明する必要はまったく減っていない。

7世紀代の社会変動を考古学的に考察する際に留意すべき点を幾つか述べておく。

◎戸籍の実態説と言う場合の実態は，同籍者が集落内の近接した住居にすんでいるとの認識だが，「同籍必ずしも同居ならず」「別籍必ずしも別居ならず」という擬制説・編戸説からの批判があった。一方，田中説では，同じ墓に葬られた複数の人間間の血縁関係を明らかにしているが，田中氏が論点⑥で述べたように，古墳への埋葬者および戸籍の同籍者が居住地においても確実に同居していたかどうかという問題がある。いずれも考古学的にも文献史学的にも証明困難な点では変わりがないが，どの範囲までが古墳の被葬者や戸のメンバーに入るべき人かという選択基準の類似が確認できる点が重要なのである。戸であれば構成員の肩書が何であれ（親族であろうが寄口であろうが），構成員が決まれば，税負担の責任者と，当該戸が負担すべき税額が決まるわけで，群集墳被葬者も在地首長あるいは村落首長から課せられる義務が決まるなどの構造的類似性があったとみるべきであろう。吉田孝氏は，「残存する戸籍の戸口数の分布が，―相当に幅はあるものの―ほぼ二〇人前後に集まっているのは何故か」，「律令政府が想定した平均課丁数＝四丁の戸は，ほぼ二〇人前後の戸口数となるが，小家族の集合体の一般的な家口数もほぼ二〇人前後であったか，私は多分に懐疑的である」と慎重に述べたが（吉田孝1983），むしろ古墳時代後期にそのような単位が広範に成立しており，それを律令官人が望ましい支配の単位として認定したのではなかろうか。国家の収奪が激化する以前の7世紀前半における集落での居住単位の状況を究明する必要がある。

◎戸籍の編成の原理は，人民の族制的編成から領域的編成への移行[3]を考える場合に問題となる。律令制的五十戸一里の編戸が，庚寅年籍で全国に施行されたと見る説がある時期まで有力だった。庚午年籍では『続日本紀』の「筑紫諸国，庚午籍七百七十巻」などの記載から，里よりも小規模の単位で成巻され全人民には及んでいなかった（早川1975），あるいは一定地域の氏族集団ごとに巻をなした（吉村1996）とみられていた。また，いわゆる甲子宣体制下で全国的に民部・家部が存在したので，庚午年籍は令制戸籍とは大きく異なり，在地首長層がその支配民を申告した帳簿とされていた（早川1975・杉本1987）。庚午年籍以前では，五十戸編戸を示す史料は大化5年（649）から天智3年（664）までの「白髪部五十戸」木簡，天智2年（663）の「癸亥年山部五十戸婦為命過願造幡已」法隆寺伝来上代裂墨書銘があり（狩野1990），五十戸制は天智朝初年までには成立していたものの，部民制的関係に基づく編戸（仕丁などの

挑発単位）とみる説が有力で（鎌田1994），地域を基準とした律令的編戸に切り替えられたのは681年以降の里制実施に際して（熊谷2001）とみられてきた。

　しかし近年の見解では，「筑紫諸国，庚午籍七百七十巻」の記載については，770巻を中務・民部両省保管の385巻2セットとみれば50戸単位であった可能性がある（坂上2013）。さらに，2002年に奈良県石神遺跡で「三野国ム下評大山五十戸」乙丑年（665）木簡が出土し，庚午年籍以前に部民と関係ない五十戸編成がなされていた可能性が高まった（吉川2011，市2012）。そうなると評の編成原理の原理転換時期に関する議論にも影響する。文献史学界では7世紀木簡の増加につれ孝徳全面立評説が強くなり，さらに石神遺跡「大山五十戸」木簡出土後，評制＝領域的編成説が有力になりつつあるが，族制的編成説も根強く残る（仁藤2001・2005）。

　これを国家が籍帳でとらえようとした「実態」とは何か，と言う面から考えてみる。杉本氏は，「戸が現実の生活においてまとまりとして機能している存在であれば，戸口の一部がどこかに移住したような場合でも，所属する戸まで変更する必要はなかったはず」とするが，そのような変更をしてまで「現実の移住や戸主との関係の変化」を「戸籍の記載にただちに反映」させ，流動的な実態を「流動的なままに把握」した（杉本1987），あるいは，律令国家が戸口の毎年の変動を歴名や戸口損益帳で把握することで，現実とその変化を把握していた（渡辺1992）のであれば，戸は，親族関係上細部まで実態であるかないかに関わらず，ある時点で近所にまとまって住み，ともに労働していた単位を，族制的でなく，その居住地で把握しようとしたものと評価できるのではないか。あくまで戸主を中心とした男系・女系の親族関係で示しているから族制的把握のようでありながら，記載の規則上親族関係が示せない者を「寄口」にしてまで同籍させ，よそに移住した者は行った先の戸に入れるのであるなら，それはまさに居住地での「実態」把握と言えるのではないか。歴名の作成は，庚午年籍作成時に生まれ，毎年の作成は大宝令以降とされている（渡辺1992）。人民の実態を格段の精度で掌握するようになったのが大宝令以降となると，真の意味での人民編成原理の転換が8世紀まで下ることになるのであろうか。

　考古学界では，前期評と後期評（浄御原令施行〜）で編成原理が転換する（族制的⇒領域的）と見る説（山中1994・2001）が有力である。前期評衙には多様なものがあったが，支配の拠点施設としての評衙も，前期では豪族の居宅や族制的な職務執行機関の施設からあまり分化しておらず，官衙として独立した景観を示しておらず，そのまま後期評・郡段階へと存続しなかったとする。確かに長舎を口字形に配す定型的評家遺構が出現するのは7世紀末からのようである。ただし，山中説は大化改新を否定し天武朝を画期とする原秀三郎氏説（原1966・1967）の立場にあるとともに，支配体制全般の原理転換（族制的⇒官僚制的）を天武朝とみるある時期まで有力であった説（青木1954，早川1975）とも整合していたのだが，今日では大化改新を基本的に肯定し，様々な原理転換を孝徳朝にまで遡らせる説が有力になりつつある。したがって，集落遺跡や地方官衙遺跡などに関わる考古学的情報から把握できる社会組織や統治機構の変化の画期が，7世紀後半のいつ頃になるのか明確にすることが，文献史学界での対立する仮

説群の妥当性検討の鍵となるであろう。

　それに関連して，かつて石母田氏は，改新後の勧農政策に基づく開墾と営田による「計画村落」と新耕地の成立，行政区画の設定と不可分の条里制の成立が，浄御原令で確立される班田制を生み出す基礎にあったと予察した（石母田1971）。本格的・全国的条里制開発は和銅年間以降に下るようであるが，7世紀代における「計画村落」や条里の存否あるいはその状況を，集落や水田の遺構から検証していく必要がある。

E　考古学は科学か

　最後に田中氏の出した課題に触れる。私が某研究所に勤務していた時のことだが，学界の主導的立場にあったA氏はこう言った。「人文科学！？　そんなものはない。しょせん人文学や！」。A氏は考古学と自然科学との連携を組織的に推進した人物であるが，彼にとって考古学をふくむ「人文学」は科学ではないのであった。考古学にとって科学は連携の対象ではあっても考古学そのものは科学ではないという認識。某大学の考古学教室のＨＰには「資料の分析を自然科学者に託す」が「考古学を学ぶ者は，自らその分析を実践する必要はない。」と断言されている。A氏に近い考え方なのであろうか。

　田中氏は自身が考古学的仮説を自然科学的方法で検証した実績から，「自らその分析を実践」する必要性を痛感し，九大に文理融合教育の体制を作り，「サイエンスとしての考古学」を実践できる人材を養成し送り出してきた。晩年の田中氏は仮説の検証を自然科学的方法で行うことに相当こだわりをもち，「自らそれが実践できなければダメ」と確信し，実践し，学生にも求めていた。自身が指導し文理融合研究の方向性を持った学生が次々と学振特別研究員に採用されてご満悦であった。ただ私には，異質なもの・多様性への許容度が狭められつつあるように見えて多少気にはなっていた。

　さて，A氏が言う科学が，その中でも特に再現可能な実験によって仮説の検証が可能な学問のことであれば，過去の出来事は再現不可能であり，過去の出来事に関わる文献史学・考古学・美術史学・建築史学・経済史学などは科学ではないという事になる。とすれば一蓮托生で，古生物学・生物進化学・宇宙進化学なども科学ではなくなってしまうが，さすがにそこまで言うと科学者が怒り出すだろう。科学は研究対象で規定されるべきでなく，方法によるべきだ。私は，考古学・歴史学は歴史科学・社会科学であり科学である「べき」だと考えている。それは，確実な証拠に基づく仮説を構築し，検証条件を演繹し，新たな方法で検証すると言うサイクルを採る。ただし「べき」と書いたのは，自分自身の仕事を含め我々が実践する現実の考古学が常に科学たり得ているわけでないと反省するからである。「新説」という未検証仮説の提唱に努力が注がれるのは当然としても，未検証のまま放置されいつの間にか検証済み扱いされるようになったり，論理的整合性があれば良しとして，仮説提唱までの論理に破たんが無ければ検証せずとも正しいと強弁されたり，未検証仮説の上に「それが正しいならばこうなる」と次々仮説が積み重ねられ，結局検証されない……等々。

田中氏はよく「俺たちは赤の女王みたいなもんだ」と言っていた。ルイス・キャロルの『鏡の国のアリス』に出てくる赤の女王は，"It takes all the running you can do, to keep in the same place"と言う。35年前に田中氏らと「研究会」をしていたころ，D.L.Clarkeの Analytical Archaeology に，"dynamic equilibrium"という概念が出てきて，「これは赤の女王の事だね」と言い合っていたのを昨日のように思い出す。もちろん田中氏が全力疾走していたのは同じ場所に留まるためではなかった。しかし，田中氏は全力疾走が過ぎてドローンのように遠くへ飛んでいき，我々の視界から消え去ってしまった。彼がどこまで飛ぼうとしていたのか，彼には何が見えていたのか，もはや誰にも分からない。

　　　　　　　　田中氏から「余命二か月と宣告された」と聞いた一年後に記す。151020

■註

1) 田中氏は筆者によく言っていた。「考古屋が何を言ったところで，文献屋は犬が吠えてるくらいにしか思わない。猿まで行かん。ただの犬なんだよ。」と。文献史学者と考古学者が一堂に会する某学会の雰囲気（「考古屋なぞ入会させるな」と言う人物がいる）からみても，それは納得がいくものであった。多くの文献史学者にとって，「あなた（考古屋）掘る（だけの）人」「私（文献屋）考える人」（古い世代は伊丹十三夫妻が出ていた某カレーコマーシャルの台詞に馴染みがあるはず）なのであって，掘る人がいないと一次史料が出てこないので困ると言うだけの事で，対等な相手などとは夢にも思っていないのであろうが，田中氏の発言が，自身の研究の文献史学界での扱われ方に対する反応であったのか否かは，あえて直接確認しなかったので，もはや知るすべがない。

2) 田中氏は，擬制説として岸氏の「歪拡大説」を紹介するが，なぜか安良城氏の編戸説には触れていない。岸説は，次第に歪みが拡大するものの，籍年が古いものは実態家族に近いとするから，実態説としての面を有する。安良城説は純粋編戸説であり，以後文献史学界で有力となる諸説は，双系説に基づくものを含めてほとんどが大枠としては「編戸」説であり，籍年が古かろうが実態家族ではないと見る。それらに対する田中氏の決定的な反論が明示されていないのは惜しまれる。

3) この問題については別稿で詳述する予定である。

■文献

青木和夫, 1954. 浄御原令と古代官僚制. 古代学3-2, 115-133.
明石一紀, 1979. 日本古代家族研究序説―社会人類学ノート―. 歴史評論347, 47-64.
明石一紀, 1990. 日本古代の親族構造. 吉川弘文館, 東京.
明石一紀, 1991. 書評　都出比呂志『日本農耕社会の成立過程』. 歴史学研究615, 37-44.
安良城盛昭, 1969. 班田農民の存在形態と古代籍張の分析方法―石母田＝藤間＝松本説対赤松＝岸＝岡本説の学説対立の止揚をめざして―. 歴史学研究345, 1-17. 後に以下に所収. 安良城, 1969. 歴史学における理論と実証　第Ⅰ部, pp.47-90. お茶の水書房, 東京.
石母田正, 1939. 奈良時代農民の婚姻形態に関する一考察. 歴史学研究70・72, 後に以下に所収. 1988, 石母田正著作集第一巻, pp. 73-120. 岩波書店, 東京.
石母田正, 1941. 古代村落の二つの問題. 歴史学研究92・93. 後に以下に所収. 1988, 石母田正著作集第一巻, pp. 209-288. 岩波書店, 東京.
石母田正, 1942. 古代家族の形成過程. 社会経済史学12-6. 後に以下に所収. 1988, 石母田正著作集第

二巻, pp. 1-62. 岩波書店, 東京.
石母田正, 1971. 日本の古代国家. 岩波書店, 東京.
市　大樹, 2012. 飛鳥の木簡―古代の新たな解明. 岩波書店, 東京.
岩永省三, 2003. 古墳時代親族構造論と古代国家形成過程. 九州大学総合研究博物館研究報告第１号, 1-39.
浦田明子, 1972. 編戸制の意義―軍事力編成との関わりにおいて―. 史学雑誌81－２, 28-76.
岡本堅次, 1950. 古代籍張の郷戸と房戸について. 山形大学紀要（人文科学）1－２, 77-92.
門脇禎二, 1960. 日本古代共同体の研究. 東京大学出版会, 東京.
狩野　久, 1990. 日本古代の国家と都城. 東京大学出版会, 東京.
鎌田元一, 1994. 七世紀の日本列島. 岩波講座日本歴史第三巻, pp. 5-51. 岩波書店, 東京.
岸　俊男, 1950. 古代村落制度の問題. 日本歴史23. 後に以下に所収. 岸, 1973. 日本古代籍帳の研究, pp. 233-242. 塙書房, 東京.
岸　俊男, 1951. 古代村落と郷里制. 古代社会と宗教. 若竹書房, 大阪. 後に以下に所収. 岸, 1973. 日本古代籍帳の研究, pp. 243-276. 塙書房, 東京.
岸　俊男, 1952. 古代後期の社会機構. 新日本史講座. 中央公論社, 東京. 後に以下に所収. 岸, 1973. 日本古代籍帳の研究, pp. 277-320. 塙書房, 東京.
岸　俊男, 1973. 日本古代籍張の研究. 塙書房, 東京.
鬼頭清明, 1976. 八世紀の社会構成史的特質―首長制論をめぐって―. 日本史研究172, 3-28.
鬼頭清明, 1979. 倭から大和政権へ. 共同研究　日本と朝鮮の古代史, pp. 21-59. 三省堂, 東京.
鬼頭清明, 1979. 律令国家と農民. 塙書房, 東京.
熊谷公男, 2001. 大王から天皇へ. 講談社, 東京.
甲元眞之, 1975. 弥生時代の社会. 古代史発掘４, pp. 87-98. 講談社, 東京.
坂上康俊, 2011. シリーズ日本古代史④平城京の時代. 岩波書店, 東京.
坂上康俊, 2013. 嶋評戸口変動記録木簡をめぐる諸問題. 木簡研究第５号, 157-183.
笹山晴生, 1975. 古代国家と軍隊. 中央公論社, 東京.
塩沢君夫, 1958. 古代専制国家の構造. 御茶ノ水書房, 東京.
清水昭俊, 1987. ウヂの親族構造. 日本の古代11, pp. 77-110. 中央公論社, 東京.
杉本一樹, 1984. 編戸制再検討のための覚書―編戸の原理を中心として. 奈良平安時代史論集上. 吉川弘文館, 東京. 後に以下に所収. 杉本, 2001. 日本古代文書の研究, pp. 545-606. 吉川弘文館, 東京.
杉本一樹, 1986. 日本古代家族研究の現状と課題. 法政史研究35. 後に以下に所収. 杉本, 2001. 日本古代文書の研究, pp. 633-678. 吉川弘文館, 東京.
杉本一樹, 1987. 戸籍制度と家族. 日本の古代第11巻. 中央公論社, 東京. 後に以下に所収. 杉本, 2001. 日本古代文書の研究, pp. 500-544. 吉川弘文館, 東京.
杉本一樹, 2001. 日本古代文書の研究. 吉川弘文館, 東京.
関口裕子, 1978. 日本古代家族の規定的血縁紐帯について. 古代史論叢中, pp. 417-491. 吉川弘文館, 東京.
関口裕子, 1980. 日本古代の家族形態と女性の地位. 家族史研究２, pp. 73-95. 大月書店, 東京.
関口裕子, 1982. 大会報告のための覚書―家族論を中心に―. 日本史研究242, 4-14.
関口裕子, 1983. 家父長制家族の未成立と日本古代社会の特質について. 日本史研究247, 5-32.
関口裕子, 1984. 古代家族と婚姻形態. 講座日本歴史２, pp.287-326. 東大出版会, 東京.
関口裕子, 1987. 戦時中に達成された藤間生大・石母田正の家族・共同体論の学説史的検討. 日本古代の政治と文化, pp. 183-264. 吉川弘文館, 東京.

高島正人，1980．古代籍張からみた氏と家族．家族史研究 2，25-50．大月書店，東京．
高群逸枝，1938．母系制の研究．厚生閣，東京．
高群逸枝，1952．招婿婚の研究．講談社，東京．
瀧川政次郎，1926．律令時代の農民生活．（復刊 1969．刀江書院，東京．）
田中良之，1995．古墳時代親族構造の研究．柏書房，東京．
都出比呂志，1989．日本農耕社会の成立過程．岩波書店，東京．
藤間生大，1941．北陸型荘園機構の成立過程．社会経済史学 11-4・5・6．のちに以下に所収．藤間，1947．日本庄園史，pp. 113-256．近藤書店，東京．
藤間生大，1946．日本古代国家．伊藤書店，東京．
中野栄夫，1973．律令制社会における家族と農業経営（一）（二）．史学雑誌 82-6，1-20．82-7，26-55．
南部 昇，1970．古代籍帳よりみた兄弟相続—女性戸主と女帝の問題に関連して—．史学雑誌 79-11．のちに以下に所収．南部，1992．日本古代戸籍の研究，pp. 305-356．吉川弘文館，東京．
南部 昇，1987．身分の台帳としての戸籍—西海道戸籍母方付貫者の検討—，日本古代中世史論考（佐伯有清編）．吉川弘文館，東京．のちに以下に所収．南部，1992．日本古代戸籍の研究，pp. 419-473．吉川弘文館，東京．
南部 昇，1992．日本古代戸籍の研究．吉川弘文館，東京．
仁藤敦史，2001．額田部氏の系譜と職掌．国立歴史民俗博物館研究報告 88，91-116．
仁藤敦史，2005．古代王権とミヤケ制．月刊考古学ジャーナル No533，19-22．
早川庄八，1974．日本の歴史 4 律令国家．小学館，東京．
早川庄八，1975．律令制の形成．岩波講座日本歴史 2．後に以下に所収．早川，2000．天皇と古代国家，pp. 105-126．講談社，東京．
原島礼二，1968．日本古代社会の基礎構造．未来社，東京．
原秀三郎，1966・67．大化改新論批判序説—律令制的人民支配の成立過程を論じて、いわゆる大化改新の存在を疑う—上・下．日本史研究 86，25-45．88，23-48．
平田耿二，1962．古代籍帳の遡源的分析．歴史学研究 263，1-24．
山中敏史，1994．古代地方官衙遺跡の研究．塙書房，東京．
山中敏史，2001．評制の成立過程と領域区分—評衙の構造と評支配域に関する試論—．考古学の学際的研究，pp. 167-204．岸和田市・岸和田市教育委員会，大阪．
義江明子，1984．高群逸枝の思想と家族婚姻史研究．歴史評論 407，94-115．
義江明子，1985．古代の氏と共同体および家族．歴史評論 428，21-39．
義江明子，1986．日本古代の氏の構造．吉川弘文館，東京．
吉川真司，2011．シリーズ日本古代史③飛鳥の都．岩波書店，東京．
吉田 晶，1968．日本古代社会構成史論．東京大学出版会，東京．
吉田 晶，2009．日本古代の個別経営に関する諸問題—大宝二年御野国戸籍を素材として—．市大日本史第 12 号，1-40．
吉田 孝，1976．律令制と村落．岩波講座日本歴史 3，pp. 141-200．岩波書店，東京．
吉田 孝，1983．律令国家と古代の社会．岩波書店，東京．
吉田 孝，1988．古代社会における「ウヂ」．日本の社会史 6，pp. 37-72．岩波書店，東京．
吉村武彦，1978．律令制的班田制の歴史的前提について—国造制的土地所有に関する覚書—．古代史論叢（井上光貞博士還暦記念会編）中巻，pp. 281-329．吉川弘文館，東京．
吉村武彦，1987．古代の家族と共同体．歴史評論 441，34-43．
吉村武彦，1996．日本古代の社会と国家．岩波書店，東京．

吉村武彦，2005．ライフサイクル．古代史の基礎知識，pp. 275-282．角川書店，東京．
吉村武彦，2010．シリーズ日本古代史②　ヤマト王権．岩波書店，東京．
渡部義通，1948．古代社会の構造．伊藤書店，東京．
渡辺晃宏，1992．籍帳制の構造―手実・歴名の検討から―．日本歴史525，1-19．
渡辺晃宏，2001．平城京と木簡の世紀．講談社，東京．

九州北部の鉄生産

九州国立博物館　小嶋　篤

要旨

　本稿では，九州北部の鉄生産について，製鉄炉の築炉技術や製鉄工房の遺跡形成過程を対象に研究を進めた。研究の基礎となる「製鉄炉の変遷」は，元岡・桑原遺跡群の調査成果を軸に遺跡形成過程から検証を行い，地理的に離れた遺跡間での型式変化の補強を図った。あわせて，各製鉄工房の立地から山林の消費状況も整理した。これらの分析結果を基に，「鉄生産と山林資源」・「鉄生産と大宰府の建設」・「福岡平野周辺での鉄生産の衰退」について論を進め，九州北部における「国家標準型」製鉄炉の出現と終焉の様相を追究した。

キーワード：製鉄，山林，大宰府

はじめに ―九州北部の二面性―

　東シナ海・日本海・瀬戸内海・有明海をつなぐ「九州北部」は，日本列島を代表する交流・交通の要衝の一つである。そして，日本列島での律令国家形成が進められた7世紀後半以後は，大野城を中心とした古代山城群が築かれ，日本の「国境」として機能していく。同時に日本最大の地方行政府である大宰府の西海道支配の拠点にもなった。

　このように，九州北部は「中心と周縁」の二面性をもち，日本の国家形成において重要な役割を果たした地域と評価できる。本稿では九州北部を対象に，日本列島における律令国家形成の原動力の一つとなった「鉄生産」の実態を追究する。

1　研究史

　日本列島の製鉄炉は，箱形炉と竪形炉の二系統で展開し，九州北部も同じ様相を呈する（土佐1981，穴澤1984）。九州北部の箱形炉と竪形炉は大局的に見れば，時期差をもって存在しており，長家伸氏は8世紀と9世紀の鉄生産の変化を『箱形炉から竪形炉の転換』とし，大きな画期として評価する（長家2004）。

　8世紀以前における箱形炉の普及については，土佐雅彦氏・穴澤義功氏の研究を骨子として，7世紀後半から8世紀前半にかけて製鉄技術が列島規模で移動する状況が見出されている。日

本列島における箱形炉の普及が律令国家の動向と連動するという事実は，これまでの古代の鉄生産研究が積み上げた重要な研究成果の一つと言えよう。古代の製鉄炉の変遷を地域毎に整理し，総合的にまとめた村上恭通氏は，7世紀後半に拡散した箱形炉を宮都に近い近江で改良された「国家標準型」と呼称する（村上 2007, 2012）。そして，九州北部に導入された「国家標準型」製鉄炉は，在来化を経て8世紀以後の鉄生産を担ったとの見解を示した。この在来化の過程を把握できるのが，元岡・桑原遺跡群第12次調査である。九州北部では，八熊製鉄遺跡で製鉄炉の切り合い関係が確認されていたが，他の遺跡で製鉄炉の変遷を遺構の切り合い関係から把握できる発掘調査は皆無であった。菅波正人氏は，製鉄炉の切り合い関係を軸に，元岡・桑原遺跡群における製鉄炉の変遷を整理した（菅波 2011）。菅波氏の研究は，九州北部の製鉄炉を時間軸で把握する上で主軸となる研究と評価できる。

飛鳥時代以降の鉄生産の研究が深化する一方で，九州北部の「古墳時代以前の鉄生産」については依然として五里霧中の状況にある。九州北部では，古墳出土鉄滓の研究（大澤 1988）と鉄滓出土古墳の研究（花田 2002；長家 2005；小嶋 2009, 2010）から，古墳時代後期には福岡平野西部を中心に鉄生産がなされていたとの仮説が有力視されている。これまでに福岡平野を中心とする鉄生産の動向は，三島格氏，柳沢一男氏，花田勝広氏，岡寺良氏，中島圭氏によってまとめられているが，古墳時代後期に限れば資料蓄積は十分に進んでおらず，製鉄炉の構造は不透明な状況が続いている（三島 1971；柳沢 1997；花田 2002；岡寺 2002；中島 2008）。

このような研究状況下で，村上恭通氏は，九州北部では多孔送風・両側排滓の箱形炉（国家標準型製鉄炉）の普及以前（6世紀後半〜7世紀初頭）から，単孔送風・片側排滓の製鉄炉（自立炉）が存在した可能性を提示した（村上 2007）[1]。村上氏が提示した仮説は，九州北部のみならず日本列島における製鉄炉の出現に関わる重要な問題提起と言える。また，8世紀前半以前の箱形炉を集成した大道和人氏は，柏原遺跡M地点1号炉（D1型・柏原M型）と松丸F遺跡製鉄炉（D2型・松丸F型）を北部九州起源とし，7世紀後半に備前，近江，上野に導入されたとの見解を提示している（大道 2014）。西日本の鉄生産をまとめた松井和幸氏も，柏原遺跡M地点1号炉を古墳時代の製鉄炉と捉える（松井 2001）。

村上氏が立論の起点とした大牟田7号墳直下の製鉄炉は，層位的に遺構の下限時期を把握できるため古くから注目されてきた事例であるが，十分な報告はなされていない。大道氏や松井氏が挙げた柏原遺跡M地点1号炉は，「製鉄炉」の認定自体が研究者間で判断が異なる[2]。松丸F遺跡製鉄炉についても，層位的検出での年代把握が難しく，出土土器と横口付炭窯の操業期間の評価により操業時期が前後するのが実情である。このように，両氏が提示した仮説は，検証可能な情報量が不足しており，最終的な決着は今後の研究課題となる。

単孔送風・片側排滓は，竪形炉の基本構造でもある。九州北部の竪形炉は，国東半島や有明海沿岸を中心に分布することが知られている。とくに有明海沿岸の製鉄遺跡については，坂本經堯氏，乙益重隆氏，田邊哲夫氏，三島格氏らによって，継続的な調査研究が行われてきた（坂本 1979）。その後も，熊本県文化課により『生産遺跡調査』Ⅰ・Ⅱがまとめられ，小岱山

山麓を中心に9～13世紀にかけて竪形炉（肥後型〔西原型〕製鉄炉）の操業が確認されている（勢田1996）。近年では，これらの分布から外れた香春岳周辺でも新たな竪形炉の存在も明らかになった（下原編2014）。

以上の研究動向をふまえ，本研究の課題を提示する。九州北部の製鉄炉の変遷は，元岡・桑原遺跡群の調査成果が軸となるものの，地理的に離れた遺跡間での前後関係については十分な論証がなされていない。本研究では，築炉技術を軸とする分類と遺跡形成過程の把握を併用することで，この課題に取り組む。また，「国家標準型」製鉄炉が拡散する7世紀後半から8世紀の前半にかけて，波及先の一つとなる九州北部について，大宰府を中心に「国家標準型」製鉄炉の操業実態を検討する。そして，在地化した「国家標準型」製鉄炉が，どのような要因で終焉を迎えるのかについて論を進めたい。

2 分析方法

分析では，九州北部の製鉄炉について築炉技術に比重を置いた分類を試み，各遺跡間を横断する形で製鉄炉の変遷を把握する。あわせて，遺跡形成過程をふまえた上で製鉄工房の立地を把握し，山林利用の様相も把握する。時期決定は層位的検出を重視し，供伴資料や理科学的分析（AMS等），遺構の型式編年による相互検証を経て行う。

分析の軸となる製鉄炉の分類は，村上氏・菅波氏・下原氏の研究を参考とした（村上2007・菅波2011・下原2014）。従来通り，箱形炉（多孔送風炉）と竪形炉（単孔送風炉）の二系統に大別し，基底部構造・規模を軸に，炉の設置方法や送風方法等の各属性を組み合わせて分類する。なお，炉の基底部とは操業時の床面よりも下部につくられた防湿施設であり，炉床ではない。

分類対象とする属性として，①基底部構造，②基底部規模（長軸×短軸），③斜面に対する炉の配置，④排滓方法，⑤送風方法，⑥送風関連遺構の有無，⑦通風管の材質，⑧送風孔形態を取り上げた。以下では，各属性の組み合わせで成立する類型ごとに，事例を挙げて説明する。

第1表 製鉄炉の分類

分類		基底部構造	基底部規模（長軸×短軸）	炉の向き（谷に対して）	排滓方法	送風方法	送風関連遺構	通風管材質	送風孔形態	事例
箱形炉	I-1	掘り方内を焼成した後に，真砂土や焼土・炭を充填。	約1.5×0.4m	直交	両側	多孔	―	―	円	松丸F
	I-2	箱形炉I-1類と同様。	約1.5×0.4m	平行	両側	多孔	―	―	円	宝満山
	I-3	箱形炉I-1類と同様。	約0.6×0.4m	直交	両側	多孔	―	土製	円	元岡I類
	II-1	掘り方内に粘土を貼った後，十分に焼固め，真砂土や焼土・炭を充填。	約0.8×0.6m	直交	両側	多孔	土坑	土製・木製	円・三角	元岡II類
	II-2	箱形炉II-1類と同様。	約0.8×0.6m	平行	両側	多孔	土坑	―	―	金武
	III	箱形炉II-1類と同様。	約1.0×0.6m	平行	両側	多孔	―	土製	円・三角	元岡III類
竪形炉	I	基底部床面が若干傾斜する。掘り方内部を焼成後，石・粘土・焼土・炭で充填。	約0.9×0.5m	直交	片側	単孔	―	土製（羽口）	円	宮原金山
	II	竪形炉I類と同様。	約1.0×0.6m	直交	片側	単孔	鞴座	土製（羽口）	円	孤谷

(1) 箱形炉

【箱形炉Ⅰ-1類】：松丸F遺跡1号製鉄遺構

　炉の基底部は，掘り方内で火を焚いた後に，真砂土や焼土，炭を充填して築かれる。この基底部の上部に炉床をつくる。基底部規模（長軸×短軸）は約1.5m×0.4mである。斜面に対しては直交配置で，排滓坑は炉の両側に掘削する。送風方法は多孔送風で，円形通風孔に土製通風管を用いる。

【箱形炉Ⅰ-2類】：宝満山遺跡2号炉

　基本的な構造は箱形炉Ⅰ-1類と同じであるが，斜面に対する炉の配置が異なり，斜面に対して平行配置で製鉄炉を築く。

【箱形炉Ⅰ-3類】：元岡・桑原遺跡群第12次調査製鉄炉SX028・034

　炉の基底部の構造はⅠ-1・2類と同じだが，基底部規模が大きく異なる。基底部の規模（長軸×短軸）は約0.6m×0.4mと小型となる。斜面に対しては直交配置で，排滓坑は炉の両側に掘削される。送風方法は多孔送風で，円形通風孔を用いる。菅波氏が設定する元岡Ⅰ類に該当する（菅波2011）。

　規模・構造を同じくするが，金武遺跡群では元岡・桑原遺跡群よりも，掘り方内を入念に焼き上げた事例が複数見られる。

【箱形炉Ⅱ-1類】：元岡・桑原遺跡群第12次調査製鉄炉SX023

　炉の基底部は，掘り方内に粘土を貼った後に十分に焼き固め，真砂土や焼土，炭を充填する。基底部規模（長軸×短軸）は約0.8m×0.6mで，箱形炉Ⅰ-3類よりも大きく，箱形炉Ⅰ-1・2類よりも小さい。斜面に対しては直交配置で，排滓坑は炉の両側に掘削する。送風方法は多孔送風で，円形通風孔と三角形通風孔の二つがある。通風管の材質は，土製と木製の二者が確認されている。また，箱形炉Ⅱ類には送風関連施設の一部と思われる4つの土坑が，炉の周囲に規則的に掘削される。菅波氏が設定する元岡Ⅱ類に該当する（菅波2011）。

【箱形炉Ⅱ-2類】：金武乙石遺跡第2次調査SK011・012・014・015・018・019

　炉の基本的な構造は，箱形炉Ⅱ-1類と同じである。斜面に対して平行配置をとる点が差異点である。なお，本類型では通風管の材質や通風孔の形態が分かる資料は，現状で見出されていない。

【箱形炉Ⅲ類】：元岡・桑原遺跡群第12次調査製鉄炉SX024

　炉の基底部は，Ⅱ類と同じ方法で築かれる。基底部規模（長軸×短軸）は約1.0m×0.6mで，箱形炉Ⅱ類よりもやや大型である。斜面に対しては平行配置で，排滓坑は炉の両側に掘削する。送風方法は多孔送風で，円形通風孔と三角形通風孔の二つがある。通風管の材質は，土製と木製の二者が確認されている。菅波氏が設定する元岡Ⅲ類に該当する（菅波2011）。

九州北部の鉄生産

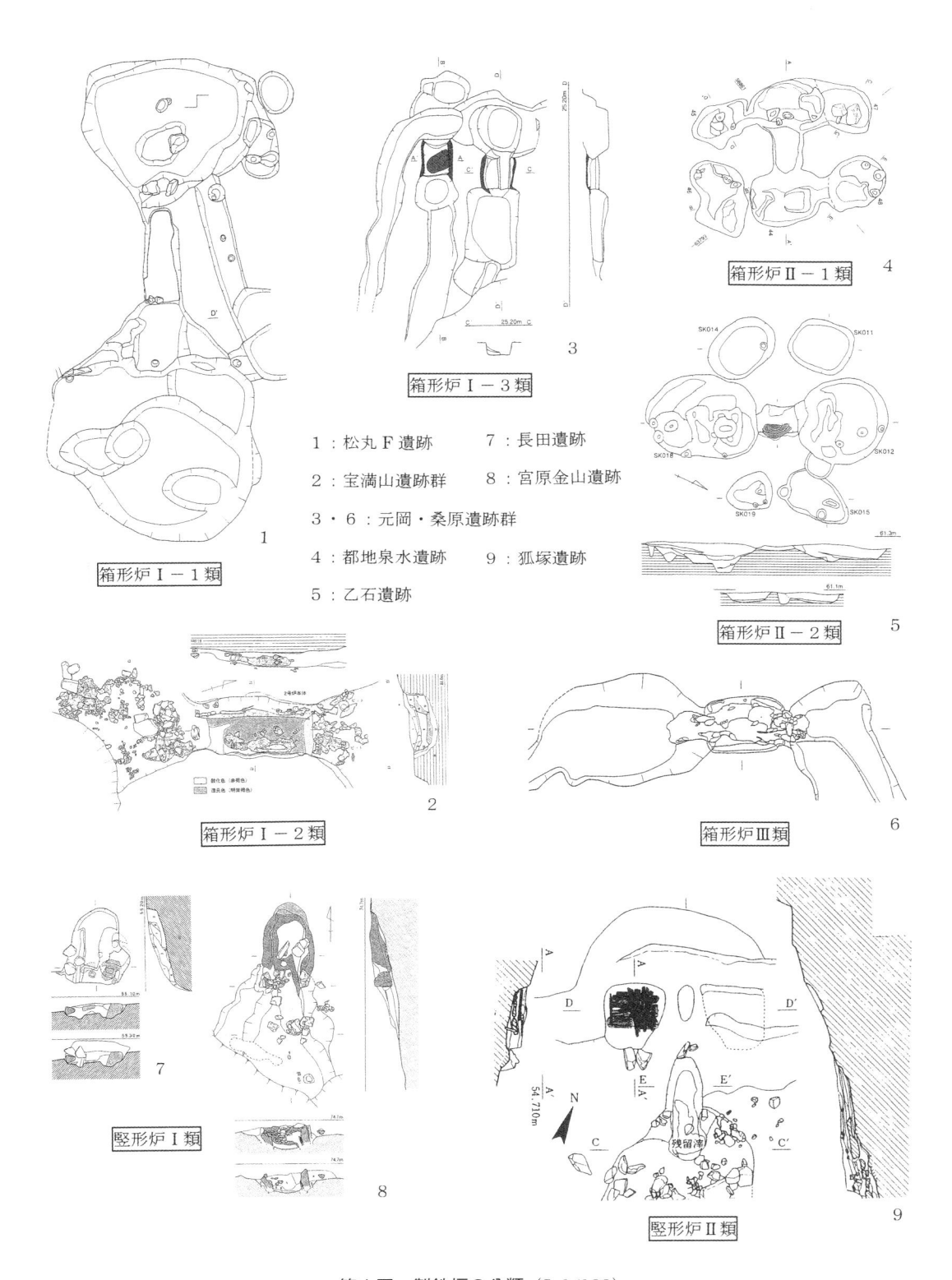

箱形炉Ⅰ－1類

箱形炉Ⅰ－3類

箱形炉Ⅱ－1類

箱形炉Ⅱ－2類

箱形炉Ⅰ－2類

箱形炉Ⅲ類

竪形炉Ⅰ類

竪形炉Ⅱ類

1：松丸F遺跡
2：宝満山遺跡群
3・6：元岡・桑原遺跡群
4：都地泉水遺跡
5：乙石遺跡
7：長田遺跡
8：宮原金山遺跡
9：狐塚遺跡

第1図　製鉄炉の分類（S=1/100）

（2）竪形炉

【竪形炉Ⅰ類】：宮原金山遺跡4号炉

　炉の基底部床面は，箱形炉と異なり傾斜する。堀り方内部を焼成した後に，石材・粘土・焼土・炭で充填する。とくに炉門部には，石材を立てて配置する。基底部規模（長軸×短軸）は約0.9m×0.5mである。斜面に対しては直交配置で，排滓坑は炉の片側のみに掘削される。送風方法は単孔送風である。通風管には土製羽口が用いられ，通風孔形態は円形である。

【竪形炉Ⅱ類】：狐谷遺跡製鉄炉1号炉

　炉の基底部は，竪形炉Ⅰ類とほぼ同じ構造となる。基底部規模（長軸×短軸）は約1.0m×0.6mで，竪形炉Ⅰ類に比べて若干大きい。炉後背面に鞴座と思われる遺構が連なっており，炉の後背面からの送風が確認できる。

3　分析

　分析にあたっては，九州北部を①豊前地域，②筑前地域，③筑後・肥後地域に区分し，各地域の代表的事例に限って詳述した[3]。小嶋2013aでは，鋤崎製鉄A遺跡・宝満山遺跡群・大塚遺跡・宮ノ本遺跡（佐野地区遺跡群）について，木炭生産を中心に整理している。宝満山遺跡群については，本稿の論旨に関わるため要点を絞って再述した。

（1）製鉄工房の様相

①豊前地域（周防灘沿岸）

【松丸F遺跡（築上町）】松丸F遺跡は，英彦山山系から八ツ手状に周防灘に伸びた谷筋内に位置する。検出された製鉄関連遺構は，製鉄炉1基，横口付炭窯6基，砂鉄貯蔵穴等の土坑3基である。

　製鉄炉は箱形炉Ⅰ－1類のもので，製鉄炉本体に隣接する形で砂鉄貯蔵穴が掘削されていた。製鉄炉の北側には6基にも及ぶ横口付炭窯が検出されており，九州北部では最多の検出事例となる。製鉄炉も複数回の操業がなされているが，6基の横口付炭窯で生産された木炭をすべて消費したとは考えがたく，本製鉄炉以外の製鉄炉も存在する可能性が高い。砂鉄貯蔵穴が確認できるため，始発原料は砂鉄と判断できる。なお，横口付炭窯は北から南に向かって操業地点を移動しており，製鉄炉は最終操業とみられる1号窯の横（直線距離で約10m）に築かれている。

　横口付炭窯内から出土した須恵器は，7世紀前半から後半のものを含む。また，横口付炭窯自体の構造も，横口付炭窯の型式変化に当てはめると古相（B2・3型）に位置づけられる（上栫2001）。したがって，本遺跡の製鉄工房は7世紀後半以前の操業と考える。本谷筋では古墳時代以前の顕著な山林開発は認められないため，製鉄工房の周囲には燃料となる山林資源（照葉樹林）が潤沢にあったと判断できる。

【伊藤田田中遺跡（中津市）】伊藤田田中遺跡は山国川の東側に位置する下毛原台地に位置し，調査区の東側では「豊前道」が検出されている。また，本遺跡の南側には豊前南部の主要須恵器窯跡群である伊藤田窯跡群が，6世紀後半から8世紀前半にかけて操業されている。

検出された製鉄炉は1基で箱形炉Ⅰ-2類に該当する。調査区は限られているが，微高地のほぼ中央に位置しており，もともと単基で操業されたと見られる。始発原料は砂鉄である。

時期決定可能な帰属遺物は認められないが，AMS年代測定結果から7世紀後半の操業と見られている。豊前道と伊藤田窯跡群の間に残されていた山林を利用したもので，燃料利用の面からも短期的な操業が考えられる。

【丸ヶ谷製鉄遺跡（北九州市）】丸ヶ谷製鉄遺跡は高尾山東側山麓に所在する。調査範囲は限定的で，調査範囲のみで製鉄工房が完結するかは不明である。

本遺跡では製鉄炉1基，横口付炭窯1基，須恵器窯1基が検出された。須恵器窯は7世紀後半に操業された半地下式のもので，製鉄工房に先行して操業された。横口付炭窯は，須恵器窯に直交する形で配置されており，須恵器窯天井部の陥没孔を炭窯の焚き口に意図的に利用する。横口付炭窯内部には，多くの木炭が残されており，炭窯の主軸に対して直交するように配置されているのが確認された。つまり，横口部からの炭化材搬入を示す事例としても注目できる。

製鉄炉は箱形炉Ⅱ-1類に該当するもので，斜面に対して直交する状態で炉を配置する。また，箱形炉Ⅱ類に特徴的な4つの土坑が確認できる。本遺跡を再報告した松井和幸氏は，この

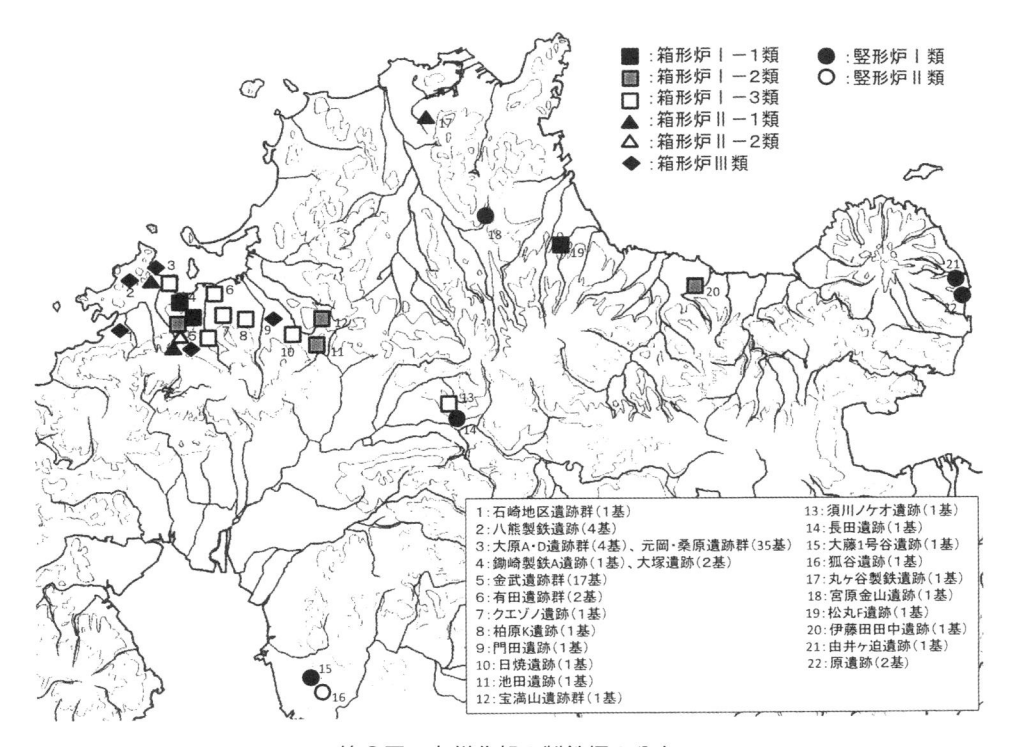

第2図　九州北部の製鉄炉の分布

4つの土坑の配置と規模から、「長方形の箱の中央に支柱があって、シーソーのように交互に上板を踏んで、送風を行なう構造の鞴」を想定する（松井 2009）。鉄滓の成分分析から、始発原料は砂鉄と想定されている。

製鉄工房の時期を示す資料はないが、須恵器窯の操業時期（7世紀後半）から一定期間を経た操業であるのは認められ、8世紀代の操業が確実視できる。また、燃料は須恵器窯操業により二次林化した樹木であったと考えられる。

【宮原金山遺跡（香春町）】 宮原金山遺跡は香春岳と障子ヶ岳に挟まれた谷筋に位置する。遺構は未検出だが、本谷筋では田河郡から企求郡に抜ける官道の存在が想定されている。

検出された製鉄関連遺構は、確実な事例で製鉄炉1基・鍛冶炉4基である。遺構で確認できる製鉄炉は、いずれも竪形炉Ⅰ類に該当する。また、出土炉壁の検討により、竪形炉Ⅰ類とは別に箱形炉の存在も確認されている。始発原料は鉄鉱石で、砂鉄併用の可能性も指摘されている。

竪形炉の操業時期は、廃滓層出土土器の検討から10世紀後半から13世紀前半に及ぶ（下原 2014）。遺構未確認の箱形炉は、竪形炉操業以前の時期のものと見られている。同一地点での長期間操業の前提には、障子ヶ岳山麓に広がる照葉樹林の存在があるだろう。

②筑前地域

【池田遺跡（太宰府市）】 池田遺跡は宝満山から南西にのびた丘陵部の先端にあり、大宰府条坊から南東側に位置する。第1調査区で製鉄炉1基、第2調査区で横口付炭窯2基と登窯式炭窯2基が検出されている。

検出された製鉄炉は、箱形炉Ⅰ-2類である。製鉄炉の斜面上方では、簡略な報告ながら登窯の存在が確認されている。発掘したにも関わらず、灰原の遺物が未検出であることから、炭窯の可能性がある。小さな谷を挟んだ隣の尾根上では、横口付炭窯2基と登窯式炭窯2基が検出されている。これらの炭窯は7世紀前半の住居跡を切り込む。また、前庭部床面の下層から出土した須恵器から7世紀第3四半期以降の操業が確実視できる。横口付炭窯の型式学的年代をふまえても、7世紀第3四半期〜第4四半期の操業と見てよいだろう。

製鉄工房は集落が移動した後の空閑地に立地し、製鉄炉の斜面上方にある池田古墳群の追葬期間内に操業されている。かつての集落の周辺に繁茂した二次林を燃料に利用したと見られる。なお、池田古墳群では2基の鉄滓出土古墳があり、玄室から鉄滓が出土した（小嶋 2009, 2010）。

【佐野地区遺跡群（太宰府市）】 日焼遺跡を含む「佐野地区遺跡群」は、大宰府条坊の西方に位置する。本遺跡周辺は、丘陵を消失させるほどの面的な開発（記録保存調査）がなされており、製鉄工房を含む遺跡形成過程が判別できる。

検出された製鉄炉は1基で箱形炉と見られるが、残存状態は悪い。検出地点の斜面上方からも鉄滓が出土することから、同丘陵の他地点にも製鉄炉が存在した可能性がある。始発原料は鉄鉱石である。佐野地区遺跡群では明確な炭窯は未検出で、散在的に方形製炭土坑が操業され

ている。宮ノ本遺跡第3次調査では，製炭土坑が検出地点と層位（9号須恵器窯〔小田ⅦA期〕灰原下の自然堆積層下検出）を明瞭に記録した状態で報告されており，工房群の出現期から窯業と冶金の複合がなされていたことを伺わせる。層位的な時期判別ができる製炭土坑は少ないが，埋土からの出土遺物は小田編年ⅦA期の須恵器片が最も多い。

日焼遺跡では製鉄炉の斜面下方で複数の竪穴建物が検出されており，斜面下に転落した漆付着土器（小田編年Ⅵ期）から7世紀後半の操業が想定される。これらの須恵器・鉄生産工房は，丘陵斜面に形成されていた古墳時代後期集落の後背地に立地し，周囲の生活林（二次林）を燃料に利用したと見られる。

【宝満山遺跡群（太宰府市）】宝満山遺跡群は宝満山の南西麓に位置する。製鉄工房が確認されたのは第23次調査Ⅰ区で，製鉄炉1基・鍛冶炉1基・登窯式炭窯1基が検出されている。Ⅰ区を中心に方形製炭土坑10基も確認できる。

登窯式炭窯は工房内の上方斜面にあり，製鉄炉本体との直接距離が約22mの場所に位置している。製炭土坑群や製鉄炉（箱形炉Ⅰ-2類）は，登窯式炭窯の下方斜面に位置しており，窯から掻き出された木炭まじりの包含層が斜面を被覆する状況にある。製炭土坑群と製鉄炉はこの包含層の下層から掘り込まれており，層位的な関係から同時期の遺構と分かる。

各遺構出土木炭の樹種同定に基づくと，8世紀初頭から12世紀までアカガシ亜種とシイノキ属が一貫して主体的に用いられており，潤沢な燃料材を供給できる照葉樹林が宝満山山麓に広がっていたと考えられる。

【元岡・桑原遺跡群（福岡市）】元岡・桑原遺跡群は糸島半島東部の丘陵地帯に位置する。この丘陵地帯には枝状に浸食された狭い谷が数多く入り込んでおり，製鉄炉が密集して検出された第12次調査地点の南面にも，この小河川（大原川）が東流する。第12次調査地点で検出された遺構は，製鉄炉27基と製炭土坑5基（方形3基，略三角形2基）で，谷部には膨大な量の鉄滓が廃棄されていた。

製鉄炉は箱形炉Ⅰ-3類（元岡Ⅰ類），Ⅱ-1類（元岡Ⅱ類），Ⅲ類（元岡Ⅲ類）の3種類が検出されている。それぞれの検出数を示すと，箱形炉Ⅰ-3類が12基，箱形炉Ⅱ-1類が9基，箱形炉Ⅲ類が6基となる。調査担当者の菅波正人氏の報告に基づくと，これらの製鉄炉は小群1～6が10m前後の範囲で，それぞれ分布しており，一つの作業領域として認識できる（菅波2011）。そして，互いの小群の排滓状況から，谷の東側（小群1）から西側（小群6）に向かって操業されたと想定されている。大量の鉄滓が廃棄された谷部からは，木製通風管，鉤状木製品，火切り臼等が出土し，操業時に使用した道具の一部も出土した。

本製鉄工房の操業時期は，谷部での排出鉄滓上部に堆積した層位の年代から9世紀以前の操業が確実視される。また，製鉄炉周囲から出土した土器から，8世紀中頃から後半にかけての操業が想定されている。製鉄炉の周囲では若干の製炭土坑が検出されているが，これらが製鉄炉への供給量をまかなえていたとは考え難い。少なくとも，製鉄炉群と別地点から木炭が供給されたのは確実である。

第3図　元岡・桑原遺跡群

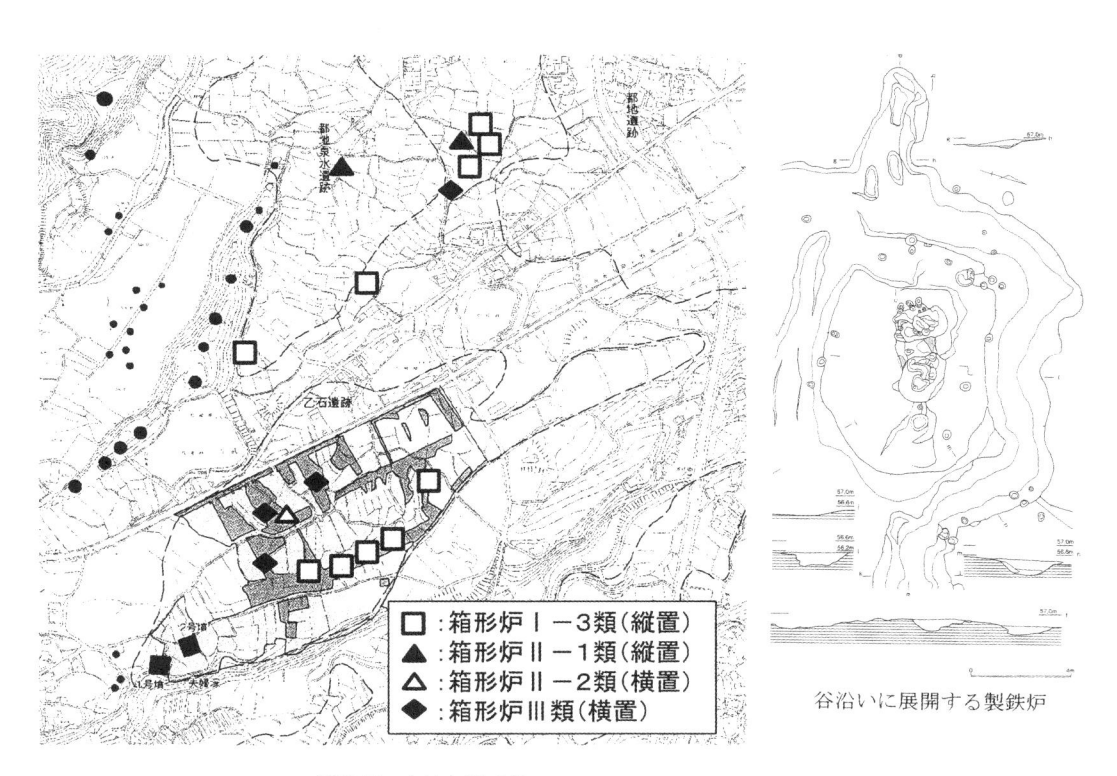

凡例:
□：箱形炉Ⅰ-3類（縦置）
▲：箱形炉Ⅱ-1類（縦置）
△：箱形炉Ⅱ-2類（横置）
◆：箱形炉Ⅲ類（横置）

製鉄炉の立地と型式差

谷沿いに展開する製鉄炉

第4図　金武遺跡群（都地遺跡・都地泉水遺跡・乙石遺跡）

【八熊製鉄遺跡（糸島市）】八熊製鉄遺跡も元岡・桑原遺跡群と同様に糸島半島の丘陵地帯に位置する。検出された製鉄関連遺構は，製鉄炉４基，砂鉄貯蔵穴１基，製炭土坑３基で他に竪穴状遺構が複数ある。谷部には大量の鉄滓が廃棄されていた。

製鉄炉は箱形炉Ⅰ－３類が１基，箱形炉Ⅲ類が３基の２種類が検出されている。箱形炉Ⅰ－３類とした３号炉は２号炉や４号炉と切り合い関係にあり，その残りは良好ではない。報告によれば片側排滓で基底部に石材を用いるなど特異な構造であり，今後も検証が必要な遺構となる。鉄滓の成分値と砂鉄貯蔵穴の存在から，始発原料は砂鉄である。なお，谷部に廃棄された炉壁には，元岡・桑原遺跡群と同じ三角形通風孔が確認できる。

炉として報告されている５～７号炉は，報告書の記録を見る限り，炉とするよりも製炭土坑と識別できる遺構である。また，炭窯と報告されている土坑も製炭土坑と識別できる。これらの製炭土坑は製鉄炉と切り合い関係にあり，箱形炉Ⅲ類である１号炉よりも先行する。

本製鉄工房の操業時期は，１号炉から出土した須恵器片や谷部に廃棄された須恵器片から，８世紀後半に操業されたと考えられる。

【金武遺跡群（福岡市）】金武遺跡群は飯森山と西山に挟まれた扇状地上に位置する。都地遺跡・都地泉水遺跡・乙石遺跡は隣接しており，同一地域内に展開した製鉄工房群と評価できる。検出された製鉄炉は乙石遺跡９基，都地泉水遺跡８基，都地遺跡１基である。調査区では方形製炭土坑が数多く分布するが，横口付炭窯等の築窯製炭遺構は未検出である。

まず，製鉄炉の構成を緩斜面下方に位置する遺跡から順に見る。最も標高の低い都地遺跡はⅠ－３類と思われる製鉄炉が１基検出されている。都地遺跡から緩斜面を登った都地泉水遺跡ではⅠ－３類が５基，Ⅱ－１類が２基となる。そして，最も標高の高い場所に位置する金武乙石遺跡では，Ⅰ－３類が５基，Ⅱ－２類が１基，Ⅲ類が３基となる。また，金武乙石遺跡内の調査区を詳しく見ると，Ⅰ－３類は谷に面した斜面下方の調査区（18－４・５区）のみに見られる。このように，三遺跡間の製鉄炉のあり方を見ると，斜面下方にⅠ類とⅡ－１類の製鉄炉が多く，斜面上方にⅡ－２類，Ⅲ類の製鉄炉が多い。加えて，これらの製鉄炉は元岡・桑原遺跡群のような密集形態を成さず，扇状地状に散らばるように立地している。三遺跡の発掘調査面積は扇状地の主要面全体に及ぶことから，後世の削平を考慮しても，製鉄炉の分布状況は製鉄工房操業当時の状況を反映していると考えられる。これらの製鉄炉の始発原料は，鉄滓の成分分析から砂鉄と判断されている。

本遺跡群で見出される製炭遺構は，方形製炭土坑のみで構成されており，製鉄炉への木炭供給遺構の第一の候補となる。ここで製鉄炉の検出数が多い乙石遺跡について，製鉄工房展開以前の遺跡の状況に触れておく。本扇状地上は古墳時代の遺跡が希薄で，首長墓である金武乙石Ｈ－１・２号墳（７世紀前半）とその周囲の土坑墓群，竪穴式住居１軒（６世紀後半）のみが主要遺構となる。つまり，扇状地の大部分には古墳時代の開発が及んでおらず，自然植生が多く残されていたと考えられる。この状況をふまえると，製鉄炉が時期を降るごとに扇状地上方へと分布域を広げる現象には，山林自体の後退が反映したと判断できる。この山林後退の要因を

製鉄工房の操業に求めた場合，製鉄炉周囲に操業された方形製炭土坑群により，製鉄燃料が生産されたと考えられる。

製鉄炉出土須恵器と遺跡全体の遺物相を見ると，製鉄工房の操業時期は8世紀後半を中心としたものと考えられる。

③筑後・肥後地域

【長田遺跡（朝倉市）】長田遺跡は筑後平野の麻底良山から南に派生した尾根上に位置する。本遺跡では製鉄関連遺構として，製鉄炉1基と砂鉄貯蔵穴1基，溝1条が検出された。

製鉄炉は竪形炉Ⅰ類のもので，単独で立地するが，製鉄炉前面は大きく削平を受けており，遺構自体の消失の可能性も十分にある。始発原料は砂鉄である。製鉄工房の操業時期を示すのは，溝状遺構に堆積した鉄滓とともに出土した土器片である。年代決定資料とするには心許ないが，8世紀前半が操業年代の上限の目安となろう。

【狐谷遺跡（荒尾市）】狐谷遺跡は有明海に面した小岱山西麓の丘陵部に位置する。本遺跡では製鉄関連遺構として，鞴座を付属した製鉄炉2基と鍛冶炉2基，円形製炭土坑11基が検出された。

製鉄炉は竪形炉Ⅱ類のもので，その付属施設である鞴座が注目できる。鞴座の一部となる東側土坑床面からは，板材と丸材が井桁状に組まれたものが検出され，鞴の下部構造が確認された。製鉄炉の始発原料は，砂鉄である。

製鉄炉の周囲から検出された円形製炭土坑が木炭供給遺構と考えられている。円形製炭土坑の直径は1.3～2.3mに及ぶため，製鉄炉への木炭供給量を十分にまかなえる規模である。

製鉄工房の操業時期は，出土土器から12世紀後半～13世紀初頭とされる。

（2）分析結果

①箱形炉の変遷

一般的に製鉄炉では，土器等の時期決定遺物を欠く場合が多く，層位検出が厳密になされていなければ，時期決定は困難となる。ただし，糸島半島では元岡・桑原遺跡群や八熊製鉄遺跡で，箱形炉自体が切り合い関係にあることから，箱形炉の新旧関係が判別できる（菅波 2011）。また，室見川流域の金武遺跡群（都地泉水遺跡・都地遺跡・乙石遺跡）では調査区が広範囲に及ぶことから，遺跡形成過程の検討から箱形炉の新旧関係が把握できる。

元岡・桑原遺跡群では，「箱形炉Ⅰ－3類（元岡Ⅰ類）⇒箱形炉Ⅱ－1類（元岡Ⅱ類）⇒箱形炉Ⅲ類（元岡Ⅲ類）」の変遷が明らかにされている（菅波 2011）。八熊製鉄遺跡では，「箱形炉Ⅰ－3類⇒箱形炉Ⅲ類」となる。遺構自体の直接的な切り合い関係は確認できないが，室見川中流域の金武遺跡群では，扇状地下方に斜面直行配置（縦置）の箱形炉Ⅰ－3，Ⅱ－1類が多く，扇状地上方に斜面平行配置（横置）の箱形炉Ⅱ－2・Ⅲ類が集中する。つまり，山林（燃料供給域）の後退に応じて，製鉄炉自体がより山間部へと移動する状況にあり，おおまかな新旧関係を認めてよい。

上記のように，直接的な遺構の切り合い関係と遺跡形成過程から，地理的に離れた3遺跡（八熊製鉄遺跡・元岡遺跡群・金武遺跡群）で製鉄炉の変遷が把握できた。これをふまえると，箱形炉の遺構属性は，①基底部の大型化，②斜面直交配置から斜面平行配置への変化という傾向にある。送風技術は，箱形炉Ⅱ類のみに送風施設の痕跡が残るが，箱形炉Ⅰ・Ⅲ類に送風施設の痕跡は無く，その変遷過程は解明できていない。しかし，築窯製炭遺構（横口付炭窯・登窯式炭窯）と製鉄炉が近接する段階（7世紀〜8世紀前半）での箱形炉Ⅰ−1・2類は，基底部規模の大きい事例が多い。あえて，時系列上の変化が強く反映している属性を述べると，基底部幅となる。箱形炉Ⅰ−1・2類は，箱形炉Ⅱ・Ⅲ類とほぼ同じ基底部長となるが，基底部幅は箱形炉Ⅰ−3類と大差なく，相対的に細長い形状となる。

　次に各製鉄炉の類型の存続時期が問題となる。遺構の切り合い関係や出土資料に基づいて，各箱形炉の存続時期を整理すると，箱形炉Ⅰ−1・2類が7世紀後半〜8世紀前半，箱形炉Ⅰ−3類が8世紀中頃〜後半，箱形炉Ⅱ−1・2類が8世紀後半，箱形炉Ⅲ類が8世紀後半〜9世紀となる。時期決定の困難さもあるが，九州北部の広域で見ると，各型式の箱形炉が存続時期を重複しながら操業される状況となる。その状況下で，糸島半島西部の八熊製鉄遺跡，糸島半島東部の元岡遺跡群・大原遺跡群，早良平野の金武遺跡群では，製鉄炉の変遷や生産規模の推移において連動性が認められる（小嶋 2012）。また，豊前国に属する丸ヶ谷製鉄遺跡でも，特徴的な送風施設をもつ箱形炉Ⅱ−1類が採用されており，筑前国と豊前国で国を隔てた技術共有が確認できる点は重要である。

②竪形炉の変遷

　竪形炉は同一遺跡で前後関係を把握できる事例がなく，現状では供伴資料に依拠した操業時期のみが把握できる。竪形炉Ⅰ類は大藤1号谷遺跡で9世紀の操業が確認できる。宮原金山遺跡は谷部堆積層の層位的検討から，10世紀後半から12世紀後半の年代観が提示されている。なお，上述した長田遺跡の操業時期は8世紀前半を上限とする。本遺跡の製鉄炉は，従来は箱形炉と認知されてきたが，宮原金山遺跡の発掘調査成果を基にすると竪形炉Ⅰ類と識別できる。つまり，村上恭通氏が想定した「国家標準型」製鉄炉普及以前の製鉄炉（片側排滓・単孔送風）に連なる可能性があり，時期決定も含めて今後も注視すべき事例と言えよう。いずれにせよ，従来知られていた有明海沿岸域や国東半島だけでなく，九州北部の全域に竪形炉（単孔送風・片側排滓）が分布する状況が明らかになりつつある。

第2表　製鉄技術と製炭技術の変遷

地域	遺跡名	時期	製鉄炉							砂鉄製錬	鉱石製錬	炭窯		製炭土坑		
			箱Ⅰ-1	箱Ⅰ-2	箱Ⅰ-3	箱Ⅱ-1	箱Ⅱ-2	箱Ⅲ	竪Ⅰ	竪Ⅱ			横口	登窯	三角	方形	円形
今津湾沿岸	大塚・鋤崎	7c	●								●		●				
周防灘沿岸	松丸F・伊藤田田中	7c	●	●							●				●		
二日市地峡帯	池田・宝満山・日焼	7c後-8c前			●	●					●		●		●		
室見川流域	金武	8c後-9c前			●	●	●	●			●		●	●			
糸島半島	元岡・桑原	8c後-9c前			●	●	●	●			●		●	●	●	●	
筑後川流域	長田	8c							●		●						
香春岳周辺	宮原金山	10-12c								●		●		●			●
有明海沿岸	大藤谷・弧谷	9-13c							●			●					

③製鉄工房の立地状況

　分析過程で記した前時代・同時代の遺跡との重複関係を基にすると，製鉄工房の立地状況は以下のように整理できる。いずれの分類でも，山林資源が存在する場所に製鉄工房が立地する点は共通する。

　分類１：窯業生産地に立地する事例
　　丸ヶ谷製鉄遺跡，日焼遺跡，伊藤田田中遺跡
　分類２：古墳時代後期以後の集落・墓域と重複する事例
　　大塚遺跡，鋤崎製鉄Ａ遺跡，池田遺跡
　分類３：古墳時代後期から飛鳥時代の遺跡と重複しない事例[4]
　　松丸Ｆ遺跡，宝満山遺跡群，元岡・桑原遺跡群，金武遺跡群，八熊製鉄遺跡，
　　宮原金山遺跡，長田遺跡，狐谷遺跡

4　考察

（1）鉄生産と山林資源

　製鉄工房の立地状況から，九州北部における鉄生産と山林資源の関係を検討する。

　分類１とした「窯業生産地と接する事例」のうち，丸ヶ谷製鉄遺跡と伊藤田田中遺跡は，窯業生産地に製鉄工房が入植する事例となる。燃料利用の規模としては，窯業生産の比重が高く，鉄生産は付随する形となる[5]。つまり，「燃料林」という地域の土地利用方針・認識に沿って，製鉄工房が操業されたと考えられる。筑前国最大の窯業生産地である牛頸窯跡群でも，散発的に横口付炭窯が検出されており，古墳時代後期段階の土地利用の影響下にあると言えよう（石木2008）。牛頸窯跡群にも内包され，大宰府条坊の隣接地にある日焼遺跡は，上記の様相とやや異なり，同一地域に窯業と鉄生産がほぼ同時期に入植する事例となる。筑紫大宰体制下の大宰府建設に伴う土地利用に対応した現象と評価できる。この点については，後述する。

　分類２とした「古墳時代後期以後の集落・墓域と重複する事例」については，前稿でも注目した（小嶋2013）。概要を記すと，福岡平野周辺では古墳時代後期以後の墓域を利用して，製鉄工房を操業する事例が複数確認できる。墓域に自生した二次林は，開墾が困難で「水源林」にも該当しないことから，7世紀後半以降に「公私共利の山野」として積極的に利用されていたと考えられる。

　分類３とした「古墳時代後期から飛鳥時代の遺跡と重複しない事例」では，山麓域を中心に製鉄工房が単独で立地する事例に該当する。周辺集落による「生活林」としての利用を考慮しても，基本的には山林資源が豊富な地域での鉄生産と評価できる。

　このように，九州北部の鉄生産と表裏をなす山林利用のあり方は，土地利用の歴史の上に立脚している。福岡平野を中心に遺跡の重複率が高い九州北部では，遺跡に残された情報から土地の来歴や植生の変遷を探ることが，鉄生産の操業実態を探る上で欠かせない作業となる。

（2）鉄生産と大宰府の建設

　九州北部の鉄生産において，「国家標準型の製鉄炉」が導入された7世紀後半は重要な画期となる（村上 2012）。当該期は宮都・官衙・山城・寺院の建設が列島規模で展開された，「古代の大開発時代」と重なる。九州北部では「大宰府」がその中心であり，664年の水城築造にはじまり，706〜718年の「筑紫之役」まで建設・整備事業が頻発する。当然，これらの事業には鉄釘をはじめとした金属の消費が連動する。なお，「大宰府都城の形成」をまとめた小田富士雄氏の論考を参照すると，「かたち」としての大宰府都城の大部分は8世紀第1四半期のうちにほぼ完成する状況にある（小田 2015）。

　大宰府に対する列島外からの鉄素材の供給については，『日本書紀』天武一四年（685）に筑紫大宰への「鉄一万斤」輸送記事がある。ただし，この輸送は「箭竹二千連」と並記されており，兵器素材としての供給であったとみるのが自然である（小嶋 2014）。律令国家の国家運営は，物資の現地調達と中央集積を基本路線としており，大宰府で消費する鉄も現地調達で大部分がまかなわれたと考えられる。その実態を示す遺跡が，大宰府条坊を囲むように立地する池田遺跡・佐野地区遺跡群・宝満山遺跡群である。改めて各遺跡での製鉄工房の操業時期を整理すると，池田遺跡と佐野地区遺跡群が7世紀後半〜8世紀前半，宝満山遺跡群が8世紀前半である。以上をふまえて，①山林資源の消費状況，②工房の運営形態，③技術的系譜の3つの視点から，大宰府条坊周囲の製鉄工房を検討する。

　①山林資源の消費状況は，上記の分類で整理すると，池田遺跡は分類2「古墳時代後期以後の遺跡と重複する事例」，佐野地区遺跡群が分類1「窯業生産地と接する事例」，宝満山遺跡群が分類3「古墳時代後期から飛鳥時代の遺跡と重複しない事例」に該当する。このように各遺跡で山林消費の様相に違いがある。

　②工房の運営形態では，大宰府政庁から南西約1.7kmに位置する佐野地区遺跡群が注目できる。佐野地区遺跡群では，製鉄・製炭が窯業生産と同一の丘陵でなされており，大宰府での消費を念頭に各工房が複合的に操業されている。とくに，日焼遺跡では製鉄炉に隣接して竪穴建物13棟が検出されており，建て替え回数から見て，7世紀後半から8世紀前半にかけて長期間工房が維持されている。日焼遺跡出土の鉱滓には，製錬滓に加えて銅滓も含まれている。加えて，製鉄工房の斜面下にある流路からは，7世紀後半の漆付着須恵器や付札木簡が出土した。漆付着須恵器はいずれもパレット状に利用されており，漆工工房の存在が確実視できる。以上の様相から見て，佐野地区遺跡群で操業された工房は，「律令的複合冶金工房」であったと結論づけられる（小池 2011・小嶋 2014）。宝満山遺跡群では，製鉄炉に加えて鍛冶炉が検出されている。池田遺跡は調査面積が狭いという前提があるが，製鉄炉のみの検出となる。

　③技術的系譜では，まず始発原料の違いが注目できる。佐野地区遺跡群では鉄鉱石，池田遺跡・宝満山遺跡群では砂鉄が始発原料である。これに対応するように箱形炉の斜面に対する向きが異なるが，佐野地区遺跡群の製鉄炉は炉壁も含めて大破しており，詳細な比較は困難となる。周辺遺跡も含めて確認できる木炭生産遺構は，池田遺跡が横口付炭窯と登窯式炭窯，宝満

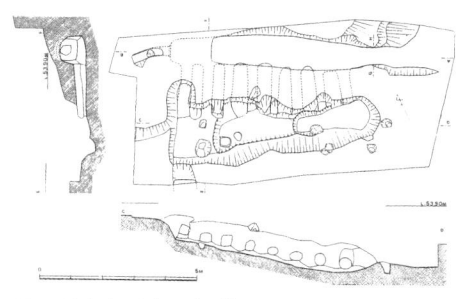

横口付炭窯（池田遺跡）

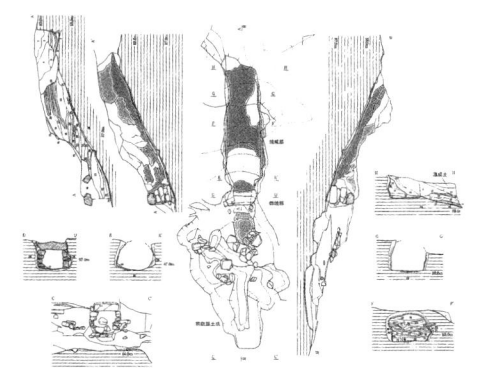

登窯式炭窯（宝満山遺跡群）

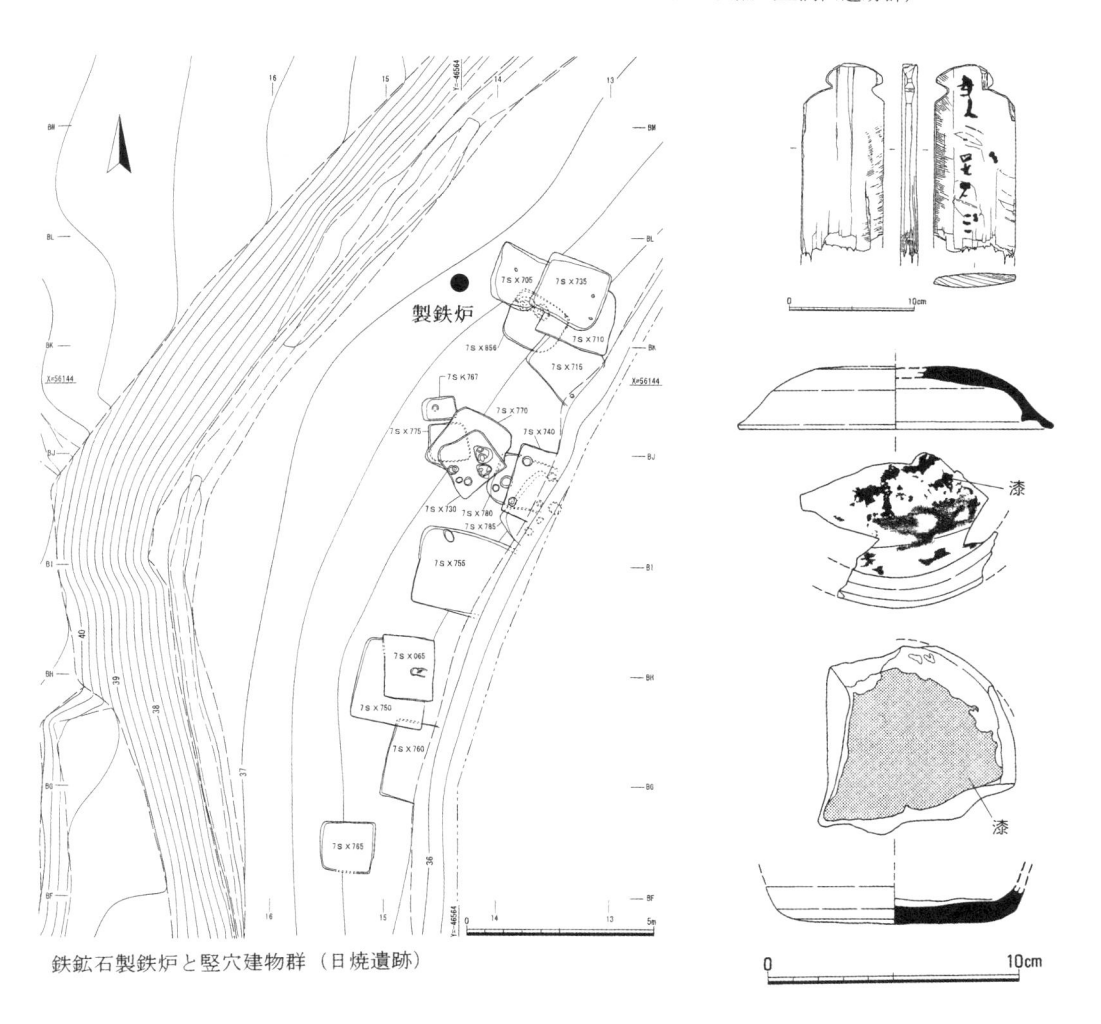

鉄鉱石製鉄炉と竪穴建物群（日焼遺跡）

第5図　大宰府条坊周囲の製鉄工房の多様性

山遺跡群が登窯式炭窯と製炭土坑，佐野地区遺跡群が製炭土坑となる。

　以上のように，大宰府条坊の周囲で操業された製鉄工房は，②工房の運営形態，③技術的系譜でそれぞれ異なった様相が見られた。つまり，大宰府建設を支えた製鉄工房は，画一的な技術保有集団ではなく，多系統の技術保有集団により運営されていたと考える。加えて，佐野地区遺跡群では律令的複合冶金工房，宝満山遺跡群では鍛冶炉が確認でき，原料鉄だけでなく製品での搬出も想定できる。ただし，消費遺跡の中心となる大宰府政庁周辺官衙跡では，大型の塊形滓の出土数が多く，精錬鍛冶が必要な原料鉄（鉧状鉄素材）での搬入量も多かったと判断できる（小嶋 2014）。

　①山林資源の消費状況からは，大宰府建設の初期段階では建設地点により近く，交通路が整備された地点で製鉄工房を操業（山林資源を消費）する実態が伺える[6]。鉄生産地のうち，大宰府の都市設計に大きな影響を与えたのは佐野地区遺跡群である。佐野地区遺跡群は，奈良時代以降は墓域としての利用が顕著となる。とくに奈良時代後半から平安時代前半は墓域の密度も高い。本地域が大宰府官人墓地の一つとして利用されていく背景には，「①大宰府条坊外で官道沿いにあること」，「②大宰府条坊からの可視領域であること」，「③大宰府条坊の西方に位置すること」，「④丘陵地であること」，に加えて「⑤山林の植生破壊に伴う丘陵地の低層木化」があるだろう。つまり，佐野地区における窯業生産と律令的複合冶金工房の操業（山林伐採）は，大宰府の建設だけでなく，大宰府の都市空間設計にも影響を与えたと評価できる。

（3）福岡平野周辺での鉄生産の衰退

　現在，福岡平野周辺で発見されている製鉄遺跡は，犬鳴山での「たたら製鉄（近世）」を除くと，その中心は7世紀後半～8世紀後半にある。この時期は，大宰府の建設・古代山城の築城・新羅征討計画などの国家的鉄需要が高まった時期であるとともに，律令体制が実質的に機能していた時期（「国家標準型」製鉄炉の操業時期）と重なる。とくに，8世紀後半に操業された糸島半島（八熊製鉄遺跡，元岡・桑原遺跡群，大原遺跡群）や早良平野（金武遺跡群）の製鉄工房では，製鉄炉の変遷や生産規模の推移において連動性が認められる（小嶋 2012）。大宰府建設が進められた7世紀後半から8世紀前半とは様相が異なり，8世紀後半は技術的系譜を同じくする『広域連携工房群』が操業されている。豊前国に属する丸ヶ谷製鉄遺跡でも，特徴的な送風施設をもつ箱形炉Ⅱ－1類が採用されており，筑前国と豊前国で国を隔てた大宰府管内での技術共有も確認できる。

　広域連携工房群の一翼を担う金武遺跡群では，金武青木遺跡出土木簡に記された「志麻郡」の墨書から，広域での情報連携が推察されている（加藤 2012）。また，同遺跡出土木簡には「怡土城擬大領」の墨書もあり，「人間の手配・支給物の調達・手配する人間が用意すべきものの量など」が記されたと見られる上申文書が確認できる（加藤 2012）。これらの文字史料は，広域連携工房群が国家（大宰府）敷設による官営工房であったことを裏付ける。

　広域連携工房群に燃料を供給する木炭生産の実態については前稿で述べた（小嶋 2013）。元

岡・桑原遺跡群に代表される鉄生産の集中的生産体制を維持するには，それを支える山林資源の確保が前提となる。しかし，博多大津と大宰府条坊の二大消費地が同一地域内にある状況では，他の諸産業（建築，塩焼等）や生活林，水源林との競合は必至で，大量の燃料の安定供給は潜在的に困難である。経済面で見ても，他国で産する鉄との価格競争は不利と言わざるを得ない。

つまり，この地域で鉄生産が実施された時期は，「①鉄需要が高まった時期」で，かつ「②大規模な山林利用が可能な時期」，「③山林資源消費の採算性が確保できる時期，またはその採算性を度外視する時期」となる。とくに，「②大規模な山林利用」は政治権力により達成される場合が多く，古代の筑前国では大宰府がその担い手となる。

広域連携工房群の解体後の状況を見ると，博多大津等の港湾拠点を介した宋からの「輸入鉄素材」の存在が注目できる。東南アジア・東北アジアでは，宋からの安価な輸入鉄素材が各地の在来鉄生産を駆逐する状況にあり，九州をはじめとする日本列島でも一定量の流通を考える必要がある（佐々木2008，桃崎2008）。また，桃﨑祐輔氏の棒状鉄素材の集成結果を参照すると，10世紀には角棒状の鉄鋌が国内でかなり広く流通する状況が伺える。本地域の鉄生産の変遷を把握する上で，欠かせない視点である。そして，12世紀以後では，西油山天福寺（福岡市）や首羅山遺跡（久山町）などの山林寺院が，福岡平野周辺の山林内で寺域形成を本格化させる。山林寺院の出現は，福岡平野周辺の山林資源の利権争いをさらに複雑化させる要因となった（小嶋2013b）。

以上の様相をふまえると，律令制下で盛行した福岡平野周辺の鉄生産は，国家的鉄需要に応じた強制力で維持されており，広域連携工房群の解体後にその採算性を安定的に確保するのは困難であったと考えられる。9世紀以後の鉄生産の主体は，より山林資源が豊富な場所へと分散し，竪形炉Ⅰ・Ⅱ類を用いた工房の操業が認められる。

おわりに －考古学は科学か－

考古学はモノの分析からヒトを研究する学問である。そして，考古学を内包する歴史学では，「資料分析により抽出した情報」と「資料的空白により欠如した情報」を用いて，歴史を叙述する過程でヒトを研究する[7]。

資料分析は，他者と共有できる基準を設けて情報を抽出する作業である。正しい基準を設ければ，万人が同じ作業で同じ情報が抽出できる。分析結果の反復性は，抽出された情報の信頼度と比例すると言えるだろう。これに対し，「資料的空白により欠如した情報」は，他の資料から抽出した情報を論理的整合により補完することで成立する。論理的整合に含まれる恣意的解釈は，個人差から逃れることはできない[8]。

つまり，現状の歴史学は科学的手法を基盤に成立するが，そこから抽出された情報の利用に際しては，論理的整合の下に非科学的手法も利用している。この点において，「歴史学（考古学）は科学ではない」。むしろ，『歴史学（考古学）は科学を内包する学問』と考える。歴史学

（考古学）は，科学により抽出された情報をどのように利用するのかという責務も担っているのである。

本稿では，製鉄炉と製鉄工房の遺跡形成過程を分析し，論理的整合を経て「鉄生産と山林資源」・「鉄生産と大宰府の建設」・「福岡平野周辺での鉄生産の衰退」を考察した。鉄生産と表裏の関係にある山林は，歴史学を構成する重要な要素であるが，その情報の大半は「資料的空白により欠如した情報」となる。「資料的空白により欠如した情報」の精度を高めるには，補完の根拠となる「資料分析により抽出した情報」の質を高め，量を増やすことが唯一無二の手段である。

謝辞

本稿は九州考古学会・嶺南考古学会第10回合同考古学大会の発表内容を基に，その後の研究をふまえ，製鉄炉の分類等を見直して論文にまとめたものです。「鉄生産」は考古学を学びはじめた当初から取り組んできた研究テーマであり，15年の月日を経て，はじめて自身の研究成果を論文にまとめることができました。考古学に挑み続けた月日とともに，本稿を田中良之先生の御霊前に捧げます。

■註

1）村上恭通氏を中心にまとめられた「日本列島における初期製鉄・鍛冶技術に関する実証的研究」では，学史の総括的な整理と遺跡残留物から生成鉄を把握する方法論の模索がなされた（村上2006）。とくに，遺跡残留物の研究成果を基に実施した製鉄実験の成果を，再度，遺跡・遺物の解釈に還元する研究手法が高く評価できる。

2）柏原遺跡M地点1号炉は排滓坑が確認できず，報文を読む限りスラッグ1点の出土という状況にある。送風孔の可能性があると記される孔からの送風を想定すると，高温帯は遺構床面近くに形成されることになり，遺構の被熱状況と相反する。松井氏は送風孔ではなく「排滓孔」と想定するが，遺構残存状態がよいにも関わらず，孔の中が被熱せず鉄滓の検出も記録されていない。本遺構は壁面の粘土貼り付けを除外すれば，遺構形態・規模，被熱，堆積の記述は「製炭土坑」と酷似する（小嶋2013a）。以上の点をふまえ，現状では柏原遺跡M地点の炉を「製鉄炉」と認定しない。

3）朝倉周辺は旧国の筑前国に含まれるが，筑後平野北部という自然地理的区分から「筑後地域」と設定している。

4）金武遺跡群は古墳時代後・終末期古墳を内包する。しかし，製鉄炉や製炭土坑が立地する地点は墓域から離れるため，「分類3」の範疇に含めた。元岡・桑原遺跡群も複合遺跡であるが，同様の理解である。

5）鉄生産と窯業生産は同一地域で操業される事例も多いが，大局的には広域での「棲み分け」現象が日本各地で見られる（小嶋2010）。同一地域で操業する場合は，燃料材の樹種・部位等を「棲み分け」た可能性が高い。

6）燃料林としての利用が許容された山林に限定される。

7）無論，基軸となるのは「資料分析により積み上げた情報」であり，「資料的空白により欠如した情報」は出来得る限り用いるべきではない。

8）恣意的解釈の個人差や論理的整合の多様性は，否定すべき事象ではない．個人差や多様性は，学問の根幹である．

■参考文献

穴澤義功，1984．製鉄遺跡からみた鉄生産の展開．季刊考古学8，47-52．
石木秀啓，2008．牛頸窯跡群と鉄生産．牛頸本堂遺跡群Ⅶ，pp274-279，大野城市教育委員会，大野城．
上椙武，2001．横口付炭窯の基礎的研究．たたら研究41，12-34．
大澤正巳，1988．古墳出土鉄滓からみた古代製鉄．日本製鉄史論集，pp85-164，たたら研究会．
大道和人，2014．日本古代鉄生産の開始と展開－7世紀の箱形炉を中心に－．たたら研究 53，1-22．
岡寺良編，2002．宝満山遺跡群　浦ノ田遺跡Ⅲ．福岡県教育委員会，福岡．
小田富士雄，2015．大宰府都城の形成と律令体制．古文化談叢 74，239-258．
加藤隆也，2012．元岡・桑原遺跡と金武青木遺跡－怡土城をめぐる新資料とその意義－．一般社団法人日本考古学協会2012年度福岡大会研究発表資料集，pp606-622．日本考古学協会2012年度福岡大会実行委員会，福岡．
小池伸彦，2011．古代冶金工房と鉄・鉄器生産．官衙・集落と鉄，奈良文化財研究報告6，11-25．
小嶋篤，2009．鉄滓出土古墳の研究－九州地域－．古文化談叢 61，139-167．
小嶋篤，2010．鉄滓出土古墳の研究－中国・畿内地域－．還暦，還暦？，還暦！，pp193-216．武末純一先生還暦記念事業会，福岡．
小嶋篤，2012．大宰府成立前後の鉄生産．生産と流通，pp.193-216，九州考古学会・嶺南考古学会第10回合同考古学大会，慶山．
小嶋篤，2013a．九州北部の木炭生産－製炭土坑の研究－．福岡大学考古学論集2，pp375-406，福岡大学考古学研究室，福岡．
小嶋篤，2013b．山岳霊場と山林利用の考古学的研究．首羅山をとりまく聖なる山々，pp.54-68．九州山岳霊場遺跡研究会，小郡．
小嶋篤，2014．大宰府保有兵器の蓄積過程．古代武器研究 10，67-89．
坂本經堯，1979．肥後上代文化の研究．肥後上代文化研究所，熊本．
佐々木稔，2008．鉄の時代史．雄山閣，東京．
下原幸裕編，2014．宮原金山遺跡2．九州歴史資料館，福岡．
菅波正人，2011．福岡市元岡・桑原遺跡群の概要－奈良時代の大規模製鉄遺跡－．官衙・集落と鉄，pp.27-42．奈良文化財研究所，奈良．
勢田廣行，1996．古代末・中世初頭の肥後．季刊考古学 57，3-36．
土佐雅彦，1981．日本古代製鉄遺跡に関する研究序説．たたら研究 24，41-46．
中島圭，2008．福岡県内における製鉄・鍛冶の様相．牛頸本堂遺跡群Ⅶ，pp.263-274．大野城市教育委員会，大野城．
長家伸，2004．8～9世紀の鉄生産についての概要．第7回西海道古代官衙研究会資料集，pp.121-125．西海道古代官衙研究会．
長家伸，2005．福岡西部鉄・鉄器生産と渡来系遺物について．九州における渡来人の受容と展開，pp.276-285．九州前方後円墳研究会，小郡．
花田勝広，2002．古代の鉄生産と渡来人－倭政権の形成と生産組織－．雄山閣，東京．
松井和幸，2001．日本古代の鉄文化．雄山閣，東京．
松井和幸，2009．八幡西区永犬丸所在丸ヶ谷製鉄遺跡について．北九州市立自然史・歴史博物館研究報告B類歴史6，1-10．

三島格，1971．福岡平野の製鉄遺構．和白遺跡群，pp.114-118．福岡市教育委員会，福岡．

村上恭通編，2006．日本列島における初期製鉄・鍛冶技術に関する実証的研究．課題番号15320109 平成15年度～平成17年度（2003～2005年度）科学研究費補助金基盤研究B研究成果報告書．愛媛大学法文学部，愛媛．

村上恭通，2007．古代国家成立過程と鉄器生産．青木書店，東京．

村上恭通，2012．北部九州における古代の鉄器生産．一般社団法人日本考古学協会2012年度福岡大会研究発表資料集，pp.577-588．日本考古学協会2012年度福岡大会実行委員会，福岡．

桃﨑祐輔，2008．中世の棒状鉄素材に関する基礎的研究．七隈史学 10，1-53．

柳沢一男，1977．福岡平野を中心とした古代製鉄遺跡について．広石古墳群，pp.173-194．福岡市教育委員会，福岡．

古代大宰府を取り巻く集落遺跡理解にむけて

太宰府市役所　中島恒次郎

要旨

　日本考古学における古代の集落研究は，その類型化において，筆記関係遺物，装身具類等の特殊遺物，規格性のある建物配置に着目し，遺跡造営階層の高低へと議論が交わされ，そこに国衙，郡家，豪族館等を析出し，社会像構築へとつなげている。一方，集落遺跡は，竪穴住居の存在から一律に解され，文献史学上議論されている下位階層の遺跡析出まで至っていない。そこで筆者は，古墳時代以来の伝統を有する土器を「在地伝統的な土器」，大宰府を典型とする官衙遺跡に出土する土器を「律令制国家的な土器」とし，それらを指標とし，遺跡の類型化を試みた。結果，官道や鉄生産など律令制国家が開発背景として考えられる場に律令制国家的な集落，それらから離れた場に在地伝統的な遺跡が存在していることを読み取ることができた。また，奈良時代後半における律令制国家的土器の浸透背景について，土器生産における世襲など一元的生産体制から多様な人びとの参入による生産体制への転換と考えた。

キーワード：在地伝統的な土器，律令制国家的な土器

1　はじめに

　これまで筆者は，日本古代の九州における地方統制の拠点たる大宰府を素材として議論を進めてきた。その過程の中で，大宰府・国府・郡家・集落という一見自明の範疇について，膨大な考古資料においてどのように抽出し類型化し，そして理解を進めるのかという視点で議論を展開してきている。この根底には，遺跡理解が調査担当者の理解に優先され，冷静な分析を欠く事態からの脱却を意図していたことに他ならない。我々，現代を生きる考古学研究者は，現代まで蓄積された分析・事象理解のための考え方の枠組みに「支配」され，それを前提とした解釈を行うにしても，まず，現場から抽出される緒事象を，現象面理解として原点に立脚した分析を行う必要があると考えたことによる。

　加えて，律令制国家的に傾斜した集落と地域伝統を保持した集落を類型化することで，南九州から南島において発現している非律令的要素を保持する集落の理解（中島2010b）と，奈良後期以降に表面化する地域勢力の台頭について考える術を模索したことによる。

本稿は，大宰府管内において研究が立ち遅れている日本古代の基層をなす集落動態を探るための基礎分析を行う。

2　集落遺跡理解にむけた学説史

集落遺跡理解に関する学説史の前提として，集落さらにはそれらの集合体としての村落，さらに行政的なまとまりとしての里など，日本古代における基層をなす人々に関する学説史は，文献史学が先行研究として多くの蓄積を有しており，日本古代の社会体制，生産関係など様々な取組みの中で，日本古代社会の基層をなした一般成員の諸関係に関する議論が積み重ねられ，田中禎昭（1995）により，一定の整理と問題点が提起されている。その主な視点は，集落を構成する成員と階級的関係にある各首長との生産関係に関する議論で，これを考古学側での議論に置換する取組みとして，倉・蔵の存在形態に焦点を当てた類型化と議論の深化が行われている（広瀬1989）。

考古学において古代の集落遺跡の判断は，検出される遺構要素として竪穴住居の存否によって，その多くがなされているといっても過言ではない。一方で，古代的な集落として竪穴住居から掘立柱建物への転換の存在を確認して後は，官衙的な配置を伴わない掘立柱建物群，井戸，廃棄土坑などを手掛かりに集落遺跡として認識されてきている。

筆者自身は，大宰府・国府・郡家・集落の類型化を，掘立柱建物の占有面積，在地伝統的－律令制国家的土器の存否ならびに量比によって導き出し，遺跡の性格付けを試みてきた（中島2006）。この時点での視点は，律令制国家機構における上層（大宰府）から下層（集落）にかけての類型化を試みていたが，その過程において集落内部においても類型化の見通しを得ていた。

では，学説史的な観点から集落とされる遺跡の類型化，階層化はどのように理解されているだろうか。概述的ではあるが，振り返ってみたい。

まずは，考古資料から導き出される遺跡の類型化は，遺構規模，竪穴住居と倉・蔵遺構との関係，出土遺物の質・量によって遺跡の類型化が進められてきている。考古学側での論の多くは，墨書資料や筆記に関係する遺物，また石帯など装具に関係する特殊遺物の質・量に注目し，出土傾向から遺跡の類型化を行い，想定される性格を導き出している（小田1996）。一方，遺構形成に注目した論として，荒井健治（2002）の論があり，荒井は，規制された空間内で住居建替えを余儀なくされた国府域集落と一般集落とを分けている。国府域，いわば律令制国家的規制の中で営まれた集落について，切り合いが頻出することを傾向として掴む論展開を行っており，集落形成の起動源による縛られた空間の存在を肯定するならば，遺跡類型化にとって有効な論といえる。このように考古学側では，研究蓄積が相応に存在しているものの，調査担当者や報告者への認識が未だ到達しておらず，一律的な報告に終始しているのが日本古代の集落研究にとって残念である。

遺跡類型化の試みは，ひとり考古学のみが進めてきたわけではない。文献史学側から直木孝次郎（1965）によって，『日本書紀』に記される「邑」「村」表記と，そこに住まう人々の内

容を検討し，新規集落でかつ異民族的性格を有する集落に「村」が使用されていることから，新規開拓集落であるとして「計画村落」を提起した。一方で「古来」よりあるものを「自然村落」「自然発生的な村落」として区別した。ここで注意すべきことは，文献史学側では，造村意志発動源を国家権力と地方豪族層両者を視野に入れている点は注意しておく必要がある。この「計画村落」の存否については，大町健（1986）によって，王権・国家及び地方豪族層である在地首長層が発動源ではなく，さらに下位に想定している村落首長層であるとしている。大町は，『播磨風土記』記載の開発・移住記事を分析し，地名由来に，元来，国家や豪族の意志を反映したものは少なく，村を営む共同体に起因するものが大半を占めることを根拠として，開発・移住の意志発動を，村落首長に求め，国家や豪族層ではないとし，共同体と密接に係る村落首長であることから「計画村落」を想定できないとした。しかし，地名と造村意志発動者の意志が等しい関係であるのか疑問が残る。開発・移住発動者が別次元として存在し，その下位で受動的に開発・移住した者の名を冠した地名とすることは想定できないのだろうか。また「自然村落」「自然発生的な村落」についても，人びとの人為的営みによって発生するものであり，律令制国家のもとでは「行政的規制を受けない村，権力の政治とは相対的に関係をもたないかたちで形成された村」として計画村落と区別されている（鬼頭 1989）。

　鬼頭清明（1989）によって示された当時の国家機構による「行政的規制を受けない村」の存在が，古代日本の南北を考える上で重要であり，換言すると古代日本の国家制度が住民に認識され浸透している範囲を析出すること，ひいては奈良期後半に顕在化してくる地域勢力の台頭の原動力を明らかにできる一端を考古資料が握っていると考えている（中島 2010a）。

3　用語整理と分析前提

a　集落遺跡理解のための用語整理

　本稿で使用する鍵語について，整理しておきたい用語を以下に記しておく。

集落　集落-村-里に関する用語理解については，文献史学側から多くの検討が加えられ，「農耕の基盤である耕地や灌漑，山野の用益」を結合原理として，共同労働のために関係性を結ぶ幾つかの集落によって構成される村と，さらに行政的にまとめられる里，として提起され，学説史上定着してきている（鬼頭 1989；小林 2000）。考古資料として取り扱う遺跡は，そのものからそこで生活していた人びとの社会的諸関係を明らかにはし難い面も否めない。したがって本稿では，文献史学上での理解とともに，生活者の社会的諸関係を含意する「村落」用語は用いず，「集落」を用いる。対置用語として「官衙」を用いる。さらに，本稿の主目的である集落形成の起動要因を背景として，律令制国家主導が想定できる集落を「国家的集落」，地域の支配者層に主導要因が想定できる集落を「在地伝統的集落」と表記する。文献史学側で提起されている「計画村落」「条里式村落」「荘園村落」と対置用語として提起されている「自然村落」「自然村」とは，その村落形成意識の起動意志発生源において，階層的差異に求める文献史学の解釈とは異なり，本稿においては単に，民衆の外部にある第三権力としての国家か，民

衆に密着した地域に根差す権力かの違いを表現している。そこには，大宰府からの空間的距離に比例して傾向を強める律令制国家の影響を低下させる集落の存在に焦点をあて，律令制国家の領域とでもいえる，制度受容地域の確認を将来的に意図している。

　また，竪穴住居ならびに掘立柱建物を検出した遺跡を抽出し，これらの遺跡を集落遺跡として表記する。

竪穴住居（竪穴建物）　従来，掘立柱建物，土壙など，性格を想定しない用語と，竪穴住居，井戸，墓など現代の使用形態に基づく性格を付与した用語が，考古学上には一見混在しているように見受けられる。これらの反省から，昨今では竪穴住居に対して，性格を一旦捨象し，建物として記すことが提起されてきている（関 1991）。一方で，土器形式においては，学説史上は本来，「壺形土器」「甕形土器」として記され，多分に現代の生活上の価値観を投影した用語であった。いわば，考古学上の用語は，現代の価値観を投影した用語であるという立場であれば，「竪穴住居形」遺構として取り上げ，ことさらに「遺構」を付記することを避け，「竪穴住居」として記載していると解することで解消されるとも考えられる。したがって，本稿では従来使用されている「竪穴住居」を用い，その背後には「竪穴住居形」遺構が含意されていると解していただきたい。

在地首長・村落首長　首長制概念は，文化人類学からの借用として機能し，かつその後の文献史学をはじめとする歴史学において歴史的用語として定着してきている（吉田孝 1983）。その概念規定については，階級関係にない段階から，階級関係を形成する段階まで，幾つかの諸段階が提示され，日本古代においては，一般民衆を第一次的に統括し支配権を獲得した村落首長，彼らを取りまとめる上位の在地首長という階級構造として提起されてきている。この村落首長と在地首長の理解については，その多くが文献史学側から提起されており，生産関係上の概念ではなく政治的概念として扱うべきであるとする見解（鬼頭 1979）と，支配－被支配関係から生産関係までを含意するという立場がある（吉田晶 1980; 大町 1986）。一方考古学側で，この社会的関係性について議論する素材を未だ提起できる段階ではないため，一旦，支配－被支配関係としての政治的関係性を表現する用語として扱うことにする。

　本稿における目的は，遺構から導き出せる遺跡の性格を考える上での類型化であり，説明上必要な用語として記載することは行うが，ことさらに文献史学側で提起される諸概念への適用を意図しているのではない。換言すると，本稿において類型化する諸階層を，「村落首長」「在地首長」が築いた施設痕跡であるということを述べるつもりはない。考古学が明らかにすべき素材は，考古資料から導き出される類型の複雑化，単純化など時間軸上における動態を観察することから始めることが必要であると考えているからである。

b　分析前提

分析対象空間　抽出した遺跡の多くは，筑紫平野から佐賀平野にて確認されている遺跡群である。取り上げた理由は，大宰府・国府・郡家の各性格を付与できる遺跡が確認されており，相

対化する上で条件が整った地域であること。また，これら官衙とされる遺跡群の特徴からは外れる，いわば集落遺跡として理解されている遺跡群も数多く調査が進んでいることによる。一方で，抽出した遺跡情報の多くは，調査報告書に依った。したがって，報告者のバイアスさらには筆者自信のバイアスが重複した解釈を行っている可能性も否めない。ただし，一定の遺跡傾向を見通した中で，逸脱するものや報告に疑義がある資料については，実見作業を行い，検証を行っている。

時間軸 本稿において用いる時間軸上の資料の位置づけは，筆者自身が既に記した文献による（中島 1997, 2005）。

遺構の時期 遺構の時期を判断する根拠は，出土した遺物から判断することになるが，遺構形成時期なのか廃絶時期なのかを判断できるような情報が記載されている例が稀で，多くは「遺構出土資料」として一括して報告されている。このような状況から，本稿でとった時期判断は，出土した遺物を一義的に扱い，時期が混在しているものについては，近接する他遺構との関係性，例えば同一方向指向等，近接する同時存在の施設に規制されているということを根拠として，これらを考慮しその時期を推定している。したがって，関係性が考慮できない遺構については，多分に推測が介在していることになる。

数値化 抽出した遺跡おいて，遺構個々の帰属時期を確認し，それらの中から竪穴住居，掘立柱建物など居住に係る遺構数を数量化し，表として示

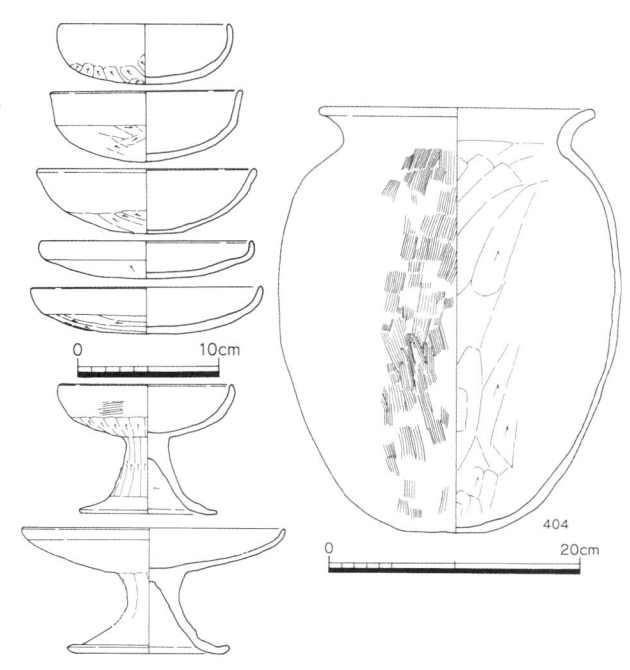

第1図　在地伝統的な土器

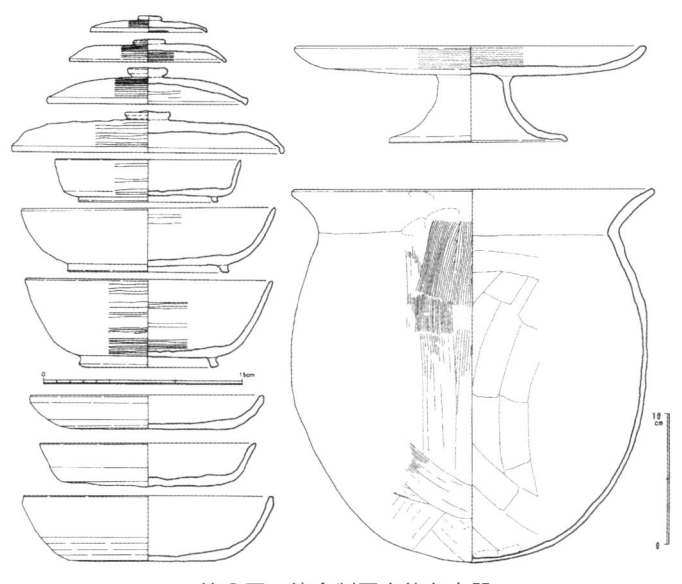

第2図　律令制国家的な土器

第1表 集落遺跡の時間的推移と類型 1

凡例：●多 ○少 ×無

遺跡傾向：● 多 → 少

番号	遺跡名	旧国	資料数	7世紀前葉	7世紀中葉	7世紀後葉	8世紀前葉	8世紀中葉	8世紀後葉	9世紀前葉	9世紀中葉	9世紀後葉	在地伝統的要素 手持成形土師器[坏・糠具]	在地伝統的要素 土師器甕I類	国家的要素 回転台成形土師器[坏・糠具]	国家的要素 土師器甕II類	類型	現所在地	文献	備考
1	前原遺跡	筑前	53			5	25	18	2	3			●	○	○	●	B	朝倉市[旧甘木市]	1	
2	宮原遺跡A I区	筑前	46			11	34	1					●	●	●	○	A	朝倉市[旧甘木市]	2	
3	宮原遺跡A II・D I区	筑前	59		13	1	21	17	19	1			○	○	●	●	D	朝倉市[旧甘木市]	3	
4	宮原遺跡D区	筑前	45				13	22	10				●	○	●	●	B	朝倉市[旧甘木市]	4	
5	鎌塚遺跡	筑前	33		2		19	7	5				○		●	●	D	朝倉市[旧朝倉郡朝倉町]	5	
6	大迫遺跡	筑前	35		6	8	2		7	8	8	2	●		●	●	D	朝倉市[旧朝倉郡朝倉町]	6	8世紀後葉以降は墓地化
7	狐崎南遺跡	筑前	10				5	4	1				●		●	●	B	朝倉市[旧朝倉郡朝倉町]	7	
8	治部ノ上遺跡	筑前	3			1		2	1				●		●	●	D	朝倉市[旧朝倉郡朝倉町]	8	
9	上の原遺跡	筑前	57				24	32					●	○	●	●	B	朝倉市[旧朝倉郡朝倉町]	9	
10	西法寺遺跡	筑前	13			5	7	1					●		●	○	B	朝倉市[旧朝倉郡朝倉町]	10	
11	長尾遺跡	筑前	11			3	5	2	1				●		●	●	B	朝倉市[旧朝倉郡朝倉町]	11	
12	大庭・久保遺跡	筑前	17			1	4	7	5				●	○	●	●	B	朝倉市[旧朝倉郡朝倉町]	12	
13	才田遺跡	筑前	22				14	8					●		●	●	B	朝倉市[旧朝倉郡朝倉町]	13	
14	大迫場遺跡(だいかんば)	筑前	19				8	11					●	○	●	●	B	朝倉市[旧朝倉郡朝倉町]	14	
15	栗畑東遺跡	筑前	61	2	9	19	23	7	1				○	●	○	○	A	小郡市	15	
16	井上薬師堂遺跡	筑前	14			8	6						○	●		●	D	小郡市	16	
17	下隈遺跡	筑後	26		13	8	13	5					●	●	●	●	A	小郡市	17	
18	干隈城山遺跡	筑後	98			26	56	3					●	●	●	●	A	小郡市	18	
19	干隈向陣ヶ浦遺跡	筑前	8				3						●		●	●	D	小郡市	19	8世紀以降は墓地化[土壙墓・火葬墓混在]
20	干隈猿山遺跡	筑後	3		2			3		2			○		●	●	D	小郡市	20	
21	横隈狐塚遺跡	筑後	3			1	2						○		●	●	B	小郡市	21	
22	大坂井遺跡	筑後	5				3	2					○	●	●	●	D	小郡市	22	
23	上岩田遺跡	筑前	341	1	21	80	94	51	75	13	5	1	●	●	●	●	D	小郡市	23	
24	孝園遺跡	筑後	7			5	5	1					●			●	B	三井郡大刀洗町	24	
25	堂遺跡	筑後	27	2	6	2	4	8	5	2			●		●	●	B	うきは市[旧浮羽郡吉井町]	25	
26	仁ノ一衛門内遺跡	筑後	26	1		16	4	4		1			●		●	●	B	うきは市[旧浮羽郡吉井町]	26	
27	古賀ノ上遺跡	筑後	66	1		4	24	18	11	7	1		●	○	●	●	B	久留米市[旧三井郡北野町]	27	
28	日吉遺跡	筑後	7					7					●		●	●	B	久留米市[旧浮羽郡田主丸町]	28	

古代大宰府を取り巻く集落遺跡理解にむけて

第2表 集落遺跡の時間的推移と類型 2

No.	遺跡名	国										類型	所在地	備考
29	神比遺跡群	肥前	43		1		28	8	5	1	●	D	基山町・鳥栖市	
30	牛原前田遺跡	肥前	19	1	3		6	5	3	1	○ ● ○ ●	A	鳥栖市	
31	城上遺跡	肥前	21	1	3		17				● ● ●	D	鳥栖市	
32	柳の元遺跡	肥前	7			7					○ ●	D	鳥栖市	
33	加藤田遺跡	肥前	2					2			● ●	D	鳥栖市	
34	立石想栄遺跡	肥前	6					6			●	D	鳥栖市	産地不明土師器
35	原古賀六本木遺跡	肥前	0								●	D	みやき町[旧三養基郡中原町]	未
36	原古賀一本谷遺跡	肥前	0								○ ●	D	みやき町[旧三養基郡中原町]	未
37	練部七本松遺跡	肥前	0								○ ●	D	みやき町[旧三養基郡中原町]	筑後型土師器須恵器
38	高柳三本松遺跡	肥前	0								○ ●	B	みやき町[旧三養基郡中原町]	筑後型土師器須恵器
39	野田遺跡	肥前	0								○ ●	D	みやき町[旧三養基郡中原町]	産地不明土師器
40	鷹取山遺跡	肥前	0								○ ●	D	みやき町[旧三養基郡中原町]	筑後型土師器所・窯 肥後型須恵器窯
41	中原西遺跡	肥前	0						1		● ○ ●	A	みやき町[旧三養基郡中原町]	未
42	下石動遺跡	肥前	9			8	5	3	2		○ ●	D	神埼郡吉野ヶ里町[旧神埼郡東脊振村]	
43	吉野ヶ里遺跡	肥前		2		7	6	1		1	○ ●	D	神埼市・吉野ヶ里町・三田川町[東脊振村]	神埼郡家・辛上陸寺隣接
44	馬郡・竹原遺跡	肥前	16			5	2	2	3		○ ●	D	神埼市[旧神埼郡神埼町]	
45	馬郡遺跡	肥前	14				5	5	2		●	D	神埼市[旧神埼郡神埼町]	
46	塚原遺跡	肥前	10			1		2	3		○ ●	D	神埼市[旧神埼郡神埼町]	
47	一本木遺跡	肥前	21			6	2	8		4	○ ●	D	佐賀市	
48	東古賀遺跡	肥前	29			3	7	11	5	2	○ ●	D	佐賀市[旧佐賀郡大和町]	官道隣接
49	北原遺跡	肥前	19			10	5	4			○ ●	D	佐賀市[旧佐賀郡大和町]	肥前国分寺隣接
50	久池井遺跡	肥前	11			10	1				○ ●	D	佐賀市[旧佐賀郡大和町]	国府北東隣接
51	徳永遺跡群	肥前	295			13	51	88	42	65 1	○ ●	D	佐賀市	徳永・上和泉遺跡・官道隣接
52	神埼二本松遺跡	肥前	13		1		2	2	5	36 2	○ ●	D	佐賀市	

■類型化

	在地伝統的要素		国家的要素		
	手持成形土師器Ⅰ類[供膳具]		回転台成形土師器[供膳具]	土師器Ⅱ類[煮沸具]	
A	●				供膳具・煮沸具共に在地伝統的
B	●		●		供膳具は在地伝統的、煮沸具は[国家的]
C			●		地伝統的、煮沸具は国家的
D			●	●	供膳具・煮沸具共に国家的

※1:土師器煮沸具の地域色が拡大した可能性もある。朝倉橘広庭宮推定地近傍。

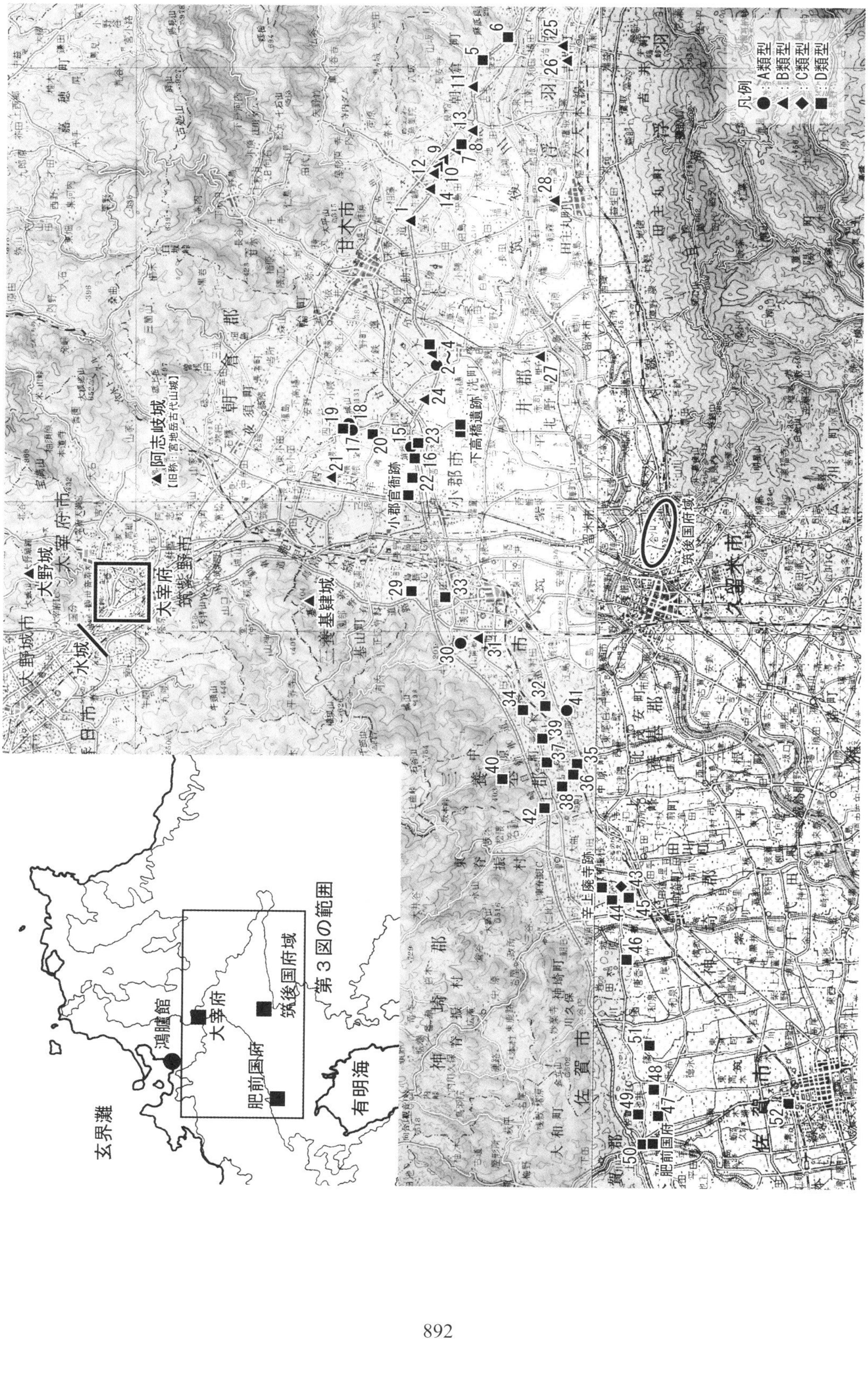

第3図 集落遺跡の類型分布図 (S=1/250,000)

した。述べるまでもないが，遺跡全体を調査した結果ではなく，現代の行政的な都合による遺跡情報であり，「見かけ」の数値である可能性は残している。しかし，資料母数の多い・少ないによって「見かけ」の信頼度，いわば確からしさの検証を行うとともに，今後の資料増加によって再検討すべきこととしたい。なお，大迫遺跡（福岡県朝倉市）については，奈良後期以降は墓地化しており，墓数を表記している。

在地伝統的な土器・律令制国家的な土器　この差異については，既に多くの場面で記載してきているが，再度繰り返すと，古墳時代から系譜を引く土器を在地伝統的な土器とし，律令制国家制度が整備される時期，いわば大宰府官制が整備される時期から生産が開始されると考えた土器が律令制国家的な土器である。具体的には，前者が手持ち成形によって製作される土師器で，供膳具・調理具・煮沸具を問わず多くのものがこの成形技法を有する。また土師器甕は，頸部と口縁部が独立しており，やや胴が張る胴長形態を有する甕Ⅰ類で構成される。後者は供膳具，調理具において回転台成形によって製作される土師器が特徴的で，大宰府の土器様相を典型とし，須恵器と土師器の器種互換性が成立する様相を指す。また土師器甕は，手持ち成形であるが，甕Ⅰ類と異なり頸部が「く」字形に屈曲することに大きな特徴がある。第1・2図に示した。

以下では，前者を「在地伝統的要素」，後者を「国家的要素」として記述していく。

4　集落遺跡の動態観察

a　集落遺跡構成要素の時間的変化

中島恒次郎（2006）において，従来検討されてきた，特殊遺物・掘立柱建物の規模，文字資料などに加え，本稿においても用いた国家的要素と在地伝統的要素の量比を用いて抽出した集落遺跡を分析対象遺跡としている。この時点で詳細が明らかではなかった上岩田遺跡（福岡県小郡市）について，詳細分析を保留していたが，近年，調査報告書が刊行され筆者自身も資料実見を行ったことから，今回分析対象遺跡として結果を提示している。

これまでの作業前提を踏まえ，筑紫平野北部から佐賀平野北東部に所在する集落遺跡の傾向を第1・2表に示し，遺跡所在地について先に類型化したA～D類型までを記号化し表記したものが第3図である。

これらから読み取れることは，一部の例外を除き，多くが大宰府官制整備時期である奈良前期に集落形成が始まり，平安前期に入る頃には終焉をむかえている。そのような状況にありながら，高原遺跡（福岡県朝倉市），上岩田遺跡（福岡県小郡市），古賀ノ上遺跡（福岡県久留米市）などは，7世紀中葉・後葉から集落形成が始まり，平安前期まで集落遺跡として機能している。筑前から肥前へむかう官道沿いに所在する徳永遺跡（佐賀県佐賀市）では，奈良前期に集落形成が始まり，その後も安定的な生活空間が維持されていることが分かる。

また，本稿において注目している「在地伝統的要素」と「国家的要素」を分ける土器とした，①手持ち成形の土師器，②土師器甕Ⅰ類，③回転台成形の土師器，④土師器甕Ⅱ類の出土傾向

について観察したとき，筑紫平野東部においてB類型とした，①-④の組み合わせの様相を呈するものが頻出する。一方佐賀平野北東部においてはD類型とした③-④の組み合わせの様相を呈するものが頻出しており，地域差とも受け取れる様相差を見出すことができる。

これらから，筑前から肥前にかけては，国家的な様相を呈する集落遺跡が多く，筑前南東部においては，在地伝統的な要素を色濃く残す集落が存在していることが読み取れる。

次に，在地伝統的要素の時間変化を見てみよう。

在地伝統的要素とした，①手持ち成形の土師器と②土師器甕Ⅰ類の時間変化は，多くの地域で数量の差はあるものの，奈良期後半の様相下において激減する傾向にあり，国家的様相と置換していく。ここで注目したい点が二つある。一つは，回転台成形の土師器の「普及」と，かねてより課題としてきた国家的要素としている土師器甕Ⅱ類の筑後北部先行傾向についてである。

回転台成形の土師器は，多くの地域で手持ち成形の土師器と置換するように奈良期後半より多くなり，平安前期様相下においては全てが置換してしまう。このような傾向は，国家的施設である大宰府を一方の極としていち早く発現し，集落まで行き渡るのは奈良末期のこととして現象面が観察できる。

次に土師器甕Ⅰ類の出現時期の問題だが，今回の集落出土土器の傾向からB類型としたものの中で，7世紀後葉に集落形成がなされる場において，他の地域より先行的に土師器甕Ⅱ類が発現している。当初，大宰府官制整備後の奈良前期において出現することから，国家的要素の一つとして捉えていた。しかし，本稿における集落出土遺物の観察を通して，筑後北部，特に現在の福岡県小郡市に所在する諸遺跡出土資料の中に見受けられ，土師器甕Ⅱ類の出現を遡らせる必要性が高まった。その発現状況について，次項において触れたい。

5　集落遺跡理解にむけて

本稿において分析対象空間とした筑紫平野から佐賀平野北東部における集落遺跡について，これまで単に集落遺跡として一括されていた遺跡を類型化し，地域傾向の把握を目的とした。結果として，第3図に示したような地域差傾向を導き出すことができた。

以下に本稿において明らかにし得た点ならびに課題を整理しておく。

【成果】
1）大きく分けると，飛鳥時代後葉より平安時代前期まで安定的に継続する集落と，奈良時代にのみ生活痕跡を残す，二者が観察できた。
2）在地伝統的要素を保持する筑紫平野東部。
3）国家的要素をいち早く導入する筑紫平野西部から佐賀平野東部。
4）在地伝統的要素を保持する空間内においても，点として国家的要素を導入する遺跡が存在。

【課題】
1）国家的要素としての回転台成形土師器の受容過程

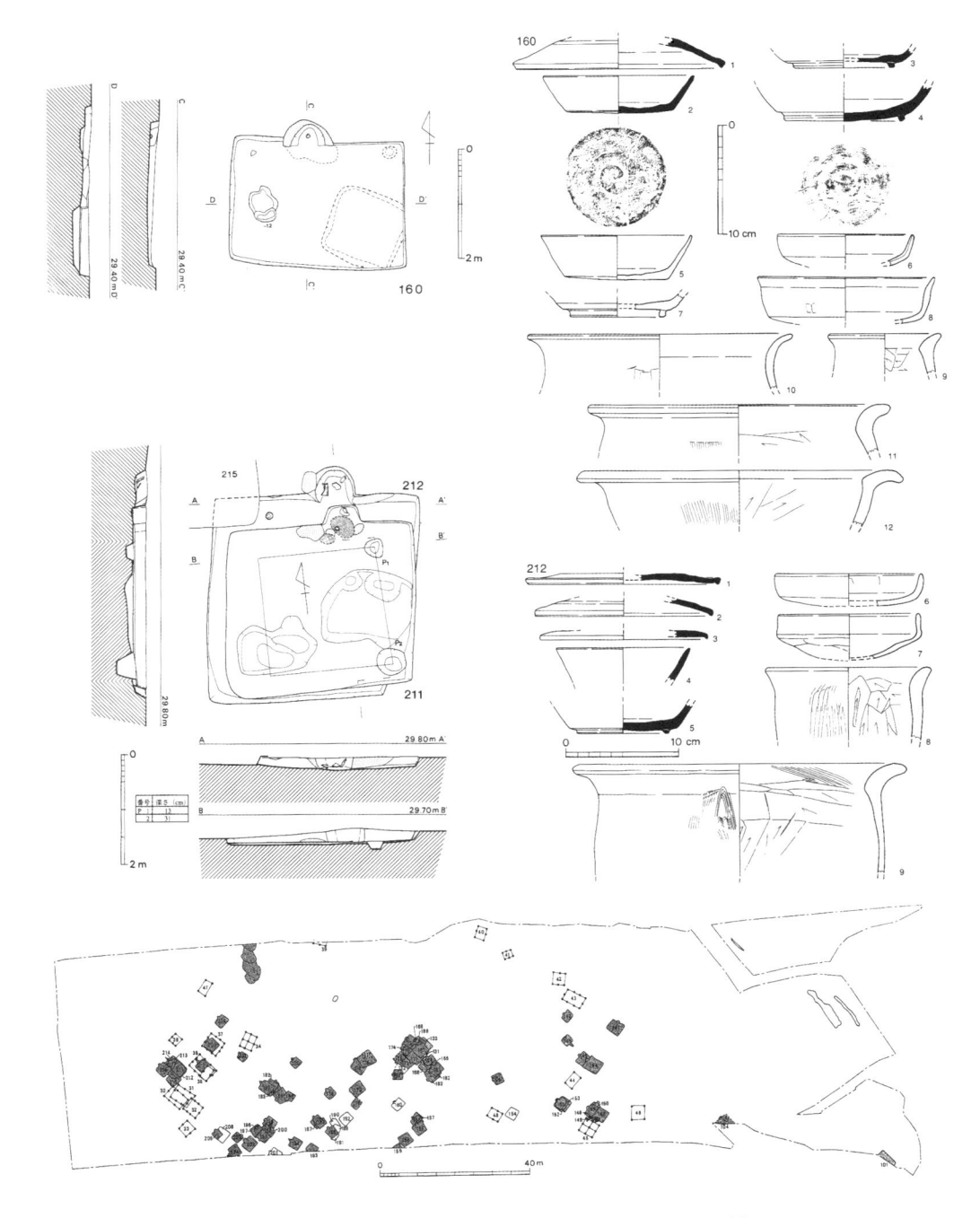

第4図　上の原遺跡（福岡県教委 1995より抽出改変）

2）在地伝統的要素とした土師器甕Ⅱ類の筑紫平野西部域での先行的発現
3）集落構成要素としての竪穴住居・掘立柱建物の同時存在軒数とそこから導き出せる集落成員の総定数と空間的相対化

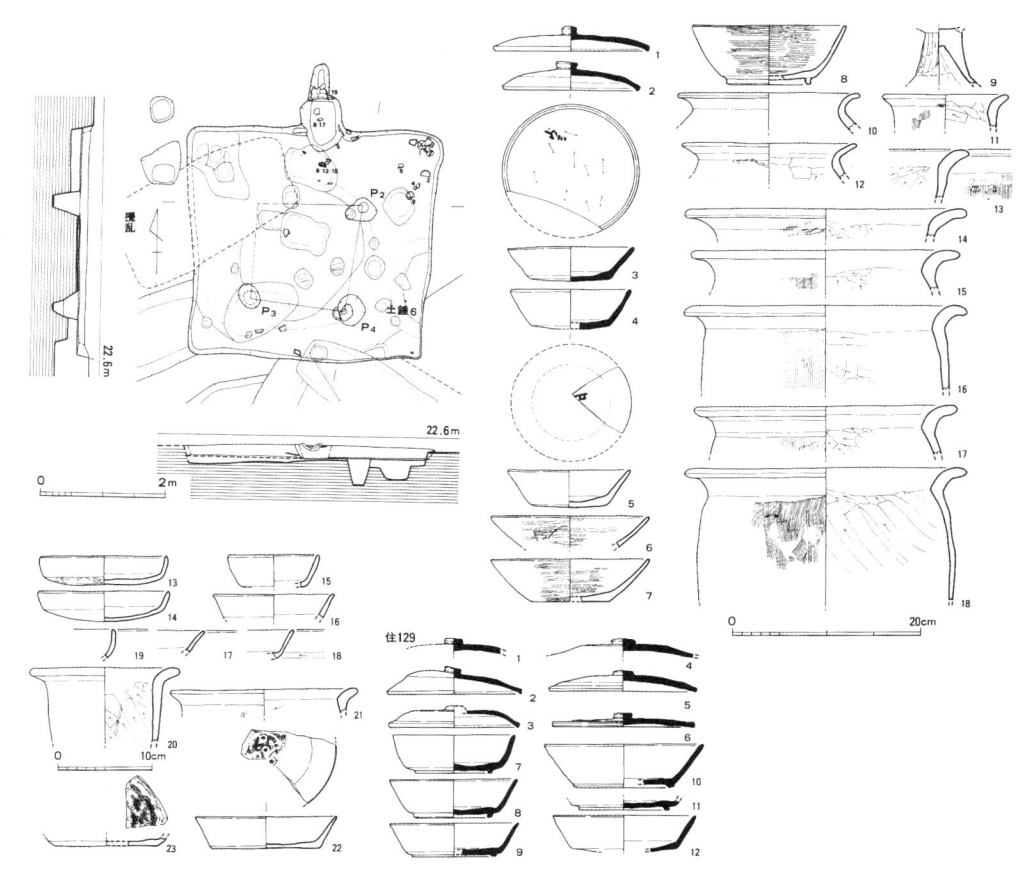

第5図　宮原遺跡（福岡県教委 1997 より抽出改変）

　本稿の分析によって見えてきた点と課題として析出されてきた点がある。今後へむけて以下の3点について若干詳述しておきたい。一つは，成果4）として上げた在地伝統的要素を保持する空間の特徴と，その空間内に見られる国家的要素を有する遺跡の特徴。二つ目として，課題1）にあげた回転台成形土師器の受容過程，最後に，これまで筆者自身が課題としてきた課題2）についての見通しについて概述しておく。

　まず，成果4）として上げた，在地伝統的空間の様相と，その中に形成される国家的要素を持つ集落の様相である。

　在地伝統的要素を奈良後期まで継続する顕著な遺跡として上の原遺跡（福岡県朝倉市）がある（福岡県教委 1995）。第4図に示したように，多くの切り合い関係を有する竪穴住居と15㎡から25㎡の占有面積を有する掘立柱建物によって構成されている。居住を想定できる遺構では，竪穴住居が卓越しており，その近傍に掘立柱建物が小規模ながら建てられているという景観を持っている。一方，当該地域において律令制国家的要素を有する顕著な遺跡として宮原遺跡（福岡県朝倉市）をあげる（福岡県教委 1997）。第5図に示したように，わずかながら在地伝統

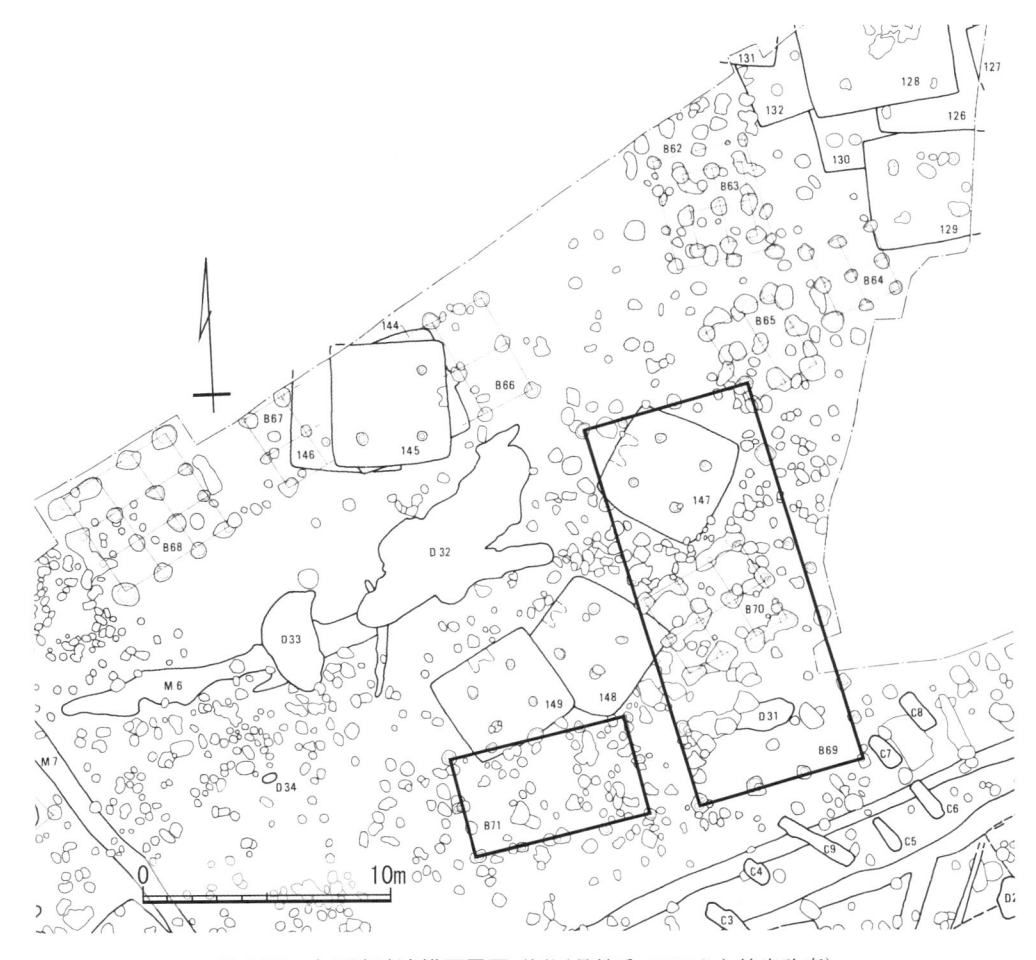

第6図　宮原遺跡遺構配置図（福岡県教委1997より抽出改変）

的要素を残存しつつ，多くは律令制国家的要素に置換している。遺構の傾向については，多くは竪穴住居と掘立柱建物で構成されるが，先に記した上の原遺跡に比して，掘立柱建物が多い傾向を見出すことができる。加えて，奈良前期に存続期間が想定できる3間×5間で占有面積99.92㎡を有する掘立柱建物を有し，奈良期中頃から後半における墨書土器，刻印土器，転用硯なども出土していることから，官人層の存在が強く想定できる遺跡といえる。両者の関係については，律令制国家側から見ると，前者が下位，後者が上位としてみることができ，在地伝統的集団内に入り込んだ統制者としての関係が見えてくる。ただし，在地伝統的要素を色濃く残していることから，他所からの移入者ではなく，在地集団と密接に関係した者が形成した集落が想定できる。

　次に課題の1）として上げた回転台成形土師器の受容過程について考える。

　回転台成形の土師器にいち早く転換した筑紫平野西部から佐賀平野東部を今一度確認すると，そこには地域間交通路としての官道が貫通し，情報伝達濃度が筑紫平野東部より濃かった

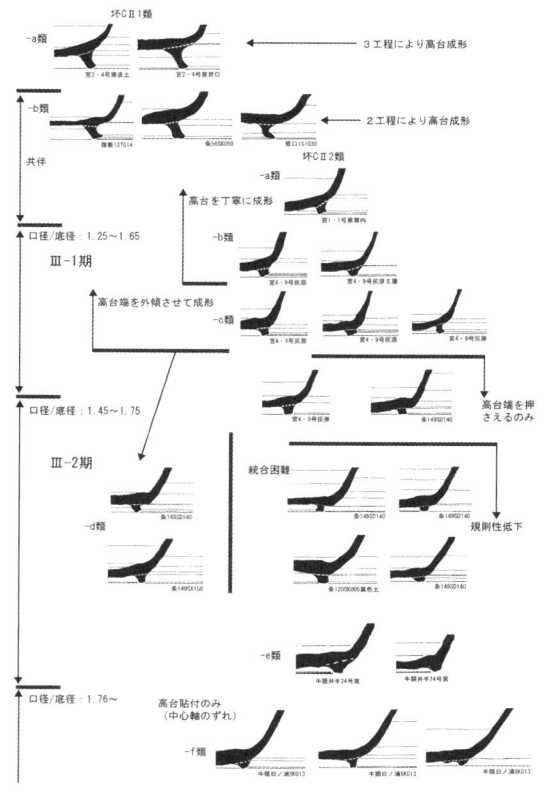

第7図　須恵器高台属性にみる変化
（中島 2005 より抽出改変）

第8図　須恵器蓋つまみ属性にみる変化
（中島 2005 より抽出改変）

ことが想定できる。また，大宰府官制整備期と連動することから，道路網，官衙など関係施設が整備された地域でもある。加えて，資料詳細が未報告であるものの，佐賀県三養基郡みやき町所在の野田遺跡や鷹取山遺跡では，筑後形ないしは肥後形の土器が濃い土器様相を持つ遺跡が存在し（佐賀県教委 1998, 2000），近接して奈良期における鉄生産を想定できる香田遺跡（佐賀県教委 1998）が展開するなど，鉄生産に徴発された筑後や肥後の人びとの存在が想定できる遺跡が多く確認できている。これらを合わせて考えると，律令体制の施設面・生産諸体制の整備に伴い，多くの地域から徴発された人々と，彼らを統括する官人層への給食制度整備に伴う食器供給の結果ではないかと考えられる。

一方で奈良期後半に至っては，在地伝統要素色が次第に薄れ，国家的要素が集落遺跡にまで浸透していく。その背景を単純化して考えることは容易ではないが，一つは回転台成形土師器の広範な「普及」の背景として想定される事象として，食器生産における広範な階層の導入を上げることができる（浅香 1971）。大宰府や周辺への須恵器の供給を行っていた牛頸窯跡群の動向について，奈良時代後半様相下において，各

須恵器蓋CⅠ・Ⅱの法量分布【生産遺跡】

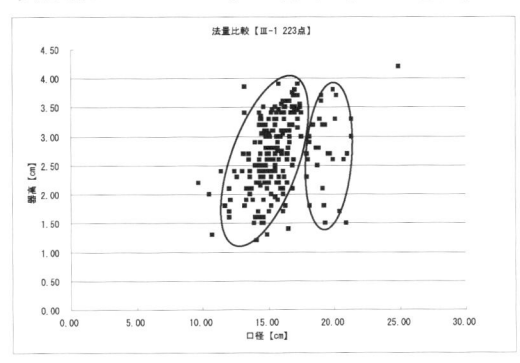

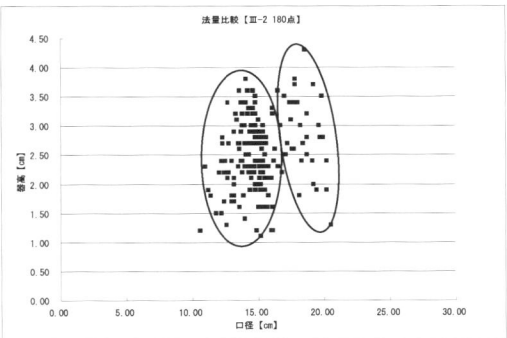

須恵器坏CⅡの法量分布【生産遺跡】

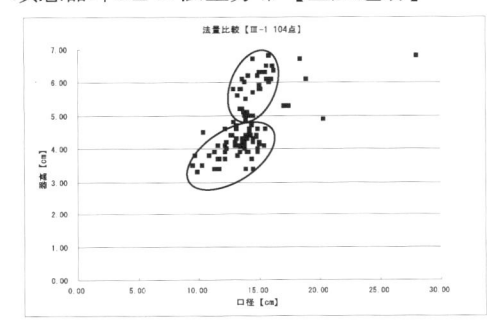

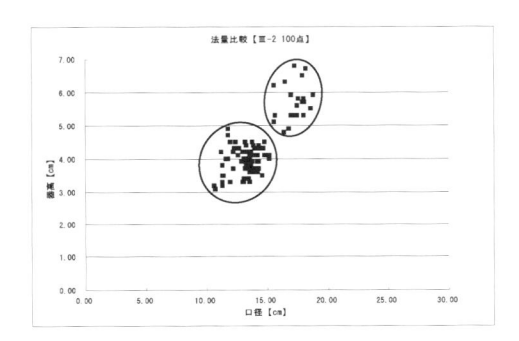

第9図　須恵器坏・蓋法量にみる分化傾向（中島 2005より抽出改変）

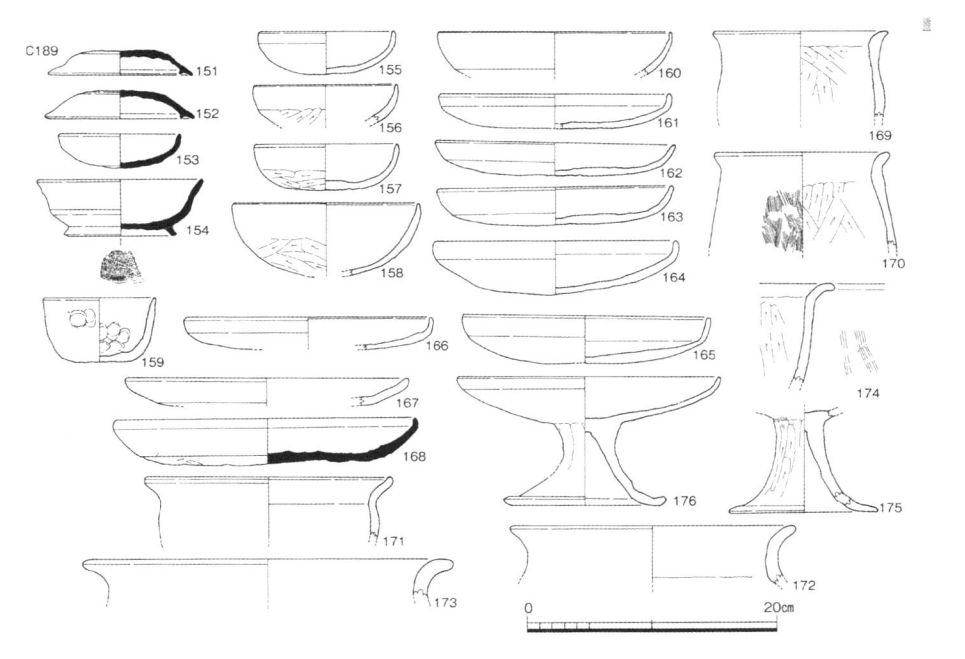

第10図　上岩田遺跡189号竪穴住居出土遺物（小郡市教委 2010より抽出改変）

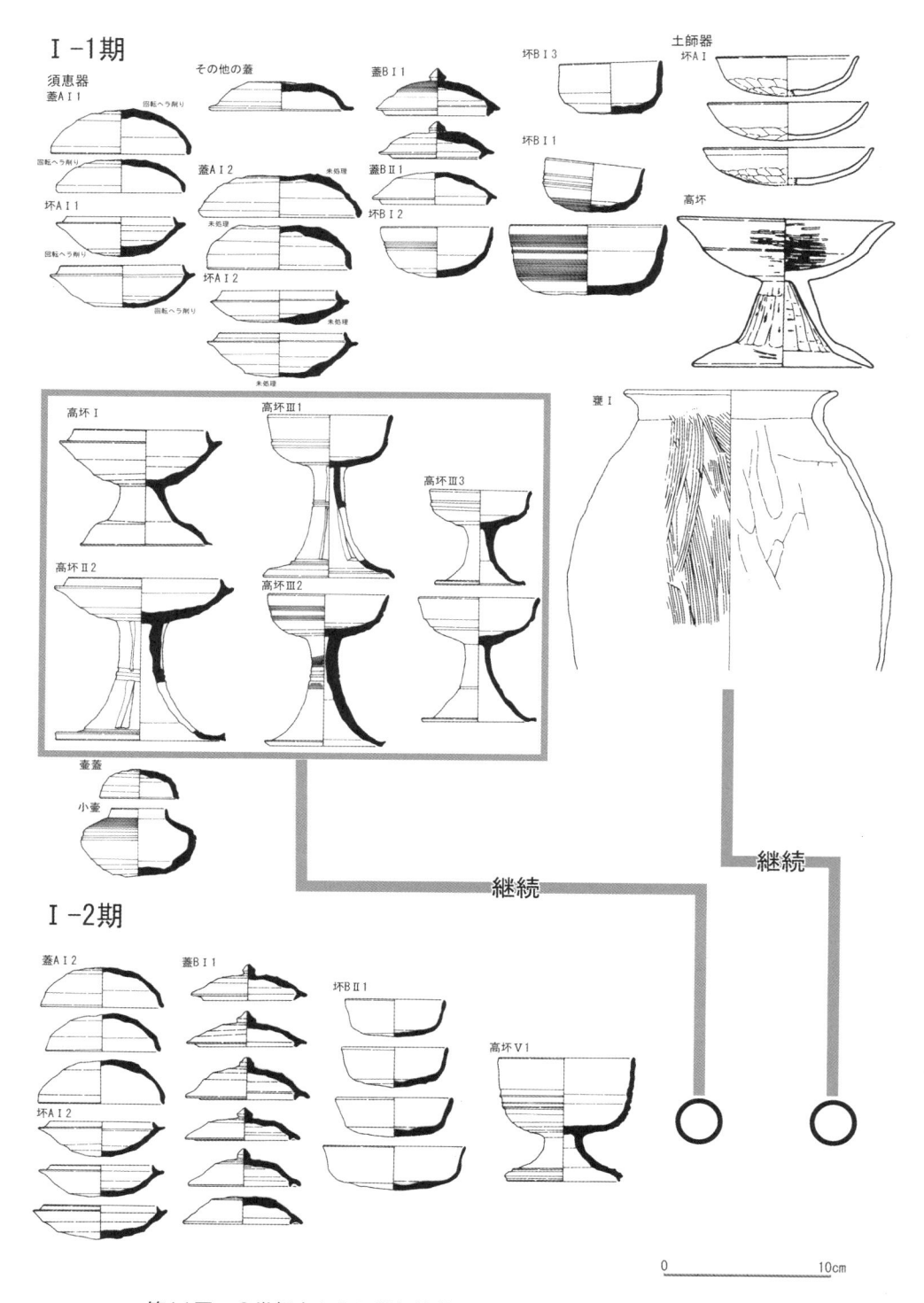

第11図　6世紀末から7世紀前葉の土器様相（中島 2015より抽出）

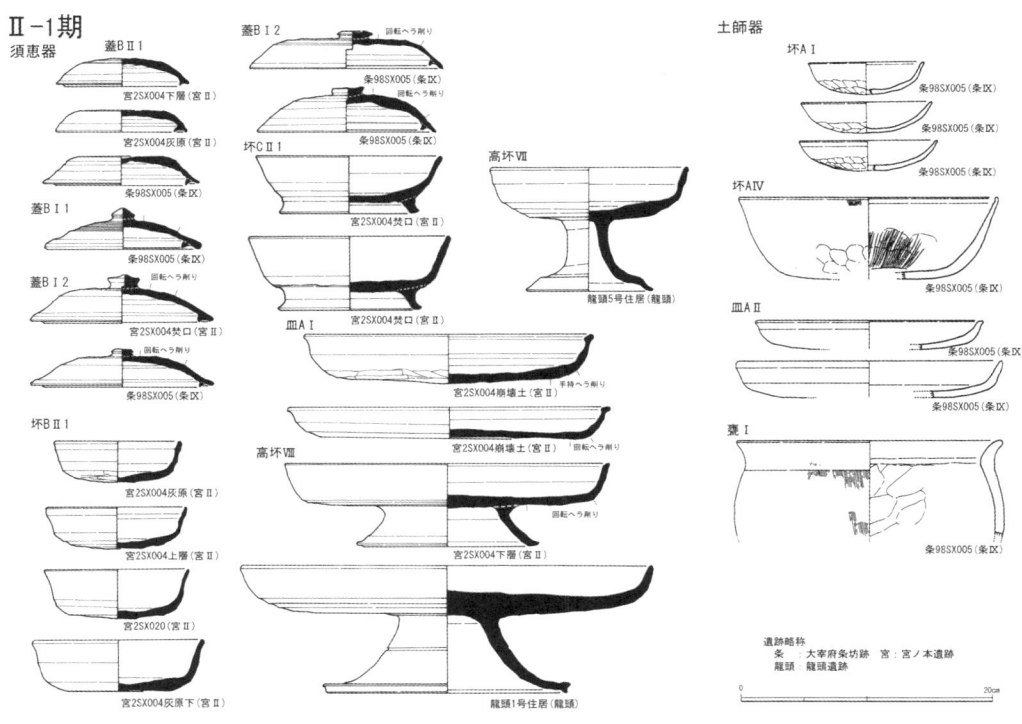

第12図　7世紀中葉の土器様相（中島 2015 より抽出）

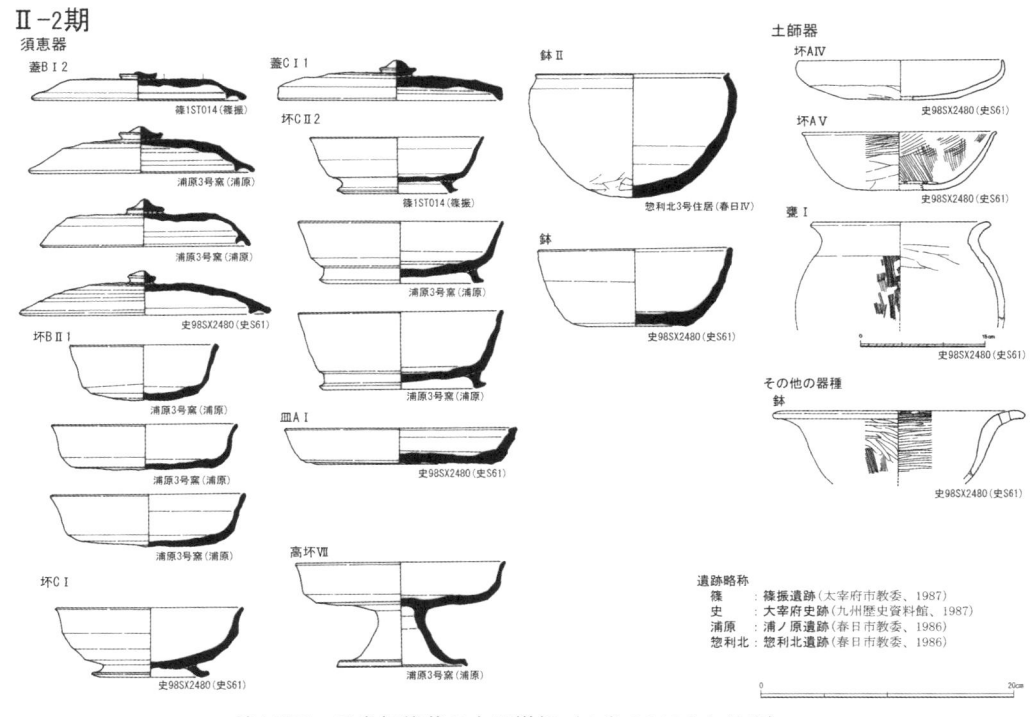

第13図　7世紀後葉の土器様相（中島 2015 より抽出）

種調整技法の省略化や低温度焼成，さらには操業自体の撤退という傾向把握が多くの先学者等によって指摘されている（大野城市教委 2008）。これまで，多くの先学等の解釈として，燃料材の不足，奈良期後半において新たに参入した輸入磁器や国産陶器である瓷器などによって牛頸窯跡群の終焉が理解されてきた。いわば外在的な要因として理解できる解釈であった。これまで本稿において分析してきた集落内での食器様相から見ると，一見，回転台成形の製品が集落内に浸透していった様が見てとれる。併せて，須恵器も前代である奈良期前半様相下から集落内に定着しており，供給と需要の関係からみると供給不足をきたす可能性が予想できる。にもかかわらず操業を終焉させた牛頸窯跡群の状況をみると，他に要因があるのではないかと疑問が生じる。この点を考えるために，筆者はかつて須恵器蓋ならびに坏の属性の時間変化ならびに法量分布の確認を行った（中島 2005）。結果として，第7～9図にみるように須恵器坏高台において奈良前期様相下では比較的まとまりがあったものが，奈良期後半様相下のものでは多様化する傾向が観察できた。一方蓋については，多様化していたつまみ属性が，単純化する。法量分布を観察すると，二種類に収束する坏に対し，口径は一定でありながら器高において拡散化傾向が蓋には観察できた。使用者が見ることが出来る部分，蓋であればつまみや天井部外面，口径といった箇所の統一感はあるものの，見えない部分としての坏高台の形状や器高については拡散化傾向にあることが読み取れる。

　これらを総合して考えると，奈良期前半には一定の系譜に基づく生産体制であったものが，奈良期後半には多様な人びとによる生産体制へと転換し，作業の画一化を図りつつ，使用者の目に触れない箇所については拡散化が生じたのではないかと考えられ，そのために経験が必要となる部分，例えば，仕上がりを考えた一定法量化や仕上げのための技術，高温度焼成技術が相対的に低下し，いずれは外在的な食器の受容に転換されていったのではないかと考えられた。これらの諸過程に動員された人々が，集落成員であったと想定し，食器生産へ動員されることにより，食器そのものの集落内への持ち込みや，直接製作に関わったことが想定できる。製品自体に地域差，集落差など狭空間における「個性」が確認できないことから，集落内における技術導入による個別生産は想定していない。

　次に課題2）については，第10図に示すように現在の福岡県小郡市に所在し上岩田遺跡をはじめとする飛鳥時代後葉に集落形成が始まる多くの遺跡で確認され，煮沸具という供膳の場に表面化しないものに在地伝統とは異なる要素が発現してきている。その背景として，食器が有する社会的階層を考察する必要があるが，食器の持つ器種階層については，飛鳥時代前葉に器種分化・法量分化を発現する供膳として配列する食器は，官僚制の発展を背景とした官人階層の多量出現と給食制度という特殊な生活形態を表現したものとして，律令（制）的土器様式として西弘海（1986）によって指摘されており，煮沸具よりは供膳に供される食器の方が，使用者の階層を表現する装置としてはより機能していたことが想定できる。このように考えた時，分析対象空間とした筑紫平野から佐賀平野にかけての飛鳥時代における土師器・須恵器の供膳形態の様相は，第11～13図に示したように，坏・皿・高坏など供膳に供する食器が安定

的に出土するものの，器種互換性を想定できる様相ではなく，成形技法自体の土師器と須恵器は，飛鳥時代様相下において未だ排他的であることから，在地首長層の主導下に生産工人たちは置かれていたものと考えられる。そのような社会的状況にありながら，煮炊きの場で使用される土師器甕の形式発現をどのように理解することができるのであろうか。今後，当該地域の土師器甕発現経緯を分析し，課題2の解決に結び付けていきたい。

6　おわりに

　大宰府・国府・郡家といった官衙関係遺跡の研究は，1970年以降大きく進展してきた。一方で，大多数を占め社会の基層をなす一般成員が造りだした生活痕跡に関する研究は，ここ九州内において低調であったことは否めない。筆者自身も，大宰府を舞台に様々な事象について考察を加えてきたが，こと集落遺跡については手を出すことがなかった。ここで，集落遺跡を取り上げた経緯は，九州本島内の古代土器の実見，ならびに南島における並行期の土器群を観察し，ひるがえって九州本島の土器を考え出したことによる。日本列島の北における「空白の7世紀」，南における「空白の8世紀」は何を物語っているのであろうか。国家的な施設に「偏重」する形で進められてきた飛鳥・奈良時代の土器研究の課題が，集落・郡家・国府・大宰府の実相を一面化して見せてしまっている。今後は，古墳時代研究成果を取り入れ，在地伝統的要素の抽出から，時間変化を真摯に観察し，在地伝統的要素と国家的要素の地域内関係，さらには，いくつか提言を行ってきたが（中島 2010a），日本古代の国家制度の受容者側の受け止め方を視野に入れた検討が急務であり，これらを進めることで，文献には記されない考古資料による日本古代史像を描き出せるものと考える。

　本稿によって明らかにできた事象は少ない。一方，奈良期の集落ほど平安期の集落を導き出せていないなど残された課題も多い。今後の研鑽に結び付けていきたい。

　本稿をまとめるにあたり，多くの方々よりご教示，御指導を賜った，以下に記し心より感謝申し上げます。

　小沢佳憲，太田睦，柏原孝俊，倉元慎平，主税英徳，細石朋希，無津呂健太郎

　最後に，田中良之先生には，九州大学において聴講生時代より気にかけていただいていた。理系出身という立場がまだ馴染みのない時だっただけに，言葉に表現できないほど感謝の念にたえない。その後，発掘調査を日常的にこなし，考古資料とは何か，それらに解釈を加える事の意味に悩んでいた時のこと，進学を考え溝口孝司先生を介して田中良之先生につき学ぶことを志願した。発掘技術より理論を学びたいと考えたことが主要因であった。いわば，社会人入学という活路をつくっていただいたのも田中先生であった。今の自らの立場を考える時，田中先生には多くのことを学ぶ機会を与えていただいた。ご逝去に接した時，恩返しできなくなった自らを恥じ入るしかできなかった。少しでも恩返しできるとすれば，「短兵急」にとおっしゃっていただいた博士論文の再提出と後進を育てることだと思う。ご冥福を心よりお祈りいたします。

■引用文献

荒井健治, 2002. 国府集落と国府所在郡の集落. ムラ研究の方法（畑大介 編）. pp.51-71. 山梨.
大町　健, 1986. 日本古代の国家と在地首長制. 校倉書房, 東京.
小田和利, 1996. 製塩土器からみた律令期集落の様相. 九州歴史資料館研究論集 21, 1-70. 福岡.
小郡市教育委員会, 2010. 上岩田遺跡Ⅱ, 福岡.
鬼頭清明, 1979. 律令国家と農民. 塙書房, 東京.
鬼頭清明, 1989. 郷・村・集落. 国立歴史民俗博物館研究報告 22, 1-20, 千葉.
小林昌二, 2000. 日本古代の村落と農民支配. 塙書房, 東京.
佐賀県教育委員会, 1998. 佐賀県農業基盤整備事業に係る文化財調査報告書 16. 52-55, 佐賀.
佐賀県教育委員会, 2000. 佐賀県農業基盤整備事業に係る文化財調査報告書 18. 52-53, 佐賀.
関　和彦, 1984. 風土記と古代社会. 塙書房, 東京.
関　和彦, 1991. 古代村落の再検討と村落首長. 歴史学研究 626. 27-35, 東京.
田中禎昭, 1995. 古代村落史研究の方法的課題. 歴史評論 538. 60-75, 東京.
直木孝次郎, 1965. 奈良時代史の諸問題. 塙書房, 東京.
中島恒次郎, 1997. 7世紀の食器－九州消費地－. 古代の土器研究－律令的土器様式の西・東5　7世紀の土器－. pp.128-143, 奈良.
中島恒次郎, 2005. 聖武朝の土器－九州（大宰府と周辺）－. 古代の土器研究－聖武朝の土器様式－. pp.137-162, 奈良.
中島恒次郎, 2006. 大宰府・国府・集落. 九州考古学 81, 21-39. 福岡.
中島恒次郎, 2010a. 薩摩・大隅・南島における古代中世の社会像構築にむけて. 鹿児島地域史研究 6, 48-36, 鹿児島.
中島恒次郎, 2010b. 城久遺跡群の日本古代中世における社会的位置. 古代末期・日本の境界（ヨーゼフ・クライナー他編）. pp.131-160. 東京.
中島恒次郎, 2015. 土器から考える遺跡の性格, 宮都・官衙と土器, pp.93-130, 奈良.
広瀬和雄, 1989. 畿内の古代集落. 国立歴史民俗博物館研究報告 22, pp.29-110. 千葉.
福岡県教育委員会, 1995. 九州横断自動車道関係埋蔵文化財調査報告 33, 福岡.
福岡県教育委員会, 1997. 九州横断自動車道関係埋蔵文化財調査報告 46, 福岡.
吉田　晶, 1980. 日本古代村落史序説. 塙書房, 東京.
吉田　孝, 1983. 律令国家と古代の社会. 岩波書店, 東京.

■第1・2表　作表文献

1: 福岡県教育委員会, 1994. 九州横断自動車道関係埋蔵文化財調査報告 31, 福岡　2: 福岡県教育委員会, 1990. 九州横断自動車道関係埋蔵文化財調査報告 17, 福岡　3: 福岡県教育委員会. 1997. 九州横断自動車道関係埋蔵文化財調査報告 46, 福岡　4: 福岡県教育委員会, 1998. 九州横断自動車道関係埋蔵文化財調査報告 51, 福岡　5: 福岡県教育委員会, 1992. 九州横断自動車道関係埋蔵文化財調査報告 22, 福岡　6: 福岡県教育委員会, 1992. 九州横断自動車道関係埋蔵文化財調査報告 24, 福岡　7: 福岡県教育委員会, 1994. 九州横断自動車道関係埋蔵文化財調査報告 28, 福岡　8: 福岡県教育委員会, 1994. 九州横断自動車道関係埋蔵文化財調査報告 32, 福岡　9: 福岡県教育委員会, 1995. 九州横断自動車道関係埋蔵文化財調査報告 33, 福岡　10: 福岡県教育委員会, 1997. 九州横断自動車道関係埋蔵文化財調査報告 47, 福岡　11: 福岡県教育委員会, 1999. 九州横断自動車道関係埋蔵文化財調査報告 55, 福岡　12: 福岡県教育委員会, 1995. 九州横断自動車道関係埋蔵文化財調査報告 36, 福岡　13: 福岡県教育委員会, 1998. 九州横断自動車道関係埋蔵文化財調査報告書 48, 福岡　14: 福岡県教育委員会, 1996. 九州横断自動車道

関係埋蔵文化財調査報告 39, 福岡　15: 福岡県教育委員会, 1988. 九州横断自動車道関係埋蔵文化財調査報告 13, 福岡　16: 福岡県教育委員会, 1996. 九州横断自動車道関係埋蔵文化財調査報告書 38, 福岡　17: 福岡県教育委員会, 1980. 干潟遺跡Ⅰ. 福岡県文化財調査報告書 59, 福岡　18: 小郡市教育委員会, 1994. 干潟城山遺跡Ⅰ. 小郡市埋蔵文化財調査報告書 90, 福岡　小郡市教育委員会, 1995. 干潟城山遺跡Ⅱ. 小郡市埋蔵文化財調査報告書 102, 福岡　19: 小郡市教育委員会, 1998. 干潟向畦ヶ浦遺跡. 小郡市埋蔵文化財調査報告書 119, 福岡　20: 小郡市教育委員会, 2001. 干潟猿山遺跡. 小郡市埋蔵文化財調査報告書 149, 福岡　21: 小郡市教育委員会, 1991. 横隈狐塚遺跡Ⅴ. 小郡市文化財調査報告書 70, 福岡　22: 福岡県教育委員会, 1988. 九州横断自動車道関係埋蔵文化財調査報告 15, 福岡　23: 小郡市教育委員会, 2005. 上岩田遺跡Ⅰ. 小郡市文化財調査報告書 200, 福岡　小郡市教育委員会, 2010. 上岩田遺跡Ⅱ. 小郡市文化財調査報告書 248, 福岡　24: 福岡県教育委員会, 1993. 九州横断自動車道関係埋蔵文化財調査報告 26, 福岡　25: 福岡県教育委員会, 2005. 堂畑遺跡Ⅲ. 浮羽バイパス関係埋蔵文化財調査報告 23, 福岡　26: 福岡県教育委員会, 2000. 仁右衛門畑遺跡Ⅰ. 浮羽バイパス関係埋蔵文化財調査報告 12, 福岡　27: 北野町教育委員会, 1995. 古賀ノ上遺跡 1. 北野町文化財調査報告書 2, 福岡　北野町教育委員会, 2001. 古賀ノ上遺跡 2. 北野町文化財調査報告書 14, 福岡　北野町教育委員会, 2004. 古賀ノ上遺跡 3. 北野町文化財調査報告書 19, 福岡　北野町教育委員会, 2004. 古賀ノ上遺跡 4. 北野町文化財調査報告書 20, 福岡　28: 福岡県教育委員会, 2006. 日詰遺跡Ⅲ　29: 佐賀県教育委員会, 2001. 柚比遺跡群 1. 佐賀県文化財調査報告書 148, 佐賀　佐賀県教育委員会, 2002. 柚比遺跡群 2. 佐賀県文化財調査報告書 150, 佐賀　佐賀県教育委員会, 2003. 柚比遺跡群 1. 佐賀県文化財調査報告書 155, 佐賀　30: 鳥栖市教育委員会, 1996. 牛原前田遺跡Ⅰ, 佐賀　鳥栖市教育委員会, 1996. 牛原前田遺跡Ⅱ, 佐賀　31: 鳥栖市教育委員会, 2000. 蔵上遺跡Ⅱ, 佐賀　32: 鳥栖市教育委員会, 1996. 柳の元遺跡. 鳥栖市文化財調査報告書 45, 佐賀　33: 鳥栖市教育委員会, 2001. 加藤田遺跡. 鳥栖市文化財調査報告書 64, 佐賀　34: 鳥栖市教育委員会, 1997. 立石地区遺跡群. 鳥栖市文化財調査報告書 53, 佐賀　35: 佐賀県教育委員会, 1987. 下石動遺跡. 九州横断自動車道関係埋蔵文化財発掘調査報告書（6）, 佐賀　36: 佐賀県教育委員会, 1992. 吉野ヶ里. 佐賀県文化財調査報告書 113, 佐賀　37: 神埼町教育委員会, 1995. 馬郡・竹原遺跡群 神埼町文化財調査報告書 45, 佐賀　38: 神埼町教育委員会, 2001. 馬郡遺跡Ⅲ区. 神埼町文化財調査報告書 70, 佐賀　神埼町教育委員会, 2002. 馬郡遺跡. 神埼町文化財調査報告書 73, 佐賀　39: 神埼町教育委員会, 1995. 塚原遺跡. 神埼町文化財調査報告書 44, 佐賀　40: 大和町教育委員会, 1997. 一本木遺跡. 大和町文化財調査報告書 44, 佐賀　41: 大和町教育委員会, 2004. 東古賀遺跡 1. 大和町文化財調査報告書 71, 佐賀　大和町教育委員会, 2005. 東古賀遺跡 3. 大和町文化財調査報告書 76, 佐賀　42: 大和町教育委員会, 1996. 北原遺跡・久池井二本松遺跡. 大和町文化財調査報告書 37, 佐賀　43: 佐賀県教育委員会, 1990. 座遺跡. 九州横断自動車道関係埋蔵文化財発掘調査報告書（11）, 佐賀　44: 佐賀市教育委員会, 1997. 徳永遺跡群Ⅰ. 佐賀市文化財調査報告書 86, 佐賀　佐賀市教育委員会, 2000. 徳永遺跡群Ⅲ. 佐賀市文化財調査報告書 118, 佐賀　佐賀市教育委員会, 2001. 徳永遺跡群Ⅳ. 佐賀市文化財調査報告書 124, 佐賀　佐賀市教育委員会, 2001. 徳永遺跡群Ⅴ. 佐賀市文化財調査報告書 125, 佐賀　佐賀市教育委員会, 2001. 徳永遺跡群Ⅵ. 佐賀市文化財調査報告書 127, 佐賀　佐賀市教育委員会, 2001. 徳永遺跡群Ⅶ. 佐賀市文化財調査報告書 128, 佐賀　佐賀市教育委員会, 2002. 徳永遺跡群Ⅸ. 佐賀市文化財調査報告書 137, 佐賀　佐賀市教育委員会, 2002. 徳永遺跡群Ⅹ. 佐賀市文化財調査報告書 138, 佐賀　佐賀市教育委員会, 2002. 徳永遺跡群ⅩⅠ. 佐賀市文化財調査報告書 139, 佐賀　佐賀市教育委員会, 2004. 徳永遺跡群ⅩⅡ. 佐賀市文化財調査報告書 143, 佐賀　佐賀市教育委員会, 2004. 徳永遺跡群ⅩⅢ. 佐賀市文化財調査報告書 144, 佐賀　佐賀市教育委員会, 2004. 徳永遺跡群ⅩⅣ. 佐賀市文化財調査報告書 145, 佐賀　佐賀市教育委員会, 2004. 徳永遺跡群ⅩⅤ. 佐賀市文化財調査報告書 147, 佐賀　佐賀市教育委員会, 1999. 上和泉遺跡11・13区. 佐賀市文化財調査報告書 98, 佐賀　佐賀市教育委員会, 1999. 上和泉遺跡Ⅰ.

佐賀市文化財調査報告書 107, 佐賀　佐賀市教育委員会, 2002. 上和泉遺跡Ⅱ. 佐賀市文化財調査報告書 135, 佐賀　佐賀市教育委員会, 2004. 上和泉遺跡Ⅲ. 佐賀市文化財調査報告書 146, 佐賀　45: 佐賀市教育委員会, 2005. 神野二本松遺跡　-2区の調査-. 佐賀市文化財調査報告書 160, 佐賀　佐賀市教育委員会, 2008. 神野二本松遺跡2 -3区の調査-. 佐賀市埋蔵文化財調査報告書 22, 佐賀

国分寺造営の造瓦の様相に関する試論

― 豊前国分寺を例に ―

九州大学比較社会文化学府　早川和賀子

要旨

　これまで，国分寺造営の実態把握について，当該時期の国家事業に対する各地の対応の在り方から検討が行われてきた。その中でも，残存資料数が多く，当時の手工業の在り方を顕著に示す瓦生産の様相がいかに復元されるかが，一つの課題である。本稿で扱う豊前国が位置する西海道は，大宰府が設置されたことから，各地の国分寺造営に対して大宰府の関与がどの程度あり，各地がどのように対応したのかが議論となっている。本稿では，豊前国分寺創建時の瓦の製作技法を，製作工程を考慮した属性に着目して復元し，豊前国内外の資料と比較することで，その成立過程について検討した。その結果，官的繋がりの中で在地の製品を利用しつつ，大宰府などの他地域から新たな製作技法も取り入れて瓦生産を行っている様相がみられた。そして，その背景には，造寺事情や，仏教受容の地域差，窯業生産の定着度など，国内の諸事情が想定される。

キーワード：瓦，国分寺，製作技法，豊前，西海道

1　はじめに

　本稿の目的は，国分寺を造営する際に瓦生産がどのように行われたのかを検討することである。この時期の国家事業に地方がどのように対応したのかを明らかにすることで，それを可能にした背景の一端について言及したい。

　天平13 (741) 年の聖武天皇による国分寺建立の詔以後，各国に造営された官寺が国分寺である。国分寺造営の実態をどのように評価するかで，この時期の地方統制の状況を捉えることが可能となる。この議論において，国分寺創建時の瓦生産の様相をどのように評価するかが一つの課題である。本稿で扱う豊前国は，国分寺に先行する寺院が多く，朝鮮半島系をはじめとする多系統の瓦が多く出土する地域である。このように既存の造瓦技術が存在する豊前では，国分寺造営時に，国内既存の工人や製品を利用したと指摘されているが（梶原2000），一方で大宰府からの影響も指摘されている（亀田1982）。ここでは，豊前国分寺創建瓦の成立過程を復元することで，それぞれの影響の内容がどのようなものであったのかを検討する。

2　研究の現状と課題

　瓦研究では，特定の瓦当文様の分布を検討して，その歴史的背景について論じる方法がとられてきた（八賀1973；鬼頭1977）。国分寺造営の瓦生産についても同様で，平城宮・京で使用された瓦の瓦当文様と類似した文様が地方の国分寺でみられることから，中央から直接，経済的・技術的支援が行われたと指摘された（森1974）。一方で，国分寺造営が国別の事情により多様であったとも示唆されており，その根拠の一つに，平城宮系瓦以外に国分寺に先行する寺院で使用されたような古い様相を呈する文様をもつ瓦や，中央や先行寺院とは類似しない文様をもつ瓦が出土する国分寺があることが挙げられている（八賀1978）。そのなかで中央 - 地方間で類似文様をもつ瓦については，厳密に製作技法を比較した結果，平城宮から直接技術援助が行われた例は皆無であったと指摘されている（山崎1994）。また，国分寺瓦でみられる平城宮・京の文様は，国分寺段階ではなくその前段階に国分寺先行寺院に導入されたものが，国分寺造営時に間接的に導入されたものであり，国分寺瓦は基本的に各国既存の製品・技術・工人を用いて組織再編を行い生産されたと指摘されている（梶原2000, 2009, 他）。ただ，国分寺造営時に地方へ新たに導入される技術の存在など，各国既存の技術利用や工人の再編のみでは説明ができない現象もみられるため（梶原2008；栗原1990, 1999；他），中央の影響の内容や地方での工人再編の内容がどのようなものであったのかを明らかにする必要がある。

　本稿で対象とする豊前が位置する西海道では，朝鮮半島や畿内でみられる瓦当文様と類似した瓦や，観世音寺・大宰府政庁で主に使用された「大宰府系瓦」の影響を受けた瓦が広くみら

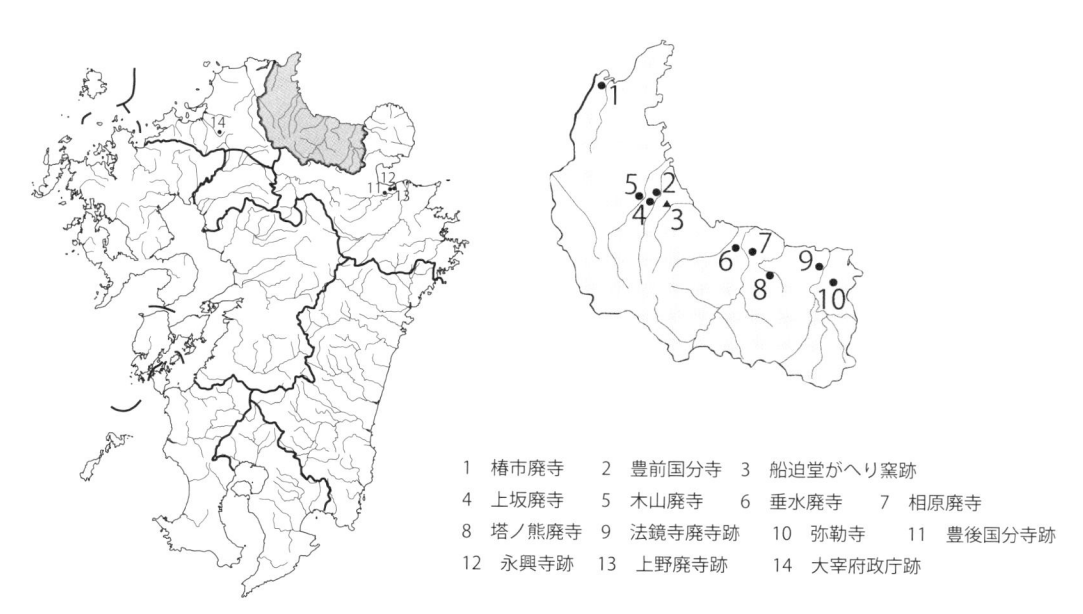

1　椿市廃寺　　2　豊前国分寺　　3　船迫堂がへり窯跡
4　上坂廃寺　　5　木山廃寺　　6　垂水廃寺　　7　相原廃寺
8　塔ノ熊廃寺　9　法鏡寺廃寺跡　10　弥勒寺　11　豊後国分寺跡
12　永興寺跡　13　上野廃寺跡　14　大宰府政庁跡

第1図　豊前主要古代寺院ならびに比較資料遺跡位置図

れる。特に,「大宰府系瓦」の評価は国分寺造営の議論と関連する。大宰府系瓦の影響を受けた瓦が西海道国分寺で出土することから,国分寺造営時に九州各地へ普及し,大宰府文化圏を形成したと評価されてきた（小田1966a）。これに対して,各国で大宰府系瓦の影響がみられるのはあくまで国分寺以前であり,国分寺でみられるのは国分寺造営時の瓦生産を各国既存の製品利用や工人再編により対応した結果であるとの指摘もある（梶原2000）。

　本稿で扱う豊前は,西海道の中でも出土瓦の文様系統が多岐にわたる地域である。その中で豊前国分寺出土瓦を整理した亀田修一は,軒丸瓦の文様を5種,軒平瓦を3種に分類し,各瓦について検討している。その中で,氏が老司系軒丸瓦と称する資料（本稿での豊前国分寺軒丸瓦Ⅳ,氏の言う老司系軒丸瓦Ⅱ式）については,椿市廃寺出土の資料（氏の言う老司系軒丸瓦Ⅰ式）に大宰府の影響が加わって成立したとしている。また,鴻臚館系軒丸瓦（本稿での豊前国分寺軒丸瓦Ⅲ）については,文様の詳細な検討より,法鏡寺廃寺・弥勒寺・小倉池廃寺などの宇佐で出土している複弁七葉軒丸瓦と類似性が高いことから,どちらかの文様を参考にもう一方の范型を作ったと想定している[1]。このことから,国分寺創建時に新たに強く大宰府の影響が入ったと想定して,国家（大宰府）の指導,援助の一つのあらわれと指摘する一方で,豊前各郡からも瓦工が招集されたと述べている（亀田1982）。ただ,国分寺出土瓦の文様の種類からは,その影響の内容までは不明である。そのため,各資料の成立過程について詳細に検討する必要がある。

　国分寺所要瓦はその出土量から推定されてはいたが,梶原義実は国分寺内での各型式の出土比率を提示し,3種の主要瓦の組み合わせを述べている。最も多数を占めるのは①鴻臚館系軒丸瓦と法隆寺系軒平瓦,次に多い②老司系軒丸瓦,少数の③百済系瓦である。①は文様的に宇佐郡系の瓦の系譜をひき,国分寺出土平瓦が一枚作りであることも宇佐郡の特徴と共通する一方で,軒平瓦の製作技法は上坂廃寺の老司系瓦と近いため,複数系統の工人を再編しているとしている。また,②は上坂廃寺のものと胎土・焼成・製作技法が同様であるから上坂廃寺からの製品供給と位置づけ,③についても少数で文様も古い様相であるため他遺跡使用のものの流用と位置づけている（梶原2000,2009）。

　以上のように,これまでの研究の状況を概観したが,そこから提示される課題を整理する。まず豊前国分寺跡出土瓦のうち,創建時に主に使用された瓦のセットについては,大凡共通見解が得られている。一つは,鴻臚館式軒丸瓦と法隆寺式軒平瓦のセット（①）,もう一つは老司系軒瓦（②）である。①の軒丸瓦・軒平瓦の瓦当文様の系譜については,宇佐との類似性が指摘されているが,その製作技法については十分な検討がなされていない。また,②については上坂廃寺出土瓦と同范であり,製作技法,胎土,焼成の類似まで指摘されている。しかし,一部の類似属性のみ指摘しているため,製作工程に基づいて属性を整理し,製作技法面でどのような影響があるのかを整理する必要がある。

3 資料と方法

本稿では，先述の通り，西海道の国分寺の中でも豊前国分寺を中心に検討する。瓦の分析から豊前国分寺創建瓦の製作技法を復元し，近隣の豊前国内外出土の資料と比較することで，その成立過程について検討する。

3-1 資料

対象資料は，豊前国分寺出土の軒瓦である。また，比較資料として第1図の遺跡出土の軒瓦を扱う。今回は，実見資料に限る[2]。以下，各遺跡の概要，及び扱う資料について述べる。

豊前国分寺創建瓦について

豊前国分寺で出土する瓦は，軒丸瓦は5種類，軒平瓦は5種類である（亀田1982；末永編1995；第2図[3]）。瓦当文様と出土点数，また堂がへり窯跡からの出土状況より，軒瓦のセットと使用時期が推定されている。最も出土点数が多いセットは，軒丸瓦Ⅲ（61%）・軒平瓦ⅳ（76%）で8世紀後半，次に多いセットは軒丸瓦Ⅳ（28%）・軒平瓦ⅱ（11%）で

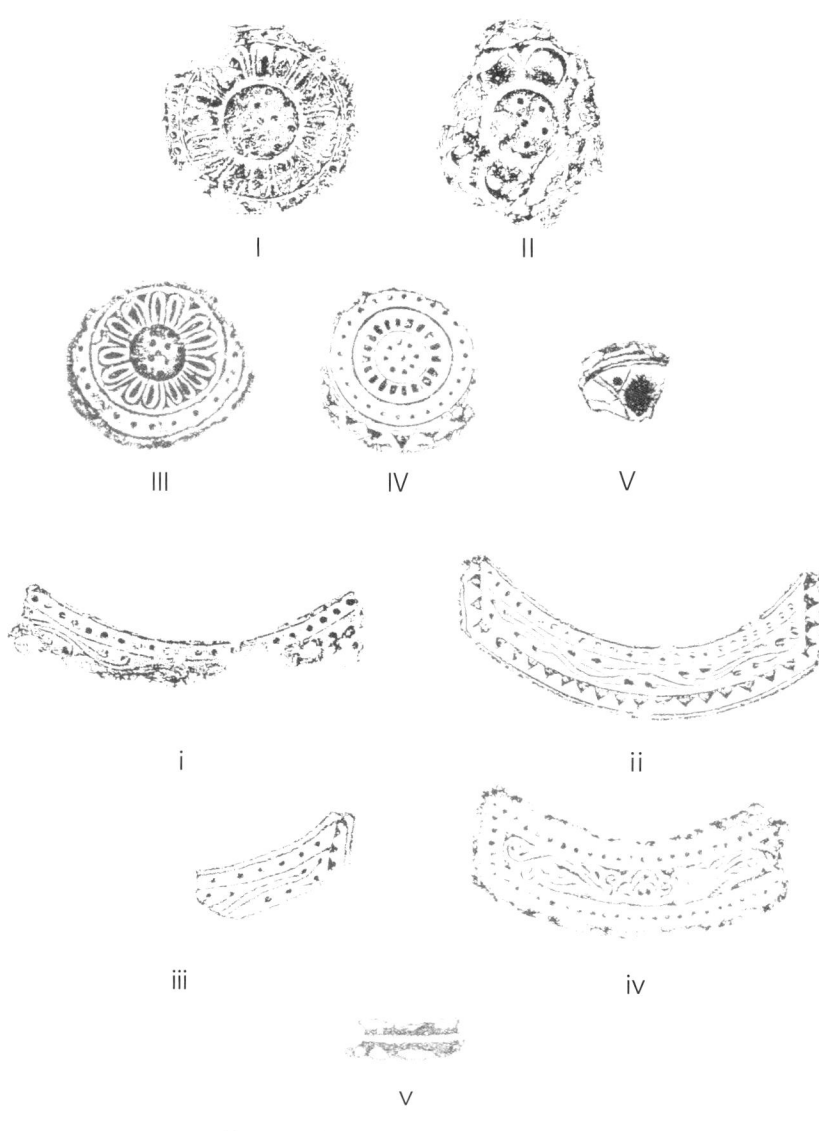

第2図　豊前国分寺跡出土瓦型式一覧

あり8世紀中葉に比定されている（末永1995）。以上より，この2セットが豊前国分寺創建期に主に使用された瓦と考えられることから，分析ではこの2セット4種類の瓦の製作技法について検討する[4]。ここでは，各瓦の文様について，先行研究で指摘されていることを再度整理する。

軒丸瓦Ⅲ：先行研究で鴻臚館系とされているものである。亀田により，法鏡寺廃寺跡や弥勒寺跡出土例など宇佐との高い類似性が指摘されている（亀田1982，1987）。亀田によるとこれら宇佐出土例と豊前国分寺例の前後関係については不明であるが，どちらかがもう一方を基準にして范型を製作したと想定されている。

軒平瓦ⅳ：法隆寺系とされているものである。西海道出土の法隆寺系軒平瓦については小田により整理され（第3図），その後亀田により豊前国分寺出土例は弥勒寺出土のⅦ式との関連で成立したと指摘されている（亀田1982）。

軒丸瓦Ⅳ：亀田により，老司系と称されている瓦である。亀田の豊前国分寺出土の老司系瓦の整理によると，椿市廃寺出土の平城宮6284F型式同范瓦から，その彫直しの豊前老司系Ⅰ式，そして派生した豊前老司系Ⅱ式という変遷が挙げられ，軒丸瓦Ⅳはこの豊前老司系Ⅱ式に相当する（第4図）。亀田は，国分寺ないし国府の造営に際して，椿市廃寺例（豊前老司系Ⅰ式）に大宰府瓦の影響が入り，新しく創出されたと想定している（亀田1982）。その一方で，

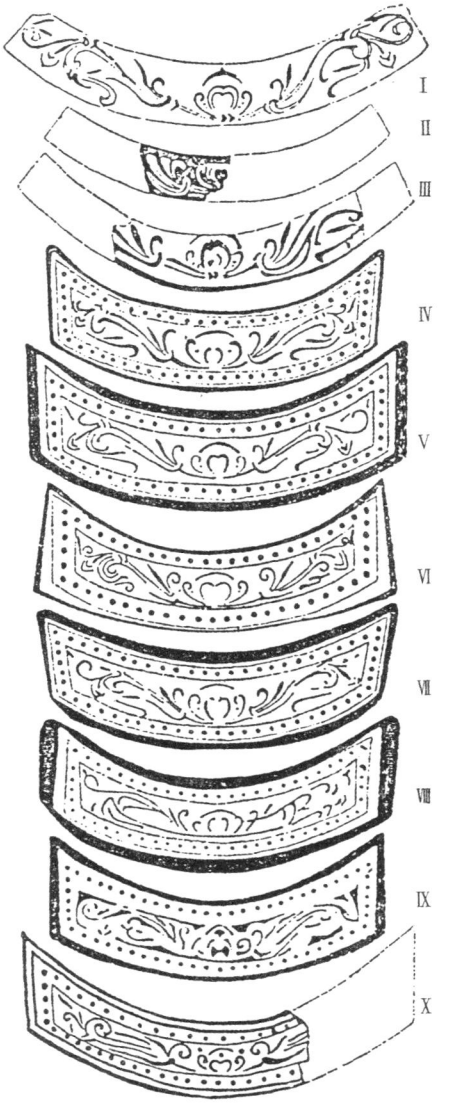

第3図　法隆寺系軒平瓦

豊前老司系Ⅰ式と豊前老司系Ⅱ式の瓦当裏面に，豊前の他資料には見られない技法（布目痕）がみられることを特徴として挙げている。さらに，この技法は九州の瓦では一般的ではないが，大宰府の老司Ⅱ式軒丸瓦にみられることを指摘し，Ⅰ式が老司式軒丸瓦の影響下にある証左である可能性を指摘している（亀田1987，2008）。

軒平瓦ⅱ：老司系瓦である。豊前における老司系の軒平瓦は亀田により整理され，4型式が提示されており，亀田のⅠ式にあたる。老司系軒平瓦は上坂廃寺で最も多型式が出土していることから，上坂廃寺を中心に展開したと指摘されている（第5図）。

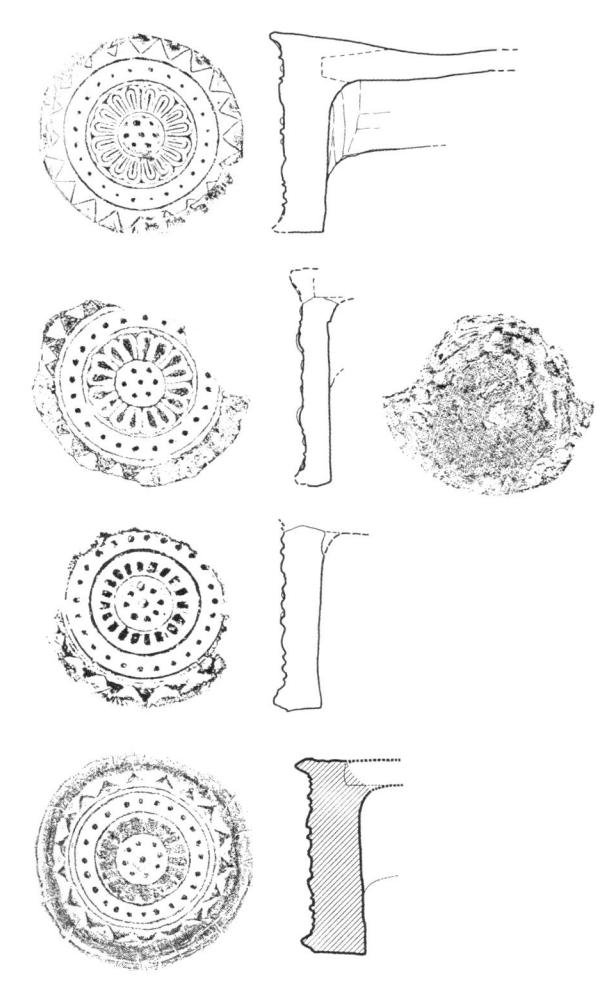

第4図　豊前出土6284型式同笵瓦と老司系軒丸瓦
（上から6284F型式同笵瓦，老司系Ⅰ式，老司系Ⅱ，老司系Ⅲ式）

堂がへり窯跡群

　豊前国分寺所用窯の一つと考えられている窯跡群。4基の窯跡が見つかっており，そのうち1号・2号窯跡で豊前国分寺出土の最多型式のセット瓦（鴻臚館系軒丸瓦－法隆寺系軒平瓦）が出土している。地磁気年代からいずれも8世紀後半と推定されている（高尾編1997）。ここでは，このセット瓦を対象とする。

上坂廃寺

　豊前国分寺の南約1.5kmの祓川西岸に位置する。塔心礎のみが残り，法起寺式といわれているが明確な伽藍配置は不明である。出土瓦に豊前国分寺の主要瓦の一セット（軒丸瓦Ⅳ・軒平瓦ⅱ）と同笵瓦がみられる。またそれと同系統他型式の瓦も出土しており，それ以外に，これらに先行する時期に推定されている百済系瓦や文様が退化した瓦もみられることから，7世紀末〜9世紀前半頃に比定されている（酒井・高橋1984）。本稿では，豊前国分寺主要瓦セットとの同笵瓦並びに，同系統他型式の瓦を対象とする。

塔ノ熊廃寺

　全体が削平されており，伽藍などの詳細は不明。垂水廃寺所用瓦と非常に類似する瓦が多数出土し，軒平瓦は出土していない。本稿では，当該軒丸瓦を対象とする（第6図）。須恵器や瓦などの出土遺物より，寺院の創建年代は8世紀前半代に推定されている（平田編2006）。

弥勒寺

　宇佐八幡宮の神宮寺である。『永弘文書一（二三八号）』，『続日本紀』，『石清水文書之二（四〇三号）』の文献記録より，天平10年（738）から講堂・金堂を造営し，神護景雲元年（767）に造営が終了したとされる（賀川1957）。本遺跡で出土する瓦の型式は非常に多様であるが，先行研究で国分寺出土瓦と文様の類似関係が指摘されている鴻臚館系軒丸瓦2型式，法隆寺系軒平瓦1型式，国分寺造営期に近いと想定される鴻臚館系軒平瓦1型式を対象とする。

法鏡寺廃寺跡

　法隆寺式の伽藍配置が想定されていた遺跡であるが，発掘調査の結果，詳細は不明である。軒丸瓦は百済系単弁八葉軒丸瓦が多く，弧文縁複弁六葉軒丸瓦，珠文縁複弁七葉軒丸瓦，面違鋸歯文縁複弁軒丸瓦，軒平瓦は，法隆寺系忍冬唐草文軒平瓦2種類（小田の言うⅠ式とⅩ式，小田1958，1977），均正唐草文軒平瓦，老司系軒平瓦が出土している。本稿では，百済系軒丸瓦・面違鋸歯文縁複弁軒丸瓦，均整唐草文軒平瓦以外の資料を対象とする[5]（第7図）。

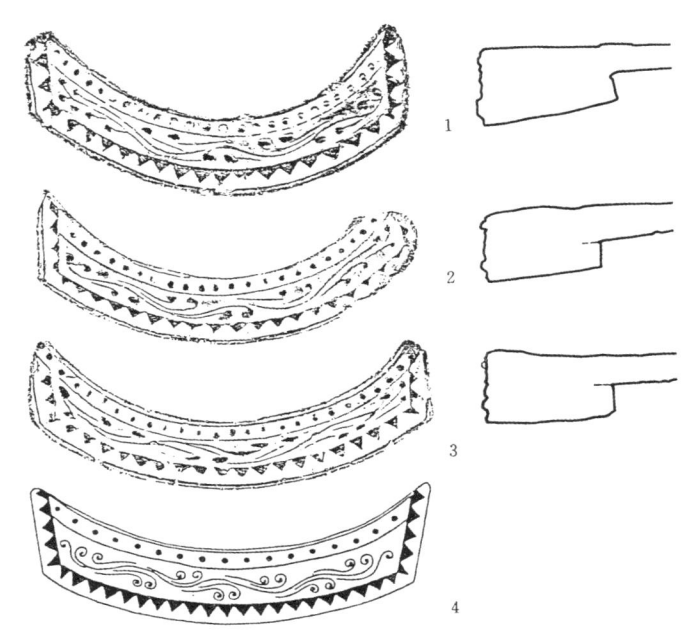

1 豊前国分寺（Ⅰ式）2 上坂廃寺（Ⅱ式）3 上坂廃寺（Ⅲ式）4 Ⅳ式

第5図　豊前出土老司系軒平瓦

豊後国分寺跡（第8図）

　大分市国府に所在し，小田により西海道内の他の国分寺と同様746〜756年までに主要堂宇が完成したと考えられている（小田1963）。出土瓦は軒丸瓦Ⅰ〜Ⅸ類で，Ⅳ類はaとbに細分されている。軒平瓦はⅠ〜Ⅱ類で，Ⅰ類は3種類に分類されている。瓦当文様と製作技法より，軒丸瓦Ⅴ〜Ⅸ類と軒平瓦Ⅱ類は平安時代以降に下るものと考えられており，本項では軒丸瓦Ⅰ〜Ⅳ類，軒平瓦Ⅰ類を対象とする。

永興寺跡・上野廃寺跡

　『豊後国風土記』に記載されている「僧寺・尼寺」の可能性が指摘されている遺跡で，豊後国分寺に先行する寺院跡と考えられている。豊後国分寺出土瓦のうち最古型式軒丸瓦との同范瓦や老司系軒平瓦が出土する。本稿では豊後国分寺跡出土軒丸瓦との同范軒丸瓦と，老司系軒平瓦を対象とする（第8図）。

3-2　方法

　本稿では，軒丸瓦・軒平瓦別に下記の手順で検討する。
① 豊前国分寺創建瓦の製作技法を復元
② 豊前国内・外の資料と比較する

　製作技法については，製作工程を考慮して各工程でみられる属性に着目し，各属性の組み合わせから豊前国分寺創建瓦の製作技法の傾向を提示する。ここでは，各属性の中でも全

第6図　塔ノ熊廃寺出土軒丸瓦

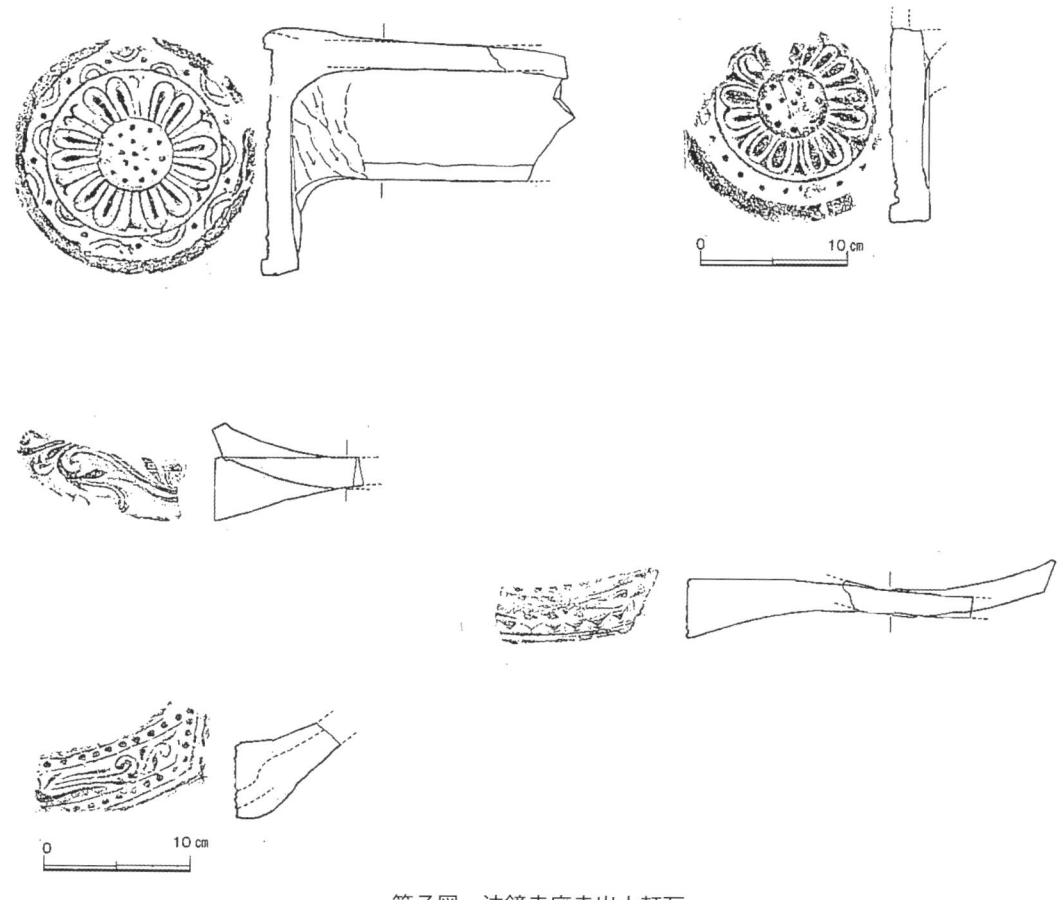

第7図　法鏡寺廃寺出土軒瓦

体の形を決定するような成形技法に重点を置く（早川2012）。軒丸瓦，軒平瓦それぞれの具体的に扱う属性については，各分析前に述べる。

4　分析（第9図）

4-1　軒丸瓦

　軒丸瓦には，瓦当と丸瓦を別々に作り接合する「印籠つぎ法」・「接着法」や瓦当に半裁前の筒状丸瓦をつけてあとで余分な部分を切り取る「嵌め込み式法」，一連の粘土で瓦当から丸瓦をつくる「一本作り法」などいくつかの製作方法がある（稲垣1970）。本発表で扱う資料はすべて，この「印籠つぎ法」にあたり，瓦当と丸瓦を別々に作り，接合して支持土を付加して完成させる方法である。瓦当と丸瓦の接合では，作り手によって様々な工夫が施されることもあり，その方法にはヴァリエーションがある。接合部は外見からは見えない部分であり，接合方法の異同から技術情報や造瓦集団の移動についてアプローチするのに有効な属性である（佐川2002；亀田1981；菱田1986；花谷1993；大脇1994；上原1996, 2003；近江1998, 2007；早川

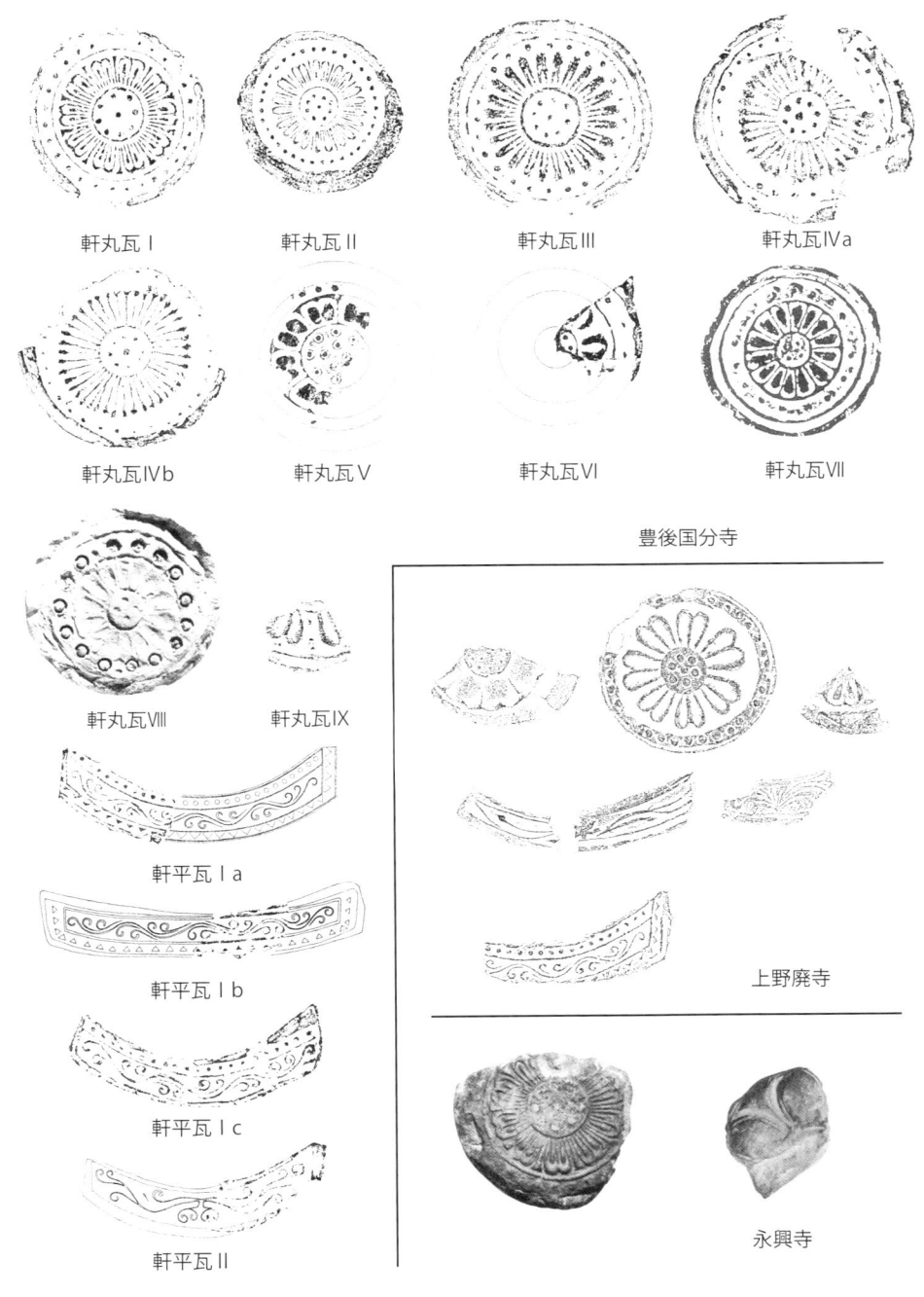

軒丸瓦Ⅰ　軒丸瓦Ⅱ　軒丸瓦Ⅲ　軒丸瓦Ⅳa

軒丸瓦Ⅳb　軒丸瓦Ⅴ　軒丸瓦Ⅵ　軒丸瓦Ⅶ

軒丸瓦Ⅷ　軒丸瓦Ⅸ

軒平瓦Ⅰa

軒平瓦Ⅰb

軒平瓦Ⅰc

軒平瓦Ⅱ

豊後国分寺

上野廃寺

永興寺

第8図　豊後軒瓦型式一覧

2012)。したがって，本発表でもこの属性に重点をおき，調整技法もあわせてみることで，豊前国分寺跡出土軒丸瓦の製作技法を復元する（第10図）。調整技法については，瓦当と丸瓦を接合した後に支持土を付加したり表面をナデるなど，完成に至るまでの調製方法をみていく。

具体的な観察箇所は，第11図のように瓦当側面（上半・下半），瓦当裏面接合部，瓦当裏面である。但し，完形資料は少ないため，全ての属性を観察し得た資料は少ないことを断っておく。

4-1-1　豊前国分寺創建瓦の製作技法

ここでは，豊前国分寺創建時に最も使用された軒丸瓦ⅢとⅣについて，それぞれ型式ごとに製作技法を復元する。まず，観察の結果，軒丸瓦Ⅲの製作工程は次のようであった。

1，瓦笵に文様表出分の粘土を詰めて，丸瓦接合部を等間隔に抉る
2，先端面にキザミを施した丸瓦を，丸瓦接合部に置く
3，丸瓦凹面側に，第二次瓦当粘土を付加する
4，接合粘土を付加して調整し，カキ目状工具で瓦当裏面を調整する

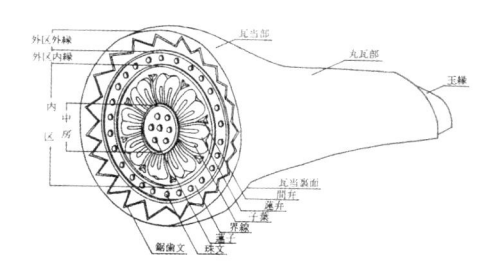

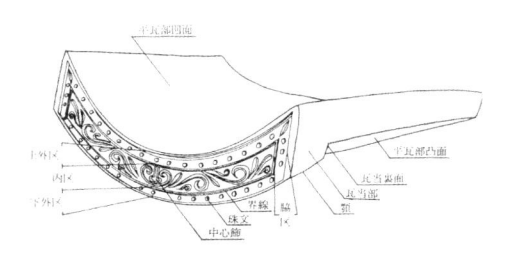

第9図　対象資料部位名称

軒丸瓦Ⅲの接合方法は，上記のように，瓦当裏面の丸瓦接合部を等間隔に抉り，そこに，先端面にキザミを施した丸瓦を置く方法である。瓦当側面はカキ目状工具で瓦当側面に沿って調整しており，瓦当裏面はカキ目状工具で縦方向に調整するものと横ナデを施すものがある。瓦当裏面の接合部は，接合ラインに沿って横方向にナデている。

次に軒丸瓦Ⅳの製作工程は次のようになる。

1，瓦笵に文様表出分の粘土を詰めて，丸瓦接合部に横方向に連続的に溝を設置
2，先端未加工の丸瓦を，丸瓦接合部に置く
3，先端凹面側に，第二次瓦当粘土を付加する。その際，指オサエして粘土を丸瓦に密着させる。瓦当裏面は粘土の上に布を置いて押圧する
4，接合粘土を付加して調整し，丸瓦接合を終了する。瓦当裏面下端は縁に沿って削る（布目痕をナデ消すものもある）

軒丸瓦Ⅳの接合方法は，上記のように，瓦当裏面の丸瓦接合部に横方向に連続的に溝を設置し，先端未加工の丸瓦を丸瓦接合部に置く方法である。瓦当面のギリギリまで溝を設けているため，多くの資料はこの丸瓦接合部の部分で割れている。そのため，瓦当側面上半の調製は不明である。瓦当側面下半は瓦当面に対して垂直であり，枷枠が使用された可能性が高い。これは亀田が指摘する内容を追認するものである。瓦当裏面調整は布を置いて押圧したのちに布目痕をナデ消す資料が大半である。瓦当裏面接合部は，接合ラインに沿って横方向にナデが施されている。

以上のように，軒丸瓦Ⅲと軒丸瓦Ⅳでは，成形技法から調整技法まで，多くの属性で全く異なる傾向がみられた。

第10図　軒丸瓦製作工程と属性

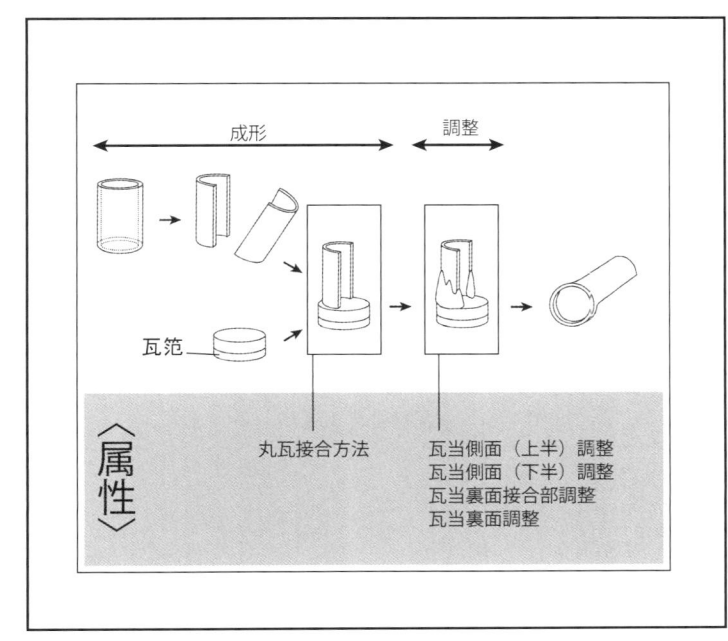

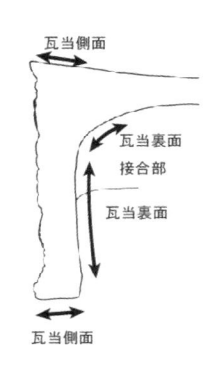

第11図　軒丸瓦調整部位
　　　　検討部位

4-1-2　豊前国内・外資料との比較

　本節では，前節で復元した豊前Ⅲと豊前Ⅳの製作技法の成立過程がどのようなものであるのかを検討するために，豊前国内・外の各遺跡出土軒丸瓦と比較する。比較するにあたって，属性のなかでも製作技法の影響関係を論じるうえで重要と思われる丸瓦接合方法に着目する。接合方法を検討することで，豊前国分寺瓦と類似する例が豊前国内・外にあるかを検討する。

接合方法の分類

　先述の豊前軒丸瓦Ⅲ・Ⅳも含めて，本節で扱う資料でみられる丸瓦接合方法を分類する。本資料では，8つの接合方法がみられた（第12図）。

A　瓦笵に文様表出分の粘土を詰め，接合部を等間隔に抉る＋丸瓦先端面にキザミを施す
B　瓦笵に文様表出分の粘土を詰め，丸瓦接合部に横方向に連続的に溝を設置
C　瓦笵に文様表出分の粘土を詰め，丸瓦を置く
D　瓦当裏面の丸瓦接合部に工具で溝を施す
E　瓦当裏面の丸瓦接合部に指頭で溝を施す
F　瓦当裏面の丸瓦接合部に縦・横方向のキザミを施す
G　瓦当裏面の丸瓦接合部に丸瓦を置く
H　丸瓦の先端が周縁の一部を成す

他遺跡出土瓦との比較（第1表）

　先述の豊前軒丸瓦Ⅲの丸瓦接合方法はA，豊前ⅣはBにあたる。豊前国分寺推定所要窯の堂がへり窯跡出土資料は豊前Ⅲと同笵であり，丸瓦接合方法も同じAであった。上坂廃寺出土資

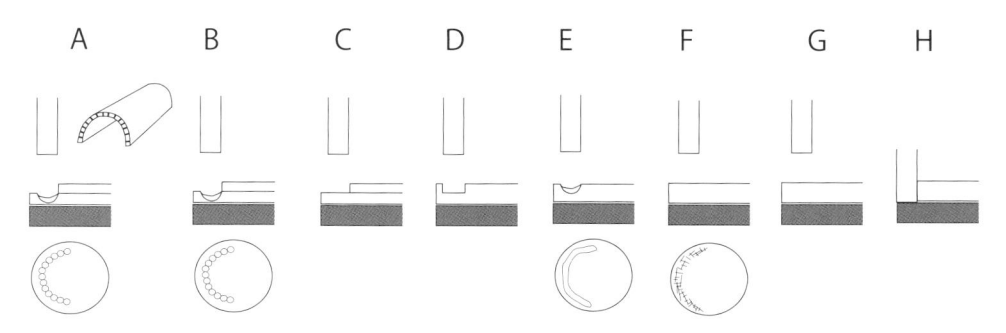

第12図　丸瓦接合方法パターン

料は，豊前IVと同笵であり，こちらも接合方法が共通する。その他，豊前国内では，塔ノ熊廃寺や弥勒寺の資料がみられるが，豊前国分寺出土瓦とは異なる。弥勒寺出土の鴻臚館系瓦は2種類あるが，そのうち1種類は残存状況が良好で接合方法を観察し得なかった。もう1種類の国分寺瓦との高い類似性が指摘されている資料については，接合方法Gがとられていた。法鏡寺廃寺資料は，残存状況により丸瓦接合方法が明確にわかる資料が確認できなかった。ただ，弧文縁複弁六葉軒丸瓦も珠文縁複弁七葉軒丸瓦も，丸瓦先端は未加工であること，丸瓦の先端が瓦当裏面接合部に密着しておらず，隙間が存在することから，瓦当裏面接合部に溝を設けて丸瓦を接合した可能性（DやE）が考えられる。どちらにせよ，豊前IIIの瓦当文様は弥勒寺をはじめとした宇佐地方の瓦資料との高い類似性が指摘されているが（亀田1982），製作技法については類似しない結果となった。一方，隣国の豊後については，国分寺先行寺院，国分寺共に，丸瓦接合方法において豊前の資料と共通性がみられないことがわかる。

豊前IVは上坂廃寺と成形技法が共通するが，調整技法に着目すると，上坂廃寺出土の老司系

第1表　丸瓦接合方法比較

型式	A	B	C	D	E	F	G	H	不明
豊前III	●								
豊前IV		●							
堂がへり（鴻臚館系）	●								
上坂（老司系）		●							
塔ノ熊						●			
弥勒寺（鴻臚館系a）									—
弥勒寺（鴻臚館系b）							●		
法鏡寺廃寺（弧文縁）									—
法鏡寺廃寺（珠文縁）									—
豊後国分寺I					●				
豊後国分寺II			●				●		
豊後国分寺III			●						
豊後国分寺IV				●					
上野廃寺（I）					●				
永興寺廃寺（I）									—

軒丸瓦も丸瓦接合部で割れている資料がほとんどである。瓦当側面は瓦当面に対して垂直で，枷枠の使用が想定されるとともに，瓦当裏面には布目痕がみられ，亀田（2008）の指摘を追認するものであった。瓦当裏面接合部は，接合ラインに沿って横方向にナデが施され，上坂廃寺資料は豊前Ⅳと調整技法まで類似する。

豊前Ⅲは豊前国分寺推定所要窯である船迫堂がへり窯跡出土資料とは成形技法が共通するが，その他の豊前国内・国外で同様の成形技法がみられな

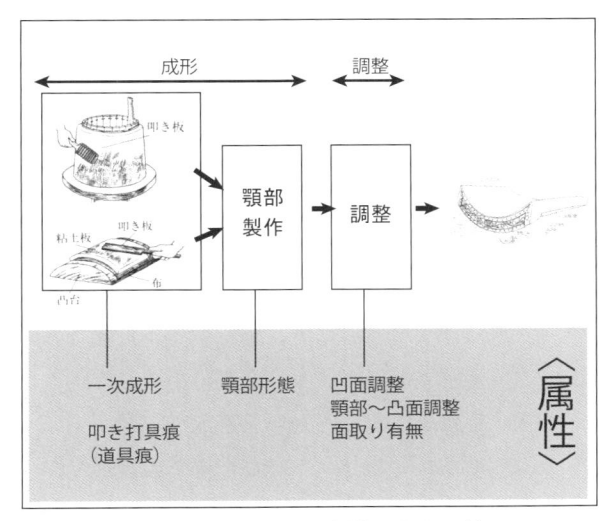

第13図　軒平瓦製作工程と属性

いことから，その成立にあたっては，他地域からの影響を受けて成立したことが想定される。ここで他地域に目を向けると，大宰府政庁を含む大宰府史跡で出土する老司Ⅱ式（小田1957a,1957b）軒丸瓦で豊前Ⅲと類似した丸瓦接合方法がみられる。老司Ⅱ式でも，瓦当裏面接合部を等間隔に抉っている。ただ，豊前Ⅲと異なる点は，老司式では瓦当の厚さ分の粘土をすべて追加したのちに，瓦当裏面接合部に加工を行っている点である。調整技法については，豊前国分寺資料は破片資料が多いため，堂がへり窯跡出土資料も含めて比較した場合，瓦当側面や瓦当裏面にカキ目状工具で調整して仕上げる点も類似する。

4-2　軒平瓦

軒平瓦は，平瓦（一次成形）の製作技法によってその製作方法が決定される。平瓦の製作技法には，桶に粘土を巻き，できた粘土円筒を分割して一度に複数枚製作する桶巻き作りと，製作台の上に粘土板をのせて一枚ずつ平瓦を製作する一枚作りがある（佐原1972）。一枚作りは平城宮造営後に出現し，西海道では天平年間（729～749）の前半期に大宰府へ導入され，国分寺造営とともに各地へ広まったと考えられている（栗原1999）。本発表では，全体の成形に関わるこの一次成形法ならびに顎部の形態を重視し，その他調整技法も併せて検討する（第13図）。

4-2-1　豊前国分寺創建瓦の製作技法復元

ここでは，豊前国分寺創建時に最も使用されたと考えられる豊前ⅱとⅳの製作技法を復元する。観察の結果，どちらも同じ製作工程であった。
1，桶巻き作りで円筒平瓦を製作
2，顎部に粘土を付加して，段を製作
3，瓦当面に施文を施し，段の部分の余分な粘土を削り取り，全体を調整する

4-2-2　豊前国内・外との比較

　本節では，前節で復元した豊前ii・ivの製作技法の成立過程について検討するために，豊前国内・外の各遺跡出土軒平瓦の製作技法と比較する。比較するにあたり着目するのは，属性のなかでも全体の成形に関わる一次成形法ならびに顎部の形態である。

軒平瓦の成形技法の分類

　本稿で扱う資料では，一次成形法と顎部形態のバリエーションの組み合わせから，次の6パターンがみられた。

a　一次成形法：桶巻き作り，顎部形態：段顎
b　一次成形法：桶巻き作り，顎部形態：直線顎
c　一次成形法：一枚作り，顎部形態：段顎
d　一次成形法：一枚作り，顎部形態：直線顎
e　一次成形法：不明，顎部形態：段顎
f　一次成形法：不明，顎部形態：直線顎

他遺跡出土瓦との比較

　豊前国分寺出土の豊前iiとivは，先述の通り，一次成形が桶巻き作りで段顎である。豊前国分寺推定所要窯の堂がへり窯跡出土資料は，豊前ivと同笵であり，製作技法も「桶巻き作り＋段顎」であり共通する。また，上坂廃寺出土資料も，豊前国分寺出土の豊前iiと同笵の老司系Ⅰ式と老司系Ⅱ式は「桶巻き作り＋段顎」で製作技法が共通する。一方，同じ上坂廃寺出土資料でも老司系Ⅲ式は，一次成形法は桶巻き作りでも顎部形態は直線顎である。弥勒寺の資料は，法隆寺系軒平瓦については残存状況により一次成形法が不明であるが，顎部形態は段顎が確認された。鴻臚館系の文様瓦についても「桶巻き作り＋段顎」である。一方，法鏡寺廃寺出土軒平瓦はどの型式においても「桶巻き作り＋直線顎」である。豊後の資料については，豊後国分寺出土のⅠaと，それと同笵の上野廃寺出土の老司系軒平瓦は「桶巻き作り＋段顎」である。Ⅰbは，一次成形法は資料の残存状況により不明であったが，顎部形態は段顎で，Ⅰcは一次成形法と顎部形態に複数ヴァリエーションがみられた。

　以上より，豊前ⅱやⅳでみられた製作技法（一次成形：桶巻き作り，顎部形態：段顎）は，同地域の上坂廃寺や堂がへり窯跡はもちろん，弥勒寺などの宇佐地域や豊後でもみられることがわかる。調整技法に着目すると，豊前国分寺のⅱは顎部の段を高く設け，凸面から顎部を斜格子叩き打具で叩き締め，その後顎部をナデ調整し，側面凹面側を面取りしている。これは上坂廃寺出土資料でも同様の傾向である。豊前ivは残存状況より観察し得た資料に限りがあるが，顎部の段は低いものから高いものまで存在し，残存している顎部はナデ調整を施しているものと縄目の叩き打具痕が残るものがみられ，側面凹面側を面取りしている。

　弥勒寺資料は，成形技法が観察できた鴻臚館系の資料では，顎部は段が小さく，豊前ⅱやⅳの一部の資料とは顎部の様相が異なる。顎部から凸面については，縄目や正格子の叩き具で叩き締めた後，顎部を横方向のケズリやナデ調整を施し，側面は一部凸面側を面取りするものも

第2表　軒平瓦成形技法比較

		一次成形法 × 顎部形態					
		桶/段	桶/直	一枚/段	一枚/直	不明/段	不明/直
型式	軒平ii	●					
	軒平iv	●					
	堂がへり（法隆寺系）	●					
	上坂（老司系I式）	●					
	上坂（老司系II式）	●					
	上坂（老司系III式）		●				
	弥勒寺（法隆寺系VII式）					●	
	弥勒寺（鴻臚館系）	●					
	法鏡寺廃寺（法隆寺系I式）		●				
	法鏡寺廃寺（法隆寺系X式）		●				
	法鏡寺廃寺（老司系）		●				
	豊後Ia	●					
	豊後Ib					●	
	豊後Ic	●	●	●	●	●	●
	上野廃寺（老司系）	●					

あるが多くは凹面側を面取りしている。法隆寺系軒平瓦は，実見し得た資料数が僅かで，かつ残存状況も要因となり，十分な観察はできなかった。その中で，顎部の形態が判る資料が1点あり，豊前ii やivの一部の資料のように段が高いことが確認されたが，これについては今後実見資料を増やして再検討したい。

豊後出土の資料は，成形技法で複数ヴァリエーションが確認されたが，その主体を占めるのは「一枚作り＋直線顎」であり，豊前ii やivと類似する成形技法の資料は，豊後においては僅かしかみられない（早川2013）。その僅かな資料は，豊前ii やivの一部の資料より顎部の段が低く，顎部に縦方向や横方向のナデ調整をしている。平瓦部分まで残存している資料では，縄目叩き具痕が確認された。

5　考察

以上，瓦の製作技法について検討してきたが，はじめに分析結果について整理する。

まず，軒丸瓦についてであるが，豊前国分寺出土の軒丸瓦は型式別に明確に製作技法が異なる。豊前IIIでは推定所要窯である船迫堂がへり窯跡出土瓦と製作技法が共通する状況がみられた。その一方で，豊前国内の他遺跡や隣国豊後の資料とは製作技法に共通性がみられないことから，豊前IIIが成立するにあたって他地域からの影響があったことが想定される。類似例を挙げると，大宰府史跡出土の老司II式との製作技法の類似の可能性がみられた。一方，豊前IVで

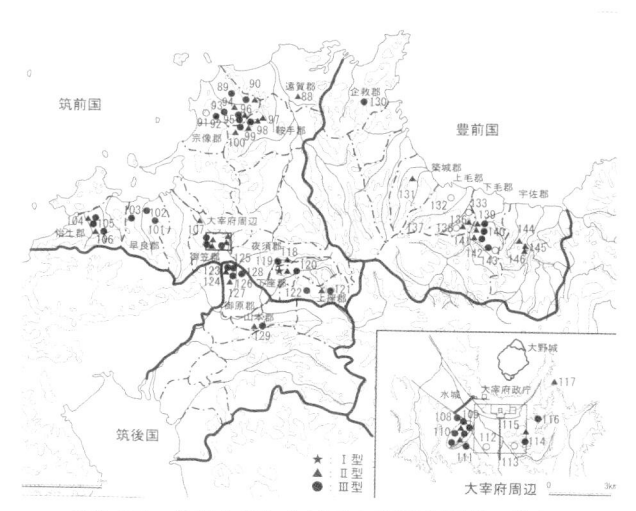

第14図　北部九州における火葬墓3類型の分布
（小田2011）

は，上坂廃寺出土瓦と成形技法・調整技法ともに製作技法が共通し，先行研究の結果を追認す結果となった。豊前Ⅳも宇佐や豊後とは異なる製作技法である。

軒平瓦については，豊前ⅱ，ⅳと同様の成形技法が，宇佐や豊後出土資料でも採用されていることが確認された。ただ，豊後では全体に占める数量は客体的な位置づけとなる。豊前ⅱについては，上坂廃寺出土資料の調整技法まで類似する。一方，豊前ⅳについては，資料の残存状況も要因となり，豊前国分寺例と調整技法まで類似する資料が確認されなかった。弥勒寺出土の法隆寺系軒平瓦で1点，顎部の形態まで類似する資料がみられたが，今後の課題とする。

以上より，出土瓦で主体を占める豊前Ⅲ・ⅳは宇佐郡の寺院出土瓦にみられる文様を採用しているが（亀田1982；梶原2000，2009），製作技法の様相はそれと対応しない。軒平瓦ⅳは検討課題が残るが，軒丸瓦Ⅲに老司Ⅱ式と類似した成形技法・調整技法がみられることから，その成立にあたっては，瓦当文様は宇佐と類似文様を採用しつつ，大宰府などの他地域からの技術上の影響があったと想定される。

次に，主体を占める豊前Ⅳ・ⅱは，上坂廃寺で同范瓦が出土しているが，成形技法・調整技法とも上坂廃寺と共通するため，上坂廃寺（あるいは関連工房）からの搬入品の可能性が考えられる。これは梶原（2000，2009）を追認する結果となった。上坂廃寺からの一定の製品供給を考えると，「上坂廃寺の造営者は仲津郡の郡司クラスの人物で・・（中略）・・官との関わりが極めて深い人物」（亀田2008）であることが想定される。

ここで，創建軒丸瓦の一部（豊前Ⅲ）に他地域からの製作技法上の影響がみられる点について考察する。当該時期は各地で国分寺の造営がスムーズに進捗せず，幾度か督促が出されている状況であった。国内の諸郡から製品や工人を導入した様相は他地域でみられている（関東古瓦研究会編1998；他）。豊前で，国分寺造営に先行する7世紀後半〜8世紀前半では，窯跡が確認されるのは上毛・下毛・宇佐郡であり，北部の企救や京都郡に窯跡が集中するのは8世紀後半以降であることが指摘されている（石木2007）。これを踏まえると，国分寺造営の前段階では，北部より南部の方が窯業技術の蓄積があったと想定され，豊前国分寺造営期に宇佐などの南部からも技術援助がありえそうである。しかし，南部の宇佐では，宇佐八幡宮の弥勒寺造営が738年から開始されており（賀川1957），技術者等の人員を国分寺へ割く余裕があったとは

考え難い。また，八幡宇佐宮に対する府官人や国司からの介入が浸透したのは，9世紀に入ってからとの指摘もあり（大分県1984），国分寺造営期に宇佐において弥勒寺の造営が最優先されたものと考えられる。また，仏教思想を背景として導入されたと考えられる火葬墓の受容状況でも，仏教関連の文化受容において宇佐の先進性がみられ（小田2011，第14図），ほぼ同時期に進められた国分寺と弥勒寺の造営事業における対応の違いが，豊前の北部と南部で現れていると考えられる。

6　おわりに

　本稿では，国分寺先行寺院の多い西海道の豊前国を対象とし，国分寺創建時の瓦の成立過程を検討することで，国分寺創建時の豊前国の対応の在り方について考察してきた。西海道の国分寺造営については，大宰府の技術上の働きかけの有無や，在地既存の技術・工人・製品利用の有無が提示されてきたが，瓦の製作技法を詳細に検討することで，具体的な影響の内容が見えてくる。豊前では，主に官的関係性の中で国分寺創建期の瓦生産が賄われ，その一部として大宰府などの他地域からも技術を導入することで，瓦の需要に対応したことがみられる。本稿では，創建期軒平瓦の成立過程や，本稿で扱えなかった豊前国内の資料との比較，大宰府史跡出土資料との比較などが，不十分であったため，今後の課題としたい。

謝辞

　本稿は，平成27年度日本考古学協会第81回総会での発表内容を一部修正したものである。本稿を執筆するにあたり，下記の方々・諸機関に御指導，御助言，御協力を賜りました。ここに記して心より御礼申し上げます。
足立達朗，岩永省三，浦畑一久，江藤和幸，梶原義実，亀田修一，城門義廣，木村達美，佐藤廉也，齋部麻矢，瀬口典子，高尾栄市，田尻義了，田中良之，長直信，辻田淳一郎，友岡信彦，中西武尚，馬場克幸，平田由美，舟橋京子，溝口孝司，宮本一夫，山口裕平，宇佐市教育委員会，大分県立歴史博物館，大分市立文化財保存活用センター，大分市歴史資料館，九州歴史資料館，築上町教育委員会，中津市教育委員会，中津市歴史民俗資料館，みやこ町豊前国分寺案内所，みやこ町歴史民俗博物館，行橋市教育委員会（人名・機関別五十音順，敬称略）
本研究は，日本学術振興会特別研究員奨励費の助成を受けたものである。

　これまで，田中先生には数多くの御指導を賜りました。いつも，考古学は科学であるべきと強く語るとともに，先生ご自身が非常に面白がってご研究されていた姿がとても印象に残っております。本論考執筆中に，田中先生の講座の一つであった，論理構造（論文の論理構造を分析するという内容）の授業の夢をみました。そこにはいつもと変わらない田中先生がいらっしゃり，発表者のわたくしをじっと見ていて（しかも何故か田中先生ご本人のご論考が対象文献に選択されており），目覚めてからも自分がどこにいるのか頭が混乱するほど緊張した夢でした。田

中先生から提示されている「考古学は科学か」という問いに対して，考古学は科学であるべきであると答えると同時に，自分の執筆したものが未だそこから遠いことを痛感いたします。今後も，先生から御指導いただいた多くのことに報いることができるよう，また，引き続き先生のご論考から御指導いただきながら，研究を続けてまいります。田中先生，心より御礼申し上げます。有難うございました。

■註
1) 亀田（1982）によると，法鏡寺廃寺・弥勒寺・小倉池廃寺出土の同笵例は，外区珠文の外側の圏線の有無により，法鏡寺廃寺例→弥勒寺・小倉池廃寺例と想定されている。また，豊前国分寺例と法鏡寺廃寺例の前後関係は不明であるとし，国分寺例の流入ルートを4パターン想定しており，国分寺例が法鏡寺廃寺例以外に，弥勒寺出土の鴻臚館系軒丸瓦（複弁八葉軒丸瓦）や大宰府から影響を受けた可能性も想定されている。
2) 第1図の遺跡のうち，1，5，6，7については十分な実見ができていないため，本項では扱わない。
3) 豊前国分寺の瓦当文様の分類は（亀田1982；末永編1995）に従う。但し，本稿では軒丸瓦と軒平瓦の表記の混同を防ぐために，軒平瓦型式名の表記を小文字に変える。軒丸瓦ⅢaとⅢbは同笵資料であり，今回実見し得た資料はすべてⅢaのため，本発表ではⅢとする。
4) 軒丸瓦Ⅰは，弥勒寺と同笵の可能性が指摘されている資料である。弥勒寺と豊前国分寺の関係を検討するうえで欠かせない資料だが，資料数が1点であることと，今回実見できなかったことから，分析では言及しない。
5) 百済系軒丸瓦の年代については，文様と出土遺跡の検討から「710年前後に始まり，8世紀中葉が最盛期」（小田1966b），「7世紀後半から8世紀初頭」（石松1980），「7世紀末から8世紀中葉」（亀田1987），文様と技法から，7世紀末から8世紀初頭に使用され，国分寺造営に際してこれらが流用されたとの指摘もある（梶原2000）。本稿では，国分寺創建時より時期が遡ると考え，扱わない。また，面違鋸歯文縁複弁軒丸瓦については，小片2点が報告されているのみであるため，今後の資料増加を待って再検討したい。

■文献
江藤和幸（編），2008．法鏡寺廃寺跡，市内遺跡発掘調査事業報告書　第3集．宇佐市教育委員会，宇佐．
八賀晋，1973．地方寺院の成立と歴史的背景—美濃の川原寺式瓦の分布—．考古学研究　20 (1)，33-44．
八賀晋，1978．国分寺建立における諸様相．日本古代の社会と経済　下（弥永貞三先生還暦記念会編），pp.37-65．吉川弘文館，東京．
花谷浩，1993．寺の瓦作りと宮の瓦作り．考古学研究　40 (2)，72-93．
浜田信也（編），1975．木山廃寺跡，福岡県京都郡犀川町所在遺跡の調査報告．犀川町教育委員会，犀川．
早川和賀子，2012．瓦の製作技術からみた国分寺造営—西海道南半を中心に—．九州考古学　87，67-93．
早川和賀子，2013．国分寺造営における造瓦の様相—豊後国を中心に．平成25年度九州考古学会資料集（九州考古学会　編）．九州考古学会，福岡．
菱田哲郎，1986．畿内の初期瓦生産と工人の動向．史林　69 (3)，313-350．
平田由美（編），2006．塔ノ熊廃寺，中津市文化財調査報告第39集．中津市教育委員会，中津．
稲垣晋也，1970．飛鳥白鳳の古瓦．東京美術，東京．

石木秀啓，2007．牛頸窯跡群と九州の須恵器生産体制．国立歴史民俗博物館研究報告　134，299-353．
石松好雄，1980．Ⅵ．まとめ．椿市廃寺，行橋市文化財調査報告書（石松好雄・高橋章　編），pp.24-26．行橋市教育委員会，行橋．
賀川光夫，1957．宇佐弥勒寺に関する二，三の問題．別府大学紀要　7，1-17．
梶原義実，2000．国分寺造営期の瓦供給体制―西海道諸国の例から―．考古学雑誌　86（1），27-62．
梶原義実，2008．横置型一本作り軒丸瓦の諸技法とその年代．名古屋大学文学部研究論集　161，59-81．
梶原義実，2009．国分寺瓦の研究．名古屋大学出版会，名古屋．
亀田修一，1981．百濟古瓦考．百済研究　12，87-142．
亀田修一，1982．豊前国分寺の造営に関して．古文化論集―森貞次郎博士古稀記念―　下（森貞次郎博士古稀記念論文集刊行会　編），pp.1259-1278．森貞次郎博士古稀記念論文刊行会，福岡．
亀田修一，1987．豊前の古代寺院跡．東アジアの考古と歴史　下―岡崎敬先生退官記念論集―（岡崎敬先生退官記念事業会　編），pp.453-488．同朋舎出版，京都．
亀田修一，2008．豊前における老司系軒丸瓦の様相．地域・文化の考古学　―下條信行先生退任記念論文集―（愛媛大学法文学部考古学研究室　編）．pp.525-550．下條信行先生退任記念事業会，松山．
関東古瓦研究会（編），1998．聖武天皇と国分寺―在地からみた関東国分寺の造営―．雄山閣出版，東京．
鬼頭清明，1977．法隆寺の庄倉と軒瓦の分布．古代研究　11，1-13．
九州歴史資料館（編），1981．九州古瓦図録．柏書房，東京．
栗原和彦，1990．九州における平瓦一枚作り．九州歴史資料館研究論集　15，1-24．
栗原和彦，1999．奈良時代　大宰府の瓦は縄目瓦であった―第98次南北溝SD2340調査から―．九州歴史資料館研究論集　24，13-26．
真野和夫（編），1979．豊後国分寺跡．大分市教育委員会，大分．
森郁夫，1974．平城宮系軒瓦と国分寺造営．古代研究　3，8-19．
森郁夫，1986．瓦．ニュー・サイエンス社，東京．
小田富士雄，1957a．九州に於ける太宰府系古瓦の展開（一）．九州考古学　1，8-9．
小田富士雄，1957b．九州に於ける太宰府系古瓦の展開（二）．九州考古学　2，8-10．
小田富士雄，1958．九州に於ける法隆寺系宇瓦の展開．九州考古学　3・4，7-11．
小田富士雄，1963．第一節　国分寺建立の諸問題，第三節　古瓦の諸問題　二，国分寺の瓦当文．日向国分寺趾，日向遺跡総合調査報告　3（鑑山猛　編）．pp.40-45，pp.51-55．宮崎県教育委員会，宮崎．
小田富士雄，1966a．九州初期寺院址研究の成果．古代文化　17（3），57-64．
小田富士雄，1966b．百済系単弁軒丸瓦考―九州発見朝鮮系古瓦の研究（二）―．史淵　95，129-165．
小田富士雄，1977．第二章　法隆寺系宇瓦の展開．九州考古学研究　歴史時代編．pp.328-346．學生社，東京．
小田裕樹，2011．墓構造の比較からみた古代火葬墓の造営背景―畿内と北部九州を対象として―．日本考古学　32，59-84．
小川秀樹・村上智恵子（編），1996．椿市廃寺Ⅱ．行橋市教育委員会，行橋．
大分県総務部総務課編，1984．大分県史．大分県，大分．
大脇潔，1994．飛鳥時代初期の同笵軒丸瓦―蘇我氏の寺を中心として―．古代　97，224-245．
近江俊秀，1998．瓦当文様に現れない瓦工の系譜復元の試み―奥山久米寺出土軒丸瓦を中心として―．橿原考古学研究所論集　13（橿原考古学研究所　編），pp.109-127．吉川弘文館，東京．
近江俊秀，2007．軒丸瓦製作技法における丸瓦先端加工法に関する若干の検討―飛鳥地域における七世紀代の資料を中心として．考古学論究―小笠原好彦先生退任記念論集―（小笠原好彦先生退任記念論集刊行会　編）．pp.779-800．真陽社，京都．

佐川正敏，2002．3 瓦の編年と使用堂塔の比定 A軒丸瓦．山田寺発掘調査報告 創立50周年記念，奈良文化財研究所学報 63（毛利光俊彦 編），pp.487-498．奈良文化財研究所，奈良．
佐原真，1972．平瓦桶巻作り．考古学雑誌 58（2），30-64．
酒井仁夫・高橋章，1984．豊前地方の8世紀代の軒瓦について―上坂廃寺跡出土瓦を中心に―．九州考古学59，47-57．
讃岐和夫，1999．ⅩⅩⅢ上野遺跡群（上野廃寺跡）．大分市埋蔵文化財調査年報 10．Pp.82-86．大分市教育委員会文化財室，大分．
潮見浩，1988．図解技術の考古学．有斐閣，東京．
末永弥義（編），1995．史跡 豊前国分寺跡 発掘調査及び環境整備事業実施報告書，豊津町文化財調査報告書 16．豊津町教育委員会，豊津．
高尾栄市（編），1997．船迫窯跡群―茶臼山東窯跡群・堂がへり遺跡・堂がへり窯跡群・宇土窯跡―，福岡県築上郡築城町大字船迫所在の古代窯跡群発掘調査概要報告．築城町教育委員会，築城．
上原真人，1996．蓮華文，日本の美術 359．至文堂，東京．
上原真人，2003．初期瓦生産と屯倉制．京都大学文学部研究紀要 42，1-63．
山崎信二，1994．平城宮・京と同范の軒瓦および平城宮式軒瓦に関する基礎的考察．1993年度文部省科学研究費一般研究C．

■挿図出典
第1・12図，第1・2表：筆者作成。
第2図：末永編1995。
第3図：亀田1987（元図は小田1977）。
第4図：小川・村上編1996；亀田1982；浜田信也編1975。
第5図：亀田1987。
第6図：平田編2006。
第7図：江藤編2008。
第8図：早川2013（元図は，真野編1979；大分市教育委員会1992；讃岐1999；九州歴史資料館編1981）。
第9図：森1986。
第10・11・13図：早川2013（第13図の一部の元図は，森1986；潮見1988）。
第14図：小田2011。

九州出土の高麗陶器

基山町教育委員会　主税英徳

要旨

　近年，韓国では，多くの高麗陶器の出土例が報告されていることもあり，以前よりも多様な研究が見られるようになった。一方，日本では中世日本と高麗を考えることができる考古資料の一つとして注目されている。また，琉球列島において，高麗陶器は，琉球王国の国家形成に大きく関わるものとして考えられるカムィヤキ（類須恵器）との関連性が指摘されており，グスク社会の成立を考える上でも重要である。このような状況をふまえ，本稿では，九州出土の高麗陶器について，先学の研究成果を参考にしつつ，韓半島出土高麗陶器を基にして提示されている器種分類と大型壺の編年と比較・検討を行い，現状と傾向などについて検討を行った。結果，現段階における九州出土の高麗陶器は，琉球列島にまで分布が見られること，主に大型壺と盤口瓶・壺の2つの器種が確認できること，12世紀に流入の画期があることなどを把握した。

キーワード：高麗陶器，大型壺，盤口瓶・壺，琉球列島，12世紀

1　はじめに

　高麗陶器とは，韓半島において高麗時代（918～1392）を中心に生産された陶器である。高麗青磁に比べ，高麗陶器は日常容器として捉えられることが多く，研究の対象となることが少なかった。しかし，近年，韓国での高麗時代の調査例が増えたことに伴い，高麗陶器の出土例も多く報告されている。特に，泰安馬島をはじめとする水中遺跡からは，貯蔵物が判別できるほど，良好な状態で発見されている。このような状況から，高麗陶器を対象とした研究も近年，次第に増加してきている状況にある。
　また，日本においても北部九州の中世遺跡を中心として，出土例が確認されている。さらには，琉球列島では，後に成立する琉球王国の版図に分布域をもつ「類須恵器（カムィヤキ）」との類似関係が指摘されている[1]。
　すなわち，高麗陶器は，今後の中世東アジア考古学研究のなかで，日本，琉球，高麗の関係を明らかできる可能性をもつ考古資料の一つとして注目される。しかし，現在までの高麗陶器

研究は，共通した編年観が確立していないなど基礎的な研究段階にあり，社会状況の復元や東アジア規模での比較研究など物質文化研究としての進展が難しい現況にある。

このような状況をふまえ，本稿では，高麗陶器研究の基礎的作業の一つとして，九州出土高麗陶器の現状とその傾向について，時期が特定可能な大型壺を中心に検討することにより，日本における消費の特徴の一端を把握したい。

なお，高麗時代の陶器の名称については，これまでに日韓において様々な名称で呼ばれている[2]。本稿では，便宜上，日韓において，一定程度の共通認識を持ち得ることができる「高麗陶器」という用語を用いることとする[3]。

2　研究史と問題の所在

（1）韓国出土高麗陶器に関する研究略史

戦前から多くの学問的関心を集めてきた高麗青磁に対して，高麗陶器は研究の対象として扱われることはほとんどなかった。そのようななか，高麗陶器に関する本格的な研究が行ったのが，鄭明鎬氏である。現代に至るまでに継承されてきた民衆の容器製作における伝統の一つとして高麗陶器を位置づけ，重要性についても言及した。そして，『高麗図経』などの文献史料を手がかりにしながら用途を論じるとともに，現存する製品の器種分類まで行った（鄭明鎬1986）。これ以降，高麗青磁との比較を通して器種ごとの材質変化に関する分析（崔健1987，徐美星1989），定林寺と天徳寺出土陶器の比較（姜煕天1991），器形や製作技術を基にした形態的変遷の時期区分（尹龍二1991（日本語：尹龍二 著・片山なび訳1998）），製作技術に関する検討（이기길1991）などが行われた。

1990年代後半の韓国国内における大規模な開発事業に伴って発掘調査が急増したことにより，高麗陶器研究にも変化があらわれる。窯跡，墳墓，建物跡，寺院など多様な遺跡から出土したことにより，高麗陶器への関心が高まっていくこととなる。博物館の収蔵品や伝世品，特定の遺跡からの出土資料など限定された資料のみを対象とした以前に比べて，高麗時代遺跡を網羅的に扱うようになり，研究目的やその方法にも広がりを見せるようになる。

特に，近年では高麗陶器の分類・編年に関する議論が活発化している。統一新羅土器（陶器）から高麗陶器への変化様相に関する議論（朴淳發2000，邉永煥2007，宋閏貞2007など）や高麗時代における陶器の変遷に関する議論（韓恵先2001・2003・2011，崔喆煕2003，朱榮民2004，申鍾國2012など）などが行われている。このほか，墳墓出土陶器の年代やその性格に関する検討（朱榮民2011，한정희2011など）や窯跡遺跡を対象とした窯構造や生産動向に関する検討（柳基正2005，姜敬淑2005，金女珍2007など），特定地域における生産・流通の検討（韓恵先2005・2009）なども行われている。最近では，韓恵先氏によって，高麗陶器に関する名称，窯構造，消費地や墳墓出土の状況，器種，編年など総合的にまとめられている（韓恵先2014）。

以上のように近年，高麗陶器の関心が高まり，研究テーマが多岐にわたっているものの，高麗陶器研究は器種分類や編年など一定程度の共通認識を持つまでに至っておらず，基本的な問

題が未解決なままの状態であるといえる。特に編年においては，遺跡レベルで共伴した高麗青磁の年代を参考にして，高麗陶器の時期を推定する方法が多く見受けられる。このような課題をふまえ，筆者は，大型壺の型式分類を行い，日本出土資料の年代も参考にしながら，編年案を呈示した（主税2013）。

（2）日本出土高麗陶器に関する研究略史

赤司氏によって，高麗陶器の特徴や北部九州を中心とした出土様相がまとめられ，11世紀後半を大きな画期として流入することを指摘している（赤司1991）。この研究を契機にして以前よりも広く高麗陶器への認識や関心が広まったといえる。その後，日本における高麗陶器研究は，北部九州を中心とした出土様相と交易・交流に関わる研究と，高麗陶器とカムィヤキ（類須恵器）との関連における研究という大きく2つのテーマのなかで進展していく。

出土様相については，山崎氏が鴻臚館出土の新羅・高麗陶器をまとめ，編年的予察まで行っている（山崎1993）。山本氏は，日本にもたらされる輸入陶器のなかの一つとして統一新羅・高麗の無釉陶器を取り上げ，大宰府・鴻臚館・博多出土の特徴などを明らかにした上で，高麗陶器の大半は11世紀後半から12世紀前半であること，分布・年代が初期高麗青磁とほぼ一致していることなどを指摘した（山本2003）。赤司氏は，高麗時代の陶磁器と九州・南島に関わりを整理するなかで，高麗陶器について博多・大宰府で出土している器種は，壺・甕類がほとんどであり，博多を拠点に流入している高麗陶器は11世紀後半から12世紀代に集中していると述べた（赤司2007）。江上氏は，山本氏による九州における高麗陶器出土例を再整理するとともに，長崎県の門前遺跡と竹辺C遺跡の出土資料のなかに，高麗陶器がある可能性が高いことを明らかにした（江上2010）。佐藤氏は，博多における日麗間の交流を示す資料の一つとして高麗陶器も取り上げており，文献記録を参考に香料である麝香が陶器の容器に納められた可能性を提示した（佐藤2006）。

高麗陶器とカムィヤキ（類須恵器）の関連をテーマにした研究のうち，比較対象資料に韓半島出土の高麗陶器を直接的に取り上げているものとして，赤司氏と新里氏の研究がある。赤司氏は，慶州王宮跡出土資料を対象として器形や製作技術などの比較検討を行い，壺類については共通する類似性を見いだし得ることを示した（赤司1999）。新里氏は，カムィヤキ古窯，下り山窯，舞将里窯（高麗陶器を生産した窯の一つ）3つの窯における，製品の製作技術と窯体構造の比較検討を行った。その結果，製品ではカムィヤキと高麗陶器が技術的に密接な関係があり，窯体構造では3つの窯とも親縁性が高いことを指摘している（新里2004）。

（3）問題の所在

韓国においては，高麗時代の調査例が増えるとともに，高麗陶器の出土も多くなっていることもあり，以前よりも研究が増え，テーマも多岐にわたっている。一方，日本においても高麗陶器への認識が以前よりも高まり，九州を中心とした各地域で高麗陶器が把握されるように

なった。その結果，高麗陶器が九州へ流入する時期は，11世紀後半から12世紀代頃に集中していることが指摘されている。また，琉球列島において高麗陶器は，琉球王国の国家形成に大きく関わるものとして考えられるカムィヤキ（類須恵器）との関連性が指摘されているものであり，そのような視点からも関心は高いといえる。

しかしながら，これまでの日本出土高麗陶器に関する研究では，比較検討の対象が高麗陶器全体の状況からではなく，韓国における特定の遺跡から出土した資料に限定されている傾向にある。そのため，器種や時期など共通した基準で資料が把握されていないことが多いといえる。

よって，本稿では，九州出土高麗陶器について，韓半島出土資料を対象とした器種分類と編年とを比較することで，現状での出土傾向について再整理を行い，その様相について検討を行いたい。また，日本出土資料の一部を紹介することで，高麗陶器をより広く認識してもらう契機になればと思う。

3 対象資料と方法

対象資料は，九州において出土した高麗陶器である。

日本産須恵器と比較した場合における高麗陶器の特徴的な点を挙げると以下のようになる。

・須恵器に比べ，器壁が薄く，内面は断面が隆起するような明瞭なヨコナデが施される（赤司1991）。
・胎土には白い帯状の線が混ざり込むものもある（喜界島教育委員会2009）。
・大型壺の場合，頸部に波状文を施文されるものがある。また，頸部と胴部の境界付近や胴部中位に突帯が付されるものもある。

本稿では，これまでの研究成果を参考にしつつ，九州出土の高麗陶器の現況を再整理する。次に，高麗陶器が出土した遺跡のうち，比較的出土量の多い遺跡において，残存状況のよい資料を対象に器種と時期の特定を行う（対象資料117点）。

具体的方法としては，まず口縁部形態が把握できる資料を基に器種の特定を行う（口縁部形態把握可能資料計59点）。韓半島で生産された高麗陶器の器種は，多種多様である。基本的には，貯蔵用や運搬用の容器が主体をなすが，青磁や青銅器を模倣したものや小型製品なども確認できる。このような状況もあり，研究者によって，器種の概念や基準，名称などが異なることも少なくない。そこで今回は，第1図のような器種分類を基準にする。これは，筆者が韓半島で出土した資料を参考にしながら，全体器形と口縁部形態の特徴などにより，器種を大まかに設定したものである[4]（主税2013）。

次に，器種分類において大型壺と判明したものついては，第2図のような編年を基準にして，時期の検討を行う（大型壺資料計20点）[5]。大型壺の時間的変化を簡略に説明すると次のようになる。時間が新しくになるにつれて，主に頸部の長さが外反するとともに短くなっていく。また，波状文が施される場合は，その数が減少するともに重なり合うなど粗雑化していくというものである（主税2013）。

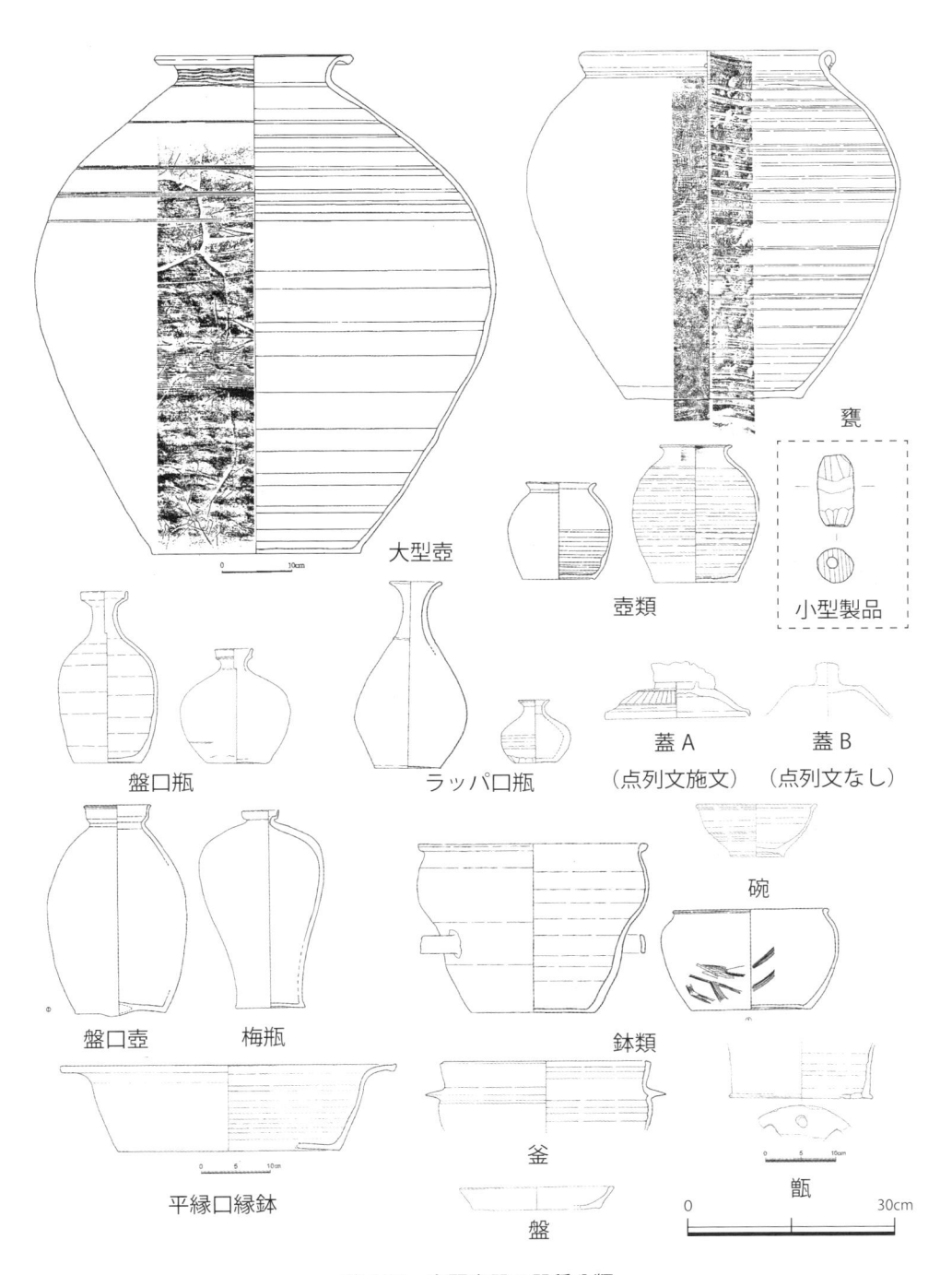

第1図 高麗陶器の器種分類
（主税2013より一部改変・転載。小型製品の縮尺は任意，そのほかは1/10。）

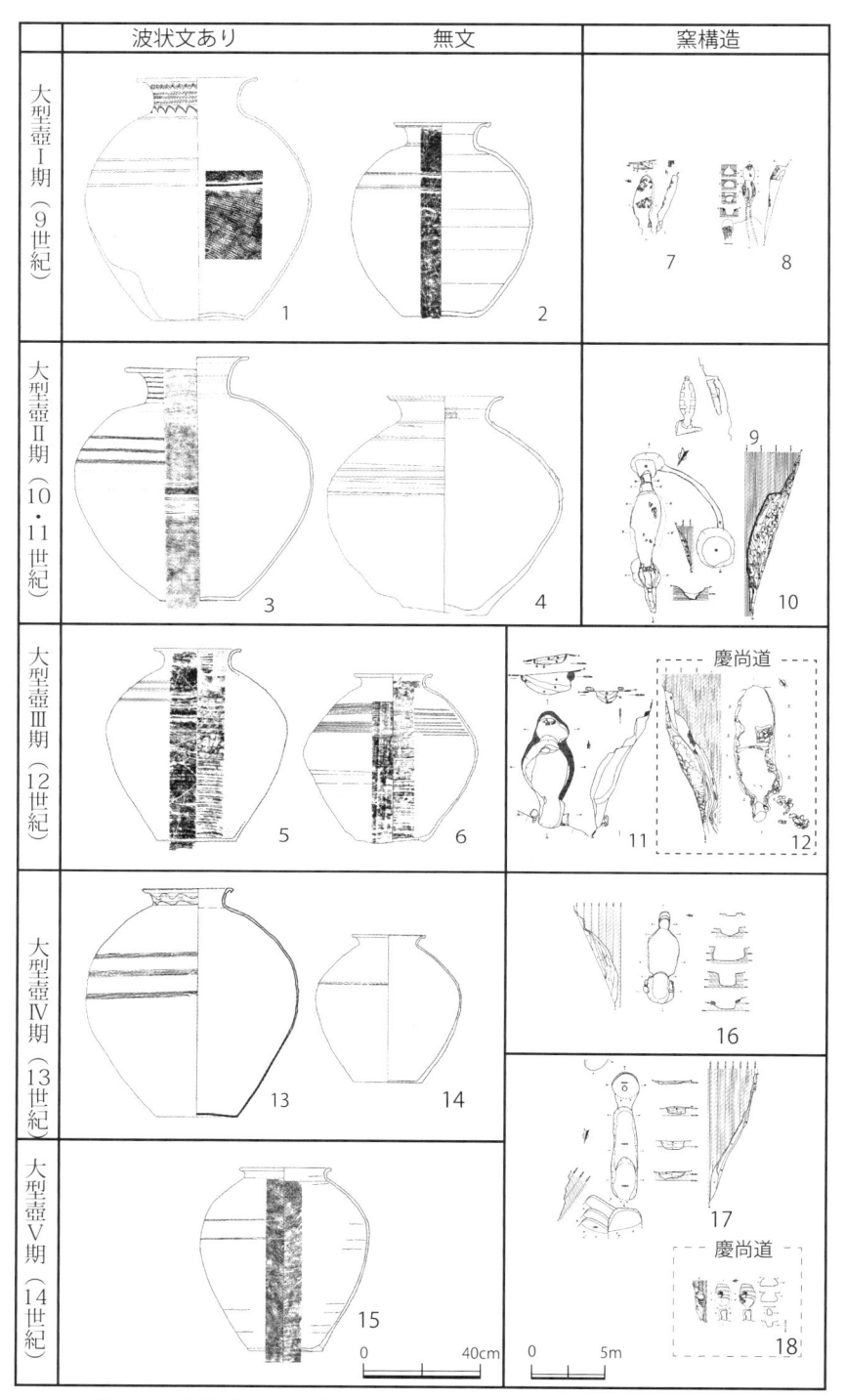

考古学は科学か　下巻

	波状文あり	無文	窯構造
大型壺Ⅰ期（9世紀）	1	2	7　8
大型壺Ⅱ期（10・11世紀）	3	4	9　10
大型壺Ⅲ期（12世紀）	5	6	11　慶尚道 12
大型壺Ⅳ期（13世紀）	13	14	16
大型壺Ⅴ期（14世紀）	15		17　慶尚道 18

0　　　40cm　　0　　5m

第2図　高麗陶器大型壺編年図（1/25）と窯構造の変遷図（1/500）
（主税2013より一部改変・転載）

932

九州出土の高麗陶器

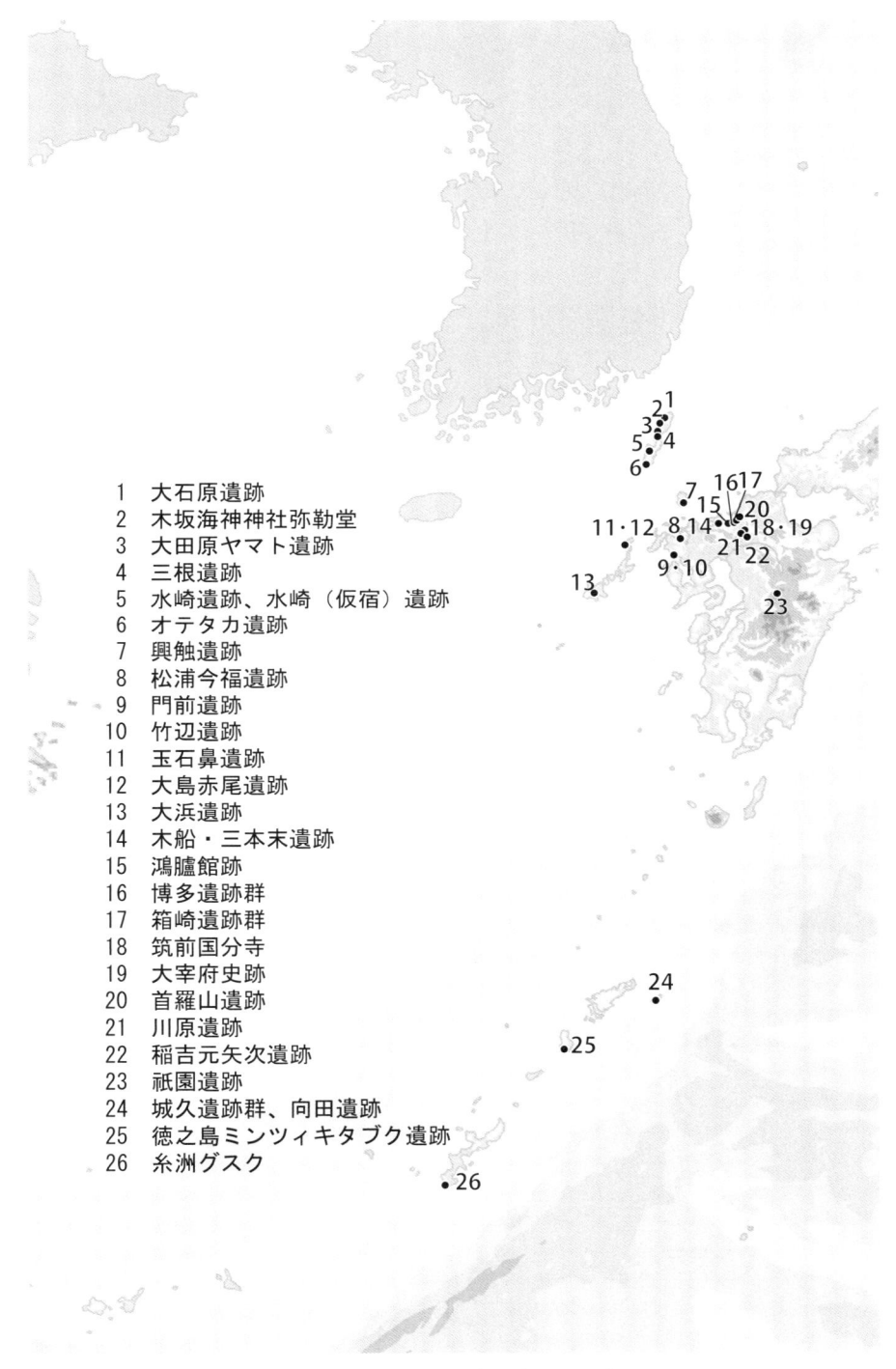

1　大石原遺跡
2　木坂海神神社弥勒堂
3　大田原ヤマト遺跡
4　三根遺跡
5　水崎遺跡、水崎（仮宿）遺跡
6　オテタカ遺跡
7　興触遺跡
8　松浦今福遺跡
9　門前遺跡
10　竹辺遺跡
11　玉石鼻遺跡
12　大島赤尾遺跡
13　大浜遺跡
14　木船・三本末遺跡
15　鴻臚館跡
16　博多遺跡群
17　箱崎遺跡群
18　筑前国分寺
19　大宰府史跡
20　首羅山遺跡
21　川原遺跡
22　稲吉元矢次遺跡
23　祇園遺跡
24　城久遺跡群、向田遺跡
25　徳之島ミンツィキタブク遺跡
26　糸洲グスク

第3図　九州出土高麗陶器の分布
（山本2000，新里2003，江上2010をもとに新たな資料も加えて作成。国土地理院提供地図に加筆。）

4 九州地域出土の高麗陶器

(1) 分布

　九州出土高麗陶器の分布については，既に山本氏や江上氏によってまとめられている（山本2003，江上2010）。これらの成果に加えて，赤司氏や新里氏による徳之島や沖縄本島での発見例（新里2003，赤司2006）や筆者が新たに把握した出土例など分布図にまとめると，第3図のようになる[6]。

　結果，基本的にはこれまでの研究において示されている分布傾向と大きく変わることはなかった。従来から指摘されているとおり，対馬地域，博多遺跡群，大宰府周辺遺跡に分布の集中が偏り，かつ出土量も多い傾向にある。その他の遺跡については，量は多くないが，北部九州を中心として点々と見ることができる。南は喜界島，徳之島，沖縄本島にまで分布が確認できる。ただし，今後，高麗陶器への認識が高まることで，この分布傾向が変わる可能性は充分に考えられる。

　また，既に指摘されているように，高麗陶器の分布は高麗青磁とほぼ同じといえる（山本2003）。これは，高麗青磁が出土している場合，高麗陶器も出土しているケースが多いことを意味している。今後，高麗陶器を新たに発見している手がかりの一つでもある。高麗青磁が出土している遺跡がある場合，須恵器片や産地不明陶器とされているなかに高麗陶器が混じっている可能性が高いといえる。

(2) 器種と時期の特定

　器種分類と大型壺の編年を参考にして，比較的に出土量の多い地域を中心に資料を概観する。

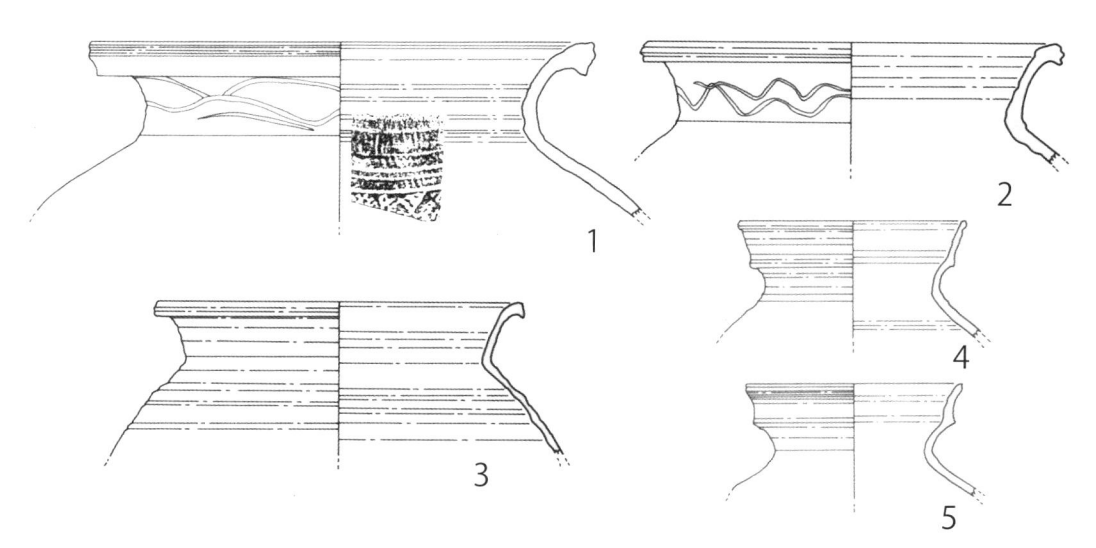

第4図　対馬地域出土の高麗陶器大型壺と盤口瓶・壺 (1/4)
（1～5 木坂海神神社弥勒堂跡出土　峰町教育委員会1993より一部改変・転載）

対馬地域では，木坂海神神社弥勒堂跡から多くの大型壺が出土している。時期を検討した結果，大型壺Ⅲ・Ⅳ期にあたる12～13世紀のものが主体をなしていることがわかった（図4-1は大型壺Ⅲ期，図4-2・3は大型壺Ⅳ期）。ただし，博多や大宰府で確認できる大型壺Ⅱ期のものは今のところ見られない。地理的な状況を勘案すると，今後，確認できる可能性は高い。

博多遺跡群でも大型壺ではⅢ期のものが最も多い（第5図1～3）。数は少ないものの大型壺Ⅱ期のものも確認できる（第5図4）。また，盤口瓶・壺[7]も多く出土している。第6図1は，盤口瓶・壺のなかでも，「扁壺」もしくは「扁瓶」と呼ばれるものである。扁瓶・扁壺は，通常は上から見ると球状になる胴部の一部に「面」を施すものである。特に，扁瓶は，胴部において面をなしている箇所が2面のものが大半を占め，そのほかにも，1面，4面のものもあるようである（韓惠先2014）。第6図3は，ほかに多く見られる盤口瓶・壺である口縁部側面に複数の溝を施すものと異なり，直線状になっている。このような特徴のものは，高麗青磁を模倣したと考えられるものの可能性が高い。これら博多遺跡群出土の盤口瓶・壺の場合，共伴遺物より時期が推定した結果，12世紀前後のものが大半を占めている。

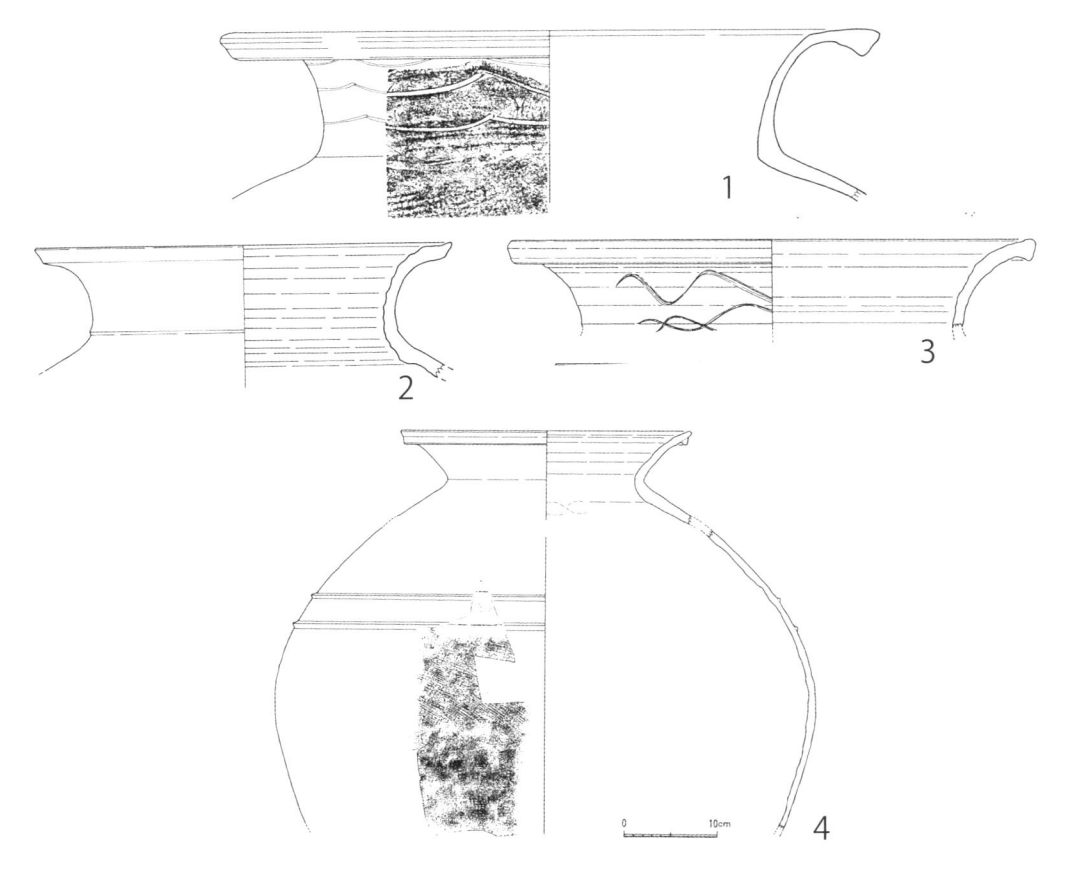

第5図　博多遺跡群出土の高麗陶器大型壺（1～3は1/4, 4は1/8）
（1第142次, 2第56次, 3第186次, 4第77次調査より出土。報告書より一部改変・転載）

大宰府周辺遺跡では，大型壺Ⅲ期のものが最も多い（第7図2・3）。大型壺Ⅳ期のものも数点ほどではあるが確認はできる。また，筑前国分寺より大型壺Ⅰ期のものも出土している（第7図1）。また，他の遺跡と同じく，盤口瓶・壺も比較的多く見られる。このほか，器種の特定には至らないものの，胴部片の出土も多々ある。

沖縄本島・徳之島・喜界島においては，時期を正確に把握できるものは現状ではない。ほとんどが胴部片で出土しているためである。実測図から判断する限り，糸洲グスクより大型壺らしきものが出土している（第8図1）。しかし，未だ実見できておらず，実測図からの判別であるため，高麗以外の陶器である可能性も否定できない。

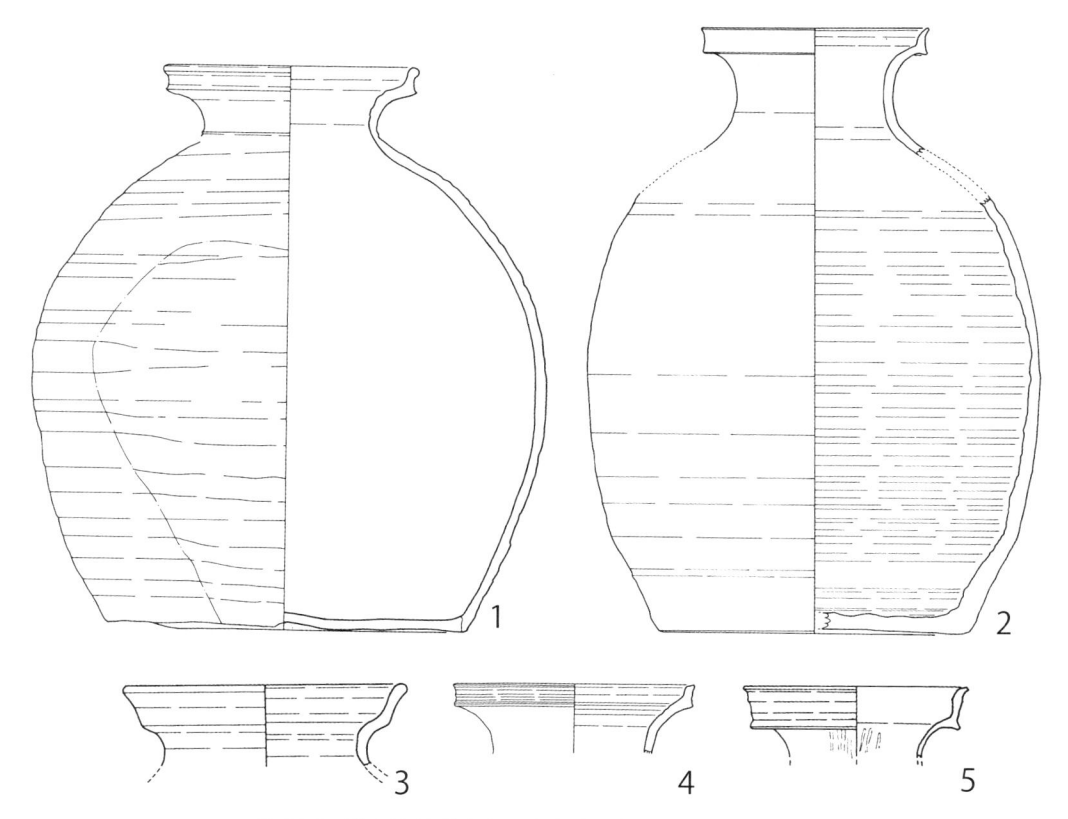

第6図　博多遺跡群出土の高麗陶器盤口型瓶・壺 (1/4)
（1第56次，2第85次，3第102次，4第171次調査，5第180次より出土。報告書より一部改変・転載）

以上，器種分類を再検討した結果，口縁部の形態より器種を判別した結果，特定できたものは大型壺と盤口瓶・壺の2つである[8]。これは，高麗陶器の器種のなかでも，特徴的な形態を示すものであり，同時期の日本産須恵器や中国製陶器に比べ，判別しやすい結果は反映している可能性もある。

大型壺の時期については，大型壺Ⅱ期のものが博多遺跡や大宰府周辺遺跡において2点ほど確認できるが，全体的には大型壺Ⅲ・Ⅳ期が主体をなす（各8点）。ただし，大型壺Ⅳ期のも

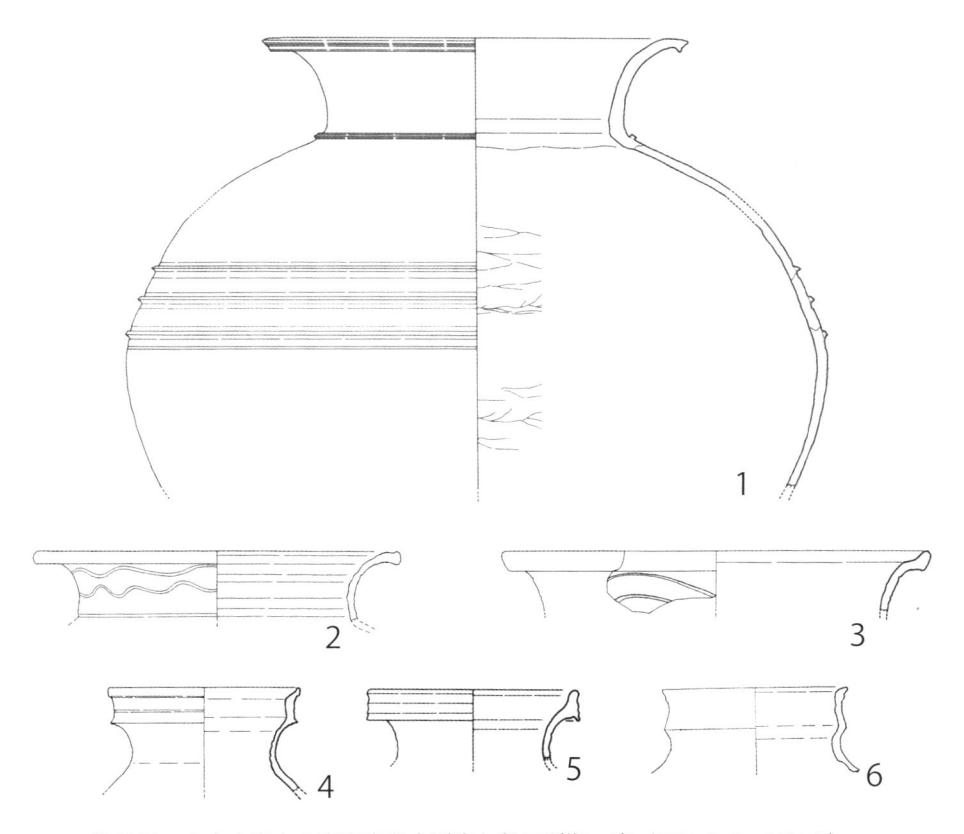

第7図 太宰府出土の高麗陶器大型壺と盤口型瓶・壺 (1は1/8, 2〜6は1/4)
(1筑前国分寺, 2観世音寺東辺域, 3・4御笠川南条坊第5次, 5太宰府条坊跡93次より, 6御笠川南条坊第3次より出土。各報告書より一部改変・転載)

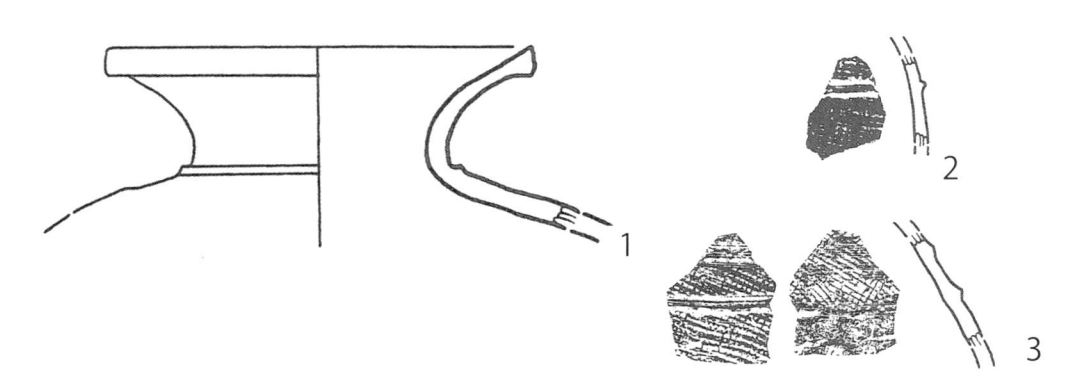

第8図 沖縄本島・徳之島・喜界島出土の高麗陶器 (1/4)
(1糸州グスク(沖縄本島), 2ミンツィキタフグ遺跡(徳之島), 3向田遺跡(喜界島), 新里2003より一部改変・転載)

のは，8点中5点が対馬地域からの出土であり，対馬という韓半島に近い地域の特有性が反映している可能性がある。また，博多遺跡群における盤口瓶・壺について，共伴遺物から時期を検討すると12世紀のものが多い傾向にある。よって，北部九州における高麗陶器を総体的にとらえるならば10・11世紀から確認でき，12世紀になると最も多くなり，その後13世紀になっても量は減少するものの確認できるといえる。

5 出土傾向とその背景

　以上，北部九州における高麗陶器の出土傾向に関する分析結果を整理すると，以下のようになる。

①分布は，対馬地域，博多遺跡群，大宰府周辺遺跡に分布の集中が偏り，かつ出土量も多い傾向にある。このほか，北部九州を中心として点々と出土しており，南は喜界島，徳之島，沖縄本島にまで分布が確認できる。

②器種は大型壺，盤口型瓶・壺を確認できる。ただし，これらは高麗陶器の器種のなかでも，特徴的な口縁部形態をなしており，比較的見分けやすい器種であることが反映している可能性がある。また，出土しているものの大半が胴部片であることから，この他の器種が出土していることも考えられる。

③時期について，大型壺から特定すると，12・13世紀のものが主体をなす。ただし，大型壺だけでなく，地域的特性と盤口瓶・壺の共伴遺物からの時期をふまえると，流入の時期は12世紀に画期があると理解したい。

　最後に，以上のような大きく3つの分析結果について若干の考察を試みるともに，今後の検証課題を整理する。

　一つ目は，高麗陶器の分布についてである。九州出土の高麗陶器は対馬，博多遺跡群，大宰府周辺遺跡に集中しており，このような傾向は，高麗青磁でも同様な様相を示す。すなわち，これらの地域が高麗との交易・交流などにおいて中心地的な役割を果たしていたことは間違いないであろう。

　また，分布が集中している遺跡以外にも，点々と分布しているという現象が認められる。では，これは何を意味しているのであろうか。現状では，出土量も数点でかつ，器種も判定できていないため，詳細を把握するまでには至ってない。しかし，注目すべきは喜界島や徳之島などの琉球列島でも確認されていることである。特に，徳之島で出土していることは，高麗陶器とカムィヤキ（類須恵器）という関係における模倣と接触を示す資料として重要であると指摘されている（中島2008）。カムィヤキ（類須恵器）は先述したように，琉球列島においても，後に成立する琉球王国の版図に分布域をもつもので，その模倣になった高麗陶器が琉球列島で出土していることは，グスク社会の成立や様相で考える上で，重要である。ただし，現段階では，胴部片が中心であり，器種や時期の特定にまで至っておらず，分布からみた直接的な関係まで探ることは困難である。実際，カムィヤキ（類須恵器）との判別も難しいという現状はあるも

のの，琉球列島における高麗陶器の分布が広がることにより，この課題を解決できる可能性はある。また，九州における分布に広がりによっては，琉球列島への流通経路の解明も期待できる。

二つ目は，現状において北部九州で確認できる器種が大型壺と盤口瓶・壺ということである。では，なぜ，高麗陶器が日本へ持ち込まれたのであろうか。現時点では，九州においてそこまでを把握できるような出土状況を示すものは確認できていない。そこで，用途について推測の域を出ないが，文献史料と韓国における出土状況からその背景を考えてみる。

文献史料においては，『高麗図経』が手がかりとなる。『高麗図経』とは，宣和５年（1123）年に，徐兢が宋の使臣として高麗へ赴き，開京（開城）で約一ヶ月滞在し，その間に見聞したものを帰国後に著述したものであり，ところどころに「陶器」に関する記事を確認できる。そこから分かる高麗陶器の用途をまとめると，主として酒，水，果実などの貯蔵であったことがわかる[9]。さらには，高麗陶器の使用方法としては，安置，地中に埋蔵，船上での使用したことに区分することができる。このうち，船上において水を貯蔵していたものは，「大瓮」とある[10]。実際，近年，韓国における泰安馬島における沈没船に対する一連の調査では，大型壺が複数確認されており，「大瓮」が大型壺であるとも可能性が高いといえる。このほか，泰安馬島船での調査では，盤口型瓶・壺に「雑塩辛」が貯蔵された状況で検出されており，共伴した木簡との比較検討により，船員の食糧，もしくは運搬先である開京の人々の食糧ではないかという指摘がある（金健洙2011）。

以上のような状況をふまえつつ，九州出土の高麗陶器を考えると，鉢類などの主にモノを入れて持ち運びするような器種がほとんど確認されておらず，貯蔵や保管などに適した壺や瓶などである。よって，高麗陶器は，交易品の貯蔵容器としての性格が強いといえる。ただ，大型壺の場合は，船上での使用した例もあり，船員が使用していた器の破損品の可能性もある。このような高麗陶器の流入において，高麗の人々が日本来て直接的関与したのか，もしくは間接的に運ばれてきたのかについては，今後検討していく必要がある。

3つ目は，九州出土高麗陶器の時期が12世紀に画期があるということである。このことは，すでに先学の研究で指摘された時期とほぼ一致している（赤司1991，山本2003など）。また，文献史料からみた高麗との交渉に関する時期ともほぼ連動しているといえる。文献史料からみると，11世紀後半頃より日麗通交の活況が伺え，13世紀半ば以降は日麗貿易の痕跡はほとんど消えうせるとされる（森平2008）。また，注目すべきは13世紀における対馬地域の動向である。文献史料から13世紀の進奉において，対馬が中心的な位置を占めていたと指摘されている（森平2008）。先述した大型壺の時期をみると，13世紀のものは対馬地域の出土のものが大半をしめており，この事実とも関係している可能性がある。しかし，出土数がまだ少ないため，今後の資料増加とさらなる検討が必要であることがいうまでもない。

また，予察にはなるが，12世紀前後を境に，高麗時代における窯業生産全体にも大きな変化が見られる（主税2013）。このことも九州で出土する高麗陶器の時期と関係があるかどうか

について，今後，生産と流通・消費の観点におきながら検討していく必要がある。

6　おわりに

　本稿では，九州出土の高麗陶器について，器種分類と大型壺の編年を参考にし，出土傾向やその背景に関する検討を行った。その結果，基本的には先学が明らかにしてきたことを追認した。さらに，その結果の一部については，文献史料との比較検討も試みた。

　しかし，分布の広がり，生産地の特定，高麗青磁との流通・消費におけるセット関係，製作技術の把握など多くの課題を残したままである。今後，韓半島出土の高麗陶器を中心に，生産や消費，流通などをより明らかにし，日本出土の高麗陶器と比較しながら研究を進めていきたい。

　高麗陶器は，今後の中世東アジア考古学研究のなかで，日本，琉球，高麗の関係を明らかできる可能性をもつ考古資料の一つである。本稿によって，少しでも高麗陶器への認識が高まるともに，日本において新たに発見されることを期待したい。

謝辞

　本論文は，2015年1月31日・2月1日に沖縄で開催された九州考古学会・嶺南考古学会第11回合同考古学大会の際に，ポスターセッションとして発表した内容を基に，加筆修正したものです。論文作成にあたっては，以下に記す方々と機関に温かき御教示，御助言，御協力を賜りました。末筆ながら心より感謝の意を記します。

　池田榮史，中島恒次郎，馬田弘稔，新里亮人，吉田健太，亀島慎吾，韓盛旭，韓惠先，九州歴史資料館，太宰府市教育委員会，福岡市埋蔵文化財センター，対馬市教育委員会，沖縄県立埋蔵文化財センター，那覇市教育委員会（敬称略，順不同）

　最後に本論文作成において，与えられている問いは「考古学は科学か？」ということです。これに対して，今は明確に答えることができないということが正直なところです。それは，自分自身がこの問いに対して答えることができる段階にまで，まだまだ至ってないということを意味しています。しかし，考古学も科学であるべきであるという意識は持っているつもりです。そのためには，他分野の研究者からみても理解できるように，より客観性をもった研究にしなければならないと思っております。また，日常生活においても，自分の行っている研究についてより客観性を高め，独りよがりの結果にならないように，研究会や勉強会，談義などを通して，研究分野を問わず，多くの人との議論を交わすことが重要であると感じております。このような意識を持することができたことも田中先生をはじめとして九州大学で学ばせていただいたおかげであると確信しています。特に，田中先生には講義だけではなく，お酒の席において多くのご教授を賜わりました。そのなかでも印象に残っていることは，難しいことでも先生は，

すぐに身近なものに例え，しかも，常におもしろおかしくご教授をいただいたことです。このことにより，考古学の奥深さを改めて知るとともに，おもしろさや楽しさも学ぶことができました。賜った学恩を，いつか，少しでもお返しできるようにしたいと思っております。田中先生，本当にありがとうございました。

■註
1）カムィヤキ（類須恵器）に関する研究史や現状などについては，池田2009などを参照していただきたい。
2）近年，韓惠先氏が瓦器・陶器・甕器について文献記録に出てくる用語などを検討した結果，高麗～朝鮮時代において「磁器」と区分される一群を「陶器」と総称することが最も適切であろうと指摘している（韓惠先2012）。
3）「高麗陶器」と呼称した場合，時代名が頭につくため，前後の時期にあたる統一新羅時代と朝鮮時代における土器・陶器との系譜関係についても言及する必要性が生じてくる。だが，統一新羅，高麗，朝鮮時代における土器・陶器研究は進展しているとは未だ言い難く，各時代における土器・陶器な明確な定義は難しいのが現状である。そのため，本稿では「高麗陶器」と便宜上呼称するが，一部統一新羅時代や朝鮮時代の土器・陶器を含むこととなる。また，施釉されたものも無釉のものも一旦，含むこととしたい。実際無釉のものが多数を占めると思われるが，一部の資料においては，自然釉が付着してものや，人工的に施釉された可能性がある資料も確認できるためである。このような点をふまえると，今後，統一新羅時代～朝鮮時代の土器・陶器にについて，製作技術の変遷も含めて研究が進展した段階で，当該期における名称を再検討する必要も出てくるだろうと思われる。
4）この器種分類は暫定的なものであり，今後の検討により，さらなる器種の細分化ができる可能性がある。
5）口縁部資料のうち，残存状況が悪く，時期の特定が困難なもの，または判断しにくいものは除いた。
6）この他に，国東半島にある原遺跡七郎丸1地区をはじめ，本稿で挙げた以外の遺跡からも高麗陶器が出土していることを中島恒次郎氏よりご教示いただいた。
7）口縁部の特徴から盤口瓶・壺を正確に見分けることは現状では難しいため，今回はまとめて「盤口瓶・壺」とした。
8）胴部資料においては，長崎県大石原遺跡より11世紀後半の梅瓶が出土している。
9）『高麗図経』における陶器の具体例を挙げると次のような記載がある。
　巻二十三　雑俗（風俗）二　土産「其果實　栗大如桃　甘美可愛　舊記謂　夏月亦有之　甞門其故　乃盛以陶器埋土中　經歳不損　六月亦有含桃　味酸酢如酢」（訳：ここの果実のことである。栗の大きいのはまるで桃のようである。甘美で好ましい。『旧記』で言っている。「夏にも栗がある」と。一度そのわけを尋ねてみた。すると，陶器に盛って土の中に埋めるから歳を越しても損なわれないと言う。六月にも桃を食することができる。味は酸っぱく，酢酸のようである。）（徐兢著・朴尚得訳，1995）
10）『高麗図経』には「大瓮」について次のような記載がある。
　巻三十三　供水「海水味劇醎苦不可口　凡舟船将過洋　必設水櫃　廣蓄甘泉　以備食飲　蓋洋中不甚憂風　而以水之有無為生死耳　華人自西絶洋而來　既已累日麗人料　其甘泉必盡　故以大瓮載水　皷船來迎　各以茶米酬之」（訳：海水の味はとても塩辛く，口にできない。およそ船がまさに海洋に船出しようとすると必ず水槽を設ける。甘水を多く蓄えて飲食に備える。けだし海洋の中で，さほど風のことを心配しないで水の有無を生死に関わると大　事としているようである。中国人は西から海洋を渡って来る。すでに日を重ねた。高麗人はその甘水がきっと尽きたものと考える。それで大甕に水を乗せ，舟を漕いで迎えに来る。各々茶や米でそれに酬いる。）（徐兢著・朴尚得訳，1995）

■参考文献
【論文（日本）】※五十音順
赤司善彦，1991．朝鮮製無釉陶器の流入－高麗期を中心として－．九州歴史資料館研究論集16，53-66．
赤司善彦，1999．徳之島カムィヤキ古窯跡採集の南島陶質土器について．九州歴史資料館研究論集24，49-62．
赤司善彦，2007．高麗時代の陶磁器と九州および南島．東アジアの古代文化130号，118-131．
池田榮史，2009．カムィヤキの生産と流通．中世東アジアの周縁世界，pp44-56．同成社，東京．
尹龍二 著・片山なび 訳，1998．高麗陶器の変遷と特色．韓国陶瓷史の研究，pp293-312．淡交社，東京．
江上正高，2010．門前遺跡未報告資料について．門前遺跡Ⅲ・武辺城跡Ⅱ，pp61-74．長崎県教育委員会，長崎．
韓惠先，2005．高麗陶器の生産と流通．貿易陶磁研究 No.25，79-91．
金建洙，2011．高麗時代の食生活－動物遺体を中心に－．動物考古学第28号，35-43．
佐藤一郎，2006．高麗と博多－平安後期の出土資料から．福岡市博物館紀要第16号，15-26．
徐兢 著・朴尚得 訳，1995．高麗図経．国書刊行会，東京
新里亮人，2003．徳之島カムィヤキ古窯産製品の流通とその特質－付 カムィヤキ出土遺跡地名表－．先史学・考古学論究Ⅳ，pp387-413．龍田考古会，熊本．
新里亮人，2004．カムィヤキ古窯の技術系譜と成立背景．グスク文化を考える，pp325-352．今帰仁村教育委員会，沖縄．
主税英徳，2013．高麗陶器大型壺の分類と編年－生産からみた画期－．古文化談叢第70集，223-241．
中島恒次郎，2008．大宰府と南島社会－グスク社会形成起点－．古代中世の境界領域（池田榮史 編），pp171-198．高志書院，東京．
森平雅彦，2008．日麗貿易．中世都市・博多を掘る，pp100-105．海鳥社，福岡市．
山崎純男，1993．鴻臚館Ⅲ．福岡市埋蔵文化財調査報告書第355集．福岡市教育委員会．福岡市．
山本信夫，2003．東南アジアに海域における無釉陶器．貿易陶磁研究 No.23，76-89．
【論文（韓国）】
尹龍二，1991．高麗時代 질그릇〔陶器〕의 變遷과特色，高麗時代 질그릇（延世大學校博物館 編），pp117-127．延世大學校博物館．서울．
姜敬淑，2005．韓国陶磁器窯跡研究．Sigongart，서울．
姜熙天，1991．高麗土器의 基礎的研究（Ⅰ）－定林寺址，天德寺址出土品을 中心으로－．鄕土文化第6輯．39-63．
韓惠先，2001．京畿地域 出土 高麗時代陶器研究．壇国大學校大學院碩士学位論文，龍仁．
韓惠先，2003．京畿地域 出土 高麗時代 貯蔵・運搬用 질그릇 研究．韓國上古史學報第40號，77-116．
韓惠先，2009．高麗陶器의 生産과 流通．高麗陶瓷新論，pp213-232．學研文化社，서울．
韓惠先，2007「始興芳山洞陶器窯址의 運營時期」『湖西史學』第48輯，湖西史學會
韓惠先，2011．高麗時代 陶器扁瓶의 時期区分과 特徴．忠北文化財研究第5号．111-135．
韓惠先，2012．문헌 기록을 통해 본 瓦器・陶器・甕器의 用例와 相互関係．역사와 담론제64집，199-235．
韓惠先，2014．高麗陶器時代 陶器 研究．梨花女子大學校大學院博士學位請求論文，서울．
한정희，2011．高麗時代 墳墓 出土 陶器의 特徴．忠北文化財研究第5号，73-106．
金女珍，2007．高麗時代 陶器生産施設과 生産品에 대한 研究．韓神大學校大學院碩士論文，烏山．
崔健，1987．統一新羅・高麗時代의 陶器에 관하여－특히 器種別材料와 質의 變遷을 中心으로－．

統一新羅・高麗질그릇（梨花女子大學校博物館　編），pp113-116．梨花女子大學校博物館，서울．
崔喆熙，2003．高麗時代　질그릇의　型式分類와　變遷過程－瓶・壺・大甕을　中心　으로－．韓神大學校大學院碩士論文，烏山．
朱榮民，2004．高麗時代墳墓研究－陶器編年을　中心으로－．新羅大學校大學院碩士学位論文，釜山．
朱榮民，2011．高麗墳墓　出土　陶器의　性格．忠北文化財研究第5号，7-40．
徐美星，1989．高麗時代　陶器瓶에　관한　研究．壇國大學校大學院碩士論文，龍仁．
申鍾國，2012．高麗　沈没船　出水　陶器壺の型式分類와　編年．海洋文化財5，57-95．
宋閏貞，2007．大型壺에　대한　考察，龍仁彦南里－統一新羅　生活遺蹟（韓神大學校博物館編），pp301-319．韓神大學校博物館，서울．
鄭明鎬，1986．高麗時代의　질그릇（土器）．考古美術171・172，90-117．
朴淳發，2000．羅末麗初　土器　編年　豫考，韓國古代史와　考古學．韓國史學論叢：鶴山金廷鶴博士頌壽紀念（韓國史學論叢刊行委員會　編），pp588-603．學研文化社，서울
邉永煥，2007．羅末麗初土器　研究－保寧眞竹里遺蹟　出土遺物을　中心으로－．忠南大學校大學院碩士学位論文，大田．
이기길，1991．高麗時代　질그릇의　製作技法　研究－물그릇　만드기를　中心으로－，高麗時代　질그릇（延世大學校博物館　編），pp129-142．延世大學校博物館，서울．
柳基正，2005．羅末麗初～高麗時代　土器窯의　變遷過程과　井洞里　土器窯의　操業時期．扶餘井洞里遺蹟（忠清文化財研究所　編），pp246-267．忠清文化財研究所，公州．

【図版引用発掘調査報告書】

長崎県峰町教育委員会，1993．木坂海神神社弥勒堂跡－発掘調査報告書－．長崎．
福岡市教育委員会，1993．博多34（博多遺跡群第56次発掘調査報告），福岡市埋蔵文化財調査報告書第326集．福岡．
福岡市教育委員会，1995．博多45（博多遺跡群第77次調査の概要），福岡市埋蔵文化財調査報告書第394集．福岡．
福岡市教育委員会，1997．博多57（博多遺跡群第85次調査の概要），福岡市埋蔵文化財調査報告書第522集．福岡．
福岡市教育委員会，2005．博多102（博多遺跡群第142次調査の概要），福岡市埋蔵文化財調査報告書第848集．福岡．
福岡市教育委員会，2009．博多129（博多遺跡群第171次調査報告），福岡市埋蔵文化財調査報告書　第1041集．福岡．
福岡市教育委員会，2010．博多133（博多遺跡群第180次調査報告），福岡市埋蔵文化財調査報告書　第1045集．福岡．
福岡市教育委員会，2010．博多139（博多遺跡群第186次調査報告），福岡市埋蔵文化財調査報告書　第1090集．福岡．
太宰府市教育委員会，1997．筑前国分寺Ⅰ，太宰府市の文化財第32集．福岡．
九州歴史資料館，2007．観世音寺－遺物編1－．福岡
福岡県教育委員会，1975．福岡県南バイパス関係埋蔵文化財調査報告第2集．福岡．
福岡県教育委員会，1976．福岡県南バイパス関係埋蔵文化財調査報告第3集．福岡．
太宰府市教育委員会，1998．大宰府条坊跡Ⅹ，太宰府市の文化財第37集．福岡

北九州市域における古代・中世
— 古代・中世墳墓にみる階層性と地域性 —

北九州市芸術文化振興財団埋蔵文化財調査室　宇 野 愼 敏

要旨

　北九州市域の東部地域には，古代・中世の木棺墓・土坑墓が数多く見つかっている。これまで佐藤浩司氏によって編成，編年がなされ，墳墓形態や副葬・供献のあり方は，葬送儀礼行為に対する意識の時代的変化が反映された結果として捉えられてきた（佐藤2001）。

　しかし，副葬品の変化などは佐藤氏が指摘したように葬送儀礼の変化であることが首肯される。筆者は墳墓の規模・規格や副葬品の種類などは階層性を反映したものと推測している。

　さらに，古代・中世の墳墓形態・葬送儀礼行為は，各氏族によって異なるのではなく，豊前北部一帯の風習，葬送儀礼行為を各氏族が受け入れ，引継がれたものと考えた。

キーワード：階層性・金属器副葬品・氏族・葬送儀礼行為

1　はじめに

　九州における古代・中世墳墓の研究は，古墳の研究に比べ少ない。それは研究者数の少なさにもよるが，古代・中世墳墓の検出例が少ないことが要因と思われる。

　豊前地域における古代・中世墳墓の集成は，佐藤氏によって行われ，2001年当時で135遺跡余を数え，622例が見つかっている（佐藤2001）。結構多いようにみえるが副葬品や伴出品がほとんどなく，調査担当者の主観によって単なる用途不明の土坑扱いになったり，墳墓として明確ではないものの，形態などから墳墓扱いにされている例も多々みられるというのが現状である。

　このためこれまでの研究は，副葬品や伴出品を伴う明確な墳墓を中心に取り扱う傾向にあると言える。

　このような現状を踏まえ，本稿では副葬品や伴出品を伴う明確な墳墓の形態からほぼ同一規格を有する土坑を検討し，北九州市域における古代・中世墳墓にみる階層性を考証し，北九州市域すなわち豊前北部および筑前東部と比較し，地域性を垣間みることにしたい。

第1表　金属器を副葬する古代・中世墳墓一覧表

	遺跡名	遺構	方位	床面規格（cm）			副葬品	平面プラン	時期
				タテ	ヨコ	深さ			
1	中縄手1区	1号土坑墓	N-16°-E	192	52	28	鉄製紡錘車 1 土師器坏 2	楕円	10〜11C
2	北方1次	26号土坑墓	N-88.5°-W	推定80	54	58	中国古銭 2	長方形	11C
3	徳力第5地点	1号土坑墓	N-74°-E	150	24	44	黒茶漆塗の烏帽子 1 刀子 1	長長方形	12C 庭墓
4	蒲生寺中1区	1号土坑墓	N-82°-W	150	66	60	同安窯系青磁碗 1 小刀 1	長方形	12C代
5	高野	1号木棺墓	N-5°-E	135	90	22	湖州鏡 1 同安窯青磁碗 1 土師器小皿 4 滑石製温石 1	長方形	12C後半
6	高津尾3区	6号土坑墓	N-0°-W	126	36	48	同安窯皿 3 龍泉窯青磁碗 2	長方形	12C中〜13C初
7	蒲生寺中IV区	10号土坑	N-21°-E	94	48	15	同安窯青磁碗 1 白磁碗 1	長方形	12C中〜13C
8	小倉城二ノ丸家老屋敷跡	III-6土坑墓	N-57°-W	95	68	35	和鏡 1 土師器坏 1 土師器小皿 4	長方形	12C後半〜13C前半
9	権ヶ迫第2地点	1号土坑墓	N-20°-E	100	40	64	小刀 1 青磁碗 1 土師器小皿 5	長方形	12C後半〜13C前半
10	長野AIII区	1号土坑墓	N-24°-E	156	74	20	中国製白磁碗 2 雁股式鉄鏃 1 外刃刀子 1 小刀 1	長方形	12C代
11	先ノ下	1号土坑墓	N-39°-E	127	50	27	龍泉窯青磁碗 1 小刀 1 土師器小皿 5	長方形	13C後半
12	祇園町3地点	1号土坑墓	N-38°-W	105	58	40	白磁碗 1	長方形	13C
13	小倉城二ノ丸家老屋敷跡	III-2土坑墓	N-59°-W	117	98	22	白磁皿 1 土師器小皿 1 ガラス玉 1	方形	13C後半〜14C前半
14	上貫（C）22区	12号土坑墓	N-36°-W	145	65	15	龍泉窯系青磁碗 2 小刀 1	長方形	13C
15	葛原A	14号土坑墓	N-71°-W	97	53	31	土師器小皿 4 鉄釘 11	長方形	13〜14C
16	愛宕山	1号土坑墓	N-26°-E	155	75	14	白磁碗 1 青磁碗 1 瓦器小皿 2	長方形	14C
17	葛原A	4号土坑墓	N-52°-E	83	53	12	鉄釘 1	不整長方形	15C前後
18	蒲生寺中IV区	2号土坑墓	N-90°-W	推定150	106	40	青磁碗 1 瓦質摺鉢 1	楕円	15C
19	蒲生寺中IV区	3号土坑墓	N-75°-W	186	82	34	青磁碗 1 土師器小皿 1 土師器鍋 1 瓦質浅鉢 1	長方形	15C
20	蒲生寺中IV区	8号土坑	N-32°-E	推定300	115	60	青磁碗 1 土師器鍋 1 瓦質摺鉢 1	長方形	15C
21	北方1次	20号土坑	N-11°-E	86	60	58	染付碗 1	長方形	17C後半
22	北方1次	2号土坑墓	N-82°-W	推定140	60	27	寛永通寶 1	長方形	江戸
23	北方1次	3号土坑墓	N-28°-W	134	60	20	銅製棺飾り 1	長方形	？

2 出土例と分布

　本稿では北九州市域出土例を，小刀や鏡などの金属器を副葬する墳墓23例，土師器や瓦器を副葬する墳墓12例，副葬品をもたない墳墓の可能性が高い長方形プランの墳墓27例，長方形プラン以外の不定形な墳墓12例の合わせて74例を中心に検討していきたい。

　まず小刀や中国製陶磁器を副葬する墳墓の床面の平面形態[1]は，大半が長方形であることがわかる。そして規模は80〜300cmまで様々であるが概ね150cm前後，130cm前後，100cm前後，80cm前後の4つのサイズを中心としていると思われる。

　時期は10世紀頃から15世紀頃にかけて多く築造されている。分布は北九州市域を北流する紫川流域が最も多く見られ，次ぎに長野・葛原といった竹馬川流域に集中すると言える。

　次に金属器等の副葬品は見られないが，土師器坏や小皿，それに瓦器などの土器類のみを副葬する一群がある。土師器等を副葬する墳墓は，金属器を副葬する墳墓と同様に平面プランは長方形プランが大半を占める。また規格も同様に長さ150cm前後と100cm前後が多い傾向がみられる。

　副葬する土師器は埦，坏，小皿があり，坏または坏では2個，小皿では4枚が多くみられ坏1個体，埦2個体，小皿4枚といったおおよその基準があった可能性が高い。

　また埋葬方向は御座遺跡第7地点1号墳墓以外は，N–15°〜45°–E に集中しており，頭位を北方向から北西方向へと規制があった可能性がある。

第2表　土師器を副葬する古代・中世墳墓一覧表

	遺跡名	遺構	方位	床面規格（cm） タテ	ヨコ	深さ	副葬品	平面プラン	時期
1	高津尾3区	4号土坑墓	N-36°-E	164	78 60	18	黒色土器2	羽子板形	10C
2	長野尾登第2地点C-2区	30号土坑墓	N-35°-E	142	64	32	瓦器埦2	長方形	12C中
3	葛原A	15号土坑墓	N-30°-E	124	54	18	？	長方形	12C代
4	葛原A	16号土坑墓	N-15°-E	推定148	63	20	瓦器片 土師器	長方形	12C代
5	長野AⅦ区	2号土坑墓	N-45°-E	104	58	25	土師器小皿4 土師器坏1	長方形	12C
6	中縄手1区	2号土坑墓	N-41°-E	102	54	8	土師器小皿4	長方形	13C〜14C
7	下吉田古墳群	1号土坑墓	N-35°-E	75	40	45	土師器坏1	長方形	13C〜14C
8	瀬戸方	1号土坑墓	N-20°-E	106	60	6	土師器坏1 土師器小皿3	長方形	14C
9	葛原B	1号土坑墓	N-35°-E	80	50	40	土師器坏1	長方形	14C前半
10	葛原A	18号土坑墓	N-29°-E	107	62	33	土師器坏1	長方形	14C前半
11	葛原A	19号土坑墓	N-30°-E	70	35	35	土師器坏2	長方形	14C
12	御座7地点	1号土坑墓	N-51°-W	190	86	30	土師器坏1 弥生土器1	楕円形	14C

ただ金属器を副葬する墳墓の長軸方向は西から東へと全方位がみられ，金属器を副葬する墳墓とは異なっていることも考えられる。

次に副葬品は無い平面形が長方形プランの墳墓について検討することにする。

長軸方向は，北方向から北西方向にかかるものが多く，それ以外は少なく，平面形も長方形を主体とし，隅丸長方形か楕円形を呈している。規格は150cm前後，135cm前後，100cm前後，

第3表　長方形プランの副葬品を持たない古代・中世墳墓一覧表

	遺跡名	遺構	方位	床面規格（cm）			平面プラン	時期
				タテ	ヨコ	深さ		
1	小倉城二ノ丸家老屋敷跡	8号土坑墓	N-25°-E	105	70	12	不整長方形	12C?
2	小倉城二ノ丸家老屋敷跡	Ⅲ-4土坑墓	N-30°-E	135	110	32	不整長方形	12C?
3	小倉城二ノ丸家老屋敷跡	12号土坑墓	N-30°-E	140	50	20	長方形	12C?
4	瀬戸方	2号土坑墓	N-19°-E	110	60	16	長方形	14C
5	高津尾3区	5号土坑墓	N-44°-E	94	45	42	長方形	14C?
6	北方1次	4号土坑墓	N-32°-E	80	54	34	長方形	15C?
7	北方1次	5号土坑墓	N-5°-E	70	50	40	長方形	15C?
8	葛原A	9号土坑墓	N-15°-E	65	50	20	楕円形	15C?
9	葛原A	12号土坑墓	N-66°-E	推定90	55	10	長方形	15C前後
10	葛原A	13号土坑墓	N-66°-W	75	55	18	楕円形	15C前後
11	葛原A	15号土坑墓	N-30°-E	125	60	18	楕円形	15C前後
12	葛原A	16号土坑墓	N-16°-E	推定145	85	20	楕円形	15C前後
13	葛原A	20号土坑墓	N-12°-E	63	50	15	不整楕円形	15C前後
14	葛原A	21号土坑墓	N-55°-W	75	43	5	不整楕円形	15C前後
15	葛原A	22号土坑墓	N-32°-E	140以上?	55	7	不整楕円形	15C前後
16	葛原A	24号土坑墓	N-78°-W	170	90	15	不整楕円形	15C前後
17	葛原A	25号土坑墓	N-78°-W	190	123	7〜8	不整楕円形	15C前後
18	葛原A	28号土坑墓	N-17°-E	100以上?	70	5	不整楕円形	15C前後
19	葛原A	29号土坑墓	N-62°-W	50	30	―	不整楕円形	15C前後
20	蒲生寺中Ⅳ区	7号土坑墓	N-15°-E	85	42	23	隅丸長方形	16C〜17C
21	葛原A	17号土坑墓	N-39°-E	87	92	35	長方形	?
22	祇園町第3	2号土坑墓	N-11°-E	88	40	35	長方形	?
23	北方1次	24号土坑墓	N-18°-W	?	35	0.5	長方形	?
24	北方1次	23号土坑墓	N-10°-E	106	100	12.3	長方形	?
25	北方1次	19号土坑墓	N-8°-E	62	60	30	長方形	?
26	北方1次	13号土坑墓	N-47°-E	80	90	65	長方形	?
27	北方1次	12号土坑墓	N-1.5°-W	90	180	23	長方形	?

80cm前後が多くみられ，金属器や土師器を副葬する墳墓と同様の規制があった可能性が高い。

時期も12世紀頃から15世紀頃までみられるものの15世紀前後が多い傾向にある。分布も金属器を副葬する古墳と同様に紫川流域，竹馬川流域が大半を占める。

次に平面形が長方形プラン以外の墳墓について検討することにする。長方形以外では楕円形が最も多い傾向がみられる。規模も67～260cmと幅が広いが，70～80cm前後，120～150cm前後と175cm前後と規格化された長方形プランの規模と近い数値が多い。

そして副葬品は，長野A遺跡Ⅶ区の1号土坑墓から小刀1振，土師器小皿1個体が副葬されたり，伊川遺跡1号土坑墓のように瓦器埦が副葬されていることなど，長方形プランの墳墓の副葬品とそれほど変化はみられないし遜色ないと言えよう。時期的にも10世紀後半～15世紀頃までで，規格化された長方形プランの墳墓と大差ないと言える。また長軸方向は西から東へと様々な方位がみられ，取り立てて規則性が存在するとは言えない。

長方形プランと不定形プランの関係や，同じ長方形プランでも規模の差異などについて，次に検討していくことにする。

3 古代・中世墳墓にみる変遷について

北九州市域の古代・中世墳墓のおよそ73例余について概観してきたが，平面形態を比較すると最も多いのが長方形プランのもので，ついで多いのが楕円形プランである。

第4表 長方形プラン以外の不定形な古代・中世墳墓一覧表

	遺跡名	遺構	方位	床面規格（cm）タテ	ヨコ	深さ	副葬品	平面プラン	時期
1	下吉田	1号土坑墓	N-86°-E	190	80	15	土師器埦1	不整楕円形	10C後半
2	伊川	1号土坑墓	N-74°-E	260	38	24	瓦器埦1 土師器埦1	不整長楕円形	12C代
3	下貫2次	1号土坑墓	N-62°-W	175	60	28	土師器碗2 土師器皿1	不整楕円形	12C前
4	長野AⅦ区	1号土坑墓	N-47°-W	200	37	20	小刀1 小皿1	不整楕円形	12C後～13C前半
5	小倉城二ノ丸家老屋敷	Ⅲ-5土坑墓	N-73°-W	67	50	35	なし	不整楕円形	?
6	小倉城二ノ丸家老屋敷	7号土坑墓	N-0°-W	65	38	25	なし	不整楕円形	?
7	小倉城二ノ丸家老屋敷	10号土坑墓	N-72°-W	76	40	22	なし	不整楕円形	?
8	小倉城二ノ丸家老屋敷	Ⅲ-1土坑墓	N-29°-E	83	50	34	なし	不整楕円形	13C後半～14C
9	長野D	17号土坑墓	N-16°-W	140	85	?	土師器坏3	不整楕円形	14C後半
10	北方1次	1号土坑墓	N-89°-W	95	84	50	中国銭22 土師器坏1 土師器皿1 染付1	方形	15C
11	葛原A	2号土坑墓	N-65°-W	120	57	14	なし	不整楕円形	15C前後
12	葛原A	7号土坑墓	N-82°-W	184	152	16	瓦器埦2 土鍋1	不整楕円形	15C前後

この中で長方形プランあるいは楕円形プランと言っても長いものから方形に近いもの，また楕円形では細長いものから円形に近いものなどがみられる。これらの平面形態を大きく6つに大別して，その変遷を見ていきたい。

　まず始めに出現するのが下吉田1号土坑墓や中縄手1区の1号土坑墓にみられるようなやや長い楕円形プランのものである。下吉田1号土坑墓からは土師器埦が枕と推定される石の右横に置かれていた。中縄手1区1号土坑墓は足元に鉄製の紡錘車が1個置かれ，遺体左側部に土師器坏が2点置かれている。これらの時期は出土した土師器埦や坏などから10世紀後半〜11世紀前半頃に比定される。上記に示した長楕円形プランのものをA型とする。

　次に長方形気味のプランになるのが高津尾3区4号土坑墓である。両小口部は楕円気味のように丸くなっているものの全体的には羽子板状を呈し，長方形気味の平面プランをなす。頭部と推定されるやや幅の広い方の左側部に黒色土器が2点置かれていた。この黒色土器などから10世紀後半頃に比定される。床面での長さは約162cmで，中心部の幅は約74cmを測り，定形化した長方形プランに近い規模であり，このタイプをB型とする。

　次にC型としてB型の長方形プランよりは長軸が短い長方形プランを指す。代表例として高野1号木棺墓がある。床面の規模は長さ約130cm，幅約90cmを測り，B型の長方形プランに比べ長軸は短く，幅がより広くなるタイプである。長軸はほぼ南北に振り，頭位を北方向と推定すると頭部右側部から中国製湖州鏡1面，同安窯系青磁碗1点，土師器小皿4枚が供えられ，足元には滑石製品が1点置かれていた。出土した土師器小皿などから12世紀後半頃に比定される。

　次にD型として小倉城二ノ丸家老屋敷跡Ⅲ－2土坑墓がある。床面長さ約117cm，幅約98cmでほぼ方形気味の平面プランとなる。響灘に面する海浜砂丘上のため人骨が仰臥状態で検出されている。なかから中国製白磁皿1枚，土師器小皿1枚，淡青色を呈する径6.5mmのガラス玉が1点出土している。土師器小皿などから13世紀後半〜14世紀前半頃に比定される。

　次にE型は，短い不定形な楕円形を呈するもので，下貫2次1号土坑墓がある。A型の長楕円形よりは短いものである。頭部右側部から土師器埦が2点，土師器小皿が1点出土しており，それらから12世紀前半頃に比定される。

　最後にF型は不整円形もしくはやや短い不整楕円形のもので，小倉城二ノ丸家老屋敷跡のⅢ－5土坑墓や7号・10号土坑墓などがある。副葬品がみられず，また人骨も検出されていないので，墳墓と断定できないものの周辺の状況からみて墳墓の可能性が高い。また副葬品がなく，時期も確定できないが同Ⅲ－6土坑墓は長さ95cm，幅68cmの長方形プランを呈し，12世紀後半〜13世紀前半頃に比定される。

　次に同Ⅲ-2土坑墓は長さ117cm，幅98cmのほぼ方形気味になり，13世紀後半〜14世紀前半頃に比定され，長方形から方形気味へと短くなる傾向がみられ，さらに不整円形気味へと変化するのは14世紀後半以降と考えておきたい。

　このように不定形な長楕円形のA型から定形化した長方形のB型に変化し，さらに短くなっ

てC型，方形のD型というように長いものから短いものへと変化していくことが明らかとなった。

4 階層性について

次に階層によって墳墓の形態が決められていたのか，あるいは墳墓の規格が決められていたのかを検討していきたい。

まず形態別に副葬品のランクが分かれているか第1図からみていくことにする。第1図の金属器副葬品は，小刀や鏡，鉄製紡錘車，中国銭などを指す。
この金属器副葬品を副葬するのは，A型の長楕円形やB型の長方形，やや短い長方形のC型に副葬されている。これは古代・中世墳墓の平面形がA型からB型，C型へと変化しているのに伴い，金属器を副葬する墳墓も長楕円形から長方形，やや短い長方形へと変化しているものと推測される。

ただ12～15世紀にかけてはB，C型の長方形プランの墳墓だけでなく，方形のD型や不整楕円形のE型，不整円形のF型などもこの時期にみられるもののD・E・F型の墳墓には，これまでのところ金属器の副葬はみられない。

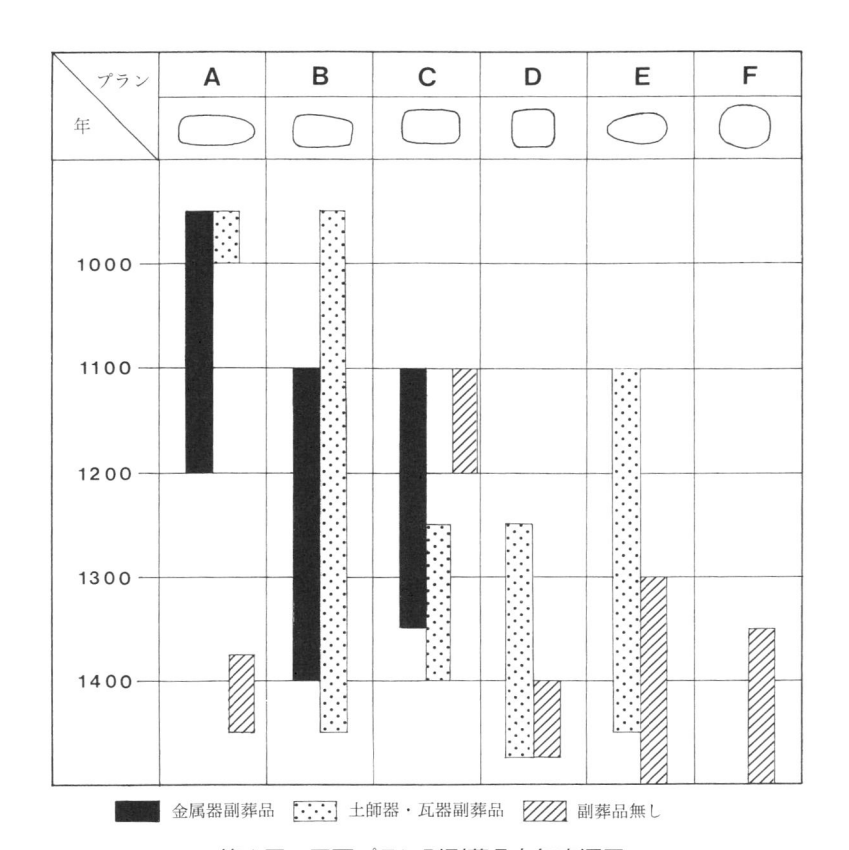

第1図　平面プラン別副葬品有無変遷図

したがって，小刀や鏡，鉄製紡錘車，中国銭などの金属器を副葬し得る上位階層者は，長方形のB・C型および長楕円形のA型に多いと言え，これらの墳墓は丁寧に築造されているため，ある程度の規格があったものと推測される。

反対に方形や不整楕円形，不整円形のD・E・F型の墳墓は，築造時に丁寧に築造されていないため形が整えられず，また規格もなく不揃いであったことが想定される。

したがって下位層の墳墓は形が整えられていなかったりするD・E・F型が多く，金属器を副葬し得る上位階層者は，定形化した規格性を有するA・B・C型の墳墓を築造していると言える。

5 墳墓の規格性について

さらに上位階層者の墳墓には規格が決められていたのか検討していくことにする。

まずB型の長方形プランの墳墓は，第5表にみるようにおおよその6つの規格が予測される。

大きく長軸の長さを基準にすると150，125，100，90，80，70cmと6つに分けることができる。これらを1～6に大きい方から細別するとB_1（150×75cm），B_2（125×50cm），B_3（100×50cm），B_4（90×40cm），B_5（80×50cm），B_6（70×30cm）となる。最も多いのはB_1とB_3で，この2つを基本として，前後の規格があったと思われる。

このB_1～B_6をみると，長さの長いB_1～B_3型が金属品を副葬していることがわかる（第2図）。すなわち同じB型でも，より長いB_1・B_2・B_3型が上位クラスで，短い100cm以下のB_4・B_5・B_6が金属器を副葬しないどころか中国製の磁器も副葬していないことが指摘される。したがって上位クラスは1m以上の墳墓を築造し，下位クラスは1m以下であったと言える。

次にやや短い長方形のC型を検討すると，これも長さによって6つに細別することができる。

第5表　B型墳墓細別一覧表

(cm)

	B1	B2	B3	B4	B5	B6
	150×75	125×50	100×50	90×40	80×50	70×30
遺跡名	愛宕山 　1号土坑墓 上貫（2）2区 　2号土坑墓 長野尾登第2地点 　C-2区30号　土坑墓 蒲生寺中1区 　1号土坑墓 長野AⅢ区 　1号土坑墓	先ノ下 　1号土坑墓	葛原A 　14号土坑墓 中縄手1区 　2号土坑墓 権ヶ迫第2地点 　1号土坑墓 長野AⅦ区 　2号土坑墓 祇園町第3地点 　1号土坑墓	葛原A 　17号土坑墓	葛原B 　1号土坑墓	葛原A 　19号土坑墓

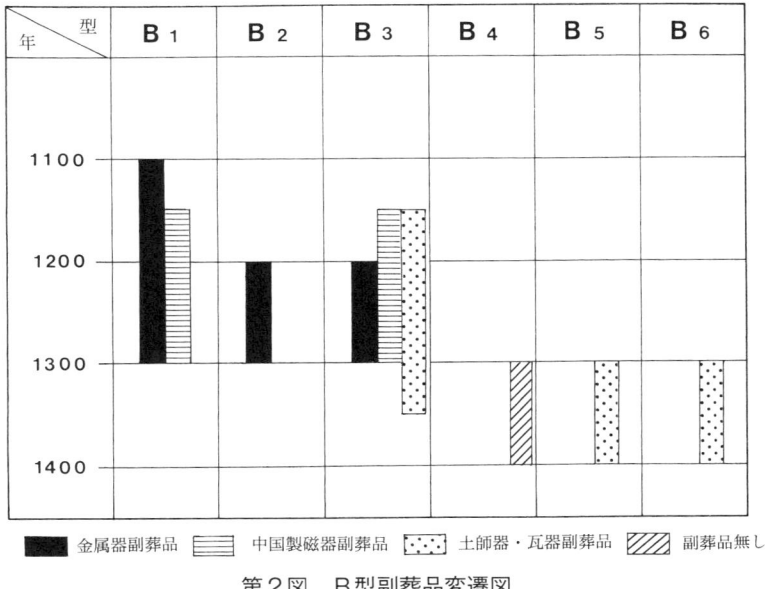

第2図　B型副葬品変遷図

凡例：金属器副葬品／中国製磁器副葬品／土師器・瓦器副葬品／副葬品無し

長軸が130，110，100，90，90，90cmで100cm以下は幅が85，70，60cmで幅広から幅狭になっている。これを1～6に細別して、C_1（130×90cm），C_2（110×60cm），C_3（100×60cm），C_4（90×85cm），C_5（90×70cm），C_6（90×60cm）となる。

これを副葬品で見てみると金属品，中国製磁器を副葬するのはC_1，C_2でB型と同様に1m以上が上位クラスであると指摘できる。ただC5型の小倉城二ノ丸家老屋敷跡Ⅲ－6土坑墓は和鏡1面と土師器坏が1個，土師器小皿4枚を副葬している。土師器などから12世紀後半～13世紀前半頃に比定されている。

すなわち同じC型で古い段階のものは墳墓の長さが短くても金属品を副葬していると言え、上下位クラスの階層差を墳墓の長さで区分し始めたのは13世紀後半以降になって規模の格差を歴然とさせたのではないかと考えられる。したがって墳墓の階層格差は，副葬品，墳墓の規模によって差異がつけられ，それが始まったのが13世紀半ば以降，13世紀後半以降に階層格

第6表　C型墳墓細別一覧表
(cm)

	C1	C2	C3	C4	C5	C6
	130×90	110×60	100×60	90×85	90×70	90×60
遺跡名	高野1号木棺墓	葛原A 18号土坑墓　　小倉城二ノ丸家老屋敷跡8号土坑墓	瀬戸方1号土坑墓	北方1号土坑墓	小倉城二ノ丸家老屋敷跡Ⅲ-6土坑墓	北方20号土坑墓

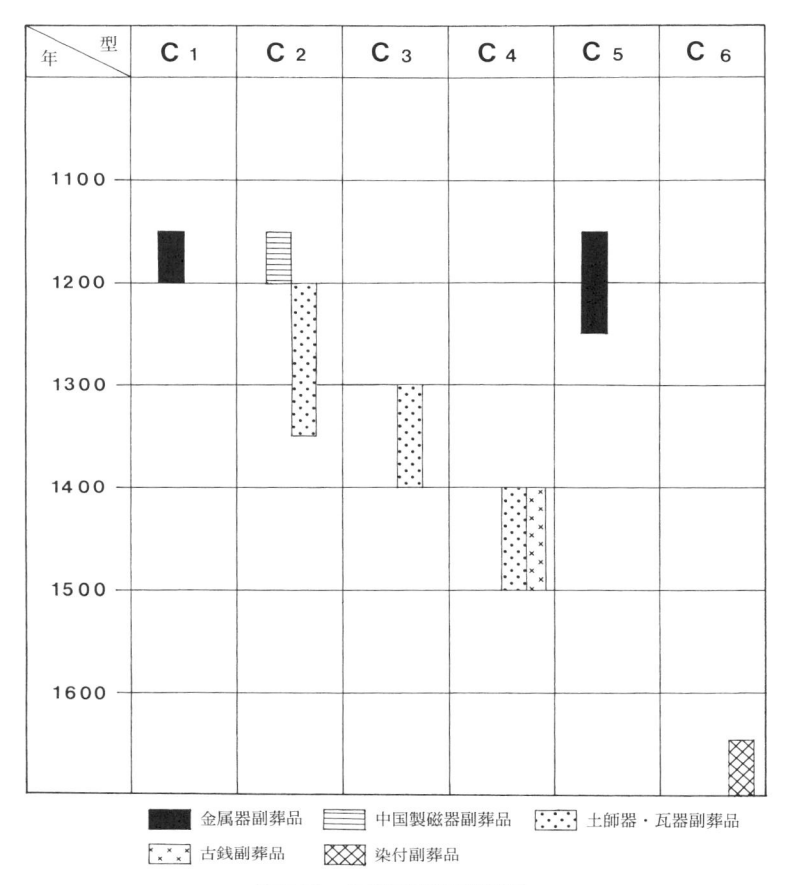

第3図　C型副葬品変遷図

差が歴然とし始めたものと推測される。

6 地域性について

　これまで木棺墓・土坑墓について検討してきたが，集成されたものは北九州市域でも東部の紫川流域や竹馬川流域に多く点在し，現在の行政区では小倉北・南区で，豊前北部域である。

　それでは北九州市域の西側や北側の八幡西区や若松区はどうなっているのか。これまで開発が少なく発見例も少ないものの，著名な中世墳墓もいくつか知られている。それは八幡西区の白岩西遺跡や若松区の椎木山遺跡などがある。これらは12世紀末〜13世紀前半頃に比定されており，集石墓として知られている。

　したがって木棺墓・土坑墓が多くみられる地域は，古代の企救郡内が大半を占めると言える。企救郡到津，蒲生，長野，貫などを中心とした地域に多く存在している。

　中世で言えば長野氏や貫氏，武藤（吉田）氏などの所領であった頃である。下吉田古墳群1号土坑墓は長方形プランで，13〜14世紀頃に比定されている。この地域を武藤氏が所領とし

たのは13世紀頃で，同じ頃には長野を所領していた長野氏と共存していたことがわかる。武藤氏や長野氏，あるいは貫氏といった各々の氏族が割拠していた13～14世紀においても，広く豊前北部では長楕円形のＡ型から長方形のＢ・Ｃ型の古代・中世墳墓が築造されていたことを鑑みるならば，各氏族による墳墓形態・規格ではなく，豊前北部一帯に広がる古代・中世墳墓の形態・規格であったことが予測されるのである。

　これら木棺墓・土坑墓に埋葬するという風習は，筑前東部にはなく豊前北部に広まった埋葬風習であったと言えるのではないだろうか。そうした風習を，他の土地からやってきた武藤（吉田）氏も受け入れて，同様の埋葬施設を築造していたと言える。

　したがって古代・中世墳墓の埋葬方法は各氏族毎に自分たちの埋葬方法を地元氏に押しつけずに，それまでの各地元で行ってきた埋葬方法を受け入れていったということが明らかとなった。

　最後に，本論考においても各事象に基づき，科学的な根拠に基づく結果であり，田中先生の言う「考古学は科学である」ということは自明であると考えている。

■註
1）検出面の形態は肩部の崩落や削平，また調査時の若干の掘り過ぎなどが懸念されるため，築造当時の平面形態に最も近いと考えられる床面形態で検討していく。床面規格は報告書に記載されていないため，報告書の図から計測した数値を表に記載している。

■引用・参考文献
秋山浩三　1999「古代の男性墓・女性墓 ―奈良・平安時代墳墓の副葬伴出品にみる性差―」『古代文化』51（12），22-33．
岡田章一　1996「兵庫県における土器からみた貿易陶磁器」『中近世土器の基礎研究』XI，55-89．
橘田正徳　1993「中世前期における土葬墓の出土供膳具の様相」『貿易陶磁研究』第13号，21-36．
狭川真一　1993「墳墓にみる供献形態の変遷とその背景」『貿易陶磁研究』第13号，1-20．
北九州市史編纂委員会　1993『北九州市史　古代・中世』
佐藤浩司　2001「豊前地域における中世墳墓の副葬品」『中世土器研究論集―中世土器研究会20周年記念論集―』中世土器研究会，pp.225-256．
北九州市教育委員会　1977『屏賀坂遺跡』北九州市文化財調査報告書第23集
北九州市教育委員会　1995『下貫遺跡（第２次）』北九州市文化財調査報告書第63集
北九州市教育文化事業団埋蔵文化財調査室　1980『長野（D）遺跡』北九州市埋蔵文化財調査報告書第５集
北九州市教育文化事業団埋蔵文化財調査室　1983『下吉田古墳群』北九州市埋蔵文化財調査報告書第21集
北九州市教育文化事業団埋蔵文化財調査室　1984『葛原Ａ・Ｂ遺跡』北九州市埋蔵文化財調査報告書第27集
北九州市教育文化事業団埋蔵文化財調査室　1985『伊川遺跡』北九州市埋蔵文化財調査報告書第38集
北九州市教育文化事業団埋蔵文化財調査室　1985『下吉田遺跡』北九州市埋蔵文化財調査報告書第39集
北九州市教育文化事業団埋蔵文化財調査室　1986『北方遺跡』北九州市埋蔵文化財調査報告書第48集
北九州市教育文化事業団埋蔵文化財調査室　1986『瀬戸方遺跡』北九州市埋蔵文化財調査報告書第51集

北九州市教育文化事業団埋蔵文化財調査室	1986	『下貫遺跡』北九州市埋蔵文化財調査報告書第53集
北九州市教育文化事業団埋蔵文化財調査室	1987	『長野Ａ遺跡３〔Ⅲ・Ⅶ・Ⅷ区（１号溝）の調査〕』北九州市埋蔵文化財調査報告書第55集
北九州市教育文化事業団埋蔵文化財調査室	1987	『権ヶ迫・先ノ下遺跡』北九州市埋蔵文化財調査報告書第59集
北九州市教育文化事業団埋蔵文化財調査室	1987	『愛宕遺跡Ⅲ』北九州市埋蔵文化財調査報告書第60集
北九州市教育文化事業団埋蔵文化財調査室	1990	『畠山遺跡Ｃ地点』北九州市埋蔵文化財調査報告書第94集
北九州市教育文化事業団埋蔵文化財調査室	1991	『徳力遺跡（上）（徳力１，３，５，７地点）』北九州市埋蔵文化財調査報告書第98集
北九州市教育文化事業団埋蔵文化財調査室	1991	『徳力遺跡 第６地点』北九州市埋蔵文化財調査報告書第111集
北九州市教育文化事業団埋蔵文化財調査室	1992	『高津尾遺跡５』北九州市埋蔵文化財調査報告書第115集
北九州市教育文化事業団埋蔵文化財調査室	1995	『祇園町遺跡２ 第３地点』北九州市埋蔵文化財調査報告書第168集
北九州市教育文化事業団埋蔵文化財調査室	1996	『中縄手遺跡（１〜３区）』北九州市埋蔵文化財調査報告書第182集
北九州市教育文化事業団埋蔵文化財調査室	1997	『高野遺跡』北九州市埋蔵文化財調査報告書第198集
北九州市教育文化事業団埋蔵文化財調査室	1998	『上貫遺跡（Ｃ）２ ２区』北九州市埋蔵文化財調査報告書第221集
北九州市教育文化事業団埋蔵文化財調査室	1998	『小倉城下屋敷跡』北九州市埋蔵文化財調査報告書第222集
北九州市教育文化事業団埋蔵文化財調査室	1999	『御座遺跡群』北九州市埋蔵文化財調査報告書第236集
北九州市芸術文化振興財団埋蔵文化財調査室	2002	『蒲生寺中遺跡１（３・４区の調査)』北九州市埋蔵文化財調査報告書第274集
北九州市芸術文化振興財団埋蔵文化財調査室	2002	『長野尾登遺跡第２地点（Ｃ区・Ｄ区）』北九州市埋蔵文化財調査報告書第276集
北九州市芸術文化振興財団埋蔵文化財調査室	2004	『蒲生寺中遺跡２（１区・２区の調査）』北九州市埋蔵文化財調査報告書第307集
北九州市芸術文化振興財団埋蔵文化財調査室	2012	『小倉城二ノ丸家老屋敷跡２』北九州市文化財調査報告書第126集
北九州市芸術文化振興財団埋蔵文化財調査室	2014	『三郎丸遺跡第３地点２（1C・1D区）』北九州市埋蔵文化財調査報告書第512集

明代華南三彩陶の研究 12

悪石島における伝世華南三彩陶

木村幾多郎

要旨

　鹿児島県悪石島の神社に伝世する明代華南三彩陶水注刻花文の文様を分類し，型式学的組列を考察し，各社毎に異なった刻花文の水注を一対（同一刻花文）奉納されていることを示した。現在の祭祀状況と，それから推定される祭祀状況を考察した。琉球王府の祭祀組織との関連，また東南アジアとの関連にも言及した。
キーワード：明代華南三彩陶，丸胴形刻花文水注，刻花蓮花文，琴高仙人形水滴，魚形水滴，マカラ，悪石島

はじめに

　悪石島伝世陶磁器の調査は，熊本大学白木原和美・佐藤伸二等によって行われた。白木原氏によって限定的な報告（白木原1980，1982）がなされたが，正式な報告書は出版されていない。詳細な報告書は，悪石島における陶磁器の伝世（奉納）状況からして，陶磁器の盗難を誘発しかねないとの配慮もあるようである。
　亀井明徳氏は，白木原氏調査の原資料を使用して，何度か悪石島伝世陶磁器の報告と見解を公表している（亀井明徳1985，1986，1986，1993）。白木原氏の限定的報告でも，華南三彩陶を理解するためには避けて通れない資料群であることは明らかであるが，祭祀状況を理解するためには情報不足は否めなかった。そこで，現地見学を計画し，『十島村史』「先史時代の吐噶喇列島」を執筆し，悪石島の項も執筆している鹿児島県文化課（当時）新東晃一氏の紹介で，悪石島地元総代の同行立会のもと，2004年5月1日（1人）と2009年5月2日（同行4人）の二回，各奉納祭祀場所を見学させて頂いた[1]。
　熊本大学の調査は正式な調査手順を踏んだもので，写真・実測図作成（破片資料は接合実測後，再度破片に戻し原位置旧状に戻している）をしていると思われるが，極一部の資料を白木原氏の好意で拝見しただけであり，全容は知らない。
　2004・2009年の二度の調査は，現状把握と代表的個別陶磁器の写真撮影だけであり，調査とは名ばかりの，見学レベルのものである。悪石島伝世の陶磁器類の全容及びその評価は熊本

大学の正式報告書によってなされると思われるので，本稿は華南三彩陶に関して，見学の結果と，それらに関する若干の考察をすることを目的としている。

なお，以下記述にあたっては，白木原氏は盗難を恐れ，奉納場所の名称を明らかにしていないのに従い，白木原氏の付けた記号をもって奉納場所を示すこととする。

1 悪石島の概要

悪石島は，鹿児島県鹿児島郡十島村（トカラ列島）にある周囲12.6km，面積7.49㎡の，断崖絶壁に周囲を囲まれた島である。申叔舟『海東諸国紀』（1501）の「海東諸国総図」「日本国西海道九州之図」に記載されており，ちょうど九州南端と琉球本島北端との真中に位置している。立ち寄る航路は記載されていない。後者（「日本国西海道九州之図」）には「去上松二／百三十五／里去大島／七十五里」と，"（肥前国）上松浦から235里，大島から75里"との注記がある。現在は鹿児島県に属しているが，15世紀代は琉球王朝の配下にあったと考えられており，1609年の島津琉球侵攻まではその影響下にはいっていた。（第1図）

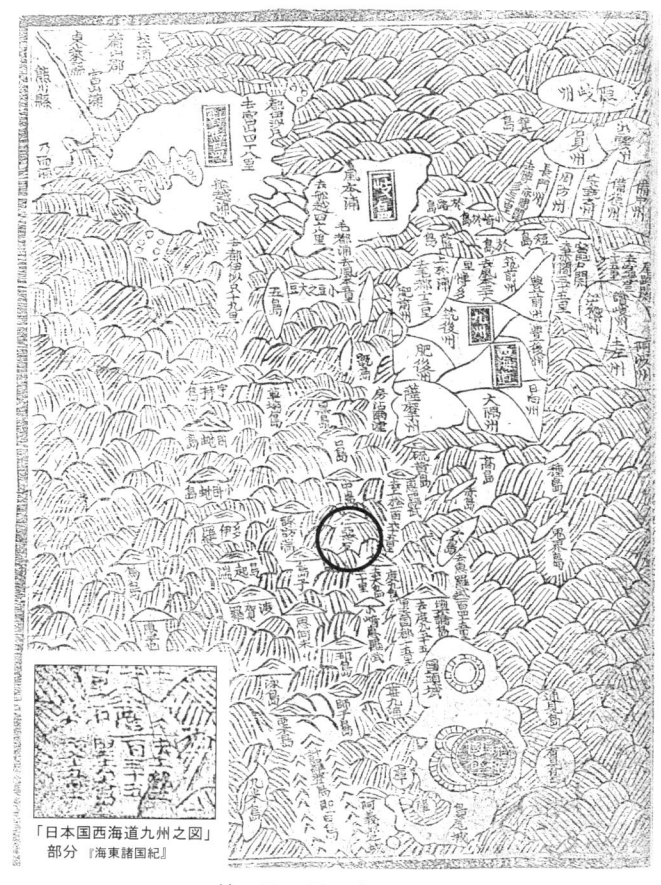

第1図　悪石島の位置
「東海諸国総図」『海東諸国紀』（1501申叔舟）

悪石島についての考古学的調査は，熊本大学考古学研究室の調査が最初であると思われるが，本格的な民俗調査は鹿児島大学下野敏見氏によってなされており，奉納場所を含めた各神社・祠の民俗調査報告もなされている（下野1994）。ただ，祭祀に使用する陶磁器の記述はあるものの，熊本大学の調査で明らかにされた伝世貿易陶磁器類について触れることはない。

村内には神社の他に，各神社境内，道路沿いや辻に小さな祠（小宮・現在はコンクリートブロック製であるが，本来は"コバ〔蒲葵〕の宮〔小宮〕"〔下野1994〕，または"クバの小宮"〔白木原1982〕であったと思われるもの）が存在する[2]。内部には御幣の他に，多くの場合量の多寡はあるものの，何らかの陶磁器の破片や貝殻が存在する（御幣のみで他に何も存在しない例も多いが）。そのうちB社は山林中に単独で存在し，華南三彩陶が祭具として使用されている唯一の例となる。また神社境内にある小宮（A社，キンニャサマ境内）には貿易陶磁器類の破片が存在する例がある。その他の多くの場合，陶磁器は日常雑器の破片で，完形に近い例もあるが，目についた陶磁器破片をただ投げ込んだだけという感じのものも多い。

2　華南三彩陶を祭祀保管している祠

華南三彩陶の認められる祠は，現在のところA社，B社，C社の三社のみである。そのほかに白木原氏の記述によれば，A社境内から出土したという華南三彩刻花文水注と琴高仙人形水滴を個人が保管しているということである[3]。

【華南三彩陶を保有している各社の概要】

華南三彩陶を保有している祠は，前述の通りA・B・C社の三社のみである。その内B社は，本来は"コバ（蒲葵）の宮（小宮）"（下野1994），または"クバの小宮"（白木原1982）であって，現在はコンクリートブロックで造られ，小宮の形態を残している。

残りのA・C社の二社はともに神社形態の社殿ともいえるが，一般の神社形式のように本殿・拝殿にわかれておらず，所謂仏堂のように，切妻棟入りの社殿内中央奥に祭壇を設け，祭壇中央に御神体（木札）を収めたオズス（御厨子・神棚）を置いている。御厨子前の祭壇には榊立（青葉を挿す）・瓶子・長御酒瓶（多くは対になり，数対存在），皿，湯呑，茶碗類が置かれている。実際の祭祀の際に使用されると思われる酒杯や徳利などはビニール袋にいれて別に置いてある。祭壇には華南三彩陶は置かれていない。基本的に祭壇の左右には雑然と陶磁器類，ホラ貝，シャコガイ[4]，シーサー（狛犬），壊れた彫刻された飾り，茣蓙，ビニールシートなどが置かれている。殆どは実際の祭祀には使用されていないものであるが，下野氏の報告や，案内してくれた方の説明では，一対の甘酒を入れる壺と，一対の土瓶（ジョカ，水注）が，雑然と置かれた陶磁器類の手前傍らに置かれており，実際の祭祀に使用されているものらしい。A社，C社とも雑然と置かれた陶磁器類に交じって華南三彩陶が置かれている。

1）A社

社殿は，下野調査の1976年頃の写真（下野2010）と，一部を除いてあまり変化は見られない。

明治28年8月5～10日悪石島に滞在した笹森儀助の記録（笹森1969）によれば
「社殿は間口壱間半，奥行四尺余，蕩竹の枝葉を以て之を葺き，板壁となし，朱を以て之を塗る。神体は備へす，古鏡方形壱個，円形四個，同く柄付六個，貝殻，花瓶，皿，茶碗等を納む。陶器類中見るべきものなし。（下略）」（笹森1969）
明治中頃までの社殿は，巾2.7m，奥行1.2mと，現在より小振りであるが，朱を塗った板壁であることから"コバの宮"ではないようである。内部に鏡11枚ほか貝殻，花瓶，皿，茶碗などが存在しており，内部状況は現在と変わらないようである。

1975年（下野調査）の内部写真と現状（2004年）と比較すると，祭壇が三段で，使用されている板材の規模などから，同じ祭壇である。上段中央に御厨子を置き，中段中央の青釉角形水注に御幣を挿していることは同じである。御厨子の前左右には，酒瓶，花瓶（榊立）が，中段，下段には香炉，碗，皿など11～12点が載り，ツカミテグロという竹串状棒の束が置かれている。2004年はさらに，祭壇下両脇にあった，狛犬（シーサー）が，下段に置かれている。酒瓶，花瓶に挿された御幣と，青葉，笹葉は定期的に交換されているようである。

華南三彩陶は祭壇上には置かれていない。130点以上を数える陶磁器類は祭壇下左右の床面にほぼ同量が置かれている。A社の華南三彩陶長丸胴形刻花文水注一対と魚形水滴は，雑然と置かれた陶磁器類の中に埋もれており，水注は左右に一点ずつ，水滴は右側の陶磁器の中にそれこそ埋まっていた。現在のA社では華南三彩陶を特別扱いしている様子は全くないが，左右に一点ずつ置かれていることは，かつては祭壇上に一対の水注を左右にわけて置いていたことを示しているのかもしれない[5]。

右側奥に，須恵器甕，褐釉四耳壺などが置かれ，手前には，祭祀に使用するという，甘酒甕，急須（チョカ）が置かれている。左には華南三彩陶水注の他に酒瓶・花瓶類の壺20点以上，碗皿類7点以上（殆ど破片），甕壺類4点以上あり，酒瓶・花瓶類が多い[6]。

タイ・スワンカローク窯褐釉双耳小壺（高11.4cm），スワンカローク窯褐釉双耳細首壺（高12.1cm），中国産青釉菊花小皿，中国産褐釉四耳壺，須恵器（陶質土器）などが認められる[7]。

A社境内から出土したという，三彩刻花蓮花文水注二点一対と，琴高仙人型水滴一点が個人所蔵品としてある。実見していないので，白木原氏，白木原資料を利用した亀井氏の記述によると，「三彩刻花牡丹文水注二点は前述の水注と同じであるが，通じてみると，腰の蓮弁の施文にも精粗，大小がみられ，この個人蔵の二点はいずれも小形の蓮弁が二重線で表現している。後者のいわゆる琴高仙人型水滴は，琴高乗鯉のように，鯉の上に仙人が乗る形を表現している。頭部は他の例に漏れず，無釉のままである。」（亀井1985）とある。

三点の華南三彩陶がどの様な状況で発見されたのか不明であるが，琴高仙人形水滴と刻花文水注一対が一緒に存在したのであれば注目され，A社では水注一対＋水滴一点の組合せが，二組の存在したことになる。

2）B社

　コバ（蒲葵）を建築材料として作られていたが，台風の度に壊れるので，コンクリートブロック製にしたという。その背後には壊れたコバの小宮の残骸が残されている。周囲には立木しかないが，入口に赤い鳥居（現在は赤色残らず）が立てられており，独立した神社としての格を示している。鳥居には，笠木下の島木に赤黒に塗分けられた鋸歯紋が施されている[8]。

　祠内部は，床に20～30cmの川原石（海転石）が乱雑に敷かれている。2004年と2009年では，内部の器物の配置状況に若干変化があるが，基本的に中央に御幣を立て，一対の華南三彩水注の注口部を左にむけて置かれ，手前に白磁碗と，染付花瓶が置かれていることは同じである。水注，花瓶には青葉や笹が挿されており，祭祀が継続されていることを示している。御幣の前にはツカミテグロが地面に刺され，他は散乱している。2009年の調査では前回（2004年）には無かった，魚形水滴が手前に置かれていた。A社に次いで二例目となる。

　B社で確認できた陶磁器は，華南三彩陶刻花蓮花文水注（獣形把手）一対，同魚形水滴1点，古伊万里（瓶1・碗2・皿2）で，華南三彩陶が実際に祭具として使用されている唯一の例となる。他の陶磁器と同様に祭具としての花瓶（榊立）として使用されていることを示しており，華南三彩陶が特別に祭祀の対象となっている訳でないことは明らかである。B社には，A・C社や小宮（たまに）に存在する香炉形陶磁器は無く，またホラ貝・シャコガイも置かれていない。白磁碗は灰を入れれば香炉の代用となるが，その可否については不明。

3）C社[9]

　社殿内部はA社とほぼ同じ状況で，中央に祭壇，その祭壇の左右に陶磁器類を雑然と置いている。祭壇は1976年の内部写真（下野2010）では三段で上段に御厨子，その前と両脇に花瓶二対（笹・青葉を挿す），小壺2，タイ産褐釉双耳小壺と銅銭の入ったガラス瓶[10]，中段には徳利5本，香炉2，碗2，下段には土瓶（水差し）2，杯8が置かれている。2004年には，上段，中段がなく，下段のみで，中央奥の御厨子前に，花瓶6，その前に徳利6，またその前に香炉2と，碗，小壺，真鍮製蝋燭立1，ビニール袋に入った杯が置かれており，段が無くなっただけで基本配列に変化は無い。何れの場合も青葉・笹が挿されているのは花瓶であり，徳利に挿されることは無いようである。

　祭壇の左に12点以上の陶磁器，右手には祭壇右手前から右奥にかけて32点以上の陶磁器類と銅鏡，茣蓙・ブルーシートが置かれるが，狛犬や，下野氏の報告にあるホラガイ・シャコガイは現在見当たらない。右手前には華南三彩刻花文水注一点が置かれるが，左側には華南三彩陶は無い。他にタイ・スワンカローク窯青磁双耳壺（完形），タイ褐釉双耳小瓶や，甘酒を入れる甕[11]，奥に褐釉四耳壺（中国），須恵器などが雑然と置かれていた。華南三彩刻花蓮花文水注は，右側に一点存在したのみであるが，A社などの例からすれば，左側にもう一点存在した可能性は高い。

3 悪石島伝世華南三彩陶（丸胴形蓮花文水注）とその分類

　刻花蓮花文[12]は本事例だけでなく，盤，瓶その他の器種に多用されている文様である。基本形は同じであるが，葉・茎などの表現に違いが認められ，それを型式学的組列によって示すことができる。その流れが，複雑⇒簡略，またその逆の簡略⇒複雑も理論的には可能であるが，丸胴形水注には把手の違いはあっても形の変化は殆どないので，器形による型式学的組列を観察することはできない。

　悪石島島内のA社（一対），B社（一対），C社（一点）に丸胴形刻花文水注が伝世しており，また個人宅にも一対の水注が保管されているということである。個人蔵水注一対は実見していないので検討の対象から除外する。

1）丸胴形蓮花文水注胴部文様の分類（第2図）

　水注の胴部刻花文（蓮花文）は同種の文様ではあるが多少の変化が見られる。大きく分類して三種類ほど認められるので，a類，b類，c類に分類して記述する。

a類：A社に伝世しているもので，一対存在する。一点は注口部を欠き（A-1。高さ13.5，口径3.2×3.5，胴径10.3×10.5，底径6.6cm），もう一点は把手を欠いている（A-2。高さ13.3，口径2.6，胴径10×9.7，底径6.7cm）。口縁部の周りに，複線による連弁が八弁めぐり，底部付近にも亜三角形の連弁が周っている。刻花文様は左右胴部中央に描かれ，めしべ（柱頭・花柱・子房）を抱くように花弁を描き，下に萼片，左右に三四枚の花弁が描かれる。花托から花柄が伸び，両側に一柄三葉がつく。花の上左右にも同じ一柄三葉が伸びている。花の中心，葉の軸部分が紫，他は黄と大まかに塗分けられている。小さなキャンバスとしてはやや煩雑気味である。一対二点とも，釉薬の残存状況には違いがあるが，刻花文はほぼ同じである。

b類：B社に伝世しているもので，唯一祭具として現在も使用されており，一対存在する。二点とも完形品で獣形把手[13]を付ける。一点は釉薬の残りは良い（B-1。高さ12.8，口径3.1，胴径10.0，底径6.5，長さ14.8cm），他方（B-2。高さ13.9，口径3.0，胴径10×9.8，底径6.8，長さ15.0cm）は，釉薬がかせており，線刻もあまり明瞭ではない。中心花文はめしべを抱き込む花弁がまろやかになり，萼片三，両側横に伸びる萼片ないし花弁は一枚となる。茎の下に両側に伸びる葉は一葉となり，花の上部左右に伸びる丸い吹き出しのように伸びている。a類より簡略化されたのか全体がまろやかになる。めしべと萼片の一部に紫，他には黄を施している。一対の水注の刻花文は，ほぼ同じとみてよいであろう。

c類：C社に伝世しているもので，一点のみ。高さ13.3，胴径10.8，底径6.5cmで，把手を含む胴部上半部を欠損する。胴部左右[14]の刻花文は多少の違いはあるものの，ほぼ同じである。花文の表現は簡略で，めしべを抱き込む花弁はb類よりさらに丸くなり，萼は一つの纏まりとして表現され，左右に伸びる花弁も丸く伸びる。花上部両側から伸びていた葉は花より離れて描かれ，下部の葉も同様となる。地の緑釉に主に花部分は黄，葉は紫に塗分けられているが，

悪石島における伝世華南三彩陶

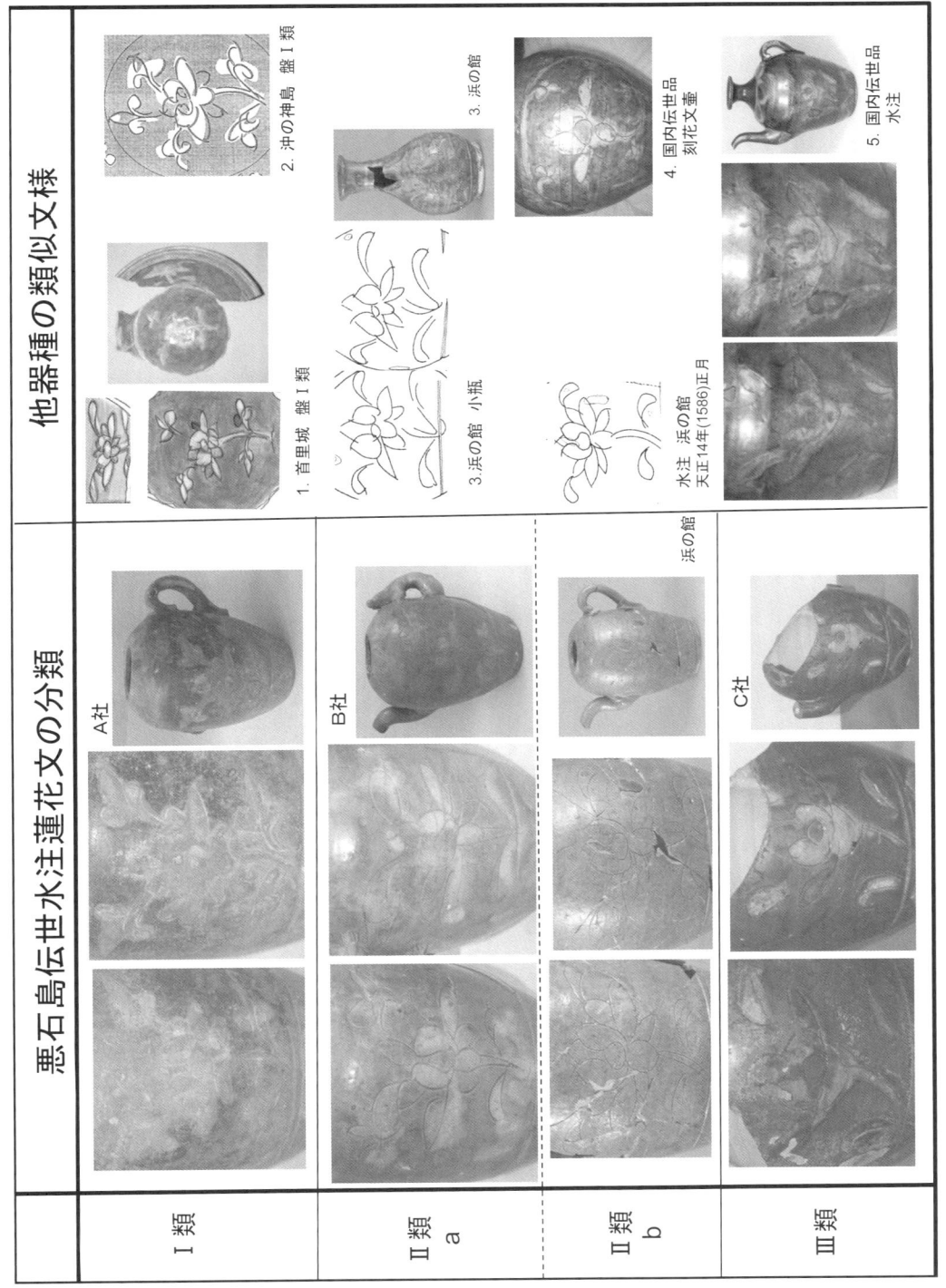

第2図　悪石島伝世水注蓮花文の分類

線刻内に収まっているわけではない。ほぼ同一の文様を持つ国内伝世品がある[15]。

　以上，蓮花文の三種類の変化は，ここでは繁雑（完成度が高い）から簡略化の方向の観点から，ａ類→ｂ類→ｃ類の変化を観察し，第２図にⅠ類⇒Ⅱ類⇒Ⅲ類として型式学的組列を示した。Ⅱ類に関しては，熊本県浜の館遺跡出土水注の蓮花文がⅡ類とⅢ類の中間を示し，中心花文がⅡ類に類似することから，Ⅱ類をⅡ類ａ（類例：Ｂ社）とⅡ類ｂ（類例：浜の館）の二つに分けた。しかし，施文されている水注の器形自体の形態には殆ど変化は無く，器形の型式学的変化を見ることは出来ない。器形変化と文様変化を関係付けることはできず，組列の方向を見る視点にはならないため，その逆の可能性も否定できない事も事実である。

２）類似文様が刻花される華南三彩陶

　蓮花文は華南三彩陶の壺・瓶・盤などにも施文される文様である。華南三彩盤は型式学的組列として盤Ⅰ類・Ⅱ類・Ⅲ類に分類される（木村他2003）[16]。三類に分類された盤の内，盤Ⅰ類，Ⅱ類には盤の見込みに蓮花文，またⅠ類立上部四カ所にはやはり蓮花文が，Ⅱ類立上部三カ所には草文が施文されている。盤Ⅰ類の刻花文は水注Ⅱ類に類似し，盤Ⅱ類の刻花文は枝・葉は水注の刻花文とさほど変わりは無いが，中心花文の外形がチーリップ形となっている。盤刻花文のⅠ類からⅡ類への変化を，大雑把に見ると簡素な蓮花文から繁雑な蓮花文へと見ることもできるが，中心花文の描き方が異なり型式学的に直接的につながるとは言い難い点がある。

　華南三彩刻花文壺のうち，器高30cm前後の大形品の唐草文の主文様として水注と同じ描き方の刻花文が施文される。また，小壺にも同じ描き方の刻花文が施文される。浜の館出遺跡土例（熊本県教委1977）に見られる刻花文瓶の刻花文は，頸部に連弁が刻まれ左右二か所に刻花文が施され，文様も構成も水注とほぼ同じであるが，類例も少なく器形変化は見られない。

　以上の，盤・Ⅲ・瓶・壺・小壺の刻花文が，丸胴形水注と同じ描き方であるという点からすれば同時代性を示唆するが，刻花文の型式変化方向を判断する材料とはなっていない。従って，丸胴形刻花文水注の蓮花文をａ・ｂ・ｃ類の三種類に分類したが，Ⅰ類→Ⅱ類→Ⅲ類の型式学的組列（変化）とも，或いは時間的な変化ではなく同時期内での違い（工房〔窯〕差，工人差）と見ることも可能である。結論を出すための決定的な裏付けはない。ただ，何れにしろ，水注および他器種の刻花文の類性は，製作工房（窯）は同一地域（または同一工房〔窯〕）にあったことを示しているといえるだろう。

３）再び悪石島の丸胴形刻花文水注

　悪石島伝世の丸胴形刻花文水注の蓮花文Ⅰ類，Ⅱ類，Ⅲ類の型式変化の方向性を決める判断材料は不足したが，Ａ社，Ｂ社に各一対伝世している水注がそれぞれ同一刻花文であり（Ｃ社も本来一対であった可能性は高いが，現状では一点のみであるので除外），各社それぞれに，異なった時期に同一工房（窯）製作水注を一対として入手したものを奉納した可能性を示している。従って偶然の入手ではなく意図的な選択があったと見るべきであろう。

4　悪石島伝世華南三彩陶　"琴高仙人形水滴"と"魚形水滴"

1）悪石島の"琴高仙人形水滴"と"魚形水滴"（第3図）

　悪石島では，A社・B社に魚形水滴が伝世し，A社から出土したという琴高仙人形水滴が個人宅に保管されている。

　A社の水滴（第3図1）は釉の残りが良好で，やや上向きの頭，背面を極度に前に折り，尾をたて，腹鰭を見せている。胸部分は底部となっており釉が掛けられていない。頭部の形が若干違うが，全体の形は大阪城下町（大手町4丁目）出土の魚形水滴に類似している。

　B社の水滴（第3図3）は釉薬の残りが不良で，正面を向いた頭，胸から直角に曲げるように尾を立て，背鰭，腹鰭を付けている。胸部分は底部となり，釉薬が施されていない。

　A社，B社とも器形は異なるが，顔は魚とは思えない厳つい姿をしており，完形品である。

　A社から出土したという琴高仙人形水滴は実物を見ていないので判断し難いが，写真を見る限り尾鰭の一部が欠損するだけでほぼ完形品である。完形琴高仙人形水滴としては首里城出土と伝えられる二点の琴高仙人形水滴の写真があるが，何れとも異なっている。仙人像は大分旧府内城下町75次出土のそれに類似するが全く同じではない。琴高仙人の乗る魚は魚形水滴とは尾部は類似するが体部は異なり，底部となる胸部片側に二つ，左右合計四つの足のような鰭が付けられている。

2）華南三彩陶の水滴

　以上のように悪石島には水滴が三点伝世しているが，日本国内のこのような離島での伝世は極めて珍しい事例といえる。インドネシア・スラウェシ島に比較的多数（他の陶磁器群と比較すれば少数であるという）の華南三彩合子（香合）・水滴が残っており，キンマの風習（嗜好）によるものとされている。水滴は本来文房具のはずであるが，キンマの葉に石灰を塗るときに水を加えるのに水滴が便利であり（ケンディーなどの水注も同様便利であるという），多用されたものといわれている（尾崎2001）。悪石島で文房具としての水滴が必要であったかというと否定的にならざるを得ない。しかし，そもそも形は文房具の水滴であっても，東南アジアでの出土状況をみると，華南三彩陶の水滴は文房具としての用途を目的に製作された陶器ではないと考えた方がよさそうである。悪石島では水滴以外の華南三彩陶は水注のみであり，これもまたキンマ風習に利用できる器種である。とはいってもキンマ風習があった証拠もなく，またその材料も島内には存在しない。魚形水滴・琴高仙人形水滴（両者の区別がつかない方が多い）が最も多数出土しているのは首里城内であり，次いで豊後府内（旧府内城下町）となる。旧府内城下町では華南三彩陶の鳥形・魚形・琴高仙人形水滴以外に，駱駝形，馬形水滴などの珍しい器形の水滴も出土している[17]。華南三彩陶の水滴の製作目的が文房具としての水滴ではなく，キンマ風習のためであったとすれば，その風習のない日本への流入は何のためであったのだろうか。もちろん文房具の水滴としての利用は可能であるが，悪石島のような離島での出土例の多さは

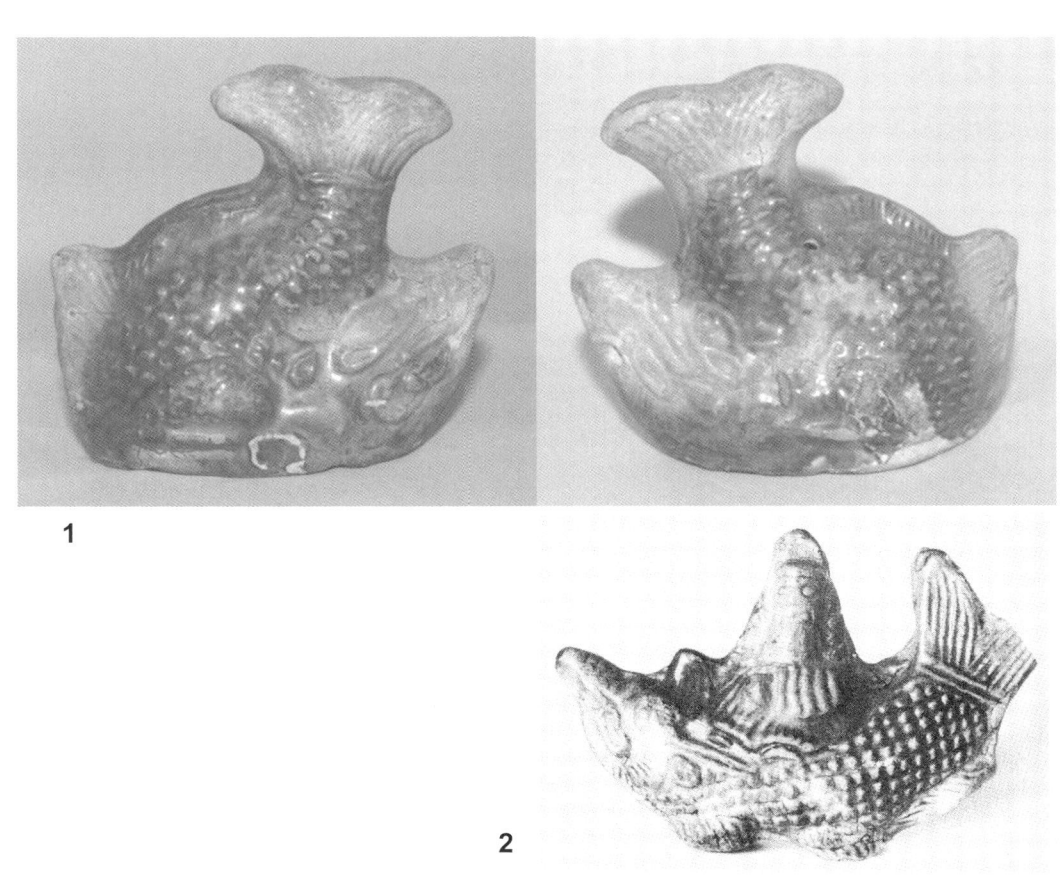

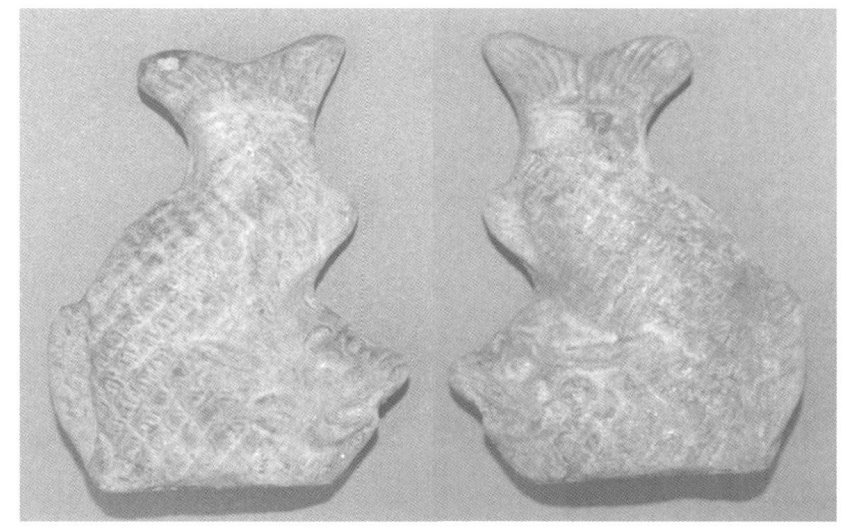

1 魚形水滴　A社、　2 琴高仙人形水滴　伝A社、　3 魚形水滴　B社
第3図　悪石島の華南三彩水滴（縮尺不同）

	丸胴形刻花文水注		水滴
A社	 ①	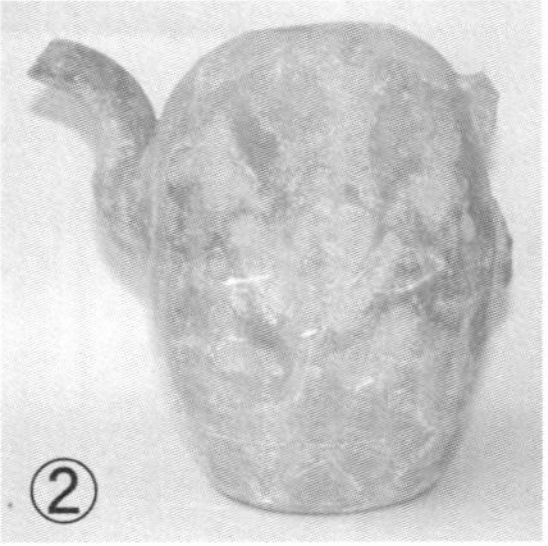 ②	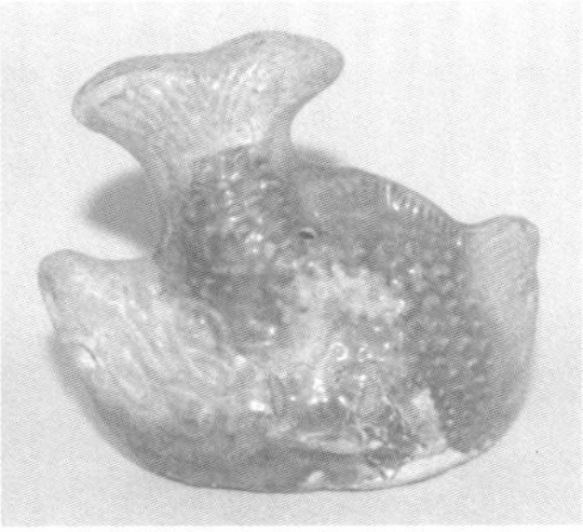
A社 個人蔵	①	②	
B社	 ①	 ②	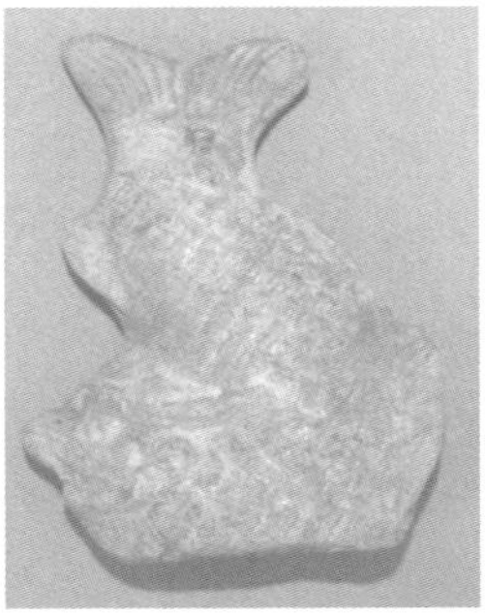
C社	 ①	②？	？

第4図　悪石島各社の伝世華南三彩陶の組成（縮尺不同）

理解できない。首里城・豊後府内・悪石島の華南三彩陶の水滴に，文房具としての水滴以外の共通の用途があるのであろうか。悪石島では華南三彩陶の〔水注一対＋水滴一点〕の組合せが，A社に二組，B社に一組の存在が推定され，C社は水注が一点残存するのみで状況は不明であるが，悪石島に少なくとも三組存在することは，華南三彩陶水滴に関して何かを暗示させるが，現状ではそれが何なのかは考察が及ばないが，セットで入ってきた可能性を指摘できる。(第4図)

当時，キンマの風習と共に華南三彩陶の水滴が入ってきたが，一時的なものですぐ廃れてしまい，道具だけが残り，その風習の痕跡が残っていなのだと推定することも可能であるが，裏付けはない。

3）琴高仙人形水滴と魚形水滴の魚とは

さて，日本では琴高仙人の乗る魚は説話通りに"鯉"とされ，室町時代からの絵画資料にも淡水魚の鯉に乗った画像が多く描かれている。従って，陶磁器を見る我々も琴高仙人形水滴の魚も鯉として疑いを持つ人は少ない。しかし，中国では琴高仙人を絵画として描く画像あまり見かけず，仙人の一人としての画像が多く，その場合魚は怪魚またはそれに近い鯉？として描かれている例を見かける。

魚形水滴と琴高仙人の乗る魚の顔（頭部）を見ると，ほぼ共通して一見魚とは見えない龍にも通ずる様相をしている例が多い。インド神話に登場する怪魚にマカラ（中国では摩伽羅魚，摩竭魚という）があり，愛神カーマの旗標であり，水の神ヴァルナ，女神ガルガの騎乗獣とされている。もともと象のような長い鼻，とぐろを巻く尾を持つとされるが，イルカやサメ・ワニの類ともされ，龍と魚の混じったような姿をしているとも云われている。水を操る力をもっており，日本でも良く見かける鯱もマカラの一種とされている。中国において騎乗獣たる地位を失ったとされるが，琴高仙人の乗る魚はその流れにのるものといえないだろうか。また，それに類似する魚形水滴の魚もマカラの一種と考えて良いだろう。インドから東南アジアにかけてキンマ風習の広がる地域にマカラの形をした水滴が存在するのも故なしとは言えないだろう。ケンディー分布とも重なるのも興味ある点である。

5　おわりに　悪石島の華南三彩陶

既に述べたように悪石島伝世の華南三彩陶の水注7点（うち2点は実見しておらず検討の対象から外す），水滴3点（うち1点は実見していないが，写真があるので対象とする）は，村内の三カ所の神社に伝世してきたものである。A社・B社・C社伝世の刻花文水注の胴部文様（蓮花文）を検討し，蓮花文は型式学的組列を考慮して分類すると，a類・b類・c類に分けることが出来，組列を考慮してⅠ類→Ⅱ類→Ⅲ類と認定した。ただ本文中でも述べたように順番を裏付ける資料に欠けるため，その逆もまたありうる。

その内B社は現在も祭具として使用されており，華南三彩陶の悪石島での用途の残影を示し

ている。残影と表現したのは，華南三彩陶入手当初から現在と同じ扱いであったのか，それとも違う取扱いがあったのか現状以前の祭祀状況を推定する手段がないためである。

再度Ｂ社の状況を述べると，現在はコンクリートブロック製の"コバ（蒲葵）の宮"といわれる小宮の内部の中心に御幣を立て，両側に華南三彩水注を一点ずつ置いて青葉を挿し，手前に染付の細首花瓶・白磁碗を置いてあり，ツカミテグロが挿され散乱するという極めてシンプルなものである。祭祀に必要な香炉は置いてないが，手前の白磁碗は香炉に使用することは可能であるが，その痕跡は無い[18]。

2009年に確認した水滴は，2004年の時には確認していないのでＢ社に所属するのかは定かではないが，現在は使用しているとは思えない。本来からＢ社に所属していたものだとすると使用目的方法が気になるが，少なくとも宝器的に奉納されていたものでは無いだろう。
Ｂ社の現状[19]から読み取れることは，
① 南三彩陶は祭祀の対象ではないこと。
② 水注としての使用はされていないこと。
③ 一対で青葉挿しとして使用されていること。これは，神道における榊立（瓶）と同じ意味合いを持っていることを示している。
④ 華南三彩陶の水滴は文房具としての水滴ではない性格を持っていると考えられる。
⑤ 華南三彩陶の水注と水滴の共存はキンマ風習との関連を推定させる。（自然環境からその風習の存在の可能性は低い？）
⑥ 華南三彩陶水注一対と華南三彩陶水滴一点の組合せが，Ａ社の二組の他に確認された。
⑦ Ａ社・Ｂ社の水注の蓮花文は異なるが，各社はそれぞれ同一文様の水注を一対（Ａ社はⅠ類を一対，Ｂ社はⅡ類を一対，Ｃ社は一点のみのため不明）としていることは，各社に同一文様の水注（同一窯，同一時期）を一対として入手奉納していることを示している。

Ｂ社以外の，Ａ社・Ｃ社の場合を見ると，華南三彩陶は既にその他の多くの陶磁器と同じ扱い（現在祭祀に使用されていない）で，その中に埋没している。陶磁器類は少数の壺甕類を除けば，徳利形・瓶が目立ち，華南三彩陶の水注もその中の一器種にすぎないが，他の陶磁器類より若干目立つため，左右に一点ずつ紛れ込んでいれば，古くは厨子の前に左右に一点ずつ置き，青葉挿しとして，一対置かれていたと考えることは容易い。しかし，他の雑然と置かれている陶磁器類（徳利形，瓶など）も，現状をみれば一対として使用されていたと考えられ，扱いは同様であったと考えられる。

華南三彩陶を③のように取り扱った伝世事例は，他にも少数例ではあるが見られることは，以前にも触れたことがある。
　イ）鹿児島県加世田市寺園家（水注＋ケンディー）（上東2005），
　ロ）沖縄県今帰仁宮城家（ノロ家）（鴨形水注），
　ハ）久米島ヌンドゥンチ（鶴形水注一点，人形二点）（木村2013・2014）

である。イ）は華南三彩陶の瓜形水注・緑釉ケンディーで水注一対となる。ロ）以前は一対あったが，壊れたので一点は廃棄したとのこと。位牌棚に置かれ青葉が挿されている。ハ）の場合は状況からの推定である。

ニ）豊見城宜保家（ノロ家）（鶴形水注）は，豊見城ノロ家に伝世した例（金城1990）であるが，本事例は首里王府に参内した時に，みやげとして一点下賜されたものということであり，祭祀に使用されていたという伝承は無いという。

出土例では，熊本県浜の館遺跡出土例がある（熊本県教委1977）。鴨形水注4点（二対），長胴丸刻花文水注2点（一対），刻花文瓶2（一対），緑釉瓶2（一対），緑釉柑子口形水注2（一対），青花瓶2（一対）が，苑池の傍らに穴を掘って箱に入れられて埋められていた状況で検出された。何れも水注と瓶で一対あるいは二対残存しており，祭祀に使用する華南三彩陶の組合せ状況（一対で使用する）を示した良好な事例となっている（他に，白磁玉取獅子置物，白磁獏線香立，青磁盒子，玻璃製皿3，金延板が検出される）。

以上のように伝世明代華南三彩陶は，何らかの形で祭祀の道具として伝世しており[20]，ニ）の場合祭祀に使用された伝承はないものの，ノロ家に伝世しており，首里王府に参内した折に下賜されたとの伝承が残り，琉球王府の祭祀組織（ノロ）と関連を推測させる。明代華南三彩陶鶴形水注が最も多く出土するのが首里城であり，琴高仙人形水滴（魚形水滴も含む）が多く出土しているのも首里城である。首里城の場合出土地点は詳細には判定し難いが，祭祀の中心の"京の内"地区の周辺から多く出土しているようである（"京の内"地区内ではない。地区内で華南三彩陶が全く出土していないという事でもない）。京の内地区内から大量に出土しているなら，華南三彩陶を直接祭祀組織に結び付け易い。しかし，周辺域に多いという事で躊躇を覚えるが，周囲出土という事を積極的に評価すれば，祭祀組織に関わる祭祀道具として評価したい。

とすれば，ロ・ハ・ニの事例[21]は，琉球王府の祭祀組織との関連（結びつき）を考えても，あながちない違いではないであろう。それからすれば，琉球の祭祀組織からすれば最末端に位置する悪石島の華南三彩陶水注も，時に応じて一対（同一工房〔窯〕製品）を下賜入手したとも考えられよう[22]。ただ，なぜ悪石島のような孤島に請来され残存したかが問題となる。少なくとも，現在までに悪石島以外のトカラ列島，大隅諸島，奄美群島に華南三彩陶の伝世例がなく悪石島の特異さが目立っている。

前述の④と⑤の点に関しては，明代華南三彩陶の水滴・水注（・ケンディー），合子など東南アジア地域で多く出土ないし伝世していることは，もっぱらその地域への輸出を目的として製作されたことを示しているとの見解もある。特に華南三彩陶水滴はキンマ風習に強く結びついていると考えられ，琉球や悪石島の場合，単なる文房具としての水滴とは考えられない以上，また宝器的扱いをしたと考えられない以上，一部東南アジアの風習を伴ってもたらされたと考えるのが普通であろう。しかし，それは思想であって，実際に行われたかどうかは不明である。

最後に

　本稿には，本来論文として必要な情報・地図・写真などを十分示していない部分がある。これは，初めて考古学的調査を行い伝世陶磁器類の現状を憂慮する白木原先生の思いを汲んだためである。悪石島伝世陶磁器類の，行政として一日も早い文化財としての保護処置をとられることを強く望んでいる。

田中良之先生のこと

　田中さんが，縄文研究会（現九州縄文研究会）の発起人の一人であることを御存知だろうか。島津義昭氏と私の呼びかけによって，九州の縄文研究会を立ち上げるべく1983年12月11日に参集したメンバー8人（木村・島津・田中・中村修身・新東晃一・高木正文・小池史哲・松永幸男）の内の一人である。縄文研究会連絡紙"ザ・縄文"の名付け親であり，1990年頃まで研究会に発表・参加していたが，次第に顔を見せなくなった。何となく理由をきいたところ，この手の研究会に参加してもバカになるだけだから，との返事が返ってきた。本来なら何を言っているのだと反論したくなる筈であるが，私自身当時研究会に参加して発表を聞くと，しばしば学史を無視した発表などがあり，研究会などで皮肉を込めて締めの挨拶をしたことが重なっていたので，田中さんの発言に妙に納得してしまった覚えがある。その後，田中さんは，後の大学院構想につながる，文理融合の研究会（先史学研究会）を1995年9月に立ち上げ，以後数回の研究会を開催している（何回開催されたかは記憶にない）。

■注

1) 一回目（2004年）の調査の折，偶然にも男神役ホンボーイを務めていた西氏の民宿に宿泊することが出来，お話を伺うことができた。その折，西氏に悪石島伝世陶磁器類の文化財としての保護処置をとるべきだとお話したが，持ち出したら島が滅びるとの話をされた。持ち出しが，島からなのか，各神社なのかの確認はしなかったが，おそらく島からの持ち出しのことであったのだろう。二回目（2009年）も同じ民宿に宿泊できたが，氏は既に他界されており，再度話を伺うことはできなかった。ただ，一回目の宿泊の時に，参考にと置いてきた大分市歴史資料館図録（木村他2003）を，奥様が奥から取り出してきてくれた。
2) なお，祭祀に関して村内各社をみると，立石を祀るものがあり，①立石のみ（ガランドウサマ），②立石の前に小宮を建てるもの（金山社小宮），③小宮内部に立石をおくもの（ベザイテン，ツボゴ，ヒガシノハマ女神山）の各種があり，①→②→③の変化を見ることができる。どの小宮の中にも河原石を敷き，ツボゴでは下に破片にした須恵器を敷いている。内部に陶磁器の残るのはベザイテンと金山社小宮，ヒガシハマには香炉と赤い幣掛鳥居の破片が残っている。なお何れの祠にも華南三彩陶（伝世，破片も含めて）は認められないし，華南三彩陶のあるB社には立石はない。B社も①→②→③の発展形態の延長線上にあり，さらにA社，C社になり本格的な神社形態になったという，祭祀形態の大きな流れを考えるべきであろうか。

3) 2004年調査のおり，その個人宅に連れて行ってもらったが，そういうものは家には無いという返事であった。
4) 沖縄では香炉に使用されている例が多いが，香炉に使用された痕跡の有無は不明。
5) もちろん熊本大学の調査時の，祭壇以外の周辺部分の調査陶磁器類の調査にあたっての移動処置も考慮すべきとは思うが。
6) 一般的に祭具としては，花瓶・酒器・香炉・供物皿が一般的であると思われるが，酒器の徳利・水注は花瓶に転用可能で，実際に水注・徳利に青葉や笹・萱を挿している例がある。
古銭が入った褐釉蓋付土瓶が左側陶磁器類に混じって存在。内容は紹聖元寶（宋）紹聖元年（1094篆書）1枚，大観通寶（宋）大観元年（1107楷書）3枚，洪武通寶（明）洪武元年（1368真書）5枚，永楽通寶（明）永楽6年（1408隷書）1枚，寛永通寶（江戸）102枚，文久永寶（江戸）文久二年（1862）2枚，無文銭（鳩目銭）13枚，計127枚である。
7) 本稿の主題ではないので，紹介にとどめる。その他貿易陶磁器類については亀井1993を参照されたし。
8) 下野氏によれば悪石島の鳥居の特徴でもあるという。
9) 下野氏によれば「鳥居を入ってすぐ左にビロー葉で葺いた小宮があり，その隣には土つつ祭りの竹を編んだ台がある。堂前の木の根元には一尺余の高さの鳥居（幣掛け鳥居という）をこしらえ，古い壺を二つ置いてある。ツボは甘酒ツボ。笹葺きの堂の中にはツボ大小各種，貝類多数を納めてある。（中略）堂中の貝は「ホンランケ」（ホラ貝のこと），「アザゲイ」（片貝）など。また，堂中に「ツカミテグロ（＝神様の箸）」という高さ15センチほどの割り竹を何十本も一束にし，その一本一本に半紙をぎりっと巻いてある。お祭りのときにこれを御幣といっしょに供える。」（p77，78）
「森の中に笹ぶきの社殿があって厨子を入れ，木札を入れてあった。境内にはコバブキの小宮があって石ころや貝殻を入れてあった。社殿の中には立派な壺がいくつもあった。」（p233）（下野1994）
10) 中の銅銭については調査をしていない。
11) 本来一対であったが盗難にあったという。下野氏の調査時点ですでに盗難にあっている。2004年に同行案内してくれた総代は，ついこのあいだ盗難にあったという感覚で話されていた。
12) 蓮花文と牡丹文は，その間に明確な線を引くことはできないが，概略は判別する事ができる。
13) 獣形把手は，数は多くないが他にも類例を確認することが出来る。現在確認できるのは，丸胴形刻花文水注では，本稿で取り扱ったB社の2点のみである。瓜形水注では，寺園家の伝世品一点と個人蔵の一点の計二点があるが，鎌倉芳太郎氏調査の写真に瓜形水注の獣形把手三点が載せられている（現在所在不明）（鎌倉・伊東1937）。他に，豊後府内旧府内城下町80次調査で，獣形の把手部分のみ出土している。獣形把手は型で成形したようには見えないが，極めて類似した形をしている。動物の種類は，手足・尻尾などの形からネズミ類（齧歯類）と考えてもよさそうである。
14) 上面から見て，前注口部から後把手を結んだ線の右を右側，左を左側とする。
15) 口縁部を徳利状に，注口部を銀で付け替えられている。箱書きには「交趾酒器」とある。亀井1986掲載p362図12も同じタイプの文様の完形品。
16) 華南三彩陶盤の分類
盤Ⅰ類：丸縁口縁に無施文の平縁，立ち上がり部に四か所に蓮華文，見込み中央に大きく蓮花文，底部はやや上がり底気味で，露胎。
盤Ⅱ類：稜花縁で鍔に三カ所の雲文，見込みに蓮花文，立上部内面三カ所に草文，底部はやや上げ底で露胎。
盤Ⅲ類：稜花縁で鍔に四カ所の雲文，見込みに藻魚文ほかの文様，立上部に四カ所の草文，底部には高台が付き，畳付を除き施釉される。
17) 文房具としての水滴使用なら，華南三彩陶以外の青花などの水滴が出土してもおかしくはないのである

が，殆ど出土していない。
18) 地元の祭祀を司る人に聞いたわけではないので，祭祀に香炉が必要であるのか否かは知らない。ただ，A社，C社には香炉が存在するので，基本的には必要なのであろう。
19) B社の現状と関連して一点気になることがある。A社の境内から出土？したという個人蔵の丸胴形刻花文水注一対と琴高仙人形水滴一点である。A社社殿内あったものではないらしく，A社境内で取得し個人に所蔵されているということ以外情報がない現状では全く想像に域をでないことであるが，もし水注一対と水滴一点が同じ場所で取得したのであれば，A社境内にはかつてコバの小宮が存在しており，その小宮にB社と同じ祭祀状況を想定することも可能であろう。現状ではA社境内入口付近にコンクリートブロック製の小宮が一棟存在するのみであり，内部に比較的多数の陶磁器類（貿易陶磁器類も含む）が存在している。
20) 多くの場合，一対として青葉挿（榊立）としての祭具として伝世使用されている。
21) イ）例は媽祖信仰の事例。"天妃娘娘"を祀っている。
22) 亀井明徳氏の見解（亀井1993）を全く無視するわけではないが，華南三彩陶を宝器的扱いしたとの見解には立てない。亀井氏の場合，悪石島の貿易陶磁器全般を問題としているので，見解が全く違うわけではない。

■文献

上東克彦，2005．鹿児島県加世田市「寺園家」に伝世した華南三彩　－クンディと果実形水注－，南日本文化財研究1，8-12．
鎌倉芳太郎・伊東忠太，1937．南海古陶瓷，寶雲舎，東京．
亀井明徳，1985．明代華南彩釉陶をめぐる諸問題・補遺，九州歴史資料館研究論集10，53-79．
亀井明徳，1986．日本貿易陶磁史の研究，同朋舎，東京．
亀井明徳，1986．薩南諸島の生産と交易　海路を知る人－トカラ悪石島，図説発掘が語る日本史6 九州沖縄編，pp.279-281，新人物往来社，東京．
亀井明徳，1993．西南諸島における貿易陶磁器の流通経路，上智アジア学11，11-45．
熊本県教育委員会，1977．浜の館　阿蘇大宮司居館跡，熊本県文化財調査報告21，熊本．
木村幾多郎・坪根伸也・中西武尚，2003．平成15年度秋季（第22回）特別展　豊後府内南蛮の彩り　南蛮の貿易陶磁器，大分市歴史資料館，大分．
木村幾多郎，2013．久米島伝世の華南三彩陶（上）　明代華南三彩陶の研究8，南島考古32，pp.29-46．
木村幾多郎，2014．久米島伝世の華南三彩陶（下）　明代華南三彩陶の研究9，南島考古33，pp.29-44．
金城亀信，1990．豊見城村内確認の明代三彩鶴型水注，沖縄県教育委員会文化課紀要6，pp.95-100．
尾崎直人，2001．インドネシア・スラウェシ島に渡った三彩　交趾焼展　本多弘氏コレクションによる，福岡市美術館，福岡．
下野敏見，1994．トカラ列島民俗誌，第一書房，東京．
下野敏見，2010．トカラ列島，南日本の民俗文化写真集3，鹿児島．
笹森儀助，1969．拾島状況録，日本庶民生活史料集成第一巻探検・紀行・地誌（南島編），pp.117-275，三一書房，東京．
白木原和美，1980．水鳥の邂逅，日本民族とその周辺－考古篇（国分直一博士古希記念論集），pp.437-459，新日本教育図書，下関．
白木原和美，1982．ツボゴの壺　吐伽喇における祭祀形態の始源とその変遷，熊本大学文学部論叢9，141-157．
新東晃一，1996．先史時代の吐伽喇列島，十島村誌，pp.361-426，鹿児島．

豊見山和行，2003．琉球・沖縄史の世界，琉球・沖縄史の世界（日本の時代史18），pp.7-83，吉川弘文館，東京．

【謝辞】
　以下の方々に調査にあたりお世話になりました．感謝いたします．
　有川和則，有川浩一，有川幸則，江崎武，上村俊雄，亀井明徳，木戸浩，坪根伸也，徳田保，白木原和美，新東晃一，稗田智美，森本朝子，十島村教育委員会，民宿西荘

マジョリカ陶器における文様の同時代性と模倣

(公財) 大阪市博物館協会大阪文化財研究所　松本　啓子

要旨

　日本のマジョリカ陶器は色絵フォグリー文アルバレルロが有名で，17世紀後半に位置づけられる鎖国期の輸入品の壺である。マジョリカ陶器は茶道具として伝世したものや，1632年埋葬の徳川秀忠墓，玖島城跡，長崎市内遺跡群，堺環濠都市遺跡，大坂城下町跡，徳島城下町跡，宮津城跡，加賀藩江戸屋敷跡に17世紀中頃～後半の出土品がある。しかし，色絵フォグリー文壺はヨーロッパで同時期の同型式の壺がなく，製作地も不明である。なぜなら，日本の壺は文様が16世紀型，本体のつくりが17世紀型の奇妙な壺だからである。

　本稿では大坂出土品を実物比較して得た情報からヨーロッパでの位置づけを考える。まず，オランダの文様編年における大坂出土品の位置を確認し，大坂出土品に似たアムステルダム出土壺の年代を出土状況を検討し，オランダ語圏の陶工の動向を整理する。そして，ヨーロッパ全体で見ると複数の装飾意匠が後世に模倣されることから，日本の色絵フォグリー文アルバレルロの製作時期を考察する。

キーワード：マジョリカ陶器アルバレルロ，色絵フォグリー文，装飾意匠の模倣，宗教改革，鎖国

　鎖国期の日本を代表する輸入品の色絵フォグリー（葉）文のマジョリカ壺は，大坂出土品1を実物比較した結果，ヨーロッパのマジョリカであることはどの国の研究者も納得するところとなったが，装飾意匠は16世紀代，壺本体の作りや焼成状況は17世紀代に似るという不可思議なもので，ヨーロッパでは同一型式のものは見つかっていない（松本啓子1999・2010・2014）。

　考古学でモノや製作情報の移動・伝播を考える際は，まず同時代性を重視する。次いで伝世や模倣による製作を考えることになる。本稿ではヨーロッパ・マジョリカを再検討して，日本のマジョリカがどの時期的に位置付けられるのかについて考えてみることにする。

オランダのマジョリカに採用された装飾意匠の流行時期と日本のマジョリカ（第1図）

　オランダのマジョリカ編年はコルフ博士によるところが大きく，750点余りのマジョリカを

分析して得た年代観（Korf, D. 1981）は今も支持されている。博士はマジョリカの装飾意匠を135種類に分類し，各々の流行時期を表で示している。第1図は日本のマジョリカに関連する装飾意匠を抜粋したもので，日本の主な出土品と，大坂出土品と形態・法量・焼成・色調・製作技法がよく似たアムステルダム・ユトレヒト通出土品も併せて掲載した。

　徳川秀忠墓出土品4は，ジグザグ線を組合せて菱形を描き，各線の中点あたりに点を配置したもの（鈴木尚ほか1967）で，第1図コルフ氏編年表の56や109，菱形とみれば54や55に似る。これらは16世紀末〜17世紀前半に流行し，徳川秀忠が葬られた1632年はこの期間に納まる。つまり，オランダ通有のものが同時代に日本にやって来たことがわかる。

　次に，大坂出土品1や徳島城下町跡出土品3のフォグリー文（寺井誠2003，徳島県埋蔵文化財センター・徳島県教育委員会2002）であるが，表中に同一型式のものはないものの，コルフ氏編年表の1が日本のフォグリー文に類似する。しかし，この意匠はオランダ語圏では16世紀後半のものであるし，リヨンの色絵フォグリー文も16世紀後半である。したがって，フォグリー文だけでみると，日本のフォグリー文アルバレロも16世紀後半ということになる。

　アムステルダムのユトレヒト通出土品は，筆を左右に動かして三角形を描くジグザグ文で，編年表の73や53・60・61・66・67がよく似ていて，16世紀後半〜17世紀前半に流行する。つまり，大坂出土品と本体の作りが酷似するユトレヒト通出土品の位置づけ次第で，大坂出土品の年代が決まると考えられる。

　そこで次に，アムステルダムの街の成り立ちからユトレヒト通出土品の年代を検討する。

アムステルダム出土のマジョリカの年代（第2図）

　アムステルダムは水路を掘って内側を干拓して市街化し，その水路の外側にまた新たな水路を掘って拡大した街である。アムステルダム歴史博物館の図録（Amsterdam Historical Museum 2000）をもとに，第2図では，現在のアムステルダムの地図に，街の防御用外濠でもあった運河・水路を実線・点線で示し，それぞれの開削時期を記入した。

　マジョリカはどこでも出土するというわけではないが，各地区で出土例がある。第2図の◎がマジョリカの出土地で，各調査を代表する出土品を地図の上下に示した。大坂出土品1と実物比較をした時の写真なので，大坂出土品の一部が一緒に写っているものもある。

《Ⅰ期：1450年頃〜1597年》

　1450年頃のアムステルダムは，当時は海岸線だった現在のアムステルダム駅や線路の南に舌状に広がる街で，外濠は現在も残る水路のシンゲルであった（第2図の実線）。

　1538年頃のアムステルダムを描くコルネリス・アントニスの絵では東側に張出した土地も，（耕作地や荒地でないという意味で）市街地になっている。この張出部の外側の運河は1597年まで街の外濠であった。この時期をⅠ期，拡張前の市街地をⅠa地区，拡張部をⅠb地区とする。

　Ⅰb地区が成立した頃，ネーデルラント北部の人々は独立を求めてウィレムⅠ世を擁立し，ネーデルラント連邦共和国を宣言して宗主国スペインに抗った。これに宗教改革期の対立も絡

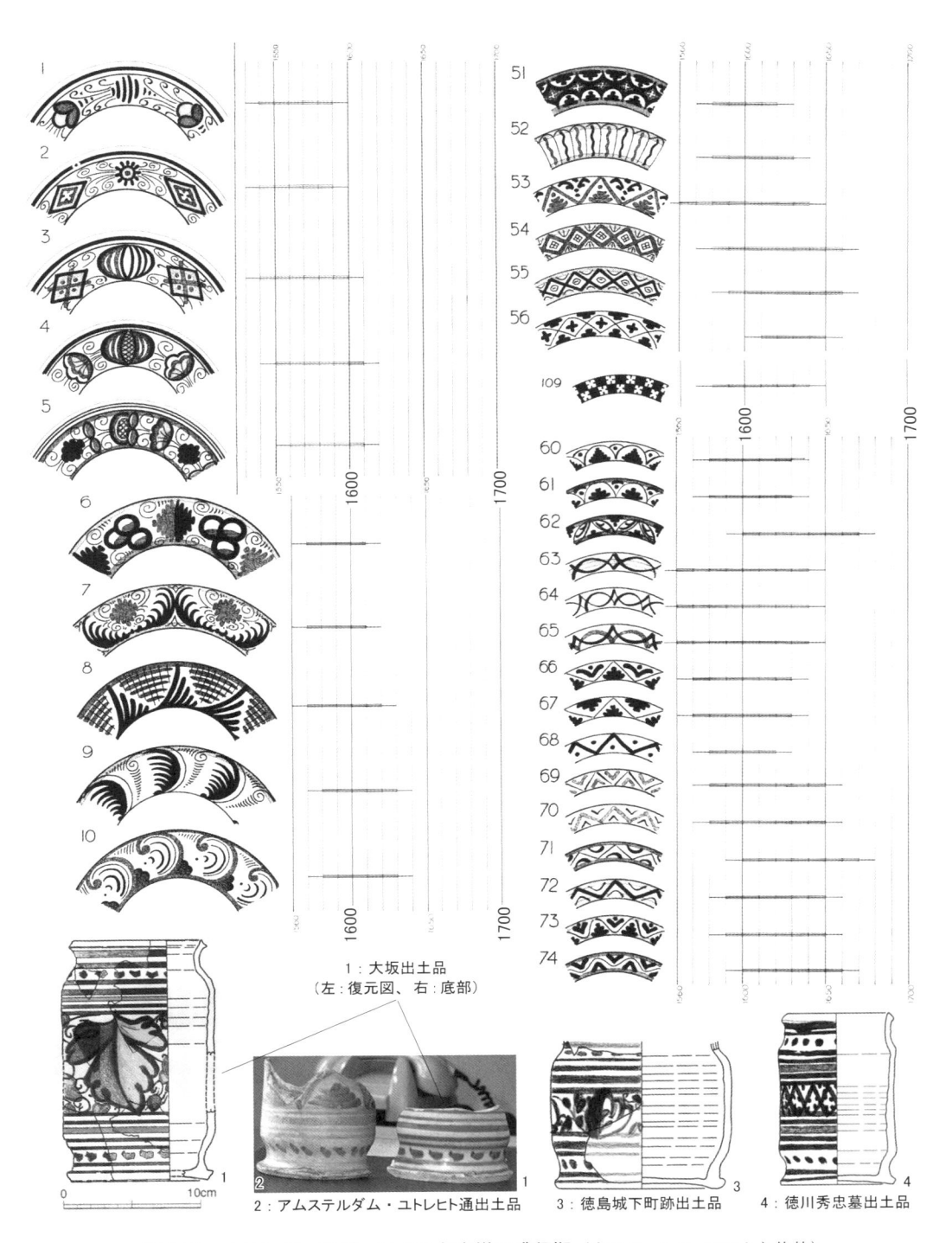

第1図　オランダ・マジョリカの各文様の盛行期（表は Korf, D. 1981より抜粋）
（図は寺井誠2003，徳島県埋蔵文化財センター・徳島県教育委員会2002に加筆，鈴木尚ほか1967）

1：大坂出土品（左：復元図、右：底部）
2：アムステルダム・ユトレヒト通出土品
3：徳島城下町跡出土品
4：徳川秀忠墓出土品

んで，1568年から80年戦争が勃発する。ウィレムⅠ世はプロテスタント系の住人が多いオランダ北部7州の総督も兼ねたが，1573年のカトリック禁止令がもとで1584年にデルフトでカトリック教徒の手で暗殺されてしまう。この時期，カトリックは大変な受難期で，大っぴらには信仰を貫けず，窓を模した観音扉の中にキリストやマリアの絵を隠してひっそりとミサを行っていた。Ia地区のアムステルリンク博物館には隠し扉の祭壇が残っていて，当時の様子が窺える。

Ia地区にマジョリカの出土例はないが，Ib地区のDIJ284地点に出土例がある。第2図に示した16世紀中頃～後半の色絵フォグリー文の皿8は，Ib地区成立の時期と合致し，最初の住人たちのものであろう。太い青線で輪郭を描き，葉の中を赤や黄で塗る手法は大坂出土品に似るが，下地の釉は大坂出土品よりも不透明な白である。また，Ⅲ期のマジョリカに比べ，丁寧な絵付けを施す。なお，DIJ地点では色絵フォグリー文のアルバレルロは出土していない。

《Ⅱ期：1597年～1625年頃》

1597年頃にはⅠ期の外濠より一回り外側にヘーレン運河が外濠として開削された（第2図の間隔の狭い点線）。当初のヘーレン運河は，アムステル川から西の500mほどの区間が現在のヘーレン運河よりも北側を蛇行して通っていて，1625年以降の付替えが知られている。

シンゲルとヘーレン運河の間の，当初のヘーレン運河までの範囲をⅡ地区，Ⅱ地区が新たな市街地として機能し，ヘーレン運河の付替えまでの時期をⅡ期とする。

Ⅱ地区のアムステル川沿いの地下鉄ワーテルロープレイン駅の調査（WLO地点）では，フォグリー文や，チェッカーボード文，ジグザグ文，円弧やV字を繋いで描く文様など，16世紀中頃～末の幾何学文マジョリカと，16世紀中頃の色絵フォグリー文の壺破片が出土した。輪郭線や青い渦巻線は大坂出土品に比べて細いが，色や文様の構成はよく似ている10。また，DIJ284地点同様，色絵で太めの輪郭線のフォグリー文皿もある。見込みにキリストを表すI・H・Sモノグラムを描くもの9もあって，カトリックとの関わりが窺える。三角形のジグザグ文11やV字文は16世紀後半～末，広げた鳥の羽のようなジグザグ文12，チェッカーボード文13は16世紀末のものである。この時期になると色絵は少なく，あっても色の種類が少ない。フォグリー文も青・白の単色が主流で，粗雑な絵付けのものが多くなる。アルバレルロは16世紀中葉～末のものが出土するが，小ぶりで，大坂出土品1のような大きなものは見られない。調査を担当したMonuments and Archaeology, City of Amsterdamのガブロンスキー博士によると，アムステルダムの色絵フォグリー文はDIJ地点とWLO地点だけの出土とのことである。

《Ⅲ期：1625年頃～1662年頃》

17世紀に入ると，ヘーレン運河の外側にカイゼル運河，その外側にプリンセン運河，さらに外側にシンゲル運河の西半部が開削され，Ⅰ地区をほぼ半周したところでシンゲル運河は中心部に向かって折れ曲がり，Ⅱ地区外濠のヘーレン運河に取り付き（一点鎖線），西半部に新しい市街地ができる。ヘーレン運河東半の一部は1625年以降に現在の位置（一点鎖線）に

マジョリカ陶器における文様の同時代性と模倣

第2図 アムステルダム市の拡張とマジョリカ (写真は各機関の許可を得て筆者が撮影)

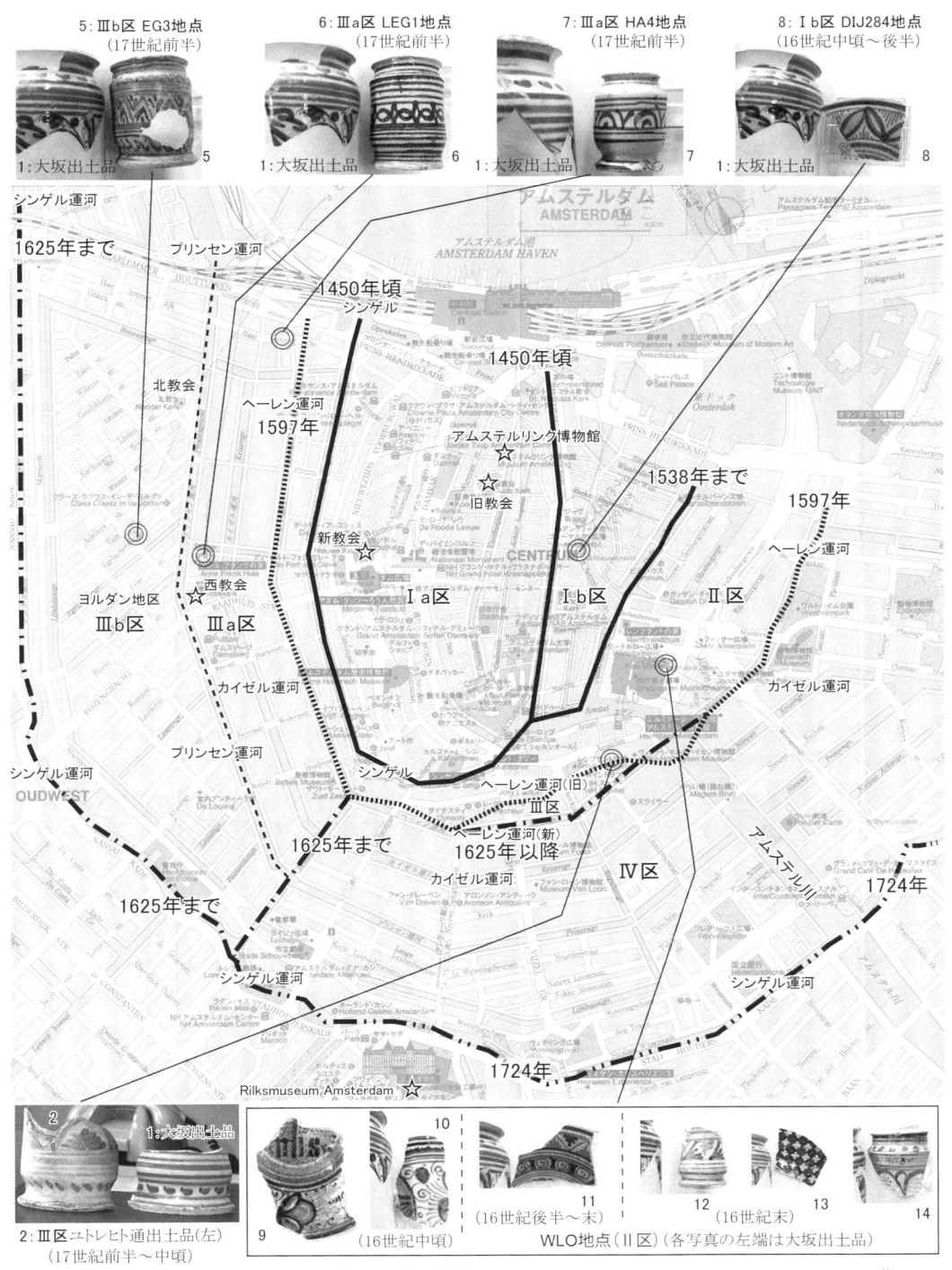

*2：Rijksmuseum Amsterdam（アムステルダム国立博物館）蔵、5〜14：Monuments and Archaeology, City of Amsterdam 蔵

付替えられ，付替え後のヘーレン運河の外側全体に市街地が確認できるのは1724年の絵図で，1625年頃はまだ市街地化していない。シンゲル運河西半からヘーレン運河までと，ヘーレン運河の付替え後の拡張部分をⅢ地区，1625年頃〜1662年頃をⅢ期とする。

　ところで，西側のⅢ地区はプリンセン運河を境に道路配置の方向が異なる。Ⅰ・Ⅱ地区と同様に街の中心から放射線状に道路が通るⅢa地区と，別方向の道路が通るⅢb地区に分かれる。Ⅲb地区はヨルダン地区と呼ばれ，17世紀初頭にユグノーなど，オランダ周辺諸国のプロテスタントが難を逃れて入植した場所で，当時，プリンセン運河に橋はなく，Ⅲb地区は隔離された場所だったといわれ，宗教改革の影響を強く受けた地域だったといわれている。

　マジョリカは，Ⅲa地区のHA・LEG地点から，円弧を繋げた文様の17世紀第2四半期のザルフポット6・7が出土している。Ⅲb地区でも同時期のV字文を描くザルフポットがEG地点から出土している5。この時期には，簡略な絵付けのものや大坂出土品に似た半透明の下地釉が見られ，粗雑な感じのものが増える。徳川秀忠墓4やユトレヒト通出土品2はこの時期のものである。

《Ⅳ期：1662年頃〜1724年》

　1662年頃からシンゲル運河は南端の屈曲地点から東向きに開削され，アムステルダムの街を弧状に囲む外濠となる。新たな外濠で囲まれた地域（Ⅳ区）は1662年頃から1724年頃までに市街地化した。この時期をⅣ期とするが，マジョリカは出土していない。

　色絵フォグリー文マジョリカは，Ⅱ期を中心に出土するが，Ⅲ・Ⅳ期にはないことがわかる。

大坂出土品の年代の手がかり―ユトレヒト通のアルバレルロ（第3図）

　そこで，もう一度大坂出土品1と最もよく似たユトレヒト通のアルバレルロ2を考えてみる。

　このアルバレルロは，アムステルダム国立博物館のファン・ダム博士の計らいで，筆者が同館の収蔵庫で見つけたものである。胴部はジグザグ文で，フォグリー文の大坂出土品とは異なるが，他のどんなヨーロッパのアルバレルロよりも，大きさや形態，製作技法，胎土，色調や下地釉などが大坂出土品によく似ている。まるで同じ窯，同じ陶工による製品のように見える。博士も意外だったようで，すぐに破片の注記から出土状況を調べてくださった。

　ユトレヒト通の調査は1927年に行われ，1928年に報告書（Hudig, F. 1928）が刊行されたが，古い調査なので報告書がすぐには探せないとのことで，カードの情報から18世紀初頭までの地層から出土したと教えていただいた。その時は微妙に翻訳を間違えてこの地層が運河沿い堤防の修復土と思いこんでいたが，2007年の再会の際に，報告書のコピーを頂き，運河付替え時の旧運河の覆土だとわかった。この破片によって，大坂出土品が17世代にアムステルダムに流通し，時を経ずして日本に来た可能性が高いことがわかったのである。

　出土地はレンブラント広場東側のユトレヒト通と広場北側のアムステル通，そして現在のヘーレン運河に囲まれた区画の西半部で，現在，アムステルダム銀行が建っている。

　報告書では1923年のアムステルダムの地図に1625年のバルス・フローレンスの絵図を重ね

マジョリカ陶器における文様の同時代性と模倣

AFB. 1. KAART VAN 1923, DAAROVERHEEN, IN ROOD, OP SCHAAL DE KAART VAN BALTH. FLORENSZ VAN 1625. DE OUDE STRAATWEG VAN DE NIEUWE REGULIERSPOORT NAAR HET VEER IS ZWART GEARCEERD. A IS HET TERREIN DER AMST. BANK.

ユトレヒト通・アムステルダム銀行調査地出土品と大坂出土品
（15：チューリップ文皿、2：ジグザグ文アルバレルロ、1：フォグリー文アルバレルロ）
2・15：ユトレヒト通出土，アムステルダム国立博物館蔵，図：Korf, D.1981 より転載
1：大坂城・城下町跡出土，大阪文化財研究所保管，図は寺井誠 2003 に加筆

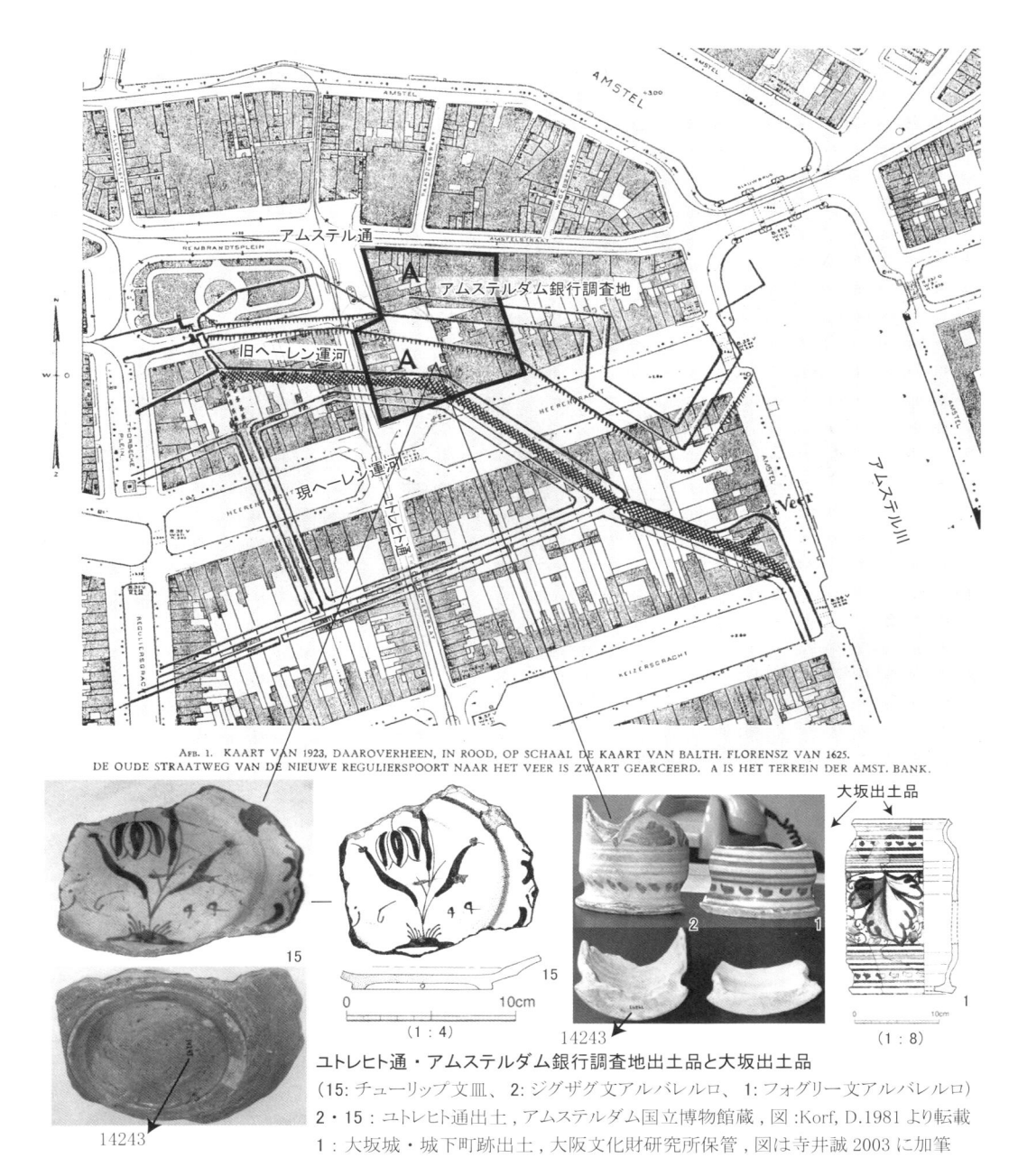

＊上の地図は，Hudig,F.,1928.『Oude Holland』から転載。キャプションによると1923 年の地図に1625 年のフローレンス・ファン・バルスの絵図を縮尺を合わせて重ねたもので，調査地の中央から南部にかけて付替え前のヘーレン運河が通っている。
＊1644 年銘の皿 15 とジグザグ文のアルバレルロ 2 は，同じ注記No.(14243) が付されていて，Rijkamuseum Amsterdam(アムステルダム国立博物館)の遺物カードから，ヘーレン運河の埋立土からの出土品と判明した。

第3図 アムステルダム・ユトレヒト通アムステルダム銀行敷地の調査
(Hudig, Ferrand1928 "Oude Holland" の図に加筆，写真は許可を得て筆者が撮影)

て，調査地が示されている（第3図）。現在のヘーレン運河は1625年より後に付け替えられたものなので，調査地は1625年段階では，北端の一部を除き，大半が旧のヘーレン運河と，その両端に積まれた土手，および土手の上の道路だった場所である。1625年頃までは居住地ではなかったのである。出土片は旧のヘーレン運河を1625年〜18世紀初頭の埋めた土からの出土なので，調査地南半部の出土とみられ，17世紀代の遺物と考えてよい。コルフ博士編年でも，このジグザグ文は16世紀末〜17世紀前半なので，時期的に合致する。

さらに，1994年に調べたアムステルダム国立博物館収蔵庫の資料写真の中に，このアルバレルロの破片と同じ注記の皿（第3図の15）があることに気付いた。チューリップと数字1644が描かれている。幸運なことに，『Nederlandse Majolica』（Korf, D. 1981前掲書）にこれが載っており，アムステルダム銀行の調査出土と記されていた。このアルバレルロと同じ調査の同じ地層の出土品なのである。よって，このアルバレルロも1644年頃と考えてよいだろう。

また，アムステルダム市内のマジョリカの出土状況をみると，WLO地区のように市街地化直前よりも少し古い時期のマジョリカが混じる調査もあるが，総じてみると市街地化された時期とほぼ同じ時期のマジョリカが出土するという傾向が認められる。これらを総合すると，大坂出土品も17世紀中頃の可能性が高いことがわかる。やっと大坂出土品の製作年代の手がかりを得たのである。そこでオランダ語圏のマジョリカの変遷の中の17世紀中頃の様子を見ておこう。

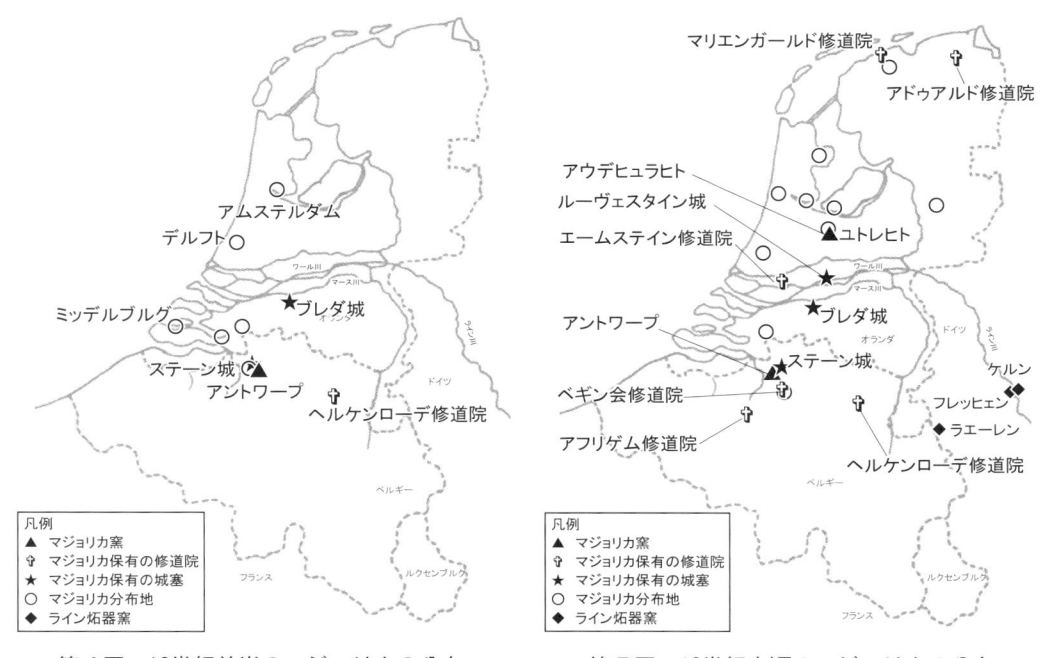

第4図　16世紀前半のマジョリカの分布

第5図　16世紀中頃のマジョリカの分布

オランダ語圏のマジョリカ分布の変遷（第4～10図）

『Nederlandse Majolica』の750余点のマジョリカを分析し，時期ごとに流通先の都市（保有地）を示した。出土品は廃棄時の姿なので，どこに流通したのかはわかるが，製作地は基本的にわからない。製作から流通・使用・廃棄までには大なり小なり時間幅があるから，本来なら出土品だけを比較すべきだが，出土品はそれほど多くはない。また，現在でも当時のまま保有されている修道院や城館もあるので，2次的移動の可能性が低いものは，ここではコルフ博士編年に沿って扱うことにした。コルフ博士編年は，焼く前にマジョリカ本体に書かれた記年銘や，創立・廃絶年代のわかる建物や土地の出土品などで検証されているので，おおよその分布傾向をみるには影響はないものと考えている。

では，時期ごとに分布を見てみよう。

16世紀前半（第4図）は，オランダ北部にマジョリカは分布せず，アントワープ中心に分布する。アントワープの東のヘルケンローデ修道院では，1532・1533年にペテルス・フランス・ファン・ヴェネディッグの仲介で，アントワープ産のマジョリカの色絵装飾タイルで床一面を飾った。これが年代の定点のひとつである。

このほか，16世紀前半の資料は，アントワープの北にあるブレダ城の1538年の改築時に床に設置したアントワープ産色絵装飾タイル，1536年のデルフトの火災層の下から出土した碗（第12図の32）がある。イギリス・ヴァインの教会堂にもこの時期のアントワープ産タイルが使われており，広範囲に分布する。オランダ語圏では，アムステルダムを北限に，ミッデルブルグ，ベルゲン・オプ・ゾームなど，ライン川下流のワール川・マース川流域に集中する。

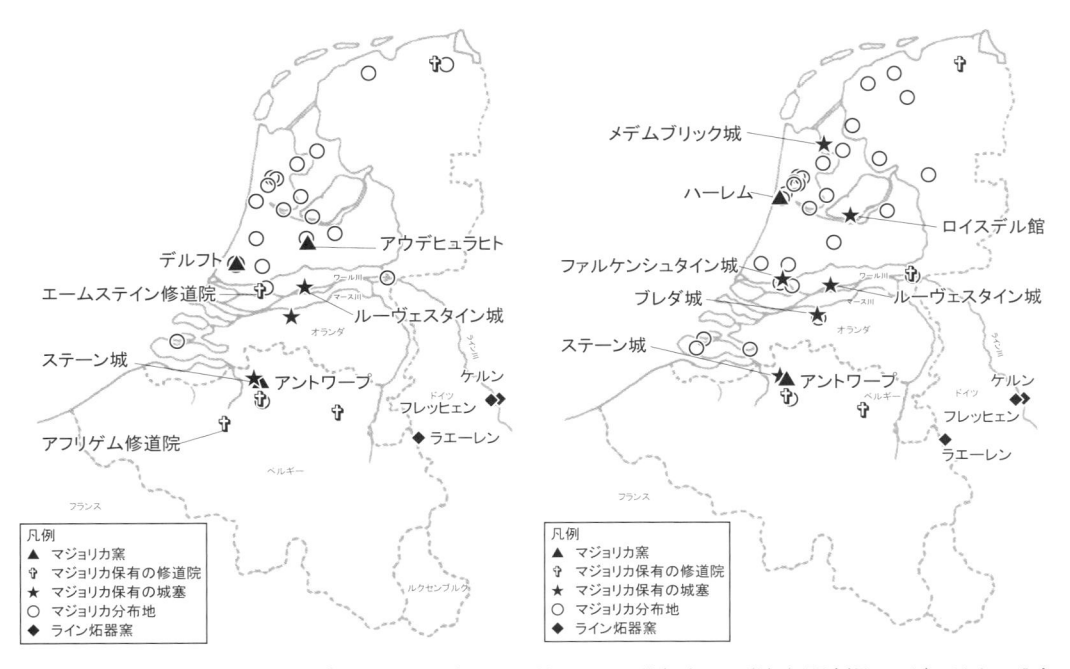

第6図　16世紀後半のマジョリカの分布　　第7図　16世紀末～17世紀初頭中頃のマジョリカの分布

16世紀中頃（第5図）には，アムステルダムより北のホールンやオランダ最北部のレーワールデンにも分布が広がる。マジョリカの窯もアントワープだけでなく，ユトレヒトにも窯跡が見つかっている（アウデヒュラヒト99地点，(Hoekstra, T.J. 1986)，第12図の34）。この窯は，1575年頃に廃絶したワール川畔のエームステイン修道院出土のアントワープ産飲料用碗と類似し，搔落し技法がまだ見られないことから，16世紀第3四半期の操業と考えられている。

オランダ最北部グローニンゲンのアドゥアルド修道院付属養老院や，レーワールデン近くのマリエンガールド修道院でもアントワープ産色絵装飾タイルが使われた。アドゥアルド修道院のタイルには1547年の記年銘があり，他にもアントワープのグイド・アンドリース工房跡出土のライオンの頭部をちりばめたグロテスク文タイルの1544年，ホールンのアントワープ産皿の1568年などの記年銘があり，これらが時期の定点である。そして，大坂出土品のような太い輪郭線を描く色絵フォグリー文が流通し始めるのもこの時期で，アントワープやアムステルダムのほか，メッヘレンのベギン会修道院にも太輪郭線の色絵フォグリー文皿がある。アントワープ近郊のアフリゲム修道院のように，アルバレルロを一括注文する修道院も現れる（第14図62～64）。

16世紀後半（第6図）は，オランダ北部のアイゼル湖の南側にマジョリカの保有地が増加する。時期の定点は，ドルドレヒトの青単色のヴェネツィア風のフォグリー文の碗があり，1580年と書かれている。この時期は単色・色絵ともフォグリー文の最盛期で，大坂出土品と同じ配色のアントワープ・フレースハウスの色絵フォグリー文アルバレルロ（第11図の22）もこの時期で，まだマジョリカ生産はアントワープ産が優勢である。

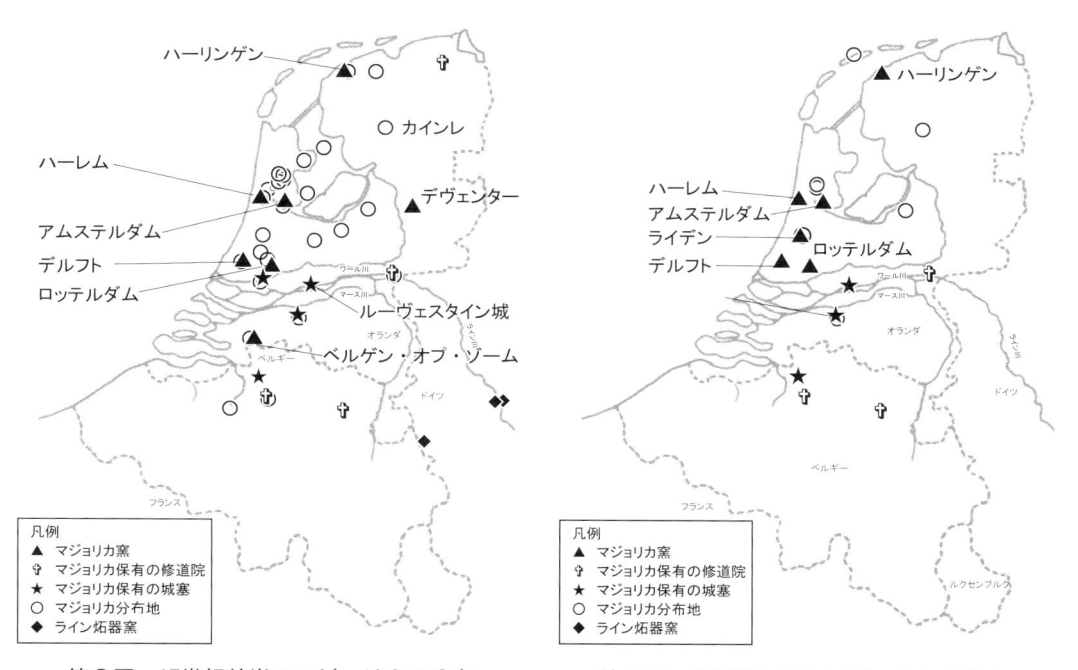

第8図　17世紀前半のマジョリカの分布　　　第9図　17世紀中頃のマジョリカの分布

16世紀末〜17世紀初頭（第7図）は，ハーレムなど，オランダ北部の工房が操業を本格化し始める時期で，アイゼル湖北畔に保有地が増加する。時期の定点となる資料が，1614年と書かれたエンクハウゼンの人物画文の皿や，ハーレムの1601年とHYBのサインがあるイタリア・マジョリカで盛行したイストリアート風の写実的な絵を描く皿などがある。

青白の単色フォグリー文が引き続き作られたほか，チェッカーボード文や広げた鳥の羽のようなジグザグ文など，オランダでは後出の文様が出現・盛行するのが，この時期の特徴である。

17世紀前半（第8図）は，オランダ語圏各地でマジョリカ窯が増加する。ハーレムやデヴェンター，デルフト，ロッテルダム，アムステルダムをはじめ，最北部のハーリンゲンでもマジョリカ窯が操業する。マジョリカ保有地も南部よりも北部が目立つようになる。

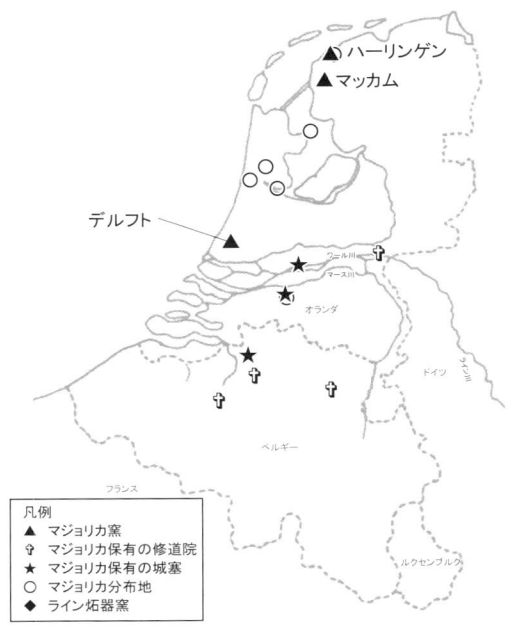

第10図　17世紀後半のマジョリカの分布

年代の定点は，ハーレムのキリストの磔刑を描くタイル（1623年），ロッテルダムの中国景徳鎮の青花芙蓉手を模した文様区画と見込みにオランダ人を描く皿か碗（1629年），天使を描くエンクハウゼンの皿（1637年）など，記年銘のあるものが比較的豊富に見つかっている。

17世紀中頃（第9図）は，マジョリカ窯と保有地はワール川・マース川以北に集約され，アントワープなど，オランダ語圏南部のマジョリカの生産・流通は明らかに減少する。

この時期に頭角を現すのがデルフトで，マジョリカから発展した純白下地に絵付けして透明感のある釉を掛けるファイアンスも焼くようになる。後にデルフトの青い装飾はデルフトブルーと呼ばれて人気を博し，マジョリカに替わるオランダ陶器の代名詞になった。

年代の定点は，ライデンの工房灰原の1652と書かれた破片や，ホールンやズーテルメールの帆船文皿（1648年，1645年），アムステルダム・ユトレヒト通出土のチューリップの葉を描く皿15（1644年）などがあり，同じくユトレヒト通から出土した大坂出土品1と作り方や仕上がり具合がよく似たアルバレロ2もこの時期のものである。

17世紀後半（第10図）になると，マジョリカやファイアンスを焼くデルフトや，タイルからマジョリカ容器へと製品のシフト変えをして，その後ファイアンスを焼くようになったマッカム，マッカム近郊のハーリンゲンなどの工房が操業を続ける程度で，マジョリカ保有地も北部の一部地域に減少する。おそらく，この頃にオランダのマジョリカは終焉を迎えたものと考えられる。

文献にみるマジョリカ工房

　オランダ語圏の文献記録でマジョリカの初出は16世紀前半で，アントワープにイタリア陶工が移住してマジョリカを焼いたとある。

　クレア・デュモルティエール博士によると（Dumortier, C. 1999），1513年～1629年にマジョリカ関連の記録があり，彼らの最盛期が16世紀前半～中頃で，その動向が窺えるという。出土品や伝世品を見ても，その頃のアントワープ製品がオランダ語圏はもとより，イギリスやポルトガルにも渡っていて，博士の分析を裏付ける。当時，アントワープはイタリア以外のマジョリカ生産の重要拠点だったのである。

　だが，1560年代になると，宗教改革の混乱を避けてアントワープから一部の陶工が北方のオランダ・ミッデルブルグや，イギリスのノルウィッチ，ロンドンに移住したという記録が見られるようになる。

　16世紀中頃～後半に北部にマジョリカ分布が広がるのは，こういった陶工移住の影響の可能性があるが，別の見方をすれば，北部にマジョリカ販路を形成しつつあったから，陶工が宗教改革の難を避けて移住できたのかも知れない。

　16世紀末～17世紀初頭には，もう一度アントワープ陶工のハーレムやデルフトへの移住記録が現れるという。

　こういったアントワープの陶工の動向と，マジョリカ保有地や窯の広がりが，うまく符合していて，その契機が宗教改革の影響を避けるためであれば，とても興味深いことである。なぜなら，最初の16世紀中頃～後半頃は，発掘調査で見つかったユトレヒトのアウデヒュラヒト窯やエームステイン修道院が終焉を迎える時期であるし，16世紀末～17世紀初頭は，アントワープで発掘調査された工房が次々と終焉を迎える時期に当たり，これらの窯跡出土品に，カトリック関連の意匠を描くマジョリカ（例えば第14図のメデムブリック城のキリストを示すI・H・S文の皿73など）が含まれているからである（Dumortier, C. 1992, Dumortier, C. and Veeckman, J. 1994, Veeckman, J. 2010, Veeckman, J. and Belens, T. 2005）。

　カトリック関連の意匠を描くマジョリカを生産していた窯の多くが，この時期に終わることは，カトリックの資金力の衰退とマジョリカ工房の浮沈が連動していた可能性を窺わせる。おそらく，陶工たちは，アントワープに集まっていたカトリックからの大きな受注量・受注額の減少のために，新たな販路を開く必要が生じ，必死の決断で移住したのではないか，そしてその結果，新たな17世紀型のマジョリカ工房がオランダ語圏中北部に成立したのではないかと思われる。

　文献記録はないが，オランダ語圏北東部のデヴェンターのマジョリカ窯は17世紀前半の操業で（Lubberding, H.H.J. 1985, De Beer, H. 1985），16世紀型のアントワープ製品とは異なる17世紀型のマジョリカ製品が確認でき，マジョリカ生産の新たな段階が窺える。

装飾意匠の変遷からみた大坂出土の色絵フォグリー文アルバレルロ（第11〜15図）

　コルフ博士が分類した装飾意匠の中から大坂出土品関連のものや，年代決定に有効な意匠を抽出し，筆者がヨーロッパで実見した資料も含めて，出現時期や継続期間，空間的広がりを考えてみる。通常，ある装飾意匠の誕生から流行・伝播は，時間的に途切れなく起こると考えられがちだが，ヨーロッパ全体でみると，マジョリカはそうでないものがある。

　装飾意匠は時期判断に欠かせない要素であるので，次に各意匠の動向について検討する。

・色絵フォグリー文（第11図）

　マジョリカの装飾意匠はイタリア起源のものが多いが，色絵フォグリー文は16世紀中頃のオランダ語圏が発祥のようで，太い輪郭線で描いた葉の中を黄色と青色で半々に塗り分けたり，細輪郭線の葉の中をベタ塗りするアントワープ製品16・17が初期のものである。今のところイタリアにはこれより古いものは見られない。他の都市では，太輪郭線描きの葉を2色で塗り分ける16世紀後半のリヨン製品18〜20のほか，図示していないが，スペインのタラヴェラ・デ・ラ・レイナで焼かれた16世紀後半の中心が花文のフォグリー文がある。オランダ語圏では太線の色絵フォグリー文は16世紀末頃に簡略化し25，17世紀前半にはほとんど見られなくなる。

　一方，イタリアでは16世紀後半には色絵フォグリー文が見られるようになり，17世紀にト

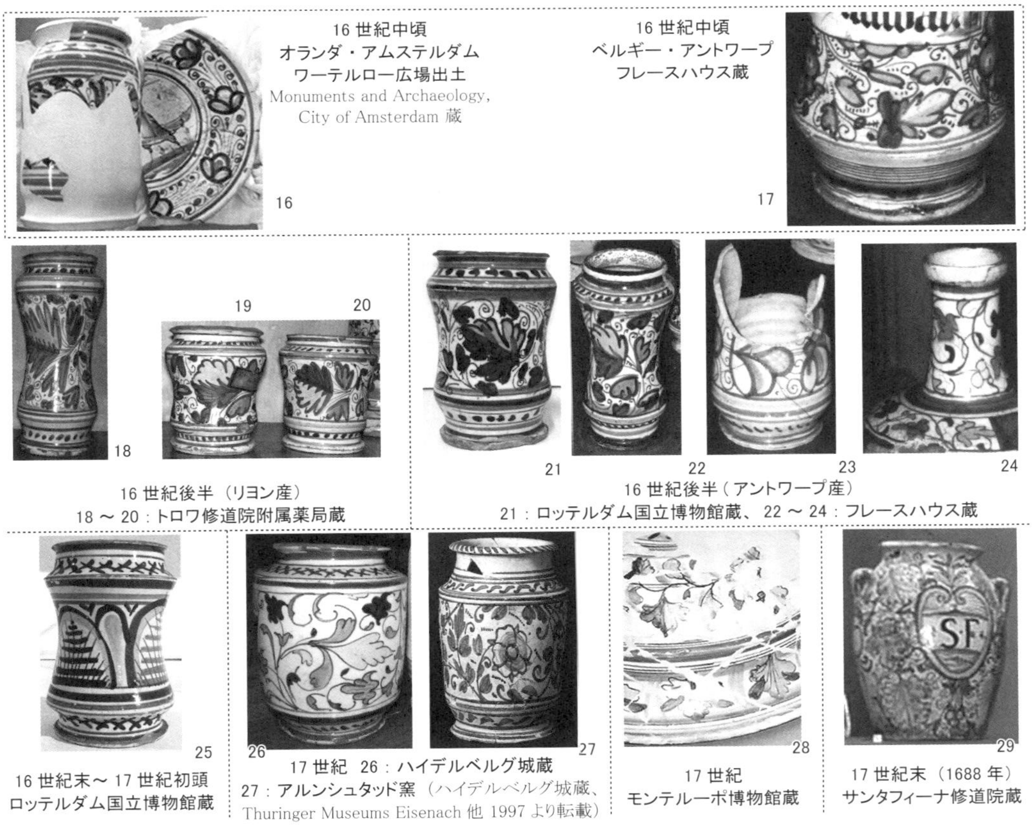

16 世紀中頃
オランダ・アムステルダム
ワーテルロー広場出土
Monuments and Archaeology,
City of Amsterdam 蔵

16 世紀中頃
ベルギー・アントワープ
フレースハウス蔵

16 世紀後半（リヨン産）
18〜20：トロワ修道院附属薬局蔵

16 世紀後半（アントワープ産）
21：ロッテルダム国立博物館蔵，22〜24：フレースハウス蔵

16 世紀末〜17 世紀初頭
ロッテルダム国立博物館蔵

17 世紀　26：ハイデルベルグ城蔵
27：アルンシュタット窯（ハイデルベルグ城蔵、
Thuringer Museums Eisenach 他 1997 より転載）

17 世紀
モンテルーポ博物館蔵

17 世紀末（1688 年）
サンタフィーナ修道院蔵

第11図　色絵フォグリー文の広がり（写真は各機関の許可を得て筆者が撮影）

スカーナのモンテルーポでは黄・緑に塗り分けた色絵フォグリー文が焼かれ，1688年と書かれた大型壺29がトスカーナのサンタ・フィーナ修道院に残っている。

ドイツでは，アントワープのフレースハウス所蔵の壺24（16世紀後半）に似た，17世紀の細輪郭線色絵フォグリー文壺26がハイデルベルグ城に残っているほか，アルンシュタッド窯で17世紀に青の細輪郭線で茎や小さい葉を描き，中心に黄色い花芯の花を描くフォグリー文が焼かれていた27（Thüringer Museums Eisench und Schrossmuseums Arnstadt 1997）。

つまり，色絵フォグリー文は太輪郭線に青・黄で半々に塗り分けるものが基本型で，16世紀後半頃から各地に伝播し，ヨーロッパ全体では，製作・流行期間に途切れはないのである。

・単色フォグリー文（第12図）

単色のフォグリー文は，15世紀〜16世紀前半にイタリアのマジョリカに採用され，その起源は花と葉を細線で描くパルメット文30と考えられている。それが時期を経ずしてアントワープに伝わった31。アントワープで年代の定点は，デルフトの1536年の大火層の下で見つかったアントワープ産細線描きフォグリー文台付碗32である。細線単色フォグリー文の最盛期は16世紀後半で，イタリアやオランダ語圏では17世紀代にはほとんど見られなくなる。しかし，

第12図　単色フォグリー文・草花文の広がり（写真は＊2を除き，各機関の許可を得て筆者が撮影）

構図はやや異なるが，細線単色フォグリー文をポルトガルでは17世紀に作っている43〜45。

一方，やや太線で輪郭を描き，葉を半分同色で塗る単色フォグリー文が，16世紀中頃のイタリア・トスカーナ35で出現し，16世紀後半のアントワープにも現れる。この太線描き単色フォグリー文も，オランダ語圏では17世紀にはほとんど作られなくなるが，イタリア・トスカーナでは17世紀後半でも作られていた48。

このような時間・空間の流れをみると，色絵と単色のフォグリー文は，まずは単色が先行してイタリアで流行し，それが16世紀前半にオランダ語圏やリヨンに伝わり，そこで太線描きの色絵が生まれたと考えられる。色絵は16世紀末には終息に向かうが，単色のフォグリー文はオランダ語圏では17世紀初頭まで，イタリアでは17世紀後半まで作られ続けたのである。この動きの間に時間の途切れ（空隙）はなく，いつ，どこからどこへ伝播したかが追跡できる。

・クジャクの羽文（第13図）

クジャクの羽にある宝珠形文様のような意匠がマジョリカに現れるのは15世紀末頃のイタリアで，16世紀前半まで鮮やかな色絵で描かれた49〜53。クジャクの羽文は16世紀中頃にアントワープに伝わる56が，その後は見られなくなる。他地域でも16世紀後半代は見られないのだが，17世紀に入ってドイツのアルンシュタッド窯で単色もの57が作られている（Thüringer Museums Eisench und Schrossmuseums Arnstadt 1997, Lappe, U. 1984）。イタリアとオラン

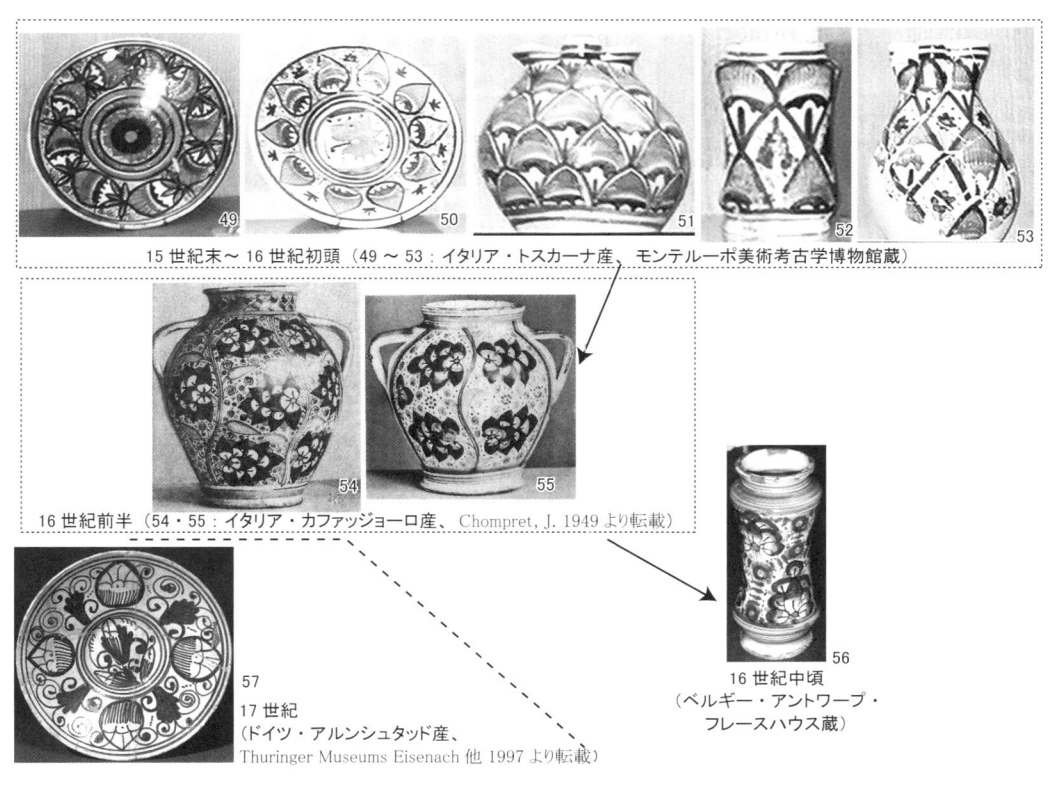

15世紀末〜16世紀初頭（49〜53：イタリア・トスカーナ産，モンテルーポ美術考古学博物館蔵）

16世紀前半（54・55：イタリア・カファッジョーロ産，Chompret, J. 1949 より転載）

57
17世紀
（ドイツ・アルンシュタッド産，
Thuringer Museums Eisenach 他 1997 より転載）

56
16世紀中頃
（ベルギー・アントワープ・
フレースハウス蔵）

第13図　クジャクの羽文の広がり（写真は各機関の許可を得て筆者が撮影）

ダ語圏間のこの装飾意匠の動きに時間の空隙はないが，ドイツでの出現までの間を埋める資料はどの地域にも見られず，突如として出現したようにみえる。

・ジグザグ文（第14図）

同様に時間の空隙が見られるものに，ジグザグ文がある。ジグザグ文はいろいろな種類があるが，ここでは筆を一点を中心に少しずつ角度を変えながら行ったり来たり何度も動かして鳥が羽を広げたような形に描くものと，左右に何度も動かして振れ幅を徐々に狭めてピラミッドのような三角形に描く，アムステルダム・ユトレヒト通出土のアルバレルロ2にも描かれたジグザグ文を取り上げる。

鳥の羽のようなジグザグ文は，古くは15世紀のスペイン・パテルナ窯58に見られる。

また，三角形のジグザグ文は15世紀中頃のファエンツァ産のマジョリカ59や，15世紀末〜16世紀初頭のトスカーナ産のマジョリカ60に見られる。ところが，これら二種のジグザグ文が次に見られるのはオランダ語圏で，早い例は16世紀中頃のアントワープ産のアフリゲム修道院のアルバレルロ62〜64で，オランダ語圏での最盛期はどちらも16世紀後半〜17世紀中頃である。

つまり，イタリアとオランダ語圏で流行したジグザグ文には時間と空間の隔たりがあり，それぞれの流行期間の間を繋ぐ資料は見つかっていないのである。これはイタリアで継続して作られている期間のある時期に，オランダ語圏に伝わったというような状況ではなく，両者に直接的な繋がりはなかったと考えてよいものであろう。

・チェッカーボード文（第15図）

ジグザグ文とよく似た流行状況にあるのが，チェッカーボード文である。

チェッカーボードや四角く区切る装飾意匠は，古くは15世紀末〜16世紀前半のイタリア・トスカーナに見られる75〜78。その後，しばらく使われない期間があって，16世紀後半のオランダ語圏に現れる79。オランダ語圏でチェッカーボード文は16世紀末〜17世紀初頭に流行のピークがある13・80〜84。その後，いくぶん形が変化するが，17世紀中頃まで作られる86・87。

チェッカーボード文も，イタリアとオランダ語圏の流行期の間をつなぐ資料は見つかっておらず，両地域の流行期に直接的な繋がりはないものと思われる。

・装飾意匠の伝播と流行時期からわかること

このように，マジョリカの装飾意匠の動向を調べてみると，オランダ語圏のマジョリカに採用されている装飾意匠は，もともとイタリアで使われていたものが大半であるものの，その意匠が入ってくるのは，必ずしもイタリアでそれが使われていた期間と重なる時期に入ってきたものばかりではないことがわかる。ジグザグ文やチェッカーボード文のように，ずいぶんと昔にイタリアで流行した意匠を，後になって使っている場合もある。これは復古調の製品，あるいは過去の文様の模倣と言ってもよいものである。こういった過去の模倣は，17世紀にドイツでマジョリカが生産されるようになった時にも起こっている。

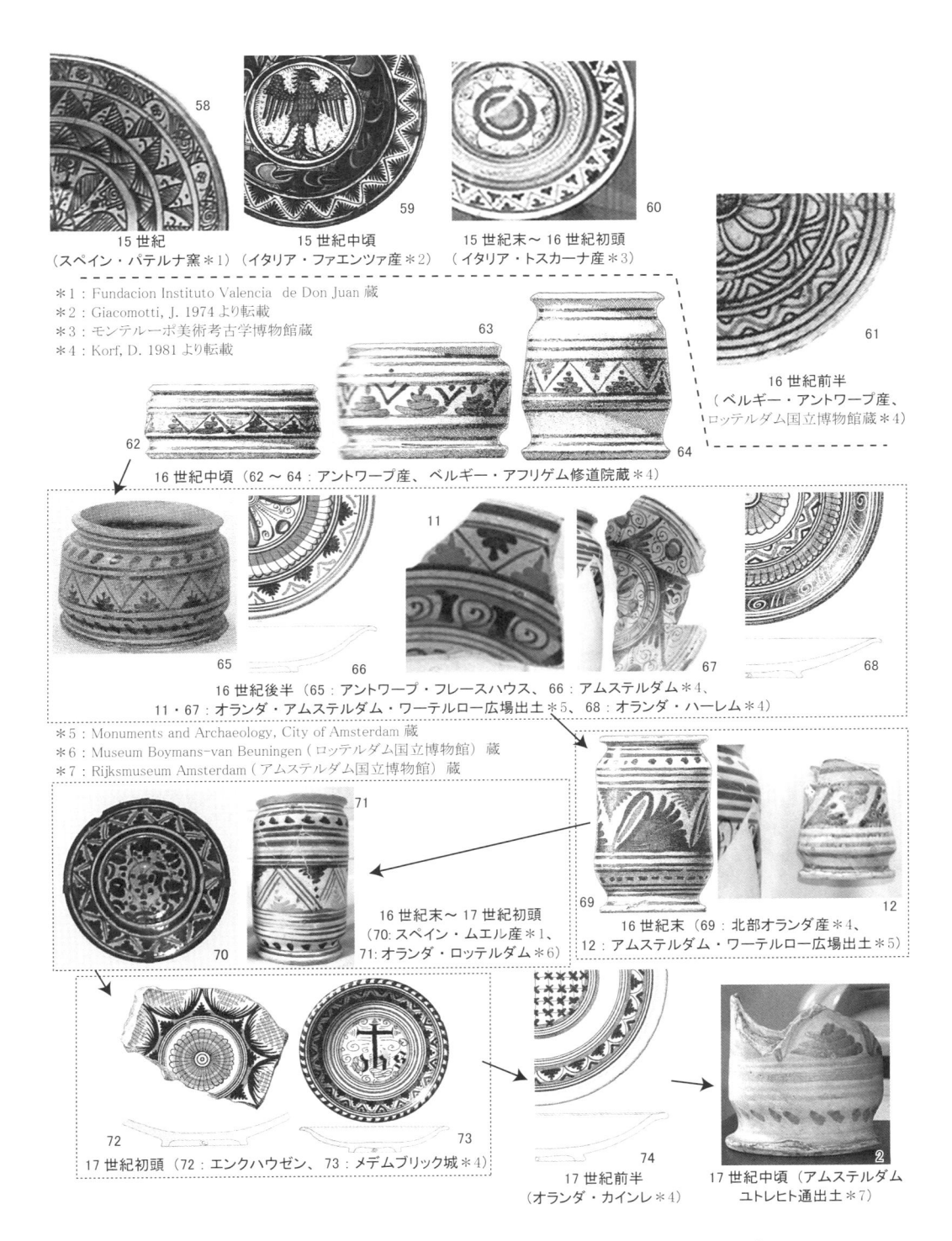

マジョリカ陶器における文様の同時代性と模倣

58
15世紀
（スペイン・パテルナ窯＊1）

59
15世紀中頃
（イタリア・ファエンツァ産＊2）

60
15世紀末～16世紀初頭
（イタリア・トスカーナ産＊3）

＊1：Fundacion Instituto Valencia de Don Juan 蔵
＊2：Giacomotti, J. 1974 より転載
＊3：モンテルーポ美術考古学博物館蔵
＊4：Korf, D. 1981 より転載

62　63　64
16世紀中頃（62～64：アントワープ産、ベルギー・アフリゲム修道院蔵＊4）

61
16世紀前半
（ベルギー・アントワープ産、
ロッテルダム国立博物館蔵＊4）

65　66　11　67　68
16世紀後半（65：アントワープ・フレースハウス、66：アムステルダム＊4、
11・67：オランダ・アムステルダム・ワーテルロー広場出土＊5、68：オランダ・ハーレム＊4）

＊5：Monuments and Archaeology, City of Amsterdam 蔵
＊6：Museum Boymans-van Beuningen（ロッテルダム国立博物館）蔵
＊7：Rijksmuseum Amsterdam（アムステルダム国立博物館）蔵

70　71
16世紀末～17世紀初頭
（70：スペイン・ムエル産＊1、
71：オランダ・ロッテルダム＊6）

69　12
16世紀末（69：北部オランダ産＊4、
12：アムステルダム・ワーテルロー広場出土＊5）

72　73
17世紀初頭（72：エンクハウゼン、73：メデムブリック城＊4）

74
17世紀前半
（オランダ・カインレ＊4）

17世紀中頃（アムステルダム
ユトレヒト通出土＊7）

第14図　ジグザグ文の広がり（写真は各機関の許可を得て筆者が撮影）

991

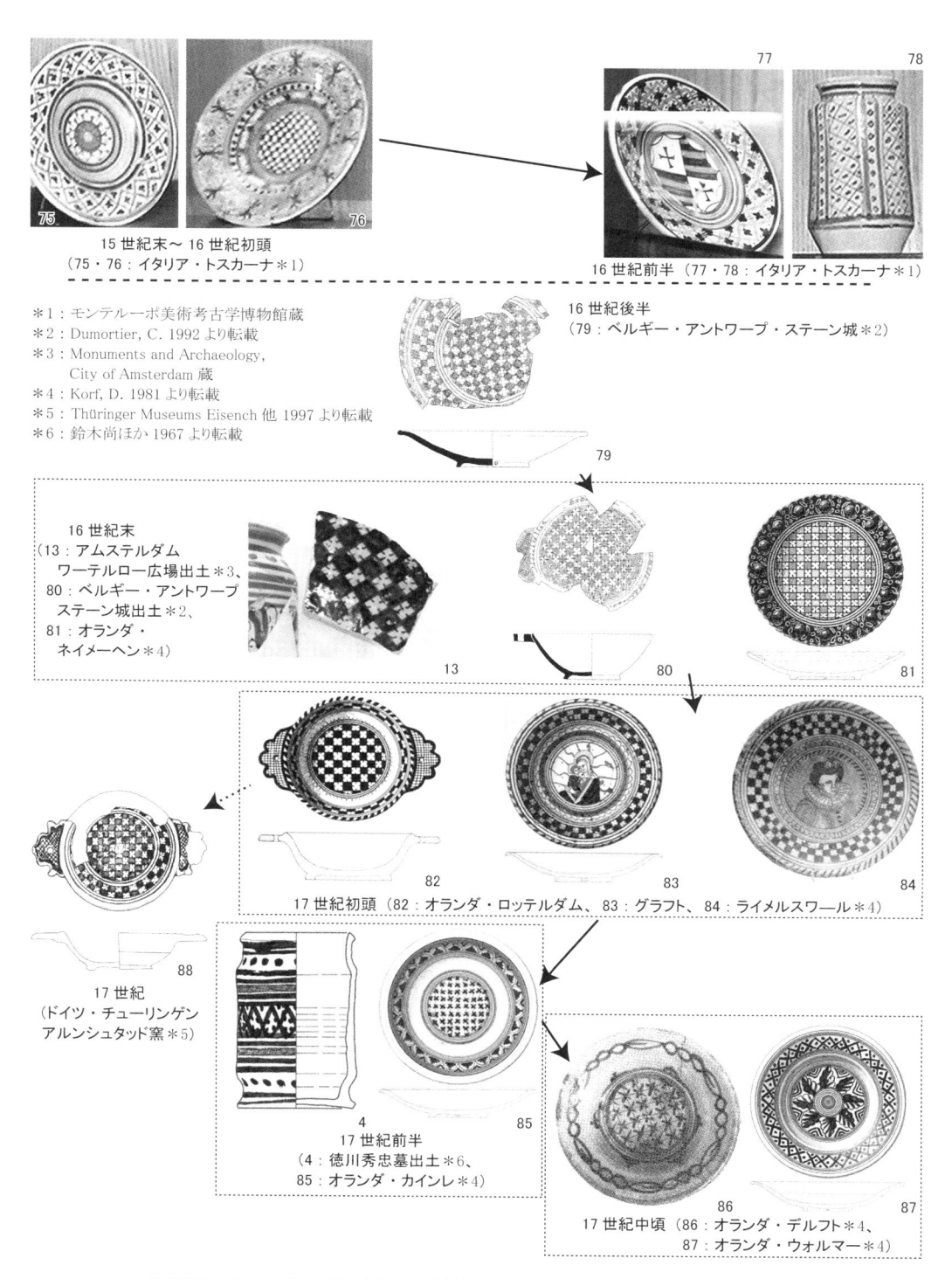

考古学は科学か　下巻

15世紀末〜16世紀初頭
(75・76：イタリア・トスカーナ＊1)

16世紀前半（77・78：イタリア・トスカーナ＊1)

＊1：モンテルーポ美術考古学博物館蔵
＊2：Dumortier, C. 1992 より転載
＊3：Monuments and Archaeology,
　　City of Amsterdam 蔵
＊4：Korf, D. 1981 より転載
＊5：Thüringer Museums Eisench 他 1997 より転載
＊6：鈴木尚ほか 1967 より転載

16世紀後半
(79：ベルギー・アントワープ・ステーン城＊2)

16世紀末
(13：アムステルダム
　　ワーテルロー広場出土＊3、
80：ベルギー・アントワープ
　　ステーン城出土＊2、
81：オランダ・
　　ネイメーヘン＊4)

17世紀初頭（82：オランダ・ロッテルダム、83：グラフト、84：ライメルスワール＊4)

17世紀
(ドイツ・チューリンゲン
アルンシュタッド窯＊5)

17世紀前半
(4：徳川秀忠墓出土＊6、
85：オランダ・カインレ＊4)

17世紀中頃（86：オランダ・デルフト＊4、
　　　　　　87：オランダ・ウォルマー＊4)

第15図　チェッカーボード文の広がり（写真は各機関の許可を得て筆者が撮影）

992

模倣については，オランダに興味深い記録がある。1642年のハーレムの訴訟記録で，中国磁器に似せた製品を作っていたことが原因で，あるマジョリカ工房が訴えられている。判決は中国磁器を真似た装飾を今後一切しないことを条件に，マジョリカの生産が認められたのである（Van Dam, J.D. 1982）。

　つまり，当時のマジョリカ工房は，売れ筋とみると，ちゃっかりとその装飾意匠を真似て作っていたのである。それなら大坂出土品のような色絵フォグリー文の場合も，必ずしもその文様がオランダ語圏で流行した時期に作られたものではなかったと考えてよいのではないだろうか。

まとめにかえて

　大坂出土品は前にも述べたように，製品本体の作りはアムステルダムのユトレヒト通から出土したアルバレルロに極めてよく似ている。そのユトレヒト通のアルバレルロ2は，1625年以降に埋められた（旧）ヘーレン運河から1644年銘のある皿15と一緒に出土している。したがって，大坂出土品1はユトレヒト通のアルバレルロに近い時期で，ヨーロッパの装飾意匠の流れの中に過去の模倣例があることから，復古調色絵フォグリー文採用の可能性が出てきた。だが，なぜ復古調の文様を採用したのかという疑問が残り，採用に至るプロセスも考える必要があろう。

　まず，色絵フォグリー文がイタリア起源の単色フォグリー文から派生したものと考えられるので，オランダ語圏で作るとすれば，イタリア陶工の系譜を引くアントワープ工人が，過去のイタリア製品を真似た可能性が考えられる。アントワープでは16世紀後半までしか色絵フォグリー文は作っていないので，アントワープ陶工の影響を受けた17世紀の陶工を探さなくてはならない。そこで手がかりとなるのが，アントワープ陶工の移住記録である。16世紀後半と16世紀末〜17世紀初頭に彼らの一部が宗教改革の騒乱を避けてミッデルブルグやハーレム，デルフトに移住していて，過去にカトリック修道院の薬局用にフォグリー文などの同一規格のアルバレルロを大量に受注生産していたことを知っていた可能性がある。そうであるなら，日本向けの色絵フォグリー文アルバレルロを作る条件は揃っている。徳川秀忠墓出土品4が17世紀前半のオランダ通有製品であることも考え合わせると，わざわざ復古調の色絵フォグリー文を製作させたのは，それが日本での売れ筋と読んだ人がいたからと考えられる。オランダ人の推奨品，または，日本でカトリック修道院事情を見知った人の発注ということになるだろう。

　ヨーロッパで宗教改革に翻弄されたマジョリカだが，日本においても禁教令・鎖国の中で，これを所望した人がどんな人であったのか，興味は尽きない。いずれにせよ，それはヨーロッパの陶器事情に詳しい人であったに違いないようだ。

考古学は科学か？

　最後に，田中良之先生から提示された重大かつ重要な命題について考えてみる。

考古学最大の長所は，まっとうに調査されて検証された考古学的資料は，揺ぎ無い事実を物語り，通説をも覆す力があることである。この色絵マジョリカ・アルバレルロはその典型例で，既に近世の文献史や美術史・陶磁器史等の研究が進んでいて，17世紀後半のデルフト陶器とされていた。しかし，出土品の実物比較でデルフト陶器ではなく，マジョリカ陶器と判明し，日本の通説の変更を促した。さらに，ヨーロッパで色絵フォグリー文は16世紀後半の文様だから，日本の色絵フォグリー文も17世紀には下らないとされたのだが，出土品の比較により，本体の作りが17世紀中頃のオランダ製品に近似し，ほぼ同時代のものが日本に来た可能性が高いとわかり，また，ヨーロッパ・マジョリカの装飾意匠の分析から，昔の文様の模倣の可能性があることがわかった。これらを総合して，ヨーロッパの通説をも変更を促す結果になった。

　このように，例え遠隔地間であっても，双方で詳細で正確な属性分析（例えば出土状況・時期，形態・文様・製作技法など）や属性の組合せの分析を行い，条件を整えて比較し，各方面からの検証を行えば，揺ぎ無い史実を把握でき，説得力のある歴史事象を物語ることができるのである。こういった研究過程は，自然科学の手法と軌を一にするものといえよう。

　このように考えると，考古学は「科学」であるし，「科学」でなければいけないと思う。

　田中良之先生は修士課程のほんの一時期接していただいただけなのに，遠く離れて就職した私をずっとやさしく見守ってくださいました。今やっと，お目にかかってこの命題についてお話しできそうだと思えるようになったのに，本当に残念です。心からご冥福をお祈りします。

■引用参考文献

Amsterdam Historical Museum, 2000. *Treasures of Amsterdam*. Amsterdam.

Chompret, J., 1949. *Répertoire de la majolique italienne* vol.2, Paris.

De Beer, H., 1985. Colnelis Janzs. Dorpman van Delft, majolicabakker te Deventer 1624-1637. *Mededelingenblad nederlandse vereniging van vrienden van de ceramiek: De Deventer Majolica-oven* 119/120, 7-13.

Dumortier, C., 1992. De 'geleyerspotbackers' in de Schoytestraat te Antwerpen. Stad Antwerpen, *Blik in de bodem: Recent stadsarcheologisch onderzoek in Antwerpen*, 109-111

Dumortier, C., 1999. Maiolica production in Antwerp: the documentary evidence. British Museum, *Maiolica in the North: Britsh Museum Occasional Paper* 122, 107-112.

Dumortier, C. and Veeckman, J., 1994. Un four de majoliques en actite a Anvers vers 1560. Musées royaux d'art et d'histoire , *Bulletin* tome 65, 163-217.

Giacomotti, J., 1974. *Catalogue des majoliques des Musées Nationaux.*

Guidotti, C. R., 2001. La ceramic a Faenza dal XV al XVII secolo. *Capolavori di Maiolica Italiana dal Museo Internazionale delle Ceramiche in Faenza* (Bojani G.C., ed.), pp.192-206.（水野千依訳，15世紀から17世紀のファエンツァ陶器，同書所収．pp.60-65），日本経済新聞社，東京．

Hurst, J. G., Neal, D. S. and Van Beuningen, H.J.E., 1986. The Low countries. Museum Boymans Van Beuningen, *Rotterdam Papers VI: pottery produced and traded in north-West Europe 1350-1650*, 117-125. Rotterdam.

Hoekstra, T.J., 1986. 23. Oude Gracht 99. *Archeologische en bouwhistorische Kroniek van de Gemeente Utrecht 1985* (Gemeente Utrecht), pp.187-197.（松本啓子訳，2015．ユトレヒトとアントワープで見つかったマジョリカ陶器の窯と大坂出土品．郵政考古紀要 第62号，209-232.）

Hudig, F., 1928. Amsterdamsche Aadewerkvondsten, I. *Oud-Holland: Tweemaandelijksch Nederlandsch Kunsthistorisch Tijdschrift* (Bredius A., Van Gelder H. E., and Hudig F.), pp.61-62. J.H. de Bussy, Amsterdam.

Korf, D., 1981. *Nederlandse Majolica*. De Haan, Haarlem.

Lappe, U., 1984. *Arnstädter Fayencen und anderes Töpfergeschirr*. Veroffentlichungen der Museen der Stadt Arnstadt.

Lubberding, H.H.J., 1985. De Deventer Majolica-oven, De Majolica-oven in Klooster-noord, Beschrijving van de vondsten. *Mededelingenblad nederlandse vereniging van vrienden van de ceramiek, De Deventer Majolica-oven* 119/120, 3-31.

松本啓子，1999．大坂城下町出土のオランダ壺の源流をもとめて．大阪市文化財協会研究紀要（大阪市文化財協会），第2号．大阪．

松本啓子，2010．鎖国期のヨーロッパ陶器をめぐって．日本古代の王権と社会（栄原永遠男編），pp.473-491，塙書房，東京．

松本啓子，2014．鎖国期のヨーロッパ陶器について．東アジア古文化論攷（高倉洋彰編），pp.451-472，中国書店，福岡．

鈴木尚・矢島恭介・山辺知行，1967．増上寺－徳川将軍墓とその遺体・遺品－．東京大学出版会，東京．

Thüringer Museums Eisench und Schrossmuseums Arnstadt, 1997. *Arnstädter Fayencen des 17. Jarhunderts*.

寺井誠，2003．第8節　OS92-19次およびその周辺の調査．大坂城跡Ⅶ（大阪市文化財協会），pp.157-168，大阪．

徳島県埋蔵文化財センター・徳島県教育委員会，2002．新蔵町3丁目遺跡徳島保健所地点－徳島保健所改築事業に伴う埋蔵文化財発掘調査報告書－．

Veeckman, J. and Belens, T., 2005. Een majolica bakker in de Aalmoezenierstraat. *Berichtenen Rapporten over het Antwerps Bodemonderzoek en Monumentenzorg* 6 (Veeckman, J. and Stad Antwerpen), 213-214.（松本啓子訳，2015．ユトレヒトとアントワープで見つかったマジョリカ陶器の窯と大坂出土品．郵政考古紀要 第62号，209-232.）

Veeckman, J., 2010. Sherds from a church. Majolica production waste from the Augustinian friary in Antwerp. *Exchanging Medieval Material Culture, Relicta Monografieën 4. -Studies on archaeology and history presented to Frans Verhaeghe-* (Koen de Groote, Dries Tys & Marnix Pierters, eds), pp.177-188. Vlaams Instituut voor het Onroerend Erfgoed.

Van Dam, J.D., 1982. Geleyersgoet and Hollants Porceleyn. *Mededelingenblad nederlandse vereniging van vrienden van de ceramiek, Ontwikkelingen in de Nederlandse aardewerk-industrie 1560-1660*, 108.

■出典および所蔵機関

1：寺井誠，2003，2・15：Rijksmuseum Amsterdam（アムステルダム国立博物館）蔵，15：Korf, D. 1981，3：徳島県埋蔵文化財センター・徳島県教育委員会，2002，4：鈴木尚ほか1967，5～16・33・37・67：Monuments and Archaeology, City of Amsterdam 蔵，17・22～24・31・38・56：Museum aan de Stroom ｜ collection Vleehuis，18～20・39・40：Apothicairerie de l'Hôtel-Dieu-le-Comte, Troyes 蔵，

21・25・32・71：Museum Boymans-van Beuningen（ロッテルダム国立博物館）蔵，26・27：Deutsches Apotheken-Museum 蔵，27・57・88：Thüringer Museums Eisench und Schrossmuseums Arnstadt, 1997, 28・30・49〜53・60・75〜78：Il Museo della Ceramica di Montelupo 蔵，29・35・46〜48：Spezieria di Santa Fina Monastero 蔵，32：Hurst, J. G., Neal, D. S. and Van Beuningen, H.J.E., 1986, 34：Erfgoed Gemeente Utrecht 蔵，36・41・42：Museo Internazionale delle Ceramiche in Faenza 蔵，43〜45：Museu Nacional de Arte Antiga 蔵，54・55：Chompret, J. 1949, 58・70：Fundacion Instituto Valencia de Don Juan 蔵，59：Giacomotti, J. 1974, 61〜66・68・69・72〜74・81〜87：Korf, D. 1981, 79・80：Dumortier, C. 1992

近世初期九州陶磁器生産における技術変容プロセスのモデル化の試み
―薩摩焼と肥前陶磁器を事例として―

鹿児島大学　渡辺　芳郎

「モデルとは，繰り返し起こるもの，一般的なもの，典型的なものを強調するために現実を単純化する知的構築物であり，モデルはそれを特徴・特質のかたまりのかたちで表すのだ」(p.40)

「モデルの強さと弱さはそれを引き伸ばすことによってより明らかにされる。つまり，もともとそれ用に設計された領域の外でそのモデルを使おうと試みることによって，明らかにされるのである」(p.87)

ピーター・バーク（佐藤公彦訳）2006『歴史学と社会理論』慶應義塾大学出版会

要旨

　本稿は，朝鮮系製陶技術を基盤とする近世九州の陶磁器生産技術が，17世紀においてどのように在地化していったか，そのプロセスをモデル化する試みである。まず近世薩摩焼における在地化プロセスを検討したのち，「社会的（政治的／経済的）需要」への対応と，「外部からの技術導入」という2つの項目からモデル化した。そののち，肥前における陶磁器生産における変容プロセスを検討し，薩摩焼で提示したモデルをあてはめて検討した。その結果，「社会的需要」「外部からの技術導入」の他に「技術革新」という項目が在地化プロセスに大きな役割を果たしていることを指摘し，モデルを修正した。また基本的な変容プロセスが同じであっても，両地域の事象的な違いは，当時の「市場（対象と規模）」「商品価値」における陶器と磁器との違いに由来する可能性を指摘した。

キーワード：薩摩焼，肥前陶磁器，技術変容プロセス

はじめに

　豊臣秀吉の朝鮮出兵（1592-98年）により，朝鮮半島の陶磁器製作技術が，九州を中心に移植，導入され，肥前地方における磁器生産の開始に代表されるように，日本の窯業史は大きな転換点を迎える。筆者はかつて，同じく朝鮮系製陶技術を基盤とする初期薩摩焼について，その技術の在地化プロセスを検討したことがある（渡辺2005a，2011a）。この薩摩焼に見られる在地化プロセスは，同じように朝鮮系製陶技術を基盤とする他の九州近世陶磁器においても見られるのか。これが筆者の問題意識である。

また外来技術の在地技術への変容プロセスの解明は，窯業史のみに限られた課題ではなく，より広いコンテクストでの，外来技術の導入・定着・変容の過程を理解する上でも，有益な手がかりを提供すると筆者は考えている。ただしひとつの領域に見られる事象を他の領域に適用するためには，その個別事象をそのままの形であてはめることはできない。事象を抽象化した上でモデル化し，他の個別事象へと適用することが必要である。

　本稿では，初期薩摩焼に見られる朝鮮系製陶技術の変容プロセスを，17世紀の肥前陶磁器における変容プロセスを理解する上で，その適用を試みることを目的としている。その際に，個別事象から模式化，そしてモデル化という抽象化の過程を意識しながら，検討していきたい。なお行論の都合上，渡辺2005a，2011aの内容と一部重なることをお断りしておきたい。

1　薩摩焼における朝鮮系技術の変容プロセス

　近世薩摩焼とは，薩摩藩内において生産された陶磁器の総称であるが，このうち朝鮮陶工に起源を有する窯場として，竪野系・苗代川系・龍門司系の三系統がある。この三系統のうち，16世紀末〜17世紀において稼働した窯には，竪野系では宇都窯・御里窯・竪野冷水窯，苗代川系では串木野窯・堂平窯がある。龍門司系は17世紀前半の状況はわかっていないが，第3四半期に山元窯が操業していた。これらの窯跡はいずれも発掘調査されており，その具体的様相が考古学的に明らかになりつつある（第1表）。本章では，その考古学的情報に基づきながら，初期薩摩焼における朝鮮系製陶技術の変容プロセスを跡づけたい。

第1表　17世紀の薩摩焼における焼成技術（渡辺2011bより一部改変）

窯跡	窯構造	時期	製品	粘土塊	ハマ 馬蹄形 円形	ハマ 馬蹄形 三角形	ハマ 馬蹄形 方形	ハマ 環状	ハマ 円板形	ハマ 逆蓋形	ハマ 糸巻形	トチン 鼓形	トチン 脚付 ロクロ	トチン 脚付 貼付	特殊
串木野窯跡	単室登窯	16c末-17c初	陶器						●						
堂平窯跡Ⅰa	単室登窯	1620-30年代	陶器	●	●	●	●	●							
堂平窯跡Ⅰb	単室登窯	1630-50年代	陶器	●	●	●	●	●							
堂平窯跡Ⅱ	単室登窯	17c後半	陶器	●								●	●?		
宇都窯跡	Ⅰ期：詳細不明 Ⅱ期；単室登窯	16c末-17c初	陶器		●	●	?								
御里窯跡	（窯体未確認）	17c初	陶器		●				●		○				
竪野冷水窯跡	直壁形連房式窯	17c前半-19c初？"	陶器		●							●	●		●
山元窯跡	直壁形連房式窯	17c3/4	陶器 磁器						●	●	●	●	●		

窯跡	センベイ			匣鉢				重ね積み技法					その他	出典
	円形	環状	洲浜形	円筒形		小判形	特定	釉剥ぎ		目積み				
				穴なし	穴あり			蛇の目	口唇部	胎土	砂	貝		
串木野窯跡												●		田澤・小山1941
堂平窯跡Ⅰa									●			●		関・繁昌編2006
堂平窯跡Ⅰb									●			●		
堂平窯跡Ⅱ				●								●		
宇都窯跡									●	●				田澤・小山1941 深野編2004
御里窯跡				○	○				?	●				関編2003
竪野冷水窯跡	●	●	●	●	●	●	●			●				クサビ	戸崎他編1978
山元窯跡	●			●	●			●			●	●		関編1995

○：他の窯跡資料の可能性あり

　検討の前に朝鮮から連れてこられた陶工たちの性格について触れておきたい。片山まびによれば，16世紀の朝鮮の陶工には，ロクロ成形により主として碗や皿（沙器）を生産する陶工集団と，タタキ成形により甕や壺（甕器）を生産する陶工集団の二者がおり，両者は社会的に厳密に区分されていたという（片山1998b）。ここでは前者を沙器系技術（集団），後者を甕器系技術（集団）と呼んでおきたい。

（1）苗代川系窯場

　豊臣秀吉の朝鮮出兵の際に，島津義弘らによって連れてこられた朝鮮陶工たちは，慶長3年（1598），現在の串木野に上陸し，その地で窯を開く。1934年，田澤金吾・小山冨士夫らによって発掘調査された串木野窯跡がそれで，残長14.5mの単室登窯跡が検出されている（田澤・小山1941　pp.150-161）。苗代川文書『先年朝鮮より被召渡留帳』によれば，慶長8年冬，苗代川（現日置市東市来町美山）に移住する（深港2000など）。17世紀代に稼働した窯として，かつては元屋敷窯・堂平窯・堂平新窯・五本松窯があったとされていたが（田澤・小山1941など），現在では，五本松窯は19世紀の操業とされ（関2000；渡辺2009），元屋敷窯・堂平新窯はその存在が疑問視されている（関・繁昌編2006 p.367）。17世紀に稼働した窯は堂平窯のみと推測され，同窯跡における考古学資料が，初期苗代川における製陶技術の変化のあり方を知る上で唯一の資料となる。

　堂平窯跡の発掘調査報告書（関・繁昌

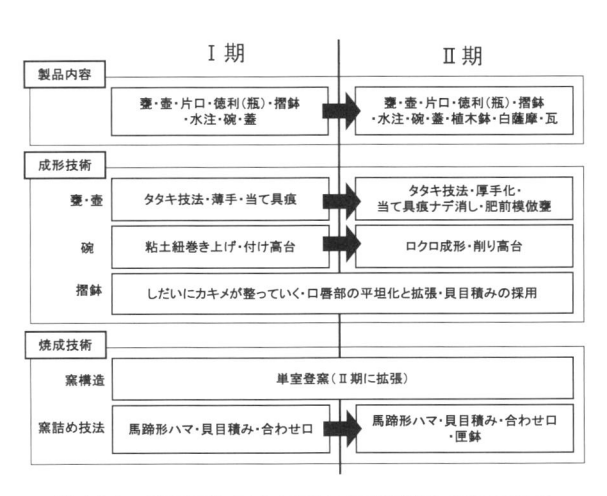

第1図　堂平窯跡における技術の変遷（渡辺2014）

編2006）によれば，堂平窯の操業期間は，大きくⅠ期（1620～50年代）とⅡ期（17世紀後半）に時期区分され，Ⅰ期はさらにⅠa期（1620～30年代）・Ⅰb期（1630～50年代）に細分される。Ⅰ期からⅡ期への製品内容・成形技術・焼成技術の変化の過程を整理すると第1図になる（渡辺2014）。

　製品内容は壺・甕などが中心で，堂平窯の陶工が甕器系技術集団であったことがわかる。片山まびは，韓国慶尚南道の陶器が堂平窯製品に近いことを指摘している（片山2012）。少数生産されたⅠ期の碗はロクロ成形ではなく，付け高台であり，また口唇部釉剥ぎをした合わせ口による窯詰め技法が採用されている。このことから，碗に甕や壺と同様の成形・窯詰め技法が用いられていたことがわかる。しかしⅡ期になると，碗はロクロ成形と削り高台が用いられており，Ⅰ期にはない，つまり堂平の朝鮮陶工たちが本来的に有していなかった技術が導入されたことを示している（渡辺2011a）。このようなⅡ期における技術の変化は，窯詰め技法における匣鉢や，製品としての白薩摩の出現にも見られる。

　これらロクロ成形技術・匣鉢・白薩摩などの出現は，薩摩焼のうち竪野系窯場からの技術導入が想定される。後述するように，同じく甕器系技術を基盤としながら，竪野系窯場ではロクロ成形技術がいち早く導入されており，また1620年代以後と考えられる竪野冷水窯跡では白薩摩が生産され，また匣鉢が用いられていた[1]。Ⅱ期において，鹿児島城修復にともなうと考えられる瓦生産が確認されており，この時期に藩の苗代川窯業への介入が本格化したと言える（渡辺2014）。

　一方，変化しない技術もある。串木野窯，堂平窯ともに使用されている単室登窯は，15世紀後半～16世紀前半の韓国慶尚南道清道郡蕎池里窯跡（慶南大学校博物館他編1994）などに見られるように甕器系技術の一つと考えられる。苗代川の単室登窯は幕末まで使用され続けたと推定されている（渡辺2004）。またロクロ成形がⅡ期の碗製作に用いられるとはいえ，タタキ成形技法は甕・壺で使われ続ける。さらに重ね焼き技法として朝鮮に由来する貝目積みが継続して用いられ，白薩摩や匣鉢などの新技術にも合わせて使用されている。

　以上，堂平窯では，朝鮮系製陶技術を基盤とし，それを継続しつつ，竪野系製陶技術を導入していたことがわかる。

　次に製品についてみると，Ⅰ期の甕・壺では器壁が薄く，内面に当て具痕を残す。このような特徴は，16世紀の朝鮮産陶器との共通性が指摘されており（片山2012など），甕や壺は朝鮮の技術をそのまま踏襲して製作されていた。一方，摺鉢は同時期の朝鮮半島にはなかった器種である（片山2004）。それに対して日本では中世以来，調理具の一つとして安定した需要を持っていた。また摺鉢はその使用の過程で摩耗するため，つねに買い換えねばならないという特性を有している。窯場にとっては継続的な需要のある重要な商品と言える。串木野窯跡，堂平窯跡から出土する摺鉢を見ると，最初は乱雑であったカキメが時期が下るとともに整っていく傾向が見て取れる。これは陶工たちが摺鉢製作に次第に馴れていった過程と考えられる。また摺鉢は，外側に折り返し，撫でつけて肥厚させる口縁を作る。このような口縁形態は甕や壺

では見られず，当時，西日本一帯に流通していた備前摺鉢の口縁を模倣したものと推測される。つまり摺鉢は，既存の日本製品を模倣しつつ，陶工が次第に製作に慣れていったと考えられる（渡辺2011a，2014）。

また甕・壺は引き続きタタキ技法で作られるが，Ⅱ期になると，甕の口縁形態が外側への折り返しから内側への折り返しと変化する。この断面逆三角形の口縁形態は同時期の肥前地方の甕口縁と類似しており，それを模倣したと推測される（関2009；渡辺2014）。

以上，堂平窯における製品の変化については，摺鉢という，朝鮮にはなく日本において需要が生じた器種への対応，肥前製品の模倣という理由による変化が生じたと考えられよう。それは朝鮮陶工たちが日本市場の需要に応えるための変化と言い換えることができよう。

以上のように，17世紀の堂平窯における陶器生産の変容の要因には，窯場外部からの技術導入と日本での新しい需要への対応という二つの点があったことがわかる。さらに「需要」については，大きく2種類に分けることができる。一つは摺鉢や甕における肥前製品の模倣のように，生活用品としての市場からの経済的需要であり，もう一つは瓦生産のような藩から政治的需要（命令）である。前者は産業として継続するために必要不可欠なものである。後者は，近世において窯業地として成り立つために藩の許可・保護・管理を必要とするという政治社会的なあり方から必然的に求められる需要である。堂平Ⅱ期における匣鉢や白薩摩の導入は，この政治的需要とも密接に関わるものと考えられる。近世における窯業生産には，この両者の需要に対する対応が必要であったことを指摘しておきたい。また両者をあわせて「社会的需要」と呼ぶことができる。

(2) 竪野系窯場

17世紀における竪野系窯場としては，宇都窯跡，御里窯跡，竪野冷水窯跡が発掘調査されている。最初に開かれたのが宇都窯であり，御里窯，竪野冷水窯へと続くという変遷が想定されている（第1表参照）。

宇都窯跡では，ロストル状排煙孔をともなうⅠ期の窯と，小型の単室登窯であるⅡ期のそれが検出されている。御里窯跡では窯体は残っていない。竪野冷水窯跡では直壁形連房式登窯が検出されているが，この窯体は同窯跡最終段階（19世紀初頭か）のものであり，17世紀の窯構造は不明である。ただし17世紀代3四半期の山元窯ですでに連房式登窯が採用されているので（後述），同時期かそれにやや先行して藩窯である竪野窯において導入されていた可能性がある。単室登窯は朝鮮系技術，連房式登窯は肥前系技術である。宇都窯Ⅰ期の窯構造の系譜は今のところ明らかになっていないが，この窯構造の存在は，宇都窯が単純に朝鮮系技術のみで開始されたわけではない可能性を示唆している。

宇都窯・御里窯に採用されている重ね焼き技法は，胎土目積み技法，貝目積み技法があり，竪野冷水窯跡では胎土目積みがわずかに見られるのみである（関2014）。製品に傷を残すこれらの技法は，藩窯製品にふさわしいとは言えず，早い段階で姿を消したと考えられる[2]。

窯道具としては，馬蹄形ハマが3つの窯跡から出土している。馬蹄形ハマは床面が傾斜する単室登窯にともなう窯道具であり，朝鮮系技術と言える。ただし堅野冷水窯跡の連房式登窯は床面が傾斜しており，馬蹄形ハマが必ずしも単室登窯のみに用いられたわけではない可能性を示唆する。ほかに堅野冷水窯跡からは，多量の匣鉢とヴァリエーションが豊富なトチンやハマなどが出土している（第1表）。同窯跡は19世紀初頭まで継続したと考えられる窯なので，それらがいつの時期に堅野系窯場に導入されたかはっきりしないが，少なくとも甕器系技術には見られない匣鉢は，17世紀後半にはすでに導入されていた可能性が高い（注1参照）。
　宇都窯跡出土の製品資料はさほど多くないが，その中に白色胎土の大ぶりの碗がある。碗の高台は幅広で低く，貼り付け高台である。その形状は，志野など当時の茶の湯で流行していた茶碗のそれに近しく，宇都窯では茶の湯からの需要に早くから対応していたことがうかがえる。
　御里窯跡からは大量の茶入片が出土しており，報告書では，製作技法や器形から茶入をⅠ類とⅡ類に分類されている。注目すべきはⅠ類茶入の製作技法で，Ⅱ類がロクロによる一体作りなのに対し，胴部下端と底部内面に底部と胴部とを貼り付けた痕跡が残っており，報告者の関一之は「付け底」と呼んでいる。この技法は，甕などをタタキ成形で作る技法に共通していることから，甕器系技術集団が茶入作りに応用した結果と推測される（関2004）。甕器系技術集団が御里窯に関わっていたことは，同窯跡出土の甕口縁部の形態および内面に当て具痕を残す点が，堂平窯跡のそれに近いことからも推定できる。ただしⅠ類茶入の胴部上半部から口縁にかけてはロクロ成形であり，甕器系技術のみではないことも注意しておく必要がある。
　堅野冷水窯になると，馬蹄形ハマや付け底茶入などが見られるものの，窯道具のヴァリエーションが増加し，全体としては朝鮮系技術の要素は減少していく。また白薩摩を中心に宴席用の高級食膳具などの生産も見られ（関2012；調査課第一調査係2014），大名の生活や儀式などからの需要に対応した窯へと変容していくと言える。
　以上，宇都窯・御里窯・堅野冷水窯の各窯跡出土の資料から，とくに前二者において茶道具が大きなウェイトを占めていたことがわかる。宇都窯の白色素地の碗は，早い段階から茶の湯の流行に対応していたことを示す。また初期薩摩焼の茶入が，関ヶ原の戦いで敗れた島津家にとって，対幕府外交における重要な贈答品であったことが指摘されており（上原2005；松村2006），Ⅰ類茶入は，その一つとして積極的に製作・活用された可能性がある（関編2003 p.59）。つまり茶入生産は，薩摩藩からの政治的需要に対応したものと考えられ，その対応のため甕器系技術が応用されたとみなせよう。
　一方，ロクロ成形のⅡ類茶入があり，Ⅰ類茶入にもその胴部上半部の成形にロクロが用いられていることは，日本的な茶入製作技術の導入を示唆している。宇都窯・御里窯で製陶に従事した朝鮮陶工・金海は，「上方」において5年間「瀬戸焼茶入稽古」をしたと伝えられている（「星山家譜」など）。つまり御里窯における2種類の茶入は，政治的な需要に対する対応と技術導入というふたつの側面の共存を示しているのではないだろうか。
　ところで後代の文献によれば，このほかにも他地域の製陶技術の導入が活発に行われていた

ことが伝えられている。金海の息子・金和は，寛永13年（1636），肥前に陶法修行に出たとされ，慶安元年（1648）には，やはり堅野窯場の陶工・有村碗右衛門が，京都の御室窯で修業したと伝えられている。これらはいずれも同時代史料でないため確定は難しい。とくに前者については，肥前において色絵出現以前であるにもかかわらず「錦手」修得とあることから，強い疑問が出されている（前田1934（1976） pp.371-372）。しかし先述したように，御里窯におけるⅡ類茶入の存在は，瀬戸美濃系技術の導入を示唆する。堅野冷水窯段階になると，朝鮮系技術は急速に姿を消していき，上記の伝承の個別的な真偽は置くとしても，積極的に日本の製陶技術が導入されたことが想像され，藩窯として藩の政治的需要に応えるための技術・体制が整備されていったと考えられる。

つまり堅野系窯場における朝鮮系製陶技術は，強力な政治的需要に応えるべく，茶入製作などに応用されるとともに，日本各地の技術が積極的に導入され，変容が急速に進んだと考えられるのである。

（3）龍門司系窯場

現在，姶良市加治木町に所在する龍門司窯の初源については，17世紀前半に朝鮮陶工・卞芳仲らが八日町窯，龍口坂窯などを開いたと伝えられているが，その存在は今のところ確認されていない。現段階で発掘調査されているのは，17世紀第3四半期に稼働した山元窯跡1例のみで，その最大の特徴は磁器生産を試みていたことである。

山元窯跡では，燃焼室＋7焼成室の直壁形連房式登窯が検出されており，肥前系の技術によって築造されたと推測される。ただし肥前からの直接的導入なのか，藩内外の別の窯場，たとえば堅野系窯場を経由しての導入なのかははっきりしない。

窯詰め技法としては砂目積み技法と貝目積み技法がある。前者は碗や皿に用いられるのに対し，後者は瓶や摺鉢などに用いられ，器種の違いによって窯詰め技法が使い分けられていた。以後の龍門司系製品では，現在のところ，確実に貝目をともなったものは確認されていない。これは龍門司窯が碗や皿などの小型食膳具類を主要製品としていくことと関係するのだろう。また蛇の目釉剥ぎの皿が1点出土している。窯道具には焼台（トチン・ハマ）と匣鉢が見られる。馬蹄形ハマは確認されていない。成形技法としては，碗や皿にはロクロ成形が用いられており，一方，瓶などの内面に当て具痕を残すものもあり，タタキ成形も用いられていたことがわかる。

以上の様相を整理すると，第2表になる。ここで言う「肥前系」とは，あくまで肥前地方に

第2表　山元窯における肥前系・朝鮮系技術

	肥前系技術	朝鮮系技術
窯構造	連房式登窯	
窯詰め技法	焼台・匣鉢・砂目積み・蛇の目釉剥ぎ	貝目積み
成形技法	ロクロ（碗・皿）	タタキ（瓶など）

その初源が見られる技法であり，必ずしも肥前地方から直接導入されたことを意味するわけではない。

17世紀後半は，肥前以外の地域でも磁器生産が試みられ，福岡県小石原中野窯，広島県姫谷焼，石川県九谷焼などがある。肥前磁器生産の発展を視野に入れながら，磁器生産の試みが全国規模で興った時期と言え（大橋2006），山元窯におけるそれも，そのような全国的な磁器需要の高まりに対応したものと考えられよう。

以上のように山元窯では磁器需要に対応するため，肥前系技術の導入がはかられ，朝鮮系技術は部分的に用いられるにとどまっていたと言える。なお磁器生産の試みは短期間で終息し，のちの龍門司系窯場では陶器生産へとシフトする。しかしその陶器製作技術は，山元窯において導入された連房式登窯など磁器製作技術が基盤となっている。

2　肥前陶磁器における朝鮮系技術の変容プロセス

16世紀末から17世紀における肥前陶磁器生産，とくに佐賀県有田を中心とした磁器生産の展開については，これまでに厚い研究史があり，近世陶磁器研究においても，もっとも蓄積のある分野である。それゆえ本稿において，新たな知見を加えることはきわめて難しい。本稿では，これまでの研究蓄積によって明らかにされてきている16世紀末～17世紀における磁器生

第3表　肥前陶磁器の関係年表

	経済的需要	政治的需要	技術導入・革新
1580年代			朝鮮系製陶技術による陶器生産の始まり ※単室登窯（甕器系）＋割竹式登窯（沙器系）→割竹式登窯へ統一
1592-98年		秀吉の朝鮮出兵 →朝鮮陶工の渡来	
1610年代	中国磁器の模倣		磁器生産の始まり 連房式登窯の成立（中国漳州窯系か）
1637年	窯場の統廃合（磁器専焼体制の成立）		
1641年		「鎖国」完成	
1644年	明王朝の滅亡 →中国の磁器輸出の減少		
17世紀中頃	中国磁器の代替（中国磁器の模倣・色絵など）		色絵技術・凹型蛇の目高台・トンバイなど（中国） ハリ支え技法（革新）
1647年	中国船による海外輸出の始まり		
1651年	オランダによるハノイ・トンキン商館への輸出	徳川家光「今利新陶の茶碗皿御覧ぜらる」 →例年献上へ	
1656年	清・海禁令 →中国の磁器輸出の減少		
1657年	オランダによる磁器輸出の本格化		
1661年	清・遷海令 →中国の磁器輸出の減少		
1661年頃？	赤絵町の成立		
1660年代		鍋島藩窯の成立	
1684年	清・展海令 →中国の磁器輸出の再開		型紙刷り・コンニャク印判（量産化・国内市場向け）

産の展開を整理した上で，前章において初期薩摩焼の変容について指摘した「需要」と「技術導入」という二つの視点から再整理することで，その変容プロセスを明らかにしたい[3]。

これまでの研究成果を基にして16世紀末〜17世紀における肥前陶磁器の展開を整理すると第3表になる。これらについて，まず技術導入という点から検討する。

佐賀県唐津市岸岳山麓の最初期の肥前陶器窯跡では，甕・壺生産を主体とした単室登窯跡（皿屋上窯跡）と碗・皿を中心とした割竹式登窯跡（半胴甕上・下窯跡，帆柱窯跡，皿屋窯跡）の二者が見つかっている（陣内編2011）。このことは朝鮮から甕器・沙器系技術集団がともに来ていたことを意味しており，なおかつ窯構造によって製品の作り分けがなされていることは，両者を区別して生産する朝鮮の体制を踏襲していることを示している。しかし単室登窯はすぐに姿を消し，甕や壺も，碗・皿とともに割竹式登窯で焼成されるようになる。甕器・沙器生産に区別のない日本では，より効率的な窯構造である割竹式登窯が選択された結果と考えられる。また片山まびは，初期の岸岳集団に日本の陶工集団も加わっていた可能性を指摘している（片山1998a）。その後，秀吉の朝鮮出兵時に連れてこられた朝鮮陶工が，1610年代，日本で初めて磁器生産を開始する。これと並行して，連房式登窯が成立すると考えられており，その際には中国漳州窯系の技術が導入された可能性が指摘されている（村上2005）。

1637年，佐賀藩による窯場の統廃合が実施され，佐賀県の旧有田町を中心に磁器専焼体制が確立される。その後，1640年代に色絵磁器の生産が始まるが，酒井田柿右衛門家に伝わる「覚」には，長崎の唐人から色絵技術を伝授されたと伝えられている。またこの時期に蛇の目高台が現れ，中国竜泉窯系の技術導入の可能性が指摘されている。このほか窯の構築材としてのトンバイの使用，タタラ成形，染付における墨弾き技法など，朝鮮の磁器技術には見られず，中国に起源が求められる新技術が肥前磁器生産に次々と現れており，この時期に中国系技術が導入された可能性がある（大橋2007 pp.75-76；柴田1998 pp.258-9など）。

この17世紀中頃におけるさまざまな技術導入とともに注目されるのが，ハリ支え技法の出現である。肥前地方の陶石は，景徳鎮で用いられたそれに比すと耐火性が低く，歪みやすい。そのため景徳鎮製品のような薄くて高台の広い皿のような製品が当初は作り得ず，17世紀前半の初期伊万里に見られるような厚手で，高台の狭い製品であった。そのため文様などで景徳鎮磁器を模倣しつつも，製品の質としては競争力がなかった。しかしハリ支え技法の登場により，景徳鎮並の製品の生産が可能になり，17世紀後半の海外輸出へと道を開く。また海外輸出が低調になって以降も，肥前磁器製作の基本的な技法として，その後も継続して使われ続ける。このハリ支え技法は，現段階で他地域に類例を探すことができず，肥前地方で独自に開発された技術と考えられる。

このほか素焼き工程が導入され，製品の生産効率が向上するとともに，染付における絵付けがより精緻になっていたと考えられる[4]。

以上のように，17世紀初頭，朝鮮系製陶技術を基盤にして始まった肥前の磁器生産は，中国系技術を導入しつつ，さらにハリ支え技法という技術革新を経ることで，景徳鎮並みの製品

の生産に成功するのである。このような技術導入・技術革新の背景には，17世紀における東アジア情勢の変動と，それにともなう世界規模での市場の変化がある。

　16〜17世紀は，ヨーロッパ諸国がアジアの貿易圏に参入してくる時代である。彼らの目的の一つは香辛料の獲得にあったが，それとともに磁器や絹製品などのアジアの高級品が重要な貿易商品として扱われる。磁器の最大輸出国は中国（明朝）であったが，17世紀前半，東北地方に興った清が南下し，1644年，明朝は滅亡する。その後，大陸南部の旧明勢力との戦いにより，中国全土は戦乱に巻き込まれる。その旧明勢力で清朝に最後まで抵抗したのが鄭成功一派であったが，その抵抗は海上交易による利益が大きな役割を果たしていた。清朝は鄭一派の封じ込めのため，1656年に海禁令，1661年に遷界令を発する。すでに明清内乱で減少していた中国磁器の輸出は，さらにこの2回の禁令により急減する。

　この17世紀中頃〜後半の世界的な磁器市場の空白化は，肥前磁器に対する経済的・政治的需要を産み出す。まず経済的需要について見ると，1647年には中国船によって肥前磁器の輸出がはじまっており，またオランダ東インド会社は，1651年にハノイのトンキン商館へ，さらに1657年にオランダ本国へと輸出している。また柿右衛門様式（1660〜90年代）と呼ばれる色絵磁器の登場も，ヨーロッパの王侯貴族からの最高級色絵磁器需要への対応である。しかし鄭一派が清朝に降伏し，1684年に展界令が発布されると，中国磁器の輸出が再開され，東南アジア市場，ヨーロッパ市場が失われ，肥前磁器の主な市場は国内へとシフトしていく。17世紀末におけるコンニャク印判や型紙刷り技法は，国内市場向けの量産品生産に対応するために導入された技術と考えられる。

　また大橋康二によれば，この磁器市場の空白化は，政治的需要をも産み出した。つまり長崎に入ってくる中国色絵磁器を将軍家に献上していた鍋島家は，その輸入途絶により，自藩内での色絵磁器の生産を目指すことになる。そして1640年代に色絵磁器生産に成功したのち，1651年，将軍・徳川家光の閲覧を契機として例年献上がはじまり，のちの鍋島藩窯を成立させたとしている（大橋2007）。この鍋島藩窯の成立は，磁器市場の空白化によって生じた肥前磁器需要における，政治的なそれと経済的なそれとが制度的分離へと帰結したと言えよう。

　製陶技術的には，先述したように中国系技術の導入（色絵・トンバイ・墨弾きなど）がはかられ，また素焼工程の導入による製品の質の向上，そしてなによりハリ支え技法という技術革新を経て，上記のような経済的需要の高まりに応えていく。1660年代の赤絵町の成立による色絵生産体制の効率化や，鍋島藩窯の成立は，政治的・経済的需要に対する制度的対応という側面も持っていたのであろう。

3　外来製陶技術の変容プロセスについてのモデル化の試み

　以上，ともに朝鮮系製陶技術を基盤とした，16世紀末から17世紀における薩摩焼と肥前陶磁器の変容プロセスを整理，検討してきた。これらはいずれも個別事象レベルでの検討であり，両者を比較するためには，より抽象化した模式化という手続きを経る必要がある。模式化とは

個別事象群を一定の視点に沿って整理し，その関係性を再構成する手続きである。本章では，上述した薩摩焼・肥前陶磁器の個別事象群を「需要」「技術導入」という視点から再構成する。

まず薩摩焼について，検討した3つの系統の窯場それぞれについて模式化を試みたのが第2図になる。それぞれの窯場において「需要」と「技術導入」によって在地化プロセスが整理できるが，その具体的あり方には差異が見られる。竪野系窯場では政治的な需要（茶道具需要）が，その変容プロセスにおいて大きな役割を果たしていたと言える。御里窯I類茶入は甕器系技術による対応であるが，その後，瀬戸美濃系，京焼系など藩外の技術導入が積極的になされたのも，薩摩藩から求められる政治的需要に基づくものと言えよう。

龍門司系窯場では，17世紀前半の様相が不明確なので，その初期の状況はわからない。

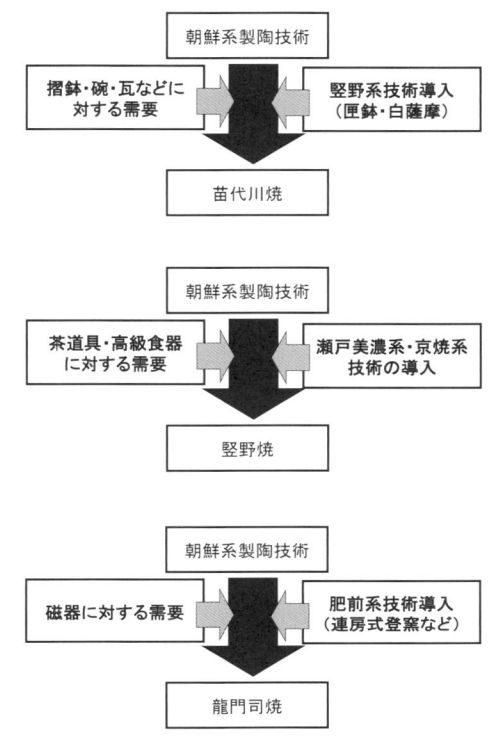

第2図 薩摩焼における技術変容プロセス

山元窯では磁器生産という，甕器系技術集団を中心とした朝鮮陶工にとっては担いきれない経済的需要を満たすため，肥前系技術の導入がはかられる。そのため朝鮮系製陶技術の要素（貝目や一部の器種のタタキなど）は少ない。このことは磁器需要とその製作技術の導入という状況において，朝鮮系製陶技術（甕器系技術）の使用頻度が減少していった結果と考えられる。

苗代川系窯場における技術変容は，堂平I期においては，主として経済的需要（摺鉢など日用生活陶器）に対する甕器系技術での対応として理解できる。その一方，朝鮮系製陶技術がそのまま適用可能な甕や壺などの単室登窯における生産技術は，少しずつ変化しながらも継続すると言えよう。堂平II期における竪野系技術の導入は，たしかにロクロ成形，匣鉢，白薩摩などの導入・生産開始をもたらすが，ロクロ成形以外における導入要素が，苗代川にどの程度定着しかについては，18世紀の苗代川生産が不明確なこともあって，よくわからない。また薩摩藩は苗代川に朝鮮習俗の保持を命じていたので（渡辺2005b），そのことが藩外からの技術導入を制限していた可能性も考えられる。

このように各系統窯場に求められた社会的

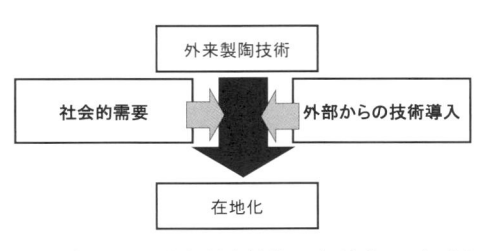

第3図 外来製陶技術の在地化モデル(1)

（政治的・経済的）需要の違いにより，それに対応した朝鮮系製陶技術の対応，技術導入のあり方は異なっていることがわかる。これら模式化における差異をさらにもう一段階抽象化することでモデル化が可能になる（第3図）。

次にこのモデルを基に肥前陶磁器における変容プロセスについて検討する。肥前における陶器生産段階では，甕器系・沙器系技術集団が来ており，当初，朝鮮と同じように窯構造と焼成製品とが組み合った生産体制を作ったが，すぐに両者の関係は崩れる。これは陶器生産をめぐる社会体制の朝鮮と日本の違いに由来するのであろう。

1610年代の磁器生産の開始，1637年の鍋島藩による窯場の統廃合と磁器専焼体制の確立を経て，17世紀後半において長崎出島を通じての海外輸出の時代を迎える。その際に鍵となったのが，明清動乱による中国磁器輸出の急減，つまり磁器市場の空白化である。この空白化が肥前磁器に対する政治的・経済的需要を産み出したと言える。その政治的需要の増大は鍋島藩窯の成立の契機となり，経済的需要は肥前磁器の海外輸出へとつながる。色絵技術に代表される中国系技術の積極的導入は，この社会的需要の増大，とくに海外からの経済的需要の増大に連動するものと理解することができよう。その中でとくに注目されるのが，ハリ支え技法という，肥前独自の技術革新である。ハリ支え技法の開発こそが，景徳鎮製品と競合できる磁器生産を可能にした基礎を作ったと言え，さらにそれはその後の肥前磁器生産の基本技術として定着する点，きわめて重要な技術革新であったと評価できよう。

以上の検討を通じて，第3図に示したモデルは，肥前の事例を踏まえることで，「技術革新」という項目を入れる必要性が生じ，修正されることになる（第4図）。

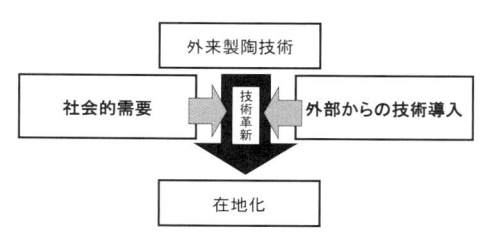

第4図　外来製陶技術の在地化モデル(2)

以上，外来技術の在地化プロセスにおいて「需要」「技術導入」「技術革新」という3項目が大きな役割を果たしていたことが，薩摩焼と肥前陶磁器の検討から導き出された。

ただし同じモデルを適用可能であったとしても，薩摩焼と肥前磁器とでは，具体的な内容では大きな違いがある点も注意しておかねばならない。薩摩焼における需要と技術導入が，基本的に藩内・国内にとどまっているのに対し，肥前磁器のそれは世界的な広がりを見せている。これは当時における陶器と磁器が持っていた商品価値の違いに由来するのであろう。初期薩摩焼の茶道具（とくに茶入）は全国的に需要が高まるとは言え，「世界商品」としての磁器に比べると，その市場は小規模である。つまり需要と技術導入という項目における個別事象は，（政治的なものも含めた）「市場規模」あるいは「対象市場」の違いによって，それぞれの窯場において異なることを予想させる。今後，九州における朝鮮系製陶技術を基盤とする他の窯場（高取焼，上野焼，萩焼，八代焼など）との比較検討が必要である。

おわりに

　自然科学，社会科学，人文科学を問わず，科学という行為の一側面に，個別事象群の解明にとどまらず，その検討から，より一般的なモデルを抽出し，それを他の個別事象に適用することで，その妥当性を検証していく行為の繰り返しがあると，筆者は考えている。科学の目的の一つが「一般性・普遍性への希求」だからである。ただしその一方，モデルはつねに個別的な事象群との検証を必要とし，また同一モデル内にあっても，それを構成する個別事象群のあり方は異なり，その個別性・独自性こそが歴史事象の特質と言える。それゆえそれら個別性・独自性をも包含しなければ，歴史を復元したことにはならない。モデルと個別事象群との間の双方向的な往還，言い換えれば「一般性・普遍性」と「個別性・独自性」との間の双方向的往還を繰り返すことが，歴史の復元には必要であると考えている。

　本稿は，その「相互往還」のささやかな試みとして，薩摩焼と肥前陶磁器の共通点と相違点を検討してきた。両者は比較的近接する領域間での適用であり，本稿で示したモデルが，窯業史全体，さらには冒頭で書いたように，外来技術の在地化プロセスという，より普遍的な領域にどこまで耐えうるのかは，今後の検討を必要とすることは言うまでもない。また同時に，同一モデルで説明できると考えた薩摩焼と肥前陶磁器の変容プロセスの具体的内容・規模には大きな違いが見られることもあわせて指摘した。それは陶器と磁器という，当時の「市場」「商品価値」の違いに由来すると考えられ，両者の個別性，独自性と理解した。このような個別性，独自性が他の窯場においてどのように見られるのかも，今後の課題としたい。

■注

1) 堅野系窯場にいつ匣鉢が導入されたかは明確ではない。ただし17世紀第3四半期操業の山元窯で匣鉢が用いられているので，藩窯である堅野冷水窯では，遅くとも同時期か，あるいはそれに先んじて匣鉢が導入されていた可能性が想像される。また白薩摩の祖型と考えられる白色素地の製品はすでに宇都窯跡において確認されている。
2) ただし関一之が指摘しているように，御里窯で6～7個の胎土目による重ね焼きがあったとしたら，朝鮮産陶器碗との関係を想像させ，また同窯跡で辰砂による装飾も1点出土していることも注目されよう（関編2003　p.27）。これらが薩摩焼に沙器系技術が入っていたことを示すのか，渡来後の別の窯場からの技術導入なのか，あるいは胎土目が目跡を残す高麗茶碗を意図的に模倣したのか，今後の大きな課題である。
3) 本稿では，肥前陶磁器研究について，大橋2004・2006，九州近世陶磁学会編2000，柴田1998，村上2005，佐賀県立九州陶磁文化館編2000，野上1998などを参考にした。なお本章のアウトラインは渡辺2008で示したことがある
4) 野上建紀氏からのご教示による。記して感謝申し上げたい。

■参考引用文献

深港恭子，2000．薩摩焼をめぐる苗代川関係文書について．黎明館調査研究報告13，101-113

深野信之編，2004．姶良町内遺跡詳細分布調査報告書．姶良町教育委員会，姶良町（現姶良市）

陣内康光編，2011．岸岳古窯跡群Ⅲ．唐津市教育委員会，唐津市

片山まび，1998a．一六世紀の朝鮮陶磁と草創期の唐津焼との比較研究：「近世的な窯業」の萌芽を中心として．朝鮮学報167，23-67

片山まび，1998b．「朝鮮人陶工」とは誰なのか？：一六世紀窯址と岸岳系唐津の比較から．陶説541，34-40

片山まび，2004．倭城出土の陶磁器に関する予察：日本出土品を視座として．韓国の倭城と壬辰倭乱（黒田慶一編）．岩田書院，東京

片山まび，2012．朝鮮前期甕器と日本薩摩焼の比較研究：堂平窯を中心に．文物2，131-174（韓文）

九州近世陶磁学会編，2000．九州陶磁の編年．同会　有田

慶南大学校博物館他編，1994．清道蓴池里甕器窯跡．同博物館，昌原（韓文）

前田幾千代，1934．薩摩焼総鑑（思文閣復刻，1976．陶器全集3，思文閣，東京）

松村真希子，2006．「島津家文書」にみる薩摩焼．東洋陶磁35，97-112

村上伸之，2005．肥前磁器の技術：朝鮮半島・中国の影響を中心に．十六・十七世紀における九州陶磁をめぐる技術交流（九州近世陶磁学会編），269-290．九州陶磁学会，有田

野上建紀，1998．初期伊万里様式の終焉．初期伊万里：小皿編（古伊万里刊行会編），84-98．創樹社美術出版，東京

野元堅一郎，1985．薩摩焼の歴史と多様性．さつまやき－その歴史と多様性－．（鹿児島県立歴史資料センター黎明館編），10-24．鹿児島県立歴史資料センター黎明館，鹿児島

大橋康二，2004．海を渡った陶磁器．吉川弘文館，東京

大橋康二，2006．朝鮮から肥前に伝わった磁器生産技術とその伝播．日本海域歴史大系　第五巻　近世篇Ⅱ（原直史・大橋康二編），13-35．清文堂，東京

大橋康二，2007．将軍と鍋島・柿右衛門．雄山閣，東京

佐賀県立九州陶磁文化館編，2000．古伊万里の道．佐賀県立九州陶磁文化館，有田

関明恵，2009．堂平窯製品の経年変化について．南の縄文・地域文化論考（下）（南九州縄文研究会編），61-76．南九州縄文研究会．鹿児島

関明恵，2012．野冷水窯跡出土遺物の追加報告：物原Ⅰを中心に．鹿児島県立埋蔵文化財センター研究紀要・年報　縄文の森から5，75-86

関明恵・繁昌正幸編，2006．堂平窯跡．鹿児島県立埋蔵文化財センター，霧島

関一之編，1995．山元古窯跡．加治木町教育委員会，加治木町（現姶良市）

関一之，2000．五本松窯跡採集資料．からから6，2

関一之，2004．薩摩の茶入：御里窯跡出土品から．野村美術館研究紀要13，172-186

関一之編，2003．御里窯跡．加治木町教育委員会，加治木町（現姶良市）

柴田明彦，1998．有田磁器の技法：有田磁器の変遷を技法から展望する．柴田コレクション（Ⅵ）（佐賀県立九州陶磁文化館編），256-273．佐賀県立九州陶磁文化館，有田

田沢金吾・小山冨士夫，1941．薩摩焼の研究．東洋陶磁研究所，東京

戸崎勝洋他編，1978．堅野（冷水）窯址．社団法人鹿児島共済南風病院，鹿児島

調査課第一調査係，2014．収蔵遺物保存活用化事業：堅野（冷水）窯跡の再整理を中心に．鹿児島県立埋蔵文化財センター研究紀要・年報　縄文の森から7，65-81

上原兼善，2005．大名茶の形成と島津氏．日本史研究518，1-24

渡辺芳郎，2004．近世薩摩焼の窯構造．金沢大学考古学研究室紀要27，39-49
渡辺芳郎，2005a．16～17世紀の薩摩焼の技術．十六・十七世紀における九州陶磁をめぐる技術交流（九州陶磁学会編），109-146　九州近世陶磁学会，有田
渡辺芳郎，2005b．なぜ薩摩藩は苗代川に朝鮮習俗を残したのか？．鹿大史学52，9-18
渡辺芳郎，2008．17世紀の九州における陶磁生産技術の変容：肥前を中心に．九州大学大学院歴史学研究拠点コース東アジア史コンソーシアム国際ワークショップ「人の移動と社会変動」，27-30．九州大学大学院人文科学研究院・比較社会文化研究院歴史学拠点コース，福岡
渡辺芳郎，2009．日置市美山・苗代川窯跡群測量調査報告：A03地点（五本松窯跡）．鹿大史学56，25-43
渡辺芳郎，2011a．重ね焼き技法から見た初期薩摩焼の技術変容：堂平窯跡出土資料を中心に．鹿大史学58，1-13
渡辺芳郎，2011b．窯跡資料からわかること：近世薩摩焼の焼成技術．やきものづくりの考古学：鹿児島の縄文土器から薩摩焼まで（鹿児島大学総合研究博物館編），18-37．鹿児島大学総合研究博物館，鹿児島
渡辺芳郎，2014．考古学資料から見た近世苗代川の窯業．薩摩・朝鮮陶工村の四百年（久留島浩他編），97-124．岩波書店，東京

【補記】

　私が1984年に九州大学大学院に進学したとき，田中良之先生は医学部解剖学教室の助手をされておられました。それゆえはじめの頃はあまりお会いする機会がありませんでしたが，先生が英書の講読会を開かれると聞いて，参加させていただきました。以来，30年に渡っていろいろとご指導いただきましたが，厳密に言うと私は先生の「教え子」ではありません。私が大学院生の頃，先生は医学部助手で，文学部九州文化史研究施設に着任されたときは，私は考古学研究室の助手でした。ですから先生の授業や講義を受けたことは一度もないのです。しかし先生のご論文や研究に対する姿勢，考え方に身近に接する機会があったことは，当時はもちろん現在も，私の研究の大きな糧となっています。いくら感謝しても足りないほどです。大学の役職を離れ，日本考古学協会の会長を辞され，また群馬県の金井東裏遺跡での調査に大きな期待を抱かれながら，「あとは定年まで自分の好きなことをやるだけだ」とニコニコしながらおっしゃっていたのが，今も心に残ります。その「好きなこと」をされる前にこの世を去られたのは，あまりに残念です。

　改めて先生のご冥福をお祈りするとともに，これまでのご指導に心よりお礼申し上げます。

赤色立体地図を用いての大和

― 高取城古写真の合成と撮影地の同定 ―

奈良県立橿原考古学研究所　西　藤　清　秀

要旨

　明治20年頃に撮影された大和・高取城の古写真3枚が絵葉書として存在する。この古写真を航空レーザ航測し赤色立体地図化した高取城の画像に合成することにより，写真が撮影された位置および3枚の写真が撮影された際の撮影範囲を推定し，3枚以外の写真の存在とその被写体を推定する。

キーワード：高取城，古写真，航空レーザ，赤色立体地図，画像合成

I　はじめに

　近年，考古学の世界では3次元レーザ計測による遺跡，遺構，遺物のデータ化が普遍的になってきている。しかしその成果は，二次元の測量図・実測図を入手するためや視覚的な説明手段として使用されているに過ぎない。

　奈良県立橿原考古学研究所では三角縁神獣鏡の同型・同范鏡を見出すべく3次元レーザ計測をいち早く取り入れ，研究レベルでの使用に至っている（奈良県立橿原考古学研究所 2005）。この研究は，遺物における3次元レーザ計測の利用法に活路を見出す結果となった。しかし，遺構においては3次元レーザ計測はあくまで二次元的な実測図の入手と視覚的な説明手段として利用されているに過ぎなかった。古墳や城郭の測量に採用されてはいたが，二次元的な測量図を作成するのが目的であった。しかし，2009年，従来は災害時や火山の地形変化に対して使用されてきただけであった3次元航空レーザ計測をアジア航測（株）の協力のもと日本で初めて採用し，宮内庁が管理する大型の前方後円墳の計測を実施し，赤色立体地図を作成した（西藤・藤井2010）。考古学において地形情報は，極めて重要であり，特に古墳において立地，墳形，尺度の研究には不可欠である。しかし樹木が繁茂する大型古墳の測量は，容易ではなく，精緻な測量図の作成には多くの制約がある。特に現在陵墓として宮内庁に所管される古墳に関しては言うまでもない。しかも宮内庁作成の陵墓測量図の大部分は戦前に作成され，その精度は現在の考古学研究者を満足させるものではない。我々の実施した宮内庁の管理する御廟山古墳やコナベ古墳の空中からの3次元計測は，両古墳に立ち入ることなく，また障害となる古墳

上の植生も気にすることなく，古墳の計測を可能にした。この計測法から画像化される赤色立体地図は，墳丘・地形の３次元情報を２次元化した表現において立体感ある図を作成することができた。他の多くの３次元図が陰影で立体感を表現しなければならないために目的物を多方向から示す複数の画像が必要であるのに対し，赤色立体地図は１枚の図で広範囲を立体的に表現できる特性を持っており，目的物の立地や規模および他の対象物との距離の把握を容易にする（第12，第13図）。加えて古墳築造後に繁茂した古墳上の植生情報の提供は，古墳の保全・管理にも役立つと考えられる。その後，直径10mあまりの古墳が密集する群集墳と呼ばれる古墳群において計測を実施（第13図）し，新たな古墳や新たな墳形を確認することができた。結果，この計測は，古墳築造過程等の古墳群を総体的な構築物として理解する有効な表現法であることをより認識させられる結果となった。

　この計測法は，森林地帯（熱帯雨林等）での新たな遺跡・遺構の発見はもとより，遺跡の立地・構造，危険地域（地雷・自然災害地区）における遺跡の分布・立地・構造，また個別具体的には土地区画遺構（条里・水田・水利等）の広範囲での微細地形や遺構の検討，さらに寺院，山城等の遺跡の分布と立地を把握するには最適である。そしてこれらのデータは，遺跡の広範囲での理解（立地・遺構の相互関係）や文化遺産管理の新たな道も開くと考えられる。

　本稿では航空レーザ計測データの新たな活用を模索するため奈良県に所在する高取城という大規模な山城の３次元計測を実施し，高取城の城郭を構成する新たな施設の確認と共に，以前から知られている明治年間に撮影された写真を３次元計測から得られた赤色立体地図を合成した結果（西藤ほか2015）を発展させ，当時の写真撮影の位置や範囲を提示する。

Ⅱ　高取町高取城

　高取城は，奈良県高市郡高取町の南方，奈良盆地南辺の竜門山塊の北西に位置する高取山の山頂部標高580m～500mに所在し，奈良盆地と吉野地域を画するように立地する。城の主郭部は，国史跡に指定され森林に覆われている。

　この城は，南北朝時代に大和南部の土豪越智邦澄によって築かれたが，明らかではない。この城が最初に記録に現れるのが永正８年（1511）である。この当時の城は簡易な「カキ上げ城」と呼ばれる構造物であったと考えられている。天正８年（1580）には織田信長の一国破城により大和では郡山城を残し，高取城は廃城となるが，天正12年（1584）に郡山城の詰城として復興される。天正13年（1585）豊臣秀長が郡山城に入り，秀長の家臣本多利久が高取城に入城し，城は整備され近世城郭として本格的に整っていく。本多氏は３代で絶え，徳川譜代の植村家政が寛永17年（1640）に高取城に入城し，明治維新まで植村14代の居城となった。築造当初は城内に屋敷地を取り込んだ城と城下町の二様相の山城として城が構成されていたが，植村氏の入城後，藩邸，侍屋敷は順次山麓に下った。その後高取城は，明治６年に県令により建物が入札，売却された。明治20年頃まで多くの建物は残存していたが，その後すべて解体された。

第1図　高取城要図（高取町教育委員会2004）10.4cm x 12.5cm

　高取城は，「城内」と「郭内」からなり，城内は二の門，壺阪口門，吉野口門の内側の城域であり，郭内は黒門から二の門までの別所郭，岩屋郭等，二の門から岡口門の間の鉄砲矢場，横垣郭，壺阪口門の下に家臣屋敷群，その西方の八幡郭，南の吉野口門からみろく堀切までの赤土郭である（第1図）。

Ⅲ　高取城の古写真

　今回の空中からの航空レーザ計測は，2013年3月21日高取城上空を高度500mで北西－南東方向に14測線方向からヘリコプターにより計測した。ヘリコプターは時速70kmで飛行し，レーザ光を20万発／秒，スキャン角度±30度で照射することで1m×1mに平均10点以上計測する設定で地表面データを5.0km²にわたって取得した。この計測による高取城の赤色立体地図化は，新たな施設の発見と城域の地形の具現化をすることができた。

　高取城は古絵図が存在し，また高取町教育委員会によって精密な遺構配置図が作成されてい

る（高取町教育委員会 2004）ので，赤色立体地図化を図った結果，双方を比較したところ，城内の東に位置する吉野口郭の北東には大規模な堀切，城内の西側に位置する八幡郭の東西に明瞭な堀切を発見した（第2図）。縄張り図にない平坦地として吉野口郭の鬼門櫓の北側下方と城内北半に位置する武器櫓東に小規模であるが，数カ所の平坦地が関連性を持つ形で存在することが判明した。同じく城内北半の国見櫓の西側の尾根頂部に平坦部が存在する。これら新たな平坦部は縄張り図にも認められないことから，高取城の古い段階の雑作地の可能性がある（西藤ほか2015）。

　航空レーザ計測は，従来視覚的に確認し得なかった箇所での遺構の発見と従来から知り得た遺構の形状や規模の再確認をもたらした。しかし本研究の最大の目的は，高取城の古写真を赤色立体地図に組み込み，古写真が撮影された当時の城の情報と周囲の情況の復元である。高取城の古写真は，明治20年頃元城主植村氏によって撮影された原版は消失しているが，現在，

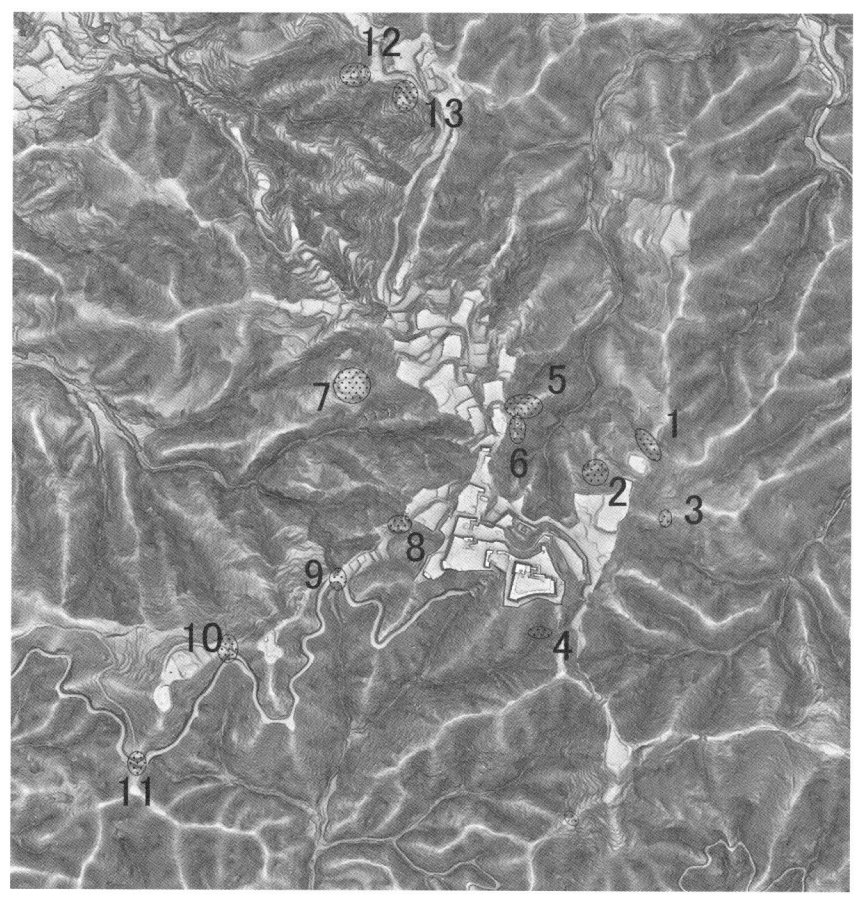

第2図　高取城赤色立体地図（網目は新発見の遺構箇所）
1．堀切　2．平坦地　3．堀切　4．堀底道　5．堀切　6．堀切　7．平坦地
8．通路の形状　9．堀切　10．堀切　11．堀切　12．平坦地　13．平坦地

絵葉書として3枚（A，B，C）が残存している（高取城CG再現プロジェクト 2005）。各写真には撮影箇所が記されている。Aは「高取城御城門より半左衛門櫓を望む」，Bは「三の丸城代屋敷より太鼓櫓を望む」，Cは「高取城壺阪口より二の丸内の一部を望む」と記されている。これら写真については『高取町史』（高取町1990），『大和　高取城』（城郭談話会2001），『国指定史跡高取城跡基礎調査報告書』（高取町教育委員会2004），『史跡高取城跡保存管理計画書』（高取町教育委員会2006）で紹介されている。その中で『大和　高取城』（城郭談話会2001）に掲載された松岡利郎「高取城の建築と残存遺構」という論考に3枚の写真の被写体構造物の同定と撮影場所の推定をおこなっている（松岡2001）。

第3図　古写真A：半左衛門櫓付近

第4図　古写真B：御城門＆太鼓櫓付近

第5図　古写真C：火見櫓付近

松岡氏は，3枚の写真の中で，Aの半左衛門，Bの太鼓櫓等の施設については葉書の記述が妥当であるが，Cの記述については誤りを指摘している（松岡2001）。その根拠は「高取御城規」（『高取町史』1990所収）記載の施設の説明・規模に照らし合わせて導かれており，信頼性は高い。Cの記述は「高取城壺阪口より二の丸内の一部を望む」とあるが，松岡は壺阪口から二の丸を撮影したというより三の丸から撮影し，被写体である二の丸の二重櫓は火之見櫓に該当することを指摘している。さらに当時の撮影機材や装備の移動を考えると，A，Bの写真が三の丸付近から撮影されていることから，Cの写真も壺阪口からというより三の丸からの撮影と考えるのが妥当であることが指摘されている（松岡2001）。このように3枚の古写真は，一応被写体の施設や撮影場所は同定されている。しかし，この3枚の写真の撮影時の空間的な関連性や各写真の被写体の奥行きの距離感は，写真からは伝わってはこない。それゆえ，次章では3枚の古写真の相対的な関連性と各写真の被写体となっている施設の距離感を赤色立体地図を用いて言及する。

Ⅳ 高取城の赤色立体地図と古写真合成による古写真撮影空間と撮影位置の復元

　3枚の古写真A，B，Cの中でAは御城門より半左衛門櫓を臨む画像である。半左衛門櫓は，本丸の北側に位置するこの城の中心的な井戸である中井戸を管理する井戸郭に存在した櫓である。写真には櫓と櫓の手前に井戸郭の下に降りる城内路の東側の塀と千早門に取り付く建物が一部写っている。櫓の背後は急斜面を樹木が覆うような様子がうかがえる。古写真Bは，三の丸城代屋敷より十五間多門，太鼓櫓，竹蔵，新櫓，竹櫓，厩舎を被写体とした構図である。古写真Cは，御城門北の西に延びる二の丸地区北を限る塀越しに二の丸御殿地区の北西隅に位置する火之見櫓とその奥の二の丸御殿の大玄関の屋根と御城門から西側に延びる二の丸地区の北を限る石垣の右下に壺阪口郭へ向かう門の屋根が写っている。

　以上の3枚の古写真の被写体となった構造物の位置を赤色立体地図の垂直画像に落とし込むと写真撮影の位置および写真撮影をした方向が理解でき，他の写真の存在を推測することが可能となる。写真撮影の場所は，三の丸城代屋敷として指摘されているが，詳細な場所は明確ではなかった。しかし，赤色立体地図に3枚のすべての構造物の位置関係を入れ込むと城代屋敷の南東隅部に写真機が設置され，撮影された可能性があることが判る。古写真Aは，半左衛門櫓が西側と一部南側が写り，櫓は写真右端に位置し，手前に塀と千早門の施設が一部写っているが，千早門の施設は写真左端に位置する。この写真の構造物の方向と位置関係を赤色立体地図に照らし合わせて見てみると第6図の□の位置関係になることから，撮影場所は城代屋敷の南東隅である。この古写真Aを赤色立体地図に合成すると第7図となる。古写真Bは手前から御城門から北側に延び，そして西側に折れる二の丸地区の東北隅の石垣下部，御城門へ通じる城内路の東側の塀，竹蔵，竹櫓から東側に延びる塀，その塀越しに見える厩舎の屋根，二の丸御殿地区の東西に延びる北側塀とその塀越しの竹蔵，十五間多門，太鼓櫓，新櫓が写る。これら被写体となった構造物を第6図の△として記載した位置関係を検討すると，この写真は，二

の丸地区の東北隅の石垣の対面やや西側にあたる三の丸東南隅に設置された写真機から撮影されたことが判る。この古写真Bを赤色立体地図に合成すると第8図のようになり，本来の写真に立体感を与える。古写真Cは，御城門から西に延びる塀越しに火之見櫓と二の丸御殿の大玄関の屋根が写し込まれ，御城門から西側に延びる塀の西下には壺阪口郭へ向かう門の屋根が写っている。この門は「和州高取城山之絵図」（天理大学附属天理図書館蔵）（高取町教育委員会2006）にも記載されているが，名称は不明である。この門の屋根の方向を見ると屋根は撮影者の右手方向に存在し，さほど遠くはない。この写真に写る構造物を第6図の赤色立体地図に○として記載すると他の2枚の写真と同様に三の丸東南隅に写真機が設置され，撮影されたことが理解できる。この古写真Cを赤色立体地図に合成すると第9図のようになり，奥行きのある画像になり，城内での位置関係が明確となる。

　3枚の古写真は，三の丸から撮影されたことがうかがえ，この撮影位置が，城内で天守を含め最も構造物が眺められる地点であったと考えられる。そのため各古写真を広範囲の赤色立体地図に合成（第10～12図）すると，各写真の被写体とその被写体が存在する位置の構造物の位置関係が明白となり，古写真A，B，Cの位置関係がさほど離れておらず，三の丸東南隅のほぼ同位置から放射線状に写真機を回転させながら撮影されたと考えられる。現存する写真3枚は，これらの写真が被写体と方向から連続的な写真の一部であったと考えられる。つまり古写真AとBの間に天守を中心とする写真が撮影され，さらに古写真BとCの間に二の丸御殿を中心とする写真が撮影されていたと考えられる。この高取城主郭の写真が三の丸東南隅部から撮影された際，井戸郭，天守，御城門（大手門）付近，二の丸御殿，火之見櫓という少なくとも5枚の写真は撮影されていた可能性を考えることができる。

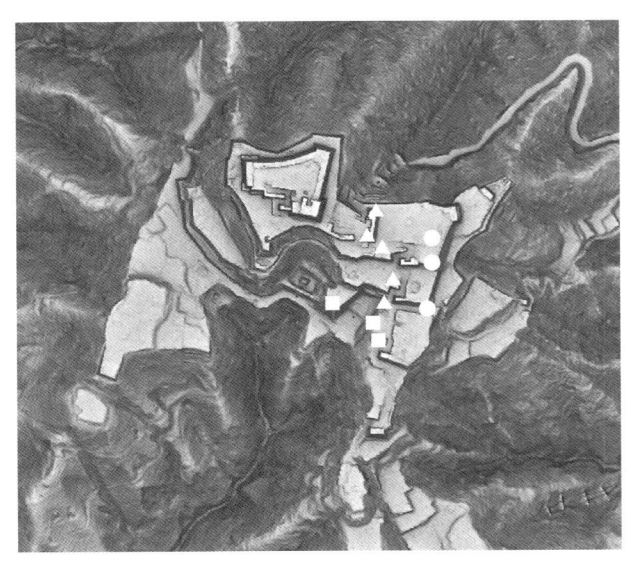

第6図　古写真3枚の建造物位置
（A：□，B：△，C：○）

第7図　赤色立体地図への古写真Aの合成

第8図　赤色立体地図への古写真Bの合成

第9図　赤色立体地図への古写真Cの合成

第10図　赤色立体地図の合成時の重複構造物1

第11図　赤色立体地図の合成時の重複構造物2

第12図　赤色立体地図の合成時の重複構造物3

□・○は第10～12図での重複箇所

V　まとめ

　高取城の3次元計測は，城郭を構成する各施設がどのように立地し，配置されているかを視覚的に検討することを可能にした．その結果，現存する3枚の古写真を赤色立体地図に組み込むことにより，写真の立体化を始めとして，写真が持つ情報をより有効に引き出すことができた．以前の古写真の検討により，写真に写る被写体の同定はおこなわれ，構造物の施設名はほぼ明らかにされていたが，今回，古写真と赤色立体地図を合成することにより，既往の古写真の同定をより明確にするとともに，撮影地を地点として明確にできた．そして現存する3枚の古写真は，三の丸東南隅のほぼ同位置から放射線状に連続的に撮影された写真の一部であったと考えられるに至った．3枚の古写真A，B，Cは，比較的近在する風景を撮影し，3枚の写真に写り込まなかった風景が，古写真AとBの間の天守を中心とする写真とBとCの間の二の丸御殿を中心とする写真であると考えられる．この高取城主郭の写真が三の丸東南隅部から撮影された際，井戸郭，天守，御城門（大手門）付近，二の丸御殿，火之見櫓という少なくとも5枚の写真が撮影された可能性を考えることができる．但し，同一地点から撮影された天守と二の丸御殿の2枚の写真は，現存していないが，今後，それらが発見されることを期待する．

　このように本稿では赤色立体地図から高取城古写真の背景について復元を試みた．その結果，現状では視覚的に比較検討が困難な環境を赤色立体地図によって容易に検討することができた．

謝辞

　本稿は，アジア航測株式会社との共同研究の中での赤色立体地図の応用に関して発展させたものであり，アジア航測株式会社の全面的な協力でなし得ることができた．特に古写真と赤色立体地図の画像の合成については佐田一徹氏の手を煩わせた．ここに感謝の意を表したい．

■参考文献

奈良県立橿原考古学研究所（編），2005．三次元デジタル・アーカイブを活用した古鏡の総合的研究．橿原考古学研究所研究成果第8冊，奈良県立橿原考古学研究所．奈良．
西藤清秀・藤井紀綱・佐田一徹・本村充保，2015．城郭と赤色立体地図－奈良県高取城を例として，日本文化財科学会第32回大会研究発表要旨集，104-105．日本文化財科学会・東京学芸大学
西藤清秀・藤井紀綱，2010．新時代を迎えた大型古墳測量．日本文化財科学会第27回大会研究発表要旨集，40-41．日本　文化財科学会・関西大学．
高取町，1990．高取町史．高取町教育委員会．高取町．
高取町教育委員会，2004．国指定史跡高取城基礎調査報告書，高取町文化財調査報告第30冊．高取町教育委員会．奈良．
高取町教育委員会，2006．史跡高取城跡保存管理計画書．高取町教育委員会．奈良．
高取城CG再現プロジェクト2005　www.nara-su.ac.jp/archives/takatori4/index.html
松岡利郎，2001．高取城の建築と残存遺構，大和　高取城．147-178．城郭談話会．八鹿．

九州帝國大學附属醫院跡出土の病院食器に関する考古学的研究

九州大学アジア埋蔵文化財研究センター　田 尻 義 了

要旨

　本稿は，九州大学馬出キャンパス出土の病院食器を報告し，そこから導き出される戦前の帝國大學間の関係を明らかにしている。特徴的なロゴマークが付せられた資料を詳細に検討したところ，九州大学出土品と非常に類似した資料が京都大学より出土していることが判明した。そこで，これらの資料は，九州帝國大學の設置以前に存在した京都帝國大學福岡醫科大學の両校の関係を示す物的証拠であり，当時の人事記録を検討したところ，ある書記官が関与している可能性を指摘した。また，特注の大量生産品を納品する近代陶磁器生産における生産体制について，美濃と肥前有田との違いを指摘した。
キーワード：九州帝國大學，京都帝國大學福岡醫科大學，病院食器，大量生産，有田焼

1　はじめに

　日本が近代国家として明治政府を樹立するのと前後して，西洋から様々な社会制度，文物が流入してきたことは周知の事実である。大学という教育制度も同様であり，帝國大學としては1877（明治10）年に東京大学が開学し，その後，順に京都，東北，九州，北海道と京城，台北，大阪，名古屋と設置され，戦前には9つの帝國大學が存在していた。これらの大学の設置やその運営に関しては，数多くの公的資料や関係者の証言などの史料が存在し，多岐にわたる研究が行われている。しかしながら，大学学内で出土した埋蔵文化財を用いて，大学の歴史を復元する研究は，埋蔵文化財調査室等の調査機関が存在する大学を中心に進められているが，資料の報告を通じて，それぞれの大学の歴史，または大学が所在した地域の歴史として位置づけられ（東京大学遺跡調査室編1990，京都大学文化財総合研究センター2010・2013・2014ほか），国家が設置した大学間の関係にまで言及した研究はほとんど実施されていない。大学は教育研究機関としてそれぞれの地に設置されたが，大学間の関係を文書資料等だけでなく，埋蔵文化財を用いて分析することは，文字資料で記述されない当時の社会状況や国家政策等を実証的に明らかにすることができると考える。

　九州大学は2011（平成23）年に，創立100周年を迎え，翌年の2012（平成24）年には，大

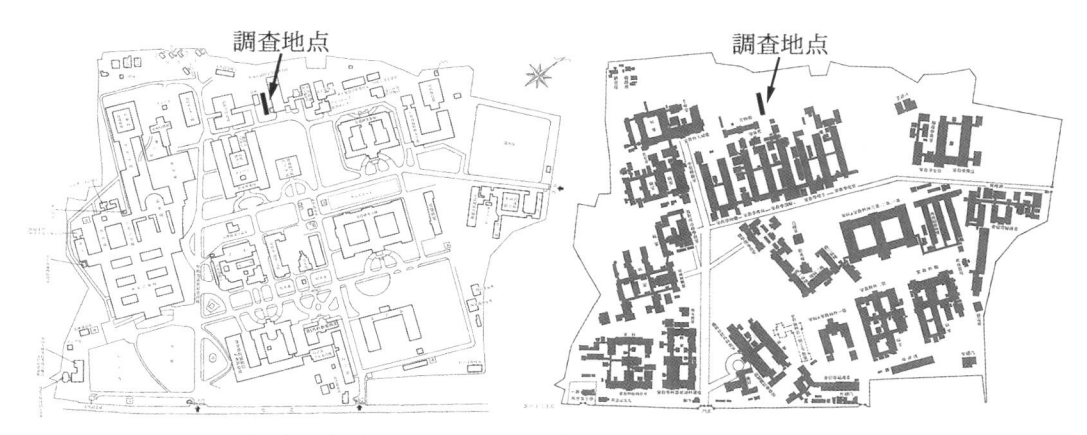

第1図　馬山キャンパス調査地点（左：61年，右：昭和8年）

学各所で多くの関連記念行事が挙行された。しかし，九州大学では埋蔵文化財を用いた大学史の研究は不十分であり，出土した埋蔵文化財も十分に活用されなかった。そこで，本稿では九州帝國大學附属醫院跡から出土した病院食器[1]を紹介した後に考察を行い，①九州帝國大學の設立に関わる京都帝國大學との関係と，また②病院食器から捉えうる近代陶磁器の生産体制に関して考察する。

2　九州帝國大學附属醫院跡出土の病院食器

　九州大学は福岡市内に4つのキャンパス（箱崎，馬出，伊都，大橋）を有し，キャンパス内での掘削を伴う工事には埋蔵文化財の有無を確認するための試掘調査を福岡市教育委員会と連携して実施している。本資料が出土したのは馬出キャンパスであり，現在は医学部などが存在している。すなわち本論文のタイトルともなっている九州帝國大學附属醫院とは，現在の九州大学馬出キャンパスに所在した施設を意味する。2009（平成21）年に馬出キャンパス内で立体駐車場建設工事の計画が持ち上がったが，キャンパス内には元寇防塁の推定ラインがあるため，試掘調査を実施し，遺構の有無を判断した（第1図左）。試掘調査では目的の元寇防塁は検出されなかったが，近代の所産と思われる土坑が確認され，以下に紹介する病院食器もここから出土した。重機による試掘調査の掘削であったため，土坑の詳細な断面実測は行わなかった。しかし，大量の医療廃棄物と木炭が土坑内から共伴して出土しており，時間幅はあるものの一括性の高い資料と判断できた。なお，出土した場所は，1933（昭和8）年の校舎配置図（第1図右）によると，入院患者病棟の一角であり，病棟裏の空き地であることが判明した。

出土した病院食器

　本来ならば採取した全ての資料を図化，掲載しなければならないが，資料が大量であり，詳細に観察すると形態的に類似度が高い資料が多く存在したことから，器種毎にまとめて報告する。出土した資料は大きく碗，碗蓋，皿，小碗，小碗蓋の5器種にまとめることができる。さ

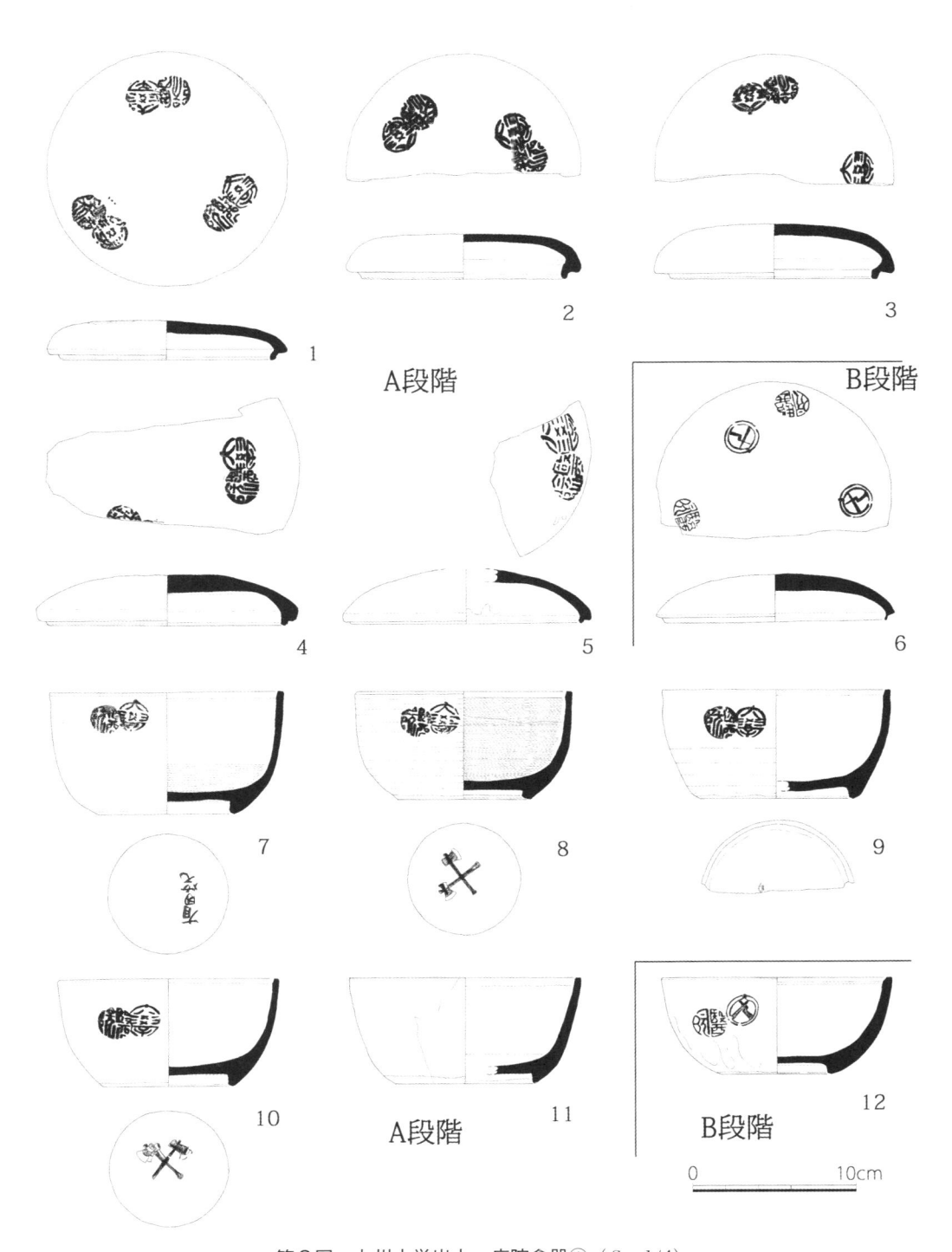

第2図　九州大学出土　病院食器①（S =1/4）

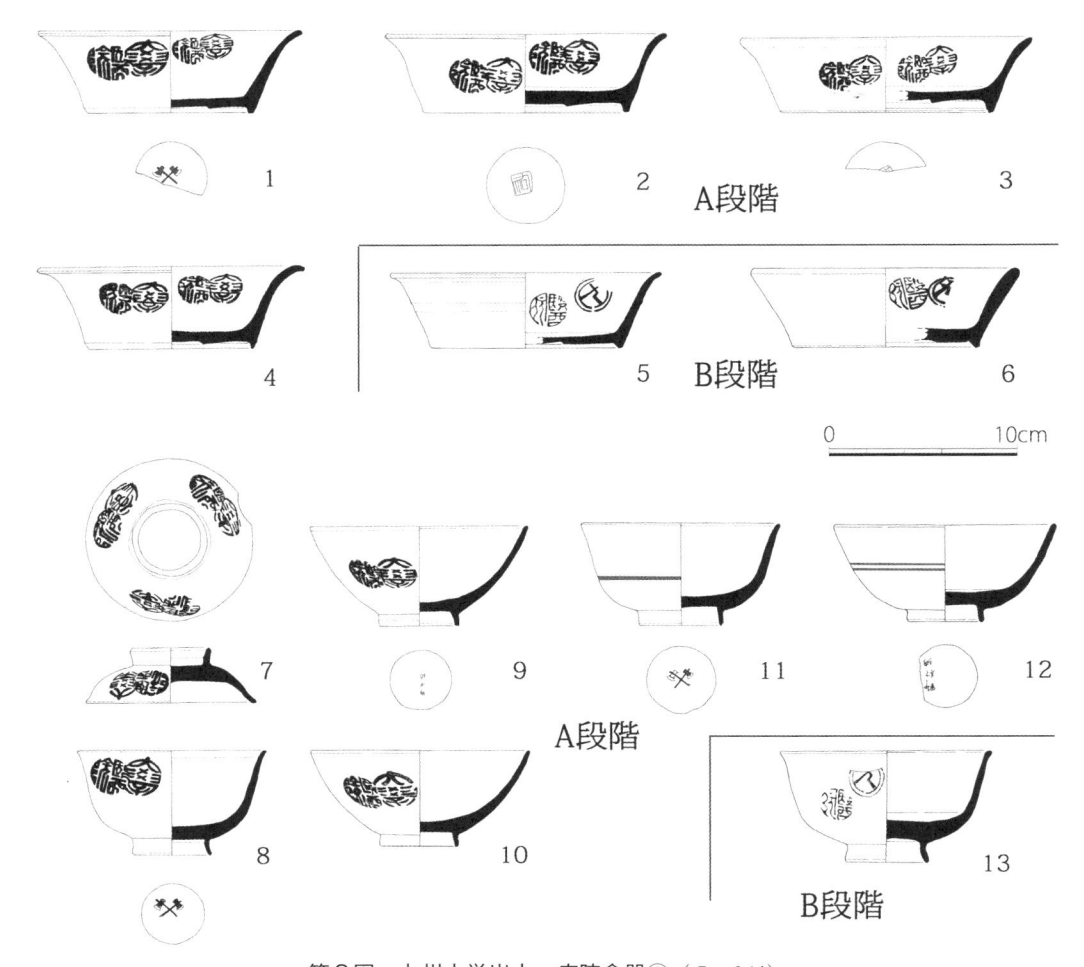

第3図　九州大学出土　病院食器②（S =1/4）

らに器種内でもいくつかのバリエーションがあり，それぞれの器種において詳細を述べる。
　碗（第2図7～12）は口径14cm前後，高さ8cm弱をはかり，乳白色の白磁である。高台は削り出して成形している。表面には透明釉が認められ，よく見ると調整技法が判明する。調整技法は個体によって様々で，内面にカキメを全面に施すもの（第2図8），一部に施すもの（第2図7），外面に削りが残るもの（第2図9）などが認められる。削り出し底部の形態や端部調整，全面に釉薬が施されるかどうかなどもバリエーションが多い。さらに法量は一定ではなく，対になるであろう蓋との関係も曖昧である。出土した資料の全てに藍色のロゴマークが透明釉の下に認められ，その配置位置は個体ごとに安定していない。ロゴマークはA「大學」「醫院」とB「九大」[2)]「醫院」の2種がある。Aが付せられた資料は多数出土したが，それぞれの法量や形態に変異が多い。Bの個体（第2図12）では器高が小さくなり，口縁端部がやや開いている。なお，第2図8や10の底部裏面には2つの斧が重なり合うマーク[3)]が認められ，第2

図7の底部には手書きで「有田焼」とロゴマークと同じように藍色で書かれていた。

　碗蓋についても同様で，法量は口径13cm前後，器高3cm前後で安定せず，全体に頂部が平らなもの（第2図1・2）から丸みを帯びるもの（第2図6）など様々であり，形態が一定でない。また，碗の口縁部との接点である受け部の形態も個体差が多い。碗同様にロゴマークは2種有る。出土数量も碗と同じくAのロゴマークが付された資料が多く，Bの資料は少量である。

　皿は第3図1と第3図3では口径で1.6cmの差があり，器種として細分が可能な法量差が認められる。底部には碗と同様の2つの斧が重なり合うマークが施された資料（第3図1）もあり，また銘款として「祐」[4]の字を付した資料（第3図2）も認められる。碗同様にロゴマークは2種有り，Aの資料は形態上類似しているが法量差が大きい。Bの資料は端部が外反しながら広がる形態（第3図5）と，口縁端部に厚みを持ち直線的に広がる形態（第3図6）の2種類が有る。

　小碗（第3図8～13）と小碗蓋（第3図7）はセットになる器種である。小碗には下位の器種分類として，口縁端部がやや外反するタイプ（第3図8・11・13）と，全体に内湾しつつ広がるタイプ（第3図9・10・12）の2種が存在する。なお小碗には他の器種とは異なり「大學」「醫院」等のロゴマークが施されておらず，横位のストライプが施された資料（第3図11・12）が存在する。しかし，それらの資料は底部には2つの斧を重ねたマークが施されているもの（第3図11）や，「大學」「醫院」のロゴが付せられた第3図9の資料と同じく底部に「野村納」とスタンプされているもの（第3図12）であることから，同時期の資料と判断した。

　さて，ここまで報告した資料の多くには，器種を越えて共通の2種類のロゴマークが付けられていた。A「大學」「醫院」とデザインされたマークと，B「九大」「醫院」と読めるマークである（第4図）。両者に認められるこの「醫院」という名称は，帝國大學時代の病院の名称であり，1946年以前に使用されたものである。字体も旧字体でありこれらのロゴマークの存在から，この一群の資料は戦前に製作・使用されたものであろうと判明した。

　問題は，ロゴマークの由来とこれらの資料の位置づけである。ロゴマークについて九州大学記録文書館に問い合わせたところ，これまで九州大学では確認されていない新しいものであった。そこで，考古学的な検討を行いこれらの資料の位置づけを試みた。まずは，資料の底部に「有田焼」（第2図7）と書かれていることから，九州陶磁器文化館に資料を持ち込んで見ていただいたところ，Aは銅版，Bはゴム印によるものとご教授いただいた[5]。したがって，これらの資料群は大きくA段階からB段階への変化が想定でき，それらの技術から明治末・大正から昭和初期の製品であることが判明した。また，胎土は肉眼観察によると肥前のものに間違い

なく，有田焼と捉えて良いだろうとのことであった。このようなロゴマークを付加する技術的変遷から，それぞれの器種はA段階とB段階の2時期が存在し，全体としてA段階に調整や形態の変異が大きく，B段階の資料は出土量が少ない傾向が読み取れた。したがって，これらの資料は九州帝國大學時代に少なくとも2時期に分けて，大學醫院が使用するために有田へ特注した製品であり，いわゆる病院食器であると判断できた。

共伴遺物から導き出される時期

　これらの資料は，先述したとおり同一の土坑から出土しており，一括して廃棄されたと考えられる。問題はその時期であるが，共伴遺物の検討から，ある程度時期を特定することができる。1つはサイダー瓶2種である。透明のガラス瓶で，瓶下端にエンボスが認められ，それぞれ「日本麦酒鑛泉株式會社」（第5図1）と「大日本麦酒株式會社」（第5図2）と読める。日本麦酒鑛泉株式会社は1910（大正10）年から1933（昭和8）年に操業していた飲料メーカーで，ビールをはじめ，三ツ矢サイダーなどの商品を製造販売していた。大日本麦酒株式会社は1906（明治39）年に誕生した大手のビールメーカーで，1933（昭和8）年には先程の日本麦酒鑛泉株式会社を合併している（神奈川県立博物館2006）。したがって，この両メーカーの瓶が出土していることから，瓶の再利用の時間幅も考えると昭和10年前後が廃棄時期と考えられる。もう1つは強力わかもとのガラス瓶である（第5図3）。ガラス瓶は褐色色を呈し，側面に「Wakamoto」のエンボスが認められ，強力わかもとの容器であることが判明する。強力わかもとは現在も販売されている整腸剤であるが，容器の型式変化が分かる貴重な資料である。出土したガラス瓶を撮影し，わかもと製薬に問い合わせたところ，昭和初期の創業当時頃の瓶であるとの回答を受けた。わかもと製薬のホームページ（http://www.wakamoto-pharm.co.jp/health_si/labo/02.html）を閲覧すると，容器が時代によって変遷していることが分かる。1929（昭和4）年から販売された容器は，褐色のガラス瓶で，肩が張り，口はコルクで栓をしている。1936（昭和11）年の容器は，ガラス瓶と形態上は類似しているが，おそらく当時の資源不足との関係もあって，材質転換が起こっており陶製である。戦後になると昭和30年頃の容器は，プラスチックに材質が変化しており，口もコルクではなく回転式スクリューとなっている。その後は中身の錠剤が取り出しやすいように容器の肩がなで肩に変化し，口径が大きくなる。近年の容器は，軽量化が進んでおり，より錠剤を取り出しやすく変化している。このような強力わかもとの容器の変遷から見ると，出土したガラス瓶は昭和初期に製造販売された資料と類似している。昭和11年に一斉にガラス瓶が陶製瓶へ変化したかどうか明らかではないが，昭和10年代までは在庫の販売，ガラス瓶の再利用などが想定でき，土坑への廃棄年代は昭和10年前後の可能性が高い。

　全く異なる製品同士であるサイダー瓶と強力わかもとの瓶の存在から，ほぼ同じ時期が導かれており，その結果，病院食器の廃棄は昭和10年前後に行われたと考えることができる。

　これらの情報をまとめるならば，出土した病院食器は共伴遺物，描かれたマークの存在から，

1 サイダー瓶(日本麦酒鉱泉株式会社製造)　　2 サイダー瓶(大日本麦酒株式会社製造)

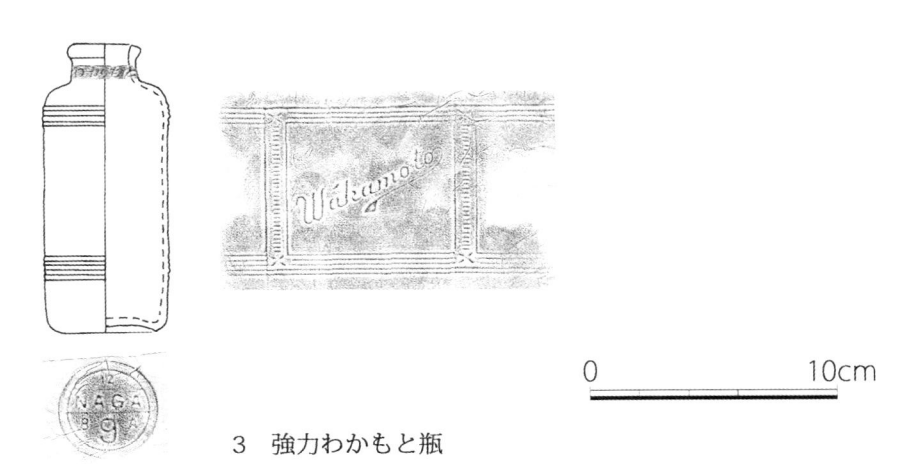

3　強力わかもと瓶

第5図　共伴遺物（ガラス瓶）S＝1/3

1911（明治44）年の九州帝國大學開学から1935（昭和10）年頃までに製作・使用されたものであると判明した。

　ここまでが，九州帝國大學附属醫院跡で出土した病院食器の考古学的な報告である。出土場所が附属醫院跡で出土したこと，資料に「大學」「醫院」とあることから病院で使用された食

器であると判断した。その後，医学部の引退された先生方を中心にこうした食器類を使用したことがあるのか，使用していた記憶があるのかについて同窓会を中心にお尋ねさせていただいたが，有力な情報を得ることができなかった[6]。しかし，京都大学構内の発掘調査で類似したロゴマークが施された資料が出土していることを知り，新たな展開が広がった。

3　京都大学出土の病院食器

　特徴的なロゴマークが付けられた病院食器が，京都大学文化財総合研究センターによる2010年に刊行された『京都大学構内遺跡調査研究年報2007年度』で報告された。「醫院」「大學」を円形にデザイン化したマークが器の表面に認められる（第6図）。その後，刊行された報告書（京都大学文化財総合研究センター2013・2014）にも様々な器種が報告されるが，丼鉢，丼蓋，碗，皿，小碗，小碗蓋，円形の重ね物，方形の重ね物がある。さらに九州大学出土品とは異なり白磁に藍色だけでなく，朱色（第6図6）や緑色（第6図7・9・11・12）による彩色も認められる。これらの器のセットの違いとロゴマークの色の多様性に九州大学出土品と異なる点もあるが，図を見ても分かるように「大學」「醫院」を円形にデザイン化したマークという点に関しては，非常に類似している。京都大学の出土品は，大学病院の賄所付近の調査により出土しており，帝國大學時代に病院食器として用いられていたことが判明した。

出土品の時期と生産地

　第6図5の碗の高台内側には「陶器製作會社」との記載がある。この陶器製作會社は京都市内に存在した京都陶器株式會社と思われ，1903（明治36）年頃にはこの会社が倒産することから，京都帝國大學に病院が設置された1899（明治32）年から1903（明治36）年の間に製作されたものであろうと報告されている。さらにこの点は，京都帝國大學が備品購入の際，京都の工芸界発展のためできるだけ地元で調達を行ったとする方針にも合致するものであろうとされている（京都大学文化財総合研究センター2013, p137・138）。また，資料の中には「美濃窯業製」と記載された碗（第6図9・第7図）も存在したことから，美濃産の製品が含まれていることが判明した。そこで美濃窯業株式会社の社史の調査を行ったところ，美濃窯業株式会社は1919（大正8）年から陶磁器生産を開始しており，1931（昭和6）年の商品カタログには，主な納品先として京都帝國大學醫學部附属病院と記載され，出土品（第6図12）と全く同じ写真を確認することができた。これらの結果から，京都帝國大學では，当初は京都市内の生産業者に病院食器を発注していたが，その後，美濃の生産業者に特注品の発注をするように変更したようである事が判明した。

他の帝國大學の病院食器

　上述した1931（昭和6）年の美濃窯業株式会社のカタログには，主な納品先として東京帝國大學醫學部附属病院との記載が確認されたため，東京大学においても同じようなロゴマークが

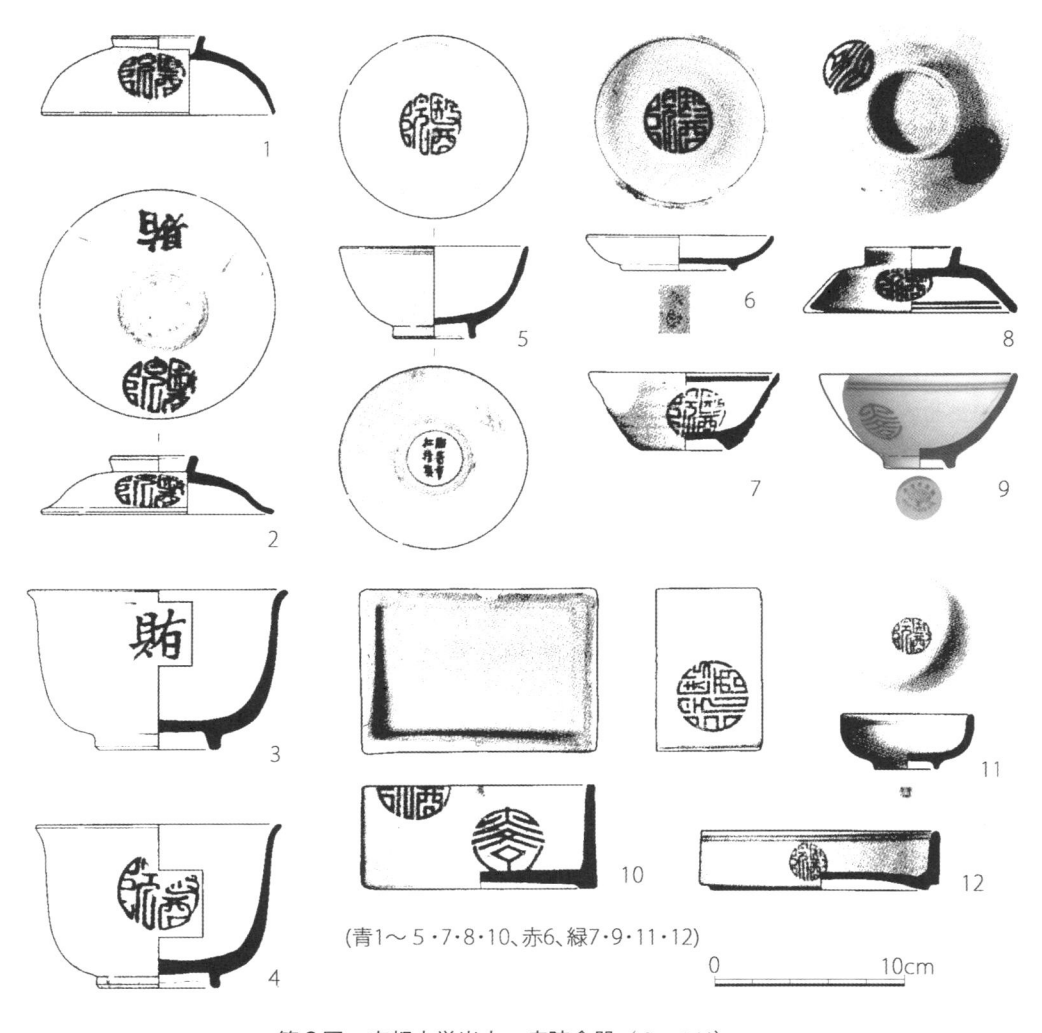

第6図　京都大学出土　病院食器（S=1/4）

(青1〜5・7・8・10、赤6、緑7・9・11・12)

使用されていたのかどうか調査を行った。しかしながら、東京大学学内調査では美濃窯業製の病院食器は出土しているものの、特徴的なロゴマークである「醫院」マークが付けられた病院食器は認められなかった。

　また、大阪大学、東北大学に共通する「醫院」マークの病院食器が出土しているかどうか調査したが、これまで発見されていないことが判明した。

4　ロゴマークの変遷（第8図参照）

　「醫院」のロゴマークは京都帝國大學と九州帝國大學で使用されていたが、細部を見ると若干異なり、また、2つの大学でロゴマークの変遷も確認できる。基準となるのは九州帝國大學

第7図　美濃窯業製ロゴ

では付加する技術的変遷で銅版からゴム印への変化に伴って，字体がゴシックからより細線化しデザイン化されたものへと変化する。京都帝國大學の資料では，「陶磁製作會社」製の段階が手書きのようで，文字の端部が細くなる。その後，おそらく銅版印刷のゴシックに変化し，最後は1931（昭和6）年の美濃窯業製の細線化したデザインへと変遷する。九大系と京大系では「醫」の字の「ル又」の部分の扱いが当初から異なり，九大系は元の字の通り分離しているが，京大系は一部の例外を除いて一体化している。同じような文字のデザインを両校は採用しながら細部は異なり，京大系のデザインをそのまま九大へ持ち込んだものでない。

5　病院食器をめぐる大学間関係

これまで明らかにしてきた点を以下にまとめる。

①九州帝國大學と京都帝國大學では，類似した「醫院」マークを付した病院食器が使用されていた。

②東京，大阪，東北の帝國大學で出土した病院食器には，「醫院」マークは付せられていない。

この2点から，九州帝國大學と京都帝國大學に他の帝國大學とは異なる関係を読み取ることができる[7]。さて，九州帝國大學の歴史を紐解けば，1911（明治44）年以前にも大学前史が存在している。多くの方がご存じであろうが，九州帝國大學は，その前身として1903（明治36）年に，京都帝國大學福岡醫科大學として設置されたことから大学の歴史が始まる。したがって，先程指摘した「他の帝國大學とは異なる関係」とは，まさにこの事を示している。当時は単科大学の設置が認められなかったためであり，今日の九州大学は京都帝國大學の分校として歴史がスタートした。しかしながら，分校であったからといって類似する「醫院」マークを使用することの説明にはならない。

そこで，もう少し詳しく京都帝國大學福岡醫科大學時代の人事について検討をおこなった（記念祝賀会編1928）。設置時の1903（明治36）年4月に着任した教職員は，大森治豊教授（東大卒），熊谷玄旦教授（東大卒），森春吉書記官（元京都帝國大學書記官），酒井甲太郎講師（元陸軍二等薬剤官）であり，同年8月には柘植宗一講師（東大卒），9月には大澤岳太郎講師（東大教授），10月には後藤元之助教授（元東大助教授）らが関係者となる。また，12月には9名の元東大助教授と元助手が着任することとなる。この人事をみると，京都帝國大學との関係者は4月に着任した森春吉書記官だけであり，他の教授，助教授，助手はすべて東京帝國大學出身者であることが判明する。したがって，これまでの検討から，「九州帝國大學と京都帝國大學に

第8図　ロゴマークの系統と変遷

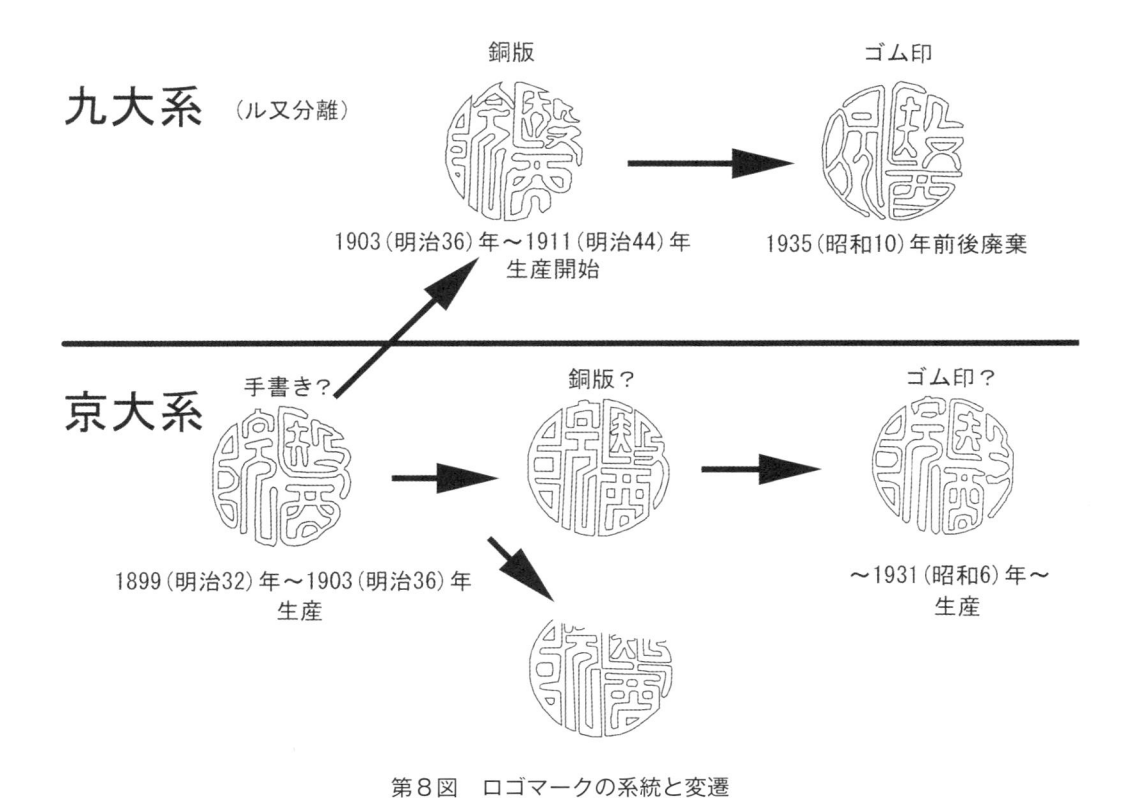

おいて類似した「醫院」マークの病院食器が採用され使用されたのは，九州帝國大學の設立以前に存在した京都帝國大學福岡醫科大學設立時に人事異動した森春吉書記官が大きく関わった可能性がある」という仮説を導くことができる。

また，この仮説からは，九州帝國大學の特徴的なロゴマークは，九州帝國大學が設置された1911（明治44）年から使用されたのではなく，京都帝國大學福岡醫科大學として設置された1903（明治36）年から1935（昭和10）年頃にかけて使用されたものであると考えることができる。

なお，この仮説の検証には，今後，森春吉書記官の文書類やその他の記録資料を検討しなければならない。しかしながら，備品である病院食器の納品，また，それに付せられるマークに対して，当時の教授陣が口を出したとも考えられず，事務方が前赴任先での慣例に従って，同じようなマークを選定していたのではないかと考えており，仮説の蓋然性は高いと判断している。

6　有田と美濃の窯業生産体制の比較

最後に九州帝國大學時代に使用された有田産病院食器の観察と，京都帝國大學が使用した美濃窯業製の病院食器との比較から，両地域の生産体制の比較を行う。近世以来多くの窯業産地

では小規模な生産が存続し，生産手段を持たない窯が数多く存在したようである（宮地2008）。生産者が仲買人に一面では従属的な関係で製品が安く買いたたかれる仕送り窯や，窯が複数の生産者によって共有されていた事例などが確認できる。そうした状況の中，美濃窯業株式会社は直販方式を確立し，生産者自らが受注，生産，販売を行い成功したようである。1920（大正9）年には片倉製糸紡績株式会社より工場用食器20万個を受注し，その後，社章入りや校章などの発注先のロゴマークを入れた製品を大量に生産し，成功を収める。1931（昭和6）年のカタログには，内閣官房，内務省，逓信省をはじめとする官公庁や，日本郵船，鐘淵紡績などの大手企業に製品を納めている。この独特の販売方式の一端が京都大学出土品に見て取れる。京都大学出土品は型押し作りのため，形態が一定で安定しており，出土品ごとに個体差は認められなかった。大手企業による機械化された大量生産品であることが分かる。

　それらの資料に対し，九州大学出土品は第2・3図を見ても分かるように，器種内でのサイズや調整方法など個体差が非常に大きい。おそらく同じ時期に発注し，生産・使用していたA段階の製品は特に差が大きかった。こうした状況が有田における窯業生産の一端を表しているのではないかと考える。有田の場合，深川製磁や香蘭社，辻製磁工場など大手メーカーは存在するが，高級品である美術品や海外向け輸出品，碍子などの工業製品の生産が盛んで（香蘭社編1980），美濃窯業株式会社のような大口顧客の開拓を生産者自ら行ったようなことは無かったのではないかと考える。九州陶磁器文化館の方のご教示による[8]と，製品の発注は組合が受け付け，小口の生産量で各生産者に割り振ったようであり，九州大学出土品に見られる個体差の多くは，生産者ごとの差である可能性が高い。この場合，生産者（窯）ごとの差として認識するか，生産ラインや職工個人といったそれより下位の単位の差として認識できるかは今後の課題である。いずれにしても，有田における大量受注品の生産は，美濃の大手メーカーの存在による生産体制とは大きく異なっていたことが明らかとなった。

7　おわりに

　九州大学より出土した病院食器を素材に，帝國大学間の関係，また近代窯業の生産地の比較を行った。まだ資料的に十分裏付けがとれていない点や，文献調査が不十分な点もあるが，病院で使用されていた資料から多くのことが読み取れたと考えている。ゴミとして，攪乱として扱ってしまう近代の資料も十分考古学的に扱う価値はあることは指摘できたであろう。今後も近代陶磁器の大量生産品における研究などいくつか進むべき道はあろう。経済史の研究が先行しているこの時代の研究に，考古学としての物質資料を用いて，今後も多くの課題を解決していきたい。

　この研究は，田中良之先生が非常に興味を持って応援していただきました。科学的な論文とは，一つの答えとして思考の過程が分かる論文であると考えています。それは，事象から導かれる仮説やその検証方法，そして結論へという一連の流れが，執筆者の思考と共に明記されて

いることと考えます。この論文では，わざとそうした思考の過程，研究の進展を分かるような書き方をさせていただきました。それぞれの研究過程において，田中先生に相談したところ，面白いよとおっしゃっていただき，当初はゴミと思っていた資料が考古学的な資料として扱えることになりました。

　本稿の骨子は平成25年度九州史学会で発表させていただきました。その史学会の閉会式では，通常，年長の先生が論評を交えて，お話しするのですが，その年は田中先生が登壇され「今日の発表はゴミから歴史を語る研究もあり……」と，独特のユーモアを交えて論評していただき，その時のお顔が忘れられません。田中良之先生の追悼論集に先生が関心を持たれた話題を提供させていただきました。今後も先生の学恩に報いるため，精進して参ります。

謝辞

九州大学記録文書館・九州大学埋蔵文化財調査室・九州大学総合研究博物館・九州陶磁文化館・京都大学文化財総合研究センター・東京大学埋蔵文化財調査室・わかもと製薬
家田淳一・石田智子・伊藤淳史・岩永省三・折田悦郎・砂田晋司・田中良之・谷直子・福永将大・堀内秀樹・山根謙二・宮地英敏

■註
1) タイトルをはじめ，これまで文中においても病院食器をいう名称を使用しているが，調査終了後様々な検討を経て，病院食器であることが判明した。出土した段階では，類似する資料が確認できず，見たことのないロゴマークが記載された白色の硬質な磁器群であった。ここでは煩雑さを取り除くため，前後逆となるが病院食器という名称を使用しておく。
2) 当初は「九」の字とそれを取り巻くマルと読み取っていたが，実測を行った谷直子氏から，マルではなく「大」の字を図案化したものであるとの指摘を受けた。したがって，このマークは「九大」マークと読み取ることができる。
3　重なり合う斧のマークは窯印としての生産者を示すもの，もしくは納品先を示すものと考えられるが，詳細は不明である。剣を重ね合わせるマイセンのような生産者を示している可能性もあり，病棟ごとのマークなのかもしれない。
4) 「祐」の銘款について，九州陶磁文化館，2006，『近現代肥前陶磁銘款集』で調査をしたが，判明しなかった。
5) 九州陶磁文化館の家田淳一氏にご教授いただいた。
6) 記録資料館の折田悦郎先生に同窓会での聞き取りを行っていただいた。
7) なお，現時点で調査を行っていない，名古屋，北海道，京城，台北の帝國大學が使用した病院食器については，今後明らかにしていかなければならない。
8) 九州陶磁文化館の家田淳一氏にご教授いただいた。

■**参考文献**（アルファベット順）
神奈川県立歴史博物館 ,2006, 日本のビール - 横浜発国民飲料 -, 横浜.

記念祝賀会編,1928,九州帝国大学医学部二十五年史,福岡.
香蘭社社史編纂委員会編,1980,有田窯業の流れとその足おと-香蘭社百年の歩み-,福岡.
京都大学文化財総合研究センター,2010,京都大学構内遺跡調査研究年報　2007年度,東京.
京都大学文化財総合研究センター,2013,京都大学構内遺跡調査研究年報　2010年度,東京.
京都大学文化財総合研究センター,2014,京都大学構内遺跡調査研究年報　2011・12年度,東京.
九州大学庶務部庶務係編,1987,九州大学一覧総括編,福岡.
九州帝國大學,1933,九州帝國大學一覧昭和八年,福岡.
九州陶磁文化館,2006,近現代肥前陶磁銘款集,九州陶磁文化館,有田.
東京大学遺跡調査室編,1990,東京大学本郷構内の遺跡　医学部附属病院地点,東京大学遺跡調査室発掘調査報告書3,東京.
宮地英敏,2008,近代日本の陶磁器業,名古屋大学出版会,名古屋.

■図版出典
第1図　左：九州大学庶務部庶務係編1987　右：九州帝國大學1933
第2図　筆者撮影
第3・4図　筆者作成（実測・トレース：谷直子）
第5図　筆者作成（実測・拓本・トレース：筆者）
第6図　京都大学文化財総合研究センター2013・2014
第7図　筆者撮影
本稿の挿図作成については谷直子氏の協力を得た。

ハカス・ミヌシンスク盆地におけるルガフスク期の開始とモンゴリア

九州大学人文科学研究院 　松 本 圭 太

要旨

　本論はハカス・ミヌシンスク盆地におけるカラスク文化の研究状況，特に近年の編年研究を中心に紹介し，そこで重要な問題となっているルガフスク期の開始問題を論ずるものである。ルガフスク期はカラスク文化の後半にあたるが，その開始の背景において，ミヌシンスク盆地外部からの集団移動が指摘されている。本論では，当該盆地の編年研究と，盆地外部にあたるモンゴリアの資料を含めて分析した研究が資料，方法ともに異なることに注目し，両者の対比を行った。結果，ルガフスク期の開始段階を，外来集団の到来よりむしろ，ハカス・ミヌシンスク盆地における在地文化の顕在化の時期として評価しうる可能性を指摘した。ルガフスク期に出現した要素がユーラシア草原地帯の社会変化とともに広く拡散していくことを考慮すれば，草原地帯においてハカス・ミヌシンスク盆地は極めて重要な役割を担っていたと考えられる。

キーワード：ハカス・ミヌシンスク盆地，モンゴリア，ユーラシア草原地帯，カラスク文化，ルガフスク期

はじめに

　前2千年紀は東アジアの中原および，その北に位置する長城地帯で本格的に青銅器が開始された時期である。東アジアにおけるこれらの青銅器がその発生において，製作技術も含めて，外部地域とどのような関係にあったのかという問題は，古くから論じられてきた。その際，よく言及されたのが南シベリアのミヌシンスク盆地を中心に分布するカラスク文化であった。特に1940，50年代において，青銅器や動物紋について中原（殷墟）からシベリアへの影響を考えたカールグレン（Karlgren 1945）に対し，その逆を唱えたラー（Loehr 1949, 1951）の論争が知られている。それから半世紀以上を経た今日，東アジアにおける青銅器の起源問題については，中国，ロシア，モンゴルにおける資料の増加に伴い，著しく研究が進んでいる（Mei 2000; 宮本2008; 宮本・白編2010; 松本2009b）。その成果によると，中原，長城地帯のいわゆる初期青銅器（前2千年紀前半の青銅器）は，カラスク文化より遡るアンドロノヴォ文化やセイマ・トルビノ青銅器群に対比できるとされる。しかしながら本論でも明らかにしていくように，

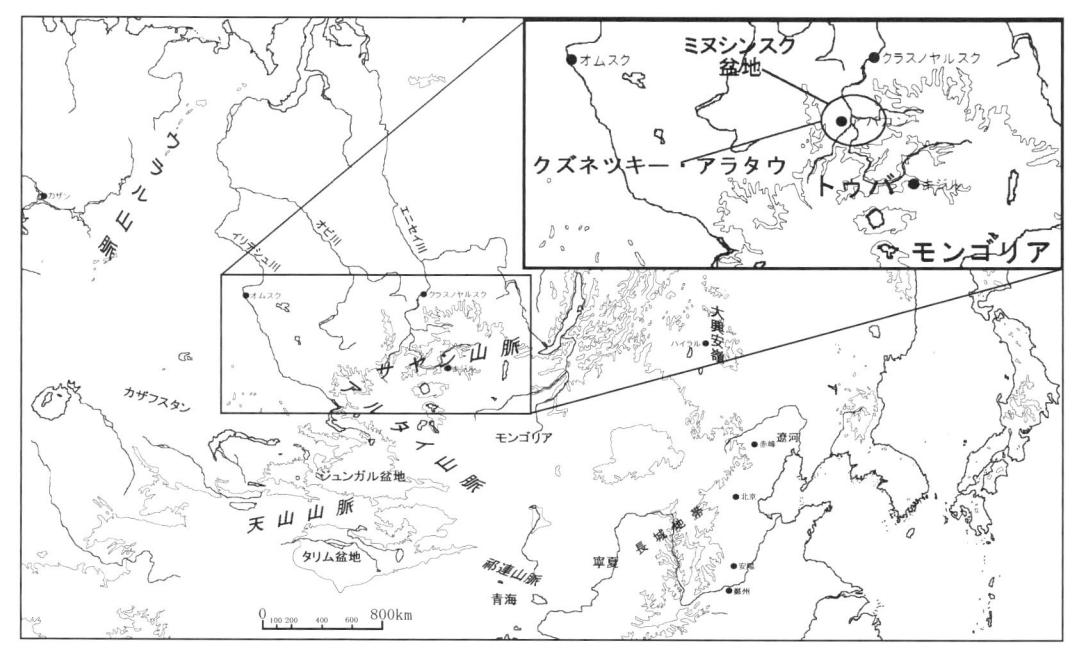

第1図　ユーラシア草原地帯におけるミヌシンスク盆地の位置（右上は拡大図）

　前2千年紀後半以降の長城地帯を考える上で，カラスク文化が極めて重要な位置を占めていることは変わりがない（松本2009a, 2012）。そして，弓形器と呼ばれる器物（藤川1982）や中原における車馬の出現を考えていく上でも当該文化は見過ごせないし，アルタイ以西のユーラシア草原地帯とのつながりにおいても，カラスク文化を評価しうる可能性が存在するのである（Тереножкин 1976）。

　カラスク文化は，モンゴリアとトゥバからサヤン山脈を隔てて北に位置する，ミヌシンスク盆地（第1図）を中心とし，おおよそ前2千年紀後半に栄えた文化である。この文化の命名者であるテプラウハフによるミヌシンスク盆地の編年は，梅原末治によって日本に紹介された（テプロウホフ1938）が，ほぼ同じ時期に江上，水野らは論考「綏遠青銅器」において，スキタイ期以前，すなわちカラスク文化期に相当する長城地帯の時期を「綏遠青銅器文化前期」として初めて提唱した（江上・水野1935）。近年でも，カラスク文化，その特に青銅器について言及している研究はロシア国外でも多く見られると言ってよい。しかしながら，それらでは参照する研究が限られており，カラスク文化そのものの内容や研究状況については，ロシア国外，特に日本では意外と知られていない。本論はハカス・ミヌシンスク盆地[1]におけるカラスク文化の研究状況，特に近年の編年研究を中心に紹介し，そこで重要な問題として挙げられるルガフスク期の開始問題を考えることにしたい。ルガフスク期はカラスク文化の一部分に相当する[2]が，その開始においてハカス・ミヌシンスク盆地外部との関係が指摘されている。そこで，当該盆地を中心に行われている研究において見だされた諸変化と，盆地外部の資料を含めて分析した研究結果を対比することにしたい。前者と後者は結果の如何によらず，異なる方法，資料

を用いており，かつて対比されたことはなかった。この作業により，ハカス・ミヌシンスク盆地における現状の研究成果を，より広範な地域に位置づけうることが期待されよう。

1　ハカス・ミヌシンスク盆地におけるカラスク文化

　エニセイ川によって南北を貫かれているミヌシンスク盆地は，盆地東，南側のサヤン山脈を越えると，トゥバ盆地を介してモンゴリアに達し，西，北側の境界となるクズネツキー・アラタウの外側には西シベリアの平原が広がっている。ミヌシンスク盆地では山際まで美しいタイガが迫っているが，盆地内部は視界が開けた草原であり，古代の墓石が点々と地上に露出している。これらの遺跡への関心は早くから寄せられ，ミヌシンスク博物館には青銅器を中心に膨大な数の採集資料が収集されることとなった。カラスク文化の遺跡については，19世紀の終わりに初めての発掘が行われて以来，多くの研究の蓄積がある。しかしながら，集落等の生活遺跡は稀であり，主たる資料である墓についても，多くの場合攪乱や盗掘を受けており，そのことが当該文化の編年，文化内容の解明を困難なものにしてきた。テプラウハフによるカラスク文化の命名（Теплоухов 1927）以降，特筆すべき研究として，クリズノフによる，カラスク文化の二段階区分が挙げられる（Грязнов 1965）。第2図は，クリズノフの編年を基本的に継承し，当時の発掘資料について網羅的に総括を行ったバデツカヤ（Вадецкая 1986）によるものである[3]。カラスク文化の前半はカラスク期，後半はカミノロジ期とされ，両者の間では葬制が変化すると考えられている。なお，後述のラザレトフ，パリコフなども含め，後半をルガフスク期と呼ぶ場合もあり，本論もこれ従っている。以上の二段階の前後関係を検証しうる層位資料は，しばらくの間存在しなかったが，現在ではタルガジャク集落で認められる。そこでは，カラスク期の土器を伴う住居址の上に，ルガフスク期の層が形成されていたという（Савинов 1996）。カラスク文化において，層位的切り合い関係にある墓はなく，編年研究にとって難しいところであるが，例えばアルバンI墓地では，各段階の墓は独自にグループを形成し，

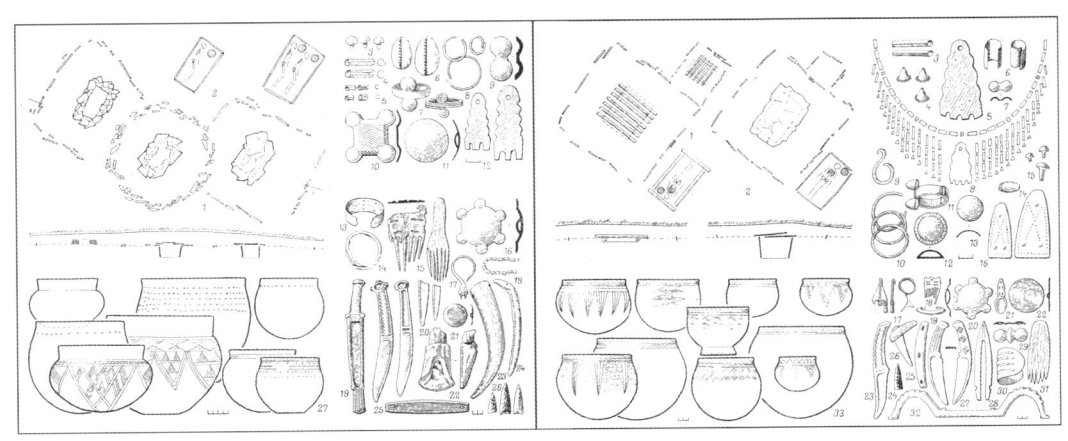

第2図　バデツカヤによるカラスク文化の時期区分
（左：カラスク期　右：カミノロジ期）

カラスク期の墓群は，ルガフスク期のものに比して地形において利便性の良い，あるいは掘りやすい土質の場所に形成される。従って，前者がまず形成され，その後周辺に後者が形成されたといわれる（Савинов，Поляков 2007）。このような例はキュルギネール墓地（Грязнов et al.2010）でも見られる（Поляков 2010）ので，ルガフスク期がカラスク期に比して後出することは，凡そ認められるところとなっている。しかしながら，これらの期の間，あるいはカラスク文化内における文化の連続性については，以前から多様な見解があった。例えば，ノヴゴロドヴァ（Новгородова 1970）はカラスク期の遺存を，モンゴリア要素を含む第一グループと，オクネフ，アファナシェボ文化（ミヌシンスク盆地におけるカラスク文化以前の文化）の要素を含む第二グループに分けた。そして，二つは異なる起源を持つ集団の所産であるとし，次第に同化したと考えた。ハブリンもカラスク文化の青銅器には多様な要素が含まれることを指摘し，カミノロズ段階にモンゴリア起源の青銅器が出現したとする（Khavrin 1992）。また，チレノヴァ（Членова 1972）はルガフスク文化[4]をカラスク文化から一つの文化として区別することを主張した。ルガフスク文化の起源は在地新石器やアファナシェボ文化に関係し，カラスク文化と平行した発展を辿るという。近年でもレグランド（Legrand 2006）のように，カラスク文化の起源において，在地アンドロノヴォ文化との関係を強く見る説もないではないが，下記のラザレトフ，パリコフらの論も含めて，カラスク文化に，ある程度の外来要素あるいは新要素が含まれることは確かであろう。以下，本節では，ラザレトフ，パリコフらによる一連の論考（Лазаретов 2006, 2007, 2010, Лазаретов, Поляков 2008, Поляков 2006, 2008, 2010）によってミヌシンスク盆地における当該期の状況を紹介したい。90年代以降，ラザ

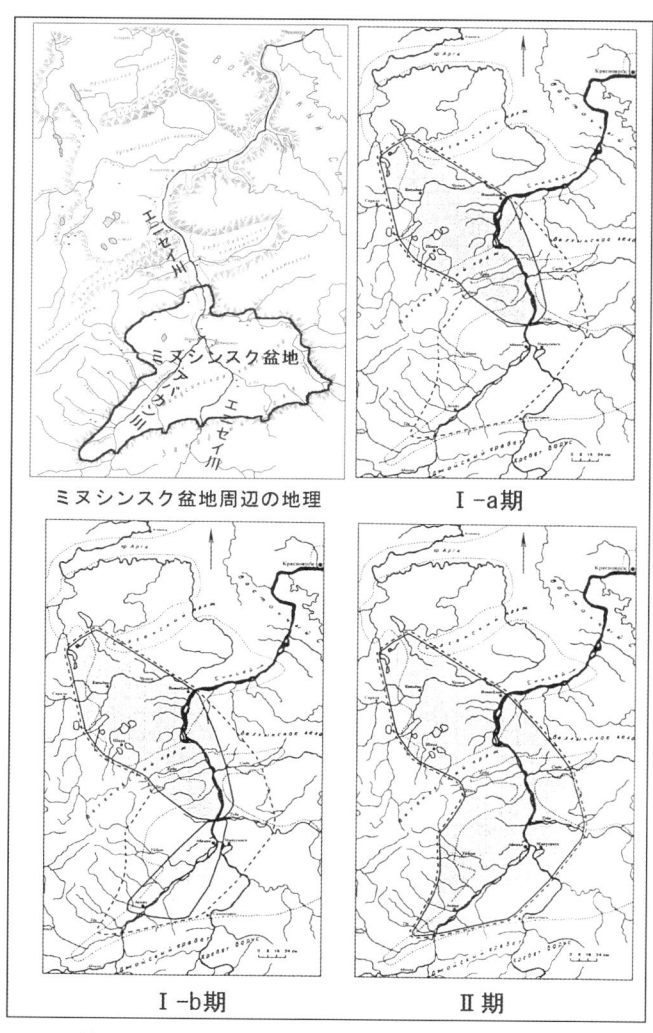

第3図　ハカス・ミヌシンスク盆地におけるカラスク期遺存の分布変遷

レトフ，パリコフらは，各期内部における発展過程の解明を目指し，墓制，副葬品を含む発掘資料を中心に網羅的な検討を行っている。カラスク文化にあたる遺存（南シベリア後期青銅器時代）の編年では，全体をⅠ～Ⅳ期に区分し，それぞれの段階をさらに2～3の小段階に細分している。期の名称としては，Ⅰ期がカラスク，Ⅱ期がカラスク・ルガフスク（移行），Ⅲ期がルガフスク，Ⅳ期がバイノボとされる。小区分を含めるとⅠ-a，Ⅲ-bのように表現されており，本論でもⅠ期，Ⅰ-a期のように記す。ラザレトフ，パリコフらはカラスク文化という名称を使用せず，当該期を南シベリアにおける後期青銅器時代の一部とした。この一因として，両名の研究成果によれば，タガール文化（カラスク文化に直属する文化で，途中より鉄器時代となる）に従来含められてきたバイノボ期（先のⅣ期に相当）は文化内容の連続性から考えて，ルガフスク期に近いなど，カラスク文化，タガール文化の枠組みの再考を促すことがある。また，カラスク文化の各期を併せて一つの文化と認めるかどうかについても，今のところは解決できない問題としている。以下，時期ごとに記載しよう。

Ⅰ期の遺存

Ⅰ期（カラスク期）の墓は単独の墓地を形成せず，Ⅱ期墓を含んだ墓地で発見されるが，通常，墓地の中心に位置する。副葬品の変化からⅠ-a，Ⅰ-b期に細分出来るが，区分は明瞭ではない。後期青銅器時代で最も早いのはⅠ-a期であり，先行するアンドロノ

第4図　円形囲いを持つ墓（キュルギネールⅠ：32号墓）

ヴォ文化の墓地を継続使用する。アンドロノヴォ文化はハカス・ミヌシンスク盆地の北部にしか分布が認められないが，それに対応するごとく，Ⅰ-a期の墓もハカス・ミヌシンスク盆地北部にしか分布しない（第3図）。カラスク文化の墓は，地上ないし，地下に石材等を用いて建設されるが，通常，被葬者を埋葬する施設（墓）を取り囲むように，石材で囲いを形成する。また，一つの囲いに，別の墓を伴う囲いをつけ足す（建て増す）ことも行われた（例えば第2図の左上のようなもの）。このような囲い状の施設は，カラスク文化に限らず，ユーラシア草原地帯の青銅器時代によく見られるものである。

Ⅰ-a期の囲いは30mに達する大きなものがあるのが特徴で，囲いの「建て増し」の方向，配置は任意である。また墓地において，囲い同士の間隔は比較的広く取られる。囲い自体は，アンドロノヴォ文化にみられるような，平置きした板石を積み重ねて，円形につくられたもの（第4図）の他，板石を垂直に立てて方形に形成したものもある。地上または地下において，長方形もしくは台形に作られた墓室には，一人が埋葬される。被葬者は頭を東北に向け，左脇

を下にした「半ば横向き」（вполоборота）である。一つか二つの土器が墓室東角に埋葬される他，肉片と，刀子または錐が載った木皿が，南東壁付近に置かれている。土器は平底で，頸部に稜（段）を持ち，肩部には幾何学紋が施される（第5図1, 2）[5]。刀子は平たく，柄頭に何も付かないもの（第5図9），あるいは環頭のもの（第5図10）があるが，刃部と柄部の境界部には突起がない。これらにはしばしば銅錫合金が使用されている（Поляков, Хаврин 2007）。

Ⅰ-b期はⅠ-a期の発展であり，在地発展であると言われる。墓制の変化は僅かであるが，円形の囲いや地上式石棺（墓室）といった，アンドロノヴォ文化と共通する特徴が消失する傾向にある。また，墓地に分布する囲い同士の間隔が狭まってくる。さらに，ミヌシンスク盆地北部に加え，従来オクネフ文化が分布していた盆地南部にまで，Ⅰ-b期の墓地の分布は広がる（第3図）。次のⅡ期において，盆地南部で被葬者の頭位置が南西向きを示すが，それはオクネフ文化の影響の可能性があるという。Ⅰ-b期の青銅器は以前と変わらないが，土器では，副葬数の増加（通常二個になる），幾何学文の減少，丸底化などの変化が見られる（第5図11～13）。

Ⅰ-a期の文化の起源が実質的にカラスク文化の起源となるわけであるが，パリコフらの考えを書いておこう。まず，盆地内部における墓地の分布から言って，やはりミヌシンスク盆地に分布していたアンドロノヴォ文化がⅠ-a期と関係すると考えられている。上記のようにⅠ-a期の墓制にアンドロノヴォ文化のそれとの共通性が多いことは，バデツカヤによっても指摘されるところである（Вадецкая 1986）。とはいえ，アンドロノヴォ文化はエニセイ川中流域（ハカス・ミヌシンスク盆地）だけでなく，西シベリアからカザフスタンへ広がる広大な分布域を持っており，それぞれの地域がⅠ-a期と共通する特徴を持っている。そこで，パリコフらはⅠ-a期と在地のアンドロノヴォ文化の諸要素の違いに注目する。Ⅰ-a期の特徴である台形の石棺（墓室），左脇を下にした半横向き葬，被葬者が東北向きであること，稜を持つ土器，刃柄一鋳の刀子などは，Ⅰ-a期以前のミヌシンスク盆地には見られない。パリコフらは，南シベリア（ミヌシンスク盆地）における稜や幾何学文を持つ土器（Ⅰ-a期の特徴と同じ）が，後

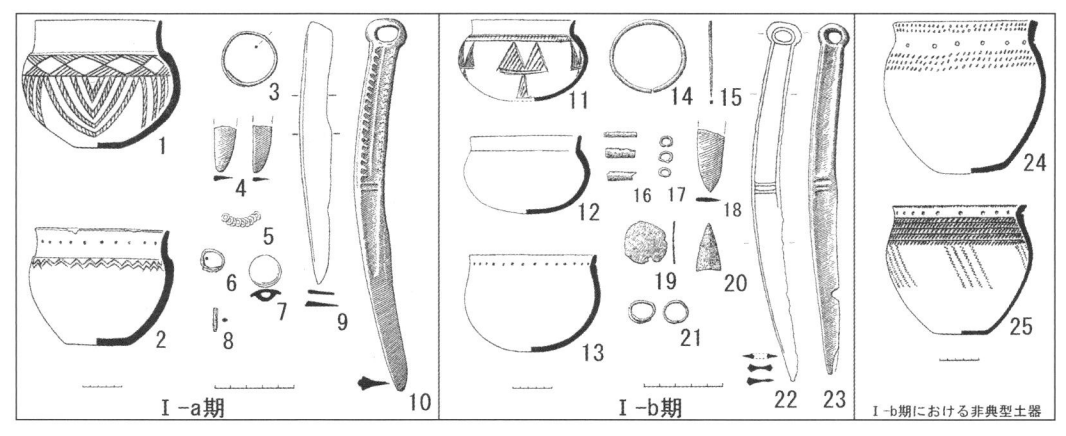

第5図　Ⅰ期の遺物

アンドロノヴォ文化（アラクリ類型）に類似するというキセリョフの指摘（Киселев 1951）を引用し，アラクリ類型の分布するカザフスタンやイルティシ川流域からの集団移動の波が，エニセイ川に達した可能性を指摘する。なお，Ⅰ-a期のミヌシンスク盆地は，その南部をオクネフ文化によって占められていたので，新集団は西側から到来したとされる。このように，Ⅰ-a期の形成がカザフスタンからの移動によるかどうかはともかく，Ⅰ-a期の文化全体についてモンゴリア（ミヌシンスク盆地からみて南，東南）との深い関係を考えることは現状では難しいとされる。

　ところで，Ⅰ-b期の末になると，他の大多数の墓とは異なった墓制や副葬品（土器）を有する墓が僅かに出現し，これらは墓地では独立したグループを形成する。これら非典型（a-типичный）の墓は，土壙のみであるか，土壙に木材あるいは木材+石材を伴う構造を持つ。また，被葬者は右脇を下にした横向き（半横向きでなく）で，頭は南西向きであり，肉片の副葬を伴わない。非典型墓葬における土器（第5図24，25）は，頸部から胴部にかけて滑らかな曲線を描き，口唇が平らに近い特徴を持つ。胎土は砂利を含んだ脆いもので，表面は粗く，ミガキを施さない等の特徴がある。土器の紋様については，頸部から口縁部を中心に，平ら，またはギザギザのスタンプが列状に押される。これら非典型の土器は，カザフスタンのサルガリ・アレクセフ文化に類似することなどから，カザフスタンの後アンドロノヴォ文化の集団が中エニセイ（ハカス・ミヌシンスク盆地）に移住した可能性があるという。また，カラスク文化によくみられる青銅足形垂飾（лапчатаяпривеска）（第6図9）も，非典型墓葬とともにカザフスタン由来とされる。とはいえ，年代の前後関係も含めて，カザフスタンの資料との類似点が詳細に検討されているわけではない。非典型墓葬はⅠ-b期では僅かであるが，次段階以降の変化において重要な位置を占める。

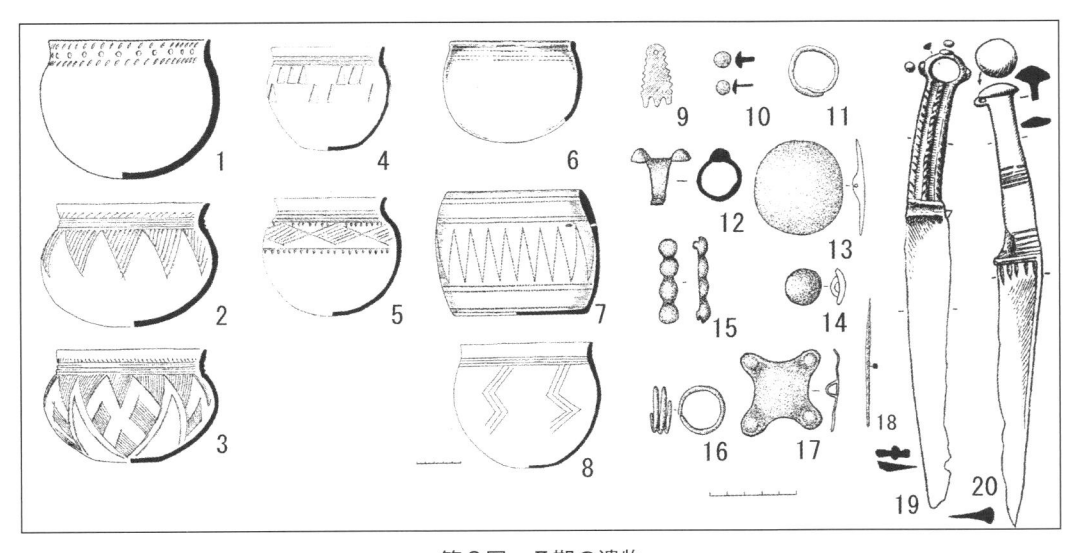

第6図　Ⅱ期の遺物

Ⅱ期の遺存

　Ⅱ期（カラスク・ルガフスク期）は，Ⅰ期の発展であるが，ハカス・ミヌシンスク盆地において三つの地域性が現れ，それぞれ独特の発展過程を経る。盆地全体の特徴としては，墓の囲い自体の大きさが縮小し，囲い相互の間隔も狭くなる。円形囲いは消滅し，囲いの建て増しについても，以前のような，最初の囲いから任意の方向へ配置されるものから，囲いが直線的にならぶ配置へと変化する。建て増しを構成する囲いの数も以前より減少し，建て増しの埋葬主体は基本的には子供に限定される。墓自体の構造は主に，台形または長方形の石棺である。青銅器は足形垂飾（第6図9）や鏡など装飾品（第6図9〜17）を中心に新たな種類が出現するが，銅錫合金の割合が低下し，砒素合金が増加するといわれる（Поляков, Хаврин 2007）。また，バブロフらによれば，ルガフスクの青銅器は砒素を多く含み、カラスクと区別可能であるという（Бобров, Кузьминых, Тенейшвили 1997）。青銅刀子（第6図19, 20）は，刃部と柄部の境界に突起が生じ，Ⅰ期にはない柄頭や紋様が出現する。

　地域性は遺体埋葬方法や土器においてみられ，それはハカス・ミヌシンスク盆地北部，中部，南西部として現れる。まず北部（ミヌシンスク盆地以北のチュリム・エニセイ盆地，スィダ・エルビン盆地）はⅠ期以来の伝統色が濃い地域である。Ⅱ期に他の地域で出現するような，被葬者の頭位置を南西にしたり，右脇を下に横向きにしたりすることはない。青銅器の発見は非常に少ない。頸部に溝を有する土器は同時期の他地域の共通する特徴であるが，Ⅰ期によく見られる頸部に稜を持った土器も残っている（第6図1〜3）。中部（アバカン川，エニセイ川合流点付近）は，新たな要素が最も多く見られるところである。青銅器の種類と数量が他の二地域よりかなり抜きん出ている。土器については北部との差は小さいが，Ⅲ期と共通するような紋様が出現する（第6図4, 5）。被葬者は右脇を下に埋葬される。盆地南西部はとくにアルバングループとも呼ばれ，その墓地はアバカン川に沿って分布する。本グループは在地，孤立性が強く，他の二地域の周辺的様相を示すと言われる。土器の造りや紋様は粗く，青銅器は盆地北部よりも多いものの，あまり質が良くない（第6図6〜8）。被葬者は頭を南西に向けて埋葬される。

　Ⅱ期においても非典型墓葬は存続し，墓の構築材として板石以外の石材や木材を使用する。稀に，組み合わせ式（комбинированный）と呼ばれる，南西または東北の一辺だけが他の三辺の造りと異なる（一辺のみ，板石を立てて形成 or 一辺のみ，石を寝かせて形成する）囲いが出現する。この囲いを持つ墓では，他の三辺と異なる構造の辺へ向けて被葬者の頭が向けられる。さらに，非典型墓葬と関連する特徴として，囲いの四隅に垂直の立石を据えるということがある。Ⅱ期の早い段階の遺存（第7図1〜7）としてはタルガジャク集落があるが，ここでは通常および非典型双方の土器が認められる。

　非典型墓葬においてⅡ期の末期に大きな変化があり，これは編年上区別されⅡ-bとなる。墓制では板石以外の素材を用いる，あるいは木材構造を伴う土坑墓が増えてくる。また，囲いについても先の非典型で見られた組み合わせ式に加え，楕円形の囲いが見られる。さらに用途

不明の器物（предмет неизвестного назначения）（いわゆる弓形器に類するもの）（第7図21）や六弁泡（шестилепестковая бляха-розетка）（第7図17）など，新たな青銅器が出現する。青銅刀子の多くはいわゆる屈曲形（第7図19, 20）であり，多様な柄頭形態を持っている。そして以上のような特徴は次期以降も残っていく。このⅡ期末の変化について，パリコフは内陸アジア（Центральная Азия，モンゴリア）からの集団移動の可能性を指摘する。ラザレトフも内陸アジアからの影響は否定しないが，非典型墓葬の集団に本来的に備わっていた要素が発展した結果と考えている。先述のように，両者が共に非典型墓葬の起源地としてカザフスタンの後アンドロノヴォ文化を重視するにも関わらず，内陸アジアの影響を考えるのは，Ⅱ期に増加する青銅器による部分が大きい。例えば，Ⅱ期に見られる，三つの瘤状突起を伴う柄頭の刀子（第6図19）については，長城地帯における同様の刀子（ただし，突起は円柱状になるものが多い）（第13図1）から変化したものであると考える。他の柄頭（傘形，動物，双環）についても，モンゴリア，長城地帯の製品との類似性を指摘する。以上の現象について統合的に説明する際，ラザレトフ，パリコフらは，キセリョフ等によって指摘されているアンドロノヴォ文化の東への影響，あるいはその集団移動に言及し，（後アンドロノヴォ文化の段階に）集団の一部がトゥバを介して，東南からミヌシンスク盆地に侵入したと考える。そのようにトゥバを経由する中で，上のような内陸アジア（モンゴリア，長城地帯）の文化的要素が特徴として付加されていったとする。Ⅱ期のミヌシンスク盆地において最も新要素（非典型）が多く見られるのがアバカン川河口付近（上記地域区分の中部）であるとすれば，そこに最も近いのは盆地の東南（トゥバに近い）からの経路なのである。

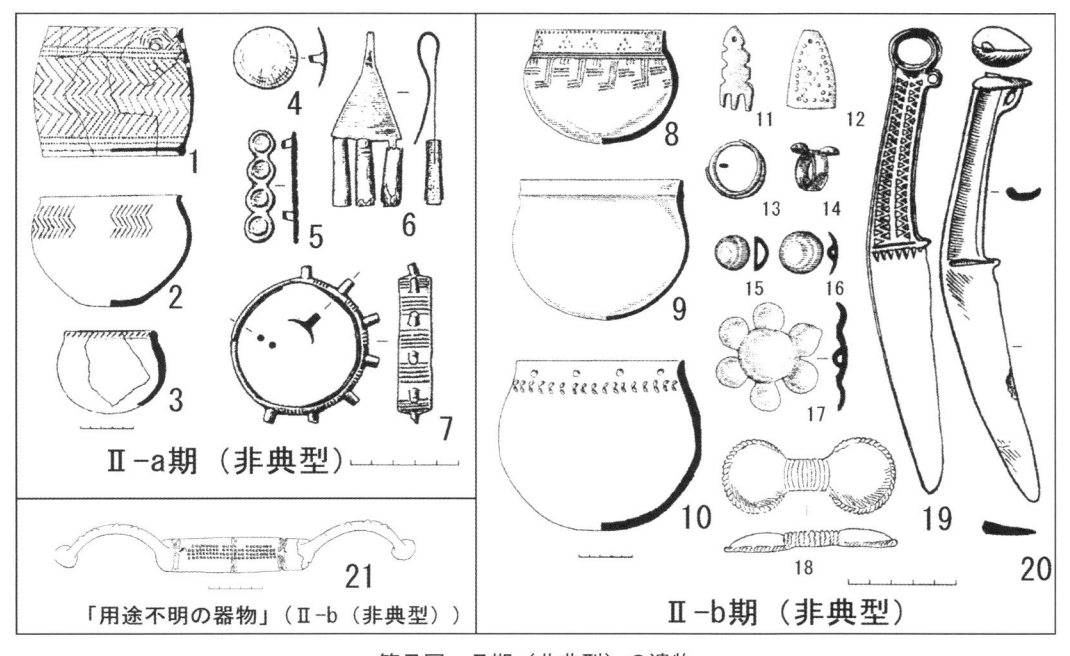

第7図　Ⅱ期（非典型）の遺物

Ⅲ期の遺存

　Ⅲ期（ルガフスク期）は，最も発展，拡散した段階であり，西北では西シベリアのイルメン文化と接触するようになる。Ⅱ期のように，各地域での特徴が見られ，盆地全体を，南部（アバカン川とエニセイ川に挟まれた地域），エニセイ川右岸，南西部（アバカン川左岸からカミシタ川河口まで），中部（ミヌシンスク盆地北部），北部（ミヌシンスク盆地以北のチュリム・エニセイ盆地，スィダ・エルビン盆地等）に分けられる。Ⅲ期では，墓が板石以外で造られる場合が多く，土壙に木材構造を伴うものが主流となる。青銅器はⅡ期から継続する部分が大きいが，土器は卵形を示すようになる。Ⅲ-a期，Ⅲ-b期，Ⅲ-v期に区分できる。

　Ⅲ-a期では前に出現した組み合わせ式が少なくなる一方，人形（ヒトガタ，фигурный）囲いが現れる。成人墓の囲い同士は，北西─南東の直線方向に付加されていき，子供の囲いは，成人墓の北東に付加される。埋葬姿勢について，南部，エニセイ川右岸は伸展葬が主である一方，南西部は半横向きの姿勢が保持される，そして中部，北部にはこれら二種双方が存在する。南部，エニセイ川右岸，南西部では土器の容量が増大する。また，桶形土器（第7図1）に替わって，高台が付いた土器（第8図3, 4）が出現するほか，口縁部にジグザグ紋様を持ったもの（第8図1）が特徴的である。青銅器ではⅡ期以来の装飾品がある他，研ぎ減りした刀子が副葬されることが多くなる。刀子の柄頭では環頭，双環，動物（第8図8）が例外的に見られる。

　Ⅲ-b期では，組み合わせ式，人形囲いが消滅する。また，先のように西─南東の直線方向に囲いを付加していく方法が唯一のものとなる。殆どが伸展葬であるが，南西部のみで半横向き葬が散見される。北部，中部では土器の容量が増加する一方，南部，エニセイ川右岸では，2つの土器を副葬される墓が増える。土器の口縁部に紋様を押すことが常態化する。青銅刀子

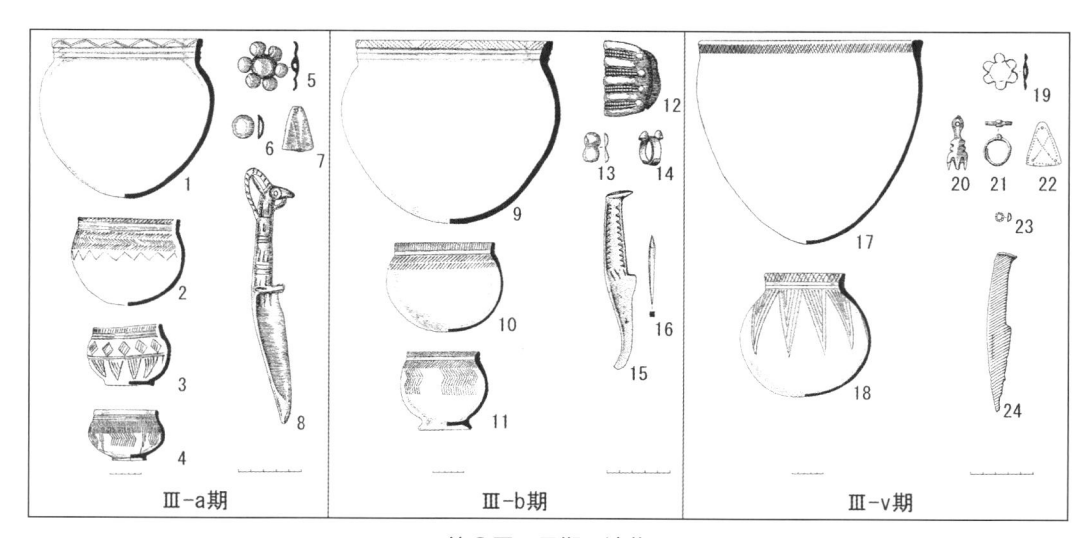

第8図　Ⅲ期の遺物

は法量が小さくなる他，刃部と柄部境界の突起，柄頭下の小環も消失する。柄頭の殆どは傘形（第8図15）である。

　Ⅲ-ⅴ期には，「混合形」，「括弧形」，「台形」などの新たな囲いが出現する。「混合形」は西北側および東南側の辺が，垂直に立てられた板石と，平置きの石が交互に置かれて形成されるもので，「括弧形」は基本的に寝かせた石で形成されるが，いくつかの辺の中央の石が垂直に立てられた板石に置き換わっているものである。墓葬では，全ての地域において，伸展葬が主体となる。土器では，第8図17，18のような広口のものと高頸で球形の二タイプが生じた。南部やエニセイ川右岸では，一墓につき大小二点の土器の副葬が一般化する。青銅装飾品は数が減少するとともに，装飾品自体の大きさも縮小する。以上のようにⅢ期は主にハカス・ミヌシンスク盆地の内的発展の所産であり，Ⅰ（カラスク）期以来の集団と非典型墓葬を有する集団が結合し，全体として斉一化していった時期と考えられている。Ⅱ期に引き続き，北部より南部の発達が速いものの，各種新要素が西，西北方向に拡散し，西シベリアのイルメン文化と接触，影響した。

Ⅳ期の遺存

　Ⅳ期（バイノボ期）は，Ⅳ-ａ期，Ⅳ-ｂ期で前後に区分できる。Ⅳ-ａ期は先に出現した括弧形囲いや台形囲いの数が増加する。土器は広口（第9図1，2）と高頸で球形（第9図3）の二タイプがあるが，半数は平底になっている。青銅器では新たな辻金具（перекрестникремней）（第9図6，14）が生じ，刀子では柄が板状で環頭のもの（第9図8）や，無柄頭のものが，傘形柄頭の刀子にとって替わる。

　Ⅳ-ｂ期では括弧形囲いや台形囲いの割合が最大となる他，土器は全て平底化する（第9図9～11）。青銅器ではⅣ-ａ期に出現したものの他，半円形柄頭の刀子（第9図18）や傘形柄頭の錐（第9図16）が出現する。以上に見られるような，Ⅳ期に新たに出現した囲いのタイプや青銅器は，外的影響が関わっているが，土器や装飾品についてはⅢ期の発展上にある

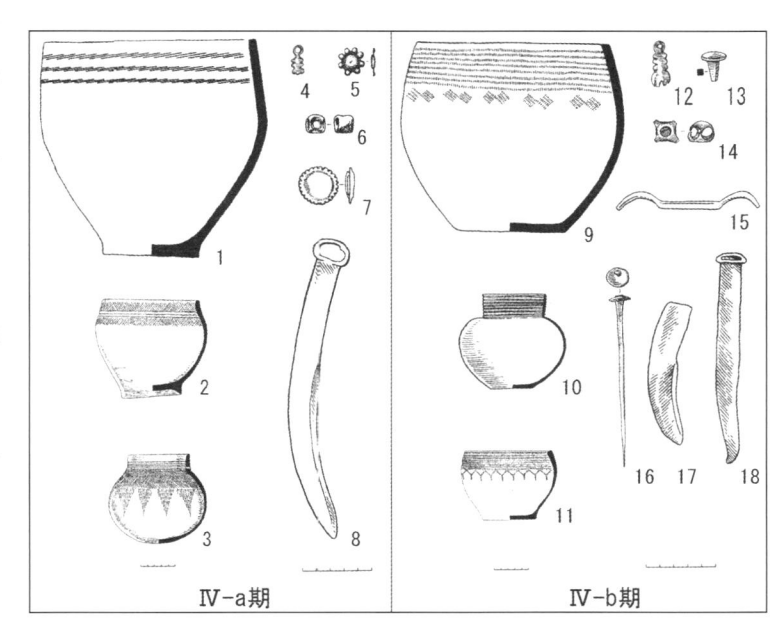

第9図　Ⅳ期の遺物

ので，外部の影響は限定的であるとされる。Ⅳ期にはスキタイ動物紋やタガール文化特有の土器，青銅器がみられないことが，本期をタガール文化に含めない要因となっている。なお，Ⅳ期と，その次の段階であるタガール文化パドゴルノエ期早期の差も大きく，ここでも外的影響の可能性が指摘される。

　各期の年代については，Ⅰ期が前13～前12世紀，Ⅱ期が前12～前11世紀，Ⅲ期が前10～前9世紀，Ⅳ期が前9-前8世紀初頭とされるが，Ⅱ期とⅢ期以外はC14による直接の年代が得られているわけではない。

　以上，ラザレトフ，パリコフに従って記述したが，両者は近年の発掘資料を含めて，当該期の遺存全体を分析している点では説得性が高い。ここでパリコフ，ラザレトフらの編年方法とその問題について若干述べておきたい。上述のように，カラスク文化では，遺構同士の層位関係は殆ど認められないから，遺物，遺構の分類と一括資料の検討が中心となる。ラザレトフ，パリコフらは特徴が豊富に存在する土器を最も重視し，土器を分類した後，その他の遺物，墓制等との相関によって結論を出している（Поляков 2013）。また，土器の分類単位と，墓地内でのそれらの分布状況が相関するので，墓地がその中央から周辺へと形成されていったことがわかるという。上記編年に使用した資料には未公開資料も多く含まれており，筆者が再検討することは容易ではないが，編年について幾つかの疑問が残る。特に型式変化について，例えば土器では，稜線の消失や底部の形態の変化が言及されるが，その変化プロセス（スムースさ）が詳細に論じられてはいない。青銅器についても，各属性変異の出現と消滅が唐突の感を与える。さらに，新たな文化要素の出現要因の説明として，集団移動を伴うような外的影響と，盆地における同化が多くを占めている。これについても，各要素を物質文化全体の中でどのように評価した結果出された結論なのか，不明の部分が大きい。また，これらの要素の起源あるいはカラスク文化の盆地外への影響については，ミヌシンスク盆地のみの検討では解決しえない問題であろう。そこで，ミヌシンスク盆地の外部をも含めて対象とした研究を次に見てみよう。

2　モンゴリアを含めた近年の議論

　冒頭にも述べたように，カラスク文化はモンゴリア，長城地帯における諸文化と対比されることが多く，その関係性が問題となってきた。この場合，ハカス・ミヌシンスク盆地とモンゴリア双方で対比しうる資料が必要となるので，それに応え得る資料，青銅器に自然と注目が集まることとなった。特にカラスク文化の起源や，そのモンゴリアへの影響については多くの見解があり，至極簡単に述べると，モンゴリアとハカス・ミヌシンスク盆地のいずれに，カラスク文化に見られるような要素（特に青銅器）の起源があるのかという議論であった。これらの研究では，ハカス・ミヌシンスク盆地からモンゴリアにかけて分布する青銅器の型式学および分布論がその中心となる点において，前節の研究と方法的にも大きく異なるものである。この種の研究は筆者を含めた，日本，中国，ヨーロッパなどの研究者によっても行われているが，ミヌシンスク盆地においてもまた，発掘資料が豊富になる以前の段階において盛んに行われた

ものである。これらの研究のうち，90年代以前のものについては，前に検討したことがある（松本2009a，2012）ので繰り返さず，ここでは近年の動向のみを押さえておこう。

　ミヌシンスク盆地を含むユーラシア草原地帯の青銅器時代の研究において，国内外で近年広く知られるようになったのは，チェルヌィフによる論考である。チェルヌィフは金属器の型式学的検討に加え，冶金学の成果（特に金属成分）を参照し，数千年にわたるユーラシア草原地帯全体での（青）銅器編年網を組み立てたが，カラスク文化の青銅器についても言及している（Chernykh2008a，2008b，2009）（第10図）。チェルヌィフによれば，前2千年紀にEAMP（Eurasian Metallurgical Province，ユーラシア冶金圏[6]）がユーラシア草原地帯に西側から拡散するが，前2千年紀の後半を中心に，SEAMP（Steppe East Asian Metallurgical province，東部アジア草原冶金圏）がアルタイ地方やハカス・ミヌシンスク盆地を中心として広がる。SEAMPはセイマ・トルビノ青銅器群ともかかわりを持つというが，従来の草原地帯西部を中心としたEAMPとは異なるとされる。チェルヌィフは，このSEAMPの拡散段階において，前5千年紀以来形成されてきた「草原地帯（steppe belt）」の成立を唱える。

　楊建華，邵会秋らは，チェルヌィフとは異なり，アルタイ地方，ハカス・ミヌシンスク盆地からの一元的拡散ではないと考えている（楊建華，邵会秋2014）（第11図）。しかしながら，前2千年紀後半に，ミヌシンスク盆地やモンゴリアを含み込む一つの青銅器文化圏を設定し，それが後代へと続く基礎となったと考えている点で，チェルヌィフのモデルと大きく異なるものではない。また楊らは，有銎闘斧の検討（邵会秋，楊建華2013）において，ユーラシア草原地帯で東西の大きく異なる伝統が相対する構図を示しており，草原地帯東方の伝統は基本的に一つと考えている。林澐も，東西双方向の相互交流を示している。例えば，アンドロノヴォ文化およびセイマ・トルビノ青銅器群が新疆北部を通

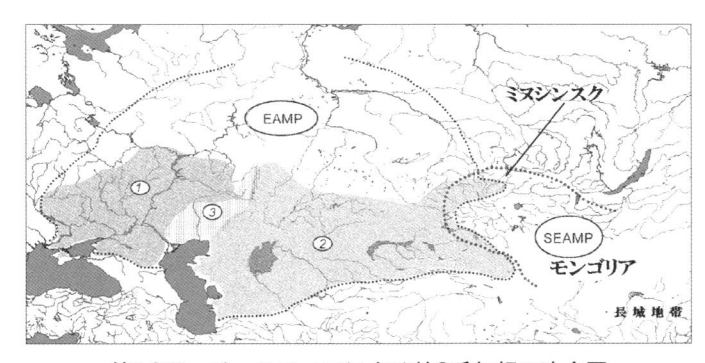

第10図　チェルヌィフによる前2千年紀の冶金圏

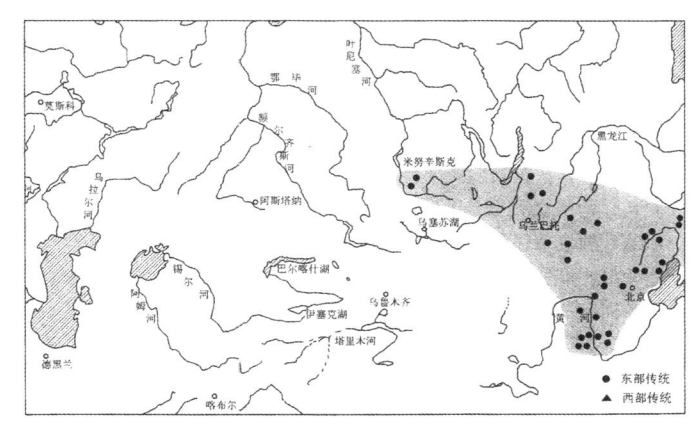

第11図　楊建華，邵会秋2012における「中国北方冶金区」の範囲

じて東に影響したとする一方，カラスク式短剣は長城地帯のオルドス地区に起源し，新疆北部から西へ伝達したと考えている。そして，前2千年紀或いはそれ以前から，新疆北部における三つの流域の河谷が，東西交渉において重要な位置を占めていたことを指摘した（林澐2011）。李剛はユーラシア草原地帯におけるチェルヌィフの段階区分に沿った形で，長城地帯や新疆における様々な外来要素（草原地帯，イラン，カフカス，西アジアなど）を指摘，その伝播経路を想定した。論中では楊らに比べて，西からの影響が強調される場合が多い（李剛2011）。

　以上のチェルヌィフや楊の論考に見られるように，その起源で何であれ，前2千年紀半ば以降のミヌシンスク盆地，モンゴリアを含む地域に出現した青銅器文化の広がり全体を，「初期遊牧民文化」へ続いていく，草原地帯の共通性の始まりとして評価する論考に対し，筆者は，ハカス・ミヌシンスク盆地とモンゴリアに本来，異なった二伝統（様式）が存在し，青銅器分布の意味内容も時期によって異なっていた可能性を提示した（松本2009a，2012）（第12図）。前2千年紀半ば以降，ハカス・ミヌシンスク盆地には前期カラスク青銅器様式，モンゴリアにはモンゴリア青銅器様式が存在した。前者は在地の骨柄銅刃の刀子から発生した刀子を有する。これとは異なる系統の青銅器を持つ後者の様式においては，特殊な技法を用いた精製品が存在し，それらを媒介として広域の諸集団がゆるやかに結びついていた。前2千年紀末，ハカス・ミヌシンスク盆地において，前者（前期カラスク青銅器様式）の技法，伝統に，後者（モンゴリア青銅器様式）の形態的特徴を中心とする諸要素が取り込まれ，後期カラスク青銅器様式が成立した。後期カラスク青銅器様式はモンゴリアに拡散し，従来存在していたモンゴリア青銅器様式は消滅する。後期カラスク青銅器様式では精製粗製の明確な区別は存在しないかわりに，機能差が強化される特徴を持っている。従って，本様式において青銅器は集団を結ぶ媒介物としての役割を既に終えていたものと推定でき，騎馬遊牧開始に伴う社会的結合の変化が，青銅器様式交替の背景にある可能性を考えた（松本2012，2015）。

　さて，筆者が上説を導いた理由を簡単に述べておこう。前2千年紀後半におけるハカス・ミヌシンスク盆地，モンゴリアで最も普遍的な器種である青銅刀子は以下の三種類に区分できる（松本2012）。

　A類：柄に深い溝があり，刀子背部を俯瞰すると，外形が緩やかなカーブを描くもの（第13図1）。これらは，単范

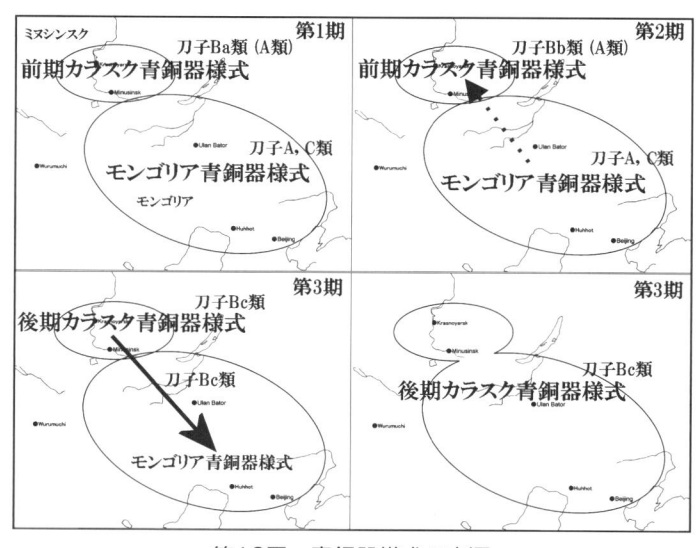

第12図　青銅器様式の変遷

または双范を用いた鋳造で，その鋳型は石材など硬い素材を直接彫り込んで形成されたと考えられる。鋳型の合わせ目（范線）が明瞭に残りやすい。この型式は他に比べてやや錫を多く含む傾向にある（松本2014）。

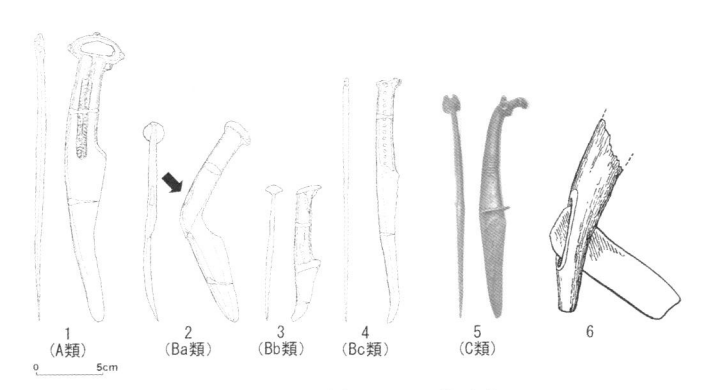

第13図　青銅刀子の諸型式

B類：柄には溝がないか，あっても浅いものが多い。刀子背部を俯瞰すると，外形はカーブでなく直線で形成される（第13図2～4）。これらも双范を用いて鋳造されたが，その鋳型を形成する際には模が用いられたと考えられる。鋳型は可塑性の高い材質であった可能性がある。鋳型の合わせ目（范線）がやや残りにくい。この型式は他に比べて含まれる錫の割合が低い傾向にある（松本2014）。A類に比して複雑な紋様を持つものが多く，器物本体の表面より窪んだ紋様が主に見られるようになる。

C類：刀子背部においても紋様が入り，范線が形成されないもの（第13図5）。柄は断面が楕円形のものが多い。これらは単范や双范では作りえず，蠟型に類するような技法が用いられたことが予想される。A，B類に比してさらに複雑，精緻な紋様のものが多い。

以上のように3つの型式はそれぞれ異なる鋳型製作，鋳造技法に基づいており，当時モンゴリアからハカス・ミヌシンスク盆地にかけての地域には少なくとも3つの製作技法が存在したと考えられ，以上の三類は技法の分類単位とも見なせる。三型式の分布状況を時期ごとに整理すると，早い段階にはモンゴリア青銅器様式（A，C類），前期カラスク青銅器様式（B類）という排他的分布が示されるが，その後，B類の技法を保ったまま，A，C類の形態的特徴だけを取り入れたものがハカス・ミヌシンスク盆地において成立（後期カラスク青銅器様式）し，さらに後，それがモンゴリアへと拡散するのである。

3　ルガフスク期開始におけるモンゴリアの影響

はじめに指摘したように，ハカス・ミヌシンスク盆地におけるカラスク文化の研究と，モンゴリアを含めた青銅器の研究は，それぞれ独自の資料，方法によって進んでいるが，出された結論については興味深く対比できる点があり，ここで検討することにしたい。

まず，カラスク文化の起源がどこであれ，ミヌシンスク盆地やモンゴリアを含めた一つの文化伝統が継続的に発展したと見ることは，現状のミヌシンスク盆地の研究状況から言っても難しいことがわかる。ミヌシンスク盆地では，カラスク期やルガフスク期が開始される時期，さらにはタガール文化の開始において様々な文化要素が変化するのである。ユーラシア草原地帯における情報の伝達あるいは集団移動の状況というものは，従来考えられていたよりも相当に

複雑であった可能性がある。一方で筆者が考えた，モンゴリア青銅器様式および前期カラスク青銅器様式から，後期カラスク青銅器様式へ転換する年代は商代末期併行であり，ラザレトフ，パリコフらのカラスク・ルガフスク移行期（Ⅱ期＝前12～前11世紀）に相当しており興味深い。この段階において，ミヌシンスク盆地に新要素（非典型墓葬）が出現し，在地（カラスク期，Ⅰ期）の文化と混合していったという説は，後期カラスク青銅器様式の発生モデルに類似するものである。

ところが，ラザレトフ，パリコフ説と筆者の青銅器様式説では，各種青銅器の位置づけが大きく異なっている。この差異は，カラスク文化内における各伝統および，筆者のいうところの前期カラスク青銅器様式の起源問題を考えるに当たり非常に重要であるので，ここでは，ラザレトフ，パリコフらの分類，編年の結果を大枠では是とした上で，特に文化伝統の起源問題について検討したい。

Ⅰ期のハカス・ミヌシンスク盆地の青銅器として，ラザレトフ，パリコフらが挙げた刀子には，典型的なA類が含まれている[7]。この時期の刀子は錫の割合が高いと記していることも，筆者の検討（松本2014）と併せれば興味深い。他の青銅器についても，鈕を持つ銅泡以外はかなり単純な形態で，凡そは石型での鋳造が可能かもしれない。先述のように，ラザレトフ，パリコフらはⅠ期遺存の起源をカザフスタンあたりのアンドロノヴォ文化とする。確かに石型で鋳造されたと考えられる，刃柄一鋳の刀子は，アンドロノヴォ文化になくはない。一方で，Ⅰ期出現とされる前13世紀には，モンゴリアにおいても既にA類は見られる。特に，内蒙古朱開溝遺跡の刀子はその形態も類似しており，ハカス・ミヌシンスク盆地に見られるA類の直接の起源地は，モンゴリアである可能性が高いと筆者は考えているが，現在のところ決め手を欠く。

次にⅠ-b期からⅡ期にかけての非典型墓葬（ルガフスク）とそれに伴う新要素の出現についても，ラザレトフ，パリコフらは，（後）アンドロノヴォ文化の集団の一部がトゥバを経由し，ミヌシンスク盆地南部から侵入したとする。非典型墓葬の集団におけるモンゴリア要素は，トゥバを通る際に得られたものであると言われる。ところが，非典型墓葬あるいはルガフスク期において特徴的とされた青銅器のうち，モンゴリアによく見られるものは実はあまりない。確かに，三つの瘤状突起や動物頭を伴う柄頭の刀子，あるいは弓形器に類するものなどは，モンゴリアとの関係を伺わせるものであるが，既にA類が生じているⅠ-a期や，他の期に比して，Ⅰ-b～Ⅱ期のモンゴリアとの関係をあえて強調するほどでもない。足形垂飾や六弁泡もこの時期のモンゴリアには殆ど知られていない。特に言及する必要があるのは，この段階に特徴的とされた「屈曲形」の刀子（第7図19，20）が，同時期のモンゴリアにほぼ知られていないばかりか，筆者のB類の古い形式（第13図2，3）にあたるということである。「屈曲形」のあるものには，骨柄銅刃刀子（第13図6）の痕跡器官とおぼしきものが存在しており（第13図2〔矢印〕）（松本2012），ここから考えても，「屈曲形」の刀子は，ハカス・ミヌシンスク盆地特有の型式であろう。Ⅱ期以降では，形態や紋様においてⅠ期に比して複雑な青銅器が出現しており，

これらもB類の技法で造られた可能性が考えられるが，それについては別の機会に論じることにしたい。以上のように，非典型墓葬開始段階は，ハカス・ミヌシンスク盆地以外では見られない要素，あるいは型式（技法）B類が顕著になってきた時期で，盆地外部からの集団移入というよりむしろ，盆地内部での独自性の創出，発展期と評価できる可能性がある。ここで注目されるのは，チレノヴァ（Членова 1972）やノブゴロドヴァ（Новгородова 1970）による，ルガフスク期を在地文化要素との関連で説いた論であるが，この段階に独自性が現れた背景についても考える必要がある。型式（技法）B類はハカス・ミヌシンスク盆地のみならず，モンゴリア，西シベリアを超えてさらに広まっていくことになり（後期カラスク青銅器様式）（松本2015），その直後にはいわゆる初期遊牧民文化がユーラシア草原地帯に広く成立する。また，後期カラスク青銅器様式の成立と拡散には何らかの社会的背景が予測される（松本2012）。ルガフスク期の開始段階には，従来から続く青銅器時代の社会が終息し，騎馬遊牧を伴う新たな社会へと移行しつつあったのである（Поляков 2015）。この意味で，型式（技法）B類を含む文化の成立過程を究明することは，同時期の草原地帯全体を考える上でも不可欠と言えよう。そして同時に，以上の結果は，ユーラシア草原地帯においてハカス・ミヌシンスク盆地が如何に重要な位置を占めていたのかを物語るものでもある。

まとめ―考古学は科学か

　集団移動の所産と考えられてきたルガフスク期の開始は，現状で考えられている編年と青銅器製作技法から総合的に考えると，在地文化の顕在化の時期にあたる可能性が出てきた。ユーラシア草原地帯の研究において，集団移動，移住は古くからよく使用された解釈であり，実際に集団移動は草原地帯の歴史的特色でもあった。ポストプロセス考古学における，ローカリズムの克服とも相まって，「移動」解釈は近年つとに顕著である。ただし，「移動」は草原地帯の歴史のあくまでも一部であり，「移動」といってもその内容や歴史的意義は多様であることには注意する必要がある。これとも関連するのであるが，本対象地域の考古学における科学性について以下に若干述べたい。

　考古学が科学たるには，目的，方法，資料の明示が当然ながら不可欠である。本稿で対象としたような地域でも，近年における精緻な発掘調査あるいは理化学的分析の増加によって，各報告，研究では，資料の出処，使用した機器，得られたデータ等を詳細に提示するようになりつつある。従って，個々の研究，分析における客観性，科学性は高まる傾向にあり，この面では評価できると考えられる。一方で，考古学が人類の過去を研究するものであるとすると，分析から得られた何らかのパターンを歴史的に解釈する必要性が出てくるが，それについてはどうか。現在では考古学の中においても研究領域が細分化しており，一定の歴史的解釈を下すには，どうしても他の研究者の成果を参照する必要が生じてくる。その際に，自らの予想，仮説に関わりなく，それぞれを公平に検討することが不可欠である。しかしながら，実際には，研究者による引用文献の偏りは本論の検討地域でも見られる現象である。もちろん，筆者も含め

て諸外国の研究にアクセスすることは容易ではなく，実際に「知らなかった」場合も大いにありうるが，「知っているが触れない」のであれば，科学として好ましい状況とは言えないであろう。この意味で，これから考古学が科学たるには，世界において広く情報を開示，共有できるような環境整備とともに，考古学者個々人の意識の向上が求められよう。

■注
1) カラスク文化の分布は，ミヌシンスク盆地を超えて，その北側にあるチュリム・エニセイ盆地やナザロフスク盆地にも広がっている。ミヌシンスク盆地以外の盆地も含めた地域についてあえて言及する必要がある場合，ハカス・ミヌシンスク盆地と記す。
2) 後述のように，本論でいうところのルガフスク期を設定したラザレトフ，パリコフらは，カラスク文化という名称を避けているので，ここは「いわゆるカラスク文化」とすべきであるが，煩雑であるので，以下についても単に「カラスク文化」としている。本論ではカラスク文化という名称を，ミヌシンスク盆地における当該期の文化全体を指すものとして使用することにしたい。
3) バデツカヤによってこの図に挙げられた各期の特徴的遺物は，後に詳述するラザレトフ，パリコフらの論考と一致しない点もある。
4) ルガフスクの名をカラスク文化内の区分基準として用いたのはチレノヴァである。
5) 第5図から第9図はЛазаретов, Поляков 2008からの引用であるが，紙数の都合上，本論で言及するものを中心に抜粋している。また各時期において，土器と青銅器はそれぞれ別の縮尺を用いて示している。
6) 冶金圏とはチェルヌィフが提唱する青銅器の生産単位の一つであるが，実際には特定の青銅器の組み合わせから成る様式圏に似たものである。
7) 青銅器について，ラザレトフ，パリコフらの分類と，上記筆者の分類は根本的に異なるので，対比させるには全ての資料の実見が必要であるが，果たせていない。以下では，両氏の論文における図面や記述を参考にしながら論じることにした。

■参考文献
Бобров, В. В., Кузьминых, С. В., Тенейшвили, Т. О., 1997. *Древняя металлургия среднего Енисея (лугавская культура)*. Кузбассвузиздат, Кемерово.
Chernykh, E.N. 1992. *Ancient metallurgy in the USSR*. Cambridge University Press, Cambridge.
Chernykh, E.N. 2008a. Formation of the Eurasian "steppe belt" of stockbreeding cultures: viewed through the prism of archaeometallurgy and radiocarbon dating. *Archaeology Ethnology & Anthropology of Eurasia* 2008-3, 36-53.
Chernykh, E.N. 2008b. Ancient metallurgy in the Eurasian steppes and China: problems of interactions. *Metallurgy and civilization* (J. Mei, T. Rehren, ed.), pp. 3-8. Archetype Publications Ltd.
Chernykh, E.N. 2009. Formation of the Eurasian Steppe Belt Cultures. *Social complexity in prehistoric Eurasia: monuments metals, and mobility* (B. K. Hanks, K. M. Linduff ed.). pp.115-145. Cambridge University Press, Cambridge.
Членова, Н.Л. 1972. *Хронология памятников карасукской эпохи*. Наука, Москва.
江上波夫・水野清一，1935．内蒙古・長城地帯（東方考古学叢刊乙種第一冊）．東亜考古学会，東京．

藤川繁彦, 1982. カラスク文化期の用途不明器物. 史観107, 296-307.

Грязнов, М.П.,1965. Работы Красноярской экспедиции (1960-1963 гг.). *Краткие собщения Института археологии* 100, 62-71.

Грязнов, М.П., Комарова, М.Н., Лазаретов, И.П., Поляков, А.В., Пшеницына, М.Н., 2010. *Могильник Кюргеннер эпохи поздней бронзы Среднего Енисея*. Петербургское Востоковедение, Санкт-Петербург.

Karlgren, B., 1945. Some weapons and tools of the Yin dynasty. *Bulletin of museum of Far Eastern Antiquities* 17, 101-144.

Khavrin, S., 1992. The component Analysis of Karasuk Culture. *The International Academic Conference of Archaeological Cultures of the Northern Chinese Ancient Nations*, Hohhot.

Киселев, С.В., 1951. *Древняя история Южной-Сибири*. Академии наук СССР, Москва.

Legrand, S. 2006. The emergence of the Karasuk culture. Antiquity 80, 843-879.

李剛, 2011. 中国北方青銅器的欧亜草原文化因素. 文物出版社, 北京.

林澐, 2011. 絲路開通以前新疆的交通路綫. 草原文物2011-1, 55-64.

Лазаретов, И.П., 2006. Заключительный этап эпохи бронзы на Среднем Енисее. Автореф. дис. ... канд. ист. наук. Санкт-Петербург.

Лазаретов, И.П., 2007. Памятники баиновского типа и тагарская культура. *Археологические вести* 14, 93-105.

Лазаретов, И.П., 2010. Группа атипичных погребений могильника Кюргеннер I. *Могильник Кюргеннер эпохи поздней бронзы Среднего Енисея*. (Грязнов, М.П. и др.). С .83-94, Петербургское Востоковедение, Санкт-Петербург.

Лазаретов, И. П., Поляков, А. В., 2008. Хронология и периодизация комплексов эпохи поздней бронзы Южной Сибири. *Этнокультурные процессы в Верхнем Приобье и сопредельных регионах в конце эпохи бронзы*. С .33-55, Концепт, Барнаул.

Loehr, M., 1949. Ordos Daggers and Knives New Material, Classification and Chronology. First Part: Daggers. *Artibus Asiae* XII, 23-83.

Loehr, M., 1951. Ordos Daggers and Knives New Material, Classification and Chronology. Second Part: Knives. *Artibus Asiae* XIV, 77-162.

松本圭太, 2009a. カラスク式短剣の成立と展開. 古代文化61-1, 37-55.

松本圭太, 2009b. 新疆, 長城地帯の初期青銅器. 古文化談叢62, 185-208.

松本圭太, 2012. モンゴリアにおける青銅器様式の展開. 中国考古学12, 111-134.

松本圭太, 2014. 前2千年紀後半のユーラシア草原地帯東部における青銅刀子金属成分に関する予察. ユーラシアの考古学：濱秀先生退職記念論文集, pp.199-209, 六一書房, 東京.

松本圭太, 2015. ユーラシア草原地帯における青銅器様式とその境界. 中国考古学15.

Mei, Jianjun, 2000. *Copper and bronze metallurgy in late prehistoric Xinjian* (British Archaeological Reports (BAR) International). Archaeopress, Oxford.

宮本一夫, 2008. 中国初期青銅器文化における北方系青銅器文化. 長城地帯青銅器文化の研究, pp. 169-183, シルクロード学研究センター, 奈良.

宮本一夫・白雲翔編, 2009. 中国初期青銅器文化の研究. 九州大学出版会, 福岡.

Новгородова, Э. А. 1970. *Центральная АЗИЯ и карасукская проблема*. Наука, Москва.

Поляков, А. В. 2006. Лапчатые привески карасукской культуры (по материалам погребений). *Археологические Вести* 13, 82-101.

Поляков, А. В., 2008. Хронология и локализация некоторых типов украшений (по материалам погребений карасукской культуры). *Древние и средневековые кочевники Центральной Азии*. С.79-82. Азбука, Барнаул.

Поляков, А. В. 2010. Относительная хронология погребений могильника. *Могильник Кюргеннер эпохи поздней бронзы Среднего Енисея*. (Грязнов, М. П. идр.) С .60-69, Петербургское Востоковедение, Санкт-Петербург.

Поляков, А. В. 2013. Ранние этапы развития эпохи поздней бронзы Среднего Енисея. *Бегазы-дандыбаевская культура Степной Евразии*. С. 401-416. Алматы.

Поляков, А. В., 2015. Появление элементов кочевнических традиций в эпоху поздней бронзы (на примере материалов карасукской культуры Среднего Енисея). *Азия и Африка в меняющемся мире*. С .341-342, Восточный факультет СпбГУ, Санкт-Петербург.

Поляков, А. В., Хаврин, С. В. 2007. Горизонтальная стратиграфия могильника Кюргеннер I (Хакасия). *Алтае-Саянская горная страна и история её освоения кочевниками*. С .206-209, Алтайский государственный университет, Барнаул.

Савинов, Д. Г., 1996. *Древние поселения Хакасии ; Торгажак*. Петербургское востоковедение, Санкт-Петербург.

Савинов, Д. Г., Поляков, А. В. 2007. Могильник АрбанI. *Археологические вести* 14, 62-92.

邵会秋・楊建華，2013．欧亜草原与中国新疆和北方地区的有銎戦斧．考古2013-1，69-86．

Теплоухов, С. А., 1927. Древние погребения в Минусинском крае. *Материалы по этнографии*. Т.III. 2, 57-112.

テプロウホフ，1938．ミヌシンスク地方に於ける古代金属文化の種別化試論．古代北方系文物の研究（梅原末治 著），pp. 207-244. 星野書店，京都．

Тереножкин, А. И., 1976. *Киммерийцы*. Наукова думка, Киев.

Вадецкая, Э. Б., 1986. *Археологические памятникив степях среднего Енисея*. Наука, Ленинград.

楊建華・邵会秋，2014．商文化対中国北方以及欧亜草原東部地区的影響．考古与文物2014-3，45-57．

台湾先史時代の穿孔下顎骨と首狩り行為

台湾　国立清華大学人類学研究所　邱　鴻霖

要旨

　本論は，台湾の南西平野における蔦松文化（鉄器時代）の遺跡から発見された人骨製品に見られる穿孔・カットマーク等の加工痕がどの様な行為によって生じたのかを検討した。対象資料は，台湾の日本植民地時代に発見された資料と近年の発掘によって得られた資料であり，年代はおよそ1200〜1500年 B.P. である。民族誌によると，加工痕を持つ人骨製品の由来には様々な可能性がある。例えば儀礼的な首狩り行為・食人・二次葬・戦い・殉葬・宗教などにおいて人骨を加工する事例が見られる。本論では，主に台湾の原住民族とフィリピン・ルソン島北部の住民 Bontoc Igorot 族と Ifugao 族の首狩りに関する民族誌資料を参照しながら，台湾先史時代の穿孔下顎骨における形質的な特徴やカットマーク等の加工痕が残されている部位のパターン，及び出土コンテクストの比較検討を行った。また，中国・日本・アメリカ・フィリピンの考古学事例に関する論説の検討も行っている。このように多方面からのアプローチによって，人骨製品における切創の原因を推論し，穿孔下顎骨の生成における最も蓋然性の高い可能性を提示した。検討の結果，台湾先史時代遺跡出土の穿孔下顎骨の生成に最も関連があるのは首狩り行為であるとの結論にいたった。

　儀礼的な首狩り行為に関連する事象は，本論で分析対象とした穿孔下顎骨だけではなく，頭部創傷のある人骨資料や，近現代まで首狩りを行っていた集団の頭骨標本などにも重要な情報が残されている。これらの資料もふまえて，切創の微細な観察を行い，その方向性，切創が現れる部位のパターンなどを詳細に検討していくことが，今後の課題である。

キーワード：台湾鉄器時代，穿孔下顎骨，首狩り，切創，蔦松文化

はじめに

　台湾における穿孔下顎の初例は1939年日本統治時代に金子寿衛男氏が蔦松貝塚から採取したものである。この下顎骨もついて，金関丈夫氏[1]は，フィリピン・ルソン島北部の住民 Bontoc Igorot と Ifugao 族が人間の下顎骨に穿孔して縄を掛け，中国から搬入した銅鑼のハンドルにするという事例を参照し，頭骨崇拝行為と考えた（金関 1957,1978）。しかしながら，

使用される下顎骨の由来については詳しく言及していない。一方，金関氏は台湾出土の下顎骨に関しては計測データを記載しており，加えて，その下顎骨の表面に金属器で切った痕跡がある点に注目している。さらに，2004年に台南県で台湾大学の陳有貝氏が担当した南科国小遺跡の調査において，台湾で二例目の穿孔下顎骨が出土している。出土した下顎骨は一例目の下顎骨と類似した形質的特徴や加工痕を持っており，なおかつ考古学的コンテクストがはっきりしている。

フィリピンと台湾という二つの地域における下顎骨の加工という事例から想起されるのは「首狩り」であろう。しかしながら，民族誌に記録されたこの儀礼的行為は，年代的にどこまで遡るのかは定かでない。これまで考古学的に首狩りにアプローチしてきたのは，頭骨を欠いた人骨の埋葬である無頭葬と穿孔歯牙によってであった。

無頭葬はフィリピンにおける調査事例から首狩りの直接的証拠と考えられているが（田中1993），無頭葬の被葬者が首狩りによるのか，もしくは死後の解体葬や二次葬によるのかは確認できないという見解もあり（Janse 1947, Fox 1959），墓地内には逆に頭骨のみの埋葬も多く発見されたことから後者の可能性も高い（Fox 1959）。さらに，民族誌では首を切られた死体の埋葬場所は一般の死者とは異なるが，フィリピンの墓地は無頭葬と一般的な墓とが混在する点も問題である。頭がない人骨と殺傷人骨があるのは確かだとしても，それを首狩りと直結させることにはならないのである。

穿孔歯牙についても戦利品と解釈する説がある（張光直1957，李匡悌2001，臧振華2004）。しかしながら，太平洋の民族誌では二次葬をする時に親族の歯牙や捕えた敵の歯牙を取って飾り物にする事例があり（松岡 1927）日本の弥生時代における穿孔歯牙についても同様の見解が出されている（外山ほか 1989）。また，中国西南部や台湾の先住民に関する文献記録には婚姻抜歯風習において男女お互いに歯を贈ることが記載されていて（山崎 1943, 周大成1991），首狩りの根拠とするには無理があるようである。

本論は，この二例の穿孔下顎骨を検討することにより，台湾に存在した首狩りという行為を考古学的にアプローチし，台湾先史時代の儀礼行為について考察することにしたい。

1　研究資料と方法

主な研究対象は台湾で発見された人間の穿孔下顎骨である。この様な下顎骨の事例は台湾の西南部平野に位置する台南県の蔦松貝塚の一例（金関 1957, 1978）と南科国小遺跡の一例（陳・邱 2004）の計二例のみであり，二例とも台湾の鉄器時代である蔦松文化に所属する遺物である（図1）。二つの遺跡の距離はおよそ7.8kilometerである。なお，南科国小遺跡の例は14C年代測定による年代がおよそ1200-1500年 B.P. である。

これらの穿孔下顎骨について考古学・民族誌学的方法と形質人類学的手法を用いて検討を行う。考古学的情報に関しては，南科国小遺跡出土下顎骨の出土した空間的位置が重要な手懸りを示している。その下顎骨は，集落内の埋葬空間ではなく，灰坑や貝塚において出土しており，

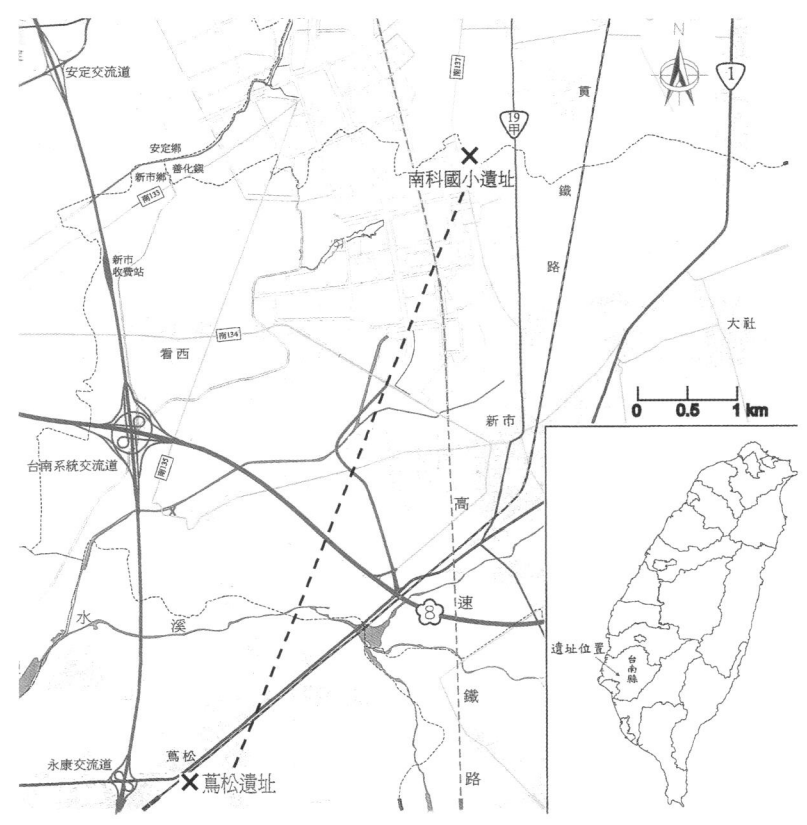

図1 台湾における穿孔下顎骨出土遺跡の位置図

儀礼との関連性が高いと考えられる。なお，穿孔下顎骨と儀礼的首狩り行為の関連性を検討するために，本論では首狩りと関連する世界各地の事例を挙げ，首狩りをしていた民族の首狩り行為に関連する様々な社会的なコンテクストを考察する。一方で，形質人類学的手法を用いて，首狩りと筋肉を取り除く方法，及び首を狩られた人の性別・年齢のパターンと穿孔下顎骨に見られる特徴の比較を行う。

2　台湾の穿孔下顎骨について

（1）蔦松貝塚（蔦松遺跡）の事例

　1939年2月，当時台北帝国大学地質学教室助手であった金子寿衛男氏は，台湾西部鉄道の開発時に発見された蔦松貝塚を再調査した。遺跡は現在の台南県永康市に所在する。そして，貝塚から数多くの貝や赤褐色無紋土器および黒色土器などとともに，孔があいている人骨下顎骨も発見されたのである（国分・金子 1940，金関 1957, 1978）。

　この穿孔下顎骨は，戦後下関水産講習所の国分直一氏を通じて九州大学の金関氏の元に届けられ，同氏によって『台湾蔦松文化発見の一下顎骨について』という論文として発表された（金関 1957, 1978）。金関氏は国分氏が提供した蔦松貝塚に関する手記に基づき，解剖学的観察

と形質的計測と併せて，考古学的観察および東南アジア地域・フィリピンに類似した行為があることを指摘した。現在，この下顎骨は所在不明であり，資料を実見することができないが，金関氏の詳細な記述があるため，以下にその概要を記すことにしたい。

保存状態：骨は人間の下顎骨であり，左側の下顎枝と骨体の一部を欠く他は，ほぼ完全であるが，右側下顎枝小頭に小欠損がある（図2-A）。

形質的観察：骨体は正中部では比較的低く，骨体の厚さは比較的厚い。オトガイ結節は顕著である。歯列弓は後方でよく開き，歯列不整は見られない。オトガイ孔は左側は一個があり，右側が大小二個存している。顎舌線・舌溝・舌下腺窩・下腺窩ともに顕著である。その他の筋肉付着部も既述のようにいずれも顕著に発達している。下顎角は大きくて，円味を有している。下顎枝は高くて，比較的広く，下顎切痕は深い。

歯牙：わずかに左右の第1・2大臼歯が残っている。他の歯は失われているが，歯槽は完全で，病的或いは不自然な変化は歯槽部には見られない。第三大臼歯は萌出していない。残存歯式は下記の通りである。

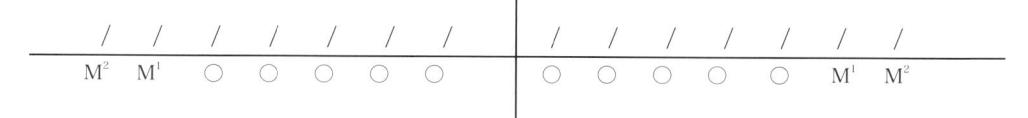

	/	/	/	/	/	/	/		/	/	/	/	/	/	/
	M^2	M^1	○	○	○	○	○		○	○	○	○	○	M^1	M^2

（○歯槽開放、×歯槽閉鎖、/欠損、△歯根のみ、・遊離歯、（ ）未萌出、c齲歯）

性別：厳密な男女の判定はできないが，筋付着面がより発達している点から，男性と推定される。ただし，下顎骨全体及び大臼歯の大きさは，男性成人骨の平均に比べると，むしろ小さい方である。

年齢：残存大臼歯咬合面の咬耗度はブロカの3度であるが，第三第大臼歯未萌出の点から見て，高齢のものとは思われない。もちろん成人骨である。

人為的加工痕：下顎体の正中に前後に貫通する一孔を有している。前面における孔口を仮に入口，後面におけるものを出口とすると，入口の形が，上下にやや長い楕円形で，その径は6.5〜4.5mm，出口は円形に近く，径は4.5mm である。孔の出入口ともに口縁は鋭くて，治癒経過のあとを見ず，明らかに死後の穿孔である。孔の管壁は出入口部においても直角であり，金属製の鋭い器具の使用を物語っている。

　なお，右下顎枝外面の前縁に水平に走り，上下にほぼ平行する13条の細い直線的な刻線がある。その最長のものは5mmの長さを有している。オトガイ部穿孔の入口下縁付近にも極めて微細な直線的刻線が数条平行に横走している（図3）。

使用痕：この下顎骨は一般の貝塚出土の骨と異なって，表面が滑沢である。これは常に手で触るような人為作用の結果引き起こされた磨擦光澤面と考える。一方，孔の縁の辺りも小さい光沢面があって，紐と摩擦した際の使用痕かもしれない。

金関氏は当時フィリピン・ルソン島北部の住民 Bontoc Igorot 族と Ifugao 族が人間の下顎骨に孔を穿って縄を掛け，銅鑼のハンドルにしている事例を紹介した。これは "Human jaw

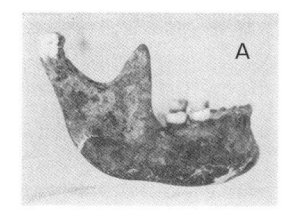

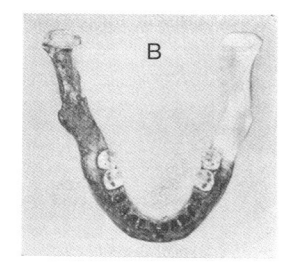

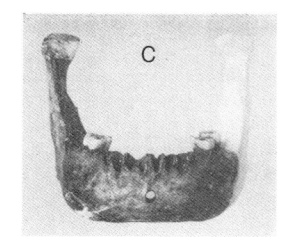

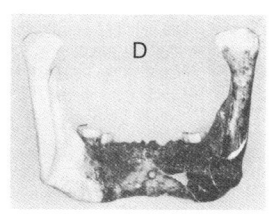

図2　蔦松貝塚の穿孔下顎骨，A右側面観　B上面観
C前面観　D後面観（金関丈夫1957より）

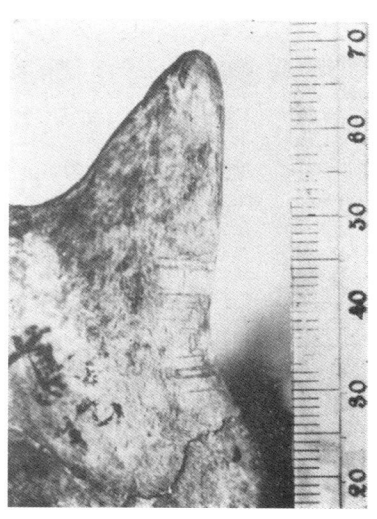

図3　下顎枝前縁部の刻線を示す
（金関丈夫1957より）

"handle"と呼ばれている（図4）。金関氏はこれが頭骨崇拝行為と関わると述べている。また，氏は1953年にフィリピンのBontocの町でも穿孔下顎を実見したことがあり，隣のIfugao族にも同じ様なものがあり，当時，マニラの国家博物館にも数個"Human jaw handle"が収蔵されていると指摘した。

なお，金関氏が見た下顎骨のうち，Ifugaoの1例以外はみな蔦松貝塚の場合と同様に下顎骨正中部に前後に穿たれた1孔を有しているが，Ifugaoの例では正中を差し挟んでその両側に，2個の孔が前後に穿たれている。これらの下顎骨は多くは第2大臼歯の部位よりも後方の部分を切除して，骨体部のみを存している。その表面は手馴れによって光沢を生じている（金関 1957, 1978）。

さらに，金関氏は，金属器は発見されていないものの，石器も発見されていないため，該期に金属器が存在した可能性が高く，蔦松貝塚には多くの赤褐色土器と磨研有沢の黒色土器もみ

図4　フィリピンBontok Igorot族の下顎骨ハンドル（Jenks 1905より）

られることから，中国大陸から濃厚な影響を与えられたとする一方で，台南，高雄などで出土した牛角型土製支脚がフィリピン Tinguian 州の土俗品と類似していることから，北ルソン島の先史文化ときわめて強い関係があったであろうと推定している。

（2）南科国小遺跡の事例

① 遺跡の概要

南科国小遺跡は2004年に台湾大学によって調査が行われた（陳・邱 2004）。遺跡の概略は，以下の通りである。

<u>地理的位置</u>：所在は台湾南西部の沖積平野で台南県善化鎮と新市郷の隣接地域である（図1）。遺跡の標高はおよそ6.0m〜6.5mで，西に26.5kilometerで海岸（台湾海峡の東岸）に至る。遺跡の総面積は約18000m^{2}である。

<u>年代と文化層</u>：遺跡の主な文化層は二つある。上層は200B.P.の漢人文化層であり，下層は1200〜1500B.P.の蔦松文化層である（14C年代測定については表1を参照）。蔦松文化は台湾の新石器時代に続く鉄器時代に属すると考えられている。以下は本論と関係がある蔦松文化層の特徴を述べる。

<u>遺構と遺物</u>：遺跡は集落遺跡で，住居と墓地が混在する。仰臥伸展葬の土壙墓が44基あり，他の遺構としては灰坑・井戸・柱穴がある。

土器は，主に赤褐色無紋の壺・蓋・支脚であり，紡錘車・錘・腕輪などの土製品もある。黒陶製の腕輪も伴う。石器は，打製石斧・磨製石斧・石包丁などが少量であるのに対し，石皿・石槌・石支脚の出土量が多い。また，骨角器の発達は本遺跡の一つの特徴で，表面にはきめの細かい紋様が付いており，穿孔技術が発達していた。これらは，典型的な蔦松文化早期から中期にかけての遺物の組成である。なお，鉄器やガラス玉なども少量出土した。

自然遺物は魚介類や哺乳類および両生類の骨が出土し，炭化した米や粟など多種の植物遺存体も出土している。

② 穿孔下顎骨の人類学的所見

<u>保存状態</u>：左下顎枝および骨体の一部を欠く他はほぼ完全であるが，右関節突起に小欠損がある。蔦松貝塚出土の穿孔下顎骨と保存状態はよく似ている（図5〜8）。

表1　穿孔下顎骨の出土地層における14C年代測定

番号	標本	測定	文化層	校正年代	注記
NTU-4191	木炭	1380±40B.P	蔦松文化	1.AD 638-684 2.AD 599-717	灰坑
NTU-4189	木炭	1370±50B.P	蔦松文化	1.AD 663-784 2.AD 597-775	灰坑
NTU-4245	木炭	1270±110B.P	蔦松文化	1.AD 663-784 2.AD 597-998	灰坑
BETA-198044	木炭	1400±60B.P	蔦松文化	AD 550-570	灰坑
BETA-198045	木炭	1429±60B.P	蔦松文化	AD 540-690	灰坑

形質的観察：筋付着部は頑丈であり，下顎切痕は深く，咬筋粗面が発達する。下顎角は大きく，ややロッカー状の特徴がある[2]。

歯　牙：残存歯牙は7本であり，前歯は殆ど失われている。前歯の歯槽部は開放しており，死後の脱落である。残存歯式は下記の通りである。

/	/	/	/	/	/	/	/	/	/	/	/	/	/
M^3	M^2	M^1	○	○	○	○	○	○	○	C	○	P^2	M^1 M^2 M^3

（○歯槽開放、×歯槽閉鎖、／欠損、△歯根のみ、・遊離歯、（　）未萌出、c 齲歯）

性別：下顎骨だけで男女の厳密な判定はできないが，筋付着部が発達していて，頑丈な印象を受ける。歯のサイズも比較的大きい。全体的に言えば，金関氏が報告した蔦松遺跡の下顎骨に比べて，より頑丈である（図9）。従って，この下顎骨は男性である可能性が高い。

年齢：第3大臼歯が萌出しており，歯牙咬耗度は栃原氏の2°a〜2°b（栃原 1957），Martin氏の2°〜3°であることから，年齢は成年と推定される。

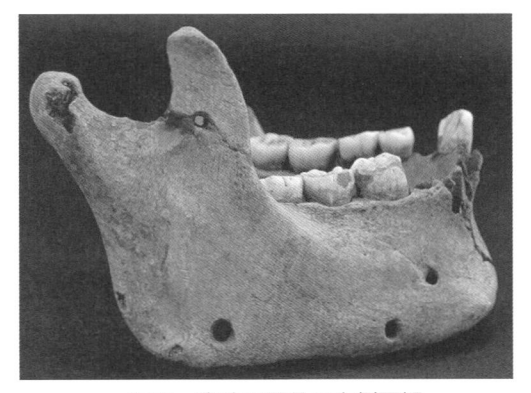

図5　穿孔下顎の前面観

図6　穿孔下顎骨の右側面観

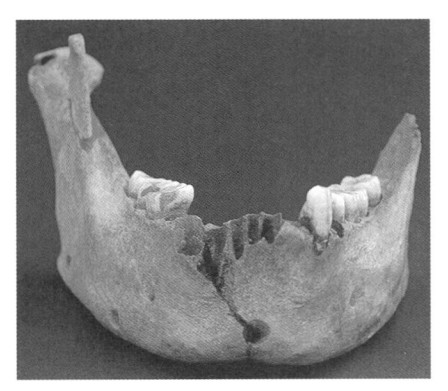

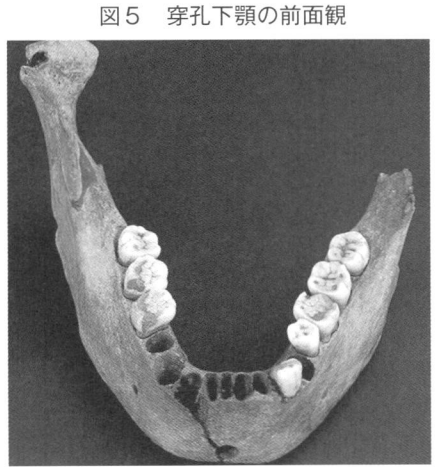

図7　穿孔下顎骨の上面観

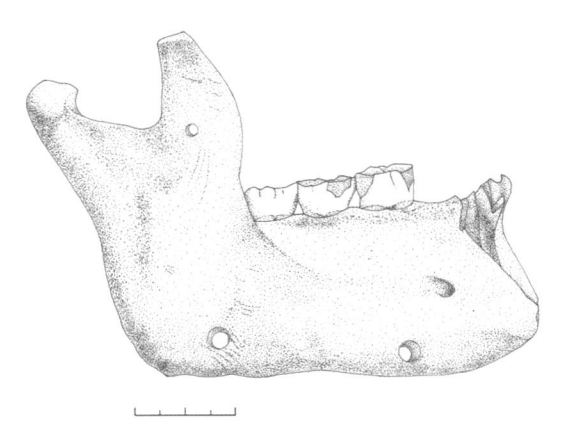

図8　穿孔下顎骨右側の切痕がある部位

加工痕：穿孔と切創が認められた。切創は筋肉を取る時についた痕跡と考える。切創は右下顎枝外面や筋突起前縁に水平に走り，上下にほぼ平行する細い直線的な刻線が見られる。なお，右下顎体の底部には面状の切創があり，首を切った際もしくは筋肉を取り外した際に残った傷と考えられる。

穿孔はオトガイの正中部に一つがあり，左右第1大臼歯の下に一つずつ孔がある。左右の下顎角にもそれぞれ一つ孔があるが，左側の孔は下顎枝が遺存してないので，不明瞭である。右の筋突起にも一つのより小さい孔が見られた。左にも右側に対応する孔があったかもしれない。オトガイ部を中心にして両側の孔の対称性は非常に高い。全部で6個の孔が穿ってあるが，孔の縁はかなり鋭く，硬い道具できちんと開けられたと考える。

使用痕：下顎骨の表面は一般的な出土人骨と異なって，磨耗して円滑となっている。かなり長い間使用された形跡がある。孔縁部も明らかな磨痕がある。孔に縄を締めた時，施力で引き起った摩擦痕と推測する。

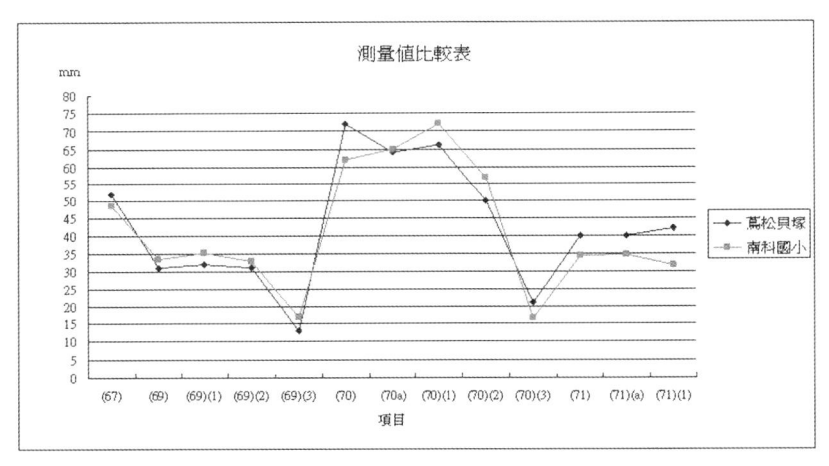

図9　蔦松貝塚と南科国小遺跡における穿孔下顎骨計測値の比較。項目番号はMartin氏に従う

3　考察

（1）二つの穿孔下顎骨の比較

蔦松貝塚と南科国小遺跡の穿孔下顎骨には多くの類似点があり，特に考古学的コンテキストや人為的痕跡および形質的特徴において類似している。したがって，それらの類似性は同様な行為において引き起こされたと考える。それらの類似点は下記表2の通りである。

この二つの穿孔下顎骨は，まず二つとも墓からではなく，貝塚と灰坑から出土しており，埋葬以外の行為によると理解しなければならない。また，孔の形態とサイズがよく似ていて，切創や使用痕の部位もほぼ同じところであることから，二つの下顎骨は極めて一致性があると考えられる。一方で，前歯の脱落や左下顎枝の欠損は穿孔下顎骨における機能や製作過程への示唆をあたえる。

表2 二つの穿孔下顎骨における相似点

	蔦松貝塚	南科国小遺跡
出土脈絡	集落遺跡の貝塚から採集（墓ではない）	集落遺跡の灰坑から出土（墓ではない）
遺存状態	下顎骨：左下顎枝が遺存してない。 歯　式：前歯は殆ど脱落し、歯槽が開放している。	下顎骨：左下顎枝が遺存してない。 歯　式：前歯は殆ど脱落し、歯槽が開放している。
年代	金属器が存在している後期文化	^{14}C 年代測定1200～1500B.P. 鉄器時代
文化	台湾南西平野の蔦松文化に属する	台湾南西平野の蔦松文化に属する
性別	男性と推定される	男性と推定される
年齢	成年	成年
形質	ロッカー状・筋肉幅着部の発達	ややロッカー状・筋肉幅着部の発達
人為加工	穿孔・平行する細い刻線	穿孔・平行する細い刻線
切創部位	右下顎枝外面の前縁部に集中する	右下顎枝外面の前縁部に集中する
穿孔	1孔がある。オトガイ部の1孔はやや楕円形で孔径は約4.5～6.5mmである。	6孔がある。オトガイ部の1孔と下顎体の4孔はやや楕円形で孔径は4.7～6.4mmである。右下顎枝の1孔が3.8mmである。
使用痕	下顎骨の表面が円滑であり、孔縁部に磨痕がある。	下顎骨の表面が円滑であり、孔縁部に磨痕がある。
伴う遺物	赤褐色土器，黒色土製腕輪破片	赤褐色土器破片

4　人骨製品製作の要因

考古遺跡によく見られるのは動物の骨を材料とした，道具や装飾品などである。しかし，「人骨製品」は一般的ではなく，それ故に先史時代の社会文化や思想に対して強い潜在的な意義を持っていると考えられる。そこで，民族誌における人骨製品を見てみると，以下四つの場合が考えられる。

食　人：捕えられた人間が食用にされた後に残った人骨を道具や飾りに加工した。

戦　い：人骨加工品は，小規模な戦いから得た戦利品である。このような戦いの行為は常に儀礼と象徴的な理由が与えられ，付随して人骨を加工する事例が多く見られる。首狩りはこういった「儀礼的な戦いの行為」であり，大規模な政治的な戦争とはまったく異なるものである。

二次葬：死者との親密な関係を表すために，死者の遺骨を加工して，喪に服する期間に使ったりあるいは収蔵したりして飾りにする（Malinowsky1929, Radcliff-Brown1964, 図10・11）。

殉　葬：死者の墓に献納するために，犠牲者を殺し，その骨を取って副葬品や加工品とする。

上記それぞれの行為が考古遺跡や人骨における痕跡として表れる可能性は下記のとおりである。これらに基づいて，台湾の穿孔下顎骨を検討して，最も高い可能性を得ることとしたい。

食　人：人骨を道具などに加工する以外にも，遺跡において，噛んだり，切ったり，叩き割ったり，焼いたりした痕跡のある人骨や，捨てられた人骨などが出土するはずである。これらは，日常生活の居住地と密接な関連を持っており，また死者の性別や年齢は限定されるものではない。

二次葬：もし，その集団に二次葬の風習があるなら，遺骨の移動などの痕跡が現れるはずである。人骨を加工した器物があることもあるが，遺骨の性別や年齢は限定されない。

殉　葬：明確な殉葬の対象（墓主）がいて，墓の中央や周辺から出土する。死者の性別や年齢は場合によって異なる。

このように，食人，二次葬と殉葬の場合に想定できる条件は，これまでみてきた台湾出土穿孔下顎骨と関連づけることは困難であり，残る可能性は首狩り行為のみとなる。そこで，以下に首狩りの民族事例について詳しくみてみたい。

図10　二次葬の事例１
インド洋北部のベンガル湾の Andaman 諸島で親密な関係を表すために，
自分の姉の頭骨（二次葬骨）を背負っている（Radcliff-Brown 1964より）。

図11　二次葬の事例２
太平洋西南部のメラネシアの Trobrian 諸島で，服喪している未亡人は
二次葬の後に夫の下顎骨を首から掛けている（Malinowsky 1929より）。

5　民族誌における儀礼的首狩り行為

　儀礼的首狩り行為に関する民族誌はオセアニアと東南アジアの部族集団及び中南米の先住民のものが多く，16～17世紀の大航海時代から記録が蓄積されている。日・中・英語の文献記録には「馘首」・「獵首」・「獵頭」・「出草」・「首狩」・「Headhunting」・「Trophy taking」・「Decapitated」・「Beheaded」と称されている。民族学者や文化人類学者はそのような首狩り行為がただの戦争や殺人事件ではなく，儀礼あるいは儀式的暴力（Ritual violence）であり，深い社会的意味や機能が与えられた行為と考えている（Rosaldo 1980; Hoskins 1996; George 1996）。様々な事例の中から，本論の資料と最も関連性が深い東南アジアと台湾の民族誌事例を援用する。

　台湾の原住民[3)] Atayal・Bunun・Paiwan・Tsou・Ami族及び金関氏が提示したフィリピン・ルソン島北部の Bontoc Igorot・Ifugao 族を取り上げるが，それらの社会の首狩り行為は1940年代以降に殆ど消えた風習である。

①台湾原住民
1．社会組織形態：部族社会
2．居住パターンと適応環境：熱帯・亜熱帯雨林の定住村落
3．生業形態：狩猟採集と栽培農耕の併存
4．首狩り行為の目的：首狩りは成年男子の象徴や，勇気の表現，疫病の排除，豊作祈願，個人的復讐あるいは死者の霊的パワーを獲得することなどが目的とされる。
5．首狩りをする組織：一般的に，成年男子の「年齢組」が首狩りを行い，個人あるいは大勢の集団での行為はあまり見られない。頭骨を置く首棚の写真を見る限り，男性の頭骨が多いようである。
6．首狩りの対象：近隣地域の他のグループで，通常は成年男子を主な対象とする。女性や子供の首を狩ることはあまりない。
7．死者の埋葬：首を狩られた死者の埋葬方式は一般の死者とは異なる。主な相違はその埋葬地点にある。
8．狩った首の処理：狩った後の首は自分の集落に持ち帰った後，筋肉を取り除き，或いは腐るのを待って，集落内の特定の所蔵場所において保管される（鹿野1946）（図12）。
9．首狩りと祭りの関係：首狩りをするためになされる特別な祭りがある。斬られた頭にたいして慰霊祭や首祭がある（陳淑均1832, 柯培元1837, 台灣總督府臨時台灣舊慣調査会1915, 鈴木1932, 古野1945, 鹿野1946, Jenks1905, Barton1919, Freeman1970）。

②フィリピンの首狩り
　金関氏はフィリピン・ルソン北部の Bontoc Igorot・Ifugao 族が穿孔下顎骨を用いることを提示したが（金関1957），首狩りに関しては下記の通りにまとめられる（Jenks1905, Barton1919, Freeman1970）。

図12　1905-1910年頃の台湾原住民と首棚（陳宗仁編2003より）
左：家屋の隣に首棚がある（Paiwan族）。右：家屋の前にスレート製の首棚がある（Atayal族）。

1. 社会組織形態：部族社会
2. 居住パターンと適応環境：熱帯雨林の定住村落
3. 生業形態：狩猟採集と栽培農耕の併存
4. 首狩り行為の目的：首狩りは成年男子の象徴や，勇気の表現，豊作祈願，男子が結婚するときの必要条件，個人的復讐あるいは死者の霊的パワーを獲得することなどが目的とされる。
5. 首狩りをする組織：単独，あるいは成年男子が集団で首狩りを行う。
6. 首狩りの対象：近隣地域の他のグループで，通常は成年男子を主な対象とする。
7. 死者の埋葬：首を狩られた死者の埋葬方式・場所は一般の死者とは異なる。主な相違はその埋葬地点にある。
8. 狩った首の処理：狩った後の首は自分の集落に持ち帰った後，筋肉を取り除きあるいは腐るのを待って，集落の家屋内或いは家屋に近い所にて保管される。ほぼ100年前の民族誌には，「狩った頭を川辺で洗った後，男性用の会所へ移動して，頭から下顎骨を取る。それから，それを煮て肉を除いてから頭を狩った人の銅鑼のハンドルを作る」（Jenks1905）と記していることが参考となろう。

　筆者が行ったフィリピン国立博物館人類学部門の近現代の民族資料調査によれば，観察した二点の穿孔下顎骨は，IfugaoとKalinga族に属しており，下顎体で対称的な円孔が開けられた（孔径7.92～9.57mm）。骨の表面には使用と意図的な磨きによる光沢があり，歯槽部が斜めに研磨されており，下顎枝に意図的な切断痕も見られた。なお，左下顎枝の切断痕の前縁部付近にはほぼ平行して連続的な切痕があり，断面がV形をなす。ただし，下顎枝が除去されているため，それらの切痕が，筋肉が外された時あるいは下顎枝を切断時に残った痕跡のどちらかは判別できない（図13を参照）。形質については，オトガイ部と顎舌筋線が頑丈なことから，男性の可能性が高い。また，下顎体に老年的な萎縮現象が見られないことから，若年以上で老年に及ばない成人と考える。ちなみに，

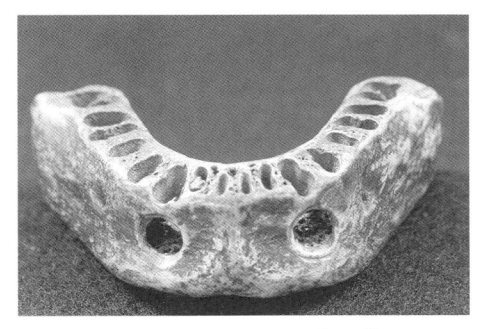

E-Ifu-245 Human jaw handle 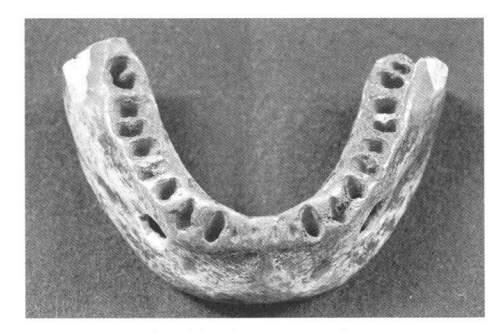　　　　　　E-KAL-141 Human jaw handle

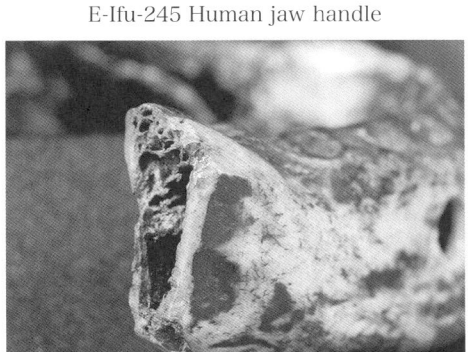

E-KAL-141右側下顎枝の切断痕 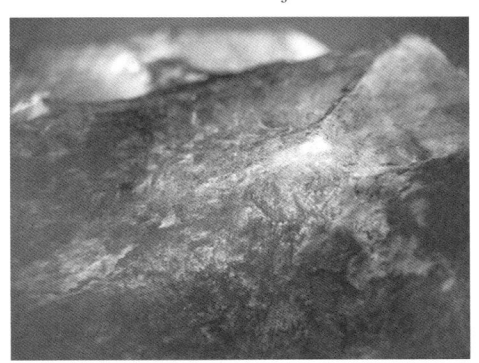　　　　　E-KAL-141左側下顎体の切痕

図13 フィリピンのJawハンドル（National Museum of the Philippines 人類学部門の所蔵資料）

　孔縁部にも明らかな磨痕がある。孔に縄を締めた時，施力で引き起った摩擦痕と考える。
　9．首狩りと祭りの関係：首狩りのためになされる特別な祭りがある。

　この二つ地域の民族誌が示す内容はほぼ同じ適応環境，定住パターンや経済形態を持っており，さらに首狩りの行動方式や目的及び生首の処理方法も極めて似ているというものであった。よって，同じ範疇の儀礼的な首狩り行為と考えられる。上記の民族誌によることについて，考古学の視角から見て重要なポイントは以下の5点である。

1．首狩りに関する頭骨と下顎製品は特に集落内の家屋と強い関係があり，人骨でありながら，一般的な埋葬には伴わない。
2．首を切られた死体は埋葬を行うが，その埋葬場所は一般の死者とは異なる。
3．首狩りの後に常に筋肉を取り除くという行為を行っている。
4．首狩りの対象は戦いに巻き込まれやすい成年男性であることが多い。
5．頭骨と下顎骨の関節状態を失っている場合が多い。

　以下では，さらに相似する考古事例における研究を挙げてみたい。有効な部分を取り上げる。本文の後に検討する。

6　他の穿孔下顎骨事例の考察

　日本においては春成秀爾氏が，大阪府森ノ宮遺跡の縄文晩期～弥生前期の集落から出土した筋突起を切除した下顎骨と，弥生前期から中期にかけての新潟県緒立遺跡から出土した穿孔下顎（図14）を，弥生時代に流行したゴホウラ製の腕輪（図15）に類似するとして，腕輪であると推論している（春成 1991, 2007）。

　このうち森ノ宮遺跡例は，筋突起を切除したのみであり，穿孔を伴っていない。穿孔のある緒立遺跡例は，下顎枝に切創がみられ，台湾の事例に通じる。これらを腕輪とする春成氏の推論は，森ノ宮遺跡例はその可能性がないわけではないが，緒立遺跡例では穿孔の部分に紐を通すのであれば内径が小さくなってしまい，腕輪としては用をなさない可能性がある。また，民族誌事例では，二次葬による親族の下顎骨を首輪とする例があるが，人骨下顎骨製腕輪とする例はなさそうである。ただ，緒立遺跡の例は台湾のものと同様の機能をもった可能性を残している。今後，下顎全体の穿孔状態がわかる資料の増加が望まれる。

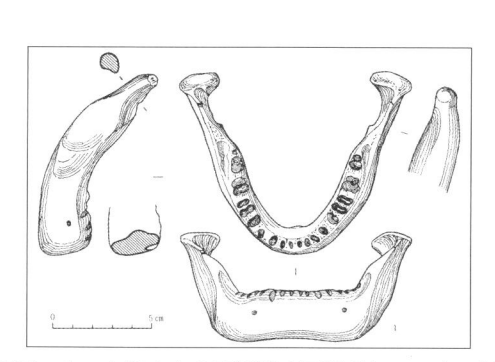

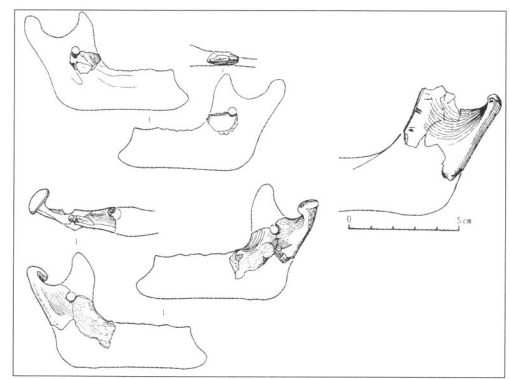

図14　左：大阪府森の宮遺跡の下顎骨加工　右：新潟・緒立遺跡の穿孔下顎骨（春成秀爾1991, 2007より）

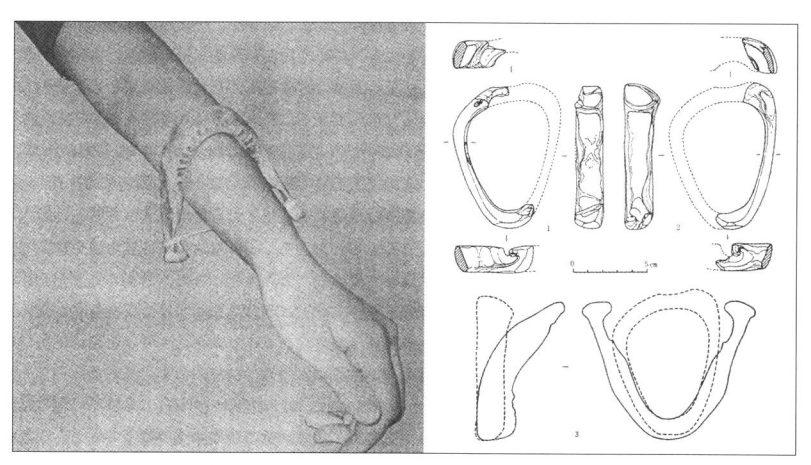

図15　人骨製腕輪の使い方（春成秀爾1991, 2007より）

次にアメリカの事例であるが，Alaska Kodiak 島の Uyak 遺跡においては，加工痕のある頭骨や穿孔下顎骨が7例報告されている（Bray & Killion 1994）。Hrdlička 氏は壊れた四肢骨が散在し，関節状態が失われているうえに，不規則な切創があったために，食人や大量虐殺と考えた（Hrdlička 1944）。しかし，Javier Urcid 氏はこの遺跡で発見された頭骨に規則的な切創があり，それを筋肉と皮膚を取る時に残った痕跡だと考えている。そして，食人とするには根拠が薄いと考えており，戦利品と先祖崇拝の可能性が強いと解釈している（Urcid 1994）（図16）。

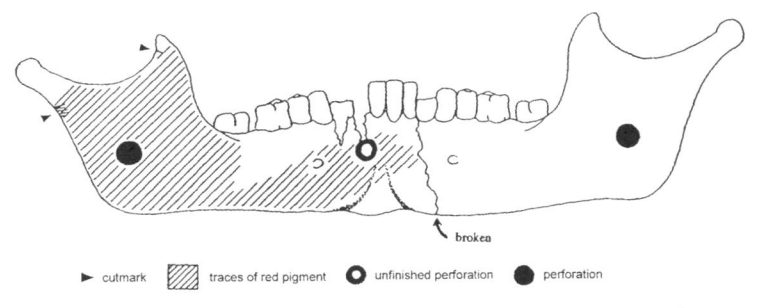

図16　Uyak 遺跡の穿孔下顎骨とその切創（Urcid 1994より）

また，50B.C.〜A.D.350年の時期幅を持つ Ohio Hopewell 遺跡群からも，加工頭骨と穿孔下顎骨23例が出土している。これらについては，先祖崇拝や霊魂脱出などの解釈もあったが，Seeman 氏は，東部アメリカの民族誌を参考しながら，年齢と性別の組み合わせによって，戦利品と解釈している（Seeman1988）。

中国では1978年に香港とマカオの間の南Y島深湾遺跡で三つの穿孔下顎骨の破片が発見された（秦維廉1978）。それらの孔のサイズは3〜4mmであり，骨の表面に受熱痕と亀裂がある。孔は癒合してないので，死後に施されたと考えられる。出土地層から新石器時代中期と考えられる。保存は不良だが，報告書の写真でしか観察しえないので，年齢，性別及び骨の表面の細かい痕跡は判断できない（図17）。

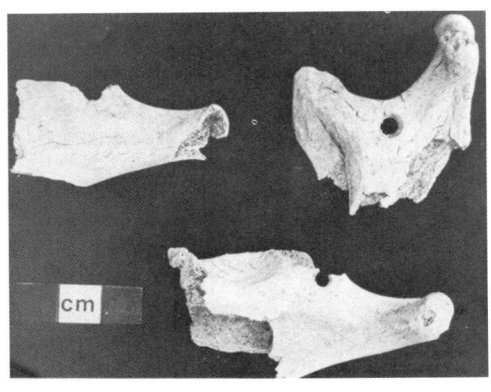

図17　香港・南Y島深湾遺跡で出土した穿孔下顎骨（秦維廉1978より）

以上のように，表面の観察が不能であった香港と森ノ宮遺跡の事例以外の三つの国の事例は，切創を伴うものであった。そしてその切創は骨の表面の特定部位に規則的に認められたことから，意図的な行為の所産と考える。さらに形質的な視点からは，切創の現われる部位は，咬筋が付着している場所であり，頭から下顎骨を切り離す時に必ず切る部位である（図18）。そして年齢と性別も戦うことに巻き込まれ易い成年男性であり，首狩り行為との関連を強く示唆する。

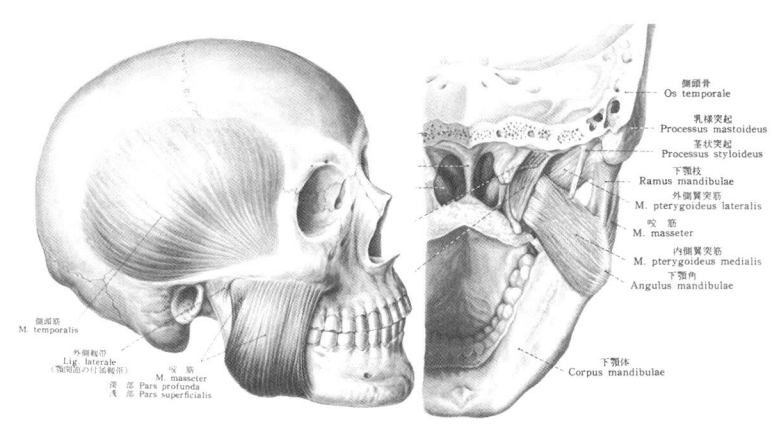

図18　頭蓋骨と下顎骨が繋がれている咬筋部（分担解剖学1982より）

7　結語

　以上のように，台湾出土の穿孔下顎骨2例に関する考古学的分析および民族誌事例と諸外国の事例との比較，形質的分析を行った。その結果，
- 民族誌によると首狩りは集落内の首棚に置かれるなど集落との関係が強いが，穿孔下顎骨も墓地ではなく集落で出土している。
- 民族誌によると首狩り後に頭の筋肉等軟部組織を取り除き，下顎骨も切り離すが，穿孔下顎骨には下顎離断時に咬筋と側頭筋を切ったり腱を取り除く際についたと考えられる切創が認められた。
- 民族誌によると首狩りの対象は成年男性が特に多いが，穿孔下顎骨も成年男性である。
- 民族誌によると切り離した下顎骨は頭骨とは別にして，穿孔を行い銅鑼のハンドルなどに加工しているが，穿孔下顎骨にもオトガイやオトガイ孔・下顎角の部分に同様の穿孔がある。

という対応がみられた。したがって，台湾の穿孔下顎骨と儀礼的首狩り行為とは極めて強い関係があると考える。

　台湾蔦松文化遺跡の穿孔下顎骨が提起する問題は想像以上に複雑である。それは珍しい出土古物というだけではなく，「人骨製品」の本質が古代社会行為に対する解釈の余地を持つと言う点が重要である。本論は穿孔下顎骨における機能や文化伝播論の追求ではなく，複合的方法（Conjunction approach）を用いて，物自身の由来を論証することを目的とした。その論理過

程から，台湾の穿孔下顎骨は儀礼的な首狩り行為との関連性が深く，「能動的」首狩り行為が，台湾鉄器時代の蔦松文化における一つの特徴的な行為であったと考える。

　儀礼的な首狩り行為に関連する事象は穿孔下顎骨だけではなく，頭部創傷のある考古学事例や近代民族の頭骨標本などにも必ず重要な情報が残されている，切創の微細な観察やその方向性，切創が現れる部位のパターンなどは今後さらなる研究を必要とする課題である。

補記

　考古学は科学か？私にとって，これは問題ではなく，田中先生の懇切丁寧な教えであった。「考古学は科学か」という問いは，私が九州大学での初めての集中ゼミ「What is science ?」に参加したときに基層構造講座の学生すべてが受けた洗礼であった。科学的考古研究とは，明確な命題があり，論理にかなった仮説があり，方法とモデルが再現性があり，コンテクストの明らかな考古材料があるということである。九大で過ごした数年の間，多くの研究事例を田中先生と議論するなかで，この概念は私の頭にしっかりと刻み込まれていった。しかし，さらなる衝撃は博士論文の口頭試問の過程で起こった。当時，私は台湾の民族誌の事例HRAFの整理を解釈の基礎とし，台湾先史時代の親族関係を類推していたのだが，そのとき田中先生に厳しいご指摘を受けた。先生は「君が言っているのは，台湾のあるエスニックグループの親族関係と統計上の相似が見られるから，自分の結論は正しい，とそういうことですか」と尋ねられたのだが，当時の私は非常にまずい回答をしてしまった。私は「現在わかっている民族誌データから帰納的な分析，類比を行うと，もっとも合理的な解釈はこうなると思います」と答えた。当時の私は迂闊にも「帰納法」と「類比解釈」が限度がある方法であることを見過ごし，主観的に「未知」の部分を排除してしまっていた。台湾先史時代の社会組織の形態は，近代や現代の親族関係の形態によって制限されるべきではなく，純粋に分析の結果から論理的にさまざまな可能性を思考すべきであったのだ。疑いなく，科学は我々がすでに知っている事実を実証する為だけのものではなく，さらに重要なのは我々の知らないことの存在を教えてくれることである。考古学は，未知ではあるが確かに存在していた古代社会の存在を科学的な方法で教えてくれようとしているのである。

謝辞

　小稿をなすにあたり，私の恩師の九州大学比較社会文化研究院田中良之先生，そして中橋孝博，溝口孝司，佐藤廉也，舟橋京子の諸先生方にご指導を頂きました。人骨資料をご提供頂きました国立台湾大学人類学系陳有貝先生とフィリピン国立博物館人類学部門および研究助成金を提供した日本学術振興会に謹んで感謝申し上げます。またご助言や文献資料の提供および小稿の校訂をして頂きました板倉有大氏にも深く感謝致します。

■註
1）金関丈夫氏は1936-1950年間に当時の台北帝国大学解剖学研究室に勤めた。1936-1940年間，氏は国分直一氏と金子寿衛男氏（貝類研究者）とともに，台湾西南平野の先史時代遺跡における調査を行って，調査報告や論文を連名で発表したことがある（国分・金子1940）。金関丈夫は台湾における考古学や解剖学及び民俗学の先駆者であり，台湾に対して影響深遠な学者である（安溪・平川ら編2006）。
2）ロッカー状という特徴は特にポリネシア系人間集団が持っている形質特徴の一つである（Houghton 1977, 1996）。
3）台湾の日本植民地時代の文献に「生蕃」又は「熟蕃」と呼ばれた部族集団である。
4）筆者が，フィリピン国立博物館人類学部門で観察した6個の首狩り頭骨（番号 E-Ifu-501～506）は，全て成年早期から成年までの老年に及ばない男性と判断され，原因不明な切創もみられた。

■参考文献
安溪遊地・平川敬治，2006．遠い空―国分直一：人と学問．海鳥社出版，福岡市．
Bennike, Pia, 1985. *Palaeopathology of Danish skeletons- A comparative study of demography, diseaseand injury*, pp.102-109. Akademisk Forlag, Denmark.
張光直，1957．圓山出土的一顆人齒．考古人類學刊 9/10，146-48．
陳有貝，邱鴻霖，2005．南科國小北側坐駕排水滯洪工程文化遺址搶救計劃報告書．台南縣政府委託台灣大學執行計畫．
陳宗仁，2003．世紀容顔（上）百年前的臺灣原住民圖像：頭目、勇士及傳統工藝．台灣記憶系列（Ⅰ）國家圖書館藏老明信片選粹（陳宗仁編）．國家圖書館印行，台灣．
陳淑均，1832．噶瑪蘭廳志．1963年重印，台灣文獻叢刊第106種．
秦維廉，1978．南Y島深灣考古遺址調査報告．香港考古學會刊第三本．香港博物館，香港．
周大成，1991．中國口腔醫學史考．人民衛生出版社，北京．
Fox, R.B., 1959. *The Calatagan Excavation: Two 15th Century Burial Sites in Batangas, Philippine.* Philippine Studies Vol.7 No.3.
Franklin, R. Barton, 1919. *Ifugao Law.* American Archaeology and Ethnology15, No.1. University of California Publication.
Freeman, Derek, 1970. *Report on the Iban.* London school of economics monographs on the social Anthropology No.41. The Athlone Press.
George, M. Kenneth, 1996. *Showing signs of violence: the cultural politics of a twentieth century headhunting ritual* (Hoskins, Janet edited). University of California Press, London.
George, M. Kenneth, 1996. *Headhunting and the Social imagination in Southeast Asia.* Stanford University Press.
春成秀爾，1991．人骨製腕輪．考古學雜誌 76(4)，87-95．
春成秀爾，2007．儀礼と習俗の考古学．塙書房，日本．
Hough, W., 1908. Proceedings of the Anthropological society of Washington. *American Anthropologist* 10, 286-295.
Houghton, Phillip, 1977. Rocker Jaws. *American Journal of Physical Anthropology* 47(3), 365-369.
Houghton, Phillip, 1996. *People of the great ocean：Aspects of human biology of the early pacific.* Cambridge university press.
Howard, David, 2001. *The last Filipino headhunters.* Last Gasp of San Francisco published.
Hrdlička, Aleš, 1944. *The Anthropology of Kodiak Island.* Philadelphia: The Wistar Institute of

Anatomy and Biology.

黃台香，1982．台南縣永康郷蔦松遺址．国立台湾大学考古人類学研究所修士論文，台北．

Janse, R.T. Olov, 1947. *Archaeology of the Philippine Islands*. Smithsonian Institution Publication 3833, Washington.

Jenks, Albert Ernest, 1905. *The Bontoc Igorot*, Kessinger Publishing.

鹿野忠雄，1946．東南亜細亜民族学先史学研究．第二巻，矢島書房，東京．

金関丈夫，1957．台湾蔦松文化発見の一下顎骨について．人類学輯報 第十八輯，今村豊教授還暦記念特輯号 347-354．新潟大学医学部解剖学教室．

金関丈夫，1978．台湾蔦松文化発見の一下顎骨について．形質人類誌，22-29．法政大學出版局，東京．

古野清人，1945．高砂族の祭儀生活．三省堂，東京．1996年二刷発行，南天書局，台北．

国分直一・金子寿衛男，1940．台南台地における先史遺跡について第一報：台南西南周縁部における遺跡と遺物．考古学13(10)．

柯培元，1837．噶瑪蘭志略．1961年重印，台灣文獻叢刊第92種，台北．

韓康信，2000．山東兗州王因新石器時代人骨的鑑定報告．山東王因—新石器時代遺址發掘報告，388-408．（中國社會科學考古研究所編）科學出版社，北京．

李匡悌，2001．論龜山穿孔人齒的意義．歷史語言研究所集刊72(3)，699-722．台北南港．

連照美，2003，台灣新石器時代卑南研究論文集．国立歷史博物館出版，台北．

松岡静雄，1927．アジア・太平洋地域民族誌選集11・ミクロネシア民族誌（山下晋司，中生勝美，伊藤亜人，中村淳 編2001）．クレス出版，東京．

森富・小川鼎三・森於菟，1982．分担解剖学1：総論・骨学・靭帯学・筋学．金原出版．

Malinowsky, Bronislaw, 1929. *Sexual Life of Savages in North Western Melanesia*, Halcyon House published.

Martin R., 1928. *Lehrbuch der Anthropologie*, Zweite, Auflag., Jena.

成田武司，1912．台灣生蕃種族寫真帖：附理蕃實況．成田寫真製版所，台北．

Ortner J. Donald, 2003. *Identification of pathological conditions in human skeletal remains*. Second edition. Academic Press, U.S.A.

Owsley, W. Douglas, Robert W. Mann, and Timothy G. Baugh, 1994. *Skeleton biology in the great plains: migration, warfare, health and subsistence* (Owsley W. Douglas and Richard L. Jantz ed.), pp.368-370. Smithsonian Institution, Washington.

Radcliff-Brown, A.R., 1964. *The Andaman Islander*. Free Press, New York:

Rosaldo, Rental, 1980. *Ilongot Headhunting 1883-1974 A study in society and history*. Stanford University Press.

鈴木質，1932．台湾蕃人風俗誌．理蕃の友，台北．

外山和夫・宮崎重雄・飯島義雄，1989．再葬墓における穿孔人歯骨の意味．紀要10．群馬県立歴史博物館．

Seeman, F. Mark, 1988. Ohio Hopewell Trophy-Skull Artifacts as Evidence for Competition in Middle Woodland Societies Circa 50B.C.-A.D.350, *American Antiquity* 53(3), 565-577.

台灣總督府臨時台灣舊慣調查會，原著（1915）1996-2004．番族慣習調查報告書第一〜六卷．中央研究院民族學研究所編譯，台北．

田中良之・平典美・坂元雄紀・重松辰治・石川健，2001．西新町遺跡第10次調查出土人骨について，西新町遺跡7—第10次調查報告書．福岡市埋藏文化財調查報告書第683集57-69．福岡市．

田中和彦，1993．ルソン島中部墓地遺跡出土の交易陶磁器土器—15世紀後半から16世紀前半の南部タガログ地方の様相．貿易陶磁研究13，65-85．

栃原博，1957 日本人歯牙の咬耗に関する研究．熊本医学研究 31，補冊 4．熊本市．

Tamara L. Bray & Thomas W. Killion, 1994. *Reckoning with the death: the Larson Bay repatriation and the Smithsonian Institution*. Smithsonian Institution published, USA.

臧振華，1999．台灣考古．行政院文化建設委員會發行文化資產叢書，台北．

臧振華，2004．台南科學工業園區道爺遺址未劃入保存區部分搶救考古計畫期末報告，南部科學工業園區管理局委託中央研究院歷史語言研究所執行計畫．

Urcid, Javier, 1994. Cannibalism and curated skulls: Bone Ritualism on Kodiak Island, *Reckoning with the death: the Larson Bay repatriation and the Smithsonian Institution*, (Tamara L. Bray & Thomas W. Killion, ed.), pp.101-121, Smithsonian Institution published, Washington D.C.

Webb, W. S. and C. E. Snow, 1945. *The Adena people*. Reports in Anthropology and Archaeology 6. University of Kentucky, Lexinton.

山崎清，1943．歯と民族文化．天佑書房，東京．

中国新石器時代から西周時代における窯構造の変遷と地域性

出光美術館 徳 留 大 輔

要旨

　本論では，中国新石器時代から西周時代における窯構造である昇焔式窯，半倒焔式窯，龍窯について，窯を構成する属性をもとに分類を行い，その変遷と分布状況を整理した。その結果，大きく4つの画期があることを指摘した。第一の画期は所謂仰韶文化半坡期，第二の画期は龍山文化後期，第三の画期は二里頭文化期，第四の画期は西周期である。そのうち前半の第一・二の画期は，部族社会におけるコミュニケーション・ネットワークを背景にした築窯技術の広がりによるものであった一方で，後半の第三・四の画期は王朝・為政者による築窯技術の広がりに対する制約が存在する可能性を指摘した。

キーワード：窯，技術，改良，コミュニケーション・ネットワーク，制約

1　はじめに

　筆者はこれまで中国新石器時代から二里頭時代を中心に社会の複雑化のプロセスに関して，土器の様式論的研究を中心に行ってきた。その結果，二里頭文化の土器様式圏内において，盆地や水系単位で煮炊具の組合においては地域性が存在する一方で，時期が下るにつれて威信財および非生存財を介した集団の統合が見られることを指摘した。そして土器様式圏の広がる背景は，婚姻や流通を含んだコミュニケーション・ネットワークの広がりであると評価した（徳留2003，2004，2009など）。そこで本論では，その土器を製作する技術の一つの重要な要素である窯構造の変遷と地域性について検討する。可動式でない窯は不動産であり，土器や陶器自体と比べて，その構造を模倣することは容易でないため，地域色が鮮明になる可能性が高いことが推測される。一方で，その構造に共通性が高い場合，技術の広がりにおける背景，地域間関係を考察する上でも有効と考えるからである。また，これにより土器の様式論的研究における拙稿の仮説に対する検証の一つになると考える。

　さて，先秦時代を対象とした土器・陶器窯に関する研究は，基本的には窯構造の形式分類をもとに，各形式の時代的変遷や空間分布，形式間の系譜関係を明らかにするために行われてきた。先行研究の整理については，小澤（1993），熊海堂（1995），渡辺（1995，1998）や張

明東（2004）に詳しい。結論としては，おおまかな流れとして露天坑→昇焰式→半倒焰式へと新石器時代の紀元前5000年以前の段階から西周時代にかけて，漸次的に窯構造が変遷することが明らかにされている。さらに商代には，長江流域で龍窯が出現することで，「昇焰式の窯を基礎としつつも，（華北と長江流域では）異なる技術系譜として（窯が）発展」との劉振群（1982）の指摘，あるいは「中国北部では穴窯―饅頭窯形式，南部は露天焼成形式，「泥質薄売窯」形式，穴窯―龍窯形式への発達形式」があり，「陶窯の発達は自然環境の影響を大きく受け，地域的に陶窯の発達が異なった」との指摘（加藤1996，1999）もある。1990年代後半の新出資料も加えて先秦時期の窯構造の考察を行った張明東（2004）は，黄河流域では裴李岡文化期には原初的な昇焰式の窯が出現し，仰韶文化や龍山文化期には新しいタイプの昇焰式が見られ，さらに二里頭文化期には燃焼室と焼成室を窯箅で分けた構造の昇焰式が出現し，この形式が東周時代に半倒焰式の窯が主流となるまでの期間，広く黄河流域で利用されることを明らかにしている。春秋戦国時代から後漢時代に関しては，張論文以前に発表された渡辺（1995）の結論がさらに具体的である。渡辺は戦国時代後期に窯構造を構成する各要素に大きな変化が見られると指摘する。すなわち，昇焰式の消滅，半倒焰式窯の排煙孔が一つの窯に複数設けられるなどの変化に見られる熱効率の向上と，それに付随する平面形態の直壁化や土坯・磚の構築材としての導入，とくに壁体構築への利用は，技術的に密接に関係しながら，焼成室規模の拡大，生産規模の増大へと結びついたとされている。本稿では紙面の都合上，春秋戦国から漢代について詳細は触れないが，窯の形態などはヴァリエーションが増加しているものの，窯構造の変化の要因と方向性については基本的には，渡辺（1995），熊（1995）や張（2004）が指摘した方向性は変わらないものと考える[1]。しかし近年，昇焰式から半倒焰式への移行に関連すると思われる窯も増加しており，新出資料も踏まえて，先行研究の成果をさらに修正や補強する必要があると思われる。そこで本稿では，基本的には先行研究における分類をもとに，若干の修正を加え，紀元前5000年頃の新石器時代仰韶文化以降から西周時代における，窯構造の変遷と空間的な広がりの様相について整理を行うことを目的とする。

　なお時代区分については以下の通りである。紀元前5000年以前の裴李岡文化併行期（以下，裴李岡期と略す），紀元前5000年から紀元前4000年頃の所謂仰韶文化半坡・史家期併行期（以下，半坡期と略す），紀元前4000年から3500年頃の仰韶文化廟底溝期併行期（以下，廟底溝期と略す），紀元前3500年から3000年頃の仰韶文化半坡後期併行期（以下，半坡後期と略す），紀元前3000年頃から2600年頃の龍山文化前期とも称される廟底溝二期文化併行期（以下，廟底溝二期と略す），紀元前2600年頃から1900年頃の龍山文化後期併行期（以下，龍山後期と略す）である。さらに紀元前1900年から1600年頃の二里頭文化併行期（以下，二里頭期と略す），紀元前1600年から紀元前1046年頃は商文化併行期（以下，商期と略す），紀元前1046年頃から紀元前771年頃が西周文化併行期（以下，西周期と略す）である。

2 分類

　分類は窯構造の地域性と通時的変遷をたどることで，窯業技術の広がりや変化の動向を探り，その変化が生じる現象について考察するために行う。

　本研究では先行研究の分類案（例えば小澤1993；熊1995；渡辺1995,1998；張2004）を参考に，大きく土坑式，昇焔式（地下式），半倒焔式（半地下式），龍窯（登り窯）に分け，さらに窯を構成する諸属性[2]をもとに，以下のように再分類を行った。

2－1）土坑式

　土坑式は，窯としては原始的なタイプである。露天焼に近いものであり，焼成する空間と焔を生み出す燃焼スペースを区分けせず（考古学的に両者の違いを明確な形でわけることが出来ない），両者が同じ空間にあり，土器・陶器焼成が行われる窯である。紀元前5000年以前に多くみられ（例えば舞陽賈湖），仰韶文化期にも若干みられる（例えば西安半坡Y6）。

2－2）昇焔式

　昇焔式は，燃焼室と焼成室が分離し，燃焼室の焔・熱が上方へ昇り，焼成室に置かれる土器・陶器を焼成するタイプの地下式の構造である。窯内の熱効率を考えると，燃焼室と焼成室の位置が非常に重要であることは先学により指摘されている（例えば渡辺1995など）。そこで焼成室と燃焼室との位置関係（要素1）を分類における最も重要な属性とし，さらに焼成室を支える構造（窯柱）の有無（要素2），焼成室の平面プラン（要素3），両者の間の窯箅の通焔道の形態（要素4），さらには排煙施設の有無（要素5）といった窯を構成する属性の関係もとにさらに細分を行った（第1表，第1図）。

要素1　焼成室と燃焼室との位置関係
　　a：燃焼室が焼成室の前方に位置する。
　　b：燃焼室と焼成室は一部重複する。
　　c：燃焼室は焼成室の直下に位置する。
要素2　焼成室を支える構造（窯柱）の有無
　　d：窯柱有り　　e：窯柱無し
要素3　焼成室の平面プラン
　　f：円形　　　　g：方形
要素4　両者の間の焼成室床面（窯箅）の通焔道の形態
　　h：焼成室の床面の周囲を環状に通焔道（孔）を設けるもの。
　　h2：hとほぼ同じ構造であるが，焼成室の床面の中央にも通焔道（孔）を設けるもの。
　　i：焼成室の床面の中央に通焔道（孔）を設けるもの。
　　i2：iでさらに中心を意識して均等に通焔道（孔）を設けるもの。
　　i3：iで不規則に通焔道（孔）を設けるもの。

要素1　焼成室と燃焼室との位置関係
要素2　焼成室を支える構造（窯柱）の有無

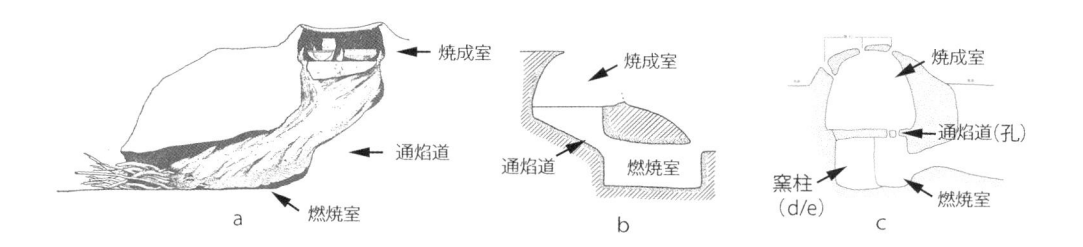

要素3　焼成室の平面プラン　円形（f）/方形（g）
要素4　両者の間の焼成室床面（窯箅）の通焔道の形態
要素5　排煙施設の有無

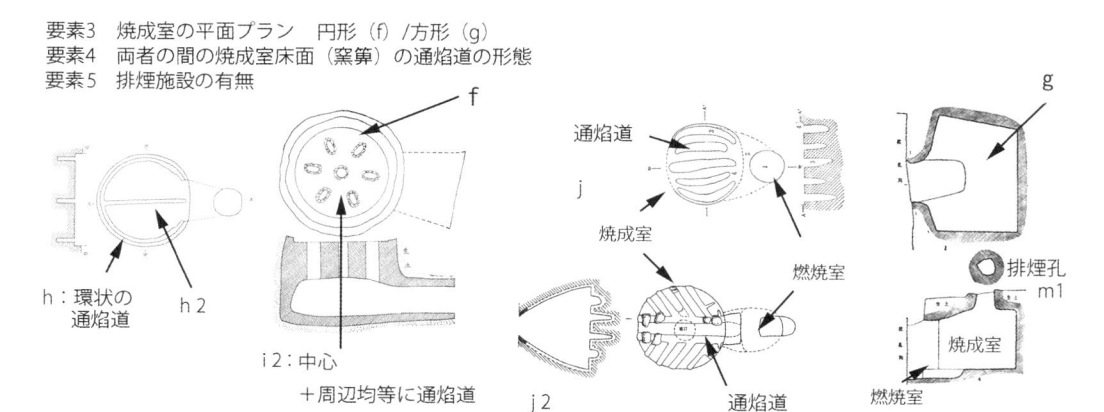

第1図　昇焔式窯を構成する諸要素

第1表　昇焔式の各型式の特徴と要素

	要素1	要素2	要素3	要素4	要素5	代表例
昇焔Ⅰa	a	e	f	h	l	西安半坡 Y3
昇焔Ⅰb-1	a	e	f	j	l	武功滸西庄
昇焔Ⅰb-2	a	e	f	j2	l	武功滸西庄 Y5
昇焔Ⅱa-1	b	e	f	h	l	宝鶏北首嶺 Y3
昇焔Ⅱa'-1	b	e	f	h	m2	西安魚家寨 Y1
昇焔Ⅱa-2	b	e	f	h2	l	宝鶏北首嶺 Y1 青龍泉 Y2
昇焔Ⅱb-1	b	e	f	j	l	垣曲東関Ⅲ Y2,4
昇焔Ⅱb-2	b	e	f	j2	l	侯馬東呈王 Y2
昇焔Ⅱb'-2	b	e	f	j2	m1	朱開溝 Y1001
昇焔Ⅱc'	b	e	g	k	m1	洛陽北窯 Y2
昇焔Ⅲa	c	d	f	i3	l	二里頭Ⅴ Y1
昇焔Ⅲa'	c	d	f	i3	m1,m2	鄭州銘功路(m1) 含山大城墩(m2)
昇焔Ⅲb-1	c	e(h)	f	i, i2	l	西安半坡 Y2 唐山古冶 Y1 唐山古冶 Y2(h)
昇焔Ⅲb-2	c	e	f	i3	l	鄭州商城 Y2
昇焔Ⅲb'-2	c	e	f	i3	m2	房県七里河
昇焔Ⅲc-1	c	e	f	j	l	園子溝 Y3005
昇焔Ⅲc-2	c	e	f	j2	l	東営

j：燃焼室から焼成室の後壁に向けて細い複数の通焔道が結ぶもの。
　　j2：基本的にはjの構造で, 通焔道が派生する。結果的に「北」「非」字の平面形。
　　k：燃焼室と焼成室との間に窯箅・通焔道がなく, 一体のもの。
要素5　排煙施設の有無
　　l：排煙施設無[3]（検出されず）　　m1：排煙施設有（天井）　m2：焼成室後壁

2－3）半倒焔式窯

　焔・熱が燃焼室からいったん焼成室上方に流れたのち, 焼成室奥壁下部に敷設された煙道の抽力によって下方へ流れ下る構造を呈する（渡辺1995）。渡辺（1995）は大きく2大別し, Ⅰ式は焼成室と燃焼室との位置関係は本稿の昇焔Ⅱc'（渡辺1995の昇焔Ⅱ式）とほぼ同じで, 煙道が焼成室奥壁の下部に一本のタイプと, 形態はⅠ式とほぼ同じで煙道が複数のものをⅡ式として分類する。基本的に拙稿もこの分類案を踏襲するが, 半倒焔Ⅱ式に関しては, 焼成室の平面形態が時期差や一度に焼成することができる陶磁器の数量とも関連する可能性が想定されることから, 焼成室の平面プランを円形（楕円形, 不規則円形）のものをa式（例えば東営Y7＝Ⅰa）, 方形をb式（例えば老虎山Y4＝Ⅰb）として細分する[4]。

2－4）龍窯

　龍窯は登り窯のことである。詳細は拙稿（2015）によるが, 本稿で検討する時代の龍窯は後漢代以降のものと比べると, それほど規模はまだ大きくない。

　以上の分類案をもとに, 次に各型式の時間軸における推移を見てみる。

3　各窯構造の時間的推移（第2・3図, 第2表）

　土坑式窯は地面に燃料となる草木を敷き, その上に焼成する土器を置き, さらにその上に草木をかぶせ焼成を行う露天焼からより発展したものである可能性があるが, 後述する窯の形式と比較しても, 非常にシンプルな作りの窯である。紀元前5000年以前の裴李崗期では, 比較的多く用いられていたと思われるが（例えば河南舞陽賈湖Y1~4）, 半坡期には黄河流域ではあまり見られない。一方, 華南地域では新石器時代後期から商周時代においても露天焼に近い土坑窯の使用例が見られる（例えば広東普寧虎頭浦；貴州卒節瓦窯）。いずれにせよこの形式の窯は, 小型であり一度に数多くの土器・陶器を焼成するには適さず, また焼成温度も低いものと考えられ, より良質で堅牢な土器・陶器作りが求められる過程で, 徐々に新しい窯の形式が出現することで減少していったものと思われる。

　昇焔式窯は裴李崗期には出現しているが（例えば, 陝西西郷李家村で昇焔式Ⅰ類）, その本格的な出現は仰韶文化半坡期に入ってからである。昇焔式窯は, 先述したように露天坑→昇焔式→半倒焔式へと変遷する過程で生じた窯であるが（熊1995；張2004）, しかしその存続期間は非常に長い。昇焔式は熱効率という視点で見ると「熱が上方へ逃げるのみ」（渡辺1995）であり, 半倒焔式と比べると窯内の焼成雰囲気を調節するのは容易ではない。そのため少しでも熱効率を良好にするために工夫が行われ, おそらくその結果が様々な型式の昇焔式窯が生じる要

考古学は科学か　下巻

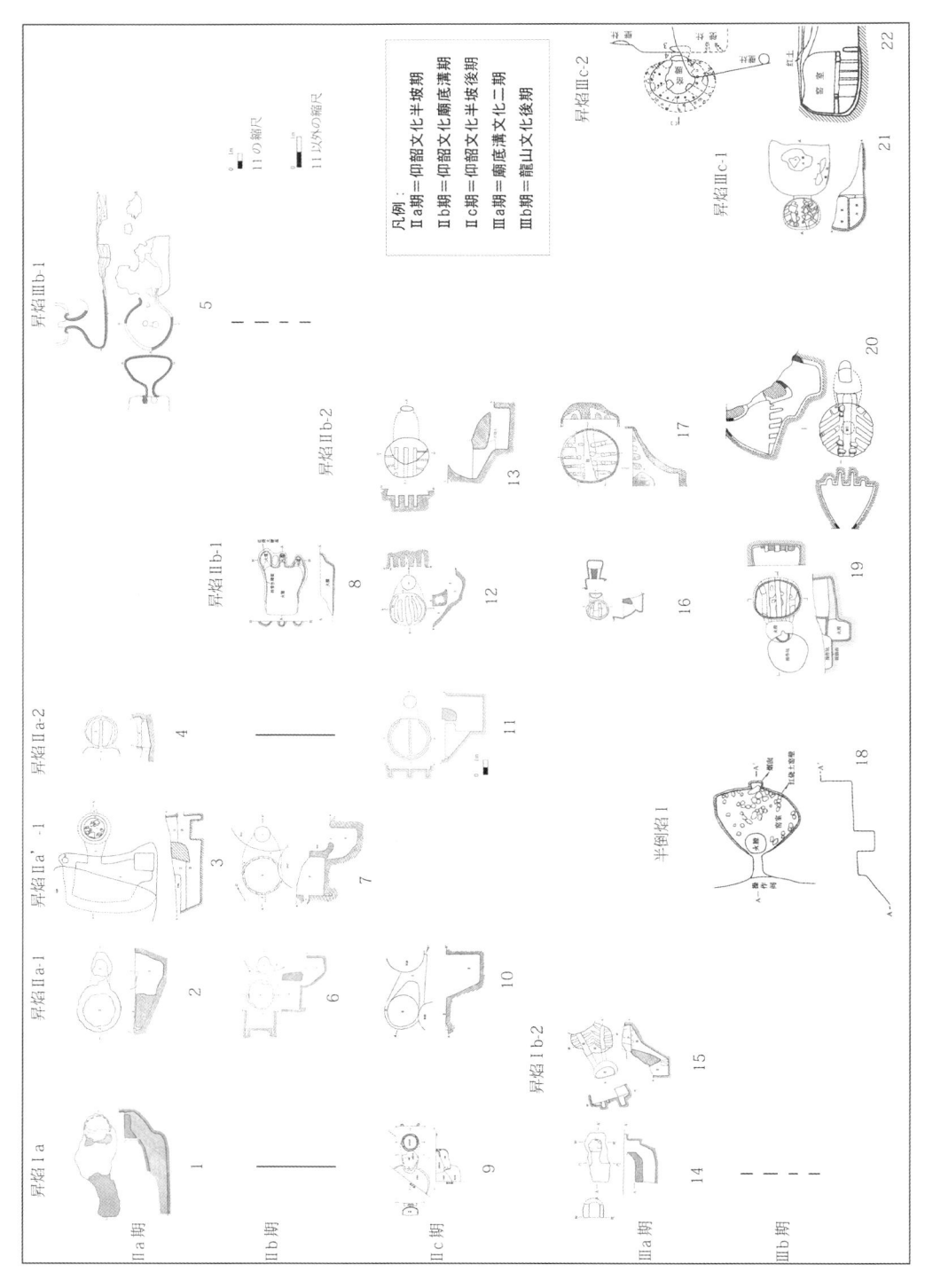

第2図　窯変遷図①

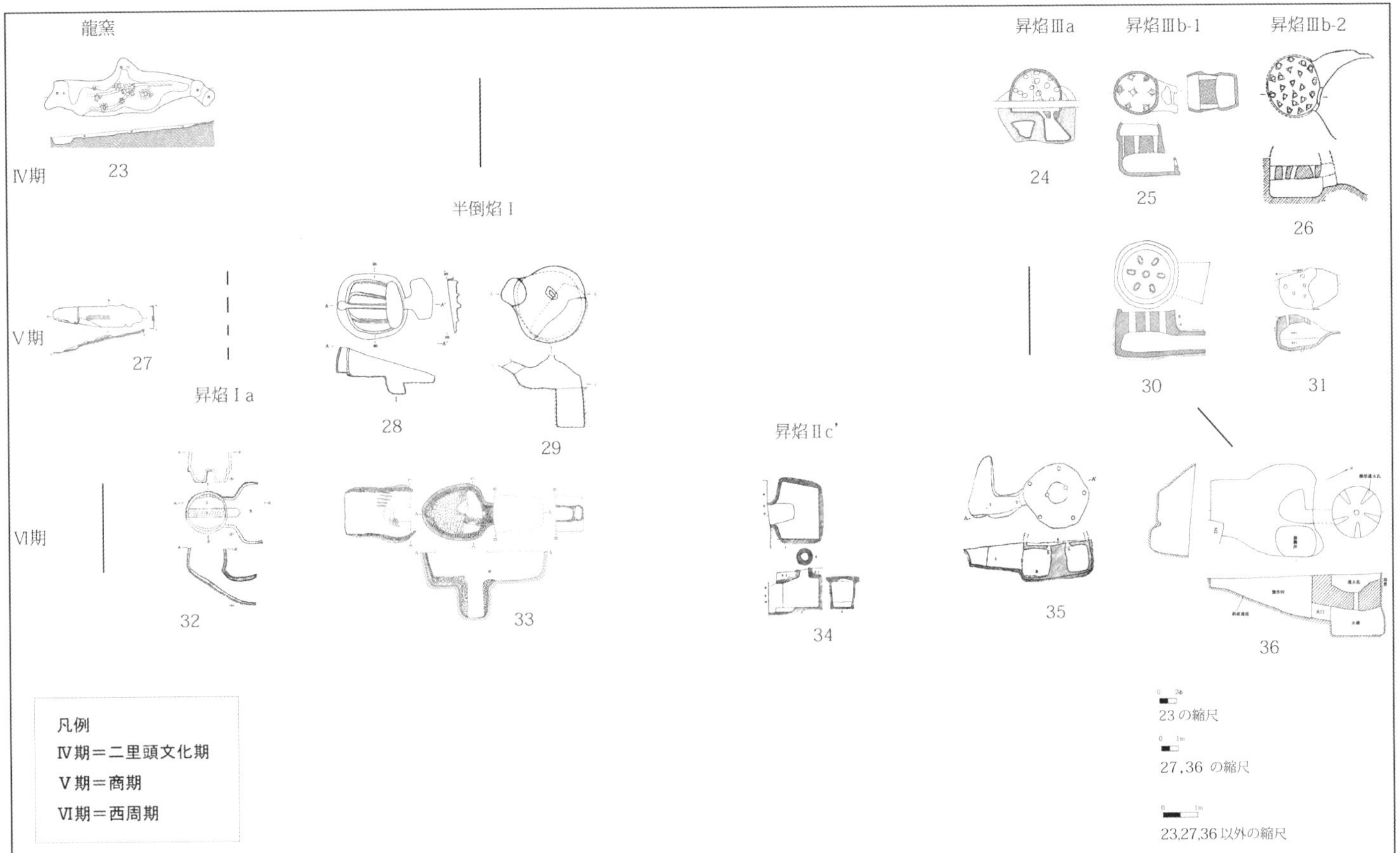

中国新石器時代から西周時代における窯構造の変遷と地域性

第 3 図　窯変遷図②

図版:
1. 西安半坡 Y3　2. 宝鶏北首嶺 Y3　3. 西安魚家寨 Y1　4. 宝鶏北首嶺 78Y1　5. 西安半坡 Y1　6. 宝鶏福臨堡 Y1　7. 宝鶏福臨堡 Y4　8. 新安荒坡 T12Y1　9. 淅川下集 Y6　10. 宝鶏福臨堡 Y3
11. 宝鶏関桃園 Y1　12. 宝鶏福臨堡 Y2　13. 宝鶏関桃園 Y3　14. 渭濱孫西 Y5　15. 武功岸西 II Y2　16. 扶風東関 Y7　17. 侯馬東呈王 Y2　18. 高陵東営 Y7　19. 絳県周家庄　20. 垣曲寧家坡 Y501
21. 涼城園子溝 Y3005　22. 王家嘴磐龍城 Y3002　23. 三門峽廟底溝 PMZY3　24. 栄陽薛村 Y504　25. 邯鄲北羊台 Y1　26. 夏県東下冯 Y501　27. 上鄅李家庄 Y2　28. 靈県孟庄 XXT3DY1　29. 周台喰先賢 Y2
30. 唐山古冶 Y1　31. 安陽小屯南　32. 坊郷官庄　33. 靈県孟庄 T114Y1　34. 栄陽官庄 Y1　35. 安陽白家庄 Y1　36. 淄博北沈馬 Y1

第2表　時期別の各窯形式の消長表（数字は窯の数）

	露天・土坑式	昇焔																			半倒焔	龍窯
		I	Ia	Ib-1	Ib-2	II	IIa-1	IIa'-1	IIa-1×IIb-1	IIa-2	IIb	IIb-1	IIb-2	IIc'	III	IIIa	IIIb-1	IIIb-2	IIORIII	IIIc-1	IIIc-2		
仰韶文化半坡期		3	2							5		1				1				1			
仰韶文化廟底溝期		4	2				2	1	1		4												
仰韶文化半坡後期	1	2	12		1	1	2			1	6	2	10	1									
廟底溝二期文化期		2	6	3	4					2	1	4	8										
龍山文化後期				1	1	3				4		18	21		1		1	2		1	5	1	
二里頭文化期			3												8	8							2
商期	8		2	2							3					26	17	2				2	12
西周期		1		1										1	4	3	14					10	2

因となったものと思われる。

　昇焔式窯の特徴は，燃焼室が焼成室の前方下位にある昇焔Ⅰ類（横穴式タイプ）のものから，燃焼室と焼成室の一部が位置的に重複するタイプの昇焔Ⅱ類，そして燃焼室が焼成室の直下に位置する昇焔Ⅲ類（竪穴式タイプ）がある。Ⅰ類よりもⅡ類は燃焼室から焼成室の傾斜が大きくなり，また両者の距離，つまり通焔道が短くなり，熱・焔のエネルギーをより受けやすくなっている。形態の違い，熱効率の差異が各形式の違いに表れていると思われが，それらは半坡期にはいずれも出現している。昇焔Ⅰ類については，数量的にはあまり見られず，また特定の時期にその流行が見られるという現象は現状では見られない。しかし，先述したように他の昇焔式のどの形式よりも古く出現していることから，やはり昇焔Ⅰ類→昇焔Ⅱ類への熱効率の向上性が伺い知れる。この窯の変化は根本的な構造が変わっているわけではない。実際にこれらの窯を利用して作られた土器から想定される焼成温度は850度から1000度前後であり，焼成室内での火のまわりの安定を求めた可能性が指摘されている（小澤1993）。

　昇焔Ⅱa，b類は焼成室と燃焼室の距離が近くなり，さらに焼成室内の通焔道（孔）をより大きくすることで，熱・焔の効率化を図っているが，Ⅱb類はⅡa類よりも，焼成室全体に熱や焔が広がるための改良が加えられており，Ⅱa類からⅡb類への構造的な変化が想定される。またⅡb類の一部の事例では，龍山後期の垣曲寧家坡Y501の事例に見られるように，焼成室の床面は円形，断面形態は袋状を呈し，天井部の径が段々と小さくなり，天井部からの排煙道・孔も径が小さく，その孔の部分を塞ぐだけで窯内の熱調節をより行い易い作りにしている。類似する天井形態のものとして西周期の昇焔Ⅱc'類（洛陽北窯Y1）がある。ただし昇焔Ⅱc'類は，燃焼室が焼成室の前方には位置するものの，昇焔Ⅱa，b類と異なり燃焼室と焼成室を区分する煙道が見られないため，さらには両者が使用される時期には大きな開きもあるため，それらが直接的な系譜関係にあるか否かについての詳細は不明である。ただ興味深いことに昇焔Ⅱa'-1式のように焼成室後壁に排煙孔を作って，焼成室内の熱雰囲気の調節する工夫や改良が試みられていたことが伺い知れる。なお，昇焔Ⅱa類は，仰韶文化併行期全般にわたって見ら

れる。昇焔Ⅱb類は，廟底溝期に出現しているものの，主に半坡後期から龍山後期に見られる型式である。

昇焔Ⅲ類は竪穴式の構造である。仰韶文化半坡期や半坡後期にも若干の事例は見られるが，廟底溝二期以降に徐々に見られ，二里頭期から西周期に主に見られる形式であり，とくにⅢb-1式とⅢb-2式が多い。Ⅲb-1式は半坡期の半坡Y2に見られるが，二里頭期以降に見られる同タイプと比べて，厳密に言えば，燃焼室と焼成室との境となる通焔孔の設置のあり方に違いが見られ，同じ系譜で説明出来ない可能性が高いが，半坡Y2の事例は1例であるため，この問題については今後の資料の増加を待って検討したい[5]。Ⅲb類は二里頭期以降に主流になるが，その出現は龍山後期における昇焔Ⅲc式の出現と関連するものと考えられる。系譜関係が検討できる資料としては，涼城円子溝Y3005などの昇焔Ⅲd類の事例がある。昇焔Ⅲc類の特徴は，竪穴式窯の構造であるが，燃焼室から焼成室の煙道構造は二里頭期以前に流行していた昇焔Ⅱ類のそれと共通しており，昇焔Ⅲc類は昇焔Ⅱ類と昇焔Ⅲb類との中間的な要素を備えている。つまり，竪穴タイプの昇焔Ⅲ類は昇焔Ⅱ類から改良して生み出されたものと考えられる。

昇焔式よりもさらに熱効率を上げるために改良されたのが，半倒焔式窯である。焔・熱はいったん焼成室上方に流れた後，焼成室奥壁下部に設けられた煙道の抽力により下方へと流れる（渡辺1995）。1990年代までの資料では，半倒焔式は西周期に出現すると考えられてきたが，近年では商期の河北東先賢の事例や，さらに時期的に遡り龍山後期の陝西高陵東営Y7の事例が見られ[6]，その後，戦国秦漢代には主要な窯構造として広く見られるようになる。

龍窯は，現在までの所知られる最も古い事例としては，二里頭期の湖北盤龍城の事例である。おそらくは複数回修復して使用していたものと思われるが詳細は不明である。より完全な形で確認されているのは，商期に入ってからであり，江西・福建・浙江などの東南沿岸地域で主に確認され，以降，龍窯が当該地域の中心的な窯の形式として展開している。

このほか，事例は少ないが各時期で浅い穴を堀り燃焼室と焼成室を区分しない土坑式窯や露天式窯も見られる。

以上，各窯構造の形式の消長関係を整理してきたが，紀元前5000年頃までは主に土坑窯や昇焔Ⅰ類が主流であり，仰韶文化期になるとその前半は昇焔Ⅱa類，後半は昇焔Ⅱb類へと移行している。そして廟底溝二期から龍山後期には昇焔Ⅱb類が主流の中で，さらに龍山後期には昇焔Ⅲc類や半倒焔式窯といった，ヴァリエーション豊かな窯構造が広がり，二里頭期にはそれまでの昇焔式の窯構造から新しく生み出された竪穴タイプの昇焔Ⅲb類が出現し，西周段階までこのタイプは継続する。さらに半倒焔式窯も同様に同時期に併存していたということになる。

全体の流れで言えば，横穴式（昇焔Ⅰ類）→中間形式（昇焔Ⅱ類）→竪穴式（昇焔Ⅲ類）→半倒焔式の流れであるが，それらは漸次的に変化している。そして各形式の消長動向からすると大きく4つ段階の画期があったと整理できる。

第一の画期は，仰韶文化半坡期である。裴李岡期には昇焔式窯自体の事例が少ないことから，

半坡期における昇焔式窯の増加が土器生産における大きな画期と言える。

　第二の画期は，龍山後期である。昇焔式Ⅰ類の使用が減少し，Ⅱb類は前時期から継続して主に用いられているが，竪穴タイプのⅢa類が見られるようになっている。龍山後期は廟底溝二期以前と二里頭期以後の大きな違いの過渡的な段階として評価できるが，各形式が広がっていることは注目される。

　第三の画期は，二里頭期である。昇焔式窯は細別タイプは存在するが，竪穴タイプのⅢ類に集約され，また龍窯が見られるようになっている。

　第四の画期は，西周期である。既存の竪穴式タイプの昇焔Ⅲ類と熱効率がさらに改良された半倒焔式窯とが共存する時期である。

4　考察－窯構造の空間的広がりと地域性

　本節では，前節でまとめた画期に着目しつつ，時期毎に各形式の窯の広がりを整理し，地域性の有無と地域性が見られる場合，その背景について考察を行う。

　まず上述した第一の画期以降の状況である。つまり半坡期から廟底溝二期の状況である。

　半坡期（第4図）は，現在までのところその窯の具体的な構造が分かる事例は，ほぼ渭水流域および黄河中流域に集中している。横穴式の昇焔Ⅰ，Ⅱ類が主流であるが，そのうちⅡ類は渭水中流域の宝鶏北首嶺，秦安大地湾で見られる。

　廟底溝期になると，昇焔Ⅰ類は，北は内蒙古台子梁，南は湖南劃城崗と分布が広がるが，渭水や黄河流域では昇焔Ⅱa類がこの時期の主要な窯形式となっている。また宝鶏福臨堡Y4や西安魚家寨では天井部以外に排煙施設を設けた昇焔Ⅱa'-1類も見られ，窯内の熱効率を向上させるための改良が試みられていたことがわかる。また半坡後期に主に流行する昇焔Ⅱb類が出現しているほか，昇焔Ⅱa類と昇焔Ⅱb類の中間的な特徴をもつ窯の事例（大地湾Y213）も見られる。

　半坡後期（第5図）は，昇焔Ⅰ類が前時期に引き続き広く見られるが，昇焔Ⅱ類もⅠ類同様に広がりを見せる。昇焔Ⅱ類は，北は内蒙古（海生不浪）や太行山脈東麓の河北刑台（臨城補要村Y4），さらに西は甘粛西部（東郷林家）にまで広がりを見せる。なお宝鶏関桃園Y3を除いてすべて昇焔Ⅱb-1類である。

　廟底溝二期（第6図）は，昇焔Ⅱb類と昇焔Ⅰ類が広がる。各形式の分布状況は前段階の半坡後期と大きな変化は見られないが，漢水中流域の湖北地域にも昇焔Ⅱb類が広がっている。またこの時期の山西西南部，河南西部から陝西西部地域は廟底溝二期文化に見られる非常に斉一性の高い土器様式が広がるが，それらの地域ではほとんどが昇焔Ⅱb類の土器窯が使用されている。

　以上，第一の画期を経て以降，昇焔Ⅰ類から昇焔Ⅱ類へと流行する窯の形式が移行するとともに，各形式の分布域が大きく広がっている。一つの土器文化（様式）圏を超えて，共通する窯形式が広がる，あるいは同様な窯形式の構造上の変化が見られる。

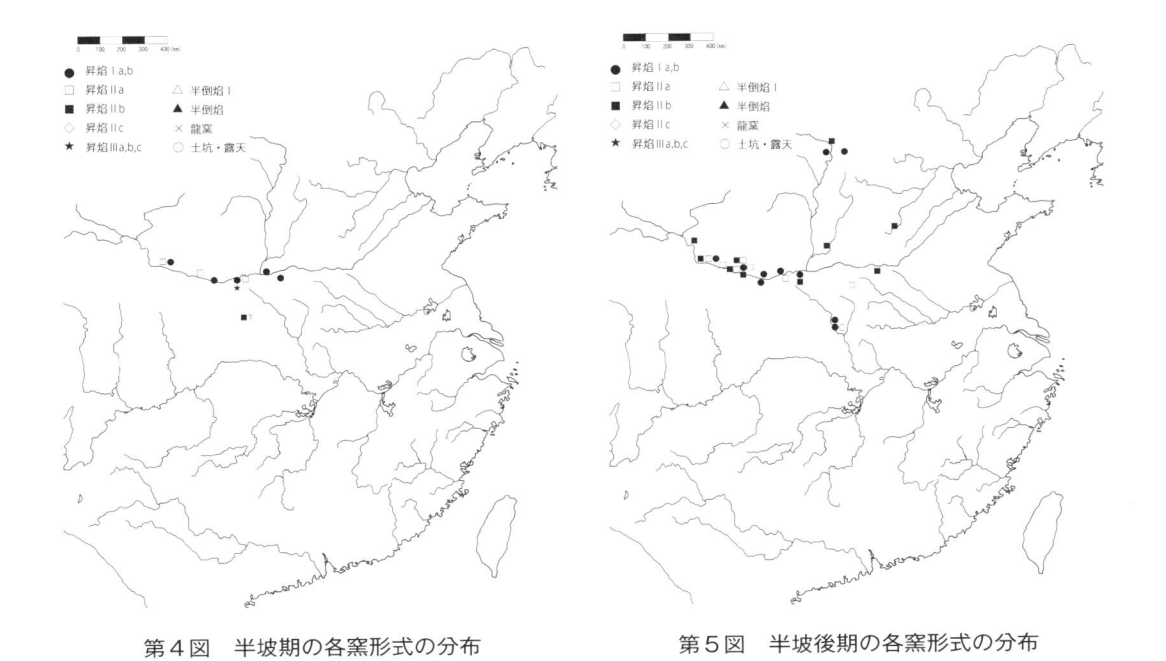

第4図　半坡期の各窯形式の分布

第5図　半坡後期の各窯形式の分布

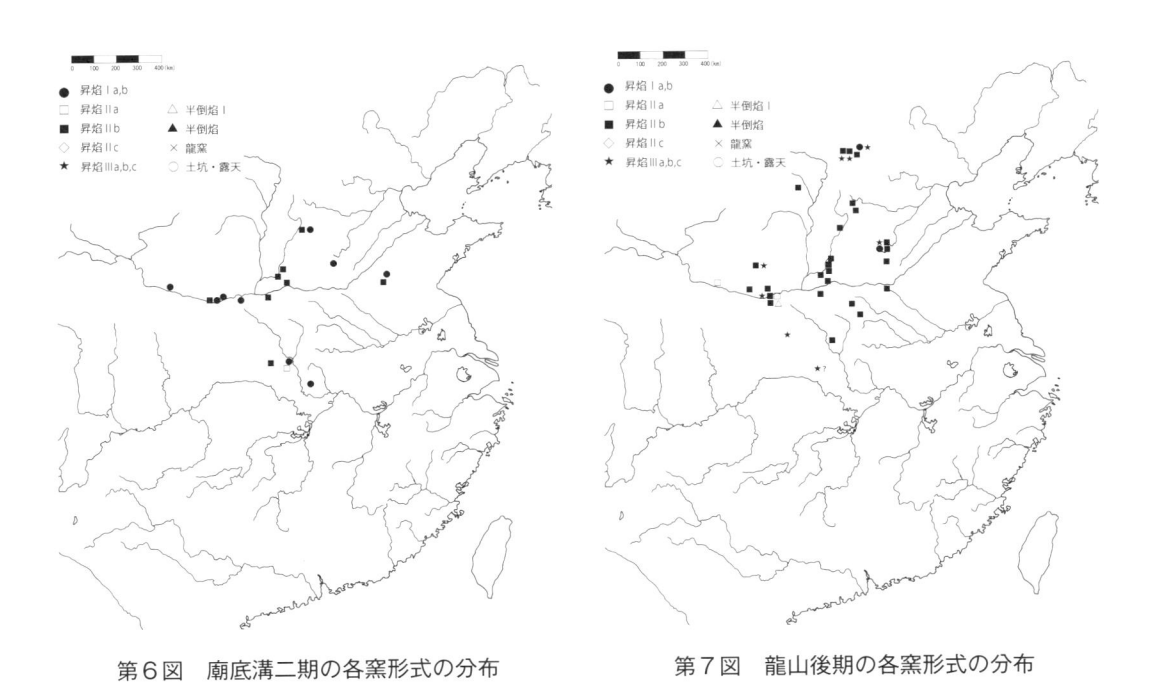

第6図　廟底溝二期の各窯形式の分布

第7図　龍山後期の各窯形式の分布

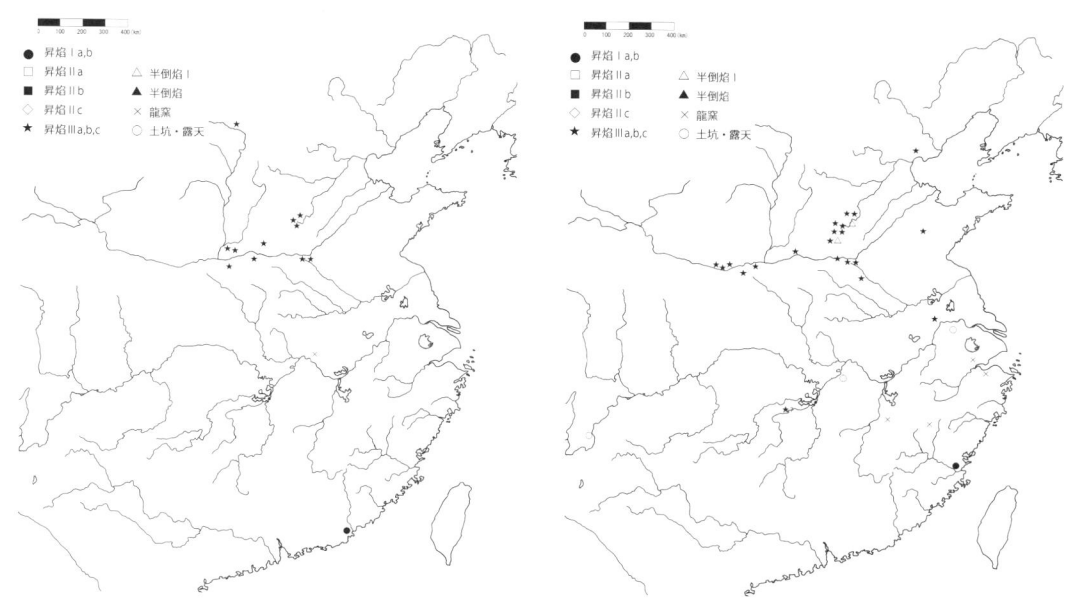

第8図　二里頭文化期の各窯形式の分布　　　　第9図　商期の各窯形式の分布

　第二の画期である龍山後期（第7図）は，昇焔Ⅱb類が主流であり，昇焔Ⅰ類や昇焔Ⅱa類は非常にわずかである。昇焔Ⅱb-1類，b-2類ともに河南，山西，内蒙古，陝西の地域に広く分布する。そのうち最も南の遺跡は淮河の支流である沙河流域の平頂山蒲城店（Y5）で確認されている。またこの時期は，二里頭期以降に主流となる昇焔Ⅲa・b類の祖形と思われる昇焔Ⅲc類を始め，半倒焔Ⅰ類もわずかであるが既に見られる。湖北房県七里河で竪穴式の昇焔Ⅲ類の可能性の窯が当該期に見られるが，それ以外では内蒙古，太行山脈東麓の河北永年台口，渭水流域の高陵や陝南の紫荊などに見られ，多くは黄土台地上に立地しており，またこれらの地域では，袋状の竪穴住居を使用する地域でもあり，窯を改良する中で，自然環境や遺跡の立地に即した形での改良が進んでいたことが分かる。龍山後期に焼造されている土器の多くは，還元焔焼成により作り出される灰陶が主流であるが，昇焔Ⅱb類の窯は垣曲寧家坡Yの事例に代表されるように，焼成室の天井部分に排煙施設があり，また簡単に排煙孔を開け閉めできることから，窯内の熱・焔を調整するのに非常に適していたため，この窯の形式が急速に広がったものと思われる。この分布のあり方も，第一の画期と同様に一土器様式圏の広がりを大きく超えて分布している。
　第三の画期以降は，二里頭期から商期である。
　二里頭期（第8図）は華北から内蒙古地域一帯で竪穴式タイプの昇焔Ⅲ類が広がる。これらの地域ではこのほかの形式の昇焔式の窯はほとんど見られない。やはり二里頭文化の広がりを大きく超えて，内蒙古や河北でもほぼ同一構造の窯の形式が分布する。これは昇焔Ⅲ類が昇焔Ⅱb類よりも，窯が土地に占める割合が小さくかつⅡb類同様に効率的に窯内の熱効率の調整

が可能なため，急速にこの時期に広がったものと考えられる。一方で長江中流域の湖北盤龍城では，昇焔式窯のほか龍窯の使用が始まっている。

商期（第9図）は二里岡期と殷墟期を含む。二里頭期に続き竪穴タイプの昇焔Ⅲ類が見られるが，さらにその分布は広がり，南は安徽にまで確認される。土坑タイプや昇焔Ⅰ類などは四川や湖南などの地域で依然として見られる。一方，東南沿岸地域を中心に龍窯が広がっている。また半倒焔式が安陽の周辺地域である河南輝県孟庄ⅩⅩT30Y1や河北刑台東先賢Y2などで見られる。龍山後期には半倒焔式は出現しているものの，二里頭期では現在の所確認されておらず，その技術はまだ広く継承されていたわけではない。商期で発見されている遺跡の所在地はいずれも商代後期の商王朝の王都に近い地点であり，安陽殷墟でも今後発見される可能性が高い。当時，最も土器を必要とし，また技術改良が必要であった地域で昇焔式タイプよりも熱効率が良い，また構造上より多くの製品を一度の焼成で生産できる窯の創出が急務であったものと思われる。

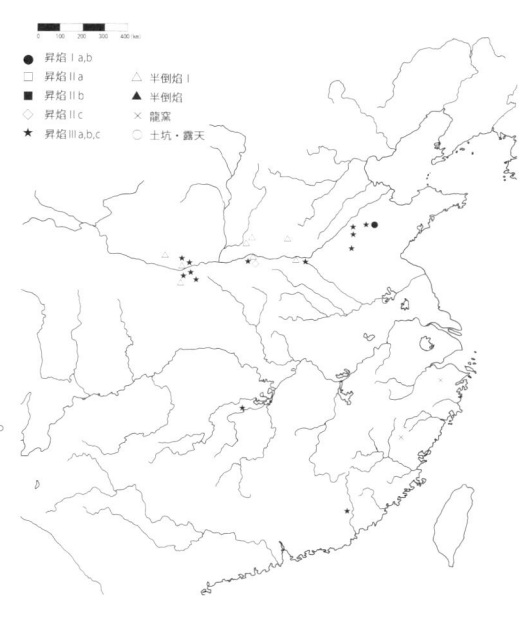

第10図　西周期の各窯形式の分布

つまりこの段階では，二里頭期以前の主流の形式である昇焔Ⅱb類よりもさらに築窯および焼造において作業効率および熱効率が良い昇焔Ⅲ類が主流となっている。そしてさらなる効率化が王朝の中心的な地域で行われた結果として，その周辺地域で半倒焔式窯が流行の兆しを見せていると考えられる。また華北と華南，東南沿岸地域とで中国全土的な意味で見た場合での地域差が顕在化する段階になっている。

第四の画期は，西周期である（図10）。華北地域では半倒焔式と昇焔Ⅲ類，さらに昇焔式と半倒焔式の中間的特徴をもつ昇焔Ⅱc'類（洛陽北窯Y2）が見られる。その中でも半倒焔式は西周王朝の王都である西安周辺や洛陽，王都から比較的距離的に近く，また重要な拠点的都市である侯馬などの地域に偏っており，半倒焔式の技術の広がりや使用は春秋時代，さらには戦国時代に一斉に広がる状況と比べると限定的である。これは第三の画期の段階で見られた商代における王都が所在した安陽周辺の地域で半倒焔式が見られる現象と類似する状況と評価できる。つまり先進的な技術が政治的に中心とする地域およびその近隣で用いられているということである。一方で昇焔Ⅲ類は華南や嶺南地域にまで広がっている。また商期同様に，東南沿岸地域では龍窯が使用されている。おそらく昇焔式，半倒焔式も実際には使用されていたのであろうが，連続的には用いられておらず，地域を特徴づけるような窯構造とはなっていない。東南沿

岸地域で，半倒焔式窯が見られるのは漢代に入ってからであり，しかもそれは土器・陶器の主要な窯構造とはならない。

　以上，前節までに見た画期に基づき，各時期の土器・陶器窯の形式の変遷と分布状況を見てきた。その結果，先に挙げた4つの画期のうち，第一・二の画期と第三・四の画期について次のように整理できる。

　第一・二の画期では，土器様式圏を超えて共通する形式が広がっている。この時期の華北地域では所謂仰韶文化，龍山文化である。各地域で小土器様式圏が形成され，それが隣接する地域で玉突き状に広がり大土器様式圏を形成している。この現象に関しては，筆者は婚姻や日常的交易を含めたコミュニケーション・ネットワークの広がりであると評価している（徳留2003, 2004）。築窯の情報の広がりには関しては，実際に築窯した人であったり，あるいは土器・陶器制作に関わった人からの情報の広がりや人の移動があったものと思われるが，共通する形式が一土器様式圏を広く超えている現象を考えると，築窯や土器・陶器を制作した人々が直接遠方まで移動したというよりも，やはり部族社会における人・情報の広がりの中で，共通する窯形式，構造が広がったものといえる。

　第三・四の画期では，広域に分布する窯の形式（昇焔式III類）と当時の王朝の王都周辺に分布の中心がある窯の形式（半倒焔式）が存在する。半倒焔式は，焼成室と燃焼室がほぼ同じ平面上，あるいはわずかな段差を設ける場合があっても，焼成室の床面は焼成する土器・陶器あるいは瓦の重みに耐えられず，壊れることはない。また半倒焔式の窯では，西周時代の事例では詳細は不明であるが，後続する春秋・戦国時代には瓦の焼造も行われている。この伝統が西周時代まで遡る可能性があるとするならば，半倒焔式窯は宮殿建築とも関連する窯業技術ということになり，その使用や技術の広がりには，日常的な土器を焼造する窯と比べてと，その広がりには制約があった可能性がある。商王朝・西周王朝における手工業生産は，青銅器，玉製品に関しては王朝の管理下にあったことが指摘されているが，土器・陶器生産においても，日常雑器以外の製品については，その生産技術も含めた王朝による一定の管理があったことが想定される。

まとめ

　以上，新石器時代から西周時代における窯構造の変遷と分布状況を整理した。その結果，大きく4つの画期があり，そのうち前半の第一・二の画期は，部族社会におけるコミュニケーション・ネットワークを背景にした築窯技術の広がりによるものであった一方で，後半の第三・四の画期は王朝・為政者による築窯技術の広がりに対する制約が存在する可能性を指摘した。

　本来であれば，特に後者についてはそれらの窯で生産された製品についての検討も必要である。また，先行研究で戦国時代から漢時代における手工業生産の大きな画期・変容が指摘されており，それらとの比較を通してそれぞれの画期を評価する必要がある。いずれも今後の課題

としたい。

謝辞

　本論はSociety of East Asian Archaeology 2012における口頭発表の内容の一部をまとめたものです。本論を執筆するにあたり以下の方々に多くのご教示あるいは資料調査に際して便宜をいただきました。末筆ですが，記して感謝申し上げます。

　樊温泉，柿添康平，菊地大樹，関口広次，田畑潤，田尻義了，田建文，松本圭太，宮本一夫，栗建安，羊澤林，（アルファベット順・敬称略）

　研究室が糸島キャンパスに移った後，2014年の夏に基層構造講座を訪ね，田中良之先生にお会いした際には，お元気な姿を拝見し，遠方から久しぶりに研究室に遊びにきた私を気遣っていただき，夜は駅前の居酒屋に誘っていただきました。まさかそれが田中先生との最後の会話になるとは思いもしませんでした。訃報を耳にした時には大変ショックでした。田中先生には，大学院生時代，研究員時代，そして卒業してからも大変お世話になりました。特に博士論文執筆時には，中国新石器時代後期から初期青銅器時代における社会の複雑化について，国家や王権形成における理論的研究の枠組みの整理について，厳しくも温かいご指導をいただきました。自分の研究分野を一歩引いて，冷静に見直すことの大切さもご指導いただきました。これまで私は土器の様式論的研究をもとに中国新石器時代から二里頭時代における集団間関係論や社会像の復元を行ってきましたが，本論はそれらの研究による仮説を，別の物質文化の素材（窯業技術。今回は窯の構造）から検証することを目的に執筆したものです。その目的は本論では必ずしも果たせたとは言い切れませんが，この方法論的な視点は人文科学としての考古学における重要な研究プロセスであるという田中先生の教えを忘れずに，引き続き研究活動を進めていきたいと思います。

■註
1) またSociety of East Asian Archaeology2012において，筆者は新石器時代から漢代までの窯構造の変遷について口頭発表を行った際にも同様のことを指摘した。
2) 築窯に際しては立地，自然地形（傾斜度）なども重要な要素となる。しかし，現状では発掘報告書にはそれらの情報は掲載されることがないため，属性の一つとして取り上げることが出来ない。今後，中国の調査においても詳細な遺跡・遺構が立地する自然地形に関する情報が掲載されることが期待される。
3) 天井構造は所謂「天井のない窯」（関口1983）のものが多い。土器や陶器を焼成する直前に天井部が作られ，そこには排煙孔も設けられていた可能性が高いが現状では不明である。一方で，排煙施設を意識して作り出す，あるいは改良することが行われていることも見て取れる。そのプロセスを把握するためにあえて項目を分けた。
4) 前漢代には焼成室の平面プランが三角形を呈するものがある。なおそれは瓦を焼成する窯である（EX. 陝西咸陽趙背戸村Y14など）。

5）小澤（1993）も同様の指摘がされており，現在においても類似する窯址資料が発見されていない。
6）正式な報告書は刊行されていないが，陝西宝山遺跡の窯址で仰韶文化時期の報告事例があるとの指摘がある（張東明2004，p127）。また張東明は商代の東先賢遺跡の事例よりも遡る可能性についても指摘している。

■引用文献（アルファベット順）
加藤瑛二，1996．中国彩陶文化圏における遺跡の立地と陶窯の源流．人間科学研究7，63-82．
加藤瑛二，1999．中国の土器の露天焼成と陶窯の発達．人間科学研究10，17-26．
劉振群，1982．窯炉的改進和我国古陶瓷発展的関係．中国古陶瓷論文集（中国珪酸塩学会編），pp.162-172．文物出版社，北京．
小澤正人，1993．黄河中下流域における新石器時代から西周時代の土器焼成．史観128，49-63．
関口広次，1983．「天井のない窯」の話．中国史・陶磁史論集（佐久間重男教授退休記念　中国史・陶磁史編集委員会編），pp.553-577．燎原書店，東京．
徳留大輔，2003．中国新石器時代河南中部地域における土器から見た地域間交流（上）（下）．古代文化55-5・6，35-70・28-39．
徳留大輔，2004．二里頭文化二里頭類型の地域間交流．中国考古学，79-110．
徳留大輔，2009．威信財から見た二里頭文化の地域間関係．中国初期青銅器文化の研究（宮本一夫・白雲翔編），pp.113-139．九州大学出版社，福岡．
徳留大輔，2015．宋元時代中国東南地域における窯業技術について－福建・浙江地域の窯構造と窯詰道具を中心に－．本田道輝先生退職記念論文集（本田道輝先生退職記念事業会編），pp.331-348．本田道輝先生退職記念事業会，鹿児島．
熊海堂，1995．東亜窯業技術発展与交流史研究．南京大学出版社，南京．
徐元邦・劉随盛・梁星彰，1982．我国新石器時代－西周陶窯総述．考古与文物1982-1，8-24．
張明東，2004．黄河流域先秦陶窯研究．古代文明3，115-149．
渡辺芳郎，1995．春秋戦国～漢代における土器・陶器焼成窯の構造－黄河流域を中心に－．人文学科論集42，97-124．
渡辺芳郎，1998．華中・華南地方における新石器～漢代の土器・陶磁器焼成窯の構造．貞末堯 司先生古稀記念論集　文明の考古学（貞末堯司先生古稀記念論集編集委員会編），pp.281-306．海鳥社，福岡．

附表　窯址集成表（但し、本論において分類が可能であったデータのみ掲載）

〔報告書関係〕　王湾＝『洛陽王湾』；廟与三＝『廟底溝与三里橋』；洛陽＝『洛陽発掘報告』；皂角樹＝『洛陽皂角樹』；二里頭＝『偃師二里頭』；鄭城発現＝『鄭州商城考古新発現与研究』；李大召＝『新郷李大召』；郝家台＝『鄴城郝家台』；大地湾＝『秦安大地湾』；半坡＝『西安半坡』；灃西＝『灃西発掘報告』；北首嶺＝『宝鶏北首嶺』；福臨堡＝『宝鶏福臨堡』；関桃園＝『宝鶏関桃園』；泉護村＝『華県泉護村』；原子頭＝『隴県原子頭』；案板＝『扶風案板遺址発掘報告』；陝南＝『陝南考古報告集』；東営＝『高陵東営』；小浪底＝『黄河小浪底水庫考古報告』；師与西＝『師趙村与西山坪』；鄭商＝『鄭州商城』；垣曲盆＝『垣曲盆地考古集落研究』；垣商＝『垣曲商城』；偃研＝『偃師商城遺址研究』；武功＝『武功発掘報告』；老牛坡＝『老牛坡』；下王岡＝『浙川下王岡』；青与大＝『青龍泉与大寺』；東下馮＝『夏県東下馮』；東関＝『垣曲古城東関』；三晋＝『三晋考古』；晋中＝『晋中考古』；内蒙文集＝『内蒙古文物考古文集』；岱海＝『岱海考古』；建新＝『棗荘建新』；野店＝『鄒県野店』；魯国故城＝『曲阜魯国故城』；海岱＝『海岱考古』；金鶏嶺＝『随州金鶏嶺』；七里河＝『房県七里河』；追溯＝『追溯与探索』；河北文＝『河北省考古文集』；東南亜＝『東南亜考古論文集』

〔雑誌関係〕　考＝『考古』；文＝『文物』；与＝『考古与文物』；学＝『考古学報』；博＝『文博』；集刊＝『考古学集刊』；華＝『華夏考古』；考研＝『考古学研究』；史前＝『史前研究』；中＝『中原文物』；河南文＝『河南文物通訊』；四＝『四川文物』；春秋＝『文物春秋』；江漢＝『江漢考古』；湖南＝『湖南考古輯刊』；福＝『福建文博』；発現＝『中国考古発現』；文季＝『文物季刊』；文報＝『中国文物報』；景徳陶＝『景徳鎮陶瓷』

場所	遺跡・窯名称	窯番号	時期	分類	出典
陝西	丹鳳	筆家湾	Y1	Ⅱ	昇焔Ⅰa	与2001-6
甘粛	秦安	大地湾	Y200	Ⅱa	昇焔Ⅰ	大地湾
甘粛	秦安	大地湾	Y210	Ⅱa	昇焔Ⅱa-2	文1981-4；大地湾
甘粛	秦安	大地湾	Y204	Ⅱa	昇焔Ⅱa-2	文1981-4；大地湾
陝西	宝鶏	北首嶺	78Y1	Ⅱa	昇焔Ⅱa-2	北首嶺
陝西	宝鶏	北首嶺	Y3	Ⅱa	昇焔Ⅱa-1	北首嶺
陝西	扶風	壹家堡	86FYY21	Ⅱa	昇焔Ⅰa	考研（二）；与1989-5
陝西	西安	半坡	Y2	Ⅱa	昇焔Ⅲb-1	半坡
陝西	西安	半坡	Y3	Ⅱa	昇焔Ⅰa	半坡
陝西	臨潼	姜寨	Y1	Ⅱa	昇焔Ⅰa	姜寨
陝西	臨潼	姜寨	Y3	Ⅱa	昇焔Ⅱa-2	姜寨
陝西	商県	紫荊	Y2	Ⅱa	昇焔Ⅱ OR Ⅲ	考1981-3；博1987-3
山西	芮城	東庄村	Y202	Ⅱa	昇焔Ⅰ	学1973-1
河南	陝県	三里橋	Y301	Ⅱa	昇焔Ⅰ	廟与三；考58-11
甘粛	秦安	大地湾	Y213	Ⅱb	昇焔Ⅱa-1×昇焔Ⅱb-1	文1981-4；大地湾
甘粛	天水	師趙村	Y1	Ⅱb	昇焔Ⅱb-1	師与西
陝西	高陵	楊官寨		Ⅱb	昇焔Ⅰa	与2011-6
陝西	高陵	楊官寨	Y5	Ⅱb	昇焔Ⅱa-1	与2009-2；与2011-6
陝西	宝鶏	福臨堡	一期Y1	Ⅱb	昇焔Ⅱa-1	福臨堡
陝西	宝鶏	福臨堡	一期Y4	Ⅱb	昇焔Ⅱa'-1	福臨堡
陝西	盧県	兆倫		Ⅱb	昇焔	博2000-6
陝西	岐山	王家咀			昇焔Ⅰa	史前1984-3
陝西	西安	魚化寨			昇焔Ⅱa'-1	考与文2012-5
陝西	華県	泉護村	2014Y2	Ⅱb	昇焔Ⅰ	泉護村
内蒙古	清水河	台子梁		Ⅱb	昇焔Ⅰa	文1961-9
山西	夏県	西陰村	Y1	Ⅱb	昇焔Ⅰa	三晋（二）
山西	汾陽	杏花村	Y201	Ⅱb	昇焔Ⅱa-1	文1989-4；晋中
河南	滎陽	青台	Y2	Ⅱb	昇焔Ⅱa-1	中1987-3
河南	汝州	中山寨	Y1	Ⅱb	昇焔Ⅱa-2	学1991-1
河南	新安	槐林	Y1	Ⅱb	昇焔Ⅱa-1	考2002-5；小浪底（一）
河南	新安	荒坡	T13Y2	Ⅱb	昇焔Ⅱb-1	小浪底（三）
河南	新安	荒坡	T12Y1	Ⅱb	昇焔Ⅱa-1	小浪底（三）
河南	新安	荒坡	T13Y3	Ⅱb	昇焔Ⅱb-1	小浪底（三）
湖北	江陵	朱家台	Y1		昇焔Ⅰ	学1996-4
湖南	安郷	劃城岡		Ⅱb	昇焔Ⅰ	学1983-4
甘粛	東郷	林家	Y2	Ⅱc	昇焔Ⅱb	集刊4

場所	遺跡・窯名称	窯番号	時期	分類	出典
甘粛	東郷	林家	Y3	Ⅱc	昇焔Ⅱb	集刊4
甘粛	秦安	大地湾	Y403	Ⅱc	昇焔Ⅱa-2	文1983-11；大地湾
甘粛	秦安	大地湾	Y800	Ⅱc	昇焔Ⅰa	文1983-11；大地湾
甘粛	秦安	大地湾	Y801	Ⅱc	昇焔Ⅱb-1	文1983-11；大地湾
甘粛	天水	師趙村	ⅠY2	Ⅱc	昇焔Ⅱa-1×昇焔Ⅱb-1	師与西
甘粛	寧県	陽坬	Y1	Ⅱc	昇焔	考1983-10
陝西	隴県	原子頭	Y1	Ⅱc	昇焔Ⅱb-1	原子頭
陝西	隴県	原子頭	Y3	Ⅱc	昇焔Ⅱa-2	原子頭
陝西	宝鶏	関桃園	Y1	Ⅱc	昇焔Ⅱa-1	関桃園
陝西	宝鶏	関桃園	Y2	Ⅱc	昇焔Ⅱb-1	関桃園
陝西	宝鶏	関桃園	Y3	Ⅱc	昇焔Ⅱb-1	関桃園
陝西	宝鶏	関桃園	Y4	Ⅱc	昇焔Ⅰa	関桃園
陝西	宝鶏	関桃園	Y5	Ⅱc	昇焔Ⅱa-2	関桃園
陝西	宝鶏	関桃園	Y6	Ⅱc	昇焔	関桃園
陝西	宝鶏	福臨堡	二期Y3	Ⅱc	昇焔Ⅱa-1	福臨堡
陝西	宝鶏	福臨堡	三期Y2	Ⅱc	昇焔Ⅱb-1	福臨堡
陝西	宝鶏	福臨堡	三期Y6	Ⅱc	昇焔Ⅱb-1	福臨堡
陝西	扶風	案板	GBY1	Ⅱc	昇焔Ⅱb-1	考与文1988-5・6；案板
彬（邠）県		下孟村	Y2	Ⅱc	昇焔	考古1962-6
陝西	岐山	王家嘴		Ⅱc	昇焔Ⅰa	史前1984-3
陝西	高陵	楊官寨	Y9	Ⅱc	昇焔Ⅰa	与2009-2；与2011-6
陝西	臨潼	姜寨	Y4	Ⅱc		姜寨
陝西	藍田	新街	Y2	Ⅱc	昇焔Ⅱa-2	考与文2014-4
陝西	藍田	新街	Y6	Ⅱc	昇焔Ⅱa-2	考与文2014-4
陝西	華県	泉護村	Y107	Ⅱc	昇焔Ⅰa	泉護村
陝西	華県	泉護村	Y122	Ⅱc	昇焔Ⅰa	泉護村
陝西	華県	泉護村	Y106	Ⅱc	昇焔Ⅰa	泉護村
陝西	華県	泉護村	Y120	Ⅱc	昇焔Ⅰa	泉護村
陝西	華県	泉護村	Y104	Ⅱc	昇焔Ⅱb-1	泉護村
陝西	華県	泉護村	Y2	Ⅱc	昇焔Ⅰa	泉護村
内蒙古	准格爾	白草塔		Ⅱc	昇焔Ⅰa	内蒙文集（一）
内蒙古	准格爾	小沙湾	ⅠY1	Ⅱc	昇焔Ⅰa	内蒙文集（一）
内蒙古	托克托県	海生不浪	Y1	Ⅱc	昇焔Ⅱb-1	考研（三）
山西	襄汾	小陳		Ⅱc	昇焔Ⅱb-1	三晋（三）
河南	安陽	鮑家堂	Y1	Ⅱc	昇焔Ⅱ	学1988-2
河南	滎陽	点軍台	Y2	Ⅱc	昇焔Ⅱb-1	中1982-4

場所	遺跡・窯名称	窯番号	時期	分類	出典
河南	済源	長泉	Y1	Ⅱc	昇焔	小浪底(一)
河南	臨汝	北劉庄	Y1	Ⅱc	昇焔Ⅱa-1	華1990-2
河南	偃師	湯泉溝		Ⅱc	昇焔	考1962-11;考1961-2
河南	鄧州	八里岡	Y1	Ⅱc	露天窯?	文2000-11
河南	鄧州	八里岡	Y1	Ⅱc	露天窯?	文2000-11
河南	淅川	下寨	ⅡT3407Y6		昇焔Ⅰa	華2011-2
河南	淅川	下王岡	Y1	Ⅱc	昇焔Ⅰ	下王岡
河南	淅川	下王岡	Y3	Ⅱc	昇焔Ⅰ	下王岡
河北	刑台	臨城補要村	Y4	Ⅱc	昇焔Ⅱb-1	考2011-3
甘粛	天水	師趙村	Y3	Ⅲa	昇焔Ⅰb-1	師与西
陝西	武功	滸西庄	Y3	Ⅲa	昇焔Ⅱb-2	武功
陝西	武功	滸西庄	Y5	Ⅲa	昇焔Ⅱb-2	武功
陝西	武功	滸西庄	Y8	Ⅲa	昇焔Ⅱb-2	武功
陝西	武功	趙家来	Y3	Ⅲa	昇焔Ⅰb-1	武功
陝西	藍田	新街	Y7	Ⅲa	昇焔Ⅰ	与2014-4
山西	清徐	都溝	Y2	Ⅲa	昇焔Ⅰa	三晋(三)
山西	太谷	白燕	Y503	Ⅲa	昇焔Ⅱb-2	文1989-3
山西	侯馬	東呈王	Y1	Ⅲa	昇焔Ⅱb-2	考1991-2
山西	侯馬	東呈王	Y2	Ⅲa	昇焔Ⅱb-2	考1991-2
山西	襄汾	陶寺	ⅠY3	Ⅲa	昇焔Ⅱb-2	学2005-3
山西	襄汾	陶寺	Y315	Ⅲa	昇焔Ⅱb-2	考1986-9
山西	垣曲	東関	ⅢY1	Ⅲa	昇焔	東関
山西	垣曲	東関	ⅢY2	Ⅲa	昇焔Ⅱb-1	東関
山西	垣曲	東関	ⅢY3	Ⅲa	昇焔Ⅱb-1	東関
山西	垣曲	東関	ⅢY4	Ⅲa	昇焔Ⅱb-1	東関
河南	安陽	孝民屯	Y1	Ⅲa	昇焔Ⅰb-1	考2007-10
河南	安陽	孝民屯	Y2	Ⅲa	昇焔Ⅱb-2	考2007-10
河南	安陽	孝民屯	Y4	Ⅲa	昇焔Ⅱb-2	考2007-10
河南	陝県	廟底溝	Y1	Ⅲa	昇焔Ⅱb-2	廟与三;考古1958-11
山東	鄒県	野店	Y1	Ⅲa	昇焔Ⅱb-1	野店
山東	泰安	大汶口	陶窯	Ⅲa	昇焔Ⅰb-2	大汶口
山東	棗荘	建新	Y1	Ⅲa	昇焔	建新
湖北	隕県	中台子		Ⅲb	昇焔	江漢2011-1
湖北	丹江	漢音坪	Y2	Ⅲa	昇焔Ⅰa	江漢2010-2
湖北	隕県	青龍泉	Y1	Ⅲa	昇焔Ⅱa-2	青与大;考1961-10
湖北	隕県	青龍泉	Y2	Ⅲa	昇焔Ⅱa-2	青与大;考1961-10
湖北	荊沙	陰湘城	Y3	Ⅲa	昇焔	(日)東方学報69
湖北	随州	金鶏嶺	Y5	Ⅲa	昇焔Ⅰa	江漢2012-1;金鶏嶺
湖北	随州	金鶏嶺	Y4	Ⅲa	昇焔Ⅰa	江漢2012-1;金鶏嶺
湖北	随州	金鶏嶺	Y2	Ⅲa	昇焔Ⅰa	江漢2012-1;金鶏嶺
湖北	随州	金鶏嶺	Y3	Ⅲa	昇焔Ⅰa?	江漢2012-1;金鶏嶺
湖北	随州	金鶏嶺	Y6	Ⅲa	昇焔Ⅰa	江漢2012-1;金鶏嶺
湖北	随州	金鶏嶺	Y1	Ⅲa	昇焔Ⅰ	江漢2012-1;金鶏嶺
甘粛	天水	師趙村	Y6	Ⅲb	昇焔Ⅱa-2	師与西
甘粛	天水	師趙村	Y4	Ⅲb	昇焔Ⅱa-2	師与西
甘粛	天水	師趙村	Y5	Ⅲb	昇焔Ⅱa-2	師与西
陝西	神木	新華	99Y1	Ⅲb	形式未設定	与2002-1
陝西	神木	新華	99Y3	Ⅲb	昇焔Ⅱb-2	与2002-1
陝西	神木	新華	99Y4	Ⅲb	昇焔Ⅱb-1	与2002-1
陝西	旬邑	下魏洛	2004XXY7-1	Ⅲb	昇焔Ⅱb-2	文2006-9
陝西	旬邑	下魏洛	2004XXY8	Ⅲb	昇焔Ⅲb-1	文2006-9
陝西	岐山	双庵		Ⅲb	昇焔Ⅱb-1	集刊3
陝西	武功	趙家来	Y5	Ⅲb	昇焔Ⅱb-2	考1983-5;武功
陝西	高陵	東営	Y1	Ⅲb	昇焔Ⅱa-2	東営
陝西	高陵	東営	Y2	Ⅲb	昇焔Ⅱb-1	東営
陝西	高陵	東営	Y3	Ⅲb	昇焔Ⅲc-2	東営
陝西	高陵	東営	Y4	Ⅲb	形式未設定	東営
陝西	高陵	東営	Y5	Ⅲb	昇焔Ⅱb-1	東営
陝西	高陵	東営	Y7	Ⅲb	半倒焔	東営
陝西	高陵	馬家湾		Ⅲb	昇焔Ⅱb-2	与2011-6
陝西	商県	紫荊		Ⅲb	昇焔Ⅱc-2	博1987-3
内蒙古	岱海	園子溝	Y3001	Ⅲb	昇焔Ⅱc-2	岱海(一)
内蒙古	岱海	園子溝	Y3002	Ⅲb	昇焔Ⅱc-2	岱海(一)
内蒙古	岱海	園子溝	Y3004	Ⅲb	昇焔Ⅰb-2	岱海(一)
内蒙古	岱海	園子溝	Y3005	Ⅲb	昇焔Ⅲc-1	岱海(一)
内蒙古	岱海	老虎山	Y1	Ⅲb	昇焔Ⅱc-2	岱海(一)
内蒙古	岱海	老虎山	Y2	Ⅲb	昇焔Ⅱc-2	岱海(一)
内蒙古	岱海	老虎山	Y3	Ⅲb	昇焔Ⅱc-2	岱海(一)
内蒙古	岱海	面坡	Y1	Ⅲb	昇焔Ⅱb-2	岱海(一)
内蒙古	岱海	面坡	Y2	Ⅲb	昇焔Ⅱb-2	岱海(一)
内蒙古	岱海	板城	Y1	Ⅲb	昇焔Ⅱb-2	岱海(二)
内蒙古	岱海	板城	Y2	Ⅲb	昇焔Ⅱb-1	岱海(二)
山西	忻州	游邀	Y105	Ⅲb	昇焔Ⅱb-2	考1989-4、考1996-4
山西	原平	辛章	2012SYXY1	Ⅲb	昇焔Ⅱb-2	考2014-5
山西	汾陽	杏花村	Y301	Ⅲb	昇焔Ⅱb-2	文1989-4;晋中
山西	洪洞	侯村	Y1	Ⅲb	昇焔Ⅱb-2	三晋(二)
山西	襄汾	陶寺	ⅠY3	Ⅲb	昇焔Ⅱb-2	学2005-3
山西	襄汾	陶寺	Y315	Ⅲb	昇焔Ⅱb-2	考1986-9
山西	襄汾	陶寺	Y1	Ⅲb	昇焔Ⅱb-2	文季1999-2
山西	襄汾	陶寺	Y2	Ⅲb	昇焔Ⅱb-2	文季1999-2
山西	襄汾	陶寺	Y402	Ⅲb	昇焔Ⅱb-2	考古1980-1
山西	襄汾	丁村	Y2	Ⅲb	昇焔Ⅱb-2	考1991-10
山西	翼城	曲沃方城		Ⅲb	昇焔Ⅱ	考1988-4
山西	絳県	周家庄		Ⅲb	昇焔Ⅱb-2	考2015-5
山西	垣曲	寧家坡	Y501	Ⅲb	昇焔Ⅱa-2	文1998-10
山西	垣曲	寧家坡	Y502	Ⅲb	昇焔Ⅱa-2	文1998-10
河南	安陽	八里荘		Ⅲb	昇焔Ⅱb-1	河南文1980-2
河南	陝県	三里橋	Y4	Ⅲb	昇焔Ⅱb-2	廟与三;考古1958-11
河南	鄭州	西郊旭畬		Ⅲb	昇焔Ⅱb-2	考1958-9
河南	鄭州	西郊旭畬		Ⅲb		考1958-9
河南	汝州	煤山	Y1	Ⅲb	昇焔Ⅱb-2	学1982-4
河南	汝州	煤山	Y2	Ⅲb	昇焔Ⅱb-2	学1982-4
河南	汝州	煤山	Y3	Ⅲb	昇焔Ⅱb-2	学1982-4
河南	汝州	煤山	Y4	Ⅲb	昇焔Ⅱb-2	学1982-4
河南	鄢城	郝家台		Ⅲb	昇焔	郝家台
河南	平頂山	蒲城店	Y5	Ⅲb	昇焔Ⅱb-2	文2008-5
河南	淮陽	平粮台	Y3	Ⅲb	昇焔	文1983-3
河南	永城	黒堌堆		Ⅲb	昇焔Ⅱ	考1981-5
河南	淅川	下王岡	Y2	Ⅲb	昇焔Ⅱb-2	下王岡
河南	淅川	下王岡	Y4	Ⅲb	昇焔Ⅱb-2	下王岡
河北	永年	台口村		Ⅲb	昇焔Ⅲ	考1962-12
河北	邯鄲	高峒	Y		昇焔Ⅱb-2	追溯
河北	邯鄲	澗溝村		Ⅲb	昇焔Ⅱb-1	考1959-10
河北	邯鄲	澗溝村	Y1	Ⅲb	昇焔Ⅰb-1	考1961-4

場所		遺跡・窯名称	窯番号	時期	分類	出典
河北	邯鄲	澗溝村	Y7	Ⅲb	昇焔Ⅱb-1	考1961-4
山東	聊城	教場鋪		Ⅲb	昇焔Ⅱb	文報2001年9月2日
湖北	荊沙	陰湘城	Y1	Ⅲb	昇焔	(日)東方学報69
湖北	荊沙	陰湘城	Y2	Ⅲb	昇焔	(日)東方学報69
湖北	房県	七里河		Ⅲb	昇焔Ⅲb'-2 OR 昇焔Ⅰ類	七里河
湖北	大冶	蟹子地	Y2	Ⅲb	形式未設定	江漢2010-4
四川	漢源	麦坪	Y1	Ⅲb	昇焔	四2011-3
内蒙古	赤峰	上机房営子	Y3	Ⅳ	昇焔Ⅲb-1	考古2008-1
山西	長治	小神	Y3	Ⅳ	昇焔Ⅲb-1	学1996-1
山西	夏県	轅村	Y1	Ⅳ	昇焔Ⅲb-1	考2009-11
山西	夏県	東下馮	Y501	Ⅳ	昇焔Ⅲb-1	東下馮
山西	夏県	東下馮	Y502	Ⅳ	昇焔Ⅲa	東下馮
山西	夏県	東下馮	Y503	Ⅳ	昇焔Ⅲa	東下馮
山西	夏県	東下馮	Y504	Ⅳ	昇焔Ⅲa	東下馮
河南	三門峡	南家荘	2005SNY1	Ⅳ	昇焔Ⅲa	華2007-4
河南	鄭州	洛達廟	C8HQY1	Ⅳ	昇焔Ⅲb-1	鄭商；鄭城発現
河南	鄭州	洛達廟	C20E1	Ⅳ	昇焔Ⅲa	文1957-10；華1989-4
河南	鄭州	洛達廟	Y13	Ⅳ	昇焔Ⅲa	華1989-4
河南	偃師	二里頭	ⅣY2	Ⅳ	昇焔	二里頭
河南	偃師	二里頭	ⅤY1	Ⅳ	昇焔Ⅲa	二里頭
河北	邯鄲	北羊台	Y1	Ⅳ	昇焔Ⅲb-1	考2001-2
河北	磁県	下七垣	Y2	Ⅳ	昇焔Ⅲb-1	学1979-2
河北	磁県	下七垣	Y4	Ⅳ	昇焔Ⅲa	学1979-2
河北	刑台	葛家荘	Y1	Ⅳ	昇焔Ⅲb-1	考2000-11
湖北	武漢	盤龍城(二期)	PWZY1	Ⅳ	龍窯	盤龍城
湖北	武漢	盤龍城(二期)	PWZY2	Ⅳ	昇焔	盤龍城
湖北	武漢	盤龍城(三期)	PWZY3	Ⅳ	龍窯	盤龍城
広東	普寧	亀山	Y1	Ⅳ	昇焔Ⅰa	文2012-2
広東	普寧	亀山	Y2	Ⅳ	昇焔Ⅰa	文2012-2
広東	普寧	亀山	Y6	Ⅳ	昇焔Ⅰa	文2012-2
陝西	扶風	壹家堡	86FYY11	Ⅴ	昇焔Ⅲb-1	考研(二)
陝西	扶風	北呂	Y1	Ⅴ	昇焔Ⅲb-1	文1984-7
陝西	耀県	北村	ⅠY1	Ⅴ	昇焔	考研(二)
陝西	武功	鄭家坡	Y1	Ⅴ	昇焔Ⅲb-1	文1984-7
陝西	西安	老牛坡	86XLⅢ1Y1	Ⅴ	昇焔Ⅲb-1	老牛坡
陝西	西安	老牛坡	86XLⅢ1Y2	Ⅴ	昇焔Ⅲb-1	老牛坡
陝西	西安	老牛坡	86XLⅢ1Y3	Ⅴ	昇焔Ⅲb-1	老牛坡
陝西	西安	老牛坡	86XLⅢ1Y4	Ⅴ	昇焔Ⅲb-1	老牛坡
陝西	西安	老牛坡	86XLⅢ1Y5	Ⅴ	昇焔Ⅲb-1	老牛坡
陝西	西安	老牛坡	86XLⅢ1Y6	Ⅴ	昇焔Ⅲb-1	老牛坡
陝西	華県	南沙村	Y1	Ⅴ	昇焔Ⅲb-1	学1980-3
内蒙古		朱開溝	Y1001	Ⅴ	昇焔Ⅱb'-2	朱開溝
内蒙古		朱開溝	Y1002	Ⅴ	昇焔Ⅱb-2	朱開溝
内蒙古		朱開溝	Y2001	Ⅴ	昇焔Ⅱb-2	朱開溝
山西	垣曲	南関	Y3	Ⅴ	昇焔Ⅲa	文1997-10
山西	垣曲	南関(商城)	Y6	Ⅴ	昇焔Ⅲa	文1997-12
山西	垣曲	垣曲商城	Y3	Ⅴ	昇焔Ⅲa	垣商(二)
山西	垣曲	垣曲商城	Y1	Ⅴ	昇焔Ⅲa	垣商(二)
山西	垣曲	垣曲商城	Y4	Ⅴ	昇焔Ⅲa	垣商(二)
山西	垣曲	垣曲商城	Y5	Ⅴ	昇焔Ⅲa	垣商(二)
山西	垣曲	垣曲商城	Y6	Ⅴ	昇焔Ⅲa	垣商(二)
山西	垣曲	垣曲商城	Y9	Ⅴ	昇焔Ⅲa	垣商(二)
山西	垣曲	垣曲商城	Y10	Ⅴ	昇焔Ⅲa	垣商(二)
山西	垣曲	垣曲商城	Y12	Ⅴ	昇焔Ⅲa	垣商(二)
山西	垣曲	垣曲商城	Y13	Ⅴ	昇焔Ⅲa	垣商(二)
河南	安陽	小屯東地	Y1	Ⅴ	昇焔Ⅲb-2	考1975-1
河南	安陽	劉家庄	08AGDDⅡY5	Ⅴ	昇焔Ⅲa	考2012-12
河南	安陽	劉家庄	08AGDDⅡY8	Ⅴ	昇焔Ⅲa	考2012-12
河南	安陽	劉家庄	08AFLJY1	Ⅴ	昇焔Ⅲa	考2012-12
河南	安陽	劉家庄	10GDDⅡY5	Ⅴ	昇焔Ⅲa	考2012-12
河南	安陽	劉家庄	10GDDⅡY7	Ⅴ	昇焔Ⅲa	考2012-12
河南	安陽	劉家庄	10GDDⅡY8	Ⅴ	昇焔Ⅲa	考2012-12
河南	輝県	孟庄	XXT30Y	Ⅴ	半倒焔Ⅰa	孟庄
河南	輝県	孟庄	ⅠT6Y1	Ⅴ		孟庄
河南	鄭州	鄭州商城	Y2	Ⅴ	昇焔Ⅲb-1	考2000-2
河南	鄭州	銘功路	C11Y110	Ⅴ	昇焔Ⅲa'	鄭商；文1957-10；華1991-4
河南	鄭州	銘功路	C11Y102	Ⅴ	昇焔Ⅲa	鄭商
河南	鄭州	銘功路	C11Y103	Ⅴ	昇焔Ⅲa	鄭商
河南	鄭州	銘功路	C11Y111	Ⅴ	昇焔Ⅲa	学1957-1；華1991-4；鄭商
河南	鄭州	銘功路	C11Y113	Ⅴ	昇焔Ⅲa	鄭商
河南	鄭州	碧沙岡	C20E8	Ⅴ	昇焔Ⅲb-1	文1957-11；学1957-1；華1991-4
河南	鄭州	陳庄		Ⅴ	昇焔Ⅲb-1	中1986-2
河南	鄭州	14中学院	Y110	Ⅴ	昇焔	華1991-4

場所		遺跡・窯名称	窯番号	時期	分類	出典
河南	鄭州	14中学院	Y111	V	昇焰	華1991-4
河南	商丘	拓城孟荘	H29	V	昇焰Ⅲb-1	学1982-1
河北	唐山	古冶	Y1	V	昇焰Ⅲb-1	考1984-9
河北	唐山	古冶	Y2	V	昇焰Ⅲb-1	考1984-9
河北	刑台	内丘隆暁双碑	Y1	V	昇焰Ⅲb-2	河北文(一)
河北	刑台	東先賢	Y2	V	半倒焰Ⅰa	古代文明(一)
河北	刑台	曹演荘	T2Y2	V	昇焰Ⅲa	文1956-12
河北	邯鄲	澗溝村	Y3	V	昇焰	考1961-4
河北	邯鄲	澗溝村	Y4	V	昇焰	考1961-4
河北	磁県	下七垣	Y1	V	昇焰Ⅲa	学1979-2
河北	武安	趙窰		V	昇焰	学1992-3
安徽	含山	大城墩	Y1	V	昇焰Ⅲa'	考1989-2
江蘇	南京	北陰陽営	Y1	V	土坑式	北陰陽営
湖南	岳陽	費家河双燕嘴	Y18-23	V	土坑式	考1985-1
湖南	岳陽	費家河水嘴廟	Y3	V	土坑式	考1985-1
湖南	岳陽	費家河水嘴廟	Y6	V	土坑式	景徳陶1984-2
湖南	岳陽	費家河扑拜嘴		V	土坑式	景徳陶1984-2
江西	清江	呉城	1974秋QSW(E)T10Y1	V	昇焰Ⅰb-1	呉城
江西	清江	呉城	1987QSWY1	V	昇焰Ⅰb-1	呉城
江西	清江	呉城	1986QSWYY6	V	龍窯	文1989-1;呉城
江西	修水	山背地区養鴨場	Y1	V	昇焰	考1962-7
江西	鷹潭	角山		V	龍窯	発現2000
山東	青州	趙鋪		V	昇焰Ⅲb-1	海岱(一)
浙江	上虞	李家山	Y1	V	龍窯	考1987-11
浙江	上虞	李家山	Y2	V	龍窯	考1987-11
浙江	上虞	李家山	Y3	V	龍窯	考1987-11
浙江	上虞	李家山	Y4	V	龍窯	考1987-11
浙江	上虞	李家山	Y5	V	龍窯	考1987-11
浙江	上虞	李家山	Y6	V	龍窯	考1987-11
浙江	湖州	南山窯老鼠山窯址	Y1	V	龍窯	考2011-7
浙江	湖州	南山窯老鼠山窯址	Y2	V	龍窯	考2011-7
浙江	湖州	南山窯老鼠山窯址	Y3	V	龍窯	考2011-7
福建	浦城	仙陽鎮猫耳弄山	Y4	V	龍窯	福2006-1
福建	閩侯	曇石山	Y3	V	昇焰Ⅰa	考1983-12
福建	閩侯	曇石山	Y5	V	昇焰Ⅰa	考1983-12
福建	武夷山	葫蘆山	Y3	V		東南亜
四川	屏山	斑竹林	Y1	V	土坑式	四2014-3
四川	屏山	斑竹林	Y2	V	土坑式	四2014-3
四川	屏山	斑竹林	Y3	V	土坑式	四2014-3
陝西	岐山	趙家台	Y1	Ⅵ	半倒焰Ⅰa	与1994-2
陝西	武功	趙家来	Y1	Ⅵ	昇焰Ⅲ	武功

場所		遺跡・窯名称	窯番号	時期	分類	出典
陝西	武功	趙家来	Y2	Ⅵ	昇焰Ⅲ	武功
陝西	武功	滸西荘	Y2	Ⅵ	昇焰Ⅲb-1	武功
陝西	武功	滸西荘	Y6	Ⅵ	半倒焰Ⅰa	武功
陝西	武功	滸西荘	Y7	Ⅵ	半倒焰Ⅰb	武功
陝西	長安	張家坡	H404	Ⅵ	昇焰Ⅲa	澧西
陝西	長安	張家坡	H110	Ⅵ	昇焰Ⅲa'	澧西
陝西	長安	白家荘	Y1	Ⅵ	昇焰Ⅲa	考1986-3
陝西	長安	白家荘	Y2	Ⅵ	昇焰Ⅲb-1	考1986-3
陝西	長安	洛水村	Y5	Ⅵ	昇焰Ⅲ	考1963-8
陝西	長安(澧西)	馬王村	92SCMY4	Ⅵ	昇焰Ⅲb-1	考1994-11;考1962-6
陝西	長安(澧西)	馬王村	92SCMY1	Ⅵ	半倒焰Ⅰa	考1994-11;考1962-6
北京		張営	Y1	Ⅵ	昇焰Ⅰ	昌平張営
山西	侯馬	天馬曲村	ⅠY101	Ⅵ	半倒焰Ⅰa	天馬-曲村
山西	翼城	曲沃	天西Y1	Ⅵ	半倒焰Ⅰb	考研(一)
山西	翼城	曲沃	趙Y1	Ⅵ	半倒焰Ⅰb	考研(一)
河南	輝県	孟荘	ⅧT114Y1	Ⅵ	半倒焰Ⅰb	孟荘
河南	滎陽	官庄	Y1	Ⅵ	半倒焰Ⅰa	考2013-3
河南	鄭州	董砦		Ⅵ	昇焰Ⅲ	考1958-9
河南	洛陽	王湾	Y22	Ⅵ	半倒焰Ⅰb	考1961-4;王湾
河南	洛陽	瀍河東岸	Y1	Ⅵ	昇焰Ⅲb-1	中1988-2
河南	洛陽	北窯	2号窯	Ⅵ	昇焰Ⅱc'	考1983-5
山東		姚官荘	窯址	Ⅵ	昇焰Ⅰb-1	文物資料叢刊5
山東	淄博	北沈馬	Y1	(Ⅴ)Ⅵ	昇焰Ⅲb-1	淄川考古
山東	章丘	城子崖	A5	Ⅵ	昇焰Ⅲb-1	城子崖
山東	章丘	城子崖	A9	Ⅵ	昇焰Ⅲb-1	城子崖
山東	済南	王府	Y1	Ⅵ	昇焰Ⅲb-1	山東省高速公路考古報告集(1997)
山東	済南	王府	Y2	Ⅵ	昇焰Ⅲb-1	山東省高速公路考古報告集(1997)
山東	曲阜	魯国故城	T109y1	Ⅵ	昇焰Ⅲb-1	魯国故城
湖南	辰渓	下湾		(Ⅴ)Ⅵ	昇焰Ⅲb-1	湖南(4)
浙江	徳清	火焼山Y3		Ⅵ	龍窯	中国重要考古発現2007
福建	武夷山	武林坑	ⅠY1	Ⅵ	龍窯	福2006-1
広東	普寧	虎頭浦	Y1	Ⅵ	土坑式	文1984-12
広東	普寧	虎頭浦	Y8	Ⅵ	土坑式	文1984-12
広東	普寧	虎頭浦	Y14	Ⅵ	土坑式	文1984-12
広東	普寧	虎頭浦	Y13	Ⅵ	土坑式	文1984-12
広東	韶関	走馬岡	Y1	Ⅵ		考1964-7
広東	平遠	水口	Y2	Ⅵ	昇焰Ⅲb-1	考1983-7
広東	平遠	水口	Y3	Ⅵ	昇焰Ⅲb-1	考1983-7
広東	平遠	水口	Y4	Ⅵ	昇焰Ⅲb-1	考1983-7
貴州	畢節	瓦窯	Y1	(Ⅴ)Ⅵ	昇焰?	考1987-4
四川	成都	郫県波羅村Ⅱ区	Y5	Ⅵ	昇焰Ⅰ	江漢2014-3

燕山南部・遼寧地域における鉄器生産の展開
― 戦国・前漢代を中心として ―

韓国・国立中央博物館／考古歴史部　金　想　民

要旨

　東北アジアにおける鉄器文化の開始は，主に戦国燕の鉄器文化の影響であることは，ある一定程度の共通認識に至っている。しかし，燕の鉄器生産技術に関する研究については製鉄関連遺構や詳細な報告がないため，その真相に近づくことが難しく，仮説として推定されている。本稿では燕国の領域とされる燕国長城内の鉄器生産遺跡の考古学資料の状況を整理し，その分布と関連遺物に関する検討を行った。これにより燕山南部から遼東地域まで戦国・漢代につながる鉄器生産と流通を考えることができた。戦国と漢代はそれぞれ鉄器の生産と流通が異なる。すなわち，戦国時代は，燕国の中央で生産された鉄器そのものが移動するのに対して，漢代になると各地に設置された郡治を中心とした鉄器生産が行われることにより，地域拠点を中心とした鉄製品が流通すると推定される。また，戦国末～前漢初にかけて変容燕系鉄器のような在地的な鉄器生産の動きもみられる。このような在地的な鉄器生産技術として，破片の再加工技術は，韓半島南部地域と西日本で見られる再加工鉄器を考える上で注目する必要がある。

キーワード：戦国・漢代，燕山南部・遼寧地域，燕国，鉄器生産・流通，変容燕系鉄器，再加工技術

I　はじめに

　中国において鉄器は，殷代中期の隕鉄製品が出現して，隕鉄で基本的な整形する技術は西周末まで継続する。具体的な事例として銅鉞，銅戈などの武器類に限っての鉄刃部を整形することである。このような状況は西周代には変わりなく維持されており，技術の発展はないと考えられる。しかし，西周末期から人工鉄製品が出土することは製鉄技術の大きい画期として認められる。人工鉄製品の出現時期は地域によって異なるが，中原地域は西周末期から使いはじめることと考えることが一般的である。よって，白雲翔氏は紀元前9世紀代の西周末期からの人工鉄製品の使用をもって『鉄器時代』の開始と考えている（白雲翔2005）。その後，本格的な鉄器生産は春秋時代の最初から行われたと言われる。しかし，春秋時代でも鉄器の出土器種が限定されており，実用品より主に象徴性をもつ器種が多い。この状況からいわゆる，『銅鉄併

行期』として認識されることもある。春秋時代には銅製錬とともに一部の製鉄が行われることで，銅製錬の技術が基になって製鉄技術が発展したことが想定される。このような発達した青銅製作技術は，世界史的に由来がない鋳造生産という中国の製鉄技術として展開したと考えられる。近年，製銑技術の確立を銅製錬の技術と関連することが指摘されていることも同じ脈絡として理解できる（村上恭通2012）[1]。製銑技術は戦国時代以降に拡散し，中原地域の各諸国へ導入され，それぞれの技術開発につながり，地域によって鉄器製作技術が確立していく[2]。

東北アジアの諸地域は，戦国燕国おける鉄器文化の影響を受け入れる。このことは，燕国の物質文化の分布状況より大陸系文化拡散過程の一つとして考えられている（宮本一夫2007・2009；石川岳彦・小林青樹2012）。燕国の鉄器について，村上恭通氏は『鋳造品が卓越し，鋳造品・鍛造品の用途による使い分けが顕著である』と述べている（村上恭通2012）。鉄鋳造技術が発展することで，鋳造工具も大量生産が可能になり，鉄製道具の普及が顕著になると理解して良いだろう。このように燕国の鉄器生産では鋳造鉄器生産技術が注目されており，大陸の鉄器生産技術の受容と変容によって定着していくと理解させている。近年，中村大介氏は鉄製品を中心として分析を行い，鉄器生産工程の詳細な展開過程について検討し，「私営工房」や「技術の移動」などの詳細な展開プロセスが述べられている（中村大介2012）。しかし，プロセスと生産関連遺跡および遺構の対応関係を想定することは難しく，鉄器類の類似性を比較した間接的な想定した仮説であったといえる。

このように燕国の鉄器生産技術に関する研究には多くの関心が集まっているが，直接的な根拠となる製鉄関連遺構に関する詳細な報告がほとんどないという問題がある。実際に燕国の中心地域である，燕下都をはじめてした燕山南部地域でも製錬関連資料は少ない。また，遼寧地域を含む東北地域では製鉄遺跡に関する考古学的発見は依然として空白の状態である（万欣2012）。ただ，在地的な特徴をもつ鉄器類が出土しており，鉄器生産が行われたと想定する見解もある（김상민2014b）。

したがって，本稿では燕国の領域とされる燕国長城内の鉄器生産と推定される遺跡を整理し在地的な器種について検討することで，当時の生産工程を推定することを目的とする。そのため，燕国長城内における鉄器生産遺跡の状況を整理し，遺跡の分布と関連遺物に関する検討を行い，戦国から漢代につながる鉄器生産の展開様相を考えることとする。

Ⅱ　燕山南部地域・遼寧地域における鉄器生産遺跡の状況

1　燕山南部地域における鉄器生産遺跡

１）燕下都における鉄器生産

燕下都内部の鉄器生産遺址は武陽台村21号遺址[3]（武陽台村の西北側1300m地点）である。多様な器種の鋳型と鍛冶関連遺物が出土しており，鋳造と鍛造工程が行なわれたと想定されてきた。

武陽台村21号遺址では多量の鉄器生産に関する遺物が出土したと報告されてはいるものの，

詳細な記述はない。報告によると，武陽台村21号遺址は南北に明確に区画され，各々異なる出土状況を呈するとされている。南側地区は青銅器の鋳型とする陶材や石材，鉄材の鋳型などとともに青銅器が中心である。しかし，小量であるが，鋳造鉄器も出土したため，鉄鋳造も一部行われたと考えられている。北側地区では多量の鉄塊とともに鍛冶具が出土しており，出土鉄器類も武器類，馬具類，胄甲類などの鍛造製鉄器類が多い。よって，鉄器加工および製作作業場として認められている（河北省文物研究所1996）。

遺構の詳細な状況を把握することができないため，遺構の位置や遺物との対応関係を想定することは難しい。しかし，出土遺物の状況より，主に鍛造品・鍛冶関連遺物と鋳造品・鋳型類として，二つの工程が共存したことが分かる。また，鍛造品と鍛冶関連遺物が多数存在することが推定できる。

鍛冶関連遺物は，素材として板状や棒状のさまざまな形態が存在することから，製作する器種によって，使い分けられていたことが考えられる。また，定形化された素材に関する鍛冶工程が行われてきたことも分かる。鍛冶具には床や鎚，鏨があり，全て鉄器化している。特に鉄塊と鉄滓が出土したH67号では，多量の鎚と金床，棒状鉄器がセットで検出されたことから，本格的な鍛冶として想定できる。H67号遺構の状況は簡略的にしか報告されていないが，中央

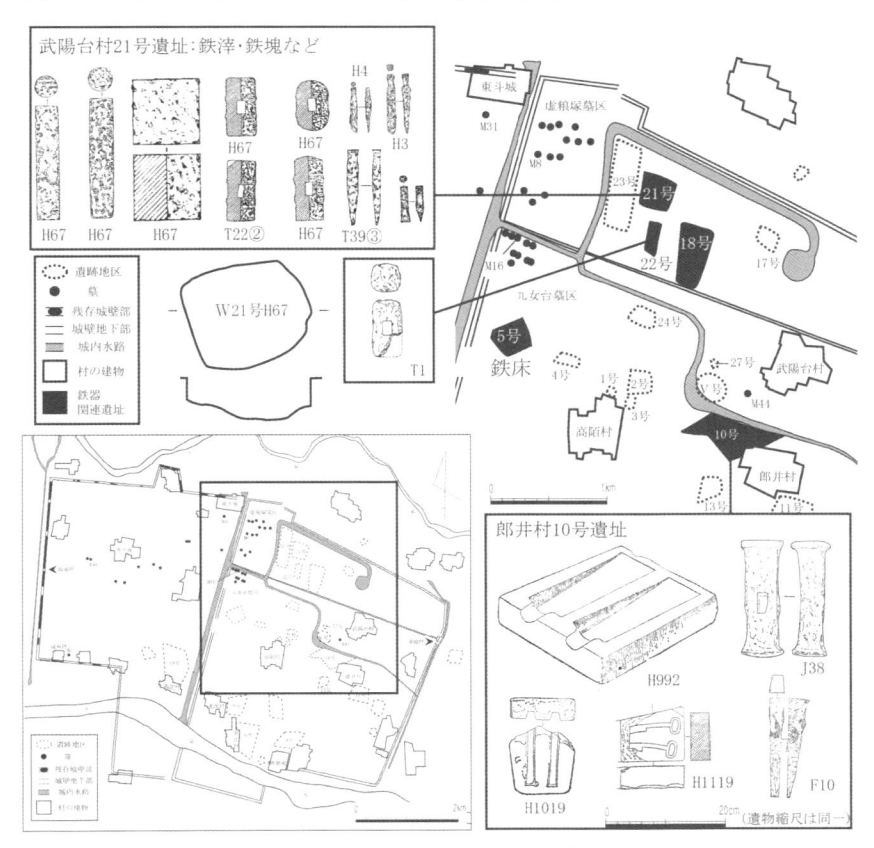

図1　燕下都における鉄器生産関連遺物の状況

部が深い竪穴式の土坑である。このように武陽台村21号遺址における鉄器製作は，現在までの報告状況より青銅鋳造工程に伴う一部と鉄器鋳造と定形素材による鍛冶工程が存在したと想定できる。

そのほかにも5号遺址と18号遺址は鉄器製作遺址として報告されている。鉄塊や炉壁，鉄滓，鋳型などが出土しており，製鉄関連作業場（中国歴史博物館考古組1962）または溶解関連施設が存在したと推定されている（白雲翔2005）。5号遺址では正方形の金床の出土しており，21号遺址H67号の金床と類似すると判断される。

集落で鉄器生産と考えられる遺址は，22号と朗井村10号遺址がある。骨角器を製作した遺跡と考えられる22号遺址（武陽台村の西北側1200m）では，トレンチ調査で鉄器64点を含む陶器，骨角器，石器など多様な遺物が検出された。鉄器類は鉄斧，鎌，五歯鍬，鑿などの鋳造品と環頭刀子，鑿などがある。報告には主に骨角器の加工道具と考えられる鉄器類が出土していることが述べられている（河北省文物局工作隊1965c）。

注目できることは，鎚の素材として判断される棒状鉄器が出土していることである。つまり，鍛冶工程が行われたと想定できる。特に鍛造鉄鑿は板状鉄器を銎部のみ整形したものである製作技法Dである[4]。また，環頭刀子の環頭部は鍛打することで精密に整形した形態をもつ。このような特徴は発達された鍛冶技術が行われたことを示す。白雲翔氏は手工業生産道具として鉄製道具の使用が一般化になっており，鍛冶技術の応用状況を示すと指摘している（白雲翔2005）。22号遺址は，トレンチ調査であるため，遺構の状況は分からないが，先述した武陽台村21号遺址の南側に位置する。このことから，22号遺址は，武陽台村21号遺址の南側で行われた鍛冶工程と同様な状況であると考えられる。

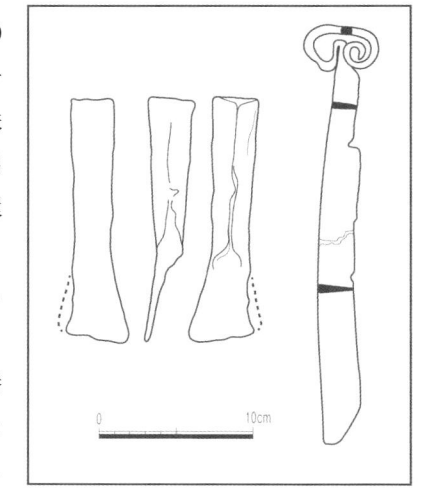

図2　22号遺址の鍛造鉄器の特徴

また，朗井村10号遺址でも鉄器生産と考えられる遺物が出土した。朗井村10号遺址は長期間にかけて形成された大規模集落であることは筆者の前稿でも提示した（金想民2014a）。戦国時代前期から後期の層位から282点の鉄器および多量の鋳型類が出土している。主に青銅器の鋳造が中心である生産集落であるが，鉄器の鋳造も兼ねたことが指摘されている（河北省文物研究所1996）。鉄器類の多数（200点以上）が戦国後期層で出土していることから鉄器生産は戦国後期に盛行したと想定できる。

生産関連遺物は多種多様な鋳型類や鍛冶具，板状鉄器（定形素材），鉄片などがある。鋳型は明刀銭と戈・剣の武器類，帯鉤などの青銅器の鋳型が主流であるが，鉄鑿・鉄斧の鋳型も出土している。また，環頭刀子と帯鉤は青銅器のみではなく，鉄製品としても鋳造された可能性もある。なぜなら，同遺址では鉄製環頭刀子と鉄帯鉤が出土しているためである。

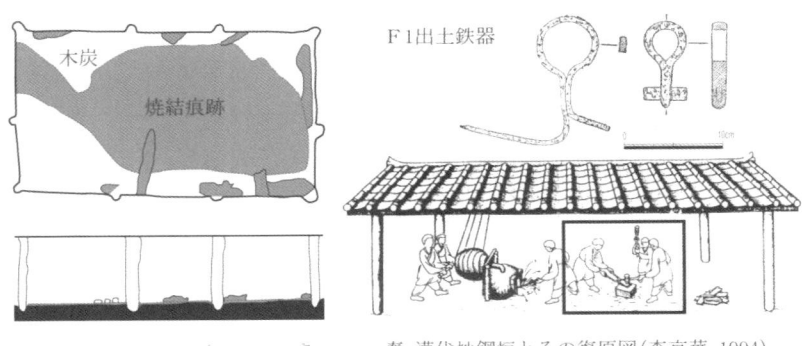

一方，鎚，鏨などの鍛冶具に関わるものも出土していることから，鍛冶工程も行われたと考えられる。特にJ38号から出土した鍛冶具は長期間に使用された痕跡が観察できる。このことは単発的な鍛冶工程ではなかったことを示す。しかし，鍛冶工程を想定することができる遺構に関する報告されていないため，鍛冶に関する詳細な状況を把握することは難しい。ただし，工房址として報告されたF1号遺構が鉄器生産工房であるとすれば，鍛冶工程を推定することができる。

図3　燕下都における鉄器生産関連遺物の状況

F1号は長さ約6m，幅4mの長方形遺構であり，端の近くに柱がある建物址である。内部の床面には約2～5cmの焼結層と木炭層が存在する。報告の内容だけでは，鍛冶と関連する建物址であるか判断はできない。しかし，内部から出土した未詳鉄片と床面に置かれた石材（推定）の形態から鍛冶と関連する遺構として考えることもできる。山東で検出した漢代壁画の鍛冶屋，または李京華氏によって復元された漢代における炒鋼炉と鍛冶炉の復原（李京華1994）と比較すると，炒鋼炉を除外すれば，類似性もある。よって，朗井村10号遺址F1を鍛冶工程に関する遺構として推定しておきたい。

朗井村10号遺址の鉄器生産関連遺物を層位別に検討すると，戦国中期層では鋳型と鋳造品などの主に溶解工程を想定できる遺物であるが，後期層は鋳造品とともに鍛造品も多数である。後期の鍛造品の中では注目できるものとして板状鉄斧のような定形素材がある。鍛冶工程を行うための素材は，精錬工程を経た素材であることが想定できる。すなわち，精錬という2次工程を行った素材が供給されたことが分かる。

朗井村10号遺址における鉄器生産をまとめると，青銅鋳造を行う際に鉄器の鋳造も行われてきたが，その後，鋳造は青銅より鉄器の方が普遍化する。また，鍛冶技術の発展に応じて定形素材が生産されることで，2次素材による鍛冶工程が活発化したと想定することが可能であろう。

このように，燕下都内部の遺址から出土する鉄器類と遺構の状況をまとめることで，鉄器生産工程の想定を試みた。しかし，遺跡の規模については，限定された資料のみでの検討である。未報告資料も多いため，燕下都における鉄器生産はまだ明らかではない。このことは金属学的分析結果から想定できる鉄器生産工程より複雑であるといえよう。

燕下都は発掘の初期段階から鉄器類に関する金属学的分析が行われており，1996年度の報告では金属学的分析結果をまとめた考察が行われてきた（李仲達ほか1996）。この結果をまと

表1　燕下都における金属学的分析の結果

時期＼炭素量	銑鉄					鋼			軟鉄
	過共晶	共晶	亜共晶	靭性	灰口	過共析	共析	亜共析	
戦国前期	鋳造鉄斧(A5) 西19号T51②	鋳造鉄斧(B1) 車6号T90③ 鋳造鉄斧(A1) 西19号T51②							西：西沈村，東：東沈村，高：高陌村，郎：郎井村 武：武陽台村，老：老爺台
戦国中期			鍬 郎10号T126⑤ F10				刀？ 郎10号T126⑤ H380		鋳造鉄斧(A5)★ 郎10号T126⑤ F10
戦国後期	鋳造鉄斧 高2号T12④ H75	鋳造鉄斧(A5) M44	鑿 高2号T12③ H75	鋳造鉄斧 武21号T86② H2	鍬 郎10号T25②	鋳造鉄斧★ 郎10号T135④	剣 老V号T7②	三歯鍬　　★ 高21号T74② H57	鍬　★ 郎10号T139④
	鑿 郎10号T136④	六角形鍬 M44	鐏 武21号T85③	鋳造鉄斧 武21号T73② H36			剣 M44	矛★ M44	板状鉄器★ 武21号T83② H67
	鐏 武21号T14② H2		鎌 郎10号T139③				剣 M44	戟 M44	矛：2点★ 武21号T80② H79
	鐏 武21号T85②		鎌 郎10号T129②					鏃 M44	甲片 武21号T82② H67
			矛 武21号T80② H84					甲片 武21号T83②	剣 M44
			鐏 M44						
	鋳造品			鍛造品			＝　報告資料		★　鋳造脱炭鋼

めると表1のようになる。

　農工具から武器類に至る多様な器種が分析の対象とされているが，鍛造品より鋳造品の分析が主体となっている。また，炭素量に基づく分類もされており，その結果，銑鉄と鋼，軟鉄の組織が全て検出されている。この中で注目できる点は，鋳造品であるが，炭素量が低い鋼組織をもつ鉄器類が確認される点（表1の★印）である。これは，鋳造による鉄製品を製作した後に脱炭し，表面処理を行うことで実用化する鋳造脱炭鋼工程が存在したことを示す。鋳造脱炭鋼の製品は戦国中期から出土し，後期に多数を占めることから，戦国後期に本格化したことが推定できる。また，鋳造鉄斧や鍬のような農工具のみではなく，武器類（矛）や素材（板状鉄器）に対しても鋳造の後に脱炭処理し，鋼化する技術が存在している。

　脱炭処理は，鋳造品を実用化するために必要な工程であり，脱炭処理の有無によって実用品であったかを想定することができる。筆者の前稿（金想民2014a）において，鉄器の型式によって脱炭処理の有無を検討した。その結果，報告資料の図や写真などで形態を

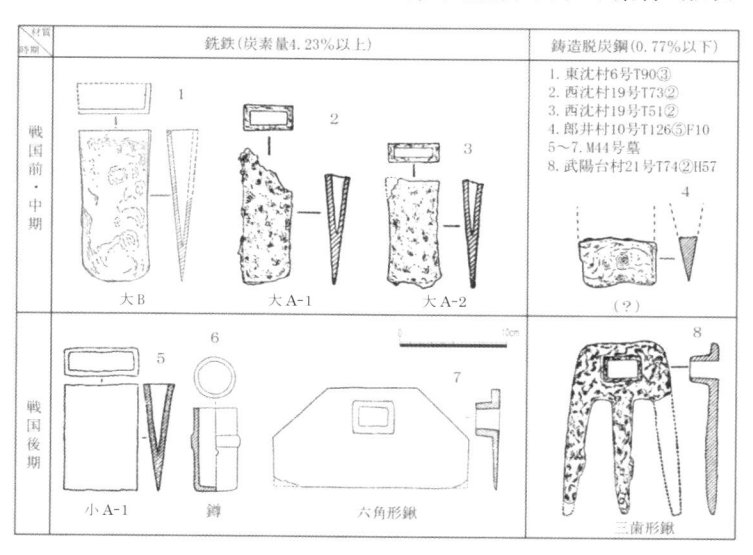

図4　金属学分析結果と考古資料の対応

把握することができたものをまとめると図4のようになる。

　実際に報告により鉄器の形態を把握できる遺物は7点（表1の下線印）であるが，分析結果から脱炭処理が想定される鉄器は2点しかない。しかも鋳造鉄斧は破片資料であるため，型式による脱炭処理の有無については把握することができない。ただし，44号墓出土品である小A-1型の鉄斧と六角形鍬が脱炭されてないことから，副葬された鋳造品は脱炭されなかったことが推定できる。

　金属学的分析結果より考古資料との対応関係は明確にとらえることができなかったものの，少なくとも戦国時代後期に燕国の中心地である燕下都には鋳造と鍛造技術の以外に「鋳造脱炭」工程が存在したことがわかった。李京華氏によると戦国時代前期以降に河南省を中心に鋳造鉄器生産技術が発展しており，実用化するため，脱炭処理を行ったことが明らかにされている（李京華1994）。このことを参考すると，燕下都における金属学的分析結果で多数を示す戦国後期の段階に，銑鉄（鋳鉄）を脱炭する工程があったと理解しても良いだろう。

　以上，燕下都における鉄器生産を検討したことによって考えられる特徴をまとめる。

　燕下都内の鉄器生産遺址は城内部の北側に集中するが，これは前稿（金想民2014a）で指摘した集落遺址の時間的な分布が南側から北東側に移動する傾向とも関連すると考えられる。戦国中期から鋳造と鍛造工程がすでに確認されるが，本格的な鉄器生産は戦国後期になってから行われる。工房址と集落遺址内から出土する鉄器生産関連遺物は鋳造と鍛造という比較的に単純な工程が想定できない。しかし，金属学的分析結果はより多様な工程を示唆しており，特に鋳造脱炭工程は存在した可能性が高い。今後，金属学的分析より想定できる製鉄工程を考古学的に検証することが課題である。

2）興隆県寿王墳地区（副将溝遺跡）

　燕国の製鉄工房址は，燕下都の集落遺址のみではなく，興隆県一帯に存在することも想定されてきた。特に興隆県寿王墳地区[5]では鋳造鉄斧や六角形鍬，鉄鎌，鉄鑿などの40種87点の鉄器鋳型が報告されている。

　寿王墳地区は鋳型が発見されて以降，遺物が採集された周辺地域の試掘調査が行われ，鉄鉱石粉末や木炭，焼土など溶解工程に関わる遺物などが出土している。また，建物址の基礎石と判断される定形石材も検出されている。このことから鋳型が出土した一帯は，製鉄工房址であり，その時期は戦国時代であると想定された（鄭紹宗1956）。

　近年まで本格的な発掘調査が行われておらず，遺構に関する状況は把握できなかったが，多量の鋳型が出土した点と，寿王墳地区は鉄鉱石と木材のような原料と燃料が豊かな地域である点から溶解工程が行なわれたと想定されている。特に，鋳型の表面に銘文があることが大きく注目され，燕国の官営工房として鉄器生産が行われたという指摘もある（鄭紹宗1956）。

　寿王墳地区は村上恭通氏によって近年の状況が紹介された。当時の鋳型出土地は民家の倉庫として残存していることが知られいる。そして，周辺の耕作地では鉄滓や炉壁，焼土が散在す

ることが再確認された。また、近年に採集された遺物の中には、多数の鋳造鉄斧と明刀銭なども存在することが確認でき、「採集された鋳造鉄製品のなかには、遺存状況が良好な例が多く、表面の旧状が観察可能で、鋳造後、脱炭されたことが肉眼で判断できる例もある」と述べられている（村上恭通2011）。また、鋳型一点に関する金属学的分析が行われており、高温液体還元法により鋳造された白鋳鉄であることが判明している（楊根1960）。

以上の寿王墳地区の製鉄工房址についてまとめると、多様な鋳型が出土しており、金属学的分析結果を踏まえると溶解工程がおこなわれたことは明らかである。

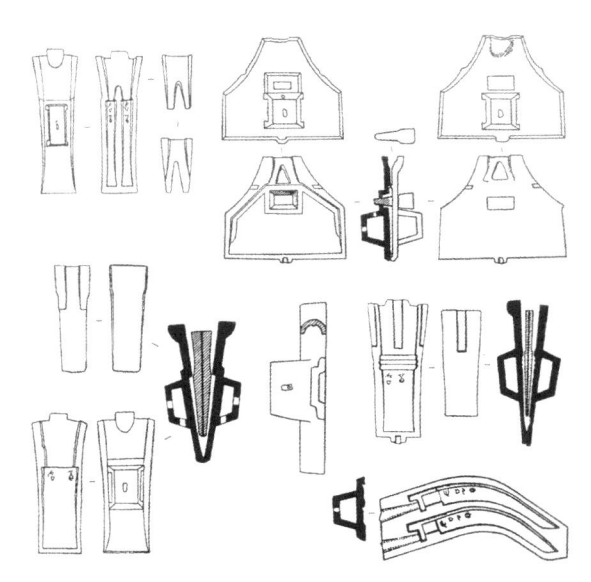

図5　興隆県寿王墳地区の鋳型類

また、鉄鉱石の粉末や炉壁、鉄滓などが出土することから一次工程である製錬工程まで行われた可能性もある。これは寿王墳地区一帯が鉄鉱資源と森林が豊かである点も一つの根拠としてあげられる。また、村上恭通氏の論稿を参考にすると、肉眼観察によるものではあるが鋳造鉄器にみられる脱炭痕跡は、溶解炉とともに製品を脱炭処理する次の工程も存在したことを示唆する。すなわち、採鉱 – 製錬（一次工程） – 溶解（2次工程） – 脱炭（3次工程）が行われたと想定しておきたい。

寿王墳地区の周辺地域では、寿王墳地区出土鋳型が基準資料となっており、鉄器生産と流通まで論じられてきた。また、興隆県封王墳・鷹水管子遺跡、隆化県一帯、天津市北郊北倉遺跡から出土した鋳造鉄斧を寿王墳の鋳型と比較することで、その類似性が指摘された（鄭紹宗1956）。このことは、寿王墳地区を中心にした鉄器の生産と流通の存在を示唆的である。

3）そのほかの製鉄遺跡

燕山南部地域では古城址と採鉱・製鉄遺跡の調査も行われているが、その詳細な報告はない。現在の北京市に位置する清河鎮古城址と寶店古城址がある。清河鎮古城址では製錬炉が検出されており、関連遺物として鉄滓と炉壁があると報告されている（蘇天鈞1959）。また、寶店古城址の報告では、直径40～50cmの鉄塊と鉄片、焼土を含む製錬炉の痕跡があったことが述べられている（北京市文物研究所拒馬河考古隊1992）。両遺跡は、文献記録と対応しており、漢代の郡所の古城址として推定されている。

また、承徳専区では採鉱坑や洗鉱場があり、4ヶ所の製錬場が検出された（羅平1957）。これにより採鉱から製錬を行った遺跡であることが分かる。製錬場は甲～丁場として区分して報

告されており，残存状況がよくない「丁場」以外は，製鉄工程の存在が想定されている。炉の様相を基として，甲場は小形の製錬工程であり，乙・丙場は溶解工程であると判断される。一方，承徳専区で出土した鉄器類では鉄帯鉤，車軸具，鍬，鎚，鎚形鉄器がある。特に，鉄鎚類は採鉱道具であるとされる（羅平1957）。しかし，鉄鎚はより大きい鎚形鉄器と比較すると短い柄部であることが推定できる。そして，鉄鎚の長さは約14cm であり，燕下都をはじめとする燕山南部地域で出土する鎚が10cm 前後であることから類似性をもつ。よって，鍛冶具として想定することも可能である。

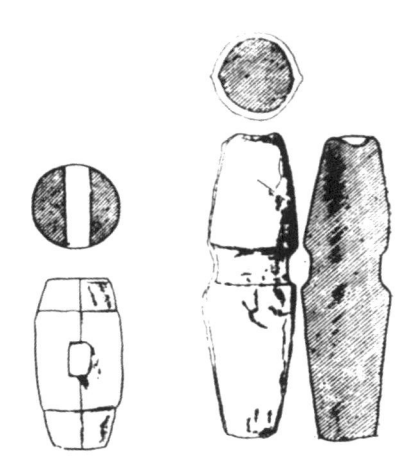

図6　承徳専区から出土した鉄鎚類

　承徳専区の製鉄工程をまとめると，鉄鉱石を採鉱し，選別した後に製錬が行われており，2次工程として溶解まで実施されたと考えられる。また，鍛冶具の存在から鍛冶工程も行われた可能性がある。その時期は鍬の形態から戦国時代の形態を持っているが共伴陶器片と半両銭を基として前漢代に位置づけることができる。

2　遼寧地域における鉄器生産遺跡

1）安杖子古城址

　発掘調査から鉄器生産と関わる資料が出土した遺跡として凌源県安杖子古城址がある。安杖子古城址ではH4号・H5号・H6号灰坑から生産関連遺物に関する報告がある。各遺構の出土遺物を整理すると，H4号灰坑では鉄器生産道具と陶材鋳型，H5・H6灰坑からは炉壁と鋳造鉄鏃（茎部）の鋳型，送風管，未詳鉄製道具が出土している（遼寧省文物考古研究所ほか1996）。

　その中で詳細な特徴を把握することができる遺物は，H6号灰坑出土品のみである。これらは送風管，陶製鋳型，ルツボ（取り杯）である。特に，ルツボの表面には流動状の溶着痕跡が残っていることから実際に使用したものと想定できる。H5号灰坑は出土遺物に関する報告はないが，H6号と同様であり，出土量は多数であると述べられている。よって，同一な性格をもつ遺構であると考えられる。また，中区T4の南西側では円形の炉址が確認できる。炉址は焼土範囲の中央に灰層が存在しており，周辺には5ヶ所の被熱を受けた自然石が存在する。H5号・H6号の周辺に分布していることから，鉄器生産と

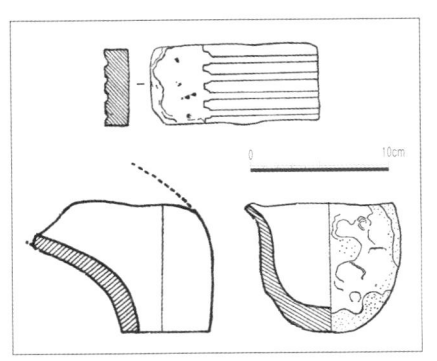

図7　安杖子古城址から出土した生産関連遺物連

関連する炉址として推定できる。

一方，鉄器生産道具と陶材鋳型が出土したことが報告されているＨ６号は，楕円形の平面形態をもっており，端部は斜面のように下がるが平坦な床面を呈する。鉄器生産と関連する遺物のみではなく，多量の瓦当や封泥，貨幣なども出土している。このことから生産遺構と考えるよりは，倉庫のような性格をもつ遺構であったと想定される。よって，Ｈ４号灰坑は直接に生産を行った遺構でないと考える。

ただし，このような鉄器生産と関わる遺構と遺物が検出される範囲は，西区４トレンチから６トレンチ，中区３・７トレンチであることから比較的に限定される範囲である。このことから，Ｈ４号灰坑は鉄器生産施設あるいは関連する遺構として理解しても良いと判断される。

安杖子古城址の生産関連遺構は全て前漢代の層位から検出されていると報告されている。特に，Ｈ４号灰坑からは「右北太守」の封泥が出土していることから右北平郡として推定されている（遼寧省文物考古研究所ほか1996）。これを参考にすると，前漢代に右北平郡の治所として鉄器生産が行われたと想定できる。

安杖子古城址の製鉄工程は，生産関連遺物の組成から一次素材を使用した溶解工程が行われたと考えられる。しかし，中区で検出された炉址と石材について鍛冶関連遺構と想定すると，鍛冶工程も行われたと考えることも可能である。その上で，精錬工程まで存在した可能性もうかがえる。なぜなら，溶解工程を行った２次素材は直接鍛冶素材として使用できないためである。「Ｌ字形」の送風管は銑鉄を液体状況で鋼化する，いわゆる「炒鋼」技術にも使用される。したがって，安杖子古城址の製鉄工程を溶解のみではなく精錬過程も存在したと想定しておきたい。

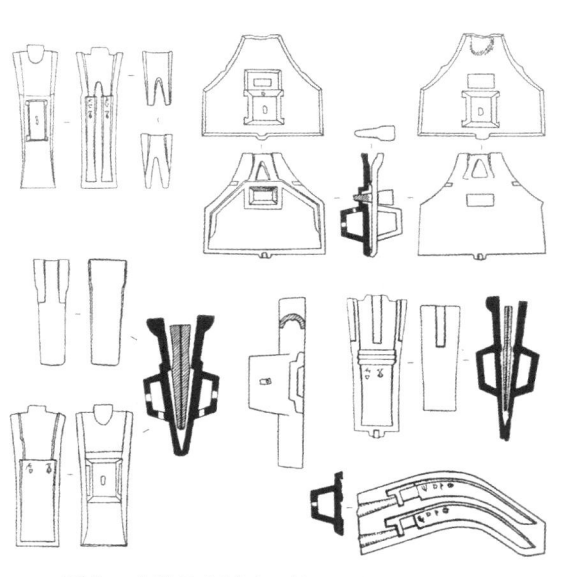

図８　安杖子古城址の鉄器生産遺構の範囲

２）侍中郡魯南里・中江郡土城里遺跡

侍中郡魯南里・中江郡土城里遺跡は鴨緑江周辺に位置しており，燕国長城の辺境である。両遺跡では製鉄炉の形態は明確に提示されてないが，石材と粘土を活用して構築した炉の構造であることは共通的に認められる。

魯南里遺跡では，長方形の石積と「コ字形」の関連施設が検出された。長方形石積は粘土塊と鉄鉱石が含まれており，石積の中央部は強く被熱を受けている。「コ字形」施設の下段部には，酸化した鉄粉が融着した状況が観察されている。また，石積の周辺では粘土塊や鉄塊，鉄

滓，炭層などが検出されている。このような遺物の出土状況から製錬炉と判断される。特に「ㄷ字形」施設が製錬炉より低い位置であることから溶解された鉄を溜めるための施設として想定される（정찬영1983）。

　土城里遺跡も同一の構造と想定されており，魯南里遺跡より石積の規模が大きく鉄滓量も多いことから，大規模製錬工程があったことが推定されている（정찬영1973・1983）。しかし，土城里遺跡については簡略的な報告しかなく，両遺跡を比較して検討することできない。

　両遺跡は炉の残存状況が悪く，製鉄関連遺物に関しても詳細な状況が提示されていないため，炉の構造を復元することは難しい。これまで，周辺地域に位置する「豊清里」朝鮮時代製錬炉との比較検討の結果，円形炉であると推定されてきた[6]。また，土城里遺跡で出土した鉄鉱石と鉄滓に対する金属学的分析の結果，磁鉄鉱であり，一次工程によって塊錬鉄が生産されたと想定されている（정찬영1973）。

　しかし，この想定には矛盾が生じているといえる。つまり，塊錬鉄を生産したにも関わらず，溶解された鉄を溜めるための「ㄷ字形」施設として想定していることである。高温操業を行い，鉄鉱石を溶かして流出しても貯蔵施設までの距離が1.5mと長いため，移動する際に全て固体化されてしまう。むしろ，分析結果が塊錬鉄であることから炉内部に形成された鉄塊を取り出した後に冷やすために溜水地に入れたと想定する方が妥当であろう。このことは，魯南里遺跡で出土した鋳造鉄斧が白鋳鉄である分析結果からもいえる。白鋳鉄は急に冷やした際に形成される組織であるためである。すなわち，「ㄷ字形」施設は溜水地のように製錬を経た鉄塊（一次素材）を冷やす目的として設置された施設として理解することも可能である。

　また，両遺跡の製錬炉と同一層の住居址で出土される鉄器類は，鍛造品が多数を占めているが，鋳造品も併せて確認できる。このことは，炉内部に形成された鉄塊は炉内環境によって炭素量が異なるため，鉄塊の炭素量によって異なる2次工程の操業が行われたと考えることもできる。

　同時期の住居址から鋳造鉄斧（小A-1型[7]）と鍛造鉄斧が出土しており，鉄鏃は楡樹老河深出土品と類似することも指摘されている（김일규2007）。また，高句麗の典型的な土器様式である帯状杷手付土器が出土する。よって，紀元前1世紀後葉として位置づけることができる。

　魯南里と土城里遺跡の製錬工程は中国の製錬工程と異なる特徴をもつと判断できるため，在地的な製錬工程として理解しておきたい。

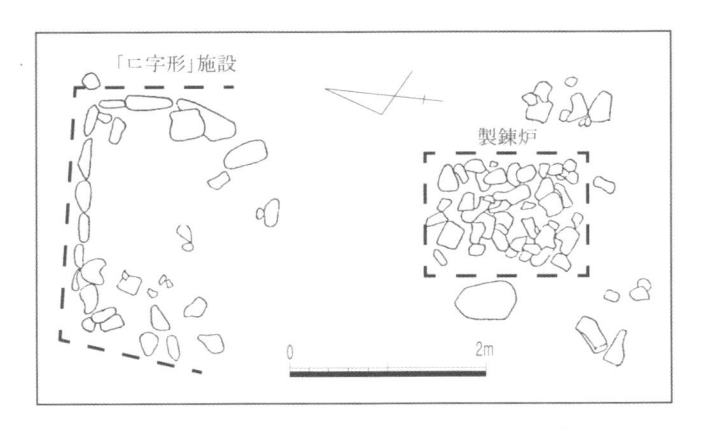

図9　侍中郡魯南里における製鉄関連施設の状況

3）そのほかの鉄器生産関連遺跡

　近年，万欣氏によって遼寧地域の新た製鉄遺跡が報告されている（万欣2009・2012）。遼陽市牌路溝遺跡は洞窟遺跡であり，現在も内部は鉄鉱石で埋められている。1970年代に「鞍鋼地質勘探公司」の探査チームによって鉱石を調査する際に発見されており，当時には鋳造鉄斧（鉄钁），鉄鎚，鉄床，多量の木炭が出土したと述べられている。牌路溝遺跡は漢代の居就古城・亮甲村城址に隣接する。

　また，蓋州市打鉄炉溝遺址では地表面に鉄滓やルツボ，鉄鎚などの遺物とともに廃棄場と考えられる鉄滓坑が検出されている。そして，打鉄炉溝遺址の周辺では採鉱洞窟も確認された。打鉄炉溝遺址が位置する蓋州市では漢代の平郭古城遺址があり，中国の東北部に唯一に漢代鉄官が設置されたところである（李京華1974；潮見浩1982）。さらに，営口市英守溝古城址の東側の山頂でも鉄銅鉱石と滓層が発見されている。

　これらの遺跡は地理的に千山山脈と遼河平野に接する位置であり，原料である鉄鉱石と森林が豊富に存在する場所である。また，陸路と水路として交通的に利点をもつ位置を占める[8]。加えて，漢代の古城址の内部あるいは周辺の丘陵で採鉱遺跡として発見されたという共通点をもつ。このような製鉄遺跡の立地は，漢代の製鉄遺跡を探る際に注目すべき点である。

Ⅲ　燕山南部・遼寧地域における鉄器生産の展開過程

1　燕山南部地域・遼寧地域における鉄器生産遺跡の分布とその意味

　以上のように現在まで燕山南部地域・遼寧地域における鉄器生産に関する報告が行なわれた遺跡は11ヶ所である。その中で炉の特徴を把握できる遺跡は魯南里遺跡しかない。燕下都の場合は鍛冶工程を想定できる遺構もあるが，筆者の推定にすぎない。また，製鉄工程を想定できる遺物が出土した遺跡は4ヶ所であり，燕下都と寿王墳，安杖子古城址があげられる。鉄器生産遺跡は燕下都と寿王墳を除くと，漢代の製鉄遺跡として時期が想定される。ただし，筆者の前稿（金想民2014a）で検討したように，東沈村の漢墓では副葬品として鉄鎚，鉄床などの鍛冶具が出土することから，燕下都では戦国時代から漢代にかけて鉄器生産が行われたと考えられる。

　図10は鉄器生産遺跡の位置と時期別の分布状況を確認し，加えて対象地域から鉄器が出土した遺跡の時期別の分布を整理したものである。製鉄遺跡は細かい時期を想定することが難しいため，大きく戦国時代と漢代に区分した。

　戦国時代における鉄器生産は，燕山南部地域を中心とする燕国の中央部に位置しており，漢代の鉄器生産遺跡はより広い範囲に拡散していることが分かる。特に漢代の鉄器生産遺跡は漢武帝によって設置された鉄官（紀元前119年）と漢代の古城址に隣接して立地している。

　安杖子古城址は右北平郡址と推定されており，牌路溝遺跡は遼東郡が位置した現在の遼陽市で検出されている。そして，打鉄炉溝遺址と英守溝古城址は，遼寧地域に1ヶ所しか設置されておらず，平郭（現在の蓋州市）鉄官と近く，清河鎮古城址と寶店古城址は漁陽（現在の北京市

西側）鉄官の位置する場所として想定される。このことは漢代の鉄器は鉄官や古城址などの拠点生産が行なわれたことを証明する。

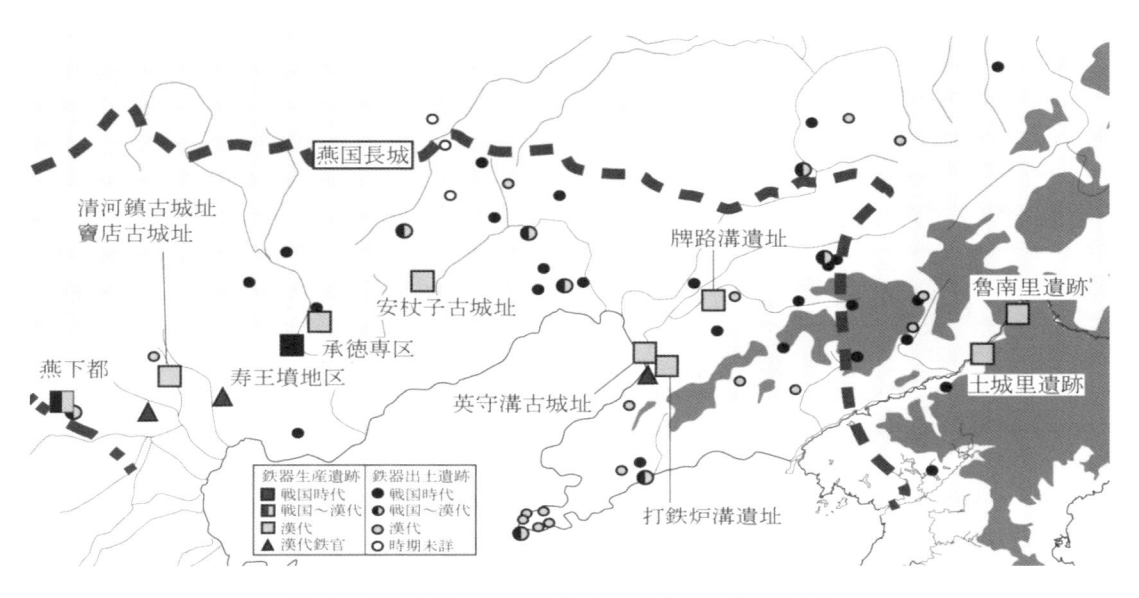

図10　燕山南部・遼寧地域における鉄器生産遺跡の分布

2　燕山南部・遼寧地域における鉄器生産と流通

　戦国・漢代の燕国における鉄器生産遺跡と同時期遺跡の分布を通じて時期別による鉄器の拡散様相を推定する。まず，戦国時代は燕国の中央で生産された鉄器が遼寧地域の全域に拡散したと考えられる。鉄器生産の中心地は，現在のところ寿王墳地区であると推定できる。基本的に燕国長城の範囲と周辺地域に拡散するが，吉林省西荒山屯遺跡のように長城と離れた地域まで燕系鉄器が見られる。村上恭通氏によって，吉林省二龍湖古城址で出土した鋳造鉄斧に寿王墳の鋳型で見られる銘文が確認されたことによって指摘されている（村上恭通2011・2012）。つまり，燕国における鉄器の拡散は，長城範囲に限定されないことを示していることである。戦国時代において，遼寧を中心とした東北地域では生産遺跡が検出されていないことから，燕国の中央で生産された鉄器そのものが移動したものと考えられる。

　漢代になると，古城址や鉄官の周辺地域で鉄器生産が行われ，拡散していくと考えられる。これらの遺跡と立地は大きな川の近くの交通的な利点をもつ地域であることは，拠点を中心として生産と流通が行なわれた可能性の一つと根拠となる。また，遼西地域と遼東半島のように戦国時代に鉄器の出土量が少なく，副葬品として扱われなかった地域でも漢代になると，鉄器の副葬量が増加する。これは夕陽鉄官と右北平郡に鉄官が設置されたことを関わると考えられる。

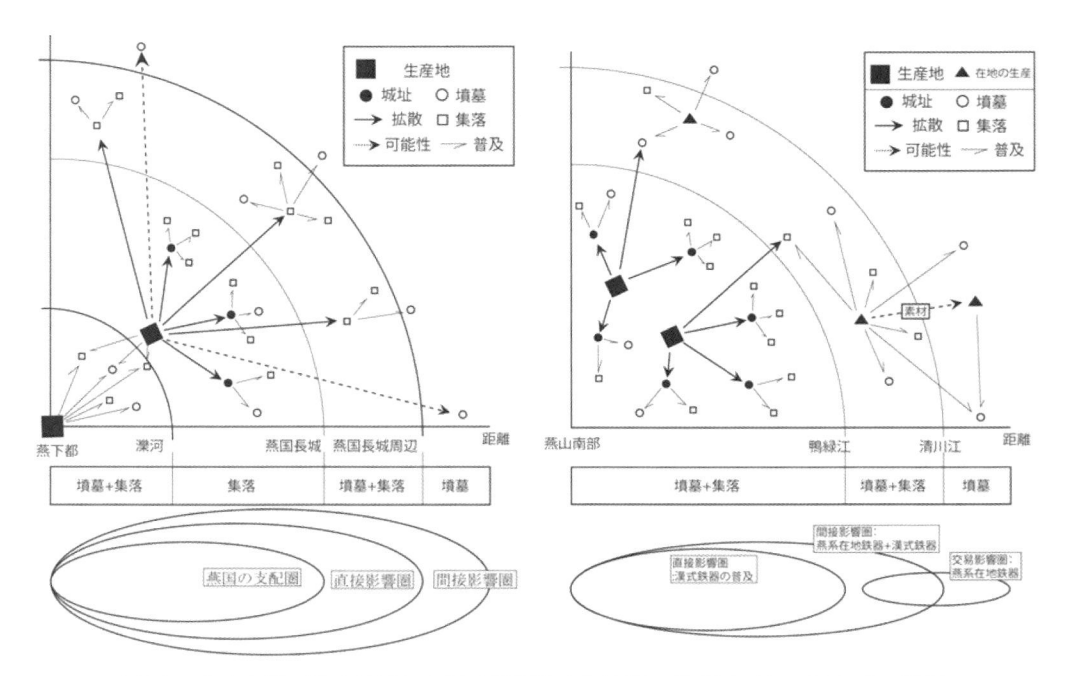

図11　燕山南部・遼寧地域における鉄器生産と流通の模式図（左：戦国，右：漢代）

　すなわち，漢代になると各地に設置された郡治を中心とした鉄器生産が行われ，地域拠点にも生産技術が移転して，地域拠点を中心とした鉄製品の流通が推定できる。

　一方，文献記録によると，中原地域の東北側には戦国時代から漢代にかけて様々な在地集団が存在しており，時期によって栄枯盛衰を繰り返す。多数の在地集団が存在するため，鉄器という新たな物質文化を認識した後に，地域により多様な形で鉄器の製作を試みたと想定される。しかし，遼東地域を中心とした東北部では，戦国時代の鉄器生産と関わる遺跡が発見されておらず，直接的な考古資料は存在しない。

　しかし，遼東地域は筆者が前稿で提示したように多様な型式の鉄器類が出土しており，時期による変遷過程を確認できる（김상민2014b）。鞍山市岫岩遺跡では同遺構で燕系鋳造鉄鏟・鉄鑷，漢式鍛造鉄斧・鉄鋤，変容した鋳造鉄斧が共伴する。また，典型的な燕系鉄器ではない鉄包丁も注目でき，漢代になっても燕系鉄器や変容燕系鉄器が共存していたこと

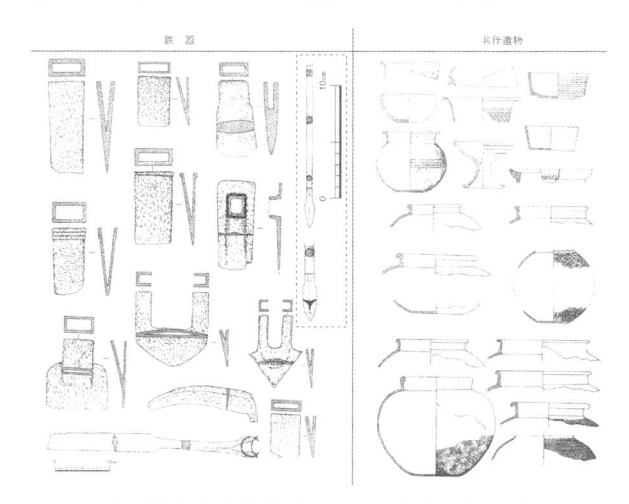

図12　鞍山市岫岩遺跡における出土遺物の状況

がわかる。鴨緑江下流域に集中して分布しており，燕系鉄器が変形した形態は，在地化して生産された可能性を示唆する。よって，遼東地域では最初の鉄器は流入品として存在したが，戦国末期になると在地生産が行われた可能性もある。

漢代になると，在地的な鉄器生産の動きは考古学的資料でも確認できる。代表的な遺跡としては魯南里と土城里遺跡である。両遺跡で石材と粘土を混用した炉を構築した点，塊錬鉄が生産された点は中国大陸の製錬技術と異なる特徴である。炉の状況に関する具体的な様相は分からないが，少なくとも紀元前1世紀後葉では在地的な製錬工程が行なわれたことは間違いないと考えられる。

Ⅳ おわりに

燕山南部地域・遼寧地域における鉄器生産遺跡について検討することで，戦国時代から漢代においての鉄器の生産と流通，技術拡散過程を考えてみた。だが，現在まで検出された考古資料が限られたものであることから，試論に過ぎない。特に遺構と遺物の特徴を把握することができないため，鉄器生産を行なう際に細部工程の変化に関する検討まで至っていない。

今回の検討において注目すべき点は，遼東地域における鉄器生産の特徴はより複雑な鉄器文化が存在しており，鉄器を生産するための工程も時期・地域によって異なっていたことである。遼東地域は少なくとも燕国の領域拡散に伴って設置された郡治内の鉄器生産が想定される。しかし，その後遼東の一部地域（韓半島・西北部を含む）では変形された燕系鉄器の生産が行われる。また，遼東地域の鉄器の特徴として注目される点は破片鉄器の再加工である。この事例として挙げられるのが龍淵洞遺跡と三道濠遺跡の鉄鎌である。このような戦国末から前漢初頭にみられる遼東地域で破片鉄器を再加工する技術は，韓半島南部地域や西日本でみられる再加工破片鉄器とつながる可能性もある。このことを考える際に金海市亀山洞遺跡で出土した破片の再加工鉄器は注目すべきものである。すなわち，遼東地域における鉄器生産技術の在地化が行われる段階に韓半島南部地域への鋳造鉄器の破片の流通があったことが想定できる。その後，魯南里と土城里遺跡でみられる塊錬鉄を生産する異なる製錬技術として発達したと考えられる。

図13 金海市亀山洞遺跡の出土遺物

このような結果はまだ仮説にすぎない。これを検証するためにはより詳細な考古資料が必要である。今後の考古資料の増加を期待する。

本稿は平成25年に提出した九州大学大学院比較社会文化学府学位論文の一部です。執筆するにあたり，宮本一夫先生をはじめとする九州大学大学院の諸先生の御指導を頂きました。自

分の研究が「科学か」というと，科学的に証明できるように模倣したものであるとしか言えないと思います。ただ，考古学を科学としてとらえようとする姿勢や考え方は，九州大学における留学で学んだ進歩であり，九大の先生方と同僚，先後輩の影響を大いに受けたものであると確信しています。これからも科学という言葉を意識しながら自分が納得できるような研究として進めていきたいと思います。

　田中良之先生には数々のお言葉も多く賜りました。そのなかで，今，思い出されることは「もう少しだね。」という言葉です。厳しい中間発表の後に，道でお会いしたときに声をかけてくださったときの言葉です。この言葉のおかげで，もっと頑張ろうと力をいただいたことが思い出します。先生には大変御世話になりました。深く感謝申し上げます。

■註
1）村上恭通氏は，銑鉄生産技術の由来を推定する際に，西周代の陝西省斉鎮遺跡の銅製錬炉の事例と製鉄炉と比較した。斉鎮遺跡の銅製錬炉は規模と特徴によって製鉄も可能であることを指摘した（村上恭通，2012）。
2）村上恭通氏は，戦国時代の鉄器を黄河系と長江系として区分している。黄河系は農工具は鋳造，武器類は鍛造が主流である一方，長江系は農工具にも鍛造が多数を示すことを特徴であると指摘した。
3）1982年度の報告では21号遺址として称したが（河北省文物管理処，1982a），1996年度に刊行された『燕下都』の報告には武陽台村21号遺址として述べられている。本稿では1996年度報告の遺址名を用いる。
4）袋鉄斧の製作技法を参考にすることである。袋鉄斧の製作技法に関する研究はすでに，村上恭通氏から行われてきた（村上恭通，2001；2007）。本文の「製作技法D」は，筆者の前稿で提示した製作技法の分類（金想民，2006）であることを提示しておく。
5）興隆県寿王墳地区は最初発見した当時には'興隆出土品'と報告されたが（鄭紹宗1956；長子高ほか1973），2004年刊行された『中国考古学両周巻』では'河北興隆寿王墳出土品'と遺跡名が示された。一方，寿王墳地区を直接訪問した村上恭通氏は実際に遺跡の位置を確認し，副将溝遺跡と名付けている（村上恭通2011）。本稿では一般的に知られている興隆県寿王墳出土品という遺跡名を用いる。
6）魯南里炉の構造については정찬영氏（정찬영，1973）と金一圭氏（김일규，2007）によって，侍中郡豊清里製錬炉の構造を参考することで類似性が指摘されている。しかし，見方によって円形と梯形の異なる解釈を行っている。
7）筆者の前稿による分類である（金想民，2014a）。
8）原文は以下の文献であるが確認できず，万欣氏（2012）の文献を参考とした。
　　王綿厚『秦漢東北史』遼寧人民出版社．

■参考文献
鞍山市岫岩満族博物館　2009　遼寧岫岩城南遺址　北方考古2期　pp.32-42
白雲翔　2005　先秦両漢鉄器的考古学研究　科学出版社　北京
北京市文物研究所拒馬河考古隊　1992　北京市竇店古城調査与試掘報告　考古8期　pp.705-719
中国社会科学院考古研究編　2004　中国考古学　両周巻　中国社会科学出版社　北京
河北省文物管理処　1982a　河北易県燕下都第21号墓址第一次墓発掘報告　考古学集刊2期　pp.69-82
河北省文物管理処　1982b　燕下都第23号遺址出土一批銅戈　考古8期　pp.42-49

河北省文物局工作隊 1965 燕下都第22号遺址発掘報告 考古11期 pp.562-570
河北省文物研究所 1987 河北易県燕下都第13号遺址第一次発掘 考古5期 pp.414-428
河北省文物研究所 1996 燕下都 文物出版社 北京
中国歴史博物館考古組 1962 燕下都城址調査報告 考古1期 pp.10-19
石川岳彦・小林青樹 2012 春秋戦国期の燕国における初期鉄器と東方へ拡散 国立歴史民俗博物館研究報 167 pp.1-39.
정찬영 1973 기원 4세기까지의 고구려묘제에 관한 연구 고고민속론문집 5 사회과학출판사 pp.1-54
정찬영 1983 압록강 독로강류역 고구려유적발굴보고 과학, 백과사전출판사 平壤
김일규 2007 한국 고대 제철유적의 조사현황과 특징 第50回 全國歷史學大會 考古部發表資料集 pp.209-230
金想民 2006 西南部地域 鐵斧의 型式과 變遷 研究論文集 6 (財)湖南文化財研究院 pp.61-79
金想民ほか 2012 韓半島南部地域における鉄器文化の成立と発展 みずほ43 大和弥生文化の会 pp.93-125
金想民 2014a 연하도 철기문화의 성립과 전개과정 – 주조철부를 중심으로 – 韓國上古史學報84 pp.5-35
김상민 2014b 연나라 철기문화의 확산과「세죽리–연화보문화」고고선 연구의 새로운 모색 제16 회한국고대사학회 하계세미나 pp.119-154
金元龍 1986 韓國考古學概說 一志社 ソウル
遼寧省文物考古研究所ほか 1996 遼寧凌源安杖子古城址発掘報告, 考古学報2期 pp.199-235
리병선 1961 중강군 토성리 원시 및 고대유적 발굴 중간보고 문화유산 5 사회과학원출판사 pp.46-63
리병선 1967 압록강류역에서 철기시대의 시작 고고민속 1, 사회과학출판사 pp.12-17
李京華 1974 漢代鉄農器銘文試釈 考古1期 pp.60-66
李京華 1994 中原古代冶金技術研究 中州古籍出版社
李仲達ほか 1996 燕下都鉄器金相考察初歩報告 燕下都 文物出版社 pp.881-895 北京
羅平 1957 河北承徳区漢代砿冶遺址的調査 考古通信1期 pp.22-27
宮本一夫 2000 中国古代北疆史の考古学的研究 中国書店 福岡
宮本一夫 2007 漢と匈奴の国家形成と周辺地域 九州大学21世紀COEプログラム（人文科学）東アジアと日本：交流と変容. pp.111-122
宮本一夫 2009 農耕の起源を探る – イネの来た道 吉川弘文館 東京
村上恭通 1998 倭人と鉄の考古学 青木書店 東京
村上恭通 2001 金属器製作の復元 ものづくりの考古学 東京美術 pp.231-257 東京
村上恭通 2007 古代国家成立過程と鉄器生産 青木書店 東京
村上恭通 2011 中国における燕国鉄器の特質と周辺への拡散 – 燕下都・副将溝・二龍湖を中心として – 戦国燕系鉄器の特質と韓半島の初期鉄器文化, 愛媛大学東アジア古代鉄文化研究センター第4回国際シンポジウム資料 pp.1-6
村上恭通 2012 中国・漢民族とその周辺域における初期鉄器の諸問題 みずほ43, 大和弥生文化の会 pp.79-92
中村大介 2012 燕鉄器の東方展開 埼玉大学紀要48-1 pp.196-190
潮見浩 1982 東アジアの初期鉄器文化 吉川弘文館 東京
蘇天鈞 1959 十年来北京市所発見的重要古代墓葬和遺址 考古3期 pp.135-137
万欣 2011 동아시아 지역의 전국양한 (戰國兩漢) 시기의 철제공구 (鉄製工具) – 요녕 (遼寧) 지역을 중심으로 – 韓・中鉄器資料集 I 국립문화재연구소 pp.252-280
万欣 2009 東亜地区的戦国両漢鉄工 遼寧省博物館館刊
万欣 2012 中国東北地区戦国至西漢時期的鉄器与冶鉄遺址試以這一時期鉄器中的鉄制工具辦例 2012 동아

시아 고대 철기문화연구, 국립문화재연구소 pp.244-254
楊根 1960 興隆鉄范的科学調査, 文物 2 期 pp.20-21
張子高ほか 1973 従侯馬陶范和興隆鉄范戦国時代治鋳技術, 文物 6 期 pp.62-65
鄭紹宗 1955 解放以来熱河省考古的新発見 考古通信 5 期 pp.52-55
鄭紹宗 1956 熱河興隆発見的戦国生産工具鋳范 考古通信 1 期 pp.29-35

釜山加徳島出土新石器時代人骨の埋葬パターンに関する分析

韓国・東亞大学考古美術史学科　金　宰賢・金　珠姫

　韓国・釜山広域市に所在する加徳島獐項遺跡では，2008年から2011年にかけて発掘調査が行われ，その間，新石器時代前期に属する人骨が検出された。ここで得られた人骨資料は，単に新石器時代のそれが多量に得られたということだけでなく，埋葬姿勢に既存の資料とは全く異なる特徴を見出すことができる貴重なものである。本稿の目的は，獐項遺跡出土人骨の埋葬パターン，性別・年齢の分析を通じて，ここでの埋葬姿勢が韓半島では特異な事例であることを明らかにし，新たに「加徳島式屈葬」という埋葬方法を提唱することである。
キーワード：加徳島，獐項遺跡，新石器時代，埋葬姿勢，加徳島式屈葬

1　はじめに

　韓国・釜山広域市に所在する加徳島から，新石器時代に属する人骨が出土した（図1）。この遺跡は獐項遺跡と呼ばれ[1]，2008年から2011年までの間，発掘調査が実施され，2014年に報告書が刊行された[2]。加徳島はこのほかにも新石器時代，青銅器時代の貝塚が確認されており，これらは先史時代から人が生活した痕跡とみられている。人骨が出土した獐項遺跡は，加徳島の北西海岸沿いに位置し，過去に住宅と耕作地があったと知られている。調査区は南北130m，東西70m，面積は9,048㎡である。この遺跡では6層の文化層が確認され，人骨は第4文化層（Ⅷ層）と第5文化層（Ⅸ層）の間から出土した。確認された人骨は合計48個体で，2010年から2011年の間に検出されたものである。これらの人骨は，調査区中央部の丘陵斜面に位置する墓域[3]と呼ばれる地点から出土した。人骨の頭位はほとんどが北東や東を向き，埋葬方法は伸展葬と屈葬からなる[4]。もちろん韓半島で新石器時代の人骨が報告された事例は，加徳島遺跡が初めてではない。しかし，これまでの人骨報告事例は，その個体数が1個体ないしは十数個体程度であり，そのほかにも検出事例はあるが，正式には報告されていない[5]。こ

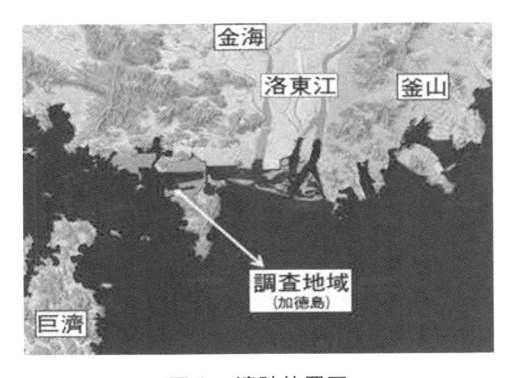

図1　遺跡位置図

れに対し，本調査例は検出された個体数が多く，今後の調査でも得難い稀有な事例と考えられる。

　人骨の状態は検出段階では比較的に良好にみえ，埋葬姿勢が十分に確認できるほどであったが，長期間，露出した結果，取り上げ作業時には，腐食や破損が進行してしまっていたことは残念に思う。人骨が検出された第4文化層と第5文化層をもう少し詳しくみると，第4文化層（Ⅷ層）から太線沈線文，押印文，指頭文が施された土器片が，第5文化層（Ⅸ層）から押印文，隆起文，指頭文が施された土器片が出土している（図2）。これらの土器は韓国では新石器時代早期から前期に属するものである[6]。人骨は，報告者が述べたように，二つの文化層の間で確認されたが，二つの層のいずれに属するのかは判定が困難であり，唯一，上下に切り合い関係が認められた35号人骨と36号人骨の場合も，いずれの層に属するのかの判断材料を欠いて

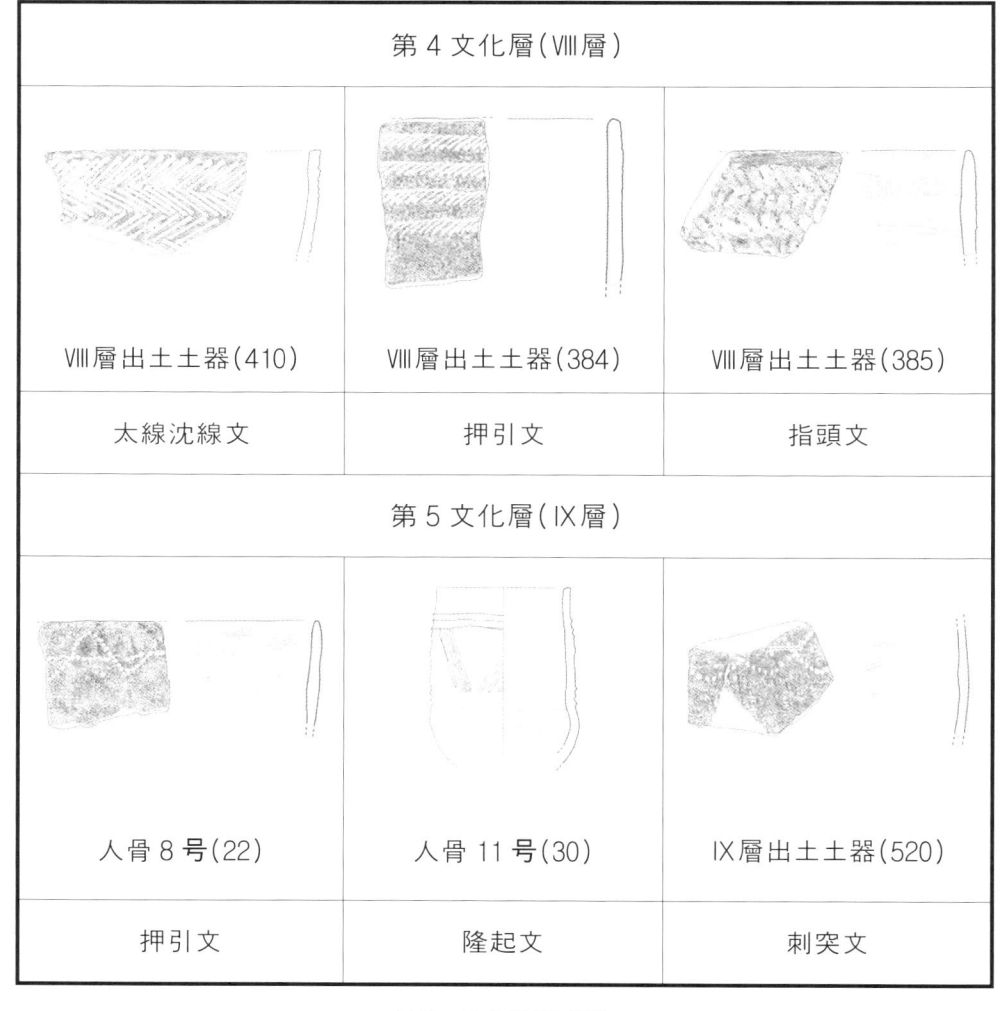

第4文化層（Ⅷ層）		
Ⅷ層出土土器（410）	Ⅷ層出土土器（384）	Ⅷ層出土土器（385）
太線沈線文	押引文	指頭文
第5文化層（Ⅸ層）		
人骨8号（22）	人骨11号（30）	Ⅸ層出土土器（520）
押引文	隆起文	刺突文

図2　層位別代表遺物

いる。したがって，本稿では第4文化層と第5文化層の間で検出された人骨を一括して分析する[7]。

本稿の目的は，獐項遺跡出土人骨の埋葬パターン，性別・年齢の分析を通じて，ここでの埋葬姿勢が韓半島では特異な事例であることを明らかにし，新たに「加徳島式屈葬」という埋葬方法を提唱することである。

2 被葬者の埋葬パターン

1）埋葬の状況

墓域は南北約36mにわたって細長い列状をなして形成されている（図3）。出土した土器片を検討すると，おおむね北から南に向かって，墓域が拡大したことが推定できる。墓はすべて，被葬者を1体ずつ埋葬した単数葬で，埋葬姿勢は屈葬と伸展葬が混在する。出土した人骨は全て，残存状態が良好ではない。人骨は合計48個体検出されたが，そのうち埋葬姿勢が全く確認できなかったものが16個体ある。四肢骨が残存していない場合と，残存しても一部分にとどまっている場合は，埋葬姿勢を推定するのは不可能であった。その一方で，残存状態が良くないものの，四肢骨が確認され，埋葬姿勢を推定できる例もあった。

これまで韓半島で確認された新石器時代人骨の埋葬姿勢のほとんどが伸展葬であったが，加徳島獐項遺跡の場合は，埋葬姿勢が確認できない個体を除き，屈葬は24個体，伸展葬は8個体であり，屈葬が全体の75％を占めている。このように，屈葬人骨が多量に確認された事例は，韓半島の新石器時代の遺跡では初めてのことであり，注目に値する。これまでの先史遺跡の調査でも，泗川勒島遺跡で屈葬を含む多様な埋葬姿勢が確認されているが[8]，後述するように，獐項遺跡の屈葬はそれらとは明らかに異なる，四肢を強く曲げた屈葬が含まれている。これまで韓半島先史時代の埋葬姿勢は，頭位を東側に向けた仰臥伸展葬が一般的なものと考えられてきた。しかし，ここで示した事実は，そうした既存の見解が，その説得力をすでに喪失したことを意味している。今日，韓半島では新石器時代である先史時代から伸展葬をはじめ，屈葬，火葬，伏葬が確認されており[9]，多様な埋葬形態が存在した社会であったことは明らかである。また，伸展葬と屈葬とは互いに排他性をもたず，同一墓地内で混在する状況をみせている。これは，埋葬姿勢が墓域区分を表示していないことを意味する。ただし，被葬者が外来者の場合には伸展葬を，在来者の場合には屈葬をしたかについては検討を要するので，次節で検討する。獐項遺跡で検出した埋葬例で確認されなかったことの一つは，墓壙の掘り方である。墓壙の掘り方は調査当初から確認できておらず，筆者も人骨調査時に，掘り方を確認しようとしたが，全く確認できなかった。土壌が遺構検出の困難な性質のものであったか，あるいは本来の墓壙が浅いため，確認できなかったかと思われる。獐項遺跡の埋葬例は，個々の埋葬が集まって一つの群をつくり，墓域を形成している。安島貝塚でみられるような合葬墓[10]（図4）はなく，それぞれの埋葬例が単独の被葬者からなり，他の新石器時代の遺跡での埋葬例と共通している。ただし，墓域形成の出発点に位置する1号人骨（女性）と2号人骨（男性）は，年

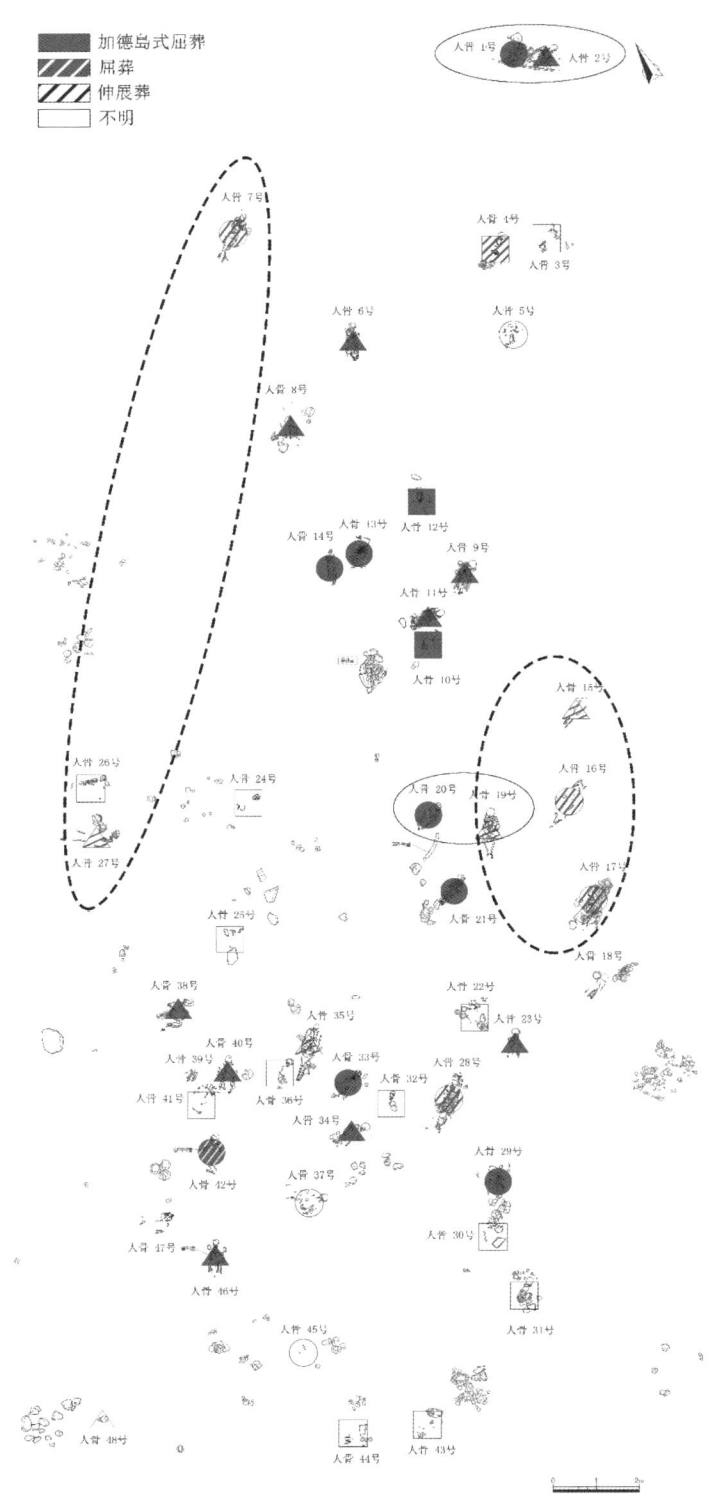

図3 獐項遺跡人骨の配置図（韓国文物研究院2014より改変）

齢がともに熟年で，後述する「加徳島式屈葬」で並んで埋葬されており，単独埋葬ではあるが，安島貝塚の合葬墓と同じく，ペアになる可能性を見出せる（図3・実線円で表示）。

2）性別と年齢構成及び埋葬姿勢

検出された人骨48個体すべてについて，性別判定および年齢推定を行った。性別は男性が15個体，女性が15個体，不明が18個体であった。なお，性別不明の18個体の中には，未成年のため，判定が困難な例が9個体存在する。この結果を比率で示したものが図5である。年齢は，老年が3個体，熟年が12個体，成年が12個体，小児2個体，幼児7個体，乳児1個体，不明11個体と推定された。この結果を比率で示したのが図6である。男女の年齢区分ごとの個体数を示したのが表1である。

これまでの調査で確認されていた新石器時代の埋葬姿勢はどうであろうか。欲知島の場合，報告では2基の墓における被葬者の埋葬姿勢についての言及はないが，報告の図面や写真から，2つの埋葬例ともに伸展葬であることが確認される[11]。煙台島遺跡の場合も，埋葬姿勢が確認できる9つの埋葬例のうち，5号遺構の伏葬を除いた全てが伸展葬である[12]。確実な合葬墓と判断される安島貝塚の埋葬例[13]は，男女の被葬者が両方とも伸展葬である。もちろん，凡方貝塚の埋葬例[14]のように屈葬の可能性が高いものもないわけではなかったが（図7），これまでの埋葬例のほとんどが伸展葬であったといえよう。

これに対し，加徳島の獐項遺跡の場合は，検出された人骨48個体のうち，屈葬は24個体，一方の伸展

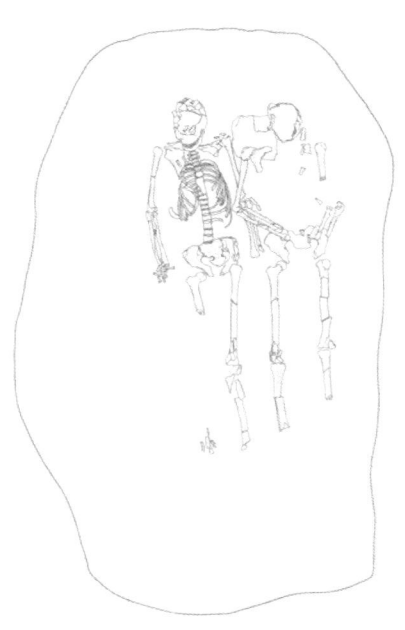

図4　安島貝塚1号墓
（国立光州博物館2009より）

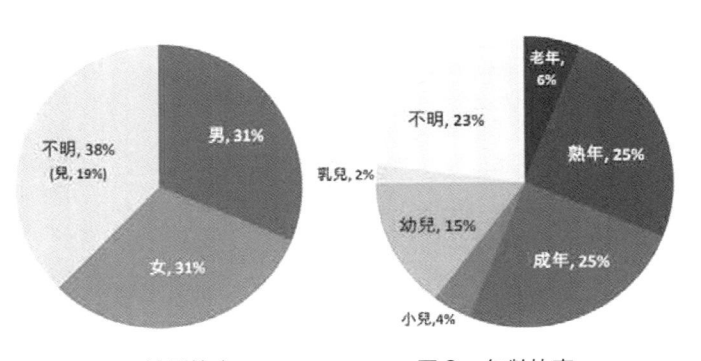

図5　性別比率　　図6　年齢比率

表1　性別ごとの年齢構成

性別＼年齢	老年	熟年	成年	小児	幼児	乳児	不明	合計
男性	1	8	4	0	0	0	2	15
女性	2	3	7	1	0	0	2	15
不明	0	1	1	1	7	1	7	18
合計	3	12	12	2	7	1	11	48

葬は 8 個体であり，屈葬は埋葬姿勢が確認された個体中の75％を占めている。性別ごとに埋葬姿勢を検討すると（表2），男性は14個体のうち，屈葬が10個体で，71％を占めていることがわかる（図8）。ここでの屈葬は全て，後述する「加徳島式屈葬」にあたる，四肢骨を強く曲げた屈葬である。女性は，「加徳島式屈葬」を含む屈葬が 8 個体で，全体の66.6％を占め，一方の伸展葬は 4 個体で，33.3％を占めていることがわかる（図9）。続いて，「加徳島式屈葬」の年齢区分ごとの個体数を検討しよう（表3，図10）。合計17個体のうち，熟年にあたる40～50代が10個体で，全体の58.8％を占め，ほかに老年・成年・幼児の個体も認められる。以上のことから，獐項遺跡の屈葬は，被葬者の性差・年齢差を横断して広く認められることが分かる。

こうした屈葬はほとんどが「加徳島式屈葬」からなり，これが韓半島の新石器時代前期に属する点は注目される。韓国では埋葬姿勢に対する検討を十分に行えるほどの人骨資料がなかったため，研究は皆無であるが，日本では興味深い見解がいくつか提出されている。すなわち，関東地方の縄文後期における伸展葬の増加原因を中部地方から原始農耕を習った人たちの移住の結果としてみる見解，同じ遺跡内で，性別によって埋葬姿勢が異なることを出自表示とみる見解がある。また，日本列島における埋葬姿勢の地域差を認め，北から南下しつつ，四肢の屈曲が強い方から弱い方へと変化するとみる研究もある[15]。

図7　凡方貝塚人骨
（釜山直轄市立博物館1993より）

表2　性別ごとの埋葬姿勢の構成

姿勢 性別	屈葬	加徳島式屈葬	伸展葬	合計
男性	0	10	4	14
女性	1	7	4	12

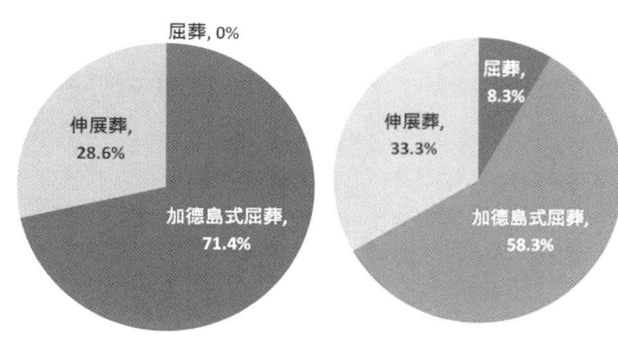

図8　男性被葬者の埋葬姿勢比率
屈葬, 0%
加徳島式屈葬, 71.4%
伸展葬, 28.6%

図9　女性被葬者の埋葬姿勢比率
屈葬, 8.3%
加徳島式屈葬, 58.3%
伸展葬, 33.3%

ところで，獐項遺跡で少数ではあるが，確認されている伸展葬の被葬者はどう理解されるであろうか。伸展葬の埋葬例の空間的位置をみると，南北に細長く形成された墓域の東側や西側といった外縁に位置する埋葬例が 5 例確認され（図3・破線円で表示），残り 3 例は屈葬と混在していることがわかる。伸展葬の被葬者の性別は，男性 3 個体，女性 5 個体であり，性別の偏りはないが，年齢は成人だけで，老年から乳児までの年齢層全てが存在する屈葬との間には差異がみられる。もし，こう

表3 加徳島式屈葬
被葬者の年齢構成

年齢	個体数
老年	1
熟年	10
成年	4
幼兒	2
合計	17

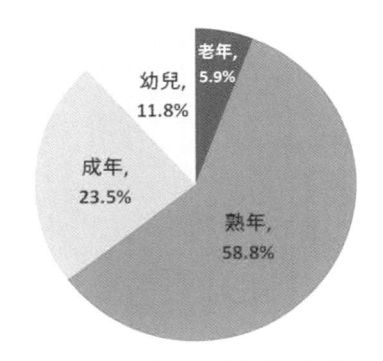

図10 加徳島式屈葬被葬者の年齢比率

した墓地の被葬者たちが，血縁的な紐帯を優先する集団であると仮定すれば，伸展葬の被葬者は数が少なく，成人だけで構成されることからみて，外来者の可能性を推定することもできるであろう。

3 「加徳島式屈葬」の提唱

　これまでも繰り返し述べてきたように，獐項遺跡で確認された屈葬は，屈葬の中でもとくに四肢骨を強く曲げた「強屈」の埋葬姿勢である。これはまず，左右の上肢骨の肘関節が強く曲がり，前腕骨が胸部に位置している。そして，下肢骨の股関節と膝関節は，不自然な状態まで曲がっており，肘関節と膝関節が互いに接するかのような状態をなしている。こうした埋葬姿勢は，通常は死者であっても取りにくい姿勢であり，今日の韓国でみられる殮襲（死体を湯水などでぬぐい，清よめた後，経かたびらを着せ，衾で包みしばること）のような行為を行った結果ではないと得難い姿勢である（図11）。このように，埋葬姿勢があまりにも不自然な状態であったため，当初はもしかすると，白骨化した遺体を二次的に片づけた埋葬ではないかという疑問もあった。しかし，14個体の屈葬埋葬例において，筋肉が付いてなければあり得ない位置に手骨と足骨がとどまっている事実は見逃すわけにはいかず，これは被葬者が最初から「強屈」の状態で埋葬されたことを証明する。

　獐項遺跡の「強屈」は，日本列島の北海道北部で確認される屈葬よりも，より四肢を強く曲げたものであり，これは獐項遺跡例だけの特徴である（図12）。屈葬とはいっても，仰臥や側臥をなしつつ，上半身の上肢骨は肘関節が強く曲がり，上腕骨と前腕骨とがほぼ平行に並んでいる。また，胸部で左右の前腕骨が相互に交差するかたちをとっている。下肢骨は胸部の近く

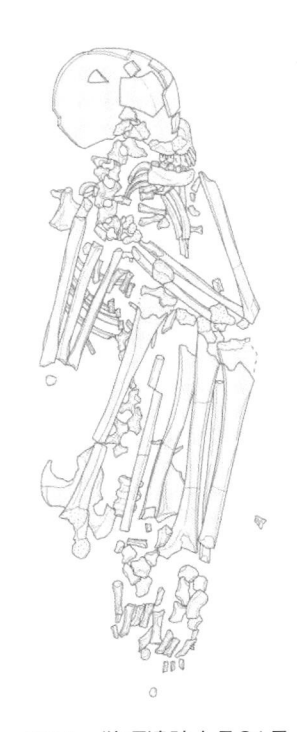

図11 獐項遺跡人骨21号

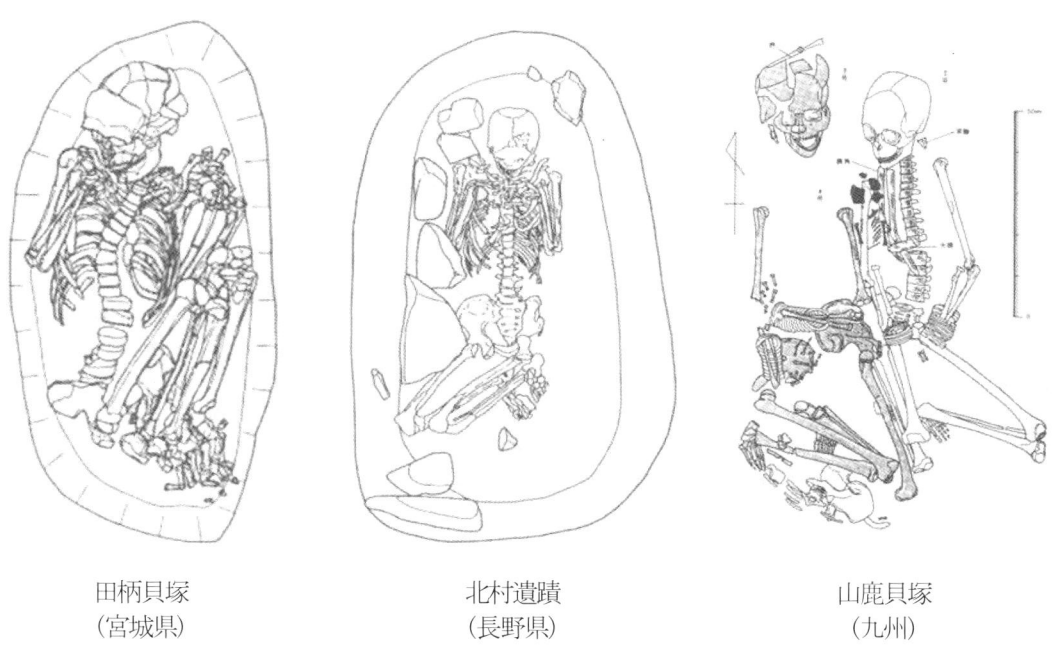

田柄貝塚　　　　　　　北村遺蹟　　　　　　　山鹿貝塚
（宮城県）　　　　　　（長野県）　　　　　　（九州）

図12　縄文時代の埋葬姿勢（山田2007より）

まで強く曲がり，膝関節が完全に曲がった状態で，大腿骨と下腿骨とがほぼ平行に並んで位置している。筆者は，こうした特徴をもつ屈葬を「加徳島式屈葬」と命名したい。「加徳島式屈葬」は，獐項遺跡では屈葬の24個体のうち，19個体（79.2％）で確認された。

4　その他の分析

1）事例1

9号人骨は，「加徳島式屈葬」にあたる埋葬例であるが，そのほかにも興味深い事実がある。それは，右側の下肢骨が動かされた痕跡である。左右の下肢骨のうち，右側だけに確認され，大腿骨と下腿骨の脛骨を本来の位置から反転させ，片づけた状態を示している。こうした片づけは，被葬者を埋葬した後，股関節と膝関節を連結する靱帯が腐食し，下肢骨が分離した時期に可能な行為である。この事例は獐項遺跡では1例のみであり，他の埋葬例にはみられない。何らかの理由によって行われたものと考えられる。

2）事例2

土器が人骨の上部を覆っている例も10個体（9・11・17・21・31・32・34～37号）確認された。これらの埋葬例は，土器あるいは土器片が人骨の上部に位置する状態で検出された。埋葬姿勢は加徳島式屈葬が4個体，伸展葬が1個体，不明が4個体であり，屈葬や伸展葬の双方が存在する。また性別については，その判定が可能であった7個体のうち男性が4個体，女性が3個体であり，性別による違いもない。土器が人骨に接した状態で検出されたことから，埋葬

時に被葬者とともに，供えられたのは確実である。なお，9号人骨のように，土器の胴体部のみ残存していた場合でも，土器の内面が上方を向き，埋葬時に破損した土器片を被葬者の上部に置いたと断定しにくい例もある（図13）。

3）事例3

　土器の代わりに，貝殻が人骨の上部を覆った例も1個体確認された（図14）。熟年前半（40代）の女性と推定される1号人骨で，埋葬姿勢は加徳島式屈葬で，左右の前腕骨にそれぞれ1枚の貝釧を装着していた。そして7枚の貝殻が，頭蓋骨から体幹骨にわたって一列に覆った状態で検出された。貝殻はすべて直径30cm以内のもので，7枚のみでも被葬者の全体を覆うには十分である。貝殻は全てに穴が穿たれているが，必ずしも貝釧の用途でそうしたわけではなく，前腕に装着した2点を除き，残りの7枚は初めから人骨を覆うためだったと推定される。貝の種類は赤貝で，赤い血あるいは再生との関わりも想定されるであろう。しかし，遺跡全体で1例だけの確認にとどまり，現状でそれがもつ意味を説明できない。今後の課題としたい。

4）その他の事例

　埋葬姿勢に関連した事例のほかに，人骨で確認された興味深い事実がある。まず，大腿骨粗線の発達は男女両方で確認されるもので，三国時代や朝鮮時代の男性や女性にくらべ，極めて発達した様相をみせる。これは，新石器時代の加徳島の男性と女性が，三国時代や朝鮮時代のそれらより肉体的な労働量が多かったことを示す。また，獐項遺跡の人骨の歯牙には齲蝕が全く確認されない。これは成人男女から未成人にいたるまで幅広く見られる特徴である。これは，これらの被葬者が主として，海洋性魚類，海洋性哺乳類，貝類などの海洋性の食料を摂取したという食性分析の結果とも矛盾しない[16]。また，歯牙が残存した36個体のうち，栄養障害スト

図13　獐項遺跡人骨9号 　　図14　獐項遺跡人骨1号 　　図15　獐項遺跡人骨14号の外耳道骨種

表4　加徳島獐項遺跡出土人骨の推定身長 (単位：cm)

時代	遺跡名	男性	女性
新石器時代	獐項（加徳島）	158.4±4.25 (n=9)	146.7±6.46 (n=8)
	安島	164.8 (n=1)	159.6 (n=1)
	煙臺島	164.3 (n=2)	—
	雄基 草島	160.0 (n=1)	155.0 (n=1)
日本縄文	北九州	159.2 (n=8)	150.5 (n=6)
	津雲	159.9 (n=13)	147.3 (n=16)
	吉胡	158.9 (n=22)	147.7 (n=18)

レスの結果とみなせる歯牙のエナメル質減形成が確認されたのは，11％を少し超える4個体（9号男性，14号女性，27号男性，33号女性）だけであった。これは加徳島の被葬者たちが狩猟・漁労・採集に経済基盤をもつ社会に生きながら，比較的安定した食料供給を維持できた集団であったことを意味する。そのほか，外耳道骨腫が1号女性，14号女性，38号男性に確認された（図15）。14号女性は被葬者のなかで最も高齢者で，推定年齢は70代である。この個体では，左右の外耳孔に明確な外耳道骨腫が確認され，海と関連する食料獲得活動に従事したことが推定される。また，19号男性の右側尺骨には，骨折部分が癒合した痕跡が確認された。この骨折痕は比較的きれいに癒合しており，新石器人なりの治癒行為があったことがわかる。大腿骨と上腕骨を用いた身長推定[17]は，男性9個体の平均が158.4cm±4.25で，女性8個体の平均が146.7cm±6.46であった。これは，同じ推定身長の計算法であるPearson式を適用した安島貝塚の新石器時代の男性164.8cm，女性159.6cmにくらべ，低身長であったことを示している。日本の北部九州縄文人の男性159.2cm，女性150.5cmとくらべても低身長である（表4）。

5　おわりに

　以上，獐項遺跡出土人骨の埋葬パターン，性別・年齢についての分析を行った。また，同遺跡の埋葬あるいは人骨に関連する興味深い事実についても検討した。この遺跡から出土した人骨で，最も注目されるのはやはり埋葬姿勢である。韓半島で初めて検出された，四肢を強く曲げた屈葬であり，日本列島の縄文時代に知られる事例ともやや異なる特徴をもつことから，これを筆者は「加徳島式屈葬」と命名した。獐項遺跡ではこれまでのところ，集落跡や住居跡などは発見されていない。しかし，検出された人骨は，男女，乳児から老年にいたるすべてが確認されていることからみて，この地に限定的・一時的に移り住んだ集団の墓域とみるには無理があろう。現在，獐項遺跡出土の人骨に関するDNA分析[18]とSr安定同位体比分析の作業も行われつつある。これらの結果が得られ次第，より細密な分析を実施する予定である。

　2011年は田中良之先生が韓国にいらっしゃった最後の年であった。そして，最後にご訪問

された現場が，加德島の獐項遺跡であった。いつものように現場をご見学され，人骨について，いろいろとご意見をいただいた。私が大学院生の時，九大助手の時，そして韓国に帰国した後も田中先生と多くの遺跡をともに調査したが，いま思うと田中先生と発掘現場でいっしょに撮影した写真が一枚もないことに気づいた。いつも仕事で忙しく，田中先生は常に一緒にいるだろうと思ったからであろう。今ではあまりにも後悔し，胸が痛いことである。これを書くこの瞬間も，先生とともにした時間が走馬燈のように頭の中を通り過ぎる。不足な論文ではあるが，田中先生の追悼論文集に加德島人骨の研究を載せたいと思った理由は，何よりも田中先生が韓国にいらっしゃって最後に訪問した遺跡が加德島の獐項遺跡であるからである。田中良之先生のご冥福を心よりお祈り申し上げます。

■註

1) 現在，加德島の新石器時代の遺跡から人骨が出土したのは，獐項遺跡が唯一である。したがって，獐項遺跡出土の人骨というより，加德島出土の新石器時代の人骨として知られている。
2) (財) 韓国文物研究院，2014，釜山加德島 獐項遺跡，上・中・下，韓国文物研究院 調査報告書 39冊。
3) 金相賢，2011，釜山加德島 獐項遺蹟，日韓新石器時代研究の現在，第9回 韓日新石器時代研究会発表資料集，pp.148-150。
4) ①註3) から引用。②金宰賢，2011，加德島 獐項遺跡 新石器時代 人骨에 對한 所見，新石器時代 貝塚文化，2011年韓国新石器学会学術大会，韓国新石器学会，pp.123-126。③金宰賢他，2014，加德島 獐項遺跡 出土 人骨에 對한 形質分析，釜山加德島 獐項遺跡，下，韓国文物研究院 調査報告書 39冊，pp.105-149。
5) 金宰賢，2008，人骨로 본 葬送과 被葬者，무덤연구의 새로운 시각，韓国考古学会。
6) 註2) の pp.144-145。
7) 報告者は人骨が位置する墓域の造成時期をB.C.4100年を前後する新石器時代の前期と推定している。註2) の下 p.14。
8) 沈奉謹・金宰賢，2001，勒島遺跡の意義，弥生時代における九州・韓半島交流史の研究，pp.139-153。
9) 金宰賢他，2001，上村里遺跡 出土 人骨에 대하여，晉州上村里先史遺跡，東亞大学校博物館，pp.255-258。
10) 金宰賢，2009，安島貝塚 出土人骨에 對한 分析，安島貝塚，国立光州博物館学術叢書 第58冊，p.43。
11) 国立晉州博物館・統營郡，1989，欲知島，pp.119-121，p.29の図6，p.144の寫眞6。
12) 金鎭晶・小片丘彦他，1993，煙臺島遺跡出土の新石器時代人骨について，煙臺島Ⅰ，国立晉州博物館，pp.403-451。
13) 註11) pp.325-337。
14) 釜山直轄市立博物館，1993，凡方貝塚Ⅰ，p.33。ここで調査担当者は「伸展葬の形態は足の部分をX字形の状態にねじっており」と報告している。
15) 山田康弘，2007，縄文時代の葬制，死と弔い - 葬制 -，同成社，p.10。
16) Ji Young Shin et, 2014 isotopic dietary history of Neolithic people from Janghang site at Gadeok Island Busan，釜山加德島 獐項遺跡，下，韓国文物研究院 調査報告書 39冊，pp.151-158。
17) K. Pearson, 1899. Mathematical contribution to The theory of evolution Ⅴ. On the Reconstruction of the stature of prehistoric races. Phil. Trans. Royal Soc. series A, 192.

18) 2014年KBSのドキュメンタリー「コリアのイブ」では，韓国の中央大学校分子生命学科の李光鎬教授は加徳島人骨の遺伝子の分析結果，一部は東洋系母系遺伝子，一部はヨーロッパ系母系遺伝子である，H型遺伝子が確認されたと発表した。

台湾の旧石器時代の諸問題

台湾大学　陳　有貝

要旨

　台湾の考古学において，旧石器時代に対する認識の始まりは比較的遅かったと言える。1960年代の後半以降，八仙洞遺跡の発掘調査をスタートとして展開してきた。しかし，その関連する遺跡や化石人骨の情報が少なく，それに対応する分析手法も非常に限られていた。

　最近では，AMS法という年代測定技術がいくつかの考古学に関する問題の解決に役立った。これは台湾の旧石器時代研究においても例外ではない。特に，2015年の今年に，左鎮化石人の年代が修正された。今回の成果から，ほかにも多くの再考すべき問題があると思われる。

　左鎮化石人の最新研究成果を契機として，本稿では台湾旧石器時代の問題について考察したい。

キーワード：台湾旧石器時代，左鎮化石人，八仙洞遺跡，小馬海蝕洞遺跡，小馬龍洞遺跡

1　はじめに

　1896年，粟野伝之丞が台北の芝山岩小山にて先史時代の石器を発見した。これによって，台湾考古学の幕が開かれた。それ以来，百年以上にわたって，多くの遺跡が発見され，様々な研究によって，台湾の先史時代が徐々に解明されてきた。

　現在では，概して台湾の先史時代は三つの段階に分けられている。今から約3万年前から5000年前までが旧石器時代と推定されている。また，今から6500年前以後，西部平野において新石器時代が現われ，大体紀元前後まで続いた。鉄器時代はいまから2000年前以後に海岸平野に出現し，そして約400年前から文献記録のある歴史時代がスタートした。

　先史時代というものは，主に考古学のデータを根拠に構築されたものであるため，データの強弱によってその信頼性も異なる。簡単に計算すれば，現在まで確認されている台湾の先史遺跡は約2500箇所である。そのうち，ほとんどは新石器時代と鉄器時代に属する遺跡であり，旧石器時代の遺跡の数はわずか5箇所にすぎない。言うまでもなく，普通，旧石器時代の遺跡は規模が比較的小さく，しかも長期間にわたっているため，保存状態が悪くなる。よってその遺跡の数が少ないのも当然である。とはいえ，台湾における旧石器時代の遺跡は予想よりも数

が少なく，得られる情報も非常に不十分であると言える。

したがって，如何にこの状況から抜け出し，台湾の旧石器時代をより深く探索するかが，将来，台湾考古学の重大な課題と言えよう。

本稿では，これまでの台湾旧石器時代に関連する研究を踏まえつつ，研究史の視点をはじめ，近年，新しく発見した考古学資料も加え，台湾旧石器時代の問題をもう一度考察してみる。

2　研究史から見た台湾の旧石器時代

20世紀初頭の台湾考古学は，新遺跡の発見を目的とする調査が多かった。多くの遺跡はこの時代に発見され，雑誌に公表された。例えば，現在台湾の「国定遺跡」として重要視されている圓山遺跡はその1つである。一方，研究面においては，主に人種や民族の所属問題が関心を集めていた。この傾向は，日本本土の考古学の研究動向とある程度関連性があると考えられる。

1928年，南方の研究センターを目指して台北帝国大学が設立された。当時は人類・民族・文化の多様性の研究が学校の特色として注目されていた（曽士栄1997）。このような背景により，現在の台湾大学人類学系の前身である土俗人種学講座が開設された。1930年前後，同講座が台湾南端の墾丁遺跡の発掘調査を行い，それが台湾初の発掘であると言われている。それ以後，遺跡から出た発掘品をデータ分析の基本として，系統性のある遺物分析が始まった。

土俗人種学講座のメンバーのほか，鹿野忠雄と国分直一が台湾の考古学に大いに貢献した人物であることには疑いがない。自然科学領域の博物学者として，鹿野氏は台湾の地理，地質，生物，考古などの分野に多くの成果をあげた。一方，社会科学領域の博物学者である国分氏は歴史，民俗，民族，考古などの分野で膨大な成果を残した。特に1940年代，台湾の旧石器時代の遺跡はまだ発見されていないものの，鹿野（1946, pp. 183-186）は既に地理環境と生物相の視点から台湾に旧石器時代の遺跡が存在すると論じている。

戦後は日本人学者の代わりに，主に安陽殷墟の研究を中心とした中国人研究者が台湾考古学の主導者となった。彼らは戦前の台湾考古学の成果を一部，継承したことに間違いないが，旧石器時代の議題について，60年代の前半までは関連情報がなく論じられていなかった。

1968年，台湾大学の地質学者である林朝棨は，台東県の八仙洞で旧石器時代と思われる遺物を発見した。その後，間もなく宋文薫を中心とした同校の考古人類学系は5回にわたって，一連の洞窟において発掘調査を実施した。そしてついに，4つの洞窟の下位地層から打製石器が出土した。間違いなく，これは台湾で初めて旧石器時代のものと判明した遺物である。広大な太平洋を臨む八仙洞遺跡は台湾旧石器時代の存在を証明する証拠となった。C14年代測定法によって，その結果はおよそいまから5-6000年前と判明しているが，最も古い年代は2-5万年前の可能性があると研究者は推測している。さらに，これらをまとめて長浜文化と命名した（宋文薫1969, 1980）。

1971年，宋文薫らは古代化石の採取者のコレクションから化石人骨を発見した。化石の状

態は非常に硬く，おそらく長期間に渡って埋められていたと思われている。鹿間時夫と下田信男はフッ素とマンガンの分析法によって，年代を測定した。結果は確定ではないものの，概ね約２－３万年前と推定した。採取者の記憶によれば，その人骨化石は台南県左鎮に位置する菜寮渓の川床で採取されたため，学界では左鎮人と呼んでいる（Shikama1976）。

　左鎮人は台湾先史時代における最古の人骨の証拠として，八仙洞遺跡の旧石器時代が２万年前以上に溯れることを強化した。これまで台湾旧石器時代についての論述のほとんどが八仙洞遺跡と左鎮人を根幹にすえている。

　1982年，台湾大学考古人類学系の李光周（1983,1985）は，台湾最南端の墾丁地域に位置する鵝鑾鼻第二遺跡で発掘調査を実施し，地層の最下位に打製石器を発見した。同地層には土器などの新石器時代の遺物が検出されていないため，旧石器時代の包含層として記録されている。またほぼ同時期に近くの龍坑遺跡からも１点の磨製骨器が検出されている。遺物はわずか１点しか出土していないにも関わらず，龍坑遺跡は旧石器時代の遺跡であるとみなされている。

　1988年，台湾大学の黃士強は八仙洞遺跡の南約50㎞にある一連の海蝕洞を発見し，発掘調査を実施した結果，多くの旧石器時代の遺物が出土した。ここは小馬海蝕洞遺跡と称され，八仙洞遺跡の発見以来，最も重要な旧石器時代遺跡と認められている（黃士強・陳有貝1990）。

　2002－2003年，筆者は旧石器時代の遺跡を研究，調査するために，台湾の東海岸地域における洞窟を調べた。小馬海蝕洞遺跡の北方約2.2㎞にある，当地の住民から龍洞と呼ばれている石灰岩洞窟を調査した。その洞窟は入り口が狭く，洞内が長く，光線が内部に入らないため，非常に神秘性のある空間と感じられる。洞内の地表面には遺物を見つけることが出来なかったが，発掘により下位の地層から旧石器時代の打製石器が出た。龍洞遺跡の年代について測定されていないものの，小馬海蝕洞遺跡と共におよそ５－6000年前であると考えられている（陳有貝2004）。

　以上にあげている情報は，すでに認めらている旧石器時代のものである。ほかに，旧石器時代に属する可能性のある遺物もちらほらと報じられている。例えば，苗栗の伯公瓏遺跡では，今から４－５万年前のものと言われる石器が発見されている（劉益昌1995）。また，芝山岩遺跡からは１点の旧石器が見つかっている（宋文薰1980,p.111）。しかしながらいずれにしても，より詳細に検証する必要があると考えられる。

　2006年，新北市十三行博物館は下罟坑遺跡で採集された遺物の展示を行った。さまざまな遺物の中に，器形的に旧石器に非常に似ている打製石器が見られる。採集者の記憶によると，それらの遺物はほとんど淡水河河口の海辺一帯にて採集されたものである。明確な出土地点はまだ確認できないものの，台湾の旧石器研究にもう１つの情報を提供していると思われる。

　八仙洞遺跡の発見後約40年が経ち，近年の2008年，中央研究院は再度，発掘調査を実施した。より多くの洞窟群が探査され，旧石器が再び出土した。特に注目に値する点は，C14年代測定法によって最も古い年代は約2.7万年前にも遡ることが出来るという成果である（臧振華2013）。

2015年の今年に，左鎮人化石の検証が再開された。加速器質量分析（AMS）法で分析したところ，2970±30年 BP，3000±20年 BP と250±30年 BP という数値が出た（邱鴻霖・陳有貝2015）。この結果は台湾旧石器時代の研究に大きな衝撃を与えたと予想できる。今後，台湾旧石器時代の諸問題を考えざる得ないと思われる。

3　旧石器時代の諸問題について

（1）台湾の旧石器時代の年代

　台湾の旧石器時代の年代について，理論面と資料面の視点から探ることができる。

　理論面からは，仮に旧石器時代人が海面低下の際に，陸橋を渡って，台湾にきたとすると，台湾における最古人類の年代の可能性としては，台湾の周辺地域のデータを参照する必要がある。地理的に，更新世の氷河期において，台湾と陸続きになっていたところは，西側はアジア大陸の中国東南沿海地域であり，東側は琉球列島の南琉球である。中国東南沿海地域では，最も古い旧石器時代遺跡の年代は10－20万年前に遡ることが出来ると言われている。即ち，台湾の最古人類が中国東南沿海地域から来たとすれば，「10－20万年」が台湾先史時代の年代上限となる。これより古い根拠がない限り，台湾の古人類は10－20万年より前である可能性は低い。

　下限年代については，琉球列島の南方諸島のデータが重要である。台湾に最も近い与那国島には，旧石器時代の遺跡は見つかっていないものの，南琉球全域では，2カ所で化石人骨が発見されている。その1つである宮古島のピンザアブ化石人骨は約2.6万年と測定されている。もう1つは，石垣島の新空港工事時に発見された白保竿根田原洞穴の化石人骨で，2010年に加速器質量分析法（AMS）によって骨を直接測定した結果，その年代は約2万年前に遡る（沖縄県立埋蔵文化財センター2013）。以上は，いずれも琉球列島におけるほかの化石人骨の年代に近く，非常に参考になるデータであると考えられる。そうすると仮に，人間が台湾を経由して列島に来たとすれば，概ね3万年前が台湾の最古人類の下限年代となる。

　ただ，以上は旧石器時代人が陸橋を渡って台湾に来たということを前提として，推論するものである。仮に，加藤晋平（2000）が示唆しているように，台湾の旧石器時代人が東南アジアの海上からやって来たとすれば，その年代を必ず再考しなければならない。

　実際の資料面から見てみると，1960年代に発見された八仙洞遺跡には，4つの洞窟に土器を伴わない地層から打製石器が出土した。そのうち，形成年代が比較的早い洞窟には炭素が検出されにくいため，遺跡の上限年代が不明であった。つまり，これまで分からなかった旧石器時代の存在が初めて実証された一方，その年代の上限は確認できなかった。

　まもなく，左鎮化石人が研究者の注目を集めている。年代の推定には疑問が残るものの，結局，研究者が予想した2－3万年という結果は八仙洞遺跡の上限を裏付けることができるため，学界に広く採用された。

　こうして，台湾の最古の人類が左鎮化石人で，彼らの生活道具が八仙洞遺跡の石器で，そし

て2－3万年前が台湾旧石器時代の開始年代であることは，台湾考古学においてほぼ定論となった。

　八仙洞遺跡の発見以降，ほかにもいくつかの旧石器遺跡が発見されている。代表例としては，小馬海蝕洞遺跡，小馬龍洞遺跡，鵝鑾鼻遺跡，龍坑遺跡などが挙げられる。ただし，あらゆるC14年代測定の結果は5－6000年前を呈しており，年代の上限については依然として現状にとどまっている。2008年にいたって，八仙洞遺跡の再発掘により，3万年前に近いという旧石器時代の上限年代がようやく明らかになった。

　今回，行われた左鎮化石人の年代検証では，従来の年代推定が根本から覆された。簡単に言えば，左鎮化石人は旧石器時代の人類ではなく，新石器時代以降の人類であった（邱鴻霖・陳有貝2015）。ただ，左鎮化石人が否定されたにも関わらず，台湾の旧石器時代の開始年代は3万年前以降であることは八仙洞遺跡の資料によって確かめられている。

　まとめてみると，科学的年代分析による結果は前述している理論的な年代推測（20－10万から3万年前まで）に合致していると言える。将来，もっと古い旧石器時代の遺物や人骨などが発見される可能性がないわけではないが，現時点では東アジアの東側にある一連の島々で発見されている最古の人類はほぼ3万年ごろであろう。なお，この現象は「アフリカ単一起源説」による本地域の拡散ルートと何かの関連性があるかもしれない。

　ちなみに，最近発表された台湾海峡の海底から見つかった澎湖1号化石人骨の研究成果によると，年代は19万年前より新しいと考えられている。それはかなり古い時期に溯れるため，本地域の研究にとって非常に貴重な資料であろう（Changほか2015）。しかし，その人骨は海峡に引き上げられたもので，埋蔵されていた元の地点は不明である。もし台湾海峡がその埋蔵地点であれば，またさらに多くの問題を慎重に考えざるを得ない。

（2）台湾の旧石器時代人はどこから来たのか

　台湾は東アジアの東側にある島であり，島の旧石器時代人は距離が最も近い東アジア大陸から来た可能性が高い。特に更新世の氷河期には，海水面が下がり，台湾海峡の一部が陸続きとなった。この時期，台湾とその東側にある南琉球との間には陸橋があった。仮に，旧石器時代人がそのルートで移動したならば，東アジア大陸の南方，台湾及び南琉球などの考古学的データには必ず類似性が見られるであろう。

　では，考古学の資料から見てみよう。

　まず人骨について，従来，2万年前とされていた左鎮人は形質的に復元するのは難しいため，周辺地域の化石人骨と比較することは困難である。唯一参考になる情報は柳江人と港川人との親縁関係の研究結果である。柳江人は中国の広西省で発見された晩期旧石器時代の人骨化石である。一方，港川人は沖縄本島で発見された約1.8万年前の人骨化石である。鈴木尚（1983）はその両地の人骨の比較分析を行い，形質的にそれらの関連性が見受けられると結論付けている。よって，その両地の中間に位置する左鎮人は当然，両方とも親縁関係を持っていると認め

られる。この論述に基づくと，左鎮人が確実に存在したかどうかは関係なく，台湾の旧石器時代の人類は東アジア大陸の東南沿海地域から来た可能性が高い。

しかし，柳江人と港川人との親縁関係についての研究者の見解が完全に一致しているというわけではない。一部では，遺伝子分析の視点からこの両化石人はそれぞれ違う系統に属すると言われている（馬場2000）。これは鈴木氏の主張と全く逆であるが，新しい研究視点から自然科学的データがより多く提示されているため，現在ではほぼ主流となっている。そうした場合，台湾の旧石器時代は東アジア大陸からやって来たという説について人骨による論拠が無くなってしまう。なおかつ左鎮人が一旦除かれれば，問題はほぼ原点に戻ると言える。

やはり，台湾における更新世の化石人骨がいまだ見つけられていないことが問題である。今後，問題の糸を解く鍵として，台湾の古代人骨を中心とする発掘調査は緊急な課題であろう。

次に，遺物の面から考えてみる。台湾旧石器時代の早期に属する遺物はほぼ不明である。八仙洞遺跡の古い地層から出土している遺物はかなり少ないため，その遺物の特徴を把握することが難しい。ただ，台湾旧石器時代の早期から晩期にかけての変化が少ないと考える研究者も多い。それゆえ，現時点で晩期の遺物を同時代全期のものとして考える。

八仙洞遺跡の発掘者である宋文薫（1969，1980）によると，石器の特徴として主に次の3点が挙げられる。

1．礫器は原石の片側のみを打剥加工して刃部を形成する。
2．剥片石器はほぼ原石から縦長の剥片をはがして，一次加工により打ち欠いて作ったものである。
3．石器種類のアッセンブリッジは上述した礫器，剥片石器，及び多くの不定形の小型剥片石器である。

八仙洞遺跡石器の特徴はモビウスがいわゆる東アジアのチョッパー，チョッピング・トゥール文化の説と一致すると宋氏は示唆している。すなわち，台湾の旧石器を東アジア旧石器時代の枠に入れて理解することができる。さらに，それらを中国の江西省，広東省，広西省の旧石器と比較して，両者が同一系統である結果を得たため，台湾の旧石器時代文化は中国の南方から伝播してきたものであると宋氏は結論付けた。

1990年代以前，八仙洞遺跡のほかに発見されている旧石器が少ないため，その研究はあまり進展しなかった。その後，小馬海蝕洞遺跡（李作婷2004）と小馬龍洞遺跡（陳有貝2004）が続いて発見され，一連の調査発掘が実施された。中国東南沿海地域の方でもより多くの旧石器時代の情報が発表された。しかし，台湾ではほとんど旧石器資料自身の研究に留まり，中国の東南沿海地域の旧石器との比較分析を行わなかった。宋氏による台湾と中国南方の類似性は東アジア全体に共通する性格なのか，それとも台湾海峡の両側に限られている特徴なのか，いまだ論じられていない。さらに，台湾の異なる旧石器時代の遺跡から出た遺物も全て同じわけではなく，その多様性は無視できない。例えば，小馬海蝕洞遺跡に細石刃石核らしい1点の石器が出土し，非常に特別な例として注意すべきと思われる（陳有貝2002）。この点からみると，

台湾旧石器の起源をすべて中国東南海岸地域へ求めることは再検討される必要がある。

以上に述べた大陸起源説に相対して，加藤晋平（1997，2000）は東南アジアの漁民起源説を提案している。彼は剥片石器群の類似性を根拠に，後期更新世においてフィリピンのルソン島の漁民たちが，漁のために黒潮の流れに乗って北上し，台湾や琉球列島に辿り着いたと推論している。台湾の旧石器時代文化は，すなわちその漁民が創造したものである。一部の台湾の研究者もこの説に類似する考えを示している（臧振華2000，2013；何傳坤2006）。

台湾にとって，大陸起源説と東南アジア起源説の差異ポイントは、ルートが違うほか，陸を歩いて渡ってきたのか，それとも海から渡ってきたのか，という点である。現時点の資料では，台湾の旧石器時代の遺跡で舟に関する遺物が全くないため，大陸起源説が有力になる。しかし一方，八仙洞遺跡では石器のほかに，「逆T字形釣針」と多くの大型魚類の骨が検出されているため，海に出る技術があったことが示されている。この点から見て，東南アジア起源説の可能性も無視できない。

その上，内陸部に位置している左鎮人を除去すると，ほとんどの既知の旧石器時代遺跡は台湾島の東南側と南端の海辺に位置している。これらの点から，東南アジア起源説の可能性がさらに高くなると考えられる。

（3）台湾の旧石器時代文化の内容

八仙洞遺跡を発掘した際に，研究者は地層の下位から出た石器を旧石器時代のものと見なした。しかし，その後のC14年代測定の結果の多くは5－6000年前を示し，年代的には一般の旧石器時代の年代認識よりかなり遅いため，その文化の性格に疑問が提起された。張光直は八仙洞遺跡は旧石器時代の遺跡ではなく，新石器時代における季節的なキャンプである可能性を示唆している。つまり，八仙洞の洞窟はその近くに暮らしている新石器時代の農民によって季節的に利用された空間であったと言うのである。漁が目的であるため土器を必要とせず，骨製の釣り針と簡単に製造できる打製石器のみが見られる。

張氏の提案に対して，八仙洞遺跡の打製石器が全て土器のない地層に存在していることを理由に，宋文薫（1991）は旧石器時代に属するに間違いないと強く主張した。

仮に，八仙洞遺跡が新石器時代人が残した季節的なキャンプとすれば，土器と磨製石器などの新石器時代の特徴物は残っていないかもしれないが，石器作りにおいては必ず新石器時代の技法が見出せるであろう。しかし，八仙洞遺跡の遺物は全て旧石器時代の技法によるものである。要するに，地層面からまたは類型面からのいずれにしても，八仙洞は旧石器時代の遺跡であると確認できるのである。

ただし，年代には依然として疑問が残る。宋氏は遺跡の年代が既に完新世に入るため，旧石器時代文化という呼称の代わりに，「先土器文化」と呼んでいる。これは年代的に新石器時代に入ったが，土器の製作がまだ行われていない時代を指す。また，「旧石器時代晩期持続型文化」という呼称もある（李光周1985）。二つの呼称は意味がやや違うと感じられる。「先土器文

化」といえば，土器がないことを強調しており，「旧石器時代晩期持続型文化」は旧石器の性格を強調している。台湾の旧石器を考えると，後者の呼称が適切であろう。

　総じて，八仙洞遺跡を典型とする台湾の旧石器時代文化は主に，打製石器を使い，海に面する洞窟を利用し，採集と漁を最も重要な生業とする生活である。より一層の研究はいまだなされていなく，これからが重要な課題である。

（4）台湾の旧石器時代の終わり

　これまでの資料では，台湾の旧石器時代遺跡は島の東側から南端までの沿海地に集中して分布している。その最古の年代は3万年前だと認められているが，5－6000年前が最も盛んであった時期である。この間の2万年以上の長期間にどのような変化があったのかは未解明の問題である。遺物の形態から，当時は文化の進展が非常に遅く，ほとんど停滞しているように見受けられる。さらに，約5000年前に至ると，旧石器時代文化が突然に消えた。なぜ繁栄を極めた時代の後すぐに消失したのか，これはとても興味深い。つまり長期の文化停滞と，5000年前に急に消えたことの2つの問題を明らかにする必要がある。

　まず文化停滞の問題について，一般の研究者は旧石器時代人が台湾に移住した後，最終氷期が終わり，海面が上昇し，台湾が再び島になったため，既に移入してきた旧石器時代人は海により隔たれ，台湾島に孤立した文化の進展が停滞したのではないかと推論している。しかし，これは台湾の旧石器時代人が海を渡る能力がなかったことを前提として導き出されたものである。よってこの前提条件が覆されるとその推論も成立しない。

　次の問題として5－6000年前の台湾では新石器時代が既に始まっていた。多くの考古学資料により，新石器時代人は約6500年前に中国の東南沿海地域から台湾に移住してきた。彼らは農耕と土器作りの技術を持ち，最初に台湾の西海岸の平野地に居住した。その後，約5000年前までに東海岸にまで拡散した。とすると，当時東海岸にいた旧石器時代の住民は新石器時代人と出会った可能性が非常に高い。問題は文化の差が大きい異なる集団が出会った時，何が起こったのかである。5000年前頃の考古資料を見れば，旧石器時代の遺跡は全て消失し，しかも新石器時代の遺跡では遺物の内容がほとんど変わっていない。それはある意味では旧石器時代人がほぼ一方的に衝撃を受けたことを表す。簡単にいうと，新石器時代人との生存競争によって旧石器時代人が消えたのである。

　また，新石器時代遺跡に見られる一部の打製剥片石器は旧石器時代の伝統を継承したものであると言われている（黄士強1991）。すなわち，旧石器時代人が全て消えても文化要素の一部は新石器時代人によって残されたのだ。

4　考察

　新石器時代あるいは鉄器時代の研究と比べると，台湾旧石器時代の研究は極めて不足していると言わざるを得ない。勿論，これは発見されている遺跡と化石人骨の数が少ないことが主な

原因である。したがって，旧石器時代を中心としたフィールド調査が至急必要であろう。

　研究史の視点から，従来は左鎮化石人と八仙洞遺跡を中心とするデータが旧石器時代研究の主な情報となっていた。それゆえ左鎮人の地位が失われたという旧石器時代に対する考えも変えなければならない。本稿では，今回の左鎮人の年代修正を契機とし，改めて過去の研究に基づく台湾旧石器時代の要点をまとめ，さらに問題のポイントを考察した。

　まとめると，まず台湾に人類がやってきた年代について，八仙洞遺跡と左鎮化石人の資料よって推測されてきたが，大いに疑問が残った。つい近年になって，両遺跡の年代は共に一層の自然科学的分析によって確認された。現在，左鎮人は否定されたにも関わらず，八仙洞遺跡の年代測定結果を根拠に台湾最古の人類は3万年前に溯ると推定されている。

　次に，台湾における旧石器時代人の起源地に関しては中国の東南沿海地域と東南アジアのいずれも可能性がある。前者の経由ルートは陸からであり，後者の経由ルートは海から渡ってきたのである。従来，前者を主張している研究者が多いものの，現在，左鎮人が否定されると後者の可能性が高くなると考えられる。

　新石器時代の複雑化した社会形態と比べると，旧石器時代のほうが随分簡単であったと想定される。主に打製石器を生活道具として，採集と漁は最も重要な生業であった。このようなシンプルの生活形態はおよそ3万年前から長期間に渡りほとんど変わっていないようである。しかし，5000年前に急に消失した。それは同地域に来た新石器時代人との生存競争の結果と考えられている。

　資料不足の原因も含めて，以上に挙げているものは科学的な証拠がいまだ希薄である。近い将来，より一層の研究が非常に重要な課題である。

■引用文献
沖縄県立埋蔵文化財センター，2013．白保竿根田原洞穴遺跡新石垣空港建設工事に伴う緊急発掘調査報告書．沖縄県立埋蔵文化財センター，那覇．
加藤晋平，1997．南西諸島における土器以前の石器文化．月刊地球18, 510-515．
加藤晋平，2000．閩，粤，台地域における先史文化の交流問題．東北アジア古文化研究所創刊号, 2-12．
鹿野忠雄，1946．東南亜細亜民族学先史学研究（下巻）．矢島書房，東京．
邱鴻霖・陳有貝，2015．左鎮人再研究委託研究案報告書．国立清華大学人類学研究所，新竹．
黄士強，1991．従小馬洞穴談台湾的先陶文化．田野考古2巻2期, 37-54．
黄士強・陳有貝，1990．東河地区遺址試掘及史前文化重建．国立台湾大学人類学系，台北．
鈴木尚，1983．骨から見た日本人のルーツ．岩波新書，東京．
曾士榮，1997．従「台北帝大」到「台灣大學」－戦後文化重編織個案研究（1945〜1950）．台北帝国大学研究通訊2, 1-12．
臧振華，2000．呂宋島考古與南島民族的起源與拡散問題．東南亜的面貌（蕭新煌 編），pp.3-25．中央研究院，台北．
臧振華，2013．論長浜文化的年代與類縁．八仙洞遺址保護與研究国際学術研討会論文集, pp.1. 1-1. 23

文化部文化資産局, 台中.
宋文薫, 1969. 長浜文化－台湾首次発見的先陶文化. 中国民族学通訊9, 1-27.
宋文薫, 1980. 由考古学看台湾. 中国的台湾（陳奇禄 編), pp.93-220. 中央文物供応社, 台北.
宋文薫, 1991. 台湾旧石器文化探索的回顧與展望. 田野考古2巻2期, 17-28.
陳有貝, 2002. 琉球列島與台湾史前関係研究. 国立台湾大学考古人類学刊58, 1-35.
陳有貝, 2004. 小馬龍洞遺址試掘報告. 田野考古8巻1, 2期合併号, 123-142.
何傳坤, 2006. 台湾旧石器晩期人類文化新発見. 旧石器時代論集－記念水洞溝遺址発見八十周年（鐘侃・高星編), pp.275-286. 文物出版社 北京.
馬場悠男, 2000. 港川人は琉球人の祖先か－島嶼適応の観点から. 琉球, 東アジアの人と文化（下巻）高宮廣衛先生古稀記念論集, pp.413-426. 高宮廣衛先生古稀記念論集刊行会, 沖縄.
李光周, 1983. 鵝鑾鼻公園考古調査報告. 国立台湾大学人類学系, 台北.
李光周, 1985. 墾丁国家公園考古調査報告. 国立台湾大学人類学系, 台北.
李作婷, 2004. 小馬洞穴発掘與石英質小石器類型研究. 国立台湾大学人類学研究所, 台北.
劉益昌, 1995. 鯉魚潭水庫計画地区第二期史跡調査暨伯公壠遺址発掘計画報告. 中央研究院歴史語言研究所, 台北.
Chang, Chun-Hsiang, Yousuke Kaifu, Masanaru Takai, Reiko T. Kono, Rainer Grün, Shuji Matsu'ura, Les Kinsley, and Liang-Kong Lin, 2015. The first archaic *Homo* from Taiwan. *Nature Communications* 6, 6037.
Shikama, T., C. C. Lin, N. Shimoda, & H. Bada., 1976. Discovery of Fossil *Homo sapiens* from Cho-chen in Taiwan. 人類学会雑誌84巻2号, 131-138.

順序配列法で模索した加耶土器の初現期

韓国 東亜大学校 考古美術史学科　朴　　廣　春

訳：田中聡一（壱岐市教育委員会）

要旨

　韓国考古学会が刊行した『韓国考古学講義』では，加耶の始まりについて論じる際に硬質土器の出現を重要な指標としている。その指標とは，礼安里160号墳と大成洞29号墳出土硬質土器を指しており，3世紀中葉～後葉と推定されている。ところが，最近の新たな発掘調査によって，それらの資料よりも年代がさかのぼる資料が出土している。そこで，本稿では先ず，古典的な考古学方法論の一つであるPetrieの連続順序配列法によって，指標の設定と暦年代に問題点がないのかを確認した。その結果，硬質土器を加耶土器の指標として設定する場合，暦年代を古くしなくてはならなくなるが，それよりも更に根本的な問題点は，文化の連続性を無視して指標を設定したという点にあることが分かった。そこで，連続順序配列法よりも客観性を備えた頻度順序配列法によって再度検討してみた結果，この指標が文化の連続性を無視して設定されたために多くの問題点があることが明らかになった。考古学の指標は，これまでに開発された方法論を使って可能な限り客観性を確保することが何よりも重要である。特に，出現期加耶土器の暦年代は，加耶のはじまりと同一視することから，十分に考えて決定されなくてはならない。単なる主観的判断によって設定された指標であれば，再検討されなくてはならないものと考える。新たな加耶土器の指標は，原三国時代の文化が衰退しつつ，新たな器種が短期間の内に出現した転換期となる2世紀に設定されなくてはならないのである。
キーワード：加耶土器，出現期，指標，Petrieの連続順序配列法，頻度順序配列法

Ⅰ　はじめに

　加耶土器をどの様な概念として我々が理解してきたのかを考えてみると，20世紀には主に金海式土器あるいは灰青色硬質土器として把握していたと言える。その様な概念で捉えられたのは，その当時の加耶遺跡に対する発掘調査が南海岸沿岸の貝塚を中心に行われていたこともあるが，根本的には資料が蓄積されて来なかったのが原因である。そこで，韓国考古学会が刊行した『韓国考古学講義』の中で加耶土器がどの様に定義されているのかを確認してみると，加耶土器は「原三国時代の瓦質土器から発展したもので，轆轤を使って成形して1200度以上

の高温になる登り窯で還元焔焼成によって製作されている。その初現時期は，金海大成洞29号墳・良洞里235号墳・咸安道項里35号墳出土品などから，3世紀中葉以前と見られる。」と説明されている（朴 2007）。『韓国考古学講義』は，我が国だけでなく外国の研究者たちも韓国考古学を理解するために必ず参考とする書籍である。その様に重要な書籍における加耶土器の概念と初現年代が，考古学の方法論的にどの様な問題点があるのかということを検討してみたい。加耶は，『三国遺事』「駕洛國記」によると A.D.42年に金首露王が建国したと記録されている。しかし，この建国記事中の誕生説話と卵生説話はあまりにも非科学的であることから事実として受け入れがたい点が多い上に，考古学的に初期国家を裏付ける遺跡が未だに調査されていないという現況にある。そのため，灰青色硬質土器が初現する時点からを加耶と設定し，加耶土器の初現を3世紀中葉から後葉としてきたのである。ところで，何らかの科学的な方法によって検証された灰青色硬質土器の生産年代が3世紀中葉であったのであれば問題無いが，研究者の主観的な私見によって提示された年代によって加耶の始まりの指標とされたのであれば，それは加耶の歴史の復元に深刻な歪曲をもたらす可能性が高い。ところで，考古学の古典的な方法論の一つであるPetrieの順序配列法とそこから発展した頻度順序配列法は文化の連続性を重視するものである。そこで，果たして灰青色硬質土器の初現とされる時点がPetrieの順序配列法と頻度順序配列法から見てどの様な問題点があるのかということについて検討してみることとする。さらに，歴史を復元する上での考古学の指標は研究者たちが設定したものであって，新たな調査資料によって検証されなくてはならない。指標設定と解析において文献的な記録との乖離が甚だしい場合には，方法論において問題が無いのかという疑問を持たなくてはならない。そうで無ければ，考古学が非科学的であるとの非難を受けることとなると思われる。物質資料を通しての歴史復原はたいへん難しいことであるが，出来るだけ客観的な方法論を用いなければ専攻者以外の一般の人達も考古学を信頼することは無いのではないだろうか。その様な観点から，本稿ではまず加耶土器の出現年代を古典的な考古学方法論の一つであるPetrieの順序配列法によって明らかにした上で，文化の連続性を重視する頻度順序配列法によってその代案を提示することとしたい。

II Petrieの連続順序配列法による初現期加耶土器指標の問題点

相対年代決定法における層位学によって，攪乱されていない状態において下層から出土した遺物が上層のものよりも古いということを考古学研究者は常識的に理解している。それに対して，古典的な考古学方法論の一つであるPetrieの順序配列法は，層位関係を成していない状況にある遺構から出土した共伴遺物や遺跡別に分類した諸型式の出土数を検討して相対的な順序を決定するものであって，状況に合わせて適用したならば文化の変化様相をはるかに容易に理解することができる考古学の代表的な方法論である。特に，古墳研究において，共伴遺物の関係における文化の連続性と断絶の指標を得るのに参考となることから，Petrieの順序配列法について詳しく検討してみることとする。

1　Petrieの連続順序配列法の原理

　相対年代決定法の古典である連続順序配列法は，英国の考古学者Flinders Petrieが創案した方法論である。1880年代にはエジプトの遺跡の碑文を使って年代を推定していたが，エジプト南部地方で碑文の無い大規模共同墓地を調査することとなった。多くの墳墓で出土遺物が多様に組み合わさっていたことから，Petrieはこの共同墓地が相当長期にわたって造営されたものであると推定した。そして，相対編年を行うために，Diospolis Parvaにある共同墓地で調査された4,000基余りの内，5変種以上の土器が出土した900基の墳墓を対象にして検討し，墳墓からどの型式のものが多く出土したかを記録して，その型式が最も集中する墳墓を順番に配列しようと努力した。図面1は，Petrieが土器を型式分類して番号を付けた後，上の列を構成する型式と同じ型式が下の列に配置される様にして順序を決定したものである[1]。

　その様に順序を羅列してから一番左側の列に位置している土器の特徴を分析した結果，最も上に位置する球形壺では胴部中央に突出する把手が付くが，それが下方に移動するのに伴って胴部が少しずつ細くなりつつ把手が波線状に変化し，それから胴部が円筒状に変化してアーチ文様のみが残るものへと変化したことを明らかにした（李 1986）。それぞれの横列は10年の年代幅を有するものと推定し，順序配列法の正確性に対しては土器以外の副葬品と墳墓の重複関係によって検証した。Petrieによるその様な連続順序配列法は，型式の共伴関係を通じてエジプト先王朝の壺の把手が時間の経過とともに退化したことを明らかにしただけでなく，検証を行ったという点において今なお我々が参考にしなくてはならない方法論であるといえる（Trigger 1989）。

2　Petrieの連続順序配列法で明らかとなった初現期加耶土器の指標設定の問題点

　3世紀中葉～後葉を加耶土器の初現期として設定することは，加耶の歴史がその時点から始まったということと同義である。その様に重要な指標について，古典的なPetrieの連続順序配列法を通してどの様な問題点を孕んでいるのかを見てみることとする。加耶土器の初現期に位置づけられる代表的な古墳としては，3世紀後葉に比定される礼安里160号墳と大成洞29号墳などがある（申 1992，慶星大 2000a）。これらの古墳から出土した遺物を加耶土器の始まりとする理由は，単に中型壺の古型式である短頸壺と両耳付大壺が軟質から硬質焼成へと変化しているためである。礼安里160号墳出土土器19点を器種別に分類すると，中型壺，台付円球壺[2]と蓋，器台，乳頭付壺，鉢，壺，鉢，両耳付壺，大壺などに分けられる。ところで，これらの器種は礼安里160号墳のものが初出であるのではなく，近隣の別の遺跡においてそれよりも年代が先行する型式のものが出土していることから，Petrieの順序配列法を使って検討してみることとする。

　先に連続順序配列法で上側の列と同じ型式を下側に配置したのと同様に，図面2では火炉形（火鉢形）器台と台付円球壺の型式を分類した上で，上側の列と同じ型式を下側の列に配置した（釜山大 1988a）。火炉形器台は胴部最大径が口径よりも広いものが最も古型式であって，

胴部最大径と口径が同程度の中間型式から胴部最大径が口径よりも小さくなる新型式へと徐々に変化する。ただし，胴部最大径と口径が同程度になる中間型式段階に器台の両側に把手が付いた両耳付火炉形器台が出現する。台付円球壺は，頸部が外側に広がっている全体的な器形が亜字形に見えることから一名「亜字形土器」と呼ばれる型式のものと頸部が直立する型式のものに分類することができる。亜字形土器は主に古型式の火炉形器台と共伴しており，頸部が直立する型式のものは器台の中間段階型式のものと共伴している。その様な型式組列の順序は，共伴遺物による検証を経ていることから絶対に入れ替わることは無い（朴1991）。

　図面2で器台と台付円球壺の他に型式変化の方向性が明確になっているものは乳頭付壺である。肩部と底部に乳頭の様な突起が付いていることから付けられた名称で，最初は長胴の胴部

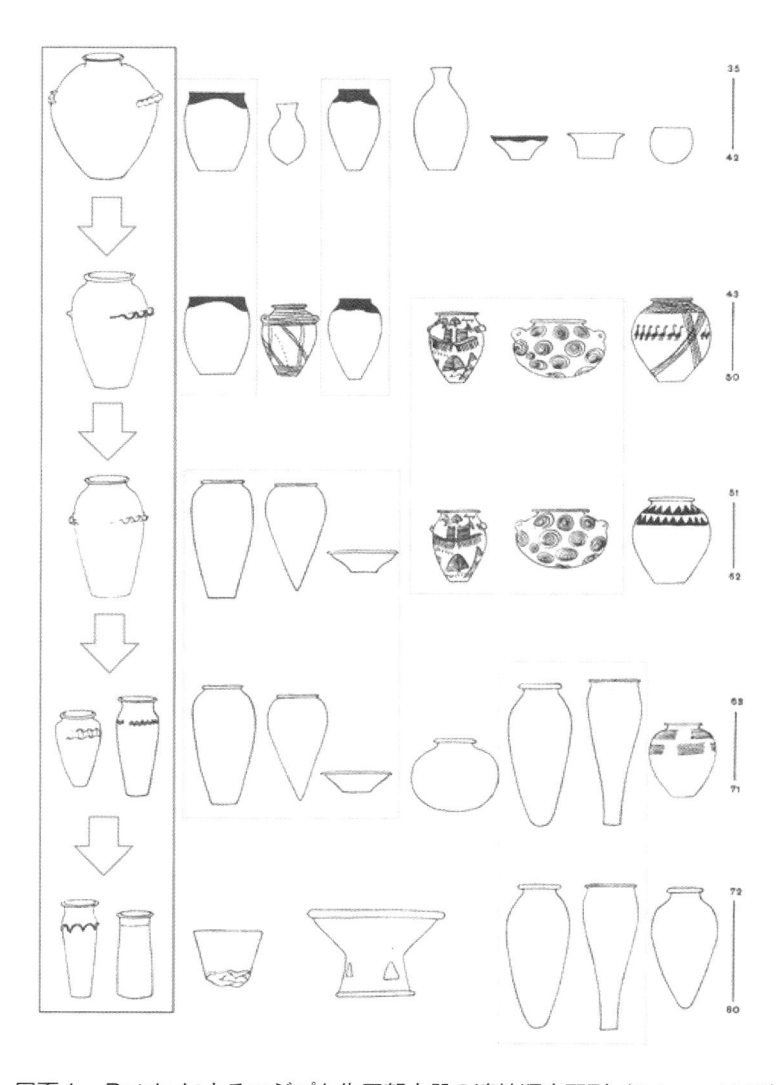

図面1　PetrieによるエジプトWhat先王朝土器の連続順序配列（Trigger 1989）

順序配列法で模索した加耶土器の初現期

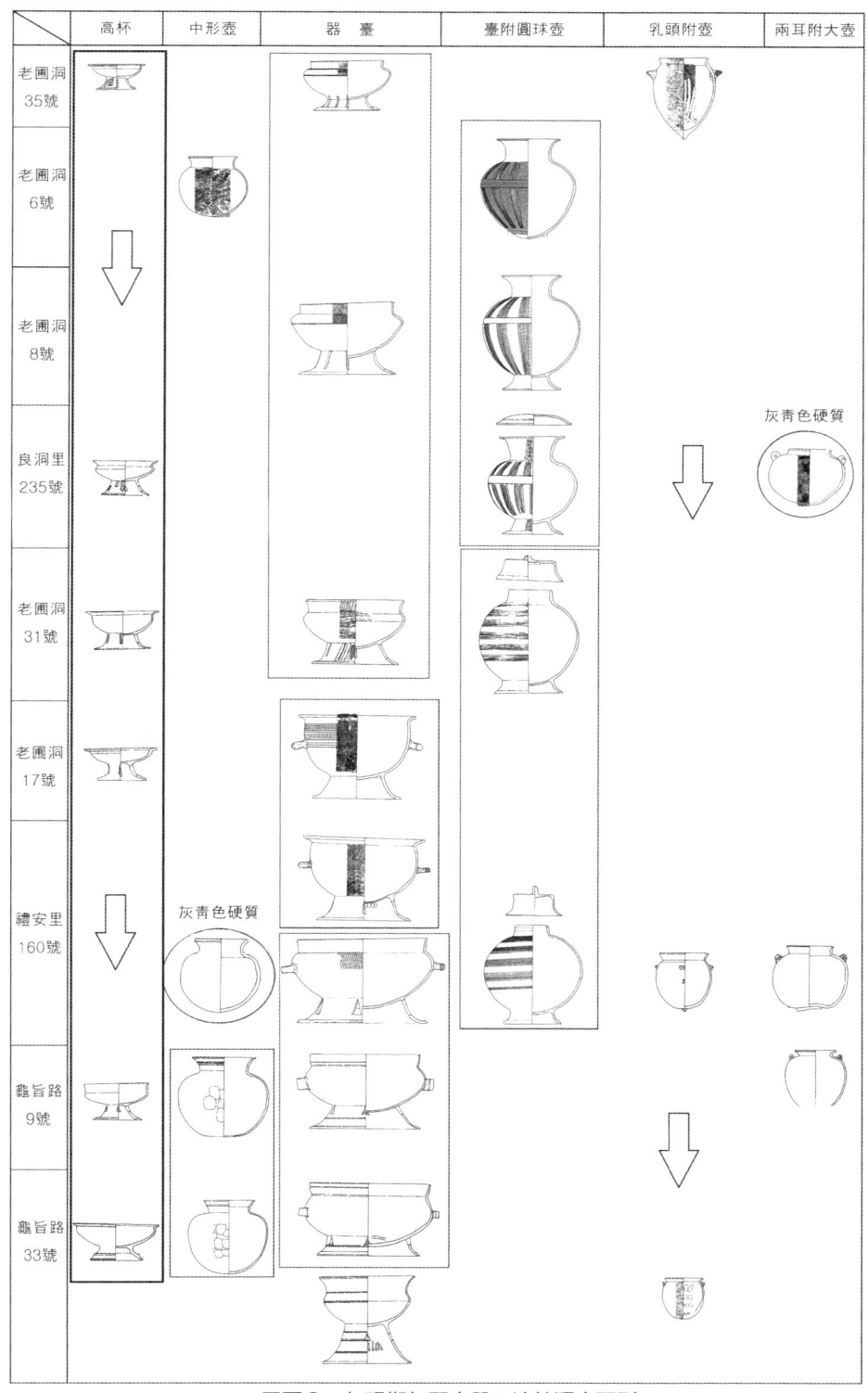

	高杯	中形壺	器　臺	臺附圓球壺	乳頭附壺	兩耳附大壺
老圃洞 35號						
老圃洞 6號						
老圃洞 8號						
良洞里 235號						灰青色硬質
老圃洞 31號						
老圃洞 17號						
禮安里 160號		灰青色硬質				
龜旨路 9號						
龜旨路 33號						

図面２　初現期加耶土器の連続順序配列

に大きな乳頭状突起が付けられるが，時間の経過に伴って胴部が少しずつ丸くなり，乳頭状突起が退化していく。これら3つの器種の型式変化を通じて，型式の組列をある程度は検証できる。また，中型壺の型式変化も軟質短頸壺→硬質短頸壺→中頸壺[3]という変化過程を示しており，そのことを裏付けている。何よりもPetrieの順序配列法の核心は，同じ型式どうしを上下に連結させて，最終的には図面1の左側に配列された把手が付いた球形状壺から徐々に型式変化して把手が文様状に退化した円筒状の壺へと変化する過程を明らかにした点にある。図面2の左側に配列された高坏についても同様の原理を適用可能である。最も左側に位置している老圃洞35号墳出土の高坏は，木器を忠実に模倣して製作されている様で，器形が大きく，脚部には透窓が配されている（釜山大 1988b）。漆器をそのまま模倣したらしく，漆器の製作方法に従って表面をヘラで磨研した後に黒漆を塗布してある。型式変化の方向は，口縁部が直角近くにまで折れたものから45度に屈曲する方向へと徐々に変化し，典型的な金官加耶土器である亀旨路33号墳出土外折口縁高坏へと発展することとなる（慶星大 2000b）。脚部の透窓の変化は，木器の透窓を模倣した古型式のものは大きく穿孔されているが，それが徐々に小さくなって2段透窓へと変化し，その後，再び1段透窓となってやがて消失する。

　ところで，その様な型式変化を無視して礼安里160号墳段階に中型壺と両耳付大壺が硬質化したことをもって加耶土器の初現の指標とするのであれば，考古学の方法論を無用のものとするのと同じこととなる。図面2の良洞里235号墳では，器台と台付円球壺において礼安里160号墳よりも時間的に先行する型式のものが出土している（東義大 2000）。良洞里235号墳出土の両耳付大壺も硬質土器であることから，加耶土器の初現年代を遡らせるか，そうでなければ指標を硬質土器以外の別のものに変えなくてはならないと考える。韓国考古学において，科学的な方法論に依拠しない不確実な指標によって設定された加耶土器の初現年代が通用するのであれば，その年代に従った学者たちも方法論を無視して主観的に研究する学者として非難されるであろう。それに対して，李熙濬がPetrieの連続順序配列法を30年前に紹介する中で，我が国の編年作業がむしろPetrieの方法よりもより不分明で非体系的に進んでいるとして批判した文章を繰り返し想起しなくてはならないであろう（李 1986）。土器の硬質化という指標はあまりにも流動的であることから，今後新たな資料が出土すれば再度変更しなくてはならなくなるかも知れないのである。

III　文化の連続性から見た初現期加耶土器

　型式学と比べて頻度順序配列法は，型式設定が明確であるだけでなく遺跡別に型式を統計的に算出してグラフで表すため，より客観的に相対年代を決定できる一つの方法である。また，型式の変遷過程を文化の連続性として理解することから，特定遺構における新・古型式の共伴状況を頻度順序配列法で説明すれば理解しやすい。ただし，文化の連続性を明らかにするためには，短期間に形成された同様の性格の複数の遺跡を対象にすることが望ましいことから，方法論の適用には限界があると言える。

1 頻度順序配列法における文化の連続性

　頻度順序配列法はPetrieの順序配列法から更に統計学的方法を適用し，客観的に発展させた考古学の一つの方法である。その原理を昔のトヨタ自動車のモデルを例にして説明してみることとする。カムリIが初めて生産された時は路上でこの車を見かけることはそれ程なかったはずである。それが，カムリIの性能が良いという認識が人々に広まるにつれて急激にこの車の需要が増加して流行したのが，新しくカムリIIが発売されるとカムリIの生産は中断されることとなる。でも，その段階ではまだカムリIを一番多く目にすることができる。しかし，時間の経過に従って，既存のカムリIに乗っていた人たちがカムリIIに乗り換えるだけでなく，新しく車を買う人たちも増えてカムリIIが少しずつ道路を占有する様になり，やがてカムリIが道路から姿を消すこととなる。仮に，カムリIが路上で流行した状況をグラフに表すと図面3の様になる。

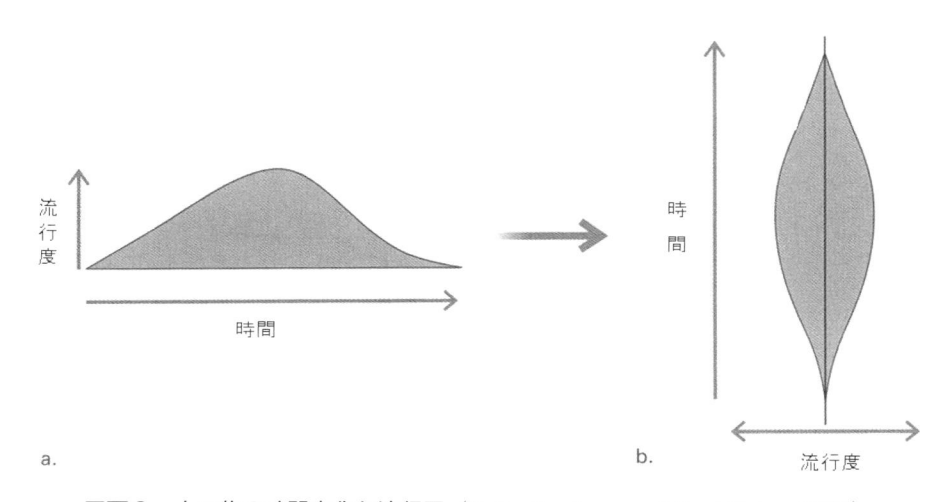

図面3　人工物の時間変化と流行図（Colin Renfrew and Paul Bahn, 2006）

　この図面で右側のものは左側のものを縦方向に立てたもので，この様な曲線を戦艦形[4]曲線という。人工物は戦艦形の曲線を描く様に，最初に出現してから徐々に増加して頂点に到達した後に再び衰退して結局は消えていくという変遷法則を辿ることとなるが，これを頻度法則と呼んでいる（Rathje & Schiffer 1983）。

　この様に頻度順序配列法は，人間が創った文化の盛衰を戦艦形曲線で示して理解しやすくするだけでなく，文化の連続性を重視するものである。文化の連続性を良く理解できる代表的な例が図面4の碑石の型式変遷過程である。図面4を通じて，アメリカのコネティカット中部の墓地で1700年から1860年までの間に建てられた碑石の3つの型式が戦艦形曲線を描きながら流行したことが分かる（李 2006）。この図面で，碑石の型式は戦艦形曲線を呈しつつ流行時間をずらしながら重複している。18世紀に「亡者の頭」のみの時期から「ケルビム天使」が一緒に流行する様になると「亡者の頭」が見られなくなる。19世紀には，「ケルビム天使」と

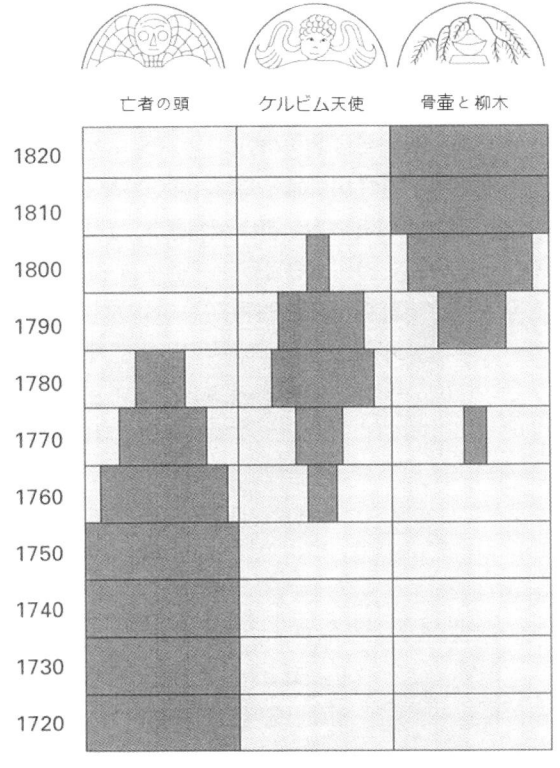

図面4　米国ニューイングランドの墓碑の頻度順序配列
(Colin Renfrew and Paul Bahn, 2006)

「骨壺と柳木」が共に流行し，やがて「ケルビム天使」が流行しなくなるという様に，常に連続性を持ちながら人工物は進化するのである。頻度順序配列法が人工物の相対年代を決定する方法の一つとして発展した背景には，この様な文化の連続性ということがある。文化の連続性があるために層位学を採用せずともその構成要素から遺跡の相対的な序列を決めることができるのである（Deetz 1967）。

2　文化の連続性から見た加耶土器の初現期

　加耶土器の初現となる時点をどの様な基準で設定しなくてはならないのかを議論をする場合に，何よりも土器文化[5]の連続性を考慮しなくてはならないであろう（Childe 1956）。仮に，土器文化の連続性が曖昧になった時点で急に新しい土器文化が現れて継続して流行したならば，その時を転換期として時期区分するのが理想的である。先述した様に，土器の硬質化は礼安里160号墳よりも時間的に先行する良洞里235号墳段階で起こったことが明らかになっていることから，硬質土器を加耶土器の初現時点とすることが文化の連続性から見てどの様な問題点があるのかについて検討してみることとする（東義大 2000）。

　前章で指摘した様に，硬質土器の指標として礼安里160号墳よりも年代が遡る資料が良洞里

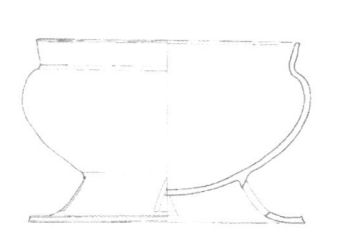

図面5　亀旨路13号墳出土硬質大壺と器台

235号墳で確認された。それ以外に亀旨路13号墳でも礼安里160号墳より先行する硬質土器が出土している。図面5は亀旨路13号墳出土硬質大壺と共伴する火炉形器台である（慶星大2000b）。火炉形器台の型式は古型式に属していることから，中間型式である礼安里160号墳のものよりも年代が遡るものである。従って，最も早い時期と推定される硬質土器が出土した良洞里235号墳・亀旨路13号墳・礼安里160号墳で器台と台付円球壺が出土していることから，これらの型式の戦艦形曲線を，図面2を参考にして図面6に示してみた。

　高坏は加耶土器を象徴する代表的な器種であることから一緒に提示した。高坏は口縁部の形態，火炉形器台は胴部最大径と口径および把手によって古・中間・新型式に分類することができ，台付円球壺は亜字型式と直口型式に分類した。この図面から分かる様に，礼安里160号墳の器台と台付円球壺の型式は2段階に属している。むしろ，良洞里235号墳・亀旨路13号墳の器台と台付円球壺が1段階に属しており，より一層，礼安里160号墳が文化の連続性という側面から見ても最初の加耶土器として設定することができない指標であるということが明確になった。初現期の加耶土器の指標は，金元龍が洛東江東・西岸様式論を提唱しつつ加耶土器を長頸壺・高坏・器台を使って説明した様に，加耶土器はそれらの器種が初現する時点とすることが望ましい（金1986）。長頸壺は中型壺の一型式で，短頸壺から中頸壺への型式変化を経て初現することから，軟質短頸壺が出土する老圃洞5号墳段階を中型壺の出現期として推測することができる（朴1991）。

　高坏・器台・中型壺の出現時点を歴年代として算定してみるならば，良洞里162号墳で亜字形土器と後漢代に製作された内行花文鏡が一緒に出土していることから2世紀と推測できる。内行花文鏡が出土した楽浪の木槨墓の内，石巌里205号で建武21年（A.D. 45年），永平12年（A.D. 62年）銘の漆器が共伴していることからも，良洞里162号墳の年代を2世紀以降に下らせることは難しい（東京帝国大1930）。

Ⅳ　おわりに

　考古学における加耶土器の初現時点の歴年代は，加耶の始まりの年代と見られることから非常に重要である。これまで，加耶土器の始まりの指標は，礼安里160号墳，大成洞29号墳出土硬質土器を基準としてきた。しかし，最近の調査では，それらよりも年代が遡る良洞里235号

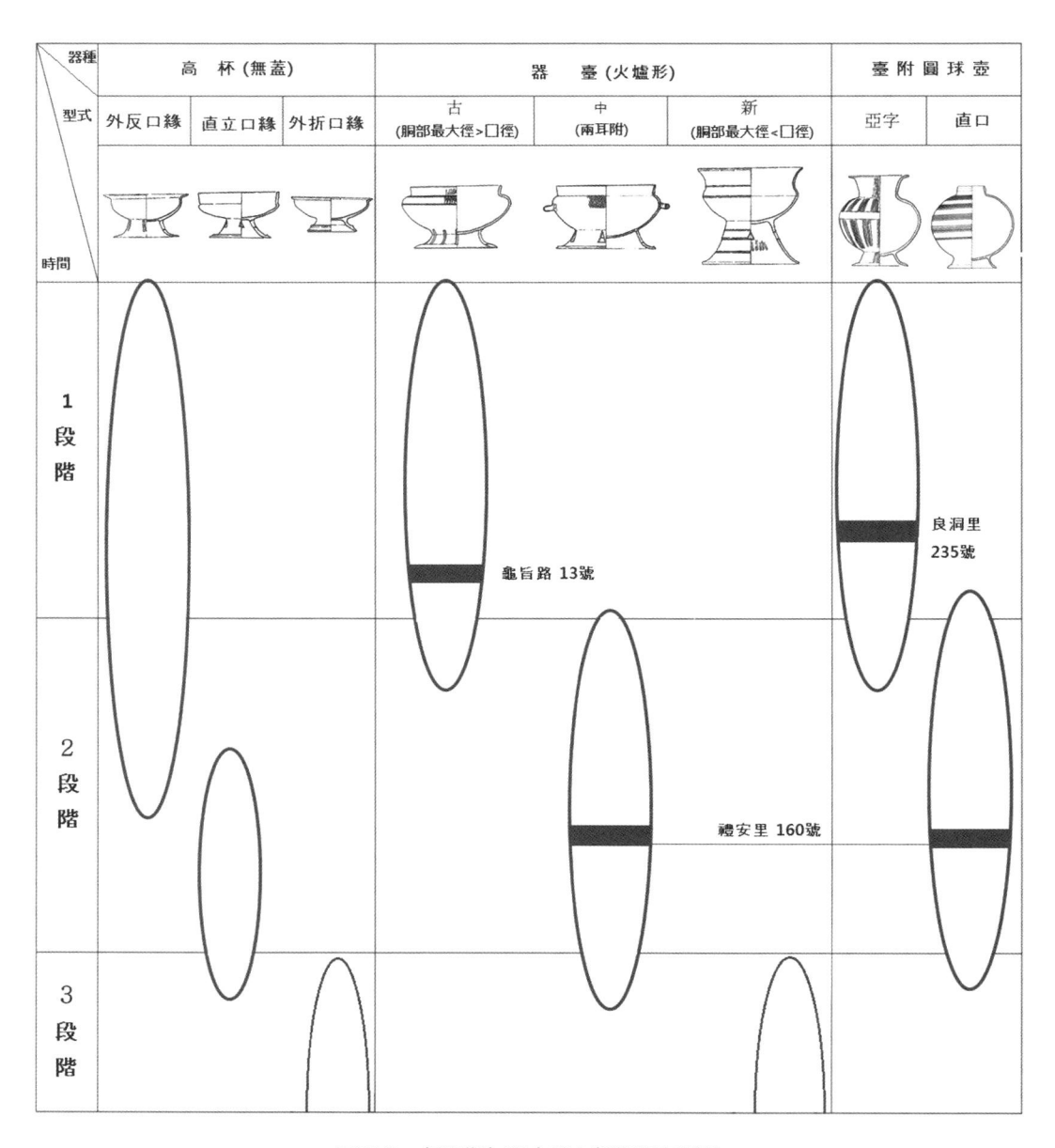

器種	高 杯 (無蓋)			器 臺 (火爐形)			臺附圓球壺	
型式	外反口緣	直立口緣	外折口緣	古 (胴部最大徑>口徑)	中 (兩耳附)	新 (胴部最大徑<口徑)	亞字	直口
時間								
1段階							良洞里 235號	
				龜旨路13號				
2段階					禮安里 160號			
3段階								

図面6　初現期加耶土器の頻度順序配列

墳と亀旨路13号墳で硬質土器が出土している。そのことは、加耶土器出現期の資料を硬質土器とすることには多くの問題点があるということを端的に物語っている。そこで、礼安里160号墳で出土した器種と周辺の遺跡で出土した同じ器種の型式を分類し、古典的方法論の一つであるPetrieの連続順序配列法によって比較してみた結果、礼安里160号墳が初現期の指標とはなり得ないことを確認することができた。つまり、礼安里160号墳出土の器台と台付円球壺よりも先行する型式で既に硬質土器が出現していたのである。

従って，Petrieの連続順序配列法による分析結果を，文化の連続性と統計的数値を重視する頻度順序配列法でも検討してみた。加耶土器の出現時点には，前の時代との文化の断絶性がある程度の痕跡として認められなくてはならない。加耶初現期土器の代表的な器種である高坏・器台・台付円球壺などの連続的な流れを無視して単に硬質化という指標をもって初現期と見ることは，考古学における文化の連続性を無視するものである。加耶の初期文化の様相がやや曖昧であるとして文化の連続性を無視し，ただ硬質化という点に執着することは正しい指標の選択であるとは言えない。加耶土器初現期の指標は，原三国時代土器の指標である巾着形壺と組合式牛角形把手付壺から木槨墓の出現と同時に加耶土器を象徴する高坏・器台・台付円球壺などの異なる器種の登場へと急激に変化する時点として設定されなくてはならない。その指標は，良洞里162号木槨墓の副葬品である後漢鏡の内行花文鏡と亜字形台付円球壺の歴年代から設定してA.D.2世紀と推測される。

※本論文は，『石堂論叢』63輯（東亜大学校石堂学術院，2015）に掲載したものを，題名と内容を一部修正して日本語に翻訳したものである。

■註
1）原理を分かり易く説明するために一部の図面を省略した。
2）台付長頸壺と器種名を明確に区分するために，胴部が丸いことから台付円球壺として新たに命名した。
3）［図面2］の亀旨路9・33号墳出土中頸壺で，頸部に一条の突帯が巡り，短頸壺よりも若干長くなった壺を指す。
4）戦闘艦艇の平面図に同じ。
5）V.G. Childeは，頻繁に認められる考古学的な型式の一定の組み合わせを文化と呼んだ。

■参照文献
論文
金元龍，1986．韓国考古学概説．一志社，ソウル．
朴廣春，1991．釜山・金海地域の古墳出土土器の編年的研究（上）．古代文化 43（2），93-103．
朴廣春，1991．釜山・金海地域の古墳出土土器の編年的研究（下）．古代文化 43（3），171-193．
朴天秀，2007．加耶．韓国考古学講義（韓国考古学会 編），pp.331-363．社会評論アカデミー出版社，ソウル．
李熙濬，1986．Petrie継起年代法（sequence dating）の編年原理 考察．嶺南考古学1，1-15．
申敬澈，1992．金海 礼安里 160号墳について－古墳の発生と関連して－．伽倻考古学論叢1，107-167．
Trigger,B., 1989. A History of Archaeological Thought. Cambridge University Press, Cambridge.
Renfrew,C. and Bahn,P.（李熙濬 訳），2006．現代 考古学の理解（Archaeology）．社会評論，ソウル．
Deetz,J., 1967. Invitation to Archaeology. Dell Publishing Group Inc., New York.
Childe,V.G. 1956. Piecing Together the Past. Routledge & Kegan Paul, London.
Rathje,W.L. and Schiffer, M.B., 1983. Archaeology. Harcourt Brace Jovanovich Inc., Orlando.

■報告書
慶星大学校博物館，2000a．金海大成洞古墳群Ⅰ．錦養出版社，釜山．
慶星大学校博物館，2000b．金海亀旨路墳墓群．錦養出版社，釜山．
東義大學校博物館，2000．金海良洞里古墳文化．世韓綜合印刷社，釜山．
釜山大学校博物館，1988a．釜山老圃洞遺跡Ⅱ．福社印刷社，釜山．
釜山大学校博物館，1988b．釜山老圃洞遺跡．福社印刷社，釜山．
東京帝国大学文学部，1930．楽浪．東京帝国大学文学部，東京．

朝鮮時代灰槨墓に関する一考察

釜慶大学校　李ハヤン

要旨

　儒教を基礎として国家を建てた朝鮮は朱子の思想を深く受け入れ，以前の火葬風習を禁止させて新しい灰槨墓を造り始めた。しかし灰槨墓は，厳しい築造方式と，一般的に使用しにくい材料などの問題により，主な使用階層であった士大夫の間でも限定的に利用される。灰槨墓は朝鮮社会に定着し，さまざまな時代的な状況と現実にあわせて構造的な変化も起きる。導入初期には『朱子家礼』の制作方式にしたがって相当に類似して作ったとみえるが，中後期が過ぎると次第に構造が簡単になり，かつ副葬品もなくなる傾向が見られる。このように多くの費用と労働が必要な灰槨墓の代わりに，士大夫たちも一般的には土壙墓を使用した。都城と地方における灰槨墓の形態的な違いは著しくない。むしろ地方の方がより規範にあわせて制作した墓が多く目立つ。このことから，朝鮮時代では儒教者らが都城だけではなく地方でも活発に活動し，重要な拠点地域にある程度の財力をもって生活をしていたことが想定できる。

キーワード：朝鮮時代，士大夫，墓の様式，灰槨墓

1　はじめに

　韓半島における近世社会は朝鮮という王朝が御する時代であった。朝鮮時代になると，以前とは異なり，国家の基になるイデアが儒教に変わる。高麗末中国から儒教を受け入れて学問的政治的な基盤にした新進士大夫たちが，結果的に高麗王朝を倒して，新しく朝鮮王朝を立つことになり，自然に国家の統治理念は仏教から儒教へ変わった。儒教は単なる政治的なイデアとして導入されたのではなく，社会全体，つまり民の生活全般にかけて影響を及ぼし，生活倫理として役割を担当する。これに従って，朝鮮は社会・文化的に仏教化した生活から儒教化した生活へ変わっていく。このような影響を最も敏感に受ける部分の一つが葬送儀礼であった。

　朝鮮時代の儀礼は『國朝五禮儀』と『朱子家禮』が基本になっていた。葬送儀礼もこの基準に従い，以前とは異なる形態をもつことになった。仏教が国教として威勢をふるった統一新羅から高麗時代までは火葬の風習が一般的に行われたが，儒教社会における火葬という風習は，受け入れられない葬送方式であった。親からもらった大事な身体に死以外の人為的な行為が加わ

ることはできないと思い，死亡の後で斂襲の過程以外には死体を毀損することは許されないと思った。そのため，葬礼方式が火葬からまた土葬の方式へ変わった。

その過程で中国の儒教的な葬礼方式を引き継いで朝鮮式灰槨墓[1]という様式が登場し，社会的身分と知識が高かった朝鮮士大夫家では，徐々に灰槨墓を新しい埋葬方式として受け入れることになった。

灰槨墓は特徴的な構造により，韓半島の他の埋葬構造の中で，最も多くの人骨とミイラを出している。本稿では朝鮮時代で特徴的に作られた灰槨墓に対して，人骨とともに全般的な様相を検討し，朝鮮時代社会相を把握する。

2　朝鮮時代士大夫の墓，灰槨墓

1）歴史的な背景

元の侵略によって長い時間元に隷属した高麗社会は，14世紀になると，様々な問題が混じり込んで王権も揺れる状況まで迫る。同じく政治の中心から離れていた新進士大夫たちは中国留学中に朱子の著書に接して，それを高麗に紹介する。その流れで紹介された朱子家禮は14世紀半ばになると，儒学者であれば当然備える生活手引きになった。さらに当時の支配勢力であった権門世族（親元派）と深くつながっていた仏教を積極的に批判しながら社会改革が推進された。結局，1388年 李成桂将軍を中心にした'急進改革派新進士大夫'集団が威化島回軍という政治的な事件によって，覇をとなえることができ，1392年ついに朝鮮という新しい王朝を建てた。建国過程で最も大きい役を担当した新進士大夫は新しい国家の理念を儒教にして，国家儀礼を作り上げた。

その結果物として，朝鮮社会の基本法制である『經國大典』と，『國朝五禮儀』のような礼学書があげられる。これらを基にして，朝鮮中後期には様々な礼学書が登場し，家庭儀礼の基準として使われた。以前の社会と一番大きい違いは喪葬礼の変化である。仏教式喪葬礼は火葬と四十九日が代表的であるが，儒教化されてから以前の風習は禁止され，埋葬と3年喪のような方式が勧められた（申明鎬 2007）。

特に，埋葬においても，以前の社会で使われた石室墓を制限して，『朱子家禮』にて強調される灰槨墓が築造されはじめる。しかし，朝鮮が建てられたとたんにすぐ灰槨墓が定着することではなかった。儒教者たちが朝鮮王室の墓制を石室から灰槨墓に転換させるまでに相当な時間がかかった。

乙酉／命大臣禮葬，禁用石室。政府啓："前朝之法，大臣禮葬，許用石室。謹按石室之制，禮典所無，只勞生人，無益死者。乞依《文公家禮》，只用灰隔，勿用石室。"從之[2]。

上の記事をみると朝鮮の3代王－太宗が公式的に灰槨墓（本文には灰隔墓）使用を宣言したのは1406年のことである。儒教者によって朝鮮が建国されて16年ぶりに王命が下された。し

かし，太宗の命が下達されたが太宗はそのあとまたそれを覆して王室の陵を石室に制作した。その後，実質的に王室に灰槨墓が導入されたのは，7代王-世祖のお墓を築造するときであった。灰槨墓に墓を作ろうという世祖の遺命があったものの，多くの臣たちの反対によって灰槨墓の築造は霧散される状況まで至った。ところが息子である睿宗（朝鮮8代王）は，遺命を従うと決心して，朝鮮最初の灰槨の構造を備えている王陵を完成させる[3]。1468年世祖の墓である光陵ができてから以降の朝鮮王室の墓構造はすべて灰槨墓に代替される。太宗の命と世祖の墓築造まで行われたが，一般の士大夫は『國朝五禮儀』が普及し，定着する16世紀以前までは石室墓と灰槨墓などの多様な墓制を混用した。

16世紀以降の士大夫の墓は灰槨墓と土壙墓に二分して定着し，さらに礼学書の制作方式を従った墓も確認される。だが，16世紀末に起きた倭乱によって物資の確保が難しくなり，灰槨墓は次第に簡素化するように変わっていく。このような様相が時代別礼学書で紹介された灰槨墓の築造方式を通じても確認できる（第1表）。

第1表 礼学書[4]上の灰槨墓築造方式の違い（이종수ほか 2008から一部修正）

	朱子家禮	國朝五禮儀	喪禮備要	家禮輯覽	四禮便覽
石灰使用	使用	使用	使用	使用	使用
灰槨と棺間の高さの違い	4寸		4寸		1寸
炭の使用	使用		使用		使用しない
棺釘の使用有無		使用	使用		
便房有無	有		有		
便房の扉材料	板		板	塼，石	
誌石配置	近南		近南		近

2）灰槨墓の構造

灰槨墓に対する築造方式は『朱子家禮』において詳細に言及されており，朝鮮の士大夫は『朱子家禮』をもとにして，さらに朝鮮の実情を考慮しながら『國朝五禮儀』を編纂した。

遂穿壙＜其穿地宜狹而深 狹則不崩損 深則盜難近也 既畢＞先布炭末於壙底 築實厚二三寸 次鋪石
灰細沙黃土拌勻者於其上＜灰三分 細沙黃土各一分＞築實厚二三寸 置槨於其上當中 乃於四旁旋下
四物 用薄板隔之 炭末居外 三物居內 如底之厚築之 既實則旋抽其板近上 復下炭灰等物 而築之及槨
之平而止．＜炭禦木根 辟水蟻 石灰得沙 而實得土而黏 歲久結而爲金石 螻蟻盜賊皆不得進也＞[5]

上記の内容からみると，灰槨墓の築造方式は『朱子家禮』の方式にほとんどしたがって制作

■：炭　□：三物　■：薄板

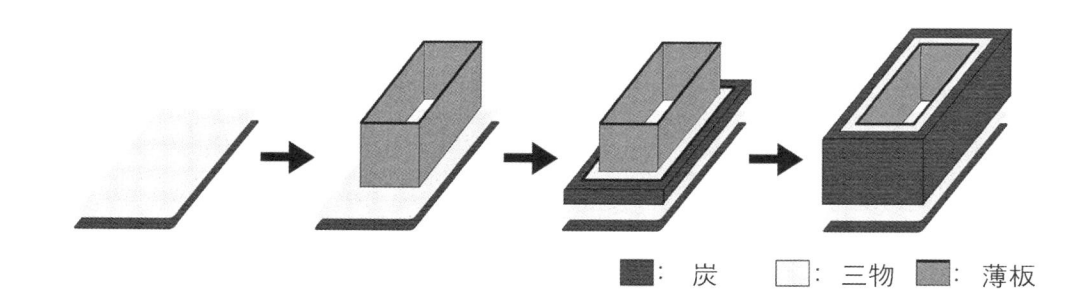

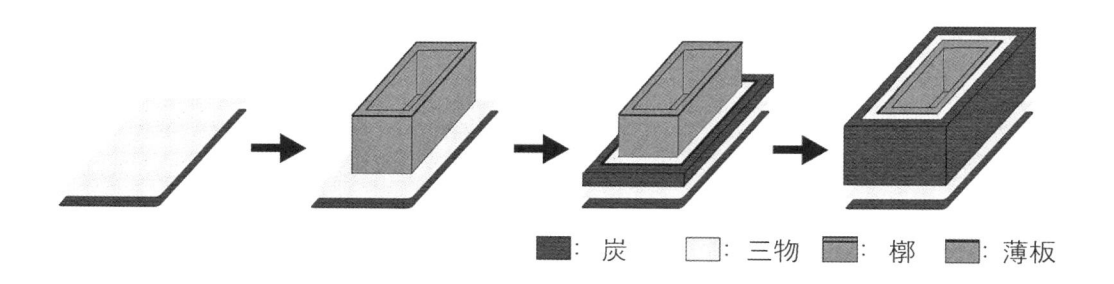

<朱子家禮> 灰槨造成方法

■：炭　□：三物　■：槨　■：薄板

<國朝五禮儀> 灰槨造成方法

第1図　文献記録をもとにした灰槨墓の造成方法模式図
(金楠祜　2013から一部修正)

されるが，違いは槨を使わない『朱子家禮』にくらべ，『國朝五禮儀』では槨の使用も含んでいることがあげられる。造成方法（第1図　参考）は，まず墓壙を棺の大きさを考慮して掘る。次に，墓壙の床面に炭をかぶせてそのあと三物（石灰・細砂・黄土）を混ぜたものをかぶせる。その上に槨を置く。墓の壁と槨の間にできる空間に四物（三物＋炭）を入れる。そのとき，薄板を用いて三物と炭を区分しつつ積む。この過程を繰り返して槨の高さまで積み上げる。槨の中に棺を埋葬して木蓋に閉める。その上に床面と同じく炭をかぶせると墓の内部造成は完成する（金楠祜 2013；동아세아문화재연구원 2009）。

　この方法で築造された灰槨墓は，時間が立てば立つほどものすごく硬くなるため，墓の内部は長い間密封に近い状態を保つ。なお，表面にかぶせている炭は湿気を取ってくれるので，被葬者の状態は韓国型ミイラ化[6]される場合がたびたび現れる。さらに韓国の様々な埋葬構造の中で最も多くて状態良い人骨が出ることも注目される。

　灰槨墓は構造的に1槨1人が埋葬される特徴を示しているが，合葬墓もしばしば確認されている。合葬墓は儒教理念上，一般的に近い親縁関係または夫婦関係にいる人々の墓であると予想している。合葬墓はいろいろな形態が確認されており，第2図のように多くの方式によって

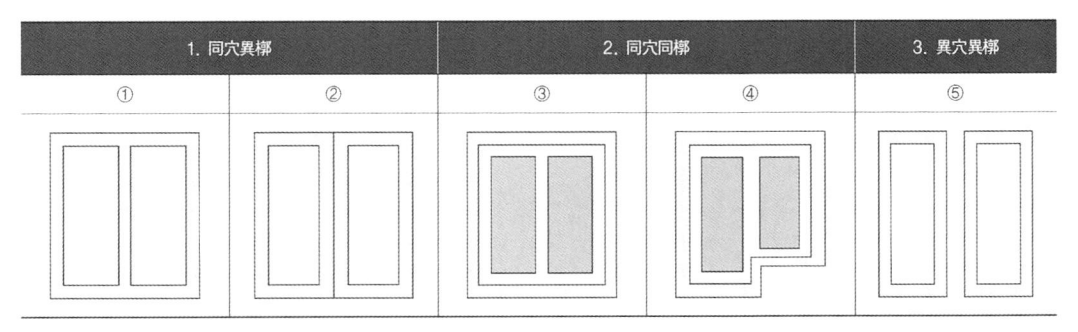

1. 同穴異槨		2. 同穴同槨		3. 異穴異槨
①	②	③	④	⑤

第2図　合葬墓の様々な形態（한강문화재연구원 2010）

制作されていることがわかった。これは先行に作られた墓に対して，追加的に墓を拡張するときの状況や技術に応じて適用した可能性が高い。

3　灰槨墓の地域的な特徴

1）都城地域

　ソウル津寛洞（ジンカンドン）遺跡は，今まで調査された朝鮮時代都城地域の墳墓遺跡の中でもっとも大規模に造成された地域である。当地域は高麗の都であった開京から朝鮮の都である漢陽（今のソウル）の方に入る警戒地域にあたる。開京や中国から来る使者あるいは官吏らはかならずこの地域を通って行かないといけなかった。そのため，駅と客館のような拠点がそなえられていた。基本的に人々の往来が多い地域でもあったが，他の地域とくらべて想像以外に多い数の朝鮮時代墳墓が見つかった。これはソウルの中でも確認しにくい数である。朝鮮時代では都城と都城四方10里（城底十里）まではお墓を作ることが法的に禁止されていた。ところが，遺跡が位置する地域はまさに城底十里を離れてすぐ出るところであった。それゆえに朝鮮前期から非常に好まれる埋葬地として活用され，その結果相当に高い頻度の墓が形成されていたと推定する（서울역사박물관 2009）。

　この遺跡は2006年から2008年まで約3年にかけて漢江文化財研究院と中央文化財研究院によって総5001基の墳墓が調査された。そのうち最も面積が広く，墓の数が多い区域は第3図の津寛洞2地点である。この区域だけで3911基が調査されており，灰槨墓が350基，土壙墓が3561基確認できた。2地点を含む遺跡全体をみると，灰槨墓505基・土壙墓4496基が調査されて，灰槨墓と土壙墓の造成比率が1：9の様相をみせている。これにより朝鮮時代の代表的な墓として知られていた灰槨墓の意外に低い比率があきらかとなった。このような様相は全国的に確認されているため，この遺跡だけの特殊な状況ではなく，灰槨墓の造成において士大夫を含む朝鮮の人々が灰槨墓を簡単に作ることのできない，当時の時代的な状況を想定することができる（한강문화재연구원 2010）。

　遺跡から様々な朝鮮時代の生活用品・装身具・明器などの遺物がたくさん出土したが，この遺物の多くは土壙墓から出土したものであり，灰槨墓では遺物の出土量が少ない。前期にあた

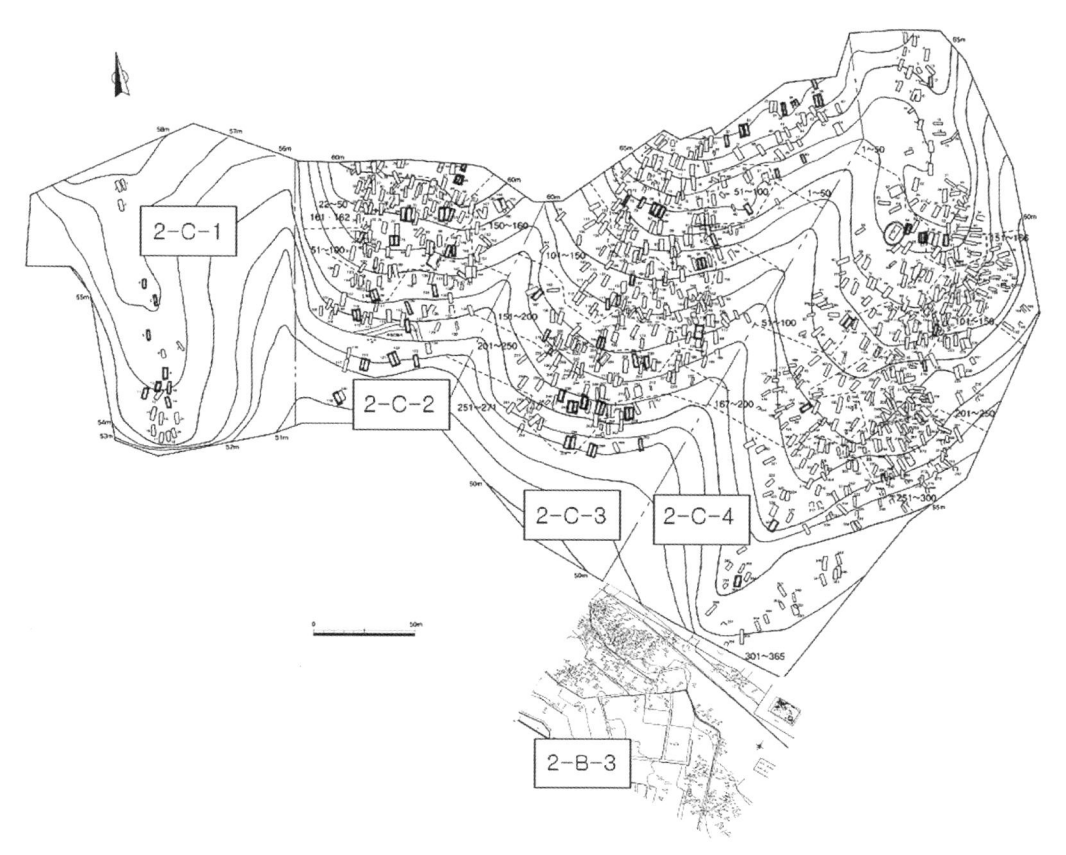

第3図　津寛洞遺跡2地点遺構配置図（한강문화재연구원 2010; 中央文化財研究院2010から一部修正）

る一部の墓では実用器が数点副葬される場合があるものの，中期以降に造成された墓はほとんど遺物が出土していない。墓の規模からみても，土壙墓と灰槨墓の間に灰槨墓の優越性が見られておらず，むしろ土壙墓の方がより大きい規模をもつ例が多い（이명엽ほか 2008）。

　加えて，本遺跡では相当な数の人骨も一緒に出土した。二つの機関が調査した区域から出土した人骨の正確な体数の把握はできないが，最も多い墓が確認された2－C地区から約650余個体が確認された。出土人骨に対する詳細な報告がないため細かな把握は難しいものの，関連研成果[7]をみると注目する部分が見つかる。研究者らは土壙墓の被葬者は庶民層，灰槨墓の被葬者は士大夫の階層として二分化して単純なアプローチをしている。男性個体を対象にした身長推定分析では土壙墓と灰槨墓の被葬者の平均身長がそれぞれ164.09cm・164.55cmであると算出されて大きい違いは確認できなかった（박순영 2011）。さらに，エナメル質減形成に対する分析においても土壙墓と灰槨墓の被葬者の間に大きな違いが確認できないという結果が提示されている（박순영ほか 2011）。つまり，該当個体が墓の様式別に大きく異なる栄養状態とストレス環境にいたわけではないことを意味し，なによりも墓の規模や副葬品の様相からみても，土壙墓と灰槨墓の被葬者の間で身分の違いが確認できない。この遺跡は報告者も述べたように

墓築造の当時の経済的状況あるいは個人的な選好度によって灰槨か土壙にわけて造成したとみられる。そして副葬品や誌石の銘文を通じて確認すると，朝鮮の中上位級の官吏と彼らの家族を含み，都城内外に居住していた士大夫とそれに準する階層の人々が長い時間にかけて集団の墓地を形成したと推定される。

２）地方
（１）嶺南地域
　朝鮮時代の嶺南地域は，嶺南学派の中心地域として高麗末の新進士大夫から学問的な命脈が続いてきたところである。それ故に嶺南地域も儒教的な思想が根深く占めているが，ソウル・京畿地域とは異なって官職につかず，在野で学問を修行する士大夫たちが多い地域でもあった。その結果，都城地域に負けない儒教式禮法が守られていた。これは嶺南地域の多様な場所から確認される朝鮮時代墳墓からもわかる。ところが，津寛洞遺跡のような大規模の集団墓地がほとんど確認されておらず，朝鮮時代の墓が数多く調査された遺跡であっても灰槨墓が一定量以上に出土した遺跡がほとんどない状況である。
　昌原加音丁（カオンジョン）複合遺跡は，嶺南地域で灰槨墓が比較的に多く調査された数少ない場所である。昌原はもともと嶺南地域の中で特に行政的文化的な中心地ではないが，日本と朝鮮との交易船が通る通路として多くの物資と人が往来するという地理的な特徴がある。そのため日本から襲ってくる海賊による問題が頻繁に起きる地域であったことから軍事的要害の地であった。この過程で昌原は行政的規模を拡大しつつ周辺地域の士大夫らの拠点地域の役割をしていたとみられる。
　その結果として当遺跡ではさまざまな時代のいろいろな性格の遺構が確認されている。この中で朝鮮時代にあたる墓は全部で82基あり，灰炭墓に分類される墓が15基確認できた。第４図を見ると，墳墓群の中で灰槨墓と他の構造の墓の位置的な区別が見られない。ただし，先に確認した津寛洞遺跡との異なる部分は墓の規模において灰槨墓と非灰槨墓の間で違いが確認できる点である。これに対して報告者は墓の内部構造を複雑にしていくにしたがって規模が大きくなった可能性を提示し，それが被葬者の階層や経済的な優越性を示すと判断した。それとともに灰槨墓から出土した副葬品の種類や数量からみても非灰槨墓との違いが目立つ。
　さらに，津寛洞遺跡では確認できなかった埋葬施設が調査された。墓域を区分し整備するために設置したとみられる墓築施設が遺跡の中で３ヶ所から確認できた。すべて異穴合葬墓の周辺に配置されていた。墓築が灰槨墓の中でも経済的・身分的に優れる状態を反映していると判断される。『經國大典』の規定を参考すると，加音丁遺跡での墓築施設をもつ被葬者たちは２品官以下の官職を務めた士大夫であると推定される。
　当遺跡でも灰槨墓の15基の中で５基から人骨が出土した。しかし全般的に残存状態がよくないため，細かな個体の把握には限界があった。５個体中で性別がわかるのは３個体であり，全部男性である。年齢は成年が３個体，熟年が１個体である（동아세아문화재연구원 2009）。

第4図　昌原加音丁複合遺跡遺構配置図（동아세아문화재연구원 2009）

　ところが，報告者は人骨が出土していないまたは性別がわからない墓に対して副葬品や合葬墓の左右の位置を根拠にして女性墓と男性墓であると区分している[8]。しかし津寛洞遺跡やほかの灰槨墓の分析事例（이영일ほか 2011）を確認すると，必ずしも右－男・左－女（被葬者の立場からの方向）が公式のように行われてない例が頻繁にあるため，単なる遺構の位置や遺物に基づいて被葬者の性別を断定することは危険であると考える。

(2) 湖西地域

　朝鮮時代の湖西地域は，畿湖学派の中心地として礼学が発達した地域である。特にこの地域から多くの礼学書が書かれており，深く研究されて補給された。ところが今までほかの地域に比べて大規模の墳墓遺跡が見つかっていない。朝鮮時代にあたる墓が確認されたとしても遺跡

の中で灰槨墓の出土比率はないか非常に低い状況である。

　その中でも洪城南長里（ナンザンリ）遺跡は珍しく灰槨墓が多数確認された。全部155基の墓の中で49基の灰槨墓が調査された。この遺跡で調査された灰槨墓のなかで36基は便房やほかの施設がなく，灰槨のみ作られているが，灰の混合比率が高く灰槨の形がしっかりしていた。このような形態は津寛洞遺跡で確認された灰槨墓と似た形態であると推定される。他の地域の事例を参考にすると，南長里遺跡から多く確認される灰槨墓は士大夫の中でもある程度階級が高い集団の可能性が考えられる。これは当遺跡の地理的な位置を確認するともっと明らかになる。つまり，南長里遺跡からわずか2㎞離れている場所に洪城邑城が位置しており，この地域が洪城牧として当時の周辺の中心地の役割を担っていたことから，灰槨墓の形態の拡散が理解できる（이종수ほか 2008）。

4　灰槨墓からみた朝鮮時代の社会相

　朝鮮時代の灰槨墓は基本的に士大夫たちを中心に用いられた埋葬方式であるが，士大夫であるとしても，必ずしも灰槨墓だけを使ったわけではなく，状況によって制作が簡単で費用的に安い土壙墓を採択したとみられる。灰槨墓は基本的に『朱子家禮』の喪葬礼の基準に合わせて制作することが求められているが，そのためにはいろいろ現実的な問題と制約を伴った。『經國大典』と『國朝五禮儀』が完成し，朝鮮社会はより厳しく儒教理念化した形態が備えられる。王から一般民までそのような規範の下で節制された生活をすることが強調されており，さらに儒教者である士大夫らはより徹底的にそれを守るための努力をした。

　だが，礼学書で求められる築造方式はかなりの士大夫の階層でもマネすることが容易ではなく，朝鮮初期の儒教者たちの学習力では完璧に再現するには限界があった。なお，灰槨墓の墓壙床面と槨の上部に被る炭の場合は容易に手に入れられる材料ではなかった。そのため灰槨墓の中でも炭が含まれている墓が多くは見られておらず，朝鮮中期を過ぎると礼学書からも炭の使用が除外されはじめる。実際，朝鮮中〜後期に分類される津寛洞遺跡の灰槨墓の構造をみても，炭のない灰壁の構造になっているものがほとんどである。一方で，加音丁遺跡は都から相当に離れていたものの，家礼で言及された施設物が充実に備えられていた。これは地域を基盤にして財産を蓄積した士大夫家門が世代を重ねながら墓を形成した結果として考えられる。それに昌原という地域が当時の軍事的・行政的拠点地域に成長したことで，そのような姿が保つことができたと判断する。

　『朱子家禮』や『國朝五禮儀』などで提示されている方式を比較的に充実に守って作った灰槨墓はある程度経済力を持っていた士大夫たちが活用したと推定される。一方で埋葬構造は土壙墓であるものの，副葬品や規模の面からみて一般の灰槨墓を超えるのも相当に確認されている。このことから墓の形態を単純に二分して灰槨墓は士大夫，土壙墓は一般民という分類を適用することは危険である。ということで朝鮮時代の士大夫は当時の経済力や個人の好みによって内部構造を選んで墓を築造したと推定できる。

15～16世紀を経て朝鮮社会に定着した灰槨墓は16世紀末朝鮮を襲った事件である倭乱により一変する。すなわち規模は以前より小さくなり，石灰の使用比率が低くなる。そして，なによりも，副葬品の埋納が消えていく。朝鮮前期には実容器を含むさまざまな遺物が副葬されたが，中期以降には明器（実容器のミニチュア形態の遺物）のかたちへ変化し，17世紀を過ぎては明器の副葬もなくなっていく。つまり灰槨墓の造成をはじめ礼葬自体が簡素化される。
　そして，灰槨墓の特徴的な方式のなかで合葬墓がある。一般的に夫婦や身近な血縁関係の人々が先築した墓のそばに追加して墓を作って埋葬する方式である。これに対して礼学書にてよく言われる男性は女性の右側に位置するという内容によって，被葬者の正体や性別などの情報がわからない合葬墓は左女右男という単純公式化される。しかし実際に人骨が出土した合葬墓の事例を確認すると，例外は相当に多いことがわかる。おそらく，これは礼学書の規範が人々の中で徹底的に守られなかったか，合葬墓が完成するときに諸般の事情が充足できずに発生した状況である可能性も存在する。ただし，合葬墓の形態において同じ遺跡のなかでもさまざまな方式が見つかることから，墓の築造に対して厳しい規範が適用されなかった可能性が高いと考える。
　中期を経て後期になると，墓の築造方式はより簡素化され，内部に槨と棺の設置も消えていく。これとともに士大夫の生活方式に憧れていた中間層と庶民のなかに士大夫の葬送様式をマネする者が現れ始めるため，たんなる墓の築造方式に基づいた階級の区分が難しくなる。それは朝鮮後期に入り，商業活動が国家的に容認されて富を築く下部階層が増えたことを端的に示す考古学的な証である。

5　おわりに

　以上で朝鮮時代の代表的な墓である灰槨墓について確認した。
　儒教を根本にして国家を建てた朝鮮は朱子の思想を深く受け入れ，朱子が強調した葬送方式を導入しようとした。その結果として，以前の火葬風習が禁止されて新しい灰槨墓を造り始める。しかし厳しい築造方式と一般的に使用しにくい材料などの問題により，主な使用階層であった士大夫の間でも限定的に利用される。灰槨墓が朝鮮社会に定着してさまざまな時代的な状況と現実にあわせて構造的な変化も起きる。導入初期には『朱子家礼』の制作方式にしたがって相当に類似に作ったとすれば，中後期が過ぎると次第に構造が簡単になりかつ副葬品もなくなる傾向がみえる。このように多くの費用と労働が必要な灰槨墓の代わりに士大夫たちも一般的に土壙墓を使用した。
　都城と地方における灰槨墓の形態的な違いは著しくない。むしろ地方の方がより規範にあわせて制作した墓が目立つ。このことから，朝鮮時代では儒教者らが都城だけではなく地方でも活発に活動し，重要な拠点地域である程度の財力をもって生活をしていたことが想定できる。灰槨墓からは人骨もたくさん出土されており，なお誌石などの銘文資料もしばしば確認できるため，墓様式の中で最も詳細で多様な被葬者に関する情報を得ることができる。ただし，今回

は全般的な灰梆墓の特徴に対して検討することが主な目的であったので，遺跡別・形式別に細かな分析ができなかった。今後，地域・遺跡ごとに灰梆墓の特徴と人骨の情報を総合してより細密な朝鮮時代の灰梆墓に対するアプローチを通じて朝鮮時代の豊かな社会相を復元したい。

　今回の論文は私の人生の中で最も悲しい論文である。尊敬で私に新しい機会をくれた恩人である師匠に対して，最後の痕跡をたたえるためにありがたく私にも参加する機会が与えられた。ただし，分析がきちんとできてなかったので，あまりも惜しくて申し訳ない。九州大学に来て，最初には相当に混乱の状況であった。人文学の一つだと思った考古学の研究を，科学的な思考方式を経て進めないといけないということを強調した田中先生の言葉のおかげであった。考古学になんの科学かという疑問がしばらく続いたが，留学期間で先生の研究を後ろからみたり，一緒に参加したり，調査をしたりする間，少しずつ以前とは違う考えができた。まだ私自身の研究は先生が教えてくれた方式には相当に物足りない。しかし常に検証しようとして，体系的に論理構成を揃わないといけないということはいつも頭から離れない。考古学は現場から出たさまざまな証拠を基にして，過去の痕跡とその背景を復元する学問である。そのためにさらに科学的な思考が必要であり，完璧ではない証拠に対する多様な科学的な分析も積極的に試みるべきだ。考古学はすでに科学の世界へ入っていて，研究者として私はそのような状況の中からもっと発展しなければならない。私の人生において最も大きい画期を用意してくださった先生の教えを一生忘れずに守っていきたい。

■註
1) 灰梆墓というのは，本来穴を掘って石灰を固めて灰梆を作ってから木棺を置く埋葬方法である。(김재홍 2007) しかしこれに対する用語として，考古学では一般的に通用されているものの，『朱子家禮』をはじめ朝鮮時代の多数の文献では灰隔という単語により表現されている。ただ，石灰をもちいて埋葬構造を作った形態はさまざまな形に分類され，研究者によって灰墓・灰隔墓・灰梆墓・灰炭墓などに混用して使われている状況である。ゆえに本稿では考古学でより一般化されている用語として灰梆墓を選択して使う。
2) 太宗 12巻，6年 (1406) 閏7月28日 (乙酉) 記事
3) 睿宗 1巻，即位年 (1468) 9月22日 (戊寅) 記事
4) 國朝五禮儀 (1474)，喪禮備要 (1648)，家禮輯覽 (1685)，四禮便覽 (18世紀初)
5)『國朝五禮儀』，凶禮，「大夫士庶人喪」
6) 韓国で発見されるミイラはよく出るエジプトのミイラとはことなり，偶然の産物として生まれるものであり，そのため臓器などのさまざまな身体組織が死亡して埋葬される時点とほぼ同じく保つ特徴がある。
7) 박순영 (2011)，박순영ほか (2011) の研究成果をみると，当遺跡から出土した人骨を対象に身長推定分析とエナメル質減形成に関する様相を分析した。
8) 夫婦が合葬する場合では男性は西 - 女性は東に埋葬するという内容が礼学書から確認できる。

■参考文献
대한문화재연구원，2012. 고창 일반산업단지 조성부지내 문화유적 발굴조사 약보고서.
동아세아문화재연구원，2009. 昌原 加音丁 複合遺蹟 (下).

어원선, 2012. 조선시대 士大夫 灰隔墓 연구. 한신대학교대학원 석사학위논문.
한강문화재연구원, 2010. 서울 진관동유적1-5.
趙明來, 2007. 嶺南地域 朝鮮時代 灰炭墓 硏究. 東亞大學校大學院 碩士學位論文.
中央文化財研究院, 2008. 恩平 津寬洞 墳墓群1-2.
　　　　　　　　 2009. 恩平 津寬洞 墳墓群3-5.
김재홍, 2007. 출토 유물로 본 조선시대 영남지역 묘제. 東亞文化 2,3號 合輯, 575-617.
金楠祜, 2013. 조선 전기 무덤의 조성방법과 변천과정 : 석곽묘에서 灰槨墓로의 전환. 서울市立大學校大學院 碩士學位論文.
김판석, 2007. 영남지방 조선시대 분묘 소고 - 김해·사천 지역을 중심으로-. 東亞文化 2,3號 合輯, 623-655.
이종수·이경복·김한상·이호경·최영미, 2008. 조선시대 호서지역 묘제 일고찰. 야외고고학 5, 116-145.
이명엽·민소리·김미경·지혜정, 2008. 서울 지역 灰槨墓 연구 - 서울 은평, 신내동 유적을 중심으로-. 야외고고학 5, 80-113.
이영일·한승호·김희진, 2011. 남북연결도로 공사현장 유적지에서 발굴된 조선시대 인골의 계측연구. 대한체질인류학회지 24-2, 113-122.
朴亨順, 2005. 朝鮮時代 무덤양식. 錦江考古 2, 119-151.
박순영, 2011. 분묘에서 발굴된 사람뼈로 추정한 조선시대 성인남성의 키에 대한 연구. 대한체질인류학회지 24-4, 185-193.
박순영·우은진·정양승·조길환, 2011. 조선 중, 후기 사람들의 연령별, 분묘형식별, 사망연령별 치아 선형 에나멜 형성부전증 발생 양상. 대한체질인류학회지 24-3, 123-134.
三江文化財研究院, 2010. 金海 龜山洞 遺蹟.
申明鎬, 2007. 조선시대 灰隔墓와 미라. 동북아 문화연구 13, 149-176.
신용민·김판석·조명래, 2006. 조선시대 회곽·탄곽묘 소고 - 창원 가음정동 부곡 수산유적을 중심으로-. 石堂論叢 37, 249-298.
서울역사박물관, 2009. 은평발굴 그 특별한 이야기.

第2図 ソウル津寛洞遺跡灰槨墓属性表（2・3地区のみ）

	遺構番号	構造	時期	墓壙規模 長さ	幅	深さ	遺物位置	白磁	青銅器	その他	特徴	出土有無	性別	年齢	残存事項
1	3-1-가号	直葬灰墓	植民時代				墓の内部土と床面			3	同穴異槨合葬墓	無			頭蓋骨四肢骨残存
2	3-1-나号	直葬灰墓	植民時代									無			
3	3-2-가号	木棺灰墓									同穴異槨合葬墓、棺釘X、灰壁層層積み、幅154cm	有			ほとんど腐食した状態
4	3-2-나号	木棺灰墓					無					有			良好、髪残存
5	3-3-가号	木棺灰墓									同穴異槨合葬墓、棺釘X、灰壁層層積み、幅159cm	有			残存状態不良、髪残存
6	3-3-나号	木棺灰墓										無			
7	3-4号	木棺灰墓		196	71	62	被葬者右側上部	1			棺釘X	有			状態良好
8	3-5号	木棺灰墓		194	82	43	無				棺釘X	有	男性		状態良好
9	3-6-가号	木棺灰墓		218		49	無				同穴異槨合葬墓、棺釘X、幅130cm	有			状態良好
10	3-6-나号	木棺灰墓		200		50	無					有			ある程度残存
11	3-7号	木棺灰墓		230	85	81	無				灰壁層層積み、棺釘X	有			状態良好
12	3-8号	木棺灰墓		198	53	82	無				棺釘X	有			状態良好
13	3-9号	木棺灰墓		201	61	60	無				棺釘X	有			状態良好
14	3-10号	木棺灰墓		205	77	85	被葬者右腰の周り		1		棺釘X	有	男性		状態良好
15	3-11号	木棺灰墓		193	75	98	無				棺釘X	有			状態良好
16	3-12号	木棺灰墓		224	84	108	無				棺釘X	有			残存状態不良
17	3-13号	木棺灰墓		206	72	70	無				棺釘X	有			状態良好
18	3-14号	木棺灰墓					無				棺釘X	有			残存度形を保つ
19	3-15号	直葬灰墓		207	72	55	無				棺釘X	有			状態良好
20	3-16号	木棺灰墓		211		82	無				同穴異槨合葬墓、棺釘X、幅145cm、ガ号の灰壁を用いてナ号の灰壁3面だけ建てる	有			ある程度形を保つ
21	3-17-가号	木棺灰墓		209		11	無				棺釘X	有			状態良好
22	3-17-나号	木棺灰墓		225	81	95	無				棺釘X	有			状態良好
23	3-18号	木棺灰墓		186	57	19	無				棺釘X	有			状態不良
24	3-19号	直葬灰墓		198(残存)	42	48	無					有			状態良好
25	3-20号	木棺灰墓		198	65	14	無				棺釘X	有			状態良好
26	3-21号	木棺灰墓		200	70	56	無				棺釘X	有			状態不良
27	3-22号	木棺灰墓		207	63	33	無				棺釘X	有			残存状態不良
28	3-23号	灰墓					無				移葬墓	無			
29	3-24号	木棺灰墓		209	83	63	無				棺釘X	有			残存状態不良
30	3-25号	木棺灰墓		168	60	66	無				棺釘X	有			
31	3-26号	灰墓		198	70	17	無				移葬墓	無			
32	3-27号	木棺灰墓		193	61	7	無				棺釘X	無			人骨痕跡だけ残存

第3表　昌原加音丁遺跡灰槨墓属性表

	遺構番号	構造	時期	墓壙規模			遺物位置	出土遺物			特徴	人骨			得意事項
				長さ	幅	深さ		白磁	青銅器	その他		出土有無	性別	年齢	
1	69号墓	炭墓1	16C	312	160	234	左側 龕室	6	3	0	70号とセットの可能性	有	不明	20代	歯2点
2	70号墓	灰墓1		260	130	194	左側補強土上部	8	2	1	墓築施設、上位階層の先代	無			
3	71号墓	灰墓		220	114	240		0	0	0	移葬または盗掘、72号とセットの可能性	有	不明		頭蓋骨破片
4	72号墓	灰墓		224	102	214	右側 龕室	0	2	0	移葬または盗掘	無			
5	73号墓	灰墓		240	106	174	左側 龕室	0	0	1	上部の削平破壊、74号とセットの可能性	無			
6	74号墓	灰墓		210	102	154	左右 龕室	3	3	3	移葬またはセットの盗掘	無			副葬品から女性と推定
7	75号墓	炭墓2	17C	182	72	92	左右 龕室	7	2	2	76号とセットの可能性	無			
8	76号墓	炭墓2	17~18C王	158	82	86	左側 龕室	6	2	1		無			
9	77号墓	炭墓1		272	134	134	左側 龕室	0	3	1	唯一な単独墓	有	男性	熟年	頭蓋骨残存
10	78号墓	灰墓		230	120	134	右側 龕室	5	3	1	墓築施設、79号が先築	有	男性	30代	頭蓋骨・歯残存
11	79号墓	灰墓		236	110	228	左側 龕室	7	2	0	79号とセット	無			
12	80号墓	灰墓		240	92	162	右側 龕室	5	1	0		有	男性	30代	左側頭蓋骨・歯片
13	81号墓	炭墓1		242	124	68	左側 龕室	0	0	13	上部の削平破壊	無			
14	82号墓	灰墓		262	120	172	左側 龕室	5	3	2	墓築施設、83号とセット、盗掘	無			
15	83号墓	炭墓1		275	116	167	左側 龕室	8	2	0	82号より先築				

ルソン島北部における金属器時代の黒色土器の変化
― 特に無紋鉢形土器の変化について ―

鶴見大学文学部文化財学科　田中和彦

要旨

　近年，フィリピンの金属器時代について，台湾東海岸やベトナム中部地区とのつながりが明確になってきた。そうした中で，良好な層を複数持つ遺跡の発掘調査とそれらの層位に基づく土器編年の確立が急務の課題となっている。本稿では，12枚の良好な堆積層を持つルソン島北部，カガヤン川下流域のバガッグⅠ貝塚を取り上げ，その出土土器のうち，無紋鉢形土器の検討を行った。その結果，バガッグⅠ貝塚出土の無紋鉢形土器は，器表面が炭素吸着によって黒色を呈することを特徴とし，口縁部から胴部にかけて内湾するものと外反するものの二群に分けられることが明らかとなった。そして，12枚の堆積層のうち，土器片の出土数が比較的多い，第XI層，第VI層，第II層を選んで出土した無紋鉢形土器の変化を層位に基づき検討した。その結果，外反する口縁部を持った無紋鉢形土器のうち，外に強く反るものと外面の輪郭が凹状になるものの時間的変化が明らかになった。

キーワード：ルソン島北部，金属器時代，貝塚遺跡，黒色土器

はじめに

　本論集のタイトルでもある「考古学は科学か？」という問いに対して，考古学は科学であることをフィリピンの金属器時代の事例をもって示すのが本稿の目的である。科学である以上，その結論は，客観的な事実によって裏づけられねばならない。こうした事実による，裏付けの一つに，地層の上下関係，すなわち層位による裏付けがある。

　本稿では，フィリピンにおけるこれまでの金属器時代研究において層位による裏付けを行った研究が乏しいことを指摘した上で，ルソン島北部，カガヤン（Cagayan）川下流域に所在する金属器時代の貝塚遺跡で，筆者が発掘調査を行ったバガッグ（Bangag I）貝塚が良好な層序を示す遺跡であることを示した上で，出土土器，特に鉢形土器の時間の推移に伴う形態変化を層位に基づき明らかにしてみたい。

I フィリピンにおける金属器時代の研究

フィリピンの先史時代の一部としてフィリピンの金属器時代（鉄器時代）を最初に取り上げたのは，1940年代後半に，主に採集資料や偶然の発見資料をもとにフィリピンで最初に先史時代の枠組みを作ったH.O. ベイヤー（Beyer）であった（Beyer 1947）。すなわち，彼は，鉄器時代という名称でこの時代を扱い，B.C.200年代からA.D. 9世紀の年代を想定した（Beyer 1947）。その後，金属器時代の研究に大きな影響を与える研究を行ったのがW.G. ソルハイム（Solheim）である。彼は，マスバテ（Masbate）島，カラナイ（Kalanay）洞穴（図1）の発掘調査を行い（Solheim 1964a），同洞穴から出土した土器がタイのシャム（Siam）湾のサムイ（Samui）島（図1）の洞穴遺跡から発見された土器と酷似することを指摘した（Solheim 1964b）。しかしながら，カラナイ洞穴自体は，攪乱を受け，層位的に良好な資料といえるものではなかった。その後，この時代の埋葬遺跡の調査を行ったのが，フォックス（R.B. Fox）である。かれは，パラワン島中部西海岸のタボン洞穴群（図1）の集中的な調査を行い，16箇所の洞穴遺跡を発掘調査した（Fox 1970）。これら16箇所の洞穴遺跡のうち，9箇所を金属器時代に属するものと考え，初期金属器時代（3遺跡）と発展期金属器時代（5遺跡）に区分した（Fox 1970）。初期金属器時代は，青銅器や玦状耳飾りによって特徴づけられ，発展期金属器時代は，鉄器によって特徴づけられるものと考えた。多くの洞穴を調査したフォックスであったが，彼の調査では，ほとんどの洞穴[1]において，個々の甕棺の出土位置と共伴遺物が押さえられず，洞穴あるいは洞室一括として出土遺物が提示された。このような問題点は，フォックス以後，フィリピン国立博物館のE．ディソン（Dizon）によって克服された。彼は，1978年，ルソン島南部，ソルソゴン（Sorsogon）州の金属器時代の開地のティウキウ・ナ・サダイ（Tigkiw na Saday）遺跡を発掘調査し，上下二つの文化層から出土する甕棺と共伴遺物を明らかにした。すなわち，上層からは 小さな土製の蓋を持ち，胴部の高さが比較的低く（約40cm），すぼまった口縁部と，ふくらんで角を持った胴部と丸底の底部を持つ甕棺（Dizon 1979：Fig. 9）と，胴部が球形に膨らみ，短い口縁部と丸底の底部を持つ二つの甕を口で合わせた合口甕棺（Dizon 1979：Fig. 16）が出土した。一方，下層からは，凝灰岩製の蓋を持ち，長胴形（高さ約60〜90cm）で，丸底の底部を持つ甕棺（Dizon 1979：Fig. 8, 11, 13, 18, 20, 23）が出土した。すなわち，長胴形の甕棺から高さが比較的低く，胴下部に角を持つ甕棺や球形をした合口甕棺に変化したことが層位的に裏づけられたのである。そして，近年，ベトナム中部のホア・ジェム（Hoa Diem）遺跡を発掘調査した山形眞理子は，フィリピンのカラナイ洞穴出土の土器やタイのサムイ島発見の土器と酷似する土器を検出した（山形2010）。また，東南アジアの玉製品に非破壊化学分析が台湾中央研究院地球科学研究所の飯塚義之によって進められパラワン島タボン（Tabon）洞穴群の中の金属器時代の洞穴から出土した玉製品の玉の素材が台湾の豊田（図1）産であることが明らかになった（飯塚2010）。このように金属器時代における南シナ海を沿岸地域において広域なつがりが判明してくるとより詳細な検討を行う

ために土器編年の確立が急務となっているといえる。

II ラロ貝塚群とバガッグI貝塚

　ルソン島北部には，東西と南の三方を山脈に囲まれた南北約250km，幅50kmに及ぶカガヤン（Cagayan）渓谷と呼ばれる広大な渓谷がある。この渓谷の中央を貫いて流れるのがフィリピンで2番目に長いカガヤン川である。ラロ貝塚群は，このカガヤン川の下流域のラロ町を中心に分布する20箇所以上のからなる一大貝塚群である（図2）。これらの貝塚は，いずれも現地でカビビ（cabibi）と呼ばれる淡水産二枚貝，バティッサ・チルドレニ（*Batissa childreni*）を主体としている。

　ラロ貝塚群中の各貝塚は，その立地上の特徴から以下のように分類された。(1) 石灰岩丘陵上の貝塚，(2) カガヤン川自然堤防上の貝塚，(3) カガヤン川氾濫原上の貝塚，(4) カガヤン川から内陸に入った貝塚，(5) カガヤン川支流沿いの貝塚，(6) 海岸砂丘中の貝塚である。

　本稿で扱うバガッグI貝塚は，カガヤン川氾濫原上に立地する唯一の貝塚である。

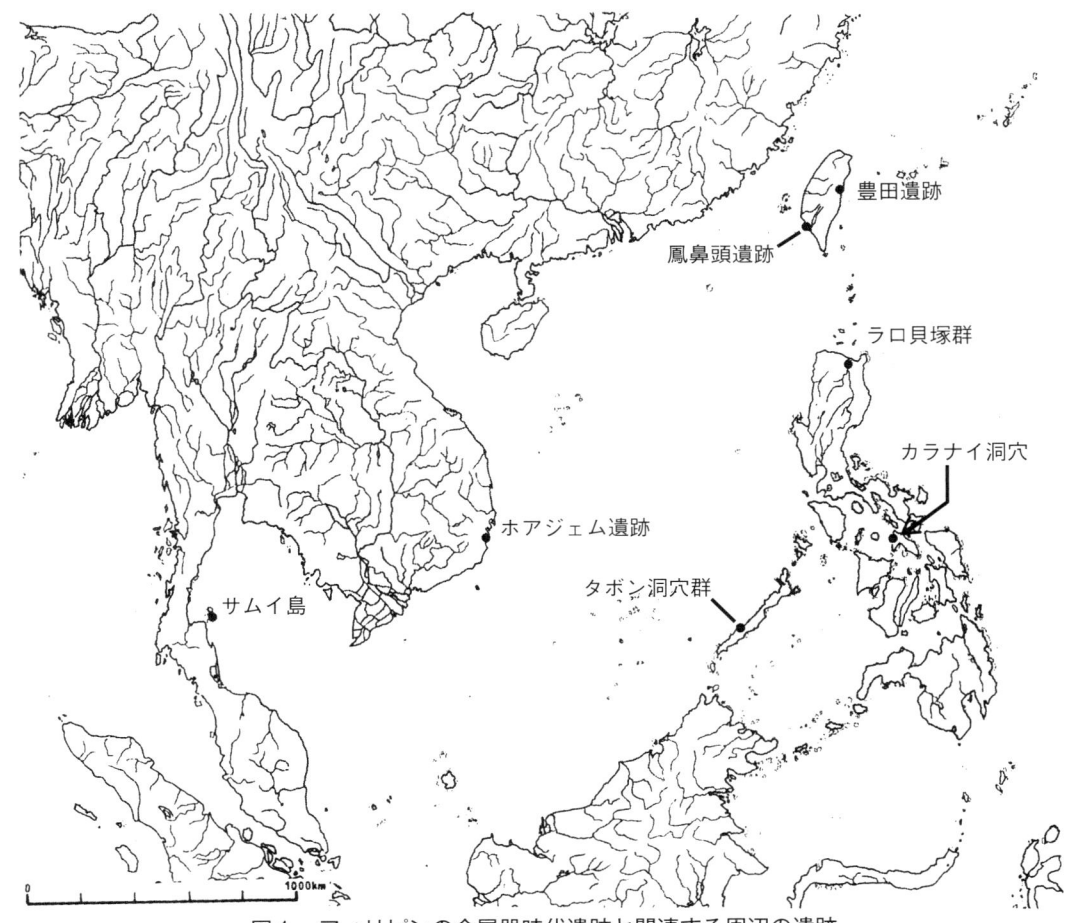

図1　フィリピンの金属器時代遺跡と関連する周辺の遺跡

Ⅲ　バガッグⅠ貝塚の位置と立地

バガッグⅠ貝塚は，カガヤン川の河口から川を南へ約30kmほど溯った地点に位置する（図2）。この地点でカガヤン川は，東方から伸びてきた石灰岩丘陵にぶつかり，丘陵の先端部を東西に分断してさらに北へ流れている。石灰岩よりなる丘陵を分断したため，カガヤン川はここで川幅を狭め，東側に膨らんだ半円弧を描いて流れる。半円弧を描いた部分での流れの速さは，東岸沿いで速く，西岸沿いで遅い。そのため，西岸において土砂の堆積が進行し，氾濫原とも呼べる比較的平坦な地形を形成している。本貝塚は，この氾濫原上に形成された貝塚である。

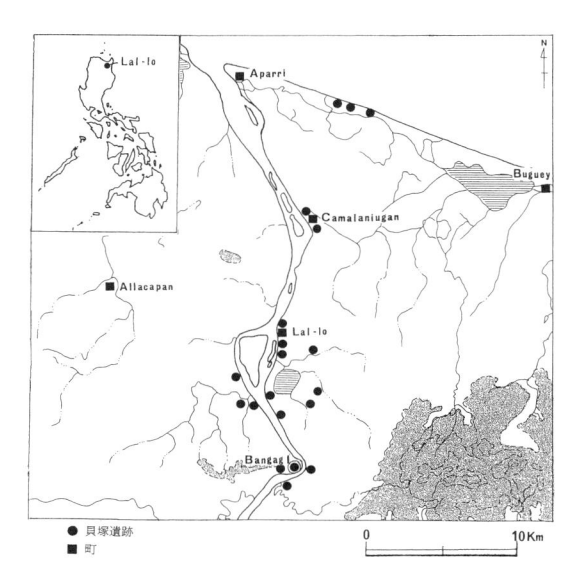

図2　ルソン島北部，ラロ貝塚群とバガッグⅠ貝塚の位置

本貝塚の平面形は，南側の東西方向の辺を底辺とする不整台形である（図3）。この辺の長さは，約147mである。一方，上辺となる辺は，北西から南東に西高東低で傾いており，約112mの長さである。そして，この両辺を結ぶ2辺の長さは，各々141mと90mである。また，この大きさから推定される面積は，1171.1m²である。

Ⅳ　バガッグⅠ貝塚の発掘調査

本貝塚が，一部破壊を被った1996年時に，本貝塚中央やや南東よりの部分は，星形の実をつける五稜子（*Averrhoa carambola*）（カタバミ科）という果実の木があったため，南北に細長い島状（発掘開始時に長さ12m，幅3～4m）に残されていた（図3）。発掘区は，貝層の層序観察と記録の便宜を考慮し，この島状部分の東側縁辺部に，東壁と西壁のラインが磁北を向くように設定された。その大きさは，1.5×1.5mである。調査[2]は，筆者が中心となり，1996年8月30日より9月12日まで行った。

Ⅴ　バガッグⅠ貝塚の層序

本貝塚の堆積は，第Ⅰ層から第Ⅻ層までの12枚の層に大きく分類される（図4）。これらは，全て遺物包含層だが，第Ⅰ層から第Ⅺ層までは貝を含み，第Ⅻ層は，貝を含まない。貝を含む層のうち，表土層下の第Ⅱ層から第Ⅴ層までの各層は，第Ⅳ層を除き比較的層が厚い。それに対して，第Ⅵ層から第Ⅺ層までの各層は，比較的層が薄い。また，第Ⅱ層中にいくつかの特徴の異なる層が見られたため，5つの層に細分され，第Ⅹ層は，破砕貝層中の土色や

混入物が異なるため，6つの層に細分された。以下，各層の概要を記す。

すなわち，混貝黒色土層（表土層），第II-①層：黒色土混入貝層，第II-②層：純貝層，第II-③層：黒色土混入破砕貝層，第II-④層：黒色土混入破砕貝層，第II-⑤層：黒色土混入貝層，第III層：純貝層，第IV層：黒色土混入破砕貝層，第V層：純貝層，第VI層：混貝黒色土層，第VII層：黄褐色シルト混入破砕貝層，第VIII層：混貝暗褐色土層，第IX層：褐色土混入貝層，第X-①層：黒色土混入破砕貝層，第X-②層：黒色土混入破砕貝層，第X-③層：炭化物混入破砕貝層，第X-④層：炭化物層，第X-⑤層：混土破砕貝層，第X-⑥層：黒色土混入破砕貝層，第XI層：暗黄褐色シルト混入貝層，第XII層：暗黄褐色シルト層である。

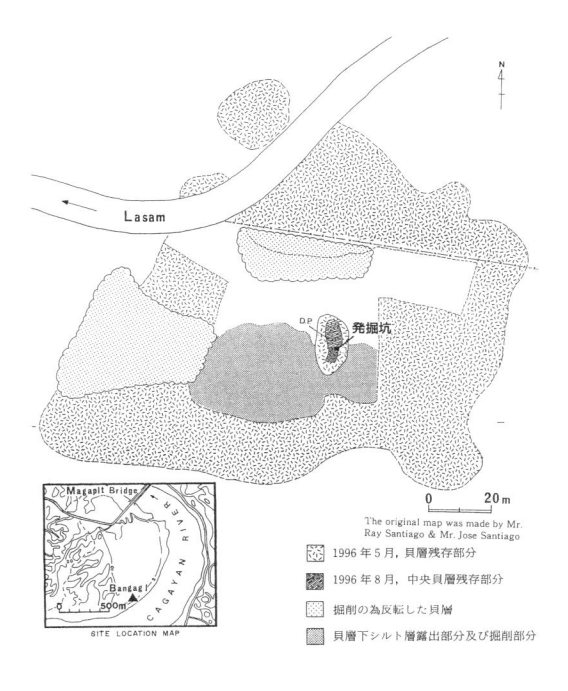

図3　バガッグI貝塚平面図

VI　バガッグI貝塚の出土遺物から見た時代とC14年代測定値

本貝塚第VI層からは土器に付着した鉄片が出土し，第II層からは鉄滓が出土した。一方，交易陶磁器の出土は，いずれの層からも全く見られなかった。こうしたことから，本貝塚第VI層から第II層までは鉄器時代に属すると考えられる。

本遺跡のC14年代測定値については，三原正三によって試料の処理が行われ，名古屋大学の加速器によって年代が測定された。試料は，第II層，第VI層，第VIII層，第X層，第XI層から出土した動物骨で，各層各々1点ずつ5点のC14年代が測定された（三原他 2007）。すなわち，第II層（-70cm～90cm）：1750±30B.P.（補正

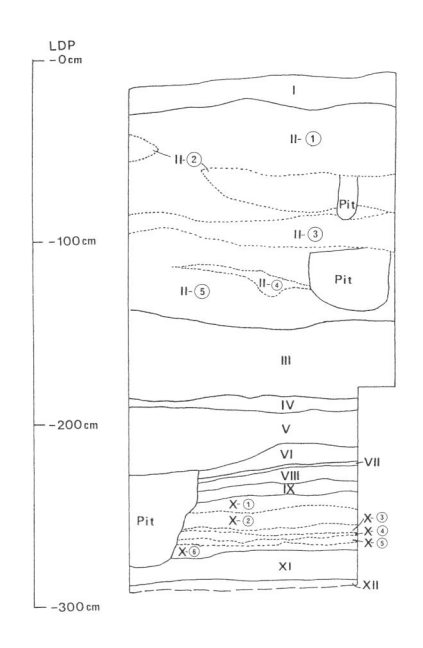

図4　バガッグI貝塚断面図

年代：1735～1560B.P.：100％）（NUTA2-7703），第Ⅵ層（-210～220cm）：1915±30B.P.（補正年代：1930～1815B.P.：92.1％）（NUTA2-7704），第Ⅷ層（-222～227cm）：1840±30B.P.（補正年代：1835～1705B.P.：92％）（NUTA2-7705），第Ⅹ層（-255～265cm）：2040±40B.P.（補正年代：2115～1920B.P.：97％）（NUTA2-7706），第Ⅺ層（-270～280cm）：1965±40B.P.（補正年代：1990～1855B.P.：90％）（NUTA2-7707）（三原他　2007：343）である。

Ⅶ　バガッグⅠ貝塚出土の土器以外の遺物

　本貝塚からは，人工品として土器の他，鉄片，鉄滓，ガラスビーズが出土した。鉄片は，第Ⅵ層から黒色浅鉢形土器の内面に付着して1点，鉄滓は，第Ⅱ層から1点が出土した。ガラスビーズは，第Ⅱ層から82点，第Ⅲ層から1点が出土した。第Ⅱ層出土のガラスビーズの色は，青色が26点，黄色が25点，赤色が19点，緑色が10点，白色が2点である。また，第Ⅲ層出土のものは青色である。

Ⅷ　バガッグⅠ貝塚出土の土器

　本貝塚からは，3,800片ほどの土器が出土し，器種として，甕形土器，鉢形土器，蓋，支脚などがあることが判明している。ここでは，無紋鉢形土器について，その出土数が比較的多い第Ⅱ層出土土器，第Ⅵ層出土土器，第Ⅺ層出土土器を取り上げその特徴を見た上で検討してみたい。なお，有紋の矢羽根状刻み目紋土器については，すでに検討したことがあり，類似例が，台湾南西海岸の鳳鼻頭遺跡の土器群中に見られることを指摘したことがある（田中2011）。

Ⅸ　バガッグⅠ貝塚出土の無紋鉢形土器

　バガッグⅠ貝塚出土の無紋鉢形土器は，そのほとんどが黒色土器である。それでは，下層の第Ⅺ層出土土器から見ていきたい。第Ⅺ層出土の無紋鉢形土器は，口縁部から胴部にかけて内湾するもの（図5）と外反するもの（図6）に大別される。内湾するものは，深さと胴部の湾曲の度合いによって，比較的浅いもの（図5-1，2），やや深いもの（図5-3，4），深いもの（図5-5～7）に分けられる。一方，口縁部から胴部にかけて外反する鉢形土器（図6）は，反りの強いもの（図6-1），やや反りが緩く，中程度の深さを持ち，平底を呈するもの（図6-2），やや反りがゆるいが，底部は不明のもの（図6-3，4），少し深めのもので口唇部が外側に肥厚するもの（図6-5，6）である。

　次に，第Ⅵ層出土の無紋鉢形土器を見ていきたい。これらも，第Ⅺ層出土の無紋鉢形土器と同様に口縁部から胴部にかけて内湾するもの（図7）と外反するもの（図8）に大別される。そのうち，内湾するものは，器の深さが浅く，口唇部上面が平坦で外側が突出するもの（図7-1，2）とやや深めのもの（図7-3，4），同様にやや深めであるが，瘤状の把手がつくもの（図7-5，6）に分けられる。一方，外反するものは，やや反りがゆるく，中程度の深さを持ち，

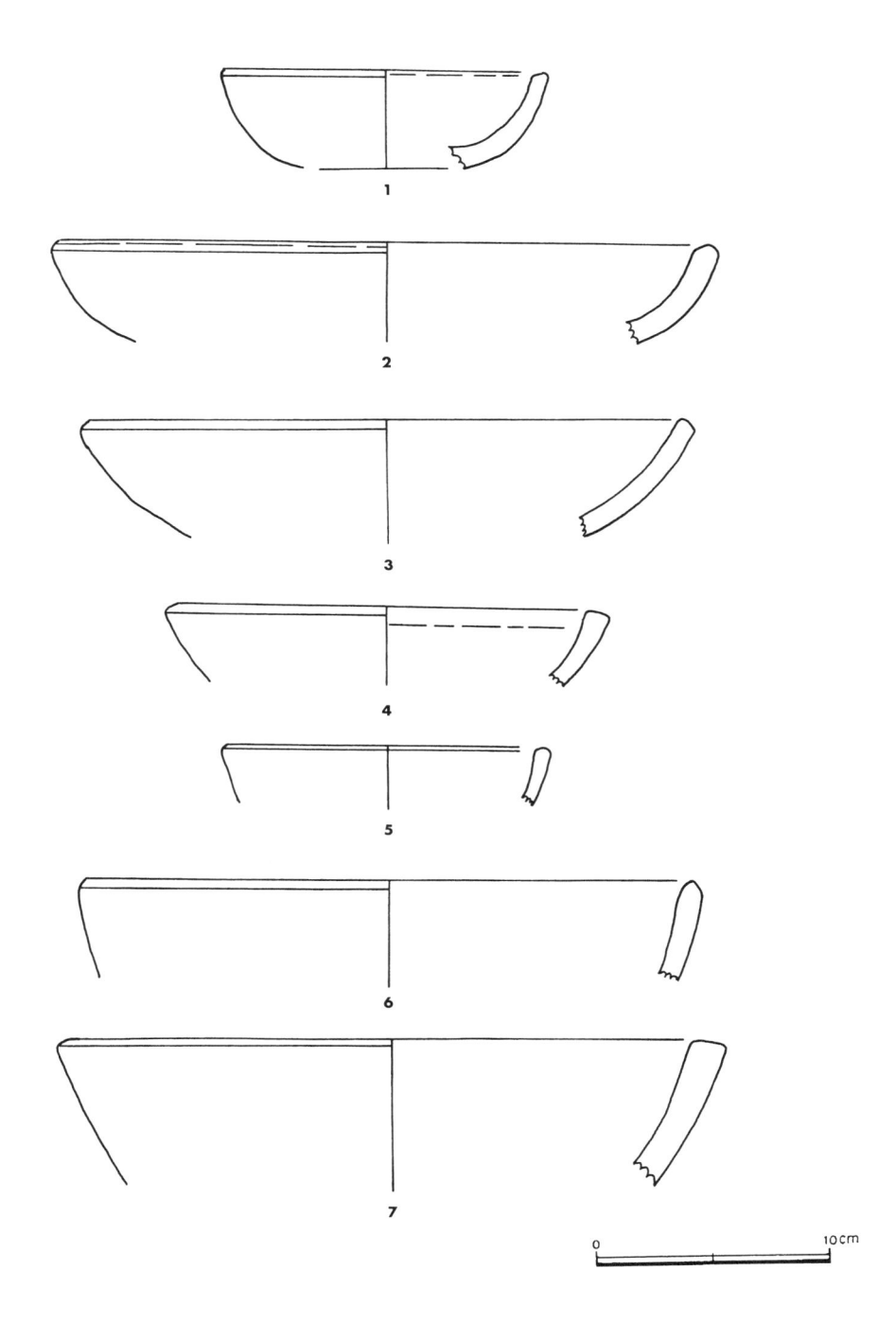

図5 バガッグⅠ貝塚, 第ⅩⅠ層出土無紋鉢形土器

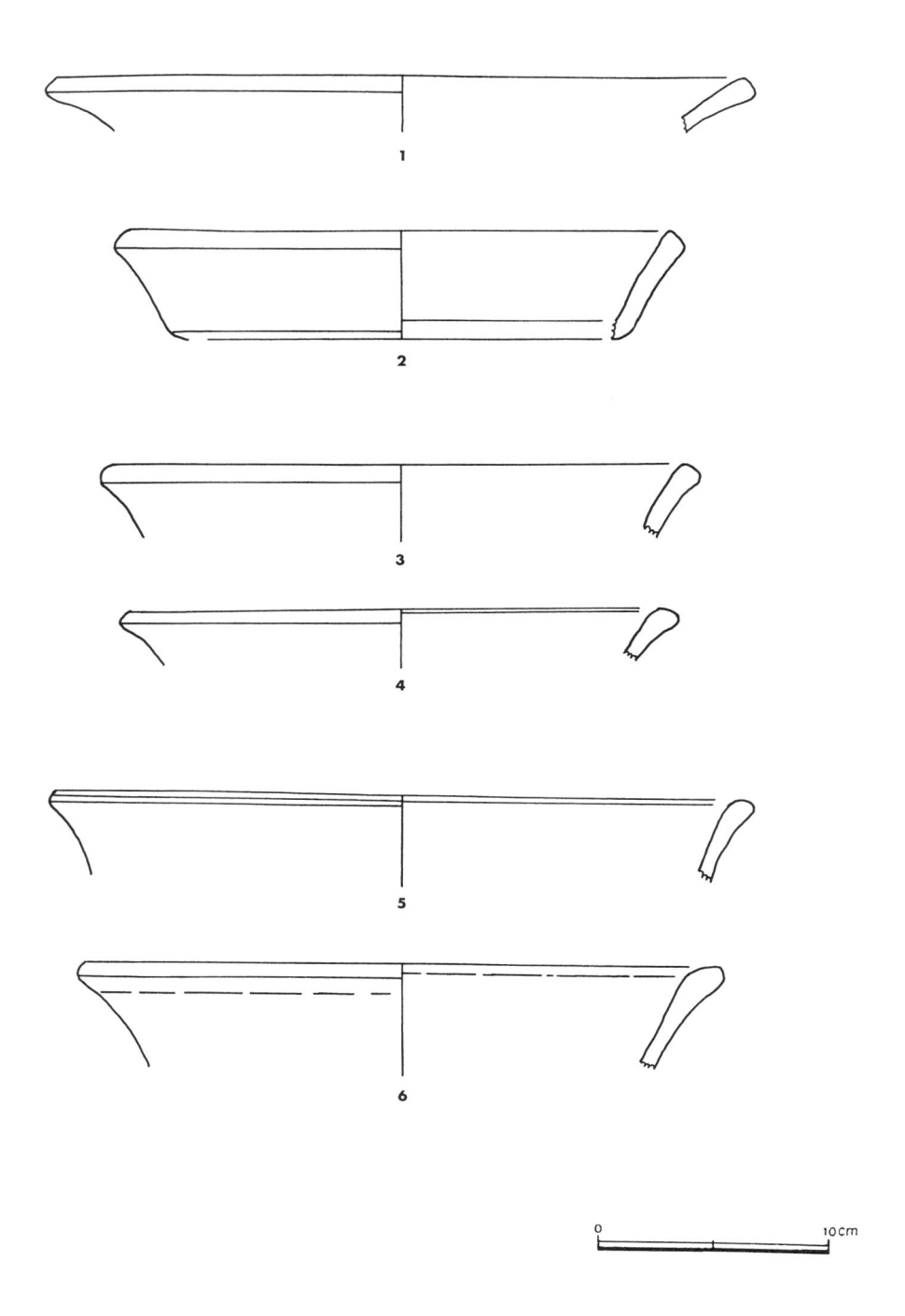

図6 バガッグⅠ貝塚，第Ⅺ層出土無紋鉢形土器

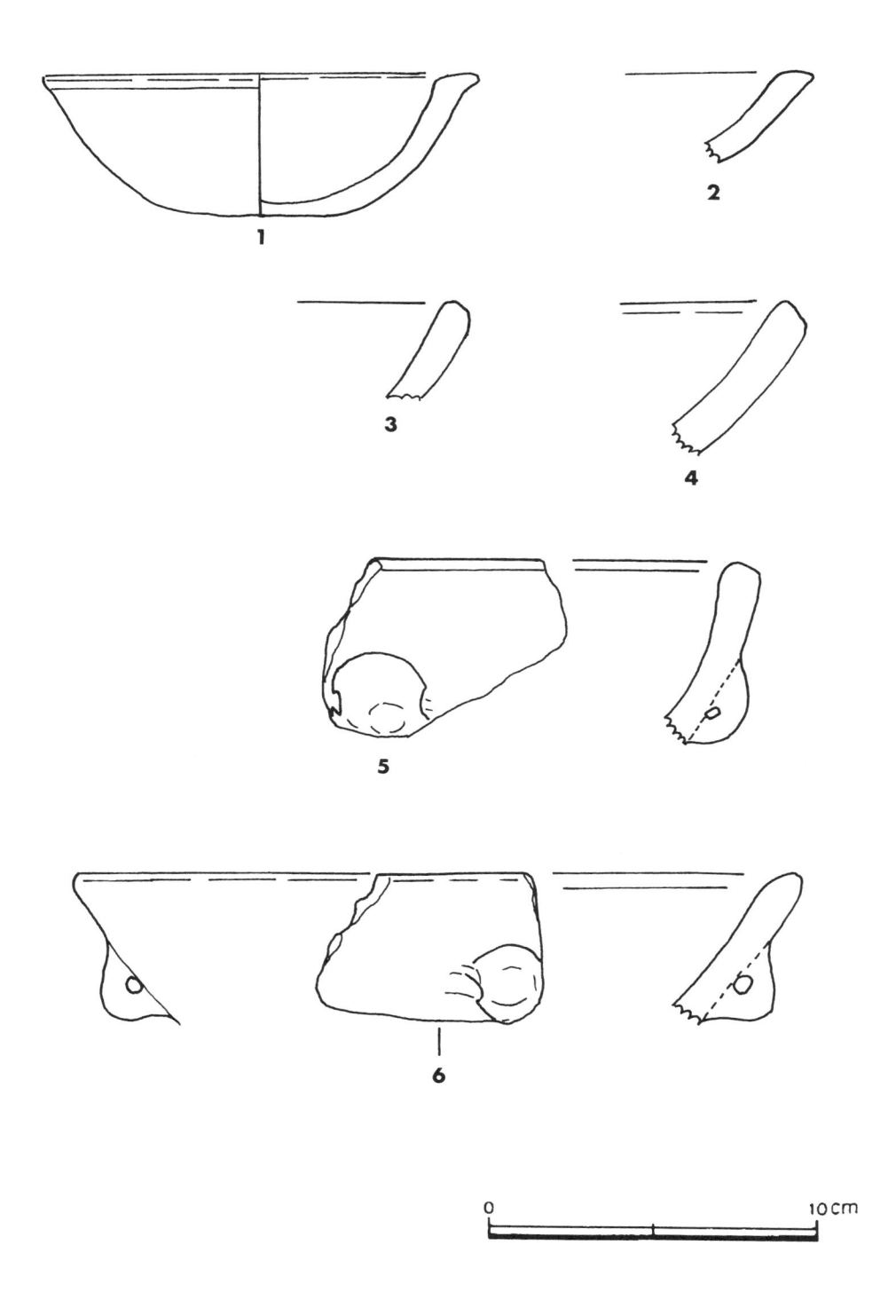

図7 バガッグI貝塚，第Ⅵ層出土無紋鉢形土器

平底を呈すると考えられるもの（図8-1）と同様に中程度の深さを持ち，瘤状の把手を有するもの（図8-2）に分けられる。

　最後に，第Ⅱ層出土の無紋鉢形土器を見てみたい。本層出土の無紋鉢形土器も，すでにみた第ⅩⅠ層出土無紋鉢形土器及び第Ⅵ層出土無紋鉢形土器と同様に口縁部から胴部にかけて内湾するもの（図9）と外反するもの（図10）に大別される。内湾するものは，深さが浅いもの（図9-1～3），やや深いもの（図9-4，5），深いもの（図9-6，7）に細分できる。一方，外反するものは，浅く反りの強いもの（図10-1，2），やや深く腰部で屈曲するもの（図10-3～5），深いもの（図10-6）に分けられる。やや深く，腰部で屈曲するもののうち1点（図10-5）は，瘤状把手がつくものである。

Ⅹ　出土層に基づく無紋鉢形土器の時間的変化について

　ここでは，先に見た層ごとの鉢形土器の特徴をふまえて，鉢形土器の形態の時間的変化について検討してみたい。

　本遺跡出土の鉢形土器は，先にもみたように口縁部から胴部にかけて内湾するものと外反するものの二群に大別される。そのうち，顕著な時間的変化を示すのは，後者の外反するものである。例えば，第ⅩⅠ層出土の反りの強い鉢形土器（図6-1）は，口唇部の内側端部が最も高くなった部分となるが，第Ⅱ層出土の反りの強い鉢形土器（図10-1，2）は，口唇部内側よりやや下った位置が最も高い部分となっている。このように口唇部の形態に変化がみられる。また，第ⅩⅠ層出土の鉢形土器のうち，胴部外面の輪郭が凹状になるもの（図6-2）は，平底を呈するが，第Ⅱ層出土の鉢形土器のうち，胴部外面の輪郭が凹状になるもの（図10-3，4）は，平底とならず，腰部で屈曲する丸底の鉢形土器となっている。このように腰部から底部の形態に変化がみられる。

おわりに

　フィリピンの金属器時代研究を進展させるためには，当該期の土器編年の確立が急務である。本稿では，そのための第一歩として，良好な層序を明らかにしたルソン島北部，ラロ貝塚群の中のバガッグⅠ貝塚に焦点をあて，同貝塚から出土した鉢形土器のうち，特に口縁部から胴部にかけて外反する一群に関して，出土層位に基づいて，形態的変化を明らかにした。すなわち，層位的事実によって，時間的推移に伴う形態的変化が裏付けられたのである。このように事実による裏付けを得ることによって「考古学は科学か？」という問いに対して，「考古学は科学である」と答えうると考える。

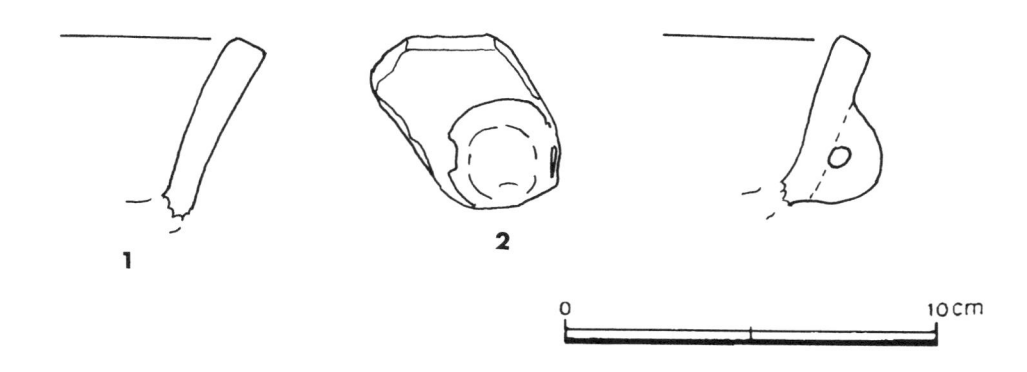

図8 バガッグI貝塚, 第Ⅵ層出土無紋鉢形土器

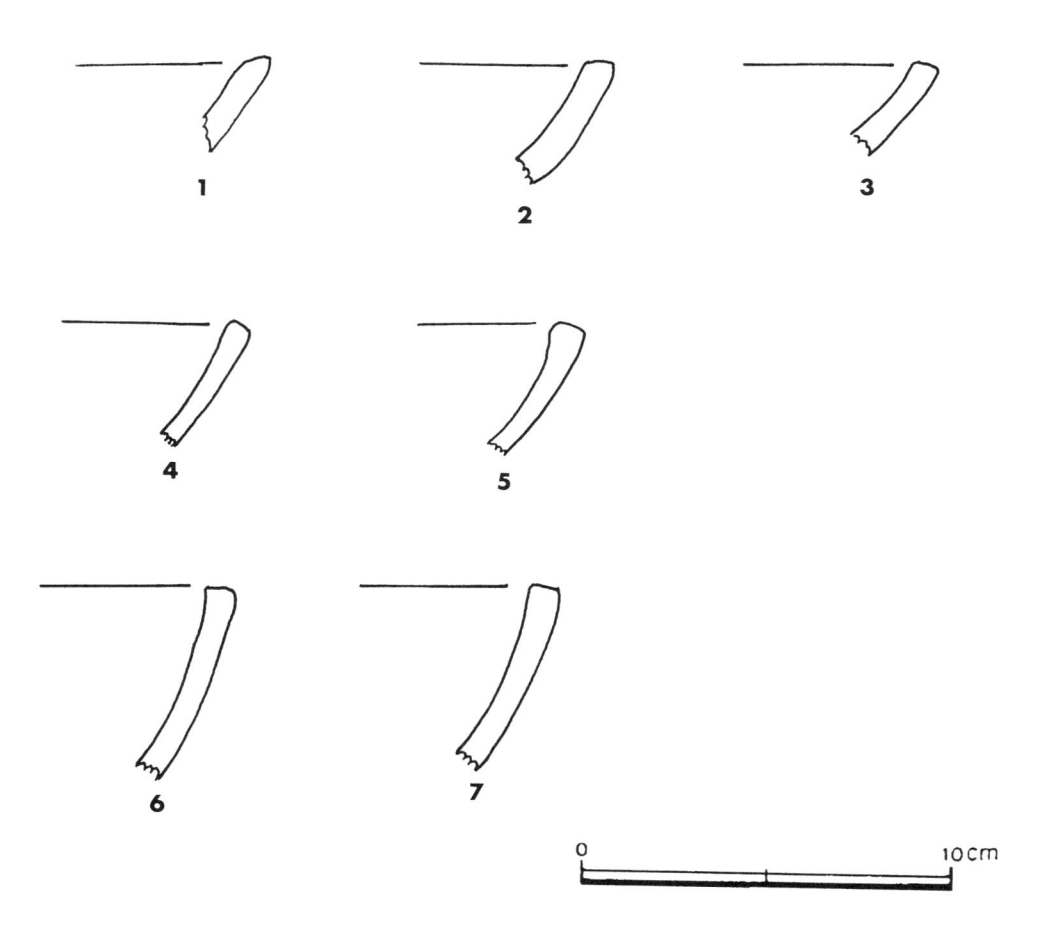

図9 バガッグI貝塚, 第Ⅱ層出土無紋鉢形土器

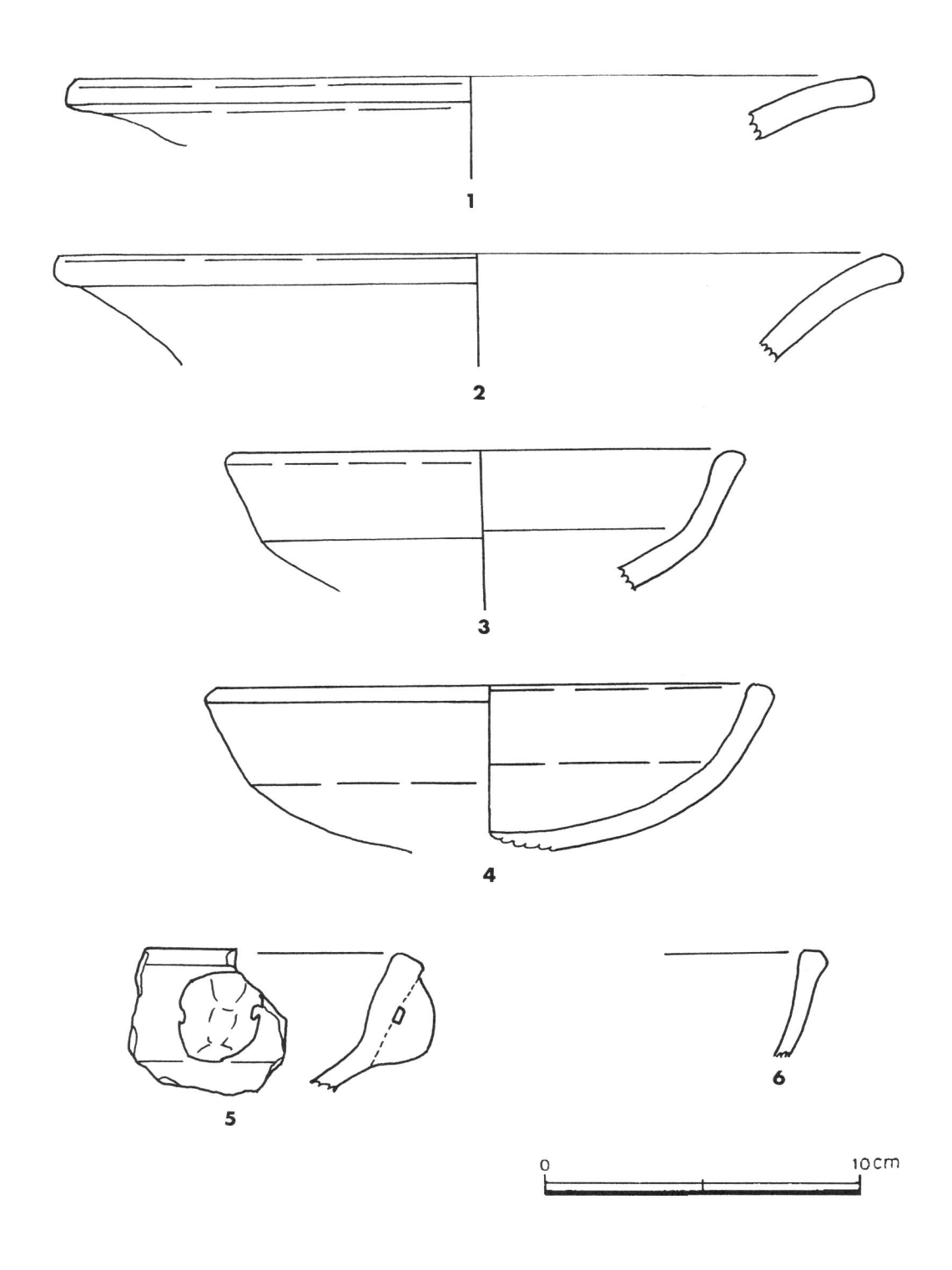

図10　バガッグⅠ貝塚，第Ⅱ層出土無紋鉢形土器

■註

1) 例外的にパガヨナ（Pagayona）洞穴は、洞穴内における土器の分布図（Fox 1970：Fig.44）が示された。しかし個々の土器については、1点の注口土器（Fox 1970：Fig.45）を除き、詳細は不明である。
2) 本遺跡の発掘調査は、東京外国語大学の小川英文教授を研究代表者とする文部省科学研究費補助金（国際学術研究）（No.07041006）による調査「ラロ貝塚群の発掘調査－東南アジア島嶼部先史時代の考古学的調査－」の一部として行われたものである。

■参考文献

Beyer, O. 1947. Outline review of Philippine archaeology by islands and provinces. *Philippine Journal of Science* 77 (3-4) : 250-390.

Chang, kwang-chih, 1969. *Fengpitou, Tapenkeng and the Prehistory of Taiwan*. Yale University Publications in Anthropology Number 73, Department of Anthropology, Yale University.

Dizon, E. 1979. *Tigkiw na Saday: A jar burial site*. Anthropological Papers 2. Manila: National Museum of the Philippines.

Dizon, E. and R. Santiago 1996. *Faces from Maitum-The archaeological excavation of Ayub Cave-*. National Museum of the Philippines.

Fox, R.B. 1970. *The Tabon Caves: Archaeological explorations and excavations on Palawan Island*. Monograph of the National Museum 1. Manila: National Museum of the Philippines.

Hutterer, K.L. and Macdonald, W.K. (eds.) 1982. *Houses built on scattered poles-prehistory and ecology in Negros Oriental, Philippines-*. University of San Carlos.

飯塚義之，2010．台湾産玉（ネフライト）の拡散と東南アジアの先史文化．海の道と考古学 - インドシナ半島から日本へ（菊池誠一・阿部百里子編），pp.51-65．高志書院，東京．

Junker, L.L. 2000. *Raiding, Trading and Feasting －The political economy of Philippine chiefdoms*. Ateneo de Manila University Press.

三原正三ほか，2007．AMS^{14}C 年代によるフィリピン，Lal-lo 貝塚群の編年．青柳洋治先生退職記念論文集 地域の多様性と考古学－東南アジアとその周辺－（丸井雅子監修 青柳洋治先生退職記念論文集編集委員会編），pp.333-346．雄山閣．

深山絵実梨，2011．鉄器時代，ベトナム出土有角玦状耳飾の形態分類と編年．早稲田大学大学院文学研究科紀要 57，117-135．

小川英文，2003．ラロ貝塚群出土有文黒色土器群の型式学的編年研究．東南アジア考古学 23: 23-57．

Ramirez, H. and K. Tanaka 2013. Analysis of the human skeletal remains of the Metal Age burial in the San Lorenzo III shell midden site, northern Luzon, Philippines. *Journal of Southeast Asian Archaeology* 33, 45-50.

Solheim, W.G., 1951. Preliminary report on archaeological fieldwork in San Narciso, Tayabas, Philippine Islands. *Journal of East Asiatic Studies* 1, 72-76.

Solheim, W.G., 1964a. *The Archaeology of Central Philippines: A study chiefly of the iron age and its relationships*. Monographs of the National Institute of Science and Technology 10. Manila: Bureau of Printing.

Solheim, W.G., 1964b. Further relationship of the Sa-huynh-Kalanay Pottery Tradition. *Asian Perspectives* 8-1: 196-211.

Solheim, W.G., 2002. *The Archaeology of Central Philippines: A study of the iron age and its relationships (Revised edition)*. Archaeology Studies Program, University of the Philippines.

Solheim, W.G. et al. 1979. Archaeological Survey in Southeastern Mindanao. Monograph No.8. Manila: National Museum of the Philippines and the Univesity of Hawaii.

鈴木朋美，2011．ベトナム中部出土土器棺の型式学的研究．早稲田大学大学院文学研究科紀要 57: 97-115．

田中和彦，1998．ルソン島北部，ラロ貝塚群，バガッグⅠ貝塚の発掘調査と若干の問題．上智アジア学 16: 171-211．

田中和彦，2005．「赤の時代」から「黒の時代」へ―ルソン島北部，カガヤン川下流域，ラロ貝塚群における後期新石器時代から鉄器時代の土器編年―．上智アジア学 23: 313-401．

田中和彦，2010．フィリピンの先史時代．海の道と考古学―インドシナ半島から日本へ（菊池誠一・阿部百里子編），pp.66-90．高志書院，東京．

田中和彦，2011．新石器時代晩期から鉄器時代にかけたフィリピン北部と台湾南部の土器の関連性について―特に矢羽根状刻み目紋土器について―．金沢大学考古学紀要 32: 64-86．

田中和彦，2013．ルソン島北部における新石器時代から金属器時代の土器編年と人々の移動．古代文化 64-4: 85-97．

田中和彦，2014．フィリピン金属器時代の埋葬の地域的特徴について．新田栄治先生退職記念東南アジア考古学論集（新田栄治先生退職記念論集編集委員会編），pp.131-144．

Tanaka, K. 1998. Problems and excavation of the San Lorenzo Ⅲ Shell-midden (Siriban Site), Lal-lo, Cagayan, Philippines. *Bulletin of Showa Music College* 18: 109-135.

Tanaka, K. 2002. *Ceramic chronology in Northern Luzon: typological analysis of the pottery from the Lal-lo shell-middens*. Ph.D Dissertation, University of the Philippines.

Tenazas, R. 1974. A Progress report on the Magsuhot excavations in Bacong, Negros Oriental, Summer 1974. *Philippine Quarterly of Society and Culture* 2-3: 133-155.

山形眞理子，2007．ベトナムの甕棺葬―その起源に関する予察―．早稲田大学大学院文学研究科紀要 52, 95-115．

山形眞理子，2008．環南シナ海先史時代の交流に関する基礎的研究 Archaeological Research on the Prehistoric Inerrelations beyond the South China Sea.（日英両文）

山形眞理子，2010．ベトナムの先史文化と海域交流．海の道と考古学―インドシナ半島から日本へ―（菊池誠一・阿部百里子編）pp.30-50．高志書院，東京．

編集後記

　序文にも記した通り，本論文集は，平成27年3月4日，膵臓がんのためご逝去された田中良之先生の遺志により編まれたものである。

　田中さんが構想された科学としての考古学。田中さんが思索し，観察し，分析し，語られ，行動し，書かれたそれにふれ，さまざま想いをいだき，動かされた私たちが思索し，観察し，分析し，語り，行動し，書く考古学。それらが相互に一致する必然はない。しかし，田中さんという存在のたたずまいに触れる機会をもったすべてのひとに，田中さんが生き，思索し，観察し，分析し，語られ，行動し，書かれた田中さんの考古学，それら要素の個々を足し合わせたすべて以上のなにかが，そこにいまも屹立し，私たちの生，思索，行動のどこかに，それぞれにそれぞれの力を与えてくださっているという思いは共有されている。本書におさめられた六十六編の論考は，その事実の，六十六通りの証明である。これらの論考，これらを執筆することによって田中さんとその考古学にさらに力をあたえていただいた私たち，田中さんのたたずまいに直接，また論考を通じてふれる機会をもたれたひとびと，また，それらのひとびととふれあったすべてのひとびとすべてが生きる／考古学することを通じて，田中さんの生は，考古学にさまざまなかたちで力をあたえつづける。

　田中さん，ぼくたちはがんばりますので，どうかみまもってください。

　本書企画の当初から私どもの想いを理解され，多大なるご尽力をいただいた中国書店・川端幸夫代表，編集関連諸事を担当いただいた花乱社・別府大悟氏，九州コンピュータ印刷・下田充郎氏をはじめとする皆様に，深甚の謝意を表する。また，本書編集の実務を主体的に担っていただいた編集委員，谷澤亜里氏，米元史織氏に，編集委員会一同より深甚の謝意を表する。

2016年4月
『田中良之先生追悼論文集』編集委員会
溝口孝司（代表），足立達朗，岩永省三，菅浩伸，瀬口典子，高倉洋彰
武末純一，田尻義了，谷澤亜里，辻田淳一郎，宮本一夫，米元史織

考古学は科学か　下
田中良之先生追悼論文集

2016年5月12日　発行

編　　　者	田中良之先生追悼論文集編集委員会 〒819-0395　福岡市西区元岡744番地 九州大学大学院比較社会文化研究院基層構造講座 電話　092(802)5665
発 行 所	中国書店 〒812-0035　福岡市博多区中呉服町5番23号 電話　092(271)3767　FAX　092(272)2946
編 集 協 力	図書出版　花乱社
装　　　丁	design POOL
印刷・製本	有限会社九州コンピュータ印刷

ISBN978-4-903316-51-2